lonely planet

Zentralamerika
für wenig Geld

Carolyn McCarthy, Greg Benchwick, Joshua Samuel Brown, Alex Egerton,
Matthew D. Firestone, Kevin Raub, Tom Spurling, Lucas Vidgen

TULUM (S. 75)
Yucatáns Backpackermagnet mit Ruinen am Strand und Cenoten in der Nähe, die mit außerweltlichen Erfahrungen verlocken
NÖRDLICHE CAYES (S. 260)
Atlantische Ammenhaie und Stechrochen treffen in den künstlichen Riffen bei Caye Caulker auf Schnorchler
TIKAL (S. 223)
Die Mutter aller Maya-Ruinen – mächtige Tempel und unzählige Vögel und Affen, die den nebelverhangenen Urwald aufmischen
PALENQUE (S. 48)
Maya-Ruinen an Hügelhängen, Hütten im Dschungel und smaragdfarbene Wasserfälle in nächster Nähe
SAN CRISTÓBAL DE LAS CASAS (S. 41)
Coole Kolonialstadt mit Kopfsteinpflaster und Märkten in der Nähe von Maya-Dörfern und Schluchten voller Krokodile
LAGO DE ATITLÁN (S. 128)
Groove wird großgeschrieben an diesem See im Hochland, der gesäumt ist von Mayadörfern und Vulkanen und ein tolles Ziel für Yogafans darstellt
ANTIGUA (S. 113)
Fabelhafte Kolonialstadt in direkter Nachbarschaft zu einem Vulkan mit farbenfroher Semana Santa und vielen Spanischschulen
COPÁN RUINAS (S. 420)
Beeindruckendes Bergdorf mit sagenhaften Maya-Ruinen und zahllosen Gelegenheiten zum Ausreiten und Vögel beobachten
RUTA DE LAS FLORES (S. 342)
Auf zu El Salvadors stillen Kolonialstädten in den Bergen, durch ein Land voller Wildblumen, Kaffeeplantagen und Wandermöglichkeiten
GRANADA (S. 547)
Nicaraguas koloniales Juwel am See rollt mit Möglichkeiten zur Freiwilligenarbeit und Vulkanen, die man besteigen kann, für Traveller den roten Teppich aus
BAY ISLANDS (S. 463)
Taucherparadies: Auf diesen Inseln gibt's Rifftauchkurse in einer reichen Unterwasserwelt mit grandiosem Preis-Leistungs-Verhältnis
MEXIKO
BELIZE
GUATEMALA
HONDURAS
EL SALVADOR
PAZIFIK
MÉRIDA
CAMPECHE
CHETUMAL
BELMOPAN
GUATEMALA CITY
TEGUCIGALPA
SAN SALVADOR
MANAGUA
TUXTLA GUTIÉRREZ
Río Lagartos
Isla Mujeres
Cancún
Celestún
Valladolid
Playa del Carmen
San Miguel de Cozumel
Chichén Itzá
Uxmal
Cobá
Tulum
Felipe Carrillo Puerto
Corozal
Orange Walk
Ambergris Caye
San Pedro
Caye Caulker
Lamanai
Crooked Tree
Belize City
Turneffe Islands
San Ignacio (Cayo)
Tikal
Dangriga
Hopkins
Placencia
Punta Gorda
Golfo de Honduras
Palenque
Río Usumacinta
Lago de Petén Itzá
Frontera Corozal
Bethel
Flores
Santa Elena
San Cristóbal de Las Casas
Comitán
Ciudad Cuauhtémoc
La Mesilla
Volcán Tajumulco (4220 m)
Huehuetenango
Cobán
Lago de Izabal
Livingston
Río Dulce
Puerto Barrios
Puerto Cortés
San Pedro Sula
La Ceiba
Tela
Trujillo
El Progreso
Río Aguán
Roatán
Utila
Guanaja
Bay Islands (Islas de la Bahía)
Tapachula
Chichicastenango
Quetzaltenango
Panajachel
Chiquimula
Río Motagua
Copán Ruinas
Copán
Río Ulúa
Santa Rosa de Copán
Gracias
Lago de Yojoa
La Unión
Siguatepeque
Comayagua
Retalhuleu
Antigua
Santa Lucía Cotzumalguapa
La Palma
Santa Ana
Perquín
Volcán Izalco (1910 m)
La Libertad
San Vicente
El Mozote
San Miguel
La Unión
Golfo de Fonseca
Choluteca
Danlí
OCOTAL
SOMOTO
JINOTEGA
ESTELÍ
MATAGALPA
CHINANDEGA
LEÓN
Lago de Managua
MASAYA
GRANADA
RIVAS
San Juan del Sur
Playa Tamarindo
22°N
20°N
18°N
16°N
14°N
12°N
10°N
8°N
96°W
94°W
92°W
90°W
88°W
86°W

KARIBISCHES MEER
0
150 km
84°W
82°W
80°W
78°W
76°W
22°N
20°N
18°N
16°N
14°N
12°N
10°N
8°N
LA MOSKITIA (S. 483)
In einem Einbaum den wilden, einsamen Regenwald erkunden oder in einem Garífuna-Dorf relaxen
JAMAIKA
KINGSTON
ISLA DE OMETEPE (S. 566)
Mehrere Vulkane formten diese fantastische Insel mit lieblichen Dörfern, großartigen Stränden, Wandermöglichkeiten und präkolumbischer Felskunst
Islas Santanilla (Schwaneninseln, Honduras)
CORN ISLANDS (S. 581)
Einst Piratenhochburg, heute lässiger karibischer Rückzugsort mit frischem Hummer und einem super Angebot für Taucher
Laguna de Caratasca
La Moskitia
Río Patuca
Río Coco (Segovia)
Río Wawa
PARQUE NACIONAL TORTUGUERO (S. 629)
Dieser straßenlose „Mini-Amazonas" bietet rätselhafte Kanäle, Möglichkeiten zur Schildkrötenbeobachtung und Kreol-Küche
Cayos Miskitos (Nicaragua)
PUERTO CABEZAS
NICARAGUA
Río Grande de Matagalpa
PUERTO VIEJO DE TALAMANCA (S. 638)
Costa Ricas Partyzentrum mit Stränden unter Palmen und guten Breaks für Profisurfer
Isla de Providencia (Kolumbien)
Laguna de Perlas
BOACO
Isla de San Andrés (Kolumbien)
JUIGALPA
Río Escondido
Rama
BLUEFIELDS
Corn Islands (Islas del Maíz, Nicaragua)
BOCAS DEL TORO (S. 756)
Archipel für Inselfans, denen es nach Surfspots, gemütlichen Bars und ein, zwei menschenverlassenen Stränden ist
Isla de Ometepe
Bahía Punta Gorda
El Castillo
Los Chiles
LIBERIA
Volcán Arenal (1633 m)
El Coco
Tortuguero
BOQUETE & DAS CHIRIQUÍ-HOCHLAND (S. 747)
In diesen coolen, von Kaffeeduft eingehüllten Hügeln führen Straßen durch Quetzal-Land hinauf zum Volcán Barú und Rafter rasen durch enge Schluchten
Monteverde
COSTA RICA
PUERTO LIMÓN
Península de Nicoya
SAN JOSÉ
PUNTARENAS
Turrialba
Cahuita
CARTAGO
Montezuma
Golfo de Nicoya
Jacó
Puerto Viejo de Talamanca
Archipiélago de San Blás
Quepos
San Isidro de El General
Volcán Barú (3475 m)
BOCAS DEL TORO
COLÓN
Chepo
Golfo de los Mosquitos
PANAMA CITY
Lago Bayano
Río Chucunaque
San Vito
Parque Nacional Corcovado
Boquete
Bahía de Panamá
Península de Osa
DAVID
PANAMA
PENONOMÉ
LA PALMA
Golfo de Chiriquí
SANTIAGO
Golfo de Panamá
Archipiélago de las Perlas
Yaviza
Chitré
PARQUE NACIONAL CORCOVADO (S. 692)
Ein abgelegenes Landeswunder: Küstenregenwald mit Aras in der Luft und tanzenden Walen im Wasser
Isla de Coiba
Península de Azuero
PANAMA-STADT (S. 719)
Ein großartiges koloniales Viertel mit verblassendem Havanna-Charme und Kanalfahrten
KOLUMBIEN

MARGIE POLITZER

Zentralamerika hat unglaubliche Erfahrungen zu bieten, die das Leben eines Travellers verändern können. Umgekehrt bringen auch Besucher Veränderungen – und nicht immer positive. In den letzten 50 Jahren suchten der Verfall der Traditionen, Abholzung, steigender Drogenkonsum und Prostitution die Region heim. Manchmal ist der Tourismus ein Übel. Ökotourismus macht Schule, vor allem in Costa Rica, wo viel Wald vor der Säge gerettet werden konnte; oft ist er aber auch nur eine leere Worthülse. Tipps für alle, die helfen möchten:

TIPPS

- **Den Landweg wählen** Bus statt Flieger – wer aus den USA kommt, kann per Bus über Mexiko einreisen.
- **Richtig spenden** Spenden an Kinder fördern das Betteln; wer etwas geben möchte, wende sich direkt an Schulen oder Kliniken.
- **Die lokale Wirtschaft fördern** Von Familien betriebene Restaurants und Gästehäuser aufsuchen und Angebote von Einrichtungen im Besitz der Gemeinden nutzen.
- **Kalt duschen** Kein Wasser benutzen, das mit einem Holzfeuer erhitzt wird.
- **Müll einsammeln** Beim Campen und Wandern sämtlichen Abfall wieder mitnehmen und wo immer möglich Müll aufsammeln.
- **Traditionen achten** Sich beim Besuch von Kirchen oder traditonsbewussten Gemeinden angemessen kleiden.
- **Neugierig sein** Einheimische um Tipps zum richtigen Verhalten bitten – und weitersagen!

INFOS IM INTERNET

www.eco-indextourism.org Viele Links zum Thema „nachhaltiges Reisen".
www.ecotourism.org Links zu umweltbewussten Unternehmen.
www.planeta.com Mit einem 93 Seiten starken kostenlosen E-Book.
www.tourismconcern.org.uk Organisation zur Förderung des nachhaltigen Tourismus mit Sitz in GB.
www.transitionsabroad.com Schwerpunkt auf verantwortungsbewusstem Reisen.

FREIWILLIGENARBEIT

Ehrenamtliches Arbeiten ist die neue Art zu reisen – hier einige Tipps (Details s. S. 809):

- Schildkrötenbrutplätze schützen – vor Wilderern und rücksichtslosen Touristen – im Refugio de Vida Silvestre La Flor (S. 565) in Nicaragua oder im Parque Nacional Tortuguero (S. 629) in Costa Rica.
- Zentren für Freiwilligenarbeit aufsuchen, etwa Quetzaltenango (S. 155), Guatemala, und Boquete (S. 747), Panama.
- Englisch unterrichten, z. B. in Comarca de Kuna Yala (S. 780), Panama, und in San Salvador (S. 310), El Salvador.

Highlights

Die grünen Punkte zwischen Nord- und Südamerika, diese sieben kompakten Länder, könnte man wie auch den südlichen Teil Mexikos auf der Karte leicht übersehen – wären sie nicht ein Backpacker-Paradies voller Kultur, alter Ruinen, tropischer Natur und Abenteuer. Der perfekte Ort für Träume! Man erklimmt einen Vulkan, wandert durch Urwald zu Maya-Pyramiden, surft vor goldenen Sandstränden. Oder man lernt für einen Spottpreis Tauchen oder Spanisch in einer coolen Kolonialstadt. Oder man kommt einfach mal zur Ruhe in einem Dorf der Maya, der Kuna oder der Mískito, wo Alte-Welt-Traditionen auf die Gegenwart treffen …

UROŠ RAVBAR

1 ISLA HOLBOX (MEXIKO)

Dieses Gefühl, die Ruhe, die einen umfängt, wenn rundum nur Meer ist. Man läuft hier einfach ins Wasser hinein und badet, den ganzen Tag. Und es ist sehr sicher. Es ist klein. Es ist nicht überlaufen. Selbst in der „Hauptsaison" findet man hier seine persönliche Zuflucht (s. Kasten S. 68).

Sandra, Traveller, Deutschland

TIKAL (GUATEMALA)

Wer früh am Morgen, noch vor den Touristenbussen, auf der Gran Plaza (S. 225) in Tikal steht, glaubt sich an einem unentdeckten geheimen Ort. Das strahlende Zentrum der uralten, jahrhundertelang genutzten Maya-Hauptstadt ist ein Relikt der kulturellen und künstlerischen Höhen, die diese faszinierende Zivilisation erlebt hat.

Lucas Vidgen, Lonely Planet Autor, Australien

ROBERT HARDING PICTURE LIBRARY LTD / ALAMY

2

GARÍFUNA-KULTUR (BELIZE)

In Dangriga (S. 281) begrüßt einen die Kultur der Garífuna mit einheimischen Trommelbauern unter *palapas* (strohgedeckte Hütten) am Strand, *hudut* (Kochbananenbrei) in den Restaurants, *punta*-Jamsessions vor dem eigenen Hostel …

Joshua Samuel Brown, Lonely Planet Autor, USA

3

RICHARD I'ANSON

IMAGE SOURCE / ALAMY

4

PARAGLIDEN ÜBER DEM LAGO DE ATITLÁN (GUATEMALA)

Als schaute man auf eine lebende Karte mit allem darauf, von dem man bei der Reiseplanung geträumt hat – live und unter einem! Erinnerungen an die Orte, die ich schon gesehen hatte, lebten wieder auf, und alles, was ich danach sah, brannte sich mir aus dieser Perspektive ins Gedächtnis (s. S. 130).

José Fernández, Traveller, Mexiko

COPÁN (HONDURAS)

Die mächtigen Tempel und wunderschön gestalteten Paläste Copáns (S. 425), Wahrzeichen dieser einst weitläufigen Stadt, wurden als Berge und aus den Bergen erschaffen … Diese Vermischung von künstlicher und natürlicher Landschaft ist sichtbar, faszinierend, bewusstseinsverändernd.

Dr. Allan Maca, Traveller, USA

5

SEAN CAFFREY

SURFEN (EL SALVADOR)

Wow, wo fängt man bei der Playa El Tunco (S. 331) bloß an? Sie ist einfach klasse! Hier gibt's die zweifellos besten Breaks in El Salvador für Surfer, von Anfänger bis Profi, und friedvolle Hütten am Strand, die sich wirklich jeder Traveller leisten kann.

Trent, Traveller, Australien

6

PAUL KENNEDY

7

MARGIE POLITZER

VOLCÁN MADERAS, ISLA DE OMETEPE (NICARAGUA)

Eine Wanderung durch den Urwald hinauf in die Wolken auf dem Volcán Maderas (s. S. 566) ist so großartig, dass man bei Ankunft auf dem Gipfel nicht weiß, ob man weinen oder lachen soll – man will nicht, dass das Abenteuer schon zu Ende ist!

Ben Shimon, Traveller, USA

DAVE UND SIGRUN TÖLLERTON / ALAMY

PARQUE NACIONAL CORCOVADO (COSTA RICA)

Costa Ricas ultimatives Outdoor-Erlebnis ist alles andere als ein Spaziergang. Mit ordentlicher Ausrüstung, genügend Vorräten und gesunder Abenteuerlust kann man im Corcovado (S. 692) die Massen hinter sich lassen und sich in der Wildnis verlieren.

Matthew D. Firestone, Lonely Planet Autor, USA

9

RALPH HOPKINS

8

PAVONES (COSTA RICA)

Pavones (S. 694) ist einer meiner Lieblings-Surfspots, auch wenn er nicht so stark beachtet wird wie andere Strände. Ich mag ihn, weil man nicht so leicht hinkommt und er etwas Unbekanntes an sich hat. Und die Wellen sind immer spitze!

Daniel, Traveller, Deutschland

DIEGO LEZAMA

10

PANAMA-STADT (PANAMA)

Panama-Stadt (S. 719), das ist Lateinamerika pur: *ceviche* (marinierte Meeresfrüchte), Kasinos, eine imposante Skyline. Der Verkehr ähnelt einer Boa Constrictor, aber die Leute sind authentisch, und die Schönheit lebt in schrägen Rhythmen, schrägen Ansichten und schrägen Sonnenuntergängen hinter Beton.

Carolyn McCarthy, Lonely Planet Autor, USA

DAVE UND SIGRUN TÖLLERTON / ALAMY

9 PARQUE NACIONAL CORCOVADO (COSTA RICA)

Costa Ricas ultimatives Outdoor-Erlebnis ist alles andere als ein Spaziergang. Mit ordentlicher Ausrüstung, genügend Vorräten und gesunder Abenteuerlust kann man im Corcovado (S. 692) die Massen hinter sich lassen und sich in der Wildnis verlieren.

Matthew D. Firestone, Lonely Planet Autor, USA

RALPH HOPKINS

8 PAVONES (COSTA RICA)

Pavones (S. 694) ist einer meiner Lieblings-Surfspots, auch wenn er nicht so stark beachtet wird wie andere Strände. Ich mag ihn, weil man nicht so leicht hinkommt und er etwas Unbekanntes an sich hat. Und die Wellen sind immer spitze!

Daniel, Traveller, Deutschland

DIEGO LEZAMA

10 PANAMA-STADT (PANAMA)

Panama-Stadt (S. 719), das ist Lateinamerika pur: *ceviche* (marinierte Meeresfrüchte), Kasinos, eine imposante Skyline. Der Verkehr ähnelt einer Boa Constrictor, aber die Leute sind authentisch, und die Schönheit lebt in schrägen Rhythmen, schrägen Ansichten und schrägen Sonnenuntergängen hinter Beton.

Carolyn McCarthy, Lonely Planet Autor, USA

Inhalt

Die Autoren

CAROLYN MCCARTHY

Hauptautorin, Panama

Carolyn McCarthy hat bereits zehn Reiseführer verfasst und schreibt seit 1998 über Nord-, Zentral- und Südamerika. Panama, unvergesslich wegen seiner warmen tropischen Regengüsse und gebratenen Snapper, seines Regenwalds und seiner Haie, ist eins ihrer Lieblingsziele. Zu ihren weiteren LP-Titeln gehören *Chile, Trekking in the Patagonian Andes, Panama* und *Südamerika für wenig Geld*. Carolyn war Fulbright-Stipendiatin und ihre Artikel erschienen im *National Geographic*, im *Boston Globe* und in anderen Publikationen. Sie lebt im Süden Chiles. Ihren Blog über Nord-, Zentral- und Südamerika kann man auf www.carolynswildblueyonder.blogspot.com verfolgen.

GREG BENCHWICK

Mexikos Yucatán & Chiapas

Greg besuchte die Halbinsel Yucatán erstmals auf einem Familienurlaub in den frühen 1980er-Jahren. Seitdem kommt er regelmäßig wieder. Wenn er nicht über nachhaltiges Reisen oder Lateinamerika schreibt, erforscht er mit Begeisterung die Wildnis im heimischen Colorado, gemeinsam mit seiner Frau und ihrem dreibeinigen türkischen Straßenhund. Die Videos seiner Abenteuer stellt er unter www.soundtraveler.com ins Netz.

JOSHUA SAMUEL BROWN

Belize

Der in Amerika geborene Joshua Samuel Brown war Stipendiat des „USC Annenberg/Getty Arts Journalism"-Programms. Er lebte seit 1994 in Taiwan, Hongkong und China und hat ausgedehnte Reisen durch Amerika, Kanada und Belize unternommen. Seine Reportagen erschienen weltweit in vielen Publikationen, darunter die *South China Morning Post*, das *Business Traveler Asia*, das *Clamor Magazine* und *Cat Fancy*. Bis heute hat Joshua an vier Lonely Planet Bänden mitgeschrieben. Sein erstes Buch *Vignettes of Taiwan* ist in Buchläden in Asien, über Amazon oder auf www.josambro.com erhältlich. Wer „Snarky Tofu" googelt, kann Joshuas kuriose Reise um die Welt verfolgen.

DIE AUTOREN VON LONELY PLANET

Warum unsere Reiseführer die besten der Welt sind? Ganz einfach: Unsere Autoren sind unabhängige und leidenschaftliche Globetrotter. Sie recherchieren nicht einfach nur übers Internet oder Telefon und sie lassen sich nicht mit Werbegeschenken für positive Berichterstattung schmieren. Sie reisen weit – zu touristischen Highlights und entlegenen Orten. Sie schauen sich Tausende von Hotels, Restaurants, Cafés, Bars, Galerien, Schlössern und Museen höchstpersönlich an und beschreiben alles genau so, wie sie es vorfinden. Weitere Infos über die Arbeit der Autoren gibt's auf **www.lonelyplanet.com**.

ALEX EGERTON

Nicaragua

Alex ist Journalist von Beruf und hat sich nahezu ein Jahrzehnt in Zentralamerika herumgetrieben, an Universitäten gelehrt, Beiträge für Magazine geschrieben und nach dem perfekten gebackenen Käse gesucht. Gegenwärtig teilt er seine Zeit zwischen dem Stadtrand von Managua und Bluefields auf, wo er in einem Tonstudio lebt und über alles schreibt, was mit der Karibik zu tun hat. Alex engagiert sich auch sehr für ein Projekt, das nachhaltigen Tourismus zu den entlegenen Gemeinschaften der Ureinwohner Nicaraguas fördert. Während er für dieses Buch unterwegs war, kaufte er zweimal Medikamente von sehr überzeugenden Pharmavertretern in Überlandbussen, hat aber immer noch keine der Pillen getestet.

MATTHEW D. FIRESTONE

Costa Rica

Matthew ist studierter Anthropologe und Epidemiologe, hat seine akademische Karriere jedoch vertagt, um in seinen besten Jahren aus einem Rucksack zu leben. Bis jetzt hat er mehr als 20 Lonely Planet Reiseführer geschrieben und dabei so weit verstreute Ziele wie das Darién-Hindernis und das Tote Meer behandelt. Wenn er nicht an seiner Promotion bastelt, draußen im Feld ist oder einen Auftrag hat, verbringt er seine Zeit gern damit, mit seinen Eltern den amerikanischen Westen zu erforschen oder in den Vorbergen des Mt. Fuji die angeheiratete Verwandtschaft einzuholen.

KEVIN RAUB

Honduras

Kevin Raub wuchs in Atlanta auf und begann seine Karriere als Musikjournalist in New York, wo er für *Men's Journal* und den *Rolling Stone* arbeitete. Der Rock'n'Roll-Lifestyle verlangte seinen Tribut und Kevin nahm eine längere Auszeit, während der er begann, Reiseberichte zu schreiben. Er nahm den Honduras-Auftrag an wenige Wochen bevor dort die Hölle losbrach. Obwohl er neunmal an Kontrollpunkten der Polizei gestoppt wurde, machte er unermüdlich weiter und durchquerte das Land in seinem gemieteten Mitsubishi Pickup, mit dem er nur einmal steckenblieb – in einer Sackgasse tief in den Bergen zwischen Marcala und La Esperanza. Dies hier ist sein achter LP-Titel.

TOM SPURLING

El Salvador

Als Tom Spurling das letzte Mal in Zentralamerika war, vergaß er seinen Pass in einer Unterkunft in Nicaragua und bekam Ärger an der Grenze. Für dieses Buch erforschte er jeden zerklüfteten vulkanischen Winkel in El Salvdor, mit Stippvisiten in Guerilla-Hochburgen und Rasta-Bars, bewaffnet mit Acidophilus-Tabletten und die Hosen gestrichen voll. Im Interesse von Lonely Planet hat sich Tom inzwischen sprachlich durch spanische, türkische, Hindi- und im Outback von Queensland verwendete Flexionsvarianten gekämpft. Er lebt mit Frau und Sohn in Melbourne, die ihm nachsehen, dass er weder mit leichtem Gepäck noch sicher reisen kann.

LUCAS VIDGEN

Guatemala

Seit 15 Jahren reist und arbeitet Lucas in Lateinamerika. Gegenwärtig lebt er als Vorstandsmitglied der Nichtregierungsorganisation Entre Mundos in Quetzaltenango, Guatemala, und gibt *XelaWho* heraus, das führende Magazin zu Kultur und Nachtleben der Stadt. Lucas hat Beiträge zu verschiedenen Lonely Planet Büchern geschrieben und teilt heute seine Zeit überwiegend zwischen Zentral- und Südamerika. Er ist regelmäßig Mitautor bei den LP-Titeln *Nicaragua, Argentinien* und *Südamerika für wenig Geld*. Sein Spanisch ist in Ordnung, aber er vermisst Kartoffelkuchen und seine Mum.

MIT EINEM BEITRAG VON ...

Dr. David Goldberg verfasste das Kapitel „Gesundheit"'. Er vervollständigte seine Ausbildung in Innerer Medizin und Infektionskrankheiten am Columbia-Presbyterian Medical Center in New York City, wo er auch auf freiwilliger Basis dem Lehrkörper angehörte. Gegenwärtig arbeitet er als Spezialist für Infektionskrankheiten in Scarsdale, New York, und ist Chefredakteur der Website MDtravelhealth.com.

ROBERT HARDING PICTURE LIBRARY LTD / ALAMY

2

GARÍFUNA-KULTUR (BELIZE)

In Dangriga (S. 281) begrüßt einen die Kultur der Garífuna mit einheimischen Trommelbauern unter *palapas* (strohgedeckte Hütten) am Strand, *hudut* (Kochbananenbrei) in den Restaurants, *punta*-Jamsessions vor dem eigenen Hostel ...

Joshua Samuel Brown, Lonely Planet Autor, USA

TIKAL (GUATEMALA)

Wer früh am Morgen, noch vor den Touristenbussen, auf der Gran Plaza (S. 225) in Tikal steht, glaubt sich an einem unentdeckten geheimen Ort. Das strahlende Zentrum der uralten, jahrhundertelang genutzten Maya-Hauptstadt ist ein Relikt der kulturellen und künstlerischen Höhen, die diese faszinierende Zivilisation erlebt hat.

Lucas Vidgen, Lonely Planet Autor, Australien

3

RICHARD I'ANSON

IMAGE SOURCE / ALAMY

4

PARAGLIDEN ÜBER DEM LAGO DE ATITLÁN (GUATEMALA)

Als schaute man auf eine lebende Karte mit allem darauf, von dem man bei der Reiseplanung geträumt hat – live und unter einem! Erinnerungen an die Orte, die ich schon gesehen hatte, lebten wieder auf, und alles, was ich danach sah, brannte sich mir aus dieser Perspektive ins Gedächtnis (s. S. 130).

José Fernández, Traveller, Mexiko

Reiserouten

Der schlanke Umriss Zentralamerikas – mit ein paar Kurven hier und da – lässt nur wenig Raum für kreative Rundreisen. Der einfachste Weg, so die Zeit reicht, führt daher von oben nach unten (oder von unten nach oben). Aber man kann durchaus Ausflüge in mehrere Länder mit einem Ziel- und Startpunkt und ohne große Kehrtwendungen unternehmen. Wer alles sehen möchte (im Grunde eine Kombination aller folgenden Vorschläge), sollte mindestens drei Monate einplanen. Wer dagegen nur zwei oder drei Wochen Zeit hat, sollte sich auf ein Land oder zwei beschränken. Oder man fängt irgendwo an und sieht zu, wohin einen der Wind treibt.

Auf S. 825 stehen Infos zu „Gabelflug"-Tickets nach Zentralamerika und auf S. 827 zur Dauer einiger wichtiger Busreisen.

NÖRDLICHE RUNDREISE

Guatemala, Mexiko, Belize, Honduras & El Salvador

Diese Route schlängelt sich durch viele Highlights des Nordens. Vom Ausgangspunkt **Guatemala-Stadt** (S. 99) geht es einige Tage direkt ins koloniale **Antigua** (S. 113), um einen Vulkan zu besteigen und vielleicht einen Crashkurs in Spanisch zu belegen. Mit einem Chicken-Bus erreicht man weitere Orte im Hochland, etwa den atemberaubenden **Lago de Atitlán** (S. 130), wo man die Touristenfalle Panajachel auslässt und dafür von einem stimmungsvollen Basislager wie dem hippiefreundlichen **San Marcos La Laguna** (S. 144) ein paar Tage zum Wandern und Schwimmen einplant. Dann führt

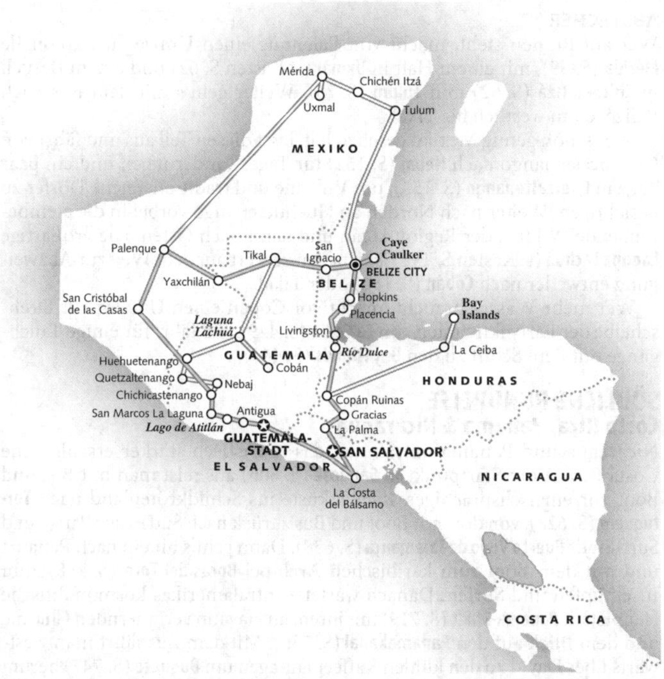

Berge, Urwald, Strände, Ruinen: diese vielfältige Route präsentiert das klassische Zentralamerika und vereint Kultur, Abenteuer und echte Erholung. Wer mag, bleibt länger an einem Ort und bewahrt sich das eine oder andere Stück für den nächsten Trip auf.

DAUER
Minimum: 5–8 Wochen

BESTE REISEZEIT
Jederzeit; kurz vor oder nach der Hauptsaison (Dez.–April) vermeidet man die größten Menschenmassen und tropischen Stürme

BUDGET
20–30 € pro Tag, 8 € mehr in Strandorten in Mexiko und Belize

die Reise nach **Chichicastenango** (S. 146) mit seinem berühmten Mayamarkt. Bei ausreichendem Budget kann man sich nördlich nach Mexiko hineinwagen, um auf der „Chiapas-Runde" das Leben der modernen Mayas in der Bergstadt **San Cristóbal de Las Casas** (S. 42) zu beobachten und die Mayaruinen mitten im Urwald von **Palenque** (S. 48) zu bestaunen. Zurück in Guatemala steht auf dem Weg zur Mutter aller Mayastätten, **Tikal** (S. 224), ein Besuch der am Flussufer liegenden Ruinen von **Yaxchilán** (S. 54) auf dem Programm. Mit dem Bus geht es weiter nach Belize, mit einem Stopp in einem Urwaldlager außerhalb des hügeligen **San Ignacio** (S. 275) für eine Runde Frisbee-Golf, bevor man im lässigen **Caye Caulker** (S. 260) auf die wundervolle Riffwelt der Karibik trifft.

Beim Inselhüpfen nach Süden kann man im unkonventionellen **Hopkins** (S. 284) oder im normaleren **Placencia** (S. 286) eine Pause einlegen, bevor es mit dem Boot zu Guatemalas **Lívingston** (S. 207) geht, um von da aus eine richtige Dschungelbootsfahrt auf dem **Río Dulce** (S. 211) zu unternehmen.

Ein Abstecher nach Honduras bringt einen in die Kopfsteinpflaster-Stadt **Copán Ruinas** (S. 420), die River-Tubing-Trips, Ausritte in die Berge und die namensgebenden Ruinen zu bieten hat. Mit dem Bus geht's weiter nach **Gracias** (S. 433), einer Kolonialstadt, die ganz in der Nähe eines Nationalparks voller Quetzale liegt.

Weiter südlich in El Salvador ist ein Halt in der kitschigen Bergstadt **La Palma** (S. 366) angesagt, um hoch droben über Brücken aus Baumstämmen zu spazieren. Man umfährt San Salvador auf dem Weg in die pazifischen „Surf-Dörfer" von **La Costa del Bálsamo** (S. 330), wo man preiswerte Surfstunden bekommt. Von San Salvador aus nimmt man einen Bus nach Guatemala-Stadt.

ABSTECHER

Wer auf Ruinen steht, macht von Palenque einen Umweg ins koloniale **Mérida** (S. 59), mit einem Halt in **Uxmal** (s. Kasten S. 62) und einem Besuch in **Chichén Itzá** (S. 62) und **Tulum** (S. 75). Weiter geht's mit dem Bus nach Belize, dann westlich bis Tikal.

Wer schon genug Mexiko gesehen hat, lässt diesen Teil aus und fährt von Chichicastenango nach **Nebaj** (S. 152) für Tageswanderungen und ein paar Tage in **Quetzaltenango** (S. 155), um Vulkane und traditionsreiche Dörfer zu besichtigen. Weiter nach Norden an Huehuetenango vorbei in die atemberaubende Wildnis der Region Ixcán und dann nach Osten. Die großartige **Laguna Lachuá** (s. Kasten S. 191) ist eine Pause wert auf dem Weg zur Abzweigung entweder nach **Cobán** (S. 186) oder Tikal.

Wer mehr Wasser braucht, macht vor Copán einen Umweg zur Drehscheibe der Partyaktivitäten von **La Ceiba** (S. 449) und fährt für einige Tauchgänge mit dem Schiff zu den **Bay Islands** (S. 463).

SÜDLICHE RUNDREISE
Costa Rica, Panama & Nicaragua

Nicaragua und Panama umrahmen das touristisch stärker erschlossene Costa Rica. Vom Startpunkt in **San José** (S. 606) aus reist man mit Bus und Boot zur englischsprachigen Karibikküste ins Schildkrötenland nach **Tortuguero** (S. 628), von dort mit Boot und Bus zurück nach Süden zur Party- und Surf-Stadt **Puerto Viejo de Talamanca** (S. 638). Dann geht's hinein nach Panama und mit dem Boot zum karibischen Archipel **Bocas del Toro** (S. 758) zum Inselhüpfen und Surfen. Danach wartet Zentralamerikas kosmopolitische Hauptstadt **Panama-Stadt** (S. 719) mit ihrem an Havanna erinnernden Charme und dem Blick auf den **Panamakanal** (S. 736). Mit dem Bus fährt man westwärts über David zu den kühlen Kaffeeplantagen um **Boquete** (S. 747) herum

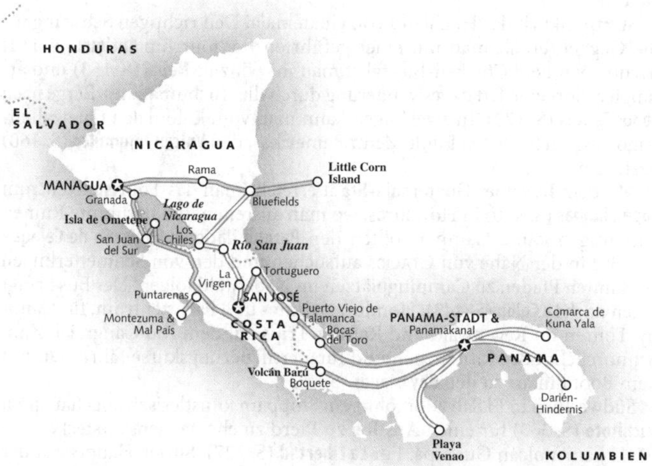

Zunächst lässt man sich im teureren (und bekannteren) Costa Rica von der Vielfalt zentralamerikanischer Wildtiere verblüffen, dann folgt der stärkere „Wow"-Effekt der benachbarten authentischen, weniger touristisch geprägten Länder. Beide werden mit ihren Vulkanen und abwechslungsreichen Küsten als das „neue Costa Rica" beworben, aber Besucher lieben sie wahrscheinlich auch aus anderen Gründen.

und schaut von oben am **Volcán Barú** (S. 752) über den Pazifik und das Karibische Meer.

Nach der Busfahrt zurück nach Costa Rica nimmt man von Puntarenas aus die Fähre, um den Treffpunkt der Bohemians von **Montezuma** (S. 670) auf der Península de Nicoya zu testen, außerdem Badestellen, Strände in der Wildnis und Surfen in **Mal País** (S. 673). Wieder zurück in Puntarenas geht es weiter zu Nicaraguas Doppelvulkan auf der **Isla de Ometepe** (S. 566), nachdem man sich im lustigen, aber gringo-fizierten **San Juan del Sur** (S. 561) mit Rum in der Hollywoodschaukel amüsiert hat. Dann steht ein Besuch im kolonialen **Granada** (S. 547) an, mit seinen Vulkanen und gruseligen Nachtwanderungen. Über Managua geht die Busreise weiter nach Rama und mit dem Boot nach Bluefields und schließlich ebenfalls per Boot hinaus nach **Little Corn Island** (S. 581), wo man in Ruhe schnorcheln und ausspannen kann. Um eine direkte Busverbindung nach San José zu erwischen, kehrt man nach Managua zurück.

ABSTECHER

Von Nicaragua kann man auch nach Costa Rica zurückkehren, indem man die Grenze bei Los Chiles überquert, nach einer Bootsfahrt auf dem **Río San Juan** (S. 574). In Costa Rica nimmt man den Bus über Ciudad Quesada nach **La Virgen** (S. 653), einem Highlight für Rafter.

In Panama kann man einen Umweg über **Playa Venao** (S. 773) auf der Península de Azuero machen, zum Chillen und Surfen. Wer über ausreichend Bargeld verfügt, kann in der Nähe des **Darién-Hindernis** (S. 787) ein surreales Abenteuer erleben oder zu den von Kuna bewohnten faszinierenden Inseln fliegen, die als **Comarca de Kuna Yala** (S. 780) bekannt sind.

DAUER
5–7 Wochen

BESTE REISEZEIT
Jederzeit; kurz vor oder nach der Hauptsaison (Dez.–April) vermeidet man die größten Menschenmassen und tropischen Stürme

BUDGET
15–30 € pro Tag, mehr in den Strandorten

ACTION OHNE ENDE!

Zentralamerika ist ein Paradies für Aktive – surfen, tauchen, wandern und Boot fahren gehören eindeutig zu den Highlights der Region. Für diesen Trip – von Guatemala-Stadt nach Panama-Stadt braucht man ein „Gabelflug"-Ticket.

Diese schmale Landenge ist mit seinen Vulkanen, Bergen, Flüssen und Wellen wie geschaffen für tolle Outdoor-Abenteuer. Noch nie gesurft oder getaucht zu haben ist keine Entschuldigung! Zentralamerika ist der Ort, es zu lernen.

Startpunkt ist das Hochland von Guatemala. Den richtigen Schwung für die Gegend erhält man mit einer geführten Radtour um **Antigua** (S. 114) herum. Mit dem Chicken-Bus fährt man ins winzige **Nebaj** (S. 153) und arrangiert dort eine Dreitageswanderung durch die Cuchumatanes-Berge nach **Todos Santos** (S. 172). In zwei Tagen kann man vom kolonialen Quetzaltenango aus den höchsten Punkt Zentralamerikas, den **Volcán Tajumulco** (S. 160) besteigen.

Mit dem Bus über Guatemala-Stadt erreicht man das Touristenzentrum **Copán Ruinas** (S. 420) in Honduras, wo man ausreiten und berühmte Ruinen besichtigen kann. Camper sollten den **Parque Nacional Montaña de Celaque** (S. 436) in der Nähe von Gracias aufsuchen und den von Schmetterlingen gesäumten Pfaden zu Campingplätzen im Nebelwald folgen. Der Bus bringt einen nach **La Ceiba** (S. 449), Honduras' Aktiv- und Partyzentrum, für Canopy-Touren im Regenwald und Rafting-Trips auf dem Río Cangrejal. Zum Schnorcheln oder Rifftauchen und für Zertifizierungskurse fährt man mit dem Boot hinaus zu den **Bay Islands** (S. 463).

Südwestlich in El Salvador lohnt ein Stopp im künstlerisch angehauchten **Suchitoto** (S. 363) für einen Ausflug zu Pferd zu ehemaligen Verstecken der FMLN am Volcán Guazapa. Für **La Libertad** (S. 327), Surfer-Hauptstadt der Nation, kann man auf die Hauptstadt verzichten. Auf der Busfahrt nach Nicaragua legt man im kolonialen **León** (S. 538) eine Pause ein, um auf einen

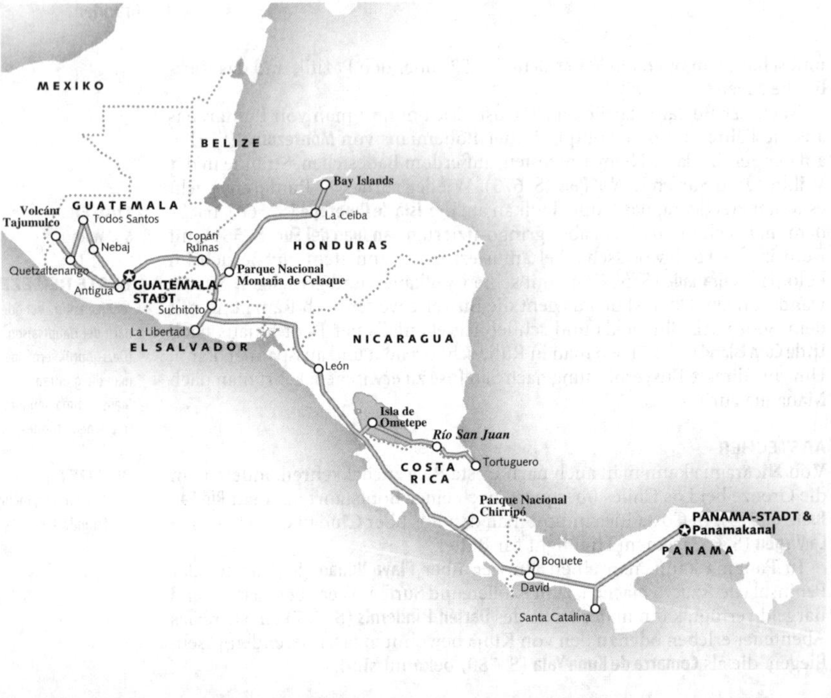

nahen Vulkan zu klettern und wieder hinunterzurutschen. Mindestens ein paar Tage sollte man für die **Isla de Ometepe** (S. 566) einplanen, eine Vulkaninsel in einem meergroßen See, um zu den Wolken hinauf zu wandern – und noch weiter.

Costa Rica bietet überreichlich Outdoor-Aktivitäten. Kanutouren auf eigene Faust durch den **Tortuguero** (S. 629), den man über den Río San Juan erreicht, sind ein ewiges Zentralamerika-Highlight. Im Süden gibt's im **Parque Nacional Chirripó** (S. 688) einen gut markierten Zweitages-Trail zum höchsten Berg des Landes, mit einer Übernachtungshütte auf dem Weg.

In Panama kann man von David aus einen Umweg nach **Boquete** (S. 747) machen, in der Nähe des Volcán Barú und von Flüssen zum Raften. Die besten Wellen der Region findet man in **Santa Catalina** (S. 769), eine gute Gelegenheit, seine Surftechniken aufzupolieren. Zum Ende der Reise sollte man mit Rollerblades den Damm an der Mündung des Panamakanals bei **Panama-Stadt** (S. 719) entlang fahren. Oder einfach einen Film ansehen.

DAUER
5–7 Wochen

BESTE REISEZEIT
Im allgemeinen die Trockenzeit (Dez.–April); Bergwanderungen werden während der Hauptregenzeit (Sept. & Okt.) rutschig (und gefährlich) und Reisen zu den Bay Islands bei Regen dampfig (Nov.–Feb.)

BUDGET
Führer für Wanderungen oder Tauchgänge erhöhen die Kosten; man kann mit 30–40 € pro Tag rechnen

„ICH HAB' NUR ZWEI WOCHEN!"

Fragen wie diese tauchen immer wieder auf: „Ich möchte Zentralamerika sehen, habe aber nur ein paar Wochen. Wohin soll ich gehen?" Der beste Rat ist, sich auf einige Highlights in einem Land oder zwei zu konzentrieren. Vielleicht „das Zentralamerika von morgen" in El Salvador und Nicaragua auszuprobieren. Viele Neulinge besuchen als erstes Guatemala. Ein „Gabelflug"-Ticket – Hinflug zu einem Ort, Rückflug von einem anderen – hilft dabei, das Beste aus seiner Urlaubszeit zu machen.

Abgesehen von der Möglichkeit, Ausschnitte aus den oben beschriebenen Routen zu wählen, kommen hier ein paar Vorschläge für Zwei-Wochen-Touren.

Von allem das Beste: Von Panama nach Guatemala

Ganz Zentralamerika in lediglich 14 Tagen? Verrückt geworden oder was? O.k. Hier steht beschrieben, wie man die meisten Länder besuchen kann, wenn man über Land reist und meistens tagsüber.

Am Anfang stehen zwei Nächte in **Panama-Stadt** (S. 719) – für den Kanal und das koloniale Casco Viejo. Dann fährt man mit dem Bus 15 Stunden nach **San José** (S. 606), mit dem Tica-Bus kommt man um 3 Uhr an und nimmt ein Taxi zu einem der Hostels mit Pool. Ein Tagesausflug führt zum **Parque Nacional Braulio Carrillo** (S. 623), um einen Vulkan zu besteigen. Der morgendliche Bus bringt einen in zehn oder mehr Stunden für einige Nächte zu Nicaraguas kolonialem Wunder **Granada** (S. 547), um zwischen den Mangobäumen auf der Plaza zu flanieren oder eine Canopy-Tour in einen Vulkan hinunter zu wagen. Für den folgenden langen Tag sollte man sehr früh aufstehen: Der Bus nach Tegucigalpa braucht grobe zehn Stunden, der nach **Copán Ruinas** (S. 420) weitere sieben – dort sollte man sich zwei volle Tage Pause gönnen, dabei aber die nahen Mayaruinen nicht vergessen. Mit dem Shuttlebus kommt man in sechs Stunden nach **Antigua** (S. 113), für ein paar letzte Tage in dem mit Vulkanen übersäten Hochland, in die man hoffentlich noch einen Tagestrip zum **Markt von Chichicastenango** (S. 148) quetschen kann. Die Reise endet in Guatemala-Stadt.

Alles echt: Von Belize nach Honduras

Wohin auch immer eine Reise geht, Begegnungen mit Einheimischen sind das höchste. Bei diesem Trip – von Belize City bis Tegucigalpa – reiht sich ein traditionsreiches Dorf ans nächste, in dem tief verwurzelte Traditionen hochgehalten werden. In **Dangriga** (S. 281) lernt man die Garífuna kennen, am besten während des Festivals zum Garífuna Settlement Day (19. Nov.).

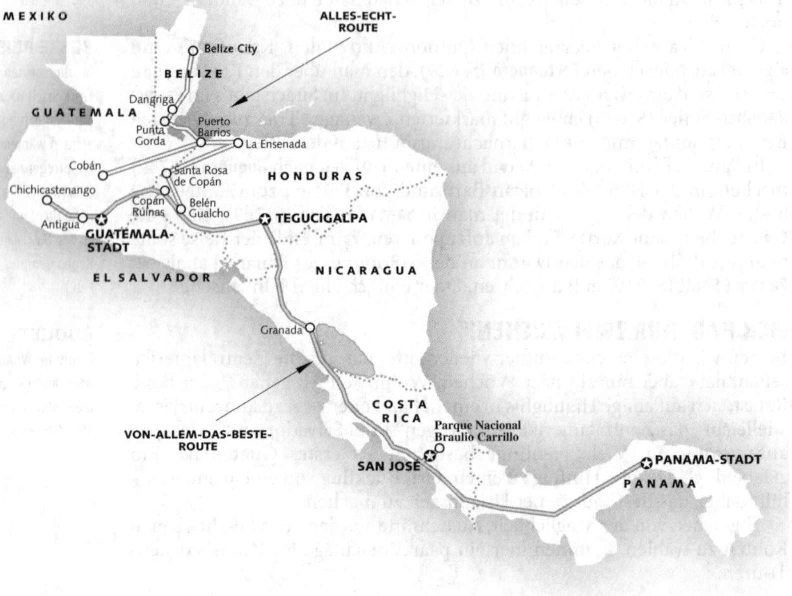

Wer nur zwei Wochen Zeit mitbringt, kann so viel wie nur möglich hineinpacken oder in aller Ruhe in eine Kultur eintauchen, die es niemals eilig hat.

Dann kann man in einem Homestay außerhalb von **Punta Gorda** (S. 289) übernachten und mit der Mayagastfamilie Lieder singen.

Dann nimmt man die Fähre nach Puerto Barrios, Guatemala, und den Bus nach **Cobán** (S. 186), wo man einige Tage mit einer Q'eqchi'-Familie im Nebelwald verbringt.

Mit dem Bus geht's weiter ostwärts nach Honduras, wo man am Strand entspannt und einheimisches Kokosbrot in gelassenen Garífuna-Dörfern wie **La Ensenada** (S. 448) probiert. Schließlich nimmt man den Bus von **Santa Rosa de Copán** (S. 431), um den Lenca-Markt im an die Klippen geschmiegten **Belén Gualcho** (s. Kasten S. 436) zu sehen. Bis nach Tegucigalpa ist es eine siebenstündige Busfahrt.

Bevor es losgeht

Schon die Vorbereitung einer Reise macht viel Spaß, selbst wenn man die Reiseroute sofort wieder verwirft, sobald man am Ziel ankommt. Dieses Kapitel soll helfen, die wichtigsten Fragen zu beantworten, u. a. zur Reisezeit und zum Kleingeldbedarf. Weiterführende Informationen stehen im Kapitel „Allgemeinen Informationen" (S. 804).

REISEZEIT

Immer dann, wenn man sich frei nehmen kann. Jede Jahreszeit ist eine gute Reisezeit (solange sich nicht gerade ein Wirbelsturm gleichzeitig auf den Weg macht). Ein Bad im Meer ist im Februar am angenehmsten, in den Bergen ist es im August erfrischend kühl. Die Jahreszeiten werden in dieser Region jedenfalls weniger von der Temperatur, sondern eher durch das Wetter und touristische Aktivitäten bestimmt.

Klimatabellen für ausgesuchte Städte in Zentralamerika stehen auf S. 815; s. auch den Abschnitt „Klima" in den „Allgemeinen Informationen" in jedem Länderkapitel.

Die touristische Hauptsaison fällt in die Trockenzeit, genannt *verano* (Sommer). Sie liegt grob zwischen Weihnachten und den Feierlichkeiten zur Semana Santa zu Ostern (die an sich schon sehenswert sind). Zwar füllen sich die Hotels und die Preise steigen, aber in der Regel findet man auch in bedeutenden Touristenzielen wie Antigua in Guatemala oder in Cancún in Mexiko ein Zimmer. Vor und nach dieser Zeit – Mitte November oder Mitte April – kann die beste Reisezeit sein.

An den meisten Tagen in der Regenzeit, *invierno* (Winter) genannt, die grob von Mai bis Ende November bzw. Anfang Dezember geht, reißt der Himmel immer wieder auf und die Sonne scheint, außerdem sind die Flüge günstiger. Nachmittags zieht sich der Himmel oft schlagartig zu und es

10 TIPPS ZUM GELD SPAREN

- Bevor man eine Dienstleistung in Anspruch nimmt, immer nach dem Preis fragen.
- Das Mittagessen auf einem lokalen Markt essen, gekochten Mais von Straßenverkäufern kaufen und sich das verlockende westliche Frühstück (ab 3 €) verkneifen – davon kriegt man ja daheim genug.
- Zu Fuß gehen, z. B. von Busbahnhöfen und zu Museen in der Stadt, und sich so das Geld für ein Taxi sparen.
- Sich mit anderen Reisenden zusammenschließen. Wer allein reist, zahlt oft genauso viel wie zwei Personen. Ein Hotelzimmer zu dritt oder viert zu belegen, kann günstiger als eine Nacht im Hostel sein.
- Sich beim *carves* (Bier) zurückhalten, denn ein oder zwei Euro pro Flasche summieren sich ganz schnell.
- Nicht dauernd kleine Wasserflaschen kaufen. Wasser in großen Mengen kaufen, abgekochtes Wasser trinken oder einen Wasserreiniger mitbringen.
- Mit der 2. Klasse oder günstigeren Bussen fahren: Ausgesonderte Schulbusse aus den USA, die in leuchtenden Farben bemalt wurden, sind teilweise um die Hälfte günstiger.
- Es langsam angehen lassen. Wer langsam reist, fährt weniger umher und hat mehr Zeit, günstige Angebote zu finden.
- Weniger Länder zu besuchen bedeutet, dass man weniger Einreisevisa benötigt und kürzere Reisedistanzen hat.
- Die Partystädte in Mexiko, Costa Rica, Belize und der Karibik auslassen – sie alle sind teuer.

regnet ein, zwei Stunden lang, danach klart es wieder auf. Es kann aber auch Überschwemmungen und tagelange Regenfälle geben, was vor allem für Bergwanderungen problematisch ist. Wirbel- und Tropenstürme sind ein noch ernsteres Problem, da sie Tage andauern können (meistens ziehen sie im Sept. und Okt. die Karibikküste hinauf und hinab) und die ganze Region betreffen.

PREISE

Zentralamerika ist kein teures Reisegebiet. Guatemala, Honduras und Nicaragua sind die günstigsten Länder, danach folgen El Salvador und Panama. Deutlich höher als in anderen zentralamerikanischen Ländern sind die Reisekosten in Belize, Costa Rica und Mexiko (vor allem die Busse in Mexiko!), doch selbst in diesen Ländern bekommt man in der Regel ein Bett in einem Schlafsaal für nur 7–10 € und ein Bett in einem Gästehaus für nur 20–30 €.

WAS KOSTET WIE VIEL?

Bier in der Flasche 0,50–2,50 €

Busfahrt (3 Std.) 2,50–7 €

Bett in einem Mehrbettzimmer 4–10,50 €

Doppelzimmer im Hotel 5,50–25 €

Internetzugang pro Std. 0,70–1,50 €

Mittagessen 2–3,50 €

Wie viel Geld man braucht

Im Allgemeinen kann man mit einem Tagesbudget von 10 € (in Guatemala) bis 30 € (in Mexiko oder Belize) zurechtkommen. Diese Summe ist das absolute Minimum pro Tag mit Übernachtung in einem Hostel mit kostenlosem Frühstück und Internetanschluss, mit einem einfachem Mittag- und Abendessen, dem Besuch einer Sehenswürdigkeit und einer mehrstündigen Fahrt in die nächste Stadt. Wer mehr Geld mitbringt als er meint zu brauchen, kann sich hin und wieder den Luxus eines richtig guten Abendessens, Drinks, Hotels mit Klimaanlage, Schnorchelausflugs, eines Ausflugs oder eines Führers leisten. In einem vernünftigen klimatisierten Hotelzimmer zu übernachten kostet einen Aufpreis von 10/15 € in Nicaragua/Mexiko. Kostenbeispiele sind auf der ersten Seite eines jeden Länderkapitels aufgeführt.

Wie man Geld mit sich führt

Ein bisschen Extra-Cash sollte man für den Notfall immer dabeihaben – zumindest ein Polster von ein paar Tagesbudgets. Geldautomaten sind in der ganzen Region weit verbreitet. Vor der Abreise sollte man sich bei der eigenen Bank nach den Gebühren für Abhebungen im Ausland erkundigen. Generelle Informationen zum Umgang mit Geld in der Region stehen auf S. 813 und im Abschnitt „Geld“ in den „Allgemeinen Informationen“ jedes Länderkapitels.

ETIKETTE

- In Restaurants 10 % Trinkgeld geben, sofern die Servicegebühr nicht im Preis enthalten ist.
- Die Einheimischen höflich mit *usted* anreden, bis sie auf *tú* umsteigen.
- Sich über das aktuelle Zeitgeschehen informieren. Viele Einheimische leiden vielleicht noch unter den Folgen eines nicht lange zurückliegenden Bürgerkriegs, in den das eigene Heimatland eventuell involviert war – das sollte man vorher wissen.
- Nicht oben ohne oder im Bikini einkaufen gehen. Selbst in Strandnähe können einem manche Gemeinden eine allzu lässige Kleidung übel nehmen.
- Hier hat das Leben nicht die gleiche Geschwindigkeit wie in New York, und das darf man auch nicht erwarten.
- Keine Fotos von religiösen Zeremonien oder Personen machen, ohne vorher um Erlaubnis zu bitten.

WAS MAN MITNEHMEN SOLLTE

In größeren zentralamerikanischen Städten findet man fast alles. Manches ist jedoch schwer zu bekommen oder völlig überteuert.

- Mitbringen sollte man: einen Wecker für frühmorgens abfahrende Busse (und viele Busse fahren frühmorgens).
- Bücher für die Freizeit und zum Überbrücken der Wartezeiten auf öffentliche Verkehrsmittel. In großen Städten und beliebten Reisezielen gibt es Büchertausch für neue und gebrauchte englischsprachige Lektüre.
- Eine vollständige Campingausrüstung, wenn man zelten möchte (außer Gas für den Kocher), da Ausrüstung überteuert und nicht überall verfügbar ist.
- Kondome und die Pille erhält man in größeren Städten, bringt aber besser eigene Vorräte mit.
- Eine Taschenlampe ist unverzichtbar für Strandhütten ohne Strom oder die Erkundung von Ruinen.
- Fotokopien: Am besten fotokopiert man seinen Pass, das Flugticket, Visa und Reiseschecknummern und verstaut sie separat von den Originalen.
- Ein oder zwei Schnappschüsse von seinen Lieben daheim werden die neuen zentralamerikanischen Freunde sehr schätzen.
- Regenausrüstung: eine dünne wasserdichte Regenjacke und ein wasserdichter Packsack sind Gold wert. Man sitzt im Bus im Trockenen, aber das Gepäck auf dem Dach kann durchweichen.
- Insektenvernichtungsmittel findet man in größeren Orten und Städten.
- Ein Buch mit lateinamerikanischen Redewendungen (s. S. 838).
- Einen Stöpsel und eine Wäscheleine, um Wäsche zu waschen und aufzuhängen.
- Einen Wasserfilter/-reiniger zum Campen oder zur Herstellung von Trinkwasser.

Preise für Ausländer

Museen und Nationalparks knöpfen ausländischen Besuchern in ganz Zentralamerika oft höhere Eintrittspreise ab. Teilweise zahlt man das Doppelte von dem, was die Einheimischen zahlen, aber immer noch verhältnismäßig wenig. Ehe man sich beschwert, kurz darüber nachdenken, wie viel die Einheimischen verdienen. Mancherorts gibt's Studentenermäßigungen. Wenn nicht, lohnt sich handeln nicht, da die Preise fix sind.

VERHALTEN

Manches muss man bedenken, um in Zentralamerika nicht negativ aufzufallen. Das Leben ist hier vielleicht langsamer, als man es von zu Hause gewohnt ist. S. auch „Verantwortungsbewusst reisen" (S. 4).

Begrüßungen

Ein einfaches *buenos días* oder *buenas tardes* („guten Morgen" bzw. „guten Tag") sollte immer eine Unterhaltung einleiten, selbst wenn man nur eine einfache Bitte hat. Wer einen Raum betritt, dies gilt auch für öffentliche Räume wie ein Restaurant oder einen Warteraum, grüßt höflicherweise in die Runde. Es ist auch freundlich, den Sitznachbarn im Bus (und dessen Huhn) zu grüßen.

Die indigene Bevölkerung

Die indigenen Einwohner als *indios* bzw. *indias* zu bezeichnen, ist eine Beleidigung. Weit verbreitet ist das Wort *indígena* für indigene Männer und Frauen.

INSPIRATIONEN VOR DER REISE

Film

Der ein oder andere Film kann Lust auf Zentralamerika machen. In der Region spielen viele Blockbuster, aber sind wir ehrlich: Filme wie *Apocalypto* und *Jurassic Park* bieten wenig Einblicke in die lateinamerikanische Kultur.

Eher sollte man nach hier gedrehten Nicht-Hollywood-Filmen schauen. *Looking for Palladin* (2008), nach dem Drehbuch und unter der Regie von Andrzej Krakowski in Antigua gedreht, bietet gute Einblicke in das Alltagsgeschehen. Der preisgekrönte Film *La casa de enfrente* (2003) von Tonatiúh Martínez befasst sich mit so düsteren Themen wie Korruption und Prostitution. Er entstammt einer neuen Welle der Filmemacherei in Guatemala.

Der Regisseur Paz Fabrega gewann 2010 internationale Auszeichnungen für den Film *Agua fría de mar*, die costa-ricanische Geschichte eines jungen Pärchens und eines siebenjährigen Mädchens mit gänzlich unterschiedlichen sozialen Hintergründen. *Sin nombre* wurde 2009 auf dem Sundance Film Festival ausgezeichnet. Der Film über Gangs und illegale Immigration beginnt in Honduras.

Der erste kommerzielle Film aus Panama war *Chance* (2009), eine lohnenswerte tropische Komödie, erzählt aus der Perspektive zweier Hausmädchen, die den Aufstand proben. Ebenfalls aus Panama stammt der Film *Burwa dii Ebo* (*The Wind and the Water*), offizieller Kandidat beim Sundance Film Festival im Jahr 2008. Er erzählt die Geschichte eines indigenen Kuna-Teenagers, der nach Panama-Stadt zieht. Obwohl er noch nicht im kommerziellen Handel ist, hat er auch Preise in Toronto und Chile gewonnen.

Der salvadorianische Kriegsfilm *Sobreviviendo Guazapa* (*Surviving Guazapa*; 2008) des Regisseurs Roberto Davila ist eine Art mittelamerikanischer *Rambo*. *Walker* (1987), ein Film des nicaraguanischen Regisseurs Alex Cox, ist die unkonventionelle Darstellung der Abenteuer von Zentralamerikas berüchtigtstem Größenwahnsinnigen. Er wurde an Originalschauplätzen in Nicaragua gedreht.

Klassiker sind u. a. Woddy Allens Parodie *Bananas* und der Film *The Mosquito Coast* (mit Harrison Ford), der in Honduras spielt, aber in Belize gedreht wurde.

Literatur

Reisenden auf der Mayaroute bietet Michael D. Coes *Breaking the Maya Code* eine hervorragende Einführung in die faszinierenden uralten Zivilisationen.

Kleidung

Man sollte Wert auf sein Äußeres legen, auch als Rucksackreisender. In Lateinamerika spielt das Äußere nämlich generell eine wichtige Rolle, sowohl bei der Körperpflege als auch bei der Kleidung; den Lateinamerikanern fällt es schwer, zu verstehen, warum sich ein ausländischer Reisender (von dem angenommen wird, er sei reich), schlampig kleidet, wenn sogar verarmte Zentralamerikaner ihr Bestes geben, um sich schick zu machen. Wer tadellos aussieht, hat es im Alltag deshalb oft leichter. Und das gilt natürlich auch für den Umgang mit Beamten (beispielsweise Personal an der Einreisestelle und Polizei).

Legere Kleidung setzt sich allerdings immer stärker durch. Man sieht viele einheimische Frauen im Minirock. Vor nicht allzu langer Zeit war dies noch undenkbar, aber auch heute schätzt nicht jeder diese Kleidungsform, und manche Einheimische nehmen Anstoß daran. Als Ausländer sollte man sich eher konventionell kleiden, um niemandem zu nahe zu treten. Im Allgemeinen gilt: Umschauen, was die Leute um einen herum tragen, und sich entsprechend kleiden.

Shorts tragen sowohl Männer als auch Frauen in der Regel nur am Strand und in Küstenorten. Viele einheimische Frauen tragen beim Schwimmen T-Shirts über ihren Badeanzügen. Wer es ihnen nicht gleich tut, muss mit viel männlicher Aufmerksamkeit *und* einem Sonnenbrand rechnen. Weitere spezifische Tipps für Frauen stehen auf S. 809.

Mehr als nur ein Reisebericht ist Salman Rushdies *Das Lächeln des Jaguars: Eine Reise durch Nicaragua*. Geistreich und eigensinnig schildert es Rushdies Besuch des Landes während der Revolution.

Costa Rica: A Traveler's Literary Companion ist ein Buch mit 26 Kurzgeschichten zum Wesen des Landes. Der Roman *The Last Flight of the Scarlet Macaw* von Bruce Barcott handelt von einem Aktivisten in Belize, der etwas bewirkt.

The Soccer War von Ryszard Kapuscinski ist eine unterhaltsame und brutale Erzählung über den hundertstündigen Krieg zwischen Honduras und El Salvador. Das hervorragende Buch *Moskito-Küste* von Paul Theroux lieferte die Vorlage für den Film über eine amerikanische Familie im Herzen der Dunkelheit. Um sich das gigantische Unterfangen des Baus des Panamakanals vor Augen führen zu können, empfiehlt sich das 700 Seiten starke Buch *The Path Between the Seas* von David McCollough (das sich auch prima als Yoga-Klotz eignet).

Weitere Buchtipps gibt's auf S. 807 und im Abschnitt „Bücher" im Kapitel „Allgemeine Informationen" zu jedem Land.

Infos im Internet

- Artikel, Mayalegenden und Informationen zur Region findet man unter **Mundo Maya online** (www.mayadiscovery.com).
- Die Webseite **Ecotravels** (www.planeta.com) bietet faszinierende Artikel, Referenzmaterial und Weblinks.
- Hier findet man **gemeindebasierten Tourismusinitiativen** (www.redturs.org).
- Tolle Erkenntnisse liefert der fantastische **Blog zu El Salvador** (www.luterano.blogspot.com).
- Berichte zu Zentralamerika gibt's auch auf der Website von **Amnesty International** (www.amnesty.org).
- Expertenmeinungen zu berühmten mittelamerikanischen Rumsorten hat die Seite des **Rum-Ministeriums** (www.ministryofrum.com).

Auf S. 815 gibt's eine weiterführende hilfreiche Liste mit Internetquellen.

Besonders bewusst muss man sich kleiden, bevor man eine Kirche betritt. Shorts, kurze Röcke und Tank Tops sind – wie bei uns ja eigentlich auch – ein absolutes Tabu.

Auch in puncto Sicherheit spielt das Auftreten eine Rolle. Sogar preiswerter, nachgemachter Schmuck verleitet viele Möchtegern-Diebe zur Annahme, man sei reich, vor allem in den Hauptstädten. Eine Kamera um den Hals hängen zu haben ist deutlich ungefährlicher. Grundlegendes zur Sicherheit auf Reisen steht auf S. 810.

Überblick

AKTUELLE ENTWICKLUNGEN

Es war, als ob jemand die Notbremse der großen Maschinerie des internationalen Handels gezogen hätte. Dass die Räder der Weltwirtschaft 2008 abrupt zum Halten kamen, war für Zentralamerika wie ein Schlag in die Magengegend. In der ganzen Region schlossen ausländische Industriebetriebe oder entließen einen Teil ihrer Angestellten, die Touristenzahlen brachen ein und der Geldstrom, der bis dato beständig von im Ausland lebenden Menschen zu Familienmitgliedern in ihren Heimatländern geflossen war, versiegte beinahe vollständig.

Jetzt stellt sich die Frage, wie man zur „ursprünglichen Form" zurückfinden soll. Doch bevor Zentralamerika wirklich zu Wohlstand gelangen kann, gilt es, ein noch viel wichtigeres Ziel zu erreichen: Stabilität. Einem Bericht der UNO von 2009 zufolge hat diese Region die höchste nicht politische Kriminalitätsrate der Welt. Weiterhin heißt es in dem Papier, dass sowohl gewaltsame Methoden als auch friedliche Verhandlungen nicht den gewünschten Erfolg gebracht haben. Was benötigt wird, ist eine clevere Strategie zum Schutz der Bürger, die Präventiv- und Zwangsmaßnahmen umfasst.

Thomas E. Skidmores Buch *Modern Latin America* umfasst eine 48-seitige Zusammenfassung zur modernen Geschichte Zentralamerikas. *A Brief History of Central America* des costaricanischen Autors Héctor Pérez-Brignoli bietet einen gut lesbaren, 222 Seiten langen Überblick über die Region.

Das ist vielleicht einfacher gesagt als getan. Die Sicherheitsproblematik ist wahrscheinlich nirgendwo gravierender als in Guatemala. Dort sind viele Polizisten korrupt und die Kriminalitätsrate steigt unablässig. In Mexiko hat die Mobilisierung des Militärs zum Kampf gegen den Drogenhandel vornehmlich im Norden des Landes gewaltsame Reaktionen nach sich gezogen. Die Berichterstattung darüber und die anfängliche Hysterie um den Schweinegrippe-Erreger H1N1 hat die Besucherzahlen aber auch in den Badeorten auf Yucatán zurückgehen lassen.

2009 ging ein Linksruck durch El Salvador, als die Partei Frente Farabundo Martí para la Liberación Nacional (FMLN) zum ersten Mal seit ihrer Gründung als Guerilla-/Widerstandsbewegung an die Macht kam. Der Machtwechsel gilt als Meilenstein für den Demokratisierungs- und Versöhnungsprozess in El Salvador, es ist jedoch noch nicht klar, ob die Regierung unter der Führung des ehemaligen TV-Journalisten Mauricio Funes die Wahlversprechen (politische Transparenz und ein flächendeckender sozialer Wandel) wirklich halten kann. Nachrichten zur Bandenkriminalität dominieren die Schlagzeilen.

In jeder anderen Region der Welt hätten die oben genannten Fakten schon für genug Redestoff gesorgt, doch die größte Story 2009 war der Putsch in Honduras am 28. Juni 2009. Wie sich herausstellte, hatte das Militär Präsident Manuel Zelaya auf Befehl des obersten Gerichtshofs festgenommen und seines Amts enthoben. Er wurde des Verrats und des Missbrauchs der Amtsgewalt angeklagt und hatte darüber hinaus eine Allianz mit dem venezolanischen Präsidenten Hugo Chávez geschmiedet, was ausreichend Anlass zur Beunruhigung gab. Die politische Lage war gespannt, als im November 2009 faire demokratische Wahlen in Honduras durchgeführt wurden, aus denen der Kandidat der nationalistischen Partei, Porfirio „Pepe" Lobo, siegreich hervorging. Der Konservative (Mitte-Rechts-Spektrum) gilt als das absolute Gegenteil von Zelaya.

Amnesty-International-Berichte über Zentralamerika findet man auf der Website www.amnesty.org.

Ein weiteres Land, das dem Linkstrend in Lateinamerika nicht gefolgt ist, ist Panama. Dort war der konservative Supermarkt-Magnat Ricardo Martinelli im Mai 2009 zum Präsidenten gewählt worden. Die wichtigste Nachricht aus Panama ist jedoch das 5 Mrd. US$ schwere Projekt zur Erweiterung des Kanals. Der umfassende Ausbau soll 2014 abgeschlossen sein und dafür sorgen, dass mehr und größere Schiffe den Kanal passieren können, um die Wirtschaft des Landes zu beleben.

In Belize wurden derweil die potenziellen Vorteile der Ölförderung den Umweltrisiken in einer öffentlichen Debatte gegenübergestellt. Nun, da die zentralamerikanischen Nationen in der Krise stecken, haben natürliche Rohstoffe enorm an Bedeutung gewonnen; Bergbau soll im großen Stil betrieben werden, es sollen Dämme zur Stromgewinnung aus Wasserkraft entstehen und vermehrt Wälder abgeholzt werden.

Diese düsteren Zeiten bergen jedoch auch die Chance, einen Moment innezuhalten und Bilanz zu ziehen: Die Erschließung der Region, die durch große Investitionen aus dem Ausland ermöglicht wurde, ist zum Stillstand gekommen. Obwohl das Central American Free Trade Agreement (Cafta) ratifiziert wurde, sind die Stimmen der Kritiker noch lange nicht verstummt. Die Zeit wird zeigen, ob der Freihandel das richtige Wirtschaftsmodell für die Region ist. In der Zwischenzeit hat die Öffentlichkeit ein Auge auf die Spitzen der zentralamerikanischen Regierungen.

GESCHICHTE

Die meisten Experten gehen davon aus, dass die ersten Menschen in Zentralamerika aus Asien kamen. Vor ca. 20 000 Jahren sollen sie die zugefrorene Beringstraße zwischen Russland und Alaska überquert und sich dann gen Süden aufgemacht haben. Einer anderen Theorie zufolge landeten vor etwa 11 000 Jahren asiatische Seefahrer im heutigen Kalifornien. Was auch immer zutrifft, gerade in den letzten Jahrtausenden ist es in Zentralamerika zunehmend ungemütlich geworden: Umweltkatastrophen wie Wirbelstürme, Vulkanausbrüche und Erdrutsche zerstörten zahlreiche Siedlungen und rivalisierende Stadtstaaten führten Krieg gegeneinander. Und dann kamen die Europäer.

Europäer treffen „Amerikaner"

Als die ersten Europäer mit ihren glänzenden Helmen in Zentralamerika auftauchten – Christoph Kolumbus (oder Cristóbal Colón, so der spanische Name) hatte seinen ersten „Auftritt" hier im Jahre 1502 –, hatten sich die bedeutendsten Zivilisationen der Region bereits im Urwald niedergelassen (s. S. 36).

Die meisten „Indios", die den Spaniern begegneten, lebten in kleinen Verbänden und waren Maisbauern oder Jäger und Sammler. Abgesehen von ein paar Städten, die verstreut im Hochland lagen, und ein paar noch größeren Siedlungen im heutigen Managua und Granada in Nicaragua gab es hier nichts, was den damaligen Machtzentren der Azteken und Inkas gleichgekommen wäre.

Dem Mayakalender zufolge ist die Zeit zyklisch und wird in 5200 Jahre umfassende *kalpas* (Zeitperioden) unterteilt, die in der Zerstörung gipfeln. Die momentane Zeitperiode soll am 21. bzw. 23. Dezember 2012 mit dem Weltuntergang enden.

Eroberung & Kolonisierung

Die spanischen Eroberer waren zumeist arme, ungebildete Kriminelle, die Möglichkeiten austesteten, schnell reich zu werden. Sie gehörten unabhängigen Interessengruppen an, die sich teilweise gegenseitig bekriegten. Die erste spanische Siedlung in Zentralamerika wurde 1509 in Panama gegründet, danach wurden weitere Eroberungszüge erst einmal vertagt. Stattdessen diente Panama als Basis für Francisco Pizarro, als dieser das Inka-Imperium in Peru unterwarf. Im Februar 1519 landete derweil Hernán Cortés auf der Insel Cozumel und führte brutale Angriffe auf Mexiko durch.

Ebenfalls 1519 besiedelte Pedro Arias de Ávila Panama-Stadt und begann einen blutigen Eroberungszug weiter nördlich. Gegenüber der indigenen Bevölkerung legte er ein unglaublich grausames Verhalten an den Tag. 1524 gründete er León und Granada im heutigen Nicaragua. Cortés' brutaler

Leutnant Pedro de Alvarado machte sich unterdessen daran, Guatemala und El Salvador zu unterwerfen. Es war nur eine Frage der Zeit, bis es zum Showdown der beiden konkurrierenden Gruppen unter Cortés und Ávila im heutigen Honduras kam.

Zur gleichen Zeit kämpften indigene Völker gegeneinander, gegen die Spanier (teilweise zogen sie aber auch mit den Spaniern gegen rivalisierende Stämme ins Feld) und gegen die Pocken (im heutigen Mexiko starben ca. 90 % der indigenen Bevölkerung während der ersten 75 Jahre der spanischen Eroberung). Wer nicht ums Leben kam, endete häufig als Sklave.

Schließlich wurde „Guatemala" (Zentralamerika inklusive des mexikanischen Chiapas, aber ohne Panama) Teil des Vizekönigreichs Mexiko (damals Nueva España genannt). Die indigene Bevölkerung war der Gewalt der neuen Herrscher hilflos ausgeliefert. 1542 kam der dominikanische Mönch Bartolomé de Las Casas den *indígenas* zu Hilfe, indem er Karl V., König von Spanien, darum bat, der Brutalität Einhalt zu gebieten. 1543 wurde Antigua zur kolonialen Hauptstadt ernannt. Sie fiel 1773 einem Erdbeben zum Opfer. Daraufhin wurde eine neue Hauptstadt, Guatemala-Stadt gegründet.

Unabhängigkeit

Koloniale Handelsbeschränkungen und Regierungen, die ausschließlich aus in Europa geborenen Spaniern bestanden, waren vielen *criollos* (in Lateinamerika geborene Personen spanischer Herkunft) ein Dorn im Auge. Die erste Revolte in Zentralamerika ereignete sich 1811 in San Salvador (sie folgte dem Aufstand in Mexiko ein Jahr früher) und wurde schnell niedergeschlagen. Die Anführer waren der Priester José Matías Delgado und Manuel José Arce. 1821 war der mexikanische Vizekönig, Agustín de Iturbide, zu den Rebellen übergelaufen und die Herrscher von Guatemala unterzeichneten widerwillig die ersten Unabhängigkeitserklärungen. Am 15. September 1821 zog sich Spanien schließlich offiziell zurück. Guatemala wurde von Iturbides Truppen annektiert. Die Konservativen begrüßten diesen Zusammenschluss, Delgado und Arce initiierten jedoch einen kurzen Aufstand in El Salvador (sie wollten sogar eine Anbindung an die USA!).

Wer wissen möchte, wie eine Handelsgesellschaft das „Modell für den Kapitalismus" entwarf, könnte sich Peter Chapmans Buch *Bananas: How the United Fruit Company Shaped the World* zulegen.

Iturbide wurde bald gestürzt, und die zentralamerikanischen Staaten erklärten 1823 ihre Unabhängigkeit von Mexiko (Chiapas blieb ein Teil von Mexiko). Die Föderation aus den fünf Staaten Guatemala, Honduras, El Salvador, Nicaragua und Costa Rica war nicht sehr stabil und nur von kurzer Dauer (immerhin wurde die Sklaverei hier abgeschafft, bevor dies in den USA der Fall war). Arce, der erste Präsident, wurde aufgrund seiner diktatorischen Anwandlungen gestürzt. 1837 marschierte eine Menschenmasse – größtenteils *indígenas* – in Guatemala-Stadt ein. Ein Jahr später wurde die Föderation aufgelöst, und die Republiken waren sich selbst überlassen. Wie ihre Geschichte weiterging, ist in den einzelnen Länderkapiteln nachzulesen.

Eine Zeit politischer Intervention

Ab 1823 mischten sich die USA aufgrund der Monroe-Doktrin vermehrt in die Politik der zentralamerikanischen Länder ein. Es ist bekannt, dass William Walker Mitte des 19. Jhs. versuchte, die Region unter seine Kontrolle zu bringen, was der Auftakt für die Ära der Bananenrepubliken war – so die unglückliche Bezeichnung für die „labileren" Regierungen Zentralamerikas. 1899, als der Bananenhandel zu einem lukrativen Geschäft wurde, übernahm die von den USA finanzierte United Fruit Company das Ruder. 1954 wollte die guatemaltekische Regierung große Plantagen in kleinere, private Güter unterteilen. Daraufhin führte die CIA von Honduras aus eine Invasion durch. Kurz darauf brach der guatemaltekische Bürgerkrieg aus, dem 200 000 Menschen zum Opfer fielen.

Am 21. September 1981 wurde aus der Kolonie Britisch-Honduras der unabhängige Staat Belize.

In den 1970er- und 1980er-Jahren wurde die Souveränität der kleinen zentralamerikanischen Staaten von den USA untergraben. Schlagstöcke, Kanonenboote und Dollardiplomatie waren die Instrumente einer „Yankee"-Politik, die den sozialistischen Strömungen Einhalt gebieten sollte, insbesondere den Militärherrschaften in Guatemala, El Salvador und Nicaragua.

1979 stürzten die rebellischen Sandinisten den von den USA unterstützten Diktator Somoza in Nicaragua. Präsident Ronald Reagan (gewählt 1981), ein erklärter Gegner des Kommunismus, beschloss zu intervenieren, da die Sandinisten Verbindungen in die Sowjetunion und nach Kuba unterhielten. So weitete sich das Einzugsgebiet des Kalten Kriegs auf die heißen Tropen aus.

Der Contra-Krieg wütete die ganzen 1980er-Jahre hindurch. Reagan begann, die antirevolutionären Contras zu unterstützen, die zunächst von Honduras und später auch von Costa Rica aus agierten. Derweil erreichte die Sandinisten wirtschaftliche Hilfe aus der Sowjetunion und aus Kuba. Nachdem eine weitere Finanzierung der Contras 1985 nicht vom US-amerikanischen Kongress gebilligt wurde, ging die Reagan-Administration dazu über, den Contras verdeckt Geldmittel zur Verfügung zu stellen, die aus dem Waffenverkauf an den Iran stammten (dafür zeichnete wiederum die CIA verantwortlich). Doch Details über diese illegalen Machenschaften gelangten ans Licht und die berüchtigte „Iran-Contra-Affäre" wurde aufgedeckt.

Nach mehreren fehlgeschlagenen Friedensinitiativen legte der costa-ricanische Präsident Oscar Arias Sánchez ein Abkommen vor, das im August 1987 von den politischen Führern Costa Ricas, El Salvadors, Nicaraguas, Guatemalas und Honduras' unterzeichnet wurde. Arias Sánchez erhielt in demselben Jahr den Friedensnobelpreis.

Gegenwärtige Strömungen

In Zentralamerika vollzieht sich die Verstädterung in rasantem Tempo. Der UNO zufolge sind die Einwohner aller Länder in der Region mit Ausnahme von Guatemala seit 1970 nicht mehr vornehmlich auf dem Land zuhause sondern in den Städten. Das zeigt sich nirgendwo deutlicher als in El Salvador: Kein Staat in Zentralamerika hat eine höhere Bevölkerungsdichte.

> „Wenn wir unsere Waren nicht exportieren können, werden wir fortfahren, Menschen zu exportieren."
>
> OSCAR ARIAS SÁNCHEZ, EHEMALIGER PRÄSIDENT VON COSTA RICA UND GEWINNER DES FRIEDENSNOBELPREISES 1987

Da immer mehr Land für die Holzproduktion und die Viehhaltung gebraucht wird, spüren Dorfbewohner und Bauern deutlich, dass immer weniger Platz für sie bleibt. Zusätzlich ist der Immobilienerwerb schwer im Kommen, was sowohl auf Kapitalüberweisungen als auch internationale Rentnergemeinden zurückzuführen ist. Deshalb zieht es immer häufiger Menschen ohne finanzielle Mittel (und Schätzungen zufolge leben 34 % aller Bewohner Zentralamerikas unterhalb der Armutsgrenze) in die Städte – oder sogar via Mexiko in die USA.

Zu den „Neuzugängen" in den zentralamerikanischen Hauptstädten zählen Straftäter, die wegen Bandenkriminalität verurteilt und deshalb von den USA in ihre Heimatländer überführt wurden (so will es die neue Gesetzgebung). Insofern ist es kaum überraschend, dass die meisten Bandenaktivitäten und damit zusammenhängenden Mordfälle in den zentralamerikanischen Großstädten verzeichnet werden. Den schlimmsten Ruf hat Mara Salvatrucha (oder MS-13), eine hoch organisierte, multinationale Bande, die in L. A. gegründet wurde und mehr als 100 000 Mitglieder hat.

In puncto Politik wird von allem etwas geboten. In Nicaragua wurde 2007 der ehemalige Präsident und sandinistische Führer Daniel Ortega wieder ins Amt gewählt (die Farbe seiner Wahlkampagne war Rosa!) und in El Salvador sind zahlreiche frühere FMLN-Guerillakämpfer in den Kongress und sogar in den Präsidentenpalast eingezogen. Andererseits bewarb sich José Efraín Ríos Montt, ein rechter Führer Guatemalas aus der Zeit des Bürgerkriegs, 2007 um einen Sitz im Kongress, während eine Frau, die eine von Montt angeordnete Razzia überlebt hatte, zu den Präsidentschaftskandidaten gehörte: die Mayaschriftstellerin Rigoberta Menchú.

Auf der offiziellen Website www.pancanal.com kann man – mittels Webcams – den Panamakanal live erleben. Außerdem gibt's jede Menge Frachtdaten und Infos zu dem 5 Mrd. US$ teuren Ausbau des Kanals.

Eines der Schlüsselthemen zentralamerikanischer Politik ist das Freihandelsabkommen Cafta, das am 1. Januar 2009 in Kraft trat und die Handels- und Investitionsbeschränkungen zwischen den USA und Costa Rica, El Salvador, Guatemala, Honduras, Nicaragua und der Dominikanischen Republik aufhebt. Die Befürworter des Abkommens werben für die wirtschaftlichen Vorteile, die es mit sich bringt, inklusive eines verbesserten Zugangs zu den US-amerikanischen Märkten und Aussichten auf die Schaffung neuer Arbeitsplätze. Kritiker hingegen bemängeln den fehlenden Schutz der costa-ricanischen Kleinbauern und lokalen Industrien, die auf jeden Fall Schwierigkeiten haben werden, mit den zu erwartenden Unmengen billiger US-Importe zu konkurrieren.

KULTUR

Bevölkerung

Entlang der nördlichen Pazifikküste sind vor allem indigene Bevölkerungsgruppen (mehr als die Hälfte aller Guatemalteken sind Maya) und *ladinos* oder *mestizos* (Menschen gemischter spanisch-indigener Herkunft) beheimatet. Bewegt man sich Richtung Süden, verändert sich das Bild langsam und wird immer „europäischer“: Mehr als 95 % der Costa-Ricaner sind *criollos*. Auf der Karibikseite leben mehr Nachfahren afrikanischer Sklaven. Mennonitengemeinden (in Belize) und Asiaten (in der gesamten Region) runden die interessante Mischung ab.

Food Culture in Central America ist viel mehr als nur ein Kochbuch. Es wurde von dem Anthropologen Michael R. McDonald geschrieben und widmet sich so ziemlich jedem denkbaren Aspekt der zentralamerikanischen Küche.

INDIGENE VÖLKER

Heutzutage leben überall in Zentralamerika kleinere oder größere Gruppen von *indígenas* (Angehörige indigener Völker). Am zahlreichsten sind die Mayagemeinden in Guatemala, Belize sowie in Chiapas und auf der Halbinsel Yucatán (beides in Mexiko). Die Gemeinden im guatemaltekischen Hochland (Chichicastenango, Lago de Atitlán etc.) und San Cristóbal de las Casas in Chiapas sind für ihre traditionelle Kleidung bekannt (z. B. Westen aus Ziegenfell und gestreifte Blusen).

In Honduras und Nicaragua leben viele andere indigene Völker, etwa Tolupanes (Jicaque), Pech (Paya), Tawahka (Sumo), Lenca, Chortí und Miskito. In Nicaragua sind zudem Rama beheimatet. In El Salvador sind kleine Izalco- und Pancho-Gemeinden ansässig, die von den Pipil abstammen. In Costa Rica ist der indigene Bevölkerungsanteil gering; es gibt vereinzelte Gruppen von Boruca, Cabécar, Guatuso und Terraba. In Panama leben noch recht große Gemeinden von Ngöbe-Buglé, Kuna und Chocóes, die in zwei Gruppen unterteilt werden: die Emberá und die Wounaan, die nach wie vor in den Tiefen des Tapón del Darién anzutreffen sind. Die Geschichte der Kuna in Panama zeugt von einem großartigen Erfolg: Sie verwalten einen Teil des Landes selbst, inklusive sämtlicher Einkünfte und touristischer Investitionen. Das autonome Gebiet umfasst 400 Inseln auf der Karibikseite.

Man sollte in Zentralamerika von *indígena* (indigen) sprechen, nicht von *indio* (indianisch); dieser Begriff gilt in manchen Ländern als Beleidigung (vor allem in Costa Rica).

Während der letzten 500 Jahre haben viele indigene Gemeinden davon abgelassen, ihre traditionellen Sprachen zu sprechen und ihre Trachten gegen Mobiltelefone getauscht, um in der städtischen *ladino*-Gesellschaft untertauchen zu können. Andere hingegen leben weiterhin so unabhängig, wie es die jeweiligen Regierungen zulassen, und versuchen, die Einflüsse der modernen Welt in ihre alten Sitten und Gebräuche einzubinden.

MENSCHEN MIT AFRIKANISCHEN WURZELN

Schwarze leben vor allem an der Karibikküste. Sie stammen vielfach von Afrikanern ab, die als Sklaven auf die Karibischen Inseln (vor allem nach

Jamaika) verschleppt wurden. Ein Großteil der belizischen Bevölkerung besteht aus schwarzen Kreolen (mit britischen und afrikanischen Vorfahren). Die Spanier verfrachteten viele Sklaven in die Region, insbesondere nach Panama, die meisten Afrikaner kamen jedoch im 19. Jh. freiwillig (nicht als Sklaven) aus der Karibik nach Zentralamerika, um auf den Bananenplantagen zu arbeiten.

An der Nordküste leben die Garífuna, Nachfahren westafrikanischer Sklaven und karibischer, indigener Völker. Sie wurden 1797 von der Karibikinsel St. Vincent nach Honduras gebracht und ließen sich schließlich in Belize, Guatemala, Honduras und Nicaragua nieder.

And We Sold the Rain: Contemporary Fiction from Central America (1988; Hrsg. Rosario Santos) ist eine tolle Sammlung von Schriften zentralamerikanischer Autoren aus dem 20. Jh. Das Hauptthema sind die indigenen Völker.

Kunst

LITERATUR

Lyrik ist sehr beliebt. Der Dichter Rubén Darío (1867–1916) aus Nicaragua führte ein ausschweifendes Leben (er wachte z. B. eines Morgens mit einem Kater und als verheirateter Mann auf!), mit seinem eigenen politischen *modernismo*-Stil konnte sich jedoch nahezu ganz Lateinamerika identifizieren. In seiner provokativen *Oda a Roosevelt* wird der amerikanische Präsident (Theodore, nicht Franklin) wegen der US-amerikanischen Invasion Panamas 1903 kritisiert. Darío schrieb: „Unser Amerika, von Wirbelstürmen erschüttert, von Liebe erschüttert: Keine Männer mit Sachsenaugen und Barbarenseelen, unser Amerika lebt … Seid vorsichtig." *Stories and Poems/Cuentos y poesías* ist eine Sammlung seiner Werke auf Englisch und Spanisch.

Writing Women in Central America: Gender & Fictionalization of History von Laura Barbas-Rhoden zeigt, wie Frauen die zentralamerikanische Literatur zunehmend bereichert haben.

Roque Dalton García (1935–1975) aus El Salvador war ebenfalls ein radikaler Dichter, der zuletzt von seinen kommunistischen Genossen hingerichtet wurde, die ihn wohl fälschlicherweise für einen CIA-Agenten hielten. *Miguel Marmol* ist ein englischsprachiger Sammelband seiner Gedichte.

Der Guatemalteke Miguel Ángel Asturias (1899–1974) gewann 1967 den Nobelpreis für Literatur für seine Darstellung der lateinamerikanischen Diktatoren in *El señor presidente*.

Der Schriftstellerin Rigoberta Menchú (geb. 1959), einer K'iche'-Maya aus Guatemala, wurde 1992 der Friedensnobelpreis für ihren unglaublichen Bericht über den guatemaltekischen Bürgerkrieg in *Ich, Rigoberta Menchú* verliehen. Später kam es zu Kontroversen: Teile des Buchs entsprachen anscheinend nicht den Tatsachen, was die Autorin auch zugab. Menchú erhielt jahrelang Morddrohungen und zog es vor, im Exil zu bleiben, doch Ende 2007 kehrte sie nach Guatemala zurück, um für das Präsidentenamt zu kandidieren.

MUSIK

Überall erschallt Musik. Fast in der gesamten Region ist die an ein Xylophon erinnernde Marimba beliebt; man ist stolz darauf, dass es sich wohl um eine Erfindung aus Guatemala handelt. Die *chirimía* (ähnelt der Oboe), ein Maya-Instrument, wird nach wie vor in Kirchen im guatemaltekischen Hochland gespielt. Salsa ist ein echter Renner, und häufig spielen Big Bands zu vorgerückter Stunde auf Plazas unter freiem Himmel vor riesigen Menschenmassen. Der Panamaer Rubén Blades ist einer der international bekanntesten *salseros* und Liederschreiber, noch berühmter ist er aber vielleicht durch seine schauspielerischen Leistungen in Filmen wie *Irgendwann in Mexiko* geworden.

Eine gute Gelegenheit für authentische *punta*-Klänge und -Tänze bieten die Festivals in Honduras und der Garífuna-Tag in Belize (19. Nov.).

Seit einigen Jahren erobern auch Reggae, Reggaetón und andere afrokaribische Musikrichtungen die Region. Komponenten der trommelnden, traditionellen Musik der Garífuna, *punta* genannt, sind Muschelhörner, Maracas und jede Menge Hüftewackeln. Dieser Stil hat seine Wurzeln in Westafrika.

SAGEN UND MÄRCHEN

Der Schlüssel zu den Herzen und zur Seele der Menschen ist ein Verständnis ihrer Traditionen und der regionalspezifischen Sagen und Märchen. Hier haben wir unsere Lieblingsüberlieferungen aus den einzelnen Ländern aufgeführt:

- **Belize – Moskito** Einer belizischen Geschichte zufolge waren „Moskito" und „Wachs" Freunde, bis sich Wachs eine kleine Summe borgte und nicht zurückzahlte. Wachs machte monatelang einen Bogen um Moskito, bis Moskito ihn eines Tages doch fand. Wachs versteckte sich im nächst gelegenen „Loch" – einem Ohr. Seither schwirrt Moskito also um die Ohren herum. Er versucht einfach nur, sein Geld zurückzubekommen!
- **Costa Rica – La Negrita** Die geheimnisvolle „Schwarze Jungfrau" (mittlerweile die Schutzheilige von Costa Rica) ist die Statuette einer indigenen Jungfrau Maria, die erstmalig 1635 auftauchte. Wenn sie entwendet wird, so lautet die Überlieferung, so taucht sie immer an ihrem Ursprungsort wieder auf: in der La Basílica de Nuestra Señora de Los Ángeles (S. 624), die 1824 zu Ehren der Jungfrau errichtet wurde.
- **El Salvador – La Siguanaba** Diese „scharfe" mythische Figur verführt Männer und macht anschließend eine groteske Verwandlung durch und benimmt sich liederlich, woraufhin ihre Opfer entweder tot umfallen oder verrückt werden. La Siguanaba zieht mit ihrem bösen kleinen Jungen Cipitío umher, der Frauen, die ihre Wäsche im Fluss waschen, mit Steinen bewirft.
- **Guatemala - La Llorona** Dies ist die Legende von einer wunderschönen Bauernfrau, die von ihrem Liebhaber sitzengelassen wird und deshalb seine Kinder im Fluss ertränkt. Von der Trauer übermannt stürzt sie sich zuletzt selbst in die Fluten. Spät nachts kann man am Wasser manchmal ihr Wehklagen hören, wenn sie um die toten Kinder weint.
- **Honduras – Kleine Jungfrau** Sie ist nicht viel länger als ein Finger, aber was für ein Theater wegen ihr veranstaltet worden ist! Die 6 cm kleine Holzstatue der Jungfrau von Suyapa wurde vor Jahrhunderten auf einem Maisfeld gefunden. Sie soll heilende Kräfte besitzen. Sie fiel Dieben in die Hände, was Anstoß für eine nationale Suchaktion war. Schließlich fand man sie auf der Herrentoilette eines Restaurants in Tegucigalpa (s. S. 396).
- **Mexiko – Chamula** Die Bewohner von San Juan Chamula (S. 48) glauben, dass Ausländer – die allesamt als „Deutsche" bezeichnet werden – zu ihrem Mayadorf gelangen, indem sie dem „Blitz folgen", der zum „Gold führt". Es wird sorgsam darauf geachtet, dass Fremde keinen Blick auf neugeborene Babys erhaschen. Sollte man dennoch eines erblicken, wird die Mutter darum bitten, ihrem Kind *inmediatamente* (sofort) einen Kuss zu geben, um sicherzustellen, dass keine bösen Geister überspringen können.
- **Nicaragua – La Carretanagua** Der unheimliche Ochsenkarren verursacht einen höllischen Lärm, wenn er zur dunkelsten Stunde in den dunkelsten Nächten durch die *pueblo*-Straßen holpert, gelenkt von einem Phantom mit einem Schädel anstelle eines Kopfs (was bedeutet, dass in dieser Nacht ein Dorfbewohner sterben wird). Wahrscheinlich geht der Brauch auf volkstümliche Überlieferungen zu spanischen Plünderern zurück, die Scharen von Ochsen mitbrachten.
- **Panama – Teribe** Dem Teribe-Stamm zufolge sind die *indios conejos* (wörtlich übersetzt „Kaninchen-Indianer") nachtaktive Krieger, die tief im Dschungel leben. Sie sind blassweiß, haben Streifen auf dem Rücken und die Größe von Zwergen – ungefähr so groß wie sehr große Kaninchen. Im Schutze der Dunkelheit sind sie nahezu unbesiegbar, doch tagsüber, wenn sie schlafen, können sie problemlos angegriffen und getötet werden.

Religion

Die Spanier brachten ihren römisch-katholischen Glauben nach Zentralamerika, und er ist seither die wichtigste Religion. Protestantische Gruppen findet man vor allem in den britisch geprägten Karibikregionen. In den vergangenen Jahrzehnten hat die Zahl der Protestanten allerdings zugenommen, da Unmengen von mit Bibeln bewehrten Missionaren im Rahmen humanitärer Projekte nach Zentralamerika kommen. Sie repräsentieren unterschiedliche evangelische Religionen, aber es gibt auch Vertreter der Zeugen Jehovas, Mennoniten, Mormonen und Siebentagsadventisten. Selbst die Scientologen haben eine Niederlassung (in Managua). Manche Missionare bauen einfach nur Schulen und Krankenhäuser oder helfen beim Wiederaufbau nach Naturkatastrophen, andere wiederum bekennen sich offen zu ihrem eigentlichen Auftrag: der „Mitgliederwerbung". Zum Teil predigen sie auf Plazas, kritisieren die „Ahnenverehrung" als Ketzerei führen Buch über Millionen von noch „unerreichten" Menschen.

Eine große Datenbank mit Fotografien präkolumbischer Tonwaren findet man unter www.mayavase.com.

Die ethnischen Minderheiten pflegen ihre traditionellen Religionen weiter; manchmal werden die Sitten und Gebräuche durch katholische Glaubensmuster ergänzt. Der Glaube der Mayas und ihre Volksheilmittel wurden von den katholischen Priestern „toleriert". In diesem Fall schließen sich animistische Traditionen und Hühner als Opfertiere in Verbindung mit dem Glauben an den einen oder anderen Schutzheiligen nicht aus. Die Garífuna aus den Küstengebieten (Karibikseite) praktizieren neben dem Christentum unverändert auch ihren „alten" Glauben, der seine Wurzeln in Afrika hat. Die Anbetung der Geister der Vorfahren spielt in ihrem religiösen Leben eine zentrale Rolle.

UMWELT

Das Land

Dafür, dass Zentralamerika so unglaublich abwechslungsreich ist, ist es mit einer Fläche von 523 780 km² ausgesprochen klein (etwa die Größe Frankreichs; gerade mal 2 % der Gesamtfläche Lateinamerikas) und schmal: Pazifik und Karibisches Meer trennen nirgendwo mehr als 280 km voneinander.

Zentralamerika entstand über Millionen von Jahren hinweg durch die Verschiebung vier tektonischer Platten und ist ein vergleichsweise „junger Hüpfer". Als sich die größten Kontinentalplatten der Erde aus dem „Superkontinent" Pangea lösten und allmählich ihre heutigen Positionen einnahmen, erhob sich Zentralamerika aus dem Meer und stellte fortan eine praktische, schmale Brücke von 2400 km Länge zwischen den beiden Kontinenten im Norden und Süden dar. Die wichtigsten zentralamerikanischen Kontinentalplatten (die karibische und die Cocosplatte) sind unverändert aktiv und verschieben sich um 10 cm pro Jahr (das ist Lichtgeschwindigkeit im geologischen Sinne). Vielleicht wird Zentralamerika irgendwann einmal auseinander brechen (das wird aber noch lange dauern).

Folge all dieser tektonischen Aktivität sind mehr als 300 Vulkane und eine der aktivsten Vulkanregionen der Welt. Besonders oft brodelt es im Volcán Fuego in Guatemala, aber auch viele andere Vulkane spucken regelmäßig Lava oder Asche und es kommt immer wieder zu größeren Ausbrüchen. Selbst die „erloschenen" Exemplare überlegen es sich manchmal noch einmal anders, z. B. der costa-ricanische Volcán Irazú (Ausbruch 1963). In El Salvador schoss in den letzten 250 Jahren der Volcán Izalco aus dem Boden; er misst heute stolze 1910 m.

Vulkanfans finden Fotos und aktuelle Infos unter www.rci.rutgers.edu/~carr.

Die Region wird immer wieder von Erdbeben durchgerüttelt. San Salvador musste insgesamt neunmal wieder aufgebaut werden, Antigua in Guatemala hat sich noch immer nicht vollständig von dem großen Erdbeben 1773 erholt.

Einige *cordilleras* (Gebirgszüge) erstrecken sich über Hunderte von Kilometern auf dem zentralamerikanischen Festland und werden von Talkesseln und Mulden mit fruchtbaren Vulkanböden unterbrochen. Schmale, leicht hügelige Ebenen säumen die Küsten. Bei Wirbelstürmen oder Flutwellen sind Erdrutsche keine Seltenheit.

Flora & Fauna

Dass die zentralamerikanische Flora und Fauna derart abwechslungsreich und vielfältig ist, liegt vor allem an der geografischen Lage: Hunderte von „Aussteigern" aus Nord- und Südamerika, z. B. Jaguare und Eichen, haben sich auf der „Brücke" zwischen den beiden großen Kontinenten angesiedelt.

TIERE

Die Fläche Zentralamerikas macht nur 0,5 % der Landmassen der Erde insgesamt aus, und dennoch leben hier 7 % aller bekannten Tierarten. Vor allem Costa Rica, Panama und Belize sind für ihr Artenreichtum bekannt.

Viele Säugetiere leben im Urwald, darunter Affen (Spinnen-, Brüll-, Totenkopfaffen), Raubkatzen (Jaguare, Pumas, Ozelots), Faultiere, Ameisenbären, Fledermäuse und Agutis (sie sind einfach großartig!). Noch beeindruckender ist jedoch die Zahl hier heimischer Vögel bzw. der Zugvögel, die in Zentralamerika Halt machen. Allein in Panama wurden mehr als 900 Arten registriert. In der Region findet man u. a. Tukane, Papageien, Aras, Harpyienadler und Kolibris. Mit viel Glück bekommen Besucher einen Quetzal (ket-*zal*) vor die Linse. Der Nationalvogel Guatemalas (nach ihm ist auch die Landeswährung benannt) ist ein wichtiges Mayasymbol. Der 35 cm große Vogel hat leuchtend grüne, rote und weiße Federn; am ehesten bekommt man ihn während der Brutzeit von März bis Juni zu Gesicht. Passionierte Vogelbeobachter könnten sich eine Ausgabe von Louie Irby Davis' *A Field Guide to the Birds of Mexico and Central America* zulegen.

Wer auf den Brutplatz einer Schildkröte stößt, sollte die frisch geschlüpften Kleinen nicht mit dem Blitzlicht der Kamera verschrecken, auch wenn die Guides etwas anderes sagen – das ist natürlich nicht o.k.

In den Flüssen, Seen und im Meer leben unzählige Fische. Zu den hier vorkommenden Amphibien und Reptilien gehören Meeres-, Fluss- und Landschildkröten, Krokodile, Frösche (Vorsicht vor dem giftigen Baumsteigerfrosch!) und Leguane.

Nur wenige der diversen Schlangenarten sind giftig. In Acht nehmen sollte man sich vor der winzigen Korallenschlange und der großen *barba amarilla* (oder Fer de lance; Lanzenotter). Ein paar Spinnen können die Größe eines menschlichen Gesichts haben, z. B. Taranteln.

Die zunehmende Entwaldung und rücksichtslose Jagdpraktiken haben Spuren hinterlassen: Manche Arten, z. B. der Quetzal, sind inzwischen vom Aussterben bedroht.

PFLANZEN

In Zentralamerika gibt es fünf Hauptvegetationszonen, die durch unterschiedliche Höhenlagen, Klimabedingungen und Böden gekennzeichnet sind.

DIE RETTUNG DER MEERESSCHILDKRÖTEN *Matthew D. Firestone*

Es gibt sieben Arten von Meeresschildkröten. Vier davon sind an den Stränden Zentralamerikas anzutreffen: Oliv-Bastard-, Lederrücken-, Suppen- und Karettschildkröten. Sie alle sind unmittelbar vom Aussterben bedroht.

Die Zerstörung des natürlichen Lebensraums stellt ein riesiges Problem dar, denn mit Ausnahme der Lederrückenschildkröte kehren all diese Arten zum Eier ablegen an ihren Geburtsstrand zurück. Bauprojekte und künstliches Licht (auch das von Taschenlampen!) sind offenbar echte Lustkiller und stören den Fortpflanzungszyklus der Tiere. Lederrückenschildkröten haben derweil andere Sorgen: Schätzungen der Stiftung Leatherback Trust zufolge gehen 63 % aller pazifischen Lederrückenschildkröten Fischern ins Netz. 15 bis 18 % der Tiere verenden daraufhin.

Auch die Jagd auf Schildkröten und der Diebstahl ihrer Eier sorgen für schwindende Populationen. Um die Tiere vor Wilderern zu schützen, werden während der Brutzeit immer Nachtpatrouillen für die Strandwache gesucht – eine gute Möglichkeit für Reisende, sich zu engagieren. Mehr Infos findet man in den einzelnen Länderkapiteln.

An der Karibikküste ist der tropische Regenwald bis zu einer Höhe von 850 m von hohen Bäumen mit ausladenden Kronen und einem üppigen Unterholz geprägt. An der Pazifikküste und im Norden von Belize) findet man tropische Trockenwälder; in der Trockenzeit nehmen die ausgedörrten Bäume und Sträucher eine braune Färbung an.

In einer Höhe von 850 bis 1650 m herrscht ein kühleres Klima, in dem Hochlandmischwälder mit immergrünen Pflanzen, sommergrünen Eichen und Kiefern gedeihen. Besonders schön sind die Nebelwälder, noch ein Stück höher gelegen. Dank der hohen Feuchtigkeit können große Bäume nicht austrocknen, was wiederum der Garant dafür ist, dass der mit Kräutern und Moos überzogene Boden nicht dem direkten Sonnenlicht ausgesetzt wird.

Ein paar Zonen oberhalb von 3000 m warten mit alpiner Vegetation auf: Typisch sind kurze Gräser (z. B. im *páramo* in Costa Rica) und blühende Kräuter.

Nationalparks & Naturschutzgebiete

In Zentralamerika wurden um die 250 Nationalparks, Reservate und andere Naturschutzgebiete eingerichtet. In den entlegensten Parks, z. B. im Reserva de Biosfera Maya, das einen Großteil von Nord-Guatemala einnimmt, gibt es auf weiten Strecken keinerlei Infrastruktur. Das krasse Gegenteil hierzu sind extrem überlaufene Gebiete wie der Parque Nacional Manuel Antonio in Costa Rica. Dort ist die Infrastruktur so gut ausgebaut, dass sie schon fast wieder ein Umweltproblem darstellt!

Umweltprobleme

Zentralamerika ist von zwei Seiten aus Wirbel- und Tropenstürmen ausgesetzt: vom Karibischen Meer und vom Pazifik. Deshalb ist die Natur besonders verwundbar. Doch natürlich richten auch die Menschen Schaden an: Die Abholzung der tropischen Regenwälder, der grünen Lunge des Planeten, schreitet in erschreckendem Tempo voran. 1950 waren noch ca. 60 % Zentralamerikas mit Regenwald bedeckt, heute ist es nur noch die Hälfte davon. Etwa 95 % der Waldfläche von El Salvador ist verschwunden, und in Guatemala werden jährlich 3 bis 5 % der Fläche des Reserva de Biosfera Maya (in El Petén) gerodet. Es geht nicht nur um Holz, sondern auch um Hamburger: Die Rinderfarmen expandieren. Die Abholzung hat Bodenerosionen zur Folge, was wiederum zu katastrophalen Hochwassern und Erdrutschen führt, wie der Hurrikan Stan 2005 eindrucksvoll demonstrierte.

> Ein paar lesenswerte Bücher sind *The Good Alternative Travel Guide*, Mark Manns *The Community Tourism Guide* und Adrian Forsyths unterhaltsames Buch *Tropical Nature: Life and Death in the Rain Forests of Central and South America*.

Wissenschaftler gehen davon aus, dass in Zentralamerika nach wie vor Millionen noch unbekannter Arten darauf warten, entdeckt zu werden, darunter auch Pflanzen, die möglicherweise für die Pharmaindustrie von Bedeutung sein könnten. Glücklicherweise gibt es nach wie vor ein paar Zonen traumhafter Wildnis mit weitestgehend unerforschten Wäldern, z. B. in der Region Darién in Panama. In solchen Gegenden sind indigene Völker zuhause, etwa die Miskito in Honduras und Nicaragua oder die Emberá und Wounaan in Panama.

Manche Umweltprobleme gehen nicht auf menschliche Fehltritte zurück. Anfang 2007 etwa löschte eine Pilzkrankheit im Wasser in Panama verschiedene Amphibiengruppen aus. Der Chytridpilz stellt ein Risiko für Amphibien weltweit dar, und Forscher studieren ihn fieberhaft, um dem Artensterben Einhalt zu gebieten.

Unterdessen ist der Begriff Ökotourismus ein echtes Modewort geworden. Organisationen der Nationalparks und Naturschutzgebiete bemühen sich, die Natur zu bewahren und zu schützen, doch vielfach ist man über das Ziel hinausgeschossen und der sogenannte „Ökotourismus“ hat mit Nachhaltigkeit nichts mehr zu tun.

DIE MAYAS

Die Mayas gelten gemeinhin als die bedeutendste der drei präkolumbischen Zivilisationen der „Neuen Welt" (Azteken, Inka und Maya). Während der Blütezeit dieser Kultur (um 750) lebten möglicherweise 10 Mio. Menschen in Städten aus Stein, die bis zu 200 000 Einwohner zählten. Den Mayas gehörte ein Großteil des heutigen Süd-Mexiko und dazu Guatemala, Belize, El Salvador und Honduras (man spricht von der Ruta Maya). Die Maya-Elite hielt Schlachten, Regierungszeiten, ihren Glauben und präzise Darstellungen von Planetenlaufbahnen mithilfe von Hieroglyphen fest. Auf hoch aufragenden, blutroten Pyramiden thronten Tempel mit Basreliefs von Gottheiten. Viele Mayas aus angrenzenden Städten, die diese beeindruckenden Pyramiden sahen, ließ man foltern und hinrichten – Gefangene wurden alles andere als freundlich behandelt.

Man sollte sich die Zeit für ein wenig Freiwilligenarbeit nehmen. In der Nähe von Tikal gibt es verschiedene interessante Projekte (s. Kasten S. 216). In Panama können Reisende die Brutplätze von Meeresschildkröten bewachen und beschützen (s. Kasten S. 771). Mehr Infos zum Thema Freiwilligenarbeit gibt's auf S. 809.

Die Mayas geben den Forschern heute noch Rätsel auf, und in regelmäßigen Abständen werden neue Theorien formuliert. Besonders mysteriös ist, warum das Maya-Imperium plötzlich, auf der Höhe seiner Macht, zusammenbrach.

Geschichte

Während der präklassischen Periode (2000 v. Chr.–250 n. Chr.) entstanden in Städten wie dem riesigen El Mirador (Guatemala) die ersten Prototypen der späteren fantastischen Mayakunst. Es wurden beispielsweise zwei unglaubliche Kalender entwickelt, einerseits für das 260-tägige Jahr und andererseits für das 365-tägige *haab* („ungefähres" Jahr) mit fünf gefürchteten Tagen des Unglücks am Ende von 18 Monaten mit je 20 Tagen. Erstmalig wurde der Kalender 36 v. Chr. benutzt.

Die Mayastädte, die wir am besten kennen, entstanden in der klassischen Periode (250–900). Das war die Glanzzeit von Palenque, Tikal, Cobán und Copán. Pyramiden wurden aufgezogen, gekrönt von reich verzierten, steinernen Dachkämmen anstelle der strohgedeckten Hütten, die auf den meisten zentralmexikanischen Bauwerken stehen.

Der Zusammenbruch ereignete sich in spätklassischer Zeit (800–900). Städte wurden zurückgelassen, die Bevölkerungszahlen sanken. Die wenigen Menschen, die blieben, schlossen sich in kleinen Gemeinden zusammen, die über die Region verstreut lagen. Bekannte Theorien nennen Überbevölkerung, Reibereien zwischen den Stadtstaaten, Aufstände und Dürren als Grund für den Untergang des Mayareichs.

Die Webseite der Academia de Lenguas Mayas (www.almg.org.gt) bietet jede Menge Infos über Mayasprachen, -legenden, -musik und ihre religiösen Stätten.

In der postklassischen Periode (900–1524) waren die Mayas in erster Linie in Yucatán aktiv (vor allem in Chichén Itzá), was auf eine Allianz der unterworfenen Mayas mit ihren neuen Herren aus dem Norden, den Tolteken, zurückzuführen ist.

Als die Spanier ihren Eroberungszug starteten, war Tulum noch bewohnt, doch die Blütezeit der Mayas war definitiv vorüber und ihre riesigen Städte

FIT IN SACHEN MAYAGESCHICHTE

Die beste Einführung in die Geschichte der Mayas stammt von dem Anthropologen und Archäologen Michael D. Coe und heißt schlicht *The Maya*. Sein überraschend fesselndes Buch *Breaking the Maya Code* beleuchtet dann die verrückte, intrigante Welt der Mayaforscher. Viele Informationen über die Mayas gehen auf einen Spanier zurück, der im 16. Jh. Hunderte unbezahlbarer Bücher und Götzen dieser Kultur zerstören ließ. Bruder Diego de Landa, ein Franziskaner, wurde von seinen Vorgesetzten damit beauftragt, ein detailliertes Buch über die Sitten der Mayas zu verfassen, und unternahm den Versuch, ein Maya-Alphabet zu entwerfen. Sein Buch *Yucatán Before and After the Conquest* ist sehr informativ.

lagen versteckt im Urwald. Dennoch leistete die geschwächte Zivilisation erbitterten Widerstand gegen die Eindringlinge aus der Alten Welt.

Der letzte „noch nicht unterworfene Mayastamm" sind die Lacandón. Die ca. 700 Angehörigen dieser Gruppe leben in primitiven Gemeinden in den Urwaldgebieten von Chiapas im Süden Mexikos. Sie tragen ihr Haar lang und mit Pony und sind in weiße Gewänder gehüllt. Nach heftigem Widerstand konvertieren nun auch diese Mayas schrittweise zum Christentum. Schuld daran sind vor allem Missionare.

Glauben & Rituale

Gemäß der *Popol Vuh* (auch als „Mayabibel" bekannt), die nach der spanischen Eroberung von den K'iche'-Mayas geschrieben wurde, brauchte der große Gott K'ucumatz drei Anläufe, um den Mensch zu schaffen. Bei den ersten beiden Versuchen hat er Schlamm und Erde als Material verwendet, beim dritten, erfolgreichen Versuch nahm er Maismehl und Wasser.

Mais hat für die Mayas schon immer eine bedeutende Rolle gespielt. Manche ließen sogar ihr Gesicht mit Mustern tätowieren, die an Maiskörner erinnerten, und die kreuzähnliche Form, die man oft an Denkmalen sieht, soll Maiskolben symbolisieren. Noch heute gibt es sogar einige katholische Kirchen mit Maisaltären.

Ein wichtiger Bestandteil der Götterverehrung war die Opfergabe. Sklaven, in Gefangenschaft geratene Feinde, aber auch Kinder, Hunde und Eichhörnchen wurden geopfert. Manche Zeremonien umfassten schmerzhafte Rituale, so schlitzten sich Frauen die Zunge auf und zogen einen mit Dornen durchsetzten Faden hindurch, während Männer sich Nadeln in ihre Penisse stachen.

Es gab noch weitere unangenehme Praktiken mit ästhetisch-kosmetischem Hintergrund. Kleinkindern wurden z. B. Bretter am Kopf befestigt, um die Stirn abzuflachen. Man hat zahlreiche Mayaschädel mit Hunderten kleiner Löcher gefunden.

Moderne Entwicklungen

Manche Besucher sind überrascht, wenn sie hören, dass es im Norden Zentralamerikas und im südlichen Mexiko sehr wohl noch aktive Mayagemeinden gibt. Ihre Vorfahren haben die Krankheiten, welche die Europäer vor 500 Jahren eingeschleppt hatten, überlebt und konnten dem Zerstörungswahn der Eroberer entgehen. Indigene Sprachen wie Yukatekisch und K'iche' sind weit verbreitet und die Zahl der Mayas steigt: Schätzungen zufolge gibt es heutzutage 6 Mio. In Guatemala sollen 40 % der Bevölkerung den Mayas angehören. In Mexiko stellen die Yucateken auf der Halbinsel Yucatán die größte indigene Gemeinde.

Alles, was man über das uralte Ballspiel der Mayas wissen muss, steht auf der Webseite www.ballgame.org.

Der Kampf um Gleichberechtigung endete nicht mit der Unabhängigkeit von Spanien im Jahre 1821. 1847 brach in Yucatán der Kastenkrieg aus, in dessen Verlauf es die Mayarebellen beinahe schafften, die Europäer für alle Zeit zu vertreiben. Während des guatemaltekischen Bürgerkriegs in den 1980er-Jahren machten Regierungstruppen und Paramilitärs um die 400 Mayadörfer dem Erdboden gleich. 1994 startete eine Guerilla-Truppe, die vor allem aus Tzotzilen und Tzeltalen bestand, in Chiapas die Zapatista-„Revolution". Nach Inkrafttreten des Nordamerikanischen Freihandelsabkommens (Nafta) wollten sie mehr Mitspracherechte bezüglich der Nutzung öffentlichen Landes haben.

„Meiner Meinung nach gibt es zwei Gründe dafür, dass die lokalen Mayatraditionen in jüngster Zeit mehr und mehr vor die Hunde gegangen sind: Handys und Missionare."

BEWOHNER VON SAN CRISTÓBAL DE LAS CASAS (MEXIKO)

Über die Jahre hinweg haben viele „fremde" Produkte und Ideologien einen Weg in den Maya-Alltag gefunden, ohne traditionelle Praktiken und Glaubensmuster komplett verdrängen zu können. Generationen um Generationen haben z. B. in der Chamula-Gemeinde außerhalb von San Cristóbal de las Casas in Mexiko *chicha* (ein Getränk auf Maisbasis) getrunken, um böse Geister an heiligen Orten „hinauszurülpsen". Dann kamen die Spanier mit ihrem katholischen Glauben und später die Nordamerikaner mit einem Kaltgetränk namens Coca Cola, und irgendwann gingen die Chamula dazu über, Cola statt *chicha* in den Kathedralen zu trinken – in denen übrigens von Zeit zu Zeit auch ein Hühnchen geopfert wird.

Mexikos Yucatán & Chiapas

Gefangen zwischen dem unerbittlichen Pulsschlag des Fortschritts und dem brüllenden Echo der Traditionen, stehen die Yucatán-Halbinsel und ihr Hochland-Nachbar Chiapas an einer entscheidenden Wegkreuzung. Auf der einen Seite befinden sich die bulligen Megaresorts mit all ihrer – oft grotesken – Pracht und Herrlichkeit, während sich auf der anderen die stolzen, unerschütterlichen Bräuche der Maya finden, mitsamt dem Geheimnis der zeremoniellen Zentren, die ihre Vorfahren schufen, und dem Alte-Welt-Charme kolonialer Meisterwerke wie Mérida, Campeche und San Cristóbal de Las Casas. Dazwischen schlägt an wasserstoffblonden Stränden und in jedem Fleckchen Urwald, in dem das Echo der Brüllaffen widerhallt, das Herz der Erdgöttin Ixchel höher, die über ihre außergewöhnliche Schöpfung staunt.

Trotz der übereifrigen Erschließung ist die natürliche Schönheit dieser Region in grünen Urwald-Refugien, Süßwasser-Kalkstein-Kratern (Cenoten genannt) und dem gigantischen Mesoamerikanischen Riff erhalten geblieben. Direkt vor der Küste Quintana Roos gelegen, ist es das zweitgrößte Wallriff der Welt und macht die Karibikküste zu einem Schnorchel- und Strandurlaubsziel par excellence.

KURZINFOS

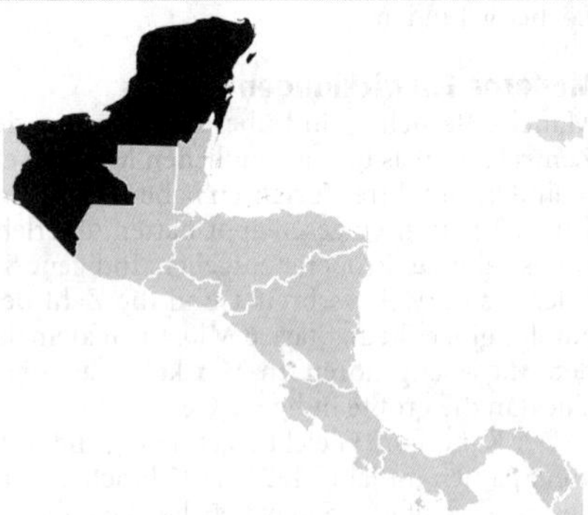

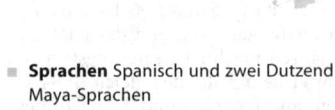

- **Beste Reisezeit** Hochsaison (Juli & Aug., Dez.–März), Nebensaison (Rest des Jahres)
- **Bevölkerung** 8 Mio. (Bundesstaaten Yucatán, Quintana Roo, Campeche und Chiapas)
- **Fläche** Bundesstaat Yucatán 39 340 km²; Quintana Roo 50 351 km²; Campeche 56 798 km²; Chiapas 74 211 km²; 220 700 km² insgesamt
- **Geld** 1 € = 17 Mex$ (mexikanische Pesos) 1 SFr = 12,8 Mex$
- **Hauptstadt** Mexico City
- **Landesvorwahl** ☎ 52
- **Preise** Budgetzimmer 10–30 €, dreistündige Busfahrt 7 €, Mittagsmenü 3 €
- **Reisekosten** 30–40 € pro Tag
- **Sprachen** Spanisch und zwei Dutzend Maya-Sprachen
- **Zeit** MEZ –7 Std.; MEZ –8 Std. während der Sommerzeit

TIPPS FÜR UNTERWEGS

Tagesausflüge zu den berühmten archäologischen Stätten Uxmal und Chichén Itzá sind leicht zu organisieren, aber wenn man in den Gemeinden vor Ort absteigt, ist das gut für die dortige Wirtschaft – und man erhält ganz nebenbei eine einzigartige Perspektive.

VON LAND ZU LAND

Von Mexiko aus sind Guatemala – von San Cristóbal de Las Casas nach Quetzaltenango oder von Tikal über Palenque – bzw. Corazal in Belize – von Chetumal südlich von Tulum – leicht zu erreichen.

HIGHLIGHTS

- **Chichén Itzá** (S. 62) Die uralten Ruinen entdecken und herausfinden, weshalb sie zu den „Neuen 7 Weltwundern" gehören.
- **Tulum** (S. 75) Über die langen weißen Sandstrände spazieren und die nahen Mayaruinen erleben; auch wenn Tulum nicht länger ein ruhiger Backpacker-Ort ist, findet man hier noch immer billige Übernachtungsmöglichkeiten und jede Menge Platz.
- **San Cristóbal de Las Casas** (S. 41) Einen Pullover überstreifen und frischen Espresso in der kalten, bergigen „Zapatista-Hauptstadt" schlürfen, einer der schönsten Kolonialstädte des amerikanischen Kontinents.
- **Mérida** (S. 59) Während des äußerst lebendigen, überquellenden Wochenend-Straßenfestes dieser grandiosen Stadt aus der spanischen Kolonialzeit, die in der Nähe einiger Mayaruinen und selten erkundeter Mündungsgebiete liegt, die Salsa-Beine zappeln lassen.
- **Abseits der ausgetretenen Pfade** (S. 78) Zu einer Abenteuertour zum unberührten, weit abgeschiedenen Fischerdorf Punta Allen aufbrechen, das in einem Schutzgebiet liegt und Schnorchelausflüge zu Delfinen anbietet.

AKTUELLE ENTWICKLUNGEN

Bei der Präsidentschaftswahl 2006 schlug Felipe Calderón, Kandidat des PAN (Partido de Acción Nacional), den links ausgerichteten López Obrador vom Partido de la Revolución Democrática (PRD) ganz knapp. Obradors Anhänger warfen dem Sieger Wahlbetrug vor und lösten heftige Proteste im ganzen Land aus, die sich seither aber beruhigt haben. Später mobilisierte Calderón das Militär zur Bekämpfung des mexikanischen Drogenhandels, was zu weiteren Gegenreaktionen führte (besonders in den Nordstaaten Mexikos). Die internationale Wahrnehmung dieser Gewalt wirkte sich – zusammen mit dem Ausbruch der „Schweinegrippe" durch das H1N1-Virus im Jahr 2009 – dramatisch auf die Besucherzahlen der Resorts in Yucatán aus. Auch wenn das Risiko durch das Virus viel geringer war, als der Medienhype uns glauben machen wollte, hat sich das Ferienziel nach wie vor nicht erholt. Addiert man zu all dem die Weltwirtschaftskrise, die im selben Jahr ihren Höhepunkt erreichte, erhält man die perfekte Katastrophe.

GESCHICHTE

Die Mayas gründeten zahlreiche Stadtstaaten im weiten Süden Mexikos, auch wenn deren Bevölkerung und Aktivitäten bereits abnahmen, bevor die Spanier eintrafen (mehr zur Mayageschichte s. S. 36). Zwei Spanier – Diego de Mazariegos im heutigen Chiapas und Francisco de Montejo in Yucatán – brachten die Region Mitte des 16. Jhs. unter spanische Kontrolle. Mexiko errang 1821 die Unabhängigkeit von Spanien und holte sich 1824 Chiapas von den Vereinigten Provinzen Mittelamerikas zurück.

Lange von Spaniern und *criollos* (Lateinamerikaner spanischer Abstammung) unterdrückt, erhoben sich die Mayas 1847 im Kastenkrieg; während dieses Krieges wurden zahlreiche Kirchen zerstört und unzählige Massaker angerichtet. Das überbordende Gefühl der Ungerechtigkeit ließ sich auch durch den Friedensschluss 1901 nicht unterdrücken. Als das NAFTA (Nordamerikanisches Freihandelsabkommen) 1994 in Kraft trat, stürmte die hauptsächlich aus Mayas bestehende Gruppe der Zapatistas San Cristóbal de Las Casas. Heute sind ihnen sieben autonome Zonen (*caracoles* genannt, wörtlich: „Schnecken") vor den Toren von San Cristóbal unterstellt, sodass sich ihr Widerstand in den letzten Jahren gelegt hat. Aber die Sache ist noch nicht vorbei.

KULTUR

Reisende berichten oft vom offenen, freundlichen, geselligen Wesen der Menschen in Yucatán, besonders von den Yucatán-Mayas. Hier findet man scheinbar, mehr als irgendwo sonst in Mexiko, eine große Bereitschaft zum Austausch und ein aufrichtiges Interesse an Fremden, während die unterwürfige Haltung, auf die man im Rest des Landes so häufig trifft, vollkommen fehlt. Diese Offenheit ist umso bemerkenswerter, wenn man bedenkt, dass die Menschen auf der Yucatán-Halbinsel

DIE ZAPATISTAS

Wer mehr über die Zapatistas wissen will, schaut auf www.ezln.org.mx (spanisch) vorbei. Weitere Hintergrundinformationen findet man in *The Zapatista Reader*, einer Anthologie von Schriftstellern wie Octavio Paz, Gabriel García Márquez oder dem Zapatista-Führer Marcos persönlich, sowie auf den Websites von **SiPaz** (www.sipaz.org) und **CMI** (www.chiapas.indymedia.org).

sich so lange Zeit gegen Fremdherrschaft zur Wehr setzen mussten – und dies auch heute noch müssen.

VERKEHRSMITTEL & -WEGE

AN- & WEITERREISE

Bus & Schiff/Fähre

Mexiko grenzt im Süden an Guatemala und Belize, und entlang der Grenze finden sich zahlreiche Übergänge.

In Quintana Roo haben Reisende Anschluss zu Bussen nach Belize (oder weiter nach Flores in Guatemala), die über Chetumal (s. Kasten S. 79), gleich nördlich von Corozal in Belize, fahren. Zur Zeit der Recherche mussten alle Reisenden, die Belize in Richtung Mexiko verließen, eine Ausreisegebühr von 18,75 US$ bezahlen. Alle Gebühren sind in bar zu entrichten (entweder in belizischer oder US-Währung), und die Beamten haben grundsätzlich kein Wechselgeld für US-Dollar.

In Chiapas gibt es drei große Grenzübergänge nach Guatemala. Südöstlich von Palenque, in Frontera Corozal, kann man mit dem Boot nach Bethel fahren und dort in den Bus steigen; Tourpakete machen die Umschiffung der kleinen Unsicherheiten dieser Reise (s. Kasten S. 52) leichter. Südlich von San Cristóbal de Las Casas erreicht man Guatemala am besten über Ciudad Cuauhtémoc in der Nähe von La Mesilla in Guatemala (s. Kasten S. 48). Eine weitere Option ist die Grenzüberquerung nach Guatemala in der mexikanischen Grenzstadt Tapachula etwas weiter südwestlich.

Flugzeug

Die meisten Besucher erreichen Yucatán auf dem Luftweg. Die Flugrouten sind so ausgelegt, dass praktisch alle internationalen Flüge in die Region an eine Handvoll „Verkehrsknotenpunkte“ angebunden sind: Dallas/Fort Worth, Houston, Los Angeles, Mexico City, Miami oder New York. Der Großteil der Flüge auf die Halbinsel landet auf dem geschäftigen **Aeropuerto Internacional de Cancún** (CUN; ☎ 998-886-0047; www.cancun-airport.com). Die anderen Tore der Region sind **Cozumel** (CZM; ☎ 987-872-2081; www.asur.com.mx), **Chetumal** (CTM; ☎ 983-832-0898), **Mérida** (MID; ☎ 999-946-1530; www.asur.com.mx) und Campeche (CPE).

AIRLINES NACH/VON YUCATÁN

Air Berlin (AB; ☎ in Deutschland 01805-73-7800; www.airberlin.com; über Düsseldorf)
American Airlines (AA; ☎ 800-904-6000; www.aa.com; über Dallas); Cancún (☎ 998-866-0086)
Continental Airlines (CO; ☎ 800-900-5000; www.continental.com; über Houston); Cancún (☎ 998-866-0006)
Delta Airlines (DL; ☎ 800-123-4710; www.delta.com; über Atlanta); Cancún (☎ 998-866-0660)
Frontier Airlines (F9; ☎ in den USA 800-432-1359; www.frontierairlines.com; über Denver)
Northwest (NW; ☎ 800-907-4700); Cancún (☎ 998-866-0044)
TACA Airlines (TA; ☎ 800-400-8222; www.taca.com; über San Salvador); Cancún (☎ 998-866-0008)

UNTERWEGS VOR ORT

Auto & Motorrad

Wer ein Auto oder einen Motorroller ausleihen will, muss einen gültigen Führerschein (der jeweilige nationale Führerschein genügt) und eine der gängigen Kreditkarten vorlegen.

Bus

Mexikos Bussystem ist luxuriös und umfasst häufige Verbindungen (im Gegensatz zum großen Rest Zentralamerikas); viele Busse bieten eine Klimaanlage, Toiletten, Platzreservierungen und Filme. Dafür zahlt man allerdings auch – die Preise sind wesentlich höher als in anderen Teilen Zentralamerikas.

Die Busse in Yucatán sind nur selten voll, aber für die Fahrt zwischen Yucatán und Chiapas sollte man trotzdem versuchen, vorab zu reservieren. Bei **Ticket Bus** (☎ 800-702-8000; www.ticketbus.com.mx) kann man einige 1.-Klasse-Busse buchen.

UNO (☎ 800-702-8000; www.uno.com.mx), **ADO GL** (☎ 800-702-8000; www.adogl.com.mx) und **OCC** (☎ 800-822-2369; www.occbus.com.mx) bieten Luxusverbindungen. **ADO** (☎ 800-802-8000; www.ado.com.mx) legt den 1.-Klasse-Standard fest. Die größten

2.-Klasse-Unternehmen sind Mayab, Oriente und **Noreste** (☎ 800-280-1010; www.noreste.com.mx).

1.-Klasse-Busse kosten normalerweise etwa 40 Mex$ pro Reisestunde (70–80 km). Luxusbusse können 10 bis 20 % teurer sein als die 1. Klasse, Superluxusbusse, z. B. die von UNO, bis zu 60 %. 2.-Klasse-Busse sind 10 bis 20 % billiger als die 1. Klasse.

Man sollte wissen, dass es im Lauf der Jahre bei Überlandbussen auf den Highways gelegentlich zu Überfällen gekommen ist. Man kann sein Gepäck aber in sicheren Gepäckfächern verstauen.

Flugzeug

Flüge aus anderen Teilen Mexikos landen an den Flughäfen Campeche, Mérida, Cancún, Cozumel, Playa del Carmen, Ciudad del Carmen, Chetumal und Tulum. Ein weiteres praktisches Tor der Region ist Tuxtla Gutiérrez, das Verbindungen mit San Cristóbal de las Casas in Chiapas bietet. Für Inlandsflüge fallen zweierlei Steuern an: die Mehrwertsteuer IVA (15 %) und die TUA, eine Flughafensteuer von etwa 12 US$. In Mexiko sind die Steuern normalerweise in den aufgeführten Flugpreisen enthalten und werden bezahlt, wenn man das Ticket kauft. Wer sein Ticket allerdings außerhalb Mexikos kauft, muss die TUA bezahlen, wenn er in Mexiko eincheckt.

Zu den nationalen Airlines für Inlands- und internationale Flüge gehören diese:

Aeroméxico (Airlinecode AM; ☎ 800-021-4010; www.aeromexico.com; über Mexico City); Campeche (☎ 981-823-4044); Cancún (☎ 998-287-1860); Mérida (☎ 999-920-1293)

Mexicana de Aviación (Airlinecode MX; ☎ 800-801-2010; www.mexicana.com; über Mexico City); Cancún (☎ 998-881-9090)

Nahverkehr

Die meisten Einheimischen bevorzugen es, sich in Vans oder *colectivos* (Sammeltaxis oder Minibusse) zu quetschen, die auf kürzeren Strecken verkehren. Sie kosten etwa genauso viel wie 2.-Klasse-Busse, die *colectivos* fahren aber häufiger.

Schiff/Fähre

Fähren verbinden Cancún mit der Isla Mujeres und Playa del Carmen mit der Isla Cozumel. Nördlich von Cancún legen außerdem Fähren zur Isla Holbox ab. Die meisten Besucher von Yaxchilán kommen mit dem Boot dorthin.

> **AUSREISESTEUER**
>
> Für alle internationalen Flüge aus Mexiko fällt eine Ausreisesteuer von umgerechnet etwa 48 US$ an. Sie ist normalerweise im Ticketpreis enthalten, aber falls nicht, muss man sie beim Check-in am Flughafen bar bezahlen. Am besten fragt man vorab sein Reisebüro.

CHIAPAS

Kühles Hochland mit Kiefernwäldern, schwüler Regenwald und attraktive Kolonialstädte existieren in Mexikos südlichstem Staat Seite an Seite. Die Region ist noch immer vom Erbe der spanischen Herrschaft und den Überbleibseln der antiken Mayazivilisation geprägt. Im Staat lebt die zweitgrößte indigene Bevölkerung des Landes, und die modernen Mayas von Chiapas stellen ein direktes Verbindungsglied zur Vergangenheit dar, da sie ihre traditionelle Kultur bis heute erhalten konnten. Viele indigene Gemeinden leben allein von der Landwirtschaft und verfügen weder über fließendes Wasser noch Strom – es war die Frustration über die mangelnde politische Macht und die stete Misshandlung im Laufe der Geschichte, die der Zapatista-Rebellion Auftrieb gab und die Ungerechtigkeit in der Region ins Licht der Öffentlichkeit rückte.

SAN CRISTÓBAL DE LAS CASAS

☎ 967 / 250 000 Ew. / 1940 m

In einem wunderschönen Hochlandtal gelegen, umgeben von Kiefernwäldern, ist die Kolonialstadt San Cristóbal (kris-*toh*-bal) seit Jahrzehnten ein beliebtes Reiseziel. Es ist das reinste Vergnügen, ihre Pflasterstraßen und Märkte zu erkunden und das einzigartige Ambiente sowie das herrlich klare Hochlandlicht in sich aufzusaugen. Das mittelgroße San Cristóbal lockt mit einer angenehmen Mischung aus städtisch und ländlich: Renovierte, hundert Jahre alte Häuser gehen in Weiden mit grasendem Vieh und Maisfelder über.

Von Dutzenden traditionellen Tzotzil- und Tzeltal-Dörfern umringt, ist San Cristóbal das Herz einer der am tiefsten verwurzelten indigenen Regionen Mexikos. In dieser Stadt, die ein großartiges Basislager für die Erkundung der näheren und weiteren Umgebung ist, exis-

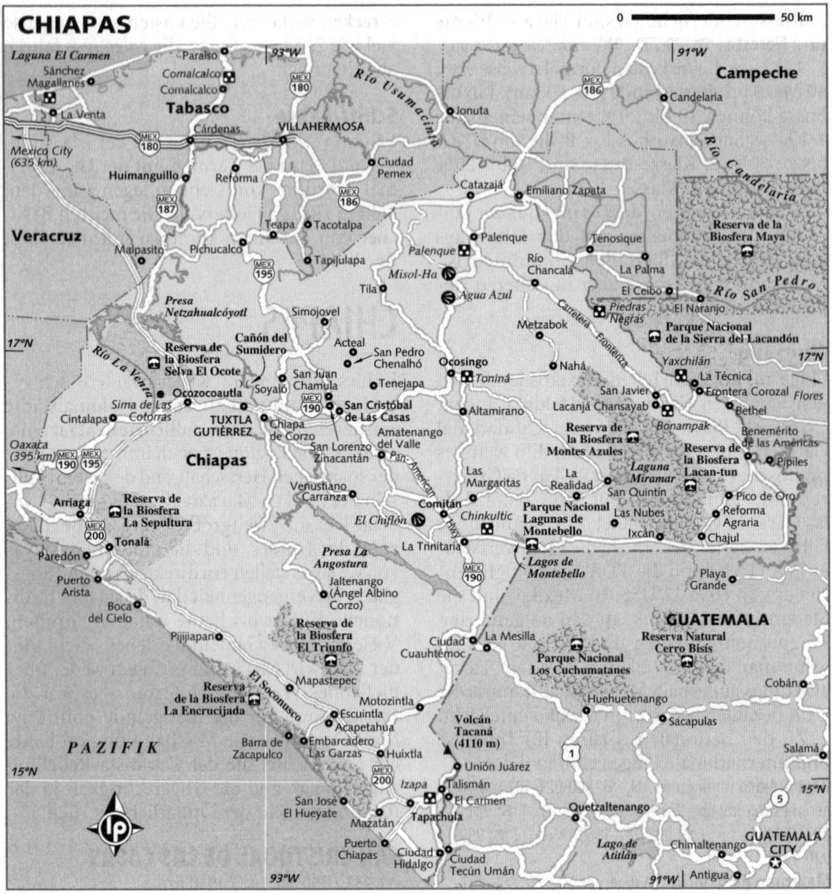

tieren antike Bräuche und moderner Luxus Seite an Seite.

Orientierung

San Cristóbal lässt sich dank seiner geraden Straßen, die sich die sanften Hügel hinauf und hinunter erstrecken, prima zu Fuß erschließen. Die Panamericana (Hwy 190, Blvr Juan Sabines, „El Bulevar") führt durch den südlichen Teil der Stadt, und fast alle wichtigen Transportzentren befinden sich entlang dieses Highways oder ganz in der Nähe. Vom OCC-Busterminal führt die Insurgentes über sechs Blocks nach Norden zum zentralen Platz, der Plaza 31 de Marzo. Von hier aus verläuft die Calle Real de Guadalupe Richtung Osten und ist über einige Blocks eine reine Fußgängerzone, die eine große Restaurant- und Unterkunftsdichte bietet. Eine längere Einkaufs-/Fußgängerzone, die Andador Turístico (oder Andador Eclesiástico), führt über die Avs Hidalgo und 20 de Noviembre vom Arco del Carmen im Süden zum Templo de Santo Domingo im Norden und überquert unterwegs die Plaza 31 de Marzo. Der Cerro de San Cristóbal und der Cerro de Guadalupe beherrschen die Stadt im Westen bzw. Osten.

Praktische Informationen

Banamex (Insurgentes 9; ⌚ Mo–Sa 9–16 Uhr) Hat einen Geldautomaten; wechselt Dollar und Euro.

El Locutorio (☎ 631-4828; Av 20 de Noviembre 20A; ⌚ 9–21 Uhr) Von hier kann man günstige internationale Telefongespräche führen.

GEFAHREN & ÄRGERNISSE IN CHIAPAS

Der Drogenhandel und die illegale Immigration nach Norden sind große Probleme im Grenzgebiet zu Guatemala, und an der Carretera Fronteriza – entlang der guatemaltekischen Grenze von Palenque nach Lagos de Montebello – sind Militärkontrollen keine Seltenheit. Diese Kontrollen tragen zu mehr Sicherheit für Reisende bei, aber es ist am besten, die Carretera Fronteriza vor Einbruch der Dunkelheit zu verlassen. Aus ähnlichen Gründen passiert man auch alle Grenzübergänge nach Guatemala besser früh am Tag.

Indigene Dorfgemeinschaften sind oft sehr eng. Die Einwohner sind Fremden gegenüber teilweise recht misstrauisch und besonders sensibel, wenn es darum geht, sie zu fotografieren. In einigen Dörfern sind Kameras, wenn es gut läuft, geduldet – manchmal nicht einmal das. Man setzt sich möglicherweise körperlichen Gefahren aus, wenn man ohne Erlaubnis Fotos macht. Im Zweifelsfall immer zuerst fragen.

Gelegentlich kommt es zu kleineren Auseinandersetzungen zwischen Zapatista-Gemeinden und der Armee oder paramilitärischen Anti-Zapatista-Gruppen. Wer vorhat, abseits der Hauptstraßen durch Chiapas' Hochland, die Ocosingo-Region, oder das Gebiet im äußersten Osten Chiapas' zu reisen, sollte die Ratschläge der Einheimischen, welche Gegenden man besser meidet, stets befolgen. Fremde können in diesen Regionen außerdem Gefahren durch lokale politische oder religiöse Konflikte ausgesetzt sein.

Hospital Amigo del Niño y de la Madre (☎ 678-0770; Insurgentes) Städtisches Krankenhaus mit Notaufnahme.
Lavandería Las Estrellas (Real de Guadalupe 75; 10 Mex$/kg; 🕑 Mo–Sa 8.30–19 Uhr)
Hauptpost (Allende 3; 🕑 Mo–Fr 7.30–19, Sa 8.30–15.30 Uhr)
Städtische Touristeninformation (☎ 678-0665; Palacio Municipal, Plaza 31 de Marzo; 🕑 8–21 Uhr)

Gefahren & Ärgernisse

Aufgrund einzelner Angriffe auf weibliche Fahrgäste sollten Frauen, die nachts alleine Taxi fahren, besonders vorsichtig sein.

Sehenswertes

PLAZA 31 DE MARZO

Auf dem grünen zentralen Platz kann man San Cristóbals unaufgeregte Hochland-Atmosphäre wunderbar genießen. Auf der Nordseite der Plaza wurde mit dem Bau der **Kathedrale** bereits 1528 begonnen; sie wurde aufgrund verschiedener Naturkatastrophen aber erst 1815 fertig. Prompt schlugen 1816 und 1847 erneut Erdbeben zu und verursachten große Schäden, aber zwischen 1920 und 1922 wurde das Gotteshaus wieder aufgebaut. Das mit Blattgold verzierte Innere enthält fünf vergoldete Altarbilder, darunter auch Gemälde von Miguel Cabrera aus dem 18. Jh.

Das **Hotel Santa Clara** an der Südostecke des Platzes wurde von Diego de Mazariegos, dem spanischen Eroberer Chiapas', erbaut. Sein Wappen ist über dem Portal eingraviert. Das Haus ist ein seltenes säkulares Beispiel des plateresken Stils in Mexiko.

CERRO DE SAN CRISTÓBAL & CERRO DE GUADALUPE

Einmal den besten Ausblick der Stadt genießen? Nun, dafür muss man was tun, denn in dieser Höhe können die Stufen über die Hügel eine echte Plackerei sein. Beide Aussichtspunkte krönen Kirchen, und die Iglesia de Guadalupe verwandelt sich rund um den Día de la Virgen de Guadalupe (12. Dezember) zu dem Treffpunkt für das religiöse Volk. Vorsicht! Diese Gegenden gelten nachts nicht als sicher.

TEMPLO & EHEMALIGES CONVENTO DESANTO DOMINGO

Gleich nördlich des Zentrums steht der **Templo de Santo Domingo** (Eintritt frei; 🕑 6.30–14 & 16–20 Uhr) aus dem 16. Jh., San Cristóbals schönste Kirche – besonders, wenn die Spätnachmittagssonne die Fassade erstrahlen lässt. Die barocke Front mit ihren außergewöhnlich filigranen Stuckarbeiten wurde im 17. Jh. angefügt und zeigt auch den doppelköpfigen Habsburger Adler, seinerzeit das Symbol der spanischen Monarchie. Das Innere ist üppig vergoldet, allen voran die aufwendige Kanzel. Rund um Santo Domingo und den benachbarten **Templo de la Caridad** (1712 erbaut) ziehen Frauen aus Chamulan und eine Reihe unkonventioneller Gestalten aus ganz Mexiko Tag für Tag einen bunten Kunsthandwerkermarkt

SAN CRISTÓBAL DE LAS CASAS

auf. Das ehemalige Kloster, das Santo Domingo angeschlossen ist, zeigt zwei interessante Ausstellungen: den Verkaufsraum der Weber von Señora Jolobil und das **Centro Cultural de los Altos** (☎ 678-1609; Calz Lázaro Cárdenas s/n; Eintritt 41 Mex$; Di–So 10–17 Uhr), zu dem auch ein spanischsprachiges Museum zur Geschichte der Region San Cristóbal gehört.

NA BOLOM

Na Bolom, ein **Museum und Forschungszentrum** (☎ 678-1418; www.nabolom.org; Guerrero 33; nur Hausbesichtigung Erw./Student/Senior 35/20/20 Mex$, 1½-stündige Tour auf Englisch oder Spanisch 45 Mex$; Di–So 9–20, Tour 16.30 Uhr), widmet sich der Erforschung und Unterstützung von Chiapas' indigenen Kulturen und seiner Natur und organisiert Ge-

PRAKTISCHES	Templo de Santo Domingo **20** B2	**TRANSPORT**
Banamex (Geldautomat) **1** B3		AEXA & Ómnibus de Chiapas Bus Terminal **38** B5
El Locutorio **2** B2	**SCHLAFEN**	Colectivos nach Grutas de San Cristóbal **39** B5
Hospital Amigo del Niño y de la Madre **3** B4	B&B Le Gite del Sol **21** D3	Combis nach San Juan Chamula **40** B1
Lavandería Las Estrellas **4** D3	Hostal Rincón de los Camellos **22** D3	Combis nach Zinacantán **41** C1
Hauptpost **5** A3	Hostel Las Palomas **23** A3	Croozy Scooters **42** C3
Städtische Touristeninformation **6** B3	Posada Ganesha **24** B2	Los Pingüinos **43** A1
	Posada México **25** C3	Mexicana **44** B3
SEHENSWERTES & AKTIVITÄTEN		OCC-Terminal **45** B5
Arco de El Carmen **7** B4	**ESSEN**	Optima **46** A3
Café Museo Café **8** B3	Arez **26** C3	Suburbans nach Comitán **47** B5
Cathedral **9** B3	Fruit & Vegetable Shops **27** C3	Suburbans nach Ocosingo **48** B5
Centro Cultural de los Altos **10** B2	La Casa del Pan Papalotl **28** C3	Taxis Jovel (Colectivos nach Tuxtla Gutiérrez) **49** A5
Centro Cultural El Carmen **11** B4	L'Eden **29** B3	Ticket Bus **50** B3
El Puente Spanish Language School .... (siehe 28)	Mayambé **30** A3	Vans & Colectivos nach Ocosingo **51** B5
Explora **12** A3	Namandí Café & Crepas **31** B3	Vans nach Comitán **52** B5
Hotel Santa Clara **13** B3	Super Más **32** B3	Vans nach Tuxtla Gutiérrez & Ocosingo **53** B5
La Casa en el Árbol **14** B2	TierrAdentro **33** B3	Vans nach Tuxtla Gutiérrez & Ocosingo & Colectivos nach Comitán **54** B5
Mercado Municipal **15** C1		
Museo del Ámbar de Chiapas **16** A3	**AUSGEHEN**	
Na Bolom **17** D2	La Covacha **34** B3	
Otisa **18** B3		
Templo de la Caridad **19** B2	**UNTERHALTUNG**	
	Laska **35** B3	
	Latino's **36** C3	
	Multiforo Las Velas **37** C3	

meinde- und Umweltschutzprogramme in indigenen Gebieten. Seine Bibliothek mit 9000 Büchern und Dokumenten ist eine wichtige Quelle für die Mayakultur.

MERCADO MUNICIPAL

Wer das Leben hier näher kennenlernen möchte – und sich einem Angriff auf die Sinne gewachsen fühlt –, sollte San Cristóbals geschäftigem städtischen **Markt** (7–17 Uhr), acht Blocks nördlich des Hauptplatzes zwischen Utrilla und Belisario Domínguez gelegen, einen Besuch abstatten.

MUSEO DE LA MEDICINA MAYA

Dieses preisgekrönte **Museum** (☎ 678-5438; www.medicinamaya.org; Av Salomón González Blanco 10; Eintritt 20 Mex$; Mo–Fr 10–18, Sa & So bis 17 Uhr) stellt seinen Besuchern die traditionelle Medizin vor, die noch immer von zahlreichen Mayas im Hochland Chiapas' angewandt wird.

ARCO & CENTRO CULTURAL EL CARMEN

Der **Arco de El Carmen** am Südende der Andador Turístico auf der Av Hidalgo stammt aus dem späten 17. Jh. und war einst das Tor der Stadt. Das ehemalige Kloster gleich östlich ist ein wunderschönes Kolonialgebäude mit einem großen, friedlichen Garten. Heute ist es das **Centro Cultural El Carmen** (Hermanos Domínguez s/n; Eintritt frei; Di–So 9–18 Uhr) und beherbergt Kunst- und Fotoausstellungen sowie gelegentliche Musikveranstaltungen.

CAFÉ MUSEO CAFÉ

Dieses **Café und Kaffeemuseum** (☎ 678-7876; MA Flores 10; Eintritt 25 Mex$; 8–22 Uhr;) ist ein Projekt von Coopcafé, einem Zusammenschluss von über 17 000 kleinen (meist indigenen) Kaffeepflanzern aus Chiapas.

MUSEO DEL ÁMBAR DE CHIAPAS

Das **Museo del Ámbar de Chiapas** (Bernsteinmuseum; ☎ 678-9716; www.museodelambar.com.mx; Plazuela de la Merced; Eintritt 20 Mex$; Di–So 10–14 & 16–19.30 Uhr) erklärt alles rund ums Thema Bernstein (mit Infotafeln in englischer und anderen Sprachen) und zeigt und verkauft einige aufwendig gefertigte Stücke, teilweise mit eingeschlossenen Insekten.

Kurse

El Puente Spanish Language School (☎ 678-3723; www.elpuenteweb.com; Real de Guadalupe 55; einzeln/Gruppe pro Woche 2450/2200 Mex$) Bietet Sprachkurse.

La Casa en el Árbol (☎ 674-5272; www.lacasaenelarbol.org; Real de Mexicanos 10; Unterricht einzeln/Gruppe pro Std. 143/91 Mex$, 7 Tage Privatunterkunft 1885 Mex$) Sozial engagierte Schule, die Tzeltal, Tzotzil und Spanisch unterrichtet. Sie bietet zahlreiche außerschulische Aktivitäten an und ist Anlaufstelle für Freiwilligen-Programme.

Geführte Touren

Einige empfehlenswerte Tourveranstalter bieten eine Reihe Ausflüge an, u. a. diese:

Explora (☎ 674-6660; www.ecochiapas.com; 1 de Marzo 30; Mo–Fr 9.30–14 & 16–20, Sa 9.30–14 Uhr)

Otisa (☎ 678-1933; www.otisatravel.com; Real de Guadalupe 3C)

Festivals & Events

Semana Santa Die Kreuzigung wird an Karfreitag im Barrio de Mexicanos im Nordwesten der Stadt nachgestellt.

Feria de la Primavera y de la Paz (Frühlings- & Friedensfest) Am Ostersonntag beginnt das einwöchige Stadtfest mit Paraden, Musikveranstaltungen, Stierkämpfen etc.

Festival Internacional de las Culturas (www.conecultachiapas.gob.mx) Von Mitte bis Ende Oktober hüpft dieses kostenlose einwöchige Kulturprogramm mit Musik, Tanz und Theater durch die Stadt.

Schlafen

Rancho San Nicolás (☎ 678-0057; jultov@hotmail.com; Prolongación León, Ranulfo Tovilla 47; Stellplatz pro Person mit/ohne Auto 70/50 Mex$, Zi. ohne Bad 70 Mex$/Pers., cabañas 70 Mex$/Pers., DZ-Villas 300 Mex$; 🅿 📶) Hinter Maisfeldern und grasenden Pferden ist dies ein friedliches Stückchen *campo* (Land) am Rande der Stadt.

Hostal Rincón de los Camellos (☎ 116-0097; www.loscamellos.over-blog.com; Real de Guadalupe 110; B 80 Mex$, EZ/DZ/3BZ/4BZ 220/280/330/400 Mex$, ohne Bad 160/220/270/340 Mex$; 📶) Ein sauberes, friedliches Plätzchen, das von einem freundlichen französisch-mexikanischen Trio geführt wird. Die hell gestrichenen Zimmer liegen rund um zwei Innenhöfe, und hinten wartet ein kleiner Garten mit Rasenfläche. In der kleinen Küche gibt's kostenlos Trinkwasser und Kaffee.

Posada Ganesha (☎ 678-0212; www.ganeshaposada.com; 28 de Agosto 23; B 100 Mex$, EZ/DZ/3BZ ohne Bad 150/250/300 Mex$, alle inkl. Frühstück; 📶) Eine von Düften durchflutete *posada* (Pension), ausgestattet mit indischen Stoffen – an diesem freundlichen und lebendigen Ort kann man sich wunderbar entspannen. Täglich gibt's Yogakurse und außerdem eine einfache Gästeküche und eine angenehme neue Lounge. Die freistehende *cabaña* ist besonders hübsch.

Posada México (☎ 678-0014; www.hostellingmexico.com; Josefa Ortiz de Domínguez 12; B 100 Mex$, Zi. mit/ohne Bad 360/280 Mex$, 3BZ mit/ohne Bad 480/420 Mex$, alle inkl. Frühstück; ⊠ 💻 📶) Eine große Hofanlage mit atemberaubendem Ausblick. Das HI-Hostel bietet hübsche Gärten, gute helle Zimmer und Schlafsäle (einer nur für Frauen), eine Küche, einen Billardtisch, eine DVD-Bibliothek, jede Menge gemütliche Terrassen, Innenhöfe und Lounges sowie eine kleine neue Bar. HI-Mitglieder bekommen 10 % Rabatt.

Hostel Las Palomas (☎ 674-7034; www.laspalomashostel.com; Guadalupe Victoria 47; B 120 Mex$, Zi. mit/ohne Bad 500/250 Mex$, alle inkl. Frühstück; ⊠ 💻 📶) Man kann sich im warmen Innenhof dieses Kolonialgebäudes sonnen; die privaten Zimmer mit Bad verfügen über einen Kamin und Dachfenster. Die Schlafsäle (einige mit größeren Betten für budgetbewusste Paare) sind mit Schließfächern und Bad ausgestattet, Zimmer mit Gemeinschaftsbad sind schlichter.

B&B Le Gite del Sol (☎ 631-6012; www.legitedelsol.com; Madero 82; EZ/DZ/3BZ/4BZ 250/300/390/460 Mex$, ohne Bad 160/200/300/400 Mex$, alle inkl. Frühstück; 🅿 ⊠ 💻 📶) Das üppige Frühstück ergänzt die einfachen Zimmer mit leuchtend sonnenblumengelben Böden wunderbar.

Essen

Selbstversorger können sich im zentral gelegenen Supermarkt **Super Más** (Real de Guadalupe 22; 🕑 8–21.30 Uhr) eindecken, und entlang der Dugelay stehen zwischen Madero und MA Flores ein paar **Obst- und Gemüsestände**.

Arez (☎ 678-6308; Real de Guadalupe 29; Wraps 25–45 Mex$, Hauptgerichte 60–90 Mex$; 🕑 12–23 Uhr; ⊠ Ⓥ) Lamm-Shawarma und andere Köstlichkeiten veredeln die Karte dieses neuen libanesischen Falafel-Hauses. Das „Barbecue Arez" mit gegrilltem Rindfleisch, Hühnchen, Zwiebeln und Paprika sollte man versuchen.

TierrAdentro (☎ 674-6766; Real de Guadalupe 24; Menü 35–73 Mex$; 🕑 8–23 Uhr; ⊠ 📶) Ein beliebter Treffpunkt der Kaffee schlürfenden, Laptop tragenden Einheimischen. In diesem großen überdachten Hof-Restaurant und Café kann man wunderbar die Zeit totschlagen. Es wird von Zapatista-Anhängern geführt, die hier oft kulturelle Veranstaltungen und Konferenzen organisieren. Das einfache, aber köstliche *menú compa* (35 Mex$) wechselt täglich und bietet herzhafte Köstlichkeiten wie Reis und Bohnen zu handgemachter Tortilla.

La Casa del Pan Papalotl (☎ 678-7215; Centro Cultural El Puente, Real de Guadalupe 55; Hauptgerichte 40–68 Mex$; 🕑 Mo–Sa 8.30–22 Uhr; ⊠ Ⓥ) Das ausgezeichnete vegetarische Hof-Restaurant bietet zwischen 13 und 17 Uhr ein besonders sättigendes Mittagsbuffet (80 Mex$) an. Frisches Brot und lokale Zutaten sind hier Programm.

Mayambé (☎ 674-6278; 5 de Mayo 10; Menü 40 Mex$, Hauptgerichte 45–95 Mex$; 🕑 9.30–23 Uhr; Ⓥ) Dieses grandiose Innenhof-Restaurant lockt mit einer wunderbaren Vielfalt asiatischer, nahöstlicher und mediterraner Gerichte, darunter auch zahlreiche vegetarische Optionen.

Namandí Café & Crepas (☎ 678-8054; Mazariegos 16C; Crêpes 55–75 Mex$; 🕑 8–23 Uhr; ⊠ 📶) Schicke

Bedienungen servieren in diesem großen modernen Café-Restaurant Baguette-Sandwiches, Pasta und guten Kaffee.

L'Eden (☎ 678-0085; Hotel El Paraíso, 5 de Febrero 19; Hauptgerichte 58–120 Mex$; 🕑 7–23 Uhr) Die verführerische europäisch-mexikanische Karte dieses erstklassigen Restaurants umfasst *fondue suiza, sopa azteca* und saftige Fleischgerichte.

Ausgehen & Unterhaltung

La Covacha (Crescencio Rosas 2B; 🕑 19–24 Uhr) In der kubanischen Mojito-Bar kann man an den Baumstammtischen Platz nehmen und sich ein leckeres Getränk gönnen. Im selben Block gibt's auch noch einige weitere gute Bars.

Multiforo Las Velas (Madero 14; 🕑 Do–Sa 20–3 Uhr) Livemusik und Tanz beginnen gegen 23 Uhr, und gelegentlich gibt's Zirkus oder Theater.

Latino's (☎ 678-9927; Madero 23; Eintritt Do–Sa 25–30 Mex$; 🕑 Mo–Sa 20–3 Uhr) Hier versammeln sich die *salseros* der Stadt für ein Tänzchen.

Laska (Madero 12) Düster und funky, mit verrückten Designs an den Wänden, bietet dieser künstlerische, intime neue Club seelenvollen *trova* (lateinamerikanischer Protest-Folk).

An- & Weiterreise

Eine schnelle, gebührenpflichtige *autopista* (Schnellstraße; 38 Mex$ für Autos) rast von Chiapa de Corzo hierher. Dank der erhöhten Militär- und Polizeipräsenz hat sich die Anzahl der Überfälle auf dem Hwy 199 zwischen Ocosingo und Palenque verringert, aber es ist wahrscheinlich trotzdem besser, bei Tageslicht über diesen Streckenabschnitt zu reisen.

AUTO

San Cristóbals einziger Autoverleih, **Optima** (☎ 674-5409; optimacar1@hotmail.com; Mazariegos 39), verleiht Autos für 450 Mex$ pro Tag bzw. 2700 Mex$ pro Woche.

BUS, COLECTIVO & VAN

Es gibt etwa ein Dutzend Terminals, die meisten an oder gleich neben der Panamericana. Der wichtigste ist der 1.-Klasse-**OCC-Terminal** (☎ 678-0291; Ecke Panamericana & Insurgentes), der auch von den 1.-Klasse- und Luxusbussen von ADO und UNO sowie den 2.-Klasse-Bussen von Transportes Dr. Rodolfo Figueroa (TRF) genutzt wird. Tickets für alle Verbindungen gibt's bei **Ticket Bus** (☎ 678-8503; www.ticketbus.com.mx; Real de Guadalupe 24; 🕑 8–22 Uhr) im Zentrum.

Die 1.-Klasse-Busse von **AEXA** (☎ 678-6178) und der 2.-Klasse-Anbieter Ómnibus de Chiapas teilen sich einen Busbahnhof an der Südseite des Highways; diverse Vans und *colectivo*-Unternehmen haben in derselben Gegend Sammelstellen am dem Highway.

Die meisten Unternehmen bieten täglich Van-Verbindungen nach Quetzaltenango (300 Mex$, 8 Std.), Panajachel (300 Mex$, 10 Std.), Antigua (400 Mex$, 12 Std.) und Flores (ab Palenque, 500 Mex$) in Guatemala an.

Ziel	Preis (Mex$)	Dauer (Std.)
Campeche	372	11
Cancún	720–856	16–18
Ciudad Cuauhtémoc (guatemaltekische Grenze)	80	3½
Guatemala-Stadt	330	11
Mérida	532	13
Mexico City (TAPO)	350–1060	13–14
Palenque	80–166	5
Villahermosa	232	7–8

FLUGZEUG

San Cristóbals Flughafen, 15 km außerhalb der Stadt an der Straße nach Palenque, bietet keine regelmäßigen Passagierflüge an; der wichtigste Flughafen für die Stadt ist in Tuxtla Gutiérrez. Täglich verkehren drei direkte Minibusse von OCC (125 Mex$) in beiden Richtungen zwischen dem Flughafen Tuxtla und dem wichtigsten Busbahnhof von San Cristóbal; vorab buchen!

Mexicana (☎ 678-9990; Madero 8A) verkauft Flüge ab Tuxtla Gutiérrez.

Unterwegs vor Ort

Combis (Minibusse; 4,50 Mex$) fahren von der Panamericana auf dem Crescencio Rosas in die Stadtmitte. Taxis innerhalb der Stadt kosten 20 Mex$ (nachts 25 Mex$).

Das freundliche **Los Pingüinos** (☎ 678-0202; www.bikemexico.com/pinguinos; Ecuador 4B; 🕑 Mo–Sa 10–14.30 & 15.30–19 Uhr) verleiht hochwertige Mountainbikes mit Schloss und Karte und hält Tipps zu guten, sicheren Routen bereit.

Croozy Scooters (☎ 631-4329; Belisario Domínguez 7; Motorroller-Verleih 5/9/24 Std. 190/290/350 Mex$, Fahrrad-Verleih 100 Mex$/24 Std.; 🕑 Di–So 9–18 Uhr) verleiht Fahrräder und gut erhaltene Italika-CS-Motorroller mit 125 ccm.

RUND UM SAN CRISTÓBAL

Die Einwohner des schönen Chiapas-Hochlands stammen von den alten Mayas ab und haben sich Teile ihres einzigartigen Glaubens, ihrer Bräuche und ihrer Trachten erhalten.

UNTERWEGS INS HOCHLAND GUATEMALAS

Am besten erreicht man Guatemala über den praktischen Grenzübergang **Ciudad Cuauhtémoc–La Mesilla**. Die winzige Grenzstadt Ciudad Cuauhtémoc ist der letzte und erste Ort in Mexiko an der Panamericana. Comitán liegt 83 km weiter nördlich, der guatemaltekische Grenzposten befindet sich 4 km südlich in La Mesilla. Taxis (*colectivo* 10 Mex$, privat 30 Mex$) fahren ihre Fahrgäste zwischen beiden Seiten hin und her. Banken und Geldwechselstellen gibt's dies- und jenseits der Grenze, die von 21 Uhr bis 6 Uhr für den Autoverkehr geschlossen wird.

Zwischen 12 Uhr und 22 Uhr fahren mehrere OCC-Busse von San Cristóbal de las Casas nach Ciudad Cuauhtémoc (80 Mex$, 3½ Std.), aber man kann auch nach Comitán fahren und sich dort um Anschluss kümmern. Von Comitán verkehren häufig – zwischen 5 Uhr und 17 Uhr etwa alle 20 bis 30 Minuten – Vans, *combis* und Busse (30–38 Mex$, 1½ Std.).

In La Mesilla kann man sich von einem Mototaxi (3 Mex$/2 Q) am Busbahnhof absetzen lassen. Täglich fahren zwischen 6 Uhr und 18 Uhr mindestens 20 Busse nach Huehuetenango (20 Q, 2 Std.) und Quetzaltenango (15 Q, 3½ Std.), wo man Anschluss nach Guatemala-Stadt findet.

Näheres zur Reise in umgekehrter Richtung s. S. 174.

Tagsüber sollten Wanderungen, Ausritte oder Radtouren auf der Hauptstraße nach San Juan Chamula und San Lorenzo Zinacantán kein Risiko darstellen; es ist jedoch nicht besonders clever, sich in menschenleere Ecken oder auf abgeschiedene Wege zu wagen.

Von verschiedenen Haltestellen rund um den Mercado Municipal in San Cristóbal werden Nahverkehrsverbindungen in die meisten Dörfer angeboten. *Combis* nach San Juan Chamula (9 Mex$) fahren zwischen 4 und ca. 18 Uhr von der Calle Honduras ab; von einem Hof abseits der Robledo fahren zwischen 5 und 18 Uhr mindestens stündlich *combis* (12 Mex$) und *colectivos* (14 Mex$) nach Zinacantán.

San Juan Chamula

3000 Ew. / 2200 m

Die Einwohner von Chamulan sind eine unabhängige Gruppe von Tzotzil, deren Volk über 80 000 Mitglieder umfasst. Ihr Hauptdorf, San Juan Chamula, liegt 10 km nordwestlich von San Cristóbal de las Casas und ist das Zentrum einzigartiger religiöser Rituale.

Fremde können San Juan Chamula zwar besuchen, aber ein Schild am Eingang des Dorfes untersagt strikt das Fotografieren in der Dorfkirche oder bei Ritualen. Ignorieren Sie diese Verbote keinesfalls; die Gemeinde nimmt sie sehr ernst. Ganz in der Nähe, rund um die Außenmauern einer älteren Kirche, befindet sich der **Friedhof** mit schwarzen Kreuzen für alle betagt Gestorbenen, weißen für jung Gestorbene und blauen für alle anderen.

Der wöchentliche **Markt** findet sonntags statt, dann strömen die Menschen aus den Hügeln ringsum ins Dorf, um einzukaufen, zu handeln und die Hauptkirche zu besuchen.

Neben dem Hauptplatz befindet sich der gespenstisch weiße **Templo de San Juan** (Chamulas Hauptkirche) mit lebendig-farbenfrohen Bögen in grün und blau. Man muss an der **Touristeninformation** (⌚ 7–18 Uhr) neben dem Platz Eintrittskarten (20 Mex$) kaufen, bevor man in die Kirche geht.

San Lorenzo Zinacantán

3700 Ew. / 2558 m

Das friedliche Dorf San Lorenzo Zinacantán, 11 km nordwestlich von San Cristóbal, ist das Hauptdorf der Zinacantán-Gemeinde (45 000 Mitglieder). Die Zinacantán gehören, wie die Bewohner Chamulans, zum Volk der Tzotzil.

Sonntags und an Feiertagen findet bis 12 Uhr ein kleiner **Markt** statt. Die riesige zentrale **Iglesia de San Lorenzo** (Eintritt 15 Mex$) wurde nach einem Feuer 1975 wieder aufgebaut. In der Kirche und im Innenhof ist das Fotografieren verboten. Das kleine **Museo Jsotz' Levetik** (Eintritt gegen Spende) mit Strohdach liegt drei Blocks entfernt unterhalb des zentralen Basketballplatzes. Es zeigt Ausstellungen zu lokaler Kultur sowie einige feine Textilien und Musikinstrumente.

PALENQUE

☎ 916 / 85 000 Ew.

Die mächtigen, von Urwald umringten Tempel von Palenque sind verdientermaßen eines der beliebtesten Reiseziele in Chiapas und ein Paradebeispiel für Maya-Architektur in Mexiko. Die moderne Stadt Palenque, ein paar Kilometer weiter östlich, ist ein verschwitzter, langweiliger Ort ohne allzu große Anziehungskraft. Sie dient einzig als Ausgangspunkt für einen Besuch der Ruinen, auch wenn die Renovierung einiger Blocks in der Hauptstraße in der Nähe des Parks ihr kürzlich etwas mehr Glanz verliehen hat. Viele steigen lieber in einer der versteckten Wald-Unterkünfte ab, die an der Straße zwischen der Stadt und den Ruinen liegen, etwa im eher unkonventionellen El Panchán.

Geschichte

Der Name Palenque (Palisade) stammt aus dem Spanischen und steht in keinem Zusammenhang mit dem antiken Namen der Stadt, die einst möglicherweise Lakamha (Großes Wasser) hieß. Palenque wurde erstmals um 100 v. Chr. besiedelt und erlebte seine Blütezeit von 640 bis 740 n. Chr. Unter dem Anführer Pakal, der von 615 bis 683 regierte, erlangte die Stadt Berühmtheit. Archäologen fanden heraus, dass Pakal mit den Hieroglyphen für Sonne und Schild dargestellt wurde und den Beinamen Sonnenschild (Escudo Solar) trug. Er starb im damals unglaublichen Alter von 80 Jahren.

Pakals Sohn, Kan B'alam II. (684–702), mit den Hieroglyphen für Jaguar und Schlange dargestellt (und auch Jaguar-Schlange II. genannt), trieb Palenques Ausdehnung und künstlerische Entwicklung weiter voran. Während der Herrschaft von Kan B'alam II. erweiterte Palenque seinen Einfluss bis zum Río Usumacinta, wurde jedoch bald von der

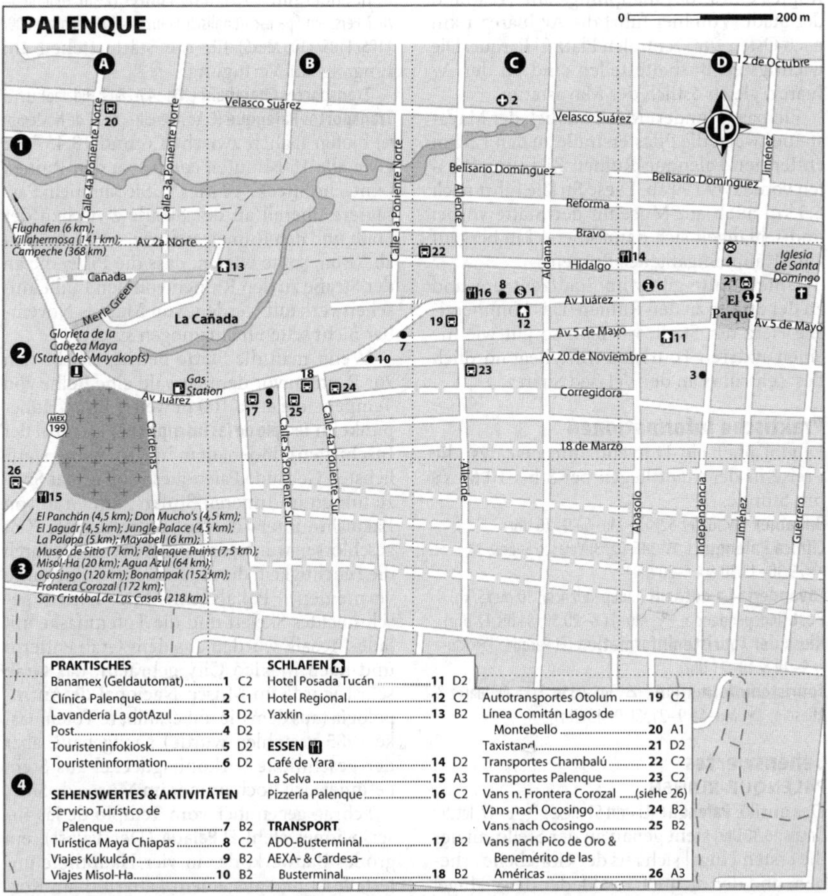

PRAKTISCHES
- Banamex (Geldautomat) 1 C2
- Clínica Palenque 2 C1
- Lavandería La gotAzul 3 D2
- Post 4 D2
- Touristeninfokiosk 5 D2
- Touristeninformation 6 D2

SEHENSWERTES & AKTIVITÄTEN
- Servicio Turístico de Palenque 7 B2
- Turística Maya Chiapas 8 C2
- Viajes Kukulcán 9 B2
- Viajes Misol-Ha 10 B2

SCHLAFEN
- Hotel Posada Tucán 11 D2
- Hotel Regional 12 C2
- Yaxkin 13 B2

ESSEN
- Café de Yara 14 D2
- La Selva 15 A3
- Pizzería Palenque 16 C2

TRANSPORT
- ADO-Busterminal 17 B2
- AEXA- & Cardesa-Busterminal 18 B2
- Autotransportes Otolum 19 C2
- Línea Comitán Lagos de Montebello 20 A1
- Taxistand 21 D2
- Transportes Chambalú 22 C2
- Transportes Palenque 23 C2
- Vans n. Frontera Corozal (siehe 26)
- Vans nach Ocosingo 24 B2
- Vans nach Ocosingo 25 B2
- Vans nach Pico de Oro & Benemérito de las Américas 26 A3

rivalisierenden Mayastadt Toniná, 65 km weiter südlich, herausgefordert. Kan B'alams Bruder und Nachfolger, K'an Joy Chitam II. (Edler Pekari), wurde 711 von Truppen aus Toniná gefangen genommen und dort vermutlich hingerichtet. Palenque konnte sich dann zwischen 722 und 736 unter Ahkal Mo' Nahb' III. (Schildkröten-Ara-See), der zahlreiche beachtliche Gebäude errichten ließ, eines erneuten Aufschwungs erfreuen.

Nach 900 n. Chr. war Palenque weitgehend verlassen.

Orientierung

Der Hwy 199 trifft Palenques Hauptstraße, die Av Juárez, an der Glorieta de la Cabeza Maya, einer Kreuzung mit einer großen Statue des Kopfes eines Mayahäuptlings am Westrand der Stadt. Von hier führt die Av Juárez 1 km nach Osten zum zentralen Platz El Parque. Die wichtigsten Bushaltestellen sind an der Av Juárez, gleich östlich der Mayastatue.

Ein paar Hundert Meter südlich der Mayastatue zweigt die Pflasterstraße zu den 7,5 km entfernten Palenque-Ruinen Richtung Westen vom Hwy 199 ab. Diese Straße führt nach 6,5 km auch am Museum der Stätte vorbei und schlängelt sich dann über 1 km bergauf zum Haupteingang der Ruinen.

Unterkünfte gibt's im Stadtzentrum und an der Straße zu den Ruinen. Das kommerzielle Herz der Stadt, wo man so gut wie nie einen anderen Touristen trifft, liegt nördlich des Zentrums an der Velasco Suárez.

Praktische Informationen

Es gibt über ein Dutzend Internetcafés; die Preise in der Stadt liegen bei 8 bis 10 Mex$ pro Stunde.

Banamex (Av Juárez 62; ⌚ Mo–Sa 9–16 Uhr)
Clínica Palenque (☎ 345-0273; Velasco Suárez 33; ⌚ 9.30–13.30 & 17–20 Uhr)
Lavandería La gotAzul (Independencia; 10 Mex$/kg)
Post (Independencia; ⌚ Mo–Fr 8–20.30, Sa bis 12 Uhr)
Kiosk der Touristeninformation (El Parque; ⌚ Mo–Fr 9–14 & 18–21 Uhr)
Touristeninformation (☎ 345-0356; Ecke Av Juárez & Abasolo; ⌚ Mo–Sa 9–21, So 9–13 Uhr)

Sehenswertes

PALENQUE-RUINEN

Das antike **Palenque** (Eintritt 51 Mex$; ⌚ 8–17, letzter Einlass 16.30 Uhr) steht genau an der Stelle, an der die ersten Hügel sich aus der Golfebene erheben, und der dichte Urwald, der diese Hügel bedeckt, bildet den perfekten Hintergrund für Palenques grandiose Maya-Architektur. Hunderte verfallener Gebäude liegen auf 15 km² verstreut, aber nur ein recht kompakter Bereich in der Mitte der Anlage wurde ausgegraben. Im Wald rund um diese Tempel leben noch immer Brüllaffen, Tukane und Ozelote. Die Ruinen und die umliegenden Wälder bilden den Nationalpark Parque Nacional Palenque, für den man auf Km 4,5 an der Straße zu den Ruinen zusätzlich 22 Mex$ Eintritt bezahlen muss.

Palenques **Museo de Sitio** (Museum der Stätte; ☎ 345-2684; Carretera Palenque-Ruinas km 7; Eintritt frei mit Ruinenticket; ⌚ Di–So 9–16.30 Uhr) ist einen Besuch wert, da es Funde der Stätte zeigt und – auf Englisch und Spanisch – Palenques Geschichte nacherzählt. Offizielle **Führer** (2-std. Tour für bis zu 7 Pers. auf Spanisch/Englisch/Französisch/Italienisch 600/1105/1105/1105 Mex$) für die Stätte stehen am Eingang zur Verfügung.

Transportes Chambalú (☎ 345-2849; Hidalgo) und **Transportes Palenque** (Ecke Allende & Av 20 de Noviembre) bieten täglich zwischen 6 und 18.45 Uhr etwa alle 15 Minuten *combis* zu den Ruinen (einfache Strecke 10 Mex$). Sie sammeln Passagiere überall an der Straße zwischen der Stadt und den Ruinen auf bzw. setzen sie dort ab. (Man sollte wissen, dass die Pilze, die an der Straße zu den Ruinen von den Einheimischen verkauft werden, von Mai bis November nicht selten halluzinogen sind.)

Wenn man die Stätte betritt, erhebt sich zur Rechten vor dem Urwald eine Reihe von Tempeln, die etwa 100 m weiter ihren Höhepunkt im **Templo de las Inscripciones** (Tempel der Inschriften) finden, dem höchsten und stattlichsten Gebäude Palenques. Von seiner Spitze führen im Inneren Stufen zum Grab von Pakal hinunter (das auf unbestimmte Zeit geschlossen wurde, um weitere Schäden durch die Feuchtigkeit, die die Besucher abgeben, zu vermeiden). Pakals mit Edelsteinen geschmücktes Skelett und die Totenmaske mit Jade-Mosaik wurden aus dem Grab entfernt und nach Mexico City gebracht; das Grab selbst wurde im Museo Nacional de Antropología (aus dem die unbezahlbare Totenmaske 1985 gestohlen wurde) nachgebaut, aber der geschnitzte Sarkophagdeckel aus Stein befindet sich noch immer im Museo de Sitio.

Schräg gegenüber vom Templo de las Inscripciones steht **El Palacio** (Der Palast), ein großes Bauwerk, das in vier Haupthöfe unterteilt ist und aus einem Labyrinth an Korridoren und Räumen besteht. Kurz nach dem Tod seines Vaters begann Kan B'alam II. mit den Entwürfen für die Tempel der **Grupo de las Cruces** (Gruppe der Kreuze). Die drei pyramidenförmigen Hauptbauten liegen rund um einen Platz südöstlich des Templo de las Inscripciones. Der **Templo del Sol** (Sonnentempel) auf der Westseite des Platzes hat das am besten erhaltene Steildach in Palenque. Steile Stufen klettern zum **Templo de la Cruz** (Kreuztempel) hinauf, dem größten, am elegantesten geschnittenen Tempel dieser Gruppe.

Südlich der Gruppe der Kreuze liegt die **Acrópolis Sur**, an der Archäologen bei jüngsten Ausgrabungen einige sensationelle Funde verbuchen konnten. Sie scheint als Erweiterung für die Grupo de las Cruces erbaut worden zu sein, wobei beide Gruppen vermutlich eine einzige lange Freifläche umschlossen.

Schlafen

Zuerst muss man sich entscheiden, ob man in der Stadt absteigen möchte oder nicht. Die meisten Unterkünfte außerhalb der Stadt, z. B. **El Panchán** (www.elpanchan.com; Carretera Palenque-Ruinas Km 4,5), sind an der Straße zu den Ruinen.

IN DER STADT

Yaxkin (☎ 345-0102; www.hostalyaxkin.com; Prolongacíon Hidalgo; Hängematte/B 60/150 Mex$, Zi. mit Klimaanlage & Bad 250 Mex$, Zi. mit Ventilator & ohne Bad 180 Mex$, EZ/DZ/3BZ/4BZ cabañas mit Klimaanlage & Bad 300/440/540/740 Mex$; ⊠ ❄ 💻 📶) Die ehemalige Disko wurde in ein modernes neues Hostel mit Gästeküche, Tischtennisplatte, mehreren Lounges und schicker Restaurant-Bar verwandelt. Vorbild ist das entspannte El Panchán aus dem hübschen Stadtteil La Cañada.

Hotel Regional (☎/Fax 345-0183; hotelregional@hotmail.com; Av Juárez 119; Zi. mit Klimaanlage 450 Mex$, EZ/DZ/3BZ/4BZ mit Ventilator 200/250/300/350 Mex$; ❄ 📶) Helle Farben und leuchtende Wandgemälde hauchen dieser zentral gelegenen Budgetoption Leben ein. Die Zimmer verteilen sich auf zwei Stockwerke rund um einen Innenhof mit Schildkrötenteich. Einige der oberen Zimmer haben nette Balkone, aber keine Klimaanlage. Die Bäder sind winzig.

Hotel Posada Tucán (☎ 345-1859; ismahpt@hotmail.com; Av 5 de Mayo 3; Zi./3BZ mit Klimaanlage 300/350 Mex$, mit Ventilator 250/300 Mex$; ❄) Strukturtapeten in den Grundfarben hellen die recht großen Zimmer mit Fernseher und hübsch gekachelten Bädern auf. Die 14 luftigen Zimmer, alle oben, sind attraktiv und sauber.

AUSSERHALB DER STADT

Mayabell (☎ 341-6977; www.mayabell.com.mx; Carretera Palenque-Ruinas km 6; Hängematten-Hütte oder Stellplatz 50 Mex$/Pers., Leih-Hängematte 20 Mex$, kleine Fahrzeuge ohne Stromanschluss 30 Mex$, Fahrzeugstellplatz mit Stromanschluss 170 Mex$, cabañas ohne Bad 300 Mex$, Zi. mit Klimaanlage/Ventilator 850/650 Mex$; Ⓟ ❄ 🏊) Wer den riesigen Pool am Dschungelrand sieht, der auch von Affen besucht wird, will unbedingt hier absteigen. Der große Rasen-Campingplatz liegt 400 m vom Museum der Stätte entfernt und bietet jede Menge saubere, gemütliche Schlafoptionen und ein freundliches Restaurant.

Jungle Palace (www.elpanchan.com; El Panchán, Carretera Palenque-Ruinas km 4,5; DZ/3BZ cabañas mit Bad 200/250 Mex$, EZ/DZ/3BZ cabañas ohne Bad 100/120/180 Mex$) Eine schlichte Alternative in El Panchán. Das Jungle Palace bietet rudimentäre, aber gut abgeschirmte Hütten mit Ventilator, von denen einige an einen Bach grenzen.

El Jaguar (☎ 341-8209; www.elpanchan.com; Carretera Palenque-Ruinas km 4,5; EZ/DZ cabañas mit Bad 160/200 Mex$, ohne Bad 100/120 Mex$; Ⓟ) Gleich gegenüber von El Panchán und unter derselben Leitung wie das Chato's Cabañas. Das El Jaguar hat mehr Freiflächen, durch das Gelände plätschert jedoch derselbe Bach.

Margarita & Ed Cabañas (☎ 348-4205; El Panchán, Carretera Palenque-Ruinas km 4,5; cabañas 240 Mex$, Zi./3BZ/4BZ mit Klimaanlage 370/450/600 Mex$, Zi./3BZ mit Ventilator 270/320 Mex$; Ⓟ ⊠ ❄) Margarita hat unzählige Infos zur gesamten Gegend und empfängt seit über einem Jahrzehnt Reisende in ihrem außergewöhnlich heimeligen Haus im Dschungel. Die hellen, sauberen, freundlichen Zimmer sind mit guten Moskitonetzen ausgestattet, und die eher rustikalen, isolierten *cabañas* sind auch recht ordentlich.

Essen

In der Nähe des ADO- bzw. AEXA-Busterminals finden sich einige günstige Optionen, manche nur mit Steh-, andere mit Sitzplätzen.

Café de Yara (☎ 345-0269; Hidalgo 66; Snacks & Frühstück 45–66 Mex$, Hauptgerichte 60–90 Mex$; 🕑 7–23 Uhr; 📶) Ein sonniger Start in den Tag – das moderne, hübsche Eck-Café serviert großartiges Frühstück und ausgezeichneten, in Chiapas angebauten Bio-Kaffee.

Pizzería Palenque (☎ 345-0332; Av Juárez 168; Pasta 50–55 Mex$, Pizza ab 68 Mex$; 🕑 13–23 Uhr) Helle Holztische und eine Renovierung haben der sehr beliebten Pizzeria, die auch köstliche Pies und Pasta serviert, neuen Glanz verliehen.

Mayabell (☎ 341-6977; Carretera Palenque-Ruinas km 6; Hauptgerichte 55–90 Mex$) Dieses offene Restaurant serviert eine gute Auswahl an *antojitos* (Snacks) sowie Fleisch- und Fischgerichte. An manchen Abenden gibt's Livemusik.

La Selva (☎ 345-0363; Hwy 199; Hauptgerichte 58–165 Mex$; ⏲ 11.30–23.30 Uhr) Palenques edelstes Restaurant serviert gut zubereitete Steaks, Meeresfrüchte, Salate und *antojitos.*

Don Mucho's (☎ 341-8209; El Panchán, Carretera Palenque-Ruinas Km 4,5; Hauptgerichte 60–120 Mex$) Der angesagteste Laden von El Panchán. Serviert preiswerte Gerichte in Dschungelumgebung, abends bei schöner Kerzenlichtatmosphäre.

Ausgehen & Unterhaltung

La Palapa (☎ 105-0047; Carretera Palenque-Ruinas km 5; ⏲ bis 3 Uhr) Hier gibt's so viel abgefahrenen Spaß, wie in dieser Gegend eben möglich ist: In der Freiluft-„Dschungellounge" legen DJs Reggae, Salsa und Electronica auf.

An- & Weiterreise

Obwohl die erhöhte Militär- und Polizeipräsenz die Route inzwischen sehr sicher gemacht hat, kommt es auf dem Hwy 199 zwischen Palenque und San Cristóbal de las Casas gelegentlich noch immer zu Überfällen. Es ist nicht ratsam, hier nachts zu fahren.

Palenques Flughafen, 3 km nördlich der Stadt am Hwy 199 gelegen, hat jahrelang keine kommerziellen Flüge gesehen, aber seit 2010 bietet **Aerotucán** (www.aerotucan.com.mx) zweimal wöchentlich Passagierflüge (und teurere Charter) nach Tuxtla Gutiérrez an.

ADO (☎ 345-1344; Av Juárez) verfügt über den größten Busbahnhof, der Luxus- und 1.-Klasse-Verbindungen, einen Geldautomaten und eine Gepäckaufbewahrung bietet; er wird auch von den Bussen von OCC (1. Klasse) und TRT (2. Klasse) genutzt. **AEXA** (☎ 345-2630; Av Juárez 159), mit 1.-Klasse-Bussen, und Cardesa (2. Klasse) befinden sich anderthalb Blocks

UNTERWEGS NACH FLORES, GUATEMALA

Die Reise zwischen Palenque und Flores (nahe Tikal) ist am einfachsten mit einem kompletten Reisepaket (zwei Busse und ein Boot) eines der Reisebüros in Palenque. Das Tourpaket umfasst in der Regel einen Van mit Klimaanlage nach Frontera Corozal, eine Flussfahrt auf dem Río Usumacinta nach Bethel in Guatemala und einen Nahverkehrsbus nach Flores. Alles zusammen dauert zehn oder elf Stunden und kostet 350 Mex$. Zwei-Tages-Pakete nach Flores mit einem Besuch in Bonampak und Yaxchilán kosten etwa 1100 Mex$.

Reisebüros in Palenque, die diese Route anbieten, sind:

Servicios Turísticos de Palenque (☎ 345-1340; www.stpalenque.com; Ecke Avs Juárez & 5 de Mayo)
Transportes Chambalú (☎ 345-2849; Hidalgo)
Turística Maya Chiapas (☎ 345-0798; www.tmayachiapas.com.mx; Av Juárez 123)
Viajes Kukulcán (☎ 345-1506; www.kukulcantravel.com; Av Juárez 8)
Viajes Misol-Ha (☎ 345-1614; Av Juárez 148)

Man kann die Reise natürlich auch alleine unternehmen. Wer keinen direkten Bus bzw. kein *combi* nach Frontera Corozal bekommt, kann sich in Crucero Corozal, 16 km südöstlich von San Javier an der Carretera Fronteriza, eins suchen. Von dort fahren *colectivos* (25 Mex$/Pers.) und gelegentliche Vans (25 Mex$) nach Frontera Corozal. Das *ejido* (Gemeinde-Grundbesitzamt) verlangt von allen Besuchern, die Frontera Corozal erreichen oder verlassen, eine Gebühr von 15 Mex$ pro Person; man sollte das Ticket für die Rückreise aufbewahren, falls man nicht nach Guatemala weiterfährt.

Vans von Autotransporte Chamoán verkehren stündlich vom *embarcadero* (Werft) in Frontera Corozal nach Palenque (70 Mex$, 2½–3 Std.); letzte Abfahrt ist um 17 Uhr.

Lanchas (kleine Motorboote) fahren vom guatemaltekischen Ufer des Río Usumacinta nach Bethel (40 Min. stromaufwärts) sowie nach La Técnica, direkt gegenüber von Frontera Corozal. Die Schalter der **Lancha-Anbieter** (Boot nach Bethel für 2/3/4/7/10 Pers. 350/450/550/600/750 Mex$) befinden sich in einem strohgedeckten Gebäude in der Nähe des *embarcadero;* alle verlangen denselben Preis. Lanchas nach La Técnica fahren auf colectivo-Basis für 15 Mex$ pro Person. Die Informationen, die man in Frontera Corozal zu Anschlussbussen in Guatemala erhält, sind unzuverlässig, aber täglich fahren bis 17 Uhr drei bis fünf Busse von La Técnica nach Flores (40 Q, 5–6 Std.), die auch zur Einreise in Bethel halten. Außerdem kann man direkt von Bethel nach Flores fahren (35 Q, 4½ Std.)

Mehr zur Grenzüberschreitung von Guatemala aus s. Kasten S. 222.

weiter östlich und haben ein Internetcafé am Terminal. Vans nach Ocosingo warten an den Calles 4a und 5a Poniente Sur in der Nähe der Busbahnhöfe und fahren ab, wenn sie voll sind. **Transportes Palenque** (Ecke Allende & Av 20 de Noviembre) bietet Vans nach Tenosique, wo man Anschluss nach Guatemala findet.

Zu den täglichen Abfahrten gehören auch:

Ziel	Preis (Mex$)	Dauer (Std.)
Campeche	242	4½–5½
Cancún	250–668	11–13
Mérida	364	8
San Cristóbal de las Casas	80–166	5
Tulum	478–566	11
Villahermosa	50–102	2½

Unterwegs vor Ort

Taxis warten an der Nordostecke des El Parque und am ADO-Busbahnhof; sie verlangen 50 Mex$ (nachts 70 Mex$) nach El Panchán oder Mayabell und 60 Mex$ zu den Ruinen. *Combis* (10 Mex$) aus dem Stadtzentrum frequentieren die Straße zu den Ruinen bis etwa 18.45 Uhr.

BONAMPAK, YAXCHILÁN & DIE CARRETERA FRONTERIZA

Die antiken Mayastädte Bonampak und Yaxchilán, südöstlich von Palenque, sind leicht zu erreichen – dank der Carretera Fronteriza, einer guten Asphaltstraße, die von Palenque bis Lagos de Montebello am Rande des Lacandón-Urwalds parallel zur mexikanisch-guatemaltekischen Grenze verläuft. Bonampak, für seine Fresken berühmt, liegt 148 km von Palenque entfernt; das größere, bedeutendere Yaxchilán, in unvergleichlicher Urwaldumgebung am Río Usumacinta, erreicht man nach 173 km auf dieser Straße, denen weitere 22 km mit dem Boot folgen.

Die Carretera Fronteriza ist die wichtigste Verbindung zu einer Anzahl ausgezeichneter Ökotourismus-Projekte, darunter auch einige im Lacandón-Dorf Lacanjá Chansayab (s. Kasten S. 55). Nähere Informationen zu Ökotourismus-Projekten in der Gegend gibt's unter www.laselvadechiapas.com.

Gefahren & Ärgernisse

Drogenhandel und illegale Einwanderung gehören in dieser Grenzregion zum Leben. Außerdem kreist die Carretera Fronteriza sozusagen um das Zentrum der Aktivitäten zur Unterstützung der Zapatista-Rebellen, sodass man sich auf zahlreiche Militärkontrollen an der Straße und auf der Strecke nach Palenque bzw. Comitán einstellen sollte. Zur eigenen Sicherheit sollte man sich vor der Abenddämmerung von der Carretera Fronteriza verabschieden.

Geführte Touren

Die **Mesoamerican Ecotourism Alliance** (www.travelwithmea.org) organisiert All-Inclusive-Trips in die Region, die auch die Lacandón-Dörfer Nahá und Metzabok einschließen.

AN- & WEITERREISE

Von Palenque verkehren Vans nach Frontera Corozal (70 Mex$, 2½–3 Std., stündl.) und Benemérito de las Américas (80 Mex$, 3½ Std., 4–17 Uhr alle 40 Minuten), die an einem kleinen Terminal hinter der Mayastatue abfahren.

Línea Comitán Lagos de Montebello (Karte S. 49; ☎ 916-345-1260; Velasco Suárez s/n), ein paar Blocks westlich des Marktes von Palenque, bietet ebenfalls stündlich Vans nach Benemérito (60 Mex$, 3.30–14.45 Uhr 11-mal tgl.) an, wobei die ersten fünf über die Carretera Fronteriza nach Lagos de Montebello (200 Mex$, 7 Std. bis Tziscao) und Comitán (225 Mex$, 8 Std.) weiterfahren.

All diese Fahrzeuge halten auch in San Javier (50 Mex$, 2 Std.), der Abzweigung nach Lacanjá Chansayab und Bonampak, 140 km von Palenque entfernt, und in Crucero Corozal (60 Mex$, 2½ Std.) an der Kreuzung nach Frontera Corozal.

An der Carretera Fronteriza gibt's keine Tankstellen, aber zahlreiche geschäftstüchtige Einheimische verkaufen zu angemessenen Preisen Benzin in großen Plastikkanistern. Einfach nach den selbstgebastelten Schildern mit der Aufschrift „*Se vende gasolina*“ Ausschau halten.

Bonampak

Die Stätte von **Bonampak** (Eintritt 41 Mex$; 🕑 8–16.45 Uhr) erstreckt sich über 2,4 km^2, aber die wichtigsten Ruinen stehen rund um die rechteckige Gran Plaza. Bonampak, das nie eine bedeutende Stadt war, verbrachte den Großteil der Klassischen Periode unter dem Einfluss von Yaxchilán. Die eindrucksvollsten erhaltenen Monumente wurden unter Chan Muwan II. erbaut, einem Neffen von Yaxchiláns Itzamnaaj B'alam II., der 776 n. Chr. den Thron von Bonampak bestieg. Die 6 m hohe

Stele 1 auf der Gran Plaza zeigt Chan Muwan II., der auf dem Höhepunkt seiner Herrschaft einen Zeremonienstab hält. Er ist auch auf **Stele 2** und **Stele 3** der Acrópolis zu sehen, die sich am Südende des Platzes erhebt.

Es sind jedoch die lebendigen Fresken im Inneren des bescheiden wirkenden **Templo de las Pinturas** (Edificio 1), die Bonampak zu Ruhm verhalfen – und zu seinem Namen, der in der Sprache der Yucatec-Maya „Bemalte Mauern" bedeutet.

Die Stätte Bonampak grenzt an die Reserva de la Biosfera Montes Azules und ihre reiche Tier- und Pflanzenwelt.

AN- & WEITERREISE

Bonampak liegt 12 km von San Javier entfernt an der Carretera Fronteriza. Die ersten 3 km, bis zur Abzweigung nach Lacanjá Chansayab, sind asphaltiert, der Rest ist eine gute Schotter-/Dreckstraße durch den Wald. Taxis fahren für 80 Mex$ pro Person (Wartezeit eingeschlossen) von San Javier oder der Abzweigung nach Lacanjá zu den Ruinen. Privatfahrzeuge können nicht durch den Eingang zum Monumento Natural Bonampak fahren, 1 km hinter der Lacanjá-Abzweigung, aber man kann sich dort für 60 Mex$ pro drei Stunden ein Fahrrad ausleihen oder für 70 Mex$ (hin & zurück) mit einem *combi* zu den Ruinen fahren. Am Parkeingang sind kostenlose Schließfächer verfügbar.

Yaxchilán

Das von Urwald umhüllte **Yaxchilán** (Eintritt 49 Mex$; 🕑 8–16.30, letzter Einlass 15.30 Uhr) liegt grandios über einer Hufeisenschleife des Río Usumacinta. Da diese Lage der Stadt die Kontrolle über den Flusshandel bescherte und sie eine Reihe erfolgreicher Bündnisse und Eroberungen verbuchen konnte, entwickelte sich Yaxchilán während der Klassischen Periode zu einer der wichtigsten Mayastädte der Usumacinta-Region. Archäologisch ist Yaxchilán für seine aufwendig verzierten Fassaden und Steildächer sowie die eindrucksvollen steinernen Türstürze berühmt, die mit Schnitzereien von Eroberungen und zeremoniellen Szenen verziert sind. Eine Taschenlampe ist für die Erkundung einiger Teile der Stätte recht hilfreich.

Brüllaffen *(saraguates)* bewohnen die hohen Bäume und sind ein ganz besonderes Highlight. Mit ziemlicher Sicherheit hört man ihre durchdringenden Schreie, und die Chancen stehen gut, dass man auch einen sieht. Klammeraffen und vereinzelte rote Aras sind hier ebenfalls hin und wieder zu beobachten.

Yaxchilán erreichte den Höhepunkt seiner Macht und Herrlichkeit zwischen 681 und 800 n. Chr. unter der Herrschaft der Regenten Itzamnaaj B'alam II. (Schild-Jaguar II., 681–742), Pájaro Jaguar IV. (Vogel-Jaguar IV., 752–68) und Itzamnaaj B'alam III. (Schild-Jaguar III., 769–800). Die Stadt wurde um 810 n. Chr. verlassen. Hier gefundene Inschriften erzählen mehr über die Geschichte der „Jaguar"-Dynastie, als über so gut wie alle anderen führenden Mayaclans bekannt ist. Das Schild-und-Jaguar-Symbol erscheint auf vielen Yaxchilán-Gebäuden und -Stelen; die Hieroglyphe von Pájaro Jaguar IV. ist eine kleine Dschungelkatze mit Federn auf dem Rücken und einem Vogel auf dem Kopf.

An der Stätte werden in einem Schuppen in der Nähe des Flussanlegers Getränke verkauft. Die meisten der wichtigsten Monumente sind mit Informationstafeln in drei Sprachen ausgestattet, eine davon ist Englisch.

Wenn man sich auf die Ruinen zubewegt, führt ein ausgeschilderter Pfad rechts zur **Pequeña Acrópolis** hinauf, einer Gruppe von Ruinen auf einem kleinen Hügel – man kann sie später noch besuchen. Wenn man auf dem Hauptpfad bleibt, erreicht man bald die verwirrenden Pfade des **El Laberinto** (Edificio 19), das zwischen 742 und 752 während der Phase zwischen den Regierungen von Itzamnaaj B'alam II. und Pájaro Jaguar IV. erbaut wurde. Dutzende von Fledermäusen finden heute unter dem Dach des Baus Schutz. Hinter diesem komplizierten zweistöckigen Gebäude kommt man am Nordwestrand der weitläufigen **Gran Plaza** wieder heraus.

Auch wenn nur schwer vorstellbar ist, dass irgendjemand hier es gerne noch heißer gehabt hätte, als es ohnehin schon ist, war das **Edificio 17** allem Anschein nach ein Schwitzhaus. Etwa auf der Hälfte des Platzes ist die **Stele 1** von den verwitterten Skulpturen eines Krokodils und eines Jaguars flankiert und zeigt Pájaro Jaguar IV. bei einer Zeremonie, die 761 n. Chr. stattfand. **Edificio 20**, aus der Zeit von Itzamnaaj B'alam III., war das letzte bedeutende Gebäude, das in Yaxchilán erbaut wurde; seine Türstürze sind heute in Mexico City. **Stele 11** an der Nordostecke der Gran Plaza wurde ursprünglich vor dem Edificio 40 gefunden. Die größere der beiden darauf sichtbaren Figuren ist Pájaro Jaguar IV.

Eine imposante Treppe klettert von Stele 1 zum **Edificio 33** hinauf, dem am besten erhaltenen Tempel in Yaxchilán, bei dem noch etwa die Hälfte des Steildachs intakt ist. In die letzte Stufe vor dem Gebäude sind Szenen eines Ballspiels eingraviert, und phänomenale Relief-Schnitzereien schmücken die Unterseite der Türstürze. Im Inneren befindet sich eine Statue von Pájaro Jaguar IV. ohne Kopf. Den haben sich im 19. Jh. schatzsuchende Holzfäller unter den Nagel gerissen.

Von der Lichtung hinter dem Edificio 33 führt ein Pfad in den Wald. Nach etwa 20 m links bergauf abbiegen, dann nach ca. 80 m an einer weiteren Gabelung ebenfalls links gehen, um nach etwa zehn Minuten, meist bergauf, drei Gebäude auf einem Hügel zu erreichen: **Edificio 39**, **Edificio 40** und **Edificio 41**.

AN- & WEITERREISE

Stromabwärts dauern Flussfahrten von Frontera Corozal 40 Minuten, eine Stunde in die andere Richtung. Anbieter von *lanchas* (kleinen Motorbooten) haben Schalter in einem strohgedeckten Gebäude in der Nähe des *embarcadero* (Werft) in Frontera Corozal; alle verlangen denselben Preis für die Fahrt (hin & zurück mit 2½ Std. an den Ruinen für

AUF EIGENE FAUST: CHIAPAS INTENSIVER ERLEBEN

Wenigstens ein paar dieser Abenteuer in Eigenregie sollte man sich nicht entgehen lassen:

- **Agua Azul & Misol-Ha** Diese spektakuläre Wasserattraktion – die donnernden Kaskaden von Agua Azul und der 35 m hohe Urwaldwasserfall von Misol-Ha (www.misol-ha.com) – sind beide durch einen kurzen Abstecher über die Ocosingo–Palenque-Straße zu erreichen.
- **Amatenango del Valle** Die Frauen dieses Tzeltal-Dorfes an der Panamericana, 37 km südöstlich von San Cristóbal, sind renommierte Töpferinnen.
- **Chiapa de Corzo** 12 km östlich von Tuxtla Gutiérrez, auf dem Weg nach San Cristóbal, lockt die kleine, attraktive Kolonialstadt Chiapa de Corzo mit entspannter provinzieller Atmosphäre. Am Nordufer des breiten Río Grijalva gelegen, ist sie der wichtigste Ausgangspunkt für Ausflüge in den **Cañón del Sumidero**.
- **Grutas de San Cristóbal** Der Eingang zu dieser langen Höhle liegt in den Kiefernwäldern, 9 km südöstlich von San Cristóbal, etwa fünf Fußminuten von der Panamericana entfernt.
- **Lacanjá Chansayab** Das größte Lacandón-Maya-Dorf liegt 12 km von Bonampak entfernt. Die Wohnhäuser stehen auf einer weiten Rasenfläche verstreut, und an vielen fließt ein Bach oder auch der Río Lacanjá selbst vorbei. Unter www.ecochiapas.com/lacanja (spanisch) gibt's weitere Informationen zum Besuch der Region.
- **Lagos de Montebello** Die gemäßigten Kiefern- und Eichenwälder entlang der guatemaltekischen Grenze östlich von Chinkultic sind mit über 50 kleinen Seen in unterschiedlichsten Farbtönen gespickt. Die nahen **Chinkultic-Ruinen** tragen ein Übriges zur geheimnisvollen Atmosphäre bei.
- **Laguna Miramar** 140 km südöstlich von Ocosingo in der Reserva de la Biosfera Montes Azules gelegen und von Regenwald umringt. Dies ist einer der abgeschiedensten, außergewöhnlichsten Seen Mexikos.
- **Ocosingo** Diese lebendige regionale Marktstadt bietet gleichermaßen Erholung vom dämpfigen Tiefland-Dschungel wie vom kühlen Hochland. Ocosingo liegt in einem breiten, gemäßigten Tal auf halber Strecke zwischen San Cristóbal und Palenque. Die beeindruckenden Mayaruinen von **Toniná** sind nur ein paar Kilometer entfernt.
- **Reserva de la Biosfera El Triunfo** Diese üppigen Nebelwälder, hoch oben in der abgeschiedenen Sierra Madre de Chiapas, sind ein Paradies für Vogelfreunde.
- **Reserva de la Biosfera La Encrucijada** Das weite Biosphären-Schutzgebiet umfasst einen 1448 km² großen Küstenstreifen mit Lagunen, Sandbänken und Feuchtgebieten.
- **Sima de Las Cotorras** (☎ 968-689-0289; simacotorras@hotmail.com) Ein dramatischer Karsttrichter von 160 m Breite und 140 m Tiefe, etwa 1½ Autostunden von Tuxtla Gutiérrez entfernt.

2/3/4/7/10 Pers. 680/780/800/950/1300 Mex$), aber Boote von **Escudo Jaguar** (☎ 502-5353-5637; www.escudojaguarhotel.com) sind manchmal billiger. *Lanchas* fahren normalerweise bis ca. 13.30 Uhr, und manchmal kann man sich mit anderen Reisenden oder einer Tourgruppe zusammentun, um sich die Kosten zu teilen.

YUCATÁN

Wer behauptet, Yucatán sei nicht authentisch, der kann nicht viel Zeit außerhalb von Playa del Carmen oder Cancúns Einkaufsstraßen mit ihren „One tequila, two tequila, three tequila … floor"-T-Shirt-Läden verbracht haben. Die ausgedehnte Halbinsel Yucatán erstreckt sich wie ein gigantischer, flacher Kalksteindaumen zwischen der türkisfarbenen Karibik und dem trüben Golf von Mexiko und quillt vor Lokalkultur fast über.

Der Bundesstaat Yucatán weist die größte Dichte indigener Einwohner (etwa 60 %) in ganz Mexiko auf. Im Landesinneren kann man das dämpfige Mérida besuchen, eine lebendige Stadt aus der Kolonialzeit, die mit Steinen aus Mayapyramiden erbaut wurde. Oder man macht einen Trip runter nach Campeche, wo ein gut erhaltenes koloniales Stadtzentrum wartet. Auf der ganzen Halbinsel ziehen Mayaruinen wie Tulum, Edzná, Uxmal und Chichén Itzá die meisten Besucher an, und wer früh morgens in Cobán oder Dzibilchaltún ankommt, hat die Pyramiden oft für sich alleine. Strandtechnisch findet man den besten Sand und die besten Schnorchelplätze an der Karibikküste in Quintana Roo.

CAMPECHE

☎ 981 / 211 700 Ew.

Campeche ist ein koloniales Märchenland: Die von einer Mauer umgebene Innenstadt ist eine enge Enklave mit perfekt renovierten, pastellfarbenen Gebäuden, schmalen Pflasterstraßen, Festungswällen und gut erhaltenen Herrenhäusern. 1999 auf die Liste des Unesco-Weltkulturerbes aufgenommen, wurde die Hauptstadt des Bundesstaates so gewissenhaft renoviert, dass man sich fragt, ob dies wirklich eine echte Stadt ist.

Orientierung & Praktische Informationen

Auch wenn die Bastionen noch stehen, die meisten Mauern wurden eingerissen und durch die Av Circuito Baluartes ersetzt, die heute die Stadt umringt wie einst die Stadtmauern. Die Straßen im zentralen Gitter folgen einem Nummernsystem: Ins Landesinnere führende Straße haben ungerade Zahlen, die dazu rechtwinklig verlaufenden gerade Zahlen.

Alle Hostels bieten Internetservice, und überall in der Innenstadt gibt's Cybercafés.

Hauptpost (Ecke Av 16 de Septiembre & Calle 53; ⌚ Mo–Fr 8.30–15.30 Uhr)

Cruz Roja (Rotes Kreuz; ☎ 815-2411; Ecke Av Las Palmas & Ah Kim Pech) 3 km nordöstlich der Innenstadt.

Kler Lavandería (Calle 16 No 305; 10 Mex$/kg; ⌚ Mo–Fr 8–18, Sa 8–16 Uhr) Waschsalon.

Secretaría de Turismo (☎ 127-3300; www.campeche.travel; Plaza Moch Couoh; ⌚ 8–21 Uhr) Touristeninformation des Bundesstaates.

Sehenswertes & Aktivitäten

PLAZA PRINCIPAL

Von ausladenden Johannisbrotbäumen beschattet und von gekachelten Bänken und breiten Fußwegen umringt, die von einem Belle-Époque-Kiosk ausstrahlen, erblickte Campeches angenehm bescheidene **Plaza Principal** 1531 als Militärlager das Licht der Welt. Die Ostseite der Plaza dominiert die **Catedral de Nuestra Señora de la Purísima Concepción** (Eintritt frei; ⌚ 7–12 & 16–18 Uhr) mit ihren zwei Türmen. Auf der anderen Seite des Platzes steht das **Centro Cultural Casa Número 6** (Calle 57 No 6; Eintritt 5 Mex$, Audioführer 10 Mex$; ⌚ 9–21 Uhr), ein Herrenhaus aus der prä-revolutionären Ära, das einen Besuch lohnt, um einen Eindruck davon zu bekommen, wie die High Society der Stadt einst lebte.

BALUARTES

Nach einem besonders mörderischen Piratenangriff 1663 machten sich die verbliebenen Einwohner Campeches daran, rund um ihre Stadt Schutzmauern zu errichten. Den Mauern durch die Stadt zu folgen, ist eine tolle Möglichkeit, eine Reihe von Museen und anderen Sehenswürdigkeiten an nur einem Tag zu besuchen. Zu den beliebtesten Zwischenstopps gehören zwei der Haupteingänge, die den ummauerten Ort mit der Außenwelt verbanden – die **Puerta del Mar** (Meerestor; Ecke Calles 8 & 59), die zu einer Werft führt, und die **Puerta de Tierra** (Landtor; Calle 18; Eintritt frei; ⌚ 9–21 Uhr), in der heute Sound-und-Light-Shows gezeigt werden.

Zum Schutz der Puerta del Mar erbaut, enthält die **Baluarte de Nuestra Señora de la Sole-**

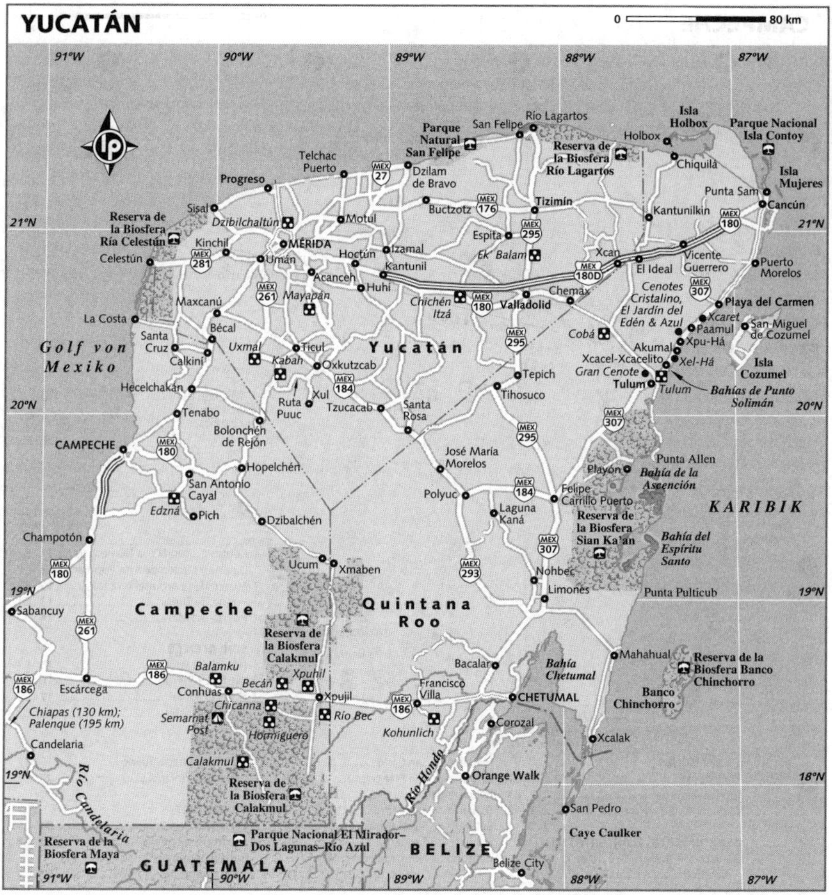

dad das faszinierende **Museo de la Arquitectura Maya** (Calle 8; Eintritt 31 Mex$; Di–Sa 9–19.30 Uhr), das Muss unter den Museen Campeches.

Hinter der Iglesia de San Juan de Dios beherbergt die **Baluarte de San Pedro** (Ecke Avs Circuito Baluartes Este & Circuito Baluartes Norte; Eintritt frei; 9–21 Uhr) die **Galería y Museo de Arte Popular** (Museum & Galerie der Volkskunst; Eintritt frei; Mo–Sa 9–21, So 9–14 Uhr), die indigenes Kunsthandwerk zeigt.

Schlafen

Campeches drei Hostels bieten alle einen Fahrradverleih, kostenloses Frühstück und Touren zu den archäologischen Stätten an.

Hostal La Parroquia (☎ 816-2530; www.hostalparroquia.com; Calle 55; B 90 Mex$, DZ/4BZ ohne Bad 210/320 Mex$;) Einen halben Block von der Plaza Principal entfernt. Campeches jüngstes Hostel ist in einem wunderschönen Herrenhaus aus dem späten 16. Jh. untergebracht.

Monkey Hostel (☎ 811-6605; www.hostalcampeche.com; Ecke Calles 10 & 57; B 100 Mex$, Zi. ohne Bad 240 Mex$;) Der Ausblick auf die Plaza und die Kathedrale, den Campeches ältestes, beliebtestes Hostel bietet, ist unschlagbar.

Hostal del Pirata (☎ 811-1757; piratehostel@hotmail.com; Calle 59 No 47; B 100 Mex$, Zi. mit/ohne Bad 270/240 Mex$;) Das Hostel liegt in Campeches historischem Kern, einen Block von der Puerta de Tierra entfernt. Das Gebäude selbst ist ein Relikt aus dem 17. Jh.

Hotel Colonial (☎ 816-2222; Calle 14 No 122; EZ 175 Mex$, DZ 210–238 Mex$;) Die Zeit steht in diesem stur an Low-Tech-Einrichtung festhaltendem

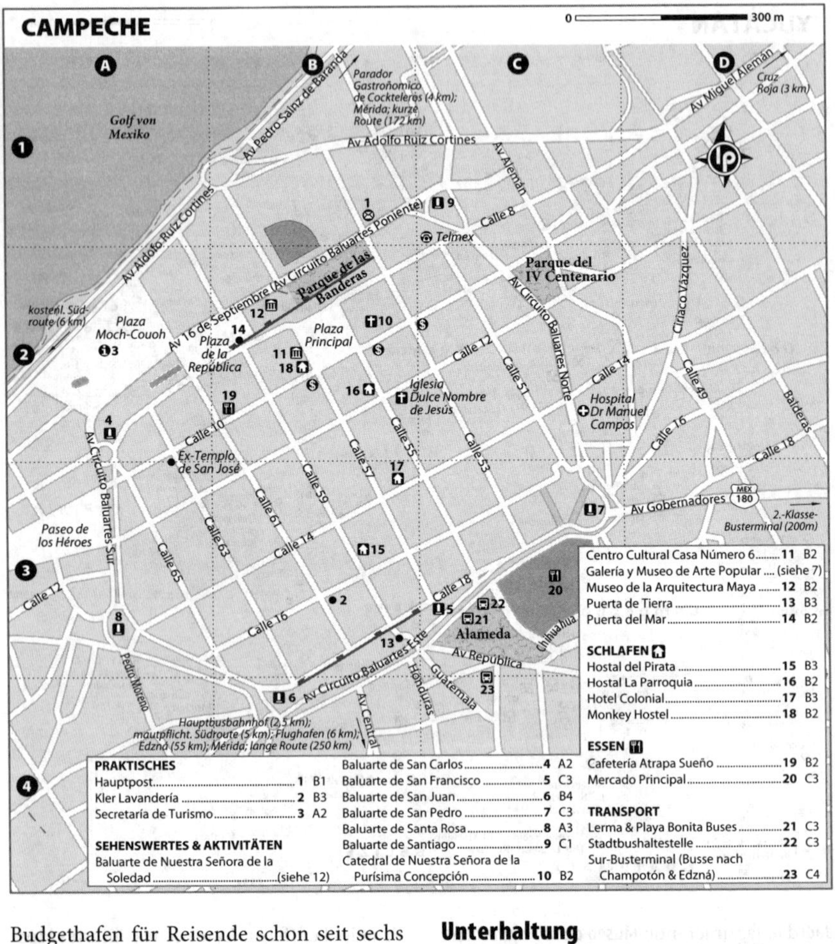

PRAKTISCHES
- Hauptpost ... 1 B1
- Kler Lavandería ... 2 B3
- Secretaría de Turismo ... 3 A2

SEHENSWERTES & AKTIVITÄTEN
- Baluarte de Nuestra Señora de la Soledad ... (siehe 12)
- Baluarte de San Carlos ... 4 A2
- Baluarte de San Francisco ... 5 C3
- Baluarte de San Juan ... 6 B4
- Baluarte de San Pedro ... 7 C3
- Baluarte de Santa Rosa ... 8 A3
- Baluarte de Santiago ... 9 C1
- Catedral de Nuestra Señora de la Purísima Concepción ... 10 B2
- Centro Cultural Casa Número 6 ... 11 B2
- Galería y Museo de Arte Popular ... (siehe 7)
- Museo de la Arquitectura Maya ... 12 B2
- Puerta de Tierra ... 13 B3
- Puerta del Mar ... 14 B2

SCHLAFEN
- Hostal del Pirata ... 15 B3
- Hostal La Parroquia ... 16 B2
- Hotel Colonial ... 17 B3
- Monkey Hostel ... 18 B2

ESSEN
- Cafetería Atrapa Sueño ... 19 B2
- Mercado Principal ... 20 C3

TRANSPORT
- Lerma & Playa Bonita Buses ... 21 C3
- Stadtbushaltestelle ... 22 C3
- Sur-Busterminal (Busse nach Champotón & Edzná) ... 23 C4

Budgethafen für Reisende schon seit sechs Jahrzehnten still.

Essen

Mercado Principal (Av Circuito Baluartes Este; 🕑 7–17 Uhr) Gegenüber vom Baluarte de San Pedro. Köstliche Snacks.

Parador Gastrónomico de Cockteleros (Av Costera; Krabbencocktails 40–100 Mex$, Fisch 50–90 Mex$; 🕑 9–18.30 Uhr) Der Komplex am Nordende des *malecón* (Uferpromenade), 4,5 km von der Plaza Principal entfernt, ist der richtige Ort, wenn man hiesige Meeresfrüchte kosten möchte.

Cafetería Atrapa Sueño (☎ 816-5000; Calle 10 No 260; Hauptgerichte 50–100 Mex$; 🕑 9–20 Uhr; Ⓥ) Das kleine Hippie-Bistro mit Zen-Garten bietet eine gute Auswahl vegetarischer Gerichte.

Unterhaltung

Ausnahmslos jeden Samstag- und Sonntagabend ab ca. 18.30 Uhr werden auf der Plaza Principal diverse Vorführungen geboten. Campeches heißeste Bars und Clubs findet man 1 km außerhalb des Stadtzentrums am *malecón* hinter dem Torres del Cristal.

An- & Weiterreise

BUS

Campeches **Hauptbusbahnhof** (☎ 816-2802; Av Patricio Trueba 237), normalerweise ADO- oder 1.-Klasse-Terminal genannt, liegt 2,5 km südlich der Plaza Principal und ist über die Av Central erreichbar.

Das **2.-Klasse-Busterminal** (☎ 816-2802; Av Gobernadores 289), oft als „alter ADO-Busbahnhof“

AUF EIGENE FAUST: CAMPECHE INTENSIVER ERLEBEN

Man kann auch einfach mal den Reiseführer beiseite legen und sich in die weniger erkundeten Ecken Campeches aufmachen. Hier ein paar Ideen für den Anfang:

- **Calakmul** (☎ 555-150-2073; Eintritt 41 Mex$, Straßenerhaltungsgebühr 40 Mex$/Auto, Steuer 40 Mex$/Pers.; 🕓 8–16.30 Uhr) Es ist zwar nicht so leicht, diese abgeschiedene Mayastätte zu erreichen, die von Mexikos größtem Biosphären-Schutzgebiet umschlossen wird, aber sie ist den zusätzlichen Aufwand allemal wert.
- **Chenes-Stätte** Der Nordosten des Bundesstaates Campeche ist mit über 30 Stätten im charakteristischen Chenes-Stil gespickt, der an den Ungeheuer-Motiven rund um den Eingang leicht zu erkennen ist.
- **Edzná** (Eintritt 41 Mex$; 🕓 8–16.30 Uhr) Die Campeche am nächsten gelegenen größeren Ruinen – und mit die eindrucksvollsten auf der ganzen Halbinsel – sind auf einem Tagesausflug von der Stadt aus leicht zu erreichen.

bezeichnet, befindet sich 1,5 km östlich des Mercado Principal.

Ziel	Preis (Mex$)	Dauer (Std.)
Cancún	372–466	7
Mérida über Bécal	136–162	2½
Mérida über Uxmal	94–105	4½
Mexico City	966–1144	17
Palenque	242	6
San Cristóbal de las Casas	354–494	9

FLUGZEUG

Der Flughafen liegt 6 km südöstlich des Zentrums. **Aeroméxico** (☎ 800-021-4010) fliegt mindestens zweimal täglich nach Mexico City.

Unterwegs vor Ort

Nahverkehrsbusse starten am Markt oder auf der anderen Seite an der Av Circuito Baluartes und fahren wenigstens teilweise um den Circuito, bevor sie ihr eigentliches Ziel erreichen. Der Fahrpreis beträgt 4,50 Mex$. Taxis verlangen einen Festpreis von 25 Mex$ (nach Einbruch der Dunkelheit 35 Mex$) für Fahrten innerhalb der Stadt; ansonsten kosten sie um die 100 Mex$ pro Stunde.

MÉRIDA

☎ 999 / 781 100 Ew.

Seit der Eroberung ist Mérida die kulturelle Hauptstadt der gesamten Halbinsel. Manchmal provinziell, dann wieder *muy cosmopolitano*, ist dies eine Stadt, die tief in ihrer Kolonialgeschichte verwurzelt ist, mit schmalen Straßen, weiten zentralen Plätzen und den besten Museen der Region. Sie ist außerdem der perfekte Ort für den Beginn eines Abenteuers im Rest des Staates Yucatán. Man kann hier günstig essen, die Hostels und Hotels sind gut und die Märkte lebendig, und fast jeden Abend ist irgendwo in der Innenstadt etwas anderes geboten.

Orientierung & Praktische Informationen

Méridas durchgehend nummeriertes Straßengitter erleichtert die Orientierung. Straßen mit geraden Zahlen verlaufen von Nord nach Süd, Straßen mit ungeraden Zahlen von Ost nach West. Die Plaza Grande – zwischen den Calles 60 und 62 und den Calles 63 und 61 – ist zehn Fußminuten Richtung Norden von den Busbahnhöfen entfernt. Banken und Geldautomaten sind im Zentrum leicht zu finden.

Städtische Touristeninformation (☎ 942-0000; Calle 62, Plaza Grande; 🕓 Mo–Sa 8–20, So bis 14 Uhr) Bietet um 9.30 Uhr kostenlose Stadtspaziergänge an.

Hospital O'Horán (☎ 924-4800/1111; Av de los Itzáes)

Lavandería La Fe (☎ 924-4531; Calle 64 zw. Calles 55 & 57; 🕓 Mo–Fr 8–18, Sa bis 14 Uhr) Waschsalon.

Nómadas Travel (☎ 948-1187; www.nomadastravel.com.mx; Prolongación Paseo de Montejo No 370, Colonia Benito Juárez Norte) Bucht Flüge und bietet einen Studentenreiseservice.

Postamt (☎ 928-5404; Calle 53 No 469; 🕓 Mo–Fr 9–16, Sa nur für Briefmarken 9–13 Uhr)

Sehenswertes

Man sollte versuchen, zur ganztägigen Kirmes, die jeden Samstag und Sonntag stattfindet, in Mérida zu sein. Sehenswertes rund um Mérida findet sich im Kasten auf S. 62.

Die **Plaza Grande** (oder *zócalo*) wird von Méridas wichtigsten historischen Gebäuden gesäumt, wobei die meisten von ihnen aus den Steinen demontierter Mayapyramiden erbaut

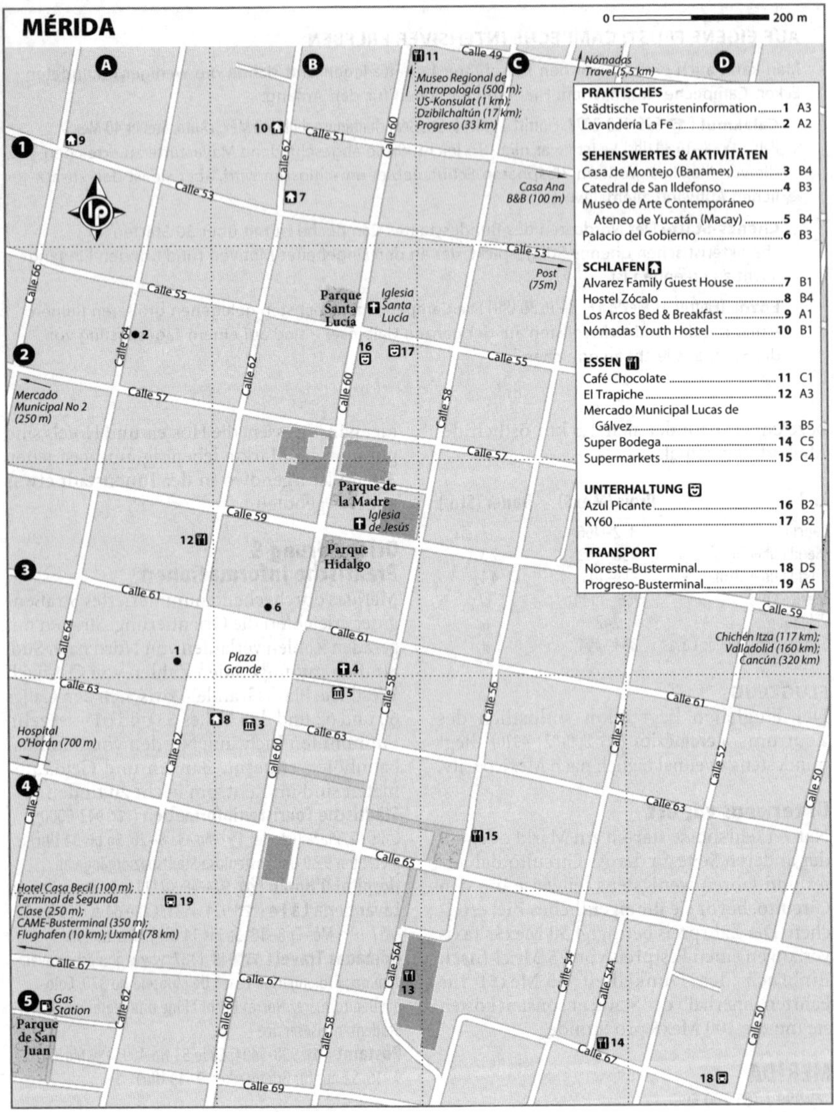

wurden. Am besten erkennt man das an den 42 m hohen Türmen der **Catedral de San Ildefonso** (Mesoamerikas älteste Kathedrale von 1598) – ein Großteil ihres Inneren wurde während der Mexikanischen Revolution (1910–29) zerstört. Nebenan steht das lohnenswerte **Museo de Arte Contemporáneo Ateneo de Yucatán** (Macay; ☎ 928-3236; Calle 60 zw. Calles 61 & 63; Eintritt frei; ⌚ Mi–Mo 10–17.15, Fr & Sa bis 19.15 Uhr), in dessen Räumen auch der einheimische Künstler Fernando Castro Pacheco gewürdigt wird.

Am Südende des Platzes kann man im **Casa de Montejo** (Calle 63) in den Innenhof des Heims der Gründer-Konquistadoren spazieren; das Gebäude stammt von 1549 und ist heute eine Banamex-Bank. Am **Palacio del Gobierno** (Calle

61) aus dem Jahr 1892, der auf die Nordostecke der Plaza blickt, kann man an den bewaffneten Wachen vorbeigehen und oben Pachecos eindrucksvolle Wandgemälde bewundern, die die gesamte Mauer einnehmen.

Neun Blocks nördlich des Platzes ist das großartige **Museo Regional de Antropología** (☎ 923-0557; Ecke Paseo de Montejo & Calle 43; Eintritt 41 Mex$; ⏲ Di–So 8–17 Uhr) im aufwendigen Palacio Canton untergebracht. Es erklärt, weshalb die Maya die Schädel ihrer Kinder deformierten und zeigt Schmuck, Schnitzereien und Artefakte (mit Beschreibungen auf Englisch).

Mehrere Blocks südlich des Platzes ist der weitschweifige **Mercado Municipal** (zw. Calles 56 & 56a, südlich der Calle 65) ein faszinierender Ort für einen Bummel.

Schlafen

Hostel Zócalo (☎ 930-9562; hostal_zocalo@yahoo.com.mx; Calle 63 No 508; B 100 Mex$, Zi. mit/ohne Bad 350/280 Mex$; 💻 📶) Die tolle Lage und das schöne alte Kolonialgebäude machen dieses Hostel einzigartig. Die Betten sind hart, das große Frühstücksbuffet ist inklusive. Der Service kann ein bisschen rau sein, und manchmal gibt's Probleme mit dem Warmwasser.

Nómadas Youth Hostel (☎ 924-5223; www.nomadastravel.com; Calle 62 No 433 an der Calle 51; B 109 Mex$, EZ mit/ohne Bad 268/199 Mex$, DZ 328 Mex$; P 💻 📶 🏊) Dies ist das Hauptquartier von Méridas Backpackerszene und das beste Hostel der Stadt. Es gibt gemischte und reine Frauenschlafsäle sowie Privatzimmer. Außerdem gibt's Salsakurse und hinten einen unglaublichen Pool.

Hotel Casa Becil (☎ 924-6764; hotelcasabecil@yahoo.com.mx; Calle 67 No 550C zw. Calles 66 & 68; EZ/DZ mit Ventilator 250/280 Mex$, DZ mit Klimaanlage 300–350 Mex$; ❄) Fast ein Hostel, aber nicht ganz: Der freundliche Besitzer nennt es ein „BBC": Bed, Breakfast & Coffee. Es bietet günstige, saubere Zimmer und eine voll ausgestattete Küche.

Alvarez Family Guest House (☎ 924-3060; www.casaalvarezguesthouse.com; Calle 62 No 448 zw. Calles 51 & 53; EZ/DZ mit Ventilator 350/400 Mex$, DZ mit Klimaanlage 500–600 Mex$; P ❄ 📶 🏊) Makellos sauber und in einem Wohnhaus untergebracht. Das „Hostel mit Extras", ein freundliches, familiäres Ambiente, nette Duschen, klinisch reine Bäder und Kühlschränke auf den Zimmern.

Casa Ana B&B (☎ 934-0005; www.casaana.com; Calle 52 No 469 zw. Calles 53 & 51; Zi. inkl. Frühstück 520 Mex$; ❄ 📶 🏊) Es liegt zwar etwas abseits, aber das Casa Ana ist ein intimer Zufluchtsort und das beste Budget-B&B der Stadt.

> **IN DIE VOLLEN!**
>
> **Los Arcos Bed & Breakfast** (☎ 928-0214; www.losarcosmerida.com; Calle 66 zw. Calles 49 & 53; EZ/DZ 850/950 Mex$; 💻 🏊) Sicher nichts für Minimalisten (an jeder Wand und in jeder Ecke hängt Kunst), ist das Los Arcos ein hübsches, schwulenfreundliches B&B mit zwei Gästezimmern am Ende eines zum Sterben schönen Gartens mit Poolbereich.

Essen

Ein paar Blocks östlich der Plaza Grande stehen die **Supermärkte** (Calle 56) Seite an Seite, und außerdem gibt's eine Filiale von **Super Bodega** (Ecke Calles 67 & 54a), einer Kaufhauskette.

LP Tipp **Mercado Municipal Lucas de Gálvez** (Ecke Calles 56a & 67) Hier kann man in Mérida am günstigsten essen, dabei aus sämtlichen Lieblingsgerichten Yucatáns wählen und vielleicht das *cochinita pibil* (in Chili mariniertes Schweinefleisch, eingewickelt in Bananenblätter und im Erdloch gekocht oder gebacken) probieren.

Mercado Municipal No 2 (Calle 70) Der „Número Dos" ist weniger überfüllt, aber ein ebenso günstiger und guter Markt an der Nordseite des Parque de Santiago.

El Trapiche (☎ 928-1231; Calle 62 No 491 zw. Calles 59 & 61; Hauptgerichte 26–50 Mex$; ⏲ 8–24 Uhr) Ein tolles Lokal in zentraler Lage, günstiges mexikanisches Essen in entspannter Umgebung.

Café Chocolate (Calle 60 No 442; Mittagsmenü 59 Mex$, Hauptgerichte 45–80 Mex$; ⏲ Mo–Sa 7–24 Uhr; V) Das Essen in diesem kolonialen Café ist ausgezeichnet.

Ausgehen & Unterhaltung

Mérida bietet zahlreiche folkloristische und musikalische Veranstaltungen in Parks und historischen Gebäuden, die von ziemlich talentierten einheimischen Künstlern auf die Bühne gebracht werden. Auf der Website www.yucatantoday.com gibt's jeden Monat Neuigkeiten und Informationen zu den Veranstaltungshighlights der Saison.

Man kann mit dem Taxi zur Prolongación de Montejo fahren, wo man unter mehreren dröhnenden Diskos und megaschicken Lounges wählen kann. Im Stadtzentrum kann man im **KY60** (Calle 60 zw. Calles 55 & 57; Eintritt frei; ⏲ 21–3 Uhr) vorbeischauen, das gute Billardtische und Bier zu vernünftigen Preisen bietet, und auch das **Azul Picante** (Calle 60 zw. Calles 57 & 55; ⏲ open end), eine Salsa-Bar, ist einen Besuch wert.

INSIDERTIPPS

Wir haben Monica Trujillo aus Mérida gefragt, welche Ziele man sich am besten für einen Kurztrip aus der Stadt hinaus aussucht. Noch mehr Tipps gibt's unter www.redecoturismo.com oder www.yucatantoday.com.

- **Celestún** Die bieten eine faszinierende Vogelbeobachtungstour hier im Mündungsgebiet an (8 Std., 250 Mex$/Pers.).
- **Cuzamá** Drei unglaubliche Cenoten sind per Pferdekutsche zu erreichen (8 Std., 200 Mex$/4 Pers.).
- **Dzibilchaltún & Progreso** Man kann an den Ruinen und am Cenote am Morgen Halt machen und gerade rechtzeitig für einen Cocktail am Nachmittag am Strand in Progreso sein (4 Std., 80 Mex$/Pers.).
- **Uxmal & Ruta Puuc** Man kann all diese Stätten – einschließlich Uxmal – an einem Tag besuchen (8 Std., 350 Mex$/Pers.) und den Ausflug um einen Besuch in **Mayapán** und in den **Loltún-Höhlen** erweitern.

Monica Trujillo, Mérida

An- & Weiterreise

Méridas winziger, aber moderner Flughafen liegt 10 km südwestlich der Plaza Grande abseits des Hwy 180 (Av de los Itzáes). Unter www.ticketbus.com.mx findet man gute Ticket-Infos. Im Folgenden sind einige der Terminals und die dort verkehrenden Buslinien sowie die Gebiete, die sie anfahren, aufgelistet.

CAME-Busterminal (☎ Reservierungen 924-8391; Calle 70 zw. Calles 69 & 71) Méridas größter Busbahnhof wird hauptsächlich von 1.-Klasse-Bussen genutzt.

Noreste-Busterminal (Calle 67 zw. Calles 50 & 52) Die 2.-Klasse-Buslinien Noreste, Sur und Oriente nutzen diesen Terminal.

Progreso-Busterminal (Calle 62 No 524 zw. Calles 65 & 67) Ein zusätzlicher Terminal nur für Progreso.

Terminal de Segunda Clase (Calle 69) ADO, Mayab, Oriente, Sur und ATS unterhalten hier hauptsächlich 2.-Klasse-Busse in verschiedene Ziele im Bundesstaat und auf der ganzen Halbinsel.

Ziel	Preis (Mex$)	Dauer (Std.)
Campeche (kurze Strecke)	105–162	2½–3½
Cancún	179–418	4–6
Celestún	47	2
Chichén Itzá	90–94	1¾–2½
Izamal	20–25	1½
Mexico City (Norte)	1088	19
Palenque	242–366	8–9
Playa del Carmen	414	4½–8
Progreso	14	1
Ruta Puuc (hin & zurück)	132	8
Tulum	194	4
Uxmal	41	1–1½
Valladolid	78–128	2½–3½

CHICHÉN ITZÁ

Wer sich nicht für eingravierte Schädel und Adler, die Herzen verspeisen, oder für mit Skeletten gefüllte Cenoten und neunstöckige Pyramiden begeistern kann, genießt hier stattdessen die Aura eines Pink-Floyd-Konzerts: Manchmal scheint es, als halle das Echo des frenetischen Applauses bei diesem musikalischen Ereignis noch immer nach. Chichén Itzá ist eine der berühmtesten archäologischen Stätten Mexikos – obwohl es verboten ist, auf die Tempel zu steigen. Die meisten Unterkünfte, Restaurants und anderen Einrichtungen liegen an einem 1 km langen Highwayabschnitt im Dorf Pistén westlich der Ruinen. Von den Ruinen bis zum ersten Hotel, dem Pirámiden Inn, sind es 1,5 km; es ist mit die beste Wahl, wenn man hier übernachten will.

Die **Stätte** (Mund des Brunnens von Itzáes; Eintritt 111 Mex$, Parken 20 Mex$, Sound-and-Light-Show 40 Mex$, Führer 500–600 Mex$; ⏲ Sommer 8–18 Uhr, Winter 8–17.30 Uhr), 41 km westlich von Valladolid, war eine bescheidene spätklassische Stadt, bevor vom Krieg erschütterte Tolteken aus Tula in Zentralmexiko sie 987 n. Chr. eroberten. Es folgte eine nicht zu erwartende Zeit der Harmonie, während der erfahrene Maya-Architekten die Bilder der gefiederten Schlange des Tolteken-Kultes um Quetzalcóatl (Kukulcán auf Maya) meisterhaft in ihre Arbeit einfließen ließen. Die Stadt wurde um 1224 verlassen.

Um die Stätte zu erkunden, beginnt man am besten auf dem großen Platz, etwa 100 m hinter dem Tor. Die imposante Pyramide **El Castillo** (Die Burg) in seiner Mitte wurde erbaut, um den Mayakalender in Stein festzuhalten und ist für die Sinnestäuschung der sich bewegenden Schlange auf der Treppe berühmt, die während der Tagundnachtgleiche im Frühling und Herbst zu sehen ist. Im Inneren der Pyramide steht eine prä-toltekische Pyramide mit rotem Jaguar-Thron; sie ist über eine winzige Kammer zugänglich, die heute aber geschlossen ist.

Gleich nordöstlich (ein Stück zurück links, wenn man den Platz betritt), befindet sich der Gran Juego de Pelota, der größte **Ballspielplatz** in Mesoamerika. Die Akustik ist grandios: Man kann gerne versuchen, mit jemandem zu sprechen, der auf der anderen Seite steht.

Von El Castillo aus auf der anderen Seite des Platzes führt ein 300 m langer Pfad nach Norden zum **Cenote Sagrado** (Heiligen Cenote), in dem 50 Skelette gefunden wurden.

Wieder auf der Plaza steht auf der Ostseite der beeindruckende **Templo de los Guerreros** (Kriegertempel) mit einem *chacmool* (Maya-Opferstein), der über die mit Kriegern gravierten Säulen blickt. In seinem Schatten steht die **Grupo de las Mil Columnas** (Gruppe der Tausend Säulen). Dahinter führt ein Pfad durch den Wald vorbei am **Mercado** (Markt) mit versunkenem Innenhof, der von Säulen und einer einzelnen, etwas verloren wirkenden Palme gesäumt wird.

Der Pfad endet am Nachbau eines traditionellen Wohnhauses; dahinter erreicht man über einen weiteren Weg Richtung Süden nach ein paar Hundert Metern die ungewöhnliche **Caracol** (Schnecke), die einst als Observatorium genutzt wurde (und eines der wenigen Gebäude ist, auf die man klettern darf). Gleich dahinter befindet sich das **Edificio de las Monjas** (Nonnenkloster).

An- & Weiterreise

Orientes 2.-Klasse-Busse fahren stündlich zwischen 8.15 und 16.15 Uhr auf dem Weg nach Mérida durch Pistén (70 Mex$, 2½ Std.). Stündliche Oriente-Busse nach Valladolid (20 Mex$, 50 Min.) und Cancún (90 Mex$, 4½ Std.) kommen zwischen 7 und 17.30 Uhr hier vorbei. Außerdem gibt's 2.-Klasse-Verbindungen nach Tulum (78 Mex$, 3 Std.) und Playa del Carmen (112 Mex$, 4 Std.). 1.-Klasse-Busse fahren nach Mérida (90–94 Mex$, 1¾ Std., 14.25 & 17 Uhr), Cancún (108 Mex$, 2½ Std., 16.30 Uhr) und Tulum (101 Mex$, 2½ Std., 8 & 16.30 Uhr). *Colectivos* nach Valladolid (20 Mex$, 40 Min.) fahren regelmäßig durch die Stadt.

VALLADOLID

☎ 985 / 45 900 Ew.

Yucatáns drittgrößte Stadt, die auch „Sultana des Ostens" genannt wird, ist für ihre ruhigen Straßen und sonnendurchfluteten, pastellfarbenen Mauern bekannt. Sie ist auf jeden Fall „heiß" und es wert, dass man ihr ein paar Tage oder sogar eine Woche widmet. Diese Provinzstadt ist ein ausgezeichnetes Basislager für Ausflüge zum Río Lagartos, nach Chichén Itzá, Ek' Balam und zu einer Reihe von Cenoten.

Sehenswertes

Der **Templo de San Bernardino & Convento de Sisal** (⌚ 8–12 & 17–21 Uhr) liegt 700 m südwestlich der Plaza. Beide Gebäude wurden zwischen 1552 und 1560 erbaut und erfüllten eine Doppelfunktion als Festung und Kirche.

Das **Museo de San Roque** (Calle 41; Eintritt frei; ⌚ 9–21 Uhr) zwischen den Calles 38 und 40 zeigt Modelle und Ausstellungen zur Geschichte der Stadt und der Region.

In der ganzen Gegend warten außerdem zahlreiche Cenoten. Der **Cenote Zací** (Calle 36; Eintritt 25 Mex$; ⌚ 8–18 Uhr) ist der am wenigsten Beeindruckende von allen. Etwas verlockender, aber schlechter zugänglich, ist der **Cenote Dzitnup** (Xkekén; Eintritt 25 Mex$; ⌚ 8–17 Uhr), 7 km westlich der Plaza. Gegenüber, etwa 100 m näher an der Stadt, liegt der **Cenote Samulá** (Eintritt 25 Mex$; ⌚ 8–18 Uhr), ein hübscher Höhlenteich, an dessen Wänden *álamo*-Wurzeln wuchern. Um hierher zu kommen, kann man sich für 10 Mex$ pro Stunde bei **Antonio „Negro" Aguilar** (☎ 856-2125; Calle 44 zw. Calles 39 & 41; ⌚ 7–19 Uhr) ein Fahrrad ausleihen. Sammel-Vans fahren vor dem Hotel María Guadalupe (Calle 44) ab und bringen Passagiere für 10 Mex$ nach Dzitnup.

Schlafen & Essen

Hostal Los Frailes (☎ 856-5852; www.hostaldelfraile.com; Calzada de los Frailes No 212C; B mit Klimaanlage/Ventilator 130/90 Mex$, Zi. 220 Mex$; ❄ 💻 📶) In einem alten, umgebauten *casona* (Herrenhaus) bietet das Hostel zwar nicht das lässigste Backpacker-Flair, ist aber trotzdem eine gute Wahl.

Hostel La Candelaria (☎ 019-858-562-267; www.hostelvalladolid.com; Calle 35 No 201F; B 100 Mex$, Zi. ohne Bad 250 Mex$, alle inkl. Frühstück; 💻 📶) Ein freundliches Haus an einem ruhigen kleinen Platz. Kann manchmal recht überfüllt und heiß werden, aber es gibt zwei Küchen, einen gemütlichen Gartenbereich mit Hängematten, einen reinen Frauenschlafsaal und jede Menge Platz zum Abhängen – das beste Hostel der Stadt.

AUF EIGENE FAUST: YUCATÁN INTENSIVER ERLEBEN

Auf den Karten dieses weiten Staates klaffen einige Lücken. Hier für den Anfang ein paar Ideen für Trips in Eigenregie:

- **Río Lagartos** Von diesem kleinen Fischerdorf an der Golfküste aus kann man Abenteuer in einem nahe gelegenen Naturschutzgebiet (Ausflüge kosten etwa 100 Mex$ pro Person) erleben. Auf dem Weg dorthin kann man an der gut erhaltenen **Stätte Ek' Balam** (Eintritt 31 Mex$, Führer 250 Mex$; ⌚ 8–17 Uhr) Halt machen.
- **Izamal** Die gelbe Stadt bietet rundum massenweise unerforschte Ruinen.
- **Ticul nach Tihosuco** Ein Teil der Strecke wird Ruta de los Conventos (Route der Klöster) genannt, da jedes dieser winzigen Dörfer eine Kathedrale oder eine Kirche hat, viele in wunderbar baufälligem Zustand.

Bazar Municipal (Ecke Calles 39 & 40) An der Nordostecke der Plaza versammelt sich eine Reihe marktartiger Läden, die wegen ihrer großen, günstigen Frühstücksportionen beliebt sind.

An- & Weiterreise

Der wichtigste **Busbahnhof** (Ecke Calles 39 & 46) liegt zwei Blocks westlich der Plaza. Es fahren häufig Busse nach Cancún (78–128 Mex$, 2 Std.), Mérida (88–128 Mex$, 2 Std.) und Chichén Itzá (20–44 Mex$, 45 Std.).

Colectivos nach Pistén und Chichén Itzá (20 Mex$, 40 Min.) fahren gegenüber vom ADO-Busterminal ab, nach Tizimín (30 Mex$, 40 Min.) von der Ostseite des Hauptplatzes. *Colectivos* nach Ek' Balam (40 Mex$) fahren an der Ecke Calle 44 und 37 ab.

CANCÚN

☎ 998 / 526 700 Ew.

Im Gegensatz zu vielen anderen Städten hat Cancún wirklich vor gar nichts Angst. Es ist unerschrocken und unverfroren, und genau darin liegt sein Hochglanzcharme. Also lasst die Mayatänzer, verwegenen Piraten und bierseligen US-Studenten auf ihrem „Spring Break" ruhig rein – Cancún kann das ab.

Wer Cancún überstehen möchte, sollte sich an die Einheimischen halten, d. h. im *centro* (Innenstadt) absteigen und essen, sich ein Lunchpaket schnüren, mit dem Nahverkehrsbus zu den Urlaubsstränden hinausfahren und erst später am Tag für ein paar Drinks in die Stadt zurückkehren.

Orientierung

Cancúns Zona Hotelera mit den Resorts und Stränden erstreckt sich entlang des Blvd Kukulcán, der sich um eine gebogene Sandbank (eigentlich eine Insel) windet. In der Ciudad Cancún, gleich westlich, befindet sich el *centro* (Innenstadt), das rund um die Av Tulum vom Busbahnhof bis zur Av Cobán reicht. Der Flughafen liegt 8 km südlich. Alle hier genannten Orte befinden sich, wenn nicht anders angegeben, in der Innenstadt.

Praktische Informationen

Die Touristeninformation Cancún hat eine informative Website: www.cancun.travel. Internetcafés sind in Cancúns Innenstadt zahlreich, schnell und billig – sie kosten pro Stunde 10 Mex$ oder weniger. Auf der Av Tulum, zwischen den Avs Cobán und Uxmal, gibt's mehrere Banken mit Geldautomaten.

Centro Médico Caribe Cancún (☎ 883-9257; Av Yaxchilán 74A; ⌚ 24 Std.)

Städtische Touristeninformation (☎ 887-3379; www.cancun.gob.mx; Av Cobá; ⌚ Mo–Fr 8–18, Sa 9–14 Uhr)

Lavandería Tulum (Av Tulum; pro kg 16 Mex$) Waschsalon.

DER WEG INS ZENTRUM

Vom Flughafen

White-Riviera-Stadtbusse nach Ciudad Cancún (40 Mex$) fahren zwischen 5.30 und 23.30 Uhr etwa alle 20 Minuten am Flughafen ab und halten sowohl am Inlands- als auch am internationalen Terminal.

Colectivos von Grayline Express (195 Mex$) fahren etwa alle 15 Minuten vom internationalen Terminal in die Zona Hotelera und in die Innenstadt, während die billigeren ADO-Shuttles vom Inlandsterminal in die Innenstadt (40 Mex$) oder nach Playa del Carmen (100 Mex$) fahren.

Vom Busbahnhof

Cancúns **Busbahnhof** (Ecke Avs Uxmal & Tulum) liegt in Fußentfernung aller hier aufgeführten Unterkünfte in der Innenstadt.

CANCÚN CENTRO

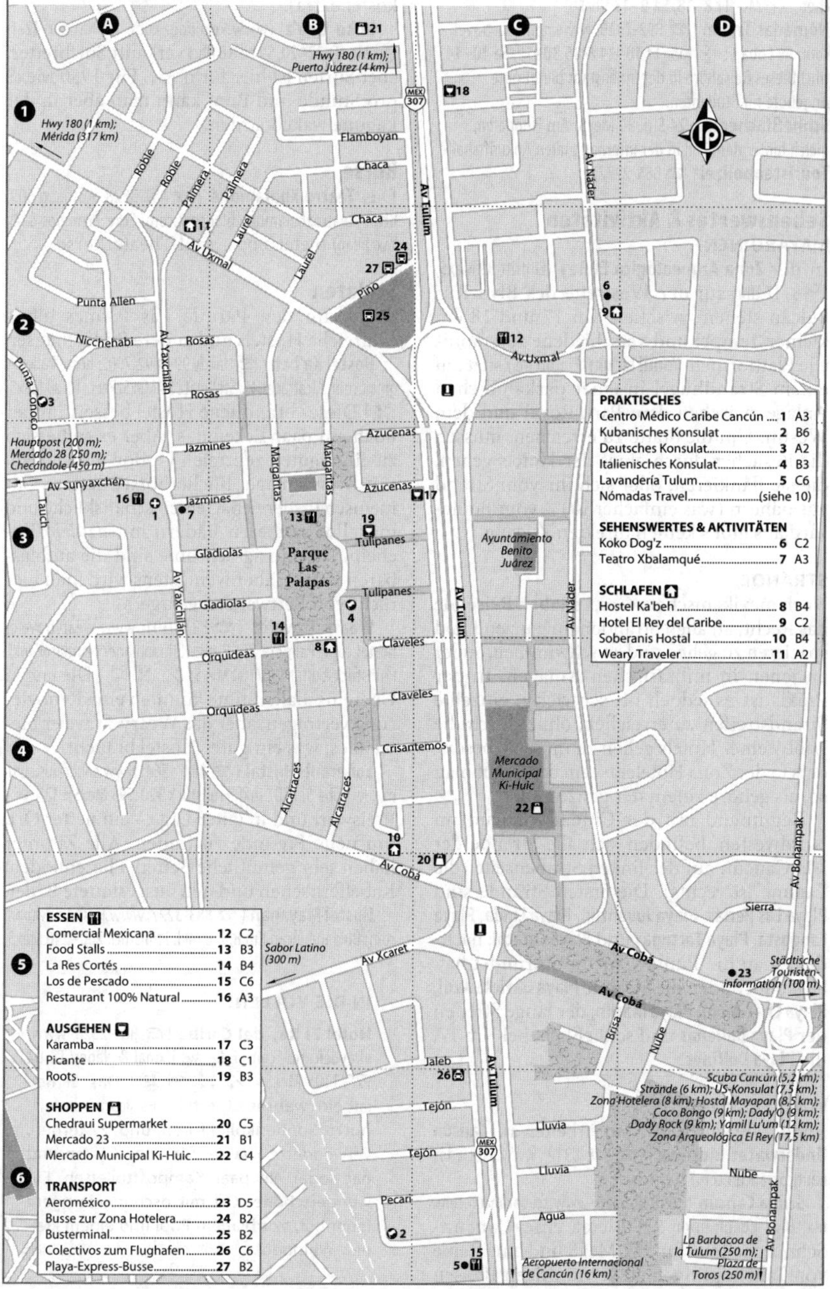
0 300 m
A
B
C
D
1
2
3
4
5
6
Hwy 180 (1 km); Puerto Juárez (4 km)
Hwy 180 (1 km); Mérida (317 km)
Hauptpost (200 m); Mercado 28 (250 m); Checándole (450 m)
Sabor Latino (300 m)
Städtische Touristeninformation (100 m)
Scuba Cancún (5,2 km); Strände (6 km); US-Konsulat (7,5 km); Zona Hotelera (8 km); Hostal Mayapan (8,5 km); Coco Bongo (9 km); Dady'O (9 km); Dady Rock (9 km); Yamil Lu'um (12 km); Zona Arqueológica El Rey (17,5 km)
Aeropuerto Internacional de Cancún (16 km)
La Barbacoa de la Tulum (250 m); Plaza de Toros (250 m)
Parque Las Palapas
Ayuntamiento Benito Juárez
Mercado Municipal Ki-Huic
Av Tulum
Av Uxmal
Av Yaxchilán
Av Náder
Av Cobá
Av Xcaret
Av Sunyaxchén
Av Bonampak
Flamboyan
Chaca
Roble
Palmera
Laurel
Pino
Punta Allen
Nicchehabi
Punta Conoco
Rosas
Azucenas
Jazmines
Margaritas
Tulipanes
Gladiolas
Claveles
Orquideas
Crisantemos
Alcatraces
Tauch
Sierra
Brisa
Nube
Jaleb
Tejón
Lluvia
Pecari
Agua
MEX 307
PRAKTISCHES
Centro Médico Caribe Cancún 1 A3
Kubanisches Konsulat 2 B6
Deutsches Konsulat 3 A2
Italienisches Konsulat 4 B3
Lavandería Tulum 5 C6
Nómadas Travel (siehe 10)
SEHENSWERTES & AKTIVITÄTEN
Koko Dog'z 6 C2
Teatro Xbalamqué 7 A3
SCHLAFEN
Hostel Ka'beh 8 B4
Hotel El Rey del Caribe 9 C2
Soberanis Hostal 10 B4
Weary Traveler 11 A2
ESSEN
Comercial Mexicana 12 C2
Food Stalls 13 B3
La Res Cortés 14 B4
Los de Pescado 15 C6
Restaurant 100% Natural 16 A3
AUSGEHEN
Karamba 17 C3
Picante 18 C1
Roots 19 B3
SHOPPEN
Chedraui Supermarket 20 C5
Mercado 23 21 B1
Mercado Municipal Ki-Huic 22 C4
TRANSPORT
Aeroméxico 23 D5
Busse zur Zona Hotelera 24 B2
Busterminal 25 B2
Colectivos zum Flughafen 26 C6
Playa-Express-Busse 27 B2

Hauptpost (☎ 884-1418; Ecke Avs Xel-Há & Sunyax-chén; ☺ Mo–Fr 8–18, Sa 9–13 Uhr)
Nómadas Travel (☎ 892-2320; www.nomadastravel.com; Av Cobá 5; ☺ Mo–Fr 10–14 & 15.30–19, Sa 10–14 Uhr) Dieses Reisebüro in der Innenstadt bietet gute Angebote für Studenten.
Schließfächer (pro 24 Std. 90 Mex$) Am Flughafen, gleich hinter dem Zoll in der internationalen Ankunftshalle.
Touristenpolizei (☎ 885-2277)

Sehenswertes & Aktivitäten
MAYARUINEN
In der **Zona Arqueológica El Rey** (Eintritt 39 Mex$; ☺ 8–17 Uhr) auf der Westseite des Blvd Kukulcán stehen zwischen Km 17 und 18 ein kleiner Tempel und verschiedene zeremonielle Plattformen. **Yamil Lu'um** (Eintritt frei) sitzt auf einem Strandhügel in einer parkähnlichen Anlage zwischen dem Park Royal und dem Westin. Um die Stätte zu erreichen, müssen die Besucher durch eines der Hotels gehen, die sie flankieren, oder sich ihr vom Strand aus nähern (was einfacher ist) – vom Boulevard aus gibt's keinen direkten Zugang.

STRÄNDE
Nach mexikanischem Gesetz haben Reisende das Recht, an allen Stränden im ganzen Land spazieren zu gehen und zu schwimmen, außer an jenen in militärischen Anlagen. In der Praxis ist es jedoch oft schwierig, einzelne Strandstreifen zu erreichen, ohne durch die Lobby eines Hotels gehen zu müssen, besonders in der Zona Hotelera – am besten tut man so, als gehöre einem der ganze Laden.

Beginnend mit der Ciudad Cancún im Nordwesten, befinden sich alle Strände der Isla Cancún auf der linken Straßenseite (die Lagune ist rechts). Die ersten Strände sind **Playa Las Perlas, Playa Juventud, Playa Linda, Playa Langosta, Playa Tortugas** und **Playa Caracol**; nachdem man die Punta Cancún umrundet hat, liegen im Süden die Strände **Playa Gaviota Azul, Playa Chac-Mool, Playa Marlin**, der lange Streifen der **Playa Ballenas** und schließlich, bei Km 17, die **Playa Delfines**.

WASSERSPORT
Ende 2009 wurde mit den Arbeiten am **Cancún Underwater Museum** (☎ 848-8312; www.asociados nauticoscancun.com) begonnen.
Scuba Cancún (☎ 849-5226; www.scubacancun.com. mx; Blvd Kukulcán km 5,2) bietet eine Cancún-Schnorcheltour für 377 Mex$ und eine Reihe von Tauchoptionen zu vernünftigen Preisen

(1/2 Flaschen 702/884 Mex$, Leihausrüstung kostet extra).
Koko Dog'z (www.kokodogz.com; Av Na\'der 42-1; ☺ Mo–Fr 12–20, Sa bis 18 Uhr) verkauft Surfbretter, aber Surfen ist hier für'n A… Für 1950 Mex$ pro Stunde und Boot kann man aber in der Lagune wakeboarden.

Kurse
Das **Teatro Xbalamqué** (☎ 887-3828, Ausgang 509; http://teatroxbalamque.blogspot.com; Ecke Jazmines & Av Yaxchilán) bietet Yoga- und Theaterkurse.

Schlafen
Rund um den Parque Las Palmes gibt's zahlreiche Hostels und andere Budgethäuser.
Hostel Ka'beh (☎ Handy 998-892-7902; hostelkabeh@ gmail.com; Alcatraces 45; Stellplatz 50 Mex$/Pers., B 120 Mex$; ☒) Dieses brandneue Hostel bessert immer noch ein paar Ecken aus. Aber es sollte sich zu einer guten zentralen Option entwickeln, mit Klimaanlage, Bücherbörse, nettem Gemeinschaftsbereich, Gemeinschaftsküche und makellos sauberen Bädern mit *azulejo*-Kacheln. Das einzig Seltsame sind die aufblasbaren Betten, aber wenigstens wird man hier nicht von Bettwanzen geärgert.
Weary Traveler (☎ 887-0191; www.wearytraveler hostel.com; Palmera 30; B mit Klimaanlage/Ventilator inkl. Frühstücksbuffet 110/100 Mex$; ☒ ☒ ▯) Die engen Gemeinschaftsräume könnten eine Renovierung vertragen, aber das Weary Traveler bietet alles, was ein gutes Hostel braucht.
Soberanis Hostal (☎ 884-4564; www.soberanis.com. mx; Av Cobá 5; B/DZ inkl. Frühstück 120/595 Mex$; ▯ ☞) Preiswert und in guter Lage – ein netter Ort, um neue Freunde zu finden. Alle Zimmer haben sehr gemütliche Betten, Fliesenböden, Kabelfernsehen und nett ausgestattete Bäder.
Hostal Mayapan (☎ 883-3227; www.hostalmayapan. com; Blvd Kukulcán Km 8,5; B inkl. Frühstück 200–240 Mex$;

IN DIE VOLLEN!

Hotel El Rey del Caribe (☎ 884-2028; www. elreydelcaribe.com; Ecke Avs Uxmal & Náder; EZ/DZ 975/1105 Mex$; ☒ ☒ ☞ ▯) Das El Rey ist ein wahres „Ökotel": Es kompostiert, nutzt Sonnenkollektoren und Zisternen, verwendet Abwasser für seine Gärten und hat sogar ein paar Komposttoiletten. Ein wunderschöner Ort mit dschungelartigem Innenhof, azurblauem Pool und einem kleinen Whirlpool.

INSIDERTIPPS

Wir haben uns mit Vanessa Trava aus Cancún und zehn ihrer engsten Freunde getroffen, um herauszufinden, wo Cancúns Insider zu Abend essen.

- **La Barbacoa de la Tulum** Wer Tacos liebt, sollte diese billigen Cantina an der Plaza de Toros besuchen.
- **Los de Pescado** (Av Tulum 32; Gerichte 20–99 Mex$; 10–17.30 Uhr) Bestellen Sie in einem der besten Budgetlokale der Innenstadt *ceviche* oder Tacos und dazu ein oder zwei Bier.

Vanessa Trava, Cancún

) Die einzige Budgetoption in der Zona Hotelera ist in einem verlassenen Einkaufszentrum untergebracht. Das Haus ist neu und ein paar Details fehlen noch – z. B. müssen sie erst noch eine Küche bauen – aber die Zimmer sind supersauber, und oben im Atrium gibt's ein nettes Plätzchen zum Abhängen.

Essen

Cancúns Zentrum hat zahlreiche gute Budgetoptionen. In den Mercados 23 und 28 warten eine Reihe guter, winziger Lokale, und im Parque Las Palmas gibt's ein paar Imbissstände. Selbstversorger können sich im **Comercial Mexicana** (Ecke Avs Tulum & Uxmal) eindecken, einem zentralen Supermarkt beim Busbahnhof.

La Res Cortés (Ecke Calles Alcatraces & Orquideas; Hauptgerichte 20–80 Mex$; 18–2 Uhr) Dieses erstaunliche kleine Freiluft-Restaurant blickt direkt auf einen Park und serviert mit die besten Tacos der Stadt sowie andere Köstlichkeiten, die an das Straßenessen in Guadalajara erinnern.

Restaurant 100% Natural (Cien por Ciento Natural; ☎ 884-0102; Av Sunyaxchén; Hauptgerichte 40–180 Mex$; 7–23 Uhr; V) Vegetarier und Fans von gesundem Essen werden die gesundheitsbewusste Kette nahe der Av Yaxchilán lieben.

Checándole (☎ 884-7147; Av Xpujil 6 SM 27; Hauptgerichte 50–130 Mex$; 12–20 Uhr) Wer nur Zeit hat, um in einem Restaurant Cancúns zu essen, sollte dieses wählen. Das *menú del día* (festes Drei-Gänge-Menü) kostet nur 45 Mex$ – absolut preiswert.

Ausgehen & Unterhaltung

Die Clubs in Ciudad Cancún sind in der Regel entspannter als die in der sehr lauten Zona Hotelera, die für gewöhnlich „Trinken bis man kotzt"-Specials für 200 bis 300 Mex$ anbieten. Wer in der Innenstadt die Av Yaxchilán in Richtung Parque Las Palmas entlangschlendert, trifft unterwegs garantiert auf irgendwas (oder irgendjemanden), das einem gefällt.

CIUDAD CANCÚN

Karamba (☎ 884-0032; Ecke Azucenas & Av Tulum; Do–So 22–6 Uhr) Buntes Publikum aus Schwulen, Lesben und Transvestiten.

Picante (Av Tulum 20; 21–6 Uhr) Schon lange die Schwulenbar von nebenan.

Plaza de Toros (Ecke Avs Bonampak & Sayil) Hier locken mehrere Bars.

Roots (☎ 884-2437; Tulipanes 26; Fr & Sa 50 Mex$; Mo–Sa 18–1 Uhr) So ziemlich die hippste Bar in Ciudad Cancún.

Sabor Latino (☎ 892-1916; Ecke Avs Xcaret & Tankah; Frauen/Männer 40/60 Mex$, Mi frei; 22.30–6 Uhr, Nebensaison So–Di geschl.) Ein weiterer angesagter Club im 2. Stock des Chinatown Plaza.

ZONA HOTELERA

Coco Bongo (☎ 883-5061; Forum-Einkaufszentrum; 22.30–5 Uhr) Hier wird oft „MTV's Spring Break" gedreht.

Dady'O (☎ 800-234-9797; Blvd Kukulcán Km 9; 22–4.30 Uhr) Das ist einer der stilvolleren Clubs von Cancún.

Dady Rock (☎ 883-3333; Blvd Kukulcán Km 9; 17.30–3.30 Uhr) Ein heißer Rock'n'Roll-Club.

An- & Weiterreise

BUS

Vom **Busterminal** (Ecke Avs Uxmal & Tulum) starten 1.- und 2.-Klasse-Verbindungen. Gegenüber vom Busterminal, ein paar Schritte von der Av Tulum entfernt, befinden sich das Ticketbüro und das Mini-Terminal von **Playa Express** (Pino), die bis zum frühen Abend etwa alle 30 Minuten Shuttlebusse entlang der Karibikküste nach Tulum anbieten

Ziel	Preis (Mex$)	Dauer (Std.)
Chetumal (nach Belize)	244–294	5½–6½
Chichén Itzá	108	3–4
Mérida	256–318	4–6
Mexico City	1264–1466	24
Palenque	562–688	12–13
Playa del Carmen	24–38	1–1¼
Tulum	82–108	2¼–3
Valladolid	128	2–3

FLUCHT AUS CANCÚN

Hier ein paar heiße Tipps, um den Touristenfallen Cancúns zu entkommen:

- **Runter nach Tulum** (S. 75) Unterwegs kann man an einsamen Cenoten und an **Akumals Laguna Yal-Kú** Halt machen. Das **Centro Ecológico Akumal** (☎ 984-875-9095; www.ceakumal.org) bietet ein umfangreiches Freiwilligenprogramm. Weiter südlich wartet **Flora, Fauna y Cultura** (☎ 984-871-5273; www.florafaunaycultura.org) im Strandort Xcacel-Xcacelito mit günstigen Möglichkeiten für Freiwillige auf.
- **Isla Holbox** Am besten nimmt man sich drei Tage Zeit, um diese entspannte Insel vor der Golfküste zu erleben. Beste Reisezeit ist von Mai bis September – dann hat man die Chance, mit einem Walhai zu schwimmen. Das **Hostel Ida y Vuelta** (☎ 984-875-2358; www.camping-mexico.com/home_uk.htm; Zeltplatz 80 Mex$, Hängematte 90 Mex$, B 100 Mex$, Zi. 550 Mex$, Bungalow mit Küche 600 Mex$; 📶) ist die beste Budgetoption.
- **Nuevo Durango & weiter** Wer nett fragt, kann sich oft von Einheimischen in einem *palapa* (Schuppen mit Palmblätterdach) unterbringen lassen. Näheres gibt's bei **Puerta Verde** (www.puertaverde.com.mx).

SCHIFF/FÄHRE

Von Cancún aus bieten sich verschiedene Bootsreisen zur Isla Mujeres an. Von Punta Sam kostet die Fahrt 18 Mex$ (220 Mex$ fürs Auto), von Puerto Juárez 35 Mex$ und aus der Zona Hotelera etwa 135 Mex$.

FLUGZEUG

8 km südlich der Innenstadt liegt der **Aeropuerto Internacional de Cancún** (Internationaler Flughafen Cancún; ☎ 886-0047), der geschäftigste im Südosten Mexikos. Details s. S. 39.

Unterwegs vor Ort

Riviera-Busse (Aeropuerto Centro) fahren auf der Av Tulum nach Süden zum Flughafen, *colectivos* von einer Haltestelle vor dem Hotel Cancún Handall in der Av Tulum, etwa einen Block südlich der Av Cobá. Sie verlangen 25 Mex$ pro Person und fahren ab, sobald sie voll sind. Der offizielle Preis für private Taxis beträgt 150 Mex$.

Um die Zona Hotelera von der Innenstadt aus zu erreichen, kann man in jeden Bus mit einem Schild mit der Aufschrift „R1“, „Hoteles“ oder „Zona Hotelera“ in der Windschutzscheibe steigen, da sie alle auf der Av Tulum in Richtung Av Cobá und dann auf der Av Cobá nach Osten fahren. Eine einfache Fahrt kostet 7,50 Mex$. Puerto Juárez und die Fähren zur Isla Mujeres erreicht man mit einem Bus der Ruta 13 („Pto Juárez“ oder „Punta Sam“; 7,50 Mex$) nach Norden auf der Av Tulum.

Cancúns Taxis haben keine Taxameter – die Preise sind fix, aber man sollte sich immer erst auf einen Preis einigen, bevor man einsteigt. Die Fahrt aus der Innenstadt nach Punta Cancún kostet 80 bis 100 Mex$, nach Puerto Juárez 30 bis 40 Mex$.

Zu den Leihwagenfirmen mit Büros am Flughafen und im La Isla Shopping Village in der Zona Hotelera gehören **Alamo** (☎ 886-0179), **Avis** (☎ 883-4583, 01-800-288-8888) und **Hertz** (☎ 01-800-709-5000, Handy 998-111-3997).

ISLA MUJERES

☎ 998 / 14 000 Ew.

Wer nur eine von Quintana Roos Inseln besucht, ist auf der Isla Mujeres (Insel der Frauen) vermutlich am besten aufgehoben. Sie ist nicht so überfüllt wie Cozumel, und man kann hier mehr sehen und erleben als auf der tiefenentspannten Isla Holbox. Sicher, auch hier gibt's ein paar ziemlich kitschig-schäbige Touristenläden, aber die Leute bewegen sich immer noch in Golfwagen fort, und die Strände mit Sand aus zerbröselten Korallen sind viel besser als die auf Cozumel oder Holbox.

Der Name Isla Mujeres geht mindestens bis zu den spanischen Freibeutern zurück, die (so will es die Legende) ihre Geliebten hier in sicherer Abgeschiedenheit hielten. Heute glauben einige Archäologen, dass die Insel einst ein Zwischenstopp der Maya auf ihrem Weg zur Anbetung ihrer Fruchtbarkeitsgöttin Ixchel auf der Isla Cozumel war.

Orientierung & Praktische Informationen

Die Insel ist 8 km lang, 150 bis 800 m breit und liegt 11 km vor der Küste. Die meisten

Restaurants und Hotels befinden sich in der Stadt Isla Mujeres, wobei die Fußgängerzone in der Hidalgo als Orientierungspunkt dient. Die Fähre legt im Stadtkern an der Nordspitze der Insel an.

HSBC Bank (Av Rueda Medina)

Internetcafé (Ecke Matamoros & Guerrero; pro Std. 10 Mex$; ⌚ Mo–Sa 9–22 Uhr)

Lavandería Automática Tim Pho (☎ 877-0529; Ecke Juárez & Abasolo; ⌚ Mo–Sa 7–21, So 8–14 Uhr) Waschsalon.

Medizinisches Zentrum (Guerrero zw. Madero & Morelos)

Polizei (☎ 877-0082)

Post (☎ 877-0085; Ecke Guerrero & López Mateos; ⌚ Mo–Fr 9–16 Uhr)

Touristeninformation (☎ 877-0767; Av Rueda Medina; ⌚ Mo–Fr 8–20, Sa & So 9–14 Uhr)

Sehenswertes

Wer eine Pause vom Wasser braucht, kann mit dem Bus oder Fahrrad zur **Isla Mujeres Tortugranja** (Isla Mujeres Schildkrötenfarm; ☎ 888-0705; Carretera Sac Bajo Km 5; Eintritt 30 Mex$; ⌚ 9–17 Uhr) südlich der Stadt fahren. Auf der Schildkrötenfarm gibt es Teiche und geschützte Strände für Schildkröten und ihre Eier.

Die dramatische **Punta Sur** (Eintritt 50 Mex$) an der Südspitze der Insel (8 km außerhalb der Stadt) bietet einen romantischen Leuchtturm, aber die cartoonartigen Figuren, die entlang der ziemlich verwitterten Mayaruine aufgestellt wurden, haben ihn ziemlich verkitscht.

Aktivitäten

SCHWIMMEN

Praktischerweise kann man auf der Insel am besten am **Playa Norte** (Nordstrand; Nordwest, um genau zu sein) in der Stadt schwimmen. Die Lagune, die den Avalon Reef Club vom Rest der Insel trennt, bietet einen tollen flachen Badeplatz, der als **Yunque-Riff** bekannt ist.

7 km südlich der Stadt kann man den touristischen Naturpark Playa Garrafón links liegenlassen und sich stattdessen zu seinem nördlichen Nachbarn, dem **Hotel Garrafón de Castilla** (☎ 877-0107; Carretera Punta Sur km 6; Eintritt 30 Mex$; ⌚ 9–17 Uhr), aufmachen.

TAUCHEN & SCHNORCHELN

Rund um die Insel liegen eine Handvoll hübscher Tauchplätze nur eine kurze Bootsfahrt entfernt, z. B. Barracuda, La Bandera, El Jigueo, Ultrafreeze und Manchones. Man sieht mit ziemlicher Sicherheit Meeresschildkröten, Rochen und Barrakudas sowie eine große Vielfalt an Stein- und Weichkorallen. Um die Riffe zu schützen und zu erhalten, wird eine Gebühr in Höhe von 20 Mex$ fürs Tauchen und Schwimmen erhoben.

Mit Walhaien direkt vor der Isla Holbox zu schnorcheln (1170–1250 Mex$), ist gerade der letzte Schrei. Diese Tauchshops können einen Ausflug dorthin organisieren:

Mundaca Divers (☎ 999-2071; mundacadivers@gmail.com; Madero 10) bietet Tauchgänge für 585 (1 Flasche) bis 780 Mex$ (2 Flaschen) und Schnorcheltouren für 325 Mex$ an. Sie haben auch eine Filiale im Avalon Reef Club. **Sea Hawk Divers** (☎ 877-1233; seahawkdivers@hotmail.com; Carlos Lazo) hat ähnliche Preise.

Die Fischer der Isla Mujeres haben sich zu einer Kooperative zusammengeschlossen, die Schnorcheltouren ab 260 Mex$ zu verschiedenen Plätzen anbietet, u. a. zum Riff vor der Playa Garrafón; Tagestrips zur Isla Contoy stehen für 715 Mex$ ebenfalls auf dem Programm. Man kann sie am **Häuschen der Fischer-Kooperative** (☎ 877-1363; Av Rueda Medina) buchen, einem *palapa* neben dem Dock.

Schlafen

Zwischen Mitte Dezember und März sind viele Häuser schon mittags ausgebucht. Wer länger bleiben möchte, sollte nach „Zimmer zu vermieten"-Schildern Ausschau halten.

LP Tipp **Poc-Na Hostel** (☎ 877-0090; www.pocna.com; Ecke Matamoros & Carlos Lazo; B mit Klimaanlage/Ventilator 155/100 Mex$, Zi. mit Klimaanlage & Bad 350 Mex$, Zi. ohne Bad 270 Mex$; ❄ 💻 📶) Nur einen Sprung von einem der schönsten Strände der Insel entfernt und mit Muscheln und Hibiskusblüten dekoriert. Mexikos ältestes Hostel ist auch eines seiner besten.

Hotel Roca Teliz (☎ 877-0804; www.islamujeresonline.com.mx; Ecke Hidalgo & Abasolo; EZ mit Klimaanlage/Ventilator 390/250 Mex$, DZ mit Klimaanlage/Ventilator 390/280 Mex$; ❄ 💻 📶) Hier gibt's gute Budgetunterkünfte, besonders für Alleinreisende. Das „Rock", direkt in der Hidalgo-Fußgängerzone gelegen, bietet außerdem einen kühlen zentralen Innenhof und dunkle, aber saubere Zimmer. In der Nebensaison fallen die Preise wie ein Stein.

Hotel Caribe Maya (☎ 877-0684; Madero 9; DZ mit Klimaanlage/Ventilator 350/280 Mex$; ❄) Die alten blauen Kacheln sollten mal ersetzt werden, aber dieses Haus vermietet Zimmer, die zwar ein bisschen muffig sind, aber während der Hochsaison ziemlich preiswert.

Essen

Im umgebauten **Mercado Municipal** (Stadtmarkt; Guerrero) gibt's ein paar Stände, die warmes Essen zu niedrigen Preisen verkaufen.

Mañana (☎ 877-0555; Ecke Matamoros & Guerrero; Gerichte 20–70 Mex$; 🕑 8–16 Uhr; Ⓥ) Ein Laden mit guter Atmosphäre, bunten, handbemalten Tischen, superfreundlichem Service und ausgezeichneten vegetarischen Alternativen.

Viva Cuba Libre (Hidalgo; Hauptgerichte 60–90 Mex$; 🕑 Di–So 17–24 Uhr) Es mag ja mit seinem Nachbarn in Sachen „Dezibel-Level" konkurrieren, aber wenn wir ehrlich sind, mögen wir doch alle kubanischen *son* lieber als schlechte Disko-Remixes, oder?

La Lomita (Juárez; Hauptgerichte 60–230 Mex$; 🕑 Mo–Sa 9–22.30 Uhr) Der „Kleine Hügel" serviert gutes, günstiges mexikanisches Essen in einem kleinen Lokal zwischen Allende und Uribe.

Mininos (Av Rueda Medina; Hauptgerichte 70–140 Mex$; 🕑 11–21 Uhr) Ein winziger, farbenfroher Schuppen mit Sandboden; direkt am Wasser.

Unterhaltung

Die größte Kneipen- und Clubdichte der Isla Mujeres findet man entlang der Hidalgo.

La Luna (Guerrero; 🕑 7–3 Uhr oder später) Einige sagen, es sei der beste Laden der Stadt.

Playa Sol (Playa Norte; 🕑 9–22 Uhr oder später) Tag und Nacht extrem angesagt.

Poc-Na Hostel (Ecke Matamoros & Carlos Lazo; 🕑 Sonnuntergang–Sonnenaufgang) Ein Strandladen mit Lagerfeuern und mehr Hippies als in allen alten VW-Bussen der Welt.

An- & Weiterreise

Wer mit dem Boot von Cancún zur Isla Mujeres reist, kann an verschiedenen Stellen einsteigen. Von Punta Sam aus kommt man gleich südlich der Stadt auf der Insel an, die Fahrt kostet 18 Mex$ (220 Mex$ fürs Auto). Fähren ab Puerto Juárez (35 Mex$) und aus der Zona Hotelera (135 Mex$) kommen direkt in der Stadt an.

In Cancún erreicht man Puerto Juárez und die Fähren zur Isla Mujeres mit einem Bus der Ruta 13 („Pto Juárez" oder „Punta Sam", 7,50 Mex$) in Richtung Norden auf der Av Tulum.

Unterwegs vor Ort

Verschiedene Läden verleihen Fahrräder für ca. 30/120 Mex$ pro Stunde/Tag. **David** (☎ Handy 998-223-1365; Av Rueda Medina nahe Abasolo) hat eine gute Auswahl.

Mopeds kosten 130 Mex$ pro Stunde, während Golfwagen bei 200 Mex$ liegen; man kann sie bei **Pepe's Moto Rent** (☎ 877-0019; Hidalgo zw. Matamoros & Abasolo) ausleihen.

Nahverkehrsbusse fahren ungefähr alle 25 Minuten vom Fährdock ab und machen mehrere Zwischenstopps auf der Av Rueda Medina. Die Taxipreise werden von der Gemeinderegierung festgelegt und hängen am Taxistand südlich des Docks der Passagierfähre aus.

PLAYA DEL CARMEN

☎ 984 / 100 400 Ew.

Playa del Carmen ist die hippste Stadt auf der gesamten Yucatán-Halbinsel. Sicher, das Wasser ist nicht ganz so klar wie in Cancún oder Cozumel – und dank der täglichen Besuche der Kreuzfahrtschiffe schießt der Pfeil auf der „Kitschig-Schäbig-Skala" ziemlich weit nach oben – aber trotzdem ist die Stadt nach wie vor ein spaßiger Ort zum Genießen und Entfliehen.

Orientierung & Praktische Informationen

Playa ist größtenteils an einem einfachen Einbahnstraßengitter ausrichtet. In der Quinta Av („*kihn*-ta" ausgesprochen) oder der 5 Av spielt sich das meiste Leben ab.

Banamex (Ecke Calle 12 & 10 Av)

Centro de Salud (☎ 873-0493; Ecke 15 Av & Av Juárez)

Gigalav Waschsalon & Internet (Calle 2 No 402; 🕑 Mo–Sa 8–22 Uhr) Ist praktischerweise ein Internetcafé (10 Mex$/Std.) und ein Waschsalon (15 Mex$/kg) in einem.

Post (Ecke 20 Av & Calle 2; 🕑 Mo–Fr 9–16 Uhr)

Kiosk der Touristenpolizei (☎ 873-2656; Plaza Mayor; 🕑 24 Std.)

Aktivitäten

Die Preise fürs Tauchen und Schnorcheln sind bei den meisten Anbietern ähnlich: Resort-Tauchen 1300 Mex$, eine Flasche 637 Mex$, zwei Flaschen 1027 Mex$, Cenote 1287 Mex$, Schnorcheln 377 Mex$, Walhai-Tour zur Isla Holbox 3120 Mex$ und Zertifikation fürs offene Wasser 4485 Mex$.

Alltournative (☎ 803-9999; www.alltournative.com; 5 Av zw. Calles 12 & 14; 🕑 Mo–Sa 9–19 Uhr) Bieten Tourpakete an.

Dive Mike (☎ 803-1228; www.divemike.com; Calle 8) Zwischen 5 Av und Strand.

Scuba Playa (☎ 803-3123; www.scubaplaya.com; Calle 10) Ein PADI-Fünf-Sterne-Resort.

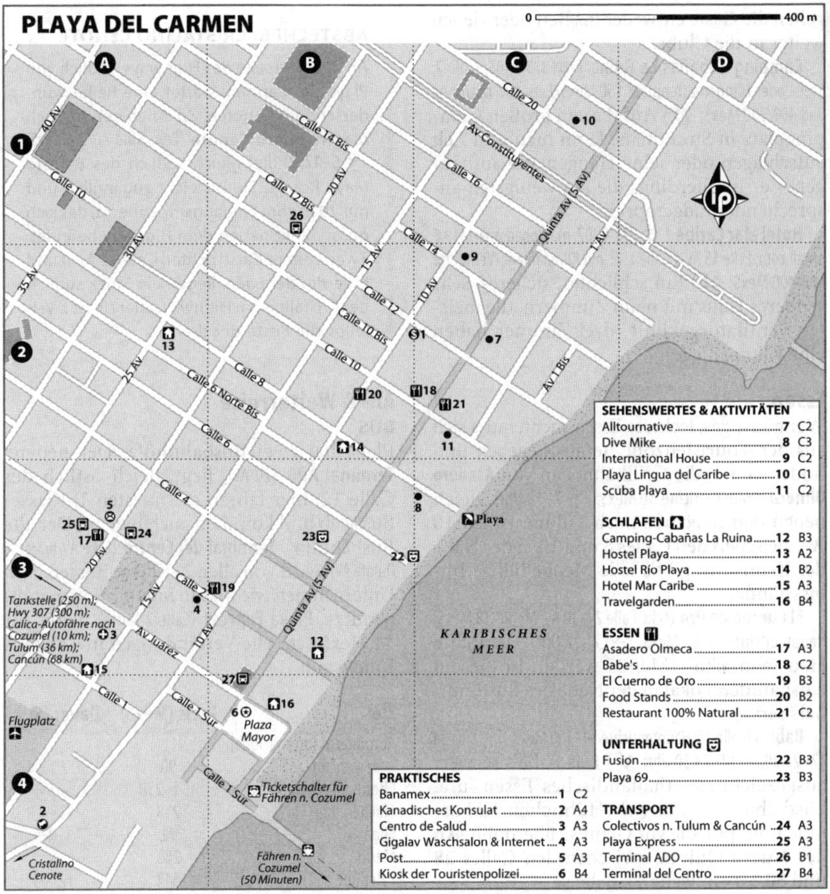

Kurse

International House (☎ 803-3388; www.ihrivieramaya.com; Calle 14) bietet Spanischkurse (2860 Mex$) und Übernachtungen im Studentenwohnheim (390 Mex$/Nacht) sowie in Privathaushalten (455 Mex$/Nacht) an. **Playa Lingua del Caribe** (☎ 873-3876; www.playalingua.com; Calle 20) hat Spanisch- und Mayakurse.

Schlafen

Travelgarden (☎ 873-0068; Av Juárez; B/EZ/DZ 120/250/350 Mex$;) Das anständige Budgethaus, einen halben Block vom Strand entfernt, hat zwar ein paar sauberkeitstechnische Mängel, aber dafür vermietet es zwei *palapa*-artige „Schlafsäle" mit je zwei oder drei Betten und ein paar kleine Zimmer mit eigenem Bad.

Hostel Río Playa (☎ 803-0145; www.hostelrioplaya.com; Calle 8; B inkl. Frühstück 140–160 Mex$, Zi. ohne Bad 450–500 Mex$;) Die beste Budgetoption der Stadt bietet einfachen Strandzugang und einen reinen Frauenschlafsaal. Außerdem gibt's eine Gemeinschaftsküche, eine coole Dach-Bar, eine Chill-Out-Area – mit bemerkenswert flachem Pool – und Klimaanlagen in allen Zimmern.

Hostel Playa (☎ 803-3277; www.hostelplaya.com; Calle 8; B/DZ/3BZ 145/420/550 Mex$) Auch wenn es ein Stück außerhalb des Zentrums liegt, gehört es zu Playas guten Hostelalternativen. Das Beste ist das Ambiente: Es gibt einen riesigen zentralen Gemeinschaftsbereich, eine großartige Küche und sowohl Bier als auch Spirituosen sind bis 0.30 Uhr erlaubt. Danach gehen die Gäste entweder ins Bett oder ziehen weiter in die Clubs.

Camping-Cabañas La Ruina (☎ 873-0405; Calle 2; Stell- oder Hängemattenplatz 150 Mex$/Pers., DZ mit/ohne Bad 400/300 Mex$;) Auf diesem großen Campingplatz in Strandnähe kann man sein Zelt aufschlagen oder seine Hängematte aufhängen – er ist allerdings die am wenigsten ansprechende Budgetoption.

Hotel Mar Caribe (☎ 873-0207; maldonadomarta19@gmail.com; Ecke 15 Av & Calle 1; Zi. mit Klimaanlage/Ventilator 600/400 Mex$;) Ein schlichtes, sicheres, sehr sauberes Haus mit neun Zimmern, die meisten ventilatorgekühlt (drei Zimmer haben eine Klimaanlage).

Essen

Wer günstiges, leckeres Essen sucht, muss sich aus der Touristenzone heraus begeben und findet so u. a. die Grillhähnchen von **Asadero Olmeca** (Hauptgerichte 30 Mex$; 7–18 Uhr) gleich neben den *colectivos* nach Tulum. In der 10 Av, zwischen den Calles 8 und 10 in der Nähe des Zentrums, gibt's jede Menge billige Imbissstände.

El Cuerno de Oro (Ecke Calle 2 & 10 Av; Menüs 38 Mex$, Hauptgerichte 75–99 Mex$; 7–22 Uhr) Herzhafte Hausmannskost-Menüs werden in diesem entspannten Lokal in der Nähe des Busterminals serviert.

Babe's (Calle 10; Hauptgerichte 50–100 Mex$; Mo–Sa 12–23.30, So 17–23.30 Uhr; V) Das Babe's serviert ausgezeichnetes thailändisches Essen, u. a. köstliche *tom kha gai* (Hühnchen-Kokosmilch-Suppe), die vor Gemüse überquillt. An der Nueva Quinta, zwischen den Calles 28 und 30, ist ein weiteres Babe's.

Restaurant 100% Natural (☎ 873-2242; Ecke Quinta Av & Calle 10; Frühstück 58–68 Mex$, Hauptgerichte 100–184 Mex$; 7–23 Uhr; V) Die Markenzeichen dieser schnell wachsenden Kette – frische Säfte, Salate, diverse Gemüse- und Hühnchengerichte und andere gesunde Alternativen – sind ebenso köstlich wie sättigend.

Unterhaltung

Die meisten Partys beginnen auf der Quinta Av und wandern dann auf der Calle 10 in Richtung Strand.

Playa 69 (Callejón abseits Quinta Av zw. Calles 4 & 6; www.rivieramayagay.com; Di–So bis open end) Schwuler Dance-Club.

Fusion (Calle 6; bis open end) Im Fusion kann man am Strand unter Playas herrlichem Mond in den Morgen tanzen.

ABSTECHER: CRISTALINO CENOTE

An der Westseite des Highways, südlich von Playa del Carmen, wartet eine Reihe wunderschöner Cenoten. Zu ihnen gehört auch die **Cristalino Cenote** (Erw./Kind 40/20 Mex$; 6–17.30 Uhr) gleich südlich des Barceló Maya Resort. Sie ist leicht zugänglich und nur 70 m vom Eingangstor entfernt, das sich quasi direkt neben dem Highway befindet. Zwei weitere Karsttrichter, Cenote Azul und El Jardín del Edén, liegen ein Stück südlich der Cristalino am Highway, aber sie ist zweifellos die Beste der drei.

An- & Weiterreise

BUS

Playa hat zwei Busbahnhöfe. Der neuere, **Terminal ADO** (20 Av), liegt gleich östlich der Calle 12; hier fahren die meisten 1.-Klasse-Busse ab und kommen auch hier an. Der alte Busbahnhof, **Terminal del Centro** (Ecke Av Juárez & Quinta Av), wird von allen 2.-Klasse-Bussen (von Unternehmen wie Mayab *intermedio* genannt) genutzt. **Playa Express** (Calle 2 Norte) bietet für 34 Mex$ schnelle Verbindungen in Cancúns Innenstadt.

Ziel	Preis (Mex$)	Dauer (Std.)
Aeropuerto Internacional de Cancún	90	1
Chetumal (nach Belize)	154–258	5–5½
Chichén Itzá	218	3–4
Cobá	72	1–1¾
Mérida	286	5
Palenque	642	12–13
San Cristóbal de Las Casas	816	16–18
Tulum	48–65	1
Valladolid	94–120	2½–3½

COLECTIVOS

Colectivos sind eine tolle Möglichkeit für günstige Reisen nach Tulum (35 Mex$, 45 Min.) im Süden. Sie fahren zwischen 5 und 22 Uhr an der Calle 2 in der Nähe der 20 Av ab, sobald sie voll sind (ca. alle 10–15 Min.). An derselben Stelle kann man sich auch ein *colectivo* nach Cancún (30 Mex$) schnappen.

SCHIFF/FÄHRE

Fähren zur Isla Cozumel (einfache Strecke 140 Mex$, 30 Min.) legen um 6, 8, 9, 11, 13, 15, 17, 18, 19, 21 und 23 Uhr ab. Tickets gibt's am Häuschen in der Calle 1 Sur.

ISLA COZUMEL

☎ 987 / 73 200 Ew.

Seit 1961 ist Cozumel ein irrsinnig beliebtes Tauchziel: Damals zeigte Jacques Cousteau, angeleitet von einheimischen Führern, der Welt die spektakulären Riffe der Gegend. Die Insel liegt 71 km südlich von Cancún. Mit 53 mal 14 km ist sie Mexikos größte Insel. Von den ersten Einwohnern Ah-Cuzamil-Peten (Schwalbeninsel) genannt, hat sich Cozumel zu einem weltberühmten Tauch- und Kreuzfahrtziel entwickelt.

Die hiesigen Mayasiedlungen stammen von 300 n. Chr. Während der Postklassik-Periode erlebte Cozumel als Handelszentrum und – viel wichtiger – als zeremonielle Stätte seine Blütezeit. Von jeder Mayafrau auf und außerhalb der Yucatán-Halbinsel wurde erwartet, dass sie wenigstens eine Pilgerreise hierher unternahm, um Ixchel, der Göttin der Erde, der Fruchtbarkeit und des Mondes, am zu ihren Ehren errichteten Tempel zu huldigen.

Orientierung & Praktische Informationen

San Miguel de Cozumel ist die einzige Stadt der Insel. An der Plaza gibt's Geldautomaten, Banken und Internetcafés.

Clínica Médica Hiperbárica (Überdruckkammer; ☎ 872-1430; Calle 5 Sur) Zwischen Av Rafael Melgar und Av 5 Sur.

Del Mar Lavandería (Av 20 Sur zw. Av Benito Juárez & Calle 1 Sur; pro Ladung 65 Mex$)

Post (Ecke Calle 7 Sur & Av Rafael Melgar; 🕑 Mo–Sa 9–16.30 Uhr)

Touristeninformation (2. St., Plaza Mayor; 🕑 Mo–Fr 8–15 Uhr)

Sehenswertes

Die Ausstellungen des schönen **Museo de la Isla de Cozumel** (☎ 872-1434; Av Rafael Melgar; Eintritt 36 Mex$; 🕑 8–17 Uhr) zeichnen ein klares, detailliertes Bild der Insel.

Um die Insel ausführlich zu erkunden, muss man sich ein Auto mieten oder Taxi fahren; Radfahrer müssen gegen die häufig sehr starken Winde kämpfen. Die folgende Route führt von San Miguel nach Süden, dann gegen den Uhrzeigersinn um die Insel.

Der **Parque Chankanaab** (Eintritt 208 Mex$; 🕑 7–18 Uhr) ist zum Schnorcheln beliebt. Ein Taxi aus der Stadt kostet für die einfache Strecke 130 Mex$.

Die Mayaruine von **El Cedral** ist die älteste auf der Insel. Sie hat die Größe eines kleinen Hauses und zeigt keinerlei Verzierungen, aber ein Besuch kostet nichts und sie ist leicht zugänglich. Sie ist über eine 3,5 km lange ausgeschilderte Asphaltstraße zu erreichen, die 1 oder 2 km südlich der Zugangsstraße nach Nachi-Cocom links (nach Osten) abzweigt und sich inmitten eines Waldes aus gelb und weiß angestrichenen Pfahlbauten und Souvenirständen versteckt.

Etwa 17 km südlich der Stadt liegt die **Playa Palancar**, ein toller Strand, an dem man Schnorchelausrüstung und Kajaks leihen kann.

Die Südspitze der Insel wurde in den ziemlich überteuerten „ökotouristischen" **Parque Punta Sur** (☎ 872-0914; Eintritt 130 Mex$; 🕑 9–17 Uhr) verwandelt.

Der Küstenstreifen im Osten ist der wildeste Teil der Insel und umfasst einige wunderschöne Meereslandschaften und zahlreiche kleine Blaslöcher. An weiten Teilen der Ostküste ist das Schwimmen aufgrund von Unterströmungen und Sogen gefährlich. Wer vorsichtig ist, kann manchmal am Punta Chiqueros, Playa Chen Río und Punta Morena schwimmen. Während man an der Küste entlangreist, kann man über einen Zwischenstopp zum Mittagessen oder für ein Getränk in der Rasta Bar (Km 29,5), im El Galeón (Km 43,1) oder im Coconuts (Km 43,5) nachdenken. El Galeón verleiht Surfbretter und Boogieboards für 200 bzw. 70 Mex$ pro Stunde.

Ein Stück hinter der Stelle, an der der Ostküsten-Highway die Carretera Transversal trifft, können unerschrockene Reisende zur **Punta Molas** wandern, dem nordöstlichsten Punkt der Insel, der nur zu Fuß erreichbar ist. 17 km weiter an der Straße liegen die Mayaruinen, die als **El Castillo Real** bekannt sind, und ein paar Kilometer dahinter **Aguada Grande**.

Die Maya-Anlage **San Gervasio** (Eintritt 90 Mex$; 🕑 7–16 Uhr) ist die einzige erhalten gebliebene Ruine auf Cozumel. Man nimmt an, dass in San Gervasio einst das Heiligtum von Ixchel, der Göttin der Fruchtbarkeit, stand und die Stätte ein wichtiges Pilgerziel war, an dem Mayafrauen der Gottheit Ehre erweisen.

Aktivitäten

Zu den besten Tauchspots der Gegend gehören die Riffe in **Santa Rosa**, **Punta Sur** und **Colombia** sowie der **Palancar-Garten**. Die Preise variieren, aber generell kann man mit 950 Mex$ für einen Zwei-Flaschen-Tauchgang, 910 Mex$ für einen Einführungs-„Resort"-Kurs und 5460 Mex$ für eine PADI-Zertifikation im

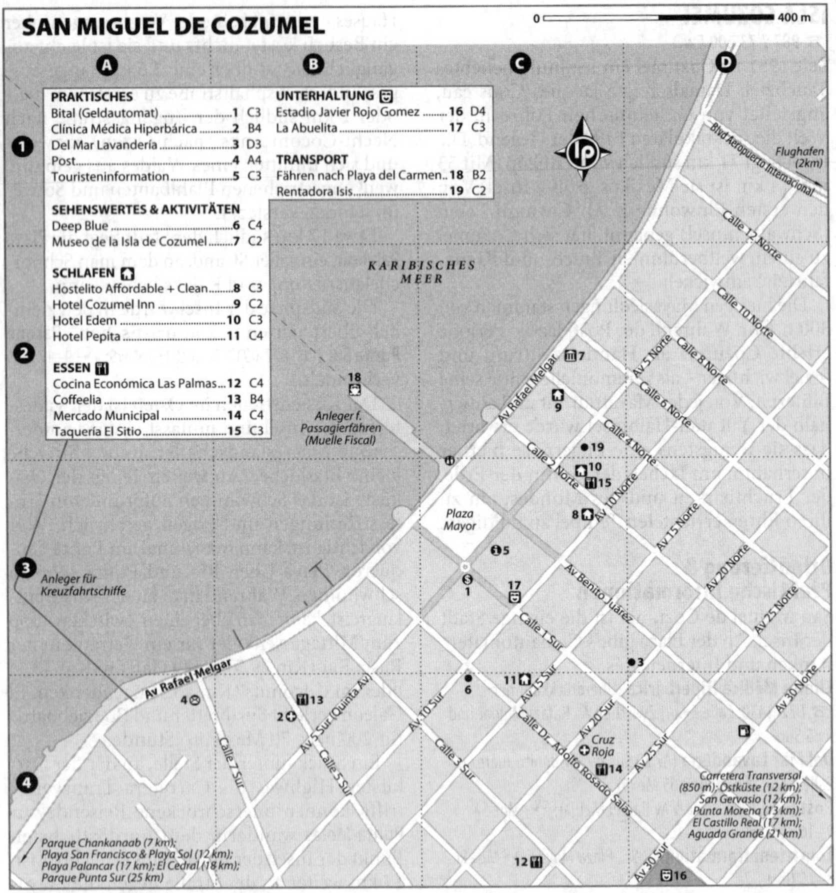

offenen Wasser rechnen. In Casitas und Dzul-Há kann man ganz gut **schnorcheln**. Schnorchler müssen 20 Mex$ Eintritt in den Park bezahlen. Die besten Schnorchelplätze sind nur mit dem Boot zu erreichen; eine Halbtagstour mit dem Boot kostet 400 bis 650 Mex$. Bei **Deep Blue** (☎ 872-5653; www.deepbluecozumel.com; Ecke Av 10 Sur & Calle Dr Adolfo Rosado Salas) kann man Tauch- und Schnorchelausflüge buchen.

Schlafen

LP Tipp **Hostelito Affordable + Clean** (☎ 869-8157; Av 10 Norte zw. Av Benito Juárez & Calle 2 Norte; www.hostelito.com; B 156 Mex$, DZ/4BZ 455/650 Mex$; ❄ 📶) Der Name sagt alles: Das Hostelito ist in der Tat erschwinglich und sauber. Oben warten eine großartige Terrasse, eine Küche, ein Gemeinschaftsbereich, ein Schlafsaal für vier bis sechs Personen und zwei Doppelzimmer.

Hotel Edem (☎ 872-1166; Calle 2 Norte No 124; EZ/DZ mit Ventilator 200/250 Mex$, DZ mit Klimaanlage 350 Mex$; ❄) Die Lage ist toll, die Preise fast zu schön, um wahr zu sein: Das Edem ist ein grandioses Schnäppchen. Es hat einen Springbrunnen voller Schildkröten und eine freundliche Siamkatze, und die knallharte *señora* hält die Türen nach 21 Uhr fest verschlossen.

Hotel Cozumel Inn (☎ 872-0314; mariocozumelinn@hotmail.com; Calle 4 Norte; EZ/DZ mit Ventilator 290/350 Mex$, DZ mit Klimaanlage 400 Mex$; ❄ 🏊) Ein grünes Gebäude mit 26 gut ausgestatteten Zimmern (gute Betten!) sowie einem kleinen Pool.

Hotel Pepita (☎ 872-0098; Av 15 Sur; Zi. 385 Mex$; ❄) Die Besitzerin, Maria Teresa, ist stolz auf ihre Arbeit, und das sieht man auch. Es ist das beste Budgethotel der Stadt: freundlich und mit ordentlichen Zimmern um einen Garten.

Essen

Die billigste Option sind die *loncherías* (Mittagessensstände) auf dem kleinen Markt neben dem Mercado Municipal in der Calle Dr Adolfo Rosado Salas zwischen den Avs 20 und 25 Sur.

Taquería El Sitio (Calle 2 Norte; Tacos & Tortas 15–30 Mex$; 7–13 Uhr) Hier gibt's fabelhafte Tacos und *tortas* (Sandwiches).

LP Tipp **Coffeelia** (☎ 872-7402; Calle 5 Sur; Frühstück 55–76 Mex$, Hauptgerichte 45–75 Mex$; Mo–Sa 7.30–23, So 8–13 Uhr; V) Eine tolle Art, den Tag zu beginnen oder ausklingen zu lassen: Hier bekommt man ein warmes Lächeln und köstliches Essen – und natürlich grandiosen Kaffee, u. a. Espresso. Donnerstag ist Geschichtenabend im hübschen Garten.

Cocina Económica Las Palmas (Ecke Calle 3 Sur & Av 25 Sur; Menü 55 Mex$; Mo–Sa 9.30–19 Uhr) Zum Mittagessen strömen die Einheimischen hierher. Auch wenn es hier heißer wird als im Hades, wird man die *chicharrones* (gebratene Schweinescharte) und Mayalieblingsgerichte wie *poc chuc* (langsam gebratenes Schwein) lieben.

Unterhaltung

Cozumels Nachtleben ist ruhig und eher dezent. Man kann erst mal auf der Plaza oder rund um den Anleger für Kreuzfahrtschiffe vorbeischauen.

Estadio Javier Rojo Gomez (Ecke Calle Dr. Adolfo Rosado Salas & Av 30 Sur) Veranstaltet Konzerte und *lucha-libre*-Kämpfe (Profi-Wrestling).

La Abuelita (Ecke Calle 1 Sur & Av 10 Sur) In der „Kleinen Großmutter" kann man mit den Einheimischen ein Gläschen kippen.

An- & Weiterreise

FLUGZEUG

Flüge aus Europa werden normalerweise über die USA oder Mexico City geleitet. Nähere Infos zu den Airlines gibt's auf S. 40.

SCHIFF/FÄHRE

Passagierfähren fahren von Playa del Carmen zur Isla Cozumel. Wer nicht mit dem Auto unterwegs ist, nimmt am besten die Personenfähre von **México Waterjets** (www.mexicowaterjets.com) oder **Ultramar** (www.granpuerto.com.mx). Beide Verbindungen kosten einfach 140 Mex$, und normalerweise fährt jede Stunde eine Passagierfähre nach und von Cozumel, je nach Saison. Die Fähren verkehren zwischen 6 Uhr und Mitternacht.

Unterwegs vor Ort

AUTO & MOTORROLLER

Die Leihwagenpreise beginnen bei 500 Mex$, alles inklusive. Die Preise für Motorroller und Motorräder schwanken zwischen 220 und 500 Mex$ pro Tag. **Rentadora Isis** (☎ 872-3367; Av 5 Norte) zwischen den Calles 2 und 4 Norte ist eine gute Anlaufstelle, aber man sollte unbedingt auch das Kleingedruckte lesen.

FAHRRAD

Ein Leihfahrrad kostet für einen ganzen Tag in der Regel 90 bis 160 Mex$ (je nach Saison). Einfach im Hotel nachfragen.

TAXI

Fahrten in der Stadt und Umgebung kosten 34 Mex$, in die Zona Hotelera 80 Mex$, und eine Tagestour über die Insel zwischen 700 und 1000 Mex$; für Gepäck muss man manchmal extra bezahlen.

TULUM

☎ 984 / 14 800 Ew.

Tulums spektakulärer Küstenstreifen, mit seinem Puderzuckersand, jadegrünem Wasser, angenehmen Brisen und entspannt-internationalem Flair, ist einer der besten Strände Mexikos. Wo sonst bekommt man all das und eine dramatisch gelegene Mayaruine obendrauf? Einen großen Haken gibt's allerdings: Das Stadtzentrum, in dem sich die wirklich günstigen Restaurants und Unterkünfte befinden, liegt direkt am Highway, sodass sich die Stadt eher wie eine LKW-Raststätte als ein tropisches Paradies anfühlt. Davon abgesehen, sind sowohl Cobán im Westen als auch die riesige Reserva de la Biosfera Sian Ka'an im Süden tolle Ziele für einen Tagesausflug.

Orientierung & Praktische Informationen

Das weitläufige Tulum besteht aus drei Teilen: der sich schnell entwickelnden Stadt, die von Bussen und *colectivos* angefahren wird, den Ruinen (ein paar Kilometer nördlich) und der Zona Hotelera (3 km östlich). Der Busbahnhof liegt im Süden. Am Strand sollte man immer auf seine Wertsachen achten. Ein Schloss mitbringen, wenn man in einem der schnörkellosen *cabañas* am Strand absteigen will!

In Tulum Pueblo gibt's Telmex-Telefonzellen, Cybercafés, viele Wechselstuben (eine mit Geldautomat), zwei **HSBC-Banken** (Mo–Sa 8–17 Uhr) und eine **Post** (Av Tulum; Mo–Fr 9–15.30 Uhr).

Sehenswertes & Aktivitäten

TULUM-RUINEN

Wenn man Mexikos meistbesuchte Mayastätte auf den brandungsumtosten Karibikklippen erblickt, kann man sich gut vorstellen, dass gewiss der eine oder andere postklassische Maya um eine Versetzung hierher gebeten hat. Heutzutage ist die Lage der relativ kleinen, mit einem Seil abgesperrten **Ruinen** (Eintritt 51 Mex$; 8–16.30 Uhr) wahrscheinlich eindrucksvoller als die Stätte selbst. Viele Besucher hasten förmlich hier durch, da dahinter ein Strand lockt. Für 20 Mex$ kann man mit einem Zug vom Eingang zum Kartenhäuschen fahren – oder einfach die 300 m zu Fuß gehen. Taxis aus der Stadt kosten 40 Mex$. Von der Nordseite der Zona Hotelera erreicht man einen weniger genutzten Fußgängereingang.

Man glaubt, Tulum sei während der postklassischen Hochzeit (1200–1521) eine wichtige Hafenstadt gewesen. Von den Spaniern getauft, bedeutet „Tulum" in der Sprache der Maya „Mauer". Ihr ursprünglicher Name war Zama, also „Morgendämmerung" – wer sich den Sonnenaufgang hier anschaut, versteht, warum. Tulum war etwa 75 Jahre nach der spanischen Eroberung eine der letzten antiken Städte Mexikos, die verlassen wurden.

Um die Ruinen zu erkunden, muss man am Kartenhäuschen vorbeigehen und die kompakte rechteckige Anlage in der Nordwestecke betreten. Richtung Osten kommt man nun am **Casa del Cenote** (Haus des Cenote) vorbei, das nach dem kleinen Teich an der Südseite benannt ist. Etwas oberhalb kann man über die gesamte Stätte blicken – gleich südlich liegt auf einem Felsvorsprung am Ufer der **Templo del Dios del Viento** (Tempel des Windgottes). Dahinter steht das größte Bauwerk, **El Castillo** (Die Burg), dessen *kukulcanes* (gefiederte Schlangen) im Tolteken-Stil Zeugnisse der postklassischen Periode sind. Gleich südlich befinden sich die Stufen, die zum Strand hinunterführen, und auf den Klippen darüber gibt's jede Menge tolle Postkartenmotive.

Westlich, ungefähr in der Mitte der Stätte, steht der interessante zweistöckige **Templo de Las Pinturas** (Gemälde-Tempel), den Reliefmasken und (auf der unzugänglichen Innenmauer) Wandgemälde zieren.

TAUCHEN & SCHNORCHELN

Das **Cenote Dive Center** (☎ 876-3285; www.cenotedive.com; Av Tulum) ist ein empfehlenswerter Anbieter, der auf geführte Höhlentauchtouren und Schnorchelausflüge zu Cenoten und Höhlen spezialisiert ist.

Schnorcheln und Schwimmen sind direkt am Strand möglich und ein echter Spaß – aber immer ein Auge auf den Bootsverkehr haben!

Kurse

8 km südlich der T-Kreuzung in der Zona Hotelera bietet **Ocho Tulum** (☎ 140-7870; www.mexicokantours.com) täglich Yoga-Kurse (200 Mex$) an. Man kann hier außerdem nach Kitesurf-Paketen fragen. Vierstündige Kurse kosten 3250 Mex$, für 7150 Mex$ gibt's zehn Stunden Unterricht.

Schlafen

TULUM PUEBLO

Die meisten Hotels der Stadt stellen ihren Gästen kostenlos Fahrräder zur Verfügung.

Weary Traveler (☎ 871-2390; www.wearytravelerhostel.com; Av Tulum; B 120 Mex$, Zi. 325 Mex$;) Beim Verlassen des Busbahnhofs nach rechts und dann einen Block geradeaus gehen – das Weary Traveler ist ein toller Ort, um Leute kennenzulernen. Und es ist für sein üppiges Frühstück bekannt.

Hotel El Crucero (☎ 871-2610; www.el-crucero.com; Crucero Ruinas; B mit Bad 130 Mex$, DZ mit Klimaanlage/Ventilator 585/390 Mex$;) In dem freundlichen Hotel fühlt man sich willkommen und gut umsorgt. Die Schlafsäle haben Bad und Schließfächer, die Zimmer mit Klimaanlage haben Themenmotive wie Mexican Mural, Jungle Room und Lizard Lounge.

Rancho Tranquilo (☎ 871-2784; Av Tulum s/n; B 150 Mex$, Zi. mit/ohne Bad 350/250 Mex$, Zi. mit Klimaanlage 600 Mex$;) Eine nette Alternative für alle, die nach einer hostelartigen Unterkunft suchen. Das Rancho Tranquilo bietet eine Mischung aus *cabañas*, Schlafsälen und Zimmern in einem entspannten, herrlich grünen und sehr gepflegten Garten.

Villa Matisse (☎ 871-2636; shuvinito@yahoo.com; Av Satelite No 19; DZ 650 Mex$;) Unkonventionelle Patchworkdecken verleihen den weißen, sauberen Zimmern des Matisse ein wenig Farbe.

ZONA HOTELERA

Hostel Maria Sabina (☎ 873-0113; ecohosteltulum@gmail.com; B 150 Mex$, cabaña ohne Bad 500 Mex$) 10 km südlich der T-Kreuzung befindet sich die beste Budgetoption in der Zona Hotelera. Sie hat zwei Schlafsäle und sechs private *cabañas*. Es gibt eine Gemeinschaftsküche und einen großen Cenoten direkt auf der Anlage, und man kann kostenlos die Kajaks, Schnorchelausrüstung und Fahrräder nutzen.

Cabañas Playa Condesa (Zi. mit/ohne Bad 550/300 Mex$) 1 km nördlich der T-Kreuzung liegt diese Gruppe von strohgedeckten *cabañas* – eine tolle Budgetalternative! Zu den schlichten Zimmern, die tatsächlich ziemlich sauber sind, bekommt man auch Moskitonetze (und die braucht man garantiert).

Zazil-kin (☎ 124-0082; www.hotelstulum.com; cabañas mit/ohne Bad 750/400 Mex$; ✱ ᯤ) Dieses beliebte Haus ist zehn Gehminuten von den Ruinen entfernt. Es hat ein Tauchcenter, einen Basketballplatz, ein Restaurant mit Bar/Disko und einen netten Streifen Sand.

Essen

Die hier aufgeführten Lokale sind alle in Tulum Pueblo. In der Zona Hotelera kann man in den Hotels gut essen. Zwei kleine Supermärkte bieten eine Alternative zum Essengehen: Stop'n'Go, 100 m östlich des Hwy 307 an der Straße nach Cobá, und Super Mar Caribe, vier Blocks nördlich des Busbahnhofs.

El Mariachi (Av Tulum zw. Orión & Centauro; Hauptgerichte 65–109 Mex$, Tacos 9 Mex$; 🕑 7–3 Uhr) Das bei Einheimischen und Touristen gleichermaßen beliebte Freiluft-Lokal serviert köstliche, langsam gebratene Schweinefleisch-*enchiladas* (gefüllte Teigtaschen), frischen gegrillten Fisch und so ziemlich jede Fleischsorte, die man sich vorstellen kann.

LP Tipp **Salsalito Taco Shop** (Orión zw. Avs Andromeda & Tulum; Hauptgerichte 79–125 Mex$, Tacos 20 Mex$) Das Lokal im *palapa*-Stil ist weit genug von der Hauptstraße entfernt, sodass man nicht ständig Abgase einatmet. Es bringt tolle Fisch- und Krabben-Tacos auf den Tisch, die mit jeder Menge Kraut und frisch gehackten Karotten obendrauf serviert werden.

La Nave (☎ 871-2592; Av Tulum; Hauptgerichte 80–160 Mex$; 🕑 Mo–Sa) Italienisches Freiluft-Restaurant über der Av Tulum. Es ist das ganze Jahr über gut gefüllt.

Ausgehen & Unterhaltung

Caribe Swing (Av Tulum) ist die Lieblingskneipe der Einheimischen. Im **Divino Paraíso** (Av Tulum) gibt's dienstagabends kostenlosen Salsa-Unterricht.

An- & Weiterreise

Wer aus Tulum abreist, kann an den Crucero Ruinas auf einen der Überlandbusse oder ein *colectivo* warten, die nach Playa del Carmen fahren.

Wer nach Valladolid möchte, sollte sichergehen, dass der Bus über die kurze Strecke durch Chemax und nicht über Cancún fährt. *Colectivos* fahren von der Av Tulum nach Playa del Carmen (35 Mex$, 45 Min.) und Punta Allen (14 Uhr).

Ziel	Preis (Mex$)	Dauer (Std.)
Cancún	82	2
Chetumal (nach Belize)	120–164	3½–4
Chichén Itzá	78–118	3½
Cobá	36	45 Min.
Mérida	194	4
Playa del Carmen	48	1
Valladolid	70	2

Unterwegs vor Ort

Abgesehen von den Shuttles, die die Hostels anbieten, gibt's keine *colectivos* zum Strand. Die Taxipreise sind fix und ziemlich niedrig: Eine Fahrt von einem der Taxistände in Tulum Pueblo (einer südlich des Busbahnhofs – hier hängen die Preise auch aus – und einer vier Blocks nördlich auf der anderen Straßenseite) zu den Ruinen kostet 40 Mex$. Die Preise zu den meisten hier genannten *cabañas* liegen zwischen 50 und 70 Mex$.

RUND UM TULUM

Gran Cenote

Etwas mehr als 3 km außerhalb von Tulum liegt an der Straße nach Cobá der **Gran Cenote** (Schnorcheln 100 Mex$), der sich für einen lohnenswerten Zwischenstopp von Tulum zu den Cobá-Ruinen anbietet. Ein Taxi aus Tulums Innenstadt kostet einfach etwa 60 Mex$, aber er ist auch leicht per Fahrrad zu erreichen.

Cobá

Die faszinierenden Cobá-**Ruinen** (Eintritt 51 Mex$; 🕑 8–17 Uhr) liegen tief im tropischen Urwald, 48 km nordwestlich von Tulum. Sie sind enger mit dem entfernten Tikal als mit Tulum oder Chichén Itzá verbunden. Cobá war eine Mayastadt aus der Klassischen Ära, zu Hochzeiten (800–1100) lebten hier 55 000 Mayas. Zahlreiche atemberaubende *sacbeob* (steingepflasterte Straßen) der Region führten hierher. Die längste erstreckt sich über 100 km bis nach Yaxuna in der Nähe von Chichén Itzá.

Der Name – vom Mayawort *koba* (das wahrscheinlich „gekräuselte Wasser“ bedeutet) – geht vermutlich auf die schilfigen, mit Krokodilen gefüllten Seen zurück.

Man sollte an den Toren sein, sobald sie öffnen, dann sieht man möglicherweise für die nächsten zwei Stunden keine Menschenseele. Nach 8 Uhr kann man für 30 Mex$ pro Tag Fahrräder ausleihen. Wer über die Urwaldpfade wandelt, sollte für die Stätte mindestens drei Stunden einplanen.

Nur ein paar der geschätzt 6500 Bauten wurden ausgegraben. Die vier Hauptgruppen liegen weit auseinander. Nach etwa 100 m erreicht man über den Hauptpfad die **Grupo Cobá** mit einer mächtigen Pyramide und Kraggewölbe-Passagen. Nach 500 m gabelt sich der Weg: Der linke Pfad führt zur Nohoch-Mul-Pyramide, der rechte zur Grupo Macanxoc. Beide Wege führen am **Conjunto Pinturas** (Gemäldesammlung) vorbei, der 100 m weiter liegt und aus einer Reihe von Stelen besteht.

Wenn die Zeit drängt, kann man die 500 m weiter gelegene **Grupo Macanxoc** auslassen (wo es ein paar erodierte Stelen mit Darstellungen von Frauen aus Tikal gibt), vorbei an der **Grupo Nohoch Mul** nach Nordosten gehen und dann rechts (nach Osten) zum halbkreisförmigen Xaibé-Bau abbiegen, an dem sich vier *sacbeob* treffen. Im Norden, hinter einigen weiteren Bauten, sieht man die 42 m hohe **Nohoch Mul** (Großer Mund), eine Pyramide, die man erklimmen kann, um über das Urwalddach zu schauen. Von hier sind es 1,5 km bzw. eine halbe Stunde zurück zum Eingangstor.

SCHLAFEN

Hotel y Restaurante El Bocadito (☎ 985-106-9822; Zi. mit Klimaanlage/Ventilator 350/150 Mex$; ⊠) Gleich nördlich der Laguna Cobá, am Ortseingang. Sehr schlichte Zimmer, alle mit eigenem Bad.

Hotelito Sac-bé (☎ 984-206-7140; Zi. mit Klimaanlage/Ventilator 450/350 Mex$; ⊠) Sauber und freundlich, gegenüber vom El Bocadito und etwa 100 m näher an der Hauptstraße aus der Stadt.

AN- & WEITERREISE

Die meisten Busse nach Cobá halten an El Bocadito, zehn Gehminuten (vorbei am See) von den Ruinen entfernt. Die Busse fahren dann nach Valladolid und Chichén Itzá weiter.

Reserva de la Biosfera Sian Ka'an

Über 5000 km² mit tropischem Urwald, Sumpfland, Mangroven und Inseln an Quintana Roos Küste wurden von der mexikanischen Regierung zu einem Biosphären-Schutzgebiet erklärt. 1987 nahm die UN es in ihre Weltkulturerbe-Liste auf.

10 km südlich von Tulum befindet sich das **Eingangstor** (Eintritt 23 Mex$) zum Schutzgebiet. Vom Tor führt ein kurzer Naturpfad zu einem eher uninteressanten Cenoten (Ben Ha).

Wenn man das Schutzgebiet auf dem Landweg über die Straße nach Punta Allen betritt, kommt man an den **Boca Paila Camps** (☎ 984-871-2499; www.cesiak.org; Zi. 1300–1500 Mex$) vorbei, wo man die Schildkrötenrettungsstation (325 Mex$) besuchen oder sich ein Kajak (425 Mex$) ausleihen kann. 1 km weiter südlich liegt das **Centro de Visitantes Reserva de la Biosfera Sian Ka'an**, das naturgeschichtliche Ausstellungen zeigt und einen Wachturm hat.

Am Ende der Straße liegt **Punta Allen** (40 km südlich von Tulum), das hauptsächlich für sein Catch-and-Release-Bonefishing bekannt ist; Tarpune und Snooks sind bei Sportfischern besonders beliebt. Eine einstündige Tour durch die Lagune inklusive Schildkröten, Vogelbeobachtung und kurzem Schnorcheln kostet 400 bis 600 Mex$. Im Hotel kann man sich über Touren informieren. In der Stadt gibt's weder Geldautomaten noch Internetcafés.

Am Ortseingang bietet das **Hotel Costa del Sol** (☎ 984-113-2639; Punta Allen; Zeltplatz 200 Mex$, Zi. 1130 Mex$) altmodische, ventilatorgekühlte Bungalows am Strand und ein entspanntes Flair. Das Restaurant ist recht anständig, und am Wochenende gibt's Karaoke-Abende.

ABSTECHER

Der Punta Laguna, 20 km nordwestlich von Cobá an der Straße nach Nuevo Xcan gelegen, ist ein recht großer See mit einer kleinen Maya-Gemeinde ganz in der Nähe. Eine **Touristenkooperative** (☎ 986-107-9187; www.puntalaguna.org) verlangt 50 Mex$ für den Eintritt zur Gegend rund um den See und etwa 25 Mex$ pro Stunde für geführte Touren. Der öffentliche Nahverkehr fährt nicht hierher.

Die Dörfer **Mahahual** und **Xcalak**, südlich von Tulum, sind verlockende Ziele für einen Strandausflug. Auf dem Weg nach Belize lohnt es sich auf jeden Fall, einen oder zwei Tage am Ufer der wunderschönen **Laguna Bacalar** zu verbringen.

UNTERWEGS NACH BELIZE

Reisende auf dem Weg nach Belize im Süden müssen in **Chetumal**, der Hauptstadt des Bundesstaates Quintana Roo, in einen anderen Bus steigen. Abgesehen vom bemerkenswerten **Museo de la Cultura Maya** (☎ 983-832-6838; Av Héroes; Eintritt 50 Mex$; ⏲ So–Do 9–19, Fr & Sa 9–20 Uhr), dem schlichtweg besten Museum zur Kultur der Maya, ist die Stadt eher „och, na ja". Das komfortable **Hotel Ucum** (☎ 983-832-0711/6186; Av Mahatma Gandhi 167; DZ mit Klimaanlage/Ventilator 380/200 Mex$; P) befindet sich ganz in der Nähe.

Von Chetumals **Hauptbusbahnhof** (nahe Avs Insurgentes & Belice) fahren häufig Busse nach Palenque und die Küste hinauf. Von hier gibt's regelmäßig Verbindungen nach Corozal (35 Mex$), Orange Walk (50 Mex$) und Belize-Stadt (105 Mex$), und fünf Busse fahren weiter nach Flores in Guatemala (300 Mex$). Vom Nuevo Mercado Lázaro Cárdenas fahren 2.-Klasse-Busse nach Belize.

Gibson Tours & Transfers (www.gibsonstoursandtransfers.com) verlangen 25 US$ bis zur Grenze und 50 US$ nach Corazal. Obwohl sie teurer sind als ein Bus, können ihre Taxis auf Fahrgäste warten und bei den Grenzformalitäten helfen.

Man sollte sich darauf einstellen, einen Beweis vorlegen zu müssen, dass man die „Nicht-Immigrationsgebühr" (s. Kasten S. 83) bezahlt hat, wenn man aus Mexiko ausreisen will. Nähere Informationen zu Grenzüberquerungen nach Mexiko von Belize stehen im Kasten auf S. 252.

AN- & WEITERREISE

Community Tours Sian Ka'an (☎ 984-871-2202; www.siankaantours.org; Av Tulum, Tulum) organisiert Touren von Tulum aus, die ihre Teilnehmer in der Zona Hotelera abholen. Die Trips kosten zwischen 910 und 1300 Mex$. Man kann das Schutzgebiet von Tulum auch mit dem **colectivo** (☎ 984-115-5580; Mex$200) erreichen: Täglich fährt eins um 14 Uhr im Zentrum Tulums ab und kommt etwa drei Stunden später an.

ALLGEMEINE INFORMATIONEN

AKTIVITÄTEN

Tauchen ist eines der großen Highlights in Yucatán: Vor der gesamten Küste von Quintana Roo, besonders vor der Isla Cozumel (S. 73), locken grandiose Tauchspots. Schnorcheln und Tauchen in den Cenoten zwischen Playa del Carmen (S. 70) und Tulum (S. 75) bringen ebenfalls viel Spaß – in Ek' Balam (s. Kasten S. 64) kann man sich in einen von ihnen abseilen lassen. Die Reserva de la Biosfera Sian Ka'an (S. 78) bietet sich für Kajaktouren an. Im Hochland lassen sich von San Cristóbal de las Casas (S. 41) aus schöne Radtouren organisieren.

BOTSCHAFTEN & KONSULATE

Viele Botschaften bzw. ihre konsularischen Abteilungen befinden sich in Mexico City; in Cancún sind verschiedene Konsulate zuhause, und auch in Mérida gibt's ein paar diplomatische Außenposten.

Belize (☎ 983-832-1934; Av San Salvador 566, Fraccionamiento Flamboyanes, Chetumal)

Deutschland (Karte S. 65; ☎ 998-884-1898; Punta Conoco 36, SM24, Cancún)

Guatemala Ciudad Hidalgo (☎ 962-698-0184; 9a Calle Oriente 9, Colonia San José); Comitán (☎ 963-110-6816; 1a Calle Sur Poniente 35); Tapachula (☎ 962-626-1252; 5a Norte 5)

Kuba Cancún (Karte S. 65; ☎ 998-884-3423; Pecari 17); Mérida (☎ 999-944-4215; Calle 1-D No 32, Colonia Campestre)

Österreich Cancún (☎ 998-884-1598; Punta Conoco 36); Mérida (☎ 999-925-6386; Colon Nr. 501-C)

USA Cancún (abseits Karte S. 65; ☎ 998-883-0272; 2. St., No 320-323, Plaza Caracol Dos, Blvr Kukulcán, Zona Hotelera); Mérida (abseits Karte S. 60; ☎ 999-942-5700; Calle 60 No 338-K, zw. Calles 29 & 31; Colonia Alcalá Martín)

BÜCHER

Wer nach Oaxaca, Mexico City oder weiter ins Landesinnere der Yucatán-Halbinsel reisen möchte, kann sich mit den Lonely Planets *Mexiko* (auf Deutsch) oder *Cancún, Cozumel & Yucatán* informieren.

ERMÄSSIGUNGEN

Mit dem ISIC-Studentenausweis, der IYTC-Karte für Reisende unter 26 Jahren und der ITIC-Karte für Lehrer bekommt man in studentischen oder Jugend-Reisebüros manchmal Ermäßigungen bei Flugtickets nach oder von Mexiko. Wer in Hostels absteigt, die Hostelling International (HI) angehören, spart pro Nacht etwa 10 Mex$.

ESSEN

Immer nach *comidas corridas* oder *comidas económicas* Ausschau halten – diese einfachen Menüs werden zum Mittagessen (und am Nachmittag) serviert, sind weit verbreitet und billig (30–50 Mex$). Sie bestehen in der Regel aus einer Suppe, einem Fleischgericht mit Reis, einem Getränk und einem Dessert. Die meisten Restaurants haben lange Öffnungszeiten, oft täglich von 7 bis 22 Uhr oder Mitternacht.

FEIERTAGE & FERIEN

Die wichtigsten Feiertage und Ferien sind die Zeit von Weihnachten bis Neujahr, die Semana Santa (sie umfasst die Woche vor Ostern und bis zu einer Woche danach) sowie Mitte Juli bis Mitte August. Weitere Feiertage:

Día de la Constitución (Tag der Verfassung; 5. Februar)
Día del Trabajo (Tag der Arbeit; 1. Mai)
Cinco de Mayo (5. Mai)
Día de la Independencia (Unabhängigkeitstag; 16. September)
Día de la Raza (Kolumbus-Tag; 12. Oktober)

FESTIVALS & EVENTS

Día de los Reyes Magos (Drei-Königs-Tag oder Erscheinungsfest) 6. Januar

Día de la Candelaría (Mariä Lichtmess) 2. Februar; erinnert an die Präsentation Jesu im Tempel 40 Tage nach seiner Geburt.

Carnaval Ein großes Fest, das der 40-tägigen Buße der Fastenzeit vorausgeht. Der Carnaval findet ungefähr in der letzten Woche vor Aschermittwoch statt (46 Tage vor Ostersonntag; Ende Februar oder Anfang März).

Semana Santa Die Heilige Woche (Beginn ist der Palmsonntag oder Domingo de Ramos) wird mit feierlichen Prozessionen in den Straßen abgehalten.

Día de la Independencia (Unabhängigkeitstag) Am 16. September, dem Jahrestag des Beginns des Mexikanischen Unabhängigkeitskrieges 1810.

Festival Cervantino Barroco San Cristóbal de Las Casas veranstaltet Ende Oktober oder Anfang November ein großes Kunstfestival.

Día de Todos los Santos (Allerheiligen) und **Día de los Muertos** (Tag der Toten) Am 1. und 2. November wird Mexikos charakteristischste Fiesta gefeiert.

Día de la Virgen de Guadalupe (Tag der Jungfrau von Guadalupe) Eine Woche oder mehr mit Feierlichkeiten in ganz Mexiko; sie erreicht am 12. Dezember ihren Höhepunkt, dem Tag zu Ehren jener Jungfrau, die 1531 einem eingeborenen Mexikaner namens Juan Diego erschien.

Posadas Vom 16. bis 24. Dezember finden an neun Nächten Kerzenlicht-Prozessionen statt, die die Reise von Maria und Josef nach Bethlehem nachstellen.

Día de Navidad (Weihnachten) 25. Dezember

FREIWILLIGENARBEIT

Freiwilligenarbeit ist eine tolle Möglichkeit, etwas zurückzugeben und von der Reise zu lernen. In den Schildkröten-Schutzstationen in Akumal und Xcacel-Xcacelito (s. Kasten S. 68) gibt's Freiwilligenprogramme. Auch an den Hostels und Sprachschulen vor Ort kann man sich über Möglichkeiten informieren. Für die meisten Programme muss man sich mindestens einen Monat verpflichten, und einige verlangen sehr hohe Gebühren.

GEFAHREN & ÄRGERNISSE

Trotz der oft alarmierenden Medienberichte und offiziellen Warnungen für Mexiko im Allgemeinen sind die Yucatán-Halbinsel und Chiapas nach wie vor sichere Reiseziele, und mit ganz wenigen Vorsichtsmaßnahmen lässt sich das Risiko für eventuelle Schwierigkeiten verringern. In Nachtbussen, am Strand und auf überfüllten Märkten sollte man immer besonders auf seine Habseligkeiten achten.

Man kann das Meer ausgelassen genießen, sollte sich jedoch an allen Stränden vor Strömungen in Acht nehmen. Frauen ohne männliche Begleitung, auch wenn sie zu zweit sind, sollten sich überlegen, ob sie unbedingt abgeschiedene Strände oder Urwaldgegenden besuchen wollen. Kokain und Marihuana sind in Mexiko weit verbreitet, und der Besitz kleiner Mengen zum persönlichen Gebrauch ist mittlerweile legal – trotzdem gibt's im Umfeld des Drogenhandels noch viel Gewalt, und am einfachsten vermeidet man Probleme damit, indem man Drogen meidet. Wer dabei erwischt wird, wie er illegale Drogen konsumiert oder transportiert, kann nicht mit der Hilfe seines Konsulats rechnen.

GELD

Ein mexikanischer Peso (Mex$) besteht aus 100 Centavos.

Am einfachsten bekommt man in Mexiko Pesos an den weithin verfügbaren Geldautomaten (*cajeros automáticos*), die die Systeme Cirrus und Plus nutzen. In Banken und in vielen *casas de cambio* (Wechselstuben) kann man Bargeld wechseln oder Reiseschecks einlösen. Normalerweise kann man Euro problemlos wechseln.

Nicht viele billige Unterkünfte oder Restaurants akzeptieren Kreditkarten, wohl aber die meisten Reisebüros, die Flugtickets verkaufen.

Mexikos *impuesto de valor agregado* (IVA; Mehrwertsteuer) liegt bei 15 %. Laut Gesetz muss die Steuer in allen angegeben Preisen bereits enthalten sein und darf nicht erst hinterher aufgeschlagen werden.

Auf der Yucatán-Halbinsel sind die Preise höher als in Chiapas. In den meisten Restaurants wird ein Trinkgeld in Höhe von 10 % erwartet, aber einige touristischere Ressortstädte erwarten die in den USA üblichen 15 %.

Wechselkurse

Die folgende Tabelle zeigt die Wechselkurse zum Zeitpunkt des Drucks dieses Buch

Land	Währung	Mex$
Eurozone	1 €	17,28
Schweiz	1 SFr	12,95
USA	1 US$	12,54

INTERNETZUGANG

Internetcafés sind in allen in diesem Kapitel aufgelisteten Orten leicht zu finden, außer in Punta Allen und an den entlegenen Ruinen. Surfen kostet zwischen 10 und 15 Mex$ pro Stunde.

KARTEN & STADTPLÄNE

Zu den besseren Regionalkarten gehören die detaillierte Karte *Yucatán Peninsula Travel Map* von **ITMB** (www.itmb.com) im Maßstab 1 : 500 000 sowie die gröbere Karte *Maya World* (60 Mex$) von **Guía Roji** (www.guiaroji.com.mx) im Maßstab 1 : 1 000 000, die die gesamte Halbinsel und Teile von Tabasco und Chiapas abdeckt. Eine gute Internetquelle ist **Maps of Mexico** (www.maps-of-mexico.com) mit detaillierten Karten aller Bundesstaaten.

KLIMA

Auf der Yucatán-Halbinsel und rund um Palenque ist es immer heiß. Während der Regenzeit von Mai bis Oktober wird die Luft schwül-heiß. Die Hurrikansaison dauert von Juni bis November, wobei die heftigsten Stürme zwischen Mitte August und Mitte September auftreten. Im Chiapas-Hochland sind die Temperaturen niedriger und schwanken das ganze Jahr zwischen 10 und 20 °C.

Klimatabellen gibt's auf S. 815.

ÖFFNUNGSZEITEN

Die meisten Läden, die sich an Einheimische (nicht an Touristen) richten, sind montags bis samstags von 9 bis 19 Uhr geöffnet, mit einer ein- bis zweistündigen Mittagspause. Touristische Geschäfte gönnen sich normalerweise keine Pause zur Siesta (auch nicht die Touristeninformationen).

POST

Postämter sind normalerweise von Montag bis Freitag und samstagvormittags geöffnet. Sie können Briefe auf der *lista de correos* (Verteilerliste) bis zu zehn Tage, postlagernd auch länger aufbewahren.

RECHTSFRAGEN

Das mexikanische Rechtssystem nimmt an, dass ein Angeklagter schuldig ist, bis seine Unschuld bewiesen wird. Wer verhaftet wird, hat das Recht, seine Botschaft oder sein Konsulat zu kontaktieren.

Wer auf Mexikos Straßen unterwegs ist, muss mit gelegentlichen Polizei- oder Militärkontrollen rechnen. Normalerweise suchen sie nach Drogen, Waffen oder illegalen Einwanderern.

SCHWULE & LESBEN

Cancún und Playa del Carmen sind die beliebtesten Ziele. Hier ein paar Websites mit schwulenfreundlichen Läden und anderen nützlichen Tipps:

www.aquiestamos.com Listen für Cancún.

www.gaymexico.net Über den Cancún-Link erhält man Infos zu einer Schwulenparade.

STUDIEREN

Spanische Sprachschulen sind in Mexiko teurer als im Rest Zentralamerikas. San Cristóbal de las Casas (S. 41) bietet die fortschrittlichste Sprachschule, aber auch in Playa del Carmen (S. 70) gibt's Schulen.

TELEFON

Ortsgespräche sind billig, aber Inlandsferngespräche und internationale Telefonate können ziemlich teuer sein, wenn man nicht aus einem der *casetas telefónicas* (oder *locutorios*; Telefonshops, in denen ein Vermittler die Verbindung für die Kunden herstellt) anruft, die internationale Gespräche zwischen 3 und 5 Mex$ pro Minute anbieten. Anrufe mit Voice Over Internet Protocol (VOIP), beispielsweise Skype, sind in vielen Internetcafés verfügbar, und man kann viel Geld mit ihnen sparen.

Die Ortsvorwahlen sind dreistellig, Telefonnummern siebenstellig. Um aus dem Ausland in Mexiko anzurufen, wählt man ☎ 0052 (Mexikos Landesvorwahl), gefolgt von der Ortsvorwahl und der siebenstelligen Nummer. Um von Mexiko ins Ausland zu telefonieren, muss man die ☎ 00 vorwählen, dann die Landesvorwahl gefolgt von der Ortsvorwahl und der Telefonnummer. Für Ferngespräche innerhalb Mexikos wählt man die ☎ 01, dann die dreistellige Ortsvorwahl und die Telefonnummer.

R-Gespräche sind sehr teuer. Für die mexikanische Inlandsvermittlung wählt man die ☎ 020, für die internationale Vermittlung die ☎ 090. Die Mexikanische Auskunft hat die Nummer ☎ 040.

Handys

Der in Mexiko am weitesten verbreitete Mobilfunkanbieter ist **Telcel** (www.telcel.com). Amigo-Karten, mit denen man Telcel-Telefone aufladen kann, sind an vielen Zeitungsständen und in kleinen Läden erhältlich.

Telefonkarten

Um ein Telmex-Kartentelefon benutzen zu können, braucht man die Telefonkarte *tarjeta Ladatel*. Sie wird überall an Kiosken und in Läden verkauft – einfach nach den blaugelben Schildern mit der Aufschrift „*De venta aquí Ladatel*" Ausschau halten.

Anrufe von Telmex-Kartentelefonen kosten 1 Mex$ pro Minute für Ortsgespräche, 4 Mex$ pro Minute für Ferngespräche innerhalb Mexikos, 5 Mex$ pro Minute in die USA, 10 Mex$ pro Minute innerhalb Zentralamerikas, 20 Mex$ pro Minute nach Europa.

TOILETTEN

Sie variieren zwar, sind aber eigentlich nie grauenvoll, und man zahlt in der Regel für das, was man bekommt (normalerweise 2 Mex$). Die Toiletten an Busbahnhöfen sind meistens recht sauber.

TOURISTENINFORMATION

„Touristeninformation" bedeutet vielerorts allein das Ausgeben von Broschüren (und vielleicht noch das Werben für Touren). Städtische und staatlich geführte Touristeninformationen gibt's in den meisten Städten; einige haben auch englisch sprechendes Personal, das allerdings nicht immer gleich hilfreich ist.

Zu den staatlich geführten Websites gehören die Folgenden:

Campeche (☎ 981-811-9229, 800-900-2267; www.campeche.travel)
Chiapas (☎ 961-617-0550, 800-280-3500; www.turismochiapas.gob.mx)
Quintana Roo (☎ 983-835-0860; http://sedetur.qroo.gob.mx)
Tabasco (☎ 993-316-3633, 800-216-0842; www.visitetabasco.com)
Yucatán (☎ 999-930-3760; www.mayayucatan.com)

UNTERKÜNFTE

Wem ein Schlafsaal reicht, sollte mit 100 bis 130 Mex$ pro Bett rechnen; „Privatsphäre" kostet in Quintana Roo (DZ 300–500 Mex$) mehr als im Rest der Yucatán-Halbinsel und in Chiapas (200–300 Mex$). In vielen billigen Unterkünften braucht man ein eigenes Handtuch und Seife; die meisten Hostels stellen Bettwäsche zur Verfügung, aber in vielen mangelt es an Moskitonetzen (aber nicht an Moskitos). Einige Unterkünfte am Strand und in Palenque verlangen 50 bis 100 Mex$ für einen Zelt- oder Hängemattenplatz. Die Unterkunftspreise unterliegen zweierlei Steuern: *impuesto de valor agregado* (IVA, die Mehrwertsteuer; 15 %) und *impuesto sobre hospedaje* (ISH, oder Unterkunftssteuer; 2 % in den meisten Bundesstaaten). Viele Budgetunterkünfte schlagen diese Steuern nur auf, wenn man eine Quittung verlangt.

Die in diesem Kapitel angegebenen Preise gelten für die Hochsaison, die meistens von Dezember bis März dauert und die Semana Santa und manchmal auch den Sommer (Juli & Aug.) einschließt.

VERANTWORTUNGSBEWUSST REISEN

Touristen richten an den Korallenriffen der Yucatán-Küste verheerende Schäden an. Einige umfangreich geförderte Strandparks, z. B. Xcaret (nicht in diesem Kapitel vertreten), werden für ihre Delfinshows und den Schaden, den sie dem Ökosystem zufügen, kritisiert.

Mayagemeinden sind nach wie vor stark von Traditionen geprägt. Man sollte beim Besuch solcher Gemeinden besonders aufmerksam sein; nie Fotos machen, wenn man keine ausdrückliche Erlaubnis hat, da dies als grobe Beleidigung aufgefasst wird! Auch die

Heiligenbilder in Kirchen, die von den Mayas extrem verehrt werden, darf man nicht fotografieren.

Dinge wie Hängematten, Kunsthandwerk oder Kaffee sollte man direkt an der Quelle oder in Läden kaufen, die die Hersteller repräsentieren.

VISA & DOKUMENTE

Staatsbürger der EU-Länder und der Schweiz brauchen zurzeit kein Visum, um als Tourist nach Mexiko einzureisen. Die Liste ändert sich jedoch; aktuelle Informationen gibt's bei der mexikanischen Botschaft oder beim Konsulat und unter www.lonelyplanet.com.

Bei der Einreise nach Mexiko müssen sich alle Touristen eine Touristenkarte (*forma migratoria para turista*; FMT) der mexikanischen Einwanderungsbehörde holen. Die Beamten tragen dort die Aufenthaltsdauer ein; auch wenn 180 Tage für alle Nationalitäten das Maximum sind, sollte man den Beamten sagen, wie lange man bleibt, da diese sonst manchmal weniger Tage eintragen als die Maximaldauer. Sollte dies passieren, lässt sich der Aufenthalt in einem Büro der Einwanderungsbehörde kostenlos auf das Maximum verlängern; eine Verlängerung darüber hinaus kostet ca. 200 Mex$. Wer seine Karte verliert, muss (angeblich) eine Strafe in Höhe von 420 Mex$ bezahlen.

Reisende unter 18 Jahren müssen manchmal eine beglaubigte Einverständniserklärung ihrer Eltern vorweisen. Die Beamten fragen jedoch seltener danach als das Flugpersonal beim Einsteigen. Wer unter 18 ist, sollte sich vor der Abreise bei einem mexikanischen Konsulat informieren.

SCHON DIE „NICHT-IMMIGRATIONS-GEBÜHR" BEZAHLT?

Auch wenn die Touristenkarte selbst kostenlos ausgegeben wird, muss man eine Touristengebühr in Höhe von 200 Mex$ entrichten. Sie wird *derecho para no inmigrante* (DNI; Nicht-Immigrationsgebühr) genannt und beim Verlassen des Landes erhoben. Wer auf dem Luftweg nach Mexiko reist, bezahlt die Gebühr bereits mit dem Flugticket. Wer auf dem Landweg ankommt, muss sie irgendwann bei einer Bank in Mexiko bezahlen, bevor er das Grenzgebiet bei der Ausreise aus Mexiko erneut betritt (oder bevor er am Flughafen eincheckt, wenn er Mexiko per Flugzeug verlässt).

ZOLL

Bei der Einreise nach Mexiko mit dem Flugzeug bestehen die normalen Formalitäten aus dem Ausfüllen einer Zollerklärung (auf der die zollfreien Einfuhrgrenzen aufgeführt sind), die man dann in einen Automaten steckt. Wenn das Licht am Automaten auf Grün schaltet, kann man ohne Durchsuchung einreisen, leuchtet es rot auf, wird das Gepäck überprüft.

Guatemala

Guatemala ist pure Magie. Wer sich für die Mayas, hohe Berge, quirlige Märkte oder viele andere Dinge begeistert, kann sich in dem Land verzaubern lassen. Nur ein paar Minuten die Straße runter kann eine ganz neue Welt mit neuen Herausforderungen und Überraschungen warten. Morgens surfen und nachmittags Spanisch lernen? Kein Problem! Von einem Vulkan runtersteigen, kurz duschen und zum Abendessen in die Sushi-Bar? Warum nicht? Einen Mayatempel besuchen und bei Sonnenuntergang in einer Hängematte am Strand schaukeln? Nichts leichter als das! Kein Wunder also, wenn man sich selbst ständig dabei erwischt, wie man sagt: „Das schauen wir uns beim nächsten Mal an!"

Sicher, Guatemala hat auch seine Probleme, doch die behält es weitgehend für sich (allerdings weiß man nie, was man findet, wenn man nach Ärger sucht). Mehr als zehn Jahre nach Ende des Bürgerkrieges ist es nicht mehr ganz das Furcht einflößende Land, für das es die besorgte Mutti zu Hause hält. Ein Reise hierher – einst voller Gefahren und Unannehmlichkeiten – ist heute weniger beschwerlich als einst. Man kann mehr oder weniger alles machen, wonach einem der Sinn steht … ach, wenn man nur mehr Zeit hätte!

KURZINFOS

- **Bevölkerung** 15 Mio.
- **Fläche** 108 890 km² (etwas größer als Island)
- **Geld** 1 US$ = 7,85 Guatemaltekische Quetzals (Q); 1 € = 10,95 Q; 1 SFr = 8,13 Q (US-Dollar werden überall akzeptiert)
- **Hauptstadt** Guatemala-Stadt
- **Jahreszeiten** Trockenzeit (Okt.–Mai), Regenzeit (Juni–Sept.)
- **Landesvorwahl** ☎ 502
- **Preise** Budget-Hotel in Guatemala-Stadt 11 €, Flasche Bier 1,5 €, dreistündige Busfahrt 2,30 €, Mittagsmenü 2,50 €
- **Reisekosten** 15–30 €/Tag

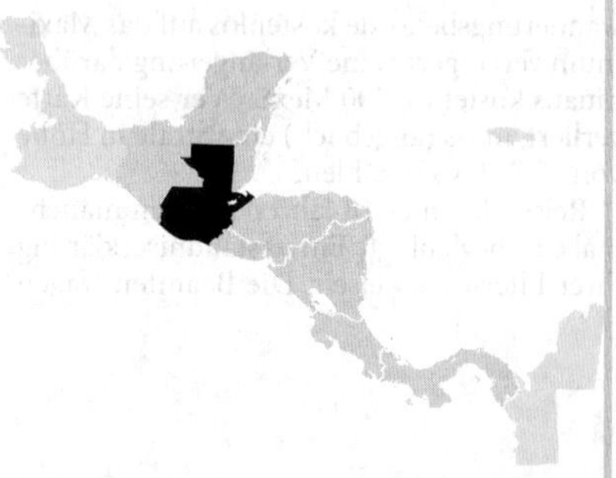

- **Sprachen** Spanisch, Maya
- **Zeit** MEZ –7 Std.

TIPPS FÜR UNTERWEGS

Wer mit leichtem Gepäck reist, kann den Rucksack mit in den Bus nehmen, und generell gilt: (Fast) alles ist verhandelbar.

VON LAND ZU LAND

Von Mexiko aus reist man über Ciudad Hidalgo/Tecún Umán oder Ciudad Cuauhtémoc/La Mesilla nach Guatemala ein, von El Salvador über Anguiatú, von Honduras über Agua Caliente und von Belize über Benque Viejo del Carmen.

HIGHLIGHTS

- **Tikal** (S. 223) Aus gutem Grund die beliebteste Touristenattraktion des Landes – daher: die Reisegruppen einfach ignorieren.
- **Antigua** (S. 113) Gut essen, trinken und schlafen, während man Spanisch lernt und nahe Guatemalas kosmopolitischster und malerischster Stadt auf Vulkane klettert.
- **Lívingston** (S. 207) In der Garífuna-Enklave in der Karibik eine andere Seite Guatemalas kennenlernen.
- **Semuc Champey** (S. 192) Herausfinden, warum dieser als der schönste Ort des ganzen Landes gilt.
- **Beste Route** (S. 201) Bei Lívingston auf dem Río Dulce eine spektakuläre Bootsfahrt durch einen von Urwald gesäumten Canyon machen.
- **Abseits der ausgetretenen Pfade** (S. 144) Das wunderhübsche, traditionelle See-Dörfchen San Juan La Laguna erkunden.

AKTUELLE ENTWICKLUNGEN

Ende 2007 wurde Álvaro Colom von der Mitte-Links-Partei Unidad Nacional de la Esperanza zum Präsidenten Guatemalas gewählt. Colom folgte Oscar Bergers Beispiel einer Politik der ruhigen Hand und pflegte einen behutsamen Regierungsstil. Die Infrastruktur des Landes verbesserte sich ganz entscheidend, obwohl immer wieder Anschuldigungen erhoben werden, die Coloms Mannschaft Deals hinter verschlossenen Türen und politische Günstlingswirtschaft vorwerfen.

Die Rosenberg-Affäre, der größte politische Skandal in Coloms Regierungszeit, hielt das Land über mehrere Monate in Atem: Im Mai 2009 wurde der Anwalt Rodrigo Rosenberg aus Guatemala-Stadt erschossen. Zwei Tage später tauchte eine vor seinem Tod aufgezeichnete Videobotschaft auf. Sollte er ermordet werden, dann weil er Beweise habe, die Präsident Colom und seine Regierung in einem Korruptionsskandal belasteten.

Das Video wurde weltweit gezeigt. Die Oppositionsparteien reagierten schnell und riefen zu Massendemonstrationen auf, in denen sie Coloms Rücktritt forderten. Doch nun wurde es erst richtig merkwürdig: Zunächst kam ans Licht, dass Rosenbergs Freunde und Cousins hinter dem Attentat steckten, dann behaupteten die Ermittler, der depressive und verzweifelte Rosenberg selbst habe seine Ermordung in Auftrag gegeben. Auch wenn viele, die aus dem Ereignis politischen Nutzen ziehen wollen, diese Ermittlungsergebnisse anzweifeln, ist der Fall mittlerweile weitgehend aus dem öffentlichen Interesse verschwunden.

Top-Thema in Guatemala ist die innere Sicherheit. Schätzungen zufolge werden nur 5 % der Morde im ganzen Lande strafrechtlich verfolgt. Täglich berichten die Zeitungen von zehn und mehr Mordopfern allein in Guatemala-Stadt. Der *Prensa Libre* zufolge hat sich die Zahl der Entführungen pro Jahr im letzten Jahrzehnt verfünffacht, die jährliche Mordrate ist von 2904 auf 6498 geradezu explodiert. Die Polizei ist notorisch unterbesetzt und unterfinanziert und reibt sich im Kampf gegen die zunehmende Kriminalität auf – da ist es nicht besonders hilfreich, dass sich in den letzten zehn Jahren 14 Polizeidirektoren die Klinke in die Hand gaben, von denen noch dazu einer beschuldigt wurde, 300 000 US$ bei einer Kokain-Razzia unterschlagen zu haben.

Gewalt gegen Frauen ist seit längerer Zeit ein Problem in Guatemala. Zwar hat der Kongress 2008 härtere Strafen für Frauenmorde verabschiedet, Kritiker halten das Gesetz jedoch in einem Land, in dem so viele Morde unaufgeklärt bleiben, für vollkommen wirkungslos.

Doch die Menschenrechtler haben in den vergangenen Jahren auch einige Siege errungen, indem sie Bürgerkriegsverbrecher vor Gericht brachten. So wurde beispielsweise der ehemalige Oberst Marco Antonio Sánchez Samayoa für seine Mitschuld an der Ermordung von acht Bauern im Jahr 1981 zu 53 Jahren Haft verurteilt. Und zur Zeit der Recherche sah es so aus, als würde auch der ehemalige Präsident Portillo seine gerechte Strafe erhalten – nachdem er der Strafverfolgung jahrelang entkommen war, erhoben schließlich die USA gegen ihn Anklage wegen

GUATEMALA

GUATEMALA

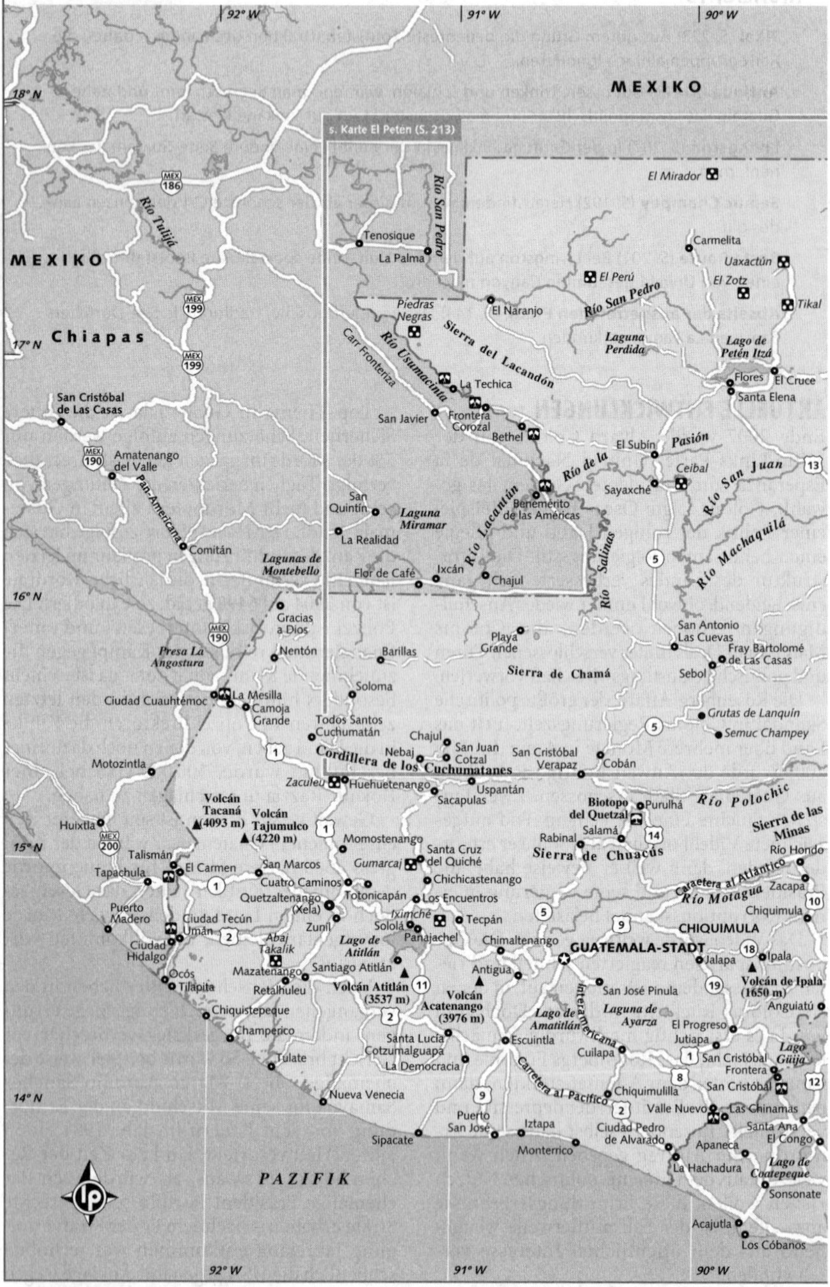

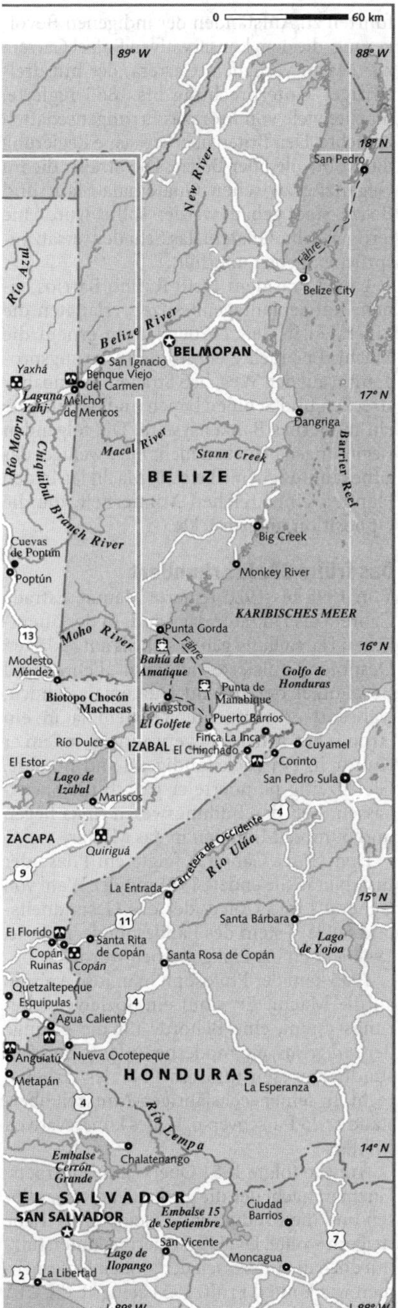

Geldwäsche über US-Banken, und es hat den Anschein, als müsse er sich tatsächlich vor einem Gericht verantworten.

GESCHICHTE

Forscher nehmen an, dass Menschen das heutige Guatemala frühestens 11 000 v. Chr. besiedelten. Der vorherrschenden Theorie zufolge wanderten die ersten Siedler über die damals existierende Landbrücke zwischen Sibirien und Alaska auf den amerikanischen Kontinent ein. Als ihre traditionellen Nahrungsquellen – Mammuts, Nüsse und Wildbeeren – langsam versiegten, wurden die frühen Bewohner Guatemalas sesshaft, bauten Mais, Bohnen, Tomaten und Chilis an und züchteten Truthähne und Hunde für den Sonntagsbraten. Die sicherere Versorgung führte zu einem Bevölkerungswachstum, landwirtschaftlichen Innovationen sowie der Entwicklung früher Kunstformen und einer Sprache, die als Basis zahlreicher heute noch gesprochener Mayasprachen gilt.

Für Maya-Astronomen begann das heutige Zeitalter im Jahr 3114 v. Chr. Archäologen datieren die Geburt der Maya-Zivilisation (die vorklassische Periode) auf ca. 2000 v. Chr.

Aufstieg & Untergang der Maya

Dank weiterer Fortschritte in den Anbaumethoden und eines anhaltenden Bevölkerungswachstums besaßen diese frühen Zivilisationen die Zeit und die Ressourcen, um künstlerische und architektonische Fertigkeiten zu entwickeln.

Zwischen 800 v. Chr. und 100 n. Chr. entstanden Siedlungszentren wie El Mirador in El Petén und auch Kaminaljuyú wurde durch Handel und Eroberungen immer größer, sodass Hunderte, wenn nicht Tausende Tempel und zeremonielle Zentren gebaut wurden – viele schlummern immer noch unentdeckt unter der Erde. Tikal, Guatemalas berühmteste Mayastätte, entstand zu Beginn der klassischen Periode um 250 n. Chr.

Die Entwicklung dieser und vieler anderer Stadtstaaten ging bestenfalls holprig vonstatten und war von nicht eingehaltenen Militärbündnissen, Nahrungsmangel und Dürren gekennzeichnet. Eines der besten, nicht allzu wissenschaftlichen Bücher zu dieser Epoche ist Nikolai Grubes reich bebildertes *Maya: Gottkönige im Regenwald*.

Als die Spanier sich anschickten, die Neue Welt zu erobern, war die Mayazivilisation bereits im Niedergang. Einige Zentren wie El Mirador waren bereits verlassen, während andere wie Tikal oder Quiriguá das Dasein kleiner unbedeutender Städte fristeten. Verschiedene Theorien legen nahe, dass unzählige Bewohner El Petén verließen und ins Hochland zogen, wo sie große Städte wie K'umarcaaj (Gumarcaj), Iximché, Zaculeu und Mixco Viejo gründeten.

Diese neue Heimat brachte ihnen jedoch keinen Frieden – schon bald folgten ihnen toltekische Stämme aus Yucatán und übernahmen nach und nach die Kontrolle. Kämpfe zwischen einzelnen Stämmen sowie die Überbevölkerung und die daraus resultierende Nahrungsknappheit bereiteten den Boden für die Eroberungen der Spanier, die 1523 ins heutige Guatemala vordrangen.

Eroberung & Kolonialisierung

Die Spanier sind aber nicht einfach so einmarschiert. Sie trafen auf energischen Widerstand, hauptsächlich von den Quiché (in einer berühmten Schlacht wurden sie nahe dem heutigen Quetzaltenango von Tecún Umán angeführt). In einer weiteren traurigen Episode in Guatemalas Geschichte weigerten sich die benachbarten Cakchiquel nicht nur, ihre Kräfte mit den Quiché zu vereinen, sie verbündeten sich sogar mit den Spaniern und kämpften gegen ihre Landsleute.

Es dauerte jedoch nicht lange, bis die Spanier auch die Cakchiquel in die Knie gezwungen hatten und schon bald befand sich der Großteil des einstigen Mayaterritoriums unter spanischer Kontrolle. Die Ausnahme bildeten die Rabinal, die ihre Kultur bis heute größtenteils bewahren konnten, und die Itzáes, die sich weit weg auf der erst 1697 eroberten Insel Flores in El Petén versteckten.

Das 19. Jahrhundert

Während der kurzen Existenz der Zentralamerikanischen Konföderation brachte der liberale Präsident Francisco Morazán (1830–1839) Reformen auf den Weg, die drei dauerhafte Probleme beheben sollten: die Übermacht der Kirche, die Teilung der Gesellschaft in eine hispanische Ober- und eine indigene Unterschicht und die Bedeutungslosigkeit der Region auf den Weltmärkten. Doch die Konföderation zerbrach und Guatemala erlangte 1839 die Eigenstaatlichkeit

Eine unpopuläre Wirtschaftspolitik, hohe Steuern und die Cholera-Epidemie von 1837 führten zu Aufständen der indigenen Bevölkerung, die dem konservativen Rafael Carrera zur Macht verhalfen. Carrera, der mit dreijähriger Unterbrechung bis 1865 regierte, machte viele von Morazás Errungenschaften zunichte. Den Briten überließ seine Regierung die Kontrolle über Belize. Die Straße, die im Gegenzug zwischen Guatemala-Stadt und Belize-Stadt gebaut werden sollte, wurde nie fertiggestellt, Guatemalas Schadensersatzansprüche blieben unerfüllt.

Unter Präsident Justo Rufino Barrios, einem Kaffeeplantagenbesitzer, erlangten die Liberalen in den 1870er-Jahren erneut die Macht. Er brachte ein Modernisierungsprogramm auf den Weg, ließ Straßen, Eisenbahnstrecken und Schulen bauen und begründete ein modernes Bankensystem. Die folgenden Regierungen behielten mehr oder weniger das altbekannte Schema bei: Die Macht lag in den Händen einer reichen Minderheit, die die Opposition unterdrückte.

Das frühe 20. Jahrhundert

Von 1898 bis 1920 regierte Manuel Estrada Cabrera als Diktator das Land. In der öffentlichen Darstellung gab er sich als aufgeklärten Despoten, stilisierte sich zum „Lehrer und Beschützer der Jugend Guatemalas" hoch, während er versuchte, Guatemala in ein „tropisches Athen" zu verwandeln, indem er Kultur in ein rückständiges Land brachte. Gleichzeitig plünderte er jedoch die Staatskassen, ließ das Bildungswesen links liegen und pumpte Millionen in das Militär.

Dem Sturz Cabreras folgte ein Phase der Instabilität. Sie endete 1931 mit der Wahl von General Jorge Ubico, der das Gesundheits- und Sozialsystem des Landes modernisierte, 1944 jedoch ins Exil getrieben wurde.

1945 kam der Philosoph Juan José Arévalo an die Macht. Er schuf ein Sozialversicherungssystem, eine Behörde für die Belange der *indígenas*, ein modernes öffentliches Gesundheitswesen und ein liberales Arbeitsrecht. In seiner sechsjährigen Amtszeit überstand er 25 Putschversuche des konservativen Militärs.

Arévalo folgte 1951 Oberst Jacobo Arbenz Guzmán nach, der die großen Farmen auflösen und die Produktivität kleinerer Betriebe steigern wollte. Die US-Regierung unterstützte jedoch die Interessen der großen Unternehmen wie United Fruit. 1954 steuerte die CIA schließlich bei einer der ersten dokumentierten verdeckten Operationen dieser Art eine Invasion von Honduras aus, die von zwei im Exil lebenden Militäroffizieren aus Guatemala geleitet wurde. Arbenz wurde zum Rücktritt gezwungen, seine Landreform wurde nie umgesetzt. Es folgten Gewalt, Unterdrückung und Enteignungen, die zur Bildung linksradikaler Guerillagruppen führten und neue Konflikte entfachten.

Bürgerkrieg

In den 1960er- und 1970er-Jahren wuchs das wirtschaftliche Ungleichgewicht. Während die Gewerkschaftsbewegung aufkeimte, erreichten die Repressionen neue Dimensionen. Amnesty International schätzt, dass während der politischen Unruhen der 1970er-Jahre 50 000 bis 60 000 Guatemalteken getötet wurden. Darüber hinaus forderte 1976 ein Erdbeben 22 000 Todesopfer und machte rund 1 Mio. Menschen obdachlos.

1982 verfolgte General José Efraín Ríos Montt, durch einen Putsch an die Macht gelangt, eine erbarmungslose Politik der „verbrannten Erde"; es wird davon ausgegangen, dass das Militär über 400 Dörfer auslöschte. Ríos Montt, ein evangelikaler Christ, schrieb sich die Niederschlagung der Aufstände, die Stabilisierung des Landes und den Antikommunismus auf die Fahnen. Geschätzte 15 000 Menschen, meist Mayamänner, wurden gefoltert und massakriert; 100 000 Flüchtlinge flohen nach Mexiko. Als Antwort schlossen sich vier Guerilla-Organisationen zur URNG („Revolutionäre Nationale Einheit Guatemalas") zusammen.

Im August 1983 wurde Ríos Montt durch einen von General Oscar Humberto Mejía Victores geführten Putsch gestürzt, doch die Menschenrechte wurden auch in der Folge mit Füßen getreten. Schätzungen zufolge ereigneten sich in dieser Zeit jeden Monat über 100 politische Attentate und 40 Entführungen. Nachdem die USA ihre militärische Hilfe eingestellt hatten, gewann 1985 der Zivilist und Christdemokrat Marco Vinicio Cerezo Arévalo die Wahl – jedoch erst, nachdem sich das Militär Immunität vor strafrechtlichen Verfolgungen und die Kontrolle über die ländlichen Gegenden gesichert hatte.

Die 1990er-Jahre

1990 wurde Cerezo Arévalo von Jorge Serrano Elías abgelöst, der die Gespräche mit der URNG wieder aufnahm. Die Verhandlungen scheiterten jedoch, Serranos Popularität sank und er musste sich zunehmend auf die Unterstützung der Armee verlassen. Am 25. Mai 1993 führte Serrano einen *autogolpe* (Selbstputsch) durch, setzte die Verfassung aus und regierte per Dekret. Obwohl er vom Militär gestützt wurde, war der Staatsstreich letztlich erfolglos. Serrano wurde ins Exil gezwungen und der Kongress wählte Ramiro de León Carpio, einen offenen Kritiker der Armee, an die Macht, der Serranos Amtszeit endgültig besiegelte.

Im März 1995 setzten die USA ihre Hilfe erneut aus, nachdem die Regierung sich weigerte, die Ermordung bzw. das Verschwinden amerikanischer Staatsbürger in Guatemala zu untersuchen. Zu diesen Fällen gehörte auch der Mord an Michael Devine und dem URNG-Führer Efraín Bámaca Velásquez (dessen Frau, die amerikanische Anwältin Jennifer Harbury, hatte nach seinem Verschwinden 1992 Proteste initiiert). Man fand schließlich heraus, dass er ermordet worden war.

Die Unterzeichnung des Friedensabkommens

1996 wurde Álvaro Enrique Arzú Irigoyen von der Mitte-Rechts-Partei PAN (Partido de Avanzada Nacional) zum Staatspräsidenten gewählt. Im Dezember unterzeichnete er ein Friedensabkommen mit der URNG, das den 36-jährigen Bürgerkrieg beendete – einen Krieg, in dem geschätzte 200 000 Guatemalteken getötet und 1 Mio. Menschen obdachlos wurden und in dem unzählige Tausend „verschwanden".

Das Abkommen sah vor, die Menschenrechtsverletzungen durch die Militärs aufzuklären und 1 Mio. Flüchtlinge wieder in ihre Heimat zurückzuholen. Es griff darüber hinaus Probleme wie die Identität und die Rechte der *indígenas* auf, das Gesundheitswesen, die Bildung und andere staatliche Sozialleistungen, die Rechte der Frauen, die Abschaffung des Militärdienstes und die Wiedereingliederung ehemaliger Guerillas in die Zivilgesellschaft.

Seit Ende des Krieges ist das Land einen steinigen Weg gegangen. Bischoff Juan Gerardi, Leiter des Menschenrechtsbüros des Erzbischofs von Guatemala (Odhag), wurde 1998 vor seinem Haus zu Tode geprügelt. Im Mai 1999 gaben nur mickrige 18 % der Bevölkerung bei einem Referendum ihre Stimme ab, in dem es um die Frage ging, ob für den Friedensprozess notwendige Verfassungsreformen umgesetzt werden sollten. Und die Mehrheit der Wähler war gegen die Reformen – der Prozess kam zum Stillstand.

Die größte Herausforderung für den Frieden stellen die Ungerechtigkeiten in den Machtstrukturen dar. Schätzungsweise 70 % des urbaren Landes sind im Besitz von nur 3 % der Bevölkerung. Laut eines UN-Berichts verfügen die oberen 20 % der Bevölkerung über ein Einkommen, das 30-mal größer ist als das der unteren 20 %. Oder, wie es auch die meisten Guatemalteken ausdrücken: Es gibt sieben Familien, denen Guatemala „gehört".

Guatemala im 21. Jahrhundert

In den Jahren seit 1996 scheinen sich sämtliche Hoffnungen für eine wahrhaft gerechte und demokratische Gesellschaft als immer zerbrechlicher zu erweisen. Während internationale Organisationen, vom Europaparlament bis zur Interamerikanischen Kommission für Menschenrechte (IACHR), die Menschrechtslage im Land regelmäßig kritisieren, werden guatemaltekische Menschenrechtler immer wieder bedroht oder verschwinden einfach, und das erschreckend regelmäßig. Nach wie vor weit von einer Lösung entfernt sind die größten Probleme des Landes: Armut, Analphabetismus und ein mangelhaftes Bildungs- und Gesundheitswesen (in ländlichen Gegenden, in denen überproportional Mayas leben, sind diese noch deutlich ausgeprägter).

Die Präsidentschaftswahlen im Jahr 1999 gewann Alfonso Portillo von der konservativen Frente Republicano Guatemalteco (FRG). Portillo wurde als Frontmann des FRG-Führers Efraín Ríos Montt angesehen. Die Antikorruptions-Anwältin Karen Fischer floh 2003 aus dem Land; zuvor hatte sie Drohungen erhalten, weil sie panamaische Bankkonten untersuchte, die angeblich von Präsident Portillo eröffnet worden waren. Am Ende seiner Präsidentschaft floh auch Portillo aus dem Land, als Anschuldigungen gegen ihn erhoben wurden, er habe 500 Mio. US$ aus der Staatskasse auf eigene Konten und Konten von Familienangehörigen verschoben.

Die Zeitung *El Periódico* publizierte 2003 einen Artikel, demzufolge eine „parallele Machtstruktur" um Ríos Montt Guatemala de facto aus dem Hintergrund regiert habe, seit er 20 Jahre zuvor aus dem Präsidentenamt gedrängt worden war. Nur wenige Tage später griff eine zwölfköpfige bewaffnete Gang den Herausgeber der Zeitung und dessen Familie an. Nur ein paar Tage später erlaubte das guatemaltekische Verfassungsgericht Ríos Montt, bei der Wahl 2003 anzutreten, obwohl die Verfassung dies Expräsidenten verbietet, wenn sie bereits in der Vergangenheit durch einen Putsch an die Macht gekommen sind – wie auch Ríos Montt 1982.

Am Ende bescherten die guatemaltekischen Wähler Ríos Montt eine saftige Niederlage und wählten Oscar Berger von der gemäßigt-konservativen Gran Alianza Nacional zum Präsidenten. Berger gelang es, von politischen Skandalen relativ unbeschadet zu bleiben – Kritiker behaupten allerdings, dies habe allein an seiner Untätigkeit gelegen.

Im Oktober 2005 traf der Wirbelsturm Stan das Land, verursachte furchtbare Zerstörungen und forderte zahlreiche Menschenleben. Die Infrastruktur des Landes, die ohnehin nie besonders gut gewesen war, wurde nahezu vollständig vernichtet: Straßen und ganze Dörfer wurden durch Erdrutsche begraben, Brücken, die Stromversorgung und Telefonleitungen zerstört.

2006 ratifiziert Guatemala das Cafta (Central America Free Trade Agreement, auf Spanisch *Tratado de Libre Comercio*, TLC). Befürworter meinen, es mache das Land fit für den internationalen Wettbewerb, während Gegner warnen, das Abkommen sei ein schlechtes Geschäft für die ohnehin gebeutelte, verarmte Landbevölkerung.

KULTUR

Mentalität

Wer zum ersten Mal nach Guatemala kommt, ist erstaunt, wie hilfsbereit, höflich und gelassen die Guatemalteken sind. Jeder hat Zeit, kurz ein Päuschen zu machen, ein Schwätzchen zu halten und einem zu erklären, was man wissen möchte. Die meisten Guatemalteken lernen andere Menschen lieber in aller Ruhe kennen und finden heraus, welche Gemeinsamkeiten sie haben bzw. welche Ansichten sie teilen.

Was sich hinter dieser höflichen Fassade abspielt, ist schwieriger zu fassen. Nur wenige Guatemalteken scheinen den Stress, die Sorgen und die Hektik einer „modernen" Gesellschaft zu kennen, was aber ganz offensichtlich nicht daran liegt, dass sie sich nicht um Geld oder Arbeit sorgen müssen. Dieses Volk leidet seit langer Zeit und hat die Hoffnung auf

Wohlstand und eine vernünftige Regierung aufgegeben – die Menschen hier machen das Beste aus dem, was sie haben: Freundschaft, Familie, gutes Essen und etwas nette Gesellschaft.

Nach außen hin scheinen die Familienbande stark zu sein, bei etwas genauerem Hinsehen stellt man aber fest, dass der wahre Grund für das Zusammenleben dreier Generationen in einem Haus eher wirtschaftlicher Natur ist und nicht zwangsläufig etwas mit gegenseitiger Zuneigung zu tun hat.

Die Guatemalteken sind ein religiöses Volk, Agnostiker und Atheisten sind nur sehr spärlich gesät. Man wird oft schon zu Beginn einer Unterhaltung gefragt, welcher Religion man angehört. Wer keine Lust auf eine derartige Diskussion verspürt, kann sein Gegenüber mit der Antwort „Ich bin Christ" in der Regel zufriedenstellen. Der katholisch-orthodoxe Glaube weicht unter den *ladinos* (Menschen gemischter, also indigener und europäischer Abstammung) immer mehr dem evangelikalen Protestantismus, während der animistisch-katholische Synkretismus der Mayas stets gegenwärtig ist (s. S. 92).

Manch Beobachter meint, Guatemala habe keine Mittelschicht, sondern nur eine herrschende und eine ausgebeutete Klasse. Tatächlich wird Guatemala von einer kleinen, reichen *ladino*-Elite regiert, deren wichtigstes Ziel es zu sein scheint, ihren Wohlstand und ihre Macht um nahezu jeden Preis zu erhalten. Auf der anderen Seite des gesellschaftlichen Spektrums finden sich indigene Mayas wieder, die mehr als die Hälfte der Gesamtbevölkerung ausmachen, in der Regel arm, schlecht ausgebildet und schlecht versorgt sind und von der herrschenden Elite stets eine untergeordnete Rolle zugedacht bekamen.

Neben diesen beiden Gruppen existiert auch eine große Gruppe *ladinos* aus der Unter- und Mittelschicht, deren Sehnsüchte durch ihre Bildung, das Fernsehen, internationale Popmusik und den USA (wo viele Guatemalteken eigene Erfahrungen als Gastarbeiter gemacht haben) geprägt werden – und möglicherweise vom liberalen Gedankengut sozialer Gleichheit und Toleranz. Zu dieser Schicht gehört auch die Bohème der Studenten und Künstler, die Ziele und Ansichten mit der Gruppe der gebildeten, nach vorne blickenden Mayas teilen und vielleicht am ehesten gewillt und auch in der Lage sind, eine gerechtere Gesellschaft zu verwirklichen.

Lebensart

Die meisten Guatemalteken leben in Ziegel- oder Betonhäusern mit nur einem Zimmer oder in den traditionellen *bajareques* (s. Architektur, S. 93) mit Blech-, Ziegel- oder Strohdach. Die Häuser haben einen Boden aus Erde, einen Ofen oder eine Feuerstelle und eine minimale Einrichtung – oft nicht mehr als ein paar karge Betten und ein paar Töpfe. So lebt der Großteil der indigenen Bevölkerungsmehrheit, egal ob auf dem Land, in Dörfern oder in der Stadt.

Die wenigen wohlhabenderen *indígenas* und die meisten *ladino*-Familien haben größere Häuser in den Städten und größeren Dörfern, die aber ebenfalls selten aus viel mehr als ein oder zwei Zimmern und einer Küche bestehen, die gleichzeitig als Wohnzimmer dient. Familien der Mittelschicht in den reicheren Vororten von Guatemala-Stadt leben in großzügigen ein- oder zweistöckigen Häusern mit Garten. Die kleine Elite besitzt sowohl ländliche Anwesen als auch Immobilien in der Stadt, z. B. ein komfortables Gehöft am Pazifikgürtel oder eine Villa direkt am Meer bzw. in Küstennähe.

Trotz moderner Einflüsse sind die traditionellen Familienbande nach wie vor sehr stark. Die erweiterte Verwandtschaft trifft sich am Wochenende zum Essen oder für gemeinsame Unternehmungen. Auch altmodische Geschlechterrollen sind weit verbreitet: Viele Frauen haben zwar einen Job, um das Familieneinkommen aufzustocken, aber nur wenige bekleiden höhere Positionen. Homosexuelle wagen sich nur selten aus der Deckung: Lediglich in Guatemala-Stadt gibt's so etwas wie eine offene Szene, die allerdings fast ausschließlich homosexuellen Männern vorbehalten ist.

Wer durch Guatemala reist, bekommt Einblick in einen weit größeren Bevölkerungsquerschnitt, als ihn die meisten Guatemalteken, deren Leben in relativ engen Bahnen verläuft, selbst je erleben. Die Einheimischen, mit denen man sich unterwegs unterhält, haben meistens häufiger Kontakt mit Touristen und Travellern und zählen daher zu den welterfahreneren und aufgeschlosseneren Guatemalteken. Wer im Land Spanisch lernt oder Freiwilligenarbeit leistet, erhöht seine Chancen, auf Guatemalteken zu treffen, die Neues kennenlernen möchten – sei es eine andere Kultur, Musik- oder Kunstrichtung oder Wege und Möglichkeiten, die Lage der Frauen, der *indígenas* oder der Armen zu verbessern.

Dem World Factbook der CIA zufolge leben 7,5 Mio. Guatemalteken – also etwa die Hälfte der Bevölkerung – in Armut. Der offizielle nationale Mindestlohn beträgt gerade einmal 56 Q (knapp 5 €) pro Tag – und bei Weitem nicht jeder hat Anspruch darauf. Ein ausgebildeter Lehrer verdient bis zu 1800 Q (ca. 160 €) pro Monat. Besonders stark ausgeprägt ist die Armut in ländlichen Gebieten, Heimat vieler *indígenas*, und ganz besonders im Hochland. Wohlstand, Industrie und Kommerz wird man fast ausschließlich im riesigen, verschmutzten Guatemala-Stadt antreffen.

Bevölkerung

Die große Mehrheit der 15 Mio. Einwohner Guatemalas lebt im Hochlandstreifen zwischen Guatemala-Stadt und Quetzaltenango, den beiden größten Städten des Landes. In dieser Region liegen verstreut zahlreiche weitere Städte und größere Dörfer. Etwa 49 % der Bevölkerung leben in Städten, 40 % sind jünger als 15 Jahre.

41 % der Guatemalteken sind *indígenas*, diese Zahl hat aber nur bedingt Aussagekraft, da viele Menschen zwar indigene Vorfahren haben, sich selbst aber nicht als solche bezeichnen. Nahezu alle *indígenas* sind Mayas, daneben gibt es allerdings auch eine sehr kleine Bevölkerungsgruppe, die dem in der Südostecke des Landes lebenden Volk der Chinka' (Xinca) angehören. Die Angehörigen der vier wichtigsten Mayabevölkerungsgruppen – Quiché (K'iche'), Mam, Kekchí (Q'eqchi') und Cakchiquel – sind vor allem im Hochland beheimatet. Der Rest der Bevölkerung Guatemalas besteht fast ausschließlich aus *ladinos*, die sowohl Maya als auch europäische (meist spanische) Siedler unter ihren Vorfahren haben. Außerdem leben rund um die karibische Stadt Lívingston ein paar Tausend Garífuna, die von karibischen Inselbewohnern und schiffbrüchigen afrikanischen Sklaven abstammen.

Die meisten Mayas sprechen noch immer Mayasprachen, wobei in den einzelnen Regionen des Landes etwa 20 verschiedene Varianten in Gebrauch sind. Mayas, die unterschiedliche Mayasprachen sprechen, können sich nicht zwangsläufig untereinander verständigen. So bestimmt hauptsächlich die Sprache, welchem Mayavolk man angehört. Obwohl viele Mayas etwas Spanisch sprechen, ist es stets ihre Zweitsprache – und viele *indígenas* sprechen auch überhaupt kein Spanisch.

RELIGION

Der Katholizismus ist zwar die vorherrschende Religion in Guatemala, aber nicht die einzige. Seit den 1980er-Jahren erfreuen sich evangelikal-protestantische Sekten wachsender Beliebtheit. Schätzungen zufolge gehören 30 bis 40 % der Guatemalteken einer evangelikalen Konfession an, mehr als die Hälfte davon sind Mitglieder der Pfingstgemeinde. Und die Zahl wächst stetig, werben doch die evangelikalen Kirchen eifrig um weitere Seelen.

Die Schwierigkeiten der katholischen Kirche haben ihren Ursprung auch teilweise im Bürgerkrieg. Katholische Priester waren und sind offene Verteidiger der Menschenrechte und wurden von den verschiedenen Diktatoren verfolgt; besonders Ríos Montt griff hart durch. Viele Gemeinden in ländlichen Gebieten wurden geschlossen, sodass evangelikale Kirchen nachziehen und die entstandene Lücke füllen konnten.

Die Anzahl der neuen evangelikalen Kirchen in einigen Städten und Dörfern, nicht zuletzt in Mayadörfern, ist verblüffend. Bei einem Bummel durch deren Straßen wird man zweifellos laute guatemaltekische Gospel-Gesänge vernehmen, mitunter wird die Kirchenmusik mitsamt Predigt über Lautsprecher im ganzen Ort verbreitet.

Der Katholizismus war in den Mayagegenden noch nie auf einer streng orthodoxen Linie. Die Missionare, die die Mayas im 16. Jh. zum neuen Glauben bekehrten, ließen auch Aspekte der alten animistischen, schamanischen Mayareligion ihren Raum, die so neben den christlichen Bräuchen und dem Glauben weiter bestehen blieben. Indem Mayagottheiten mit christlichen Heiligen gleichgesetzt werden konnten, überlebte der Synkretismus bis heute. Eines der bizarreren Beispiele ist die Gottheit, die u. a. als Maximón bekannt ist (s. Kasten S. 140).

Die Mayas üben ihren Glauben noch immer in denselben heiligen Stätten aus wie in präkolumbischer Zeit. Dort bringen sie den Göttern ihrer Ahnen Gaben dar oder opfern ihnen Hühner. Jeder dieser Orte hat seine ureigene Götterschar – oder zumindest andere Namen für ähnliche Gottheiten.

An Orten wie dem Pascual-Abaj-Schrein in Chichicastenango, an den Altären der Laguna Chicabal vor den Toren von Quetzaltenango oder in El Baúl in der Nähe von Santa Lucía Cotzumalguapa haben Besucher mitunter die Möglichkeit, traditionelle Mayazeremonien zu beobachten; zu vielen traditionellen Riten wird Fremden jedoch der Zutritt verwehrt.

KUNST

Literatur

Der guatemaltekische Schriftsteller Miguel Ángel Asturias gewann 1967 den Literaturnobelpreis. Vor allem für seine nur sehr dünn verschleierte Schmähung lateinamerikanischer Diktatoren in *Der Herr Präsident* bekannt, schrieb Asturias auch Gedichte (erschienen in der Sammlung *Sien de alondra*). Weitere gefeierte guatemaltekische Schriftsteller sind der Dichter Luis Cardoza y Aragón und der Meister der Kurzgeschichten, Augusto Monterroso. *A Mayan Life* von Gaspar Pedro Gonzáles gilt als erster Roman eines Maya-Autors.

Musik

Musik ist ein sehr wichtiger Bestandteil der Gesellschaft Guatemalas. Quell des guatemaltekischen Stolzes ist, dass die Marimba (Xylophon) möglicherweise hier erfunden wurde (obwohl einige behaupten, dass sie zunächst von Sklaven aus Afrika eingeführt wurde). Die Mayas spielen ferner traditionelle Instrumente wie die mit der Oboe verwandte *chirimía* (arabischen Ursprungs) oder die Schilfflöte.

Der guatemaltekische Geschmack in Sachen Popmusik wird stark von dem beeinflusst, was andere lateinamerikanische Länder produzieren. Reggaetón ist extrem beliebt – die derzeitigen Favoriten sind Pitbull, Wisin & Yandel und Calle 13. Das einzige Plattenlabel, das ernsthaft Künstler aus Guatemala fördert (die meisten aus der Urban/Hip-Hop-Ecke), ist UnOrthodox Productions (www.uoproductions.com) in Guatemala-Stadt.

Der guatemaltekische Rock erlebte sein goldenes Zeitalter in den Achtzigern und frühen Neunzigern. Bands aus dieser Zeit, z. B. Cambio, Bohemia Suburbana und Viernes Verde, haben noch immer treue Fans. Der berühmteste in Guatemala geborene Musiker ist Ricardo Arjona, der in den 1990ern nach Mexiko umsiedelte.

Architektur

Die moderne guatemaltekische Architektur ist – abgesehen von den schicken Bank- und Bürogebäuden, die die Av La Reforma in Guatemala-Stadt säumen – hauptsächlich von tristen Betonbauten gekennzeichnet. Bei einige bescheideneren ländlichen Häusern bediente man sich des traditionellen Mauerbaus, der als *bajareque* bekannt ist (verwendet werden Steine, Holzpfähle und Lehm). Die Häuser in den Dörfern werden zunehmend mit Blechplatten statt Ziegeln oder Stroh gedeckt – weniger ästhetisch, dafür aber auch billiger.

Die Mayaruinen und die spanischen Kolonialbauten in Antigua sind beeindruckende architektonische Werke. Interessanterweise finden sich auf vielen dieser Kolonialbauten Mayaverzierungen (z. B. die Lotusblüten, die Antiguas La Merced schmücken).

Weberei

In Guatemala haben die vielfältigen traditionellen *artisanías* (Handarbeiten) einen hohen Stellenwert, sowohl für den alltäglichen Gebrauch als auch für den Handel. Das Kunsthandwerk stellt Körbe, Keramik und Holzschnitzereien her, am häufigsten aber fertigen Mayafrauen Webarbeiten, Stickereien und andere Textilkunstwerke an.

Das *huipil* (eine lange, ärmellose Tunika) ist eines von mehreren Kleidungsstücken, das schon in präkolumbischen Zeiten getragen wurde. Weitere farbenfrohe Exemplare sind der *tocoyal*, eine gewebte, oft mit bunten Quasten verzierte Kopfbedeckung, der *corte*, ein 7 oder 10 m langer Stoff, der als Wickelrock getragen wird, und die *faja*, eine lange, gewebte Taillenschärpe, die so gewickelt wird, dass man darin Dinge aufbewahren kann, die sich andere in die Hosentasche stecken würden.

Die bunte traditionelle Kleidung ist vor allem im von Mayas geprägten Hochland verbreitet, man sieht sie aber in allen Teilen des Landes. Die Vielfalt der Techniken, Materialien, Stile und Muster ist für Neulinge verwirrend. Einige der farbenfrohsten, aufwendigsten, auffälligsten und am weitesten verbreiteten Designs kann man in Sololá und Santiago Atitlán in der Nähe des Lago de Atitlán, in Nebaj im Ixil-Dreieck, in Zunil in der Nähe von Quetzaltenango und in Todos Santos und San Mateo Ixtatán im Cuchumatanes-Gebirge bestaunen.

SPORT

Wie in so vielen lateinamerikanischen Ländern bringt auch in Guatemala Fußball die Gemüter in Wallung. Obwohl das guatemaltekische Team bei internationalen Wettbewerben stets eher bescheiden abschneidet, werden die Spiele der Liga Mayor (Erste Liga) mit ihren zehn Vereinen von einem recht großen

Publikum verfolgt. Municipal und Communications, die beiden größten Clubs des Landes, sind in Guatemala-Stadt beheimatet. Als Clásico Gringo werden Spiele zwischen Mannschaften aus Quetzaltenango und Antigua (den beiden größten Touristenstädten) bezeichnet. Die nationale Presse berichtet laufend über anstehende Spiele. Der Eintritt zu den Spielen kostet zwischen 20 und 100 Q.

UMWELT

Das Land

Guatemala erstreckt sich über eine Fläche von fast 109 000 km² und besteht hauptsächlich aus bergigem, bewaldetem Hochland und mit Urwald bewachsenen Ebenen. Im westlichen Hochland ragen 30 Vulkane in den Himmel, die südwestlich von Huehuetenango eine Höhe von über 4200 m erreichen. Weiter nordwestlich liegt in der Sierra de los Cuchumatanes (Cuchumatanes-Gebirge) das Land, das nicht für die *milpas* (Maisfelder) der Maya freigegeben ist; die hiesigen Kiefernwälder lichten sich jedoch rapide.

Am Pazifikgürtel gibt es fruchtbare Kaffee-, Kakao-, Obst- und Zuckerrohrplantagen. Im Tiefland trifft der Vulkanstreifen auf das Meer, sodass sich weite, glühend heiße Strände aus schwarzem Vulkansand gebildet haben.

Guatemala-Stadt liegt auf einer Höhe von etwa 1500 m. Im Norden weicht das Hochland Alta Verapaz allmählich El Petén, das in puncto Klima und Topographie der Halbinsel Yucatán ähnelt: heiß und feucht bzw. heiß und trocken. Südöstlich von El Petén befindet sich das von Bananenstauden übersäte Tal des Río Motagua, dessen Flussbett in einigen Gegenden trocken ist, anderswo aber auch noch Wasser führt.

Unter Guatemala stoßen drei tektonische Platten aufeinander, was immer wieder Erdbeben und Vulkanausbrüche verursacht. Große Beben erschütterten das Land in den Jahren 1773, 1917 und 1976. Zur dynamischen Geologie des Landes gehört außerdem ein erstaunliches Höhlensystem; das Karst-Terrain durchlöchert die Region Verapaces und hat Guatemala zu einem beliebten Ziel für Höhlenforscher gemacht. Einige Höhlen werden seit der Antike für Mayazeremonien genutzt.

Tiere & Pflanzen

TIERE

Die unglaubliche tierische Vielfalt des Landes umfasst 250 Säugetierarten, 600 Vogelarten, 200 Reptilien- und Amphibienarten und unzählige Schmetterlinge und Insekten.

Der Nationalvogel, der prächtige Quetzal, gilt oft als Symbol für ganz Zentralamerika. Die Männchen besitzen ein außergewöhnlich schönes Gefieder: einen blaugrün leuchtenden Körper, eine auffällig rote Brust und eine Schwanzfeder mit grellweißer Unterseite.

Weitere Vertreter der farbenfrohen Vogelwelt sind Tukane, Aras und Papageien. Tikal kann sich mit dem Pfauentruthahn („Petén-Truthahn“) brüsten – einem großen, beeindruckenden, mehrfarbigen Vogel, der an einen Pfau erinnert. Nicht zuletzt seinetwegen ist die antike Stadt ein Mekka für Vogelkundler, in der bis heute um die 300 Tropen- und Wandervogelarten gesichtet wurden. Mehrere Spechtarten, neun verschiedene Kolibrispezies und vier Trogonarten sind nur der Anfang der Liste. In der Gegend leben außerdem Kanadareiher, Falken, Waldsänger, Eisvögel, die seltenen Harpyienadler u. v. a.

Auch wenn durch Guatemalas Wälder verschiedene Säugetiere und Reptilienarten streifen, sind viele von ihnen schwer zu beobachten. Besucher Tikals kommen aber mit ziemlicher Sicherheit in den Genuss der Possen des allgegenwärtigen *pizotes* (Nasenbär), eines tropischen Säugetiers, das mit dem Waschbären verwandt ist; und vielleicht sehen sie auch Brüll- und Klammeraffen.

Tiefer in den Wäldern leben Jaguare, Ozelote, Pumas, Pekaris, Agutis, Opossums, Tapire, die nachtaktiven und auf Bäumen wohnenden Wickelbären, *tepezcuintles* (Pakas, bräunliche Nager mit weißen Punkten), Weißwedel- und Spießhirsche, Gürteltiere und sehr große Klapperschlangen. Zu den Reptilien und Amphibien im restlichen Guatemala zählen auch drei Meeresschildkrötenarten (Lederschildkröte, *tortuga negra* und Olive Bastardschildkröte) und zwei Krokodilarten; die eine lebt in El Petén, die andere im Río Dulce. Darüber hinaus sind Seekühe in den Gewässern rund um den Río Dulce heimisch.

PFLANZEN

In Guatemala wachsen über 8000 Pflanzenarten in 19 verschiedenen Ökosystemen, die von Mangrovenwäldern an der Küste über die Kiefernwälder der Berge im Landesinneren bis zu hoch gelegenen Nebelwäldern reichen. Darüber hinaus sind in El Petén etliche Baumarten heimisch, u. a. Mahagoni, Zedern, Ramóns und Sapodillas.

NATIONALPARKS & NATURSCHUTZGEBIETE

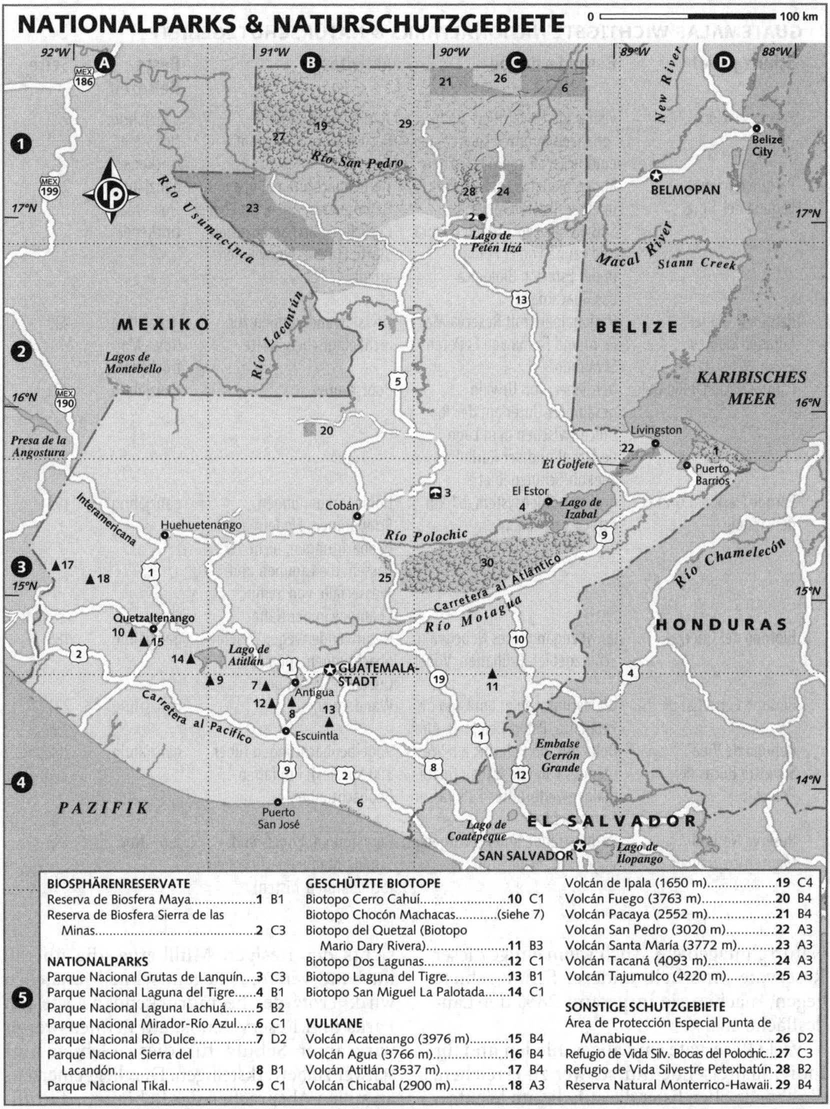

BIOSPHÄRENRESERVATE
- Reserva de Biosfera Maya 1 B1
- Reserva de Biosfera Sierra de las Minas 2 C3

NATIONALPARKS
- Parque Nacional Grutas de Lanquín 3 C3
- Parque Nacional Laguna del Tigre 4 B1
- Parque Nacional Laguna Lachuá 5 B2
- Parque Nacional Mirador-Río Azul 6 C1
- Parque Nacional Río Dulce 7 D2
- Parque Nacional Sierra del Lacandón 8 B1
- Parque Nacional Tikal 9 C1

GESCHÜTZTE BIOTOPE
- Biotopo Cerro Cahuí 10 C1
- Biotopo Chocón Machacas .... (siehe 7)
- Biotopo del Quetzal (Biotopo Mario Dary Rivera) 11 B3
- Biotopo Dos Lagunas 12 C1
- Biotopo Laguna del Tigre 13 B1
- Biotopo San Miguel La Palotada 14 C1

VULKANE
- Volcán Acatenango (3976 m) 15 B4
- Volcán Agua (3766 m) 16 B4
- Volcán Atitlán (3537 m) 17 B4
- Volcán Chicabal (2900 m) 18 A3
- Volcán de Ipala (1650 m) 19 C4
- Volcán Fuego (3763 m) 20 B4
- Volcán Pacaya (2552 m) 21 B4
- Volcán San Pedro (3020 m) 22 A3
- Volcán Santa María (3772 m) 23 A3
- Volcán Tacaná (4093 m) 24 A3
- Volcán Tajumulco (4220 m) 25 A3

SONSTIGE SCHUTZGEBIETE
- Área de Protección Especial Punta de Manabique 26 D2
- Refugio de Vida Silv. Bocas del Polochic 27 C3
- Refugio de Vida Silvestre Petexbatún 28 B2
- Reserva Natural Monterrico-Hawaii 29 B4

Die Nationalblume, die *monja blanca* (weiße Nonnenorchidee), wurde angeblich schon so oft gepflückt, dass sie in der Wildnis mittlerweile sehr selten anzutreffen ist. Doch darüber hinaus gedeihen hier noch 600 weitere Orchideenarten, von denen ein Drittel endemisch ist. Guatemala bietet außerdem das perfekte Klima für die *xate* (scha-tei), eine niedrig wachsende Palmenart, die in El Petén häufig vorkommt und weltweit gern für Blumenarrangements genutzt wird.

Nationalparks & Naturschutzgebiete

In Guatemala gibt es 92 Schutzgebiete, darunter auch Biosphärenreservate, Nationalparks, geschützte Biotope, Tier- und private

GUATEMALAS WICHTIGSTE NATIONALPARKS & NATURSCHUTZGEBIETE

Schutzgebiet	Besonderheiten	Aktivitäten	Beste Reisezeit	Seite
Parque Nacional Tikal	vielfältige Urwaldtiere und -pflanzen inmitten Guatemalas eindrucksvollster Mayaruinen	Tierbeobachtungen; Besuch einer Mayastadt	ganzjährig, Nov.–Mai trockener	223
Parque Nacional Laguna del Tigre	abgeschiedener, großer Park in einer Reserva Maya; Süßwasser-Feuchtgebiet; Flora und Fauna von El Petén in der Estación Biológica Las Guacamayas	Tierbeobachtungen, u. a. Hellrote Aras, Affen, Krokodile; Besuch der archäologischen Stätte El Perú; Freiwilligenarbeit	ganzjährig, Nov.–Mai trockener	233
Parque Nacional Mirador-Río Azul	Nationalpark mit Reserva Maya; Flora und Fauna von El Petén El Mirador	Urwaldwanderungen zur archäologischen Stätte	ganzjährig, Nov.–Mai trockener	233
Parque Nacional Río Dulce	herrlicher, von Urwald gesäumter Unterlauf des Río Dulce zwischen dem Lago de Izabal und der Karibik; Seekuh-Schutzgebiet	Bootstouren	ganzjährig	201
Parque Nacional Grutas de Lanquín	großes Höhlensystem, 61 km östlich von Cobán	Höhlenerkundungen, Schwimmen, Fledermausbeobachtungen; nicht verpassen: die Lagunen und Wasserfälle von Semuc Champey in der Nähe	ganzjährig	191
Biotopo del Quetzal	leicht zugängliches Nebelwald-Schutzgebiet; Brüllaffen, Vögel	Naturwanderwege, Vogelbeobachtungen, mögliche Quetzal--Sichtungen	ganzjährig	185
Biotopo Cerro Cahuí	Waldschutzgebiet am Lago de Petén Itzá; Petén-Tiere, z. B. Affen	Wanderwege	ganzjährig	221
Refugio de Vida Silvestre Bocas del Polochic	Delta des Río Polochic am Westufer des Lago de Izabal; Guatemalas zweitgrößtes Süßwasser-Feuchtgebiet	Vogelbeobachtungen (über 300 Spezies); Brüllaffen-Beobachtungen	ganzjährig	202
Reserva Natural Monterrico-Hawaii	Pazifikstrände und Feuchtgebiet; Vogelwelt, Schildkröten	Bootstouren, Vogel- und Schildkrötenbeobachtungen (Schildkröten-Nisten)	Juni–Nov.	182

Naturschutzgebiete. Auch wenn einige dieser Reservate innerhalb anderer Schutzgebiete liegen, machen sie insgesamt 28 % der Landesfläche aus.

Viele Reservate sind abgeschieden und für Individualreisende nur schwer zu erreichen; die Tabelle oben listet die auf, die am leichtesten zu erreichen und/oder besonders sehenswert sind (ausgenommen Vulkane, die nahezu alle unter Naturschutz stehen, und Gebiete von hauptsächlich archäologischem Interesse).

Umweltprobleme

Das Umweltbewusstsein ist in Guatemala nicht sonderlich ausgeprägt, was man angesichts der riesigen Müllberge, die überall im Land verstreut liegen, schnell feststellen wird. Trotz der beeindruckenden Liste mit Parks und Reservaten ist ein nennenswerter wirksamer Schutz für diese Gebiete nur schwer zu bewerkstelligen. Dies liegt einerseits an stillen Absprachen der Behörden, die offizielle Vorgaben ignorieren, andererseits am Druck ärmerer Guatemalteken, die verzweifelt Land benötigen. Die Abholzung ist daher in vielen Regionen ein ernsthaftes Problem, besonders in El Petén, wo der Urwald in alarmierendem Tempo gerodet wird – und zwar nicht nur zur Holzgewinnung, sondern auch, um Platz für Rinderfarmen, Ölpipelines, versteckte Landebahnen, neue Siedlungen und neue Maisfelder zu schaffen, die durch Brandrodung erschlossen werden.

Auf der dichter besiedelten Pazifikseite Guatemalas wird das Land hauptsächlich landwirtschaftlich genutzt oder wurde der Industrie überlassen. Und auch die verbleibenden Wälder entlang der Pazifikküste und im Pazifikhochland werden nicht mehr lange erhalten bleiben, sollte der Abholzung kein Einhalt geboten werden. Die Gemeinden vor Ort sind jedoch auf das Holz zum Heizen und als Brennstoff angewiesen.

Dennoch leisten eine Reihe guatemaltekischer Organisationen wertvolle Arbeit und versuchen, die Umwelt und die biologische Vielfalt ihres Landes zu schützen. Wir haben hier einige gute Quellen für alle aufgeführt, die etwas mehr über Guatemalas Naturparks und Reservate erfahren möchten.

Arcas (abseits Karte S. 102; Asociación de Rescate y Conservación de Vida Silvestre; ☎ 7830-1374; www.arcasguatemala.com; km 30, Calle Hillary, Lote 6, Casa Villa Conchita, San Lucas Sacatepéquez, Guatemala) Nichtregierungsorganisation, die mit Freiwilligen arbeitet: Sie schützt Meeresschildkröten und setzt sich für den Erhalt der Tier- und Pflanzenwelt von El Petén ein.

Asociación Ak' Tenamit (www.aktenamit.org) Guatemala-Stadt (abseits Karte S. 102; ☎ 2254-1560; 11a Av A 9-39, Zona 2); Río Dulce (☎ 5908-3392) Die von Mayas geführte Nichtregierungsorganisation arbeitet daran, die Armut zu verringern und Schutzmaßnahmen und Ökotourismus in den Regenwäldern im Osten Guatemalas voranzutreiben.

Cecon (Karte S. 102; Centro de Estudios Conservacionistas de la Universidad de San Carlos; ☎ 2331-0904; www.usac.edu.gt/cecon, spanisch; Av La Reforma 0-63, Zona 10, Guatemala-Stadt) Unterhält sechs öffentliche *biotopos* und eine *reserva natural*.

Conap (Karte S. 102; Consejo Nacional de Áreas Protegidas; ☎ 2238-0000; http://conap.online.fr; Edificio IPM, 5a Av 6-06, Zona 1, Guatemala-Stadt) Regierungsbehörde, die für Schutzgebiete zuständig ist.

Fundación Defensores de la Naturaleza (abseits Karte S. 102; ☎ 2310-2900; www.defensores.org.gt; 2a Av 14-08, Zona 14, Guatemala-Stadt) Nichtregierungsorganisation, die mehrere Schutzgebiete besitzt und verwaltet.

Planeta (www.planeta.com/guatemala.html) Mit Schwerpunkt auf nachhaltigem Tourismus in Guatemala.

ProPetén (☎ 7867-5296; www.propeten.org; Calle Central, Flores, El Petén) Nichtregierungsorganisation, die im Parque Nacional Laguna del Tigre für Umweltschutz und natürliche Ressourcen zuständig ist.

Proyecto Ecoquetzal (☎ 7952-1047; www.ecoquetzal.org; 2a Calle 14-36, Zona 1, Cobán, Alta Verapaz) Engagiert sich für den Urwaldschutz und im Ökotourismus.

VERKEHRSMITTEL & -WEGE

AN- & WEITERREISE

Flugzeug

Die beiden wichtigsten Flughäfen Guatemalas befinden sich in Guatemala-Stadt (Aeropuerto Internacional La Aurora; S. 112) und in der Nähe von Flores und Santa Elena (Aeropuerto Internacional Mundo Maya; S. 221).

Es werden u. a. folgende Ziele angeflogen: Atlanta, Belize-Stadt, Cancún, Havanna, Houston, Los Angeles, Madrid, Managua, Mexiko-Stadt, Miami, Newark, Panama-Stadt, San José (Costa Rica) und San Salvador.

Airlines, die nach Guatemala fliegen, haben Filialen in Guatemala-Stadt. Viele unterhalten außerdem ein Büro am Aeropuerto Internacional La Aurora. Die Internet-Fluglinie **Spirit Airlines** (NK; www.spiritair.com) bietet Flüge zwischen den USA und Guatemala.

Land

Guatemala ist mit Chiapas (Mexiko) mittels zweier Highways verbunden; nach Belize führt eine Landstraße (s. S. 224) und auch Honduras und El Salvador erreicht man über zahlreiche Überlandrouten (s. S. 207 und S. 198).

Von Mexiko aus sind die beliebtesten und am leichtesten zugänglichen Einreisepunkte nach Guatemala Tecún Umán/Ciudad Hidalgo und La Mesilla/Ciudad Cuauhtémoc. Etwas abenteuerlichere Routen führen mit Bus und Boot von Yaxchilán in Chiapas über den Río Usumacinta oder den Río de la Pasión nach El Petén. Nähere Infos stehen auf S. 222, S. 173 und S. 174.

Direkte internationale Busverbindungen führen von Guatemala-Stadt u. a. nach Belize-

AUSREISESTEUER

Für alle internationalen Flüge ab Guatemala fällt eine Ausreisesteuer in Höhe von 30 US$ (plus 3 US$/25 Q Sicherheitssteuer) an. Die Ausreisesteuer ist normalerweise (aber nicht immer) bereits im Ticketpreis enthalten; die Sicherheitssteuer muss stets separat in Quetzal oder US-Dollar bezahlt werden. Alle Passagiere auf Inlandsflügen müssen am Flughafen eine Abflugsteuer in Höhe von 10 Q bezahlen.

Stadt, Managua (Nicaragua), San Salvador (El Salvador), Tapachula (Mexiko), Tegucigalpa und in andere Städte in Honduras. Näheres auf S. 110.

Schiff/Fähre

An der Karibikküste fahren Boote von Punta Gorda (Belize) nach Puerto Barrios und Lívingston. Im Allgemeinen ist eine Seereise ab/nach Puerto Barrios am einfachsten, da der Ort ein geschäftiger Transitpunkt ist. Autofähren gibt es keine; Näheres s. S. 206.

Drei verschiedene Flussüberquerungen verbinden Chiapas in Mexiko mit El Petén in Guatemala. Sie sind gute Alternativen für Traveller, die Palenque und Tikal in einem Aufwasch besuchen wollen. Alle Verbindungen sind eine Kombi aus Bus- und Bootsfahrt. Details stehen im Kasten S. 222.

UNTERWEGS VOR ORT

Auto & Motorrad

Auch wenn das nur wenige tun, ist es doch möglich, in Guatemala-Stadt (am Flughafen), Antigua, Cobán, Flores und Quetzaltenango ein Auto zu leihen. In Antigua und San Pedro La Laguna gibt's zudem Motorradverleihe. Allgemeine Informationen rund ums Autofahren in Zentralamerika stehen auf S. 826.

Bus

Mit Bussen gelangt man in Guatemala so ziemlich in jede Ecke des Landes – und gibt es einen Ort, den sie nicht ansteuern, kann man stattdessen in Minivans und Trucks einsteigen, die diese Lücke füllen. Tickets sind im Allgemeinen sehr günstig (ca. 10 Q/Std. od. weniger), der Komfort in den Bussen variiert jedoch sehr. Wer keinen weiteren Trip in einem „Hühnerbus" aushält, kann sich erkundigen, ob es auch eine Verbindung mit Pullman-Bussen gibt. Diese größeren Reisebusse sind komfortabler, verkehren zwischen den wichtigeren Zielen und kosten nur ein bisschen mehr als Zweite-Klasse-Busse.

Wer mit leichtem Gepäck reist, kann es mit ins Innere des Busses nehmen. Ansonsten muss man es aufs Dach hieven oder ins Gepäckfach stopfen – und es möglichst immer im Auge behalten!

Fernbusse sind nur selten mit einer funktionierenden Toilette ausgestattet, jedoch legen die Fahrer normalerweise eine 20-minütige Pause zur passenden Zeit ein. Wenn nicht, halten die Fahrer auch gerne an, damit man den Straßenrand düngen kann.

Fahrrad

Radfahren wird in Guatemala immer beliebter. Man kann sich Radtouren anschließen oder die Hügel auf eigene Faust erkunden. In Antigua, Flores, Panajachel und Quetzaltenango kann man Fahrräder ausleihen. Man sollte sich dessen bewusst sein, dass die Größe auf Guatemalas Straßen sehr wohl eine Rolle spielt – um Radfahrer kümmert sich da keiner.

Flugzeug

Überall im Land befinden sich Inlandsflughäfen. Die einzigen planmäßig verkehrenden Inlandsflüge, die zum Zeitpunkt der Recherche verfügbar waren, verbinden Guatemala-Stadt mit Flores und wurden von den folgenden Fluglinien angeboten:

Grupo TACA (☎ 2470-8222; www.taca.com; Hotel Intercontinental, 14 Calle 2-51, Zona 10)

TAG (☎ 2380-9401; www.tag.com.gt; Aeropuerto Internacional La Aurora)

Nahverkehr

Lokale Busse (nur in Guatemala-Stadt und Quetzaltenango) sind brechend voll, aber günstig. Die wenigsten guatemaltekischen Taxis haben ein Taxameter und die Preise können exorbitant sein. Wer den genannten Preis nicht zahlen will, geht einfach erst einmal weiter – und kommt dann wieder, um zu feilschen, geht notfalls nochmals weiter … Das Spielchen treibt man so lange, bis ein angemessener Preis ausgehandelt wurde.

Über die Straßen flitzen außerdem Tuk-Tuks, dreirädrige Motorrad-Taxis, die man

ACHTUNG!

Auch wenn nächtliche Busreisen in Guatemala für alle Traveller selten eine gute Idee sind, raten wir vor allem alleinreisenden Frauen dringend davon ab, nachts in einen Bus – egal, ob Pullman oder „Hühnerbus" – zu steigen. Eine Ausnahme sind lediglich die Übernachtbusse, die zwischen Guatemala-Stadt und Flores verkehren; für diese Verbindung wurden bislang noch keine Zwischenfälle berichtet.

Grundsätzlich sollte man es vermeiden, die letzte Person im Bus zu sein, wenn er irgendwo mitten in der Nacht ankommt!

eigentlich vor allem aus Asien kennt. Eine Fahrt ist normalerweise günstig (unter 10 Q/Pers.) und kann ziemlich haarsträubend sein, besonders, wenn der Fahrer noch nicht mal in der Pubertät ist.

Schiff/Fähre

Die schnellen *lanchas* (kleine Motorboote) werden auf dem Lago de Atitlán und zwischen Puerto Barrios, Lívingston und dem Río Dulce allmählich zum bevorzugten Transportmittel und lösen die größeren und billigeren Fähren ab.

Einige guatemaltekische Naturschutzgebiete und archäologische Stätten sind nur – oder einfacher – über das Wasser zu erreichen.

Trampen

Trampen im westlichen Sinne ist in Guatemala absolut unüblich, da viel zu unsicher. Wo allerdings Busse nur sehr sporadisch oder gar nicht verkehren, dienen Pick-ups und andere Fahrzeuge als öffentliche Transportmittel. Man kann sich an den Straßenrand stellen und einen Arm ausstrecken, um Fahrer anzuhalten. Es wird erwartet, dass man fürs Mitnehmen auch bezahlt – und zwar in etwa so viel wie für eine vergleichbare Busstrecke. Das Prozedere ist ein sicheres, zuverlässiges System, das Einheimische und Traveller gleichermaßen nutzen – man kann sich aber schon mal auf rappelvolle Fahrzeuge einstellen.

GUATEMALA-STADT

1,1 Mio. Ew. / 1500 m

Zu Guatemalas Hauptstadt – allgemein als „Guate" bekannt – hört man unterschiedliche Meinungen: Die einen finden sie groß, dreckig, gefährlich und getrost zu vernachlässigen, andere hingegen groß, dreckig, gefährlich und faszinierend. Wie auch immer – es besteht kein Zweifel, dass die Stadt eine Energie ausstrahlt, die man im Rest Guatemalas nirgendwo findet. Und die Extreme, die das ganze Land kennzeichnen, sind hier nicht zu übersehen.

In Guatemala-Stadt blasen heruntergekommene Busse neben nagelneuen BMWs und Hummers Qualm in die Luft, während Wolkenkratzer ihre Schatten auf Elendsviertel werfen und sich Arbeiter aus ländlichen Gebieten und Einwanderer aus anderen Teilen Zentralamerikas – kaum beachtet von der Elite des Landes – mehr schlecht als recht durchs Leben kämpfen.

Guatemala-Stadt ist die Kulturhauptstadt des Landes – die meisten Schriftsteller, Denker und Künstler leben und arbeiten hier. Die besten Museumsexponante landen grundsätzlich in der Kapitale des Landes. Und auch wenn fast alle Bewohner der Stadt davon träumen, am Wochenende nach Antigua oder Monterrico zu entfliehen, verbringen sie ihre meiste Zeit doch hier – eine Tatsache, die sich in den immer edleren Restaurants und Bars der Stadt widerspiegelt.

ORIENTIERUNG

Wie nahezu alle Städte Guatemalas wurde auch Guatemala-Stadt mit einem logischen Straßenraster angelegt. Avenidas verlaufen von Norden nach Süden, Calles von Ost nach West. Die Straßen sind normalerweise von Norden bzw. Westen (niedrigste) nach Süden bzw. Osten (höchste) durchnummeriert; die Hausnummern klettern in derselben Richtung. Wenn man sich nach Süden bzw. Osten bewegt, liegen die ungeraden Zahlen auf der linken, die geraden auf der rechten Seite. Das dicke Aber: Guatemala-Stadt ist in 15 *zonas* aufgeteilt, die jeweils eine eigene Version dieses Straßenrasters haben. Die 14a Calle in Zona 10 ist eine vollkommen andere Adresse als die mehrere Kilometer entfernte 14a Calle in Zona 1. Die wichtigsten Hauptverkehrsstraßen, z. B. die 6a Av oder die 7a Av, durchqueren allerdings mehrere Zonen.

Adressangaben sehen wie folgt aus: „9a Av 15-12, Zona 1" bedeutet die 9. Avenida jenseits der 15. Calle, Hausnummer 12, in Zona 1. Das Gebäude befindet sich also auf der 9. Avenida zwischen der 15. und 16. Straße, und zwar auf der rechten Seite, sofern man in Richtung Süden geht. Man muss außerdem auf Abweichungen achten, etwa die diagonalen rutas und vías und die leicht verwirrenden diagonales.

Den Bezeichnungen kurzer Straßen wird manchmal ein „A" angehängt, z. B. 14a Calle A, die zwischen der 14a Calle und der 15a Calle verläuft.

Karten

Nützliche Stadtpläne von Guatemala-Stadt findet man in der *Mapa Turístico Guatemala* von Intelimapas, *Mapa Vial Turístico* von Inguat und in *Guatemala* von International Travel Maps.

VOM FLUGHAFEN IN DIE STADT

Der Aeropuerto Internacional La Aurora befindet sich in Zona 13 im Südteil der Stadt, mit dem Taxi zehn bis fünfzehn Minuten von Zona 1 entfernt, mit dem Bus 30 Minuten. Für Warnhinweise zu den städtischen Bussen und Näheres zu Busfahrten zum und vom Flughafen, s. S. 112.

Taxis warten vor dem Ankunftsterminal des Flughafens. Die „offiziellen" Preise betragen 60 Q in die Zona 9 oder 10 und 250 Q nach Antigua, tatsächlich muss man aber vermutlich etwas mehr bezahlen. Man sollte Ziel und Preis immer vor der Fahrt festlegen. Die Preise für Taxis zum Flughafen, die man sich an der Straße ranwinkt, sind wahrscheinlich günstiger – etwa 50 Q aus Zona 1. Nach Antigua fahren auch kleine Shuttlebusse, die günstiger sind als Taxis, sofern man nur allein oder zu zweit unterwegs ist.

Instituto Geográfico Nacional (☎ 2248-8100; www.ign.gob.gt; Av Las Américas 5-76, Zona 13; ⌚ Mo–Fr 9–17 Uhr) Verkauft topografische Karten im Maßstab 1:50 000 und 1:250 000 von allen Ecken Guatemalas (jeweils 60 Q).

Sophos (☎ 2419-7070; Plaza Fontabella, 4a Av 12-59, Zona 10) Eine der zuverlässigsten Quellen in puncto „Karten".

PRAKTISCHE INFORMATIONEN

Buchläden

Sophos (☎ 2419-7070; Plaza Fontabella, 4a Av 12-59, Zona 10) Entspanntes Plätzchen, an dem man prima einen Kaffee trinken und lesen kann, wenn man gerade in der Zona Viva ist. Führt ein gutes Sortiment an englischen Büchern über Guatemala und die Maya, außerdem Reiseführer und Karten.

Buchladen Vista Hermosa (☎ 2369-1003; 2a Calle 18-50, Zona 15) Dito.

Geld

Man sollte die üblichen Vorsichtsmaßnahmen beachten, wenn man an Geldautomaten Bares abhebt.

ABM (☎ 2361-5602; Plazuela España, Zona 9) Wechselt Euro in Quetzal.

American Express (☎ 2331-7422; Centro Comercial Montufar, 12a Calle 0-93, Zona 9; ⌚ Mo–Fr 8–17, Sa bis 12 Uhr) In einem Büro von Clark Tours.

Banco de la República (Aeropuerto Internacional La Aurora; ⌚ Mo–Fr 6–20, Sa & So 6–18 Uhr) Geldwechsel und ein Geldautomat für MasterCard. Im Abflugterminal des Flughafens.

Edificio Testa (Ecke 5a Av & 11a Calle, Zona 1) Visa-, MasterCard- und Amex-Geldautomat.

MasterCard-Geldautomat (Hotel Stofella, 2a Av 12-28, Zona 10)

Visa-Geldautomaten Zona 1 (Ecke 5a Av & 6a Calle) Gegenüber vom Parque Centenario; Zona 10 (2a Av) Südlich der 13a Calle.

Internetzugang

Günstige Internetcafés gibt's eigentlich in der ganzen Stadt.

Café Internet Navigator (14a Calle, Zona 1; 6 Q/Std.; ⌚ 8–20 Uhr) Östlich der 6a Av.

Web Station (2a Av 14-63, Zona 10; 5 Q/Std.; ⌚ Mo–Sa 10–24, So 12–24 Uhr) Eins der günstigsten Internetcafés in der Zona Viva.

Medizinische Versorgung

In Guatemala-Stadt gibt's viele private Krankenhäuser und Kliniken. Öffentliche Einrichtungen bieten kostenlose Sprechstunden, können aber ziemlich voll sein –man sollte versuchen, vor 7 Uhr da zu sein.

Farmacia del Ejecutivo (☎ 2238-1447; 7a Av 15-01, Zona 1; ⌚ 24 Std.) Die Apotheke akzeptiert Visa und MasterCard.

Hospital Centro Médico (☎ 2332-3555, 334-2157; 6a Av 3-47, Zona 10) Empfehlenswertes Privatkrankenhaus mit ein paar englisch sprechenden Ärzten.

Hospital General San Juan de Dios (☎ 2253-0443/7; 1a Av at 10a Calle, Zona 1) Eines der besten privaten Krankenhäuser der Stadt.

Notfall

Asistur (☎ 1500; 24 Std.) Hilfe für Touristen; mit Verbindung zur Touristenpolizei.

Post

Hauptpost (7a Av 11-67, Zona 1; ⌚ Mo–Fr 8.30–17, Sa bis 13 Uhr) Im riesigen gelben Palacio de Correos. Am Flughafen gibt's auch ein kleines Postamt.

Touristeninformation

Inguat Haupttouristeninformation (☎ 2331-1333, 2331-1347; informacion@inguat.gob.gt; 7a Av 1-17, Zona 4; ⌚ Mo–Fr 8–16 Uhr) In der Lobby der Hauptstelle des Inguat (Instituto Guatemalteco de Turismo) im Centro Cívico. Das Infomaterial ist überschaubar, die Angestellten sind aber sehr hilfsbereit; Aeropuerto Internacional La Aurora (☎ 2331-4256; Ankunftshalle; ⌚ 6–21 Uhr)

Waschsalon

Lavandería El Siglo (12a Calle 3-42, Zona 1; ⌚ Mo–Sa 8–18 Uhr) Verlangt pro Ladung 40 Q fürs Waschen, Trocknen und Zusammenlegen.

GEFAHREN & ÄRGERNISSE

Die Straßenkriminalität hat sich in den letzten Jahren verschlimmert, auch die Zahl bewaffneter Überfälle ist angestiegen. Man sollte immer seinen normalen Großstädter-Verstand einschalten, also nicht mit einem Geldbeutel, der die hintere Hosentasche ausbeult, durch die Straßen schlendern und nachts nicht allein durch die Innenstadt laufen. Am besten legt man die Route fest, bevor man aufbricht, sodass man nicht an irgendwelchen Ecken steht und verloren wirkend auf einen Stadtplan starrt. Wer nach dem Weg fragen muss, tut das am besten in einem Café. Am frühen Abend ist es ungefährlich, durch die Innenstadt zu bummeln, solange man auf gut beleuchteten und frequentierten Straßen bleibt. Man sollte stets wachsam bleiben und Wertsachen im Hotel deponieren. Wertvolles trägt man besser nicht offen zur Schau. Nicht vergessen: Auch viele Frauen und Kinder streifen als Taschendiebe umher. Rund um den 15. und gegen Ende jedes Monats nehmen die Diebstähle zu – dann erhalten die Arbeiter ihre Lohntüte.

Im Gebiet rund um die 18a Calle in Zona 1 gibt's jede Menge Busbahnhöfe und noch mehr zwielichtige Gestalten und Gauner. Fast die Hälfte aller Diebstähle in Zona 1 werden hier registriert, die gefährlichsten Ecken sind die Kreuzungen mit den Avs 4a, 6a und 9a. Dieser Teil der Stadt (auch ein Rotlichtbezirk) ist berüchtigt und sollte besonders nachts komplett gemieden werden; wer nachts mit dem Bus ankommt oder zu irgendeiner Adresse auf der 18a Calle muss, sollte ein Taxi nehmen.

Die wohlhabenderen Gegenden der Stadt – z. B. Zonas 9 und 10 – sind sicherer, seine Deckung sollte man aber dennoch immer hochhalten. Schließlich wissen auch Diebe, dass reiche Leute sich in schicken Gegenden herumtreiben; manchmal gehen sie hier zu zweit oder zu dritt ihrer „Arbeit" nach. In der Zona Viva in Zona 10 patrouilliert nachts die Polizei. Aber selbst hier ist man besser zu zweit unterwegs als alleine. Und niemals – wirklich niemals! – sollte man versuchen, sich zu wehren, wenn man Opfer eines Überfalls wird.

Die roten Stadtbusse sind verlockend günstig, besonders, wenn man quer durch die Stadt muss. Allerdings haben uns bereits so viele Geschichten von Überfällen, Taschendieben und sogar Schießereien erreicht, dass wir davon abraten, mit ihnen zu fahren. Eine Ausnahme bilden die neuen grünen Transmetro-Busse, bei denen die ganze Zeit ein Polizist an Bord ist; nähere Informationen zu diesen Bussen gibt's auf S. 113.

Alleinreisende Frauen sollten den Warnhinweis für Fahrten mit Fernbussen auf S. 99 beherzigen.

SEHENSWERTES

Die wichtigsten Sehenswürdigkeiten liegen in Zona 1 (dem historischen Zentrum) und in den Zonas 10 und 13, in denen die meisten Museen beheimatet sind. Wer sonntags in der Stadt ist, kann sich der selbstgeführten Tour **SubiBaja** (Ticket frei; ⌚ 9–14 Uhr) der Transmetro anschließen. Man kann alle 20 Minuten in einem modernen Transmetro-Bus mit Klimaanlage eine Schleife mitfahren und unterwegs an zehn Haltestellen aussteigen, u. a. am Parque Central, am Centro Cívico, am La Aurora Zoo (und an den Museen), in der Zona Viva, beim Pasos y Pedales, im Cuatro Grados Norte und an der Mapa en Relieve. Freiwillige Touristenführer geben während der Fahrt Erläuterungen und in jedem Bus fährt ein Mitglied der Verkehrspolizei mit. SubiBaja ist eine ausgezeichnete Möglichkeit, viele Sehenswürdigkeiten zu sehen, ohne sich Gedanken um öffentliche Verkehrsmittel oder Taxis machen zu müssen.

Zona 1

PARQUE CENTRAL

Die meisten beachtenswerten Sehenswürdigkeiten in Zona 1 befinden sich in der Nähe des Parque Central (offiziell die Plaza de la Constitución), der von den Calles 6a und 8a und den Avenidas 6a und 7a begrenzt wird.

Jede Stadt in der Neuen Welt hatte einen Platz, der für militärische Übungen, Paraden und Zeremonien genutzt wurde. An der Nordseite der Plaza befand sich stets der *palacio de gobierno* (kolonialer Regierungshauptsitz). An einer der anderen Seiten, vorzugsweise an der Ostseite, stand eine Kirche (oder Kathedrale). Die anderen Seiten des Platzes waren oft von zusätzlichen Verwaltungsgebäuden oder imposanten Herrenhäusern gesäumt. Der Parque Central ist ein gutes Beispiel für diese klassische Städteplanung.

Am besten besucht man ihn am Sonntag, wenn die Einwohner der Stadt hier flanieren, in den Springbrunnen spielen, klatschen und

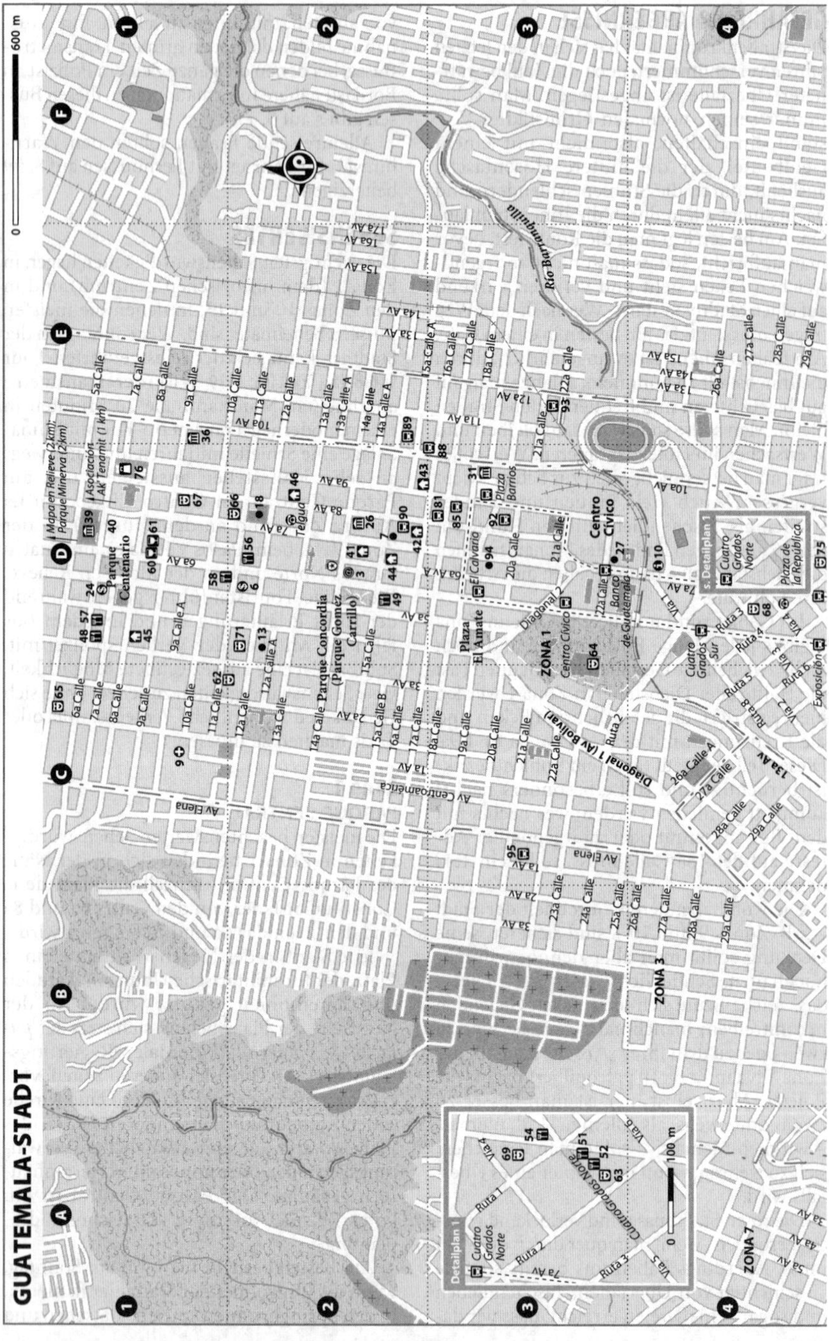
GUATEMALA-STADT
Parque Centenario
Parque Concordia (Parque Gómez Carrillo)
Plaza El Amate
El Calvario
Plaza Barrios
Centro Cívico
ZONA 1
ZONA 3
ZONA 7
Banco de Guatemala
Diagonal 1 (Av Bolívar)
Río Barranquilla
Av Elena
Av Centroamérica
Cuatro Grados Norte
Cuatro Grados Sur
Plaza de la República
Exposición
Telgua
Mapa en Relieve (2 km); Parque Minerva (2 km)
Asociación Ak' Tenamit (1 km)
s. Detailplan 1
Detailplan 1
600 m
100 m

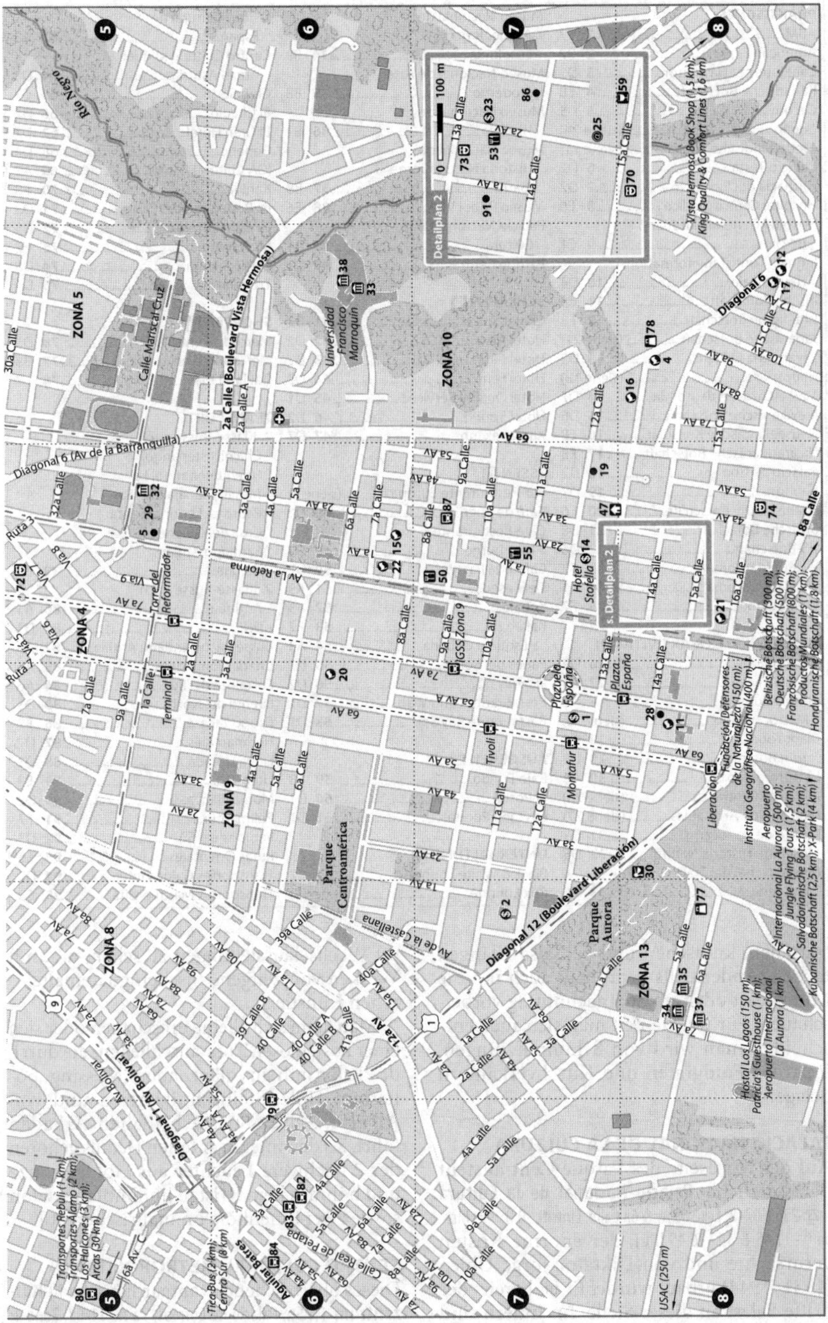
ZONA 4
ZONA 5
ZONA 8
ZONA 9
ZONA 10
ZONA 13
Detailplan 2
s. Detailplan 2
Parque Centroamérica
Parque Aurora
Universidad Francisco Marroquín
Plazuela España
Plaza España
Hotel Stofella
Torre del Reformador
Terminal
Tivoli
Montúfar
IGSS Zona 9
Liberación
Río Negro
Calle Mariscal Cruz
2a Calle (Boulevard Vista Hermosa)
Diagonal 6 (Av de la Barranquilla)
Diagonal 6
Diagonal 12 (Boulevard Liberación)
Diagonal 1 (Av Bolívar)
Av La Reforma
Av de la Castellana
Calle Real de Petapa
Av Bolívar
Aguilar Batres
12a Av
18a Calle
Ruta 3
Ruta 7
Vía 5
Vía 6
Vía 7
Vía 8
Vía 9
Transportes Rebuli (1 km);
Transportes Álamo (2 km);
Los Halcones (3 km);
Arcas (30 km)
Tica Bus (2 km);
Centro Sur (8 km)
USAC (250 m)
Hostal Los Lagos (150 m);
Patricia's Guesthouse (1 km);
Aeropuerto Internacional
La Aurora (1 km)
Aeropuerto
Internacional La Aurora (500 m);
Jungle Flying Tours (1,5 km);
Salvadorianische Botschaft (2 km);
Kubanische Botschaft (2,5 km); X-Park (4 km)
Instituto Geográfico Nacional (400 m)
Fundación Defensores
de la Naturaleza (150 m)
Belizische Botschaft (300 m);
Deutsche Botschaft (500 m);
Französische Botschaft (800 m);
Productos Mundiales (1 km);
Honduranische Botschaft (1,8 km)
Vista Hermosa Book Shop (1,5 km);
King Quality & Comfort Lines (1,6 km)
0
100 m

PRAKTISCHES
- ABM 1 C7
- American Express 2 B7
- Café Internet Navigator 3 D2
- Kanadische Botschaft 4 E8
- Cecon 5 D5
- Conap (siehe 24)
- Niederländische Botschaft (siehe 21)
- Edificio Testa 6 D2
- Farmacia del Ejecutivo 7 D2
- Hospital Centro Médico 8 E6
- Hospital General San Juan de Dios 9 C1
- Inguat (Touristeninformation, Hauptfiliale) 10 D4
- Irische Botschaft 11 C8
- Israelische Botschaft 12 E8
- Japanische Botschaft (siehe 21)
- Lavandería El Siglo 13 D2
- Hauptpost (siehe 18)
- MasterCard-Geldautomat 14 D7
- Mexikanische Botschaft 15 D6
- Neuseeländische Konsulat 16 E8
- Nicaraguanische Botschaft 17 E8
- Palacio de Correos 18 D2
- Sophos 19 D7
- Spanishische Botschaft 20 C6
- Britische Botschaft 21 D8
- US-Botschaft 22 D6
- Visa-Geldautomat 23 F7
- Visa-Geldautomat 24 D1
- Web Station 25 F7

SEHENSWERTES & AKTIVITÄTEN
- Casa MIMA 26 D2
- Centro Cívico 27 D3
- Centro Cultural Metropolitano (siehe 18)
- Clark Tours 28 C8
- Jardín Botánico 29 D5
- La Aurora Zoo 30 C8
- Mercado Central (siehe 76)
- Mercado de Artesanías (siehe 77)
- Museo de Ferrocarril 31 D3
- Museo de Historia Natural 32 D5
- Museo Ixchel del Traje Indígena 33 E6
- Museo Nacional de Arqueología y Etnología 34 B8
- Museo Nacional de Arte Moderno 35 B8
- Museo Nacional de Historia 36 E1
- Museo Nacional de Historia Natural Jorge Ibarra 37 B8
- Museo Popol Vuh 38 E6
- Palacio Nacional de la Cultura 39 D1
- Parque Central 40 D1

SCHLAFEN
- Chalet Suizo 41 D2
- Hotel Ajau 42 D2
- Hotel Capri 43 D2
- Hotel Fenix 44 D2
- Hotel Quality Service 45 D1
- Hotel Spring 46 D2
- Xamanek Inn 47 D7

ESSEN
- Bar-Restaurante Europa (siehe 6)
- Café de Imeri 48 D1
- Café-Restaurante Hamburgo 49 D2
- Cafetería Patsy 50 D7
- Del Paseo 51 A3
- Kabala 52 A3
- Kakao 53 F7
- La Esquina Cubana 54 A3
- Panes del Sol 55 D7
- Picadily 56 D2
- Restaurante Long Wah 57 D1
- Restaurante Rey Sol 58 D1

AUSGEHEN
- Bajo Fondo 59 F8
- El Portal 60 D1
- Las Cien Puertas 61 D1

UNTERHALTUNG
- Black & White Lounge 62 C2
- Box Lounge (siehe 59)
- Centro Cultural de España 63 A3
- Centro Cultural Miguel Ángel Asturias 64 D3
- Club SO36 65 C1
- El Círculo 66 D2
- El Gran Hotel 67 D1
- Genetic 68 D4
- IGA Cultural Center 69 A3
- Kahlua 70 F8
- La Bodeguita del Centro 71 D2
- La Estación Norte 72 D5
- Mr Jerry 73 F7
- Rattle & Hum 74 D8
- TrovaJazz 75 D4

SHOPPEN
- Mercado Central 76 D1
- Mercado de Artesanías 77 B8
- Oakland Mall 78 E8

TRANSPORT
- 2.-Klasse-Busse nach Chichicastenango, Huehuetenango, La Mesilla, Panajachel, San Pedro La Laguna, Santa Cruz del Quiché, Santiago Atitlán, Tecpán 79 B6
- 2.-Klasse-Busse nach Antigua 80 A5
- ADN 81 D3
- Busse nach Santiago Atitlán 82 A6
- Chatía Gomerana 83 A6
- Fortaleza del Sur 84 A6
- Fuente del Norte 85 D3
- Grupo Taca 86 F7
- Hedman Alas 87 D7
- Línea Dorada 88 D3
- Litegua 89 E2
- Monja Blanca 90 D2
- Pullmantur 91 F7
- Rapidos del Sur 92 D3
- Rutas Orientales 93 E3
- Transportes Galgos Inter 94 D3
- Transportes Marquensita 95 C3

tratschen, knutschen und zu Salsa-Klängen tanzen. Andernfalls kann man auch um die Mittagszeit oder am Spätnachmittag vorbeischauen. Für welche Zeit man sich auch entscheidet, man wird von Schuhputzjungen, Polaroid-Fotografen und Kitschverkäufern belagert.

PALACIO NACIONAL DE LA CULTURA

Auf der Nordseite des Parque Central steht der herrliche **Palacio Nacional de la Cultura** (☎ 2253-0748; Ecke 6a Av & 6a Calle; Eintritt 30 Q; Mo–Sa 9–11.45 & 14–16.45 Uhr), der enorme Kosten verursachte und von Diktator Jorge Ubico (1931–1944) erbaut wurde. Er ist bereits der dritte Palast an dieser Stelle. Im Innern sind oft Wechselausstellungen zu sehen, u. a. mit Werken von zeitgenössischen guatemaltekischen Künstlern.

Man kann sich alleine umschauen oder sich einer kostenlosen Tour anschließen, die durch das Labyrinth aus glänzendem Messing, poliertem Holz, Steinschnitzereien und von Alberto Gálvez Suárez bemalten Arkaden führt. Zu den interessantesten Details gehören der 2 t schwere Leuchter aus Gold, Bronze und böhmischem Kristall im Empfangssalon sowie zwei Innenhöfe im maurischen Stil.

CENTRO CULTURAL METROPOLITANO

Dieses überraschend avantgardistische **Kulturzentrum** (1. St., Palacio de Correos, 7a Av 11-67, Zona 1;

(🕒 Mo–Fr 9–17 Uhr) bietet Kunstausstellungen, Buchvorstellungen, Kunsthandwerks-Workshops und Filmabende.

CASA MIMA

Das **Museum und Kulturzentrum** (8a Av & 14a Calle; 🕒 Mo–Fr 9–12.30 & 14–18, Sa 9–17 Uhr) präsentiert sich auf großartige Weise und ist in einem Haus aus dem späten 19. Jh. untergebracht. Die Besitzer des Hauses waren Sammler mit äußerst eklektischem Geschmack, der von französischem Neo-Rokoko über chinesische Kunst und Art déco bis zu indigenen Artefakten reicht. Das Museum ist aufgemacht wie ein ganz normales Wohnhaus und voller Kuriositäten und Möbel aus mehreren Jahrhunderten.

MERCADO CENTRAL

Bis das Erdbeben von 1976 den **Zentralmarkt** (9a Av zw. Calles 6a & 8a; 🕒 Mo–Sa 7–18, So 6–12 Uhr) zerstörte, kauften die Einheimischen hier Lebensmittel und andere Notwendigkeiten. Ende der 1970er wieder aufgebaut, ist der neue *mercado* auf Touristen ausgerichtet und verkauft Stoffe, Holzschnitzereien, Leder- und Metallwaren, Körbe und anderes Kunsthandwerk. Außer der einen oder anderen Reisegruppe verirren sich nicht viele Touristen hierher – wer knallhart feilschen kann, macht unter Umständen ein richtiges Schnäppchen. Gemüse und andere Artikel für den täglichen Bedarf werden auf der unteren Ebene verkauft – ein Abstecher hierher gleicht einem Festival der Sinne. Der echte „zentrale" Lebensmittelmarkt der Stadt befindet sich in Zona 4.

MUSEO DE FERROCARRIL

Das **Eisenbahnmuseum** (www.museodelferrocarril guatemala.com; 9a Av 18-03; Eintritt frei; 🕒 9–12.30 & 14–16 Uhr) ist eines der spannenderen Museen der Stadt. Es dokumentiert die goldenen Zeiten des angeschlagenen Eisenbahnsystems Guatemalas und zeigt einige skurrile Artefakte, z. B. handgezeichnete Diagramme von Entgleisungen und eine Küche voller Gegenstände, die in den Speisewagen benutzt wurden. Man darf durch die Passagierwaggons klettern, nicht aber in die Lokomotive.

MUSEO NACIONAL DE HISTORIA

Das **Nationalgeschichtliche Museum** (☎ 2253-6149; 9a Calle 9-70; Eintritt 50 Q; 🕒 Mo–Fr 9–17.30 Uhr) ist ein Sammelsurium historischer Relikte mit Schwerpunkt auf Fotografien und Porträts. Die Frisuren der Politiker aus dem 19. Jh. sind auf jeden Fall einen Blick wert.

Zona 2

Nördlich der Zona 1 schließt sich die Zona 2 an, die größtenteils ein Wohngebiet der Mittelklasse ist. An ihrem nördlichen Rand befindet sich allerdings der große Parque Minerva, der von Golf- und Sportplätzen und den Gebäuden der Universidad Mariano Gálvez umgeben ist.

PARQUE MINERVA

Minerva, die römische Göttin der Weisheit, des Gewerbes und des Handwerks, zählte zu den Lieblingen von Präsident Manuel Estrada Cabrera. Ihr Park ist ein angenehmer Ort, in dem man wunderbar zwischen Eukalyptusbäumen schlendern und ein kühles Getränk genießen kann. Man sollte sich aber vor Trick- und Handtaschendieben in Acht nehmen.

Die bedeutendste Sehenswürdigkeit hier ist die **Mapa en Relieve** (Av Simeón Cañas Final; www.mapa-enrelieve.org; Eintritt 25 Q; 🕒 9–17 Uhr), eine riesige Relief-Karte von Guatemala, die 1904 unter der Leitung von Francisco Vela angefertigt wurde. Sie zeigt das Land im Maßstab 1:10000, die Höhe des Gebirgsterrains wurde jedoch auf 1:2000 „aufgeblasen", um das Ganze etwas dramatischer zu gestalten. Es fällt auf, dass auch Belize auf der Karte zu sehen ist – das liegt daran, dass die meisten Guatemalteken es noch immer als guatemaltekisches Territorium betrachten. Die Mapa en Relieve und der Parque Minerva liegen 2 km nördlich des Parque Central an der 6a Av, die allerdings eine Einbahnstraße in Richtung Süden ist.

Rund um das Centro Cívico

Der Komplex des Gemeindezentrums wurde in den 1950er- und 1960er-Jahren erbaut und erstreckt sich rund um die Schnittstelle der Zonas 1, 4 und 5. Hier befinden sich der Justizpalast, die Hauptstelle des Instituts für Soziale Sicherheit in Guatemala (IGSS), die Banco del Quetzal, das Rathaus und das Inguat-Hauptbüro. Das Gebäude der Banco del Quetzal zieren Reliefs von Dagoberto Vásquez, die die Geschichte seines Heimatlandes erzählen. Im Rathaus ist ein riesiges Mosaik von Carlos Mérida zu sehen.

Auf einem Hügel gegenüber vom Centro Cívico befindet sich das **Centro Cultural Miguel Ángel Asturias** (www.teatronacional.com.gt; 24a Calle 3-81,

Zona 1), in dem das Nationaltheater, ein Kammertheater, ein Freilufttheater und ein kleines Museum untergebracht sind, das alte Rüstungen zeigt.

Der Stadtteil ist ferner vor allem für die Fußgängerzone **Cuatro Grados Norte** (Vía 5 zw. Rutas 1 & 3, Zona 4) bekannt – ein paar autofreie Blocks voller Restaurants, Bars und Kulturzentren.

Zona 10

Östlich der Av La Reforma gelegen, beherbergt die schicke Zona 10 zwei der wichtigsten Museen der Stadt, die beide in großen neuen Gebäuden in der Universidad Francisco Marroquín untergebracht sind.

Das **Museo Ixchel del Traje Indígena** (☎ 2331-3739; www.museoixchel.org; 6a Calle Final; Eintritt 20 Q; Mo–Fr 8–18, Sa 9–13 Uhr) ist nach Ixchel benannt, der Frau des Mayahimmelgottes Itzamná und u. a. Göttin des Mondes, der Frauen, der Fortpflanzung und der Textilien. Fotografien und Ausstellungsstücke indigener Gewänder, Textilien und anderer Kunsthandwerksstücke zeigen die unglaubliche Vielfalt der traditionellen Hochlandkunst. Wer sich für lateinamerikanische Textilien interessiert, muss dieses Museum unbedingt besuchen.

Dahinter befindet sich das **Museo Popol Vuh** (☎ 2361-2301; www.popolvuh.ufm.edu; 6a Calle Final; Erw./Kind 20/6 Q; Mo–Fr 9–17, Sa 9–13 Uhr), in dem gut ausgewählte bunte Keramiken, Figurinen, Räuchergefäße, Graburnen, geschnitzte Holzmasken und traditionelle Textilien mehrere Ausstellungsräume füllen. In den weiteren Räumen warten koloniale Gemälde und Holz- und Silberartefakte. Eine originalgetreue Kopie des Dresdner Kodexes, eines der wertvollen „gemalten Bücher" der Maya, zählt zu den interessanteren Exponaten. Fazit: eine bedeutsame Sammlung, besonders angesichts ihres präkolumbischen Schwerpunkts.

Die Universidad de San Carlos de Guatemala hat einen großen, herrlich grünen **Jardín Botánico** (Botanischer Garten; Calle Mariscal Cruz 1-56; Eintritt 10 Q; Mo–Fr 8–15.30, Sa 8–12 Uhr) am Nordrand der Zona 10. Im Eintritt inbegriffen ist das **Museo de Historia Natural** (Naturgeschichtliches Museum) der Universität, das sich ebenfalls auf dem Gelände befindet.

Sonntags kann man beim **Pasos y Pedales** (So 10–15 Uhr) vorbeischauen, einem wunderbaren Gemeindeprojekt, bei dem die Av de las Americas (Zona 10) und ihre Verlängerung, die Av la Reforma in Zona 13, auf 3 km Länge für den Verkehr gesperrt sind und von Jongleuren, Clowns, Inlinern, Spaziergängern mit Hunden, Essensverkäufern, Tai-Chi-Klassen, Skateparks und Kinderspielplätzen beschlagnahmt werden. Man kann wunderbar flanieren oder sich entlang der Straße Fahrräder oder Inliner ausleihen und eine sehr entspannte, gesellige Seite der Stadt kennenlernen, die sich sonst nur selten zeigt.

Zona 13

Die Hauptattraktion der südlichen Ausläufer der Stadt ist der Parque Aurora, in dem ein Zoo, Kinderspielplätze, Rummelplätze und verschiedene Museen warten. Eines dieser Museen ist das maurisch anmutende **Museo Nacional de Arqueología y Etnología** (☎ 2475-4399; www.munae.gob.gt; Sala 5, Finca La Aurora; Eintritt 60 Q; Di–Fr 9–16, Sa & So 9–12 & 13.30–16 Uhr), das eine Sammlung mit Maya-Artefakten aus allen Teilen Guatemalas zeigt, u. a. Steinschnitzereien, Jade-Arbeiten, Keramiken, Statuen, Stelen und ein Grab. Modelle zeigen die Ruinen von Tikal und Zaculeu. In den Ausstellungen in der ethnologischen Abteilung erfahren Besucher viel Wissenswertes über die diversen indigenen Völker und Sprachen Guatemalas, wobei der Schwerpunkt auf traditionellen Gewändern, Tänzen und Alltagsgegenständen liegt.

Gegenüber steht das **Museo Nacional de Arte Moderno** (☎ 2472-0467; Sala 6, Finca La Aurora; Eintritt 50 Q; Di–Fr 9–16, Sa & So 9–12 & 13.30–16 Uhr), in dem eine Sammlung guatemaltekischer Kunst aus dem 20. Jh. zu sehen ist, hauptsächlich Gemälde und Skulpturen.

Ganz in der Nähe befindet sich das **Museo Nacional de Historia Natural Jorge Ibarra** (☎ 2472-0468; 6a Calle 7-30; Eintritt 50 Q; Di–Fr 9–16, Sa & So 9–12 & 14–16 Uhr), das sich mit seiner großen Sammlung an Tierpräparaten ein Stückchen Ruhm sichern möchte. Ein paar 100 m östlich dieser Museen trifft man auf den offiziellen Kunsthandwerkermarkt der Stadt: Der **Mercado de Artesanías** (Kunsthandwerkermarkt; ☎ 2472-0208; Ecke 5a Calle & 11a Av; 9.30–18 Uhr) liegt etwas abseits der Zufahrtsstraße zum Flughafen. An dem verschlafenen Ort bieten die Händler dieselben Sachen feil, die auch in den Geschenkläden der Hotels erhältlich sind.

Der **La Aurora Zoo** (☎ 2472-0894; www.aurorazoo.org.gt; 5a Calle; Erw./Kind 20/10 Q; Di–So 9–17 Uhr) ist ein ziemlich hübsch gestalteter Zoo, die schöne, parkähnliche Anlage allein ist schon den Eintrittspreis wert.

Etwa zehn Autominuten vom Flughafen entfernt befindet sich der **X-Park** (☎ 2380-2080;

www.xpark.net; Av Hincapié, bei Km 11,5; Eintritt 15 Q; Di–Fr 11–19, Sa 10–21, So 10–19 Uhr), ein sehr gut umgesetzter „Abenteuer-Sport-Park". Ein Taxi aus der Zona 10 hierher sollte um die 30 Q kosten.

SCHLAFEN

Zona 1

Traveller mit knapper Kasse steuern in der Regel direkt auf die Zona 1 zu. Die Preise in Guate sind höher als im Rest des Landes, doch es gibt dennoch ein paar Schnäppchen zu ergattern. Viele der günstigeren Unterkünfte der Stadt sind zehn bis 15 Fußminuten vom Parque Central entfernt.

Hotel Fenix (2251-6625; 15a Calle 6-56; EZ/DZ 70/100 Q) Das klassische Budget-Hotel der Zona 1 hat ein neues Zuhause gefunden, von seinem früheren Standort gleich um die Ecke. Das neue Gebäude hat mehr Flair als das alte, die Zimmer sind aber immer noch sehr günstig.

Hotel Ajau (2232-0488; hotelajau@hotmail.com; 8a Av 15-62; EZ/DZ 150/190 Q, ohne Bad 70/110 Q; P) Für alle, die aus Cobán kommen oder dorthin wollen, ist das Ajau die logische Wahl, da es sich direkt neben der Bushaltestelle Monja Blanca befindet. Mit seinen hübsch polierten Bodenfliesen und den kühlen, sauberen Zimmern ist es auf jeden Fall ein recht nettes Schnäppchen.

Hotel Quality Service (2251-8005; www.qualityguate.com; 8a Calle 3-18; EZ/DZ inkl. Frühstück 170/230 Q; P) Das Hotel versprüht ein angenehm altmodisches Flair, das perfekt zu den angemessen modernen Zimmern passt. Die erste Wahl in Parknähe.

Hotel Spring (2230-2858; www.hotelspring.com; 8a Av 12-65; EZ/DZ ab 180/260 Q, ohne Bad EZ/DZ 110/140 Q; P) In einem schönen Hof gelegen. Das Spring besitzt viel mehr Stil als andere Hotels in der Zona 1. Es liegt zentral und bietet ruhige, sonnige Innenhöfe. Die 43 Zimmer fallen sehr unterschiedlich aus, die meisten sind jedoch hoch, geräumig und sauber. Wer Zeit hat, sollte sich erst mal umschauen. Alle Zimmer haben Kabelfernsehen. Es lohnt sich, vorab zu buchen.

Folgende Adressen sind auch o. k.:

Hotel Capri (2232-8191; 9a Av 15-63; EZ/DZ 120/170 Q, ohne Bad 80/120 Q; P) Ein modernes, vierstöckiges Haus in anständiger Lage. Am besten nimmt man ein Zimmer abseits der lauten Straße vorne.

Chalet Suizo (2251-3786; www.hotelchaletsuizo.com; 7a Av 14-34; EZ/DZ 150/200 Q, ohne Bad 100/150 Q; P) Geräumige, einfache Zimmer in einem modernen Gebäude. Angesichts des Preises kann man nicht meckern.

Zonas 10 & 13

Xamanek Inn (2360-8345; www.mayaworld.net; 13a Calle 3-57, Zona 10; B/DZ inkl. Frühstück 120/280 Q;) Das gemütliche kleine Hostel ist eine willkommene Alternative in der oft überteuerten Zona Viva. Die Schlafsäle sind geräumig und luftig, Frauen und Männer schlafen getrennt. Im Preis ist die Benutzung eines Internetrechners inbegriffen. Es gibt eine Bücherbörse, man kann die Küche nutzen und hinten lockt ein freundlicher kleiner Hof.

In einer Mittelklasse-Wohngegend in Zona 13 schießen Pensionen wie Pilze aus dem Boden. Sie liegen praktisch nahe am Flughafen – man kann sich dort abholen oder absetzen lassen. Hier draußen gibt's keine Restaurants, die Pensionen bieten jedoch Frühstücke an und man kann aus dem kompletten Spektrum der Fastfood-Bringdienste wählen.

Patricia's Guesthouse (2261-4251; www.patriciashotel.com; 19 Calle 10-65, Zona 13; EZ/DZ 130/260 Q, ohne Bad 115/230 Q, inkl. Frühstück; P) Entspannt und gemütlich, mit süßem kleinen Hinterhof, in dem die Gäste abhängen können. Mit privatem Fahrdienst durch die Stadt und zu Bushaltestellen.

Hostal Los Lagos (2261-2809; www.loslagoshostal.com; 8a Av 15-85, Zona 13; B 160 Q, EZ/DZ 250/500 Q, inkl. Frühstück; P) Die Option in Flughafennähe, die am ehesten einem Hostel gleicht. Die Schlafsäle sind luftig und geräumig, zudem gibt es ein paar private Zimmer zu vernünftigen Preisen.

ESSEN

Dank etlicher Fastfood-Läden und Imbisse ist günstiges Essen leicht zu finden. Wer wirklich Geld sparen will, sollte den Parque Concordia in Zona 1 ansteuern, der von der 5a und 6a Av und der 14a und 15a Calle begrenzt wird. An der Westseite des Platzes verkaufen Stände von frühmorgens bis spätabends spottbillige Sandwiches und Snacks. Edle Restaurants sind in Zona 10 versammelt.

Zona 1

Dutzende von Restaurants und Fastfood-Läden reihen sich in der 6a Av und deren Nebenstraßen zwischen der 8a und 15a Calle aneinander.

Restaurante Rey Sol (11a Calle 5-51; Hauptgerichte 20–30 Q; Mo–Sa 8–17 Uhr; V) Gute, frische Zutaten und eine der innovativsten Küchen sorgen dafür, dass das streng vegetarische Restaurant zur Mittagszeit immer voll ist.

Café de Imeri (6a Calle 3-34; Hauptgerichte 27–40 Q; Di–Sa 8–19 Uhr) Völlig anders als der Großteil

GUATEMALA

der Restaurants in Zona 1. Das Café serviert interessantes Frühstück, Suppen und Pasta. Die Liste der Sandwiches ist eindrucksvoll, hinten befindet sich ein wunderschöner kleiner Innenhof.

Café-Restaurante Hamburgo (15a Calle 5-34; Menüs 30–50 Q; 7–21.30 Uhr) Die lebhafte Option auf der Südseite des Parque Concordia serviert gute guatemaltekische Gerichte, wobei die Köche auf der einen Seite des Lokals brutzeln, während orange beschürzte Kellnerinnen um sie herumwirbeln. Am Wochenende heizt eine Marimba-Band die Atmosphäre an.

Restaurante Long Wah (6a Calle 3-70; Hauptgerichte 40–60 Q; 11–22 Uhr) Freundlicher Service und dekorativ rot gestrichene Bögen – das Lang Wah ist eine der besten Adressen unter den chinesischen Restaurants der Zona 1. Die meisten finden sich in den Blocks westlich des Parque Centenario.

Bar-Restaurante Europa (Local 201, Edificio Testa, Ecke 5a Av & 11a Calle; Hauptgerichte 40–60 Q; Mo–Sa 8–20.30 Uhr) Das gemütliche, entspannte Bar-Restaurant hat preiswertes Essen – besonders lecker sind das Hühnchen-Cordon-Bleu zum Abendessen oder die Eier mit Kartoffelpuffern, Speck und Toast zum Frühstück.

Picadily (Ecke 6 Av & 11a Calle; Hauptgerichte 40–80 Q; mittags & abends) Mitten im Herzen des Geschehens auf der 6a Av. Das geschäftige Restaurant tischt ordentliche Pizzas und Nudelgerichte und gute Steakteller auf. Das Lokal ist sauber, der Blick durch die großen Fenster raus auf die Straße faszinierend.

Zona 4

La Esquina Cubana (Ecke Vía 5 & Ruta 1, Cuatro Grados Norte; Hauptgerichte 30–60 Q; Di–So mittags & abends) Wer Lust auf authentisch kubanisches Essen hat und dieses mit ein paar sehr leckeren Mojitos kombinieren möchte, sollte in dem entspannten kleinen Lokal hinter einem Parkplatz vorbeischauen.

Del Paseo (Vía 5 1-81, Cuatro Grados Norte; Hauptgerichte 50–100 Q; Di–So mittags & abends) Das geräumige, künstlerisch angehauchte Bistro bereitet gute mediterrane Essen zu. Ein Glas Wein kostet 30 Q.

Kabala (Vía 5, Cuatro Grados Norte; Hauptgerichte 60–120 Q; Di–So mittags & abends) Dieses Fusion-Lokal ist das beste japanische Restaurant weit und breit (auch wenn wir nicht ganz sicher sind, was hier womit fusioniert). Später am Abend dient es auch als Bar, in der man sich Cocktails schmecken lassen kann.

Zona 10

Eine Reihe oft namenloser *comedores* (einfache Lokale) gegenüber dem Einkaufszentrum Los Proceres haben das billigste Essen in der Zona 10. Hier findet man keine schicken Läden – nur gute, sättigende Gerichte zu Tiefstpreisen.

Panes del Sol (1 Av 10-50; Hauptgerichte 20–40 Q; mittags & abends) Guatemaltekische Hausmannskost in mehr oder weniger steifer Umgebung ist in Zona 10 manchmal schwer zu finden, aber hier gibt es sie zu günstigen Preisen. Die Tische stehen im Lokal neben einem *kiosko* (kleiner Laden)

Cafetería Patsy (Av La Reforma 8-01; Mittagsmenüs 25 Q; 7.30–20 Uhr) Ein heller, freundlicher Laden, der bei den Büroangestellten der Gegend beliebt ist. Diese lassen sich mit belegten Brötchen, Sandwiches und günstigen Menüs verköstigen.

Kakao (2a Av 13-44; Hauptgerichte 60–150 Q; Di–So mittags & abends) Unter einem *palapa* (mit Palmblättern gedecktes Überdach) werden die Gerichte im Kakao, dem besten *típica*-Restaurant der Zona 10, zu sanften Marimba-Klängen serviert. Atmosphäre wie Essen sind wirklich ausgezeichnet.

AUSGEHEN & UNTERHALTUNG

Zona 1

Es sicher nicht ratsam, auf den dunklen Straßen der Zona 1 von Bar zu Bar zu ziehen. Zum Glück befinden sich innerhalb eines Blocks südlich des Parque Central eine Reihe guter Kneipen.

Las Cien Puertas (Pasaje Aycinena 8-44, 9a Calle 6-45) Diese unverkrampft ultrahippe kleine Bar ist ein Treffpunkt für alle möglichen kreativen Typen der Gegend und andere bunte Vögel. Sie befindet sich in einer schäbigen Arkade aus der Kolonialzeit, in der manchmal Livebands spielen.

El Gran Hotel (www.elgranhotel.com.gt; 9a Calle 7-64) Die eher bescheidene, aber renovierte Lobby des klassischen ehemaligen Hotels ist eine der attraktiveren Bars der Innenstadt. Hier gibt's die ganze Woche über Poetry-Slams, Livemusik und Filmabende – Näheres auf der Website.

El Portal (Portal del Comercio, 6a Av; Mo–Sa 10–22 Uhr) Die stimmungsvolle alte Kneipe serviert feines Bier vom Fass (ca. 15 Q/Krug) und kostenlose Tapas. Che Guevara war einst Stammgast. Man findet den Laden ein paar Schritte südlich des Parque Central in der 6a Av; Zugang über die Arkade Portal del Comercio.

SCHWULEN- & LESBENSZENE: GUATEMALA-STADT

Vorsicht, die Szene hält nicht das, was unserer Überschrift gerecht werden würde: Es gibt zwar ein paar erwähnenswerte Läden für Männer, aber so gut wie keine für Frauen.

Genetic (Ruta 3 No 3-08, Zona 4; Fr & Sa 21–1 Uhr) Das ehemalige Pandora's Box ist seit den 1970er-Jahren das Zuhause der schwul-lesbischen Gemeinde Guatemalas. Dennoch ist das Publikum des Genetic sehr gemischt, da es zu den besten Trance- und Dance-Schuppen der Stadt gehört. Auf den zwei Ebenen und der Dachterrasse herrscht eine entspannte Atmosphäre. Freitags „All you can drink".

Black & White Lounge (www.blackandwhitebar.com; 11a Calle 2-54, Zona 1; Mi–Sa 19–1 Uhr) Eine etablierte schwule Diskobar in einem ehemaligen Privathaus nahe der Innenstadt; oft mit Strippern.

Club SO36 (www.clubso36.com; 5a Calle 1-24, Zona 1; 16–22 Uhr) Eine Mischung aus Bar, Stripclub und Schwulenkino.

Zona 10

Der beste Ort für eine Kneipentour ist die Ecke rund um die 2a Av und die 15a Calle. Das Angebot ist riesig, also am besten im Vorfeld erkundigen, wo wann was geht.

Bajo Fondo (15a Calle 2-55) Eine der stimmungsvolleren kleinen Bars der Gegend, mit guter Musik und gelegentlichen Jamsessions.

Zona 12

Wer wirklich authentisch feiern will, sollte mit den Studenten der USAC, der ersten öffentlichen Universität Guatemalas, auf die Piste gehen. Die Bars, die sich gleich neben dem Eingang der Uni an der Ecke 11a Av/31a Calle aneinanderreihen, versorgen ihre Gäste mit billigem Bier, lauter Musik und Fastfood. Wie Studentenbars überall sonst auf der Welt, sind sie den ganzen Tag über gut besucht und die meiste Stimmung herrscht abends und am Wochenende. Ein Taxi aus der Innenstadt hier raus sollte etwa 50 Q kosten, sofern man nicht erst spätabends aufbricht.

Livemusik

La Bodeguita del Centro (12a Calle 3-55, Zona 1; So–Do frei, Fri & Sat 25–60 Q) In Guatemala-Stadt gibt's eine lebendige kreative Szene. Dieser große, unkonventionelle Laden ist einer der besten Orte, um sich darunterzumischen. Dienstags bis sonntags spielen fast jeden Abend Bands, normalerweise ab 21 Uhr.

Rattle & Hum (4a Av & 16 Calle, Zona 10) Einer der letzten Orte in der Zona 10, wo es noch Livemusik gibt. In dem von einem Australier geführten Laden herrscht eine warmherzige, freundliche Atmosphäre.

TrovaJazz (www.trovajazz.com; Vía 6 No 3-55, Zona 4) Jazz-, Blues- und Folk-Fans sollten sich auf jeden Fall das aktuelle Programm anschauen.

Box Lounge (15a Calle 2-53) Live-DJs am Dienstag und Samstag. Einer der besten Orte der Stadt, um Guatemalas wachsende Elektro-Szene kennenzulernen.

Discotecas

La Estación Norte (Ruta 4, 6-32, Zona 4) Unter den Mega-Diskos Guates ist der „Nordbahnhof" um die Ecke vom Cuatro Grados Norte mit die interessanteste. Der Name ist Programm: Die Bar besteht aus Eisenbahnwaggons, die Tanzflächen sind Gleise. Angemessenes Styling: bisschen aufbrezeln, aber nicht übertreiben.

El Círculo (7a Av 10-33, Zona 1; Mi–Sa 19–1 Uhr) Einer der bewährtesten Tanzschuppen in der Innenstadt. Das Publikum ist überwiegend jung, die Musik besteht überwiegend aus Latino-Klängen, z. B. Salsa, Merengue und Reggaetón. Gelegentlich Livemusik.

In der Zona 10 gibt es entlang der 13a Calle und in den angrenzenden Straßen wie der 1a Av einige Clubs, die hauptsächlich Twens anziehen. Aufgrund der Exklusivität der Gegend beherrschen die Türsteher ihr „Nur für Mitglieder"-Mantra perfekt. Wer sein Glück trotzdem versuchen will, sollte sich an die üblichen Regeln halten: schick machen, vor 23 Uhr auflaufen und sicherstellen, dass die Gruppe aus mehr Frauen als Männern besteht. Vor besonderen Veranstaltungen liegen in der ganzen Stadt Flyer aus.

Hier zwei Adressen für den Anfang:

Kahlua (Ecke 15a Calle & 1a Av, Zona 10) Elektronika und hippe junge Menschen.

Mr Jerry (13a Calle 1-26, Zona 10) Salsa und Merengue.

Kunst & Kultur

Zwei sehr gute Kulturzentren im Cuatro Grados Norte veranstalten regelmäßig Theateraufführungen und andere Kunstdarbietungen. Es lohnt sich immer, dort vorbeizuschauen oder sich auf der Website zu informieren, was geboten wird.

Das englischsprachige *Revue Magazine* (www.revuemag.com) informiert ausführlich über verschiedene Veranstaltungen, konzentriert sich aber hauptsächlich auf Antigua. Die meisten Hotels haben eine Ausgabe oder wissen, wo man eine bekommt. Kostenlose spanischsprachige Zeitschriften kommen und gehen. Zur Zeit der Recherche bot *El Azar* (www.elazarcultural.blogspot.com) die besten Informationen. Sie liegt in den im Folgenden genannten Kulturzentren aus. Das Kinoprogramm und andere Veranstaltungen kann man der Zeitung *Prensa Libre* entnehmen.

IGA Cultural Center (Instituto Guatemalteco Americano; ☎ 2422-5555; www.iga.edu; Ruta 1, 4-05, Zona 4) Veranstaltet Kunstausstellungen und Theateraufführungen.

Centro Cultural de España (☎ 2385-9066; www.centroculturalespana.com.gt; Vía 5, No 1-23, Zona 4) Das spanische Kulturzentrum veranstaltet eine Reihe ausgezeichneter Events, u. a. Livemusik, Filmabende und Kunstausstellungen. Der Eintritt ist meistens frei.

Centro Cultural Miguel Ángel Asturias (☎ 2332-4041; www.teatronacional.com.gt; 24a Calle 3-81, Zona 1) Eine weitere Plattform für kulturelle Events.

SHOPPEN

Auf dem **Mercado de Artesanías** (Kunsthandwerksmarkt; ☎ 2472-0208; Ecke 5a Calle & 11a Av, Zona 13; 9.30–18 Uhr), einem verschlafenen offiziellen *mercado* in der Nähe der Museen und des Zoos, werden ähnliche Waren verkauft wie auf dem Mercado Central (S. 105). Das Gedränge ist jedoch deutlich geringer.

Modeboutiquen, Elektrowaren und andere Requisiten der modernen Welt findet man in den großen Einkaufszentren, z. B. in der **Oakland Mall** (www.oaklandmall.com.gt; Diagonal 6, 13-01, Zona 10).

Eine eher typisch guatemaltekische Erfahrung bietet ein Bummel in der Zona 1 entlang der 6a Av zwischen der 8a und 16a Calle. In der Straße drängen sich die Verkaufsstände dicht aneinander, die lautstark wirklich alles anpreisen, von DVD- und CD-Raubkopien bis zu Schuhen, Unterwäsche und Overalls. Sobald das **Plaza El Amate** (Ecke 18a Calle & 4a Av, Zona 1) seine Pforten öffnet, sollen all diese inoffiziellen Händler dorthin umziehen.

AN- & WEITERREISE

Bus

Von Guatemala-Stadt aus fahren Busse in alle Regionen des Landes, ferner steuern sie Ziele in Mexiko, Belize, Honduras, El Salvador und darüber hinaus an. Die meisten Busunternehmen haben einen eigenen Busbahnhof, einige davon befinden sich in der Zona 1. Der Stadtrat versucht seit einiger Zeit, die Fernbusunternehmen aus der Innenstadt zu verbannen – es kann also nicht schaden, sich bei Inguat (S. 100) oder im Hotel zu erkundigen, ob die angegebenen Adressen noch stimmen.

INTERNATIONALE BUSVERBINDUNGEN

Die folgenden Unternehmen bieten täglich Erste-Klasse-Busverbindungen zu internationalen Zielen an. Auf vielen Langstreckenfahrten muss man unterwegs in einer der anderen Hauptstädte Zentralamerikas übernachten, was den Gesamtpreis erhöhen kann. Abfahrtszeiten und Einzelheiten gibt's auf der jeweiligen Website.

Hedman Alas (☎ 2362-5072/6; www.hedmanalas.com; 2a Av 8-73, Zona 10) Nach Honduras, u. a. nach Copán (291 Q, 5 Std.), San Pedro Sula (374 Q, 8 Std.), La Ceiba (433 Q, 12 Std.) und Tegucigalpa (433 Q, 12 Std.).

King Quality & Comfort Lines (☎ 2369-7070; www.king-qualityca.com; 18a Av 1-96, Zona 15) Nach San Salvador (El Salvador; 210 Q, 5 Std.), Managua (Nicaragua; 460–740 Q, 14 Std.), San José (Costa Rica; 625–1200 Q, 30 Std.), Tegucigalpa (Honduras; 516–824 Q, 36 Std.) und San Pedro Sula (Honduras; 616–933 Q, 30 Std.).

Línea Dorada (☎ 2415-8900; www.lineadorada.com.gt; Ecke 10a Av & 16 Calle, Zona 1) Nach Belize City (Belize; 350 Q, 15 Std.), Chetumal (Mexiko; 415 Q, 23 Std.) und Tapachula (Mexiko; 150 Q, 7 Std.).

Pullmantur (☎ 2367-4746; www.pullmantur.com; Holiday Inn, 1a Av 13-22, Zona 10) Nach San Salvador (El Salvador; 290 Q, 4½ Std.) und Tegucigalpa (Honduras; 516 Q, 10½ Std.).

Rutas Orientales (☎ 2253-7282; www.rutasorientales.com; 21 Calle 11-60, Zona 1) Nach San Pedro Sula (Honduras; 200 Q, 9 Std.).

Tica Bus (☎ 2473-0633; www.ticabus.com; Calz Aguilar Batres 22-55, Zona 12) Nach San Salvador (El Salvador; 125 Q, 5 Std.), Tapachula (Mexiko; 125 Q, 5 Std.), Tegucigalpa (Honduras; 250 Q, 35 Std.), Managua (Nicaragua; 430 Q, 28–35 Std.), San José (Costa Rica; 566 Q, 53–60 Std.) und Panama-Stadt (Panama; 790 Q, 76 Std.).

Transportes Galgos Inter (☎ 2232-3661; www.transgalgosinter.com.gt; 7a Av 19-44, Zona 1) Nach Tapachula (Mexiko; 205 Q, 5–7 Std.); Anschlussverbindungen in Richtung Norden bis in die USA möglich.

INLANDSTRECKEN MIT PULLMAN-BUSSEN

Die folgenden Busunternehmen bieten Pullman-Verbindungen zu verschiedenen Zielen innerhalb Guatemalas an. Alleinreisen-

PULLMAN-BUSSE AB GUATEMALA-STADT (INLANDSTRECKEN)

Ziel	Preis (Q)	Dauer (Std.)	Abfahrt	Häufigkeit	Unternehmen
Antigua	40	1	14 & 18 Uhr	2-mal tgl.	Litegua
	50	1	19 Uhr	1-mal tgl.	Hedman Alas
Biotopo del Quetzal	43	3½	4–17 Uhr	halbstündl.	Monja Blanca
Chiquimula	35	3	4.30–18 Uhr	stündl.	Rutas Orientales
Cobán	50	4½	4–17 Uhr	halbstündl.	Monja Blanca
El Carmen	65	7	12.15–18.30 Uhr	halbstündl.	Fortaleza del Sur
Esquipulas	50	4½	4.30–17.30 Uhr	halbstündl.	Rutas Orientales
Flores/Santa Elena	110	10	nonstop	stündl.	Fuente del Norte
	150–190	8	10–21 Uhr	3-mal tgl.	Línea Dorada
	120	10	6 & 21 Uhr	2-mal tgl.	Rapidos del Sur
	150	8	21 & 22 Uhr	2-mal tgl.	ADN
Huehuetenango	65	5	12 & 16 Uhr	2-mal tgl.	Los Halcones
	90	5	6.30 & 22.30 Uhr	2-mal tgl.	Línea Dorada
La Mesilla	130	7	6.30 & 22.30 Uhr	2-mal tgl.	Línea Dorada
Melchor de Mencos	125–170	11	21 & 22 Uhr	2-mal tgl.	Fuente del Norte
Panajachel	40	3	5.15 Uhr	1-mal tgl.	Transportes Rebuli
Poptún	115	8	11.30, 22.30 & 23 Uhr	3-mal tgl.	Línea Dorada
Puerto Barrios	60–90	5	3.45–19 Uhr	halbstündl.	Litegua
Quetzaltenango	65	4	8.30–14.30 Uhr	4-mal tgl.	Transportes Galgos
	60	4	6.15–17.30 Uhr	4-mal tgl.	Transportes Álamo
	70	4	4 & 14.30 Uhr	2-mal tgl.	Línea Dorada
	55	4	6.30–17 Uhr	stündl.	Transportes Marquensita
Retalhuleu	70	3	9.30–19.30 Uhr	5-mal tgl.	Fuente del Norte
Río Dulce	60	4	6–16.30 Uhr	halbstündl.	Litegua
Sayaxché	135	11	17.30 & 19 Uhr	2-mal tgl.	Fuente del Norte
Tecún Umán	55	6	6–18 Uhr	stündl.	Fortaleza del Sur

de Frauen sollten den Warnhinweise auf S. 98 beherzigen.

ADN (☎ 2251-0050; www.adnautobusesdelnorte.com; 8a Av 16-41, Zona 1) Nach Flores.

Fortaleza del Sur (☎ 2230-3390; Calz Raúl Aguilar Batres 4-15, Zona 12) Ist an der Pazifikküste unterwegs.

Fuente del Norte (☎ 2238-3894; www.autobusesfuentedelnorte.com; 17a Calle 8-46, Zona 1) Bedient das gesamte Land.

Hedman Alas (☎ 2362-5072/6; www.hedmanalas.com; 2a Av 8-73, Zona 10) Nach Antigua.

Línea Dorada (☎ 2415-8900; www.lineadorada.com.gt; Ecke 10a Av & 16 Calle, Zona 1) Luxusbusse in die Regionen Petén, Quetzaltenango, Huehuetenango, Río Dulce usw.

Litegua (☎ 2220-8840; www.litegua.com; 15a Calle 10-40, Zona 1) Fährt in den Osten und nach Antigua.

Los Halcones (☎ 2432-5364; Calz Roosevelt 37-47, Zona 11) Nach Huehuetenango.

Monja Blanca (☎ 2238-1409; www.tmb.com.gt; 8a Av 15-16, Zona 1) Nach Cobán und zu Orten entlang der Strecke dorthin.

Rapidos del Sur (☎ 2232-7025; 20 Calle 8-55, Zona1) An die Pazifikküste und nach El Petén.

Rutas Orientales (☎ 2253-7282; www.rutasorientales.com; 21 Calle 11-60, Zona 1) Deckt den Osten ab.

Transportes Álamo (☎ 2471-8646; 12 Av ‚A' 0-65, Zona 7) Nach Quetzaltenango.

Transportes Galgos Inter (☎ 2253-4868; www.transgalgosinter.com.gt; 7a Av 19-44, Zona 1) Nach Quetzaltenango.

Transportes Marquensita (☎ 2451-0763; 1a Av 21-31, Zona 1) Nach Quetzaltenango.

Transportes Rebuli (☎ 2230-2748; www.toursrebusa.com; 23a Av 1-39, Zona 7) Nach Panajachel.

Abfahrtszeiten der Pullman-Busse

Details zu den Inlandsstrecken mit Pullman-Bussen ab Guatemala-Stadt finden sich in der Tabelle auf S. 111.

2.-KLASSE-BUSSE

Die Tabelle auf S. 112 listet alle Verbindungen der 2. Klasse („Hühnerbusse") auf. Die meisten Busse an die Pazifikküste fahren im Centra Sur ab, einem großen Terminal in einem der südlichen Vororte der Stadt, das aus

2.-KLASSE-BUSSE AB GUATEMALA-STADT

Ziel	Preis (Q)	Dauer (Std.)	Abfahrt	Häufigkeit	Fährt von
Antigua	5	1	7–20 Uhr	alle 5 Min.	Calz Roosevelt zw. 4a Av & 5a Av, Zona 7
Chichicastenango	12	3	5–18 Uhr	stündl.	*parada*, Zona 8
Ciudad Pedro de Alvarado	25	2 ½	5–16 Uhr	halbstündl.	Centra Sur
Escuintla	15	1	6–16.30 Uhr	halbstündl.	Centra Sur
Huehuetenango	50	5	7–17 Uhr	halbstündl.	*parada*, Zona 8
La Democracia	20	2	6–16.30 Uhr	halbstündl.	Centra Sur
La Mesilla	75	8	12 Uhr	1-mal tgl.	*parada*, Zona 8
Monterrico	40	4	10.20–14 Uhr	stündl.	Centra Sur
Panajachel	30	3	7–17 Uhr	halbstündl.	*parada*, Zona 8
Salamá	30	3	5–17 Uhr	stündl.	17a Calle 11-32, Zona 1
San Pedro La Laguna	35	4	14, 15 & 16 Uhr	3-mal tgl.	*parada*, Zona 8
Santa Cruz del Quiché	35	3 ½	5–17 Uhr	stündl.	*parada*, Zona 8
Santiago Atitlán	25	4	4–17 Uhr	halbstündl.	*parada*, Zona 8
Tecpán	7	2	5.30–19 Uhr	alle 15 Min.	*parada*, Zona 8

der Innenstadt mit Transmetro-Bussen (s. Kasten S. 113) zu erreichen ist. Busse ins westliche Hochland fahren in der Zona 8 an einer Reihe von *paradas* (Bushaltestellen) entlang der 41a Calle zwischen der 6a und 7a Av ab.

Flugzeug

Der **Aeropuerto Internacional La Aurora** (Code GUA; ☎ 2321-5050) von Guatemala-Stadt ist der wichtigste Flughafen des Landes. Sämtliche internationalen Flüge nach Guatemala-Stadt landen und starten hier. Zum Zeitpunkt der Recherche hatten die einzigen *planmäßig verkehrenden* Inlandsflüge ab Guatemala-Stadt Flores zum Ziel: **Grupo TACA** (☎ 2470-8222; www.taca.com; Hotel Intercontinental, 14a Calle 2-51, Zona 10) hat täglich zwei Hin- und Rückflüge (einer morgens, einer nachmittags) im Flugplan; an vier Vormittagen in der Woche geht zusätzlich eine Maschine, die von Flores nach Cancún (Mexiko) weiterfliegt und nachmittags über Flores wieder zurückkehrt. **TAG** (☎ 2380-9401; www.tag.com.gt; Aeropuerto Internacional La Aurora) fliegt täglich einmal, verlässt Guatemala um 6.30 Uhr und kehrt um 16.30 Uhr aus Flores zurück.

Tickets nach Flores kosten bei Grupo TACA einfach/hin & zurück etwa 1330/2245 Q, bei TAG 1150/1980 Q. Einige Reisebüros, besonders in Antigua, bieten satte Rabatte für diese Flüge an.

Shuttle-Minibusse

Tür-zu-Tür-Minibusse fahren vom Flughafen zu jeder Adresse in Antigua (normalerweise pro Pers. & Std. 80 Q); nach den Schildern in der Ausgangshalle des Flughafens oder Personen Ausschau halten, die Schilder mit der Aufschrift „Antigua Shuttle" hochhalten. Der erste Shuttle verlässt Antigua gegen 7 Uhr, der letzte gegen 20 Uhr oder 21 Uhr. Außerdem werden von Reisebüros in Antigua Shuttle-Verbindungen von Guatemala-Stadt zu beliebten touristischen Zielen wie Panajachel und Chichicastenango (via Antigua; jeweils um die 180 Q) angeboten; Kontaktdaten s. S. 115.

UNTERWEGS VOR ORT

Bus

Angesichts der in alarmierendem Ausmaß zunehmenden und oft gewalttätigen Verbrechen, die sich in den roten Stadtbussen in Guatemala-Stadt ereignen, wird Touristen von nahezu allen Seiten empfohlen, auf diese nur im äußersten Notfall zurückzugreifen. Die große Ausnahme ist das TransMetro-Netz mit seinen grünen Gelenkbussen (s. Kasten, S. 113). All dies könnte sich jedoch ändern, wenn bis Ende des Jahres 2010 ein neues System mit kameraüberwachten Prepaid-Bussen namens Transurban in Betrieb genommen wird – auch wenn Kritiker dagegenhalten, die neuen Busse seien auch nicht anders als die alten. Ob man nun einsteigt oder es bleiben lässt – wenn man sich länger in Guatemala-Stadt und besonders in der Zona 1 aufhält, werden die Busse bald ein nicht wegzudenkender Bestandteil des persönlichen Alltags sein, dröhnen sie doch in großer Anzahl durch die Straßen und spucken

TRANSMETRO

Anfang 2007 packte die Stadtverwaltung die Probleme rund um die Stadtbusse (Sicherheit, Überlastung) an und brachte das TransMetro-System auf den Weg. TransMetro-Busse unterscheiden sich von den alten roten Vehikeln in einigen Punkten: Man muss für die Fahrt vorab bezahlen (der Fahrer hat kein Geld dabei, um das Überfallrisiko zu verringern), die Busse sind auf eigenen Fahrspuren unterwegs und geraten so nicht in Staus, sie halten nur an ausgewiesenen Stationen und sind neu, komfortabel und auffällig grün.

Die erste neu eröffnete Strecke verbindet das Centro Cívico in Zona 4 mit dem Centra Sur, einem neuen Busbahnhof, an dem nun die meisten Busse in Richtung Pazifikküste abfahren. Zum Zeitpunkt der Recherche stand die Strecke Central Corridor, die die Zona 1 mit den Zonas 9 und 10 verbindet, kurz vor ihrer Einweihung.

Die Kriminalität hat in Guates normalen roten Bussen so überhandgenommen, dass Traveller davon abgeraten wird, sie zu benutzen. Die TransMetro-Busse sind jedoch sicher, schnell und komfortabel. Alle Fahrten kosten 1 Q, zu zahlen an der Bushaltestelle vor dem Einsteigen. Wer kostenlos einen der Busse testen möchte, kann sonntags mit dem SubiBaja-Bus (s. S. 101) fahren.

dicke schwarze Rauchwolken aus. Auch Jets, die tief über die Innenstadt fliegen, tragen zur Intensität dieser Kakofonie bei.

Busse halten überall, wo sie einen Fahrgast erspähen, an Straßenecken und Ampeln kann man sie jedoch am besten heranwinken – einfach die Hand raushalten. Tagsüber kostet eine Busfahrt 1,10 Q: Bezahlt wird beim Einsteigen direkt beim Fahrer oder seinem Assistenten. Nachts auf Busfahrten verzichten!

Ein bisschen Nervenkitzel gefällig? Dann sind hier die nützlichsten Routen genannt:

Zona 1–Zona 10 (Bus 82 od. 101) Fährt entlang der 10a Av, dann über die 6a Av und die Ruta 6 in der Zona 4 und auf der Av La Reforma.

Zona 10–Zona 1 (Bus 82 od. 101) Fährt über die Av La Reforma, dann entlang der 7a Av in der Zona 4 und der 9a Av in der Zona 1.

Flughafen–Zona 1 (Bus 82) Fährt durch die Zonas 9 und 4.

Zona 1 zum Flughafen (Bus 82) Fährt über die 10a Av, Zona 1, und dann entlang der 6a Av in den Zonas 4 und 9.

Taxi

Zahlreiche Taxis fahren durch die meisten Bezirke der Stadt. Preise sind Verhandlungssache; man sollte Ziel und Preis immer vor dem Einsteigen festlegen. Fahrten von der Zona 1 in die Zona 10 – oder umgekehrt – kosten etwa 40 bis 60 Q. Wer sich ein Taxi bestellen möchte: **Taxi Amarillo Express** (☎ 2232-1515) hat Taxis mit Taxameter, die oft günstiger sind als die Konkurrenz, auch wenn alle waschechten *capitaleños* (Hauptstadtbewohner) felsenfest der Meinung sind, dass die Taxameter ohnehin alle manipuliert seien und man mit Feilschen viel billiger fahre.

ANTIGUA

58 150 Ew.

Guatemalas touristisches Vorzeigestück ist bei Weitem nicht *nur* eine gewöhnliche Touristenattraktion, sondern ein Ort von seltener Schönheit, immenser historischer Bedeutung und lebendiger Kultur. Ein Muss auf jeder Reiseroute.

Als ehemalige Hauptstadt – der Regierungssitz wurde nach mehreren schweren Erdbeben noch während der Kolonialzeit nach Guatemala-Stadt verlegt – kann sich Antigua zahlreicher kolonialer Relikte in traumhafter Umgebung rühmen. Pastellfarbene Fassaden und Terrakottadächer säumen die Straßen, während drei mächtige Vulkane, Agua (3766 m), Fuego (3763 m) und Acatenango (3976 m), über die Szenerie wachen. Dank des angenehmen Klimas ist die seit 1979 zum Weltkulturerbe zählende Stadt ein idealer Ort für den einen oder anderen Spaziergang (auch wenn es nach Sonnenuntergang recht frisch werden kann). Während einige alte Kirchengebäude und städtische Bauten wunderschön renoviert wurden, haben sich andere den Charme des Niedergangs erhalten, sodass in parkähnlichen Anlagen zahlreiche Fragmente verstreut liegen, während zwischen zerbröckelnden Ruinen Bougainvilleen erblühen.

Dutzende im Ort ansässige spanische Sprachschulen haben Antigua zu einem Trendziel für Traveller aus aller Herren Länder gemacht. Es lockt mit feinen Restaurants, etlichen Unterkünften mit kolonialem Schick und einem fast schon aggressiv kosmopolitischen Nachtleben. Und dennoch: Die Anwesenheit der vielen Ausländer dominiert die Atmosphäre nicht. Stattdessen ist und bleibt Antigua eine lebendige guatemaltekische Stadt, deren Kirchen, Plätze und Märkte zu jeder Tageszeit vor pulsierender Energie nur so strotzen.

Vielleicht ist das wahre Wunder Antiguas seine Widerstandsfähigkeit. Destruktive Mächte – Erdbeben, Vulkanausbrüche und Überflutungen – verschworen sich gegen die Stadt, die praktisch völlig verlassen und jahrhundertelang vernachlässigt wurde. Und dennoch hat sich die Stadt entschlossen zurückgekämpft und durch den Stolz ihrer Einwohner neuen Auftrieb bekommen.

GESCHICHTE

La Antigua Guatemala, so der volle Name der Stadt, wurde am 10. März 1543 gegründet. 233 Jahre diente es als koloniale Hauptstadt. Erst nachdem Antigua am 29. Juli 1773 von einem Erdbeben vollkommen zerstört worden war, wurde der Regierungssitz 1776 nach Guatemala-Stadt verlegt.

Die Stadt wurde nur langsam wieder aufgebaut und hat sich einen Großteil ihres ursprünglichen Charakters erhalten. 1944 erklärte die Gesetzgebende Versammlung Antigua zum Nationaldenkmal, seit 1979 ist sie Teil des Unesco-Weltkulturerbes.

Die meisten Gebäude Antiguas wurden im 17. und 18. Jh. erbaut, als die Stadt ein wohlhabender spanischer Außenposten war und der Aufstieg der katholischen Kirche zu einer machtvollen Instanz begann. Viele schöne, mächtige Kolonialbauten sind noch immer erhalten und auch verschiedene eindrucksvolle Ruinen wurden bewahrt und der Öffentlichkeit zugänglich gemacht.

ORIENTIERUNG

Der Volcán Agua (Wasser) liegt südöstlich der Stadt und ist von den meisten Punkten aus sichtbar; der Volcán Acatenango befindet sich im Westen, der Volcán Fuego (Feuer) – an seiner Rauchfahne und dem roten Glühen leicht zu erkennen – im Südwesten. Die drei Vulkane, die auch das Stadtwappen schmücken, dienen als praktische Orientierungspunkte.

In Antigua stellen die Avenidas und Calles weitere Kompasslinien dar. Calles verlaufen von Ost nach West, die 4a Calle ist westlich des Parque Central also die 4a Calle Poniente. Avenidas führen von Norden nach Süden, die 3a Av firmiert folglich nördlich des Parque Central als 3a Av Norte.

Die meisten Busse kommen am Terminal de Buses an, einem großen offenen Platz an der 4a Calle Poniente, unmittelbar westlich des *mercado* bzw. vier Blocks westlich des Parque Central.

PRAKTISCHE INFORMATIONEN

Buchläden

Dyslexia Books (1a Av Sur 11) Vor allem Secondhand-Bücher, meistens englischsprachig.

Rainbow Reading Room (7a Av Sur 8) Tausende gebrauchter englisch- und spanischsprachiger Bücher, die man kaufen, leihen und tauschen kann.

Geld

Banco Industrial (5a Av Sur 4; 🕑 Mo–Fr 9–19, Sa 9–13 Uhr) Hat einen verlässlichen Geldautomaten und wechselt US-Dollar (bar & Reiseschecks). Ein weiterer nützlicher Geldautomat befindet sich im Café Barista (S. 126) auf der anderen Seite des Platzes.

Citibank (Ecke 4a Calle Oriente & 4a Av Norte; 🕑 Mo–Fr 9–16.30, Sa 9.30–13 Uhr) Barauszahlungen mit Visa-Karte (MasterCard wird nicht akzeptiert). Eine zweite Filiale, einen Block östlich, wechselt US-Dollar und Euro.

Visa- & MasterCard-Geldautomat (5a Av Norte) Am Parque Central.

Internetzugang

Zahlreiche erschwingliche Internetcafés werden durch WLAN in Restaurants, Cafés und an anderen Orten ergänzt – sogar am Parque Central gibt's einen Hotspot.

Conher (☎ 5521-2823; 4a Calle Poniente 5; 10 Q/Std.) Kommunikationszentrum für alle Fälle, mit Druckern, Scannern und CD-Brennern.

Funky Monkey (Monoloco, 5a Av Sur 6, Pasaje El Corregidor; pro Std. 8 Q; 🕑 8–0.30 Uhr) Das neueste unter Antiguas Internetcafés.

Medien

Das in Antigua ansässige *Revue Magazine* (www.revuemag.com) besteht etwa zu 90 % aus Werbung, enthält aber auch vernünftige Informationen zu kulturellen Veranstaltungen. Es ist überall erhältlich. *La Cuadra* (www.lacuadraonline.com), ebenfalls aus Antigua, mischt Politiknachrichten mit respektlosen Kommentaren.

Medizinische Versorgung

Farmacia Ivori Select (☎ 7832-1559; 4a Calle Poniente 33; 🕑 24 Std.) Apotheke.

Hospital Privado Hermano Pedro (☎ 7832-1197; Av de La Recolección 4; 🕑 24 Std.) Nahe dem Busbahnhof. Das Privatkrankenhaus hat eine 24-Stunden-Notaufnahme und akzeptiert auch ausländische Versicherungen.

Notfall

Asistur (☎ 5978-3586; asisturantiguaguatemala@gmail.com; 6a Calle Poniente Final; 🕑 24 Std.) Die hilfsbereite Touristenorganisation dient Touristen auch als Verbindungsglied zur Polizei.

Post

Postamt (Ecke 4a Calle Poniente & Calz de Santa Lucía Norte) Westlich des Parque Central, in der Nähe des Markts.

Reisebüros

Wohin man sich in Antigua auch wendet, man sieht Reisebüros, die Touren zu interessanten Stätten rund um die Stadt, zu anderen Orten Guatemalas sowie internationale Flüge, Shuttle-Minibusse u. v. m. anbieten. Aber Achtung: Auch wenn die Agentur Ruta Mayor am Parque Central behauptet, „von Lonely Planet geführt" zu sein, besteht keinerlei Verbindung zum Mutterschiff – tatsächlich haben wir über dieses Reisebüro mehr Beschwerden erhalten als über jedes andere in der Stadt!

Zu den renommierten Agenturen Antiguas gehören:

Adrenalina Tours (☎ 7832-1108; www.adrenalinatours.com; 5a Av Norte 31) Spezialisten für das westliche Hochland; arrangiert einfach alles, von Touren und Shuttles bis zu Inlands- und internationalen Flügen.

LAX Travel (☎ 7832-1621; laxantigua@intelnett.com; 3a Calle Poniente 12) Experte für internationale Flüge.

Onvisa Travel Agency (☎ 5909-0160; Calz de Santa Lucía Norte 7; onvisatravel@hotmail.com) Unterhält Shuttles nach Copán und in andere Orte.

National Travel (☎ 7832-8383; antigua@nationalgua.com; 6a Av Sur 1A) Bietet einfache Flüge, zum Teil auch mit Studenten- und Lehrerrabatten.

Sinfronteras (☎ 7720-4400; www.sinfront.com; 5a Av Norte 15A) Arrangiert eine Vielzahl Kultur- und Abenteuertouren, besonders für europäische Gruppen. Verkauft günstige internationale Flugtickets und gibt Studenten- und Jugendausweise aus.

Telefon

In den meisten Internetcafés sind günstige internationale Telefongespräche möglich, mit Skype dürfte es aber noch billiger sein.

Conher (☎ 5521-2823; 4a Calle Poniente 5) Verlangt 0,75 Q pro Minute nach Europa.

Touristeninformation

Antigua Guatemala: the City and its Heritage der seit Langem in Antigua lebenden Autorin Elizabeth Bell ist sicher eine lohnende Anschaffung. Das Buch beschreibt alle wichtigen Gebäude und Museen der Stadt und flicht geschickt auch Antiguas Geschichte und Feste mit ein.

Inguat (☎ 7832-3782; 2a Calle Oriente 11;info-antigua@inguat.gob.gt; 🕑 Mo–Fr 8–17, Sa & So 9–17 Uhr) In einem kolonialen Herrenhaus in der Nähe des Kapuziner-Klosters. Die Touristeninformation hat kostenlose Stadtpläne, Businformationen und ein hilfreiches, zweisprachiges Personal.

Waschsalons

Waschsalons sind leicht zu finden; die meisten verlangen 6 Q pro Pfund für Waschen, Trocknen und Zusammenlegen.

Quick Laundry (6a Calle Poniente 14; 🕑 Mo–Sa 9–18, Sa 9–14 Uhr)

GEFAHREN & ÄRGERNISSE

Normalerweise kann man sich bei einem Spaziergang durch Antigua sicher fühlen, doch auch hier ereignen sich Überfälle, sodass man dennoch wachsam bleiben sollte. Dies gilt besonders, wenn die Bars nach 1 Uhr morgens schließen und Straßenräuber auf der Suche nach beschwipsten Gästen sind. Nach 22 Uhr sollte man und besonders frau darüber nachdenken, mit dem Taxi zurück in die Unterkunft zu fahren. Taschendiebe gehen ihrem Gewerbe auf dem geschäftigen Markt nach und machen an Zahltagen zur Monatsmitte und am Monatsende Überstunden. Im Dezember (Weihnachtsgeld) schwappt eine weitere Raubwelle durch die Stadt.

Auch auf einigen abgelegeneren Wanderwegen kam es bereits zu Überfällen, aber seit die Polizeistreifen in den letzten Jahren erhöht wurden, hat die Zahl dieser Zwischenfälle abgenommen. Wer plant, auf eigene Faust zu einem der Vulkane zu wandern, sollte sich vorab bei Asistur (S. 115) über die aktuelle Lage informieren.

SEHENSWERTES

Parque Central

Die Plaza ist Treffpunkt für Einheimische und Besucher gleichermaßen und an den meisten Tagen von Dorfbewohnern gesäumt, die an Touristen Kunsthandwerk verkaufen. Sonntags herrscht auf dem Platz besonders viel Betrieb und die Straßen an der Ost- und

ANTIGUA

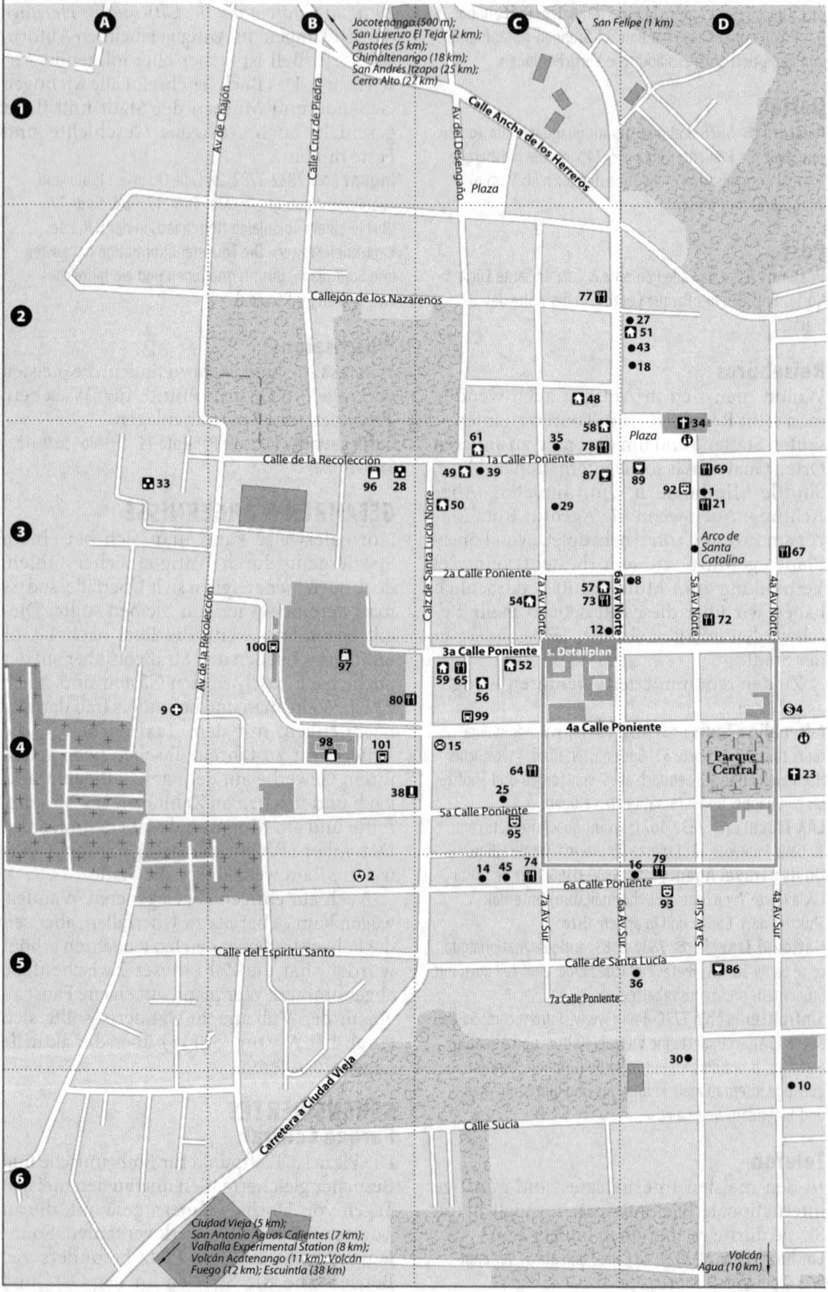

A
B
C
D
1
2
3
4
5
6
Jocotenango (500 m); San Lorenzo El Tejar (2 km); Pastores (5 km); Chimaltenango (18 km); San Andrés Itzapa (25 km); Cerro Alto (27 km)
San Felipe (1 km)
Calle Ancha de los Herreros
Av de Chajón
Calle Cruz de Piedra
Av del Desengaño
Plaza
Callejón de los Nazarenos
Calle de la Recolección
1a Calle Poniente
Plaza
Arco de Santa Catalina
2a Calle Poniente
Calz de Santa Lucía Norte
7a Av Norte
6a Av Norte
5a Av Norte
4a Av Norte
Av de la Recolección
3a Calle Poniente
s. Detailplan
4a Calle Poniente
Parque Central
5a Calle Poniente
6a Calle Poniente
7a Av Sur
6a Av Sur
5a Av Sur
4a Av Sur
Calle del Espíritu Santo
Calle de Santa Lucía
7a Calle Poniente
Carretera a Ciudad Vieja
Calle Sucia
Ciudad Vieja (5 km); San Antonio Aguas Calientes (7 km); Valhalla Experimental Station (8 km); Volcán Acatenango (11 km); Volcán Fuego (12 km); Escuintla (38 km)
Volcán Agua (10 km)

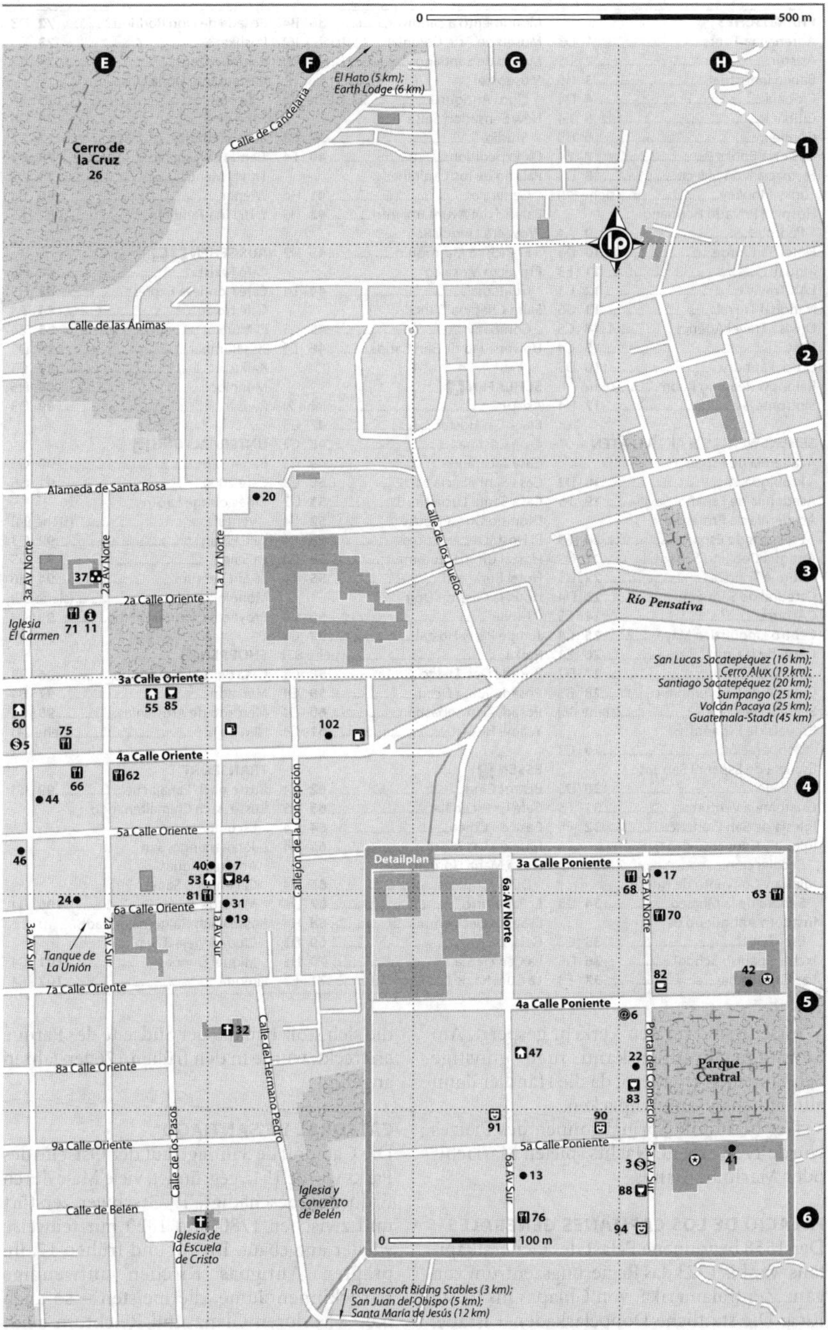
0 500 m
E
F
G
H
El Hato (5 km);
Earth Lodge (6 km)
Calle de Candelaria
Cerro de la Cruz
26
1
2
3
4
5
6
Calle de las Ánimas
Alameda de Santa Rosa
20
Calle de los Duelos
3a Av Norte
2a Av Norte
1a Av Norte
37
2a Calle Oriente
Iglesia El Carmen
71 11
Río Pensativa
San Lucas Sacatepéquez (16 km);
Cerro Alux (19 km);
Santiago Sacatepéquez (20 km);
Sumpango (25 km);
Volcán Pacaya (25 km);
Guatemala-Stadt (45 km)
3a Calle Oriente
55 85
60
75
5
102
4a Calle Oriente
66
62
44
5a Calle Oriente
46
40 7
53 84
81
31
19
24
6a Calle Oriente
Callejón de la Concepción
3a Av Sur
2a Av Sur
1a Av Sur
Tanque de La Unión
7a Calle Oriente
32
Calle del Hermano Pedro
8a Calle Oriente
9a Calle Oriente
Calle de los Pasos
Calle de Belén
Iglesia de la Escuela de Cristo
Iglesia y Convento de Belén
Ravenscroft Riding Stables (3 km);
San Juan del Obispo (5 km);
Santa María de Jesús (12 km)
Detailplan
3a Calle Poniente
6a Av Norte
68 17
63
70
5a Av Norte
42
82
4a Calle Poniente
6
47
22
Parque Central
83
Portal del Comercio
91
90
5a Calle Poniente
6a Av Sur
5a Av Sur
3
41
13
88
76
94
0 100 m

GUATEMALA

PRAKTISCHES
Adrenalina Tours 1 D3
Asistur 2 B5
Banco Industrial 3 H6
Citibank 4 D4
Citibank 5 E4
Conher 6 H5
Dyslexia Books 7 F4
Farmacia Ivori Select 8 D3
Funky Monkey (siehe 88)
Hospital Privado Hermano Pedro 9 A4
Hotel San Jorge 10 D6
Inguat 11 E3
LAX Travel 12 C3
National Travel 13 G6
Onvisa Travel Agency 14 C5
Post 15 C4
Quick Laundry 16 D5
Rainbow Reading Room (siehe 74)
Sinfronteras 17 H4

SEHENSWERTES & AKTIVITÄTEN
Academia de Español Probigua 18 D2
Academia de Español Sevilla 19 F5
Academia de Profesores Privados de Español 20 F3
Antigua Cooking School 21 D3
Antigua Tours 22 H5
Catedral de Santiago 23 D4
CATours 24 E5
Centro Lingüístico Maya 25 C4
Cerro de la Cruz 26 E1
Cima Del Mundo 27 D2
Colegio de San Jerónimo 28 B3
El Frijol Feliz (siehe 86)
Escuela de Español Cooperación 29 C3
Escuela de Español San José el Viejo 30 D5
Guatemala Ventures 31 F5
Iglesia de San Francisco 32 F5
Iglesia y Convento de la Recolección 33 A3
Iglesia y Convento de Nuestra Señora de la Merced 34 D3
Instituto Antigüeño de Español 35 C3
Ixchel Spanish School 36 D5
Las Capuchinas 37 E3
Monumento a Landívar 38 B4
Museo de Arte Colonial (siehe 46)
Museo de Santiago (siehe 42)
Museo del Libro Antiguo (siehe 42)
New Sensation Salsa Studio 39 C3
Ox Expeditions 40 F4
Palacio de los Capitanes Generales 41 H6
Palacio del Ayuntamiento 42 H5
Proyecto Lingüístico Francisco Marroquín 43 D2
Proyecto Mosaico Guatemala 44 E4
Salsa Chapina Dance Company 45 C5
Universidad de San Carlos 46 E4

SCHLAFEN
Asistur (siehe 2)
Black Cat Hostel 47 G5
Casa Cristina 48 C2
Casa Jacaranda 49 C3
Casa Santa Lucía No. 2 50 C3
Casa Santa Lucía No. 3 51 D2
Dionisio Guest House 52 C4
El Hostal 53 F4
Hostal Umma Gumma 54 C3
Hotel Burkhard 55 E4
Hotel la Casa de Don Ismael 56 C4
Jungle Party Hostal 57 C3
Kafka (siehe 87)
Posada Don Diego 58 C3
Posada Juma Ocag 59 C4
Posada San Sebastián 60 E4
Yellow House 61 C3

ESSEN
Bistrot Cinq 62 E4
Café La Escudilla 63 H5
Casa de Corea 64 C4
Casa de Las Mixtas 65 C4
Doña María Gordillo Dulces Típicos 66 E4
El Papaturro 67 D3
El Sabor del Tiempo 68 H4
Gaia 69 D3
La Cenicienta 70 H5
La Cuevita de Los Urquizú 71 E3
Posada de Don Rodrigo 72 D3
Pushkar 73 C3
Rainbow Café 74 C5
Restaurante Doña Luisa Xicotencatl 75 E4
Sabe Rico 76 G6
Sunshine Grill 77 C2
Tienda La Canche 78 C3
Travel Menu 79 D5
Wiener 80 B4
Y Tu Piña También 81 F5

AUSGEHEN
Café Barista 82 H5
Café Condesa Express 83 H5
Café No Sé 84 F4
El Muro 85 E4
JP's Rumbar 86 D5
Kafka 87 C3
Monoloco 88 H6
Reds 89 D3

UNTERHALTUNG
Bagel Barn 90 G6
Café 2000 91 G6
Cine Lounge La Sin Ventura (siehe 94)
La Casbah 92 D3
La Sala 93 D5
La Sin Ventura 94 H6
Monoloco (siehe 88)
Proyecto Cultural El Sitio 95 C4

SHOPPEN
Casa del Tejido Antiguo 96 B3
Mercado 97 B4
Mercado de Artesanías 98 B4
Nim Po't (siehe 21)

TRANSPORT
Busse nach Panajachel 99 C4
Busse nach Chimaltenango, Escuintla, Jocotenango, San Antonio Aguas Calientes & Santa María de Jesús 100 B4
Busse nach Guatemala-Stadt, Ciudad Vieja & San Miguel Dueñas 101 B4
Litegua 102 F4

Westseite sind für den Verkehr gesperrt. Am Sonntagnachmittag kann man günstige Schnäppchen ergattern, da die Händler dann allmählich zusammenpacken.

Der berühmte Springbrunnen des Platzes wurde 1738 erbaut. Nachts spielen Mariachi- oder Marimba-Bands.

PALACIO DE LOS CAPITANES GENERALES

Der 1558 begonnene Palast des Generalkapitäns war bis 1773 das Regierungszentrum von ganz Zentralamerika, von Chiapas bis Costa Rica. Die stattliche Doppelarkaden-Fassade, die sich stolz entlang der Südseite des Parque erstreckt, wurde in den frühen 1760er-Jahren angefügt.

CATEDRAL DE SANTIAGO

Die Catedral de Santiago auf der Ostseite des Parks wurde 1542 gegründet, viele Male durch Erdbeben beschädigt, 1773 schwer zerstört und zwischen 1780 und 1820 nur teilweise wieder aufgebaut. Im 16. und frühen 17. Jh. prägten Antiguas Kirchen aufwendige Barockinnenräume, die meisten – so auch hier – verloren Glanz und Reichtum beim

Wiederaufbau nach einem Erdbeben. Im Inneren enthält eine Krypta die Gebeine von Bernal Díaz del Castillo, dem 1581 verstorbenen Historiker der spanischen Eroberung. Wenn der Vordereingang geschlossen ist, kann man die Kirche auch hinten oder von der Südseite betreten.

PALACIO DEL AYUNTAMIENTO

Das Rathaus auf der Nordseite des Parks stammt größtenteils aus dem Jahr 1743. Außer den Büros der Stadtverwaltung beherbergt es auch das **Museo de Santiago** (☎ 7832-2868; Eintritt 30 Q; ⏰ Mo–Fr 9–16, Sa & So 9–12 & 14–16 Uhr), das im ehemaligen Stadtgefängnis Möbel, Artefakte und Waffen aus der Kolonialzeit zeigt. Nebenan befindet sich das **Museo del Libro Antiguo** (Altes Buchmuseum; ☎ 7832-5511; Eintritt 30 Q; ⏰ Di–Fr 9–16, Sa & So 9–12 & 14–16 Uhr) mit Ausstellungen zu kolonialen Druck- und Bindeverfahren, darunter auch eine Replik der ersten guatemaltekischen Druckerpresse, die in den 1660er-Jahren in Betrieb genommen wurde.

UNIVERSIDAD DE SAN CARLOS

Die heute in Guatemala-Stadt ansässige San-Carlos-Universität wurde 1676 in Antigua gegründet. Was einst ihr Hauptgebäude war (1763 erbaut), beherbergt nun das **Museo de Arte Colonial** (Museum Kolonialer Kunst; ☎ 7832-0429; 5a Calle Oriente 5; Eintritt 50 Q; ⏰ Di–Fr 9–16, Sa & So 9–12 & 14–16 Uhr), das einen halben Block östlich des Parks einige eindrucksvolle Heiligenskulpturen und Gemälde führender mexikanischer Künstler jener Zeit wie Miguel Cabrera und Juan de Correa zeigt.

Kirchen & Klöster

Einst erstrahlten Antiguas Kirchen im Glanz vergoldeter barocker Pracht. Doch im Lauf der Geschichte setzten ihnen sowohl die Natur als auch der Mensch ordentlich zu. Der Wiederaufbau nach den Erdbeben bescherte den Kirchen dickere Mauern, niedrigere Türme und Glockenstühle und kahle Innenräume – und als der Regierungssitz nach Guatemala-Stadt umzog, wurde Antigua auch noch der Bevölkerung beraubt, die es gebraucht hätte, um seine Kirchen in ihrer alten Pracht zu erhalten. Nichtsdestotrotz sind die Gotteshäuser noch immer beeindruckende Zeugnisse. Neben den hier aufgeführten findet man in der ganzen Stadt zahlreiche weitere in unterschiedlichsten Stadien des Verfalls.

IGLESIA Y CONVENTO DE NUESTRA SEÑORA DE LA MERCED

Am Nordende der 5a Av befindet sich **La Merced**, Antiguas eindrucksvollste koloniale Kirche. Ihr Bau begann 1548, doch war man 1717 immer noch mit Verschönerungsarbeiten zugange, als ein Erdbeben die Kirche zerstörte. Der Wiederaufbau wurde 1767 abgeschlossen, aber schon 1773 schlug erneut ein Erdbeben zu und legte das Kloster in Trümmer. Reparaturen an der Kirche wurden von 1850 bis 1855 durchgeführt, ihre Barockfassade stammt aus dieser Zeit. Im Inneren der **Klosterruine** (Eintritt 5 Q; ⏰ 8.15–17.45 Uhr) steht ein Springbrunnen mit einem Durchmesser von 27 m – vielleicht der größte in ganz Zentralamerika.

IGLESIA DE SAN FRANCISCO

Die nächste imposante Kirche der Stadt ist die aus der Mitte des 16. Jhs. stammende **San Francisco** (Ecke 8a Calle Oriente & Calle de los Pasos). Von der ursprünglichen Bausubstanz ist nur wenig erhalten geblieben, die Wiederaufbau- und Renovierungsarbeiten haben dem Gotteshaus im Lauf der Jahrhunderte aber eine ansehnliche Architektur beschert. Das Einzige, das von der alten Kirche geblieben ist, ist die Ruhestätte von Hermano Pedro de San José Betancourt, einem Franziskanermönch, der ein Krankenhaus für die Armen gründete und sich so die Dankbarkeit vieler Generationen sicherte. Er starb hier im Jahr 1667; Kranke ersuchen ihn immer noch um seinen Beistand und beten an seinem Grab inbrünstig ihre Fürbitten.

LAS CAPUCHINAS

Die Iglesia y Convento de Nuestra Señora del Pilar de Zaragoza, normalerweise nur **Las Capuchinas** (Ecke 2a Av Norte & 2a Calle Oriente; Erw./Student 30/15 Q; ⏰ 9–17 Uhr) genannt, wurde 1736 von Nonnen aus Madrid gegründet. Wiederholt durch Erdbeben zerstört, dient das Gotteshaus heute als Museum mit Ausstellungen zum religiösen Leben während der spanischen Kolonialzeit. Das Gebäude hat einen ungewöhnlichen Aufbau mit 18 konzentrischen Zellen rund um einen runden Innenhof.

KIRCHENRUINEN

Die **Iglesia y Convento de la Recolección** (Av de la Recolección; Eintritt 30 Q; ⏰ 9–17 Uhr), eine mächtige Ruine am Westende der 1a Calle Poniente, gehört zu Antiguas eindrucksvollsten Baudenkmälern. Zwischen 1701 und 1708 erbaut, wurde sie durch das Erdbeben 1773 zerstört.

In der Nähe der La Recolección befindet sich das **Colegio de San Jerónimo** (Ecke Calz de Santa Lucía & 1a Calle Poniente; Erw./Student 30 Q; 9–17 Uhr), das auch Real Aduana genannt wird und 1757 von Mönchen des Mercedarier-Ordens erbaut wurde. Da der Bau nicht königlich autorisiert worden war, ging er 1761 unter Karl III. in den Besitz der spanischen Krone über. Ab 1765 nutzte man es als Königliches Zollhaus, bis es ebenfalls durch das Erdbeben 1773 zerstört wurde.

GUATEMALA

Monumento a Landívar

Am Westende der 5a Calle Poniente befindet sich inmitten eines kleinen Parks das Landívar-Denkmal, ein Bauwerk mit fünf Bögen im Kolonialstil. Die Gedichte von Rafael Landívar, einem Jesuitenpriester aus dem 18. Jh., gelten als die besten ihrer Zeit, auch wenn er die meisten in Italien verfasste, nachdem die Jesuiten aus Guatemala vertrieben worden waren. Landívars Haus in Antigua befand sich ganz in der Nähe auf der 51 Calle Poniente.

Mercado

Am Westende der 4a Calle Poniente erstreckt sich gegenüber der Calz de Santa Lucía Norte der **Markt** (Mo, Do & Sa) – chaotisch, bunt und immer geschäftig. Die hektischen Vormittage sind die beste Zeit für einen Besuch.

Cerro de la Cruz

An der Nordostseite der Stadt steht der **Kreuzhügel**, der eine tolle Aussicht über Antigua und auf den Volcán Agua im Süden bietet. Nicht ohne eine Eskorte der Touristenpolizei (s. S. 115) hierherkommen, da die Gegend für Straßenräuber berüchtigt ist! Die Touristenpolizei wurde wegen dieser Überfälle gegründet; Berichten zufolge hat sich auf dem Hügel seither kein solcher Zwischenfall mehr ereignet.

AKTIVITÄTEN

Zwei professionelle, etablierte und freundliche Veranstalter bieten eine Reihe von Aktivitäten an: **Old Town Outfitters** (5399-0440; www.adventureguatemala.com; 5a Av Sur 12C) und **Guatemala Ventures** (/Fax 7832-3383; www.guatemalaventures.com; 1a Av Sur 15). Einfach mal persönlich vorbeischauen und fragen, was es alles gibt.

Vulkantouren

Alle drei Vulkane in der Umgebung von Antigua stellen verlockende Herausforderungen dar, wie nahe man aber an den **Volcán Fuego** herankommt, hängt vom Grad seiner jüngsten Aktivitäten ab. In vielerlei Hinsicht ist der zweizackige **Volcán Acatenango**, der den Fuego überragt, der aufregendste Gipfel. Wer allerdings eine wirklich „aktive" Vulkanerfahrung machen will, sollte es den vielen anderen Travellern gleichtun und eine Tour zum **Volcán Pacaya** (2552 m) 25 km südöstlich von Antigua buchen (die Fahrtzeit beträgt 1½ Std.).

Man sollte stets Sicherheitsinformationen einholen, bevor man mit dem Aufstieg beginnt; eine mögliche Anlaufstelle ist Inguat (s. S. 115). So vermeidet man es, von vulkanischen Aktivitäten oder bewaffneten Straßenräubern, die Touristen auf einigen Wegen auflauern, böse überrascht zu werden. Normalerweise sind sowohl Wetter als auch Aussicht von allen Vulkanen morgens besser. Man sollte alle vernünftigen Vorkehrungen treffen, d. h. angemessenes Schuhwerk – Vulkangestein kann eine echte Herausforderung für Schuhe sein – und warme Kleidung tragen und in der Regenzeit (Mai–Okt.) Regenausrüstung mitnehmen. Eine Taschenlampe kann ebenfalls nicht schaden – bei Wetterumschwüngen kann es in den Bergen auch tagsüber finster wie die Nacht werden. Noch besser ist es aber, gar nicht erst aufzubrechen, wenn Regen angekündigt ist. Und natürlich Verpflegung und Wasser nicht vergessen.

Es ist ratsam, über eine der renommierten Agenturen zu buchen (s. oben). **Agua**-Trips mit Guatemala Ventures (810 Q) setzen die Teilnehmer am Ende der Schotterstraße ab, ein gutes Stück hinter dem Dorf Santa María de Jesús. Von hier liegt der Gipfel eine etwa zweistündige Wanderung entfernt (ca. fünf Stunden vom Dorf aus).

Tageswanderungen zum Pacaya führen erst zwei Stunden bergauf, dann eine bis eineinhalb Stunden bergab und kosten ca. 350 Q inklusive Mittagessen und Englisch sprechendem Führer. Mit ein bisschen Glück kann man einen Blick in den aktiven Krater werfen. Verschiedene Reisebüros (s. S. 115) bieten siebenstündige Pacaya-Ausflüge aus der Schnäppchenabteilung für 80 Q an (Abfahrt in Antigua um 6 & 14 Uhr); Essen und Getränke sind nicht im Preis enthalten, der 40 Q teure Eintritt in das Pacaya-Reservat ebenfalls nicht.

Radfahren

Old Town Outfitters (☎ 5399-0440; www.adventureguatemala.com; 5a Av Sur 12C) bietet eine Reihe von Mountainbike-Touren in allen Schwierigkeitsgraden an, u. a. eine zweitägige Pedal- und Paddel-Tour (1750–2500 Q), zu der auch eine Kajaktour und Wandern auf bzw. am Lago de Atitlán gehören.

Auch **Guatemala Ventures** (☎/Fax 7832-3383; www.guatemalaventures.com; 1a Av Sur 15) veranstaltet verschiedene Radtouren, von mittelschwer bis anspruchsvoll. Es gibt Halb- oder Ganztagsausflüge durch das Antigua-Tal (1075 Q), zweitägige Rad- und Kajaktouren zum Lago de Atitlán (1550 Q/Pers.) und einwöchige Trips, bei denen auch die Flanken der Vulkane, Hochlandwälder und pazifische Mangroven sowie der Lago Atitlán besucht werden (8600 Q). Eine weitere, faulere Option ist ein Ausflug im Minibus zum Cerro Alto mit Rückfahrt entlang der Küste per Mountainbike (250 Q).

Wer lieber in Eigenregie in die Pedale treten will, kann sich bei **Ox Expeditions** (☎ 7832-0074; www.guatemalavolcano.com; 1 Av Sur 4B) hochwertige Mountainbikes für 30 Q pro Stunde leihen.

Reiten

3 km südlich von Antigua liegt an der Straße nach Santa María de Jesús **Ravenscroft Riding Stables** (☎ 7830-6669; 2a Av Sur 3, San Juan del Obispo), ein Anbieter von englischem Reiten. Man kann aus drei-, vier- und fünfstündigen Ausritten wählen, die die Teilnehmer in die wunderschöne Landschaft des Tales und der Hügel rund um Antigua führen. Ausritte kosten 205 Q pro Person pro Stunde für erfahrene Reiter, 250 Q für Anfänger. Man sollte relativ fit sein. Das **Hotel San Jorge** (☎ 7832-3132; 4a Av Sur 13) hält Informationen bereit und hilft bei Buchungen. Man erreicht die Stallungen mit einem Bus Richtung Santa María de Jesús (s. S. 127).

Freiwilligenarbeit

Die hier aufgeführten Spanischschulen können auch mit Tipps für Volunteers weiterhelfen, auch wenn man dort keinen Unterricht nimmt. **EntreMundos** (www.entremundos.org) und **Idealist** (www.idealist.org) durchforsten kostenlos ihre Datenbanken nach passenden Freiwilligen-Jobs in Antigua. **Proyecto Mosaico Guatemala** (☎ 7832-0955; www.promosaico.org; 3a Av Norte 3; ⌚ Mo, Di, Do & Fr 10–16, Mi bis 14 Uhr) ist eine in Antigua ansässige Nichtregierungsorganisation, die Freiwillige verschiedenen Projekten zuteilt. Die Registrierung kostet 450 Q.

KURSE

Kochen

Die **Antigua Cooking School** (☎ 5944-8568; www.antiguacookingschool.com; 5a Av Norte 25B; 4-stündiger Unterricht 520 Q) bietet Kurse zur traditionellen guatemaltekischen Küche an, in denen Klassiker wie Mais-Tamales, *subanik* (Eintopf mit Gemüse, Chili, Hühnchen, Truthahn und Schwein), *pepián* (Hühnchen und Gemüse in pikanter Kürbiskernsoße) und *chuchitos* (kleine Tamales) zubereitet werden. Die Kurse finden montags bis samstags statt.

El Frijol Feliz (☎ 7882-4244; www.frijolfeliz.com; 7a Calle Poniente 11; 3-stündiger Kurs 330 Q) gibt praxisnahe Anleitungen zur Zubereitung guatemaltekischer Gerichte; die Teilnehmer können ihr Menü frei wählen.

Sprache

Antigua ist weltberühmt für seine zahlreichen spanischen Sprachschulen. Preise, Qualität der Lehrer und Zufriedenheit der Schüler variieren von Anbieter zu Anbieter stark, also vorher umhören, nach Referenzen fragen und mit ehemaligen Teilnehmern sprechen. Inguat (S. 115) führt eine Liste renommierter Schulen, dazu gehören:

Academia de Español Probigua (☎ 7832-2998; www.probigua.org; 6a Av Norte 41B) Gut angesehene, gemeinnützige Schule, die ihre Gewinne spendet, um Büchereien in ländlichen Dörfern aufzubauen und zu betreiben.

Academia de Español Sevilla (☎/Fax 7832-5101; www.sevillantigua.com; 1a Av Sur 17C) Diese Schule punktet mit einem guten kostenlosen Freizeitprogramm und einem Studentenwohnheim.

Academia de Profesores Privados de Español (☎/Fax 7882-4284; www.appeschool.com; 1a Calle Oriente 15) Hat auch Kurse für Tourismus- und Bildungspersonal und Angestellte des Gesundheitswesens und bietet zudem die Möglichkeit, im Dörfchen San Juan del Obispo außerhalb von Antigua zum Unterricht zu gehen.

Centro Lingüístico Maya (☎ 7832-0656; www.clmaya.com; 5a Calle Poniente 20) Großes, professionell geführtes, etwas teureres Institut mit 30-jähriger Erfahrung im Unterrichten von Diplomaten und Journalisten.

Cima Del Mundo (☎ 7832-3327; www.cdmschool.com; 6a Av Norte 45) Spendet seine Gewinne und vermittelt Freiwilligen-Jobs an der Schule Niños de Guatemala, an der Kinder aus einkommensschwachen Familien der nahe gelegenen Ciudad Vieja unterrichtet werden.

Escuela de Español Cooperación (☎ 5812-2482; www.spanishschoolcooperacion.com; 7a Av Norte 15 B) Eine sehr empfehlenswerte Schule. Sie wird von einer Vereinigung geführt, die gewährleistet, dass die Lehrer angemessen bezahlt werden.

Escuela de Español San José el Viejo (☎ 7832-3028; www.sanjoseelviejo.com; 5a Av Sur 34) Professionelle Schule, die von Guatemalas Bildungsministerium akkreditiert ist und inmitten sensationeller Gärten mit Tennisplatz, Pool und eigenen, geschmackvollen Unterkünften liegt.

Instituto Antigüeña de Español (☎ 7832-7241; www.spanishacademyantiguena.com; 1a Calle Poniente 10) Noch eine sehr empfehlenswerte Schule, die nur erfahrene Lehrer anstellt. Kann außerdem bei der Vermittlung von Freiwilligenarbeit in der Gegend helfen.

Ixchel Spanish School (☎ /Fax 7832-0364; www.ixchelschool.com; 7a Calle Poniente 15) Komfortable, einladende Schule mit unterhaltsamen Gruppenaktivitäten und einem herrlich grünen Garten.

Proyecto Lingüístico Francisco Marroquín (☎ / Fax 7832-1422; www.spanishschoolplfm.com; 6a Av Norte 43) Antiguas älteste Spanischschule. Sie wird von einer gemeinnützigen Stiftung geführt, die für den Erhalt der Sprache und der Kultur der Mayas kämpft. Bietet auch Einführungskurse in Mayasprachen an.

Die Kurse beginnen an den meisten Schulen montags, für gewöhnlich kann man sich aber an jedem beliebigen Tag einem Lehrer zuteilen lassen. Am meisten Betrieb herrscht im Januar und von April bis August – einige Schulen empfehlen für diese Zeiten eine Reservierung. Normalerweise gibt's Einzelunterricht, der zwischen 750 Q und 1515 Q pro Woche kostet und an fünf Tagen pro Woche vier Stunden täglich stattfindet. Man kann sich für bis zu zehn Stunden Unterricht täglich einschreiben. Die meisten Schulen bieten Kost und Logis bei einer Familie vor Ort an, wobei man oft ein eigenes Zimmer hat und normalerweise ein Gemeinschaftsbad benutzen kann; hierfür zahlt man ca. 700 Q pro Woche (inkl. dreier Mahlzeiten täglich außer sonntags). Indem die Schüler bei guatemaltekischen Familien unterkommen, sollen sie auch abseits des Unterrichtes in die neue Sprache eintauchen, allerdings sind oft mehrere Ausländer in einem Haus einquartiert, die dann von der Familie getrennt essen. Wer quasi rund um die Uhr spanisch reden möchte, sollte sich vorher über derartige Details informieren.

Nicht für jeden, der Spanisch lernen möchte, ist Antigua die richtige Adresse; hier gibt's so viele Ausländer, dass man eine gehörige Portion Disziplin braucht, um sich auf Spanisch und nicht in einer anderen Sprache zu unterhalten. Viele schätzen die gesellige Atmosphäre – wer aber glaubt, sie könne ihn eher stören, sollte vielleicht lieber einen Kurs in Quetzaltenango (Xela), El Petén oder anderswo machen, wo weniger Ausländer sind und man tiefer in die spanische Sprache eintauchen kann.

Tanzen

Man kann in verschiedenen Schulen in der ganzen Stadt tanzen lernen. Sowohl die **Salsa Chapina Dance Company** (☎ 5270-6453; 6a Calle Poniente 26) als auch das **New Sensation Salsa Studio** (☎ 5033-0921; 1a Calle Poniente 27) bieten Einzelkurse in Salsa, Merengue, *bachata* (ein Partnertanz aus der Dominikanischen Republik) und Cha-Cha-Cha an.

GEFÜHRTE TOUREN

Von Inguat autorisierte Führer bieten rund um den Parque Central Stadtspaziergänge an, die auch die Klöster, Ruinen und Museen einschließen und 100 Q bis 160 Q kosten. Ähnliche geführte Spaziergänge werden auch täglich von Reisebüros angeboten (s. S. 115). Ebenfalls im Angebot sind Trips in die umliegenden Dörfer und zu Kaffeeplantagen für jeweils etwa 200 Q.

Elizabeth Bell, eine Expertin der Geschichte Antiguas, und ihre kompetenten Mitarbeiter bieten dienstags, mittwochs, freitags und samstags um 9.30 Uhr sowie montags und donnerstags um 14 Uhr dreistündige kulturelle Spaziertouren durch die Stadt an (englisch- und/oder spanischsprachig); Kostenpunkt 160 Q. Reservierungen können über **Antigua Tours** (☎ /Fax 7832-5821; www.antiguatours.net; 5a Av Norte 6) im Café El Portal (Portal del Comercio 6) abseits des Parque Central vorgenommen werden; die Gruppen versammeln sich zur verabredeten Zeit am Springbrunnen im Park. Bell und ihr Unternehmen veranstalten außerdem Touren in die nahen Dörfer, bei denen man Weberateliers und Mayaschreine besucht.

Nahezu alle auf S. 115 aufgelisteten Agenturen bieten auch Touren in entferntere Orte an, einschließlich Tikal, die Gegend um Cobán, Monterrico, Chichicastenango und den Lago de Atitlán. Zweitägige Trips nach Tikal inklusive Flug ab Guatemala-Stadt nach Flores und zurück beginnen bei ca. 3600 Q pro Person. Eine hektische Tagestour nach Tikal kostet 2415 Q hin und zurück. Zweitägige Landtouren nach Copán (einige einschließlich Quiriguá und Río Dulce) kosten zwischen 1300 Q und 3420 Q pro Person, je nach Zahl der Teilnehmer, Unterkunftsstandard und Verfügbarkeit von Führern.

Bevor man längere Ausflüge bucht, sollte man sich stets vergewissern, wofür man eigentlich bezahlt – einige der billigeren „Touren" beinhalten nur den Shuttletransport nach Guatemala-Stadt, wo man in einen öffentlichen Bus umsteigt.

CATours (☎ 7832-9638; www.catours.co.uk; 6a Calle Oriente 14) Zweitägige Motorradtouren zum Lago de Atitlán oder nach Monterrico; Kostenpunkt: ab 1385 Q.

FESTIVALS & EVENTS

Antigua verwandelt sich in der **Semana Santa** (Heilige Woche) zu einem pulsierenden Ort, wenn Hunderte Menschen in violetten Gewändern über mehrere Tage hinweg die besonders verehrten Heiligenstatuen aus den Kirchen der Stadt in Prozessionen durch die Straßen begleiten und des Martyriums Jesu Christi gedenken. Dichte Weihrauchwolken umhüllen die Paraden, während die Straßen mit atemberaubenden, aufwendigen *alfombras* (Teppichen) aus gefärbtem Sägemehl und Blütenblättern bedeckt sind.

Leidenschaft und die Zahl der versammelten Menschen erreichen am Karfreitag ihren Höhepunkt: Eine Prozession beginnt am frühen Morgen an der Kirche La Merced, eine weitere startet am Spätnachmittag an der Iglesia de la Escuela de Cristo. Manchmal wird auch die Kreuzigung im Parque Central nachgestellt. Wer während der Semana Santa in Antigua übernachten will, sollte die Unterkunft weit im Voraus felsenfest buchen oder einfach in Guatemala-Stadt oder anderswo absteigen und zu den Feierlichkeiten pendeln.

Die Prozessionen, *velaciones* (Nachtwachen) und anderen Events finden in der Fastenzeit – also in den 40 Tagen vor der Heiligen Woche – an jedem Wochenende statt. Antiguas Touristeninformation hält einen Veranstaltungskalender bereit; die Broschüre *Lent and Holy Week in Antigua* von Elizabeth Bell gibt Hintergrundinfos zu den einzelnen Events.

Es scheint, als siedle die gesamte Taschendiebgemeinde von Guatemala-Stadt für die Semana Santa nach Antigua um – und sie nimmt besonders ausländische Touristen ins Visier.

SCHLAFEN

Wenn man sich eine Budget-Unterkunft anschaut, sollte man sich vorher immer verschiedene Zimmer zeigen lassen, da deren Qualität oft beachtlich schwankt.

Asistur (☎ 5978-3586; asisturantiguaguatemala@gmail.com; 6a Calle Poniente Final; Ⓟ 📶) Man kann auf dem Gelände der Touristenpolizei Asistur ein Wohnmobil ab- oder ein Zelt aufstellen. Es kostet zwar nichts, aber man ist dankbar, wenn Camper nützliche Dinge wie Werkzeug oder Insektenspray beisteuern. Es gibt Toiletten, Duschen und Stromanschlüsse.

Dionisio Guest House (☎ 5644-9486; ciuisis@yahoo.com; 3a Calle Poniente Callejón; B mit/ohne Bad 45/40 Q, DZ/3BZ 120/150 Q, mit Bad 150/200 Q; 💻 📶) Die entspannteste von vier Pensionen in einer kleinen Sackgasse hat glänzend saubere und nett eingerichtete Zimmer rund um eine sonnige Terrasse, eine gut ausgestattete Küche und eine gemütliche Lounge.

Jungle Party Hostal (☎ 7832-0463; www.jungle partyhostal.com; 6a Av Norte 20; B 50 Q; 📶) Mit Bar, Hängematten und dem berühmten „All you can eat"-Barbecue am Samstag schafft das Jungle Party eine großartige Atmosphäre. Das stets lächelnde Personal weiß genau, was des Travellers Herz begehrt.

Black Cat Hostel (☎ 7832-1229; www.blackcathostels.net; 6 Av Norte 1A; B 60 Q, DZ/3BZ 150/225 Q, alle inkl. Frühstück) Obwohl die Schlafsäle vollgestopft sind und man die Küche nicht benutzen kann, ist das Black Cat immer ausgebucht. Es bietet viele Touren an, obendrein gibt's kostenlose Filme und gute Tipps für Ausflüge in die Umgebung.

LP Tipp **Yellow House** (☎ 7832-6646; yellowhouseantigua@hotmail.com; 1a Calle Poniente 24; EZ/DZ ohne Bad 75/130 Q; 💻) Einfach, aber überlegt gestaltet und umweltbewusst – eine hervorragende Budgetoption. Die Zimmer fallen recht unterschiedlich aus, gemütliche Betten, versenkte Spots und Moskitonetze vor den Fenstern sind allerdings die Regel.

Casa Jacaranda (☎/Fax 7832-7589; hyrcasajacaranda@gmail.com; 1a Calle Poniente 37; B 82 Q, EZ/DZ ohne Bad 165/287 Q; 💻 📶) Die Zimmer des originellen, entspannten Hostels sind einfach, aber angenehm. Die Vier-Bett-Schlafsäle bieten jede Menge Ellenbogenfreiheit, die Gemeinschaftsbäder sind sorgfältig gestaltet. Auf dem Rasen des Innenhofs findet man unter einem Jakaranda-Baum herrliche Ruhe.

GUATEMALA

Hotel la Casa de Don Ismael (☎/Fax 7832-1932; www.casadonismael.com; 3a Calle Poniente 6, Lotificación Cofiño 2a Callejón; EZ/DZ ohne Bad 120/175 Q; 📶) Die gemütliche, bescheidene Pension liegt versteckt in einer kleinen Seitenstraße und wird von ihrem freundlichen, herzlichen Namensgeber geführt. Sieben rustikale Zimmer teilen sich drei Bäder mit warmem Wasser, zudem gibt es eine schöne Dachterrasse.

Posada Don Diego (☎ 7832-1401; posadadondiego@gmail.com; 6a Av Norte 52; EZ/DZ 160/285 Q, ohne Bad 110/185 Q; 💻 📶) Hinter einem Café und Donutladen gegenüber von La Merced gelegen. Das Don Diego hat eine Handvoll gemütlicher, schlicht eingerichteter Zimmer mit Blick auf eine Grünfläche mit Springbrunnen. Die teureren Zimmer haben einen Fernseher.

Casa Cristina (☎ 7832-0623; www.casa-cristina.com; Callejón Camposeco 3A; EZ/DZ unten 185/224 Q, oben 224/275 Q; 📶) In dem gemütlichen kleinen, zweistöckigen Hotel, das in einer hübschen Nebenstraße nahe der La Merced liegt, gibt's nur ein Dutzend Zimmer. Alle sind mit Tagesdecken, frischen Pastelltönen und gebeiztem Holz eher altmodisch eingerichtet, die Dachterrasse (nur bis 20 Uhr geöffnet) ist ein netter Zufluchtsort. *Muy tranquilo*.

Casa Santa Lucía No. 3 (☎ 7832-1386; 6a Av Norte; Zi. 186 Q) Hier muss man durch die Arkade mit ihren mächtigen freiliegenden Balken eine kleine Zeitreise tätigen, um die gut ausgestatteten, mit Farbklecksen verzierten Zimmer mit den heißen Powerduschen zu erreichen. Das Personal könnte ein bisschen mitteilsamer sein, die Lage gleich nördlich von La Merced ist allerdings einfach großartig.

Hotels in Antigua sind oft schnell ausgebucht. Hier einige weitere Optionen:

Hostal Umma Gumma (☎ 7832-4413; umma gumma@itelgua.com; 7 Av Norte 15; B/EZ/DZ ohne Bad 40/60/120 Q, EZ/DZ mit Bad 85/170 Q; 💻) Liebenswert heruntergekommenes, geselliges Hostel mit guter Küche und großartiger Dachterrasse.

Kafka (6a Av Norte 40; B inkl. Frühstück 50 Q; 📶) Schlichte, aber saubere Schlafsäle über einer beliebten Bar. Die hinteren Zimmer sind am ruhigsten.

El Hostal (☎ 7832-0442; elhostal.antigua@gmail.com; 1a Av Sur 8; B 75–90 Q; EZ/DZ/3BZ 120/220/300 Q; 📶) Ein halbes Dutzend ordentlicher Zimmer und Schlafsäle mit stabilen Einzel- oder großzügigen Stockbetten rund um einen freundlichen kleinen Innenhof mit Café.

Hotel Burkhard (☎ 7832-4316; hotelburkhard@hotmail.com; 3a Calle Oriente 19A; Zi. 100 Q) Winziges Hotel mit einem Dutzend kompakter, fantasievoll eingerichteter Zimmer auf zwei Stockwerken.

IN DIE VOLLEN: AM PARQUE CENTRAL

Luis Méndez Rodríguez, hauptberuflich Zimmermann, außerdem Antiquitäten-Restaurator und Hobby-Xylophonist, ist zudem Begründer der **Posada San Sebastián** (☎ 7832-2621; snsebast@hotmail.com; 3a Av Norte 4; EZ/DZ/3BZ 374/498/580 Q; 📶). Jedes der individuell eingerichteten neun Zimmer spiegelt seine Leidenschaft für das Aufstöbern und Restaurieren von Kunstwerken und Möbeln wider. Die großen Bäder mit Badewanne sind ein tolles Extra, genauso wie die Küche, die Dachterrasse und der hübsche kleine Hofgarten.

Posada Juma Ocag (☎ 7832-3109; Calz de Santa Lucía Norte 13; EZ/DZ/3BZ 120/140/200 Q) Gemütlich und kreativ eingerichtet. Gute Dachterrasse und gepflegter kleiner Garten. Reservierungen nur persönlich möglich.

Casa Santa Lucía No. 2 (☎ 7832-7418; Calz de Santa Lucía Norte 21; EZ/DZ 120/180 Q; 🅿) Glänzend saubere Zimmer mit jeder Menge kolonialem Charme.

ESSEN

Das günstigste Essen der Stadt ist das gute, leckere Sortiment, das an den sauberen Straßenständen einen Block westlich des Parque Central am frühen Abend angeboten wird. Die kleinen Restaurants nördlich des Busbahnhofs auf der Alameda Santa Lucía bieten für etwa 25 Q gute Mittagsmenüs an. Man sollte wissen, dass die meisten formelleren Restaurants in Antigua 10 % Trinkgeld zum Rechnungsbetrag addieren. Es ist meistens ausgewiesen – wenn man sich nicht sicher ist, einfach nachfragen.

Guatemaltekisch

Am frühen Abend nimmt Doña María ihre Stellung am Ende der 5a Avenida vor der La Merced ein und serviert köstliche Tamales und *chuchitos* mit scharfer Soße und eingelegtem Kraut. Dazu gibt's Schüsseln mit *atol blanco* (ein Heißgetränk auf Maisbasis). Balsam für die Seele!

Casa de Las Mixtas (3a Callejón; Hauptgerichte 20–30 Q; 🕑 morgens, mittags & abends) Wer Lust auf guatemaltekische Hausmannskost mit Stil hat, sollte in dem familiengeführten Lokal vorbeischauen, dass in einer ruhigen Nebenstraße auf der anderen Seite des Markts beheimatet ist. Neben dem namensgebenden Snack – *mixtas* sind eine Art guatemaltekische, in

Tortillas gewickelt Hotdogs – serviert es auch *paches*, die mit Tamales vergleichbar sind, aber aus Kartoffel- statt Maisteig bestehen. Es hat auch einige Frühstückmenüs.

LP Tipp **Tienda La Canche** (6a Av Norte 42) Nicht viel mehr als ein Loch in der Wand. Das Restaurant hinter einem Tante-Emma-Laden besteht aus zwei Tischen mit geblümten Tischdecken. Es gibt jeden Tag ein paar traditionelle Gerichte, z. B. *pepián de pollo* (herzhafter Hühnereintopf mit Kartoffelstücken), und dazu einen Teller mit dicken Tortillas und einer halben Avocado.

Restaurante Doña Luisa Xicotencatl (☎ 7832-2578; 4a Calle Oriente 12; Sandwiches & Frühstücksgerichte 30–40 Q) Dieses ist wahrscheinlich Antiguas bekanntestes Restaurant. Man kann beim Frühstück oder einem leichten Essen das Ambiente eines kolonialen Innenhofs genießen. Die angeschlossene Bäckerei verkauft die verschiedensten Brote und Brötchen; das Bananenbrot kommt täglich gegen 14 Uhr heiß aus dem Ofen.

Café La Escudilla (4a Av Norte 4; Pasta 44 Q, Hauptgerichte 68–80 Q; Mi–Mo 8–24 Uhr; WLAN; V) Das günstige Terrassen-Restaurant mit plätscherndem Springbrunnen und grünem Blätterdach hat auch ein paar Tische unter freiem Himmel. Das Essen ist einfach, aber gut zubereitet. Es gibt zahlreiche vegetarische Optionen und günstiges Frühstück.

La Cuevita de Los Urquizú (☎ 4593-5619; 2a Calle Oriente 9D; Mittagsmenü 60 Q; mittags & abends) Herzhaftes *típico*-Essen ist Trumpf: Es wird vor dem Lokal in irdenen Töpfen warm gehalten, sodass es eigentlich unmöglich ist, daran vorbeizugehen. Man kann zwischen *pepián*, *kaq'ik* (würziger Truthahneintopf), *jocón* (Eintopf mit Hühnchen od. Schwein, grünem Gemüse und Kräutern) und anderen guatemaltekischen Lieblingsgerichten wählen. Dazu werden dann zwei Beilagen serviert (60 Q).

Es gibt aber noch jede Menge mehr *típico*-Essen:

Doña María Gordillo Dulces Típicos (4a Calle Oriente 11) Die Anlaufstelle für guatemaltekische Süßigkeiten, auch bei den Einheimischen beliebt.

La Cenicienta (5a Av Norte 7; Stück Kuchen 20 Q) Altmodische Konditorei, die unwiderstehlichen Käsekuchen, gestürzten Ananaskuchen, Mandeltorte und Macadamia-Kuchen verkauft. Der Kaffee ist auch gut.

Posada de Don Rodrigo (5a Av Norte 17; Hauptgerichte 120–180 Q; morgens, mittags & abends) Gute Meeresfrüchte-Crêpes, Steaks und Würste mit subtiler guatemaltekischer Note, serviert in einem wunderschönen Innenhof.

Internationale Küche

El Papaturro (☎ 7832-0445; 2 Calle Oriente 4; Pupusas 25 Q, Hauptgerichte 60–95 Q; mittags & abends) Das heimelige Lokal, das von einem Salvadorianer geführt wird, serviert in einem netten Innenhof authentische Gerichte und gute Steakteller, z. B. *pupusas* (Maismehltaschen mit Käse oder Bohnenmus), *rellenitos* (gefüllte grüne Kochbananen) und andere Favoriten aus dem südlichen Nachbarland Guatemalas.

Travel Menu (6a Calle Poniente 14; Hauptgerichte 25–32 Q; Di–So 12–19.30 Uhr; V) Nicht annähernd so fantasielos wie der Name vermuten lässt. Das kleine Bar-Restaurant serviert in intimer Kerzenlicht-Atmosphäre genau das Essen, nach dem man sich vielleicht schon so lange gesehnt hat (Chow Mein, Currys …), frei nach dem Motto „kleines Lokal, große Portionen".

Y Tu Piña También (1a Av Sur 10B; Sandwiches & Salate 30–35 Q; Mo–Fr 7–20, Sa & So 8–19 Uhr; WLAN; V) Verführerische Auswahl gesunder Sandwiches (Vollkornbrot, Pita oder Bagel), Salate und Crêpes. Leckeres Frühstück gibt es auch: Omeletts, Waffeln und jede Menge Obstsalate, und dazu ausgezeichneten Kaffee.

Rainbow Café (☎ 7832-1919; 7a Av Sur 8; Frühstück 40 Q, Hauptgerichte 40–60 Q; Mo–Sa 8–24, So 7–23 Uhr; V) Hier kann man sich richtig vollstopfen: Das vielfältige Frühstück gibt's den ganzen Tag über, außerdem Currys, Pfannengerichte, Cajun-Hühnchen, Guacamole u. v. m. Die entspannte Innenhof-Atmosphäre gibt's gratis obendrauf.

Casa de Corea (☎ 5550-0771; 7a Av Norte 2; Hauptgerichte 40–50 Q; Mo & Mi–Fr 10–21, Sa & So 12–21 Uhr) Die Wände dieses von einem Koreaner geführten Lokals zieren Graffitis der Gäste. Es serviert all die Lieblingsgerichte, die das Herz begehrt. Man kann sein Kim Chi oder *sundubu jjigae* (Chili-Eintopf mit Tofu und Meeresfrüchten) mit einem koreanischen Bier oder einem Reiswein hinunterspülen.

El Sabor del Tiempo (☎ 7832-0516; 5a Av Norte & 3a Calle; Hauptgerichte 55–80 Q; mittags & abends) Eines der stimmungsvolleren Restaurants der Stadt, eingerichtet mit schwerem Holz und antiken Möbeln. Die Karte enthält gute, italienisch angehauchte Gerichte wie Kaninchen in Weißwein (60 Q). Bier vom Fass.

Bistrot Cinq (☎ 7832-5510; 4a Calle Oriente 7; Hauptgerichte 100–130 Q; Mo–Do 18–23, Fr–So 12–23 Uhr) Der Favorit für Rendezvous: In der detailgetreuen Nachbildung eines Pariser Bistros kommen pikante Salate und klassische Hauptgerichte wie Forelle Amandine oder Filet

Mignon auf den Tisch. Auf der Tafel werden allabendlich spannende Tagesgerichte angekündigt. Man sollte unbedingt sonntags zum Brunch vorbeischauen (12–15 Uhr).

In Antigua gibt's Essen aus aller Herren Länder:

Wiener (Calz Santa Lucía Norte 8; Hauptgerichte 35–60 Q; mittags & abends) Serviert womöglich das größte Wiener Schnitzel, das Sie je gesehen haben. Preisgünstige Mittagsmenüs.

Sabe Rico (☎ 7832-0648; 6a Av Sur 7; Sandwiches & Salate 40 Q; Mo & Mi 8–19, Di 11–15, Do–Sa 8–20, So 9–16 Uhr) Köstliche Salate und Sandwiches, frisch gebackenes Brot, Brownies und feine Weine.

Pushkar (☎ 7979-7848; 6a Av Norte 18; Currys 45–79 Q; mittags & abends) Ausgezeichnete Currys, Tandoori und Thalis, serviert in einer stilvollen Lounge oder auf der stimmungsvollen Terrasse.

Gaia (5 Av Norte 35A; Hauptgerichte 58–90 Q; mittags & abends) Hier gibt's Leckereien aus dem Nahen Osten: gutes Couscous und Falafel, und dazu *sheeshas* (Wasserpfeifen, 95 Q).

Sunshine Grill (☎ 5964-7620; 6a Av Norte 68; Pizzas 60–140 Q; Mi–Mo) Unglaubliche Pizzas, gute Pommes Frites, Graffitis an den Wänden und eine Karaoke-Jukebox.

GUATEMALA

AUSGEHEN

Cafés

Café Barista (4a Calle 12; 7–22 Uhr;) Auch wenn einige beim Anblick des schnieken, modernen Kettencafés an der Nordwestecke des Parque Central bestürzt sein dürften, sollten sich wahre Kaffeeliebhaber unbedingt den besten Café Latte oder Cappuccino der Stadt gönnen. Zubereitet wird er aus verschiedenen guatemaltekischen Kaffeesorten.

Café Condesa Express (Portal del Comercio 4; 6–18.30 Uhr) Für einen schnellen Koffeinschub zwischendurch empfiehlt sich dieses Café an der Westseite des Parque Central oder sein etwas förmlicher Ableger, der durch den Buchladen zu erreichen ist.

Bars

Antiguas Barszene bebt und wird durch eine landesweit gültige Sperrstunde um 1 Uhr etwas ausgebremst. Viele rollen freitags und samstags aus Guatemala-Stadt an, um sich in Antiguas wildes Getümmel zu stürzen.

Kafka (6a Av Norte 40) Dieser nach dem tschechischen expressionistischen Schriftsteller benannte Hafen für Einwanderer ist eine intime Dachbar, in der jeden Abend ein Lagerfeuer knistert. Die „Happy Hour" dauert bis zur Sperrstunde.

Monoloco (5a Av Sur 6, Pasaje El Corregidor) Die Stimmung kann ziemlich raubeinig werden, wenn zu fortgerückter Stunde zahlreiche neue Gäste in den Laden drängen. Er verteilt sich auf zwei Ebenen (Freiluft-Bar mit Bänken und langen Tischen oben). Auf etlichen Fernsehern laufen alle wichtigen Spiele.

El Muro (3a Calle Oriente 19D; Mo–Sa) „Die Mauer" ist die freundliche Kneipe nebenan. Es gibt mehrere Biersorten, eine vielfältige Auswahl an Snacks und jeder Menge Sofas zum Lümmeln. Die Musik, oft Pop und Rock aus den Siebzigern und Achzigern (Pink Floyd & Co), ist gerade so laut, dass man sich noch unterhalten kann.

Café No Sé (1 Av Sur 11C) Die entspannte kleine Bar dient als Bezugspunkt für Antiguas blühende Gemeinde junger Burroughs und Kerouacs. Sie ist außerdem das Herz einer lebendigen Musikszene – an den meisten Abenden hört man in irgendeiner Ecke des Raumes Künstler in Aktion.

Reds (1a Calle Poniente 3) Gegenüber von La Merced. Das Reds ist ein entspanntes Clubhaus, das ein erfrischend gemischtes Publikum anlockt, darunter oft mehr Guatemalteken als Gringos. Hier kann man Billard spielen (donnerstagabends Turniere), spottbillige Mojitos trinken und/oder Sport im Fernsehen glotzen.

JP's Rumbar (☎ 7882-4244; 7a Calle Poniente; Do–Di) Das JP stammt ursprünglich aus New Orleans und serviert fantastisches Gumbo zum Rum, garniert mit einer Portion dezenten Jazz und Blues. Allabendlich tritt hier die Crème de la Crème von Antiguas Musikszene auf.

UNTERHALTUNG

Discotecas

La Casbah (☎ 7832-2640; 5a Av Norte 30; Eintritt 30 Q; Di–Sa 20.30–1 Uhr) Die Disko auf zwei Ebenen in der Nähe des Santa-Catalina-Bogens lockt mit warmer Atmosphäre und ist angeblich schwulenfreundlich. An den meisten Abenden steppt hier ordentlich der Bär.

La Sin Ventura (5a Av Sur 8; Di–Sa) Die lebendigste Tanzfläche der Stadt ist am Wochenende voll mit guatemaltekischen Jugendlichen. Donnerstagabends gibt's Livesalsa und -merengue.

Kunst, Kultur & Konzerte

Proyecto Cultural El Sitio (☎ 7832-3037; www.elsitiocultural.org; 5a Calle Poniente 15) In dem Kunstzentrum ist einiges geboten, von Konzerten und

Theaterstücken (einige englischsprachig) bis zu Fotoausstellungen, Musikworkshops und Filmvorführungen. Einfach mal vorbeischauen und das Programm studieren.

La Sala (6a Calle Poniente 9; ⌚ Di–So) Die Massen stürmen diese Halle förmlich, die Wandgemälde frenetischer Tänzer zieren, um den Rock-, Blues- oder Reggaebands zu lauschen – aber vielleicht liegt es auch am billigen Alkohol. Jeden Abend ab 21 Uhr stehen Bands auf der Bühne.

Kino & Fernsehen

Cine Lounge La Sin Ventura (☎ 7832-0581; 5a Av Sur 8; Snacks 20–30 Q; ⌚ Di–Sa 12–20.30 Uhr) Antiguas einziges richtiges Kino zeigt auf einer großen Leinwand den ganzen Tag über aktuelle, nicht synchronisierte Hollywood-Streifen und spanischsprachige Filme. Die Sitzreihen erinnern eher an einen Nachtclub. Die Filme sind kostenlos, man muss nur für Snacks und Getränke bezahlen. An der Tafel draußen steht, was gezeigt wird.

Proyecto Cultural El Sitio (☎ 7832-3037; www.elsitiocultural.org; 5a Calle Poniente 15) Zeigt mittwochs und donnerstags Arthaus- und Dokumentarfilme.

Bagel Barn (5a Calle Poniente 2) Zeigt jeden Abend ab ca. 17 Uhr Videos von Hollywood- und spanischsprachigen Filmen.

Wer nordamerikanischen oder europäischen Sport im Fernsehen sehen möchte, kann sich anhand des Programms informieren, das im **Café 2000** (6a Av Norte 2), **Reds** (1a Calle Poniente 3) und **Monoloco** (5a Av Sur 6, Pasaje El Corregidor) aushängt.

SHOPPEN

Nim Po't (www.nimpot.com; 5a Av Norte 29) Der Laden führt eine riesige Kollektion an Mayakleidern, Hunderte von Masken und andere Holzschnitzereien. Die großzügige Ladenfläche ist voller *huipiles* (lange, bestickte Tuniken), *cortes* (Wickelröcke), fajas (Taillenschärpen) und, und, und. Alles ist nach Regionen sortiert. Ein Besuch ist immer faszinierend, egal, ob man vom Fach ist oder nicht.

Casa del Tejido Antiguo (1a Calle Poniente 51; Eintritt 5 Q; ⌚ Mo–Sa 9–17.30 Uhr) Der Laden behauptet, der einzige in Antigua zu sein, der von *indígenas* geführt wird – wie dem auch sei, er ist ein faszinierender Ort, um Textilien zu kaufen. Er wirkt wie ein Museum, ein Markt und ein Atelier in einem, zeigt Ausstellungen regionaler Trachten und hat täglich Vorführungen verschiedener Webtechniken.

Mercado de Artesanías (Kunsthandwerkermarkt; 4a Calle Poniente; ⌚ 8–20 Uhr) Am Westrand der Stadt neben dem Hauptmarkt. Auf dem Markt werden massenweise Werke guatemaltekischer Künstler verkauft – meist nicht gerade Spitzenqualität, dafür gibt es ein Riesensortiment an bunten Masken, Decken, Schmuck, Taschen usw. Keine Angst vorm Feilschen!

ANREISE & UNTERWEGS VOR ORT

Bus

Busse nach Guatemala-Stadt, Ciudad Vieja und San Miguel Dueñas kommen in einer Straße gleich nördlich des Marktes an und fahren dort auch ab. Busse nach Chimaltenango, Escuintla, San Antonio Aguas Calientes und Santa María de Jesús starten in der Straße an der Westseite des Marktes ab. Wer in eines der umliegenden Dörfer fahren möchte, sollte sich am besten frühmorgens auf den Weg machen und nachmittags zurückkommen – abends verkehren nur noch sehr wenige Busse.

Um Orte im Hochland wie Chichicastenango, Quetzaltenango, Huehuetenango oder Panajachel zu erreichen, kann man einen der häufig verkehrenden Busse nach Chimaltenango auf dem Interamericana Hwy nehmen und dort in einen Anschlussbus umsteigen (lediglich nach Panajachel gibt es einen direkten Bus). Das Umsteigen in Chimaltenango sollte kein Problem darstellen, da einem ständig freundliche Menschen zu Hilfe eilen, wenn man aus dem einem Bus steigt und sich nach dem nächsten umschaut.

Chimaltenango (5 Q; 45 Min.; 19 km; 6–18 Uhr alle 15 Min.)

Escuintla (8 Q; 1 Std.; 39 km; 5–16 Uhr halbstündl.)

Guatemala-Stadt (8 Q; 1 Std.; 45 km; 5–18.30 Uhr alle paar Minuten); Litegua (☎ 7832-9850; www.litegua.com/litegua; 4a Calle Oriente 48) Bieten zwischen 10 Uhr und 16 Uhr Pullman-Verbindungen (40 Q) an, die vor ihrem Büro am Ostrand der Stadt starten.

Panajachel (36 Q; 2 ½ Std.; 146 km; 1 Pullman-Bus tgl. um 7 Uhr von Transportes Rébuli) Fährt an der Panadería Colombia auf der 4a Calle Poniente ab, einen halben Block östlich des Markts.

Shuttle Minibus

Zahlreiche Reisebüros (s. S. 115) bieten häufig verkehrende, sehr praktische Shuttle-Verbindungen nach Guatemala-Stadt, zum Aeropuerto Internacional La Aurora oder nach Panajachel und Chichicastenango an. Seltener (normalerweise am Wochenende)

ANTIGUAS UMGEBUNG INTENSIVER ERLEBEN

Antigua bietet so viel, dass man es hier gut ein paar Wochen aushält. Aber auch die umliegende Gegend lockt mit einigen Attraktionen.

- **Earth Lodge** (☎ 5664-0713; www.earthlodgeguatemala.com; B 35 Q, Hütte EZ/DZ/3BZ 90/140/165 Q) Gehört zu einer 16 ha großen Avocado-Farm in den Hügeln über Jocotenango. Die Earth Lodge hat sich sehr schnell zu einem Muss für Backpacker entwickelt. Infos zur Anreise stehen auf der Website.
- **San Lorenzo El Tejar** Ist die 25-minütige Fahrt Richtung Nordwesten auf jeden Fall wert, wenn man gerne in den beliebten Thermalquellen baden möchte.
- **Pastores** Das Mekka für Lederwarenfans und der Ort für handgemachte Cowboystiefel und Lassos.
- **Cerro Alux** (www.cerroalux.com) Der Öko-Park liegt auf einem Hügel in der Nähe des Dorfes San Lucas Sacatepéquez und hat Lehrpfade sowie gute Möglichkeiten zur Vogelbeobachtungen.

fahren sie auch in weiter entfernte Gegenden, u. a. zum Río Dulce, zu den Copán Ruinas (Honduras) und nach Monterrico. Eine Fahrt kostet deutlich mehr als mit herkömmlichen Bussen (z. B. 80 Q nach Guatemala-Stadt statt 8 Q im „Hühnerbus"), dafür aber sind sie komfortabel und bieten einen praktischen Tür-zu-Tür-Service an.

Taxi & Tuk-Tuk

Taxis und Tuk-Tuks warten an der Westseite des Parque Central und dort, wo die Busse aus Guatemala-Stadt anhalten. Eine Fahrt im Taxi kostet innerhalb der Stadt etwa 25 Q; im Tuk-Tuk um die 10 Q. Tuk-Tuks sind im Stadtzentrum nicht erlaubt; man muss sich ein paar Blocks aus der Innenstadt entfernen, um eines zu finden.

DAS HOCHLAND – LAGO DE ATITLÁN

Guatemalas spektakulärste Region – das Hochland – erstreckt sich von Antigua bis zur mexikanischen Grenze nordwestlich von Huehuetenango. Die Hügel sind mit smaragdgrünem Gras, Maisfeldern und turmhohen Kiefern bedeckt, jede Stadt und jedes Dorf hat seine ganz eigene Geschichte zu erzählen.

Die traditionellen Werte und Bräuche der guatemaltekischen *indígenas* sind im Hochland am stärksten ausgeprägt. Mayadialekte sind die Muttersprache der Menschen, Spanisch mit großem Abstand die Zweitsprache. Die uralte Kultur, deren Grundlage der Mais ist – die Mayas glauben, die Menschen seien aus ihm erschaffen worden –, ist noch immer lebendig; eine rustikale Hütte inmitten eines üppigen *milpa* (Maisfeld) ist ein häufiger Anblick. Auf allen Straßen sieht man Männer, Frauen und Kinder, die schwere Lasten mit *leña* (Brennholz) schleppen, das zum Heizen und Kochen benötigt wird.

Das Aushängeschild für Guatemalas natürliche Schönheit ist der von Vulkanen eingefasste Lago de Atitlán, der seit Jahrzehnten ein Touristenmagnet ist. Von kleinen Dörfern umgeben, kommt der See gut mit seiner Popularität zurecht, auch wenn eine üble Bakterienpest auf der Seeoberfläche Ende 2009 den Anwohnern die Risiken eines allzu schnellen Wachstums vor Augen führte (s. S. 238). Der einzige wirklich ausgelaugt wirkende Ort ist Panajachel – die anderen Dörfer haben sich ihr entspanntes Flair bewahrt und haben trotzdem noch ein angenehmes Maß an Komfort zu bieten.

GEFAHREN & ÄRGERNISSE

Auch wenn die meisten Besucher völlig unbehelligt durch die Region reisen, haben uns schon einige Berichte von Raubüberfällen und schlimmeren Zwischenfällen im Hochland erreicht. Die meisten Überfälle ereigneten sich leider an einigen der schönsten Orte, z. B. auf den Wegen rund um den Lago de Atitlán. Die Sicherheitslage ändert sich ständig – eine Wanderroute zwischen bestimmten Dörfern, die lange Zeit unbedenklich war, kann urplötzlich riskant sein.

Wer wandern will, sollte seinen gesunden Menschenverstand einschalten – weder mehr Geld mitnehmen als man braucht noch irgendetwas, das man auf gar keinen Fall verlieren will. Am besten wandert man in Gruppen von mindestens sechs Personen und – das raten die Einheimischen – nimmt sich eine Machete mit. Natürlich nur zur Abschreckung. Wer tatsächlich in Schwierigkeiten gerät, sollte keinen Widerstand leisten – schließlich ist das eigene Leben mehr wert als die Kamera,

ANREISE & UNTERWEGS VOR ORT

Das Hochland

Der kurvige Interamericana Hwy, auch als Centroamérica 1 (CA-1) bekannt, führt auf seiner Route zwischen Guatemala-Stadt und der mexikanischen Grenze in La Mesilla durch das Hochland. Die 266 km lange Fahrt zwischen Guatemala-Stadt und Huehuetenango kann bis zu fünf Stunden dauern, die man sich aber mit einer wunderschönen Landschaft versüßen kann. Der untere Abschnitt des Carretera al Pacífico (Hwy CA-2) via Escuintla und Retalhuleu verläuft geradliniger – er ist die bessere Alternative, wenn man so schnell wie möglich nach Mexiko gelangen will. Die Interamericana ist mit Bussen vollgestopft. Da die meisten Orte, die man besuchen will, vermutlich abseits der Interamericana liegen, wird man sich oft an Kreuzungen wie Los Encuentros und Cuatro Caminos aufhalten und auf den nächsten Bus oder Pick-up warten, der einen mitnimmt. Am besten reist es sich an Markttagen und am Vormittag. Am Nachmittag oder frühen Abend sind weniger Busse unterwegs, der

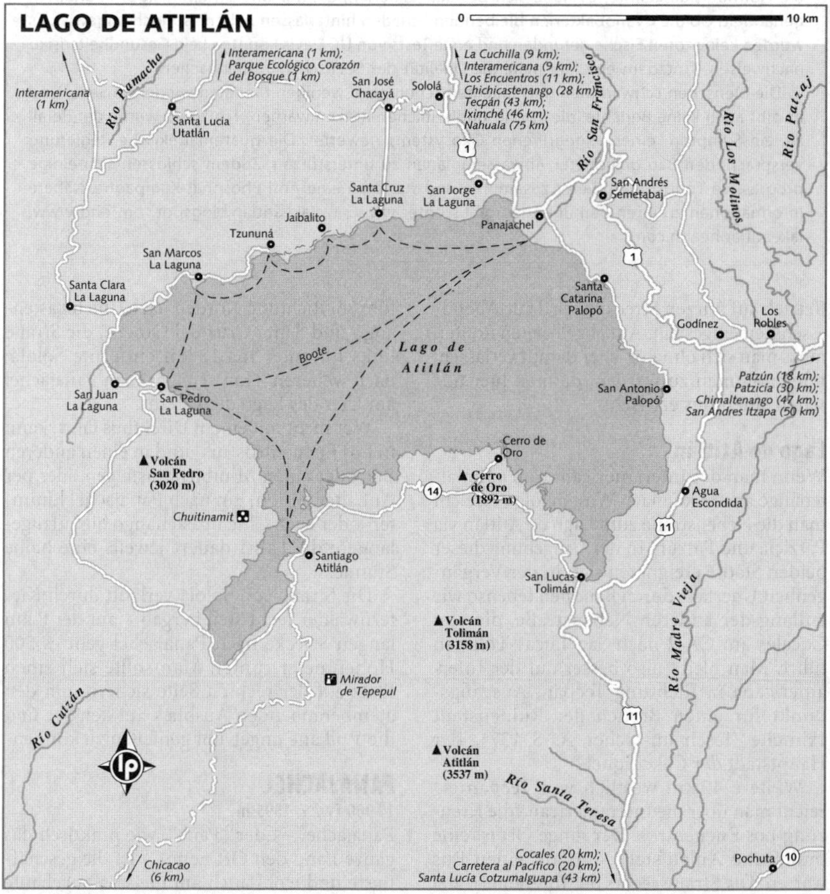

BLÜTEN DES BÖSEN

Ende 2009 bedeckte während einer ungewöhnlich warmen Phase eine mächtige Blüte von Cyanobakterien (auch Blaualgen genannt) das türkisfarbene Wasser des Lago de Atitlán mit einer übel riechenden, bräunlichen Schlammschicht. Cyanobakterien kommen in der Natur in allen Ozeanen und Seen vor, doch erst das ökologische Ungleichgewicht des Lago de Atitlán, das eine Folge der jahrzehntelangen, unkontrollierten Erschließung des Sees ist, schuf die idealen Bedingungen für deren Ausbreitung.

Hauptursache war die Zunahme der Nährstoffe im Wasser, die der Regen aus den Chemieabfällen umliegender Gemeinden in den See spülte. Bakterien „verschlingen" diese phosphorreichen Chemikalien in bester Pac-Man-Manier. Und als dann noch die Temperaturen anstiegen, blühten die Organismen erst auf und starben dann ab – die Folge war eine dicke Matte aus stinkendem Dreck.

Die Nachricht war ein harter Schlag ins Kontor der Tourismusanbieter, die Bedrohung für die umliegenden Gemeinden erwies sich jedoch noch als viel schwerwiegender, da der See für sie traditionell eine Wasser-, Nahrungs- und Einkommensquelle ist. Innerhalb eines Monats hatte sich die Fäule zurückgebildet und der See seinen ursprünglichen Zustand zurückerlangt, sodass die Hoffnung aufkeimte, es habe sich bei der Bakterienpest nur um ein einmaliges Phänomen gehandelt. Ob die Cyanobakterien bleibenden Schaden hinterlassen haben, ist noch ungewiss. Es wurden keine toten Fische gefunden und erste Tests von UC Davis konnten kein Gesundheitsrisiko nachweisen. Trotzdem empfahl man, die Qualität der Seefische zu überwachen.

Die Menschen schwammen und tauchten schon nach wenigen Monaten wieder im See – und es gibt auch keine Berichte, die vor gesundheitlichen Risiken warnen. Trotzdem wurde der Befall als ein Symptom eines angegriffenen Ökosystems gewertet. Die guatemaltekische Regierung versprach, den Bau geeigneter Abwasseranlagen zu unterstützen. Zudem schlossen sich einige progressive Tourismusanbieter zusammen und starteten eine Anti-Phosphat-Kampagne. Nähere Informationen zu ihren Bemühungen gibt's unter www.savelakeatitlan.blogspot.com und www.lakeatitlanhealth.com.

Betrieb auf kurzen Strecken wird zur Abendessenszeit eingestellt. Auf abgelegenen Routen muss man sich ohnehin eher darauf verlassen, mitgenommen zu werden, da man hier nur selten einen Bus erwischt.

Lago de Atitlán

Wenn man der Interamericana von Chimaltenango aus 32 km nach Westen folgt, erreicht man die Nebenstraße zum Lago de Atitlán via Patzicía und Patzún. In der Umgebung dieser beiden Städte ereigneten sich in der Vergangenheit Überfälle durch Banditen (ebenso wie entlang der anderen Nebenstraße, die von Cocales am CA-2 nach San Lucas Tolimán führt. Man bleibt also besser auf der Interamericana in Richtung Tecpán, Ausgangspunkt für einen Besuch der Ruinenstadt Iximché (iesch-im-tschei; s. S. 137), der Hauptstadt der Cakchiquel.

Weitere 40 km westlich von Tecpán erreicht man über die Interamericana die Kreuzung Los Encuentros. Der junge Ort ist eine praktische Anlaufstelle, um auf einen Bus warten. Die Straße rechts der Interamericana führt in Richtung Norden nach Chichicastenango und Santa Cruz del Quiché, die Straße links hinunter ins 12 km entfernte Sololá; nach weiteren 8 km erreicht man Panajachel am Ufer des Lago de Atitlán.

Wer nicht mit einem Direktbus fährt, kann in Los Encuentros aus- und in einen anderen Bus oder einen Minibus umsteigen oder per Anhalter fahren, um nach Panajachel hinunter- oder nach Chichicastenango hinaufzugelangen; die Fahrt dauert jeweils eine halbe Stunde.

Die Straße von Sololá verläuft durch Kiefernwälder recht steil bergab – auf der 8 km langen Strecke nach Panajachel geht es 500 Höhenmeter runter. Man sollte sich einen Platz auf der rechten Seite sichern, um den atemberaubenden Ausblick auf den See und die Vulkane ungetrübt genießen zu können.

PANAJACHEL

19 900 Ew. / 1595 m

Panajachel – oder „Pana", wie praktisch das ganze Land den Ort nennt – ist die geschäftigste und wohl auch am meisten zugebaute

Siedlung am Seeufer. Seine städtebauliche Entwicklung verlief planlos, das Ergebnis ist – wie nicht wenige finden – auch nicht besonders hübsch. Auf Panajachels staubigen Straßen tummeln sich verschiedene Kulturen.

Ladinos und Gringos haben die Tourismusindustrie fest in der Hand. Die Cakchiquel- und Tz'utujil-Mayas aus den umliegenden Dörfern kommen in den Ort, um Kunsthandwerk an Touristen zu verkaufen. Reisegruppen fallen für ein paar Stunden oder über Nacht in der Stadt ein.

Dank einer ausgezeichneten Verkehrsanbindung und eines pulsierenden Nachtlebens steht die Stadt bei Wochenendurlaubern aus ganz Guatemala hoch im Kurs. Während der Woche geht es etwas ruhiger zu, die Hauptstraße Calle Santander bleibt allerdings stets die Gleiche: Internetcafés, Kunsthandwerksläden, Restaurants und Reisebüros wohin das Auge reicht. Man muss jedoch nur einen Abstecher zum Seeufer machen, um daran erinnert zu werden, warum Pana so viele Besucher anzieht.

Praktische Informationen

BUCHLÄDEN

Bus Stop Books (Centro Comercial El Dorado, Calle Principal; ⌚ Mi–Mo 8–13.30, Di 8–18 Uhr) Eine gute Auswahl hauptsächlich gebrauchter Bücher zum Tauschen und Kaufen und ein kleines Reiseführersortiment.

Gallery Bookstore (Comercial El Pueblito, Av Los Árboles) Kauft und tauscht gebrauchte Bücher und verkauft neue, darunter auch ein paar Lonely Planets.

Libros del Lago (Calle Santander) Hat ein ausgezeichnetes Buchsortiment, u. a. lateinamerikanische Literatur über Guatemala, die Mayas und Mesoamerika auf Englisch und in anderen Sprachen. Auch Karten und Reiseführer sind erhältlich.

GELD

Banco Agromercantil (Ecke Calle Principal & Santander; ⌚ Mo–Sa 9–18, So 9–13 Uhr) Umtausch von Reiseschecks.

Banco Industrial (Comercial Los Pinos, Calle Santander; ⌚ Mo–Fr 9–16, Sa 9–13 Uhr) Visacard-Vorauszahlungen.

Banrural (Calle del Campanario; ⌚ Mo–Fr 9–17, Sa 9–13 Uhr) Wechselt Reiseschecks.

INTERNETZUGANG

Die Standardpreise liegen zwischen 5 Q und 10 Q pro Stunde. Die meisten Läden sind täglich von 9 Uhr bis 22 Uhr geöffnet, sonntags schließen manche früher.

Get Guated Out (Comercial El Pueblito, Av Los Árboles) Übliche Internetdienste.

Multiservicios J&M (Calle Rancho Grande)

MEDIZINISCHE VERSORGUNG

Das nächste Krankenhaus ist in Sololá.

Centro de Salud (☎ 7762-1158; Calle Principal; ⌚ Mo–Fr 8–18, Sa 8–13 Uhr) Klinik.

NOTFALL

Asistur (☎ 5874-9450; Edificio Las Manos, Av El Tzalá, Barrio Jucanyá)

Disetur (Touristenpolizei; ☎ 5531-3982; Playa Pública) Die Station befindet sich in einem kleinen Gebäude in der Nähe des Santiago-Bootsdocks.

POST

Postamt (Ecke Calle Santander & Calle 15 de Febrero) 200 m vom See entfernt.

Realworld Export (☎ 5634-5699; Centro Comercial San Rafael, Calle Santander) Kurierdienst, der Sammelsendungen verschiedener Kunsthandwerkshändler zu niedrigeren Preisen anbietet; eine günstige Lösung für das Versenden größerer Gegenstände.

TELEFON

Einige Internatcafés und Reisebüros in der Calle Santander bieten Telefongespräche zu moderaten Preisen an – etwa 3/4,50 Q pro Minute für Festnetz-/Handygespräche nach Europa.

TOURISTENINFORMATION

Inguat (☎ 7762-1106; info-panajachel@inguat.gob.gt; Centro Comercial San Rafael Local 11, Calle Santander; ⌚ 9–13 & 14–17 Uhr) Die Touristeninformation befindet sich in der Hauptstraße. Sie hat ein paar Broschüren und Personal, das einfache Fragen beantworten kann.

WASCHSALONS

Lavandería Il Bucato (Centro Comercial El Dorado, Calle Principal; ⌚ Mo–Sa 9–18.30 Uhr) Kostet 30 Q für bis zu 2,5 kg.

Sehenswertes& Aktivitäten

Die **Reserva Natural Atitlán** (☎ 7762-2565; www.atitlanreserva.com; Erw./Kind 45/25 Q; ⌚ 8–17 Uhr) liegt an der Straße, die zum Hotel Atitlán führt, und eignet sich prima für einen Tagesausflug. Das durchdachte Naturschutzgebiet lockt mit Wanderwegen, einem Informationszentrum, Seilrutschen, Campingmöglichkeiten, einer Schmetterlingsfarm, einer kleinen Kaffeeplantage, jeder Menge Affen und einer Voliere. Wer länger bleiben will, kann eines der ausgezeichneten Zimmer mit Privatterrasse mieten oder einfach ein Zelt aufschlagen.

Der Lago de Atitlán bietet phänomenale Möglichkeiten zum **Wandern** und **Radfahren**.

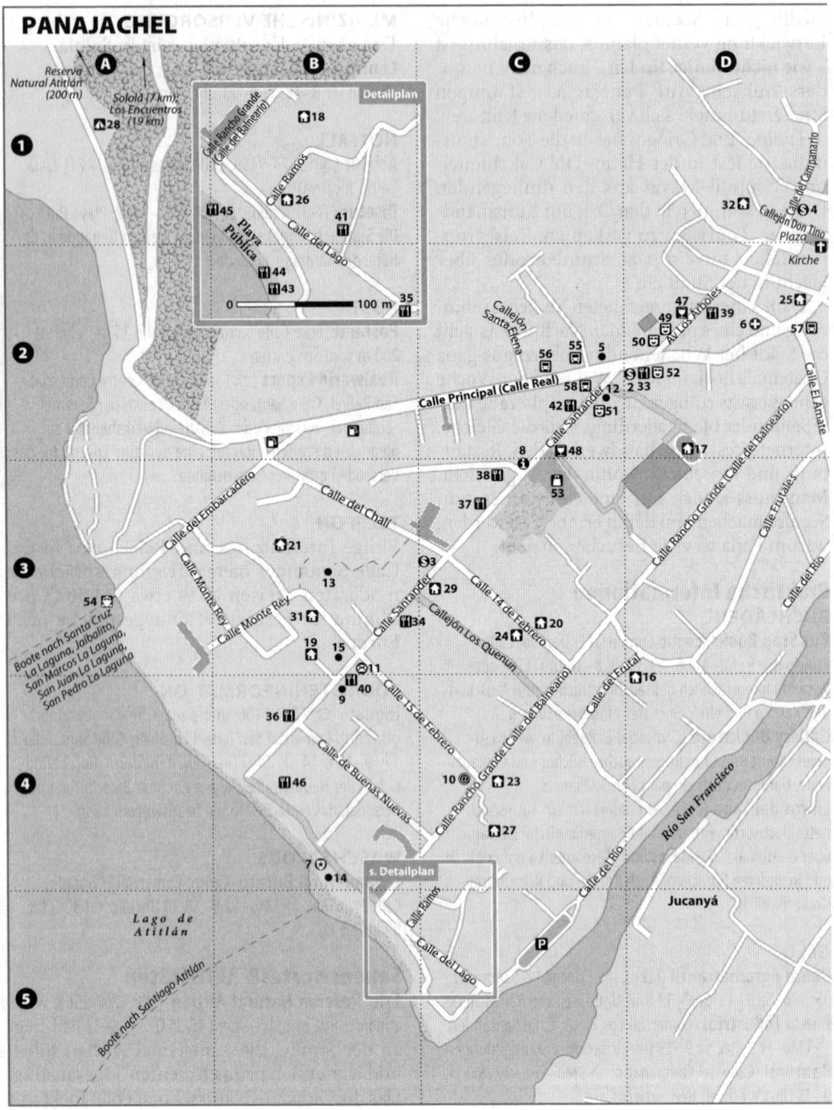

Man kann in etwa einer Stunde von Panajachel nach Santa Catarina Palopó und in einer weiteren Stunde nach San Antonio Palopó wandern; mit dem Fahrrad dauert die Tour über die hügeligen Straßen nur halb so lange. Man kann aber auch das Fahrrad auf dem Boot mit nach Santiago Atitlán, San Pedro La Laguna oder in eines der anderen Dörfer nehmen und eine Tour um den See machen. Verschiedene Läden entlang der Calle Santander verleihen Fahrräder. **Roger's Tours** (☎ 7762-6060; www.rogerstours.com; Calle Santander) bietet erstklassige Mountainbikes für 40/250 Q pro Stunde/Tag an und veranstaltet eine Reihe von Radtouren (415–500 Q inkl. Helm, Führer und Mittagessen).

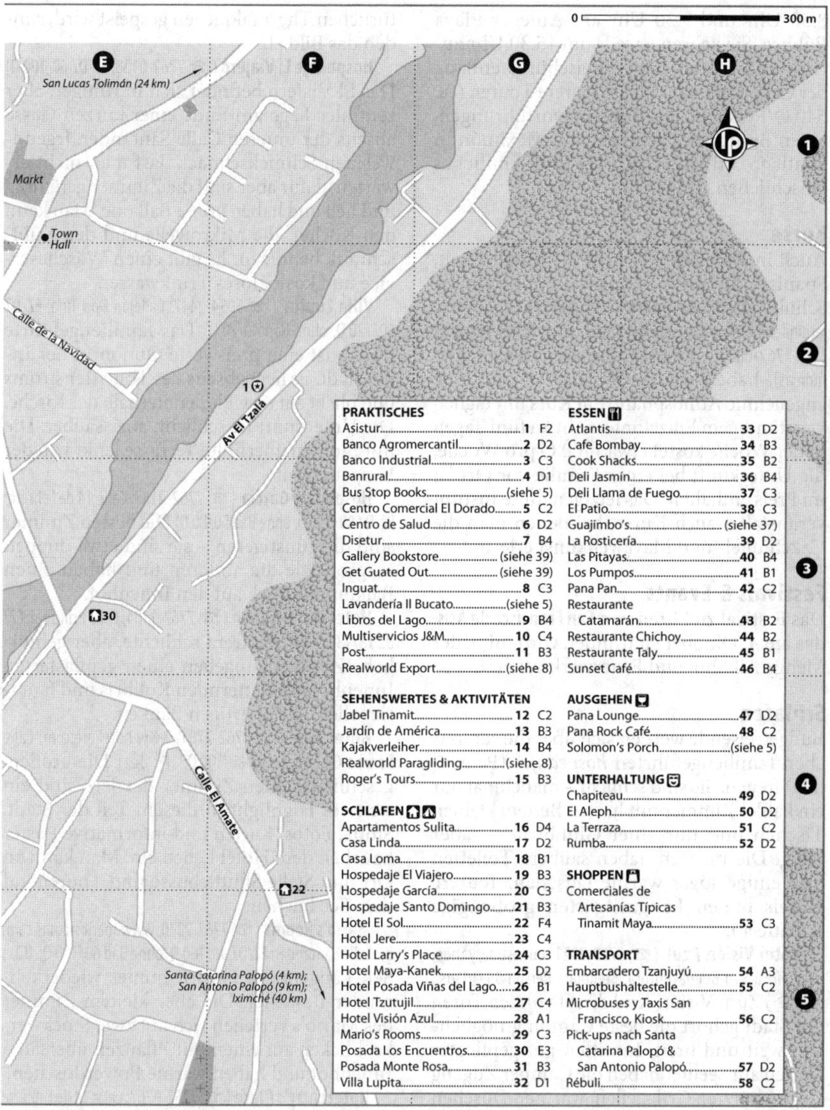

Paragliding ist die neueste Wachstumsbranche am Atitlán – in Pana kann man sich beim sehr empfehlenswerten Anbieter **Realworld Paragliding** (☎ 5634-5699; realworldparagliding@gmail.com; Centro Comercial San Rafael, Calle Santander; 665/Flug) einspannen lassen. Die Flüge dauern 20 Minuten bis eine Stunde, je nach Windbedingungen und Vorliebe der Passagiere.

Kajaks können am Pier am Ende der Calle del Rancho Grande für 30 Q pro Stunde ausgeliehen werden.

Besucher mit wenig Zeit sollten über eine **Bootstour** über den See nachdenken. Ausflüge nach San Pedro La Laguna (ca. 1½ Std. Aufenthalt), Santiago Atitlán (1½ Std.) und San Antonio Palopó (1 Std.) starten täglich um

GUATEMALA

8.30 Uhr und 9.30 Uhr am Anleger Playa Pública. Sie kehren jeweils um 15.30 Uhr zurück und kosten 100 Q. Reisebüros entlang der Calle Santander bieten teurere Touren (ca. 540 Q/Pers.) an, die Webstuhlvorführungen, einen Besuch des Schreins von Maximón in Santiago Atitlán (s. S. 141) und Ähnliches einschließen können.

Kurse

Auch in Panajachel besteht die Möglichkeit, Spanisch zu lernen. Die zwei gut geführten Schulen, **Jardín de América** (☎/Fax 7762-2637; www.jardindeamerica.com; Calle del Chalí) und **Jabel Tinamit** (☎ 7762-6056; www.jabeltinamit.com; Callejón Las Armonías), haben weitläufige Gärten und eine angenehme Atmosphäre. Ein Kurs mit täglich vierstündigem Einzelunterricht an fünf Tagen in der Woche kostet etwa 1400 Q pro Woche, die Unterkunft bei einer Familie vor Ort ist im Preis enthalten. Das letztgenannte Institut veranstaltet auch Kurse, bei denen man die Cakchiquel- und Mayawebkunst erlernt.

Festivals & Events

Das Festival zu Ehren von **San Francisco de Asís**, das am 4. Oktober stattfindet, wird mit jeder Menge Alkohol und Feuerwerk gefeiert.

Schlafen

Budgetreisende werden sich über die zahlreichen familiengeführten *hospedajes* (Pensionen) freuen. Sie sind schlicht – manchmal nur ein kahles Zimmer mit harten Betten, kleinen Tischen und nur einer Glühbirne –, aber billig. Die meisten haben saubere Toiletten und einige sogar warme Duschen. Teurere Hotels bieten Langzeitgästen großzügige Rabatte an.

Hotel Visión Azul (☎ 5759-7321; eugestra@yahoo.com; Finca San Buenaventura; Stellplatz Person 35 Q/Pers.;) Zum Visión Azul direkt vor den Toren der Stadt gehört die beste Campingmöglichkeit weit und breit. Inmitten gut gepflegter Gärten am Seeufer haben die Camper Zugang zu geschützten Grillstellen, warmen Duschen und Kajaks. Zimmer mit eigener Terrasse sind ebenfalls verfügbar.

Hotel El Sol (☎ 7762-6090; www.panamuraoka.com; Carretera a Santa Catarina Palopó; B 50 Q, EZ/DZ/3BZ 150/200/250 Q; P) An der Straße nach Santa Catarina. Das moderne Hostel unter japanischer Leitung hat einen Schlafsaal mit acht Betten und fünf Privatzimmer. Gutes Sushi und ein japanischer Pool, der von natürlichen Thermalquellen gespeist wird, runden das Bild ab.

Hospedaje El Viajero (☎ 7762-0128; EZ/DZ 60/100 Q) Das El Viajero befindet sich in ruhiger, aber zentraler Lage am Ende einer kurzen Gasse abseits der unteren Calle Santander. Irgendwelchen Schnickschnack darf man nicht erwarten, dafür aber sind die Zimmer geräumig und hell und haben große Balkone. Man kann den Kocher, die Mikrowelle und den Kühlschrank benutzen. Es gibt einen Wäscheservice und kostenloses Trinkwasser.

Villa Lupita (☎ 5054-2447; Callejón Don Tino; EZ/DZ 60/120 Q, ohne Bad 40/70 Q) Das familiengeführte Lupita ist eine preiswerte Option in der Innenstadt. Es liegt abseits des Touristenstroms und blickt auf eine Plaza unterhalb der Kirche. Die Unterkunft ist schlicht, aber sauber. Die mit Blumen überfüllte Terrasse lenkt von der Umgebung ab.

Hospedaje García (☎ 7762-2187; Calle 14 de Febrero; EZ/DZ 80/150 Q, ohne Bad 50/80 Q) Die besten Zimmer sind die günstigeren – sie sind etwa doppelt so groß wie die anderen und haben einen Balkon mit Blick auf den Innenhof.

Hotel Maya-Kanek (☎ 7762-1104; Calle Principal; EZ/DZ 75/130 Q; P) Extrem schlichte, aber gemütliche Zimmer umgeben einen gepflasterten Innenhof mit flatternden Kolibris und fantasievollen, skelettartigen Bänken.

Hotel Jere (☎ 7762-2781; www.hoteljere.com; Calle Rancho Grande; EZ/DZ 80/100 Q; P) Die großen, geschmackvollen Zimmer des Jere sind ein weiteres Highlight in diesem Teil der Stadt. Stoffe, Fotos, Karten und informative Poster hauchen dem Hotel Leben ein. Man kann an Ort und Stelle Shuttlebusse und Touren auf dem See buchen.

Mario's Rooms (☎ 7762-2370; www.mariosrooms.com.gt; Calle Santander; EZ/DZ 90/160 Q, ohne Bad 60/110 Q;) Seit Langem ein Favorit immer wiederkehrender Besucher. Die eher kleinen Zimmer des Mario's verteilen sich auf zwei Stockwerke, blicken auf einen mit Pflanzen übersäten Innenhof und haben warme Powerduschen.

Hotel Larry's Place (☎ 7762-0767; Calle 14 de Febrero; EZ/DZ 100/150 Q; P) Das Larry's Place liegt abseits der Straße hinter einer grünen Mauer aus Pflanzen. Es vermietet großzügige, kühle Zimmer in Waldumgebung. Die Möbel sind geschmackvoll, die Balkone trotz des fehlenden Ausblicks einladend.

Hotel Tzutujil (☎ 7762-0102; www.panajachel.com/tzutujil.htm; Calle Rancho Grande; EZ/DZ 100/200 Q, ohne Bad 60/120 Q) Liegt am Ende einer schmalen Gasse durch Maisfelder. Das Tzutujil ist ein freistehendes Haus mit Balkonen, Bogenfenstern und einer Wendeltreppe, die zu einer Dachterrasse führt. Abzüge gibt's für die kastenartigen Zimmer mit Budgetstandard: ungemütliche Betten und nicht sehr vertrauenswürdige Duschen hinter einem Raumteiler.

Posada Los Encuentros (☎ 7762-1603; www.losencuentros.com; Callejón Chotzar 0-41; EZ/DZ 249/332 Q, mit Küche 415/498 Q) Direkt am anderen Flussufer steht dieses „öko-kulturelle B & B" mit sieben gemütlichen Zimmern in einem entspannten Wohnhaus. Pluspunkte gibt's für den vulkanisch beheizten Pool, den Garten mit Heilpflanzen, die Sonnenterrasse und das Fitnessstudio.

In Pana gibt's jede Menge weitere billige Übernachtungsmöglichkeiten:

Hospedaje Santo Domingo (abseits Calle Monte Rey; EZ/DZ 20/30 Q, mit Bad 50/70 Q) Die billigsten Zimmer sind aus einfachem Holz zusammengezimmert, es gibt auch höherwertige mit Gemeinschaftsbad in einem neueren zweistöckigen Komplex. Hübscher Rasen im Innenhof; kein Telefon.

Casa Linda (☎ 7762-0386; Callejón El Capulin; EZ/DZ 100/130 Q, ohne Bad 49/98 Q) Makellose kleine Zimmer rund um einen friedlichen Garten. Am besten nimmt man eines der oberen mit luftigem Balkon.

Hotel Posada Viñas del Lago (☎ 7762-0389; www.hotelvinasdelago.com; Playa Pública; EZ/DZ 100/150 Q; P) Das nur wenige Schritte vom Seeufer entfernte, bunt gestrichene Hotel hat einfache Zimmer mit großartiger Aussicht (die besten sind Nr. 21–23).

Casa Loma (☎ 7762-1447; Calle Rancho Grande; EZ/DZ 100/150 Q, ohne Bad 50/100 Q) Einfache, holzgetäfelte Zimmer und eine hübsche Rasenfläche zum Entspannen.

Posada Monte Rosa (☎ 7762-0055; Calle Monte Rey; EZ/DZ 100/150 Q) Gut ausgestattete, geräumige Zimmer. Keine telefonische Reservierung möglich.

Apartamentos Sulita (☎ 4055-7939; Calle del Frutal 3-42; Hütten 1040 Q/Woche) Hübsche kleine Ein- und Zwei-Personen-Hütten mit Küche, Lounge, Bad und einem Schlafzimmer.

Essen

Am günstigsten isst man am Strand und an der Mündung des Río San Francisco. In Hütten am Ufer wird spottbilliges Essen serviert, Gleiches gilt für die Stände rund um den Parkplatz. Auf der anderen Straßenseite kann man sich in einem der vielen kleinen Restaurants den Bauch für 30 Q vollschlagen, das Essen wird hier fast überall mit einem unbezahlbaren Blick auf den See garniert. Auf der Calle Santander reihen sich nachmittags und abends außerdem zahlreiche Taco- und Brathähnchenstände aneinander. Man kann es z. B. am trefflich benannten Humo en Tus Ojos (Rauch in Deinen Augen) versuchen, das zuletzt an der Kreuzung Calle Principal und Calle Santander gesichtet wurde; hier speist auch die Polizei.

Lebensmittel kann man im Despensa Familiar am Nordende der Calle El Amate kaufen.

Pana Pan (Calle Santander 1-61; Gebäck 7 Q; 🕒 morgens & mittags) Zimtbrötchen, Bananen- und Schokoladenmuffins und Vollkornbrot – hier muss man einfach vorbeischauen. Man kann alles mitnehmen oder sich setzen und einen Kaffee dazu genießen.

La Rosticería (Av Los Árboles; Hauptgerichte 25–40 Q; 🕒 Mo–Sa 8–22 Uhr) Der von einem fröhlichen Kanadier geführte „Grill" hat sich auf Grillhähnchen spezialisiert, die auf der Terrasse an der Straße serviert werden. Ein viertel Hähnchen mit Pommes Frites und Krautsalat macht einen um 25 Q ärmer.

Deli Jasmín (Calle Santander; Gerichte 25–45 Q; 🕒 Mi–Mo 7–18 Uhr) Das friedliche Gartenrestaurant serviert eine Reihe gesunder Gerichte und Getränke zu den Klängen klassischer Musik. Frühstück gibt's den ganzen Tag. Man kann Vollkorn- oder Pitabrot mit Hummus oder Mangochutney zum Mitnehmen kaufen.

Atlantis (Calle Principal; Hauptgerichte 40–60 Q; 🕒 morgens, mittags & abends) Die Café-Bar serviert ausgezeichnete belegte Baguettes (35 Q) und eher herzhafte Gerichte. Der Garten hinten ist an einem milden Abend ein wunderbarer Ort.

Guajimbo's (Calle Santander; Hauptgerichte 40–70 Q; 🕒 morgens, mittags & abends) Der uruguayische Grill ist eines der besten Restaurants in Pana. Auf den Tisch kommen großzügige Fleisch- und Hühnchenportionen mit Gemüse, Salat, Knoblauchbrot und Reis oder Pellkartoffeln – hungrig geht niemand raus. Vegetarische Optionen, preiswertes Frühstück und Kaffee bis zum Abwinken gibt's auch.

Café Bombay (Calle Santander; Hauptgerichte 45 Q; 🕒 Mi–Mo 11–21 Uhr; V) Das gemütliche Lokal gibt sich international und serviert kreative vegetarische Gerichte aus 14 Ländern: Hier gibt's alles, von Spinatlasagne bis zu Miso und Currys und sogar einer vegetarischen Version des guatemaltekischen Klassikers *pepián* (serviert mit Gemüse, Reis und *chuchito*).

Sunset Café (Ecke Calle Santander & Calle del Lago; Hauptgerichte 50–65 Q; 🕒 mittags & abends) Das Open-Air-Lokal am dem See zugewandten Ende der

Calle Santander hat einen tollen Ausblick und serviert Fisch und vegetarische Gerichte. Dank einer Bar und allabendlicher Livemusik ist es der beste Ort, um die phänomenalen Sonnenuntergänge über den Vulkanen zu genießen.

Wer etwas Günstiges mit Aussicht sucht, kann es in den Touristenrestaurants versuchen, die das Ostende der Calle del Lago einnehmen: z. B. im Restaurante Taly, Restaurante Catamarán oder Restaurante Chichoy, die alle eine Terrasse am See haben. Los Pumpos liegt an der Straße und bereitet Berichten zufolge das beste und vielseitigste Essen zu. Alle Strandrestaurants servieren Meeresfrüchte und *caldo de mariscos* (Meeresfrüchteeintopf), obwohl seit der Bakterienpest Ende 2009 kein Seefisch mehr serviert wurde (s. Kasten S. 238).

Noch mehr gutes, billiges Essen auf der Calle Santander? Kein Problem:

Las Pitayas (Calle Santander) Frisch gepresste Fruchtsäfte und *licuados* (Fruchtshakes), u. a. den erfrischenden *panatonic* (Zitronensaft, Ingwer und Minze). Für Hungrige gibt's Paninis und Wraps.

Deli Llama de Fuego (Calle Santander; Gerichte 25–45 Q; ⌚ Do–Di 7–22 Uhr) Hat dieselbe ausgezeichnete Karte wie das Deli Jasmín; die Gerichte werden unter einem llama de Fuego (Afrikanischer Tulpenbaum) serviert.

El Patio (Plaza Los Patios, Calle Santander; Hauptgerichte 35 Q; ⌚ morgens, mittags & abends) Die Einheimischen kommen gern zum Mittagessen her. Wenn möglich, sollte man das El Patio montags besuchen und die *caldo de res* (Brühe mit großen Fleischstücken und Gemüse) probieren, das mit allem Drum und Dran serviert wird.

Ausgehen

Pana Rock Café (☎ 7762-2194; Calle Santander) Hier kann man die nächtliche Kneipentour prima beginnen, ausdehnen oder ausklingen lassen – die Happy Hour scheint endlos. Die Rockklassiker sind vielleicht nicht jedermanns Sache, aber gegen zwei Cocktails für 25 Q kann man nur schwer was sagen.

Pana Lounge (Av Los Árboles) In der schwach beleuchteten Bar dreht sich alles um den Billardtisch (40 Q/Std.) und Bier (40 Q pro *cubetazo*, einen Eimer mit fünf Flaschen).

Solomon's Porch (Calle Principal; ⌚ mittags & abends) Vom Balkon aus blicken Gäste über die Calle Santander – ein prima Plätzchen für ein paar Drinks. Und dazu gibt's Großbildfernseher, drahtloses Internet und Livemusik.

Unterhaltung

Wer auf Salsa steht, sollte im Restaurant **La Terraza** (Edificio Rincón Sai, Calle Santander) vorbeischauen – ein Mekka für Salsa-Liebhaber, besonders freitag- und samstagabends, wenn Gastlehrer Unterricht anbieten. Kurse kosten 100 Q pro Stunde (die Hälfte für Langzeitschüler).

Chapiteau (Av Los Árboles; Eintritt ab 20 Q) Wer seine Zappelbeine dabei hat, kann sich in diese mit Stroboskoplicht erleuchtete Disko-Bar im Herzen von Panas Zona Viva aufmachen, in der sich das Nachtleben abspielt.

El Aleph (Av Los Árboles) DJs halten die Massen mit einer Mischung aus Reggaetón, Merengue, Elektronika und Salsa am Kochen. Bier ist pro Eimer (*cubetazo*) am billigsten.

Rumba (Calle Principal) Das Rumba gegenüber vom Anfang der Av Los Árboles ist eine große Disko-Bar, in der dröhnender Latin-Pop läuft. Sie steht hoch im Kurs bei guatemaltekischen Teens und Twens, die am Wochenende und in den Ferien in Pana einfallen.

Shoppen

Die Läden und Stände in der Calle Santander haben mit die günstigsten Souvenirs im ganzen Land. Auch unabhängige Händler und Kunsthandwerker stellen hier Tische auf oder legen Decken aus, besonders am Wochenende. Sie gehen außerdem am Strand und am Ende der Calle Rancho Grande ihren Geschäften nach.

Comerciales de Artesanías Típicas Tinamit Maya (⌚ 7–19 Uhr) Einer der teuersten Kunsthandwerkermärkte in Guatemala. Die Stände verkaufen traditionelle Kleidung, Jade, Lederwaren, Holzschnitzereien u. v. m. Wer Geduld beweist und feilscht, kann richtige Schnäppchen machen.

An- & Weiterreise

BUS

Die wichtigste Bushaltestelle der Stadt liegt an der Kreuzung von Calle Santander und Calle Real, gegenüber der Banco Agromercantil. Rébuli-Busse fahren vor dem Rébuli-Büro in der Calle Real ab. Für die meisten weiter entfernten Ziele ist es ratsam, einen der vielen Busse nach Los Encuentros zu nehmen und sich dort nach einem Anschlussbus umzuschauen. Nach Santa Catarina Palopó fährt man von der Ecke Calle Principal/Calle El Amate per Anhalter (3 Q, 20 Min.).

Die Tabelle auf S. 138 listet Direktverbindungen von der Hauptbushaltestelle auf – man muss auf „Hühnerbusse" vorbereitet sein, lediglich täglich um 11 Uhr fährt ein Pullman-

Bus nach Antigua (35 Q, 2½ Std.) und weiter nach Guatemala-Stadt (35 Q, 3½ Std.).

SCHIFF/FÄHRE

Passagierboote von Santiago Atitlán (35 Min.) fahren am Playa Pública (öffentlichen Strand) am Anfang der Calle Rancho Grande ab. Alle anderen legen am Embarcadero Tzanjuyú am Anfang der Calle del Embarcadero ab. Häufig fahren überdachte *lanchas* gegen den Uhrzeigersinn um den See und halten in Santa Cruz La Laguna (15 Min.), Jaibalito, Tzununá, San Marcos La Laguna (30 Min.), San Juan La Laguna und San Pedro La Laguna (45 Min.). Das letzte Boot legt gegen 19.30 Uhr ab. Zu den Dörfern am Ostufer des Sees verkehren keine öffentlichen Schiffe; man kann stattdessen den Bus nehmen oder per Anhalter fahren (S. 138).

Eine einfache Fahrt zu einem beliebigen Ziel am Lago de Atitlán kostet für Ausländer 20 Q, Anwohner zahlen deutlich weniger. Man kann sich den Ärger über das „Zwei-Klassen-System" sparen – es ist fest etabliert

GUATEMALA

ABSTECHER AB PANA

Sololá

Neun steile Kilometer führen von Panajachel zu Sololás **Freitagsmarkt**, der eher von Einheimischen als von Touristen besucht wird – auch deswegen ist er einer der besten Märkte des Hochlands. Die Plaza neben der Kathedrale erblüht in einem Farbenmeer aus den bunten Trachten. Menschen aus den umliegenden Dörfern belagern die Stände und jeder verfügbare Zentimeter wird genutzt, um Fleisch, Gemüse, Obst, Haushaltswaren und Kleidung feilzubieten.

Jeden Sonntagmorgen zieht die religiöse Mayabruderschaft der **cofradías** feierlich zur Kathedrale, um ihre Andacht abzuhalten. An allen anderen Tagen schläft Sololá.

Santa Catarina Palopó

Vier kurvige Kilometer östlich von Panajachel liegt Santa Catarina Palopó. Hier führen schmale Pflasterstraßen an Lehmhäusern mit Stroh- oder Wellblechdächern vorbei, sodass die leuchtend weiße Kirche sofort die Aufmerksamkeit auf sich zieht. Recht interessant ist die Vorstellung, dass einst alle Dörfer am Seeufer so ausgesehen haben müssen. Wer Gefallen an dem Ort gefunden hat und länger bleiben will, kann sich in einfachen, günstigen Unterkünften einquartieren oder zum Essen bleiben. Die meisten Besucher verbringen aber nur einen Tag hier, oft auf der Suche nach einer der leuchtend indigoblauen *huipiles* (lange bestickte Tunika), die man rund um den Lago de Atitlán sieht.

San Antonio Palopó

An Santa Catarina vorbei, erreicht man nach 5 km San Antonio Palopó, ein größeres, aber ganz ähnliches Dorf, in dem Männer und Frauen in traditionellen Gewändern ihre Terrassenfelder bestellen und am Seeufer bergeweise Frühlingszwiebeln putzen. Das **Hotel Terrazas del Lago** (☎ 7762-0157; www.hotelterrazasdellago.com; EZ/DZ 180/240 Q; 📶) ist ein attraktives Hotel mit großartigem Ausblick.

Iximché

Abseits der Interamericana befinden sich nahe der kleinen Stadt Tecpán die Ruinen von **Iximché** (Eintritt 50 Q; 🕓 8–16.30 Uhr), der Hauptstadt der Kaqchiquel-Mayas. Iximché (iesch-im-tschei), das Ende des 15. Jh. auf einem durch Klippen geschützten flachen Felsvorsprung gegründet wurde, ließ sich leicht gegen die feindlichen Quiché-Mayas verteidigen. Gegen die Spanier hatten sie weniger Fortune.

Rechts neben dem Eingang zur archäologischen Stätte kann man erst das Museum besuchen (Mo geschl.), bevor man sich dann den vier zeremoniellen Plätzen zuwendet, die von bis zu 10 m hohen Tempelbauten und Ballspielplätzen umgeben sind. Einige Bauten wurden freigelegt; auf manchen sieht man noch den originalen Gipsverputz.

Busse, die auf der Interamericana fahren, setzen Passagiere an der Ausfahrt nach Tecpán ab; von dort muss man ins Ortszentrum von Tecpán etwa 1 km zu Fuß zurücklegen (mit etwas Glück erwischt man einen Stadtbus). „Ruinas"-Microbusse zur Stätte (2,50 Q, 10 Min.) fahren einmal stündlich am Hauptplatz ab.

BUSSE VON PANAJACHEL

Ziel	Preis (Q)	Dauer	Abfahrt	Häufigkeit
Chichicastenango	20	1 ½ Std.	7–15 Uhr	5-mal tgl.
Cocales	15	2 ½ Std.	6.30–17 Uhr	4-mal tgl.
Guatemala-Stadt	25	3 ½ Std.	5–13 Uhr	6-mal tgl.
Los Encuentros	5	35 Min.	6–19 Uhr	häufig
Quetzaltenango	30	2 ½ Std.	7–14 Uhr	3-mal tgl.
San Lucas Tolimán	10	1 Std.	17.30 Uhr	1-mal tgl.
Sololá	3	15 Min.	6–19 Uhr	häufig

und Beschwerden stoßen in den allermeisten Fällen auf taube Ohren. Am besten ignoriert man alle Mittelsmänner und verhandelt den Fahrpreis direkt mit dem Kapitän.

SHUTTLE-MINIBUSSE

Touristen-Shuttlebusse sind doppelt so schnell wie Busse am Ziel, kosten aber ein Vielfaches. Man kann sie in jedem Reisebüro in der Calle Santander buchen. Der **Kiosk von Microbuses y Taxis San Francisco** (☎ 7762-0556; www.mitasfa.com; Calle Principal) verkauft auch Fahrkarten für Shuttlebusse. Zwar werden Fahrpläne veröffentlicht, die wirklichen Abfahrtszeiten der Shuttles können allerdings davon abweichen, je nachdem, wie viele Passagiere mitfahren wollen. Man sollte versuchen, eine verbindliche Abfahrtszeit auszuhandeln, bevor Geld den Besitzer wechselt. Einige Ziele und Preise: Antigua (125 Q), Chichicastenango (58 Q), Guatemala-Stadt (183 Q), San Cristóbal de Las Casas (Mexiko; 332 Q), Quetzaltenango (166 Q).

SANTIAGO ATITLÁN

Von Panajachel aus quer über den See liegt an dessen Südseite Santiago Atitlán, das meist nur kurz Santiago genannt wird. Eingerahmt wird es von den Vulkanen Tolimán und San Pedro und dem Ufer einer Lagune. Es ist das Dorf am See, in dem sich das einheimische Flair am stärksten erhalten hat, und zudem das Zuhause von Maximón (mah-schie-mohn; s. Kasten S. 141), der in der Semana Santa durch die Straßen getragen wird – ein guter Grund, um dem Ort an Ostern einen Besuch abzustatten. Für den Rest des Jahres wohnt Maximón bei einem „Wächter" und nimmt Opfergaben entgegen. Er wechselt alljährlich sein Zuhause, das aber sehr leicht zu finden ist, wenn man sich durchfragt. Wem das zu anstrengend ist: Kleine Kinder verraten Besuchern für ein kleines Trinkgeld, wo er ist.

Santiago lockt zwar nach Panajachel die meisten Besucher an, nichtsdestotrotz hält das Dorf sehr stark an der traditionellen Lebensweise und Kleidung der Tz'utujil-Mayas fest. Am besten besucht man es an einem Freitag oder Sonntag, den beiden wichtigsten Markttagen; es hat aber auch an allen anderen Tagen seinen Reiz.

Von einer Wanderung nach San Pedro La Laguna wird abgeraten, sofern sich die Sicherheitslage nicht verbessert hat; zum Zeitpunkt der Recherchen bestand auf der Route ein recht hohes Risiko, Opfer eines Überfalls zu werden.

Orientierung & Praktische Informationen

Vom Anleger aus führt eine Straße schnurstracks in die Ortsmitte. Touristen schlendern sie auf und ab – weshalb sie auch von etlichen Kunsthandwerksläden und Kunstgalerien gesäumt wird.

An der Banrural einen Block westlich des Platzes gibt's einen Cajero-5B-Geldautomaten.

Unter www.santiagoatitlan.com (englisch) finden sich zahlreiche faszinierende Informationen zu Santiago.

Sehenswertes

Am Ende des Hangs befindet sich der Hauptplatz des Dorfes, der von einem Gemeindebüro und einer riesigen, jahrhundertealten **Kirche** flankiert wird. Im Inneren des Gotteshauses stehen Heiligenstatuen aus Holz, denen jedes Jahr neue, handgemachte Kleider angelegt werden.

An der mit Schnitzereien verzierten Kanzel sind Darstellungen von Maiskolben zu sehen, ein belesener Quetzal und Yum Kax, der Mayagott des Mais (dem Mayaglauben zufolge ist der Mensch aus Mais geformt worden). Ähnliches Schnitzwerk befindet sich auf der Rückseite des priesterlichen Stuhls.

Eine Gedenktafel im hinteren Bereich erinnert an Vater Stanley Francis Rother, einen von den Einwohnern des Ortes geliebten Missionar und Priester aus Oklahoma, der 1981 von einem ultrarechten Todeskommando in der Kirche getötet wurde.

Santiago war das erste Dorf des Landes, das während des Bürgerkriegs die Armee erfolgreich vertrieb; zuvor waren am 2. Dezember 1990 bei einem berüchtigten Massaker 13 Dorfbewohner getötet worden. Der Ort des Massakers, an dem sich das Lager der Truppen befand, ist heute der **Parque de Paz** (Friedenspark); er findet sich 500 m hinter der Posada de Santiago.

Rund um Santiago stehen verschiedene lohnende **Tageswanderungen** zur Auswahl. Leider ist es angesichts der Sicherheitslage höchst ratsam, sich immer einem Guide anzuschließen – einfach im Hotel nach einem zuverlässigen Führer fragen. Man kann die drei **Vulkane** der Umgebung, den **Mirador de Tepepul** (Aussichtspunkt) 4 km südlich von Santiago und den **Cerro de Oro** etwa 8 km nordöstlich besteigen. Führer für all diese Wanderungen kosten etwa 200 Q pro Person.

Die **Cojolya Association of Maya Women Weavers** (☎ 7721-7268; www.cojolya.org) zeigt in ihrem kleinen Museum verschiedene Webrahmen. Es werden Vorführungen angeboten. Einen kleinen Laden gibt's auch.

Aventura en Atitlán (☎ 5811-5516; wildwestgua@yahoo.com) Für 450 Q bis 620 Q werden höchst empfehlenswerte **Ausritte** zum Mirador de Tepepul und anderen Sehenswürdigkeiten angeboten. In den meisten Touren ist ein leckeres Mittagessen enthalten. Geführte Wanderungen stehen auch auf dem Programm.

Schlafen & Essen

Hotel Tzanjuya (☎ 5590-7980; EZ/DZ 55/100 Q) Auf dem Hügel an der Hauptstraße liegt dieses modern geflieste, recht preiswerte Hotel. Es gibt entweder Vulkan- oder Seeblick. Schilder weisen darauf hin, dass es verboten ist, gegen die Wände zu spucken.

Hotel Lago de Atitlán (☎ 7721-7174; Zi. 75–85 Q) Vom Anleger aus geht's vier Blocks bergauf, bevor man links zu dem Hotel abbiegen muss; die Rezeption befindet sich im Eisenwarenladen nebenan. Das fünfstöckige Gebäude ist modern (eher ungewöhnlich in dieser kleinen Stadt). Die Zimmer sind einfallslos gestaltet, aber hell. Viele haben große Fenster mit schöner Aussicht. Vom Dach aus kann man wunderbar den Sonnenuntergang beobachten.

Posada de Santiago (☎ 7721-7366; www.posadadesantiago.com; Hütte DZ/3BZ 540/623 Q, Suite ab 705 Q, EZ/DZ 249/374 Q; P 💻 📶) Die altbewährte *posada* (Pension bzw. Landgasthof) hält gekonnt die Balance zwischen rustikalem Charme und Luxus – ein schönes Refugium. Sieben Hütten und drei Suiten verteilen sich rund um die Gärten, die sich vom See bis ans Haus erstrecken. Die günstigeren Zimmer befinden sich in einem zweistöckigen Gebäude. Das Restaurant serviert leckere, authentische Kost. Die *posada* liegt 1,5 km vom Anleger entfernt. Man kann sich ein Tuk-Tuk (5 Q) nehmen oder ein *lancha* (70 Q) rüber zum Hotel-Anleger chartern.

Restaurante El Gran Sol (Hauptgerichte 35–40 Q) Zwei Blocks vom Anleger entfernt liegt linker Hand das familiengeführte Haus, das eine gute Alternative fürs Frühstück, Mittagessen oder einen Snack zwischendurch ist. Es hat eine schicke Küche und eine hübsche Terrasse mit Strohdach. Die aus Mexiko stammende Besitzerin liebt das Kochen – man kann sie fragen, ob sie eine ihrer Spezialitäten zaubern will.

Oberhalb des Marktes neben dem Platz verkaufen jede Menge *comedores* billiges Essen.

An- & Weiterreise

Boote schippern regelmäßig von Santiagos Hauptanleger nach Panajachel (20 Q, 35 Min.) und San Pedro La Laguna (25 Q, 45 Min.).

Busse nach Guatemala-Stadt (40 Q, 3½ Std.) starten regelmäßig zwischen 3 Uhr und 15 Uhr am Hauptplatz.

SAN PEDRO LA LAGUNA

10 000 Ew.

Am Ende kommt es doch nur darauf an, was man sucht – dank des Preiskriegs zwischen den konkurrierenden Unternehmen gehört San Pedro zu den günstigsten Dörfern am Seeufer. Die wunderschöne Lage zieht auch Besucher an, die sich hier für einige Tage einquartieren und auf der Suche nach – in beliebiger Reihenfolge – feucht-fröhlichen Abenden, Feuerwirbel, afrikanischen Trommeln, Spanischkursen, Vulkanwanderungen und Hängematten sind.

Während all dies am Seeufer zu finden ist, folgt San Pedros Viertel auf dem Hügel eher einem traditionelleren Rhythmus. In ihre Trachten gehüllt, versammeln sich vorwiegend indigene *pedranos* (wie die Einwohner

GUATEMALA

DIESER GOTT MACHT ORDENTLICH RAUCH

Die Spanier nannten ihn San Simón, die *ladinos* – Menschen mit gemischt Indigener und europäischer Abstammung – gaben ihm den Namen Maximón und die Mayas kennen ihn als Rilaj Maam (rie-lah-mahm). Unter welchem Namen auch immer: Die synkretistische Verschmelzung aus Mayagöttern, dem spanischen Konquistador Guatemalas, Pedro de Alvarado, und dem biblischen Judas ist eine im gesamten Hochland Guatemalas verehrte Gottheit. Guatemalteken aller Schichten bringen Opfergaben an der Statue von San Simón dar und bitten um seinen Segen. Die Statue „wohnt" für gewöhnlich im Haus eines Mitglieds der *cofradía* (religiöse Mayabruderschaft) und zieht jedes Jahr an einen anderen Ort um, ein Brauch, der – so glauben Anthropologen – entwickelt wurde, um das Machtgleichgewicht im Ort zu erhalten. Der Name, die Gestalt und die Zeremonien, die mit dieser Gottheit in Verbindung gebracht werden, unterscheiden sich von Dorf zu Dorf, eine Begegnung ist jedoch immer eine lohnende Erfahrung, ganz egal, wo man der Statue seine Aufwartung macht. Gegen einen Obolus darf man normalerweise Fotos machen, und Zigaretten-, Alkohol- oder Kerzenspenden sind immer willkommen.

In Santiago Atitlán ist Maximón eine in bunte Seidenschals gehüllte Holzfigur, die eine fette Zigarre pafft. Die Einheimischen bewachen und verehren ihn, singen für ihn und verwalten die Opfergaben, die ihm dargebracht werden (inklusive des Eintritts in Höhe von 10 Q). Seine Lieblingsgeschenke sind Payaso-Zigaretten und Venado-Rum, oft aber muss er sich mit dem billigeren Feuerwasser Quetzalteca Especial zufriedengeben. Früchte und grelle, blinkende elektrische Lichter schmücken seine Kammer; Statuen von Jesus Christus und christlichen Heiligen liegen oder stehen zu beiden Seiten Maximóns und seiner Bewacher. Im äußeren Hof brennen manchmal Feuer, wenn ihm Opfergaben dargebracht werden.

In Nahualá, zwischen Los Encuentros und Quetzaltenango, steht eine Maximón-Figur à la Picasso: eine einfache Holzkiste, aus der Zigaretten herausragen. Der Figur werden dieselben Opfergaben dargebracht, und sie wird um denselben Segen gebeten. In Zunil in der Nähe von Quetzaltenango heißt die Gottheit San Simón, ähnelt in Bräuchen und Gestalt aber dem Maximón in Santiago.

San Jorge La Laguna am Lago de Atitlán ist für die Hochland-Mayas ein sehr spiritueller Ort, an dem sie Rilaj Maam Ehre erweisen. Es ist möglich, dass die allererste Statue hier ganz in der Nähe gefertigt wurde; sie wurde aus dem Baum *palo de pito* geschnitzt, der zu den antiken Schamanen sprach und ihnen befahl, ihre Kultur, Sprache und Traditionen zu erhalten, indem sie Rilaj Maam schnitzten (das Rauchen der *palo de pito*-Blume hat halluzinative Wirkung). Die Statue in San Jorge sieht aus wie ein Possenreißer mit absurd langer Zunge.

In San Andrés Itzapa in der Nähe von Antigua hat Rilaj Maam ein dauerhaftes Zuhause; er wird am 28. Oktober aus seinem Zuhause geholt und im Rahmen eines unvergleichlich heidnischen Festivals in einer Parade durch die Straßen getragen. Das hedonistische Fest dauert die ganze Nacht, Tänzer ergreifen den Stab von Rilaj Maam, um seine Kraft nutzen zu können und magische Visionen zu erhalten. San Andrés liegt keine 10 km südlich von Chimaltenango entfernt, sodass man das Fest ganz leicht von Antigua aus besuchen kann.

genannt werden) rund um den Marktplatz. An den Hängen des Vulkans kann man dabei zuschauen, wie Kaffee geerntet und zu Beginn der Trockenzeit auf weiten Flächen zum Trocknen ausgebreitet wird.

Orientierung & Praktische Informationen

San Pedro hat zwei Anleger. Auf der Südseite der Stadt legen Boote ab/nach Santiago Atitlán an und ab. Der Anleger auf der Ostseite wird von Booten ab/nach Pana genutzt. Wo man auch ankommt, muss man bergauf gehen, um das Ortszentrum zu erreichen. Alternativ kann man vom Santiago-Anleger aus auch die erste Möglichkeit rechts abbiegen und dem Pfad etwa 15 Minuten zur anderen Seite der Stadt folgen. Am Weg befinden sich einige touristische Geschäfte. Vom Panajachel-Anleger aus muss man die erste Möglichkeit links abbiegen und dann rechts die Gasse nehmen, die an einem Laden namens Las Estrellitas vorbeiführt.

Unmittelbar links hinter dem Panajachel-Anleger findet sich ein 5B-Geldautomat. In der **Banrural** (Mo–Fr 8.30–17, Sa 9–13 Uhr) im Stadtzentrum kann man US-Dollar und Reiseschecks wechseln. Hier gibt's auch einen

MasterCard-Geldautomaten. Seine E-Mails checken kann man im D'Noz, im Casa Verde Internet und im Internet Café, nur ein Stück vom Panajachel-Anleger entfernt; man zahlt um die 8 Q pro Stunde. Bei Casa Verde Tours kosten Telefonate nach Europa 4 Q, in den erwähnten Internetcafés kann man zudem Skype nutzen.

Zuyuva (Do–Mo 12–16 Uhr), ein Secondhand-Buchladen mit anständiger Auswahl an Romanen und guatemaltekischen Titeln, ist über eine Gasse gegenüber vom Museo Tz'unun Ya' zu erreichen.

Sehenswertes & Aktivitäten

Der über der Stadt thronende **Volcán San Pedro** (3020 m) schreit beinahe danach, von jedem erklommen zu werden, der ein bisschen Energie und Abenteuerlust in sich spürt. Der Vulkan liegt seit Kurzem in einem Naturpark, der mit dem Ziel eingerichtet wurde, die Umweltschäden durch Wanderer zu verringern und die bis dahin nicht besonders rosige Sicherheitslage zu verbessern. **Excursion Big Foot** (☎ 7721-8203; 7a Av, Zona 2) gilt als sehr zuverlässiger Anbieter geführter Wanderungen; die Touren beginnen um 3 Uhr morgens, sofern mindestens sechs Personen am Start sind (je 100 Q). Am Panajachel-Anleger links halten; der Veranstalter findet sich nach 50 m an der ersten Kreuzung.

Eine weitere beliebte Wanderung führt zu einem Hügel westlich des Ortes, der **Indionase** genannt wird – seine Umrisse ähneln dem Profil eines antiken Mayawürdenträgers. **Asoantur** (☎ 4379-4545), eine Vereinigung aus 25 Tz'utujil-Führern aus der örtlichen Gemeinde, wandert für 150 Q pro Person dort hinauf mit (Mindestteilnehmerzahl 2 Pers.). Sie bietet zudem kulturelle Touren durch San Pedro und nahe gelegene Kaffeeplantagen, Reittouren und einen Kajak-, Fahrrad- und Motorradverleih an. Das Büro befindet sich in einer Hütte an der Gasse, die zum Pana-Anleger führt.

Nachdem man den Sonnenuntergang bestaunt hat, gehört es zu den besten Attraktionen der Stadt, in den sonnenbeheizten Wannen von **Los Termales** (8.30–23.55 Uhr; 35 Q/Pers.) zu baden; man erreicht sie über den kleinen Pfad neben der Buddha Bar. Am besten vorab buchen, damit das Becken schon vorgeheizt ist, wenn man kommt.

Wer der Wasserqualität des Sees nicht traut, kann auch im **La Piscina** (Erw./Kind 20/10 Q; Di–So 11 Uhr–Sonnenuntergang;) plantschen gehen. In dem 50 m vom Santiago-Anleger entfernten Schwimmbad trifft sich alle Welt rund um einen Pool. An den Wochenenden herrscht der meiste Betrieb, dann gibt es auch Barbecues und Boccia-Spiele.

Verschiedene **Wanderungen** zwischen San Pedro und den benachbarten Dörfern eignen sich wunderbar für herrliche Tagesausflüge, auch wenn bewaffnete Überfälle auf den einsamen Straßen zwischen den einzelnen Dörfern leider keine Seltenheit sind; Warnhinweise s. S. 128. Man kann Richtung Westen nach San Juan La Laguna (30 Min.), San Pablo La Laguna (1½ Std.), San Marcos La Laguna (3 Std.), Jaibalito (5 Std.) und schließlich Santa Cruz (ganzer Tag) wandern. In den drei letztgenannten Ortschaften kann man sich bis 15 Uhr ganz leicht ein *lancha* heranwinken, das einen zurück nach San Pedro bringt.

Unweit des Pana-Docks – hier rechts abbiegen – kann man sich für 15 Q pro Stunde ein **Kajak** ausleihen.

Hatha-Yoga-Kurse (30 Q) finden montags und samstags um 9 Uhr in einem kreisrunden Garten neben dem Pfad unterhalb der Buddha Bar statt.

Kurse

SPRACHEN

Der Standardpreis für vier Stunden Spanisch-Einzelunterricht an fünf Tagen pro Woche beträgt zwischen 550 und 600 Q. Die Unterkunft bei einer Familie vor Ort kostet normalerweise 500 Q, man bekommt täglich außer sonntags drei Mahlzeiten. Die Schulen können aber auch andere Übernachtungsmöglichkeiten arrangieren.

Cooperativa Spanish School (☎ 5398-6448; www.cooperativeschoolsanpedro.com) Die als Kooperative geführte Sprachschule garantiert fairen Lohn für die Lehrer; ein Teil der Gewinne geht an bedürftige Familien rund um den See. Zu den außerschulischen Aktivitäten gehören Filmvorführungen, Diskussionsrunden, Salsakurse, Freiwilligenarbeit, Kajakausflüge und Wanderungen. Die Schule ist wärmstens zu empfehlen. Das Büro befindet sich auf halber Strecke auf dem Pfad zwischen den beiden Anlegern.

Escuela Mayab (☎ 5098-1295; franciscopuac@yahoo.com) In einer Gasse, die von der Straße zwischen den beiden Docks abzweigt. Die gut organisierte Schule unterrichtet in Schuppen in künstlich angelegten Gärten. Zu den außerschulischen Aktivitäten gehören Filmvorführungen, Kajakausflüge und Ausritte, die Kurspreise sind ohne diese Extras jedoch niedriger. Die Escuela Mayab ist einer Klinik in Chirijox angeschlossen und kann Freiwilligenarbeit für Ärzte, Krankenschwestern und anderes Fachpersonal organisieren.

SONSTIGE KURSE

Bei **Chi Ya'a** (☎ 5636-0176; www.chiyaa.weebly.com; 30 Q/Std.) kann man sich einen Pinsel schnappen und sich vom lokalen Künstler Gaspar zeigen lassen, wie man Ölgemälde aus der Mayavogelperspektive kreiert. Das Atelier liegt am Wasser, gleich unterhalb von Los Termales.

Die **Grupo Ecológico Teixchel** (☎ 5932-0000; teixchel@gmail.com; 8.30–12 & 14–18 Uhr) ist ein Kollektiv von Tz'utujil-Frauen, das fair gehandelte Webwaren verkauft und Webkurse für 25 Q pro Stunde (ohne Material) anbietet.

Schlafen

IN DER NÄHES DES PANA-ANLEGERS

Hospedaje Xocomil (☎ 5598-4546; EZ/DZ 40/80 Q, ohne Bad 25/50 Q) An der Gasse rechts, etwa 50 m hinter dem Hotel Gran Sueño. Das Haus fällt in die einfache Backpacker-Kategorie, doch das Personal ist freundlich und es gibt eine Gästeküche.

LP Tipp **Hotel Gran Sueño** (☎ 7721-8110; 8a Calle 4-40 Zona 2; EZ/DZ 75/125 Q) Hinter einem mit Pflanzen bewachsenen Eingang führt eine Wendeltreppe in helle Zimmer mit buntem, abstraktem Design und mehr Stil als irgendwo sonst in der Stadt. Zimmer 9 und 11 bieten ein fantastisches Seepanorama. Das Hotel liegt in der Straße links vom Hotel Mansión del Lago.

Hotel Mansión del Lago (☎ 7721-8124; www.hotelmansiondellago.com; 3a Vía & 4a Av, Zona 2; EZ/DZ/3BZ 75/150/225 Q) Das Betonmonstrum befindet sich vom Pana-Anleger aus geradeaus. Die großen Zimmer ziert ein Wolkenmotiv, ihre breiten Balkone blicken auf die Indionase.

Hotel Nahual Maya (☎ 7721-8158; 6 Av 8 C-12; Zi. 100 Q; P) Der Wald aus Betonstahl auf dem Dach beeinträchtigt das Thema „Mediterrane Villa" etwas, die Zimmer aber sind blitzsauber und heimelig und haben vorne raus kleine Balkone mit Hängematten.

ZWISCHEN DEN ANLEGERN

Zoola (☎ 5847-4857; http://zoolapeople.com; B 30 Q, EZ/DZ 60/100 Q, ohne Bad 40/70 Q) „Entspannt" ist die treffende Beschreibung für dieses Haus unter israelischer Leitung – hier kann man nach einer nahöstlichen Schlemmerei im Restaurant nebenan wunderbar abhängen. Über einen langen, urwaldartigen Gehweg gegenüber vom Museo Tz'unun Ya' zu erreichen, bietet das Zoola acht leuchtend bunte Zimmer rund um einen friedlichen Garten. Mindestaufenthalt zwei Nächte.

Hotelito El Amanecer Sak'cari (☎ 7721-8096; www.hotelsakcari.com; 7a Av 2-12, Zona 2; EZ/DZ 160/260 Q; P) Links hinter der Cooperativa Spanish School gelegen. Im effizient geführten Sak'cari warten saubere, orangefarbene Zimmer mit jeder Menge Regalen und Holzvertäfelungen. Die hinteren Zimmer sind die besten – sie haben große Balkone mit Blick auf einen weiten, gepflegten Rasen.

Hotel Mikaso (☎ 5973-3129; www.mikasohotel.com; 4a Callejon A-88; DZ/3BZ/Suite 374/457/580 Q) Dieser auffällige Turm, das einzige wirklich teurere Hotel in San Pedro, steht stolz am Seeufer. Die großen, kolonialzeitlich möblierten Zimmer werden von Deckenventilatoren gekühlt und fassen einen Garten ein, in dem es von Paradiesvögeln nur so wimmelt. Das Dachrestaurant mit Bar lockt mit einem fantastischen Blick auf den See (s. S. 144).

IN DER NÄHE DES SANTIAGO-ANLEGERS

Hotel Peneleu (☎ 5925-0583; 5a Av 2-20, Zona 2; EZ/DZ 35/50 Q, ohne Bad 15/30 Q) Von außen macht das Peneleu nicht allzu viel her, doch wenn man erst mal den eher schmutzigen Vorhof hinter sich gelassen hat, wartet ein sauberes, modernes Hotel mit einigen der besten Budgetzimmer der Stadt. Versuchen Sie, Zimmer 1 oder 2 zu bekommen, beide sind ganz oben und haben große Fenster mit Blick auf den See. Man findet es vom Hotel Villasol aus 80 m entlang der Calle Principal, dann der Straße links folgen.

Hotel Villa Cuba (☎ 7959-5044; www.hotelvillacuba.com; Camino a la Finca, Zona 4; EZ/DZ 60/120 Q) Ein großes, modernes Hotel auf einem Anwesen, das bis an den See reicht. Die sieben Zimmer sind gut ausgestattet, man kann hier prima schwimmen und es ist nur eine Tuk-Tuk-Fahrt von der Bar- und Restaurantszene entfernt. Um es zu finden, vom Anleger aus in die erste Straße links abbiegen und dann 2 km geradeaus.

Essen

Die Preise in San Pedro La Laguna sind generell niedrig. Wer richtig knapp bei Kasse ist, findet auf dem Hügel im Hauptteil der Stadt ein paar *comedores*.

IN DER NÄHE DES PANA-ANLEGERS

Rund um den Pana-Anleger gibt's jede Menge Möglichkeiten, um etwas zu essen.

Shanti Shanti (8a Calle 3-93; Hauptgerichte 20–25 Q; ⌚ morgens, mittags & abends) Die terrassenartig angeordneten Sitzgelegenheiten reichen bis zum Seeufer. Hier gibt's prima Hippie-Essen wie Falafel, Currygemüse und herzhafte Suppen.

Alegre Pub (8a Calle 4-10; Hauptgerichte 30–60 Q; ⌚ morgens, mittags & abends) Das Alegre ist immer, nun ja, *alegre* (gut gelaunt) und pflegt sein echt britisches Pub-Flair mit Getränkespecials, Sonntagsbraten und Quizabenden. Zweimal die Woche finden kostenlose Filmabende im extrem entspannten Dachgarten statt. Touristen bekommen hier jede Menge zuverlässige Tipps. Beim Anblick des großen Englischen Frühstücks fangen harte britische Jungs vor Heimweh an zu weinen.

D'Noz (☎ 5578-0201; 4a Av 8-18; Hauptgerichte 36–45 Q; ⌚ morgens, mittags & abends) Ein weiterer beliebter Treff ist das D'Noz gleich neben dem Pana-Anleger. Der Laden ist San Pedros bester Versuch eines Kulturzentrums, zeigt kostenlos Filme, hat eine große Bar und eine Leihbücherei. Die Karte reist einmal um die Welt und reicht von asiatischer Fusion-Küche über französische Quiche bis zu Tecpán-Würsten.

ZWISCHEN DEN ANLEGERN

LP Tipp **Café La Puerta** (☎ 4050-0500; Hauptgerichte 25–35 Q; ⌚ morgens & mittags) Es ist nicht nur die Lage am Seeufer (gleich unterhalb des Hotel Mikaso), die dieses ansprechende Café zu einem beliebten Ort zum Frühstück oder für Vogelbeobachtungen macht, es sind auch die vielfältigen, ursprünglichen Gerichte. Zum Mittagessen gibt's z. B. mexikanische Burritos, Tacos und Quesadillas.

Buddha (☎ 4178-7979; 2a Av 2-24; Hauptgerichte 35–40 Q; ⌚ mittags & abends, Di geschl.) Das östlich inspirierte Buddha kann man auf verschiedenen Ebenen genießen: Unten gibt's einen Billardtisch und eine laute Bar, in der Mitte ein Restaurant, das überzeugende thailändische, indische und sonstige asiatische Gerichte zubereitet. Und ganz oben kann man unter dem Strohdach der Lounge eine Wasserpfeife rauchen.

Ventana Blue (Hauptgerichte 35–46 Q; ⌚ Mi–So abends) In dem gemütlichen Bistro, das in einer Kurve am Pfad zwischen den Anlegern liegt, gibt's nur vier Tische. Der in Santa Cruz La Laguna geborene Santos Canel hat eine knappe, aber spannende Speisekarte mit asiatischen und guatemaltekischen Gerichten zusammengestellt. Serviert werden z B. thailändisches Kokos-Curry oder *jocón* (Hühnchen und Gemüse in Koriandersoße).

Mikaso (4a Callejon A 1-88; Hauptgerichte 60–85 Q; ⌚ morgens, mittags & abends) Das Dachrestaurant ist auf iberische Küche spezialisiert und bietet eine nette Auswahl spanischer *bocadillos* (Appetizer) auf frisch gebackenem Baguette. Wer Paella möchte, muss sie beim Koch 24 Stunden im Voraus anmelden.

Ausgehen & Unterhaltung

El Barrio (7a Av 2-07, Zona 2; ⌚ 17–1 Uhr) Die gemütliche kleine Bar am Pfad zwischen den Anlegern lockt mit einer der geschäftigsten Happy Hours der Stadt, serviert bis Mitternacht Essen und bis 1 Uhr Getränke. Es gibt eine gute Cocktail- und Snackkarte und ein paar Ecken zum entspannten Abhängen.

Alegre Lounge (8a Calle 4-10) Bietet eine Reihe lächerlich billiger Getränkespecials und obendrein Sport, Filme und Wii-Turniere auf einer Großleinwand.

Freedom Bar (8a Calle 3-95, Zona 2; ⌚ bis 1 Uhr) Die feierfreudigste Bar der Stadt: nette Lounges, ein Billardtisch und eine relativ große Tanzfläche. Am Wochenende legen oft Gast-DJs auf. Es liegt in der ersten Straße rechts, wenn man vom Pana-Anleger aus kommt.

Während viele *pedranos* ihre Abende damit verbringen, bei evangelikalen Gottesdiensten lautstark den Herrn zu preisen, gehen Besucher ins Kino. Am Panajachel-Anleger zeigen D'Noz und der Alegre Pub an den meisten Abenden Filme, ebenso wie das Buddha zwischen den Anlegern. Und das Mikaso öffnet mittwochs (englische Filme) und sonntags (spanische Filme) um 20 Uhr sein eigenes kleines *cinema paradiso*.

An- & Weiterreise

Vom Rest des Sees erreicht man San Pedro am leichtesten mit einem Passagierboot. Wer nach Quetzaltenango unterwegs ist, kann auch vor San Pedros katholischer Kirche im Ortszentrum um 5 Uhr, 5.30 Uhr und 8 Uhr in den Bus steigen (35 Q, 3 Std.). Es fahren auch Busse nach Guatemala-Stadt, es ist aber schneller, ein Boot nach Panajachel zu nehmen und dort in den Bus zu steigen.

Reisebüros rund um den Pana-Anleger bieten Fahrten mit täglich verkehrenden Shuttles u. a. nach Antigua (83 Q), Guatemala-Stadt (166 Q), Monterrico (166 Q) und San Cristóbal de las Casas (Mexiko; 249 Q) an.

SAN MARCOS LA LAGUNA

3000 Ew.

Ohne Zweifel das hübscheste Dorf am gesamten Seeufer. Am flachen Uferstreifen schlängeln sich Pfade durch Bananen- und Kaffeeplantagen oder Avocado-Wälder. Das Dorf hat sich zu einer Art Magnet für „Hippies mit Mission" entwickelt, die glauben, der Ort strahle eine besonders spirituelle Energie aus, und es ist ein ausgezeichneter Ort. San Marcos La Laguna ist auch die richtige Adresse für alle, die Meditationstechniken, ganzheitliche Therapien, Massieren, Reiki oder Ähnliches erlernen möchte.

Für was man sich letztlich auch entscheidet, hier kann man auf jeden Fall wunderbar entspannen und den Alltag der Welt eine Zeitlang hinter sich lassen. Der Lago de Atitlán ist hier wunderschön und sauber. Es gibt ein paar kleine Stege, von denen aus man sich ins Wasser schwingen kann.

Vor dem San Marcos Holistic Center steht eine Informationstafel der Gemeinde, an der Events und Unterkünfte angekündigt werden. Unter www.atitlanresource.com findet man jede Menge nützliche Informationen und Links. Im **Prolink** (Mo–Sa 9–19, So 10–17 Uhr; 12 Q/Std.) gegenüber vom Hotel Paco Real kann man online gehen.

Aktivitäten & Kurse

Guy (☎ 5854-5365), der im Restaurante Tul y Sol am Seeuferweg zu finden ist, bietet vormittags Gleitschirmflüge (665 Q) von Santa Clara La Laguna nach San Juan an – ein aufregendes Erlebnis, bei dem sich ein paar tolle Fotos schießen lassen.

Die berühmteste Attraktion der Stadt ist das **Las Pirámides Meditation Center** (☎ 5205-7151; www.laspiramidesdelka.com) am Pfad, der vom Posada Schumann vom Ufer wegführt. Jedes Gebäude auf dem Anwesen ist in Pyramidenform gebaut und nach Himmelsrichtungen ausgerichtet. Zu den zahlreichen physischen (z. B. Yoga und Massagen) und metaphysischen (Tarot, Esoterik, Channeling) Kursen gehört auch ein einmal monatlich stattfindender Mond-Meditationskurs, der immer zu Vollmond beginnt und auch die vier Elemente der menschlichen Entwicklung – physisch, mental, emotional und spirituell – abdeckt. Die meisten Sitzungen finden auf Englisch statt. In der letzten Kurswoche müssen die Teilnehmer fasten und schweigen. Nicht-Gäste können montags und samstags an Meditationen oder Hatha-Yoga-Sitzungen (30 Q) teilnehmen.

DEN LAGO DE ATITLÁN INTENSIVER ERLEBEN

Von den Touristenmassen genervt? Dann sorgen vielleicht ein paar der bisher größtenteils unentdeckten Ecken am See für eine willkommene Abwechslung. Es lohnt sich!

- **Jaibalito** Das nur mit dem Boot oder zu Fuß zugängliche kleine Dorf zwischen San Marcos und Santa Cruz ist die Heimat eines der magischsten Hotels des Landes: Das **La Casa del Mundo** (☎ 5218-5332; www.lacasadelmundo.com; Zi. mit/ohne Bad 550/288 Q) wartet mit wunderschönen Gärten, Badelöchern und einem Whirlpool oberhalb des Seeufers auf. Es gibt köstliches Essen und im nahen **Club Ven Acá** (Pasta 40 Q, Hauptgerichte 80 Q) ein Stück weiter östlich locken Fusion-Gerichte (20 Q), Mojitos mit rotem Basilikum, ein Whirlpool und ein Infinity-Pool.
- **San Juan La Laguna** Eine zehnminütige Tuk-Tuk-Fahrt und doch eine ganze Welt von San Pedro entfernt liegt das kleine Dorf, in dem immer noch alles seinen gewohnten Gang geht. Dennoch bietet es ausreichend Komfort für den Otto Normaltraveller, z. B. ein paar gute Budgethotels und Restaurants, eine Weberkooperative und zumindest zwei Spanischschulen.
- **Parque Ecológico Corazón del Bosque** Der von eine Gemeinde geführte **Ökopark** (☎ 7723-4140; www.corazondelbosque.com; km 145 Carretera Interamericana; Erw./Kind 5/3 Q; 8–6 Uhr) liegt 45 Minuten von Panajachel entfernt. Auf dem 45 ha großen Areal, das auch den höchsten Punkt der gesamten Umgebung einschließt, kann man toll Vögel beobachten und wandern. Gutes Essen und einfache Hütten gibt's auch. Microbusse fahren alle halbe Stunde von Sololá nach Novillero (6 Q) und können Fahrgäste am Eingang absetzen; man kann aber auch in jeden Bus steigen, der zwischen Los Encuentros (5 Q, 15 Min.) und Quetzaltenango über die Interamericana rattert.

Die Unterkunft in einem der pyramidenförmigen Häuser kostet 150 Q pro Tag. Es können sich jedoch nur Personen einquartieren, die auch einen der Kurse belegen. Im Preis enthalten sind der Meditationskurs, die Saunanutzung und der Zugang zu einer faszinierenden mehrsprachigen Bibliothek. Im Restaurant wird vegetarische Küche serviert. Die besten Chancen, einen Platz zu bekommen, hat man kurz vor Vollmond. Das Las Pirámides hat einen eigenen Anleger; alle *lancheros* kennen es und können Passagiere hier absetzen.

Die schönste Badestelle findet sich an den Felsen westlich des Dorfes. Von Aaculaax (s. S. 145) aus folgt man dem Weg zu dem Felsvorsprung hinunter und sucht sich dann die beste Stelle zum Eintauchen. Die Einheimischen raten, dass immer jemand auf die Sachen aufpasst, während man plantscht.

Schlafen

Hotel El Unicornio (http://hotelunicorniosm.8m.com; EZ/DZ inkl. Frühstück 50/100 Q) Ein Favorit aller Preisfüchse. Das El Unicornio hat acht Zimmer in kleinen Nurdach-Bungalows mit Strohdach inmitten grüner Gärten, warme Duschen, nette Lounges, eine Sauna und eine gut ausgestattete Küche. Anreise: hinter dem Hotel La Paz links abbiegen oder am See entlanggehen und hinter dem Las Pirámides Meditation Center rechts abbiegen.

Hotel La Paz (☎ 5702-9168; lapazcolection@hotmail.com; Zi. pro Person 50–60 Q) Das erholsame La Paz ist über einen Seitenpfad abseits des Weg hinter dem Posada Schumann zu erreichen. Gäste des weitläufigen Anwesens können sich in einem der zwei Doppelzimmern und in fünf schlafsaalartigen Räumen einquartieren. Alle Unterkünfte sind in Bungalows aus traditionellem *bajareque* mit Strohdach untergebracht, einige haben auch Hochbetten. Der Bio-Garten, das vegetarische Restaurant, die traditionelle Mayasauna und die morgendlichen Yoga-Sitzungen (30 Q) sind zusätzliche Attraktionen.

Aaculaax (☎ 5287-0521; www.aaculaax.com; Zi. 100–395 Q, Suite ab 700 Q) Ein künstlerisch angehauchtes, stimmungsvolles Hotel, das aussieht, als sei es direkt aus den Felsen herausgewachsen: Es wurde mit recycelten Materialien erbaut, z. B. alten Flaschen. Jedes Zimmer ist einzigartig, die meisten blicken auf den See. Im obersten Stock gibt es eine entspannte Lounge-Bar mit Brettspielen und gemütlichen Sitzmöglichkeiten.

Posada del Bosque Encantado (☎ 5208-5334; www.hotelposadaencantado.com; EZ/DZ 120/160 Q) Auf einem urwaldartigen Gelände, das auch gut ein verwunschener Wald sein könnte. Die Zimmer hier halten eine gute Balance zwischen rustikal und stilvoll. In jedem Zimmer stehen ein erhöhtes Doppelbett und ein zusätzliches Einzelbett. Die Wände sind aus Lehmziegeln, die Betten groß und hart und im ganzen Hotel verteilt finden sich Hängematten.

Essen & Ausgehen

Ein paar *comedores* rund um den Hauptplatz verkaufen leckere, preiswerte Guatemala-Klassiker.

Comedor Susy (Parque Central; Mittagsmenü 30 Q; morgens, mittags & abends) In dem auch als Comedor Mi Marquensita bekannten „Tante-Emma-Laden" am Hauptplatz treffen sich viele Einwanderer, um billige Hausmannskost zu genießen. Dies erklärt vielleicht auch, weshalb Tofu-Gerichte zwischen den Hühnchen- und Schweinesteaks auftauchen.

Moonfish (Hauptgerichte 25–40 Q; Mi–Mo 7–18 Uhr; V) Nach einer morgendlichen Taucheinlage vor den Felsen kann man es sich auf der See-Terrasse des Moonfish gemütlich machen. Zu den Flower-Power-Gerichten gehören Tempeh-Sandwiches, Tofu-Pfanne und frische Salate aus dem hauseigenen Garten.

Restaurante Fe (Hauptgerichte 80 Q; morgens, mittags & abends) Das kürzlich eröffnete Restaurant liegt nur einen kurzen Fußweg von Paco Real in Richtung See entfernt. Es tischt niveauvolle, asiatisch beeinflusste Speisen auf, etwa so exotische Gerichten wie bananengeräuchertes Hühnchen mit Sahnekraut oder Caesar Salad mit Aal. Die Bar mit Strohdach ist ein nettes Plätzchen, besonders mit der Marimba-Untermalung am Sonntag.

Blind Lemon's (www.blindlemons.com; Hauptgerichte 35 Q; mittags & abends;) Besitzer Carlos benannte das Lokal nach einem seiner Blues-Helden. Es zaubert das Flair des Mississippi-Deltas nach Atitlán, wöchentlich finden Blues-Sessions mit Carlos und besonderen Gästen statt. Auf der Karte stehen Hühnchengerichte, Cajun Blackened Fish, Pizza, Burger und anderes Gringo-Seelenfutter. Es liegt am Ende des westlichen Pfades.

An- & Weiterreise

Das letzte verlässlich verkehrende Boot zurück nach Jaibalito, Santa Cruz und Panajachel legt normalerweise um 17 Uhr ab.

Eine gepflasterte Straße verbindet San Marcos mit Tzununá im Osten und San Pablo La Laguna und Santa Clara La Laguna in Richtung Westen; bei Santa Clara trifft sie auf die Straße, die von der Interamericana nach San Pedro führt. Man kann zwischen San Marcos und San Pedro in Pick-ups mitfahren, muss aber in San Pablo umsteigen.

SANTA CRUZ LA LAGUNA

5680 Ew.

In dem Ort gibt es vier Hotels, die am Seeufer in der Nähe des Docks verstreut liegen. Er ist die bodenständigste Option in der Umgebung und außerdem das Zuhause des einzigen Veranstalters am See, der Tauchtrips anbietet: ATI Divers. Der Großteil des Dorfes liegt vom Dock aus bergauf.

ATI Divers (☎ 5706-4117; www.laiguanaperdida.com/ati_divers.php) veranstaltet viertägige PADI-Open-Water-Kurse (1835 Q), einen PADI-Bergtauchen-Kurs und Ausflüge für zertifizierte Taucher (1/2 Tauchgänge 250/415 Q); einer der Tauchspots liegt in einem Vulkankrater. Der Anbieter befindet sich im Hotel La Iguana Perdida.

Von Santa Cruz aus sind mehrere schöne Wanderungen möglich, u. a. entlang des herrlichen Uferwegs, der zwischen Santa Cruz und San Marcos verläuft (einfache Strecke ca. 4 Std.). Man kann unterwegs im La Casa del Mundo (s. 144) für ein Bier und etwas zu Essen einkehren. Alternativ kann man auf den Hügel nach Sololá hinaufsteigen (einfache Strecke 3½ Std.).

Schlafen & Essen

La Iguana Perdida (☎ 5706-4117; www.laiguanaperdida.com; B 25–35 Q, Zi. 240–300 Q, EZ/DZ ohne Bad 70/90 Q; 💻) Das erste Hotel, das man sieht, wenn man vom Anleger kommt. Es hat verschiedene Zimmer, von primitiv (Schlafsäle ohne Strom in Nurdach-Hütten) bis luxuriös (neue Lehmbauten mit stilvollen Möbeln, Fenstern mit Seeblick und Balkon). Die Mahlzeiten werden in einem sehr familiären Rahmen serviert: Alle essen gemeinsam. Ein Drei-Gänge-Menü kostet 50 Q. Es gibt immer eine vegetarische Alternative. Das Ganze funktioniert hier übrigens auf Vertrauensbasis: Der „Deckel" wird erst zusammengerechnet, wenn man abreist.

Hotel Isla Verde (☎ 5760-2648; www.islaverdeatitlan.com; EZ/DZ 332/374 Q, ohne Bad 249/291 Q; 📶) Zehn Fußminuten westlich vom Anleger führt der Weg am Seeufer zu dieser hübschen Ansammlung von Hütten, die über den Hügel verstreut liegen. Die Einrichtung ist schlicht, aber ansprechend, das Restaurant mit atemberaubendem Ausblick serviert ausgezeichnetes Essen.

An- & Weiterreise

Auf Wunsch können Boote sowohl aus San Pedro als auch aus Panajachel kommend in Santa Cruz anlegen. Man sollte den Kapitän aber auf jeden Fall informieren, bevor man einsteigt – es ist kein regelmäßiger Zwischenstopp. Wer im Hotel Isla Verde absteigt, kann am dortigen Anleger aussteigen, um sich den Fußweg zu sparen.

DAS HOCHLAND – QUICHÉ

Diese Ecke des Landes ist ziemlich in Vergessenheit geraten. Die meisten Besucher dieser Region statten nur dem berühmten Markt in Chichicastenango einen Blitzbesuch ab. Weiter nördlich liegt Santa Cruz del Quiché, die Provinzhauptstadt: Am Stadtrand befinden sich die Ruinen von K'umarcaaj (auch Gumarcaj oder Utatlá), der letzten Hauptstadt der Quiché-Mayas (K'iche'). Abenteuerfreudigere Zeitgenossen schätzen auch die ausgezeichneten Wandermöglichkeiten rund um Nebaj.

CHICHICASTENANGO

66 000 Ew./2172 m

Von Tälern umgeben, über denen die nahen Berge lauern, scheint Chichicastenango in Raum und Zeit gefangen und vom Rest Guatemalas völlig isoliert. Wenn die schmalen Pflasterstraßen und roten Ziegeldächer der Straßen von Nebel umhüllt werden, ist ihr Antlitz einfach magisch.

Chichi, wie Freunde sagen, ist ein wunderschöner, interessanter Ort mit schamanischen und zeremoniellen Untertönen, die trotz des Klickens der Kameras der Reisegruppen deutlich zu vernehmen sind. Die *masheños* (Einwohner von Chichicastenango) sind bekannt dafür, an ihrem vorchristlichen religiösen Glauben und seinen Zeremonien festzuhalten. In und um die Iglesia de Santo Tomás und am Pascual-Abaj-Schrein am Rande der Stadt kann man häufig Versionen dieser alten Bräuche beobachten.

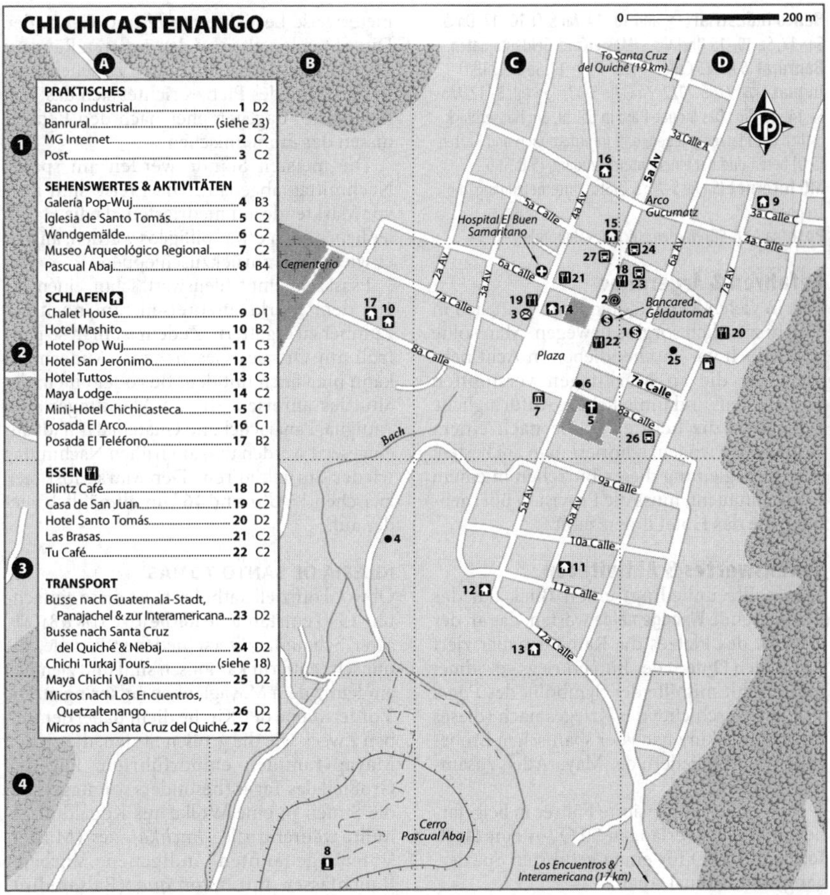

Chichi ist seit jeher eine bedeutende Handelsstadt und noch heute garantieren die Märkte am Sonntag und Donnerstag ein großartiges Erlebnis. Wer seinen Aufenthalt flexibel planen kann, sollte sonntags in der Stadt sein, wenn die *cofradías* oft Prozessionen abhalten.

Geschichte

Einst Chaviar genannt, war der Ort lange vor der spanischen Eroberung ein wichtiger Handelsplatz der Cakchiquel. Kurz vor Ankunft der Konquistadoren, führten die Cakchiquel Krieg mit den Quiché (in K'umarcaaj ansässig, nahe des heutigen Santa Cruz del Quiché). Die Cakchiquel verließen Chaviar und zogen nach Iximché, das leichter zu verteidigen war. Die Konquistadoren kamen, sahen und eroberten K'umarcaaj. Viele Bewohner flohen nach Chaviar, das sie in Chugüilá (Über den Nesseln) bzw. Tziguan Tinamit (Von Canyons umgeben) umbenannten.

Die Quiché-Mayas verwenden diese Namen noch immer, auch wenn sonst alle Welt den Ort Chichicastenango nennt – und damit einen Begriff benutzt, der von den mexikanischen Verbündeten der Konquistadoren stammt.

Praktische Informationen

Die meisten Banken wechseln US-Dollar und Reiseschecks. Chichis zahlreiche Banken haben alle auch sonntags geöffnet.

Banco Industrial (⌚ Mo 10–14, Mi & Fr 10–17, Do & So–17, Sa 10–15 Uhr) Visa-/MasterCard-Geldautomaten.
Banrural (5 Av & 5 Calle; ⌚ So–Fr 9–17, Sa 8–12 Uhr)
Inguat (☎ 7756-2022; 7a Calle 5-43; ⌚ tgl. 8–12, Mo–Sa 14–18 Uhr) Das Inguat-Büro in Chichi, am Häuserblock östlich des Platzes gelegen, hält Informationen und Karten (5 Q) bereit und hat einen Internetzugang (5 Q/Std.).
MG Internet (5a Av 5-70; 5 Q/Std.) Internetzugang; die Treppen hoch.
Post (4a Av 6-58) Nordwestlich des Hauptplatzes.

Gefahren & Ärgernisse

Wie in vielen Kleinstädten kann man sich in Chichi ziemlich sorglos bewegen. Man sollte sich jedoch vor Taschendieben in Acht nehmen, die die an Markttagen verstopften Straßen heiß und innig lieben. Aufdringliche Schlepper, die bei der Suche nach einem Hotel helfen wollen, ignoriert man am besten: Wer in Begleitung dieser Burschen in einem Hotel auftaucht, muss die Provision übernehmen, die das Hotel ihnen zahlt.

Sehenswertes & Aktivitäten

Man sollte unbedingt einen Blick auf das faszinierende **Wandgemälde** werfen, das an der Ostseite des Platzes die Rathausmauer ziert – es ist den Opfern des Bürgerkriegs gewidmet und erzählt mithilfe der Symbolik des *Popol Vuh* die Geschichte des Krieges nach (dieses Buch wurde kurz nach der spanischen Eroberung von Mitgliedern des Maya-Adels zusammengestellt) .

Von Inguat autorisierte Führer in beigefarbenen Westen verlangen 50 Q für eine **Stadt-Tour** und 100 Q für einen geführten Spaziergang zum Pascual Abaj.

MARKT

Mayahändler aus den umliegenden Dörfern kommen mittwoch- und samstagabends nach Chichi, um ihre Vorbereitungen für den Markt zu treffen, der zu den größten in Guatemala gehört. Man kann ihnen dabei zuschauen, wie sie Bündel langer Stangen über den Platz tragen, ihre Lasten ablegen und Decken ausbreiten, um Abendessen zu kochen und in den Arkaden rundum ihr Nachtlager aufzuschlagen. Sonntags und donnerstags werden dann die Stangen kurz nach Sonnenaufgang zu Ständen montiert, mit Stoffen behangen und mit Tischen ergänzt, auf denen sich später die Waren stapeln.

In der Regel verkaufen touristisch orientierte Stände geschnitzte Holzmasken und meterweise bestickte Stoffe und Gewänder. Diese Stände stehen an den äußeren Rändern des Marktes, wo sie am besten zu sehen sind. In der Mitte des Platzes richtet sich das Warenangebot dagegen eher nach den Bedürfnissen der Einheimischen.

Die meisten Stände werden am späten Nachmittag abgebaut. Die Preise sind kurz vor Marktende am niedrigsten, da die Händler lieber noch etwas billig los werden, anstatt es wieder mit zurückzuschleppen.

Es ist sehr empfehlenswert, schon einen Tag vor dem Markt anzureisen, um noch ein Zimmer zu ergattern. Zudem ist man so ganz früh am Ort des Geschehens. Andernfalls kann man auch mit dem Bus oder einem der Shuttles anreisen, die an Markttagen von Antigua, Panajachel und Guatemala-Stadt aus eingesetzt werden und am frühen Nachmittag wieder zurückfahren. Der Markt löst sich zwischen 15 Uhr und 16 Uhr allmählich wieder auf.

IGLESIA DE SANTO TOMÁS

Obwohl offiziell katholisch, ist diese einfache um 1540 entstandene **Kirche** (Ecke 5a Av & 8a Calle) öfter Schauplatz verschiedener Rituale, die nur sehr entfernt katholisch sind und ziemlich eindeutig dem Mayaglauben entspringen. Die Vordertreppe der Kirche dient dabei demselben Zweck wie die großen Stufen, die zu den Mayapyramiden emporführten. Für den Großteil des Tages (besonders sonntags) sind die Stufen in eine Wolke aus Kopalduft gehüllt, während die *chuchkajaues* (Mutter-Väter) genannten indigenen Vorbeter Rauchfässer mit *estoraque* (Balsamduft) schwingen und magische Wort singen, mit denen sie ihre Vorfahren und den antiken Mayakalender ehren.

Es ist Usus, dass die Vorderstufen und die Vordertür der Kirche nur von hohen Kirchenoffiziellen und den *chuchkajaues* genutzt werden – man sollte sich also nach rechts wenden und die Kirche durch den Seiteneingang betreten.

Im Inneren ist der Boden der Kirche manchmal mit Kiefernzweigen bedeckt, auf denen Opfergaben wie Mais, Blumen und Spirituosen liegen. Die Kerzen und Gaben auf dem Boden gedenken der Vorfahren, von denen viele unter dem Boden der Kirche begraben liegen – die Mayakönige wurden stets unter den Pyramiden beerdigt. Fotografieren ist in der Kirche nicht erlaubt.

MUSEO ARQUEOLÓGICO REGIONAL

Über einer Arkade an der Südseite des Platzes zu erreichen ist das **Museo Arqueológico Regional** (5a Av 4-47; Eintritt 5 Q; Di–Sa 8–12.30 & 14–16.30, So 8–14 Uhr), das antike Keramikschalen und -figurinen, Pfeil- und Speerspitzen aus Feuerstein und Obsidian (Glas, das durch das Abkühlen geschmolzener Lava geformt wurde) zeigt. Außerdem können Axtköpfe aus Kupfer, *metates* (Mahlsteine für Mais) und eine Jade-Sammlung begutachtet werden.

PASCUAL ABAJ

Am Rand der Stadt befindet sich der Pascual Abaj (Opferstein), ein Schrein für Huyup Tak'ah, den Erdgott der Mayas. Hunderte – vielleicht Tausende – Jahre alt, musste die Gottheit mit dem versteinerten Gesicht bereits unzählige Demütigungen durch Uneingeweihte ertragen, die Einheimischen verehren sie aber noch immer. *Chuchkajaues* opfern dem Gott der Erde Duftessenzen, Essen, Zigaretten, Blumen, Alkohol und Coca Cola. Manche opfern sogar ein Huhn – und all das nur, um ihrer Dankbarkeit und ihrer Hoffnung Ausdruck zu verleihen, die Erde möge weiterhin so fruchtbar sein. Wer dem keinen Glauben schenkt, kann zumindest von hier oben den schönen Ausblick auf die Stadt und das Tal genießen.

Auf dem Weg zum Pascual Abaj wurden hin und wieder Touristen ausgeraubt – am besten schließt man sich einer Gruppe oder einem Inguat-Führer an. Man erreicht die Stätte, indem man von der Kirche Santo Tomás den Hügel an der 5a Av hinuntergeht, rechts in die 9a Calle abbiegt und weiter bergab entlang der unbefestigten Straße geht, bis sie eine Linkskurve beschreibt. Am Fuß des Hügels biegt die Straße scharf rechts ab; hier einfach links halten und dem Pfad durch die Maisfelder folgen, den Bach zur Linken. Schilder kennzeichnen den Weg. Immer auf die Gebäude geradeaus zugehen, zu denen auch ein Bauernhaus und ein **Masken-Atelier** gehören.

Durch die Gebäude des Hofes gelangt man zu dem Hügel dahinter, dort folgt man dem Serpentinenpfad bis zum Gipfel und geht dann am Grat entlang. Schon bald erreicht man eine Lichtung und sieht die Gottheit in ihrem steinernen Schrein. Die gedrungenen Steinkreuze ganz in der Nähe haben vielschichtige Bedeutungen für die Mayas, nur eines von ihnen ist Christus gewidmet. Rund um den Schrein liegen frühere Opfergaben. Die Rinde der umstehenden Kiefern wurde teilweise abgerissen und als Anzünder für die Duftfeuer genutzt. Auf dem Weg zurück in die Stadt kann man in der **Galería Pop-Wuj** (☎ 7756-1324) vorbeischauen, einem Atelier/Galerie/Kunstinstitut, das sich auf der rechten Seite befindet.

Festivals & Events

Quema del Diablo (Teufelsverbrennung; 7. Dez.) Einwohner verbrennen ihren Müll auf den Straßen, um die bösen Geister darin freizusetzen. Zu den Highlights gehören eine Marimba-Band und ein gewagtes Feuerwerk, bei dem sich die Zuschauer nicht selten vorsichtshalber in Sicherheit bringen.

Fest der Unbefleckten Empfängnis (8. Dez.) Den frühmorgendlichen Tanz der riesigen Cartoonfiguren auf dem Platz sollte man nicht verpassen.

Fest von Santo Tomás (13.–21. Dez.) Mutige oder verrückte Männer hängen paarweise von einer Stange und fliegen mit hoher Geschwindigkeit durch die Luft.

Schlafen

Da es in Chichi nur wenige Unterkünfte gibt, sollte man mittwochs oder samstags schon früh anreisen, wenn man sich vor dem Markttag noch ein Zimmer sichern will.

Posada El Teléfono (☎ 7756-1197; 8a Calle A 1-64; EZ/DZ 30/60 Q) Nicht gerade Luxus, doch die Zimmer sind recht gemütlich und preiswert. Allein der Blick vom Dach auf den bunten Friedhof lohnt den Besuch.

Mini-Hotel Chichicasteca (☎ 7756-2111; 5a Calle 4-42; EZ/DZ ohne Bad 40/80 Q) Dieses Hotel bietet hinlänglich saubere Zimmer mit unverputzten Ziegelwänden – eine anständige Budgetoption. Es liegt günstig unweit der Bushaltestelle und des Hauptplatzes.

Hotel Tuttos (☎ 7756-1540; hoteltuttos@yahoo.com; 12a Calle 6-29; B 50 Q, EZ/DZ 100/200 Q) Auf dem Hügel, abseits des Chaos' der Marktgegend. Das Tuttos vermietet geräumige, recht saubere Zimmer. Die Terrasse und die hinteren Zimmer locken mit einem großartigen Ausblick auf das Tal. Auch die zugehörige Pizzeria ist zu empfehlen.

Chalet House (☎ 7756-1360; www.chalethotelguatemala.com; 3a Calle C No 7-44; EZ/DZ inkl. Frühstück 150/200 Q;) Eine gemütliche Option mit guten Betten, heimeligen Details und eigenen Bädern mit Warmwasser. Je höher man geht, desto besser werden die Zimmer – einfach mal fragen, ob man sich ein paar anschauen darf.

Posada El Arco (☎ 7756-1255; 4a Calle 4-36; EZ/DZ 150/200 Q) In der Nähe des Arco Gucumatz liegt eine von Chichis originelleren Unterkünften. Die Zimmer sind mit Maya-Webarbeiten, kolonialzeitlichen Bettgestellen und glänzenden Bädern eingerichtet. Vom hübschen Garten aus hat man einen schönen Blick auf die Berge. Reservierung empfohlen!

Maya Lodge (☎ 7756-1167; 6a Calle A 4-08; EZ/DZ 209/259 Q; P) Das Haus direkt am Platz bietet koloniales Flair, auch wenn es schon ein wenig in die Jahre gekommen ist. Die zehn mit Webteppichen und Bettgestellen im Mayastil ausgestatteten Zimmer liegen rund um einen mit Rosenbüschen gespickten Innenhof.

Einige weitere Optionen:

Hotel Mashito (☎ 7756-1343; 8a Calle 1-72; EZ/DZ 50/100 Q, ohne Bad 40/80 Q) Schlichte, aber gemütliche Zimmer in einem großen Wohnhaus.

Hotel San Jerónimo (☎ 7756-1838; Final de 5a Av; Q50/100) Einfache, aber makellose Zimmer mit harten Matratzen und edlen Fensterrahmen; einige haben auch einen hübschen Balkon.

Hotel Pop Wuj (☎ 7756-2014; hotelpopwuj@yahoo.com; 6a Av 10-18; EZ/DZ 100/200 Q, ohne Bad 75/150 Q) Stilvolle Zimmer mit Fliesenboden und riesigen, gemütlichen Betten. Die Zimmerpreise sind Verhandlungssache.

Essen

Sonntags und donnerstags isst man an den Ständen in der Mitte des Marktes am günstigsten. Man sollte sich von den zahlreichen Ständen am Rand, die frittiertes Essen anbieten, nicht abschrecken lassen – in der Mitte des Marktes gibt's gesündere Kost. An den restlichen Tagen kann man nach den kleinen *comedores* Ausschau halten, die in der Nähe des Post zu finden sind.

Tu Café (5a Av; Hauptgerichte 30–50 Q; ⏲ morgens, mittags & abends) Der *plato vegetariano* hier besteht aus Suppe, Reis, Bohnen, Käse, Salat und Tortillas, alles für 30 Q. Nimmt man noch *lomito* (Schweinefilet) dazu, wird das Ganze zum *plato típico*.

Las Brasas (6a Calle 4-52; Hauptgerichte 45–60 Q; ⏲ morgens, mittags & abends) *Parrillas* (gegrilltes Fleisch) sind die Spezialität des halbförmlichen Restaurants im oberen Stock. Eine sättigende Platte mit Würstchen, Hühnchen oder Steak vom Holzkohlegrill wird mit Kartoffelhälften, Tortillas, Reis, Käse und schwarzen Bohnen serviert.

Casa de San Juan (☎ 7756-2086; 4a Av 5-58; Hauptgerichte 60 Q; ⏲ morgens, mittags & abends) Das San Juan ist eines der wenigen stilvollen Restaurants der Stadt – Kunst ziert Wände und Tische, auf denen Vasen mit Lilien stehen, während man auf schmiedeeisernen Stühlen Platz nimmt. Auch die vielseitige Karte ist großartig. Von den Tischen auf dem Balkon kann man auf den Markt schauen.

Blintz Café (☎ 7755-1672; 5a Calle 5-26; ⏲ 7.30–21.30 Uhr) Ja, auch in Chichi gibt's anständigen Espresso – und Smoothies und verschiedene Crêpes. Man begebe sich dazu in das schicke Café in einem Einkaufszentrum über dem Hotel Chugüilá.

Hotel Santo Tomás (7a Av 5-32; 3-Gänge-Abendmenü 110 Q; ⏲ morgens, mittags & abends) Das Santo Tomás, eines der attraktivsten Hotels in Chichi, hat einen prächtigen Speisesaal, in dem Kellner in kolonialzeitlicher Bauernkleidung bedienen. An den Markttagen spielt mittags und abends eine Marimba-Band vor dem Restaurant.

An- & Weiterreise

Busse fahren meistens an der Ecke 5a Calle/5a Av ab und kommen dort auch an – einfach den Jungs lauschen, die die Namen der Fahrtziele ausrufen. An Markttagen halten die Busse aber auch hin und wieder an der Ecke 7a Av/9a Calle, um zu vermeiden, dass der Verkehr im Zentrum zum Erliegen kommt.

Antigua (3 ½ Std.; 108 km) In irgendeinen Bus nach Guatemala-Stadt steigen und in Chimaltenango umsteigen.

Guatemala-Stadt (30 Q; 2 ½ Std.; 145 km) Zwischen 3 Uhr und 17 Uhr alle 20 Minuten.

Los Encuentros (7 Q; 30 Min.; 17 km) In irgendeinen Bus Richtung Süden nach Guatemala-Stadt, Panajachel, Quetzaltenango usw. steigen. Andernfalls fahren häufig Microbusse nach Los Encuentros (5 Q), Abfahrt vor dem Telgua-Gebäude in der 7a Av.

Nebaj (103 km) Einen Bus nach Santa Cruz del Quiché nehmen und dort umsteigen.

Panajachel (10 Q; 1½ Std.; 37 km) Busse um 9 Uhr, 11.30 Uhr, 12.30 Uhr und 13 Uhr; oder mit irgendeinem Bus Richtung Süden fahren und in Los Encuentros umsteigen.

Quetzaltenango (20 Q; 3 Std.; 94 km) Neun Busse zwischen 4.30 Uhr und 13 Uhr; oder irgendeinen Bus nach Süden nehmen und in Los Encuentros umsteigen. Bis 7.30 Uhr fahren häufig Microbusse (20 Q) am Telgua-Gebäude vorbei, danach bis 12 Uhr stündlich.

Santa Cruz del Quiché (7 Q; 30 Min.; 19 km) Busse fahren zwischen 5 Uhr und 19 Uhr alle 20 Minuten. Micros nach Quiché fahren in der 5a Calle auf der Westseite der 5a Av zwischen 6 Uhr und 23 Uhr ab.

Chichi Turkaj Tours (☎ 7742-1359; 5a Av 5-24) mit Sitz im Hotel Chugüilá und **Maya Chichi Van** (☎ 7756-2187; 6a Calle 6-45) bieten montags und freitags um 9 Uhr und sonntags und donnerstags um

17 Uhr Shuttles nach Guatemala-Stadt (190 Q), Antigua (125 Q), Panajachel (140 Q) und Quetzaltenango (125 Q) an; diese machen sich jedoch nur auf den Weg, wenn mindestens fünf Passagiere zusammenkommen.

SANTA CRUZ DEL QUICHÉ

30 050 Ew./1979 m

Santa Cruz, das normalerweise nur El Quiché oder Quiché genannt wird, ist die Hauptstadt der Provinz Quiché; es liegt 19 km nördlich von Chichicastenango. Die kleine, staubige Stadt ist ruhiger und gibt authentischer als Chichicastenango das Flair der ländlichen Gegenden Guatemalas wider. Samstag ist der wichtigste Markttag – dann ist der Ort ein bisschen interessanter und sehr viel voller.

Quichés **Touristeninformation** (☎ 7755-1106; turismoenquiche@gmail.com; ⌚ Mo–Fr 8–16.30 Uhr) ist im Rathaus untergebracht und hält gute Informationen und eine Karte bereit. Die Filiale von **Banrural** (⌚ Mo–Fr 8–17.30, Sa 8–14, So 8–12 Uhr) am Nordende des Platzes wechselt Euro und hat einen Cajero-5B-Geldautomaten. Bei **Bear Net** (0 Av 7-52; ⌚ 8–20.30 Uhr) eineinhalb Blocks südlich des Platzes kann man online gehen.

Die beste Zeit für einen Besuch ist Mitte August während der **Fiestas Elenas** (www.fiestaselenas.com). Bei dem einwöchigen Festival präsentierten die Menschen der Umgebung voller Stolz die indigenen Traditionen. Alle Feierlichkeiten münden im *convite feminino:* El Quichés Frauen setzen sich Masken auf und tanzen zu Marimba-Klängen wie wild durch die Stadt.

K'umarcaaj (Gumarcaj)

Die **Ruinen** (Eintritt 30 Q; ⌚ 8–16.30 Uhr) der antiken Hauptstadt der Quiché-Mayas liegen 3 km westlich von El Quiché. Das Königreich Quiché wurde gegen Ende der postklassischen Periode von einem Volk gegründet, das aus der Vermischung einer indigenen Bevölkerungsgruppe mit mexikanischen Invasoren hervorgegangen war. Um 1400 gründete König Gucumatz seine Hauptstadt, eben K'umarcaaj, und eroberte die benachbarten Siedlungen. Schließlich erweiterte das Königreich Quiché seine Grenzen bis nach Huehuetenango, Sacapulas, Rabinal und Cobán und beeinflusste sogar die Völker der Region Soconusco in Mexiko.

Nachdem Pedro de Alvarado die Quiché besiegt hatte, luden sie ihn zu einem Besuch ihrer Hauptstadt ein, wo sie insgeheim seine Ermordung planten. Alvarado roch jedoch den Braten und rief seine Verbündeten zusammen (auch die mit Quiché verfeindeten Cakchiquel). Gemeinsam nahmen sie die Anführer der Quiché gefangen, verbrannten sie bei lebendigen Leibe und zerstörten K'umarcaaj.

Die Geschichte selbst ist interessanter als die Ruinenstadt, von der nur wenig mehr als ein paar grasbewachsene Hügel übrig geblieben sind. Trotzdem ist die Stätte, die im Schatten hoher Bäume und von Verteidigungsgräben umgeben liegt, ein wunderschöner Ort für ein Picknick. Und noch immer wird er von *indígenas* als Schauplatz religiöser Riten genutzt.

Die grauen „Ruinas"-Microbusse nach K'umarcaaj fahren alle 20 Minuten vor der Kathedrale in Santa Cruz ab (1 Q). Der letzte fährt um 18.50 Uhr zurück.

Schlafen & Essen

Die meisten Hotels gibt es nördlich des Busbahnhofs entlang der 1a Av (Zona 5), wobei sich in zwei Blocks mindestens fünf Hotels befinden, zwei weitere auf jeder Seite der 9a Calle. Wie überall in Guatemala ist auch hier die Gegend rund um den Markt der beste Ort, um günstig zu essen.

Posada Santa Cecilia (☎ 5332-8811; 1a Av & 6a Calle; EZ/DZ 75/170 Q) Praktisch über einem Espressoladen gleich südlich des Hauptplatzes gelegen. Das moderne Haus hat ein paar helle, schicke Zimmer mit gemütlichen Betten und hübschen Überzügen.

Hotel Rey K'iche' (☎ 7755-0827; 8a Calle 0-39, Zona 5; EZ/DZ 100/180 Q; 💻) Das Rey K'iche' zwischen dem Busbahnhof und dem Platz vermietet ordentliche Zimmer mit Ziegelwänden rund um einen ruhigen Innenhof. Oben gibt's ein anständiges Café.

Café San Miguel (2 Av 4-42; Sandwiches 12 Q; ⌚ 8–20 Uhr) Die kleine Bäckerei gegenüber der Kathedrale ist ein beliebter Treffpunkt mit gutem Kaffee und frisch gebackenen Leckereien.

Restaurante El Chalet (2a Av 2-29, Zona 5; Hauptgerichte 49–60 Q; ⌚ morgens, mittags & abends) Spezialität des Hauses ist Grillfleisch, das mit hausgemachter Salsa serviert wird. Man speist in einem hübschen Garten unter einer Laube. Das Chalet liegt nur ein paar Blocks östlich des großen Glockenturms.

An- & Weiterreise

Viele Busse aus Guatemala-Stadt nach Chichicastenango fahren weiter nach El Quiché.

Der letzte Bus von El Quiché Richtung Süden nach Chichicastenango und Los Encuentros verlässt die Stadt am Nachmittag.

El Quiché ist der Ausgangspunkt für Touren in den abgeschiedeneren Nord von Quiché, der sich bis an die mexikanische Grenze erstreckt. Busse zu den folgenden und anderen Zielen starten am Busbahnhof:

Chichicastenango (6 Q; 30 Min.; 19 km) Häufig fahren Microbusse von der Südwestecke des Hauptplatzes ab.

Guatemala-Stadt (30 Q; 3 Std.; 163 km) Busse alle 15 Minuten, und zwar von 3 bis 17 Uhr.

Huehuetenango (25 Q; 2 Std.; 173 km) Zwischen 6 und 17.30 Uhr starten Microbusse alle 30 Minunten.

Los Encuentros (15 Q; 1 Std.; 36 km) Einfach in irgendeinen Bus nach Guatemala-Stadt steigen.

Nebaj (25 Q; 2 Std.; 75 km) Fünf Busse via Sacapulas, von 8.30 bis 17 Uhr. Microbusse verkehren zwischen 5.30 und 20 Uhr.

Sacapulas (10 Q; 1 Std.; 45 km) Irgendeinen Bus oder Microbus nach Nebaj oder Uspantán nehmen.

Uspantán (25 Q; 2¼ Std.; 75 km) Microbusse alle 20 Minuten von 6.30 bis 20 Uhr.

NEBAJ

35 900 Ew./2000 m

In einem tiefen Kessel in den dramatischen, weitgehend unberührten Cuchumatanes-Bergen liegt Nebaj, dessen ausländische Besucher zu gleichen Teilen aus Hardcore-Wanderern und Freiwilligen bestehen, die in den bettelarmen Gemeinden auf dem umliegenden Land arbeiten.

Die Einheimischen, die ihr Leben größtenteils fern aller moderner Einflüsse verbringen, halten unbeirrt und voller Stolz an ihrer traditionellen Lebensweise fest. Sie stellen ausgezeichnetes Kunsthandwerk her (meist Textilien); die Frauen aus Nebaj tragen wunderschöne *huipiles*.

Nebajs abgeschiedene Lage ist gleichermaßen Segen und Fluch: Die Spanier konnten es nur mit Mühen erobern. In jüngerer Vergangenheit erkoren dann Guerilla-Truppen die Gegend zu einem wichtigen Operationsstützpunkt, weshalb die Armee zu drastischen Maßnahmen griff, um die Widerstandskämpfer wieder zu vertreiben – besonders während der kurzen, brutalen Herrschaft von Ríos Montt. Die wenigen überlebenden Einwohner dieser Dörfer flohen über die Grenze nach Mexiko oder wurden in „strategischen Weilern“ zusammengepfercht (Siedlungen, die nur errichtet wurden, damit die Armee den Kontakt der Einwohner zur Guerilla unterbinden konnte). Noch immer kehren Flüchtlinge in ihre alte Heimat zurück.

Praktische Informationen

Die **Touristeninformation** (☎ 7755-8182; ⌚ Mo–Sa 8–17, So 8–12 Uhr) im Mercado de Artesanías beantwortet Fragen, sofern sie auf Spanisch gestellt werden.

Die Banrural am Parque Central wechselt Reiseschecks; ein Cajero-5B-Geldautomat findet sich im Rathaus gegenüber vom Parque. Die **Post** (5a Av 4-37) liegt einen Block nördlich des Parque. Ins Internet kommt man bei **La Red** (El-Descanso-Gbd., 3a Calle, Zona 1) oder bei **System-IC** (Calz 15 de Septiembre; ⌚ 8–20 Uhr). Gute Informationen zu Wanderungen, Freiwilligenjobs, Sprachkursen usw. in dieser Gegend gibt's unter www.nebaj.com.

Festivals & Events

Nebajs jährliches **Festival** fällt mit Mariahimmelfahrt (15. Aug.) zusammen und erstreckt sich über zehn Tage Mitte August.

Aktivitäten

Guias Ixil (☎ 5847-4747; www.nebaj.com; El-Descanso-Gbd., 3a Calle, Zona 1) veranstaltet Halbtagswanderungen zu **Las Cataratas** (1. Pers. 75 Q, jede weitere Pers. 25 Q), einer Reihe von Wasserfällen nördlich der Stadt, und Touren durch den Ort, bei denen man auch die **Heiligen Stätten** der *costumbristas* besucht (*indígenas*, die noch immer nicht-christliche Mayariten praktizieren). Guias Ixil führt außerdem

QUICHÉ INTENSIVER ERLEBEN

Nebaj ist Ausgangspunkt für viele bezaubernde Wanderungen in ganz Quiché. Hier nur ein paar Optionen:

- **Cocop**, eines der Dörfer, das am schwersten vom Bürgerkrieg betroffen war, ist eine leichte, vierstündige Wanderung von Nebaj entfernt.
- Eine dreitägige Rundwanderung durch **Xeo**, **Cotzal** oder **Ak'Txumbal**; übernachtet wird in gemeindeeigenen Lodges.
- Mit dem Bus oder per Anhalter geht's nach **Salquil Grande**, von wo aus man dann in zwei herrlichen Stunden vorbei an Wasserfällen zum Dorf **Parramos Grande** spaziert.

dreitägige Treks über die Cuchumatanes nach Todos Santos Cuchumatán (s. S. 172) und zu viele anderen Ziele an; Infos s. Website.

Las Cataratas sind auch in Eigenregie leicht zu erreichen: 1,25 km entlang der Straße nach Chajul, vorbei am Hotel Ileb'al Tenam, bis man zu einer Brücke gelangt, die über den kleinen Fluss führt. Direkt vor der Brücke links (nach Norden) in eine Schotterstraße abbiegen und den Fluss entlang. Jetzt für 6 km dem Flusslauf folgen, wobei man zuerst mehrere kleine Wasserfälle passiert, bevor man den größeren, etwa 25 m hohen Wasserfall erreicht.

Die Gruppe **Laval Iq'** (☎ 7755-8337; www.regionixil.com; 6a Av & 8a Calle) wird von ehemaligen Bürgerkriegskämpfern aus 19 Ixil-Gemeinden betrieben. Die Guides kennen die Wanderwege daher nicht nur besser als jeder andere, sie haben auch unzählige Geschichten über die turbulente Geschichte der Region zu erzählen. Sie bieten verschiedene Wanderungen in entlegenere Ecken der Gegend an. Die Treks dauern zwei/drei/vier Tage und kosten 700/1130/1580 Q pro Person inklusive Transport, Verpflegung und Übernachtung in gemeindeeigenen Lodges.

Wer lieber alleine wandert, kann sich eine Ausgabe der *Guía de Senderismo Región Ixil* (50 Q) besorgen, die im Mercado de Artesanías erhältlich ist. Die Broschüre enthält detaillierte Beschreibungen und Karten (auf Spanisch) für 20 Treks in der Region Ixil.

Kurse

Die **Nebaj Language School** (☎ 5311-9100; www.nebaj.com/nebajlanguageschool.html; El-Descanso-Gbd., 3a Calle, Zona 1) verlangt 600 Q für 20 Wochenstunden Spanisch-Einzelunterricht, inklusive Wanderungen und kultureller Unternehmungen. Die Unterbringung bei Familien vor Ort mit zwei Mahlzeiten pro Tag kostet 500 Q pro Woche.

Schlafen & Essen

Media Luna Medio Sol (☎ 5749-7450; www.nebaj.com/hostel.htm; 3a Calle 6-15; B 35 Q, Zi. 45 Q/Pers.; WLAN) Das Hostel hat drei Schlafsäle mit sechs Betten und ein Privatzimmer mit Gemeinschaftstoiletten und -duschen. Eine Tischtennisplatte, eine Sauna und eine Küche vertreiben eventuell aufkommende Langeweile.

Hotel Ileb'al Tenam (☎ 7755-8039; Calz 15 de Septiembre; EZ/DZ 55/95 Q, ohne Bad 30/55 Q; P) In der Nordostecke der Stadt (500 m vom Parque). Das Hotel besteht aus zwei Teilen: einem langen Holzhaus mit einfachen Zimmern entlang einer Dielenveranda und einem „Anbau" im hinteren Bereich, der moderne Zimmer rund um einen ruhigen Innenhof bietet.

Popi's Restaurant (5a Calle 6-74; Hauptgerichte 22–40 Q; 🕐 morgens, mittags & abends) Das entspannte Hostel mit Bäckerei backt Brot und Kuchen und serviert Seelenfutter für Gringos, u. a. Omeletts aus drei Eiern, Müslis und Burritos.

Comedor Dámaris (4a Calle; Gerichte 30 Q; 🕐 mittags & abends) Menüvorschlag: einen köstlichen *caldo de res*, eine halben Avocado, Tortillas und dazu eine Limonade.

El Descanso (El-Descanso-Gbd., 3a Calle, Zona 1; Hauptgerichte 30–50 Q; 🕐 morgens, mittags & abends) Das gemütliche Restaurant teilt sich seinen Standort mit der Nebaj Language School. Dem Ganzen sind eine Bar und Lounge-Bereiche angeschlossen und es läuft gute Musik im alternativsten Ambiente Nebajs. Auf den Tisch kommt eine Auswahl an Snacks, Salaten und Suppen.

Shoppen

Im **Mercado de Artesanías** (Ecke 7a Calle & 2a Av, Zona 1) steht eine breite Palette an lokalen Textilien zur Auswahl.

An- & Weiterreise

Microbusse über Sacapulas nach Santa Cruz del Quiché fahren zwischen 4 Uhr und 17 Uhr (25 Q, 2 Std.) jede halbe Stunde ab, und zwar hinter der Kirche an der Ecke 5a Av und 7a Calle. Um nach Huehuetenango im Westen oder Cobán im Osten zu gelangen, muss man in Sacapulas umsteigen. Micros nach Cobán fahren um 5 Uhr und 12 Uhr an der Quetzal-Tankstelle an der 15 de Septiembre ab; Warnhinweise beachten (s. Kasten s. 173)!

VON SACAPULAS NACH COBÁN

Wenn man Sacapulas Richtung Osten verlässt, schlängelt sich die Straße über triste, abgeholzte Hänge, bevor sie das Dorf **Uspantán** erreicht. Rigoberta Menchú, die 1992 den Friedensnobelpreis erhielt, ist in der Region Quiché aufgewachsen, eine fünfstündige Wanderung von Uspantán entfernt. Man sollte wissen, dass Menchú und ihre oft kontroversen Thesen hier nicht nur auf Begeisterung stoßen.

Wer mit dem Bus nach Cobán (30 Q, 4 Std.) fährt, muss möglicherweise in Uspantán übernachten, da der letzte Minibus die Stadt um 16 Uhr verlässt. Hier kann es sehr

GUATEMALA

kalt werden. Das **Hotel La Villa Maya** (☎ 5423-4493; 6a Calle 2-17; EZ/DZ 25/50 Q, mit Bad 55/100 Q; Ⓟ) ist eine bescheidene motelartige Pension mit sauberen Zimmern hinter einer Reihe hellgelber Säulen, die mit Mayamotiven verziert sind. Das **Hotel Posada Doña Leonor** (☎ 7951-8041; 6a Calle 4-25; EZ/DZ/3BZ 75/130/165 Q; Ⓟ) bietet jede Menge Komfort. Banrural auf dem Platz wechselt US-Dollar.

Entlang des Abschnitts Huehue–Sacapulas desselben Highways ist die Strecke von Uspantán nach Cobán eine der schönsten Fahrten in ganz Guatemala (s. „Richtung Cobán im Osten", S. 173). Die beste Aussicht hat man von einem Platz auf der linken Seite; vor der Fahrt jedoch noch die Warnhinweise im Kasten unten beachten!

WESTLICHES HOCHLAND

Dramatische Landschaft, traditionelle Dörfer, ausgezeichnete Wandermöglichkeiten und Quetzaltenango, die Oase aller Traveller, sind die wahren Schätze dieser Region. Straßen und Busse gehören zu den schlimmsten des Landes – eine Reise in diese Region ist zwar anstrengend, aber auch ein unvergessliches Erlebnis.

Einleitende Infos zum Hochland gibt's auf S. 128.

CUATRO CAMINOS

Von Los Encuentros Richtung Westen schlängelt und windet sich der Interamericana Hwy immer höher die Berge hinauf, während die Szenerie immer spektakulärer wird und die Temperaturen immer tiefer in den Keller purzeln. Nach 59 km erreicht man die wichtige Highway-Kreuzung Cuatro Caminos (Vier Straßen). Von hier kann man (geradeaus) weiter nach Huehuetenango (77 km) im Norden fahren, nach Totonicapán (12 km) im Osten oder nach Quetzaltenango (13 km) im Südwesten abbiegen. Eine neue Ringstraße – zum Zeitpunkt der Recherche zwar fertiggestellt, aber noch nicht eröffnet – wird es ermöglichen, auf dem Weg nach Quetzaltenango diese Kreuzung zu umfahren.

Busse passieren Cuatro Caminos auf ihrer Fahrt zwischen Quetzaltenango und Totonicapán zwischen 6 Uhr und 18 Uhr etwa alle 30 Minuten.

TOTONICAPÁN

94 700 Ew. / 2500 m

San Miguel Totonicapán, eine hübsche guatemaltekische Hochlandstadt, ist für ihre Kunsthandwerker bekannt. Schuhmacher, Weber, Blechschmiede, Töpfer und Holzschnitzer produzieren und verkaufen ihre Waren direkt im Ort. Der **Markt** findet dienstags und samstags statt. Er richtet sich an Einheimische und nicht an Touristen; am späten Vormittag geht es bereits recht gemächlich zu.

Totonicapáns „Parque" – wie der zentrale Platz heißt – wird von der obligatorischen **kolonialzeitlichen Kirche** und einem wundervollen **Stadttheater** flankiert, das 1924 im neoklassizistischen Stil erbaut und vor wenigen Jahren renoviert wurde.

Sehenswertes & Aktivitäten

Das **Casa de la Cultura Totonicapense** (☎ 5630-0554; kiche78@hotmail.com; 8a Av 2-17; Eintritt frei), einen

DIE MUTTER ALLER SCHOTTERSTRASSEN

Der für seine atemberaubende Aussicht bekannte Highway 7W war bis vor Kurzem die direkteste Verbindung von Huehuetenango nach Cobán. Ende 2008 ereignete sich jedoch ein katastrophaler Bergrutsch, der das östliche Ende vollkommen zerstörte.

Bislang wurden keine offiziellen Versuche unternommen, die Straße zu reparieren. Die Einheimischen haben auf die Schnelle eine Umleitung konstruiert, die generell als nicht sicher gilt. Busse von Uspantán nach Cobán fahren trotzdem regelmäßig über den Schutt, trotz aller Gefahren – Berichten zufolge eine haarsträubende Fahrt. Die wird noch wilder, wenn es regnet und die Fahrer sich weigern, die Fahrt über die beschädigten Abschnitte zu riskieren, und die Passagiere so gezwungen sind, 2 km durch den Matsch zu waten, um ihre Reise fortsetzen zu können.

Eine sicherere Alternative ist die Fahrt über Guatemala-Stadt, wodurch man zwar etwa vier Stunden verliert, aber unschätzbare innere Ruhe gewinnt – oder man nimmt einfach gleich die andere Route (s. S. 173).

kurzen Fußweg vom unteren Ende des Platzes entfernt, zeigt Ausstellungen, die sich indigener Kultur und Kunsthandwerk widmen. Es organisiert außerdem das wunderbare Programm „Triff die Kunsthandwerker“: Touristen können Künstler und Familien aus der Stadt kennenlernen und erfahren, wie sie leben, arbeiten und ihre Freizeit verbringen. Bei den eintägigen Veranstaltungen, die man zwei Wochen im Voraus buchen muss, werden diverse Kunsthandwerkerateliers (Töpfer, Schnitzer von Holzmasken und Musikinstrumenten, Weber usw.) besucht und ein bisschen Sightseeing gemacht; außerdem werden ein Marimba-Konzert und ein traditionelles Mittagessen bei einer einheimischen Familie geboten. Die Preise liegen bei 475/540/630 Q pro Person in Gruppen von vier/drei/zwei Teilnehmern bzw. 655/770/900 Q mit Privatunterkunft inklusive zweier Mahlzeiten.

Bei einem alternativen Programm (bei 4/3/2 Teilnehmern 250/288/328 Q/Pers.) wandert man in benachbarte Dörfer, in denen man kommunale Entwicklungsinitiativen, homöopathische Projekte, Kunsthandwerkerateliers und heilige Mayastätten besucht. Touren in englischer Sprache sind auf Anfrage ebenfalls erhältlich.

Der ein 13 ha großes altes Waldgebiet umfassende **Sendero Ecológico El Aprisco** (☎ 7766-2175; Eintritt 20 Q; 🕑 8–16 Uhr) nordöstlich von Totonicapán ist ein wunderbares Wanderareal. Die gut ausgeschilderten Wege führen auch durch das gemeindeeigene Schutzgebiet. Pick-ups fahren vom Ostende der 7a Calle hierher. Alternativ kann auch das Casa de la Cultura Totonicapense für 165 Q pro Person Ausflüge ins Schutzgebiet organisieren.

Festivals & Events

Erscheinen des Erzengels Michael (8. Mai) Feuerwerk und traditionelle Tänze.

Feria Titular de San Miguel Arcángel (Namenstag des Erzengels Michael; 24.–30. Sept.) Das Festival erreicht am 19. Sept. seinen Höhepunkt.

Festival Tradicional de Danza (Ende Okt. – Datum variiert) Totonicapán hält die traditionellen Tänze mit dem Festival sehr leidenschaftlich am Leben.

Schlafen & Essen

Das Casa de la Cultura Totonicapense kann Übernachtungen bei einheimischen Familien organisieren, die 345/410/490 Q pro Person in Gruppen von vier/drei/zwei Teilnehmern kosten; Abendessen und Frühstück sind im Preis enthalten.

Hospedaje Paco Centro (☎ 7766-2810; 3a Calle 8-18, Zona 2; EZ/DZ 35/70 Q) Praktisch versteckt in einem Einkaufszentrum. Ein paar Blocks vom unteren Teil des Platzes entfernt, bietet dieses streng geführte Haus große, saubere Zimmer mit je drei oder vier Betten.

Hotel Totonicapán (☎ 7766-4458; www.hoteltotonicapan.com; 8a Av 8-15, Zona 4; EZ/DZ 150/275 Q) Die schickste Unterkunft der Stadt ist sogar relativ günstig und vermietet große, moderne Zimmer mit Teppichboden, ein paar Möbelstücken und hier und da einem schönen Ausblick.

Restaurante Bonanza (7a Calle 7-17, Zona 4; Gerichte 40–60 Q; 🕑 7–21 Uhr; 📶) Totonicapáns konventionellstes Restaurant ist hauptsächlich ein Fleisch-und-Tortilla-Haus, in dem Bedienungen mit Fliege um den Hals bergeweise Steaks, Hühnchen und Meeresfrüchte servieren.

An- & Weiterreise

„Toto“-Busse aus Quetzaltenango fahren den ganzen Tag über etwa alle 20 Minuten (5 Q, 1 Std.) an der Rotunda in der Calz Independencia ab (über Cuatro Caminos). Der letzte Direktbus nach Quetzaltenango verlässt Totonicapán um 18.30 Uhr.

QUETZALTENANGO (XELA)

159 700 Ew. / 2335 m

Selbst Einheimischen scheint der Name der Stadt Quetzaltenango zu kompliziert zu sein, weshalb sie ihn kurzerhand zu Xela (schell-ah) verkürzen. Dies wiederum ist eine Abkürzung des Originalnamens „Xelajú“ der Quiché-Mayas. Xela also kann möglicherweise als die perfekte guatemaltekische Stadt gelten: nicht zu groß, nicht zu klein, genügend Besucher, um eine gute Auswahl an Hotels und Restaurants zu gewährleisten, aber nicht so viele, dass der Ort sein authentisches Flair verlieren würde. Der guatemaltekische „Schichteffekt“ ist auch hier in der Innenstadt zu erkennen: Als die Spanier verschwanden, zogen die Deutschen nach. Deren Architektur verleiht dem Zentrum ein etwas düsteres – einige würden vielleicht sagen gotisches – Ambiente.

Xela zieht Traveller an, die mit ihrer Reise mehr als „lediglich“ Spaß und Sightseeing verbinden – Leute, die die spanische Sprache richtig erlernen und anschließend noch länger bleiben wollen, um sich in einem der zahlrei-

GUATEMALA

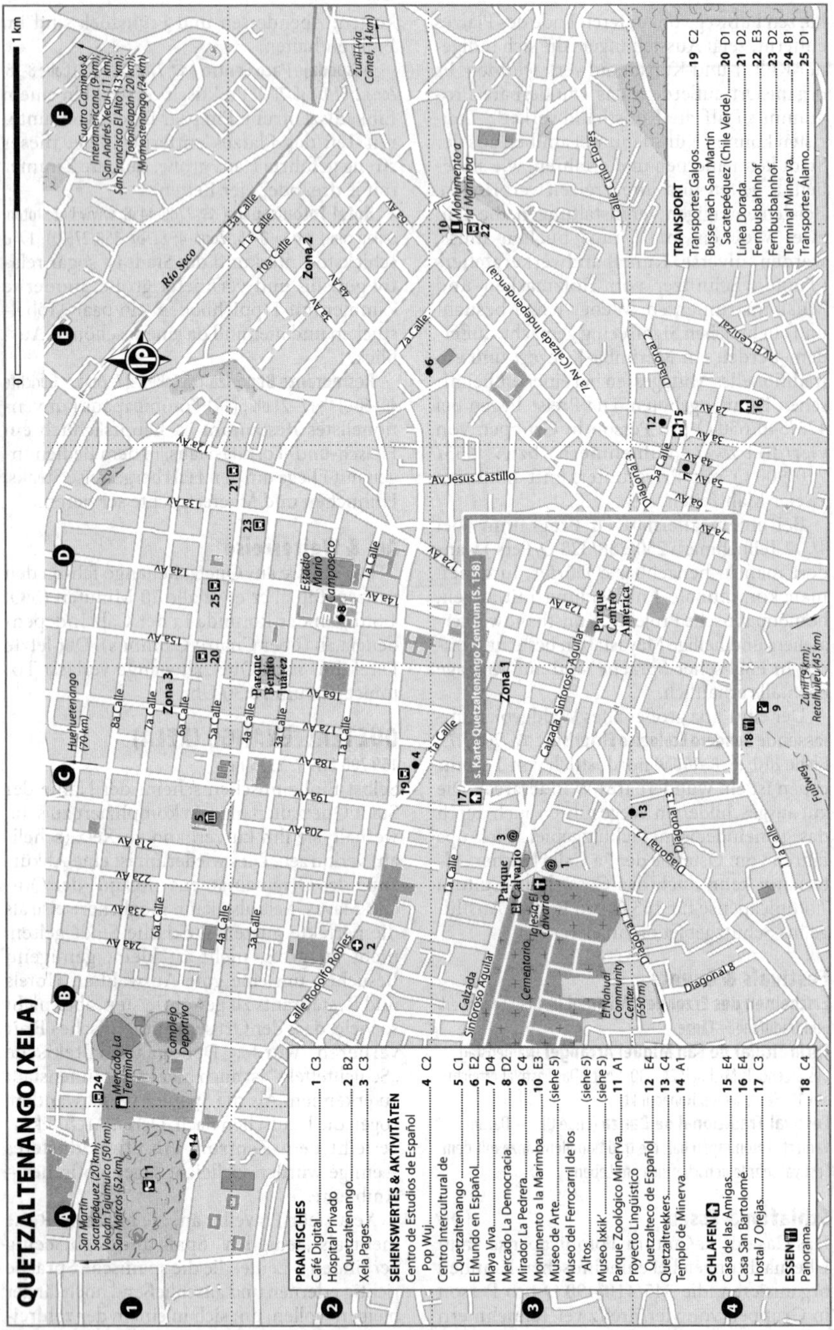
QUETZALTENANGO (XELA)
PRAKTISCHES
Café Digital 1 C3
Hospital Privado Quetzaltenango 2 B2
Xela Pages 3 C3
SEHENSWERTES & AKTIVITÄTEN
Centro de Estudios de Español Pop Wuj 4 C2
Centro Intercultural de Quetzaltenango 5 C1
El Mundo en Español 6 E2
Maya Viva 7 D4
Mercado La Democracia 8 D2
Mirador La Pedrera 9 C4
Monumento a la Marimba 10 E3
Museo de Arte (siehe 5)
Museo del Ferrocarril de los Altos (siehe 5)
Museo Ixkik' (siehe 5)
Parque Zoológico Minerva 11 A1
Proyecto Lingüístico Quetzalteco de Español 12 E4
Quetzaltrekkers 13 C4
Templo de Minerva 14 A1
SCHLAFEN
Casa de las Amigas 15 E4
Casa San Bartolomé 16 E4
Hostal 7 Orejas 17 C3
ESSEN
Panorama 18 C4
TRANSPORT
Transportes Galgos 19 C2
Busse nach San Martín Sacatepéquez (Chile Verde) 20 D1
Línea Dorada 21 D2
Fernbusbahnhof 22 E3
Fernbusbahnhof 23 D2
Terminal Minerva 24 B1
Transportes Álamo 25 D1
s. Karte Quetzaltenango Zentrum (S. 158)
San Martín Sacatepéquez (20 km); Volcán Tajumulco (50 km); San Marcos (52 km)
Huehuetenango (70 km)
Cuatro Caminos & Interamericana (9 km); San Andrés Xecul (11 km); San Francisco El Alto (13 km); Totonicapán (20 km); Momostenango (24 km)
Zunil (via Cantel, 14 km)
Zunil (9 km); Retalhuleu (45 km)
El Nahual Community Center (550 m)
Mercado La Terminal
Complejo Deportivo
Parque Benito Juárez
Estadio Mario Camposeco
Parque El Calvario
Iglesia El Calvario
Cementario
Parque Centro América
Monumento a la Marimba
Zona 1
Zona 2
Zona 3
Río Seco
Calzada Sinforoso Aguilar
7a Av (Calzada Independencia)
Av Jesus Castillo
Calle Rodolfo Robles
Calle Cirilo Flores
Av El Cenizal
Fußweg
1 km

chen vor Ort angebotenen Freiwilligenprojekte zu engagieren.

Die Stadt dient außerdem als Basislager für eine Reihe spektakulärer Wanderungen durch die umliegende Landschaft, z. B. zum stets aktiven Vulkan Santiaguito oder zum Vulkan Tajumulco, dem höchsten Punkt in den Zentralanden. Faszinierend ist auch die dreitägige Tour zum Lago de Atitlán.

Geschichte

Quetzaltenango fiel im 14. Jh. unter die Herrschaft der Quiché-Mayas. Zuvor gehörte es zum Territorium der Mam-Mayas.

Als sich 1823 die Zentralamerikanische Konföderation gründete, beschlossen die Herren Quetzaltenangos anfangs, ein Bündnis mit Chiapas und Mexiko zu schmieden statt mit den zentralamerikanischen Nachbarn. Später änderte die Stadt ihre Meinung, schloss sich doch noch der Zentralamerikanischen Konföderation an und wurde 1840 ein Teil Guatemalas. Ende des 19. Jhs. vergrößerte der Kaffeeboom auch Quetzaltenangos Wohlstand. Plantagenbesitzer kauften in der Stadt ihre Vorräte und Kaffeehändler eröffneten Lagerhäuser. Xela florierte, bis 1902 eine doppelte Katastrophe über den Ort hereinbrach: Ein Erdbeben und ein Vulkanausbruch richteten verheerende Zerstörungen an.

Auch später sicherte Xelas Lage als Kreuzungspunkt der Straßen zum Pazifikstreifen, nach Mexiko und nach Guatemala-Stadt dem Ort einen gewissen Wohlstand. Heute brummt der Handel hier wieder.

Orientierung

Das Herz Xelas ist der Parque Centro América, ihn schmücken alte Bäume, neoklassizistische Denkmäler und die wichtigsten Gebäude der Stadt.

Wichtigste Bushaltestelle ist das Terminal Minerva an der 7a Calle in Zona 3; es liegt am Westrand der Stadt neben einem der wichtigsten Märkte. 1.-Klasse-Busunternehmen haben einen eigenen Busbahnhof.

Minibusse verkehren zwischen dem Terminal Minerva und dem Parque Centro América – einfach den Helfern zuhören, die „Parque" oder „Terminal" rufen.

Praktische Informationen

BUCHLÄDEN

North & South (Karte S. 158; 8 Calle & 15 Av 13-77, Zona 1) Breite Auswahl an Titeln über Lateinamerika, Politik, Poesie und Geschichte und jede Menge neue und gebrauchte Reiseführer und Spanisch-Lehrbücher.

Vrisa Books (Karte S. 158; 15a Av 3-64) Ausgezeichnetes Sortiment an Secondhand-Büchern in englischer und anderen europäischen Sprachen, darunter auch Lonely Planets. Leihbibliothek (20 Q pro Buch pro Woche). Auch Fahrräder für Touren können ausgeliehen werden (s. S. 160).

GELD

In Geldangelegenheiten sollte man den Parque Centro América ansteuern. Die **Banco Industrial** (Karte S. 158; ⌚ Mo–Fr 9–18.30, Sa 9–13 Uhr) hat Filialen auf der Nord- und Ostseite des Platzes, die Reiseschecks wechseln und Visa-Abbuchungen vornehmen. Die Filiale auf der Ostseite im Gebäude der *municipalidad* (Rathaus) hat einen Plus-Geldautomaten. Im Edificio Rivera nördlich der *municipalidad* steht ein Cajero-5B-Geldautomat.

INFOS IM INTERNET

Xela Pages (www.xelapages.com) Vollgepackt mit Informationen über Xela und nahe gelegene Attraktionen. Außerdem ein nützliches Diskussionsforum.

INTERNETZUGANG

Man surft für nur 5 oder 6 Q pro Stunde im Internet. In der Broschüre *XelaWho* gibt's einen WLAN-Hotspot-Finder.

Café Digital (Karte S. 156; Diagonal 9 19-77A, Zona 1)

Xela Pages (Karte S. 156; 4 Calle 19-48, Zona 1)

MEDIEN

Die folgenden Veröffentlichungen in englischer Sprache sind kostenlos in Bars, Restaurants und Cafés in der ganzen Stadt erhältlich:

EntreMundos (www.entremundos.org) Wird alle zwei Monate von der gleichnamigen, in Quetzaltenango ansässigen Organisation veröffentlicht. Die Zeitung enthält zahlreiche Informationen zur politischen Entwicklung und Freiwilligenprojekten in der Region.

XelaWho (www.xelawho.com) Die kleine Monatszeitschrift bezeichnet sich selbst als Quetzaltenangos führendes „Kultur- & Szenemagazin", listet kulturelle Events in der Stadt auf und veröffentlicht ein paar ziemlich forsche Artikel über das Leben in Guatemala.

MEDIZINISCHE VERSORGUNG

Beide hier genannten Krankenhäuser haben eine 24-Stunden-Notaufnahme.

Hospital Privado Quetzaltenango (Karte S. 156; ☎ 7761-4381; Calle Rodolfo Robles 23-51) Normalerweise ist ein englisch sprechender Arzt anwesend.

Hospital San Rafael (Karte S. 158; ☎ 7761-4414; 9a Calle 10-41, Zona 1)

NOTFALL

Asistur (Hilfe für Touristen; ☎ 4149-1104)

Policía Municipal (☎ 7761-5805)

POST

Hauptpost (Karte S. 158; 4a Calle 15-07, Zona 1) Zentral gelegen; östlich des Telgua-Büros.

TELEFON

Café Digital und Xela Pages bieten billige internationale Telefongespräche an. Für Ortsgespräche stehen vor **Telgua** (Karte S. 158; Ecke 15a Av A & 4a Calle) vier Kartentelefone zu Verfügung.

TOURISTENINFORMATION

Inguat (Karte S. 158; ☎ 7761-4931; ⌚ Mo–Fr 9–17, Sa 9–13 Uhr) an der Südseite des Parque Centro América ist mal top, das andere Mal ein Flop: Das Personal reicht von hilfsbereit bis ahnungslos.

Es sind Unmengen von Touristenstadtplänen im Umlauf; man findet sie in Internetcafés, Sprachschulen und Hotels. Auch wenn sie im Grunde nur Werbeflyer sind, enthalten die besseren (z. B. Xelamap; www.xelamaponline.com) recht nützliche Informationen, u. a. Veranstaltungskalender, Wanderrouten und die aktuellen Busfahrpreise.

WASCHSALONS

Man zahlt etwa 5 Q, um 1 kg Wäsche zu waschen und zu trocknen.

Rapi-Servicio Laundromat (Karte S. 158; 7a Calle 13-25A, Zona 1; ⌚ Mo–Sa 8–18.30 Uhr)

QUETZALTENANGO ZENTRUM

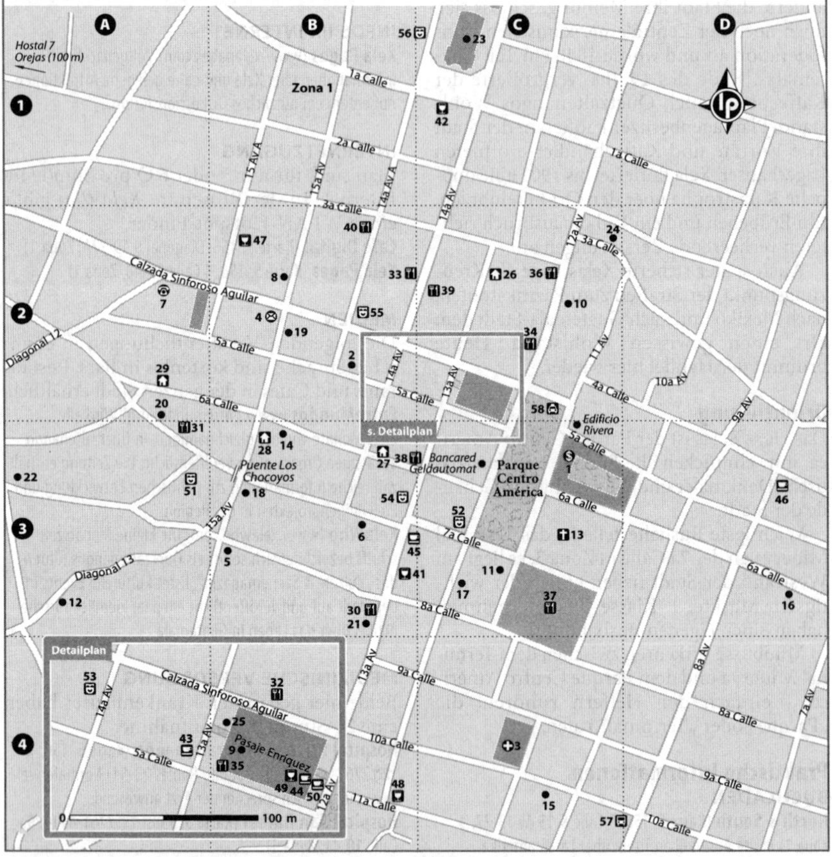

Sehenswertes

PARQUE CENTRO AMÉRICA

Dieser Platz und seine umliegenden Gebäude sind eigentlich schon alles, was es in Xelas Innenstadt zu sehen gibt. An seiner Südostseite beherbergt das Casa de la Cultura das **Museo de Historia Natural** (Karte S. 158; ☎ 7761-6427; 7a Calle; Eintritt 6 Q; ⌚ Mo–Fr 8–12 & 14–18, Sa & So 9–17 Uhr), dessen Exponate sich den Mayas, der liberalen Revolution in Zentralamerikas Politik und dem Estado de Los Altos widmen, dessen Hauptstadt Quetzaltenango einst war. Marimbas, Webarbeiten, Taxidermie (Methode zur Tierpräparation) und andere lokale Bräuche finden hier ebenfalls Beachtung.

Die einst recht marode **Kathedrale** (Karte S. 158) wurde im Laufe der letzten Jahrzehnte wieder aufgebaut (na ja, zumindest die Fassade). Ein Stück weiter ziert der bombastische neoklassizistische Stil, der in diesem wilden Bergland weithin als Symbol für Kultur und Feingeistigkeit betrachtet wird, auch die **Municipalidad** (Karte S. 158). Auf der Nordwestseite des Platzes wurde die palastartige **Pasaje Enríquez** erbaut, um eleganten Läden ein Zuhause zu bieten. Da es in Quetzaltenango aber nur wenig Nachfrage nach eleganten Läden gibt, beherbergt sie heute stattdessen eine Ansammlung von Reisebüros, Sprachinstituten und Cafés sowie eine größere Bar.

NOCH MEHR SEHENSWERTES

In der 1a Calle steht das eindrucksvolle neoklassizistische **Teatro Municipal** (Karte S. 158), in dem regelmäßig Veranstaltungen stattfinden: von internationalen Tanzdarbietungen bis zur Krönung der Señorita Quetzaltenango.

Auf dem **Mercado La Democracia** (Karte S. 156; 1a Calle, Zona 3) zehn Blocks nördlich des Parque Centro América kann man sich ins Getümmel eines echten guatemaltekischen Stadtmarktes stürzen.

3 km nordwestlich des Parque Centro América befindet sich nahe dem Busbahnhof Terminal Minerva und einem weiteren großen Markt der **Parque Zoológico Minerva** (Karte S. 156; ☎ 7763-5637; Av Las Américas 0-50, Zona 3; Eintritt frei; ⌚ Di–So 9–17 Uhr), ein Zoo mit ein paar Affen, Coyoten, Waschbären, Hirschen und Mähnenschafen. Außerhalb des Zoos steht auf einer Straßeninsel in der Mitte der 4a Calle der neoklassizistische **Templo de Minerva** (Karte S. 156). Er wurde vom Diktator Estrada Cabrera zu Ehren der römischen Göttin der Weisheit, die die Guatemalteken zu neuen Höhen des Lernens inspirieren sollte, in Auftrag gegeben.

Quetzaltenangos Bahnhof liegt 1 km östlich des Templo de Minerva an der 4a Calle. Jahrelang lag er brach, bis die Stadt ihn in das **Centro Intercultural de Quetzaltenango** (Karte S. 156;

PRAKTISCHES
- Banco Industrial ... 1 C3
- Fuentes Georginas Agency ... 2 B2
- Hospital San Rafael ... 3 C4
- Inguat ... (siehe 11)
- Hauptpost ... 4 B2
- North & South ... 5 B3
- Rapi-Servicio Laundromat ... 6 B3
- Telgua ... 7 A2
- Vrisa Books ... 8 B2

SEHENSWERTES & AKTIVITÄTEN
- Adrenalina Tours ... 9 B4
- Altiplano's Tour Operator ... 10 C2
- Casa de la Cultura ... 11 C3
- Casa Xelajú ... 12 A3
- Catedral ... 13 C3
- Celas Maya ... 14 B3
- El Quetzal Spanish School ... 15 C4
- EntreMundos ... 16 D3
- Escuela de Español Miguel de Cervantes ... 17 C3
- Hike & Help ... 18 B3
- Inepas ... 19 B2
- Kaqchikel Tours ... 20 A2
- Madre Tierra ... (siehe 21)
- Monte Verde Tours ... 21 B3
- Municipalidad (Rathaus) ... (siehe 1)
- Museo de Historia Natural ... (siehe 11)
- Salsa Rosa ... 22 A3
- Teatro Municipal ... 23 C1
- Trama Textiles ... 24 C2
- Tranvía de los Altos ... (siehe 52)
- Utatlán Spanish School ... 25 B4

SCHLAFEN
- Black Cat Hostel ... 26 C2
- Casa Doña Mercedes ... 27 B3
- Guest House El Puente ... 28 B3
- Hostal Don Diego ... 29 A2
- Los Chocoyos ... (siehe 20)
- Miguel de Cervantes ... (siehe 17)

ESSEN
- Al-Natur ... 30 B3
- Café Canela ... 31 A3
- Café El Árabe ... 32 B4
- Café Sagrado Corazón ... 33 B2
- Casa Antigua ... 34 C2
- Casa Babylon ... 35 B4
- Casa Ut'z Hua ... 36 C2
- Doña Cristy ... 37 C3
- Maya Café ... 38 B3
- Restaurant Cardinali ... 39 C2
- Royal París ... 40 B2
- Sabor de la India ... (siehe 8)

AUSGEHEN
- Arguile ... 41 B3
- Bari ... 42 C1
- Café Baviera ... 43 A4
- Café El Balcón del Enríquez ... 44 B4
- Café El Cuartito ... 45 B3
- Café La Luna ... 46 D3
- El Infinito Lounge ... (siehe 20)
- Ojalá ... 47 B2
- Pool & Beer ... 48 B4
- Salón Tecún ... 49 B4
- Time Coffee Shop ... 50 B4

UNTERHALTUNG
- Blue Angel Video Café ... 51 A3
- Casa No'j ... 52 C3
- Centro Cultural Los Chocoyos ... (siehe 20)
- La Parranda ... 53 A4
- La Rumba ... 54 B3
- Spanish Society ... 55 B2
- Teatro Roma ... 56 C1

TRANSPORT
- Busse nach Almolonga & Zunil ... 57 C4
- Taxistand ... 58 C2

Ecke 4a Calle & 19 Av, Zona 3) umfunktionierte, das Kunst- und Tanzschulen und drei gute Museen beherbergt. Das **Museo Ixkik'** (Karte S. 156; Eintritt 25 Q; 🕑 9–13 & 15–18 Uhr) widmet sich Mayawebarbeiten und traditionellen Gewändern. Das **Museo de Arte** (Karte S. 156; 🕑 8–12 & 14–18 Uhr) zeigt 200 Gemälde führender guatemaltekischer Modernisten, u. a. von Efraín Recinos, Juan Antonio Franco und dem Landschaftsmaler José Luis Álvarez. Das **Museo del Ferrocarril de los Altos** (Karte S. 156; Eintritt 6 Q; 🕑 8–12 & 14–18 Uhr) präsentiert das ambitionierte Eisenbahnprojekt, das Quetzaltenango mit der Pazifikküste verband, aber nur drei Jahre – von 1930 bis 1933 – in Betrieb war.

Der **Mirador La Pedrera** (Karte S. 156), eine 3 km lange (oder 30 Q teure) Taxifahrt vom Stadtzentrum entfernt, bietet einen tollen Ausblick auf die Stadt.

Aktivitäten

WANDERN

Der Volcán Tajumulco (4220 m) ist der höchste Punkt in Zentralamerika und eine anspruchsvolle zweitägige Wanderung von Quetzaltenango entfernt. Den Volcán Santiaguito (2488 m) und den Volcán Santa María (3772 m) kann man ebenfalls erklimmen.

Alle folgenden Tourveranstalter verlangen etwa 370 Q für eine zweitägige Tour zum Tajumulco, 150 Q für Vollmondtouren zum Gipfel des Santa María, 650 Q für den Drei-Tages-Trek zwischen Quetzaltenango und dem Lago de Atitlán und 1350 Q für die fünftägige Route von Nebaj nach Todos Santos Cuchumatán über die Cuchumatanes-Berge.

Hike & Help (Karte S. 158; ☎ 7765-0883; www.fdiguate.org; 15 Av 7-41, Zona 1) Die Erlöse kommen Bildungsprojekten zugute, die arme ländliche Gemeinden unterstützen.

Kaqchikel Tours (Karte S. 158; ☎ 5010-4465; www.kaqchikeltours.com; 7a Calle 15-36, Zona 1) Bietet auch eine anspruchsvolle Zwei-Tages-Wanderung an, die ganz nahe an den aktiven Volcán Santiaguito (600 Q) heranführt.

Monte Verde Tours (Karte S. 158; ☎ 7761-6105; www.monte-verdetours.com; 13a Av 8-34, Zona 1) Organisiert eine Reihe von Vulkan-Wanderungen und unkonventionelle Touren in Xela.

Quetzaltrekkers (Karte S. 156; ☎ 7765-5895; www.quetzaltrekkers.com; Diagonal 12 8-37, Zona 1) Eine von Freiwilligen geführte Organisation, die eine lokale Schule für Kinder aus einkommensschwachen Familien unterstützt. Bietet ein breites Spektrum an Wanderungen an – Näheres auf der Website.

RADFAHREN

Der Drahtesel eignet sich wunderbar, um die Umgebung zu erkunden oder zum Spanischunterricht zu kommen. Fuentes Georginas (S. 166), San Andrés Xecul (S. 166) und die Dampfbäder in Los Vahos (S. 166) sind mögliche Ziele für einen Tagesausflug. **Vrisa Books** (Karte S. 158; 15a Av 3-64) verleiht Mountainbikes und Cityräder für 40/100/200 Q pro Tag/Woche/Monat und veranstaltet außerdem Radtouren zu einigen der oben genannten Orte.

Kurse

TANZEN & WEBEN

Die äußerst empfehlenswerte Tanzschule **Salsa Rosa** (Karte S. 158; Diagonal 11 7-79) erhält Bestnoten für ihre heitere Atmosphäre und ihre Professionalität. Es werden Gruppen- und private Salsa- und Merengue-Kurse angeboten. Wer sich einfach mal einen Abend lang amüsieren will, kann im Tanzclub **La Parranda** (s. S. 164) mittwochs ab 21 Uhr einen der kostenlosen Salsa-Kurse besuchen.

Trama Textiles (Karte S. 158; ☎ 7765-8564; trama.textiles@yahoo.com; 3a Calle 10-56, Zona 1) bietet Kurse am Webstuhl an und führt einen Fair-Trade-Stoffladen. Eine einfache Demonstration der Techniken kostet 35 Q, der zehnstündige Einführungskurs, bei dem die Teilnehmer einen Schal weben, 325 Q. Und für 650 Q gibt's 20 Stunden Unterricht und einen selbst hergestellten, bestickten Tischläufer.

SPRACHE

In den letzten Jahren haben sich die Spanischschulen Xelas einen guten Ruf erarbeitet. Anders als Antigua wird Xela nicht von Ausländern überrannt, nichtsdestotrotz gibt es auch hier eine kleine gesellige Studentenszene. Auf den **Xela Pages** (www.xelapages.com/schools.htm) finden sich Informationen zu den zahlreichen Schulen der Stadt.

Die meisten Spanischschulen der Stadt partizipieren an sozialen Projekten des Quiché-Volkes und geben ihren Schülern die Möglichkeit, sich einzubringen. Der Standardpreis beträgt 920/1050 Q pro Woche für vier/fünf Stunden Unterricht pro Tag (Mo–Fr). Für 330 Q zusätzlich bekommt man ein Zimmer mit Vollpension bei einer Familie vor Ort. Einige Schulen erhöhen ihre Preise von Juni bis August um bis zu 20 %; zudem berechnen viele besonders bei Buchungen aus Europa eine Anmeldegebühr, die nicht rückerstattet wird. Studenten können sich für manche Kurse möglicherweise Credit Points anrechnen lassen.

Die im Folgenden genannten Schulen haben mit den besten Ruf:

Casa Xelajú (Karte S. 158; ☎ 7761-5954; www.casaxelaju.com; Callejón 15, Diagonal13-02, Zona 1) Eine der größten Schulen; veranstaltet auch Quiché-Kurse und rechnet Credit Points an.

Celas Maya (Karte S. 158; ☎ 7761-4342; www.celasmaya.edu.gt; 6a Calle 14-55, Zona 1) Geschäftige, professionelle Schule, die sich rund um einen Innenhof mit Garten verteilt. Bietet auch Quiché-Kurse an.

Centro de Estudios de Español Pop Wuj (Karte S. 156; ☎ /Fax 7761-8286; www.pop-wuj.org; 1a Calle 17-72, Zona 1) Pop Wujs Erlöse kommen Entwicklungsprojekten in nahe gelegenen Dörfern zugute, bei denen Studenten mit anpacken können. Die Schule bietet außerdem Sprachkurse für Mediziner und Sozialarbeiter an.

El Mundo en Español (Karte S. 156; ☎ 7761-3256; www.elmundoenespanol.org; 8 Av Calle B A-61, Zona 1) Die sehr familiäre Atmosphäre soll das intuitive Erlernen der Sprache fördern; die meisten Studenten wohnen auf dem Areal der Schule. Liegt in einer Wohngegend östlich des Zentrums.

El Nahual Community Center (abseits Karte S. 156; ☎ 7765-2098; www.languageselnahual.com; 28 Av 9-54, Zona 1) Leitet einige ausgezeichnete grundlegende Gemeindeprojekte, bei denen die Studenten helfen können, indem sie z. B. unterprivilegierte Kinder unterrichten oder sich im Bio-Garten der Gemeinde nützlich machen.

El Quetzal Spanish School (Karte S. 158; ☎ 7765-1085; www.elquetzalspanishschool.com; 10a Calle 10-29, Zona 1) Eines der wenigen, von *indígenas* geführten Unternehmen der Stadt. Punktet mit einem breiten Freizeitprogramm und einem Lesesaal.

Escuela de Español Miguel de Cervantes (Karte S. 158; ☎ 7765-5554; www.learn2speakspanish.com; 12a Av 8-31) Freundlicher Besitzer, angenehme Lernatmosphäre in einem historischen Gebäude und Unterkunft vor Ort erhältlich.

Inepas (Instituto de Español y Participación en Ayuda Social; Karte S. 158; ☎ 7765-1308; www.inepas.org; 15a Av 4-59) Studenten können bei einer Reihe wichtiger Projekte mitarbeiten, u. a. an einer von der Unesco anerkannten, ländlichen Schule. Vermittelt günstige Unterkünfte, auch bei einheimischen Familien.

Madre Tierra (Karte S. 158; ☎ 7761-6105; www.madre-tierra.org; 13 Av 8-34, Zona 1) Der Unterricht findet im Innenhof eines klassischen Kolonialgebäudes statt. Zu den Aktivitäten gehören Diskussionen mit Gastrednern aus der Gemeinde.

Proyecto Lingüístico Quetzalteco de Español (Karte S. 156; ☎ /Fax 7763-1061; www.plqe.org; 5a Calle 2-40, Zona 1) Dieses genossenschaftlich geleitete und politisch engagierte Institut leitet auch die Escuela de la Montaña, ein Sprachlernprogramm mit begrenzter Teilnehmerzahl auf einer Bio-Kaffee-*finca* in der Nähe von Xela, bei dem sehr stark zur Teilnahme am Gemeindeleben und zu Freiwilligenarbeit ermutigt wird.

Utatlán Spanish School (Karte S. 158; ☎ 7763-0446; www.xelapages.com/utatlan; Pasaje Enríquez, 12a Av 4-32, Zona 1) Jung und voller Energie, mit jeder Menge Partys und Aktivitäten.

Freiwilligenarbeit

EntreMundos (Karte S. 158; ☎ 7761-2179; www.entremundos.org; El Espacio, 6a Calle 7-31, Zona 1; ⏲ Mo–Do 13–17 Uhr) Eine ausgezeichnete Quelle für Volunteers, die noch auf der Suche nach dem passenden Projekt sind (und umgekehrt). Auf der Website kann man kostenlos die Datenbank durchforsten und findet Einzelheiten zu Hunderten von freien Stellen. Wer für den etwas individuelleren Service persönlich vorbeischaut, wird um einen Unkostenbeitrag von 25 Q gebeten. Die Organisation sucht außerdem regelmäßig Freiwillige für von NROs betreute Hilfe-zur-Selbsthilfe-Projekte und für die Produktion ihrer zweimonatlich erscheinenden Zeitung.

Geführte Touren

Adrenalina Tours (Karte S. 158; ☎ 7761-4509; www.adrenalinatours.com; Pasaje Enríquez, Zona 1), ein ebenso professionelles wie freundliches Unternehmen, organisiert eine Reihe von Ausflügen rund um Xela und in wenig besuchte Teile der Provinz Huehuetenango. **Altiplano's Tour Operator** (Karte S. 158; ☎ 7766-9614; www.altiplanos.com.gt; 12a Av 3-35, Zona 1) veranstaltet einige interessante Halbtagestouren zu Dörfern und Märkten der *indígenas,* zu kolonialzeitlichen Kirchen und zu Kaffeeplantagen rund um Xela. Beide Veranstalter bieten auch Touren nach Takalik Abaj (S. 176) an.

Die **Tranvía de los Altos** (Karte S. 158; ☎ 7765-5342; www.tranviadelosaltos.com), ein als Straßenbahn-Oldtimer getarnter Bus, gondelt auf verschiedenen Schleifen durch die Stadt. Begleitet werden die Touren von kompetenten spanischen Kommentaren und billigen Soundeffekten. Zweistündige Touren (70 Q/Pers.) beginnen um 11 Uhr und 15 Uhr. Englischsprachige Touren (125 Q) sind ebenfalls möglich, sofern man sie zwei Tage im Voraus anmeldet.

Maya Viva (Karte S. 156; ☎ 7761-6408; www.amaguate.org; 5a Av & 6a Calle 6-17, Zona 1) ist ein kommunales Tourismusprogramm, das Mayafrauen auf dem Land unterstützt. Besucher lernen Bräuche, Traditionen und den Alltag der ländlichen Gemeinden nahe Quetzaltenango kennen.

Festivals & Events

Xela Musikfestival (Ende März od. Anfang April) Bei dem von der Alianza Francaise organisierten ein- oder zweitägigen Festival werden ganze Straßen in der Stadt abgesperrt und fünf oder sechs Bühnen überall in der Innenstadt aufgebaut, auf denen dann Musiker aus der Region auftreten.

Feria de la Virgen del Rosario (Feria Centroamericana de Independencia; Mitte Sept.) Xelas großes alljährliches Fest. Die Einwohner amüsieren sich auf einem Jahrmarkt am Stadtrand. Und in verschiedenen Orten in der ganzen Stadt ist jede Menge Spaß geboten.

Juegos Florales Centroamericanos (Mitte Sept.) Die Preise bei diesem internationalen Wettbewerb für spanische Literatur, den die Stadt alljährlich veranstaltet, werden Mitte September verliehen.

Schlafen

Alle hier aufgeführten Unterkünfte liegen in Zona 1.

Miguel de Cervantes Guesthouse (Karte S. 158; ☎ 7765-5554; www.learn2speakspanish.com; 12 Av 8-31, Zona 1; Zi. inkl. Frühstück 48 Q/Pers.; 💻 📶) Die neun Gästezimmer der Spanischschule MdC sind eine schicke Angelegenheit aus Holz und Beton und liegen rund um einen der hübschesten Innenhöfe in ganz Xela. Auch wenn man keinen Kurs belegt hat, kann man an den studentischen Aktivitäten teilnehmen.

Guest House El Puente (Karte S. 158; ☎ 7761-4342; 15a Av 6-75, Zona 1; EZ/DZ 50/100 Q, ohne Bad 40/80 Q) Die vier Zimmer hier umgeben einen großen Garten; drei teilen sich ziemlich abgenutzte Gemeinschaftsbäder. Da es zur Spanischschule Celas Maya gehört, wird es oft von Spanischstudenten in Beschlag genommen, die sich in der Küche versammeln.

LP Tipp **Los Chocoyos** (Karte S. 158; ☎ 7761-6497; www.centroculturalloschocoyos.com; 7a Calle 15-20, Zona 1; Zi. 60 Q/Pers,; 📶) Teil eines vielfältig genutzten Kulturzentrums, Langzeitgäste bekommen knackige Rabatte. Die acht Zimmer haben zwei Ebenen: oben das Schlafzimmer, unten eine Lounge mit Fernseher. Die Gästeküche ist eine der besten der Stadt.

Black Cat Hostel (Karte S. 158; ☎ 7756-8951; www.blackcathostels.net; 13a Av 3-33, Zona 1; B inkl. Frühstück 60 Q, Zi. 160 Q; 📶) Ein toller Ort, wenn man sich gerne mit anderen Travellern austauschen möchte. Die „Schwarze Katze" punktet mit einem sonnigen Innenhof, einem Bar-Restaurant und einer Lounge mit Fernseher. Wenn auch nur spärlich möbliert, sind die Zimmer in beruhigenden Farben gestrichen und mit netten Holzböden ausgestattet.

Hostal 7 Orejas (Karte S. 156; ☎ 7768-3218; www.7orejas.com; 2a Calle 16-92, Zona 1; B inkl. Frühstück 95 Q) Ein herzlich geführtes, penibel sauberes Hostel in einer ruhigen Straße nordwestlich des Zentrums. Die geräumigen, frisch duftenden Zimmer haben jeweils drei riesige Betten und holzgeschnitzte Kisten als Stauraum. Musik, Filme und Cocktails halten die Gäste oben in der Lounge El Orejón bei Laune.

Casa Doña Mercedes (Karte S. 158; ☎ 7765-4687; Ecke 6a Calle & 14a Av 13-42, Zona 1; EZ/DZ 170/280 Q, ohne Bad 86/175 Q) Die ruhige kleine Pension im Herzen der Stadt ist angesichts des Preises ziemlich luxuriös und bietet jede Menge koloniales Flair. Die Unterkünfte mit Gemeinschaftsbad sind die bessere Wahl.

Casa San Bartolomé (Karte S. 156; ☎ 7761-9511; www.casasanbartolome.com; 2a Av 7-17, Zona 1; EZ/DZ/3BZ 205/287/328 Q; 📶) Das stimmungsvolle alte Wohnhaus, das seit Generationen im Besitz einer Familie ist, wurde in ein gemütliches B&B umgebaut. Es gibt sechs Zimmer, drei Apartments (mit Küche) und eine Hütte, die allesamt mit wunderschönen Möbeln und moderner Kunst eingerichtet sind. Auf der hübschen Terrasse hinten wird ein aufwendiges Frühstück serviert. Langzeitgäste bekommen fette Rabatte.

Xela bietet noch jede Menge weitere gute Alternativen:

Casa de las Amigas (Karte S. 156; ☎ 7763-0014; 5a Calle 2-59, Zona 1; Zi. 25–35 Q) Einfache Zimmer mit heimeliger Atmosphäre und Küche.

Hostal Don Diego (Karte S. 158; ☎ 5308-5106; www.hostaldondiegoxela.com; 6a Calle 15-12, Zona 1; B 45 Q, EZ/DZ ab 55/100 Q; 📶) Spärlich möblierte Zimmer mit guten, harten Matratzen. Im Zentrum des Hostels liegt ein sonniger Innenhof. Niedrigere Preise für einwöchige oder einmonatige Aufenthalte.

Essen

Quetzaltenango verfügt in allen Preisklassen über eine gute Restaurantauswahl. Am billigsten isst man an den Essensständen am unteren Ende des Hauptmarktes, an denen Snacks und Hauptgerichte für 10 Q oder weniger verkauft werden. Das **Doña Cristy** (Karte S. 158), ein sehr beliebtes Frühstückslokal, serviert *atol de elote* (ein heißes Maisgetränk), Empanadas und *chuchitos*.

LATEINAMERIKANISCHE KÜCHE

Café Canela (Karte S. 158; 7a Calle 15-24; Gerichte 15 Q; ⌚ So–Fr morgens, mittags & abends) Dieses bescheidene Mittagslokal serviert köstliche Hausmannskost, die die gesellige Köchin Marta aus Nicaragua zubereitet. Täglich stehen drei Tagesgerichte zur Auswahl, darunter eine vegetarische Option.

Café Sagrado Corazón (Karte S. 158; 14a Av 3-08, Zona 1; Gerichte 25 Q; ⌚ 6.30–19 Uhr) Das winzige Restaurant ist eine gute Wahl, wenn man guatemaltekisch essen möchte. Es serviert regionale Spezialitäten wie *pepián* und *jocón*. Die Gerichte machen ordentlich satt, als Beilage werden eine Suppe, *tamalitos* (kleine Tamales), Reis, Kartoffeln, Avocados und Salat gereicht.

Casa Ut'z Hua (Karte S. 158; 12a Av 3-05; Gerichte 25–30 Q; ⌚ morgens, mittags & abends) Köstliche, authentisch guatemaltekische und quetzaltekische Gerichte sind in dieser kitschig eingerichteten Hütte Trumpf.

Maya Café (Karte S. 158; 13 Av 5-48; Hauptgerichte 25–30 Q; ⌚ 7–18 Uhr) Das bei Einheimischen beliebte Restaurant serviert jede Menge *típica-Xela*-Gerichte. Das *quichom*, eine würzige Hühnchen-Kreation, sollte man probieren. Das Mittagessen wird mit Suppe und einem Glas Saft serviert.

INTERNATIONALE KÜCHE

Al-Natur (Karte S. 158; 13a Av 8-34 A; ⌚ Mo–Sa 9–19.30, So 13–19 Uhr; WLAN) Auf der Suche nach politisch korrekten Snacks ist man hier richtig: Alle Zutaten für Sandwiches, Milchshakes, Cappuccinos und Gebäck stammen aus Bio-Anbau, wurden fair gehandelt und/oder von Genossenschaften produziert.

Casa Antigua (Karte S. 158; 12a Av 3-26; Sandwiches 28 Q; ⌚ Mo–Sa 12–21, So 16–21 Uhr; WLAN) Die Sandwiches sind große, dicke Dinger. Vor dem entspannten Lokal in der Nähe des Parque werden außerdem jede Menge Steaks über der offenen Flamme gegrillt. Man sitzt an stabilen Holztischen auf der schönen Terrasse.

Panorama (Karte S. 156; ☎ 5319-3536; 13a Av A; Gerichte 40–80 Q; ⌚ Mi–Fr abends, Sa & So mittags & abends) Das Restaurant in Schweizer Hand liegt zehn anstrengende Gehminuten am Südende der Stadt auf einem Hügel gelegen. Es serviert gute Menüs und Schweizer Raclette. Der Ausblick ist atemberaubend, die Lage sehr romantisch.

Royal Paris (Karte S. 158; ☎ 7761-1942; 14 Av A 3-06; Salate 45 Q; ⌚ mittags & abends; WLAN) Von der französischen Konsulin höchstpersönlich geleitet, sollte dieses Bistro auf jeden Fall authentisch sein. Und die Schnecken, der gebackene Camembert und das Filet Mignon reichen tatsächlich an Pariser Standards heran. Mittwochs, freitags und samstags gibt's abends Livemusik (dann sind Reservierungen zu empfehlen).

Casa Babylon (Karte S. 158; 5a Calle 12-54; Hauptgerichte 50–85 Q; ⌚ Mo–Sa morgens, mittags & abends; WLAN V) Dank der umfangreichsten Karte der Stadt ist das Babylon der Favorit vieler Traveller. Das Angebot reicht von großen, köstlichen Sandwiches über guatemaltekische Klassiker bis zu exotischeren Gerichten wie Fondue oder Spezialitäten aus Nahost.

LP Tipp **Sabor de la India** (Karte S. 158; 15 Av 3-64; Hauptgerichte 60–70 Q; ⌚ Di–So 12–22 Uhr; V) Das vermutlich authentischste indische Essen des Landes wird hier von einem freundlichen Gesellen aus Kerala zubereitet. Die Portionen sind riesig, die Thalis – gemischte Gemüseplatten mit Curry – eine gute Wahl.

Auch was die Verpflegung angeht, gibt's noch viele weitere Optionen:

Café El Árabe (Karte S. 158; 4a Calle 12-22, Zona 1; Hauptgerichte 55 Q; ⌚ 12–24 Uhr; V) Authentisches Essen aus Nahost, frisch gebackene Pitas und jede Menge vegetarische Alternativen.

Restaurante Cardinali (Karte S. 158; 14a Av 3-25; Pasta 60 Q, Hauptgerichte 125 Q; ⌚ mittags & abends) Hausgemachte Pasta, gute Pizzas und eine umfangreiche Weinkarte.

Ausgehen & Unterhaltung

Die Livemusikszene ist in Xela besonders ausgeprägt. Näheres zu aktuellen Gigs findet man in der *XelaWho* bzw. unter www.xelawho.com. Die folgenden Tipps liegen in Zona 1.

CAFÉS

Kaffee spielt eine wichtige Rolle für Xelas Wirtschaft. Folgerichtig herrscht auch kein Mangel an Cafés, wenn man einen Koffeinschub nötig hat.

Café La Luna (Karte S. 158; 8a Av 4-11; ⌚ Mo–Fr 9.30–21, Sa 16–21 Uhr; WLAN) Das La Luna ist ein gemütliches, entspanntes Plätzchen, in dem man sich erholen und einen Kuchen, einen Salat oder ein Sandwich gönnen kann. Heiße Schokolade ist die Spezialität des Hauses – der Kaffee ist so lala. Man kann aus verschiedenen Räumen wählen; das Dekor erinnert an das Café Baviera, aus den Boxen kommt aber eher klassische Musik als Jazz.

Café Baviera (Karte S. 158; ☎ 7761-5018; 5a Calle 13-14 ⌚ 7–20.30 Uhr; WLAN) Das europäisch anmutende

GUATEMALA

Café serviert guten Kaffee, der aus im Haus gerösteten Bohnen zubereitet wird. Es ist eine prima Wahl fürs Frühstück oder für einen Snack (Crêpes, Croissants, Suppen und Salate, 30–40 Q). Unzählige Fotos und Zeitungsschnipsel zu Xela und internationalen Themen zieren die Holzwände.

Café El Cuartito (Karte S. 158; 13a Av 7-09; Mi–Mo 11–23 Uhr;) Xelas hippstes Café hat eine gute Auswahl an Snacks und Säften und Kaffee in allen möglichen Darreichungsformen. Am Wochenende legen oft DJs entspannte Tracks auf. Die Wände schmücken stets die Werke zeitgenössischer Künstler aus der Region.

Das war aber längst noch nicht alles:

El Infinito Lounge (Karte S. 158; 7a Calle 15-18; Mo–Sa 11–23 Uhr;) Coole Kunst, Tofu-Snacks, hippe Musik, Tee-Milch-Shakes (Bubble Tea), Brettspiele und großartiger Kaffee – bitte mehr davon!

Time Coffee Shop (Karte S. 158; 7768-3467; Pasaje Enríquez, 12 Av 4-52; Di–So 8–20 Uhr;) Ein stilvolles kleines Café in zentraler Lage mit Blick auf den Park.

Café El Balcón del Enríquez (Karte S. 158; Pasaje Enríquez, 12 Av 4-40; morgens, mittags & abends) Essen und Kaffee in diesem Open-Air-Café im oberen Stock sind so lala, der Ausblick aber ist spektakulär.

BARS

Salón Tecún (Karte S. 158; Pasaje Enríquez; 8–1 Uhr) Den ganzen Tag bis in die Nacht hinein voll, mit anständigem (aber nicht zu anständigem) Publikum, das aus Guatemalteken und Ausländern besteht: Das Tecún behauptet, die älteste Bar des Landes zu sein (seit 1935). Gute Bar-Snacks und Gringo-Seelenfutter, u. a. die wahrscheinlich besten Burger der Stadt.

Pool & Beer (Karte S. 158; 12a Av 10-21; Di–So 18–1 Uhr) Die Billardtische sind abgenutzt und die Queues verbogen – und dennoch, das Faulenzer-Clubhaus ist nach wie vor ein sympathischer, erfrischend unkonventioneller Laden. Wenn die Tische besetzt sind, kann man auch DJ spielen und aus den ca. 30 000 Songs auf dem PC wählen.

Ojalá (Karte S. 158; 15 Av A 3-33; Di–Sa 17–1 Uhr;) Eine unterhaltsame Kneipe für ein ziemlich globales Publikum. Das Ojalá bietet eine Reihe gemütlicher Salons rund um einen kolonialen Innenhof, in dem verschiedene Events stattfinden (Quizabende, Livemusik …). Lokal gebrautes Bier (40 Q) ist nur eines von vielen Getränken, das diese nette Bar an ihre Gäste ausschenkt.

Arguile (Karte S. 158; 13a Av 7-31; Mo–Sa 12–1 Uhr;) Eigentlich eine Bar mit Snacks aus dem Nahen Osten. Am späteren Abend verwandelt sich das Arguile aber in eine trendige Lounge, in der das guatemaltekisch-ausländische Publikum Wasserpfeifen (50 Q) pafft oder zur Musik der DJs tanzt.

TANZCLUBS

La Parranda (Karte S. 158; 14a Av 4-47; Eintritt Fr & Sa 20 Q; Mi–Sa) Die glitzernde, stroboskopbeleuchtete Disko bietet mittwochabends kostenlose Salsakurse an (Anfänger & Fortgeschrittene); an anderen Abenden legen Gast-DJs auf, und es gibt Freigetränke.

La Rumba (Karte S. 158; 13a Av; Mi–Sa) Die große Tanzfläche des äußerst beliebten Ladens füllt sich schnell, wenn jede Menge Guatemalteken-Gringo-Pärchen sich gegenseitig vorführen, wie man richtig Salsa, Merengue oder *cumbia* (kolumbianischer Tanz) tanzt.

KUNST

Das kürzlich eingeweihte **Casa No'j** (Karte S. 158; 7768-3139; www.casanoj.blogspot.com; 7a Calle 12-12; Mo–Sa 8–17 Uhr) unweit der Südwestecke des Parque ist Xelas wichtigstes Kulturzentrum. Neben Foto- und Kunstausstellungen veranstaltet es das ganze Jahr hindurch Film- und Theatervorführungen und Poesie-Festivals. Der Blog informiert über anstehende Events.

Ein weiterer wichtiger Veranstaltungsort ist das **Centro Cultural Los Chocoyos** (Karte S. 158; www.centroculturalloschocoyos.com; 7a Calle 15-20), in dem regelmäßig Darbietungen stattfinden, u. a. Theaterstücke und Konzerte.

Ebenfalls empfehlenswert:

Teatro Municipal (Karte S. 158; 1a Calle) In diesem wunderschönen Gebäude finden kulturelle Veranstaltungen statt.

Teatro Roma (Karte S. 158; 14a Av A) Gegenüber vom Teatro Municipal; zeigt manchmal interessante Filme.

Kino

Auch wenn es im Stadtzentrum kein richtiges Kino gibt, veranstalten ein paar andere Locations wöchentliche Filmreihen, u. a. das Ojalá, der Time Coffee Shop, das Royal Paris und die Lounge El Orejón im Hostal 7 Orejas. Außerdem zeigt das **Blue Angel Video Café** (Karte S. 158; 7a Calle 15-79; 10 Q) jeden Abend um 20 Uhr Hollywoodstreifen und serviert nebenbei eine nette Auswahl an vegetarischen Gerichten, Kräutertees und heiße Schokolade. Das Programm steht im XelaWho.

BUSSE AB QUETZALTENANGO

Ziel	Preis (Q)	Dauer	Abfahrt	Häufigkeit
Almolonga	2,50	40 Min.	5.30–17 Uhr	alle 15 Min.
Chichicastenango	40	3 Std.	9–15.30 Uhr	stündl.
Ciudad Tecún Umán (mexikanische Grenze)	25	3 Std.	5–18 Uhr	stündl.
Cuatro Caminos	3	15 Min.	5.30–17 Uhr	alle 15 Min.
Huehuetenango	20	2 Std.	5.30–19 Uhr	alle 15 Min.
La Mesilla (mexikanische Grenze)	15	3½ Std.	5–16 Uhr	stündl.
Momostenango	7	1½ Std.	5.45–19 Uhr	alle 15 Min.
Panajachel	25	3 Std.	10–16.30 Uhr	stündl.
Retalhuleu	13	1½ Std.	4.30–19.30 Uhr	alle 10 Min.
San Andrés Xecul	3,50	40 Min.	6–15 Uhr	alle 15 Min.
San Francisco El Alto	9	1½ Std.	5.45–19 Uhr	häufig
San Martín Sacatepéquez (Chile Verde)	5	1 Std.	6–15 Uhr	alle 15 Min.
Totonicapán	5	1 Std.	5.45–19 Uhr	alle 20 Min.
San Pedro La Laguna	35	4 Std.	10–16 Uhr	alle 2 Std.
Zunil	4,50	1 Std.	6.30–17.30 Uhr	alle 10 Min.

An- & Weiterreise

BUS

2.-Klasse-Busse fahren regelmäßig draußen am **Terminal Minerva** (Karte S. 156; 7a Calle, Zona 3) ab, einem staubigen, lauten, überfüllten Busbahnhof im Westen der Stadt. Sie steuern verschiedene Ziele im Hochland an. Auf ihrem Weg in der Stadt oder aus ihr heraus halten einige östlich des Zentrums an der *rotunda*, einem Kreisverkehr an der Calz Independencia, der vom Monumento a la Marimba gekennzeichnet wird. Wer bei der Anreise nach Xela hier aussteigt, spart sich die zehn oder 15 Minuten, die der Bus braucht, um das Terminal Minerva am anderen Ende der Stadt zu erreichen.

1.-Klasse-Unternehmen mit Bussen nach Guatemala-Stadt unterhalten eigene Busbahnhöfe (s. unten). Preiswertere Busse der 2. Klasse nach Guatemala-Stadt (35 Q) starten zwischen 5 und 17 Uhr alle zehn Minuten am Terminal Minerva, halten unterwegs aber oft an und brauchen daher länger.

1.-Klasse-Verbindungen nach Guatemala-Stadt:

Linea Dorada (Karte S. 156; ☎ 7767-5198; www.lineadorada.info; 12 Av & 5 Calle, Zona 3) Zwei Luxusbusse (70 Q) um 4 und 14.30 Uhr; Tür-zu-Tür-Shuttleservice für Passagiere der frühen Verbindung (25 Q aus Zona 1).

Transportes Álamo (Karte S. 156; ☎ 7763-5044; 14 Av 5-15, Zona 3) Sieben Pullman-Busse machen sich zwischen 4.30 und 16.45 Uhr auf den Weg.

Transportes Galgos (Karte S. 156; ☎ 7761-2248; Calle Rodolfo Robles 17-43, Zona 1) Pullman-Busse um 4, 8.30 und 12.30 Uhr.

Alle in der Tabelle oben genannten Busse fahren am Terminal Minerva ab. Busse nach Almolonga und Zunil halten zusätzlich in der Innenstadt an der Ecke 8a Av/10a Calle südöstlich des Parque Centro América. Busse nach San Martín Sacatepéquez (Chile Verde) halten auch an der 6a Calle, zwei Blocks nördlich des Parque Benito Juárez.

Um nach Antigua zu gelangen, kann man einen beliebigen Bus nach Guatemala-Stadt mit Halt in Chimaltenango nehmen und dort umsteigen. Um El Carmen/Talismán an der mexikanischen Grenze zu erreichen, muss man mit dem Bus nach San Marcos (10 Q, 2 Std., alle 30 Min.) fahren, dort in einen Bus nach Malacatán (15 Q, 2 Std.) steigen und sich schließlich ein Sammeltaxi (5 Q) oder einen Microbus (4 Q) nach El Carmen nehmen.

SHUTTLE-MINIBUS

Adrenalina Tours (Karte S. 158; ☎ 7761-4509; www.adrenalinatours.com; Pasaje Enríquez, Zona 1) und **Monte Verde Tours** (Karte S. 158; ☎ 7761-6105; www.monteverdetours.com; 13a Av 8-34, Zona 1) haben Shuttle-Minibusse, die diverse Ziele ansteuern, z. B. Guatemala-Stadt (290 Q), Antigua (210 Q), Chichicastenango (140 Q), Panajachel (115 Q), und San Cristóbal de las Casas (Mexiko; 290 Q).

Unterwegs vor Ort

Inguat (Karte S. 158; ☎ 7761-4931; ⌚ Mo–Fr 9–17, Sa 9–13 Uhr) hält Informationen zu den Routen der Stadtbusse bereit. Stadtbusse kosten 1,25 Q, wobei sich der Preis nach 19 Uhr und an

Feiertagen verdoppelt. Die häufig verkehrenden Minibusse pendeln zwischen dem Terminal Minerva und der Innenstadt. Die Rotunda-Bushaltestelle an der Calz Independencia wird auch von „Parque"-Microbussen angefahren, die auf dem Weg ins Zentrum sind.

Taxis warten am Taxistand an der Nordseite des Parque Centro América. Hart feilschen! Ein Taxi zwischen dem Terminal Minerva und der Innenstadt sollte etwa 30 Q kosten.

RUND UM QUETZALTENANGO (XELA)

Die wunderschöne Vulkanlandschaft rund um Quetzaltenango eignet sich hervorragend für aufregende Tagesausflüge, und wer einen Tag hier verbringen möchte, muss nur in einen der Busse steigen, die die traditionellen Dörfer in der ganzen Region anfahren.

Markttage in den umliegenden Städten sind der Sonntag in Momostenango, der Montag in Zunil, Dienstag und Samstag in Totonicapán und Freitag in San Francisco El Alto.

Fuentes Georginas

Das schönste natürliche **Thermalbad** (☎ 5904-5559; www.lasfuentesgeorginas.com; Erw./Kind 25/15 Q; ⌚ 8–17.30 Uhr) in ganz Guatemala. Die unterschiedlich temperierten Becken werden von warmen Schwefelquellen gespeist und von einer hohen Mauer aus tropischer Vegetation umgeben. Die zahlreichen Fans von Fuentes Georginas waren entsetzt, als 1998 ein heftiger Erdrutsch mehrere Gebäude zerstörte (darunter das zentrale Badebecken) und die Statue der griechischen Göttin zertrümmerte, die zuvor stets auf die Quellen geblickt hatte. Immerhin: Nach dem Wiederaufbau stellten Stammkunden fest, dass durch den Erdrutsch eine neue Quelle freigelegt worden war.

Dies hat zur Folge, dass das Wasser nun noch wärmer ist als früher. Die Außentemperaturen bleiben hingegen – trotz absolut tropischer Umgebung – dank der Bergluft den ganzen Tag über herrlich kühl.

Zur Anlage gehören auch ein **Restaurant** (Gerichte 60–75 Q; ⌚ 8–19 Uhr) und drei geschützte Picknick-Tische mit Grills (Brennmaterial selber mitbringen). Im Tal stehen sieben rustikale **Hütten** (95 Q/Pers.) zur Verfügung, alle mit Dusche, Grillstelle und Kamin, der die kalte Bergluft am Abend vertreibt. Im Preis für die Hütten ist die Benutzung der Pools rund um die Uhr enthalten. Wanderwege führen zu zwei nahen Vulkanen: **Volcán Zunil** (einfache

QUETZALTENANGO (XELA) INTENSIVER ERLEBEN

Auf der Suche nach ungeschöntem Dorfleben? Drei Orte in der Nähe vom Xela sind auf jeden Fall die geringen Mühen wert, die man für die Reise dorthin auf sich nehmen muss:

- **Los Vahos** Die eher provisorisch anmutenden **Sauna-Dampfbäder** (Eintritt 10 Q; ⌚ 8–18 Uhr), etwa 3,5 km von Xelas Stadtmitte entfernt, bieten sich für eine kurze Wanderung an. Man kann in einen Bus nach Almolonga steigen und an der mit einem kleinen Schild gekennzeichneten Straße nach Los Vahos aussteigen. Von hier geht es 2,3 km bergauf. Altiplano's Tour Operator (s. S. 161) organisiert Wanderungen hierher. Die Aussicht ist atemberaubend.
- **San Andrés Xecul** Etwa 10 km nordwestlich von Xela liegt die von fruchtbaren Hügeln umgebene Kleinstadt, die die vielleicht bizarrste **Kirche** überhaupt zu bieten hat: Farbenfrohe Heilige, Engel, Blumen und Kletterwein teilen sich auf der quietschend gelben Fassade den Platz mit skurrilen Tigern und Affen. Es verkehren regelmäßig Busse (3,50 Q, 40 Min.) zwischen Xela und San Andrés.
- **Zunil** Der hübsche, landwirtschaftliche Marktflecken liegt in einem herrlich grünen Tal und wird von einem gewaltigen Vulkan dominiert. Die weiße kolonialzeitliche Kirche glänzt über den roten Dachziegeln und verrosteten Blechdächern der niedrigen Häuser. Die Stadt hat eine besonders fotogene **Kirche** und ist außerdem das Zuhause der Kunsthandwerker-Genossenschaft **Cooperativa Santa Ana** (⌚ 7–19 Uhr), der über 600 Frauen der Gegend angehören. Weitere Attraktionen sind der allwöchentlich montags stattfindende Markt und das Abbild von **San Simón**, die Statue eines örtlichen Mayaheroen, der als (nicht katholischer) Heiliger verehrt wird. Die Statue zieht jedes Jahr in ein anderes Haus um; man kann jeden fragen, wo San Simón derzeit wohnt. Es wird jedoch ein paar Quetzal kosten, wenn man ihn besuchen und fotografieren möchte (s. S. 141). Busse zwischen Zunil und Xela (4,50 Q, 1 Std.) halten an der Hauptstraße neben der Brücke.

Strecke 3 Std.) und **Volcán Santo Tomás** (einfache Strecke 5 Std.). Für beide Touren stehen (unerlässliche) Führer bereit. Einfach im Restaurant nachfragen.

AN- & WEITERREISE

Fuentes Georginas hat täglich verkehrende Shuttles zur Anlage (hin & zurück inkl. Eintritt 75 Q), die um 9 Uhr bzw. 14 Uhr am **Büro** (Karte S. 158; ☎ 7763-0596; 5a Calle 14-14) in Quetzaltenango abfahren und um 13 Uhr bzw. 18 Uhr zurückkehren.

Alternativ kann man auch in jeden beliebigen Bus nach Zunil steigen, wo Pick-ups auf Passagiere zu den etwa eine halbe Stunde entfernten Quellen warten (100 Q, inkl. 1½ Std. Wartezeit fürs Bad).

San Francisco El Alto

41 000 Ew. / 2582 m

Hoch auf einem Berg über Quetzaltenango befindet sich San Francisco El Alto, Guatemalas Textildistrikt. Jeder Zentimeter wird von Händlern genutzt, die Pullover, Socken, Decken, Jeans u. v. m. verkaufen. Stoffballen quellen aus überfüllten Ladenfenstern – und das nur an den ruhigeren Tagen! Freitags explodiert die Stadt förmlich, wenn der eigentliche **Markt** stattfindet. Der große Platz, der von der Kirche und der *municipalidad* flankiert wird und sich rund um einen kuppelartigen mirador (Aussichtspunkt) verteilt, läuft vor Waren regelrecht über. Die Stände dehnen sich bis in die angrenzenden Straßen aus und das Verkehrsaufkommen ist so heftig, dass eigens ein Einbahnstraßensystem entwickelt wurde. Wer an Markttagen mit Fahrzeugen in die Stadt will, muss eine kleine Gebühr bezahlen.

Der Markt gilt als der größte und authentischste des ganzen Landes, obwohl oder gerade weil hier nicht annähernd so viel Kunsthandwerkserzeugnisse wie auf den Märkten in Chichicastenango und Antigua verkauft wird. Doch auch hier heißt es: Immer auf Taschendiebe achten und wachsam bleiben!

Wenn sich am späten Vormittag die Wolken langsam verziehen, bietet sich in der ganzen Stadt ein Panoramablick, besonders vom Dach der Kirche. Der Mesner lässt Besucher hinauf.

Die **Banco Reformador** (2a Calle 2-64) wechselt Reiseschecks und hat einen Visa-Geldautomaten.

San Franciscos größte Party ist die **Fiesta de San Francisco de Asís**, die um den 4. Oktober mit traditionellen Tänzen wie La Danza de Conquista oder La Danza de los Monos gefeiert wird.

Das **Hotel Vista Hermosa** (☎ 7738-4010; 2a Calle & 3a Av; EZ/DZ 60/120 Q, ohne Bad 30/60 Q) bietet in der Tat einen wunderschönen Ausblick von seinen großen, gemütlichen Zimmern.

Stärken kann man sich im **El Manantial** (2a Calle 2-42; Hauptgerichte 30 Q), ein paar Blocks unterhalb des Platzes, einem angenehmen, sauberen Lokal, das Steaks und ein paar *comida-típica*-Gerichte serviert.

In Quetzaltenango fahren Busse via Cuatro Caminos nach San Francisco (9 Q, 1½ Std.) den ganzen Tag über häufig ab. Aufgrund der Einbahnstraßen in San Francisco, sollte man an der 4a Av oben auf dem Hügel aussteigen – es sei denn, man geht gerne bergauf – und von dort zur Kirche gehen. Auf dem Rückweg fahren die Busse in der 1a Av bergab.

Momostenango

59 000 Ew. / 2259 m

Hinter San Francisco El Alto und 35 km von Quetzaltenango entfernt liegt Momostenango, Guatemalas berühmtes Zentrum für *chamarras* (dicke, schwere Wolldecken). Die Dorfbewohner stellen außerdem Ponchos und sonstige Wollkleidung her. Wenn man den Platz betritt, sieht man Schilder, die auf Werkstätten hinweisen und Besucher dazu einladen zuzuschauen, wie die Decken gemacht werden – und, natürlich, das fertige Produkt zu erwerben. Man sollte Momostenango möglichst während des sonntäglichen Marktes besuchen, wenn gilt: Feilschen ohne Ende. Eine einfache gute Decke kostet um die 100 Q, vielleicht doppelt so viel eine extra schwere „Hochzeitsdecke".

An Markttagen sind die Straßen verstopft, Busse fahren dann oft an der 3a Calle ab. Von hier sind es ungefähr fünf Fußminuten zum Platz – einfach den Massen folgen oder auf die Kirchtürme zusteuern.

Momostenango ist aber auch bemerkenswert, weil die Stadt sich noch immer am Mayakalender orientiert und traditionelle Riten vollzieht. Zeremonien, die wichtige Tage dieses Kalenders begleiten, werden auf den Hügeln 2 km westlich des Platzes abgehalten. Es ist für Traveller nicht ohne Weiteres möglich, diesen Riten beizuwohnen, das Takiliben May Wajshakib Batz (s. S. 168) wäre allerdings eine geeignete Anlaufstelle für einen Versuch.

GUATEMALA

PRAKTISCHE INFORMATIONEN

Banco Reformador (1a Calle 1-3, Zona 1; Mo–Fr 9–17, So 9–13 Uhr) Wechselt Reiseschecks und hat einen Cajero-5B-Geldautomaten.

Centro Cultural (Mo–Fr 8–18, Sa 8–13 & 14–17 Uhr) Eine gute Touristeninformation. Im Gebäude der *municipalidad*.

SEHENSWERTES & AKTIVITÄTEN

Momostenangos **Los Riscos** (Die Felsen) sind merkwürdige geologische Formationen am Rande der Stadt. Die erodierten Bimssteinspitzen, die hier in die Luft ragen, würden auch in Star-Trek-Filmen eine gute Figur abgeben. Anfahrt: vom Platz aus einen Block Richtung Süden und der 3a Av in Zona 2 bergab folgen. Am Fuß des Hügels rechts abbiegen, dann an der Gabelung links (dem Schild „A Los Roscos" folgen) und nach 100 m rechts in die 2a Calle abbiegen; Los Riscos liegt nun noch 300 m entfernt.

Takiliben May Wajshakib Batz (7736-5537; wajshkibbatz13@yahoo.es; 3a Av ‚A' 6-85, Zona 3), gleich hinter der Texaco am Ortseingang gelegen, unterrichtet Klassen in Mayazeremonien. Der Direktor Rigoberto Itzep Chanchavac, ein Mayapriester, erstellt Horoskope (40 Q), gibt private Konsultationen und veranstaltet zeremonielle Workshops. Seine **chuj** (traditionelle Mayasauna; 100 Q/Pers.; Di & Do 16–18 Uhr) muss man im Voraus buchen.

FESTIVALS & EVENTS

Pittoreske **Diablo-Tänze (Teufelstänze)** werden mehrmals im Jahr auf dem Platz aufgeführt, vor allem an Heiligabend und Silvester. Die selbstgemachten Teufelskostüme können ziemlich kitschig und aufwendig ausfallen: Alle tragen Masken und Flügel aus Pappe, einige gehen mit Anzügen aus falschem Pelz und über und über mit Pailletten besetzten Gewändern gleich voll aufs Ganze. Die Tanzgruppen versammeln sich mit einer fünf- bis 13-köpfigen Band auf dem Platz und erfrischen sich in den Pausen mit alkoholischen Getränken. Für die Zuschauer laufen sie gegen 15 Uhr zur Höchstform auf, die Feierlichkeiten selber dauern allerdings bis tief in die Nacht.

Die **Octava de Santiago**, der jährliche Jahrmarkt, wird vom 28. Juli bis 2. August gefeiert.

SCHLAFEN & ESSEN

Die Unterkünfte sind hier generell sehr schlicht.

Hospedaje y Comedor Paclom (7736-5174; 2a Av & 1a Calle, Zona 2; Zi. 25 Q/Pers.) Dieses brauchbare *hospedaje* liegt vom Platz aus einen Block bergauf. Es bietet Zimmer mit Blick auf einen Innenhof voller Pflanzen und Vögel.

Hotel Otoño (7736-5078; gruvial.m@gmail.com;3a Av ‚A' 1-48, Zona 2; Zi. 100 Q/Pers.; P) Momostenangos einzige „Luxusunterkunft" bietet 14 moderne Zimmer mit glänzenden Bodenfliesen, riesigen Bädern und Balkonen oder Panoramafenstern mit Blick auf die umliegenden Hügel.

Restaurante La Cascada (1a Calle 1-35, Zona 2; Gerichte 30 Q; morgens, mittags & abends) Ein helles, sauberes Restaurant im oberen Stock, das preiswerte Gerichte serviert. Das Essen ist einfach, aber sättigend. Man hat einen schönen Blick auf die Kirchtürme und die umliegenden Hügel.

AN- & WEITERREISE

Von Quetzaltenangos Terminal Minerva (7 Q, 1½ Std.), Cuatro Caminos (6 Q, 1 Std.) und San Francisco El Alto (5 Q, 45 Min.) verkehren Busse nach Momostenango. Sie fahren etwa alle 15 Minuten ab. Der letzte Bus nach Quetzaltenango verlässt Momostenango normalerweise um 16.30 Uhr.

Laguna Chicabal

Der magische See ist in einen Krater des Volcán Chicabal (2900 m) eingebettet. Als „Zentrum der Maya-Mam-Kosmovision" ist er ein äußerst heiliger Ort und ein wichtiger Schauplatz für Mayazeremonien. Mayapriester kommen von überall her, um hier ihre Opfergaben darzubringen, besonders rund um den 3. Mai. Besucher sind zu dieser Zeit definitiv nicht willkommen – man sollte davon absehen, die Laguna Chicabal in der ersten Maiwoche zu besuchen.

Der See ist eine etwa zweistündige Wanderung von **San Martín Sacatepéquez** (auch als Chile Verde bekannt) entfernt. Das nette, interessante Dorf liegt 25 km von Xela entfernt und ist für die traditionellen Gewänder bekannt, die die Männer des Dorfes tragen. Um den See zu erreichen, muss man vom Highway aus Richtung Stadt fahren und dann nach dem nicht zu übersehenden Schild zur Rechten Ausschau halten. Anschließend wandert man 45 Minuten durch Felder und vorbei an Häusern bergauf, bis man den Gipfel des Hügels erreicht hat. Nun geht's für 15 Minuten bergab zur Rangerstation, wo man 15 Q Eintritt bezahlen muss. Von hier sind es noch 30 Minuten bergauf zum *mirador*, ein Stück weiter erreicht man die sage und schreibe 615 Stufen, die zum Seeufer hinunterführen. Je früher man aufbricht, desto besser ist die Sicht – am Nachmittag umhüllen Wolken und Nebel den Vulkan und den Krater.

In der dichten Vegetation rund um den See finden sich Picknicktische und ausgezeichnete Zeltplätze. Man sollte den See mit dem gebührenden Respekt behandeln.

Bis 16 Uhr verkehren häufig Busse zwischen Quetzaltenango und San Martín Sacatepéquez (5 Q, 1 Std.).

HUEHUETENANGO

144 900 Ew. / 1909 m

Huehue (*wei*-wei) dient in erster Linie als Ausgangspunkt für Touren zu sehenswerteren Orten und hat an sich nur wenig zu bieten, es gibt jedoch auch Reisende, die den „authentischen Charme“ der Stadt schätzen. Wie man es auch sieht, über zu wenig Restaurants oder Schlafgelegenheiten wird man sich jedenfalls nicht beklagen können und die Landschaft ist ein Traum: Im Hintergrund erheben sich die Cuchumatanes-Gebirge, der höchste Gebirgszug Zentralamerikas.

Auf dem lebendigen *indígena*-Markt kommen Tag für Tag Händler aus den umliegenden Dörfern zusammen. Überraschenderweise ist dies so ziemlich der einzige Ort, an dem man Einheimische in traditionellen Kostümen zu sehen bekommt, denn ein Großteil der Stadtbevölkerung sind modern gekleidete *ladinos*. Kaffeeanbau, Bergbau, Schafzucht, Leichtindustrie und Landwirtschaft sind die wichtigsten wirtschaftlichen Standbeine der Region.

In Huehue machen vor allem Traveller Halt, die auf dem Weg nach Mexiko sind bzw. von dort kommen. Die Stadt drängt sich schon fast als Anlaufstelle für die erste Nacht auf guatemaltekischem Boden auf, ist aber auch eine praktische Basis für Ausflüge in die Sierra de los Cuchumatanes oder das Hochland.

Orientierung & Praktische Informationen

Das Zentrum liegt 4 km nordöstlich der Interamericana. Dazwischen befindet sich der Busbahnhof (abseits der Verbindungsstraße). So ziemlich alles, was Touristen brauchen, ist

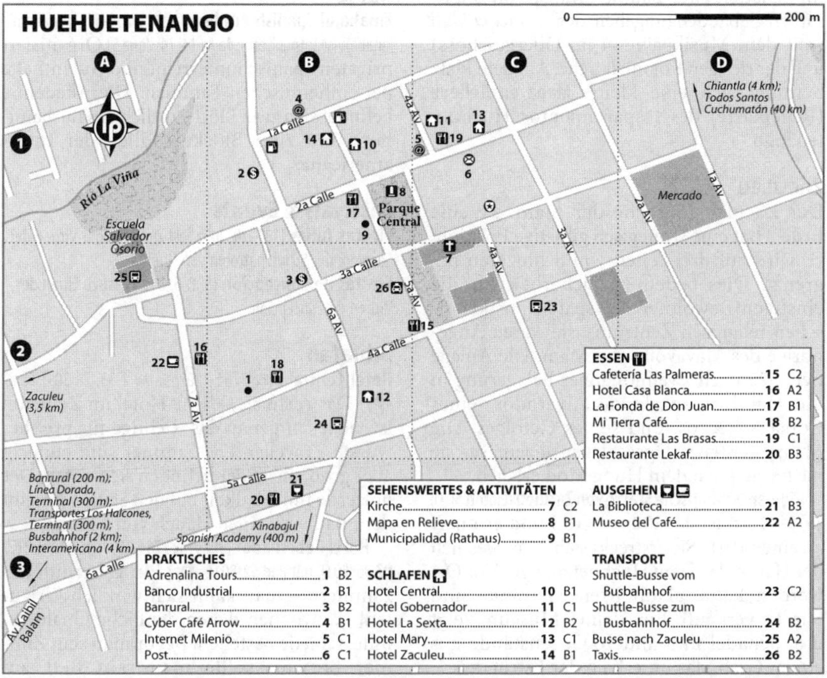

in der Zona 1 rund um den Parque Central zu haben. In Huehue gibt es keine offizielle Touristeninformation, doch die Angestellten der *municipalidad* können normalerweise Auskünfte geben.

Adrenalina Tours (☎ 7768-1538; www.adrenalinatours.com; 4a Calle 6-54) Organisiert eine Reihe interessanter Touren und Wanderungen in der Umgebung sowie Shuttles zu wichtigen Reisezielen (s. S. 173).

Asistur (☎ 5460-7042) Unterstützung für Touristen, die in der Patsche sitzen.

Banrural (3a Calle 6-16; 🕑 Mo–Fr 8.30–16, Sa 9–16 Uhr) Hat zwei Cajero 5B-Geldautomaten. Außerdem können hier Euro getauscht werden. Weitere Geldautomaten haben die Banco Industrial, einen Block weiter nördlich, und die Banrural auf der Av Kaibal Balam, 100 m östlich des Busterminals.

Cyber Café Arrow (1a Calle 5-08; 5 Q/Std.; 🕑 8–22 Uhr)

Internet Milenio (4a Av 1-54; 5 Q/Std.; 🕑 Mo–Sa 8–18, So 9–13 Uhr)

Post (2a Calle 3-54; 🕑 Mo–Fr 8.30–17.30, Sa 9–13 Uhr) Einen halben Häuserblock östlich des Parque Central.

Sehenswertes & Aktivitäten

PARQUE CENTRAL

Die zentrale Plaza von Huehuetenango liegt im Schatten alter Bäume und ist von imposanten Gebäuden umgeben: der *municipalidad* (mit dem Musikpavillon im Obergeschoss) und der riesigen Kolonialkirche. Auf dem Platz befindet sich eine kleine **Mapa en Relieve** (Reliefkarte) des Departamentos Huehuetenango.

ZACULEU

Der Zaculeu (Sprache der Mam: „Weiße Erde") hat eine strategisch günstige Position: Er wird auf drei Seiten von Schluchten begrenzt. Dies bedeutete Sicherheit für die einstigen Bewohner des späten postklassischen religiösen Zentrums; sie waren Angehörige des Mayavolks der Mam. Die Anlage fiel 1525 nach zweimonatiger Belagerung in die Hände Gonzalo de Alvarados, eines Cousins Pedros, und seines Gefolges. Die Mam mussten sich geschlagen geben, weil sie nach und nach dem Hungertod erlagen.

Die **archäologische Stätte von Zaculeu** (Eintritt 50 Q; 🕑 8–18 Uhr) ist ca. 200 m² groß und erinnert an einen Park. Sie erstreckt sich 4 km westlich der Hauptplaza von Huehuetenango. Vor Ort werden kalte, alkoholfreie Getränke und Snacks verkauft. Ein kleines Museum zeigt u. a. Schädel und andere Gegenstände aus einem Grab, das unterhalb der Estructura 1, dem größten Bauwerk auf dem Gelände, gefunden wurde.

In den 1940er-Jahren wurden auf Geheiß der United Fruit Company Restaurationsarbeiten durchgeführt. Seither sind die Pyramiden, Ballspielfelder und Zeremonienplattformen von ergrauendem Gips überzogen. Viele Sanierungsmethoden zerstörten den authentischen Charakter der Anlage, dafür sieht sie heute so aus, wie sie wahrscheinlich früher einmal ausgesehen hat, als sie noch aktiv von Mam-Priestern und Gläubigen genutzt wurde. Was fehlt, sind die bunten Fresken, die einst die Fassaden geschmückt haben müssen. Die Architektur weist eindeutig mexikanische Einflüsse auf.

Busse zum Zaculeu (2,50 Q, 20 Min.) fahren ca. alle 30 Minuten (7.30–18 Uhr) vor der Schule an der Ecke 2a Calle und 7a Av ab. Man sollte sicherstellen, dass sie „las Ruinas" ansteuern, Zaculeu ist nämlich auch der Name für eine Gemeinde. Eine Taxifahrt ab dem Stadtzentrum kostet 30 Q. Eine Stunde gibt einem ausreichend Zeit, das Gelände und das Museum zu erkunden.

Kurse

Xinabajul Spanish Academy (☎ 7764-6631; academiaxinabajul@hotmail.com; 4a Av 14-14, Zona 5) Organisiert privaten Spanischunterricht und Aufenthalte bei einheimischen Familien. Die Akademie befindet sich zwei Blöcke östlich des Busbahnhofs und zwei Blöcke südlich der Interamericana.

Festivals & Events

Fiestas Julias (13.–20. Juli) Fest zu Ehren der Virgen del Carmen, der Schutzpatronin von Huehue.

Fiestas de Concepción (5. & 6. Dez.) Fest zu Ehren der Virgen de Concepción.

Schlafen

Hotel Central (☎ 7764-1202; 5a Av 1-33; Zi. 30 Q/Pers.; Ⓟ) Das rustikale, kleine Hotel im Zentrum ist vielleicht genau das Richtige für preisbewusste Traveller. Die Zimmer sind einfach, aber groß, die Bäder befinden sich unten. Der hölzerne Innenbalkon mit den Säulen verleiht dem Bauwerk einen Hauch von Charme.

Hotel Gobernador (☎ /Fax 7764-1197; 4a Av 1-45; EZ/DZ 35/60 Q, mit Bad 52/80 Q; Ⓟ) Ein Labyrinth aus Zimmern – man kann sich wirklich verlaufen! –, zwischen denen deutliche Qualitätsunterschiede bestehen. Bevor man sein Zimmer bezieht, sollte man sein Bett auf

Schimmelpilze untersuchen und prüfen, ob sich das Fenster öffnen lässt. Ansonsten eine gute Option.

Hotel Mary (☎ 7764-1618; 2a Calle 3-52; EZ/DZ 80/130 Q; Ⓟ) Großes, älteres Hotel mit spärlich möblierten Zimmern. Die Betten sind bequem, die Bäder groß und grün gekachelt. Nr. 310 (und vielleicht noch andere) wartet mit einem Balkon auf.

Hotel La Sexta (☎ 7764-1488; 6a Av 4-29; EZ/DZ 85/140 Q; Ⓟ) Schlafzellen flankieren beide Seiten eines stallähnlichen Gebäudes, dessen Ambiente durch tropische Vögel und Pflanzen ein wenig aufgepeppt wird, ganz zu schweigen von den aquamarinfarbenen Stühlen mit Lederimitat. Am besten fragt man nach einen möglichst weit hinten gelegenen Raum, denn der Straßenlärm ist unerträglich.

Hotel Zaculeu (☎ 7764-1086; www.hotelzaculeu.com; 5a Av 1-14; EZ/DZ 115/225 Q; Ⓟ) Das 125 Jahre alte Hotel hat wirklich Charakter. Die 36 großen Zimmer sind in zwei Bereichen untergebracht: Die im „neuen Flügel" sind etwas teurer, aber auch heller und haben eine stilvollere Aufmachung. Nett sind der Patio und die Bar mit der entspannten Atmosphäre.

Essen & Ausgehen

Hotel Casa Blanca (7a Av 3-41; Salate 20 Q, Steaks 50 Q; morgens, mittags & abends) Wer Wert auf ein hübsches Ambiente legt, wird kaum etwas besseres als die beiden Restaurants in diesem schicken Hotel finden können. Eins befindet sich im Gebäude selbst, das andere im Garten. Das Frühstücksbuffet am Sonntagmorgen ist sehr beliebt (30 Q).

LP Tipp Cafetería Las Palmeras (4a Calle 5-10; Hauptgerichte 25 Q; morgens, mittags & abends) Beliebte Adresse im südlichen Teil des Parque Central. Das Open-Air-Restaurant im Obergeschoss gewährt eine Aussicht auf den Park. In der *caldo de pollo criollo* (25 Q) sind jede Menge Hühnchen, *güisquil* (Kürbis) und Mais.

Mi Tierra Café (4a Calle 6-46; Hauptgerichte 25–40 Q; morgens, mittags & abends) Café-Restaurant mit lässiger Atmosphäre, in dem es gute hausgemachte Suppen und Burger gibt. Auch ein paar der internationalen Speisen, Muffins etc. sind lecker. Ein weiteres Plus sind die preiswerten, aber sättigenden Mittagsmenüs.

Restaurante Lekaf (☎ 7764-3202; 6a Calle 6-40; Pizzas 35–100 Q; 10–23 Uhr) Moderner, luftiger Speisesaal mit einer abwechslungsreichen Speisekarte, auf der u. a. Sandwiches, Pizzas und Meeresfrüchtegerichte stehen. Donnerstags bis Sonntags treten abends Bands auf, die Marimba und Folk spielen.

Restaurante Las Brasas (4a Av 1-36; Steaks 40–55 Q; morgens, mittags & abends) Das Restaurant im Retro-Look bietet einen guten Mix aus Steaks, Meeresfrüchteeintopf und Chop Suey. Spezialität des Hauses ist Cuchumatánes-Lamm.

La Fonda de Don Juan (2a Calle 5-35; Pizzas 47–97 Q; 24 Std.) Die Anlaufstelle für Nachtschwärmer und Frühaufsteher. Hier gibt's verschiedene guatemaltekische und internationale Speisen, darunter auch günstige Pizzas.

Museo del Café (7a Av 3-24; Mo–Sa) In dem erst kürzlich eröffneten „Museum" wird mit der beste Kaffee von ganz Huehue serviert. Die Deko ist von antikem Kaffeezubehör geprägt. Wer mag, kann seine eigenen Bohnen rösten oder sich nach einer Kaffeeplantagentour erkundigen.

La Biblioteca (6a Calle 6-28; Di–Sa 18–1, So 11–16 Uhr) Steht bei der einheimischen Mittelschicht hoch im Kurs. In den beiden Etagen dieser Musik- und Sportbar findet man verschiedene gemütliche Nischen.

An- & Weiterreise

Der Busbahnhof befindet sich in der Zona 4, 2 km südwestlich der Plaza an der 6a Calle. Man muss sich auf einen zugemüllten, chaotischen Ort gefasst machen. Verschiedene Busunternehmen bedienen dieselben Routen, allerdings werden die erforderlichen Infos nicht in nachvollziehbarer Form präsentiert. Microbusse findet man an der Südseite des Bahnhofs.

Zwei Unternehmen mit Pullman-Bussen nach Guatemala-Stadt benutzen Privatterminals:

Línea Dorada (☎ 7768-1566; www.lineadorada.info; Av Kaibil Balam 8-70) Abfahrt um 14.30, 23 und 24 Uhr (90 Q). Weitere Pullman-Verbindungen zur mexikanischen Grenze (via La Mesilla, Abfahrt 4.30 Uhr).

Transportes Los Halcones (☎ 7765-7986; 10a Av 9-12, Zona 1) Abfahrt um 2, 4.30, 7 und 14 Uhr (65 Q).

Der Busbahnhof wird von 2.-Klasse-Bussen und Minibussen angesteuert (s. Kasten S. 172). Wer nach Antigua reisen möchte, nimmt einen Bus Richtung Guatemala-Stadt und steigt in Chimaltenango um. Ist Panajachel das Ziel, fährt man mit einem Bus nach Guatemala-Stadt bis Los Encuentros und von dort aus weiter. Will man nach Nebaj, führt der Weg über Sacapulas oder Aguacatán.

Andrenalina Tours (☎ 7768-1538; www.adrenalinatours.com; 4a Calle 6-54) bietet tägliche Shuttles nach

2.-KLASSE-BUSSE AB HUEHUETENANGO

Reiseziel	Preis (Q)	Dauer	Abfahrt	Häufigkeit
Almolonga	2,50	40 Min.	5.30–17 Uhr	alle 15 Min.
Aguacatán	8	30 Min.	6–19 Uhr	alle 20 Min.
Barrillas	50	7 Std.	2–22 Uhr	alle 10 Min.
Cuatro Caminos	15	1½ Std.	6–19 Uhr	alle 20 Min.
Gracias a Dios (mexikanische Grenze)	30	5 Std.	10–16 Uhr	4-mal tgl.
Guatemala-Stadt	50	5 Std.	6–17 Uhr	alle 30 Min.
La Mesilla (mexikanische Grenze)	20	2 Std.	6–18 Uhr	alle 15 Min.
Quetzaltenango	20	1½ Std.	6–16 Uhr	stdl.
Sacapulas	20	1½ Std.	11.30 & 12.45 Uhr	2-mal tgl.
Santa Cruz del Quiché	25	2½ Std.	5–17.30 Uhr	alle 15 Min.
Soloma	25	2½ Std.	2–22 Uhr	stdl.
Todos Santos Cuchumatán	25	2½ Std.	4–6 Uhr	4-mal tgl.

Nebaj (165 Q), Quetzaltenango (165 Q), Panajachel (250 Q) usw. an.

RUND UM HUEHUETENANGO

Todos Santos Cuchumatán

3500 Ew. / 2450 m

Hoch oben im Hochland liegt das Dorf Todos Santos. Viel rustikaler geht es kaum. Ringsum erhebt sich ein umwerfendes Bergpanorama, die Straßen sind unbefestigt, zu essen gibt's Bohnen und Tortillas und um 21 Uhr werden die Bürgersteige hochgeklappt. Im Ort sind ein paar Sprachschulen ansässig. Außerdem ist er die letzte Station der fantastischen Wanderung, die in Nebaj (s. S. 152) beginnt. Auch die umliegenden Hügel laden zum Wandern ein. Der eigentliche Markttag ist der Samstag, aber auch am Mittwoch wird ein kleinerer Markt aufgebaut. Früher kippte man sich nach dem Markt ordentlich einen hinter die Binde, doch dieses Ritual gehört der Vergangenheit an, seitdem entsprechende Prohibitionsgesetze in Kraft getreten sind (der einzige Tag, an dem man sich noch legal betrinken darf, ist der 1. November; s. S. 173).

Die Post und eine Banrural-Filiale finden sich an der zentralen Plaza. Die Bank tauscht US-Dollar und Reiseschecks um.

Viajes Express (☎ 5781-0145; rigoguiadeturismo@yahoo.com; ⌚ Mo–Sa 8–18, So 12–18 Uhr) gleich neben dem Hotel Mam bietet Internetzugang (6 Q/Std.) und Shuttles (s. S. 173).

Wer im Winter nach Todos Santos kommt, sollte warme Kleidung im Rucksack haben.

KURSE

Die Sprachschule **Hispanomaya** (☎ 5163-9293; http://academiahispanomaya.org) ist eine gemeinnützige Organisation, die Stipendien für Dorfkinder finanziert, mit denen diese die Oberschule in Huehue besuchen können. Sprachschüler zahlen normalerweise 985 Q für eine Woche Privatunterricht á 25 Stunden. Im Preis inbegriffen sind Unterkunft und Essen bei einer Familie vor Ort, zwei geführte Wanderungen, ein Seminar zum Thema lokaler Alltag und Filmvorführungen. Zum Kursangebot gehören auch Unterricht in Mam- und Mayawebkunst (15 Q/Std.).

Die Schule liegt gegenüber dem Museo Balam, am Ende einer Seitenstraße einen Block östlich der Plaza.

FESTIVALS & EVENTS

Todos Santos ist berühmt für die jährlich stattfindenden Pferderennen, die am **Día de Todos los Santos** (Allerheiligen, 1. Nov.) ausgetragen werden und die Krönung einer einwöchigen Party darstellen. Am Vorabend der Rennen machen männliche Tänzer die Nacht zum Tage und es gibt *aguardiente* (Zuckerrohrschnaps) bis zum Abwinken. Tagsüber wird traditionelles Essen verkauft und man kann sich Maskentänze ansehen.

SCHLAFEN & ESSEN

Die Sprachschule organisiert **Privatunterkünfte** (Zi. 30 Q/Pers., inkl. 3 Mahlzeiten 45 Q) für Schüler und Nicht-Schüler. Man schläft in einem Privatzimmer, das Bad muss man sich mit der Gastfamilie teilen. Auch gegessen wird gemeinsam.

Hotelito Todos Santos (☎ 5327-9313; Zi. 125 Q, EZ/DZ ohne Bad 45/90 Q) Geht man den Hügel neben der Plaza ein Stück hinauf, knickt eine Seitenstraße nach links ab. Dort findet man diese

Budgetunterkunft mit den kleinen, schmucklosen Zimmern, die jedoch gefliest und sehr sauber sind und mit soliden Betten aufwarten.

Hotel Casa Familiar (☎ 5580-9579; romanstoop@yahoo.com; EZ/DZ 150/200 Q) Wurde bei unserem Besuch gerade umfassend renoviert. Die zentral gelegene Unterkunft hat die heimeligsten Zimmer der ganzen Stadt: Böden aus Hartholz, traditionelle Tagesdecken, gute Duschen mit warmem Wasser und reichlich Decken. Neu sind der Gemeinschaftsraum mit Kamin und die Dachterrasse mit einer *chuj* (traditionelle Mayasauna).

Comedor Martita (Mahlzeiten 20 Q; 🕑 morgens, mittags & abends) Einfacher, familienbetriebener *comedor* gegenüber dem Hotel Mam. Hier gibt's leckeres Essen mit frischen Zutaten und dazu eine Aussicht auf die Stadt und das Tal.

Comedor Katy (Mahlzeiten 22 Q; 🕑 morgens, mittags & abends) Frauen in traditioneller Kleidung kümmern sich um die Töpfe mit *pepián* und Hühnersuppe, die in diesem rustikalen Laden unterhalb der zentralen Plaza über glühenden Kohlen vor sich hin blubbern. Die Tische auf der Terrasse gewähren einen Blick auf den Markt.

UNTERHALTUNG

Die Sprachschule Hispanomaya zeigt Filme mit den thematischen Schwerpunkten Guatemala, Mayakultur und Lateinamerika (abends). Die englischsprachigen Dokumentarfilme *Todos Santos* und *Todos Santos: The Survivors,* die in den 1980er-Jahren von Olivia Carrescia gedreht wurden, sind aufgrund der authentischen Lokalität besonders faszinierend. Sie handeln vom traditionellen Leben in Todos Santos und dem Terror und der Verzweiflung der Bürgerkriegszeit; es sollen in der Umgebung 2000 Menschen ums Leben gekommen sein. Nicht-Schüler müssen einen geringen Eintrittspreis zahlen (ca. 10 Q).

AN- & WEITERREISE

Busse und Microbusse fahren in der Hauptstraße zwischen der Plaza und der Kirche ab. Von 5 bis 7 Uhr gibt's ca. zehn Verbindungen nach Huehuetenango (25 Q, 2½ Std.), danach fährt etwa ein Bus stündlich bis ca. 16 Uhr. Samstags kommen Shuttles von **Adrenalina Tours** (S. 170) aus Huehuetenango an (165 Q). **Viajes Express** in Todos Santos (☎ 5781-0145; rigoguiadeturismo@yahoo.com; 🕑 Mo–Sa 8–18, So 12–18 Uhr) schickt Shuttles nach Huehuetenango (100 Q), Panajachel (250 Q) und La Mesilla (150 Q); die Preisen gelten bei sechs Passagieren.

Richtung Cobán im Osten

Auf der Straße von Huehuetenango nach Cobán sind nur wenige Traveller unterwegs. Sie ist eine ziemlich holpriges Unterfangen, zumal ein großer Erdrutsch einen Teil der Strecke unter sich begraben hat, weshalb man nun einen haarsträubenden Umweg in Kauf nehmen muss (s. Kasten S. 154). Wer früh genug aufbricht, kann die 150 km an einem Tag schaffen (mehrfaches Umsteigen erforderlich). Die Reise ist umständlich, führt aber durch eine herrliche Hochlandszenerie der Marke „definitiv sehenswert".

Wem der Umweg nicht ganz geheuer ist, dem steht immer noch die Möglichkeit offen, in Huehue einen Bus nach Barrillas zu nehmen (50 Q, 7 Std.), in einem der einfachen, aber annehmbaren Hotels zu übernachten und tags drauf mit einem Pick-up nach Playa Grande (50 Q, 4 Std.) weiterzukurven. Auch dort befinden sich ein paar vernünftige Hotels. Wer ausreichend Zeit hat, könnte noch einen

WEITERREISE NACH CIUDAD CUAUHTÉMOC, MEXIKO

4 km liegen zwischen den Einwanderungsposten La Mesilla (Guatemala) und Ciudad Cuauhtémoc (Mexiko), die man mit dem eigenen Wagen bzw. Tuk-tuk (4 Q), zu Fuß oder als Anhalter zurücklegen kann. Entlang der Straße, die in La Mesilla zur Grenze führt, findet man u. a. eine Polizeiwache und eine Banrural-Filiale.

Die Geldwechsler an der Grenze bieten sehr gute Konditionen, wenn man Dollar gegen ihre Pesos oder Quetzals eintauscht; wer allerdings Dollar haben möchte, muss sich auf miese Kurse einstellen.

Wenn man in La Mesilla strandet, könnte man das sehr schlichte **Hotel Mily's** (☎ 7773-8665; EZ/DZ 120/160 Q; ❄) ansteuern. Eventuell ist dort Feilschen angesagt. Vom Grenzposten fahren Busse Richtung Osten nach Huehuetenango und Richtung Nordwesten nach Comitán (Mexiko).

Mehr Infos zur Einreise aus Mexiko gibt's auf S. 48.

UNTERWEGS NACH MEXIKO

Unterwegs nach Ciudad Hidalgo (Mexiko) via Ciudad Tecún Umán (Guatemala)

Dies ist der angenehmere und häufiger benutzte der beiden Grenzübergänge in der Pazifikebene. Eine Brücke verbindet Ciudad Tecún Umán und **Ciudad Hidalgo**. Die Grenze kann rund um die Uhr passiert werden, und in Bankfilialen können US-Dollar und Reiseschecks gewechselt werden. Es gibt ein paar einfache Hotels und Restaurants vor Ort, aber kaum Gründe für einen längeren Aufenthalt.

Bis etwa 18 Uhr fahren Minibusse und reguläre Busse entlang der Carretera al Pacífico von Ciudad Hidalgo nach **Coatepeque, Retalhuleu, Mazatenango, Escuintla** und **Guatemala-Stadt**. Direktbusse nach **Quetzaltenango** (25 Q, 3 Std.) verkehren bis etwa 14 Uhr. Andere Reiseziele können via Coatepeque oder, noch besser, Retalhuleu erreicht werden.

Auf mexikanischer Seite fahren zwischen 4.30 und 22 Uhr alle zehn Minuten Busse von Ciudad Hidalgo nach **Tapachula** (15 Mex$, 50 Min.).

Unterwegs nach Talismán (Mexiko) via El Carmen (Guatemala)

Eine Brücke über den Río Suchiate verbindet El Carmen mit **Talismán**. Auch diese Grenze ist rund um die Uhr geöffnet, die in Ciudad Tecún Umán ist allerdings angenehmer; die Infrastruktur in El Carmen ist weniger gut ausgebaut und sehr einfach. Die meisten Busse, die dort abfahren, steuern zunächst das 39 km südlich gelegene **Ciudad Tecún Umán** an und folgen dann der Carretera al Pacífico nach **Coatepeque, Retalhuleu** und **Escuintla**. Auf dem Weg nach Ciudad Tecún Umán wird meistens in **Malacatán** an der Straße nach San Marcos und Quetzaltenango Halt gemacht. Man könnte dort also nach einer Verbindung nach **Quetzaltenango** Ausschau halten; wer jedoch auf der ganz sicheren Seite sein möchte, sollte in **Coatepeque** (20 Q, 2 Std. von El Carmen entfernt) oder Retalhuleu umsteigen.

Auf mexikanischer Seite verkehren alle zehn Minuten Minibusse zwischen Talismán und **Tapachula** (5–21 Uhr, 10 Mex$).

Halt im **Parque Nacional Laguna Lachuá** (s. S. 191) östlich von Playa Grande einlegen. In Playa Grande fahren Busse nach Cobán (50 Q, 4 Std.) ab, die den Parkeingang passieren.

PAZIFIKEBENE

Die Ebene, die durch eine Vulkankette vom Hochland abgeschnitten ist und sich bis zum Pazifik erstreckt, wird unter dem Begriff La Costa (die Küste) zusammengefasst. Hier herrscht ein drückendes Klima; je nach Jahreszeit ist es entweder heiß und feucht oder heiß und trocken. Auf den nährstoffreichen vulkanischen Böden in den Höhenlagen wird Kaffee angebaut, weiter unterhalb gedeihen Ölpalmen und Zuckerrohr.

Die wichtigsten Sehenswürdigkeiten sind die archäologische Stätte Takalik Abaj und die Skulpturen rund um Santa Lucía Cotzumalguapa aus der Zeit vor der Olmeken-Kultur.

Die überwältigende Mehrheit der Einheimischen sind *ladinos*. Selbst die größten Städte sind sehr bescheiden – man wird vor allem niedrige Holz- oder Betonhäuser und hin und wieder ein mit Palmblättern gedecktes Dach zu sehen bekommen.

Der Strandtourismus steckt in Guatemala noch in den Kinderschuhen. Der einzige Ort mit zufriedenstellender Infrastruktur ist Monterrico, wo sich auch unter Naturschutz stehende Mangrovenwälder erstrecken. Fast jede Stadt am Strand bietet Unterkünfte für Touristen, sehr häufig sind diese jedoch ausgesprochen rustikal. Die beste Brandung bekommt Sipacate ab – der Ort entwickelt sich langsam zu einer Surferhochburg. Ambitionierte Wellenreiter werden aber wahrscheinlich in Mexiko und El Salvador bessere Bedingungen vorfinden.

RETALHULEU

42 350 Ew. / 240 m

Wenn man am Busbahnhof von Retalhuleu – von den meisten Guatemalteken kurz Reu (*re*-u) genannt – ankommt, wird man unter Garantie überhaupt kein bisschen beeindruckt sein. Das umliegende Viertel ist ziemlich geschmacklos und billig und es wimmelt von heruntergekommenen Holz-*cantinas* und Straßenhändlern.

Das Zentrum ist nur fünf Blöcke entfernt, scheint jedoch einer anderen Welt anzugehören. Die majestätische, von Palmen bestandene Plaza wird von ein paar prächtigen alten Gebäuden flankiert, selbst die Polizei beteiligt sich aktiv an der Stadtverschönerung: Pflanzen zieren die Fassade der Hauptwache.

Am Stadtrand findet man die Wohnhäuser wohlhabender Plantagenbesitzer, beeindruckende Wochenendresidenzen und von Zäunen eingefasste Gemeinden, die mittlerweile überall im Land entstehen.

Hauptanziehungspunkt für die meisten Besucher ist der Zugang zur Stätte Takalik Abaj (S. 176). Und wenn man wirklich viel Zeit hat, könnte man sich auch die hervorragenden Mottoparks von **IRTRA** (www.irtra.org.gt) ganz in der Nähe anschauen.

Orientierung & Praktische Informationen

Das Zentrum liegt 4 km südwestlich der Carretera al Pacífico an der Calz las Palmas, einem stattlichen Boulevard, der von hoch aufragenden Palmen gesäumt wird. Der **Busbahnhof** (10a Calle zw. 7a & 8a Avs) befindet sich nordöstlich der Plaza, die anhand der Zwillingskirchtürme auszumachen ist.

In der Stadt gibt es keine offizielle Touristeninformation, doch die Leute von der **Municipalidad** (6a Av) gegenüber der Ostseite der Kirche helfen Touristen gern weiter.

Banco Agromercantil (5a Av) An der Plaza. Hier können US-Dollar und Reiseschecks getauscht werden. Der Automat akzeptiert MasterCard.

Banco Industrial (Ecke 6a Calle & 5a Av) Tauscht US-Dollar und Reiseschecks, gibt Barvorschüsse auf Visa-Kreditkarten und hat einen Automaten, der Visa akzeptiert.

Internet (Ecker 5a Calle & 6a Av; 5 Q/Std.) Internetzugang.

Sehenswertes & Aktivitäten

In dem kleinen **Museo de Arqueología y Etnología** (6a Av 5-68; Eintritt 15 Q; ⌚ Di–Sa 8–12.30 & 14–17, So 9–12.30 Uhr) sind archäologische Artefakte ausgestellt. Im Obergeschoss findet man alte Fotos und ein Wandbild, das die Lage der 33 archäologischen Stätten rund um Retalhuleu zeigt.

Auch Nicht-Gäste dürfen im Siboney Hotel (außerhalb an der Carretera al Pacífico gelegen) **schwimmen gehen** (Eintritt 15 Q).

Geführte Touren

Der im Ort ansässige Veranstalter **ReuXtreme** (☎ 5202-8180; www.reuxtreme.com; 4a Calle 4-23, Zona 1) ist im Hostal Casa San Martín untergebracht, organisiert Kajaktouren, Vogelbeobachtungen und Naturwanderungen sowie Ausflüge zu den archäologischen Stätten und hat Shuttles nach Antigua, Quetzaltenango, Panajachel etc.

Schlafen

Posada de San Nicolás (☎ 7771-4386; posadasannicolasreu@hotmail.com; 10a Calle 8-50, Zona 1; mit/ohne Ventilator pro Pers. 80/100 Q; ❄) Die beste Budgetunterkunft in der Stadt hat einfache, saubere Zimmer und ist nur ein paar Blocks vom Busbahnhof entfernt.

LP Tipp **Hostal Casa San Martín** (☎ 7771-6136; www.hostalcasasantamaria.com; 4a Calle 4-23, Zona 1; EZ/DZ ab 120/240 Q; ❄ 📶 🏊) Eine der atmosphäri-

AGROTOURISMUS RUND UM RETALHULEU

Es war nur eine Frage der Zeit, bis der Agrotourismus in Guatemala Fuß fassen würde. Überall im Land findet man wunderschöne *fincas* (Gutshäuser) in traumhaft ländlicher Lage. Häufig übernachtet man im Originalbauernhaus und das „Tourangebot" beschränkt sich auf Spaziergänge auf dem Anwesen – das Ganze hat also kaum negative Folgen auf die Umwelt. Die folgenden *fincas* sind nach wie vor in Betrieb; wer dort übernachten möchte, sollte sich ein paar Tage im Voraus bei den Besitzern anmelden. Hinweise zur Anreise sind den Websites zu entnehmen.

Aldea Loma Linda (☎ 5724-6035; www.aldealomalinda.com; Zi. ohne Bad Freiwillige/Besucher 25/50 Q/Pers.) Das wunderschöne Dorf liegt in den südlichen Vorbergen des Vulkans Santa María. Einfache, aber bequeme Schlafmöglichkeiten und Tätigkeiten für Freiwillige.

Finca Santa Elena (☎ 7772-5294; www.fincasantaelena.com; bei Km 187 Carretera a Quetzaltenango; EZ/DZ ohne Bad 125/250 Q; 📶) Eine der am leichtesten zugänglichen *fincas* in der Region. Die angebotenen Touren sind sehr informativ. Übernachtet wird in dem wunderschönen Bauernhaus.

Comunidad Nueva Alianza (☎ 5348-5290; www.comunidadnuevaalianza.org; B/EZ/DZ ohne Bad 65/85/170 Q; 💻) Liegt an einem Hang mit grandiosem Blick auf die Küste. Man kann eine tolle Wanderung zu einem nahe gelegenen Wasserfall unternehmen. Die kurzen Touren liefern jede Menge Infos. Zudem sind diverse Posten für Freiwillige zu besetzen (für kurze und längere Aufenthalte).

scheren Bleiben vor Ort. Das kleine Hotel beherbergt acht geräumige Zimmer mit minimalistischer, geschmackvoller Deko. Im Hof gibt's einen kleinen Swimmingpool.

Hotel Posada Don José (☎ 7771-0180; www.hotelposadadedonjose.com; 5a Calle 3-67, Zona 1; EZ/DZ 260/330 Q; P ❄ 🏊) Ein wunderschönes Hotel im Kolonialstil mit riesigem Schwimmbecken. Der Balkon böte sich geradezu als Sprungbrett an, es ist aber wahrscheinlich keine gute Idee, dort hinunterzuhüpfen. Die Zimmer sind geräumig und gemütlich und werden nach und nach renoviert; am besten schaut man sich mehrere an, bevor man sich für eins entscheidet.

Essen & Ausgehen

Die Einwohner von Reu scheinen total auf Pizza zu stehen, jedenfalls reiht sich in der 5a Av nördlich der Plaza eine Pizzeria an die andere.

Cafetería La Luna (5a Calle 4-97; Mittagessen inkl. Getränk 20 Q, Abendessen 30 Q; ⏰ morgens, mittags & abends) Gegenüber der westlichen Ecke der Plaza befindet sich eine der beliebtesten Adressen der Stadt. Die Gerichte sind einfach, aber sättigend. Zurückhaltendes Ambiente.

Lo de Chaz (5a Calle 4-65; Hauptgerichte 25–40 Q; ⏰ morgens, mittags & abends) Einfaches Restaurant unweit der Plaza, in dem man Frühstück, eiskaltes Bier, Suppen, Snacks und Meeresfrüchtegerichte bestellen kann.

Aquí me Quedo (5a Calle 4-20; ⏰ Mi–Sa 22–1 Uhr) Die richtige Anlaufstelle, wenn man in lebendiger Atmosphäre etwas trinken möchte, der Geräuschpegel die Trommelfelle aber nicht zum Bersten bringen soll. Auf dem tollen Balkon der netten kleinen Bar im Obergeschoss weht eventuell sogar ein laues Lüftchen.

An- & Weiterreise

Die meisten Busse, die auf der Carretera al Pacífico unterwegs sind, machen einen Umweg nach Reu. Folgende Städte können von hier aus erreicht werden:

Champerico (9 Q; 1 Std.; 38 km) Busse fahren zwischen 6 und 19 Uhr alle paar Minuten ab.

Ciudad Tecún Umán (13 Q; 1½ Std.; 78 km) Abfahrt alle 20 Minuten (5 bis 22 Uhr).

Guatemala-Stadt (regulär/Pullman 45/70 Q; 3 Std.; 196 km) Alle 15 Minuten (2–20.30 Uhr).

Quetzaltenango (11 Q; 1 Std.; 46 km) Abfahrt alle 30 Minuten (4–18 Uhr).

Santa Lucía Cotzumalguapa (22 Q; 2 Std.; 97 km) Ein paar der Busse, die nach Escuintla- oder Guatemala-Stadt fahren, halten eventuell in Santa Lucía. Alternativ muss man einen Bus nach Mazatenango („Mazate") nehmen und dort umsteigen.

Wer nach El Asintal (zur Ruine Takalik Abaj) fahren möchte, nimmt am besten ein Gemeinschaftstaxi (5 Q). Diese Kombis findet man rund um die Bushaltestelle und die Plaza; an der Windschutzscheibe steht „Asintal".

PARQUE ARQUEOLÓGICO TAKALIK ABAJ

Die archäologische Ausgrabungsstätte Takalik Abaj (ta-ka-*liek* a-*ba*, Quiché: „stehender Stein") liegt 30 km westlich von Retalhuleu. Anhand der großen Olmeken-Steinköpfe konnte die Ruine als eine der ältesten Siedlungen des Mayareichs klassifiziert werden. Die **Stätte** (Eintritt 50 Q; ⏰ 7–17 Uhr) muss noch restauriert und „aufgehübscht" werden, man sollte also kein zweites Chichén Itzá oder Tikal erwarten. Wer jedoch angewandte Archäologie erleben möchte, ist hier an der richtigen Stelle. Es wird vermutet, dass Takalik Abaj einer der wenigen Orte war, an dem Olmeken und Maya zusammenlebten.

Will man den archäologischen Park mit öffentlichen Verkehrsmitteln erreichen, muss man ein Gemeinschaftstaxi von Retalhuleu nach El Asintal (5 Q, 30 Min.) nehmen, das 12 km nordwestlich von Retalhuleu (Reu) und 5 km nördlich der Carretera al Pacífico liegt. Etwas seltener fahren Busse an der Haltestelle in der 5a Av A ab, 800 m südwestlich der Plaza von Reu (6–18 Uhr, Abfahrt ca. alle

IN DIE VOLLEN!

Die **Takalik Maya Lodge** (☎ 2333-7056; www.takalik.com; Pauschalangebot/B & B 620/370 Q/Pers.) steht auf dem Gelände einer Farm 2 km hinter dem Eingang zur archäologischen Stätte Takalik Abaj und ist die mit Abstand luxuriöseste Unterkunft in der Umgebung. Man kann im alten Bauernhaus oder in den neuen Gebäuden im „Mayastil" inmitten des Waldes übernachten. Das Pauschalangebot enthält die Verpflegung sowie Führungen über die Kaffee-, Macadamia- und Gummibaumplantagen und geführte Ausritte zu den Wasserfällen auf dem Gelände und der Ruine. Die Pick-ups, die von El Asintal Richtung Takalik Abaj fahren, halten auf Wunsch am Eingang zur Lodge.

30 Min). Von El Asintal gelangt man mit Pick-ups nach Takalik Abaj (5 Q); die Fahrt geht 4 km lang über eine befestigte Straße. Ein ehrenamtlicher Guide zeigt den Besuchern das Gelände, was mit einem Trinkgeld honoriert werden sollte. Takalik Abaj kann auch im Rahmen einer Tour von Quetzaltenango aus besichtigt werden (S. 161).

CHAMPERICO

Von Xela aus ist der Strand von Champerico am unkompliziertesten zu erreichen. Dies ist nicht der schlechteste Ort für eine kleine Abkühlung, obwohl der mit Müll übersäte Sand und die starke Strömung eher ernüchternd sind. An den Wochenenden wimmelt es nur so von Sonnenanbetern, unter der Woche aber kann man es hier ganz gut aushalten. In den *comedores* am Strand werden günstige, leckere Meeresfrüchtegerichte zubereitet.

Wie gesagt: Die Strömung ist heftig und sollte nicht unterschätzt werden. Zudem sollte man am mittleren Teil des Strandes bleiben, denn an seinen Ausläufern leben zum Teil sehr arme und verzweifelte Menschen in heruntergekommenen Hütten. Einige Touristen wurden dort Opfer von Raubüberfällen. Die meisten Sonnenanbeter unternehmen nur einen Tagesausflug an den Strand, es gibt jedoch eine Reihe von günstigen Hotels und Restaurants vor Ort. Die beste Adresse ist das **Hotel Maza** (☎ 7773-7180; Zi. mit Ventilator/Klimaanlage 125/250 Q; ⊠) am Strand. Die letzten Busse nach Quetzaltenango fahren gegen 18 Uhr, nach Retalhuleu gibt es auch noch ein wenig später ein paar Verbindungen.

SANTA LUCÍA COTZUMALGUAPA

95 300 Ew. / 356 m

Santa Lucía ist eine sehr gewöhnliche Küstenstadt, die sich geradezu willkürlich über mehrere Hügel erstreckt. Das verschlafene Nest hat nur wenig zu bieten, mal abgesehen von den bemerkenswerten archäologischen Stätten außerhalb der Stadt. Dort erheben sich auf Zuckerplantagen riesige Steinköpfe.

Die einheimische Bevölkerung stammt von den Pipil ab, einem indigenen Volk, das historische, sprachliche und kulturelle Gemeinsamkeiten mit den Nahuatl sprechenden Völkern Zentralmexikos aufweist. Während der frühen klassischen Periode pflanzten die Pipil Kakao an, zur damaligen Zeit die gängige Währung. Ihre Leidenschaft war das *juego de pelota* (Ballspiel) der Mayas und Azteken. Bei dem Spiel ging es wohl darum, einen harten Gummiball in der Luft zu halten, und zwar unter Einsatz aller Körperteile mit Ausnahme der Hände, des Kopfes und der Füße. Zudem spielten Todesriten und -mysterien eine große Rolle. Die Kunst der Pipil ist nicht romantisch und überbordend wie die der Mayas, sondern nüchtern und streng. Was

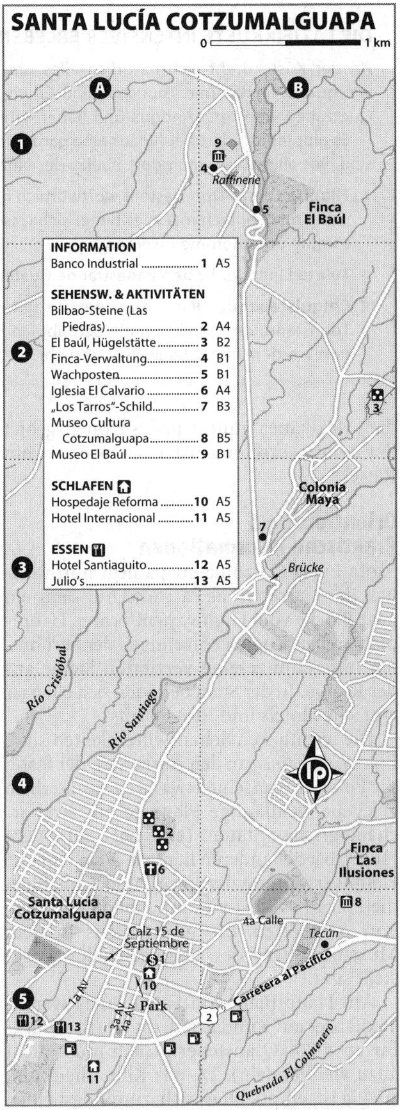

DIE PAZIFIKKÜSTE INTENSIVER ERLEBEN

An der Küste dreht sich natürlich alles um die Strände. Am beliebtesten bei ausländischen wie guatemaltekischen Touristen sind Champerico und Monterrico; sie liegen am nächsten an Quetzaltenango bzw. Antigua und haben erheblich unter der Besucherflut zu leiden.

Es gibt jedoch darüber hinaus eine ganze Reihe kleiner Küstenstädte, die einen Abstecher wert sind, vor allem, weil man dort häufig der einzige Gast sein wird:

- **Tilapita** Dieses Dorf besteht wortwörtlich aus einem einzigen Hotel – der perfekte Ort also, wenn man einfach mal alles hinter sich lassen möchte. Es können Ausflüge in die Mangrovensümpfe unternommen werden.
- **Tulate** Einer der besten Badestrände Guatemalas. Hier fällt die Küste sanft zum Ozean ab.
- **Chiquistepeque** Kleine Strandenklave mit entspannter Atmosphäre fernab der typischen Touristenroute. Die Gemeinde betreibt ein Bildungsprojekt zur Alphabetisierungsprogramm; dort werden immer Freiwillige gesucht.

die „Mexikaner" mitten in das Hoheitsgebiet der Maya verschlug, ist nach wie vor ein Rätsel.

Orientierung & Praktische Informationen

Santa Lucía Cotzumalguapa liegt nordwestlich der Carretera al Pacífico. Auf dem ein paar Blöcke vom Highway entfernten Hauptplatz stehen Kopien von einigen der berühmten mit Schnitzereien verzierten Steine aus der Region. In der Stadt befinden sich ein paar einfache Hotels und Restaurants.

Die wichtigsten Sehenswürdigkeiten sind: Bilbao, eine *finca* an den Ausläufern der Stadt; die Finca El Baúl, eine etwas weiter außerhalb gelegene, weitläufige Plantage mit zwei archäologischen Stätten (eine liegt auf einem Hügel, bei der anderen handelt es sich um die Hauptverwaltung der *finca*); und schließlich die Finca Las Ilusiones mit einer Sammlung von Artefakten, die größtenteils in dem Museum unweit des Hauptgebäudes ausgestellt sind.

Am Hauptplatz von Santa Lucía warten Taxifahrer auf Kundschaft, die alle drei *fincas* für etwa 200 Q ansteuern (man muss nicht allzu viel handeln). Da das Klima heiß und stickig ist, empfiehlt es sich, zumindest einen Teil des Wegs in einem Wagen zurückzulegen. Wer sich zu Fuß und mit dem Bus fortbewegen will, sollte sich etwas zu essen einstecken. Tipp: auf dem Hügel von El Baúl kann man wunderbar picknicken.

In der **Banco Industrial** (Ecke 4a Av & 4a Calle) einen Block nördlich des Parks können US-Dollar und Reiseschecks eingetauscht werden. Der Geldautomat akzeptiert Visa-Karten.

Sehenswertes & Aktivitäten

BILBAO-STEINE

Die Blütezeit dieses zeremoniellen Zentrums datiert um 600 n. Chr. Pflüge haben in den letzten Jahrhunderten Unmengen von mit Reliefs verzierten Steinen ans Tageslicht gebracht (und beschädigt); viele wurden gestohlen. 1880 ließ man die besten Steine nach Berlin transportieren, wo sie heute im Museum für Völkerkunde zu sehen sind.

In der Region ist das Areal als *Las Piedras* (die Steine) bekannt. Es besteht tatsächlich aus mehreren Stätten auf einer Zuckerrohr-*finca*, die sich unweit der Iglesia El Calvario am Stadtrand von Santa Lucía findet. Einige Steine sind extrem verwittert, andere wiederum weisen runde Datumsglyphen im mexikanischen Stil und noch weit geheimnisvollere Muster auf. Diese erinnern an Motive, die typisch für die einstigen Bewohner der mexikanischen Golfküste in der Nähe von Villahermosa sind.

Wer als nächstes El Baúl ansehen möchte, muss zu der Stelle gleich hinter der Iglesia El Calvario zurückkehren, wo man zuvor rechts abgebogen ist. Alle paar Stunden fahren dort Busse nach El Baúl vorbei. Alternativ könnte man versuchen zu trampen. Mit dem eigenen Wagen muss man auf der 4a Av in die Stadt zurückfahren und den Ort auf der 3a Av wieder verlassen; bei den beiden Avenidas handelt es sich um Einbahnstraßen.

FINCA EL BAÚL

Nicht weniger interessant ist die **Hügelstätte** von El Baúl, ein Ort der Andacht, der noch heute von Einheimischen genutzt wird. Ein Stück entfernt an einer anderen Straße liegt gleich neben der Hauptverwaltung der *finca* deren privates **Museum** (Eintritt frei; ⌚ Mo–Fr 8–16, Sa 8–12 Uhr), in dem Steine zu sehen sind, die auf dem Gelände freigelegt wurden.

El Baúl befindet sich 4,2 km nordwestlich der Iglesia El Calvario. Von der Kirche (bzw. der Kreuzung kurz dahinter) sind es zunächst 2,7 km bis zu einer Straßengabelung hinter einer Brücke; nach dem Schild „Los Tarros" Ausschau halten (auf der Strecke fahren Busse). Die rechte, unbefestigte Straße bringt einen nach 1,5 km zu einer Stelle, an der ein Trampelpfad den Weg kreuzt; rechter Hand erhebt sich inmitten der flachen Felder ein von Bäumen bestandener „Hügel". Dabei handelt es sich tatsächlich um eine große, nicht restaurierte Tempelplattform. Hat man das Feld überquert und die Südseite des Hügels umrundet, kann man dem Pfad hinauffolgen. Motorisierte Besucher können bis zu einem Punkt 50 m unterhalb der Spitze fahren. Wer am Wochenende hier aufläuft, wird eventuell ein paar betende Einheimische antreffen; seit mehr als 1400 Jahren zollen Menschen den Götzenbildern an dieser Stelle Respekt.

Von den beiden hier zu sehenden Steinen ist der grotesk anmutende, **halb vergrabene Kopf** der interessantere. Er trägt einen aufwendigen Kopfputz, hat „blinde" Augen mit großen Tränensäcken und eine schnabelähnliche Nase. Sein süffisantes Grinsen passt so gar nicht zu seinem schwarz angelaufenen Gesicht und der Tatsache, dass er zur Hälfte im Boden versunken ist. Der Steinkopf ist mit Wachs- und Alkoholflecken übersät, zudem wird man die Asche abgebrannter Räucherstäbchen vorfinden – alles Teil der Götzenverehrung. Der andere Stein weist die Reliefdarstellung einer Figur auf, die von runden Motiven umgeben ist; vielleicht handelt es sich um Datumsglyphen. Eine Kopie dieses Steins steht auf dem Hauptplatz von Santa Lucía.

Von der Spitze des Hügels läuft man 1,5 km zurück zu der mit dem „Los Tarros"-Schild markierten Weggabelung. Diesmal folgt man der anderen (befestigten) Straße und erreicht nach 3 km die Hauptverwaltung der Finca El Baúl. (Wer zu Fuß unterwegs ist, kann von der Hügelstätte aus zu der ungepflasterten Straße zurücklaufen, sie geradeaus überqueren und dem Trampelpfad weiter folgen. Von diesem biegt dann die asphaltierte Straße zum *finca*-Hauptgebäude rechts ab). Alle paar Stunden passiert ein Bus diese Straße und bringt die Raffinerie-Arbeiter ins Stadtzentrum bzw. aus der Stadt zur Arbeit.

Wenn man sich der Hauptverwaltung der *finca* nähert, die vom Hauptplatz in Santa Lucía 6 km entfernt ist, muss man eine schmale Brücke überqueren. Danach geht's bergauf; der Eingang zur *finca* befindet sich linker Hand, zu erkennen an dem Schützenbunker. Dahinter liegen Arbeiterunterkünfte und rechts eine Zuckerraffinerie. Zuletzt erreicht man das Hauptgebäude. Ein Wächter wird das Tor öffnen, wenn man ihn darum bittet, das **Museo El Baúl** (Eintritt frei; ⌚ Mo–Fr 8–16, Sa 8–12 Uhr) besichtigen zu dürfen. Es beherbergt unter freiem Himmel eine interessante Sammlung von Pipil-Steinskulpturen, die in den Zuckerrohrfeldern rund um die Finca El Baúl gefunden wurden.

Auf dem Gelände können weitere zum Teil herrliche Skulpturen und Reliefs aus nächster Nähe betrachtet werden.

MUSEO CULTURA COTZUMALGUAPA

Das überdachte **Museum** (Eintritt 25 Q; ⌚ Mo–Fr 8–16, Sa 8–12 Uhr) befindet sich in der Nähe der Bilbao-Steine – es gehört zur *finca*, die die Bilbao-Zuckerrohrfelder kontrolliert – und ist dennoch schwieriger zu erreichen. Dafür wird man mit Unmengen von Gegenständen belohnt, die über Jahrhunderte hinweg in den Feldern gefunden wurden.

Nach ca. 1,5 km entlang der Carretera al Pacífico biegt östlich des Stadtzentrums kurz vor dem Tecún-Depot für Landwirtschaftsbedarf links ein Pfad ab, der Richtung Norden zum Museum verläuft. Nach 400 m ist man am Ziel.

Schlafen & Essen

Hospedaje Reforma (4a Av 4-71; EZ/DZ 40/70 Q) Drei Dinge sprechen für dieses Hotel: Es ist billig, liegt zentral und hat einen Innenhof voller ausgestopfter Eberköpfe. Und wer gern in dunklen und stickigen kleinen Betonzellen schläft, wird sich pudelwohl fühlen.

Hotel Internacional (☎ 7882-5504; Callejón los Mormones; EZ/DZ 90/140 Q; Ⓟ ❄) Am Ende einer kurzen Straße (ausgeschildert), die von der Carretera al Pacífico abgeht, liegt das beste Budgethotel der Stadt. Saubere, ausreichend große Zimmer mit Ventilator, Duschen (nur kaltes Wasser) und TV. Für eine Klimaanlage zahlt man 70 Q extra.

Julio's (Carretera al Pacífico, bei Km 90,5; Hauptgerichte 30–50 Q; ⌚ morgens, mittags & abends) Hervorragendes kleines Restaurant am Highway, in dem gutes Frühstück und preiswerte Menüs zubereitet werden.

Hotel Santiaguito (☎ 7882-5435; Carretera al Pacífico, bei Km 90,4; Hauptgerichte 30–80 Q;) Das gute Restaurant gehört zu einem am Highway gelegenen Hotel am westlichen Ende der Stadt. Es hat außerdem einen Swimmingpool, den auch Nicht-Gäste für 20 Q pro Tag nutzen können.

An- & Weiterreise

Da der Highway CA-2 mittlerweile um Santa Lucía herumführt, machen auch viele Busse einen Bogen um die Stadt. Wer aus östlicher Richtung anreist, muss sehr wahrscheinlich in Escuintla umsteigen (9 Q, 30 Min.). Nähert man sich der Stadt von Westen her, muss man vermutlich in Mazatenango den Bus wechseln (13 Q, 1¼ Std.). 23 km westlich von Santa Lucía trifft in Cocales eine Straße vom Lago de Atitlán auf die CA-2 und ermöglicht so eine direkte Verbindung ins Hochland. Täglich fahren zwischen 6 und 14 Uhr acht Busse von Cocales nach Panajachel (22 Q, 2½ Std., 70 km). Zum Zeitpunkt der Recherchen wurde von Überfällen entlang dieser Strecke berichtet; man sollte sich vor Ort noch mal nach der aktuellen Sicherheitslage erkundigen.

LA DEMOCRACIA

6580 Ew. / 165 m

La Democracia ist ein verschlafenes Nest in Strandnähe. Hier kann man mehr über die sagenumwobene alte Kultur erfahren, auf deren Konto die rund um Santa Lucía gefundenen Steinköpfe gehen – eine Reihe davon steht nämlich auf dem Hauptplatz. Auch das hiesige Museum wartet mit einer überraschend guten Sammlung von Artefakten auf. An der Plaza gibt's einen 5B-Geldautomaten.

Am Ortsrand von La Democracia erstreckt sich die archäologische Stätte **Monte Alto**, der Fundort riesiger Köpfe aus Basaltstein. Sie erinnern an die jahrtausendealten Olmeken-Steine in der Nähe von Veracruz, sind allerdings etwas grober gearbeitet. Heute können die Steine an der Hauptplaza von La Democracia besichtigt werden. Wenn man vom Highway aus in die Stadt fährt, folgt man dem Schild mit der Aufschrift *museo* (man muss dreimal hintereinander links abbiegen).

Die Plaza flankieren eine Kirche, der bescheidene Palacio Municipal und das moderne **Museo Regional de Arqueología** (☎ 7880-3650; Eintritt 30 Q; Di–Sa 8–16 Uhr), in dem ein paar faszinierende Ausgrabungsgegenstände ausgestellt sind. Highlight ist eine Jademaske. Die kleine, aber bedeutsame Sammlung umfasst kleine Figuren, Reliefarbeiten und „Schläger", die bei Ballspielen zum Einsatz kamen.

Schlafen & Essen

Guest House Paxil de Cayala (☎ 7880-3129; EZ/DZ ohne Bad 50/100 Q) Die einzige Unterkunft im Ort ist einen Block von der Plaza entfernt. Für eine Nacht ist sie ganz o.k. In den großen Zimmern sollte man vor Moskitos sicher sein.

Burger Chops (Hauptgerichte 25–45 Q; morgens, mittags & abends) Ebenfalls unweit des Platzes befindet sich das einzige Lokal, das man annähernd als Restaurant bezeichnen könnte.

An den kleinen Straßenständen rund um die Plaza bekommt man Tortillas mit Fleischfüllung für nur 15 Q.

An- & Weiterreise

Busse von Chatía Gomerana fahren zwischen 6 und 16.30 Uhr halbstündlich vom Terminal Centra Sur in Guatemala-Stadt via Escuintla nach La Democracia (20 Q, 2 Std.). Wer aus Santa Lucía Cotzumalguapa anreist, muss einen Bus Richtung Osten nach Siquinalá nehmen (8 km entfernt) und dort umsteigen.

SIPACATE

Eineinhalb Stunden von Santa Lucía entfernt liegt Guatemalas Surferhochburg. Die Wellen sind im Schnitt 2 m hoch, die beste Zeit zum Wellenreiten die Monate Dezember bis April. Zwischen Stadt und Strand verläuft der Canal de Chiquimulilla. Merkwürdigerweise wirkt der Strand noch relativ unberührt: Es gibt nur eine Handvoll Hotels; Budgetreisende sollten das **El Paradon** (☎ 4593-2490; www.surfguatemala.net84.net; Zeltplätze/B/Zi. ohne Bad 20/45/170 Q/Pers.) ansteuern, ein rustikales kleines Surfercamp östlich des Orts. Es wird von guatemaltekischen Wellenreitern betrieben, die Bretter und Kajaks verleihen und darüber hinaus Surfstunden und gutes, einfaches Essen (30–50 Q) anbieten. Im Voraus reservieren!

Gegenüber von Sipacate liegt auf der anderen Seite des Kanals die **Rancho Carillo** (☎ 5517-1069; www.marmaya.com; Zi. ab 375 Q, Bungalows für 6 Pers. ab 800 Q;). Die Bootsfahrt kostet hin & zurück 30 Q. Der einzige „Lärm", der einen hier nachts wach halten könnte, ist das Rauschen der Brandung. Wer telefonisch reserviert, kann eventuell einen günstigeren Preis aushandeln. Surfbretter werden vor Ort verliehen. In der Stadt gibt es ein paar günstigere, sehr einfache *hospedajes* (EZ/DZ 35/80 Q) – bevor man sich hier einquartiert, sollte man berücksichtigen, dass zum Strand immer eine Bootsfahrt fällig wird. Busse aus Guatemala-Stadt (Terminal Centra Sur; 32 Q, 3½ Std.) passieren La Democracia alle zwei Stunden auf dem Weg nach Sipacate.

ESCUINTLA

144 720 Ew.

Escuintla ist heiß, laut und überbevölkert. Zahlreiche Busse verbinden die Stadt mit dem Rest des Landes – das war's dann aber auch fast schon. Die Banken sind rund um die Plaza ansässig, einen Block vom Busterminal den Hügel hinauf findet sich ein **Geldautomat** (Farmacia Herdez; Ecke 13a Calle & 4a Av). Die Hotels und Restaurants sind kaum der Rede wert. Wer eine Unterkunft benötigt, könnte das **Hotel Costa Sur** (☎ 5295-9528; 12a Calle 4-13; EZ/DZ 80/110 Q; ❄) unweit der Banco Reformador ansteuern. Die Zimmer sind in Ordnung und angenehm kühl (mit TV & Ventilator); ein Zimmer mit Klimaanlage kostet 20 Q extra. Das **Hotel Sarita** (☎ 7888-1959; Av Centro América 15-32; EZ/DZ 380/480 Q; ❄ 📶 🏊) hinter dem gleichnamigen, herrlich klimatisierten Restaurant (Hauptgerichte 40–70 Q) ist komfortabler.

Alle am Terminal abfahrenden Busse passieren die 1a Av. Wer jedoch ein Sitzplatz will, muss sich zum Busbahnhof im Süden der Stadt aufmachen (ein Stück abseits der 4a Av). Am Eingang befindet sich eine Scott-77-Tankstelle. Busse nach Antigua (7 Q, 1 Std.) starten von 5.30 bis 16.30 Uhr ca. alle 30 Minuten. Verbindungen nach Guatemala-Stadt (35 Q, 1½ Std.) gibt's von 5 bis 18 Uhr ca. alle 20 Minuten (Abfahrt an der Straße vor dem Terminal). Um 12.50, 15.30 und 16.50 Uhr machen sich Busse nach Monterrico auf den Weg (25 Q, 1 Std.); alternativ kann man einen Bus nach Puerto San José oder Iztapa nehmen und dort umsteigen. Busse, die über die Carretera al Pacífico fahren, setzen Reisende möglicherweise im Norden der Stadt ab; wenn man zum Hauptterminal gelangen will, steht einem ein schweißtreibender Marsch durch das chaotische Stadtzentrum bevor.

MONTERRICO

Monterrico ist ein recht hübsches und beliebtes Wochenendziel der Einheimischen sowie der Sprachschüler aus Antigua. Das Städtchen mausert sich langsam zu einem Badeort.

Vor allem am südlichen Stadtrand stehen ein paar ziemlich protzige Wochenendhäuser von Geschäftsleuten aus Guatemala-Stadt. Im Vergleich mit den einfachen, strohgedeckten Hütten veranschaulichen sie mehr als deutlich die riesige Kluft zwischen Arm und Reich in Guatemala. Am Strand kann man ganz gut baden – und hin und wieder erwischt man auch ein paar ordentliche Surfwellen. Doch Vorsicht: Die heimtückische Strömung fordert jedes Jahre mehrere Menschenleben!

Während es in Monterrico an den Wochenenden hoch hergehen kann, herrscht unter der Woche eine weit entspanntere Atmosphäre (dann sind auch Unterkünfte oft günstiger zu haben). Im Ort gibt's eine Post (Calle Principal), aber keine Bank. Ins Internet gelangt man bei **Speed Internet** (12 Q/Std.) in der Hauptstraße unweit des Fähranlegers (das „Speed" im Namen sollte man nicht wörtlich nehmen). Eine nützliche Infoquelle für Touristen ist die Schule Proyecto Lingüístico Monterrico (S. 182).

Auf der anderen Seite der Stadt erstreckt sich hinterm Strand ein Geflecht aus Mangrovensümpfen und Kanälen, die zum 190 km langen Canal de Chiquimulilla gehören. Auch ein großes Tierschutzgebiet und eine Aufzuchtstation für Meeresschildkröten und Kaimane befinden sich in der Nähe.

Sehenswertes & Aktivitäten

Eine besondere Attraktion ist der **Biotopo Monterrico-Hawaii**, ein 20 km langes Naturreservat. In den Mangrovensümpfen an der Küste leben Unmengen von Vögeln und Meeresbewohnern. Am Strand legen vom Aussterben bedrohte Leder- und Oliv-Bastardschildkröten ihre Eier ab.

Die Sümpfe sind von Kanälen durchzogen, die 25 versteckte Lagunen miteinander verbinden. Man kann sich einer **Bootsfahrt** durch das Reservat anschließen (1½–2 Std.; 75 Q/Pers., jede weitere Pers. 50 Q). Die besten Chancen, Tiere zu Gesicht bekommen, hat man bei Sonnenaufgang. Passionierte Vogelbeobachter sollten ihren Besuch am besten für den Januar oder Februar einplanen (Fernglas nicht vergessen!). Einheimische hauen Touristen auf der Straße an – manche haben beeindruckende Ausweise! – und bieten sich als Guide an. Wer aber Tortugario unterstützen möchte und Wert auf umweltbewusste Führer legt, sollte sich direkt an Tortugario Monterrico wenden (von Cecon betrieben).

Das **Besucherzentrum von Tortugario Monterrico** (Eintritt 40 Q; 8–12 & 14–17 Uhr) erreicht man nach kurzem Fußweg am Strand Richtung Osten; von den Monterrico-Hotels aus liegt es dann wieder einen Block Richtung Landesinnere (linker Hand, wenn man Richtung Meer blickt). Dort werden verschiedene bedrohte Tierarten aufgezogen, z. B. Leder, Oliv-Bastard- und Suppenschildkröten, Kaimane und Iguanas. Zu den Einrichtungen zählen ein interessanter Lehrpfad und ein kleines Museum mit in Flaschen konservierten Exponaten. Die Angestellten organisieren Lagunenfahrten (s. S. 182), von September bis Februar auch Nachtwanderungen (25 Q), bei denen Schildkröteneier gesucht werden. Freiwillige Helfer sind herzlich willkommen.

Proyecto Lingüístico Monterrico (☎ 5475-1265; espanolmonterrico@yahoo.com; Calle Principal) ist eine renommierte Sprachschule im Zentrum von Monterrico; 20 Unterrichtsstunden pro Woche kosten 750/1150/1250 Q (nur Unterricht/mit Unterkunft bei einer Familie vor Ort/Selbstverpfleger-Unterkünfte).

Die von Arcas betriebene **Reserva Natural Hawaii** (☎ 4144-2142; www.arcasguatemala.com) 8 km östlich von Monterrico ist über den Strand zu erreichen. Sie schützt einen Brutplatz für Meeresschildkröten und bietet ein paar Kaimanen ein Zuhause. Das Reservat ist der „Konkurrent" von Cecon. Freiwillige sind das ganze Jahr über willkommen. Die eigentliche „Schildkrötensaison" dauert von Juni bis November; die meisten Eier legen die Tiere im August und September. Volunteers müssen pro Woche 580 Q für ein Zimmer zahlen, Mahlzeiten kosten extra (es besteht auch die Möglichkeit, bei Einheimischen zu wohnen). Am Anlegesteg von Monterrico fährt unter der Woche alle paar Stunden ein Bus (5 Q, 30 Min.) zum Schutzgebiet, am Wochenende sogar stündlich (die Fahrt ist ziemlich holprig). Auch Pick-ups (30 Q/Pers.) sind auf dieser Strecke unterwegs. Mehr Infos gibt's auf der Webseite von Arcas.

Der in Guatemala-Stadt beheimatete Veranstalter **Productos Mundiales** (☎ 2366-1026; www.productos-mundiales.com; 3a Av 17-05, Zona 14, Guatemala-Stadt) bietet Touren an, bei denen man diverse Meeresbewohner beobachten kann (ab 1250 Q/Pers., 6 Std.); Abfahrt im nahe gelegenen Puerto Iztapa. Man hat das ganze Jahr über gute Chancen, Grindwale, Große Tümmler, Ostpazifische Delfine, Oliv-Bastard- und Lederschildkröten, Mantarochen und Walhaie zu sehen. Von Dezember bis Mai bekommt man eventuell auch Buckel- und Pottwale vor die Linse. Ohne Reservierung geht gar nichts (5 Tage im Voraus); mehr Infos auf der Webseite.

Schlafen & Essen

Sofern nicht anders vermerkt, stehen die hier aufgeführten Hotels am Strand. Um sich einen anstrengenden Marsch durch den Sand zu ersparen, sollte man in die letzte Straße vor dem Strand links abbiegen – mit Ausnahme des Hostel El Gecko sind alle Unterkünfte über diese zu erreichen. Die meisten haben hauseigene Restaurants, in denen fangfrische Meeresfrüchte und Fisch auf den Tisch kommen. In vielen Unterkünften bekommt man zudem Rabatte, wenn man drei oder mehr Nächte bleibt. Wer am Wochenende anreist, sollte besser reservieren; andernfalls muss man eventuell auf der Suche nach einem freien Zimmer einen anstrengenden Spaziergang in brütender Hitze auf sich nehmen. Im Folgenden sind Wochenendpreise angegeben. Unter der Woche kann man durchaus versuchen, einen Rabatt auszuhandeln.

Johnny's Place (☎ 5812-0409; www.johnnysplacehotel.com; B 45 Q, Zi. 160 Q, Bungalows für 4 Pers. 350 Q; P) Die erste Unterkunft, die man erreicht, wenn man am Strand abbiegt, und zugleich eine der größten. Die Zimmer könnten hübscher sein: Einige sind heruntergekommen, andere ziemlich düster. Die Atmosphäre ist jedoch ganz nett – Johnny beherbergt ein bunt gemischtes Völkchen aus Backpackern und Familien.

Hostel El Gecko (B mit/ohne Küchenbenutzung 50/35 Q) Wenn man von den übrigen Hotels aus in die entgegengesetzte Richtung geht – sprich: von der Calle Principal rechts abbiegt –, ist das El Gecko die erste Unterkunft, zu der man gelangt. Das sehr schlichte Hostel wird von einem jungen einheimischen Pärchen betrieben. Schnickschnack sucht man vergeblich. Dennoch ist das Hostel dank günstiger Betten und netter Atmosphäre bei Backpackern sehr beliebt.

Brisas del Mar (☎ 5517-1142; EZ/DZ 60/120 Q; P) Hinter dem Johnny's steht eine Block vom Strand entfernt der beliebte Newcomer mit angenehm großen Zimmern und einem Restaurant mit Meerblick im 2. Stock.

El Mangle (☎ 5514-6517; Zi. mit Ventilator/Klimaanlage 125/250 Q; P) Die nette, kleine Unterkunft 300 m weiter am Strand zeichnet sich durch eine vielseitige Deko aus. Die Zimmer haben eine passable Größe, auf den separaten Veranden baumeln Hängematten. In dem Restaurant werden superleckere Holzofenpizzas zubereitet.

Hotel Pez de Oro (☎ 2368-3684; www.pezdeoro.com; EZ/DZ 350/390 Q; P) Die wohl schickste Bleibe der Stadt. Man übernachtet in gemütlichen kleinen Hütten und Bungalows, die sich über das schattige Gelände verteilen. Die Zimmer sind geschmackvoll dekoriert, mit großen Deckenventilatoren ausgestattet und in fröhlichen Farben gehalten (Blau und Gelb). In dem hervorragenden Restaurant mit Meerblick gibt's italienische Küche und Seafood. Pastagerichte gibt's ab 50 Q, einen ganzen Fisch ab 60 Q.

Taberna El Pelicano (Hauptgerichte 60–120 Q; Mi–Sa mittags & abends) Das mit Abstand beste Restaurant der Stadt überzeugt mit einer umfangreichen Speisekarte und interessanten Spezialitäten, darunter Meeresfrüchte-Risotto (70 Q), Rindfleisch-Carpaccio (55 Q) und einige Kreationen mit Riesengarnelen (120 Q).

Einige einfache Fischrestaurants säumen die Calle Principal. Das leckerste und zugleich günstigste Essen gibt's in den beiden namenlosen *comedores* in der letzten Straße rechter Hand vorm Strand. Dort kostet ein Teller mit Knoblauchkrabben, Reistortillas, Pommes frites und Salat nur 40 Q.

Ausgehen & Unterhaltung

Las Mañanitas (Hauptgerichte 50–80 Q; mittags–open end) Am Strand am Ende der Hauptstraße befindet sich diese kleine Bar – genau die Art von Lokal, die in Monterrico gefehlt hat. Die Gäste machen es sich in Hängemattenstühlen mit Blick auf den Strand gemütlich, die Auswahl an Getränken ist gut, die Musik angenehm.

Playa Club (Johnny's Place; ☎ 5812-0409; www.johnnysplacehotel.com) In dem Club geht an den Wochenenden die Post ab. Das Publikum wird mit Reggaetón, House und speziellen Getränkeangeboten bei Laune gehalten.

An- & Weiterreise

Es gibt zwei Möglichkeiten, nach Monterrico zu gelangen: Wer aus Guatemala-Stadt oder Antigua anreist, nimmt am besten einen der Busse, die direkt durch Monterrico fahren, seitdem die Brücke bei Pueblo Viejo fertiggestellt wurde. Entlang des Streckenabschnitts zwischen Pueblo Viejo und Monterrico eröffnen sich faszinierende Einblicke in den guatemaltekischen Alltag.

Option Nummer 2 führt nach La Avellana, wo *lanchas* und Autofähren nach Monterrico ablegen. Cubanita betreibt einige wenige Direktbusse, die zwischen La Avellana und Guatemala-Stadt (40 Q, 4 Std., 124 km) verkehren. Alternativ kann man erst nach Taxisco am Hwy CA-2 fahren und dort in einen Bus nach La Avellana umsteigen. Von 5 und 16 Uhr gibt es halbstündliche Verbindungen zwischen Guatemala-Stadt und Taxisco (35 Q, 3½ Std.). Auf der Strecke Taxisco–La Avellana (5 Q, 40 Min.) verkehren Busse von 7 bis 16.30 Uhr etwa stündlich; Taxifahrer werden einem jedoch weismachen wollen, dass man den letzten Bus gerade verpasst hat – egal, zu welcher Tageszeit. Eine Taxifahrt von Taxisco nach La Avellana kostet ca. 60 Q.

In La Avellana setzt man mit einer *lancha* oder Autofähre nach Monterrico über. Die *lanchas* benötigen eine halbe Stunde für die Fahrt auf dem Canal de Chiquimulilla, einem langen, von Mangroven gesäumten Kanal (5 Q/Pers.). Das erste Boot legt morgens gegen 4.30 Uhr ab, danach macht sich bis zum späten Nachmittag alle 30 bis 60 Minuten eine lancha auf den Weg. Wer bereit ist, mehr zu zahlen, kann ein Boot chartern. Die Autofähre kostet 80 Q pro Wagen.

Shuttleservice-Anbieter organisieren Fahrten ab Monterrico: **Mario's Tours** (☎ 7762-6040; www.mariostours.net; Calle Principal, Panajachel) fährt nach Panajachel (370 Q/Pers.), **Adrenalina Tours** (www.adrenalinatours.com) bedient Antigua (125 Q), Panajachel (415 Q) und San Pedro la Laguna (330 Q). Nicht alle Fahrten werden täglich durchgeführt, es gibt aber auf jeden Fall zwei Verbindungen pro Tag nach Antigua/Guatemala-Stadt für 60/130 Q (Abfahrt vor der Sprachschule Proyecto Lingüístico Monterrico um 13 & 16 Uhr); Tickets erhält man in der Schule.

ZENTRAL-GUATEMALA

Diese Region ist genau das Richtige, wenn man sich abseits ausgetretener Pfade bewegen möchte. Während Tourbusse ohne Unterlass auf der Strecke zwischen der Hauptstadt und Tikal hin und her sausen, können unabhängige Individualreisende hier Unmengen unbekannter Attraktionen entdecken.

Semuc Champey und die Grutas de Lanquín stehen auf der To-do-Liste aller Guatemala-Besucher, doch es gibt Hunderte weiterer Höhlen, Wasserfälle und Naturwunder, die darauf warten, erkundet zu werden. Die meisten davon sind rund um die etablierte Traveller-Hochburg Cobán zu finden. Wer sich ein wenig inspirieren lassen möchte, sollte einen Blick auf die Website www.cobanav.net werfen.

SALAMÁ

30 100 Ew. / 940 m

Salamá ist ein Musterbeispiel für das nicht zu heiße, aber auch nicht zu kühle Klima des Departamento Baja Verapaz – ideal, um die Sehenswürdigkeiten der Stadt zu entdecken. Eine hervorragende Infoquelle zu Salamá und Umgebung ist www.laverapaz.com.

In El Rancho, 84 km von Guatemala-Stadt entfernt, zweigt von der Carretera al Atlántico der Hwy 17 ab, der auf Karten auch als CA-14 bezeichnet wird. Er führt zunächst Richtung Westen durch eine trockene, wüstenähnliche Tiefebene und dann gen Norden in bewaldete Hügel hinauf bis nach Salamá.

In der Filiale von **Banrural** (Mo–Fr 9–17, Sa bis 13 Uhr) an der Südseite der Plaza (gegenüber der Kirche) kann man Bargeld und Reiseschecks wechseln. Der Geldautomat akzeptiert Visa und MasterCard. Ins Internet (6 Q/Std.) kommt man bei Telgua, unmittelbar östlich der Plaza. Eine Polizeiwache befindet sich einen Block westlich der Plaza.

Sehenswertes

Im hübschen Salamá erinnern ein paar Bauwerke an die spanische Herrschaft. Am Hauptplatz steht die reich verzierte **Kolonialkirche**, in der mit Blattgold überzogene Altäre und eine mit Schnitzereien verzierte Kanzel besichtigt werden können (links vor dem Altar). Unbedingt anschauen sollte man auch die Jesusfigur in dem gläsernen Sarg. Baumwolltücher stecken in seinen Wundmalen, unter dem Haaransatz sind Blutstropfen zu sehen. Eine dicke Mascara-Schicht und das Kissen aus silbernem Laméstoff, auf dem sein Kopf ruht, runden das Bild ab. Der **Markt** von Salamá zieht vor allem sonntags ein bunt gemischtes, guatemaltekisches Publikum an.

Geführte Touren

Für **EcoVerapaz** (☎ 5722-9095; ecoverapaz@hotmail.com; 8a Av 7-12, Zona 1) arbeiten gut ausgebildete einheimische Naturkenner, die interessante Touren in ganz Baja Verapaz durchführen, z. B. Höhlenbesichtigungen, Vogelbeobachtungen, Wanderungen, Ausritte und Ausflüge für Orchideenfans. Das Unternehmen hat zudem eine Museums- und Kunsthandwerkstour nach Rabinal im Angebot und organisiert Fahrten zu den berühmten Rodeos von Baja Verapaz. Die Führer sprechen ein bisschen Englisch. Eine eintägige Tour kostet 350 Q pro Person. Es gibt Gruppenrabatte.

Schlafen

Turicentro Las Orquídeas (☎ 7940-1622; Carretera a Salamá km 147; Stellplatz 30 Q) Traveller mit eigener Campingausrüstung können das Turicentro ansteuern, das ein paar Kilometer östlich von Salamá am Highway 17 liegt. Auf einer Wiese kann man sein Zelt aufschlagen. Außerdem gibt's ein Café, einen Pool und Hängematten. Auch wer in einer anderen Unterkunft übernachtet, kann den Pool für 20 Q pro Person und Tag nutzen.

BAJA VERAPAZ INTENSIVER ERLEBEN

Rund um Salamá befinden sich ein paar tolle, aber kaum beachtete Sehenswürdigkeiten.

Zwischen dem Highway und Salamá gibt es im Dorf **San Jerónimo** eine wunderschöne **Kirche** und eine ehemalige Zuckermühle, die heute als **Museum** (Eintritt frei; Mo–Fr 8–16, Sa & So 10–12 & 13–16 Uhr) dient. Auf der Plaza stehen ein paar große bearbeitete Steine, die schon sehr, sehr alt sind.

9 km westlich von Salamá liegt die Gemeinde **San Miguel Chicaj**, die für die traditionelle **Fiesta** vom 25. bis 29. September und ihr Webhandwerk bekannt ist.

Hinter San Miguel stößt man auf die Kolonialstadt **Rabinal**. Sie ist berühmt für Keramikarbeiten, Zitrusfruchtplantagen und die Pflege präkolumbischer Traditionen. Sehenswert ist auch die jährliche **Fiesta zu Ehren des hl. Petrus** (19. bis 25. Januar).

Östlich des Highways stürzt sich der angeblich „höchste" Wasserfall Zentralamerikas in die Tiefe, der **Salto de Chilascó** (www.chilasco.net.ms; Eintritt 15 Q). Die hiesige Gemeinde betreibt ein Tourismusprogramm mit Übernachtungsmöglichkeiten. Mehr Infos auf der Webseite.

Hotel Rosa de Sharon (☎ 5774-8650; 5a Calle 6-39; EZ/DZ 80/130 Q; Ⓟ) Die hübschen, hellen Zimmer mit Blick über das gut besuchte Marktgelände befinden sich ein Stück abseits der Straße, sind also angenehm ruhig. Sie sind zudem groß und sauber und mit schrulligen Gegenständen ausgestattet, z. B. schmiedeeisernen Huthaltern, die an Bäume erinnern.

Posada de Don Maco (☎ 7940-0083; 3a Calle 8-26; EZ/DZ 110/140 Q; Ⓟ) Die saubere, familienbetriebene Unterkunft hat einfache, geräumige Zimmer mit Ventilatoren und guten Bädern. Im Hof „wohnen" in Käfigen ein paar Eichhörnchen.

Essen

Man muss sich nicht weit von der Plaza entfernen, um gut zu essen. Man sollte sich allerdings zeitig auf den Weg machen – die Restaurants schließen früh (die einzige Ausnahme ist das Pollo Campero an der Plaza).

Café Deli-Donas (15a Calle 6-61; Kuchen 15 Q, Sandwiches 25 Q, licuados 15 Q; Mo–Sa 8–18 Uhr) Das ausgesprochen nette, kleine Café (hier duften sogar die Toiletten gut!) ist eine Art Oase auf dem hektischen Marktgelände. Der Kaffee ist hervorragend. Es gibt hausgemachten Kuchen und leichte Mahlzeiten.

Antojitos Zacapanecos (Ecke 6a Calle & 8a Av; Hauptgerichte 20 Q; mittags & abends) Wenn es mal Fast Food „der besonderen Art" sein soll, sollte man ein paar der riesigen mit Hühnchen, Schwein oder Rind gefüllten Mehltortillas probieren. Tipp: sich eine zum Mitnehmen bestellen und dann auf der Plaza ein Picknick machen.

Cafetería Central (Ecke 15a Calle & 9a Av; Mittagessen 30 Q; morgens & mittags) Herzhaftes, sättigendes Mittagessen erwartet hungrige Traveller vom Café Deli-Donas aus ein paar Türen weiter Richtung Plaza. Ein wahres Festmahl ist z. B. das Menü mit Hühnerbrühe, gegrilltem Huhn, Reis und Salat als Hauptgang und (eventuell) einer Mango zum Nachtisch.

An- & Weiterreise

Von 3 bis 20 Uhr fährt an der Nordostecke des Parks stündlich ein Bus nach Guatemala-Stadt ab (30–40 Q, 3 Std., 151 km). Der Bus um 3 Uhr ist ein Pullman, aber auch später kommen immer mal wieder Luxusbusse vorbei. Wer sitzen möchte, sollte frühzeitig an der Haltestelle eintrudeln. Die aus Guatemala-Stadt kommenden Busse verlassen Salamá in westlicher Richtung nach Rabinal (5 Q, 40 Min., 19 km) und legen anschließend weitere 15 km bis Cubulco zurück. Busse nach San Jerónimo (4 Q, 25 Min.), La Cumbre (3 Q, 25 Min.) und Cobán (20 Q, 1½–2 Std.) fahren an der Nordwestecke des Parks vorm Antojitos Zacapanecos ab (frühmorgens bis 16 Uhr, ca. alle 30 Min.).

BIOTOPO DEL QUETZAL

Entlang des Highways CA-14 gelangt man bei Kilometer 161 bzw. 34 km nördlich der Abzweigung nach Salamá zum Biotopo Mario Dary Rivera-Reservat, das unter dem Namen **Biotopo del Quetzal** (Eintritt 35 Q; 7–16 Uhr) bekannt ist; in der Nähe liegt das Dorf Purulhá (keine touristische Infrastruktur). Die Fahrt ist ziemlich ernüchternd: Komplette Hänge wurden abgeholzt und sind mit großen schwarzen Plastikplanen abgedeckt, welche das Wachstum der *xate* begünstigen sollen, einer kleinen, grünen Palmenart, die für den Export bestimmt ist (sie wird für Blumengestecke verwendet).

Wer hergekommen ist, um einen Quetzal zu sehen, den Nationalvogel Guatemalas, muss auf eine Enttäuschung gefasst sein. Die Vögel sind selten und scheu, ihr natürlicher Lebensraum, der üppig grüne, hoch gelegene Nebelwald, ist nahezu vollständig zerstört. Am ehesten erspäht man die Tiere zwischen Februar und September. Die Nebelwälder sind aber auch ohne Begegnungen mit Quetzals einen Besuch wert.

Zwei gut ausgebaute Wanderwege führen durch das Reservat, vorbei an mehreren Wasserfällen, die sich zumeist in natürliche Schwimmbecken ergießen. Tief im Wald steht der etwa 450 Jahre alte **Xiu Ua Li Che** (Groß-

BIOTOPO DEL QUETZAL – IN DIE VOLLEN!

Das vermutlich schönste Hotel in der Region Verapaz ist das **Hotel Restaurant Ram Tzul** (☎ 2355-1904; www.m-y-c.com.ar/ramtzul; Hwy 14, bei Km 158; EZ/DZ 245/355 Q; Ⓟ), 3 km vom Eingang zum *biotopo* entfernt. Der Restaurant-/Aufenthaltsbereich befindet sich in einem großen, strohgedeckten Gebäude mit Feuerstellen. Die Atmosphäre ist super und steht ganz unter dem Motto „rustikal mit Stil" – das gilt auch für die eleganten, geräumigen Zimmer und Bungalows. Wasserfälle und diverse Schwimmgelegenheiten runden das Bild ab.

vaterbaum), den es schon gab, als die spanischen Eroberer in den hiesigen Bergen gegen die Rabinal-Mayas kämpften.

Das Naturschutzgebiet wartet mit einem Besucherzentrum, einem kleinen Laden mit Getränken und Snacks und einem Zelt- und Grillbereich auf. Die Campingregeln ändern sich ständig. Am besten wendet man sich an **Cecon** (☎ 2331-0904; www.usac.edu.gt/cecon, spanisch; Av La Reforma 0-63, Zona 10, Guatemala-Stadt); Cecon verwaltet dieses und weitere *biotopos*. Manchmal sind Wanderkarten auf Englisch und Spanisch (5 Q) im Besucherzentrum erhältlich. Sie enthalten auch eine Übersicht von 87 Vogelarten, die im Reservat heimisch sind. Außerdem lassen sich vielleicht Spinnenaffen und *tigrillos* (erinnern an Ozelots) blicken. Viel Glück!

Übernachten kann man im **Parque Ecológico Gucumatz** (☎ 5368-6397; EZ/DZ altes Gebäude 100/140 Q, neues Gebäude 130/170 Q; Ⓟ), der sich 200 m vom Eingang zum *biotopo* mitten im Urwald an einem Hügel befindet. Die schlichten Zimmer haben eine vernünftige Größe (Kaltwasserduschen im älteren Gebäude, Warmwasserduschen im neueren Gebäude aus Beton). Auch die Preise sind in Ordnung. Es gibt zudem einfache Mahlzeiten (Hauptgerichte ca. 30 Q; auch vegetarische Speisen).

Alle Busse ab/nach Guatemala-Stadt halten am Parkeingang. Für den Rückweg hält man am besten einen (Micro-) Bus nach El Rancho an und steigt dort um. Die Straße zwischen dem *biotopo* und Cobán ist ziemlich kurvig, aber in gutem Zustand. Wenn man in die immergrünen Wälder hinauffährt, wird man die eine oder andere tropische Pflanze entdecken.

COBÁN

67 000 Ew. / 1320 m

Cobán für sich betrachtet ist sicher keine Sehenswürdigkeit, doch können von hier aus sämtliche Naturwunder von Alta Verapaz problemlos erreicht werden. In der wohlhabenden Stadt herrscht eine optimistische Grundstimmung. Gäste, die schon einmal vor längerer Zeit hier waren, werden erstaunt feststellen, wie enorm sich der Ort gemacht hat.

Die Gegend war einst eine Bastion der Rabinal-Mayas, im 19. Jh. ließen sich dann deutsche Einwanderer nieder. Sie gründeten ausgedehnte Kaffee- und Kardamom-*fincas* und verpassten Cobán das Aussehen und Flair einer deutschen Berggemeinde. Die Zeit der kulturellen und wirtschaftlichen Dominanz der deutschen Siedler endete im Zweiten Weltkrieg: Die USA setzten bei der guatemaltekischen Regierung durch, die einflussreichen *finca*-Besitzer auszuweisen, von denen viele Parteigänger der Nazis waren.

> **INSIDERTIPPS**
>
> Ich bin immer überrascht, wenn Traveller nach Cobán kommen, aber dem Parque Nacional Las Victorias (siehe S. 185) keinen Besuch abstatten. Wir haben einen traumhaften Nationalpark in Zentrumsnähe – wo gibt es so etwas schon?
>
> *Encarnación Morán, Cobán*

Rabin Ajau, das schönste Folklore-Fest Guatemalas, findet Ende Juli oder Anfang August statt.

Orientierung & Praktische Informationen

Alles, was des Travellers Herz begehrt, ist unweit der Plaza zu finden. Ein Großteil der Busse hält außerhalb (nördlich) der Stadt am Busterminal Campo Dos. Von dort benötigt man zu Fuß 15 Minuten (2 km) bis zur Plaza; eine Taxifahrt kostet 10 Q. Cobáns Zentrum liegt auf einer Anhöhe, man wird also viel bergauf und bergab spazieren müssen.

Neben den nachfolgend genannten Adressen ist auch die Casa d'Acuña (S. 189) eine gute Informationsquelle.

Banco G&T (1a Calle) Gegenüber dem Casa Blanc Hostel. Der Geldautomat akzeptiert MasterCard. Man kann US-Dollar und Reiseschecks tauschen.

Banco Industrial (Ecke 1a Calle & 7a Av, Zona 1) Hat einen Visa-Geldautomaten, wechselt US-Dollar und Reiseschecks.

Cybercobán (3a Av 1-11, Zona 4; 5 Q/Std.) Östlich der Plaza.

Inguat (☎ 7951-0216; 7a Av 1-17, Zona 1; 🕑 Mo–Fr 8–16, Sa 9–13 Uhr)

Lavandería Econo Express (7a Av 2-32, Zona 1; Waschen & Trocknen 30 Q) Waschsalon.

Mayan Internet (6a Av 2-28; 5 Q/Std.) Westlich der Plaza.

Municipalidad (1a Calle, Zona 1; ☎ 7952-1305, 7951-1148) Engagierte junge Angestellte arbeiten in dem Büro hinter der Polizeiwache.

Post (Ecke 2a Av &3a Calle) Einen Block südöstlich der Plaza. Vor Telgua an der Plaza befindet sich eine Reihe von Kartentelefonen.

Sehenswertes & Aktivitäten

TEMPLO EL CALVARIO

Am nördlichen Ende der 7a Av Zona 1 führt eine lange Treppe zu der Kirche hinauf, die

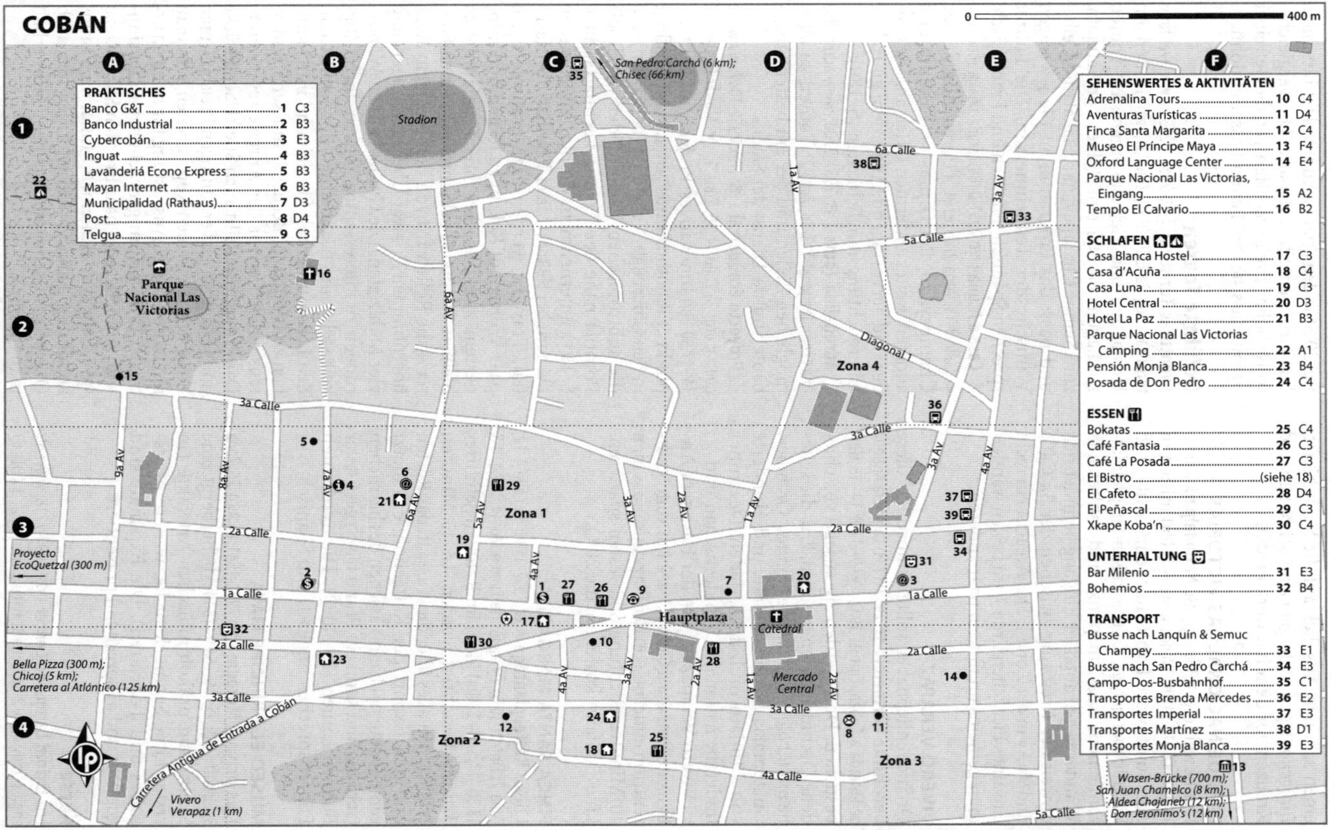
COBÁN
0
400 m
PRAKTISCHES
Banco G&T 1 C3
Banco Industrial 2 B3
Cybercobán 3 E3
Inguat 4 B3
Lavanderiá Econo Express 5 B3
Mayan Internet 6 B3
Municipalidad (Rathaus) 7 D3
Post 8 D4
Telgua 9 C3
SEHENSWERTES & AKTIVITÄTEN
Adrenalina Tours 10 C4
Aventuras Turísticas 11 D4
Finca Santa Margarita 12 C4
Museo El Príncipe Maya 13 F4
Oxford Language Center 14 E4
Parque Nacional Las Victorias, Eingang 15 A2
Templo El Calvario 16 B2
SCHLAFEN
Casa Blanca Hostel 17 C3
Casa d'Acuña 18 C4
Casa Luna 19 C3
Hotel Central 20 D3
Hotel La Paz 21 B3
Parque Nacional Las Victorias Camping 22 A1
Pensión Monja Blanca 23 B4
Posada de Don Pedro 24 C4
ESSEN
Bokatas 25 C4
Café Fantasia 26 C3
Café La Posada 27 C3
El Bistro (siehe 18)
El Cafeto 28 D4
El Peñascal 29 C3
Xkape Koba'n 30 C4
UNTERHALTUNG
Bar Milenio 31 E3
Bohemios 32 B4
TRANSPORT
Busse nach Lanquín & Semuc Champey 33 E1
Busse nach San Pedro Carchá 34 E3
Campo-Dos-Busbahnhof 35 C1
Transportes Brenda Mercedes 36 E2
Transportes Imperial 37 E3
Transportes Martínez 38 D1
Transportes Monja Blanca 39 E3
San Pedro Carchá (6 km); Chisec (66 km)
Stadion
Parque Nacional Las Victorias
6a Calle
5a Calle
3a Calle
2a Calle
1a Calle
4a Calle
5a Calle
Diagonal 1
1a Av
2a Av
3a Av
4a Av
5a Av
6a Av
7a Av
8a Av
9a Av
Zona 1
Zona 2
Zona 3
Zona 4
Hauptplaza
Catedral
Mercado Central
Proyecto EcoQuetzal (300 m)
Bella Pizza (300 m); Chicoj (5 km); Carretera al Atlántico (125 km)
Carretera Antigua de Entrada a Cobán
Vivero Verapaz (1 km)
Wasen-Brücke (700 m); San Juan Chamelco (8 km); Aldea Chajaneb (12 km); Don Jeronimo's (12 km)

GUATEMALA

einen schönen Ausblick auf die Stadt bietet. *Indígenas* legen Opfergaben an Schreinen und Kreuzen vor dem Bauwerk nieder.

PARQUE NACIONAL LAS VICTORIAS

Der bewaldete, 82 ha große **Nationalpark** (Eintritt 10 Q; 8–16.30 Uhr, Wanderwege 9–15 Uhr) mitten in der Stadt wartet mit Teichen, Grill- und Picknickbereichen, Zelt- und Kinderspielplätzen, einem Aussichtspunkt und zahlreichen Wanderwegen auf. Der Eingang befindet sich unweit der Kreuzung zwischen der 3a Calle und 9a Av in der Zona 1. Das Areal ist ein recht einsames Fleckchen Erde – am besten wandert man gemeinsam mit ein paar anderen.

VIVERO VERAPAZ

Orchideenliebhaber sollten unbedingt diese berühmte **Gärtnerei** (☎ 7952-1133; Carretera Antigua de Entrada a Cobán; Eintritt 10 Q; 9–12 & 14–16 Uhr) besuchen. Dort werden zigtausend verschiedene Orchideenarten gezogen, z. B. die seltene *monja blanca*, die weiße Nonnen-Orchidee, Guatemalas Nationalblume, und Hunderte von Miniaturorchideen. Jeden Dezember findet die nationale Orchideenschau statt.

Vivero Verapaz liegt an der Carretera Antigua de Entrada a Cobán, ca. 2 km vom Stadtzentrum entfernt; von der Plaza aus muss man 40 Minuten Richtung Südwesten spazieren. Eine Taxifahrt kostet um die 20 Q.

FINCA SANTA MARGARITA

Diese **Kaffeeplantage** (☎ 7952-1586; 3a Calle 4-12, Zona 2; Eintritt 30 Q; geführte Touren Mo–Fr 8–12.30 & 13.30–17, Sa 8–12 Uhr) kann im Rahmen geführter Touren besichtigt werden. In 45 Minuten erfährt man alles über die Aussaat, das Rösten und den Export der Kaffeebohne. Zuletzt genießt man noch ein Tässchen des herrlichen Gebräus und kann ein Pfund frisch gerösteter Bohnen kaufen (25–40 Q). Die exzellenten Führer sprechen Englisch und Spanisch.

MUSEO EL PRÍNCIPE MAYA

Das private **Museum** (☎ 7952-1541; 6a Av 4-26, Zona 3; Eintritt 10 Q; Mo–Sa 9–18 Uhr) beherbergt eine Sammlung präkolumbischer Artefakte (in erster Linie Schmuckstücke, weitere Accessoires und Tonwaren). Die Exponate sind gepflegt und ansprechend präsentiert.

Kurse

Im **Oxford Language Center** (☎ 5892-7718; www.olcenglish.com; 4a Av 2-16, Zona 3) muss man ca. 1400 Q für 20 Stunden Spanischunterricht bezahlen. Für Gruppen gibt's Rabatte. Die vergleichsweise hohen Preise rechtfertigen die Betreiber damit, dass sie ihre Lehrer besser entlohnen.

Geführte Touren

Aventuras Turísticas (☎ 7951-4213; www.aventurasturisticas.com; 3a Calle 2-38, Zona 3), zu finden im Hostal de Doña Victoria, organisiert Touren zur Laguna Lachuá, den Höhlen von Lanquín, zum Semuc Champey, nach Tikal und Ceibal und passt das Programm an die jeweiligen Wünsche der Teilnehmer an. Die Führer sprechen Spanisch, Englisch und Französisch.

Casa d'Acuña (☎ 7951-0484; casadacuna@yahoo.com; 4a Calle 3-11, Zona 2) bietet Touren zum Semuc Champey, zu den Grutas de Lanquín und anderen, weiter entfernten Orten an. Die Guides sind hervorragend. Außerdem gibt's hier Übernachtungsmöglichkeiten (S. 189).

Adrenalina Tours (☎ 7951-2200; www.adrenalinatours.com; Diagonal 4, 3-36, Zona 2) Touren zu allen möglichen Zielen und der am besten ausgebaute Shuttle-Dienst der Stadt.

Proyecto EcoQuetzal (☎/Fax 7952-1047; www.ecoquetzal.org; 2a Calle 14-36, Zona 1; Mo–Fr 8.30–13 & 14–17.30 Uhr) Innovatives Projekt mit Schwerpunkt „Ethnotourismus". Man kann Ausflüge in den Chicacnab-Nebelwald (bei Cobán) und die subtropischen Regenwälder von Rocjá Pomtilá nahe der Laguna Lachuá (s. auch S. 191) unternehmen, wo die Teilnehmer in Dörfern bei Kekchí-Maya-Familien übernachten. Traveller werden dazu ermuntert, ein paar Wörter auf Kekchí zu lernen und mindestens zwei Tage bei ihrer Gastfamilie zu bleiben. Für 300 Q bekommt man einen Führer – die Rolle wird von den Familienvätern übernommen –, zwei Übernachtungen und vier Mahlzeiten. Die Guides kennen Wanderungen zu interessanten Plätzen. Ihre Tätigkeit stellt eine nachhaltige Möglichkeit dar, den Lebensunterhalt für sich und ihre Familien zu bestreiten. Besucher müssen mindestens einen Tag vor der Anreise reservieren. Das Proyecto verleiht auch Stiefel, Schlafsäcke und Ferngläser zu vernünftigen Preisen – man muss sich also keinen Kopf machen, falls man nicht die richtige Ausrüstung für so ein „rustikales Erlebnis" mitgebracht hat. Es ist sinnvoll, zumindest ein paar Brocken Spanisch zu sprechen. Wer sich einen Monat im Voraus ankündigt, kann von Plattformen aus nach Quetzals Ausschau halten; mehr Infos erhält man im Büro.

Schlafen

Parque Nacional Las Victorias Camping (Zeltplätze 20 Q/ Pers.) Zelten kann man im Parque Nacional Las Victorias mitten in der Stadt. Es gibt fließendes Wasser und Toiletten, Duschen allerdings nicht.

Casa Blanca Hostel (☎ 4034-9291; 1a Calle 3-25, Zona 1; B/EZ/DZ ohne Bad 35/50/100 Q) Sehr beliebt bei Backpackern. Toplage und vernünftige Mehrbettzimmer (4 Pers. in 2 Stockbetten). Im Patio findet man ein einfaches, aber gutes Café. Die jungen Angestellten sind erstklassige Infoquellen.

Hotel La Paz (☎ 7952-1358; 6a Av 2-19, Zona 1; EZ/DZ 40/75 Q; P) Sauberes Hotel mit fröhlicher Atmosphäre und zahlreichen Blumenbeeten. Es liegt eineinhalb Blocks nördlich und zwei Blöcke westlich der Plaza. Tolles Preis-Leistungs-Verhältnis. Nebenan befindet sich eine gute Cafetería.

Casa Luna (☎ 7951-3528; www.cobantravels.com; 5a Av 2-28, Zona 1; B/EZ/DZ ohne Bad, inkl. Frühstück 50/75/150 Q;) Die modernen Zimmer sind um einen hübschen, grünen Hof angeordnet. Die Mehrbettzimmer sind mit Schließfächern ausgestattet, die Einzelzimmer haben ein hübsches Dekor. Blitzsaubere Gemeinschaftsbäder.

Posada de Don Pedro (☎ 7951-0562; cobnposadadonpedro@hotmail.com; 3a Calle 3-12, Zona 2; Zi. pro Pers. mit/ohne Bad 75/40 Q) Familienbetriebene Unterkunft mit geräumigen Zimmern, die mit Terracotta-Fliesen ausgestattet sind und auf einen schönen, kleinen Hof hinausgehen. Ein besonderes Extra sind die netten Sitzbereiche.

Casa d'Acuña (☎ 7951-0482; casadacuna@yahoo.com; 4a Calle 3-11, Zona 2; B/DZ ohne Bad 50/100 Q;) Saubere res, sehr komfortables Hostel im europäischen Stil mit zwei Doppelzimmern und vier Mehrbettzimmern, in denen jeweils vier Betten stehen. Das Bad (inkl. guter warmer Duschen) teilt man sich mit anderen Gästen. Zur Anlage gehören das tolle Restaurant El Bistro (S. 189) und ein Souvenirladen; man kann seine Wäsche waschen lassen und günstige Touren buchen.

LP Tipp Hotel Central (☎ 7952-1442; 1a Calle 1-79, Zona 1; EZ/DZ 120/160 Q; P) Zimmer mit guter Größe und hübsche Sitzbereiche im Freien machen dieses Hotel zu einer guten Wahl. Am besten wählt man eine Unterkunft im hinteren Teil – dort ist die Belüftung besser und man blickt auf die Stadt.

Pensión Monja Blanca (☎ 7952-1712; 2a Calle 6-30, Zona 2; EZ/DZ 170/225 Q, ohne Bad 120/150 Q; P) Eine ruhige Pension trotz der Lage an einer viel befahrenen Straße. Die makellos sauberen Zimmer sind um einen üppig grünen Garten mit Obst- und Hibiskusbäumen angeordnet. Die Zimmer haben einen altmodischen Touch und sind mit zwei hochwertigen Einzelbetten mit traditionellen Bettdecken ausgestattet. Eine gute Adresse für alleinreisende Frauen.

Essen

Die meisten Hotels in Cobán haben ein eigenes Restaurant. Abends parken „mobile Küchen" rund um die Plaza, an denen es mit das günstigste Essen der Stadt gibt. Wie üblich orientiert man sich am besten an der Länge der Warteschlangen.

Xkape Koba'n (2a Calle 5-13, Zona 2; Snacks 15 Q, Hauptgerichte 30 Q; 10–19 Uhr) Der perfekte Ort für ein kleines Päuschen oder einen entspannten Nachmittag. Hinter dem hübschen, kleinen Café befindet sich ein üppig grüner Garten. Auf der kleinen Speisekarte stehen ein paar interessante traditionell angehauchte Gerichte. Der Kuchen ist hausgemacht, der Kaffee köstlich und es steht interessantes Kunsthandwerk zum Verkauf.

Café Fantasia (Oficinas Profesionales Fray Bartolomé de las Casas, 1a Calle 3-13; Frühstück 20–30 Q; Mo–Sa) Gutes, zentral gelegenes Café mit gemütlicher Atmosphäre. Das Angebot umfasst verschiedene heiße Schokoladen, leckeres Frühstück, Gebäck und Kaffee sowie leichte Mahlzeiten. Man kann auf der netten Terrasse fernab vom Verkehr sitzen.

Café La Posada (1a Calle 4-12, Zona 2; Snacks unter 35 Q; 11–19 Uhr) Hat eine Veranda mit Blick auf den Platz und einen gemütlichen Sitzbereich drinnen mit Couches, Kaffeetischen und einem Kamin. Zu essen gibt's u. a. Nachos, Tortillas, Sandwiches, Burger, Tacos, *tostadas* und Obstsalat.

El Peñascal (5a Av 2-61; Hauptgerichte 55–90 Q; mittags & abends) Das wahrscheinlich beste eigenständige Restaurant von Cobán serviert diverse regionale Spezialitäten, guatemaltekische Klassiker, Fleischplatten, Meeresfrüchte und Snacks und hat obendrein ein entspanntes, gehobenes Ambiente.

LP Tipp El Bistro(4a Calle 3-11, Zona 2; Hauptgerichte 60–120 Q; ab 7 Uhr) Das Restaurant des Hostels Casa d'Acuña überzeugt mit authentischen italienischen und anderen europäischen Gerichten, die in dieser hübschen Oase der Ruhe zu den Klängen klassischer Musik auf den Tisch kommen. Neben proteinreichen Hauptgerichten gibt's verschiedene Pastagerichte

(40–65 Q), Salate, hausgemachte Brote, Kuchen und hervorragende Desserts.

Weitere gute Anlaufstellen in Cobán:

El Cafeto (2a Calle 1-36 B, Zona 2; Hauptgerichte 25–40 Q; ⌚ morgens, mittags & abends) Süßes kleines Café an der Plaza mit tollen Mittagsmenüs, einem halbwegs brauchbaren Weinsortiment und hervorragendem Kaffee.

Bella Pizza (2a Calle 13-47, Zona 1; Hauptgerichte 40–60 Q; ⌚ mittags & abends) Gute Auswahl an Pizzas, Pastagerichte und Salaten.

Bokatas (4a Calle 2-34, Zona 2; Hauptgerichte 40–80 Q; ⌚ Abendessen) Freiluft-Restaurant. Die Markenzeichen sind große Steaks und laute Musik.

GUATEMALA

Unterhaltung

In Cobán gibt es ein paar Schuppen zum Feiern und Abtanzen.

Bar Milenio (3a Av 1-11, Zona 4) Hat eine Bar und eine Küche und es gibt einen Billardtisch. Es wird bunt gemischte Musik gespielt.

Bohemios (Ecke 8a Av & 2 Calle, Zona 2; Eintritt 10–25 Q; ⌚ Do–Sa) Eine Riesendisco mit Sitzplätzen auf dem Balkon. Fliegen sind Teil der Arbeitskluft des Personals!

An- & Weiterreise

Die CA-14-/Carretera al Atlántico-Route ist die wichtigste Verbindung zwischen Cobán und der „Außenwelt", Busse bedienen aber auch andere, entlegenere Strecken. Toll ist z. B. die Fahrt von Cobán nach Huehuetenango – man sollte allerdings den Kasten „Die Mutter aller Schotterstraßen" (S. 154) lesen, bevor man die Tour in Angriff nimmt. Alternativ könnte man von Cobán nach El Estor am Lago de Izabal oder via Fray Bartolomé de Las Casas nach Poptún in El Petén fahren.

Mittlerweile kommen zusätzlich zu den bzw. anstatt der klapprigen „Hühnerbusse" auf den meisten Strecken vermehrt Minibusse (Microbusse) zum Einsatz. Viele machen sich am Campo Dos-Busterminal östlich des Stadions auf den Weg.

In der Tabelle (rechte Spalte) sind ein paar Reiseziele aufgeführt, die von dort erreicht werden können.

Folgende Ziele werden nicht vom Campo Dos-Busterminal aus angesteuert:

Cahabón (40 Q; 4½ Std.; 85 km) Dieselben Busse wie nach Lanquín.

El Estor (45 Q; 5 Std.; 166 km) Täglich fahren zwei Minibusse bei Transportes Imperial ab (hinter dem Terminal von Transportes Monja Blanca; 9.30 & 23.30 Uhr). Die Straße ist nach heftigen Regenfällen zum Teil nicht passierbar (im Büro nach dem aktuellen Zustand fragen). Zusätzliche Verbindungen gibt's bei Transportes Brenda Mercedes (3a Av & 3a Calle, Zona 4) um 9.30, 11.30 und 13.30 Uhr.

Guatemala-Stadt (40–55 Q; 4–5 Std.; 213 km) Transportes Monja Blanca (☎ 7951-3571; www.tmb.com.gt; 2a Calle 3-77, Zona 4) bietet von 2 bis 6 Uhr alle 30 Minuten, danach bis 16 Uhr im Stundentakt Fahrten nach Guatemala-Stadt an.

Lanquín (30 Q; 2½–3 Std.; 61 km) Transportes Martínez (6a Calle 2-40, Zona 4) macht sich tagsüber mehrmals auf den Weg. Minibusse starten zwischen 7 und 16 Uhr an der Ecke 5a Calle und 3a Av in Zona 4; einige fahren weiter bis zum Semuc Champey. Am besten erkundigt man sich vor Ort noch mal nach den exakten Zeiten; sie scheinen regelmäßig geändert zu werden.

San Pedro Carchá (3 Q; 20 Min.; 6 km) Von 6 bis 19 Uhr geht's alle zehn Minuten auf dem Platz vor dem Terminal von Transportes Monja Blanca los.

BUSSE AB COBÁN (BUSBAHNHOF CAMPO DOS BUS)

Ziel	Preis (Q)	Dauer (Std.)
Biotopo del Quetzal	10	1¼
Chisec	15	2
Fray Bartolomé de Las Casas	35	4
Nebaj	55	5½–7
Playa Grande (Laguna Lachuá)	50	4
Raxruhá	25	2½–3
Salamá	20	1½
Sayaxché	60	4
Tactic	6	40 Min.
Uspantán	30	4½

RUND UM COBÁN

Cobán – ja eigentlich das gesamte Departamento Alta Verapaz – mausert sich zu einem Zentrum des Abenteuertourismus. In dieser Region können Unmengen traditioneller Dörfer entdeckt werden, in denen die Mayakultur noch lebendig und dabei weitestgehend authentisch ist. Außerdem dürfen sich die Besucher auf Höhlen, Wasserfälle, unberührte Lagunen und viele andere Naturwunder freuen.

San Juan Chamelco

Etwa 12 km südöstlich von Cobán liegt das Dorf San Juan Chamelco, wo das **Balneario Chio** zum Schwimmen einlädt. Die **Kirche** von San Juan stammt aus der Kolonialzeit und ist möglicherweise die älteste Kirche von Alta Verapaz. Sie erhebt sich auf einer kleinen Anhöhe und gewährt einen fantastischen

Blick auf die Dörfer ringsum. Die Messe wird auf Spanisch (So 17 Uhr) und Kekchí (So 7 & 9.30 Uhr) gelesen.

Die beste Übernachtungsmöglichkeit in der Umgebung befindet sich 4 km von San Juan Chamelco entfernt in der Nähe der Aldea Chajaneb. **Don Jerónimo's** (☎ 5301-3191; www.dearbrutus.com/donjeronimo; EZ/DZ 210/375 Q; Ⓥ) bietet komfortable, einfache Bungalows an. Der Preis beinhaltet drei großzügige, leckere Mahlzeiten (vegetarisch), die mit frischen Zutaten aus dem Garten zubereitet werden. Darüber hinaus werden viele Aktivitäten organisiert, z. B. Ausflüge zu Höhlen und in die Berge oder Tubing (Schwimmen im aufgeblasenen Reifenschlauch) auf dem Río Sotzil. Von Don Jeronimo's ist es zudem nur ein Katzensprung bis zu den **Grutas Rey Marcos** (www.grutasdelreymarcos.com; Eintritt 25 Q; 🕑 9–17 Uhr).

Das Höhlensystem ist mehr als 1 km lang, man wird es jedoch wahrscheinlich nicht komplett erkunden. Ein Fluss hat sich einen Weg durch die Höhle gebahnt – einmal muss man auch durchs Wasser waten – und es sind einige imposante Stalaktiten und Stalagmiten zu besichtigen.

Busse nach San Juan Chamelco (3 Q, 20 Min.) fahren von der Wasen-Brücke (Diagonal 15, Zona 7) am östlichen Ende von Cobán ab. Wer zu Don Jerónimo's gelangen will, muss einen Bus oder Pick-up (2 Q, 15 Min.) von San Juan Chamelco Richtung Chamil nehmen und den Fahrer bitten, an der Unterkunft zu halten. Man kann auch mit dem Taxi fahren (ab Cobán 80 Q).

AUF EIGENE FAUST: PARQUE NACIONAL LAGUNA LACHUÁ

Viele Veranstalter in Cobán bieten Ausflüge zur **Laguna Lachuá** (☎ 4084-1706; www.lachua.org; Parkeintritt 40 Q, Stellplatz 25 Q, Stockbett mit Moskitonetz 50 Q) an, einer wunderschönen von dichtem Urwald umgebenen Lagune, die zum gleichnamigen Nationalpark gehört. Den Trip kann man aber auch problemlos selbst organisieren. Busse ab Cobán fahren am Eingang zum Park vorbei. Neben der Lagune befindet sich eine hübsche Öko-*albergue*, in der man übernachten und sich selbst verpflegen kann (Proviant mitbringen!). Auch in der Gemeinde **Rocjá Pomtilá** (☎ 5381-1970; rocapon@yahoo.com) am östlichen Ende des Parks werden Privatunterkünfte und Touren angeboten.

Grutas de Lanquín

Das lohnendste Tagesausflugsziel in der Nähe von Cobán sind die Höhlen bei Lanquín, einem hübschen Dorf 61 km weiter östlich. Wer sich so weit „vorgewagt" hat, sollte auch Semuc Champey einen Besuch abstatten.

Die mehrere Kilometer langen **Grutas de Lanquín** (Eintritt 30 Q; 🕑 7–18 Uhr) befinden sich ein kleines Stück nordwestlich von Lanquín. Um sie besichtigen zu können, muss man die Polizeiwache in der *municipalidad* von Lanquín aufsuchen, den Eintritt zahlen und jemanden finden, der das Höhlengelände aufschließt (es gibt dort nämlich keinen Aufseher). Die Höhlen sind beleuchtet, man sollte aber dennoch eine gute Taschenlampe mitbringen. Außerdem benötigt man Schuhe mit ordentlichem Profil – der Boden ist sehr glitschig.

Die ersten 100 m sind mit einem richtigen Besucherweg und elektrischem Licht ausgestattet, der Großteil des unterirdischen Höhlensystems ist jedoch nach wie vor unberührt. Novizen unter den Höhlenforschern sollten zweimal darüber nachdenken, allzu weit in die dunklen Eingeweide der Erde vorzudringen, ist doch das Areal weder vollständig erforscht noch kartographiert. Man wird skurrile Stalaktiten- und Stalagmitenformationen und jede Menge Fledermäuse zu sehen bekommen. Bei Sonnenuntergang verlassen sie den Eingang in riesigen Schwärmen und verdunkeln den Himmel. Ein kühler, sauberer Fluss schießt aus der Höhle hinaus; am Ufer gibt es ein paar warme Stellen.

Vom Höhleneingang aus bergab gelangt man zum Eingang des **Parque Natural Guayaja** (☎ 4154-4010; www.guayaja.com; Eintritt 10 Q, Stellplatz 50 Q), die neueste Attraktion in der Gegend. Dort werden das geradezu obligatorische Canopying angeboten (100 Q), aber auch Abseiltouren (75 Q) und Wanderungen (10 Q). Wer kein Zelt dabeihat, kann im Parkbüro eins ausleihen (75 Q/Nacht).

Das wunderhübsch gelegene **El Retiro** (☎ 4513-6396; www.elretirolanquin.com; Hängematten/B 20/35 Q, Zi. mit/ohne Bad 190/70 Q, Hütten ohne Bad 120 Q; 💻 📶) liegt ca. 500 m hinterm Rabin Itzam (an derselben Straße). Man sei gewarnt: Dies ist die Art Ort, an dem man Monate lang verweilen könnte! *Palapas* gewähren einen Blick auf grüne Felder zu einem schönen, breiten Fluss – eben jenen Fluss, der aus den Lanquín-Höhlen hinausplät-

GUATEMALA

schert. Es gibt sicher schlechtere Plätze für ein Bad – man könnte sich auch in einem Reifenschlauch in die Fluten stürzen. Alles in allem erwartet Gäste ein echtes Backpackerparadies, in dem auf jedes noch so kleine Detail geachtet wird. Im Bar-Restaurant bekommt man hervorragendes vegetarisches Essen (3-gängiges Abendessen 35 Q).

Das **Rabin Itzam** (☎ 7983-0076; EZ/DZ 80/120 Q, ohne Bad 60/80 Q) in Lanquín wartet mit großen Zimmern, Balkons und schönen Ausblicken auf. Geschnitzte Mayasymbole zieren die Holztüren. Die Unterkunft ist ruhig und hat eine angenehm intime Atmosphäre. **El Recreo** (☎ 7983-0057; hotel_el_recreo@hotmail.com; EZ/DZ 255/320 Q, ohne Bad 35/70 Q; Ⓟ 🏊) liegt zwischen der Stadt und den Höhlen und ist ansprechender. Das Hotel hat große Gärten, zwei Swimmingpools und ein Restaurant.

La Estancia de Alfaro (Hauptgerichte 20–50 Q; 🕑 morgens, mittags & abends) ist ein großes Freiluft-Restaurant. Es liegt auf halber Strecke zwischen der Stadt und El Retiro. Die Gäste werden mit großen Portionen Steak, Eiern und Reis verwöhnt. Abends wird's hier ziemlich laut und bierselig.

Mehrmals täglich verkehren Busse zwischen Cobán und Lanquín (und weiter nach Cahabón); und mindestens kommt hier täglich einer auf dem Weg nach El Estor vorbei. Zwischen 6 und 17.30 Uhr fahren acht Busse nach Cobán (30 Q, 3 Std.). Um 13 und 15 Uhr gibt es Verbindungen zum Semuc Champey (10 Q, 30 Min.); Touristenshuttles (15 Q) fahren um 9.30 Uhr ab (im Hotel reservieren), Pick-ups (10 Q) sobald sie voll besetzt sind (Abfahrt einen halben Block abseits des Hauptplatzes).

Semuc Champey

11 km südlich von Lanquín liegt **Semuc Champey** (Eintritt 50 Q), zu erreichen über eine schlecht ausgebaute Straße voller Schlaglöcher. Das Highlight ist eine 300 m lange Naturbrücke aus Kalkstein mit zahlreichen Becken, die von kühlem Flusswasser durchspült werden und zum **Schwimmen** einladen.

Der Río Cahabón verläuft größtenteils unterhalb der Kalksteinbrücke. Das paradiesische Fleckchen Erde ist nicht ganz leicht zu erreichen, der Aufwand lohnt sich aber: Die Lage der Becken ist traumhaft, das Wasser schimmert in allen Farbtönen zwischen Türkis und Smaragdgrün.

Bei geführten Touren klettert man manchmal eine Strickleiter zum niedrigsten Pool am Fluss hinab, der zwischen den Steinen hervorschießt.

Im Reservat darf gecampt werden (50 Q pro Zelt), allerdings nur im oberen Bereich, da sich immer wieder Springfluten ereignen. Man sollte auf seine Habseligkeiten achten, will man nicht bestohlen werden. Eine gute Nachricht: Mittlerweile wird das Gelände rund um die Uhr bewacht. Die Campingausrüstung muss man selbst mitbringen. In dem schlichten Restaurant am Parkplatz gibt's annehmbares Essen (inkl. Cacki'ik; 40 Q); es ist allerdings ein ganzes Stück von den Pools entfernt (besser ein Lunchpaket einpacken).

Direkt vor der Brücke zum Semuc Champey zweigt rechts der Weg zu den **Grutas K'anba** (Eintritt 50 Q) ab, einem Höhlensystem, das viele weit interessanter finden als die Höhlen von Lanquín. Man sollte für die zweistündige Tour eine Taschenlampe mitbringen, andernfalls muss man sich auf eine Stolperpartie bei Kerzenlicht einstellen. Im Preis ist gewöhnlich eine halbe Stunde Tubing auf dem Fluss inbegriffen.

In der Nähe vom Semuc Champey gibt es zwei hervorragende Unterkünfte:

Posada El Zapote (☎ 5568-8600; B 25 Q, EZ/DZ 75/125 Q, ohne Bad 40/70 Q) Ca. 3 km vor dem Semuc Champey; gute, einfache Zimmer auf einem weitläufigen Grundstück und ein annehmbares italienisches Restaurant.

El Portal (☎ 7983-0016; B 35 Q, Zi. mit/ohne Bad 150/80 Q) Nur 100 m vom Eingang zum Semuc Champey entfernt. Recht geräumige Holzhütten (ohne Strom!) säumen das Flussufer. Die Besucher werden verpflegt und können Ausflüge buchen. Reservierung empfohlen!

VON COBÁN NACH POPTÚN

Die Strecke von Cobán nach Poptún via Fray Bartolomé de Las Casas war einst nicht mehr als eine trostlose unbefestigte Straße. Heutzutage sind zahlreiche Busse und Pick-ups auf passabel ausgebauten Wegen unterwegs – eine tolle Route, wenn man den „Gringo Trail" hinter sich lassen und in das Herz von Guatemala vorstoßen will.

Das nette **Fray Bartolomé de Las Casas**, oft kurz als Fray betitelt, hat eine stattliche Größe gemessen an der Lage im Niemandsland. Innerhalb eines Tages schafft man es nicht von Cobán nach Poptún, man wird also in Fray übernachten müssen. Bei der Banrural-Filiale unweit der Plaza können US-Dollar und Reiseschecks gewechselt werden. Außerdem gibt's dort einen Geldautomaten. Post und Polizeiwache sind ganz in der Nähe. Die *municipalidad* liegt direkt an der Plaza.

Die besten Betten gibt's im netten **Hotel La Cabaña** (☎ 7952-0352; 2a Calle 1-92 Zona 3; EZ/DZ 70/140 Q, ohne Bad 35/75 Q). Restaurants sind spärlich gesät. Man könnte den Comedor Jireh und das Restaurante Doris an der Hauptstraße ansteuern. Eine weitere Option sind die einfachen Grillbuden, die abends entlang der Hauptstraße öffnen. Dort gibt's z. B. Steaks (mit Tortillas und Bohnen; 10 Q).

Mindestens ein Bus täglich fährt morgens um 4 Uhr an der Plaza nach Poptún ab (80 Q, 7 Std., 100 km). Von 4 bis 16 Uhr gibt es stündliche Verbindungen nach Cobán. Manche Busse fahren über Chisec (35 Q, 3½ Std.), andere nehmen die langsamere Route via San Pedro Carchá.

ZACAPA & CHIQUIMULA

In den heißen, hügeligen Ebenen, die sich zur Grenze im Süden erstrecken, ist die Cowboy-Kultur noch lebendig: In den Departamentos Zacapa und Chiquimula ist es nicht ungewöhnlich, eine Pistole zu halftern. Tatsächlich passt das ausgesprochen gut zu den riesigen Hüten und schweren Stiefeln, die Mann hier trägt. Touristen verschlägt es vornehmlich dann in diese Gegend, wenn El Salvador und Honduras die nächsten Reiseziele sind, manche wollen jedoch auch die Wallfahrt nach Esquipulas unternehmen oder das Dinosauriermuseum in Estanzuela besichtigen.

Zacapa ist nicht nur der Name des Departamentos, sondern auch seiner Hauptstadt. Sie liegt gleich östlich des Highway 10, ein paar Kilometer südlich von Estanzuela. Dieser Ort hat keine nennenswerte touristische Infrastruktur. Interessant ist eventuell, dass die Einheimischen Käse, Zigarren und hervorragenden Rum herstellen.

ESTANZUELA

10 500 Ew.

Auf dem Weg nach Chiquimula wechselt man von der Carretera al Atlántico auf den CA-10 und gelangt so ins Tal des Río Motagua, ein heißes und trockenes Tropengebiet, in dem vor Jahrmillionen Dinosaurier lebten. 3 km südlich der Carretera al Atlántico wird man auf der rechten (westlichen) Seite der Straße ein kleines Denkmal erblicken, das an das furchtbare Erdbeben vom 4. Februar 1976 erinnert.

Keine 2 km südlich vom Denkmal liegt die kleine Stadt Estanzuela. Dort befindet sich das **Museo de Paleontología, Arqueología y Geología Ingeniero Roberto Woolfolk Sarvia** (🕑 Mo–Fr 8–17 Uhr) Zu den interessanten Exponaten zählen Dinosaurierknochen, ein Riesenfaultier (um die 30 000 Jahre alt), ein prähistorischer Wal und frühzeitliche Maya-Artefakte. Um zum Museum zu gelangen, muss man vom Highway 1 km gen Westen durch die Stadt fahren und den kleinen *museo*-Schildern folgen.

CHIQUIMULA

50 700 Ew. / 370 m

Chiquimula ist die Hauptstadt des gleichnamigen Departamentos und befindet sich in einem Bergbau- und Tabakanbaugebiet an der CA-10, 32 km südlich der Carretera al Atlántico. Die bedeutende Marktstadt im Osten des Landes fungiert zugleich als wichtiger Verkehrsknotenpunkt – die meisten Traveller übernachten vor allem deswegen in Chiquimula, weil es sich auf dem Weg nach Copán in Honduras als Zwischenstation anbietet. Davon abgesehen steht Chiquimula vor allem für ein drückend heißes Klima, anständige Budgethotels und eine mit Blumen übersäten Hauptplaza.

Orientierung & Praktische Informationen

Chiquimula kann problemlos zu Fuß erkundet werden. Der gut besuchte Markt befindet sich direkt neben der Telgua-Filiale. In den meisten Banken können US-Dollar und Reiseschecks getauscht werden:

Banco G&T (7a Av 4-75, Zona 1; 🕑 Mo–Fr 9–20, Sa 10–14 Uhr) Einen halben Block südlich der Plaza. Gewährt Barvorschüsse auf Visa- und MasterCard-Kreditkarten.

Banrural (Ecke 2a Calle & 10a Av, Zona 1) Der Geldautomat akzeptiert Visa-Karten.

Biblioteca El Centro (Ecke 4a Calle & 8a Av; 5 Q/Std.; 🕑 Mo–Fr 8–19, Sa & So 8–18 Uhr) Internetzugang.

Post (10a Av zw. 1a & 2a Calles) Geht man um das Gebäude gegenüber vom Busbahnhof herum, gelangt man in eine Gasse. Dort befindet sich das Postamt.

Telgua (3a Calle) Vom Parque Ismael Cerna aus ein Stück bergab.

Viajes Tivoli (☎ 7942-4933; 8a Av 4-71, Zona 1) Reiseagentur.

Schlafen

Hotel Hernández (☎ 7942-0708; 3a Calle 7-41, Zona 1; EZ/DZ ohne Bad 40/80 Q, mit Ventilator 80/120 Q, mit Klimaanlage 120/180 Q; P ✲ 📶 🏊) Das Hernández ist kaum zu toppen. Es steht schon seit Jahren bei Travellern hoch im Kurs und ist wie eh und je gut ausgelastet. Das liegt u. a. an der

GUATEMALA

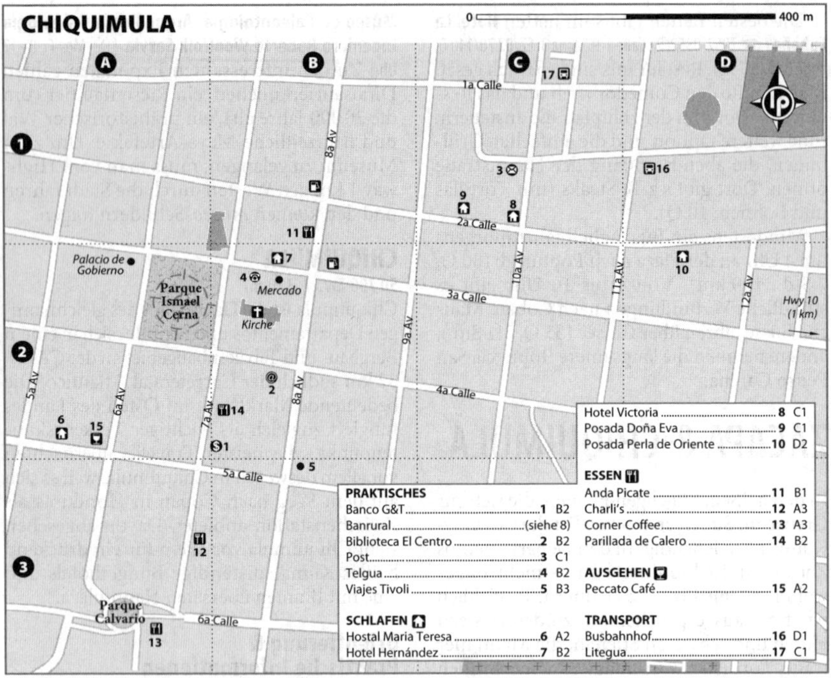

zentralen Lage, den einfachen, aber geräumigen Zimmern und dem nicht zu kleinen Swimmingpool.

Posada Doña Eva (☎ 7942-4956; 2a Calle 9-61, Zona 1; EZ/DZ 50/60 Q) Befindet sich weitab der stark befahrenen Straßen. Die sauberen Zimmer bieten minimalistischen Schick und sind mit TV und Ventilator ausgestattet.

Hotel Victoria (☎ 7942-2732; Ecke 2a Calle & 10a Av, Zona 1; EZ/DZ 50/70 Q) Wer einfach nur nach einer Schlafgelegenheit in der Nähe des Busbahnhofs sucht, könnte das Victoria ansteuern. Die Zimmer sind sauber und nicht zu beengt (am besten eins hinten raus wählen – der Straßenlärm ist infernalisch!). Unten gibt's einen recht guten *comedor*.

Posada Perla de Oriente (☎ 7942-0014; 2a Calle 11-50, Zona 1; Zi. mit Ventilator/Klimaanlage 80/125 Q/Pers.; P ❄) Überraschend ruhig angesichts der Lage in unmittelbarer Nähe des Busbahnhofs. Die Posada hat mit die besten Zimmer der ganzen Stadt: Sie sind groß und schmucklos, doch das Grundstück ist schön grün und es gibt einen großen Swimmingpool.

Hostal Maria Teresa (☎ 7942-0177; 5a Calle 6-21, Zona 1; EZ/DZ 190/350 Q; ❄) Hat einen wunderschönen Hof im Kolonialstil mit breiten, schattigen Durchgängen. Die Einzelzimmer etwas klein geraten, die Doppelzimmer aber bieten eine Menge Platz und sind sehr komfortabel (Kabel-TV, warme Duschen & Klimaanlagen).

Essen & Ausgehen

Entlang der 8a Av hinter dem Markt gibt es eine Reihe von günstigen *comedores*. Abends findet man auf der 7a Av gegenüber dem Parque Ismael Cerna Snack- und Taco-Verkäufer. Nirgendwo in der Stadt bekommt man günstigeres Essen.

Anda Picate (8a Av 2-34, Zona 1; Hauptgerichte 25–40 Q; ⏰ mittags & abends) Die Anlaufstelle, wenn es einen spät abends nach Tex-Mex-Küche gelüstet (warme Küche bis 23 Uhr). Die Kellner servieren in einem entspannten, sauberen Ambiente große Burritos, Tacos (3 Stück 10 Q) und billiges Bier.

Corner Coffee (6a Calle 6-70, Zona 1; Bagels 30 Q, Frühstück 25–30 Q; ⏰ 7–22 Uhr) Klimatisierter Laden direkt am hübschen Parque Calvario. Hier gibt's die beste Auswahl an Sandwiches, Burgern und Bagels der Stadt.

BUSSE AB CHIQUIMULA

Ziel	Preis (Q)	Dauer	Abfahrt
Anguiatú (Grenze zu El Salvador)	25	1 Std.	5–17.30 Uhr
El Florido (Grenze zu Honduras)	25	1½ Std.	5.30–16.30 Uhr
Esquipulas	10	45 Min.	5–21 Uhr
Flores	100	7–8 Std.	6, 10 & 15 Uhr
Guatemala-Stadt	50	3 Std.	3–15.30 Uhr
Ipala	6	1½ Std.	5–19 Uhr
Puerto Barrios	40	4½ Std.	3.30–16 Uhr
Quiriguá	25	2 Std.	3.30–16 Uhr
Río Hondo	15	35 Min.	5–18 Uhr

Peccato Café (Ecke 5a Calle & 6a Av; Hauptgerichte 30–60 Q; 🕑 19–1 Uhr) So ziemlich die einzige Adresse, die sich für einen Drink am Abend eignet. Das freundliche, schicke Bar-Restaurant hat humane Getränkepreise, große Fernseher und eine zwar nicht umwerfende, aber doch annehmbare Küche.

Charli's (7a Av 5-55; Hauptgerichte 40–90 Q; 🕑 8–21 Uhr) Das schickste Restaurant von Chiquimula (wow, Tischdecken!) wartet mit einer umfangreichen Speisekarte auf. Pasta, Pizza und Steaks werden in einem ordentlich klimatisierten Laden serviert. Freundliches Personal.

Parillada de Calero (7a Av 4-83; Hauptgerichte 45–90 Q; 🕑 morgens, mittags & abends) Ein Freiluft-Steakhaus, in dem das saftigste Grillfleisch der Stadt serviert wird. Aber auch das Frühstück kann sich sehen lassen: Das „Tropical Breakfast" (Pfannkuchen mit einem Berg frischer Früchte; 40 Q) ist genau das Richtige in diesem Klima.

An- & Weiterreise

Es gibt verschiedene Bus- und Microbusunternehmen im Ort; An- und Abfahrt an der 11a Av, zwischen der Calle 1a und der Calle 2a. **Litegua** (☎ 7942-2064; 1a Calle zw. 10a Av & 11a Av) betreibt Busse nach El Florido, dem Grenzübergang auf der Strecke nach Copán; es hat ein eigenes Busterminal einen halben Block weiter nördlich. Wer zum Grenzübergang bei Agua Caliente gelangen will, nimmt einen Minibus nach Esquipulas und steigt dort um. Ist Jalapa das Fahrtziel, muss man in Ipala umsteigen. Reisende auf dem Weg nach Río Dulce nehmen einen Bus nach Flores. Alternativ kann man auch mit einem Bus nach Puerto Barrios bis zur Anschlussstelle La Ruidosa fahren und dort umsteigen. Wer unterwegs nach Esquipulas ist, sollte sich einen Sitzplatz auf der linken Seite des Busses suchen – dort hat man die bessere Aussicht auf die Basilika. Die Tabelle oben informiert über die wichtigsten Verbindungen und Preise.

ESQUIPULAS

Von Chiquimula aus gelangt man über die CA-10 nach Süden in die Berge. Dort ist das Klima kühler und somit etwas angenehmer. Nach einer Stunde Fahrt durch eine hübsche Landschaft führt der Highway in ein von Bergen umringtes Tal hinab. Auf halber Strecke – ca. 1 km vor Stadt – gibt es einen *mirador* (Aussichtspunkt). Von dort hat man einen tollen Blick auf die fantastische Basílica de Esquipulas, die über der Stadt thront und strahlend weiß in der Sonne schimmert.

Geschichte

Esquipulas war eventuell schon vor der Ankunft der Spanier ein wichtiger Wallfahrtsort. Der Name der Stadt soll auf den Mayaherrscher zurückgehen, der über dieses Territorium herrschte, als die Europäer mit der Kolonialisierung Zentralamerikas begannen.

Nach der Ankunft der Mönche wurde die erste Kirche errichtet, 1595 eine aus schwarzem Holz geschnitzte Darstellung Jesu Christi aufgestellt, die unter dem Namen „Schwarzer Christus" bekannt ist. Die Zahl der Pilger schoss in die Höhe, nachdem hier 1737 der Erzbischof von Guatemala, Pedro Pardo de Figueroa, von einer chronischen Krankheit geheilt worden war.

Der Boom bewog den Prälaten dazu, eine riesige, neue Kirche bauen zu lassen, die 1758 fertiggestellt wurde. Seither ist der Pilgerverkehr die Haupteinnahmequelle der Gemeinde.

Davon abgesehen hat sich Esquipulas einen Platz in den Geschichtsbüchern gesichert: Präsident Marco Vinicio Cerezo Arévalo erwirkte hier 1986 die ersten Einigungen mit anderen zentralamerikanischen Amtsinha-

GUATEMALA

bern bezüglich wirtschaftlicher Zusammenarbeit und Konfliktlösungen. Sie bildeten die Grundlage des Friedensabkommens, das 1996 unterzeichnet wurde.

Orientierung & Praktische Informationen

Die Basilika ist das Herz der Stadt. Die meisten guten und günstigen Hotels wie auch zahlreiche kleine Restaurants sind nicht weiter als ein oder zwei Blocks von der Kirche entfernt. Der Highway führt nicht direkt in die Stadt hinein; stattdessen zweigt von ihm die 11a Calle ab, die auch Doble Vía Quirio Cataño genannt wird und die Hauptverkehrsader von Esquipulas ist.

Die **Post** (6a Av 2-15) liegt ca. zehn Blocks nördlich des Zentrums. **Telgua** (Ecke 5a Av & 9a Calle) hat einige Kartentelefone in Betrieb. Ins Internet kommt man bei **Global.com** (3a Av; 5 Q/Std.) gegenüber der Banco Internacional.

Bei mehreren Banken können US-Dollar und Reiseschecks gewechselt werden, z. B. bei der Filiale von **Banco Internacional** (3a Av 8-87, Zona 1). Dort bekommt man zudem mit Visa- und MasterCard-Kreditkarten Bares. Inhaber von American Express-Karten können diverse Dienstleistungen in Anspruch nehmen und der Geldautomat akzeptiert Visa-Karten.

Am 15. Januar findet das jährliche **Festival Cristo de Esquipulas** statt. Dann strömen die frommen Pilger aus der Region in Scharen herbei, um am Altar des Schwarzen Christus (El Cristo Negro) zu beten.

Sehenswertes & Aktivitäten

BASÍLICA DE ESQUIPULAS

Durch einen hübschen Park und über ein paar Treppenstufen gelangt man zur Basilika, einem pompösen Steinklotz, der tapfer den Erdbeben der vergangenen knapp 250 Jahre getrotzt hat. Die beeindruckende Fassade und die Türme werden nachts angeleuchtet.

Drinnen nähern sich die Gläubigen dem **Cristo Negro** (Schwarzen Christus) mit größter Ehrerbietung. Viele rutschen auf den Knien. Weihrauchduft wabert durch das Gotteshaus, das vom Gemurmel der Betenden und dem schlurfenden Geräusch von Sandalen erfüllt ist. Bei einem besonders großen Ansturm von Pilgern muss man den Seiteneingang nutzen, um die berühmte Christusfigur aus der Nähe betrachten zu können. Mit etwas Glück wird man vielleicht einen längeren Blick erheischen können, bevor einen die von hinten nachrückenden Menschenmassen weiterschieben. Erwartungsgemäß schnellt die Besucherzahl sonntags, an religiösen Feiertagen und vor allem anlässlich des erwähnten Festivals in die Höhe. Zu anderen Zeiten kann es vorkommen, dass man der einzige Besucher ist.

NOCH MEHR SEHENSWERTES

Die Highlights des **Centro Turístico Cueva de las Minas** (Eintritt 15 Q; 🕐 6.30–16 Uhr) sind die 50 m tiefe Höhle (Taschenlampe mitbringen!), grasbewachsene Picknickbereiche und der Río El Milagro (es soll herrlich sein, in ihm zu baden!). Höhle und Fluss sind 500 m vom Eingangstor entfernt, das sich hinter dem Basilikafriedhof befindet (300 m südlich der Abzweigung in die Stadt, an der Straße, die Richtung Honduras führt). Vor Ort werden Getränke verkauft.

Für Reisende mit oder auch ohne Kinder liefert der Vergnügungspark **Parque Chatún** (☎ 7873-0909; www.parquechatun.com; Erw./Kind 65/55 Q; 🕐 Di–Sa 9–18 Uhr) eine nette Abwechslung zum ansonsten eher religiösen Sightseeing-Programm. 3 km außerhalb der Stadt warten Swimmingpools, eine Kletterwand, Zeltplätze und ein Streichelzoo. Außerdem werden Canopying und Bungeespringen angeboten. Im Eintrittsgeld ist die Nutzung all dieser Einrichtungen inbegriffen (lediglich die Canopy-Tour kostet extra). Wer keinen eigenen Wagen hat, kann den Minibus nehmen, der seine Runden durch die Stadt dreht, oder die Angestellten im Hotel bitten, ihn kommen zu lassen. Die Fahrt bis zum Park kostet 3 Q.

Schlafen

In Esquipulas gibt es eine Vielzahl an Unterkünften. An Feiertagen und während des jährlichen Festivals sind die Hotels dennoch allesamt ausgebucht und auch an den Wochenenden ist eine Menge los (dann sind die Preise um einiges höher als unter der Woche). Wer an einem herkömmlichen Wochentag anreist, könnte nach einem *descuento* (Rabatt) fragen. Soll die Bleibe möglichst günstig sein, steuert man am besten die Straßen gleich nördlich der hoch aufragenden Basilika an.

Hospedaje Esquipulas (☎ 7943-2298; Ecke 1a Av & 11 Calle ‚A,' Zona 1; EZ/DZ 80/130 Q) Recht gutes, kleines Budgethotel ohne viel Schnickschnack. Die Zimmer sind recht sauber und eher klein, dafür sind die Bäder umso größer.

Hotel La Favorita (☎ 7943-1175; 2a Av 10-15, Zona 1; EZ/DZ 150/200 Q, ohne Bad 40/70 Q; Ⓟ) Genau das

Richtige für Sparfüchse. Die Zimmer mit Gemeinschaftsbad sind etwas düster, die mit eigenem Bad ganz passabel.

Hotel Monte Cristo (☎ 7943-1453; 3a Av 9-12, Zona 1; EZ/DZ 180/250 Q, ohne Bad 80/100 Q; Ⓟ) Angemessen große Zimmer mit ein wenig Mobiliar und superheißen Duschen. Die Zimmer oben werden erst vergeben, wenn unten alles voll ist – man wird also eventuell im Erdgeschoss unterkommen.

Hotel Portal de la Fe (☎ 7943-4261; www.portaldelafe.com; 11 Calle 1-70, Zona 1; EZ/DZ 250/450 Q; Ⓟ) Eins der wenigen Hotels im Ort, die über einen Hauch von Stil verfügen. Die Zimmer im UG sind erwartungsgemäß trostlos, treppauf sieht das Ganze jedoch schon um einiges ansprechender aus.

Essen

Die günstigen Restaurants von Esquipulas drängen sich rund um das nördliche Ende des Parks und sind leicht zu finden. Die meisten sind von 6.30 bis 21 oder 22 Uhr geöffnet.

Die Straße, die gegenüber der Kirche Richtung Norden führt (3a Av), wird ebenfalls von einigen Lokalen gesäumt.

Restaurante Calle Real (3a Av; Frühstück 20–30 Q, Hauptgerichte 30–60 Q; morgens, mittags & abends) Ähnlich wie in den übrigen Restaurants in der Stadt gibt's auch in diesem großen Laden günstiges Essen für hungrige Pilger. Die Speisekarte ist umfangreich, die Beleuchtung grell, der Fernseher laut.

La Rotonda (11a Calle; Frühstück ab 25 Q, große Pizza 100 Q; morgens, mittags & abends) Gegenüber dem Busbahnhof Rutas Orientales steht der Rundbau, in dem die Sitzplätze um eine ebenfalls runde Theke unter einer großen Markise angeordnet sind. La Rotunda ist ein sauberes, einladendes Restaurant mit guter Auswahl (u. a. Pizzas, Pasta und Burger).

Restaurante Payaquí (Frühstück 30 Q, Hauptgerichte 50–90 Q; morgens, mittags & abends) An der Westseite des Parks ist im gleichnamigen Hotel diese helle, saubere Cafetería mit den großen Fenstern (Parkblick!) untergebracht. Die Preise sind anständig, die Auswahl an Gerichten kann sich sehen lassen.

La Hacienda (Ecke 2a Av & 10a Calle, Zona 1; Hauptgerichte 70–130 Q; morgens, mittags & abends) Im besten Steakhaus der Stadt gibt's nicht nur Fleisch, sondern auch recht gute Meeresfrüchte- und Pastagerichte. Zum Restaurant gehören ein Café und eine Bäckerei; das Frühstück ist gut, wenn auch etwas teuer (45 Q).

An- & Weiterreise

Busse nach Guatemala-Stadt halten am **Busbahnhof Rutas Orientales** (☎ 7943-1366; Ecke 11a Calle & 1a Av) unweit des Ortseingangs. Die Minibusse nach Agua Caliente fahren auf der anderen Straßenseite ab; dort stehen auch Taxis parat. Sie kosten dasselbe wie die Minibusse, wenn mindestens fünf Fahrgäste zusammengekommen sind.

Minibusse nach Chiquimula und Anguiatú fahren am östlichen Ende der 11a Calle ab; häufig sind auf der Hauptstraße Leute auf der Suche nach Passagieren unterwegs.

Agua Caliente (Grenze zu Honduras) (20 Q; 30 Min.) Minibusse fahren alle 30 Minuten (5–17 Uhr).

Anguiatú (Grenze zu El Salvador) (15 Q; 1 Std.) Minibusse fahren alle 30 Minunten (6–18 Uhr).

Chiquimula (10 Q; 45 Min.) Minibusse fahren alle 15 Minuten (5–18 Uhr).

Flores/Santa Elena (110 Q; 8 Std.) Busse von Transportes María Elena (☎ 7943-0448; 11 Calle 0-54, Zona 1) fahren um 6, 10 und 14 Uhr ab und passieren Quiriguá (45 Q, 2 Std.), Río Dulce (60 Q, 4 Std.) und Poptún (90 Q, 6 Std.).

Guatemala-Stadt (50 Q; 4 Std.) Rutas Orientales (☎ 7943-1366; 11 Calle 1-82, Zona 1) bietet stündliche Verbindungen (2–17 Uhr).

IZABAL

In dem kleinen Departamento befindet sich eine Vielzahl von Sehenswürdigkeiten. Die traumhafte Gegend um Río Dulce und den Lago de Izabal ist größtenteils unberührt. In der Garífuna-Enklave von Lívingston offenbart sich eine ganz andere Seite von Guatemala. Und die kaum besuchten Ruinen von Quiriguá warten mit wunderschönen Sandsteingravuren auf, die ihresgleichen suchen.

QUIRIGUÁ

4600 Ew.

Die archäologische Stätte von Quiriguá ist für die aufwendig verzierten Stelen bekannt, riesige, bis zu 10,5 m hohe Sandsteinmonolithen. Wie uralte Wächter stehen sie in einem ruhigen Park mit tropischer Vegetation. Von der Kreuzung Río Hondo sind es 68 km auf der Carretera al Atlántico bis zum Dorf Quiriguá. Auf S. 197 steht, wie man von dort zu der archäologischen Stätte gelangt.

Geschichte

Die Geschichte von Quiriguá erinnert an die von Copán. Tatsächlich war Quirigá die

UNTERWEGS NACH EL SALVADOR

Unterwegs nach Santa Ana (El Salvador) via Anguiatú (Guatemala)

Die Kreuzung Padre Miguel, 35 km von Chiquimula und 14 km von Esquipulas entfernt, ist gleichzeitig die Abzweigung nach **Anguiatú** an der Grenze von El Salvador (19 km bzw. 1 Std. Fahrt entfernt). Häufig kommen Minibusse aus Chiquimula, Quezaltepeque und Esquipulas vorbei.

Der Grenzübergang bei Anguiatú ist rund um die Uhr geöffnet. Auf der Strecke sind viele Lkws unterwegs. Von Angiatú aus fahren alle 30 Minuten Microbusse nach Metapan. Dort gibt's Verbindungen nach Santa Ana und in weitere Städte in El Salvador.

Unterwegs nach Santa Ana (El Salvador) via San Cristóbal (Guatemala)

Stündlich fahren Busse (25 Q, 1 Std.) von El Progreso (Guatemala) zum Grenzübergang bei **San Cristóbal**.

Unterwegs nach Las Chinamas (El Salvador)

Zahlreiche Minibusse verkehren auf der Strecke Guatemala-Stadt–Cuilapa–Valle Nuevo (von Valle Nuevo an der Grenze gelangt man nach **Las Chinamas** in El Salvador). Zwischen Cuilapa und der Grenze gibt es übrigens keine empfehlenswerten Unterkünfte.

Wer die Grenze von El Salvador aus überquert, erfährt auf S. 338 nützliche Details.

meiste Zeit der klassischen Periode von Copán abhängig. Aus dem Flussbett des nahe gelegenen Río Motagua förderten die Menschen riesige braune Sandsteinblöcke. Diese waren zunächst weich, härteten jedoch schnell aus – ideale Voraussetzungen, um die gigantischen verzierten Steinstelen zu schaffen. Herausragende Künstler aus Copán unterstützten die Steinmetze aus Quiriguá bei ihren faszinierenden Schöpfungen. Alles, was sie benötigten, war ein Anführer, der sie inspirierte – und für ihre Arbeit zahlte.

Solch eine Führungspersönlichkeit war Cauac Sky (725–784), der für Quiriguás Unabhängigkeit von Copán kämpfte. Cauac Sky nahm schließlich den König von Copán „18 Kaninchen" – auch bekannt als Waxaklajuun Ub'aah K'awiil – im Jahr 737 gefangen und ließ ihn kurze Zeit später enthaupten. Quiriguá war endlich unabhängig – Cauac Sky trommelte die Steinmetze zusammen und ließ sie in den folgenden 38 Jahren zu seinen Ehren riesige Stelen und Zoomorphen erschaffen.

Im frühen 20. Jh. kaufte die United Fruit Company das gesamte Land rund um Quiriguá und errichtete Bananenplantagen. Die UFC ist wieder verschwunden, die Bananen sind aber geblieben. 1981 erklärte die Unesco Quiriguá zur Welterbestätte.

Sehenswertes

Hitze und Moskito-Geschwader sind in der umwerfenden **archäologischen Stätte** (Eintritt 80 Q; 🕒 8–16.30 Uhr) von Quiriguá schnell vergessen. Die gigantischen Stelen auf der Großen Plaza mögen verwittert und alt sein, ihren Zauber mindert dies jedoch kein bisschen.

Die Stelen A, C, D, E, F, H und J wurden in der Regierungszeit Cauac Skys gefertigt und tragen sein Bild. **Stele E** ist die größte bekannte Mayastele überhaupt: Sie ist 8 m hoch – wobei noch weitere 3 m in der Erde verbuddelt sind – und wiegt fast 60 t. Besondere Beachtung verdienen der aufwendige Kopfschmuck, die Bärte mancher Figuren (eine Rarität in der Welt der Maya), die Machtsymbole in den Händen des Königs und die Glyphen an den Seiten der Stelen.

Am Ende der Plaza befindet sich die **Acropolis**. Dort können verschiedene Zoomorphen besichtigt werden, gemeißelte Steinblöcke, die realen oder mythischen Tieren ähneln. Besonders beliebt waren Frösche, Schildkröten, Jaguare und Schlangen. Die niedrigen Zoomorphen sind nicht ganz so beeindruckend wie die hoch aufragenden Stelen, aber dennoch wunderschöne Kunstwerke mit mythischer Bedeutung, die von einem hohen Maß an Vorstellungskraft zeugen.

In einem kleinen Museum direkt hinterm Eingang findet man ein paar informative Darstellungen. Ein Modell der Ausgrabungsstätte illustriert, wie es hier in der Blütezeit ausgesehen haben mag. In der *tienda* (kleiner Laden) beim Eingang werden kalte Getränke und Snacks verkauft.

Schlafen & Essen

Die beiden hier aufgeführten Hotels haben eigene Restaurants. Um zum Royal zu gelangen, muss man die Hauptstraße hinuntergehen, an der ersten Weggabelung nach rechts gehen und dann der Straße bei der Kurve nach links folgen. Die Posada ist noch ein Stück weiter entfernt, liegt jenseits des Fußballfelds und ist sehr schlecht ausgeschildert. Am besten lässt man sich den Weg genau beschreiben oder hält auf dem Highway ein Tuk-tuk an (5 Q/Pers.).

Hotel y Restaurante Royal (☎ 7947-3639; EZ/DZ 60/85 Q; P) Definitiv eine der besseren Budgetoptionen in der Stadt. Die Zimmer sind geräumig und sauber. Das Restaurant serviert einfache Speisen. Die Preise sind übrigens verhandelbar.

Posada de Quiriguá (☎ 7934-2448; www.posadadequirigua.com; EZ/DZ ab 130/300 Q) Die mit Abstand schönste Bleibe vor Ort ist das von Japanern betriebene Gasthaus. Er liegt wunderhübsch auf einem Hügel inmitten eines tropischen Gartens. Die Zimmer sind schlicht, aber komfortabel. Und auf der Speisekarte (Hauptgerichte 40–70 Q) stehen sogar ein paar japanische Gerichte.

An- & Weiterreise

Busse auf den Strecken Guatemala-Stadt–Puerto Barrios, Guatemala-Stadt–Flores, Esquipulas–Flores oder Chiquimula–Flores halten an der Abzweigung nach Quiriguá. Die Fahrer stoppen auf Wunsch auch an der Abzweigung zur archäologischen Stätte.

Der wichtigste Verkehrsknotenpunkt in der Gegend ist Morales, ca. 40 km nordöstlich von Quiriguá. Dieser Ort ist keine Schönheit, dafür aber fahren hier die Busse nach Río Dulce ab. Ist einem ein Sitzplatz nicht so wichtig, kann man Morales auslassen und an der Kreuzung La Ruidosa in den Bus nach Río Dulce steigen.

Unterwegs vor Ort

Von der Abzweigung am Highway (1,5 km von Quiriguá entfernt) sind es 3,4 km bis zur archäologischen Stätte. Busse und Pick-ups fahren das Stück vom Highway bis zu den Stelen und zurück (einfache Strecke 5 Q). Sollte man gerade weder Bus noch Pritschenwagen erspähen, bleibt immer noch die Möglichkeit zu laufen; die Straße ist nagelneu (inkl. Spur für Fahrradfahrer/Tuk-tuks) und führt an Bananenplantagen vorbei.

Wer in Quiriguá übernachtet und zu den Stelen spazieren will, kann eine Abkürzung entlang der Zuggleise vom Dorf durch die Bananenfelder nehmen; man überquert die Zufahrtsstraße unweit des Eingangs zur archäologischen Stätte. Eine Tuk-tuk-Fahrt von Quiriguá zu den Stelen kostet ca. 15 Q.

LAGO DE IZABAL

Immer mehr Reisende nehmen einen Besuch des größten Sees Guatemalas in ihr Urlaubsprogramm auf. Viele Touristen übernachten im Dorf Río Dulce. Dieses liegt nördlich der Brücke, über die der Highway CA-13 den See überquert, um dann weiter nach Flores und Tikal im Norden zu führen. Östlich der Brücke verläuft der hübsche Río Dulce, der erst den See El Golfete passiert, bevor er bei Lívingston ins karibische Meer mündet. Eine Bootsfahrt auf dem Fluss zählt zu den Highlights im Osten Guatemalas.

Weitere Sehenswürdigkeiten am See sind die alte spanische Festung El Castillo de San Felipe und das Flussdelta Bocas del Polochic. Darüber hinaus kann man viele ruhige, herrlich entlegene Fleckchen Erde entdecken.

Río Dulce

Am östlichen Ende des Lago de Izabal – am Auslauf des Río Dulce aus dem See – befindet sich der hübsche Ort Río Dulce, der nach wie vor oft als Fronteras bezeichnet wird. Dieser Name stammt noch aus den Zeiten, als man den Fluss ausschließlich mit der Fähre überqueren konnte und der Ort das letzte bisschen Zivilisation war, bevor man die „Wildnis" von El Petén erreichte.

Die Zeiten ändern sich – mittlerweile wurde eine riesige Brücke gebaut und die Straßen in Petén zählen zu den besten des Landes. Río Dulce wird derweil von immer mehr Touristen frequentiert. Darunter tummeln sich verblüffend viele Yachtbesitzer, seitdem die US-amerikanische Küstenwache hat verlauten lassen, der See sei für Boote während der Hurrikan-Saison der sicherste Ort in der westlichen Karibik. Die übrigen ausländischen Besucher lockt eher der fantastische Bootstrip nach Lívingston an (s. S. 201).

ORIENTIERUNG & PRAKTISCHE INFORMATIONEN

Mit Ausnahme des Hotel Backpacker's befinden sich die hier genannten Adressen nördlich der Brücke. Aussteigen sollte man unweit des Río Bravo Restaurante, andernfalls darf man die dann wohl längste Brücke Zentralamerikas zu Fuß überqueren – das bedeutet 30 Minuten in glühender Hitze.

Viele Unternehmen in der Umgebung kommunizieren per Funk miteinander. Anrufe können bei Cap't Nemo's Communications getätigt werden.

Der beste Touranbieter im Ort ist **Otitrans** (☎ 7930-5223; otitours@hotmail.com), zu finden unter der Brücke an der Straße zum Dock. Man kann *lanchas,* Ausflüge, Segeltrips und Shuttles buchen.

In vier Banken in der Hauptstraße können Bargeld und Reiseschecks gewechselt werden. Der Geldautomat von **Banco Industrial** (🕑 9–17 Uhr) akzeptiert Visa-Karten, die Automaten von Banrural nehmen Visa und MasterCard. In der Filiale der Banco Agromercantil bekommt man mit der Kreditkarte Bargeld.

Cap't Nemo's Communications (🕑 Mo–Sa 7–20, So 9–14 Uhr), neben Bruno's am Fluss gelegen, hat einen Internetzugang (8 Q/Std.); man kann auch Auslands- bzw. Funkgespräche führen.

Die Websites www.mayaparadise.com und www.riodulcechisme.com liefern jede Menge Infos zu Río Dulce. Bruno's wartet mit einem tollen schwarzen Brett auf. Dort findet man sowohl Verkaufsanzeigen für Boote als auch Gesuche von Kapitänen, die Verstärkung für ihre Crew suchen.

GEFÜHRTE TOUREN

Am besten wirft man einen Blick auf Bruno's schwarzes Brett oder hört sich an einem der Yachthäfen nach Segelbooten um, die für die Fahrt auf dem Río Dulce gechartert werden können.

Aventuras Vacacionales (☎ 7873-9221; www.sailing-diving-guatemala.com) organisiert tolle Fahrten an Bord des Segelboots *Las Sirenas*: Von Río Dulce geht es zu den Riffen und Inseln von Belize (ab 3200 Q, 7 Tage) oder zum Lago Izabal (ab 1450 Q, 4 Tage). Das Hauptbüro befindet sich in Antigua, man kann aber auch in Río Dulce Kontakt mit dem Veranstalter aufnehmen.

SCHLAFEN

Am Wasser

Die folgenden vier Unterkünfte liegen außerhalb der Stadt am Wasser. Man kann die Angestellten von Cap't Nemo's aus anrufen oder -funken, um eine Abholung zu arrangieren. Man kommt hier netter unter als in der Stadt.

Hotel Backpacker's (☎ 7930-55480; www.hotelbackpackers.com; B 40 Q, EZ/DZ 80/150 Q, ohne Bad 60/120 Q) Südlich der Brücke befindet sich diese Unterkunft, die von Casa Guatemala und den Waisen, die Casa Guatemala unterstützt, betrieben wird. Das alte, klapprige Haus ist beliebt bei Backpackern. Die Zimmer sind sehr einfach. Abends erwacht die Bar so richtig zum Leben. Wer mit der *lancha* oder dem Bus anreist, sollte den Fahrer bitten, einen hier abzusetzen, um sich den Weg über die Brücke zu sparen.

Casa Perico (☎ 7930-5666; B 45 Q, Bungalows 200 Q, EZ/DZ ohne Bad 60/120 Q) Eine der unauffälligeren Unterkünfte in der Gegend. Sie liegt an einer kleinen Bucht ca. 200 m vom Hauptfluss entfernt. Die Hütten sind stabil gebaut und durch Stege miteinander verbunden. Die Betreiber sind Schweizer. Sie bieten Bootsfahrten an und richten ein hervorragendes Abendbuffet her (60 Q), es gibt jedoch auch Gerichte à la carte (Hauptgerichte 30–40 Q).

El Tortugal (☎ 7742-8847; www.tortugal.com; B 75 Q, Zi. ohne Bad 250 Q, Bungalows ab 350 Q; 📶) Hier gibt's die hübschesten Bungalows am Fluss und dazu jede Menge Hängematten, Duschen mit sehr heißem Wasser und Kajaks (Nutzung für Gäste kostenlos). Mit einer *lancha* benötigt man von der Stadt aus fünf Minuten (Richtung Osten fahren).

Hacienda Tijax (☎ 7930-5505/7; www.tijax.com; EZ 160–560 Q, DZ 240–610 Q; P 🏊) Die 200 ha große Hacienda befindet sich gegenüber von Bruno's, auf der anderen Seite der Bucht (2 Min. mit dem Boot). Gäste erwartet ein ganz besonderer Ort: Man kann reiten, wandern, Vögel beobachten, Segelboottouren unternehmen und die Gummibaumplantagen erkunden; außerdem wird Canopying angeboten. Geschlafen wird in hübschen kleinen Hütten, die durch einen Steg miteinander verbunden sind. Die meisten Hütten gewähren einen Blick aufs Wasser. Zu guter Letzt gibt es einen tollen Pool-/Barbereich.

In der Stadt

Bruno's (☎ 7930-5721; www.mayaparadise.com/brunosmarina.htm; B 35 Q, EZ 170–220 Q, DZ 250–300 Q; P ❄ 📶 🏊) Vom nordöstlichen Ende der Brücke führt ein Pfad zu dieser Unterkunft am Fluss hinab. Die Mehrbettzimmer sind sauber und geräumig. Die Räumlichkeiten im neuen Gebäude zählen zu den komfortabelsten der ganzen Stadt: Sie sind klimatisiert und haben Balkone mit Flussblick. Familienfreundliche Ausstattung; hier haben bis zu sechs Personen Platz.

Las Brisas Hotel (☎ 7930-5124; EZ/DZ 70/130 Q; ❄) Liegt gegenüber dem Fuentes del Norte-Büro.

Die Zimmer sind ausreichend sauber und mit drei Betten und Ventilatoren ausgestattet. Drei Zimmer oben sind klimatisiert und warten mit eigenen Bädern auf (200 Q). Das Las Brisas ist zentral gelegen und für eine Nacht ganz o.k. – es gibt aber weit bessere Unterkünfte in der Umgebung.

ESSEN

Die hier genannten Hotels verfügen jeweils über eigene Restaurants. Im Bruno's gibt's leckeres Frühstück, typische Gringo-Leibspeisen und eine gut ausgestattete Bar. In der Hacienda Tijax ist mittags einiges los – einfach anrufen, um abgeholt zu werden.

LP Tipp Sundog Café (Sandwiches 25 Q, Mahlzeiten ab 35 Q; morgens, mittags & abends; V) Vom Tijax Express aus geht man ein Stück bergab bis zu diesem Bar-Restaurant unter freiem Himmel, in dem aus hausgemachtem Brot tolle Sandwiches gezaubert werden. Außerdem gibt's eine gute Auswahl an vegetarischen Gerichten und Obstsäften. Die Angestellten geben gern Tipps und Infos, u. a. zu Unternehmungen in der Umgebung.

Restaurante Río Bravo (Frühstück 30 Q, Hauptgerichte 60–100 Q; morgens, mittags & abends) Eine offene Terrasse am Fluss, gutes Essen, viel Lokalkolorit und eine entspannte Atmosphäre – das sind die Geheimwaffen des Río Bravo. Der Laden ist nicht übermäßig schick, tischt aber klasse Steaks, Pasta- und Fischgerichte auf.

Ricky's Pizza (Pizza ab 50 Q; mittags & abends) Im Zentrum der Stadt gelegen. Die Pizza ist überraschend gut, auch die Mittagsmenüs sind prima (20 Q). Ricky's Pizza befindet sich im 1. Stock.

AN- & WEITERREISE

Bus

Ab 7 Uhr fahren täglich 14 Busse des Unternehmens Fuente del Norte über eine asphaltierte Straße nach Poptún (30 Q, 2 Std.) und Flores (60 Q, 4 Std.). Der Bus um 12.30 Uhr fährt sogar bis Melchor de Mencos (90 Q) an der Grenze nach Belize durch. Wer Glück mit den Verbindungen hat, kann es in schlappen sechs Stunden nach Tikal schaffen. Darüber hinaus gibt es Verbindungen nach San Salvador (El Salvador; 125 Q) und San Pedro Sula (Honduras; 135 Q); beide Busse fahren um 10 Uhr los.

Mindestens 17 Busse pro Tag (von Fuente del Norte und Litegua) steuern Guatemala-Stadt an (55 Q, 6 Std.). Línea Dorada hat 1.-Klasse-Verbindungen nach Guatemala-Stadt (120 Q; 13.30 Uhr) und nach Flores (100 Q; 15.50 Uhr) im Fahrplan; die Busse sind bis zu einer Stunde schneller als die regulären.

Die Minibusse nach Puerto Barrios (20 Q, 2 Std.) fahren los, sobald sie voll sind (am Straßenrand vor dem Las Brisas Hotel).

Otitrans (☎ 7930-5223; otitours@hotmail.com) schickt Shuttles nach Antigua und Cobán (jeweils 330 Q) sowie nach Copán und Flores (jeweils 290 Q).

Klapprige „Fuente del Norte"-Busse und Minibusse, die etwas vertrauenerweckender aussehen, bedienen die Strecke nach El Estor (20 Q, 1½ Std.). Sie fahren an der Abzweigung nach San Felipe und El Estor mitten in der Stadt ab (7–18 Uhr, stündl.). Etwa die Hälfte des Wegs ist asphaltiert, aber auch der unbefestigte Teil ist passabel.

Schiff/Fähre

Colectivo lanchas fahren auf dem Río Dulce entlang einer wunderschönen Strecke nach Lívingston (Abfahrt am neuen Dock). Normalerweise legen sie erst ab, wenn acht bis zehn Passagiere zusammengekommen sind (einfache Strecke/hin & zurück pro Pers. 125/200 Q). Die Boote morgens unternehmen eine richtige Tour mit mehreren Stopps (s. S. 201). Abfahrt gewöhnlich von 9 bis 14 Uhr, wobei um 9.30 und 13.30 Uhr regulär zwei Boote ablegen. So ziemlich alle Einheimischen können eine *lancha*-Fahrt nach Lívingston oder anderswohin organisieren, verlangen dafür allerdings mehr Geld.

Von Río Dulce nach Flores

Im Norden, jenseits der Brücke, verläuft die Straße nach El Petén – Traveller erwartet hier die ausgedehnte Urwaldprovinz des Landes. Bis Santa Elena und Flores sind es 208 km, weitere 71 km bis Tikal.

Der komplette Abschnitt von der Carretera al Atlántico bis Santa Elena ist asphaltiert, die Fahrt von Río Dulce zu den Ruinen von Tikal gestaltet sich also recht angenehm.

Die hiesigen Wälder verschwinden in einem beängstigenden Tempo. Sie fallen den Macheten der Bauern zum Opfer. Die Ernährungs- und Landwirtschaftsorganisation der Vereinten Nationen hat wiederholt berichtet, dass Bäume gefällt und Waldabschnitte niedergebrannt werden, damit ein paar Jahre lang Nutzpflanzen angebaut werden können, bis der sensible Urwaldboden ausgelaugt ist.

Dann dringen die Bauern tiefer in die Wälder vor und die Brandrodung beginnt aufs Neue. Auch Viehbauern tragen zur Zerstörung der Wälder bei. Ein weiterer Faktor ist die Zunahme der Bevölkerungszahlen in El Petén: Immer mehr Städter ziehen in die Provinz.

El Castillo de San Felipe

Die **Festung** (Eintritt 20 Q; 8–17 Uhr) von San Felipe de Lara, ca. 3 km westlich der Brücke, wurde 1652 erbaut, um den plündernden Piraten Einhalt zu gebieten, die es auf die Dörfer und Handelskarawanen in Izabal abgesehen hatten. Das funktionierte nur bedingt; Ein paar Freibeuter eroberten und verbrannten die Festung 1686. Am Ende des folgenden Jahrhunderts gehörten die Piraten in der Karibik jedoch der Geschichte an. Eine Zeit lang diente das Bauwerk mit seinen massiven Wänden noch als Gefängnis. Doch schon bald wurde es aufgegeben und verfiel. Was heute zu sehen ist, ist eine Rekonstruktion aus dem Jahre 1956.

Das heutige Schloss ist Teil eines Schutzgebiets und gehört zu den Hauptattraktionen am See. Die Anlage umfasst einen großen Park mit Grill-/Picknickbereichen und Badestellen.

Unweit des *castillo* bietet das **Hotel Don Humberto** (☎ 7930-5051; EZ/DZ 50/85 Q; P) einfache Zimmer mit großen Betten und Moskitonetzen. Es ist nicht schick, der Standard ist aber angesichts des günstigen Preises absolut angemessen.

San Felipe liegt am Seeufer, 3 km westlich von Río Dulce. Der wunderschöne Spaziergang von einem Ort zum anderen dauert 45 Minuten. Ansonsten kann man auch einen Minibus nehmen (Abfahrten alle 30 Min.; 8 Q). Sie halten in Río Dulce an der Highwayanschlussstelle der Straße nach El Estor und in San Felipe vorm Hotel Don Humberto am Eingang zum Castillo.

Boote aus Lívingston halten auf Wunsch in San Felipe. Auch bei den Bootsausflügen ab Río Dulce kommt man gewöhnlich am Castillo vorbei; bei manchen Touren ist ein Besuch des Schlosses vorgesehen. Andernfalls kann man mit einem selbst gecharterten Boot von Río Dulce aus übersetzen (80 Q).

Finca El Paraíso

An der Nordseite des Sees liegt zwischen San Felipe und El Estor die **Finca El Paraíso** (☎ 7949-7122; Eintritt 10 Q, Hütten 350 Q), ein beliebtes Tagesausflugsziel, wenn man in Río Dulce und anderen Orten am See übernachtet. Auf dem *finca*-Gelände kann man zu einem wunderschönen Plätzchen im Urwald spazieren: Dort ergießt sich ein breiter Wasserfall (12 m hoch) in ein tiefes Becken. Man kann in dem warmen Wasser baden, im „Pool" schwimmen oder unter dem Überhang eine Art Urwaldsauna genießen. Ferner können ein paar interessante Höhlen und tolle Wanderwege entdeckt werden. Neben dem Bauernhaus befindet sich das bescheidenere, aber preiswertere **Brisas del Lago** (Hütten 75 Q/Pers.).

Die *finca* liegt an der Busroute Río Dulce–El Estor und ist ca. eine Stunde (9 Q) von Río Dulce bzw. 30 Minuten (6 Q) von El Estor entfernt. Den Wasserfall erreicht man, wenn man von der Straße aus nach Norden geht. Im Süden findet man das Bauernhaus und den See. Die letzten Busse in beide Richtungen kommen zwischen 16.30 und 17 Uhr vorbei.

El Estor

Die kleine Stadt hat eine herrliche Lage mit Blick auf den Lago de Izabal und die Sierra de las Minas dahinter. Dennoch verschlägt es Besucher nur selten hierher. Die meisten brechen von hier aus gleich ins **Refugio de Vida Silvestre Bocas del Polochic** auf, ein extrem artenreiches Tierschutzgebiet am westlichen Ende des Sees. El Estor ist aber auch der Zugang zur kaum benutzten und schwierigen Alternativroute nach Lanquín und Cobán.

ORIENTIERUNG & PRAKTISCHE INFORMATIONEN

Es ist ein Kinderspiel, sich in El Estor zurechtzufinden. Endstation der Busse aus Río Dulce ist der Parque Central. An dessen Ostseite liegt das **Café Portal** (6.30–22 Uhr). Dort werden Touren und Transportmöglichkeiten organisiert und man erhält erstklassige Infos. Bei **Banrural** (Ecke 3a Calle & 6a Av; Mo–Fr 8.30–17, Sa 9–13 Uhr) können US-Dollar und American-Express-Reiseschecks gewechselt werden; zudem gibt's einen Geldautomaten. Die **städtische Polizei** (Ecke 1a Calle & 5a Av) ist unweit des Seeufers zu finden. Im nahe gelegenen Tierreservat Bocas del Polochic wird Ökotourismus groß geschrieben. Genaueres erfährt man über die **Fundación Defensores de la Naturaleza** (☎ 7949-7130; www.defensores.org.gt; Ecke 5a Av & 2a Calle).

Die Asociación Feminina Q'eqchi' verkauft Kleidung, Decken und Accessoires aus traditionellen Stoffen, die von Mitgliedern der Vereinigung gewoben werden. Die Einnah-

WEITERE HIGHLIGHTS IN IZABAL

Río Dulce ist ganz nett, die schönsten Unterkünfte finden sich jedoch in noch entlegeneren Gebieten. Hier eine kleine Auswahl:

Finca Tatin (☎ 5902-0831; www.fincatatin.com; B 45 Q, EZ/DZ 125/160 Q, ohne Bad 65/110 Q) Ca. 10 km von Lívingston flussaufwärts liegt diese wunderschöne Finca im Wald. Die Gäste übernachten in individuell gestalteten Holzhütten mit Strohdach, die über das Urwaldgelände verteilt sind. Man kann wandern und Kajak fahren. *Lanchas* (kleine Motorboote) legen hier auf dem Weg von Río Dulce nach Lívingston (oder umgekehrt) an. Mehr Infos zur Anreise gibt's auf der Website.

Hotelito Perdido (☎ 5725-1576; www.hotelitoperdido.com; B 45 Q, Bungalows mit/ohne Bad 180/130 Q) Gegenüber von der Finca Tatin befindet sich am anderen Flussufer die wunderschöne, neue Unterkunft. Sie wird von jungen Travellern geführt und hat ein fantastisches Ambiente. Die gesamte Anlage entspricht ökologischen Standards (Sonnenenergie), ist klein und heimelig. Am besten reserviert man im Voraus. Wenn man anruft, wird man in Lívingston abgeholt (40 Q). Alternativ lässt man sich von einem der Boote, die zwischen Lívingston und Río Dulce hin- und herfahren, dort absetzen.

Hotel Kangaroo (☎ 5363-6716; www.hotelkangaroo.com; B 70 Q, Zi. 150–180 Q, Hütten mit/ohne Bad 220/180 Q; 💻 📶) Am Río La Colocha steht gegenüber vom Castillo de San Felipe in den Mangroven das schlichte, aber schöne auf Pfählen errichtete Hotel. Es wird von Australiern betrieben. Hier kann man jede Menge wilde Tiere sichten, darunter blaue Grasmücken, Pelikane, einen mehr als 2 m langen Leguan und diverse Schildkröten. Nach vorherigem Anruf wird man in Río Dulce oder San Felipe abgeholt (kostenlos), selbst wenn man nur zum Mittagessen bleibt.

Denny's Beach (☎ 4636-6516; www.dennysbeach.com; B 75 Q, EZ/DZ ab 240/375 Q; ✖ 💻) liegt außerhalb von Mariscos am südlichen Ufer des Lago de Izabal und ist genau der richtige Ort, wenn man alles hinter sich lassen möchte. Die Gäste können wandern, schwimmen und wakeboarden und sich das köstliche Essen zu moderaten Preisen schmecken lassen. Von Mariscos aus ist der Boottransfer kostenlos; Genaueres hierzu auf der Webseite.

Lagunita Creek (☎ 5241-9342) findet sich 10 km landeinwärts am Río Sarstún (dieser bildet die Grenze zwischen Belize und Guatemala). Dort kann man im Rahmen eines von der Gemeinde betriebenen Tourismusprojekts in einer schlichten **Ökolodge** (80 Q/Pers.) übernachten. Einfache Mahlzeiten kosten 50 bis 65 Q, Besucher können sich aber auch selbst verpflegen. Zu den Highlights zählen Kajakfahrten auf dem herrlichen, türkisgrünen Fluss und geführte Wanderungen/Vogelbeobachtungen. Die Anreise ist teuer: Für *lanchas* ab Lívingston zahlt man 1200 Q (max. 8 Pers.), bei kleineren Gruppen wird ein geringer Rabatt gewährt.

men kommen den Kekchí-Frauen zugute. Wegbeschreibung: Man geht vom Parque Central auf der 5a Av zwei Häuserblocks Richtung Norden und dann zwei nach Westen.

SCHLAFEN & ESSEN

Restaurante Típico Chaabil (☎ 7949-7272; 3a Calle; Zi. 75 Q/Pers.; Ⓟ) Am westlich Ende der 3a Calle. Das Holzhütten-Image ist zwar ziemlich dick aufgetragen, doch die Zimmer bieten ein unschlagbares Preis-Leistungs-Verhältnis. Am besten nimmt man sich eins im Obergeschoss – dort hat man mehr Tageslicht und einen schöneren Blick. Das Restaurant überzeugt mit einer hübschen Terrasse am See, auf der man leckeres Essen genießen kann, z. B. *tapado* (der Fisch- und Kokosnuss-Eintopf der Garífuna; 60 Q). Das Wasser ist kristallklar; man kann direkt am Hotelpier hineinhüpfen!

Hotel Vista al Lago (☎ 7949-7205; 6a Av 1-13; EZ/DZ 90/150 Q) Das klassische, historische Gebäude steht direkt am Wasser und hat jede Menge Stil, wobei die Zimmer an sich eher gewöhnlich sind. Der Ausblick vom Balkon ist genial!

Hotel Ecológico (☎ 7949-7245; www.ecohotelcabanasdellago.blogspot.com; EZ/DZ 125/175 Q) Auf einem herrlich grünen Urwaldgelände 2 km östlich von El Estor stehen nette, rustikale Hütten, das eigentliche Highlight ist jedoch die Lage mit Seeblick. Auch das günstige Freiluft-Restaurant gewährt eine tolle Aussicht.

Hungrigen Mäulern sei außer dem Chaabil (linke Spalte) die Gegend rund um den Parque Central empfohlen. Eine ordentliche Auswahl an Gerichten (auch vegetarisch) gibt's z. B. im **Café Portal** (Hauptgerichte 25–45 Q; 🕑 morgens, mittags & abends). Eine andere gute Adresse ist das **Restaurante del Lago** (Hauptgerichte 40–80 Q; 🕑 morgens, mittags & abends) auf der anderen Seite des Parks. Es liegt im 2. Stock, ist angenehm luftig, gewährt einen Blick auf den See und hat die umfangreichste Speisekarte der Stadt.

AN- & WEITERREISE

Infos zur Anreise aus Río Dulce findet man im Kapitel Río Dulce (S. 199). Busse von El Estor nach Río Dulce (20 Q, 1½ Std.) fahren von 6 bis 16 Uhr stündlich.

Die Straße, die im Westen via Panzós und Tucurú nach Tactic südlich von Cobán führt, hat ein schlechten Ruf; hier haben sich in jüngster Vergangenheit zahlreiche Raubüberfälle ereignet, besonders in der Nähe von Tucurú. Am besten erkundigt man sich vor Ort nach der aktuellen Sicherheitslage. Die Straße steht zudem während der Regenzeit häufig unter Wasser (auch diesen Punkt sollte man gegebenenfalls vor der Fahrt klären). Ein Lkw nach Cahabón (30 Q, 4–5 Std.) fährt um 9 Uhr am Parque Central ab; in Cahabón angekommen, kann man noch am selben Tag mit einem Bus oder Pick-up nach Lanquín weiterfahren. Weiterhin gibt es vier direkte Busverbindungen nach Cobán (45 Q, 6 Std.), die Abfahrten erfolgen jedoch zu unchristlichen Zeiten (um 1, 2, 4 & 6 Uhr am Parque Central von El Estor).

PUERTO BARRIOS

76 450 Ew.

Wenn man von der Kreuzung La Ruidosa Richtung Osten nach Puerto Barrios fährt, wird die tropische Vegetation immer dichter und das Klima feuchter. Hafenstädte stehen seit jeher in dem Ruf, ein wenig zwielichtig zu sein. Das gilt ganz besonders für diejenigen, die sich an einer Landesgrenze befinden. Vielleicht möchte der Stadtrat nur das Klischee bedienen, vielleicht ist die raue, etwas schäbige Atmosphäre von Puerto Barrios aber auch authentisch. Ausländische Besucher kommen jedenfalls in erster Linie in die Stadt, um so schnell wie möglich eines der Boote nach Punta Gorda in Belize oder nach Lívingston zu nehmen.

Riesige Ländereien im Tal des Río Motagua gehörten früher der einflussreichen United Fruit Company. Sie ließ Eisenbahnschienen bauen, um Güter zur Küste transportieren zu können – die Gleise führen noch immer mitten durch die Stadt. In Puerto Barrios, das erst im frühen 20. Jh. entstand, wurden die Waren auf Boote verladen, die Kurs auf New Orleans und New York nahmen. Lange, breite und schachbrettartig angeordnete Straßen prägen das Stadtbild. Viele der Holzrahmenhäuser im karibischen Stil stehen auf Pfählen.

Orientierung & Praktische Informationen

Im weitläufigen Stadtgebiet von Puerto Barrios müssen vergleichsweise große Distanzen zu Fuß oder motorisiert zurückgelegt werden. Die Busbahnhöfe im Stadtzentrum und das Muelle Municipal (Städtischer Kai) am Ende der 12a Calle – hier legen Passagierboote ab – sind 800 m voneinander entfernt. **El Muñecón** (Ecke 8a Av, 14a Calle & Calz Justo Rufino Barrios), die Statue eines Dockarbeiters, ist ein wichtiges Wahrzeichen und Denkmal der Stadt.

Banco Industrial (7a Av zw. 7a & 8a Calles) Hier können US-Dollar und Reiseschecks gewechselt werden. Außerdem gibt's einen Visa-Geldautomaten.

Banco Reformador (8a Av zw. 9a & 10a Calles) Wechselt US-Dollar. Der Geldautomat akzeptiert MasterCard.

Einreisebehörde (Ecke 12a Calle & 3a Av; 24 Std.) Einen Block vom Muelle Municipal entfernt. Hier erhält man seinen Einreise- bzw. Ausreisestempel, wenn man gerade aus Belize ankommt bzw. auf dem Weg dorthin ist. Wenn Honduras das nächste Reiseziel ist: Den Ausreisestempel erhält man in einem anderen Büro auf dem Weg zur Grenze.

Red Virtu@l (Ecke 17a Calle & Calz Justo Rufino Barrios; 6 Q/Std.; 8–21.30 Uhr) Internetzugang.

Schlafen

Hotel Lee (☎ 7948-0685; 5a Av; EZ/DZ 60/90 Q) Nette, familienbetriebene Unterkunft unweit der Busbahnhöfe zwischen den Calles 9a und 10a. So wie in den meisten Budgethotels in Puerto Barrios sind die Zimmer auch hier schmucklos und nur annähernd sauber. Auf dem kleinen Balkon vorn weht ab und an ein laues Lüftchen.

Hotel La Caribeña (☎ 7948-0384; 4a Av; EZ/DZ 70/100 Q) Gute, kleine Budgetzimmer in ruhiger Lage. Das Restaurant hat wiederholt gute Kritiken für die leckeren Seafood-Gerichte erhalten, besonders für die super *sopa* (Fischeintopf).

Hotel Europa 2 (☎ 7948-1292; 3a Av; EZ/DZ 100/150 Q, mit Klimaanlage 150/200 Q; P) Die beste Budget-Unterkunft im Hafenviertel liegt nur eineinhalb Blocks vom Muelle Municipal entfernt zwischen den Calles 11a und 12a und wird von einer netten Familie geführt. Die sauberen Zimmer mit TV sind um einen Hof mit Parkgelegenheiten angelegt.

Hotel Henry Berrisford (☎ 7948-7289; Ecke 9a Av & 17a Calle; EZ/DZ 80/160 Q) Ein großer, moderner,

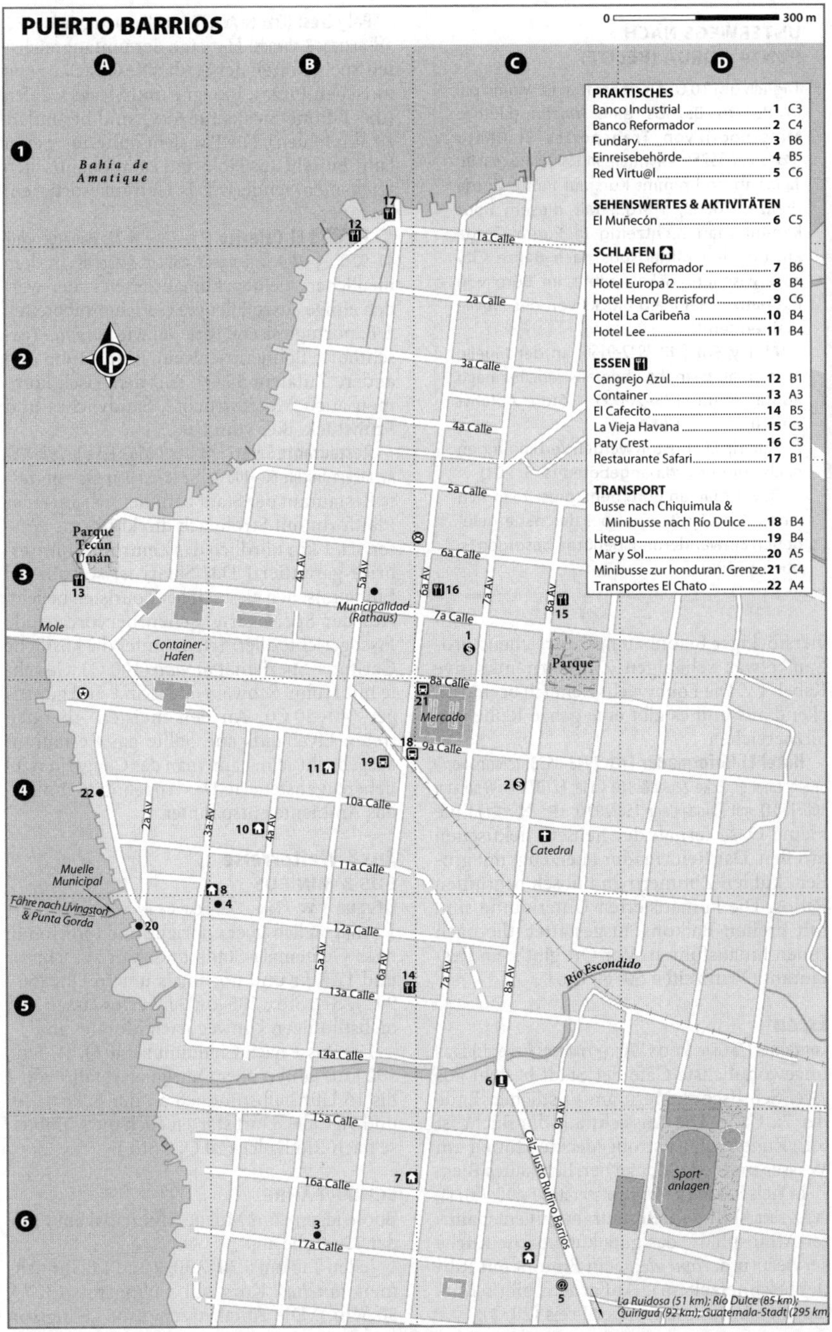
PUERTO BARRIOS
0
300 m
A
B
C
D
1
2
3
4
5
6
PRAKTISCHES
Banco Industrial 1 C3
Banco Reformador 2 C4
Fundary 3 B6
Einreisebehörde 4 B5
Red Virtu@l 5 C6
SEHENSWERTES & AKTIVITÄTEN
El Muñecón 6 C5
SCHLAFEN
Hotel El Reformador 7 B6
Hotel Europa 2 8 B4
Hotel Henry Berrisford 9 C6
Hotel La Caribeña 10 B4
Hotel Lee 11 B4
ESSEN
Cangrejo Azul 12 B1
Container 13 A3
El Cafecito 14 B5
La Vieja Havana 15 C3
Paty Crest 16 C3
Restaurante Safari 17 B1
TRANSPORT
Busse nach Chiquimula & Minibusse nach Río Dulce 18 B4
Litegua 19 B4
Mar y Sol 20 A5
Minibusse zur honduran. Grenze 21 C4
Transportes El Chato 22 A4
Bahía de Amatique
Parque Tecún Umán
Mole
Container-Hafen
Municipalidad (Rathaus)
Parque
Mercado
Catedral
Muelle Municipal
Fähre nach Livingston & Punta Gorda
Río Escondido
Sport-anlagen
Calz Justo Rufino Barrios
1a Calle
2a Calle
3a Calle
4a Calle
5a Calle
6a Calle
7a Calle
8a Calle
9a Calle
10a Calle
11a Calle
12a Calle
13a Calle
14a Calle
15a Calle
16a Calle
17a Calle
2a Av
3a Av
4a Av
5a Av
6a Av
7a Av
8a Av
9a Av
La Ruidosa (51 km); Río Dulce (85 km); Quiriguá (92 km); Guatemala-Stadt (295 km)

GUATEMALA

UNTERWEGS NACH PUNTA GORDA (BELIZE)

Täglich um 10 Uhr legt am Muelle Municipal in Puerto Barrios eine *lancha* (kleines Motorboot) von **Transportes El Chato** (☎ 7948-5525; www.transporteselchato.com.gt; 1a Av) ab und nimmt Kurs auf Punta Gorda (Belize; 200 Q, 1 Std.). Mit diesem Boot kommt man rechtzeitig in Punta Gorda an, um den Mittagsbus nach Belize City zu erwischen. Tickets gibt's im Büro von El Chato, eineinhalb Blocks von der *muelle* (Kai) entfernt.

Mar y Sol (☎ 7942-9156) an der Muelle Municipal, betreibt ebenfalls *lanchas* nach Punta Gorda (175–200 Q, 1 Std.). Abfahrt um 10 und 13 Uhr.

Auch in Lívingston werden Verbindungen nach Punta Gorda angeboten (s. S. 201).

Bevor man an Bord geht, muss man sich einen Ausreisestempel bei der nahe gelegenen Einwanderungsbehörde besorgen (s. oben S. 205).

vierstöckiger Betonbau mit ausreichend großen, etwas schäbigen Zimmern inklusive Kabel-TV. Die Lobby sieht ziemlich beeindruckend aus und es gibt eine ganze Reihe von Sitzbereichen.

Hotel El Reformador (☎ 7948-0533; reformador@intelnet.net.gt; Ecke 7a Av & 16a Calle; EZ/DZ mit Ventilator 100/160 Q, mit Klimaanlage 150/200 Q; P ❄ ᯤ) Eine kleine Oase fernab der heißen, hektischen Straßen. Das Reformador überzeugt mit großen, kühlen Zimmern an hübsch begrünten Patios. Die klimatisierten Unterkünfte sind mit breiten Balkons ausgestattet, die nach Innen hinausführen. Vor Ort gibt's ein Restaurant (Mahlzeiten 50–80 Q).

Essen

Container (7a Calle; Snacks 20 Q; 🕑 mittags & abends) Das ungewöhnlichste Café der Stadt besteht aus zwei Schiffscontainern am westlichen Ende der 7a Calle. Die Aussicht auf die Bucht ist toll. Zudem gibt's strohgedeckte Hütten am Wasser und jede Menge herrlich kaltes Bier.

La Vieja Havana (8a Av; Hauptgerichte 30–60 Q; 🕑 mittags & abends) Kleines Restaurant mit entspannter Atmosphäre, das gute kubanische Küche serviert (u. a. *ropa vieja*, ein Eintopf mit Rindergeschnetzeltem). Außerdem gibt's Mittagsmenüs zu einem super Preis (20 Q).

Paty Crest (Ecke 6a Av & 7a Calle; Hauptgerichte 40–60 Q; 🕑 mittags & abends) Hat eine der umfangreichsten Speisekarten der Stadt. Die Gäste können zwischen Pizzas, Lasagne und Steaks wählen (die T-Bone-Steaks für 65 Q sind besonders zu empfehlen). Die Bar sieht dufte aus: Sie ist lang, besteht aus Holz und ist mit nautischen Utensilien verziert. Das Getränkesortiment ist super.

LP Tipp **El Cafecito** (13a Calle 6-22; Hauptgerichte 40–90 Q; 🕑 Mo–Sa morgens, mittags & abends) In dem niedlichen, kleinen, klimatisierten Laden werden einige ausgefallenere Gerichte zubereitet, z. B. portugiesische Rezepte wie *feijoada* (geschmorte Bohnen, Schwein, Rind, Huhn und andere Zutaten; 55 Q). Auf den Tisch kommen auch Meeresfrüchte, Sandwiches und Frühstück. Bier vom Fass.

Restaurante Safari (☎ 7948-0563; Ecke 1a Calle & 5a Av; Meeresfrüchte 60–100 Q; 🕑 10–21 Uhr) Das netteste Restaurant der Stadt befindet sich auf einer Plattform mit Strohdach direkt überm Wasser, ca. 1 km nördlich des Zentrums. Meeresbrise garantiert! Das Safari ist sowohl bei Einheimischen als auch bei Touristen beliebt. Auf der Speisekarte stehen hervorragende Fischgerichte aller Art, darunter die köstliche Garífuna-Spezialität *tapado* (100 Q). Gerichte mit Huhn, Schwein oder Rind sind günstiger (40–80 Q). An den meisten Abenden treten Livebands auf. Sollte das Restaurant ausgebucht sein, kann man das Cangrejo Azul nebenan ansteuern. Das Angebot ist ähnlich, das Ambiente entspannter.

An- & Weiterreise

BUS & MINIBUS

Litegua (☎ 7948-1172; Ecke 6a Av & 9a Calle) fährt 19-mal täglich über Quiriguá und Río Hondo nach Guatemala-Stadt, und zwar zwischen 1 und 12 Uhr und nochmals um 16 Uhr (60–90 Q, 5–6 Std., 295 km). *Directos* lassen den halbstündigen Umweg nach Morales aus.

Die Busse nach Chiquimula (40 Q, 4½ Std., 192 km) fahren über Quiriguá; Abfahrt von 3 bis 16 Uhr halbstündlich an der Ecke 6a Av und 9a Calle. Dort starten auch die Minibusse nach Río Dulce (20 Q, 2 Std.).

SCHIFF/FÄHRE

Boote legen vom Muelle Municipal am Ende der 12a Calle ab.

Jeden Tag um 6.30, 7.30, 9 und 11 Uhr nehmen *lanchas* Kurs auf Lívingston (30 Q, 30 Min.). Die Abfahrtszeiten in Lívingston

WEITERREISE NACH HONDURAS

Zwischen 5 und 17 Uhr fahren in Puerto Barrios in der 6a Av vor dem Markt alle 20 Minuten Minibusse zur honduranischen Grenze ab (15 Q, 1¼ Std.). Die Straße zur Grenze zweigt bei **Entre Ríos** 13 km südlich von Puerto Barrios vom CA-9 ab. Von Entre Ríos aus fahren Busse und Minibusse in alle Richtungen und warten auf Passagiere, die Weiterfahrt von der Grenze aus ist also relativ unkompliziert. Die Minibusse aus Puerto Barrios halten auf dem Weg zur Grenze bei der guatemaltekischen Einwanderungsbehörde; dort werden eventuell 10 Q für einen Ausreisestempel fällig – das sollte man als eine letzte „Spende" an die guatemaltekische Bürokratie verstehen.

Infos für die Einreise von Honduras nach Guatemala gibt's auf S. 442.

kann man auf S. 201 nachlesen. Die Fahrtkarten sollte man so früh wie möglich am Tag der Abfahrt besorgen (sie können nicht zu einem früheren Datum gekauft werden), da die Anzahl der Tickets begrenzt ist.

Außerhalb dieser Zeiten legen *lanchas* auch dann ab, wenn sich fünf Passagiere eingefunden haben (50 Q).

Die meisten Verbindungen von Lívingston nach Puerto Barrios gibt's am Vormittag; die Boote kehren nachmittags zurück. Das letzte Boote ab Lívingston ist vermutlich die *lancha* um 17 Uhr, besonders in der Nebensaison, in der weniger Reisende den Bootsservice in Anspruch nehmen.

TAXI

Für eine längere Fahrt im Stadtgebiet muss man mit einem Preis um die 20 Q rechnen.

PUNTA DE MANABIQUE

Das Kap nördlich von Puerto Barrios wird von der Umweltschutzvereinigung **Fundary** (☎ 7948-0944; www.fundary.org; 17a Calle, Puerto Barrios) langsam und schonend fit gemacht für den Ökotourismus. Hier findet man die besten Karibikstrände Guatemalas, das Areal hat aber noch mehr zu bieten: Man kann Vögel beobachten, wandern, fischen und weitere Aktivitäten in freier Natur unternehmen. Übernachtungsmöglichkeiten gibt's in der **Ökolodge** (☎ 4433-4930; 50 Q/Pers.) der Gemeinde Estero Lagarto. Dort werden auch einfache, aber gute Mahlzeiten zubereitet und Ausflüge rund ums Kap organisiert. Wer Infos zur Anreise braucht bzw. buchen will, muss sich an Fundary wenden.

LÍVINGSTON

25 400 Ew.

Lívingston ist eine echte Rarität in Guatemala. Die Stadt, in der größtenteils Garífunas leben, ist schon für sich allein ein echtes Highlight. Doch damit nicht genug: Hier enden bzw. beginnen auch die Flussfahrten auf dem Río Dulce und in der Umgebung gibt es einige nette Strände.

Livingston ist vom nationalen Straßennetz abgeschnitten. Die Stadt wird auch „Buga" genannt – das Garífuna-Wort für „Mund" bezieht sich auf die Lage an der Flussmündung. Entsprechend gut sind die Bootsverbindungen ausgebaut: Reisende können problemlos nach Belize, zu den Cayes, nach Honduras und Puerto Barrios gelangen.

Die Garífunas (Schwarze Kariben, Pluralform auch: Garinagu) aus Lívingston und dem südlichen Belize stammen von versklavten Afrikanern ab, die einst in die Neue Welt verschifft wurden. Nach einer Revolte auf der Karibikinsel St. Vincent vor Venezuela 1795 wurden die Garífuna von den Briten erst auf die benachbarte Insel Baliceaux, wenig später dann auf der honduranischen Insel Roatán angesiedelt. In der Folge ließen sich die Garífuna entlang der Karibikküste von Belize bis Nicaragua nieder. Mischehen mit anderen Kariben, Mayas und schiffbrüchigen Matrosen anderer Herkunft förderten das Entstehen einer vielfältigen Kultur. So enthält etwa die Sprache der Garífuna afrikanische, indigene und europäische Elemente.

Die Stadtstrände sind enttäuschend, da der Urwald bis ans Wasser heranreicht und sie zudem nicht zum Baden geeignet sind (das Wasser ist stark verschmutzt!). Schwimmen kann man in Los Siete Altares (S. 212) und an der Playa Blanca (S. 208).

Orientierung & Praktische Informationen

Nach einer halben Stunde weiß man bereits, wo alles ist. Wer mehr über Lívingston erfahren will, sollte einen Blick auf die Website der Gemeinde werfen (www.livingston.com.gt).

Banrural (Calle Principal; 🕒 Mo–Fr 9–17, Sa bis 13 Uhr) Wechselt US-Dollar und Reiseschecks und hat einen Geldautomaten.

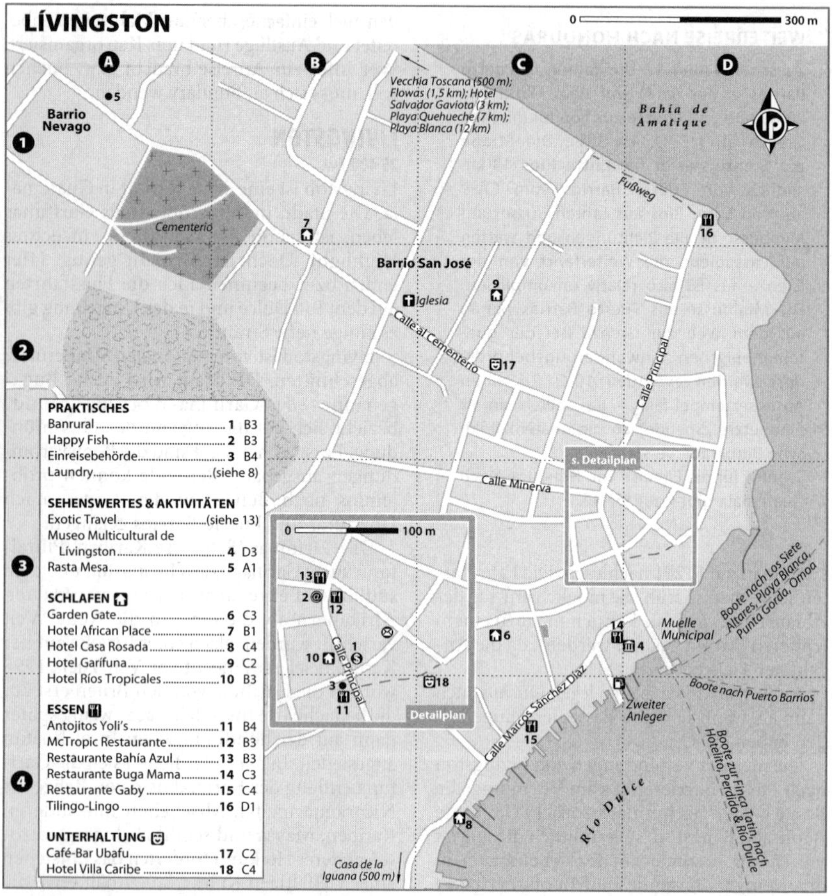

Einreisebehörde (Calle Principal; 6–19 Uhr) Stellt Einreise- und Ausreisestempel für Reisende aus, die gerade aus Belize oder Honduras ankommen bzw. auf dem Weg ins eines der beiden Länder sind. Einfach anklopfen, wenn man außerhalb der Öffnungszeiten kommt.

Happy Fish (Calle Principal; 8 Q/Std.) Restaurant, in dem man seine E-Mails checken kann.

Laundry (☎ 7947-0303; www.hotelcasarosada.com; Hotel Casa Rosada, Calle Marcos Sánchez Díaz) Wäscheservice.

Sehenswertes & Aktivitäten

Am städtischen Park vor dem öffentlichen Dock findet man das **Museo Multicultural de Lívingston** (Eintritt 20 Q; 9–18 Uhr). Es beherbergt eine tolle Ausstellung zur Geschichte und Kultur der Region, wobei ein besonderer Schwerpunkt auf der ethnischen Vielfalt liegt. Sowohl die Garífuna, Kekchí, Hindus und *ladinos* sind vertreten. Wenn man schon mal da ist, könnte man auch einen Abstecher zum Alligatorgehege im Park machen.

Die besten Strände in der Umgebung sind die **Playa Quehueche** – mit dem Taxi (15 Q) ca. 10 Minuten – und die **Playa Blanca** (Eintritt 10 Q) ca. 12 km nordwestlich von Lívingston, die aber in Privatbesitz und nur mit einem Boot zu erreichen ist (siehe S. 212).

Man sollte reichlich Insektenschutz auftragen und möglichst weitere Vorkehrungen treffen, um Stichen vorzubeugen, vor allem im Urwald. In Küstennähe leben Moskitos, die Malaria und Denguefieber übertragen.

Rasta Mesa (☎ 4200-4371; www.site.rastamesa.com; Barrio Nevago; 10–14 & 19–22 Uhr) Bringt Interessenten die Garífuna-Küche (50 Q/Pers.) näher und vermittelt Freiwilligenarbeit in der Umgebung. Außerdem: Trommel- (100 Q/Pers.) und Massageunterricht (150 Q).

Gefahren & Ärgernisse

Lívingston ist ein teilweise recht raues Pflaster. Die eine oder andere Prostituierte wird wohl versuchen, einen dazu zu überreden, ihr ein wenig Geld „zu leihen" oder eine Tour vorab zu bezahlen, die es – Überraschung! – gar nicht gibt. Sobald man auf der Straße ohne ersichtlichen Grund von jemandem in ein Gespräch verwickelt wird, sollten sofort die Alarmglocken läuten.

Wie viele andere Küstenstädte in Guatemala ist auch Lívingston eine *puente* (Brücke) für Drogen, die weiter nach Norden geschmuggelt werden sollen. Revierkämpfe gibt es in dem Sinne nicht – die „Branche" ist ziemlich stabil –, doch ein paar Zeitgenossen sind wirklich dick im Geschäft. Und es geht um ordentliche Geldsummen! Deshalb: Immer schön wachsam bleiben.

Geführte Touren

Ein paar Anbieter organisieren Touren zu den Naturwundern in der Umgebung. **Exotic Travel** (☎ 7947-0133; www.bluecaribbeanbay.com; Restaurante Bahía Azul, Calle Principal) und **Happy Fish** (☎ 7947-0661; www.happyfishtravel.com; Restaurante Happy Fish, Calle Principal) sind gut durchorganisiert und bieten im Prinzip dieselben Ausflüge an. Die beliebte „Öko-/Urwaldstour" umfasst eine Wanderung durch die Stadt, dann geht's nach Westen zu einem Aussichtspunkt und weiter zum Río Quehueche. Mit einem Kanu fährt man von dort aus weiter zur Playa Quehueche (S. 208; 30 Min.) und spaziert anschließend durch den Urwald nach **Los Siete Altares** (S. 201). Wenn man sich umgeschaut hat, geht man zum Strand hinunter und am Strand entlang zurück nach Lívingston. Treffpunkt für diesen Ausflug (75 Q, inkl. Lunchpaket) ist das Restaurante Bahía Azul an der Calle Principal (tgl. um 9 Uhr). Gegen 16.30 Uhr ist man wieder in Lívingston. Auf der Tour sieht man eine ganze Menge von der Gegend. Die netten einheimischen Führer bringen Teilnehmern zudem die Kultur der Garífuna näher.

Auf der Playa Blanca-Tour (min. 6 Pers.; 100 Q/Pers.) fährt man zunächst mit dem Boot zu den „sieben Altären", dann zum Río Cocolí, in dem auch geplantscht werden kann, und zuletzt zur Playa Blanca, dem besten Strand in der Gegend. Dort verweilt man zwei oder drei Stunden.

Eine weitere Möglichkeit ist eine Exkursion zu den **Cayos Sapodillas** (oder Zapotillas), ein ganzes Stück vor der Küste von Süd-Belize. Diese sind ein Paradies für Schnorchler (min. 6 Pers.; 400 Q).

Festivals & Events

Semana Santa (Karwoche) In der Osterwoche wimmelt es in Lívingston von feierfreudigen Einheimischen.

Nationalfeiertag der Garífuna (26. Nov.) Diverse Kulturveranstaltungen.

Virgen del Guadalupe (12. Dez.) Feier zu Ehren der mexikanischen Schutzheiligen.

Schlafen

Am höchsten sind die Übernachtungspreise in Lívingston von Juli bis Dezember. Den Rest des Jahres sind die Tarife in den folgenden Mittel- und Spitzenklassehotels nur halb so hoch.

Casa de la Iguana (☎ 7947-0064; Calle Marcos Sánchez Díaz; B 40 Q, Hütte mit/ohne Bad 150/110 Q; WLAN) Partyhostel, das fünf Gehminuten vom Hauptdock entfernt ist. Die Preise für die Holzhütten sind fair: Sie sind sauber und haben eine schlichte, aber elegante Ausstattung. Man kann auch zelten oder in einer Hängematte übernachten (20 Q/Pers.). Tolle Happy Hour und Spanischunterricht (570 Q für 20 Std.).

Hotel African Place (☎ 7947-0435; Calle al Cementario; EZ/DZ 50/80 Q, ohne Bad 40/70 Q) Eine der ausgefalleneren Unterkünfte in Guatemala. Das African Place wurde von einem Spanier erbaut, soll an eine Reihe von marokkanischen Schlössern erinnern und befindet sich auf einem Gelände mit üppiger Vegetation. Der „Burggraben" wird von Schildkröten bewacht. Die ganze Anlage sieht ziemlich heruntergekommen aus, die Zimmer mit Bad sind für diese Preisklasse jedoch wirklich gut.

Hotel Garífuna (☎ 7947-0183; Barrio San José; EZ/DZ 50/75 Q) Zu Fuß sind es ca. fünf Minuten bis zur Hauptstraße. Die großen, luftigen Zimmer sind günstig, die Betten gut und die Bäder blitzsauber. Nettes Personal.

Das **Hotel Ríos Tropicales** (☎ 7947-0158; www.mctropic.com; Calle Principal; EZ/DZ 100/150 Q, ohne Bad 50/100 Q; WLAN) Auswahl großer Zimmer mit Blick auf einen zentralen Patio, in dem zahlreiche Hängematten hängen und viel Platz zum Faulenzen und Entspannen ist. Die Zimmer mit Gemeinschaftsbad sind geräumiger, die übrigen sind dafür hübscher gestaltet.

GUATEMALA

Hotel Salvador Gaviota (☎ 7947-0874; www.hotelsalvadorgaviota.es.tl; Playa Quehueche; EZ/DZ 125/250 Q, ohne Bad 50/100 Q) Schöne, einfache Zimmer aus Holz und Bambus ein paar hundert Meter von einem einigermaßen sauberen Strand entfernt. Tagesausflügler auf dem Weg nach bzw. auf dem Rückweg von Los Siete Altares legen hier einen Boxenstopp ein (Mahlzeiten 40–80 Q). Oft ist man jedoch auch ganz für sich. Das Hotel ist 500 m von der Hängebrücke entfernt, an der die Straße endet. Die Taxifahrt dorthin kostet ca. 15 Q.

Flowas (☎ 7947-0376; infoflowas@gmail.com; B/EZ/DZ 75/150/200 Q) Eine berechtigterweise beliebte, kleine Backpackeroase direkt am Strand, die rustikale Unterkünfte aus Holz und Bambus im 2. Stock bietet – inklusive gelegentlicher Brise. Die Atmosphäre ist entspannt und man kann gutes, günstiges Essen bestellen. Taxis (10 Q ab dem Dock) fahren bis auf ca. 150 m ans Eingangstor heran.

Garden Gate (☎ 7947-9272; www.gardengate-guesthouse.com; EZ/DZ ohne Bad 120/150 Q; WLAN) Bei unserem Besuch erhielt das Garden Gate den letzten Schliff. Die hübsche Anlage auf einem Hügel bietet drei makellos saubere Zimmer mit einfacher, aber ansprechender Deko. Betreiberin ist Maria, die Gründerin von Tilingo-Lingo (s. rechte Spalte) und Garantin für hervorragendes Essen! Es gibt einen großen Garten mit jeder Menge Hängematten. Gäste können Fahrräder ausleihen.

Vecchia Toscana (☎ 7947-0884; www.vecchiatoscana-livingston.com; Barrio Paris; Zi. mit Ventilator/Klimaanlage 420/670 Q; ❄ 🏊) Wunderschöne, neue Bleibe, die von Italienern geführt wird. Sie liegt gleich am Strand. Die Zimmer gehören zu den besten der ganzen Stadt – die mit Ventilator sind ein bisschen klein, die teureren bieten hingegen ausreichend Platz. Die Anlage und die gemeinschaftlich genutzten Bereiche sind tadellos. Vorn befindet sich zudem ein gutes italienisches Restaurant mit Meerblick.

Essen

Lebensmittel sind vergleichsweise teuer in Lívingston. Mit Ausnahme von Fisch und Kokosnüssen muss nämlich so ziemlich alles mit Booten in die Stadt transportiert werden. Fisch und Meeresfrüchte sind dafür von erstklassiger Qualität und werden in für Guatemala untypischen Kreationen mit Kokosmilch oder als Curry zubereitet. Eine echte Köstlichkeit ist die hiesige Spezialität: *tapado*, ein mit Koriander gewürzter Eintopf mit Fisch, Krabben, Krustentieren, Kokosmilch und Kochbananen. Entlang der Calle Principal befinden sich zahlreiche Straßenküchen.

Antojitos Yoli's (Calle Principal; Gebäck o. Ä. 10–30 Q; 🕑 8–17 Uhr) *Die* Adresse für Backwaren. Besonders zu empfehlen sind das Kokosbrot und der Ananaskuchen.

Restaurante Gaby (Calle Marcos Sánchez Díaz; Hauptgerichte 30–50 Q; 🕑 morgens, mittags & abends) An Gaby's kommt man nicht vorbei, wenn es einen nach guter, „ehrlicher" Küche in einem bescheidenen Ambiente gelüstet. Es gibt Hummer, *tapado*, Reis und Bohnen und gutes Frühstück zu vernünftigen Preisen und dazu kostenlose Unterhaltung in Form von *telenovelas* (TV-Seifenopern).

LP Tipp **Tilingo-Lingo** (Calle Principal; Hauptgerichte 40–80 Q; 🕑 morgens, mittags & abends) Kleines Lokal mit anheimelndem Ambiente in Strandnähe. Es serviert Gerichte aus zehn Ländern, und die sind ziemlich gut – besonders die italienischen und ostindischen Speisen.

McTropic Restaurante (Calle Principal; Hauptgerichte 40–100 Q; 🕑 morgens, mittags & abends) Mit die besten Fischgerichte in der Stadt werden in diesem kleinen Restaurant mit der entspannten Atmosphäre zubereitet. Wer einen Tisch an der Straße ergattert, kann die leckere Thai-Küche genießen und dabei prima Leute beobachten.

Restaurante Buga Mama (Calle Marcos Sánchez Díaz; Hauptgerichte 40–100 Q; 🕑 morgens, mittags & abends; WLAN) Hat die schönste Lage von allen Restaurants im Ort. Die Einnahmen kommen der Asociación Ak Tenemit zugute. Man hat die Wahl zwischen Fisch und Meeresfrüchten, hausgemachter Pasta und Currys; auch das *tapado* (100 Q) ist fantastisch. Die meisten Kellner gehören zu einem von der Gemeinde betriebenen Tourismusprojekt und sind noch in der Ausbildung – der Service lässt also eventuell zu wünschen übrig, doch sollte man da ein Auge zudrücken.

Restaurante Bahía Azul (Calle Principal; Hauptgerichte 60–100 Q; 🕑 morgens, mittags & abends) Die zentrale Lage, die fröhliche Deko und das leckere, frische Essen sorgen für die unverändert hohe Beliebtheit des Bahía. Der Laden öffnet schon frühmorgens, die Speisekarte ist umfangreich und vielfältig: Es gibt eine interessante Mischung aus karibischen, guatemaltekischen und asiatischen Speisen.

Ausgehen

Wer gern mal etwas Neues ausprobiert, sollte *guifiti* kosten, ein lokales Gebräu mit Kokosnussrum (und oft auch Kräutern), von dem es heißt, es habe heilende und enstpannende Kräfte.

Am Strand steht eine Handvoll Bars (am Ende der Calle Principal muss man sich links halten). Dort finden sich zwischen 22 und 23 Uhr Traveller wie Einheimische ein. In der Ecke ist es ziemlich dunkel, man sollte entsprechend vorsichtig sein. Die Bars sind jeweils etwa fünf Gehminuten voneinander entfernt – man kann sich also problemlos ein wenig umsehen, um herauszufinden, wo am meisten los ist. Musikalisch wird alles von *punta* über Salsa und Merengue bis hin zu Techno und House geboten. Freitags fängt man an, sich auf den großen Partyabend einzustimmen, den Samstag. Dann wird häufig bis 5 oder 6 Uhr morgens gefeiert.

Die Happy Hour gehört zum Standard in den Restaurants entlang der Hauptstraße. Einer unserer Favoriten ist das **Casa de la Iguana** (S. 209).

Unterhaltung

Das Equipment einer traditionellen Garífuna-Band besteht aus drei großen Trommeln, einem Schildkrötenpanzer, ein paar Maracas und einem großen Muschelhorn. Das Ergebnis sind eingängige Rhythmen und Melodien. Der Gesang erinnert an eine Litanei, wobei das Publikum häufig mit eingebunden wird. Die *Punta* ist der Tanz der Garífuna, charakteristisch sind die kreisenden Hüftschwünge.

Oftmals spielen umherziehende Gruppen zur Abendessenszeit ein paar Lieder für die Restaurantgäste in der Calle Principal. Wenn einem die Musik gefällt, sollte man den Spielern ein bisschen Geld geben. Es gibt ein paar Lokale, in denen immer mal wieder Garífuna-Bands auftreten:

Café-Bar Ubafu (Calle al Cementerio) Die wahrscheinlich verlässlichste Anlaufstelle, denn eigentlich sollen hier jeden Abend Musik- und Tanzvorführungen stattfinden. Am meisten los ist an den Wochenenden.

Hotel Villa Caribe (Calle Principal) Jeden Abend um 19 Uhr kommen die Restaurantgäste in den Genuss einer Garífuna-Show.

An- & Weiterreise

Häufig legen Boote aus Río Dulce oder Puerto Barrios bzw. internationale Boote aus Belize in Lívingston an.

Exotic Travel (S. 209) bietet kombinierte Boots- und Shuttlebusfahrten nach La Ceiba an. Sie kosten 400 Q pro Person (die günstigste Transportmöglichkeit zu den honduranischen Bay Islands; Mindestteilnehmerzahl: 6 Pers.). Wer Lívingston bis spätestens 7.30 Uhr morgens verlässt, erreicht La Ceiba rechtzeitig, um das Boot zu den Inseln zu erwischen. Es ist nahezu unmöglich, die eintägige Reise auf eigene Faust zu organisieren.

Dienstags und freitags um 7 Uhr setzt ein Boot ohne Zwischenstopp nach Punta Gorda über (200 Q, 1½ Std.); Abfahrt am öffentlichen Pier. In Punta Gorda hat man Anschluss an einen Bus nach Placencia und Belize City. Wer in die andere Richtung unterwegs ist: Das Boot wartet in Punta Gorda, bis der Bus aus Placencia ankommt, bevor es gegen 10.30 Uhr nach Lívingston zurückkehrt.

Wer frühmorgens an Bord eines internationalen Boots geht, muss sich seinen Ausreisestempel einen Tag zuvor bei der Einwanderungsbehörde in Lívingston (S. 214) besorgen. Verlässt man Guatemala auf dem Seeweg, wird eine Ausreisesteuer in Höhe von 85 Q fällig.

RUND UM LÍVINGSTON

Río Dulce-Bootsfahrten

Die Reiseveranstalter im Ort wie auch ein Großteil der einheimischen Fischer am Pier organisieren Tagestouren nach Río Dulce auf dem gleichnamigen Fluss (einfache Strecke/hin & zurück 125/180 Q). Viele Traveller kehren nicht nach Lívingston zurück, sondern gehen in Río Dulce von Bord. Die Fahrt durch den tropischen Urwald ist überwältigend. Es gibt zwei Verbindungen pro Tag; das Nachmittagsboot (Abfahrt 14.30 Uhr) fährt direkt durch bis Río Dulce, das um 9.30 Uhr legt unterwegs mehrere Stopps ein.

Kurz hinter Lívingston erreicht man die Schlucht **Cueva de la Vaca**. Die steilen Wände sind mit einem Gewirr aus Urwaldvegetation und Bromelien überwuchert und die Luft ist erfüllt vom Gesang tropischer Vögel. Ein Stück dahinter erhebt sich **La Pintada**, eine mit Graffitis übersäte Steinklippe. Danach gelangt man zu einer Thermalquelle: Schwefelhaltiges Wasser wird aus der Basis der Klippe herausgedrückt – ein toller Ort zum Schwimmen.

Hat man die Schlucht hinter sich gelassen, verbreitert sich der Fluss: **El Golfete**, ein seeähnliches Gewässer, bietet gewissermaßen einen Vorgeschmack auf den noch größeren Lago de Izabal.

An El Golfetes Nordufer erstreckt sich das **Biotopo Chocón Machacas**, ein 7600 ha großes

Naturschutzgebiet, das den Fluss, die darin lebenden Manatis (Seekühe) und Mangrovensümpfe umfasst. Dank diverser „Wasserwege" kann man die hiesige Flora und Fauna aus nächster Nähe erleben. Am Besucherzentrum beginnt ein Naturlehrpfad (25 Q). Er führt vorbei an Mahagonibäumen, Palmen und tropischer Urwaldvegetation. Auf dem Gelände sind Jaguare und Tapire heimisch, sie werden jedoch nur selten gesichtet. Scheuer sind nur noch die an Walrosse erinnernden Manatis, gigantische Säugetiere, die bis zu 1 t schwer werden. Trotz ihres stattlichen Gewichts sind sie elegante Schwimmer.

Hinter El Golfete nehmen die Boote weiter Kurs stromaufwärts und passieren immer mehr teure Villen und Bootshäuser auf dem Weg nach Río Dulce (wo die Straße nach El Petén über den Fluss hinwegführt) und zum Castillo de San Felipe am Lago de Izabal (S. 199).

Los Siete Altares

Bei den „sieben Altären" handelt es sich um eine Reihe von Süßwasserfällen und Naturschwimmbecken ca. 5 km (zu Fuß ca. 1½ Std.) nordwestlich von Lívingston. Um das hübsche Ausflugsziel, das zum Picknicken und Schwimmen einlädt, zu erreichen, muss man einfach am Ufer der Bahía de Amatique Richtung Norden bis zur Flussmündung spazieren. Dann folgt man dem Strand bis zu dem Pfad, der einen in die Wälder direkt zu den Wasserfällen führt (ca. 30 Min.).

Es werden zwar Bootsfahrten zu den Siete Altares angeboten, Einheimische empfehlen allerdings die Wanderung auf eigene Faust, da man so die herrliche Natur besser erleben kann und unterwegs die Chance hat, ein paar Garífuna zu begegnen. Etwa auf halber Strecke steht hinter der Hängebrücke das Hotel Salvador Gaviota (S. 209). In dem angeschlossenen **Restaurant** (Hauptgerichte 40–80 Q; ⏰ mittags & abends) gibt's anständiges Essen, eiskaltes Bier und alkoholfreie Getränke.

EL PETÉN

El Petén war einst ein Synonym für schlechte Straßen und undurchdringlichen Urwald, in den letzten Jahren hat sich hier jedoch einiges getan. Seit dem Exodus der Maya im 9. Jh. ist der Landstrich die am dünnsten bevölkerte Region des gesamten Landes, doch die kontinuierliche Besiedelungspolitik der Regierung hat zuletzt großen Erfolg gezeigt. In den 1950er-Jahren lag die Einwohnerzahl noch bei knapp 15 000, mittlerweile leben weit über 500 000 Menschen in El Petén; die meisten davon sind in einem anderen Teil Guatemalas geboren.

Die absolute Topattraktion ist natürlich Tikal, viele Besucher begeistern sich aber noch viel mehr für unbekanntere Ruinen, z. B. Yaxhá und die gigantischen, noch größtenteils unberührten Stätten El Mirador und Nakbé.

1990 begründete die Regierung das 10 000 km² große Maya-Biosphärenreservat, das weite Teile des nördlichen El Petén umfasst. Es grenzt an das weitläufige Calakmul-Biosphärenreservat in Mexiko und das Schutzgebiet Río Bravo in Belize an. Zusammengenommen ergibt sich daraus eine geschützte Fläche von mehr als 20 000 km².

Viele Besucher quartieren sich in Poptún ein, einer kleinen Stadt 113 km südöstlich von Santa Elena, die schon seit vielen Jahren eine beliebte Backpackeroase ist.

ANREISE & UNTERWEGS VOR ORT

Sämtliche Straßen nach El Petén sind mittlerweile asphaltiert, die Anreise gestaltet sich also schnell und angenehm. Die verbesserte Anbindung an den Rest des Landes hat leider eine Zuwanderungswelle von Landwirten und Viehzüchtern aus anderen Regionen nach sich gezogen, weshalb Ressourcen knapper werden und die Entwaldung noch rasanter fortschreitet als zuvor.

Die guatemaltekische Regierung hat die Städte Flores, Santa Elena und San Benito, am Ufer des Lago de Petén Itzá zu den regionalen Tourismuszentren ausgebaut. Hier findet man einen Flughafen, Hotels etc. In Tikal gibt es ein paar kleinere Hotels und Restaurants, weitere Dienstleister sind dort jedoch spärlich gesät.

POPTÚN

24 600 Ew. / 540 m

Poptún liegt ungefähr auf halber Strecke zwischen Río Dulce und Flores und eignet sich gut für einen Zwischenstopp auf dem Weg nach Tikal, besonders wenn man via Fray Bartolomé de Las Casas reist.

Die meisten Busse und Minibusse halten an der Hauptstraße: Die Busse von Fuente del Norte kommen an der Shell-Tankstelle an. Minibusse nach San Luís, 16 km Richtung

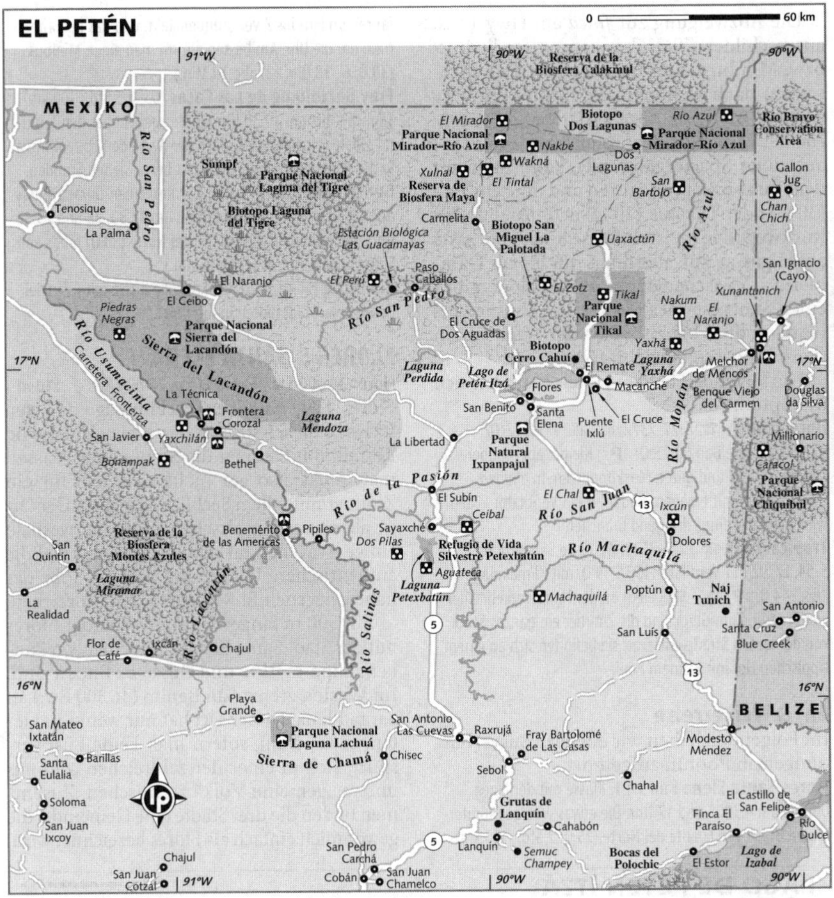

Süden gelegen, findet man eine Straßenecke weiter südlich, die Minibusse nach Flores fahren noch einen weiteren halben Block entfernt ab. Die Filialen von **Banco Industrial** (Av 15 de Septiembre 7-27) und **Banrural** (Av 15 de Septiembre & Calle del Parque) sind mit Geldautomaten ausgerüstet und wechseln US-Dollar und Reiseschecks von American Express.

Schlafen & Essen

Finca Ixobel (☎ 5892-3188; www.fincaixobel.com; Stellplatz 25 Q/Pers., B 35 Q, Baumhäuser EZ/DZ 60/90 Q, EZ/DZ 125/250 Q, ohne Bad 75/110 Q, Bungalows EZ/DZ 150/275 Q; P 💻 🍽 V) Eine nette, 160 ha große Anlage mit entspannter Atmosphäre, die mit Zeltplätzen, *palapas*, regulären Zimmern und gutem hausgemachten Essen aufwartet (jede Menge Auswahl für Vegetarier!). Außerdem können die Gäste reiten, Zeltausflüge unternehmen, sich in Autoschläuchen den Fluss hinuntertreiben lassen oder die beliebte und ziemlich aufregende Höhlentour machen (man kann sich sogar in den Stromschnellen treiben lassen!). All diese Aktivitäten können täglich gebucht werden und kosten nicht die Welt.

Die Küche ist hervorragend. Es gibt z. B. ein „All you can eat"-Abendbuffet für 60 Q. Nach 21 Uhr ziehen viele Gäste in die Poolbar um, in der preiswerte Cocktails und andere Getränke serviert werden. Wer Englisch und Spanisch spricht, kann versuchen, ein wenig als Freiwilliger zu arbeiten (gegen freie Kost und Logis).

Die Abzweigung zur *finca* am Hwy 13 ist ausgeschildert. Tagsüber kann man die Bus- bzw. Minibusfahrer bitten, einen dort abzusetzen; nach weiteren 15 Minuten Fußweg erreicht man das *finca*-Gelände. Zu vorgerückter Stunde (oder wenn man keine Lust auf einen Spaziergang hat), kann man mit dem Bus bis Poptún fahren und dort ein Taxi (30 Q) oder Tuk-tuk (20 Q) nehmen. Für den Rückweg: Die meisten Busse lesen Fahrgäste am Highway auf, allerdings nur bis zur Dämmerung. Zwischen der *finca* und Flores gibt's einen Shuttleservice (50 Q). Die Shuttles aus Flores sollten bis zum Tor der *finca* fahren (vorher noch mal nachfragen!).

Die folgenden beiden Hotels befinden sich in Poptún:

Hotel Izalco (☎ 7927-7372; 4a Calle 7-11; EZ/DZ 92/153 Q, ohne Bad 60/75 Q; Ⓟ) Kleine, aber saubere Zimmer mit TV und guten Moskitonetzen. In einigen Unterkünften mit eigenem Bad fehlt ein Ventilator – den wird man allerdings dringend brauchen!

Tropical Inn (☎ 7927-7533; Av 15 de Septiembre 5-54; EZ/DZ mit Ventilator 158/219 Q, mit Klimaanlage 183/244 Q; Ⓟ ❄ 🏊) Liegt an der Hauptverkehrsader von Poptún. Zum Glück sind die Zimmer ein ganzes Stück von der lauten Straße entfernt; sie befinden sich an einem tropischen Hof mit kleinem Pool.

An- & Weiterreise

Im Folgenden haben wir ein paar Busverbindungen ab Poptún aufgeführt:

Flores/Santa Elena Fahrten 1. Klasse mit der Línea Dorada um 4.30, 5 und 17 Uhr. Die etwas weniger komfortablen Busse von Fuente del Norte (25 Q; 2 Std.; 113 km) fahren im Ein- bis Zwei-Stunden-Takt, und das beinahe rund um die Uhr. Am besten nimmt man einen Minibus (30 Q; 6–18 Uhr, ca. alle 10 Min.).

Fray Bartolomé de Las Casas (65 Q; 5 Std.; 100 km) Täglich fährt um 10.30 Uhr ein Bus gegenüber der Banrural-Filiale (einen Block südlich der Av 15 de Septiembre) ab. In der Regenzeit dauert die Fahrt bis zu sieben Stunden.

Guatemala-Stadt (7 Std.; 387 km) Línea-Dorada-Busse der 1. Klasse (115–160 Q) fahren um 11.30, 23 und 23.30 Uhr, Verbindungen mit Fuente del Norte (80 Q) gibt's von 5.30 bis Mitternacht (etwa stündl.).

Río Dulce (50 Q; 2 Std.; 99 km) Alle Busse mit Fahrtziel Guatemala-Stadt halten in Río Dulce.

FLORES & SANTA ELENA

Flores 30 600 Ew., Santa Elena 29 000 Ew. / 110 m

Flores' Lage auf einer Insel im Lago de Petén Itzá ist wahrlich spektakulär. Kleine Hotels und Restaurants säumen die Straßen am Wasser, man muss also gar nicht viel Geld für ein Zimmer mit tollem Seeblick ausgeben. Der Ort ist allerdings ein bisschen zugebaut, weshalb einige Traveller auf dem Weg nach Tikal die authentischere Umgebung und die Stille des nahe gelegenen El Remate (S. 221) vorziehen.

Ein 500 m langer Damm verbindet Flores mit der Stadt Santa Elena am Seeufer, wo Banken, Supermärkte und Busse zu finden sind. Im Westen grenzt San Benito (46 300 Ew.) an Santa Elena. Dieser Ort hat nur wenig zu bieten, es sei denn, sofern man keine Lust verspürt, sich in einer der zahlreichen *cantinas* unters „gemeine Volk" zu mischen. Zusammen bilden die drei Städte eine Gemeinde, die gewöhnlich einfach als Flores bezeichnet wird.

LAGO DE PETÉN ITZÁ

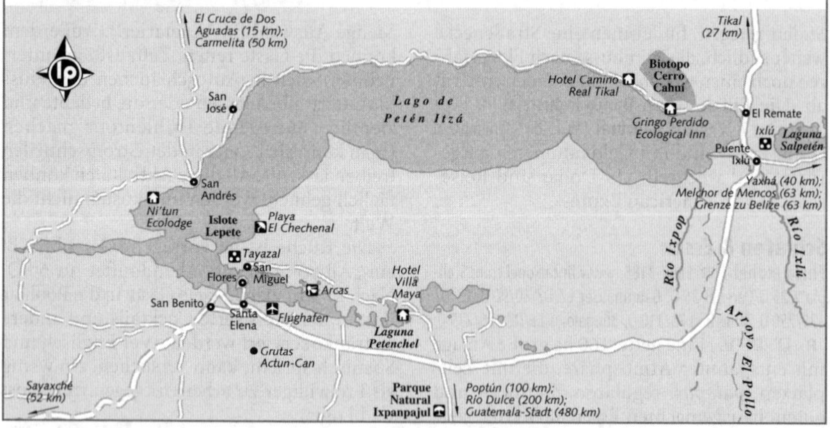

INSIDERTIPPS

Der beste Ort, um z.B. mit einem guten Buch zu entspannen, ist das Nordufer des Lago de Petén Itzá östlich von San José. Ich lege mich am Wasser in eine Hängematte und lausche dem Plätschern der Wellen und dem Rauschen der Baumkronen über mir … Und dann scheint noch die Sonne, während mir eine angenehm frische Brise um die Nase weht. Das Allerbeste ist aber natürlich, das Buch mal zur Seite zu legen und ein Bad im See zu nehmen. Dann versinkt die Welt um mich herum und ich begreife, dass es so etwas wie den perfekten Moment tatsächlich gibt.

Estuardo Lira, Guatemala-Stadt

Geschichte

Flores wurde von den Itzáes auf einer *petén* (Insel) gegründet, nachdem das Volk aus Chichén Itzá vertrieben worden war. Sie nannten diesen Ort Tayasal. 1524 kam es zu einem friedlichen Zusammentreffen zwischen Hernán Cortés und König Canek von Tayasal (Córtez befand sich auf dem Weg ins heutige Honduras). Jedoch erst im März 1697 unterwarfen die Spanier die Maya aus Tayasal.

Zu diesem Zeitpunkt war Flores wahrscheinlich das letzte noch intakte größere Zeremonienzentrum der Maya. Überall erhoben sich Pyramiden und Tempel, die mit Götzen ausgestattet waren. Die gottesfürchtigen spanischen Soldaten zerstörten die Gebäude, weshalb von ihnen heute nichts mehr zu sehen ist.

Die Maya aus Tayasal flohen in den Urwald und haben dort vielleicht einen Neuanfang gewagt. Jedenfalls kursierten bald Gerüchte von einer „verschwundenen" Mayastadt – manch einer vermutet, dass es sich dabei um El Mirador unweit der Grenze zu Mexiko handelte.

Orientierung

Der Flughafen liegt an den östlichen Ausläufern von Santa Elena, 2 km von dem Damm entfernt, der Santa Elena und Flores verbindet. Die meisten Busse fahren am neuen Busterminal 1 km südlich des Damms ab.

Praktische Informationen

GELD

Wer einfach nur auf der Suche nach einem Geldautomaten ist und nicht nach Santa Elena gehen möchte, wird vorm Hotel Petén Espléndido auf der Calle 30 de Junio (Karte S. 219) fündig.

Weitere Banken befinden sich auf der 4a Calle in Santa Elena. In folgenden Filialen (alle mit Geldautomaten) werden in jedem Fall Reiseschecks von American Express in US-Dollar angenommen.

Banco Agromercantil (Karte S. 217; Mo–Fr 9–18, Sa 9–13 Uhr) Wechselt auch Euro.

Banco Continental (Karte S. 217; Mo–Fr 9–17, Sa 9–13 Uhr)

Banrural (Karte S. 217; Mo–Fr 8.30–19, Sa 8.30–13 Uhr) Nimmt ebenfalls Euro an.

Am Busterminal in Santa Elena steht ein Cajero 5B-Geldautomat, und in vielen Reisebüros und Hotels können US-Dollar (manchmal auch Reiseschecks) gewechselt werden, die Kurse sind allerdings schlecht.

INTERNETZUGANG

Petén Net (Karte S. 219; Calle Centro América, Flores; 10 Q pro Std.; Mo–Sa 8–22, So 9–21 Uhr)

Tayasal Net (Karte S. 219; Calle Unión; 8 Q/Std.; Mo–Sa 8–22, So 13–22 Uhr) Im Hotel Posada Tayasal.

NOTFALL

Asistur (Rufnummer für Touristen; ☎ 5414-3594)

Hospital San Benito (☎ 7926-1333; Calz de San Benito)

POST

Postamt Flores (Karte S. 219; Av Barrios); Santa Elena (Karte S. 217; im Centro Comercial Karossi, 4a Calle & 2a Av)

REISEBÜROS

Einige Reisebüros in Flores und Santa Elena bieten Ausflüge zu archäologischen Stätten, Fahrten mit Shuttle-Minibussen und weitere Dienstleistungen an.

Aventuras Turísticas (Karte S. 219; ☎ 4034-9550; www.aventurasturisticas.com; Av Barrios) Shuttles nach Cobán, Tikal-Touren und Mietfahrräder.

Martsam Travel (Karte S. 219; ☎ 7867-5093; www.martsam.com; Calle 30 de Junio, Flores)

TOURISTENINFORMATION

Inguat (Karte S. 219; ☎ 7867-5334; ciudadfloresinfocenter@gmail.com; Av Santa Ana; Mo–Fr 8–16 Uhr) Die offizielle Touristeninformation gibt Stadtpläne und Broschüren aus, an wirklich zuverlässige Infos kommt man allerdings nicht so leicht. Inguat betreibt darüber hinaus weitere Infobuden an der Playa Sur (tgl. 7–11 & 14–18 Uhr) und am Aeropuerto Internacional Mundo Maya.

WÄSCHE

Lavandería San Miguel (Karte S. 219; Calle Fraternidad, Flores; Mo–Sa 8.30–18 Uhr) Es kostet 35 Q, Wäsche waschen und trocknen zu lassen.

Sehenswertes & Aktivitäten

In den Kalksteinhöhlen **Grutas Actun-Can** (Eintritt 20 Q; 8–17 Uhr) gibt es keine Schlangen, auch wenn sie mitunter La Cueva de la Serpiente (die Höhle der Schlange) genannt wird. Der Höhlenaufseher wird Besuchern aber eventuell die verschiedenen Steinformationen erklären, in denen Tiere, Menschen etc. wieder erkannt werden können. Man sollte eine Taschenlampe mitbringen und feste Schuhe tragen – der Boden kann recht rutschig sein. Die Tour dauert 30 bis 45 Minuten. Am Höhleneingang befindet sich ein schattiger Picknickplatz.

Actun-Can ist ein tolles Ziel für einen Spaziergang ab Santa Elena. Man geht auf der 6a Av Richtung Süden am Telgua-Büro vorbei. Ca. 1 km vom Zentrum Santa Elenas entfernt biegt man links und nach 300 m am Elektrizitätswerk rechts ab. Von dort ist es noch 1 km bis zur Höhle. Eine Taxifahrt ab Flores sollte 30 bis 40 Q für die einfache Strecke bzw. 100 bis 150 Q hin & zurück kosten (inkl. Wartezeit für den Fahrer)

Schlafen

FLORES

Hostel los Amigos (Karte S. 219; ☎ 7867-5075; www.amigoshostel.com; Calle Central; B 30 Q, Zi. mit Bad 80 Q/Pers.;) Das einzige „echte" Hostel in Flores wartet mit einem Zehn-Bett-Zimmer, Hängematten und einem Baumhaus auf und bietet alles, was man als Traveller so „braucht": abendliche Lagerfeuer, Happy Hour, große Essensportionen aus Bio-Zutaten, Yogaunterricht und Urwaldtouren zu ermäßigten Preisen.

Hospedaje Doña Goya (Karte S. 219; ☎ 7867-5513; hospedajedonagoya@yahoo.com; Calle Unión; B/EZ/DZ 30/70/110 Q, EZ/DZ ohne Bad 60/80 Q) Eine der besten Budgetunterkünfte in der Stadt. Die Betten sind bequem und es gibt eine strohgedeckte Dachterrasse mit Hängematten und Blick auf den See. Die Schlafsäle sind geräumig und blitzsauber.

Hotel Mirador del Lago (Karte S. 219; EZ/DZ 50/80 Q, Zi. mit Aussicht 100 Q; Calle 15 de Septiembre;) Nicht übermäßig gut in Schuss, doch die Lage direkt am Damm ist prima. Ein weiteres Plus ist die Terrasse mit Seeblick. In den Zimmern im Obergeschoss kommt man in den Genuss der Nachmittagsbrise.

Hotel La Unión (Karte S. 219; ☎ 5908-1037; Calle Unión; EZ/DZ 50/90 Q, Zi. mit Aussicht 110 Q;) Angesichts der Lage an der Uferpromenade ist diese gepflegte Anlage ein ziemliches Schnäppchen. Die Deko der Zimmer (mit Ventilator) ist recht stilvoll. Man sollte sich unbedingt einen Cocktail auf der Terrasse am See genehmigen.

Das **Hotel Santa Rita** (Karte S. 219; Calle 30 de Junio; EZ/DZ/3BZ 60/80/120 Q) wird sich niemals zu einem zauberhaften Schmetterling entpuppen, doch es ist günstig und liegt zentral. Die Zimmer sind eher klein, grün gestrichen und Marke 08/15; man hat Zugang zu gemeinschaftlich genutzten Balkons.

Hospedaje Doña Goya 2 (Karte S. 219; ☎ 7867-5516; hospedajedonagoya@yahoo.com; Calle Unión; EZ/DZ 70/140 Q, Zi. mit Balkon 140 Q;) Doña Goyas zweite Unterkunft überzeugt mit einfachen, luftigen und sauberen Zimmern, in den meisten gibt's obendrein eine nette Aussicht. An den Fenstern sind Moskitonetze angebracht.

Hotel Casablanca (Karte S. 219; ☎ 5699-1371; Playa Sur; EZ/DZ 70/100 Q) Das erste Hotel auf das man stößt, wenn man den Damm überquert hat, ist ein Familienbetrieb mit einfachen, geräumigen Zimmern und einer Terrasse mit See-

FREIWILLIGENARBEIT IN EL PETÉN

In der Gegend von Flores hat man die Möglichkeit, sich als Freiwilliger zu engagieren.

Die **Estación Biológica Las Guacamayas** (☎ 7867-5098; www.asociacionbalam.org) im Parque Nacional Laguna del Tigre (S. 233) und das Rehabilitationszentrum **Arcas** (☎ 5476-6001; www.arcasguatemala.com) bieten die Gelegenheit, mit wilden Tieren zu arbeiten. Beide Organisationen verlangen ca. 1000 Q pro Monat für Kost und Logis.

Das **Project Ix-Canaan** (www.ixcanaan.com) hat seinen Sitz in El Remate (S. 221) und unterhält eine Gemeindeklinik, ein Zentrum für Frauen, eine Bücherei und ein Forschungszentrum. Volunteers werden in der Klinik oder beim Aufbau und der Instandhaltung der Infrastruktur eingesetzt, leiten Seminare oder unterrichten einheimische Kinder.

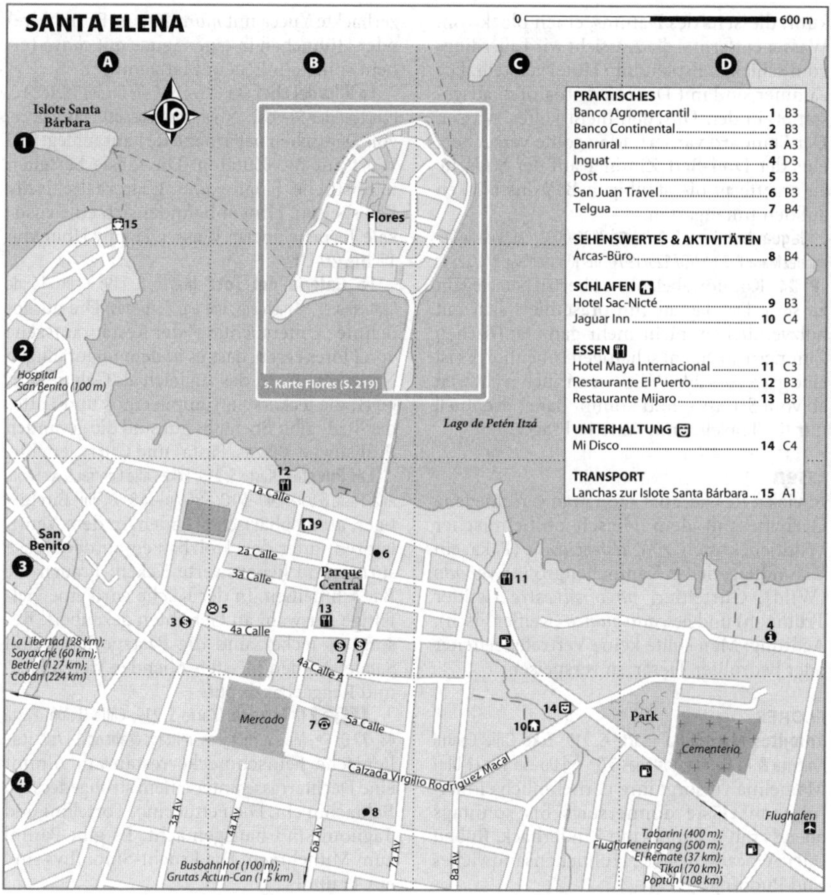

blick. Die Zimmer bekommen ein wenig Straßenlärm ab.

Hotel Petenchel (Karte S. 219; ☎ 7867-5450; Playa Sur; EZ/DZ 100/120 Q, mit Klimaanlage 150/170 Q; ❄) Acht große Zimmer mit Gewölbedecken und festen Matratzen in den Betten. Die Räume sind um einen schön begrünten Hof angeordnet.

Hotel Casa Amelia (Karte S. 219; ☎ 7867-5430; Calle Unión; www.hotelcasamelia.com; EZ/DZ inkl. Frühstück 180/280 Q; ❄ 💻 📶) Ein Neuzugang in Flores. Die Casa Amelia hat helle, stilvolle Zimmer mit herrlicher Aussicht aufs Wasser; auch von der Dachterrasse hat man einen tollen Blick.

Drei weitere Budgethotels mit ordentlichem Angebot:

Hotel Casa del Lacandón (Karte S. 219; ☎ 7867-5594; Calle Unión; EZ/DZ/3BZ 60/100/140 Q) Hier wird die Seelage perfekt genutzt: Es gibt eine Aussichtsterrasse und ein Café. Besonders die Zimmer hinten gewähren tolle Ausblicke.

Hotel El Peregrino (Karte S. 219; ☎ 7867-5115; peregrino@itelgua.com; Calle La Reforma; EZ/DZ 100/150 Q, mit Klimaanlage 175/300 Q) Große Zimmer mit gefliesten Böden, wirkungsvollen Deckenventilatoren und Fenstern mit Moskitonetzen.

Mayab Hotel (Karte S. 219; ☎ 7867-5469; mayabhotel@gmail.com; Calle 30 de Junio; EZ/DZ 125/175 Q; 💻) Ausreichend große, aber etwas schummerig beleuchtete Zimmer. Nr. 8 mit dem Balkon nach hinten raus ist mit Abstand die beste Wahl. Von der Terrasse oben blickt man auf den See.

SANTA ELENA

Hotel Sac-Nicté (Karte S. 217; ☎ 7926-2356; 1a Calle; EZ/DZ/3BZ ab 50/80/100 Q; P) Die beste Budgetunterkunft diesseits des Damms, einen Block vom Wasser entfernt – die Aussicht wird allerdings vom schicken Esplendido Hotel verstellt. Die Zimmer sind mit Deckenventilatoren ausgestattet, in den Duschen fließt kaltes Wasser. Der Standard variiert: Man sollte versuchen, eins der Drei-Bett-Zimmer auf der Südseite zu ergattern; die staubigen Balkons blicken auf den Innengarten.

Jaguar Inn (Karte S. 217; ☎ 7926-0002; Calz Virgilio Rodríguez Macal 8-79; EZ/DZ 125/180 Q, mit Klimaanlage 170/225 Q; P) Komfortabel, ohne übertrieben elegant zu sein. Das Jaguar Inn präsentiert sich mit holzvertäfelten, nicht mehr ganz taufrischen Zimmern an einem schattigen Innenhof. Es ist eine ganz passable Wahl, wenn auch recht weit ab vom Schuss – und kommt daher eventuell nur für Traveller mit Auto in Frage.

GUATEMALA

Essen

In vielen Restaurants kann man verschiedene Gerichte mit dem Fleisch einheimischer Wildtiere kosten, z. B.: *tepezcuintle* (Paka, ein Urwaldnagetier in Kaninchengröße), *venado* (Wild), Gürteltier, *pavo silvestre* (wilder Truthahn) und *pescado blanco* (weißer Fisch). Achtung: Man sollte keine Vertreter seltener oder bedrohter Tierarten verspeisen.

FLORES

Antojitos Mamelina (Karte S. 219; Ecke Calle Centro América & Av Barrios; tostadas 3 Q; Do–So 17–21 Uhr) Mamelina versorgt ihre vornehmlich einheimischen Gäste donnerstags bis sonntags abends mit *tostadas* (mit Rinderhack, Rüben oder Avocado belegt), Hühnchensandwiches und Pudding.

Cool Beans (Karte S. 219; Calle 15 de Septiembre; Sandwiches 18–30 Q; Mi–Mo Frühstück, mittags & abends;) Auch als Café Chilero bekannt. Das Lokal mit der entspannten Atmosphäre bietet Sitzsalons mit WLAN zum Chatten, Videos gucken und Surfen. Der schöne Garten – hie und da erspäht man den See – ist extrem *tranquilo* und der richtige Ort für ein Frühstück oder einen Gemüseburger. Achtung: Die Küche stellt um Punkt 21.01 Uhr die Arbeit ein.

Café Yax-ha (Karte S. 219; ☎ 5830-2060; Calle 15 de Septiembre; Hauptgerichte 30–60 Q; Mi–Mo Frühstück, mittags & abends) Das Café-Restaurant, Sitz eines Veranstalters für archäologische Touren, ist mit Fotos und Artikeln zu hiesigen Mayastätten tapeziert. Die Spezialität sind die präkolumbischen und Itzá-Gerichte: Pfannkuchen mit Samen des *ramón* (Brotnussbaum), zerhackte Yucca mit *mora*-Kraut (Brombeere) oder Hühnchen in einer Sauce mit *chaya* (einem spinatähnlichem Blattgemüse).

La Villa del Chef (Karte S. 219; Calle Unión; Salate 34 Q, Hauptgerichte 59–95 Q; mittags & abends) Das legere, von Deutschen betriebene Restaurant legt viel Wert auf Bio-Zutaten. Die Gäste bestellen nahöstliche Salate oder guatemaltekische Leibspeisen. Hinten befindet sich eine rustikale Terrasse überm Wasser. Happy Hour von 17 bis 20 Uhr.

La Galería del Zotz (Karte S. 219; Calle 15 de Septiembre; morgens, mittags & abends) Die ausgedehnte „Untersuchung" der Restaurantszene von Flores ergab, dass es in dem unauffälligen Naturkost-Café, das zugleich als Galerie fungiert, die leckersten Cappuccinos und Lattes der Stadt gibt. Ebenfalls gut sind die gesunden Frühstücke, Pizzas, Pasta- und Currygerichte.

Las Puertas (Karte S. 219; Ecke Calle Central & Av Santa Ana; Pasta & Salate 40–50 Q; Mo–Sa 8–24 Uhr) Ein luftiger, atmosphärischer Laden, in dem Ventilatoren unter den Holzbalken an der Decke surren und liebenswerte Kekchí-Frauen die Bar schmeißen. In der Küche wird eine vielfältige Auswahl an Gerichten gezaubert. Besonders lecker sind die Pastagerichte und Salate. An den meisten Abenden treten Jazz- und Reggaebands auf.

LP Tipp **Il Terrazo** (Karte S. 219; Calle Unión; Pasta 48–72 Q; Mo–Sa morgens, mittags & abends) Das italienische Feinschmeckerrestaurant nimmt eine Dachterrasse unter einem strohgedeckten Baldachin ein. Die Fettuccine, Tortellini und Taglioni sind hausgemacht. Es gibt Panini zum Mitnehmen. Die Frucht-Smoothys sind ein Traum!

Capitán Tortuga (Karte S. 219; Calle 30 de Junio; Hauptgerichte 55–105 Q; morgens, mittags & abends) Das an eine Scheune erinnernde Restaurant hat Terrassen mit Seeblick, auf denen lauter „Lieblingsgerichte" – vor allem Pizzas – zu moderaten Preisen serviert werden. Passionierte Biertrinker sollten die *cubetazos* bestellen: fünf Flaschen in einem Eimer für 75 Q.

La Luna (Karte S. 219; Ecke Calle 30 de Junio & Av 10 de Noviembre; Hauptgerichte 63–115; Mo–Sa 12–0 Uhr) Ein beliebtes Restaurant, das wirklich seinesgleichen sucht: Hier wird ein typisch tropisches Ambiente gepflegt. Und die innovativen Kreationen mit Huhn, Fisch und Rind sind landesweit ungeschlagen. Auch die Pasta- und vegetarischen Gerichte sind genial.

Das war noch nicht genug Auswahl? Es gibt noch mehr günstiges Essen in Flores:

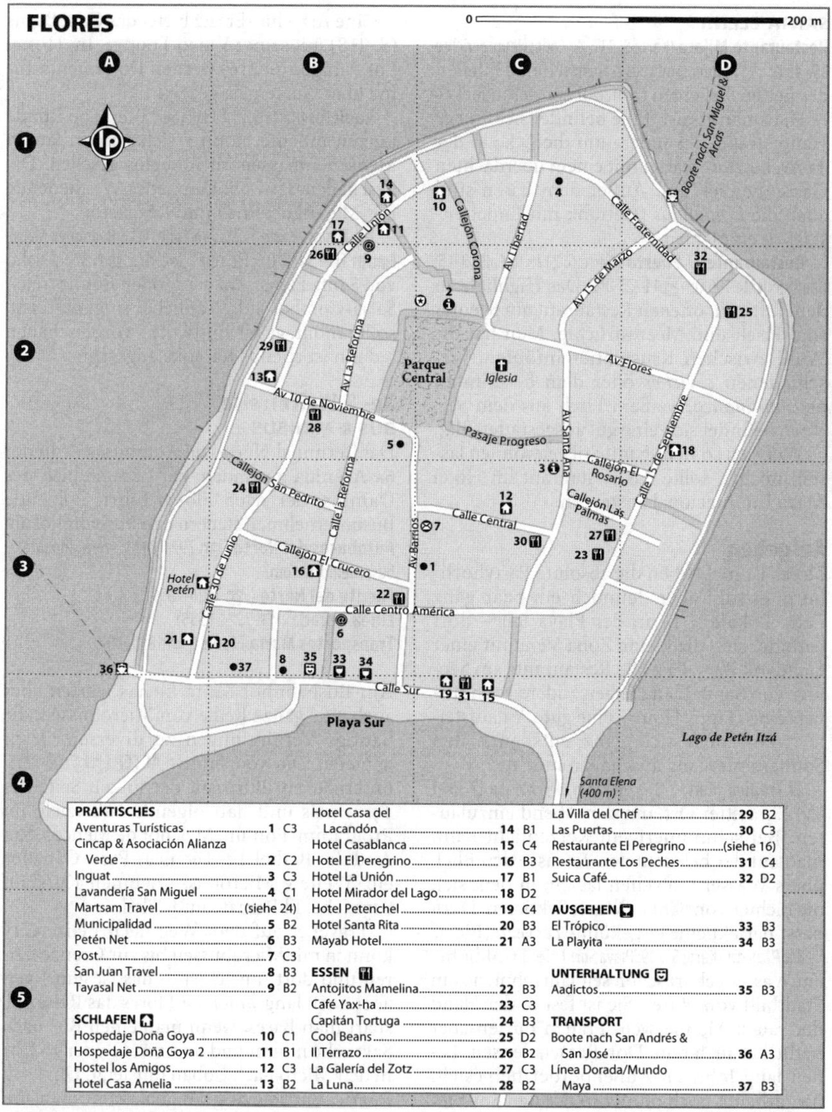

Essensstände (Parque Central; Tacos & Burritos 10 Q) Eine gute Anlaufstelle, wenn einem der Sinn nach preiswerten *antojitos* (Snacks) steht.

Restaurante Los Peches (Karte S. 219; Playa Sur; Hauptgerichte 25 Q; ⌚ 7–22 Uhr) Günstige Mahlzeiten mit Fleisch, Reis, Tortillas und Salat.

Suica Café (Karte S. 219; Calle Fraternidad; Hauptgerichte 40–60 Q; ⌚ Mo–Sa mittags & abends) Ja, es gibt japanisches Essen in El Petén – und zwar alle typischen Gerichte (Misosuppe, Tempura, Sushi usw.), zubereitet von Japanern.

Restaurante El Peregrino (Karte S. 219; Av La Reforma; Hauptgerichte 50 Q; ⌚ 7–22 Uhr) Hier kommen große Portionen hausgemachter Gerichte auf den Tisch, z. B. Schweinebaucheintopf und panierte Zunge. Die täglichen Mittagsmenüs (20 Q) sind ein echtes Schnäppchen.

SANTA ELENA

Restaurante Mijaro (Karte S. 217; 4a Calle; Hauptgerichte 35–45 Q; morgens, mittags & abends) Beide Filialen des netten, beliebten *comedor* servieren leckere Hausmannskost. Eine befindet sich in der Hauptstraße, die andere um die Ecke in der 4a Av. Letztere wartet mit einem überdachten Gartenbereich auf. Außer dem Essen sind auch die *limonadas* (Getränk mit Limettensaft) zu empfehlen.

Restaurante El Puerto (Karte S. 217; 1a Calle 2-15; Hauptgerichte 100 Q; 11–23 Uhr) Das Highlight in dem luftigen, offenen Restaurant am Seeufer sind Fisch und Meeresfrüchte. Man hat die Wahl zwischen Krustentiereintöpfen, verschiedenen *ceviches* oder dem berühmten *pescado blanco*, weißem Fisch aus dem See. Vorn befindet sich eine gut ausgestattete Bar.

Wer sich so richtig mit Stil verwöhnen lassen möchte, sollte das Restaurant im Hotel Maya Internacional ansteuern.

Ausgehen

Flores ist nicht eben die absolute Partyhochburg, es gibt aber dennoch ein paar ganz nette Lokale, z.B. an der Playa Sur – dort befindet sich die kleine Zona Viva mit einer Handvoll Bars. Fast alle Restaurants am Seeufer von Santa Elena haben zudem nachmittags eine Happy Hour – eine gute Anlaufstelle, wenn man sich ganz entspannt den Sonnenuntergang anschauen möchte.

El Trópico (Karte S. 219; Playa Sur; Mo–Sa 17.30–1 Uhr) Ein netter Ort, um den Abend einzuläuten: Bei schummerigem Kerzenlicht kann man auf der beleuchteten Terrasse den Blick übers Wasser schweifen lassen, in dem sich die Lichter von Santa Elena reflektieren. Dazu passt perfekt eine eisgekühlte *cerveza* (Bier).

La Playita (Karte S. 219; Playa Sur) Die Trinkhöhle am Wasser gehört schon seit Jahrzehnten zum Stadtbild von Flores. Sie ist fest in der Hand der rauen Männerwelt, Frauen dürfen aber natürlich auch rein. Don Rafael, der sein Leben lang Johnson-Außenborder hergestellt hat, arbeitet noch immer in der Bar. Sol-Bier kostet 20 Q pro Liter, ein Gallo 10 Q.

Unterhaltung

Wenn sich abends die Luft etwas abkühlt, versammeln sich die Einheimischen im Parque Central, um zusammen ein Gläschen zu trinken, einen Happen zu essen und zu entspannen. Manchmal tritt dort auch ein Marimba-Ensemble auf.

Eine Art Kino-Ersatz bietet das Cool Beans (S. 218) mit seiner Video-Lounge. Im Hostel Los Amigos (S. 216) werden Dokumentarfilme über Guatemala gezeigt.

Aadictos (Karte S. 219; Playa Sur) Wer eine Runde tanzen möchte, könnte sich zu den lauten Menschenmassen im Aadictos gesellen. DJs beschallen das Publikum jedes Wochenende mit Merengue, Rock und Reggaetón.

Mi Disco (Karte S. 217; 4a Calle, Ecke Rodríguez Macal; Eintritt Fr & Sa 25 Q) „El Mi" ist die größte Disko von Santa Elena. Auf der großen Bühne treten Salsa-Combos auf. Wer lieber singt als tanzt, sollte montags bis mittwochs vorbeischauen – dann ist abends Karaoke angesagt.

An- & Weiterreise

BUS & MINIBUS

Das Terminal Nuevo de Autobuses ist in der 6a Avenida zu finden, ca. 1 km südlich des Damms, der nach Flores führt. Folgende Busunternehmen steuern den Busbahnhof an:

Autobuses del Norte (☎ 7924-8131; www.adnautobusesdelnorte.com)
Fuente del Norte (☎ 7926-2999)
Línea Dorada (☎ 7924-8535)
Transportes María Elena (☎ 5850-4190)

Am Busbahnhof Santa Elenas warten aber auch eine ganze Reihe von Microbussen, die häufige Verbindungen zu diversen Orten anbieten. Die Kooperative **ACTEP** (☎ 7924-8215) unterhält ein Büro auf der linken Seite des Terminals und hat folgende Fahrtziele im Programm: Poptún, Melchor de Mencos, San Andrés, Bethel-La Técnica, Paso Caballos etc. Weitere Microbusse nehmen Kurs auf Sayaxché, El Remate und Tikal.

Traveller auf dem Weg nach Belize City können mit Microbussen bis zur Grenze fahren und dort umsteigen – das ist günstiger, aber auch langsamer. Ist Flores das Reiseziel, spart man Bares, wenn man einen Bus nach Sayaxché nimmt und dort um 11 oder 15 Uhr in den Micro nach Cobán umsteigt. Um nach Puerto Barrios zu gelangen, muss man mit einem Bus von Fuente del Norte mit Ziel Guatemala-Stadt bis zur Anschlussstelle La Ruidosa südlich von Río Dulce fahren und dort umsteigen.

Im Folgenden einige Verbindungen ab Santa Elena. Zu beachten ist jedoch, dass sich die Angaben in der Tabelle jederzeit ändern können; vor der Abfahrt also stets noch einmal genau nachfragen!

BUSSE AB FLORES & SANTA ELENA

Reiseziel	Preis (Q)	Dauer (Std.)	Abfahrten	Häufigkeit
Belize City	160	4–5	7 Uhr	1-mal tgl.
Bethel (mexikanische Grenze)	35	4½	11–16 Uhr	5-mal tgl.
Chetumal (Mexiko)	225	8	7 Uhr	1-mal tgl.
El Ceibo/La Palma(mexikanische Grenze)	30	4	4.40–18 Uhr	11-mal tgl.
El Remate	20	40 Min.	5–18 Uhr	alle 30 Min.
Esquipulas	110	8	6–14 Uhr	alle 4 Std.
Guatemala-Stadt	ab 110	8–9	3–23 Uhr	stdl.
Melchor de Mencos (belizische Grenze)	25	2	5.45–18 Uhr	stdl.
Poptún	25	1¾	5–18.30 Uhr	alle 10 Min.
Río Dulce	ab 60	4	3–23 Uhr	stdl.
Sayaxché	20	1½	5.45–18 Uhr	alle 15 Min.
Tikal	50	1¼	5–13 Uhr	alle 2 Std.

FLUGZEUG

Der Aeropuerto Internacional Mundo Maya (Petén International Airport) liegt östlich von Santa Elena. Mindestens drei Flieger der **Grupo TACA** (☎ 7926-0650; www.taca.com) sind täglich zwischen Santa Elena und der Hauptstadt (einfache Strecke/hin & zurück 1330/2245 Q) unterwegs. TACA fliegt zudem nach Cancún in Mexiko. Die belizische Fluggesellschaft **Tropic Air** (☎ 7926-0348) bedient 2-mal täglich die Strecke Santa Elena-Belize City; der einstündige Flug kostet 945 Q (einfache Strecke).

Shuttle-Minibus

Aventuras Turísticas (siehe S. 215) schickt täglich Shuttles nach Cobán (125 Q, 4 Std.), Lanquín, Semuc Champey und Antigua. **San Juan Travel** (☎ 5461-6010; sanjuant@hotmail.com; Flores, Karte S. 219, Playa Sur; Santa Elena, Karte S. 217, 2a Calle) betreibt Minibusse nach Tikal (60 Q, einfache Strecke 1¼ Std.); Abfahrt stündlich zwischen 5 und 10 Uhr. Die meisten Hotels und Reisebüros übernehmen Buchungen für diese Shuttles. Praktisch: Die Fahrer holen einen an der eigenen Unterkunft ab. In Tikal machen sich die Minibus um 12.30, 14, 15, 16 und 17 Uhr auf den Rückweg. Wer schon vorher weiß, um wie viel Uhr es nach Flores zurückgehen soll, könnte den Fahrer bitten, einen Sitzplatz zu reservieren (eventuell auch in einem anderen Bus). Wer in Tikal übernachtet und mit dem Minibus nach Flores zurückkehren will, sollte bei einem der Busfahrer, die morgens ankommen, einen Sitzplatz reservieren.

Unterwegs vor Ort

Ein Taxi vom Flughafen nach Santa Elena oder Flores kostet 20 Q. Tuk-tuk-Fahrer berechnen für Strecken zwischen Flores und Santa Elena bzw. innerhalb der Ortschaften 5 Q. Aventuras Turísticas (S. 215) verleiht Mountainbikes für 30 Q pro Tag.

EL REMATE

Wer möglichst nahe an Tikal dran übernachten möchte, findet die nächsten vernünftigen Schlafgelegenheiten in diesem bezaubernden, kleinen Dorf am Ufer des Lago de Petén Itzá. El Remate ist ein ruhiges Nest und besteht letztendlich aus zwei Straßen. Hier geht es viel entspannter zu als im zugebauten Flores. Die meisten Hotels liegen unweit des Sees – Gäste können also flugs etwas planschen gehen und der im Wasser versinkenden Sonne hinterherschauen.

El Remate ist für Holzschnitzereien bekannt. In ein paar Kunsthandwerkerläden am Ufer gegenüber von La Mansión del Pájaro Serpiente werden Werke verkauft und Kanus, Flöße und Kajaks verliehen.

Von El Remate aus führt eine unbefestigte Straße am nordöstlichen Seeufer entlang zum Biotopo Cerro Cahuí, dem Luxushotel Camino Real Tikal und weiter zu den Gemeinden San José und San Andrés an der Nordwestseite des Gewässers. Es ist möglich, mit dem Wagen den See komplett zu umrunden.

Unweit des Highways haben die *rematecos* ein *balneario municipal* (Stadtstrand) eingerichtet. Außerdem haben einige günstige Pensionen und kleine Hotels ihren Betrieb aufgenommen.

Sehenswertes & Aktivitäten

Am nordöstlichen Ende des Lago de Petén Itzá erstreckt sich ca. 3 km von der Flores-

UNTERWEGS NACH CHIAPAS (MEXIKO)

Die einzige Route, auf der öffentliche Verkehrsmittel verkehren, geht über **Bethel** oder **La Técnica** am östlichen (guatemaltekischen) Ufer des Río Usumacinta und **Frontera Corozal** auf der mexikanischen Seite. Auf S. 220 erfährt man mehr über Busverbindungen nach/ab Bethel und La Técnica und Shuttle-Minibusse bis nach **Palenque**. Die guatemaltekische Einreisebehörde sitzt in Bethel; Busse legen auf dem Weg nach La Técnica normalerweise einen Stopp ein und warten auf Passagiere, bis diese die Ausreiseformalitäten erledigt haben.

Es ist schneller und günstiger, die Grenze bei La Técnica zu überqueren als bei Bethel; allerdings muss dann eine längere Busfahrt auf guatemaltekischer Seite in Kauf genommen werden. Infos zu den Verbindungen zwischen der Grenze und Palenque gibt's auf S. 52.

Ein neuer Grenzübergang befindet sich zwischen dem mexikanischen Staat Tabasco und El Ceibo, einem Dorf am Río San Pedro. Genaueres zu den Microbusverbindungen ab Flores steht auf der S. 220. Die Büros der Einwanderungsbehörden zu beiden Seiten der Grenze sind zwischen 9 und 17 Uhr geöffnet. Auf mexikanischem Staatsgebiet nehmen Vans und Busse Kurs auf Tenosique in Tabasco (35 Mex$, 1 Std., 6–17 Uhr stündl.). Dort starten bis etwa 19 Uhr Minibusse nach Palenque (50 Mex$, 2 Std.).

Infos zur Grenzüberquerung von mexikanischer Seite aus stehen auf S. 52.

Tikal-Route entfernt das **Biotopo Cerro Cahuí** (Eintritt 40 Q; 7–16 Uhr), das 651 ha subtropisches Waldgebiet umfasst. Hier wachsen Mahagoni- und Brotnussbäume (*ramón*), Zedern, Ginster, Breiapfelbäume (*sapodilla*) und Cohune-Palmen und eine ganze Reihe von Kletterpflanzen und Epiphyten, zu denen z. B. Bromelien, Farne und Orchideen gehören. Das harte Holz des Sapodilla fand beim Bau der Türstürze an den Mayatempel Verwendung; einige Beispiele aus der klassischen Periode sind bis heute erhalten. Der milchige *chicle*-Saft des Breiapfelbaums wird nach wie vor gesammelt; schon die Mayas nutzten ihn als Kaugummirohstoff.

Auf dem Parkgelände sind Spinnen- und Brüllaffen, Ozelots, Weißwedelhirsche, Waschbären, Gürteltiere, zahlreiche Fisch-, Schildkröten- und Schlangenarten und das Petén-Krokodil heimisch. Je nach Jahreszeit und Migrationsverhalten sieht man mit etwas Glück auch Eisvögel, Enten, Reiher, Falken, Papageien, Tukane, Spechte und Vertreter des wunderschönen (Petén-)Pfauentruthuhns, das tatsächlich an einen Pfau erinnert.

Ein Geflecht aus Rundwegen beginnt an der Straße; es geht bergauf, sodass man Ausblicke auf den See und die Lagunen Salpetén und Petenchel genießen kann. Eine Wegekarte findet man am Eingang.

Im Eintritt inbegriffen ist die Übernachtung im Zelt; alternativ darf man in den kleinen strohgedeckten Unterschlüpfen hinterm Eingang eine Hängematte befestigen. Toiletten und Duschen sind vorhanden.

Der Anleger gegenüber vom Eingang ist der beste Ort für ein Bad; generell ist das Seeufer eher schlammig.

In den meisten Unterkünften können fünfstündige **Ausritte** zur Laguna Salpetén und einer kleinen archäologischen Stätte (150 Q/Pers.) oder zweistündige Bootsfahrten zum **Vögel-** bzw. nächtliche Fahrten zum **Krokodilebeobachten** (jeweils 100 Q/Pers.) gebucht werden. Wir empfehlen z. B. die Casa de Ernesto oder das Hotel Mon Ami (s. S. 223), das auch Sonnenuntergangstouren auf dem See mit Abstechern zu den Flüssen Ixlu und Ixpop (150 Q/Pers.) anbietet.

Bei Ascunción werden neben dem Sak-Luk Hostel Kajaks (35 Q pro Std.), Fahrräder (pro Std./Tag 10/60 Q) und Pferde (für 2½ Std. 150 Q) ausgeliehen.

Schlafen & Essen

Die meisten Hotels haben ein eigenes Restaurants. Darüber hinaus säumen einfache *comedores* die Hauptstraße, in der auch die beiden folgenden Hotels liegen:

Hotel Sun Breeze (☎ 7928-8044; sunbreezehotel@gmail.com; EZ/DZ 75/100 Q, ohne Bad 40/60 Q) Geht man die Gasse runter Richtung See, befindet sich kurz vor der Kreuzung diese heimelige Pension mit tollem Preis-Leistungs-Verhältnis. Die hinteren Zimmer mit Blick auf den See sind am schönsten. Bis zum öffentlichen Strand von El Remate ist es nur ein kurzer Fußweg.

Das **Hostal Hermano Pedro** (☎ 2261-4419; www.hhpedro.com; EZ/DZ 75/150 Q) ist in einem zweistöckigen Haus aus Holz und Stein unterge-

EL PETÉN INTENSIVER ERLEBEN

El Petén hat mehr zu bieten als Tikal und Flores. In der Region befinden sich ein paar niedliche kleine Dörfer, die nur darauf warten, entdeckt zu werden.

San José (1350 Ew.) und **San Andrés** (11 200 Ew.) liegen an der Ostseite des Lago de Petén Itzá und können von Flores/Santa Elena aus mit Booten oder Bussen erreicht werden. In beiden Orten findet man gute Billigunterkünfte, Spanischschulen und Jobangbote für Volunteers. San José trumpft zudem mit einem Wasserrutschenpark am See auf.

Das **Museo Regional del Sureste de Petén** (🕑 8–17 Uhr) in Dolores 25 km nördlich von Poptún ist definitiv sehenswert. Dort sind nämlich ein paar der wichtigsten archäologischen Funde aus der südlichen Petén-Region ausgestellt. Spaziert man eine Stunde Richtung Norden, gelangt man zur nur selten besuchten archäologischen Stätte **Ixcún** (Eintritt 30 Q), wo die zweitgrößte Stele der Mayakultur bestaunt werden kann.

bracht; von der Hauptstraße aus geht's 20 m nach rechts. Die geräumigen Zimmer sind erfrischend einfach und komfortabel ausgestattet. Es gibt sogar ein paar „Extras" wie Spitzenvorhänge, große Ventilatoren und überdachte Balkons. Die Gäste können die Küche nutzen und sich eine Hängematte im Gemeinschaftsraum schnappen.

Folgende Unterkünfte findet man an der Straße am Nordufer.

Casa de Ernesto (☎ 5750-8375; casadeernesto@ymail.com; EZ/DZ 100/200 Q, ohne Bad 40/70 Q; ❄) Ernesto und sein Clan quartieren die Gäste in kühlen, gemütlichen Lehmhütten in den Wäldern ein; sie sind strohgedeckt und mit gefliesten Böden und rustikal anmutenden, aber bequemen Betten ausgestattet. Eine Klimaanlage kostet 50 Q extra. Es werden verschiedene Aktivitäten organisiert: Man kann Kanus mieten, zur Laguna Salpetén reiten oder sich auf die Jagd nach dem köstlichen weißen Fisch begeben.

Hotel Mon Ami (☎ 7928-8413; www.hotelmonami.com; B 57 Q, EZ/DZ 125/205 Q, ohne Bad 85/165 Q; 📶) 15 Gehminuten von der Straße nach Tikal und nur einen Steinwurf vom Biotopo Cerro Cahui entfernt. Das Mon Ami schafft ein ausgewogenes Verhältnis zwischen Wildnis-Feeling und europäischer Kultiviertheit. Über von Kerzen beleuchtete Pfade durch einen Garten voller endemischer Pflanzen gelangt man zu den ungewöhnlich eingerichteten Hütten und Schlafsälen mit Hängematten. Das Badehaus könnte eine Generalüberholung nach Feng-Shui-Prinzipien vertragen. Liebhaber französischer Küche werden das Freiluftrestaurant zu schätzen wissen (Hauptgerichte 50–80 Q; morgens, mittags & abends).

Las Orquideas (Pasta 55 Q, Hauptgerichte 65 Q; 🕑 Mo–Sa mittags & abends) Fast unmittelbar neben Doña Tonita. Der italienische Besitzer des Las Orquideas ist gleichzeitig der hiesige Chefkoch. Er zaubert geniale mediterrane Gerichte. Die Desserts sind verführerisch.

An- & Weiterreise

Auf der Strecke zwischen El Remate und Flores verkehren zahlreiche Microbusse (s. S. 220).

Shuttles nach Tikal fahren in El Remate um 5.30, 6.45, 7.45 und 8.45 Uhr ab, Rückfahrt in Tikal um 14, 15, 16 und 18 Uhr (hin & zurück 50 Q). In sämtlichen Unterkünften in El Remate können Sitzplatzreservierungen vorgenommen werden. Alternativ kann man einen der stündlich fahrenden Shuttles (30 Q) oder einen der regulären Microbusse (15 Q) nehmen, die El Remate auf dem Weg von Santa Elena nach Tikal passieren.

Wer nach Melchor de Mencos an der Grenze zu Belize fahren möchte, steigt in Puente Ixlú 2 km südlich von El Remate in einen Minibus oder regulären Bus.

TIKAL

Hoch aufragende Pyramiden recken sich über dem grünen Urwalddach der Sonne entgegen. Brüllaffen schwingen sich in alten Bäumen von Ast zu Ast und machen dabei ihrem Namen alle Ehre, während prächtig bunte Papageien und Tukane ihren kaum weniger beachtlichen Beitrag zu einer Kakophonie aus Kreischlauten beisteuern. Wenn das vielstimmige Trällern und Tirilieren der geheimnisvollen Urwaldvögel nach und nach abebbt, setzt der Chor der Baumfrösche ein. Spätestens dann wird einem wohl bewusst werden, dass man sich tatsächlich auf heiligem Boden befindet.

Das gewiss auffälligste Charakteristikum der antiken Stadt **Tikal** (☎ 2367-2837; www.parque-tikal.com; Eintritt 150 Q; 🕑 6–18 Uhr) sind die steilwandigen Tempel, von denen einige über 60 m hoch sind. Darüber hinaus unterscheidet

WEITERREISE NACH SAN IGNACIO, BELIZE

Von Flores bis **Melchor de Mencos** an der Grenze zu Belize sind es 100 km. Auf S. 220 sind Infos zu den Busverbindungen dorthin zu erfahren, aber auch zu den teureren Fahrten nach **Belize City** und **Chetumal in Mexiko**.

Die Straße Richtung Belize zweigt bei **Puente Ixlú** (auch El Cruce), 27 km von Flores entfernt, von der Flores–Tikal-Route ab und ist bis etwa 25 km vor der Grenze asphaltiert.

Eigentlich ist die Ausreise aus bzw. Einreise nach Guatemala kostenlos. Und auch auf belizischer Seite sollten keine Gebühren bei der Einreise anfallen. An der Grenze stehen Geldwechsler parat.

Infos zur Grenzüberquerung in die Gegenrichtung gibt's auf S. 281.

sich Tikal natürlich auch aufgrund der Lage, liegt es doch anders als Copán, Chichén Itzá, Uxmal und die meisten anderen bedeutenden Mayastätten mitten im Urwald. Die zahlreichen Plätze wurden von Bäumen und Kletterpflanzen befreit und die Tempel freigelegt und teilweise restauriert, doch wer von einem Gebäude zum nächsten spaziert, wird sich immer wieder unter dem dichten Baldachin des Regenwalds wiederfinden. Der kräftige, lehmige Geruch nach Erde und Pflanzen, die friedliche Stimmung und die tierische Geräuschkulisse schaffen eine besondere Atmosphäre, mit der andere Mayastätten kaum konkurrieren können.

Wer mag, kann Tikal von Flores oder El Remate aus im Rahmen eines Tagesausflugs besuchen. Dank der täglichen Flugverbindungen zwischen Flores und Guatemala-Stadt ist sogar eine Tagestour von der Hauptstadt aus möglich. Mehr hat man von dem Besuch aber, wenn man vor Ort übernachtet. So kann man die Ruinen intensiver erkundigen und sich frühenmorgens und spätabends umsehen, wenn die meisten Touristen wieder gegangen und die wilden Urwaldbewohner am aktivsten sind.

Geschichte

Tikal liegt auf einem niedrigen Hügel oberhalb einer morastigen Fläche – vielleicht haben sich die Mayas eben deshalb hier um 700 v. Chr. niedergelassen. Ein weiterer Grund war sicher das reichhaltige Vorkommen an Flintsteinen, aus denen Keulen, Speerspitzen und Messer hergestellt wurden. Das Material wurde auch exportiert und gegen andere Waren eingetauscht. Binnen 200 Jahren hatten die Mayas aus Tikal begonnen, religiöse Steinbauten zu errichten. Und um 200 v. Chr. erhob sich bereits ein Gebäudekomplex auf der Nordakropolis.

KLASSISCHE ZEIT

Vor rund 2000 Jahren begann der Große Platz, seine heutige Form anzunehmen. In der frühen klassischen Zeit (um 250 n. Chr.) war Tikal bereits eine dicht besiedelte Stadt von großer religiöser, kultureller und wirtschaftlicher Bedeutung. König Yax Moch Xocs regierte ab ca. 230. Er war Begründer der herrschenden Dynastie.

Unter König Große Jaguartatze (reg. Mitte des 4. Jhs.) gingen die Bewohner von Tikal zu einer neuen, brutalen Form der Kriegsführung über, die von den Herrschern von Teotihuacán in Zentral-Mexiko praktiziert wurde: Statt sich den Kontrahenten im Nahkampf zu stellen, kreisten die Krieger aus Tikal ihre Feinde von nun an ein und töteten sie mit Speeren, die sie aus sicherer Entfernung warfen. Als diese Form des „Luftangriffs" zum ersten Mal bei einer Auseinandersetzung zwischen den Mayas von Petén zum Einsatz kam, konnte Tikal Uaxactún unterwerfen und so zum herrschenden Königreich in der Region aufsteigen.

Etwa Mitte des 6. Jhs. hatte Tikal eine Fläche von etwa 30 km² und eine Bevölkerung von um die 100 000 Menschen. 553 bestieg Yajaw Te' K'inich II. (Lord Water) den Thron von Caracol im Südwesten des heutigen Belize. Dieser bediente sich derselben Kriegstaktiken wie das Gefolge aus Tikal, eroberte das Königreich 562 und opferte dessen Herrscher. Tikal und andere Reiche in Petén litten bis ins späte 7. Jh. unter dem Joch Caracols.

TIKALS RENAISSANCE

Um 700 herum bestieg ein neuer mächtiger König den Thron von Tikal: Mond Doppelkamm (682-734), auch Ah Cacau (Lord Chocolate) genannt, war der 26. König nach Yax Moch Xoc. Er reorganisierte das Heer Tikals, das erneut die Vorherrschaft als prächtigste Stadt der Mayawelt erlangte. Die meisten der erhaltenen Tempel am Großen

Platz stammen aus der Zeit Ah Cacaus und seiner Nachfolger. Der große Herrrscher wurde unter dem schwindelerregend hohen Tempel I beigesetzt.

Der Stern Tikals verblasste um 900. Die Stadt teilte damit das Schicksal der Mayazivilisation in den Niederungen, die einen allgemeinen mysteriösen Verfall erlitt.

Es besteht kein Zweifel daran, dass die Itzáes aus Tayasal, dem heutigen Flores, in der späten postklassischen Periode (1200–1530) von der Existenz Tikals wussten. Vielleicht reisten sie sogar dorthin, um den Göttern in den Schreinen ihre Aufwartung zu machen. Die Aufzeichnungen spanischer Missionare enthalten kurze Hinweise auf die Bauwerke im Urwald. Die jahrzehntelange Lagerung in diversen Büchereien ist den Schriftstücken aber leider nicht gut bekommen.

NEUENTDECKUNG

Erst 1848 entsandte die guatemaltekische Regierung eine von Modesto Méndez und Ambrosio Tut angeführte Expedition nach Tikal. 1877 machte sich der Schweizer Dr. Gustav Bernoulli auf in den Urwald, entfernte Türstürze von den Tempeln I und IV und brachte sie nach Basel, wo sie noch heute im Museum für Völkerkunde zu sehen sind.

Die wissenschaftliche Erforschung Tikals nahm ihren Lauf mit der Ankunft des englischen Archäologen Alfred P. Maudslay im Jahre 1881. Später setzten u. a. Teobert Maler, Alfred M. Tozzer und R. E. Merwin seine Arbeit fort. Tozzer erforschte Tikal von Beginn des 20. Jhs. bis zu seinem Tode 1954. Die Inschriften auf dem Gelände entschlüsselte Sylvanus G. Morley.

Seit 1956 sind die Universität von Pennsylvania und das guatemaltekische Instituto de Antropología e Historia für die Forschungs- und Ausgrabungsarbeiten in Tikal verantwortlich. Mitte der 1950er-Jahre entstand eine Landebahn, um den Zugang zu der Stätte zu vereinfachen. Als Anfang der 1980er-Jahre die Straße zwischen Tikal und Flores asphaltiert wurde, stellte man die Direktflüge wieder ein. Seit 1979 gehört der Parque Nacional Tikal zum Weltkulturerbe der Unesco.

Orientierung & Praktische Informationen

Das 550 km² große Gelände des Parque Nacional Tikal ist mit Tausenden von Ruinen übersät. Das Zentrum der Stadt war einst etwa 16 km² groß – allein dort zählten Forscher mehr als 4000 Bauwerke.

Die Straße aus Flores führt ca. 17 km südlich der Ruinen in den Nationalpark. Der Eingang ist ab 6 Uhr geöffnet. Mehrsprachige Guides können am Infokiosk engagiert werden. Die offiziellen Führer tragen ihren Ausweis deutlich sichtbar; darauf sind auch die Sprachen vermerkt, die sie sprechen. Vor 7 Uhr zahlt man 100 Q/Person für eine Halbtagestour, später sind es 450 Q für eine Gruppe mit bis zu acht Personen. Man kann auch fragen, ob man sich einer privaten Gruppe anschließen darf.

Unweit des Besucherzentrums befinden sich der Kartenverkauf, die drei Hotels von Tikal, ein Zeltplatz, eine **Touristeninformation** (8–16 Uhr), ein paar kleine *comedores,* eine Post, eine Polizeiwache und zwei Museen. Marschiert man vom Besucherzentrum aus 1,5 km Richtung Südwesten (20–30 Min.), erreicht man den Großen Platz. Wer die bedeutendsten Gebäudekomplexe besichtigen will, wird mindestens 10 km zurücklegen müssen – bequemes Schuhwerk ist sicher keine schlechte Idee. Die Wachmänner beim Ticketverkauf werden versuchen, Touristen die „offizielle" Tikal-Karte anzudrehen, die allerdings ziemlich unbrauchbar ist. Eine bessere Karte von Mapas de Guatemala gibt's im Besucherzentrum (20 Q).

Noch mal zum Thema Schuhe: Eine ordentliche Gummisohle mit Profil ist für das Terrain am besten geeignet. Der Regen und Pflanzenbewuchs können die Erkundung der Ruinen zu einer ziemlich rutschigen Angelegenheit machen, besonders während der Regenzeit. Außerdem sollte man ausreichend Wasser mitbringen; wer in der Hitze umherläuft und nicht genug trinkt, wird schneller dehydriert sein, als ihm lieb ist. Und noch eine Bitte: auf keinen Fall die *pisotes* (Nasenbären) füttern!

Im Jaguar Inn können US-Dollar und Reiseschecks zu allerdings schlechten Konditionen getauscht werden. Internetzugang kostet hier 50 Q pro Std.

Sehenswertes & Aktivitäten

GROSSER PLATZ

Schilder weisen den Weg zum Großen Platz (Gran Plaza). Der Pfad führt um den **Tempel I** – den Tempel des Großen Jaguars, der für König Ah Cacau gebaut wurde – auf die Plaza. Vielleicht hat der König selbst die

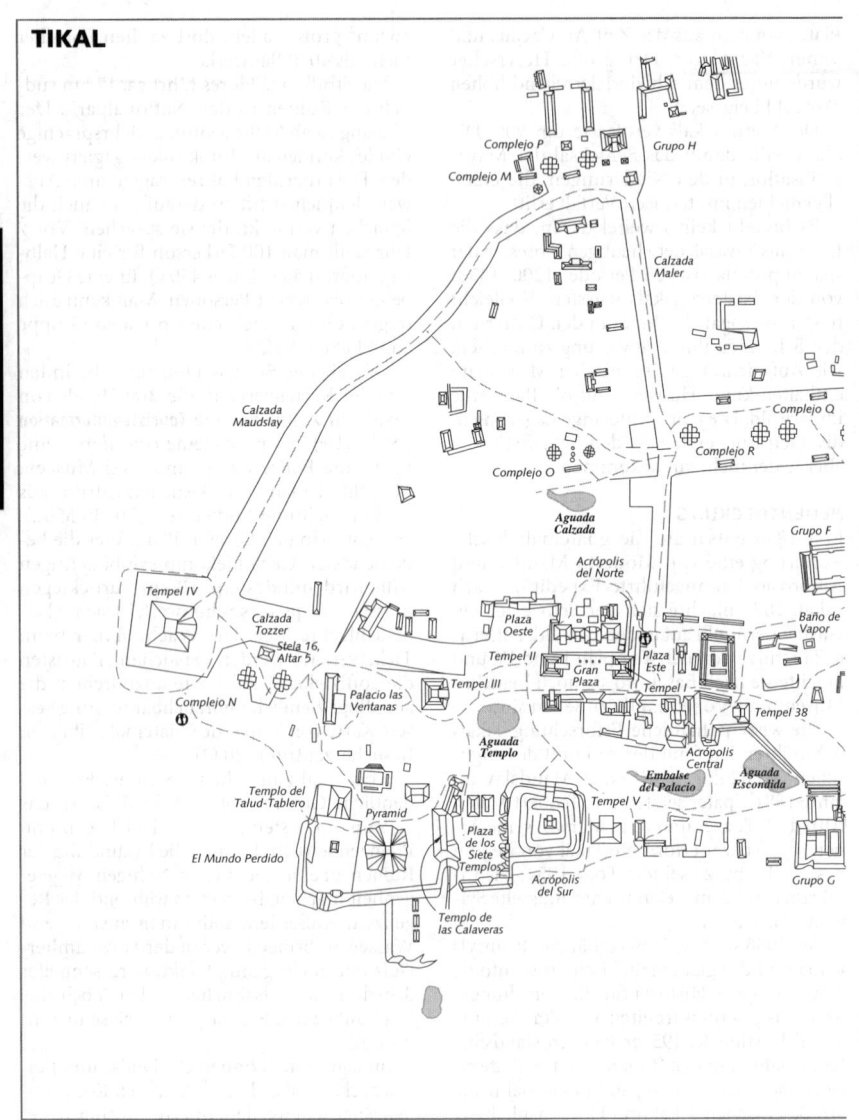

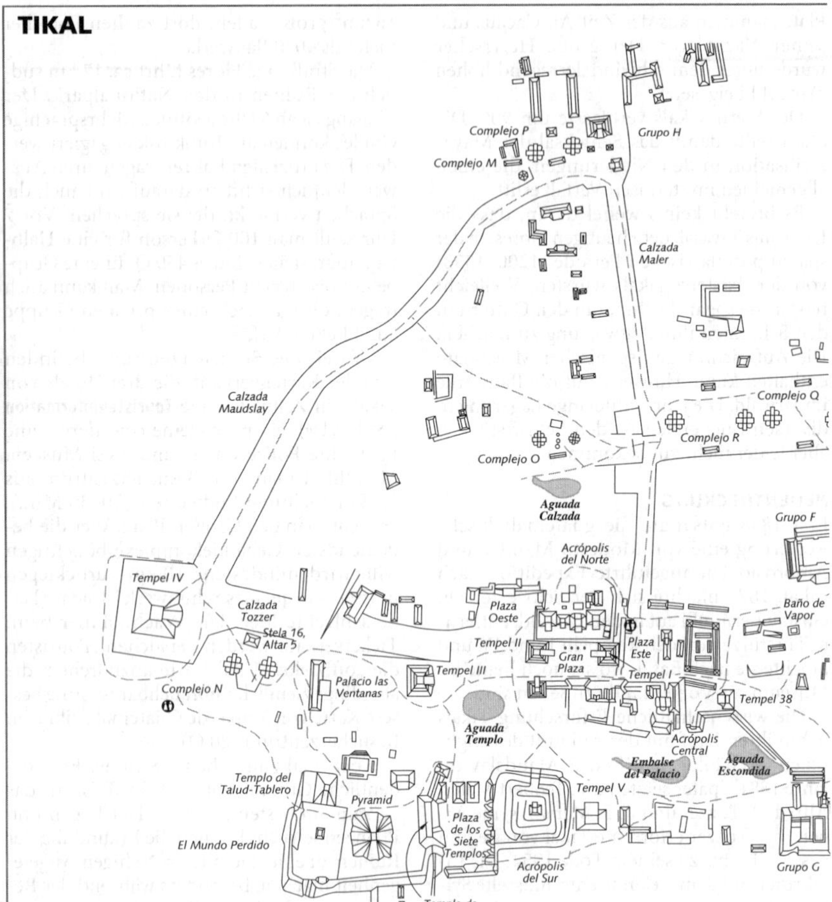

Baupläne ausgearbeitet, errichtet wurde der Tempel über seinem Grab jedoch von seinem Sohn, der ihm 734 auf den Thron folgte. Zu den Grabbeigaben zählten 180 wunderschöne Gegenstände aus Jade, 90 Knochen mit eingeschnitzten Hieroglyphen und Perlen und Rochenstachel, die bei rituellen Aderlässen zum Einsatz kam. Ganz oben in dem 44 m hohen Tempel befinden sich drei Räume unter einem Kraggewölbe. Der Dachkamm war ursprünglich mit Reliefs verziert und in kräftigen Farben gestrichen; vielleicht sollten die 13 Bereiche des Mayahimmels dargestellt werden.

Nachdem zwei Menschen beim Erklimmen des Tempel I in den Tod gestürzt sind, hat

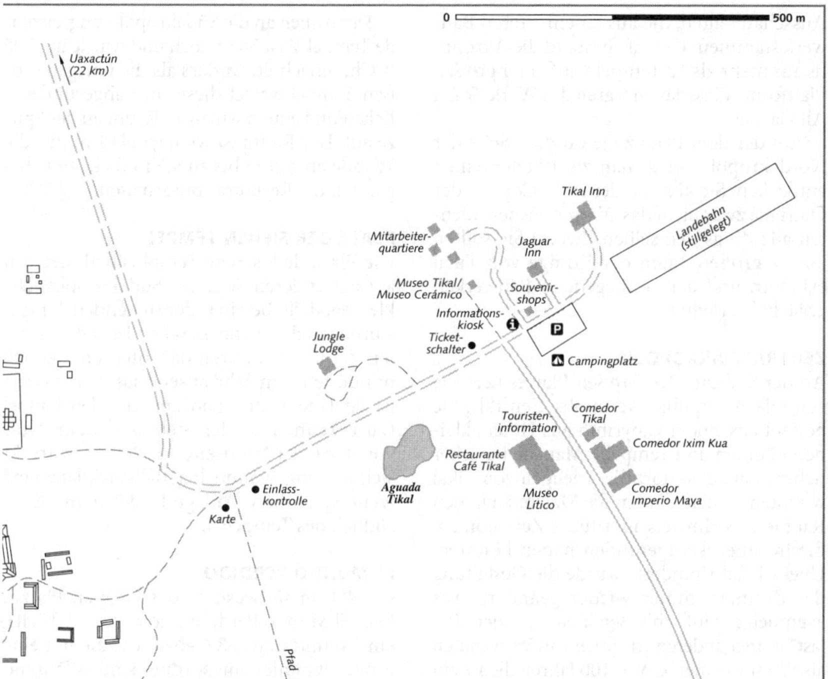

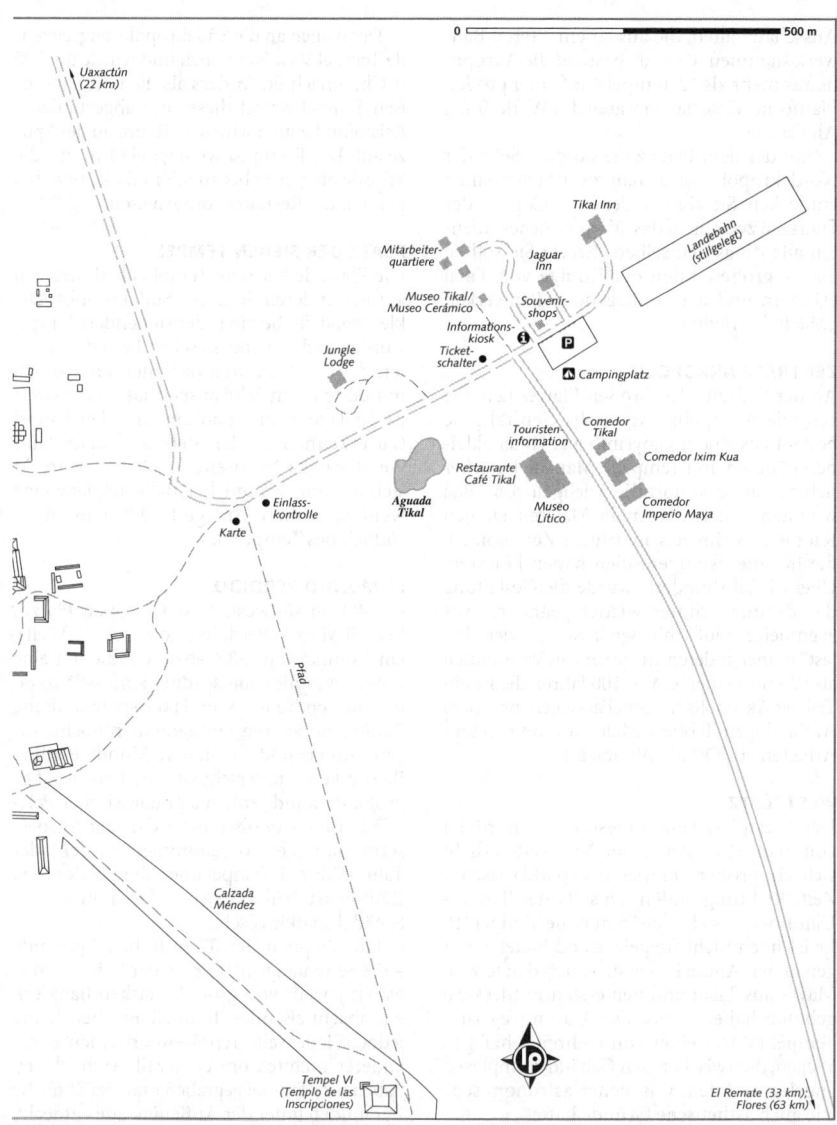

man die Treppe gesperrt. Aber keine Sorge: Der Ausblick vom **Tempel II** gleich gegenüber ist ähnlich phantastisch. Dieser war einst beinahe so hoch wie Tempel I; heutzutage misst er 38 m (ohne den Dachkamm).

Die **Nordakropolis** (Acrópolis del Norte) ist nicht ganz so beeindruckend wie die Zwillingstempel, ihr kommt jedoch eine enorme Bedeutung zu: Archäologen haben etwa 100 Bauwerke freigelegt, die ältesten entstanden um 400 v. Chr. Die Mayas errichteten neue Gebäude auf den älteren – und die vielfältigen „Schichten" verliehen den Tempeln in Kombination mit aufwendigen Begräbnissen mehr Macht und Heiligkeit. Man sollte nach den beiden großen, eindrucksvollen Wandmasken

Ausschau halten, die aus einem älteren Bauwerk stammen. Um 800 bestand die Akropolis aus mehr als 12 Tempeln auf einer großen Plattform. Viele davon waren das Werk König Ah Cacaus.

Auf der dem Platz zugewandten Seite der Nordakropolis wird man zwei Stelenreihen entdecken. Sie können denen in Copán oder Quiriguá zwar nicht das Wasser reichen, dienten allerdings demselben Zweck: Sie sollten an die großen Taten der Könige von Tikal erinnern und den umliegenden Bauwerken „Macht" verleihen.

ZENTRALE AKROPOLIS

An der Südseite des Großen Platzes liegt die zentrale Akropolis (Acrópolis Central). Sie besteht aus einem Labyrinth aus Höfen, kleinen Räumen und Tempeln. Manche Forscher nehmen an, dass dort die Adeligen von Tikal wohnten, andere deuten die Malereien in den Räumen als Hinweis auf rituelle Zeremonien, die in ihnen stattgefunden haben könnten. Über die Jahrhunderte wurde die Gestaltung der Zimmer immer wieder geändert, was eventuell darauf schließen lässt, dass der „Palast" immer anderen Gruppen von Verwandten als Wohnsitz diente. Vor 100 Jahren diente ein Teil der Akropolis (Malers Palast genannt) dem Archäologen Teobert Maler während seiner Arbeiten vor Ort als Wohnstatt.

WESTPLATZ

Der Westplatz (Plaza Oeste) liegt nördlich von Tempel II. An seiner Nordseite erhebt sich ein großer Tempel aus spätklassischer Zeit, Richtung Süden, jenseits des Tozzer-Dammwegs, steht der 55 m hohe Tempel III. Er ist noch nicht freigelegt und bietet somit genau den Anblick, der sich auch den letzten Mayas aus Tikal und den ersten Entdeckern geboten haben muss. Der Dammweg zum Tempel IV war einer von mehreren heiligen Wegen, die zwischen den Gebäudekomplexen angelegt wurden, was sicher astronomische wie auch ästhetische Gründe hatte.

SÜDAKROPOLIS & TEMPEL V

Genau südlich des Großen Platzes erstreckt sich die Südakropolis (Acrópolis del Sur). Die Ausgrabungsarbeiten auf dem 2 ha großen Gelände haben erst kürzlich begonnen. Die zuletzt entstandenen Paläste stammen aus der spätklassischen Zeit, die darunter liegenden Bauten sind wahrscheinlich 1000 Jahre alt.

Der östlich an die Südakropolis angrenzende Tempel V ist 58 m hoch und wurde um 700 n. Chr. errichtet. Anders als die übrigen großen Tempel wartet dieser mit abgerundeten Ecken und einem winzigen Raum an der Spitze auf. Der Raum ist weniger als 1 m tief, die Wände aber sind bis zu 4,5 m dick. 1991 begannen die Restaurationsarbeiten.

PLATZ DER SIEBEN TEMPEL

Die Plaza de los Siete Templos befindet sich auf der anderen Seite der Südakropolis. Die kleinen, dicht beieinander stehenden Tempel wurden in der spätklassischen Periode errichtet, die Baustrukturen darunter sind jedoch mindestens ein Jahrtausend alt. Sehenswert ist das Totenkopfsymbol am zentralen Tempel (zu erkennen an der Stele und dem Altar vorn). An der Nordseite des Platzes erstreckt sich ein ungewöhnlicher Ballspielplatz; eine weitere, größere Anlage findet man gleich südlich des Tempels I.

EL MUNDO PERDIDO

Ca. 400 m südwestlich des Großen Platzes liegt El Mundo Perdido (die verlorene Welt), ein Komplex aus 38 Gebäuden, die um eine große Pyramide angeordnet sind. Während in anderen Teilen von Tikal spätklassische Bauten auf älteren Fundamenten hochgezogen wurden, findet man in El Mundo Perdido Bauwerke aus unterschiedlichen Epochen. Die große Pyramide soll aus präklassischer Periode stammen (wobei später ein paar Ausbesserungsarbeiten vorgenommen wurden), der Talud-Tablero-Tempel oder Tempel der Drei Räume ist frühklassisch, der Tempel der Schädel spätklassisch.

Die Treppen der 32 m hohen Pyramide – die Seitenlänge beträgt an der Basis 80 m –, waren jeweils von großen Masken flankiert, ein abschließender Tempelbau oben fehlte jedoch. Jede Seite repräsentiert einen etwas anderen architektonischen Stil. Archäologen haben hier Tunnel gegraben und vier ähnliche Pyramiden unter der Außenfassade entdeckt. Der älteste (Bauwerk 5C-54 Sub 2B) stammt aus dem Jahre 700 v. Chr. und ist somit das älteste Mayagebäude von Tikal.

TEMPEL IV & KOMPLEX N

Der Komplex N in der Nähe des Tempels IV stellt ein Beispiel für die in spätklassischer Zeit beliebten „Zwillingstempel" dar. Diese Art von Bauten sollen an die Vollendung eines *katun* erinnert haben, eines 20-Jahres-Zyklus nach dem Mayakalender. Dieser Komplex wurde 711 von König Ah Cacau zum Andenken an den 14. *katun* des *baktun* 9 errichtet (ein *baktun* sind etwa 394 Jahre). Das Konterfei des Königs ziert Stele Nr. 16, eine der schönsten von ganz Tikal.

Tempel IV ist mit einer Höhe von 64 m das höchste Gebäude von Tikal. Er wurde in der Regierungszeit des Sohnes Ah Cacaus um 741 fertiggestellt. Eine Reihe steiler Holzstufen und Leitern führen auf den Tempel hinauf.

TEMPEL DER INSCHRIFTEN (TEMPEL VI)

Verglichen mit Copán oder Quiriguá ist die Anzahl der Inschriften in Tikal relativ überschaubar. Die Ausnahme bildet dieser Tempel, der Templo de las Inscripciones 1,2 km südöstlich des Großen Platzes. Die Rückseite des 12 m hohen Dachkamms ziert eine lange Inschrift und auch die Seiten und das Gesims des Dachkamms sind mit Glyphen versehen. Die Inschriften liefern eine Jahreszahl: 766 n. Chr. Die Stele 21 und der Altar 9 (vor dem Tempel) datieren aus dem Jahr 736. Die Stele war schwer beschädigt und wurde zwischenzeitlich restauriert.

NÖRDLICHE GEBÄUDEKOMPLEXE

Ca. 1 km nördlich des Großen Platzes erstreckt sich **Komplex P**. Wie bei Komplex N handelt es sich auch hierbei um einen Zwillingstempel aus spätklassischer Zeit, der wahrscheinlich an das Ende eines *katun* erinnern sollte. Der **Komplex M** nebenan wurde in spätklassischer Zeit teilweise niedergerissen, da die Mayas Baumaterial für den Dammweg benötigten, der nach Südwesten zum Tempel IV führt. Der Dammweg ist heute nach Alfred Maudslay benannt, der vor allem für seine Aufnahmen von zentralamerikanischen Ruinen bekannt ist.

Weitere spätklassische Zwillingspyramiden umfassen die **Komplexe Q und R**, etwa 300 m nördlich des Großen Platzes. Der erst kürzlich restaurierte Komplex Q liefert das wahrscheinlich beste Beispiel für die Zwillingstempelbauweise. Die Stele 22 und der Altar 10 veranschaulichen eindrucksvoll die spätklassische Reliefschnitzerei aus Tikal; sie entstanden 771.

Unmittelbar westlich davon liegt auf der Westseite des Maler-Damms **Komplex O** mit einer unbearbeiteten Stele und einem Altar in der nördlichen Einfriedung. Die Funktion der Stelen war, an besondere Ereignisse zu erinnern – warum aber lässt diese jegliche Inschrift vermissen?

MUSEEN

In Tikal gibt es zwei Museen. Das größere von beiden, das **Museo Lítico** (Museum of Stone; Eintritt 10 Q; Mo–Fr 8–16.30, Sa & So bis 16 Uhr) ist im Besucherzentrum untergebracht und beherbergt eine Reihe von Stelen und Steine mit Steinmetzarbeiten. Draußen befindet sich ein großes Modell, das das Tikal um 800 wiedergibt. Besonders interessant sind aber die Fotos von Alfred P. Maudslay und Teobert Maler, die die Urwaldtempel in verschiedenen Phasen der Ausgrabungsarbeiten während des späten 19. Jhs. zeigen.

Das **Museo Tikal** oder **Museo Cerámico** (Keramikmuseum; Eintritt 10 Q, mit Tikal-Eintrittskarte frei; Mo–Fr 9–17, Sa & So 9–16 Uhr) befindet sich in der Nähe des Jaguar Inn. Zu den faszinierenden Exponaten zählen Grabbeigaben König Ah Cacaus, Jadeschnitzereien, mit Inschriften versehene Knochen, Muscheln, Stelen, Tonwaren und andere Ausgrabungsgegenstände.

VOGELBEOBACHTUNG

Etwa 300 Vogelarten (Zugvögel und endemische Arten) sind bislang in Tikal gesichtet worden. Die beste Chance, ein paar gefiederte Zeitgenossen zu erspähen, hat man morgens. Einfach im Besucherzentrum nach Touren am frühen Morgen oder späten Nachmittag fragen. Man sollte ein Fernglas und Geduld mitbringen und sich leise bewegen, um wahrscheinlich die Vertreter folgender Gattungen vor die Linse zu bekommen:

- Zwergmotmots (oder Sägeracken), vier verschiedene Trogon-Gattungen und Kronentyrannen in der Nähe des Inschriftentempels
- zwei Arten von Goldamseln, Halsbandarassaris und Fischertukane in El Mundo Perdido
- Hokkohühner, drei Spechtarten, Haubenguans, Braunflügelguans und drei Tangaren-Arten rund um Komplex P
- drei Arten von Eisvögeln, Jacanas (Blatthühnchen), Blaureiher, zwei Strandläufergattungen und Schwefeltyrannen am Aguada Tikal beim Eingang sowie Tigerreiher in dem großen Ceiba-Baum am Eingangsweg
- Gelbhosenpipra und Schnurrvögel nahe dem Komplex Q sowie Laucharassaris am Komplex R

GUATEMALA

WANDERN

Der Sendero Benilj'a'a, ein in drei Abschnitte unterteilter 3 km langer Wanderweg, beginnt vor der Jungle Lodge. Die Ruta Monte Medio und die Ruta Monte Medio Alto (beide 1 Std.) sind das ganze Jahre über zugänglich, die Ruta Monte Bajo (35 Min.) nur im Sommer. Ein kurzer Lehrpfad namens El Misterio de la Vida Maya (Das Mysterium des Maya-Daseins) führt zum Großen Platz.

CANOPYING

Am Eingang zum Nationalpark kann man eine ziemlich teure einstündige Canopying-Tour buchen. Man schlüpft in ein Gurtzeug und wird an Kabeln befestigt, die kreuz und quer zwischen den Baumkronen gespannt sind; die Bäume sind bis zu 300 m voneinander entfernt! Veranstalter ist **Tikal Canopy Tour** (☎ 5819-7766; www.canopytikal.com; Tour 248 Q; 🕑 7–17 Uhr).

Geführte Touren

In allen Hotels können geführte Touren zu den Ruinen oder anderen Orten in der Region gebucht werden. Tagestouren ab Flores/Santa Elena arrangiert Martsam Travel (S. 215).

Schlafen

Die Tage sind vorbei, als man einem Aufseher ein paar Dollar zusteckte und dann ungestört im Tempel IV übernachten konnte. Mittlerweile wird man vom Gelände „eskortiert", wenn man sich außerhalb der Öffnungszeiten dort erwischen lässt – aus Sicherheitsgründen. Wer Tikal ohne Menschenmassen erleben und frühmorgens ein paar wilde Tiere erspähen will, sollte am Eingang campen.

Außer Zelt und Isomatte gibt es nur wenige Übernachtungsmöglichkeiten vor Ort, und diese sind häufig von Reisegruppen belegt. Am schlauesten ist vermutlich, in Flores oder El Remate zu übernachten und Tagesausflüge nach Tikal zu unternehmen.

Über Nacht in Tikal zu bleiben hat den Vorteil, dass man das Gelände bei Sonnenauf- und -untergang besuchen kann – zu dieser Zeit sind die Urwaldbewohner am aktivsten.

Wer sein Zelt auf dem **Campingplatz** (Zeltplätze 30 Q/Pers.) gegenüber vom Besucherzentrum aufstellen möchte, muss keinen Gedanken an eine Reservierung verschwenden. Auf dem großen, grasbewachsenen Gelände mit den sauberen Sanitäranlagen ist genügend Platz für Zelte. Und in den *palapas* können auch Hängematten aufgehängt werden.

Jaguar Inn (☎ 7926-0002; www.jaguartikal.com; Stellplatz 25 Q/Pers., inkl. Zelt 75 Q, EZ/DZ 346/504 Q; Ⓟ ⌘ 💻) Obwohl die kleinen Duplex-Bungalows ziemlich dicht beieinander stehen und die Wände dünn sind, ist dies eine ganz passable und recht günstige Unterkunft. Die Hängematten auf den überdachten Veranden sind ein tolles Extra. In dem netten, kleinen Restaurant werden Pastagerichte und Salate serviert.

Jungle Lodge (☎ 7861-0446, 2476-8775; www.junglelodgetikal.com; EZ/DZ 562/710 Q, ohne Bad 290/314 Q; Ⓟ 💻 🏊) Das größte und schönste Hotel diente ursprünglich als Unterkunft für Archäologen, die in Tikal arbeiteten. Die voll ausgestatteten Bungalows haben eine gute Größe und stehen auf einem weitläufigen Urwaldanwesen, das von Pfauentruthühnern und Agutis bevölkert wird. Ein weiteres Plus: Nirgendwo in der Gegend wird man eine schickere Restaurant-Bar finden. In einem tropischen Ambiente werden Gemüse-Pastagerichte, Crêpes, Pfeffersteaks und andere internationale Speisen serviert (Hauptgerichte 80–100 Q).

Wenn man in Tikal ankommt, wird man auf der rechten Straßenseite mehrere kleine *comedores* entdecken: den Comedor Imperio Maya, den Comedor Ixim Kua (der ansprechendste) und den Comedor Tikal. Dort gibt's relativ uninspirierte Küche in rustikalem Ambiente, z. B. gegrilltes Huhn oder Steak (40–50 Q). Mitunter kann man auch vegetarische Platten mit gekochtem *güisquil* (Kürbis), Karotten, Bohnen und Kochbananen bestellen. Die Lokale sind täglich von 5 bis 21 Uhr geöffnet.

Das **Restaurante Café Tikal** im Besucherzentrum hat ein gehobeneres Flair, dabei sind die Preise kaum höher als in den *comedores*. Auf der Speisekarte stehen u. a. Pastagerichte und Hamburger. Das beste Hotelrestaurant hat die Jungle Lodge (s. oben).

Überdachte Picknicktische findet man gleich neben dem Großen Platz. Dort stehen Getränkeverkäufer parat, Essen gibt es allerdings nicht. Wer den ganzen Tag auf dem Ruinengelände verbringen und seine Zeit nicht mit dem 20- bis 30-minütigen Fußmarsch zu den *comedores* vergeuden will, sollte ausreichend Proviant und Wasser einpacken.

An- & Weiterreise

Genaue Infos zur Anreise aus Flores und Santa Elena stehen auf S. 220. Aus Belize kommend könnte man einen Asetur-Microbus chartern (Melchor de Mencos–Tikal einfache Strecke/hin & zurück für bis zu 4 Pers. 575/660 Q; 60 Q für jeden zusätzl. Passagier). Will man erst nach Tikal und dann weiter nach Flores fahren, zahlt man 905 Q (plus 85 Q für jeden zusätzl. Passagier). Alternativ könnte man einen Bus nach Puente Ixlú (auch El Cruce genannt) nehmen und dort in einen der Minibusse oder Busse umsteigen, die Richtung Norden fahren; bis Tikal sind es von dort aus noch 36 km. Achtung: Verbindungen nach Norden sind nach der Mittagszeit nur noch spärlich gesät. Wer im Anschluss an den Besuch von Tikal nach Belize ausreisen möchte, sollte sich frühmorgens auf den Weg nach Puente Ixlú machen, um dort einen Bus oder Minibus Richtung Osten zu erwischen. Aufpassen sollte man mit den Shuttles nach Belize, die in Tikal angepriesen werden; es ist vorgekommen, dass die Fahrer einen Umweg über Flores machen, um mehr Passagiere einzusammeln.

UAXACTÚN

700 Ew.

Uaxactún (wa-schack-*tun*) war in präklassischer Zeit der politische und militärische Rivale des Königreichs Tikal. Es ist über eine schlechte, unbefestigte Straße durch den Urwald zu erreichen. Mitte des 4. Jhs. unterwarf König Große Jaguartatze die Siedlung 23 km nördlich von Tikal. Uaxactún blieb danach jahrhundertelang abhängig von der „großen Schwester" im Süden.

Die Häuser der Dorfbewohner säumen die Landebahn. Sie verdienen sich in den umliegenden Wäldern ihren Lebensunterhalt mit dem Sammeln von *chicle*, *pimienta* (Piment) und *xate* (*scha*-tei; ein Farnkraut, das an Blumenhändler weltweit verkauft wird) .

Sehenswertes

Die Pyramiden von Uaxactún wurden freigelegt und stabilisiert, um den fortschreitenden Verfall zu stoppen, aber nicht restauriert. Risse und Bruchstellen wurden mit weißem Mörtel aufgefüllt, um das Eindringen von Wasser und Wurzeln zu verhindern. Ein Großteil der Ausbesserungsarbeiten am berühmten **Tempel E-VII-Sub** geht auf das Konto von Earthwatch; Freiwillige waren hier 1974 am Werk.

Wer rechts von der Landebahn abbiegt, gelangt nach 15 Minuten Fußweg zu den Gruppen E und H. Der wahrscheinlich bedeutendste Tempel ist der erwähnte E-VII-Sub, einer der ältesten intakten Tempel, die freigelegt wurden. Sein Fundament datiert möglicherweise auf 2000 v. Chr.! Der Tempel befand sich unter weit größeren Bauten, die inzwischen verschwunden sind. Auf dem flachen Dach sind Einbuchtungen für Pfähle zu sehen, die zu einem Holztempel mit Strohdach gehört haben.

20 Minuten nordwestlich der Landebahn liegen die Gruppen A und B. Bei **Gruppe A** verschafften sich von Andrew Carnegie gesponserte Archäologen auf der Suche nach Grabstätten wahllos Zugang zu den Tempeln; manchmal verwendeten sie Dynamit. Auf diese Weise zerstörten sie zahlreiche Bauten, die jetzt rekonstruiert werden müssen.

Eigentlich müssen beim Betreten des Geländes 30 Q Eintritt gezahlt werden, doch nur selten ist ein Aufseher vor Ort.

Touren nach Uaxactún können in Flores oder in den Hotels in El Remate und Tikal gebucht werden. Die Jungle Lodge (s. S. 230) bietet z. B. täglich einen Ausflug an, der 625 Q pro Person kostet (Abfahrt um 8, Rückfahrt um 15 Uhr). Guide und Mittagessen sind im Preis inbegriffen.

In den beiden unten genannten Unterkünften können Touren zu entlegeneren Mayastätten wie El Mirador (S. 233), El Zotz (S. 233), Río Azul, Xultún, Nakbé und San Bartolo gebucht werden.

Schlafen & Essen

Will man irgendjemanden in Uaxactún erreichen, muss man die ☎ 7783-3931 wählen und dann ein paar Minuten warten, bis der Telefonist den gewünschten Ansprechpartner an den Apparat geholt hat. Zum Zeitpunkt der Recherchen gab es hier noch keinen Handyempfang, das könnte sich jedoch mittlerweile geändert haben.

Aldana's Lodge (posadaaldana@gmail.com; Stellplatz 15 Q/Pers., EZ/DZ 25/40 Q) Rechts von der Straße, die zu den Gruppen B und A führt, können Traveller in sechs Schindelhütten mit dünnen Matratzen auf Pritschen übernachten. Alfido und sein Sohn Hector Aldaña arbeiten als Tourguides, Amparo kümmert sich um das Essen. Wer zelten möchte und dafür Ausrüstung benötigt, zahlt 20 Q pro Person.

Campamento, Hotel & Restaurante El Chiclero (campamentoelchiclero@gmail.com; Zeltplätze 25 pro Pers., Zi. 100 Q) El Chiclero liegt an der Nordseite der

GUATEMALA

Landebahn und bietet zehn spartanisch eingerichtete Zimmer unter einem Strohdach. Die Matratzen sind ordentlich, an den Decken und Fenstern sind Moskitonetze angebracht. Die sauberen Duschen und Toiletten befinden sich in einem Nebengebäude; um 22 Uhr wird das Licht ausgeschaltet. Die flotte Besitzerin Neria bereitet das beste Essen im Ort zu (Suppe & Hauptgericht mit Reis 50 Q). Die Übernachtungspreise sind auf jeden Fall verhandelbar.

Essen bekommt man auch in den schlichten *comedores* Uaxactún und Imperial Okan Arin.

An- & Weiterreise

Um 14 Uhr fährt in Santa Elena ein Pinita-Bus nach Uaxactún (35 Q) ab, der El Remate gegen 15 Uhr und Tikal gegen 16 Uhr passiert und zwischen 6 und 7 Uhr am nächsten Morgen von Uaxactún aus nach Santa Elena zurückfährt. Folglich muss man zwei Übernachtungen in Uaxactún einplanen, wenn man sich die Ruinen ansehen will. In der Regenzeit (Mai–Okt., manchmal auch bis Nov.) kann die Straße von Tikal nach Uaxactún ziemlich schlammig sein. Den Einheimischen zufolge kann sie immer passiert werden, in der Regenzeit benötigt man jedoch eventuell einen Wagen mit Allradantrieb.

Wer mit dem eigenen Wagen aus südlicher Richtung anreist, sollte bedenken, dass sich die letzte Tankstelle in Puente Ixlú südlich von El Remate befindet. Von Uaxactún aus führen unbefestigte Straßen zu den Ruinenstätten El Zotz (ca. 30 km südwestlich), Xultún (35 km nordöstlich) und Río Azul (100 km nordöstlich).

SAYAXCHÉ & CEIBAL

Sayaxché liegt 61 km südwestlich von Flores am Südufer des Río de la Pasión. Von dort aus können neun oder zehn in der Umgebung verstreut liegende Mayastätten erreicht werden, z. B. Ceibal, Aguateca, Dos Pilas, Tamarindito und Altar de Sacrificios. Davon abgesehen hat der Ort nur wenig zu bieten; manche Traveller legen hier auf dem Weg von Flores nach Cobán oder umgekehrt einen Stopp ein.

Minibusse und Busse aus Santa Elena halten am Nordufer des Río de la Pasión. Dort setzen regelmäßig Fähren (Fußgänger 2 Q, Autos 25 Q) nach Sayaxché über.

Geht man vom Hotel Guayacán ein Stück die Hauptstraße hinauf, gelangt man zu einer Banrural-Filiale mit Geldautomaten. Hier können Euro und Reiseschecks von American Express gewechselt werden.

Hospedaje Yaxkín Chen (☎ 4053-3484; Bungalows 50 Q/Pers.) Liegt ein Stück östlich des Zentrums und wartet mit zehn netten Bungalows auf, umgeben von einer beeindruckenden Vielfalt von Bäumen und anderen Pflanzen. In dem großen Freiluftrestaurant werden Tacos, Fisch aus dem Fluss und *pollo cacciatore* (Huhn nach Jägerart) serviert. Die Unterkunft liegt vier Blöcke östlich und einen Block südlich der Kirche. Nach vorherigem Anruf sammeln die freundlichen Besitzer ihre Gäste auch gern am Dock ein.

Das **Café del Río** (Hauptgerichte 40 Q; morgens, mittags & abends) hat von allen Restaurants im Ort am meisten Flair. Es liegt am anderen Flussufer, auf einem großen Holzpier über dem Wasser. Die Hin- & Rückfahrt kostet 4 Q. Die Gäste werden mit gesunden Mahlzeiten, einer angenehmen Brise und eiskaltem Bier verwöhnt.

Das Restaurante Yaxkin, in der Nähe des Hotel Mayapán, ist absolut typisch für die wenigen Lokale im Ort: Es ist ein schlichter, günstiger Familienbetrieb.

Ceibal

Während der klassischen Zeit war Ceibal noch unbekannt, danach aber wuchs die Stadt rasch: Um 900 n. Chr. lebten in ihr möglicherweise bis zu 10 000 Menschen. Der Boom war eventuell dem Zuwandererstrom aus dem heutigen Chiapas in Mexiko geschuldet; in dieser Zeit änderten sich Kunst und Kultur von Ceibal deutlich. In der postklassischen Zeit verfiel Ceibal zunehmend und die Tempelruinen wurden bald vom Urwald geschluckt.

Ceibal ist nicht unbedingt eine der beeindruckendsten Mayastätten, die Reise dorthin ist allerdings unvergesslich: Nach zweistündiger Fahrt auf dem Río de la Pasión gelangt man zu einem einfachen Anleger. Von dort aus führt ein steiniger Pfad im Schatten riesiger Bäume und Kletterpflanzen zur archäologischen Stätte hinauf.

Ein paar kleinere Tempel, die teilweise noch immer oder wieder von der Urwaldvegetation überwuchert sind, umgeben zwei Hauptplätze. Vor ein paar Bauten, aber auch an den Urwaldpfaden stehen fantastische, gut erhaltene Stelen. Die Stätte zu erkunden nimmt etwa zwei Stunden in Anspruch.

Auf S. 215 sind Reiseveranstalter genannt, die Touren von Flores nach Ceibal anbieten. Das Café del Río in Sayaxché betreibt *lanchas* nach Ceibal (max. 3 Pers. 450 Q). **Viajes Don Pedro** (s. unten) verlangt 500 Q für bis zu fünf Teilnehmer. Ein Guide sollte im Preis inbegriffen sein; er ist eventuell gleichzeitig der Bootsführer. In der Hauptsaison kann man die *lancheros* fragen, ob man sich einer Reisegruppe anschließen kann.

Wer mag, kann auf dem Landweg auch noch günstiger nach Ceibal gelangen. Man kann jeden Bus, Minibus oder Pick-up nehmen, der von Sayaxché auf dem Hwy 5 nach Süden fährt (Richtung Raxruhá & Chisec). Nach 9 km muss man in Paraíso aussteigen. Von dort führt ein unbefestigter Pfad gen Osten nach Ceibal (8 km). Diese letzten 8 km muss man eventuell zu Fuß zurücklegen. In der Regenzeit sollte man sich erst vergewissern, ob der Pfad überhaupt passierbar ist.

Mehr Infos zu Minibussen und Bussen ab Flores stehen auf S. 220. Die Abfahrtszeiten für die Rückfahrt sind ähnlich.

Wer von Sayaxché nach Süden gelangen möchte, kann Busse und Microbusse nach Cobán nehmen, die um 5, 11 und 15 Uhr starten (60 Q, 3 Std.). Noch häufiger (5.30–16 Uhr, ca. stündl.) halten Micros Kurs auf Raxruhá (25 Q, 2 Std.); dort gibt es zahlreiche Verbindungen nach Cobán. Wer nach Chisec fahren möchte, kann in Raxruhá oder San Antonio Las Cuevas umsteigen. Die Busse findet man auf einem Platz hinterm Hotel Guayacán. An der Nordseite fahren alle 15 Minuten Micros nach Santa Elena ab (5.45–18 Uhr; 20 Q, 1½ Std.).

Wer an einer Bootsfahrt interessiert ist, sollte sich an **Viajes Don Pedro** (☎ 4580-9389; servlanchasdonpedro@hotmail.com) gleich neben dem Restaurante Yaxkín wenden. Eine Fahrt auf dem Río de la Pasión bis Benemérito de las Américas (Mexiko) inklusive Besichtigung der Ruinen von Altar de Sacrificios sollte höchstens 3000 Q kosten (bis zu den Ruinen 3½ Std., max. 4 Pers.). Alternativ könnte man an Bord einer der Frachtfähren gehen, die ein paar Mal die Woche vorbeikommen (ca. 150 Q).

ENTLEGENE MAYASTÄTTEN

Es gibt ein paar Stätten, die für eine begrenzte Anzahl von Touristen zugänglich sind. Archäologiebegeisterte und echte Abenteurer könnten Ausflüge dorthin in Erwägung ziehen. Veranstalter wie Martsam Travel und Aventuras Turísticas (S. 215) arbeiten mit den örtlichen Comités Comunitarios de Ecoturismo (kommunale Ökotourismus-Komitees) in den entlegenen Dörfern zusammen, in denen die Trails beginnen. Wer sich für diese Anbieter entscheidet, unterstützt ein angesehenes Programm für nachhaltigen Tourismus. Die Guides sind bestens mit den Gegebenheiten vor Ort vertraut.

Der Komfort kommt auf den meisten dieser Touren zu kurz; man sollte sich auf äußerst rustikale Bedingungen einstellen. Gute Wegbeschreibungen zu diesen und anderen entlegenen Stätten findet man unter www.mostlymaya.com.

Die Zeremonienstätte **Yaxhá** liegt an dem gleichnamigen See ca. 48 km östlich von El Remate. Forscher vermuten, dass der Ort in klassischer Zeit ein Urlaubsziel der oberen Mayaschicht war. Die Ruinen umfassen einen großen Platz und zwei Tempel. Und mitten im See steht ein verfallenes Observatorium auf der Insel Topoxté.

El Zotz liegt ca. 25 km westlich von Tikal. Zotz bedeutet „Fledermaus" – und man wird unterwegs einigen davon begegnen. Zu den zahlreichen unberührten Erdwällen und Ruinen gehört die Teufelspyramide. Sie ist so hoch, dass man von der Spitze die Tempel von Tikal erspähen kann. Ausflüge nach El Zotz können mit einer Wanderung nach Tikal kombiniert werden.

El Perú, 62 km nordwestlich von Flores im **Parque Nacional Laguna del Tigre** gelegen, befindet sich am Scarlet-Macaw-Wanderweg (ein *scarlet macaw* bzw. *guacamaya roja* ist ein hellroter Ara). Ausgangspunkt ist Paso Caballos; dann geht's mit dem Boot auf dem Río San Pedro weiter. Ein paar wichtige Bauten datieren auf die Zeit zwischen 300 und 900 n. Chr. Archäologen sind überzeugt davon, dass El Perú ein bedeutendes Handelszentrum war.

Eine weitere Sehenswürdigkeit im Parque Nacional Laguna del Tigre, deren Besuch manchmal mit Ausflügen nach El Perú kombiniert wird, ist die **Estación Biológica Las Guacamayas** (Biologische Station Las Guacamayas; www.lasguacamayasbiologicalstation.com) am Río San Juan. Das Forschungszentrum ist von Regenwald umgeben, in dem neben hellroten Aras auch weiße Schildkröten und andere Tiere heimisch sind.

El Mirador (www.miradorbasin.com) liegt im entlegensten Urwald von El Petén, nur 7 km von der mexikanischen Grenze entfernt. Wer dorthin gelangen will, muss eine mühselige Wanderung (60 km) unter einfachsten Bedingungen auf sich nehmen. Blütezeit der früheren Metropole war von 150 v. Chr. bis 150 n. Chr., dann wurde die Stadt aus ungeklärten Gründen dem Verfall preisgegeben. In El Mirador steht die höchste Pyramide der Mayakultur: El Tigre ist mehr als 60 m hoch, das Fundament hat eine Fläche von mehr als 18 000 m². Die Zwillingspyramide La Danta (Tapir) ist eigentlich kleiner, wirkt jedoch höher, da sie auf einer Anhöhe errichtet wurde. El Mirador trumpft mit Hunderten von Bauwerken auf, von denen der Großteil jedoch nach wie vor unangetastet und von Urwaldpflanzen überwuchert ist.

Diese Wanderung ist nichts für Zartbesaitete. Wenn Geld keine Rolle spielt, kann man es sich leicht machen und den Hubschrauber nehmen. **Tikal Park** (www.tikalpark.com) organisiert ein- oder zweitägige „Heli-Touren" von Flores nach El Mirador; nach einer halben Stunde ist man bereits auf dem Ruinengelände.

ALLGEMEINE INFORMATIONEN

AKTIVITÄTEN

Canopying (Baumwipfeltouren)

Das Canopying hat sich in Guatemala zu einem Riesengeschäft entwickelt. Allerorts entstehen neue Anlagen. Bei Redaktionsschluss wurde Canopying in folgenden Parks angeboten: in der Reserva Natural Atitlán außerhalb von Panajachel (S. 131), im Parque Natural Guayaja (S. 191), im Parque Chatún (S. 196) und im Parque Nacional Tikal (S. 230).

Caving (Höhlenwanderungen)

Höhlenwanderer aus der ganzen Welt zieht es nach Guatemala. Die Kalksteinformationen rund um Cobán sind besonders reich an verzweigten Höhlensystemen, deren Ausmaße noch lang nicht vollständig bekannt sind. Traveller können die Höhlen von Lanquín (S. 191) und Rey Marcos (S. 191) besuchen. Weitere spannende Höhlen erreicht man von der Finca Ixobel (S. 213) in der Nähe von Poptún und Flores (S. 215).

Klettern & Wandern

Die guatemaltekischen Vulkane stellen eine unglaubliche Herausforderung dar. Viele können von Antigua (S. 120) oder Quetzaltenango (S. 158) aus innerhalb eines Tages erklommen werden. Weitere tolle Ziele für Gipfelstürmer findet man im Ixil-Dreieck und in der Sierra de los Cuchumatanes nördlich von Huehuetenango, besonders rund um Nebaj (S. 152) und Todos Santos Cuchumatán (S. 172).

Auch rund um den Lago de Atitlán findet man einige spektakuläre Wanderwege (S. 131), es haben sich jedoch auf einigen Routen Raubüberfälle ereignet, die entsprechend gemieden werden sollten. Es ist durchaus möglich, mehrtätige Treks zu unternehmen; Reiseveranstalter in Antigua, Quetzaltenango und Nebaj können die Organisation übernehmen. Im Urwald von El Petén locken Wanderungen zu entlegenen archäologischen Stätten, z. B. nach El Mirador und El Perú (S. 233) – eine echte Herausforderung.

Paragliding

Guatemala bietet sich geradezu zum Paragliden an; die Berge und Vulkane machen sich hervorragend als Startpisten und geben eine umwerfende Kulisse ab. In Panajachel (S. 131) und San Marcos La Laguna (S. 144) gibt's renommierte, alteingesessene Anbieter.

Radfahren

Das Hochland kann man kaum besser erleben als vom Sattel eines Drahtesels aus. Panajachel (S. 238), Quetzaltenango (S. 158) und Antigua (S. 122) sind besonders gute Ausgangspunkte für Touren. Diverse Veranstalter vor Ort organisieren Fahrten und verleihen Ausrüstung.

Reiten

Reitställe gibt's in Antigua (S. 122), Santiago Atitlán (S. 138), Quetzaltenango (S. 155), El Remate (S. 221) und San Pedro La Laguna (S. 139).

Vögel & Wildtiere beobachten

Nur wenige Nationalparks und Naturschutzgebiete besitzen eine gut ausgebaute touristische Infrastruktur, überall hat man jedoch die Möglichkeit, Vögel und andere Tiere zu beobachten.

Hobbyornithologen sollten sich in den Urwald von El Petén aufmachen: nach Tikal (S. 223), El Mirador (S. 233), zum Biotopo Cerro Cahuí (S. 221), zur Laguna Petexbatún und zur Estación Biológica Las Guacamayas (S. 233).

Riesige Scharen von Vögeln sind zudem im Feuchtgebiet Bocas del Polochic, auf der Punta de Manabique und um Monterrico, in den Nationalparks Río Dulce und Laguna Lachuá und im Biotopo del Quetzal (S. 185) heimisch.

Säugetiere bekommt man seltener zu Gesicht. Eine gute Anlaufstelle ist Tikal. Affenfreunde sollten sich in die Reserva Natural Atitlán (Panajachel; S. 131), zu den Bocas del Polochic (S. 202) oder ins Biotopo Cerro Cahuí (S. 221) aufmachen.

Wassersport

Am Lago de Atitlán (S. 130) hat man die nicht alltägliche Gelegenheit, in einem Vulkankrater schwimmen zu können. Man kann ferner auf dem Río Cahabón in der Nähe von Lanquín (S. 191) raften, mit einem Boot aus dem Hafen von Río Dulce (S. 199) auslaufen oder die Wasserstraßen um Monterrico (S. 181), Lívingston (S. 207), die Bocas del Polochic (S. 202) oder die Punta de Manabique (S. 207) mit dem Kanu oder Kajak erkunden. Das Wellenreiten ist eine eher neue Sportart in Guatemala. Es gibt ein paar Orte, an denen man sich in die Wellen stürzen kann. Am besten etabliert ist Sipacate (S. 181).

ARBEITEN

Manche Traveller suchen sich einen Job in einer Bar, einem Restaurant oder Hotel in Antigua, Panajachel oder Quetzaltenango, das Gehalt ist allerdings nicht der Rede wert. Wer auf einem Boot anheuern möchte, um durch die Karibik oder gen Norden in die US-amerikanischen Hoheitsgewässer zu segeln, sollte sich nach Río Dulce begeben.

Bevor man in Guatemala eine Stelle annimmt, sollte man sich dessen bewusst sein, dass man eventuell einem Einheimischen die Möglichkeit nimmt, für seinen Lebensunterhalt zu sorgen.

BOTSCHAFTEN & KONSULATE

Österreich unterhält in Guatemala lediglich ein Honorargeneralkonsulat ohne Passbefugnis und Sichtvermerkbefugnis; falls die Dienste einer Botschaft benötigt werden, muss man sich an die diplomatische Vertretung in Mexiko-Stadt (www.bmeia.gv.at/botschaft/mexiko.html) wenden. U. a. folgende Botschaften sind in Guatemala-Stadt zu finden.

Belize (außerhalb Karte S. 102; ☎ 2367-3883; embelguate@yahoo.com; Büro 1502, Europlaza 2, 5a Av 5-55, Zona 14)

Deutschland (außerhalb Karte S. 102; ☎ 2364-6700; www.guatemala.diplo.de; Edificio Plaza Marítima, 20a Calle 6-20, Zona 10)

El Salvador (außerhalb Karte S. 102; ☎ 2360-7660; emsalva@intel.net.gt; Av Las Américas 16-46, Zona 13)

Honduras (außerhalb Karte S. 102; ☎ 2366-5640; embhond@intelnet.net.gt; 19a Av ‚A' 20-19, Zona 10)

Kuba (außerhalb Karte S. 102; ☎ 2332-4066; http://embacu.cubaminrex.cu; Av Las Américas 20-72, Zona 13)

Mexiko (Karte S. 102; ☎ 2420-3400; embamexguat@itelgua.com; 2a Av 7-57, Zona 10)

Nicaragua (Karte S. 102; ☎ 2368-2284; embaguat@terra.com.gt; 13 Av 14-54, Zona 10)

Österreich (Honorargeneralkonsulat ☎ 2385-3584; consuladodeaustria.gua@gmail.com; Edificio Multimédica, Blvd Vista Hermosa I; Zona 15 Nivel 12, Oficina 12-18)

Schweiz (☎ 2367-5520; gua.vertretung@eda.admin.ch; Edificio Torre Internacional, 16 Calle 0-55, Zona 10)

USA (Karte S. 102; ☎ 2326-4000; http://guatemala.usembassy.gov; Av La Reforma 7-01, Zona 10)

BÜCHER

Wer mehr Einzelheiten über Guatemala erfahren will, sollte sich den englischsprachigen Lonely Planet Band *Guatemala* zulegen.

Eine tolle Reiselektüre ist auch *Guatemalan Journey* von Stephen Benz. Hier beschreibt der Autor das Land aus der Sicht eines „modernen" Reisenden – ein ehrlicher und witziger Bericht. Ähnlich ist Anthony Daniels' *Sweet Waist of America,* das auch unter dem Namen *South of the Border: Guatemalan Days* herausgegeben wurde. Der Arzt Daniels deckt ein paar schräge Widersprüche aus der guatemaltekischen Realität auf.

In *Sacred Monkey River: A Canoe Trip with the Gods* erkundet Christopher Shaw den Río Usumacinta mit dem Kanu. Der Fluss führt durch den Urwald entlang der mexikanisch-guatemaltekischen Grenze und ist eine Wiege der uralten Mayazivilisation. Ein großartiges und sehr empfehlenswertes Buch.

Bird of Life, Bird of Death von Jonathan Evan Maslow berichtet von der Suche des Verfassers nach dem prächtigen Quetzal („Vogel des Lebens"). Maslow stellte fest, dass der Quetzal immer seltener wird, während es dem Zopilote-Populationen (Geier; „Todesvogel") hingegen wunderbar geht.

Auf S. 36 findet man noch ein paar Buchempfehlungen zur Mayakultur, auf S. 812 weitere Tipps zur Reiseliteratur über Guatemala und die umgebenden Länder.

ESSEN & TRINKEN

Essen

Desayuno chapín, das guatemaltekische Frühstück, ist eine umfangreiche Mahlzeit mit Eiern, Bohnen, gebratenen Kochbananen, Tortillas und Kaffee. Frühstück gibt's gewöhnlich zwischen 6 und 10 Uhr.

Die wichtigste Mahlzeit des Tages ist das Mittagessen (12–14 Uhr). In den Restaurants wird normalerweise ein Gericht zu einem Fixpreis angeboten (*almuerzo* oder *menú del día*), das aus einer Suppe und einem Hauptgericht mit Fleisch und Reis oder Kartoffeln und einem kleinen Salat bzw. Gemüse besteht. Alternativ gibt es einen *plato típico:* Fleisch oder Huhn mit Reis, Bohnen, Käse, Salat und Tortillas.

La cena (das Abendessen) ist in Guatemala eine etwas leichtere Version des Mittagessens, die zwischen 19 und 21 Uhr serviert wird. Selbst in den Städten wird es schwer werden, nach 22 Uhr noch feste Nahrung aufzutreiben. In ländlichen Gegenden sollte man spätestens um 20 Uhr ins Restaurant gehen, um nicht eventuell hungrig ins Bett gehen zu müssen. An der Küste kommen natürlich Fisch und Meeresfrüchte auf den Tisch. In Lívingston sollte man den köstlichen Kokos-Meeresfrüchte-Eintopf *tapado* kosten Andernorts werden Fisch, Krabben & Co. üblicherweise gebraten serviert, es gibt jedoch auch die gekochte Variante *con ajo* (mit Knoblauch). Dazu werden Salat, Pommes frites und Tortillas gereicht. Lecker ist auch der *caldo de mariscos,* ein Eintopf mit Fisch, Krabben und Muscheln.

Ein Hauptgericht kostet in einem kleinen *comedor* im Schnitt ab 20 Q, in einem guten Restaurant können es um die 70 Q sein.

Getränke

Ron (rum) ist einer der favorisierten Spirituosen in Guatemala. Oft ist er billig und schmeckt entsprechend, ein paar guatemaltekische Sorten sind jedoch wirklich hervorragend. Rum sollte langsam getrunken werden, wie Cognac. Günstigerer Rum wird gern mit antialkoholischen Getränken gemixt. *Aguardiente* ist ein Feuerwasser auf Zuckerrohrbasis, der in *cantinas* und auf der Straße ausgeschenkt wird und schon manchen im Handumdrehen in einen absoluten Vollrausch versetzt hat.

Jugos (frische Obst- und Gemüsesäfte), *licuados* (Milchshakes) und *aguas de frutas* (große, gekühlte Getränke mit Fruchtgeschmack) sind zu Recht sehr beliebt. Sie werden in vielen Restaurants und Lokalen zubereitet und auf nahezu jedem Dorfmarkt und in jedem Busbahnhof gibt es einen Stand mit einer ganzen Batterie Mixer. Der klassische *licuado* ist eine Mischung aus Obst oder Saft mit Wasser und Zucker. Bei einem *licuado con leche* wird anstelle des Wassers Milch verwendet. Antialkoholische Getränke (Softdrinks) werden als *aguas* (Wasser) bezeichnet. Wer ein einfaches Glas Wasser wünscht, muss *agua pura (reines Wasser)* bestellen.

An der Küste kommt das ultimative alkoholfreie Erfrischungsgetränk aus grünen Kokosnüssen, die man am Straßenrand aufgehäuft sehen wird. Die Verkäufer schneiden einfach den oberen Teil einer Nuss mit einer Machete ab, Strohhalm hinein und fertig.

FEIERTAGE & FERIEN

Die wichtigsten Urlaubszeiten und Feiertage sind die Semana Santa (Ostern), Weihnachten und Neujahr und der August. Während der Semana Santa ziehen die Preise vielerorts an und es empfiehlt sich, Unterkünfte, Bustickets und Ähnliches im Voraus zu buchen.

Feiertage in Guatemala:

Neujahr 1. Januar
Ostern (Gründonnerstag–Ostersonntag) März/April
Tag der Arbeit 1. Mai
Tag der Armee 30. Juni
Mariä Himmelfahrt (Día de la Asunción) 15. August
Unabhängigkeitstag 15. September
Revolutionstag 20. Oktober
Allerheiligen 1. November
Heiligabend 24. Dezember
Weihnachten 25. Dezember
Silvester 31. Dezember

FESTIVALS & EVENTS

Folgende Feste werden landesweit gefeiert:

El Cristo de Esquipulas (15. Jan.) Ein Feiertag für die Strenggläubigen. Pilger aus ganz Zentralamerika kommen nach Esquipulas, um einen Blick auf den Schwarzen Christus in der Basilika zu werfen.

Semana Santa (März/April; Karwoche) Jesus- und Marienstatuen werden im gesamten Land durch die Straßen getragen. Hinter ihnen bilden sich Prozessionen gläubiger Christen, die der Kreuzigung Jesu gedenken. Die Gläubigen laufen über *alfombras* (schöne „Teppiche" aus farbigen Sägespänen und Blütenblättern). Höhepunkt der Semana Santa ist Karfreitag.

Fiesta de la Virgen de la Asunción (Aug.) Der wichtigste Tag ist der 15. Dann finden in Tactic, Sololá,

Guatemala-Stadt und Jocotenango volkstümliche Tänze und Paraden statt.

Día de Todos los Santos (Allerheiligen; 1. Nov.) An diesem Tag gibt es in Santiago Sacatepéquez und Sumpango bei Antigua Drachenfestivals und in Todos die berühmten Pferderennen in Todos Santos.

Quema del Diablo („Verbrennung des Teufels"; 7. Dez.) Im ganzen Land geht es gegen 18 Uhr los. Dann strömen die Menschen auf die Straßen, bringen ihren „alten Müll" mit (greifbaren wie seelischen) und verbrennen ihn in riesigen Feuern. Im Anschluss gibt's ein beeindruckendes Feuerwerk.

FOTOGRAFIE

Fotografieren ist ein heikles Thema in Guatemala. Bevor man ein Bild von jemandem macht, muss man immer um Erlaubnis bitten, besonders wenn man Mayafrauen oder -kinder ablichten möchte. Häufig werden diese Bitten ausgeschlagen. Indigene Kinder posieren oftmals nur gegen Bezahlung (meist 1 Q). Es gibt Orte, an denen das Fotografieren strikt verboten ist, z. B. in der Kirche von Santo Tomás in Chichicastenango. Wer das Glück hat, einer Mayazeremonie beizuwohnen, muss die Kamera in der Tasche lassen (es sei denn, es wird ausdrücklich erlaubt, Fotos zu knipsen). Wenn Einheimische in irgendeiner Form deutlich machen, dass sie sich durch den Fotoapparat gestört fühlen, sollte man ihn sofort einstecken und sich entschuldigen – aus Respekt, aber auch im Interesse der eigenen Sicherheit. Niemals Aufnahmen von Militäreinrichtungen, bewaffneten Männern oder Ähnlichem machen.

FRAUEN UNTERWEGS

Alleinreisende Frauen sollten in Guatemala keine Probleme aufgrund ihres Geschlechts haben, im Gegenteil: Sie werden angenehm überrascht sein, wie unheimlich freundlich und hilfsbereit die meisten Einheimischen sind. Der beste Ratschlag, den wir Frauen geben können: Kleidungsstücke mit Bedacht auszuwählen. Ein sittsames Äußeres ist den Guatemalteken sehr wichtig – wer sich dezent kleidet, wird normalerweise respektvoll behandelt werden.

Vor allem kurze Hosen sollten ausschließlich am Strand getragen werden, nie in der Stadt (vor allem nicht im Hochland). Rocksäume sollten mindestens bis zum Knie reichen. Außerdem sollte man nie ohne BH losziehen, da das als Provokation gilt. Guatemaltekische Frauen tragen beim Schwimmen häufig ein T-Shirt über ihrem Badeanzug; es ist durchaus eine Überlegung wert, es ihnen gleichzutun, um neugierige Blicke zu vermeiden (ganz zu schweigen vom Sonnenbrand).

Frauen, die allein unterwegs sind, können sich auf viel Aufmerksamkeit von Seiten der männlichen Bevölkerung einstellen. Oft sind sie nur neugierig und nicht auf „Eroberung" aus. Man sollte sich von ihren Avancen nicht einschüchtern lassen, die Situation analysieren – eine Anmache im Bus erfordert sicher eine andere Reaktion als eine Kontaktaufnahme in einer Bar – und immer schön selbstbewusst bleiben. Im Bus könnte man sich eventuell neben Frauen oder Kinder setzen, um „unangenehme" Begegnungen auszuschließen. Einheimische Frauen fangen nur selten ein Gespräch mit Ausländern an, haben aber viel Interessantes zu erzählen, wenn die Unterhaltung einmal ins Rollen gekommen ist.

Fiese Gerüchte über westliche Frauen, die guatemaltekische Kinder aus verschiedenen Gründen entführen, halten sich hartnäckig. Weibliche Traveller sollten daher vorsichtig im Umgang mit Kindern sein, besonders, wenn es sich um *indígenas* handelt.

Es besteht kein Grund zur Panik, doch unerwähnt sollten sie auch nicht bleiben: vereinzelte Vergewaltigungen und gewalttätige Übergriffe. Man sollte sich auf seinen gesunden Menschenverstand verlassen, nachts nicht allein durch menschenleere Straßen spazieren und niemals trampen. Ein Warnhinweis für Frauen, die ohne Begleitung mit dem Bus fahren, steht auf S. 98.

FREIWILLIGENARBEIT

Will man tiefer in die guatemaltekische Realität eintauchen als ein 08/15-Traveller und hat noch dazu eine hilfsbereite Ader, könnte man sich als Freiwilliger versuchen. Freiwilligenarbeit ist eine echte Bereicherung und vermittelt Ausländern Einblicke in den Alltag der Einheimischen und ihre facettenreiche Kultur, die Durchschnittsreisenden häufig versagt bleiben. Die Einsatzgebiete sind ganz unterschiedlich: Volunteers können sich um vernachlässigte Kinder oder Tiere kümmern, beim Bestellen der Felder helfen usw. Sehr gefragt sind natürlich Touristen mit besonderen Fähigkeiten, z. B. Krankenschwestern, Ärzte und Lehrer.

Meist wird von Freiwilligen erwartet, dass sie zumindest ein paar Brocken Spanisch sprechen und sich für einen bestimmten Zeitraum verpflichten.

Eine gute Infoquelle für Freiwillige sind das Proyecto Mosaico Guatemala in Antigua (S. 122) und EntreMundos mit Sitz in Quetzaltenango (S. 161). EntreMundos betreut eine kostenlose Online-Datenbank mit Hunderten von Stellen für Freiwillige. Weiterhin haben viele Sprachschulen enge Kontakte zu gemeinnützigen Organisationen und können Reisenden so Zugang zur Welt des volunteering gewähren. Die beste Webseite für Freiwilligenarbeit weltweit (mit vielen Tätigkeiten in Guatemala!) ist übrigens www.idealist.org.

GEFAHREN & ÄRGERNISSE

Spätnachts betrunken, allein, orientierungslos und mit jeder Menge Bargeld in den Taschen durch Guatemala zu torkeln, ist sicher eine ganz kopflose Idee. Ziemlich viele Leute lassen sich hier zu Dummheiten hinreißen, die ihnen zu Hause nie in den Sinn kämen. Manche haben Glück, andere nicht. Mit einer Portion gesunden Menschenverstands sollte es möglich sein, brenzlige Situationen zu umschiffen.

Doch man sollte sich auch keinen Illusionen hingeben: Guatemala ist kein besonders sicheres Land. Die Tageszeitungen sind voller Horrormeldungen über das, was sich Guatemalteken gegenseitig antun. Glücklicherweise handelt es sich meistens um Bandenkriege, von denen Touristen nicht betroffen sind.

Wenn auch selten, so ist es doch schon vorgekommen, dass Traveller vergewaltigt oder ermordet wurden. Ein weit größeres Problem sind jedoch Überfälle auf Touristen, die sich in entlegenen Regionen auf Wanderwege vorgewagt haben. Wer sich einen Eindruck von den lauernden Gefahren verschaffen möchte, sollte die Website der **US-amerikanischen Botschaft** (http://guatemala.usembassy.gov) in Guatemala-Stadt aufrufen und rechts unter „Consular Notices“ auf „Recent Crime Incidents Involving Foreigners“ klicken. (Zu beachten: in der Auflistung werden auch Guatemalteken mit US-amerikanischer Staatsbürgerschaft als „Ausländer“ erfasst, nicht nur Touristen; das hat einen erheblichen Einfluss auf die Verbrechensstatistiken!) Ausführliche und akuelle Infos und Verhaltensregeln liefern auch das **Auswärtige Amt in Berlin** (www.auswaertiges-amt.de), das **Österreichische Außenministerium** (www.bmeia.gv.at) und das **Eidgenössische Departement für auswärtige Angelegenheiten** (www.eda.admin.ch). Auskünfte zur Sicherheitslage und Durchführbarkeit der Reise erhält man auch beim guatemaltekischen Tourismusinstitut **Inguat** (www.visitguatemala.com).

Raubüberfälle auf Touristen ereignen sich besonders auf bekannten Wanderwegen in isolierten Gebieten. Ein paar Treks rund um den Lago de Atitlán (siehe S. 128) und an den Vulkanen außerhalb von Antigua sind geradezu berüchtigt.

Ein weiteres Problem stellt die hohe Diebstahlrate dar: Taschen werden dem Besitzer entrissen oder unbemerkt aufgeschlitzt und ausgeräumt. Aufpassen muss man in über-

FREIWILLIGENARBEIT

In Guatemala gibt es ein großes Betätigungsfeld für Volunteers. Häufig geht es schwerpunktmäßig um die Bereiche Erziehung und Umwelt. Hier ein paar empfehlenswerte, unkonventionelle Organisationen:

- **Arcas** (www.arcasguatemala.com) Hat sich dem Schutz der bedrohten Meeresschildkrötenpopulation an der Südküste verschrieben, betreibt aber auch Projekte in El Petén.
- **EntreMundos** (www.entremundos.org) Gibt eine Zeitung heraus, die alle zwei Monate erscheint, und fungiert als Schnittstelle zwischen Freiwilligen und NGOs.
- **Estación Biológica Las Guacamayas** (www.lasguacamayasbiologicalstation.com) Forschungs- und Naturschutzzentrum in El Petén.
- **La Calambacha** (www.lacambalacha.org) Organisation mit Sitz in San Marcos La Laguna. Hier stehen die Förderung des Selbstbewusstseins, soziale Integration und Kunsterziehung mittels Kunst-Workshops für Kinder im Mittelpunkt.
- **Proyecto Payaso** (www.proyectopayaso.org) Eine Truppe fahrender Clowns, die in den Gemeinden über die Risiken von AIDS informieren.
- **Safe Passage** (www.safepassage.org) Lässt Kindern, die auf den Müllkippen von Guatemala-Stadt hausen müssen, Bildung, medizinische Versorgung und eine Perspektive zuteilwerden.

füllten Busbahnhöfen, Bussen, auf belebten Straßen und Märkten, aber auch in menschenleeren dunklen Straßen.

Am besten reist man tagsüber und erreicht sein Ziel, solange es noch hell ist. Sollte das nicht machbar sein, sollte man sich für einen Nachtbus 1. Klasse entscheiden und nach der Ankunft mit einem Taxi zum jeweiligen Hotel fahren. Einen Sicherheitshinweis für allein reisende Frauen in Fernbussen findet man auf S. 98.

Auch von Entführungen in Guatemala wurde schon berichtet, in einigen Fällen kamen die Täter aus dem Ausland. Man sollte Vorsicht walten lassen, wenn man mit Kindern spricht oder Fotos von ihnen macht, besonders in ländlichen Gegenden. Missverständnisse können üble Folgen haben.

Nicht vergessen: Menschenmassen können unberechenbar sein, vor allem wenn die Teilnehmer betrunken oder „politisch aufgeheizt" sind. Mehr Tipps zum sicheren Reisen gibt's auf S. 813.

Abzocke

Eine beliebte Praktik ist, dem Opfer eine klebrige Flüssigkeit wie Ketchup auf die Kleidung zu spritzen. Als nächstes taucht ein Komplize auf und hilft beim Abwischen und Saubermachen. Dabei räumt er auch gleich noch die Taschen aus. Diebe bedienen sich auch weiterer Ablenkungsmanöver: Sie lassen ein Portemonnaie oder Münzen fallen oder täuschen eine Ohnmacht vor.

Leider sind mittlerweile auch in Guatemala „Geldkarten-Kloner" aktiv, die es auf Einheimische wie Traveller gleichermaßen abgesehen haben. Sie bringen einen eigenen Kartenleser an den Geldautomaten an (häufig im Kartenschlitz) und räumen das Konto, sobald sie die notwendigen Daten haben. Aus allen Regionen, in denen viele Touristen unterwegs sind, wurden bereits Betrugsfälle dieser Art gemeldet. Man kann sich eigentlich nur dagegen schützen, indem man Geldautomaten nutzt, die nicht so leicht manipuliert werden können (z. B. in Supermärkten, Einkaufszentren) oder direkt in Bankfilialen mittels Kreditkarte Bargeld abhebt. Besonders vorsichtig muss man bei den Geldautomaten in kleinen, nicht abgeschlossenen Räumen vor den Bankfilialen sein.

Achtung: Um sich Zugang zu einem Raum mit Geldautomaten zu verschaffen, muss man niemals die PIN-Nummer eingeben!

Überfälle oder Diebstahl melden

Nach einem Diebstahl benötigt man gegebenenfalls eine polizeiliche Bescheinigung für die Versicherungsgesellschaft. Man sollte den Beamten mit den Worten *Quisiera poner una acta de robo* (Ich möchte einen Diebstahl melden) verdeutlichen, dass man lediglich ein Schriftstück benötigt und nicht ein Einschreiten der Polizei erwartet, um den Schuldigen ausfindig zu machen. In den Touristenhochburgen ist eine speziell ausgebildete Touristenpolizei im Einsatz; deren Beamten sprechen häufig auch Englisch. Die Nummer in Antigua lautet (☎ 5978-3586), in Guatemala-Stadt (☎ 2251-4897).

In anderen Regionen (und außerhalb der üblichen Öffnungszeiten) wendet man sich am besten an **Asistur** (☎ 1500). Die Hotline ist rund um die Uhr besetzt und landesweit kostenlos, die Angestellten sprechen Englisch und Spanisch und bieten Rat und Tat, wenn man mit der Polizei in Kontakt treten muss. Bei Bedarf können sie sogar einen Anwalt vermitteln.

GELD

Die guatemaltekische Währung, der Quetzal (ket-*sal,* Q abgekürzt), war jahrelang recht stabil, ist aber zuletzt durch das Eingreifen der guatemaltekischen Zentralbank minimal gefallen. Ein Quetzal besteht aus 100 Centavos.

Geldautomaten (*cajeros automáticos*), die Visa/Plus-Karten akzeptieren, findet man mit Ausnahme der kleinsten Ortschaften überall im Land; vielerorts gibt es auch Automaten für MasterCard/Cirrus-Karten. Es ist also ratsam, eine Kredikarte im Reisegepäck zu haben. Das 5B-System ist weit verbreitet und besonders nützlich, da es sowohl Visa- als auch MasterCard-Kreditkarten akzeptiert. Achtung: Manche Automaten sind manipuliert (s. rechte Spalte)!

In vielen Banken erhält man einen Barvorschuss per Visa, manchmal auch per MasterCard. Mit Kreditkarten (auch American Express) können überdies viele Käufe getätigt werden.

Wer keine Kreditkarten besitzt, kann sich auch mit Reiseschecks von (in US-Dollar) und Bargeld (US-Dollar) behelfen. Selbst Kartenbesitzer sollten Dollar und Reiseschecks als eiserne Reserve dabeihaben. Überall im Land können US-Dollar und oft auch Reiseschecks in Bankfilialen umgetauscht werden. Am weitesten verbreitet sind die Reiseschecks von American Express.

Häufig kann direkt mit US-Dollar gezahlt werden, manchmal auch mit Reiseschecks. Der Dollar ist im Prinzip die einzige Fremdwährung, mit der man in Guatemala etwas anfangen kann. Nur ganz vereinzelt werden auch Euro gewechselt.

Die besten Wechselkurse für Bargeld und Reiseschecks bieten gewöhnlich die Banken. Wer Bargeld braucht, aber keine offene Filiale findet, kann sein Glück auch in Reisebüros, Hotels oder Geschäften versuchen.

In manchen Städten ist das Klein- bzw. Rückgeld rar. Man sollte deshalb immer versuchen, einen Vorrat an kleineren Banknoten bzw. Münzen griffbereit zu haben.

In Restaurants wird ein Trinkgeld in Höhe von 10 % erwartet. In kleinen *comedores* darf man nach eigenem Gutdünken ein Trinkgeld geben; man sollte zumindest ein wenig Kleingeld spendieren. Reiseführer sollten ein Trinkgeld von ca. 10 % erhalten, besonders bei längeren Touren.

Wechselkurse

Die bei Redaktionsschluss gültigen Kurse:

Land	Währung	Q
Eurozone	1 €	10,95
Schweiz	1 SFr	8,13
USA	1 US$	7,85

INFOS IM INTERNET

Guatemala (www.visitguatemala.com) Die mehr oder weniger interessante offizielle Seite von Inguat, dem nationalen Tourismusinstitut.

Guatemala Times (www.guatemala-times.com) Die beste englischsprachige Nachrichtenquelle.

Lanic Guatemala (http://lanic.utexas.edu/la/ca/guatemala) Hervorragende Liste mit Links zu Guatemala, zusammengestellt von der Universität von Texas.

Lonely Planet (www.lonelyplanet.com) Englischsprachige Infos zum Thema Reisen in Guatemala, zusammengefasst vom Mutterschiff von Lonely Planet; außerdem gibt es auf der Website das beliebte Forum Thorn Tree und Links zu weiteren nützlichen Seiten.

Mostly Maya (www.mostlymaya.com) Umfassende, praktische Infos zu entlegenen Mayastätten u.v.m.

Xela Pages (www.xelapages.com) Alles zum Hochland und zur Küste und ein hervorragendes Forum, in dem selbst die schrägsten Fragen beantwortet werden.

INTERNETZUGANG

Mittlerweile gibt es auch in mittelgroßen Städten Internetcafés mit recht verlässlichen Verbindungen. Normalerweise zahlt man weniger als 8 Q pro Stunde.

WLAN-Empfang hat man an immer mehr Orten im ganzen Land, wirklich darauf zählen kann man allerdings nur in großen Städten und Touristenhochburgen. In den meisten (aber nicht in allen) Hostels kann man kabellos ins Internet gehen, ebenso wie in vielen Hotels des mittleren und oberen Preissegments. Eine gute Anlaufstelle für WLAN-„Junkies" sind die Pollo-Campero-Restaurants. Filialen findet man in so ziemlich jeder Stadt; der Internetzugang ist kostenlos (ungesicherte Netzwerke).

KARTEN

Die beste Landeskarte für Reisende wird von International Travel Maps herausgegeben (*Guatemala*, Maßstab 1 : 500 000) und kostet vor Ort ca. 100 Q. Günstiger ist die in Guatemala gedruckte *Mapa Turístico Guatemala* von Intelimapas. Die Macher scheinen immer auf dem neuesten Stand zu sein, was den Zustand der Straßen im Land angeht; viele davon sind in den letzten Jahren neu asphaltiert worden. Die Karte umfasst auch zahlreiche Stadtpläne. Ebenfalls zu empfehlen ist die *Mapa Vial Turístico* von Inguat. In Guatemala-Stadt, Antigua, Panajachel und Quetzaltenango findet man Buchläden, die ein paar dieser Karten vorrätig haben (in den jeweiligen Stadtkapiteln nachzulesen). Topographische Karten von allen Teilen Guatemalas im Maßstab 1 : 50 000 und 1 : 250 000 gibt's beim Instituto Geográfico Nacional (S. 100).

KLIMA

Auch wenn Guatemala als das „Land des Ewigen Frühlings" gilt, kann es nachts im Hochland empfindlich kalt werden, vor allem während der Trockenzeit (Ende Okt.–Mai), die sich gut für eine Reise entlang der Küste oder in El Petén eignet.

Das Klima der Küstenregionen ist tropisch und schwül-heiß, die Temperaturen schwanken zwischen 32 und 38 °C. Selbst in der Trockenzeit fällt die Luftfeuchtigkeit kaum merklich. An der Karibikküste muss man jederzeit mit Regen rechnen. In Cobán ist das Wetter ungefähr einen Monat lang– im April – trocken, wobei man auch von November bis März Glück haben und etwas seltener nass werden kann.

Im weitläufigen Urwald von El Petén herrscht ein tropisches Klima. Je nach Jahreszeit ist es dort heiß und feucht oder heiß und trocken. Dezember und Januar sind die kühlsten Monate, März und April sind hingegen höllisch heiß.

MEDIEN

Die angesehensten Zeitungen sind *La Prensa Libre* (www.prensalibre.com), *Siglo Veintiuno* (www.sigloxxi.com), *La Hora* (www.lahora.com.gt) und *El Periódico* (www.elperiodico.com.gt). *El Quetzalteco* (www.elquetzalteco.com.gt) heißt die die dreimal wöchentlich erscheinende Zeitung aus Quetzaltenango. Die vielleicht kritischsten Journalisten des Landes schreiben für die Zeitschrift *Revista … Y Qué?* (www.revistayque.com).

ÖFFNUNGSZEITEN

Läden und Geschäfte sind in Guatemala generell montags bis samstags von 8 bis 12 und 14 bis 18 Uhr geöffnet, es gibt jedoch zahlreiche Ausnahmen.

Restaurants bewirten Gäste normalerweise von 7 bis 21 Uhr (Mo–Sa; manche bleiben sonntags geschlossen), wobei Abweichungen von diesen Zeiten um bis zu zwei Stunden möglich sind. Die meisten Bars sind von 10 oder 11 bis etwa Mitternacht geöffnet. Der *Ley Seca* („trockenes Gesetz"; Alkoholverkaufsverbot) zufolge müssen Bars und *discotecas* um 1 Uhr schließen, es sei denn, der nächste Tag ist ein offizieller Feiertag. In den großen Städten hält man sich strikt an diese Verordnung, in kleineren Orten und Dörfern pfeift man darauf. In Antigua wurde eine städtische Verordnung auf den Weg gebracht, die Alkoholausschank nach 22 Uhr verbieten und eventuell bald rechtskräftig werden soll. Man kann sich ausmalen, was der Großteil der Tourismusbranche von diesem Gesetz hält.

Banken sind typischerweise montags bis freitags von 9 bis 17 und samstags von 9 bis 13 Uhr geöffnet (auch hier gibt es Ausnahmen). In manchen Städten können Bankgeschäfte sogar am Sonntag erledigt werden (dies ist gegebenenfalls bei den „Praktischen Informationen" vermerkt). Behörden sind montags bis freitags von 8 bis 16 Uhr zu erreichen; wichtige Behördengänge sollte man am besten morgens erledigen.

POST

Die Post wurde 1999 privatisiert. Normalerweise sind Briefe nach Europa 10 bis 12 Tage unterwegs. In nahezu allen Groß- und Kleinstädten (nicht in Dörfern) gibt es eine Postfiliale, in der man Briefmarken kaufen und Briefe und Postkarten verschicken kann. Für einen Brief in die Heimat zahlt man ca. 20 Q.

Die Postfilialen nehmen keine postlagernden Sendungen mehr an. Wer ein Päckchen empfangen möchte, sollte es an eine Privatadresse schicken lassen, z. B. an eine Sprachschule oder ein Hotel. Wer einen Kurierdienst in Anspruch nimmt, sollte sicherstellen, dass das jeweilige Unternehmen eine Niederlassung in der Stadt hat, in der man gerade verweilt, andernfalls muss man hohe „Verwaltungsgebühren" zahlen.

RECHTSFRAGEN

In Guatemala tragen Polizeibeamte häufig nicht zur Entspannung einer Konfliktsituation bei, sondern sind vielmehr Teil des Problems. Je weniger man mit ihnen zu tun hat, desto besser.

Von illegalen Drogen sollte man sich unbedingt fernhalten: Auf keinen Fall Drogen kaufen oder verkaufen, mit sich herumtragen oder sich mit Leuten aus der Szene umgeben, auch wenn Einheimische dies tun. Als Ausländer ist man immer deutlich im Nachteil und wird eventuell von anderen angeschwärzt oder hinters Licht geführt. Die Drogengesetze sind sehr strikt und die Strafen hoch.

REISEN MIT BEHINDERUNG

Es ist eine Herausforderung, Guatemala mit einer Behinderung zu bereisen. Zwar sind viele Bürgersteige in Antigua mit Rampen versehen und man wird kleine Kacheln entdecken, auf denen ein Rollstuhl dargestellt ist. Doch die Straßen haben Kopfsteinpflaster und die Rampen sind alles andere als glatt und eben.

Bei vielen Hotels handelt es sich um ehemalige, umgebaute Wohnhäuser; die Zimmer sind um Höfe angeordnet, die für Rollstuhlfahrer zugänglich sind. Spitzenklassehotels sind oft mit Rampen, Aufzügen und barrierefreien Toiletten ausgestattet. Von A nach B zu gelangen, stellt in Guatemala für Reisende mit Behinderung die größte Hürde dar. Rollstuhlfahrer organisieren sich am besten einen Wagen mit Fahrer, da Busfahrten nicht zuletzt wegen des Platzmangels kaum zu meistern sind.

Mobility International USA (www.miusa.org) bietet Infos für Reisende mit Behinderung, führt Austauschprogramme durch (auch mit Guatemala) und ist Herausgeber einiger nützlicher Bücher. Ebenfalls empfehlenswert sind die Websites von **Access-Able Travel Source** (www.access-able.com) und **Accessible Journeys** (www.disabilitytravel.com) sowie von **MyHandicap Deutschland** (www.myhandicap.de), der **Nationalen Koordinierungsstelle Tourismus für Alle e. V.** (www.natko.de) und **Mobility International Schweiz** (☎ 041-6220-68835; www.mis-ch.ch).

Transitions (transitionsguatemala@yahoo.com) ist eine Organisation mit Sitz in Antigua, die es sich zum Ziel gemacht hat, den Interessen von Behinderte in Guatemala Gehör zu verschaffen.

SCHWULE & LESBEN

Nur wenige Orte in Lateinamerika sind wirklich schwulen- und lesbenfreundlich. Guatemala stellt da keine Ausnahme dar. Per Gesetz ist Homosexualität legal, sofern man 18 Jahre oder älter ist, im Alltag sieht das Ganze jedoch anders aus: Diskriminierung und Gewalt gegen Homosexuelle sind an der Tagesordnung. In Guatemala-Stadt und Quetzaltenango gibt es eine kleine Gruppe von transsexuellen Prostituierten, die häufig Opfer gewalttätiger Übergriffe werden. Man sollte nicht einmal im Traum daran denken, die Toleranzgrenze der Einheimischen angesichts öffentlicher Zuneigungsbekundungen auszutesten.

In Antigua gibt es eine sympathische Szene, die jedoch im Verborgenen agiert; die absolute Ausnahme bildet der Club La Casbah (S. 126). In Guatemala-Stadt zählen Genetic und die Black & White Lounge derzeit zu den besten Anlaufstellen (S. 109). Die meisten Schwulen und Lesben üben sich auf ihrer Reise durch Guatemala jedoch in Zurückhaltung – und werden Einzelbetten in Zwei-Bett-Zimmern zusammenrücken.

Gully (www.thegully.com) beinhaltet normalerweise ein paar relevante Artikel und Informationen zu Guatemala. Die beste Website ist **Gay Guatemala** (www.gayguatemala.com; spanisch).

SPRACHE

In Guatemala gibt es ein paar geniale Slang-Ausdrücke, die Gegenstand verschiedener Bücher sind (am besten ist *¿Qué onda vos?* von Juan Carlos Martínez). Hier eine kleine Auswahl an Begriffen:

canche – blondhaarige bzw. hellhäutige Person
chapín – Guatemalteke
chavo/a – Junge/Mädchen
de huevos – cool
ishto/a – kleiner Junge/kleines Mädchen
papichulo/mamichula – attraktiver Mann/attraktive Frau
pisto – Geld

SPRACHKURSE

Guatemala rühmt sich seiner zahlreichen Sprachschulen. Bei einem Spanischkurs lernt man mehr als bloß die Sprache kennen; man bekommt Kontakt zu den Einheimischen und taucht in eine fremde Kultur ein. Viele Traveller, die Zentralamerika auf dem Weg nach Südamerika durchqueren, planen einen längeren Stopp in Guatemala ein, um dort die Spanischkenntnisse zu erwerben, die sie für ihre weitere Reise benötigen.

Die Sprachschulen in Guatemala sind viel günstiger als die mexikanischen, die Qualität kommt jedoch in den seltensten Fällen zu kurz. Es gibt so viele Anbieter, dass man sich unbedingt ein paar anschauen sollte, bevor man seine Wahl trifft. Man merkt ziemlich schnell, ob eine Schule gut organisiert und professionell arbeitet und ob die Lehrer gut ausgebildet und erfahren sind.

Bei Sprachschülern steht Antigua besonders hoch im Kurs. Dort befinden sich rund 100 Schulen (S. 122). Quetzaltenango (S. 158) ist die zweitbeliebteste Anlaufstelle und oft die erste Wahl für diejenigen, die mit etwas mehr Ernst an die Sache herangehen wollen. Antigua trumpft indes mit einer lebhaften Szene für Schüler und Traveller auf. Auch in San Pedro La Laguna (S. 141) und Panajachel (S. 141) am Lago de Atitlán haben sich ein paar Sprachschulen niedergelassen. Wer die Sprache in einer abgelegenen Berggemeinde lernen möchte, könnte sich nach Nebaj (S. 152) oder Todos Santos (S. 172) aufmachen. Im Schnitt kosten fünf Tage mit jeweils vier Stunden Privatunterricht plus Übernachtung bei einer Gastfamilie 900 bis 1200 Q.

In vielen Schulen kann man an jedem beliebigen Tag einsteigen (ansonsten immer zum Wochenbeginn) und darf so lange Unterricht nehmen, wie man möchte. In guten Schulen werden zudem diverse andere Unternehmungen organisiert, z. B. Salsakurse, Filmabende oder Vulkanwanderungen. Häufig wird neben Spanisch auch Unterricht in Mayasprachen angeboten.

TELEFON

In Guatemala gibt es keine Ortsvorwahlen. Wer aus dem Ausland anruft, wählt zunächst die ☎ 00, dann die ☎ 502, die Landesvorwahl für Guatemala, und zuletzt die achtstellige Rufnummer. Wer aus Guatemala ins Ausland telefonieren will, muss die ☎ 00 vorwählen.

In vielen von Touristen frequentierten Städten und Orten gibt es private Telefonzentren, in denen Auslandsgespräche zu fairen Preisen geführt werden können. Richtig günstig sind Telefonate übers Internet (sogenannte VoIP-Gespräche; 1 Q nach Europa), dafür ist die Verbindungsqualität Glückssache.

Viele Traveller nutzen VoIP-Dienste und legen sich z. B. ein Skype-Konto zu (www.skype.com). Wer an einem Rechner hockt, auf dem kein Skype installiert ist, braucht nur wenige Minuten, um die Software herunterzuladen. Die übrige Ausstattung (Kopfhörer und Mikro) der guatemaltekischen Internetcafés ist unterschiedlich gut, manchmal auch nicht existent; am besten bringt man sich einen eigenen Kopfhörer mit Mikro von zu Hause mit.

Öffentliche Telgua-Fernsprecher findet man in ganz Guatemala. Um sie zu benutzen, braucht man eine Telgua-Telefonkarte *(tarjeta telefónica de Telgua)*, die in Läden und an Kiosken verkauft wird. Es gibt verschiedene Varianten (zu 20, 30 und 50 Q). Die Karte wird in den Schlitz gesteckt, dann wählt man die jeweilige Nummer und auf der Anzeige wird angegeben, wie viel Restguthaben (Minuten) man noch hat.

Die schwarzen Telefone, die an strategischen Punkten in Touristenstädten stehen und kostenlose Gespräche versprechen, sollte man nur im absoluten Notfall verwenden. Sie funktionieren nach der Lockvogeltaktik: Das Gespräch wird über die Kreditkarte des Anrufers abgerechnet, der nach seiner Heimkehr verblüfft feststellen wird, dass er bis zu 20 US$ für die Minute gezahlt hat.

Auf Telgua-Telefonen ist vermerkt, dass man die ☎ 147-110 bei Inlands-R-Gesprächen und die ☎ 147-120 bei internationalen R-Gesprächen wählen soll. Die letztgenannte Nummer funktioniert aber nur bei Telefonaten in die USA und Kanada einwandfrei; sitzt der Empfänger in einem anderen Land, kann es hingegen kompliziert werden.

Handys

Mobiltelefone sind weit verbreitet. Man kann sein eigenes Handy von daheim mitbringen, in Guatemala gegebenenfalls entsperren lassen (ca. 50 Q) und dann die heimische SIM-Karte gegen eine guatemaltekische austauschen. Bei manchen Telefonen funktioniert dies prima, bei anderen nicht – weshalb, scheint nicht mit den Grundsätzen der Logik erklärt werden zu können. Guatemaltekische Mobilfunknetze nutzen die Frequenzen 850 MHz, 900 MHz oder 1900 MHz; mit Tri- oder Quadband-Handys sollten sich eigentlich keine Probleme ergeben.

Bleibt das Risiko, beklaut zu werden – Grund genug für die meisten Traveller, sich nach der Ankunft in Guatemala erst mal ein billiges Handy mit Prepaid-Karte zulegen. Diese gibt's so ziemlich überall, Kostenpunkt 100 bis 150 Q (oft inkl. eines Gesprächsguthabens in Höhe von 100 Q). Karten zum Wiederaufladen des Guthabens sind in nahezu jedem Laden erhältlich. Anrufe kosten landesweit 1,50 Q pro Minute, Gespräche nach Europa sind bis zu fünfmal so teuer.

Zum Zeitpunkt der Recherchen war Movistar der günstigste Anbieter (die Netzabdeckung war allerdings auf die größten Städte beschränkt). Tigo und Claro boten hingegen die beste Netzabdeckung.

TOURISTENINFORMATION

Das nationale Tourismusinstitut **Inguat** (www.visitguatemala.com) unterhält Büros in Guatemala-Stadt, Antigua, Panajachel, Quetzaltenango und Flores. In ein paar anderen Städten findet man von den Verwaltungsbezirken oder Gemeinden betriebene bzw. private Touristeninformationen. Infos hierzu sind in den jeweiligen Stadtkapiteln nachzulesen. Inguat bietet eine Info-Hotline für Touristen, die rund um die Uhr besetzt ist (☎ 1500). Häufig erhält man die besten Auskünfte bei den Angestellten in dem jeweiligen Hostel, in dem man untergekommen ist.

Eventuell können auch die guatemaltekischen Botschaften in Deutschland, Österreich oder der Schweiz gute Infos geben.

UNTERKUNFT

In diesem Länderkapitel haben wir Unterkünfte aufgelistet, in denen ein gewöhnliches Doppelzimmer 150 Q oder weniger kostet. Doppelzimmer unter 90 Q sind üblicherweise klein, dunkel und nicht besonders sauber, die für 150 Q sollten hingegen sauber, geräumig und luftig sein und neben einem Badezimmer auch einen Fernseher und – in den wärmeren Regionen – einen Ventilator bieten. Sofern nicht anders vermerkt, haben die genannten Zimmer eigene Bäder.

In touristischen Orten klettern die Übernachtungspreise vielfach in der Semana Santa (Karwoche), rund um Weihnachten und Neujahr sowie im Juli und August in die Höhe. Die Semana Santa ist die wichtigste Urlaubswoche in Guatemala; die Preise können dann an der Küste und auf dem Land – also überall dort, wo Guatemalteken gerne relaxen – und in internationalen Tourismushochburgen wie Antigua zwischen 30 und 100 % höher ausfallen als sonst. In dieser Zeit geht ohne Reservierungen gar nichts. Die in diesem Kapitel angegebenen Preise beziehen sich auf die Hauptsaison (nicht die absolute Hochsaison). In der Nebensaison sinken die Tarife um ca. 20 %. Dann sind die Hotelbetreiber auch eher dazu bereit, Rabatte einzuräumen.

Achtung: Die genannten Zimmerpreise beinhalten zwei Steuern: 12 % Mehrwertsteuer und 10 % für das guatemaltekische Tourismusinstitut Inguat; es wird aber derzeit darüber beraten, die letztgenannte Steuer abzuschaffen!

Wer zelten möchte, kann Glück oder Pech haben: Es gibt nur wenige wirklich ausgezeichnete Campingplätze und für die Sicherheit der Camper wird häufig nicht garantiert. Ein offizieller Stellplatz kostet 20 bis 50 Q pro Nacht.

Traveller, die einen Spanischkurs belegen, können eventuell bei einer guatemaltekischen Familie unterkommen und dabei eine Menge Geld sparen: Für 250 bis 500 Q pro Woche bekommt man ein eigenes Zimmer und drei Mahlzeiten täglich außer sonntags; das Bad muss man sich mit den restlichen Familienmitgliedern oder anderen Gäste teilen. Wichtiges Kriterium ist natürlich, eine passende Gastfamilie zu finden – manche nehmen so viele Schüler gleichzeitig auf, dass man sich wie in einem Hostel fühlt und nicht als Teil der Familie.

VERANTWORTUNGSBEWUSST REISEN

Wer sein Geld in kleinen einheimischen Geschäften ausgibt, das Land über einen längeren Zeitraum bereist, sich als Volunteer engagiert und den Kontakt zu den Menschen vor Ort sucht, hat das Potenzial, Guatemala positiv zu verändern.

Die Leser sollten wissen, dass das Erbe der Mayas in Guatemala zwar hochgehalten wird, dass Hotelzimmer im Mayastil gestaltet und Mayamotive werbewirksam auf Postern verwendet werden, dass die indigene Bevölkerung jedoch tatsächlich in der Vergangenheit vernachlässigt und missachtet wurde. Wiederholt haben Studien ergeben, dass die Pro-Kopf-Ausgaben der Regierung in den Departamentos am niedrigsten sind, in denen der Anteil der indigenen Bevölkerung am höchsten ist.

Als Traveller kann man einen kleinen Beitrag für eine bessere Zukunft der *indígenas* leisten, indem man Kunsthandwerk direkt beim Künstler oder bei Kooperativen kauft. Viele Sprachschulen geben an, die lokale Bevölkerung zu unterstützen. Leider ist dies zu einem Marketingtrick verkommen; einige Schulen geben keinen einzigen müden Quetzal an die Gemeinden ab. Man sollte ein paar unabhängige Informationen einholen, bevor man sich von den Schulbetreibern einlullen lässt.

Es gibt ein paar ausgezeichnete NGOs, die gute Arbeit leisten; Kontaktinfos findet man auf S. 238.

Überall in Guatemala kommt man an geradezu unverschämt billige Drogen. Ungeachtet all der anderen Risiken des Drogenkonsums sollte man bedenken, dass gerade jüngere Guatemalteken nicht verinnerlichen, dass das Reisen für Touristen eine Ausnahmesituation ist. Viele nehmen daher an, die mitunter durchgeknallte, wilde Partystimmung müsse der erstrebenswerte „Normalzustand" sein. Und dann gibt es noch diejenigen Einheimischen, die wissen, dass der Verkauf von Drogen an Touristen mehr Geld bringt als so ziemlich jede andere Arbeit. Als Konsument trägt man also unter Umständen dazu bei, dass ein junger Mensch die Schule schmeißt, um eine Karriere als Vollzeit-Dealer zu verfolgen.

VISA & REISEDOKUMENTE

Deutsche, österreichische oder schweizerische Staatsbürger benötigen kein Visum, wenn sie Guatemala ausschließlich als Touristen bereisen wollen. Es wird lediglich ein noch mindestens sechs Monate gültiger Reisepass benötigt, in den gewöhnlich eine 90-tägige Aufenthaltserlaubnis gestempelt wird (darauf achten, dass auch wirklich die Zahl 90 eingetragen wird). Die Aufenhaltserlaubnis gilt für die gesamte CA-4-Region (Guatemala, Nicaragua, Honduras und El Salvador) und kann einmal um weitere 30 Tage verlängert werden (ca. 120 Q).

Die Voraussetzungen, die für eine Aufenthaltsverlängerung erfüllt werden müssen, werden immer wieder neu definiert. Im Folgenden haben wir das bei Redaktionsschluss gängige Prozedere beschrieben: Touristen mussten sich zum **Departamento de Extranjería** (Ausländerbehörde; ☎ 2411-2411; 6a Av 3-11, Zona 4, Guatemala-Stadt; ⌚ Mo–Fr 8–14.30 Uhr) begeben und folgende Unterlagen vorlegen:

- eine Kreditkarte plus Fotokopien beider Seiten
- zwei Fotokopien der Reisepass-Bildseite und eine Kopie der Seite mit dem Einreisestempel
- ein aktuelles Passbild in Farbe

Wer seinen Antrag am Vormittag einreichte, erhielt die Aufenthaltsverlängerung noch am selben Nachmittag (nachmittags eingereichte Anträge waren am folgenden Morgen fertig).

Visabestimmungen ändern sich regelmäßig. Es ist deshalb generell eine gute Idee, die Botschaft vor Reiseantritt zu konsultieren.

Wer seine Aufenthaltsdauer voll ausgeschöpft hat, muss die zu den CA-4 gehörenden Länder für mindestens 72 Stunden verlassen (am praktischsten ist es, sich nach Belize oder Mexiko aufzumachen). Danach kann man erneut in die CA-4-Region einreisen und erhält abermals eine 90-tägige Aufenthaltserlaubnis. Einige Ausländer halten sich auf diese Weise schon seit Jahren in den CA-4-Ländern auf. Mehr zu dieser Region kann man im Kasten auf S. 822 nachlesen.

Aktuelle Infos zu Einreise- und Visabestimmungen gibt's auch unter www.botschaft-guatemala.de.

Belize

Belize ist anders als das restliche Zentralamerika. Hier dominiert die kreolische Kultur und selbst die unbekanntesten Songs von Bob Marley kann jeder mitsingen. Wer immer schon mal von einem Polizisten hören wollte, dass wirklich alles o. k. sei, sollte nach Belize fahren.

Dann sind da die Garífuna, diese phantastischen Schlagzeuger, die stolz darauf sind, nie Sklaven gewesen zu sein. Ihre Sprache und auch ihre Küche sind noch dieselben wie vor 200 Jahren, als sie in dieses Land kamen. Und natürlich gibt's auch Mayas, *mestizos* und Latinos. Einige von ihnen leben schon „immer" hier, andere kamen erst in letzter Zeit. Sie sind vor den misslichen Zuständen in ihren Heimatländern geflohen. Fast jeder kann Englisch, aber Spanisch überwiegt. In einigen Maya-Dörfern im Süden wird vor allem Mopan oder Q'eqchi' gesprochen.

Langweilig wird es einem in Belize bestimmt nicht. Man kann sich in Gummireifen durch Höhlen treiben lassen, in Riffs abtauchen, die weißen Strände und das türkisfarbene Wasser der vorgelagerten Inseln genießen, gut essen, barfuß mit einem Bier in der Hand herumlaufen, in Hängematten schaukelnd relaxen und vieles mehr – alles Gründe für eine Reise nach Belize.

KURZINFOS

- **Bevölkerung:** 307 899 Ew.
- **Fläche:** 22 966 km² (etwas größer als Wales)
- **Geld:** 1 US$ = 1,95 BZ$ (US$ werden überall akzeptiert), 1 € = 2,73 BZ$, 1 SFr = 2,04 BZ$
- **Hauptstadt:** Belmopan
- **Jahreszeiten:** Trockenzeit (Dez.–Mai), Regenzeit (Juni–Nov.)
- **Landesvorwahl:** ☎ 501
- **Preise:** Budgetunterkunft in Belize City 20 US$, 1 Flasche Bier 2 US$, eine dreistündige Busfahrt 5 US$, Mittagsmenü 5 US$
- **Reisekosten:** 40–60 US$/Tag

- **Sprachen:** Englisch, Spanisch, Kreolisch, Garífuna
- **Zeit:** MEZ –6 Std.

TIPPS FÜR UNTERWEGS

Man sollte immer ein paar Belize-Dollar in der Tasche haben, manchmal braucht man sie. Und einen Gang runterschalten – Hetzen ist hier nicht angesagt.

VON LAND ZU LAND

Die mexikanische Grenzstadt Chetumal hat gute Verkehrsverbindungen nach Belize. Von Tikal kommend kann man über Benque Viejo del Carmen an der guatemaltekischen Grenze nach Belize einreisen.

HIGHLIGHTS

- **Nördliche Cayes** (S. 259) Am zweitgrößten Riff unseres Planeten schnorcheln.
- **Lamanai** (S. 268) Bootausflüge zu den beeindruckenden Maya-Ruinen unternehmen und unterwegs Krokodile, Vögel und Schildkröten beobachten.
- **Hopkins** (S. 284) Den Badeort mit seinen guten Unterkünften und der relaxten Atmosphäre erkunden – hier fehlt das sonst übliche Touristenambiente.
- **Besonders empfehlenswert** (S. 260) Angeln, Schnorcheln, Inselhopping und Campen auf einem Segeltörn Richtung Süden – von Caye Caulker nach Placencia.
- **Abseits ausgetretener Pfade** (S. 291) Die Touristenströme entkommen und die Maya- und Garífuna-Dörfer im Toledo District in Südbelize besuchen.

AKTUELLE ENTWICKLUNGEN

In Belize geht es ziemlich locker zu. In den internationalen Schlagzeilen steht kaum etwas über Militärputsche oder Unruhen. In belizischen Zeitungen werden vielmehr Themen wie Ölsuche und die Verteilung der Öleinnahmen diskutiert. Das Land ist ein kleiner Ölproduzent, und es gibt heftige Kontroversen darüber, ob die Gewinne aus der Ölförderung die Risiken möglicher Umweltschäden wett machen. Die Debatte wird noch dadurch angeheizt, dass sich einige wenige die Öleinnahmen teilen, die Folgen für die Umwelt aber von allen zu tragen sind.

Der Tourismus ist in Belize sehr wichtig, sodass sich die Konjunkturschwäche der letzten Jahre erheblich auf die Wirtschaft des Landes ausgewirkt hat. Viele Belizer hoffen, dass das Schlimmste der Weltwirtschaftskrise überstanden ist und der Tourismus wieder in Gang kommt. Sie rechnen bis 2012 mit einem Anstieg an Besuchern, die sich für das Erbe der Maya in diesem Land interessieren.

Drogen sind noch immer ein Problem: Belize ist ein Umschlagplatz des Drogenhandels in Richtung Norden. Drogenkriminalität ist allgegenwärtig – Touristen bleiben davon jedoch weitestgehend unbehelligt.

GESCHICHTE

Belize vor Columbus

Belize hat seinen Platz an der Ruta Maya mit Sicherheit verdient – überall sind Ruinen zu finden und vor allem im Südwesten leben noch immer viele Maya. Sie waren die ersten Einwohner von Belize. Eine der frühen Maya-Siedlungen war Cuello in der Nähe der heutigen Stadt Orange Walk. Die Handelsrouten der Maya verliefen durch das ganze Land und der New River, der Río Hondo sowie der Belize River spielten eine wichtige Rolle für den frühen Handel und Kommerz. Aus dieser Zeit stammen auch so bedeutende archäologische Stätten wie Cahal Pech (S. 277) in der Nähe von San Ignacio und Lamanai.

Piratenparadies

Eine wenig tatkräftige Regierung und der Schutz durch das Barriereriff lockten im 17. Jh. viele englische und schottische Piraten vor die Küste von Belize. Sie konnten ihrem Handwerk ohne jede Einschränkung nachgehen und kaperten spanische Galeonen. 1670 konnten die Spanier die britische Regierung davon überzeugen, dass dem Treiben der Piraten rigoros ein Ende gesetzt werde müsse. Die meisten der so arbeitslos gewordenen Piraten wechselten ins Holzgeschäft.

In den 1780er-Jahren unterstützten die Briten die Interessen der Holzfäller aktiv und versicherten dabei den Spaniern ständig, dass Belize spanisch sei, was aber absolut nicht den Tatsachen entsprach. Zu dieser Zeit fühlte sich Belize schon von seiner Tradition und Sympathie her zu England hingezogen. Mit Erleichterung und großer Freude nahmen die Belizer am 10. September 1798 die Nachricht auf, dass die britischen Streitkräfte die spanische Armada vor der Küste von St. George's Caye in die Flucht geschlagen hatten.

Belize im 19. Jh.

Nachdem das Holzgeschäft abgeflaut war, erlebte Belize einen neuen Boom. Jetzt wurden Waffen, Munition und andere Gerätschaften an die Maya-Rebellen in Yucatán geliefert, die Mitte des 19. Jhs. den Kastenkrieg führten. Der Krieg war der Grund dafür, dass unzählige Flüchtlinge von beiden Seiten nach Belize strömten.

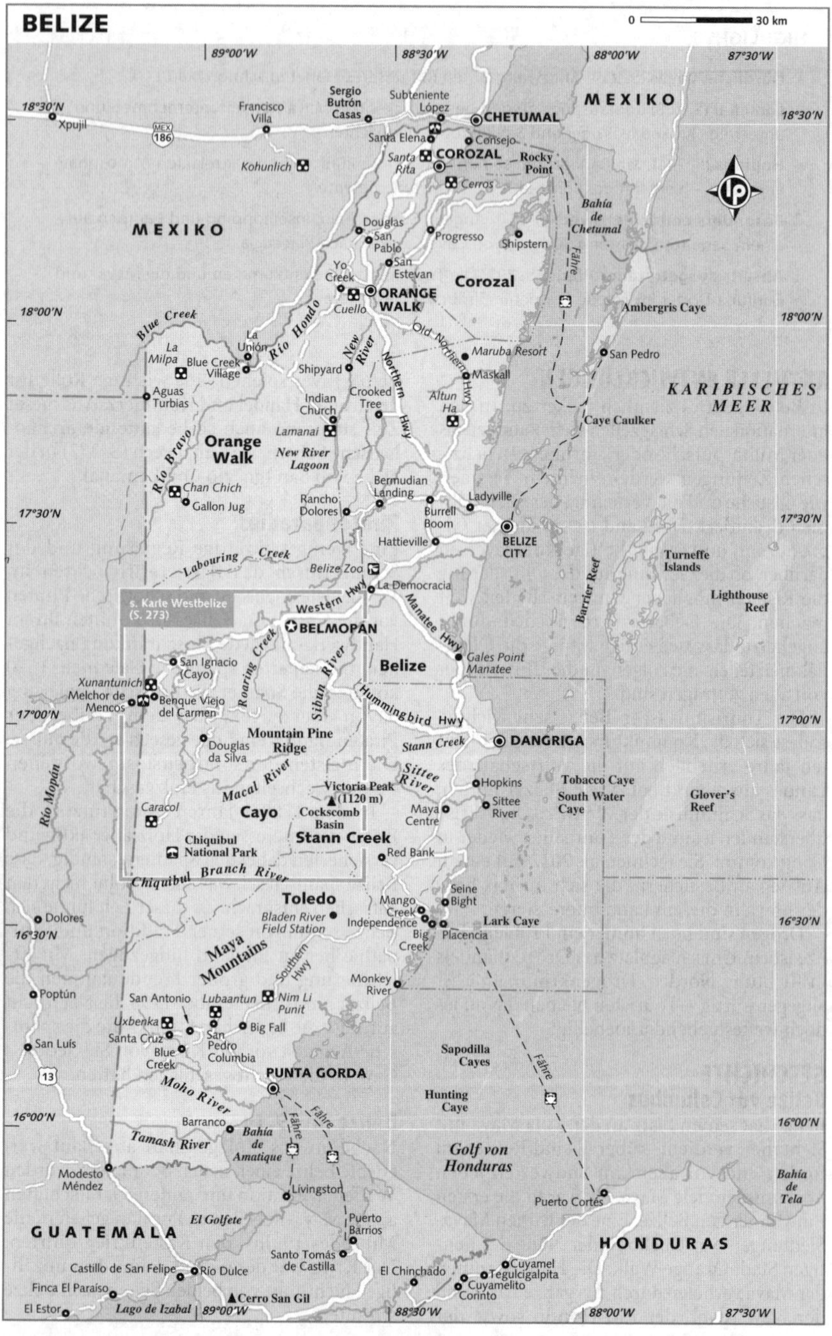
BELIZE
0
30 km
89°00'W
88°30'W
88°00'W
87°30'W
18°30'N
18°00'N
17°30'N
17°00'N
16°30'N
16°00'N
MEXIKO
MEXIKO
Xpujil
MEX 186
Francisco Villa
Sergio Butrón Casas
Subteniente López
CHETUMAL
Santa Elena
Consejo
Santa Rita
COROZAL
Rocky Point
Kohunlich
Cerros
Bahía de Chetumal
Douglas
San Pablo
Progresso
Shipstern
San Estevan
Yo Creek
ORANGE WALK
Cuello
Corozal
Fähre
Ambergris Caye
Blue Creek
Río Hondo
La Unión
La Milpa
Blue Creek Village
New River
Shipyard
Old Northern Hwy
Maruba Resort
Maskall
San Pedro
Northern Hwy
Aguas Turbias
Indian Church
Crooked Tree
Altun Ha
KARIBISCHES MEER
Caye Caulker
Lamanai
Río Bravo
Orange Walk
New River Lagoon
Chan Chich
Gallon Jug
Bermudian Landing
Rancho Dolores
Burrell Boom
Ladyville
BELIZE CITY
Hattieville
Labouring Creek
Belize Zoo
La Democracia
Turneffe Islands
Barrier Reef
Lighthouse Reef
s. Karte Westbelize (S. 273)
Western Hwy
BELMOPAN
Manatee Hwy
Roaring Creek
Sibun River
Belize
Gales Point Manatee
San Ignacio (Cayo)
Xunantunich
Melchor de Mencos
Benque Viejo del Carmen
Hummingbird Hwy
Mountain Pine Ridge
Douglas da Silva
Stann Creek
DANGRIGA
Macal River
Sittee River
Victoria Peak (1120 m)
Hopkins
Tobacco Caye
South Water Caye
Glover's Reef
Río Mopán
Caracol
Cayo
Cockscomb Basin
Maya Centre
Sittee River
Stann Creek
Chiquibul National Park
Red Bank
Chiquibul Branch River
Toledo
Seine Bight
Dolores
Bladen River Field Station
Mango Creek
Independence
Big Creek
Placencia
Lark Caye
Maya Mountains
Southern Hwy
Monkey River
Poptún
San Antonio
Lubaantun
Nim Li Punit
Uxbenka
Santa Cruz
San Pedro Columbia
Big Fall
San Luís
Blue Creek
Sapodilla Cayes
13
PUNTA GORDA
Moho River
Hunting Caye
Fähre
Fähre
Fähre
Barranco
Bahía de Amatique
Tamash River
Golf von Honduras
Modesto Méndez
Livingston
Puerto Cortés
Bahía de Tela
El Golfete
Puerto Barrios
GUATEMALA
HONDURAS
Santo Tomás de Castilla
Castillo de San Felipe
Río Dulce
El Chinchado
Cuyamel
Tegulcigalpita
Cuyamelito
Corinto
Finca El Paraíso
Cerro San Gil
El Estor
Lago de Izabal

1859 unterzeichneten Großbritannien und Guatemala einen Vertrag: die Briten sollten das Land bekommen und dafür eine Straße von Guatemala an die Karibikküste bauen. Den Vertrag gibt's noch heute, eine Straße jedoch noch immer nicht. Auf vielen in Guatemala hergestellten Landkarten reicht Guatemala über ganz Belize bis an die Küste. Belize wurde von Guatemala nie offiziell als eigenständiges Territorium anerkannt.

Die Unabhängigkeit & die Zeit danach

1954 fanden die ersten allgemeinen Wahlen in Belize statt, die von der nach Unabhängigkeit strebenden People's United Party (PUP) unter George Price mit großem Vorsprung gewonnen wurden. Am 21. September 1981 wurde die Kolonie Britisch-Honduras offiziell zum unabhängigen Staat Belize erklärt.

Seit der Unabhängigkeit wechseln die Regierungen von einer Legislaturperiode zur nächsten (die Gegenspielerin der PUP ist die UDP, die United Democratic Party). Korruptionsskandale und Machtkämpfe sind an der Tagesordnung und Wahlversprechen werden nicht gehalten. 2003 wurde die PUP erneut gewählt, für eine zweite Legislaturperiode – etwas ganz Neues. 2007 kam dann die UDP wieder an die Macht, sie hatte Hoffnungen geweckt und Änderungen versprochen. Viele Belizer nörgeln jetzt aber rum und sind der Meinung, dass die neue Regierung zu langsam bei der Umsetzung der Reformen sei.

KULTUR

Mentalität

Regel Nummer eins in Belize lautet: Wer andere respektiert, wird selbst respektiert. Die Belizer sind von Natur aus freundliche, neugierige Menschen. Oft schauen sie sich ihr Gegenüber aber abwartend an, bevor sie sich entscheiden, wie sie sich verhalten. Hier gilt: Wie man sich verhält, so wird man behandelt.

Die langjährige Verbindung zu Großbritannien hat in Belize einige merkwürdige Spuren hinterlassen. Vielleicht ist das (abgesehen von der Sprache) der Grund dafür, dass Belize mit den USA enger verbunden ist als andere zentralamerikanische Länder.

Viele Belizer identifizieren sich mehr mit der Kultur der Karibikinseln als mit der Zentralamerikas. In Bussen wird man höchstwahrscheinlich mit Reggae und nicht mit Latino-Musik vollgedröhnt, selbst wenn die Fahrt durch Mayadörfer an der guatemaltekischen Grenze im Distrikt Toledo führt und weit und breit keine Rastalocken in Sicht sind.

Bevölkerung

Man darf sich aber von der allgegenwärtigen Reggaemusik nicht täuschen lassen und denken, der kulturelle Mix in Belize stamme nur aus der Karibik. Die Kreolen – die Nachfahren afrikanischer Sklaven und britischer Piraten – bilden die größte ethnische Gruppe des Landes, ein Drittel der belizischen Bevölkerung sind *mestizos* (Menschen mit europäischen und indigenen zentralamerikanischen Wurzeln), deren Vorfahren im 19. Jh. teilweise aus Yucatán einwanderten.

Die Maya in Belize machen etwa 10 % der Bevölkerung aus und sind in drei Sprachgruppen unterteilt. Die Yucatec leben im Norden nahe der Grenze in Yucatán, die Mopan in Westbelize in der Gegend um die Grenzstadt Benque Viejo del Carmen und die Q'eqchi' im äußersten Süden von Belize und um Punta Gorda. In den letzten Jahren nahm die Zahl der Maya zu, denn es kamen politische Flüchtlinge aus Guatemala und El Salvador hinzu.

Der Süden von Belize ist die Heimat der Garífuna (der Garinagus oder Black Caribs). Die Garífuna stammen von südamerikanischen Ureinwohnern und Afrikanern ab. Sie ähneln mehr den Afrikanern, sprechen eine indigene Sprache und ihre Kultur ist eine Mischung der Kulturen beider Völker.

Weitere ethnische Gruppen in Belize sind Europäer, Nordamerikaner und Ostinder. Obwohl die mennonitische Gemeinschaft in Belize prozentual nur klein ist, bildet sie doch das Rückgrat der Landwirtschaft. Die meisten Milchprodukte sowie das Obst und Gemüse, das Reisende in Belize bekommen, stammen wohl von mennonitischen Ländereien. In letzter Zeit kommen auch immer mehr Einwanderer aus Taiwan und China ins Land.

KUNST

Musik

Musik ist mit Abstand die beliebteste Kunstform in Belize. Auf den Inseln und in den Bussen im ganzen Land dröhnt Reggae aus den Lautsprechern. Der Sound klingt mehr nach Karibik als nach Latinomusik, und wer ein paar Wochen im Land ist, kennt sich mit Sicherheit perfekt mit Calypso, Soca, Steel-Drums und natürlich auch Reggae aus.

Punta-Rock ist der offizielle Musikstil von Belize. Seine Ursprünge liegen in der Musik

ANDY PALACIO

Am 19. Januar 2008 starb der Musiker Andy Palacio im Alter von 47 Jahren an Herzversagen. Er galt in Belize als der einflussreichste Musiker und Friedensbotschafter. Die Gedenkfeier, die am Freitag nach seinem Tod im Baron Bliss Center for the Performing Arts in Belize City stattfand, sorgte für einen Teilnehmerrekord. Am darauffolgenden Tag wurde seine Leiche zurück nach Barranco (S. 292) gebracht, wo eine traditionelle Garífuna-Totenwache abgehalten wurde.

An diesem Tag waren die Orte zwischen Belize City und Punta Gorda wie ausgestorben und auf dem Southern Highway stauten sich die Autos. Unzählige trauernde Menschen, die Andy die letzte Ehre erweisen wollten, hatten sich auf den Weg in seinen winzigen Geburtsort gemacht, in dem er seine letzte Ruhe fand.

der Garífuna, die sehr auf Trommeln beruht und viele Call-and-Response-Elemente aufweist. Nach dieser Musik muss man einfach die Hüften schwingen. Der berühmteste *punta*-Rocker ist wohl Pen Cayetano, der auch schon mit verschiedenen anderen Künstlern zusammengearbeitet hat und regelmäßig in Belize auftritt – wenn er nicht gerade irgendwo anders in der Welt auf Tournee ist.

Der Mix aus Garífuna-Rhythmen, Dancehall Reggae und Soca hat eine neue Generation von *punta*-Rockern hervorgebracht, die sich oft von Elektronik statt von Musikern begleiten lassen. Wer diese Musik live hören will, sollte ein Konzert von Super G, den Griga Boyz oder Poots „Titiman" Flores besuchen.

Der *parranda*-Stil hat seine Wurzeln in traditionelleren Garífuna-Songs mit akustischer Gitarre, Trommeln und Rasseln und wird meist mit Künstlern wie Paul Nabor und dem verstorbenen Andy Palacio in Zusammenhang gebracht.

Brukdown ist ein belizischer Musikstil, der von den Kreolen entwickelt wurde, die im 18. und 19. Jh. als Holzarbeiter schufteten. Benutzt werden Akkordeon, Banjo, Mundharmonika und ein Schlaginstrument – traditionell ein Schweinekiefer, dessen Zähne mit einem Stock zum Klingen gebracht werden. Wilfred Peters und seine Boom-and-Chime-Band dürften die bekanntesten *brukdown*-Künstler sein.

Wenn es um Musik geht, haben die Maya in Belize einen ganz eigenen Stil. Am bemerkenswertesten ist die Flötenmusik von Pablo Collado und die traditionelle Marimbafonmusik (gespielt auf großen Holzxylofonen und Double Bass'n'Drums) von Alma Beliceña.

NATUR & UMWELT

Geografie

Belize besteht größtenteils aus tropischem Tiefland. Die meiste Zeit des Jahres ist es heiß und feucht. Im Norden regnet es am wenigsten, im Süden am meisten. In den Regenwäldern im Süden beträgt die jährlichen Niederschlagsmenge 4 m, somit ist dies die feuchteste Region des Landes.

Eine erfrischende Ausnahme von der Tiefebene mit ihrem heißen, stickigen Klima sind die fast 1000 m hohen Maya Mountains im Südwesten. In diesen Bergen herrscht ein erträglicheres Klima – hier ist es tagsüber angenehm warm und nachts kühlt es sich etwas ab.

Die Küste und die Küstenebene im Norden sind von Mangrovensümpfen überzogen, die mehr oder weniger die Verbindung zwischen Land und Meer herstellen. Vor der Küste erstrecken sich in etwa 5 m Tiefe Kalksteinfelsen kilometerweit Richtung Osten hinaus in die Karibik. Am östlichen Ende dieses Festlandsockels befindet sich das zweitgrößte Barriereriff der Welt (nach dem Great Barrier Reef).

Tiere & Pflanzen

In den üppigen Tropenwäldern stehen riesige Kapok- und Mahagonibäume sowie Guanacasten und Cohune-Palmen, die von Orchideen, Bromeliengewächsen sowie anderen Epiphyten und Lianen geschmückt sind. Große Teile des Küstenstreifens verstecken sich hinter dichten Mangrovenwäldern – auf den Inseln genauso wie auf dem Festland.

Das Wappentier von Belize ist der Baird-Tapir. *Gibnuts* oder *tepezcuintles* (Pakas), kaninchengroße Nagetiere, gibt's im Überfluss. Auch andere tropische Tiere wie Jaguare, Ozelots, Brüllaffen, Klammeraffen, Nabelschweine, Geier, Störche und Ameisenbären sind hier zuhause.

60 Schlangenarten tummeln sich in den belizischen Wäldern und Gewässern. Aber nur wenige sind giftig – besonders gefährlich sind die Lanzenschlange, die Korallenschlange und die tropische Klapperschlange.

Belize ist auch die Heimat von zwei Krokodilarten: das Amerikanische Krokodil lebt in Süß- und Salzwasser, das Beulenkrokodil nur in Süßwasser; Menschen stehen nicht auf ihrem Speiseplan.

Belize hat auch über eine reiche und vielfältige Vogelwelt. Es gibt Kolibris, Regenbogentukane, Spechte und viele Arten von Papageien und Aras.

Im Meer sind Schildkröten, Hummer, Seekühe und viele Fischarten zu finden.

Nationalparks & Naturschutzgebiete

Fast 40 % der Fläche von Belize stehen unter Naturschutz. Diese Gebiete werden entweder von staatlichen Organisationen oder privaten Trusts verwaltet. Große Teile der Wälder in den Maya Mountains südlich von San Ignacio sind Naturschutzgebiet. Hier befinden sich das Mountain Pine Ridge Forest Reserve und der Chiquibul National Park. Überall im Land gibt's kleinere Parks, Reservate und Marineparks.

Umweltprobleme

Umweltprobleme werden in Belize nicht auf die leichte Schulter genommen, und es wurde viel getan, um vom Aussterben bedrohte Tierarten zu schützen. Zu den gefährdeten Arten gehören die Karettschildkröte, die grüne Meeresschildkröte und die Lederschildkröte, das Amerikanische Krokodil und das Beulenkrokodil, der scharlachrote Ara, der Jabiru und die Seekuh. Sorge macht auch die

NATIONALPARKS & SCHUTZGEBIETE

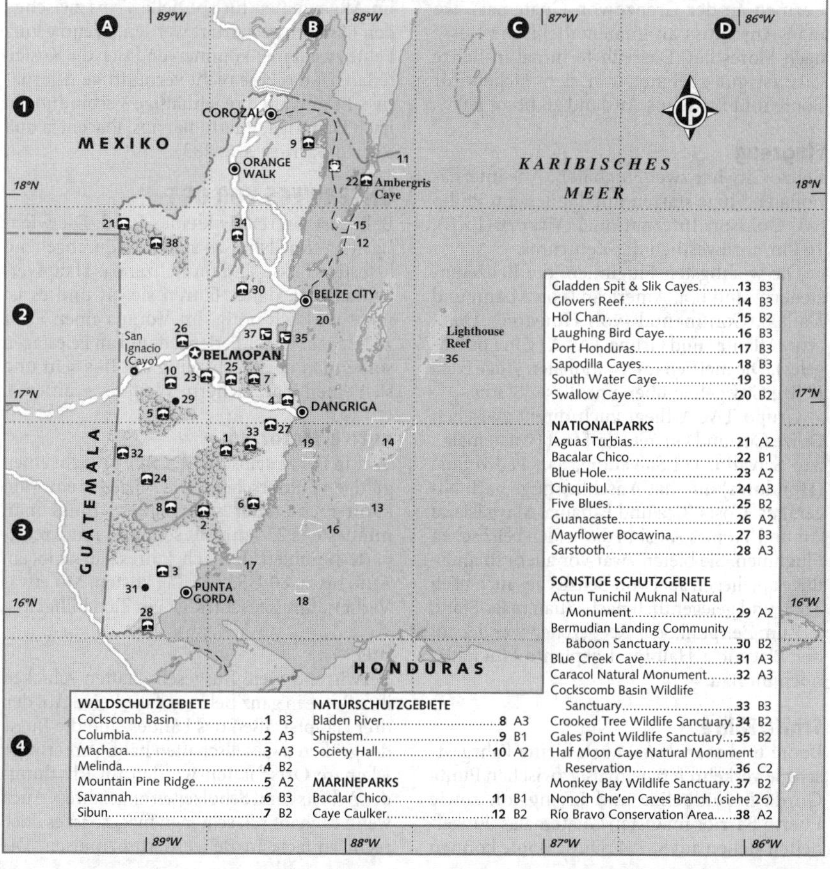

WALDSCHUTZGEBIETE
- Cockscomb Basin ... 1 B3
- Columbia ... 2 A3
- Machaca ... 3 A3
- Melinda ... 4 B2
- Mountain Pine Ridge ... 5 A2
- Savannah ... 6 B3
- Sibun ... 7 B2

NATURSCHUTZGEBIETE
- Bladen River ... 8 A3
- Shipstem ... 9 B1
- Society Hall ... 10 A2

MARINEPARKS
- Bacalar Chico ... 11 B1
- Caye Caulker ... 12 B2
- Gladden Spit & Slik Cayes ... 13 B3
- Glovers Reef ... 14 B3
- Hol Chan ... 15 B2
- Laughing Bird Caye ... 16 B3
- Port Honduras ... 17 B3
- Sapodilla Cayes ... 18 B3
- South Water Caye ... 19 B3
- Swallow Caye ... 20 B2

NATIONALPARKS
- Aguas Turbias ... 21 A2
- Bacalar Chico ... 22 B1
- Blue Hole ... 23 A2
- Chiquibul ... 24 A3
- Five Blues ... 25 B2
- Guanacaste ... 26 A2
- Mayflower Bocawina ... 27 B3
- Sarstooth ... 28 A3

SONSTIGE SCHUTZGEBIETE
- Actun Tunichil Muknal Natural Monument ... 29 A2
- Bermudian Landing Community Baboon Sanctuary ... 30 B2
- Blue Creek Cave ... 31 A3
- Caracol Natural Monument ... 32 A3
- Cockscomb Basin Wildlife Sanctuary ... 33 B3
- Crooked Tree Wildlife Sanctuary ... 34 B2
- Gales Point Wildlife Sanctuary ... 35 B2
- Half Moon Caye Natural Monument Reservation ... 36 C2
- Monkey Bay Wildlife Sanctuary ... 37 B2
- Nonoch Che'en Caves Branch .. (siehe 26)
- Río Bravo Conservation Area ... 38 A2

Abholzung. Die Wälder weichen dem Ackerland, der natürliche Lebensraum der Tiere wird kleiner. Bodenerosion und Versalzung der Wasserflächen sind die Folge. Anhaltende Ölbohrungen im Gebiet der Cayos und die Suche nach neuen Ölquellen im ganzen Land geben Anlass zur Sorge.

VERKEHRSMITTEL & -WEGE

AN- & WEITERREISE

Bus

Mehrere Gesellschaften fahren direkt von Chetumal (Mexiko) nach Belize City und zurück. Direkte Busverbindungen gibt's auch zwischen Belize City und Benque Viejo del Carmen an der Grenze von Guatemala, wo man Anschluss an guatemaltekische Busse nach Flores hat. Das Fährterminal in Belize City ist gut geeignet, um sich Tickets für Boote und Busse ins Ausland zu besorgen.

Flugzeug

Belize City hat zwei Flughäfen. Alle internationalen Flüge starten und landen am Philip SW Goldson International Airport (BZE), 16 km nordwestlich des Zentrums.

Die wichtigsten Fluglinien, die Belize ansteuern, sind u. a. American (von Miami und Dallas), Continental (von Houston), Delta (von Atlanta) und Grupo TACA (von Los Angeles). Die meisten internationalen Flüge nach Belize City gehen über eine dieser Städte.

Grupo TACA fliegt auch direkt zwischen Belize City und Guatemala-Stadt (Guatemala), San Salvador (El Salvador), San Pedro Sula (Honduras) und hat Anschlussflüge nach Nicaragua, Costa Rica und Panama. Maya Island Air und Tropics Air sind die beiden belizischen Fluglinien. Sie bieten zwar vor allem Inlandsflüge an, fliegen aber von Belize City auch nach Tikal und gelegentlich nach Guatemala-Stadt.

Zum Zeitpunkt der Recherchen war der auf der Placencia-Halbinsel geplante Flughafen noch im Bau.

Schiff/Fähre

Boote und manchmal auch kleine Fahrgastschiffe verkehren regelmäßig zwischen Punta Gorda in Südbelize und Lívingston sowie Puerto Barrios im Osten Guatemalas. Einzelheiten stehen auf S. 291. Diese Boote können im Allgemeinen für spezielle Trips zwischen den Ländern gechartert werden. Wenn genug Leute zusammenkommen und sich die Kosten teilen, ist das eine recht vernünftige Alternative. Es gibt auch regelmäßige Verbindungen nach Dangriga, Puerto Barrios, Placencia und Puerto Barrios (s. S. 283).

AUSREISESTEUER

Ausländer, die Belize über den Goldson International Airport in Belize City verlassen wollen, müssen Ausreisesteuern und Flughafengebühren in Höhe von 60 BZ$ (30 US$) bezahlen. Die Ausreisesteuer an den belizischen Grenzübergängen beträgt 30 BZ$ (15 US$). Wer auf dem Wasserweg ausreist, muss genauso viel bezahlen.

Man muss zudem – egal wie man Belize verlässt – weitere 7,50 BZ$ (3,75 US$) PACT (Protected Areas Conservation Tax) zahlen. Die über diese Steuer eingenommenen Gelder werden zur Aufrechterhaltung der vielen Naturschutzgebiete benutzt. Mehr Infos dazu gibt's unter www.pactbelize.org.

UNTERWEGS VOR ORT

Belize ist ein relativ kleines Land. Die wichtigsten Schnellstraßen sind jetzt durchgehend befestigt. Busse sind für Belizer das Hauptverkehrsmittel, daher fahren sie oft und es ist nicht wirklich nötig, im Voraus einen Platz zu buchen. In der Ferienzeit und an Feiertagen sollte man aber rechtzeitig am Bus sein und sich einen Platz sichern. Weiteres s. unten.

Auto & Motorrad

Wer in Belize selbst fahren will, braucht einen gültigen Führerschein. Die Miete für ein Auto kann recht teuer sein, zudem muss man mindestens 25 Jahre alt sein und mit Kreditkarte bezahlen. Je nach Jahreszeit kann ein Auto bis zu 80 US$ pro Tag kosten. Mit etwas Verhandlungsgeschick ist ein Taxi billiger.

Bus

Verwirrend viele Busgesellschaften schicken ihre Busse in ganz Belize auf die Reise. Auf den drei Hauptstraßen des Landes sind die Busse der größeren Gesellschaften häufig unterwegs. Kleinere Ortschaften werden im Rhythmus der Arbeits- und Schulzeiten angefahren. Auch wenn es chaotisch scheinen mag, so ist es doch recht einfach, in Belize herumzureisen. Die

BELIZE PER SCHIFF

Zwischen dem Festland von Belize, Caye Caulker und Ambergris hin- und herzufahren, ist dank der belizischen Wassertaxis ein Kinderspiel. **Caye Caulker Water Taxi Association** (☎ 226-0992; www.cayecaulkerwatertaxi.com) und **San Pedro Water Taxi** (☎ 226-2194; www.sanpedrowatertaxi.com) verkehren zwischen Belize City und San Pedro mit Zwischenstopp auf Caye Caulker. Von 8 bis 17.30 Uhr fahren Boote mehr oder weniger stündlich von Belize City nach San Pedro. Die einfache Fahrt kostet 20 BZ$. Von San Pedro nach Belize City fahren Schiffe von 7 bis 16.30 Uhr, von Belize City zur Caye Caulker von 8 bis 17.30 Uhr und zurück von 7.30 bis 17 Uhr. Für die einfache Fahrt muss man 15 BZ$ hinblättern. Die Schiffe zwischen Caye Caulker und San Pedro fahren etwa zu den gleichen Zeiten. Die einfache Fahrt kostet 15 BZ$. Gegen den Wind dauert die Fahrt von Belize City zur Caye Caulker 30 bis 45 Minuten, der Trip nach San Pedro 45 bis 60 Minuten. Es gibt auch Wassertaxis zur St. George's Caye und zur Caye Chapel.

In Belize City ist der Belize Marine Terminal (Karte S. 256) am Nordende der Swing Bridge der Hauptanleger für Schiffe zu den Inseln im Norden.

Thunderbolt Travels (☎ 226-2904) legt täglich um 15 Uhr in San Pedro nach Corozal ab. Die einfache Fahrt kostet 45 BZ$. In der Hauptsaison wird manchmal noch ein zweites Schiff auf dieser Strecke eingesetzt.

meisten Busgesellschaften konzentrieren sich an einem zentralen Busbahnhof oder nahe beim Markt (was früher nicht immer so war).

Außerhalb von Belize City gibt's keine wirklichen Haltestellen. Man muss dem Beifahrer nur Bescheid sagen, wo man aussteigen will oder einen Bus per Handzeichen anhalten. Expressbusse stoppen im Allgemeinen nur an bestimmten Haltepunkten.

Flugzeug

Maya Island Air (☎ 223-1140; www.mayaregional.com) und **Tropic Air** (☎ 226-2012, in den USA 800-422-3435; www.tropicair.com) sind die beiden belizischen Inlandsfluglinien. Sie bedienen die beiden Hauptstrecken Belize City–Caye Caulker–San Pedro–Corozal und Belize City–Dangriga–Placencia–Punta Gorda. Sie haben Büros an allen städtischen Flughäfen. Tickets für beide Gesellschaften kann man über Hotels, Reisebüros oder direkt bei den Fluggesellschaften buchen.

Wer nach Belize City fliegt, sollte sich unbedingt vorher informieren, ob man am städtischen oder am internationalen Flughafen ankommt. Wenn man keinen internationalen Anschlussflug hat, kommt man mit dem städtischen Flughafen meist preiswerter weg.

Im Folgenden die Preise für einen einfachen Flug und die Flugdauer zum/vom Belize Municipal Airport.

Caye Caulker (52 BZ$; 20 Min.)
Corozal (120 BZ$; 45 Min., über San Pedro)
Dangriga (60 BZ$; 15 Min.)
Placencia (118 BZ$; 35 Min.)
Punta Gorda (152 BZ$; 1 Std.)
San Pedro (52 BZ$; 20 Min.)

Schiff/Fähre

Schnelle Motorbarkassen fahren mehrmals täglich zwischen Belize City, Caye Caulker und Ambergris Caye hin und her. Noch schnellere Boote sind zwischen Corozal und Ambergris Caye unterwegs. Zwischen Placencia und Mango Creek gibt's einen bequemen Fährservice.

Unbedingt Sonnenschutzmittel, einen Hut und langärmlige Kleidung zum Schutz vor Sonne und Spritzwasser dabei haben. Wer vorn sitzt, wird nicht ganz nass, dafür knallt das Boot hier aber stärker auf die Wellen. Hinten ist die Fahrt sanfter, aber feuchter.

Taxi

Außer in Belize City braucht man eigentlich kein Taxi. Der Festpreis für Fahrten innerhalb der Stadt beträgt tagsüber 6 BZ$. Nachts variiert der Preis (natürlich nach oben).

BELIZE CITY

70 800 Ew.

Belize City ist zwar nicht mehr die Hauptstadt, aber noch immer wichtig. Hier gibt's Geschäfte und Schulen und auf den Straßen herrscht ein Menschengewimmel, von dem die Hauptstadt Belmopan nur träumen kann.

Die Stadt liegt direkt an der Küste an beiden Seiten des Haulover Creek. Sie sollte also eigentlich ein malerisches Fleckchen Erde sein. Hier und da stimmt das auch, aber viele der alten Holzhäuser fielen Hurrikans oder Bränden zum Opfer und wurden durch ziemlich langweilige Betonblöcke ersetzt.

Trotzdem kann man das lebendige Belize nirgends besser erleben als hier. In den Bars und Discos brummt es fast jeden Abend, in der Albert St tummeln sich die Menschen am Tag. In den nördlichen Gebieten um Fort George und Newton Barracks gibt's kilometerlange Parks direkt am Meer, in denen sich die Einheimischen nachmittags treffen und sich ein frisches Lüftchen um die Nase wehen lassen.

ORIENTIERUNG

Der Haulover Creek, ein Seitenarm des Belize River, fließt mitten durch die Stadt und trennt das Geschäftszentrum (das von der Albert, der Regent, der King und der Orange St begrenzt wird) von dem etwas vornehmeren Wohn- und Hotelviertel Fort George im Nordosten.

Direkt südlich der Swing Bridge und des Haulover Creek liegt die Altstadt. Da diese Gegend nicht ganz so sicher ist, sollte man sie besser tagsüber erkunden.

Die Swing Bridge verbindet die Albert St mit der Queen St, die durch den Fort George District und das nette Viertel King's Park führt. Die 1923 errichtete Brücke entstand in Liverpool und ist eine der wenigen Brücken dieser Art, die weltweit noch in Betrieb sind. Sie wird täglich um 5.30 und 17.30 Uhr von Hand geöffnet und bleibt gerade solange offen, bis auch größere Schiffe hindurch geschippert sind. Natürlich kommt zu diesen Zeiten dann der Verkehr in der Innenstadt mehr oder weniger zum Erliegen.

Am Nordende der Brücke befindet sich der Belize Marine Terminal (Karte S. 256). Hier starten die Motorbarkassen zur Caye Caulker und Ambergris Caye.

PRAKTISCHE INFORMATIONEN

Buchläden

Image Factory Art Foundation (Karte S. 256; 91 N Front St; www.imagefactory.bz) Die beste Auswahl an Büchern von belizischen Schriftstellern, viele Kunstbücher.

Geld

Überall in Belize City gibt's Geldautomaten, u. a. neben dem Marine Terminal Building.

Belize Bank (Karte S. 256; 60 Market Sq)

First Caribbean Int. Bank (Karte S. 256; 21 Albert St)

Internetzugang

KGs Cyber Café (Karte S. 256; 60 King St; 6 BZ$/Std.; ⌚ 9–18 Uhr)

Turton Library (Karte S. 256; 156 N Front St; 4 BZ$/Std.; ⌚ Mo–Fr 9–17, Sa 9–12 Uhr; ❄) Billigster Internetzugang der Stadt, schnelle Verbindungen und Klimaanlage.

Medizinische Versorgung

Karl Heusner Memorial Hospital (Karte S. 255; ☎ 223-1548; Princess Margaret Dr) Im Norden der Stadt.

Notfall

Notarztwagen (☎ 90)

Feuerwehr (☎ 90)

Notfälle/Polizei (☎ 911)

Touristenpolizei (☎ 227-6082, 1-800-898-000)

Post

Post (Karte S. 256; N Front St; ⌚ Mo–Sa 8–12 & 13–17 Uhr) Gegenüber vom Marine Terminal Building.

Telefon

BTL (Karte S. 256; Ecke Albert St & Church St; ⌚ Mo–Sa) Hier gibt's Telefonkarten und klimatisierte Telefonzellen für Orts- und Ferngespräche (auch ins Ausland).

BELIZE

UNTERWEGS IN DIE STADT

Vom Flughafen

Ein Taxi vom/zum internationalen Flughafen kostet 40 BZ$. Vom Flughafenterminal läuft man auf der Zufahrtstraße etwa eine halbe Stunde (3 km) bis zum Northern Hwy, wo man in einen der Busse, die nach Norden und Süden fahren, einsteigen kann.

Vom Busbahnhof

Der Busbahnhof (Karte S. 256) befindet sich westlich des Collet Canal, etwa fünf Minuten zu Fuß von der Swing Bridge entfernt. Wenn man aus dem Terminal tritt, geht man zunächst nach links und biegt anschließend nach rechts in die Orange St ein. Diese Gegend ist etwas zwielichtig – wer spätabends oder nachts ankommt, sollte sich deshalb besser ein Taxi leisten. Die 6 BZ$ bis zum Hotel lohnen sich auf jeden Fall.

BELIZE

Touristeninformation

Belize Audubon Society (Karte S. 256; ☎ 223-5004; www.belizeaudubon.org; 12 Fort St) Infos über Nationalparks und Naturschutzgebiete im ganzen Land.

Belize Tourism Board (BTB; ☎ 227-2420; www.belizetourism.org; Mo–Fr 8–12 & 13–17, Fr bis 16 Uhr) int. Flughafen (☎ 225-3412); Tourist Village (☎ 223-5623) Neues Büro an der Ecke Regent St und South St.

Waschsalon

G's Laundry (Karte S. 256; 22 Dean St)

North Front Street Laundry (Karte S. 256; 22 North Front St)

GEFAHREN & ÄRGERNISSE

Klar, auch in Belize City gibt's Kriminalität, aber es ist längst nicht so schlimm, wie Pessimisten behaupten. Man muss nur – wie in jeder anderen Großstadt auch – seinen gesunden Menschenverstand walten lassen. Also nicht mit Unmengen Geld herumwedeln und keine teure Kameraausrüstung oder ähnliche Reichtümer mit sich führen. Man sollte auch keine Wertsachen im Hotelzimmer liegen lassen. Drogenkonsum und -handel sind tunlichst zu unterlassen. Nachts allein unterwegs zu sein, ist keine gute Idee, auch tagsüber sollte man einsame Straßen meiden. Es ist immer besser, wenn man zu zweit oder in der Gruppe herumläuft und im Zentrum, in Fort George und King's Park auf den Hauptstraßen bleibt. Unbedingt meiden sollte man die Front St südlich und östlich der Swing Bridge, denn hier sind oft Straßenräuber bei der Arbeit.

BELIZE CITY ZENTRUM

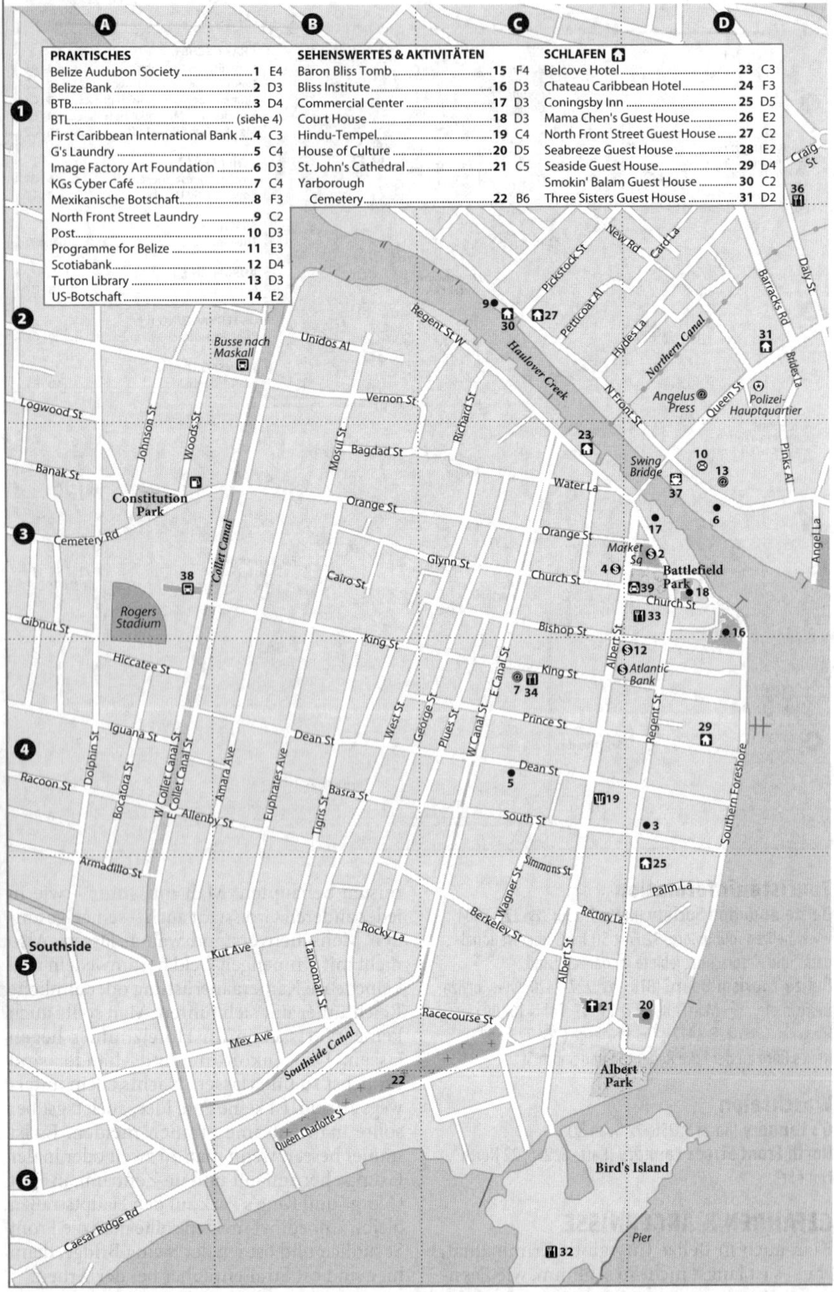

BELIZE

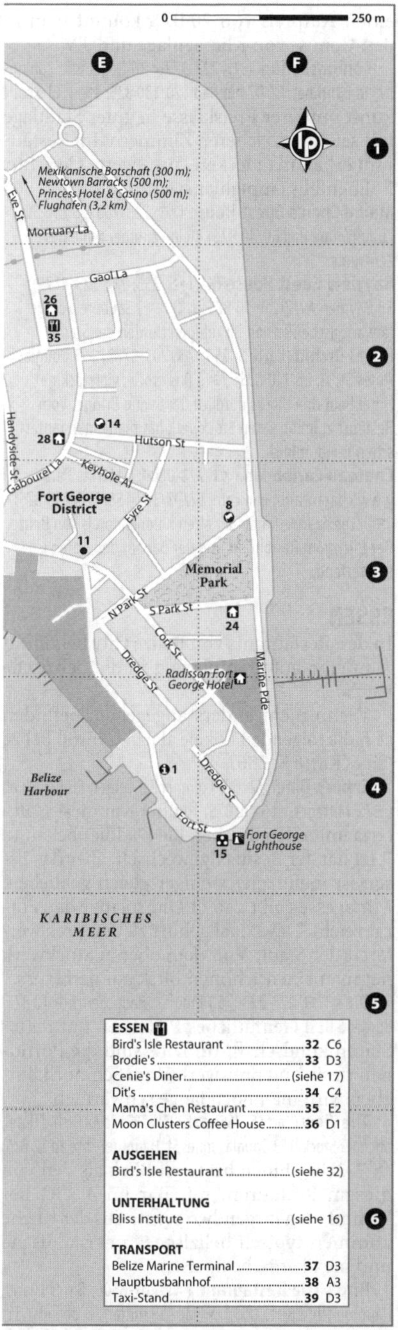

Zwischenfälle oder eventuelle Scherereien sollte man sofort beim BTB oder der Touristenpolizei melden, denn dann können sie ihr Augenmerk auf die entsprechenden Gegenden richten. Außerdem ist dann bekannt, wie die Täter vorgehen.

SEHENSWERTES & AKTIVITÄTEN

Es ist möglich, in nur wenigen Stunden viele der wichtigsten Sehenswürdigkeiten der Stadt zu Fuß zu erkunden.

Los geht's an der Swing Bridge auf der Regent St in Richtung Süden. Einen Block von der Küste in Richtung Binnenland sieht man links gleich neben der Swing Bridge das große, moderne **Commercial Center**. Es steht dort, wo einst die völlig marode Markthalle von 1820 stand. Im Erdgeschoss ist ein Lebensmittelmarkt untergebracht; Büros und Geschäfte sind im Obergeschoss.

Wenn man weiter der Regent St folgt, kommt man an das markante **Court House**, das 1926 als Hauptsitz der Kolonialverwalter von Belize errichtet wurde. Noch heute sind hier Verwaltungs- und Justizbehörden ansässig.

Der **Battlefield Park** liegt dem Court House direkt gegenüber. Hier tummeln sich Verkäufer, Müßiggänger, Künstler und andere Angehörige der städtischen Society, die besonders in der Mittagshitze die angenehm schattigen Plätzchen zu schätzen wissen.

Gleich hinter dem Court House nach links abbiegen und einen Block die Uferstraße, die sogenannte Southern Foreshore, entlang gehen – schon steht man vor dem **Bliss Institute** (www.nichbelize.org). In dieser erstklassigen Kultureinrichtung ist das National Institute for Culture and History untergebracht. Hier werden Wechselausstellungen, Konzerte und Theateraufführungen geboten.

Weiter geht's nach Süden bis zum Ende der Southern Foreshore und dann über die Regent St bis zum 1814 errichteten **House of Culture** (☎ 227-3050; Eintritt 10 BZ$; ⏲ Mo–Fr 8.30–16.30 Uhr).

Vom House of Culture gelangt man dann zum **Albert Park**. Hier kann man Meeresluft schnuppern und die Kids können sich auf dem gepflegten Spielplatz austoben. Im Erholungsgebiet **Bird's Island** gibt's einen Basketballplatz und ein Open-Air-Restaurant, in dem Snacks und kalte Getränke serviert werden.

An der Ecke Albert St und Regent St – vom House of Culture in Richtung Landesinnere – steht die **St. John's Cathedral**, die älteste anglikanische Kirche Zentralamerikas (erbaut 1847).

Ein Block südwestlich der Kathedrale befindet sich der **Yarborough Cemetery**. An den Grabsteinen kann man die turbulente Geschichte von Belize bis 1781 zurückverfolgen.

Über die Albert St, die Hauptgeschäftsstraße der Stadt, geht's dann zurück gen Norden zur Swing Bridge. Der kleine **Hindu-Tempel** zwischen der South St und der Dean St ist auch einen Blick wert.

SCHLAFEN

Die meisten Budgetunterkünfte liegen rund um den Marine Terminal und in der Gegend etwas nördlich des Terminals. Die hier (und im ganzen Kapitel) genannten Preise sind inklusive Steuern und Service. In der Nebensaison kann man handeln.

Sofern nichts anderes angegeben ist, befinden sich die folgenden Unterkünfte im Zentrum von Belize City (Karte S. 256).

North Front Street Guest House (☎ 227-7595; 124 N Front St; EZ/DZ/3BZ 20/30/40 BZ$;) Einfache, sichere und saubere Unterkunft mit Veranden vorn und hinten, die zum Chillen einladen. Die Inhaberin Melanie Speer wohnt vor Ort und hat ihren Laden fest im Griff. Die Gäste sind bei ihr in den besten Händen.

Smokin' Balam Guest House (☎ 601-4510; 628-2003; smokin balam2@yahoo.com; 59 N Front St; Zi. mit/ohne Bad 45/30 BZ$;) Dieses Hotel mit Souvenirshop, Internetcafé und einer winzigen Terrasse mit Blick auf den Fluss hat mehrere recht geräumige, einfache Zimmer. In dem kleinen Café gibt's Frühstück ab 4 BZ$.

Seaside Guest House (☎ 227-8339; 3 Prince St; B 40 BZ$, EZ/DZ 55/110 BZ$, EZ/DZ ohne Bad 50/100 BZ$;) Seit langem der Traveller-Favorit. Das Seaside Guest House befindet sich im luftigen 2. OG eines in karibischem Stil gehaltenen Hauses. Hier übernachten interessante Leute und Gruppen. Wochen- und Monatsrabatte sind möglich.

Seabreeze Guest House (☎ 223-6798; 18 Gabourel Lane; Zi. 45–75 BZ$;) Eine der alten Backpacker-Oasen mit komfortablen Zimmern und einem luftigen Gemeinschaftsbereich oben.

Three Sisters Guest House (☎ 203-5729; 36 Queen St; EZ/DZ mit Bad 54/60 BZ$) Die seit langem beliebte Unterkunft hat gemütliche, geräumige Zimmer. Hier herrscht eine familiäre Atmosphäre.

Belcove Hotel (☎ 227-3054; www.belcove.com; 9 Regent St W; EZ/DZ 67/80 BZ$, EZ/DZ ohne Bad 55/65 BZ$;) Einfache, saubere Zimmer mit Ventilator. Nach hinten raus gibt's einen netten Gemeinschaftsbalkon mit Blick auf den Fluss. Für einen Aufpreis von 20 BZ$ kommt man in den Genuss von Klimaanlage und TV.

Coningsby Inn (☎ 227-3726; 76 Regent St; conings by_inn@btl.net; EZ/DZ mit Bad 120/130 BZ$;) Unterkunft mittlerer Preisklasse in guter Stadtlage mit sauberen, sicheren Zimmern. Im Restaurant erhält man leckere, preiswerte Gerichte.

Ebenfalls empfehlenswert:

Mama Chen's Guest House (☎ 223-2057; 5 Eve St; Zi. mit/ohne Bad 60/40 BZ$) Kleine Zimmer nahe des Zentrums.

Bayview Guest House (Karte S. 255; ☎ 223-4179; 58 Baymen Av; Zi. ab 50 BZ$;) Saubere, ruhige taiwanesische Pension im ruhigen Norden der Stadt.

Royal Orchid (Karte S. 255; ☎ 203-2783; 153 Douglas Jones St; Zi. ab 110 BZ$;) Das große, vierstöckige Hotel liegt drei Blocks nördlich der Swing Bridge. Vom Restaurant im obersten Stockwerk hat man einen fantastischen Rundumblick.

Chateau Caribbean (☎ 223-0800; 6 Marine Parade; www.chataucaribbean.com; EZ/DZ/3BZ 158/178/198 BZ$;) Die Grande Dame der alten Kolonialhotels von Belize. Der Blick vom Restaurant und der Bar auf den Hafen ist umwerfend.

ESSEN

In den Restaurants von Belize City bekommt man eine gute Einführung in die belizische Küche.

Wenn nicht anders angegeben, befinden sich die folgenden Lokale alle in Central Belize City (Karte S. 256).

Cenie's Diner (2. OG, Commercial Center; Frühstück ab 6 BZ$, Mittagessen 6–10 BZ$) Früher war diese Cafeteria unter dem Namen Big Daddies bekannt. Jetzt hat der Besitzer gewechselt, aber das Essen ist mehr oder weniger gleich geblieben. Mittagessen gibt's ab 11 Uhr solange der Vorrat reicht. Das Lokal gehört zu den preiswerteren der Stadt. Von dem oberen Stockwerk hat man einen schönen Blick auf den Fluss.

Dit's (☎ 227-2230, 50 King St; Hauptgerichte 10 BZ$, Burger 5 BZ$) Gemütliches Plätzchen mit netter Stammkundschaft. Im Dit's sind die Portionen riesig und preiswert. Vom Schmorhähnchen wird man noch lange schwärmen.

The View (Karte S. 255; ☎ 203-2783; Royal Orchid Hotel, oberster Stock, 153 Douglas Jones St; Hauptgerichte ab 12 BZ$; 7–22 Uhr) Einen besseren Blick als den von diesem Restaurant mit Bar im 4. OG bekommt man nirgendwo sonst. Aus der Küche kommen typisch belizische, amerikanische und mexikanische Speisen.

Bird's Isle Restaurant (☎ 207-6500; Bird's Island; Hauptgerichte 8–12 US$; Mo–Sa mittags & abends) In

BELIZE

diesem schattigen Open-Air-Restaurant am Südende der Stadt werden gute Hamburger und andere Gerichte zu angemessenen Preisen serviert.

Brodie's (2 Albert St; Mo–Fr 8.30–18, Sa 8.30–17, So 8.30–13 Uhr) Wer sich für ein Picknick oder eine längere Busfahrt mit Proviant eindecken will, ist hier richtig. In diesem Warenhaus gibt's die besten Lebensmittel im Zentrum. Eine größere Niederlassung ist am Northern Highway (☎ 223-5687; bei Km 4, Northern Highway).

Ebenfalls empfehlenswert:

Moon Clusters Coffee House (☎ 203-0139; 25 Daly St) Das coolste Café der Stadt serviert sechs verschiedene Arten von Espresso, Frappuccino, Donuts und Backwaren.

Mama Chen's Restaurant (☎ 223-2057; 5 Eve St; Gerichte ab 6 BZ$; V) Vegetarisches, chinesisches Restaurant.

AUSGEHEN

In Belize City kann man an den Wochenenden am besten einen draufmachen. Im Zentrum gibt's ein paar Lokale, in denen man gut ein Bier trinken kann, aber die wirkliche Action findet 2 km nördlich statt. Ein Taxi in diese Gegend kostet etwa 6 BZ$.

Bird's Isle (☎ 207-6500; Karte S. 256) Diese Location liegt im Süden der Stadt. Tagsüber ist es ein Open-Air-Restaurant und abends ein Ort zum Chillen. Donnerstags ist Karaoke-Abend, samstags wird das Tanzbein geschwungen. Ein Belikin kostet 4 BZ$.

Im **Princess Hotel & Casino** (Karte S. 255; Newtown Barracks Rd) ist das einzige Kino von Belize City; das Programm steht in den Tageszeitungen. In diesem Komplex gibt's außerdem noch eine Bowlingbahn mit Spielhalle, ein paar teure Bars und logischerweise ein Kasino.

Bliss Institute (Karte S. 256; ☎ 227-2458; Southern Foreshore) Belizes bester Veranstaltungsort. Hier gibt's gelegentlich Konzerte und Theateraufführungen. Am besten man besorgt sich das Monatsprogramm.

Caesar's (Karte S. 255; Newtown Barracks Rd) Latino-Musik und eine volle, kleine Tanzfläche. Richtig los geht's gegen 22.30 Uhr.

AN- & WEITERREISE

Flugzeug

Infos über internationale Flüge nach Belize City stehen auf S. 252. Der Municipal Airport (TZA; Karte S. 255) von Belize City liegt 2,5 km nördlich des Zentrums an der Küste. Es gibt auch Inlandsflüge vom internationalen Flughafen, es ist aber durchweg billiger (manchmal sogar sehr viel billiger), wenn man vom Municipal Airport abfliegt.

Maya Island Air (☎ 223-1140; www.mayaairways.com) und **Tropic Air** (☎ 223-5671; www.tropicair.com) sind die beiden belizischen Fluglinien.

Schiff/Fähre

Schnelle Motorbarkassen fahren mehrmals täglich zwischen Belize City, Caye Caulker und Ambergris Caye hin und her. Details siehe Kasten „Belize per Schiff" (S. 253). Der Belize Marine Terminal (Karte S. 256) am Nordende der Swing Bridge ist der Hauptanleger für Schiffe zu den Inseln im Norden. Weitere Infos im Kasten S. 253.

Bus

Alle Straßen führen nach Belize City und fast alle Busse – egal von welcher Gesellschaft – halten am Hauptbusbahnhof (früher Novelos genannt). Man kann ihn gar nicht verfehlen: das große Gebäude ist in den Rastafarben Rot, Gold und Grün gestrichen. Fernverkehrsbusse halten entlang der Schnellstraßen, Expressbusse im Allgemeinen nicht.

Belmopan (Fernverkehrs-/Expressbus 6/9 BZ$; 1–1¼ St.; alle 30 Min.)

Benque Viejo del Carmen (Fernverkehrs-/Expressbus 8/12 BZ$; 3 Std.; alle 30 Min.)

Chetumal (Mexiko) (Fernverkehrs-/Expressbus 10/14 BZ$; 3 Std.)

Corozal (Fernverkehrs-/Expressbus 9/12 BZ$; 2–3 Std.; stündl.)

Dangriga (Fernverkehrs-/Expressbus 10/14 BZ$; 3–4 Std.; regelmäßig)

Orange Walk (Fernverkehrs-/Expressbus 5/7 BZ$; 2 Std.; stündl.)

Placencia (Fernverkehrs-/Expressbus 20/26 BZ$; 4 Std.; regelmäßig)

Punta Gorda (Fernverkehrs-/Expressbus 20/22 BZ$; 6–7 Std.; regelmäßig)

San Ignacio (Fernverkehrs-/Expressbus 7/11 BZ$; 2–3 Std.; alle 30 Min)

UNTERWEGS VOR ORT

Taxifahrten innerhalb von Belize City (inkl. zum/vom Municipal Airport) kosten 6 BZ$ für ein oder zwei Personen. Nachts werden die Fahrten teurer, dann sollte man feilschen.

DIE NÖRDLICHEN CAYES

Für Wasserratten sind zwei winzige Inselchen nordöstlich von Belize City ein absolutes

Muss. Tauchen, Schnorcheln, Windsurfen, Segeln – hier ist wirklich alles möglich. Das unter Naturschutz stehende Seegras an der Küste hält kaum jemanden vom Sprung ins kühle Nass ab. Die meisten Leute benutzen die bis ins tiefere Wasser reichenden Anleger. Wer nur faul am Strand rumliegen will, sollte in die südlich gelegenen Orte wie Hopkins (S. 284) oder Placencia (S. 286) fahren.

Mehr Infos über die Cayes weiter im Süden stehen auf S. 286.

CAYE CAULKER

1300 Ew.

Die nur einen Katzensprung von Belize City entfernte Caye Caulker ist noch immer ein Backpacker-Paradies. Die winzige Insel hat man in weniger als zwei Stunden umrundet. Viele Reisende fahren zunächst für ein paar Tage nach Caulker und dann weiter auf die etwas erschlossenere Ambergris Caye.

Caye Caulker Village liegt auf dem südlichen Teil der Insel – eigentlich besteht Caulker aus zwei Inseln, denn der Hurrikan Hattie teilte sie direkt nördlich des Village. Die Teilung wird einfach Split (oder Cut) genannt. Hier gibt es winzige Strände mit einer recht starken Strömung. Die Gegend nördlich des Split ist vorwiegend unerschlossenes Land, von dem Teile unter Naturschutz stehen.

Hier kann man gut schwimmen, allerdings ist das Seegras ein Problem. Also am besten vom Anleger oder weiter nördlich vom Split ins Wasser springen.

Orientierung & Praktische Informationen

Im Ort gibt es zwei Hauptstraßen: die Front St im Osten und die Back St im Westen. Die Entfernung vom Split im Norden bis zum Südrand des Orts beträgt kaum 800 m.

Die **Belize Tourism Industry Association** (☎ 226-2251) ist südlich des Orts. Hier gibt's Infos dazu, was man auf der Insel sehen und unternehmen kann. Bargeld bekommt man bei der **Atlantic Bank** (Middle Street), E-Mails checken kann man bei **Cayeboard Connection** (Front St; 12 BZ$/Std.). Die Website der Caye Caulker (www.gocayecaulker.com) hat gute Informationen.

Aktivitäten

Die Wellen brechen sich am Barriereriff. Das kann man besonders gut von der Ostküste der Caye Caulker aus beobachten. Man sollte aber nicht versuchen, dort hin zu schwimmen – die einheimischen Bootsfahrer sind Schwimmern gegenüber sehr rücksichtslos. Also lieber nur in geschützten Bereichen ins Wasser gehen.

Das Riff erreicht man nach einer kurzen Bootsfahrt. Hier gibt's einige der aufregendsten **Schnorchel-**, **Tauch-** und **Angelspots** unseres Planeten (u. a. das Blue Hole, in dem es von Haien nur so wimmelt).

Wassersportausrüstung kann man an mehreren Stellen im Ort mieten. Schnorchelausrüstung und allerlei Aufblasbares für den Spaß im Wasser kosten etwa 10 BZ$ pro Tag, Seekajaks 15 BZ$ pro Stunde.

Das durch das Riff geschützte, ruhige Wasser, die nahezu konstante Seebrise und die angenehmen Wassertemperaturen machen die Inseln zu einem Paradies für Kitesurfer. **Kitexplorer** (☎ 623-8403; www.kitexplorer.com; an der Front St; ⏰ Nov.–Juli) bietet Kurse (ab 260 BZ$) für alle Stufen – vom Anfänger bis zum Könner. Erfahrene Kitesurfer können sich hier auch das erforderliche Material ausleihen.

Bei **Belize Diving Services** (☎ 226-0143) kann man seinen Tauchschein machen oder an einer der geführten Tauchtouren zum Turniffe Atoll und zum heimischen Riff teilnehmen.

Geführte Touren

Von Caulker aus kann man viele Ausflüge zu Land und zu Wasser unternehmen.

Raggamuffin Tours (☎ 226-0348; www.raggamuffintours.com) organisiert dreitägige Segeltörns mit zwei Übernachtungen (600 BZ$) und Campingtouren zu den Inseln Tobacco und Rendezvous. Auf dem Weg nach Placencia gibt's reichlich Möglichkeiten zum Schnorcheln und Angeln. Wer nach Süden will und sich mehr für die Inselchen als fürs Festland interessiert, für den sind diese Touren genau das Richtige.

Tsunami Adventures (☎ 226-0462; www.tsunamiadventures.com) direkt in der Front St beim Split ist

BIER! BIER! BIER!

Fans des belizischen Lieblingsgetränks sollten der **Belikin-Brauerei** (☎ 225-2058; Old Airport Rd, Ladyville; ⏰ Mo–Fr 8–15 Uhr) einen Besuch abstatten. Die geführte Tour beinhaltet einen 15-minütigen Rundgang durch die Brauerei. Danach kann man dann 45 Minuten lang hemmungslos Belikin-Bier trinken – Stout und Lager bis zum Umfallen. Für Abstinenzler gibt's Obstsäfte und Mineralwasser.

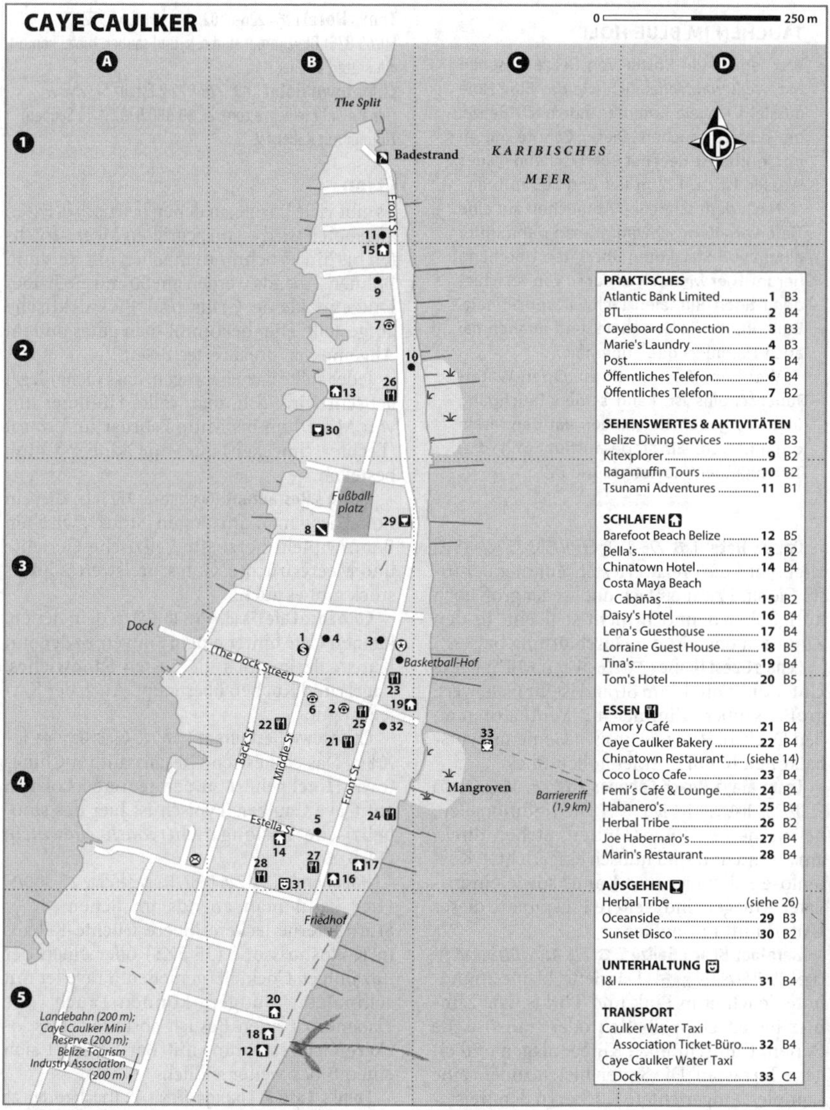

ein toller Laden, der so ziemlich alles anbietet. Tsunami kann dreistündige Nachtschnorcheltrips (65 BZ$), eintägige Touren zum Turniffe Atoll (140 BZ$) und zweistündige Bootsfahrten um Caulker (50 BZ$) organisieren. Die genannten Preise gelten für eine Person. Tsunami verleiht auch Schnorchelausrüstungen (10 BZ$/Tag) und Kanus (50 BZ$/Tag).

Schlafen

Bellas (☎ 226-0360; monkeybite38@yahoo.com; B 20 BZ$, Zi. ohne Bad 35 BZ$, Stellplatz 12 BZ$/Pers.) Lockere, kleine Unterkunft mit echtem Backpacker-Vibe. Die Zimmer befinden sich im Hauptgebäude aus Holz oder in rustikalen Hütten im Hof. Es gibt eine Gästeküche. Die Kajaks können gratis benutzt werden.

TAUCHEN IM BLUE HOLE

Wer jemals ein Poster von Belize gesehen hat, weiß wahrscheinlich wie das Blue Hole aussieht – viele kommen nur nach Belize, um dort zu tauchen. Dieser Cenote mitten im Lighthouse Reef hat überraschend blaues Wasser, ist ca. 122 m tief und 305 m breit.

Nach dem schnellen Abtauchen auf eine Tiefe von 40 m schwimmt man dann unter einem von Stalaktiten übersäten Überhang herum. Hier wimmelt es nur so von verschiedenartigen Riffhaien (Schwarzspitzenhaie, Bullenhaie, Zitronenhaie und manchmal auch Hammer- oder Tigerhaie).

Wer im Besitz eines Open-Water-Tauchscheins ist, kann seinen Tauchgang über fast jeden Tauchladen auf den Inseln organisieren. Ein Tagesausflug (mit drei Tauchgängen) kostet ca. 380 BZ$.

Daisy's Hotel (☎ 226-0150; EZ/DZ/3BZ 25/38/48 BZ$) Hier gibt's die preiswertesten Zimmer der Insel. Sie sind zwar einfach und weder groß noch luftig, aber dennoch nicht schlecht. In den Zimmern oben ist die Durchlüftung besser.

Lena's Guest House (☎ 226-0106; Zi. 60 BZ$) Diese Unterkunft direkt am Strand ist ihr Geld wert: große, saubere Zimmer mit Ventilatoren an den Decken. Von den großen Gemeinschaftsbalkonen hat man einen tollen Blick.

Costa Maya Beach Cabañas (☎ 226-0432; Cabaña EZ/DZ/3BZ 100/130/140 BZ$; 📶) Die traditionellen, belizischen *cabañas* (Hütten) stehen direkt am Strand und sind hübsch eingerichtet. Kostenlose Fahrräder und Kanus sowie ein privater Anleger sind weitere Pluspunkte dieser Unterkunft in Caulker.

Barefoot Beach Belize (☎ 226-0205; DZ/Suite/Cottage 138/258/290 BZ$; 📶) Das nette, kleine Strandhotel leuchtet in Pink und Türkis. Die Zimmer haben Doppelbetten oder französische Betten, Kühlschränke, Klimaanlagen und eigene Terrassen. Die Suiten bieten zudem eine komplett eingerichtete Küche. In den freistehenden Cottages können bis zu vier Personen übernachten.

Ebenfalls empfehlenswert:

Tina's (☎ 226-0351; B/Zi. 22/40 BZ$) Beliebte Backpacker-Unterkunft. Die Zimmer sind für Pingelige vielleicht nicht sauber genug.

Lorraine Guest House (☎ 206-0162; DZ mit Bad 35 BZ$) Preiswerte Strandbungalows. Für diese Lage ein echtes Schnäppchen.

Tom's Hotel (☎ 226-0102; toms@btl.net; EZ/DZ 50/65 BZ$) Die Zimmer sind o. k. und sauber. Hinzu kommt ein netter, offener Hof.

Chinatown Hotel (☎ 226-0228; Estella St; www.chinatownhotelbelize.com; Zi. 80-100 BZ$; 📶) Saubere Zimmer mit Kabel-TV.

Essen

Es gibt viele Lokale, in denen belizisches Essen angeboten wird – von gegrillten Meeresfrüchten bis hin zu Schmorhähnchen mit Reis und Bohnen. Abends werden am Strand ein halbes Dutzend kleine Grills und Picknicktische aufgestellt. Hier bekommt man gutes und im Allgemeinen preiswertes Essen.

Jeder sollte dazu beitragen, dass nicht illegal gefischt wird, d. h. man sollte Hummer nur von Mitte Juni bis Mitte Februar und *conch* (Fechterschnecken) nur von Oktober bis Juli bestellen.

Marin's Restaurant (Gerichte ca. 9 BZ$) In diesem Lokal isst man im ersten Stock zwischen Baumwipfeln herzhafte belizische Gerichte und Meeresfrüchte. Gutes, preiswertes Frühstück gibt es auch.

Coco Loco Cafe (Sandwiches 10 BZ$) In dem netten, kleinen Café hinter einem Souvenirladen mit Kunstgalerie gibt's die besten Sandwiches, Bagels und Kuchen überhaupt. Auch der Kaffee ist gut.

Chinatown Restaurant (☎ 226-0368; Gerichte 10–20 BZ$) Das chinesische Restaurant im Chinatown Hotel gehört zu den teureren Lokalen auf Caye Caulker. Typisch ist hier das sino-belizische Fusiongericht *conch chowmein* (11 BZ$).

Habanero's (☎ 226-0487, Hauptgerichte 20–30 BZ$) Hier kann man abends im Schein einer Sturmlaterne leckere Meeresfrüchte-Kebabs in Kokosnusssoße (35 BZ$) oder einen der unzähligen Cocktails genießen. Traveller mit schmalem Budget können auch Joe Habanero's einen Besuch abstatten. Das lockere Grillrestaurant mit Bar befindet sich einen Block weiter südlich.

Femi's Café & Lounge (Front St; Hauptgerichte ab 10 BZ$) Die ausgezeichneten Speisen werden auf einer Terrasse über dem Wasser serviert. Bessere Smoothies als bei Femi's gibt's in der Stadt nirgendwo.

Herbal Tribe (Front St; Hauptgerichte ab 15 BZ$) Das Herbal Tribe ist so etwas wie eine Institution auf Caye Caulker. Hier verspeist man nicht nur den besten gegrillten Hummer der Stadt, hier trifft man sich auch auf einen Drink.

Ausgehen

Auf Caye Caulker findet das Nachtleben drinnen und draußen (d.h. am Strand) statt. **Herbal Tribe** (Front St) ist eine luftige Location mit coolen Grooves. Zwischen 18 und 20 Uhr kosten zwei Rum-Drinks 5 BZ$. Im **Oceanside** (☎ 226-0233; Front St), das bis weit nach Mitternacht offen ist, treten oft Livebands auf. Das Hotel Beyond the Sea hat eine tolle Bar am Meer. In der **I&I Bar**, im Süden der Stadt, wird Reggae geboten.

An- & Weiterreise

Maya Island Air und Tropic Air fliegen regelmäßig von Belize City und Ambergris Caye nach Caulker. Caulker liegt außerdem auf halber Strecke zwischen Belize City und Ambergris und wird von Wassertaxis angefahren. Weitere Infos s. Kasten S. 253.

Unterwegs vor Ort

Caulker ist so klein, dass man alles zu Fuß erkunden kann. Man kann aber auch ein Fahrrad (20 BZ$/Tag) oder ein Golfmobil (100 BZ$/Tag) mieten. Es gibt Golfmobiltaxis, die einen für ca. 5 BZ$ zu jeder beliebigen Stelle auf der Insel bringen.

AMBERGRIS CAYE & SAN PEDRO

8500 Ew.

Belizes Haupttouristenattraktion und die erschlossenste aller Cayes ist die noch immer recht relaxte Ambergris Caye. San Pedro ist zwar eine echte Stadt, aber es gibt noch genügend Sandstraßen und Beach-Bars, die den Eindruck eines tropischen Paradieses vermitteln. Der nördliche Teil der Insel ist weitestgehend unerschlossen, was nach Meinung vieler auch so bleiben sollte.

Außerhalb und vor allem nördlich und südlich der Stadt sprießen mit erschreckender Regelmäßigkeit große Ferienresorts und geschlossene Pensionärsdörfer wie Pilze aus dem Boden. Aber dennoch gibt es im Innenstadtbereich noch überraschend viele Budgetunterkünfte.

Der größte Teil der Inselbevölkerung wohnt in der Stadt San Pedro, in der Nähe des südlichen Zipfels. Das Barriereriff liegt nur 800 m östlich von San Pedro.

Orientierung

San Pedro hat drei Hauptstraßen, die in Nord-Süd-Richtung verlaufen und früher Front St (im Osten), Middle St und Back St (im Westen) hießen. In neuester Zeit wurden ihnen die Touristennamen Barrier Reef Dr, Pescador Dr und Angel Coral Dr verpasst, was aber viele Einheimische nicht daran hindert, weiterhin die alten Namen zu benutzen.

Am Ende des Pescador Dr erreicht man den Fluss mit einer kleinen Eisenbrücke. Manchmal muss man eine Mautgebühr von 2 BZ$ bezahlen. Von dort führt eine unbefestigte, einspurige Straße etwa 25 km nach Norden. Wenn man die Apartmenthäuser und Neubauten auf der anderen Seite der Brücke hinter sich gelassen hat, kommt man an ein paar Traumstrände mit lockeren Restaurants, Bars und Kneipen.

Praktische Informationen

In der ganzen Stadt findet man am Straßenrand hier und da **Touristeninformationsstände** (⌚ 10–21 Uhr). Das sind Tourvermittler, die eine Provision bekommen. Aber sie können dennoch recht hilfreich bei der Beantwortung allgemeiner Fragen sein. Touristeninfos gibt's auch auf der Website der Insel (www.ambergriscaye.com). Das **Lime Tour Center** (☎ 226-4152; www.limetours.com; gegenüber Tropic Air) ist ebenfalls nützlich. Hier bekommt man Infos und erfährt, wie man mit anderen Travellern und Einheimischen in Kontakt kommen kann.

Full Chevere (Tarpon St; 5 BZ$/Std.), **Caribbean Connection** (Barrier Reef Dr; 10 BZ$/Std.) und **Pelican Internet** (Barrier Reef Dr; 12 BZ$/Std.) bieten Internetzugang, Kaffee und frische Säfte. Waschsalons befinden sich am Südende des Pescador Dr, u. a. **Nellie's Laundromat** (2 BZ$/Pfund).

Geldwechsel ist in San Pedro kein Problem. US Dollar und Reiseschecks werden fast überall akzeptiert. Die **Atlantic Bank** (Barrier Reef Dr) und die **Belize Bank** (Barrier Reef Dr) haben Geldautomaten, die rund um die Uhr Bares ausspucken.

Medizinische Hilfe bekommt man in der **Lion's Club Medical Clinic** (☎ 226-2851; Lion St) gegenüber vom Maya Island Air Terminal am Flughafen. In der **San Carlos Medical Clinic** (☎ 226-2918; Pescador Dr) werden leichtere Beschwerden behandelt und Blutproben entnommen. Zur Klinik gehören auch eine Apotheke und ein pathologisches Labor.

Aktivitäten

Ambergris ist *der* Ort für Wassersportler: Gerätetauchen, Schnorcheln, Segeln, Bootfahren, Surfen, Parasailing, Schwimmen, Hochseeangeln und Sonnenbaden. Viele Hotels auf der Insel haben ihre eigenen

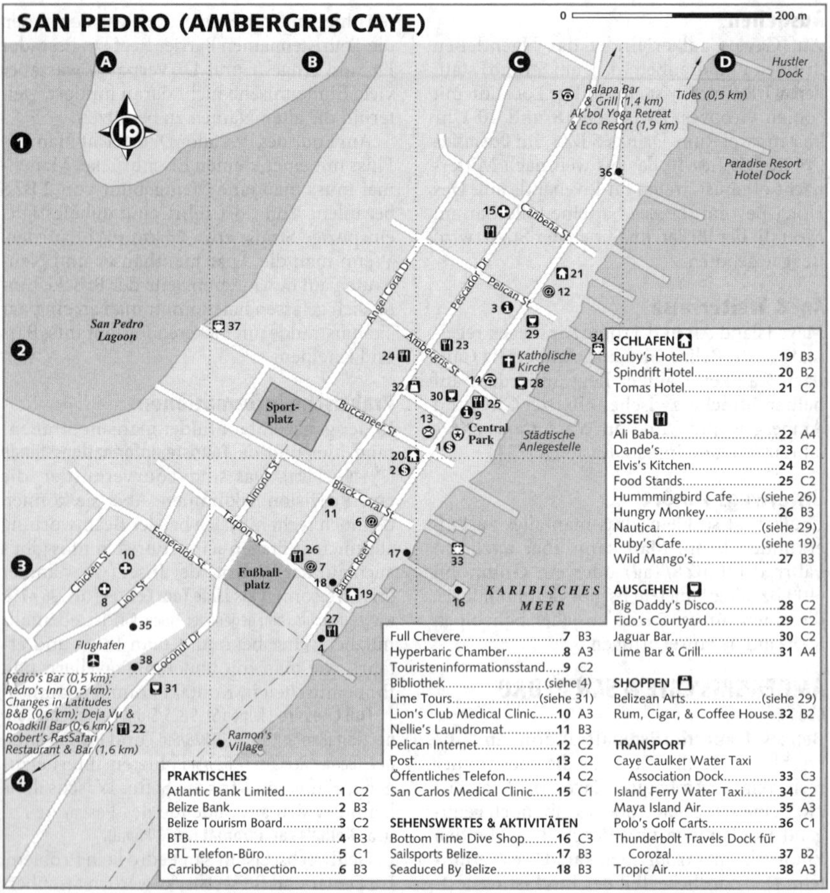

Tauchshops, in denen man sich die erforderliche Ausrüstung ausleihen kann und auch eine Einweisung bekommt. Und natürlich werden auch Tauchausflüge organisiert. Eigentlich kann so gut wie jeder Einheimische Wassersporttipps geben.

Schnorchel- und Picknickausflüge kosten ab 60 BZ$. Die übliche Leihgebühr für Schnorchel, Masken und Flossen beträgt 15 BZ$. Wer will, kann auf seinem Schnorchelausflug auch Seekühe vor Goff's Caye beobachten (210 BZ$).

Sailsports Belize (☎ 226-4488; www.sailsportsbelize.com) verleiht Windsurfbretter für 22 US$ pro Stunde und Segelboote für 22 bis 48 US$ pro Stunde. Unterricht wird auch angeboten. Kitesurfkurse gibt's ab 165 US$.

Alle Strände sind jedem zugänglich. Die meisten Hotels und Resorts am Strand sind an ruhigen Tagen mit der Vergabe ihrer Liegestühle großzügig. Die vielen Sandstrände sind von unter Naturschutz stehendem Seegras gesäumt, sodass es nicht wirklich Spaß macht, direkt vom Strand aus ins Wasser zu gehen. Aber es gibt Stege, von denen man ins kühle Nass springen kann. An den Stränden nördlich von San Pedro ist es am ruhigsten.

Geführte Touren

Das Glasbodenboot *Reef Runner* am Barrier Reef Dr unternimmt täglich Ausflüge zum Riff (70 BZ$/Pers.). Das Holzsegelboot *Rum Punch II* bietet jeden Tag bei Sonnenuntergang – wie der Name schon sagt – Cocktailtörns für 50 BZ$ an (zu buchen über die Reisebüros in der Stadt). *La Gaviota* ist ein Segelboot; Infos gibt's im Lily's Hotel (Barrier Reef) gegenüber der Belize Bank.

Auch zu den Mayaruinen in Altun Ha (180 BZ$) und Lamanai (310 BZ$) gibt's Touren. Weitere Ziele sind der Belize Zoo, Xunantunich, Crooked Tree Bird Sanctuary, Community Baboon Sanctuary, Mountain Pine Ridge und Tikal (Guatemala). Hotels, Reisebüros und Tauchshops vermitteln Touren. Man kann sich auch an **Seaduced by Belize** (☎ 226-2254) oder den **Bottom Time Dive Shop** (☎ 226-3788/39) im Banyan Bay Resort wenden.

Schlafen

Pedro's Inn (☎ 226-3825; Seagrape Dr; Zi. 110 BZ$, EZ/DZ ohne Bad 25/40 BZ$;) Draußen am Südende der Stadt bietet Pedro's gute Budget- und Mittelklasseunterkünfte sowie Fahrräder (12 BZ$/Tag). Man kann sich den Drahtesel auch für mehrere Tage ausleihen.

Ruby's Hotel (☎ 226-2063; Barrier Reef Dr; EZ/DZ 50 BZ$) Das klassische Holzhaus am Strand ist seit Langem bei Backpackern extrem beliebt.

Tomas Hotel (☎ 226-2061; Barrier Reef Dr; Zi. mit Ventilator/Klimaanlage 65/85 BZ$) Große, saubere Zimmer mit Kühlschrank, TV und Bad. Ein Schnäppchen bei der Lage mitten in San Pedro.

LP Tipp **Ak'bol Yoga Retreat & Eco Resort** (☎ 226-2073; www.akbol.com; EZ/DZ/Cabaña 70/100/270 BZ$) Lust auf Yoga im Paradies? Das kinderfreundliche Ökoresort Ak'bol im ruhigen Norden von Ambergris Caye bietet Yogakurse an. Die sieben *cabañas* mit Strohdächern haben eigene Open-Air-Duschen, die Zimmer in dem großen hotelartigen Gebäude Gemeinschaftsbäder und -duschen. Infos über Kurse, Workshops und Specials stehen auf der Website. An Yogakursen kann man ohne Voranmeldung teilnehmen (30 BZ$). Sie finden im Yoga-Studio am Meer statt.

Spindrift Hotel (☎ 226-2174; www.ambergriscaye.com/spindrift; Barrier Reef Dr; Zi. 106–220 BZ$;) Gute Mittelklasseunterkunft am Meer. Die Deluxe-Zimmer sind etwas größer und haben Meerblick.

Changes in Latitudes B&B (☎ 226-2986, in den USA 800-631-9834; www.ambergriscaye.com/latitudes; Coconut Dr; Zi. ab 170–250 BZ$;) Die Zimmer in dem netten, kleinen, schwulenfreundlichen B & B im Süden der Stadt stehen alle unter einem besonderen Motto.

Empfehlenswert ist auch das **Tides** (☎ 226-2283; www.ambergriscaye.com/tides; 57 Boca del Río Dr; Zi. ab 150 BZ$;) mit seinen großen, sauberen Zimmern und seiner Poolbar.

Essen

Die vielen kleinen Cafés im Zentrum servieren preiswerte, einfache Gerichte. Am günstigsten isst man an den Buden vor dem Central Park, wo es Schmorhähnchen mit Bohnen und Reis, Grillteller oder andere Leckereien für etwa 6 BZ$ gibt. Pfennigfuchser aufgepasst: eine kleine Bude in der Ambergris St zwischen Pescador und der Lagune verkauft täglich frisches Obst, Nüsse und Backwaren.

Hummingbird CAFE (Vilma Linda Plaza, Tarpon St; Burger 8 BZ$) In dem hippen, kleinen Café, das früher Tabu hieß, gibt's gesundes Frühstück, Bagel und Burger. Die vielen hausgemachten Kuchen und der ausgezeichnete Kaffee lassen einem das Wasser im Mund zusammenlaufen.

Palapa Bar & Grill (☎ 226-3111; 1,6 km nördlich der Brücke; Gerichte 15–20 BZ$) Diese *palapa*-Location auf Pfählen am Ende eines 45 m in die Karibik hineinragenden Stegs ist der Hit. Hier bekommt man tolle amerikanische und belizische Spezialitäten sowie Bier und sonstige alkoholische Getränke. Wer will, kann vom Restaurant aus direkt ins Wasser springen oder sich in einem der kostenlosen Gummireifen treiben lassen. Hierher kommt man zum Essen und bleibt dann zum Chillen.

Elvi's Kitchen (☎ 226-2176; Ecke Pescador Dr & Ambergris St; Gerichte 17–50 BZ$) Ein langjähriger Favorit unter den Restaurants in San Pedro. Freitagabends gibt's das Grand Maya Buffet Dinner (All-you-can-eat 50 BZ$), das vielleicht beste auf der ganzen Insel.

Ali Baba (Coconut Dr; Hauptgerichte 20–30 BZ$) Ali Baba serviert gute orientalische und mediterrane Speisen. Hier gibt's sogar ägyptische Wasserpfeifen (20 BZ$).

Wild Mango's (☎ 226-2859; Barrier Reef Dr; Hauptgerichte 25–50 BZ$; Di–So) Kreative Gerichte, die von einem preisgekrönten Küchenchef aufs Sorgfältigste zubereitet werden. Mittags gibt's Sandwiches, die jeden Gourmet zufrieden stellen. Abends kommt Internationales auf den Tisch: argentinische Steaks, guatemaltekisches Hähnchen und zahlreiche Meeresfrüchtegerichte.

Nautica (Obergeschoss, Fido's Courtyard, Barrier Reef Dr; Gerichte 32–60 BZ$) Das vornehme Grillrestaurant mit Bar bietet einen Mix aus belizischen, karibischen und mediterranen Meeresfrüchtegerichten in netter Umgebung. Genau der richtige Ort für ein Festessen.

BELIZE

Ebenfalls empfehlenswert:

Dande's (Pescador Dr) Die einzige Location in San Pedro, in der es Eis, Pudding und Sorbets gibt – lecker!

Hungry Monkey (Pescador Dr; Jumbosandwiches ab 10–14 BZ$) Schmackhafte Jumbosandwiches, für die nur frische, einheimische Zutaten verwendet werden.

Robert's RasSafari Restaurant & Bar (☎ 666-0450; etwa bei Km 8,8) Eiskaltes Bier, Reggaemusik und das beste jamaikanische Jerk-Chicken in ganz Belize.

Ruby's Cafe (☎ 226-0063; Barrier Reef Dr; Snacks ab 6 BZ$) Winziges Lokal mit gutem Kuchen und Gebäck.

Ausgehen

Lime Bar and Grill (☎ 226-4152; Coconut Dr; Drinks ab 5 BZ$) Gegenüber von Tropic Air. Der Newcomer in San Pedro hat eine Bar, ein Restaurant und Gratis-WLAN.

Fido's Courtyard (☎ 226-3019; Barrier Reef Dr) In dieser Bar in der Nähe der Pelican St treffen sich Landratten gern. An den meisten Abenden gibt's Livemusik.

Big Daddy's Disco (Barrier Reef Dr) Direkt neben der Kirche von San Pedro. Hippe Location, in der vor allem im Winter oft Livereggae geboten wird.

Jaguar Bar (Barrier Reef Dr) Die dschungelartig dekorierte Bar unweit von Big Daddy's ist in der Nebensaison häufig geschlossen. Im Winter geht hier die Post ab.

Deja Vu (Coconut Dr) Große, klimatisierte Disco südlich der Stadt. Freitags ist am meisten los.

Roadkill Bar (Coconut Dr) Die lockere Open-Air-Bar gegenüber vom Deja Vu bietet oft Livemusik.

Pedro's Bar (Seagrape Dr) In dieser Bar neben Pedro's Inn gibt's einen Billardtisch, einen Kicker und Videospiele.

Shoppen

Belizean Arts (☎ 226-3019; Fido's Courtyard) eignet sich ausgezeichnet zum Shoppen. Es gibt Keramikartikel, Holzschnitzereien, Gemälde und erschwinglichen, netten Schnickschnack.

Rum, Cigar and Coffee House (☎ 226-2020; Pescador Dr) Hier bekommt man die drei Grundnahrungsmittel, die einen Urlaub in Belize zum Erfolg werden lassen. Wer will, kann den Kaffee und den Rum auch vorher probieren!

An- & Weiterreise

Maya Island Air (☎ 226-2435; mayaairways.com) und **Tropic Air** (☎ 226-2012; www.tropicair.com) fliegen mehrmals täglich von San Pedro nach Belize City und zurück. Auch Corozal steht auf dem Flugplan. Details s. S. 252.

Von Ambergris über Caye Caulker fahren regelmäßig Boote nach Belize City. Zurzeit schippert täglich ein Boot von Ambergris nach Corozal. Details s. S. 253.

Unterwegs vor Ort

Vom Flughafen kommt man in zehn Minuten zu Fuß in die Stadt. Von der Anlegestelle aus ist es noch kürzer. Ein Taxi vom Flughafen zu jedem Ort in der Stadt kostet 5 BZ$, zu den Hotels südlich der Stadt 10 BZ$. In fast allen Hotels kann man sich ein Fahrrad leihen.

Joe's Bike Rental (Caribena Dr) verleiht Fahrräder für 20/80 BZ$ pro Tag/Woche.

Polo's Golf Carts (☎ 226-3542; Barrier Reef Dr) verleiht Golfmobile für 130/500 BZ$ pro Tag/Woche. Man braucht einen gültigen Führerschein.

Wer sich auf witzige Art fortbewegen will, kann bei **Segway of Belize** (☎ 620-9345; Coconut Dr) einen geländetauglichen Segway mieten (56 BZ$/Std.). Es werden auch geführte Segway-Touren über die Insel (ab 150 BZ$) angeboten.

Fahrten in Großraumtaxis kosten zu jedem beliebigen Punkt 5 BZ$ (einfache Strecke). Die Resorts im hohen Norden erreicht man mit Wassertaxis.

NORDBELIZE

Im Norden von Belize geht es sehr viel latinomäßiger zu als im Rest des Landes. Jeder Brocken Spanisch ist hier äußerst nützlich. In der flachen, üppig grünen Gegend wird hauptsächlich Landwirtschaft betrieben. Es gibt aber auch ein paar interessante, leicht zugängliche Naturschutzgebiete.

Hier sind auch einige bedeutende Mayastätten zu finden. Lamanai, die bekannteste, erreicht man mit dem Boot. Die Fahrt allein ist schon ein Genuss. Ein Muss für jeden ist aber Altun Ha. Die Ruinen sind unsterblich geworden, denn sie schmücken Geldscheine und Etiketten von Bierflaschen.

BERMUDIAN LANDING COMMUNITY BABOON SANCTUARY

1985 schlossen sich einheimische Landwirte zusammen, um die gefährdeten Schwarzen Brüllaffen und deren Lebensraum zu schützen. Es wird besonders darauf geachtet, dass die Wälder an den Ufern des Belize River nicht zerstört werden. Dort finden die Affen, die es nur in Belize gibt, ihr Futter. Sie schlafen dort auch und im Morgengrauen und in der Abenddämmerung brüllen sie (laut und unverwechselbar).

Im **Community Baboon Sanctuary** (☎ 220-2181; www.howlermonkeys.org; Eintritt 14 BZ$; ⌚ 8–17 Uhr) in Bermudian Landing erfährt man alles über die Schwarzen Brüllaffen und die 200 weiteren Tierarten, die hier leben. Ein einstündiger, geführter Spaziergang ist im Eintrittspreis enthalten und wird vom Besucherzentrum organisiert. Reiten kann man für 50 BZ$, ein dreistündiger Ausflug im Kanu kostet 56 BZ$ und eineinhalbstündige Nachtwanderungen 24 BZ$. Abends kann man auch an Krokodilbeobachtungstouren teilnehmen (110 BZ$).

Schlafen & Essen

Im Reservat gibt's rustikale Unterkünfte, die man unbedingt im Voraus buchen sollte. **Privatunterkünfte im Dorf** (DZ inkl. 2 Mahlzeiten 50 BZ$) können auch organisiert werden.

Howler Monkey Resort (☎ 220-2158; www.howlermonkeyresort.com; Cabaña ab 65 BZ$;) Das hübsch an einer Flussbiegung gelegene Resort bietet ordentliche Unterkünfte. Von hier aus kann man den Urwald erforschen und den Brüllaffen lauschen. Die Besitzer Ed und Melissa bieten verschiedene Pakete inklusive Mahlzeiten an. Sie organisieren auch Urwaldtouren und vermieten Kanus.

Nature Resort (☎ 610-1378, 607-5448; naturer@btl.net; Cabaña ab 130 BZ$) Das Nature Resort neben dem Besucherzentrum hat 10 wunderschöne, neu renovierte, gepflegte, strohgedeckte *cabañas*, in denen für die ganze Familie Platz ist. Sie sind mit Kühlschrank, Kaffeemaschine und Mikrowelle ausgestattet. Besucher werden auf Wunsch auch bekocht.

An- & Weiterreise

Das Community Baboon Sanctuary ist in Bermudian Landing, 42 km westlich von Belize City, und kann von Belize City oder von den Inseln aus leicht an einem Tag besucht werden.

Wer mit dem Auto dorthin will, muss an der Abzweigung Burrell Boom (Mile 13) vom Northern Hwy in Richtung Westen abbiegen. Weiter geht's dann noch 20 km auf einer Schotterstraße bis zum Reservat.

Busse von National fahren nach Bermudian Landing (4 BZ$, 1 Std.). Einige Traveller nehmen auch einen der häufig verkehrenden Northern-Hwy-Busse in Richtung Norden bis Burrell Boom und trampen dann die letzten 8 km bis zum Reservat. Wer per Anhalter fährt, sollte (wie üblich) vorsichtig sein.

ALTUN HA

Die berühmtesten Mayaruinen in Nordbelize sind die von **Altun Ha** (Eintritt 10 BZ$; ⌚ 9–17 Uhr) 55 km nördlich von Belize City am Old Northern Hwy. Sie befinden sich in der Nähe des Orts Rockstone Pond südlich von Maskall.

Altun Ha (Mayasprache für „Wasser, das aus dem Felsen kommt") war eine kleine, aber reiche und bedeutende Handelsstadt der Maya, für die Landwirtschaft eine große Rolle spielte. Altun Ha wurde als Gemeinschaft spätestens 600 v. Chr. gegründet, vielleicht aber auch mehrere Jahrhunderte früher. Die Stadt boomte bis zum mysteriösen Ende der klassischen Mayazivilisation um 900.

Die Highlights der um die beiden Plazas angeordneten, grasbedeckten Tempel sind der **Temple of the Masonry Altars** (Struktur B-4) an der Plaza B und der **Temple of the Green Tomb** an der Plaza A.

Auf dem Gelände gibt's moderne Toiletten und einen Getränkeshop.

Schlafen & Essen

Campen ist bei den Ruinen zwar nicht wirklich erlaubt, wird aber manchmal toleriert. Fragen kostet ja bekanntlich nichts.

Mayan Wells (☎ 225-5505; www.mayanwells.com; Hütte 50 BZ$, Stellplatz 10 BZ$/Pers.) In diesem beliebten Lokal ca. 2 km vor Altun Ha kann man mittags gut eine Kleinigkeit essen oder ein Erfrischungsgetränk genießen. Es gibt auch eine einfache, aber zweckmäßige Hütte. Zelten ist auf dem Gelände erlaubt, Sanitäranlagen und Duschen sind vorhanden.

An- & Weiterreise

Am einfachsten besichtigt man Altun Ha im Rahmen einer der vielen Touren, die täglich in Belize City starten (Halbtagestour inkl. Eintritt 80 BZ$). Die meisten Reisebüros vermitteln Touren. Wer mit öffentlichen Verkehrsmitteln nach Altun Ha fahren will, nimmt am Hauptbusbahnhof (Karte S. 256) einen Nachmittagsbus in Richtung Maskall, nördlich von Altun Ha, und steigt in Lucky Strike aus. Von dort sind es dann noch 3,5 km bis nach Altun Ha. Die selten befahrene Straße kann man problemlos zu Fuß bewältigen – mit etwas Glück hält vielleicht auch eines der wenigen Autos an.

LAMANAI

Die mit Abstand beeindruckendste Sehenswürdigkeit in diesem Teil des Landes ist Lamanai, eine archäologische Stätte an der New River Lagoon in der Nähe der Ortschaft Indian Church. Obwohl ein großer Teil der Ruinen noch nicht ausgegraben und restauriert ist, lohnt sich der Ausflug nach Lamanai dennoch, allein schon wegen der Motorbootfahrt auf dem New River – ein echtes Erlebnis.

Mitbringen sollte man auf jeden Fall einen Sonnenhut, Sonnenmilch, Insektenschutzmittel, feste Schuhe (keine Sandalen), Essen und Trinkwasser.

Wie alle archäologischen Stätten im Norden von Belize war auch Lamanai (Mayasprache für „Untergetauchtes Krokodil") schon 1500 v. Chr. besiedelt. Die ersten Steingebäude entstanden zwischen 800 und 600 v. Chr. Lamanai boomte am Ende der präklassischen Periode und wurde schon lange vor den meisten anderen Mayastätten zu einem der Hauptzeremonienzentren mit riesigen Tempeln.

Anders als in vielen archäologischen Stätten lebten die Maya hier bis zum Eintreffen der Spanier im 16. Jh. Später bauten die Briten in Indian Church eine Zuckerfabrik, deren Ruinen noch vorhanden sind. Lamanai wurde in den 1970er- und 1980er-Jahren von dem Kanadier David Pendergast ausgegraben.

Die meisten Besucher, die hierher kommen, lassen sich die spektakuläre Bootsfahrt auf dem New River nicht entgehen. Die Boote starten an der mautpflichtigen Tower-Hill-Bridge südlich von Orange Walk. Auch wenn die Tourveranstalter einem etwas anderes erzählen, so sind doch alle Touren mehr oder weniger gleich. Ein zuverlässiger Veranstalter ist **Jungle River Tours** (☎ 302-2293; lamanaimayatour@btl.net; 20 Lovers' Lane, Orange Walk). Die Bootsfahrt inklusive Tour, Mittagessen, Führer, Obst und Eintritt kostet 90 BZ$ pro Person.

Wer wirklich billig nach Lamanai kommen will, kann sein Glück bei den Fischern versuchen. Einfach zum Bootsanleger an der mautpflichtigen Brücke gehen und versuchen, mit ihnen einen Preis auszuhandeln.

Von Orange Walk über Yo Creek und San Felipe erreicht man Lamanai auf dem Landweg (58 km) – die Bootsfahrt ist aber viel bequemer und amüsanter. Es fährt zwar ab und zu auch ein Bus von Orange Walk nach Lamanai, aber als Tagesauflug ist das nicht geeignet. Man kann auch versuchsweise einen der Bauern fragen, ob man mitfahren darf.

BELIZE

ORANGE WALK

18 000 Ew.

Orange Walk liegt in einer Biegung des New River. Es ist eine mittelgroße Stadt, in der sich die Landwirte aus der Umgebung gern auf einen Plausch treffen und natürlich auch, um ihre Produkte zu verkaufen. Hier befindet sich die größte Rumbrennerei des Landes. Abends ist meist eine Menge los. Für viele Touristen ist die Stadt nur der Ausgangspunkt für die Bootstour zu den Ruinen in Lamanai (s. linke Spalte) und für Ausflüge in den Urwald rund um Orange Walk.

Die Hauptstraße ist der Northern Hwy, der in der Stadt Queen Victoria Ave heißt. Der schattige Central Park an der Ostseite der Queen Victoria Ave bildet das Zentrum. Das Krankenhaus von Orange Walk liegt am Stadtrand im Norden und ist westlich des Northern Hwy schon von fern zu sehen.

Orientierung & Praktische Informationen

In Orange Walk findet man sich leicht zurecht. Die Queen Victoria Ave ist die Hauptdurchgangsstraße. Der Central Park im Zentrum erstreckt sich an der Ostseite der Queen Victoria Ave. Es gibt keine offizielle Touristeninformation, aber die Hotels geben gern Auskunft.

In der Stadt gibt's eine **Scotia Bank** (Ecke Main St & Park Lane) und eine **Belize Bank** (Ecke Main St & Market Lane), beide sind in der Main Street einen Block östlich des Central Park. E-Mails kann man bei **Cyberwalk** (☎ 322-3024; 115 Otre Benque; 4 BZ$/Std.; Mo–Fr 9–21, Sa & So 14–20 Uhr) am Nordende der Stadt checken. Die nach der Urwaldtour schmutzigen Klamotten werden bei **Mary's Laundry** (☎ 322-3454; Progresso St; 1 BZ$/Pfund) wieder auf Vordermann gebracht.

Schlafen

Akihito Hotel (☎ 302-0185; 22 Belize Corozal Rd; Zi. 30–70 BZ$, B 15 BZ$;) Hier gibt's die besten Budgetzimmer in Orange Walk. Die preiswerteren Zimmer sind brauchbare Betonboxen mit blitzsauberen Gemeinschaftsbädern. Die teureren Zimmer haben Klimaanlage, Bad und Kabel-TV. Im 3. Stock gibt's Schlafsäle und sogar ein Zimmer mit Whirlpool.

Orchid Palm Inn (☎ 322-0719; www.orchidpalminn.com; 22 Queen Victoria Ave; EZ/DZ mit Ventilator 55/70 BZ$, mit Klimaanlage 70/80 BZ$;) Dieses nette Hotel im Familienbetrieb gegenüber vom Busbahnhof bietet große Betten und eine erstaun-

EINEN ABSTECHER WERT: CROOKED TREE WILDLIFE SANCTUARY

Auf halber Strecke zwischen Belize City und Orange Walk, 5,5 km westlich vom Northern Hwy, liegt das Fischer- und Bauerndorf Crooked Tree. 1984 erreichte die Belize Audubon Society, dass rund um das Dorf ein fast 13 km^2 großes **Schutzgebiet** eingerichtet wurde (Eintritt 8 BZ$; 8–16 Uhr), denn hier gibt es eine sagenhafte Vogelvielfalt. Die beste Zeit um Tiere zu beobachten ist zwischen Januar und Mitte Mai, wenn das Wasser in der Lagune seinen Tiefststand erreicht und die Tiere sich zeigen müssen, um an ihr Futter zu gelangen.

Tagesauflüge nach Crooked Tree sind machbar. Man hat aber mehr davon, wenn man eine Nacht hier verbringt, denn in der Morgendämmerung sind die Vögel am aktivsten. Geführte Touren für vier Personen kosten 160 BZ$ (bei größeren Gruppen ist der Preis pro Person geringer). Organisieren kann man die Touren über das Besucherzentrum oder die **Belize Audubon Society** (Karte S. 256; ☎ 223-5004; www.belizeaudubon.org; 12 Fort St, Belize City).

In Crooked Tree gibt's einige Pensionen und ein paar Restaurants. **Carrie's Restaurant** (☎ 663-8148; mittags & abends) serviert ausgezeichnete, für die Gegend typische Gerichte in einer luftigen Hütte auf dem Familienanwesen, auf dem man für 10 BZ$ pro Person auch sein Zelt aufstellen darf.

Der Ort liegt 5 km westlich des Northern Highway. Jex Bus fährt täglich um 10.50 Uhr von Belize City, Regent St West, nach Crooked Tree; zurück geht's um 6.00 und um 6.50 Uhr. Wer früh genug in Belize City oder Corozal aufbricht, kann mit dem Bus bis zur Crooked Tree Junction fahren und von dort ins Dorf laufen oder trampen (5,5 km).

lich hippe Einrichtung. Es erhielt vom Belize Tourism Board die Auszeichnung „Kleines Hotel des Jahres 2007".

Hotel de la Fuente (☎ 322-2290; www.hoteldelafuente.com; 14 Main St; EZ/DZ 70/98 BZ$;) Schönes, kleines Mittelklassehotel im Norden der Stadt mit sauberen, recht unterschiedlichen Zimmern. Alle haben Klimaanlage (wer sie nicht benutzen will, bekommt auf Anfrage einen Preisnachlass von 15 BZ$), Kabel-TV und WLAN. Morgens gibt's Kaffee gratis. Die Betreiber können auch Touren organisieren und erklären den Gästen alles, was sie für ihren Aufenthalt in Orange Walk wissen müssen.

Lamanai Riverside Retreat (☎ 302-3955; Lamanai Alley; Zi. 80 BZ$) Die guten Hütten mit Klimaanlage und Kabel-TV sind ihr Geld wert. Sie stehen in netter Umgebung unten am Fluss und sind nur fünf Minuten zu Fuß in südlicher Richtung von der Stadt entfernt. Das dazugehörige Restaurant ist nicht ohne Grund beliebt. Die Unterkunft organisiert auch Touren nach Lamanai (90 BZ$; alles inkl.).

Essen

Besser als in Orange Walk kann man in ganz Belize nicht an Straßenständen essen. Um den Stadtplatz reihen sich winzige Cafés, Imbisse, Obststände und mobile Essenskarren aneinander, die eine bunte Mischung von nordbelizischen und mexikanischen Speisen anbieten, u. a. Reis und Bohnen, Tacos, Enchiladas, Schmorhähnchen, Eis und vieles mehr. Alles ist supergünstig (zwischen 1 und 5 BZ$); auch der Hygienestandard ist meist völlig o. k.

LP Tipp **Panificadora La Popular** (☎ 322-3229; Belize Rd; Mo–Sa 6.30–20, So 7.30–12 & 15–18 Uhr) Wir sind uns sicher: die beste Bäckerei in Belize!

Juanita's (8 Santa Ana St; Gerichte ab 8 BZ$) Dieses einfache Lokal gegenüber der Shell-Tankstelle bietet schmackhafte belizische Gerichte für wenig Geld.

Carlos Restaurante & Pizza (1 B Teat St; Pizzas ab 15 BZ$, Gerichte ab 8 BZ$) Die beste Pizza von Orange Walk gibt's gleich um die Ecke vom Cyberwalk. Sie wird von dem Frankokanadier Carlos serviert. Auch die Salate sind hervorragend.

Lamanai Riverside Retreat (☎ 302-3955; Lamanai Alley; Gerichte 9–25 BZ$) Dieses Restaurant direkt am Fluss vermittelt ein ruhiges, abgeschiedenes Ambiente, und das obwohl es nur ein paar Schritte vom Zentrum entfernt ist. Abends ist die Bar ein beliebter Treffpunkt.

Nahil Mayab (☎ 322-0631; Ecke Guadalaupe St & Santa Anna St; Gerichte ab 12 BZ$) Ein ziemlich vornehmes Restaurant für eine Arbeiterstadt. Aus der Küche des Nahil Mayab kommen köstliche Steaks und Meeresfrüchte für ca. 30 BZ$. Es gibt aber auch preiswertere mexikanische und Maya-Gerichte.

An- & Weiterreise

Die Busse, die stündlich nach Belize City (5 BZ$, 2 Std.) und Corozal (4 BZ$, 1 Std.) fahren, halten in vielen Orten an der Strecke. Am frühen Morgen fahren zusätzlich Busse in Richtung Süden und am späten Nachmittag gen Norden, sie sind vor allem auf die Bedürfnisse der Schüler und Arbeitnehmer abgestimmt. Alle Busse halten an der Ecke Queen Victoria Ave und St Peter St.

COROZAL

9000 Ew.

Corozal ist das Tor nach Mexiko (und zu den Cayes im Norden). Da die Stadt weit genug von der Grenze entfernt ist, hat sie das Beste von Beidem zu bieten – einen faszinierenden Mix der Kulturen, der Grenzstädten eigen ist, aber ohne die damit einhergehenden Probleme und Schwierigkeiten.

Corozal ist ein nettes Örtchen mit vielen Parks und Promenaden am Wasser. Südlich der Stadt lassen sich immer mehr nordamerikanische Rentner nieder, die sich vom Klima und dem lockeren Lebensstil angezogen fühlen.

Orientierung & Praktische Informationen

Corozal ist rund um einen Stadtplatz im mexikanischen Stil angelegt. Jeder Punkt der Stadt ist gut zu Fuß zu erreichen.

Die Hauptstraße ist die 7th Ave, die kurz am Meer entlang verläuft, bevor sie durch die Stadt ins Landesinnere führt. In Corozal stehen viele wunderschöne Häuser (einige sind völlig verfallen, andere komplett restauriert), die an die spanische Kolonialzeit erinnern. Auch die Ruinen des **Mayatempels** (Eintritt frei) in Santa Rita nördlich von Corozal an der Hauptstraße sind sehenswert. In Corozal gibt's das übliche Dreiergespann an Banken: die **Belize Bank** (Ecke 5th Ave & 1st St N), die **Scotia Bank** (Ecke 4th Ave & 1st St S) und die **Atlantic Bank** (Ecke 4th Ave & 3rd St N). Ins Internet kommt man im **Gamma Computer Center** (Ecke 4th Ave & 4th St N).

EINREISE NACH MEXIKO

Corozal liegt 13 km südlich vom Grenzübergang Santa Elena–Subteniente López. Die meisten der oft zwischen Chetumal (Mexiko) und Belize City fahrenden Busse halten in Corozal. Ansonsten kommt man auch per Anhalter oder im Taxi (20 BZ$) nach **Santa Elena**. Die Busse, die zwischen Corozal und Chetumal fahren, warten an der Grenze bis die Formalitäten erledigt sind. Bei der Ausreise aus Belize wird eine Touristengebühr von 38 BZ$ (19 US$) fällig.

San Pedro Water Taxi bringt seine Gäste per Boot von San Pedro nach Chetumal, Mexiko (80 BZ$).

Infos zum Grenzübertritt von Mexiko nach Belize stehen auf S. 79.

Sehenswertes

CERROS

Cerros (Eintritt 10 BZ$; ⌚ 8–17 Uhr) florierte am Ende der präklassischen Periode als Handelszentrum an der Küste. Im Unterschied zu anderen Mayastätten gibt's hier kaum Bauten aus der klassischen und postklassischen Periode, da Cerros um 150 n. Chr. schnell wieder zu einer kleinen, unbedeutenden Ortschaft wurde. So konnten Archäologen einen fantastischen Einblick in die präklassische Maya-Architektur gewinnen. Wer sich die Mühe macht und auf die **Struktur 4**, einen mehr als 20 m hohen Tempel, klettert, wird mit einem spektakulären Rundumblick belohnt.

Diese kleine archäologische Stätte befindet sich auf einer Halbinsel 5,6 km südlich von Corozal auf der anderen Seite der Bucht. Die meisten Leute fahren mit dem Boot hinüber, man kommt aber auch über eine holprige Schotterstraße hin. Die Hotels können geführte Touren (etwa 50 BZ$/Pers. inkl. Führer) organisieren. Man kann sich aber auch ein Boot (120 BZ$) mieten oder einen Fischer anheuern und sich rüberschippern lassen, wenn man die Ruinen lieber auf eigene Faust erforscht. Die Bootsfahrt dauert ca. 15 Minuten, danach muss man dann noch zehn Minuten zu Fuß gehen. Cerros gehört zu den mückenreichsten Orten in Belize, also unbedingt an Insektenschutzmittel denken.

Schlafen

LP Tipp Sea Breeze Hotel (☎ 422-3051, 605-9341; www.theseabreezehotel.com; 23 1st Ave; Zi. 40–60 BZ$; 📶) Diese Unterkunft erinnert an die preiswerten, netten Hotels in Key West. Hier könnte Hemingway seine letzten Jahre mit Trinken und Schreiben verbracht haben. Im zweiten Stock gibt's eine Bar mit tollem Blick auf die Corozal Bay. Auf Wunsch bekommt auch etwas Gutes zu essen und einen starken Kaffee.

Maya World Guest House (☎ 666-3577; byronchuster@gmail.com; 16 2nd St N; EZ/DZ 45/55 BZ$) Ungewöhnliche Pension mit viel künstlerischem Schnickschnack. Das Maya World besteht aus zwei Häusern und hat einen grünen Innenhof. Das vordere Haus ist ein restauriertes Gebäude aus der Kolonialzeit mit Rundumveranda

BELIZE

und Hängematten. Das hintere ist ein zweistöckiges Gebäude mit vier einfachen aber zweckmäßig eingerichteten Zimmern.

Hotel Maya (☎ 422-2082; www.hotelmaya.net; 7th Ave; Zi. 65–126 BZ$) Die sauberen, farbenfrohen Zimmer sind mit Werken einheimischer Künstler geschmückt. Im dazugehörigen Restaurant kann man gut essen. Die Inhaberin Rosita weiß so ziemlich alles über die Gegend.

Las Palmas (☎ 422-0196; www.laspalmashotelbelize.com; 123 5th Ave S; Zi. 90–140 BZ$) Saubere Zimmer mit Blümchendecken auf den Betten und großen Bädern. Das Las Palmas ist seit Langem äußerst beliebt.

Corozal Bay Inn (☎ 422-2691; www.corozalbayinn.com; Almond Dr; Cabaña ab 120 BZ$;) Lockerer Familienbetrieb im Süden der Stadt mit gemütlichen, gefliesten *cabañas*. Die mit Moskitonetzen und Klimaanlage ausgestatteten Hütten sind rund um einen sandigen Abschnitt direkt am Wasser angeordnet.

Essen & Ausgehen

In Corozal gibt's zwar nicht so viele Essensstände wie in Orange Walk, aber auf dem **Markt** (6th Ave; Mo–Sa 6.30–17.30, So 6.30–15 Uhr) gibt's preiswerte mexikanische Snacks und frisches Gemüse. Natürlich fehlen auch die üblichen Imbissbuden und die chinesischen Restaurants nicht. In den folgenden Lokalen kommen recht gute Speisen aus der Küche:

Venky's Kabab Corner (☎ 402-0546; 5th St S; Gerichte 8–15 BZ$; 10.30–21.30 Uhr) Dieses Lokal macht innen nicht viel her, aber die von Küchenchef

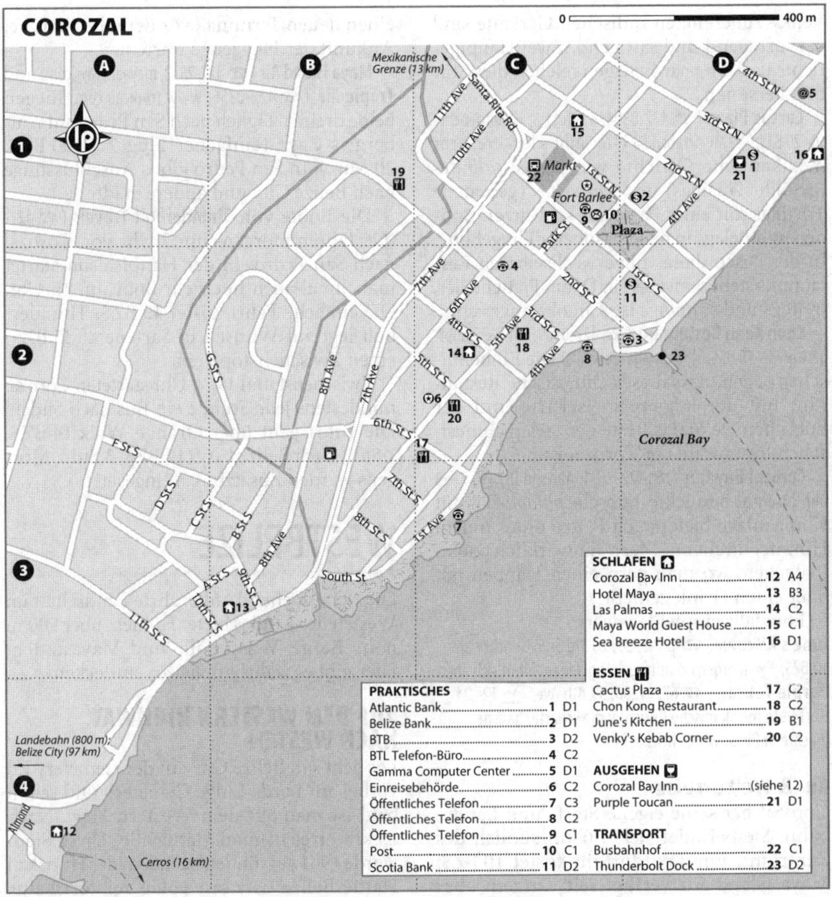

SARTENEJA ENTDECKEN

Sarteneja (sar-ten-*eh*-ha) ist ein Fischerdorf am Nordostzipfel von Belize. Dieses versteckt auf dem Festland liegende Juwel ist ein wunderschönes, preiswertes Örtchen, wenn man die traumhafte Wasserwelt und den Urwald erkunden will. Das Dorf ist nur ein paar Blöcke groß und liegt an einem langen, mit Seegras überwucherten Uferabschnitt. Von hier aus kann man Ausflüge in das Shipstern Nature Reserve unternehmen, Vögel beobachten, Schnorcheln und Angeln. Es werden auch Seekuh-Beobachtungstouren vor der grandiosen Küste von Nordbelize angeboten.

In Sarteneja befindet sich auch das **Backpacker's Paradise** (☎ 423-2016; http://backpackers.bluegreenbelize.com; Hütte ab 25 BZ$, Stellplatz 6,50 BZ$), ein idyllisches 11 ha großes Gelände mit unberührtem Urwald und tropischem Ackerland, wo man die Tage damit zubringt, den Urwald zu erkunden, tropische Früchte zu essen und im nahen Ozean zu schwimmen. Die *Cabañas* sind gegen Moskitos geschützte Hütten mit Strohdächern und Kingsize-Betten. Es gibt eine Gemeinschaftsküche, einen Bereich zum Chillen (der natürlich auch gegen Moskitos geschützt ist) und ein kleines Restaurant, in dem beliebte französische und belizische Gerichte serviert werden. Wer will, kann sich auch ein Pferd oder einen Drahtesel mieten.

Venky zubereiteten indischen Gerichte sind hervorragend und sättigend. Zwei Hauptgerichte und ein paar Beilagen reichen dicke für drei Personen.

Cactus Plaza (☎ 422-0394; 6 6th St S; Hauptgerichte 10–20 BZ$; ⌚ Mi–So abends) Hier gibt's leckere, echt mexikanische Gerichte wie Tacos, *salbutes* (gefüllte Tortillas) und *panuchos* (gebratene Tortillas mit einer Paste aus schwarzen Bohnen und Belag) in heller, sauberer Umgebung. In der Disco dieses unverwechselbaren Restaurants steht samstags ein DJ am Plattenteller, freitags und sonntags ist Karaoke angesagt.

Chon Kong Restaurant (☎ 422-0169, 5th Ave; Hauptgerichte 6–15 US$; ⌚ mittags & abends) Die Einheimischen sagen, dass dieses chinesische Restaurant mit der langen Speisekarte und der hübschen Deko das Beste der vielen chinesischen Restaurants in Corozal ist.

Corozal Bay Inn (☎ 422-2691; Almond Dr; ⌚ 7–23 Uhr) Die gut bestückte, hübsche *palapa*-Bar mit Klimaanlage bietet auch Plätze unter freiem Himmel direkt am Meer. Ein wirklich cooles Plätzchen, wo man gern einen Happen isst oder einen Drink genießt.

Ebenfalls empfehlenswert:

June's Kitchen (☎ 422-2559; 26 3rd St S; Gerichte ab 10 BZ$; ⌚ morgens & mittags) Abgelegen, lohnt sich aber.

Purple Toucan (☎ 622-9200; 52 4th Ave; ⌚ 12–24 Uhr) Gute mexikanische Gerichte; die scharfe, hausgemachte Soße ist wirklich scharf.

An- & Weiterreise

Corozal hat seine eigene Start- und Landebahn. Sie befindet sich 1,6 km südlich des Zentrums. Ein Taxi dorthin kostet 10 BZ$. Maya Island Air verfügt seit Kurzem über einen neuen Terminal, vor dem die Taxis bei Ankunft der Flugzeuge warten.

Maya Island Air (☎ 422-2333; mayaairways.com) und **Tropic Air** (☎ 422-0356; www.tropicair.com) fliegen beide dreimal täglich nach San Pedro auf Ambergris Caye (einfacher Flug 76–100 BZ$, 20 Min.). In San Pedro gibt's Anschlussflüge nach Belize City und andere Städte.

Die Boote von **Thunderbolt Travels** (☎ 422-0026) fahren morgens um 7 Uhr von Corozal nach San Pedro. In der Hauptsaison startet manchmal auch noch ein Boot um 15 Uhr. Die einfache Fahrt kostet 45 BZ$. Thunderbolt legt auf Wunsch in Sarteneja (25 BZ$) einen Zwischenstopp ein.

Zwischen 4 und 19.30 Uhr startet in Corozal mindestens jede Stunde ein Bus nach Süden. Die Fahrt geht über Orange Walk (4 BZ$, 1 Std.) nach Belize City (12 BZ$, 3 Std.). Morgens werden Zusatzbusse eingesetzt.

WESTBELIZE

Die weitestgehend unberührte Landschaft im Westen des Landes bietet Höhlen, über 900 m hohe Berge, Wasserfälle und Mayastätten. Hier gibt es wahrhaft viel zu entdecken.

AUF DEM WESTERN HIGHWAY NACH WESTEN

Los geht's in Belize City auf der Cemetery Rd vorbei am Lords Ridge Cemetery und schon bald ist man auf dem Western Hwy. Nach 25 km erreicht man Hattieville. Diese Stadt wurde 1961 gegründet, nachdem der Hurrikan Hattie Belize City fast völlig zerstört hatte.

Nach weiteren 21 km ist man dann am Belize Zoo. Mindestens jede Stunde fährt ein Bus den Western Hwy lang und hält auf Wunsch überall zwischen Belize City und Belmopan.

Belize Zoo & Tropical Education Center

Der wunderschöne, 12 ha große **Belize Zoo & Tropical Education Center** (☎ 220-8004; www.belizezoo.org; ca. Km 47, Western Hwy; Erw./Kind 20/10 BZ$; ⌚ 8.30–17 Uhr, an den wichtigsten Feiertagen geschl.) beherbergt in natürlicher Umgebung viele Tiere, die aus den Händen von skrupellosen Sammlern gerettet werden konnten. Auf einem 45- bis 60-minütigen, beschilderten Spaziergang sieht man mehr als 125 einheimische Tierarten u. a. Jaguare, Ozelots, Brüllaffen, Pekaris, Geier,

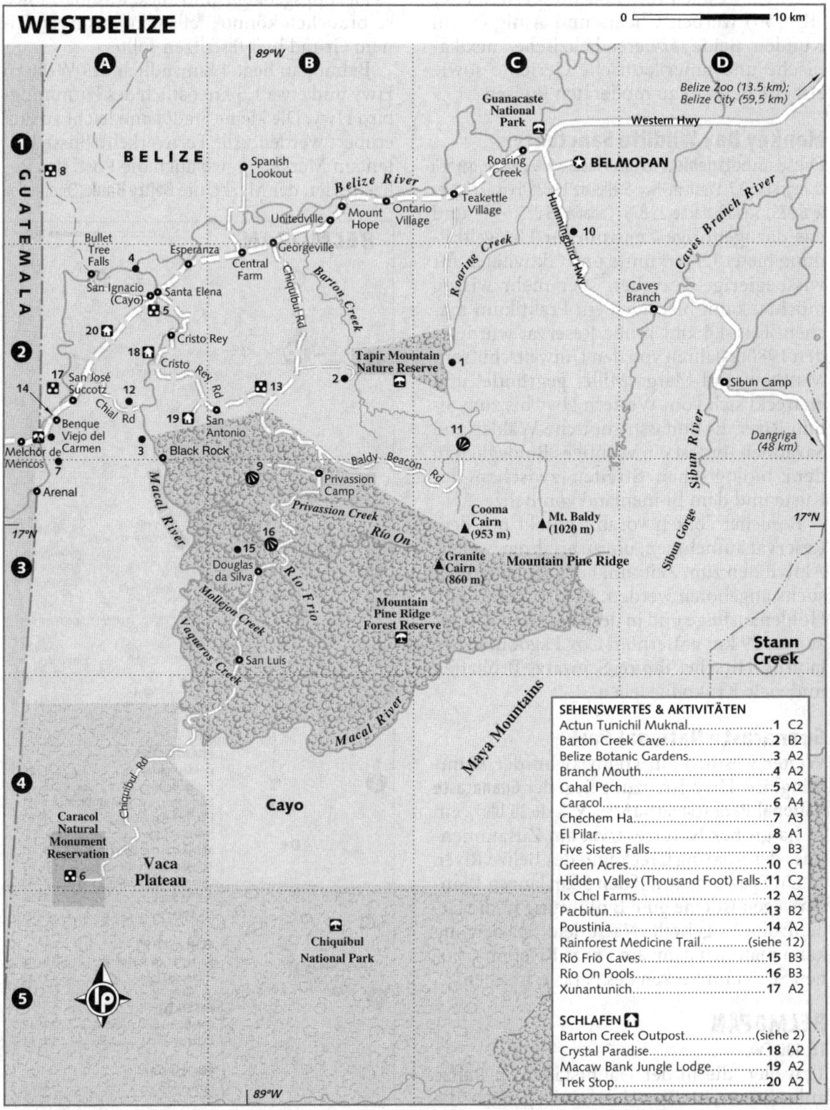

Störche, Krokodile, Tapire und *gibnuts*. Der Zoo liegt an der Nordseite des Highways (die Abzweigung ist ausgeschildert). Man kann ihn auch im Dunkeln besuchen, was besonders reizvoll ist, da viele der Zoobewohner nachtaktiv sind. Wer einen Abendspaziergang machen will, muss vor Torschluss beim Zoo anrufen oder vorbeigehen.

Direkt westlich vom Zoo am Western Hwy (Km 50) werben Cheers und Amigo's um Kunden. Beide servieren belizische, mexikanische und amerikanische Gerichte sowie eiskalte Belikins zu moderaten Preisen.

Monkey Bay Wildlife Sanctuary

Dieses **Schutzgebiet** (☎ 820-3032; www.monkeybaybelize.org; Km 50,7, Western Hwy; Stellplatz 15 BZ$/Pers., Zeltmiete 6 BZ$, Schlafbaracke 25 BZ$, Cabaña 35 BZ$;) und das dazugehörige Zentrum für Umweltbildung bietet Unterkünfte und Aktivitäten für wissbegierige Traveller. Wer mehr wissen möchte, kann hier auch ein Praktikum machen. Das 4,4 km² große Reservat wurde in den 1980er-Jahren von den Umweltschützern Matthew und Marga Miller gegründet und erstreckt sich vom Western Hwy bis zum Sibun River. Es umfasst tropische Wälder und Savannen und ist ein wichtiges Bindeglied in dem biologischen Streifen zwischen der Küste und dem Binnenland von Belize.

Besucher sollten vorab Kontakt mit dem Reservat aufnehmen, um zu erfahren, welche Aktivitäten zum Zeitpunkt des geplanten Besuchs angeboten werden. Es gibt Kanu- und Höhlenausflüge und in der Trockenzeit Trips zur ca. 19 km entfernten Cox Lagoon, in der Jabirus, Hirsche, Tapire, Schwarze Brüllaffen und viele Krokodile leben.

BELIZE

Guanacaste National Park

Weiter westlich am Highway an der Hummingbird-Hwy-Kreuzung liegt der **Guanacaste National Park** (Eintritt 10 BZ$; 8–16.30 Uhr), ein 21 ha großes Naturreservat am Zusammenfluss des Roaring Creek und des Belize River.

Ein Spaziergang auf den 3 km langen Wanderwegen ist eine gute Einführung in die farbenfrohe Vogelwelt. Nach dem Spaziergang kann man sich dann am Belize River im schönen Schwimmbecken des Parks erfrischen.

BELMOPAN

16 400 Ew.

Traveller, die in der Hauptstadt von Belize ankommen, stellen sich unweigerlich die Frage: Was will ich hier? Aber die Stadt hat zum Glück eine Antwort parat: Umsteigen.

Gegründet 1961, nachdem der Hurrikan Hattie einen Großteil von Belize City zerstört hat, konnte sich diese Stadt (schnell alles einpacken und zusammen mit der Regierung irgendwo neu anzufangen) nicht wirklich durchsetzen. In Belmopan gibt's Botschaften, Regierungsgebäude und alles, was man sonst so brauchen könnte, falls man aus irgendeinem Grund hier festsitzen sollte.

Belmopan liegt 4 km südlich des Western Hwy und etwa 1,5 km östlich des Hummingbird Hwy. Die kleine Stadt kann leicht zu Fuß erobert werden. Alle Fernverkehrsbusse halten am Market Sq, wo auch die Post, das Polizeirevier, der Markt, die **Belize Bank** (Constitution

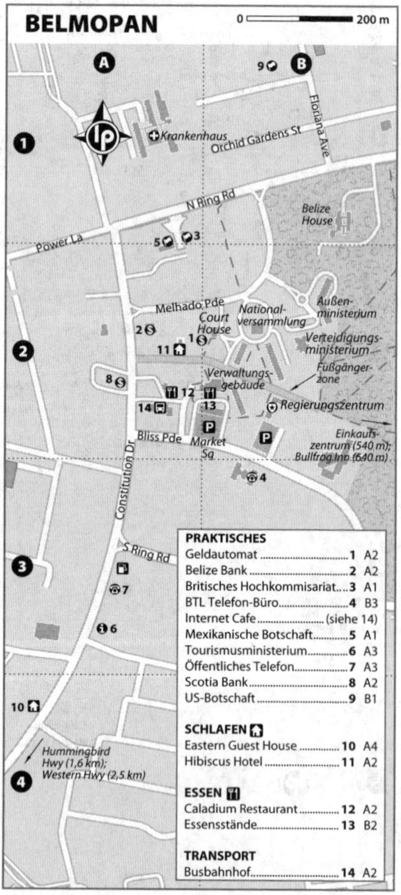

Dr), die **Scotia Bank** (Constitution Dr) und das **BTL Telefon-Büro** (Bliss Pde) sind.

Und weil Belmopan ja schließlich die Hauptstadt ist, kann man hier ganz prima seine Bankgeschäfte erledigen. Im **Internet Café** (5 BZ$/Std.; 8–20 Uhr) am Busbahnhof kann man gut seine Zeit vertrödeln.

Schlafen & Essen

Belmopan ist die Stadt der Bürokraten und Diplomaten. Budgettravellern bietet sie wenig.

Eastern Guest House (☎ 625-9018; Constitution Dr; EZ/DZ 38/49 BZ$;) Diese Budgetunterkunft in einer wahrhaft budgetunfreundlichen Stadt hat sehr einfache Zimmer mit Ventilator. Für eine Nacht o. k.

Hibiscus Hotel (☎ 822-1418; hibiscus@btl.net; am Constitution Dr; Zi. ab 95 BZ$, FZ 110 BZ$) Dieses Hotel hat nichts Umwerfendes zu bieten, vermittelt aber einen recht guten Eindruck der in dieser Stadt herrschenden Stimmung.

Bull Frog Inn (☎ 822-2111; 25 Half Moon Ave; www.bullfroginn.com; EZ/DZ 100/115 BZ$;) In dieser Unterkunft kann man seine Reisekasse plündern. Ein netter Ort, geräumige Zimmer und eine gut bestückte Bar mit WLAN.

Caladium Restaurant (☎ 822-2754; Market Sq; Hauptgerichte 10–30 BZ$) Das Restaurant direkt gegenüber vom Busbahnhof bietet täglich ein Special für 8 BZ$ an. Ansonsten kommen hier die für Belize üblichen Gerichte und Snacks auf den Tisch.

Auf dem **Markt** (Market Sq) gibt's viele **Essensstände,** die wirklich leckeres, preiswertes Essen verkaufen.

An- & Weiterreise

Dank der Lage unweit der Kreuzung der beiden wichtigsten Schnellstraßen legt buchstäblich jeder Bus, der auf dem Western Hwy und dem Hummingbird Hwy verkehrt, in Belmopan einen Zwischenstopp ein.

Busse nach Belize City (Fernverkehr-/Expressbus 6/9 BZ$, 1/1¼ Std.) starten alle 30 Minuten.

SAN IGNACIO (CAYO)

17 000 Ew.

San Ignacio liegt ganz im Westen in Grenznähe. Die Stadt bietet zahlreiche Archäologie- und Naturattraktionen in den umliegenden Hügeln. Zusammen mit dem auf der anderen Flussseite gelegenen Santa Elena ist sie die Stadt mit den meisten Einwohnern im Cayo District. Hier herrscht eine optimistische, fröhliche Stimmung. Aber dennoch ist es eben nur eine Kleinstadt, in der tagsüber nicht viel los ist. Nachts wendet sich dann das Blatt, und der Urwald rockt nach der Musik, die aus den Bars und Restaurants schallt.

> **WESTBELIZE INTENSIVER ERLEBEN**
>
> Westbelize bietet viele Möglichkeiten, die ausgetretenen Touristenpfade zu verlassen. Hier einige Tipps:
>
> - **Branch Mouth** ist eine Badestelle, die man in einem 20-minütigen Spaziergang von San Ignacio (Cayo) aus erreicht. Hier treffen sich der Macal River und der Mopan River.
> - Wie wär's mit einer Kanufahrt von San Ignacio zu den **Belize Botanic Gardens**. In diesem Schutzgebiet gibt's 400 Baum- und mehr als 160 Orchideenarten.
> - Im Open-Air-Skulpturenpark **Poustinia** kann man Werke internationaler und belizischer Künstler bewundern.

Der **Samstagsmarkt** in San Ignacio ist der größte in Belize. Er lockt Bauern, Handwerker und Händler aus dem ganzen Land an. Los geht's schon bevor es morgens hell wird, Schluss ist dann irgendwann am Nachmittag. Wer auf der Suche nach Kleidung, Schmuck, Obst, Gemüse und leckerem Essen ist oder einfach nur sehen will, was die belizische Kultur so alles zu bieten hat, ist hier genau richtig.

Orientierung

San Ignacio liegt auf der Westseite und Santa Elena auf der Ostseite des Flusses. Zwei Brücken verbinden die Städte miteinander. Über die neuere, nördliche Brücke fährt man nach San Ignacio, über die Hawkesworth Bridge, eine Hängebrücke und San Ignacios Wahrzeichen, verlässt man die Stadt. In der Regenzeit ist die neue Brücke aber oft überflutet, sodass der Verkehr über die Hawkesworth Bridge umgeleitet werden muss. Die Burns Ave ist die Hauptstraße. In San Ignacio kann man fast alles zu Fuß erreichen.

Praktische Informationen

The Review (West St; www.aguallos.com) hat in San Ignacio ihre Hauptniederlassung. Hier bekommt man kostenlose Touristeninfos und Exemplare der zweimal monatlich erscheinenden Broschüre *The Review*. Nach dem rotgold-grünen Satz „Don't Watch Me, Watch Yourself" über der Tür Ausschau halten.

Die Belize Bank und die Atlantic Bank sind beide in der Burns Ave und haben Geldautomaten, die rund um die Uhr in Betrieb sind. Die **Post** (Missiah St) ist im oberen Stockwerk des Government House in der Nähe der Brücke untergebracht.

Bei **Trade Winds Internet** (☎ 824-2396, West Street; 5 BZ$/Std.) kommt man mit neuen Computern ins Internet. Hier kann man auch DVDs brennen, drucken, scannen und … bekommt einen Kaffee umsonst. Und auch der, dem die für einen Ausflug in den Urwald erforderliche neue Campingausrüstung fehlt, wird hier mit Sicherheit fündig.

SAN IGNACIO (CAYO)

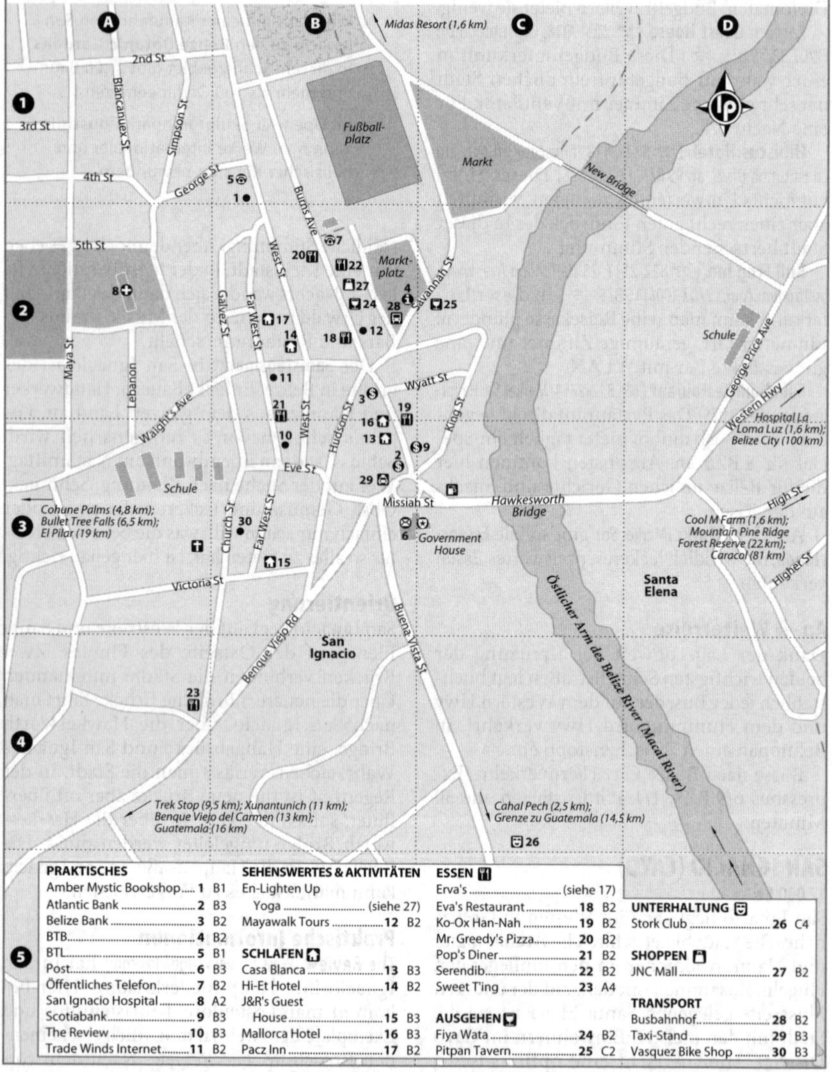

PRAKTISCHES

Amber Mystic Bookshop	1	B1
Atlantic Bank	2	B3
Belize Bank	3	B2
BTB	4	B2
BTL	5	B1
Post	6	B3
Öffentliches Telefon	7	B2
San Ignacio Hospital	8	A2
Scotiabank	9	B3
The Review	10	B3
Trade Winds Internet	11	B2

SEHENSWERTES & AKTIVITÄTEN

En-Lighten Up Yoga	(siehe 27)	
Mayawalk Tours	12	B2

SCHLAFEN

Casa Blanca	13	B3
Hi-Et Hotel	14	B2
J&R's Guest House	15	B3
Mallorca Hotel	16	B3
Pacz Inn	17	B2

ESSEN

Erva's	(siehe 17)	
Eva's Restaurant	18	B2
Ko-Ox Han-Nah	19	B2
Mr. Greedy's Pizza	20	B2
Pop's Diner	21	B2
Serendib	22	B2
Sweet T'ing	23	A4

AUSGEHEN

Fiya Wata	24	B2
Pitpan Tavern	25	C2

UNTERHALTUNG

Stork Club	26	C4

SHOPPEN

JNC Mall	27	B2

TRANSPORT

Busbahnhof	28	B2
Taxi-Stand	29	B3
Vasquez Bike Shop	30	B3

Amber Mystic Books (West St) ist ein wunderbarer Buch-, Kunst- und Musikladen, der auch gern Bücher in Zahlung nimmt.

Das San Ignacio Hospital befindet sich auf dem Hügel an der Waight's Ave westlich des Zentrums. In Santa Elena auf der anderen Flussseite liegt das Hospital La Loma Luz.

Sehenswertes & Aktivitäten

Von San Ignacio aus lohnt sich der Ausflug zu zwei Mayastätten. Cahal Pech befindet sich direkt am Stadtrand, El Pilar liegt etwas außerhalb im Nordwesten.

In der Mayasprache bedeutet **Cahal Pech** (Eintritt 10 BZ$; 6–18 Uhr) „Ort der Zecken", was aber nicht der ursprüngliche Name ist. Cahal Pech hatte von 900 v. Chr. bis 800 n. Chr. einige Bedeutung. Auf dem 2,4 ha großen Gelände gab es 34 Gebäude, die sich um sieben Plazas gruppierten. **Plaza B**, ca. 150 m vom Museum und vom Parkplatz entfernt, ist die größte und beeindruckendste Plaza hier. Rund um die Plaza stehen einige der bedeutendsten Gebäude. An der Plaza A befindet sich die **Struktur A-1**, die größte Pyramide dieser archäologischen Stätte.

Cahal Pech liegt an der Buena Vista Rd, 1,6 km von der Hawkesworth Bridge entfernt. Man kann die Anlage zu Fuß oder mit einem Taxi (ca. 6 BZ$) erreichen.

Etwa 19 km nordwestlich von San Ignacio jenseits der Bullet Tree Falls liegt **El Pilar** fast 275 m über dem Belize River. Der größte Teil von El Pilar ist noch nicht ausgegraben. Fünf Wanderwege führen durch die vom Urwald bedeckten Hügel.

En-lighten Up (3. Stock, JNC Mall, Burns Ave; enlightenupyogabelize@gmail.com), ein Yogastudio an der Hauptstraße, bietet täglich Yogakurse an. Wer unangemeldet kommt und mitmachen will, muss 12 BZ$ zahlen. Der Stundenplan hängt an der Tür. Yogalehrerin Melissa betreibt auch eine Unterkunft oben auf einem Hügel außerhalb der Stadt. Infos gibt's im Yogastudio.

Der **Vasquez Bike Shop** (☎ 662-5599; shanevasquez2003@yahoo.com; Church St, gegenüber vom Sacred Heart Hospital) ist der einzige Laden dieser Art in San Ignacio, der hochwertige Mountainbikes (Schwinn, Treks und Specialized) verkauft, repariert und vermietet. Die Drahtesel kosten 52 BZ$ pro Tag bzw. 25 BZ$ pro Tag, wenn man sie für mindestens eine Woche mietet.

Geführte Touren

Mehrere Veranstalter bieten geführte Touren in die Umgebung, zu den Inseln und nach Tikal in Guatemala an. **Carlos Panti** (☎ 669-5552; carlos.caveguide@yahoo.com) hat sich auf kleine Gruppen spezialisiert, mit denen er für 150 BZ$ pro Person spirituell angehauchte Ausflüge in die Höhle Actun Tunichil Muknal unternimmt. **Mayawalk Tours** (☎ 824-3070; www.mayawalk.com; 19 Burns Ave) organisiert ebenfalls Touren in die Höhle (160 BZ$/Pers.) und nach Tikal (360 BZ$/Pers.). Die Führer von **Pacz Tours** (☎ 824-0536; www.pacztours.net) kennen sich wirklich sehr gut aus.

Schlafen

Hi-Et Hotel (☎ 824-2828; thehiet@yahoo.com; 12 West St; EZ/DZ 40/50 BZ$, ohne Bad 20/25 BZ$) Die kleinen Balkone versöhnen einen wieder mit den winzigen Zimmern mit Gemeinschaftsbad, in denen es wirklich eng ist. Die Zimmer mit Bad sind sehr viel besser.

J&R's Guest House (☎ 626-3604; 20 Far West St; EZ/DZ/3BZ 25/30/35 BZ$) Moderne Unterkunft oben auf einem Hügel an der Hauptstraße mit familiärer Atmosphäre und einer Veranda, auf der man fantastisch frühstücken (im Zimmerpreis enthalten) und die herumschwirrenden Kolibris beobachten kann.

Pacz Inn (☎ 824-2821, 670-3812; paczinn@gmail.com; 4 Far West St; EZ/DZ 50/60 BZ$, EZ/3BZ ohne Bad 40/60 BZ$) Die großen, sauberen Zimmer bilden eine angenehme Ausnahme unter den Budgetunterkünften in San Ignacio.

Casa Blanca (☎ 824-2080; http://casablancaguesthouse.com; 10 Burns Ave; EZ/DZ mit Ventilator 45/55 BZ$, mit Klimaanlage 75/95 BZ$) Die Zimmer in der familiären Casa Blanca sind gepflegt und gemütlich.

Mallorca Hotel (☎ 824-2960; mallorcahotel@gmail.com; Burns Ave; EZ/DZ/3BZ 45/55/75 BZ$, mit Klimaanlage 75/95/115 BZ$) Das familiengeführte Mallorca in zentraler Lage an der Hauptstraße hat zehn saubere Zimmer.

Cahal Pech Village Resort (☎ 824-3740; www.cahalpech.com; Standard-Zi. Cabaña 158 BZ$, F-Suite 198 BZ$;) Der Blick von diesem Resort, das von einer belizischen Familie betrieben wird, ist irre. Man sieht San Ignacio, Cahal Pech und Xunantunich. Die Zimmer sind farbenfroh, hell und mit Kunsthandwerk der Maya geschmückt. Wer hier nicht übernachtet, muss für die Abkühlung im dazugehörigen Pool 10 BZ$ zahlen.

Essen

Mr Greedy's Pizza (☎ 804-4648; Burns Ave; Burger ab 7 BZ$, Pizza ab 13 BZ$;) Tolle, kleine Pizzeria, in der es auch Burger und eine Bar gibt. In die-

RAUS AUS DER STADT!

Direkt vor den Toren von San Ignacio befinden sich mehrere wunderschöne, preiswerte Campingplätze, Ökoresorts und Privatunterkünfte.

Midas Resort (☎ 824-3172; www.midasbelize.com; Branch Mouth Rd; Stellplatz 16 BZ$/Pers., DZ Hütte ab 108 BZ$) Ein kleines Fleckchen Natur direkt am Stadtrand. Die Hütten haben Veranden, Klimaanlage und Kabel-TV. Ein Restaurant und eine Bar fehlen natürlich auch nicht. Hinter dem Grundstück kann man in einem Fluss schwimmen.

Trek Stop (☎ 823-2265; www.thetrekstop.com; Km 114, Western Hwy; Stellplatz 10 BZ$, EZ/DZ Hütte 30/56 BZ$) Diese Unterkunft liegt auf einem Hügel mit Urwaldbewuchs etwa 10 km westlich von San Ignacio und ist ideal für Backpacker. Die einfachen Hütten sind recht weit voneinander entfernt, sodass man sich wirklich etwas abgeschieden fühlt. Auf dem Gelände gibt's ein Schmetterlinghaus, einen Frisbee-Parcours und eine Küche. Hin kommt man mit einem Bus, der aus der Stadt in Richtung Melchor oder Benque fährt. Man muss dem Fahrer sagen, dass man am Trek Stop aussteigen möchte.

Cohune Palms (☎ 600-7508; www.cohunepalms.com; Hütte 70–110 BZ$) liegt etwa 5 km nordwestlich von San Ignacio in der Nähe der Bullet Tree Falls direkt am Flussufer. Die Küche kann von den Gästen mitbenutzt werden. In dieser wirklich schönen Unterkunft gibt's auch Fahrräder und große Schwimmreifen. Wer hier übernachten will, kann sich in San Ignacio abholen lassen.

Cool M Farm (☎ 824-2276; cool.m.farm@gmail.com; Cabaña 80/90 BZ$) Der 30 ha große Milchviehbauernhof mit vielen Gärten ist nur einen 20-minütigen Marsch von San Ignacio entfernt. Es gibt zwei niedliche *cabañas* mit Ventilator, bequemem Doppelbett, Schreibtisch, modernem Bad und Veranda mit Blick übers Tal. Das Bio-Frühstück für zwei Personen besteht aus Eiern, Joghurt, Müsli und Brot und ist im Preis enthalten.

sem Lokal an der Hauptstraße werden nur Zutaten aus der Umgebung verarbeitet. Im Angebot sind auch Pizzastücke (4 BZ$), Cocktails und Milchshakes.

Erva's (☎ 824-2821; 4 Far West Street; Hauptgerichte ab 8 BZ$) In diesem sehr guten Restaurant im Erdgeschoss des Pacz Inn werden tolle Speisen serviert, die typisch für die Region sind.

Cahal Pech Village Resort (☎ 824-3740; Frühstück/Mittagessen/Abendessen ab 8/10/12 BZ$) Das zum Cahal Pech Village Resort gehörende Restaurant bietet gleich zwei in der Küche herumwirbelnde Küchenchefs und einen tollen Panoramablick. Genau das Richtige, um in den Tag zu starten oder ihn ausklingen zu lassen. Wer weiß, vielleicht verbringt man ihn auch ganz hier. Es gibt außerdem eine gut bestückte Bar.

LP Tipp **Ko-Ox Han-Nah** (☎ 824-3014; 5 Burns Ave; Hauptgerichte 8–18 BZ$; ⌚ morgens, mittags & abends) Helles, offenes Lokal an der Hauptstraße, in dem sich sowohl Einheimische als auch Touristen treffen. Und das aus gutem Grund: das Essen ist hervorragend. Die Zutaten aus der Region werden hier zu erstaunlichen Gerichten verarbeitet, wie gegrillte Auberginen mit Käse aus der Region (12 BZ$), Hähnchen-, Schweine- und Lammfleischgerichte.

Serendib (☎ 824-2302; Burns Ave; Hauptgerichte ab 15 BZ$; ⌚ mittags & abends) Das einzige sri-lankische Restaurant in San Ignacio serviert leckere Gerichte in einem ruhigen Innenhof.

Ebenfalls empfehlenswert:

Sweet T'ing (Benque Viejo Rd; Kuchen ab 3 BZ$, Kaffee ab 3 BZ$; ⌚ 12–21 Uhr) Winzige Bäckerei auf dem Hügel; der Aufstieg lohnt sich.

Eva's Restaurant (☎ 804-2267; 22 Burns Ave; Hauptgerichte 5–12 BZ$; ⌚ morgens, mittags & abends) In dieser Institution im Cayo District bekommt man Essbares, Trinkbares und Informationen. Happy Hour ist von 15 bis 19 Uhr (Rum-Cola 2 BZ$, Bier 4 BZ$).

Pop's Diner (Far West St; Hauptgerichte ab 8 BZ$; ⌚ morgens & mittags) Freundlicher, kleiner, traditioneller Diner, in dem man den ganzen Tag frühstücken und unendlich viel Kaffee trinken kann.

Ausgehen

Pitpan Tavern (gegenüber vom Market Sq) Der Name hat sich zwar geändert, aber sonst ist alles beim Alten: Happy Hour von 17 bis 19 Uhr, Reggaebands, betrunkene Einheimische und noch betrunkenere Ausländer.

Fiya Wata (Burns Ave) Im Fiya Wata in der Hauptstraße gibt's preiswerte Getränke, einen Billardtisch und endlos viel Unterhaltung für Einheimische und Touristen.

Stork Club (18 Buena Vista St; Eintritt 10 BZ$; ⌚ Do–Sa) Wenn sich die Bar in dem todschicken San Ignacio Resort Hotel geleert hat, geht in dieser Disco die Post ab.

An- & Weiterreise

Busse nach Belize City (Fernverkehrs-/Expressbus 10/14 BZ$, 2/3 Std.) und Belmopan (Fernverkehrs-/Expressbus 4/6 BZ$, 1½ Std./45 Min.) starten fast alle 30 Minuten in San Ignacio am Market Sq.

Verbindungen nach Benque Viejo del Carmen und weiter nach Guatemala s. Kasten S. 281.

Der Taxistand befindet sich am Kreisverkehr gegenüber vom Government House. Die Preise sind selbst für kurze Fahrten überraschend hoch (wenige Kilometer können leicht zwischen 10 und 20 BZ$ kosten).

MOUNTAIN PINE RIDGE & UMGEBUNG

Südlich des Western Hwy zwischen Belmopan und der guatemaltekischen Grenze beginnen die Maya Mountains, die den Cayo District vom Stann Creek District im Osten und dem Toledo District im Süden trennen.

Das Herz des Mountain Pine Ridge Forest Reserve, ein Hochland mit vielen Aras und Jaguaren, Mahagoni- und Mangobäumen, bildet ein 777 km² großer Nadelwald. Für Unternehmungslustige gibt's in diesem Naturschutzgebiet und in der Umgebung unzählige Flüsse, Wasserbecken, Wasserfälle und Höhlen zu entdecken.

Sehenswertes

RAINFOREST MEDICINE TRAIL

Das Heilkräuterforschungszentrum der **Ix Chel Farms** (Eintritt 10 BZ$; 🕑 8–12 & 13–17 Uhr) liegt 13 km südwestlich von San Ignacio an der Chial Rd.

Dr. Eligio Pantí, der 1996 im Alter von 103 Jahren starb, war ein Heiler in San Antonio, der traditionelle Maya-Heilmethoden anwendete. Die Amerikanerin Dr. Rosita Arvigo ging bei ihm in die Lehre und lernte alles über Heilpflanzen. Sie rief später mehrere Projekte ins Leben, um das Wissen über traditionelle Heilmethoden zu verbreiten und den Lebensraum im Regenwald zu erhalten, in dem es sage und schreibe 4000 Pflanzenarten gibt.

Eines ihrer Projekte war die Einrichtung des **Rainforest Medicine Trail**, ein mit Infotafeln bestückter Weg durch den Urwald.

HÖHLEN

Wer eine der folgenden Höhlen besichtigen will, muss sich einer geführten Tour anschließen. Am besten fragt man im Hotel nach oder wendet sich an einen der vorgeschlagenen Cayo-Führer (S. 277).

Die **Río Frio Caves** sind die meistbesuchten und berühmtesten Höhlen der Gegend. Aber auch die **Barton Creek Cave** (Ganztagestouren kosten um die 130 BZ$/Person inkl. Mahlzeiten) erfreut sich steigender Beliebtheit. Einer der gefragtesten Ausflüge startet in San Ignacio; man bekommt gespenstische Totenköpfe, Knochen und Keramikscherben der alten Maya zu sehen. Auf dem Weg dorthin muss man sich aber durch den einen oder anderen sehr engen Gang zwängen.

Die begeistertsten Empfehlungen bekommt **Actun Tunichil Muknal** (160 BZ$/Pers.). Da vermieden werden soll, dass Mayaknochen und -artefakte geplündert werden und um Abnutzungsspuren so gering wie möglich zu halten, dürfen zurzeit nur einige wenige Veranstalter Touren hierher anbieten.

WASSERBECKEN & WASSERFÄLLE

Río On Pools sind kleine Wasserfälle, die mehrere Wasserbecken miteinander verbinden, die der Fluss in die Granitblöcke gewaschen hat. Einige der Wasserfälle können auch als Wasserrutschen benutzt werden. Die Becken der ruhigeren **Five Sisters Falls**, zu erreichen über den offenen Fahrstuhl (5 BZ$) der Five Sisters Lodge, sind durch fünf kleinere Wasserfälle miteinander verbunden.

Das nasse Highlight der Gegend sind die **Hidden Valley (Thousand Foot) Falls** südlich von San Antonio. Es gibt Wanderwege und oben eine Aussichtsplattform mit tollem Blick auf die Mountain Pine Ridge. Die Wasserfälle stürzen etwa 450 m in die Tiefe, aber das ist nur in der Regenzeit spektakulär.

ARCHÄOLOGISCHE STÄTTEN

Im Hochland gibt es zwei interessante Mayastätten – eine kleinere und eine riesige.

Die kleine Ruine **Pacbitun** befindet sich 20 km südlich von San Ignacio an der Cristo Rey Rd in der Nähe von San Antonio und war wahrscheinlich von 900 v. Chr. bis 900 n. Chr. ständig bewohnt. Bis heute wurde lediglich die erhabene **Plaza A** freigelegt und teilweise befestigt. Die **Strukturen 1 und 2** an der Ost- und Westseite der Plaza lohnen ebenfalls den Besuch.

Etwa 86 km südlich von San Ignacio an der Chiquibul Rd liegt **Caracol** (Eintritt 10 BZ$, Ganztagestour 150 BZ$; 🕑 8–17 Uhr), eine gewaltige Mayastadt mitten im Urwald. Die ca. 88 km² große Anlage kann mit 36 000 Funden aufwarten.

Schlafen

Überall in den Wäldern und Bergen des Mountain-Pine-Ridge-Gebiets gibt's kleine Gasthäuser, Lodges und Ranches, in denen man übernachten und essen kann. Sie bieten auch Wanderungen, Ausritte und Höhlentouren an, und natürlich kann man hier auch schwimmen, Vögel beobachten und ähnliche Outdooraktivitäten unternehmen.

Barton Creek Outpost (☎ 662-4797; www.bartoncreekoutpost.com; 10 BZ$/Pers.) Diese Anlage ist selbst in einem Land mit so vielen grandiosen Orten etwas Besonderes. Sie liegt in einer Flussbiegung etwa 200 m von der Barton Creek Cave (S. 279) entfernt. Hier fühlt man sich so wohl, dass man eigentlich gar nicht mehr weg möchte. Gutes, einfaches Essen gibt's auch.

Macaw Bank Jungle Lodge(☎ 608-4825; www.macawbankjunglelodge.com; Cabaña 170–250 BZ$) Die schöne abseits gelegene Macaw Bank ist 13 km vom San-Ignacio-Schutzgebiet entfernt und bietet Wanderwege durch den Urwald, ein Restaurant und eine eigene, noch nicht frei gelegte Mayaruine. Von der Lodge aus gibt's über den Fluss einen Zugang zum Belize Botanical Garden. Wer will, kann sich auch in einem großen Gummireifen auf dem Fluss vergnügen.

Crystal Paradise (☎ 820-4014; www.crystalparadise.com; 1. Pers. inkl. Frühstück & Abendessen 190 BZ$, jede weitere Pers. 70 BZ$) Die netten, mit Stroh gedeckten *palapas* mit Doppelzimmer, Dreibettzimmer oder Familienzimmer stehen verstreut auf dem üppig grünen, 8,5 ha großen Gelände mit vielen tropischen Obstbäumen. Das Paradise bietet Kanufahrten, Ausritte, beschilderte Wanderwege und Plattformen, von denen man sehr gut Vögel beobachten kann.

BELIZE

RICHTUNG WESTEN BIS GUATEMALA

Von San Ignacio sind es noch 16 km auf dem Western Hwy in Richtung Südwesten bis zur guatemaltekischen Grenze.

San Jose Succotz

Der kleine Ort liegt am Mopan River an der Kreuzung nach Xunantunich. Im netten SJC sind die St. Joseph's Church und Benny's Kitchen zu finden. Am zweiten Aprilwochenende wird alljährlich das Succotz-Festival veranstaltet. Dann ist hier drei Tage lang der Teufel los: Tänze, Fußball, Erklimmen von glitschigen Pfählen, Jagd auf eingefettete Schweine, Marimbafonmusik und natürlich typisches Essen aus der Region. Das Festival findet am Wochenende nach Ostern statt.

Benny's Kitchen (☎ 823-2541; Gerichte ab 6 B$) ist eine Institution. Die hervorragenden guatemaltekischen und belizischen Speisen sind sowohl bei Einheimischen als auch Travellern beliebt.

Xunantunich

Xunantunich (Eintritt 10 BZ$; 🕓 7.30–16 Uhr), sprich suh-*nahn*-tuh-niech, ist die am leichtesten erreichbare bedeutende Mayastätte in Belize. Zu der Anlage kommt man mit der kostenlosen Fähre, die in San José Succotz etwa 12 km westlich von San Ignacio startet. Vom Fähranleger muss man dann noch 2 km den Berg hinauf zu den Ruinen wandern.

Das Hauptbauwerk **El Castillo** (Struktur A-6) ragt 40 m aus dem Dschungel in den Himmel. Die Stufen an der Nordseite, denen man sich vom Hof aus nähert, führen nur bis zum Tempelgebäude. Wer bis ganz nach oben aufs **Dach** klettern will, muss zur Südseite gehen und separate Stufen erklimmen. An der Ostseite des Tempels wurden ein paar Masken, die früher das ganze Gebäude schmückten, restauriert. Struktur A-11 und Plaza A-3 bildeten den Wohn-„Palast" für die herrschende Familie.

Die zwischen San Ignacio und Benque Viejo del Carmen fahrenden Busse halten am Fähranleger. Die Fähre mit dem Kurbelantrieb ist von 8 bis 12 und von 13 bis 17 Uhr bei Bedarf unterwegs und nimmt Fußgänger und Autos umsonst mit.

Benque Viejo del Carmen

Der verschlafene Ort 3 km östlich der Grenze zu Guatemala hat für Traveller wenig zu bieten, sodass man besser in San Ignacio übernachten sollte. Mitte Juli wird Benque Viejo del Carmen aber aus der tropischen Schläfrigkeit gerissen, denn dann bringt das dreitägige **Benque Viejo Festival** Leben in den Ort. Busse von und nach Belize City fahren fast alle 30 Minuten (Fernverkehrs-/Expressbus 8/12 BZ$, 2½/3 Std.) durch San Ignacio.

Chechem Ha

In dieser **Mayahöhle** (☎ 820-4063; 40 BZ$/Pers.; 🕓 geführte Touren 9.30 & 13.30 Uhr) kann man alte Zeremoniengefäße bewundern. Die Mitglieder der Morales-Familie, die die Höhle entdeckt haben, agieren als Führer. Zunächst geht's einen steilen Hang hinauf zum Höhleneingang. Im Inneren geht's dann hinunter zu all den Gegenständen, die die Maya zurückgelassen haben. Unbedingt vorher eine Tour buchen

UNTERWEGS NACH NACH GUATEMALA

Von San Ignacio fahren fast alle 30 Minuten Busse nach **Benque Viejo del Carmen**, der Grenzstadt an der Grenze zu Guatemala. Der Busbahnhof ist 3 km von der Grenze entfernt. Ein Taxi dorthin kostet 10 BZ$.

Man sollte möglichst früh die Grenze überqueren, damit man auch wirklich noch einen Bus für die Weiterreise bekommt. Reisepass (und gegebenenfalls KFZ-Papiere) von den belizischen Beamten abstempeln lassen, bevor man nach Guatemala einreist. Die Grenzstation ist zwar eigentlich rund um die Uhr geöffnet, aber es ist besser, die Grenze bei Tageslicht zu überqueren. Wer ein guatemaltekisches Visum oder eine Touristenkarte (s. S. 244) benötigt, sollte die Formalitäten bereits vor Grenzübertritt erledigt haben.

Auf jeder Seite der Grenze gibt es eine Bank, bei der man Geld wechseln kann. Die umherziehenden Geldwechsler bieten aber oft einen besseren Kurs – besonders für US$. Der Wechselkurs von belizischen Dollar in guatemaltekische Quetzal und umgekehrt ist manchmal ziemlich schlecht.

Busse von Transportes Pinita und von Transportes Rosalita starten am frühen Morgen in Richtung Westen nach **Santa Elena-Flores (Guatemala)**. Für 12 BZ$ pro Person kommt man manchmal aber in den Genuss einer der bequemeren Minibusse.

Wer weiter nach **Tikal** will, muss in El Cruce (Puente Ixlú), 36 km östlich von Flores, aussteigen und auf einen anderen Bus, einen Minibus oder einen freundlichen Auto- oder LKW-Fahrer warten, um die letzten 35 km in Richtung Norden bis nach Tikal zu überwinden.

Infos über die Einreise von Guatemala nach Belize stehen auf S. 224.

und fragen, ob man eventuell in San Ignacio abgeholt werden kann. Festes Schuhwerk, Wasser und Taschenlampe nicht vergessen.

Man kann bei Chechem Ha zelten oder in einer der einfachen **Schlafgelegenheiten** (80 BZ$/Pers. inkl. Mahlzeiten) übernachten.

SÜDBELIZE

Der Süden von Belize wird von Travellern oft vernachlässigt, aber auch diesem Teil des Landes fehlt es nicht an Charme. Die Garífuna-Städte Dangriga und Hopkins Well sind unbedingt einen Besuch wert, genauso wie die abgelegenen, budgetfreundlichen Inseln Tobacco Caye und Glover's Reef, wo man fantastisch tauchen und schnorcheln kann.

Weiter im Süden liegt das vielbesuchte Placencia. Außerhalb der Hauptsaison geht's hier wirklich gelassen zu. Punta Gorda ist das Tor in den wenig besuchten Toledo District mit seinen unrestaurierten Ruinen, Naturwundern und traditionellen Dörfern.

HUMMINGBIRD HIGHWAY

Der Hummingbird Hwy verläuft von Belmopan aus 79 km nach Südosten bis zur Kreuzung mit dem Southern Hwy und der Abzweigung nach Dangriga. Er ist fast komplett geteert, dennoch muss man mit Straßenarbeiten und Schotterabschnitten rechnen.

Blue Hole National Park

Das **Blue Hole**, das dem **Nationalpark** (Eintritt 4 US$; ⌚ 8–16 Uhr) seinen Namen gegeben hat, ist ein Cenote (mit Wasser gefüllter Kalksteinkrater) mit einem Durchmesser von etwa 100 m und einer Tiefe von 33 m. Das Blue Hole wird von den unterirdischen Nebenflüssen des Sibun River gespeist. Hier ist es selbst an den heißesten Tagen angenehm kühl und es ist eine wahre Freude, ins Wasser zu springen.

Das Besucherzentrum des Parks befindet sich ca. 18 km südlich von Belmopan am Hummingbird Hwy. Hier beginnt auch der Wanderweg zur **St. Herman's Cave**. Die große Höhle wurde in der klassischen Periode von den Maya benutzt. Es ist eine der wenigen Höhlen in Belize, die man auf eigene Faust erkunden kann, zumindest die ersten 140 m; weiter drinnen ist ein Führer erforderlich. Außerdem gibt's hier noch ein paar Naturlehrpfade und einen Aussichtsturm.

DANGRIGA

11 500 Ew.

Dangriga ist die größte Stadt in Südbelize. Sie ist sehr viel kleiner als Belize City, freundlicher und ruhiger, kurz gesagt, ein toller Ort, um die Garífuna und ihre Kultur kennenzulernen. Am 19. November, dem **Garífuna Settlement Day**, klappt das am besten. An diesem Tag wird bis zum Umfallen getanzt und getrunken, aber vor allem wird das Erbe der

Garífuna gefeiert. An den restlichen 364 Tagen des Jahres sind die Menschen etwas ruhiger, aber gleichwohl gastfreundlich.

Orientierung & Praktische Informationen

Der Stann Creek endet mitten im Zentrum der Stadt im Golf von Honduras. Dangrigas Hauptstraßen sind die St. Vincent St südlich des Creek und die Commerce St nördlich. Der Busbahnhof liegt am Südende der Havana St nördlich der Shell-Tankstelle. Der Flughafen ist 2 km nördlich des Zentrums nahe dem Pelican Beach Resort. Das Riverside Café fungiert als inoffizieller Wassertaxistop. Hier kann man mit den Fischern und Händlern Ausflüge zu den Inseln im Süden verabreden.

Die **Belize Bank** und die **Scotia Bank** sind beide in der Hauptstraße südlich des Flüsschens. Bei **Val's Laundry** (1 Sharp St) kann man seine Kleidung waschen und gleichzeitig E-Mails checken. Ein Pfund Wäsche kostet 2 BZ$, eine Stunde Surfen 4 BZ$.

Sehenswertes

13 km nordwestlich der Stadt in der Melinda Rd ist die **Marie Sharp's Factory** (☎ 520-2087; 7–12 & 13–16 Uhr), in der die in Belize heiß geliebte, scharfe Sauce hergestellt wird. Während der Öffnungszeiten werden Fabrikbesichtigungen angeboten, die oft von Marie selbst geführt werden. Es gibt auch einen Souvenirladen. 2008 wurde eine Britin angegriffen, als sie allein auf der Straße in Richtung

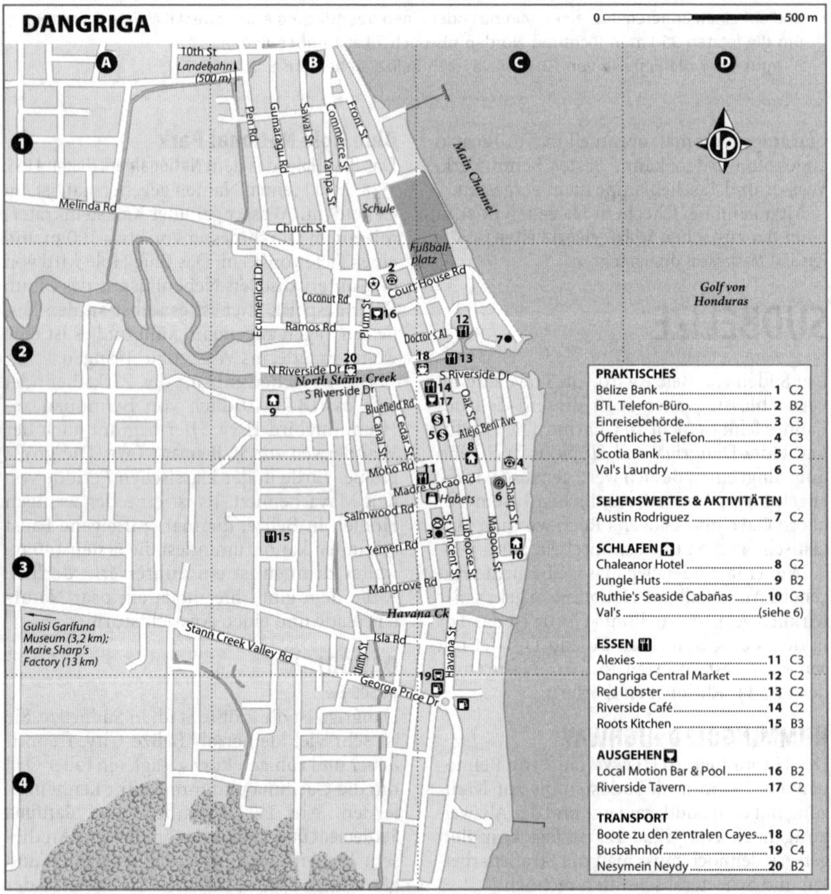

Fabrik lief. Obwohl die Täter geschnappt und verurteilt wurden, empfehlen die Sharps, die Straße nicht entlang zu gehen und bieten an, ihre Gäste am Highway abzuholen. Natürlich muss man vorher Bescheid sagen.

Das **Gulisi Garífuna Museum** (Stann Creek Valley Rd; Eintritt 10 BZ$; Di–Fr 12–19, Sa 8–14 Uhr) gibt anhand von Fotografien, Filmen und Musik einen ausgezeichneten Einblick in die lebhafte Garífuna-Kultur. Workshops und Sprachkurse finden hier ebenfalls statt. Das Museum liegt etwa 2 km vom Busbahnhof entfernt in Richtung Landesinnere. Jeder Bus, der aus der Stadt hinausfährt, lässt einen am Museum raus.

Schlafen & Essen

Val's (502-3324; www.valsbackpackerhostel.com; 1 Sharp St; B 22 BZ$;) Schon als Val nur einen Waschsalon betrieb, hatte sie Fans aus der ganzen Welt. Als dann Interzugang, Schlafsäle mit Schließfächern, viele Ventilatoren und große, saubere Gemeinschaftsbäder dazukamen, wurde das Val's eine Backpacker-Institution.

Chaleanor Hotel (522-2587; www.toucantrail.com/chaleanor-hotel.html; 35 Magoon St; EZ/DZ 63/101 BZ$, ohne Bad 22/36 BZ$;) Die Budgetzimmer sind wohl eher Holzkisten mit Fenstern. Die schattige Dachterrasse mit den Hängematten und dem Blick aufs Meer macht das aber wett. Alle Zimmer haben Ventilatoren. Wer eine Klimaanlage haben will, muss 30 BZ$ drauflegen.

Ruthie's Seaside Cabañas (502-3184; Ecke Magoon St & Yemeri Rd; DZ 55 BZ$) Saubere, gemütliche Hütten direkt am Meer. In allen Zimmern können bis zu vier Personen übernachten (ein Doppel- und ein Etagenbett). Der angegebene Doppelzimmerpreis gilt für zwei Personen, jede weitere Person kostet 12 BZ$. Es gibt Kabel-TV und Duschen mit Warmwasser.

Jungle Huts (522-0185; 4 Ecumenical Blvd; Zi. ab 58 BZ$, Cabaña/3BZ 58/98 BZ$;) Saubere, gemütliche Hütten direkt am Meer. Es gibt Kabel-TV und warme Duschen, drei *cabañas* und 13 Zimmer. In allen Zimmern gibt's Warm- und Kaltwasser und in einigen Fernseher. Klimaanlage kostet 20 BZ$ extra.

Red Lobster (N Riverside Dr; Hauptgerichte 4–10 BZ$; Mo–Sa mittags & abends) Ehrlich, das kleine Lokal am Fluss hat nichts mit der amerikanischen Restaurantkette gleichen Namens zu tun. Das nur wenige Schritte vom allmorgendlich stattfindenden Markt entfernte Restaurant serviert gebratenen Fisch, *panades* (gebratene Maisschalen mit Fisch oder Hühnchen), *garnaches* (gebratene Maisschalen mit Bohnen und Käse) und andere preiswerte belizische Leckereien. An den Wochenenden gibt's sogar Hummer für 10 BZ$ bis 20 BZ$.

Roots Kitchen (601-2519; 2246 Ecumenical Dr; Gerichte 5–10 BZ$) Belizische Standards. Mittwochs, freitags und samstags gibt's schmackhafte Garífunaspeisen, z. B. in Kokosmilch gedünsteter Fisch mit *hudut* (Kochbananenbrei).

Riverside Café (669-1473, S Riverside Dr; Hauptgerichte ab 9 BZ$;) Das seit Langem allseits beliebte Café gleich östlich der North Stann Creek Bridge bereitet leckere Gerichte zu erschwinglichen Preisen. Da es direkt am Fluss liegt, kann man hier nach Angel- und Schnorcheltrips zu den Inseln oder auch nach Treks durchs Hinterland zu fragen.

Auch das **Alexies** (Hauptgerichte ab 4 BZ$; Mo–Fr mittags & abends) ist empfehlenswert. In diesem Winzling nördlich von Habets gibt's belizische Spezialitäten, Kuchen und Pasteten.

GREEN ACRES RANCH

Das ist *der* Ort für Reiter! Die **Urwaldranch** am Hummingbird Hwy (etwa 27 km/20 Min. von Belmopan an der Strecke nach Dangriga), bietet Ausritte (für Anfänger und Fortgeschrittene) für 70 BZ$ pro Person und extreme Urwald- und Höhlenabenteuer zu Pferde für 100 BZ$ pro Person. Die Ausritte dauern meist einen halben Tag und haben definitiv nichts mit einer Ponytour gemeinsam. Auf der Ranch kann man für 30 BZ$ sein Zelt aufstellen, wer keines hat, kann es sich für 20 BZ$ leihen. Es gibt auch Gruppenrabatte und Führungen. Die Anlage ist zwar einfach, aber liebenswert. Es gibt Toiletten, Duschen mit kaltem Wasser und einen Kochbereich. Weitere Infos gibt's bei **Kimberlee Chanona** (670-5698; kchanona@email.com) auf der Green Acres Ranch.

Ausgehen

Local Motion Bar & Pool (Commerce St) Laute Musik, kaltes Bier, schräge Typen – was will man mehr?

Riverside Tavern (St Vincent St) In diesem Club direkt südlich der Brücke (den die Einheimischen einfach nur „den Club" nennen) gibt's mittwochs Karaoke, dann wird's hier voll. An den Wochenenden geht's dann richtig los.

Das *palapa* neben dem Trommelstudio von Austin Rodriguez ist abends eine recht beliebte Kneipe.

DANGRIGAS HOCH GESCHÄTZTER TROMMELBAUER

Nirgendwo in Belize kann man bessere Trommeln kaufen als in Dangriga, dem Zentrum der Garífunakultur und der Heimat von Austin Rodriguez. Die Aufgabe, Trommeln zu bauen, hat der ehrwürdige Meister (der bald 80 wird) weitestgehend seiner Tochter Norielee übertragen, die die Rodriguez-Trommeln ganz genauso herstellt wie ihr Vater: aus Mahagoni, Maiblumen, Zedern, Rotwild-, Ziegen-, Kuh- und Schafsfellen. Kleine Trommeln kosten um die 70 BZ$ aufwärts. Die Rodriguez-Werkstatt befindet sich an einem luftigen Strandabschnitt direkt östlich des vormittags stattfindenden Markts.

An- & Weiterreise

Maya Island Air (☎ 522-2659) und **Tropic Air** (☎ 226-2012) fliegen nach Dangriga, Placencia, Punta Gorda und Belize City.

Boote zu den Inseln im Süden kann man vor dem Riverside Café anheuern. Carlos Noel Reyes, Kapitän der **Nesymein Neydy** (☎ 522-0062, 604-4738), bietet für 500 BZ$ Tagestrips für bis zu sechs Personen zu den Inseln vor Dangriga.

Busse nach Belize City (Fernverkehrs-/Expressbus 10/14 BZ$, 3–4 Std.) über Belmopan starten regelmäßig zwischen 5 und 19 Uhr. Alle Busse in Richtung Belize City fahren durch Belmopan, wo man Anschluss nach Cayo hat. Busse nach Punta Gorda (Fernverkehrs-/Expressbus 10/13 BZ$, 4½ Std.) fahren zwischen 5.30 und 18.15 Uhr. Zurzeit gibt es drei Busse täglich nach Hopkins (5 BZ$, 45 Min.). Los geht's um 11.30, 12.30 und um 18.15 Uhr. Nach Placencia (10 BZ$, 2½ Std.) fahren täglich zwischen 9 und 18 Uhr fünf Busse (10 BZ$, 2½ Std.).

BELIZE

SOUTHERN HIGHWAY

Die Gegend südlich von Dangriga bietet ausgezeichnete Möglichkeiten, Belize abseits der Touristenpfade zu erkunden.

Hopkins

1800 Ew.

Dieser Garífuna-Fischerort erstreckt sich beinahe 2 km entlang der Küste und bietet einige Unterkünfte und Restaurants. Früher war Hopkins ein Backpackerparadies. In letzter Zeit sind aber immer mehr höherpreisige Unterkünfte hinzugekommen, wodurch natürlich auch die Preise in den Restaurants und sogar in den Budget- und Mittelklasseunterkünften gestiegen sind. Aber trotzdem ist Hopkins in dieser Hinsicht noch weit von Placencia entfernt und es gibt noch immer preiswerte Unterkünfte und Restaurants.

ORIENTIERUNG & PRAKTISCHE INFORMATIONEN

Die auch heute noch unbefestigte Straße nach Hopkins führt vom Southern Highway 6,5 km durch die Savanne und endet schließlich in Hopkins Village an einer T-Kreuzung. An der Kreuzung gibt's eine private Info-Bude, einen Lebensmittelladen und das King Cassava Restaurant. Hier halten auch die Busse, die aus Hopkins hinausfahren. Nördlich und südlich der Kreuzung befinden sich Restaurants und Unterkünfte.

Zum Zeitpunkt der Recherchen gab es in Hopkins weder Banken noch Geldautomaten.

SCHLAFEN

Yagudah Inn (☎ 503-7089; EZ/DZ 20/30 BZ$) In dem traditionellen, belizischen Strandhaus im Süden des Ortes gibt's vier einfache, luftige Zimmer mit Ventilator und Gemeinschaftsbad. Im guten Restaurant nebenan kommen leckere Meeresfrüchte auf den Tisch. Für 15 BZ$ pro Person kann man am Strand zelten.

LP Tipp **Lebeha Drumming Center & Cabañas** (☎ 666-6658; www.lebeha.com; Zi. mit/ohne Bad 50/30 BZ$, Strand-Cabaña ab 98 BZ$; WLAN) Das Lebeha am Nordrand der Stadt, wo auch der Garífuna-Trommler Jabbar zuhause ist, bietet wunderschöne Strandhütten für bis zu fünf Personen. Neben dem Trommelzentrum gibt's noch ein paar karibisch angehauchte Urwaldhütten. Trommelvorführungen und -unterricht werden ebenfalls angeboten. Wer in der Nebensaison länger bleiben will, sollte nach einem Preisnachlass fragen.

MIT DEM BOOT NACH HONDURAS

Die **Nesymein Neydy** (☎ 522-0062, 604-4738; einfache Fahrt 110 BZ$) fährt freitags um 10.30 Uhr von Dangriga nach Porto Cortés, Honduras, und montags um 11.00 Uhr wieder zurück. Die Fahrgäste müssen 90 Minuten vor Abfahrt vor Ort sein und die Einreiseformalitäten erledigen. Infos zur Ausreise aus Honduras gibt's auf S. 442.

INSIDERTIPPS

In Belize gibt's schöne Plätze für Familien, aber wir Belizer reisen im Urlaub trotzdem gern ins Ausland. Ich war gerade zum ersten Mal in Hopkins. Der Ort hat mich total fasziniert. Da muss ich unbedingt noch einmal mit meinen Kindern hin. Es gibt dort einen schönen Strand und rund um die Stadt nichts als Natur. Wirklich erholsam.

Minerva Varela, Ladyville

Windschief (☎ 523-7249; www.windschief.com; große/kleine Hütte 50/90 BZ$; 🖳 📶) Die In-Location für Windsurfer. Das Windschief bietet seinen Gästen große, hüttenartige Holzzimmer mit Blick aufs Meer, eine Cocktailbar, Hängematten und Windsurfbretter (60 BZ$/Tag).

Palmento Grove (☎ 523-7311; palmentogrove@gmail.com; Cabaña ab 60 BZ$) Das Palmento auf einem 10 ha großen Gelände im Nordwesten der Stadt ist ein Ökoresort der Garífuna mit vier *cabañas*, einem Restaurant, einer Bar und einem Konferenzraum.

Tipple Tree Beya (☎ 520-7006; www.tippletree.com; Strand-Zi. 60–80 BZ$, Cabaña 100 BZ$) Das gepflegte Strandhaus im Süden der Stadt hat eine große Veranda, auf der viele bunte Hängematten baumeln. Von den Zimmern mit Ventilator, Kaffeemaschine und Kühlschrank hat man einen schönen Blick aufs Meer.

ESSEN & AUSGEHEN

In den meisten Restaurants gibt's gute, preiswerte Meeresfrüchte und typische Gerichte aus Belize, u. a. *gibnut* für ca. 12 BZ$.

King Cassava (☎ 502-2277; Hauptgerichte 8–20 BZ$; ⏲ 11–24 Uhr) Ausgezeichnete Fleischgerichte und Meeresfrüchte und natürlich belizische Standardgerichte wie Schmorhähnchen, gebratener Fisch sowie Reis und Bohnen.

Yugadah Café (☎ 503-7255; Hauptgerichte 10–20 BZ$; ⏲ Do–Di) Belizisches, Hamburger, Burritos und mehrere selbstgemachte Saucen, die einfach Weltklasse sind.

Thongs Café (☎ 662-0110; Hauptgerichte 12–20 BZ$; 📶) Hopkins neuestes Restaurant bietet eine tolle Auswahl an preisgünstigen Gerichten und den besten Kaffee des Ortes.

GEFÜHRTE TOUREN

Hopkins ist 16 km näher am Barriereriff als Placencia und somit ein guter Ausgangspunkt für Wasserratten mit schmalem Geldbeutel.

See More Adventures (☎ 667-6626; seemoreadventures@gmail.com) und **Bullfrog Tours** (☎ 669-0046; issymcm@yahoo.com) sind freie Tourveranstalter, die Land- und Seetrips in die Umgebung bieten.

AN- & WEITERREISE

Busse kommen auf ihrem Weg nach Placencia (6 BZ$, 2 Std.) und Dangriga (6 BZ$, 1 Std.) in jeder Richtung viermal täglich durch Hopkins. **Tina's Bicycle Rental** (☎ 668-3321; Südende von Hopkins) verleiht Fahrräder (20 BZ$/Tag).

Sittee River

Eine andere kleine Küstenstadt fernab vom üblichen Trubel ist Sittee River, ein paar Kilometer südlich von Hopkins. Die budgetfreundlichste Unterkunft hier ist wahrscheinlich **Glover's Atoll Bunkhouse** (☎ 509-7099; B/Zi./Cabaña 18/24/67 BZ$). Ein paar Hütten auf Stelzen, Hängematten zwischen Bäumen, ein luftiges, kleines Restaurant am Fluss – in einem Wort der Inbegriff dessen, was man von einer Backpackerunterkunft erwartet. Für 8 BZ$ pro Person kann man hier auch zelten. Den Gästen stehen Kajaks und Kanus kostenlos zur Verfügung. Am Glover's Atoll Bunkhouse

IN DIE VOLLEN!

An der Straße von Hopkins in Richtung Süden warten Spitzenklasseresorts wie das Jaguar Reef und das Hamanasi auf Gäste. Wer auf der Suche nach Mittelklassehotels ist, wird hier kaum fündig. Eine Ausnahme gibt es jedoch: die **Parrot Cove Lodge** (☎ 523-7225; www.parrotcovelodge.com; Zi. ab 200 BZ$; 📶 🏊). Mit Preisen wie in einem Mittelklassehotel füllt sie die Lücke zwischen Backpacker- und Spitzenklasseunterkünften. Die kleine Lodge am Strand hat acht wunderschön eingerichtete Zimmer mit Klimaanlage, Bädern mit Duschen, aus denen warmes Wasser sprudelt, Fernseher mit DVD-Player und sogar Kaffeemaschinen, mit denen man die bereitliegenden Kaffeebohnen verarbeiten kann. Die Lodge hat einen eigenen Anleger, einen Pool mit kleinem Wasserfall und eine ausgezeichnete Strandbar. Im Restaurant werden Biogemüse aus der Region und frisch gefangene Meeresfrüchte serviert. In der Nebensaison fallen die Preise bis auf 150 BZ$ und wer länger bleibt, kann noch einen weiteren Preisnachlass aushandeln.

DIE CAYES VON SÜDBELIZE

Tobacco Caye, South Water Caye und die Resorts auf Glover's Reef kann man von Dangriga, Hopkins und Sittee River mit dem Boot erreichen. Da sie von Belize City ziemlich weit entfernt sind, kommen die Touristen nicht mal eben zufällig hierher. So ist das Riff von den Auswirkungen durch zu viele Menschen geschützt. Hier bekommt man Delphine, Mantarochen und Seekühe zu sehen, ganz zu schweigen von der unglaublichen Korallenvielzahl und -vielfalt. Direkt vor den Inseln kann man wunderbar schnorcheln und tauchen.

Tobacco Caye ist eine 2 ha große Insel, die für Traveller mit kleiner und mittlerer Reisekasse genau das Richtige ist. Die Hauptaktivitäten hier sind Tauchen, Angeln, Schnorcheln und in der Hängematte faulenzen. Übernachten kann man bei **Lana's** (☎ 520-5036; DZ ohne Bad inkl. 3 Mahlzeiten 60 BZ$/Pers.) in einem der zehn spartanisch eingerichteten Zimmer und im **Gaviota's** (☎ 509-5032) mit ähnlichen Preisen.

Die Überfahrt nach Tobacco Caye kann man in Dangriga am Fluß in der Nähe des Riverside Café organisieren. Die einfache Fahrt kostet etwa 50 BZ$.

Am meisten bekommt man für sein Geld wahrscheinlich im **Glover's Atoll Resort** (☎ 520-5016, 509-7099; www.glovers.com.bz; Stellplatz/B/Hütte 298/398/498 BZ$ pro Woche) auf der Northeast Caye des Glover's Reef. Das Resort auf dem 32 km vor dem Festland gelegenen, 3,6 ha großen Atoll bietet Budgetunterkünfte. Die Einrichtungen sind einfach, aber der Rundumblick auf die Karibik ist unschlagbar. Ein echtes Schnäppchen für Budgettraveller, vor allem wenn man rechtzeitig plant und Wasser, Essen und was man sonst so braucht im Gepäck hat (aber keine Angst, man bekommt im Resort für 18 bis 24 BZ$ auch Essbares). Die Boote zum Riff starten am Glover's Guest House (Sittee River/Südbelize). Die Überfahrt ist im Preis für die Übernachtung enthalten. Man kann auch tageweise buchen. Die Leute, die das Resort betreiben, bieten zahlreiche Aktivitäten an, von Schnorcheln über Segeln bis hin zum Tauchen. Näheres steht auf der Website.

halten auch die Boote, die zum Glover's Reef hinüber fahren.

Etwas weiter unten an der Straße findet man **Sittee River Internet** (☎ 670-8358; www.sitteeriver.net; 10,50 BZ$/Std., WLAN 8 BZ$), wo man seine E-Mails checken und einen Espresso, Eiskaffee oder Smoothie genießen kann. Die Räumlichkeiten teilt es sich mit dem **Barefoot Yoga Studio** (Unterricht ohne Voranmeldung 30 BZ$).

Täglich halten mehrere Busse auf ihrer Fahrt von Dangriga über Hopkins nach Placencia in Sittee River. Die Straße von Hopkins nach Sittee River führt durch wunderschöne Urwaldabschnitte.

Cockscomb Basin Wildlife Sanctuary

Fast genau auf halber Strecke zwischen Dangriga und Independence liegt das Dorf Maya Center, von dem aus ein Pfad 10 km nach Westen zum **Cockscomb Basin Wildlife Sanctuary** (Eintritt 10 BZ$; ⌚ 7.30–16.30 Uhr) führt. Die vielschichtige Topografie und der üppige, tropische Urwald in dem 39 000 ha großen Naturschutzgebiet bieten einen idealen Lebensraum für einen großen Teil der vielfältigen belizischen Tierwelt.

Zu den Besuchereinrichtungen im Naturschutzgebiet gehören ein Campingplatz (5 BZ$/Pers.), mehrere schlafsaalartige Hütten mit Solarstrom (36 BZ$/Pers.), ein Besucherzentrum und zahlreiche Wanderwege. Ein Taxi von Maya Center kostet ca. 20 BZ$.

Wer Infos benötigt oder eine Hütte buchen will, kann sich an die **Belize Audubon Society** (Karte S. 256; ☎ 223-5004; www.belizeaudubon.org; 12 Fort St, Belize City) wenden.

PLACENCIA

1200 Ew.

Placencia liegt am südlichen Zipfel einer langen, schmalen Halbinsel – die einzige „Caye, die man mit dem Auto erreichen kann". Vor noch nicht allzu langer Zeit kam man vom Festland nur per Boot hierher. Jetzt führt eine Straße über die ganze Halbinsel und direkt nördlich der Stadt gibt's sogar eine Start- und Landebahn für Flugzeuge. Die von Palmen gesäumten Strände an der Ostseite locken Gäste aus aller Herren Länder an, die auf der Suche nach Sonne und Strand sind. Die beliebtesten „Aktivitäten" sind hier Schwimmen, Sonnenbaden und Faulenzen.

Die Hauptsaison beginnt in Placencia in der Woche vor Weihnachten und dauert bis Ende April. In den Vollmondnächten der Monate Mai und Juni lebt der Ort so richtig auf, denn dann laichen Walhaie in den Fluten vor Placencia. Die drei großen Events hier sind das Hummerfest am letzten Juniwochenende, der Mistletoe Ball Mitte Dezember und das Placencia Arts Festival im Februar. Wenn man gerade in der Gegend ist, sollte man sich diese Events nicht entgehen lassen. Mehr Infos gibt's unter www.placencia.com.

In der Nebensaison müssten Schnäppchenjäger eigentlich in der Lage sein, Preisnachlässe auszuhandeln.

Orientierung & Praktische Informationen

Die von Norden nach Süden verlaufende „Hauptstraße" des Dorfs ist eigentlich nur ein schmaler, betonierter Fußweg, der sich durch einfache Holzhäuser (einige davon auf Stelzen) und Strandlodges schlängelt. Eine unbefestigte Straße verläuft westlich der Stadt und endet am Südzipfel der Halbinsel, wo sich auch die Bushaltestelle befindet.

Jeden Punkt des Dorfs kann man gut zu Fuß erreichen. Der Flughafen liegt etwa 0,8 km vor dem Ort.

Am Südende des Orts gibt's eine Anlegestelle, eine Tankstelle und eine Bushaltestelle. Bargeld bekommt man bei der Belize Bank und bei der Scotia Bank. E-Mails checken kann man im **Purple Space Monkey Café** (Internetzugang für Gäste frei; 8–24 Uhr;). Ins Internet kommt man auch bei **Bosun's Chair** (Waschsalon 8 BZ$, Internet 8 BZ$/Std.; 7–19 Uhr), wo man gleich seine Wäsche waschen und einen starken Kaf-

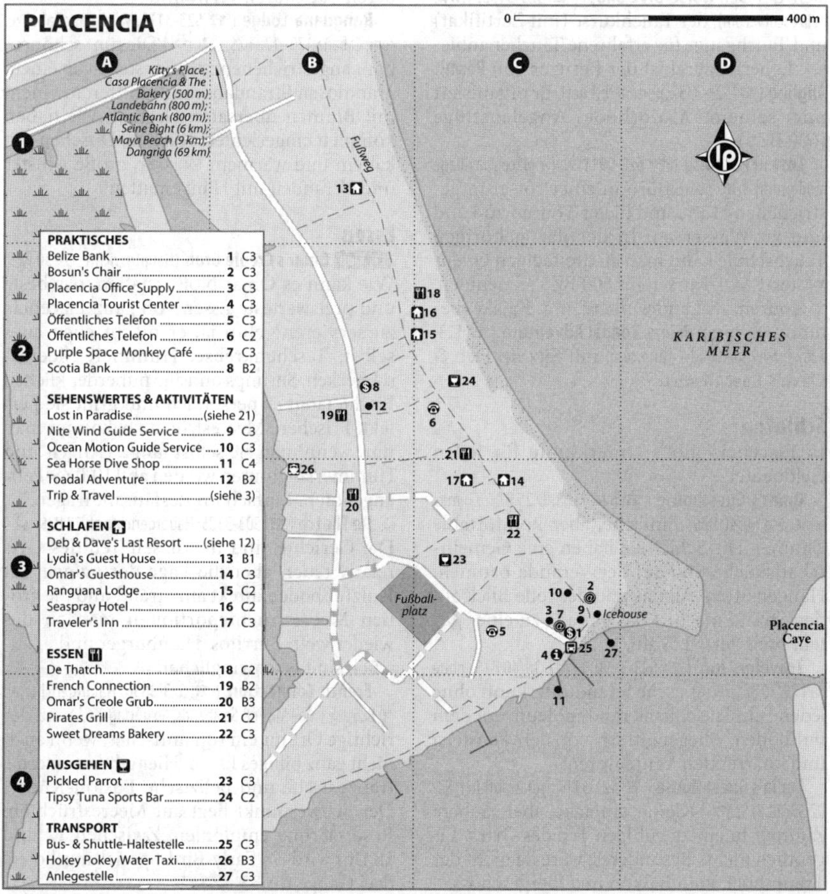

BELIZE

fee mit Meeresbrise genießen kann. Bei **Placencia Office Supply** (☎ 523-3205; Internet 10 BZ$/Std.; 🕑 8.30–19 Uhr) geht's superschnell ins Netz, es gibt CD-Brenner und digitale Chipleser. Auch eine kleine Touristeninformation ist vorhanden, allerdings ist sie leider oft geschlossen.

Geführte Touren

Ocean Motion Guide Service (☎ 523-3162) und **Nite Wind Guide Service** (☎ 503-3487) buhlen um Kunden. Beide haben kleine Büros in der Nähe der Anlegestelle. **Trip and Travel** (☎ 523-3205; 🕑 Mo–Sa) im Placencia Office Supply organisiert vor allem Touren zum Fliegenfischen am Monkey River. Der Laden dient auch als vollwertiger Copy- und Internetshop.

An einem Pier in der Dorfmitte befindet sich der **Sea Horse Dive Shop** (☎ 523-3166; www.belizescuba.com), der Tauchkurse (mit Zertifikat) und Tauchgänge für erfahrene Taucher anbietet. Egbert Cabral ist der Besitzer von **Permit Angling** (☎ 523-3132; permit@btl.net). Er organisiert mit seinem Motorboot Angelausflüge (600 BZ$).

Lost in Paradise (☎ 628-0911; www.placenciavillageguide.com) hat sein Büro in einer rot-grün gestrichenen Hütte und bietet Touren zu Land und zu Wasser an. In der dazugehörigen Tauchschule kann man an dreitägigen Open-Water-PADI-Kursen für 800 BZ$ teilnehmen.

Touren ins Landesinnere, u. a. Kajakexpeditionen, organisiert **Toadal Adventure** (☎ 523-3207; www.toadaladventure.com) mit Sitz im Deb & Dave's Last Resort.

Schlafen

In Placencia gibt's Unterkünfte für jeden Geldbeutel.

Omar's Guesthouse (☎ 624-7168; B 25 BZ$, Zi. mit/ohne Bad 50/40 BZ$) Einfache, aber komfortable Zimmer. Die Schlafsäle haben eine Gemeinschaftsküche und auf der Veranda baumeln Hängematten. All das und der tolle Blick auf den Strand machen das Omar's zu einer guten, preiswerten Wahl.

Travelers Inn (☎ 523-3190; EZ/DZ 35/40 BZ$, ohne Bad 25/30 BZ$) Klassische Strandunterkunft ohne jeden Schnickschnack mit Linoleum auf dem Fußboden, Fliegengittern vor den Fenstern und knarrenden Ventilatoren.

Lydia's Guest House (☎ 523-3117; lydias@btl.net; EZ/DZ 35/40 BZ$; 📶) Kleine, einfache, aber saubere Zimmer in einem ruhigen Teil des Ortes. Eigentlich nichts Besonderes, wäre da nicht der Traumblick vom Balkon im Obergeschoss.

Deb & Dave's Last Resort (☎ 523-3207; www.toadaladventure.com; Zi. 40–50 BZ$) Die einfachen Holzzimmer mit Ventilator umrahmen einen grünen Garten und haben gut geschützte Sitzbereiche. Ruhige, aber dennoch zentrale Lage.

Seaspray Hotel (☎ 523-3148; www.seasprayhotel.com; Zi. 50–150 BZ$; 📶) Die „Economy"-Zimmer sind recht einfach, aber mit Bad, Ventilator und Kühlschrank ausgestattet. Die teureren Zimmer sind größer, haben Veranden und bieten einen tollen Blick aufs Meer.

Casa Placencia (☎ 503-3143; www.casaplacencia.com; Zi. 90–390 BZ$; 📶) Diese Unterkunft am Nordrand der Stadt hat wunderschön eingerichtete Zimmer mit Kochecke, Kabel-TV und WLAN. Langzeitmieten sind möglich. Die Gäste werden mit frischen Brownies und anderen Backwaren verwöhnt.

Ranguana Lodge (☎ 523-3112; www.ranguabelize.com; Cabaña 170–178 BZ$; ❄ 📶) Die fünf schönen, bunt angestrichenen *cabañas* stehen an einem grandiosen Strandabschnitt mitten in einem mit Blumen übersäten Garten. Alle haben komplett eingerichtete Küchen, Duschen mit kaltem und warmem Wasser, große Fenster und Veranden mit Hängematten.

Essen

LP Tipp **Omar's Creole Grub** (Hauptgerichte 12–30 BZ$) Wie kann es Omar bloß schaffen, das beste und preiswerteste Essen von ganz Placencia zu servieren? Nun ja, er macht eben alles selbst. Taschenkrebse, Hummer, Meeresschnecken, Shrimps und alle nur erdenklichen Fische fängt er persönlich und grillt sie perfekt. Frischere Meeresfrüchte bekommt man nur, wenn man sie selbst fängt. (Angel- und Hummerfangtouren werden ab 110 BZ$/Pers. angeboten. Einfach im Restaurant fragen.)

De Thatch (☎ 503-3385; Hauptgerichte ab 18 BZ$; 💻) Die Gerichte sind für diesen Teil des Orts relativ teuer, aber die Lage der *palapa* mit Holzfußboden direkt am Strand und die großen Meeresfrüchteportionen machen das wieder wett. Burritos, Hamburger und Frühstück sind erschwinglicher.

French Connection (☎ 523-3656; Hauptgerichte ab 40 BZ$; 🕑 Mo–Mi, Fr & Sa abends, So mittags) Genau der richtige Ort für ein romantisches, wenn auch nicht ganz billiges Essen. Hier gibt's moderne, französische und belizische Fusion-Küche. Der Schwerpunkt liegt auf Meeresfrüchten. Reservierung empfohlen. Zwischen 17 und 18 Uhr wird ein Early-Bird-Special angeboten, drei Gänge für 35 BZ$.

Sweet Dreams Bakery (Snacks ab 3 BZ$) Hausgemachte Pizza, Mehrkornbrot, Backwaren jeder Art und frisch gebrühter Kaffee.

Pirates Grill (Hauptgerichte ab 15 BZ$) Kleiner Laden mit Bar und Reisebüro am Fußweg neben dem Strand. Aus der Küche kommen Crêpes (8 BZ$), ausgezeichnete Currys und traditionelle, belizische Gerichte.

The Bakery (☎ 503-3143; Do–Mo) Hier gibt's die wohl besten Kirschtoffee-Brownies und Kokosnuss-*blondies* der Welt. Unbedingt ein *manwish*, ein Eis-Brownie-Sandwich probieren – einfach himmlisch. Die Bakery liegt nördlich der Stadt hinter dem Wasserturm.

Ausgehen

Die meisten Bars und viele Restaurants bieten bei Sonnenuntergang eine Happy Hour mit Rum und Säften für 2 BZ$. Der **Pickled Parrot** (www.pickledparrotbelize.com; 🕑 12–24 Uhr oder länger) in der Hauptstraße ist immer gut besucht. Im **Tipsy Tuna** (🕑 So–Mi 19–24, Do–Sa 19–2 Uhr), einer in den Himmel ragenden „Sportsbar" mit kleiner Strandbar, ist fast immer was los. Manchmal gibt's hier auch Livemusik.

Anreise & Unterwegs vor Ort

Ritchie's (☎ 523-3806) unterhält einen regelmäßigen Busservice von Placencia nach Dangriga (10 BZ$, 2½ Std.). Es fahren täglich drei Busse. In Placencia starten die Busse um 6.20, 7 und 13 Uhr am Ende der Halbinsel. In Dangriga geht's um 11, 14 und 16.30 Uhr an der Bushaltestelle los.

Maya Island Air (☎ 523-3475; www.mayaairways.com) und **Tropic Air** (☎ 523-3410; www.tropicair.com) fliegen täglich von Placencia nach Belize City, nach Dangriga im Norden und Punta Gorda im Süden. Bei Ankunft der Flieger warten Taxis, die ihre Fahrgäste für 5 BZ$ an jeden beliebigen Punkt in der Stadt bringen. Zum Zeitpunkt der Recherchen wurde am Nordende der Halbinsel gerade ein neuer Flughafen gebaut.

Am schnellsten verlässt man die Stadt mit einem **Hokey Pokey Water Taxi** (10 BZ$), das zwischen 10 und 18 Uhr fünfmal von Placencia nach **Mango Creek** fährt. In Mango Creek muss man dann fünf Minuten die Hauptstraße entlang gehen, an der Tankstelle nach links abbiegen und vor Sherl's Restaurant warten, bis ein Bus nach Punta Gorda (10 BZ$, 2 Std.) und Belize City (20 BZ$, 4½ Std.) kommt. Das geschieht etwa jede Stunde.

Fahrräder kann man im **Seabreeze Restaurant** (Std./Tag 4/20 BZ$) mieten.

PUNTA GORDA

5300 Ew.

Diese Stadt im Süden am Meer als „verschlafen" zu bezeichnen, wäre eine Untertreibung. Die Leute hier sind so relaxed, dass es ihnen sogar zu viel ist, die Stadt bei ihrem ganzen Namen zu nennen – sie sagen einfach nur PG, und diese Bezeichnung hat sich in ganz Belize durchgesetzt.

Im Toledo District regnet es unheimlich oft und die Luftfeuchtigkeit ist nirgendwo höher als hier. Dafür ist der Urwald aber auch der üppigste weit und breit. Man sollte sich auf einen kurzen Regenguss pro Tag einstellen, und wenn es mal nicht regnet, dann ist es so richtig schön schwül.

PG wurde für die Garífuna gebaut, die 1832 aus Honduras einwanderten. Der Hauptteil der Bevölkerung besteht zwar noch immer aus Garífuna, aber viele andere haben sich hier niedergelassen: Kreolen, Q'eqchi' Maya, Amerikaner, Briten, Kanadier, Chinesen und Ostinder.

Orientierung & Praktische Informationen

Das Zentrum bildet ein dreieckiger Park mit Musikpavillon und einem unverwechselbaren, blau-weißen Uhrturm. Samstags ist Markttag, dann strömen die Bewohner der umliegenden Dörfer in die Stadt, um hier einzukaufen, zu verkaufen und zu grillen – ein faszinierendes, farbenfrohes Durcheinander.

Das BTB-Büro und das **Toledo Visitors' Information Center** (☎ 722-2531; 🕑 Di–Fr 8–12 & 13–17 Uhr, Sa 8–12 Uhr) teilen sich die Büroräume. Die **Belize Bank** (Ecke Main St & Queen St) und die **Scotia Bank** (Ecke Main St & Prince St) haben beide Geldautomaten.

Der **Punta Gorda Laundry Service** (Main St) berechnet 2 BZ$ für eine Wäscheladung von einem Pfund.

Bei **V-Comp** (Main St; 5 BZ$/Std.; 🕑 Mo–Sa 8–20 Uhr) kommt man ins Internet.

Schlafen

Nature's Way Guest House (☎ 702-2119; 65 Front St; EZ/DZ/3BZ/4BZ 26/36/56/66 BZ$; 💻) Diese Unterkunft gehört zu den besseren Budgethotels in Belize. Es gibt einen schattigen Hof mit vielen Hängematten. Das Frühstück für 8 BZ$ ist hervorragend.

Tate's Guesthouse (☎ 722-0007; 34 Jose Maria Nunez St; EZ/DZ 35/45 BZ$; 💻 📶) Das Tate's befindet sich in Familienhand und hat saubere, kleine Zim-

BELIZE

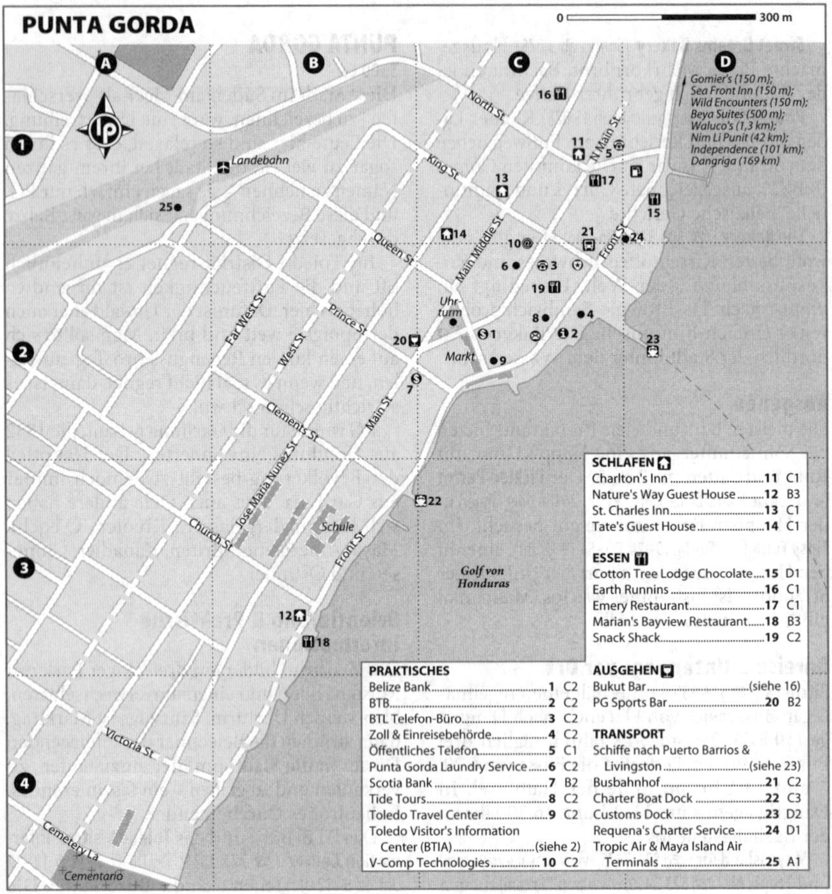

mer mit Bad, Dusche, Kabel-TV und WLAN. Wer eine Klimaanlage braucht, muss 15 BZ$ drauf legen.

Charlton's Inn (☎ 722-2197; 9 Main St; EZ/DZ 65/70 BZ$) Das Charlton's am Nordrand der Stadt ist ein gleichbleibend gutes, sauberes Hotel mit dazugehörigem Restaurant. Alle Zimmer haben Kabel-TV, Duschen mit Warmwasser und Klimaanlage. In einigen Zimmern gibt's auch WLAN.

Ebenfalls empfehlenswert:

St Charles Inn (☎ 722-2149; 23 King St; EZ/DZ 30/44 BZ$) Alle Zimmer haben Kabel-TV, einige auch einen schönen Balkon.

Sea Front Inn (☎ 722-2300; 4 Front St; EZ/DZ 130/150 BZ$; WLAN) Das mit Küche und allem Drum und Dran eingerichtete Penthouse bietet einen traumhaften Blick auf Urwald und Meer.

Essen & Ausgehen

In Punta Gorda gibt es viele Essensstände und Restaurants, die traditionelle belizische Gerichte servieren. Die meisten Lokale sind in der Hauptstraße rechts und links des Marktplatzes zu finden. Den besten Mittagsimbiss bekommt man an den Ständen am Straßenrand, z. B. gebratenes Hühnerfleisch mit Bohnen und Krautsalat für ca. 5 BZ$.

Gomier's Restaurant (Alejandro Vernon St; Gerichte ab 7 BZ$; V) In einer Stadt, in der Krautsalat als Gemüse gilt und in der Essensbuden, die gebratenen Fisch und Schmorhähnchen servieren, die kulinarische Landschaft beherrschen, ist Gomier's so etwas Befremdliches wie Hare Krishna in einem texanischen BBQ. Die sorgfältig zubereiteten, vegetarischen Gerichte, Kräutersäfte und Energiedrinks auf Algenba-

EINREISE NACH HONDURAS

Freitags kommt man mit **Gulf Cruza** (☎ 523-4045) von Placencia direkt nach Honduras. Die Boote legen um 9.30 Uhr in Placencia ab und kommen um 14 Uhr in Puerto Cortés an. Die Fahrt kostet 100 BZ$. In Big Creek wird ein kurzer Zwischenstopp eingelegt.

sis sind wirklich etwas Besonderes. Gegenüber vom Sea Front Inn.

Marian's Bayview Restaurant (☎ 722-0129; Front St; Gerichte ab 10 BZ$) Im Marian's, gegenüber vom Nature's Way Guest House, kommen belizische und ostindische Speisen auf den Tisch. Hier wird alles mit Bioprodukten aus der Region zubereitet. In ganz PG hat man keinen besseren Blick auf die Bucht.

LP Tipp **Earth Runnins & Bukut Bar** (☎ 702-2007; www.earthrunnins.com; 13 Main Middle St; Gerichte ab 12 BZ$; Mi–Mo) Die In-Location in PG für gutes Essen und coole Sounds. Specials und Musikevents stehen auf der Website.

Emery Restaurant (Main St; Gerichte 12–20 BZ$) Hier gibt's täglich wechselnde Fischgerichte, gute mexikanische Speisen und höchstwahrscheinlich das beste Brathähnchen in ganz Belize.

Ebenfalls empfehlenswert:

Snack Shack (Main St; Hauptgerichte 10–20 BZ$;) Beliebtes Open-Air-Lokal. Auf den Tisch kommen Burger, Burritos, Sandwiches und Backwaren.

PG Sports Bar (Ecke Main St & Prince St) In dieser relativ großen, recht normalen Bar mit einer verblüffenden Sammlung von amerikanischen Sportfotos und -postern an den Wänden wird an den Wochenenden Livemusik geboten.

Cotton Tree Lodge Chocolate (Front St; Mo–Fr 8–12 & 13.30–17 Uhr, Sa 8–12 Uhr) Hier gibt's zweifellos die besten Pralinen des Landes. Die mit Schokolade überzogenen Mangos sind göttlich und der belizische Kaffee ist der stärkste weit und breit. Unbedingt einen mit viel Rum gefüllten „Chocolate Barrel" probieren. Die täglich angebotenen geführten Touren gibt's gratis.

An- & Weiterreise

Punta Gorda wird täglich von **Maya Island Air** (☎ 722-2856; www.mayaairways.com) und **Tropic Air** (☎ 722-2008; www.tropicair.com) angeflogen. Tickets gibt's am Flughafen. Flüge nach Belize City kosten zwischen 164 und 204 BZ$.

Requena's Charter Services (☎ 722-2070; 12 Front St) fährt täglich um 10 Uhr mit der *Mariestela* von Punta Gorda nach Puerto Barrios (Guatemala). Die einfache Fahrt kostet 40 BZ$. **Memos Boat Service** (☎ 625-0464) bedient die gleiche Strecke für 50 BZ$, los geht's um 12.45 Uhr. Es gibt in PG noch ein paar andere Anbieter, mit denen man nach Guatemala kommt. Weitere Infos bekommt man im BTIA-Büro. Requena's und Memos haben natürlich auch Fahrten in die entgegengesetzte Richtung im Angebot.

Ein Boot schippert dienstags und freitags um 10 Uhr nach Lívingston, Guatemala (50 BZ$).

Busse fahren regelmäßig über Dangriga und Belmopan nach Belize City (Fernverkehrs-/Expressbus 20/22 BZ$, 6/7 Std.).

Fernverkehrsbusse verkehren täglich zwischen PG und den Dörfern im Toledo District. Sie starten am Marktplatz. Die Abfahrtzeiten bekommt man über TEA oder im Toledo Visitor's Information Center.

RUND UM PUNTA GORDA

Dörfer in Toledo

SAN PEDRO COLUMBIA

Etwa 32 km nordwestlich von Punta Gorda liegt das Dorf San Pedro Columbia, die größte Gemeinde der Q'eqchi'-Maya außerhalb Guatemalas. In diesem Ort in der Nähe der Quelle des Columbia, einem Nebenarm des Río Grande, gibt's ein paar Geschäfte und Restaurants. In dem lieblichen Fluss kann man wunderbar schwimmen oder sich gemütlich in großen Gummireifen treiben lassen. Hinter dem Dorf auf den Hügeln befindet sich das **Columbia Forest Reserve** mit einem mehrere Quadratkilometer großen Wald, Erdeinbrüchen, Höhlen und Ruinen, die sich in den Tälern verstecken.

Die Maya Mountain Research Farm (S. 296) liegt nur ein paar Kilometer flussaufwärts vom Ort. Columbia ist außerdem in der Nähe von Lubaantun (S. 293), und Nim Li

TOLEDO HOWLER

Diese auf Gemeindeebene herausgegebene Zeitung enthält alles, was man als Tourist so braucht: Veranstaltungskalender, Aktuelles, Restaurantführer, Karten und Stadtpläne, hilfreiche Infos für Reisen im tiefen Süden. Am besten ist aber, dass es den *Howler* nicht nur als Zeitung gibt, man kann ihn auch als pdf-Datei herunterladen (http://belizenews.com/howler).

Punit (S. 293) kann man in 20 Minuten mit dem Bus erreichen. Somit ist der Ort ein idealer Ausgangspunkt für alle, die zwei der komplexesten und erstaunlichsten Ruinen der Gegend erkunden wollen.

SAN MIGUEL

Dieses Q'eqchi'-Dorf mit 400 Einwohnern liegt in der Nähe der Ruinen von Lubaantun und des Southern Hwy. Man kann nach Lubaantun laufen oder eine kleine Expedition zur **Tiger Cave** machen, die man in einem eineinhalbstündigen Fußmarsch erreicht. Zurück geht's dann im Kanu auf dem Río Grande.

LAGUNA

Etwa 21 km nordwestlich von Punta Gorda ist Laguna. Dieses Dorf ist nur 3 km vom Southern Hwy entfernt und schnell und leicht zu erreichen. Hier leben ca. 300 Q'eqchi'-Maya. Die Lagune, die dem Dorf ihren Namen gegeben hat und ungefähr einen zweistündigen Fußmarsch entfernt ist, bildet das Herz des 22 km^2 großen **Aguacaliente Wildlife Sanctuary**, ein großflächiges Feuchtgebiet.

SAN ANTONIO

Die größte Mopan-Maya-Gemeinschaft in Belize (ca. 2500 Ew.) ist San Antonio mit seiner traumhaften **Steinkirche**, die mit wunderschönen, bunten Fenstern verziert ist. Hier findet etwa vom 15. bis 25. August das **Feast of San Luis** statt, ein Erntedankfest, auf dem der berühmte „Deer Dance" (Hirschtanz) gezeigt wird.

AMERICAN CROCODILE EDUCATION SANCTUARY

Die Tierbiologen und Herpetologen Cherie und Vince Rose betreiben das ACES (American Crocodile Education Sanctuary), ein 14,5 ha großes, mit Sonnen- und Windenergie betriebenes Krokodilreservat ca. 8 km außerhalb von PG. Hier gibt's zwei wunderschöne, luxuriöse Urwald-*Cabañas* mit komplett eingerichteter Küche, Schlaf- und Wohnzimmer. Alle Einnahmen werden für die Forschung, Rettung und Pflege von Krokodilen verwendet. Die Preise sind je nach Saison unterschiedlich, liegen aber im Allgemeinen etwa um 220 BZ$ pro Tag und *Cabaña*. Details gibt's unter www.americancrocodilesanctuary.org oder unter der Telefonnummer ☎ 665-2762.

SANTA ELENA

Santa Elena (ca. 300 Ew.) ist ein weiteres Mopan-Dorf 10 km westlich von San Antonio. Gleich östlich von Santa Elena befindet sich der kleine **Río Blanco National Park** mit den spektakulären **Río Blanco Falls** und einem der besten Schwimmlöcher des ganzen Landes.

PUEBLO VIEJO

5 km hinter Santa Elena liegt Pueblo Viejo, spanisch für „Alte Stadt". Der Name ist wahrhaft passend, denn der Ort war das erste besiedelte Mopan-Dorf in Belize. Heutzutage leben in diesem entlegenen Örtchen ohne Strom etwa 550 Menschen. Ganz in der Nähe gibt's wunderschöne **Wasserfälle**. Wer will, kann auch durch den **Urwald wandern** oder **Reittouren** unternehmen.

SAN JOSE

Das auch als Hawaii (ein Wort der Mopan, sprich ha-wih-ah) bekannte Mopan-Dorf mit 700 Einwohnern in den Ausläufern der Maya Mountains betreibt ökologischen Ackerbau. Der umliegende Regenwald gehört zu den ursprünglichsten im Toledo District. Man kann durch den Urwald zur **Gibnut Cave** und zu einem 60 m großen **Krater** wandern. Um den 19. März eines jeden Jahres ehrt das Dorf seinen Schutzheiligen mit einem dreitägigen Fest, auf dem viel gegessen und nach Marimbafon- und Harfenmusik getanzt wird.

BLUE CREEK

Mitten durch dieses Dorf mit seinen 250 Einwohnern, die teils den Q'eqchi' und teils den Mopan angehören, fließt tatsächlich ein schöner, blauer Fluss. Im umliegenden, hügeligen Urwald leben Brüllaffen, an dem kleinen Fluss tummeln sich Otter und unzählige Leguane. Blue Creek ist der Ausgangspunkt für Besuche der **Blue Creek Cave** (Hokeb Ha Cave; Eintritt 2 BZ$) und für tolle Wanderungen um einen Hügel namens **Jungle Height**.

BARRANCO

Es ist wirklich ungewöhnlich, aber die Garífuna-Gemeinde Barranco ist von Mayadörfern umgeben. Barranco ist die spirituelle Heimat der Garífuna und eine ausgezeichnete Ausgangsbasis für die Erkundung des **Temash-Sarstoon National Park**, ein sagenhaftes, abgelegenes, 166 km^2 großes Naturschutzgebiet mit Regenwald, Feuchtgebieten, Meeresarmen und Flüssen, die von gewaltigen

REISEN MIT TEA

Die **Toledo Ecotourism Association** (TEA; ☎ 702-2119; 65 Front St, Punta Gorda) betreibt ein Village Guesthouse und ein „Ecotrail Program" und führt die Teilnehmer in eines der 20 traditionellen Dörfer der Mopan-Maya, Q'eqchi'-Maya, Kreolen und Garífuna.

Übernachtet wird in eigens dafür errichteten, rustikalen aber komfortablen Pensionen. Pro Person und Nacht kostet die Übernachtung 21 BZ$ plus einer einmaligen Verwaltungsgebühr von 10 BZ$. Die Mahlzeiten bei Familien kosten 8 BZ$, Aktivitäten wie geführte Touren durch die Natur, Musik, Tanz und Geschichtenerzählen kosten etwa 8 BZ$ pro Stunde. Bei den Touren ist der Transport nicht enthalten. Den Fahrplan der Busse in die Dörfer bekommt man beim TEA.

Mehr als 85 % der Einnahmen aus den Touren bleiben in den Dörfern bei den Dorfbewohnern, denen so dabei geholfen wird, eine nachhaltige, ökofreundliche Landwirtschaft als Alternative zum herkömmlichen Brandrodungsackerbau aufzubauen.

Besuche und Unterkünfte in den auf S. 291 genannten Dörfern können über TEA organisiert werden. Besonders Abenteuerlustigen müsste es eigentlich gelingen, selbst eine Privatunterkunft, Mahlzeiten und einen Führer zu finden. Die Gemischtwarenläden fungieren im Allgemeinen auch als gesellschaftlicher Mittelpunkt eines Dorfs.

Mangroven gesäumt sind. Das Gebiet reicht ganz bis nach Guatemala. In Barranco kann man auch **Trommeln** und **Dorys bauen** (ein dory ist ein traditionelles, belizisches Kanu).

Mayaruinen von Toledo

Im Toledo District gibt's zwei bedeutende Mayaruinen. **Lubaantun** (Ort der gefallenen Steine; Eintritt 10 BZ$; 8–17 Uhr), 1,6 km nordwestlich des Dorfs San Pedro Columbia, wurde teilweise freigelegt, aber nicht restauriert. Die vielen Tempel sind größtenteils noch vom Urwald überwuchert, sodass man viel Phantasie braucht, um sich vorzustellen, wie diese phantastische Stadt einmal ausgesehen haben könnte.

In **Nim Li Punit** (Großer Hut; Eintritt 10 BZ$; 9–17 Uhr) wurden schon mehr Restaurierungsarbeiten durchgeführt. Der Name ist auf den Kopfschmuck der prächtig bekleideten Figur an der Stele 14 zurückzuführen. Nim Li Punit unterstand möglicherweise dem größeren und mächtigeren Lubaantun.

Beide Ruinen sind im Rahmen eines Tagesausflugs von Punta Gorda aus leicht zu erreichen und zu besichtigen.

ALLGEMEINE INFORMATIONEN

AKTIVITÄTEN

Rund um die Cayes gibt's wunderbare Schnorchel- und Tauchmöglichkeiten. Von Ambergris Caye (S. 263) und Caulker (S. 260) Caye aus werden Touren (mit und ohne Übernachtung) zu den besten Tauch- und Schnorchelspots angeboten.

Im Landesinneren kann man Reiten, Kanu- und Kajakfahren, Höhlen entdecken, sich in großen Gummireifen treiben lassen, wandern und trekken, Vögel beobachten und sich der Archäologie widmen.

ARBEITEN

Wer in Belize arbeiten möchte, benötigt eine offizielle Aufenthaltsgenehmigung. Auf den Inseln oder in Placencia kann man aber hin und wieder in Bars jobben.

BOTSCHAFTEN & KONSULATE

Deutschland (☎ 222-4369; seni@cisco.com.bz; 3½ Miles Western Highway, Belize City)
Guatemala (Karte S. 255; ☎ 223-3150; 8 A St, Kings Park, Belize City)
Mexiko (Karte S. 256; ☎ 223-0193/0194; Ecke Wilson Street & Newton Barracks, Belize City)
Österreich (☎ 22-77070; 16 Regent St, Belize City, Honorarkonsulat)
Schweiz (☎ 223-5505; 83 North Front St, Belize City)
USA (Karte S. 274; ☎ 822-4011; 4 Floral Park Rd, Belmopan)

BÜCHER

Das Buch *13 Chapters in the History of Belize* des belizischen Historikers Assad Shoman bietet eine ausführliche Darstellung der Geschichte des Landes. Hier wird nicht versucht, die koloniale Vergangenheit zu verherrlichen, wie dies in einigen anderen Werken der Fall ist.

Warlords and Maize Men: A Guide to the Maya Sites of Belize von Byron Foster ist eine empfehlenswerte Lektüre für alle, die mehr über das Leben der Maya erfahren möchte.

In dem in Belize von Cubola Productions herausgegebenen Buch *Snapshots of Belize: An Anthology of Short Fiction* wird die Vergangenheit und Gegenwart des Landes in Kurzgeschichten beschrieben.

ESSEN & TRINKEN

Belize hat keine wirklich eigenständige Küche. Die meisten Rezepte stammen aus Großbritannien, der Karibik, Mexiko oder den USA. Jede Gemeinde hat zwar ihre eigenen typischen Speisen, aber Garífuna- und Mayagerichte sowie traditionelle Speisen wie Aufgekochtes stehen nur selten auf den Speisekarten der Restaurants. Dennoch bekommt man in Belize gutes Essen, insbesondere frische Fischgerichte in Küstennähe.

Reis und Bohnen sind die Hauptbestandteile einer belizischen Mahlzeit. Sie werden im Allgemeinen mit Hühnchen-, Schweine- oder Rindfleisch, Fisch, Gemüse oder sogar Hummer serviert. Natürlich fehlen auch Gewürze und Zutaten wie Kokosnussmilch nicht. *Stew beans with rice* sind gedünstete Bohnen auf der einen Tellerhälfte und gekochter Reis auf der anderen. Obendrauf liegt Hühnchen-, Rind- oder Schweinefleisch.

Die Speisen sind im Allgemeinen nicht scharf, aber die allseits beliebten, scharfen Marie-Sharp-Saucen stehen buchstäblich auf jedem Tisch, um das Essen bei Bedarf etwas aufzupeppen.

Belizisches Bier ist gut und preiswert. Belikin ist wahrscheinlich die einzige Marke, die man in die Hände bekommen wird (außer in schrillen Bars). Man sollte sich also daran gewöhnen. Es kommt als Normal- und Light-Bier, als Stout und Premium daher. Bezüglich der Frage, ob man das Leitungswasser trinken kann, gehen die Meinungen auseinander. Mineralwasser ist billig und überall erhältlich – also.

BELIZE

FESTIVALS & EVENTS

An den wichtigsten Feiertagen sind Banken, Büros und andere Dienstleister geschlossen. Die landesweiten Feiertage sind mit einem Sternchen gekennzeichnet.

Es folgt eine kurze Beschreibung der wichtigsten Feiertage und Festivals, die rund um das genannte Datum auch mehrere Tage dauern können:

INSIDERTIPPS

Meine drei Garífuna-Lieblingsgerichte sind *tapuw,* ein Eintopf aus Kochbananen, Kokosnüssen, Okras und Fisch; *hudut,* Kochbananenpüree, Kokosnussmilch, frisches Gemüse und Fisch; *budaga,* ein Eintopf aus geriebenen grünen Bananen, gewürztem Kokosmilch und gebratenem Snapper. Echtes Garífuna-Essen bekommt man am besten in Hopkins.

Celine Castillo, Sittee Point

New Year's Day* (Neujahrstag) (1. Jan.)
Fiesta de Carnival (Feb; So–Di vor Beginn der Fastenzeit) In Nordbelize.
Baron Bliss Day* (9. März) Gedenktag für einen der großen Wohltäter von Belize.
Holy Week (Karwoche) (April; die Woche vor Ostersonntag) Zahlreiche Messen und Prozessionen.
Labor Day* (1. Mai)
Commonwealth Day* (25. Mai)
Feast of San Pedro (Juni; unterschiedliche Termine) San Pedro, Ambergris Caye.
Lobster Season Opens (Beginn der Hummersaison; mehrere aufeinanderfolgende Wochenenden im Juni und Anfang Juli, nachdem die Saison offiziell eröffnet wurde, meist Anfang Juni) Placencia, Caye Caulker und San Pedro.
Costa Maya Festival (Aug.; unterschiedliche Termine) San Pedro, Ambergris Caye – ein Kulturfest der an der Küste lebenden Maya mit Teilnehmern aus Belize und Yucatán.
National Day* (Nationalfeiertag) (St. George's Caye Day; 10. Sept.)
Independence Day* (Unabhängigkeitstag) (21. Sept.)
Pan American Day* (Columbus Day; 12. Okt.)
Garífuna Settlement Day* (19. Nov.) In Hopkins und vor allem in Dangriga (S. 281).
Christmas Day* (Weihnachten) (25. Dez.)
Boxing Day* (26. Dez.)

FRAUEN UNTERWEGS

Belizische Männer sind recht dreist und manchmal auch aggressiv in ihren Bemerkungen über das Erscheinungsbild von Frauen. Das kann unangenehm und peinlich sein, sollte aber nicht als Bedrohung angesehen werden. Je zurückhaltender die Kleidung, desto weniger Aufmerksamkeit erregt man.

FREIWILLIGENARBEIT

Möglichkeiten für Freiwilligenarbeit gibt's in Belize in großer Zahl. Es überrascht nicht, dass viele Angebote mit der Umwelt zu tun haben. Bei den meisten Programmen müssen die Freiwilligen sich finanziell beteiligen, die Kosten können sehr unterschiedlich sein.

Help for Progress (www.progressbelize.org) Die regierungsunabhängige Organisation arbeitet mit Basisorganisationen in Bereichen wie Ausbildung, geschlechtsspezifische Themen, Bürgerbeteiligung und Umwelt zusammen.

Teachers for a Better Belize (www.tfabb.org) Die in den USA ansässige Organisation schickt Freiwillige in die Schulen im Toledo District, um einheimische Lehrer weiter auszubilden.

Plenty International (www.plenty.org) bietet Möglichkeiten, in Gemeindegruppen und Kooperativen im Toledo District zu arbeiten.

GEFAHREN & ÄRGERNISSE

In Belize sind kleine Diebstähle die größte Gefahr für Traveller (und natürlich auch das größte Ärgernis). Man sollte also Wertgegenstände nicht offen mit sich herumtragen, seine Fotoausrüstung immer gut im Blick haben und vor allem keine Wertsachen offen im Auto herumliegen lassen. In Bussen sollte man sein Gepäck wenn möglich stets im Auge behalten. Belize City hat noch immer einen schlechten Ruf. Dies ist zwar eine Altlast aus der Vergangenheit, aber dennoch sollte man auch hier die üblichen Vorsichtsmaßnahmen treffen.

Es hat auch schon Überfälle gegeben. Es ist also nicht empfehlenswert, allein auf verlassenen Nebenstraßen rumzuwandern.

Wer selbst am Lenkrad sitzt, muss supervorsichtig sein – Belize ist berühmt-berüchtigt für seine Verkehrsunfälle. Immer anschnallen und darauf achten, was vor und hinter einem passiert.

GELD

Ein belizischer Dollar (BZ$) hat 100 Cent. Münzen gibt's im Wert von 1, 5, 10, 25, 50 Cent und 1 Dollar. Die Banknoten sind alle gleich groß, haben aber unterschiedliche Farben. Es gibt sie im Wert von 2, 5, 10, 20, 50 und 100 Dollar. Wer die ausgetretenen Touristenpfade verlässt, sollte unbedingt Kleingeld in der Tasche haben.

Die Preise werden im Allgemeinen in belizischen Dollar in der Form „$30 BZE" angegeben, gelegentlich sieht man aber auch „$15 US". Um Überraschungen vorzubeugen, sollte man sich generell bestätigen lassen, ob es sich um amerikanische oder belizische Dollar handelt.

Allgemeine Infos über Kosten und Preise in Zentralamerika stehen auf S. 22.

Geldautomaten

Belize Bank, Scotia Bank und Atlantic Bank haben die zuverlässigsten Geldautomaten. Fast alle akzeptieren internationale Karten und sind rund um die Uhr in Betrieb. In Corozal, Orange Walk, Belize City, Belmopan, San Ignacio, Dangriga, Placencia und Punta Gorda gibt's Banken mit Geldautomaten.

Kreditkarten

Kreditkarten sind sinnvoll, vor allem wenn man Bargeld abheben möchte. Visa und MasterCard sind die gebräuchlichsten. Einige Reisebüros und viele Mittelklasse- und Spitzenklassehotels sowie Restaurants akzeptieren Kreditkarten.

Geldwechsel

Die meisten Geschäfte akzeptieren US-Dollar ohne Probleme. Das Wechselgeld bekommt man dann in belizischen Dollars. Wer darum bittet, erhält es aber auch in US-Dollar. Auch auf US-Dollar ausgestellte Reiseschecks werden problemlos angenommen.

Kanadische Dollar und britische Pfund können auf jeder Bank eingetauscht werden. Nicht auf US-Dollar ausgestellte Reiseschecks werden aber nicht unbedingt von jeder belizischen Bank akzeptiert. Es ist schwierig, wenn nicht gar unmöglich, in Belize andere Währungen einzutauschen.

Geldwechsler an Grenzübergängen wechseln amerikanisches Bargeld ganz legal zu einem Standardkurs von 2 BZ$ für 1 US$. Wenn man Geld oder Reiseschecks auf der Bank tauscht, bekommt man vielleicht für 1 US$ nur 1,97 BZ$; außerdem berechnen sie für Reiseschecks auch noch eine Gebühr von 5 BZ$ (2,50 US$).

Zum Zeitpunkt der Drucklegung galten die nachstehenden Wechselkurse; genaue Tageskurse bekommt man unter www.xe.com.

Land	Währung	BZ$
Eurozone	1 €	2,73
Schweiz	1 SFr	2,04
USA	1 US$	1,95

Internationale Überweisungen

Der schnellste Weg, sich Geld aus dem Ausland schicken zu lassen, ist über Western Union. Die Firma hat Zweigstellen im ganzen Land; für eine Überweisung von 1000 US$ betragen die Gebühren 85 US$.

GEFÜHRTE TOUREN

Viele Veranstalter organisieren maßgeschneiderte und thematische Tourpakete für Einzelreisende und Gruppen.

Vitalino Reyes (☎ 602-8975; www.cavetubing.bz) hat sich auf Cave-Tubing und Tourpakete zu beliebten Orten wie Tikal, Altun Ha und den Belize Zoo spezialisiert. Die Touren finden in ganz Belize statt und bieten eine gute Möglichkeit, von einem Zipfel des Landes zu den anderen zu gelangen. **Up Close Belize** (☎ in den USA 832-426-2385, 670-5698; www.upclosebelize.com) hat kundenspezifische Touren für Einzelreisende und kleine Gruppen in ganz Belize im Angebot.

INFOS IM INTERNET

Belize by Naturalight (www.belizenet.com) Diese Website enthält so ziemlich alles, was Besucher wissen müssen.

Belize First Magazine (www.belizefirst.com) Interessante Infos für Traveller und in Belize lebende Ausländer. Besonders nützlich sind die Lesertipps über Unterkünfte, Restaurants und Touren.

Belize Forums (www.belizeforum.com/cgi-bin/ultimatebb.cgi) Ausgezeichnete, elektronische Pinnwand mit vorwiegend zuverlässigen Infos.

Belize Tourism Board (www.travelbelize.org) Umfassende Infos für Besucher des Landes.

INTERNETZUGANG

Außer in winzig kleinen Dörfern gibt's in fast jedem Ort ein Internetcafé und selbst viele Budgetunterkünfte bieten WLAN. Der Internetzugang kostet zwischen 4 und 10 BZ$. Achtung: Belize gehört zu den wenigen Ländern, die nicht nur Skype sondern auch noch einige andere Chat-Programme blocken.

BELIZE

KARTEN & STADTPLÄNE

Wer sich selbst ans Steuer setzen möchte, sollte sich ein Exemplar von Emory Kings jährlich erscheinendem *Driver's Guide to Beautiful Belize* besorgen, den man in Buch- und Andenkenläden in Belize City bekommt. Er enthält Stadtpläne und detaillierte Routenbeschreibungen – was recht hilfreich ist, da Verkehrsschilder in Belize selten sind und weit auseinander stehen.

Belize im Maßstab 1:350 000, herausgegeben von International Travel Maps and Books of Vancouver, ist im ganzen Land erhältlich.

KLIMA

Die Hauptsaison im Winter dauert von Mitte Dezember bis April, einen zweiten Ansturm gibt's von Juni bis August. Die Trockenzeit (Nov.–Mai) ist die beste Reisezeit (auch wenn die Preise dann höher sind und es schwerer ist, eine Unterkunft zu finden). Wer im Sommer (Juli–Nov.) nach Belize reist, sollte wissen, dass dies die Zeit der Hurrikans ist. Die Hurrikans von 1931, 1961 und 1978 verursachten in Belize City schwere Schäden und kosteten vielen Menschen das Leben.

Klimadiagramme gibt's auf S. 815.

KURSE

Die Möglichkeiten sich weiterzubilden, sind in Belize so verschiedenartig und relaxt wie die Belizer selbst. Wer lernen will, wie man auf kreolischen Trommeln Musik macht oder wie man sie herstellt, sollte die **Maroon Creole Drum School** (methos_drums@hotmail.com) in Gale's Point Manatee (ein nettes, kleines Dorf, 1½ Std. von Belize City entfernt) besuchen. Wer mehr daran interessiert ist, etwas über nachhaltige Landwirtschaft und Sonnenenergie zu erfahren, kann auf der wunderschönen **Maya Mountain Research Farm** (www.mmrfbz.org) in den Bergen westlich von San Pedro Colombia im Toledo District ein mittel- oder langfristiges Praktikum absolvieren. In Punta Gorda bringt der vegetarische Chefkoch **Gomier** (☎ 620-1719; gomier@hotmail.com) in seinem Restaurant am Nordrand der Stadt seinen Schülern bei, wie Tofu hergestellt wird und wie man vegetarisch kocht.

MEDIEN

Zeitungen & Zeitschriften

Die meisten Zeitungen in Belize werden von einer der politischen Parteien unterstützt, folglich sind sie voller politischer Tiraden. Die nach links tendierende *Amandala* (www.amandala.com.bz) hat die höchste Auflage. Die *Belize Times* (www.belizetimes.bz) orientiert sich an der PUP und der *Guardian* (www.guardian.bz) an der UDP. Der *Reporter* (www.reporter.bz) scheint mehr oder weniger die neutralste Zeitung zu sein.

Belize News (www.belizenews.com) bietet Links zu den meisten Medien des Landes. Die in San Ignacio herausgegebene *The Review* (www.aguallo.com), eine zweimal im Monat erscheinende Tourismus-Broschüre mit Werbung, ist fast in ganz Belize erhältlich.

Radio

LOVE-FM (www.lovefm.com) auf UKW 95,1 und 98,1 ist der am weitesten verbreitete

Rundfunksender in Belize. Er bietet eine wundersame Mischung aus Regionalnachrichten und öffentlichen Bekanntmachungen („Belizer, seid nett zu Touristen!") sowie die besten (und schlechtesten) Lovesongs der Welt. KREM (96,5) bietet eine modernere Musikauswahl.

ÖFFNUNGSZEITEN

Die meisten Restaurants in Belize haben von ca. 8 bis 20 Uhr geöffnet; einige schließen aber auch erst sehr viel später. Restaurants, die vor allem von Arbeitnehmern besucht werden, öffnen früher und bieten nur Frühstück und Mittagessen. Sollte dies der Fall sein, ist das in der jeweiligen Beschreibung angegeben. Die meisten Banken sind montags bis donnerstags von 8 bis 13.30 Uhr und freitags von 8 bis 16.30 Uhr geöffnet. Fast alle Banken und viele Büros und Geschäfte sind mittwochnachmittags geschlossen. Geschäfte sind im Allgemeinen montags bis samstags von 8 bis 12 Uhr und montags, dienstags, donnerstags und freitags von 13 bis 16 Uhr geöffnet. Einige Läden haben an diesen Tagen auch noch von 19 bis 21 Uhr auf.

Die meisten Geschäfte, Büros und viele Restaurants sind sonntags geschlossen.

POST

Eine Luftpostkarte nach Europa kostet 0,40 BZ$ und ein Brief 0,80 BZ$. Eine Postkarte nach Kanada oder in die USA kostet 0,30 BZ$, ein Brief 0,60 BZ$. Postlagernde Sendungen (General Delivery) sollten wie folgt adressiert sein: (Name), c/o General Delivery, (Stadt), (Bezirk), Belize, Central America. Beim Abholen einer postlagernden Sendung muss man den Reisepass oder ein anderes Identitätspapier vorlegen. Es wird keine Gebühr erhoben. Postämter sind montags bis freitags von 8 bis 17 Uhr und samstags von 8 bis 13 Uhr geöffnet. Viele Filialen sind mittags von 12 bis 13 Uhr geschlossen.

REISEN MIT BEHINDERUNG

In Belize gibt es so gut wie keine Infrastruktur für Reisende mit Behinderungen. Auf S. 818 stehen allgemeine Tipps für Reisen in dieser Region.

SCHWULE & LESBEN

In Belize gelten für schwule und lesbische Reisende dieselben Regeln wie in fast allen anderen zentralamerikanischen Ländern. Zurückhaltung ist angesagt, Blickkontakt ja, aber bitte keine Berührungen. Eigentlich ist es ein unglaublich tolerantes Land, aber der Machismo der Latinos in Verbindung mit dem traditionellen, tiefreligiösen Glauben sind der Grund dafür, dass gleichgeschlechtliche Beziehungen in Belize absolut nicht gern gesehen sind.

Siehe hierzu auch „Allgemeine Informationen" auf S. 804.

SPRACHE

Offiziell wird in Belize Englisch gesprochen, und mit Ausnahme der Neuankömmlinge aus Guatemala, Honduras und Mexiko spricht hier jeder fließend Englisch. Die Kreolen sprechen ihren eigenen farbenfrohen Dialekt und karibisches Standardenglisch mit dem dafür typischen Singsang. Im Süden wird Garífuna gesprochen. Im Norden und in einigen Städten im Westen ist Spanisch die Hauptsprache. Weitere Sprachen sind Maya, Chinesisch, mennonitisches Deutsch und Hindi.

TELEFON

Belize Telemedia Ltd (BTL; www.belizetelemedia.net/), die ehemals private Telefongesellschaft von Belize wurde 2009 verstaatlicht und untersteht jetzt der belizischen Regierung. BTL hat Filialen in allen größeren Städten. Verbindungen innerhalb des Landes sind im Allgemeinen recht zuverlässig (und preiswert), was bei Ferngesprächen nicht immer der Fall ist. Das BTL-Telefonbuch gibt's auch online.

Ortsgespräche kosten 0,25 BZ$ (0,13 US$). Telefonkarten gibt's für 10, 20 und 50 BZ$. In einigen Geschäften werden auch Zettel mit einer Pin-Nummer ausgedruckt, dann kann man jeden x-beliebigen Betrag angeben.

Wer sein Handy dabei hat, kann sich in jedem BTL-Laden für 50 BZ$ eine Prepaid-SIM-Karte mit belizer Nummer kaufen. Damit kann man innerhalb von Belize telefonieren und Kurzmitteilungen verschicken. Die Prepaid-Karten können in fast jedem Laden aufgeladen werden.

Belize gehört zu den wenigen Ländern, die Skype und auch die meiste VOIP-Software blocken. Einige Internetcafés umgehen das und benutzen ausländische Provider über Satellit.

TOURISTENINFORMATION

Das von der Regierung betriebene **BTB** (www.travelbelize.org) unterhält Touristeninformationen in Belize City, Punta Gorda und Corozal. Sie haben im Allgemeinen nur ein kleines Budget, aber die Angestellten sind ausgesprochen freundlich und bemüht, alle Fragen zu beantworten.

UNTERKUNFT

Die Unterkünfte in Belize reichen von einfach über bezaubernd bis hin zu absolut dekadent. Auf den Inseln und in den Badeorten gibt's viele *cabañas* direkt am Strand. Im Süden kann man in Urwaldhütten und in den Städten in Hotels übernachten. Die Skala reicht von grauenvoll bis hochherrschaftlich.

Einige Unterkünfte bieten unterschiedliche Preise für Zimmer mit oder ohne Klimaanlage. Das sind im Allgemeinen die gleichen Zimmer – gegen einen Aufpreis von 15 bis 30 BZ$ bekommt man eine Fernbedienung für die Klimaanlage in die Hand gedrückt. Wenn Hotels diese Möglichkeit nicht bieten, ist das in der jeweiligen Beschreibung angegeben. Raucher sind in fast keinem Hotel gern gesehen.

HI-Unterkünfte (Hostelling International) gibt es in Belize nicht. Aber es werden hin und wieder Schlafsäle angeboten, in denen man für etwa 20 BZ$ übernachten kann. So spart man etwas Geld und trifft ganz nebenbei auch noch Gleichgesinnte.

In der Hauptsaison (Mitte Dezember bis April und Juni bis August) steigen die Preise und es kann schwierig werden, eine Unterkunft zu finden. In der Nebensaison kann man dafür die Preise runterhandeln.

VERANTWORTUNGSBEWUSSTES REISEN

Viele Leute kommen wegen der Naturschönheiten nach Belize. Die Belizer sind darauf bedacht, ihre Umwelt zu erhalten. Besucher sollten sich entsprechend verhalten.

Korallen und Muscheln gehören ins Meer und sollten dort auch bleiben. Beim Schnorcheln und Tauchen vorsichtig mit den Schwimmflossen sein, denn Korallen sind zerbrechlich und gefährdet. Keine Mitbringsel aus Schildkrötenpanzer oder Korallen kaufen. Auch sollte man nicht mit Seekühen schwimmen und der Versuch, auf den Rücken von Schildkröten zu klettern, ist tabu. Menschen mag das ja Spaß machen, aber die Tiere werden dadurch extrem gestresst.

Auch Maya-Artefakte sollte man nicht kaufen – das ist illegal. Einige sagen sogar, dass man dann verhext wird!

Klimaanlagen nicht übermäßig benutzen. Sie sind teuer und belasten die lokalen Energiereserven ganz erheblich. Man sollte sich einfach langsamer als sonst bewegen und den Ventilator einschalten (oder sich in der Hotellobby aufhalten). Nach ein paar Tagen hat man sich an die Hitze gewöhnt.

Im Urwald bitte auf den Wegen bleiben und darauf achten, dass man nicht auf Pflanzen tritt. Tiere beobachtet man am besten aus einiger Entfernung. Auch sollte man sie niemals füttern, weder auf dem Land noch im Wasser.

VISA & DOKUMENTE

Staatsangehörige der EU und vieler anderer Länder (z. B. auch Kanada, Mexiko, Neuseeland und die USA) brauchen kein Visum, müssen aber im Besitz eines gültigen Reisepasses und eines Tickets für den Rückflug oder Weiterflug sein (Abflug von Belize oder einem der Nachbarländer). An der Grenze oder am Flughafen wird eine 30 Tage gültige Besuchererlaubnis in den Reisepass gestempelt. Die Einreisebehörden in Belize City, Corozal, Orange Walk, Dangriga, Belmopan, Placencia und Punta Gorda verlängern die Erlaubnis problemlos um einen Monat. Die Visastellen sind montags bis freitags von 8 bis 12 Uhr und von 13 bis 17 Uhr geöffnet. Die Verlängerung kostet 50 BZ$, nach sechs Monaten 100 BZ$.

Unter www.www.lonelyplanet.de oder auf der Website der belizischen Regierung (www.belize.gov.bz) stehen aktuelle Visa-Infos.

El Salvador

El Salvador ist das kleinste und zugleich das am dichtesten besiedelte Land Zentralamerikas. Es bildet die größte Volkswirtschaft der Region und hat trotzdem die wenigsten ausländischen Besucher. Früher verirrten sich nur ein paar eigenwillige Surfer und Auslandskorrespondenten hierher. Doch heute gibt es eine neue Generation von Travellern, die sich von den strengen Grenzkontrollen nicht abschrecken lassen und hier ein authentisches Reiseerlebnis suchen: Tropische Paradiese, üppig grüne Nationalparks, kolonialzeitlicher Glanz vor der Kulisse unberührter Vulkanseen, grelle Farben und wilde Kreativität verbinden sich zu einem Bild nicht zu brechenden lokalen Stolzes. Eine herrliche Küste, eine geschäftige, kulturell aktive Hauptstadt, Kriegstourismus für Hartgesottene und der bezaubernde Charme endlos vieler Kleinstädte erwarten den Besucher.

Auch immer mehr Salvadorianer selbst zieht es in ihre Heimat zurück. Viele von ihnen arbeiteten lange im Ausland und wurden damals noch von ihren Landsleuten beneidet. Dies hat sich durch die Weltwirtschaftssituation und durch das immer stärker werdende Gefühl, dass zu Hause doch der richtige Ort für einen Neuanfang ist, geändert.

KURZINFOS

- **Bevölkerung:** 6,7 Mio. Ew. (höchste Bevölkerungsdichte in Zentralamerika)
- **Fläche:** 21 040 km^2 (kleinstes Land in Zentralamerika)
- **Geld:** US-Dollar (US$), 1 € = 1,38 US$, 1 SFr = 1,03 US$
- **Hauptstadt:** San Salvador
- **Jahreszeiten:** Trockenzeit (Nov.–April), Regenzeit (Mai–Okt.)
- **Landesvorwahl:** ☎ 503
- **Preise:** Budgetunterkunft 7,50 €, 1 Flasche Bier 1 €, eine dreistündige. Busfahrt 1,20 €, *pupusa* mit Bohnen und Käse 0,20 €, Surfbrettmiete 7,50 €/Tag

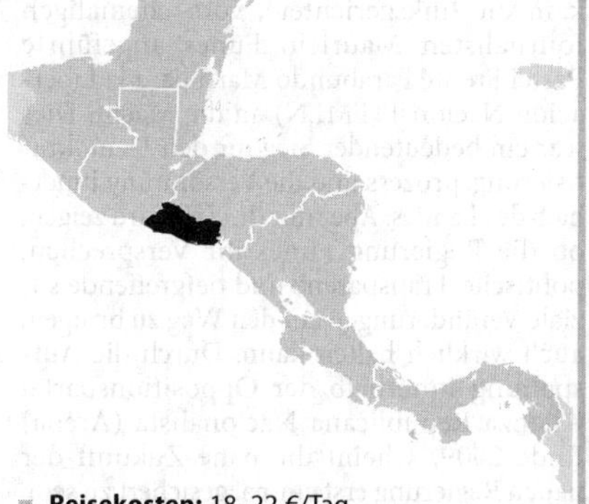

- **Reisekosten:** 18–22 €/Tag
- **Sprachen:** Spanisch, Nahuatl
- **Zeit:** MEZ –6 Std., keine Sommerzeit

TIPPS FÜR UNTERWEGS

Wer im Land nicht auffallen möchte, reist mit einer seesackähnlichen Tasche und kleidet sich gepflegt, mit langer Hose. Ein einfaches *„Buenos días/buenas tardes. ¿Como va?"* (Guten Morgen/Tag (nachmittags). Wie geht es Ihnen?) kommt bei jeder Begegnung gut an und vermag Türen zu öffnen.

VON LAND ZU LAND

Grenzübergänge: Anguiatú, San Cristóbal und La Hachadura (von Guatemala) bzw. El Poy und El Amatillo (von Honduras) sind am besten für die Einreise geeignet; die Ausreise ist bei Perquín möglich, nach El Salvador einreisen kann man von dort allerdings nicht.

HIGHLIGHTS

- **Ruta de las Flores** (S. 342) Die westliche Hochland in Angriff nehmen: zu *fincas* (Plantagen) wandern, in heißen Quellen untertauchen und sich auf den Wochenendmärkten den Bauch vollschlagen.
- **La Costa del Bálsamo** (S. 330) Auf großartigen Wellen reiten, eine Hängematte zwischen die Palmen spannen und die lockere Atmosphäre genießen.
- **Parque Nacional Imposible** (S. 347) Den Park durch die einsamen Hintereingang betreten, auf einer Wanderung von den Bergrücken aus einen atemberaubenden Ausblick genießen und in den Pools am Fluss planschen gehen.
- **Suchitoto** (S. 363) Am Wochenende in El Salvadors inoffizieller Kulturhauptstadt die Kunstszene mit den angesagten *capitalinos* ganz genau unter die Lupe nehmen.
- **San Salvador** (S. 310) Daumen (und Arme) hoch für Zentralamerikas bestes Nachtleben und die besten Museen.
- **Abseits ausgetretener Pfade** (S. 360) Einem ehemaligen Guerillamitglied sein Vertrauen schenken und unter seiner Führung das raue Gebiet der ehemaligen FMLN-Hochburg Perquín erkunden.

AKTUELLE ENTWICKLUNGEN

Im März 2009 kam es in El Salvador zum politischen Wandel. Erstmals seit ihrer Gründung als Guerillawiderstandsbewegung, kam die linksgerichtete, vom ehemaligen Journalisten Mauricio Funes angeführte Partei Frente Farabundo Martí para la Liberación Nacional (FMLN) an die Macht. Dies war ein bedeutender Sieg für den Demokratisierungsprozess und die Versöhnung innerhalb des Landes. Aber nur die Zeit wird zeigen, ob die Regierung Funes ihr Versprechen, politische Transparenz und tiefgreifende soziale Veränderungen auf den Weg zu bringen, auch wirklich halten kann. Durch die Aufspaltung innerhalb der Oppositionspartei Alianza Republicana Nacionalista (Arena) Ende 2009, scheint die nahe Zukunft der neuen Regierung erst einmal gesichert zu sein. Die offizielle Entschuldigung vom Januar 2010 für die Rolle, die die Regierung bei den Gräueltaten der Vergangenheit spielte – und die uneingeschränkte Zustimmung zu unabhängigen Untersuchungen – sind ein Schritt in die richtige Richtung.

Trotz der Wirtschaftskrise und eines konjunkturellen Rückgangs von 10 % im Jahr 2009, stützt sich El Salvadors Wirtschaft immer noch zu sehr auf Überweisungen von Salvadorianern aus dem Ausland (ein Fünftel der gesamten Volkswirtschaft). Steigende Zinssätze haben es schwieriger gemacht, den Amerikanischen Traum hier im Süden nachzubilden. Mikrofinanzinstitute sollen den Salvadorianern in Zukunft mehr Möglichkeiten bieten, ihr im Ausland hart verdientes Geld besser zu investieren.

Auch von Naturkatastrophen bleibt das Land nicht verschont. 2005 verloren infolge des Hurrikans Stan Tausende Menschen ihre Häuser, 69 Menschen kamen ums Leben. Und das nur wenige Tage nachdem der Volcán Santa Ana ausgebrochen war, Erdrutsche ausgelöst sowie Kaffeeplantagen und Felder zerstört hatte. Dann, im November 2009, brachten Ausläufer des Hurrikans Ida über 35 cm Regen in weniger als 24 Stunden über die Mitte El Salvadors. 200 Menschen starben in den Fluten, und der Verlust von Häusern und Ackerland machte die Verletzlichkeit der Armen des Landes überdeutlich.

GESCHICHTE

Händler & Krieger

Volksstämme von Paläoindianern besiedelten El Salvador schon vor 10 000 Jahren und hinterließen im heutigen Morazán ihre Spuren in Form von Höhlenmalereien. Ihnen folgten um 2000 v. Chr. die Olmeken, die der Nachwelt den Olmeken-Felsen hinterließen, eine riesige Skulptur in Form eines Kopfes, die bei Casa Blanca gefunden wurde und Skulpturen in Mexiko sehr ähnlich ist.

El Salvador war früher ein wichtiges Handelszentrum in der Region. Archäologische Funde weisen auf Einflüsse unterschiedlichster Völker hin; von den Pipil, Teotihuacan und den Maya im Westen, bis hin zu den

Lenca, Chorti und Pok'omama im Osten. Die Ruinen von Stufenpyramiden in Tazumal, San Andrés und Casa Blanca bezeugen, dass die Region schon vor der Kolonialisierung durch die Spanier 3000 Jahre lang fast durchgängig bewohnt wurde.

Als der spanische Eroberer Pedro de Alvarado 1524 seinen Fuß auf diesen Boden setzte, wurde das Land von den Pipil, den Nachkommen der Tolteken und Azteken, dominiert. Diese Völker aus dem Norden (dem heutigen Mexiko) nannten ihre Heimat Cuscatlán, „Land der Juwelen". Ihre Landwirtschaft basierte auf dem Maisanbau und war ertragreich genug, um einige Städte bauen und eine hochentwickelte, eine Bilderschrift verwendende Kultur, die Disziplinen wie Astronomie und Mathematik betrieb, fördern zu können. Ihr Dialekt war dem heutigen Nahuatl sehr ähnlich.

Vom Indigoanbau zur Unabhängigkeit

Die spanische Herrschaft begann mit einem ein Jahr lang andauernden Krieg gegen die Pipil. Die Spanier konnten sich letztendlich durchsetzen und beanspruchten das Land für sich. Sie verwandelten es in Baumwoll-, Balsam- und Indigoplantagen. Mit der Indigopflanze als wichtigstem Exportgut boomte die Landwirtschaft in der Region im 18. Jh. geradezu. Eine kleine Gruppe von Europäern, bekannt als die „14 Familien", kontrollierte praktisch das gesamte Vermögen und die Landwirtschaft der Kolonie und ließ das Land von versklavten Indigenas und Afrikanern bearbeiten.

Vor dem Hintergrund einer derartig ungleichen Machtverteilung, schwelte schnell ein Konflikt vor sich hin. Eine von Padre (Pater) José Delgado angeführte Revolte gegen die Spanier im Jahr 1811 scheiterte zwar, schürte aber die Unzufriedenheit der Menschen weiter. Zehn Jahre später, am 15. September 1821, gelangte El Salvador seine Unabhängigkeit von Spanien und trat dann der Zentralamerikanischen Konföderation bei.

Anastasio Aquino drängte auf eine Landreform und führte 1833 einen Aufstand der indigenen Bevölkerung an. Obwohl dieser niedergeschlagen und Aquino hingerichtet wurde, wurde er zum Nationalhelden. Nach der Auflösung der Zentralamerikanischen Föderation in den Jahren 1838/1839 sah sich El Salvador noch bis 1841 als Rechtsnachfolger dieses Staatenbunds.

Der Aufstieg des Kaffees

Im späten 19. Jh. lösten synthetische Farbstoffe die aus der Indigopflanze gewonnene Farbe als Färbemittel ab und die Rolle des Kaffees wuchs. Eine Handvoll reicher Landbesitzer vergrößerte ihren Grundbesitz weiter, indem sie die indigene Bevölkerung vertrieben. Kaffee wurde zur wichtigsten für den Verkauf bestimmten Anbaufrucht und *cafetaleros* (Kaffeebauern) verdienten sich eine goldene Nase, ohne dass der Gewinn besteuert oder ein Teil des Erlöses über gerechte Löhne an die Arbeiter ausbezahlt worden wäre. Im 20. Jh. hingen 95 % der Einkünfte El Salvadors direkt oder indirekt von Kaffeeexporten ab, aber nur 2 % der Salvadorianer kontrollierten diesen Reichtum.

Das 20. Jahrhundert

Die unerbittliche Regierung ging in den 1920er-Jahren mit harter Hand gegen jegliche gewerkschaftliche Vereinigung innerhalb der Kaffeeindustrie vor. Im Januar 1932 führte Augustín Farabundo Martí, einer der Gründer der Zentralamerikanischen Sozialistischen Partei, einen Aufstand der Bauern und der indigenen Bevölkerung an. Das Militär schlug brutal zurück und brachte systematisch jeden um, der indigene Gesichtszüge hatte oder den Aufstand unterstützte. Im Zuge der „La Matanza" (das Massaker) wurden 30 000 Menschen getötet, darunter auch Martí selbst, der von einem Erschießungskommando hingerichtet wurde. Ihm zu Ehren übernahm die Revolutionsarmee FMLN (Frente Farabundo Martí para la Liberación Nacional) später seinen Namen.

In den 1970er-Jahren wurde die Situation der Kleinbauern ohne Landbesitz immer schwerer zu ertragen und Armut, Arbeitslosigkeit und Überbevölkerung wurden zum ernsthaften Problem. Innerhalb der Regierung kämpften die polarisierten linken und rechten Parteien mit Staatsstreichen und Wahlbetrug um die Macht. 1972 ließ sich José Napoleon Duarte, der Mitbegründer der Christlichen Demokratischen Partei (Partido Democrático Cristiano; PDC), als Präsidentschaftskandidat aufstellen und wurde von einer breiten Koalition aus Reformgruppen unterstützt. Als ihm, unter dem Vorwurf des Wahlbetrugs, der Wahlsieg aberkannt wurde, wurden erste Proteste laut. Ein Putschversuch wurde vom Militär abgewehrt und die Rechte reagierte mit der Gründung von „Todesschwadronen"

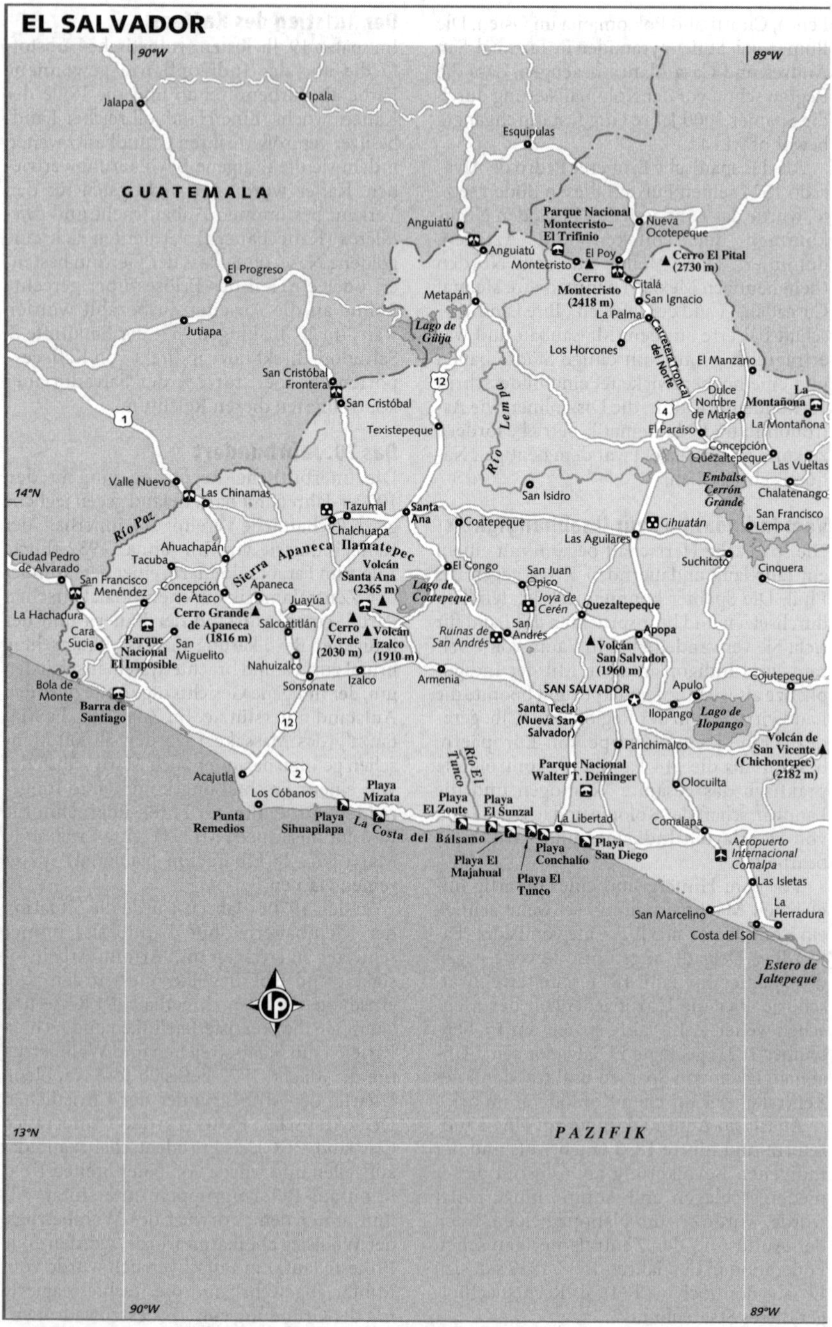
EL SALVADOR
90°W
89°W
14°N
13°N
GUATEMALA
PAZIFIK
Jalapa
Ipala
Esquipulas
Anguiatú
Parque Nacional Montecristo–El Trifinio
Nueva Ocotepeque
El Poy
Cerro El Pital (2730 m)
Montecristo
Cerro Montecristo (2418 m)
Citalá
San Ignacio
La Palma
Carretera Troncal del Norte
Los Horcones
El Progreso
Metapán
Lago de Güija
Jutiapa
San Cristóbal Frontera
San Cristóbal
Texistepeque
Río Lempa
El Manzano
Dulce Nombre de María
La Montañona
La Montañona
El Paraíso
Concepción Quezaltepeque
Las Vueltas
Embalse Cerrón Grande
Chalatenango
San Francisco Lempa
Valle Nuevo
Las Chinamas
Río Paz
San Isidro
Tazumal
Santa Ana
Chalchuapa
Coatepeque
Cihuatán
Las Aguilares
Sierra Apaneca Ilamatepec
Ahuachapán
Tacuba
Ciudad Pedro de Alvarado
San Francisco Menéndez
La Hachadura
Concepción de Ataco
Apaneca
Volcán Santa Ana (2365 m)
El Congo
Lago de Coatepeque
San Juan Opico
Joya de Cerén
Suchitoto
Cinquera
Quezaltepeque
Cerro Grande de Apaneca (1816 m)
Juayúa
Salcoatitlán
Cerro Verde (2030 m)
Volcán Izalco (1910 m)
Ruinas de San Andrés
San Andrés
Apopa
Volcán San Salvador (1960 m)
Cara Sucia
Parque Nacional El Imposible
San Miguelito
Nahuizalco
Sonsonate
Izalco
Armenia
SAN SALVADOR
Apulo
Cojutepeque
Bola de Monte
Barra de Santiago
Santa Tecla (Nueva San Salvador)
Ilopango
Lago de Ilopango
Panchimalco
Volcán de San Vicente (Chichontepec) (2182 m)
Río El Tunco
Parque Nacional Walter T. Deininger
Olocuilta
Acajutla
Los Cóbanos
Punta Remedios
Playa Sihuapilapa
Playa Mizata
La Costa del Bálsamo
Playa El Zonte
Playa El Sunzal
La Libertad
Comalapa
Playa El Majahual
Playa Conchalío
Playa El Tunco
Playa San Diego
Aeropuerto Internacional Comalpa
Las Isletas
San Marcelino
La Herradura
Costa del Sol
Estero de Jaltepeque
1
12
4
2

EL SALVADOR

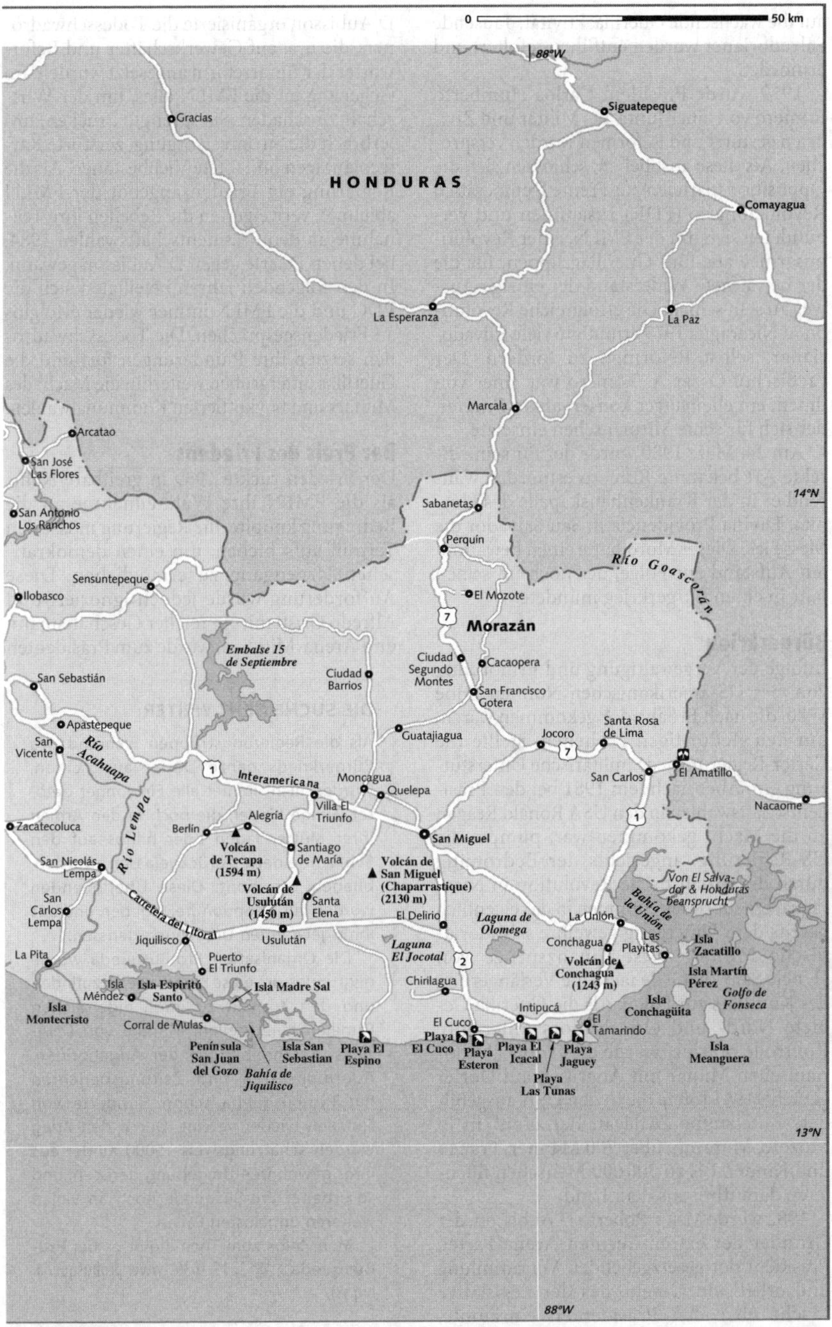
0
50 km
88°W
Siguatepeque
Gracias
HONDURAS
Comayagua
La Esperanza
La Paz
Marcala
Arcatao
San José
Las Flores
14°N
San Antonio
Los Ranchos
Sabanetas
Perquín
Río Goascorán
Sensuntepeque
Ilobasco
El Mozote
7
Morazán
Embalse 15
de Septiembre
Ciudad
Segundo
Montes
Cacaopera
Ciudad
Barrios
San Sebastián
San Francisco
Gotera
Apastepeque
Santa Rosa
de Lima
Guatajiagua
San
Vicente
Río
Acahuapa
Jocoro
7
1
Interamericana
Moncagua
San Carlos
El Amatillo
Quelepa
Villa El
Triunfo
Nacaome
Río Lempa
1
Alegría
Zacatecoluca
Berlín
San Miguel
Volcán
de Tecapa
(1594 m)
Santiago
de María
Volcán de
San Miguel
(Chaparrastique)
(2130 m)
San Nicolás
Lempa
Von El Salva-
dor & Honduras
beansprucht
Bahía de
la Unión
Volcán de
Usulután
(1450 m)
Santa
Elena
San
Carlos
Lempa
Carretera del Litoral
El Delirio
Laguna de
Olomega
La Unión
Jiquilisco
Usulután
Conchagua
Las
Playitas
Isla
Zacatillo
La Pita
Puerto
El Triunfo
Laguna
El Jocotal
2
Volcán de
Conchagua
(1243 m)
Isla Martín
Pérez
Isla
Méndez
Isla Espiritú
Santo
Isla Madre Sal
Chirilagua
Golfo de
Fonseca
Isla
Montecristo
Corral de Mulas
Intipucá
Isla
Conchagüita
El Cuco
El
Tamarindo
Playa
El Cuco
Playa
Esteron
Playa El
Icacal
Playa
Jaguey
Península
San Juan
del Gozo
Isla San
Sebastian
Playa El
Espino
Isla
Meanguera
Bahía de
Jiquilisco
Playa
Las Tunas
13°N
88°W

auf die wachsende Guerillaaktivität. Tausende Salvadorianer wurden entführt, gefoltert und ermordet.

1979 wurde Präsident Carlos Humberto Romero von einer Junta aus Militär und Zivilisten gestürzt und Reformen wurden versprochen. Als diese ausblieben, schlossen sich die Oppositionsparteien zur Frente Democrático Revolucionario (FDR) zusammen und verbündeten sich mit der FMLN, einer Revolutionsarmee aus fünf Guerillagruppen, für die der bewaffnete Widerstand der einzige Ausweg zu sein schien. Die erfolgreiche Revolution in Nicaragua 1979 ermutigte viele Salvadorianer, selbst Reformen zu fordern. Der Erzbischof Oscar A. Romero war einer von ihnen; ein ehemaliger konservativer Priester, der sich für seine Mitmenschen einsetzte.

Am 24. März 1980 wurde der für seine direkte Art bekannte Romero ermordet, während er in der Krankenhauskapelle des Hospital Divina Providencia in San Salvador die Messe las. Dieser Mord hatte einen bewaffneten Aufstand zur Folge, der noch im selben Jahr in einen Bürgerkrieg mündete.

Bürgerkrieg

Infolge der Vergewaltigung und Ermordung von vier US-amerikanischen Nonnen Ende 1980, die nach El Salvador gekommen waren, um den Bedürftigen zu helfen, stellte die Carter-Regierung jede militärische Unterstützung ein. Aber nachdem 1981 bei den Präsidentschaftswahlen in den USA Ronald Reagan an die Macht gekommen war, pumpte die US-Regierung, angesichts der Bedrohung durch die sozialistische Revolution in Nicaragua, erneut riesige Summen in das eigentlich bereits dem Untergang geweihte salvadorianische Militär. Diese Finanzspritze von „Uncle Sam" hatte de facto die Verlängerung des Konflikts zur Folge. Als die Guerilla Gebiete Nord- und Ostsalvadors unter ihre Kontrolle brachte, wurde dies vom salvadorianischen Militär mit Angriffen auf Dörfer gerächt. 1981 tötete die in den USA ausgebildete Elitetruppe „Atlacatl Battalion" in El Mozote, Morazán, über 700 Männer, Frauen und Kinder. Bis zu 300 000 Menschen flüchteten daraufhin aus dem Land.

1982 wurde Major Roberto D'Aubisson, der Gründer der extrem-rechten Arena-Partei, Präsident der gesetzgebenden Versammlung und erließ ein Gesetz, das der Legislative Macht über den Präsidenten einräumte. D'Aubisson organisierte die Todesschwadronen, die u. a. auf Gewerkschafter und Befürworter der Agrarreform angesetzt wurden. Im Gegenzug tat die FMLN alles, um der Wirtschaft zu schaden. Sie sprengte Brücken, unterbrach die Stromversorgung, zerstörte Kaffeeplantagen und tötete Viehbestände. Als die Regierung ein Friedensangebot der FMLN ablehnte, verweigerten die Rebellen ihre Teilnahme an den Präsidentschaftswahlen 1984, bei denen Duarte gegen D'Aubisson gewann. In den folgenden Jahren beteiligten sich die PDC und die FMLN immer wieder erfolglos an Friedensgesprächen. Die Todesschwadronen setzten ihre Plünderungen fort und die Guerillas untergruben weiterhin die Macht des Militärs und boykottierten Kommunalwahlen.

Der Preis des Friedens

Der Frieden rückte 1989 in greifbare Nähe, als die FMLN ihre Wahlteilnahme an die Bedingung knüpfte, die Regierung müsse den Termin aufschieben, um einen demokratischen Urnengang zu ermöglichen. Diese Aufforderung wurde jedoch ignoriert und Alfredo Cristiani, ein reicher Geschäftsmann und Arena-Mitglied, wurde zum Präsidenten

DIE SUCHE GEHT WEITER

Als die Regierungstruppen während des Bürgerkriegs ganze Dörfer auslöschten, wurden nicht immer alle Einwohner getötet. Einige Kinder, die noch in den Armen ihrer Mütter lagen oder hilflos auf den Schlachtfeldern zurückgelassen wurden, blieben verschont. Diese Überlebenden wurden zur Adoption freigegeben und aus ihrer gewohnten Umgebung gerissen.

Die Organisation Pro-Búsqueda wurde gegründet, um diese Kinder wiederzufinden und den Kontakt zu ihren eigentlichen Familien herzustellen. Mithilfe von DNA-Tests, Beschreibungen der Angehörigen, Adoptionsakten und Zeitungsberichten hat Pro-Búsqueda schon Hunderte von Familien wieder vereint. Durch den Krieg wurden schätzungsweise 5000 Kinder aus ihrer gewohnten Umgebung gerissen, und so arbeitet Pro-Búsqueda noch an vielen weiteren ungelösten Fällen.

Mehr Infos zum Thema gibt es bei **Pro-Búsqueda** (☎ 2235-1039; www.probusqueda.org.sv).

gewählt. Die Antwort der FMLN war ein großangelegter Angriff auf die Hauptstadt. Im Gegenzug tötete das Militär geschätzte 4000 „linke Sympathisanten".

Im April 1990 begannen, unter Aufsicht der UN, Verhandlungen zwischen der Regierung und der FMLN. Unter den ersten Vereinbarungen war ein Menschenrechtsabkommen, das von beiden Parteien unterzeichnet wurde. Dennoch stieg die Mordrate 1991 sogar noch an, obwohl im Rahmen einer UN-Mission Beobachter zur Überwachung der Menschenrechte in das Land entsandt wurden.

Am 16. Januar 1992 wurde endlich ein Kompromiss unterzeichnet. Die FMLN wurde eine Oppositionspartei und die Regierung stimmte einer Reihe von Reformen zu, u. a. der Auflösung der paramilitärischen Gruppierungen und der Todesschwadronen sowie deren Ablösung durch eine nationale zivile Polizei. Das Land sollte unter den Bürgern aufgeteilt und Menschenrechtsverletzungen untersucht werden. Stattdessen wurden diejenigen, die die Menschenrechte missachtet hatten, von der Regierung begnadigt.

In den 12 Jahren des Bürgerkriegs wurden schätzungsweise 75 000 Menschen getötet.

Jüngste politische Entwicklungen

Die FMLN hat weitgehend bewiesen, ein vorbildliches Beispiel für eine ehemalige Guerillaorganisation auf dem Weg in die reguläre Politik zu sein. Skeptiker hatten damit gerechnet, dass die Salvadorianer eher konservativ wählen würden. 2009 änderte sich dies jedoch, als Mauricio Funes die FMLN bei den Präsidentschaftswahlen zum Sieg führte.

Organisierte Banden sind noch immer ein weitverbreitetes Phänomen in El Salvador. Man erwartet, dass Funes die von seinem Vorgänger in diesem Zusammenhang angewandte Politik der „Super Mano Dura" (Super Harte Hand) korrigieren wird. Die leiderprobte Öffentlichkeit wird dabei jeden einzelnen seiner Schritte genau beobachten. Das Thema Bandengewalt beherrschte 2009 erneut die Schlagzeilen, als der bekannte französische Fotograf und Filmemacher Christian Poveda von vier Mitgliedern der berühmt-berüchtigten, stark tätowierten Bande Mara Salvatrucha (M-18) ermordet wurde. Sein Dokumentarfilm *La vida loca* (Das irre Leben) entstand nach vier Jahren engen Zusammenlebens mit der Bande. Povedas Tod war symptomatisch für ein Jahr mit 4365 Morden – ein niederschmetternder Anstieg von 35 % im Vergleich zu 2008. Als Reaktion darauf verstärkte Präsident Funes die Militärpräsenz in den Gebieten mit den gewalttätigsten Banden, die die meisten Traveller aber sowieso nicht besuchen werden.

Die neue Regierung wird auch zeigen müssen, ob sie die Aktivitäten der Mara Salvatrucha (*mara* heißt „Bande", *trucha* bedeutet „schlaue Forelle") kontrollieren kann oder nicht. Diese Banden, die auch unter den Namen M-13 und M-18 bekannt sind, haben mittlerweile in Zentralamerika geschätzte 100 000 Mitglieder. Gegründet wurde Mara Salvatrucha in den USA, als Antwort auf die instrumentalisierten Angriffe der dortigen mexikanischen Gangs. Zwischen 2000 und 2004 wurden unzählige *maras* aus den USA ausgewiesen und kamen so mit Drogenkartellen, Waffen, Prostitution und illegaler Einwanderung in Kontakt. Trotz zahlreicher Festnahmen konnte die vorhergehende Regierung mit ihrer Politik der „Super Mano Dura" keinen nachhaltigen Effekt erzielen.

KULTUR

Mentalität

Die meisten Traveller, die nach El Salvador kommen, sind vor allem von den Einwohnern begeistert. Die Salvadorianer reden nicht um den heißen Brei herum, sind willensstark und arbeiten hart. Sie sind außerdem extrem hilfsbereit und fast ausnahmslos freundlich (selbst Bandenmitglieder schaffen es in einem Interview, charmant zu wirken). Salvadorianer haben einen stark ausgeprägten Gerechtigkeitssinn und sagen ihre Meinung offen heraus. Der Bürgerkrieg ist selbstverständlich immer noch tief im Bewusstsein dieser Nation verankert. Nicht nur, weil die Erinnerungen daran zu tief eingebrannt sind, als dass man sie vergessen könnte, sondern auch, weil die ehemaligen Kämpfer (und ihre Anhänger) weiterhin wichtige Machtpositionen innehaben. Gleichzeitig sind die Salvadorianer aber auch aufrichtig bestürzt darüber, dass viele Ausländer so wenig über ihr Land wissen, was über den Krieg hinausgeht. Sie sind sehr gerne bereit, alle Fragen über El Salvador zu beantworten und dem Reisenden helfend zur Seite zu stehen.

Lebensart

Aufgrund ihrer starken Arbeitsmoral haben die Salvadorianer ihr Land schnell aus den

Ruinen des Bürgerkriegs wieder aufgebaut und es beinahe an die Spitze der zentralamerikanischen Volkswirtschaften gebracht. Geldsendungen von im Ausland lebenden und arbeitenden Salvadorianern und Salvadorianerinnen, jährlich um die 3 Mrd. US$ (20 % des BIP), verleihen dem Land zusätzlich einen gehörigen Auftrieb und wirken sich auf die Arbeits- und Lebensweise der Bevölkerung aus. Armut und Arbeitslosigkeit sind weiterhin ein Problem und 30 % der Bevölkerung leben, vor allem in den ländlichen Gebieten, unterhalb der Armutsgrenze. Und dennoch gilt in El Salvador der höchste Mindestlohn in ganz Zentralamerika (etwa 150 US$/Woche) und das Land ist deutlich wohlhabender als seine Nachbarn.

Bevölkerung

Vom Äußeren her haben Salvadorianer mehr europäische Merkmale als andere Zentralamerikaner, was vor allem auf die brutale Unterdrückung der indigenen Bevölkerung und einen eher geringen afro-karibischen Einfluss zurückzuführen ist. Etwa 94 % der Bevölkerung sind *mestizos* (eine Mischung aus spanischer und indigener Bevölkerung) aber helle Haut ist nichts Außergewöhnliches. Die indigene Bevölkerung stammt vom Volk der Pipil ab, das toltekische und aztekische Wurzeln hat. Die Brutalität, mit der die Regierung gegen sie vorgegangen ist, forderte ihren Tribut, und heute gehören nur noch zwischen 1 und 5 % der Menschen hier zur indigenen Bevölkerung. Nur noch sehr wenige sprechen Nahuatl und tragen traditionelle Kleidung.

RELIGION

In El Salvador gibt es, genau wie im Rest Lateinamerikas, eine explosionsartige Zunahme des Evangelikalismus. Die emotionalen Gottesdienste scheinen dem Glauben neue Energie zu geben. Gottesdienste auf öffentlichen Plätzen mit dröhnenden Lautsprechern sind mittlerweile ein typisches Mittel für diese Art der „Verbreitung des Wortes". Protestantisch-evangelikale Kirchen ziehen mittlerweile die Hälfte aller Gläubigen an, was zeigt, wie groß die Frustration gegenüber der traditionellen katholischen Kirche derzeit ist. Vor und während des Kriegs waren Priester und Missionare oft offene Kritiker staatlicher Repressionen – und viele von ihnen, wie Erzbischof Oscar Romero, bezahlten dafür mit ihrem Leben.

KUNST

El Salvadors Kunsthandwerk kann innovativ und qualitativ sehr hochwertig sein. Fernando Llorts Naïve Kunst (s. Kasten S. 307) hat Künstler in der Gemeinde La Palma (S. 367) zur Schaffung einer neuen Art bunt bemalten Kunsthandwerks mit kindlichen Motiven inspiriert. In Guatajiagua (S. 360) in Morazán werden einzigartige schwarze Keramikarbeiten hergestellt, die Einflüsse der indigenen Lenca zeigen, und Ilobasco (S. 348) ist bekannt für seine *sorpresas,* aufwendig gearbeitete Minifiguren, die in einer Keramikhülle versteckt sind (s. Kasten S. 351).

Die Salvadorianer lieben die Dichtung. Der ikonoklastische Dichter Roque Dalton wurde für seine radikale politische Haltung außer Landes verwiesen. Er kehrte schließlich in seine Heimat zurück, um die Guerilla in ihrer Sache zu unterstützen, wurde aber von seinen eigenen Leuten unter dem Verdacht ein CIA-Agent zu sein hingerichtet. Namhafte Werke sind z. B. *Taberna y otros lugares* (1969), eine politische Vision in Versform, und *Miguel Marmol.* Die progressive Dichterin Claudia Lars verfasste freizügige, gewagt erotische Dichtung und zählt in ihrem Land zur Riege der führenden und fortschrittlichsten Schriftsteller.

Unter dem Künstlernamen Salarrué veröffentlichte der viel gelobte Schriftsteller Salvador Efraín Salazar Arrué 1933 seine *Cuentos de barro* (Erzählungen vom Schlamm), die den Beginn des Genres der modernen Kurzgeschichten in Zentralamerika markieren. Gleichermaßen gilt Manlio Arguetas *Tage des Alptraums (Un día en la vida,* 1980), eine Erzählung über eine ländliche Familie zu Zeiten des Bürgerkriegs, als moderner Klassiker. Einer der interessanteren salvadorianischen Romanautoren der Gegenwart ist Horacio Castellanos Moya. Sein Roman *Insensatez* von 2004 (auf Englisch unter dem Titel *Senselessness* erschienen) ist eine beißend schwarze Komödie über die von Regierungen unterstützte Gewalt. Weiter Informationen über diese und andere zeitgenössische Schriftsteller gibt es bei **Concultura** (www.dpi.gob.sv, auf Spanisch), der offiziellen Kunst- und Kulturplattform des Landes, auf der eine Bibliografie salvadorianischer Autoren zu finden ist.

Der 1988 von Ellwood Kieser produzierte Film *Romero* und der Film *Salvador* des Regisseurs Oliver Stone, brachten den Bürgerkrieg in El Salvador auf die Kinoleinwand.

EL SALVADOR

NAIVE KUNST

Geschichten aus der Bibel, seltsame Vögel, bunte Regenbogenfarben: Die kindlichen Bilder von Fernando Llort Choussy sind, in einem von Kriegen zerrütteten Zentralamerika, Sinnbilder der Hoffnung geworden. Der Unterschied zwischen Llort und Miró oder Picasso besteht in der ernsthaften Bilddeutung und den einfachen, tropischen Farbtönen, die seinen Stil der „primitiven Moderne" ausmachen.

Ironischerweise festigte sich diese starke lateinamerikanische Identität erst, als er nach Frankreich ging, um erst Architektur, dann Theologie zu studieren. Religiöse Symbole kehren in seinen Kunstwerken immer wieder; statt Verherrlichungen bevorzugt er das Einfache und Alltägliche.

Als Llort Anfang der 1970er-Jahre nach El Salvador zurückkehrte, erwarteten ihn Spannungen und Gewalt, die letztendlich zum Bürgerkrieg führten. Llort zog sich in das abgelegene Bergdorf La Palma im Norden des Landes zurück. Die offensichtliche Einfachheit des Lebens in Harmonie mit der Natur prägten seinen Stil noch stärker. Er rief La Semilla de Dios (Die Saat Gottes; S. 368) ins Leben, einen Workshop, in dem er andere Menschen sein Handwerk lehrte und die Kunsthandwerker im Ort professionalisierte.

Mittlerweile lebt Llort in San Salvador und auch immer wieder im Ausland; sein Workshop in seinem ehemaligen Atelier läuft aber weiterhin prächtig. Llorts Werke sind sowohl an der Fassade der Catedral Metropolitana (S. 315) in San Salvador, als auch im Weißen Haus, im Museum of Modern Art in New York und im Vatikan zu bewundern.

NATUR & UMWELT

Geografie

El Salvador ist das Land der Vulkane. Zwei vulkanische Gebirgsketten, die sich von Osten nach Westen erstrecken, verleihen sowohl der Landschaft als auch dem Leben hier eine gewisse Dramatik. Ein Großteil des Landes ist abgeholzt, die Berge im äußersten Norden sind jedoch von Kiefern- und Eichenwäldern, zerklüfteten Felsen und Nebelwäldern überzogen. Der Río Lempa zieht eine fruchtbare Schneise durch das Land und teilt es in zwei Teile. Während El Salvador das einzige zentralamerikanische Land ist, das nicht an der Karibikküste liegt, besitzt es am Pazifik eine 300 km lange Küste mit Mangroven, Meeresarmen und tropischem Trockenwald. Die Seen und Süßwasserlagunen versorgen das Land mit Trinkwasser und Erholungsmöglichkeiten.

Tiere & Pflanzen

Im Verlauf des 20. Jh. wurden die Wälder in El Salvador radikal abgeholzt. Als Folge davon sind viele Tier- und Pflanzenarten in dem Land ausgestorben; dennoch ist in den Nationalparks und Schutzgebieten noch immer eine große Artenvielfalt vorhanden.

El Salvador hat über 800 Tierarten aufzuweisen. Fast die Hälfte davon sind Schmetterlinge, an zweiter Stelle stehen die Vögel mit 330 hier heimischen Arten (und 170 Zugvögelarten). Zu ihnen gehören Quetzale, Tukane, Reiher, Eisvögel, Braunpelikane, Papageien und Schnepfenvögel. Die Zahl der noch hier lebenden Säugetierarten liebt bei etwa 200, darunter befinden sich Opossums, Ameisenbären, Stachelschweine, Agutis, Ozelote, Klammeraffen und Weißwedelhirsche. Man bekommt sie vor allem in den Naturschutzgebieten zu Gesicht. Insgesamt sind etwa 90 Tierarten vom Aussterben bedroht. Meeresschildkröten, Gürteltiere und über 15 Kolibriarten gehören dazu.

Aufgrund des großen Anteils landwirtschaftlich genutzter Fläche haben nur wenige einheimische Pflanzenarten überlebt. Entlang der Pazifikküste findet man einen kleinen Bestand von Balsambäumen (deshalb wird die Küste auch Costa del Bálsamo genannt) und Mangroven säumen die Meeresarme. Im Bosque Montecristo und im El Imposible gibt es die größte Vielfalt an hier heimischen Pflanzen, die Vegetation im Parque Nacional los Volcanes ist ebenfalls in gutem Zustand. Zu den in diesen Gebieten verbreiteten Pflanzen gehören u. a. Bergkiefern, Eichen, Feigenbäume, Agaven, Farne und Orchideen.

Nationalparks & Naturschutzgebiete

El Salvador hat offiziell nur vier Nationalparks, es gibt aber auch einige lokal oder privat verwaltete Schutzgebiete.

Barra de Santiago Abgelegenes Gebiet mit von Mangroven gesäumten Meeresarmen und Stränden entlang der Pazifikküste; s. S. 346.

Cerro El Pital Der höchste Berg von El Salvador. An seinen mit Kiefern bewachsenen Hängen kann man den *torogoz* (Blauscheitelmotmot) und Quetzale beobachten; s. S. 368.

La Laguna de Alegría Ein smaragdgrüner, von heißen Quellen gespeister See mitten im Krater des schlafenden Volcán de Tecapa. Ozelote und Nasenbären sind unter den wilden Bewohnern des Primärwaldes zu finden, der den See umgibt; s. S. 350.

Laguna El Jocotal Die Süßwasserlagune östlich von Usulután ist von Oktober bis März ein wichtiges Schutzgebiet für Zugvögel; s. S. 351.

Parque Nacional El Imposible Nahe der westlichen Grenze El Salvadors liegt einer der letzten Überreste des ursprünglichen tropischen Regenwalds mit Wasserfällen, tollen Aussichten und zahlreichen bedrohten Tier- und Pflanzenarten; s. S. 347.

Parque Nacional Los Volcanes (Cerro Verde) Von dem bewaldeten Vulkankrater aus hat man eine beeindruckende Aussicht auf die nahen Vulkane Izalco und Santa Ana. Zu den Highlights gehören die Laucharassaris, Motmots und Kolibris; s. S. 332.

Parque Nacional Montecristo-El Trifinio Dieses bergige Nebelwald-Schutzgebiet liegt an der Grenze zwischen El Salvador, Honduras und Guatemala. Zu den hier lebenden wilden Tieren gehören Pumas, Klammeraffen und Agutis. Riesige Farne, Orchideen und Bromelien gibt es in diesem Park in rauen Mengen; s. S. 338.

Parque Nacional Walter T. Deininger Tropischer Trockenwald am Pazifik, der 87 Vogelarten, Rehen, Hirschen und Pakas Lebensraum bietet; s. S. 329.

Umweltprobleme

Überbevölkerung und die Ausbeutung des Bodens zum Anbau von für den Export bestimmte Feldfrüchte (z. B. Kaffee, Zucker oder Baumwolle) treiben die massive Abholzung in El Salvador weiter voran. Die hohe Bevölkerungsdichte ist und bleibt das größte Hindernis für die Regeneration des Ökosystems. Heute sind noch gerade mal 17 % des Landes bewaldet und davon wiederum ist nur der verschwindend kleine Anteil von 2 bis 5 % Primärwald. Aufgrund dessen sind viele einheimische Arten vom Aussterben bedroht oder existieren bereits nicht mehr.

Die Abholzung und das unkontrollierte Wachstum der Städte verstärken die Auswirkungen von Naturkatastrophen weiter. In den letzten Jahren wurde El Salvador in einer fast endlosen Abfolge von Naturkatastrophen wiederholt von der Natur hart getroffen. 1998

kamen 200 Menschen in den vom Hurrikan Mitch ausgelösten Fluten ums Leben, 70 000 wurden obdachlos; am schlimmsten betroffen war der Unterlauf des Río Lempa. Erdbeben verursachten im Jahr 2001 Erdrutsche und zerstörten Gebäude. Dabei kamen 1159 Menschen ums Leben und fast 300 000 Wohnhäuser wurden zerstört oder beschädigt.

Bereits vor dem Erdbeben hatten Umweltschutzgruppen vor diesen Gefahren gewarnt, insbesondere für einen mit Häusern zugebauten Hang in einem der wohlhabenden Viertel von Santa Tecla. Als das Erdbeben kam, stürzte der Hang in sich zusammen und begrub Dutzende Häuser und unzählige Menschen unter einer mörderischen Schlammschicht.

Der Ausbruch des Vulkans Santa Ana im Oktober 2005 hatte, in Verbindung mit den sintflutartigen Regenfällen des Hurrikans Stan, eine unüberschaubare Zahl von Erdrutschen zur Folge. In den Gebieten, in denen die Armen ihre Häuser auf steilen Abhängen oder an Flussläufen errichtet hatten, war die Zahl der zu beklagenden Opfer am größten. Außerdem kamen 2009 bei massiven Überschwemmungen 200 Menschen ums Leben und ein Großteil der Felder und unzählige Häuser im Umkreis von 50 km rund um die Hauptstadt wurden verwüstet.

Der Río Lempa, eine wichtige Wasserscheide, ist wie viele andere Flüsse und Seen stark verschmutzt. In den Großstädten verursachen unterdessen unkontrollierte Mengen von Fahrzeugabgasen schwerwiegende Atemwegsprobleme unter den Stadtbewohnern. Dem offensichtlichsten aller Probleme – dem Müll – widmete sich die Regierung dann 2006, denn das Fehlen angemessener Deponien macht den Anblick kreisender Geier über den Müllhalden am Straßenrand zum alltäglichen Anblick.

Auch der Umweltschutz bleibt von Gewaltverbrechen nicht verschont. Ende 2009 wurde im Departamento Cabañas bereits der dritte Umweltaktivist getötet. Er hatte sich gegen die geplante Goldmine der Minengesellschaft Pacific Rim gestellt.

VERKEHRSMITTEL & -WEGE

AN- & WEITERREISE

El Salvadors strenge Grenzbeamten nehmen jeden Einreise- und Ausreisestempel genauestens unter die Lupe. Deshalb sollte die angegebene Aufenthaltsdauer auch nicht überschritten werden. Wer 90 Tage im Land bleiben will, sollte sich das entsprechende Visum bereits vorab besorgen; vor Ort an der Grenze ist die Aufenthaltsdauer, die man bewilligt bekommt, eventuell kürzer.

Auto & Motorrad

Wer mit dem eigenen Fahrzeug nach El Salvador einreist, muss einen Führerschein vorweisen können (der internationale Führerschein wird anerkannt) und beweisen, dass er oder sie der Besitzer des Fahrzeugs ist. Außerdem muss eine Reihe umfangreicher Formulare ausgefüllt werden. Eine Autoversicherung ist möglich und ratsam, aber nicht vorgeschrieben. Fahrzeuge dürfen 30 Tage lang in El Salvador bleiben. Wer länger bleiben will reist am besten mit dem Fahrzeug aus und wieder ein. Das ist immer noch besser, als zu versuchen, sich mit dem Verkehrsministerium herumzuschlagen.

Bus

Die Grenzübergänge nach Guatemala sind La Hachadura, Las Chinamas, San Cristóbal und Anguiatú. Normale Busse fahren in San Salvador vom Terminal de Occidente in Richtung Grenze ab und halten unterwegs in Sonsonate, Santa Ana, Ahuachapán und/oder Metapán.

Zu den Grenzübergängen nach Honduras gehören El Poy, El Amatillo und Sabanetas/Perquín. Achtung: In Sabanetas/Perquín gibt es keinen salvadorianischen Grenzposten. Eine Ausreise hier ist nur dann möglich, wenn man nicht mehr nach El Salvador zurückkom-

EIN- & AUSREISESTEUER

Die Staatsangehörigen mancher Länder müssen bei der Einreise am Flughafen in El Salvador 10 US$ für eine Touristenkarte bezahlen. Die Ausreisegebühr für alle, die El Salvador mit dem Flugzeug verlassen, beträgt 32 US$. Dieser Betrag ist oft schon im Preis für das Flugticket enthalten. Das Einreiseabkommen zwischen den vier zentralamerikanischen Staaten (CA-4) ermöglicht das Reisen zwischen Guatemala, Honduras, El Salvador und Nicaragua ohne die Einreisegebühr jedes Mal entrichten zu müssen. Weitere Details s. S. 375.

men möchte. Normale Busse fahren am Terminal de Oriente in San Salvador in Richtung Grenze ab.

Weitere Informationen zu internationalen Busverbindungen von den Hotels und dem Terminal Puerto Bus gibt's auf S. 324.

Flugzeug
Der **Aeropuerto Internacional Comalpa** (☎ 2339-8264) befindet sich 44 km südlich von San Salvador. Als wichtiger Verkehrsknotenpunkt in Lateinamerika ist er auch das Tor zu vielen Städten in Nordamerika.

TACA (☎ 2267-8222), **American Airlines** (☎ 2298-0777), **United Airlines** (☎ 2279-3900), **Continental** (☎ 2207-2040), **Delta Air Lines** (☎ 2275-9292) und **Copa Airlines** (☎ 2209-2672) gehören zu den Fluglinien, die Flüge nach El Salvador anbieten.

Schiff/Fähre
El Salvador grenzt, genau wie Honduras und Nicaragua, an den Golfo de Fonseca. Gelegentlich sind Fähren zwischen La Unión (El Salvador), Coyolito, Amapala und San Lorenzo (Honduras) und Potosí (Nicaragua) unterwegs. Zeit spart man auf diese Weise kaum, da es keine Passagierboote mit festen Abfahrtszeiten gibt und die Grenzübergänge an Land relativ nah sind.

UNTERWEGS VOR ORT
Auto & Motorrad
Zwar sind die meisten Straßen in El Salvador befestigt, überschaubar ist der Verkehr aber nur schwer und die Ausschilderung ist nicht besonders gut. Die Spritpreise sind, mit etwa 3,20 US$ pro Gallone (ca. 0,61 €/l) für bleifreies Normalbenzin, im Vergleich zu Europa relativ gering.

Die Polizei richtet, insbesondere auf Straßen in der Nähe von Grenzübergängen, oft Kontrollpunkte ein. Autodiebstähle sind ebenso verbreitet wie das Abmontieren von Teilen an geparkten Fahrzeugen. In Gegenden, die für hohe Kriminalität bekannt sind, sollte man nie alleine mit dem Auto unterwegs sein und immer sichere Parkplätze wählen. Obwohl es nicht zwingend notwendig ist, ist es empfehlenswert, eine Autoversicherung abzuschließen.

In San Salvador und San Miguel können Autos gemietet werden. Die folgenden Anbieter sitzen in San Salvador:

Alamo Uno Rent a Car (Karte S. 321; ☎ 2211-2111; Blvd del Hipódromo 426)

Avis (Karte S. 321; ☎ 2261-1212, Flughafen 2339-9268; www.avis.com.sv, spanisch; 43a Av Sur 127; 40 US$/Tag)

Budget (Karte S. 321; ☎ 2260-4333; www.budget.com.sv, spanisch; 1a Calle Poniente 2765; 35 US$/Tag)

Quick Rent a Car (☎ 2229-6959; www.quickrentacar.com.sv, spanisch) Autos können am Flughafen oder am Hotel abgeholt/abgegeben werden.

Bus
Kunterbunt gestrichene amerikanische Schulbusse fahren regelmäßig und sehr günstig (0,40–4 US$) Ziele im ganzen Land an. Am Wochenende können die Tickets um bis zu 25 % teurer werden. Die Fahrtrouten zu einigen Zielen im Osten sind in verschiedene Kategorien aufgeteilt: *ordinario, especial* und *super especial*. Die letzten beiden Optionen sind zwar teurer, dafür aber auch schneller und komfortabler. Die meisten Überlandbusse fahren ab 4 oder 5 Uhr morgens und bis 18 oder 19 Uhr abends.

Schiff/Fähre
Ohne ein Schiff kommt man in Bahía de Jiquilisco (S. 352) im Osten El Salvadors und bei allen Ausflügen im Golfo de Fonseca (S. 358), in der Nähe von La Unión, nicht weit. Das Angebot an Wassertransport ist allerdings sehr spärlich gesät.

Trampen
Busse oder Sammel-Pickups bringen einen praktisch an jedes nur vorstellbare Ziel, so dass es normalerweise nicht notwendig ist zu trampen. Normalerweise schwingen sich hier sowohl Männer als auch Frauen auf die Ladeflächen der Pickups. Sind auf einem Fahrzeug aber mal nur Männer unterwegs, sollte eine Frau vielleicht lieber passen.

SAN SALVADOR

1,8 Mio. Ew. (Großraum San Salvador)

Auf den ersten Blick wirkt San Salvador wie eine ganz normale mittelgroße amerikanische Stadt. Die breiten Boulevards sind fest in der Hand von Handelsketten, benzinfressenden Autos mit Vierradantrieb und endlos vielen Fastfood-Restaurants. Wer aber über den Smog hinausblickt und die Konsumtempel mal vergisst, der entdeckt eine wunderschönen, grünen Horizont aus Vulkanen, das beste Nachtleben Zentralamerikas, eine dynamische, stark links gerichtete Kunstszene und das gemütliche, von Märkten bestimmte Chaos des *centro.*

Wer die Stadt nicht sofort nach der Ankunft wieder verlässt, wird mit vielen neuen Bekanntschaften belohnt. Die Einheimischen sagen ihre Meinung gerade heraus, arbeiten hart und leben eine einzigartige Mischung aus Aussöhnung, Unerschütterlichkeit und bürgerlichem Stolz. San Salvador ist eine weltoffene Stadt: der Taxifahrer plaudert über die 20 Jahre, die er in Melbourne gelebt hat; der ehemalige Guerillakämpfer ist heute Friseur und ganz verrückt nach *telenovelas;* Dichter, Handwerker und Ingenieure machen bei Heavy Metal, Reggaetón und *cumbia* die Nacht zum Tage und verbringen den ganzen Morgen schwatzend im von Bäumen gesäumten Stadtpark, in einem tollen Museum, auf der Promenade oder im Restaurant. Hier ist genug los, um den Aufenthalt ein, zwei Tage zu verlängern, z. B. für einen Tagesausflug in das fröhliche Pipil-Viertel Panchimalco oder nach El Boqueron. Ganz besonders dann, wenn man sich mit einigen *guanacos* (Spitzname der *salvadoreños*) angefreundet hat.

San Salvador ist auch *la ciudad de las dos caras de la moneda* (die Stadt der zwei Seiten einer Medaille) bekannt, und die enorme Kluft zwischen Arm und Reich sorgt dafür, dass Kriminalität allgegenwärtig ist. Aber die wirklich harte Gewalt beschränkt sich auf ein paar Viertel im Osten der Stadt, wie beispielsweise Soyopango, das für die meisten Traveller sowieso uninteressant ist. Am besten immer dem Vorbild der Einheimischen folgen und nie planlos umherwandeln. Das wird aber auch nicht schwer fallen, denn der nächste kunterbunte Microbus kommt sicher schon mit Vollgas um die Ecke gedüst.

GESCHICHTE

San Salvador wurde 1525 von dem spanischen Eroberer Pedro de Alvarado etwa 30 km nordöstlich seiner heutigen Lage, in der Nähe von Suchitoto, gegründet. Drei Jahre später verlegte man es an seinen heutigen Standort und 1546 wurde es zur Stadt erklärt. In San Salvador forderte 1811 Pater José Matías Delgado erstmals ein unabhängiges Zentralamerika. Als dieses Ziel schließlich erreicht war, war San Salvador von 1834 bis 1839 Hauptstadt der Zentralamerikanischen Konföderation, bis das Land 1939 seine Eigenständigkeit bekam. Seitdem ist San Salvador die Hauptstadt El Salvadors.

Die Stadt hatte wiederholt mit Naturkatastrophen zu kämpfen, darunter mehr als ein Dutzend schwerer Erdbeben (und Hunderte kleinerer). San Salvador wurde seit seinem Bestehen schon mehrmals zerstört: 1854 und 1873, als die Erde bebte, 1917 beim Ausbruch des Volcán San Salvador und erneut 1934, als das Land von Überschwemmungen heimgesucht wurde. Das Erdbeben am 10. Oktober 1986 richtete erheblichen Schaden an und auch das jüngste Beben am 13. Januar 2001 ist nicht spurlos an der Stadt vorbeigegangen.

Ob Morde oder Studentenproteste, San Salvador stand in El Salvadors langem Bürgerkrieg immer wieder im Zentrum der Konflikte. Im November 1989 fanden hier im Zuge der „letzten Offensive" der FMLN erbitterte Straßenkämpfe statt. Um der Lage Herr zu werden, bombardierten Regierungstruppen die Viertel von denen sie annahmen, dass sich in ihnen Guerillakämpfer und ihre Unterstützer versteckt hielten. Hunderte von Zivilisten und Soldaten auf beiden Seiten verloren ihr Leben. Nachdem die Situation über zwei Jahre lang festgefahren war, wurde 1992 ein Friedensabkommen unterzeichnet.

Heute lebt über ein Viertel der Bevölkerung des Landes im Großraum San Salvador. Obwohl die Hauptstadt fast 65 % des BIP erwirtschaftet, sind die Arbeitslosenzahlen weiterhin hoch und die Menschen versuchen mit allen Mitteln, sich über Wasser zu halten. Deshalb sind die Straßen und großen Kreuzungen von Straßenverkäufern jeden Alters gesäumt. Sie bieten wirklich alles zum Kauf an, von Süßigkeiten bis hin zu Handyladegeräten. In den Bussen werden Vitamine und andere Nahrungsergänzungsmittel mit großem Elan und Einfallsreichtum verkauft.

ORIENTIERUNG

Wie die meisten zentralamerikanischen Städte ist auch San Salvador nach einem einfachen Rasterschema aufgebaut. Leider sind Schilder mit Straßennamen im Zentrum Mangelware (manchmal stehen die Namen auf den Bordsteinen). Vom Nullpunkt an der Kathedrale verlaufen die Av España nach Norden und die Av Cuscatlán nach Süden; die Calle Arce zweigt nach Westen ab und die Calle Delgado nach Osten.

Die Avenidas (Avenues) verlaufen von Norden nach Süden und ändern ihre Namen von Sur (Süd) in Norte (Nord), wenn sie die von Osten nach Westen verlaufende Hauptverkehrsader (Calle Arce & Calle Delgado) queren. Ebenso haben die Avenidas gerade oder ungerade Nummern, abhängig davon, ob sie östlich oder westlich der Nord-Süd-Achse (Av Cuscatlán & Av España) verlaufen. D.h. also, dass beispielsweise die Adresse 5a Av Sur südlich der Calle Arce und westlich der Av Cuscatlán liegt (weil die Nummerierung ungerade ist). Die Calles (Straßen) sind ähnlich angeordnet, nur werden sie Oriente (Osten; Abk. „Ote") und Poniente (Westen; Abk. „Pun" oder „Pte") genannt. Am Anfang mag das für den Besucher verwirrend sein, man wird aber die Logik dahinter schnell verstehen. Die Sache mit der geraden und ungeraden Nummerierung ist aber gewöhnungsbedürftig, denn 25a Av ist z.B. nur einen Häuserblock von 27a Av, aber über 25 Blocks von 26a Av entfernt!

Die wichtigsten Straßen, die vom Zentrum aus in den wohlhabenderen Westen der Stadt führen, sind die 1a Calle Poniente und die Calle Rubén Darío, die nördlich bzw. südlich der Calle Arce verlaufen.

PRAKTISCHE INFORMATIONEN

Buchläden

Bookmarks (Karte S. 321; www.bookmarks.com.sv; Centro Commercial Basilea, Blvd del Hipódromo) Eine gute Auswahl an englischsprachigen Romanen und Reiseführern (auch Lonely Planet).

Centro de Intercambio y Solidaridad (CIS; außerhalb der Karte S. 319; Colonia Libertad, Av Bolivar No 103) Dieses „Zentrum für Frieden und soziale Gerechtigkeit" hat eine gute Bibliothek für Studenten und Freiwillige.

La Ceiba Libros (Karte S. 319; Metrocentro, 1. Stock, Blvd de los Héroes) Hier gibt's jede Menge spanischsprachige Geschichtsbücher und Literatur aus El Salvador.

Einreisebehörde

Einreisebehörde (Direccíon General de Migracíon y Extranjería; Karte S. 316; ☎ 2202-9650, 2221-2111; Paseo General Escalón; ⌚ Mo–Fr 9–17, Sa 9–13 Uhr) Zuständig für die Verlängerung des Visums und weitere Fragen zu Ein- und Ausreise.

Geld

Banken und Geldautomaten, die rund um die Uhr in Betrieb sind, gibt's überall in der Hauptstadt; sie geben US-Dollar aus.

Banco Credomatic (Karte S. 316 & p284) Filialen findet man im *centro* und neben dem Super-Selectos-Supermarkt im Centro Comercial San Luis, abseits der Calle San Antonio Abad. Tauscht Reiseschecks und gibt Barvorschuss auf MasterCard.

Casas de Cambio (Karte S. 316) Tauscht ausländische Währungen.

Citibank (Karte S. 316) Die Geldautomaten in den Einkaufszentren Metrocentro und Galerías akzeptieren alle Karten. In den Filialen können Reiseschecks getauscht werden und es gibt Barvorschuss auf Visa-Karten.

Dispensa de Don Juan (Karte S. 316) Nahe der Plaza Barrios gelegen. Hier gibt's mehrere Geldautomaten und es ist vermutlich der sicherste Ort im Zentrum, um Geld abzuheben.

Internetzugang

Auf der Calle Arce, nahe der Universidad Tecnológica, gibt es zahlreiche Internetcafés.

EL SALVADOR

VOM FLUGHAFEN INS ZENTRUM

Die beste Option für Fahrten vom/zum Flughafen sind die von **Taxis Acacya** (Karte S. 316; ☎ Flughafen 2339-9282, in der Stadt 2271-4937; Ecke 19a Av Norte & 3a Calle Poniente) angebotenen Shuttles. Eine Fahrt kostet 5 US$ und dauert 45 Minuten. In San Salvador fahren die Shuttles bei Taxis Acacya gleich hinter dem Puerto-Busterminal um 6, 7, 10 und 14 Uhr ab. Am Flughafen starten sie um 9, 13 und 17.30 Uhr.

Der Microbus 138 (0,60 US$, ¾–1 Std., alle 10 Min.) fährt, wenn man den Fahrer daran erinnert, auf seiner Route vom und ins Zentrum auch über den Flughafen. Zusteigen kann man in der Stadt gleich südlich der Plaza Barrios. Am Flughafen muss man erst 75 m über den Parkplatz bis zum Wartehäuschen am Highway gehen. In der Stadt selbst kostet ein Taxi zwischen 5 und 8 US$. Bus 30 fährt zum Metrocentro und zum Blvd de los Héroes (von der Plaza Barrios aus zwei Blocks nach Norden gehen, nach rechts abbiegen und einen Block bis zum Parque Libertad laufen).

La Libertad ist auch direkt vom Flughafen aus zu erreichen und etwa gleich weit entfernt wie San Salvador. Mit dem Bus 133 einige Minuten bis zum *puente a Comalapa* (Comalapa-Überführung) fahren. Von dort führt ein Fußweg zur Straßenkreuzung, von der es noch 100 m bis zum Ort Comalapa sind. Die Busse 187 und 495 fahren von hier alle 20 Minuten nach La Libertad (0,35 US$).

Ein Taxi von San Salvador oder La Libertad zum Flughafen kostet 25 US$ – da gibt's auch nichts zu verhandeln.

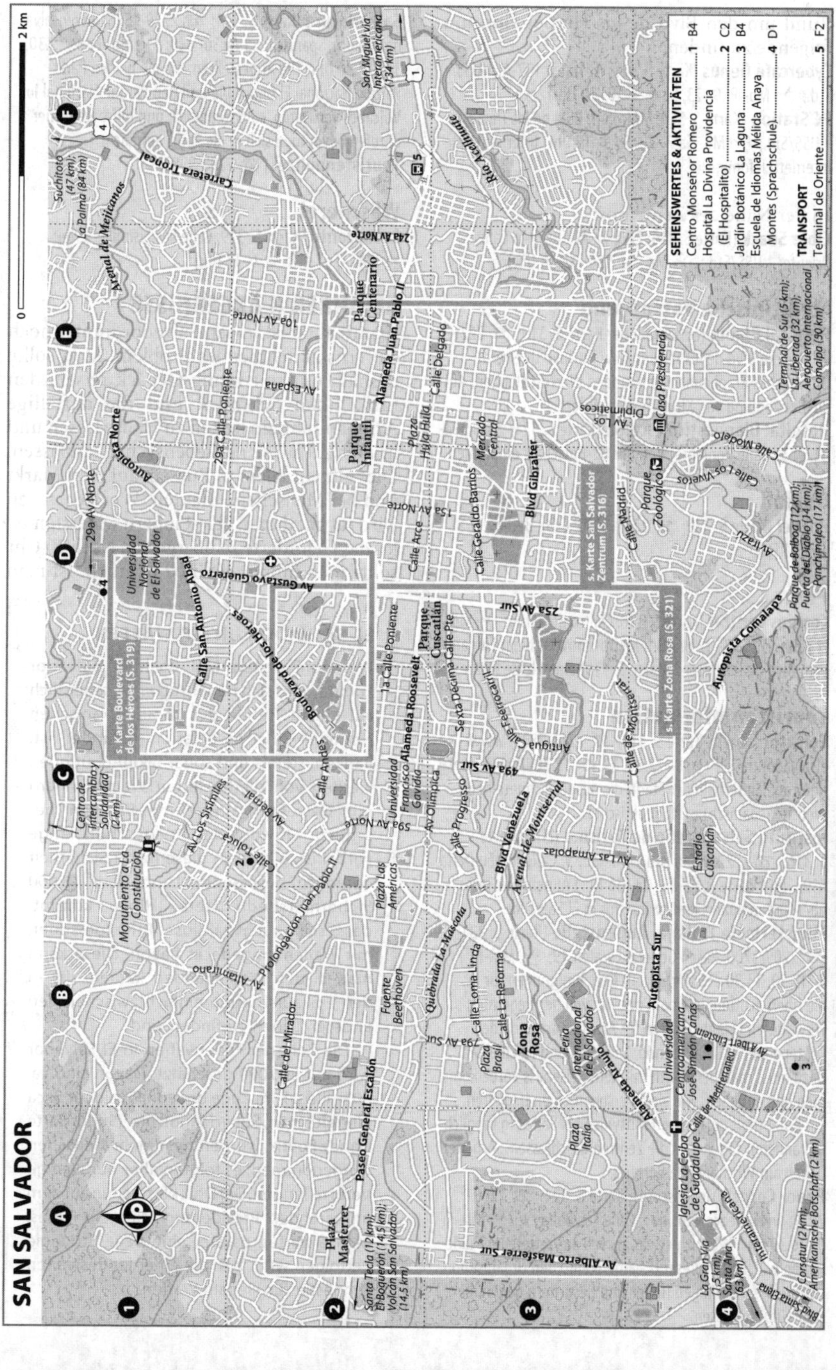
SAN SALVADOR
0
2 km
A
B
C
D
E
F
1
2
3
4
SEHENSWERTES & AKTIVITÄTEN
Centro Monseñor Romero 1 B4
Hospital La Divina Providencia (El Hospitalito) 2 C2
Jardín Botánico La Laguna 3 B4
Escuela de Idiomas Mélida Anaya Montes (Sprachschule) 4 D1
TRANSPORT
Terminal de Oriente 5 F2
s. Karte Boulevard de los Héroes (S. 319)
s. Karte San Salvador Zentrum (S. 316)
s. Karte Zona Rosa (S. 321)
Suchitoto (47 km); La Palma (84 km)
San Miguel via Interamericana (134 km)
Centro de Intercambio y Solidaridad (2 km)
Santa Tecla (12 km); El Boquerón (14,5 km); Volcán San Salvador (14,5 km)
La Gran Vía (1,5 km); Santa Ana (63 km)
Consatur (2 km); Amerikanische Botschaft (2 km)
Terminal de Sur (5 km); La Libertad (32 km); Aeropuerto Internacional Comalapa (50 km)
Parque de Balboa (12 km); Puerta del Diablo (14 km); Panchimalco (17 km)
Carretera Troncal
Arenal de Mejicanos
Autopista Norte
29a Av Norte
29a Calle Poniente
10a Av Norte
Av España
24a Av Norte
Río Acelhuate
Parque Centenario
Alameda Juan Pablo II
Calle Delgado
Parque Infantil
Plaza Hula Hula
Mercado Central
15a Av Norte
Calle Arce
Calle Gerardo Barrios
Blvd Gibraltar
Av Los Diplomáticos
Casa Presidencial
Calle Modelo
Calle Los Viveros
Parque Zoológico
Calle Madrid
Av Irazu
Autopista Comalapa
Universidad Nacional de El Salvador
Calle San Antonio Abad
Av Gustavo Guerrero
Boulevard de los Héroes
25a Av Sur
Parque Cuscatlán
1a Calle Poniente
Alameda Roosevelt
Sexta Décima Calle Pte
Antigua Calle Ferrocarril
Calle de Montserrat
49a Av Sur
Calle Andes
Universidad Francisco Gavidia
59a Av Norte
Av Olímpica
Calle Progreso
Blvd Venezuela
Arenal de Monserrat
Av Las Amapolas
Estadio Cuscatlán
Av Los Sisimiles
Av Bernal
Calle Toluca
Monumento a La Constitución
Av Alvarado
Prolongación Juan Pablo II
Plaza Las Américas
Fuente Beethoven
Quebrada La Mascota
Calle Loma Linda
Calle La Reforma
79a Av Sur
Zona Rosa
Plaza Brasil
Feria Internacional de El Salvador
Autopista Sur
Universidad Centroamericana José Simeón Cañas
Av Albert Einstein
Calle de Mediterraneo
Alameda Araujo
Calle del Mirador
Paseo General Escalón
Plaza Masferrer
Plaza Italia
Iglesia La Ceiba de Guadalupe
Av Alberto Masferrer Sur
Interamericana
Blvd Santa Elena

EL SALVADOR

Rund um den Blvd de los Héroes sind u. a. folgende zu finden:
Cybercafé Genus (Karte S. 319; Av Izalco 102-A; 1 US$/Std.; Mo–Fr 9–23, Sa & So 10–20 Uhr)
PC Station (Karte S. 319; MetroSur, Blvd de los Héroes; 1 US$/Std.; Mo–Sa 7–22, So 9–19 Uhr) Internationale Internettelefonie.

In der Nähe des Zentrums:
Ciber Snack (Karte S. 316; Ecke 2a Av Sur & 4a Calle Oriente; 1 US$/Std.; Mo–Sa 7.30–18.30 Uhr)

Medizinische Versorgung

Hospital Bloom (außerhalb der Karte S. 319; ☎ 2225-4114; Ecke Blvd de los Héroes & Av Gustavo Guerrero) Öffentliches Krankenhaus mit langen Warteschlangen. Auf die Behandlung von Kindern spezialisiert.
Hospital Diagnóstico Escalón (Karte S. 321; ☎ 2264-4422; 3a Calle Poniente) Von der US-Botschaft empfohlen.

Notfall

Polizei (Karte S. 319; ☎ 2261-0630; Calle Berlin; 24 Std.)

Post

Correos Central (Karte S. 316; Centro Gobierno; Mo–Fr 7.30–17, Sa 8–12 Uhr) Im Metrocentro ist beim Eingang vom Blvd de los Héroes (Karte S. 319) eine kleine Filiale.

Touristeninformation

Corsatur (abseits Karte S. 313; ☎ 2243-7835; www.elsalvador.travel; 8–12.30, 13.30–17.30 Uhr) Ungünstige Lage außerhalb der Stadt; die ausgezeichnete neue Website (spanisch) ist da praktischer.
Instituto Salvadoreño de Turismo (ISTU; Karte S. 316; ☎ 2222-8000; istu@mh.gob.sv; Calle Rubén Darío 619; Mo–Sa 8.30–12, 13–16 Uhr) Allgemeine Infos über Nationalparks und *turicentros* in El Salvador.
Ministerio de Trabajo, Außenstelle (Karte S. 321; ☎ 2209-3700; Paseo General Escalón 19; Mo–Fr 8–12.30, 13.30–16 Uhr) Erteilt Genehmigungen für die Übernachtung in einem der vier von der Regierung verwalteten Urlaubszentren für Arbeiter am Lago de Coatepeque, in El Tamarindo, La Palma und La Libertad. Dazu muss man persönlich mit dem Reisepass vorbeikommen und angeben, wie viele Personen einen begleiten. Ein Aufenthalt dort ist von Mittwoch bis Samstag möglich (an anderen Tagen sind die Zentren geschlossen); Arbeiter haben am Wochenende Vorrang.
Peace Corps (Friedenscorps; Karte S. 321; ☎ 2208-2911; www.peacecorps.gov; Calle Las Dalias 3; Mo–Fr 9–16.30 Uhr) Wer sich etwas abseits ausgetretener Pfade halten will, ist bei dieser US-amerikanischen Organisation richtig. Die freiwilligen Helfer sind Besuchern gegenüber sehr aufgeschlossen.
SalvaNatura (Karte S. 321; ☎ 2279-1515; www.salvanatura.org, spanisch; 33 Av Sur 640; Mo–Fr 8–12.30, 14–17.30 Uhr) Die Angestellten, die die beiden Parks Parque Nacional El Imposible und den Parque Nacional los Volcanes verwalten, sind freundlich und hilfsbereit. Hier anrufen bevor man sich in die Parks aufmacht.
Touristenpolizei (☎ 2298-9983)

Wäscherei

Lavapronto (Karte S. 319; Calle Los Sisimiles 2944; Mo–Fr 7–18, Sa 7–17 Uhr)

GEFAHREN & ÄRGERNISSE

Kriminalität ist in San Salvador immer noch ein ernstzunehmendes Problem. Man sollte deshalb nur mit wenig Gepäck reisen, den funkelnden Schmuck und die auffällige Armbanduhr am besten zu Hause lassen und immer gut auf seine Siebensachen aufpassen. Dies gilt vor allem in Bussen, auf dem Markt und bei Menschenaufläufen. Wer überfallen wird tut gut daran, den Räubern widerstandslos das Geforderte zu übergeben. Nach 20 Uhr sollte man immer ein Taxi nehmen. Ist man

EL SALVADOR UNTER WAFFEN

Wer zum ersten Mal nach El Salvador kommt, wird sich fragen, ob er versehentlich auf einem Treffen der US-amerikanischen National Rifle Association gelandet ist. Banken, Hotels und sogar Bikini-Boutiquen werden von glattrasierten Wachmännern mit Gewehren und 9-mm-Pistolen beschützt. Obwohl der Krieg schon lange vorbei ist, gibt es in diesem von Sicherheit geradezu besessenen Land über 18 000 Sicherheitsbedienstete. Hinzu kommt, dass sich auch zahllose Privatpersonen mit Waffen eingedeckt haben. Diese kann man in den Waffenländen kaufen, die in den Einkaufszentren einfach zwischen den anderen Läden zu finden sind.

Die Zahl der Feuerwaffen in El Salvador wird auf 500 000 geschätzt. Davon sind ca. 60 % illegal. Im Zuge der von Präsident Saca eingeführten „SuperManoDura" (SuperHarte Hand)-Politik, wurden zwar mehr Menschen festgenommen, es folgten aber nur wenige Verurteilungen. Der Druck lastet nun auf dem amtierenden Präsidenten Mauricio Funes. Man erwartet, dass er eine neue Strategie verfolgen wird, z. B. die einer landesweiten Amnestie für illegale Waffen.

zu Fuß unterwegs, sind sowohl das Zentrum als auch der Parque Cuscatlán nachts absolute No-go-Areas. Auf der Calle San Antonio Abad und dem Blvd de los Héroes pulsiert das Nachtleben; trotzdem immer ein Taxi zum Hotel nehmen, auch wenn es nur um die Ecke liegt.

Die Luftverschmutzung ist und bleibt ein hartnäckiges Problem und die Berge, die die Stadt einkesseln, tragen ihren Teil dazu bei. Die hohe Abgas-Konzentration, die vor allem von den Bussen verursacht wird, kann tränende Augen oder sogar ein Kratzen im Hals hervorrufen.

Unfälle zwischen Autos und Fußgängern sind häufig und können sehr schlimm ausgehen. Beim Überqueren der Straße muss man immer ganz besonders vorsichtig sein. Fußgänger haben hier keinen Vorrang und kein Autofahrer wird freiwillig oder aus Höflichkeit auf sein Vorfahrtsrecht verzichten.

SEHENSWERTES

Stadtzentrum

El centro mit seinem Stadtlärm, dem dröhnenden Verkehr und den Menschenmassen, die sich durch die vollen Märkte schieben, ist eine Herausforderung für alle Sinne. Hier geht es weitaus interessanter zu als in den sterilen Vororten, und die schon lange andauernden Restaurierungsarbeiten beginnen allmählich Früchte zu tragen. Die Hauptplaza ist die **Plaza Barrios**. Sie ist auch der Anfangs- oder Endpunkt vieler lokaler Protestaktionen. Zwei Blocks in östlicher Richtung befindet sich der **Parque Libertad**, auf dem eine geflügelte Freiheitsstatue die Stellung hält.

CATEDRAL METROPOLITANA

Das farbenfrohe *campesino*-Motiv an der Fassade der beigefarbenen, mit Stuck verzierten Kathedrale (Karte S. 316) stammt von Fernando Llort. Ihre Kuppel ist mit einem blau-gelben Karomuster verziert und zeigt zur Plaza Barrios hin. Die Kathedrale markiert das Zentrum des Straßenrasters der Stadt. Nach jahrelangen Restaurierungsarbeiten wurde sie 1999 – mehr oder weniger – fertig gestellt. Sie steht an derselben Stelle wie die 1956 niedergebrannte vorherige Kathedrale. Das Grab des Erzbischofs Oscar A. Romero liegt unter dem Gotteshaus und wurde im März 1993 von Papst Johannes Paul II besucht.

IGLESIA EL ROSARIO

Wer nur eine Kirche in El Salvador besichtigen kann – und es gibt wahrlich genug davon – sollte sich dieses außergewöhnliche, nichtkoloniale Bauwerk (Karte S. 316) vornehmen. Es wartet mit einem riesigen gläsernen Bogen auf, der sich über das Innere wölbt und in allen Farben des Regenbogens glitzert. Unter diesem sich hoch erhebenden Deckengewölbe befindet sich ein einzigartiger, mit Figuren aus Altmetall geschmücktes Innenraum. Weitere Stein- und Metallstatuen kann man auf dem Ausgang gegenüber liegenden Seite bewundern. Der Vater der Unabhängigkeit Zentralamerikas, Padre Delgado, liegt hier begraben.

WEITERE HISTORISCHE GEBÄUDE

Vor dem verheerenden Erdbeben von 1986 hatte die Regierung im kunstvoll verzierten **Palacio Nacional** (Karte S. 316) an der Westseite der Plaza Barrios ihren Sitz. Er wurde Anfang des 20. Jhs. aus italienischem Marmor erbaut und spiegelt den klassischen Stil wieder, der zu dieser Zeit gerade in Mode war. Die imposante **Biblioteca Nacional** (Karte S. 316) liegt am südlichen Ende der Plaza. Das **Teatro Nacional** (Karte S. 316), östlich der Kathedrale an der Delgado, wurde 1917 erbaut und diente über 50 Jahre lang als Kino, bevor es im Zuge einer aufwändigen Renovierung mit verzierten, goldenen Logen, sinnlichen Deckenmalereien und massenweise rotem Samt ausgestattet wurde. Geht man auf der 6a Calle Poniente in westlicher Richtung, kann man die gotischen Türme der vom Zerfall bedrohten **Iglesia El Calvario** (Karte S. 316) erspähen.

Westlich vom Zentrum

Die Calle Rubén Darío verläuft vom Zentrum aus nach Westen und ändert ihren Namen unterwegs mehrmals. Bus 52 fährt die ganze Straße entlang. Als Alameda Roosevelt passiert sie den schönen **Parque Cuscatlán** (Karte S. 321), wo Frauen *pupusas* verkaufen und Kinder Fußball spielen. Ein Stück weiter kommt sie am Nationalstadion **Estadio Flor Blanca** (Karte S. 321) vorbei, wo Fußballspiele und gelegentlich auch Rockkonzerte stattfinden. An der 65a Av befindet sich die **Plaza Las Américas** (Karte S. 321) mit der Statue **El Salvador del Mundo** (Karte S. 321). Weiter westlich ändert die Straße ihren Namen in Paseo Gral Escalón und führt durch die schicke Colonia Escalón. Noch weiter westlich kommt man zur Plaza Masferrer.

SAN SALVADOR ZENTRUM

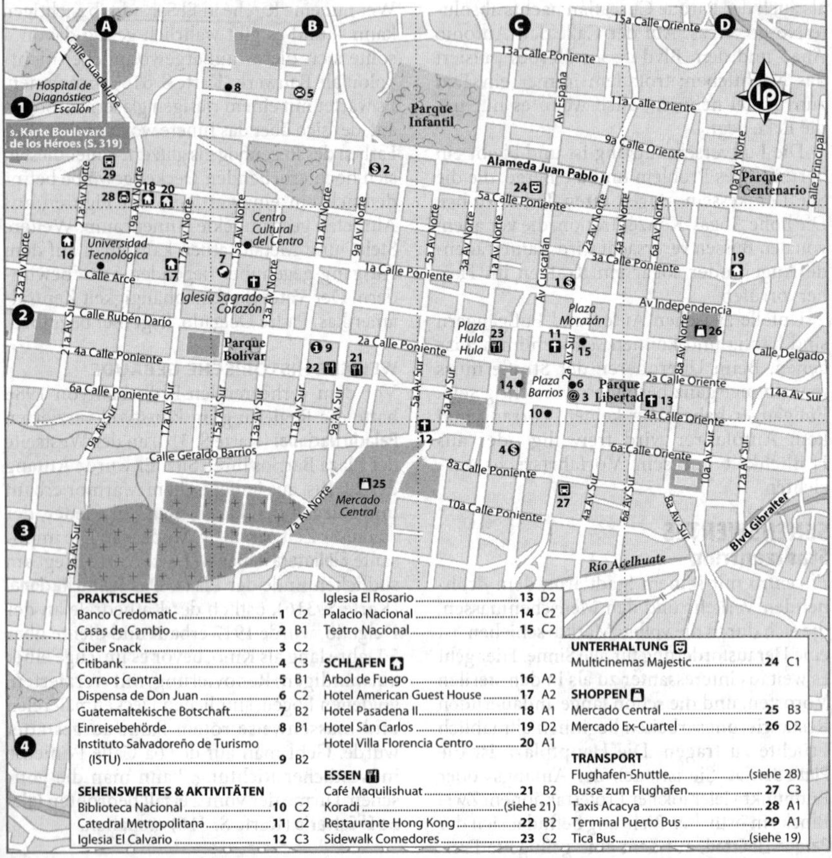

PRAKTISCHES

Banco Credomatic	1	C2
Casas de Cambio	2	B1
Ciber Snack	3	C2
Citibank	4	C3
Correos Central	5	B1
Dispensa de Don Juan	6	C2
Guatemaltekische Botschaft	7	B2
Einreisebehörde	8	B1
Instituto Salvadoreño de Turismo (ISTU)	9	B2

SEHENSWERTES & AKTIVITÄTEN

Biblioteca Nacional	10	C2
Catedral Metropolitana	11	C2
Iglesia El Calvario	12	C3
Iglesia El Rosario	13	D2
Palacio Nacional	14	C2
Teatro Nacional	15	C2

SCHLAFEN

Arbol de Fuego	16	A2
Hotel American Guest House	17	A2
Hotel Pasadena II	18	A1
Hotel San Carlos	19	D2
Hotel Villa Florencia Centro	20	A1

ESSEN

Café Maquilishuat	21	B2
Koradi	(siehe 21)	
Restaurante Hong Kong	22	B2
Sidewalk Comedores	23	C2

UNTERHALTUNG

Multicinemas Majestic	24	C1

SHOPPEN

Mercado Central	25	B3
Mercado Ex-Cuartel	26	D2

TRANSPORT

Flughafen-Shuttle	(siehe 28)	
Busse zum Flughafen	27	C3
Taxis Acacya	28	A1
Terminal Puerto Bus	29	A1
Tica Bus	(siehe 19)	

EL SALVADOR

MUSEO NACIONAL DE ANTROPOLOGÍA DAVID J. GUZMÁN

Dieses herausragende **Anthropologiemuseum** (Karte S. 321; Av La Revolución; Eintritt 3 US$; Di–So 9.30–17 Uhr) stellt auf zwei Stockwerken gut erhaltene Exponate zur Maya-Geschichte und zur Geschichte, Kunst und Wirtschaft El Salvadors aus. Zu den Highlights gehören die zeremoniellen Töpferwaren, und die prähistorischen Felsritzungen im Freien. Alle Erklärungen sind auf Spanisch.

MUSEO DE ARTE DE EL SALVADOR (MARTE)

Das **Museum für Moderne Kunst** (Karte S. 321; Erw./Student 3/1 US$; Di–So 10–18 Uhr) gibt einen guten Überblick über die salvadorianische Kunsttheorie. Die Exponate der Wechselausstellung sind immer stark politisiert und beschränken sich vor allem auf lateinamerikanische Künstler. Das Museum befindet sich hinter dem riesigen Monumento a la Revolución auf einem Hügel.

CENTRO MONSEÑOR ROMERO

In der Universidad Centroamericana José Simeón Cañas (La UCA) befindet sich das **Centro Monseñor Romero** (Karte S. 313; Calle de Mediterraneo; Eintritt frei; Mo–Fr 8–12 & 14–18, Sa 8–11.30 Uhr), das dem Erzbischof und seinem Märtyrertod huldigt.

HOSPITAL LA DIVINA PROVIDENCIA

Das auch als **El Hospitalito** (Karte S. 313; Ecke Av ‚B' & Calle Toluca; Eintritt frei; normalerweise 8–12 & 14–17

Uhr) bekannte Krankenhaus war Schauplatz der Ermordung Monseñor Romeros durch Agenten der Regierung, während er am 24. März 1980 in der Kapelle eine Messe abhielt. In seiner bescheidenen Unterkunft sind sein blutgetränktes Hemd und seine Roben ausgestellt, ebenso wie die Schreibmaschine, auf der er seine berühmten, mitreißenden Predigten schrieb.

JARDÍN BOTÁNICO LA LAGUNA

Dieser Botanische Garten inmitten der Stadt ist eine wirkliche Offenbarung. Auch **Plan de la Laguna** (Karte S. 313; Eintritt 1 US$; Di–So 9–17.30 Uhr) genannt, liegt der Garten am Fuße eines Vulkankraters und ist vom Zentrum aus mit dem Bus 44 zu erreichen – am besten den Fahrer nach der richtigen Haltestelle fragen. Von dort aus ist es bis zum Park noch ein Fußmarsch von 1 km hügelabwärts.

Boulevard de los Héroes

MUSEO DE LA PALABRA Y LA IMAGEN

Das **Wort- & Bildmuseum** (außerhalb der Karte S. 319; www.museo.com.sv; 27 Av Norte 1140; Eintritt 1 US$; Mo–Fr 8–12 & 14–17, Sa 8–12 Uhr) ist ein Beleg für die Macht der Erinnerung. Es dokumentiert akribisch genau die Kultur und die Geschichte El Salvadors. Installationen moderner Kunst und Kriegsfotos in Schwarz-Weiß hängen neben Porträts von indigenen Gruppen und historischen Frauen. Der in Venezuela geborene Journalist Carlos Henríquez Consalvi ist der Gründer und Direktor des Museums und war früher die Stimme des Pro-Guerilla-Radiosenders Radio Venceremos.

MUSEO DE ARTE POPULAR

Das Museo de Arte Popular ist ein Schmuckstück von einem **Museum** (Karte S. 319; Av San José 125; Eintritt 1 US$; Di–Sa 10–17 Uhr). Es ist El Salvadors ausgefallener Volkskunst gewidmet. Hier kann man verschiedenen Webtechniken und der Geschichte der *sorpresas* (sie zeigen alltägliche Szenen in Miniaturform, die sich unter Schnitzereien in Form von Eiern oder Früchten verstecken; S. 351), auf den Grund gehen. *Cuadros* (Gemälde) zeigen das Dorfleben und neuerdings auch humoristische Szenen illegaler Einwanderung, Heirat oder Sex. Hier kann man sich die Namen und Adressen bekannter Künstler geben lassen, die Besuchern in ihren Dörfern ihre Werkstätten öffnen.

KUNST ABSEITS DER MUSEEN

Neben den üblichen Museen und Galerien lohnt der Besuch der Kathedrale (S. 315), in der die Madre del Salvador zu sehen ist. Die mehrfarbige Holzskulptur aus dem 17. Jh. war ein Geschenk der spanischen Königin. Außerdem kann man ein außergewöhnliches Tabernakel betrachten, das mit Abbildungen der ersten in Amerika gefertigten Gravuren versehen ist. Wer dem Jardín Botánico La Laguna (S. 317) in Antiguo Cuscatlán einen Besuch abstattet, der sollte auch noch bis zur bezaubernden Dorfplaza gehen. Dort steht eine nette Kirche und es gibt ein paar bekannte *pupuserias*.

Die **Sala Nacional de Arte** ist im Parque Cuscatlán zu finden und bietet immer interessante Ausstellungen. Abenteuerlustige sind im **Atelier von Guillermo Perdomo** in Santo Tomas, am Grat des Kraters des Lago Ilopango, an der richtigen Adresse. Der Künstler und seine Frau Bettina (bettinadeperdomo@hotmail.com) heißen ihre Gäste persönlich willkommen. Der Blick auf den See, den Pazifischen Ozean und die Stadt ist unvergesslich.

AKTIVITÄTEN

Die freundlichen Besitzer von **Akwaterra** (☎ 2263-2211; www.akwaterra.com), Julio und Gabi Vega, sprechen Spanisch und Englisch und bieten maßgeschneiderte Ökotouren zu Land und zu Wasser an, z. B. Reiten, Mountainbiken, Surfen und Kajakfahren.

El Salvador Divers (Karte S. 321; ☎ 2264-0961; www.elsalvadordivers.com; 3A Calle Poniente; Mo–Fr 9–18.30, Sa 9–13 Uhr) ist ein professioneller Tauchshop, der Tauchgänge im Lago Ilopango und im Pazifik bei Los Cóbanos organisiert. Open-Water-Kurse kosten 365 US$, Tauchausflüge mit zwei Tauchgängen 75 US$.

Freiwilligenarbeit

Das **Centro de Intercambio y Solidaridad** (CIS; ☎ 2235-1330; www.cis-elsalvador.org; Colonia Libertad, Av Bolivar 103) bietet freiwilligen Helfern die Möglichkeit, einkommensschwachen Salvadorianern Englisch beizubringen (s. S. 371). Man kann aber auch als Wahlbeobachter helfen (hierfür ist Umgangsspanisch erforderlich). Man muss für mindestens 10 Wochen dabei bleiben und wer Englisch unterrichtet bekommt als Gegenleistung den Spanischunterricht zum halben Preis.

Die **Foundation for International Medical Relief of Children** (Stiftung für Internationale Medizinische Betreuung von Kindern, FIMRC; www.fimrc.org; Las Delicias) ist ein US-amerikanisches Mikro-Gesundheitsprojekt, das Menschen in benachteiligten Regionen mit medizinischer Hilfe versorgt. Der Beitrag für eine Woche Freiwilligenarbeit beginnt bei 500 US$. In diesem Betrag sind Verpflegung und Unterkunft in der Posada Del Rey I enthalten.

KURSE

Die Sprachschule **Escuela de Idiomas Mélida Anaya Montes** (CIS; Karte S. 313; ☎ 2235-1330; www.cis-elsalvador.org; Colonia Libertad, Av Bolivar 103) verdankt ihren Namen der bekannten FMLN-Anführerin und vereint politische und soziale Themen miteinander. Der Spanischunterricht umfasst täglich vier Stunden und kostet pro Woche 115 US$. Hinzu kommen eine einmalige Anmeldegebühr von 25 US$ und eine Verwaltungsgebühr von 10 US$. Für 80 US$ pro Woche werden auch Unterkünfte bei Familien organisiert; zwei Mahlzeiten pro Tag sind im Betrag enthalten.

SCHLAFEN

Die besten Hotels und das beste Nachtleben der Stadt sind in der Zona Rosa und in der Colonia Escalón zu finden. Die Gegend um den Blvd de los Héroes ist sicher und liegt praktisch. Hier gibt es Unterkünfte zu angemessen Preisen gleich in der Nähe der Universidad Nacional und einige gute Essensoptionen. Auf den schattigen Straßen rund um die Universidad Tecnológica (südlich des Terminal Puerto Bus) bekommt man leicht ein Shuttle zum Flughafen und auch internationale Buslinien fahren hier ab. Unterkünfte im Zentrum sind eigentlich nur dann praktisch, wenn man auf den Markt gehen möchte.

EL SALVADOR

Zentrum

Die meisten Zimmer werden hier stundenweise vermietet und nachts trifft man auf ziemlich zwielichtige Gestalten – das *centro* (Karte S. 316) ist bei den Travellern nicht gerade beliebt.

Hotel San Carlos (☎ 2222-4603, Calle Concepción 121; Zi. 15 US$/Pers.) Wer hier übernachtet tut dies vermutlich nur, weil das Hotel nahe dem Tica Bus Terminal liegt. Diese Absteige hat Minizimmer und hauchdünne Matratzen. Wenigstens ist alles recht sauber und die Zimmer haben eigene Bäder.

Nahe der Universidad Tecnológica

Die Gegend westlich von *el centro* (Karte S. 316) ist sicherer und entspannter als das Stadtzentrum, mit vielen preiswerten Restaurants und Internetcafés. Es liegt praktisch in der Nähe des Terminal Puerto Bus, von dem internationale Buslinien abfahren. Nachts immer ein Taxi nehmen.

Hotel Pasadena II (☎ 2221-4786; 3a Calle Poniente 1037; EZ/DZ mit Ventilator 12/17 US$) Eine erschwingliche Unterkunft mit freundlichem Service und recht unterschiedlichen Zimmern: von eng und laut bis groß und ruhig. Es lohnt sich, sich die Zimmer vorher anzuschauen. Das Restaurant zur Straße hin ist ganz o.k.

Hotel Villa Florencia Centro (☎ 2221-1706; www.hotelvillaflorencia.com, Spanisch; 3a Calle Poniente 1023; EZ/DZ/3BZ 13/19/21 US$) Zweifellos das beste Hotel im Umkreis des Zentrums – und dazu noch ein hervorragender Deal. Es ist in einem alten Kolonialgebäude untergebracht und das freundliche Management sorgt immer dafür, dass die kleinen Zimmer mit den Terrakotta-Fliesen picobello sauber sind. Der sonnige Hof ist mit antikem Allerlei ausgestattet, während es im Restaurant im Obergeschoss günstiges Essen gibt (*carne asada*, oder Rinderbraten, kostet 2 US$). Abends werden hier im TV *telenovelas* gezeigt.

Hotel American Guest House (☎ 271-0224; 17 Av Norte 119; EZ/DZ 15/17 US$, mit Bad 20/25 US$) Das klassische, sehr günstige Hotel wird von einem liebenswerten, alten Ehepaar geführt, das auch für die Blümchentapeten und die etwas veraltete Möblierung verantwortlich ist. Die Zimmer sind für ihren Preis sehr groß und das Restaurant auf dem begrünten Balkon ist optimal um die Seele baumeln zu lassen.

Arbol de Fuego (☎ 2275-7065; www.arboldefuego.com; Av Antiguo Cuscatlan, Colonia La Sultana; EZ 45–55 US$, DZ 55–65 US$, alle inkl. Frühstück; ❄ 💻) Der „Feuerbaum" ist der perfekte Ort, um sich vom anstrengenden Traveller-Dasein etwas zu erholen. Die Zimmer sind hell gestrichen und gut ausgestattet, mit Bettwäsche aus heimischen Rohstoffen, lokaler Kunst und jeder Menge frischer Blumen. Die Gemeinschaftsbalkons sind mit Pflanzen dekoriert und einladend.

Boulevard de los Héroes

Von hier aus sind die Bars und Restaurants der Calle San Antonio Abad und des Blvd

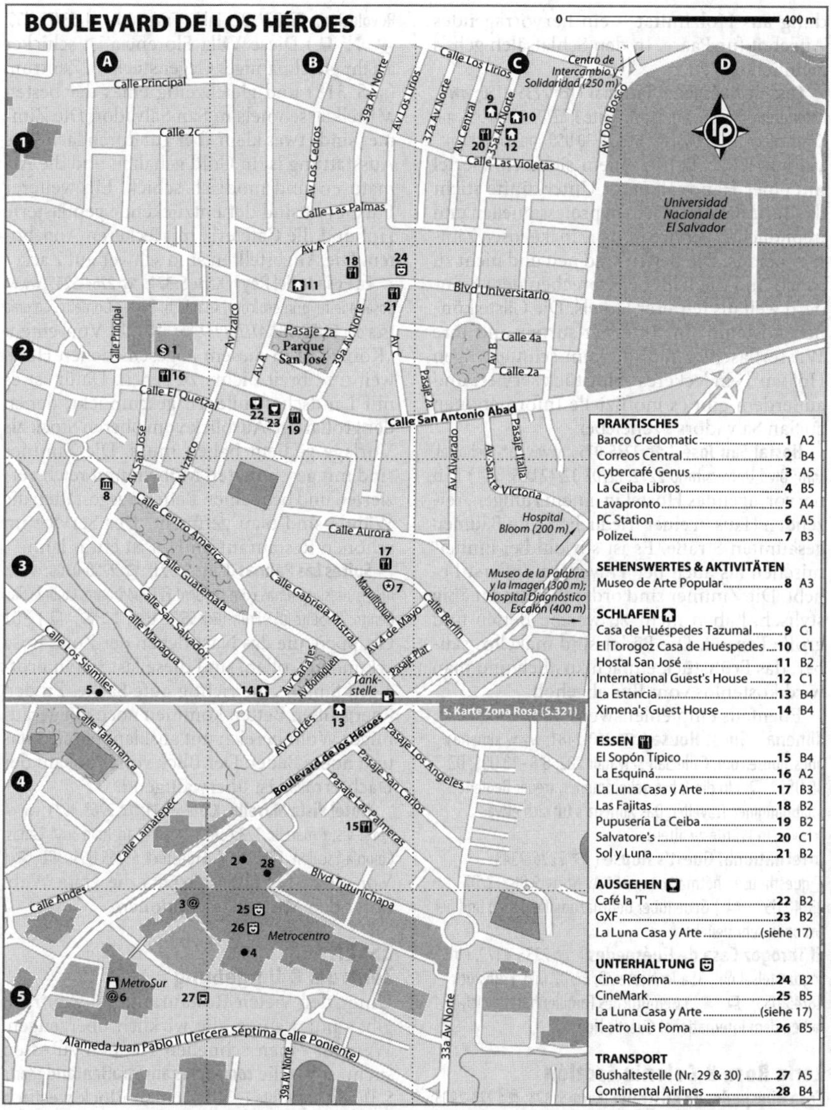

Universitario und sogar das Einkaufszentrum Metrocentro problemlos zu Fuß zu erreichen. Alle Busse zu den Busterminals, zur Zona Rosa und ins Zentrum (und von dort zum Flughafen) fahren hier vorbei. Alle genannten Hotels sind auf der Karte S. 319 zu finden.

La Estancia (☎ 2275-3381; Av Cortés 216; B/DZ 8/20 US$; 💻) Das fliederfarbene Haus ohne Beschilderung ist beim Peace Corps sehr beliebt und versprüht eine einladendere Atmosphäre als die meisten Hostels. Es wird von der dynamischen Doña Ana geleitet und ist ein Paradies für budgetbewusste Traveller: kostenloser Kaffee, Gemeinschaftsküche, gemütliche Veranda und TV-Raum. Die separaten Zimmer haben TV, Bad und eine Wandverkleidung aus Holzimitat – ein hervorragendes Angebot für Paare. In den Schlafsälen geht's ziemlich eng zu.

Casa de Huéspedes Tazumal (☎ 2235-0156; www.hoteltazumalhouse.com; 35a Av Norte 3; EZ/DZ 23/30 US$, mit Klimaanlage 25/33 US$, mit Bad 25/30 US$, mit Bad & Klimaanlage 30/40 US$; 🖳) In einem sicheren Viertel mit einer Handvoll guter Unterkünfte sticht das Tazumal durch seinen professionellen und freundlichen Service und die makellosen Zimmer heraus. Die Betten sind neu und nicht zu weich und die Bäder entsprechen dem Standard weitaus teurerer Hotels. Die Gäste können kostenlos im Internet surfen und ihre Wasserflaschen auffüllen; im schnuckeligen Hof wird ein leckeres Frühstück serviert und außerdem gibt es inoffizielle Informationen zu San Salvadors Szeneleben.

Hostal San José (☎ 2235-0156; www.sanjosehostal.com; Blvd Universitario 2212; EZ/DZ 32/42 US$; 🖳) Ein hervorragendes Hostel in einem ruhigen, reizenden Haus in einer friedlichen, von Bäumen gesäumten Straße. Es ist sowohl bei Einheimischen als auch bei Travellern äußerst beliebt. Die Zimmer sind ordentlich und mäßig stylisch, haben nicht zu weiche Betten und große Fenster. Die Bäder sind makellos sauber, das Frühstück einfach köstlich und man wird kostenlos vom Bus abgeholt.

Ebenfalls empfehlenswert:

Ximena's Guest House (☎ 260-2481; www.ximenasguesthouse.com; Calle San Salvador 202; B 8–10 US$, DZ 35 US$; 🖳) In die Jahre gekommener, treuer Begleiter unabhängiger Traveller. Das Ximena's tut sich etwas schwer, in Würde zu altern.

International Guest's House (☎ 2226-7343; i_guesthouse@hotmail.com; 35a Av Norte 9 Bis; EZ/DZ 23/40 US$; 🖳) Gegenüber dem Tazumal gelegen und bei Gruppen sehr beliebt.

El Torogoz Casa de Huéspedes (☎ 2235-4172; eltorogoz@telsal.net; 35a Av Norte 7B; EZ/DZ inkl. Frühstück 28/45 US$; 🖳 ♿) Gemütliches Familienhotel gleich neben dem International Guest's House.

Zona Rosa & Colonia Escalón

Casa Huéspedes de Australia (Karte S. 321; ☎ 223-7905; Blvd Venezuela 3093; EZ 20 US$, EZ/DZ mit Klimaanlage 30/35 US$; Ⓟ 🖳) Managerin dieses seit eh und je sehr beliebten Hostels ist María Lidia. Die Wohngegend hier ist entspannt und liegt günstig. Die Gemeinschaftsbereiche des Hostels sind hell und gemütlich und das Frühstück (2 US$) riesig.

Hotel Villa Florencia Zona Rosa (Karte S. 321; ☎ 2257-0236; www.hotelvillaflorencia.com, spanisch; Av La Revolución; EZ/DZ/3BZ inkl. Frühstück 41/53/73 US$; Ⓟ ❄ 🖳) Diese Villa Florencia ist schicker als ihr gleichnamiges Gegenstück im Zentrum (s. S. 318) und gleichzeitig eines der besten Mittelklassehotels in San Salvador. Die Zimmer sind etwas klein aber gut durchdacht, die Ausstattung ist in Gold gehalten und die Armaturen sind modisch schick. Ein weiterer Pluspunkt sind der entzückende gepflasterte Hof und die Cafeteria mit leckeren Angeboten. Die Angestellten sind schwer auf Zack.

La Posada del Rey I (Karte S. 321; ☎ 2264-5245; www.posadadelreyprimero.com, spanisch; Pasaje Dordelly, Colonia Escalón; EZ/DZ/3BZ 47/70/93 US$; ❄ 🖳) Von einem „König" ist in diesem abgeschiedenen Hotel weit und breit nichts zu sehen. Dafür ist es mit Landschaftsbildern geschmückt, denen der großartige Ausblick vom oberen Stock als Vorlage gedient haben muss. Die Zimmer sind mit geschnitzten Möbeln und reich verzierten und bequemen Betten ausgestattet; die Wände sind blau getüncht. Der Service im schönen Restaurant im Hof ist etwas lahm.

Suites Las Palmas (Karte S. 321; ☎ 2250-0800; www.hotelsuiteslaspalmas.com.sv; Blvd El Hipódromo, Colonia San Benito; Zi./Suite inkl. Frühstück 55/75 US$; ❄ ♿ 🖳) Für Gruppen, die das Nachtleben der Zona Rosa erkunden wollen, sind diese fast schon protzigen Suiten eine richtig gute Sache. Zu den übergroßen Betten kommen noch ein geräumiger Wohnbereich mit ausklappbaren Sofas und noble Bäder. Der Blick vom Pool auf der Dachterrasse ist überwältigend.

Hotel Vista Marella (Karte S. 321; ☎ 2263-4931; www.hotel-vista-marella.123.com.sv; Calle San Juan José Canas, Colonia Escalón; EZ/DZ inkl. Frühstück 55/65 US$; 🖳 ♿) Vor allem für ältere Expats die erste Wahl unter den Mittelklasseoptionen.

ESSEN

Zentrum & Umgebung

Unter den vielen Restaurants im Zentrum gibt's nur wenige, die wirklich überzeugen. Wer nur einen schnellen Happen zu essen sucht, sollte die ***comedores* am Straßenrand** (Karte S. 316; Hauptgerichte 1–3 US$), einen Block westlich der Plaza Barrios, ausprobieren. Hier gibt's *panes de pollo* (riesige Hühnchensandwiches) und *bistec encebollada* (Rindfleisch vom Grill mit Zwiebeln).

Café Maquilishuat (Karte S. 316; Simáu Centro, 1. St.; Hauptgerichte 2–6 US$; 🕑 7.30–19 Uhr) Von allen Optionen im Zentrum ist dies die beste. In diesem hektischen, traditionellen Laden mit *comida típica* ist auch immer etwas los. Es gibt

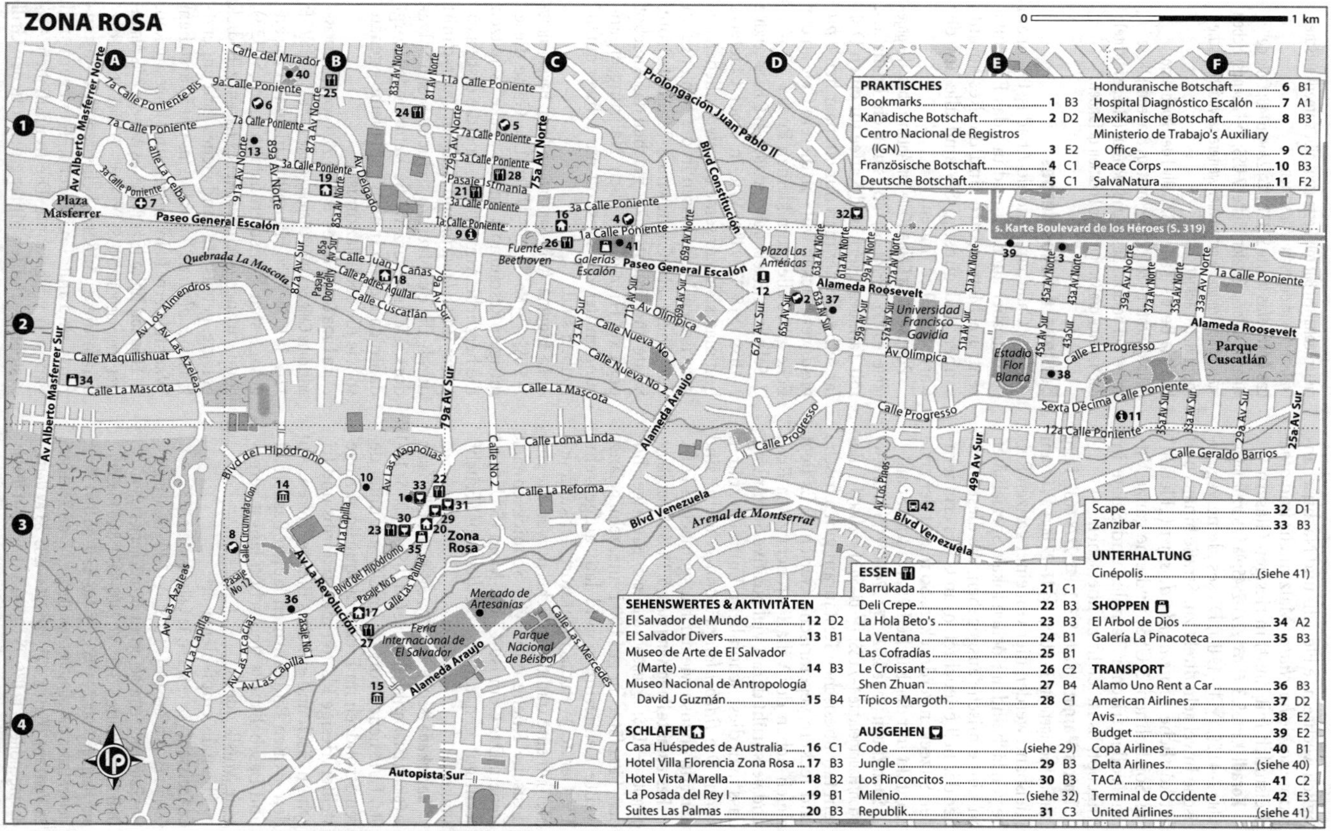
ZONA ROSA
0
1 km
s. Karte Boulevard de los Héroes (S. 319)
PRAKTISCHES
Bookmarks 1 B3
Kanadische Botschaft 2 D2
Centro Nacional de Registros (IGN) 3 E2
Französische Botschaft 4 C1
Deutsche Botschaft 5 C1
Honduranische Botschaft 6 B1
Hospital Diagnóstico Escalón 7 A1
Mexikanische Botschaft 8 B3
Ministerio de Trabajo's Auxiliary Office 9 C2
Peace Corps 10 B3
SalvaNatura 11 F2
SEHENSWERTES & AKTIVITÄTEN
El Salvador del Mundo 12 D2
El Salvador Divers 13 B1
Museo de Arte de El Salvador (Marte) 14 B3
Museo Nacional de Antropología David J Guzmán 15 B4
SCHLAFEN
Casa Huéspedes de Australia 16 C1
Hotel Villa Florencia Zona Rosa 17 B3
Hotel Vista Marella 18 B2
La Posada del Rey I 19 B1
Suites Las Palmas 20 B3
ESSEN
Barrukada 21 C1
Deli Crepe 22 B3
La Hola Beto's 23 B3
La Ventana 24 B1
Las Cofradías 25 B1
Le Croissant 26 C2
Shen Zhuan 27 B4
Típicos Margoth 28 C1
AUSGEHEN
Code (siehe 29)
Jungle 29 B3
Los Rinconcitos 30 B3
Milenio (siehe 32)
Republik 31 C3
Scape 32 D1
Zanzibar 33 B3
UNTERHALTUNG
Cinépolis (siehe 41)
SHOPPEN
El Arbol de Dios 34 A2
Galería La Pinacoteca 35 B3
TRANSPORT
Alamo Uno Rent a Car 36 B3
American Airlines 37 D2
Avis 38 E2
Budget 39 E2
Copa Airlines 40 B1
Delta Airlines (siehe 40)
TACA 41 C2
Terminal de Occidente 42 E3
United Airlines (siehe 41)

EL SALVADOR

täglich wechselnde Fleisch- und Nachtischangebote sowie *horchata* (Malzmilch) und *atole* (Reismilch mit Zimt) in riesigen Gläsern.

Koradi (Karte S. 316; ☎ 2221-2545; 9a Av Sur; Hauptgerichte 2–4 US$; 🕑 11–19 Uhr) Dieses kleine vegetarische Juwel geht direkt zur Straße hinaus und hat köstliche *carne asada de soya* („Fleisch" aus Sojabohnen, 3 US$) und eine ganze Vitrine voller frischer Tamales und Salate im Angebot. Es ist leicht zu übersehen.

Típicos Margoth (Karte S. 321; ☎ 2278-6632; Paseo Escalón; Hauptgerichte 3–5 US$; 🕑 11–22 Uhr) Wie am Fließband werden hier von einer ganzen Reihe von lächelnden Köchen lokale Spezialitäten an Einheimische ausgegeben, die diese in einer der hell erleuchteten, an Cafés erinnernden Sitzecken verdrücken. So macht der erste Kontakt mit der Küche El Salvadors Spaß!

Shen Zhuan (Karte S. 321; ☎ 2243-0424; 5 Av La Revolucion; Hauptgerichte 4–7 US$; 🕑 Di–So 11–22 Uhr) In diesem taiwanesischen Restaurant gibt's frische und leckere vegetarische Gerichte. Es liegt gleich neben der Villa Florencia Zona Rosa und versprüht derart viel positive Stimmung, dass man diese schon beim Eintreten spüren kann. Die *fideo ulong* (Udon-Nudeln) sind der Hit; ebenso wie der hausgemachte Tofu.

Restaurante Hong Kong (Karte S. 316; 9a Av Sur; Hauptgerichte 4–9 US$; 🕑 mittags & abends) Klebriger Boden, Sitzplätze für gut 100 Leute, zehn gelangweilte Kellnerinnen und laut aufgedrehte TV-Geräte. Wen das nicht stört, der kann sich hier auf eine traditionsreiche, universelle chinesische Küche ohne viel Schnickschnack freuen. Das Gemüse-Chow-Mein (5 US$) ist recht gut; genauso wie die *licuados* (Fruchtshakes).

Barrukada (Karte S. 321; ☎ 2264-8547; 3 Calle Poniente Colonia Escalón; Hauptgerichte 6–12 US$; 🕑 Di–So 12–1 Uhr) Eine neue Sportbar im US-Stil, unter deren Strohdach im Freien die quirligen Angestellten riesige Platten mit Spareribs und frischem Fisch und eiskaltes Bier servieren. Auf den großen Bildschirmen laufen Basketball- und Baseballspiele und schon längst vergessene Musikvideos.

Ebenfalls empfehlenswert:

Le Croissant (Karte S. 321; 1a Calle Poniente 3883; Colonia Escalón; Gebäck 1–3 US$; 🕑 7.30–18.30 Uhr) Eine Patisserie-Kette, bei der ein Besuch immer lohnt.

Deli Crepe (Karte S. 321; ☎ 2102 1959; Blvd Hipódromo; Hauptgerichte 2–4 US$; 🕑 Mo–Sa 9–16 Uhr) Winzig kleiner Laden mit günstiger comida *típica* in der Zona Rosa.

La Ventana (Karte S. 321; ☎ 2264-4885; 83 Av Norte; Hauptgerichte 5–12 US$; 🕑 Di–Sa 8–1, So 10–1 Uhr) In dieser lebhaften Bar mit Restaurant gibt's amerikanisches Frühstück und deutsche Würstchen.

Las Cofradías (Karte S. 321; ☎ 2264-6148; Calle de Mirador, Colonia Escalón; Buffet 7 US$; 🕑 abends) Neben *tradición del campo* werden hier weitere salvadorianische Spezialitäten aufgetischt.

La Hola Beto's (Karte S. 321; Blvd del Hipódromo; Hauptgerichte 8–20 US$; 🕑 mittags & abends) Diese immer gut besuchte Sushi- und *marisco-* (Meeresfrüchte) Bar hat eine großartige neue Location gefunden.

Boulevard de los Héroes

Auf der Calle San Antonio Abad isst man am besten, aber auch im und um das Einkaufszentrum Metrocentro sind die Restaurants sauber und günstig. Sie sind alle auf der Karte S. 319 zu finden.

Pupusería La Ceiba (Calle San Antonio Abad; Hauptgerichte 1–3 US$; 🕑 Mo–Sa) Ob es nun ein Frühstück mit Tamales, Eiern und Kaffee für einen Dollar sein soll oder man nur ein paar heiße *pupusas* verdrücken will – in diesem Café an der Ecke gibt's alles zum kleinen Preis.

Sol y Luna (Ecke Blvd Universitario & Av C; Hauptgerichte 2–4 US$; 🕑 8–17.30 Uhr) Wie in einer Cafeteria holt man sich hier seine ungewöhnlichen vegetarischen Leckerbissen in der Schlange an der Theke ab. Cashewnuss-Mandel-Brote, Salate und Fruchtshakes machen das Angebot perfekt. Hier gibt's auch Nahrungsergänzungsmittel, die sonst oft nur schwer aufzutreiben sind.

La Esquiná (Calle San Antonio Abad; Hauptgerichte 2–5 US$; 🕑 Mo–Sa 7.30–17 Uhr) Die Gäste dieses luftigen Restaurants an der „Ecke" schätzen die herzliche Atmosphäre und die erstklassige *comida a la vista* und sind ein Querschnitt durch alle Bevölkerungsschichten San Salvadors. Der schwarz-weiße Betonboden sorgt dafür, dass es im Innern kühl bleibt – genauso wie die coole Jazzmusik.

La Luna Casa y Arte (☎ 2260-2921; www.lalunacasayarte.com; Calle Berlín 228; Hauptgerichte 2–7 US$; 🕑 Mo–Fr 12–2, Sa 16.30–2 Uhr) Hier gibt's nicht nur die angesagtesten Kunstveranstaltungen (S. 323), sondern auch noch herrliches Essen, z. B. dick belegte, getoastete Sandwiches und ein erstklassiges *plato de bocas mixtas* mit Würstchen, Wachteleiern, Palmherzen und Käsestücken.

El Sopón Típico (Ecke Pasajes las Palmeras & los Almendros; Hauptgerichte 5 US$; 🕑 10.30–21 Uhr) Die Holzbänke dieses äußerst beliebten Eck-Restaurants sind mit Taxifahrern, Teenagern und Familien vollgestopft. Die freundlichen Angestellten schuften hinter einem offenen Grill und alles Fleischhaltige was sie servieren – Kaninchen, Hähnchen, Ziege – schmeckt einfach himmlisch.

Ebenfalls empfehlenswert:

Las Fajitas (Blvd Universitario; Hauptgerichte 4–8 US$; mittags & abends) Beliebter Laden mit Tex-Mex-Gerichten und offener Küche.

Salvatore's (35a Av Norte; Hauptgerichte 4–7 US$; mittags & abends) Qualitativ hochwertige Pizza und Pasta.

AUSGEHEN

Bars & Clubs

La Luna Casa y Arte (Karte S. 319; ☎ 2260-2921; www.lalunacasayarte.com; Calle Berlín 228; Mo–Fr 12–2, Sa 16.30–2 Uhr) Mit dem schicksten Hut oder den heißesten High Heels bewaffnet geht's raus aus dem Hotelzimmer und rein in die angesagteste Bar der Stadt, die selbst die konservativsten Partymuffel in Stimmung bringt. Das Motto der Besitzer ist: „*no importa como llegues, la onda es llegar*" (Wie man kommt ist egal, entscheidend ist, dass man da ist). Die Website informiert über das wöchentlich wechselnde Programm mit Livemusik, kostenlosen Filmen und Live-Poesie. Das Essen (S. 322) ist ebenfalls gut.

Café La ‚T' (Karte S. 319; Calle San Antonio Abad 2233; Mo–Mi 10–21.30, Do–Sa 10–23 Uhr) Ein etwas linksgerichtetes Café, in dem freitags gelegentlich Livemusik (Jazz oder Folk; 2 US$) gespielt wird. Mittwochs und donnerstags werden um 19.30 Uhr kostenlos Filme gezeigt. Dazu gibt's leichtes Essen, Bier, Wein und guten Kaffee.

La Ventana (Karte S. 321; ☎ 2264-4885; 83 Av Norte 510; Hauptgerichte 5–12 US$; Mo–Do 12–24, Fr & Sa 12–1, So 8–22 Uhr) Ein Dauerbrenner unter den Einheimischen und sehr beliebt, um in gehobener Atmosphäre neue Leute zu treffen. In der lebhaften Bar gibt's für wenig Geld belgisches Ale und deutsches Bier. Zugang über 9a Calle Poniente.

Los Rinconcitos (Karte S. 321; Blvd del Hipódromo 310; Mi–Sa 18–1 Uhr) Aus der ehemaligen Karaokebar ist eine elegante Partylocation mit harten Drinks und Tapas geworden. An den Wochenenden ist das Rinconcitos fest in der Hand des Latin-Rock. Im hinteren Teil geht's nach draußen, wo in trauter Atmosphäre noch mehr Unterhaltung geboten wird.

Jungle (Karte S. 321; ☎ 2124-7341; Blvd del Hipódromo; Do–Sa 22–7 Uhr) Wenn es so richtig schmutzig sein soll, ist dieser Nachtclub genau richtig. Er öffnet spät und schließt erst dann, wenn es Zeit für ein *desayuno* (Frühstück) ist.

Ebenfalls empfehlenswert:

Zanzibar (Karte S. 321; ☎ 2279-0833; Centro Commercial Basilea; 11–1 Uhr) Hier läuft vor allem Latin-Fusion.

Republik (Karte S. 321; Mi–So 14–1 Uhr) Messingknöpfe und Holztäfelungen aus Eichenimitat. Außerdem sehr gute *mojitos* (5 US$).

Code (Karte S. 321; Blvd del Hipódromo; Do–Sa 22–7 Uhr) Neben dem Jungle, hat aber mehr Stil. Nun ja, etwas jedenfalls.

GXF (Karte S. 319; Calle San Antonio Abad 2249; Do–Sa 22–5 Uhr) Eine neue Reggaetón-Bar an der San Antonio.

Schwulen- & Lesbentreffs

Scape & Milenio (Karte S. 321; Condominios Juan Pablo II; Do–Sa 21.30–1 Uhr) Zwei Bars bzw. Discos für Schwule und Lesben in einem Gebäude. An der Prolongación Juan Pablo II.

UNTERHALTUNG

Die Donnerstagsausgabe des *Diario de Hoy* hat einen herausnehmbaren Teil (*Planeta Alternativa*), in dem wöchentlich Konzerte und andere Events aufgelistet sind.

Kinos

In den Kinos laufen vor allem Hollywoodstreifen mit spanischen Untertiteln. Einige der oben genannten Bars bieten Filmabende an. Die Spielzeiten sind in allen größeren Tageszeitungen ebenso wie auf www.multicinema.com.sv aufgelistet. Mittwochs bezahlt man nur den halben Preis.

Cine Reforma (Karte S. 319; ☎ 2225-9588; Blvd Universitario) An manchen Dienstagen gibt's hier einen Preisnachlass.

CineMark (Karte S. 319; ☎ 2261-2001; Metrocentro, 3. St., Blvd de los Héroes; Eintritt 3 US$)

Cinépolis (Karte S. 321; Galerías Escalóon) Ein Megakino mit 11 Sälen.

La Luna Casa y Arte (Karte S. 319; ☎ 2260-2921; www.lalunacasayarte.com, spanisch; Calle Berlín 228; Eintritt frei) Filme gibt's mittwochs um 20 Uhr

Multicinemas Majestic (Karte S. 316; ☎ 2222-5965; Av España; Eintritt 1,75 US$)

> **INSIDERTIPPS**
>
> Livemusik in San Salvador rockt! Derzeit gehören REDD (traditioneller Rock), Friguey (New Wave Ska), Esquina Opuesta (Progressive Rock), Los Remedios (Reggae), Edicion Limitada (Pop-Rock) und Los Tachos (New Wave Ska) zu den angesagtesten Bands im Land.
>
> *Letty, San Salvador*

Theater

Teatro Luis Poma (Karte S. 319; ☎ 2261-1029; Metrocentro; Eintritt 5 US$) Ein modernes Schauspielhaus mit tollen Aufführungen und einer etwas merkwürdigen Lage, mitten im Einkaufszentrum.

SHOPPEN

El Salvadors maßgeblichster Künstler ist der aus La Palma stammende Maler Fernando Llort (s. Kasten, S. 307). In seiner Galerie **El Arbol de Dios** (Karte S. 321; Calle la Mascota; Eintritt frei; 🕑 Mo–Sa 9–21.30 Uhr) kann man eine große Sammlung seiner Arbeiten in Augenschein nehmen, darunter auch sehr anspruchsvolle Werke, die sich von seinen einfacheren und besser bekannten Holzmalereien deutlich unterscheiden. Südlich der Plaza Masferrer erreicht man es nach vier langen Blöcken.

Galería La Pinacoteca (Karte S. 321; ☎ 2223-2808; www.lapinacoteca.net; Blvd El Hipódromo 305, Zona Rosa) In der besten unabhängigen Galerie der Stadt werden Werke sowohl aufstrebender als auch bereits etablierter salvadorianischer Maler und Bildhauer ausgestellt. Die Kuratorin, Ana Lynn de Lima, ist eine wahre Powerfrau.

In den ehemaligen Armeebaracken ist heute der **Mercado Ex-Cuartel** (Karte S. 316; Calle Delgado; 🕑 Mo–Sa 7.30–18, So 7.30–14 Uhr) untergebracht, wo *artesaños* aus dem ganzen Land ihre Waren feilbieten. Der große Renner sind Hängematten und bestickte Stoffe. Ganz in der Nähe liegt der **Mercado Central** (Karte S. 316; Calle Delgado; 🕑 Mo–Sa 7.30–18, So 7.30–14 Uhr), auf dem vor allem Einheimische gerne Kleidung und Elektroartikel kaufen.

Das neueste Einkaufszentrum mit Unterhaltungsfaktor ist **La Gran Vía** (außerhalb der Karte S. 313), eine sehr schöne Mall mit guten Nachtclubs und Restaurants.

AN- & WEITERREISE

Bus

In San Salvador werden internationale Buslinien über den **Terminal Puerto Bus** (Karte S. 316; Ecke Alameda Juan Pablo II & 19a Av Norte) abgefertigt. Hin kommt man mit den Stadtbussen 29, 101D, 7C oder 52.

King Quality (☎ 2271-1361; www.kingqualityca.com) bietet vom Terminal Puerto Bus einen Deluxe-Service nach Guatemala-Stadt an. Enthalten sind Klimaanlage, Filme und ein Essen (33 US$ einfache Strecke, 5 Std.), Abfahrt ist um 6 und um 15.30 Uhr. Außerdem fahren täglich um 3.30 Uhr Busse nach San José (62 US$, 18 Std.). Nach Honduras gibt's Busse mit Klimaanlage, die täglich um 6 und 15 Uhr nach Tegucigalpa (28 US$, 6 Std.) und um 5 und 12.30 Uhr nach San Pedro Sula (einfache Strecke/hin & zurück 28/41 US$, 6 Std.) fahren.

Tica Bus (☎ 2222-4808; www.ticabus.com; 🕑 8–16.30 Uhr) bietet Busse, die um 6 Uhr vom Hotel San Carlos (S. 318) nach Guatemala-Stadt abfahren (einfache Strecke/hin & zurück 15/30 US$, 5 Std.). Am besten ein bis zwei Tage im Voraus reservieren und eine halbe Stunde vor Abfahrt am San Carlos sein. Tica Bus hat im Hotel ein Büro. Von Guatemala-Stadt fährt der Bus zur mexikanischen Grenze bei Tapachula, Chiapas. Von San Salvador aus dauert die Fahrt 12 Stunden und kostet 30 US$.

Tica Bus fährt um 5.30 Uhr am Hotel San Carlos los und erreicht Managua, Nicaragua, um 15.30 Uhr (einfache Strecke 30 US$). Ankunft in San José, Costa Rica, ist einen Tag später zwischen 15 und 16 Uhr (einfache Strecke von San Salvador 50 US$). Von dort geht die Fahrt um 22 Uhr weiter nach Panama (einfache Strecke von San Salvador 75 US$), wo der Bus am dritten Tag zwischen 15 und 16 Uhr ankommt.

Für nationale Langstreckenbusse gibt's in San Salvador drei Hauptterminals.

TERMINAL DE ORIENTE

Alle Busse, die Ziele im Osten und einige wenige, die Ziele im Norden des Landes anfahren, kommen am **Terminal de Oriente** (Karte S. 313; Alameda Juan Pablo II) an, bzw. fahren von dort ab. Er befindet sich am östlichen Ende der Stadt. Um hierher zu gelangen nimmt man vom Zentrum aus Bus 9, 29 oder 34; die Busse 29 und 52 fahren vom Blvd de los Héroes ab; vom Terminal de Occidente fahren die Busse 7C und 34; vom Terminal de Sur ist es Bus 21. Regelmäßig angefahrene Ziele:

Chalatenango Bus 125 (1 US$; 2 Std.)
El Poy (Grenze nach Honduras) Bus 119 (1,70 US$; 3 Std.)
Ilobasco Bus 111 (0,70 US$; 1½ Std.)
La Palma Bus 119 (1,60 US$; 2¾ Std.)
La Unión Bus 304 (3 US$; 4 Std.) Es gibt auch einen schnelleren *especial*-Service.
San Miguel Bus 301 (1,25–2,50 US$; 3 Std.) Es gibt auch einen schnelleren *especial*-Service.
San Vicente Bus 116 (0,90 US$; 1½ Std.)
Suchitoto Bus 129 (0,80 US$; 1½ Std.)

TERMINAL DE OCCIDENTE

Alle Busse, die Ziele im Westen des Landes anfahren, darunter auch die Grenze nach

Guatemala, kommen am **Terminal de Occidente** (Karte S. 321; Blvd Venezuela nahe der 49a Av Sur) an, bzw. fahren von dort ab. Um hierher zu gelangen nimmt man vom Zentrum aus Bus 34; Bus 44 fährt vom Blvd de los Héroes ab (am Blvd Venezuela aussteigen und ein paar Blocks in Richtung Westen zum Terminal gehen); vom Terminal de Oriente fahren die Busse 7C und 34. Regelmäßig angefahrene Ziele:

Ahuachapán Bus 202 (1 US$; 2¼ Std.)
Cerro Verde Santa-Ana-Bus nach El Congo (0,80 US$; 40 Min.), dann Bus 248.
Joya de Cerén Bus 108 nach San Juan Opico (0,65 US$; 1¾ Std.)
La Hachadura Bus 205 nach Sonsonate (1,55 US$; 3½ Std.), dann Bus 259.
La Libertad Bus 102 (0,60 US$; 1 Std.); Abfahrt ist am entsprechenden Terminal hinter dem Parque Bolivar bzw. am Terminal de Occidente.
Lago de Coatepeque Santa-Ana-Bus nach El Congo (0,90 US$; 40 Min.), dann Bus 248.
Las Chinamas Bus 202 nach Ahuachapán (1,55 US$; 2½ Std.), dann Bus 263.
Los Cóbanos Bus 205 nach Sonsonate (1,30 US$; 2½ Std.), dann Bus 257.
Metapán Bus 201A (2,50 US$; 1¾ Std.)
Ruinas de San Andrés Santa-Ana-Bus 201 (0,80 US$; 40 Min.) bis zur Abzweigung zu den Ruinen.
San Cristóbal Bus 498 (1,25 US$; 3 Std.)
Santa Ana Bus 201 (0,80 US$; 1¼ Std.)
Sonsonate Bus 205 (0,80 US$ *directo*, 1 US$ *especial*; 1¼ Std.)

TERMINAL DE SUR (TERMINAL SAN MARCOS)

Im Süden der Stadt liegt der **Terminal de Sur** (abseits Karte S. 313; Autopista a Comalapa), auch Terminal San Marcos genannt. Von hier werden alle Ziele im Süden und Südosten des Landes angefahren. Um hierher zu gelangen nimmt man vom Zentrum aus Bus 26 oder den Microbus 11B oder Bus 21 vom Terminal de Oriente. Abfahrten:

Costa del Sol Bus 495 (1,20 US$; 2½ Std.)
Puerto El Triunfo Bus 185 (1,50 US$; 2 Std.)
Usulután Bus 302 (1,60 US$; 2½ Std.) Es gibt auch einen schnelleren *especial*-Service.

Flugzeug

Der **Aeropuerto Internacional Comalpa** (außerhalb der Karte S. 313) liegt 50 km südöstlich von San Salvador und ist ein wichtiger Verkehrsknotenpunkt Zentralamerikas. Fluggesellschaften mit einer Filiale in San Salvador sind unter anderem:

American Airlines (Karte S. 321; ☎ 2298-0777; Edificio La Centroamericana, Alameda Roosevelt)
Continental Airlines (Karte S. 319; ☎ 2207-2040; Metrocentro, 2. Stock)
Copa Airlines (Karte S. 321; ☎ 2209-2672; World Trade Center I, Ecke 89a Av Norte & Calle del Mirador)
Delta Airlines (Karte S. 321; ☎ 2275-9292; World Trade Center I, Ecke 89a Av Norte & Calle del Mirador)
TACA (Karte S. 321; ☎ 2267-8222; Galerías Escalón, EG)
United Airlines (Karte S. 321; ☎ 2279-3900; Galerías Escalón, EG)

UNTERWEGS VOR ORT

Auto & Motorrad

Wer mit dem eigenen Fahrzeug unterwegs ist, sollte das Zentrum am besten meiden. Tagsüber staut sich dort der Verkehr und nachts ist die Gegend zu gefährlich. Der schnellste Weg führt über die großen Durchgangsstraßen. Einbahnstraßen sind mit einem auf die Straße aufgemalten Pfeil oder mit Schildern gekennzeichnet. Für Infos zu Autovermietungen, s. S. 310.

Bus

San Salvador hat ein umfangreiches Busnetz – hier ist einiges unterwegs, vom großen, Rauch speienden Monster bis hin zum schnittigen Microbus. Eine Busfahrt kostet zwischen 0,20 und 0,30 US$.

Täglich zwischen 5 und 19.30 Uhr fahren regelmäßig Busse; sonntags ist die Frequenz geringer. Die letzten Busse fahren zwischen 19.30 und 20.30 Uhr; Microbusse sind länger, bis etwa um 21 Uhr, unterwegs. Nach 21 Uhr bleibt einem nur das Taxi.

Wenn man im Zentrum in den Bus steigen will, lohnt es sich, von der Plaza Barrios aus zu Fuß ein paar Blocks zu gehen – das geht schneller. Einige der Routen sind:

Bus 9 Fährt auf der 29a Av Norte an der Universidad de El Salvador entlang. Dann biegt er nach Osten ins Zentrum ab, vorbei an der Kathedrale und auf der Independencia am Terminal de Oriente vorbei.
Bus 26 Passiert auf seinem Weg zum Terminal del Sur die Plaza Barrios und den Parque Zoológico.
Bus 29 Kommt auf seinem Weg zum Terminal de Oriente durch das Zentrum. Die Busse halten zwischen dem Metrocentro und dem MetroSur.
Bus 30 Fährt ins Zentrum und bildet die beste Anbindung an Bus 138 zum Flughafen. Hält hinter dem Metrocentro und am Parque Libertad im Zentrum.
Bus 30B Fährt, vor allem ab dem Blvd de los Héroes, eine sehr praktische Strecke. Er ist zunächst auf dem Blvd Universitario nach Osten unterwegs, dann auf dem Blvd de

los Héroes nach Südwesten zum Metrocentro. Dort biegt er nach Westen auf die Alameda Roosevelt ab und dann auf die 79a Av nach Süden. Weiter geht's auf dem Blvd del Hipódromo bis zur Av Revolución, dann über die Alameda Araujo, Roosevelt und 49a Av Sur zurück zum Metrocentro.
Bus 34 Ist vom Terminal de Oriente zum Metrocentro, dann hinunter zur Zona Rosa unterwegs und dreht direkt vor dem MARTE (Kunstmuseum) um. Fährt auf dem Rückweg am Terminal de Occidente vorbei.
Bus 42 Von der Kathedrale aus folgt der Bus der Calle Arce in westlicher Richtung und setzt seine Fahrt auf der Alameda Roosevelt fort. An der Statue El Salvador del Mundo biegt er nach Südwesten auf die Alameda Araujo ab und kommt auf seinem Weg am Mercado de Artesanías und dem Museo Nacional de Antropología David J. Guzmán vorbei. Die Route verläuft weiter auf der Carretera Interamericana und passiert La Ceiba de Guadalupe.
Bus 101 Kommt auf seinem Weg von der Plaza Barrios ins Zentrum am MetroSur, dem Anthropologiemuseum und der Basilika La Ceiba de Guadalupe vorbei und fährt weiter auf die Santa Tecla.

Taxi

Taxis gibt's hier wie Sand am Meer. Sie haben allerdings keine Taxameter, deshalb immer im Voraus einen Preis aushandeln. Tagsüber sollte eine Fahrt innerhalb der Stadt zwischen 5 und 8 US$ kosten. Spät abends und nachts steigen die Preise um ein paar Dollar. Registrierte Taxis sind mit einem „A" am Beginn des Nummernschilds gekennzeichnet und die Fahrer können bei Problemen theoretisch zur Verantwortung gezogen werden. Wenn gerade kein Taxi vorbei kommt, kann man bei **Taxis Acacya** (Karte S. 316; ☎ 2271-4937) oder **Acontaxis** (☎ 2270-1176) telefonisch eines bestellen.

RUND UM SAN SALVADOR

Im Umkreis von San Salvador findet man eine profane Mischung aus Slums und uralten Ruinen. Weiter außerhalb bieten die kühlen Städtchen hoch oben auf den Vulkanen Erholung von der Hitze, während La Libertad das Tor zur Küste des Westpazifiks und zu einer Vielzahl von Surfspots der Spitzenklasse bildet.

CIHUATÁN

Die bescheidenen Ruinen von **Cihuatán** (Eintritt 3 US$; ⌚ Di–So 9–16 Uhr) bildeten früher ein enormes Stadtgebiet entlang dem Río Guazapa – vielleicht war dies sogar die größte präkolumbische Stadt zwischen Guatemala und Peru. Die Blütezeit der Stadt dauerte mehr als 100 Jahre, bevor sie im 10. Jh. n. Chr. von bisher noch unbekannten Eindringlingen geplündert und niedergebrannt wurde. In ihr lebten vermutlich Maya, Lenca und andere Völker, die sich in einer instabilen Handelsphase zusammengeschlossen hatten.

Vom Terminal de Oriente aus Bus 119 in Richtung Chalatenango nehmen und etwa 4 km hinter Las Aguilares aussteigen; den Fahrer bitten, bei den Ruinen anzuhalten. Vom Haltepunkt aus sind es noch etwa 900 m bis zu der Stätte.

EL BOQUERÓN

Der Quezaltepeque (Volcán San Salvador) hat zwei Gipfel, von denen der höhere, Picacho, 1960 m über dem Meeresspiegel liegt. Der andere, Boquerón (Großer Mund), ist 1893 m hoch und weist innerhalb seiner Kraters einen zweiten Kegel auf – 45 m hoch und perfekt symmetrisch – der 1917 entstand. Eine geteerte Straße führt bis ganz nach oben und so wird man nach einem einfachen Aufstieg mit einem unglaublichen Ausblick belohnt. Wer ganz besonders motiviert ist, bringt eine Tüte mit, um den herumliegenden Müll einzusammeln. **El Boquerón Canopy Tours** (☎ 2508-0398; Tour zwischen den Baumwipfeln 27 US$; ⌚ 9–17 Uhr) sorgt für einen nicht ganz billigen Kick.

Es empfiehlt sich, schon früh morgens loszufahren, da der Weg von San Salvador aus mit dem Bus ein paar Stunden in Anspruch nehmen kann. Vom Parque Cuscatlán mit Bus 101A oder B nach Santa Tecla fahren und dort auf der 6a Av Sur den Bus 103 bis zum Dorf Boquerón nehmen. Dieser kommt allerdings nur unregelmäßig, aber es gibt kleine Transporter, die ebenfalls dort losfahren. Der Gipfel liegt 1 km hinter dem Dorf.

RUINAS DE SAN ANDRÉS

1977 wurden an dieser **Ausgrabungsstätte** (Eintritt 3 US$; ⌚ Di–So 9–17 Uhr), die zwischen 600 und 900 n. Chr. von den Maya bewohnt wurde, eine steile Pyramide und ein großer Hof mit einem unterirdischen Teilstück ausgegraben. Experten zufolge haben hier bis zu 12 000 Menschen gelebt. Die Stadt beherrschte einstmals das Valle de Zapotitán und vielleicht sogar auch das daneben angrenzende Valle de las Hamacas, in dem das heutige San Salvador liegt.

Die friedlichen Ruinen liegen 300 m nördlich des Highways und 33 km westlich von San Salvador im Valle de Zapotitán. Vom Terminal de Occidente in San Salvador den Santa-Ana-Bus 201 nehmen und bei Kilometer 33 aussteigen. Ein kleines, schwarzes Schild weist von dort den Weg zu den Ruinen. Wer diesen Ausflug mit einem Besuch in Joya de Cerén verbinden möchte, sollte Letzteres zuerst anfahren. Von dort kommt man auf dem Highway mit jedem Bus in das nahe gelegene San Andrés.

JOYA DE CERÉN

Das von der Unesco ins Verzeichnis der Welterbestätten aufgenommene **Joya de Cerén** (www.cihuatan.org; Eintritt 3 US$; ⌚ Di–So 9–17 Uhr) wird auch das Pompeji Amerikas genannt. Beim Ausbruch des Vulkans Laguna Caldera wurde die kleine Maya-Siedlung im Jahr 595 n. Chr. unter Vulkanasche begraben. Die flüchtenden Bewohner ließen unzählige Alltagsgegenstände zurück, die heute Aufschluss über die Anpflanzung und Aufbewahrung von Lebensmitteln und den Hausbau zur damaligen Zeit geben.

Das umgestaltete Museum bietet den Besuchern eine gute Sammlung von Fundstücken und Miniaturnachbildungen der Dörfer. Ein besonders fesselndes Stück ist ein kleiner Teller, auf dem die Essensreste einer offenbar unterbrochenen Mahlzeit und darin sogar noch Fingerabdrücke (!) zu erkennen sind.

Die Stätte befindet sich 36 km westlich von San Salvador. Am Terminal de Occidente Bus 108 nehmen und aussteigen, sobald dieser die Brücke über den Río Sucio überquert hat.

LOS PLANES DE RENDEROS

Dieser hügelige Distrikt, 12 km südlich von San Salvador, ist berühmt für seine **Puerta del Diablo** (Teufelstor). Die zwei emporragenden Felsstücke, angeblich ein einzelner Steinblock, der auseinandergebrochen ist, bilden einen tollen Aussichtspunkt und bietet herrliche Ausblicke, von denen einige allerdings von herumliegendem Müll getrübt werden. Während des Krieges wurden hier Hinrichtungen ausgeführt und die Leichen einfach über die Klippen geworfen.

Die Felsen liegen 2 km hinter dem familienfreundlichen **Parque Balboa** (Eintritt 0,80 US$). An der Ostseite des Mercado Central, auf der 12a Calle Poniente, Bus 12 mit der Aufschrift „Mil Cumbres" nehmen. Mit dem eigenen Fahrzeug die Av Cuscatlán hinunterfahren, bis die Felsen ausgeschildert sind.

PANCHIMALCO

Inmitten der grünen Hänge des Cerro Chulo liegt das kleine Örtchen Panchimalco, das für seine religiösen Feste bekannt ist. Besonders eindrucksvoll sind dabei die Feierlichkeiten am Palmsonntag, wenn die Bewohner mit prächtig geschmückten Palmwedeln durch die Straßen ziehen. Anfang Mai findet die **Fería de Cultura de las Flores y las Palmas** mit Palmwedel-Kunst, Volkstanz und Feuerwerk statt. Die von den Pipil abstammende Bevölkerung Panchimalcos hat sich neu definiert und das Dorf zu einer Künstlerenklave gemacht.

Von San Salvador aus fährt Bus 17 nach Panchimalco. Er startet an der Av 29 de Agosto, an der Südseite des Mercado Central.

LA LIBERTAD

20 100 Ew.

Die ungemütliche Mischung aus Drogen, Kriminalität und Surfkultur ist im berüchtigtsten Hafen El Salvadors zwar weiterhin allgegenwärtig, aber die Zeichen des Wandels liegen in der salzigen Luft. Angefangen beim legendären, stickigen Fischmarkt auf dem Pier, bis hin zu den abendlichen Barrel-Wellen an der berühmten Punta Roca: Überall haben die örtlichen Behörden Unmengen von Geld in die Aufwertung dieses schäbigen Teils der ansonsten erstklassigen Baugrundstücke entlang der Küste gesteckt. Es wimmelt hier nur so von Polizisten, und coole Cafés, Bars und Restaurants buhlen um die Gunst neuer Gäste. Ein Amphitheater, ein Skate-Park und ein Kongresszentrum geben geschäftlichen und privaten Events den richtigen Rahmen.

Abseits der Strandpromenade ist La Libertad jedoch weiterhin eine muffig-heiße Arbeiterstadt. Sie ist allerdings wesentlich energiegeladener, mit weit mehr frisierten Bussen und lauthals brüllenden Marktschreiern, als man es bei der bescheidenen Größe der Stadt eigentlich erwarten würde. Die meisten Traveller lassen La Libertad links liegen und fahren direkt die entspannten Strände im Westen an. Für Banken und sonstige Annehmlichkeiten ist La Libertad aber einen Stopp wert. Und für die Extraportion Meeres-Feeling sowieso.

Praktische Informationen

Banco Agrícola Filialen befinden sich östlich des Markts in Barrios und im Einkaufszentrum El Faro. Tauscht Reiseschecks; außerdem hat die Filiale im Einkaufszentrum El Faro einen neuen 24-Stunden-Geldautomaten.

Cyber Fenix (2a Calle Poniente; 1 US$/Std.; 8–20 Uhr)

Post (2a Calle Oriente) Nahe 2a Av Norte.

Gefahren & Ärgernisse

La Libertad gilt vor dem Hintergrund jahrelangen Drogenhandels als ein recht gefährliches Pflaster. Nachts sollte man die Gegend südöstlich der Plaza meiden (das Nachtleben ist in den Restaurants östlich der Lighthouse-Mall sowieso besser). Surfer sollten nicht allein zur Punta Roca gehen und keine Wertsachen mitnehmen; potentielle Gefahr geht hier von Mensch und Tier (Hunden) aus.

Überall an der Küste gibt's sehr starke Strömungen. Rettungsschwimmer tun aber nur am Wochenende in La Libertad und an der Playa San Diego Dienst. Die in dieser Gegend gezüchteten Venusmuscheln weisen eine sehr hohe Konzentration von Giftstoffen auf. Wer also Strand und Meer weiterhin genießen will, sollte also besser keine davon essen.

Sehenswertes & Aktivitäten

STRÄNDE

An den Wochenenden zieht es viele Städter nach La Libertad. Der Strand ist steinig und mit großen schwarzen Felsen übersät. Die tückische Strömung und die Abwässer machen das Meer in der Regenzeit (Mai–Okt.) unattraktiv. Wer nur etwas im Wasser herumtollen möchte, geht am besten zur Costa del Bálsamo oder an den 4 km östlich gelegenen Sandstrand der Playa San Diego.

SURFEN

Surfen auf Weltklasse-Niveau kann man an der **Punta Roca**, einem Küstenstreifen mit einem schwungvollen Right-Hand-Break gleich vor der Stadt. Szenen aus dem Surf-Klassiker *Tag der Entscheidung* (1978) wurden hier gedreht. Anfänger können sich an der Playa La Paz (Nov.–Feb.), der Playa El Zonte oder der Playa El Sunzal versuchen. Erstklassige Surfspots mit Unterkunft findet man an der Costa Bálsamo (S. 330).

Der Surfbrett-Doktor Saul hat sein **Hospital de Tablas de Surf** (☎ 2335-3214; 3a Av Norte 28-7) auf das Nachbargrundstück ausgeweitet und nun

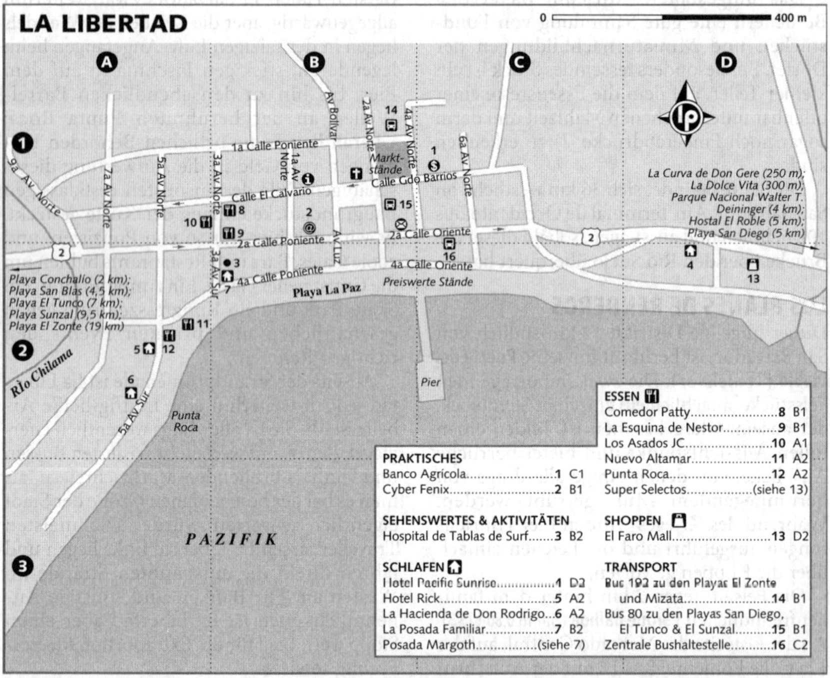

noch mehr Platz für Reparaturen, Vermietungen und den Verkauf von Surfbrettern. Ach, und Unterricht gibt er auch noch. Wenn es verlassen aussieht, einfach klopfen.

TIERE & VÖGEL BEOBACHTEN

An der Straße nach Comalapa, etwa 4 km östlich von La Libertad, liegt der **Parque Nacional Walter T. Deininger** (Eintritt 1 US$, Guide 12 US$; 7–12 & 13–17 Uhr), der nach einem deutschen Siedler benannt ist, der das Land stiftete. Zwei Arten von Wald sind hier vertreten: der Laub abwerfende *caducifolio* und der immergrüne *galería*. Ein gut gewarteter, 18 km langer Weg der aber nur in Begleitung eines Rangers benutzt werden darf, führt um den Park herum. Desweiteren sind die Wege zum Río Amayo, zur „geheimen Höhle" und zu einem Aussichtspunkt ausgeschildert. Von dort aus kann man studieren wie der Wald direkt ins Meer übergeht. Neben Rotwild, Waschbären und dem vom Aussterben bedrohten *tepezcuintle* (Paka) können hier auch viele Vogelarten gesichtet werden, darunter auch der *torogoz* (Blauscheitelmotmot), der Nationalvogel El Salvadors.

Wer den Parque Deininger besuchen möchte, muss sich eigentlich fünf Tage im Voraus bei der **ISTU** (☎ 2222-8000) in San Salvador (S. 314) eine Genehmigung besorgen. Einfach am Park auftauchen und dort mit dem Wächter reden, ist aber zumindest einen Versuch wert. Der Park liegt mit dem Bus (Bus 187) etwa 15 Minuten von La Libertad entfernt.

Schlafen

Posada Margoth (Ecke 3a Av Sur zw. 2a & 4a Calles Poniente; EZ/DZ ohne Bad 7/14 US$) Hier fühlt man sich ein bisschen wie in einer Wohnwagensiedlung. Die Zimmer sind muffig aber nicht unbedingt dreckig und blicken auf einen verdorrten Garten hinaus. Hier gibt's weder eine Telefonnummer noch Toilettenpapier.

Hostal El Roble (☎ 7252-8498; http://elrobleelsalvador.blogspot.com; Playa San Diego; B/Zi. 8/20 US$) Dieses enorm entspannte kleine Hostel an der Playa San Diego versorgt seine Gäste mit allem, was das Leben am Meer so besonders macht. Die Schlafsäle sind sauber und groß und die Doppelzimmer bieten ein ausgezeichnetes Preis-Leistungs-Verhältnis. Für etwa 10 US$ kann man sich von einem Shuttle zum Flughafen und zur Grenze bringen bzw. von dort abholen lassen.

La Posada Familiar (☎ 2335-3252; Ecke 3a Av Sur & 4a Calle Poniente; EZ/DZ 10/12 US$, EZ/DZ mit Bad 12/15 US$) Saubere aber höhlenartige Zimmer liegen hier um einen Hof mit grob geharkten Dreck. Die schlichten Einzelzimmer sind traurige Zellen; immer erst den Ventilator checken bevor man sich häuslich einrichtet.

Hotel Rick (☎ 2335-3542; 5a Av Sur; DZ 25 US$;) Das orangefarbene, zweistöckige Motel liegt einem zentralen Parkplatz gegenüber und ist und bleibt eine gute Option, ob für Surfer oder für Traveller auf der Durchreise. Die bemühten Besitzer richten die kleinen Zimmer voller Hingabe her und haben kürzlich einige der Badezimmer renoviert. Im zweiten Stock ist alles etwas heller und luftiger.

La Hacienda de Don Rodrigo (☎ 2335-3166; 5a Av Sur; Zi. 42–57 US$;) Das letzte Hotel an der berühmten Punta Roca ist eine solide Familienunterkunft mit großen, luftigen Zimmern, einem riesigen Balkon im zweiten Stock, einem kleinen Pool mit Blick auf den Strand und einer netten kleinen Bar.

Ebenfalls empfehlenswert:

Hotel Pacific Sunrise (☎ 2346-2000; www.hotelelsalvador.com; Ecke Calle El Obispo & Carretera Litoral; EZ/DZ 45/57 US$;) Gehört zum Besseren, was Best Western zu bieten hat.

Essen

Los Asados JC (3a Av Norte zw. Calle El Calvario & 2a Calle Poniente; Hauptgerichte 3–4 US$; 7–21.30 Uhr) Ein angesagter Fastfood-Laden, vollgestopft mit Surfern, die sich die *pupusas*, Bohnen in allen Variationen und die wunderbar durchweichten Tacos schmecken lassen.

Comedor Paty (Calle El Calvario; Hauptgerichte 2–5 US$; mittags & abends) Die freundliche Eigentümerin sorgt mit ihrer *comida a la vista* dafür, dass nach der Mittagspause keiner hungrig an die Arbeit zurückkehren muss. Liegt beim Surfbrett-Doktor gleich um die Ecke.

La Esquina de Nestor (Ecke 2a Calle Poniente & 3a Av Norte; Hauptgerichte 3–4 US$; 10–22 Uhr) Eine winzige *taquería* (Taco-Café) mit echten mexikanischen Tacos, reichlich gefüllt mit Krabben, Rind- oder Schweinefleisch.

LP Tipp **Nuevo Altamar** (4a Calle Poniente; www.nuevoaltamar.com; Hauptgerichte 5–15 US$; 11–23 Uhr) Gegenüber der Punta Roca tischt ein Team flinker Kellner der alten Schule eingeweihten Einheimischen köstliche Meeres-Leckereien auf. Wärmstens zu empfehlen ist die *cazuela* (Suppe mit Meeresfrüchten). Der Top-Tipp unter den Restaurants.

DIE TOP-FIVE-SURFSPOTS IN EL SALVADOR

16 Right-Hand-Breaks, 28 °C Wassertemperatur und Scharen von Meeresschildkröten – was will man mehr? Wer eher auf Left-Hand-Breaks steht, hat hier Pech – da bleibt nur die Playa El Tunco. Die besten Strände sind:

Punta Roca Hat nicht umsonst Kultstatus. Die beste Welle Zentralamerikas wird of mit der J-Bay in Südafrika verglichen. Der felsige Untergrund macht die Welle schnell und kraftvoll. Am besten nur mit dem Surfbrett anrücken, da man auf dem Weg zur Landspitze nicht selten ausgeraubt wird (s. S. 330).

Las Flores Bei Ebbe ist dieser sandige Pointbreak top. Eine hohle Welle, die an einem schwarzen Sandstrand endet. Ein Ritt von 300 m ist hier gut möglich – herzlich willkommen im Wilden Osten!

Punta Mango Kurz, kräftig, senkrecht: Diesen aggressiven Break à la Hawaii erreicht man am besten per Boot von Las Flores oder mit dem Bus aus El Cuco. Eine ganz schön enge Welle, also besser nicht ins Wasser fallen!

Playa El Sunzal Die beliebteste Welle in El Salvador: macht Spaß und bleibt konstant gleich groß. Zu diesem Right-Hander zieht es vor allem schon etwas ältere aber freundliche Einheimische und extra für die Sunzal eingeflogene Surfliebhaber.

„Geheimer Surf-Spot" Surfer lieben ihre Geheimtipps, können sie aber nur selten lange für sich behalten. Manchmal recht temperamentvoll, immer aber schnell und hohl, wenn die Welle bricht. Benannt ist der Spot nach einer Kilometer-Angabe zwischen 58 und 60 km … Mehr verraten wir aber nicht.

Punta Roca (Ecke 5a Av Sur & 4a Calle Poniente; Hauptgerichte 4–10 US$; ⌚ 8–20 Uhr, am Wochenende länger) In La Libertad fast schon so etwas wie eine Institution, wird dieses Restaurant von einer aus dem Ausland stammenden Surferfamilie betrieben. Der Koch zaubert exzellente *mariscadas* (Suppe mit Meeresfrüchten) und Krabbencocktails direkt am Strand. Auf keinen Fall den Sonnenuntergang verpassen.

Selbstversorger können ihre Vorräte bei **Super Selectos** (El Faro Mall; ⌚ 7.30–20 Uhr) aufstocken.

Weitere Möglichkeiten in der Nähe der Playa San Diego:

La Curva de Don Jere (☎ 2335-3436; Calle San Diego; Hauptgerichte 8–10 US$; ⌚ 9–22 Uhr) 200 m südlich der Shell-Tankstelle.

La Dolce Vita (☎ 2335-3592; Calle San Diego; Hauptgerichte 11 US$; ⌚ 9–22 Uhr) Neben Don Jere.

An- & Weiterreise

Hier gibt es kein Busterminal. Bus 102 verbindet La Libertad mit San Salvador (0,60 US$, 1 Std.). In San Salvador fährt dieser am Terminal hinter dem Parque Bolivar bzw. am Terminal de Occidente ab. In La Libertad starten die Busse an der Ecke 4a Av Norte und Calle Gerardo Barros.

Für mehr Details zu Verkehrsverbindungen vom Flughafen nach La Libertad, s. S. 312.

Um nach Sonsonate zu kommen, von der Bushaltestelle in der 2a Calle Poniente Bus 287 (1,25 US$, 2½ Std., nur um 13.45 Uhr) nehmen oder alternativ Bus 192 zur Playa Mizata und dann umsteigen.

Unterwegs vor Ort

Surfbretter können in allen Bussen mitgenommen werden. Bus 80 fährt von La Libertad aus nach Westen zur Playa El Tunco und zur Playa El Sunzal (0,25 US$, 4.30–18 Uhr alle 15 Min.), bzw. nach Osten zur Playa San Diego (0,30 US$, 5.40–18 Uhr alle 15 Min.). Abfahrt der Busse ist von der 4a Av Norte auf der 2a Calle Oriente.

Zur Playa El Zonte und Playa Mizata kommt man mit Bus 192 (0,50 US$, 7–17.30 Uhr alle 30 Min.).

LA COSTA DEL BÁLSAMO

Diese spektakuläre Küste erstreckt sich von La Libertad Richtung Westen bis nach Sihuapilapa. Ihren Namen verdankt die Region dem kostbaren Öl, das hier durch das Verbrennen der Rinde von lebenden Balsambäumen gewonnen wird. Heute gibt es davon nur noch wenige und der Balsambaum wurde längst von der Baumwolle als wichtigstes für den Verkauf bestimmtes Naturprodukt in der Region abgelöst.

Die Straße, die von La Libertad nach Westen führt, läuft um felsige Landzungen herum. Dabei kann man immer wieder einen Blick auf geschützte (meist private) Buchten und Sandstrände werfen. Der westliche Abschnitt dieser Straße ist besonders rau und wunderschön. Wer die Massen an den Wochenenden und die Parkplätze an der Playa Conchalio und der Playa El Majahual zu meiden weiß, der wird dafür mit 50 km lückenlosem Strand belohnt.

Bus 80 fährt bis zur Playa El Sunzal. Von dort geht's mit Bus 192 weiter. Dieser fährt seltener.

Schlafen & Essen

PLAYA CONCHALÍO

Centro Obrero Dr Humberto Romero Alvergue (Ruta 2; mit Genehmigung kostenlos) Dieses Arbeiterzentrum hat einfache Zimmer und nicht ganz stabil wirkende Häuschen direkt an einem felsigen Strand. Am Strandtor wird in kleinen Ständen Essen verkauft. Gäste brauchen eine schriftliche Genehmigung des Ministerio de Trabajo in San Salvador (S. 314). Diese muss im Voraus eingeholt werden.

PLAYA EL TUNCO

An vielen Orten der Welt wäre der kleine El Tunco wohl das ganze Jahr über mit Individualreisenden und reinen Strandurlaubern überfüllt. In El Salvador ist das noch anders und es geht hier bisher ganz entspannt zu.

Sombra (☎ 7729-5628; www.surflibre.com; B/DZ 6/14 US$, B/DZ/3BZ mit Bad 7/14/21 US$) Auch als „bei José" bekannt, ist La Sombra das Mekka der budgetbewussten Surfer, die auf der hölzernen Veranda ihre Narben vergleichen und unter den wie in einer Kathedrale emporragenden Decken ein Nickerchen machen. Man wird kostenlos vom Zona-Rosa-Bus in San Salvador abgeholt.

Papaya's Lodge (☎ 2389-6231; www.papayasurfing.com; EZ/DZ 8/14 US$) Dies ist die Nummer 1 unter den Backpackerunterkünften von Tunco und gehört dem Surf-Pionier Jamie Delgado. Die kleinen, sauberen, aus Beton gemauerten Zimmer teilen sich ein Gemeinschaftsbad und grenzen an eine schattige Veranda direkt am Fluss, die von Mangroven eingerahmt wird. Im Surfshop werden Bretter repariert und es wird Surfunterricht angeboten.

Hotel Mopelia (☎ 2389-6225; www.hotelmopelia-salvador.com; B 10 US$, Zi. mit/ohne Klimaanlage 30/15 US$) Die Insider unter den Travellern zieht es in das kleine, erst kürzlich renovierte Mopelia, ein Paradies für alle, die es gerne auch mal gemütlich haben, sich mit dem Surfbrett in die Wellen stürzen wollen oder immer für eine Party zu haben sind. Mit nur acht Zimmern – diese sind alle einwandfrei sauber und gut instand gehalten – ist der Service sehr persönlich und man kann auch mal alleine sein. Außerdem gibt's hier einen beliebten Pizzaladen, Tunco Veloz, und eine lebhafte kleine Bar mit sanften Electronica-Rhythmen.

La Guitarra (☎ 2389-6388; www.surfingeltunco.com; Zi. 35–45 US$, mit Klimaanlage 65–75 US$; ❄ 💻 🏊) Schon hierfür lohnt sich der Besuch in Tunco: Eine nicht so richtig hierher passende „Ruhmesmeile" des Rock 'n' Roll führt zu den makellosen und erst kürzlich frisch gestrichenen Zimmern mit Schilfdecken, eigenem Bad und perfekten Betten. Hier sieht jeder gleich wer kommt und geht und so kennen sich die Gäste untereinander ziemlich schnell – gut, wenn man das sowieso gerne möchte. Die Bar direkt am Eingang ist mit politisch angehauchter Pop-Art dekoriert, mit einem großen Billardtisch und einer TV-Lounge ausgestattet und bietet kostenlosen Internetzugang. Und bei Sonnenuntergang ist ein Drink an der Strandbar angesagt.

Dare Dare Cafe (☎ 7080-0263) In diesem elegant dekorierten Feinschmeckercafé gibt's einen genialen Chai Latte (und natürlich auch andere Geschmacksrichtungen), amerikanisches Frühstück und hausgemachte Smoothies; überall stehen Zeitschriftenständer herum und im offenen Holzpavillon direkt an der Flussmündung laden Hängematten zum Verweilen ein.

La Bocana (Hauptgerichte 6–16 US$) Sind die Meeresfrüchte erst einmal verdaut, wird aus dem zuverlässig guten Fischrestaurant ein beliebtes Nachtlokal.

In der Nähe von La Guitarra befindet sich **Super Tunco**, ein freundlicher kleiner Laden und inoffizieller Infostand, der von dem Ex-Amerikaner Corey geführt wird.

Weitere Unterkünfte:

Eco Del Mar (☎ 7852-2124; www.ecosurfelsalvador.com; Zi. 25–30 US$, mit Klimaanlage 40–50 US$; ❄) Fünf nachhaltig gestaltete Apartments.

Tekuani Kal (☎ 2389-6388; www.tekuanikal.com; EZ/DZ inkl. Frühstück 50/65 US$; ❄ 🏊) Mit ultra stylischer, wenn auch nicht echter, indigener Atmosphäre.

PLAYA EL SUNZAL

Dieser entspannte Surfspot ist der Strand direkt neben El Tunco.

Sunzal Point Surf Lodge (☎ 2389-6070; www.surfsunzal.com; Carretera Litoral bei Km 44; B/Zi. 7/15 US$; 💻) Das frühere „El Hostel" wird von drei ehemaligen Backpackern geführt und liegt direkt am berühmten Sunzal-Break. Hier geht es sehr freundlich zu, alles ist weitläufig, die Gemeinschaftsbäder sind brandneu und die Küche komplett ausgestattet. Für alle, die nicht surfen wollen, wird eine Reihe von Aktivitäten auf festem Boden angeboten.

PLAYA EL ZONTE & DARÜBER HINAUS

An der Costa del Bálsamo ist dies die ultimative *playa* zum Chillen und Surfen lernen. Das Leben dieser winzigen Siedlung hat sich gewaltig verändert. Wer nachhaltig reist zeigt den nötigen Respekt.

Esencia Nativa (☎ 2302-6258; esencianativa@yahoo.com; EZ/DZ/3BZ mit Ventilator 12/20/25 US$, Zi. mit Bad & Klimaanlage 35 US$; P) Alex und Amelia sind die liebenswürdigen, einheimischen Besitzer und Betreiber dieser relaxten Unterkunft, die auch die Interessen der Gemeinden hier im Blick hat und bei Backpackern und dem einen oder anderen Surfer sehr beliebt ist. Die großen Doppelzimmer haben bequeme Betten und saubere Badezimmer. Eine coole Bar mit Restaurant, eine Tischtennisplatte und eine schattiges Loft liegen rund um den Pool; im Innern befindet sich eine Lounge.

Horizonte Surf Resort (☎ 2323-0099; saburosurfcamp@hotmail.com; EZ/DZ/3BZ mit Klimaanlage 35/40/50 US$; P) Das Herz von Zontes Surfkultur (bei Esencia Nativa gibt's die Seele) hat komfortable Zimmer (die besseren sind oben), einen gepflegten Garten und einen einladenden Pool. Das beliebte Restaurant auf der anderen Seite der sandigen Straße gehört auch dazu.

Die Hotels auf der anderen Seite des Flusses liegen etwas abgeschiedener. Besonders gut ist hier das **El Dorado** (☎ 7226-6166; www.surfeldrado.com; B/EZ/DZ 16/35/58 US$; P), eine frankokanadische Anlaufstelle für Surfer mit schönen, luftigen Zimmern, die mit Kunstwerken aus Bambus geschmückt sind.

Die Playa Mizata liegt 35 km hinter El Zonte und wartet mit einigen netten und noch recht unbekannten Right- und Left-Hand-Breaks auf. Auch die kleinen Buchten von Los Cóbanos mit den besten Tauchspots El Salvadors sind interessant. Hier hat kürzlich das fabelhafte und günstige Strandhaus **Kalindigo** (☎ 7306-0193; kalindigo.info@gmail.com; B 10 US$, DZ/3BZ 30/40 US$;) eröffnet. Die heimelige Atmosphäre ist für Traveller genau das Richtige. Bus 257 fährt von Sonsonate (0,55 US$, 40 Min.) im Halbstundentakt hierher.

EL SALVADOR

DER WESTEN EL SALVADORS

El Salvadors Kaffeehochburg bietet eine feurige Mischung aus Abenteuer und altem Geldadel, gastronomischen Genüssen und üppig grünen Nationalparks. Die reizvolle Ruta de las Flores zieht sich hier durch Dörfer voller Kunsthandwerk, deren Straßen Kopfsteinpflaster haben und passiert in ihrem Verlauf plätschernde Wasserfälle sowie blubbernde heiße Quellen. Unterwegs einen guten Espresso zu bekommen, ist genauso einfach wie einen lebhaften Markt zu finden. Santa Ana, die Hauptstadt der Provinz, ist eine selbstbewusste Kolonialstadt mit einem faszinierenden See gleich vor der Haustür und einigen großartigen Ruinen im Hinterhof. Der Westen El Salvadors ist aber auch ein Beispiel an Ungleichheit. An den Hängen der Vulkane mühen sich *campesinos* bei brütender Hitze mit schweren Kaffeesäcken ab und leben dabei weit unterhalb der Armutsgrenze, während die Angehörigen der hiesigen Dynastien im Land weiterhin ein gutes Leben führen. Sobald El Salvador endlich ebenso als Reiseziel anerkannt wird wie seine Nachbarn, werden die Auswirkungen hier zuallererst spürbar sein.

PARQUE NACIONAL LOS VOLCANES

Dieser **Park** (Eintritt 1 US$; 8–17 Uhr) ist ein natürliches Schmuckstück mit drei bedeutenden Vulkanen (Cerro Verde, Volcán Santa Ana

IN DIE VOLLEN!

La Cocotera (☎ 2245-3691; www.lacocoteraresort.com; Barra de Santiago; DZ inkl. Verpflegung ab 150 US$;) ist ein beeindruckendes neues Resort an der von Touristen noch weitgehend verschonten Barra de Santiago, das sein Etikett „ökologisch" sehr ernst nimmt. Die Zimmer blicken in Richtung Ozean und sind schlicht, mit klaren Linien, minimalistischem Dekor und wunderbaren übergroßen Betten ausgestattet. Der langgestreckte, menschenleere Strand, an den sie angrenzen, ist von Kokospalmen und Mangobäumen eingerahmt. Die angebotenen Natur-Touren und Ausflüge in das Mündungsgebiet sind ebenso erstklassig, wie die im Preis enthaltenen Mahlzeiten und der gigantische Swimmingpool. Hier werden nur natürliche Materialien verwendet – Palmwedel, von Hand gewebte Stoffe, vor Ort angebaute Weinreben – die hier geerntet und von den Einheimischen verarbeitet werden. Zentralamerika braucht noch mehrere solcher Orte!

und Volcán Izalco) und einer Tausende von Hektar großen Fläche. Er ist zudem ein wichtiges Vogelschutzgebiet, das Jahr für Jahr von vielen Zugvögeln durchflogen wird. Zu den Gästen auf Zeit gehören Laucharassaris, Eichelhäher, Spechte, Motmots und 17 Arten von Kolibris.

Der aktive Volcán Izalco ist der jüngste im Bunde. Sein Kegel formte sich erst ab 1770 aus einem Lava speienden Loch mit schwefelhaltigem Rauch. Heute ragt er 1910 m hoch in die Luft. Der Izalco brach im 20. Jhs. mehrmals aus, wobei er Rauch, Felsbrocken, und Flammen spie und den Beinamen „Leuchtturm des Pazifiks" bekam. Heute steht dieser karge, perfekt geformte und doch leblose Kegel inmitten von sonst sehr fruchtbarem Land.

Ohne Izalcos Hang zur Dramatik aber 400 m höher, ist der Santa Ana (auch als Ilamatepec bekannt) der dritthöchste Gipfel El Salvadors. Sein Ausbruch im Oktober 2005 löste Erdrutsche aus, die zwei Kaffeepflücker unter sich begruben und zur Evakuierung von Tausenden Menschen führten. Von seinem kargen, windgepeitschten Gipfel bieten sich spektakulären Ausblicke: auf der einen Seite auf den Lago de Coatepeque und auf der anderen auf den steil in den Krater abfallenden Abhang.

Entlang der Wege und auf den Gipfeln findet man immer wieder Stationen der Touristenpolizei. Obwohl die Kriminalitätsrate in den letzten Jahren dramatisch zurückgegangen ist, sollte man hier nie alleine unterwegs sein. Weitere hilfreiche Infos zum Park gibt's auf www.complejolosvolcanes.com.

Vierstündige geführte Wanderungen zu einem der beiden Vulkane (Izalco 1 US$; Santa Ana 1,80 US$) beginnen *ausschließlich* um 11 Uhr, deshalb unbedingt pünktlich sein! Das bedeutet auch, dass man beide Gipfel nicht an einem Tag erklimmen kann. Festes Schuhwerk tragen. Eine kürzere Alternative ist eine 40-minütige Natur-Wanderung, in deren Verlauf man einen schönen Blick auf den See und den Volcán Santa Ana erhaschen kann. Ausgangspunkt ist der Parkplatz.

Schlafen & Essen

In San Blas liegen, im Schatten des Volcán Santa Ana, gleich zwei Campingkomplexe. Im **Campo Bello** (☎ 2271-0853) gibt's runde, aus Beton gemauerte Unterkünfte mit Platz für vier Personen, die **Casa de Cristal** (☎ 2483-4713) hat rustikale *cabañas*. Vorab anrufen, um nach Preisen, der Möglichkeit zu zelten und der Verfügbarkeit zu fragen.

Eine örtliche Kooperative verwaltet den rustikalen **Campingplatz** (☎ 2483-4713/4679; 2 Erw. 35 US$), 13 km von San Blas in Richtung Los Andes gelegen. In Los Andes sind Ranger stationiert, die auch als Guides für eine Santa-Ana-Wandertour in Frage kommen. Weitere Infos gibt's bei SalvaNatura in San Salvador (s. S. 314).

An- & Weiterreise

Spätestens um 11 Uhr da sein, da es nur einmal täglich geführte Wanderungen gibt. Am einfachsten und verlässlichsten ist die Anfahrt von Santa Ana aus. Von dort fährt Bus 248 direkt bis zum Eingang (S. 336). Der letzte Bus fährt um 17 Uhr zurück; besser aber schon auf der Hinfahrt die Zeiten mit dem Busfahrer abklären.

Wer von San Salvador aus startet, muss früh los, um sicher alle Anschlüsse zu erreichen. Einfach einen der Busse nach Santa Ana nehmen und bei El Congo an der Carretera Panamericana aussteigen. Bis zur Überführung hinaufgehen und dort in den Bus 248 steigen. Am besten nachfragen, um sicher zu gehen, dass man hier wirklich richtig ist.

Mit dem eigenen Fahrzeug erreicht man den Parque Nacional Los Volcanes über Sonsonate (67 km von San Salvador) oder über die landschaftlich schönere Strecke Richtung Santa Ana (77 km von San Salvador).

LAGO DE COATEPEQUE

Im Gegensatz zu den bekannteren Seen in Zentralamerika (kleiner Hinweis: Guatemala) kann man im glitzernden Blau dieses 6 km breiten vulkanischen Tümpels sorgenfrei schwimmen, während sich im Hintergrund die dramatischen Gipfel des Cerro Verde, Izalco und Santa Ana erheben. Ah, El Salvador!

Entlang des Ufers liegen ein paar wenige preiswerte Hotels, die meisten Unterkünfte hier sind aber der Elite San Salvadors vorbehalten – einer der ehemaligen Präsidenten hat hier sogar seine eigene Insel. Für etwa 5 US$ kann man sich am Nordostufer in einem der Hotels mit Zugang zum See entspannen. Für 20 US$ können Boote für ein paar Stunden gemietet werden.

Schlafen & Essen

Hostal 3er Mundo (☎ 2441-6239; EZ/DZ 12/20 US$;) Das frühere Amacuilco Guesthouse ist komplett überholt worden und nun für viele Backpacker ein guter Grund, an den See zurückzukommen. Es gibt hier viele schön hergerichtete Zimmer, Büchertausch, einen kleinen Pool und eine Sauna, einen Kajak- und Kanuverleih, ein Restaurant direkt am Ufer und Kabel-TV. In einem kleinen Laden werden interessante Arbeiten von einheimischen Künstlern verkauft.

Hotel Torremolinos (☎ 2441-6037; www.torremolinoslagocoatepeque.com; Zi. 15–30 US$/Pers.; Hauptgerichte 5–20 US$;) Wer sich über die lange, klapprige Brücke und die riesigen Holzpfähle wagt, der wird mit den besten Fischgerichten am Coatepeque belohnt. An den meisten Wochenenden wird hier Livemusik gespielt, viele der Gäste gehen aber vor Sonnenuntergang. Für eine Nacht sind die Zimmer o.k. Es gibt auch einen netten Pool und eine entspannende offene Terrasse.

El Gran Mirador (☎ 2411-3754; Zi. inkl. Frühstück 25 US$) In diesem schicken Fischrestaurant im 1. Stock wird frischer *mojarro*-Fisch aus dem See serviert. Die drei kleinen Zimmer mit Betonwänden blicken auf den See. Auf der Straße von Santa Ana liegt der Gran Mirador auf halber Strecke auf der linken Seite.

Hostal Nantal (☎ 2319-6792; Carretera al Cerro Verde Km 53,5; DZ inkl. Frühstück 30 US$;) Dieses von einem Garten umgebene Hostal ist ideal, um sich etwas zurückzuziehen und auch ein guter Ausgangspunkt, um den Cerro Verde zu erkunden. Die vier Zimmer mit Bad (einige mit Seeblick) wurden erst kürzlich renoviert. Die freundliche Besitzerin Claudia kann Touren arrangieren. Der Santa-Ana-Bus zum Parque Nacional de los Volcanes hält hier.

Comedor Patricar (Hauptgerichte 2–5 US$; 7.30–20 Uhr) In diesem *comedor* gleich in der Kurve hinter dem Hotel Torremolinos gibt's *comida típica* und Meeresfrüchte ohne viel Schnickschnack – leider ohne Seeblick.

Ebenfalls empfehlenswert:

Centro de Obreros Constitución (mit Genehmigung kostenlos; Mi–So) Einfache, staatlich betriebene Unterkunft.

Rancho Alegra (☎ 7888-0223; Carretera al Cerro Verde km 53,5; DZ inkl. Frühstück 30 US$;) Neben dem Torremolinos; mit jünger anmutender Atmosphäre.

An- & Weiterreise

Die Busse 220 und 242 fahren von Santa Ana aus im Halbstundentakt zum See. Auf ihrem Weg kommen sie durch El Congo und fahren auch ein Stück am Ufer entlang, am Centro de Obreros, an Amacuilco und am Hotel Torremolinos vorbei (in dieser Reihenfolge). Der letzte Bus zurück nach Santa Ana fährt um 18 Uhr.

SANTA ANA

178 600 Ew.

In den kolonialen Gassen von Santa Ana ist noch der Wohlstand vergangener Zeiten spürbar. Rund um die sozialkonservative Großstadt befanden sich lange die landesweit größten Kaffeeplantagen. Nach San Salvador ist Santa Ana mit einem pulsierenden Nachtleben und einem stolzen Unternehmergeist außerdem die Stadt, die sich den Titel Universitätsstadt am ehesten verdient hat. Die Plaza gehört zu den größten Plätzen in El Salvador und somit ist die Stadt weit mehr als nur idealer Ausgangspunkt zum Lago de Coatepeque, zu den Maya-Ruinen in Tazumal oder zur Ruta de las Flores.

Praktische Informationen

Ciberworld (Av Independencia Sur zw. 9a & 11a Calle Poniente; 1 US$/Std.; Mo–Sa 8–19.30, So 9–18 Uhr) Freundlicher Service.

Citibank (Ecke Independencia Sur & 3a Calle Oriente) Hat einen Geldautomaten.

Red Cross (☎ 441-2645, 447-7213; Ecke 1a Av Sur & 3a Calle Oriente; 24-Std.)

Virtu@l Center (Ecke 3a Av Sur & 7a Calle Oriente; 0,60 US$/Std.; Mo–Fr 8–19, Sa 8.30–18, So 9–13 Uhr)

Sehenswertes

Die wichtigste Attraktion Santa Anas ist die große neugotische **Kathedrale**. Kunstvolle Ornamente schmücken ihre Fassade, während die Gänge und Pfeiler im Innern mit blaugrauen und pinkfarbenen Streifen versehen sind (sozusagen ein „Vorschul-Stil" der Neugotik). Auf dem Platz westlich der Kathedrale steht das **Teatro de Santa Ana**, in dessen Innerem man beeindruckende Verzierungen bestaunen kann.

Schlafen

Casa Frolaz (☎ 2440-5302; www.casafrolaz.com; 29 Calle Poniente; B 7 US$) Diese wunderschöne Unterkunft liegt in einer ruhigen Ecke der Stadt und ist hervorragend für Individualreisende geeignet, die sich über lokale Insidertipps und ein persönliches Ambiente freuen. Javier Diaz' Reich hat riesige, staubfreie Schlafsäle mit eigenem Balkon für die Gäste. Man kann die helle Küche und den Aufenthaltsbereich mitbenutzen oder einfach nur im Garten dieses waschechten *salvadoreño* etwas dösen. An der Straße gibt es jede Menge Parkgelegenheiten.

Casa Verde (☎ 7540-4896; 7a Calle Poniente; EZ/DZ/3BZ inkl. Frühstück 8/16/24 US$;) In der Nähe des historischen Stadtbezirks befindet sich dieses winzige restaurierte Haus – die beste Budgetoption in der Stadt. Bei kürzlich durchgeführten Renovierungsarbeiten kamen zwei „stattliche Zimmer" und ein „Bräunungsbereich" dazu. Falls niemand da ist, einfach anrufen. Carlos arbeitet in der Eisenwarenhandlung gegenüber.

Hotel Livingston (☎ 2441-1801; 10a Av Sur; DZ 10 US$, mit Kabel-TV 15 US$;) Das Livingston, mit seinen gut gepflegten, wenn auch etwas höhlenartigen Zimmern, ist in einem etwas abseits der Straße gelegenen Betonblock untergebracht. Die Kopfenden der Betten sind verspiegelt und die abenteuerliche Mischung aus Sofas und Stühlen sind vielleicht als Dekoration ganz witzig. Gut, um schnell zu den Busterminals zu kommen.

Hotel Tazumal (☎ 2440-2830; 11a Calle Poniente; Zi. 15 US$) Auf der den besten Transvestiten-Bars der Stadt gegenüberliegenden Straßenseite findet man diese in einem alten Haus versteckte, kleine Budgetunterkunft. Ein großer, kühler Korridor führt zu vier großen Zimmern, einem gepflegten Garten und einer gefliesten Terrasse. Die Badezimmer allerdings sind abgewohnt und die Matratzen durchgelegen.

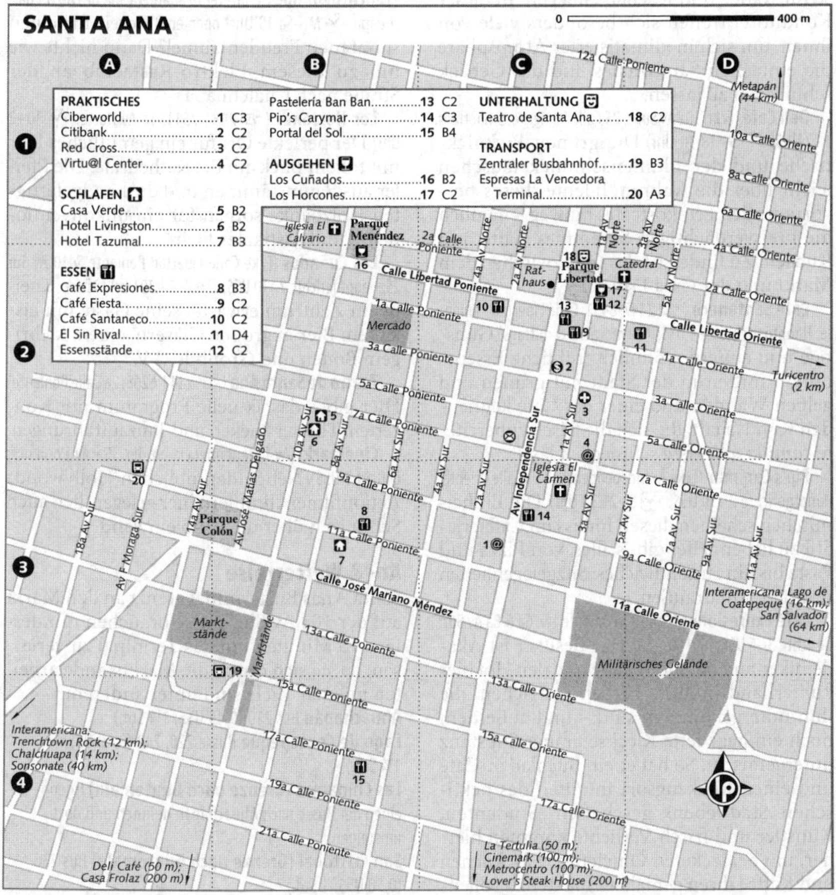

Essen

Wer sich ins Getümmel rund um die **Essensstände** (1a Av Norte; 1–2 US$) auf der Plaza stürzt, wird mit riesigen Hühnchensandwiches auf Toastbrot, Burgern und fettigen Pommes Frites belohnt.

El Sin Rival (Av Independencia Sur; Hörnchen 0,50–1 US$; 9–21 Uhr) Die Sorbets aus Naturprodukten, die in dieser beliebten Kette angeboten werden, sind wirklich unerhört lecker. Probieren sollte man das säuerliche *arrayán* (eine süßsaure, einheimische Frucht) und das *mora* (Brombeere).

Pastelería Ban Ban (Av Independencia Sur; Gebäck 0,50–2,50 US$; 8–19 Uhr) Ein Detail, das Santa Ana so liebenswert macht, ist die Tatsache, dass am Nachmittag alle Einwohner eine Pause für Kaffee und Kuchen einlegen. In dieser Konditorei treffen sich besonders viele von ihnen, um sich in klimatisierter Atmosphäre die einfachen Sandwiches und das Gebäck schmecken zu lassen.

Deli Café (Ecke 10a Av Sur & 25 Calle Poniente; Smoothies 1–2 US$; 9–18.30 Uhr) Die grünen Picknicktische und der Blumenschmuck täuschen leicht über die wahren Talente dieses hervorragenden Feinkostcafés hinweg – nämlich die preisverdächtigen Smoothies, Säfte und Kuchen. Zu finden ist das Café zwischen dem Markt und der Casa Frolaz.

Cafe Santaneco (☎ 2447-8431; Calle Libertad Poniente; Hauptgerichte 2–4 US$; morgens & mittags) Günstige und außergewöhnlich fröhliche Essensoption mitten in der Stadt mit grünen und gelben Wänden und einer das Café kennenden Kundschaft, die sich die frisch zubereitete *comida a la vista* schmecken lässt.

Pip's Carymar (Ecke Av Independencia & 9a Calle Oriente; Hauptgerichte 2–10 US$; 8–21.30 Uhr) Die Einheimischen scheinen diesen Imbiss im Cafeteria-Stil zu lieben. Hier gibt's alles, von Pizza und Pasta bis hin zu Sandwiches. Sitzgelegenheiten drinnen und draußen.

Café Expresiones (Calle 11 Poniente zw. 6a & 8a Av Sur; Gerichte 3–6 US$; Mo–Sa) Der Besitzer ist Akademiker und hat die Wände und den Hof hier kurzerhand in allen Farben gestrichen, die ihm untergekommen sind – und außerdem noch ein paar fette Kleckse grauer Substanz untergemischt. So hat er ein Buchladen-Café und einen Rückzugsort inmitten des hektischen Stadtlebens geschaffen. Studenten, Künstler und frisch Verliebte kommen hierher, um bei leckeren Omelettes, Käsekuchen und Kaffee ihren genialen Einakter zu vollenden. Hier gibt's weder Alkohol noch Zigarettenqualm, dafür kostenloses WLAN.

Ebenfalls empfehlenswert:

Portal del Sol (☎ 7747-1036; 17 Calle Poniente; Hauptgerichte 5–12 US$; mittags & abends) Kulisse und Küche sind stark panamerikanisch angehaucht. Gleich neben einem Laden, der Metallkunst verkauft.

La Tertulia (☎ 2440-2144; Ecke Av Fray Felipe & 33 Calle Poniente; Hauptgerichte 7–17 US$; mittags & abends) Bester Service und bestes Essen der Stadt; in der Nähe des Fußballstadions.

Lover's Steak House (☎ 2484-7511; www.loverssteakhouse.com; 21 Calle Oriente, Barrio San Miguelito; Hauptgerichte 8–20 US$) Trotz neuer Location immer voll; mit Fackeln erleuchtet.

Ausgehen & Unterhaltung

Trenchtown Rock (Carretera Panamericana desvío a Chalchuapa Mi–Sa 19 Uhr–open end) Bereit für einen spontanen Freudentaumel? Dann nichts wie hin zu diesem Elektro-Rastaclub an der Straße nach Chalchuapa.

Los Horcones (☎ 2484-7511; 1a Av Norte; 10–2 Uhr) Der perfekte Ort für ein gemütliches Bier mit tollem Blick auf die Kathedrale. Die Pfeiler aus Baumstämmen und die handgefertigten Holzbänke sorgen für ein unkonventionelles und rustikales Flair.

Los Cuñados (Ecke Calle Libertad Poniente & 10 Av Sur 25; Hauptgerichte 2–10 US$; 8–21.30 Uhr) Diese Kneipe im Zentrum erwartet seine Gäste mit eiskaltem Bier in großen Gläsern, einem klebrigem Boden und Großbild-TV.

Teatro de Santa Ana (☎ 2447-6268; 2a Calle Poniente) Hier gibt's das aktuelle Programm mit Konzerten, Theaterstücken und Tanzaufführungen.

Cinemark (Av Independencia an der 35a Av Poniente; Eintritt 3 US$) Neben den üblichen Hollywood-Actionfilmen flimmern hier gelegentlich auch Schnulzen über die Kinoleinwand.

An- & Weiterreise

Santa Anas Busterminal grenzt an den Markt auf der 10a Av Sur. Busse brauchen mindestens 15 Minuten um das Terminal zu verlassen, da sie sich durch die Marktstände arbeiten müssen. Ziele sind unter anderem:

Ahuachapán Bus 210 (0,45 US$; 1¼ Std.)

Lago de Coatepeque Busse 220, 242 (0,40 US$; 1¼ Std.)

Las Chinamas (Grenze nach Guatemala) Irgendeinen der Busse nach Ahuachapán nehmen und dort umsteigen.

San Cristóbal (Grenze nach Guatemala) Bus 236 (0,50 US$; 1 Std.)

San Salvador Bus 201 (*directo* 0,80 US$, 1½ Std.; *especial* 1,25 US$; 1¼ Std.) Alle Busse halten im Metrocentro in San Salvador.
Sonsonate Busse 209, 216 (0,55 US$; 1½ Std.); Bus 216 fährt vom Terminal La Vencedora ab (einen Block westlich des Parque Colón).
Tazumal, Chalchuapa Bus 218 (0,25 US$; 30 Min.)

Einige der Busse mit anderen Abfahrtspunkten im Ort sind:
Anguiatú (Grenze nach Guatemala) Bus 235 (1,10 US$) nach Metapán und dann umsteigen.
Metapán Bus 235 (0,90 US$; 1½ Std.) fährt an der Ecke Av F Moraga Sur und 13a Calle Poniente ab.
Parque Nacional los Volcanes (Cerro Verde) Bus 248 (0,90 US$; 1¾ Std.) startet am Terminal La Vencedora, einen Block westlich des Parque Colón – um 7, 8, 10.15, 11.20, 12.20, 13.40 und 15.30 Uhr. Der letzte Bus zurück fährt um 17 Uhr. Abfahrtszeiten prüfen.

METAPÁN

18 500 Ew.

Metapán ist das Tor zum Parque Nacional Montecristo-El Trifinio, dem am schwersten zugänglichen und deshalb vielleicht auch schönsten Nationalpark El Salvadors. Von Mai bis November ist er geschlossen, um die Tiere während der Paarungszeit nicht zu stören. Ist der Park geöffnet, kommt man nur mit einem geländegängigen Fahrzeug dort hin. Metapán ist größtenteils das Paradebeispiel für eine typische Grenzstadt – heiß, hektisch und nach Sonnenuntergang wie ausgestorben – aber die 10 Blocks von der größten Durchgangsstraße entfernte Hauptplaza wurde sorgfältig restauriert und die Altstadt ist immer noch weitgehend intakt.

Praktische Informationen

Fusión Ciber Café (2 Av Sur an der 15 de Septiembre; 0,60 US$/Std.)
Scotiabank (Av Ignacio Gómez) Tauscht Reiseschecks und der Geldautomat ist rund um die Uhr in Betrieb.

Sehenswertes & Aktivitäten

An der Grenze zwischen El Salvador und Guatemala liegt der weniger bekannte Lago de Güija, ein wunderschönes Feuchtgebiet zum Angeln und zur Vogelbeobachtung. Es gibt hier Ausgrabungsstätten, die während der Trockenzeit zu Fuß erreichbar sind und entlang der Küste kann man Petroglyphen betrachten. Aufgrund der trügerisch schönen, blau-grünen Algen im Wasser wird vom Schwimmen abgeraten. Das Feuchtgebiet befindet sich einige Kilometer südlich von Metapán und 30 km nördlich von Santa Ana am CA12. Zu erreichen ist es mit dem Santa-Ana-Bus. Den Fahrer bitten, an der Kreuzung zum See zu halten. Von dort sind es zu Fuß noch 2 km.

Rafting El Salvador (☎ 2440-5130; Kombi-Trips 50 US$/Pers.) bietet günstige Pakete aus Rafting- und Canopy-Touren im Apuzunga Waterpark, außerhalb von Metapán. Das Hauptbüro befindet sich im Metrocentro in Santa Ana.

INSIDERTIPPS

Die beste Party in El Salvador findet in Chalchuapa (S. 339) statt! Das **Trenchtown Rock** ist ein mystischer Ort, wo die Schuhe in der Ecke landen und man auf der Tanzfläche die Nacht zum Tag macht. Hier kann man den Rhythmus der besten Reggae- und Skabands El Salvadors fühlen, coole Feuer- und Trommelverführungen erleben oder sogar seine eigene Show abziehen. Die Folienkartoffeln und die positiven Vibes sind echt der Hlt. *Yeah!*

Rasta Maya Jorge, Chalchuapa

Schlafen & Essen

Hotel California (☎ 2442-0561; EZ/DZ 12/20 US$) Optimale Unterkunft direkt an der Straße für alle, die auf ihrem Weg zur/von der guatemaltekischen Grenze eine Pause brauchen. Aus den besten der sehr geräumigen Zimmer kann man auf El Trifinio blicken. Das Hotel erreicht man vom Ort aus zu Fuß in fünf Minuten; vom Busbahnhof sind es 500 m Richtung Norden. Auf der anderen Straßenseite liegt ein schickes, neues, namenloses mexikanisches Restaurant, in dem man „Familien-Menüs" zu Toppreisen (Festmenü für 3 Pers. 10 US$) und den ganzen Tag über Drink-Specials bekommt.

Wer eine Bleibe in der „Innenstadt" sucht, ist im **Hotel Christina** (☎ 2442-0044; 4a Av Sur zw. Calle 15 de Septiembre & 2a Calle; EZ/DZ 12/15 US$, mit Klimaanlage 18/23 US$; ⊠), unterhalb des Terminals, gut aufgehoben. Von der erhöht liegenden Veranda aus kann man prima Leute beobachten; der Gemischtwarenladen im Erdgeschoss ist praktisch zum Einkaufen.

Auf der Hauptplaza befinden sich neben Kirche, Herrenhaus, Grünflächen und Marktständen auch noch einige helle Cafés mit wunderschönen alten Fassaden. Das beste davon ist **Kikes Coffee** (Parque Central; Eiskaffee 1 US$).

UNTERWEGS NACH GUATEMALA

Nach El Progreso

Der Grenzübergang **San Cristóbal–El Progreso** ist rund um die Uhr geöffnet, man sollte aber nur bei Tageslicht ein- bzw. ausreisen. Von Santa Ana aus Bus 236 nach San Cristóbal nehmen (0,50 US$, 1 Std., 5.30–21 Uhr; alle 20 Min.). Die Busse auf der anderen Seite der Grenze fahren nach El Progreso. Der letzte Bus von San Cristóbal fährt um 18 Uhr zurück.

Nach Guatemala-Stadt über Las Chinamas

Agencia Puerto Bus (☎ 2440-1608; 25a Calle Poniente) bietet einen normalen und einen *especial*-Service nach Guatemala-Stadt über **Las Chinamas–Valle Nuevo** an. Normale Busse (9 US$, 4 Std.) fahren stündlich von 5 bis 16 Uhr, außer um 7 Uhr. Die *especial*-Busse (11,50 US$ die sich lohnen, 3½ Std.) starten um 17.30 Uhr. Eine weitere Möglichkeit ist der 1.-Klasse-Bus, der in in Las abfährt.

Nach Chiquimula

Von Metapán fahren halbstündlich Microbusse zum Grenzübergang **Anguiatú–Chiquimula** (24 Std. geöffnet; am zuverlässigsten von 6–19 Uhr). Auf der guatemaltekischen Seite fahren regelmäßig Busse nach Chiquimula (1 Std., letzter Bus um 17.30 Uhr) und weiter nach Guatemala-Stadt (3 Std., letzter Bus ab Chiquimula um 15.30 Uhr). Dies ist der schnellste Weg nach Nuevo Ocotopeque oder Copán Ruínas in Honduras. Auf salvadorianischer Seite fährt der letzte Bus nach Metapán um 18.30 Uhr ab.

Für Informationen zur Einreise von Guatemala aus, s. S. 198.

An- & Weiterreise

Der Busbahnhof liegt am Highway direkt an der Zufahrtsstraße zur Stadt. Santa Ana wird von Bus 235 (0,90 US$, 1½ Std.) und dem *directo* (2,50 US$, 1 Std.) angefahren. Abfahrt nach San Salvador ist siebenmal täglich mit Bus 201A (2,50 US$, 1¾ Std.). Bus 235 und einige Microbusse bedienen die guatemaltekische Grenze in Anguiatú (0,50 US$, 30 Min.); letzte Abfahrt ist um 18.30 Uhr. Bus 463 fährt täglich um 5.30 und 12 Uhr die wunderschöne aber auch haarsträubende Strecke über die Berge nach Citalá (2 US$, 3 Std.) nahe dem honduranischen Grenzübergang in El Poy.

PARQUE NACIONAL MONTECRISTO–EL TRIFINIO

Dieser abgelegene und unberührte Grenzpark wartet mit einem dichten Blätterdach aus Nebelwald, exotischen Orchideen und einer artenreichen Fauna auf. Die Grenzen von El Salvador, Honduras und Guatemala treffen an seinem höchsten Punkt (2418 m), dem El Trifinio, aufeinander. Eichen und Lorbeerbäume werden hier 30 m hoch und ihr Blattwerk ist zu einem für das Sonnenlicht undurchdringlichen Baumkronendach verschlungen. Der Waldboden bietet für viele exotische Pflanzen einen hervorragenden Lebensraum, darunter Pilze, Flechten, Moose und Baumfarne, die bis zu 8 m groß werden können. Die Durchschnittstemperaturen liegen bei 10 bis 15 °C und mit 2000 mm Niederschlägen pro Jahr und einer durchschnittlichen relativen Luftfeuchtigkeit von 100 % ist dies die feuchteste Region im Land.

Zu den Tieren, die man hier (wenn auch selten) zu Gesicht bekommt, gehören Klammeraffen, Ameisenbären, Stachelschweine, Flecken- und Haubenskunks, Pumas, rote und graue Eichhörnchen, Wildschweine, Opossums, Coyoten und Agutis. Der Wald ist auch Lebensraum für mindestens 87 Vogelarten, darunter Quetzale, grüne Tukane, Grünarassaris, Spechte, Kolibris, Nachtigallen, Sclatertauben und Schreieulen.

Unterkünfte gibt es hier keine, also muss das Zelt aufgeschlagen werden. Der Besitzer des kleinen Ladens vor Ort kann einem sagen, wo die Wege beginnen. Es gibt mehrere Wege hier, von denen allerdings keiner wirklich gut ausgeschildert ist. Los Planes (auf etwa 1900 m), eine mit Gras bewachsene Lichtung am Fuße des Cerro Montecristo, ist der Ausgangspunkt einiger Wanderwege. Zwei der Pfade führen jeweils zu etwa 1 km entfernten hölzernen Aussichtstürmen, von denen man einen guten Blick auf den Park und die Umgebung hat. Die meisten Wanderer werden allerdings nach dem Weg zum Gipfel Ausschau halten. Dieser ist das Highlight des

EL SALVADOR

Parks und ist erst nach einem harten, 7 km langen Anstieg durch einen dichten und dunstigen Nebelwald erreicht. Auf seinem Gipfel markiert eine Plakette den Grenzpunkt zwischen den drei Ländern. Der Ausblick ist schlicht unglaublich und tolle Fotos sind garantiert.

Praktische Informationen

Das Gebiet oberhalb von Los Planes ist während der Paarungszeit der heimischen Fauna (Mai–Nov.) nicht zugänglich. Um den Park bestmöglich zu erkunden, muss man auf jeden Fall die Nacht hier verbringen. In Los Planes ist das Campen kostenlos – Ausrüstung, Wasser und Verpflegung muss man selbst mitbringen. Der Nationalpark- und Naturschutzdienst des **Ministerio de Medio Ambiente** (☎ 2267-6259/6276; www.marn.gov.sv, spanisch; Alameda Araujo/Carretera Santa Tecla Km 5,5; 🕑 Mo–Fr 7.30–16.30 Uhr) in San Salvador erteilt im Voraus Genehmigungen. Der Eintritt kostet pro Tag und Ausländer 6 US$. Hinzu kommen 1,15 US$ pro Fahrzeug (auch Taxis)

An- & Weiterreise

Leider ist der Weg nach Los Planes eine ziemliche Herausforderung – und keine billige. Wer ein geländegängiges Fahrzeug hat, kann selbst hinfahren (22 km von Metapán entfernt). **Francisco Monterrosa** (☎ 2402-2805) bietet für 45 US$ Tagestrips an, bzw. fährt die Naturfreunde für 85 US$ an einem Tag hin und holt sie ein oder zwei Tage später wieder ab. Wenn Francisco gerade keine Zeit hat findet man in Metapán bei der Abzweigung zum Park weitere Fahrer.

Wer sich früh morgens an die Straße stellt, wird vielleicht von einem Ranger oder den Einwohnern des kleinen Dorfs im Park mitgenommen. Eine Garantie dafür gibt's allerdings nicht und die Rückfahrt bleibt dadurch offen. Man kann zu Fuß bis zum Eingangstor gehen (5 km), weiter geht's aber nur mit Fahrzeug – so sind die Regeln.

RUINAS DE TAZUMAL

Die Maya-Ruinen von **Tazumal** (Eintritt 3 US$; 🕑 Di–So 9–17 Uhr), die wichtigsten und beeindruckendsten in El Salvador, befinden sich im präkolumbischen Ort **Chalchuapa**, 13 km westlich von Santa Ana, auf dem Weg nach Ahuachapán. In der Quiché-Sprache bedeutet Tazumal „Pyramide, an der die Opfer verbrannt wurden".

Archäologen nehmen an, dass das Gebiet erstmals um 5000 v. Chr. besiedelt wurde. Ein Großteil des 10 km² großen Areals liegt weiterhin unter den einfacheren Behausungen Chalchuapas begraben. Die Plünderung der Ruinen und der Weiterverkauf der wertvollen Artefakte ist ein andauerndes Problem. Die bereits ausgegrabenen Bereiche spiegeln eine Bebauungsgeschichte von über 1000 Jahren wieder. Obwohl diese Ruinen von allergrößter Bedeutung für El Salvador sind, verblassen sie doch im Vergleich zu denen der Nachbarländer. Die Restaurierungsarbeiten haben im

ABSTECHER: CHALCHUAPA

Die meisten Besucher verbringen nur eine Stunde in Tazumal und verlassen Chalchuapa danach sofort wieder. Das ist wirklich schade, zumal dieser präkolumbische Ort einen tollen Einblick in das Alltagsleben der Bevölkerung El Salvadors bietet. Die Laguna Cuzcachapa ist ein natürlicher schwefelhaltiger Tümpel am Stadtrand und in der Kultur der Maya ein mystischer Ort von großer Bedeutung. Die Einheimischen kommen hierher, wenn schwierige Entscheidungen anstehen. Man sollte sich aber vor der *siguanaba* (einer mystischen Kreatur, die in der Gestalt einer schönen Frau alleinreisende Männer anlockt) in Acht nehmen! Die Tümpel mit natürlichem Quellwasser von **El Trapiche** (der Stätte der ersten Maya-Siedlung um 2000 v. Chr.) eignen sich hervorragend zum Schwimmen. Alternativ kann man im **Salto El Espino** unter einem Wasserfall abtauchen.

Den besten Kaffee in El Salvador bekommt man in einem coolen Café namens **Mountain Coffee** (7 Calle Oriente & 3 Av Sur). Das leckerste *chilate*, ein nahrhaftes Maisgetränk, das zu *camote* (Süßkartoffeln) und zuckersüßen *buñuelos* (Maniok) serviert wird, gibt's im **Chilate & Crafts** (5 Av Sur 6). Gegenüber den Ruinen von Tazumal befindet sich eine berühmte *yuqateria*, deren Spezialität *yuka* (Süßkartoffeln) mit Schweinebraten ist – eine typische nationale Köstlichkeit. Ganz in der Nähe wird wunderschöner Jade- und Quarzschmuck zu sehr guten Preisen verkauft.

Auch eine gute Pension gibt's hier, nämlich das **Hostal Las Flores** (☎ 2408-1098; Av 2 de Abril; Zi. 25 US$; ❄).

Dezember 2006 begonnen und die ursprüngliche Stein-Mörtel-Konstruktion eines Großteils der Ruinen wieder herstellen können. Allzu nahe kommt man allerdings nicht heran – eine Kette hindert Besucher daran, die Pyramiden zu betreten.

Im **Museum** sind Fundstücke ausgestellt, die vom aktiven Handelsaustausch bis nach Panama und Mexiko zeugen; mit ausführlichen Erklärungen auf Englisch. Weitere Funde, darunter auch die Estela de Tazumal, ein 2,65 m hoher Basaltmonolith mit Hieroglyphen-Inschrift, können im Museo Nacional de Antropología David J Guzmán in San Salvador (s. S. 316) studiert werden. Auf der anderen Seite des Highway steht die **Casa Blanca** (Eintritt 3 US$; Di–So 9–17 Uhr), die einige Ruinen aus der Vorklassik und einen Indigo-Workshop beherbergt, in dem man selbst Stoff färben kann.

Aus dem 14 km entfernten Santa Ana fährt Bus 218 (45 Min.) hierher. An der Hauptstraße durch Chalchuapa weist ein Schild den Weg zu den Ruinen. Zu Fuß ist man vom Highway aus fünf Minuten unterwegs. Wer von Santa Ana aus mit dem eigenen Fahrzeug fährt, hält sich an der Gabelung rechts, bleibt auf der Straße nach Ahuachapán und biegt an der Texaco-Tankstelle in Chalchuapa links ab. Die Ruinen liegen am Ende der Straße.

AHUACHAPÁN

38 630 Ew.

Ganz egal wie man die Ruta de Las Flores bereist: An Ahuachapán, einem hochgelegenen regionalen Zentrum, 16 km von der Grenze zu Guatemala entfernt, führt (fast) kein Weg vorbei. Man mag von der Stadt etwas mehr Aufgewecktheit erwarten – immerhin ist sie ein wichtiger Umschlagplatz für Kaffee aus der Region. Die wahre Action brodelt aber tief im Untergrund von Ahuachapán: Seine geothermische Energie versorgt etwa 15 % des Landes mit Strom.

Die wichtigen Verkehrsknotenpunkte rund um die Plaza Concordia und den Parque Menéndez liegen fünf Häuserblöcke auseinander und werden von der belebten Hauptgeschäftsstraße Av Menéndez verbunden, die von Norden nach Süden verläuft. Die Straße nach Tacuba ist sehr schlecht ausgeschildert; am besten einen Einheimischen fragen.

Praktische Informationen

Die meisten Dienstleistungen und Restaurants sind nahe der Plaza Concordia zu finden.

Ciber Café Cetcomp (2a Av Sur an der 1a Calle Poniente; 0,60 US$/Std.; Mo–Fr 9–20, Sa 9.30–20.30, So 10–21 Uhr)

Scotiabank (Av Menendez an der 4 Calle Poniente) Tauscht Reiseschecks von American Express und Visa.

Sehenswertes & Aktivitäten

Auf der **Plaza Concordia** laden Grünflächen und Palmen zum Verweilen ein. Im Pavillon finden gelegentlich Konzerte und kostenlose Veranstaltungen statt. Östlich der Plaza liegt die Kirche **Nuestra Señora de Asunción**, mit *azulejo*-Böden und einer Jungfrau aus Buntglas.

Ahuachapán sprudelt nur so vor geothermischer Aktivität, wovon auch die allgegenwärtigen, dampfenden Schlammgruben zeugen. Vor einem Besuch der **Los Ausoles**, auch bekannt als *los infernillos* (die kleinen Höllen), empfiehlt es sich, den Guide **Carlos Alvarado Martínez** (☎ 2413-3360) zu kontaktieren.

Schlafen & Essen

Es gibt hier mittlerweile fast keine Budgetunterkünfte mehr. Für ein preiswertes Bett sind Tacuba oder die Ruta de Las Flores die richtigen Adressen.

Hotel Casa Blanca (☎ 2443-1505; Ecke 2a Av Norte & Calle Barrios; EZ/DZ mit Ventilator 20/30 US$, mit Klimaanlage 35/59 US$; P) Eine rastlose Matriarchin beherbergt in dieser eleganten Unterkunft sowohl Tagungsteilnehmer als auch Touristen, die sich allerdings nur gelegentlich hierher verirren. Das Haus liegt in einer Straße mit gut erhaltener Kolonialarchitektur, die Zimmer sind im typischen B & B-Stil gestaltet, die Duschen heiß und dampfend; der Pool ist jedoch nur für Kinder geeignet.

La Estancia (1a Av Sur zw. Calle Barrios & 1a Calle Oriente; Hauptgerichte 2–4 US$; Mo–Sa 7–18 Uhr) Dieses ehemalige Herrenhaus ist heute ein Restaurant und bietet *comida típica* im Buffet-Stil; ideal für Frühstück oder Mittagessen.

Restaurant Mixta 'S' (2a Av Sur an der 1a Calle Poniente; Hauptgerichte 4–5 US$; 8–21 Uhr) Auf der Suche nach frischen *mixtas* – Fladenbrot gefüllt mit eingelegtem Gemüse, Salsa und Fleisch oder Käse – sollte man unbedingt in diesem wunderbaren und fröhlichen Imbiss vorbeischauen. Der übervolle leckere *licuado* (Fruchtshake) wird mit einem zusätzlichen Strohhalm zum perfekten Date-Erlebnis.

An- & Weiterreise

Einen Block nördlich des Parque Central steht auf der von Marktständen praktisch zugepflasterten Av Menéndez direkt an der 10a Calle Oriente ein Bus am anderen. Die Busse zur guatemaltekischen Grenze bei Las Chinamas starten von der 8a Calle Poniente, an der nordwestlichen Ecke des Parque Menéndez. Folgende Busse fahren Ahuachapán an:

Las Chinamas Bus 263 oder Ruta 11 (0,50 US$; 40 Min.; 5–19.30 Uhr)

San Salvador Bus 202 (1,10 US$; 2½ Std.; *especial* 2 US$; 1¼ Std.)

Santa Ana Bus 210 (0,50 US$; 1 Std.) Alternativ kann man auch den schnelleren Bus in Richtung San Salvador nehmen und am Metrocentro in einen Stadtbus ins Zentrum umsteigen.

Sonsonate (via Apaneca & Juayúa) Bus 249 (0,85 US$; 2 Std.), Bus 23 (*directo* 1,20 US$; 1½ Std.)

Tacuba Bus 264 oder Ruta 15 (0,60 US$; 40 Min.; 5.30–19 Uhr)

TACUBA

1932 fand hier die erste kommunistische Revolution Amerikas statt. Aber sowohl die Zeit als auch die Regierung hat diese ärmliche Außenstelle in den Bergen, am Hintereingang des spektakulären Parque Nacional El Imposible, längst vergessen. Die frisch asphaltierte Straße hat den Zustrom von Abenteurern, die zur Wirtschaft hier beitragen sollen, nur minimal erhöht. Nachhaltiger Tourismus ist hier fast garantiert und durch Tacubas Lage am Ende der Welt wird man für seinen minimalen Aufwand hier auch noch maximal belohnt.

Sehenswertes & Aktivitäten

Der direkt an der Grenze zu Guatemala gelegene **Parque Nacional El Imposible** (S. 347) ist ein tropisches Paradies und, unverständlicherweise, bei nur wenigen Travellern Teil der Reiseroute. Bei der Vegetation handelt es sich größtenteils um Primärwald, der von vielen Flüssen durchzogen und schönen Wasserfällen gesäumt wird. Geduldige Tierbeobachter haben hier die Chance, Pumas und Prachthaubenadler vor die Linse zu bekommen. Es ist aber vor allem der Blick auf die von Nebelschwaden umgebenen Gipfel und den schillernden Pazifik, der die Aufmerksamkeit der meisten Besucher auf sich zieht.

Der Park wird von **SalvaNatura** (☎ 2279-1515; www.salvanatura.org, spanisch; Eintritt 6 US$) verwaltet. Eigentlich muss man die Eintrittsgebühr in ihrem Büro in San Salvador begleichen, am Wochenende ist aber meist jemand der Angestellten vor Ort.

> **UNTERWEGS NACH GUATEMALA-STADT**
>
> Der Grenzübergang **Las Chinamas–Valle Nuevo** ist rund um die Uhr geöffnet, man sollte aber besser bei Tageslicht ein- bzw. ausreisen. Busse zur guatemaltekischen Grenze fahren in Ahuachapán alle 15 Minuten (0,50 US$, 5–19.30 Uhr) vom Parque Menéndez ab. An der Haltestelle 300 m hinter dem Grenzübergang fahren Busse nach Guatemala-Stadt (via Cuilapa) ab. Alle 30 Minuten kommt hier ein Tica-Bus (3 US$) vorbei. Diese sind sicherer als die 2.-Klasse-Busse. Der letzte Bus von der Grenze nach Ahuachapán startet hier um 17.45 Uhr.

Die meisten Traveller in Tacuba wählen den nimmermüden Manolo von **Imposible Tours** (☎ 2417-4268; www.imposibletours.com; Hostal de Mamá y Papá; Touren 15 US$) als Fremdenführer. Er ist Guide aus Leidenschaft und hat es sich zum Ziel gemacht, die Lage der Einheimischen deutlich zu verbessern. Auf seiner beliebten 4-stündigen **Wasserfall-Tour** (25 US$) taucht man immer wieder in eiskalte Tümpel ein – entweder man springt selbst oder man wird abgeseilt. Weitere Touren sind z. B. eine **Mountainbike-Tour** zum Pazifik – optional mit Übernachtung in einem tollen Strandhaus in **Barria de Santiago** (2-Tages-Tour inkl. Essen & Trinken 55 US$) – oder ein Schwimmabenteuer mit Kaimanen. Weniger verrückt ist beispielsweise die Wanderung zu den sieben heißen Quellen der **Termas Santa Teresa** (15 US$) zu.

Im Parque Nacional Imposible kann man beruhigt allein unterwegs sein – am besten beginnt man am nördlichen Ende des Parks und arbeitet sich dann bis zum Besucherzentrum vor.

Schlafen & Essen

Hostal de Mamá y Papá (☎ 2417-4268; www.imposibletours.com; B/DZ 7/14 US$, Gerichte zusätzlich 4 US$) Das *hostal* von Imposible Tours ist wahrhaftig ein Familienunternehmen. Mamá versprüht Wärme und ist für die wunderbare Küche zuständig, während Papá auf der Gitarre spielt. Die Zimmer im Erdgeschoss sind groß und haben eigene, warme Duschen. Die Zimmer hinter dem vogelreichen Garten sind etwas abgeschiedener. Vom Chill-Out-Bereich im Obergeschoss hat man einen tollen Ausblick. Vorab telefonisch nach dem Weg und nach dem neuen medizinischen Freiwilligenprojekt fragen.

Sol de Media Noche (Hauptgerichte 2–4 US$; ⌚ Mo–Sa 6.30–17 Uhr) Soja-Lasagne, üppige Blattsalate und Karotten-*tortas* standen hier zum Zeitpunkt der Recherche gerade auf der Tafel mit den Angeboten. Das vegetarische Café wird von einer salvadorianischen Hindu-Sekte betrieben und bietet täglich wechselnde Menüs. Es liegt zwei Blocks hinter der Plaza.

Mittelklasseoptionen:

Rancho La Flores (☎ 7899-2396; Colonia Bella Vista; EZ/DZ 14/28 US$;) Drei Zimmer mit gutem Ausblick.

La Cabaña (☎ 2417-4332; Zi. 30 US$;) Großes Gelände; von der Plaza etwas bergab gehen.

An- & Weiterreise

Bus 264 und Ruta 15 (0,60 US$, 40 Min., 5.30–19 Uhr) fahren von der Hauptplaza aus Richtung Ahuachapán.

RUTA DE LAS FLORES

Das Prachtexemplar des salvadorianischen Tourismus ist eine 36 km lange, kurvenreiche Strecke, die durch bunte Kolonialstädtchen führt und für entspannte, der Gastronomie und Kunst gewidmete Wochenenden steht. Ebenso befriedigt sie aber auch abenteuerlichere Vorlieben wie Ausflüge – mit dem Mountainbike, dem Pferd oder zu Fuß – zu den zahlreichen Wasserfällen, die überall in der wunderbaren Cordillera Apaneca verborgen sind. Die ersten Kaffeeplantagen des Landes entstanden hier, einige der besten indigenen Kunsthandwerker sind in der Region zu Hause und ein weltbekanntes, wöchentlich stattfindendes kulinarisches Fest wird hier veranstaltet. Die „Blumen-Route" ist ein erster Ausblick auf das Wiederaufleben El Salvadors als Reiseziel.

Der Bus 249 fährt regelmäßig zwischen Sonsonate und Ahuachapán und hält unterwegs in allen Ortschaften, darunter auch Juayúa, Apaneca und Ataco.

Juayúa

10 100 Ew.

„Chuay-uh-ah" ist bekannt für seine am Wochenende stattfindende **Feria Gastronómica** (Lebensmittelmesse), auf der viele Menschen aus dem ganzen Land die beste Küche der Region kosten und auf der Plaza zu live gespielter Musik tanzen. Gegrillter Leguan, Meerschweinchen und Frosch-Spieße sind die Highlights der gewagten Speisekarte. Weniger Abenteuerlustige können *riguas de coco* (gebratene Kokosnuss mit Maismehl) und *elote loco* (verrückter Mais), aufgeschäumt mit Parmesan und Senf, probieren.

Unter der Woche kehrt Juayúa zu seinen entspannten Wurzeln zurück und Besucher schlendern über die warmen Kopfsteinpflasterstraßen, dringen auf der Suche nach heißen Quellen oder Wasserfällen in die Berge der Umgebung vor, oder halten beim Anblick des *Cristo Negro*, einer bedeutenden religiösen Statue, die von Quirio Cataño im späten 16. Jh. geschnitzt wurde und in der Kirche aufbewahrt wird, den Atem an.

Die Vergangenheit Juayúas war allerdings alles andere als friedlich. Die Aufstände der indigenen Bevölkerung der Region waren Auslöser für die Revolutionsbewegung von 1932. Mit der Unterstützung der durch den Kaffeeanbau zu Reichtum gelangten Oberschicht, schlugen die Regierungstruppen den schlecht organisierten Aufstand brutal nieder.

ORIENTIERUNG & PRAKTISCHE INFORMATIONEN

Die kleinen Gassen und das übliche, symmetrisch aufgebaute Straßennetz Juayúas sind ideal zum Lustwandeln. Die Kirche liegt am Westende der Plaza, dahinter befindet sich der Markt.

Cyber & Equipment (1a Av Norte; 0,75 US$/Std.; ⌚ 8.30–21 Uhr)

Juayutur (⌚ Sa & So 9–17 Uhr) Die Touristeninformation in Juayúa gibt an ihrem Stand an der östlichen Seite der Plaza Infomaterial über die Stadt und Ausflugsziele in der Umgebung aus.

Scotiabank (Calle Monseñor Óscar Romero) Tauscht Reiseschecks, gibt Barvorschüsse auf Visa-Karten und ist gerade dabei, einen Geldautomaten aufzustellen.

AKTIVITÄTEN

Ein Ausflug zu **Los Chorros de Calera**, eine Gruppe von Wasserfällen, die über zerklüftete Abhänge in große, kühle Becken hinabstürzen, ist eine empfehlenswerte Wanderung, mit der Option auf einen Sprung ins kühle Nass. Die **Ruta de las Siete Cascadas** verläuft an sieben malerischen Kaskaden am Río Bebedero entlang. Im Hotel Anáhuac oder der Casa Mazeta nach dem Weg fragen. Da es gelegentlich zu Diebstählen kommt, ist es bei manchen Aktivitäten besser, sich einen Führer zu nehmen. Weitere geführte Touren sind z. B. Ausflüge zum See, Kaffee-Fahrten und das Abseilen an einem Wasserfall.

SCHLAFEN & ESSEN

Hotel Anáhuac (☎ 2469-2401; www.tikal.dk/elsalvador; B/EZ/DZ 7/12,50/25 US$; 💻) Das Anáhuac ist Juayúas inoffizielles *ministerio de turismo*. Das rot gekachelte Kolonialgebäude hat große, luftige Zimmer und einen Hof mit grünem Rasen. Die Gäste können hier kochen und das Internet nutzen. Die von César geleiteten Wanderungen zu den heißen Quellen und die Reitausflüge sind wirklich empfehlenswert; ebenso wie einen Abend lang im El Cadejo den Liedern von Jenne zu lauschen. Man spricht Dänisch und Englisch.

Casa Mazeta Hostal (☎ 2406-3403; alex.721@hotmail.fr; B/EZ/DZ 7/12,50/25 US$; 💻) Der Besitzer Alex, ein cooler, junger Franzose, hat dieses Eckhaus liebevoll in eine brandneue, erstklassige Backpackerunterkunft verwandelt. Die Schlafsäle sind makellos, haben hervorragende Aufbewahrungsmöglichkeiten und im Bad gibt's heißes Wasser. Der große Gemeinschaftsbereich bietet großartiges natürliches Licht, bunt gemischte Möbelstücke und einen wunderschön gefliesten Boden. Am besten ist das Doppelzimmer mit Wasserfontäne.

Casa de Huespedes Doña Mercedes (☎ 2452-2287; Ecke 2a Av Sur & 6a Calle Oriente; DZ mit/ohne Bad 25/23 US$) Ein ruhiges Haus mit großen, tollen Zimmern mit nicht zu weichen Betten und picobello sauberen Gemeinschaftsbädern. Von der Plaza aus zwei Blocks nach Osten und einen nach Süden gehen.

Taquería la Guadalupana (2a Calle Oriente; Hauptgerichte 2–5 US$; 🕑 Di–So mittags & abends) Unwiderstehlich mexikanisch! Dafür sorgen u. a. das Hähnchen in *mole poblano* und die *nopal*-(Kaktus-) Salate, die in einem schattigen Hof auf schnuckeligen Bänken serviert werden.

Tienda San José (Hauptplaza; Hauptgerichte 2–8 US$; 🕑 8.30–23 Uhr) In diesem winzigen Laden verbirgt sich eine überraschend angesagte Essecke, die vor allem für den nächtlichen Heißhunger wie geschaffen ist.

El Cadejo (3a Av Norte; Hauptgerichte 3–6 US$; 🕑 Do–Sa 15 Uhr–open end) Diese neue Bar ist eine echte und aufregende Bereicherung für Juayúas Nachtleben – *buena vibra* garantiert. Während man lässig eine Wasserpfeife raucht, stellen einheimische Liedermacher, darunter auch Jenne vom Hotel Anáhuac, ihr Können unter Beweis. Neben den üblichen kleinen und großen Getränken stehen auf der Karte auch noch leckere Pasta, Nachos und Wraps.

RR (Calle Mercedes Caceres 1-4 Poniente; Hauptgerichte 6–16 US$; 🕑 Di–So mittags & abends) Carlos ist hier der Koch und zaubert praktisch alles, was das Gästeherz begehrt. In der Zubereitung von *revolotijo vegetariano* („vegetarische Revolution", d. h. gemischtes Gemüse) auf dem heißen Stein, magerer, zarter Steaks und feinster frischer Salate, ist er in El Salvador unübertroffen. Der spärlich beleuchtete Speisebereich im Hof ist sehr *capitalino* (hip wie die Hauptstadt) und auch Lonely-Planet-Leser schwärmen von diesem tollen Ort.

SHOPPEN

Canchis Canchis (☎ 2469-2730) Die beste *tienda* im Ort ist dieser kunterbunte Laden auf der Hauptplaza. Betrieben wird er von den Künstlern Jorge und Veronica, die, von handbemalten Untersetzern bis hin zu hölzernen Fischen und Bleistiftzeichnungen, alles herstellen und verkaufen.

AN- & WEITERREISE

Bus 249 fährt in Richtung Nordwesten nach Apaneca (0,40 US$, 20 Min.), Ataco (0,50 US$, 30 Min.) und Ahuachapán (0,80 US$, 1 Std.) und ebenso, tagsüber, Richtung Süden nach Sonsonate (0,55 US$, 45 Min.). Alle 15 Minuten fahren Busse vom Park ab oder, an Wochenenden, vier Blocks westlich des Parks. Bus 238 fährt direkt nach Santa Ana (0,50 US$, 40 Min.) und startet sechsmal täglich ein paar Blocks westlich vom Parque Central.

Apaneca

8600 Ew.

Dieses ruhige Bergdorf scheint nicht von dieser Welt zu sein. Außerdem liegt ein leichtes Frösteln in der Luft – mit einer Höhe von 1450 m ist Apaneca der am zweithöchsten gelegene Ort in El Salvador. Das erklärt auch, warum der hier angebaute Kaffee so heißbegehrt ist. Mal abgesehen von den Kopfsteinpflasterstraßen, durch die man herrlich und ziellos schlendern kann, und den paar Baumschulen, ist hier nicht viel geboten. Entweder versucht man ein paar im Ort hergestellte Möbelstücke zu ergattern, oder man tut es den Aktiv-Reisenden gleich und nutzt Apaneca als Ausgangspunkt für körperlich anstrengende Aktivitäten in der rundum gelegenen Sierra Apaneca Ilamat. Die schöne Iglesia San Andres war früher eine der ältesten Kirchen des Landes, wurde aber vom Erdbeben 2001 vollständig zerstört. Die Renovierungsarbeiten sind fast abgeschlossen.

ORIENTIERUNG & PRAKTISCHE INFORMATIONEN

Der Markt befindet sich westlich des Parks, die Kirche liegt in Richtung Süden. Busse halten auf der Hauptstraße, direkt vor dem Markt. Ein Stand auf der Plaza fungiert als Touristeninformation und ist an den Wochenenden geöffnet.

Cybercafé Apaneca (3a Av Sur; 0,75 US$/Std.; 8–23 Uhr) liegt hinter der früheren Kirche. Es gibt hier keine Banken.

SEHENSWERTES & AKTIVITÄTEN

Die Kraterseen **Laguna de las Ninfas** und **Laguna Verde**, nördlich und nordöstlich des Orts gelegen, können zu Fuß erreicht werden. Der erstgenannte ist sumpfig, schilfig und von Seerosenblättern zugewuchert; das Wasser der tiefen Laguna Verde ist kalt. Am **Chichicastepeque** (auch bekannt als Cerro Grande) kann man zelten. Er liegt auf 1816 m Höhe und bietet so einen überragenden Ausblick auf die Umgebung; lediglich die Funkantennen nehmen dem Beobachter die Illusion einer weiten Wildnis. Am Touristenstand bekommt man eine Wegbeschreibung und Infos zu Touren mit einem Guide.

Mit **Apaneca Canopy Tours** (☎ 2433-0554; 30 US$) geht's auf einer 2,5 km langen Seilrutsche mitten durch den Bergwald hindurch. Die Ausflüge beginnen täglich um 9.30, 11.30, 14 und 16 Uhr.

Apaneca Aventura (☎ 2433-0470/7136-5851; www.apanecaaventura.com; 4a Av Norte; 2-stündige Tour 65 US$/2 Pers.) hat mittlerweile auch einige Geländekarts angeschafft, mit denen es täglich zur Laguna Verde geht. Eine ganz neue Art um sich fortzubewegen – und um so richtig schön dreckig zu werden.

Eine Führung durch einen *vivero* (Baumschule) ist ein entspannter Nachmittag mit Erdbeeren, starkem Kaffee und seltenen Pflanzen. Der **Vivero Alejandra** (Mi–So 7–16 Uhr) liegt nur einen kurzen Fußmarsch vom Zentrum entfernt (in Richtung Juayúa). Weitere *viveros* sind u. a. der **Vivero Santa Clara**, gegenüber dem Vivero Alejandra, und **Las Flores de Eloisa** (☎ 2433-0415), ein kleines Café, das auf der Straße nach Ahuachapán nach 2 km erreicht ist.

Finca Santa Leticia (☎ 2433-0357; www.hotelsantaleticia.com; Km 86,5; DZ inkl. Frühstück 75 US$) ist Hotel, Restaurant und Kaffeefarm in einem. Sie liegt gleich südlich von Apaneca. Die Finca ist ideal für Familien und Gruppen. Das Highlight des kleinen, auf dem Gelände liegenden **Archäologieparks** (Eintritt 5 US$) sind zwei dickbäuchige Figuren, die aus riesigen Basaltbrocken herausgeschlagen wurden und zwischen 6350 und 11 000 kg wiegen. Experten nehmen an, dass diese 2000 Jahre alten Pummelchen der frühen Mayakultur entstammen und Hochachtung vor den Herrschern ausdrücken sollten.

SCHLAFEN & ESSEN

Die besten Restaurants sind leider nur an den Wochenenden geöffnet, wenn die Hauptstädter für einen Tagesausflug nach Apaneca kommen.

Hostal la Magaña (☎ 2433-0268; Av Central zw. 4 & 6 Calles Sur; EZ/DZ 12/24 US$) Eine ruhige und gastfreundliche Unterkunft mit zwei großen Zimmern. An Lackfarbe und Burgunderrot wurde hier wahrhaftig nicht gespart. Die Badezimmer sind makellos sauber und die Gäste können die Küche mitbenutzen. Die weichen Sofas im Wohnzimmer laden zum Entspannen ein.

Hostal Colonial (☎ 2433-0662; hostalcolonial_apaneca@hotmail.com; Ecke 1a Av Sur & 6a Calle Poniente; Zi. 20–30 US$) Die bunten Zimmer blicken auf einen friedlichen Hof. Die Besitzer drängen sich einem ganz und gar nicht auf.

Mercado Saludable (Hauptgerichte 1,50–3 US$; 6.30–20 Uhr) Billige Happen vom Feinsten – das hat dieser Markt gegenüber dem Park zu bieten. Hier gibt es kleine, gute Essensstände die Schinken, Eier mit Bohnen und *atole*, aber auch Hähnchengerichte und *pupusas* auf der Speisekarte stehen haben.

La Cocina de Mi Abuela (☎ 2433-0100; Ecke 1a Av Norte & 4a Calle Oriente; Hauptgerichte 7–15 US$; Sa & So 11–19 Uhr) Angeblich eines der besten Restaurants in El Salvador; auf den Tisch kommen hier landestypische Spezialitäten und himmlische Desserts.

In den Urlaubsresorts entlang des Highways bei Apaneca gibt es noch mehr Möglichkeiten. Diese Nobelrestaurants warten mit der unvermeidbaren *buena vista* und einer entspannten Atmosphäre auf, in der man herrlich abschalten kann.

AN- & WEITERREISE

Bus 249 bedient alle 30 Minuten die Strecke zwischen Ahuachapán und Sonsonate mit einem Halt in Apaneca. Der letzte Bus fährt zwischen 19 und 20 Uhr. Sicherheitshalber sollte man aber einen Einheimischen fragen.

Ataco

Hier lebt eine kleine indigene Gemeinschaft und viele der Einheimischen sind in der florierenden Textilbranche tätig – was im pastellfarbenen Ataco für einen großen Besucheransturm sorgt. Dieser wird durch eine Vielzahl von neuen Übernachtungs- und Gastroangeboten gemeistert. Die Atmosphäre hier ist persönlicher als die in Juayúa, und Ataco scheint fest entschlossen zu sein, seinen kolonialen Charme aufrecht zu erhalten – leider kommt dabei der Schutz des Quellwassers etwas zu kurz. Kürzlich erst wurden bei Ausgrabungen in der Umgebung gut erhaltene Ruinen freigelegt.

Der **Touristeninformations-Kiosk** (Sa & So 7–19 Uhr) befindet sich am Ortseingang. Hier gibt's einen praktischen Stadtplan und Informationen zu geführten Ausflügen (5–10 US$/Pers.). Im Angebot sind u. a. eine Tour zum **Salto de Chacala**, einem 50 m hohen Wasserfall am Río Matala, oder zu den **Chorros del Limo**, einer Quelle mit einem weiten Becken, das ideal für einen Sprung ins kühle Nass ist.

Diconte-Axul (2a Av Sur an der Calle Central; 8–18 Uhr) ist bekannt für seine von Hand hergestellten Textilien, moderne Batiktechnik und handbemalte Gegenstände. Der lebhafte **Markt** (2a Av Sur) lädt zu einem faszinierenden Rundgang ein.

SCHLAFEN & ESSEN

Cipi Hostel (☎ 2416-5122; www.cipihostels.com; 1a Calle Poniente; B 7 US$, Zi. 20–30 US$) Die aufgeweckte Unternehmerin Elena hat in Melbourne Tourismus studiert und all ihre Energie in dieses Projekt gesteckt. Weiche Bettwäsche, frische Blumen, heiße Duschen und ein weitläufiges Gelände machen diese brillante neue Backpackerunterkunft zum besten Deal der Stadt. Mittlerweile sollte auch die spanische Sprachschule eröffnet sein, die zum Zeitpunkt der Recherche noch geplant wurde. Elena fungiert auf empfehlenswerten Wanderungen, darunter auch der zum Cerro de la Empalizada, außerdem als Führererin.

Casa de Bambú (☎ 2450-5175; 8a Av Sur an der 2a Calle Oriente; Zi. ohne Bad 15 US$) Im oberen Stockwerk werden hier ein paar einfache Zimmer vermietet; der Besitzer ist ein einheimischer Arzt.

Villa Santo Domingo (☎ 2450-5442; Zi. 25 US$) Wunderschöne Gartenanlagen und eine Reihe einheimischer Antiquitäten und Kunstwerke runden das Bild dieses durchweg angenehmen Hotels ab, das sich hinter einer roten Backsteinfassade verbirgt.

La Caretta (☎ 2450-5369; Ecke Av Central & 4a Calle Poniente; Hauptgerichte 3–9 US$) Hier gibt's nicht nur *comida típica* vom Feinsten sondern auch farbenfrohe *artesanías* zu kaufen. Der *gallo en chicha* (Hahn in Maislikör) ist im Ort unübertroffen.

Café Tayua (1a Calle Poniente; Gerichte 3–10 US$) Eine weitere angesagte und mit jeder Menge Kunst ausgestattete Institution Atacos. Hier bekommt man guten Kaffee und leckere Paninis, wie z. B. das „hula-hula" mit gegrilltem Hähnchenfleisch, Ananas und Mozzarella.

House of Coffee (☎ 2450-5353; Av Central; Gerichte 2–10 US$; Mo–Fr 9–19, Sa & So 9–22 Uhr) Hier wird der beste Kaffee Atacos serviert – angebaut auf der nahen Plantage des Besitzers. Die Crêpes machen jeden glücklich und satt.

Bus 249 hält an der Ecke 2a Calle Oriente und 4a Av Sur. Er fährt alle 15 Minuten Richtung Norden nach Ahuachapán (0,35 US$, 15 Min.), und, ebenso häufig, nach Süden Richtung Apaneca (0,25 US$, 10 Min.), Juayúa (0,45 US$, 30 Min.) und Sonsonate (0,70 US$, 1 Std.).

Das nächste Dorf entlang dieser Route ist das von dem präkolumbischen Volk der Pipil gegründete **Salcoatitán**. In seinen Kopfsteinpflasterstraßen finden sich zahlreiche winzige Kunstgalerien.

SONSONATE

65 100 Ew.

Das südliche Ende der Ruta de las Flores bildet diese betriebsame, stickige Handelsstadt mit dem Spitznamen „Cincinnati". Hier leben die berüchtigtsten Banden El Salvadors und die Haupteinnahmequellen der Bewohner sind der Kaffee und die Viehzucht. Die Stadt ist außerdem ein wichtiger Verkehrsknotenpunkt, was die Wahrscheinlichkeit erhöht, irgendwann einmal auf dem hiesigen schicken Busterminal zu landen. Eine Sache beherrscht Sonsonate besonders gut, nämlich das Feiern. Die lebhaften Feierlichkeiten rund um die **Semana Santa** sind im ganzen Land bekannt.

Das Kunsthandwerkerdorf **Izalco**, 8 km nordöstlich am Fuße des Volcán Izalco gelegen, war 1932 Schauplatz einer der bedeutendsten indigenen Aufstände. Im nahe gelegenen **Atecozol** befindet sich ein *turicentro* mit Badestellen, Kiosken und Gartenanlagen. Auf dem Gelände stehen Steinskulpturen von Agustín Estrada – eine davon erinnert an Atonatl, einen couragierten indigenen Krieger, der 1524 mit Pfeil und Bogen auf den Eroberer Pedro de Alvarado schoss.

Die Küste bei **Los Cóbanos**, einem erstklassigen Tauchspot im Pazifik, ist gut zugänglich, ebenso bei **Barra de Santiago**, einem Mangroven-Schutzgebiet, in dem man mit Kaimanen schwimmen, mit einheimischen Fischern Kanufahren und an der schlammigen Küste alte Ruinen erkunden kann. Wer eine Nacht am großen, unberührten Strand verbringen und auf den Ozean schauen möchte, der setzt sich mit Ximena's Guest House (S. 320) in San Salvador oder mit dem Hostal de Mamá y Papá (S. 341) in Tacuba in Verbindung.

Orientierung & Praktische Informationen

Der Busterminal liegt 2 km östlich des Stadtzentrums. Die wichtigste Nord-Süd-Achse ist die Av Morazán/Av Rafael Campos. Um sich in der Stadt zurechtzufinden, hilft es zu wissen, dass die Kirche an der Ostseite des Parque Central liegt.

Citibank (Ecke Calle Marroquín & 4a Av Norte) 24-Stunden-Geldautomat.

Post (1a Av Norte zw. 1 & 3 Calles Poniente)

Schlafen & Essen

Billige und dreckige Hotels finden sich überall in der etwas rauen Gegend rund um das alte Busterminal, wobei das Attribut „dreckig" deutlich überwiegt. Die Unterkünfte in der Stadt sind besser.

Hotel Orbe (☎ 2451-1517; Ecke 4a Calle Oriente & 2a Av Flavian Muchi; EZ/DZ mit Bad 14/18 US$, EZ/DZ mit Klimaanlage 20/24 US$; ❄) Das Orbe gibt es schon recht lange und es bietet noch immer das beste Preis-Leistungs-Verhältnis im Zentrum. Der Service ist gut und alles andere was man braucht ist auch in der Nähe.

Hotel Plaza (☎ 2451-6626; www.hotelplazasonsonate.com; 9a Calle Oriente an der 8a Av Norte; EZ/DZ 35/45 US$; P ❄) In den 1980er-Jahren stehengeblieben? Na und! Die Zimmer des Plaza erinnern an Alaska – sehr cool! Die Betten haben genau die richtige Härte, es gibt Kabel-TV, zur Entspannung der müden Traveller-Knochen wartet ein Pool und das Restaurant ist auch einen Besuch wert.

Hotel Agape (☎ 2451-2667; Km 63 Carretera de San Salvador; EZ/DZ 35/45 US$; P ❄) Liegt außerhalb der Stadt am Highway und wird von Travellern wegen des Swimmingpools und des guten Service empfohlen.

La Casona (3 Calle Poniente zw. 1 & 3 Av Norte; Hauptgerichte 1,50–4 US$; Mo–Sa morgens & mittags) Hier gibt's *comida a la vista* und frische brutzelnde und dampfende *pupusas*. Das Restaurant bietet den besten Deal der Stadt und ist in einem altertümlichen Gebäude untergebracht.

Junkfood en Masse gibt's an den **Essensständen** (7a Calle Oriente an der 10a Av Norte; 5–22 Uhr) – Burger, Sandwiches, Pommes Frites und *pupusas* lassen grüßen.

An- & Weiterreise

Um vom Park im Zentrum zum Busterminal zu kommen, nimmt man ein Taxi oder Bus 53C. Busse nach San Salvador fahren vor dem Terminal ab. Ziele sind u. a.:

Ahuachapán (via Juayúa, Apaneca & Ataco) Bus 249 (0,95 US$; 2 Std.)

Barra de Santiago Bus 285 (1 US$; 1¼ Std.; 10.30 & 16.30 Uhr), oder mit Bus 259 bis zur Kreuzung und von dort mit einem Pickup weiter.

La Hachadura Bus 259 (0,85 US$; 1¾ Std.)

La Libertad Bus 287 (1,25 US$; 2½ Std.)

DEN WESTEN EL SALVADORS INTENSIVER ERLEBEN

Wer abenteuerlustig ist und daran interessiert ist, wie sich die indigene Kultur im Lauf der Zeit entwickelt hat, sollte hier mal vorbeischauen:

- In **Nahuizalco** kann man einheimischen Kunsthandwerkern bei der Herstellung von Körben und Möbelstücken zusehen, das wahre Highlight ist aber der Besuch des Nachtmarktes, auf dem Leckereien aus der indigenen Küche, wie z. B. gegrilltes *garrobo* (Eidechse) und Schlange angeboten werden. Übernachtungsmöglichkeiten sind hier Fehlanzeige, deshalb muss man einen Tagesausflug von Sonsonate aus planen. Von Juayúa nimmt man Bus 249 (fährt bis zur Abzweigung am Highway, dann sind es noch 500 m), von Sonsonate Bus 53D.
- Die sehr alte Nahual-Gemeinde in **Izalco** ist bekannt für ihre religiösen Holzschnitzarbeiten, die sowohl in katholischen als auch in indigenen Bräuchen Verwendung finden. Mit Bus 53A via Sonsonate zu erreichen.

EL SALVADOR

La Perla Bus 261 (0,80 US$; 1½ Std.)
Los Cóbanos Bus 257 (0,50 US$; 40 Min.)
Parque Nacional El Imposible Irgendeinen der La-Hachadura-Busse nach Puente Ahuachapío oder Cara Sucia (0,45 US$; 30 Min.) nehmen.
San Salvador Bus 205 (*directo* 0,80 US$; 1½ Std.; *especial* 1,50 US$; 1½ Std.)
Santa Ana Bus 216 (0,65 US$; 1¼ Std.)
Vom Terminal aus fahren auch Busse nach Izalco (Bus 53A), Nahuizalco (Bus 53D) und Acajutla (Bus 252).

PARQUE NACIONAL EL IMPOSIBLE

Der von tropischen Bergwäldern durchzogene Parque Nacional El Imposible verdankt seinen Namen der gefährlichen Schlucht, die schon vielen Bauern und Lasttieren, die Kaffee zum Hafen am Pazifik beförderten, das Leben kostete. Er wurde 1989 zum Nationalpark ernannt und liegt im Höhenzug Apaneca Ilamatepec zwischen 300 und 1450 m Höhe. Zu ihm gehören acht Flüsse, die das Einzugsgebiet der Barra de Santiago und der Mangrovenwälder an der Küste nähren.

Dieser ursprüngliche Wald, der Rest eines bedrohten Ökosystems, bildet noch immer den Lebensraum für eine große Vielfalt von Pflanzen und Tieren, darunter Pumas, Ozelotkatzen, Wildschweine, Königsfalken und Prachthaubenadler. Eine Wanderung hier kann über matschige und steile Pfade führen, der sagenhafte Blick auf die von Nebelschwaden umgebenen Gipfel und den schillernden Pazifischen Ozean entschädigt dafür aber.

Praktische Informationen

Der Haupteingang San Benito befindet sich an der südöstlichen Seite hinter dem kleinen San Miguelito. Der Park wird von **SalvaNatura** (☎ 2279-1515; www.salvanatura.org, spanisch; Eintritt 6 US$) verwaltet. Theoretisch muss man die Eintrittsgebühr in deren Büro in San Salvador begleichen und einen geführten Besuch anmelden (der Führer ist kostenlos, ein Trinkgeld von 5 US$ ist aber üblich). Die beste Zeit für einen Ausflug zum Park ist zwischen Oktober und Februar, da das Reisen in der Regenzeit oft nicht oder nur schwer möglich ist.

Das mit Solarenergie versorgte Besucherzentrum bietet ein modernes Museum und einen Aussichtsturm, von dem man einen tollen Blick auf das Meer hat.

Die wichtigsten Wanderungen:
Cerro El Leon Ein anstrengender, 8 km langer Rundweg, der über einen der höchsten Gipfel des Parks (1113 m) führt. Er beginnt in einer üppig grünen, feuchten Schlucht und führt durch dichten Wald nach oben. Während der Wanderung eröffnen sich immer wieder neue grandiose Ausblicke. Vom Besucherzentrum führt der Weg 1 km weit steil hinab zum Río Ixcanal. Nach der Flussüberquerung geht's auf der anderen Seite die sogenannte Montaña de los Águilares hinauf bis zum Gipfel. Der Rückweg verläuft auf einer anderen Route. Diese führt am schmalen Grad zwischen den Tälen des Ixcanal und des Guyapa entlang. Hierfür muss man schon ein paar Stunden einplanen; viel Wasser mitnehmen.
Los Enganches Ein 3,5 km langer Weg (einfache Strecke) führt am Mirador El Mulo vorbei, fällt dann steil ab und endet schließlich an einer großen Badestelle. Ein idealer Platz zum Picknicken. Der Weg passiert außerdem den Mirador Madre Cacao, von dem man den südöstlichen Teil des Parks überblicken kann. Nach Agutis und Nasenbären Ausschau halten.
Piedra Sellada Auf diesem 4 km langen Weg kommt man zu einer Badestelle und zu einem mit Maya-Inschriften versehenen Stein. Einfach der Los-Enganches-Wanderung folgen und kurz vor deren Ende den Weg nehmen, der flussaufwärts führt und nach 1 km die Piedra Sellada erreicht.

UNTERWEGS NACH GUATEMALA-STADT

Der Grenzübergang **La Hachadura-Ciudad Pedro de Alvarado** ist rund um die Uhr geöffnet, man sollte aber besser bei Tageslicht ein- bzw. ausreisen. Bus 259 aus Sonsonate hält an der Grenze an; die Einwanderungsstellen sowohl El Salvadors als auch Guatemalas befinden sich am anderen Ende des Komplexes. Die Haltestelle in Guatemala ist 1 km entfernt. Ein Fahrrad-Taxi kostet 0,50 US$. Busse nach Guatemala-Stadt (5 US$, 4 Std.) fahren halbstündlich und halten in Chiquimulilla und Escuintla. Der letzte Bus von La Hachadura nach Sonsonate startet um 18 Uhr.

Schlafen & Essen

Hostal El Imposible (☎ 2411-5484; DZ 30 US$, 10 US$/zusätzl. Pers.; 🅿) Etwa 1 km vom Parkeingang entfernt liegt dieses pfiffige Öko-Resort mit fünf Nurdach-Hütten. Der Ausblick von den Veranden ist herrlich und es gibt ein köstliches Bio-Restaurant.

Einen kurzen Fußmarsch vom Besucherzentrum entfernt liegen drei große Campingplätze mit Toiletten und Grillstellen. Um den am weitesten entfernten Platz zu erreichen, ist man zu Fuß 20 Minuten unterwegs – er ist aber auch der ruhigste. Die Campinggebühren sind im Parkeintritt enthalten; im Besucherzenturm wird Ausrüstung verliehen (Zelte 5–7 US$, Bettzeug mitbringen). Kleine Feuer sind erlaubt und es gibt Trinkwasser.

An- & Weiterreise

Von Sonsonate geht es mit Bus 259 Richtung La Hachadura; bei Cara Sucia aussteigen. Von dort fahren ein Bus um 11 Uhr und ein Pickup um 14 Uhr (beide 2 US$, 1 Std.) zum Haupteingang. Die kleinen Transporter fahren jeden Morgen um 5.30 und 7.30 Uhr nach Cara Sucia zurück. Wer Angst hat, die Pickups in Cara Sucia zu verpassen, kann probieren, sie an der Puente Ahuachapío (Brücke), ein paar Kilometer vor Cara Sucia, einzuholen. Sind sie auch dort schon weg, kann man es immer noch per Anhalter probieren (13,5 km).

Der Park kann auch von Norden aus über Tacuba erkundet werden.

DER OSTEN EL SALVADORS

Der Osten El Salvadors wartet vielleicht nicht wie der Rest des Landes mit Top-Sehenswürdigkeiten auf. Bergdörfer wie Alegría, in denen die Zeit still zu stehen scheint, der verheerende Krieg rund um Morazán, und die langen, menschenleeren Goldstrände werden jedoch selbst den abgeklärtesten Reisenden faszinieren.

Vor dem Krieg sicherte hier lange die Landwirtschaft für den Eigenbedarf das Überleben. Die unvermeidbare Forderung nach einer landesweiten Landreform fand in den ärmeren Gemeinden große Zustimmung und vor allem der Nordosten wurde zu einer hart umkämpften Guerillahochburg. Weit von der Hauptstadt entfernt trugen sich hier schreckliche Gräueltaten zu. Wenn auch keine so schrecklich war wie die von El Mozote, blieb dennoch kaum ein Dorf von den Kämpfen verschont und die Widerstandsfähigkeit der Einwohner wird noch viele Generationen von Besuchern beeindrucken.

Im Ausland arbeitende Verwandte schicken weiterhin große Mengen Geld an die Daheimgebliebenen. Ob dies auf Dauer eine wirtschaftlich sinnvolle Lösung ist, bleibt noch abzuwarten. Fest steht jedoch, dass dieses Geld einer Generation, die vor positiver Energie nur so strotzt, neue Perspektiven eröffnet. Der ins Stocken geratene Bau eines Luxushafens in La Unión erinnert jedenfalls daran, dass die Entwicklung im „Wilden Osten" eben doch seine Zeit braucht.

Weiter im Süden erstrecken sich wunderschöne Sandstrände entlang der Küste, vor allem rund um El Cuco und Las Flores. Und was noch besser ist: Richtig viele Leute trifft man hier nie, höchstens den einen oder anderen Einwohner der umliegenden Städte wie z. B. San Miguel, der Hauptstadt der Arbeiterklasse mit einer ausgesprochen ungezwungenen Lebenseinstellung. So richtig abseits der Touristenpfade ist man, wenn man sich am Golfo de Fonseca und in der Bahía de Jiquilisco ins Abenteuer stürzt, wo winzige Fischerdörfer sich von der großen, bösen Welt da draußen nur wenig beeindrucken lassen.

Es gibt zwei Möglichkeiten für die Reise in den Osten: die Carretera Interamericana oder die Carreteradel Litoral (CA2). Letztere führt zu den Stränden, die andere in die nördlichsten Ecken der Region. Die Ruta de La Paz (Friedensstraße) verläuft von San Miguel aus nach Norden

AUF DER INTERAMERICANA NACH OSTEN

Die Carretera Interamericana verläuft von San Salvador in östlicher Richtung nach San Miguel, weiter nach La Unión und von dort wieder nach oben bis zur Grenze zwischen El Salvador und Honduras, nach El Amatillo.

An der Interamericana zwischen San Salvador und San Vicente findet man einige sehenswerte Orte. Das 32 km östlich von San Salvador liegende **Cojutepeque** ist eine Kleinstadt, die vor allem für den Cerro las Pavas (Hügel der Truthähne) bekannt ist, auf dem im Freien ein Schrein zu Ehren der Virgen de Fátima steht, der 1949 aus Portugal hierher gebracht wurde. Sonntags und am 13. Mai, dem **El Día de la Virgen**, wird der Ort von vielen religiösen Pilgern besucht. Bus 113 fährt an der Reloj de Flores, gleich westlich des Terminal de Oriente in San Salvador, nach Cojutepeque ab; die Fahrt dauert etwa 45 Minuten.

Weiter auf dem Highway (54 km von San Salvador bzw. 22 km von Cojutepeque entfernt) befindet sich die Abzweigung nach **Ilobasco**, einem Ort, der für die als *sorpresas* (s. Kasten S. 351) bekannten Keramiken berühmt ist. Gleich am Ortseingang säumt eine

Reihe von *artesanía*-Läden die Av Carlo Bonilla. Die jährliche **Handarbeitsmesse** findet vom 24.–29. September statt. Vom Terminal de Oriente oder von Cojutepeque aus Bus 111 oder 142 nehmen.

Folgt man der Interamericana weitere 8,5 km in Richtung Osten, erreicht man die Straße nach **San Sebastián**, das für seine gewebten Hängematten und Textilien bekannt und eine echte Besonderheit ist, da die meisten der Weber Männer sind. Die Messe findet hier Ende Januar statt. Entweder Bus 111 nehmen oder in Cojutepeque in einen Bus steigen.

SAN VICENTE

34 600 Ew.

San Vicente liegt im Schatten des spitz zulaufenden Volcán Chichontepec im Jiboatal und ist eine der schönsten Städte im Osten. Ebenso dramatisch, allerdings von Menschenhand gemacht, ist der gewaltige Torre Kiosko, ein Glockenturm wie aus einer anderen Welt, der über den Feldern emporragt wie eine Disneyland-Attraktion, die nicht so richtig in ihre Umgebung passt. Hier leben viele Musiker; außerdem ist die Stadt sehr schwulenfreundlich – der jährlich stattfindende Wettbewerb Miss Gay San Vicente zieht die Massen (und massenhaft Teilnehmer!) an.

El Pilar, eine wunderschöne Kolonialkirche aus den 1760er-Jahren, wurde bei einem Erdbeben schwer beschädigt; obwohl sie renoviert wurde, bleibt sie weiterhin geschlossen.

Orientierung & Praktische Informationen

Die Kathedrale steht an der Ostseite des Parks, eine große Kaserne nimmt den gesamten Block südwestlich davon ein. Die Hauptstraße 1a Av verläuft von Norden nach Süden und einen Block westlich des Parks.

Citibank (2a Av Sur) Tauscht Reiseschecks um und ihr Geldautomat ist rund um die Uhr in Betrieb.

Fast Line Ciber Café (2a Calle Oriente; 1 US$/Std.; 9–21 Uhr)

Polizei (☎ 2303-7300, 2396-3353; Ecke 1a Av Norte & 3a Calle Poniente) Kann einen Begleitschutz für den Aufstieg zum Vulkan arrangieren.

Aktivitäten

Die zwei Gipfel des **Chichontepec** (auch als Volcán San Vicente bekannt) können auf einer Wanderung mit moderater Steigung durch Kaffeeplantagen hindurch erklommen werden. Für den Weg hin und zurück braucht man acht Stunden. Der Weg ist relativ sicher und doch ist es das Beste in einer Gruppe oder mit einer Polizeieskorte aus Nuevo Tepetitán oder San Vicente loszuziehen. Mitzubringen ist gutes Schuhwerk, ein Sweatshirt, viel Wasser und Essen (auch für den Begleitschutz). Bus 191 (0,25 US$, 20 Min.) fährt bis Nuevo Tepetitán, dem Ausgangspunkt der Wanderung. Abfahrt der Busse ist ab 6.30 Uhr jede halbe Stunde an der Ecke Calle Alvaro Quiñonez de Osorio und 9a Av; der letzte Bus fährt um 19.15 Uhr zurück.

Schlafen & Essen

Hotel Central Park (☎ 2393-0383; EZ mit Ventilator/Klimaanlage 10/15 US$;) Ein Besuch lohnt sich wegen der Terrasse im 2. Stock, eine Übernachtung nur, wenn es unbedingt sein muss – das Einzige, was hier einigermaßen frisch oder sauber aussieht, ist die Bettwäsche. Die kleine Bar ist bei der Schwulenszene sehr beliebt und im Restaurant (6.30–22 Uhr) unter dem Hotel gibt's ganz gute *comida típica*. Ab 20 Uhr kommt man nicht mehr ins Hotel.

Casa de Huespedes El Turista (☎ 2393-0323; 4a Calle Poniente 15 an der 1 Av Sur; DZ 10–15 US$) San Vicentes bester Deal, mit ultrasauberen (wer früh ankommt, zahlt mehr) aber etwas altmodischen und kleinen Zimmern. Es gibt eine Hängematte, einen begrünten Hof und eine schöne Aussicht vom Dach.

Comedor Rivolí (1 Av Sur; Hauptgerichte 2–4 US$; 7–20.30 Uhr) Das beliebteste Restaurant der Stadt – und das zu Recht. Das gebackene Huhn, die Salate und das angebratene Gemüse sind besonders lecker und noch dazu frisch und hausgemacht. Die *comida a la vista* wird in einem picobello sauberen Speisesaal mit Blick auf einen Rosengarten serviert. Unbedingt auch die köstlichen *licuados* für nur einen Dollar probieren.

An- & Weiterreise

Alle Busse fahren am Parque Central vorbei, nachdem sie das auf dem Hügel gelegene Busterminal in der 6a Calle und 15 Av verlassen haben. Um den Massen, die am Park zusteigen zuvorzukommen, ohne den ganzen Weg bis zum Terminal gehen zu müssen, am besten an der Ecke 6a Calle und 2a Av zusteigen. Ziele sind u. a.:

Alegría An der Carretera Interamericana einen Bus in Richtung Osten nehmen und in Villa El Triunfo umsteigen.

Ilobasco Bus 530 (0,60 US$; 1 Std.) Abfahrt ist um 6.50, 11 und 16 Uhr.

San Miguel An der Abzweigung am Highway Bus 301 nehmen (1,50 US$; 1½ Std.). Der letzte Bus fährt um 18 Uhr.
San Salvador Bus 116 (0,85 US$; 1½ Std.) Der letzte Bus fährt um 18 Uhr.
Zacatecoluca Bus 177 (0,60 US$; 50 Min.)

ALEGRÍA

Alegría ist ein schönes Bergdorf, das wegen der vielen einheimischen Besucher so etwas wie eine Renaissance erlebt. Die erhöhte Lage, die fast makellos sauberen Straßen und die mit Rosensträuchern, Sonnenblumen und Orchideen überwucherten Fensterbänke, lassen den Ort fast schon märchenhaft anmuten – ganz anders als der Rest des Landes. Junge Künstler und neue Geschäftsideen sorgen im ganzen Ort für einiges an Energie. Ein paar entspannte Tage und Nächte mit Wanderungen am See und Serenaden an der Plaza machen den Aufenthalt hier leicht zu einem Reise-Highlight.

Das freundliche **Touristenbüro** (☎ 2628-1087; 1a Av Norte an der 1a Calle Poniente) erteilt Infos sowohl in einem Gemeindeamt als auch in einem Infostand im Parque Cental. Es bietet außerdem einige lohnenswerte geführte Wanderungen (10–15 US$/halber Tag) zu Kaffeeplantagen, Geothermiekraftwerken und Orten an, die mit dem aus Alegría stammenden Philosophen Alberto Masferrer in Verbindung stehen. Der malerische Kratersee **La Laguna de Alegría** (Eintritt 0,25 US$) liegt einen 2 km langen, bergab verlaufenden Fußweg vom Ort entfernt. Seinem eisigen Wasser werden heilende Kräfte nachgesagt. Der wunderschöne Blick vom **Mirador de las Cien Grados** lohnt die 100 Stufen hinauf zum Aussichtspunkt. Dazu die Straße nach **Berlín** nehmen, einem weiteren hübschen Bergdorf.

EL SALVADOR

Schlafen & Essen

Casa Alegre (☎ 7201-8641; www.lacasaalegre.zoomblog.com; Av Camilo Campos; DZ/2BZ 10/20 US$) Einen Einblick in die Leidenschaft der einheimischen Künstler Memo und Paola bekommt man am besten in der Galerie im ersten Stock des vorrangig als „Kreativ-Residenz" fungierenden Hauses. Recyclingkunst und zeitgenössische Kunstwerke buhlen um die Aufmerksamkeit der Betrachter. Im Rahmen des sehr guten Freiwilligenprojekts werden Kunstkurse für die einheimischen Kinder gegeben. Die wenigen Zimmer sind einfach und sauber und das gefl ieste Bad ist ausnahmslos immer kalt.

Casa de Huéspedes la Palma (☎ 2628-1131; 1a Av Norte nahe der Calle Alberto Masferrer; B 10 US$; 💻) Große, baufällige Zimmer mit abgewetzten Fliesen aber guten Betten erwarten die Gäste in dieser Familien-Pension, die auch eine sonderbare Sammlung von Fotografien, Schnitzereien und mit Figuren nachgestellten religiösen Darstellungen hat. Ein Pluspunkt ist das dazugehörende Internetcafé an der Plaza, das Kaffee zum Surfen serviert.

Entre Piedras Hotel (☎ 2313-2812; entrepiedras.alegria@hotmail.com; Av Camilo Campus; EZ/DZ 16/32 US$; ⌘ 💻) Dieses schöne, kleine Hotel am Rand der Plaza ist ein perfekter Ruhepunkt zwischen zwei Wanderungen. Es besticht durch seine original erhaltenen Steinfundamente und die luftigen Zimmer mit durchgängiger Holzvertäfelung. Die guten Betten haben qualitativ hochwertige Bettwäsche und im Hof gibt's ein bezauberndes Café (Panini 5 US$). Für die Wochenenden im Voraus reservieren.

La Casa Mia (☎ 2634-0608; www.berlinlacasamia.com; 2a Av Norte, Berlín; DZ 33 US$) Das nahe gelegene Berlín ist ein ebenso schnuckeliges Dörfchen. Wer in Alegría kein freies Bett mehr findet oder die authentische Schönheit der Berge genießen will, mietet sich in diesem vor über 70 Jahren eröffneten Familienhotel ein.

Merendero Mi Pueblito (Hauptgerichte 1–5 US$; 🕒 7–19 Uhr) Den besten Essensdeal Alegrías gibt's in diesem abgenutzten Café, wo Bohnen in gusseisernen Töpfen über offenem Feuer geköchelt werden und ab und zu die ganze Familie vorbeischaut. Südlich des Parks.

El Portal (🕒 11–21 Uhr) Unter den Cafés am Park ist dies das beste für ein abendliches Bier (1 US$).

An- & Weiterreise

Alegría liegt zwischen dem Interamericana und dem Litoral Highway und ist von beiden aus gut zu erreichen. Von der Carretera Interamericana geht es von Villa El Triunfo mit dem Minibus nach Santiago de María (0,30 US$, 15 Min.), von wo stündlich Busse nach Alegría abfahren (0,60 US$, 45 Min.). S. Usulután (S. 351) für Informationen zu den Busverbindungen von der Carretera del Litoral aus.

CARRETERA DEL LITORAL

Die Carretera del Litoral (Hwy CA2) verläuft von San Salvador in südöstlicher Richtung durch Zacatecoluca und Usulután, und kreuzt letztlich die Straßen, die nach Norden in

Richtung San Miguel und nach Süden in Richtung der Pazifikküste führen.

Der erste Ort von nennenswerter Größe südöstlich von San Salvador ist **Zacatecoluca** (57 km), der in der Nähe des *turicentro* Ichanmichen liegt. Von dort bis zum Río Lempa ist die Litoral eine gut ausgeschilderte, vierspurige Schnellstraße mit Standstreifen. Hinter der Brücke über den Fluss wird die Straße schmaler, ist aber weiterhin in einem guten Zustand. Nach weiteren 27 km in östlicher Richtung erreicht man Usulután, die Hauptstadt des gleichnamigen *departamento*.

Danach führt der Highway an einer zerklüfteten Bergkette entlang nach Süden. Die Abzweigung zu einem der besten Strände El Salvadors, der **Playa El Espino**, liegt gleich hinter El Tránsito, 10 km östlich von Usulután. Die neue, befestigte Straße hat hier die Fahrzeit um 20 Minuten verkürzt. Weiter östlich liegt die **Laguna El Jocotal**, ein wichtiges Schutzgebiet für Zugvögel, das leider mit jeder Menge Müll verdreckt ist. Die beste Möglichkeit die Lagune zu erkunden ist in einem Kanu mit einheimischem Führer.

Die Straße schraubt sich danach in die Hügel aus Lavagestein hinauf bis zum Kreisverkehr in El Delirio. Von dort aus geht's ohne Umwege in Richtung Norden nach San Miguel oder nach Süden zur Playa El Cuco und den östlich gelegenen Stränden.

ISLA MONTECRISTO

Dort, wo der Río Lempa in den Pazifik fließt, befindet sich dieses dunstige und unberührte Schutzgebiet. Die Insel und der Meeresarm bieten Hunderten von Reihern und Pelikanen einen Lebensraum. Im Krieg waren die Insel und ihre Cashewnuss-Plantagen aufgegeben und von der FMLN übernommen worden. Nach 1992 wurde sie von einheimischen Bauern wieder besiedelt, die nach dem Ende des Krieges von dem Programm zur Landübertragung profitieren. Heute bauen dort etwa 25 Familien für den Export bestimmte Bio-Cashewnüsse an.

LP Tipp **Hostal Lempa Mar** (☎ 2310-9901; www.gbajolempa.net; La Pita; Zi. 25 US$) Dieses, von einem Verbund für die Entwicklung der Region geführte Hostal, kann nur wärmstens empfohlen werden. Die einfachen Hütten haben mit dem Nötigsten ausgestattete Zimmer mit Gemeinschaftsbädern und einer komfortablen Terrasse. Außerdem bekommt man im Restaurant auch etwas zu essen. Auf **Bootsausflügen** gleitet man auf engen Wasserwegen durch Mangroven hindurch; bei manchen Ausflügen besichtigt man auch die Cashewnuss-Plantagen. Die Fischereigenossenschaft im Estero Jaltepeque kann auch **Angelausflüge** organisieren und verleiht traditionelle **Kanus**.

La Pita und Montecristo liegen am Ende einer 22 km langen Straße, die die Küste mit der Carretera Litoral verbindet. Die Straße kann in der Regenzeit schwer zu befahren sein. Den Bus 155 (0,70 US$, 40 Min.) oder einen Pickup von der Texaco-Tankstelle in San Nicolas Lempa nehmen. Diese fahren zwischen 6 und 17.30 Uhr.

Von La Pita aus kann man sich mit *lanchas* (kleine Motorboote; 20 US$ hin & zurück) oder Kanus (4 US$ einfache Strecke) zur Insel bringen lassen.

¿TÍPICA ODER PÍCARA?

Sorpresas (Überraschungen) sind kleine Szenen und Figuren, die in Schalen in der Größe eines Hühnereis versteckt werden. Erfinderin dieser Kunstwerke ist die Volkskünstlerin Dominga Herrera aus Ilobasco. Unter einer weißen Kapelle oder auch in einer bauchigen Papaya sind bezaubernde Szenen aus dem Dorfleben in Miniaturgröße dargestellt – meistens zumindest. Einem der einheimischen Künstler wurde dies offenbar zu langweilig und so stellte er kurzerhand ein Paar beim ausgelassenen Liebesspiel dar. Diese verbotene Kunst wurde vom örtlichen Priester für gottlos erklärt und für kurze Zeit aus den Läden verbannt. Geld scheint aber stärker zu wiegen als Gottesfurcht und so sind die *„pícara"* (sündigen) *sorpresas* nun als Kopulationsszene im Streichholzformat zu haben – mit gleichbleibend hohen Absatzzahlen. Keine Sorge: Sie werden neutral verpackt.

USULUTÁN

45 300 Ew.

In Zelten untergebrachte Marktstände verstopfen die Straßen der chaotischen Hauptstadt des gleichnamigen *departamento* am Fuße des 1450 m hohen Volcán de Usulután. Einwanderer aus dem Nahen Osten haben einen sehr starken Einfluss auf den Handel der Stadt, Traveller werden Usulután aber vermutlich nur als Zwischenstation auf dem

Weg nach Bahía de Jiquilisco und zur schönen Playa El Espino nutzen. Von hier ist auch das Bergdörfchen Alegría leicht zu erreichen.

Praktische Informationen

Citibank (2a Calle Oriente nahe Av Dr Guandiquil) Liegt am Parque Central und tauscht Reiseschecks; der Geldautomat ist rund um die Uhr in Betrieb.

Cyber Planet (4a Calle Oriente zw. 2a & 4a Avs Norte; 0,50 US$/Std.; Mo–Sa 8.30–18, So 8.30–12 Uhr;)

Schlafen & Essen

La Posada de Don Quijote (2635-9792; Ecke 1a Calle Poniente & 1a Av Sur; EZ/DZ 12/24 US$;) Dieses neue Hotel in einem kleinen Einkaufszentrum hat große Zimmer mit nagelneuen Matratzen, kochend heißen Duschen und einer angenehmen Terrasse im 1. Stock.

Pastelería Trigo Puro (Calle Dr Penado; Hauptgerichte 2–3 US$; Mo–Sa 7–17 Uhr) Aus der Glasvitrine dieser beliebten Bäckerei, die auch *comida típica* im Cafeteria-Stil serviert, lachen einem fette Zimtschnecken, Donuts und Kokoskekse entgegen. Ein Block westlich des Parks.

L'Azteca (Calle Dr Federíco Penado an der 1a Av Norte; Hauptgerichte 2–3 US$; 10–20 Uhr) Großes mexikanisches Restaurant mit offenen Fenstern, langen Holzbänken und einem brutzelnden Grill vor der Tür. Die *tortas,* die hier draußen gemacht werden, sind einfach köstlich, ebenso wie die ansehnlichen Tacos und die eiskalten *licuados.*

Der **Mercado Central** (4a Av Norte zw. 2a & 4a) ist bei Liebhabern von Straßensnacks der Hit.

An- & Weiterreise

Usulutáns Hauptbusbahnhof liegt 1,5 km östlich des Parque Central (Taxi 2 US$). Der Terminal San Miguel befindet sich westlich der Stadt, Passagiere können aber auch auf der 1a Calle Oriente zusteigen, einen Block südlich des Parque Central. Busse nach Alegría, Puerto Triunfo und San Salvador fahren alle auf der 4a Calle in westlicher Richtung durchs Zentrum. Da die meisten Busse diesen Weg durch die Stadt nehmen, muss man nicht unbedingt zum Busbahnhof gehen (außer wenn man einen Sitzplatz haben möchte).

Alegría; Bus 348 nach Berlín (1 US$; 1 Std.)

Playa El Cuco Bus 373 nach El Delirio (0,80 US$; 2 Std.)

Playa El Espino Busse 351 & 358 (1,20 US$; 1½ Std.) Fährt an einer kleinen Haltebucht gegenüber einem Supermarkt und 100 m westlich des Hauptbusbahnhof ab.

Puerto El Triunfo Bus 363 (0,50 US$; 1 Std.) Fährt von einer Haltebucht auf dem Highway ab.

Puerto Parada Bus 350 (0,30 US$; 30 Min.)

San Miguel Bus 373 (0,80 US$; 1½ Std.) Nach La Unión diesen Bus nehmen und dann umsteigen.

San Salvador Bus 302 (*directo* 1,50 US$; 2½ Std.; *especial* 2 US$; 1½ Std.)

Zacatecoluca Bus 302 (0,70 US$; 1½ Std.)

BAHÍA DE JIQUILISCO

Die Península San Juan del Gozo lockt mit kilometerlangen, von der Brandung umspülten weißen Sandstränden und küstenfernen Mangrovenwäldern vor einer beeindruckenden Kulisse aus Vulkanen. Das Binnenland bietet Graureihern, Pelikanen und anderen Wasservögeln einen Lebensraum. Fischerdörfer sind u. a. **Corral de Mulas** und **Isla Méndez**. Weitere, schwerer zugängliche Strände finden sich an der **Punta San Juan** am östlichen Ende der Halbinsel und auf der **Isla Madre Sal**. Die **Isla Espíritu Santo**, auch Isla Jobal genannt, hat endlos viele Kokoshaine und eine Aufbereitungsanlage für Kokosöl, die Strände sind aber nicht erwähnenswert. Achtung: Die Brandung auf der dem Pazifik zugewandten Seite ist sehr stark und kräftig.

Das verwahrloste **Puerto El Triunfo** ist das Tor zur Bahía de Jiquilisco und kann getrost links liegen gelassen werden. Wenn's nicht anders geht, mietet sich im Hotel El Jardín ein, wo das Doppelzimmer 12 US$ kostet. In den Restaurants, die den Kai säumen und die Bucht überblicken gibt's frischen Fisch, *pupusas* und *licuados.*

Corral de Mulas & Isla Méndez

Passagierboote zur **Corral de Mulas** (2 US$) legen früh morgens am Hafenbecken ab. *El Icaco* ist im Vergleich zur *Corral II* die bessere Option. Dort angekommen, geht's auf sandigen, teilweise überfluteten Straßen quer durch die Stadt zum Strand (30 Min.). Das letzte Boot zurück zum Festland legt um 16 Uhr ab. Wer das verpasst hat, fragt in der *alcaldía* nach einer empfehlenswerten Unterkunft.

Einer der Strände der **Isla Méndez** liegt in einer Bucht und hat ruhiges, flaches Wasser. Der andere, dem Ozean zugewandte Strand, ist von Palmen gesäumt und wird von einer tosenden Brandung umspült. Wegen die Abfahrtszeiten der Busse muss man hier auf jeden Fall die Nacht verbringen. Das kann aber durchaus interessant sein, denn der Verbund für die Entwicklung der einheimischen Gemeinden **Adesco** (7727-3453) kann für 10 US$ die Übernachtung bei einer Familie arrangie-

ABSEITS AUSGETRETENER PFADE: ISLA SAN SEBASTIAN

Die Isla San Sebastian ist die größte Insel der Bahía de Jiquilisco. Zu erreichen ist sie von Usulután aus mit Bus 350 bis Puerto Parada. Die Straße endet an einem Meeresarm; dort gibt's einige günstige Fischrestaurants und ein paar Boote, die auf den Wellen schaukeln (25 US$ hin & zurück). Wen die einsamen Strände der hübschen kleinen Inselgruppe zum Bleiben verführen, der fragt am besten nach **La Familia Flores** (Zi. 15 US$). Man bekommt den Weg zu einem einzigartigen Familienheim gewiesen, das komplett aus Kokosnussschalen errichtet wurde – ein preiswertes Baumaterial mit Potenzial. Eventuell ist man tatsächlich erst der zweite Ausländer, der sich hierher verirrt!

ren. Ebenso organisiert er Bootsausflüge in der Bucht (35 US$/Gruppe), die durch die Mangroven und den Palacio de las Aves führen, in der Hunderte von Wasservögel beheimatet sind.

Der **Barillas Marine Club** (☎ 2263-3650; www.barillasmarina.com; Familienbungalow 115 US$;) ist bei Familien aus San Salvador, die zum Sportangeln hierher kommen, sehr beliebt. An einem privaten Jachthafen werden komfortable Häuschen vermietet.

Bus 368 (1 US$, 1¼ Std.) fährt um 13 und 14 Uhr von San Marcos Lempa zur Isla Méndez (über die Carretera Litoral 30 km entfernt) und fährt um 5.30 und 6.30 Uhr wieder zurück. Aus San Marcos Lempa fahren regelmäßig Busse nach Puerto El Triunfo (11 km) Für Infos zu Busverbindungen, s. Usulután (S. 351); der letzte Bus nach Puerto El Triunfo fährt um 16.40 Uhr los, der letzte zurück nach Usulután um 17.30 Uhr. Von der Abzweigung am Highway Bus 377 nach San Miguel (1,35 US$, 2½ Std., letzter Bus um 14.50 Uhr) oder Bus 185 nach San Salvador (1,55 US$, 2 Std., alle 30 Min, letzter Bus um 14.50 Uhr) nehmen.

SAN MIGUEL

218 400 Ew.

San Miguel ist San Salvadors hässliche Stiefschwester und eine Arbeiterstadt durch und durch, aus deren elenden Straßen eine schwüle Hitze nach oben steigt. Dennoch ist die Stadt gewagt zuversichtlich. Die kommerzielle Energie, die sie versprüht, kann mit der der Hauptstadt mithalten und die Einheimischen genießen das schäbige und aufreizende Nachtleben in vollen Zügen.

Die Stadt wurde 1530 gegründet und lange hatte hier das organisierte Verbrechen Politiker und Polizei fest im Griff. Man hofft, mit der neuen Regierung dem Problem endlich entgegentreten zu können. Die unverminderten Ströme von Geldsendungen und eine immer noch hohe Arbeitslosenrate, machen einen Wandel hier allerdings so wahrscheinlich wie den baldigen Ausbruch des hiesigen Wahrzeichens, des Volcan Chaparrastique.

Der Parque Central der Stadt ist der Parque David J. Guzmán; an seiner Ostseite befindet sich die Kathedrale. Tagsüber ist hier alles vom Verkehr verstopft, nachts ist das Gebiet recht unsicher. Westlich des Parks geht's ruhiger und sicherer zu. Die Av Roosevelt (Carretera Interamericana) begrenzt die Stadt im Südwesten und dort sind auch die meisten Nachtclubs und ein großes Metrocentro-Einkaufszentrum zu finden.

Praktische Informationen

Banco Cuscatlán (4a Calle Oriente & Av Barrios) Tauscht Reiseschecks und ausländische Devisen und hat einen 24-Stunden-Geldautomaten.

Banco Salvadoreño (Ecke Av Barrios & 2a Calle Poniente) Tauscht Reiseschecks, gibt Barvorschuss auf Visa-Karten und der Geldautomat ist rund um die Uhr in Betrieb.

Einreisebehörde (Migración; ☎ 2660-0957; Ecke 15a Calle Oriente & 8a Av Sur; Mo–Fr 8–16 Uhr)

Post (Ecke 4a Av Sur & 3a Calle Oriente)

Gefahren & Ärgernisse

Obwohl die Zahl der Gewalttaten durch Banden aufgrund der neuen Sicherheitsmaßnahmen zurückgegangen ist, ist es dennoch nicht ratsam, sich nach Sonnenuntergang im Zentrum aufzuhalten.

Sehenswertes & Aktivitäten

CENTRO

Die am Parque David J. Guzmán stehende Kathedrale der Stadt, die **Catedral Nuestra Señora de la Paz**, stammt aus dem 18. Jh. Gleich um die Ecke, an der 2a Calle Oriente, befindet sich das **Antiguo Teatro Nacional**, ein neoklassizistisches Juwel, das in der Stummfilmzeit als Kino und später als Hauptsitz der Telecom und als öffentliches Krankenhaus diente. Das **Museo Regional del Oriente** ist im 2. Stock desselben

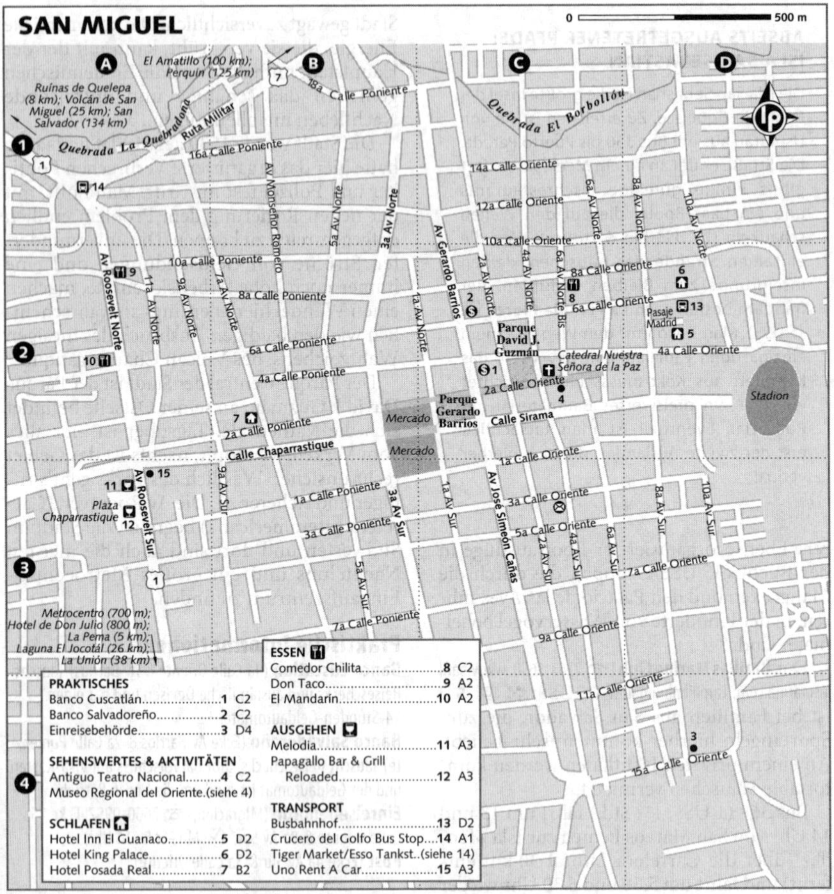

Gebäudes untergebracht. Die Sammlung von Töpferarbeiten und Fotografien ist zwar recht dürftig, der Eintritt ist aber frei.

RUND UM DIE STADT

Archäologiebegeisterte werden die **Ruinas de Quelepa**, einige Grashügel, die 40 terrassenförmig angelegte und zum größten Teil noch nicht freigelegte Zeremonialplattformen bedecken, zu würdigen wissen. Die Lenca haben diese Stätte zwischen dem 2. und 7. Jh. n. Chr. bewohnt und mit Copán in Honduras und mit Mexiko Handel getrieben. Hier entdeckte Steinskulpturen sind im Museo Regional del Oriente ausgestellt. Die Ruinen liegen abseits der Interamericana, 8 km westlich von San Miguel. Bus 90 fährt an der Kathedrale ab und passiert die Ruinen auf dem Weg nach Moncagua (0,40 US$, 30 Min.).

Wer keine Probleme damit hat, sich neun Stunden lang einen steilen Berg hinaufzuquälen, der kann den Aufstieg zum Gipfel des 2130 m hohen **Volcano Chaparrastique**, auch Volcán de San Miguel genannt, wagen. Dessen Kegel überragt die Stadt im Südwesten. Über die **Chinameca Polizeistation** (☎ 2665-0074; Fax 2665-1014) einen Polizeibegleitschutz organisieren und dies, wenn möglich, schon zwei Wochen im Voraus ankündigen. Von oben hat man einen umwerfenden Blick auf die Küste und einen Flickenteppich aus hügeligem Ackerland. Der Krater ist Hunderte Meter tief und unten liegt ein Durcheinander aus Steinblöcken. Zum Vulkan kommt man mit einem

Mietwagen oder dem Placitas-Bus ab der Ecke Calle Chaparrastique und 7a Av Sur in San Miguel. Dann geht's mit dem Taxi weiter.

Festivals

Mit den **Fiestas Patronales** wird in San Miguel jeden November die Virgen de la Paz mit Prozessionen und riesigen, bunten Teppichen aus Sägemehl gewürdigt. Das große Finale, den **Carnaval**, sollte man sich nicht entgehen lassen. Hierbei wird am letzten Samstag im November in der gesamten Stadt eine riesige Party gefeiert.

Schlafen

Die preiswertesten Unterkünfte finden sich beim Busbahnhof, einer rauen Gegend, die nach Einbruch der Dunkelheit nicht sicher ist.

LP Tipp **Hotel de Don Julio** (☎ 2661-4113; 14 Calle Elizabeth; EZ/DZ ohne Bad 8/12 US$, DZ 25 US$; P) Dieses ultramoderne Hotel mit sauberen Doppelzimmern, tollen Badezimmern und Blick auf den Vulkan ist wärmstens zu empfehlen. Hier fühlt sich jeder wohl. Angenehme Extras sind Kabel-TV, Minibar, ein kleines Fitnessstudio und ein Internetcafé. Es liegt in einer der besseren Wohngegenden von San Miguel.

Hotel Inn El Guanaco (☎ 2261-5029; 8a Av Norte at Pasaje Madrid; EZ/DZ 20/30 US$) Klein und einladend, hat das El Guanaco riesige, makellose Zimmer mit heißem Wasser im Bad und Kabel-TV. Wer es ruhig und abgeschieden mag mietet sich im 3. Stock ein. Es gibt einen Billardtisch, und der Duft, der einem vom Restaurant im Erdgeschoss in die Nase steigt, ist vielversprechend.

Hotel King Palace (☎ 2661-1086; www.hotelkingpalace.com, spanisch; 6a Calle Oriente 609; EZ 22–28 US$, Deluxe-DZ 28–35 US$) Gleich gegenüber der Bushaltestelle liegt dieses Business-Hotel. Sein größtes Kapital sind die hilfsbereiten und professionellen Angestellten. Die Zimmer sind groß und frisch renoviert und haben TVs mit Flachbildschirmen. Die günstigsten Zimmer sind zwar klein aber auch o.k.

Hotel Posada Real (☎ 2261-7174; Ecke 7a Av & 2a Calle Poniente; EZ/DZ 23/30 US$) In der recht sicheren und unauffälligen Wohngegend westlich des Markts befindet sich in einem zweistöckigen, pinkfarbenen Gebäude dieses gut geführte Hotel mit einfachen aber ansprechenden Zimmern mit guten Betten, Klimaanlage und TV. Ein Zimmer im oberen Stockwerk nehmen; die unten sind muffig.

Essen

Das beste Preis-Leistungsverhältnis zum Frühstück oder Mittagessen erhält man bei einer *comida a la vista* in einem *comedor;* früh kommen um die volle Auswahl an frisch zubereiteten Gerichten zu haben.

Pastelería Lorena (3a Calle Poniente 21; Kuchen 0,20–3 US$; 7–19 Uhr) Die berühmteste Bäckerei El Salvadors nahm hier ihre Anfänge. Ein Glas *horchata* und ein Stück *Maria Luisa* (Marmeladen-Kuchen) sind der absolute Renner.

Comedor Chilita (Ecke 8a Calle Oriente & 6a Av Norte Bis; Hauptgerichte 2–3 US$; 7–22 Uhr) In dieser geschäftigen Cafeteria kann man aus einer guten und umfangreichen Speisekarte z.B. gedämpftes Gemüse, Spaghetti oder gebratenes Pfefferhähnchen wählen. Nach 16 Uhr dreht sich hier alles um *pupusas* – den Seiteneingang auf der 8a Calle Oriente benutzen.

El Mandarín (Av Roosevelt Norte 407; Hauptgerichte 4–10 US$; 10–21 Uhr) Authentische chinesische Küche, die in einem makellosen, stark klimatisierten Restaurant aufgetischt wird. Das Hähnchen süß-sauer und das Gemüse-Chow-Mein sind beide absolut sättigend.

La Pema (Hauptgerichte 5–12 US$; 10.30–16.30 Uhr) Eines der bekanntesten Restaurants im Land. Besonders gut ist die *mariscada* (cremige Suppe mit Meeresfrüchten), die mit dicken Käsetortillas serviert wird. La Pema liegt 5 km außerhalb der Stadt an der Straße nach Playa El Cuco.

Gutes und günstiges mexikanisches Essen gibt's bei **Don Taco** (Av Roosevelt Norte 320; Hauptgerichte 2–3 US$; 12–22 Uhr).

Ausgehen

Im bekannten Partydistrikt *el triángulo* (an der Kreuzung von Av Roosevelt und den Highways) ist vor 23 Uhr nichts los. Dann versammeln sich die Mariachis an der Tankstelle an der Kreuzung und hoffen darauf, für eine Show angeheuert zu werden. Wer nicht in einem Striplokal landen will, stellt dem Taxifahrer gegenüber klar, dass es in eine *discoteca* und nicht in einen „Nachtclub“ gehen soll. Es gab schon Raubüberfälle durch Männer, die sich vor den Nachtlokalen als Taxifahrer ausgegeben haben.

Papagallo Bar & Grill Reloaded (Plaza Chaparrastique, Av Roosevelt Sur) Der neue Schuppen auf dem Pizza-Hut-Gelände hat etwas weniger Gäste als zuvor. Das Management hat auf Anfrage allerdings versichert, dass es nach Mitternacht zu Latino- und Popmusik auf der Tanzfläche heiß her geht. Annehmbares Essen gibt's die ganze Nacht über.

Melodia (Plaza Chaparrastique, Av Roosevelt Sur) Alle *discotecas* sollten so sein wie diese hier: dröhnende Beats, kitschiges Ambiente, hochhackige Schuhe und eine hochgradig hyperdynamische Stimmung. Ein Latino-Pop-Paradies, in dem gut betuchte Studenten gegenseitig um Aufmerksamkeit buhlen. Vor 24 Uhr sind die Getränke am billigsten – vor 1 Uhr ist es aber natürlich noch ziemlich leer.

An- & Weiterreise

AUTO

Mietautos gibt's bei **Uno Rent A Car** (☎ 2661-0344; Av Roosevelt Sur).

BUS

Zwar sind die Busspuren in San Miguels Busbahnhof deutlich markiert, nach Fahrplänen muss man allerdings erst mal fragen. Wer hier nachts ankommt, sollte mit dem Taxi zum Hotel fahren. Ziele sind unter anderem:

El Amatillo (Grenze nach Honduras) Bus 330 (1,90 US$; 1½ Std.) Fährt zwischen 4 und 18 Uhr im 10-Minuten-Takt ab.

El Cuco Bus 320 (1 US$; 1½ Std.)

La Unión Bus 324 (1 US$; 1¼ Std.)

Marcala, Honduras Bus 426 (3,50 US$; 5½ Std.) Abfahrt um 4.40 und um 11.40 Uhr.

Perquín Bus 332 (1,35 US$; 3 Std.) Abfahrtszeiten sind um 6.20, 9.50, 10.20, 12.40 und 15.20 Uhr. Alternativ den Bus 328 zur San Francisco Gotera nehmen und dort in einen Pickup umsteigen.

Puerto El Triunfo Bus 377 (1,60 US$; 2 Std.)

San Salvador Bus 301 (2,20 US$; 3 Std.; *especial* 3,20 US$; 2 Std.)

Usulután Bus 373 (1 US$; 1½ Std.)

EL SALVADOR

LA UNIÓN

23 600 Ew.

Zwar gibt es hier ein paar Ecken, die sich einen salzverkrusteten, kolonialen Charme bewahrt haben, ansonsten ist La Unión aber eine Stadt, die man schnell hinter sich lässt. Hier ist es heiß und ausgesprochen dreckig und es gibt nur wenige Gründe länger zu bleiben – einer davon vielleicht ein verspätetes Boot, das einen über den Golfo bringen soll. Die Hitze hier ist so unerträglich, dass man um die Mittagszeit sogar Hunde winseln hört. Die Einheimischen erhoffen sich vom neuen Tiefseehafen bessere Aussichten, aber auch zwei Jahre nach seiner Fertigstellung ist es hier noch bedenklich ruhig, da der Startschuss durch die Industrie bisher noch ausbleibt. Bis dies geschieht, kann man hier auf getrockneten Tintenfischringen herumkauen und sich auf die Strände der abgelegenen Inseln im Golfo de Fonseca (S. 358) freuen.

Die Strände Playa Las Tunas und Playa Jaguey westlich von La Unión sind ganz gut, während die in der Nähe der Playa El Cuco und El Tamarindo sogar ausgezeichnet sind.

Um der Hitze für kurze Zeit zu entkommen und einen Blick über den Golf zu erhaschen empfiehlt sich ein Besuch in **Conchagua** am Fuß des beeindruckenden Vulkans gleichen Namens.

Praktische Informationen

Cyber Café (3a Av Norte zw. 3a & 7a Calles Oriente; 0,70 US$/Std.) Besonders schnelle Verbindung und relativ neue Computer.

Einreisebehörde (☎ 2604-4375; Ecke Av General Cabañas & 7a Calle Poniente; ⌚ Mo–Sa 6–22 Uhr) Neben der Post; auf dem Schild steht *Control Migración*. Wer mit dem Boot von Nicaragua oder Honduras ein- bzw. dorthin ausreist, muss sich hier einen Stempel holen.

Plaza Médica Vida (☎ 2604-2065; Calle General Menéndez zw. 7a & 9a Avs Sur; ⌚ 24 Std.) Anständiges Krankenhaus in der Nähe des Zentrums.

Scotiabank (3a Calle Oriente zw. 1a Calle Sur & Av General Cabañas) Tauscht Reiseschecks und hat einen 24-Stunden-Geldautomaten.

Schlafen & Essen

Casa de Huéspedes El Dorado (Ecke Calle San Carlos & 2a Av Norte; EZ/DZ 8/12 US$; ✱) Die Mangobäume im Hof entschädigen für die ansonsten recht grimmige Pension direkt am Marktplatz. Die winzigen Zimmer sind mit alten Betten und verrosteten Ventilatoren ausgestattet. Das Management ist ganz locker drauf.

Hotel San Francisco (☎ 2604-4159; Calle General Menéndez zw. 9a & 11a Avs Sur; EZ/DZ mit Klimaanlage 32/40 US$; ✱) Von außen ist dieses Hotel im Kolonialstil mit seinem exzentrischen, barfüßigen Besitzer Fernando am beeindruckendsten. In Anbetracht der alten Betten und der lecken Badezimmer sind die Zimmer viel zu teuer, die Lage des Hotels in einer ordentlichen Straße spricht aber für sich und Gäste, die sich zu den Inseln aufmachen, können ihr Gepäck hier deponieren.

Comfort Inn (☎ 2665-6565; Km 2,8 Calle a Playitas Carretera Panamericana; Zi. 69 US$; ✱ 💻 🏊) Ein relativ neues 08/15-Hotel mit ordentlich großen Zimmern und Swimmingpool. In einem Zimmer können bei gleichbleibendem Zimmer-

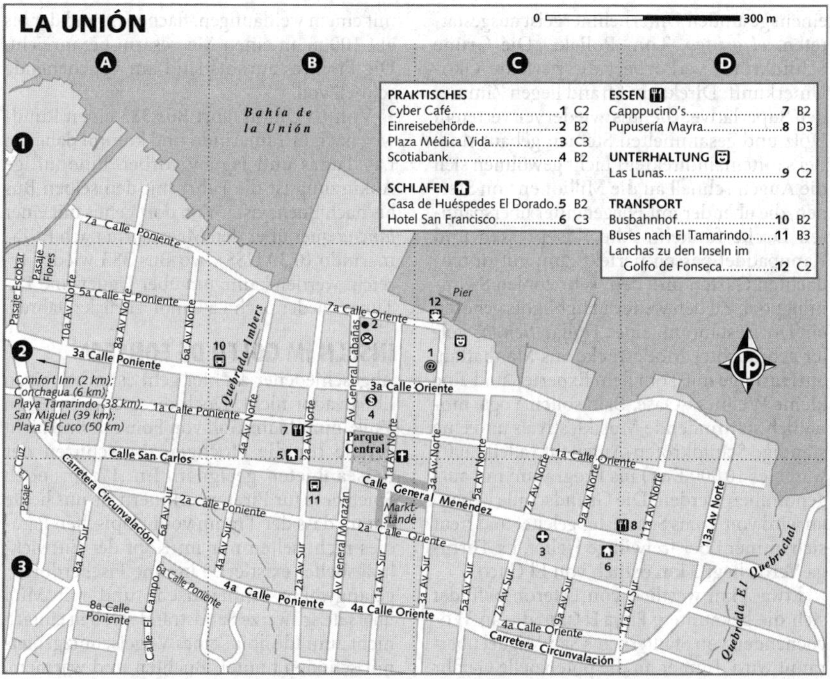

preis bis zu vier Personen schlafen. Es befindet sich in der Straße, die in die Stadt führt.

Pupusería Mayra (Calle General Menéndez; Hauptgerichte 1–2 US$; 5–22 Uhr) Diese öffentliche Einrichtung gegenüber dem San Francisco wird gern von Kirchgängern besucht und ist die beste Option für *panes de pollo* (Hühnchensandwiches) und frische *pupusas*. Nicht zurückhaltend sein, sonst geht man leer aus.

Cappucino's (1 Calle Poniente 2-2; Kaffee 2 US$, Snacks 2–4 US$; 8–19 Uhr) Eine Fata Morgana in der unsteten Wüstenlandschaft der Straßenstände! Das Cappucino's ist ein angesagtes neues Café mit eiskalter Klimaanlage und vornehmen Lounge-Bereichen aus Vinyl, das von einem kürzlich erst heimgekehrten Ex-Kalifornier betrieben wird. Der unangefochtene Star im Ring ist der Kaffee, die Frühstückssandwiches (4 US$) sind aber auch nicht ohne.

Erstklassige Fischrestaurants gibt's im Hafenviertel östlich vom Zentrum. Das nahe gelegene **Las Lunas** (3a Av Norte, Playa Los Coquitos; 14–2 Uhr) bietet unter seiner mit Schilf überdachten Bar so etwas wie ein Nachtleben: mit Karaoke und gelegentlichen Konzerten am Samstagabend.

An- & Weiterreise

Der Busbahnhof liegt an der 3a Calle Poniente zwischen 4a Av Norte und 6a Av Norte. Ziele sind unter anderem:

Conchagua Bus 382A (0,25 US$; 15 Min.)

El Amatillo (Grenze nach Honduras) Santa-Rosa-de-Lima-Bus 342 (0,95 US$; 1 Std.) bis San Carlos nehmen, dort an der Abzweigung in Bus 330 umsteigen.

El Tamarindo Bus 383 (0,95 US$; 1¾ Std.)

Las Playitas Bus 418 (0,90 US$; 1 Std.)

San Miguel Bus 324 (0,90 US$; 1¼ Std.; *especial* 1,10 US$; 1 Std.)

San Salvador Bus 304 (3 US$; 4 Std.; *especial* 5 US$; 3 Std.)

Santa Rosa de Lima Bus 342 (0,90 US$; 1½ Std.)

STRÄNDE RUND UM LA UNIÓN

Diese langen, weiten Streifen goldenen Sands werden von internationalen Strandgängern oft übersehen. An der **Playa Esteron** trifft sich die Elite San Miguels. Dieser Strand ist die beste Option hier, auch wegen seiner sanften und sauberen Brandung und der endlosen Weite und Abgeschiedenheit.

La Tortuga Verde (7774-4855; Playa Esteron; DZ 20 US$;) ist die geniale Vision des, mit einem gesunden Unternehmergeist ausgestatteten, *el gringo,* Tom Poliak. „Die Grüne Schildkröte" verkörpert die perfekte Öko-Unterkunft: Direkt am Strand liegen Zimmer der Superlative, die aus wiederverwertetem Holz und gesammelten Steinen gebaut sind. Bei sanftem, indirektem Licht gewöhnen sich die Augen schnell an die Millionen von Sternen, die über der mit Fliegengitter überspannten Decke funkeln. Alte Käsepressen und Kanupaddel passen perfekt zum gut durchdachten Garten und dem sehr coolen Swimmingpool. Zu den weitern Highlights gehören ein Dorfrestaurant, eine „Dollar-*tienda*" voller gebrauchter Modestücke aus Manhattan, Surfausflüge mit Tom dem Experten und eine kleine Wellness-Oase. Bald sollen Yoga, monatlich stattfindende Musikfestivals und eine ständige Schildkröten-Aufzucht (allein 2009 waren es 10 000 Eier) ins Programm mit aufgenommen werden. Die Grundschule nebenan wird von Toms Schwester geleitet und freut sich immer über freiwillige Helfer. La Tortuga Verde liegt 3 km östlich von El Cuco.

Etwa 3 km westlich von Esteron befindet sich die bekanntere **Playa El Cuco**, die an Wochenenden von Städtern aus San Miguel überrannt wird. Immer an die potenzielle Gefahr von Quallen und Mantarochen denken – beim Hinausgehen den Sand immer ein wenig aufwühlen. Auf dem sandigen Marktplatz gibt's Unmengen von guten und günstigen Fischrestaurants. **Azul Surf Club** (☎ 2612-6820; www.azulsurfclub.com; Playa El Cuco; Hütte 50 US$;) ist ein schönes, neues Surf-Resort der Extraklasse, das in der Umgebung beeindruckende Hilfsprojekte betreut. Obwohl sich das Resort vor allem auf Pauschalangebote spezialisiert hat, können auch Traveller auf der Durchreise noch recht gute Deals bekommen.

Das weiter westlich gelegene **Las Flores** ist von Dezember bis Februar ein optimaler Surfspot für Anfänger. Den Rest des Jahres lässt man hier lieber die Profis ran. Mama Cata von **Familia Segovia** (☎ 2619-9173; casacata1@hotmail.com; Playa Las Flores; Zi. 15 US$) nimmt die Einteilung vor. Den berühmten Break an der Punta Mango erreicht man mit dem Boot entweder von Las Flores oder El Cuco aus.

Die **Playa Jaguey** ist ein breiter Sandstrand mit einer moderaten Brandung zwischen El Tamarindo und El Cuco. Der Strand ist von privaten Häusern gesäumt. Nutzen kann man ihn dennoch, es gibt allerdings keine sanitären Anlagen. Die **Playa Las Tunas** ist auch ganz nett, mit einem weitläufigen, flachen Strand der bis auf 100 m an einen Meeresarm heranreicht. Die Fischrestaurants sind am Wochenende schnell voll.

Von La Unión fährt Bus 383 einen Rundweg nach El Tamarindo und kommt dabei an Las Tunas und Jaguey vorbei. Eine luftige Abkürzung ist die Fahrt mit demselben Bus bis nach Buenavista. Von dort geht's mit einer *lancha* quer über den Meeresarm nach El Tamarindo (0,30 US$), wo Bus 383 wieder erreicht werden kann, um über Jaguey und Las Tunas wieder nach La Unión zurückzufahren.

INSELN IM GOLFO DE FONSECA

Abgeschiedener als hier geht es im winzigen El Salvador nicht. Doch diese üppig grünen Vulkaninseln im Golf von Fonseca sind nicht gerade für die Hochglanzbroschüren der Reiseanbieter geeignet. Im 17. Jh. noch Spielwiese für Piraten, erinnern sie uns heute daran, dass der Traum vom tropischen Paradies nicht selten nur im Kopf der Entwicklungshelfer existiert. Einsame Fischerdörfer, gelangweilte Einheimische und mit Müll übersäte schwarze Sandstrände wollen einfach nicht zum Idealbild eines Vogelschutzgebiets mit schönen bunten Buchten und warmem, allgegenwärtigen Wasser passen.

Die am nächsten gelegene Insel, die **Isla Zacatillo**, hat die meisten Einwohner und viele Buchten mit Sandstrand warten darauf, erkundet zu werden. Der Hauptort hat ein paar Läden und Unterkunftsmöglichkeiten in einem Holzverschlag auf der anderen Seite der Bucht. Einsame Strände findet man auf der **Isla Martín Pérez**, gleich südlich von Zacatillo. Die eher bergige **Isla Conchagüita** lädt mit ihren Wanderwegen zum aktiv sein ein. Direkt am Strand vor dem Hauptort sind die Fischerboote in Reih und Glied unter *enramadas* (Lauben oder Vordächer aus Holz oder Ästen) angebunden. Den Einheimischen zufolge findet man auf dem Weg hinaus zur Playa Brava prähistorische Petroglyphen. Der schwarze Sandstrand der Playa liegt zu Fuß eine Stunde vom Dorf entfernt.

Die beste der Inseln liegt, erwartungsgemäß, am weitesten vom Festland entfernt. Die **Isla Meanguera** war lange Gegenstand von Territorialstreitigkeiten mit Honduras und Nicaragua, bis sie ein internationales Gericht 1992 El Salvador zusprach. Neben einem kleinen, freundlichen Dorf hat die Insel noch die **Playa Majahual** zu bieten, einen atemberaubenden

UNTERWEGS NACH HONDURAS, NICARAGUA & COSTA RICA

Einreise nach Honduras

Tegucigalpa (27 US$, 5 Std.) wird von den 1.-Klasse-Bussen von **King Quality** (☎ in San Salvador 2271-1361) angefahren, die täglich um etwa 8 und 15.30 Uhr von der **Esso-Tankstelle** in San Miguel (Av Roosevelt an der Ruta Militar) starten. Pünktlich sein! Tickets gibt's an der Tankstelle – am besten am Tag vorher kaufen.

Alternativ hält Bus 330 50 m von El Amatillo entfernt an der salvadorianischen Grenze, wo eine Brücke hinüber nach Honduras führt. Die honduranischen Busse dort fahren nach **Choluteca** (2,10 US$, 1½ Std.) und von dort weiter nach **Tegucigalpa** (2 US$, 3½ Std.); der letzte Bus zu diesen beiden Zielen fährt um 17.30 Uhr ab. Der letzte Bus von El Amatillo nach San Miguel startet um 18.30 Uhr.

Für Informationen zur Grenzüberquerung von Honduras aus, s. S. 491.

Einreise nach Nicaragua & Costa Rica

King Quality unterhält eine Busverbindung nach **Managua** (27 US$, 9 Std.), die von dort weiter nach **San José, Costa Rica** (47 US$, 19 Std.) führt. Der Bus hält gegen 7.30 und 13.30 Uhr an der Esso-Tankstelle in San Miguel.

Von El Amatillo fahren zwischen 5.30 und 17 Uhr Microbusse über die Südspitze Honduras' zur nicaraguanischen Grenzstadt **Guasaule** (abhängig von der Zahl der Fahrgäste 5 US$, 2 Std.). Um die Busverbindungen nach **León** und **Managua** zu erreichen, muss man einen 200 m langen Fußweg zurücklegen.

Strand – wenn er denn sauber ist. Von der Fähranlegestelle sind es zu Fuß 45 Minuten; Shuttles (1 US$) gibt's nur dann, wenn sie gerade anderweitig nicht gebraucht werden.

In einer malerischen Bucht liegt das **Hotel La Joya del Golfo** (☎ 2648-0072; www.hotellajoyadelgolfo.com; Isla Meanguera; DZ 79 US$, 10 US$/zusätzl. Pers.; ❄ 💻). Es ist einfach eine tolle Option, um die Nacht zu verbringen – glücklicherweise, denn es ist die einzige Unterkunft auf der Insel. Die Zimmer sind groß, haben sensationelle Betten und erstklassige, mit Gold verzierte Bäder, Kabel-TV und einen tollen Blick auf die „Vogelinsel". Die freundliche Besitzerin Rina ist auch noch eine begnadete Köchin und ihre zwei Englisch sprechenden Söhne helfen gerne dabei, einen Angel-, Wander- oder Tauchausflug zu arrangieren. Vorab anrufen, spätestens jedoch, um sich vom Anlegesteg abholen zu lassen.

Vom Landungssteg in La Unión fahren Boote nach Zacatillo (2 US$, 20 Min.) und Meanguera (2,50 US$, 1½ Std.). Die Abfahrtszeiten können variieren, meist legen die Boote aber um 10.30 Uhr ab und kehren um 5 Uhr am nächsten Morgen zurück. Wer nur einen Tag bleiben möchte, muss sich selbst um ein Boot für die Abholung kümmern.

Eine private „Express"-*lancha* kostet für den Hin- und Rückweg nach Meanguera 60 US$. Auf jeden Fall vor dem Ablegen einen Preis aushandeln und vorab nur die Hälfte bezahlen, um auch wirklich wieder abgeholt zu werden. Auch von Las Playitas, weiter entlang der Küste, legen Fähren zu den Inseln ab.

Nur sporadisch fahren Boote von La Unión nach Coyolitos in Honduras oder zum Hafen Potosí in Nicaragua. Hierfür am Pier am besten einen Marineoffizier fragen. Alternativ kann man auch versuchen, telefonisch zu erfragen, ob vom Hotel La Joya del Golfo auf der Isla Meanguera bald ein Boot ablegt. Die Preise unterscheiden sich enorm. Die Fahrt über Land ist vielleicht nicht gerade aufregend – das ist der Aufenthalt in La Unión aber auch nicht.

MORAZÁN

Das im Nordosten gelegene *departamento* Morazán ist ein raues und ärmliches, ländliches Gebiet, in dem die Menschen vorwiegend von der Landwirtschaft leben. Dennoch bleibt es aufgrund seines nachhaltigen, von Gemeinden getragenen Natur- und Kriegstourismus nicht unbemerkt. Das Museum in Perquín und das Denkmal in El Mozote sind eindrucksvolle Beispiele für die Aussöhnungs- und Erinnerungsarbeit, die hier geleistet wird. Das kühle Klima, der sauberste Fluss im Land (Río Sapo) und die zahlreichen Wanderungen zu Wasserfällen und Unterschlüpfen aus Kriegszeiten ziehen immer mehr Großstädter aus anderen Teilen des Landes an.

In den Dörfern rund um San Francisco Gotera, der Hauptstadt des *departamento*, haben die Traditionen der indigenen Bevölkerung überlebt. Im Dorf **Cacaopera** (Bus 337 von San Francisco Gotera aus) zeigt ein kleines ethnografisches **Museum** (Eintritt 1 US$; Mo–Fr 9–12 & 14–17 Uhr) Fotoausstellungen und Fundstücke zur örtlichen indigenen Gemeinschaft der Kakawira. Miguel Ayala gehört zum Museum und ist ein guter Ansprechpartner. Das Museum organisiert in der Trockenzeit (Dez.–April) auch geführte Wanderungen zu präkolumbischen Petroglyphen (15 US$ je Gruppe). Das Museum unterhält außerdem ein rustikales **Hostel** (☎ 2651-0251; B 5 US$) ohne Strom und fließendes Wasser. Baden kann man im nahen Río Torola, gekocht wird auf dem Holzofen. Das ist vielleicht nicht gerade bequem, die Erfahrung ist aber zweifelsohne einzigartig.

Die Gemeinde von **Guatajiagua** stellt qualitativ hochwertige schwarze Töpferarbeiten nach alter Lenca-Tradition her. Einen Eindruck davon kann man sich im Kunsthandwerksladen **Cedart** (Calle Principal; Mo–Fr 8–17, Sa 8–12 Uhr) oder in der Werkstatt eines einheimischen Künstlers verschaffen (im Laden nach Adressen fragen).

Perquín

5500 Ew.

Ein Besuch der früheren FMLN-Zentrale im Bergdorf Perquín ist ein wichtiger Schritt, um den brutalen Bürgerkrieg in El Salvador verstehen zu können. Hier, in diesen Hügeln, konnte die Opposition ihre treuesten Gefolgsleute gewinnen und trotz heftiger Bombardierungen gelang es dem Militär nicht, die Guerillakräfte von hier zu vertreiben. Der Ort an sich ist nichts Besonderes, für viele Traveller macht das kühle Bergklima und das ausgezeichnete Kriegsmuseum einen Ausflug hierher jedoch zu einem der Höhepunkte einer Reise nach El Salvador.

PRAKTISCHE INFORMATIONEN

Cyberspace (1 US$/Std.; Sa–Do 8–21 , Fr 8–18 Uhr)
Prodetur (☎ 2680-4086; Parque Central; Mo–Fr 8–17, Sa 8–14 Uhr) Perquíns hilfsbereites Ausflugsbüro organisiert geführte Touren und Wanderungen (15 US$; ein paar Tage vorab anmelden). Anfang August wird hier der Unterzeichnung der Friedensabkommen gedacht; auch hierzu gibt's einige geführte Touren.

SEHENSWERTES

Einige Blocks nördlich des Parks befindet sich das **Museo de la Revolución Salvadoreña** (Calle Los Héroes; Eintritt 1,20 US$; Di–So 8.30–16.30 Uhr), das die Gründe und den Hergang des bewaffneten Kampfes illustriert. Zu den Highlights gehören u. a. Anti-Kriegs-Poster aus der ganzen Welt, schonungslose Farbbilder des Lebens in den Guerillacamps, eine unglaubliche Sammlung sowjetischer Waffen und einige Geschichten über Menschen, die im Kampf fielen. Der Besuch hier ist traurig und ergreifend.

ABSEITS AUSGETRETENER PFADE

Morazán öffnet sich in letzter Zeit mehr und mehr dem von den Gemeinden getragenen Tourismus. Der freiwillige Peace-Corps-Helfer Ari Borinsky hat ein paar coole Tipps, was man in dem ihm zugewiesenen Gebiet erleben kann:

- Die **Aguas termales** (Thermalquellen) in Canton El Progreso besuchen. Dort kann man in einem wunderschönen *pila* – wie geschaffen für zwei Personen – ein schönes heißes Bad nehmen. Nach einer einstündigen Busfahrt von Perquín geht's noch einmal eine Stunde zu Fuß weiter bis zum Rio Araute. Vorbei an der kleinen Schule (nicht vergessen, den Schülern zu winken!) und dann einem alten Schild nach, das den Weg weist.
- Der Wasserfall **El Salto** ist nur was für echte *aventureros*. Der Weg dorthin führt am rutschigen Flussufer des Río Araute entlang. Die einheimischen Guides **Edwin and Carlos** (☎ 7490-8082/7219-5750; Touren 10–20 US$) sind Brüder und helfen gerne weiter.
- In der Nähe von San Fernando liegt **La Cascada del Chorreron**, einer der beeindruckendsten und am einfachsten zugänglichen Wasserfälle der Region, dessen Wasser einer dauerhaften, natürlichen Quelle entspringt. Der Wasserfall war Schauplatz der Batalla del Moscardon, einer der blutigsten Schlachten des Bürgerkriegs. Von San Fernando aus führt ein 2 km langer Weg durch das einfache zu bewältigende Gelände einer *reserva natural*. Der 40 m hohe Wasserfall plätschert in einen wunderschönen Trichter, der sich perfekt zum Schwimmen eignet.

Das neu eröffnete **El Campamento Guerrillero Simulado** (Calle Los Héroes; Eintritt 0,50 US$; Di–So 8.30–16.30 Uhr) ist ein rekonstruiertes Guerillacamp in einem teilweise gerodeten Waldstück, das über Hängebrücken verbunden und von Pfaden durchzogen ist. Hier sind beispielsweise die Überreste des abgeschossenen Helikopters zu sehen, in dem Leutnant Colonel Domingo Monterrosa, der Anführer des berüchtigten Atlacatl-Bataillon, in den Tod stürzte. Außerdem können die Studios des illegalen Radiosenders der FMLN, Radio Venceremos („Wir werden gewinnen") besichtigt werden. Der Sender war in einen ausgeklügelten Plan verwickelt, der dazu führte, dass der Helikopter zerstört wurde – durch einen mit Sprengstoff präparierten Funksender.

Im Museum kann man auch Kontakt zu ehemaligen Guerillakämpfern aufnehmen, die die Besucher auf faszinierenden **geführten Touren** (Gruppe 20 US$) durch die Kriegszone begleiten. Das beliebteste Ziel ist El Mozote (S. 362).

AKTIVITÄTEN

Das von Bergen umgebene Perquín bietet tolle Möglichkeiten zum Wandern und Schwimmen (im Fluss). Dank einer Fülle von Orchideen und Schmetterlingen eignet es sich auch hervorragend zur Vogelbeobachtung – 12 verschiedene Pirol-Arten und der äußerst seltene Rotkopf-Stirnvogel wurden hier bereits beobachtet. Der **Río Sapo** ist einer der drei Flüsse, die sich durch den Wald schlängeln – nach dem Besuch in El Mozote kann man hier prima schwimmen oder zelten. Der Fluss ist zu Fuß in 45 Minuten erreicht – ein Fußmarsch, der sich lohnt. Am oberen Wasserlauf gibt es viele freundliche Gemeinden, wie z. B. die **Cumaro**. Der ortsansässige Fremdenführer Don Santos kann Ausflüge zu einer Badestelle in der Umgebung organisieren und einen sehr willkommenen Gastauftritt in der Dorfschule ermöglichen. Ebenso geben die Bauern vor Ort gern einen Tag lang einen Einblick in ihre Arbeit auf den Kaffee-, Mais- und Zuckerplantagen. Eine Übernachtungsmöglichkeit ist die **Cabaña las Veraneras** (☎ 7733-4493; Caserio Cumaro; Zeltplatz/Zi. 2/6 US$/Pers., Gerichte 1,50 US$). Niña Nildas Gäste werden schnell als Familienmitglieder aufgenommen. Beim Prodetur-Büro (S. 360) in Perquín kann man Reservierungen vornehmen.

Der **Quebrada de Perquín** ist ein kleinerer Bach mit ziemlich vielen Felsen, der sich auch gut zum Schwimmen eignet. Der **Cerro de Perquín** ist vom Ort einen 10-minütigen Fußmarsch entfernt, während der Weg zum **Cerro el Pericón** schon etwas länger und beschwerlicher ist. Von beiden Erhebungen hat man einen großartigen Ausblick. Wer einen Führer engagieren möchte, fragt am besten bei Prodetur oder im Museum nach.

Jeden November findet hier ein großes Radrennen, die **Tours Ciclista de Montaña**, statt. Das **Festival de Montaña** ist ein einwöchiges Kulturfestival, das Ende Dezember veranstaltet wird.

SCHLAFEN & ESSEN

Eco Albergue Río Sapo (☎ 2680-4086/7; Zeltplatz/B 4/7 US$/Pers.) Hier wohnt man in unmittelbarer Nähe einer Badestelle und der Ausgangspunkte einer ganzen Reihe von Wanderungen. Schon deshalb lohnt sich eine Übernachtung in diesen rustikalen Hütten in der Area Natural Protegida Río Sapo, die doch stark an einen Schlafsaal erinnern. Hier gibt's keinen Strom und nur begrenzt Wasser; Verpflegung muss man selbst mitbringen und auch die Taschenlampe sollte man nicht vergessen. Zelte (3 US$) und Schlafsäcke (1 US$) können bei Bedarf geliehen werden. Die Eco Albergue wird von Prodetur betrieben.

La Posada de Don Manuel (☎ 2680-4037; EZ/DZ 8/16 US$) Die aus Beton gemauerten Zimmer dieses umgebauten Sägewerks sind sehr einfach, dafür gibt's heißes Wasser und eine superschnelle WLAN-Verbindung. Das Restaurant ist das Reich der begnadeten Köchin Corina. Es wirkt etwas düster, das Essen ist Lonely-Planet-Lesern zufolge aber ausgezeichnet. Manuel bietet geführte Ausflüge aller Art an. Die Posada befindet sich 500 m vor dem Ortseingang.

Hotel Perkin Lenca (☎/Fax 2680-4046; www.perkinlenca.com; Zi. inkl. Frühstück 20 US$/Pers., Hütte für 1–4 Pers. inkl. Frühstück 40–74 US$) Das aus Kiefern- und Eichenholz erbaute Lenca sieht aus wie eine echte Berghütte und fühlt sich auch genauso an. Sie ist der ganze Stolz des Amerikaners Ronald Brenneman, der auf eine langjährige Erfahrung im Wohnungsbau für Geringverdiener in Honduras zurückgreifen kann. Die Hütten sind wie geschaffen für Familien und die Doppelzimmer bieten ein hervorragendes Preis-Leistungs-Verhältnis; alle haben heißes Wasser. Es können zu jeder Zeit Ausflüge gebucht werden und allein das dazugehörige Restaurant mit Bäckerei, La Cocina de

Ma'Anita, ist schon die Reise wert. Hier kommen vor allem Bio-Produkte auf den Tisch, lecker ist aber alles was man bestellt. Besonders gut sind die Fleischgerichte, das Eis und alles Eingemachte.

La Cocina de la Abuela (Hauptgerichte 2–4 US$) Das beste der preiswerten *comedores* auf der Plaza.

AN- & WEITERREISE

Die CA7 von San Miguel nach Norden bis zur Grenze nach Honduras ist in gutem Zustand. Bus 332 fährt um 6, 7, 9.50 und 12.40 Uhr von San Miguel nach Perquín (1,50 US$, 2½ Std.). Alternativ kann man auch den regelmäßiger verkehrenden Bus 328 nach San Francisco Gotera (0,70 US$, 1½ Std.) nehmen und dort in einen Pickup nach Perquín (0,50 US$, 1 Std.) umsteigen. Der letzte Bus zurück nach San Miguel geht um 16 Uhr; der letzte Pickup nach Gotera startet um 17.40 Uhr. Wer aber von dort die letzte Busverbindung nach San Miguel erwischen will, der muss den Pickup schon um 17 Uhr nehmen.

El Mozote

Am 11. Dezember 1981 brachten Soldaten der Regierung Angst und Schrecken über dieses Bergdorf im Norden des Landes und richteten seine Bewohner kaltblütig hin. Schätzungen zufolge starben an diesem Tag 757 Menschen; von den 143 ausgegrabenen Opfern waren 131 Kinder. El Mozote ist heute eine Pilgerstätte, um den Opfern des Massakers zu gedenken. Eine Hommage sind auch die bunten Wandmalereien an der Kirche, die den Ort so zeigen, wie er damals war und wie ihn sich die Kinder auch in Zukunft wünschen. Außerdem ist hier eine Tafel mit den Namen all derer angebracht, die in dem Massaker ihr Leben verloren. Auf dem Massengrab der hingerichteten Kinder ist ein Rosenbeet angelegt. In diesem schlichten Dorf gibt's keine Übernachtungsmöglichkeiten und nur wenige Serviceleistungen.

Es ist von größter Bedeutung, sich ein Feingefühl für die Ernsthaftigkeit dieses Ortes zu bewahren, denn die Einheimischen hier sind internationale Besucher gewohnt. Snackbars wurden errichtet und die Kinder trotten hinter den Travellern her und betteln um Almosen. So groß die Versuchung etwas zu geben auch sein mag, am besten platziert man seine Spende direkt in der Box in dem Büro, in dem auch geführte Touren gebucht werden können.

UNTERWEGS NACH HONDURAS

Bus 426 fährt täglich um 6.30 und 11.40 Uhr von Perquín nach Marcala, Honduras (2,50 US$, 3 Std.). Er hält an der honduranischen Grenze an, wo man für sein bereits eingetragenes 90-Tage-Visum für die vier zentralamerikanischen Länder noch eine Gebühr von 3 US$ bezahlen muss. Grund dafür ist eine Grenzstreitigkeit, da es früher am Grenzübergang **Sabanetas–Marcala** auf salvadorianischer Seite keine Einreise- bzw. Zollstation gab. Mittlerweile können Reisende hier wieder problemlos zurück nach El Salvador einreisen. Für Informationen zum Grenzübertritt von Honduras aus, s. S. 410.

Von Perquín aus kann man entweder zu Fuß gehen oder mit einem Pickup 3 km in südlicher Richtung bis dorthin fahren, wo sich der Highway gabelt. El Mozote liegt 10 km von der befestigen Straße entfernt; die Busse in Richtung Jateca kommen hier morgens um 8 Uhr vorbei. Unterwegs kommt man an Arambala vorbei, wo bei Luftangriffen viele Menschen starben. Derselbe Bus fährt um 12.45 Uhr wieder von El Mozote zurück und lässt Passagiere an der Abzweigung aussteigen. Diesen Ausflug kann man auch mit einer Wanderung zum Río Sapo verbinden, der zu Fuß nur 30 Minuten von El Mozote entfernt liegt.

Prodetur und das Museo de la Revolución Salvadoreña (S. 360) in Perquín können zwar Ausflüge organisieren, aus Respekt sollte man aber direkt in El Mozote einen der einheimischen, Spanisch sprechenden Führer nehmen.

DER NORDEN EL SALVADORS

Das zeitlos bezaubernde Suchitoto – eine mustergültige Kolonialstadt, nur 47 km von San Salvador entfernt – ist der Star des nördlichen El Salvador. In dieser Region wird vor allem Landwirtschaft betrieben und Wanderer freuen sich über das bergige Terrain. Traveller auf der Durchreise nach Honduras fühlen sich hier wie in einer anderen Welt. In einem mit einheimischer Musik beschallten Bus geht's geruhsam durch zerklüftete Hügel und Kiefernwälder. Die Zeit verliert an Bedeutung – und die anderen Reisenden scheinen plötzlich unendlich weit weg zu sein.

Wer einen kleinen Umweg wagt, wird reich belohnt. La Palma ist ein einzigartiger Künstler-Treff, wo die *arte naif* auch weiterhin die Fantasie der Welt beflügelt. Eine Wanderung von San Ignacio oder Miramundo (oder auch von anderen beschaulichen Dörfern) aus stehen anderen Ausflügen in Zentralamerika in nichts nach. Chalatenango ist der kommerzielle Mittelpunkt der mittlerweile sichersten Region des Landes und wird wirtschaftlich sicher noch weiter wachsen, sollte der neue nationale Highway wie geplant weiter ausgebaut werden.

Das *departamento* Chalatenango hatte am schwersten unter der Militärmission der *tierra arrasada* (verbranntes Land) zu leiden. Dabei wurden, als Teil der Kampfhandlungen, Felder abgebrannt und Nutztiere getötet.

Chalatenango ist der wichtigste Lieferant für Strom aus Wasserkraft, hat aber angesichts der enormen Abholzung mit schwerwiegenden Umweltproblemen zu kämpfen.

SUCHITOTO

Das scheinbar einer Erzählung des magischen Realismus entsprungene Suchitoto hat der Last der Vergangenheit standgehalten – oder ist sogar noch an ihr gewachsen. Mit ähnlicher Energie verwandelt sein am Wochenende stattfindendes Kunstfestival die typische Plaza im Ort in eine riesige *guanaco*-Parade. Dies alles ist nicht neu, denn als das Indigo hier noch das Bild des Marktplatzes bestimmte und die wunderschöne spanische Kirche täglich von reuigen Sündern bevölkert wurde, da war Suchitoto noch die unerschrockene Kulturhauptstadt. Diesen Titel verteidigt sie weiterhin problemlos.

Wer Galerien und Bars nicht viel abgewinnen kann – unter der Woche ist sowieso fast nichts offen –, der hat in unmittelbarer Nähe der Stadt unzählige Möglichkeiten, Wasserfälle, Höhlen und den wunderschönen Lago Suchitlán zu Fuß zu erkunden. Suchitoto ist mit seinen 200 Vogelarten aber auch ein wichtiges Gebiet für Zugvögel. Tausende Habichte und Falken bevölkern zum Wechsel der Jahreszeiten die Lüfte und allerlei Vögel bauen in der relativen Sicherheit der Flussinseln ihre Nester.

Man nimmt an, dass sich die Yaqui und Pipil vor etwa 1000 Jahren hier niederließen. Die Hauptstadt El Salvadors wurde Anfang des 16. Jhs. hier ganz in der Nähe gegründet. In der jüngeren Geschichte war Suchitoto der Ort, an dem die ersten Kämpfe des Bürgerkriegs ausgetragen wurden, was viel Zerstörung und Abwanderung mit sich brachte. Heute ist die Stadt im Hochland wieder zurück und ein wichtiges Reiseziel des Landes.

Orientierung & Praktische Informationen

Die Iglesia Santa Lucía erhebt sich an der Ostseite des Parque Centenario, der das Zentrum markiert. Der Weg zum See ist ausgeschildert. Vom Park führt dieser einen Block nach Osten, nach links auf die 3a Av Sur, dann einen steilen Weg hinunter zum Wasser (etwa 1 km). Alternativ kann man der Straße, die den Park an seiner Westseite begrenzt (Av 15 de Septiembre), folgen; einige Blocks später trifft diese auf die 3a Av Sur. Parque San Martin liegt zwei Blocks westlich und zwei Blocks nördlich vom Zentrum.

Am Marktplatz steht ein 24-Stunden-**HSBC Geldautomat**; in der Filiale der **Banco ProCredit** (Ecke 2a Av Norte & 2a Calle Poniente) werden einige Währungen und Reiseschecks getauscht.

Internetcafés gibt es einige; nicht schlecht ist das **X-Streme Speed Cyber Cafe** (☎ 2235-1722; 1a Calle Poniente; 1 US$/Std.; 🕑 8–20 Uhr). Suchitotos **Touristenbüro** (☎ 2335-1739; www.suchitoto-elsalvador.com; Calle San Martin 2; 🕑 8–16 Uhr) vermietet Fahrräder (1 US$/Std.) und hat Infos über Wanderungen, Aktivitäten und kulturelle Veranstaltungen. Die aktuellsten Infos gibt's auf www.gaesuchitoto.com oder in Robert Broz Moráns Restaurant, hier nur als *el gringo* bekannt.

Sehenswertes & Aktivitäten

Eine geologische Kuriosität ist der Wasserfall **Cascada los Tercios**. Er ergießt sich über eine Klippe aus dicht zusammengepressten sechseckigen Basaltsäulen. Die Kaskade an sich ist bei wenig Wasser (was häufig der Fall ist) nicht gerade sehenswert, aber die Felsformationen und der Weg an sich sind schon lohnenswert genug. Nach einem 1,5 km langen Fußmarsch an der Hauptstraße entlang, ist man am Ziel angekommen. Dennoch nie alleine losziehen, da es schon zu Überfällen gekommen ist.

Zum **Salto El Cubo**, einem 15 m hohen Wasserfall, der sich an seinem Fuß in einigen Becken sammelt, führt eine Wanderung von 1 ½

Stunden. Wer möchte kann, eingeklemmt zwischen Felsen und vom herabfallenden Wasser durchnässt, von einer Ebene auf die nächste klettern. Auf der Calle Francisco Morazán in westlicher Richtung stadtauswärts bis zum felsigen Ende eines Wegs gehen. Ein schmaler Pfad führt steil hinab zum Wasserfall.

Suchitoto Adventure Outfitters (☎ 2250-0800/113; www.suchitotooutfitters.com) ist, dank der Erfahrung und der Begeisterung mit der René Barbon den Laden führt, der beste Reiseanbieter in Suchitoto. Zu den hervorragenden maßgeschneiderten Ausflügen gehören, neben den üblichen Suchitoto- und El-Salvador-Touren, auch weniger bekannte Abenteuer, wie z. B. Kajakausflüge zum Pazifik oder bewegende Touren ins nahe gelegene **Cinquera**. In dieser früheren Hochburg der FMLN erzählen ehemalige Guerillakämpfer bereitwillig ihre dem wahren Leben entstammenden Horrorgeschichten. Die Vereinigung für Wiederaufbau und Entwicklung der Kommunen (ARDM) hat erst kürzlich, am Rande eines schönen Nationalparks in Cinqeura, ein hervorragendes neues **Hostel** (☎ 2389-5732; ardmcqr@yahoo.es; Hütte 30 US$) eröffnet. Inzwischen müsste auch ein Kriegsmuseum fertig gestellt sein. Die ARDM sucht immer nach Freiwilligen, die ihre Gemeinde- und Ökotourismusprojekte unterstützen. Näheres erfährt man im Hostel (auch telefonisch).

Das Gebiet rund um den südwestlich der Stadt gelegenen Volcán Guazapa, dem früheren Versteck der FMLN, ist ein beliebtes Ziel für **Reitausflüge** (6-stündiger Ausritt 25 US$). Die Ausflüge werden von einer unabhängigen Kooperative veranstaltet und Besucher können hier *tatús*, intelligent konzipierte und im Boden eingegrabene Verstecke, Krater und Überreste von Bomben sehen. Touren werden beim Touristenbüro, im La Casona oder bei El Gringo gebucht.

Das Touristenbüro der Region kann Stadtführungen organisieren, bei denen etwa 30 historische Gebäude näher erläutert werden. Auch ein Streifzug durch die **Kunstgalerien** füllt einen schönen Nachmittag. Nicht verpassen sollte man die **Casa del Escultor** (☎ 2335-1836; www.miguelmartino.com; 2a Av Sur; ⏲ Sa & So), das Studio des gefeierten argentinischen Bildhauers Miguel Martino und das **Shanay** (☎ 2335-1836; www.miguelmartino.com; 3a Av Norte; ⏲ Sa & So), wo Víctor Manuel Sanabria seine Werke ausstellt.

Das **Centro Arte para la Paz** (☎ 2335-1080; www.capsuchitoto.org; 2a Calle Poniente 5) richtet einige kulturelle Aktivitäten aus. Es ist in den Mauern eines alten Dominikanerordens untergebracht. Freitags um 17 Uhr werden kostenlos Filme gezeigt.

Die **Pajaro Flor Spanish School** (☎ 2335-1509; www.pajaroflor.com; 4a Calle Poniente 22) bietet für 160 US$ 20 Stunden fundierten Privatunterricht an. Für 4 bis 10 US$ am Tag kann eine Unterbringung in Familien arrangiert werden. **Global Platform** (☎ 7655-8997; www.globalplatform.org.sv; 2a Calle Poniente 9) ist eine dänische NGO, die, wenn man in den selbstorganisierten Entwicklungsprojekten rund um Suchitoto mitarbeitet, ebenfalls Spanischunterricht anbietet. Auch andere Nationalitäten können sich gern bewerben; für einen Monat bezahlt man etwa 400 US$. Inbegriffen sind eine einfache Unterkunft, Verpflegung und verschiedene Ausflüge.

Um der Hitze zu entkommen bietet sich für 3 US$ ein Sprung ins kühle Nass im riesigen Pool von **El Tejado** (☎ 2335-1769; 3a Av Norte 58; DZ $60; ❄ 💻 🏊) an. Der Ausblick ist gratis.

Eine Auflistung der lokalen Feste findet sich auf S. 371.

Schlafen & Essen

El Gringo (☎ 2327-2351; www.elgringosuchitoto.com; 💻) Der Betreiber dieses neuen Hostels in einer ruhigen Ecke der Stadt ist der kürzlich erst in sein Amt eingeführte Tourismusbeauftragte und Langzeit-Expat Robert Broz Morán. Der preiswerte und authentische *comedor* hat die besten Kritiken bekommen.

Hostal Vista Lago (☎ 2335-1357; 2a Av Norte 18; Zi. 8 US$/Pers.) Noch eine echt preiswerte und gute Option. Hinzu kommen der beste Ausblick der Stadt und ein freundlicher Besitzer, der sich persönlich um die winzigen, farbenfrohen Zimmer kümmert.

La Casona (☎ 2335-1969; www.lacasonasuchitoto.com; 4ta Calle Oriente No 9; Zi. 12 US$) Diese linksorientierte Unterkunft mit großen, aus Beton gemauerten Zimmern mit Bad, ist ein Teil dessen, was der ehemalige Guerillakämpfer und heutige Barbesitzer Jerry unter alternativem Tourismus versteht. Für manche Traveller mag der Gedanke an eine Nacht in einer Bar – und die gehört zu La Casona ja eigentlich dazu – vielleicht abschreckend wirken. Da hier aber alles ziemlich weitläufig ist, ist es auch relativ ruhig.

La Villa Balanza (☎ 2335-1408; Parque San Martín; EZ/DZ 15/20 US$) Sie ist bei Backpackern allseits beliebt, ist günstig und liegt direkt am Park. In ihrem kühlen, gepflasterten Innenhof hat sich mit der Zeit allerlei Krimskrams aus dem Krieg angehäuft. Das nagelneue, angrenzende Haus (20 US$) ist der beste Deal weit und breit, aber eigentlich sind alle Zimmer mit Blick auf den See super. Die Villa Balanza liegt gegenüber dem Parque San Martín.

Las Puertas (☎ 2393-9200; www.laspuertassuchitoto.com; Ecke 2a Av Norte & Av 15 de Septiembre; Zi. 75–95 US$; ❄ 💻) Lidby ist die quirlige und gutherzige Managerin dieses stylischen, neuen Hotels am Marktplatz. Die großzügigen Zimmer sind mit allerlei handgearbeiteten Kunstwerken geschmückt und man bekommt auf beiden Seiten einen tollen Ausblick geboten: entweder vom offenen Balkon aus auf die Plaza, oder vom gemeinschaftlichen Flur auf die spektakulären Sonnenuntergänge vor einer schönen Bergkulisse. In der geselligen Bar im Untergeschoss fühlt man sich wie am Filmset eines zentralamerikanischen Film Noir. In der Nebensaison gibt's hier oft einen Preisnachlass.

Pupusería Niña Melita (6a Calle Oriente zw. Calle al Lago & 3a Av Norte; Pupusas 0,25 US$) Topadresse, in der man sich wie zu Hause fühlen kann. Melita macht sich jeden Abend am Straßenrand daran, mit Bohnen, Zucchini oder Fleisch gefüllte *pupusas* zu brutzeln, während ihre 96 Jahre alte Mutter (die sich nach ihrem alten Lehmofen zurücksehnt) das modernisierte Rezept vor den Passanten schlecht macht. Nicht hinhören: sie sind super lecker!

La Lupita del Portal (☎ 2335-1429; Hauptgerichte 3–8 US$) Lorena ist mit René von Suchitoto Adventure Outfitters verheiratet und betreibt das beliebteste Restaurant der Stadt – und preiswert ist es auch noch. Es liegt am südlichen Ende der Plaza und besticht durch seinen flotten, freundlichen Service und die Fleisch- und vegetarischen Gerichte zu Toppreisen. Dazu gibt's frische Salate, Sandwiches und riesige Säfte.

An den Wochenenden ist die Plaza mit Essensverkäufern übersät, die *riguas* (süße, vor Butter triefende Maistortillas in einer Maishülse eingewickelt) und *fogonazo* (Zuckerrohrsaft), auf Wunsch auch mit einem Schuss Hochprozentigem, verkaufen. Die Restaurants der beiden besten Hotels, **La Posada Suchitatlan** (☎ 2335-1064; Barrio San José) und **Los Almendros de San Lorenzo**, sind an den Wochenenden meist sehr voll.

Weitere Optionen:

Luna Blanca (☎ 2335-1661; 1a Calle Oriente; Zi. 7 US$/Pers.) Tolle Budgetunterkunft mit großem Gemeinschaftsbalkon.

IN DIE VOLLEN

Los Almendros de San Lorenzo (☎ 2335-1200; www.hotelsalvador.com; 4a Calle Poniente; DZ 120 US$; ❄ 💻 🏊) ist das eleganteste Hotel in El Salvador. Die umgebaute Hacienda gehört dem ehemaligen französischen Botschafter, ist mit den Werken führender nationaler Künstler geschmückt und hat sich trotzdem den Charme eines Bergdorfes bewahrt. Die Zimmer scheinen einer europäischen Zeitschrift für Wohndesign entsprungen zu sein, mit freistehenden Badewannen und dekadenten Kopfteilen an den Betten. Ein hervorragendes verglastes Restaurant und ein aus Stein gebauter Swimmingpool machen den etwas launenhaften Service wieder wett.

El Obraje (☎ 2335-1173; 2a Calle Oriente 3; Zi. 11 US$/Pers.) Winzige Zimmer mit den Namen bekannter Schriftsteller.

Xela's Pizza (☎ 2335-1397; Pizzen 6–10 US$) Leckere Pizza, die man unter Bäumen genießen kann. Von der Plaza aus den Schildern folgen.

Ausgehen

Eine authentischere Linken-Bar als **El Necio** (4a Calle Oriente No 9; 🕑 18–1 Uhr) wird nur schwer zu finden sein. Der liebenswerte Jerry, ein ehemaliges Guerillamitglied, betreibt hier eine spärlich beleuchtete Kneipe, in der schon mal das eine oder andere Glas gehoben wird. Poster von Che Guevara und Revoluzzer-Sprüche passen selten so perfekt ins Bild wie in dieser Bar.

Der angesagteste abendliche Treffpunkt der Stadt ist das **Harlequín** (🕑 Fr–So 19–1 Uhr), in der in einem eingezäunten Garten mit funkelnden Lichtern Elektrobeats erklingen. Im **Dos Gardenias** (☎ 2335-1868; 3a Av Norte 48; 🕑 Mi–So 11–22 Uhr), einer schicken Mischung aus Bar, Restaurant und Galerie, ist donnerstags Salsa-Night. Trotz neuer Location kommen die Gäste aus der Szene weiterhin hierher und auch die Inhaberin besticht unvermindert durch ihr elegantes Auftreten.

An- & Weiterreise

Vom Terminal de Oriente in San Salvador wird Suchitoto von Bus 129 angefahren. Derselbe Bus fährt auf dem Rückweg an der Ecke 1a Calle Poniente und 4a Av Sur, einen Block westlich des Parque Centenario, ab. Mit dem Auto geht's auf der Interamericana zuerst Richtung Cojutepeque; in San Martín dann am Texaco-Schild nach links abbiegen.

Wer nach Norden weiterfährt, nimmt Bus 163 nach Las Aguilares (0,80 US$, 1 Std.), wo Busse in Richtung Chalatenango, Las Palmas und zur Grenze El Salvador–Honduras vorbeifahren. Langsamer aber landschaftlich schöner ist es, wenn man mit dem Boot (6 US$/Pers., 20 Min.) oder mit der Autofähre (1 US$/Pers., 4 US$/Auto) über den Lago de Suchitlán nach San Francisco Lempa und von dort weiter mit dem Bus nach Chalatenango fährt. Der letzte fährt um 15 Uhr ab.

CHALATENANGO

16 200 Ew.

Die Hauptstadt der verschlafenen Provinz Chalatenango und gleichzeitig das Businesszentrum des nördlichen El Salvador, ist die gleichnamige Stadt, die jeden Morgen schlagartig zum Leben erwacht: Hupende LKWs, vollgeladen mit Ananas, Zuckerrohr, Indigo und Kaffee, schieben sich durch die engen Straßen, während sich in bunten Bussen freundliche Einheimische drängen, die DVDs, Toilettenartikel und glitzernde, palettenbesetzte Kleider verkaufen. „Chalate" ist das wirtschaftliche Zentrum für die kleinen umliegenden Bergdörfer, und so ist hier ein großer Kontrast zwischen den ehrgeizigen jungen Menschen zu erkennen, die das Stadtleben lieben, und einer Generation von Bauern mit von der Sonne gegerbter Haut, die sich mit der Landwirtschaft ihren Lebensunterhalt sichern und Geschichten aus der Zeit der FMLN-Herrschaft erzählen. Die große Militärgarnison auf der Plaza wurde zu Kriegszeiten erbaut, um die revolutionären Aktivitäten in dieser FMLN-Hochburg im Zaum zu halten.

Orientierung & Praktische Informationen

Der Parque Central wird von der 3a Av zerschnitten. Die Kirche befindet sich auf der Ostseite (bergan), der Hauptpark im Westen (bergab). Der Markt wird auf der wichtigsten Ost-West-Verbindungsstraße abgehalten, der Calle San Martín–Calle Morazán. Nördlich des Hauptparks steht eine riesige Kaserne. Die meisten Busse halten an der 3a Av südlich des Parks, um Fahrgäste ein- oder aussteigen zu lassen. Ausnahme sind die Busse nach Arcatao und Las Vueltas. Diese fahren am oberen Ende der Calle Morazán, in der Nähe der Abzweigung zum *turicentro*, ab.

Die **Citibank** (4a Calle Poniente nahe 6a Av Sur) hat einen 24-Stunden-Geldautomaten und wechselt Reiseschecks. Internetzugang gibt's z. B. im **Cibercafé@halate Online** (1a Calle Oriente an der 5a Av Norte; 0,80 US$/Std.; ⌚ Mo–Sa 8–21.30, So 9–13 Uhr).

Dienstags und sonntags findet im Zentrum ein lärmender Markt statt.

Sehenswertes

Die **Iglesia de Chalatenango**, mit ihrem plumpen Glockenturm und der leuchtend weißen Fassade, steht am östlichen Ende des Parque Central, nur einen Steinwurf von der Militärgarnison entfernt.

Vom Parque Central ist nach 20 Minuten das **Turicentro Agua Fría** (Eintritt 0,80 US$; ⌚ 8–17 Uhr) mit einem üppig grünen Park mit Picknicktischen erreicht; Hauptanziehungspunkt sind aber die Schwimmbecken mit künstlicher Felseninsel und Wasserrutsche. Trockenzeit heißt auch Wassermangel – also nicht überrascht sein, wenn von der Überdosis Chlor die Augen brennen. In der Cafeteria gibt's Essen und Bier. Hierher kommt man auf der Calle Morazán (nach Osten); nach 400 m am großen Schild links abbiegen.

Einen schönen Blick über den Cerrón-Grande-Stausee verspricht eine Wanderung hinauf zum **Cerro La Peña**. Es ist ein Fußmarsch von etwa 1½ Stunden; der Ausgangspunkt befindet sich kurz vor dem *turicentro*. Viele Wege führen nach oben – am besten Passanten nach dem Weg fragen.

Schlafen & Essen

Hotel la Ceiba (☎ 2301-1080; DZ 12 US$) Dieses schräge Hotel steht hinter der Militärgarnison. Die Gegend ist nicht die beste, also nach Einbruch der Dunkelheit lieber im muffigen Zimmer bleiben.

La Posada del Jefe (☎ 2335-2450; Calle el Instituto, Barrio El Calvario; EZ/DZ 16/25 US$; ❄) Geht man 10 Blocks hügelaufwärts in Richtung Osten, erreicht man die einzige annehmbare Unterkunft der Stadt. Die aus Beton gemauerten Zimmer sind schneeweiß und mit ausgedienten Büromöbeln ausgestattet. Vor der Tür ist ein kleiner Laden. Warum nicht mit einem kleinen, roten Mototaxi (1 US$) hierherkommen? Das macht Spaß!

Cafe Colombia (4a Calle Poniente; Kaffee 1 US$) Tiefentspannte Einheimische spielen hier unter einer mit Kaffeesäcken aus ganz Amerika zugepflasterten Decke Schach. Durch das geöffnete Fenster des Fitnessstudios dröhnen Aerobic- und Technoklänge. Zu Essen gibt's hier leckere Schinkensandwiches.

Comedor Carmary (3a Av; Hauptgerichte 2–3 US$; Mo–Sa 7–14 Uhr) In dieser sehr sauberen Cafeteria ist immer was los. Die köstliche *comida a la vista* besteht z. B. aus geschmortem Huhn in Tomate, Kochbananen oder den allgegenwärtigen Bohnen mit Reis. Die frisch gepressten Säfte werden in einem riesigen Glas serviert.

Der **Markt** (5–13 Uhr) im Freien ist ein echter Augenschmaus: Gemüse, Obst und Getreide und dazu noch jede Menge Toilettenartikel. Gleich östlich der Av Fajardo.

An- & Weiterreise

Regelmäßig fährt Bus 125 von San Salvador (0,90 US$, 2 Std.) bis zur 3a Av Sur in Chalatenango, ein paar Blocks südlich der Kirche. Wer nach La Palma oder El Poy möchte, nimmt den Bus 125 in Richtung El Amayo (die Highway-Kreuzung) und steigt dort in den Bus 119 (1½ Std.) nach Norden um.

Für weitere Infos zu Busverbindungen in die Dörfer der Umgebung, s. rechte Spalte.

RUND UM CHALATENANGO

Rund um Chalate geht die Landschaft in einen trockenen Wald über, der von spitzen Gipfeln und schroffen, gelbbraunen Hügeln gespickt ist. Die kleinen Dörfer in dieser abgeschiedenen Gegend warten mit einer tollen Landschaft und interessanten Geschichten auf.

Inmitten der entlang der Grenze zu Honduras verlaufenden Berge liegt hinter dem Río Sumpul das wunderschöne Dörfchen **Arcatao**. Im Gemeindebüro erhält man Auskünfte über Touren durch die *tatus* (Höhlenverstecke), die Arcataos wichtige Rolle als FMLN-Hochburg belegen. Der **Jesuitenorden** (2354-8009; bartolome2408@yahoo.com) im Ort beherbergt auch Gäste und kann eine geführte Tour durch die Gegend arrangieren. Vorab anrufen.

Nordwestlich von Chalate liegt **Concepción Quezaltepeque**, ein Zentrum der Hängemattenherstellung. Am Straßenrand kann man Frauen bei der Arbeit an den Hängematten beobachten. Je nach Größe, Länge, Dicke und Material liegen die Preise zwischen 30 und 120 US$. Entlang der Hauptstraße reiht sich ein Laden an den anderen. Vor dem Kauf empfiehlt es sich, die Qualität in den verschiedenen Shops zu vergleichen.

La Montañona liegt auf 1600 m und ist ein Kiefern-Schutzgebiet. Der Ausblick ist erstklassig und es gibt präkolumbische Petroglyphen zu bewundern. Der Bürgerkrieg hinterließ hier mehrere *tatus*, darunter auch den des illegalen Guerilla-Radiosenders Radio Farabundo und ein unterirdisches Guerillakrankenhaus. In dem kleinen Dorf gibt es auch eine Übernachtungsmöglichkeit – eine rustikale Hütte mit Betten und Gemeinschaftsbad (5 US$/Nacht). Teresa Avilar bereitet einfache Speisen zu. Bevor man sich auf den Weg macht, **Cesar Alas** (7723-6283) anrufen; er managt die Unterkunft und fungiert auch als lokaler Fremdenführer.

Eine anstrengende Wanderung bergauf passiert Dulce Nombre de María und verläuft auf Kopfsteinpflasterstraßen durch pastellfarbene Dörfer. Von hier schweift der Blick über breite Täler, in deren Hintergrund sich vereinzelt Vulkane und am Horizont die Berge der Grenze nach Honduras erheben. Nördlich davon befindet sich **El Manzano**, eine Kooperative von ehemaligen FMLN-Kämpfern. Die Pfade verbinden historische Kriegsstätten und Wasserfälle und schlängeln sich durch Wälder und an Kaffeeplantagen vorbei. Erklimmt man El Pilón, so bietet sich einem ein noch unglaublicher Ausblick. In der *tienda* mitten im Dorf gibt's Infos über Unterkünfte, Essen und Guides.

Anreise & Unterwegs vor Ort

Folgende Busse fahren in Chalatenango ab:

Aracatao Bus 508 (1,15 US$; 2 Std.) Abfahrt zw. 7 und 17.30 Uhr stündlich vom oberen Ende der Calle Morazán.

Concepción Quezaltepeque Bus 300B (0,35 US$; 20 Min.) Am Terminal auf der 3a Av Sur in Chalate.

El Manzano Keine direkte Verbindung. Bus 125 bis zum *desvío* (Abzweigung) nach Dulce Nombre de María nehmen; dort in den Bus 124 von San Salvador nach Dulce Nombre de María einsteigen. Von hier geht's mit dem Pickup nach El Manzano weiter.

La Montañona Die Busse 295 und 542 (1 US$; 2 Std.) passieren die Abzweigung nach Montañona und fahren um 11.15 und 0.15 Uhr von der 3a Av Sur zwischen 1a und 3a Calles Poniente ab. Von der Abzweigung sind es noch 6 km bis zum Dorf – die sind aber sehr steil. Oft fahren auch Pickups.

LA PALMA

In La Palma bestimmt die Straßenkunst das Stadtbild. Es scheint eine kollektive Übung zu sein, Wandgemälde am laufenden Band zu produzieren. Sicher gibt es nirgendwo auf der

UNTERWEGS NACH SAN PEDRO SULA UND COPÁN RUINAS, HONDURAS

Der Bus aus La Palma hält etwa 100 m vor dem Grenzübergang nach Honduras (rund um die Uhr geöffnet), wo 2 US$ für die Einreise nach Honduras bezahlt werden müssen. Von **El Poy** geht's mit dem Bus oder dem *colectivo*-Taxi weiter nach Nueva Ocotepeque in Honduras. Von dort fahren stündlich Busse nach San Pedro Sula. Wer nach Copán Ruinas möchte, muss in La Entrada umsteigen.

Der letzte Bus von La Palma nach El Poy (Bus 119, 0,50 US$, 30 Min.) startet um 19 Uhr. Die letzte Abfahrt in Richtung Süden, von El Poy nach San Salvador, ist um 16.15 Uhr.

Für Infos zum Grenzübergang aus Richtung Honduras, s. S. 438.

Welt so viele dieser Malereien pro Einwohner wie hier. Dieses coole Städtchen in den Bergen, 84 km nördlich von San Salvador, ist in grell-bunte Farben buchstäblich eingetaucht. An den Straßenschildern und an den Marktständen – überall scheint ein inneres Kind am Werk gewesen zu sein, das den Betrachter in die Sesamstraße der 1970er-Jahre zurückversetzen möchte. Das Ganze ist ein schöner Gegensatz zur eintönigen, graubraunen Stadtplanung. Wanderer können sich am Kontrast der in der Umgebung lockenden, grünen Berge und den aprikosen- und malvenfarbenen oder zitronengelben Häusern erfreuen. Die Einheimischen sind sehr erfahren im Umgang mit Besuchern.

Der Maler Fernando Llort zog 1972 hierher und begründete die Naïve Art, ein Trend, der bis heute überall auf der Welt für die Kunst El Salvadors steht (S. 307). Diese bunten und primitiven Bilder von Bergdörfern, *campesinos* oder Jesus Christus sind gleichbedeutend mit der Kunstbewegung des modernen El Salvador. Llort brachte den Einheimischen hier bei, dieselben Bilder herzustellen und gründete so eine erfolgreiche Kooperative. Heute verdienen sich schätzungsweise drei Viertel der Dorfbewohner mit der Massenproduktion dieser grellen Motive ihren Lebensunterhalt.

Wanderer übernachten meist lieber im benachbarten Dorf **San Ignacio**, da dieses näher an den Wanderwegen liegt.

Praktische Informationen

Citibank (Ecke Calle Barrios & 1a Calle Poniente) Der Geldautomat an der nordöstlichen Ecke des Parque Centro ist rund um die Uhr in Betrieb.

Palma City Online (Calle Principal; 0,80 US$/Std.; 8–19 Uhr)

Touristenbüro (☎ 2335-9076; Parque Municipal; Mo–Fr 8–16, Sa & So 9–13 Uhr) Sehr hilfsbereit. Man spricht nur Spanisch.

Sehenswertes

Besucher sind herzlich eingeladen, einen Blick in die Werkstätten zu werfen und den Familien beim munteren Malen zuzuschauen. Die ortsansässige Kooperative **La Semilla de Dios** (3a Calle Poniente an der 5a Av Norte) wurde 1977 von Fernando Llort selbst gegründet (s. Kasten, S. 307) und stellt hinter dem Laden in Werkstätten qualitativ hochwertiges Kunsthandwerk her. Wer freundlich fragt, kann sich in der Werkstatt umsehen und den Malern und Holzarbeitern bei der Arbeit zusehen. Die etablierteste Kooperative in der Gegend ist **Copapas**. Sie hat sogar ein kleines **Museum** (☎ 2305-9376; Mo–Fr 8–17, Sa & So 8–12 U

Aktivitäten

Das **Cerro El Pital** (2730 m) ist zwar El Salvadors höchster Gipfel, dank einer Zufahrtsstraße aber auch einer derjenigen, die am einfachsten erklommen werden können. Aus dem nahegelegenen San Ignacio mit Bus 509 nach Las Pilas bis zum Río Chiquito fahren. Der Bus hält in der Nähe des Wanderwegs. Von dort sind es etwa 1½ Stunden bis nach oben, wo den Gipfelstürmer eine wunderbare Aussicht erwartet. Wer daran zweifelt, ob er wirklich schon oben angekommen ist, kann nach dem Betonblock Ausschau halten, der den höchsten Punkt des Landes markiert. Dieser befindet sich auf Privatgelände; 2 US$ für den Eintritt mitbringen.

Wenn man schon mal da ist, lohnt sich auch noch ein Abstecher zur **Piedra Rajada** (nach dem Weg fragen), einem riesigen, gespaltenen Felsen, etwa eine halbe Stunde vom Gipfel entfernt. Der Weg dorthin führt über eine nervenaufreibende Baumstamm-Brücke, die einen 25 m tiefen Abgrund überspannt. Bei feuchtem Wetter sollte man diesen Abstecher daher besser gleich wieder streichen.

Den wirklich schönsten Ausblick über die Wälder gibt's in **Miramundo**, einer kleinen Gemeinde mit aussagekräftigem Namen, die sich an einen steilen Berghang schmiegt. Wieder

EL SALVADOR

zurück am Río Chiquito, ist das Örtchen entlang des nach rechts abzweigenden Weg nach etwa einer Stunde erreicht. Auf der rechten Seite des Wegs liegt direkt am Gebirgskamm das **Hostal Miramundo** (☎ 2230-0437; www.hotelmiramundo.com; Hütte für 4 Pers. 50 US$). Hier gibt's gemütliche neue Hütten mit schönen Details aus Holz und großartigen Betten. Zu den sehr empfehlenswerten Ausflügen gehört u. a. ein Ausritt zur Casa Grande.

San Ignacio ist ein hervorragender Ausgangspunkt für Wander-Freaks. Wer einen Führer sucht, der kontaktiert entweder José Samuel Hernández, den Eigentümer des etwas außerhalb von La Palma gelegenen **Comedor y Artesanías El Manzana** (☎ 2305-8379; Carretera La Palma-El Poy km 85), oder **Humberto Regalado** (☎ 2352-9138). Letzterem gehört der Weg zur Peña Cayaguanca und er ist es auch, der ihn instand hält.

Busse nach Las Pilas (via Río Chiquito) fahren in San Ignacio um 7, 9.30, 12.30, 14.30 und 16.30 Uhr ab und fahren zu den gleichen Zeiten auch wieder zurück.

Schlafen & Essen

5 km südlich der Stadt findet man im Centro Obrero Dr. Mario Zamora Rivas 15 umgemodelte Hütten und ein paar Swimmingpools. Wer eine Genehmigung vom Ministerio de Trabajo in San Salvador (S. 314) hat, übernachtet hier kostenloas. Das bewaldete Gebiet ist von vielen Wanderpfaden durchzogen.

Hotel Posada Real (☎ 2335-9009; Zi. mit Bad 9 US$/Pers.) Nette Location und eine süße kleine Snackbar; dafür fehlt es den aus Betonziegeln hochgezogenen Zimmern an Atmosphäre. Dennoch ist der Preis recht gut und es gibt heißes Wasser.

Hotel de Montaña El Pital (☎ 2335-9344; Zi. mit Bad 15 US$/Pers., mit Klimaanlage 35 US$/Pers,; ❄ 🅿) Für La Palma sind die brandneu gefliesten Zimmer im Obergeschoss eher teuer, die älteren Zimmer sind aber o. k. Der Pool hat vernünftige Nutzungszeiten und das funkelnagelneue Restaurant Platz für 100 Gäste.

Cafe de Cafe (☎ 2335-9190; Calle El Principal) Mehr City-Atmosphäre wird man in keinem Café in La Palma finden. Mit den Lounge-Bereichen aus Leder, gutem Kaffee (1 US$), leckeren *licuados* (1,50–2 US$) und kostenlosem WLAN ist dieses Café vor allem bei Teenagern sehr beliebt.

Restaurante del Pueblo (Hauptgerichte 1–5 US$; 🕑 7–21 Uhr) Wer für einen Dollar ein Sandwich mit dicken Scheiben Brot und allem drum und dran bekommt, der hat hier ein *plato típico* (gegrilltes Fleisch, Bananen, Bohnen, Käse und Rahm) bestellt.

Cartagena Pizza (☎ 2305-9475; Barrio el Centro; Pizzas 3–12 US$) Diese leckeren Pizzas mit dünnem Boden sind eine willkommene Abwechslung zur herkömmlichen zentralamerikanischen Küche.

Im Dorf San Ignacio finden sich zusätzliche Übernachtungs- und Essensoptionen, darunter auch die **Posada de Reyes** (☎ 2335-9318; www.hotelposadadereyes.com; Zi. 25–35 US$; ❄ 💻 🅿), die ein richtig gutes Preis-Leistungs-Verhältnis bietet. Zimmer 15 ist das beste.

Alternativ mietet man sich im friedlichen **Hotel La Palma** (☎ 2305-9344; www.hotellapalma.com; Zi. 15 US$/Pers.; 💻 🅿) ein. Es ist von Bergen umgeben und liegt direkt am Río La Palma. Nach den neueren Chalets fragen. Eine kurze Taxifahrt von San Ignacio entfernt.

An- & Weiterreise

Bus 119 fährt alle 30 Minuten vom Terminal de Oriente in San Salvador nach El Poy an der Grenze zwischen El Salvador und Honduras ab. In La Palma (1,60 US$, 2¾ Std.) wird ein Stopp eingelegt. Einige der Busse fahren die 3 km ins nördlich gelegene San Ignacio hinein, andere halten nur am Ortseingang.

Von San Ignacio aus fährt ein Bus nach El Pital und in die Umgebung.

ALLGEMEINE INFORMATIONEN

AKTIVITÄTEN

Surfen

El Salvador kann mit menschenleeren, kilometerlangen Right-Hand-Breaks aufwarten, was es für Wassersportler zum Surfziel der Spitzenklasse macht. Die beste Welle des Landes findet man an der Punta Roca. Sie rollt am heruntergekommenen Hafen von La Libertad (S. 327) an Land und ist von San Salvador aus einfach zu erreichen. Westlich von hier liegen sieben weitere Strände mit hervorragenden Wellen und komplett ausgestatteten Surfer-Lodges. Wer Unterricht nehmen will, ist bei Esencia Nativa in Playa El Zonte (S. 332) oder ein paar Anbietern in Playa El Tunco (S. 331) optimal aufgehoben. Hauptsaison ist hier März bis Dezember.

Tauchen

Tauchen in El Salvador ist teurer und zugegebenermaßen auch nicht so gut wie im nahen Honduras oder in Belize. Davon mal abgesehen, gibt es hier eines der wenigen Korallenriffe der amerikanischen Pazifikküste und die Möglichkeit, in einem Kratersee zu tauchen. Die beste Zeit zum Tauchen ist von Oktober bis Februar, Dezember und Januar sind besonders gut. Ein 5-Sterne-Anbieter ist **El Salvador Divers** (Karte S. 321; ☎ 2264-0961; www.elsalvadordivers.com; 3a Calle Poniente 5020, Colonia Escalón, San Salvador), der für etwa 300 US$ Open-Water- und weiterführende Zertifizierungskurse anbietet.

Wandern

El Salvador hat, trotz der massiven Abholzung, einige hervorragende Wandertouren zu bieten. Im Parque Nacional El Imposible (S. 347), nahe der Grenze zu Guatemala, findet man die beste Kombination aus einfacher Erreichbarkeit und lohnenswerter Wanderungen durch Primärwald. Die Ruta de las Flores wartet mit Wandertouren zu Wasserfällen und heißen Quellen auf; Führer dafür kann man in Juayúa (S. 342) anheuern. Weiter im Norden liegt der unberührte und wunderschöne Parque Nacional Montecristo-El Trifinio (S. 338), der für seine vielfältige Fauna bekannt ist. Er ist nur sehr schwer zu erreichen und in der Paarungszeit (Mai–Nov.) gar nicht geöffnet. Im Parque Nacional los Volcanes (S. 332) gibt es zwei Vulkane, die man beide auch besteigen kann. Der Park ist ein wunderschönes Ausflugsziel, nur leider ist er auch oft sehr überfüllt. Wanderungen rund um die im Nordwesten gelegenen Orte La Palma und San Ignacio werden mit einem atemberaubenden Ausblick belohnt. Von hier aus ist auch der höchste Gipfel El Salvadors (Cerro El Pital, 2730 m; S. 368) zu erreichen. Das Klima in dem im Nordosten gelegenen Staat Morazán, besonders in Perquín, ist kühl und die Wandertouren in der Umgebung sind besonders schön. Als langjährige FMLN-Hochburg gibt es hier auch viele interessante und ernüchternde Orte zu erkunden, auf denen die Erinnerung des Bürgerkriegs lastet.

BOTSCHAFTEN & KONSULATE

Im Folgenden sind die Adressen der Botschaften und Konsulate in San Salvador aufgelistet:

Deutschland (Karte S. 321; ☎ 2247-0000; www.san-salvador.diplo.de; 7a Calle 3972)
Guatemala (Karte S. 316; ☎ 2271-2225; 15a Av Norte zw. Calles Arce & 1a Calle Poniente, Colonia Escalón)
Honduras (Karte S. 321; ☎ 2263-2808; 89a Av Norte zw. 7a & 9a Calle Poniente, Colonia Escalón)
Mexiko (Karte S. 321; ☎ 2243-0445; Ecke Calle Circunvalación & Pasaje 12, Colonia San Benito)
Nicaragua (☎ 2263-8789; Calle El Mirador zw. 93a & 95a Av Norte, Colonia Escalón)
Österreich (☎ 2512-0068; consuladodeaustria.elsalvador@gmail.com; Calle Circunvalación 150-A, Colonia San Benito)
Schweiz (☎ 22 63-7629 oder -7630; lucerna@navegante.com.sv; Pasteleria Lucerna ,Paseo General Escalón 4363)

BÜCHER

Die wichtigsten salvadorianischen Schriftsteller (s. S. 306) sind mittlerweile auch ins Deutsche übersetzt. Joan Didions *Salvador* beispielsweise ist eine bewegende Erzählung aus der Zeit der Kriegsanfänge. Englischsprachige Sachbücher über den Bürgerkrieg sind z. B. *Massacre at El Mozote* von Mark Danner, *Witness to War: An American Doctor in El Salvador* von Charles Clements, MD, und *Rebel Radio,* eine faszinierende Erzählung aus erster Hand über die illegalen Radiostationen, die die FMLN-Guerilla betrieb.

Übersetzt wurde auch das von María López Vigil verfasste Buch *Óscar Romero: ein Porträt aus tausend Bildern* – ein empfehlenswerter Bericht über das Leben des Klerikers und ein politisches Bekenntnis; erzählt von denjenigen, die ihn persönlich kannten. *When the Dogs Ate Candles* von Bill Hutchinson ist eine geschichtliche Anekdote, die den Konflikt auf der Grundlage von mit Flüchtlingen geführten Interviews darstellt. Archäologiebegeisterte können in *Before the Volcano Erupted: The Ancient Ceréen Village in Central America* von Payton Sheets Informationen über das Pompeji Zentralamerikas bekommen.

ESSEN & TRINKEN

Ein typisches Frühstück besteht hier aus Eiern, Bohnen oder *casamiento* (Reis und Bohnen gemischt), gebratenen Kochbananen, Tortillas und Kaffee oder Saft. In den *panaderías* werden normalerweise Blechkuchen und Kaffee verkauft. Der *almuerzo* (Mittagessen) ist das wichtigste Gericht des Tages und oft auch das teuerste.

An den Essensständen in El Salvadors Straßen dreht sich alles um *pupusas,* ein runder Maismehlteig, der mit Käse, Bohnenmus, *chicharrón* (Schweinespeckschwarte), oder mit *revuelta* (alles drei) gefüllt und gegrillt wird.

Oben drauf kommt meist noch *curtido,* eine Mischung aus Gemüse und Sauerkraut. Die meisten *pupuserías* beginnen gegen 16 Uhr mit dem Verkauf und können über Jahre hinweg jeden Tag am selben Ort stehen. Abends sind auch *panes* sehr beliebt – der Länge nach aufgeschnittene Baguettes mit Hähnchenfleisch, Salsa, Salat und eingelegtem Gemüse.

In El Salvador bekommt man an jeder Ecke *licuados* (Fruchtgetränke aus Wasser oder Milch), *gaseosas* (Erfrischungsgetränke) und Kaffee. Achtung: Wer hier ein *refresco* bestellt, was in vielen Ländern Erfrischungsgetränk heißt, bekommt in El Salvador Limonade, *horchata* (Reismilch mit Zimt) und andere Getränke auf Wasserbasis. Ein *refresco de ensalada* ist kein pürierter Krautsalat, sondern ein Saft aus gemischtem Obst auf dem oben, wie bei Sangría, etwas Obstsalat schwimmt; dazu wird ein Löffel gereicht. Wasser wird in Flaschen oder kleinen Plastikbeuteln von 500 ml verkauft.

Einheimische Biersorten sind u. a. das mit Abstand beliebteste Pilsener (sic!) und das Leichtbier Golden.

FESTIVALS & EVENTS

Feria Gastronómica Eine wunderbare Lebensmittelmesse (S. 342), die jedes Wochenende in Juayúa stattfindet.

Festival de El Salvador (1.–6. Aug.) Hier wird El Salvadors Schutzheiliger gefeiert; Feierlichkeiten finden in allen Städten statt, die in San Salvador sind aber die größten.

Festival del Invierno (Aug.) Perquíns Musik- und Kunstfestival ist bei der Bohème und bei Studenten sehr beliebt.

Festival de Maíz (Aug.) Das in Suchitoto stattfindende Festival zur Maisernte wird mit religiösen Prozessionen und Straßenfesten gefeiert.

Bolas de Fuego (31. Aug.) In Erinnerung an den Ausbruch des Volcán San Salvador und die Zerstörung des ursprünglichen Ortes, werden in Nejapa Feuerbälle in die Luft geworfen und anschließend wird auf den Straßen bis in die frühen Morgenstunden um Lagerfeuer herum getanzt.

Festival de Hamacas (Mitte Nov.) Die Straßen von Concepción Quezaltepeque (S. 367) sind während dieses Straßenmarkts mit Hängematten überfüllt.

FRAUEN UNTERWEGS

Ausländische Frauen erregen zweifellos die Aufmerksamkeit der Einheimischen. Die Männer werden oft durch die Zähne zischen oder pfeifen, für die meisten ist das aber nur ein harmloses, hormonelles Getue, das nicht nur der Passantin sondern auch der männlichen Selbstbestätigung gilt. Fast alle Männer die man richtig kennenlernt sind extrem höflich und freundlich. Alleinreisende Frauen, die sich an die üblichen Vorsichtsmaßnahmen halten, werden sich kaum in gefährlichen Situationen wiederfinden. Auf langen Busfahrten kann man nervigen Unterhaltungen à la „Hast du einen Freund?" am besten aus dem Weg gehen, indem man sich neben eine Frau oder Kinder setzt. Die galanteren Aspekte der lateinamerikanischen Kultur darf man aber schon auch einmal genießen.

FREIWILLIGENARBEIT

In der Nähe des Blvd de los Héroes in San Salvador bietet das **Centro de Intercambio y Solidaridad** (CIS; abseits Karte S. 319; ☎ 2235-1330; www.cis-elsalvador.org; Colonia Libertad, Av Bolivar 103) Spanischunterricht für Touristen und Englischunterricht für wenig verdienende und engagierte Salvadorianer an. Schwerpunkt ist in allen Fällen die progressive Politik. Im CIS wird man sehr viel Gastfreundschaft erfahren und es werden immer Englischlehrer auf Freiwilligenbasis gesucht (min. 10 Std./Woche). Außerdem bekommt man hier Infos über verschiedene NGOs und die Bereiche, in denen sie arbeiten, z. B. in der Entwicklung der Gemeinden, Bandenaktivität, Umwelt und mehr. Das CIS kann zwar keine Freiwilligenarbeit im eigentlichen Sinne vermitteln, dafür aber die richtigen Tipps geben. Für die Parlamentswahlen kann man sich als freiwilliger Helfer bei der angesehenen internationalen Wahlbeobachtungsmission der CIS melden.

Global Platform (☎ 7655-8997; globalplatform-elsalvador@ms.dk; 2a Calle Poniente, Barrio San José) ist eine dänische NGO, die ihren Sitz in Suchitoto hat und als Gegenleistung für die Mitarbeit an Gemeindeprojekten in der Umgebung Spanischunterricht und Unterkunft anbietet. Mit 400 US$ pro Monat ist alles abgedeckt.

GEFAHREN & ÄRGERNISSE

Kriminalität sollte keinen Traveller vor El Salvador mehr als vor irgendeinem anderen zentralamerikanischen Land zurückschrecken lassen. Obwohl das Land für seine Gewalttätigkeit bekannt ist, sind Touristen davon so gut wie nie betroffen.

Einfache Vorsichtsmaßnahmen beachten: auf Tagesausflüge so wenig wie möglich mitnehmen, im Bus immer ein Auge auf das Gepäck haben und, sofern möglich, keine wertvollen Dinge mit sich herumtragen. Vor

Reisebeginn von allen Kreditkarten und wichtigen Dokumenten Kopien anfertigen; eine Ausführung mitnehmen und die andere zu Hause bei jemandem deponieren, der sie im Notfall umgehend per Fax weiterleiten kann. Nach Einbruch der Dunkelheit nimmt man sich am besten ein Taxi, selbst wenn die Tarife dann etwas happig sein können. Dies gilt vor allem für San Salvador, San Miguel, Sonsonate, La Unión und La Libertad.

Wer eine Vulkanbesteigung plant, lässt sich dabei am besten von der Polizei eskortieren. Zum einen ist es sicherer, zum anderen verläuft man sich dann nicht – was angesichts nicht gekennzeichneter, sich gabelnder Wege nicht unwahrscheinlich ist. Dieser Dienst ist kostenlos, man muss ihn aber telefonisch oder persönlich einen Tag im Voraus (wenn möglich noch früher) anfordern. Die Beamten sind freundlich und vertrauenswürdig.

Natürlich gibt's auch Gewalt. Zwei der größten *maras* (Banden) sind in El Salvador aktiv. Es ist aber höchst unwahrscheinlich, dass man als Traveller mit ihnen in Berührung kommt, da sie sich vor allem in Gegenden aufhalten, die für Reisende sowieso nicht von Interesse sind und auch, da die Polizei in den meisten Touristengebieten patrouilliert. Dennoch sollte man, wenn möglich, nicht bei Nacht reisen. Waffen sind hier sehr verbreitet, sich bei einem Überfall also niemals wehren – das ist es einfach nicht wert.

GELD

Seit Januar 2001 ist in El Salvador der US-Dollar die offizielle Währung. Die zuvor gültige Währung (der Colón) existiert zwar noch, in der Praxis wird man sie aber vermutlich nie zu Gesicht bekommen.

Bargeld

US-Dollar mitbringen, am besten in Scheinen zu 20 US$ und kleiner. Da alle Geldautomaten Dollarnoten ausgeben, ist es auch nicht sinnvoll, die alte Währung zu tauschen, dabei zu haben oder zu benutzen. Nur die Banco Cuscatlán tauscht eine andere Währung als den Dollar. An den Grenzübergängen warten auch immer schon Geldwechsler.

Feilschen & Trinkgelder

Feilschen ist hier nicht ganz so verbreitet wie in anderen zentralamerikanischen Ländern. Mit Taxifahrern und Ladenbesitzern muss man schon mal ein bisschen verhandeln, wer es aber übertreibt, wird schnell als unhöflich abgestempelt. In Restaurants sollte man 10 % Trinkgeld geben, Taxifahrer bekommen hingegen in der Regel nichts, den Betrag aufzurunden kommt aber gut an.

Geldautomaten

In den meisten Städten und Ortschaften, außer in Perquín, gibt's auch Geldautomaten. Citibank, Scotiabank und Banco Atlántida haben das dichteste Netzwerk. Plus/Visa und Cirrus/MasterCard funktionieren meist sehr gut. Zum Abheben empfehlen sich die etwas sichereren Kabinen; wenn möglich nachts kein Bargeld abholen.

Kreditkarten

In den modernen Einkaufszentren, Spitzenklassehotels und Edelboutiquen werden Kreditkarten problemlos akzeptiert. In kleineren Läden muss man mit einem Preisaufschlag von 6 bis 12 % rechnen. Visa-Karten werden am häufigsten angenommen, MasterCard wird immer verbreiteter, American Express hingegen ist eher selten.

Reiseschecks

Die meisten Filialen der Citibank, Scotiabank und Banco Atlántida tauschen Reiseschecks (nur mit Reisepass und Quittung). Die Schecks von American Express kommen am besten an. In den meisten Städten gibt's auch Western Union.

Wechselkurse

Zum Zeitpunkt der Drucklegung galten die nachstehenden Wechselkurse:

Land	Währung	US$
Eurozone	1 €	1,40
Schweiz	1 SFr	1,04

INFOS IM INTERNET

www.elsalvador.travel Die neue aber sehr lückenhafte Website der salvadorianischen Tourismusbehörde ISTU.

www.elsalvadorturismo.com.sv Die offizielle Website der Corsatur ist kaum besser als ein einfacher Prospekt.

www.lanic.utexas.edu/la/ca/salvador Eine hervorragende Auflistung salvadorianischer Websites; nach Themen geordnet.

www.laprensa.com.sv Website einer der größten Tageszeitungen in El Salvador; auf Spanisch.

www.puntamango.com Website des Surfshops Mango's Lounge in La Libertad; Auflistung der besten Wellen in El Salvador.

www.salvanatura.org Reservierungen und Infos über die Parks Parque Nacional El Imposible und Parque Nacional Los Volcanes.

www.search-beat.com/elsalvador.htm Auflistungen von salvadorianischen Websites; nach Themen geordnet.

www.surfer.com.sv Prahlt mit der Surferszene des Westpazifiks; Links auf Englisch.

www.reiserat.de/reisen_welt/el-salvador/ Deutschsprachige Seite, die einen ersten Überblick für Reisen nach El Salvador bietet

INTERNETZUGANG

Internetzugang findet man im ganzen Land problemlos, die Schnelligkeit der Verbindung kann allerdings variieren. Für eine Stunde Surfen muss man 0,50 bis 1 US$ bezahlen.

KARTEN & STADTPLÄNE

Corsatur (s. S. 314) und das Tourismusministerium bieten Hochglanzkarten von El Salvador und der Hauptstadt an, die in manchen Hotels und bei Tourveranstaltern ausliegen. Landkartenliebhaber sollten im **Centro Nacional de Registros** (IGN; Karte S. 321; www.cnr.gob; 1a Calle Poniente, San Salvador, 2. Stock; Mo–Fr 8–12.30 & 14–17 Uhr) hinter dem MetroSur vorbeischauen. Hier bekommt man qualitativ hochwertige Stadtpläne und Landkarten. Einfache Karten mit Wanderwegen sind manchmal in den jeweiligen Touristeninformationen erhältlich.

KLIMA

Der *invierno* (Regenzeit) dauert von Mai bis Oktober, der *verano* (Trockenzeit) von November bis April. Während der Regenzeit regnet es meistens nur nachts.

In San Salvador schwanken die Höchsttemperaturen zwischen 27 °C (Nov.) und 30 °C (März/April); die Tiefsttemperaturen bewegen sich zwischen 16 °C (Jan./Feb.) und 20 °C (März). Die heißeste Region ist das Küstentiefland. Klimatabellen finden sich auf S. 815.

KURSE

Sehr viele Möglichkeiten gibt es nicht, einige Englischinstitute bieten aber durchaus auch Spanischkurse an. Am besten ist das **Centro de Intercambio y Solidaridad** (CIS; außerhalb der Karte S. 319; ☎ 2226-2623; www.cis-elsalvador.org), in dem Spanischunterricht angeboten wird, der stark auf progressive Themen ausgerichtet ist. Die Unterbringung bei Familien ist möglich. Suchitoto hat zwei hervorragende neue Schulen (S. 364).

MEDIEN

Die größten Tageszeitungen San Salvadors sind *La Prensa Gráfica* und das konservative *El Diario de Hoy*. Sie haben beide einen nationalen und einen internationalen Teil und außerdem bieten sie eine Auflistung der Unterhaltungsangebote. *El Mundo* und *El Latino* sind weniger umfangreiche Nachmittagszeitungen.

ÖFFNUNGSZEITEN

Geschäfte haben an Wochentagen normalerweise von 9 bis 18 Uhr geöffnet, Behörden hingegen von 8 bis 16 Uhr. Einige Büros und Läden schließen über die Mittagszeit zwischen 12 und 14 Uhr, was aber immer seltener wird. Banken haben werktags von 8 bis 16 bzw. 17 Uhr und meist auch samstagmorgens geöffnet. Abendessen gibt's in den Restaurants schon relativ früh; 16 Uhr ist *pupusa*-Hour.

POST

Für internationale Sendungen gibt's zwei Tarifkategorien: Luftpost und Express-Sendungen. Briefe, die per Luftpost verschickt werden, brauchen nach Europa (0,65 US$) bis zu 15 Tagen. Express-Briefe sollten in 10 Tagen ankommen (1,20 US$). Große Städte haben auch FedEx- und DHL-Filialen.

RECHTSFRAGEN

Die Gesetzeshüter hier sind streng und effektiv – vom Streifenpolizisten bis zum Grenzbeamten. Die Polizei hat das Recht, Busse anzuhalten und Personen und Taschen zu durchsuchen, wovon sie auch relativ häufig Gebrauch macht. Unterstützung bekommen die Polizisten dabei häufig von Soldaten. Bestechungsgelder werden normalerweise weder verlangt noch akzeptiert. Wer verhaftet wird, sollte kooperieren und mit der Botschaft Kontakt aufnehmen. Im Falle einer Straftat kann aber auch die Botschaft nur wenig unternehmen. Schon kleinste Vergehen werden oft mit Gefängnis bestraft.

REISEN MIT BEHINDERUNGEN

In El Salvador gibt es viele behinderte Menschen – die meisten sind Opfer von Gewalttaten während des Bürgerkriegs – es gibt aber nur wenige Dienstleistungen oder Ausstattungen, die ihnen das Leben erleichtern. Für Sehbehinderte und Hörgeschädigte gibt es ein paar gut gewartete Rampen und Geländer sowie andere Dienste. Reisende mit Behinderung (und alle anderen Traveller) werden bei den Salvadorianern schnell auf sehr große Freundlichkeit und Hilfsbereitschaft stoßen.

SCHWULE & LESBEN

Schwule und Lesben dürfen hier nur auf wenig Toleranz hoffen. Einige Hotels weigern sich sogar, Zimmer mit nur einem Bett an zwei Männer zu vermieten; Frauen werden nicht ganz so misstrauisch beäugt. Einige Kulturzentren und Clubs rund um San Salvadors Blvd de los Héroes sind, durch ihre unkonventionellere Klientel, schwulen- und lesbenfreundlicher. Die Schwulen- und Lesbenorganisation **Entre Amigos** (☎ 2225-4213; entreamigos@salnet.net; Av Santa Victoria No 50, nahe dem Blvd de los Héroes) ist die etablierteste ihrer Art im Land und widmet sich vor allem dem Thema HIV/AIDS.

SPRACHE

Die Landessprache in El Salvador ist Spanisch. In ein paar wenigen indigenen Dörfern sprechen eine Handvoll Menschen noch Nahuatl, die Sprache der Pipil. Es besteht jedoch ein wissenschaftliches Interesse daran, die Sprache zu erhalten. Viele Salvadorianer lernen beim Arbeiten in den USA, Australien oder sonst wo ein paar Brocken Englisch und Leute mit Englischkenntnissen tauchen an den unglaublichsten Orten auf.

TELEFON

Die Ländervorwahl von El Salvador ist ☎ 503. Telefonnummern haben normalerweise acht Ziffern, lokale Vorwahlen gibt es nicht. Die öffentlichen Fernsprecher der Telecom und Telefónica funktionieren mit den entsprechenden Telefonkarten. Diese gibt's in Apotheken und kleinen Läden. Die Guthaben auf den Karten sind 3, 5 und 10 US$. In Telefonzellen hängen Anleitungen für Orts- und Ferngespräche auf Spanisch und Englisch aus. Einige Internetcafés bieten auch Internettelefonie an.

TOURISTENINFORMATION

In El Salvador gibt es nicht allzu viele Touristeninformationen, und die wenigsten von ihnen haben nützliche Infos. Freundliche Angestellte findet man in Perquín und Suchitoto. Infostände in Juayúa und Apaneca haben an den Wochenenden geöffnet. Auch freundliche Hotelbesitzer können sehr hilfreich sein. In San Salvador befindet sich das Büro der **Corporación Salvadoreña de Turismo** (Corsatur; außerhalb der Karte S. 313; ☎ 2243-7835; corsatur@salnet.net; Blvd Santa Elena, San Salvador; 🕑 8–12.30 & 13.30–17.30 Uhr), das mit Broschüren und Flyern dienen kann. Das **Instituto Salvadoreño de Turismo** (ISTU; Karte S. 316; ☎ 222-8000; istu@mh.gob.sv; 719 Calle Rubén Darío zw. 9a & 11a Avs Sur, San Salvador; 🕑 Mo–Sa 8.30–12.30 & 13.30–16 Uhr) hilft mit sehr allgemeinen Infos über Nationalparks und *turicentros* in El Salvador weiter.

UNTERKUNFT

El Salvador hat recht gute Hotels und eine gute Infrastruktur für Backpacker. Die preiswertesten Übernachtungsmöglichkeiten findet man meist in zwielichtigen Vierteln in der Nähe von Busbahnhöfen; da lohnt es sich, für seine persönliche Sicherheit etwas mehr zu bezahlen. In manchen Gebieten ist die Prostitution wirtschaftlich erträglicher als der Tourismus, und so kann es gut sein, dass das einzige Zimmer, das man findet, nach Stunden bezahlt wird. In diesem Band wurde versucht, die zuverlässigsten und sichersten Optionen für Traveller aufzuführen.

Rund um die beliebten Outdoor-Ziele gibt's immer mehr Campingplätze und *eco-albergues* (Öko-Hotels; einfache Gemeinschaftshütten, von denen einige auch einfache Kücheneinrichtungen haben). Campingausrüstung sollte man am besten selbst mitbringen, da die Auswahl hier sehr mager ist.

Eine weitere Möglichkeit ist eine kostenlose Übernachtung in einem der *centros de obreros* (staatliche Arbeiterzentren), riesige Anlagen, die Arbeitern und ihren Familien die Möglichkeit geben sollen, am Wochenende auszuspannen. Die wichtigsten von ihnen befinden sich am Lago de Coatepeque, in El Tamarindo, La Palma und etwas außerhalb von La Libertad. Sie müssen im Voraus beim entsprechenden Büro in San Salvador reserviert werden; s. S. 314 für weitere Infos.

Die Zimmerpreise sind das ganze Jahr über gleich; eine Ausnahme bilden die Sommerferien (erste Aug.-Woche), wenn in beliebten Städten die Hotels schnell ausgebucht sind. Der Durchschnittspreis für ein Bett in einem Schlafsaal liegt bei etwa 8 US$, ein Doppelzimmer kostet 25 US$.

VERANTWORTUNGSBEWUSSTES REISEN

Viele Reisende haben sich schon vor ihrer Ankunft in El Salvador Gedanken darüber gemacht, welche „Seite" sie im Bürgerkrieg unterstützt hätten bzw. haben (meist die FMLN). Tatsächliche haben beide Seiten schreckliche Gräueltaten begangen und in 12 Jahren Krieg hat es keine Partei geschafft, die Ideale der salvadorianischen Mehrheit vollständig zu repräsentieren (oder zu verraten). Das Thema Krieg kann durchaus angesprochen werden, man sollte aber die persönliche Erfahrung jedes Salvadorianers respektieren.

Das Land ist erst seit kurzem Touristenziel und seine Einwohner sind Backpackern gegenüber noch nicht so abweisend wie anderswo. Heftiges Feilschen ist weder bei Taxifahrten noch auf dem Markt an der Tagesordnung. Auch wenn es schwer sein wird, sein Misstrauen angesichts der lästigen Gaunerei in Guatemala und anderen Orten abzulegen – in El Salvador sind ein ehrlicher Preis und eine freundliche Umgehensweise immer noch der Normalfall.

VISA & DOKUMENTE

EU-Bürger und Schweizer Staatsbürger brauchen für El Salvador kein Visum, müssen aber an der Grenze für 10 US$ eine Touristenkarte für die einmalige Einreise erwerben. Die normale Aufenthaltsdauer beträgt 30 Tage; wer länger bleiben will, kann bis zu 90 Tage bekommen. Dies muss man beim Grenzbeamten anfragen, bevor dieser seinen Stempel in den Pass setzt – also schnell reagieren. Wer innerhalb der genehmigten Zeit das Land verlässt, kann mit derselben Touristenkarte wieder einreisen.

Das Einreiseabkommen zwischen den vier zentralamerikanischen Staaten (CA-4) ermöglicht das Überqueren der Grenzen zwischen Guatemala, Honduras, El Salvador und Nicaragua ohne die Einreisegebühr mehrmals bezahlen zu müssen. Auch der Reisepass wird nur einmal abgestempelt (auf jeden Fall die 90 Tage beantragen). Bei Einreise auf dem Landweg sollte man an diese abgeänderte Vorschrift denken; manchmal muss man die Grenzbeamten auch daran „erinnern", dass es dieses Abkommen überhaupt gibt.

Aktuelle Visainformationen finden sich auf www.lonelyplanet.com/el-salvador/practical-information/visas.

Für die Einreise sind keine besonderen Impfungen erforderlich; Reisende, die aus einem Gelbfiebergebiet einreisen, müssen allerdings eine Schutzimpfung vorweisen (einige Impfungen werden dennoch empfohlen; s. dazu S. 833).

ZOLL

Die Grenzbeamten in El Salvador gehören zu den strengsten in der Region. Die eingetragenen Ein- und Ausreisestempel werden äußerst genau unter die Lupe genommen. Wer mit einem internationalen Bus einreist, muss damit rechnen, dass das Gepäck durchsucht wird. In den Grenzregionen sollte man den Reisepass immer dabei haben, ganz egal, ob man ausreisen will oder nicht. Dort gibt es eine Vielzahl von Kontrollpunkten der Polizei (die bei einer Kontrolle meist auf der Suche nach Drogen ist).

Honduras

Der Tourismus in Honduras brach Ende 2009 ein. Als der ehemalige Präsident Manuel Zelaya ins Exil nach Costa Rica verbannt wurde, verließen die Touristen mit ihm das Land. Versicherungsgesellschaften drehten die Geldhähne ab und landesweit gingen die Belegungsraten von Hotels in den Keller. Aber das kleine Land, in dem die Mayas bei den Ruinen von Copán eine gewaltige Zitadelle erbauten, die rund 500 Jahre lang gedieh, wo entspannte afro-karibische Stimmung das Leben an der Nordküste und auf den Bay Islands mit ihren vielen Riffen beherrscht und wo Kolonialstädtchen in den Bergen unter nebelverhangenen Bergspitzen blühen, hat sein touristisch gesehen schlimmstes Jahr als Chance zum Neuanfang genutzt. Heute kann man an der faszinierenden wilden Miskitoküste den Regenwald erkunden, im kristallklaren Meer vor Utila und Roatán baden, bis zum Umfallen Vögel in den grünen Nebelwäldern beobachten und durch vergessene Kolonialhauptstädte wie Gracias und Comayagua bummeln, ohne einer Menschenseele zu begegnen. Es gibt viel zu unternehmen. Honduras wartet.

KURZINFOS

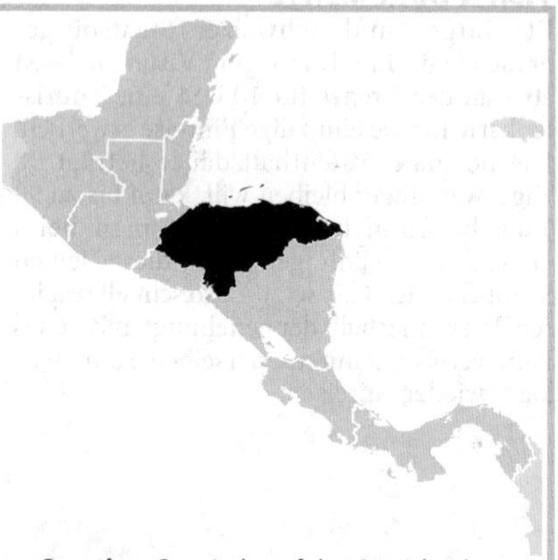

- **Bevölkerung** 7,79 Mio.
- **Fläche** 112 090 km² (entspricht der Größe Englands)
- **Geld** 1 € = 25,76 HNL (Lempiras), auf den Bay Islands werden US-Dollar akzeptiert
- **Hauptstadt** Tegucigalpa
- **Jahreszeiten** Regenzeit (Sept.–Feb., vor allem an der Küste), Trockenzeit (Dez.–Mai)
- **Landesvorwahl** ☎ 504
- **Preise** Budgetzimmer 5–15 €, Mahlzeit 1,50–5€, Tauchkurse im offenen Meer auf Utila oder Roatán 175 €
- **Reisekosten** 18–22 € pro Tag, auf den Bay Islands mehr
- **Sprachen** Spanisch, auf den Bay Islands wird auch Englisch gesprochen
- **Zeit** MEZ –7 Std.

TIPPS FÜR UNTERWEGS

Wer an der Nordküste oder auf den Bay Islands unterwegs ist, sollte unbedingt Malaria-Medikamente in Betracht ziehen. Das beste ist Chloroquin, das in den meisten Apotheken als „Aralen" verkauft wird. Zur Dosierung s. S. 834.

VON LAND ZU LAND

Es gibt u.a. die Grenzübergänge Corinto und El Florido (Guatemala), El Amatillo und El Poy (El Salvador) sowie Guasaule (Nicaragua). Zweimal wöchentlich laufen Fähren nach Belize aus, per Anhalter kommt man gelegentlich nach Nicaragua und Jamaika. Eine Ausreisegebühr erhebt Honduras nicht, dafür eine Einreisegebühr von 60 HNL (3 US$).

HIGHLIGHTS

- **Bay Islands** (S. 463) Sich in ein Taucherparadies verlieben: Die günstigen Preise und das reiche Unterwasserleben mit dem zweitgrößten Riffsystem der Welt laden zum Abtauchen ein
- **Die Ruinen von Copán** (S. 420) Kunstvolle Felsritzungen und gewaltige uralte Bauwerke aus der Zeit des einmaligen Mayareichs bestaunen.
- **Gracias** (S. 433) Die verschlafene ehemalige Hauptstadt Zentralamerikas mit ihren kopfsteingepflasterten Straßen erkunden, ein Relikt aus der lange vergangenen Kolonialzeit.
- **Lago de Yojoa** (S. 410) Neblige Regenwälder über postkartenblauem Wasser voller Vögel bewundern und Selbstgebrautes nahe dem Wasserfall von Pulhapanzak genießen.
- **Die schönste Reiseroute**(S. 407) Sich durchschütteln lassen bei einer Fahrt durch La Ruta Lenca, einer Reihe einsamer Gemeinden im Hochland mit stolzen indigenen Bewohnern.
- **Abseits der ausgetretenen Pfade** (S. 485) Bei einem Abenteuer flussaufwärts in Richtung der letzten unberührten Wildnis Zentralamerikas das Reserva de la Biosfera del Río Plátano kennenlernen.

AKTUELLE ENTWICKLUNGEN

Das kleine Honduras beherrschte weltweit alle Schlagzeilen, als am 28. Juni 2009 auf das Haus des damaligen Präsidenten Manuel Zelaya in einem Vorort von Tegucigalpa bei Tagesanbruch ein dramatischer Überfall verübt worden ist. Zelaya wurde vertrieben und gegen seinen Willen nach Costa Rica abgeschoben. Honduras geriet in die Kritik der internationalen Medien und ausländischer Staatsoberhäupter, die die Aktion als Putsch bezeichneten und die honduranischen Machthaber als totalitäre Herrscher verurteilten, die nur nach Einfluss gierten. Doch der „Putsch" in Honduras war vielleicht gar keiner.

In den Monaten vor der Staatskrise war Zelaya beschuldigt wurden, seine Macht missbraucht zu haben, indem er angeblich versucht hat, die Verfassung zu ändern. Außerdem soll er eine illegale Wiederwahlkampagne gestartet und vorgehabt haben, eine verfassungsgebende Versammlung ins Leben zu rufen. Unter Berufung auf das Staatsrecht fasste das Verfassungsgericht einen Gerichtsbeschluss, nach dem Zelaya von bewaffneten Kräften festgenommen und seines Amts enthoben werden sollte, wobei Roberto Micheletti, Präsident des honduranischen Parlaments, mit Unterstützung des Militärs, der Judikative und der Exekutive sowie der katholischen Kirche zum Interimspräsidenten ernannt wurde.

Gemäß der Verfassung von Honduras war diese Vorgehensweise rechtmäßig. Die bewaffneten Kräfte machten allerdings einen schwerwiegenden Fehler: Zelaya außer Landes zu schaffen, statt ihn vor Gericht zu stellen (er wird einer Reihe von Verbrechen beschuldigt, darunter Verrat und Amtsmissbrauch), war nicht nur illegal, sondern erlaubte es Zelaya auch noch, sein Gesicht zu wahren und zu geloben, nach Honduras zurückzukehren und das Amt des Präsidenten wieder einzunehmen. Drei Monate nachdem er ausgeflogen worden war, machte er sein Versprechen wahr, kehrte heimlich ins Land zurück und flüchtete in die brasilianische Botschaft in Tegucigalpa. Im November 2009 fanden transparente demokratische Wahlen statt, aus denen der konservative Mitte-Rechts-Kandidat der Nationalen Partei von Honduras, Porfirio „Pepe" Lobo (das genaue Gegenteil von Zelaya) als Sieger hervorging. In einem umstrittenen Schachzug unterzeichnete Lobo einige Tage vor seiner Amtseinsetzung eine Carte blanche für Zelaya, die es dem vertriebenen Präsidenten erlaubte, ohne Scherereien als „angesehener Gast" in die Dominikanische Republik einzureisen, was sein dreimonatiges Asyl in der brasilianischen Botschaft beendete. Am Tag vor Zelayas Ausreise billigte der Kongress einen Amnestiebeschluss für alle während der Krise verübten politischen Verstöße, wodurch das Land mit dem Thema abschließen konnte.

Es gab jedoch auch ein Ereignis, das durchweg positiv aufgenommen wurde: Wie bestellt sicherte ein dramatisches Tor der USA gegen Costa Rica in der letzten Minute der honduranischen Nationalmannschaft „Los Catrachos" die Teilnahme an der Weltmeisterschaft 2010. Honduras' erstmalige Teilnahme am

HONDURAS

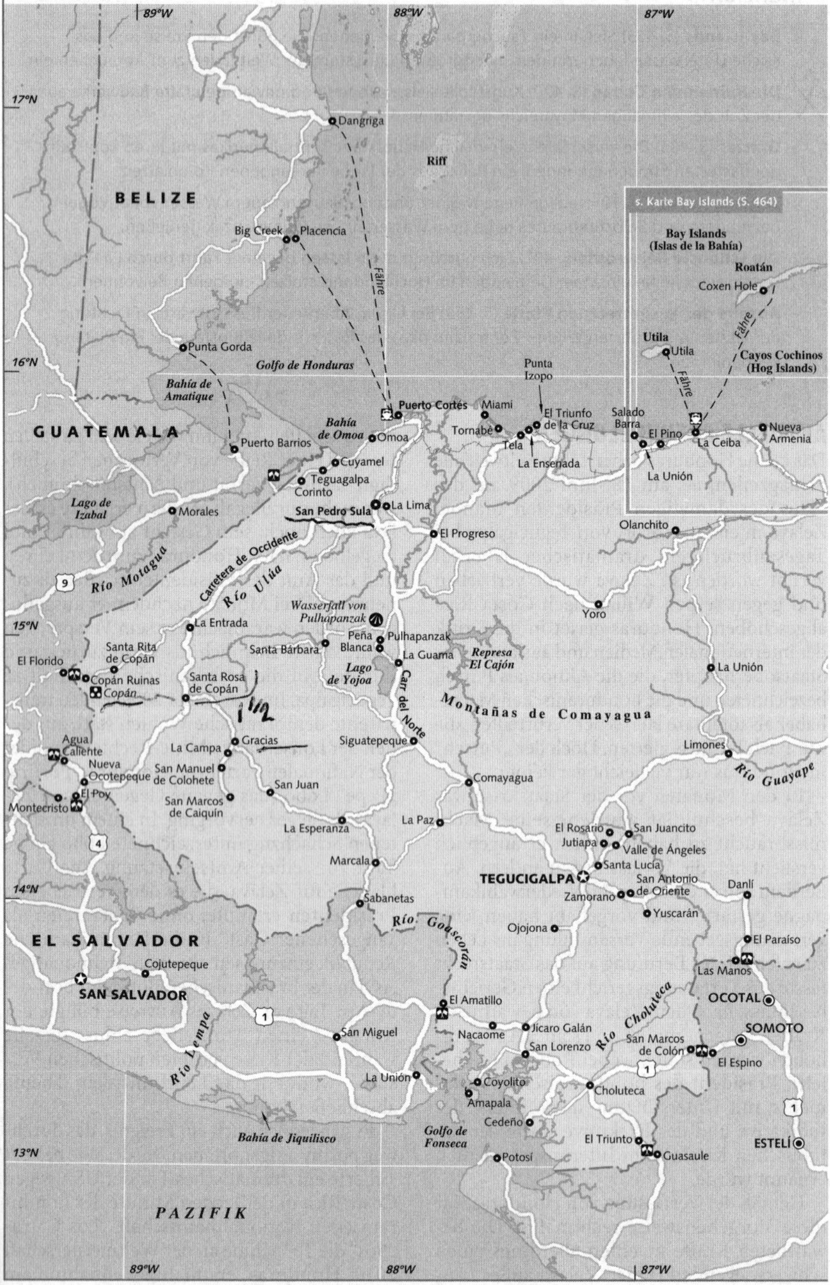
89°W
88°W
87°W
17°N
16°N
15°N
14°N
13°N
BELIZE
GUATEMALA
EL SALVADOR
PAZIFIK
Dangriga
Riff
Big Creek
Placencia
Fähre
Punta Gorda
Golfo de Honduras
Bahía de Amatique
Puerto Barrios
Lago de Izabal
Morales
Río Motagua
9
Carretera de Occidente
Río Ulúa
Puerto Cortés
Bahía de Omoa
Omoa
Cuyamel
Teguagalpa
Corinto
San Pedro Sula
La Lima
El Progreso
Miami
Tornabé
Tela
Punta Izopo
El Triunfo de la Cruz
La Ensenada
s. Karte Bay Islands (S. 464)
Bay Islands (Islas de la Bahía)
Roatán
Coxen Hole
Utila
Utila
Fähre
Fähre
Cayos Cochinos (Hog Islands)
Salado Barra
El Pino
La Ceiba
La Unión
Nueva Armenia
Olanchito
Yoro
La Entrada
Wasserfall von Pulhapanzak
Peña Blanca
Pulhapanzak
Santa Bárbara
Lago de Yojoa
La Guama
Represa El Cajón
Carr del Norte
Santa Rita de Copán
El Florido
Copán Ruinas
Copán
Santa Rosa de Copán
Montañas de Comayagua
La Unión
Agua Caliente
La Campa
Gracias
Siguatepeque
Nueva Ocotepeque
San Manuel de Colohete
El Poy
Montecristo
San Marcos de Caiquín
San Juan
Comayagua
Limones
Río Guayape
4
La Esperanza
La Paz
El Rosario
San Juancito
Jutiapa
Valle de Ángeles
Marcala
Santa Lucía
TEGUCIGALPA
San Antonio de Oriente
Zamorano
Danlí
Sabanetas
Yuscarán
Río Goascorán
Ojojona
El Paraíso
Las Manos
Cojutepeque
SAN SALVADOR
El Amatillo
OCOTAL
1
Nacaome
Jícaro Galán
SOMOTO
San Miguel
San Lorenzo
Río Choluteca
San Marcos de Colón
El Espino
Río Lempa
La Unión
Coyolito
Amapala
Choluteca
1
Cedeño
Golfo de Fonseca
Bahía de Jiquilisco
El Triunfo
Guasaule
ESTELÍ
1
Potosí

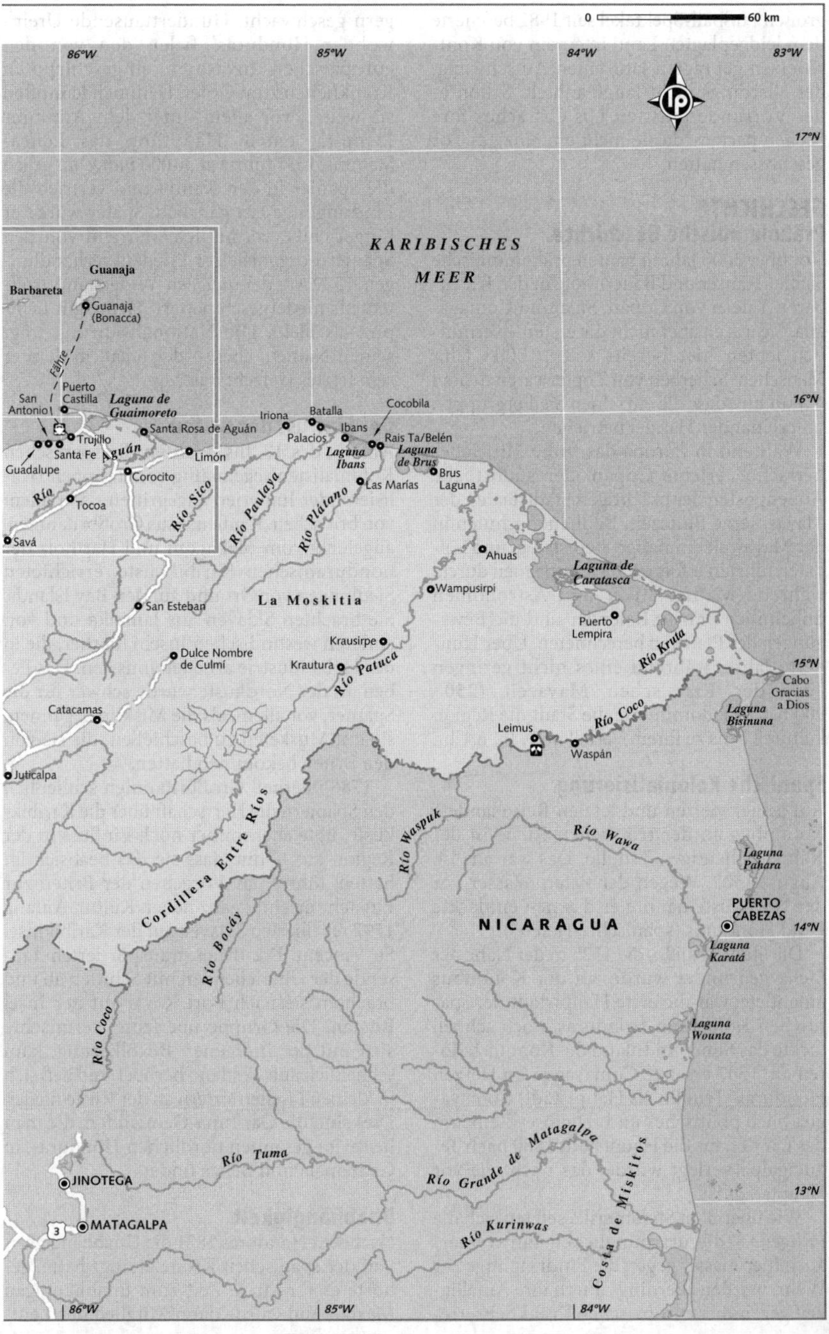
0 60 km
86°W
85°W
84°W
83°W
17°N
16°N
15°N
14°N
13°N
KARIBISCHES MEER
Guanaja
Barbareta
Guanaja (Bonacca)
Fähre
Puerto Castilla
San Antonio
Laguna de Guaimoreto
Trujillo
Santa Fe
Guadalupe
Río Aguán
Santa Rosa de Aguán
Limón
Corocito
Tocoa
Río Sico
Savá
Iriona
Batalla
Palacios
Ibans
Cocobila
Rais Ta/Belén
Laguna Ibans
Laguna de Brus
Brus Laguna
Las Marías
Río Paulaya
Río Plátano
Ahuas
Laguna de Caratasca
Wampusirpi
La Moskitia
San Esteban
Puerto Lempira
Krausirpe
Krautura
Río Patuca
Río Kruta
Dulce Nombre de Culmí
Catacamas
Cabo Gracias a Dios
Laguna Bisinuna
Leimus
Río Coco
Waspán
Juticalpa
Cordillera Entre Ríos
Río Waspuk
Río Wawa
Laguna Pahara
PUERTO CABEZAS
Laguna Karatá
NICARAGUA
Río Bocay
Río Coco
Laguna Wounta
Río Tuma
Río Grande de Matagalpa
Costa de Miskitos
JINOTEGA
MATAGALPA
3
Río Kurinwas

HONDURAS

großen Fußball-Spektakel seit 1982 bescherte dem leidgeplagten Land in einem von Kontroversen geprägten Jahr einen Aufschwung, der allerdings nicht lange anhielt. Schon in der Vorrunde mussten Los Catrachos ihre Sachen packen, da sie nicht ein einziges Tor geschossen hatten.

GESCHICHTE

Präkolumbische Geschichte

Vor über 3000 Jahren bauten präkolumbische Siedler Häuser und Bauernhöfe in den fruchtbaren Tälern von Copán, Sula und Comayagua. Sie waren aber nicht die ersten – vermutlich lebten hier bereits seit 10 000 v. Chr. Menschen. Scherben von Töpferwaren deuten darauf hin, dass die einzelnen Siedlergruppen untereinander Handel betrieben.

Während in Europa das frühe Mittelalter herrschte, erlebte Copán, der südöstliche Außenposten der prächtigen Stadtstaaten der Mayas, seine Blütezeit. Bildhauer schufen in der Mayawelt einmalige Steinstelen, und Soldaten führten erfolgreiche Kampagnen durch, während Mathematiker und Astronomen unheimlich präzise Kalender und die Bewegungen der Planeten berechneten. Über Hunderte Jahre, während eines nicht geringen Teils der Klassischen Mayazeit (250–900 n. Chr.), dominierte die Stadt die Region kulturell – bis zu ihrem Verfall im 9. Jh. n. Chr.

Spanische Kolonialisierung

Auf seiner vierten und letzten Reise landete Kolumbus an der tropischen Küste in der Nähe des heutigen Trujillo. Das war am 14. August 1502. Wegen der tiefen Wasser vor der Nordküste nannte er das neu entdeckte Land Honduras (spanisch: „Tiefen").

Die Stadt Trujillo, die 1525 in der Nähe der Stelle gegründet wurde, an der Kolumbus anlandete, war die erste Hauptstadt der spanischen Kolonie in Honduras, doch schnell lockte das Silber im Inland die Konquistadoren an. 1537 ersetzte Comayagua im Herzen Honduras' Trujillo als Hauptstadt. Comayagua blieb politisches und religiöses Zentrum des Landes, bis die Hauptstadt 1880 nach Tegucigalpa verlegt wurde, das nach wie vor Hauptstadt ist.

Wie überall in Südamerika setzten sich die *indígenas* (die ursrpünglichen Einwohner) auch hier massiv gegen die Eindringlinge zur Wehr, wurden allerdings durch ihre Anfälligkeit gegenüber europäischen Krankheitserregern geschwächt. Hunderttausende Ureinwohner Honduras' fielen den von den europäischen Invasoren eingeschleppten Krankheiten zum Opfer. Dennoch kämpften sie weiter, vor allem unter dem Anführer Lempira, einem Häuptling des Lenca-Stamms. 1537 führte er 30 000 *indígenas* gegen die Spanier in den Kampf und vertrieb die Eindringlinge fast gänzlich. Später wurde er hingerichtet, vermutlich während von den Spaniern organisierter Friedensverhandlungen. 1539 war der *indígena*-Widerstand größtenteils niedergeschmettert. Heute gilt Lempira als Held. Die Nationalwährung trägt seinen Namen, ebenso der Staat, in dem er sein letztes Gefecht austrug.

Der Einfluss der Briten

Anfang des 17. Jhs. wurden die spanischen Kolonialisten regelmäßig von Truppen rivalisierender Imperien angegriffen – vor allem von britischen. Kaufleute aus Großbritannien, angelockt vom Mahagoni und Hartholz der honduranischen Karibikküste, errichteten Siedlungen vor Ort und auf den Bay Islands. Sie brachten Sklaven aus Jamaika und von anderen westindischen Inseln hierher, die in der Holzindustrie arbeiten mussten. Das Leben an der Nordküste wurde schwer für die Spanier, vor allem, als die Mískito begannen, sie mit Musketen zu beschießen, die sie von den Briten bekommen hatten.

1786 überließ Großbritannien schließlich den Spaniern die Herrschaft über die Karibikküste, übte aber immer noch Einfluss in der Region aus. Ohne dass sie das beabsichtigt hatten, führte das Vorgehen der Briten zur Entstehung einer ganz neuen Kultur. Anfang 1797 rebellierten Sklaven auf der Karibikinsel St. Vincent. Die Briten transportierten Tausende der Überlebenden mit Schiffen ab und brachten sie nach Port Royal auf der Insel Roatán. Die Gruppe überlebte, vermischte sich mit der indigenen Bevölkerung, kam schließlich aufs Festland herüber und ließ sich in kleinen Fischerdörfern an der Küste nieder. Dies sind die Garífuna-Gemeinden, die man heute im gesamten nördlichen Honduras, in Guatemala und Belize findet.

Unabhängigkeit

Nachdem Honduras 1821 die Unabhängigkeit von der spanischen Krone erlangt hatte, gehörte es für kurze Zeit zum unabhängigen Mexiko und wurde dann Mitglied der Zentralamerikanischen Konföderation. 1830 wurde der honduranische Freiheitsheld General Francisco Morazán zum Präsidenten gewählt. Die Union hatte jedoch nicht lange Bestand, da sowohl Liberale als auch Konservative sich untereinander zerstritten. Am 5. November 1838 erklärte sich Honduras selber zu einer eigenständigen, unabhängigen Nation.

Weiterhin kämpften die liberale und die konservative Fraktion in Honduras um die Macht. Sie kamen abwechselnd zum Zug, sodass Honduras immer wieder mal eine Zivil-, mal eine Militärregierung hatte. (Zwischen 1821 und 1982 wurde die Verfassung des Landes 17-mal umgeschrieben). Offiziell wurde die Regierung vom Volk gewählt, doch Honduras hat seit seiner Unabhängigkeit hunderte Putsche, Rebellionen, Machtergreifungen, „Unregelmäßigkeiten" bei der Wahl und andere Machtmanipulationen erfahren. Einer der wenigen Punkte, die die Länder Zentralamerikas und die Parteien miteinander vereinen, war die Bedrohung durch William Walker, einen Amerikaner, der in den 1850er-Jahren eine Militärkampagne zur Eroberung Zentralamerikas durchführte. Tatsächlich erlangte er für eine Weile die Macht über Nicaragua. Sein letzter fehlgeschlagener Angriff auf Zentralamerika zielte auf Trujillo ab. Er endete mit Walkers Niederlage. Er wurde gefangen genommen und von einem Erschießungskommando hingerichtet.

Die „Bananenrepublik"

Von Anfang an mischten sich andere Länder in Honduras' Wirtschaftspolitik ein, vor allem in die Bananenindustrie – daher der Ausdruck „Bananenrepublik". Gegen Ende des 19. Jhs. bestaunten US-Händler das schnelle Wachstum von Bananen an der fruchtbaren Nordküste des Landes, die nur eine kurze Schiffsfahrt vom Süden der USA entfernt liegt. Mit der Entwicklung der Kühltechnik boomte die Bananenindustrie. US-Unternehmer kauften Land zum Anbau von Bananen, wobei sie von mehreren aufeinanderfolgenden honduranischen Regierungen großzügig unterstützt wurden. Die drei wichtigsten Unternehmen waren die Vaccaro-Brüder (später Standard Fruit), die rund um La Ceiba tätig waren, die Cuyamel Fruit Company in der Nähe des Río Cuyamel und von Tela, und nach 1912 im Osten des Landes United Fruit, das sich 1929 Cuyamel einverleibte. Die drei Unternehmen besaßen große Teile des nördlichen Honduras. 1918 waren 75 % des Landes, auf dem Bananen angebaut wurden, in den Händen von US-Unternehmen.

1892 machten Bananen 11 % des Exportgeschäfts von Honduras aus, 1903 42 % und 1913 66 %. Der Erfolg der Industrie verhalf den Bananenunternehmen zu extrem großer Macht in Honduras, die Politik und Politiker wurden von ihren Interessen beherrscht. Die Cuyamel Fruit Company verbündete sich mit der Liberalen Partei, United Fruit mit der Nationalen Partei, und die Rivalitäten zwischen den Bananenunternehmen prägten die honduranische Politik.

Die Politik des 20. Jhs.

Die USA nahmen immer mehr Einfluss auf die Geschehnisse in Honduras. Als 1911 und 1912 die Interessen der Bananenunternehmen durch politische Entwicklungen in Honduras bedroht schienen, entsandte US-Präsident William Howard Taft US-Marines nach Honduras, um die „Investitionen der USA zu schützen".

Zur Zeit der weltweiten Wirtschaftskrise in den 1930er-Jahren wurde während ziviler Unruhen General Tiburcio Carías Andino zum Präsidenten gewählt, der gewissermaßen eine Diktatur begründete, die von 1932 bis 1949 andauerte. Dann musste er unter dem Druck der USA sein Amt niederlegen.

Ein zweimonatiger Streik im Jahr 1954, bekannt als „der Bananenstreik", an dem über 25 000 Arbeiter der Bananenindustrie und Sympathisanten teilnahmen, ist nach wie vor ein bahnbrechender Moment in der honduranischen Arbeitergeschichte. Gewerkschaften wurden anerkannt und Arbeiter hatten auf einmal Rechte, von denen man in den zentralamerikanischen Nachbarländern noch nicht einmal gehört hatte.

Ein Militärputsch 1956 markierte einen wichtigen Umbruch in der Politik Honduras'. Obwohl 1957 wieder eine Zivilregierung an der Macht war, wurde in einer neuen Verfassung festgelegt, dass die Zivilregierung keine Macht über das Militär habe. Von nun an spielte das Militär eine deutlich wichtigere Rolle in der Politik des Landes, was man bis heute spürt.

1963 führte Oberst Osvaldo López Arrellano einen weiteren Militärputsch an und regierte bis 1975 als Präsident, unterbrochen nur durch eine kurzen Phase der Demokratie in den Jahren 1971 und 1972. Er wurde aufgrund eines 1,25 Mio. HNL schweren Bestechungsskandals durch das US-Unternehmen United Brands zum Rücktritt gezwungen. Oberst Juan Alberto Melgar Castro, der die Agrarreform drosselte, wurde durch einen Militärputsch zu seinem Nachfolger. Er wiederum wurde bei einem weiteren Militärputsch im Jahr 1978 seiner Macht enthoben. Der Putsch wurde angeführt von General Policarpo Paz García, der 1981 demokratische Präsidentschaftswahlen einführte. Endlich hatten die Militärregierungen ein Ende.

Die 1980er-Jahre

In den 1980er-Jahren war Honduras von Revolutionen und Konflikten umgeben. Im Juli 1979 stürzte die revolutionäre Sandinista-Bewegung in Nicaragua die Diktatur von Somoza, und Somozas Nationalgardisten flohen nach Honduras. 1980 brach in El Salvador ein Bürgerkrieg aus, und interne Konflikte in Guatemala spitzten sich zu.

Revolutionen auf allen Seiten und vor allem der Erfolg der Revolution in Nicaragua 1979 rückten Honduras in den Fokus der US-Politik und strategischer Operationen in der Region. Nachdem die USA die Regierung zur Durchführung von Wahlen gezwungen hatten, wurde der Zivilist Dr. Roberto Suazo Córdova zum Präsidenten gewählt. Die wahre Macht behielt jedoch der Oberbefehlshaber der Streitkräfte, General Gustavo Álvarez, der eine immer stärkere US-Militärpräsenz in Zentralamerika unterstützte. Nach der Wahl Ronald Reagans zum US-Präsidenten mischte sich das US-Militär immer stärker in Zentralamerika ein. Die USA ließen riesige Geldsummen nach Honduras fließen und schickten Tausende von US-Truppen ins Land, als Honduras provokante Manöver durchführte, die eindeutig gegen Nicaragua gerichtet waren. Flüchtlingslager von Nicaraguanern in Honduras wurden als Stützpunkte für einen von den USA finanzierten Geheimkrieg gegen die nicaraguanische Sandinista-Regierung genutzt, der als Contra-Krieg bekannt wurde. Zur gleichen Zeit bildeten die USA das Militär von El Salvador in Flüchtlingslagern der Salvadorianer in Honduras aus.

General Gustavo Álvarez war ebenfalls verantwortlich für die Gründung des berüchtigten Bataillons 3-16, das hunderte politischer Feinde ins Visier nahm und verschwinden ließ. Zwar war die Unterdrückung im Vergleich zu El Salvador und Guatemala gering, doch die Sorge der Öffentlichkeit nahm zu. Auch die lokale Opposition gegen die US-Militarisierung Honduras' wurde stärker, was die honduranische Regierung vor Probleme stellte. Im März 1984 wurde General Álvarez von Offizierskollegen ins Exil verbannt und General Walter López Reyes als sein Nachfolger eingesetzt. Unmittelbar darauf verkündete die honduranische Regierung, sie werde die Militärpräsenz der USA überprüfen. Im August verbot sie das Training salvadorianischer Militäreinheiten im Land.

Die Präsidentschaftswahlen von 1985, bei denen es gravierende Unregelmäßigkeiten gab, gewann der Kandidat der Liberalen Partei, José Simeón Azcona del Hoyo, mit nur 27 % der Wählerstimmen. Rafael Leonardo Callejas Romero von der Nationalen Partei verlor mit 42 % der Stimmen.

In Washington kämpfte die Regierung unter Reagan gegen die Anschuldigung, sie habe illegalerweise Gelder aus Waffenverkäufen in den Iran genutzt, um die anti-sandinistischen Contras in Honduras zu unterstützen. Es folgten große Demonstrationen in Tegucigalpa, und im November 1988 weigerte sich die honduranische Regierung, ein neues Militärabkommen mit den USA zu unterzeichnen. Präsident Azcona Hoyo gab bekannt, die Contras müssten das Land verlassen. Mit Violeta Chamorros Wahl zur Präsidentin von Nicaragua im Jahr 1990 endete schließlich der Contra-Krieg, und die Contras verließen endlich Honduras.

Aktuelle Entwicklungen und „Putsche"

Während der Regierungszeit von Rafael Leonardo Callejas Romero (1990–94) und Carlos Roberto Reina Idiaquez (1994–98) hatte Honduras wirtschaftlich zu kämpfen, und der instabile Lempira sank im Wechselkurs mit dem Dollar. Das Blatt wendete sich nach der Wahl des Liberalen Carlos Roberto Flores Facusse (1998–2002), doch dann traf Honduras ein unglücklicher wirtschaftlicher Schlag: der verheerende Wirbelsturm Mitch im November 1998. Er richtete Schäden im Wert von rund 3 Mrd. US$ an. Laut Statistikern warf er die wirtschaftliche Entwicklung des Landes um Jahrzehnte zurück.

2001 wurde Ricardo Maduro von der Nationalen Partei zum Präsidenten gewählt, vor allem aufgrund seines Wahlversprechens, die Kriminalität zu reduzieren. Darin war er zweifellos äußerst engagiert – 1997 wurde sein eigener Sohn entführt und ermordet. Obwohl er große Summen in die Lösung des Problems steckte, gingen die Verbrechen nahezu ungemindert weiter. Im Januar 2006 wurde Maduro von einem Cowboyhut tragenden Farmer aus Olancho namens José Manuel Zelaya Rosales abgelöst. Die Anfangszeit von Zelayas Regierung war getrübt von weit verbreiteten Korruptionsanschuldigungen – allein im ersten Jahr seiner Regentschaft traten elf seiner Minister zurück, weil sie der Korruption beschuldigt wurden.

Während seiner Amtszeit verbrüderte sich Zelaya eng mit anderen linken lateinamerikanischen Staatsoberhäuptern wie Venezuelas Präsident Hugo Chávez sowie mit ähnlich orientierten Organisationen wie dem Staatenbund ALBA (Bolivarian Alliance for the Peoples of Our America) – ein deutlicher Umbruch für ein Land, das lange Zeit Zentralamerikas stärkster US-Verbündeter war. Doch es war Zelayas Plan, ein Referendum abzuhalten, um Honduras' 38 Jahre alte Verfassung umzuschreiben, der ihm Ärger beim Obersten Gericht bescherte. Die so genannte *cuarta urna*, die vierte Wahlurne, war eine vorgeschlagene Abstimmung durch die Regierung, die es den Honduranern erlaubt hätte, dafür zu stimmen, dass Zelaya die Verfassung abändert, um für eine zweite Amtszeit wiedergewählt werden zu können. Dies ist in der honduranischen Verfassung nicht vorgesehen. Das Oberste Gericht, das das vorgeschlagene Referendum für rechtswidrig erklärte, trat in Aktion, ließ Zelaya seines Amts entheben und im Juni 2009 festnehmen (s. S. 377). Doch die Streitkräfte flogen Zelaya, um einen großflächigen Aufstand und eventuell sogar einen Bürgerkrieg zu verhindern, nach Costa Rica aus, anstatt ihn festzunehmen. Während ein Aufschrei um die Welt ging, blieb die Regierung von Honduras standhaft, bot den USA, Brasilien und anderen Weltmächten Paroli und nannte die Ereignisse eine „Verfassungsreform", während Honduras selbst gefährlich kurz davor stand, ein gescheiterter Staat zu werden. Der Präsident des Kongresses, Roberto Micheletti, wurde als Interimspräsident eingesetzt. Nun, da Zelaya im Abseits stand, wurden im November 2009 transparente Wahlen in Honduras durchgeführt, aus denen Porfirio „Pepe" Lobo von der Nationalen Partei als Sieger hervorging. Zwar erkannte kein Land weltweit die De-facto-Regierung als gesetzmäßig an, jedoch akzeptierten viele die Legitimität der Wahl von Porfirio Lobo.

Lobo ermöglichte es Zelaya unterdessen, ohne Probleme in die Dominikanische Republik auszureisen, wo er für bis zu einem Jahr im exklusiven Resortkomplex Casa de Campo in La Romana, 100 km von Santo Domingo entfernt, wohnen sollte, während über seine Zukunft entschieden wurde. Für Zelaya war es eine Art Sieg: Er behielt seine Würde (seiner Meinung nach) und verließ das Land, das er dreieinhalb Jahre lang regiert hatte, hoch erhobenen Hauptes und begleitet von einer riesigen Schar von Anhängern am Aeropuerto Internacional Toncontín. Er stieg in eine Maschine in die Dominikanische Republik und flog hinfort in die Geschichtsbücher. *Vielleicht.*

KULTUR

Mentalität

Bei einem Land mit so verschiedenen Kulturen, wie sie in Honduras leben, kann und sollte man nicht verallgemeinern. Der *latino*-Geschäftsmann wird anders aussehen als ein Garífuna-Fischer, der wiederum nicht viel mit einem Kleinbauern aus Lenca gemein hat. Die Honduraner unter einen Hut zu bringen, ist zumindest historisch gesehen deutlich schwieriger als bei ihren Nachbarn. Während in Guatemala, El Salvador und Nicaragua in den 1980er-Jahren schwere Bürgerkriege herrschten, war Honduras ein relativ konfliktfreies Land. Dazu trug mit Sicherheit die Einmischung der USA bei, vielleicht aber auch die entspannte Grundeinstellung der Einwohner. Viele Besucher stellen fest, dass die Honduraner extrem stolz auf ihr Land sind und sind verblüfft von deren Freundlichkeit und Gastfreundschaft. Manche haben jedoch den Eindruck, die Honduraner seien etwas reserviert, was es oft schwer macht, sie wirklich kennenzulernen.

Lebensart

Die Lebensarten in Honduras sind genauso vielfältig wie das erschreckend ungleiche soziale Spektrum des Landes. Die glückliche wirtschaftliche Elite führt oftmals einen amerikanisierten Lebensstil, fährt SUVs und shoppt in den neuesten klimatisierten Einkaufszentren. Die deutliche Mehrheit der Honduraner allerdings muss sich mühsam ihren Lebensunterhalt verdienen. Am gravierendsten ist die Armut wohl in Stadtgebieten, wo zu schlechten Lebensbedingungen die dauerhafte Bedrohung durch Gewalt kommt.

In den ländlichen und den Küstengegenden herrscht ein anderer, aber dennoch intensiver Druck. Viele Menschen sind gezwungen, ihren traditionellen Lebensstil aufzugeben und in die Stadt zu ziehen oder sich eine Saisonarbeit zu suchen, beispielsweise auf einer Kaffeeplantage. Mangelnde Aussichten im eigenen Land haben auch viele Honduraner gezwungen, sich eine Arbeit in den USA zu suchen. Rund 1 Mio. Honduraner arbeiten und leben dort, mindestens die Hälfte davon illegal.

Honduraner sind sehr familienorientiert, wie es in Zentralamerika üblich ist. Oft haben sie ein größeres familiäres Netzwerk als viele Europäer oder Nordamerikaner – Tanten, Onkel, Großeltern, Cousins und Cousinen und sogar entferntere Verwandte spielen dann eine wichtige Rolle im Familienleben.

Ebenfalls auffällig in der honduranischen Gesellschaft ist der Machismo. Frauen werden oft noch immer wie Menschen zweiter Klasse behandelt. Ihr Einkommen ist deutlich niedriger (Frauen verdienen etwa ein Drittel des Durchschnittsgehalts von Männern, wie ein Bericht eines UN-Entwicklungsprogramms ergab), und es gibt erschreckend viele Fälle von Gewalt in der Ehe. Geschichten von Männern, die sich aus dem Staub machen, wenn ihre Partnerinnen schwanger werden, gehören zum Alltag.

Die gleichen Macho-Tendenzen führen dazu, dass Homosexualität ein Tabuthema ist.

Bevölkerung

Honduras erlebt die schnellste Urbanisierung Zentralamerikas: Lag der Anteil der städtischen Bevölkerung 1990 noch bei 44 %, stieg er im Jahr 2008 auf 48 %. Die prognostizierte jährliche Wachstumsrate liegt bei 2,9 %. Bis zu 90 % der Honduraner sind *mestizos*, eine Mischform aus Spaniern und *indígenas*.

Die Tolupanes (auch Jicaque oder Xicaque genannt) leben in kleinen Dörfern in den Departamentos Yoro und Francisco Morazán. Sie sollen eine der ältesten indigenen Gemeinden Honduras' sein.

Die Maya-Ch'ortí leben nahe der Grenze zu Guatemala im Departamento Copán, die Lenca im Südwesten Honduras'. Sie sind bekannt für ihre traditionellen bunten Kleider und Kopftücher.

Die vermutlich ethnisch vielseitigste Region von Honduras ist La Moskitia. Hier leben die Mískito und die Pech (die im Allgemeinen weniger kontaktfreudig sind als die Mískito). Die Pech haben sich auch an der Schnellstraße zwischen San Esteban und Tocoa angesiedelt. Im Inneren von La Moskitia leben die Tawahka rund um den Río Patuca im heutigen Tawahka-Asangni-Biosphärenreservat. Es gibt nur noch weniger als 1000 von ihnen und noch heute sprechen sie ihre eigene Sprache. Die Garífuna leben an der Nordküste von Honduras zwischen La Moskitia bis nach Belize. Andere Bevölkerungsgruppen afrikanischen Ursprungs leben an der Nordküste und auf den Bay Islands. Ihre Vorfahren stammen von Einwanderern ab, die hierher kamen, um auf Bananenplantagen zu arbeiten.

RELIGION

Honduras ist ein vorwiegend römisch-katholisches Land, was sich aber in den letzten Jahrzehnten durch die Entstehung einer evangelikalen Bewegung schnell ändert. Wie viele Katholiken zum evangelischen Christentum übergetreten sind, ist schwer zu sagen, da die Zahlen unzuverlässig sind. Laut *CIA World Factbook* sind 97 % aller Honduraner römisch-katholisch, katholische Schätzungen gehen allerdings davon aus, dass mehr als 100 000 Honduraner Protestanten sind. Anders als im benachbarten Guatemala haben nur wenige indigene Bräuche und Glaubensweisen in den christlichen Glauben Eingang gefunden. In manchen Teilen von Honduras glauben die Menschen an Zauberei und sind abergläubisch.

KUNST

Zwar ist Honduras nicht für seine Kunst bekannt, es hat aber einige bemerkenswerte *artesanías*. Lenca-Töpferware mit ihrem schwarz-weißen Design und ihrer glänzenden Lackierung kann von hoher Qualität sein, und in Copán Ruinas findet man gut gemachte Repliken von Mayaritzungen und Glyphen.

Honduras' Szene der bildenden Kunst blüht und gedeiht. Die „Primitivisten"-Bewegung, die oft Szenen aus Bergdörfern darstellt, ist berühmt. Ihr bekanntester Vertreter ist José Antonio Velásquez (1906–83).

Im Radio läuft vor allem Importware, das Land hat aber auch eigene Talente hervorgebracht, darunter Guillermo Anderson, der Folk mit Salsa, *punta* und Rock kombiniert. Auch die volkstümliche Musik der Sängerin und Songwriterin Karla Lara gewinnt immer

DER FUSSBALLKRIEG

Der legendäre Fußballmanager Bill Shankly sagte einst: „Manche Menschen meinen, beim Fußball ginge es um Leben und Tod … doch es ist viel wichtiger als das." Sogar Mr. Shankly hätte sich vielleicht gegen die sportlichen Rivalitäten zwischen Honduras und El Salvador gesperrt, die ihren Höhepunkt auf dem Spielfeld im Jahr 1969 in der Guerra de Fútbol fanden, dem berüchtigten Fußballkrieg.

Die Spannungen auf den Tribünen brachen nicht unvorhergesehen aus. In den 1950er- und 1960er-Jahren zwang die erlahmende Wirtschaft 300 000 Bewohner El Salvadors, ihr Glück in Honduras zu versuchen. Die honduranische Wirtschaft kränkelte allerdings selber, und die Salvadorianer wurden zum Sündenbock gemacht. Im Juni 1969 begannen die honduranischen Behörden, Immigranten aus Salvador aus dem Land zu werfen. Es folgte ein Strom von Flüchtlingen aus Salvador, die Honduras der Brutalität beschuldigten.

Im gleichen Monat spielten die beiden Länder im Qualifikationsspiel der Weltmeisterschaft gegeneinander. Während des Spiels in San Salvador griffen die Salvadorianer honduranische Fans an, schändeten die honduranische Flagge und verspotteten die Hymne. Jenseits der Grenze gingen wütende Honduraner auf salvadorianische Einwanderer los. Die Gemüter erhitzten sich noch weiter und am 14. Juli marschierte die salvadorianische Armee in Honduras ein und besetzte Nueva Ocotepeque. Honduras konterte mit Luftangriffen. Nach nur sechs Tagen wurde der Waffenstillstand ausgerufen, aber 2000 Honduraner hatten ihr Leben gelassen und Tausende Salvadorianer flohen zurück in ihr Heimatland.

mehr Fans. Ein ganz aktueller Star der neuen *punta*-Rock-Bewegung, einer Mischung aus traditioneller Garífuna-*punta* und Electro, ist Aurelio Martínez. Honduras trägt außerdem einen großen Teil zur Reggaetón-Bewegung bei, bekannte Künstler sind u. a. Raggamofin Killas, El Pueblo und DJ Sy.

Auf literarischer Ebene war Lucila Gamero de Medina (1873–1964) eine der ersten zentralamerikanischen weiblichen Schriftsteller. Rafael Heliodoro del Valle (1891–1959) war ein angesehener Journalist, dessen Ideen großen lokalen Einfluss hatten. Ramón Amaya-Amador (1916–66) war ein politischer Schriftsteller, der ein Buch mit dem Titel *Prisión verde* (1945) über das Leben auf einer Bananenplantage veröffentlicht hatte. Der vermutlich meistgeschätzte Dichter des Landes ist Juan Ramón Molina (1875–1908), und Roberto Quesada zählt zu den erfolgreichsten zeitgenössischen Autoren.

Eine weitere beliebte Kunstform ist der Tanz. Die Garífuna an der Nordküste sind bekannt für ihre einmalige *punta*-Musik und ihren Tanz. Wer die Möglichkeit hat, eine Aufführung des Ballet Folklórico Garífuna zu besuchen, sollte sie sich nicht entgehen lassen.

Eine Filmindustrie ist praktisch nicht existent, Honduras diente jedoch als fiktive Kulisse für einige Filme, aktuell z. B. für *Sin nombre* (2009), einen Film über Gangs und illegale Immigration, der in Honduras beginnt (allerdings in Mexiko gedreht wurde). Der Film wurde auf dem Sundance-Festival ausgezeichnet. *The Sounds of La Mosquitia*, ein Independent-Film über die Sehenswürdigkeiten und Geräusche der wilden Urwaldregion, der auch einen Einblick in das Leben der dort ansässigen Tawahka, Misquita, Garífuna und Sumo gibt, gewann 2009 einen nationalen Umweltpreis. Und die Eltern der Schauspielerin America Ferrera aus *Alles Betty!* stammen aus Honduras.

NATUR & UMWELT

Die natürliche Schönheit des Landes mit seinen unzähligen Vogel-, Säugetier-, Reptilien- und Pflanzenarten ist atemberaubend. Die Vielfalt ist allerdings durch illegales Holzfällen, unterbesetzte Behörden und krasse Bauprojekte gefährdet. Zwar hat die Umwelt zahlreiche Verteidiger, sie müssen jedoch gegen Bauunternehmer, Korruption und pure Ignoranz ankämpfen.

Geografie

Die Länder Zentralamerikas sind allgemein nicht besonders groß. Das auf einer Landenge gelegene Honduras ist mit einer Fläche von 112 090 km² das zweitgrößte Land nach Nicaragua. Es hat eine Karibikküste (644 km lang) und eine Pazifikküste am Golfo de Fonseca (124 km). Im Westen grenzt Guatemala an, im Südwesten El Salvador und der

Golfo de Fonseca, im Südosten Nicaragua. Der fruchtbare Norden ist die mit Abstand am höchsten entwickelte Region, deren Bananenplantagen schon lange ein Hauptzweig der Wirtschaft darstellen. Zu Honduras' vielen Inseln gehören die Bay Islands und Hog Islands im Karibischen Meer sowie zahlreiche weitere im Golfo de Fonseca.

Große Teile des Inlands sind bergig, die Berge sind zwischen 300 und 2849 m hoch. Im Hochland gibt es viele fruchtbare Täler, anders als in Guatemala jedoch keine aktiven Vulkane. An beiden Küsten und in mehreren Flusstälern gibt es Tiefland.

Tiere & Pflanzen

Honduras hat eine einmalig vielfältige Flora und Fauna. Jaguare, Tapire, Krokodile und der gewaltige Ceiba sind in den tropischen Zonen beheimatet, in den Nebelwäldern leben Quetzale, seltene Schmetterlinge, wachsen Orchideen und prächtige Kiefern, während in den türkisblauen Wassern des Karibischen Meers Walhaie, Korallen und Seepferdchen beheimatet sind. Allein die schiere Vielfalt an verschiedenen Lebensräumen erlaubt eine dermaßen große Artenvielfalt. In Honduras gibt es Mangrovensümpfe, Süßwasserseen, Meere, Lagunen, Nebel-, Kiefern- und tropische Regenwälder (deutlich mehr als in Costa Rica, in dem der Ökotourismus trotzdem stärker ausgeprägt ist als hier).

Große Teile der Lebensräume sind von der Abholzung bedroht. Zu den gefährdeten Tierarten gehören u. a. der Hellrote Ara (der Nationalvogel), der Utila-Leguan, die Seekuh, der Quetzal, Jaguar, Walhai und Tapir. Ihre Zukunft hängt davon ab, wie viel Schutz Honduras sogenannte Naturschutzgebiete wirklich bieten können.

Nationalparks & Naturschutzgebiete

In Honduras gibt es viele ökologische Naturschutzgebiete, darunter *parques nacionales* (Nationalparks), *refugios de vida silvestre* (Wildtierreservate), Bioreservate und Biosphärenreservate. Über ein Viertel des Landes steht unter Naturschutz oder wurde dafür vorgeschlagen, der Effekt ist allerdings fraglich. Nur allzu oft fehlt es der Regierung an finanziellen Mitteln oder am politischen Interesse, Bauvorhaben und Abholzung zu stoppen.

In der rechten Spalte sind einige der großen Natur- und Meeresschutzgebiete aufgelistet.

Lancetilla Jardín Botánico Hier leben über 700 Pflanzen- und 365 Vogelarten; s. S. 447.

Parque Nacional Cusuco Nebelwald mit einer großen Quetzal-Population; s. S. 419.

Parque Nacional Jeannette Kawas (Punta Sal) Dieser Nationalpark umfasst u. a. Mangrovensümpfe, einen kleinen tropischen Wald, Riffe vor der Küste, mehrere Höhlen und eine Felszunge. Im Park leben zahlreiche Zug- und Küstenvögel; s. S. 447.

Parque Nacional La Tigra Dieser schöne geschützte Nebelwald in einem ehemaligen Bergbaugebiet liegt nahe Tegucigalpa; s. S. 402.

Parque Nacional Maritimo Cayos Cochinos Die Cayos Cochinos (Schweine-Inseln) sind ein geschütztes Reservat und vorgeschlagen als Meeresschutzgebiet. Es besteht aus dreizehn Inselchen, zwei davon größer, mit schönen Korallenriffen, gut erhaltenen Wäldern und Fischerdörfern; s. S. 456.

Parque Nacional Montaña de Celaque Ein erhöhtes Plateau mit vier Bergen von über 2800 m Höhe, unter ihnen der höchste von Honduras; s. S. 436.

Parque Nacional Pico Bonito Hier gibt's eine große Artenvielfalt und viele Wasserfälle. Der höchste Berg ist der Pico Bonito mit einer Höhe von 2436 m; s. S. 458.

Refugio de Vida Silvestre Laguna de Guaimoreto Mangrovenwälder und eine große Artenvielfalt an Wildtieren, darunter Vögel, Seekühe und Delfine; s. S. 462.

Refugio de Vida Silvestre Punta Izopo Tropischer Feuchtwald, Mangrovenwälder und Feuchtgebiete. Hier leben viele Zugvögel, außerdem gibt es eine schöne Felszunge und weiße Sandstrände; s. S. 447.

Refugio de Vida Silvestre Cuero y Salado Das größte Seekuh-Reservat in Zentralamerika (was allerdings nicht garantiert, dass man eine Seekuh zu Gesicht bekommt). Auch zahlreiche Affen und Vögel leben hier; s. S. 457.

Reserva de la Biosfera del Río Plátano Der Río Plátano ist eine Welterbestätte und das erste Biosphärenreservat Zentralamerikas. Es besteht aus 5251 km² tropischen Regenwaldes mit bemerkenswerten natürlichen, archäologischen und kulturellen Schätzen; s. S. 485.

Meeresschutzgebiet Sandy Bay/West End Am nordwestlichen Ende von Roatán liegt zwischen den Bay Islands dieses Meeresschutzgebiet mit einigen der farbenprächtigsten Korallenriffe der Gegend; s. S. 474.

Biosphärenreservat Tawahka Asangni Ein tropischer Regenwald im angestammten Land der Tawahka, einer stark bedrohten indigenen Bevölkerungsgruppe. Hierhin kommt man, indem man nach Ahuas oder Wampusirpi fliegt und dann ein Schiff den Krausirpe und Krautara hinauf nimmt, alternativ im Rahmen einer mehrtägigen Raftingtour den Río Patuca hinab von Juticalpa aus.

Turtle Harbor An der Nordwestseite von Utila zwischen den Bay Islands liegt Turtle Harbor, ein weiteres Meeresreservat und vorgeschlagenes nationales Meeresschutzgebiet, das regelmäßig von Tauchern besucht wird.

NATIONALPARKS & NATURSCHUTZGEBIETE

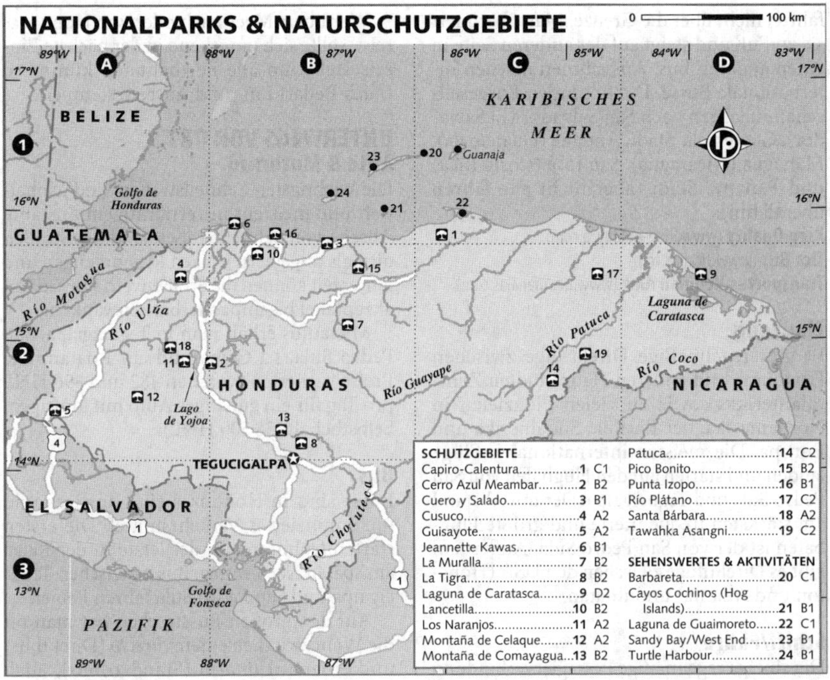

SCHUTZGEBIETE					
Capiro-Calentura	1	C1	Patuca	14	C2
Cerro Azul Meambar	2	B2	Pico Bonito	15	B2
Cuero y Salado	3	B1	Punta Izopo	16	B1
Cusuco	4	A2	Río Plátano	17	C2
Guisayote	5	A2	Santa Bárbara	18	A2
Jeannette Kawas	6	B1	Tawahka Asangni	19	C2
La Muralla	7	B2	**SEHENSWERTES & AKTIVITÄTEN**		
La Tigra	8	B2	Barbareta	20	C1
Laguna de Caratasca	9	D2	Cayos Cochinos (Hog Islands)	21	B1
Lancetilla	10	B2	Laguna de Guaimoreto	22	C1
Los Naranjos	11	A2	Sandy Bay/West End	23	B1
Montaña de Celaque	12	A2	Turtle Harbour	24	B1
Montaña de Comayagua	13	B2			

Umweltprobleme

Abholzung ist heute Honduras' gravierendstes Umweltproblem. Verlässlichen Berichten zufolge wird bis zu 85 % des Holzes in Honduras illegal gefällt (38 % davon werden in die USA verschifft). Jedes Jahr werden rund 2 % der Waldbestände des Landes vernichtet, das entspricht etwa dem Vierfachen der gesamten Fläche der Bay Islands.

Sogar Honduras' wertvollstes Schutzgebiet, die Reserva de la Biosfera del Río Plátano, ist bedroht. Holzfäller und Farmer holzen hier ohne großen Widerstand ab. 1996 stufte die Unesco das Gebiet als „gefährdet" ein.

Ende 2008 heuerte Honduras ein norwegisches Unternehmen an, das mit der Petroleumförderung vor der Küste begann (1999 wurde bestätigt, dass unter Honduras 4 bis 5 Mrd. t unerschlossene Ölreserven schlummern), aber Bohrungen im großen Rahmen waren mit Anschaffungskosten von rund 250 Mio. US$ verbunden, die Honduras nicht hatte – deshalb sind die Bohrungen noch immer Zukunftsmusik.

Umweltberichten zufolge verseuchen Bergbauarbeiten den Lago de Yojoa (die größte Süßwasserquelle des Landes) mit Schwermetallen. Gleichzeitig bedrohen Überfischung (und illegales Fischen) rund um die Bay Islands das einmalige Ökosystem des Riffs.

VERKEHRSMITTEL & -WEGE

AN- & WEITERREISE

Bus

Die wichtigsten Grenzübergänge nach Guatemala sind El Florido (Guatemala), Agua Caliente und Corinto, nach El Salvador El Poy und El Amatillo. Außerdem gibt es einen Grenzübergang bei Sabanetas, das von Marcala aus auf der anderen Seite des Hochgebirges liegt. Wegen eines Grenzstreits gibt es hier nur auf der honduranischen Seite eine Einreisestelle, was sich allerdings ändern mag. Nach Nicaragua kommt man über die Grenzübergänge bei Las Manos (Honduras), El Espino und Guasaule (Nicaragua).

Busse fahren regelmäßig zu allen genannten Grenzübergängen. Die meisten Busse fahren nicht über die Grenze. Man überquert sie zu Fuß und steigt auf der anderen Seite in einen anderen Bus. Ausnahmen machen internationale Busse. Die folgenden Busgesellschaften fahren nach San Salvador (El Salvador), Guatemala-Stadt, Antigua (Guatemala), Managua (Nicaragua), San José (Costa Rica) und Panama-Stadt (aber nicht alle fahren überall hin):

King Quality (www.king-qualityca.com)
Tica Bus (www.ticabus.com)
Transportes Hedman Alas (www.hedmanalas.com)

Flugzeug

Es gibt regelmäßige Direktflüge zwischen Honduras und anderen Hauptstädten Zentralamerikas sowie zu vielen Flugzielen in Nordamerika, der Karibik, Südamerika und Europa. Die meisten internationalen Flüge landen und starten auf den Flughäfen von San Pedro Sula und Tegucigalpa. Der mit Abstand am stärksten frequentierte und größte Flughafen ist der von San Pedro Sula. Außerdem gibt es Direktflüge zwischen den USA (Houston und Atlanta) und Roatán.

Schiff/Fähre

Die einzige regelmäßige Passagierverbindung von Honduras ins Ausland besteht nach Belize. Einmal pro Woche fahren zwei kleine Schiffe von Puerto Cortés aus. Ansonsten kann man auch auf eigene Kosten eine Überfahrt mit einem Lasten- oder Fischerboot organisieren. An der Karibikküste verkehren Schiffe ab Puerto Cortés, Tela, La Ceiba, Trujillo, Palacios und den Bay Islands. Zu den am häufigsten im Ausland angesteuerten Zielen dieser Schiffe gehören Puerto Barrios (Guatemala), Belize und Puerto Cabezas (Nicaragua).

An der Pazifikküste kann man eventuell ein Schiff erwischen, das zwischen verschiedenen Ländern hin- und herfährt. Die Grenzübergänge auf dem Festland sind allerdings so nahe gelegen, das dies eventuell nicht die Mühe lohnt. San Lorenzo und Coyolito sind Honduras' wichtigste Hafenstädte im Golf.

AUSREISESTEUER

Wer per Flugzeug aus Honduras ausreist, muss am Flughafen eine Ausreisesteuer von 691 HNL (37 US$) bezahlen. Es gibt auch eine Steuer auf Inlandsflüge, sie liegt bei 36 HNL (2 US$).

Wer übers Meer nach oder von Honduras reist, sollte sich umgehend in der nächste Einreisestelle um alle Formalitäten kümmern (nach Bedarf Ein- und Ausreisestempel).

UNTERWEGS VOR ORT

Auto & Motorrad

Die wichtigsten Schnellstraßen sind asphaltiert und meistens in vernünftigem Zustand. Abseits von Schnellstraßen sind die Straßen oftmals ungeteert. Je nach Regenmengen und Jahreszeit können die Straßenverhältnisse von akzeptabel bis unpassierbar schwanken.

Mietautos erhält man in Tegucigalpa, San Pedro Sula, La Ceiba und auf Roatán. Die Preise variierten zwischen 482 und 896 HNL pro Tag für ein günstiges Auto mit kräftigem Selbstbehalt (38 500 HNL).

Bus

Busse sind in Honduras ein günstiges und unkompliziertes Verkehrsmittel. Die ersten starten frühmorgens, der letzte in der Regel am späten Nachmittag. Busse zwischen Tegucigalpa und San Pedro Sula fahren länger.

Auf den großen Busstrecken hat man oft die Wahl zwischen einem *directo* (Direktbus) und einem *ordinario* (Standardbus), auch bekannt als *parando* oder *servicio a escala*. Der *directo* ist viel schneller und fast immer den Aufpreis wert, sogar für Kurzstrecken.

Deluxe-Busse verkehren schneller zwischen Tegucigalpa, San Pedro Sula, Copán Ruinas, Tela und La Ceiba und sind mit modernen Klimaanlagen ausgestattet (in manchen gibt es sogar Filme und alkoholfreie Getränke). Die Deluxe-Busse heißten *ejecutivo* oder *servicio de lujo*. Sie sind teurer als *directo*-Busse, oft kosten sie das Doppelte. Für längere Fahrten können sie den Luxus wert sein.

Mikrobusse oder *rapiditos* sind kleine, minivanähnliche Busse, die auf manchen Strecken verkehren und in der Regel schneller sind und häufiger fahren als reguläre Busse.

Camionetas verkehren zwischen größeren Städten und ihren Vororten.

Flugzeug

In letzter Zeit sind viele neue Inlandsfluglinien in Honduras entstanden, sodass man mittlerweile problemlos von La Ceiba, Tegucigalpa und San Pedro Sula aus auf alle Bay Islands kommt und genauso problemlos von einer der drei großen Städte in eine andere reisen kann. (Fliegt man von Tegucigalpa oder

San Pedro Sula zu den Bay Islands, steigt man in La Ceiba um.) Flugverbindungen in die Moskitia machen auch diese abgelegene Region leichter zugänglich.

Es gibt u. a. folgende Fluglinien.

Aerolíneas Sosa (☎ in San Pedro Sula 550-6545, in Tegucigalpa 233-5107, in La Ceiba 443-1894, in Roatán 445-1658; www.aerolineasosa.com) In La Ceiba ansässig.

SAMI (☎ in Brus Laguna 433-8031, in La Ceiba 442-2565, in Puerto Lempira 433-6016)

TACA/Isleña (☎ in San Pedro Sula 516-1061, in Tegucigalpa 236-8222, in La Ceiba 441-3191, in Roatán 445-1088; www.taca.com, www.flyislena.com)

Schiff/Fähre

Zwei Passagierfähren, der Luxuskatamaran *Galaxy Wave* und die *Utila Princess II* , verkehren zwischen La Ceiba und den Bay Islands. Die *Galaxy Wave* fährt nach Roatán (1¾ Std.), die kleinere, weniger schicke *Utila Princess II* nach Utila. Eine Fährverbindung zwischen den beiden Inseln besteht nicht. Eine weniger verlässliche Fähre verkehrt außerdem zwischen Trujillo und Guanaja.

In die Moskitia kommt man überwiegend über Wasserstraßen. Wassertaxis fahren außerdem auf Roatán von West End nach West Bay sowie von Coyolito durch den Golfo de Fonseca hinüber zur Isla del Tigre.

Taxi

Taxis findet man überall in den Städten. Sie haben keine Taxameter, dafür gibt es meist Standardpreise für Stadtfahrten (in kleineren Städten ab 20 HNL bis 50 HNL). Taxis in San Pedro Sula und Tegucigalpa sind teurer. Für eine Fahrt innerhalb der Stadt muss man jeweils 50 bzw. 60 HNL einplanen. Auch abends sind Taxifahrten teurer. In großen Städten verkehren *colectivos* (Sammeltaxis) auf mehreren festgelegten Routen. Sie kosten pro Passagier 10 bis 15 HNL. Den Fahrpreis immer vor der Abfahrt bestätigen lassen! Wer sich übers Ohr gehauen fühlt, sollte ablehnen oder in ein anderes Taxi steigen.

Dreirädrige Motorradtaxis haben Honduras in den letzten Jahren überschwemmt. Sie sind in der Regel günstiger als Taxis.

TEGUCIGALPA

1,08 Mio. Ew.

Auf viele Weisen ist Tegucigalpa eine typische weitläufige zentralamerikanische Metropole. Die Straßen sind oft verstopft mit stinkenden Autos, die Menschenmengen gewaltig und die Hektik ist groß. Aber die Stadt liegt spektakulär in einem Tal umgeben von Bergen und hat einen gewissen chaotischen Charme.

Eventuell gewinnt man sie sogar lieb, wenn man eine Kirche aus dem 16. Jh. begutachtet, den Blick über die steil abfallende Stadt wandern lässt – oder nach einem guten Abendessen im Restaurant. Dieses Gefühl hält ungefähr so lange an, bis man wieder im nächsten Stau steht (was nicht lange dauern wird).

In 975 m Höhe gelegen, hat Tegucigalpa ein frischeres und milderes Klima als es an den Küsten herrscht. Langzeiteinwohner berichten allerdings – wie vielerorts auf der Welt – von stetig steigenden Temperaturen. Die Stadt kämpft bis aufs Äußerste mit Migrationsproblemen – in den Hügeln oberhalb des Stadtgebiets reihen sich die Slums aneinander.

Der Name Tegucigalpa (Te-guthi-*gal*-pa mit englischem „th") ist gar nicht so einfach, weswegen viele Honduraner die Stadt kurz Tegus nennen. In der ursprünglichen Lokalsprache Nahuatl bedeutet er „Silberhügel". Er wurde der Stadt verpasst, nachdem die Spanier sie 1578 an den Hängen des Picachos als Zentrum des Silber- und Goldabbaus gegründet hatten. Tegucigalpa wurde 1880 Hauptstadt von Honduras, als der Regierungssitz aus dem 82 km nordwestlich gelegenen Comayagua hierher verlegt wurde.

ORIENTIERUNG

Der Río Choluteca durchtrennt die Stadt. An der Ostseite liegt Tegucigalpa mit der Innenstadt und wohlhabenderen Vierteln wie Colonia Palmira. Die Plaza Morazán mit der Kathedrale wird oft noch Parque Central genannt und ist das Herzstück von Tegucigalpa. Westlich davon liegt die Fußgängerzone Av Miguel Paz Barahona mit vielen Einkaufsmöglichkeiten. Sie erstreckt sich über vier Häuserblocks von der Plaza bis zur Calle El Telégrafo; dieser Abschnitt wurde in Calle Peatonal umbenannt und ist eine lebendige Straße mit vielen Geschäften, Restaurants und Banken.

Auf der anderen Seite des Flusses und gegenüber von Tegucigalpa liegt Comayagüela, das ärmer und dreckiger ist, mit einem weitläufigen Markt, Busbahnhöfen für Langstreckenbusse, Budgethotels und *comedores* (günstige Lokale). Zahlreiche Brücken verbinden die beiden Gebiete miteinander.

Karten & Stadtpläne

Instituto Geográfico Nacional (3 Av Barrio La Bolsa; ⌚ Mo–Fr 8–16 Uhr) verkauft detaillierte Straßenkarten von Honduras und topografische Karten.

PRAKTISCHE INFORMATIONEN

Buchläden

Metromedia Av San Carlos (☎ 221-0770; Av San Carlos; ⌚ Mo–Sa 10–20 Uhr, So 12–18 Uhr); Multiplaza Mall (☎ 231-2294; Blvr Juan Pablo II; ⌚ 8–20 Uhr) Englischsprachige Bücher, Zeitschriften, Musik und mehr, darunter auch Ausgaben der *New York Times* vom Vortag. Zum Laden gehört ein Café.

Einreise

Einreisestelle (☎ 238-5613; Anillo Periférico nahe der Universidad Technólogica de Honduras; ⌚ Mo–Fr 8.30–16.30 Uhr) Visaverlängerungen und Einreiseformalitäten.

Geld

Geldautomaten der Unibanc findet man überall in der Stadt, u. a. am Flughafen, an der nordöstlichen Ecke des Parque Central, im Busbahnhof Hedman Alas und in den Einkaufszentren.

BAC/Bamer (Blvr Morazán; ⌚ Mo–Fr 9.30–17.30 Uhr)

Banco Atlántida (Parque Central; ⌚ Mo–Fr 9–16, Sa 9–14 Uhr) Löst Reiseschecks von American Express ein und hat einen rund um die Uhr geöffneten Geldautomaten.

Citibank (Centro Comercial Plaza Criolla, Blvr Morazán) Eine der vielen Banken vor Ort.

HSBC (Blvr Morazán) Hat einen 24 Std. benutzbaren Geldautomaten.

Internetzugang

Hondutel (☎ 222-8107; Ecke Av Cristóbal Colón & Calle El Telégrafo; ⌚ Mo–Sa 7–20.30 Uhr)

Multinet Colonia Palmira (Centro Comercial Plaza Criolla, Blvr Morazán; 30 HNL/Std.; ⌚ Mo–Sa 8–19 Uhr); Centro (Calle Peatonal; 18 HNL/Std.; ⌚ 8.30–20 Uhr) Verlässliche Internetcafé-Kette mit Callcenter.

Mundo Virtual (☎ 238-0062; Calle Salvador Mendieta; 25 HNL/Std.; ⌚ Mo–Sa 8–21, So 9–20 Uhr) Professionelle Angestellte, viele Flachbildschirme.

Notfälle & Medizinische Versorgung

Krankenwagen (☎ 195; ⌚ 24 Std.) Rotes Kreuz.

Honduras Medical Center (☎ 280-1500; Av Juan Lindo; ⌚ 24 Std.) Eines der besten Krankenhäuser des Landes.

Polizei(☎ 199, 222-8736; 5a Av; ⌚ 24 Std.)

Post

Eine Filiale von DHL liegt in der Nähe von Mailboxes, Etc.

Postamt in Comayagüela (6a Av zw. Calle 7a & Calle 8a; ⌚ Mo–Fr 8–15.30, Sa bis 12 Uhr) Im gleichen Gebäude wie Hondutel.

Postamt in der Innenstadt (☎ 237-8453; Ecke Av Miguel Paz Barahona & Calle El Telégrafo; ⌚ Mo–Fr 7.30–17 Uhr, Sa 8–13 Uhr)

Mailboxes, Etc (☎ 235-9750; Blvr Morazán 2301; ⌚ Mo–Fr 8–18, Sa 9–13 Uhr) Federal Express, UPS und DHL für internationale, Viana für inländische Zustellungen.

Reisebüros

Es gibt mehrere verlässliche Reisebüros vor und nahe dem Hotel Honduras Maya. Weitere sind in der Calle Peatonal in der Nähe des

DER WEG VOM FLUGHAFEN INS ZENTRUM

Der Aeropuerto Internacional Toncontín liegt 6,5 km über verstopfte Straßen südlich vom Zentrum von Tegucigalpa. Um in die Stadt zu kommen, verlässt man den Flughafen durch den Haupteingang und nimmt einen Bus mit der Aufschrift „Loarque" (6 HNL, ca. 30 Min.) in die Stadt. Der Bus fährt auf der 4a Av Richtung Norden; wer vorhat, in **Comayagüela** zu bleiben, steigt an der entsprechenden Querstraße aus und läuft den Rest zu Fuß. Wer sich in Tegucigalpa einquartiert hat, steigt am Terminal an der Endstation der Linie aus (Ecke 3a Av und 3a Calle in Comayagüela), von wo aus ein Taxi zum Hotel ein paar Lempiras kostet.

Von Comayagüela aus zum Flughafen steigt man am Busbahnhof oder an der 2a Av nördlich der 14a Calle (wo sie eine Biegung macht und über den Fluss führt) in den Bus nach Loarque (mit der Aufschrift „Río Grande"). Der Flughafen linkerhand ist schwer als solcher zu identifizieren – vor einem großen Burger King steigt man aus und überquert die Straße. Eine weitere günstige Option vom Zentrum aus ist ein *colectivo* (12 HNL). Der Van fährt, wenn er voll ist, von der Haltestelle an der Calle Morelos fünf Häuserblocks westlich des Parque Central ab.

Ein privates Taxi von **Cotatyh** (☎ 238-4985) vom/zum Flughafen kostet teure 190 HNL, doch die 90 HNL, die man sparen würde, wenn man in eins der inoffiziellen Taxis stiege, die vor dem Eingang des Flughafens stehen, sind vermutlich die innere Ruhe wert.

Parque Central. Achtung: Manche Reisebüros stellen die *cotización* (Preisangaben für eine Reiseroute) in Rechnung!

Mundirama Travel (☎ 232-3909; Edificio Ciicsa, Ecke Av República de Panamá & Av República de Chile; ⏰ Mo–Fr 8–17, Sa 8–12 Uhr) Hilft bei der Reiseplanung und ist der lokale Vertreter von American Express.

Telefon

Die meisten Internetcafés bieten deutlich günstigere internationale Telefontarife als Hondutel.

Hondutel (☎ 222-1120; Ecke Av Cristóbal Colón & Calle El Telégrafo; ⏰ Mo–Sa 7.30–21 Uhr) Teures staatliches Callcenter.

Touristeninformation

Amitigra (☎ 231-3641; www.amitigra.org; 2a Calle Nunciatura Apostolica 210, Colonia Palmira; ⏰ Mo–Fr 8–12 & 13–17 Uhr) Leitet den Parque Nacional La Tigra und hat Infos zu ihm.

Corporación Hondureña de Desarrollo Forestal (Cohdefor; ☎ 223-4346; Colonia El Carrizal; ⏰ Mo–Fr 7.30–15.30 Uhr) Das staatliche Büro. Hier bekommt man Infos zu Honduras' Nationalparks, Wildtierreservaten und anderen Schutzgebieten.

Instituto Hondureño de Turismo (☎ 222-2124; www.letsgohonduras.com; 2. Stock, Edificio Europa, Ecke Av Ramón Ernesto Cruz & Calle República de México; ⏰ Mo–Fr 9–17 Uhr) Gibt Infos zu Nationalparks und Naturschutzgebieten. Es ist zwar nicht auf spontane Besucher eingestellt, aber sehr hilfsbereit und freundlich.

Schalter der Touristeninformation (☎ 234-0292; ⏰ 7–17 Uhr) Der Schalter in der Ankunftshalle des Flughafens wird gemeinsam vom Rathaus, dem Instituto Hondureño de Turismo und Canaturh, dem nationalen Tourismusverband, betrieben.

Waschsalon

Dry Cleaning Lavandería Maya (☎ 232-5923; Av Maipú, Colonia Palmira; 140 HNL/4,5kg; ⏰ Mo–Fr 7–18, Sa 8–16 Uhr)

Su-perc Jet (☎ 237-4155; Av Máximo Jérez/Juan Gutemberg, Barrio Guanacaste; 12 HNL/½ kg; ⏰ Mo–Sa 8–17 Uhr)

GEFAHREN & ÄRGERNISSE

Wie die meisten Städte in Entwicklungsländern ist auch Tegucigalpa gefährlich und hat eine hohe Kriminalitätsrate. Mit etwas Vorsicht kann man die Stadt aber genießen, ohne sich in übermäßige Gefahr zu begeben. Tagsüber ist es in der Regel kein Problem, zu Fuß in der Innenstadt von Tegucigalpa und in Colonia Palmira unterwegs zu sein – aber Augen offenhalten nach Taschendieben rund um die Plaza Morazán (Parque Central). Größte Vorsicht sollte man in den und rund um die Busbahnhöfe und auf den Märkten in Comayagüela walten lassen. Sie sind ein übles Pflaster, und weder tags noch nachts sollte man sich hier länger als nötig aufhalten. Besonders der Markt von San Isidro ist ein beliebtes Jagdrevier von Dieben. Nachts mit dem Taxi fahren! In Colonia Palmira nehmen Gangs von Transvestiten nachts Touristen aus (wenn einem das passiert, wird man nicht auf Facebook damit angeben, oder?). Diese Gegend meidet man also besser.

Was die Kleidung anbelangt: Mit Shorts und Sandalen outet man sich schnell als ausländischer Tourist. Klare Sache: Geld und Wertgegenstände gut verstecken. Und ein letzter Tipp: Bevor man in einen Linienbus in der Stadt steigt, sollte man sich in seinem Hotel oder von Einheimischen beraten lassen. In manchen Bussen wird besonders viel geklaut, und Fahrgäste werden von Gangs abgezockt.

SEHENSWERTES

Im Zentrum der Stadt steht die schöne, weiß getünchte **Kathedrale**, deren Fassade allerdings eine Renovierung vertragen könnte. Davor liegt die **Plaza Morazán**, die oft auch Parque Central genannt wird. Die Kathedrale aus dem 18. Jh. mit ihrer Kuppel (erbaut 1765–1782) hat einen filigranen Barockaltar aus Gold und Silber. Der *parque* mit einer Statue des ehemaligen Präsidenten Francisco Morazán zu Pferde ist der Mittelpunkt der Stadt.

Drei Häuserblocks östlich der Kathedrale liegt der **Parque Valle** mit der **Iglesia de San Francisco**, der ersten Kirche Tegucigalpas, die 1592 von Franziskanern erbaut wurde. Das Gebäude daneben diente erst als Konvent, dann als spanische Münzprägestätte. Heute beherbergt es das uninspirierte **Museo Histórico Militar** (⏰ Mo–Fr 7.30–16 Uhr) mit einigen wenigen Ausstellungsstücken zur Militärgeschichte Honduras'. Als wir vor Ort waren, wurde es gerade renoviert.

In der hervorragenden **Galería Nacional de Arte** (☎ 237-9884; Eintritt 30 HNL; ⏰ Mo–Sa 9–16, So 9–14 Uhr) werden die Werke der besten bildenden Künstler des Landes von der Kolonialzeit bis zur Moderne gezeigt, dazu einige gut erhaltene religiöse Artefakte. Direkt daneben steht die **Iglesia La Merced** aus dem 18. Jh. Beide sind im Gebäude der Antiguo Paraninfo Universitario zwei Blocks südlich der Kathe-

TEGUCIGALPA

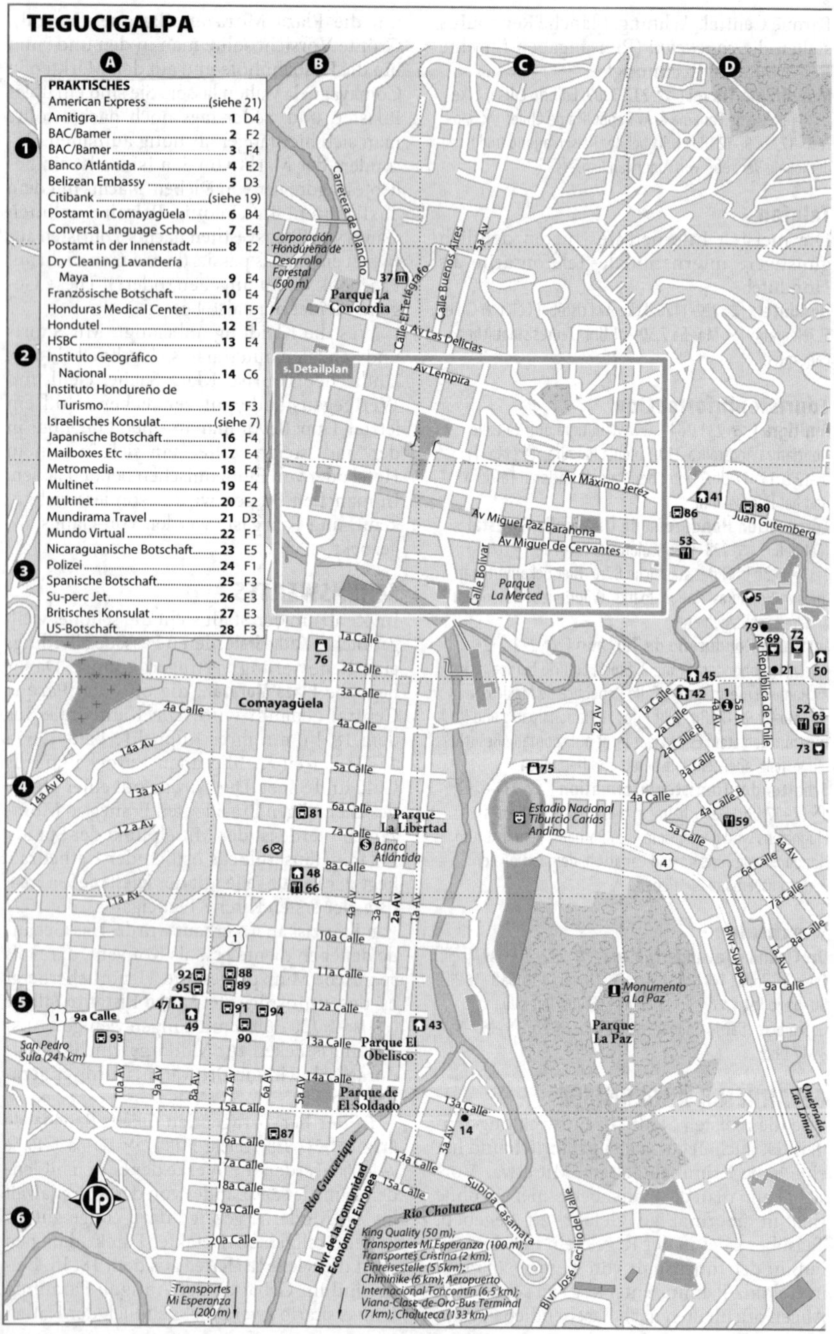

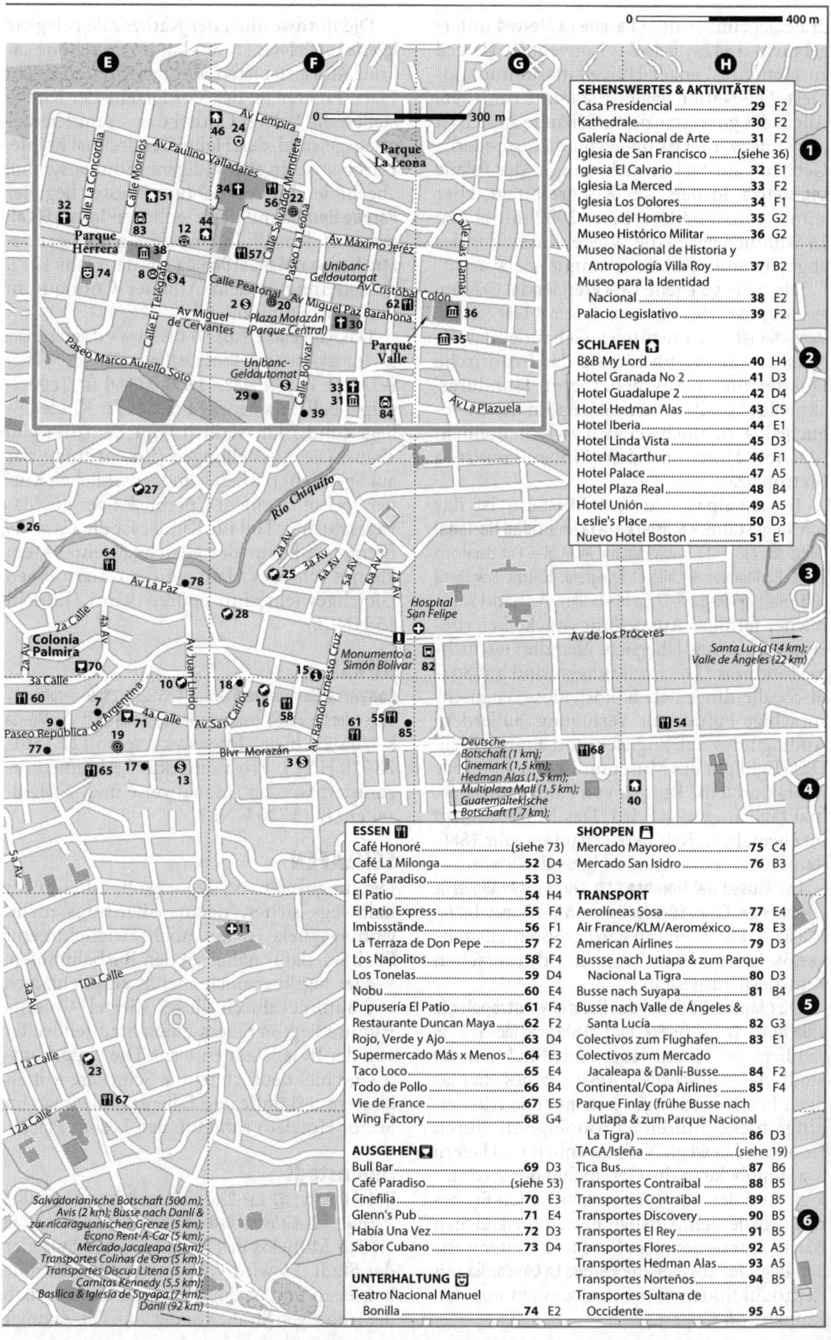

SEHENSWERTES & AKTIVITÄTEN

Casa Presidencial	29	F2
Kathedrale	30	F2
Galería Nacional de Arte	31	F2
Iglesia de San Francisco	(siehe 36)	
Iglesia El Calvario	32	E1
Iglesia La Merced	33	F2
Iglesia Los Dolores	34	F1
Museo del Hombre	35	G2
Museo Histórico Militar	36	G2
Museo Nacional de Historia y Antropología Villa Roy	37	B2
Museo para la Identidad Nacional	38	E2
Palacio Legislativo	39	F2

SCHLAFEN

B&B My Lord	40	H4
Hotel Granada No 2	41	D3
Hotel Guadalupe 2	42	D4
Hotel Hedman Alas	43	C5
Hotel Iberia	44	E1
Hotel Linda Vista	45	D3
Hotel Macarthur	46	F1
Hotel Palace	47	A5
Hotel Plaza Real	48	B4
Hotel Unión	49	A5
Leslie's Place	50	D3
Nuevo Hotel Boston	51	E1

ESSEN

Café Honoré	(siehe 73)	
Café La Milonga	52	D4
Café Paradiso	53	D3
El Patio	54	H4
El Patio Express	55	F4
Imbissstände	56	F1
La Terraza de Don Pepe	57	F2
Los Napolitos	58	F4
Los Tonelas	59	D4
Nobu	60	E4
Pupusería El Patio	61	F4
Restaurante Duncan Maya	62	F2
Rojo, Verde y Ajo	63	D4
Supermercado Más x Menos	64	E3
Taco Loco	65	E4
Todo de Pollo	66	B4
Vie de France	67	E5
Wing Factory	68	G4

AUSGEHEN

Bull Bar	69	D3
Café Paradiso	(siehe 53)	
Cinefilia	70	E3
Glenn's Pub	71	E4
Había Una Vez	72	D3
Sabor Cubano	73	D4

UNTERHALTUNG

Teatro Nacional Manuel Bonilla	74	E2

SHOPPEN

Mercado Mayoreo	75	C4
Mercado San Isidro	76	B3

TRANSPORT

Aerolíneas Sosa	77	E4
Air France/KLM/Aeroméxico	78	E3
American Airlines	79	D3
Busse nach Jutiapa & zum Parque Nacional La Tigra	80	D3
Busse nach Suyapa	81	B4
Busse nach Valle de Ángeles & Santa Lucía	82	G3
Colectivos zum Flughafen	83	E1
Colectivos zum Mercado Jacaleapa & Danlí-Busse	84	F2
Continental/Copa Airlines	85	F4
Parque Finlay (frühe Busse nach Jutiapa & zum Parque Nacional La Tigra)	86	D3
TACA/Isleña	(siehe 19)	
Tica Bus	87	B6
Transportes Contraibal	88	B5
Transportes Contraibal	89	B5
Transportes Discovery	90	B5
Transportes El Rey	91	B5
Transportes Flores	92	A5
Transportes Hedman Alas	93	A5
Transportes Norteños	94	B5
Transportes Sultana de Occidente	95	A5

drale gegenüber dem **Parque La Merced** untergebracht. 1847 wurde das Konvent La Merced zu Honduras' erster Universität umfunktioniert. Die Nationalgalerie stammt von 1996. Allein das gut restaurierte Gebäude an sich ist ein Kunstwerk. Das ungewöhnliche moderne Gebäude auf Stelzen nebenan ist der **Palacio Legislativo**, in dem der Kongress tagt. Hier stimmte man im Dezember 2009 mit 111 zu 14 Stimmen gegen die Wiedereinsetzung des abgesetzten Präsidenten Manuel Zelaya.

Die nahe gelegene **Casa Presidencial** (Präsidentenpalast; Ecke Paseo Marco Aurelio Soto & Calle Salvador Mendieta) ist ein prächtiges Gebäude, das als Museum diente und heute das historische Dokumentenarchiv beherbergt. Honduras' aktuelle Casa Presidencial liegt im neuen Tegucigalpa ziemlich seltsam zwischen einem Marriott Hotel und dem Einkaufszentrum Metroplaza.

Tegucigalpas neuestes Museum ist das schön gestaltete **Museo para la Identidad Nacional** (MIN; ☎ 238-7412; www.min.hn; Av Miguel Paz Barahona zw. Calle Morelos & Calle El Telégrafo; Eintritt Erw./Kind 60/30 HNL; ⏲ Di–Sa 9–17, So 10–16 Uhr). Anhand zahlreicher farbiger Ausstellungsstücke liefert es eine umfassende Übersicht über die Geschichte Honduras'. Die Erklärungen sind auf Spanisch, allerdings stehen (kostenlose) englischsprachige Führer zur Verfügung, außerdem Audioguides auf Englisch und Französisch. Das Highlight des Museums ist eine Filmtour in 3D durch die Ruinen von Copán, die viermal täglich gezeigt wird. Das Museum liegt im ehemaligen Kabinett, erbaut im Jahr 1880, damals als erstes Krankenhaus der Stadt.

Im **Museo del Hombre** (☎ 220-1678; Av Miguel de Cervantes zw. Calles Salvador Corleto & Las Damas; Eintritt 20 HNL; ⏲ Mo–Fr 9–15 Uhr) wird größtenteils zeitgenössische Kunst von honduranischen Künstlern ausgestellt.

Das **Museo Nacional de Historia y Antropología Villa Roy** (☎ 222-0608; Eintritt 20 HNL; ⏲ Mo–Sa 8–16 Uhr) liegt auf einem Hügel mit Blick auf die Stadt in der prächtigen Residenz des ehemaligen Präsidenten Julio Lozano. Die Ausstellungsstücke führen chronologisch durch Honduras' bewegte Vergangenheit und liefern u. a. Einblicke in die Geschichte der Archäologie und der Zeit vor der spanischen Eroberung sowie den Aufstieg der einflussreichen Bananenunternehmen. Ein Block weiter westlich liegt der abgelegene **Parque La Concordia** mit Reproduktionen von Schnitzereien aus den Ruinen von Copán.

Die nordwestlich der Kathedrale gelegene **Iglesia Los Dolores** (1732) hat innen schöne sakrale Kunst zu bieten. Vor der Kirche liegt ein Platz. Figuren an der Vorderseite der Kirche stellen die Leiden Christi dar – sein Kreuzigungsgewand, den Hahn, der dreimal krähte. Darüber ist ein eher indigenes Sonnensymbol abgebildet. Weiter Richtung Westen liegt der **Parque Herrera** mit der friedlichen **Iglesia El Calvario** aus dem 18. Jh. und dem auffälligen **Teatro Nacional Manuel Bonilla** aus dem Jahr 1912, dessen Inneres dem Athénée-Comique in Paris nachempfunden ist.

Das **Chiminike** (☎ 291-0339; www.chiminike.com; Blvr Fuerzas Armadas de Honduras; Eintritt 50 HNL; ⏲ Di–Fr 9–12 & 14–17, Sa & So 10–13 & 14–17 Uhr) ist Tegucigalpas beliebtes neues Museum für Kinder. Es liegt rund 7 km südlich vom Zentrum von Tegus. Die Ausstellungen (Beschriftung nur auf Spanisch) reichen vom menschlichen Körper bis hin zu einem Überblick über die Mayageschichte. Toll für Kinder ist die *Casa del Equilibrio* (Haus des Gleichgewichts) – ein kleines schräges Haus, in dem man seinen Gleichgewichtssinn spüren kann (Eintritt 15 HNL).

KURSE

Conversa Language School (☎ 232-2809; aerohond@cablecolor.hn; Paseo República de Argentina 257; ⏲ Mo–Sa 8–17.30 Uhr) bietet Intensivkurse an (120 Std., 22 920 HNL). Privatunterkünfte können organisiert werden (monatweise inkl. 2 Mahlzeiten/Tag 5730 HNL).

SCHLAFEN

Die Innenstadt von Tegucigalpa ist tagsüber halbwegs sicher, nachts allerdings nicht. Comayagüela ist ein noch zwielichtigerer Stadtteil, dafür näher an den Busbahnhöfen. Weder tagsüber noch abends empfiehlt sich ein Bummel durch dieses Viertel. Colonia Palmira liegt in einem guten Stadtteil weiter von der Innenstadt entfernt. Die Unterkünfte sind hier deutlich teurer. Schickere Mittelklasseunterkünfte und Edleres findet man im Sector Hotelero rund um den Lesliés Place.

Innenstadt

Hotel Iberia (☎ 237-9267; Calle Los Dolores; EZ ohne Bad 150 HNL, DZ mit/ohne Bad 240/220 HNL, DBZ ohne Bad 330 HNL) Mühelos das beste günstige Quartier der Stadt. Es wird von einer netten Familie betrieben und ist eine Oase der Ruhe fernab der trubeligen Straße vor der Tür. Die Zimmer sind sauber und das Gemeinschaftsbad ist in Ordnung (warmes Wasser gibt es allerdings nur zwischen 6 und 8 Uhr). Im Obergeschoss gibt es einen Gemeinschaftsraum mit Fernseher, der sich auch prima für eine Runde Karten am Nachmittag eignet.

Nuevo Hotel Boston (☎ 238-0510; Av Máximo Jérez 321; EZ/DZ/DBZ ab 275/400/800 HNL) Sehr gutes Budgethotel in der Innenstadt, das allerdings strenge Auflagen (nicht ohne T-Shirt oder barfuß herumlaufen, keine Besucher) und grellgrüne Bäder hat. Gute Neuigkeiten für Großgewachsene: Die makellosen Zimmer rund um einen grünen Innenhof haben hohe Türen und Decken. Ein weiterer Pluspunkt sind kostenloser Kaffee und Kekse. Die Zimmer zur Straße heraus sind groß, aber laut und den Preisaufschlag für einen kleinen Balkon nicht wert.

Hotel Granada No 2 (☎ 237-7079; Subida Casamata 1326; EZ/DZ/DBZ 350/400/480 HNL; P) Gemütliches Bett? Ja! Sicher? Ja! Sauber? Ja! Kostenloses gereinigtes Wasser und Kaffee? Ja! Schicke Extras sollte man in diesem Betonklotz aus den 1970er-Jahren jedoch nicht erwarten. Die Zimmer haben TVs und die Gäste haben zehn Minuten kostenlosen Internetzugang.

Hotel Macarthur (☎ 237-9839; homacart@datum.hn; Av Lempira 454; EZ/DZZ/DBZ mit Ventilator 741/931/1121 HNL, mit Klimaanlage 931/1121/1311 HNL; P) Das professionellste der günstigeren Hotels in der Innenstadt hat ganz verschiedene Zimmer: Manche sind karg eingerichtet und frei von Charme, andere sind kuschelig und haben einen Blick auf die nahe gelegene Iglesia Los Dolores. Alle Zimmer sind komfortabel und haben ein gutes Preis-Leistungs-Verhältnis. Die Zimmer nach vorne heraus haben mehr Charakter, sind dafür aber lauter. Zum Hotel gehören eine günstige Cafeteria, in der man Frühstück und Abendessen bekommt, sowie ein schöner Pool, den niemand zu benutzen scheint.

Colonia Palmira

Hotel Guadalupe 2 (☎ 238-5009; hotelguadalupe2@cablecolor.hn; 1a Calle; EZ/DZ/DBZ 390/440/530 HNL; P) Dieses sichere und gemütliche Hotel hat nur einen Haken: Die winzigen Zimmer im Stalin-Stil sind dunkel und man fühlt sich ein bisschen wie in einem Agentenfilm aus dem Kalten Krieg. Den Soundtrack liefert die laute Straße. Viele Volunteers quartieren sich hier ein, weil das Hotel sicher ist und in einem guten Viertel liegt.

Hotel Linda Vista (☎ 238-2099; Calle Las Acacias 1438; EZ/DZ/DBZ 932/1237/1580 HNL; P) Dieses nahezu übersichere kleine Hotel bietet sechs Zimmer mit Möbeln aus Mahagoni, großen Schränken und geräumigen Bädern. Der dschungelähnliche Garten ist gut gepflegt und bietet einen schönen Blick, und vom Garten hinter dem Haus hat man eine wirklich prächtige Aussicht auf das Stadtgebiet von Tegucigalpa. Ein kontinentales Frühstück ist im Preis inbegriffen.

B&B My Lord (☎ 221-0780; www.hotelmylord.com; 3a Calle 20; EZ mit Ventilator 1205 HNL, DZ mit Klimaanlage 1314 HNL; P) Noch ein charmantes neues Hotel in einem Haus im Kolonialstil an einer ruhigeren Wohnstraße nur einen Häuserblock von der amerikanischen Restaurantkette Hell entfernt. Das ist der Nachteil. Der Vorteil ist, dass es ebenso nahe bei Espressocafés und Clubs liegt und die großen Zimmer Extrasofas/Ausziehbetten haben. Und es punktet mit einem ruhigen Garten voller Vögel.

Lesliés Place (☎ 220-5325; www.dormir.com; Calzada San Martin 452; EZ/DZ/DBZ inkl. Frühstück 1342/1673/2007 HNL; P) Dank der aberwitzigen, von der Politik erhobenen Tourismussteuer musste das Leslie 13 Zimmer wegen schlechter Belegungsraten schließen und ist dadurch noch kleiner und gemütlicher geworden. Die sieben verbleibenden Zimmer sind gemütlich genug, dass man das Hotel beinahe als Boutiquehotel bezeichnen kann. Wer sich selbst eine Freude machen will, quartiert sich in diesem charmanten, englischsprachigen Hotel mit Landschaftsmalereien von Guillermo Yuscarán an den Wänden und geschmackvoller, echt honduranischer Einrichtung ein. Der Besitzer plant, eines Tages wieder mindestens 14 Zimmer zu vermieten.

Comayagüela

Hotel Plaza Real (☎ 237-0084; 6a Av zw. Calle 8a & Calle 9a; Zi. ohne Bad ab 200 HNL, DZ/DBZ 275/390 HNL) Abseits der Straße liegt dieses Hotel in einem prächtigen grünen Hof. Die Zimmer sind nicht schlecht, müssten aber dringend mal wieder gestrichen werden. Es gibt heißes Wasser aus dem Hahn, gereinigtes Trinkwasser und Kaffee und eine Möglichkeit zum Wäsche selber waschen ist ebenfalls vorhanden.

Hotel Unión (☎ 237-4313; 8a Av zw. Calle 12a & Calle 13a; EZ/DZ/DBZ 225/350/375 HNL;) Außer für Betten ist in diesen Zimmern wenig Platz. Aber es ist o. k., wenn man einfach nur schlafen will, bevor man morgens in einen Bus steigt.

Hotel Hedman Alas (☎ 237-9333; 4a Av zw. Calle 8a & Calle 9a; EZ/DZ/DBZ 398/406/755 HNL) Tageslicht sieht man in diesem Hotel zwar nicht viel, doch es ist eine gute und sichere Option in der Nähe der Busbahnhöfe, auch wenn uns ein Tourifführer sagte, es sei „schrecklich". Es gibt aber wirklich nichts auszusetzen – die sauberen Zimmer haben Messinglampen und impressionistische Drucke. Frühstück (50 HNL) wird zwischen 8 und 10 Uhr serviert.

Hotel Palace (☎ 237-6660; 12a Calle zw. Avenida 8a & Avenida 9a; DZ mit Ventilator 450 HNL, DZ mit Klimaanlage 600 HNL; P) Durch eine massive Metalltür kommt man hier zu den Zimmern – man befindet sich im Fort Knox unter den Hotels in Tegucigalpa. Die Zimmer sind erstaunlich teuer für das, was sie bieten: eine Atmosphäre wie in einer Gefängniszelle, sogar mit vergitterten Fenstern, und Gardinen mit dem Namen des Hotels. Dafür ist das Personal an der Rezeption freundlich und es gibt Kabel-TV. Parkmöglichkeiten sind vorhanden und das Hotel liegt günstig für die Busbahnhöfe.

ESSEN

In Tegucigalpa gibt's von der Imbissbude bis zum schicken Restaurant mit Kerzenlicht und raffinierter internationaler Küche alles. Den besten Kaffee bekommt man bei den beliebten Ketten Espresso Americano und Cafemania.

Innenstadt

La Terraza de Don Pepe (Av Cristóbal Colón 2062; Hauptgerichte 75–250 HNL; Di–Sa 8–22, So 8–19 Uhr) Beliebtes, zentral gelegenes Restaurant mit gutem Preis-Leistungs-Verhältnis und schlichtem Charme. Die Tagesangebote (80 HNL) sind mehr als günstig und die leckeren kubanischen Sandwiches noch günstiger. Wirklich einzigartig wird das Don Pepe durch seinen Alkoven im Obergeschoss, der einstigen Männertoilette. 1986 wurde eine Statue der Jungfrau von Suyapa aus der Basílica de Suyapa gestohlen. Nach einer bundesweiten Suche tauchte sie hier auf.

Café Paradiso (Av Miguel Paz Barahona 1351; Hauptgerichte 80–195 HNL; Mo–Sa 9–21 Uhr) Auch wenn es aufgrund der immer weniger sicheren Nachbarschaft etwas von seinem Glanz verloren hat, ist Tegus' zweifellos kultiviertester Treffpunkt noch immer ein Sammelbecken der (Lebens-)Künstler. An niedlichen runden Tischen mit kaleidoskopischen Tischdecken werden europäische und lateinamerikanische Gerichte aufgetischt. Der Service lässt gelegentlich zu wünschen übrig. Oft zieren Ausstellungen die Wände. Dienstagabends um 19 Uhr werden englischsprachige Filme gezeigt, donnerstags finden um 19 Uhr Dichterlesungen statt.

Restaurante Duncan Maya (Ecke Av Cristóbal Colón & Calle Adolfo Zuniga; Hauptgerichte 105–200 HNL; Mo–Sa 8–22, So bis 21.30 Uhr) Atmosphärische neue Location in der Innenstadt mit niedrigen Bögen und gigantischen Holzsäulen. Es ist immer viel los und die blau gekleideten Kellner eilen zwischen den Tischen hin und her (eventuell muss man etwas warten, bis man bedient wird). Auf jeden Fall das beste Budgetrestaurant der Innenstadt.

Auch empfehlenswert:

Supermercado Más x Menos (Ecke Av La Paz & Av 4a; Mo–Sa 7.30–21, So 8–20.30 Uhr) Ein außergewöhnlicher Supermarkt für Selbstversorger und Tagesausflügler.

Imbissstände An einer Seite der Iglesia Los Dolores sind Imbissstände aufgebaut, an denen man eine große Auswahl an verschiedenen verlockenden günstigen Mittagsimbissen bekommt, z. B. *pupusas* (Weizenmehltaschen gefüllt mit Käse oder Bohnenmus), *baleadas* (Weizentortillas mit Bohnen und Käse gefüllt), Fleisch und Hähnchen vom Grill oder Suppen aus Meeresfrüchten.

Colonia Palmira

Essen ist in diesem Viertel teurer, dafür gibt's den Augenschmaus und relativ große Sicherheit kostenlos dazu.

Pupusería El Patio (Blvr Morazán; pupusas 23–28 HNL; 11–1.30 Uhr) Diese Bierhalle ist am Wochenende eine der lautesten und lebendigsten Locations der Stadt und voll mit Mittelgewichts-Zechern. Die Tische füllen sich mit Flaschen und je später der Abend wird, desto inbrünstiger die Karaoke. Auch Mütter, Väter und Kinder sind mit von der Partie. Auf der Speisekarte stehen hauptsächlich Tacos und typische honduranische Gerichte. Toll für Gruppen ist der Plato de Variedad (188 HNL) mit typisch honduranischen Spezialitäten für drei bis vier Personen.

Vie de France (Calle Las Minitas, Colonia Tepeyuc; Gebäckstücke 58–255 HNL; Mo–Fr 8–21, So 12–20.30 Uhr) Tolle französische Bäckerei mit Croissants, *pain au chocolat* und guten Panini. Sie liegt an der Straße zwischen dem alten und dem neuen Tegus.

Taco Loco (Blvr Morazán; Tacos 63–90 HNL; 11–23 Uhr) Eine günstige Ausnahme in einem teuren Umfeld. Serviert werden leckere Tacos (mit Rindfleisch, Hähnchen, Schweinefleisch und weiteren Füllungen). Sie sind sehr lecker und

INSIDERTIPPS: TEGUCIGALPAS TOP FIVE DER LOKALEN SPEZIALITÄTEN

- **Tortilla-Suppe, Los Napolitos** (Calle República de Uruguay, Colonia San Carlos; Hauptgerichte 165–299 HNL; ⌚ Di–Sa 11.30–22, So 9.30–17 Uhr) In diesem extrem authentischen mexikanisch-honduranischen Restaurant wird die Suppe nach dem Originalrezept zubereitet.
- **Pastelitos de Carne, Los Toneles** (Av Tiburcio Carias, Barrio Guadalupe; Hauptgerichte 12–20 HNL; ⌚ Mo–Sa 9–19 Uhr) Ein typisch honduranisches Gericht.
- **Pupusas Bravas, Pupusería El Patio** (Blvr Morazán; pupusas 23–28 HNL; ⌚ 11–1.30 Uhr) Jalapeños verleihen diesen *pupusas* mit Käse, Bohnen und *chicharrones* einen scharfen Kick.
- **BBQ Wings, Wing Factory** (Level 1, Centro Comercial El Dorado, Blvr Morazán; 12 Wings 135 HNL; ⌚ Mo–Sa 10–24, So 11–16 Uhr) Hier bekommt man keine Buffalo Wings, sondern Hähnchenflügel auf honduranische Art mit *salsa criolla*.
- **Plato Mixto, Carnitas Kennedy** (3a Entrada Kennedy, Colonia Kennedy; Hauptgerichte 50–95 HNL; ⌚ Mo–Sa 9.30–21, So 10–20 Uhr) Hier gibt's Rindfleisch, Schweinefleisch, Huhn, Chorizo, *frijolitos*, *chismoll* und *cuajada* für nur rund 60 HNL. Nirgendwo in Tegucigalpa isst man besser für so wenig Geld!

Marlon Sobalvarro, Küchenchef des Hotel Clarion.

dennoch geldbeutelschonend. Als Beilage kann man eine Portion gegrillte *cebollas lloronas* (wörtlich „Weinzwiebeln") bestellen. Und auf keinen Fall darf man sich die scharfe Sauce entgehen lassen!

Café la Milonga (Paseo República de Argentina 1802; Hauptgerichte 80–233 HNL; ⌚ Mo–Do 11.30–20.30, Fr & Sa bis 19 Uhr) Von außen sieht es tot aus, doch das seltsam schicke Café geht zum Hinterhof heraus, wo sich eine wohlhabende Klientel mit dem gewissen Etwas bei schlichten argentinischen Steaks und Cocktails trifft. Die kurzen Öffnungszeiten sind typisch für das Viertel, das politische Chaos und die zahlreichen Nachtclubs in der Gegend, doch das Café lohnt sich durchaus für einen frühen Besuch. Hin und wieder gibt es Tango und Livemusik.

LP Tipp **Café Honoré** (Paseo República de Argentina 1941; Sandwiches 103–285 HNL; ⌚ Mo–Sa 8.30–21, So bis 18 Uhr) Der pfiffige Picknick-/Gourmet-/Weinladen ist ein Geschenk des Himmels. Hier bekommt man die besten Sandwiches zwischen Südtexas und Nordbrasilien. Man hat die Wahl zwischen 41 göttlichen warmen und kalten Kombinationen. Für zentralamerikanische Verhältnisse sind die Sandwiches nicht gerade günstig, aber das Geld ist bestens investiert.

Nobu (Paseo República de Peru 2002; Hauptgerichte 120–200 HNL, Sushi 160–199 HNL; ⌚ Mo–Sa 11–15 & 18–22, So 12–20 Uhr) Die tieforange asiatische Atmosphäre und der Garten im hinteren Teil mit Buddha ziehen viele von Tegus' Trendsettern und Schönen an. Die Thai-Currys sind nur durchschnittlich und das Sushi gar eigenartig (Blaukäse-Röllchen?). Dennoch erfüllt der Laden seinen Zweck, wenn man *pupusas* nicht mehr sehen kann, und auch die ruhige und trendige Atmosphäre trägt ihren Teil bei.

El Patio (Blvr Morazán; Hauptgerichte 179–414 HNL; ⌚ 11–23 Uhr) Die schicke Restaurant-Filiale der drei bekannten El Patios der Stadt (im neuen Einkaufskomplex Los Próceres gibt es eine *pupusaría* und einen Schnellimbiss). Die Kellnerinnen huschen in traditionellen honduranischen Kleidern zwischen den Tischen hin und her, während eine Mariachi-Band zur Essenszeit im riesigen offenen Speisesaal aufspielt. Die Gerichte sind nicht günstig, aber die Portionen sind riesig. Besonders lecker ist der *pincho grande de res*, ein saftiger, perfekt gegrillter *carne-asada*-Spieß mit verschiedenen Beilagen.

Comayagüela

Überall verstreut in Comayagüela gibt's schlichte Lokale und Straßenimbisse, aber hier sollte man nicht ziellos mit einem voluminösen Rucksack durch die Straßen bummeln.

Todo de Pollo (6a Av nahe 8a Calle; halbes Hähnchen 65 HNL; ⌚ morgens, mittags & abends) Der Name bedeutet „alles aus Hähnchen". Was wohl auf der Speisekarte steht?

AUSGEHEN

Das beste Nachtleben in Tegucigalpas findet in Colonia Palmira statt. Außerdem gibt es zahlreiche Bars und Nachtclubs am Blvr Morazán und rund um die Plaza San Martín

IN DIE VOLLEN!

Auf Models, honduranische High Society und eine Handvoll Auswanderer stößt man im stylishen **Rojo, Verde y Ajo** (☎ 232-3398; Paseo República de Argentina 1930; Hauptgerichte 157–448 HNL; 🕑 Mo–Sa 12–2 Uhr), eine der gastronomischen Spitzenadressen in Tegus. Romantisch geht's hier zwar nicht zu, aber die hervorragende Speisekarte beweist, dass die honduranische Küche noch viel mehr als nur *pupusas* zu bieten hat. Empfehlenswert ist je nach Saison Hähnchen mit *loroco,* einer essbaren Blume. Ansonsten sind auch das Hähnchen in cremiger Sauce aus sonnengetrockneten Tomaten und das Tintenfisch-Carpaccio göttlich. Und auf keinen Fall das Dessert verpassen: Der Besitzer hat das Rezept für den *dulce-de-leche*-Vulkan aus Uruguay geklaut– eine dekadente Karamelcreme, für dessen Verbreitung in Zentralamerika man dankbar sein wird.

im Sector Hotelero in Colonia Palmira. Bis zum Morgengrauen wird hier allerdings nicht gefeiert. Die Clubs und Bars der Stadt haben eine umstrittene Sperrstunde um 2 Uhr, um nächtliche Gewalt zu reduzieren. Die meisten Locations halten sich auch sehr strikt an diese Regel.

Había Una Vez (Plaza San Martín 501, Colonia Palmira; 🕑 Di–Do 18–0, Fr & Sa bis 2 Uhr) Diese künstlerisch angehauchte Mischung aus Bar und Club ist toll für gemäßigte Clubber, die sich unter ein sexy intellektuelles Publikum mischen und dabei auf epileptische Strobobeleuchtung und basslastigen Reggaetón verzichten möchten. Am Wochenende legen DJs ein breites Spektrum von Acid Jazz bis Electro auf, aber auch unter der Woche läuft coole Musik. Wechselausstellungen einheimischer Künstler zieren die Wände und bis 22 Uhr hat das teure, aber großartige mediterran-peruanische Restaurant geöffnet.

Glenn's Pub (Colonia Palmira; 🕑 Mo–Sa 18–2 Uhr) Ein uralter „Geheimtipp" unter den *capitalinos*, den man tagsüber nicht einmal findet. In der kleinen Pinte treffen sich Freigeister zwischen 20 und 30 und hartgesottene einheimische Trinkfreudige. Am Wochenende drängen sich die Menschenmassen bis auf den Bürgersteig. Das Bier ist günstig und die psychedelische Musik nicht allzu laut.

Cinefilia (Calle Principle de las Naciones Unidas, Colonia Palmira; 🕑 Mi–Sa ab 17 Uhr) In dieser Bar mit Kunst-Touch trifft sich ein alternatives Publikum bei über 20 verschiedenen Sorten Flaschenbier aus neun Ländern (doch, man *ist* in Honduras!). Das Cleaveland ist der honduranische Versuch eines englischen Starkbiers (ob der gelungen ist, muss man selbst entscheiden). Außerdem werden Art-House-Filme auf DVD verkauft.

Sabor Cubano (Paseo República de Argentina 1933, Colonia Palmira; 🕑 Di–Sa 11–2, So 11.30–15 Uhr) Wer tanzen will, kommt in den Sabor Cubano, Tegucigalpas heißesten Tanzclub. Der Eintritt ist frei. Angenehme, nette Atmosphäre mit Pärchen, einige eleganter, andere weniger elegant, die zum *uno-dos-tres*-Rhythmus Salsa tanzen. Gleichzeitig ist der Laden ein kubanisches Restaurant. Am meisten ist freitags nach 23 Uhr los.

Bull Bar (☎ 3190-6325; República de Chile, Colonia Palmira; 🕑 Di–Sa 18–2 Uhr) Die Tür ist ein großes Ärgernis, aber die lautstarke Lounge/Rock Club ist ganz schön sexy. Alles ist in sinnlichem Rot und Schwarz gehalten, über den Köpfen der trendigen Gäste hängen Zimbeln und Diskokugeln. Zum Unterhalten ist es definitiv zu laut. Ein frecher und schöner Club.

UNTERHALTUNG

Die monatlich erscheinende Broschüre *Agenarte* mit kulturellen Veranstaltungen und Sehenswürdigkeiten bekommt man in der Bücherei der Galería Nacional de Arte.

Café Paradiso (Av Miguel Paz Barahona 1351; 🕑 Mo–Sa 9–20, Di & Do bis 21.30 Uhr) Jeden Dienstagabend um 19 Uhr werden englischsprachige Filme gezeigt, donnerstags finden um 19 Uhr Dichterlesungen statt.

Teatro Nacional Manuel Bonilla (☎ 222-4366; www.teatromanuelbonilla.hn; Av Miguel Paz Barahona) In diesem charaktervollen Theater werden zahlreiche Aufführungen präsentiert.

Cinemark (☎ 231-2044; www.cinemark.hn; Multiplaza Mall, Blvr Juan Pablo II; Eintrittskarten 63 HNL) Moderner Kinokomplex mit vielen Sälen, in dem aktuelle Hollywoodfilme laufen.

SHOPPEN

Honduranisches Kunsthandwerk wird vielerorts in der Stadt verkauft.

Mercado Mayoreo (☎ Fr 8–17, Sa 6–15 Uhr) Jeden Freitag und Samstag wird dieser bunte Markt in der Nähe des Estadio Nacional aufgebaut.

Die Auswahl an Obst und Gemüse und Ständen, an denen alles von Vogelkäfigen bis hin zu Gemüse verkauft wird, ist gewaltig. Außerdem gibt es ein paar tolle kleine *pupusa*-Cafés.

Mercado San Isidro (7–17 Uhr) Auf diesem weitläufigen Markt in Comayagüela findet man so ziemlich alles, was es zu kaufen gibt: von Gemüse über gebrauchte Kleidung bis zu hervorragenden Lederwaren und anderem Kunsthandwerk. Natürlich gilt: Vorsicht vor Taschendieben!

Multiplaza Mall (Blvr Juan Pablo II; Mo–Sa 10–20, So 12–18 Uhr) Wenn die *capitalinos* von „dem Einkaufszentrum" sprechen, meinen sie dieses. Der für Traveller am besten gelegene Einkaufskomplex liegt südwestlich von Colonia Palmira und bietet Geldautomaten, Buchläden, Internet und ein Kino.

AN- & WEITERREISE

Bus

Es gibt hervorragende Busverbindungen zwischen Tegucigalpa und anderen Teilen des Landes. Leider hat jede Buslinie ihren eigenen Busbahnhof. Die meisten liegen in Comayagüela. Die genaue Lage ist der Karte auf S. 392 zu entnehmen. In diesem Teil der Stadt sollte man sein Gepäck nie aus den Augen lassen. Einige beispielhafte Routen ab Tegucigalpa stehen im Kasten auf S. 400.

Wer in Colonia Palmira wohnt, sollte von der deutlich schöneren und sichereren Dependance von **Transportes Hedman Alas** (☎ 239-1764; Edif Florencia Plaza, Blvr Suyapa) abreisen statt am Hauptbusbahnhof in Comayagüela hinter der Multiplaza Mall. Ein Bus startet täglich von hier aus um 5.45 Uhr nach San Pedro Sula (von wo aus man nach Copán Ruinas und La Ceiba weiterreisen kann). Die kostenlose Zeitschrift *Honduras Tips* hat einen sehr nützlichen Teil zu Busrouten, die Zeiten sind allerdings nicht immer akkurat.

INTERNATIONALE & LANGSTRECKENBUSSE

Tica Bus (☎ 220-0579; 16a Calle zw. Avenida 5a & Avenida 6a, Comayagüela) fährt nach El Salvador, Guatemala und Nicaragua und an die mexikanische Grenze, außerdem nach Costa Rica und Panama. **King Quality** (☎ 225-5415; Blvr Commanded Economical European nahe der 6a Av, Comayagüela) fährt nach El Salvador, Guatemala, Nicaragua und Costa Rica. Für letztere Tour gibt es zwei Busklassen: „Quality" entspricht der 1. Klasse, „King" der Deluxe-Klasse. Bei Fahrten ins Ausland 45 Minuten vor der Abfahrt am Busbahnhof eintreffen!

Weitere Infos stehen in der Tabelle auf S. 400.

Flugzeug

Der Flughafen liegt 6,5 km südlich von Tegucigalpa. Informationen zu Verkehrsmitteln in die Stadt s. S. 390. Honduras' größter Flughafen liegt in San Pedro Sula, nicht in Tegucigalpa. Reisende fliegen am besten von dort aus ins Ausland.

Aerolíneas Sosa (☎ 233-5107, Flughafen 234-0137; www.aerolineasosa.com; Centro Comercial Gallerias Maya, Blvr Morazán; Mo–Fr 8–12 & 13–17, Sa 8–12 Uhr)

Air France (☎ 236-0029; www.airfrance.com; 2. Stock, Edif. Galerías La Paz; Mo–Fr 9–17, Sa 9–12 Uhr) Hier sind auch KLM und Aeroméxico ansässig.

American Airlines (☎ kostenlose Nummer 800 220-1414, in Honduras 216-4800; Edif. Palmira; Mo–Fr 8–17.30, Sa 9–12 Uhr) Gegenüber vom Hotel Honduras Maya.

Continental Airlines (☎ 269-4441, Flughafen 233-3676; www.continental.com; Edif. Los Próceres 3, Blvr Morazán; Mo–Fr 8–17.30, Sa 8–12 Uhr) Auch Sitz der Copa Airlines.

Delta (☎ Flughafen 238-2827)

TACA/Isleña (☎ 234-2422; www.taca.com; Blvr Morazán; Mo–Fr 8–17, Sa 9–17, So 9–14 Uhr)

Ziel	Preis (HNL)
La Ceiba	1678
Roatán (via La Ceiba)	2515
San Pedro Sula	1924
Utila (via La Ceiba)	2506

UNTERWEGS VOR ORT

Auto & Motorrad

Bevor man ein Auto mietet, sollte man nach der Höhe der Selbstbeteiligung im Falle eines Unfalls fragen. Sie kann bei bis zu 38 500 HNL liegen. Für einen Mietwagen zahlt man pro Tag zwischen 482 und 866 HNL (die lokalen Vermieter sind günstiger).

Autovermieter:

Avis (☎ 239-5712; www.avis.com.hn; Blvr Suyapa; 8–18 Uhr)

Econo Rent-a-Car (☎ 235-2105, Flughafen 291-0108; www.econorentacarhn.com; Calle Principle, Col El Trapiche; Mo–Fr 7–19, Sa & So 7–17 Uhr)

Hertz (☎ 238-3772, Flughafen 234-3784; hertz@multivisionhn.net; Centro Comercio Villa Real; Mo–Sa 8–18 Uhr)

National/Alamo (☎ 250-1362, Flughafen 233-4962; Residencia Modelo; Mo–Sa 8–18 Uhr)

BUSSE AB TEGUCIGALPA

Internationale Busse

Ziel	Preis (HNL)	Dauer (einfach; Std.)	Buslinie	Telefon	Abfahrt
Guatemala-Stadt	580–1694	22 (mit Übernachtung in San Salvador)	Tica Bus	220-0579	6 Uhr
		15 (mit Aufenthalt in San Salvador)	King Quality	225-5415	5.30 Uhr
		14	Hedman Alas	237-7143	5.15 & 10 Uhr
Managua (Nicaragua)	380-724	8	Tica Bus	220-0579	9.30 Uhr
		7–8	King Quality	225-5415	5.30 & 14 Uhr
San José (Costa Rica)	760	2 Tage (mit Übernachtung in Managua)	Tica Bus	220-0579	9.30 Uhr
San Salvador (El Salvador)	285-952	6½	Tica Bus	220-0579	6 Uhr
		6–7	King Quality	225-5415	5.30 & 14 Uhr
Tapachula (Mexico)	855	40 (Übernachtung in San Salvador, umsteigen in Guatemala-Stadt)	Tica Bus	220-0579	6 Uhr

Langstreckenbusse

Ziel	Preis (HNL)	Dauer (einfach, Std.)	Buslinie	Telefon	Abfahrt
Agua Caliente	311	9–10	Sultana de Occidente	237-8101	6–13.30 Uhr stündl.
Catacamas	108	3½	Hedman Alas Discovery	222-4256	6.30, 8.30, 9.30, 10.30, 12.15, 14.15, 15.30, 17 Uhr
Choluteca	44-58	3	Mi Esperanza	225-2901	6–16 Uhr stündl.
Comayagua	37	2	Norteños	237-0706	6.30, 7.30, 9, 10, 12, 14 Uhr
Copán Ruinas	475-570	7	Hedman Alas	237-7143	5.45 & 10 Uhr
El Paraíso	65	2	Colinas de Oro	9523-1637	6–18 Uhr stündl., So bis 16 Uhr
Juticalpa	86	2½	Discovery	222-4256	6.30, 8.30, 9.30, 10.30, 12.15, 14.15, 15.30, 17 Uhr
La Ceiba	217-570	7½	Hedman Alas	237-7143	5.45, 10, 13.30 Uhr
			Cristina	225-1446	5.30, 6.15, 7.30, 8.30, 9.30, 11, 12.30, 14 Uhr
La Entrada	186	6	Sultana de Occidente	237-8101	6–13.30 Uhr stündl.
La Paz	38	2	Flores	237-3032	6.30–17 Uhr stündl.
Las Manos*	76	2½	Colinas de Oro	9523-1637	6 & 12 Uhr
San Pedro Sula	210-450	4	Hedman Alas	237-7143	5.45, 7, 9, 10, 12.30, 15, 17.30 Uhr
			Viana Clase de Oro	225-6583	6.30, 9.30, 13.30, 15.30 (So–Fr), 18.15 Uhr
Santa Rosa de Copán	248	7	Sultana de Occidente	237-8101	6–13.30 Uhr stündl.
Tela	217	5	Cristina	225-1446	5.30, 6.15, 7.30, 8.30, 9.30, 11, 12.30, 14 Uhr
Trujillo	280	10	Contraibel	237-1666	6.30 & 8.30 Uhr

*Nicaraguanische Grenze; letzter Bus nach Ocotal (Nicaragua) um 16 Uhr

Bus

Stadtbusse sind günstig (3 HNL), laut, dreckig und teilweise gefährlich. Diebstähle kommen regelmäßig vor und oft sind die Busse Angriffsziel von Gangs. Sofern man sich nicht der Gegenden sicher ist, durch die man fährt, sollte man besser ein *colectivo* oder Taxi nehmen.

Wie man zum Flughafen kommt, steht im Kasten auf S. 390.

Taxi

Taxis fahren durch das gesamte Stadtgebiet und hupen, wenn sie frei sind. Eine Fahrt innerhalb der Stadt kostet rund 50 HNL.

Taxis zum Flughafen kosten zwischen 50 und 60 HNL.

In der Innenstadt gibt es einige nützliche *colectivo*-Haltestellen, vor allem, wenn man zum Flughafen und zum Busbahnhof Mercado Jacaleapa fahren möchte (von wo aus Busse nach El Paraíso und Danlí starten). Eine Fahrt kostet 11 HNL.

Die Taxis fahren los, wenn sie voll sind. *Colectivos* zum Flughafen fahren an der Haltestelle an der Calle Morelos fünf Häuserblocks westlich des Parque Central ab (10 HNL).

RUND UM TEGUCIGALPA

SUYAPA

Die riesige gotische **Basílica de Suyapa**, die bedeutendste Kirche Honduras', dominiert die Landschaft auf dem Hügel Suyapa 7 km südlich des Zentrums von Tegucigalpa.

Der Bau, der für seine großen, leuchtenden Buntglasfenster bekannt ist, wurde 1954 begonnen und noch immer wird das eine oder andere abschließende Element hinzugefügt.

La Virgen de Suyapa ist die Schutzpatronin von Honduras. Und in einem päpstlichen Dekret von 1982 wurde sie auch zur Schutzpatronin für ganz Zentralamerika erklärt. Sie ist durch eine winzige, nur 6 cm hohe Holzstatue verkörpert. Viele glauben, dass sie Hunderte von Wundern vollbracht hat. An Feiertagen wird die Statue in die große Basilika gebracht, vor allem anlässlich der jährlichen **Feria de Suyapa**, die am Tag der Heiligen (3. Februar) beginnt und eine Woche andauert. Die Feierlichkeiten ziehen Pilger aus ganz Zentralamerika an. Die meiste Zeit über steht die kleine Statue auf dem Altar der sehr schlichten alten **Iglesia de Suyapa**, die Ende des 18. bis Anfang des 19. Jhs. erbaut wurde. Die Kirche steht auf dem Platz ein paar Hundert Meter hinter der neueren Basilika.

Busse nach Suyapa (3 HNL, 30 Min.) fahren an der Ecke 6a Av und 7 Calle in Comayagüela ab; s. Karte S. 392. Man steigt an der Uni aus und läuft den kurzen Weg hierher.

SANTA LUCÍA

9300 Ew.

Auf kiefernbewachsenen Hügeln liegt Santa Lucía, eine charmante alte Bergbaustadt aus der Kolonialzeit mit einem spektakulären Blick über das Stadtgebiet von Tegucigalpa im darunter liegenden Tal. Santa Lucía ist weniger augenscheinlich touristisch als das nahe gelegene Valle de Ángeles, was einen Teil seines Reizes ausmacht.

In der reizenden *iglesia* aus dem 18. Jh. findet man alte spanische Malereien und eine **Statue von Cristo de Las Mercedes**, die König Philipp II. Santa Lucía 1572 schenkte. Wenn die hohen Holztüren mit Rundbögen verschlossen sind, geht man zum Büro im hinteren Teil und bittet darum, dass sie geöffnet werden. Abgesehen von ein paar Wanderungen und ein, zwei Restaurants gibt es in der Stadt wenig zu tun, außer durch die ruhigen Straßen zu bummeln und ein Honduras kennenzulernen, in dem die Zeit stehen geblieben ist.

In Santa Lucia gibt es wenige Restaurants. Zum Essen oder für einen Absacker kann man das Restaurant Jambalaya ausprobieren. Es befindet sich in der Hauptstraße, die direkt am See vorbei in die Stadt führt.

Unterkünfte bietet **La Posada de Doña Estefana** (☎ 779-0441; meeb8@yahoo.com; Barrio El Centro; Zi. ab 475 HNL; P ❄) in einer schönen ruhigen Lage mit einem tollen Panoramablick auf die Kirche. Die Zimmer im Kolonialstil mit Buntglasfenstern sind auch ziemlich gut. In Anbetracht der Lage ist es ein Schnäppchen. Das kleine Santa Lucía ist so ungezwungen, dass man eventuell ein paar Mal an die Tür oder ans Gartentor klopfen muss, bevor jemand öffnet.

An- & Weiterreise

Santa Lucía liegt 14 km östlich von Tegucigalpa und 2 km den Hügel hinauf von der Straße, die ins Valle de Ángeles und nach San Juancito führt. Busse fahren zwischen 7.30 und 20 Uhr alle 45 bis 60 Minuten (8,50 HNL, 45 Min.). Los geht's an der Esso-Tankstelle in der Av la Paz nahe dem Hospital San Felipe (s. Karte S. 392). Busse zurück fahren ab 5.15 Uhr alle 30 Minuten ab Santa Lucía.

Alternativ kann man auch mit dem Bus nach Valle de Ángeles ab derselben Haltestelle am Hospital San Felipe abfahren, an der Kreuzung aussteigen und die 2,5 km in die Stadt zu Fuß gehen.

VALLE DE ÁNGELES

14 300 Ew.

8 km hinter Santa Lucía liegt Valle de Ángeles, eine weitere schöne ehemalige Bergbaustadt aus der Kolonialzeit. Sie ist eine offizielle Touristenzone und wurde teilweise wieder so hergerichtet, wie sie im 16. Jh. aussah, vor allem rund um den schönen Parque Central, in dem eine hübsche alte Kirche steht. Die jährliche **Kirmes** findet am 4. Oktober statt.

Souvenirläden mit Kunsthandwerk, in denen honduranische *artesanías* verkauft werden, darunter Holzschnitzereien, Korbwaren, Keramik, Lederarbeiten, Malereien, Puppen und Holzmöbel, säumen die Straßen. Die Preise sind in der Regel niedriger als in Tegucigalpa. Eine der eigenwilligsten Künstlerausstellungen findet man einen Block südlich des Parque Central in einem farbenfrohen rosafarbenen und blauen Gebäude. Die **Galeria Sixtina** (☎ 766-2375; ⏰ 10–18 Uhr) ist das Werk eines Künstlers mit klassischer Ausbildung, der Kunstwerke zusammengestellt und auch persönlich zu der ausgesprochen farbenfrohen Sammlung beigetragen hat. Passenderweise sind Engel das zentrale Thema.

Valle de Ángeles kann man problemlos in einem Tagesausflug von Tegucigalpa aus besuchen, doch es ist auch ein ruhiger, entspannender Ort zum Verweilen. Am Wochenende und an Feiertagen ist viel los, ansonsten ist die Stadt in der Regel ruhig.

Schlafen & Essen

Posada del Ángel (☎ 766-2233; hotelposadadelangel@yahoo.com; EZ/DZ/DBZ ab 475/760/950 HNL; Ⓟ ⊠ ✲ ⊡) Die Zimmer liegen rund um einen Pool und einen grünen Garten. Die älteren Räume sind nicht so warm wie die Gemeinschaftsbereiche, dafür kosten die fünf neueren Zimmer beinahe doppelt so viel. Das Hotel liegt zwei Häuserblocks nördlich der *iglesia*.

Villas del Valle (☎ 766-2534; www.villasdelvalle.com; Carr a San Juancito; EZ/DZ/DBZ 650/700/780 HNL; ⊡ ⊡) Die einfachen Hütten aus schönen Backsteinen liegen einen kurzen Fußmarsch vom Zentrum entfernt und sind die günstigste Unterkunft in Valle de Ángeles. Das zugehörige Restaurant hat an Wochenenden bis 19 Uhr (unter der Woche bis 18 Uhr) geöffnet. Wenn viel los ist, bleibt es als Bar auch noch länger offen. Ein Pluspunkt ist WLAN auf dem Gelände.

Restaurante Turístico (Carr a San Juancito; Hauptgerichte 99–250 HNL; ⏰ 8–18 Uhr) Das unvergesslichste Restaurant der Stadt liegt einen kurzen Fußweg oberhalb der Abzweigung nach Valle de Ángeles. Es ist im klassischen Restaurantstil gehalten und hat eine schöne Terrasse und einen noch schöneren Blick über die Stadt und das darunter liegende Tal. Die Mahlzeiten sind einfache, aber leckere Fleisch- und Fischgerichte. Man geht vorbei an der Posada del Ángel und noch einen weiteren Kilometer den Berg hinauf.

Im Parque Central bieten sich folgende Optionen:

Restaurante Jalapeño (⏰ Di–So Mittag- & Abendessen) Gutes vegetarisches Angebot.

El Anafre (☎ 766-2942; Hauptgerichte 150–300 HNL, Pizza 280–450 HNL; ⏰ 10–20 Uhr) Anständige italienische Küche.

An- & Weiterreise

Colectivo-Minibusse nach Valle de Ángeles (17,50 HNL, 30 Min., 6.45–19 Uhr alle 45 Min.) fahren an der Haltestelle an der Esso-Tankstelle nahe dem Hospital San Felipe in Tegucigalpa ab. An derselben Stelle starten auch günstigere, langsamere Schulbusse (13 HNL, 1 Std., stündl.). Der letzte Minibus zurück fährt um 17.30 Uhr in Valle de Ángeles ab.

PARQUE NACIONAL LA TIGRA

Der schöne Nationalpark **La Tigra** (Erw./Kind 192/95 HNL; ⏰ Di–So 8–16, Einlass bis 14 Uhr) in unmittelbarer Nähe der Hauptstadt umfasst einen grünen Nebelwald in einem ehemaligen Bergbaugebiet, das der Rosario Mining Company gehörte. Noch immer sieht man die Spuren des Bergbaus. 1980 wurde das Gebiet zum ersten Nationalpark von Honduras erklärt. Von hier stammen große Teile des Wassers für die Stadt. Im Park lebt eine Vielfalt von (selten sichtbaren) Wildtieren, darunter Pumas und Chaco-Pekaris, und mit seinen grünen Bäumen, Weinreben, Flechten und großen Farnen, bunten Pilzen, Bromelien und Orchideen ist er ein Paradies für Botaniker.

Das Klima im La Tigra ist frisch und kühl, oft ist es sogar richtiggehend kalt, deshalb sollte man genügend warme Anziehsachen mitbringen. Wegen der vielen Moskitos im Wald trägt man am besten lange Hosen und lange Ärmel.

Amitigra (☎ 231-3641; Calle Nunciatura Apostolica 210, Colonia Palmira, Tegucigalpa; ⌚ Mo–Fr 8–12 & 13–17 Uhr) bietet Informationen und organisiert Ausflüge in den Park mit Übernachtung. Die Park- bzw. Übernachtungsgebühr kann man hier oder auch an einem der Eingänge bezahlen. La Tigra hat zwei Eingänge, Jutiapa und El Rosario. Es gibt Besucherzentren an beiden Eingängen, in denen immer ein Parkwächter anzutreffen ist.

Wandern

Acht gepflegte und gut beschilderte Wege führen durch den Park. Die Gegend ist zerklüftet und bergig. Personen, die die Wege verlassen haben, sind schon für mehrere Tage im dichten Wald verloren gegangen – also besser auf den Wegen bleiben! Im Amitigra-Büro und im Besucherzentrum bekommt man Karten zu den Wegen.

Der **Sendero Principal** ist der am stärksten frequentierte und direkteste Weg durch den Park. Er diente einst als Straße von Tegucigalpa zu den Minen und führt auf einer Länge von 6 km von Jutiapa nach El Rosario. Von Jutiapa aus führt der Weg hinab vorbei an verlassenen Minen, kleinen Flüssen und schönen Ausblicken über das San-Juancito-Tal, bevor man El Rosario erreicht. Ein reizvollerer Weg ist der **Sendero La Cascada**, der zu einem 40 m hohen Wasserfall führt. Kommt man von Jutiapa, folgt man dem Sendero Principal auf einer Länge von 1 km zur Abzweigung des Sendero La Cascada an der scharfen Biegung im Pfad. Man steigt die steilen Steinstufen hinab und läuft 2 km an kleineren Wasserfällen und verlassenen Minen vorbei zu einer T-Kreuzung. Um zu den Fällen zu kommen, geht man geradeaus weiter (10–20 Min.), linkerhand geht's über den Sendero La Mina nach El Rosario. Von El Rosario aus führt der **Sendero La Mina** vorbei an verlassenen Bergbaugebäuden. Später führt ebenfalls eine Abzweigung linkerhand zu den Wasserfällen (10–20 Min.).

Führer (eigentlich nicht erforderlich) begleiten einen nach Wunsch auf den Wegen. Sie werden vor allem für große Gruppen eingesetzt (100–300 HNL/Pers.).

Schlafen & Essen

Camping kostet 95 HNL pro Person.

Eco-Albergue El Rosario (☎ 9865-7016; Zi. pro Erw./Kind 475/135 HNL) Das Besucherzentrum hat acht rustikale Zimmer mit frischer Bettwäsche. Es liegt am Eingang des Parks.

Cabañas & Eco-Albergue Jutiapa (pro Erw./Kind 475/135 HNL) Das neuere Besucherzentrum in Jutiapa hat schlichte Zimmer und kann bis zu 20 Gäste beherbergen.

Cabaña Mirador El Rosario (☎ 767-2141; Zi. 600 HNL) Diese Unterkunft liegt an einem Berghang und bietet einen tollen Blick, schöne Zimmer, Wäschedienst, hausgemachte Marmeladen und Chutneys sowie einen guten Zugang zum Nationalpark. Der Haken: Es hat nur zwei Zimmer, also rechtzeitig buchen. Auch vegetarische Mahlzeiten werden zubereitet (Frühstück 50 HNL, Abendessen 90 HNL). Für 200 HNL kann man sich in San Juancito abholen lassen (bei Ankunft bis 22 Uhr).

Beide Besucherzentren haben schlichte **comedores** (Mahlzeiten 40–90 HNL; ⌚ Jutiapa Sa & So 8–17 Uhr oder mit Anmeldung, El Rosario tgl. 6–22 Uhr).

An- & Weiterreise

Der westliche Eingang zum Park oberhalb von Jutiapa liegt am nächsten an Tegucigalpa (22 km entfernt). Von Tegus kommend, steigt man um 7 oder 7.30 Uhr in einen Bus (17 HNL) ab dem Parque Finlay an der Av Máximo Jérez oder man fährt um 9.30 bzw. 14 Uhr (20 HNL) an der Gasolinera Dippsa an der Av Máximo Jérez auf Höhe der Av la Plazuela gegenüber der Filiale der Banco Atlántida ab. Auch andere Busse Richtung El Hatillo (ab 6 Uhr alle 45 Min., Abfahrt an derselben Stelle) setzen einen in der Regel bei Los Planes ab, einem Fußballfeld 2 km vor dem Besucherzentrum. Auf dem Rückweg fahren die Busse am Los Planes ab, der erste um 5.30, der letzte gegen 15.40 Uhr. Wer später zurückfahren möchte, muss in den 4 km entfernten Ort Los Limones laufen, von wo aus die Busse länger fahren. Ein Taxi von Tegus zu diesem Eingang kostet rund 400 HNL.

Der östliche Parkeingang liegt bei El Rosario oberhalb von San Juancito, einer atmosphärischen ehemaligen Bergbaustadt. Von Tegucigalpa aus fahren Busse nach San Juancito (18 HNL, 1½ Std.) ab dem Mercado San Pablo (Mo–Fr 15; Sa 8, 12.40 & 15, So 12.40 Uhr), der Bushaltestelle in Valle de Ángeles gegenüber dem Hospital San Felipe (Mo–Fr

15 & 17.30 Uhr, außerdem So 17 Uhr) und vom Supermercado Más x Menos (Sa 16.30 Uhr). Von San Juancito aus muss man die letzten steilen 4 km zum Eingang des Parks zu Fuß zurücklegen, einen lokalen Transporter anhalten (200 HNL) oder ein Arrangement mit Cabaña Mirador El Rosario treffen.

Busse von San Juancito nach Tegus fahren ab der gelben Brücke in der Stadt (gegen 5.15 & 6.15 Uhr) und vom Kiosk an der Hauptstraße (7.15–17.30 Uhr mehrere Abfahrten).

WESTLICHES HONDURAS

Seit Jahrtausenden bevölkern Menschen diesen Teil des Landes und hinterlassen eindrucksvolle Spuren in der Natur – am beeindruckendsten sind die fesselnden archäologischen Ruinen von Copán. Reisende eilen in der Regel von den Ruinen über San Pedro Sula, den unterschätzten Motor der honduranischen Wirtschaft, zur Küste weiter. Wer allerdings länger verweilt, bereut dies selten. Die Regenwälder des Montaña de Celaque, die umwerfende Vogelwelt des Lago Yojoa, der Kolonialcharme von Santa Rosa de Copán und Gracias und die sich langsam verändernden, bunten Gemeinden entlang der Ruta de Lenca sind triftige Gründe, ein wenig zu bleiben.

Die kürzlich verbesserte Straße zwischen San Pedro Sula und Tegucigalpa ist vermutlich die am stärksten befahrene von Honduras. Über 241 km fährt man auf der honduranischen Carretera del Norte (Hwy 1), was eine etwa vierstündige Busreise bedeutet. Auf dem Weg passiert man Comayagua, Siguatepeque, den Lago de Yojoa und den schönen Wasserfall von Pulhapanzak (per Bus ca. 45 Min. westlich der Schnellstraße).

Diese Valle de Comayagua genannte Region war bereits in der präkolumbischen Zeit besiedelt und wird seit mindestens 3000 Jahren landwirtschaftlich genutzt. Im Departamento Comayagua gibt es insgesamt vierzehn archäologische Stätten, in denen alte Töpferware, Schmuck und Felsritzungen zutage gefördert wurden.

COMAYAGUA

114 500 Ew.

Comayagua liegt 84 km nordwestlich von Tegucigalpa, war die erste Hauptstadt Honduras' und über 300 Jahre lang das religiöse und politische Zentrum des Landes, bis die Hauptstadt 1880 nach Tegucigalpa verlegt wurde. Die koloniale Vergangenheit der Stadt ist unverkennbar: Es gibt mehrere schöne alte *iglesias* (Kirchen), eine beeindruckende Kathedrale, Plätze im Kolonialstil und zwei interessante Museen. Die durch und durch katholische Stadt ist für Besucher, die den Osterprozessionen beiwohnen möchten, sehr zu empfehlen.

Eine wichtige Einnahmequelle der Stadt ist Soto Cano, ein Luftwaffenstützpunkt des US-Militärs. Er ist auch bekannt als La Palmerola und diente in den 1980er-Jahren als Stützpunkt für 2000 US-Soldaten im Contra-Krieg in Nicaragua. Seitdem ist er ein honduranischer Stützpunkt, auf dem rund 550 amerikanische Militärs stationiert sind und die Stellung in Zentralamerika halten.

Seine Bedeutung stieg 1999 enorm, als US-Stützpunkte in Panama geschlossen wurden.

Orientierung

Wie die meisten Städte in Honduras findet auch hier das meiste Leben rund um den Parque Central statt, der geschmackvoll mit Gärten, Bänken und Musik aufpoliert wurde. In Comayagua kann man sich zu Fuß fortbewegen, wenn auch die Gegend zwischen dem Parque Central und den Hotels nach Einbruch der Dunkelheit etwas verlassen wirken kann. Wer alleine reist, sollte zu später Stunde lieber ein Taxi nehmen.

Die Straßen sind nach dem Kompass angeordnet und benannt, d. h.: NO steht für *noroeste* (Nordwesten), NE für *noreste* (Nordosten), SO für *suroeste* (Südwesten) und SE für *sureste* (Südosten).

Praktische Informationen

Banco Atlántida (Parque Central) Hat einen Geldautomaten, der Visa/Plus-Karten akzeptiert.

Banco de Occidente (Parque Central) Hier kann man Visa- und Amex-Reiseschecks einlösen.

Centro Médico Comayagua Colonial (☎ 772-1126/4026; 3a Calle NE; 🕒 24 Std.)

Ecosimco (Ecosistema Montaña de Comayagua; ☎ 772-4681; ecosimco@hondutel.hn; Cámara de Comercio; 🕒 Mo–Fr 9–12 & 13–17 Uhr) Leitet den Nationalpark Montaña de Comayagua und liegt 500 m nördlich der Stadt. Nach den großen grünen Toren Ausschau halten.

Hondutel (1a Av NE zw. Calle 4a & Calle 5a NO; 🕒 8–18 Uhr) Hier kann man telefonieren.

L@Red (☎ 772-4162; Parque Central; 25 HNL/Std.; 🕒 9–19 Uhr) Günstig gelegener Internetzugang.

Neon Macro.net (☎ 772-2418; 1a Calle NO; 22 HNL/Std.; Mo–Sa 8–21, So 14–20 Uhr)
Polizei (☎ 772-0080)
Post (1a Av NE zw. Calle 4a & Calle 5a NO; Mo–Fr 8–15.30, Sa bis 12 Uhr)
Rotes Kreuz (☎ 195, 772-0290)

Sehenswertes

Die **Kathedrale** (Parque Central; 7–20 Uhr) im Stadtzentrum ist das größte Gotteshaus aus der Kolonialzeit in Honduras. Sie wurde zwischen 1685 und 1715 erbaut und ist mit künstlerischen Holzschnitzereien und vergoldeten Altären ausgestattet. Der Hauptaltar ähnelt dem in der Kathedrale von Tegucigalpa; beide stammen vom selben (unbekannten) Künstler. Die Uhr im Turm der Kathedrale ist die älteste Lateinamerikas und eine der ältesten der Welt. Sie stammt von den Mauren und wurde vor über 800 Jahren für die Alhambra in Granada angefertigt. 1620 schenkte König Philipp III. von Spanien sie der Stadt. Besonders sehenswert ist die römische III auf dem Zifferblatt.

Zu den weiteren schönen *iglesias,* die im Allgemeinen alle von 7 bis 20 Uhr geöffnet haben, zählen u. a. **San Francisco** (aus dem Jahr 1560); **San Sebastián** (1580) am Südende der Stadt und die stark umgebaute **Nuestra Señora de la Caridad** (7a Calle NO bei 3a Av NO). Sie wurde Ende des 16. Jhs. erbaut und diente der heimischen indigenen Gemeinde als Gotteshaus. Comayaguas erste *iglesia* war **La Merced**. Ihr Bau begann 1550, 1561 wurde sie geweiht. Der

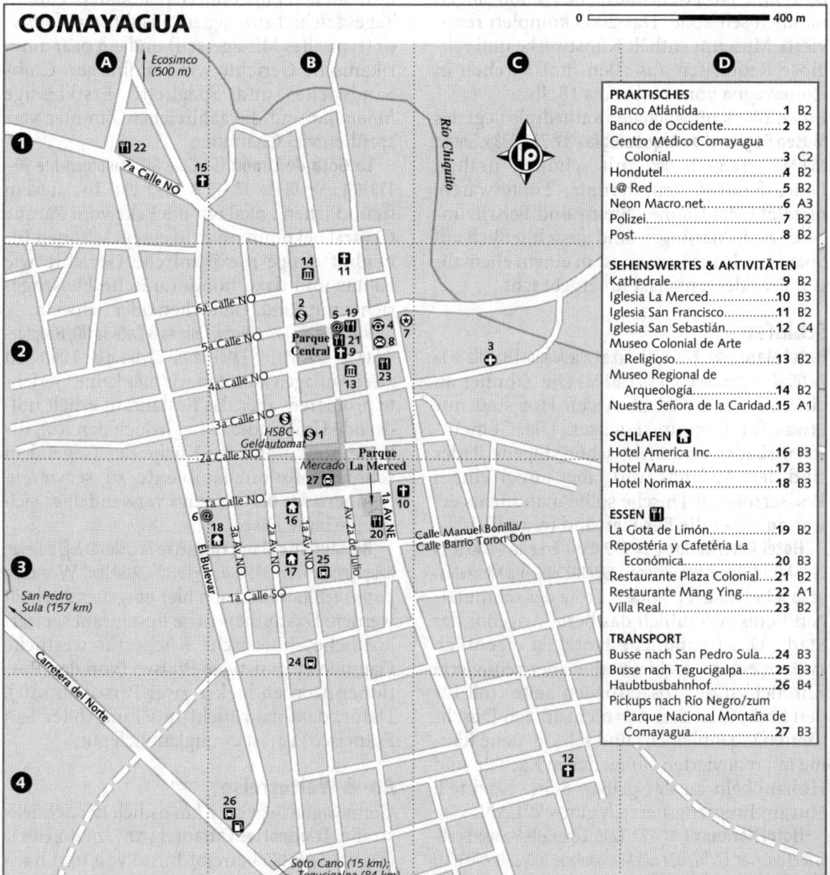

HONDURAS

Platz vor der Kirche ist sehr hübsch. Eine weitere *iglesia* aus der Kolonialzeit, San Juan de Dios (1590), wurde 1750 in einem Erdbeben zerstört. Einige ihrer Kunstwerke sind allerdings im Museo Colonial ausgestellt. Wer Spanisch versteht, sollte nach einem kleinen Büchlein namens *Las Iglesias Coloniales de la Ciudad de Comayagua* Ausschau halten. Es enthält interessante geschichtliche Daten zu Comayagua und seinen Kirchen und ist in beiden Museen erhältlich.

Das Gebäude des 1962 eröffneten **Museo Colonial de Arte Religioso** (☎ 772-0169; Av 2a de Julio nahe der 3a Calle NO; Eintritt 25 HNL; ⏰ Di–So 8–12 & 14–16.30 Uhr) war einst die erste Universität Zentralamerikas. Sie wurde 1632 gegründet und war fast 200 Jahre lang in Betrieb. Priester bewohnten das Gebäude jedoch schon länger, nämlich seit 1558. Das 2005 komplett renovierte Museum enthält Kunstwerke und religiöse Requisiten aus allen fünf Kirchen in Comayagua vom 16. bis ins 18. Jh.

Einen Block nördlich der Kathedrale liegt das **Museo Regional de Arqueología** (☎ 772-0386; Eintritt 76 HNL; ⏰ 8.30–16 Uhr) mit schönen uralten Lenca-Fundstücken, darunter Töpferwaren, *metates* (Mahlsteine), Stein- und Felsritzungen. Die Erklärungen sind ausschließlich auf Spanisch. Das Museum ist in einem ehemaligen Präsidentenpalast untergebracht.

Schlafen

Hotel Maru (☎ 772-1311; Ecke Calle Manuel Bonilla & 1a Av NO; Zi. mit/ohne Bad 150/120 HNL) Die Zimmer an einem langen und traurigen Hof sind nur etwas für Lempira-Fuchser. Die Gemeinschaftsbäder sind nicht schön. Eigene Bäder sind den Aufpreis wert, aber außer einem Wasserrohr als Dusche sollte man nichts erwarten. Aber die Besitzer sind freundlich.

Hotel America Inc (☎ 772-0530; Ecke 1a Av NO & 1a Calle NO; EZ/DZ mit Ventilator ab 292/402 HNL, mit Klimaanlage ab 361/641 HNL; ❄ 📶 🏊) Trotz des schmutzigen Pools vermutlich das beste Angebot der Stadt. Das freundliche Hotel ist eigentlich zwei in einem: Es bietet alte, aber renovierte Zimmer an der rosafarbenen Seite (toll für den Preis, man darf nur nicht an den Duschtüren hängenbleiben) und schicke neue Räume mit renovierten *baños*, neuen Kacheln und Holzmöbeln an der gelben Seite. Nachteil: Nur im Empfangsbereich gibt's WLAN.

Hotel Norimax (☎ 772-1210; Ecke Calle Manuel Bonilla & El Bulevar; EZ/DZ/DBZ mit Klimaanlage 300/350/450 HNL; Ⓟ ❄) Die freundlich-durchschnittlichen Zimmer auf drei Stockwerken haben ein vernünftiges Preis-Leistungs-Verhältnis, die Bäder sind aber ein wenig eng. Alle Zimmer kriegen Kabel-TV und aufbereitetes Wasser gibt es kostenlos.

Essen & Ausgehen

Repostéria y Cafétería La Económica (1a Av NE, Parque la Merced; Gebäck 10–30 HNL; ⏰ Mo–Sa 8–19 Uhr) Kuchen, Gebäck und leckere Slushs sind an der Tagesordnung in diesem Café in einem alten Kolonialgebäude. Es liegt erstklassig mit Blick auf die charmante Plaza Merced.

Restaurante Plaza Colonial (Parque Central; Hauptgerichte 63–225 HNL; ⏰ 7.30–21 Uhr) Ob für eine Kaffeepause oder einen schnellen Happen zu essen, dieses Café am Platz ist ein gemütlicher Ort, um den Einwohnern der Stadt bei ihrem Tagesgeschäft zuzusehen. Es gibt *comida típica* (typisches Mittagessen) und ein paar amerikanische Gerichte wie Hamburger, Club-Sandwiches und Spaghetti. Erstklassige *limonada* und die zahlreichen Zimmer versprühen viel Charakter.

La Gota de Limón (5a Calle NO; Hauptgerichte 90–130 HNL; ⏰ Di–So 11–15 & 18–2 Uhr) In diesem freundlichen Lokal um die Ecke vom Parque Central bekommt man in einem schönen Innenhof einige mexikanische Gerichte wie Fajitas und dazu honduranische Fleischgerichte mit Rind, Hähnchen oder Schwein.

Villa Real (1a Av NE zw. Calle 4a & Calle 3a NO; Hauptgerichte 90–180 HNL; ⏰ Mo–Sa 18–22, Disco bis 3 Uhr) Seit zwei Auflagen konnten wir hier keine Gerichte probieren, aber das Restaurant erhält mildernde Umstände: Es hat jedoch den Ruf, die beste honduranische Küche der Gegend in schönem Kolonialambiente zu servieren. Donnerstags bis samstags verwandelt es sich in eine laute Disco.

Restaurante Mang Ying (Ecke 7a Calle NO & El Bulevar; Hauptgerichte 115–335 HNL; ⏰ 9.30–22.30 Uhr) Wer den *pupusa*-Blues hat, kann hier umgehend geheilt werden: Das authentische Restaurant serviert köstliche chinesische Küche für westliche Gaumen zu günstigen Preisen (von den Portionen werden locker zwei Personen satt). Dafür, dass man nicht in China (oder San Francisco) ist, ist es unglaublich gut.

An- & Weiterreise

Comayagua liegt ca. 1 km östlich der Schnellstraße. **Transportes Catrachos** (☎ 772-0260; Ecke 1a Calle SO & 1a Av NO) betreibt Busse von und nach Tegucigalpa (38 HNL, 2 Std., alle 30 Min.).

ABSTECHER

Im **Parque Nacional Montaña de Comayagua** (Panacoma; Eintritt 35 HNL) mit einer Fläche von über 300 km² Primär- und Sekundärwald führen zwei Hauptwege durch den Nebelwald. Einer startet nahe der kleinen Ortschaft Río Negro 42 km nördlich von Comayagua und führt zu den Wasserfällen (Baden verboten!). **Ecosimco** (S. 404) leitet den Park.

Der erste Weg führt zur **Cascada de los Ensueños**, einem 75 m hohen Wasserfall, zu dem man eine Stunde vorwiegend durch Primärwald unterwegs ist. Der zweite Pfad zweigt kurz vor Los Ensueños vom ersten ab und führt zu einem weiteren Wasserfall, dem **El Gavilán**.

Einfache **Unterkünfte** (☎ 990-0802; Zi. 60–120 HNL) in Stockbetten sind im Haus von Don Velásquez in Río Negro verfügbar. In Río Negro kann man einen Führer mieten (empfohlen). Pickup-Lastwagen nach Río Negro (35 HNL, 4 Std.) fahren um 11, 12 und 13 Uhr an der Südseite des Markts in Comayagua ab.

Der Busbahnhof des Unternehmens liegt in der Innenstadt, die Station in Tegucigalpa allerdings weit außerhalb des Zentrums in einer zwielichtigen Gegend. Transportes El Rey am Eingang der Stadt setzt Passagiere in einem einladenderen Teil von Tegucigalpa ab.

Transportes Rivera (☎ 772-1208; Ecke 2a Calle SO & 1a Av NO) fährt nach San Pedro Sula (72 HNL, 3 Std., stündl. 6–16 Uhr). Busse nach Marcala (50 HNL, 1½ Std.) fahren direkt vor dem Busbahnhof Rivera um 6, 8.35, 10, 11.30 und 15 Uhr ab.

Jeder Bus auf der Route Tegucigalpa–San Pedro setzt einen an der Abzweigung ab oder nimmt einen von dort aus mit, eventuell muss man allerdings den vollen Fahrpreis zahlen. Vorher erkundigen!

SIGUATEPEQUE

81 600 Ew.

Siguatepeque ist eine unscheinbare Stadt auf halbem Weg zwischen Tegucigalpa (117 km) und San Pedro Sula (124 km) und liegt rund zwei Stunden von beiden entfernt. Sie ist bekannt für ihr angenehmes Klima. Man kann einen Zwischenstopp in Siguatepeque einlegen, aber Comayagua ist deutlich interessanter.

Orientierung & Praktische Informationen

Die Stadt hat zwei Plätze. Von der 2 km entfernten Hauptstraße gelangt man als erstes zur staubigen Plaza San Pablo mit einem Basketballfeld und dem Markt. Drei Häuserblocks östlich liegt der viel reizvollere Parque Central.

Banco Atlántida (Plaza San Pablo) Wechselt Reiseschecks von American Express ein.

Banco del Occidente (Plaza San Pablo) Hat mittlerweile einen Geldautomaten und liegt an der Südostecke des Platzes.

Plaz@net (Plaza San Pablo; 16 HNL/Std.; 8–20 Uhr) Hier kann man internationale Anrufe tätigen.

Polizei (☎ 773-0042)

Schlafen & Essen

Hotel Gómez (☎ 773-0868; Calle 21 de Junio; EZ/DZ mit Ventilator 200/280 HNL, DZ mit Klimaanlage 400 HNL; P) Das Hotel im Motel-Stil liegt genau zwischen den beiden Plätzen. Die Wände sind ein wenig schmuddelig, aber ansonsten ist es sauber und hat ein gutes Preis-Leistungs-Verhältnis. Die neueren Zimmer in den oberen Etagen sind geräumiger.

Hotel Plaza San Pablo (☎ 773-4020; www.hotelplazasanpablo.com; Calle 21 de Junio; EZ/DZ mit Ventilator 345/470 HNL, mit Klimaanlage 455/500 HNL; P) Freundliches Mittelklassehotel. Die König-Artus-Fassade ignorieren – die Zimmer sind gepflegt und gemütlich und im ganzen Gebäude gibt es WLAN. Das Frühstück kostet 45 HNL, dafür sind die Kondome kostenlos.

Pizzería Venezia (Calle 21 de Junio; Pizza 90–200 HNL; 9–21 Uhr) Hier bekommt man hervorragende authentische Pizza und Sandwiches mit allen nur erdenklichen Belägen. Man kann draußen oder im schlichten Essbereich drinnen mit klassischen rotkarierten Tischdecken essen. Pizza wird auch in Stücken verkauft.

An- & Weiterreise

Die meisten Busse zwischen Tegucigalpa und San Pedro Sula lassen Passagiere an der großen Schnellstraße aussteigen. Ein Taxi in die Stadt kostet 25 HNL, alternativ kann man die 2 km auch laufen.

Busse fahren am offenen Parkplatz einen Block westlich der Plaza San Pablo ab. Zwischen 4.50 und 16.15 Uhr fahren regelmäßig Busse nach San Pedro Sula (55 HNL). Direktbusse nach Tegucigalpa fahren einmal pro Stunde oder sogar häufiger zwischen 4.15 und 16.15 Uhr (55 HNL, 2½ Std.). Busse nach Comayagua (25 HNL, 1 Std.) starten ab 5 Uhr alle 15 Minuten bis 17.30 Uhr.

Außerdem gibt es von 5 bis 16 Uhr stündlich Verbindungen nach La Esperanza (50–55 HNL). Los geht's einen halben Häuserblock westlich des Platzes vor dem Hospedaje Central (die Besitzer betreiben den Busservice).

LA ESPERANZA

9000 Ew.

Das gemächliche La Esperanza oben im Hochland ist für seine Märkte bekannt. Der Lenca-Einfluss ist deutlich zu spüren: Viele Frauen tragen besonderen, bunten Lenca-Kopfschmuck. Daher – nicht wegen der matschigen Straßen – ist die Stadt ein interessanterer Zwischenstopp als Marcala. Achtung: In der höchstgelegenen Stadt Honduras' (1600 m) kann es ziemlich kühl werden.

La Esperanza ist die Hauptstadt des Departamentos Intibucá, einem der ärmsten in ganz Honduras. Hierhin zieht es viele freiwillige Arbeitskräfte aus dem Ausland.

Das **Global Volunteer Network** (☎ in den USA 800-032-5035; www.globalvolunteernetwork.org) vergibt Arbeitsplätze für Freiwillige in La Esperanza. Man kann z. B. Englisch unterrichten und an Häusern und Schulen mitbauen.

Orientierung & Praktische Informationen

La Esperanza liegt an einem leichten Hang, und der oben gelegene Teil dieses Orts zeigt gen Westen. Es gibt ein paar Straßen mit Namen oder Nummern, aber fast alles spielt sich auf der Hauptstraße (Av Morazon) und der parallel verlaufenden Av Los Proceres ab. Der Busbahnhof liegt an der Hauptstraße nahe dem Fuße des Hügels, der Parque Central auf dem Hügel. Im Osten steht eine alte, leicht verfallene Kirche. Hondutel, die Polizei und ein Postamt sind im Parque Central zu finden. Bargeld bekommt man bei der **Banco Atlántida** (Av Los Proceres) einen Häuserblock nördlich des Parque Central. Internetzugang bietet **Cyber Mania** (20 HNL/Std.; 🕑 8–21 Uhr) im selben Gebäude einen halben Häuserblock nördlich des Parque Central gegenüber vom Gefängnis. Auf dem Hügel am Westende der Stadt liegt **La Gruta**, eine kleine Höhle, die heute als Kapelle dient.

Schlafen & Essen

Hotel Mejia Batres (☎ 783-4189; EZ ohne Bad 150 HNL, EZ/DZ/DBZ 300/450/500 HNL; Ⓟ) Dieses sehr günstig gelegene Hotel nur einen Block westlich des Parque Central hat schlichte, saubere Zimmer. Internetzugang gibt es auf der anderen Straßenseite, was es neben dem günstigen Preis noch angenehmer macht.

Casa Mia Hostal (☎ 783-3778; Av Los Próceres; EZ/DZ 200/350 HNL) Die Zimmer oberhalb eines kleinen *comeor* im Untergeschoss namens Delis House sind größer, heller und sauberer als alles andere in dieser Preiskategorie. Leider rochen die Zimmer, in denen wir waren, nach Abwasser, was schade ist, denn sonst ist die günstige kleine Unterkunft perfekt.

El Fogón (Hauptgerichte 65–145 HNL; 🕑 9–21.30, Fr & Sa bis 0.30 Uhr) Wäre die typische *comida típica* immer so gut, hätte man viel weniger Grund zur Klage. Das atmosphärische Restaurant liegt über dem Durchschnitt von La Esperanza. Nirgendwo bekommt man eine bessere Mahlzeit und etwas zu trinken als hier unter einem *palapa*-Dach und zwischen mit Lenca-Keramik und Masken geschmückten Wänden. In den zwei Bars läuft internationaler Sport im Fernsehen und nach hinten heraus gibt es einen tollen Innenhof. Einer unserer Co-Autoren schwört auf das Frühstück. Das Restaurant liegt einen Block vom Parque Central entfernt zwischen der Av Morazon und der Av Los Próceres.

Opalaca's (Hauptgerichte 80–175 HNL; 🕑 10.30–21.30 Uhr) Dieses Restaurant unmittelbar westlich des Parque Central hat sich auf Grillgerichte spezialisiert, die zischend und brutzelnd serviert werden. Es ist das eleganteste der Stadt mit Kolonialatmosphäre und einem beruhigenden Springbrunnen.

An- & Weiterreise

Der Busbahnhof in La Esperanza ist verwirrend: Busse fahren an verschiedenen Stellen in der Stadt ab und kein Bewohner weiß genau, von wo nun welcher Bus fährt. Eins wissen wir: Der Busbahnhof von **Transportes Carolina** (☎ 783-0521) am Ostende der Stadt jenseits der Brücke ist die beste Anlaufstelle, wenn man die Stadt verlassen möchte. Von hier gibt es stündlich zwischen 4.15 und 15 Uhr Verbindungen nach Tegucigalpa (100 HNL, 3½ Std.) und stündlich von 4.30 bis 15.30 Uhr Busse nach San Pedro Sula (100 HNL, 3½ Std.). Von diesem Punta Carolina genannten Punkt fährt auch ein Direktbus nach Santa Rosa de Cópan um 6 Uhr (100 HNL, 2½ Std.). Auf Wunsch kann er einen auch in San Juan (35 HNL, 1 Std.) oder

Gracias (70 HNL, 2 Std.) absetzen. Direktbusse nach San Juan und Gracias fahren hier außerdem den ganzen Vormittag über ab, u. a. um 9.30, 11, 11.40 und 14.30 Uhr (wenn nicht noch häufiger). Busse nach Marcala (40 HNL) fahren vor dem Hotel Mina vier Häuserblocks östlich des Parque Central ab. Die über den Tag verteilten Abfahrtszeiten sind unregelmäßig und nicht einmal dem Personal an der Rezeption des Hotel Mina bekannt. Andere Lokalbusse starten am *mercado quemado* (verbrannter Markt) ein paar Blocks unterhalb des zentralen Parks. Eine Fahrt von der Stadt zu den Terminals kostet 12 HNL. Pickup-LKWs nach San Juan und Gracias sind eine Alternative.

Wer mit dem Auto unterwegs ist, sollte daran denken, dass die Straße zwischen Marcala und La Esperanza wegen einiger kniffliger Stellen nur für Pkws mit Allradantrieb befahrbar ist. Von Macala kommend gibt es eine schlecht markierte Abzweigung nach rechts, rund 1 km bevor die asphaltierte Straße endet. Wer sie verpasst, fährt 8 km in die Berge hinein und endet in einer Sackgasse, in der das Wenden nahezu unmöglich ist. Die Straße, die weiter nach San Juan führt, ist das ganze Jahr über für alle Autos passierbar.

MARCALA

30 900 Ew.

Marcala ist eine Stadt im Hochland mit viel indigenem Erbe. Sie liegt am südlichen Ende der honduranischen Ruta Lenca. Auf den ersten Blick wirkt sie unscheinbar, doch sie liegt in einem erstklassigen Kaffeeanbaugebiet. Im gesamten Umkreis kann man sehen, wie die beliebteste Bohne der Welt geerntet und verarbeitet wird. Zahlreiche Wanderungen im Umkreis führen zu malerischen Wasserfällen und Höhlen.

Orientierung & Praktische Informationen

In Marcala haben die Straßen keine Namen. Am besten orientiert man sich am Parque Central. Das Rathaus liegt auf der westlichen Seite, im Norden gibt es eine kleine Kirche. Einen Häuserblock nordöstlich des Parks liegen die Post und Hondutel. Dort gibt es auch eine Filiale der Bank Banhcafé, in der man kleine Mengen US-Dollar einwechseln kann.

Banco Atlántida Geldautomat und Bankgeschäfte am Eingang der Stadt.

Cooperativa RAOS (☎ 764-5181) Miriam Elizabeth Pérez (Betty) ist eine gute Quelle für Informationen zu lokalen Sehenswürdigkeiten.

Polizei (☎ 764-5715)

TIC (☎ 764-4132; 18 HNL/Std.; ⌚ 8–21, So bis 19 Uhr) Internetzugang zwei Häuserblocks westlich und einen halben Block nördlich der Basketballplätze.

Touristeninformation (Parque Central; ⌚ 8–12 & 13–16 Uhr, Mi geschl.) Verdächtig geschlossener Kiosk, in dem eigentlich hilfsbereites Personal Informationen, Broschüren und Karten zu den Sehenswürdigkeiten der Gegend liefert.

Aktivitäten

La Estanzuela ist eine der vielen Wanderungen im Umkreis. Sie führt zu einem schönen Wasserfall und einer Höhle, **La Cueva del Gigante**, mit prähistorischen Malereien. Sie liegt auf dem Weg nach La Esperanza. In der Touristeninformation fragen, wie man hinkommt.

Cooperativa RAOS (☎ 764-5181; cooperativaraos@yahoo.com; ⌚ Mo–Fr 8–12 & 13–16, Sa 8–12 Uhr) an der Straße nach La Esperanza ist Honduras' erste Bio-Landwirtschaftskooperative. Im Rahmen von *finca*-Touren (100–300 HNL/Pers.) besucht man zwei bis drei Plantagen, erfährt viel über ökologische Landwirtschaft und spricht mit den Landwirten.

Schlafen & Essen

Hotel San Miguel (☎ 764-5793; Zi. 200 HNL; Ⓟ) Familienbetriebenes Gästehaus mit schlichten Zimmern, elektrischen Duschen und einem günstigen kleinen *comedor*, in dem es starken Kaffee aus der Region gibt. Die Familie ist freundlich, aber die Hunde sind eine wirkliche Qual. Liegt zwei Häuserblocks nördlich und dann zweieinhalb Blocks östlich des Parque Central gleich hinter einer getünchten Kirche.

Hotel Jerusalén Medina (☎ 764-5909; EZ/DZ 220/270 HNL; Ⓟ) Seltsamerweise hatte dieses dreistöckige Motel bei unserem Besuch geschlossen, sodass wir es nicht überprüfen konnten. In der Regel bietet es gepflegte Zimmer mit dicken Bettdecken und eigenen Bädern mit Blick auf einen betonierten Parkplatz und ist die beste Unterkunft der Stadt. Es liegt einen Block nördlich und zwei Blocks östlich des Parque Central und wird auch Hotel Nueva Jerusalén genannt.

Casa Gloria (Gerichte 50–90 HNL; ⌚ 8–20 Uhr) Dieses stattliche, alte, terrakottafarbene Haus im Kolonialstil mit schönen Lenca-Töpferwaren in der südwestlichen Ecke des Parks bietet Buffet und freundlichen Service.

An- & Weiterreise

Busse fahren an zahlreichen Stellen ab. Alle passieren die Texaco-Tankstelle am östlichen Ende der Hauptstraße in die und aus der Stadt, sodass sie sich bestens als Bushaltestelle eignet.

Nach Tegucigalpa fahren zwischen 4 und 14 Uhr mehrere Busse von **Transportes Lila** (☎ 764-5799) (68 HNL). Los geht's anderthalb Häuserblocks östlich des Parks. Die Busse um 8 und 9 Uhr sind *ejecutivos* (Luxusklasse) und kosten 83 HNL. Nach San Pedro Sula fährt einmal täglich ein Bus von Transportes Vanessa vom Parque Central um 5 Uhr (120 HNL, 5 Std.).

Busse nach La Esperanza (40 HNL) fahren um 6.30 und 8.30 (außerdem Sa & So 7.30 Uhr) am Basketballplatz gegenüber der Bank Banhcafé ab, dieser Bus ist allerdings nicht immer zuverlässig. Von hier fahren ebenfalls Busse nach Comayagua (50 HNL, 2½ Std., 6.45–15.15 Uhr 7 Busse) und La Paz (35 HNL, 1¾ Std., 7.30–15.45 Uhr 8 Busse) ab.

> **UNTERWEGS NACH EL SALVADOR**
>
> Busse über Perquín (60 HNL, 3 Std.) nach San Miguel, El Salvador (90 HNL, 5½ Std.) fahren um 5.30 und um 12 Uhr von Marcala einen Block westlich des Parks neben dem Mercadito Diana No 2 ab.
>
> Eine Ausreisegebühr zahlt man beim Verlassen von Honduras nicht, wegen eines lang andauernden Grenzstreits gibt es auch keine Grenzposten. Ein Grenzbeamter wird allerdings bei Pasamonos ca. 30 Minuten von der Grenze entfernt an Bord des Busses kommen und Pässe etc. kontrollieren (Touristen dürfen frei zwischen den Ländern des CA-4-Abkommens hin- und herreisen, sodass keine Stempel erforderlich sind). Mittlerweile gibt es einen Grenzübergang auf der salvadorianischen Seite – das macht die Grenzüberschreitung heute einfacher als früher (s. S. 363).

CUEVAS DE TAULABÉ

25 km nördlich von Siguatepeque und 20 km südlich des Lago de Yojoa liegt an der Schnellstraße der Eingang zu den **Cuevas de Taulabé** (CA-5 Hwy, km 140; Eintritt 35 HNL; ⌚ 8–17 Uhr), einem Netz aus unterirdischen Höhlen mit ungewöhnlichen Stalaktiten- und Stalagmitenformationen. Im Eintrittspreis ist ein Führer inbegriffen. Für ein Trinkgeld führt er einen eventuell in weniger besuchte Bereiche. Bisher wurden die Höhlen nur bis in eine Tiefe von 12 km erschlossen und es ist noch kein Ende in Sicht.

Im ersten Abschnitt der Höhlen gibt es Licht und einen Zementweg. Da der Weg rutschig sein kann, empfiehlt sich angemessenes Schuhwerk.

LAGO DE YOJOA

Der malerische und beliebte See mit seiner vielfältigen Vogelwelt liegt 157 km nördlich von Tegucigalpa und 84 km südlich von San Pedro Sula. An einigen Stellen bieten sich spektakuläre Möglichkeiten zur Beobachtung von Wildtieren, vor allem an der weniger bebauten Westseite. Dort gibt es außerdem ein hervorragendes Quartier mit einer eigenen kleinen Brauerei. Rund um den See wurden 440 verschiedene Vogelarten entdeckt – über die Hälfte aller in Honduras heimischen Spezies. Ein Vogelbeobachter zählte eines Morgens von seiner Hotelterrasse aus 37 verschiedene Arten in einem einzigen Baum. Auch Quetzale sieht man hier regelmäßig. Wer zur Vogelbeobachtung herkommt, sollte sich eine Ausgabe des *Field Guide to the Birds of Lake Yajoa* von Robert und Irma Gallardo zulegen, einen einmaligen Führer, der nur in Honduras verkauft wird (vor allem Copán Ruinas).

Auch die Angelmöglichkeiten im See sind gut, vor allem für Schwarzbarsche. Ausrüstung mitbringen, da man sie nicht immer vor Ort bekommt. Hotels rund um den See organisieren Bootsausflüge.

Die **Asociación de Municipios del Lago de Yojoa y su área de Influencia** (Amuprolago; ☎ 9988-2300; CA-5 Hwy; ⌚ Mo–Fr 8–16 Uhr) ist vielleicht ein wenig schwer auszusprechen, aber hilfreich. Hier bekommt man detaillierte aktuelle Informationen zum See und dem umliegenden Gebiet. Man findet sie südlich der Stadt Monte Verde.

Schlafen & Essen

LP Tipp **D&D Brewery** (☎ 9994-9719; Los Naranjos; www.dd-brewery.com; Stellplatz 40 HNL/Pers., EZ/DZ 180/260 HNL, Hütten ab 500 HNL; P) Braumeister Robert Dale aus Oregon gründete diese mehr als originelle Unterkunft 4 km von Peña Blanca entfernt. Die Quartiere rangieren von Camping bis zu schlichten, aber ordentlichen Hütten mit Spas. Im üppigen Garten wachsen über 200 verschiedene Orchideenarten, in der

DIE UMGEBUNG DES LAGO DE YOJOA INTENSIVER ERLEBEN

Pulhapanzak ist nur eine kurze Fahrt (17,5 km) vom Lago de Yojoa entfernt. Mit nur etwas mehr Aufwand kommt man zu den abgelegeneren, aber lohnenswerten Ruinen und in bergige Wildtierreservate.

- **Pulhapanzak** (6–18 Uhr), ein prächtiger, 43 m hoher Wasserfall am Río Lindo, ist mühelos als Tagesausflug von San Pedro Sula (60 km entfernt) aus machbar. Er liegt inmitten eines gut geschützten, üppigen Waldes. Der Wasserfall ist ein beliebtes Badeplätzchen und an Wochenenden und Feiertagen kann es voll werden. Wer seine eigene Ausrüstung mitbringt, kann hier zelten. Der Eintritt in das Gebiet kostet 40 HNL. Von San Pedro aus nimmt man einen Bus nach Mochito (45 HNL, 1 Std.) und bittet den Fahrer, einen in San Buenaventura abzusetzen. Von dort aus führt ein gut ausgeschilderter Fußweg (15 Min.) zum Park, oder man nimmt den nicht so häufig fahrenden, aber bequemen Pulhapanzak-Expressbus direkt zum Eingang. Der letzte Bus zurück kommt gegen 16 Uhr durch San Buenaventura.
- Der **Parque Eco-Arqueológico Los Naranjos** (9654-0040; Eintritt 114 HNL; 8–16 Uhr) nordwestlich des Sees wurde gegen 1300 v. Chr. erstmals besiedelt und gilt als größte archäologische Lenca-Stätte der vorklassischen Zeit. Die Ausgrabungen befinden sich noch im Anfangsstadium. Im Park gibt es Wege, die an halb freigelegten Ruinen vorbeiführen. Es gibt viel zu sehen für Pflanzen- und Wildtierbeobachter, vor allem für Vogelfreunde. Die D&D Brewery (S. 410) liegt in der Nähe des Parks und organisiert geführte Touren.
- Östlich des Sees (auf der anderen Seite der Schnellstraße) liegt der **Parque Nacional Cerro Azulmeambar** (9865-9082; www.paghonduras.org/pancam.html; Eintritt 20 HNL), ein gut ausgestatteter Park mit kilometerlangen Wanderwegen, die zu Wasserfällen, Höhlen mit uralten Artefakten und unberührtem Nebelwald führen. Außerdem gibt es ein **Besucherzentrum** (608-5510, in Tegucigalpa 773-2027) und eine Lodge, in der 110 Gäste Platz finden, sowie ein Restaurant und einen kleinen Laden. Der Eingang zum Park liegt an einer Abfahrt von La Guama aus an der großen Schnellstraße CA-5. Regelmäßig fahren Pickup-Lkws nach Santa Elena. Von dort aus geht man eine Stunde zur parkeigenen PANACAM Lodge. Führungen bietet Mesoamérica Travel (S. 414) in San Pedro Sula an.
- Westlich des Sees liegt abgelegen der **Parque Nacional Santa Bárbara** mit Honduras' zweithöchstem Berg, der **Montaña de Santa Bárbara** (2744 m). Für den nur minimal erschlossenen Park braucht man einen Führer. Wer den Park besuchen möchte, fährt nach San Luis Planes. Ein Bus dorthin startet täglich um 10.30 Uhr in Peña Blanca und macht sich um 6 Uhr auf den Weg zurück (entweder übernachtet man vor Ort oder trampt). Dort angekommen, fragt man nach **Edán Teruel** (674-3304), der als bester Führer der Gegend gilt (200 HNL/Tag). Er organisiert auch eine Unterkunft. Alternativ kann man Ausflüge über die D&D Brewery (s. S. 410) arrangieren.

winzigen Brauerei auf dem Gelände wird eins der besten Biere Honduras' gebraut. Frischwasser für alle steht auf dem gesamten Gelände zur Verfügung. Im guten Restaurant im Freien gibt es selbst angebauten Kaffee aus den umliegenden Bergen, göttliche Burger und spektakuläre Blaubeerpfannkuchen. Seriöse Touren zur Vogelbeobachtung (225–450 HNL) zum See oder in den spektakulären Parque Nacional Montaña Santa Bárbara können arrangiert werden. Der Bus vom Busbahnhof in San Pedro nach Mochito setzt einen am Eingang ab. Auf dem Weg gibt es eine rustikale Lodge im Nebelwald nahe San Luis Planes (s. Kasten S. 411).

El Cortijo del Lago (608-5527; www.hotellakeyajoa.com; B 150 HNL, Zi. ab 200 HNL, cabañas ab 300 HNL; P) Das amerikanisch-honduranische Cortijo del Lago in schöner Lage direkt am See hat ein Restaurant, in dem auch vegetarische Gerichte auf der Speisekarte stehen, und verleiht Kanus und Ruderboote. Die Schlafsäle sind unauffällig, aber sauber und gepflegt. Den Wintergarten im Obergeschoss anschauen! Das El Cortijo liegt 2 km von der Abzweigung nach La Guama entfernt.

Finca Paradise (9819-3080; Los Naranjos; Zi./cabañas 500/1000 HNL) Zwar werden keine roten Teppiche für Besucher ausgerollt, aber die Lage auf einer bewirtschafteten Kaffeeplantage an einem schäumenden Fluss ist großartig. Die Zimmer sind mit guten Betten und schicker Bettwäsche ausgestattet, die zwei höher gelegenen *cabañas* für bis zu sechs Personen bieten beinahe Fünf-Sterne-Luxus. Die Anlage befindet sich an derselben Straße wie das D&D, nur 800 m weiter unten. Sie ist eine gute Alternative, wenn die Brauerei ausgebucht ist. Auf das eine oder andere Bier kann man ja rüberlaufen.

An- & Weiterreise

Am einfachsten kommt man von San Pedro Sula zum See. Man steigt am Hauptbusbahnhof in einen Bus nach El Mochito (45 HNL, 1½ Std., alle 30 Min.), der nach San Buenaventura (dort befindet sich der Wasserfall von Pulhapanzak; s. S. 411) und Los Naranjos fährt. Der Bus setzt einen direkt am D&D ab.

Der letzte Bus zurück nach San Pedro Sula fährt gegen 16.30 Uhr ab. Um an die Nordseite des Sees zu kommen, steigt man in Peña Blanca um. Von Tegucigalpa geht's mit dem Bus Richtung San Pedro Sula nach La Guama. Von dort aus fährt man mit dem Bus oder Pickup-Lastwagen (13 HNL, alle 25 Min.) von der Abzweigung nach links Richtung Peña Blanca weiter, wo man sich in den Anschlussbus setzen kann.

SANTA BÁRBARA

36 800 Ew.

53 km westlich des Lago de Yojoa liegt Santa Bárbara, Hauptstadt des gleichnamigen Departamentos, eine mittelgroße Stadt aus der Kolonialzeit mit einer auffälligen Kathedrale. Das große **Hotel Boarding House Moderno** (☎ 643-2203; Calle El Progreso; EZ/DZ mit Ventilator 250/350 HNL, mit Klimaanlage 500/600 HNL; Ⓟ ❄) bietet geräumige, aber leicht in die Jahre gekommene Zimmer mit Kabel-TV.

Am eindrucksvollsten isst man im **Mesón Casa Blanca** (☎ 643-2839; Av La Constitución; Gerichte 75–85 HNL; 🕒 7.30–20.30 Uhr). Man fühlt sich als Gast in einem privaten Heim, in dem die Zeit stehen geblieben ist. An den Wänden hängen Hirschköpfe und alte Fotos. Zubereitet werden typisch honduranische Gerichte.

Über die Straße kommt man von Santa Bárbara zu den Schnellstraßen von Tegucigalpa nach San Pedro Sula und von San Pedro Sula nach Nueva Ocotepeque. Busse von **Los Junqueños** (☎ 643-2113) nach Tegucigalpa fahren zweimal täglich anderthalb Häuserblocks nördlich der Plaza hinter der Banco Atlántida ab. Alle anderen Busse starten am nahe gelegenen Busbahnhof einen Block westlich des Parque Central. Vom Hauptterminal einen Block westlich des Parque Central fahren bis 17 Uhr halbstündlich Busse nach San Pedro Sula (56 HNL, 1½–2 Std.). Um weiter zu den Copá Ruinas zu kommen, nimmt man einen *ordinario* Richtung San Pedro Sula und steigt in La Ceibita um.

SAN PEDRO SULA

710 000 Ew.

Was die Bevölkerungsdichte und politische Dinge angeht, mag San Pedro Sula die zweite Geige nach Tegucigalpa spielen. Was Handel und Industrie anbelangt, liegt es aber in Führung: Honduras' wirtschaftlicher Ballungsraum, oft nur San Pedro genannt, sorgt für fast zwei Drittel des Bruttoinlandsprodukts. Der Flughafen ist der modernste des Landes. Die Restaurants und das Nachtleben lassen die Hauptstadt hinter sich. Leider ist auch die Bandenkriminalität vergleichbar, doch im landesinternen Vergleich gewinnt San Pedro den Wettbewerb um die beste Großstadt.

Ein Teil des wirtschaftlichen Erfolgs verdankt San Pedro seiner geografischen Lage: Weil Puerto Cortés nur weniger als eine Stunde entfernt ist, können Waren leicht exportiert werden. Einst stammte der Reichtum von San Pedro aus dem Handel mit Bananen oder *oro verde* (grünes Gold), wie die Einheimischen sie nennen. 1998 zerstörten jedoch durch Wirbelsturm Mitch verursachte Flutwellen viele der Plantagen. Derzeit macht San Pedro seinen Hauptumsatz mit *maquila*-Fabriken (Webereien). Die Industrie ist nicht unumstritten – prominente Fälle in den USA haben auf dubiose Ausbeuterpraktiken hingewiesen. Zweifelsohne ist das Geschäft eine lebendige Einnahmequelle für viele *sanperanos* (Bewohner San Pedros).

In San Pedro ist es von April bis September extrem heiß und feucht. Die Regenzeit dauert von Mai bis November.

Orientierung

Die Innenstadt von San Pedro umgibt eine ringförmige Schnellstraße, die Circunvalación, an der Einkaufszentren, Restaurants und Banken liegen. Innerhalb dieses Kreises ist das Zentrum von San Pedro flach und von Avenidas (breite Straßen), die von Nord nach Süd verlaufen, sowie *calles* in Ost-West-Richtung durchzogen. Die Nummerierung beginnt an

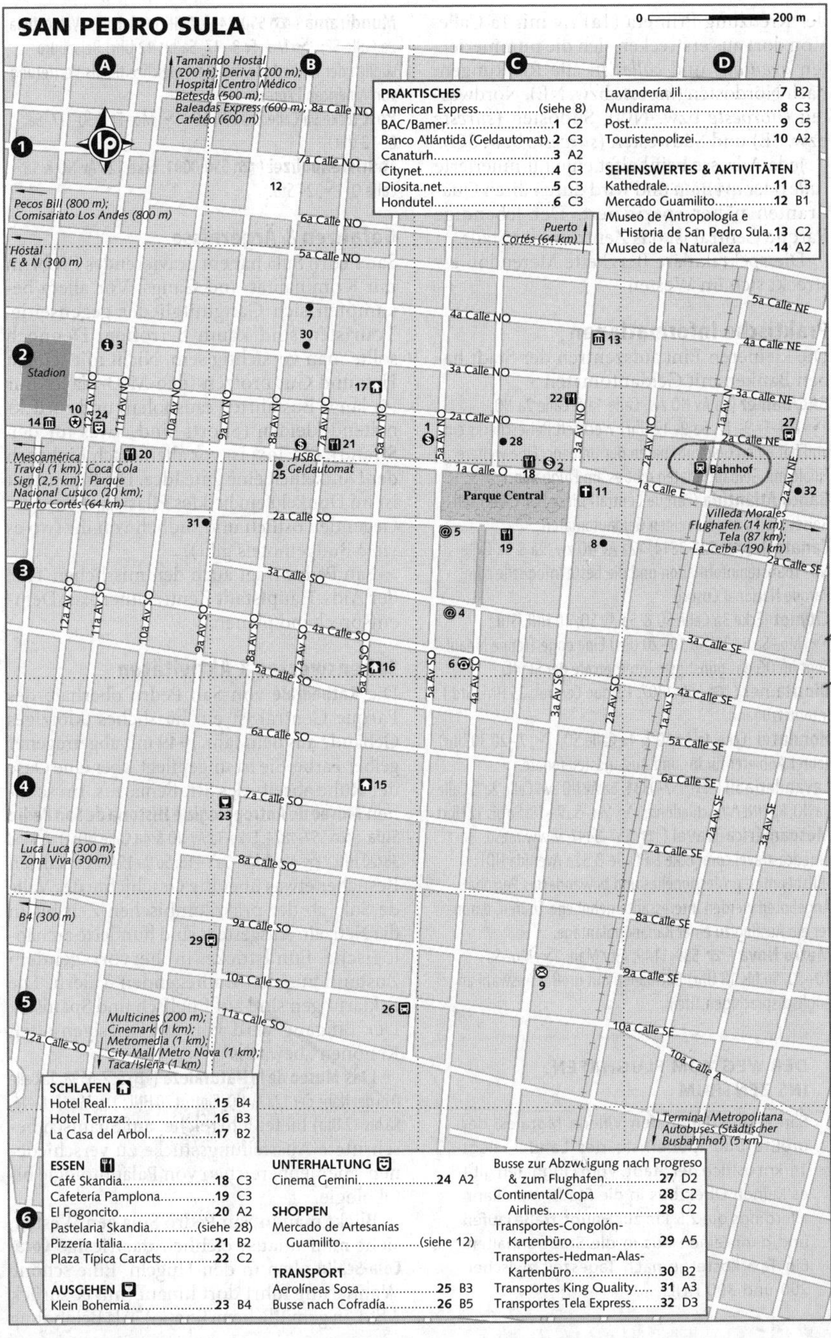
SAN PEDRO SULA
0 200 m
A
B
C
D
1
2
3
4
5
6
Tamarindo Hostal (200 m); Deriva (200 m); Hospital Centro Médico Betesda (500 m); Baleadas Express (600 m); Cafetéo (600 m)
Pecos Bill (800 m); Comisariato Los Andes (800 m)
Hostal E & N (300 m)
Stadion
Mesoamérica Travel (1 km); Coca Cola Sign (2,5 km); Parque Nacional Cusuco (20 km); Puerto Cortés (64 km)
Puerto Cortés (64 km)
HSBC-Geldautomat
Parque Central
Bahnhof
Villeda Morales Flughafen (14 km); Tela (87 km); La Ceiba (190 km)
Luca Luca (300 m); Zona Viva (300m)
B4 (300 m)
Multicines (200 m); Cinemark (1 km); Metromedia (1 km); City Mall/Metro Nova (1 km); Taca/Isleña (1 km)
Terminal Metropolitana Autobuses (Städtischer Busbahnhof) (5 km)
8a Calle NO
7a Calle NO
6a Calle NO
5a Calle NO
4a Calle NO
3a Calle NO
2a Calle NO
1a Calle O
1a Calle E
2a Calle SO
3a Calle SO
4a Calle SO
5a Calle SO
6a Calle SO
7a Calle SO
8a Calle SO
9a Calle SO
10a Calle SO
11a Calle SO
12a Calle SO
5a Calle NE
4a Calle NE
3a Calle NE
2a Calle NE
2a Calle SE
3a Calle SE
4a Calle SE
5a Calle SE
6a Calle SE
7a Calle SE
8a Calle SE
9a Calle SE
10a Calle SE
10a Calle A
12a Av NO
11a Av NO
10a Av NO
9a Av NO
8a Av NO
7a Av NO
6a Av NO
5a Av NO
3a Av NO
2a Av NO
1a Av N
3a Av NE
12a Av SO
11a Av SO
10a Av SO
9a Av SO
8a Av SO
7a Av SO
6a Av SO
5a Av SO
4a Av SO
3a Av SO
2a Av SO
1a Av S
2a Av SE
3a Av SE
PRAKTISCHES
American Express....(siehe 8)
BAC/Bamer....1 C2
Banco Atlántida (Geldautomat).2 C3
Canaturh....3 A2
Citynet....4 C3
Diosita.net....5 C3
Hondutel....6 C3
Lavandería Jil....7 B2
Mundirama....8 C3
Post....9 C5
Touristenpolizei....10 A2
SEHENSWERTES & AKTIVITÄTEN
Kathedrale....11 C3
Mercado Guamilito....12 B1
Museo de Antropología e Historia de San Pedro Sula..13 C2
Museo de la Naturaleza....14 A2
SCHLAFEN
Hotel Real....15 B4
Hotel Terraza....16 B3
La Casa del Arbol....17 B2
ESSEN
Café Skandia....18 C3
Cafetería Pamplona....19 C3
El Fogoncito....20 A2
Pastelaria Skandia....(siehe 28)
Pizzería Italia....21 B2
Plaza Típica Caracts....22 C2
AUSGEHEN
Klein Bohemia....23 B4
UNTERHALTUNG
Cinema Gemini....24 A2
SHOPPEN
Mercado de Artesanías Guamilito....(siehe 12)
TRANSPORT
Aerolíneas Sosa....25 B3
Busse nach Cofradía....26 B5
Busse zur Abzweigung nach Progreso & zum Flughafen....27 D2
Continental/Copa Airlines....28 C2
Transportes-Congolón-Kartenbüro....29 A5
Transportes-Hedman-Alas-Kartenbüro....30 B2
Transportes King Quality.... 31 A3
Transportes Tela Express....32 D3

HONDURAS

der Kreuzung Primera (1a) Av mit 1a Calle. Von dort aus erstrecken sich die nummerierten *avenidas* und *calles* in alle Richtungen: nach Nordosten (*noreste* bzw. NE), Nordwesten (*noroeste* bzw. NO), Südosten (*sureste* bzw. SE) und Südwesten (*suroeste* bzw. SO).

Jede Adresse beinhaltet eine nummerierte *calle* oder *avenida* und wird durch ihren Quadranten näher spezifiziert. Der lebendige Parque Central ist das Zentrum der Stadt.

Die spektakuläre Bergkette Merendón erstreckt sich im Westen.

Praktische Informationen

Die kleineren Einkaufszentren der Stadt haben Banken mit Geldautomaten.

BAC/Bamer (5a Av NO zw. Calle 1a & Calle 2a NO; ⌚ Mo–Fr 9–17, Sa 9–12 Uhr) Wechselt Reiseschecks ein und hat einen Geldautomaten der Unibanc. Eine weitere Filiale mit Geldautomaten gibt es am Flughafen.

Banco Atlántida (Parque Central) Diese Bank wechselt Reiseschecks und hat einen Geldautomaten.

Canaturh (☎ 521-3814; 12a Av NO zw. 2a & 3a Calle NO) Touristeninformation und die beste Infoquelle zum Parque Nacional Cusuco.

Citynet (Ecke 3a Calle SO & 5a Av SO; 10 HNL/Std.; ⌚ Mo–Sa 8–20, So 10–20 Uhr) Eine enge Treppe hinauf liegt im OG das günstigste Internetcafé der Stadt.

Diosita.net (☎ 550-1307; Parque Central; 25 HNL/Std.) Internetzugang.

Hondutel (Ecke 4a Av SO & 4a Calle SO; ⌚ 7–20.30 Uhr) Teurer Anbieter für In- und Auslandstelefonate.

Lavandería Jil (☎ 557-0334; 8a Av NO zw. Calle 2a & Calle 3a NO; 80 HNL/Waschladung; ⌚ Mo–Sa 7–18, So bis 12 Uhr)

Mesoamérica Travel (☎ 557-8447; www.mesoamerica-travel.com; Ecke 8a Calle & 32a Avenida NO) Hilfsbereites, professionelles und bewandertes Personal. Angeboten werden interessante gehobene Touren, darunter ein Ausflug zu einer Bananenplantage.

Metro Nova (☎ 580-1149; City Mall; ⌚ Mo–Sa 10–20, So bis 18 Uhr) Buchladen mit großer Auswahl an englischsprachigen Titeln.

DER WEG VOM FLUGHAFEN INS ZENTRUM

San Pedros Flughafen Villeda Morales, der größte und modernste des Landes, liegt 14 km östlich der Stadt. Vom Flughafen gibt es keinen Direktbus in die Stadt, man kann allerdings die 2,5 km zur Hauptstraße laufen und dann einen Bus in die Stadt anhalten. Ein Taxi kostet je nach Tageszeit zwischen 200 und 300 HNL.

Mundirama (☎ 550-7400; Edificio Martinez Valenzuela, 2a Calle SE; ⌚ Mo–Fr 8–17, Sa bis 12 Uhr) Reisebüro südlich der Kathedrale, fungiert gleichzeitig als Vertretung von American Express.

Post (Ecke 9a Calle & 3a Av SO; ⌚ Mo–Fr 7.30–17, Sa 8–12 Uhr)

Touristenpolizei (☎ 550-0001; Ecke 12a Av NO & 1a Calle O; ⌚ 24 Std.)

Gefahren & Ärgernisse

San Pedro Sula hat ein gravierendes Problem mit Kriminalität und Gangs. Vor allem bekämpfen sich Gangmitglieder gegenseitig, Touristen sind kaum betroffen. Dennoch sollte man vorsichtig sein. Nicht mit seinem Hab und Gut protzen (den MP3-Player nur für lange Busfahrten rausholen) und zurückhaltend kleiden (Shorts sind etwas für den Strand). Ein Taxi ist vor allem nach Einbruch der Dunkelheit eine gute Idee. Die Innenstadt ist im Dunkeln ein heikles Pflaster, ebenso die Gegenden östlich und südlich von ihr (wo es viele Budgethotels gibt).

San Pedro trägt auch den misslichen Titel der Aids-Hauptstadt Zentralamerikas. Dementsprechend planen!

Sehenswertes & Aktivitäten

Die **Kathedrale** von San Pedro oberhalb des Parque Central ist ein hässliches, klotziges Gebäude aus dem Jahr 1949 mit abgetragener gelber Farbe. Sie ist ungepflegt, aber eine Oase der Ruhe abseits des Straßenlärms. Im schönen **Museo de Antropología e Historia de San Pedro Sula** (☎ 557-1874; Ecke 3a Av NO & 4a Calle NO; Erw./Kind 38/20 HNL; ⌚ Mo & Mi–Sa 9–16, So 9–15 Uhr) erfahren Besucher etwas über die Geschichte des Valle de Sula ab der präkolumbischen Zeit bis in die Neuzeit. Ausgestellt sind hunderte archäologische Fundstücke in hervorragendem Zustand aus den umliegenden Tälern. Die Erklärungen sind auf Englisch und Spanisch. Der Eingang wird von zwei riesigen alten Kanonen „bewacht".

Das **Museo de la Naturaleza** (☎ 557-6598; 1a Calle O in der Nähe der 12a Av NO; Eintritt 20 HNL; ⌚ Mo–Fr 8–16, Sa bis 12 Uhr) bietet lehrreiche, auf Spanisch beschriftete Ausstellungsstücke zu verschiedenen Themenbereichen von Paläontologie bis Ökologie.

Blickt man in San Pedro Sula gen Westen, sieht man unausweichlich das riesige **Coca-Cola-Schild** oben in den Hügeln. Eine schöne Wanderung führt dort hinauf (hin & zurück 3 Std. in gemütlichem Tempo). Als Belohnung winkt ein traumhaftes Panorama von San Pedro und seinen grünen Straßen. Man kommt hin, indem man der 1a Calle Richtung Westen folgt, bis sie nach rechts abknickt und dann die Brücke überquert. Hinter der Brücke biegt man an der 2a Calle links ab, passiert eine Eintrittsbarriere und läuft weiter bergauf. Schnell verwandelt sich die Stadt in eine Dschungellandschaft.

In der letzten Juniwoche findet in San Pedro ein großes **Fest** zu Ehren seiner Gründung und des Tages des San Pedro statt.

Schlafen

Die Budgetoptionen in San Pedro liegen größtenteils im Innenstadtbereich südlich der 1a Calle O nahe den ehemaligen Busbahnhöfen. Nach Einbruch der Dunkelheit wird die Gegend zwielichtig. Da heute die meisten Busse am Hauptbusbahnhof abfahren, gibt es keine wirklich triftigen Gründe, sich hier einzuquartieren. In den Vierteln im Norden wohnt man eindeutig schöner.

Tamarindo Hostal (☎ 557-0123; www.tamarindohostel.com; 9a Calle A zw. Av 10a & Av 11a NO; B 220 HNL, EZ/DZ/DBZ mit Klimaanlage 500/700/900 HNL; Ⓟ ❄ ᯤ) Der Weckruf des Hahns morgens um 5 ist überflüssig, ansonsten ist dieses tolle Hostel in einer recht sicheren Gegend ziemlich gut. Leider war Besitzerin Angela Bendeck, eine berühmte Rock-/Jazzsängerin in Honduras, unterwegs, als wir hier waren, sodass wir nicht die übliche Stimmung mitbekommen haben. Aber zum Hostel gehören Schnauzer, witzige bunte Wandbilder und spontane Unplugged-Sessions. Im 2. Stock gibt es eine Terrasse mit Hängematten, außerdem einen großen Gemeinschaftsraum und eine gut ausgestattete Küche. Die Schlafsäle sind für honduranische Standards gehoben und haben saubere Bettwäsche und Kabel-TV. Es wird Englisch und Spanisch gesprochen.

Hotel Terraza (☎ 550-3108; 6a Av SO zw. 4a Calle & 5a Calle SO; EZ/DZ 250/300 HNL, EZ/DZ/DBZ mit Klimaanlage 350/400/500 HNL; ❄) Einige Lampenschirme fehlen und auch manche Einrichtungsgegenstände sind gewöhnungsbedürftig, aber diese typische günstige Unterkunft erfüllt ihr Soll mit Warmwasser, Kabel-TV, Schreibtischen und recht geräumigen Zimmern. Nahe dem Eingangsbereich gibt es ein günstiges Restaurant.

LP Tipp Hotel Real (☎ 550-7929; www.realhn.com; 6a Av zw. 6a & 7a Calle SO; EZ mit Ventilator 300 HNL, EZ/DZ mit Klimaanlage 450/500 HNL; ❄ 💻) Das beste Budgethotel, das kein Hostel ist, in ganz Honduras. Nachgemachte Ziegelwände und zahlreiche kleine Dekoelemente – handgeschnitzte Möbel, Lenca-Töpferware und viele Hängepflanzen – verleihen dem zentralen Hotel viel Charme. Alle Zimmer haben Kabel-TV, aber kein Warmwasser, und liegen an einem Innenhof mit einem *palapa*-Kiosk, an dem man *baleadas* (Weizentortillas mit einer Füllung aus Bohnen und Käse) und *comida típica* zum Frühstück bekommt. Man sollte es genießen, so lange man hier ist – so weit kommt man mit seinen Lempiras anderswo nicht.

Hostal E&N (☎ 552-5731; www.hostaleyn.com; Ecke 5a Calle & 15a Av NO; EZ/DZ/DBZ inkl. Frühstück 856/951/1046 HNL; Ⓟ ❄ 💻) Vernünftige Option, wenn das Tamarindo Hostal ausgebucht ist. Es liegt ein kleines bisschen weiter westlich im gleichen schönen Teil der Stadt. Die Zimmer wirken vielleicht ein bisschen beengt, sind aber klimatisiert, haben Warmwasser und schöne Hartholzböden. Es ist deutlich günstiger, wenn man in einer Gruppe reist.

La Casa del Arbol (☎ 504-1616; www.hotelcasadelarbol.com; 6a Av NO zw. 2a Calle & 3a Calle NW; EZ/DZ/DBZ inkl. Frühstück 1542/1873/2204 HNL; Ⓟ ❄ ᯤ) Im einstigen Zuhause einer der wichtigsten ehemaligen Bürgermeister von San Pedro Sula (der es auch gründete) befindet sich dieses gehobene Boutiquehotel, dessen Luxus den höheren Preis wert ist. Besagter *árbol* ist ein Mangobaum, der mitten durch das Gebäude emporragt. Die 13 gut ausgestatteten Zimmer haben gemütliche Federbetten, Badewannen und LCD-Flachbildschirm-Fernseher, und die Steinmauer bei der Empfangshalle wirkt sehr beruhigend.

Essen

Die kulinarische Vielfalt in San Pedro Sula ist erstaunlich groß, und für jedes Budget ist etwas dabei. Viele der teureren Restaurants sowie US-Fast-Food-Ketten liegen an der Circunvalación. Am Mercado Guimilito gibt es zahlreiche gute und günstige *comedores* und einen tollen Food Court unter freiem Himmel namens Plaza Típica Coracts mit *comida típica*. Zur Mittagszeit ist es hier immer brechend voll.

Baleadas Express (13a Calle NO zw. Av 11a & Av 12a NO; baleadas 15–38 HNL; ⏰ 6–22 Uhr) Dieser süchtig machende und ausgesprochen günstige honduranische Fast-Food-Laden verkauft die besten *baleadas*. Man wählt eine Füllung aus (Eier mit Chorizo, Hähnchen, Avocado, Kochbananen u. a.) und genießt die Deluxe-Version

Pats Steak House Barrio Rio Piedras 18+19. Av 15. Str

eines typisch honduranischen Frühstücks. Hierher kommt man mehr als einmal.

Cafetería Pamplona (Parque Central; Hauptgerichte 42–195 HNL; ⏲ Mo–Sa 7–20, So 8–20 Uhr) Abendessen mit besonderer honduranischer Note bekommt man in der alteingesessenen Cafetería. Der Service ist zwar manchmal abweisend, aber das Preis-Leistungs-Verhältnis ist gut. Serviert werden leckere, große Portionen von *típica*.

El Fogoncito (1a Calle O auf Höhe 11a Av NO; Hauptgerichte 47–389 HNL; ⏲ So–Mi 11–23, Do–Sa bis 2 Uhr) Hier fühlt man sich beinahe wie in Texas. In dem beliebten mexikanischen Restaurant wird leckere Text-Mex-Küche serviert. Zum Cantina-Stil gehören alle Klassiker von Tacos bis Fajitas sowie aufregendere Gerichte. An der Bar kann man gut etwas trinken. Vier *tacos al pastor* für 94 HNL sind nicht übel.

Café Skandia (Gran Hotel Sula, Parque Central; Hauptgerichte 48–285 HNL; ⏲ 24 Std.) Dieses Café ist so cool, dass man es versehentlich für ein hippes Diner in L. A. halten könnte, das auf retro macht. Es ist günstig, hell und zentral, der Service ist schnell und freundlich und man kann eine Waffel am Pool im Freien essen, der von Palmen gesäumt ist. Da das Café niemals geschlossen hat, kommen hier allerlei verschiedene Gestalten durch – von Touristen und Geschäftsleuten bis zu Diplomaten und Sugar Daddys mit ihren „Begleitungen". Auf der Speisekarte stehen viele Speisen, die man schon lange vermisst (Milchshakes, Zwiebelringe, Apple Pie). Auch die dazugehörende Konditorei (Pastelería Skandia) neben dem Büro von Continental Airlines sollte man sich nicht entgehen lassen.

LP Tipp **Pecos Bill** (Ecke Calle 6a–Calle 7a NO & 14 Av NO; Hauptgerichte 95–250 HNL; ⏲ 10–22 Uhr) Wer auch immer auf die Idee gekommen ist, diesen Laden zu gründen, hatte bestimmt eine Schraube locker, aber die liebenswerte, seltsame, nur in Honduras mögliche Kombination aus Autowäsche und Restaurant ist ein Knüller. Im luftigen Freiluftrestaurant wird saftiges Grillfleisch serviert. Fleisch (oder Shrimps – aber warum?) aussuchen, mit *chimichurri*, *pico de gallo* und scharfer Sauce würzen und unter eine Schicht des besten Bohnenmuses des Landes in die warmen Tortillas legen: ein Paradies für Fleischesser. Auch der *churrasco* ist empfehlenswert. Ach ja: Auch eine Autowäsche gefällig?

Deriva (☎ 516-1012; 9a Calle zw. Avenida 10a & Avenida 11a NO; Hauptgerichte 190–350 HNS; ⏲ Mo–Sa 12–14.30 & 18–22 Uhr) Toll für Weinliebhaber: Hier wird echter Wein ausgeschenkt, es gibt rund zehn verschiedene offene Weine und viele weitere auf der vor allem argentinisch/chilenischen Weinkarte (die Rotweine werden jedoch durch die Bank zu kalt serviert). Das Deriva ist eins der schicksten Restaurants in Honduras und eignet sich für eine letzte Völlerei, bevor man am nächsten Tag nach Hause fliegt. Und da ein professioneller Weinladen im Nachbargebäude liegt, sollte man zur exzellenten peruanischen Küche auf jeden Fall ein Glas Wein genießen.

Ebenfalls einen Besuch wert:

Cafetéo (13a Calle NO zw. 11a Av & 12a Av NO; Gebäckstücke 18–85 HNL; ⏲ Mo–Sa 7–22, So 8–20.45 Uhr) In diesem hervorragenden Coffee Shop kann man toll einen Latte macchiato Karamel, Latte macchiato mit grünem Tee oder einfach nur eine schlichte Tasse köstlichen Kaffee trinken. Dazu gibt es Muffins und Panini. Das Cafetéo liegt neben dem Baleadas Express.

Pizzería Italia (Ecke 1a Calle O & 7a Av NO; Pizza 125–190 HNL; ⏲ 10–22 Uhr) Eine schäbige Spelunke, doch die alteingesessene Pizzeria hat seit ihrer Eröffnung 1976 Rezessionen und ein explosionsartiges Bevölkerungswachstum überlebt. Pizzas sind ein Luxus in Honduras. Diese hier sind recht gut, aber nicht besonders günstig.

Comisariato Los Andes (6a Calle NO; ⏲ Mo–Sa 8–21, So bis 20 Uhr) Guter Supermarkt für Selbstversorger.

Ausgehen

In der Zona Viva in der Circunvalación zwischen 7a Calle SO und 11a Calle SO sind die meisten Bars und Clubs der Stadt ansässig. Leider liegen sie oft zu weit auseinander für eine gute Kneipentour.

Klein Bohemia (Ecke 7a Calle SO & 8a Av SO; ⏲ Mi, Do & Sa 16.30–24, Fr bis 1 Uhr) Schweizer Auswanderer, die mittlerweile etwas anderes machen, gründeten diese zentral gelegene künstlerische Oase, die immer noch bestens läuft. Ihre triste Lage in der Innenstadt ist nicht reizvoll, aber es geht nicht immer ums Äußere. In der Bar im Obergeschoss trifft sich ein kultiviertes junges Publikum. Regelmäßig spielen Livebands und werden Independent-Filme gezeigt.

Luca Luca (15 Av SO zw. Calle 8 & Calle 9 SO, Zona Viva; ⏲ Do–Sa 21.30 Uhr–open end) Diese trendigere Bar im Ultralounge-Stil ist nach Luca Brasi aus *Der Pate* benannt, erinnert aber nicht so sehr an Vegas. Sie ist kleiner und gemütlicher, und jeden Abend legen DJs ein buntes Programm auf, das allerdings aus mehr Merengue und Salsa als Eminem und Shakira besteht.

B4 (Ecke 9a Calle SO & 16a Av SO, Zona Viva; Eintritt 100 HNL; ⌚ Do–Sa 21.30 Uhr–open end) Freiluftdisco im 2. Stock, damit es den Tanzenden nicht zu heiß wird. Livebands spielen Salsa und Rock, alles andere legen DJs auf. Zum Zeitpunkt unserer Recherche war das B4 eine der angesagtesten Discos, doch hier verändert sich alles so schnell, dass sie mittlerweile vielleicht bereits geschlossen ist.

Unterhaltung

Überall in der Stadt, auch in Klein Bohemia (S. 416), werden Filme gezeigt. **Cinema Gemini** (☎ 550-9060; 1a Calle O bei der 12a Av NO) zeigt aktuelle Hollywoodstreifen für 50 HNL (Di 25 HNL, Do 80 HNL pro Pärchen). Vorher sichergehen, dass der Film synchronisiert ist!

Kinos in Einkaufszentren sind u.a. das **Cinemark** (City Mall) und **Multicines** (Multiplaza Mall), Eintrittskarten kosten rund 65 HNL.

Shoppen

Mercado Guamilito (Ecke Av 8a & Av 9a & Calle 6a & Calle 7a NO; ⌚ Mo–Sa 7–17, So bis 12 Uhr) ist ein riesiger Markt, an dessen Ständen Obst und Gemüse, Haushaltswaren, Kleidung und Schuhreparaturen angeboten werden. Vorne im Markt befindet sich der **Mercado de Artesanías Guamilito** mit einer großen Auswahl an Kunst, Handwerk und Geschenken aus ganz Honduras, Guatemala und El Salvador.

An- & Weiterreise

BUS

Abgesehen von wenigen Ausnahmen starten die Busse in San Pedro Sula am **Terminal Gran Central Metropolitana** (☎ 516-1616; www.grancentralhn.com) 6 km südlich des Parque Central. Es ist der größte Busbahnhof Zentralamerikas. Ein paar Busunternehmen haben noch Ticketschalter an ihren alten Terminals im Zentrum, fahren dort aber nicht mehr ab. Wo sich diese Kartenbüros befinden, kann man der Karte entnehmen. Am Eingang zum Busbahnhof gibt es eine praktische Übersicht, was gut ist, da die Ticketschalter zwischen den ganzen Einkaufsläden unterzugehen drohen. Die kostenlose Zeitschrift *Honduras Tips* hat einen nützlichen Abschnitt zu Busstrecken, so auch die Zeitschrift *El Heraldo*. Zum Busbahnhof kommt man mit jedem Bus, der die 2a Av SE hinunterfährt (0,20 HNL) oder für 60 bis 80 HNL mit dem Taxi. Beispielhafte Busverbindungen und -preise von San Pedro Sula stehen in der Tabelle auf S. 418.

Internationale Busse

Die internationale Buslinie **Transportes Hedman Alas** (☎ 516-2273; Ticketbüro 3a Calle NO zw. Av 7a & Av 8a NO) ist eine teure Luxuslinie mit Verbindungen nach Guatemala-Stadt und Antigua. Neben ihrem glänzenden neuen Terminal neben dem Gran Central Metropolitana betreibt sie außerdem Ticketbüros in der Stadt und in der Ankunftshalle des Flughafens neben den Autovermietungen. **Transportes King Quality** (☎ 553-4547; Ecke 2a Calle SO & 9a Av SO; ⌚ Mo–Fr 8–17, Sa 8–14 Uhr) bietet einen Spitzenservice, der nicht so sehr ins Geld geht. Es gibt Direktverbindungen nach San Salvador, von wo aus Anschluss nach Guatemala-Stadt besteht. **Transportes La Sultana** (☎ 516-2048) fährt nach San Salvador und ist weniger teuer, dafür aber auch weniger komfortabel. **Tica Bus** (☎ 516-2022) veranstaltet Deluxe-Busreisen nach Nicaragua, Costa Rica und Panama via Tegucigalpa. **Frente del Norte** (☎ 9843-0507) fährt auch nach Guatemala, von wo aus es Verbindungen nach Belize und Mexiko gibt.

FLUGZEUG

Der **Aeropuerto Internacional Ramón Villeda Morales** (☎ 6689-3261) liegt 14 km östlich von San Pedro Sula (mit dem Taxi zahlt man 200–300 HNL). Er ist größer und stärker frequentiert als der Flughafen in Tegucigalpa. Täglich starten hier Direktflüge in alle großen Städte Zentralamerikas sowie in mehrere Städte in den USA. Ziele von Inlandsflügen sind Tegucigalpa, La Ceiba, Puerto Lempira und die Bay Islands (in der Regel über La Ceiba).

Internationale Fluglinien:

Aeroméxico (☎ Flughafen 668-4039; www.aeromexico.com)

American Airlines (☎ 553-3506, Flughafen 668-3244; www.aa.com; Edificio Banco Ficohsa, Av Circunvalación auf Höhe 5a Calle SO)

Continental/Copa (☎ 552-9770, Flughafen 668-3212; www.continental.com; 4a Av NO zw. Calle 1 & Calle 2 NO)

Delta (☎ 550-1616; www.delta.com)

Maya Island Air (☎ 668-0569; www.mayaislandair.com) Fliegt nach Belize.

Spirit Airlines (☎ in den USA 1-800-772-7117; www.spiritair.com)

TACA (☎ 550-8222; www.taca.com; Colonia Trejo, Av Circunvalación, Edif Yude Canahuati)

Inländische Fluglinien:

Aerolíneas Sosa (☎ 550-6545, Flughafen 668-3128; www.aerolineasosa.com; 1a Calle O zw. 7a & 8a Av SO) Heimatbasis ist La Ceiba.

BUSSE AB SAN PEDRO SULA

Internationale Busse

Ziel	Preis (HNL)	Dauer (einfach, Std.)	Buslinie	Telefon	Abfahrt
Antigua, Guatemala	970	9	Hedman Alas	516-2273	10.25 & 15 Uhr
Guatemala-Stadt, Guatemala	550	8	Congolón	553-1174	2 Uhr
	600	8	Frente del Norte	9843-0507	6 Uhr
Managua, Nicaragua	608	12	Tica Bus	516-2022	5 Uhr
Panama-Stadt, Panama	1976	3 Tage	Tica Bus	516-2022	5 Uhr
San Jose, Costa Rica	988	2 Tage	Tica Bus	516-2022	5 Uhr
San Salvador, El Salvador	393	7	Sultana	516-2048	6.15 Uhr
	500	7	Frente del Norte	9843-0507	6 Uhr
	800	7	King Quality	553-4547	7 Uhr

Langstreckenbusse

Ziel	Preis (HNL)	Dauer (einfach, Std.)	Buslinie	Telefon	Abfahrt
Agua Caliente	165–213	5	Congolón	553-1174	5.30–23 Uhr alle 2 Std.
Comayagua	70	2	Diaz	505-9955	6.30, 7.30, 9.30, 10.30, 12.30, 13.30, 14.30, 15.30 Uhr
Copán Ruinas	110	3	Casasola	516-2031	7 (nur Fr–So), 8, 11, 13, 14, 15, 19 Uhr
	323–380	3	Hedman Alas	516-2273	11 & 15 Uhr
El Mochito	45	2	Tima	659-3161	5.40–17.40 Uhr alle 30 Min.
La Ceiba	90	3	Contraibal	9908-1509	6, 7.30, 9, 10.30, 12, 13.20, 14.40, 16 Uhr
	90	3	Cotuc	520-7497	*5.15, 6.45, 8.15, 9.45 Uhr
	323–380	2½	Hedman Alas	516-2273	6, 10.30, 15.20, 18.20 Uhr
Puerto Cortés	42	1	Impala	665-0606	5.30–18.30 Uhr alle 15 Min.
Pulhapanzak & Lago de Yojoa	14	2	Etul	516-2011	4.45–16.30 Uhr alle 20 Min.
	27	2	Pulhapanzak Express	Kein Telefon	8.30, 10, 11, 12, 14, 16.20, 17, 17.40, 18.20 Uhr
Santa Rosa de Copán	86	3	San José	653-3256	5–12.30 Uhr stündl.
Siguatepeque	55	3	Etul	516-2011	4.45–16.30 Uhr alle 20 Min.
Tegucigalpa	141	4	El Rey Express	516-2014	5–18 Uhr stündl.
	220–437	5	Hedman Alas	516-2273	5.45–18.22 Uhr 10-mal tgl.
Tela	70	1½	**Tela Express	Kein Telefon	7–16.30 Uhr alle 2 Std,
	304–361	2	Hedman Alas	516-2273	10.25 & 18.30 Uhr
Trujillo	165	6	Cotuc	520-7497	5.15, 6.45, 8.15, 9.45 Uhr
	165	6	Contraibal	9908-1509	6, 7.30, 9, 10.30, 12, 13.20, 14.40, 16 Uhr

* Wer die Morgenfähre nach Roatán oder Utila in La Ceiba erwischen möchte, muss um 5.15 Uhr an Bord sein.

** Fährt im Stadtzentrum ab.

HONDURAS

Central American Airways (☎ Flughafen 233-1614; www.central-american-airways.com)
CM Airlines (☎ Flughafen 547-2425; www.cmairlines.com)
Isleña (☎ 550-8222; Colonia Trejo, Av Circunvalación, Edif Yude Canahuati)

Unterwegs vor Ort

AUTO & MOTORRAD

Autovermietungen in San Pedro Sula:
Avis (☎ Flughafen 668-3164)
Budget (☎ Flughafen 668-4421)
Econo Rent-A-Car (☎ Flughafen 668-1881)
Thrifty (☎ Flughafen 668-2427)

BUS

Am besten fährt man so wenig wie möglich mit Linienbussen, denn hier kommt es regelmäßig zu Diebstählen. Es gibt keinen Direktbus zum Flughafen, doch wer einen Bus nach El Progreso erwischt, kann den Fahrer bitten, einen an der Abzweigung zum Flughafen abzusetzen (21 HNL). Von dort aus läuft man 2,5 km ohne Schatten. Wer Gepäck dabei hat, fährt besser mit dem Taxi – lohnt es sich wirklich, 200 HNL zu sparen?

TAXI

Der Durchschnittspreis innerhalb der Stadt liegt bei 40 bis 50 HNL. Taxis kosten rund 200 bis 250 HNL zum Flughafen und 60 bis 80 HNL zum Busbahnhof. Alle Fahrpreise steigen erheblich zwischen 22 und 7 Uhr.

PARQUE NACIONAL CUSUCO

Der **Parque Nacional Cusuco** (Eintritt 190 HNL; ⌚ 8–16.30 Uhr) 45 km westlich von San Pedro Sula liegt in der beeindruckenden Merendón-Bergkette und besteht aus Nebelwald. Sein höchster Berg ist der **Cerro Jilinco** (2242 m). Vogelbeobachter berichteten, dass man gelegentlich Tukane, Papageien und Quetzale sehen kann, vor allem zwischen April und Juni. Außerdem leben Affen, Reptilien und Amphibien (eine neue Krötenart wurde 1981 hier entdeckt) im Park.

Fünf verschiedene Wege sind markiert. Die Wege mit der Aufschrift „Quetzal" und „Las Minas" führen hinauf zu den **Wasserfällen** und **Schwimmstellen**.

Informationen zum Park erhält man am besten bei der Fremdenverkehrskommission in **Buenos Aires** ein paar Kilometer vom Parkeingang und Besucherzentrum entfernt. **Carlos Alvarenga** (☎ 9914-5775) kontaktieren, der Führer und die Anreise von Cofradia organisiert. Alvarenga betreibt auch die **Ecoalbergue** (☎ 9914-5775; Zi. 190 HNL/Pers.) mit fünf Zimmern, einer Küche und verhandelbarer Campingmöglichkeit. Mit öffentlichen Verkehrsmitteln dorthin zu kommen, ist nicht einfach, aber möglich. In San Pedro steigt man am Central Metropolitana in einen Bus (25 HNL, alle 20 Min.). Von Cofradia aus fahren Pickups hinauf ins Dorf Buenos Aires (20 HNL, 1 Std.). Die Zeiten der Pickups sind unregelmäßig, die meisten fahren morgens. Es ist sehr zu empfehlen, früh aufzubrechen. Der Nationalpark Cusuco bietet eine großartige Biodiversität, u. a. Nebelwald. Mit etwas Glück erspäht man zahlreiche Wildtiere wie Tukane, Affen, Tapire oder den prächtigen Quetzal. Riesige Baumfarne mit einer Höhe von bis zu 20 m, die höchsten Zentralamerikas, sind typisch für Cusuco. Besucher fühlen sich wie in einer *Jurassic-Park*-Welt. Von März bis Mai ist einer der typischen Laute im Nationalpark Cusuco der monotone Ruf des prächtigen Quetzals, des mystischen und heiligen Vogels der Azteken und Mayas. Nicht nur die Natur macht den Charme von Cusuco aus, sondern auch das ruhige und harmonische Leben in den 38 umliegenden Kaffee-Orten, z. B. Buenos Aires.

Mit einem Fahrzeug mit Allradantrieb ist der Park das ganze Jahr über erreichbar. Die Fahrt von San Pedro Sula dauert etwa zwei bis drei Stunden.

LA ENTRADA

La Entrada ist eine unattraktive Stadt, die für Drogenhandel bekannt ist. Viel Verkehr mit vielen Bussen kommt auf dem Weg gen Nordosten nach San Pedro Sula, nach Süden Richtung Santa Rosa de Copán und Nueva Ocotepeque sowie Richtung Südwesten nach Copán Ruinas durch den Ort. Ansonsten gibt es hier wenig zu tun.

Die Kreuzung am südlichen Ende der Stadt eignet sich gut, um in einen Bus zu steigen. Busse nach Copán Ruinas halten jedoch am kleinen Kiosk unter einem Mandelbaum ca. 75 m hinter dem Hotel San Carlos an der Abzweigung Richtung Ruinen. U. a. folgende Fahrtziele werden bedient:

Copán Ruinas (45 HNL, 2 Std., 6–16 Uhr alle 40 Min.)

Nueva Ocotepeque (80 HNL, 2½–3 Std., 6–16 Uhr alle 45 Min.)

San Pedro Sula (*ordinario* 53 HNL, 1–1½ Std., 5.30–18 Uhr alle 30 Min.; *directo* (direkt) 82 HNL, 1 Std., 8.10, 10.10 & 15.10 Uhr)

Santa Rosa de Copán (*ordinario* 20 HNL, 1¼ Std., 6–19 Uhr alle 30 Min.; *directo* 35 HNL, 45 Min., 7–15 Uhr alle 1–1½ Std.

COPÁN RUINAS

38 600 Ew.

Die schöne, ruhige kleine Stadt Copán Ruinas, oft einfach Copán genannt, ist die am stärksten auf Reisende eingestellte und freundlichste Stadt in Honduras. Sie liegt 700 m von den berühmten Mayaruinen desselben Namens entfernt. Abfallende Kopfsteinstraßen, weiße Ziegelgebäude mit rot gedeckten Dächern und eine schöne Kirche aus der Kolonialzeit verleihen dem Ort eine zeitlose Idylle. Die meisten Reisenden kommen nur auf dem Weg zu den Ruinen nach Copán, aber das ist unklug: Copáns zahlreiche hervorragende Bars und Restaurants, schöne Sehenswürdigkeiten in der umliegenden Landschaft und die freundlichen Bewohner machen einen Stopp zu einem lohnenswerten Aufenthalt.

Orientierung

Der renovierte Parque Central mit seiner Kirche an einer Seite ist das Herz der Stadt. Die Ruinen liegen 700 m außerhalb der Stadt und einen schönen 15-minütigen Spaziergang über einen Fußweg entlang der Schnellstraße nach La Entrada entfernt. Nach weiteren 2 km kommt man zur Ausgrabungsstätte Las Sepulturas.

Praktische Informationen

BAC/Bamer (Parque Central) Hat einen Geldautomaten der Unibanc, der Visakarten und MasterCard akzeptiert.

Banco Atlántida (Parque Central) Wechselt US-Dollar und Reiseschecks und hat auch einen Geldautomaten.

Canaturh (☎ 651-3829; www.copanhonduras.org; ⌚ Mo–Fr 8–17, Sa bis 12 Uhr) Nützlich für kostenlose Touristeninformationen und Karten von ganz Honduras. Man muss allerdings Mitglied sein.

Copán Connections (☎ 651-4182; www.copanconnections.com; ⌚ 14–19 Uhr) liegt unterhalb des Twisted Tanya's und ist eine gute Quelle für kostenlose touristische Informationen, vor allem zu den Bay Islands, Guatemala und Copán.

Hondutel (⌚ 7–21 Uhr)

La Casa de Todo (☎ 651-4185) Essen, Internet (20 HNL/Std.) und Wäscherei (Waschen, Trocknen und Zusammenlegen für 20 HNL/500 g) werden im passend benannten „Haus für alles" angeboten.

Maya Connections (20 HNL/Std.; ⌚ 9–19 Uhr) Wäscht auch (20 HNL/500 g).

Post (Libertad 1700; ⌚ Mo–Fr 8–16, Sa 8–12 Uhr)

Sehenswertes

Die faszinierende Ausgrabungsstätte Copán 1 km außerhalb der Stadt ist die Hauptattraktion der Gegend. Die Ruinen und andere schöne Ausflugsziele stehen auf S. 420.

Das **Museo de Arqueología Maya** (☎ 651-4437; Eintritt Ausländer/Zentralamerikaner 285/80 HNL; ⌚ 9–17 Uhr) im Parque Central ist etwas in die Jahre gekommen, aber dennoch einen Besuch wert. Ausgestellt werden ausgegrabene Keramikwaren, Teile der Altäre und Stützpfeiler der Mayaruinen, außerdem bekommen Besucher einen Einblick in den Gebrauch der fortschrittlichen Kalender der Maya und sehen den Nachbau des Grabes einer weiblichen Schamanin. Manche Erklärungen haben englische Übersetzungen.

Memorias Frágiles (☎ 651-3900; Eintritt frei; ⌚ Mo–Fr 8–17 Uhr) Diese Foto-Dauerausstellung war ein Geschenk des Harvard University's Peabody Museum und beherbergt eine beträchtliche Sammlung seltener Fotos, die Details der ersten archäologischen Expeditionen nach Copán um 1900 zeigen. Es ist im Palacio Municipal im Parque Central untergebracht.

Das **Enchanted Wings Butterfly House & Nature Center** (☎ 651-4133; www.copannaturecenter.com; Erw./Kind 115/50 HNL; ⌚ 8–16.30 Uhr) ist ein Projekt von Robert Gallardo, einem ehemaligen Freiwilligen des Friedenskorps' und berühmten Naturexperten. Die Schmetterlinge und die spektakuläre tropische Fauna mit rund 150 Orchideenarten (die von Februar bis Juni blühen) haben etwas Hypnotisches. Die Anlage liegt im Außenbezirk der Stadt und ist zu Fuß in 20 Minuten zu erreichen, alternativ mit einer kurzen Fahrt mit dem Mototaxi. Von hier aus kann man auch Touren zur Vogelbeobachtung organisieren.

Die **Casa K'inich** (☎ 651-4105; Eintritt 20 HNL; ⌚ Di–So 8–12 & 13–17 Uhr) bietet interaktive Freizeitbeschäftigung in Form eines uralten Fußballspiels, das die Bewohner von Copán schon vor über einem Jahrtausend spielten. Die Beschriftungen sind auf Englisch, Spanisch und Ch'ortí. Ein Spaß für Kinder ist die Stele mit einem Loch, durch das sie ihren Kopf stecken können. Sie steht beim *mirador*.

Der **Mirador El Cuartel** ist ein Aussichtspunkt an den atmosphärischen Ruinen eines alten Gefängnisses mit einem schönen Blick auf die Stadt und die umliegende Landschaft. Einen Abstecher wert

Der **Jahrmarkt an den Ruinen von Copán** findet vom 15. bis 20. März statt.

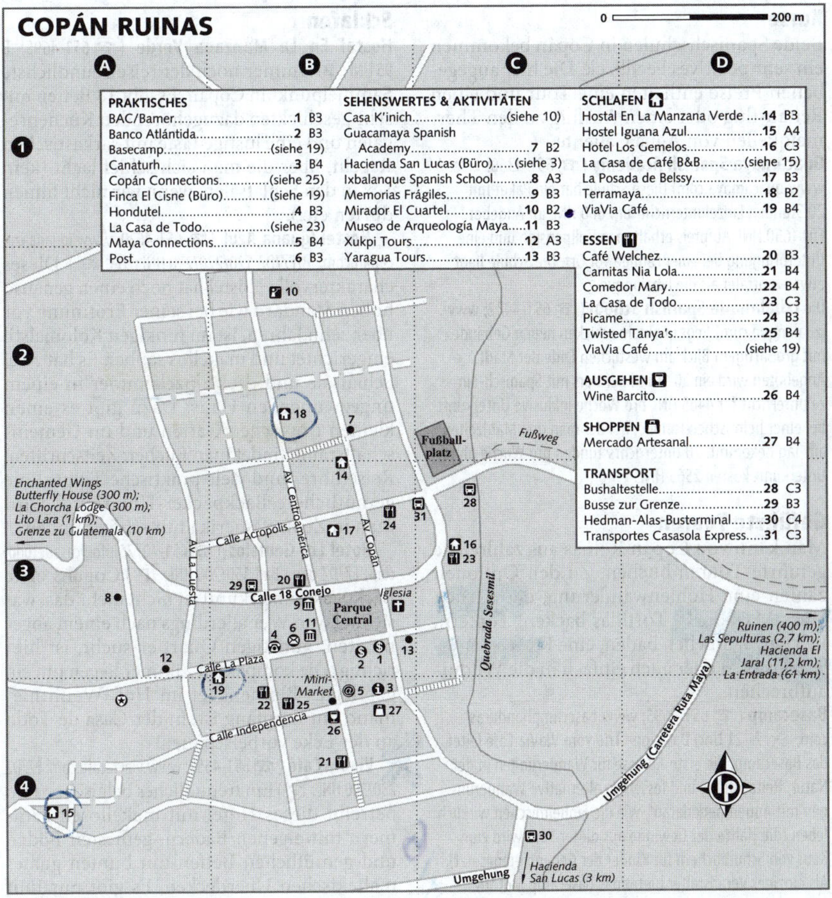

Aktivitäten

Auch Touranbieter organisieren Aktivitäten; s. unten.

REITEN

Die Landschaft rund um Copán Ruinas eignet sich wunderbar zum Reiten. Das sollte sich zwar von selbst verstehen: Aber bitte kein Pferd von irgendeinem Menschen auf der Straße ausleihen!

Hacienda San Lucas (☎ 651-4495; www.haciendasanlucas.com) organisiert hervorragende, mühelose Reitausflüge. Vom Sattel aus kann man eventuell einen Blick auf die lokale Ausgrabungsstätte Los Sapos werfen. Ein dreistündiger Ritt kostet rund 1500 HNL. Weitere Infos zur Hacienda s. Kasten auf S. 425.

Landschaftlich reizvolle, professionelle Reitausflüge, in der Regel im Rahmen einer Ganztagstour oder eines Ausflugs mit Übernachtung (s. S. 425), bietet **Finca El Cisne** (☎ 651-4695; www.fincaelcisne.com) an.

VOGELBEOBACHTUNG

Die zerklüftete Landschaft rund um die Stadt bietet viele Möglichkeiten, Hunderte von Vogelarten zu entdecken. Der ehemalige Freiwillige des Friedenskorps' Robert Gallardo bei Butterfly House ist einer der führenden Wildtierexperten des Landes und hat persönlich dazu beigetragen, die Liste der in Honduras entdeckten Vogelarten um 13 zu bereichern. Er organisiert Touren in der Gegend (25 HNL/Pers. & Tag) und weiter außerhalb.

wir: Marjenny $16 ruhig

Kurse

Beide Spanischschulen in Copán bekommen ein sehr positives Feedback. Die hier angegebenen Preise enthalten eine Tour und einen Reitausflug oder einen Ausflug zu den Thermalquellen von Agua Caliente.

Guacamaya Spanish Academy (☎ 651-4360; www.guacamaya.com) Diese Schule hat ein Paket mit 20 Stunden Einzelunterricht für 2660 HNL im Angebot. Für 1650 HNL Aufpreis erhält man Vollpension und eine Unterbringung bei einer Familie vor Ort. Die Schule liegt etwas zentraler als die Ixbalanque.

Die **Ixbalanque Spanish School** (☎ 651-4432; www.ixbalanque.com) liegt in einem schicken neuen Gebäude mit großartigem Blick am westlichen Ende der Stadt. Angeboten wird ein 20-stündiger Kurs mit Spanisch-Einzelunterricht für 4465 HNL pro Woche inklusive Unterkunft bei einer heimischen Familie, bei der man drei Mahlzeiten am Tag bekommt. 20 Unterrichtsstunden pro Woche ohne Unterkunft kosten 2565 HNL.

Geführte Touren

2. Man kann von Copán Ruinas aus zahlreiche geführte Touren buchen. Zu den Optionen zählen eine Höhlenwanderung, der Besuch eines Mayadorfs, Tortillas backen, Töpfern, in Thermalquellen baden, eine Kaffeeplantage besuchen oder auch einfach in die Wildnis aufbrechen.

Basecamp (☎ 651-4695; www.basecamphonduras.com; ⏲ 7–21 Uhr) Das hippe Trio vom ViaVia Café leitet das Basecamp, die erste Adresse für Wanderungen in der Natur, Reitausflüge und fesselnde alternative Wanderungen mit Augenmerk darauf, wie die Einheimischen wirklich leben (die Hälfte der Gewinne aus dieser Tour wird zum Kauf von Schulbüchern für Kinder der Gegend eingesetzt). Als einziger Veranstalter bietet das Basecamp Motorradtouren in die umliegenden Berge an und ist offizieller Vermittler von Touren zur Finca El Cisne (S. 425). Er hat seine Base im ViaVia Café.

Xukpi Tours (☎ 651-4684; www.xukpitourscopan.com) Einst betrieben vom überschwänglichen und extrem bewanderten Jorge Barraza, heute von seinem Cousin Yobani Peraza (Barraza lebt in den Staaten und reist nur für große Gruppen an). Angeboten werden zahlreiche Umwelttouren in der Gegend und im weiteren Umkreis. Zu Recht berühmt sind die Ausflüge zu den Ruinen und zur Vogelbeobachtung, außerdem werden Touren in alle Teile Honduras' und nach Quiriguá (Guatemala) veranstaltet.

Yaragua Tours (☎ 651-4147; www.yaragua.com; ⏲ 8–21 Uhr) Wanderungen, Reitausflüge, Exkursionen zum Lago de Yojoa und sogar Ausflüge in die nahe gelegenen Höhlen stehen hier auf dem Programm. Nach Samuel fragen, einem angesehenen und zertifizierten einheimischen Führer.

Schlafen

Hostal En La Manzana Verde (☎ 651-4695; B 95 HNL; Ⓟ) Immer noch der reisefreundlichste Sammelpunkt in Copán. Es gibt 18 Betten mit sehr geschickten dazugehörenden Küchenregalen und eine lustige Liste mit sarkastischen Regeln, über die man sich schief lacht (kein Sex in den Schlafsälen, wenn wir nicht filmen dürfen etc.).

Hostel Iguana Azul (☎ 651-4620; www.iguanaazulcopan.com; B/EZ/DZ 120/220/270 HNL; Ⓟ 📶) Dieses charaktervolle Hostel hat noch einen genauso hohen Standard wie bei seiner Eröffnung vor über zehn Jahren, ist im funkigen Kolonialstil eingerichtet und makellos sauber. Es hat zwei Schlafsäle und drei Einzelzimmer in einem ungezwungenen Haus. Dazu gibt es einen kleinen tropischen Garten und im Gemeinschaftsraum findet man Bücher, Zeitschriften, Reiseführer und viele praktische Tipps. Eine gemütlichere Backpacker-Unterkunft wird man in Zentralamerika nur schwer finden.

Hotel Los Gemelos (☎ 651-4077; info@casadetodo.com; EZ/DZ ohne Bad 150/200 HNL; Ⓟ) Copáns erste Backpackerunterkunft ist nicht mehr das, was sie mal war. Wer allerdings nach einem abgenutzten, günstigen Quartier sucht, ist hier richtig. Die kompakten Zimmer liegen um ein gepflegtes Blumenbeet im Hof. Wenn niemand am Empfang ist, in der Casa de Todo an der Ecke vorbeischauen!

ViaVia Café (☎ 651-4652; www.viaviacafe.com; EZ/DZ 230/300 HNL; 📶) Ein freundliches belgisches Trio betreibt dieses Hotel mit makellosen Zimmern mit eigenen Bädern, gefliesten Böden und gemütlichen Betten mit bunten guatemaltekischen Überdecken. Es gibt nur fünf Zimmer. Wenn möglich, bucht man am besten per E-Mail. Der überdachte Innenhof, eine tolle Bar, in der oft ein Live-DJ auflegt, und ein Restaurant machen es zu einem Traveller-Treffpunkt. Es wird Englisch, Französisch, Deutsch, Niederländisch und natürlich Spanisch gesprochen.

$16

La Posada de Belssy (☎ 651-4680; EZ/DZ/DBZ 250/300/380 HNL; Ⓟ) Das besonders freundliche Familienhotel mit überdurchschnittlich viel Charakter bietet ein hervorragendes Preis-Leistungs-Verhältnis. Die Schlafzimmer sind makellos, aber die einst hervorragende Terrasse wirkte bei unserem Besuch ein wenig vernachlässigt (hat aber WLAN). Frühstück ist für 50 HNL erhältlich, außerdem gibt es Trinkwasser und Kaffee. Die Gäste dürfen sich in der Küche eigene Mahlzeiten zubereiten.

$20

LP Tipp **La Casa de Café B&B** (☎651-4620; www.casadecafecopan.com; EZ/DZ inkl. Frühstück 875/1100 HNL; P ✻ ≋) Dieses makellos eingerichtete B&B hat Zimmer mit beschnitzten Holztüren und guatemaltekischen Masken. Die Lage ist atemberaubend – am Frühstückstisch blickt man in den rund um die guatemaltekischen Berge aufsteigenden Nebel. Auch ein gehobenes Haus und ein Stadthaus werden vermietet (1700–2200 HNL/Nacht, Preis bei längeren Aufenthalten verhandelbar).

Terramaya (☎651-4623; www.terramayacopan.com; EZ/DZ mit Frühstück 1200/1500 HNL; ✻ ≋) Komfort und Stil bekommt man in diesem neuen Hotel aus dem Jahr 2010 der gehobenen Mittelklasse. Es rangiert zwischen einem B&B und einem Boutiquehotel und bietet sechs schick eingerichtete Zimmer, einen schönen Garten nach hinten raus und eine mit Kerzen beleuchtete Terrasse mit Blick in die nebligen Berge. Zwei Zimmer im Obergeschoss haben spektakuläre Balkone mit Blick auf die Ruinen und die dahinter liegenden Berge.

La Chorcha Lodge (☎651-3657; www.lachorchalodge.com; EZ/DZ mit Frühstück 1645/2190 HNL) Im günstigen Preissegment bewegt sich diese Unterkunft. Naturforscher werden die neuen *cabañas* auf einem bewaldeten Hang oberhalb des Enchanted Wings Butterfly House interessieren, die in der Woche vor unserem Besuch eröffnet wurden. In jeder der sechs Kiefernhütten gibt es einen Buntglasvogel oder -schmetterling, der einem Swarovski-Digiscope-Bild aus der persönlichen Sammlung des bekannten Naturforschers Robert Gallardo nachempfunden ist. Auf dem Anwesen leben rund 130 Vogelarten, außerdem gibt es einen beruhigenden Teich mit Wasserpflanzen und einen Wasserfall. Die besten Zimmer gehen zur Wasseraufbereitungsanlage raus – ein kleiner architektonischer Schwachpunkt –, aber trotzdem ist das Quartier eine friedliche Oase fernab der Stadt.

Essen

Comedor Mary (Hauptgerichte 34–130 HNL) Aus gutem Grund schätzen Ausgewanderte und Einheimische dieses einfache Restaurants gleichermaßen: Kürzlich verwandelte es sich dank einer Subvention der Weltbank in den schönsten und besten *comedor* in Honduras. *Comida típica* wird hier neu definiert (das *lomito de res a la plancha* probieren!), der Service ist untypisch freundlich und die Atmosphäre (für einen *comedor*) gehoben. Auf die Sonnenterrasse setzen, einen hervorragenden *licuado* trinken und sich ehrfürchtig darüber freuen, dass man für 90 HNL so gut essen kann.

Café Welchez (Frühstück 40–77 HNL; ⌚6.45–21.45 Uhr) Wow, Nelly! Wie kommt denn Banoffee Pie in dieses ruhige honduranische *pueblo*? Das weiß niemand, aber es schmeckt unglaublich gut. Das beste Café ist nach wie vor Espresso Americano (ebenfalls an dem Platz), aber dieser Dessert- und Kaffeeladen hat mehr lokale Tradition. Das Frühstück ist günstig und es gibt immer eine Auswahl an frischen und leckeren Kuchen und Pies (20–35 HNL). Es gehört zum Hotel Marina Copán.

La Casa de Todo (Hauptgerichte 64–118 HNL; V) Hausgemachtes Brot, Joghurt und Biokaffee werden im grünen Garten dieses Cafés aufgetischt, gut sind auch die vegetarischen Optionen wie Salat. Der Service ist nicht immer der schnellste. Serviert werden vor allem leichte Mahlzeiten und Snacks.

ViaVia Café (Hauptgerichte 65–110 HNL; ⌚6.30–24 Uhr) Dieses erfinderische Restaurant ist spezialisiert auf internationale, eher vegetarische Küche, die aber auch Gerichte mit Fleisch bietet. Die zugehörige Bar, die lebendigste in Copán, sorgt abends für ausgelassene Stimmung. In der Regel legt DJ Diego auf. Wer es ruhiger mag, setzt sich tagsüber auf die Terrasse im Freien und beobachtet die Menschen beim Bummeln. Aktuelle raubkopierte Hollywood-Filme werden sonntags, montags und dienstags um 19 Uhr gezeigt (20 HNL).

Picame (Hauptgerichte 70–125 HNL) Supergünstiges, kleines Restaurants mit den am härtesten arbeitenden Köchen der Stadt (eine niederländisch-honduranische Partnerschaft). Die Burger werden frisch zubereitet und die *baleadas* sind groß und sättigend. Wer eine Lunchbox zum Mitnehmen wünscht, bestellt sein Sandwich am Tag zuvor von der langen Liste. Im Fernsehen läuft oft CNN – in den Augen vieler Honduraner heute das „Chavez News Network" wegen seiner mutmaßlich voreingenommenen Berichterstattung über die Zelaya-Affäre.

Carnitas Nia Lola (Hauptgerichte 105–355 HNL; ⌚7–22 Uhr) Der Service hier ist einmalig langsam, dafür bewirken starke Daiquiris, dass das recht schnell egal ist. Das Carnitas mit Saloontüren, nachgemachter Antikdeko und allerlei Krimskrams sieht aus wie eine Themenbar, ist aber ein belebter Treffpunkt zum Essen unter freiem Himmel zwei Häuserblocks südlich des Platzes. Sehr beliebt sind die *anafres* (gibt es kostenlos zum Essen), die auf knallheißen Kohlen aus dem Grill erhitzt werden. Noch spektakulärer sind die Kellnerinnen, die die Platten auf beeindruckende Weise auf ihren Köpfen balancieren. Es gibt ein paar vegetarische Gerichte, doch hier dreht sich alles um *carne* und die interessante Kombination aus Touristen, Familien und betrunkenen Einheimischen.

LP Tipp **Twisted Tanya's** (2-/3-gängige Mahlzeiten 380/420 HNL; Mo–Sa 10–22 Uhr) Wer seit über zwölf Stunden durch Honduras reist, wird vom Tanya gehört haben. Sie ist die legendäre Persönlichkeit, die das witzige Restaurant mit Bar leitet, das man so schnell lieb gewinnt. Von scharfen Currys bis zu Filet Mignon mit Jalapeños und hausgemachten Bagles kann man hier nichts verkehrt machen, und Tanya steckt all ihr Herzblut in ihre Arbeit. Die Cocktailauswahl zählt zu einer der größten des Landes und jeden Tag zwischen 15 und 6 Uhr gibt es Backpacker-Spezialangebote für 120 HNL, die die teureren Preise der Hauptspeisen ausgleichen. Tanya betrieb einst das Twisted Toucan in Roatán und ist eine gute Infoquelle zu den Bay Islands, denn von dort stammt ihr Ehemann, der Barkeeper.

Ausgehen

Das ViaVia Café ist die beliebteste Bar der Stadt. Ebenso gut kann man abends etwas im Twisted Tanya's trinken.

Wine Barcito (So–Do 17–0, Fr & Sa bis 2 Uhr) In dieser luftigen Bar im 2. Stock bekommt man Cocktails (60–80 HNL) und zahlreiche offene argentinische und chilenische Weine. Die improvisierten Kissen in der Lounge auf Bierkisten der Cervecería Hondureña sind ein interessantes Design-Element, so auch die Reihe von Tischen, die bedrohlich nah an den Stromleitungen stehen.

Shoppen

Lohnenswert sind Lederwaren, geflochtene Körbe, Stoffe aus Guatemala und Tabak. La Casa de Todo östlich und dem **Mercado Artesanal** einen Block südlich des Parks sollte man einen Besuch abstatten. Die wohl schönsten Souvenirs sind nachgemachte Mayaschnitzereien von einem Einheimischen namens **Lito Lara** (651-4980). Er hat ein paar Waren in seinem Haus in der Stadt, betreibt sein Hauptgeschäft und seinen Laden jedoch 1 km außerhalb der Stadt an der guatemaltekischen Grenze.

An- & Weiterreise

Minibusse und Pickup-Lastwagen nach und ab Copán Ruinas zur guatemaltekischen Grenze fahren zwischen 6 und 16 Uhr alle 25 Minuten (bzw. wenn sie voll sind) und kosten rund 20 HNL. Auf der guatemaltekischen Seite fahren regelmäßig bis ca. 17 Uhr Busse nach Esquipulas und Chiquimula.

Transportes Casasola (651-4078) ist ein günstiger Anbieter nach San Pedro Sula (110 HNL, 3 Std., Busse um 5, 6, 7 & 14 Uhr), von wo aus man Anbindung nach Tela und La Ceiba hat. Die Luxusbusse kosten einen Bruchteil dessen, was man für die von Hedman Alas bezahlt, sind allerdings auch voller. Das Büro liegt neben dem Hotel Clásico Copán östlich des Parque Central, hatte allerdings vor, in die nahe gelegene Calle Acropolis gegenüber vom Fußballplatz zu ziehen. Die Gesellschaft

UNTERWEGS NACH ANTIGUA, GUATEMALA

Zahlreiche Anbieter, darunter auch **Basecamp** (651-4695; www.basecamphonduras.com; 7–21 Uhr), betreiben Shuttle-Busse zwischen Guatemala und den Copán Ruinas (247 HNL, 6 Std., 2-mal tgl.). Linienshuttles starten in Copán und setzen Passagiere unterwegs in Guatemala-Stadt (5 Std.) ab.

Auf beiden Seiten des Grenzübergangs **El Florido** (24 Std.) wird man von Geldwechslern angesprochen, die guatemaltekische Quetzals in honduranische Lempira oder US-Dollar tauschen möchten. In der Regel bieten sie anständige Kurse an, da es gleich um die Ecke eine guatemaltekische Bank gibt und der Wechselkurs an der honduranischen Einreisestelle ausgeschrieben ist – danach sollte man schauen. Auf der honduranischen Seite der Grenze gibt es keine Bank. US-Dollar werden in manchen Einrichtungen in Copán Ruinas akzeptiert, am besten tauscht man jedoch ein wenig Geld in Lempiras.

Rein rechtlich gibt es keine Ausreisegebühr beim Verlassen von Honduras, doch die Grenzposten versuchen, eine kleine Gebühr zu erheben (20 HNL). Nach einer Quittung oder dem schriftlichen Gesetzestext fragen. Die Einreisegebühr nach Guatemala beträgt 10 Q.

betreibt auch einen Bus täglich um 6.40 Uhr nach Santa Rosa de Copán (80 HNL, 2½ Std.).

Der Busbahnhof von **Hedman Alas** (☎ 651-4037) liegt unmittelbar außerhalb der Stadt. Im Programm sind Luxusbusse nach San Pedro Sula (323–380 HNL, 3 Std.), Tegucigalpa (485–580 HNL, 7 Std.) und La Ceiba (485–580 HNL, 7 Std.), Abfahrten täglich um 5.15, 10.30 und 14.30 Uhr. Busse fahren außerdem täglich um 14.20 Uhr nach Antigua, Guatemala (708–1008 HNL, 6 Std.).

Wer zu einer anderen Zeit abreisen möchte, kann problemlos einen Bus nach La Entrada (45 HNL, 2 Std.) nehmen und dort nach San Pedro Sula oder Santa Rosa de Copán umsteigen. Busse nach La Entrada starten zwischen 5 und 17 Uhr alle 40 Minuten.

Unterwegs vor Ort

Kleine dreirädrige Mototaxis flitzen durch die mit Kopfsteinpflaster gedeckten Straßen. Eine Fahrt in der Stadt kostet für Einheimische 8 bis 10 HNL, ausländische Touristen zahlen den doppelten Preis. Gringo-Preise muss man je nach Verhandlungsgeschick (auf Spanisch) und Beharrlichkeit nicht zahlen.

RUND UM COPÁN RUINAS

Macaw Mountain (☎ 651-4245; www.macawmountain.com; Eintritt190; 9–17 Uhr) ist ein schön angelegtes Vogelschutzgebiet 2,5 km vom Stadtzentrum entfernt. Es wurde von einem ehemaligen Einwohner Roatáns gegründet, der das Projekt mit 90 geretteten, verlassenen und gefährdeten Vögeln startete. Mittlerweile sind es 170. Die Vögel, darunter auch Aras, Papageien, Tukane und Raubvögel, werden sehr liebevoll behandelt. Einige dürfen zur Fütterungszeit ihre Käfige verlassen, kreischen und interagieren mit Besuchern. Die Eintrittskarte gilt drei Tage lang. Auf dem Gelände gibt es ein Restaurant und Café. Ein Mototaxi aus der Stadt kostet 20 HNL, man kann die Strecke jedoch auch in 30 Minuten zu Fuß zurücklegen. Nach Tagesausflügen zur Finca Miramundo erkundigen, der dazugehörenden zertifizierten Biokaffee-Plantage, die auf 1300 m Höhe im Nebelwald am Berg liegt. Eine Lodge für Übernachtungsgäste ist momentan im Bau.

Ein Besuch der Hochlandkaffee- und Kardamomplantage **Finca El Cisne** (☎ 651-4695, www.fincaelcisne.com; Zi. pro Pers. inkl. 3 Mahlzeiten, Reitausflug & Eintritt zu den Thermalbädern 1460 HNL) 24 km von Copán Ruinas entfernt ist eher eine privilegierte Einladung in ein traditionelles Hacienda-Familienhaus als ein Ausflug. Die *finca* (Plantage) wurde in den 1920er-Jahren gegründet und ist noch immer in Betrieb. Es wird Vieh gezüchtet und Kaffee und Kardamom angebaut, außerdem Mais, Avocados, Brotfrucht, Kochbananen, Bohnen, Orangen, Sternfrucht und sogar ein paar Bäume. Tagestouren beinhalten einen geführten Ausritt durch die Wälder und über die Weiden (gelegentlich mit einer Rast am nahe gelegenen Río Blanco, in dem man baden kann) und Führungen durch die Kaffee- und Kardamomfelder und die Verarbeitungsanlagen. Wer im Februar oder Oktober hier ist, kann bei der Ernte helfen. Die meisten Führungen leitet Carlos Castejón, ein freundlicher, Englisch sprechender Agrarwissenschaftler, der in den USA studiert hat und dessen Familie die *finca* besitzt. Man wird in einer gemütlichen Hütte untergebracht und die Mahlzeiten werden in einem traditionellen Holzofen zubereitet. Ein Besuch der nahe gelegenen Thermalquellen ist inbegriffen. Gebucht wird der Trip bei Basecamp (S. 421) in Copán Ruinas.

IN DIE VOLLEN!

Hacienda San Lucas (☎ 651-4495; www.haciendasanlucas.com; EZ/DZ inkl. Frühstück 2612/2992 HNL; P) ist eine schön restaurierte traditionelle Hazienda im ruhigen Randgebiet von Copán. Wer hier übernachten möchte, muss tief in die Tasche greifen, doch das Flair der Anlage kann man auch auf andere Weisen genießen. Im unglaublich atmosphärischen Restaurant wird die zu recht berühmte „Küche nach Maya-Art" der extrovertierten Einheimischen Flavia Cueva serviert, eine kulinarische Reise mit fünf Gängen, die man sich nicht entgehen lassen sollte (da die Sitzplätze begrenzt sind, telefonisch reservieren!). Reiten (1500 HNL) und wandern (Eintritt 60 HNL) sind hier wegen des schönen Blicks auf die Stadt auch beliebt. Ein neuer Yoga-Pavillon blickt über die Akropolis von Copán (telefonisch nach Stunden erkundigen!). Auf dem Gelände liegt die Maya-Ausgrabungsstätte Los Sapos (die Kröten), die für Fruchtbarkeitsrituale gedient haben soll. Cueva hat Öko-Auszeichnungen bekommen, u. a dafür, dass 50 % der Energie über Solarenergie bezogen wird.

Tagestouren (1120 HNL/Pers.) beinhalten An- und Abreise von und nach Copán Ruinas sowie das Mittagessen.

Die schönen **aguas termales** (Thermalquellen; Eintritt 200 HNL; ⌚ 10–22 Uhr) liegen 24 km nördlich von Copán Ruinas und eine reizvolle einstündige Fahrt durch grüne Berge und Kaffeeplantagen entfernt. An einer Seite des Flusses liegen günstigere, weniger ausgebaute Quellen, auf der anderen Seite der „Spa-Bereich", schönere Quellen unter einem Mayamotiv.

ARCHÄOLOGISCHE STÄTTE COPÁN

Eine der wichtigsten aller Mayazivilisationen lebte, gedieh und verschwand dann auf mysteriöse Weise rund um die **Archäologische Stätte Copán** (☎ 651-4108; www.ihah.hn; allgemeiner Eintritt 285 HNL, Museum 133 HNL, Tunnel 285 HNL; ⌚ 8–16 Uhr), heute Unesco-Welterbestätte. Während der Klassik (250–900 n. Chr.) dominierte die Stadt beim heutigen Copán Ruinas die Region jahrhundertelang kulturell. Die Architektur ist nicht so großartig wie die in Tikal, es entstanden aber bemerkenswerte Skulpturen und Hieroglyphen. Die Kultur war so weit entwickelt, dass die Stadt oft als das „Paris der Mayawelt" bezeichnet wird. Wer noch mehr über die Mayakultur erfahren möchte, sollte sich das hervorragende Skulpturenmuseum bei der Stätte nicht entgehen lassen.

Die Ruinen liegen einen schönen, 1 km langen Fußmarsch außerhalb von Copán. Ein Besucherzentrum, das Museum und ein Café mit Geschenkeladen liegen beim Haupteingang. In der Nähe gibt es noch einen größeren Geschenkeladen und einen guten, günstigen *comedor*. Die **Asociación Guís Copán** (☎ 651-4108; guiascopan@yahoo.com) betreibt einen Kiosk am Eingang, an dem zertifizierte Führer auf Kundschaft warten, ohne Touristen zu belästigen. Es empfiehlt sich, einen Führer anzuheuern. Es gibt auch welche, die Deutsch sprechen. Oft sind sie teuer – günstiger wird es, wenn man sich zu einer Gruppe zusammenschließt. Preise für Gruppen von bis zu neun Personen liegen bei 475 HNL nur für die Ruinen, bei zehn bis 19 Personen bei 570 HNL usw. Günstiger ist es, einen der Führer in der Stätte selber zu buchen, sie sind allerdings weniger spezialisiert. In der Stadt findet man teurere, kenntnisreichere Führer. Beim Betreten der Stätte wird man von einem Pulk schöner, wilder (obwohl fast gezähmter) Makaken begrüßt.

Die Broschüre *History Carve in Stone: A Guide to the Archaeological Park of the Ruins of Copán* von William L. Fash und Ricardo Agurcia Fasquelle ist in der Regel im Besucherzentrum erhältlich. Weiterführende Lektüre ist z. B. *Scribes, Warriors and Kings* von William Fash (2001), ein gut lesbarer Überblick mit weniger Betonung auf Archäologie sowie *Chronical of the Maya Kings an Queens, 2nd Edition* (2008) von Simon Martin und Nikolai Grube, deren Kapitel zu Copán den besten bisher veröffentlichten Führer zu den Ruinen darstellt.

Geschichte

PRÄKOLUMBISCHE ZEIT

Nach Funden von Töpferwaren in der Gegend nehmen Wissenschaftler an, dass Menschen für über 2000 Jahre das Copán-Tal bevölkert haben – mindestens ab 1200 v. Chr. Kunsthandwerk und Handel scheinen von Beginn an floriert zu haben: Zutage geförderte Ausgrabungsstücke zeugen von Einflüssen, die teilweise aus dem weit entfernten Zentralmexiko stammen.

Gegen 426 n. Chr. regierte eine Königsfamilie in Copán, angeführt von einem mysteriösen König namens K'inich Yax K'uk' Mó (Große Sonne Grüner Quetzal-Ara). Man verband ihn mit dem riesigen urbanen heutigen Staat Teotihuacán in Mexiko, vermutlich stammte er allerdings aus der Stadt Caracol im heutigen Belize. Er regierte von 426 bis 435. Archäologische Fundstücke deuten darauf hin, dass er ein großer Schamane und Krieger war. 16 spätere Könige verehrten ihn als halbgöttlichen Gründer der Stadt. Seine Dynastie regierte während des gesamten Goldenen Zeitalters von Copán.

Über die frühen Könige (ab 435–628) weiß man ausgesprochen wenig – nur ein paar Namen sind ans Licht gekommen: K'inich Popol Hol, der zweite König, Ku Ix, der vierte, Wasserlilie-Jaguar, der siebte, Mond-Jaguar, der zehnte, und Butz' Chan, der elfte.

Unter Rauch-Imix (Rauch-Jaguar), dem zwölften König, wuchs Copáns Militär- und Handelsmacht. Über 50 Jahre lang (628–695) festigte und vergrößerte Rauch-Imix seine Macht und die Stadt wuchs. Vielleicht hat er sogar das nahe gelegene Fürstentum Quiriguá übernommen, da eine der berühmten Stelen dort seinen Namen und sein Bild trägt. Unter seiner Herrschaft entstanden einige der prächtigsten Tempel und Bauwerke der Stadt. Als er starb, hatten sich deutlich mehr Menschen im aufstrebenden Copán angesiedelt.

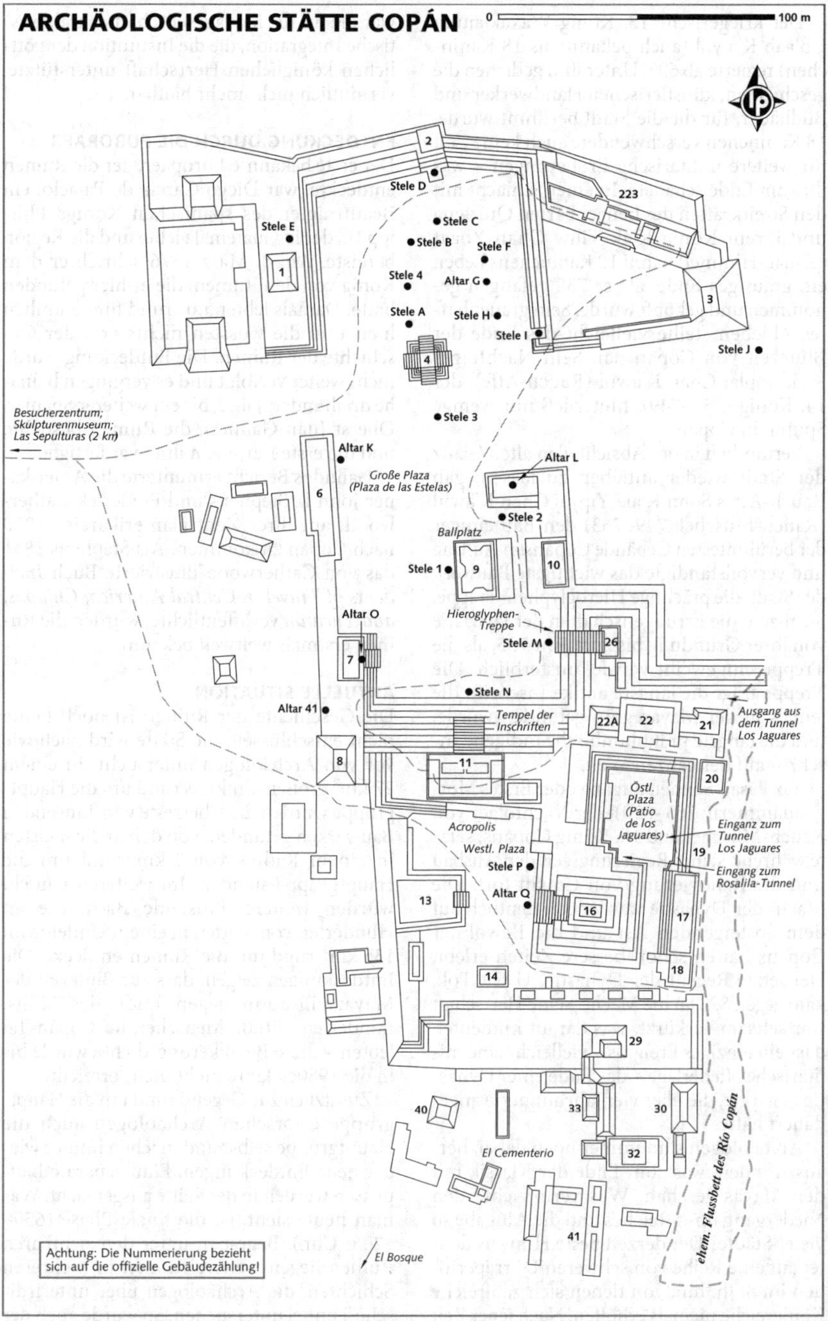
ARCHÄOLOGISCHE STÄTTE COPÁN
0
100 m
2
Stele D
223
Stele C
Stele E
Stele B
Stele F
1
Stele 4
Altar G
3
Stele A
Stele H
Stele I
Stele J
4
Besucherzentrum; Skulpturenmuseum; Las Sepulturas (2 km)
Stele 3
Altar K
Altar L
6
Große Plaza (Plaza de las Estelas)
Stele 2
Ballplatz
Stele 1
9
10
Altar O
Hieroglyphen-Treppe
Stele M
26
7
Stele N
Altar 41
Tempel der Inschriften
22A
22
21
Ausgang aus dem Tunnel Los Jaguares
8
11
20
Östl. Plaza (Patio de los Jaguares)
Acropolis
Westl. Plaza
Eingang zum Tunnel Los Jaguares
19
Stele P
Eingang zum Rosalila-Tunnel
Altar Q
13
16
17
14
18
29
40
33
30
El Cementerio
32
ehem. Flussbett des Río Copán
41
Achtung: Die Nummerierung bezieht sich auf die offizielle Gebäudezählung!
El Bosque

HONDURAS

Der kriegerische 13. König Waxaklajuun Ub'aah K'awiil (auch bekannt als 18 Kaninchen) regierte ab 695. Unter ihm gediehen die geschickten, künstlerischen Handwerker und Bildhauer, für die die Stadt berühmt wurde. 18 Kaninchen verschwendete auch keine Zeit für weitere militärische Eroberungen – was ihm am Ende schadete. In einer Schlacht mit den Streitkräften des benachbarten Quirigua und ihrem König K'ak Tiliw Chan Yoaat (Cauac-Himmel) nahm 18 Kaninchens Leben ein grausiges Ende, als er 738 gefangen genommen und geköpft wurde. Sein grauenhaftes Ableben stellte vielleicht das Ende der Blütezeit von Copán dar. Sein Nachfolger K'ak' Joplaj Chan K'awiil (Rauch-Affe), der 14. König (738–749), hinterließ nur wenige Spuren in Copán.

Vermutlich in der Absicht, den alten Glanz der Stadt wieder aufleben zu lassen, gab Rauch-Affes Sohn K'ak' Yipyaj Chan K'awiil (Rauch-Muschel; 749–763) den Bau einiger der berühmtesten Gebäude Copáns in Auftrag und vervollständigte das wichtigste Bauwerk der Stadt, die prächtige Hieroglyphen-Treppe. Sie macht die Errungenschaften der Dynastie von ihrer Gründung bis zum Jahr 755, als die Treppe eingeweiht wurde, unsterblich. Die Treppe trägt die längste antike Inschrift, die jemals in der Mayaregion gefunden wurde, und die längste präkolumbische indigene Inschrift auf der ganzen Welt.

Yax Pasaj (Sonnenaufgang oder Erstes Morgendämmern; 763–820), der Nachfolger von Rauch-Muschel und 16. König Copáns, setzte während seiner Regierungszeit den Ausbau und die Renovierung von Copán fort. Die Macht der Dynastie war jedoch deutlich auf dem absteigenden Ast und die Bewohner Copáns hatten schon bessere Zeiten erlebt. Der letzte Regent der Dynastie, U Cit Tok, kam gegen 822 an die Macht. Seine Herrschaft war seltsam verkürzt, was darauf hindeutet, dass ein einziges Ereignis – vielleicht eine militärische Niederlage – das Ende einer Dynastie bewirkte, die über vier Jahrhunderte angedauert hatte.

Archäologen sind immer noch dabei, herauszufinden, was zum Ende der Klassik mit den Mayas geschah. Was verursachte den Niedergang ihres Reiches und die Aufgabe so vieler Städte? Der derzeit beste Hinweis deutet auf eine Reihe von schweren Dürreperioden im 8. Jh. hin, von denen sich zahlreiche Königreiche niemals erholten. Nach jener Zeit war die für die Mayagesellschaft charakteristische Integration, die die Institution der göttlichen königlichen Herrschaft unterstützte, vermutlich nicht mehr haltbar.

ENTDECKUNG DURCH DIE EUROPÄER

Der erste bekannte Europäer, der die Ruinen entdeckte, war Diego García de Palacio, ein Beauftragter des spanischen Königs Philipp II., der in Guatemala lebte und die Region bereiste. Am 8. März 1576 schrieb er dem König von den Ruinen, die er hier gefunden hatte. Damals lebten nur rund fünf Familien hier, und die wussten nichts von der Geschichte der Ruinen. Die Entdeckung wurde nicht weiter verfolgt und es vergingen beinahe dreihundert Jahre, bis ein weiterer Spanier, Oberst Juan Galindo, die Ruinen besuchte und die erste Karte von ihnen anfertigte.

Galindos Bericht ermunterte die Amerikaner John L. Stephens und Frederick Catherwood, auf ihrer Zentralamerikareise 1830 nach Copán zu kommen. Als Stephens 1841 das von Catherwood illustrierte Buch *Incidents of Travel in Central America, Chiapas, and Yucatán* veröffentlichte, wurden die Ruinen erstmals weltweit bekannt.

AKTUELLE SITUATION

Die Geschichte der Ruinen ist noch heute nicht entschlüsselt, die Stätte wird nach wie vor von Archäologen untersucht. In einem 27 km² großen Umkreis rund um die Hauptgruppe wurden die Überreste von Tausenden Bauwerken gefunden, von denen die meisten in einem Radius von 1 km rund um die Hauptgruppe standen. Im weiteren Umfeld wurden weitere Tausende Bauwerke an Hunderten von Stätten in einem Umfeld von 135 km² rund um die Ruinen entdeckt. Die Entdeckungen zeigen, dass zur Blütezeit der Mayazivilisation gegen Ende des 8. Jhs. mindestens 20 000 Menschen im Copán-Tal lebten – diese Bevölkerungsdichte wurde bis in die 1980er-Jahre nicht mehr erreicht.

Zusätzlich zur Gegend rund um die Hauptgruppe erforschen Archäologen auch die Hauptgruppe selbst und machen immer wieder neue Entdeckungen. Fünf separate Bauphasen wurden in der Stätte ausgemacht. Was man heute sieht, ist die finale Phase (650–820 n. Chr.). Begraben unter den sichtbaren Ruinen liegen weitere Ruinen in mehreren Schichten, die Archäologen über unterirdische Tunnel untersuchen. So wurde auch der

Rosalila-Tempel gefunden, von dem ein Nachbau heute im Skulpturenmuseum steht. Unterhalb des Rosalila-Tempels liegen weitere frühere Tempel wie der Margarita- und der sogar noch ältere Hunal-Tempel, der das Grab des Gründers der Dynastie Yax K'uk' Mos beherbergt.

Gelegentlich sind die Ruinen wegen weiterer umstrittener politischer Aktionen in den Schlagzeilen. Im September 2005 besetzten 1500 indigene Ch'ortí-Maya, Nachfahren der ursprünglichen Erbauer von Copán, die Ruinen und versperrten Besuchern den Weg. Ihre fünftägige Besetzung der Stätte war ein Protest gegen festgefahrene Landreformen der Regierung, die den indigenen Gemeinden aus der Armut heraushelfen sollten. In den letzten zehn Jahren wurde mindestens ein Anführer der Ch'ortí-Maya umgebracht. Zwar sind die Proteste in letzter Zeit abgeklungen, aber die schwierigen sozialen Bedingungen vieler der 8000 Ch'ortí-Maya in der Region sind noch immer ein großes ungelöstes Problem.

Skulpturenmuseum

Während Tikal berühmt ist für seine hohen Tempelpyramiden und Palenque bekannt für seine Reliefplatten aus Kalk, ist Copán wegen seiner Skulpturen einzigartig in der Mayawelt. Einige der schönsten Stücke werden in diesem Museum ausgestellt, das im August 1996 eröffnet hat. Allein das Museum zu betreten, ist eine tolle Erfahrung. Man geht durch den Mund einer Schlange und windet sich durch das Innere der Bestie, bevor man plötzlich in einer fantastischen Welt aus Skulpturen und Licht landet.

Das Highlight des Museums ist eine maßstabsgetreue Nachbildung des Rosalila-Tempels, der 1989 in nahezu unversehrtem Zustand von Archäologen entdeckt wurde, indem man einen Tunnel in Gebäude 16 gegraben hatte, das zentrale Gebäude der Akropolis. Rosalila, 571 n. Chr. von Copáns zehntem Herrscher Mond-Jaguar eingeweiht, war scheinbar so heilig, dass man Rosalila nicht zerstört hatte, sondern komplett intakt belassen hatte, als Gebäude 16 darüber gebaut wurde. Der ursprüngliche Rosalila-Tempel steht im Herzen von Gebäude 16.

Die Hauptgruppe

Die Hauptgruppe ist eine Gruppe von Ruinen rund 400 m hinter dem Besucherzentrum, vorbei an gepflegten Gärten, durch ein Gatter in einem dicken Zaun hindurch und eine schattige Baumreihe hinab.

STELEN DER GROSSEN PLAZA

Der Weg führt zur Großen Plaza und den riesigen, kunstvoll geschnitzten Steinstelen, die die Herrscher von Copán darstellen. Die meisten der schönsten Stelen von Copán stammen aus den Jahren 613 bis 738 n. Chr., vor allem aus der Regierungszeit von Rauch-Imix (628–95) und 18 Kaninchen (695–738). Alle scheinen ursprünglich bemalt gewesen zu sein; Überreste von roter Farbe sind noch an Stele C zu erkennen. Viele Stelen hatten Vertiefungen unter oder neben sich, in denen Opfergaben niedergelegt werden konnten.

Viele der Stelen an der Großen Plaza stellen König 18 Kaninchen dar, darunter auch die Stelen A, B, C, D, F, H und 4, und sind in der Mayagegend bemerkenswert, weil sie in Hochreliefs gearbeitet wurden. Die vielleicht schönste Stele an der Großen Plaza ist Stele A (731). Das Original steht heute im Skulpturenmuseum, die Stele unter freiem Himmel ist eine Nachbildung. Die nahe gelegenen und beinahe genauso schönen Stelen 4 (731) und B (731) stellen 18 Kaninchen bei seiner Thronbesteigung dar, Stele C (782 n. Chr.) zeigt ihn mit einem schildkrötenförmigen Altar. Die letzte Stele ist an beiden Seiten mit Figuren verziert.

Am nördlichen Ende der Großen Plaza, am Fuß von Gebäude 2, zeigt auch Stele D (736) König 18 Kaninchen. An der Rückseite der Stele stehen zwei Säulen mit Hieroglyphen, an deren Fuß ein Altar mit Furcht erregenden Darstellungen von Chac, dem Gott des Regens, steht. Vor dem Altar liegt die Grabstätte von Dr. John Owens, einem Archäologen, der im Rahmen einer Expedition des Harvard Peabody Museum hier arbeitete und dabei 1893 verstarb.

An der Ostseite steht die Stele F (721), die wohl schönste der Skulpturen von 18 Kaninchen. Sie hat ein eher lyrisches Design: Die Gewänder der Hauptfiguren fließen um den Stein herum bis auf die andere Seite, die mit Glyphen verziert ist. Stele H (730) stellt vermutlich eher eine Königin oder Prinzessin als einen König dar. Stele J, weiter im Osten und vermutlich die frühste der Stelen von 18 Kaninchen, ähnelt der Stele in Quiriguá insofern, als dass auch sie mit Glyphen überzogen ist, die keine menschlichen Figuren darstellen. Stattdessen ist ein faszinierendes Mattenmuster zu sehen, das Symbol der königlichen Herrschaft.

Stele E (614), erbaut auf Gebäude 1 an der Westseite der Großen Plaza, ist eine der ältesten Stelen. Stele 1 (692) auf dem Gebäude, das sich an der Ostseite des Platzes erstreckt, zeigt eine Person, die eine Maske trägt. Altar G (800) wurde von Yax Pasaj in Auftrag gegeben. Auf ihm sieht man zwei identische Schlangenköpfe. Er ist eins der letzten in Copán angefertigten Bauwerke.

BALLHOF & HIEROGLYPHEN-TREPPE

Südlich der Großen Plaza und gegenüber der Zentralen Plaza liegt der Ballhof (Juego de Pelota; 731 n. Chr.), der zweitgrößte in Zentralamerika. Es ist nicht ganz klar, wie das Spiel gespielt wurde. Vermutlich mussten die Mitspieler einen harten Gummiball in der Luft halten, ohne ihn mit den Händen zu berühren. Eine Rekonstruktion auf Video wird in der Casa K'inich (S. 420) gezeigt. Der hier sichtbare Ballhof ist der dritte oder vierte an dieser Stelle, die beiden anderen kleineren wurden bei seinem Bau zerstört. In die abgeschrägten Wände sind Darstellungen von Aras eingearbeitet. Die zentrale Markierung im Hof stammt von König 18 Kaninchen.

Südlich des Ballplatzes steht Copáns berühmtestes Bauwerk, die Hieroglyphen-Treppe, ebenfalls ein Werk von 18 Kaninchen. Heute schützt sie eine riesige Plane vor Wind und Wetter. Das mindert ihre Schönheit zwar ein wenig, aber man bekommt immer noch einen Eindruck ihrer früheren Pracht. Die Treppe aus 63 Stufen erzählt eine Geschichte in Form von mehreren Tausend Glyphen, und zwar die des Königshauses von Copán. Rampen, die mit weiteren Reliefs und Glyphen übersät sind, fassen die Stufen ein. Die in die Stufen eingeschriebene Geschichte beginnt mit dem Tod und der Beerdigung des zwölften Königs an der Innenseite der Treppe. Dann folgt eine Diskussion über die spätere Dynastie, die noch nicht komplett entziffert ist, da die Treppe teilweise zerstört wurde und die Steine durcheinandergeraten sind.

Am Fuß der Hieroglyphen-Treppe steht Stele M (756 n. Chr.), auf der eine Figur (vermutlich König Rauch-Muschel) in einem mit Federn besetzten Mantel zu sehen ist. Glyphen berichten von der Sonnenfinsternis in jenem Jahr. Auf dem vorne stehenden Altar sieht man eine federgeschmückte Schlange, aus deren Maul ein Menschenkopf herausschaut.

Ein Tunnel neben der Treppe führt zum Grab eines Adligen. Der königliche Schriftgelehrte war eventuell der Sohn von König Rauch-Imix. Das 1989 entdeckte Grab enthielt bemalte Keramik und schön gearbeitete Jade-Objekte, die heute in Museen in Honduras ausgestellt werden.

AKROPOLIS

Die stolze Freitreppe südlich der Hieroglyphen-Treppe wird **Tempel der Inschriften** genannt. Die Wände oben an der Treppe sind mit Hieroglyphengruppen verziert. Südlich der Treppe liegen die abgeschiedensten Bereiche der Akropolis. Sie werden unterteilt in den **Ostplatz** und den **Westplatz**. Den Westplatz säumt an der Ostseite Tempel 16, der Yax Pasaj gewidmet ist. An seinem Fuß steht eine Replik seines berühmten Altars Q (776 n. Chr.), eine der berühmtesten Skulpturen der gesamten Stätte. Das Original kann man im Skulpturenmuseum bewundern. In traumhaften Reliefarbeiten sind rund um den Altar die 16 großen Könige von Copán dargestellt, der letzte davon ist der Erschaffer des Altars, Yax Pasaj. Unterhalb des Grabs lag ein Opfergewölbe, in dem Archäologen die Knochen von 15 Jaguaren und mehreren Aras fanden, die vermutlich zu Ehren Yax Pasajs geopfert wurden, sowie dessen Knochen, die man wohl Yax Pasajs Nachfolgern geopfert hat. An der Nordseite der Östlichen Plaza steht das Throngebäude von 18 Kaninchen mit einer Türöffnung in Form eines Schlangenmauls und einer Skulptur im Inneren.

TUNNEL

1999 öffneten Archäologen die zwei Tunnel für Besucher, damit man einen Blick auf die älteren Bauwerke unterhalb der heute sichtbaren Bauwerke am Boden werfen kann. Der sehr kurze erste Tunnel ist der **Rosalila-Tunnel**, in den jeweils nur ein paar Besucher gleichzeitig dürfen. Der berühmte Tempel ist nur teilweise zu sehen und liegt hinter einer dicken Glasscheibe. Der andere Tunnel, **Los Jaguares**, war ursprünglich 700 m lang, doch ein langer Abschnitt wurde geschlossen, so dass er nur noch ca. 80 m misst. Er läuft entlang der Fundamente von Tempel 22. Der Tunnel liegt an der Außenseite der Hauptstätte, sodass man um das Fundament und den hinteren Teil der Hauptstätte herumlaufen muss, um wieder hineinzukommen. Das ist zwar faszinierend, aber kaum die 285 HNL Aufpreis wert.

Las Sepulturas

Besucher übersehen Las Sepulturas oft. Und so ist es eine ruhige Zufluchtsstätte vor den Menschenmassen an den Hauptruinen. Zwar sind die Ausgrabungen hier auch nicht ganz so prächtig, aber sie bieten doch einen Einblick ins Alltagsleben der Mayas in Copán während des Goldenen Zeitalters.

Las Sepulturas war einst über einen 1 km langen Damm mit der Großen Plaza verbunden. Vermutlich lebten hier die reichen, mächtigen Adligen und die religiösen Führer. Ein riesiger luxuriöser Komplex beherbergte früher anscheinend rund 250 Personen in 40 oder 50 Gebäuden, die rund um elf Höfe lagen. Das Hauptgebäude namens „Haus der Bakabs" (Amtspersonen) hatte Außenwände, in die zehn lebensgroße Männer mit Federkopfschmuck eingemeißelt waren. Im Inneren stand eine riesige, mit Hieroglyphen verzierte Bank.

Um zur Stätte zu kommen, verlässt man am Eingang des Parkplatzes die Hauptruinen, biegt rechts ab, folgt dem schönen Fußweg aus weißen Platten und biegt am Schild erneut rechts ab.

SANTA ROSA DE COPÁN

48 000 Ew.

Santa Rosa de Copán ist eine kühle Bergstadt mit Straßen, die schönes Kopfsteinpflaster aufweisen, und schönen restaurierten Kolonialgebäuden. Durch seine Größe und das geschäftige Treiben verliert das Städtchen eindeutig ein wenig an kolonialem Reiz – es ist deutlich weniger ruhig als beispielsweise Gracias. Dafür hat es auch mehr zu bieten, u. a. einige tolle Bars und Restaurants und deutlich besser erhaltene Bauwerke. Sehenswürdigkeiten von Weltrang wie bei Copán Ruinas gibt es hier allerdings nicht, sodass auch nicht ganz so viele Touristen hier unterwegs sind – und gerade das macht auch einen Teil des Charmes von Santa Rosa aus. Hier kann man prima etwas länger bleiben.

Der jährliche **Festtag** ist der 30. August. Und die Stadt ist für ihre bunten Feierlichkeiten zur **Semana Santa** bekannt.

Sie liegt auf einem Hügel 1,5 km vom Busbahnhof an der Schnellstraße entfernt. Die meisten Hotels sind nur einen kurzen Fußweg vom Parque Central entfernt, an dessen Nordseite die Polizeiwache liegt, eine schöne Kathedrale an der Ostseite und Hondutel an der Westseite.

Praktische Informationen

Banco Atlántida (1a Calle NO bei der 3a Av NO) Wechselt Reiseschecks und mit Visa-Karte erhält man einen Barvorschuss. Die Bank hat keinen Geldautomaten.

Banco del Occidente (Parque Central) Im selben Gebäude wie Western Union, wechselt Reiseschecks und mit Visa-Karte gibt's Bares.

Bonsai Cyber Café (Calle Real Centenario zw. 2a Av & 3a Av NO; 16 HNL/Std.; 9–22 Uhr) Schicke Ausstattung und *cabinas*, langsame Internetverbindung.

Geldautomat der Banet/Unibanc (1a Calle) Unmittelbar unterhalb der Banco del Occidente gelegen. Akzeptiert Visa, Cirrus, MasterCard und American Express.

Hondutel (Parque Central; 7–21 Uhr) Telefonanbieter.

Polizei (☎ 662-0214)

Post (Parque Central; Mo–Fr 8–16, Sa 8–12 Uhr)

Touristeninformation (☎ 662-2234; www.visitesantarosedecopan.org; Mo–Fr 8–18, Sa 9–17 Uhr) In einem Kiosk im zentralen Park bietet das Büro viele Informationen zu Restaurants und Unterkünften in Santa Rosa sowie genaue Hinweise zur kulturellen Bedeutung der Stadt und der historischen Gebäude. Auch Ausflüge können organisiert werden. Der schnelle Internetzugang kostet 15 HNL pro Stunde.

Sehenswertes

In der **Zigarrenfabrik La Flor de Copán** (☎ 662-0185; Führungen 40 HNL; Mo–Fr 10 & 14 Uhr) 2 km außerhalb der Stadt können Besucher dabei zusehen, wie handgedrehte Zigarren hergestellt werden. Ein Taxi ab der Innenstadt kostet 40 HNL. Führungen gibt es auch auf Englisch. Wer ein Zigarre probieren möchte, findet einen Laden an der Calle Real Centenario auf Höhe 3a Av NO.

Wer guten Kaffee liebt, kann bei **Beneficio Maya** (☎ 662-1665; www.cafecopan.com; Colonia San Martín; Mo–Sa 7–12 & 13.30–17 Uhr), einer Plantage, auf der Kaffee verarbeitet wird, bei der Verarbeitung der Bohnen zuschauen. Führungen zu nahe gelegenen *fincas* finden während der Kaffeeernte (Nov.–Feb.) statt. Man muss einen Tag im Voraus telefonisch reservieren.

Geführte Touren

Lenca Land Trails (☎ 662-1128; lencatours@gmail.com; Calle Real Centenario nahe der 3a Av NO; 8–12 Uhr) Der Anbieter wird betrieben von Max Elvir, einem bekannten einheimischen Führer, der im Hotel Elvir anzutreffen ist und sehr empfehlenswerte Ausflüge in die nahe gelegenen indigenen Lenca-Dörfer und den Parque Nacional Montaña de Celaque anbietet. Max spricht Englisch.

Schlafen

Hotel El Rosario (☎ 662-0211; 3a Av NE zw. Calle 1a & Calle 2a; Zi. ohne Bad 150 HNL/Pers., mit Bad 200 HNL/Pers.) Zwei Häuserblocks östlich des Parks liegt neben einem schmierigen Stundenhotel das makellose Rosario, dessen schlichte Zimmer von einem langen Korridor abgehen. Die Betten sind ein bisschen weich, aber dank der Dachfenster hat man Tageslicht. Das Haus wird von der *señora* geführt, die auch die benachbarte Apotheke betreibt.

Hotel Alondra's (☎ 662-1194; 3a Av SO zw. Calle 1a & Calle 2a SE; EZ/DZ/DBZ 300/500/700 HNL) Eine der neueren Unterkünfte der Stadt. Eine Familie betreibt das nette und unglaublich saubere Alondra's. Der einzige Nachteil sind die etwas düsteren Zimmer, aber die eigenen Bäder haben Warmwasser.

Hotel VIP Copán (☎ 662-0265; hotelvipcopan@hotmail.com; Ecke 1a Calle NE & 3a Av NE; EZ/DZ mit Ventilator 445/695 HNL, EZ/DZ mit Klimaanlage 645/845 HNL; P) Die zentral gelegene Option hat gemütliche, allerdings komplett leblose Zimmer mit glatten Bettüberwürfen und Bädern mit Glanzfliesen. In manche Zimmer fällt nicht viel Tageslicht, was gar nicht so schlecht ist, wenn man nicht gerne morgens um 5 mit den Hühnern aufsteht. Das zugehörige Restaurante Mundo Maya (Hauptgerichte 40–220 HNL) genießt vor Ort einen guten Ruf.

Posada de Carlos y Blanca (☎ 662-1028; astrid_ixel@hotmail.com; Calle Real Centenario nahe der 4a Av SO; EZ/DZ inkl. Frühstück 440/661 HNL; P) Das Mittelklassehotel in einem umgebauten Privathaus hat eine gemütliche familiäre Atmosphäre. Die Englisch sprechende Tochter Astrid ist ein Engel in der Not, der bei allem weiterhilft, und das Frühstück ist wunderbar. Reservierungen sind nur schwer erhältlich.

Essen

Ten Napel Café (1a Calle NO zw. Av 2a & Av 3a NO; Gebäckstücke 16–60 HNL; Mo–Sa 8.30–12 & 14–19 Uhr) Ein angemessenes Kaffeehaus für ein Kaffeeland ist das gemütliche Ten Napel, in dem man hervorragenden Latte macchiato, Cappuccino, koffeeinfreien *licudao* (30 HNL) und sogar offene Weine bekommt. Das Café hat einen tollen Garten im Hof.

Pizza Pizza (Calle Real Centenario nahe der 6a Av NE; Pizza 38–260 HNL; Do–Di 11.30–21 Uhr) In dieser reizvollen Pizzeria kriegt man die beste Ofenpizza der Stadt und riesige Sandwiches gegen den großen Hunger. Dazu gehört ein Büchertausch für englische Bücher.

Tio Kike (1a Av SE nahe 1a Calle SE; Hauptgerichte 65–120 HNL; Mo–Do 9–19, Fr & Sa bis 22 Uhr) Unerwartet ansprechendes winziges Lokal, in dem leckere *típica* serviert wird. Das gebratene Hähnchen und die Frucht-Smoothies sind besonders empfehlenswert.

Zotz (Calle Real Centenario zw. 2a & 3a Av; Hauptgerichte 75–220 HNL; 12–24 Uhr) Von John-Travolta-Alben und einem aufrecht stehenden Bass bis zu antiken Nähmaschinen sind die Wände in diesem immer vollen Bar-Restaurant mit so viel amerikanischem Kitsch zugestellt, dass man sich fühlt wie auf einem Flohmarkt. Auf der Speisekarte stehen total verrückte Gerichte, die Bar selber ist eine der Besten von Honduras. Sobald man durch die Tür kommt, weiß man, dass alles gut wird.

El Rodeo (1a Av SE zw. Calle 1a & Calle 2a SE; Hauptgerichte 125–230 HNL; Mo–Do 10–22, Fr & Sa bis 4 Uhr) Dieses Steakhouse im südwestlichen Stil ist donnerstags bis samstagabends auch eine überraschend gute unkonventionelle Bar, in der ab 21 Uhr Livemusik gespielt wird. Das Essen ist definitiv für Fleischliebhaber gedacht, mit seiner großen Auswahl an gut zubereiteten Gerichten der Gaucho-Küche.

Ausgehen & Unterhaltung

The View (Ecke Calle Real Centenario & 4a Av NE; Eintritt 50–100 HNL; Mi–Sa 19.30–7 Uhr) Hier treffen sich die Besserverdienenden und die, die auf einen Flirt aus sind. Die Türsteher scheinen sich eher wie in einer Großstadt zu fühlen als wie im kleinen Santa Rosa. Die angesagte Tanzbar mit Terrasse im Obergeschoss hat bis Sonnenaufgang geöffnet. Flip-Flops und Trekkingsandalen sind hier nicht gern gesehen.

Flamingos (1a Av SE nahe 1a Calle SE; Mo–Mi 10–23, Do–Sa bis 3 Uhr) Restaurant mit Bar im Flamingo-Thema, das ein bisschen wirkt, als wäre man in Palm Springs. Aber das Flamingos überzeugt sowohl mit seinen guten Meeresfrüchten als auch mit der Klientel, die donnerstags und am Wochenende nach 22 Uhr zum Tanzen und Trinken hierher kommt. Wer eine Flamingo-Phobie hat, sollte fernbleiben.

Cinema Don Quijote (☎ 662-2625; Plaza Saavedra, 1a Calle NE bei der 3a Av NE; 40 HNL) Jeden Abend um 19 Uhr werden aktuelle Hollywoodfilme gezeigt.

An- & Weiterreise

Die meisten Busse von und nach Santa Rosa de Copán steuern den Terminal de Transporte an der großen Schnellstraße 1,5 km außerhalb der Stadt an. Ein *colectivo* in die Stadt kostet 40 HNL.

Busse von **Sultana de Occidente** (☎ 662-0940) fahren nach Tegucigalpa, San Pedro Sula und Agua Caliente (Guatemala) und starten im benachbarten separaten Busbahnhof. **Congolón** (☎ 662-3834) hat einen Busbahnhof weiter die Schnellstraße hinauf näher an der Stadt. Auch hier starten und halten Busse von und nach San Pedro Sula und Nueva Ocotepeque.

Wer nach San Pedro Sula reist, nimmt am besten einen Direktbus, der nur einmal unterwegs in La Entrada hält. Die Linienbusse fahren häufiger, sind aber langsamer.

Fahrtziele ab Santa Rosa:

Copán Ruinas (80 HNL; 3 Std.) Ein *directo*-Bus fährt um 14 Uhr (Casasola Espress); ansonsten fährt man am besten direkt nach La Entrada und steigt dort um.
Gracias (40 HNL; 1½ Std.; alle 30 Min.)
La Entrada (35 HNL; 1¼ Std.; 6–18 Uhr alle 30 Min.) Die gleichen Busse wie die nach San Pedro Sula und direkte Mikrobusse.
Nueva Ocotepeque Sultana-Busse (70 HNL; 1½ Std.; 12.30–19 Uhr stündl.) zur Weiterfahrt in die Grenzstadt Agua Caliente (2½ Std.) kosten 90 HNL.
San Juan/La Esperanza Ein täglicher Direktbus nach San Juan (70 HNL; 3 Std.) und La Esperanza (100 HNL; 4 Std.) um 11 Uhr.
San Pedro Sula Sultana (90 HNL; 2½ Std.; 4–13 Uhr stündl.); Congolón (90 HNL; 3½ Std.; 13.30, 15, 15.30 & 16 Uhr)
San Salvador Mehrere Busgesellschaften fahren abwechselnd über El Poy (266 HNL; 4 Std.) nach San Salvador. Los geht's um 8.30 Uhr am Restaurant JM am Busbahnhof.
Tegucigalpa Sultana (198 HNL; 7 Std.; zw. 4 und 13 Uhr stündl.)

GRACIAS

43 600 Ew.

Gracias ist eine kleine, ruhige Stadt mit Kopfsteinpflaster 47 km südöstlich von Santa Rosa de Copán. Eine kurze Zeit lang war sie im 16. Jh. die Hauptstadt des gesamten durch die Spanier eroberten Zentralamerikas. Spuren ihrer alten Pracht sieht man noch an den Jahrhunderte alten Gebäuden und zahlreichen Kolonialkirchen. Das Tempo in den Straßen ist in der Regel sehr gediegen.

Gracias wurde 1526 vom spanischen Kapitän Juan de Chavez gegründet. Der eigentliche Name der Stadt lautete Gracias a Dios („Dank Gott"). Die Audiencia de los Confines, der regierende Zentralamerikarat, wurde hier am 16. April 1544 gegründet. Noch immer stehen die Gebäude, die der Rat für sich beanspruchte. Schließlich stellten Antigua (Guatemala) und Comayagua die Bedeutung der Stadt in den Schatten.

Die Gegend rund um Gracias ist bergig und reizvoll, große Teile sind bewaldet. Die Stadt eignet sich gut als Ausgangspunkt für Touren in den Parque Nacional Celaque.

Orientierung & Praktische Informationen

Gracias ist eine kleine Stadt und außer einem Geldautomaten erreicht man alles zu Fuß – zum Geldziehen muss man nach Santa Rosa de Copán fahren. Die Post und Hondutel liegen nebeneinander einen Block südlich des schicken neuen Parque Central, der 2009 renoviert wurde und in dem nun scheinbar eine neue Parkbank für jeden Einwohner steht. Auch die Polizei hat im Park eine Station. Seltsamerweise gehört die Straßennummerierung zu einer der besten des Landes, aber Straßennamen gibt es noch immer nicht.

Banco de Occidente (Parque Central) Wechselt Reiseschecks und US-Dollar.
Ecolem (16 HNL/Std.; ⏲ 8–20 Uhr) Internetzugang.
Hospital Dr Juan Manuel Galvez (☎ 656-1100; Carretera a Santa Rosa de Copán; ⏲ 24 Std.)
El Jarróns Kunsthandwerksladen (☎ 9870-8821; guiamarcolencas@yahoo.com) liegt an der Straße nach La Esperanza. Marco Aurelio organisiert/leitet Wanderungen in Celaque (250–800 HNL), Ausflüge nach La Campa und San Manuel De Colohete (450–800 HNL), dreistündige Reitausflüge (300 HNL/Pers.) und verleiht Fahrräder (30 HNL/Std.) und Zelte (70–80 HNL/Nacht).
Lavandería La Estrella (10 HNL/500 g; ⏲ Mo–Sa 8–17 Uhr)
Touristinformation (Kiosk im Parque Central; ⏲ Mo–Fr 8–12 & 13.30–16.30 Uhr) Hat nützliche Ordner mit Informationen, allerdings muss man Spanisch können.

Sehenswertes & Aktivitäten

Hoch oben auf einem Hügel westlich des Parque Central steht das **Castillo San Cristóbal** (⏲ 7–17 Uhr), das wegen seines tollen Blicks auf die Stadt einen Spaziergang wert ist. In Gracias gibt es mehrere *iglesias* aus der Kolonialzeit, **San Marcos, Las Mercedes** und **San Sebastián**. Neben der Iglesia de San Marcos liegt die **Sede de la Audiencia de los Confines**, die eine wichtige Rolle in der Geschichte der Stadt spielt, und die heute die *casa parroquial* beherbergt, die Residenz des Gemeindepriesters. Die Kirche ist eine der wenigen in einem Parque Central, deren Fassade nicht den Platz flankiert, sondern in eine andere Richtung zeigt.

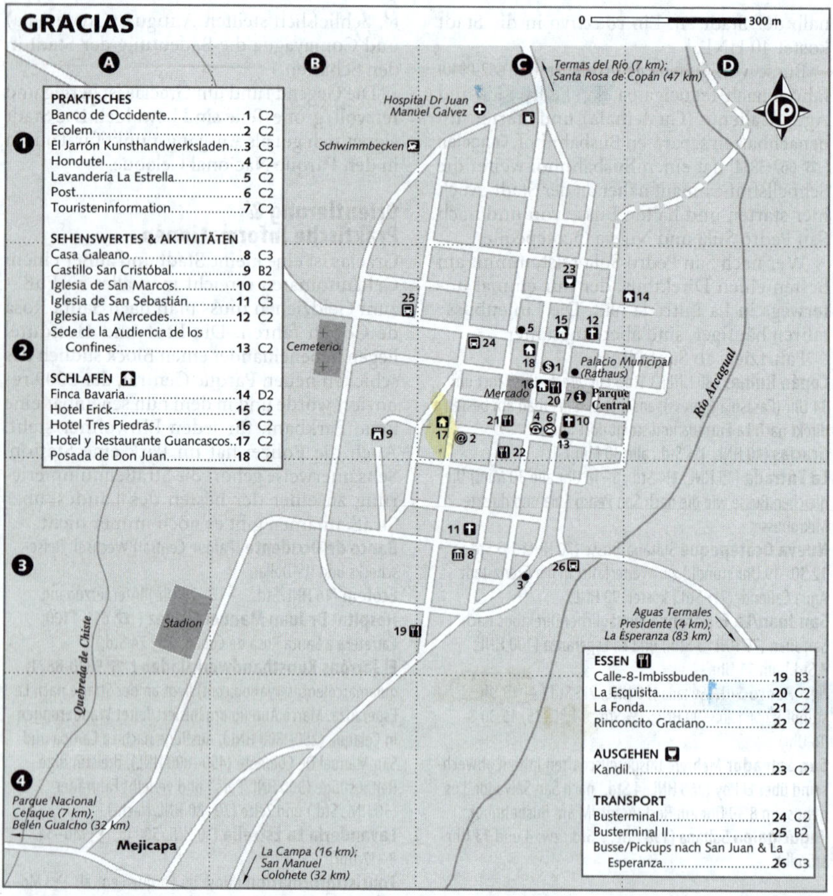

Die **Casa Galeano** (☎ 625-5407; Eintritt 30 HNL; ⏲ 9–18 Uhr) ist ein schönes restauriertes Kolonialhaus mit einem riesigen Garten. Das neue Museum könnte mehr bieten. Der Bodenbelag ist schön, dazu gibt es interessante Infos zur lokalen Geschichte und eine Zusammenfassung zur Lenca-Kultur, aber die Beschriftungen sind nur auf Spanisch.

Die meisten anderen Sehenswürdigkeiten der Gegend, darunter die schönen Thermalquellen und der Parque Nacional Montaña de Celaque, liegen ein paar Kilometer außerhalb der Stadt (s. S. 436).

Schlafen

Hotel Erick (☎ 656-1066; Zi. 150 HNL; 🅿) Das saubere Hotel in Familienbesitz ist ein alteingesessener Favorit bei Budgetreisenden. Die Betten sind eher durchgelegen, aber es ist die beste Budgetoption der Stadt, wenn einen das Design aus blankem Zement nicht stört. Alle Zimmer haben Bäder mit kaltem Wasser. Hier kann man sich nach Ausflügen und der Anfahrt zum Nationalpark erkundigen, muss aber etwas Spanisch können.

Die **Finca Bavaria** (☎ 656-1372; EZ/DZ/DBZ 200/250/400 HNL) auf einer ungepflegten 3,5 ha großen *finca de café* (Kaffeeplantage) war einst vermutlich eine ruhige und interessante Budgetoption. Heute scheint sie nur noch zu zerfallen.

LP Tipp **Hotel y Restaurante Guancascos** (☎ 656-1219; www.guancascos.com; EZ/DZ/DBZ ab 350/420/600 HNL; 🅿 📶) Die gemütlichen Zimmer sind die am

6BD = ca £24

geschmackvollsten eingerichteten in Gracias. Die Zimmer im Obergeschoss (12, 13 & 14) bieten einen schönen Blick auf die Stadt, ebenso das Terrassenrestaurant, in dem man gut andere Reisende kennenlernen kann.

Hotel Tres Piedras (☎ 656-0880; trespiedras@yahoo.es; EZ/DZ/DBZ 430/624/825 HNL; P) Ein willkommener Neuling aus dem Jahr 2009. Das schicke Hotel hat beinahe Boutiquestil. Die 16 Zimmer mit eleganten Bettüberwürfen sind gut eingerichtet. Das Hotel hat einen interessanten Hof unter freiem Himmel mit Ketten, die den Regen auffangen und in den Garten weiterleiten, und nicht die Flure und Gemeinschaftsbereiche unter Wasser setzen (der Besitzer ist Ingenieur).

Posada de Don Juan (☎ 656-1020; www.posadadedonjuan.com; EZ/DZ/DBZ ab 771/991/1432 HNL; P) Zwar hat dieses Hotel deutlich mehr Stil als die anderen in der Stadt (Bougainvillea, künstlerische Schwarzweißfotos der Stadt) und die Zimmer sind modern und sauber, dafür aber zu schlicht für ihren Preis. Überhaupt scheint das Hotel nicht ins generelle Preisniveau der Stadt zu passen. Aber es hat einen traumhaften Pool und ein gutes Restaurant.

Essen & Ausgehen

Gutes, günstiges Essen an Straßenimbissen bekommt man rund um eine Gegend namens Calle 8, die sich zu einer Art Treffpunkt entwickelt hat.

LP Tipp **Rinconcito Graciano** (Hauptgerichte 40–70 HNL; 10–11.30 & 19–21 Uhr) Zwar spielt das Restaurant mittlerweile nur noch die zweite Geige nach dem Neugeborenen der Besitzerin Lizeth Perdomo (daher die begrenzten Öffnungszeiten, was sich im Lauf des Jahres 2011 wieder ändern sollte), doch nach Möglichkeit sollte man hier einmal gegessen haben. Von Perdomo werden traditionelle Lenca-Gerichte aus Bio-Zutaten an schönen Holztischen in einer unkonventionellen Umgebung serviert. Essen und Getränke werden auf traditionellem Lenca-Geschirr an den Tisch gebracht, was sich durchaus auf den Geschmack auswirkt. Eins der interessantesten und authentischsten Restaurants des Landes.

La Esquisita (Hauptgerichte 50–80 HNL; 7–21, So bis 20 Uhr) Täglich stehen nur ein paar einfache hausgemachte Buffet-Gerichte auf der Karte. Es ist immer sehr voll mit Einheimischen. Das Essen ist recht lecker und sättigend – so würde es bei Oma schmecken, wenn sie aus Honduras wäre.

La Fonda (Hauptgerichte 70–90 HNL; 10–22 Uhr) Die mündliche Speisekarte in diesem günstigen Lokal mit guter *comida típica* wechselt jeden Abend. Gegessen wird an Plastiktischen mit Tischdecken in einem lachsfarbenen Gebäude, während U2 und Man at Work aus den Boxen schallen. Seltsam, aber gut.

Kandil (Di–Do 7–22, Fr & Sa bis 1 Uhr) Einem jungen Maler und Fotografen gehört diese kulturbeflissene Bar. Sie ist der einzige touristenfreundliche Ort in Gracias, an dem man etwas trinken kann. Im schönen, von Kerzen beleuchteten Raum sind Wanderausstellungen einheimischer Künstler ausgestellt. Aufgetischt werden leckere Sandwiches und Quesadillas (20–50 HNL) sowie sehr beliebte Frozen Mojitos. Musikalisch stehen weder Reggaetón noch *ranchera* auf dem Programm. Wo man vor der Eröffnung des Ladens auf der La Ruta Lenca östlich von Santa Rosa etwas trinken gegangen ist, ist uns schleierhaft.

An- & Weiterreise

Kleine Motorradtaxis fahren durch die Stadt und kosten pro Fahrt 10 HNL.

Die gewundene Bergstraße zwischen Gracias und Santa Rosa de Copán ist landschaftlich sehr schön. Lempira-Expressbusse nach Santa Rosa de Copán (40 HNL, 1½ Std.) fahren von 5.30 bis 17 Uhr alle 40 Minuten am Busterminal ab. Details zu Bussen von Santa Rosa nach Gracias stehen auf S. 433.

Drei Direktbusse fahren nach San Pedro Sula (110 HNL, 3 Std., 6, 8.30 & 9 Uhr).

Es gibt keine Direktverbindung nach Copán Ruinas. Man nimmt einen Bus nach La Entrada und steigt dann in einen anderen nach Copán Ruinas um. Die Fahrt dauert etwa vier Stunden und sollte rund 125 HNL kosten.

An der Straße in Richtung der Städte im Südosten, darunter San Juan (40 HNL, 1 Std.) und La Esperanza (70 HNL, 2 Std.), liegt schönes bergiges Hochland. Die Busse fahren gelegentlich morgens am Busterminal II ab. Am besten begibt man sich allerdings zur provisorischen Haltestelle vor dem ENEE (nahe El Jarrón) an der Ausfallstraße nach La Esperanza. Von hier aus fahren u. a. Busse um 5, 7.15 und 9 Uhr ab, die auf jeden Fall hier durch kommen. Die Straße wurde zum Zeitpunkt der Recherche gerade geteert (und verbreitert), der geteerte Abschnitt erstreckte sich bis etwa auf die Hälfte der Strecke nach La Esperanza. Busse nach San Juan und La Esperanza fahren an der letzten Brücke außerhalb der

Stadt ab. Auch Pickup-Lastwagen sind für diese Ziele eine bewährte Option. Sie fahren an derselben Stelle ab. In San Juan starten bis zum frühen Nachmittag Pickups nach La Esperanza.

RUND UM GRACIAS

Ein Bad in den öffentlichen **Aguas Termales Presidente** (Eintritt 50 HNL; 6–23.30 Uhr) ist unvergesslich. Zwar sind die Bäder eine gnadenlose Touristenattraktion, aber die Lage praktisch mitten im Wald machen sie zu etwas Besonderem – wo sonst kann man Rauchschwaden aus natürlichen Thermalquellen aufsteigen sehen, während über dem Kopf grüne Blätter rascheln? Die heißen Quellen 4 km südöstlich der Stadt bestehen aus mehreren Pools mit verschiedenen Temperaturen. In den höher gelegenen Quellen ist das Wasser wärmer. Auf dem Gelände gibt es ein Restaurant, eine Bar und schmuddelige Umkleidekabinen. In rund einer Stunde erreicht man die Quellen zu Fuß, aber viele Menschen trampen hin und zurück. An Wochenenden und Feiertagen kann es zu voll werden. Eine Alternative sind die privaten **Termas del Río** (656-1304; Eintritt 60 HNL; 7.30–21 Uhr) 7 km nördlich von Gracias. Sie sind genauso schön, besser gepflegt und weniger überlaufen. Allerdings sind sie mit öffentlichen Verkehrsmitteln schwieriger zu erreichen, da auf der Hauptstraße keine Mototaxis fahren dürfen. Beim Hotel Guancascos kann man sich nach Transportmöglichkeiten erkundigen.

Mehrere kleine Städte in der Nähe von Gracias sind ebenfalls einen Besuch wert. Die Lenca stellen in dieser Gegend einzigartiges Kunsthandwerk her. Vor allem **La Campa**, eine malerische kleine Stadt 16 km südlich von Gracias, ist im ganzen Land bekannt für ihre erstklassige schwarz-weiße Keramik. Im Ort gibt es zwei Hotels und Werkstätten, in denen man den Handwerkern und -werkerinnen bei der Arbeit zusehen kann.

San Manuel Colohete 16 km hinter La Campa ist eine weitere schöne kleine Bergstadt mit einer reizvollen, kürzlich restaurierten Kirche aus der Kolonialzeit, die berühmt ist für ihre 400 Jahre alten Fresken. In der Stadt gibt es ein Hotel.

Ein Direktbus fährt täglich um 12 Uhr vom Busterminal II in Gracias nach La Campa (20 HNL). Alternativ kann man auch um 13 Uhr in den Bus nach San Manuel Colohete (40 HNL, 1 Std.) steigen, der unterwegs in La Campa hält. Die Rückfahrt von San Manuel nach Gracias ist morgens um 6 Uhr, also muss man hier übernachten. Die Reisezeiten können sich in der Regenzeit deutlich verlängern. Auch Trampen ist hier möglich.

PARQUE NACIONAL MONTAÑA DE CELAQUE

Celaque (was seltsamerweise im hiesigen Lenca-Dialekt „Schachtel mit Wasser" bedeutet) ist einer der beeindruckendsten Nationalparks Honduras'. Hier liegt **El Cerro de las Minas**, mit einer Höhe von 2849 m der höchste Berg des Landes. Seine Hänge sind mit üppigem Wald überwachsen, der sich in faszinierenden Stufen entwickelt, je näher man dem Gipfel kommt. Im Park entspringen mehrere Flüsse und ein majestätischer Wasserfall, der vom gesamten Tal aus sichtbar ist. Seine steilen Hänge haben einige vertikale Abhänge, die wegen des dichten Waldes komplett unzugänglich sind.

Das Tier- und Pflanzenleben im Park ist sehr vielfältig. Hier leben Pumas, Ozelote und Quetzale, die man aber selten sieht. Häufiger vertreten sind schöne Schmetterlinge, Affen, schwarze Eichhörnchen und Reptilien, man muss allerdings sehr leise und sehr früh auf den Beinen sein, um wilde Tiere zu sichten.

Praktische Informationen

Als für diesen Reiseführer recherchiert wurde, musste man das Eintrittsgeld (50 HNL) am Besucherzentrum bezahlen. Es war allerdings

ABSTECHER: BELÉN GUALCHO

Belén Gualcho ist ein malerischer Kolonialort an einem Berghang in 1600 m Höhe auf der Gracias abgewandten Seite des Parque Nacional Montaña de Celaque. Hierhin kommt man über die Straße von Santa Rosa de Copán. Zu den Sehenswürdigkeiten zählen eine interessante *iglesia* und ein sonntäglicher Lenca-Markt. Hier liegt ein Eingang zum Parque Nacional Celaque und ein holpriger Weg führt nach San Manuel Colohete, allerdings gibt es weder einen Kontrollpunkt noch Serviceleistungen.

Ein paar Busse verkehren täglich zwischen hier und Santa Rosa. Es gibt ein paar schlichte Unterkünfte und Lokale und sogar ein Internetcafé.

HONDURAS

im Gespräch, dass die Kasse in die Stadt umziehen sollte. Informationen zu Wandermöglichkeiten im Park erhält man am Hotel Guancascos und in der Touristeninformation am Parque Central in Gracias. Ein Besucherzentrum auf 1400 m Höhe bildet den Eingang zum Park.

Wandern & Camping

Zum Zeitpunkt der Recherche bot das Besucherzentrum keine Stockbetten und Küche mehr an, Camping ist jedoch nach wie vor erlaubt (15 HNL/Pers.). In der Nähe des Besucherzentrums fließt ein Fluss, der nach einer langen ermüdenden Wanderung sehr verlockend ist. Er dient allerdings als Trinkwasserquelle und Baden ist streng verboten.

Die nächste Anlaufstelle, das Campamento Don Tomás, liegt auf einer Höhe von 2000 m und einen dreistündigen Fußmarsch einen gut markierten Waldweg hinauf. Man kommt an zahlreichen Bächen vorbei, aus denen man Wasser schöpfen kann. Reinigungstabletten oder einen Filter mitnehmen! Das Camp besteht aus nichts außer drei Wänden, einem Zementboden und einem Wellblechdach. Eigenes Zelt oder Hängematte und ein Mückennetz mitbringen! Es gibt eine kleine Latrine und kein fließendes Wasser.

Ein zweiter Campingplatz, El Narajo, liegt nur wenige Kilometer entfernt, aber der Pfad ist sehr steil (1–2 Std.). Das Camp inmitten des Nebelwaldes ist schön, aber man sollte darüber nachdenken, sein Zelt und seine Taschen bei Don Tomás zu lassen und als Tagesausflug auf den Gipfel zu klettern, bis hier ein neues Refugium (zum Zeitpunkt der Recherche vorgeschlagen) in Betrieb genommen wurde. Vom zweiten Camp aus läuft man weitere zwei bis drei Stunden über einen schönen hügeligen Weg durch den Nebelwald zum Gipfel. Wegen der Wolken und des dichten Baumwuchses ist der Blick vom Gipfel eventuell wenig eindrucksvoll, aber es gibt trotzdem ein Schild, das dorthin zeigt.

Viele Menschen unterschätzen die Zeit, die sie für den Aufstieg benötigen. Zum Berggipfel zu wandern dauert zwei Tage. Am besten bricht man früh auf und steuert erst eines der Camps an, dann den Gipfel ohne Gepäck. Am nächsten Tag folgt der Abstieg. Stellenweise ist der Pfad nicht ganz eindeutig – man muss nach den bunten Schleifen Ausschau halten. Den Pfad auf keinen Fall verlassen! Der Wald ist so dicht, dass es schwierig bis unmöglich werden kann, den Weg wiederzufinden. Ein niederländischer Wanderer ist 1998 hier verschwunden.

Warme Kleidung und angemessene Wanderstiefel mitbringen – die Temperaturen im Park liegen deutlich unter denen in Gracias. Es kann oft feucht und regnerisch sein.

Führer kann man im Dorf direkt vor dem Eingang organisieren. Nach **Luis Melgar** (☎ 9971-5114) oder einem seiner Brüder fragen. Führer berechnen 350 HNL für kurze Wanderungen und 500 HNL pro Tag für Wanderungen mit Übernachtung. Englisch spricht keiner von ihnen.

Alternativ kann man eine Tour über die **Asociación de Guías** (☎ 656-0627) organisieren.

An- & Weiterreise

Der Haupteingang zum Park liegt 7 km oberhalb von Gracias. Einen weiteren Eingang gibt es in Belén Gualcho (s. Kasten S. 436) an der Westseite, aber es empfiehlt sich der Zugang über Gracias, wo es bessere Einrichtungen und mehr unberührten Wald gibt.

Von Gracias aus kann man zu Fuß in zwei Stunden zum Eingang des Parks laufen. Nach der gut ausgeschilderten Abkürzung für Besucher *a pie* (zu Fuß) schauen! Vom Haus, in dem man die Gebühren entrichtet, läuft man noch eine weitere halbe Stunde den Berg hoch zum Besucherzentrum des Parks. Unsere Empfehlung: Die Energie aufsparen fürs Wandern im Park. Eine holperige Fahrt mit dem Motorradtaxi zum Eingang kostet etwa 100 bis 150 HNL.

Alternativ kann man die Fahrt über das Hotel Erick oder das Hotel Guancascos in Gracias organisieren.

SAN JUAN

Dank dem sich langsam verbessernden Zustand der Schnellstraße und den hartnäckigen Bemühungen von Freiwilligen des Friedenskorps' entwickelt sich das winzige, traditionelle Bergdorf langsam zu einem Touristenziel. Es lohnt einen Zwischenstopp, wenn man Einheimische treffen und mehr über den Lebensstil in diesem abgelegenen, wenig besuchten Teil des Landes erfahren möchte.

Einheimische Führer und Unterkünfte können über die hiesige Tourismuskooperative organisiert werden. **Gladys Nolasco** (☎ 754-7150), den Präsidenten der Kooperative, trifft man vermutlich im benachbarten Restaurant Los Jarritos. Ausflugsmöglichkeiten sind u. a.

eine Wanderung zu **La Cascada de los Duendes**, die durch Nebelwald und vorbei an Wasserfällen führt und mit einer Tour durch eine Kaffee-*finca* endet, oder **El Cañon Encantado**, eine Führung zu schönen Orten der Gegend, bei der der Guide Teilnehmern von den Geistern erzählt, die sie bewohnen (nur auf Spanisch). Reiten, ein Besuch bei traditionellen Kunsthandwerkern, Kaffeerösten und Verkostung können ebenfalls organisiert werden.

Alle Busse und Pickup-Lastwagen zwischen Gracias (s. S. 435) und La Esperanza (s. S. 408) halten hier.

NUEVA OCOTEPEQUE

19 100 Ew.

In der südwestlichen Ecke von Honduras liegt das staubige Nueva Ocotepeque, ein Durchgangsort mit viel Verkehr zu und von den nahe gelegenen Grenzübergängen bei Agua Caliente (Guatemala) und El Poy (El Salvador). Die Stadt an sich bietet nicht viel, eignet sich aber als überraschend ruhiges Nachtquartier vor oder nach der Grenzüberquerung. E-Mails kann man bei **Cyber.com** (20 HNL/Std.; 🕑 8–12 & 14–19 Uhr) in einem lavendelfarbenen Haus einen Häuserblock westlich hinter dem Parque Central checken. Bargeld bekommt man am Geldautomaten der Banet einen Block nördlich des Parks.

Die **Reserva del Guisayote** ist ein Bioreservat mit dem am einfachsten zugänglichen Nebelwald in ganz Honduras. Man erreicht sie über eine befestigte Straße, die von Nueva Ocotepeque aus 16 km in Richtung Norden führt.

Schlafen & Essen

Alle Unterkünfte und Restaurants in Nueva Ocotepeque liegen in der oder in der Nähe der Calle Intermedio, die durch die Stadt führt.

Hotel Turista (☎ 653-3639; Av General Francisco Morazán; DZ ohne Bad 230 HNL, EZ/DZ 230/360 HNL; Ⓟ) Frisch herausgeputzt in prächtigen Pastelltönen. Die beste der günstigen Unterkünfte rund um die Busbahnhöfe. Sie ist überraschend schön und sauber für den Preis.

Servi Pollo (Menüs 45–78 HNL; 🕑 6–21 Uhr) Haute cuisine hat hier hoffentlich niemand erwartet, oder? In dem Fast-Food-Lokal bekommt man gebratenes und gegrilltes Hähnchen und Burger. Von der Bushaltestelle aus läuft man Richtung Süden, biegt an der Banco Occidente links ab und dann in die zweite Straße rechts.

An- & Weiterreise

Zwei Langstreckenbus-Gesellschaften fahren nach Nueva Ocotepeque: **Congolón** (☎ 653-3064) hat seinen Sitz einen halben Häuserblock

UNTERWEGS NACH GUATEMALA & EL SALVADOR

Esquipulas, Guatemala

Die Grenze zwischen Honduras und Guatemala liegt bei **Agua Caliente** (🕑 24 Std.), eine halbstündige Fahrt von Nueva Ocotepeque entfernt. Zuerst passiert man die honduranische Einreisestelle, dann nimmt man ein Taxi (10 Q, 2 km) den Hügel aufwärts zum guatemaltekischen Grenzposten. Von dort aus fahren regelmäßig Busse nach **Esquipulas** (10 km, 30 Min.), von wo aus man Anschluss nach **Guatemala-Stadt** und **Flores** hat. In Agua Caliente gibt es keine Unterkünfte. Der letzte Bus nach Nueva Ocotepeque verlässt den Ort um 17.30 Uhr.

La Palma, El Salvador

Der Grenzübergang **El Poy** (🕑 24 Std.) zwischen Honduras und El Salvador liegt 15 Fahrminuten von Nueva Ocotepeque entfernt. Auf beiden Seiten lassen die Busfahrer Passagiere rund 100 m von der Grenze entfernt aussteigen. Von dort aus passiert man die Grenze zu Fuß und steigt dann in einen Bus.

Honduras zu verlassen oder nach El Salvador einzureisen, sollte nicht gebührenpflichtig sein. Wenn die honduranischen Behörden eine Ausreisegebühr verlangen, nach einer Quittung oder dem schriftlichen Gesetzestext fragen – auf einmal werden sie keine Gebühr mehr erheben. Genauso wenig sollte es eine Ausreisegebühr aus El Salvador geben. Nach Honduras einzureisen kostet eine offizielle Gebühr von 60 HNL. In Salvador fahren regelmäßig Busse nach **San Salvador** und **La Palma**. Der letzte Bus nach San Salvador verlässt El Poy zwischen 16 und 16.30 Uhr. Auf der honduranischen Seite startet der letzte Bus von El Poy nach Nueva Ocotepeque um 16.30 Uhr.

Informationen zur Grenzüberquerung von El Salvador aus s. S. 368.

südlich des Parque Central, **Sultana** (☎ 653-2405) zwei Blocks nördlich des Parks. Ihre Ziele sind:

Agua Caliente (20 HNL; 30 Min.; 6–18 Uhr alle 30 Min.) Busse starten am Busbahnhof Transporte San José zwei Blocks nördlich des Parks.

El Poy/Grenze zu Salvador (15 HNL; 15 Min.) Busse fahren zwischen 6.30 und 19 Uhr alle 20 Minuten. Los geht's an derselben Stelle, an der auch zwischen 7 und 16 Uhr die Busse nach Agua Caliente starten.

La Entrada (90–100 HNL; 2½ Std.) Hier halten alle Busse auf dem Weg nach San Pedro Sula.

San Pedro Sula (140–180 HNL; 4½ Std.) Busse von Sultana fahren zwischen 4 und 16 Uhr stündlich (außer um 12 & 13 Uhr), Busse von Congolón fünfmal täglich: Der erste fährt um Mitternacht, der letzte um 12 Uhr.

Santa Rosa de Copán (65–70 HNL; 2 Std.) Hierhin kommt man mit allen Bussen nach San Pedro Sula.

Tegucigalpa (250–280 HNL; 9 Std.) Busse von Sultana fahren zwischen 4 und 11 Uhr stündlich. Alternativ nimmt man den Bus nach San Pedro Sula und steigt dann um. Ein Direktbus nach Congolón startet um Mitternacht (280 HNL).

NÖRDLICHES HONDURAS

Das üppig grüne, tropische nördliche Honduras verzaubert seine Besucher seit Jahrhunderten. Seine Naturwunder und die lockere karibische Atmosphäre machen es fast unwiderstehlich.

Zwischen den Stränden liegen Mangrovensümpfe und tropische Vegetation, dahinter unberührter Urwald, Berghänge und Flüsse – ein Paradies für Abenteuerurlauber. Ob nun die Brüllaffen im Parque Nacional Jeannette Kawas oder die Seekühe im Wildtierreservat bei Cuero y Salado: Die Natur spielt in diesem Teil des Landes eine wesentliche Rolle. Und all das trotz der enormen landwirtschaftlichen Entwicklung der fruchtbaren, schmalen Küstenebenen, auf denen genügend Bananen gewachsen sind, um die gesamte Wirtschaft des Landes zu stemmen.

La Ceiba ist die Partystadt der Region und Ausgangspunkt für Reisen zu den Bay Islands. Die *zona viva* (Partyzone) der Stadt hat viele Reisende länger vor Ort bleiben lassen, als sie eigentlich geplant hatten. Abseits der Stadt bieten sich unzählige Outdoor-Abenteuer: Rafting auf dem Río Cangrejal, Wandern im Pico Bonito oder sich bei einer Canopy-Tour im Urwald an der Küste von Baum zu Baum schwingen. Entlang der Küste erstrecken sich Garífuna-Dörfer, Bastionen einer Kultur mit einem reichen afrikanischen und karibischen Erbe. Die Garífuna sind Nachfahren der Sklaven, die Ende des 18. Jhs. von den Briten auf Roatán zurückgelassen wurden.

Die meisten Traveller lassen die Hafenstadt Puerto Cortés (zurecht) schnell hinter sich, aber die anderen beiden großen Städte, Tela und Trujillo, haben ihren Charme: Sie locken u. a. mit Stränden, Mengen an Meeresfrüchten und entspannten Bewohnern.

Während der **Semana Santa**, die in Honduras eine Woche lang mit Feiertagen und guter Laune begangen wird, bevölkern viele Touristen die Küste. Da muss man im Voraus buchen und sich auf doppelt hohe Preise einstellen. Die meisten Orte sind den Rest des Jahres über ruhig.

GEFAHREN & ÄRGERNISSE

An einsamen Strandabschnitten außerhalb von La Ceiba, Tela (vor allem) und Trujillo wurden Reisende vorwiegend von Jugendbanden belästigt und bestohlen. Manchen wurde ihr Hab und Gut am Strand geklaut, während sie im Wasser waren. Augen offenhalten! An diesen Stränden am besten nicht alleine spazieren gehen und niemals im Dunkeln.

An der Nordküste ist die HIV-Infektionsrate hoch; entsprechend planen.

PUERTO CORTÉS

118 100 Ew.

Puerto Cortés liegt 64 km nördlich von San Pedro Sula und ist die westlichste der großen karibischen Städte Honduras'. Sie hat einen der wichtigsten Tiefseehäfen des Landes und über die Hälfte aller Exportwaren, die per Schiff das Land verlassen, vor allem Bananen, Ananas und anderes Obst, kommen durch Puero Cortés. Außer der Fähre nach Belize gibt es für Reisende hier allerdings wenig Interessantes. Wer auf die Weiterreise wartet, sollte sich in Omoa oder Travesía/Baja Mar einquartieren.

Praktische Informationen

Außer den unten aufgeführten Banken gibt es noch eine Filiale der **HSBC** (3a Av zw. Calle 1a & Calle 2a E) und eine **Citibank** (2a Av zw. Calle 6a & Calle 7a E).

BAC/Bamer (Parque Central) Diese Bank hat einen Unibanc-Geldautomaten.

Banco de Occidente (2a Av bei der 4a Calle) An der Ecke des Parque Central; wechselt Reiseschecks und mit Visa-Karte erhält man einen Bargeldvorschuss.

Multinet Internet Café (Parque Central; 20 HNL/Std.; Mo–Sa 8–19 Uhr) Das günstigste Internet-/Telefoncafé der Stadt.

Sehenswertes

Die **Playa de Cieneguita** ein paar Kilometer Richtung Omoa ist der schönste Strand der Gegend mit ein paar Restaurants und schickeren Hotels. Andere Strände bei Travesía und Baja Mar (S. 441) erreicht man mit einem Lokalbus. Aufgrund der Nähe zu San Pedro Sula kann es an Wochenenden und Feiertagen voll werden.

Der **Jahrmarkt** in Puerto Cortés findet am 15. August statt.

Der Hauptgrund, nach Puerto Cortés zu kommen, ist die wöchentliche Schiffsanbindung nach Belize.

Schlafen & Essen

In Puerto Cortés gibt es zahlreiche Unterkünfte, allerdings nur wenige schöne. Viele 08/15-Restaurants und amerikanische Fast-Food-Ketten liegen rund um den Parque Central.

Hotel El Centro (☎ 665-1160; 3a Av zw. Calle 2a & Calle 3a E; EZ/DZ mit Ventilator 325/455 HNL, mit Klimaanlage 442/577 HNL; P) Die engen, aber sicheren Zimmer sind gut in Schuss und haben saubere Bettwäsche. Damit ist das Centro die beste Budgetoption im Zentrum. Es liegt in praktischer Nähe zu den Busbahnhöfen, zum Parque Central und auch zu vielen Restaurants und Banken.

Hotel Costa Azul (☎ 665-5215; www.hotelcostaazul.net; Playa Muncipales; EZ/DZ/DBZ inkl. Frühstück ab 800/900/1000 HNL; P) Dieses teurere Mittelklassehotel außerhalb des Zentrums hat seine Vorzüge: Der Pool ist traumhaft und in den modernen Zimmern findet man alle üblichen Annehmlichkeiten. Zum Hotel gehört ein gutes Restaurant, und die Lage gegenüber der beliebten und recht schönen grünen Strände Playas Municipales ist toll. Der wirkliche Clou allerdings ist, dass man zu Fuß zur Fähre nach Belize laufen kann – sie legt in 600 m Entfernung ab und man kann sich ein teures Taxi sparen.

Parrilladas Hareb (3a Av at 10a Calle E; Hauptgerichte 55–65 HNL; 8–22 Uhr) In diesem beliebten Grillrestaurant gibt's gegrilltes Fleisch und Hähnchen. Man sitzt auf der vorgelagerten Terrasse eines Privathauses. Am Wochenende sollte man rechtzeitig kommen, da es zu Spitzenzeiten sehr voll wird.

An- & Weiterreise

BUS

Die Busbahnhöfe der zwei Busgesellschaften, die San Pedro Sula ansteuern, liegen nebeneinander an der 4a Av zwischen Calle 3a und Calle 4a einen Häuserblock nördlich und einen halben Block westlich des Parque Central. **Impala** (☎ 665-0606) und **Caribe** (☎ 665-0606) teilen sich einen Busbahnhof an der 2a

WILDER BEAT: GARÍFUNA-TÄNZE

Zu sehen, wie Tänzer sich zu live gespielter Garífuna-Musik bewegen, ist ein Highlight an der Nordküste. Musiker erzeugen mit großen Trommeln, dem Panzer einer Schildkröte, Maracas und einer großen Muschelschale einen stampfenden, schlichten Rhythmus. Worte werden gesungen, die Zuhörer antworten und die Tänzer fangen an, wie wild ihre Hüften zur *punta*, einem traditionellen Tanz der Garífuna, kreisen zu lassen.

Jedes Jahr Mitte Juli findet das **nationale Garífuna-Tanzfest** in der kleinen Stadt Baja Mar (S. 441) nahe Puerto Cortés statt. Alle Städte und Dörfer haben ihre jährlichen Fiestas und das ganze Jahr über gibt es Kulturveranstaltungen und Versammlungen aller Art. Am **Garífuna-Tag** (12. April), einem wichtigen Feiertag für alle Garífuna-Gemeinden, wird des Tages im Jahr 1797 gedacht, als die Garífuna in Honduras anlandeten. Oft darf man einen Tanz anschauen, wenn man sich in den Garífuna-Dörfern erkundigt.

Die Städte Santa Fe und Santa Rosa de Aguán (S. 462) in der Nähe von Trujillo haben ihre eigenen Feste, jeweils vom 15. bis 30. Juli und vom 22. bis 29. August. An den letzten drei Tagen ist in der Regel die Stimmung am ausgelassensten.

Das National Ballet Folklórico Garífuna aus Tegucigalpa ist ein erstklassiges Tanzensemble, das bereits in der ganzen Welt aufgetreten ist. Wer die Chance hat, eine Vorstellung zu sehen, sollte sie sich nicht entgehen lassen.

Av zwischen 4a Av und 5a Av und fahren nach Puerto Cortés. Alle zehn Minuten fährt zwischen 4.20 bis 18 Uhr abwechselnd von beiden Linien ein Bus nach San Pedro Sula (35–42 HNL).

Von getrennten, nebeneinander liegenden Busbahnhöfen betreibt **Transportes Citral Costeños** (☎ 655-0888; 3a Calle Este) alle 20 Minuten Busse an die guatemaltekische Grenze nach Corinto (44–50 HNL, 2 Std.). Unterwegs kann man in Omoa aussteigen (14 HNL). Das Unternehmen betreibt auch einen täglichen Direktbus um 14.10 Uhr (55 HNL). Der letzte Bus startet um 16.30 Uhr.

Informationen zu Bussen in diese Gegenden stehen in den Kapiteln Travesía & Baja Mar und Omoa (beides s. rechte Spalte).

SCHIFF/FÄHRE

Zwei Gesellschaften betreiben Fähren nach Belize. Die Überfahrten sind nicht immer pünktlich und in letzter Zeit wurde der Fahrplan mehrfach geändert. Der **D-Express** (☎ 9991-0778; www.belizeferry.com) startet montags um 11.30 Uhr neben dem Restaurant El Delfin in Barra la Laguna 3 km südöstlich von Puerto Cortés nach Big Creek und Placencia. Wer wegen eines Visums mitfährt, kann am Freitag um 9.30 Uhr mit dem Schiff von der Anlegestelle Placencia Shell Gas oder um 11.30 Uhr von Big Creek/Mango Creek (110 BZ$) zurückfahren. Reist man mit einer ausreichend großen Gruppe, kann man auch ein privates Schiff chartern. Die Gesellschaft **Water Taxi Nesymein Neydy** (☎ 3396-1380) fährt montags zur Mittagszeit von der gleichen Stelle nach Belize ab und legt in Dangriga (dichter an Belize-Stadt) an. Tickets zu den Fahrtzielen kosten 1000 HNL, egal, welches Schiff man nimmt. Am Tag der Reise muss man sich um 10 Uhr mit seinem Personalausweis anmelden. Zu den Fähren nimmt man einen beliebigen Bus von San Pedro nach Omoa, steigt in La Laguna aus und folgt den Schildern zum Restaurant Delfin. An der Anlegestelle kann man Lempira in belizische Dollar wechseln.

Unter Umständen ist es günstiger und einfacher, über die guatemaltekische Hafenstadt Puerto Barrios (s. S. 204) nach Belize einzureisen.

ZUG

Ein Passagierzug, der zwischen Puerto Cortés und Tela fuhr, wurde dauerhaft eingestellt.

TRAVESÍA & BAJA MAR

Gleich östlich von Puerto Cortés liegen die Garífuna-Küstendörfer Travesía und Baja Mar. Travesía hat den saubereren Strand. Von Puerto Cortés aus folgt die Straße dem Meeresufer über Travesía nach Baja Mar. Beide Dörfer bestehen aus zusammenhängenden Holzhausreihen, vor denen kleine Fischerboote liegen.

Sie besitzen jeweils ein oder zwei Restaurants. Baja Mar ist vor allem als Veranstaltungsort des nationalen Garífuna-Tanzfestivals (9.–24. Juli; s. Kasten S. 440) bekannt. Jedes Jahr nehmen daran alle Garífuna-Gemeinden des Landes (ca. 36) teil. Ihre Vertreter tanzen manchmal die ganze Nacht durch.

Schlafen & Essen

Hotel Frontera del Caribe (☎ 665-5001; Zi. 350 HNL; Ⓟ) Steht direkt an Travesías vermülltem Strand und ist eine ansatzweise angenehme Option für Budgetreisende, die nahe Puerto Cortés übernachten möchten. Die sieben einfachen Obergeschosszimmer (jeweils max. 3 Pers.) haben eigene Bäder und Deckenventilatoren. Zudem sind sie sauber und bekommen oft ein nettes Lüftchen vom Meer ab. Das leicht überteuerte Strandrestaurant im Untergeschoss serviert Frühstück, Mittag- und Abendessen.

Direkt davor halten Busse aus Richtung Puerto Cortés.

An- & Weiterreise

Nahe dem Busbahnhof Citral in Puerto Cortés starten Busse nach Travesía und Baja Mar auf einer Freifläche neben dem Restaurant Glorieta Los Amigos (7, 9.30, 10.30, 12.15, 14, 16 & 17.30 Uhr, So eingeschränkter Fahrplan). Der letzte Bus in Gegenrichtung verlässt Baja Mar um ca. 15.45 Uhr und passiert Travesía um ca. 16 Uhr.

Auch Taxis verbinden Puerto Cortés mit Travesía (100 HNL, ca. 10 Min.).

OMOA

37 300 Ew.

Die verschlafene Kleinstadt Omoa liegt 18 km westlich von Puerto Cortés an einer breiten, geschwungenen Bucht mit super Sonnenuntergang. Omoas Geschichte ist ein bisschen tragisch: Als langjähriges Wochenendziel der Einwohner von San Pedro Sula war die Stadt einst auch eine beliebte Zwischenstation vieler Backpacker, die ins nahe Guatemala reisten bzw. von dort eintrafen. Da der Highway zur Grenze aber mittlerweile ausgebaut ist, halten sich die heutigen Besucherzahlen in Grenzen. Noch schlimmer sind die umstrittenen Flüssiggasanlagen von Gas del Caribe: Neben potthässlichen Gastanks hat diese Firma diverse Wellenbrecher errichtet, die den Strömungsverlauf im Meer verändern. Somit muss Omoa hilflos zusehen, wie die Fußballfeldbreite seiner Strände langsam schwindet. Doch damit nicht genug: 2009 riss ein Erdbeben der Stärke 7,3 zusätzlich große Strandstücke weg. Trotz alledem ist Omoa ein recht angenehmer und sicherer Ort für einen Zwischenstopp. Hier gibt's ein gutes Hostel, eine historische Festung und mehrere Meeresfrüchterestaurants direkt am Ozean. Während der Strand sicherlich nicht paradiesisch ist, wartet die Stadt mit einer reizvollen Atmosphäre auf.

Omoas **jährliches Festival** steigt am 30. Mai.

Praktische Informationen

Am Strand starten Busse nach Puerto Cortés (5.45–20.15 Uhr alle 40 Min.). Wer es eilig hat, marschiert zum Highway (1 km) und nimmt dort einen der häufiger verkehrenden Busse. Die Banco de Occidente löst Reiseschecks ein. Da Omoa keine Geldautomaten hat, bringt man am besten gleich ausreichend Bares mit. E-Mail-Abfragen sind im Roosternet in der näher zum Highway liegenden Hauptstraße möglich.

Sehenswertes

In historischer Hinsicht ist Omoa für seine spanische **Fortaleza de San Fernando de Omoa** (Erw./Kind 76/10 HNL; ⌚ Mo–Fr 8–16, Sa & So 9–17 Uhr) berühmt, die heute ein Museum beherbergt. Die Festung entstand zwischen 1759 und 1777 auf Befehl Ferdinands VII. von Spanien. Sie sollte die Küste gegen die damalige Piratenplage schützen und wurde 1779 nach nur viertägiger Schlacht von den Briten erobert. Dank dem Instituto Hondureño de Antropología e Historia ist das Bollwerk bis heute gut erhalten.

Schlafen & Essen

Omoas viele Strandrestaurants sind allesamt ungerechtfertigt teuer. Wer sich vom Meer wegbewegt, spart daher Bares. Escapate mögen wir trotzdem.

Roli's Place (☎ 658-9082; www.yaxpactours.com; Stellplatz 60 HNL/Pers., Hängematte/B 60/80 HNL, EZ/DZ ohne Bad 150/180 HNL, EZ/DZ ohne Klimaanlage 220/250 HNL, DZ/3BZ mit Klimaanlage 330/380 HNL; ❄) Gäste des gut ausgestatteten Hostels mit Gemeinschaftsküche können kostenlos Kajaks und Fahrräder ausleihen. Die prima eingerichteten Doppelzimmer (inkl. LCD-Fernsehern mit internationalen Kanälen) sind echte Schnäppchen. Ansonsten gibt's Schlafsäle, Doppelzimmer mit Gemeinschaftsduschen, Zeltstellplätze, eine Hängemattenterrasse und gefiltertes Leitungswasser. Der deutschschweizer Eigentümer setzt seine zahlreichen Hausregeln (u. a. Nachtruhe ab 22 Uhr, Alkoholverbot, keine Kerzen außer an Weihnachten) rigoros durch und bietet Shuttles nach La Ceiba bzw. Puerto Barrios an.

Hotel Fisherman (☎ 658-9224; Zi. mit Ventilator/Klimaanlage 200/300 HNL; ❄) und **Hotel Tatiana** (☎ 658-9787; Zi. mit Ventilator/Klimaanlage 300/600 HNL; ❄) heißen zwei einfache Budgetoptionen gegenüber vom Strand.

Burgers & Mariscos (Carretera a Guatemala; Hauptgerichte 50–150 HNL) Das tolle Lokal steht nahe der

UNTERWEGS NACH GUATEMALA & BELIZE

Puerto Barrios, Guatemala

Etwa 51 km südwestlich von Omoa markiert der Übergang **Corinto** (⌚ 6–18 Uhr) die Grenze zu Guatemala. Ab dem Haupthighway ist er mit Bussen (40 HNL, stündl.) erreichbar, die an den ersten *comedores* in Grenznähe halten. Von dort marschiert man durch die Einreisekontrolle auf guatemaltekischen Boden, wo bereits Minibusse nach **Puerto Barrios** (15 Q, 1¼ Std.) warten.

Zwischen Honduras und Guatemala besteht keine regelmäßige Fährverbindung.

Auf S. 207 stehen Infos zur Einreise in Gegenrichtung.

Placencia, Belize

Boote nach Placencia/Mango Creek und Dangriga in Belize starten jeden Montag nahe Puerto Cortés an der **Barra La Laguna** beim Restaurant Delfin. Tickets (1000 HNL) müssen mehrere Stunden vor Abfahrt gekauft werden (s. S. 440). Details zur Einreise aus Belize gibt's auf S. 291.

Abzweigung nach Omoa am Haupthighway und somit recht weit von der Stadt entfernt (ca. 15 Gehmin. ab Rolís). Dennoch lockt es viele Budgetreisende u. a. mit seiner Sauberkeit an: In der Toilette findet man echte Seife und echte Handtücher. Obendrein gibt's gutes und günstiges Essen – das Menü aus Burger und Fritten (50 HNL) ist kaum zu schlagen. Das *tamarindo* ist so attraktiv wie das Ambiente der luftigen Kolonialstil-Veranda mit großem Flachbildfernseher.

Sueños del Mar (☎ 658-9047; www.suenosdelmar.com; am Strand; Hauptgerichte 75–120 HNL; 🕑 8–17 Uhr;) Omoas bei Weitem bestes und sauberstes Restaurant (plus Hotel) serviert bis 17 Uhr ein denkwürdiges Superfrühstück mit Speck, Würstchen, Rösti-Ecken und anderen Leckereien. Mittags kommen gesunde Sandwiches und Salate auf den Tisch. Zudem gibt es hier die nettesten Zimmer der Stadt (DZ 660 HNL) in einer halbwegs einsamen Ecke am äußersten Westende des Strands.

An- & Weiterreise

Busse nach Omoa (20 HNL, 30 Min., 5–17.40 Uhr alle 20 Min.) starten am **Busbahnhof Citral Costeños** (☎ 655-0888; 3a Calle Este) in Puerto Cortés. Sie biegen meist vom Highway ab und bringen Passagiere direkt zum Strand. Die Strecke Omoa–Puerto Cortés wird von 5.45 bis 20.15 Uhr halbstündlich bedient. In Puerto Cortés besteht regelmäßig Busverbindung zum Verkehrsknotenpunkt San Pedro Sula.

Rolís Place organisiert Shuttles nach La Ceiba (360 HNL, min. 6 Pers.) oder Puerto Barrios (270 HNL) in Guatemala.

TELA

88 100 Ew.

Tela ist ein heißes bzw. feuchtwarm klimatisiertes Durcheinander mit fiesem Reiz. Man möchte ihm eigentlich nicht erliegen, muss aber letztendlich doch irgendwie nachgeben. Rein oberflächlich hat die Stadt nicht viel zu bieten. Ihr landestypisches Zentrum ist im Vergleich zum übrigen Honduras vielleicht weniger geschäftig. Wer aber einen Tag lang die Strände erkundet, mit Einheimischen geschwatzt und die Meeresfrüchte genossen hat, verliebt sich oft in Telas gemächliche und entspannte Atmosphäre. Immerhin findet man hier die schönsten (jedoch auch vermüllten) Strände der honduranischen Nordküste.

Die **Semana Santa** (Heilige Woche vor Ostern) sorgt für Hochbetrieb in der größtenteils ganzjährig verschlafenen Stadt: Angesichts zahlloser einheimischer Urlauber können sich dann die Zimmerpreise verdoppeln, und die rechtzeitige Reservierung ist zwingend erforderlich. Obwohl im Juli und August viele ausländische Touristen eintreffen, bleiben die Hoteltarife in diesen Monaten gleich.

Tela ist eine prima Basis für Ausflüge in diverse nahe Gebiete mit attraktiver Tier- bzw. Pflanzenwelt und Naturlandschaft.

Orientierung

Tela besteht aus zwei Teilen: Tela Vieja („Alt-Tela") liegt am Ostufer des Río Tela, wo der Fluss ins Meer mündet. Tela Nueva („Neu-Tela") liegt am Westufer, dort, wo sich das Hotel Villas Telamar an den schönsten Strandabschnitt schmiegt.

Praktische Informationen

Banco Atlántida (4a Av bei 9a Calle NE) Löst Reiseschecks ein und zahlt Bargeld gegen internationale Visa- oder MasterCard aus.

Banco de Occidente (Parque Central) Barauszahlung gegen Visa- oder MasterCard in der Nordostecke des Parque Central.

Fundación Prolansate (☎ 448-2042; www.prolansate.org; 7a Av bei 8a Calle NE; 🕑 Mo–Do 7–17.30, Fr bis 16.30 Uhr) Fördert den Ökotourismus in Tela, liefert Infos zu Lancetilla Jardín Botánico oder Punta Sal und organisiert Bildungsausflüge.

Garífuna Tours (☎ 448-2904; www.garifunatours.com; 9a Calle NE bei 5a Ave NE; 🕑 Mo–Sa 7.30–18, So bis 17 Uhr) Renommierter lokaler Tourveranstalter.

Hondutel (☎ 448-2004; 4a Av; 🕑 8–16 Uhr)

Hospital Tela Integrado (☎ 442-3176; 🕑 24 Std.) Medizinische Versorgung.

M Y J Internet (☎ 448-1596; 6a Av NE; 15 HNL/Std.; 🕑 Mo–Sa 7.30–17 Uhr)

Milton net (☎ 9646-8641; 10a Calle bei 9a Av NE; 10 HNL/Std.; 🕑 Mo–Sa 8–21 Uhr) Maroder Mix aus kleinem Internetcafé und Callcenter.

Lavandería El Centro (☎ 448-0568; 4a Av NE; 🕑 Mo–Sa 7.30–17.30 Uhr) Wäscheservice mit Trocknen und Zusammenlegen (70 HNL/Maschinenladung).

Post (4a Av; 🕑 Mo–Fr 8–16, Sa 8–12 Uhr)

Touristenpolizei (☎ 9713-6731; 11a Calle NE bei 4a Av NE; 🕑 24 Std.)

Gefahren & Ärgernisse

2009 kam es in Tela massenhaft zu dreisten Angriffen und Raubüberfällen – trotz der Touristenpolizei, von der man sich einst die Eindämmung dieses Problems versprach. Travellern zufolge waren die gerade mal sechs

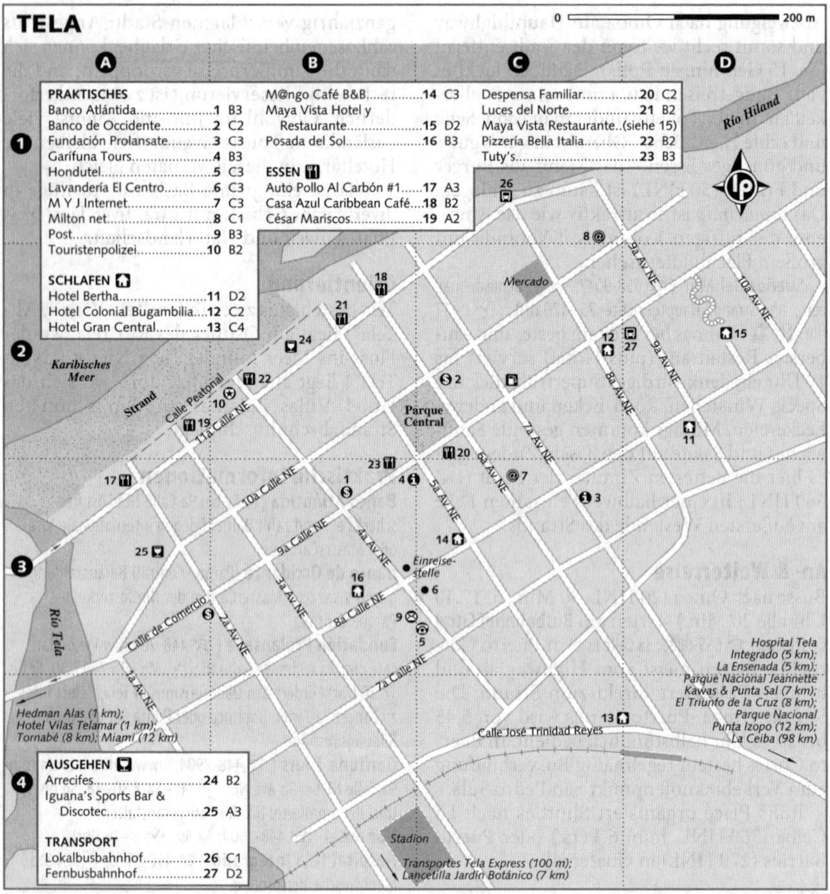

Beamten aber nicht sonderlich hilfsbereit oder mitfühlend. Daher sollte man keinerlei Wertsachen mit zum Strand nehmen und außerdem diesen bzw. die Promenade nach 18 Uhr niemals allein betreten. Ohne Begleitung sind alle Ecken hinter dem Hotel Villas Telamar (westliches Strandende) und dem Anleger des La Ensenada Beach Resort (östliches Strandende) auch tagsüber absolut tabu. Im Parque Central muss man sich immer vor „schlafenden" Obdachlosen hüten, die plötzlich aufstehen und Passanten ausrauben. Seit den Kommunalwahlen 2009 bzw. Januar 2010 beschäftigt Tela übrigens erneut einen früheren Sicherheitsbeauftragten, der als Hardliner in puncto Kriminalität gegenüber Touristen gilt – vielleicht tut sich ja was.

Sehenswertes & Aktivitäten

Telas Hauptattraktion sind definitiv die **Strände**, die sich beidseitig über mehrere Buchtkilometer erstrecken. Der unmittelbare Stadtstrand ist zwar sandig, aber gelegentlich ziemlich zugemüllt. Gleich hinter der Brücke liegt eine wesentlich bessere Alternative in Tela Nueva: nämlich der helle, pulverige Sand und der schattige Kokoshain vor dem Hotel Villas Telamar. Beide Strände sind gleichermaßen top in Schuss. Nichtgäste können hier Strandkörbe und Zelte (je 35 HNL) ausleihen – allerdings nur, wenn das Hotel gerade schwach belegt ist. Die weiter entfernten Strände sind zwar noch besser, aber für Alleinreisende oder nach Sonnenuntergang potenziell gefährlich.

Gleich außerhalb von Tela kann man wunderbar Vögel beobachten und die Natur genießen (s. S. 447).

Telas alljährliche **Fiesta** steigt am 13. Juni.

Geführte Touren

Garífuna Tours (☎ 448-2904; www.garifunatours.com; 9a Calle NE bei 5a Ave NE; Mo–Sa 7.30–18.30, So bis 17 Uhr) Das Angebot umfasst ganztägige Bootsausflüge (ab 456 HNL), Vogelbeobachtungen an der Lagune Los Micos und Kajaktrips zum Parque Nacional Punta Izopo. Die Führer sprechen Englisch und Spanisch, sind manchen Travellern zufolge aber nicht sehr informativ.

Honduras Caribbean Tours (☎ 448-2623; www.honduras-caribbean.com; Ecke 11a Calle & 6a Av NE) Der freundliche Tourveranstalter im Café Casa Azul organisiert regionaltypische Aktivitäten und Angeltrips (ab 5491 HNL, max. 4 Pers.). Das Personal spricht Englisch, Italienisch und Deutsch.

Schlafen

Hotel Bertha (☎ 448-1009; 8a Calle NE zw. 8a & 9a Av NE; EZ/DZ/3BZ 200/250/450 HNL; ❄) Liegt sehr nahe bei Telas Hauptbusbahnhof und ist vor allem für Alleinreisende ein echtes Schnäppchen. Die Quartiere sind für ihr Geld überraschend nett. Zur Perfektion fehlen nur noch ein kleines Café oder ein Springbrunnen im Hof. Gerüchten zufolge wird aber manchmal etwas aus dem Zimmer gestohlen, wenn man außer Haus ist.

Posada del Sol (☎ 448-3201; 8a Calle NE zw. 3a & 4a Av NE; Zi./3BZ 250/350 HNL) Hier herrscht ein ständiges Kommen und Gehen: Die kleine, wenn auch etwas triste *posada* (Pension) hat einfache und gut geputzte Zimmer. Die freundliche, entspannte Betreiberfamilie wohnt vor Ort und plaudert auf dem Gemeinschaftshof gern mit faulenzenden Gästen.

M@ngo Café B&B (☎ 448-0388; www.mangocafe.net; Ecke 5a Av & 8a Calle NE; EZ/DZ/3BZ mit Ventilator 250/280/350 HNL, mit Klimaanlage 280/340/440 HNL; ❄) Das recht gewöhnliche M@ngo vermietet einfache, saubere Zimmer mit Warmwasser. Der Backpacker-Favorit eignet sich ganz gut, um andere Traveller zu treffen, leidet aber unter der megalauten Musik des gegenüberliegenden TelCell-Ladens. Wird von Garífuna Tours betrieben und verleiht auch Fahrräder (95 HNL/Tag).

LP Tipp **Maya Vista Hotel y Restaurante** (☎ 448-1497; www.mayavista.com; Barrio Lempira; EZ/DZ mit Ventilator 551/661 HNL, mit Klimaanlage 841/998 HNL; P ❄ 💻) Ist zwar teurer als seine meisten Konkurrenten, zählt aber nicht ohne Grund weiterhin zu Telas beliebtesten Traveller-Treffs: Die meisten Zimmer haben ein geschmackvolles Dekor mit indigenem Touch und bieten ein super Buchtpanorama. Die hoch aufragende Terrassenarchitektur erinnert an M. C. Escher und sorgt dafür, dass man meist ein ganzes Stockwerk (und damit die Aussicht) für sich alleine hat. Das Hausrestaurant ist sehr gut, und das Personal spricht auch Englisch und Französisch.

Hotel Colonial Bugambilia (☎ 448-3222; www.hotelcolonialtela.com; Ecke 8a Av NE & 9a Calle NE; EZ/DZ 550/650 HNL, Suite ab 1450 HNL; P ❄) Das junge, freche und saubere Hotel ist eine tolle Option für alle, die keine direkte Strandlage brauchen. Bis auf ein paar Kunstwerke mangelt es ihm jedoch etwas an Charakter. Die dunklen Innenzimmer sind ruhiger als die Varianten auf der Straßenseite. Zusätzliche Sofas und Kochecken beengen die eigentlich geräumigen Suiten.

Hotel Gran Central (☎ 448-1099; www.hotelgrancentral.com; Av Honduras; EZ/DZ 760/950 HNL; P ❄ 💻) Wer mal auf den Putz hauen möchte, ist hier richtig: Die reizenden und weit gereisten Eigentümer aus Frankreich haben den renovierten Kolonialbau wunderschön dekoriert. Die kleinen Designdetails der Gemeinschaftsbereiche sind an der honduranischen Küste bislang einzigartig. Die Zimmer in Erdtönen haben hohe Decken. Sie grenzen an einen Balkon mit Drillingsblumen und Blick auf den verlassenen Bahnhof – den Besitzern nach eine „echt zentralamerikanische Aussicht". Das Hotel besitzt eine kleine Bar, serviert Frühstück und liegt 200 m vom Strand entfernt, aber man kann direkt hinlaufen.

Essen

In Tela gibt's reichlich leckere Meeresfrüchte für wenig Geld, die besonders gut als Suppe schmecken. Viele Restaurants vor Ort servieren Fisch, Garnelen, Hummer und *caracol* (Schneckenmuscheln). Als weitere Lokalspezialität wird köstliches *pan e coco* (Kokosbrot) von Garífuna-Frauen oder -Kindern in den Straßen verkauft – unbedingt probieren!

Tuty's (9a Calle NE bei 5a Av NE; Hauptgerichte 32–65 HNL; Mo–Sa 8–17, So 7–15 Uhr) Gleich hinter dem Parque Central gibt's hier einfache Resopaltische, eine geschäftige Küche, verlässlich gutes Essen und freundliche Bedienungen, die aber eventuell auf sich warten lassen. Üppig gefüllte Frühstücksomeletts, Pfannkuchen und Gebäck sorgen für Abwechslung von den üblichen *baleadas*. Hinzu kommen Säfte, leckere *licuados* (Tipp: Banane) und Mittagsgerichte wie Sandwiches, Tacos oder Quesadillas.

Luces del Norte (11a Calle NE bei 5a Av NE; Frühstück 45–89 HNL, Hauptgerichte 60–250 HNL; 7–22 Uhr) Das Lokal mit rustikaler Holzeinrichtung hinter salzwassergegerbter Fassadenfarbe ist bei Backpackern und Einheimischen beliebter denn je. Es hat ein paar echte Fans und serviert super Seafood zwischen Tropenpflanzen, die sich hier überall in der Brise wiegen. Von Pasta bis Paella bietet die ellenlange Meeresfrüchte-Speisekarte etwas für jeden Geschmack. Die Büchertauschbörse liefert den nächsten Lesestoff.

Auto Pollo Al Carbón #1 (11a Calle NE bei 2a Av NE; halbes Hähnchen 60 HNL; 7–23 Uhr) Nur einen Steinwurf vom Karibischen Meer entfernt gibt's hier keinerlei Schnickschnack – nur einfache Grillhähnchenteller unter dem Wellblechdach einer Verkaufsbude. Den Hähnchenduft vernimmt man schon aus einiger Entfernung.

Casa Azul Caribbean Café (Ecke 11a Calle & 6a Av NE; Hauptgerichte 75–95 HNL; 11–23 Uhr) Zählt immer noch zu den travellerfreundlichsten Lokalen der Stadt und hat eine einladende Bar, die zur Happy Hour (18.30–19.30 Uhr) zwei Cocktails zum Preis von einem ausschenkt. Auf der Karte stehen vor allem Fleisch und Meeresfrüchte. Besonders gut ist das *anafres* mit hausgemachten Tortillas. Die meisten Angestellten sprechen Englisch.

Pizzería Bella Italia (☎ 448-1055; 4a Av NE bei Calle Peatonal; Hauptgerichte 80–300 HNL; Di–So mittags & abends) Der freundliche italienische Eigentümer verbrachte fast zehn Jahre in Santa Rosa de Copán, bevor ihn die Strandlust nach Tela zog. Die Maße seiner Superpizzas reichen von Einpersonenportionen bis zu 16-teiligen *gigantes* (extra groß). Spezialität des Hauses ist jedoch die *panzerotti*, eine Calzone-Variante mit einer Füllung aus Salami, Schinken, Pilzen und weiteren Zutaten.

Maya Vista Restaurante (☎ 448-1497; Barrio Lempira; Hauptgerichte 120–225 HNL) Der traditionsreiche Travellertreff punktet u. a. mit einem super Buchtblick: Es hat schon was, die Spezialität des Hauses (Knoblauch-Spaghetti mit *camarones* bzw. Garnelen) über donnernden Wellen zu vertilgen. Ansonsten kredenzt der frankokanadische Küchenchef beispielsweise auch pikante, selbstgemachte Würstchen oder Kombiteller mit Fleisch und Meeresfrüchten. Ebenso toll ist der Nachmittagskaffee plus Kuchen.

César Mariscos (☎ 448-2083; 3a Av NE; Hauptgerichte 120–300 HNL; 7–22 Uhr) Das extrem verlässliche Promenadenlokal steht an einem schattigen Strandabschnitt. Es paniert, flambiert und grillt alle Arten von Meeresfrüchten (Garnelen, Schneckenmuscheln, Fisch und Hummer). Wer's scharf mag, bestellt das Fischfilet in cremiger Jalapeño-Sauce.

Despensa Familiar (Parque Central; Mo–Sa 7–19, So bis 18 Uhr) Für Selbstversorger.

Ausgehen

Die Freiluftbar vom Restaurant Maya Vista wartet mit prima Meerblick auf. Als Telas beste Option für Abendbierchen oder gefrorene Margaritas ist sie auch ganz gut geeignet, um attraktive Einheimische zu treffen.

Arrecifes (☎ 448-1021; Calle Peatonal; 8 Uhr–open end) Nette Strandbar mit einheimischem Bier (27 HNL) und Cocktails (40–60 HNL).

Iguana's Sports Bar & Discotec (10a Calle NE nahe 2a Av NE) Telas einzige echte *discoteca* war zum Zeitpunkt der Recherche (Weihnachten) gerade geschlossen.

An- & Weiterreise

Langsamere Standardbusse nach La Ceiba (38 HNL, 2½ Std., 4.15–18 Uhr alle 20 Min.) starten drei Blocks nordöstlich vom Hauptplatz an Telas Fernbusbahnhof (Ecke 9a Calle NE & 9a Av NE). Auf der Route San Pedro Sula–La Ceiba passieren schnellere Direktbusse regelmäßig die Dippsa-Highwaytankstelle, die per Taxi erreichbar ist.

Einen Block hinter den Bahngleisen liegt das Busterminal von **Transportes Tela Express** (2a Av NE) mit acht täglichen Verbindungen nach San Pedro Sula (70 HNL, 2 Std., Mo–Sa 6–17, So 7–17.30 Uhr). **Hedman Alas** (☎ 448-3075; Hotel Villa Telemar; 10.30–14 & 15–17 Uhr) schickt jeden Tag zwei Busse nach San Pedro Sula (304–361 HNL, 2 Std., 6 & 13.05 Uhr), wo stressfreier Anschluss nach Copán (456–551 HNL) und zu weiteren Zielen besteht.

Auf dem unbefestigten Gelände an der Ecke 11a Calle und 8a Av starten Lokalbusse zu Garífuna-Dörfern nahe Tela (Fahrplaninfos s. S. 446).

Unterwegs vor Ort

Telas zahlreiche Taxis bedienen neben dem Stadtgebiet (20 HNL) auch Triunfo de la Cruz, La Ensenada oder Tornabé (jeweils ca.

100–120 HNL). Das **M@ngo Café B&B** (☎ 448-2856; Ecke 8a Calle NE & 5a Av NE) verleiht Mountainbikes für 95 HNL pro Tag.

RUND UM TELA

Lancetilla Jardín Botánico

Mit dem **Lancetilla Botanical Garden & Research Center** (www.lancetilla.org; Eintritt 115 HNL; 7–16 Uhr) gründete die United Fruit Company im Jahr 1926 den zweitgrößten Tropengarten des Planeten, um den Anbau verschiedener Tropenpflanzen in Zentralamerika auszuprobieren. Obwohl es immer noch ein aktives Forschungszentrum ist, ist das tropische Wunderland heute für Besucher zugänglich. Unter den Pflanzen aus aller Welt befindet sich auch die größte asiatische Obstbaumsammlung der westlichen Hemisphäre.

Die Einführungstour ist im Eintritt enthalten. Danach können Baum- und Hauptgarten dank gut ausgeschilderter Pfade auf eigene Faust erkundet werden. Der untere Geländebereich führt zu einem Badeplatz.

Hunderte Vogelarten (darunter Zugvögel von Nov.–Feb.) machen Lancetilla außerdem zu einem beliebten und leicht zugänglichen Ziel für Vogelbeobachter. Jedes Jahr findet hier am 14. und 15. Dezember die 24-stündige Vogelzählung der Audubon Society statt – wer dann gerade vor Ort ist, kann daran teilnehmen. Frühmorgens oder spätnachmittags lassen sich die Vögel am besten beobachten.

Die **Besucherinformation** (☎ 408-8806; 7–16 Uhr) am Parkeingang verteilt Karten mit Erläuterungen. Für Touren durch den exotischen Baumgarten (100 HNL/Std.) stehen Führer zur Verfügung. Bei rechtzeitiger Vorabanfrage per Telefon organisiert die Besucherinformation auch geführte Vogelbeobachtungen (100 HNL/Std.), die meistens sehr früh am Tag beginnen. Die **Fundación Prolansate** (☎ 448-2042; www.prolansate.org; 7a Av bei 8a Calle NE; Mo–Do 7–17.30, Fr bis 16.30 Uhr) liefert ebenfalls ein paar Informationen.

Lancetillas Unterkünfte umfassen z. B. **Hütten** (500 HNL;) mit eigenen Bädern und jeweils drei Einzelbetten. Übernachtungswillige müssen vorab telefonisch bei der Besucherinformation buchen.

AN- & WEITERREISE

Lancetilla liegt 7 km südwestlich von Telas Zentrum und ist prima per Fahrrad (in Tela ausleihbar) zu erreichen. In 5 km Entfernung zur Stadt führt eine Abzweigung vom Highway zu den Hauptgärten. Hier bezahlt man den Eintritt bei einem Ticketschalter. Ansonsten fahren auch Taxis zum Park (ca. 100 HNL).

Parque Nacional Jeannette Kawas

Der lange Buchtbogen vor Telas Strand erstreckt sich westwärts bis zu einer fast genau gegenüberliegenden Landspitze namens **Punta Sal**. Sie ist Teil des Parque Nacional Jeannette Kawas (Eintritt 95 HNL).

Zu den diversen weißen Sandstränden des Parks zählt z. B. die hübsche **Playa Cocalito**. Die Korallenriffe vor der Küste bieten super **Schnorchelmöglichkeiten**, während Brüllaffen im Wald leben. Der einstige Parque Nacional Marino Punta Sal ist jetzt nach Jeannette Kawas benannt. Die Umweltaktivistin und frühere Direktorin von Prolansated wurde 1995 ermordet, nachdem sie den Park unermüdlich vor Erschließungsmaßnahmen bewahrt hatte.

In den Mangrovenwäldern der **Laguna de los Micos** (Affenlagune) auf der östlichen Parkseite tummeln sich Hunderte Vogelarten – vor allem, wenn Zugvögel dort Station machen (Nov.–Feb.).

Auf Tagesausflüge kann man wandern, schnorcheln und an der Playa Cocalito faulenzen. Dorthin kommt man mit Garífuna Tours (s. S. 445).

AN- & WEITERREISE

Telas Tourveranstalter bieten Tagesausflüge zum Park an. Alternativ lassen sich Trips mit Bootsbetreibern aushandeln, deren Kähne unter der Brücke zwischen Alt- und Neu-Tela liegen. Von Miami aus kann man ebenfalls Tagesausflüge per Boot unternehmen oder sogar nach Punta Sal wandern und dort campen. Allerdings ist es an diesem menschenleeren Strand bereits zu Überfällen gekommen.

Refugio de Vida Punta Izopo

Wer von Telas Strand gen Osten blickt, entdeckt eine weitere Landzunge: **Punta Izopo** gehört zum Refugio de Vida Punta Izopo. In dieses Naturschutzgebiet strömen Flüsse hinein und bilden ein Kanallabyrinth im dichten Mangrovenwald. Darin leben Affen, Schildkröten, viele Vogelarten (z. B. Tukane, Papageien) und sogar Krokodile.

Touranbieter in Tela (s. S. 445) organisieren Kajaktrips. Beim geräuschlosen Paddeln durch die Mangrovenkanäle kann man sich den Tieren nähern, ohne sie zu stören. Zwischen Tela und Triunfo de la Cruz (s. unten) liegen 16 Autokilometer bzw. eine jeweils einstündige Strandwanderung oder Kanufahrt. Der Parkeintritt kostet 60 HNL.

Dörfer der Garífuna

Rund um Tela gibt's ein paar leicht erreichbare Garífuna-Küstendörfer, deren rustikale Häuser immer direkt am Strand stehen. Dort liegen Fischerkanus auf dem Sand, während winzige Lokale leckere Gerichte der Garífuna servieren – darunter Seafood-Suppen und Kokos-Kochfisch als Spezialitäten. Obwohl all diese Dörfer größtenteils idyllisch und theoretisch recht problemlos per Strandwanderung zugänglich sind, besteht ein gewisses Risiko: Manche Fußgänger wurden bereits bestohlen oder überfallen. Geführte Touren oder öffentliche Verkehrsmittel sind somit sicherer.

Alle Dörfer haben Unterkünfte und zumindest ein paar Strandrestaurants, die natürlich auf Meeresfrüchte spezialisiert sind.

Am nächsten zu Tela (3 km) liegt **La Ensenada**: Östlich entlang des Strandbogens steht das hübsche Nest kurz vor der Landspitze Punta Triunfo, auf der sich der Cerro El Triunfo de la Cruz erhebt. Seine sauberste und attraktivste Unterkunft ist das **Hotel Laguna Mar** (☎ 9811-5558; DZ 600 HNL; Ⓟ ❄) in Richtung westlichem Dorfrand. Dort gibt's nette kleine Zimmer und makellose Gärten, während man in 100 m Entfernung einen guten Strand findet. La Ensenada besitzt neben Strandbars auch Meeresfrüchte-Restaurants, die aber meist nur am Wochenende geöffnet haben.

Zum größeren **El Triunfo de la Cruz** fahren regelmäßig Busse, die an der Straßenecke östlich von Telas Markt starten. Als größtes Garífuna-Dorf ist El Triunfo am stärksten entwickelt und im Vergleich zu den anderen daher weniger beschaulich. Hier gibt's ein paar anständige Unterkünfte: Die rustikalen *cabañas* des **Cabañas y Restaurante Colón** (☎ 9989-5622; EZ/DZ/3BZ 200/300/450 HNL; Ⓟ ❄) im Ortszentrum stehen nur ein paar Schritte vom Strand entfernt. Das Seafood-Restaurant im Haus (Hauptgerichte 60–200 HNL) serviert Frühstück, Mittag- und Abendessen. Ein paar sandige Meter weiter befindet sich noch ein Lokal. Örtliche Nobeloption ist das **Caribbean Coral Inn** (☎ 9994-9806; www.caribbeancoralinns.com; EZ/DZ inkl. Frühstück 969/1168 HNL). Seine rustikale, aber gut gepflegten Strandhütten verfügen über Hängematten und eigene Warmwasserbäder – ergänzt durch Essen aus frischen Marktzutaten sowie chilenische, argentinische und italienische Weine. Nach La Ensenada und Triunfo de la Cruz führt mittlerweile eine frisch asphaltierte Straße.

Auf der anderen Seite von Tela bzw. 8 km in Richtung Westen liegt mit dem ziemlich großen **Tornabé** ein anderes Garífuna-Dorf, das aber nicht viel für Besucher bietet.

Hinter Tornabé wird die Strandstraße holperiger und erfordert zwingend Allradantrieb. Nach ein paar weiteren Kilometern erreicht sie mit **Miami** ein schlichtes, aber schmuckes Dorf auf einer schmalen Sandbank zwischen Karibischem Meer und Laguna de los Micos. Doch dieser Ecke droht sehr wahrscheinlich Veränderung bis zur Unkenntlichkeit: Die Inter-American Development Bank hat einen umstrittenen „gestützten" Kredit für den Bau eines Monsterhotels plus Golfplatz genehmigt – wohl kaum eine Glanztat in Sachen umwelt- und kulturbewusster Tourismus. Zum Zeitpunkt der Recherche war die Erweiterung der Infrastruktur noch im Gang, z. B. das Asphaltieren der Hauptstraße durchs Dorf.

GUIFITI: GEHALT- UND GEHEIMNISVOLL

An der honduranischen Nordküste produzieren Schwarzbrenner ein geheimnisvolles Gebräu: Guifiti (alias Gifiti oderr Güfiti) ist der Legende nach ein natürliches Aphrodisiakum. Fans zufolge soll es auch gegen alle möglichen Krankheiten von Diabetes bis Arterienverstopfung helfen. Das genaue Rezept variiert je nach Hersteller, während die meisten Varianten auf *aguardiente* (starker einheimischer Schnaps) sowie einem Mix aus Kräutern und Gewürzen basieren. Allerdings kursiert das Gerücht, dass nicht alle Zutaten immer ganz legal sind. Vielleicht gibt's Guifiti deshalb nicht einfach im Supermarktregal. Mittels diskreter Nachfrage kann man in den meisten Nordküstenstädten und -dörfern dennoch recht fix ein Schlückchen probieren – sogar in überraschend noblen Ecken. Da das Getränk recht heftig ist, will es langsam und maßvoll genossen werden. Wer auch zuhause gern vor Liebe sprühen möchte, kann sich auf dem Mercado Guamilito in San Pedro Sula (S. 417) eine legale Variante zulegen.

AN- & WEITERREISE

Von Tela aus sind alle Dörfer theoretisch per Strandwanderung erreichbar. Man sollte aber niemals allein oder bei Dunkelheit laufen, da stets ein gewisses Sicherheitsrisiko besteht.

Ab Telas Regionalbusbahnhof rollen Busse über zwei Routen in ca. 30 bis 45 Minuten zu den Garífuna-Dörfern: In Richtung Westen fahren sie nach Tornabé, gen Osten nach Triunfo de la Cruz (jeweils 12–17 HNL, Mo–Sa ca. 7–17 Uhr, stündl.).

Von Tela nach Tornabé kommen Auto- und Fahrradfahrer über die westwärtige Strandstraße. Vorsicht beim Überqueren der Sandbank an der Laguna de los Micos zwischen San Juan und Tornabé! Hier bleiben Fahrzeuge regelmäßig stecken. Für Trips von Tornabé nach Miami benötigt man eventuell Allradantrieb. Alternativ ist Tornabé vom Highway aus zugänglich: An der Abzweigung 5 km westlich von Tela weist ein Schild den Weg zu „The Last Resort". Um von Tela aus nach La Ensenada oder Triunfo de la Cruz zu fahren, dem Highway über 5 km ostwärts bis zur Abzweigung nach Triunfo de la Cruz folgen. Sie gabelt sich nach 1 km: Links geht's nach La Ensenada, rechts nach Triunfo de la Cruz.

LA CEIBA

178 300 Ew.

Am Fuß des herrlichen Pico Bonito liegt die honduranische Partyhochburg: Tegucigalpa denkt, San Pedro Sula arbeitet und La Ceiba amüsiert sich – so lautet das Sprichwort. Mit ihrem brummenden, vielfältigen Nachtleben ist diese Hafenstadt durchaus mehr als eine reine Zwischenstation in Richtung Bay Islands oder La Moskitia. Natürlich sind die *ceibeños* stolz auf ihre Heimat. Aber die drittgrößte Stadt des Landes wirkt auf den ersten Blick nicht besonders attraktiv. Strände und Architektur sind allenfalls Mittelmaß. Doch dank einiger toller Bars bzw. Restaurants und super Abenteuer-Aktivitäten in nächster Nähe verwundert es kaum, dass viele Besucher länger bleiben, als ursprünglich geplant.

Orientierung

La Ceibas Herz ist der attraktive, schattige Parque Central. Als Hauptstraße fungiert die Av San Isidro zwischen östlichem Platzrand und Meer. Ein bis zwei Blocks weiter verläuft die Av 14 de Julio als weitere Geschäftsmeile. Von der gegenüberliegenden Plazaseite führt die Av La República in Richtung Ozean. Über die Schienen in ihrer Mitte gelangte früher die Ladung der Standard Fruit Company zum Pier.

Jenseits der Flussmündung findet man den Barrio La Isla (La Ceibas *zona viva* bzw. Vergnügungsviertel) und eine große Garífuna-Gemeinde.

Praktische Informationen

In puncto Buchung von Reisedienstleistungen empfehlen sich die Touranbieter (S. 450). Alle Banken in der Mall Megaplaza haben Geldautomaten.

BAC/Bamer (☎ 443-0668; Av San Isidro) Akzeptiert Visa und MasterCard.

Banco Atlántida (Av San Isidro) Löst Reiseschecks ein und hat einen Geldautomaten.

Europanet (☎ 440-2951; Parque Central; 20 HNL/Std.; 🕑 Mo–Sa 8–18 Uhr) Zentral gelegenes Internetcafé neben dem Gran Hotel París.

Fundación Cuero y Salado (☎ /Fax 443-0329; www.cueroysalado.org; Av Ramón Rosa bei 15a Calle; 🕑 Mo–Fr 8–12 & 13–17, Sa 8–11 Uhr) Die Touristeninformation der Stadt, die auch das Naturschutzgebiet Cuero y Salado verwaltet.

Hondutel (Av Ramón Rosa zw. Calle 5a & 6a; 🕑 8–16 Uhr) Für In- und Auslandstelefonate.

Hospital Eurohonduras (☎ 440-0927; Av Atlántida; 🕑 24 Std.)

Einwanderungsbüro (☎ 442-0638; 1a Calle nahe Av 14 de Julio; 🕑 7.30–15.30 Uhr)

Lavandería Express (90 HNL/4,5 kg; 🕑 7.30–12 & 13–17.30 Uhr) Wäschereiservice.

Lavandería Wash & Dry (2,65 HNL/4,5 kg; 🕑 Mo–Sa 8–12 & 13–17 Uhr) Wäschereiservice.

Post (Av Morazán bei 14a Calle; 🕑 Mo–Fr 8–16, Sa 8–12 Uhr) Etwas außerhalb vom Stadtzentrum.

Touristeninformation (☎ 440-3044; 8a Calle; 🕑 Mo–Fr 8–16.30 Uhr)

Touristenpolizei (☎ 441-0860; Residencial El Toronjal; 🕑 24 Std.)

Sehenswertes

Der **Parque Swinford** (Av La República zw. 7a & 8a Calle) ist eine üppig bewachsene Tropenoase im Herzen La Ceibas, in der ein restaurierter Waggon von den glorreichen Eisenbahntagen der Gegend zeugt. Wahrscheinlich muss man sich den Park mit ein paar knutschenden Liebespaaren teilen.

Die eindrucksvolle Sammlung des **Museum of Butterflies & Other Insects** (Schmetterlings- & Insektenmuseum; ☎ 442-2874; www.hondurasbutterfly.com; Calle Escuela Internacional G-12, Colonia El Sauce; Erw./Kind 60/30 HNL; 🕑 Mo–Sa 8–17 Uhr) besteht aus insge-

DER WEG INS ZENTRUM

Vom/Zum Flughafen

Der Aeropuerto Internacional Golosón liegt 10 km westlich von La Ceiba am Highway in Richtung Tela. Dort halten alle Busse, die vom Hauptbusbahnhof gen Westen gehen. Von der Südwestecke des Parque Central fährt Colectivo Taxensa ebenfalls zu La Ceibas Flughafen (bis 18/23 Uhr 15/20 HNL). Die Sammeltaxis starten aber erst, wenn alle Plätze belegt sind. Normale Taxis kosten 60 bis 80 HNL.

Direkt vor dem Flughafen warten Taxis, die für Trips in die Stadt ca. 190 HNL pro Person verlangen – Finger weg! Denn wer stattdessen zur Hauptstraße hinausläuft und ein *colectivo* anhält, bezahlt wesentlich weniger (ca. 15–20 HNL/Pers.).

Vom/Zum Busbahnhof

Der Hauptbusbahnhof am Mercado San José liegt ca. 1,5 km westlich von La Ceibas Zentrum. An derselben Straße findet man das Expressbusterminal von **Viana Clase Oro** (☎ 441-2330; www.vianatransportes.com) 500 m weiter westlich beim Servicentro Esso Miramar. Zwischen Hauptbusbahnhof und zentraler Plaza verkehren Stadtbusse (5,50 HNL) und Taxis (20 HNL). Mit „Terminal" markierte Busse starten an der Av La República (zw. 7a & 8a Calle) in Richtung Hauptbusbahnhof (5,50 HNL).

Vom/Zum Fähranleger

Fähren zu den **Bay Islands** machen östlich der Stadt am ca. 8 km (20 Min.) entfernten Muelle de Cabotaje fest. Dorthin rollen Taxis ab Hauptbusbahnhof oder Stadtzentrum (45–60 HNL/Fahrzeug, max. 4 Pers.), die in die Gegenrichtung jeweils etwa dasselbe kosten sollten. *Colectivos* ab dem Stadtzentrum (7a Calle; 20 HNL) sind eine günstige Alternative für Alleinreisende, verkehren aber nicht in die Gegenrichtung. Von der Av La República (Haltestelle zw. 7a & 8a Calle) fahren zudem mit „Muelle de Cabotaje" markierte Busse zum Fähranleger (5,50 HNL).

samt 13 000 Schmetterlingen, Motten und anderen Insekten. Die meisten Tiere wurden von Lehrer Robert Lehman in Honduras gesammelt und sind in Schaukästen an den Wänden ausgestellt. Zu den Highlights zählen die weltgrößte Motte mit 30 cm Flügelspannweite und der schwerste Riesenkäfer (ca. 113 g) des Planeten.

Mit dem **Karneval** in der dritten Maiwoche erlebt die Stadt ihren schwer geschäftigen Gute-Laune-Höhepunkt – besonders intensiv am Samstag, der von Paraden, Kostümen, Musik und Straßenfesten geprägt ist.

Aktivitäten

La Ceiba gilt zu Recht als honduranische Hauptstadt des Ökotourismus. Örtliche Touranbieter (S. 450) organisieren folgende Aktivitäten:

RAFTING & KANUFAHREN

Der **Río Cangrejal** ermöglicht ein paar der besten Wildwasser-Raftingtrips in ganz Zentralamerika. Die Angebote von Jungle River Tours und Omega Tours sind gleichermaßen unterhaltsam. Omega Tours ist teurer, bekommt aber auch bessere Kritiken. Bei Kanu- bzw. Kajakausflügen auf nahen, wenig besuchten Lagunen wie der **Cacao Lagoon** sieht man oft mehr Affen und Vögel als bei Trips nach Cuero y Salado. Interessenten sollten sich vorab nach den Netto-Paddelzeiten erkundigen und auch nachfragen, ob Mittagessen oder Exkursionen (z. B. Kurzwanderungen durch den Parque Nacional Pico Bonito) im Preis enthalten sind.

WANDERN & TREKKEN

Auch ohne teure Gruppentouren können Individualreisende das Naturschutzgebiet Cuero y Salado besuchen und durch den Pico Bonito National Park wandern: Auf S. 457 stehen Details zu Trips auf eigene Faust. Bei manchen aufwendigeren Touren (z. B. zu regionalen Wasserfällen und Garífuna-Dörfern) sind jedoch Führer ratsam. Guaruma Servicios ist eine gute Option auf der Río-Cangrejal-Seite des Pico Bonito. Auf der El-Pino-Seite empfehlen sich die Tourismusbeauftragten von **Vivero Natural View** (☎ 368-8343).

BAUMWIPFEL-TOUREN

Jungle River Tours betreibt einen Baumwipfel-Parcours mit acht Seilstrecken (2 Std.), bei

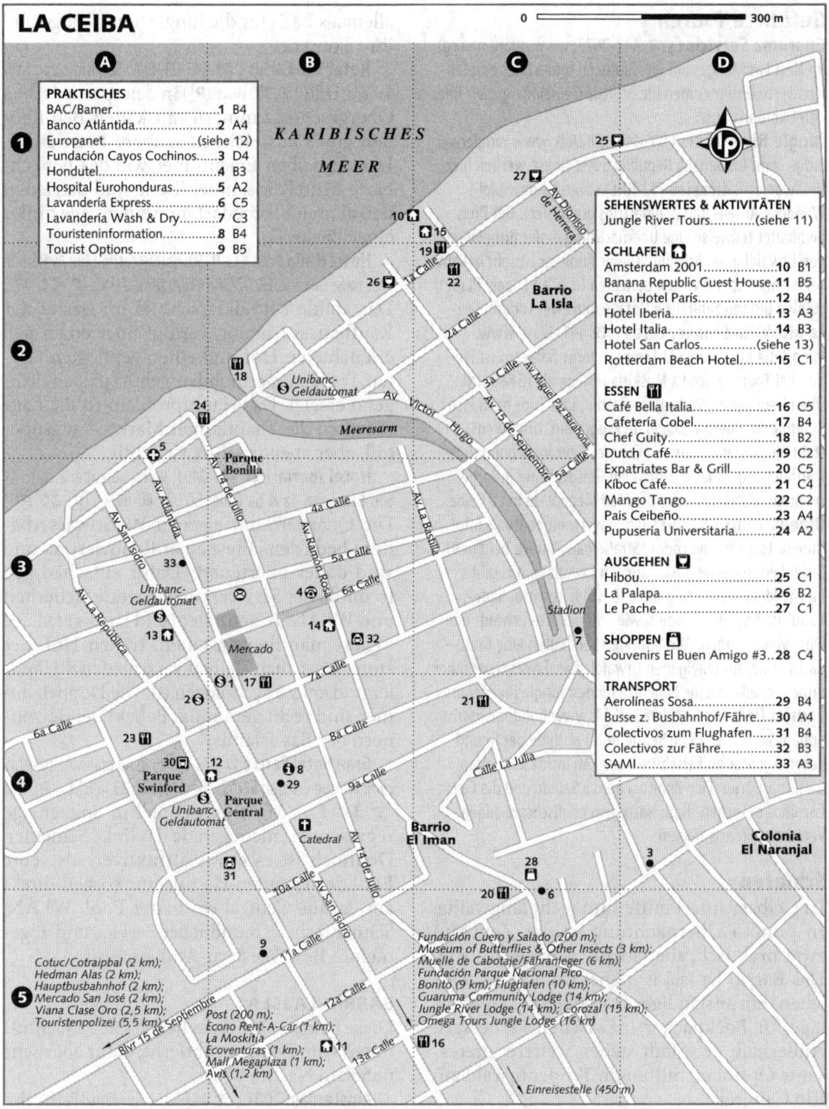

dem man auch 200 m weit über den Fluss rutscht (771/Pers., Reservierung erforderl.). Wie bei allen Angeboten dieser Firma beinhaltet der Preis eine Übernachtung in der Uferlodge. Östlich von La Ceiba bzw. etwa 500 m hinter Sambo Creek gibt's mittlerweile eine noch längere Baumwipfelstrecke (s. S. 457).

Festivals & Events

La Ceibas **Carnaval** zieht jedes Jahr Besucher aus nah und fern an. Die große Party steigt in der Woche um den 15. Mai, an dem die Stadt ihren Schutzheiligen San Isidro ehrt. Während dieser tollen Tage tanzt das kostüm- und maskentragende Feiervolk förmlich bis zum Umfallen.

Geführte Touren

Guaruma Servicios (☎ 442-2673; www.guaruma.org) Im Nest Las Mangas am Río Cangrejal fördert das empfehlenswerte Unternehmen die örtliche Gemeinde gezielt über den Ökotourismus.

Jungle River Tours (☎ 440-1282/68; www.jungleriverlodge.com) Im Banana Republic Guest House werden hier Wildwasser-Rafting (ab 771 HNL) sowie Baumwipfel-, Wander-, Abseil- und Bouldertrips organisiert. Der Preis beinhaltet teilweise eine Übernachtung in der firmeneigenen Urwaldlodge. Achtung: Dieser Anbieter ist sehr beliebt, verzeichnet aber diversen Berichten (u. a. an Lonely Planet) zufolge bislang zahlreiche Unfälle und zwei Todesopfer!

La Moskitia Ecoaventuras (☎ 441-3279; www.lamoskitia.hn; Colonia El Toronjal) Jorge Salaverri ist Pionier bei Touren nach La Moskitia (5 Tage ab 18 886 HNL). Obendrein hat er Wildwasser-Rafting und Trips nach Pico Bonito bzw. Cuero y Salado im Programm. Unterwegs steht ein Gästehaus am Río Cangrejal zur Verfügung. Jede Tourbuchung umfasst zudem ein Gratiszimmer in Jorges zweitem Gästehaus nahe der Mall Megaplaza in La Ceiba.

Omega Tours (☎ 9631-0295; www.omegatours.info; Omega Tours Jungle Lodge, Straße nach Yaruca bei Km 9) Unter Leitung eines ausländischen Ex-Kajakprofis gibt's hier Wildwasser-Rafting (ab 930 HNL), Ausritte, Bade-, Kanu- und Kajakausflüge sowie kombinierte Urwald- und Flusswanderungen. Alle Optionen beinhalten eine Gratisnacht in der firmeneigenen Urwaldlodge. Etwas teuer, aber professioneller als die konkurrierenden Jungle River Tours.

Tourist Options (☎ 9982-7534; www.hondurastouristoptions.com; Blvr 15 de Septiembre) Mithilfe der freundlichen Agentur im Reisebüro Viajes Atlántida kann man Garífuna-Dörfer, Pico Bonito, Cuero y Salado und die Cayos Cochinos besuchen. Tipp: Nach dem englischsprachigen Vermittler Francis fragen!

Schlafen

La Ceibas Unterkünfte sind recht langweilig: In puncto Übernachtung ist das Zentrum zwar praktisch, aber abends schauerlich still. Das Barrio La Isla ist näher dran am Nachtleben. Ein anständiges Hostel hat die Gesamtlage für Backpacker inzwischen verbessert. Außerhalb der Stadt stehen weitere interessante Optionen mitten im Tropenurwald am Río Cangrejal.

ZENTRUM

Banana Republic Guest House (☎ 440-1268; www.jungleriverlodge.com; Av La República; B 135 HNL, Zi. ohne/mit Bad 285/340 HNL; P) Dieser willkommene Neuzugang in einem charmant gealterten Schindelhaus wirkt La Ceibas bisherigem Mangel an guten Hostels entgegen. Ist ein etablierter Traveller-Treff, fungiert aber vor allem als Basis für die Jungle River Lodge und ihre Touren.

Hotel San Carlos (☎ 443-0330; Av San Isidro zw. 5a & 6a Calle; EZ/DZ 150/200 HNL; P) In den spartanischen Obergeschosszimmern mit kalten Betonböden gibt's ausreichend saubere Bettwäsche. Hat denselben Eigentümer wie das benachbarte Mittelklassehotel Iberia und befriedigt den akuten Brotbedarf mit seiner Lage hinter einer Bäckerei.

Hotel Italia (☎ 443-0150; hotel@carrion.hn; Av Ramón Rosa nahe 6a Calle; EZ/DZ/3BZ 418/528/550 HNL; P) Das solide Mittelklassehotel im Besitz des Kaufhauses Carrion verfügt über einen hell erleuchteten Hof und einen gepflegten Garten. Das Zimmermobiliar gehört jedoch dringend ersetzt. Das Hauptproblem ist die Lage inmitten des chaotischen Markts – tagsüber toll, aber abends sehr zwielichtig.

Hotel Iberia (☎ 443-0401; www.hoteliberia.com; Av San Isidro zw. 5a & 6a Calle; EZ/DZ 580/696L; P) Die Quartiere mit eigenen Warmwasserbädern bedürfen längst einer Renovierung und sind daher überteuert. Dafür entschädigen freundlicher Service, ausreichende Sicherheit und WLAN. In zentraler (und lärmiger) Lage logiert man hier an einem tristen Hof, der zum Glück auch Heimat verschiedener Händler und eines Psychologen ist. Die Doppelzimmer sind recht geräumig. Beliebt bei Bewohnern der Bay Islands.

Gran Hotel París (☎ 443-2391; www.granhotelparishn.com; Parque Central; EZ/DZ/3BZ 819/972/1318 HNL; P) Das Mittelklassehotel in Spitzenlage repräsentiert nicht gerade das linke Seineufer. Dennoch ist es etwas attraktiver, als seine Fassade vermuten lässt. Dafür sorgen direkt am Parque Central ein netter Pool, WLAN, Schließfächer, freundlicher Service und allgemeines Best-Western-Ambiente.

BARRIO LA ISLA

Diese beiden Optionen liegen gut 15 Gehminuten vom Zentrum entfernt, dafür aber sehr nahe am Nachtleben.

Amsterdam 2001 (☎ 443-2311; Av Miguel Paz Barahona abseits 1a Calle; Zi. ab 150 HNL, 3BZ 200 HNL) Spürbar schlechter als das Schwesterhotel nebenan, doch die fünf muffigen Zimmer mit abstoßenden Betonböden und bröckelnder Wandfarbe sind zu Recht deutlich günstiger.

Rotterdam Beach Hotel (☎ 440-0321; Av Miguel Paz Barahona abseits 1a Calle; Zi. ab 250 HNL, 3BZ 350 HNL; P) In 100 m Entfernung zum Strand gibt's hier einen grünen Hof und acht einfache, aber saubere Zimmer. Zudem sind Schlafsäle für zukünftige Touristenschwemmen geplant. Im benachbarten Hotel Quinta Real geht's gratis ins Internet.

RÍO CANGREJAL

Jungle River Lodge (☎ 440-1268; www.jungleriverlodge.com; Straße nach Yaruca bei Km 7; B 198 HNL, DZ ab 617 HNL) Die Lodge hat rustikale Zimmer, doch ihre Hügellage mit Blick auf den rauschenden Río Cangrejal ist der Hammer. An das Freiluftrestaurant (Gerichte 114 HNL) denkt man woanders in Honduras wohl noch gerne zurück. Vor Ort starten recht heftige Baumwipfeltouren (s. Warnhinweis S. 450), während Bade-, Wander- und Raftingmöglichkeiten in der Nähe warten. Wer einen geführten Trip bucht, übernachtet gratis im Schlafsaal. Um hierherzukommen, am Hauptbusbahnhof einen Bus in Richtung Yaruca nehmen und nach ca. 7 km auf das Schild zur Rechten achten. Alternativ organisiert das Banana Republic Guest House die Anreise auf telefonische Anfrage.

Omega Tours Jungle Lodge (☎ 440-0334; www.omegatours.info; Straße nach Yaruca bei Km 9; EZ/DZ ohne Bad 190/380 HNL, Hütte 665–1900 HNL; WLAN) Die Omega Lodge liegt an einem Berghang etwas oberhalb vom Fluss und ist ein Musterbeispiel für geschmackvolle Entwicklung. Alle Omega-Tourangebote beinhalten jeweils ein einfaches, sauberes Gratiszimmer im unteren Geländebereich. Oben befinden sich wesentlich teurere, aber sehr erinnerungswürdige Hütten mit super Aussicht. Ihren wunderschönen Architekturstil beschreibt man am besten als Mix aus deutschem Modernismus und tropischem Baumhaus. Die einfachere Creek Cabin steht erhöht über einem Wasserlauf. Zudem gibt's solarbeheizte Freiluftduschen, einen chemiefreien Pool und ein geschlossenes Öko-Entsorgungssystem (Premiere in Lateinamerika: Laut Schild soll benutztes Toilettenpapier in der Schüssel landen!). Inmitten tropischer Gärten serviert das Bar-Restaurant (Frühstück 40–90 HNL, Hauptgerichte 80–220 HNL) sein facettenreiches Supermenü mit ein paar deutschen und vegetarischen Optionen. Anreise: Vom Hauptbusbahnhof per Bus in Richtung Yaruca fahren und nach ca. 9 km bzw. gleich hinter der Jungle River Lodge auf das Schild zur Linken achten. Alternativ bietet Omega auch Shuttles zum Transport seiner Gäste an (285 HNL, max. 4 Pers.).

Guaruma Community Lodge (☎ 9917-5325; www.guaruma.org; DZ/3BZ/4BZ 285/335/385 HNL) Hoch droben hinter den beiden Urwaldlodges liegt das Bergdorf Las Mangas. An einer Hügelflanke haben Ortsansässige diese einfachen, aber soliden und sauberen Hütten mit Warmwasserversorgung errichtet. Der Gewinn fließt zurück an die Gemeinde. Das Essen des Gästerestaurants (60–80 HNL) hat ein gutes Preis-Leistungs-Verhältnis. Wer mag, kann man mit einheimischen Führern durch den umliegenden Urwald wandern und z. B. den reizenden Wasserfall El Bejuco besuchen. Einziger Minuspunkt: Mangels Shuttleservice müssen Gäste selbst per Bus nach Yaruca fahren (s. S. 455) oder andere Transportmittel auftreiben.

Casa Cangrejal (☎ 408-2760; www.casacangrejal.com; Straße nach Yaruca bei km 9; EZ/DZ/3BZ 1653/1983/2534 HNL; P WLAN) Gestein aus dem Río Cangrejal ist das Baumaterial dieses malerischen B&Bs in nächster Nähe von Fluss und Omega Tours. Den hohen Preis (inkl. reichhaltiges Frühstück) rechtfertigen die beschauliche Atmosphäre und die großen, stilvollen Zimmer mit geräumigen Bädern – ergänzt durch indigene Wandteppiche, WLAN und solide, fest installierte Bettgestelle aus Zement.

Essen

ZENTRUM

Pupusaría Universitaria (1a Calle nahe Av 14 de Julio; Pupusas 16 HNL, Hauptgerichte 85–90 HNL; ⏰ 10–23 Uhr) *Pupusas, Pinchos y Taco* – klingt wie der Titel des nächsten Films von Gael García Bernal, beschreibt aber nur die Spezialitäten des tollen Budgetlokals: *Pinchos* sind Kebabs. Und die gibt es in einem Gebäude aus Schindeln und Bambus.

Kíboc Café (4a Av zw. Calle 8 & 9; Frühstück 45–85 HNL; ⏰ Mo–Fr 7–19, Sa 8–19, So 8–12 Uhr) Als aktuell angesagtester Treffpunkt bietet das angenehm künstlerische Café eine riesige Büchertauschbörse für Traveller. Ansonsten serviert es Bio-Kaffee und super Frühstücksoptionen wie besonders leckere *chilaquiles*, zubereitet im westlichen Stil.

Cafetería Cobel (7a Calle bei Av Atlántida; Gerichte 52 HNL; ⏰ Mo–Sa 6.30–18 Uhr) Das brummende Kleinrestaurant tischt sehr günstiges *comida típica* (typisches Mittagessen) wie Grillfleisch oder -hühnchen mit Reis auf. Der starke Betrieb bedingt, dass man die Aufmerksamkeit der fesch uniformierten Kellnerinnen eventuell erst nach einer Weile erregt. Für Kühlung sorgen *licuados* (21 HNL) und die Klimaanlage im Hinterzimmer.

Café Bella Italia (Ecke Av San Isidro & 13a Calle; Hauptgerichte 100–220 HNL; ⌚ 11.30–14 & 17–22 Uhr) Das gehobene Café im europäischen Stil hat eine schattige Freiluftterrasse unter gebogenen Palmwedeln und einen reizenden Mini-Innenraum mit toskanischem Touch. Es serviert guten Espresso und einfache, aber leckere Nudelgerichte und Nachspeisen aus Italien.

LP Tipp **Expatriates Bar & Grill** (12a Calle, Barrio El Imán; Hauptgerichte 109–259 HNL; ⌚ Mo–Do 16–24, Fr 16–2, Sa 11–2, So 11–23 Uhr) Ein Stück strohgedeckte Heimat in den Tropen für Nordamerikaner. Auf dem Bildschirm laufen oft große Sportevents, während die Burger und gegrillten Chicken Wings zu Recht berühmt sind. Ebenso anständig wirken die vegetarischen Gerichte mit Bio-Salat aus Hydrokultur. Das Guinness vom Fass (40 HNL) geht runter wie Öl.

Pais Ceibeño (Calle 7a; ⌚ Mo–Sa 7–20, So bis 19 Uhr) Supermarkt für Selbstversorger.

BARRIO LA ISLA

Dutch Café (Av Miguel Paz Barahona abseits Calle 1a; Frühstück 40–55 HNL, Hauptgerichte 65–100 HNL; ⌚ 7–22 Uhr) Das Dutch wird von derselben Familie betrieben wie das Rotterdam Beach Hotel und das Amsterdam 2001 nebenan. Seine einfachen Gerichte (z. B. Hühnchentacos, Armer Ritter, Spaghetti) sind ihr Geld wert.

Mango Tango (⌚ Mi–So abends; Hauptgerichte 90–265 HNL) Restaurantgäste und Nachtschwärmer genießen oft scharenweise das Open-Air-Ambiente des beliebten Hauptstraßenlokals. Unbedingt das monströse Schweinskotelett nach Art des Hauses bestellen! Dazu gibt's eiskaltes Bier und Cocktails (ca. 70 HNL) wie Tom Collins oder Sex on the Beach.

Chef Guity (abseits 1a Calle; Hauptgerichte 90–280 HNL; ⌚ Di–So 11–22 Uhr) Der freundliche Service des einfachen Garífuna-Freiluftrestaurants ist so entspannt wie ein Sonntagmorgen – nichts für Gäste mit wenig Zeit! Dafür entschädigt äußerst deliziöser *tapao* (Fischeintopf in Kokossauce) als hiesige Spezialität. Ansonsten stehen auch Hummer, Fisch und Garnelen auf der Karte.

Ausgehen & Unterhaltung

La Ceibas Nachtleben konzentriert sich vor allem auf den Bereich der 1a Calle im Barrio La Isla alias *zona viva*.

La Palapa (Av 15 de Septiembre abseits 1a Calle; ⌚ 11.30 Uhr–open end) Trotz mäßigen Essens ist unter dem Strohdach des großen, zweistöckigen Bar-Restaurants viel los: Einheimische und Touristen bechern dort kräftig an der frischen Luft. Allabendlich DJs und Livemusik (Merengue, Rock, *bacheta*) am Wochenende.

Hibou (1a Calle bei Av Manuel Bonilla; Grundpreis ab 100 HNL; ⌚ Do–Sa 21.30 Uhr–open end) Dieser Club zieht größtenteils gut betuchte und attraktive Twens an, die genau ins Beuteschema passen könnten – vorausgesetzt, man stylt sich ebenfalls auf.

Le Pache (1a Calle zw. Av Dionisio de Herrera & Miguel Paz Barahona; Grundpreis ab 100 HNL; ⌚ Do–Sa 22 Uhr–open end) Das wohlhabende Publikum des heißen Szene-Newcomers mit Poolterrasse giert nach Modelverträgen und setzt alles daran, sich gegenseitig die Schau zu stehlen. Zum Laden gehören auch eine Tanzfläche am Strand und eine echte Rarität: Das *parrilla* serviert sein Essen noch weit nach Mitternacht. Flipflops, Badeshorts und Yankees-Mützen unbedingt im Hotel lassen!

Cines Millenium (Mall Megaplaza; 60 HNL/Ticket) Aktuelle Hollywoodstreifen auf zwei Kinoleinwänden.

Shoppen

Mall Megaplaza (22a Calle bei Av Morazán; ⌚ 10–21 Uhr) Modernes Einkaufszentrum mit Kino, Gastrobereich, Internetcafés, Bankfilialen, Geldautomaten und einem Fluglinienbüro.

Souvenirs El Buen Amigo #3 (☎ 440-1085; 12a Calle, Barrio El Iman; ⌚ Mo–Sa 8–18.30 Uhr) Die gute Auswahl an honduranischen *artesanías* reicht von Lenca-Tonwaren und Mayarepliken bis zu farbenfrohen Hängematten. Liegt allerdings etwas abseits vom Schuss.

Das **Expatriates Bar & Grill** (S. 454) führt viele verschiedene Zigarren aus dem In- und Ausland.

An- & Weiterreise

AUTO & MOTORRAD

In La Ceiba sind viele Autovermieter vertreten, darunter:

Avis (☎ 441-2802; www.avis.com.hn; Entrada Principal a La Ceiba; ⌚ 7.30–18 Uhr)

Econo Rent-A-Car (☎ 442-8686; www.econorentacarhn.com; Carretera a Tela; ⌚ 8–17 Uhr) Nahe der Mall Megaplaza.

BUS

Bis auf ein paar wichtige Ausnahmen nutzen die meisten Busse den Hauptbusbahnhof am Mercado San José. Etwa 1,5 km westlich vom

Sambo Creek gehört Tourist Options in La Ceiba. Seine fünf geräumigen Zimmer mit verschindelten Böden und Doppelbetten liegen direkt am Strand. Hinzu kommen Meeresfrüchterestaurants und eine luftige Hängemattenterrasse. Fünf hauseigene Boote bringen Besucher zu den Cayo Cochinos, die in der Ferne sichtbar sind.

Etwa 200 m hinter Sambo Creeks Haupteingang zweigt eine unbefestigte Piste ab, die zu mehreren tollen Unterkünften gleich außerhalb des Orts runterführt. Sie sind während der Trockenzeit auch direkt per Strandwanderung zugänglich und bei ein- bis zweitägigen Aufenthalten reizvoller als Adressen im eigentlichen La Ceiba. Alle drei genannten Optionen akzeptieren nur Bargeld. Das neue **Paradise Found** (☎ 9861-1335; http://paradisefoundlaceiba.com; Zi. 740 HNL; P ✲ 💻) hat zwei kleine, aber gepflegte Zimmer mit Mirkowellenöfen, Minibars, Kabelfernsehen und Kaffeemaschinen. Im Restaurant mit windgepeitschter Tiki-Bar kocht glücklicherweise der ausgebildete Küchenchef Dante. So gibt's hier stets Schmorbraten nach Yankee-Art, Spinat- bzw. Auberginen-Lasagne und den erstaunlichen „Best Burger Ever". All dies bekommen Backpacker zum Sonderpreis (je 100 HNL). Wer nicht im Paradise absteigt, muss wenigstens hier essen. Auf dem Weg zum Haus findet man zwei weitere Zimmer mit Bergblick.

Helen's Hotel & Restaurant (☎ 441-2017; www.villahelens.com; EZ/DZ 600/700 HNL, Hütte 800–1600 HNL; P ✲ 💻 🏊) bietet Übernachtungsmöglichkeiten für die meisten Geldbeutel. Allerdings müssen sich echte Sparfüchse wohl gruppenweise ein Bett teilen. Ansonsten hat das Helen's ein attraktives Freiluftrestaurant, üppige Gärten, zwei Pools und einen Wellnessbereich (30 HNL/Tag).

Der Eigentümer des direkt benachbarten **Hotel Canadien** (☎ 408-9927; www.hotelcanadien.com; DZ/3BZ/4BZ 800/913/1026 HNL; P ✲ 🏊) stammt aus Quebec. Die geschmackvoll dekorierten Zimmer des großen, weiß verputzten Gebäudes besitzen jeweils separate Wohnbereiche mit ausziehbarem Futon-Bettsofa und Tisch. Das Restaurant bietet einen tollen Blick auf das Karibische Meer direkt vor dem Hotel. Hier steigen oft evangelische Kirchengruppen ab. Achtung, potenzielle Änderungen: Zum Zeitpunkt der Recherche stand das Canadien gerade zum Verkauf!

Vor Ort werden Motorboottrips (ca. 660 HNL/Pers.) zu den Cayos Cochinos angeboten. Allgemein sind organisierte Touren jedoch kaum teurer und zudem etwas nervenschonender (z. B. dank Bordfunkgeräten).

REFUGIO DE VIDA SILVESTRE CUERO Y SALADO

Das küstenseitige Naturschutzgebiet Cuero y Salado liegt ca. 30 km westlich von La Ceiba. Es ist nach den Flüssen Cuero und Salado benannt, die hier in einer mächtigen Meeresmündung aufeinandertreffen. Diese steht heute unter Naturschutz und beheimatet viele verschiedene Tierarten: Die Rundschwanzseekühe (Manatis) sind am berühmtesten, werden aber am seltensten gesichtet. Ansonsten erspäht man Brüllaffen, Weißschulterkapuziner, Faultiere, Agutis (kaninchengroße Nager), Leguane, Kaimane und Hunderte Vogelarten (darunter Zugvögel im Aug./Sept. & April/Mai).

Vom kleinen Ort **La Unión** fährt ein Schienenbus zum Parkeingang. Die Gleise enden in Salado Barra, wo es ein neues **Besucherzentrum** (☎ 443-0329; Erw./Kind 189/65 HNL) mit einer kleinen, aber lehrreichen Ausstellung zum Schutzgebiet gibt. Dort lassen sich auch geführte Touren arrangieren. Weitere Infos liefert die **Fundación Cuero y Salado** (☎ 443-0329; www.cueroysalado.org; 19 Av bei Av 14 de Julio, La Ceiba; 🕑 Mo–Fr 8–11.30 & 13–17.30 Uhr) in La Ceiba.

Auf dem Wasserweg kann man die örtliche Natur am allerbesten erkunden. Das Besucherzentrum organisiert Kanutrips (120 HNL/2 Pers., Führer zzgl. 200 HNL).

In kurzer Laufentfernung liegt ein gepflegter **Schlafsaal** (150 HNL/Pers.); auch **Camping** (80 HNL/Pers.) ist erlaubt. Das Café des Besucherzentrums serviert einfache Mahlzeiten.

An- & Weiterreise

Die Anreise nach Cuero y Salado beginnt mit einer Busfahrt von La Ceibas Hauptterminal nach La Unión (16 HNL, 1½ Std., 6.30–18 Uhr alle 45 Min.). Von dort aus geht's mit dem *trencito* (Schienenbus) entlang der alten Bananenbahn über 9,5 km zum Besucherzentrum in Salado Barra (1–2 Pers. 250 HNL, ab 3 Pers. 125 HNL/Pers., 45 Min., 7–15 Uhr alle 1½ Std.). Wenn gerade kein Schienenbus fährt, stehen unmotorisierte *burras* zur Verfügung (200 HNL/Pers., pro weitere Pers. 50 HNL, 1 Std.). Diese kleinen Schienenwägelchen werden von mehreren Männern wie Gondeln „gestakt". Am besten informiert man das *trencito*- bzw. *burra*-Personal gleich über die gewünschte Rückfahrtzeit – um 16 Uhr geht der letzte Bus von La Unión nach La Ceiba. Wer den Schienen zügig zu Fuß folgt, erreicht das Besucherzentrum in eineinhalb Stunden (ca. 9,5 km). Nach der Ankunft im Schutzgebiet empfehlen sich dann zweistündige Touren mit Booten (1–2 Pers. 300 HNL, pro weitere Pers. 125 HNL) und Führern (125 HNL, max. 7 Pers.).

PARQUE NACIONAL PICO BONITO

Hinter La Ceiba ragen die dicht bewaldeten Steilhänge von Pico Bonito (Eintritt Erw./Kind 133/76 HNL) empor. Dieses Gebiet hat eine noch unerforschte Kernzone von 500 km² und zählt zu den bekanntesten Nationalparks des Landes. Neben herrlichen, facettenreichen Wäldern auf verschiedenen Höhenstufen findet man hier auch Flüsse, Wasserfälle und zahllose Tierarten – darunter Jaguare, Gürteltiere, Affen und Tukane.

Als einer der höchsten honduranischen Berge ist der eigentliche Pico Bonito (2436 m) sehr schwer zu erklimmen. Zwischen La Ceiba und Tela liegt der ursprüngliche Parkeingang bei El Pino. Die dortige Touristeninformation **Vivero Natural View** (☎ 368-8343) organisiert Unterkünfte und geführte Touren.

Auf der anderen Seite von La Ceiba befindet sich der zweite Eingang nahe den Lodges am Río Cangrejal (s. S. 453). Oben in den Hügeln wurde dort ein neues **Besucherzentrum** (🕑 7–16 Uhr) mit kleinem Insektenmuseum im Obergeschoss errichtet. Daneben entstand zeitgleich eine Hängebrücke – nunmehr eine eigene (einheimische) Touristenattraktion und für nur 20 HNL separat überquerbar. Das Besucherzentrum kassiert den Parkeintritt bzw. die Brückengebühr.

Fast alle Tourveranstalter in La Ceiba bieten Trips nach Pico Bonito an, die meist den Bereich bei El Pino besuchen. Weitere Infos liefert die **Fundación Parque Nacional Pico Bonito** (Funapib; ☎ 442-3044; www.picobonito.org; Carretera a Tela, Colonia Palmira, La Ceiba; 🕑 Mo–Fr 8–16 Uhr).

Der Park kann auch hoch zu Ross erkundet werden (s. S. 452).

Wandern & Trekken

Als ältester Wanderpfad des Parks ist die mittelschwere, dreistündige Route zur **Cascada Zacate** (210 HNL/Pers. inkl. Führer, Transport & Parkeintritt) immer noch sehr beliebt. Der Wasserfall heißt auch Cascada Ruidoso (Lauter Fall) und ist tatsächlich bereits zu hören, bevor man ihn sieht. Bei Bedarf organisiert Vivero Natural View diese Wanderung.

Im Bereich des Río Cangrejal windet sich eine reizende Route durch dichten Bergurwald zum Wasserfall **El Bejuco**. Guaruma Servicios (S. 452) kümmert sich um Führer. Einige Lodges haben eigene, ebenfalls attraktive Wanderpfade.

Schlafen

Unterkünfte im Bereich des Río Cangrejal sind auf S. 452 aufgelistet.

Centro Ecoturístico Natural View (☎ 368-8343; Zi. 220 HNL) Wenige Kilometer nördlich vom Highway gibt's hier ein paar einfache Zweipersonenzimmer, Campingmöglichkeiten auf einer großen Rasenfläche und Hängematten im Schatten. Auch dank Tischen unter *palapa*-Dächern ist dies ein prima Plätzchen zum Essen und Relaxen nach dem Wandern.

An- & Weiterreise

Alle Busse in Richtung Tela oder San Pedro Sula halten in El Pino. Ein violettes Touristeninformationsschild weist dort rechts den Weg zu **Vivero Natural View** (☎ 368-8343).

Busse gen Yaruca oder Las Mangas verbinden La Ceibas Hauptbusbahnhof mit dem Río-Cangrejal-Bereich des Parks (Fahrplaninfos s. S. 455).

TRUJILLO

60 000 Ew.

Als Bezirkshauptstadt Colóns thront das verschlafene, tropische Trujillo oberhalb der weit geschwungenen Bahía de Trujillo. Diese Bucht hat bereits die Segel von Kolumbus und vieler berühmter Piraten gesehen. Je nach Wetter leuchtet sie in heiterem Kristallblau.

Im relativ entlegenen Trujillo landen nur wenige Traveller, die aber meistens gezielt hierherkommen. Ein Ort, um sich eine Zeitlang treiben zu lassen? Vielleicht. Schließlich folgt der hiesige Alltag seinem eigenen Tempo: Egal, ob man die exzellenten Meeresfrüchte oder das Nachtleben der Stadt genießt – Eile ist dabei keinesfalls geboten.

Garnelen und der nahe gelegene Hafen von Puerto Castilla sind wichtig für die Wirtschaft der Region.

Geschichte

Für eine Kleinstadt spielt Trujillo eine wichtige Rolle in der Geschichte Zentralamerikas: In der Nähe betrat Kolumbus am 14. August

1402 erstmals das amerikanische Festland, nachdem er von Jamaika aus zu seiner vierten und letzten Reise aufgebrochen war. An der Landestelle wurde auch die erste katholische Messe auf amerikanischem Festland abgehalten.

Trujillo ist eine der ältesten spanischen Siedlungen Zentralamerikas: Nach seiner Gründung am 18. Mai 1525 war es die erste spanische Stadt der Kolonialprovinz Honduras – und zudem deren Hauptstadt, bis man sie 1537 nach Comayagua verlegte. Dorthin entschwand schließlich auch der Sitz des katholischen Erzbischofs, der noch bis 1561 in Trujillo verblieben war.

Über Trujillos Hafen verschifften die Spanier Gold und Silber aus dem Inneren von Honduras. Zwangsläufig zog dies bald Freibeuter wie Henry Morgan an: Bei Piratenangriffen auf die Stadt wurde die Bahía de Trujillo mehrfach zum Schauplatz großer Schlachten.

Die Spanier errichteten vor Ort diverse Bollwerke, deren Ruinen bis heute sichtbar sind. Dazu zählen z. B. die Überreste der Festung Santa Bárbara nahe der Plaza im Stadtzentrum. Doch trotz dieser Verteidigungsanlagen gewannen die Seeräuber schließlich die Oberhand: Nach der Plünderung durch holländische Piraten (1643) lag Trujillo bis zu seiner Wiederbesiedlung (1787) über 100 Jahre lang in Trümmern. Später versuchte William Walker vergeblich, von Trujillo aus die Kontrolle über Zentralamerika zu erlangen.

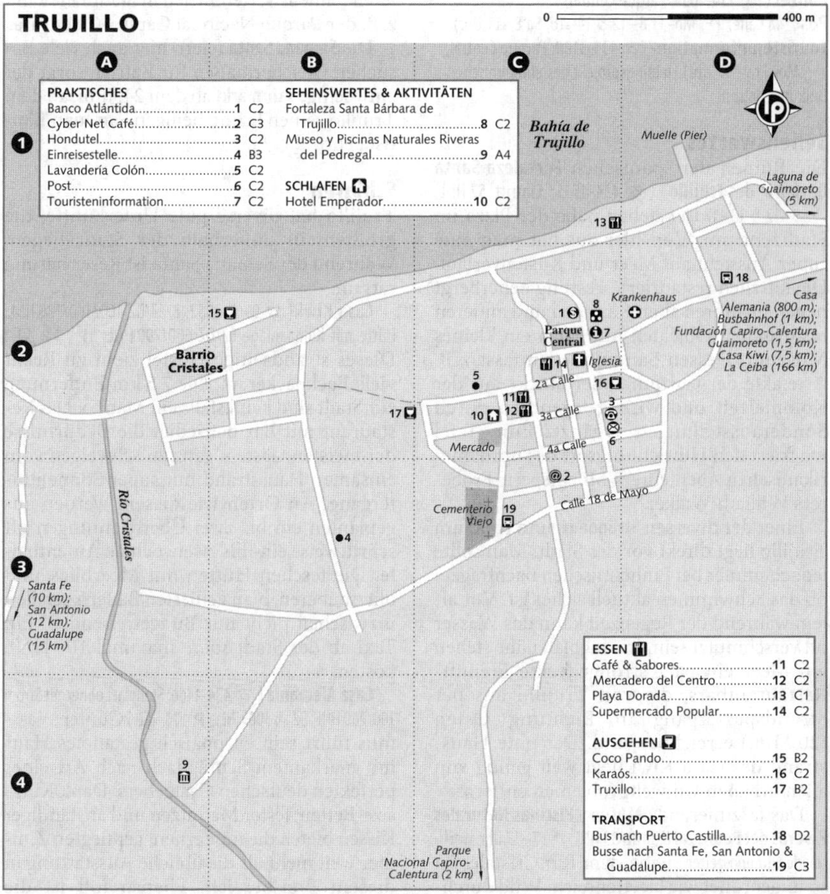

Er wurde 1860 gefangen genommen und durch Erschießen hingerichtet. Sein Grab befindet sich im heutigen Stadtzentrum.

Praktische Informationen

Im Hostel Casa Kiwi liegt ein Ordner voller Lokalinfos und Busfahrpläne aus. Das örtliche Büro der Fundación Capiro-Calentura Guaimoreto (Fucagua) ist jedoch wenig hilfreich.

Banco Atlántida (Parque Central; Geldautomat 24 Std.) Tauscht Bardevisen um und löst Reiseschecks ein.

Cyber Net Café (20 HNL/Std.; 8–22 Uhr) Internetcafé.

Hondutel (3a Calle; Mo–Fr 8–16 Uhr) Telefondienstleister.

Lavandería Colón (2a Calle; 85 HNL/Maschine; Mo–Sa) Wäschereiservice.

Polizei (434-4054; Parque Central)

Post (4a Calle; Mo–Fr 8–12 & 14–16, Sa 8–11 Uhr)

Touristeninformation (434-3140; Parque Central; Mo–Fr 9–17 Uhr) Lieblingsprojekt des einheimischen Unikums Nelson.

Sehenswertes

Die Ruinen der spanischen **Fortaleza Santa Bárbara de Trujillo** (434-4535; Eintritt 57 HNL; 9–12 & 13–17 Uhr) stehen nahe der Plaza im Stadtzentrum. Von hier aus hat man eine super Aussicht auf Meer und Küstenverlauf. Die kürzlich restaurierte Festung beherbergt neben mehreren alten Kanonen und anderen historischen Objekten nun auch ein kleines Museum. Dessen Sammlung umfasst z. B. Artefakte der Garífuna oder Stücke aus der Kolonialzeit und wird gelegentlich durch Sonderausstellungen ergänzt. Eine Tafel markiert den Hinrichtungsort des nordamerikanischen Abenteurers/Möchtegern-Eroberers William Walker.

Einer der diversen **Strände** in und rund um Trujillo liegt direkt vor der Stadt. Man sollte jedoch immer bei Einheimischen nachfragen, ob das Schwimmen aktuell sicher ist. Vor allem während der Regenzeit kann das Wasser oft verschmutzt sein. In Flugplatznähe stehen am Meer ein paar strohgedeckte Freiluft-Restaurantbars, die von Trujillo aus per Strandspaziergang in Richtung Osten (20 Min.) erreichbar sind. Der gute Hausstrand des Casa Kiwi liegt weit genug von allen urbanen Umweltproblemen entfernt.

Das faszinierende **Museo y Piscinas Naturales Riveras del Pedregal** (Eintritt 35 HNL; 7–17 Uhr, wechselnde Öffnungszeiten) nahe dem Río Cristales ist so ungeordnet wie facettenreich: Wild durcheinander zeigt es z. B. Jadeschmuck und uralte präkolumbische Fundstücke neben Objekten der indigenen Pech und Mískito. Viele weitere Stücke wirken wahllos hinzugefügt – beispielsweise ein Trümmerteil von einem Flugzeug, das 1985 über der Bucht abstürzte. Der Museumseintritt beinhaltet den Zutritt zu den Gärten hinter dem Museum mit mehreren Freiluftschwimmbecken, Picknick- und Kinderspielplätzen.

An der Meeresmündung des Río Cristales gleich westlich von Trujillo liegt der Bezirk Barrio Cristales, in dem größtenteils Garífuna leben. Auf dem städtischen Friedhof befindet sich das **Grab von William Walker**, der dort seit seinem tödlich gescheiterten Eroberungsfeldzug durch Zentralamerika ruht. Zu den weiteren lohnenswerten Zielen in Stadtnähe zählt z. B. der Parque Nacional Capiro-Calentura.

Die **Semana Santa** feiern hier auch viele Besucher. Gleichermaßen für Betrieb sorgt der einwöchige **Jahrmarkt** ab dem 24. Juni, an dem Trujillo seinen Schutzheiligen San Juan Bautista ehrt.

Schlafen

Trujillo hat diverse gute Unterkünfte, die größtenteils außerhalb der Stadt liegen. Während der Semana Santa ist Reservierung ratsam.

Casa Kiwi (9967-2052; B/EZ/DZ 100/160/180 HNL, Hütte mit Klimaanlage EZ/DZ 600/700 HNL; P) Dieses strandseitige Hostel zieht zu Recht viele Backpacker an. Die 7,5 km Entfernung zur Stadt sind keinesfalls ein Manko: Das Restaurant mit Bar befriedigt die Bedürfnisse der meisten Gäste – ganz zu schweigen vom einsamen Hausstrand mit super Sonnenuntergang. An Orten wie diesem werden aus geplanten ein bis zwei Übernachtungen oft schrittweise ein- bis zweiwöchige Aufenthalte. Die feschen Hütten mit Meerblick und blitzsauberen, blau gefliesten Bädern gefallen inzwischen nicht nur Budgetreisenden. Ein Taxi ab der Stadt *sollte* maximal 100 HNL kosten.

Casa Alemania (434-4466; Stellplatz ohne/mit Strom 100/200 HNL, DZ ab 300 HNL; P) Gunter Wassmus führt sein europäisch gestaltetes Haus mit markantem Schrägdach nach Art eines perfekten deutschen Gastgebers. Dank Kingsize-Betten, fester Matratzen und anständiger Kissen bieten die modernen, gepflegten Zimmer weit mehr als die übliche Ausstattung in diesem Preisbereich. Ebenso toll ist die

Strandlage in vergleichsweise größerer Nähe zum Busbahnhof. Das Hausrestaurant serviert super Frühstück (All-You-Can-Eat für 80 HNL). Zudem unterhält Gunters honduranische Ehefrau eine überraschend gute Massage- und Akupunkturpraxis. In einem Nebengebäude entstanden zum Zeitpunkt der Recherche gerade zehn noch attraktivere Suiten mit Kochecken.

Hotel Emperador (☎ 434-4446; Zi. ohne/mit Klimaanlage 200/500 HNL;) Das familiengeführte Hotel betreibt nebenan eine kleine Cafeteria und ist die beste Budgetoption im Stadtzentrum.

Essen

Im Stadtzentrum gibt's mehrere gute und günstige Restaurants.

Café & Sabores (Hauptgerichte 60–80 HNL; Mo–Sa 6–20 Uhr) Das freundliche Café mit Verkaufstheke verbreitet einen Hauch von altmodischer Limonadebar. Hier bekommt man leckere *licuados* (25 HNL; Tipp: Wassermelone) und einfache Schinken-Käse-Sandwiches (40 HNL) im kubanischen Stil. Wirkt vor allem sauber und einladend.

Mercadero del Centro (Gerichte 35 HNL; Mo–Sa 7–15 Uhr) Der beliebte Laden tischt sein *típico* heiß und fix auf. Besonders gut schmecken die *baleadas* und Pasteten. Auch die täglichen Mittagsspecials (35 HNL) sind geradezu unwiderstehlich.

Playa Dorada (Hauptgerichte 60–420 HNL; 8–22 Uhr) Das Playa Dorada ist eins von mehreren schlichten Meeresfrüchtelokalen, die gleich unterhalb vom *centro* direkt nebeneinander am Strand liegen. Obwohl es vor Ort als verlässlichstes Restaurant seiner Art gepriesen wird, schwankten die Ergebnisse bei unserem Besuch sehr stark: Die Seafood-Suppe war super, während das Fisch-*ceviche* heftige Sehnsucht nach Peru weckte – um dort das Original zu essen. Wie bei den meisten benachbarten Konkurrenten stehen hier nette Tische in der Seebrise auf dem Sand.

Supermercado Popular (Parque Central; Mo–Sa 7.30–19.30, So 8–12 Uhr) Für Selbstversorger.

Ausgehen & Unterhaltung

Truxillo (2a Calle; Grundpreis 40 HNL; Do–Sa 20 Uhr–open end) Eine kürzliche Renovierung hat aus diesem Club eine gewisse Überraschung gemacht: Drei Gästebereiche (Tanzfläche, VIP-Lounge und Freiluftterrasse mit Mondbeleuchtung) wirken für eine Stadt dieser Größe etwas zu nobel. Von 20 Uhr bis in die frühen Morgenstunden tanzen Einheimische hier zu Reggaetón, Merengue und Latino-Rock. Donnerstags ist Karaokeabend.

Coco Pando (Barrio Cristales; Grundpreis 20 HNL; Fr–So ab 21 Uhr) In dem größtenteils von Garífuna bewohnten Viertel grassiert das Discofieber von Freitag- bis Sonntagabend. Dann sorgen hier Reggaetón- und Reggaebeats für kräftigen Betrieb. Allerdings wirkt die Atmosphäre eventuell einschüchternd und Fremde müssen mit ein paar (harmlosen) Reibereien rechnen. Das Restaurant unter dem Club serviert Garífuna-Gerichte mit außergewöhnlich gutem Preis-Leistungs-Verhältnis.

Karaós (2a Calle; Grundpreis 30 HNL; Do–Sa 21 Uhr–open end) War zum Zeitpunkt der Recherche die beste und sicherste Disco der Stadt, an unserem geplanten Partyabend aber gerade geschlossen. Der zweistöckige, holzverkleidete Club wird von einem *palapa*-Freiluftbereich gekrönt und fungiert auch als Restaurant (Di–So ab 10 Uhr). In puncto Musik gibt's Reggaetón, *punta* und Merengue plus eine Dosis Karaoke.

An- & Weiterreise

BUS

Trujillos großer Hauptbusbahnhof liegt 1 km außerhalb der Stadt. Als größte Busfirmen bieten **Contraibal** (☎ 434-4932) und **Cotuc** (☎ 444-2181) dort Standard- und Direktverbindungen an. Letztere sind unbedingt zu empfehlen: Im Vergleich stoppen viele Standardbusse bei jedem Gecko am Straßenrand und kommen manchmal erst Stunden später an.

Das kleinere Terminal näher an der Stadt ist für lokale *camionetas* („Hühnerbusse") und Services innerhalb Olanchos zuständig.

Am Hauptbusbahnhof bestehen folgende Verbindungen: Busse nach San Pedro Sula (164 HNL, 6 Std., 1.45–15 Uhr alle 45 Min.) halten unterwegs in La Ceiba (110 HNL, 3 Std.). Drei Direktbusse rollen täglich über La Ceiba und El Progreso nach Tegucigalpa (280 HNL, 10 Std., 0.30, 2 & 4.45 Uhr). Alternativ kann man in La Ceiba oder San Pedro Sula umsteigen.

Vor Trujillos altem Friedhof brechen Busse zu Tagesausflügen auf, die die Garífuna-Dörfer Santa Fe, San Antonio und Guadalupe besuchen. Am Tankstellen-Terminal starten Busse zum Puerto Castilla auf der anderen Buchtseite (15 HNL, 6, 9.30, 11, 11.45, 14, 15.30, 16.30 & 17.40 Uhr), die für 10 HNL auch das Casa Kiwi bedienen. In Gegenrichtung gibt's neun tägliche Verbindungen (So 3-mal tgl.).

FLUGZEUG

Trujillos Flughafen war zum Recherchezeitpunkt bereits seit Jahren geschlossen.

SCHIFF/FÄHRE

An Trujillos *muelle* (Pier) startet eine rustikale **Passagierfähre** (☎ 9600-2235) für maximal 25 Personen, die aber stets hoffnungslos überladen ist. Theoretisch schippert der Kahn dreimal wöchentlich zum wenig besuchten Bay-Eiland Guanaja (einfache Strecke 150 HNL, Mo, Mi & Fr 13 Uhr, 2½ Std.). Allerdings ist diese Verbindung oft sehr unzuverlässig oder fällt gleich ganz aus. Zurück geht's jeweils um 9 Uhr an den gleichen Tagen. Zudem kann man am Pier versuchen, sich von Fischkutter- oder Frachterkapitänen zur Region Moskitia oder der Küste Nicaraguas mitnehmen zu lassen. Diese Boote folgen jedoch keinem festen Fahrplan und werden von manchen Travellern entgegen anderslautender Meinungen für extrem unsicher gehalten – man urteile somit selbst.

Unterwegs vor Ort

Im Zentrum gibt's jede Menge Taxis, die das ganze Stadtgebiet zum Fixpreis (20 HNL) abdecken. Taxitrips zu Zielen außerhalb Trujillos kosten in der Regel 120 bis 150 HNL, wobei von Touristen meistens mehr verlangt wird.

RUND UM TRUJILLO

Santa Rosa de Aguán

Dieses Tropennest taucht in Paul Theroux' Roman *Die Moskitoküste* auf, der später mit Harrison Ford in der Hauptrolle verfilmt wurde. Wer nicht die Zeit oder das Geld für den weiten Weg nach Moskitia hat, kann hier die Küstenatmosphäre nur 40 km von Trujillo entfernt erahnen. Santa Rosa de Aguán wurde vom Hurrikan Mitch schwer beschädigt, 44 Menschen ertranken. Obwohl sich das Dorf davon immer noch nicht ganz erholt hat, hat sein reizvoller Vibe bis heute etwas von Zivilisationsgrenze. Wer von hier aus per Mietboot den Río Aguán hinauffährt, bekommt eventuell 3 m lange Alligatoren zu Gesicht.

Vor Ort findet jedes Jahr ein **Garífuna-Festival** (22.–29. Aug.) statt, während zwei spartanische Hotels jeweils ca. 70 HNL verlangen.

Täglich fahren fünf Busse von Trujillos Tankstellen-Terminal nach Santa Rosa de Aguán (36 HNL, 6.45, 10, 13, 15 & 16.45 Uhr). In der Gegenrichtung gibt's vier Verbindungen (5, 6, 10 & 15 Uhr).

Parque Nacional Capiro-Calentura

Hinter Trujillo erhebt sich der **Cerro Calentura** (1235 m) im Nationalpark Capiro-Calentura. Um ihn zu erreichen, marschiert man einfach von der Stadt aus direkt bergauf. Eine kürzliche Reihe von Überfällen wirft allerdings einen gewissen Schatten auf dieses Abenteuer. Eine unbefestigte Straße führt geradewegs zum Berggipfel und endet in 10 km Entfernung zur Stadt. Aufgrund teilweise starker Erosionserscheinungen kann sie nur mit Allradfahrzeugen oder zu Fuß (ca. 3½ Std.) gemeistert werden.

Bergauf verläuft die Straße durch zwei charakteristische Vegetationszonen: Ab ca. 600 bis 700 m Höhe wird der tropische Regenwald von den mächtigen Bäumen, Riesenbaumfarnen, Kletter- und Blütenpflanzen des üppigen subtropischen Bergregenwalds abgelöst. Die facettenreiche Tierwelt des Parks umfasst z. B. viele tropische Vögel, Schmetterlinge, Reptilien und Affen.

Nach etwa einem Drittel der Bergstrecke zweigen links zwei Pfade von der Straße ab, die zu einem Wasserfall und einem Mini-Stausee führen. Sie sind zwar unbeschildert, aber von der Straße aus deutlich zu erkennen. Auch wenn Wärme, Sonne und klarer Himmel in Trujillo herrschen, kann das Wetter auf dem Hügelgipfel trotzdem wolkig und wesentlich kühler sein. Mit etwas Glück hat man hier oben eine super Aussicht auf das herrliche Valle de Aguán, die Bucht und die Küste bis Limón. Am Gipfel steht eine Radarstation.

Näheres zum Nationalpark weiß die Touristeninformation. Das Büro der **Fundación Capiro-Calentura Guaimoreto** (Fucagua; ☎ 434-4294; Barrio Jerico; 🕒 7–17 Uhr) draußen hinter dem Flughafen liefert eventuell nur ungenaue Infos.

Am besten absolviert man diese Wanderung nur mit Führer oder in einer Gruppe. Obwohl sie allgemein als sicher gilt, ist es unterwegs schon vereinzelt zu Überfällen gekommen.

Laguna de Guaimoreto

Jenseits von Flugplatz und Río Negro liegt die Laguna de Guaimoreto ca. 5 km östlich von

Trujillo. Diese große Lagune misst etwa 6 mal 9 km. Sie steht unter Naturschutz und ist über einen natürlichen Wasserweg mit der Bucht verbunden. In ihrem komplexen System aus Kanälen und Mangrovenwäldern leben zahllose Tier-, Vogel- und Pflanzenarten – darunter Tausende Zugvögel (Nov.–Feb.) und scheue Manatis. Sogar Panther wurden bereits gesichtet.

Vor Ort können **Ruderboote** und **Kanus** inklusive Paddelpersonal gemietet werden. Dazu biegt man nach links in die Straße mit dem Schild „Refugio de Vida Laguna Guaimoreto" ein und macht sich an der alten Brücke zwischen Trujillo und Puerto Castilla entsprechend bemerkbar. Wer gewieft verhandelt, bekommt sein Leihkanu für ca. 300 HNL.

Schiffswrack

Die Straße zum Puerto Castillo passiert 2 km östlich vom Casa Kiwi ein versunkenes Schiff in direkter Küstennähe. Dieses Wrack mit prima **Schnorchelmöglichkeiten** ist leicht vom Strand aus zugänglich. Das Casa Kiwi liefert weitere Details.

BAY ISLANDS

Großartige Tauch- und Schnorchelmöglichkeiten locken Besucher aus aller Welt zu den drei Bay Islands alias Islas de la Bahía: Roatán, Utila und Guanaja liegen ca. 50 km vor der honduranischen Nordküste. Ihre Riffe gehören weltweit zum zweitgrößten Wallriff nach dem australischen Great Barrier Reef und werden von zahllosen Arten bevölkert – darunter Fische, Korallen, Schwämme, Rochen, Meeresschildkröten und sogar Walhaie. Obwohl Taucher das ganze Jahr über hierherkommen, schränkt die Regenzeit (Nov.–Feb.) das Vergnügen ein: Sie erschwert das Tauchen bzw. macht manche Spots schlechter erreichbar.

Während das Tauchen hier sehr erschwinglich ist, sind Unterkunft und Essen auf allen drei Inseln teurer als auf dem Festland. Da Utila diesbezüglich bei Weitem am günstigsten ist, verzeichnet es die größte Backpackerzahl. Auf Roatán gibt's dagegen bessere Strände und mehr Möglichkeiten für Nichttaucher. Beide Inseln haben jeweils viele Fans. Guanaja bietet ebenfalls gute Tauchmöglichkeiten, schreckt aber in preislicher Hinsicht die meisten Backpacker ab.

Die örtliche Wirtschaft basiert größtenteils auf dem Tourismus sowie auf Fisch-, Garnelen- und Hummerfang.

GESCHICHTE

Ruinen beweisen, dass alle drei Bay Islands bereits lange vor Ankunft der Europäer besiedelt waren. Obwohl sich die ersten Menschen anscheinend um ca. 600 n. Chr. hier niederließen, sind historische Zeugnisse aus der Zeit bis nach ca. 1000 n. Chr. recht rar. Die Mayas waren eventuell die frühesten Inselbewohner. Höhlen auf den Inseln könnten außerdem Gruppen von Pech (Paya) beherbergt haben. Zudem lebten auf den Eilanden wohl auch Menschen, die auf Nahuatl (Aztekensprache Mexikos) kommunizierten.

Während seiner vierten und letzten Reise in die Neue Welt landete Christoph Kolumbus am 30. Juli 1502 auf Guanaja. Dort begegnete er einer recht großen Zahl von *indígenas,* die er für Kannibalen hielt. Die Spanier schickten viele Einheimische als Sklavenarbeiter auf kubanische Plantagen oder zu den Gold- und Silberminen Mexikos.

Dann weckten die Inseln das Interesse englischer, französischer und holländischer Piraten. Sie gründeten dort Siedlungen und überfielen die goldbeladenen Frachtschiffe der Spanier. Der englische Freibeuter Henry Morgan machte Port Royal auf Roatán in der Mitte des 17. Jhs. zu seiner Basis. Zu dieser Zeit lebten mindestens 5000 Seeräuber auf den Inseln.

Nach vielen vergeblichen Versuchen führten die Spanier im März 1782 einen erfolgreichen Landangriff gegen Port Royal und verkauften die überlebenden Piraten als Sklaven.

Eine Rebellion auf der Karibikinsel St. Vincent zog eins der bedeutendsten Ereignisse nach sich: Am 12. April 1797 setzten die Briten Tausende farbiger Kariben auf Roatán aus. Sie überlebten als Siedler bei Punta Gorda und vermischten sich mit der indigenen Bevölkerung. Später erreichten Migrantengruppen die Festlandsküste, wo sie von Belize bis Nicaragua kleine Fischer- und Bauerndörfer gründeten. Damit waren die Garífuna geboren.

Zusammen mit der Region Moskitia im nordöstlichen Honduras standen die Bay Islands bis 1859 unter britischer Kontrolle. In diesem Jahr trat das Empire die drei Inseln plus Moskitia per Vertrag an Honduras ab. Dennoch hielt das Spanische hier erst vor ein paar Jahrzehnten Einzug, als es von der hon-

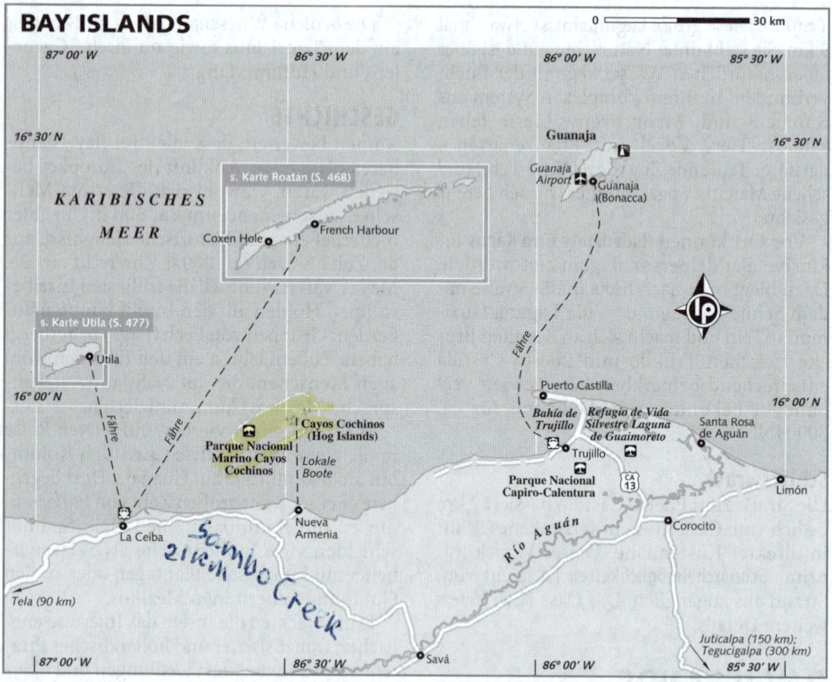

duranischen Bildungsbehörde landesweit zur offiziellen Unterrichtssprache erklärt wurde. So sprechen die meisten Inselbewohner immer noch am liebsten Englisch mit breitem karibischem Akzent. Allerdings ändert sich das momentan durch mehr und mehr Einwanderer vom Festland.

In vielerlei Hinsicht sind die Bay Islands bis heute eher an Großbritannien und den USA als am honduranischen Festland in nur 50 km Entfernung orientiert. Anstelle ihrer eigenen Hauptstadt Tegucigalpa haben viele der Inselbewohner wohl bereits eher die Vereinigten Staaten bzw. ihre oft dort lebenden Verwandten besucht. Honduras konzentriert einen Großteil seiner Tourismusentwicklung auf die Bay Islands und hat sie kürzlich zur Freihandelszone erklärt. Somit gelten die Verkaufssteuern des Festlands nicht für lokale Geschäfte.

BEVÖLKERUNG

Die Bevölkerung der Bay Islands ist sehr vielschichtig. Die *isleñas* haben u. a. afrikanische, karibische und europäische Wurzeln. Statt der Zweitsprache Spanisch sprechen sie hauptsächlich Englisch. Auf Roatán gibt's eine Garífuna-Siedlung bei Punta Gorda.

Vor allem auf Utila leben bis heute ein paar weiße Nachkommen der ersten britischen Siedler. Besucher begegnen eventuell Menschen, die scheinbar frisch per Schiff aus England, Schottland oder Irland eingetroffen sind. Allerdings kamen ihre Vorfahren in Wirklichkeit schon vor über 100 Jahren hierher.

Viele Inselbewohner sind sehr religiös – Besucher werden schnell die zahlreichen Kirchen bemerken. Das sollte man generell bei der Kleidungswahl berücksichtigen: Wer als Mann hemdlos in ein Geschäft hineinmarschiert, gilt eventuell als respektlos.

Seit Kurzem strömen Festlandlatinos vor allem nach Roatán, wo Taxifahrer und Securitypersonal schwer gefragt sind. Die Einwanderer verändern das Sprachgefüge der Inseln, auf denen man nun viel häufiger Spanisch hört als noch vor ein paar Jahren.

Zudem arbeiten viele Ausländer für örtliche Tourismuseinrichtungen – etwa bei Tauchläden, deren Personal oft verschiedene Sprachen wie Englisch, Deutsch, Spanisch, Italienisch, Französisch oder Hebräisch spricht.

KLIMA

Auf den Inseln geht die Regenzeit grob von Oktober oder November bis Februar. März und August sind am heißesten. Während der übrigen Monate kühlt die Seeluft das Klima ab. Im September können Tropenstürme auftreten.

PREISE

Die Bay Islands sind deutlich teurer als das Festland. Guanaja hat die höchsten Preise und sprengt damit jedes Backpacker-Budget. Roatán ist zwar günstiger, aber vor allem für Alleinreisende immer noch eine heftige Strapaze für die Reisekasse. Zusammen mit anderen Travellern lassen sich die Kosten für Kost und Logis jedoch minimieren – vor allem über Gemeinschaftsunterkünfte mit eigener Küche. Auf Utila sind Essen und Unterkunft bei Weitem am erschwinglichsten. Taucher (s. S. 465) bezahlen auf Roatán und Utila so ziemlich dasselbe.

Die Bay Islands reißen zwangsläufig ein kräftiges Loch in die Reisekasse. Nichtsdestotrotz bietet die übrige Karibik wohl keine billigeren oder besseren Tauchmöglichkeiten. Wenn nur wenige oder gar keine Tauchgänge drin sind, kann man günstig schnorcheln oder paddeln sowie gratis schwimmen und sonnenbaden.

GEFAHREN & ÄRGERNISSE

Obwohl die Bay Islands allgemein sicherer als das honduranische Festland sind, kommt es auf Roatán vereinzelt zu Überfällen. Schwimmer und Schnorchler sollten ihre Wertsachen niemals unbeaufsichtigt am Strand zurücklassen. Roatáns West Bay und Utila sind für gelegentliche Diebstähle bekannt.

Höchstwahrscheinlich müssen sich Besucher aber in erster Linie mit Moskitos und Sandfliegen herumschlagen, die während der Regenzeit besonders blutrünstig sind. Deshalb braucht man jede Menge Insektenspray, das entweder mitgebracht oder vor Ort gekauft werden kann. Außerdem ist eine entsprechende Malariaprophylaxe extrem wichtig: Allein auf Roatán wurden bereits fünf verschiedene Varianten dieser Krankheit festgestellt. Die empfohlene Wochendosis beträgt 500 mg Chloroquin, das alle Apotheken als „Aralen" verkaufen. Moskitos übertragen obendrein auch das Denguefieber, gegen das bislang kein Impfstoff existiert – man muss Stichen durch DEET-Spray und lange Kleidung vorbeugen.

SPORTTAUCHEN

Sporttauchen ist hier nach wie vor die beliebteste Touristenaktivität. Zudem zählen die Bay Islands weltweit zu den Orten mit den günstigsten Tauchkursen bzw. -scheinen. Wichtig: Die Regenzeit (Nov.–Feb.) macht das Tauchen schwieriger und weniger attraktiv. Örtliche Tauchläden bieten neben Anfängerunterricht (Grundlagen plus ein paar Tauchgänge) auch komplette PADI-Kurse inklusive weltweit gültigem Schein an. Obwohl sie meistens zur PADI gehören, können auch NAWI- und SSI-Kurse absolviert werden. Die in der Regel drei- bis viertägigen Freiwasserkurse mit Zertifikat umfassen zwei Tauchgänge im „Confined Water" (Flachwasser bzw. begrenztes Freiwasser) und vier im „Open Water" (normales Freiwasser). Gleichzeitig gibt's Optionen für Fortgeschrittene. Trotz der günstigen Preise sind Ausrüstung und Sicherheitsstandards normalerweise ordentlich. Dafür spricht die geringe Unfallhäufigkeit bei hoher Taucherzahl.

Von allen drei Inseln ist Utila in puncto Zertifikate und Spaßtauchen am billigsten. Roatán zieht diesbezüglich nun gleich, hat aber vergleichsweise höhere Unterkunfts- und Essenspreise, sodass es insgesamt doch teurer wird. Guanaja ist kein Budgetziel. Auf Utila und Roatán kosten PADI-Pauschalkurse ca. 5890 HNL (inkl. Ausrüstung und Zertifikat). Dieser Durchschnittswert kann jedoch in beiden Richtungen um mehrere Hundert Lempira schwanken. Wer auf das ausgedruckte Unterrichtsmaterial verzichtet und den Theorielehrgang schon vor dem Start online durchkaut, spart fast 600 HNL. Der Preis pro Einflaschen-Tauchgang (ca. 665–855 HNL) sinkt mit der gebuchten Anzahl.

Bei Tauchkursen sollte man keinesfalls nur aufs Geld schielen: Trotz recht geringer Unterschiede empfehlen sich stets vertrauenswürdige, sympathische Anbieter mit guter Sicherheitsstatistik.

Auch für Leute, die schon einen Schein besitzen, gibt's zahlreiche Optionen. Darunter fallen z. B. Spaßtauchen, Pauschalpakete mit zehn Tauchgängen, maßgeschneiderte Charterausflüge, Abstecher zu Korallenwänden und Höhlen oder Nacht-, Tief- und Wracktauchen. Die vielfältige Unterwasserwelt der Inseln offenbart sich bei super Sicht. Zwischen Roatán und Utila liegt eins der weltbesten Reviere zur Beobachtung von Walhaien (meist Mai–Sept.).

VERKEHRSMITTEL & -WEGE

An- & Weiterreise

FLUGZEUG

Diverse Fluglinien wie **Isleña/TACA** (☎ 445-1088, Reservierungen 443-0179; www.flyislena.com) oder **Sosa** (☎ 445-1658; www.aerolineassosa.com) verbinden das honduranische Festland bzw. La Ceiba und San Pedro Sula mit den Bay Islands.

Delta und Continental fliegen ab den USA nach Roatán (s. S. 475).

SCHIFF/FÄHRE

Von La Ceiba aus schippern Boote regelmäßig nach Roatán und Utila. Ein weniger verlässlicher Fährservice verkehrt zwischen Trujillo und Guanaja (s. S. 462). Die folgenden Einzelbeschreibungen der drei Inseln informieren über Abfahrtszeiten. Sie können sich jederzeit ändern und sollten unbedingt vor Aufbruch überprüft werden. Da Fährgesellschaften bis heute keine Direktverbindungen zwischen den Bay Islands anbieten, muss man immer über La Ceiba reisen. Der Trip ist jetzt mit immer mehr privaten Booten möglich.

Gezieltes Umhören offenbart schnell entsprechende Optionen. Gelegentlich fahren Jachten kurzfristig von Utila nach Belize oder Lívingston in Guatemala. Mitnahmegelegenheiten hängen jedoch individuell von den Jachtbesitzern ab, die ihren Besuch meistens vorab bei Tauchshops auf Utila ankündigen.

Unterwegs vor Ort

AUTO & MOTORRAD

Autos kann man nur auf Roatán mieten, Motorräder dagegen auf allen drei Bay Islands. Lokale Leihvehikel sind jedoch ziemlich teuer (ab ca. 808 HNL/Tag) – vor allem, wenn das Benzin separat berechnet wird.

SCHIFF/FÄHRE

Roatáns Wassertaxis verkehren zwischen West End und dem Strand der West Bay sowie innerhalb der Gemeinde Oak Ridge, wo viele Stelzenhäuser aus dem Wasser ragen. Viele Wassertaxis gibt's auch auf Guanaja, dessen größtes Dorf auf einem kleinen Inselchen liegt und nur durch Boote mit der Hauptinsel verbunden ist.

TAXI

Taxis bedienen ganz Roatán und Teile Utilas. *Colectivos* (30–70 HNL) sind eine günstigere Alternative zu teuren Privattaxis (120–200 HNL).

ROATÁN

28 400 Ew.

Von La Ceiba aus gesehen liegt Roatán ca. 50 km vor der honduranischen Küste. Die größte und bekannteste Insel der drei Bay Islands ist lang (50 km) und schmal (2–4 km). Als echtes Tauch- und Schnorchelparadies ist sie von über 100 km lebendigem Korallenriff umgeben. Vor allem im Bereich von West End und West Bay sorgen klares, türkisblaues Wasser, farbenfrohe Tropenfische, weißer Pulversand und Kokospalmen teilweise für perfekte Strandidylle.

2009 eröffnete Carnival Cruise Lines in Dixon's Cove das 62 Mio. US$ teure Mahogany Bay Cruise Center, das sogar eine eigene

KORALLEN NICHT BERÜHREN!

Die Korallen- und Schwammformationen der Bay Islands bzw. des ganzen Wallriffs sind das Ergebnis jahrhundertelangen Wachstums. Allerdings sind sie durch menschliche Abwässer bedroht, die ins Meer eingeleitet werden. Nach einem Bericht des World Resources Institute stammen schätzungsweise 80 % der Sedimente und über 50 % aller riffschädigenden Nährstoffe tatsächlich aus Honduras. Von dort aus spülen große Flüsse landwirtschaftliche Oberflächenabflüsse als eine der Hauptursachen für die Riffzerstörung in die Karibik. Nur sorgsame Schutzmaßnahmen werden das wunderbare Unterwasserriff entlang der zentralamerikanischen Küste erhalten können.

Bislang sind die herrlichen Riffe rund um die Bay Islands größtenteils unberührt und intakt – dank einer historisch niedrigen Zahl von Tauchern, die aber in den letzten Jahren vor allem durch Anfänger extrem angestiegen ist. So weisen die Korallen bereits erste Schäden auf. Zukünftig werden sogar noch mehr Taucher hierherkommen – ganz zu schweigen von den vielen Kreuzfahrtschiffen voller Schnorchler. Daher ist es äußerst wichtig, dass jedermann zum Riffschutz beiträgt. Zahlreiche Tauchanfänger (und erfahrene Unterwassersportler) sind versucht, die faszinierenden und wunderschönen Korallen anzufassen. Da man dies aber unbedingt vermeiden sollte, ist die Devise „Don't touch the coral!" („Korallen nicht berühren!") vor Ort sehr oft zu vernehmen.

Sesselbahn besitzt und den Massentourismus zusätzlich ankurbelt. Mit Bars, Restaurants und einem Einkaufszentrum verringert Mahogany Bay aber auch den Druck auf West End, wo sich zuvor alle Kreuzfahrtpassagiere gedrängt haben.

Gefahren & Ärgernisse

Zwischen West End und West Bay ist es schon zu vereinzelten Überfällen am Strand gekommen. Diese attraktive Wanderstrecke ist tagsüber ungefährlich, sollte aber nachts idealerweise gemieden werden. Auch Coxen Hole ist nach Sonnenuntergang eventuell nicht ganz geheuer. Außerhalb der Siedlungen geschehen häufig Überfälle in den Hauptstraßen. Daher dort nie bei Dunkelheit trampen oder auf ein Taxi warten!

Wer zufällig besonders einsame Buchten entdeckt, sollte bedenken, dass Roatán manchmal als Umschlagplatz für Drogen dient.

West End

Zwischen Kokospalmen erstreckt sich das geschäftige, aber angenehme Dorf West End rund um zwei kleine, türkisblaue Buchten. Am Westzipfel der Insel tummeln sich hier praktisch alle Backpacker und Taucher. Viele Restaurants, Hotels und Tauchläden säumen die einzige sandige Straße. Obwohl die meisten Unterkünfte in den Mittel- oder Spitzenklassebereich fallen, gibt's auch ein paar günstigere Optionen. Und es werden mehr.

ORIENTIERUNG

In West End kann man sich nicht verlaufen. Dennoch sind manche Hotels und Läden eventuell schwer zu finden. Am Ostrand der Half Moon Bay (erste der zwei örtlichen Kleinbuchten) trifft die Straße aus Richtung Coxen Hole auf die sandige Hauptstraße des Dorfs. An dieser Kreuzung warten Busse und Taxis nach Coxen Hole. Unmittelbar rechts bzw. nördlich davon stehen ein paar Hotels, Restaurants, Bars und Tauchläden. Weiter unten liegen noch ein paar Unterkünfte.

Links bzw. südlich der Kreuzung windet sich die Straße um die Half Moon Bay herum. Nach einer Baptistenkirche wird sie zum „Strip“, der West Ends meiste Restaurants, Bars und Tauchläden vereint. Zwischen beiden Ortsenden liegen fünf bis zehn Gehminuten. *Colectivo*-Wassertaxis zur West Bay (50 HNL) legen gegenüber vom Tauchshop Pura Vida ab.

PRAKTISCHE INFORMATIONEN

In West End gibt's drei Geldautomaten: Die HBSC betreibt ihren beim Supermarkt Coconut Tree, während die Unibanc direkt neben Tyll's Dive vertreten ist. Das zuverlässigste Gerät hat jedoch die Filiale der Banco Lafise, die 200 m nach der Casa del Sol neben Woody's an der Hauptstraße steht. Roatáns extrem teure, aber teilweise frustierend unzuverlässige Internetverbindungen streiken regelmäßig komplett. Die Privatklinik von Anthony's Key Resort bietet die beste medizinische Versorgung der Stadt.

Bamboo Hut Laundry (Mo–Sa 8–16 Uhr) Wäschereiservice (75 HNL/2,3 kg inkl. Trocknen & Zusammenlegen) an der Hauptstraße hinter der Restaurant- und Einkaufsmeile.

Barefoot Charliés (9–21 Uhr; 120 HNL/Std.) Optionale Wochen-Internettarife und 2:1-Büchertausch.

Paradise Computers (West End/French Harbour; 120 HNL/Std.; Mo–Sa 8–21.30, So 12–20 Uhr) Internetzugang mit alternativen Prepaid-Sparpreisen (1/10 Std. 95/570 HNL).

Roatán Online (www.roatanonline.com) Reizlos präsentierte, aber reichhaltige Lokalinfos zu Roatán.

Touristenpolizei (9994-9240; 24 Std.) Nördlich vom Argentinean Grill gleich abseits der Hauptstraße.

DER WEG INS ZENTRUM

Vom/Zum Flughafen

Colectivos nach West End kosten 70 bzw. 200 HNL bei Direktverbindung im Privatbetrieb. Deshalb lohnt sich ein kleiner Fußmarsch über die Straße vor den Flughafentoren – die dortigen Taxis kosten maximal ein Drittel des Betrags (Preis vor dem Einsteigen aushandeln!). Noch günstiger: Per *colectivo* nach Coxen Hole (35 HNL) fahren und einen Minibus (20 HNL) oder ein anderes *colectivo* (35 HNL) nach West End nehmen.

Vom/Zum Fähranleger

Mit Taxis geht's schnell, bequem und teuer nach West End: Ab dem Fähranleger langen die Chauffeure mit durchschnittlich 70 HNL pro Fahrt richtig zu. Bei kleinem Geldbeutel heißt es daher die 150 m entfernte Hauptstraße überqueren und dort ein *colectivo* (35 HNL nach Coxen Hole, Coxen Hole–West End 35 HNL) oder einen Minibus (20 HNL) anhalten. Sonntags fahren keine Minibusse.

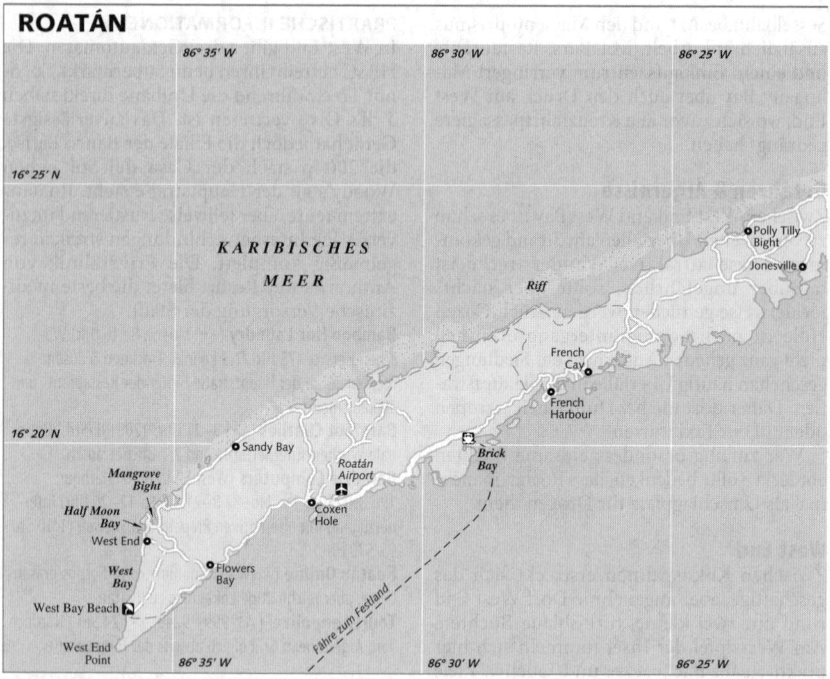

AKTIVITÄTEN

Sporttauchen

Roatáns Küstenlinie (vor allem die Westspitze) bietet Dutzende Tauchmöglichkeiten, die oft nur ein paar Meter vom Ufer entfernt liegen. Spots wie Hole in the Wall, Sponge Emporium, Black Rock oder Texas machen Roatán zu einem echten Taucherparadies mit unendlicher Vielfalt und fast perfekten Bedingungen. Die Tauchpreise entsprechen heute quasi denen des einst günstigeren Utila. Im Vergleich sind Roatáns Tauchkursgruppen meist kleiner, während das Riff in etwas besserem Zustand ist. Dank der küstennahen Spots veranstalten Roatáns Tauchläden meistens drei bis vier Einflaschen-Tauchgänge pro Tag. Auf Utila sind zwei Two-Tank-Tauchgänge die Regel. Zwischen den Shops bestehen kaum Preisunterschiede: Inklusive Theoriematerial und Gebühr für das Meeresschutzgebiet kosten viertägige PADI-Freiwasserkurse ca. 5890 HNL. Für Fortgeschrittenenkurse bezahlt man normalerweise dasselbe. Der Betrag pro Einflaschen-Tauchgang (665–855 HNL) sinkt mit der gebuchten Anzahl. Die meisten Tauchläden starten dreimal täglich.

Die meisten Tauchläden auf Roatán haben heute angeblich (aber nicht immer) dieselben Kurstarife. Doch der Preis ist hier wirklich nicht alles!

Der gewählte Tauchanbieter sollte unbedingt zum **West End & Sandy Bay Marine Park** (www.roatanmarinepark.com) gehören. Diese Organisation engagiert sich stark für den Erhalt des Riffs, dessen Schönheit massiv durch Bauarbeiten und Besucherscharen bedroht ist. Die meisten Tauchläden sind inzwischen Mitglieder und verlangen von Kunden eine Schutzgebietsgebühr (pro Jahr/Tag 190/57 HNL). Bitte nur auf Anbieter zurückgreifen, die Teil dieser Bemühungen und deshalb auf der Website des Meeresschutzgebiets aufgeführt sind! Darunter fallen alle im Folgenden genannten Optionen.

Native Sons (☎ 445-4003; www.nativesonsroatan.com) hat einen guten Ruf und gehört dem Einheimischen Alvin Jackson, der auf fast 30 Jahre Erfahrung als Tauchlehrer zurückblickt. Alle Tauchgänge werden von Tauchlehrern und nicht von Tauchmeistern geleitet. Die schnellen, gut gewarteten Firmenboote fahren problemlos zu weiter entfernten Spots.

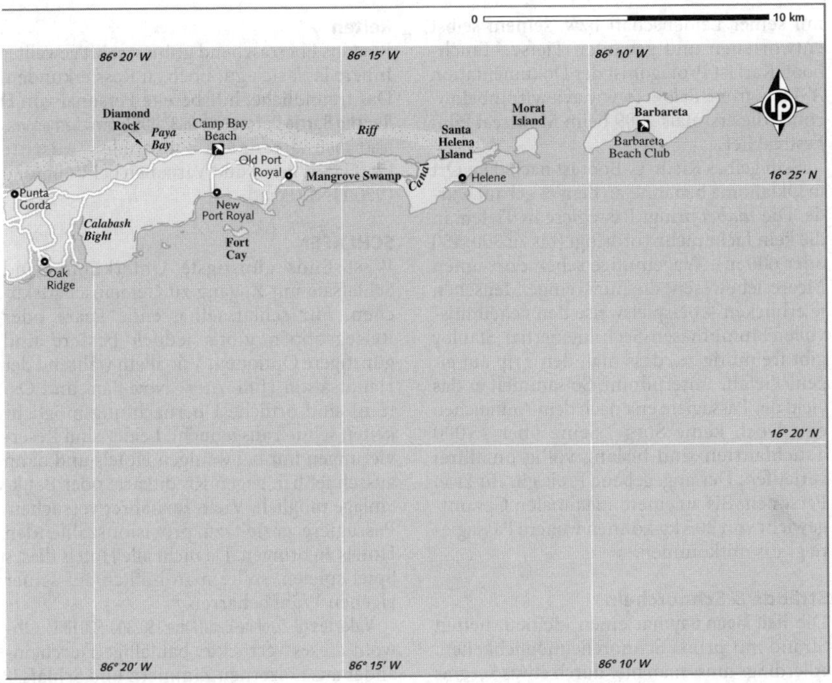

Ocean Connections (☎ 327-0935; www.ocean-connections.com) lockt etwas ältere Kunden mit kleinen Kursgrößen und freundlicher, wettbewerbsfreier Atmosphäre. Hinzu kommen ein eigener Tauchladen, ein Ableger in West Bay und Pauschalangebote in Kooperation mit dem Sea Breeze Inn.

Pura Vida (☎ 445-4110; www.puravidaresort.com) hat ebenfalls einen guten Ruf. Das Resort mit Tauchshop steht unter kubanischer Leitung und betreibt nebenan ein tolles italienisches Restaurant. Die mehrsprachigen Ausbilder organisieren Tauchgänge in Abhängigkeit von Haupt- oder Nebensaison. Das Personal spricht Englisch, Deutsch und Französisch. Hier gibt's gehobenere Pauschalkombis inklusive Tauchen und Übernachtung.

Reef Gliders (☎ 8413-5099; www.reefgliders.com; neben Purple Turtle) besitzt zwei moderne Panga-Boote. Die kompetente Leitung hat ein junges britisches Paar inne, das Sicherheit und Umweltschutz sehr ernst nimmt. Im Angebot sind Dämmerungs- und Nachttauchen, kostenlose Backpackerquartiere und Pauschalpakete (Tauchen plus Unterkunft) in Zusammenarbeit mit dem Valeriés.

Sueño del Mar (☎ 445-4343; www.suenodelmar.com) ist eine gehobene Option mit gut sortiertem Verkaufsgeschäft und wunderschön gestalteten Unterkünften, die teilweise über Balkone mit Meerblick verfügen. Zielt auf große Geldbeutel ab (viertägiger Freiwasserkurs inkl. Unterkunft 11 673 HNL) und baute zum Recherchezeitpunkt gerade acht neue Zimmer nebst neuem, glänzendem Ladenbüro.

Tyll's Dive (☎ 9698-0416; www.tyllsdive.com) heißt ein relaxter, freundlicher Tauchshop an der Hauptstraße.

Das kleine **West End Divers** (☎ 445-4289; www.westenddivers.com) gegenüber vom Wassertaxi-Anleger richtet sich an jüngere Tauchfans.

Tiefsee-U-Boot-Touren

Karl Stanley leitet das würdevoll benannte **Roatán Institute of Deep Sea Exploration** (☎ 3359-2887; www.stanleysubmarines.com; ab 7500 HNL/Tauchgang) und bietet eine von Roatáns ungewöhnlichsten Aktivitäten an: Der höchst erfindungsreiche, ruhelose Stanley hat einen Universitätsabschluss in amerikanischer Geschichte und ist seit seinem neunten Lebensjahr von U-Booten fasziniert. Inzwischen verdient er Geld mit seiner Leidenschaft bzw. seinem selbst entworfenen und gebauten Tiefsee-Tauchboot. Karl ist Protagonist der Dokumentation *A View from Below* (www.aviewfrombelow.com), die erstmals 2009 beim Montréal Film Festival lief.

Sein gelbes Klein-U-Boot ist nach dem Ort in Oklahoma benannt, an dem es gebaut wurde: Die *Idabel* bringt Passagiere in Tiefen, in die kein Licht mehr vordringt (bis zu 300, 450 oder 600 m). Wagemutige sehen dort unten Meereslebewesen, die nur wenige Menschen je erblicken – beispielsweise den geheimnisvollen Stumpfnasen-Sechskiemerhai. Stanley gibt freimütig zu, dass man den Trip auf eigene Gefahr unternimmt. So sammelt er das Geld der Passagiere erst nach dem Auftauchen ein. Doch keine Sorge: Seine über 15 000 Tauchfahrten sind bislang völlig unfallfrei verlaufen. Der angegebene Preis gilt für zwei Personen. Bis zu einem maximalen Gesamtgewicht von 205 kg können weitere Passagiere gratis mitkommen.

Strände & Schnorcheln

Die **Half Moon Bay** hat einen kleinen, netten Strand mit prima Schnorchelmöglichkeiten. Allerdings muss man hier durch etwas Seegras waten und mit manchmal starken Strömungen rechnen, durch die schon Menschen ertrunken sind. Für Schnorchelausrüstung zum Ausleihen (95 HNL) empfiehlt sich das strandseitige Büro des Meeresschutzgebiets – das Geld unterstützt den Riffschutz. Etwa 4 km südwestlich vom Dorf West End liegt die **West Bay** mit Roatáns schönstem Strand, der allerdings von immer mehr Luxusresorts gesäumt wird. Dort kann man Strandkörbe mieten (93 HNL/Pers., alternativ „Trinkgeld" für den Wächter) oder sich auf einer mitgebrachten Decke unter den Palmen am äußersten Strandende niederlassen. Bojen halten Boote von den super Schnorchelmöglichkeiten am westlichen Strandende fern. Schnorchelausrüstung lässt sich vor Ort leicht ausleihen. Hierfür empfiehlt sich das Las Rocas Resort am Strandanfang (190 HNL/Tag).

Wer von West End zur West Bay laufen will, folgt einfach dem Strand in Richtung Westen. Bei Dunkelheit ist diese Route jedoch nicht sicher. Wassertaxis (einfache Strecke 50 HNL/Pers., 10 Min.) fahren regelmäßig in beide Richtungen. Die Rückkehr erfolgt am besten um ca. 17 Uhr. Ein normales Privattaxi zur West Bay kostet unverschämte 120 HNL.

Reiten

Roatáns überraschend grünes, sanft gewelltes Innere lässt sich gut hoch zu Ross erkunden. Das freundliche, hilfsbereite Personal von **El Rancho Barrio Dorcas** (☎ 9687-1067; www.barriodorcasranch.com) arrangiert normale Ausritte (760 HNL/Pers.) und Varianten bei Vollmond (950 HNL/Pers.).

SCHLAFEN

West Ends günstigste Unterkünfte sind Schlafsäle mit Zugang zu Gemeinschaftsküchen. Für schlafsaalhassende Paare oder Reisegruppen gibt's jedoch bessere und günstigere Optionen. Vor allem während der Hauptsaison (Juli–Aug., Nov.–Jan. und Ostern) sind örtliche Übernachtungsmöglichkeiten schnell ausgebucht. Leider sind Reservierungen nur bei wenigen Hotels und dann ausschließlich gegen Kreditkarte oder Bankeinlage möglich. Viele Taxifahrer versuchen, Passagiere gezielt zu provisionszahlenden Hotels zu bringen. Da nicht alle Hotels dieses Spiel spielen, sollte man höflich auf seiner eigenen Wahl beharren.

Valeriés (B/Zi. ohne Bad/Hütte 150/300/500 HNL) Obwohl dieses verrückte, baufällige Durcheinander aus hölzernen Zimmern und Schlafsälen seit mehreren Jahren zum Verkauf steht, findet sich kein Käufer. Vielleicht aus gutem Grund: Das Valeriés begeistert manche und schreckt andere ab. Die Gemeinschaftsküche für den unteren Schlafsaal ist geradewegs grauenvoll. Die Schlafsäle im Obergeschoss sind da schon wesentlich besser. Zumindest bietet die neue Dachterrasse einen guten Sonnenuntergangsblick zum Bier. Trotzdem nur was für echte Lempira-Fuchser.

Milka's Rooms (☎ 445-4005; Zi. 190 HNL/Pers.) Diese gute Budgetoption gleich hinter Pura Vida verfügt über vier rudimentäre, aber funktionale Küchen. Alle Zimmer sind etwas klein, aber anständig. Die drei neueren Hütten mit Warmwasser haben das beste Preis-Leistungs-Verhältnis.

Georphís Tropical Hideaway (☎ 445-1794; www.georphi.com; B/DZ 192/480 HNL, Hütte mit Gemeinschaftsküche ab 480 HNL, 4BZ mit Küche 1152 HNL; P ⛶ 💻) Das Georphís beim Restaurant Rudy's bietet vor allem ganzen Backpackergruppen vielleicht das beste Preis-Leistungs-Verhältnis der Insel. Hier verteilen sich einfache, aber solide Sechseckhütten aus Kiefernholz weitläufig über ein grünes, abschüssiges Gelände. Die Hütten haben jeweils eine Privatterrasse mit Hängematten und manchmal auch eine Küche. Die spartanischen Gemeinschaftsküchen erfüllen ihren Zweck. Die Facebook-Seite liefert Details zu den einzelnen Zimmern. Um von der Kreuzung aus hierherzukommen, dort nach links gehen und dem Strand bis zum Ende der sandigen Straße folgen.

Chillies (☎ 445-4003; www.nativesonsroatan.com/chillies.htm; DZ/3BZ 380/513 HNL, Hütte ohne Bad & mit Gemeinschaftsküche 456 HNL, mit Bad & Gemeinschaftsküche 570 HNL) Das Chillies gehört zum Tauchshop Native Sons und ist aus gutem Grund schon immer bei Budgettravellern beliebt: Dafür sorgen z. B. ungewöhnlich angenehme Gemeinschaftsbäder, üppige Landschaftsgärten und Hütten, die sich prima für Paare eignen. Die Gemeinschaftsküchen sind nicht toll, aber ausreichend funktional.

Sea Breeze Inn (☎ 445-4026; www.seabreezeroatan.com; Zi. ohne/mit Klimaanlage 456/550 HNL, Wohnstudio ohne/mit Klimaanlage 750/850 HNL, Suite ohne/mit Klimaanlage 1038/1227 HNL; P ✻) Das dreistöckige Holzgebäude hinter dem Cannibal Café ist eine gute Option für Familien oder Reisegruppen. Den feschen, ziemlich charaktervollen Zimmern mangelt es an Platz. Nichtsdestotrotz sind die Suiten geräumig und toll zum Entspannen. Alle warten mit Kühlschrank, Mikrowelle und ganz oben auch mit Meerblick auf. Somit starrt man dort nicht permanent auf den Friedhof. Zudem gibt's eine Frontveranda mit Hängematten.

Mariposa Lodge (☎ 445-4450; www.mariposa-lodge.com; DZ ohne Bad 500 HNL, Apt. ohne/mit Klimaanlage 800/1000 HNL; ✻ 💻) Eine von Roatáns attraktivsten Unterkünften steht kurz hinter der sandigen Hauptstraße inmitten tropischer Gärten: Nach ihrem Tauchtag können sich Gäste super in den voll ausgestatteten Apartments mit Gaskochern, Kühlschränken und Privatterrassen erholen. Letztere haben Hängematten und teilweise einen tollen Meerblick.

Casa del Sol (☎ 445-4218; www.casadelsolroatan.com; Zi. ab 500 HNL, 4BZ mit Klimaanlage 1190 HNL; ✻ 💻) Dieses neuere Mittelklassehotel mit sehr gutem Preis-Leistungs-Verhältnis findet man direkt an West Ends Ortseingang bei der Abzweigung zur West Bay. Unter dem Motto „Mexikanische Riviera trifft Tropeninsel" gibt's hier Zimmer mit mexikanischem Farbdekor und großen Keramikfliesen auf dem Boden. Die handbemalten Porzellanwaschbecken der Bäder stammen aus El Salvador. Alle Zimmer verfügen über Kochecken und optionale Klimaanlagen (zzgl. 190 HNL). Die Wohnstudios für vier Personen haben große Badewannen.

Posada Arco Iris (☎ 445-4264; www.roatanposada.com; EZ/DZ/3BZ mit Ventilator 798/912/1026 HNL, mit Klimaanlage 1083/1197/1311 HNL, Apt. ab 1254 HNL; P ✻ 💻) Stilvolle Elemente wie Wandteppiche und Schnitzereien (aus Guatemala bzw. Argentinien) oder wunderbar verzierte Böden machen diese noble Mittelklasseoption zu etwas Besonderem. Dasselbe gilt für das weitläufige, grüne und schattige Gelände – ergänzt durch Gratis-Internet sowie ausleihbare Kajaks und Strandkörbe. Bei Gruppenbelegung sind die Zimmer und Apartments eventuell halbwegs bezahlbar. Apartmentgäste können eine voll ausgestattete Küche nutzen.

Half Moon Resort (☎ 445-4442; www.roatanhalfmoonresort.com; EZ/DZ/3BZ 869/1096/1315 HNL; P ✻ 💻) Highlight ist die Lage am Ende einer schattigen Sackgasse. Die Kiefernholzzimmer sind längst nicht so schick, wie ihr Preis suggeriert. Doch das ist vergessen, sobald man aus dem Bett zu den Glasverandas direkt am Riff (super Schnorchelrevier!) wankt. Der Zimmertarif beinhaltet Schnorchelausrüstung, Kaffee und Kajaknutzung.

Posada Las Orquideas (☎ 445-4387; www.posadalasorquideas.com; EZ/DZ mit Klimaanlage 1083/1197 HNL, mit Küche 1311/1425 HNL; P ✻ 💻) Steht unter derselben Leitung wie die Posada Arco Iris und entspricht ihr in puncto Ausstattung bzw. geschmackvollem Dekor. Allerdings liegt das Haus vergleichsweise einsamer und hat einen reinen Gästesteg, der in die hübsche Gibson Bay hineinragt. Hinter dem Arco Iris weisen Schilder den Weg.

Las Rocas Resort (☎ 408-5760; www.lasrocasresort.com; Zi. inkl. Frühstück 1770–2700 HNL; P ✻ 💻 🏊) Die nur 13 Wohneinheiten an der West Bay repräsentieren die Art von gehobenem Mittelklassehotel, dessen Gäste sich wirklich kennenlernen – beispielsweise beim Frühstück, bei Tauchtrips oder an der Bar. In den einfachen, aber komfortablen Bungalows gibt's Klimaanlagen, polierte Holzböden und feste Betten. Die Superior-Varianten punkten zudem mit Schrägdecken, Kingsize-Betten und (teilweise) tollem Meerblick. Wie es sein Name vermuten lässt, steht das Las Rocas auf einer Felszunge und hat deshalb keinen eigenen Strand. Der Sand der West Bay liegt aber nur einen kurzen Fußmarsch entfernt. Das Hotel besitzt auch einen winzigen Salzwasserpool und eine uferseitige, hölzerne Sonnenterrasse.

ESSEN

Essen ist in West End allgemein teuer. Ein paar einfache Lokale verlangen vernünftige Preise. Vor allem bei Reisegruppen lassen sich die Verpflegungskosten über Unterkünfte mit einer Küche senken. French Harbour hat zwar den günstigsten Supermarkt (Sun), doch Hin- und Rückweg sind eventuell lästig. Praktisch Veranlagte kaufen daher vor der Fährpassage in La Ceiba ein.

Rudy's (Hauptgerichte 58–221 HNL; ⌚ So–Fr 6–17 Uhr) Das angenehme Freiluftcafé ist für seine Bananenpfannkuchen (76 HNL) bekannt. Zudem serviert es erschwingliche Mittagsgerichte (z. B. Spaghetti) und große Kaffeebecher (24 HNL). Wenn der Service mal wieder etwas auf sich warten lässt, kann man umso länger die Brandung jenseits der sandigen Hauptstraße beobachten.

Cream of the Trop (Eiscreme 60 HNL, Frühstück 80–100 HNL; ⌚ 9–17 Uhr) Hier gibt's die einzige hausgemachte Eiscreme der Insel in mehreren lecker-tropischen Varianten. Hinzu kommen eine von Roatáns wenigen Espressomaschinen und Frühstück mit Crepes oder Eier-Tortilla-Kombis.

Creolés Rotisserie Chicken (halbes Hähnchen 100 HNL; ⌚ Mo–Sa 14–23, So bis 22 Uhr) Dieser Freiluft-Budgetklassiker hat locker das beste Preis-Leistungs-Verhältnis auf dieser Seite des Kontinents. Das sehr schmackhafte Essen ist Einheimischen zufolge die einzige verlässliche Kost auf ganz Roatán und sorgt bei den wenigen Tischen oft für Überbelegung: Touristen und Inselbewohner stehen hier Schlange für Grillhähnchen mit üppig bemessenen Beilagen wie Reis, Bohnen, Kartoffel- oder Krautsalat. Früh erscheinen!

Cannibal Café (Hauptgerichte 50–225 HNL; ⌚ Mo–Sa 7–22 Uhr) Der relaxte Mexikaner gehört zum Sea Breeze Inn und tischt als Spezialität enorm große Tacos auf. Die dicken, viereckigen Tortillas landen warm, aber etwas fettig auf dem Teller. Eine vegetarische Variante ist bei allen Gerichten möglich.

Lighthouse Restaurant (Hauptgerichte 80–300 HNL; ⌚ 7.30–22 Uhr) Das einfache Uferrestaurant serviert abends gute Meeresfrüchte wie gegrillten Fisch, Garnelensalat oder Hummer. Morgens und mittags gibt's jeweils andere Gerichte für weniger Geld.

LP Tipp **Tong's** (Hauptgerichte 260–480 HNL; ⌚ 12–15.30 & 17.30–21.30 Uhr) Küchenchef Tong kredenzt erinnerungswürdige Traditionscurrys und Rindfleisch mit einheimischen Kräutern, das Gäste hinüber nach Thailand versetzt. Für eine ebenso erinnerungswürdige Atmosphäre sorgt eine Reihe kerzenbeleuchteter Tische, die sich entlang des Docks über dem Wasser erstreckt.

Argentinean Grill (Hauptgerichte 270–450 HNL; ⌚ Fr–Mi 10–22 Uhr) Vor der Posada Arco Iris kommen Fleischfans voll auf ihre Kosten: Erwartungsgemäß dreht sich hier alles um Steaks – zubereitet von einem argentinischen Chefkoch, der Filet Mignon gewieft in ein saftiges Monster verwandelt. Dazu wird glasweise Malbec-Wein ausgeschenkt.

Vor Ort findet man außerdem drei gute Straßenimbisse: **Keith's BBQ** (Hauptgerichte 80–90 HNL; ⌚ Do & So 7–18 Uhr) am nördlichen Strandende der Half Moon Bay serviert gegrilltes Huhn, Schweine- und Rindfleisch nach Art der Region (u. a. *baleadas* mit Grillwürstchen zum Frühstück). **Tacos Al Pastor** (Hauptgerichte 100 HNL; ☎ Mo–Do 18–24, Fr & Sa bis 3 Uhr) steht gegenüber der Baptistenkirche. Das **Jerk Stop** (Hauptgerichte 120 HNL; ☎ Di–Fr & So 9–24 Uhr) neben dem Paradise Computers kombiniert Ausgebackenes oder Kochbananen mit Schweinefleisch und „Jerk Chicken" (gewürztes, mariniertes und über dem Holzfeuer gegrilltes Hühnchen).

West Ends vier teure Supermärkte haben grob dieselben Preise. Genau in der Stripmitte liegt der **Coconut Tree Market** (⌚ 7–20 Uhr) an einer Kreuzung. Zudem fahren Pick-ups voller günstiger, frischer Früchte durch den Ort. Wie alle anderen Landwirtschaftsprodukte in Honduras sollte man sie vor dem Verzehr sorgfältig abwaschen: In der Regel wird die Ernte landesweit mit DDT behandelt.

AUSGEHEN & UNTERHALTUNG

Entlang von West Ends Hauptstraße befeuern Bars den Partyvibe der Insel bis tief in die Nacht mit Livemusik, DJs oder Reggaetón – einfach den eigenen Augen und Ohren folgen. Foster's (einheimischer Rabaukentreff), Nova (Video-Quiz), Twisted Toucan (älteres Publikum) und Dive (Spiele) sind gleichermaßen beliebt.

Earth Mamas (⌚ Mo–Sa 7.30–17 Uhr) Der Mix aus Ökoboutique und Saftbar versteckt sich hinter dem Paradise Computers. Hier gibt's Bio-Fruchtshakes, das einzige Weizengras in weitem Umkreis sowie Klamotten und Kosmetik (darunter Insektenspray) auf Naturbasis. Vier- bis fünfmal täglich ist außerdem Yoga angesagt.

Sundowners (⌚ 11–21.30 Uhr) Diese Strandbar gegenüber von Native Sons bzw. Posada Arco Iris ist ein echter Klassiker und frühabends am belebtesten. Dann beobachten dienstfreie Taucher hier gemeinsam, wie der Horizont strahlende Rottöne annimmt.

Blue Marlin (⌚ Mo–Do 12–24, Fr & Sa bis 2, So bis 22 Uhr) Zum Recherchezeitpunkt war der heiße, neue Laden verständlicherweise am angesagtesten – vor allem aufgrund der tollen Uferlage mit super Aussicht auf den Sonnenuntergang. Später am Abend ist aber ebenfalls einiges los. Livemusik am Freitag (zukünftig vielleicht auch mittwochs).

Coxen Hole

In Coxen Hole gibt es Behörden, Banken, die Inselpost und eine Hondutel-Filiale. Gleich außerhalb liegt der Flughafen. In Roatáns größter Stadt erledigen die Leute Besorgungen oder besuchen den Supermarkt HB Warren, um billiger als in West End einzukaufen. Das Klima ist feuchtheiß, während gute Strände Mangelware sind. Am besten läuft man hier nicht nachts herum, da es in den Diskos und Bars vor Ort manchmal gewalttätig zugeht.

ORIENTIERUNG

Ein paar kurze Häuserblocks bilden Coxen Holes Geschäftsbezirk. Im Zentrum steht der Supermarkt HB Warren neben dem winzigen Stadtpark, vor dem Busse und Taxis halten. Alle relevanten Einrichtungen liegen an oder nahe der Straße zur Innenstadt. Der Flughafen befindet sich fünf Autominuten weiter östlich. Mietwagenfahrer aufgepasst: Die Hauptdurchgangsstraße ist eine unbeschilderte Einbahnstraße in West-Ost-Richtung!

PRAKTISCHE INFORMATIONEN

BAC/Bamer (Front St) Mit Geldautomat.

Banco Atlántida (Front St; ⌚ Mo–Fr 9–16, Sa 8.30–12 Uhr) Hat einen Geldautomaten, löst Reiseschecks ein und zahlt Bargeld gegen Visakarte aus. Oft lange Wartezeiten.

HSBC (Front St) Löst AmEx-Reiseschecks ein und hat einen Geldautomaten.

Martinez Cyber Center (☎ 445-1432; 40 HNL/Std.; ⌚ Mo–Sa 8–19 Uhr) Internet und Auslandsgespräche hinter der HSBC-Filiale.

Polizei (☎ 445-3439)

Post (⌚ Mo–Fr 8–16 Uhr) Gleich gegenüber der HSBC-Filiale auf der Straßenseite des Supermarkts HB Warren.

Yaba Ding Ding (⌚ Mo–Sa 9–17 Uhr) Postkarten- und Souvenirladen; abseits der Hauptstraße an einer Fußgängerzone in Richtung Wasser.

ESSEN

Einheimische empfehlen die gute Lokalküche des günstigen **Comedor Jaylin** (Front St; Hauptgerichte 65–250 HNL; ⌚ 6–19 Uhr) neben dem Wood Medical Center. Das saubere kleine Lokal serviert z. B. *baleada* für nur 65 HNL. Beim **Supermarkt HB Warren** (☎ 445-1208; ⌚ Mo–Sa 7–19 Uhr) gibt's Lebensmittel.

French Harbour

Als Roatáns zweitgrößte Stadt ist French Harbour auch ein wichtiger Hafen, der eine große Flotte von Fisch-, Garnelen- und Hummerkuttern beherbergt. Mangels anständiger Budgetunterkünfte und -restaurants ist für Backpacker vor allem die eindrucksvolle **Arch's Iguana Farm** (☎ 455-7743; Eintritt 150 HNL; ⌚ 9–16 Uhr) in French Cay interessant. Sofern man von den Affen und Nasenbären in ihren tristen Käfigen absieht, lohnt sich dort ein Zwischenstopp gleich außerhalb der Stadt. Denn das Arch's ist weniger eine Farm als das Anwesen eines echten Leguan-Liebhabers: Ob auf der Zufahrt, in den Bäumen oder unter den Büschen – die insgesamt ca. 3000 Leguane tummeln sich überall und sind teilweise bis zu 1,5 m lang. Beste Besuchszeit ist die Fütterung um 12 Uhr. Bei Sonnenschein kommen die Echsen alle herunter und sind leichter zu erspähen.

Der **Sun Supermarket** (⌚ Mo–Sa 7–20, So 8–14 Uhr) ist der bei Weitem größte und beste Supermarkt der Insel und toll für Selbstversorger.

Oak Ridge

Auf Roatáns Ostseite liegt eine weitere Hafenstadt: Oak Ridge ist nicht so reizvoll wie French Harbour, aber vielleicht etwas angenehmer als Coxen Hole. Der offizielle spanische Name „José Santos Guardiola" wird so gut wie nicht benutzt. Das winzige Nest schmiegt sich an einen geschützten Hafen. Hölzerne Stelzenhäuser säumen das ganze Ufer, vor dem farbenfrohe Boote vorbeischippern. Nur zwei Motorboot-Minuten entfernt stehen weitere Wohnhäuser und Läden auf einem kleinen Inselchen. Dorthin gelangt man mit Wassertaxis im Rahmen einer Hafenrundfahrt (30 HNL).

Die Wassertaxis machen vor der Bushaltestelle fest und ermöglichen auch nette Mangroventouren zum kleinen Ort Jonesville an einer nahe gelegenen Bucht. Bei 45- bis 60-minütigen Bootstrips für maximal acht Personen werden 200 HNL pro Nase fällig (100 HNL/

INSIDERTIPPS: ROATÁNS BESTE TAUCHSPOTS

- **Green Outhouse** – Toll für den ersten Tieftauchgang des Tages, viele Meereslebewesen. Zwei Wände: Nach der ersten Wand (4,5–15 m) kommt die Hauptwand (ab 18 m).
- **West End Wall** – Spektakuläre Steilwand, die ab 6 m senkrecht abfällt. Schöne Unterwasserwelt mit gesunden Gorgonien und vielen Kreolen-Lippfischen.
- **Herbie's Place** – Heißt heute Texas, wurde aber ursprünglich vor 30 Jahren nach meinem Bruder benannt. Mächtige Fass- bzw. Vasenschwämme und Tiefsee-Gorgonien. Normalerweise starke Strömung sowie viele Pfeilhechte, Zackenbarsche und andere Meeresbewohner.
- **Mary's Place** – Viele tiefe Passagen und ein toller Hauptriss in der Wand, verursacht durch einen weggebrochenen Korallenvorsprung. Großartige Korallen plus Schulen von Atlantischen Spatenfischen im Riss.
- **Wrack der Aguilar** – Etwas für jedermann: Verschiedene Aalarten wie Schlangen- oder Röhrenaale, viele Blaue Papageienfische, gewaltige Zackenbarsche und eine Muräne. Der Tauchgang endet am artenreichen Flachriff.

Alvin Jackson, einheimische Tauchlegende und Inhaber des Tauchshops Native Sons

Pers. ab 6 Teilnehmern). Unterwegs kann man im lokal berühmten Restaurant Hole in the Wall speisen (zzgl. 100 HNL), wenn man will.

SCHLAFEN & ESSEN

Das Hole in the Wall westlich von Jonesville ist ein beliebtes Lokal mit sonniger Terrasse, das freitags und sonntags frische Garnelen serviert (All-You-Can-Eat für ca. 10 HNL). Der obligatorische Wassertaxi-Trip ab Oak Ridge erfolgt entweder direkt oder in Kombination mit einer Tour durch den Mangrovenwald (ca. 300 HNL, max. 8 Pers.).

Reef House Resort (☎ 445-2297; www.reefhouseresort.com; All-Inclusive-Pauschale inkl. Tauchen & 7 Übernachtungen pro Pers. EZ/DZ 19 855/17 000 HNL) Das hervorragende, relaxte Resort wird von Gästen bevorzugt, die sich aufs Tauchen konzentrieren möchten. Direkt vor dem Hotel liegt ein unberührtes Riff, während die Tauchmeister den richtigen Riecher für Beobachtungsmöglichkeiten haben. Das Resort ähnelt einem großen Familientreffen: Im zentralen Speiseraum unterhält man sich beim herzhaften Mittag- oder Abendessen über die neuesten Unterwasser-Abenteuer. Am beliebtesten sind die Pauschalangebote mit sieben Übernachtungen. Sie beinhalten das Zimmer, alle Mahlzeiten, drei Tauchgänge pro Tag, unbegrenztes Küstentauchen, einen Nachttauchgang und das Shuttle zum oder vom Flughafen.

Sandy Bay

Das langgezogene Sandy Bay erstreckt sich über mehrere Strandkilometer entlang der Küste. Deshalb hat die ruhige Kleingemeinde kein richtiges Dorfzentrum. Sie liegt ca. 4 km vor West End, ist aber vergleichsweise weniger stark entwickelt.

Anthony's Key Resort zählt schon lange zu Roatáns besten Taucherhotels – nichts für Budgettraveller, aber dafür mit diversen Delfinattraktionen: Als Forschungs- und Bildungsreinrichtung arbeitet das örtliche **Institute for Marine Sciences** mit den Meeressäugern. Hier kann man sich eine **Delfinshow** (Eintritt frei; 🕓 tgl. 16 Uhr) ansehen, beim **Dolphin Beach Encounter** (1172 HNL/Pers.) mit dem Hausdelfin auf direkte Tuchfühlung gehen oder zusammen mit den Tieren **tauchen** (2590 HNL/Pers.) bzw. **schnorcheln** (1947 HNL/Pers.). Wer *Die Bucht* (2009) gesehen hat, wird jedoch auf dieses Vergnügen verzichten wollen. Zum Resort gehört auch das kleine, aber interessante **Roatán Museum** (☎ 9556-0212; Eintritt 20 HNL; 🕓 8–17 Uhr) mit anständigen Ausstellungen zu Archäologie, Geschichte, Geologie und Artenwelt der Insel. Zu sehen gibt's z. B. präkolumbische Artefakte, die Einheimische als *yaba ding ding* bezeichnen.

Die üppigen **Carambola Botanical Gardens** (☎ 445-3117; Eintritt 120 HNL; 🕓 7–17 Uhr) bedecken einen Hang gegenüber von Anthony's Key Resort. Auf ca. 16 naturgeschützten Hektar gibt es dort viele Orchideen, Gewürzpflanzen und eine „Leguanmauer", die sich alle auf diversen Lehrpfaden entdecken lassen. Wohl schon nach kurzer Zeit lassen sich freilebende Agutis (eine Nagetiergattung) blicken. Vom Aussichtspunkt schaut man auf Utila und uhrzeitabhängig auch auf die Delfinshow von Anthony's Key Resort.

Lokaler Insidertreff ist die **Oasis Lounge** (Hauptgerichte 125–180 HNL; ⌚ 12–24 Uhr) hoch droben auf einem Hügel. Gleich abseits der Hauptstraße schwelgen hier Scharen von ortsansässigen Auswanderern in einem vielfältigen Angebot. Es befriedigt Traveller mit Hang zu den USA (mit Black-Angus-Burgern und Buffalo-Hühnchensandwiches), Großbritannien (Guinness, Newcastle, Boddingtons) und sonstigen Nationen (mit honduranischen Bieren, 50 HNL/0,74 l). Es gibt einen Loungebereich mit Bar, cooler Musik und einem Pool, in dem beschwipste Gäste schon öfters hüllenlos geplanscht haben. Geführt wird das Ganze von einem jungen Paar, das sich mit Lebensmittel- und Spendenaktionen auch stark für die Gemeinde engagiert.

Ansonsten sollte man auf die **Fish House Gallery** (☎ 9947-8975; www.ilovepaintingfish.com; Gemälde ab 950 HNL) im Wohnhaus des britischen Künstlers Adam Hunt achten. Seine Gemälde bzw. Souvenirs bestehen aus recyceltem Metall, Holz und Inselmüll. Vorher anrufen!

An- & Weiterreise

FLUGZEUG

Roatáns **Aeropuerto Juan Ramón Galvez** (☎ 445-1880) liegt gleich westlich von Coxen Hole.

Dort sind **Isleña/TACA** (☎ 445-1088; www.flyislena.com) und **Sosa** (☎ 445-1154; www.aerolineassosa.com) vertreten. Beide Firmen offerieren täglich Flüge zwischen Roatán und La Ceiba (einfache Strecke jeweils ca. 1056 HNL) mit landesweitem oder internationalem Anschluss. Zum Recherchezeitpunkt bediente **Continental** (☎ 445-0224; www.continental.com) die Insel ganzjährig und direkt ab Houston sowie bis zu siebenmal täglich ab Houston und Newark (nur Hauptsaison). **Delta** (☎ 445-2181; www.delta.com) flog nur samstags von Atlanta nach Roatán.

CM Airlines (☎ 9522-5304; www.cmairlines.com) ist die einzige Fluglinie mit Direktverbindungen zwischen Roatán und Tegucigalpa (Fr & So jeweils 14.15 Uhr).

SCHIFF/FÄHRE

Die **Galaxy Wave** (☎ 445-2265; einfache Strecke Standard/1. Klasse 525/624; ⌚ Ticketbüro 5.30–15.30 Uhr) ist eine elegante und komfortable Katamaranfähre, die den Trip zwischen Insel und Festland in ca. eineinhalb Stunden schafft. Um 7 und 14 Uhr verlässt sie Roatán bzw. das neue Terminal an der Dixon's Cove (zw. Coxen Hole und French Harbour). In La Ceiba geht's um 9.30 und 16.30 Uhr los. Aufgrund der oft holperigen Fahrt fragen Passagiere mit empfindlichem Magen am besten nach Tabletten gegen Seekrankheit. Mangels direkter Fährverbindung zwischen Roatán und Utila muss die Anreise immer über La Ceiba erfolgen. Tickets sind frühestens einen Tag vor dem Start erhältlich.

Captain Verns (☎ 3346-2600, 9910-8040; vfine@hotmail.com) Der Katamaransegler legt täglich von Roatán bzw. dem Pier vor Coconut Divers in West End ab. Ziel sind die Anleger von Alton's Dive Center und Driftwood Café auf Utila (einfache Strecke 1100 HNL, 4–5 Std.; Abfahrt Roatán/Utila 13/6.30 Uhr). Vorher anrufen!

Unterwegs vor Ort

AUTO & MOTORRAD

Autovermieter auf Roatán:

Avis (☎ 445-0122; www.avis.com.hn; Flughafen; ⌚ 7–17 Uhr)

Captain Van's (☎ 445-4076; www.captainvans.com; ⌚ 8–16 Uhr) Verleiht Motorräder (992–1212 HNL/Tag), Motorroller (860 HNL/Tag) und Mountainbikes (198 HNL/Tag) gegenüber von West Ends Kirche. Bester Ruf in puncto Sicherheit und Wartung.

Econo Rent-A-Car (☎ 445-2265; www.econorentacarhn.com; ⌚ 8–18 Uhr) Außerhalb vom Flughafen.

BUS

Roatán hat zwei Busrouten, die jeweils in Coxen Hole beginnen: Bus 2 (Ruta 2) wird von den meisten Besuchern genutzt. Diese Minibusse fahren westwärts über Sandy Bay (13 HNL) nach West End (20 HNL, ca. 25 Min., 6–18 Uhr alle 10 Min.) und auch in die Gegenrichtung.

Bus 1 (Ruta 1) rollt ostwärts nach Oak Ridge (20–40 HNL, 6–17.30 Uhr alle 30 Min.) und passiert dabei den Flughafen, French Harbour, Polly Tilly Bight sowie Punta Gorda. Der Preis berechnet sich je nach Ziel. Fahrerabhängig kann der Trip nach Oak Ridge bis zu einer Stunde dauern.

FAHRRAD

Captain Van's (☎ 445-4076; ⌚ 9–16 Uhr) verleiht Fahrräder (198 HNL/Tag) gegenüber von West Ends Kirche.

SCHIFF/FÄHRE

In vielen Siedlungen (z. B. Oak Ridge, West End, West Bay) sind regelmäßig Wassertaxis unterwegs. Anderswo lassen sich mietbare Mitfahrgelegenheiten zu beliebigen Inselzielen relativ leicht auftreiben. In West End starten *colectivo*-Boote zur West Bay (50 HNL/Pers.) vor dem Tauchshop Pura Vida. In beiden Richtungen geht der letzte Kahn um ca. 17 Uhr. Passagiere müssen warten, bis alle Plätze belegt sind.

TAXI

Taxis bedienen die ganze Insel. Viele sind tagsüber *colectivos* und dabei kaum teurer als Busse (z. B. West End–Coxen Hole oder Coxen Hole–French Harbour 30–35 HNL/Pers.). Wie überall sonst in Honduras gilt auch auf Roatán: Als allererster Passagier teilt man dem Fahrer am besten sofort mit, dass *colectivo* gewünscht ist. Der Preis sollte stets vor dem Start ausgehandelt werden. Da Berichten zufolge bereits Touristen in Taxis ausgeraubt wurden, heißt es entsprechend vorsichtig sein.

TRAMPEN

Obwohl Lonely Planet allgemein vom Trampen abrät, kommt man auf Roatán tagsüber leicht an normalerweise sichere Mitfahrgelegenheiten. Bei Dunkelheit ist das Trampen jedoch deutlich schwieriger und gefährlicher.

UTILA

2800 Ew.

Es ist leicht vorstellbar, dass Utila früher ein einladender Ort war, wo der Alltag in ruhigen Bahnen verlief. Damals diente die Insel noch als idyllisch-karibisches Refugium der britischen Oberschicht. Charakteristische Gebäude und die charmante Main St zeugen bis heute von der gemächlichen Vergangenheit. Obwohl Utila immer noch ein verschlafenes Inselparadies ist, ähnelt die Main St inzwischen einem touristischen Jump'n'Run-Computerspiel: Die Möglichkeit einer attraktiven, verkehrsberuhigten Flaniermeile fällt dort Motorrädern und Geländewagen zum Opfer. Dennoch unterscheidet sich Utila bislang deutlich vom östlich gelegenen Roatán – vom britisch geprägten Dialekt bis hin zur allgemeinen Zierlichkeit. So vereinnahmt das Eiland seine Besucher ziemlich schnell.

Im Vergleich zu Roatán kosten Tauchkurse und Einzeltauchgänge hier ungefähr gleich viel oder eventuell etwas weniger. Essen und Unterkunft sind deutlich günstiger, aber immer noch teurer als auf dem Festland. Örtliche Tauchshops veranstalten vor allem Zertifikatskurse, deren Teilnehmerzahl teilweise die auf der Nachbarinsel übersteigt. In Utila wird man nicht die Strände vorfinden, die Roatán ausmachen, entsprechend sind die Schnorchelmöglichkeiten nicht ganz so gut. Dennoch verspricht eine starke einheimische Kultur ein einzigartiges, erfrischendes Inselerlebnis. Utilas ausgeprägtere Partyszene lockt jüngere Backpacker an. So kann man sich hier fühlen wie in einer coolen Studentenstadt – rund um eine kleine Taucheruniversität.

Das kleine Utila ist ca. 13 km lang und 5 km breit. Von allen drei Bay Islands liegt es am nächsten zum Festland (nur 29 km). Mehrere Miniinseln (Cays) säumen seine Südküste, während ein einziger kleiner Hügel das größtenteils flache Terrain überragt. In einer Siedlung an einer geschwungenen Bucht leben fast alle Einheimischen. Rund 20 Bootsminuten entfernt gibt es eine weitere kleine Ortschaft auf einem Inselchen.

Orientierung

Auf Utila findet man sich leicht zurecht. Als einzige Inselsiedlung hat East Harbour (alias Utila Town) eine einzige Hauptstraße, die vor dem Fähranleger von einer kleinen Straße (Cola de Mico) gekreuzt wird. Am östlichen Ende der Hauptstraße bzw. nur ein paar Hundert Meter von der Hauptkreuzung entfernt liegt der alte Flugplatz mit guten Schnorchelmöglichkeiten. Die bietet auch der Chepes-Strand am westlichen Ende der Hauptstraße.

Der öffentliche Fähranleger befindet sich an der Hauptkreuzung. Dort geht's links, rechts oder geradeaus. Die Angestellten diverser Tauchläden warten auf die Fähre und verteilen Ortspläne an die ankommenden Gäste, auf denen konkurrierende Shops seltsamerweise nicht vermerkt sind. Früher hing die Qualität von Tauchläden und Restaurants angeblich von der Richtung ab, in der man sich vom Pier entfernte. Doch heute spielt dieser Faktor keine Rolle mehr: Gute (und weniger gute) Optionen gibt's an allen Ecken. Abgesehen davon ist die Stadt so klein, dass sich praktisch alle Shops und Hotels in maximal einer Stunde abklappern lassen. Direkt an der Kreuzung passt Captain Morgan's Dive Center während der Unterkunftssuche auf Rucksäcke auf.

Entlang der Hauptstraße findet man Supermärkte, die Inselpost, eine Hondutel-Filiale und eine Spanischschule.

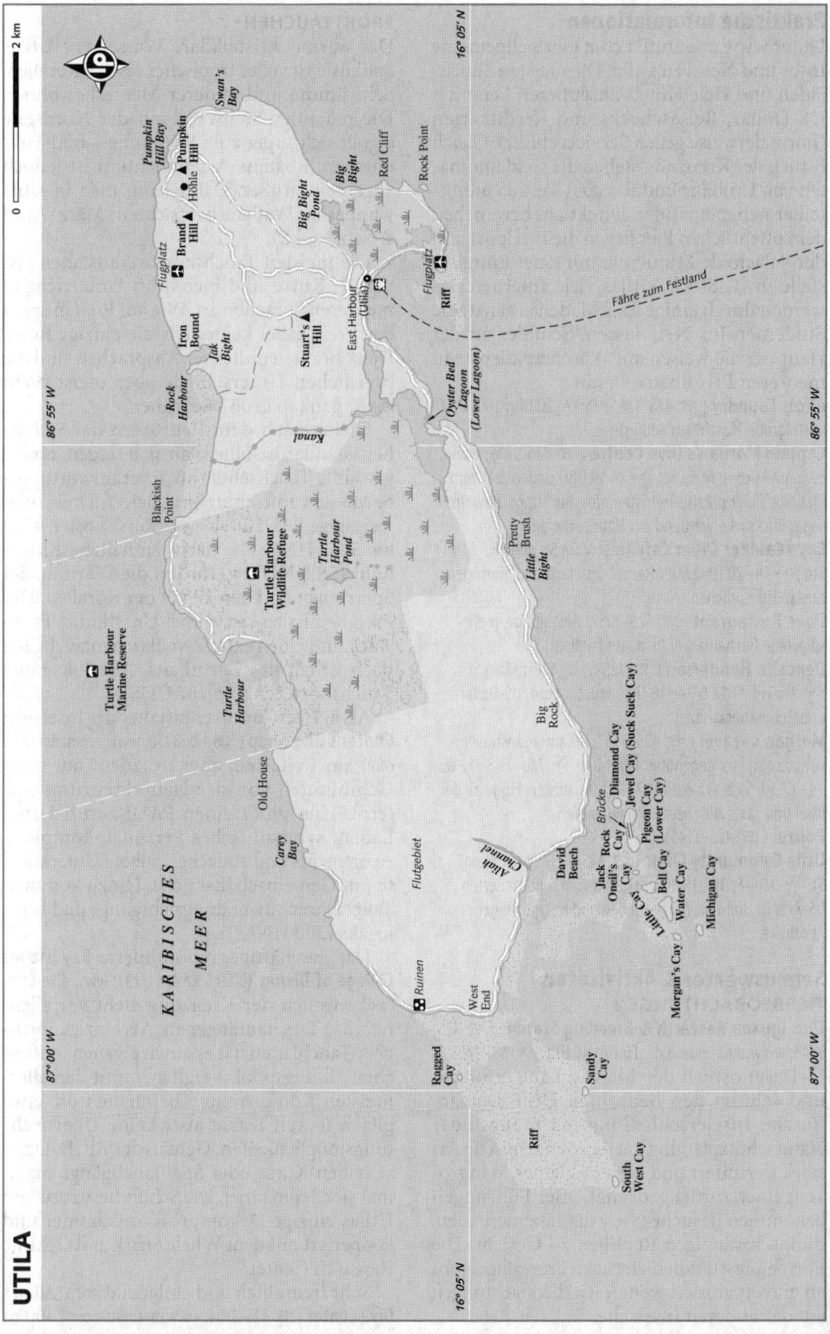
UTILA
0
2 km
16° 05' N
86° 55' W
87° 00' W
KARIBISCHES MEER
Turtle Harbour Marine Reserve
Turtle Harbour Wildlife Refuge
Turtle Harbour Pond
Turtle Harbour
Old House
Carey Bay
Flutgebiet
Ruinen
West End
Aliah Channel
David Beach
Big Rock
Little Bight
Pretty Brush
Blackish Point
Kanal
Rock Harbour
Jak Bight
Iron Bound
Stuart's Hill
East Harbour (Utila)
Oyster Bed Lagoon (Lower Lagoon)
Fähre zum Festland
Flugplatz
Riff
Brand Hill
Höhle
Pumpkin Hill
Pumpkin Hill Bay
Swan's Bay
Big Bight Pond
Big Bight
Red Cliff
Rock Point
Brücke
Diamond Cay
Jewel Cay (Suck Suck Cay)
Pigeon Cay (Lower Cay)
Jack Rock Cay
Oneil's Cay
Bell Cay
Little Cay
Water Cay
Michigan Cay
Morgan's Cay
Ragged Cay
Sandy Cay
South West Cay

Praktische Informationen

Unter www.aboututila.com gibt's allgemeine Infos und News zu Utila. Die meisten Tauchläden und viele Hotels akzeptieren Lempira, US-Dollar, Reiseschecks und Kreditkarten (normalerweise gegen Servicegebühr). Gleich östlich der Kreuzung stehen die Geldautomaten von Unibanc und Banco Atlántida unmittelbar nebeneinander. Direkt am bzw. neben dem öffentlichen Pier liegen die Inselpost und der Palacio de Municipio mit einer Einreisestelle im 1. Stock. Utilas viele Internetcafés werden durch einige Tauchläden ergänzt, die Studenten ins Netz lassen. Schilder an der Hauptstraße weisen auf Wäschereidienste in mehreren Privathäusern hin.

Alicés Laundry (☎ 425-3785; 🕑 7–20 Uhr; 100 HNL/ mittelgroße Maschinenladung)

Captain Morgan's Dive Centre (☎ 425-3349; www.divingutila.com; Main St; 🕑 8–19 Uhr) Gegenüber vom Pier gibt's hier präzise Touristeninfos und -tipps. Bewahrt sogar Rucksäcke während der Hotelsuche auf.

Caye Caulker Cyber Café (East Main St; 40 HNL/ Std.; 🕑 8–20 Uhr) Mit Internet-Spartarif und günstigen Auslandsgesprächen.

Dave Restaurant (☎ 425-2057) Anständige, mehrsprachige Buchauswahl (u. a. auf Englisch).

Deposito Henderson (☎ 425-3148; West Main St; 🕑 Mo–Fr 7–12 & 14–18 Uhr) Tauscht Euro, US-Dollar und Reiseschecks um.

Morgan's Travel (☎ 425-3161; utilamorganstravel@yahoo.com; Pier gegenüber Fährbüro; 🕑 Mo–Fr 8–12 & 14–17.30, Sa 8–12 & 14–17 Uhr) Organisiert Flüge ab der Insel und Taxis zum bzw. vom Flughafen.

Polizei (☎ 425-3145)

Utila Community Clinic (☎ 425-3137; West Main St; 🕑 Mo–Fr 10–15.30 Uhr) Wird vom renommierten US-Arzt Dr. John McVay betrieben und hat eine eigene Apotheke.

Sehenswertes & Aktivitäten

TIERBEOBACHTUNGEN

Die **Iguana Research & Breeding Station** (☎ 425-3946; www.utila-iguana.de; Eintritt 40 HNL; 🕑 Mo, Mi & Fr 14–17 Uhr) östlich der Mamey Lane erforscht und schützt den bedrohten Utila-Leguan. Rasche Inselerschließung bei mangelnder Naturschutzplanung hat diese endemische Art stark dezimiert und auf ein kleines Mangrovengebiet zurückgedrängt. Bei Führungen bekommen Besucher viele der faszinierenden, dünnschwänzigen Reptilien zu Gesicht. Die Forschungsstation bietet auch Freiwilligenjobs an und organisiert weitere Tierbeobachtungen auf der anderen Inselseite.

SPORTTAUCHEN

Das warme, kristallklare Wasser vor Utilas Südküste ist voller tropischer Fische, Korallen, Schwämme und anderer Meeresbewohner. Die mächtige Steilwand auf der Nordseite eignet sich super zum Strömungs- und Tieftauchen. Roatáns Artenreichtum ist jedoch allgemein größer. Dafür kann man in Utila wunderbar Walhaie beobachten (März–April & Sept.–Okt.).

Die meisten Tauchshops veranstalten fast täglich Kurse und bieten oft Unterricht in mehreren Sprachen an. Wie auf Roatán spielt der Preis dabei keinesfalls die einzige Rolle. Dank bancheninterner Absprachen sind die preislichen Unterschiede aber meist nicht mehr ganz so groß wie früher.

Gleich nach dem Beurteilen der Sicherheitsstandards sollte man sich fragen, ob die gewählte Tauchschule auch verantwortungsbewussten Riffschutz praktiziert. Drei- oder viertägige PADI-Freiwasserkurse kosten 4793 bis 5635 HNL. Die darin enthaltene Riffgebühr (58 HNL/Tag) fördert die Wartung der Sperrbojen und den Erhalt der Korallen. Der Preis beinhaltet fast immer Unterkunft, Frühstück und einen extra Zweiflaschentauchgang nach Erhalt des Zertifikats. Alle folgenden Tauchshops gehören zur UDSEC.

Als ältester Tauchveranstalter der Insel liegt **Gunter's Dive Shop** (☎ 425-3350; www.ecomarineutila.com) am weitesten, aber trotzdem nur zehn Gehminuten von der Hauptkreuzung entfernt. Hier gibt's einen PADI-zertifizierten Laden, sympathisches Personal, komplette Apartments und einfache, saubere Unterkünfte mit Gemeinschaftsküche. Hinzu kommen Tauchlehrer-Ausbildungslehrgänge und Leihkajaks (300 HNL/Tag).

Das geschäftige, renommierte **Bay Islands College of Diving** (BICD; ☎ 425-3291; www.dive-utila.com) westlich der Kreuzung zieht vor allem nervöse Tauchanfänger an. Als einziger örtlicher Tauchladen hat es einen eigenen, hilfreichen Übungspool. Verglichen mit den allermeisten Konkurrenten beinhalten die etwa gleich teuren Kurse aber keine Übernachtungsmöglichkeiten. Gemäß der BICD-Devise haben Kurse oder Spaßtauchgänge maximal vier Teilnehmer. Die Schule besitzt zudem Utilas einzige Dekompressionskammer und kooperiert mit dem Whale Shark and Oceanic Research Center.

Sehr freundlich und einladend steht **Alton's Dive Center** (☎ 425-3704; www.diveinutila.com) 300 m östlich der Kreuzung. Als einzige örtliche Tauchschule mit PADI- und NAUI-Zertifikat ist es auch Exklusivanbieter von Trips zu den Cayos Cochinos – ergänzt durch moderne Ausrüstung und günstige Unterkünfte direkt am Pier. So geht's quasi direkt aus dem Bett ins Taucherboot. Der gesellige Laden mit Bob-Marley-Logo und Springbreak-Vibe ist bei jüngeren Backpackern beliebt. Dafür sorgen z. B. auch Volleyball im Meer, Grillfeste und Partys am Samstagabend.

Captain Morgan's Dive Centre (☎ 425-3349; www.divingutila.com) liegt direkt an der Kreuzung und ist somit der erste Tauchshop, den Neuankömmlinge zu Gesicht bekommen. Es punktet z. B. mit PADI-Zertifikat, kleinen Kursgrößen und freundlichen, kompetenten Lehrern. Das Management kombiniert Riffschutz und Tauchen auf verantwortungsbewusste, nachhaltige Weise. Die sauberen, komfortablen Unterkünfte stehen 20 Bootsminuten von der Hauptinsel entfernt auf dem Jewel Cay (S. 480). Dort kann man super entspannen: keine Autos oder Golfmobile und vergleichsweise weniger Insekten!

Cross Creek (☎ 425-3397; www.crosscreekutila.com; East Main St) Hier gibt es freundliches, mehrsprachiges Personal und professionelle Instruktionen. Die kleinen Zimmer im dazugehörigen Hotel sind sauber, heizen sich in der Sonne aber eventuell stark auf. Daher empfehlen sich die Hütten mit Kabelfernseher und eigenen Bädern (inkl. Warmwasser). Alle Gäste dürfen die große Gemeinschaftsküche benutzen, während das Hotel keine Nichttaucher aufnimmt.

Als größter lokaler Tauchveranstalter geht das **Utila Dive Centre** (UDC; ☎ 425-3326; www.utiladivecentre.com) keinerlei Kompromisse bei Sicherheit und Professionalität ein: Diverse Ausrüstungsteile werden mindestens dreimal jährlich ausgetauscht. Die Firma besitzt drei Boote und beschäftigt mindestens neun hauptberufliche Tauchlehrer. Weiteres Plus: Schüler, Scheininhaber, Freiwassertaucher und Fortgeschrittene fahren jeweils mit separaten Booten. Zudem gibt's gute und günstige Unterkünfte im Mango Garden Inn.

Da **Utila Water Sports** (☎ 425-3264; www.utilawatersports.com) und das gehobene Laguna Beach Resort zusammengehören, ist die Ausrüstung dementsprechend erstklassig. Östlich der Kreuzung werden hier Kleingruppen (max. 6 Pers.) professionell, aber entspannt unterrichtet. So ist die Atmosphäre nicht ganz so partymäßig wie bei anderen Schulen. Gratis-Leihkajaks für Kunden.

SCHNORCHELN

Schnorchelmöglichkeiten warten an beiden Hauptstraßenenden: Der künstliche **Bando Beach** (☎ 425-3190; East Main St; Eintritt 60 HNL; ⌚ 9–17 Uhr) flankiert den alten Flugplatz am östlichen Ortsrand. Dort kann man auch Kajaks (3 HNL) und betagte Schnorchelausrüstung (5 HNL) ausleihen. Der **Chepes Beach** am gegenüberliegenden (westlichen) Straßenende ist zwar klein, aber fein – dank Palmen, weißem Sand und ein paar einfachen Bars bzw. Imbissbuden am Strand.

Viele Tauchshops verleihen Schnorchelausrüstung an Kursteilnehmer und Fremdkunden (ca. 150 HNL/Tag).

Das **Whale Shark & Oceanic Research Center** (☎ 425-3760; www.wsorc.com; West Main St; ⌚ Mo–Fr 9–12 & 14–17, So 14–17 Uhr) veranstaltet Gratisseminare zu Walhaien und beobachtet die Tiere im Rahmen von Schnorchelausflügen (1026 HNL, Mo, Mi & Fr).

KANU- & KAJAKFAHREN

Kanuten erreichen den **Rock Harbour**, indem sie von der Oyster Bed Lagoon zur Lower Lagoon paddeln und dann dem Mangrovenkanal folgen. Der gute Strand des Rock Harbour ist sehr einsam, da man nur per Boot dorthinkommt oder ansonsten über die ganze Insel wandern muss. Inklusive Strandaufenthalt, Hin- und Rückweg dauert ein Ausflug ab der Stadt einen ganzen Tag. Unter der Brücke zwischen Ort und Flugplatz hindurch führt ein anderer Kajaktrip in die Lagune und dann den Kanal hinauf zum Big Bight Pond. Gunter's Dive Shop verleiht Kajaks.

BOOTSAUSFLÜGE

In den Fenstern vieler einheimischer Fischer und Familien werben Schilder für Bootsausflüge – beispielsweise zum Water Cay, über die Lagune oder zum Rock Harbour über den Mangrovenkanal.

WANDERN & TREKKEN

Wer der Stadt komplett entfliehen möchte, läuft 3 km landeinwärts zu den Höhlen an der **Pumpkin Hill Bay**. In einer davon versteckte sich einst angeblich der Pirat Henry Morgan (der, nach dem die Rummarke Captain Morgan benannt wurde). Dieser Ort vermittelt einen Eindruck von Utila vor dem Tourismusboom.

"Relax Inn" $45 mit Steg simpel

DIE CAYS

Mehrere Cays (Inselchen) vor Utilas Südwestküste eignen sich prima für Tagesausflüge. Eine kleine Brücke verbindet **Jewel** und **Pigeon Cay**, wo es ein charmantes Dorf und die besten Fischburger der Nordküste gibt. Der örtliche Ableger von Captain Morgan's Dive Centre verleiht Kajaks und Schnorchelausrüstung an Tauchschüler.

Gleich hinter Pigeon und Jewel Cay wachsen Palmen auf dem wunderschönen, unbewohnten **Water Cay**. Während der Hauptsaison sorgt dort ein Verwalter für Sauberkeit und kassiert eine Besuchergebühr (39 HNL/Pers.). Sie finanziert die Pflege des kleinen Eilands, auf dem normalerweise Utilas alljährliche **Sun-Jam-Party** steigt – oft an einem Augustabend, der Hunderte Einheimische und Besucher immer zum fröhlichen Tanzen, Trinken und Feiern animiert. Die besten Schnorchelspots liegen vor der südwestlichen Inselecke, werden aber bisweilen durch Bootsverkehr beeinträchtigt.

In der ganzen Stadt offenbaren Schilder schnell die verschiedenen Anreisemöglichkeiten zu den Cays: Für ca. 100 HNL pro Nase geht's nach Jewel oder Pigeon Cay, wo Anschluss nach Water Cay besteht. Letzteres ist auch mit privaten Bootsleuten direkt ab der Stadt erreichbar (hin & zurück 800 HNL, max. 4 Pers.).

Kurse

Da viele Einheimische Englisch sprechen, ist Utila kein traditioneller Ort für Spanischkurse. Dennoch gibt's ein paar entsprechende Sprachschulen, während die Konversationsmöglichkeiten mit der zunehmenden Anzahl von Festlandsmigranten steigen.

Weit westlich der Kreuzung veranstaltet die **Utila Spanish School** (☎ 9710-5775) ihre Spanischkurse für alle Leistungsstufen. Einzelunterricht (95 HNL/Std.) wird dabei durch Intensivwochen (1900 HNL/20 Std.) mit vier täglichen Unterrichtsstunden ergänzt.

Schlafen

Utila hat viele gute Budgetunterkünfte und mehrere Mittelklassehotels. Zu Fuß ist schnell etwas Passendes gefunden, während Captain Morgan's nahe dem Pier auf den Rucksack aufpasst. Viele Tauchshops (z. B. Captain Morgan's Dive Center, Utila Water Sports, Utila Dive Center) unterhalten gute und günstige oder kostenlose Quartiere für ihre Kursteilnehmer. Im Folgenden sind jedoch nur Hotels aufgeführt, die Laufkundschaft akzeptieren.

Achtung: Während der touristischen Spitzenzeiten (Juli–Aug. & Mitte Dez.–Ostern) und des Sun-Jam-Festivals lassen sich freie Zimmer eventuell nur schwer ergattern – dann möglichst reservieren!

HAUPTSTRASSE 63€

Mango Inn (☎ 425-3326; www.mango-inn.com; Cola de Mico; B ab 59 HNL, DZ/3BZ ab 1073/1170 HNL, Hütte ab 1658 HNL;) Wer vom Pier aus direkt bergauf marschiert, erreicht das grüne Gelände vom Mango Inn. Dort gibt's z. B. zwei Sonnenterrassen, einen dreistufigen Superpool mit Blubberbereich und Zimmer für jeden Geldbeutel – von Backpacker-Schlafsälen (für Nichttaucher 195 HNL ab der zweiten Nacht) und einfachen Standardzimmern bis hin zu toll ausgestatteten Hütten. Die Gemeinschaftsbäder sind überdurchschnittlich angenehm, die eigenen Bäder dagegen teilweise beengt. Alles in allem eine solide Mittelklasseoption, die oft Tauchkunden des Utila Dive Center beherbergt. Viele Traveller besuchen auch die dazugehörige Pizzeria.

Rubi's Inn (☎ 425-3240; rubisinn@yahoo.com; EZ/DZ/3BZ ab 285/380/475 HNL;) Rubis Inn bietet wahrscheinlich das beste Preis-Leistungs-Verhältnis der Insel: Die blitzsauberen Zimmer mit polierten Böden und weißen Bettbezügen haben fesch geflieste Kompaktbäder, die sogar über attraktive Duschvorhänge verfügen. Der reizende kleine Haussteg ragt ins Wasser des Utila Harbour hinein. All dies ist kein Geheimnis und sorgt schnell für Vollbelegung – einfach nicht mit Antwort auf Reservierungsanfragen per E-Mail rechnen.

$25 €16

Margaritaville Beach Hotel (☎ 425-3366; margaritavillehotel@yahoo.com; West Main St, Sandy Bay; Zi. mit Ventilator/Klimaanlage 380/760 HNL, Hütte mit Klimaanlage 1330 HNL;) Das zweistöckige, verandabewehrte Hotel im karibischen Stil steht nicht mal 91 m vom Chepes Beach entfernt. In den einfachen Zimmern gibt's jeweils nur zwei Betten plus Ventilator und Bad. Die geräumigen Hütten auf der anderen Straßenseite bzw. direkt an der Bucht sind da dank moderner Möbel und Privatverandas schon etwas komfortabler.

Bayview Hotel (☎ 425-3114; bayviewinternet@yahoo.com; DZ mit Ventilator/Klimaanlage 475/665 HNL;) Die anständigen, geräumigen Zimmer weit westlich der Kreuzung empfangen Gäste mit

HONDURAS

$8 simpel
„Blueberry Hill“ ältere Leute
HQ-Johnny@yahoo.com (Sohn USA)

WLAN und eigenen Warmwasserbädern. Tipp: Nach einer der vier neueren, aber gleich teuren Varianten mit Meerblick und kleinem Balkon fragen.

Freddy's Place (☎ 9621-9471; www.bayislandsconnection.com; East Main St; Zi. mit Gemeinschaftsküche ab 475 HNL;) Die acht vernünftigen, frisch gestrichenen Zimmer sind im Prinzip Apartments mit zwei separaten Schlafzimmern und Gemeinschaftsküche – super für längere Aufenthalte. Die Hängematten auf der Freiluftveranda fangen angeblich „Utilas beste Brise" ein. Steht unter britischer Leitung und liegt östlich der Kreuzung auf der anderen Brückenseite.

LP Tipp The Lighthouse (☎ 425-3164; www.utilalighthouse.com; East Main St; Zi. ohne/mit Buchtblick 944,50/1228 HNL;) Die bei Weitem beste Option der Insel sprengt wohl fast jedes Backpacker-Budget, bietet aber andererseits auch viel fürs Geld: Das Gebäude im attraktiven Bostoner Architekturstil erhebt sich wunderschön über dem Wasser. Alle Zimmer grenzen an eine umlaufende Veranda. Die herzlichen, gastfreundlichen Eigentümer stammen direkt von Utilas ersten britischen Kolonialisten ab.

LANDEINWÄRTS

Wer vom Pier aus geradlinig die Hauptstraße überquert, stößt auf ein paar gute Budgetunterkünfte. Der Vorteil dabei: Weiter landeinwärts schläft es sich meistens etwas ruhiger.

Tony's Place (☎ 425-3376; EZ/DZ 100/175 HNL) Die einfachen, aber adretten „Holzschachtelzimmer" mit Gemeinschaftsbädern verteilen sich über zwei Stockwerke. Alle bieten überraschend nette Bettwäsche und eignen sich gut für längere Aufenthalte. Das Wohnhaus des Besitzers steht gleich daneben. Vom Mango Inn aus nach dem grün-weißen Gebäude gleich um die Ecke Ausschau halten!

Rose's Inn (☎ 425-3283; Mamey's Lane; Zi. ohne/mit Bad 189/285 HNL) Westlich der Kreuzung findet man dieses ländliche Stelzenhaus ca. fünf Gehminuten oberhalb der Feuerwache am Hang. Die sauberen, günstigen Zimmer im einfachen Kasernenstil teilen sich eine Gemeinschaftsküche. Warmwasser ist im Preis enthalten. Gebucht wird über Rosés Supermarket am Fuß des Hügels.

Hotel Bavaria (☎ 425-3809; petrawhite3@hotmail.com; Cola de Mico; EZ/DZ 250/300 HNL, mit Warmwasser 300/350 HNL) Am Hügel kurz oberhalb vom Mango Inn wohnt hier eine Familie mit lebhaften Kindern, die im oberen Stockwerk sechs Zimmer vermietet. Die Räume sind bis hinunter zu den polierten Bodendielen blitzblank und haben eigene Bäder, in denen bis auf eine Ausnahme allerdings nur kaltes Wasser aus dem Hahn kommt. $19

Essen

Für solch eine kleine Stadt ist das Restaurantspektrum überraschend gut. Einige Unterkünfte besitzen auch Küchen für Selbstversorger. In der Hauptstraße bekommen mehrere Minimärkte ihre Frischware am Dienstagnachmittag und Freitagabend. Dann heißt es schnell zuschlagen.

Thompson's Bakery (Cola de Mico; Backwaren 40–100 HNL; Mo–Sa 6–20, So bis 14 Uhr) Hier gibt's das vielleicht beste Billigfrühstück in ganz Honduras: Die heftig heißen, hausgemachten Jonnycakes (Brötchen) sind entweder natur oder mit einer Füllung aus Schinken, Ei und Käse erhältlich. Für dicke Nutella-Bagels empfiehlt sich die „Bakery" an der East Main St.

Mango Café (Pizzas 78–220 HNL; 6–14 & 18–2 Uhr) Diese Pizzeria (alias La Dolce Vita) belegt einen grünen Hof auf dem Gelände des Mango Inn, ist aber eigenständig. Ihr mächtiger Backsteinofen wurde vom italienischen Besitzer eigenhändig gebaut und gart leckere Pizzas mit dünner Kruste. Die echt italienische Espressomaschine ist in diesen Gefilden eine Seltenheit. Außerdem ist der Laden immer gut für ein paar Drinks.

RJ's BBQ (East Main St; Hauptgerichte 85–205 HNL; Mi, Fr & So 17.30–23 Uhr) Das Lokal in einem neuen Kiefernholzschuppen hat viele Fans. Sie lechzen nach allem Möglichen aus der Grillgrube – von Burgern und Barrakuda bis hin zu Schweinefleisch und Hummer. Hat nur an drei Tagen pro Woche geöffnet, wofür die anderen Restaurants in der Gegend sicherlich recht dankbar sind.

Dave's Restaurant (East Main St; Hauptgerichte 95–115 HNL; Mo–Sa 11–15 & 18.30–21.30 Uhr) Der extrem beliebte Laden tischt Hühnchen und Schweinefleisch vom Grill auf. Dazu gibt's verschiedene Saucen von Pfirsich-BBQ bis Jalapeño-Sahne. Zur Auswahl stehen auch Thaicurrys und vegetarische Enchiladas. Alle Hauptgerichte werden mit Kartoffelpüree, Reis und einem genießbaren frischen Salat serviert. Prima Preis-Leistungs-Verhältnis.

Wooden Spoon (Hauptgerichte 100–110 HNL; Sa–Do 18.30–21 Uhr) Dieser heiße Geheimtipp ist sehr populär und serviert pro Abend nur ein Gericht mit oder ohne Fleisch. So konkurriert man hier mit einer Tauchlehrerschar, die schon frühmorgens vorbestellt, um nach 19.30 Uhr noch sicher bedient zu werden.

Jade Seahorse Restaurant (Gerichte 100–300 HNL; 7.30–14 & 18–22 Uhr; V) Das auffälligste Restaurant der Insel ist kunterbunt und chaotisch eingerichtet. Sein schräges Dekor (inkl. Plastikleguanen auf Säulen) ähnelt grob dem Ergebnis eines One-Night-Stands zwischen Gaudí und *Alice im Wunderland*. Die kreative Speisekarte ist größtenteils vegetarisch. Die dazugehörige Bar Treetanic wirkt ähnlich psychedelisch. War zum Recherchezeitpunkt infolge der politischen Krise geschlossen, soll aber ab 2010 wieder offen haben.

El Picante (Cola de Mico; Hauptgerichte 110–251 HNL; So–Do 11–22, Fr 11–17, Sa 17–22 Uhr) Utilas allererster Mexikaner befindet sich in einem charmanten, über 100 Jahre alten Haus. Unbedingt probieren sollte man die killermäßigen Pommes plus Salsa.

Driftwood Café (Hauptgerichte 130–220 HNL; Di–So 11–23 Uhr) Dieses angenehme Lokal unter texanischer Leitung liegt etwas weiter westlich bzw. am äußersten Ende der Hauptstraße und verspricht somit Erholung von der laut pulsierenden Musik im Stadtzentrum. Die Seafood-Suppe ist ein Klassiker, während auf der Karte auch super Grillgerichte stehen – ebenso Rinderbrust, die zehn Stunden lang im Rauch hing. Jachtbesitzer und Auswanderer kommen gern hierher.

La Piccola (West Main St; Hauptgerichte 140–300 HNL; Mi–So 17–22 Uhr, Hauptsaison auch Di) Eine feurige Italienerin leitet diese gehobenere Option mit tollen hausgemachten Ravioli, importiertem Rindfleisch, frischem Fisch und richtiger Weinkarte. Besonders beliebt sind die Hühnchen-Scallopine sowie die Ravioli mit Gorgonzola und Walnuss. Das Backpacker-Menü (95 HNL) offeriert insgesamt sechs Gerichte mit Penne oder Spaghetti.

Bush's Supermarket (Mo–Sa 6.30–18, So 6.30–10.30 Uhr) Öffnet so früh, dass man sich hier noch vor dem Sprung aufs Taucherboot mit Lebensmitteln eindecken kann. Carmela führt die dazugehörige Cafeteria, die für ihre Zimtröllchen berühmt ist.

Ausgehen

Die Bar in the Bush hinter dem Mango Inn ist beliebt, aber krawallträchtig. Sie hat normalerweise nur am Mittwoch- und Freitagabend geöffnet. Auf dem unbeleuchteten Zugangsweg sollten Alleinreisende bei Dunkelheit entsprechend vorsichtig sein.

Treetanic (20–24, Mi & Fr bis 1 Uhr) Wer in dieser psychedelischen Mango-Baumwipfelbar einen hebt, kann sich leicht ein wenig schuldig fühlen, in etwa so, als ob man in einem Aufklappbuch für Kinder trinkt – hm, allerdings nur, wenn das Buch *The Electric Kool-Aid Acid Test* heißt. Als Barkeeper erwartet man schon mindestens Willy Wonka. Belegte 2009 den vierten Platz unter den „Great Bars of the World" (Gemeinschaftsranking von Singha Beer und Lonely Planet; http://singha.lonelyplanet.com).

Tranquila Bar (So–Do 16–1, Fr & Sa bis 3 Uhr) An einem kleinen Steg kann man hier in aller Ruhe Reise- und Taucherfahrungen austauschen. Obwohl abwechslungsreiche Hintergrundmusik zur relaxten Atmosphäre beiträgt, geht die meiste Action heutzutage aufs Konto der neuen Wii. Später wird nebenan im ebenso beliebten, aber rauflustigeren Coco Loco weitergefeiert.

La Cueva (11–24 Uhr) Selbst an regnerischen Abenden ist diese neue Kleinspelunke stets gut besucht. Der seltsame Publikumsmix besteht aus Einheimischen, Tauchlehrern, betagten Alkoholikern und süßen Freiwasser-Möchtegerns. Der junge, hippe Chef mit französisch-argentinischen Wurzeln hat schon in mindestens zehn Ländern gelebt. Der Bananenrum, der hier ausgeschenkt wird, ist echt tödlich.

INSELBESITZER AUF ZEIT

Man hat nicht jeden Tag die Chance, aus der Haustür zu treten und den Sand seiner eigenen Karibikinsel zwischen den Zehen zu spüren. Doch genau das ist gleich vor Utila für überraschend wenig Geld möglich: Umgeben vom kristallklaren Wasser liegen dort zwei verschiedene Cays mit Hütten und Einrichtungen. Für Reisegruppen kann das Ganze sogar halbwegs günstig sein. Auf **Sandy Cay** (1950 HNL/Nacht, min. 2 Übernachtungen) gibt's einen Butangaskühlschrank, Solarstrom und Unterkünfte für sechs Personen. Das leicht luxuriösere **Little Cay** (2437 HNL/Nacht) hat einen eigenen Generator. Der private Inselspaß lässt sich über George Jackson auf **Pigeon Cay** (☎ 425-2005) oder Captain Morgan's Dive Centre (S. 478) arrangieren.

Unterhaltung

Reef Video & Cinema (☎ 425-3754; 🕑 Mo–Sa 9.30–19 Uhr) Östlich der Kreuzung laufen hier jeden Abend verschiedene Filme (45 HNL, 19.30 Uhr) in einem netten kleinen Obergeschosskino mit 60 Plätzen. Hinzu kommt ein DVD-Verleih (40 HNL/DVD).

Shoppen

Gunter's Driftwood Gallery (☎ 425-3113; westlich der Cola de Mico; 🕑 wechselnde Öffnungszeiten) Ein paar Blocks landeinwärts liegt die schräge Werkstatt des namensgebenden Gunters, der dort Treibholzskulpturen (z. B. viele Haie) schnitzt und ausstellt. Interessenten laufen kurz vor dem Mango Inn nach links und achten dann auf das Schild zur Rechten. Außer sonntags hat Gunter tendenziell jeden Nachmittag geöffnet.

An- & Weiterreise

FLUGZEUG

Flüge zwischen Utila und La Ceiba (ca. 1056 HNL) dauern etwa 15 Minuten.

Aerolíneas Sosa (☎ 452-3161; www.aerolineassosa.com; 🕑 Mo–Fr 8–12 & 14–17.30, Sa 8–12 & 14–17 Uhr) steuert Utila ab La Ceiba (Mo, Mi & Fr 15.30 Uhr, Rückflug Di, Do & Sa 6 Uhr) und direkt ab San Pedro Sula (Sa) an. Morgan's Travel (S. 478) vertritt die Airline auf der Insel.

SCHIFF/FÄHRE

Die **Utila Princess II** (☎ 425-3390; 🕑 Ticketbüro 8–11 & 14–16.30 Uhr) schippert um 9.30 und 16 Uhr von La Ceiba nach Utila (425 HNL, 1 Std.; in Gegenrichtung 400 HNL, 6.20 & 14 Uhr). Passagiere erscheinen am besten jeweils eine halbe Stunde vor dem Ablegen. Im Bugbereich wird der Trip recht lustig, aber nass! Charterboote verbinden Utila gelegentlich mit Roatán oder dem Festland. Auf diese teils teure Option ohne festen Fahrplan sollte man jedoch nicht bauen.

Täglich um 6.30 Uhr verlässt **Captain Verns** (☎ 3346-2600, 9910-8040; vfine@hotmail.com) Katamaransegler die Piers von Alton's Dive Center und Driftwood Café in Utila. Ziel ist Roatán bzw. der Anleger vor Coconut Divers in West End (einfache Strecke 1100 HNL, 4–5 Std.). Vorher anrufen!

Gleich östlich vom Fährkai liegt der Pier von Frank Morgan's. Bei ruhiger See startet dort die kleinere **Ramon Express** (☎ 9928-4936; einfache Strecke 300 HNL, Rückfahrt am selben Tag zzgl. 340 HNL) in Richtung La Ceiba (Mo, Mi & Fr 7 Uhr). Im Vergleich zur Fähre spart man dabei 100 HNL.

Unterwegs vor Ort

Tuk-Tuks (30 HNL; streckenunabhängig) flitzen die Hauptstraße hinauf und hinunter. Vor Ort können Motorroller, Golfmobile und Quads gemietet werden. Da zwischen beiden Hauptstraßenenden aber nur 20 Gehminuten liegen, empfiehlt sich alternativ ein Fahrrad.

Utila Bike Rental (🕑 So–Fr 7–12 & 13–18 Uhr) verleiht Drahtesel (pro Std./Tag/Woche 25/100/500 HNL).

MOSKITIA & ÖSTLICHES HONDURAS

Der riesige Ostteil von Honduras ist ein dünn besiedeltes Gebiet voller Flüsse und Wälder. Darunter fallen der gesamte Bezirk Gracias a Dios sowie die Ostbereiche von Olancho und Colón. Die Region Moskitia markiert den äußersten Osten des Landes. Auf größtenteils ursprünglichem Tropenterrain tummeln sich dort viele Tier- und Vogelarten.

Nur zwei Hauptstraßen verlaufen durch das Gebiet nordöstlich von Tegucigalpa. Beide verbinden Tegucigalpa mit Trujillo und werden von Bussen befahren. Die erste Route über Tocoa, Savá, Olanchito, La Unión und Limones erklimmt die Berge westlich von Juticalpa (Fahrtzeit ca. 10–11 Std.). Die zweite, längere Strecke führt über Juticalpa (3 Std.). In diese Ecken verirren sich kaum Touristen.

LA MOSKITIA

Auf Honduraskarten erscheint La Moskitia als riesige Region mit wenigen Straßen. Ganz anders als das übrige Land repräsentiert sie eine der letzten Gebiete ungezähmter Wildnis in Zentralamerika. In ihren gewaltigen, praktisch unberührten Urwäldern leben Menschen und Tiere größtenteils immer noch so wie vor 200 Jahren. So wird die Moskitia manchmal auch zutreffend als zentralamerikanisches Amazonien bezeichnet: Ihre natürliche Schönheit ist ebenso atemberaubend und bedroht.

Bis heute gedeihen hier Rundschwanzseekühe, Tapire und Jaguare, die aufgrund erlernter Vorsicht gegenüber Menschen aber eventuell nur schwer zu beobachten sind.

Krokodile bevölkern die Gewässer, während sich Vögel lautstark bemerkbar machen: Tukane, Aras, Papageien, Silber- und Fischreiher zählen zu den vielen Arten, die Ornithologen immer wieder hierherlocken.

Gleichermaßen faszinierend sind die fünf verschiedenen Regionalethnien. Im Landesinneren leben isolierte Gemeinden der Pech und Tawahka. Mískito, Garífuna und *ladinos* sind ebenfalls vertreten.

Moskitia-Trips sind nichts für Weicheier. Die extrem rustikalen Bedingungen bieten kaum klimatisierten Komfort. Zudem können ein paar Brocken Spanisch nicht schaden. Gleichzeitig ist mit stark steigenden Reisekosten zu rechnen, da die Zivilisationsferne auch deutlich höhere Preise bedeutet. Allerdings werden die Mühen der wenigen Unerschrockenen oft mit faszinierenden Erfahrungen belohnt. Eine zentrale Rolle spielen Erschließung und Schutz dieses unberührten Paradieses. Umweltexperten zufolge bietet La Moskitia eine letzte Chance, die Weichen von vorne herein richtig zu stellen. Wer im Einbaum den Fluss hinabgleitet und dabei Lehmhäuser vor Bäumen voller Schlingpflanzen passiert, kann daher nur hoffen, dass jedermann seinen Teil zum Naturschutz beiträgt.

Gefahren & Ärgernisse

Diese wilde Region verlangt angemessenen Respekt. Grundsätzlich niemals ohne Führer in den Regenwald hineingehen! Auf den schlecht erkennbaren, überwucherten Pfaden können sich Wanderer schnell hoffnungslos verirren.

Bootsfahrer sollten größere Lagunen möglichst nicht später am Tag überqueren, da Nachmittagswinde teilweise gefährlich hohe Wellen verursachen. Von November bis März besteht ganztägiges Kenterrisiko durch plötzliche Böen.

Wegen Malariagefahr heißt es Insektenspray mitbringen und über entsprechende Prophylaxepillen nachdenken. Ebenso empfehlenswert ist ein Wasserreinigungsset (Filter oder Jodtabletten). Die meisten Unterkünfte verfügen über Moskitonetze.

Auch Drogenkuriere machen die Moskitia unsicher. Obwohl Touristen davon wohl kaum betroffen sein werden, gilt es zu beherzigen: Der Drogenschmuggel konzentriert sich oft auf bestimmte Jahreszeiten mit geringerem Entdeckungsrisiko. Besonders während der Regenzeit sollte man sich daher vor Ort umhören, um möglichst nicht ins Kreuzfeuer zu geraten.

Geführte Touren

Mehrere Reiseveranstalter bieten geführte Touren durch die Moskitia an. Auf diese Weise lässt sich die Region leichter, aber nicht unbedingt viel teurer erkunden. Empfehlenswert sind z. B. Basecamp (Copán Ruinas; S. 422), Omega Tours (S. 452) und La Moskitia Ecoaventuras (S. 452) in La Ceiba oder Mesoamérica Travel (San Pedro Sula; S. 414).

La Moskitia Ecoaventuras (☎ 441-3279; www.lamoskitia.hn; Colonia El Toronjal, La Ceiba) eine super Quelle für ausgearbeitete Reisepläne und Tipps zu selbst organisierten Trips.

Laguna de Ibans

Bei Anreise auf dem Landweg übernachtet man wohl zuerst in einer der kleinen, traditionell geprägten Ufergemeinden rund um die Laguna de Ibans. Im ruhigen Mískito-Dorf **Raista** verlaufen schmale, unbefestigte Pfade zwischen hölzernen Stelzenhäusern unter einem hohen, grünen Blätterdach. Die freundlich-familiäre **Raista Eco Lodge** (☎ 8926-5635; EZ/DZ/3BZ ohne Bad 200/360/450 HNL) hat solide, rustikale und überraschend attraktive Zimmer aus Holz. Darin gibt's moderne Toiletten und Moskitonetze – und serviert werden üppige, magenfüllende Mahlzeiten (ca. 70 HNL).

Als Quasi-Erweiterung derselben Siedlung hat **Belén** ebenfalls Unterkünfte. Allerdings besteht wirklich kein triftiger Grund, hier statt drüben in Raista zu übernachten.

Auf dem Weg nach Palacios (200 HNL, 2 Std.) legen *colectivo*-Boote etwa zwischen 3 und 3.30 Uhr in Raista bzw. Belén an. Zwischen den Ortschaften liegt eine Landepiste; das SAMI-Büro in Raista organisiert Flüge. Vor Ort lassen sich auch Verbindungen nach Las Marías beim Biosphärenreservat Río Plátano (hin & zurück 4000 HNL, 5–6 Std.) arrangieren. Wer das frühmorgendliche *colectivo*-Boot von Raista nach Palacios nimmt, erreicht dort rechtzeitig das erste Schnellboot nach Iriona.

Hauptsächlich während der Hummertauchsaison (Aug.–Mai) kommen *colectivo*-Pick-ups in Richtung Río Plátano (60 HNL, 45 Min.) etwa stündlich vorbei. In Gegenrichtung verkehrt ein Fahrzeug mit gleicher Häufigkeit über Cocobila, Ibans und Plaplaya. Nähere Infos gibt's in Raista.

Reserva de la Biosfera del Río Plátano

Das herrliche Biosphärenreservat Río Plátano gehört seit 1980 zum Weltnaturerbe. Seine weite, unberührte und ursprüngliche Wildnis mit außergewöhnlicher Tierwelt beheimatet auch ein paar bedrohte Arten. Beste Besuchszeit ist von November bis Juli. Vogelbeobachter kommen idealerweise im Februar und März hierher, wenn viele Zugvögel das Naturschutzgebiet bevölkern.

Las Marías ist einer der besten Orte, um geführte Touren zu organisieren. Das Nest mit ca. 100 Familien der Mískito und Pech liegt mitten im Reservat. Es hat einige Generatoren, aber kein Strom- oder Wasserleitungsnetz. Mehrere einfache Unterkünfte servieren hier auch schlichte Gerichte. Empfehlenswert sind z. B. der saubere, luftige **Hospedaje Doña Justa** (☎ 9966-9234; Ortszentrum; Zi. ohne Bad 80 HNL/Pers., Gerichte 50 HNL) mit großem Blumengarten und der weitläufige **Hospedaje Doña Rutilia** (☎ 8911-2090; Zi. ohne Bad 150 HNL/Pers., Gerichte 60 HNL) am Fluss. Unter den aufgeführten Telefonnummern können Nachrichten hinterlassen werden (nur auf Spanisch!).

Ein Chefführer weist sein Personal jeweils nach individueller Touranforderung zu (100 HNL/Gruppe). Das Angebot reicht von Krokodilbeobachtungen in der Dämmerung bis zu Tagesausflügen, die zu einer Felszeichnung in der Nähe gehen. Und es gibt auch noch tolle, aber anstrengende Dreitagestrips durch ursprüngliche Regenwälder (Pico Dama), für die gleich mehrere Guides nötig sind. Chefführer kosten 220 bis 250 HNL pro Tag, während normale Tourbegleiter 150 HNL erhalten. Preis und Anzahl der Führer sind nicht verhandelbar. Zufriedene Kunden können freiwillig 10 % Trinkgeld spendieren. Campingausrüstung und Proviant muss man selbst mitbringen. Bei frühem Start haben Tierfreunde die besten Beobachtungschancen. Geführte Touren vermittelt am besten der eigene *hospedaje* – und nicht irgendein beliebiger José, der einem etwas am Flussufer aufschwatzen will.

Expresos von Raista nach Las Marías sind sehr teuer (hin & zurück 4000 HNL/Boot, max. 3 Pers., 5–6 Std.). Aus diesem Grund teilt man sich den Fixpreis idealerweise mit anderen Travellern. Der Bootsmann wartet zwei Nächte lang in Las Marías (danach zzgl. 250 HNL/Nacht). Günstigere Alternative: Die Laguna de Ibans per Boot überqueren (600 HNL, 25 Min.), mit einem einheimischen Führer über den Liwaraya-Pfad von der Lagune zum Río Plátano wandern (150 HNL, 2 Std.) und dann ein anderes Boot nach Las Marías nehmen (1200 HNL, 3 Std.). All dies lässt sich in Raista (Anreise s. S. 487) arrangieren.

Ganz Hartgesottene erreichen das Biosphärenreservat auch mittels mehrtägiger Raftingtrips, die ab Dulce Nombre de Culmí flussabwärts führen. Omega Tours und La Moskitia Ecoaventuras (s. S. 452) liefern weitere Informationen.

Palacios

Viele Traveller kommen wohl oder übel durch Palacios. Dieser unangenehme, ziemlich gesetzlose Ort ist als Zwischenstation für Drogenkuriere bekannt. Deshalb sollte man einen Aufenthalt möglichst vermeiden. Wer auf dem Landweg reist und sein *colectivo*-Boot flussabwärts verpasst, bleibt aber eventuell hier hängen. Dann bietet sich das neue, pfirsichfarbene **Hotel Moskitia** (☎ 9996-5648, 442-8059 in La Ceiba; www.hotelmoskitia.com; Zi. 500 HNL) direkt an der Laguna de Bacalar an. Seine modernen Zimmer haben eigene Bäder und luftige Balkone. Allerdings schwören Einheimische, dass das Hotel mithilfe von Drogengeld gebaut wurde.

Von Batalla aus fahren Einbäume hinüber (50 HNL, 5 Min.).

Brus Laguna

13 900 Ew.

An der Mündung des Río Patuca säumt Brus Laguna die gleichnamige Lagune. Dank Flugverbindungen ist die Stadt ein gut erreichbares Tor zur Region Moskitia. Von hier aus geht's nach Raista oder sogar direkt nach Las Marías. Ein gutes Backpacker-Quartier ist die **Villa Biosfera** (☎ 9919-9925; EZ/DZ ohne Bad 180/350 HNL) an der Lagune. Die hölzerne Stelzenhütte hat acht Zimmer mit Moskitonetzen. Als neueste und beste Option der Stadt bietet das **Hotel Ciudad Blanca** (☎ 9553-8766; EZ/DZ/3BZ 350/550/750 HNL; ❄ 💻) deutlich mehr Komfort. Gleich nebenan gibt's ein Internetcafé (50 HNL/Std.). **Aerolíneas Sosa** (☎ 443-1399; www.aerolineassosa.com) offeriert normalerweise Flüge von La Ceiba nach Brus Laguna, die zum Recherchezeitpunkt aber gerade gestrichen waren.

Von Batalla aus fahren *colectivos* zwischen 15 und 17 Uhr direkt nach Brus Laguna (400 HNL, 4 Std.).

LA MOSKITIA INTENSIVER ERLEBEN

Die Weite von La Moskitia gestattet Unerschrockenen faszinierende Einblicke in indigene Kulturen und das großartige ökologische Gleichgewicht des Urwalds.

- Tief in der Region Moskitia leben die Tawahka als eine der isoliertesten und empfindlichsten Ethnien des Landes. Ein Besuch dieser indigenen Gemeinden erfordert eine lange Anreise: Von Wampusirpi (s. unten) aus geht's den Río Patuca hinauf zu den Dörfern **Krausirpe** und **Krautara**. Letzteres ist vergleichsweise kleiner, abgeschiedener und bis heute nur von Tawahka bewohnt.
- Wenn man die Gelegenheit hat, empfiehlt sich ein Abstecher zum reizenden, traditionellen Garífuna-Dorf **Plaplaya**. Wenige Bootskilometer von Raista (s. S. 484) entfernt brüten dort riesige Lederschildkröten, deren Nachwuchs von Freiwilligen freigelassen wird (April–Juli).
- Mit am tollsten ist eine dreitägige Bergwanderung, die über den **Pico Dama** ins Herz der Reserva de la Biosfera del Río Plátano führt. Dieser Trip lässt sich in Las Marías arrangieren (s. S. 485).

Wampusirpi

Dieser reizend rustikale Ort ist ein prima Ausgangspunkt für die Erkundung des flussaufwärts gelegenen Tawahka-Gebiets (s. Kasten oben). Hier wohnen hauptsächlich Mískito, die von kleinflächiger Landwirtschaft (Reis, Bohnen, Bananen, Yucca) und Fischfang im Patuca leben. Wegen der Hochwassergefahr stehen die meisten Häuser auf Stelzen. Mahlzeiten und einfache, unbeschilderte Unterkünfte lassen sich durch Umhören auftreiben.

SAMI (☎ 433-8031 in Brus Laguna, 433-6016 in Puerto Lempira) fliegt nach Wampusirpi.

Puerto Lempira

35 700 Ew.

Als größte Stadt der Region Moskitia liegt Puerto Lempira auf der Inlandseite der Laguna de Caratasca. Hauptgrund für einen Besuch sind die guten Flugverbindungen. Ansonsten gibt's hier aber auch durchaus ein paar moderne Annehmlichkeiten wie Restaurants und Internetcafés.

Puerto Lempira hat einige Unterkünfte. Am besten ist das **Hotel Yu Baiwan** (☎ 433-6348; EZ/DZ/3BZ 450/500/600 HNL; ❄) mit freundlichem Service, frischer Bettwäsche und Kabelfernsehen.

SAMI/Air Honduras (☎ 433-6016) bietet Flüge nach/ab Puerto Lempira an. Das Unternehmen unterhält ein Büro in dem türkisfarbenen Bau am Ende der Landepiste. Eineinhalb Blocks vom Pier entfernt gibt's auch Flugtickets bei einer Eisdiele (8–18 Uhr).

Alternativ ist Puerto Lempira von Batalla aus komplett auf dem Landweg erreichbar: Zuerst geht's von Batalla nach Brus Laguna (S. 485), wo um 8 Uhr ein *colectivo*-Boot in Richtung Ahuas (365 HNL, 3 Std.) startet. Dort besteht Busanschluss nach Ribra Creek (im Bootsticket enthalten, 30 Min.). Abschließend nimmt man ein Schnellboot von Ribra Creek nach Puerto Lempira (365 HNL, 2 Std.). Dieser zweitägige Trip durch La Moskitia ist nicht viel günstiger als der Flieger. Doch schließlich geht's dabei ums Abenteuer!

An- & Weiterreise

AUF DEM LANDWEG

Entlang der Nordküste wird die Anreise auf dem Landweg immer einfacher und beliebter. Wer die Moskitia auf diese Weise innerhalb eines Tages erreichen möchte, muss allerdings sehr früh starten: In La Ceiba heißt es spätestens um 6.15 Uhr mit einem Trujillo-Bus nach Tocoa (80 HNL) fahren. Wer später dran ist, steigt dort am *punta de taxi* El Porvenir aus und nimmt ein Taxi zum Marktplatz (20 HNL). An diesem brechen *pailas* (Pick-up-Trucks) täglich zwischen 9 und 10 Uhr zum kleinen Garífuna-Dorf Batalla (500 HNL, 5–6 Std.) auf. Die ersten Busse ab La Ceiba rollen direkt zu Tocoas Busbahnhof. Achtung: Die *pailas* sind oft gefährlich mit Passagieren und Gegenständen überladen! Zudem ist mit Chauffeuren zu rechnen, die einem hartnäckig ihre Dienste aufdrängen und eventuell betrunken sind. *Colectivo*-Trucks ab Batalla halten unterwegs häufig. Am besten dem Fahrer gleich mitteilen, dass man nach Raista (200 HNL, 2 Std.) bzw. Belén möchte: Je nach Wetter und Verkehr lassen sich diese Dörfer dann wohl noch vor Anbruch der Dunkelheit erreichen. Beide sind gute Ausgangspunkte für Moskitia-Abenteuer. Dieselben Trucks können auch aus Richtung Trujillo genutzt werden: Sie warten dann an der Abzweigung in Corocito, die von allen La-Ceiba-Bussen ab Trujillo angesteuert wird. Auch in diesem Fall sollte man so früh wie möglich aufbrechen.

Falls Unwetter die Straßen nach Batalla unpassierbar machen, kann der Trip über Iriona erfolgen. Ab Tocoas Busbahnhof ist die Ortschaft zwischen 7 und 14 Uhr stündlich per Bus erreichbar (130 HNL, 7 Std.). Bei Start in Trujillo geht's wiederum zuerst nach Corocito (Bus um 5.45 Uhr nehmen), wo Pick-up-Verbindung nach Iriona besteht. Dort besteigt man dann das nächste Schnellboot nach Belén (19 HNL, 2 Std.). Details zur Weiterreise nach Puerto Lempira auf dem Landweg liefert S. 486.

Rückreiseoptionen: Boote nach Batalla (200 HNL, 1–2 Std.) stoppen täglich zwischen 3 und 4 Uhr in Belén, Raista, Cocobila und Ibans. Von Batalla aus rollen Trucks zwischen 5 und 6 Uhr nach Tocoa bzw. zu **Mirna Express** (☎ 444-3512) außerhalb der Stadt. Dort besteht Anschluss nach La Ceiba, San Pedro Sula oder Tegucigalpa. Alternativ begibt man sich nach Palacios (200 HNL, 1–2 Std.), nimmt um 6 Uhr das Schnellboot nach Iriona und nutzt dort den Bus nach Tocoa.

FLUGZEUG

Alle Moskitia-Flüge starten in La Ceiba. Da sich die Linienflugpläne nach Brus Laguna und Puerto Lempira regelmäßig ändern, ist rechtzeitige Recherche ratsam.

Aerolíneas Sosa (☎ 443-1894 in La Ceiba, 433-6432 in Puerto Lempira, 433-8042 in Brus Laguna; www.aerolineassosa.com; Av San Isidro zw. 8a & 9a Calle, La Ceiba; 🕑 Mo–Fr 7–17 Uhr)

SAMI (☎ 442-2565 in La Ceiba, 433-8031 in Brus Laguna) Bedient Moskitia-Regionalrouten für Preise zwischen 803 HNL (Belén–Brus Laguna) und 1280 HNL (Belén–Wampusirpi).

Unterwegs vor Ort

Je nach Jahreszeit unterliegt der Transport vor Ort verschiedenen Herausforderungen. In der Regenzeit (Nov.–Jan.) sind Trips durch La Moskitia am schwierigsten.

FLUGZEUG

SAMI (☎ 433-8031 in Brus Laguna, 433-6016 in Puerto Lempira) verbindet die größten Siedlungen unregelmäßig per Flieger (ca. 803–1280 HNL).

PICK-UP-TRUCKS

Pick-up-Trucks rollen über die unbefestigte Einzelpiste entlang der Laguna de Ibans. Sie verbinden die Kleinstadt Ibans unregelmäßig mit Cocobila, Raista und Belén im Westen sowie Río Plátano im Osten – allerdings seltener als früher, da die meisten Einheimischen nun Motorräder besitzen.

SCHIFF/FÄHRE

Als regionale Verkehrsmittel in der Region dienen hauptsächlich Boote. Flussaufwärts werden meist *pipantes* (Einbäume mit flachem Boden) per Paddel oder Stakstange angetrieben. Bei längeren Trips kommen häufig holzbeplankte *cayucos* mit Außenbordmotor zum Einsatz – entweder als *expresos* (Privattaxis) oder günstigere *colectivos* (Sammeltaxis mit fester Route). Beispiele für Bootsrouten sind z. B. Las Marías–Raista (4000 HNL, 1½ Std.) oder Batalla–Raista (200 HNL, 1–2 Std.).

SÜDLICHES HONDURAS

Am Golfo de Fonseca berührt Honduras den Pazifik an einer 124 km langen Küstenlinie. Dieser Landstrich wird seeseitig vom Golf und landseitig von Hügeln begrenzt. Er gehört zu der heißen Küstenebene, die sich entlang der zentralamerikanischen Pazifikseite südwärts durch mehrere Länder erstreckt. Hier gibt's fruchtbares Ackerland und reiche Fischgründe. So stützt sich Tegucigalpas Versorgung mit Fisch, Garnelen, Reis, Zuckerrohr und hitzebedürftigen Früchten (z. B. Wassermelonen) stark auf diese Region. San Lorenzo dient Honduras als Pazifikhafen.

In seinem stark bereisten Südteil wird Honduras von der Interamericana durchquert, die Zentralamerikas gesamten nord- und südwärtigen Verkehr trägt. An dieser Hauptader zweigt auch der Highway ab, der nordwärts durchs übrige Honduras führt.

VON TEGUCIGALPA ZUR NICARAGUANISCHEN GRENZE

Zwischen Tegucigalpa und dem Grenzposten Las Manos (schnellste Route nach Nicaragua) liegen mehrere interessante Zwischenstationen. Vor Ort sind die Landschaftsnarben durch Kahlschlag bzw. rücksichtlose Abholzung auffällig. Viele Honduraner fürchten, dass es ihrer Heimat einmal wie El Salvador ergehen wird, dem bislang am stärksten entwaldeten Land Zentralamerikas.

Etwa 40 km östlich der Hauptstadt beginnt bei Zamorano die Abzweigung nach **San Antonio de Oriente**. Das hübsche Bergbaudorf aus der spanischen Kolonialzeit liegt ca. 5 km nördlich vom Highway und wurde durch den honduranischen Naivmaler José Antonio Velásquez unsterblich.

Weiter östlich führt eine weitere Abzweigung südwärts nach **Yuscarán**, das 66 km von Tegucigalpa entfernt als El Paraísos Distriktshauptstadt fungiert. Die malerische, koloniale Bergbaustadt veranstaltet ihren **Jahrmarkt** am 8. Dezember.

Etwa 92 km östlich von Tegucigalpa bzw. 19 km hinter El Paraíso erreicht man mit **Danlí** (126 000 Ew.) die größte Stadt an dieser Route. Als Zentrum der umliegenden Zuckerrohr- und Tabakregion hat Danlí mehrere **Zigarrenfabriken**, die gute handgerollte Produkte verkaufen. Jedes Jahr am letzten Augustwochenende lockt das große **Festival del Maíz** Besucher aus nah und fern hierher. Der künstlich angelegte See **Laguna de San Julian** ist ein beliebtes Ausflugsziel, das ca. 18 km nördlich von Danlí liegt.

Das zentral gelegene **Hotel La Esperanza** (☎ 763-2106; EZ/DZ ohne Bad 178/280 HNL, EZ/DZ mit Ventilator 280/448 HNL, EZ/DZ mit Klimaanlage 392/662 HNL; P) ist Danlís bei Weitem beste Budgetoption. Seine Zimmer mit Kabelfernsehen säumen eine lange, grüne Terrasse. Gutes Essen serviert das große **Rancho Mexicano** (☎ 763-4528; Hauptgerichte 40–100 HNL; 11–22 Uhr) gleich abseits des zentralen Parks.

In El Paraíso verspricht das **Hotel Isis** (☎ 793-4251; Parque Central; EZ/DZ 160/240 HNL; P) eine erträgliche Nacht an der Grenze. Trotz spartanischer Zimmer gibt's hier Warmwasser, eigene Bäder und sichere Parkplätze. Der Bus zur Grenze fährt in nächster Nähe ab.

VON TEGUCIGALPA ZUM PAZIFIK

Von Tegucigalpa aus führt der Hwy CA-5 ca. 95 km gen Süden, bis er bei **Jícaro Galán** auf die Interamericana trifft. Dabei geht's von den kiefernbewachsenen Hügeln rund um die Hauptstadt hinunter zur heißen Küstenebene. Etwa 40 km westlich der Kreuzung in Jícaro Galán verläuft die Grenze zu El Salvador bei **El Amatillo**. Auf dem Weg dorthin passiert man 6 km westlich von Jícaro Galán den Ort **Nacaome**. Ostwärts geht's von der Kreuzung über **Choluteca** (50 km) zum 115 km entfernten **El Espino** an der Grenze zu Nicaragua.

Wer lediglich die Interamericana als direkte Durchgangsroute zwischen El Salvador und Nicaragua nutzt, kann diesen Teil von Honduras locker in einem Tag durchqueren: Beide Grenzen liegen nur 150 km bzw. drei Busstunden auseinander. Dennoch gibt's unterwegs ein paar Möglichkeiten für Zwischenstopps. Obwohl die Grenzübergänge offiziell rund um die Uhr offen sind, waren sie wohl mehrmals schon um 17 Uhr dicht. Bei späterer Ankunft muss man daher vielleicht übernachten.

UNTERWEGS NACH NICARAGUA

Der Grenzübergang bei **Las Manos** (24 Std.) liegt nur 122 km von Tegucigalpa entfernt. Wenn man früh in der Hauptstadt startet, ist er innerhalb eines Tages erreichbar.

Von Tegucigalpa aus schickt **Transportes Colinas de Oro** (☎ 9523-1637) täglich zwei Direktbusse zur Grenze (6 & 12 Uhr). Eine andere Möglichkeit ist es, per Bus nach El Paraíso oder Danlí zu fahren und dort umzusteigen. In Tegucigalpa starten die Busse nach Danlí am **Discua-Litena-Terminal** (☎ 9523-1800) neben dem Mercado Jacaleapa. Gegenüber brechen Busse nach Las Manos und El Paraíso am Terminal von Transportes Colinas de Oro beim Centro Comercial El Alhambra auf. *Colectivos* (11 HNL) fahren einen Block östlich des Parque La Merced an der Post ab (normales Taxi ca. 60 HNL). Dabei gibt's mehrere Routen – also unbedingt eine richtige zum Danlí-Terminal wählen!

Busverbindungen bestehen ab: Danlí (direkt 58 HNL, 1½ Std., 6–18 Uhr häufig); El Paraíso (direkt 65 HNL, 2 Std.); Las Manos (76 HNL, 3 Std., direkt 6 & 12 Uhr; ansonsten in Danlí oder El Paraíso umsteigen).

Ab El Paraíso fahren Busse zwischen 6.30 und 16 Uhr zur Grenze. Die erste Verbindung in Gegenrichtung gibt's um 7 Uhr. Der letzte Bus von Las Manos nach El Paraíso startet um 17 Uhr. Nach dem Grenzübertritt geht's per Bus weiter nach Ocotal, wo Anschluss nach Managua besteht.

Der Kasten auf S. 536 informiert über die Einreise aus Nicaragua.

GOLFO DE FONSECA

Honduras, El Salvador und Nicaragua säumen allesamt den Golfo de Fonseca. Honduras liegt in der Mitte und hat neben der längsten Küstenlinie (124 km) auch die Verwaltungskontrolle über fast alle der ca. 30 Golfinseln. 1992 beruhigte der Internationale Gerichtshof frühere Gebietsstreitigkeiten mit einem Urteil, nach dem sich alle drei Länder die Souveränität im Golf teilen und dabei eine 5 km breite Sperrzone vor der Küste beachten müssen. Honduras und El Salvador beanspruchten jeweils drei bestimmte Golfinseln für sich. Das Gericht sprach El Tigre Honduras zu, während Meanguera und Manguerita an El Salvador fielen. Bis heute heizt die honduranische Presse den weiterhin schwelenden Inselstreit regelmäßig mit patriotischen Artikeln an, die unverfroren auf nationale Besitzrechte pochen.

1522 wurde der Golfo de Fonseca erstmals von Europäern, nämlich Andrés Niño entdeckt, der den Golf ehrerbietig nach seinem bischöflichen Gönner Juan Rodríguez de Fonseca benannte. 1578 eroberte der Pirat Sir Francis Drake den Golf und nutzte El Tigre als Basis, da seine Raubzüge bis ins weit entfernte Peru und nach Baja California reichten. Angeblich versteckte Drake auf der Insel einen Schatz, der aber nie gefunden wurde.

Mit La Unión liegt eine salvadorianische Großstadt an der Golfküste, Honduras hat aber nur kleine Siedlungen an der Küste, und der Highway trifft nur am Rand von San Lorenzo aufs Meer. Der Golfo de Fonseca ist eine extrem heiße Region.

Isla El Tigre

2400 Ew.

Die inaktive Vulkaninsel El Tigre mit ihrem 783 m hohen Gipfel ist ein glühend heißer Ort mit ursprünglichem Charme. Hier prägen nur wenige Autos den beschaulichen Alltag. Die größte Siedlung ist **Amapala**, ein marodes Fischerdorf mit malerisch verwitterten Schindelhäusern. Amapala wurde 1833 gegründet und diente als honduranischer Pazifik-Haupthafen, bis man den Hafen nach San Lorenzo auf dem Festland verlegte. Während der **Semana Santa** kommen viele Urlauber auf die Insel. Ansonsten suchen hier nur ein paar Backpacker nach alternativen Abenteuern und tollen Meeresfrüchten.

Die **Touristeninformation** (Mo–Fr 8–12 & 14–17, Sa 8–12 Uhr) am Kai führt eine komplette Unterkunftsliste und verteilt eine Karte zu den vielen Inselstränden. Eine Ansicht Amapalas ziert die Rückseite jedes Zwei-Lempira-Scheins.

AKTIVITÄTEN

Wer **El Vijía** ca. 100 m hinaufwandert, genießt eine gute Aussicht auf den Golf und dessen Inseln. El Tigre hat außerdem mehrere Strände von zweifelhafter Qualität: Am größten und populärsten ist die **Playa Grande** mit minderwertigem Sand, aber wunderschönem Meerblick. Vom schwarzen Sand der **Playa Negra** schaut man auf den nördlichen Inselteil und direkt bis hinüber nach El Salvador. Bei Ebbe besteht Verletzungsgefahr durch Rochen – daher immer vorab Einheimische befragen, ob das Baden sicher ist.

SCHLAFEN & ESSEN

Unterkünfte sind hier teurer als auf dem Festland. Von den vielen fragwürdigen Restaurants an der Playa Grande ist das Dignita am beliebtesten.

Hotel Veleros (☎ 795-8040; Playa El Mora; Zi. mit Ventilator/Klimaanlage 400/600 HNL) Saubere, komfortable Zimmer mit Kaltwasser im Bad machen aus dem Veleros die Unterkunft mit dem besten Preis-Leistungs-Verhältnis der Insel. Nebenan serviert das gleichnamige, bekannte Strandrestaurant (Hauptgerichte 50–395 HNL) prima Meeresfrüchte. Eigentümerin Maritza Grande kennt sich super mit den möglichen Touristenaktivitäten vor Ort aus und empfiehlt Alternativen, falls ihr Hotel ausgebucht ist. Das Haus liegt an der Playa El Mora alias Playa el Burro (Taxi ab Amapala 50 HNL).

Mirador de Amapala (☎ 795-0407; www.miradordeamapala.com; EZ/DZ/3BZ 850/1200/1400 HNL) Trotz nettem Pool und Großbildfernseher wirkt das führende Inselhotel unübersehbar ungepflegt. Die Zimmer sind ganz gut, aber überteuert.

Restaurant El Faro (Hauptgerichte 60–300 HNL; 10–23 Uhr) Das gute, uferseitige Meeresfrüchtelokal mit Blick auf den Pier serviert Garnelen und Hummer zu teilweise hohen Preisen. Dennoch bekamen wir hier eine nette, bezahlbare Ceviche (90 HNL) plus leckere, hausgemachte *limonada*. Auch prima für ein paar *cervezas*.

ANREISE & UNTERWEGS VOR ORT

In 30 km Entfernung zur Interamericana schippern kleine *colectivo*-Boote von Coyolito zur Insel (15–20 HNL, 20 Min.) – allerdings erst, wenn mindestens zehn Plätze belegt sind. Ein Privattörn (80 HNL) verspricht daher weniger Stress. Wer zum Veleros möchte und sich direkt dort absetzen lässt, vermeidet einen weiteren Taxitrip zu Lande. In San Lorenzo starten Busse nach Coyolito (19 HNL, 1 Std., bis 17.30 Uhr alle 40 Min.) entweder am Terminal hinter dem Fertigbau-Marktgebäude oder 2 km nördlich der Stadt an einer staubigen Kreuzung. Wichtig: Coyolito hat keinerlei Unterkünfte.

Minibusse ab dem Parque Central umrunden El Trigre meistens nur halb und nehmen dann denselben Weg zurück (10 HNL). Ein paar Busse rollen jedoch ganz um die Insel. *Colectivo*-Mototaxis kosten ungefähr 10 HNL pro Fahrt.

CHOLUTECA

157 600 Ew.

Als Hauptstadt des gleichnamigen Distrikts ist Choluteca die größte Stadt des südlichen Honduras. Der nahe Río Choluteca fließt auch durch Tegucigalpa. Zuallererst bemerkt man wohl die Hitze, die selbst langjährig Bewohner der Stadt schon vor dem Morgentee zum Schwitzen bringt. Die historische und leicht marode Altstadt hat ein interessantes Straßenbild. Für längere Aufenthalte gibt's aber keinen triftigen Grund.

Das alljährliche **Stadtfest** steigt am 8. Dezember.

Orientierung & Praktische Informationen

Trotz Standardraster mit Calles (Ost–West) und Avenidas (Nord–Süd) wirkt Choluteca sehr verwirrend – nicht zuletzt wegen fehlender Straßenschilder. Die Stadt ist in vier Bereiche unterteilt: NO (*noroeste,* Nordwesten), NE (*noreste,* Nordosten), SO (*suroeste,* Südwesten) und SE (*sureste,* Südosten). Mittendrin liegt der Parque Central. Viel Glück!

Der Hauptbusbahnhof flankiert die Ecke Blvr Carranza und 3a Av SE im südöstlichen Bereich. Die Busse von Mi Esperanza sind eineinhalb Blocks weiter nördlich stationiert. Den alten Markt (Mercado Viejo San Antonio) findet man neun lange Blocks westlich und zwei Blocks nördlich vom Hauptbusbahnhof – am besten ein Taxi (0,80 HNL) nehmen.

Drei Blocks östlich vom alten Markt steht die **Post** (Ecke 2a Calle NO & 3a Av NO) gleich neben einer Filiale der staatlichen Telefongesellschaft Hondutel.

Schlafen & Essen

Nahe Hauptbusbahnhof und Stadtzentrum gibt's mehrere Hotels mit gutem Preis-Leistungs-Verhältnis.

Hotel Mi Esperanza (☎ 782-0885; 2a Calle NO; EZ/DZ mit Ventilator 130/190 HNL, mit Klimaanlage 190/290 HNL; P ❄) Diese ultra spartanische Budgetoption in Marktnähe bietet echten Tiefstpreisstandard: Beim Duschen wäre ein ABC-Schutzanzug nicht schlecht. Der dazugehörige *comedor* ist etwas gehobener, während die Zimmer an einen vage attraktiven Betonhof grenzen. Näher am Blvr Enrique Weddle übernachtet es sich angenehmer.

Hotel Pacifica (☎ 782-3249; gleich abseits Blvr Enrique Weddle; EZ/DZ mit Ventilator 200/270 HNL, mit Klimaanlage 300/400 HNL; P ❄) Einen halben Block südlich vom Wendy's am Blvr Enrique Weddle gibt's hier ausgesprochen durchschnittliche Budgetzimmer mit Klimaanlage, durchgelegenen Betten und Kaltwasserduschen. Ist deutlich besser als das Mi Esperanza, hat sichere Parkplätze und teilt sich quasi ein Gelände mit dem Hotel Rivera.

Hotel Rivera (☎ 782-0828; hotelriverach@yahoo.com; Blvr Enrique Weddle; EZ/DZ/3BZ 500/600/700 HNL; P ❄ 📶 🏊) Vergleichweise teurer, aber gut ausgestattet und sehr komfortabel: Manche neueren Apartments haben sogar eigene Waschmaschinen. Das Hotel liegt in der Nähe zahlreicher guter Schnellrestaurants an der Straße nach Nicaragua und damit etwas außerhalb des *centro*-Chaos. Fürs Geld gibt's hier mehr Ruhe, eine freundlichere Umgebung und einen Pool, aber nicht unbedingt warmes Wasser. Die Touristeninformation im benachbarten Hotel Internacional ist ein weiterer, wenn auch eventuell unnötiger Pluspunkt.

Comedor Mi Esperanza (Gerichte 47–50 HNL; 🕑 6.15–20.30 Uhr) Dieses Café mit außergewöhnlich gutem Preis-Leistungs-Verhältnis ist deutlich einladender als das gleichnamige Hotel einen halben Block weiter. Es wird von vielen einheimischen Arbeitern besucht und hat pro Tag drei Einzelgerichte im Angebot.

Fusiones Gourmet (Kombimenüs 80–120 HNL; 🕑 11.30–15 & 18–23 Uhr) Gehört zum Hotel Rivera und ist teils gehobenes Restaurant, teils Schnellimbiss. Der Vorteil dabei: ein Küchenchef für beides! Vor allem für eine Stadt wie Choluteca wirken die Vorspeisen recht nobel. Die Kombimenüs mit Burgern, Rippchen und Garnelen sind echte Schnäppchen – insbesondere, weil das Rindfleisch gänzlich aus Argentinien importiert wird.

UNTERWEGS NACH NICARAGUA & EL SALVADOR

Choluteca liegt in nächster Nähe zu drei Grenzübergängen: Über El Amatillo geht's nach El Salvador, über Guasaule und La Fraternidad/El Espino nach Nicaragua.

El Amatillo (El Salvador): Von Cholutecas Hauptterminal fahren Busse alle 25 Minuten hierher (41 HNL, 2¼ Std., 3.30–18 Uhr). Bei der Einreise nach Honduras kann man denselben Bus nach Choluteca nehmen oder mit einem anderen nach Tegucigalpa fahren (60 HNL, 3 Std., 4.35–17.50 Uhr alle 30 Min.).

Guasaule (Nicaragua) wirkt sehr zwielichtig: Vorsicht vor Taschendieben und übertrieben „hilfsbereiten" Personen! *Directos* ab Cholutecas Hauptbusbahnhof (27 HNL, 45 Min., 6–18 Uhr alle 25 Min.) verkehren bis 17 Uhr auch in Gegenrichtung.

La Fraternidad/El Espino (Nicaragua): In San Marcos de Colón starten *colectivo*-Taxis (Markierung Fraternidad/Chinchayote) und Minibusse vor dem Terminal von Mi Esperanza – aber jeweils erst, wenn alle Plätze belegt sind (ca. 13 HNL, 15 Min., 8.30–16.30 Uhr). In Gegenrichtung gibt's einen identischen Service bis ca. 17.30 Uhr. Zwischen Choluteca und El Espino verkehren keine Direktbusse. **Blanquita Express** (☎ 782-3972) schickt Busse von San Marcos nach Tegucigalpa (98 HNL, 3½ Std.; 6.30, 8, 11.15, 13 & 15.15 Uhr).

Da Honduras keine Ausreisegebühr erhebt, sollte man sich die Ausreise gegebenenfalls quittieren oder das entsprechende Gesetz in Schriftform zeigen lassen. Die Einreisegebühr nach Honduras beträgt offiziell 60 HNL. Separate Kästen informieren über die Einreise aus El Salvador (S. 359) und Nicaragua (S. 536 und S. 544).

An- & Weiterreise

Mehrere Busfirmen teilen sich das Hauptterminal an der Ecke Blvr Carranza und 3a Av NE. Nach der Abfahrt dort halten manche Busse noch am Markt. Die Kästen oben und auf S. 488 liefern Details zur Einreise nach Nicaragua und El Salvador.

San Marcos de Colón nahe der Grenze zu Nicaragua (23 HNL, 1½ Std., 6.30–18 Uhr stündl.) Von hier aus fahren *colectivos* zum Grenzübergang El Espino (13 HNL; 15 Min.). Der letzte Bus von San Marcos nach Choluteca geht um 16 Uhr.

Tegucigalpa (60 HNL, 4 Std., 4.35–17.50 Uhr alle 30 Min.)

Eineinhalb Blocks nördlich vom Hauptterminal unterhält Mi Esperanza einen eigenen **Busbahnhof** (☎ 782-0841; 3a Av NE). Das Unternehmen bedient die Strecke Tegucigalpa–Choluteca–San Marcos de Colón mit meistens schnelleren, komfortableren Fahrzeugen. Zielbeispiele:

San Marcos de Colón nahe der Grenze zu Nicaragua (25 HNL, 1–1½ Std., 7-mal tgl.; 7, 10.15, 12.15, 13.45, 15.30, 17 & 18 Uhr)

Tegucigalpa (Normaltarif 60 HNL, 3 Std., 7-mal tgl.; 5, 6.15, 7.30, 9, 11.30, 13.30 & 15.30 Uhr)

Die Terminals von **Rey Express** (☎ 782-2712) und **Saenz** (☎ 782-0712; nur 1. Klasse) liegen einen Block hinter Cholutecas Hauptbusbahnhof. Beide Busfirmen sind gute, aber teurere Alternativen für Trips nach Tegus oder darüber hinaus.

SAN MARCOS DE COLÓN

Wer zu späterer Stunde in Richtung El Espino bzw. Grenze unterwegs ist, kann in San Marcos de Colón übernachten. Für ihre unmittelbare Grenznähe wirkt diese hübsche Kleinstadt überraschend ruhig und gepflegt – wenn nicht sogar geschniegelt. Das **Hotel Colonial** (☎ 788-3822; EZ/DZ/3BZ 250/275/300 HNL; P) zwei Blocks südlich vom Parque Central hat ein super Preis-Leistungs-Verhältnis. Dafür sorgen komfortable Zimmer mit hohen Decken, Kabelfernsehen und gebeizten, hölzernen Kopfbrettern. **La Esquisita** (Hauptgerichte 20–70 HNL; 8–20 Uhr) serviert wenige, aber leckere Gerichte: Ganztägig und günstig gibt's hier tolles *comida típica*.

ALLGEMEINE INFORMATIONEN

AKTIVITÄTEN

Honduranische Nationalparks sind prima Wanderreviere. Einige davon haben gut gepflegte Pfade, Besucherzentren mit (Orientierungs-)Infos und sogar Führer. Sie werden manchmal unbedingt benötigt, sprechen aber meistens kein Englisch. Mit einem Guide lernt man oft mehr über das jeweilige Gebiet und kann seine Tierwelt besser beobachten. Nordküste und Bay Islands bieten super

Strände, mehrere tolle Parks sowie natürlich ein paar der weltbesten Tauch- bzw. Schnorchelspots.

Kajak-, Kanu- & Kleinboottouren

Touren mit Kleinbooten eignen sich gut zum Besuch einiger Nationalparks, Natur- und Tierschutzgebiete an der Nordküste. Dazu zählen Punta Sal (S. 447) und Laguna de los Micos (S. 447) nahe Tela, Cuero y Salado (S. 457) bei La Ceiba oder die Laguna de Guaimoreto (S. 462) nahe Trujillo. Bei Kajaktrips im Refugio de Vida Punta Izopo (S. 447) bei Tela gleitet man geräuschlos durch artenreiche Mangrovenkanäle.

Die entlegenere Region Moskitia ist per Flugzeug und Bus zugänglich. Dort gibt es viele Flüsse (vor allem den Río Patuca) und Lagunen für Kanu- oder Bootsausflüge.

Rafting

Mehrere Touranbieter in La Ceiba veranstalten beliebte Raftingtrips auf dem nahen Río Cangrejal (s. S. 450).

Reiten

In Copán Ruinas (S. 420) sind Ausritte sehr beliebt. Andere Reittouren führen zum Parque Nacional Pico Bonito (S. 458) nahe La Ceiba oder starten in West End (S. 470) auf Roatán.

Tauchen & Schnorcheln

Die Bay Islands mit ihrem wunderbaren Riff stehen für die günstigsten Tauchkurse der ganzen Karibik. Dutzende Tauchschulen decken dort sämtliche Level von Anfängerunterricht bis Lehrerausbildung ab. Alle drei Inseln haben zudem hervorragende und von Land aus erreichbare Schnorchelspots. Bei Bedarf kann Schnorchelausrüstung vor Ort ausgeliehen oder gekauft werden. Die Cayos Cochinos (Schweineinseln) warten ebenfalls mit türkisblauem Meer und kunterbunter Unterwasserwelt auf.

Vogelbeobachtungen

Hunderte Arten machen Vogelbeobachtungen in Honduras immer beliebter. Die riesige Anzahl erschwert eine Auswahl der eindrucksvollsten Vögel: Um den Titel buhlen z. B. Quetzal, Tukan, Hellroter Ara (honduranischer Nationalvogel), Müller- und Gelbkopfamazone. Nationalparks und Naturreservate schützen gezielt viele Ökosysteme mit guten Möglichkeiten für Vogelfans – darunter Nebelwälder, tropische Regenwälder und Küstenfeuchtgebiete. Quetzale bevölkern zahlreiche Nebelwald-Nationalparks wie Cusuco (S. 419), Celaque (S. 436) oder La Tigra (S. 402).

In den nördlichen Wintermonaten (Nov.–Feb.) machen Zugvögel an der Nordküste Station. Sie lassen sich gut in Lagunenregionen, Nationalparks, Naturschutzgebieten und den Lancetilla Botanical Gardens (S. 447) bei Tela beobachten. Jedes Jahr findet in Lancetilla und Umgebung eine 24-stündige Vogelzählung der Audubon Society statt (14.–15. Dez.). Wer mitmachen möchte, kontaktiert das Büro der **Fundación Prolansate** (☎ 448-2042; www.prolansate.org; 7a Av bei 8a Calle NE, Tela; Mo–Do 7–17.30, Fr bis 16.30 Uhr).

Ebenfalls toll ist der Lago de Yojoa (S. 410) – dort wurde bislang über die Hälfte aller honduranischen Vogelarten gezählt.

Mancherorts gibt's geführte Beobachtungstrips. Diverse Anbieter in Copán Ruinas veranstalten Vogelbeobachtungen (S. 421) in der näheren Umgebung und weiter entfernten Regionen (z. B. La Moskitia).

BOTSCHAFTEN & KONSULATE

Botschaften & Konsulate in Honduras

Die folgenden diplomatischen Vertretungen befinden sich in Tegucigalpa. Der englischsprachige Lonely Planet Band *Honduras* enthält ein vollständiges Verzeichnis. Achtung: Österreich (zuständige Botschaft in Mexico City, Mexiko) und die Schweiz (zuständige Botschaft in Guatemala-Stadt, Guatemala) unterhalten in Tegucigalpa nur Konsulate!

Belize (Karte S. 392; ☎ 238-4614; embajadabelize-hond@yahoo.com; Centro Comercial Hotel Honduras Maya, Av República de Chile; Mo–Fr 9–12 & 14.30–16 Uhr)

Deutschland (außerhalb der Karte S. 392; ☎ 232-3161; www.tegucigalpa.diplo.de; Av República Dominicana 925; Mo–Do 8–16, Fr 8–13 Uhr)

El Salvador (außerhalb der Karte S. 392; ☎ 239-7017/909; Diagonal Aguán 2952; Mo–Fr 8–16 Uhr)

Guatemala (außerhalb der Karte S. 392; ☎ 232-1580; embhonduras@minex.gob; Calle Arturo López Rodezno 2421, Colonia Las Minitas; Mo–Fr 9–13 Uhr)

Nicaragua (Karte S. 392; ☎ 232-7224; Calle Las Minitas, Colonia Lomas de Tepeyac; Mo–Fr 8–12 Uhr)

Österreich (Honorarkonsulat; ☎ 238-0680; consaustria@gmail.com; Av La Paz 2326, Colonia La Reforma; Mo–Fr 8–12 & 13–17 Uhr)

Schweiz (Generalkonsulat; ☎ 236-9098; tegucigalpa@honorarvertretung.ch; Av República de México, 2402, Colonia Palmira)

Honduranische Auslandsvertretungen

Honduranische Auslandsvertretungen im deutschsprachigen Raum:

Deutschland (☎ 030-39-7497-09; www.embahonduras.de; Cuxhavener Str. 14, 10555 Berlin)

Österreich (Honorarkonsulat; ☎ 888-7077; Breitenfurter Str. 380 A/8, 1235 Wien)

BÜCHER

Themen wie die archäologische Stätte Copán, die Bananenindustrie oder der Contra-Krieg wurden bislang intensiv erforscht. Über andere Aspekte (z. B. Umweltprobleme, indigene Volksgruppen ohne Mayawurzeln) gibt's weitaus weniger zu lesen.

Gangs sind ein aktuelles Thema, das Zeitungen und Zeitschriften bereits häufig aufgegriffen haben.

Honduras: A Country Guide (1991; Tom Barry und Kent Norsworthy) sowie *Honduras: A Country Study* (1990; US Federal Research Division) sind leicht veraltet, liefern aber präzise Geschichtsinfos.

The United States, Honduras, and the Crisis in Central America (1994; Donald E. Schultz und Deborah Sundloff Schulz) diskutiert die Rolle der USA während der chaotischen Bürgerkriege in Zentralamerika.

Don't be Afraid, Gringo (1987; Medea Benjamin) erzählt aus erster Hand von der Bäuerin Elvia Alvarado, die unfreiwillig zur Arbeiterführerin aufstieg. Dabei wird auch die honduranische Arbeiterbewegung mit all ihren Schattenseiten beleuchtet.

Bitter Fruit (1983; Stephen C. Schlesinger) dreht sich vor allem um die United Fruit Company in Guatemala, erörtert aber auch den Einfluss des Bananenriesen auf Honduras. *The Banana Men: American Mercenaries and Entrepreneurs in Central America, 1880–1930* (1995) und *The Banana Wars: United States Intervention in the Caribbean, 1898–1934* (2002; jeweils Lester D. Langley) analysieren gnadenlos die politische und wirtschaftliche Einflussnahme großer Bananenfirmen auf Zentralamerika bzw. die Karibik.

Los barcos (Die Schiffe; 1992), *El humano y la iosa* (Der Mensch und die Göttin; 1996) und *The Big Banana* (1999) stammen alle von Roberto Quesada, der zu Honduras' bekanntesten lebenden Romanautoren zählt. *Gringos in Honduras: The Good, the Bad, and the Ugly* (1995) und *Velasquez: The Man and His Art* sind zwei der vielen Werke des US-Amerikaners Guillermo Yuscarán (alias William Lewis), der als Schriftsteller und Maler in Honduras lebt. In *Around the Edge* (1991) thematisiert der englische Journalist Peter Ford seine karibische Küstenreise von Belize nach Panama und widmet sich dabei besonders La Moskitia.

Ob man Paul Theroux nun mag oder nicht: Seine *Moskito-Küste* (1981) zeichnet ein lebendiges fiktionales Bild vom Dschungelleben und seinen Anhängern. O. Henrys bewegender Roman *Kohlköpfe und Könige* (auch *Narren des Glücks*; 1904) nimmt sich grob Trujillo als Vorbild.

Der rein spanischsprachige Titel *Honduras hoy: el golpe, la resistencia* des argentinischen Journalisten Mariano Saravia (www.marianosaravia.com.ar) war zum Zeitpunkt der Drucklegung das einzige Buch zur politischen Krise in Honduras.

ESSEN & TRINKEN

In Honduras ist die Regionalküche nicht ganz so facettenreich wie in Mexiko oder Guatemala. Dennoch gibt's hier ein paar typische Gerichte. Garífuna-Gemeinden sind für leckeres Kokosbrot und *casabe* (knuspriges Fladenbrot) bekannt. Das Fladenbrot ist im ganzen Karibikraum weit verbreitet. An der Nordküste bekommt man überall Meeresfrüchte (vor allem Fisch, Krabben, Hummer), während Straßenstände landesweit Grillhähnchen verkaufen. Ebenfalls Standard ist *anafres*, eine Art Käsefondue mit Bohnen und *quesillo* im heißen Tontopf. Darin werden Tortillachips wie Nachos eingetunkt. Die allgegenwärtigen *baleadas* bestehen aus Bohnen und *quesillo* in Mehltortillas. Dieses leckere, aber schnell langweilige Frühstück gibt's sogar bei Wendy's! Von den diversen honduranischen Bieren schätzen Traveller besonders Salva Vida und Port Royal. Imperial (beliebt in Olancho) und das leichtere Barena stammen ebenfalls von der Brauerei Cerveceria Hondureña, die zum Weltkonzern SAB Miller gehört. Alle genannten Sorten sind günstig, aber nichts Besonderes. Für tollen hausgebrauten Gerstensaft empfiehlt sich ein Besuch der D&D Brewery in Lago de Yojoa (S. 410).

Bis auf absolute Billiglokale erheben Restaurants meistens Steuerzuschläge von 12 (Essen) bzw. 15 % (Alkohol), die eventuell nicht in den aufgeführten Preisen enthalten sind. Das obligatorische Trinkgeld von 10 % kommt mancherorts automatisch zur Rechnung hinzu.

FEIERTAGE & FERIEN

Neujahr 1. Januar
Tag der amerikanischen Länder 14. April
Semana Santa (Heilige Woche) Donnerstag, Freitag und Samstag vor Ostersonntag
Tag der Arbeit 1. Mai
Unabhängigkeitstag 15. September
Geburtstag Francisco Morazáns 3. Oktober
Día de la Raza (Kolumbus-Tag) 12. Oktober
Tag der bewaffneten Truppen 21. Oktober
Weihnachten 25. Dezember

FESTIVALS & EVENTS

Nahezu alle honduranischen Dörfer, Klein- und Großstädte veranstalten rund um den Ehrentag ihres jeweiligen Schutzheiligen alljährlich ein Festival oder einen Jahrmarkt – manchmal im großen Stil mit Besuchern aus nah und fern. Falls relevant, werden diese Events in den Regionenkapiteln erwähnt.

Feria de Suyapa Der Ehrentag des nationalen Schutzheiligen (3. Feb.) wird ca. vom 2. bis 11. Februar in Suyapa bei Tegucigalpa gefeiert. Die Gottesdienste und Festivitäten ziehen Pilger bzw. Feierwütige aus ganz Zentralamerika an.

Karneval in La Ceiba Während der dritten Maiwoche (vor allem samstags) wird in den Straßen kräftig mit Paraden, Kostümen und Musik gefeiert.

San Pedro Sula Ebenfalls beliebtes Fest in der letzten Juniwoche.

Feria Centroamericana de Turismo y Artesanía (Fecatai) Internationale Tourismus- und Handwerksmesse für ganz Zentralamerika, die immer vom 6. bis 16. Dezember in Tegucigalpa stattfindet.

Artisans' & Cultural Fair Die gesamthonduranische Kunsthandwerks- und Kulturmesse steigt stets vom 15. bis 21. Dezember in Copán Ruinas.

Zu den vielen anderen reizvollen Veranstaltungen zählen auch die Jahrmärkte in Tela (13. Juni), Trujillo (24. Juni), Danlí (letztes Augustwochenende) und Copán Ruinas (15.–20. März).

Mehrere Musik- und Tanzensembles der Garífuna (darunter das hervorragende Ballet Folklórico Garífuna) treten in ganz Honduras auf. Den Jahrestag ihrer Ankunft im Land (12. April 1797) begehen die Garífuna überall mit fröhlichen Festen.

FRAUEN UNTERWEGS

Honduras ist für weibliche Reisende prinzipiell ein prima Ziel. Wie überall erregt frau mit moderater Kleidung wohl weniger Aufmerksamkeit. Dank vieler ausländischer Strandurlauber wird das Klamottenthema auf den Bay Islands deutlich relaxter gehandhabt. Baden „oben ohne" ist aber auch dort heftigst verpönt.

Achtung: An ein paar Orten entlang der Nordküste wurden bereits ausländische Touristinnen vergewaltigt. So friedvoll und idyllisch die Küste auch wirken mag bzw. in der Regel auch ist: Einsame Abschnitte am besten nie allein aufsuchen und keine nächtlichen Strandwanderungen unternehmen!

FREIWILLIGENARBEIT

Einige Organisationen bieten Freiwilligenjobs in ganz Honduras an. Das Spektrum reicht dabei von Wohnungsbau und Englischunterricht bis zur Umweltschutzarbeit mit Schulkindern. Unter www.travel-to-honduras.com gibt's ein umfangreiches Verzeichnis mit großen (z. B. Casa Alianza, Houses for Humanity, i-to-i) und kleineren Institutionen (z. B. Cofradía Bilingual School, Utila Iguana Conservation Project), die Freiwillige vor Ort beschäftigen.

Gut für kürzere Engagements sind die einwöchigen Travellerprogramme der **Global Brigades** (☎ 866-276-4077 in den USA, 9518-2627 in Honduras; www.globalbrigades.org). Diese Organisation für globale Gesundheit und nachhaltige Entwicklung wird von Studenten geleitet und ist weltweit die größte ihrer Art.

GEFAHREN & ÄRGERNISSE

Die meisten Traveller genießen ihren Trip durch Honduras ohne unangenehme Zwischenfälle. Dennoch hat diese Nation wie viele Entwicklungsländer ein Kriminalitätsproblem. Die Honduraner hegen eine tief verwurzelte Leidenschaft für Feuerwaffen. Obwohl das Besucher eventuell verängstigt, wird man weitaus eher einfach bestohlen als mit einer Schusswaffe überfallen. In Großstädten ist stets Vorsicht (nicht Paranoia!) angebracht. Dies gilt vor allem für San Pedro Sula und Tegucigalpa, die jeweils ein Gangproblem haben. Touristen sind davon aber kaum betroffen. Tagsüber kann man normalerweise sicher durchs Zentrum laufen, solange Wertsachen bzw. Besitztümer nicht offen sichtbar sind. In nächtlichen Innenstädten empfehlen sich immer Taxis. Die zunehmende Gewalt gegenüber Frauen stieg 2009 um alarmierende 37 %.

Generell sind kleine Städte wesentlich sicherer als große. An der Nordküste heißt es dennoch vorsichtig sein: Vor allem am Strand sollte man dort niemals Dinge unbeaufsichtigt zurücklassen und alleine oder bei Dunkelheit herumlaufen! Obwohl es bislang selten war, kam es an Nordküstenstränden schon zu Diebstählen, Raubüberfällen und sogar Vergewaltigungen. Am besten vermeidet man Reisen (vor allem Autotrips) bei Dunkelheit, wenn *banditos* und Drogenschmuggler ihrer finsteren Arbeit nachgehen. Auf dem Festland ist es ratsam, die Umgebung bei Tag und Nacht stets gut im Blick zu behalten.

An der Nordküste, auf den Bay Islands und in La Moskitia wird das gesundheitliche Wohlbefinden wohl am stärksten durch malariainfizierte Moskitos, stechlustige Sandfliegen und ungereinigtes Trinkwasser bedroht. An Karibik- und Pazifikküste besteht zudem Gefahr durch Quallen und Stachelrochen.

In der Wildnis müssen sich Wanderer vor Giftschlangen hüten – insbesondere vor der Terciopelo-Lanzenotter (alias *fer de lance* oder *barba amarilla*). Auch Korallenottern kommen in Honduras vor. In den Wasserläufen der Region Moskitia leben neben friedlichen Rundschwanzseekühen und vielen anderen Tieren auch Krokodile und Kaimane. Landesweit ist zudem mit (nicht tödlichen) Skorpionen, Schwarzen Witwen, Wespen und anderen Stechinsekten zu rechnen. Somit sind gefährliche Tiere potenziell präsent, obwohl man sie wahrscheinlich nie zu Gesicht bekommt.

GELD

Die honduranische Landeswährung ist der Lempira (HNL). Ein Lempira besteht aus 100 Centavos. Geldscheine gibt's im Wert von 1, 2, 5, 10, 20, 50, 100 und 500 HNL, Münzen zu 1, 2, 5, 10, 20 oder 50 Centavos. Bis auf gelegentlichen Gebrauch für Stadtbusfahrten sind Centavos praktisch wertlos.

> **MÖGLICHE PREISSTEIGERUNGEN**
>
> Da unsere Recherche kurz nach der politischen Krise im Jahr 2009 erfolgte, sind die Preisangaben in diesem Kapitel besonders veränderungsanfällig: Während der Krise sanken Buchungen bzw. Reservierungen bei vielen Geschäften, Touranbietern und Hotels auf 0 %. So wurden die Preise Ende 2009 stark reduziert, um den Tourismus wieder anzukurbeln. Inzwischen ist aber wieder mit Normalpreisen infolge einer Touristenzahl auf früherem Niveau zu rechnen.

Bargeld

Honduranische Banken tauschen neben US-Dollar gelegentlich auch Euro um. Wechselwillige sollten sich morgens auf den Weg machen und ihren Reisepass mitnehmen. Hotels akzeptieren eventuell US-Dollar oder tauschen sie für Gäste um. An touristischer geprägten Orten gibt's diesen Service manchmal auch in anderen Einrichtungen. So kann man Warteschlangen in Banken entgehen.

Feilschen

Da Kunsthandwerk in Honduras selten ist, gibt's beim Shoppen wohl nur selten Gelegenheit zum Feilschen. Bei vielen Dienstleistungen gelten Festpreise, die Verhandlungen erübrigen sich. Beispiel: Bei großstädtischen *colectivos* und Privattaxis bezahlt man zu beliebigen lokalen Zielen immer einen Standardtarif.

Am besten fragt man beim eigenen Hotel nach den ortsüblichen Taxipreisen – wer sich auskennt, muss mit den meisten Chauffeuren nicht diskutieren. In La Moskitia machen feste (und hohe) Preise das Feilschen recht aussichtslos.

Geldautomaten

Geldautomaten findet man landesweit in allen Groß- und Kleinstädten. Die Geräte von HSBC, BAC/Bamer, Banco Atlántida oder Unibanc sind am verlässlichsten und akzeptieren meistens auch ausländische Debitkarten. Aus Sicherheitsgründen sollte Bargeld möglichst tagsüber und nur an Automaten in abschließbaren Kabinen oder Bankfilialen abgehoben werden.

Automaten geben meist 500-Lempira-Noten aus, die sich eventuell schwer wechseln lassen. Daher bezahlt man in Hotels oder größeren Lokalen am besten nur mit großen Scheinen und reserviert geringwertigeres Papiergeld für Taxis, Kleinrestaurants, Straßenstände, Märkte usw.

Kreditkarten

Vielerorts werden Visa und MasterCard z. B. von großen Supermärkten, Einzelhändlern, Hotels oder Autovermietern akzeptiert. Vor allem auf den Bay Islands verlangen manche Hotels und Restaurants einen Kreditkartenzuschlag von 6 bis 12 %.

Die meisten Banken – darunter BAC/Bamer, Banco Atlántida und Banco de Occidente – blättern Bargeld gegen Visakarte hin. Die BAC/Bamer zahlt Bares in der Regel auch gegen MasterCard aus. Bei Barauszahlungen fällt vor Ort meist keine Kreditkartengebühr an, während die Zinssätze natürlich oft astronomisch hoch sind.

Reiseschecks

In allen Großstädten kann man Reiseschecks von American Express am besten bei Banco Atlántida und BAC/Bamer einlösen. Dennoch ist dieses aussterbende Zahlungsmittel den Stress nicht wert: Es wird von Hotels und Geschäften generell nicht akzeptiert, während das Tageslimit bei 100 US$ liegt.

Wechselkurse

US-Dollar und Euro (seltener) sind die einzigen Auslandswährungen, die man in Honduras leicht umtauschen kann. Abseits der Grenzen lässt sich selbst Geld aus Guatemala, El Salvador oder Nicaragua nur schwer einwechseln.

Wechselkurse zum Zeitpunkt der Drucklegung:

Land	Währung	HNL
Eurozone	1 €	25,71
Schweiz	1 SFr	19,23
USA	1 US$	18,54

INFOS IM INTERNET

Gute Online-Suchmaschinen liefern schnell jede Menge Treffer zu Honduras.

http://lanic.utexas.edu/la/ca/honduras Umfangreiches Linkverzeichnis zu Websites bzw. Artikeln von Politik und Sport bis hin zum Tourismus.

www.hondurasnews.com Englischsprachige Übersetzungen der wichtigsten aktuellen Nachrichten zu Honduras.

www.hondurastips.honduras.com Website des Gratis-Touristenmagazins *Honduras Tips*.

www.hondurasweekly.com Frühere offizielle Website von *Honduras This Week*. Die einzige englischsprachige Zeitung des Landes erscheint nun unabhängig als *Honduras Weekly*.

www.letsgohonduras.com Website des honduranischen Tourismusministeriums.

www.lonelyplanet.de/reiseziele Aktuelle, deutschsprachige Reiseinfos von Lonely Planet.

www.sidewalkmystic.com Private Website mit praktischen Reiseinfos zu Honduras.

www.travel-to-honduras.com Links zu verschiedenen Einrichtungen wie Freiwilligenorganisationen.

INTERNETZUGANG

Alle Großstädte und die meisten Kleinstädte und Dörfer haben mindestens ein Internetcafé. Die Verbindungspreise sind allgemein recht günstig (18–20 HNL/Std.). Trotz verbessertem Zugang per Satellit geht's auf den Bay Islands landesweit am teuersten ins Netz (ca. 120 HNL/Std.).

KARTEN & STADTPLÄNE

Gute Karten sind in Honduras schwer aufzutreiben und am einfachsten bei Touristeninformationen oder Besucherzentren zu bekommen. Auch Buchläden führen gelegentlich Karten.

Das Instituto Geográfico Nacional in Tegucigalpa (S. 390) gibt hochwertiges Material zu Administrationsstruktur und Topografie der einzelnen Distrikte (Bundesstaaten) heraus – ergänzt durch ein paar Stadtpläne und Kommunalkarten.

KLIMA

Das bergige Landesinnere ist deutlich kühler als die Küstenebenen. Tegucigalpa (975 m) hat ein gemäßigtes Klima mit Höchst-/Tiefsttemperaturen zwischen 25/14 °C im Januar und 30/18 °C im Mai. Das Tiefland an der Küste ist ganzjährig wesentlich wärmer und feuchter. In der pazifischen Küstenebene nahe dem Golfo de Fonseca wird's richtig heiß. Dezember und Januar sind am kühlsten.

Bei regionalabhängiger Niederschlagsmenge geht die Regenzeit grob von Mai bis Oktober. Daher sind Pazifikseite und Landesinneres zwischen November und April relativ trocken. Dennoch variieren Intensität und Zeitpunkt der Regenperiode von Jahr zu Jahr.

Obwohl es an der Karibikküste ganzjährig regnet, sind die Monate von September bis Januar oder Februar am feuchtesten. Dann leidet die Nordküste eventuell unter Überschwemmungen, die den Reiseverkehr lähmen und manchmal schlimme Folgen haben: Beim Hochwasser im November 1993 ertranken 400 Menschen.

Hurrikansaison ist von Juni bis November. Klimatabellen gibt's auf S. 815.

KURSE

Copán Ruinas und die Bay Islands sind beliebte Orte für Spanischkurse. Die Tauchshops der Bay Islands veranstalten Freiwasser-Zertifikatskurse für Anfänger und Fortgeschrittene. Hinzu kommen alle oder die meisten möglichen Optionen für höhere Leistungsstufen – inklusive Ausbildung zum Tauchlehrer oder -meister und Spezialitäten wie Nitroxtauchen.

MEDIEN

Das zweisprachige Magazin *Honduras Tips* ist für Traveller unentbehrlich. Inklusive Karten und Fotos informiert sein Verzeichnis umfassend über Sehenswürdigkeiten, Aktivitäten, Unterkünfte und Restaurants. *Honduras Tips* erscheint zweimal pro Jahr und liegt gratis bei vielen Hotels, Reisebüros, Touristeninformationen, -zielen oder -einrichtungen aus.

Die englischsprachige Online-Zeitung **Honduras Weekly** (www.hondurasweekly.com) wird täglich von einem internationalen Journalisten- und Analystenteam aktualisiert, das die Lage in Honduras genau verfolgt. Vier Printzeitungen erscheinen landesweit: **El Heraldo** (www.elheraldo.hn) und **La Tribuna** (www.latribuna.hn) aus Tegucigalpa sowie **La Prensa** (www.laprensahn.com) und **El Tiempo** (www.tiempo.hn) aus San Pedro Sula sind allesamt mehr oder weniger sensationsgierig.

ÖFFNUNGSZEITEN

Sofern nicht anderweitig und separat vermerkt, gelten landesweit folgende Öffnungszeiten:

Banken Mo–Fr 8.30–16.30, Sa bis 11.30 Uhr
Restaurants tgl. 7–21 Uhr
Geschäfte Mo–Sa 9–18, So bis 13 od. 17 Uhr

POST

Die meisten honduranischen Postämter haben normalerweise an sechs Wochentagen geöffnet (Mo–Fr 8–17, Sa bis 12 Uhr) und legen oft eine mehrstündige Mittagspause von 12 bis 14 Uhr ein. Sendungen (Postkarten/Briefe nach Europa 25/35 HNL) sind nach zehn bis 14 Tagen am Ziel. Trotz offenbar langer Zustellzeiten gilt die honduranische Post Honducor als relativ zuverlässig. Tatsächlich heben viele Reisende in Nicaragua oder Guatemala gekaufte Postkarten auf und schicken sie in Honduras los.

Höhere Versandsicherheit bieten Kurierdienste wie FedEx, DHL, Express Mail Service (EMS) oder Urgent Express, die alle in Großstädten wie Tegucigalpa und San Pedro Sula vertreten sind.

RECHTSFRAGEN

Auch honduranische Polizisten sind teilweise korrupt. Potenzielle Mietwagennutzer sollten z. B. bedenken, dass die Verkehrspolizei eventuell absichtlich nach Verstößen sucht, um etwas Benzingeld abzustauben. Die relativ neue Touristenpolizei ist allgemein vertrauenswürdig und an Orten wie Tela oder La Ceiba vergleichsweise stärker vertreten. Während bei echten Notfällen schnellstens der nächste Polizeibeamte bzw. -posten verständigt werden sollte, wendet man sich bei harmloseren Angelegenheiten also am besten an die Touristenpolizei.

REISEN MIT BEHINDERUNG

Abgesehen von gehobenen Hotels und Resorts hat Honduras nur wenige behindertengerechte Einrichtungen. Verstopfte Straßen und der schlechte Allgemeinzustand von Fahrbahnen bzw. Bürgersteigen erschweren Rollstuhlfahrern das Vorankommen in Tegucigalpa und San Pedro Sula. Selbst in Kleinstädten besteht ein Mobilitätsproblem, da dort oft nur unbefestigte oder gepflasterte Straßen existieren. Öffentliche Verkehrsmittel sind häufig überfüllt, schmutzig, unpraktisch und so gut wie nie behindertengerecht ausgestattet. Außer in Vier- oder Fünfsternehotels gibt's quasi nirgendwo Behindertentoiletten.

SCHWULE & LESBEN

Im sehr konservativen Honduras wird öffentlich gezeigte Zuneigung schwuler oder lesbischer Paare oft missbilligt. Bevor hier HIV bzw. Aids erstmals um 1985 auftrat, wurde diskret praktizierte Homosexualität stärker toleriert. Begleitet von verschärften Gesetzen haben schwulenfeindliche Zwischenfälle seitdem zugenommen. Organisationen wie **Asociación LGTB Arcoiris de Honduras** (☎ 206-2408; arcoirisghn@yahoo.com), **Colectiva Violeta** (☎ 237-4905; colectivo_violeta@yahoo.com) oder **Asociación Kukulcán** (☎ 239-7326; kukulcan@amnettgu.com) kümmern sich vor Ort um Schwule, Lesben, Bi- und Transsexuelle.

SPRACHE

Spanisch wird auf dem gesamten Festland gesprochen. Manche indigene Gemeinden in La Moskitia und Garífuna-Siedlungen an der Nordküste nutzen es aber nur als Zweitsprache. Auf den Bay Islands (vor allem auf Roatán) werden Englisch und Garífuna nun vermehrt vom Spanischen verdrängt.

TELEFON

Viele Internetcafés ermöglichen problemlose, günstige Telefonate über Highspeed-Verbindungen. Nach Europa kostet eine Gesprächsminute meistens 2 bis 3 HNL.

Hondutel (www.hondutel.hn) unterhält landesweit Call Center in seinen Filialen, die normalerweise täglich von ca. 7 bis 21 Uhr geöffnet haben. Ferngespräche nach Europa (43,85 HNL/Min.) sind hier allerdings unverschämt teuer.

Manche Hondutel-Filialen und Internetcafés mit Telefonservice bieten auch Faxdienste an. Ihre stark schwankenden Preise berechnen sich normalerweise pro Seite und nicht pro Minute. Für eine geringe Seitengebühr können Faxe auch empfangen werden. Beim Faxservice gelten meistens kürzere Nutzungszeiten (nur Mo–Fr 8–16 Uhr).

Die honduranischen Mobilfunkanbieter Digicel und Claro nutzen den Standard GSM 1900. Tigo bedient sich GSM 850. Diese Systeme sind jeweils inkompatibel zu europäischen Handys mit GSM 900/1800.

Honduras hat keine Ortsvorwahlen. Wer aus dem Ausland hierher telefonieren möchte, wählt daher einfach den internationalen Ländercode (☎ 00), dann die honduranische Vorwahl (☎ 504) und die jeweilige Anschlussnummer. Für Ferngespräche innerhalb der Landesgrenzen braucht man natürlich ebenfalls keine Ortsvorwahlen – es gibt ja keine.

Bei Bedarf helfen die Vermittlung für Inlandsferngespräche (☎ 191), die lokale Telefonauskunft (☎ 192), die Auskunft für Behördennummern (☎ 193) oder die Vermittlung für Auslandsgespräche (☎ 197).

Hondutel-Filialen verkaufen „Telecards", die an allen öffentlichen Fernsprechern funktionieren. Der Zugangscode und alle nötigen Anweisungen befinden sich auf der Kartenrückseite.

TOILETTEN

Da Honduras kaum öffentliche Toiletten hat, greift man bei menschlichen Bedürfnissen am besten auf Hotels und Restaurants zurück. Meist stehen WCs im westlichen Stil zur Verfügung. Allerdings landet gebrauchtes Toilettenpapier stets im Abfalleimer und nicht im Abflussrohr. Eine Ausnahme von der Regel stellt La Moskitia dar: Dort gibt's nur wenige Wasserleitungen und somit hauptsächlich Plumpsklos.

TOURISTENINFORMATION

Nationale Touristeninformation ist das **Instituto Hondureño de Turismo** (IHT; ☎ 222-2124, gebührenfrei 800-222-8687; www.letsgohonduras.com) in Tegucigalpa. Das IHT ist auch in **Spanien** (bei Agencia de Promoción Turística de Centroamérica, CATA; ☎ 0034-91-571-6257; info@visitcentroamerica.com; Calle Capitán Haya No 56 6/A, 28020 Madrid) vertreten. Lokale Touristeninformationen werden landesweit von Stadtverwaltungen und Behörden betrieben. Details liefern die „Praktischen Informationen" zu den Einzelzielen.

UNTERKUNFT

Günstige Unterkünfte gibt's in Honduras fast überall. Bei den billigsten Optionen mit Kaltwasser-Gemeinschaftsbädern reicht das Spektrum von wahrhaft grausig bis gar nicht so schlecht. Einige unschuldig wirkende Hotels dienen in Wirklichkeit dem Stundenbetrieb. Daher sollte man vor dem Buchen immer ein bis zwei Quartiere und die allgemeine Atmosphäre checken. Honduranische Budgetzimmer kosten 120 bis 220 HNL.

Etwas gehobener sind Zimmer mit eigenen Kaltwasserbädern. Eine Komfortstufe weiter gibt's Warmwasser. Doch Vorsicht bei Hotels, die dafür nicht mindestens 500 HNL verlangen: Ansonsten wird man „warm" garantiert anders als der Anbieter definieren. Zwei Betten sind normalerweise teurer als eines. Wer sich zu zweit eine Matratze teilt, spart daher Bares. Dasselbe gilt in noch stärkerem Maß für eine Klimaanlage, die wegen der hohen Stromkosten zum teuren Luxus wird. Da dies den Zimmerpreis manchmal verdoppelt, begnügen sich die meisten Budgetreisenden wohl mit Ventilatoren.

Camping ist bei honduranischen Urlaubern kaum angesagt. So gibt's hier keine organisierten Plätze wie in Europa oder den USA. Dennoch ist Camping in mehreren Nationalparks und Naturschutzgebieten erlaubt (relevante Optionen sind in den Regionenkapiteln genannt). Während mancherorts WCs oder Plumpsklos und teils sogar Küchen zur Verfügung stehen, sollte man Campingausrüstung generell selbst mitbringen.

Wer seine Spanischkenntnisse in touristischer geprägten Ecken erweitern möchte, kann Aufenthalte bei einheimischen Familien über Sprachschulen arrangieren. Diese Alternative (ab ca. 1250 HNL/Woche) beinhaltet oft Vollpension und bietet häufig sehr viel Kultur für sehr wenig Geld.

VERANTWORTUNGSBEWUSST REISEN

Touristen sollten keinerlei Korallenprodukte kaufen. Da die Riffe größtenteils geschützt sind, resultieren Artikel wie Halsketten oder Armreifen höchstwahrscheinlich aus illegalen Sammelaktionen. Auf den Bay Islands (vor allem auf Utila) sind Süßwasser, Energie und Müllplätze rar. Daher bitte nur kurz duschen und Wasserflaschen frisch befüllen, anstatt neue zu kaufen. Taucher sollten unbedingt einen Anbieter mit offiziellem Umweltschutzzertifikat wählen.

Besucher indigener Gemeinden tun sehr gut daran, kulturelle Unterschiede zu achten und sich möglichst angemessen zu verhalten. In indigenen Gebieten weckt intensives Fotografieren eventuell Argwohn.

VISA & REISEDOKUMENTE

EU-Bürger und Schweizer mit gültigem Reisepass erhalten bei der Einreise normalerweise eine Touristenkarte, die 90 Tage lang gültig ist. Guatemala, Nicaragua, Honduras und El Salvador bilden das sogenannte CA-4-Gebiet. Gemäß internationalen Abkommen werden die Reisepässe von EU-Bürgern und Schweizern beim Grenzübertritt zwischen CA-4-Staaten nicht abgestempelt.

Bei der Ankunft in Honduras ist ein kurzes Einreiseformular auszufüllen, dessen gelber Teil in den Reisepass geheftet wird. Das Formular sollte man unbedingt gut aufbewahren: Es ist bei der Ausreise abzugeben und wird bei einer Aufenthaltsverlängerung (*prórroga)* abgestempelt. Eine Verlängerung ist einmalig bei allen örtlichen Einreisestellen möglich (386 HNL od. 20 US$) und beträgt maximal 30 Zusatztage in Honduras. Danach muss man mindestens drei Tage in Belize oder Costa Rica verbringen.

Da sich die Einreisebestimmungen jederzeit ändern können, gilt es, den aktuellen Stand über Lonely Planet (www.lonelyplanet.com, www.lonelyplanet.de) und die Websites des honduranischen oder eigenen Außenministeriums zu ermitteln.

Nicaragua

Für eine neue Travellergeneration steht Nicaragua für tollen Strandurlaub, Wanderungen auf Vulkanen, hinreißende Inselparadiese und entspannte kolonialzeitliche Städte. Dass der Bürgerkrieg seit Jahrzehnten vorbei ist, scheint mittlerweile auch zu denen durchgedrungen zu sein, die das Land als einen Unruheherd abgestempelt hatten. Tatsächlich ist Nicaragua heute das sicherste Land Zentralamerikas, und man kommt hier auch erstaunlich leicht herum.

Doch die prägenden Bilder von jungen Idealisten, die ihr Leben für den Traum der Freiheit gaben, sind nie ganz verschwunden. Nicaragua bleibt ein Land, in dem sich die Menschen nicht mit oberflächlichem Gerede begnügen, ein Land der Dichter und Künstler, wo man gut informiert ist und seine Ansichten gern mitteilt. Wie viele Naturschönheiten die Landschaft auch parat hält, der wichtigste Pluspunkt Nicaraguas sind seine Menschen.

Nicaragua hat zwei Küsten: am Pazifik und am Karibischen Meer, und beide sind höchst unterschiedlich. Im Westen pendelt man auf guten Straßen zwischen kolonialzeitlichen Orten, während der Osten eine riesige Wildnis ist, die, abgesehen von ein paar edlen Karibikparadiesen, in diesem Jahrhundert bestimmt nicht touristisch erschlossen werden wird.

KURZINFOS

- **Bevölkerung:** 5,5 Mio.
- **Fläche:** 129 494 km² (etwa so groß wie Griechenland)
- **Geld:** 1 US$ = 21,38 C$ (Córdoba), 1 € = 28,59 C$, 1 SFr = 21,48 C$
- **Hauptstadt:** Managua
- **Jahreszeiten:** Trockenzeit (Nov.–April), Regenzeit (Mai–Okt.)
- **Landesvorwahl:** ☎ 505
- **Preise:** Hostel in León 4,50–6 €, 1 Flasche Bier 0,50 €, eine dreistündige Busfahrt 2,50 €, Mittagessen 2,20 €
- **Reisekosten:** 15–25 €/Tag

- **Sprachen:** Spanisch, Englisch
- **Zeit:** MEZ –7 Std., keine Sommerzeit

TIPPS FÜR UNTERWEGS

Mit einem Sammeltaxi kommt man oft billiger weg als mit dem Bus. Eine leichte Hängematte ist toll für Bootsausflüge und spart obendrein die Kosten für eine Unterkunft.

VON LAND ZU LAND

Grenzübergänge zwischen Nicaragua und Honduras gibt's bei Las Manos, El Espino und Guasaule. Aus Costa Rica kommt man auf dem Landweg über Peñas Blancas oder mit der Fähre über Los Chiles nach Nicaragua.

HIGHLIGHTS

- **Isla de Ometepe** (S. 566) Auf die Gipfel der beiden Vulkane steigen, die gemeinsam die Insel bilden.
- **Islas del Maíz** (S. 581) In dem unberührten Karibikparadies Kokosnüsse knabbern und in kristallklarem Wasser schwimmen.
- **Granada & León** (S. 547 und S. 538) Die Pracht der beiden kultivierten Kolonialstädte genießen, die von Managua aus leicht zu erreichen sind.
- **Río San Juan** (S. 574) Auf einem Flussboot den malerischen Wasserlauf mit seiner reichen Vogelwelt und der unerwartet auftauchenden Festung erkunden.
- **Matagalpa & Estelí** (S. 526 und S. 532) In den beiden bodenständigen, offenen Städten das hart arbeitende Hochland mit seinen Kaffeeplantagen und Ranches entdecken.
- **Abseits ausgetretener Pfade** (S. 580) Mit örtlichen Fischern eine Fahrt in das hinreißende Miskito-Gebiet der Laguna de Perlas aushandeln.

AKTUELLE ENTWICKLUNGEN

Nachdem er 16 Jahre in der zweiten Reihe verbracht hatte, versprach die Rückkehr Daniel Ortegas ins Präsidentenamt ereignisreich zu werden. Der Chef der Frente Sandinista de Liberación Nacional (FSLN; Sandinistische Nationale Befreiungsfront) startete erfolgreich. Er beendete die Energiekrise, unter der das Land jahrelang gelitten hatte, und führte die kostenlose Gesundheitsversorgung sowie den kostenlosen Schulbesuch wieder ein. Doch bei den Gemeindewahlen Ende 2008 machte sich erneut ein Krisengefühl bemerkbar, weil die Opposition von großangelegtem Wahlbetrug sprach. Diesen Vorwürfen schlossen sich sowohl die USA als auch die EU an und froren daraufhin ihre Hilfen für Nicaragua ein.

Ortega schüttete weiteres Öl ins Feuer, indem er eine Verfassungsänderung vorantrieb, die es ihm erlauben sollte, nach Ablauf seiner Amtszeit im Jahr 2011 erneut für die Präsidentschaft zu kandidieren. Nachdem Ortega im Parlament nicht die nötigen Stimmen für die Verfassungsänderung erreichte, reichte die FSLN Klage vor einem Gericht ein, das mit der Regierung nahestehenden Richtern besetzt war, und bekam Recht. Das Urteil führte zu Massenprotesten der sonst uneinigen Opposition. Es bleibt aber abzuwarten, ob die Einigkeit lang genug anhalten wird, um die Ambitionen des Präsidenten zu stutzen.

Während sich die Politiker auf ihre Machtspiele konzentrierten, traf die Weltfinanzkrise das Land schwer, vor allem jene vielen Nicaraguaner, die von der Hand in den Mund leben. Ausländische Produktionsbetriebe entließen einen Teil ihrer Belegschaften, die Zahl der Touristen ging zurück, vor allem aber blieben die Überweisungen von im Ausland arbeitenden Familienangehörigen oder Freunden aus, auf die viele Nicaraguaner angewiesen sind. Angesichts der fehlenden Gelder und eines geringen Vertrauens in die politische Führung verlassen mehr junge Nicaraguaner denn je ihr Land und versuchen, meist als illegale Einwanderer, irgendwo im Ausland der Armut zu entkommen.

GESCHICHTE

Frühgeschichte

Die frühesten Zeugnisse einer menschlichen Besiedlung Nicaraguas sind rund 6000 Jahre alte Fußspuren, die nahe dem Ufer des Managuasees auf dem Gebiet der heutigen Hauptstadt entdeckt wurden.

In Nicaragua lebten verschiedene indigene Völker, darunter die Vorfahren der heutigen Rama an der karibischen Küste sowie am Pazifik die Chorotegas und Niquiranos. Letztere sprachen eine Form des Nahuatl, der Sprache der Azteken. Viele Orte in Nicaragua tragen auch heute noch ihre alten Nahuatl-Namen.

Die Ankunft der Europäer

Zum ersten Kontakt zwischen Einheimischen und Europäern kam es im Jahre 1502, als Kolumbus die nicaraguanische Karibikküste hinab segelte.

Die nächste Erkundungsmission kam 1522 unter der Führung von Gil González de Ávila aus der spanischen Siedlung Panama im Süden. Sie traf am Südufer des Nicaraguasees auf den Kaziken Nicarao, der dort über die Niquiranos herrschte. Die Spanier benannten das Gebiet nach diesem Häuptling und seinem Stamm.

Zwei Jahre später kehrten die Spanier als Kolonisatoren zurück. Unter der Führung von Francisco Hernández de Córdoba wurden 1524 die Städte Granada und León gegründet. Beide Städte lagen in der Nähe indigener Siedlungen, deren Bewohner versklavt und als Zwangsarbeiter eingesetzt wurden. Gegen die Versuche, eine ähnliche Stadt in der Nähe des heutigen Managua zu gründen, regte sich Widerstand. Daraufhin wurde die vorhandene indigene Siedlung von den Spaniern zur Strafe zerstört.

Die Kolonialzeit

Das Gold, das die Spanier ursprünglich ins Land gelockt hatte, ging schnell zur Neige, aber Granada und León blieben bestehen. Granada, das über den Lago de Nicaragua eine direkte Verbindung zum Karibischen Meer und nach Europa besaß, wurde zu einem vergleichsweise reichen kolonialen Handelszentrum. Die reichen Geschäftsleute der Stadt waren naturgemäß konservativ und unterstützten die Monarchie und die Kirche.

Das ursprünglich am Lago de Managua gelegene León wurde von mehreren Katastrophen heimgesucht, die 1610 in einem größeren Erdbeben einen Höhepunkt fanden. Daraufhin beschlossen die Behörden, den Standort aufzugeben und die Stadt rund 30 km nordwestlich wiederaufzubauen. Die Stadt war ärmer als Granada, aber die Spanier machten sie zur Hauptstadt der Provinz. Im Lauf der Zeit wurde León zum Zentrum radikaler Priester und Intellektueller, die die Liberale Partei gründeten, welche ein vereinigtes Mittelamerika und Reformen nach dem Vorbild der Französischen und der Amerikanischen Revolution anstrebte.

Die Unterschiede im Wohlstand und die politische Vorherrschaft Leóns führten zu Konflikten zwischen den beiden Städten, die bis in die 1850er-Jahre anhielten und zuweilen in regelrechte Bürgerkriege ausarteten. Die fortgesetzten Streitigkeiten hörten erst auf, als die Hauptstadt in das neutrale Managua verlegt wurde.

Während sich die Spanier im Tiefland an der Pazifikküste ansiedelten, spielten die Engländer an der karibischen Küste Nicaraguas die dominierende Rolle. Englische, französische und niederländische Piraten aus der Karibik gründeten im 17. Jh. hier Siedlungen und griffen die Ostküste an. Gelegentlich drangen sie dabei über den Río San Juan bis nach Granada vor.

Die frühen Jahre der Unabhängigkeit

Mit dem Rest Mittelamerikas erlangte auch Nicaragua 1821 seine Unabhängigkeit von Spanien. Zunächst war es kurzzeitig ein Teil Mexikos, dann Bestandteil der neuen Zentralamerikanischen Konföderation und wurde schließlich 1838 zu einem unabhängigen Staat. Die Rivalität der beiden Städte León und Granada setzte sich weiter fort.

Nach der Unabhängigkeit konkurrierten allerdings nicht nur die Liberalen und die Konservativen um die Herrschaft. Nachdem die Spanier abgetreten waren, regte sich bei Großbritannien und den USA wegen der strategisch bedeutsamen Passage über den Lago de Nicaragua zum Karibischen Meer ein Interesse am Besitz des Landes. Beide Länder wollten in Mittelamerika einen Kanal vom Pazifik zum Atlantik schaffen, und dafür schienen die geografischen Bedingungen in Nicaragua besonders günstig.

1848 besetzten die Briten den Karibikhafen San Juan del Norte an der Mündung des Río San Juan und benannten ihn in Greytown um. Unterdessen gab der kalifornische Goldrausch der Forderung nach einer Passage vom Atlantik zum Pazifik weiteren Auftrieb. Goldsucher wurden über den Río San Juan und dann mit einer Dampfschifflinie, die am Pazifik eingerichtet wurde, an die Westküste der USA transportiert.

Das späte 19. Jahrhundert

1857 verloren die Liberalen, die durch die Einladung an den Söldnerführer William Walker (s. Kasten S. 503) Schande über sich gebracht hatten, die Macht an die Konservativen und konnten sie 36 Jahre lang auch nicht zurückgewinnen. Die neue Regierung bezog in Managua Quartier, das noch kaum mehr als ein Dorf war, aber 1852 zur Hauptstadt erklärt worden war, um die Rivalität zwischen Granada und León zu dämpfen.

1860 unterzeichneten die Briten einen Vertrag, in dem sie die Karibikregion an die unabhängigen Staaten Honduras und Nicaragua abtraten. Der an Nicaragua fallende Teil blieb bis in die 1890er-Jahre eine autonome Region innerhalb des Landes.

DIE IRRWEGE DES WILLIAM WALKER

Lateinamerikas turbulente Geschichte ist reich an schillernden Charakteren, aber kaum einer hatte wohl so einen derart großen Messias-Komplex wie William Walker, ein US-amerikanischer Abenteurer, der fast drei Jahrhunderte, nachdem Cortés die Neue Welt im Sturm erobert hatte, meinte, diese Sache noch einmal durchziehen zu müssen. Er begann seine Ein-Mann-Eroberung 1853, als er mit einer kleinen Söldnergruppe in Mexiko einfiel und sich zum Präsidenten einer „unabhängigen Republik Sonora" ausrief, dann aber mit Schimpf und Schande verjagt wurde.

1855 riefen Leóns Liberale Walker ins Land, um mit seiner Hilfe Granadas Konservativen die Macht zu entreißen. Walker kam mit 56 Söldnern nach Nicaragua, griff Granada an und siegte. Aber statt seinen Auftraggebern die Stadt zu übergeben, ließ er sich (bestimmt in „freien und fairen Wahlen") zum Präsidenten ernennen und erlangte die Anerkennung seines Regimes durch die USA. Er führte die Sklaverei wieder ein, erklärte Englisch zur offiziellen Landessprache, verwendete das gesamte Land, um seine Privatgeschäfte zu finanzieren und fiel in Costa Rica ein, wobei er verkündete, die Herrschaft über ganz Zentralamerika anzustreben. Damit ging er einen Schritt zu weit: Die betroffenen Nationen taten sich zusammen, um ihn zu vertreiben. Walker floh aus Granada, nachdem er die Stadt hatte in Brand stecken lassen, und musste die Rückkehr in die USA antreten.

Davon ließ er sich aber nicht entmutigen, sondern landete sechs Monate später mit einer kleinen Schar in Greytown, wurde aber sofort verhaftet und von der US-Marine außer Landes verfrachtet. 1860 versuchte er es erneut, doch dieses Mal nahm ihn die britische Marine gefangen, die ihn an Honduras auslieferte, wo ein Erschießungskommando seinem Unwesen ein Ende machte. Sein Grab befindet sich auf dem alten Friedhof von Trujillo (s. S. 458).

Zelayas Staatsstreich & die US-Intervention

1893 setzte ein liberaler General namens José Santos Zelaya den konservativen Präsidenten ab und übernahm selbst die Präsidentschaft. Zelaya brachte schnell die USA gegen sich auf, indem er versuchte, mit Deutschland und Japan zu einer Vereinbarung über den Bau eines Kanals zu kommen. Mit Unterstützung Washingtons, das seinerseits durch den Bau des Panamakanals das Monopol über den Seeweg erlangen wollte, rebellierten 1909 die Konservativen. Nachdem Zelaya die Exekution zweier US-Söldner befohlen hatte, die beschuldigt wurden, im Auftrag der Konservativen zu arbeiten, erzwang die US-amerikanische Regierung die Abdankung des Präsidenten. 1912 reagierten die USA auf eine weitere Rebellion, die sich dieses Mal gegen die korrupte konservative Regierung richtete, mit der Entsendung von 2500 Marines nach Nicaragua.

Fast zwei Jahrzehnte lang beherrschten nun die USA die nicaraguanische Politik und setzten unter dem Druck ihrer Marines willfährige Präsidenten ein und widerspenstige ab. 1914 wurde der Bryan-Chamorro-Vertrag unterzeichnet, der den USA das exklusive Recht zum Kanalbau in Nicaragua zugestand. Die USA hatten aber nie die Absicht, einen solchen Kanal zu bauen, sondern wollten nur sicherstellen, dass niemand sonst einen derartigen Plan in Angriff nahm.

1925 begann mit einem konservativen Staatsstreich eine neue Welle der Gewalt. Die Marines wurden abgezogen, aber da sich die Unruhen fortsetzten, kehrten sie schon im folgenden Jahr wieder zurück.

Sandino & die Somoza-Ära

Gegen das konservative Regime wandte sich eine Gruppe liberaler Rebellen, darunter Augusto César Sandino, der schließlich zum Anführer eines langjährigen Guerillakampfes gegen die US-amerikanische Einmischung wurde. Die Marines wurden 1933 abgezogen, nachdem sie die militärische Macht an die von den USA ausgebildete Guardia Nacional unter der Führung von Anastasio Somoza Garciá übergeben hatten.

Im Februar 1934 ließ Somoza Sandino ermorden. Nachdem man Sandino unter dem Vorwand, Gespräche über die Entwaffnung führen zu wollen, zu einem Abendessen in den Präsidentenpalast gelockt hatte, wurde er dort entführt und anschließend erschossen. Als Somoza seinen gefährlichsten Widersacher beseitigt hatte, strebte er die alleinige Macht an. Einige Jahre später stürzte er den liberalen Präsidenten Sacasa und machte sich

NICARAGUA

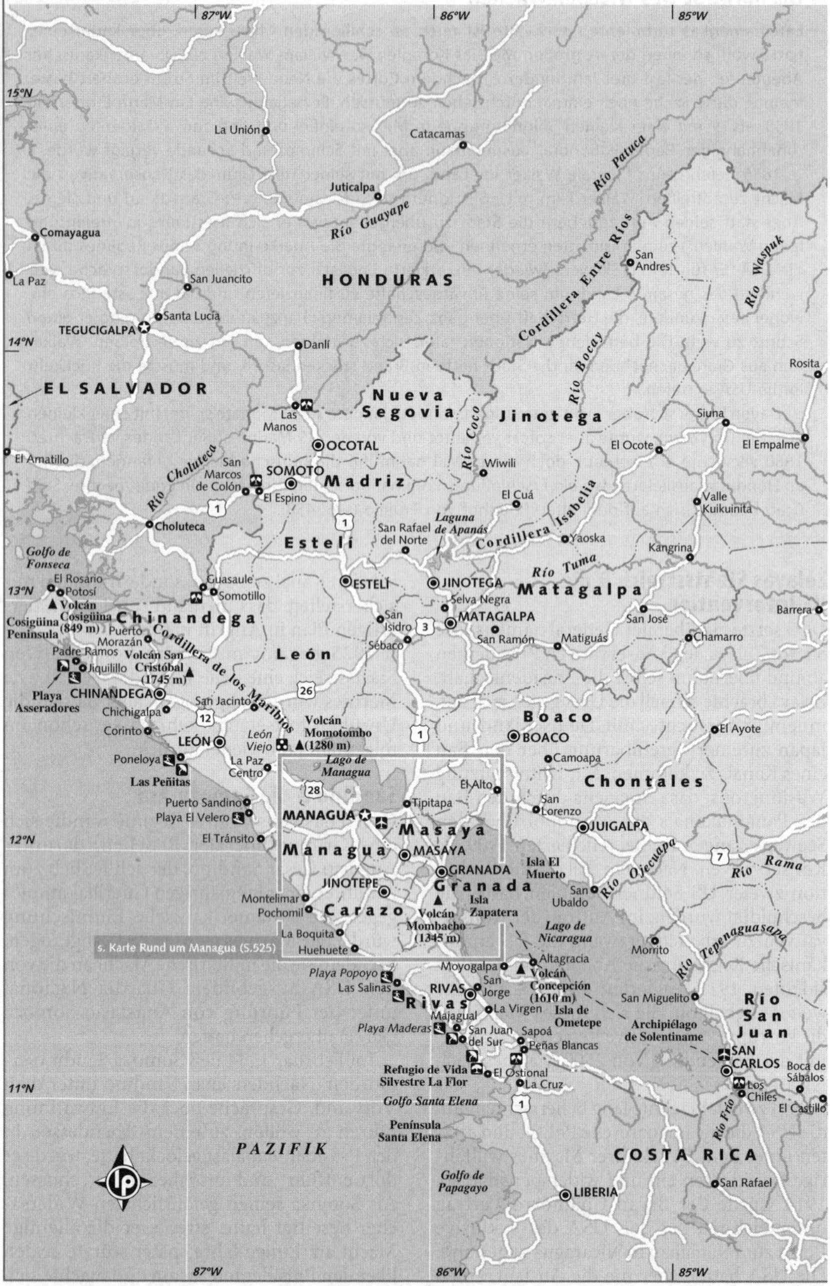
87°W
86°W
85°W
15°N
14°N
13°N
12°N
11°N
La Unión
Catacamas
Juticalpa
Río Patuca
Río Guayape
Comayagua
La Paz
San Juancito
HONDURAS
Santa Lucía
TEGUCIGALPA
Danlí
Cordillera Entre Ríos
San Andres
Río Waspuk
Río Bocay
Rosita
EL SALVADOR
Las Manos
Nueva Segovia
Jinotega
Siuna
El Empalme
El Ocote
OCOTAL
Río Coco
Wiwili
El Amatillo
Río Choluteca
San Marcos de Colón
SOMOTO
Madriz
El Espino
El Cuá
Cordillera Isabelia
Valle Kuikuinita
Choluteca
San Rafael del Norte
Laguna de Apanás
Cordillera
Yaoska
Estelí
Kangrina
Golfo de Fonseca
El Rosario
Potosí
Volcán Cosigüina
Cosigüina (849 m)
Cosigüina Peninsula
Guasaule
Somotillo
ESTELÍ
JINOTEGA
Río Tuma
Matagalpa
Chinandega
Selva Negra
MATAGALPA
San José
Barrera
Puerto Morazán
Cordillera de los Maribios
San Isidro
San Ramón
Matiguás
Chamarro
Sébaco
Padre Ramos
Jiquilillo
Volcán San Cristóbal (1745 m)
León
Playa Asseradores
CHINANDEGA
San Jacinto
Chichigalpa
Corinto
LEÓN
León Viejo
Volcán Momotombo (1280 m)
Boaco
BOACO
El Ayote
Poneloya
Las Peñitas
La Paz Centro
Lago de Managua
Camoapa
El Alto
Chontales
Puerto Sandino
Playa El Velero
MANAGUA
Tipitapa
San Lorenzo
JUIGALPA
Masaya
El Tránsito
Managua
MASAYA
Isla El Muerto
Río Ojecuapa
Río Rama
GRANADA
JINOTEPE
Granada
San Ubaldo
Montelimar
Pochomil
Carazo
Volcán Mombacho (1345 m)
Isla Zapatera
Lago de Nicaragua
La Boquita
Huehuete
s. Karte Rund um Managua (S. 525)
Río Tepenaguasapa
Morrito
Playa Popoyo
Moyogalpa
Altagracia
Volcán Concepción (1610 m)
Las Salinas
RIVAS
San Jorge
Rivas
La Virgen
Isla de Ometepe
San Miguelito
Río San Juan
Majagual
Playa Maderas
San Juan del Sur
Sapoá
Peñas Blancas
Archipiélago de Solentiname
SAN CARLOS
Boca de Sábalos
Refugio de Vida Silvestre La Flor
El Ostional
La Cruz
Los Chiles
El Castillo
Río Frío
Golfo Santa Elena
Península Santa Elena
PAZIFIK
COSTA RICA
Golfo de Papagayo
San Rafael
LIBERIA

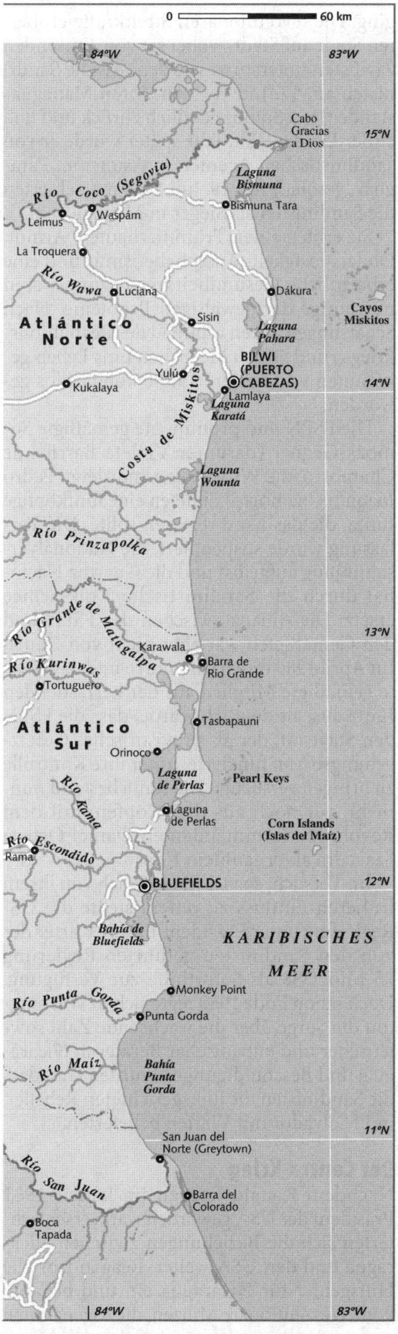

1937 selber zum Präsidenten. Damit begründete er eine Dynastie, die das Land fast vier Jahrzehnte beherrschte.

Nach der Schaffung einer neuen Verfassung, die ihm uneingeschränkte Macht gab, regierte Somoza Garciá Nicaragua die nächsten 20 Jahre als ein international berüchtigter Diktator, manchmal als Präsident, manchmal als starker Mann hinter einer als Präsident eingesetzten Marionette. Dank der Korruption verschaffte er sich einen riesigen Privatbesitz (seine Ländereien beliefen sich insgesamt auf die Größe El Salvadors). Die Mehrheit der Nicaraguaner lebte in bitterster Armut.

Somoza unterstützte die USA (die CIA durften Nicaragua 1954 als Basis für den Sturz des guatemaltekischen Präsidenten Jacobo Arbenz Guzmán und 1961 für die gescheiterte Invasion Kubas benutzen), dafür unterstützte die US-Regierung ihrerseits den nicaraguanischen Gewaltherrscher.

Nachdem der Diktator 1956 in León einem Attentat zum Opfer fiel (s. Kasten S. 541), trat sein ältester Sohn Luis Somoza Debayle die Herrschaft an. Mithilfe der Guardia Nacional behielt der Somoza-Clan das Land weiter fest im Griff. Nach Luis' Tod im Jahr 1967 übernahm sein jüngerer Bruder Anastasio Somoza Debayle die Herrschaft.

Wachsende Opposition

1961 taten sich Carlos Fonseca Amador, ein prominentes Mitglied der Studentenbewegung, die in den 1950er-Jahren gegen das Somoza-Regime opponiert hatte, Colonel Santos López (ein alter Kampfgefährte Sandinos) und weitere Aktivisten zusammen und gründeten die Frente Sandinista de LiberaciónNacional (Sandinistische Nationale Befreiungsfront, kurz FSLN).

Am 23. Dezember 1972 verwüstete ein Erdbeben gegen Mitternacht Managua. Ein Gebiet von mehr als 250 Wohnblocks wurde völlig zerstört, 6000 Menschen starben und 300 000 wurden obdachlos. Als internationale Hilfsgelder eintrafen, wurden diese in die Taschen von Anastasio Somoza und seiner Kumpane umgeleitet, während die Menschen, denen es zugutekommen sollte, litten und starben. Dieser schreiende Missbrauch führte in allen Schichten der Gesellschaft zu einem dramatischen Anstieg des Widerstands gegen das Willkürregime. Auch wohlhabende Geschäftsleute wandten sich nun gegen Somoza, weil sie ihre Unternehmen von dem korrupten Monopol des Familienclans bedroht sahen.

1974 war die Opposition weit verbreitet. Zwei Gruppen standen dabei im Vordergrund: die FSLN (Sandinisten) unter Führung von Carlos Fonseca und die Unión Democrática de Liberación unter Führung von Pedro Joaquín Chamorro, dem populären Besitzer und Herausgeber der in Managua erscheinenden Zeitung *La Prensa*, die schon seit langem Artikel druckte, die das Somoza-Regime kritisierten.

Im Dezember 1974 entführte die FSLN mehrere prominente Vertreter des Somoza-Regimes, forderte Lösegeld und die Entlassung politischer Gefangener für die Freilassung der Geiseln. Das Regime reagierte in den folgenden 2½ Jahren mit systematischen Morden. Fonseca wurde 1976 bei einem Scharmützel getötet.

Die Revolution & die FSLN

Der letzte Tropfen, der das Fass schließlich zum Überlaufen brachte, war die Ermordung Chamorros im Januar 1978. Offene Gewalt brach aus, und der Generalstreik wurde erklärt. Geschäftsleute und moderate Kräfte in der Frente Amplio Opositor (FAO; Breiten Oppositionsfront) versuchten vergeblich, auf dem Verhandlungsweg ein Ende der Somoza-Diktatur zu erreichen.

Im August 1978 besetzte die FSLN den Palacio Nacional, nahm mehr als 2000 Geiseln und forderte die Freilassung von 60 eingekerkerten Sandinisten. Die Regierung gab nach, und die Geiseln wurden freigelassen. Der Aufruhr breitete sich aber weiter aus, in vielen größeren Städten kam es zu spontanen Aufständen. Die Guardia Nacional reagierte schnell und brutal: Die Städte wurden unter Granatfeuer genommen und Tausende hingeschlachtet.

Nachdem die FAO das Scheitern ihrer Verhandlungsbemühungen eingesehen hatte, schloss sie sich den Sandinisten an, in denen sie nun die einzige Kraft sah, die in der Lage sein konnte, die Diktatur zu stürzen. Diese breite Allianz bildete eine Revolutionsregierung, die ihren provisorischen Sitz in San José, Costa Rica, bezog. Diese Exilregierung wurde von einigen lateinamerikanischen und europäischen Staaten anerkannt und erhielt auch militärische Unterstützung in Form von Waffenlieferungen. So war die FSLN gut vorbereitet, als sie im Juni 1979 in die Offensive ging. Die revolutionären Streitkräfte eroberten Stadt auf Stadt, wobei sie von Tausenden Zivilisten unterstützt wurden. Als die Sandinisten am 17. Juli vor den Toren Managuas standen, trat Somoza endlich zurück und floh außer Landes. (Ein Jahr später wurde er von sandinistischen Agenten in Asunción, Paraguay, getötet.) Am 19. Juli 1979 marschierten die Sandinisten als Sieger in Managua ein.

Sie erbten einen Trümmerhaufen: Armut, Obdachlosigkeit. Analphabetismus und eine erbärmliche Gesundheitsversorgung waren nur einige der gewaltigen Probleme. Nach Schätzungen waren während des Revolutionskriegs rund 50 000 Menschen ums Leben gekommen und weitere 150 000 obdachlos geworden.

Die FSLN und prominente gemäßigte Somoza-Gegner (darunter Violeta Barrios de Chamorro, die Witwe des ermordeten Pedro Joaquín Chamorro) bildeten eine fünfköpfige Junta, die das Land regieren sollte. Die Verfassung wurde suspendiert, die Nationalversammlung aufgelöst und die Guardia Nacional durch die Sandinistische Volksarmee ersetzt.Die Allianz zwischen der FSLN und den Gemäßigten war aber nicht von Dauer. Im April 1980 traten Chamorro und das zweite gemäßigte Mitglied aus der herrschenden Junta aus, als deutlich wurde, dass die FSLN den Staatsrat, der als provisorisches Gesetzgebungsorgan fungierte, unter ihre Kontrolle zu bringen versuchte. Die Junta bestand nunmehr nur noch aus drei Köpfen, mit dem Revolutionskommandanten Daniel Ortega Saavedra als ernanntem Koordinator.

Im Versuch, so viel wie möglich von ihrem früheren Einfluss zu retten, stellte die US-Regierung unter Präsident Jimmy Carter der von den Sandinisten geführten Regierung 75 Mio. US$ als Soforthilfe zur Verfügung. Doch schon Ende 1980 regte sich in Washington die Sorge über die wachsende Zahl sowjetischer und kubanischer Berater in Nicaragua, und Beschuldigungen wurden laut, dass die Sandinisten die linksgerichteten Rebellen in El Salvador mit Waffen belieferten.

Der Contra-Krieg

Nachdem Ronald Reagan im Januar 1981 Präsident der USA geworden war, verschlechterten sich die Beziehungen zwischen Nicaragua und den USA weiter. Reagan fror alle Hilfsgelder für Nicaragua ein und begann, konterrevolutionäre Milizen, die sogenannten

Contras, finanziell zu unterstützen, die von Honduras und später auch von Costa Rica aus operierten. Die meisten der ursprünglichen Contras waren ehemalige Soldaten aus Somozas Guardia Nacional, doch im Lauf der Zeit schlossen sich ihnen auch enttäuschte Menschen aus der örtlichen Bevölkerung an.

Im Verlauf der 1980er-Jahre eskalierte der Contra-Krieg. Mit dem Geld, das aus den USA kam, wuchs die Zahl der Contra-Kämpfer auf über 15 000 Mann an. Honduras wurde stark aufgerüstet, und große US-amerikanisch-honduranische Manöver weckten die Befürchtung einer geplanten Invasion in Nicaragua. Die Sandinisten reagierten mit der Einführung der Wehrpflicht und bauten eine Armee auf, der schließlich 95 000 Soldaten angehörten. Die Militär- und Wirtschaftshilfe aus der Sowjetunion und Kuba erreichte 1987 schließlich eine Höhe von 700 Mio. US$. 1984 wurde ein CIA-Komplott zur Verminung der nicaraguanischen Häfen aufgedeckt; wegen dieses Verstoßes gegen das Völkerrecht wurden die USA schließlich vom Internationalen Gerichtshof in Den Haag verurteilt.

Die Wahlen im November 1984 wurden von führenden Nicht-Sandinisten boykottiert, da sie der Regierung die umfassende Kontrolle der FSLN über die Medien des Landes vorwarfen. Daniel Ortega wurde mit 63 % der Stimmen zum Präsidenten gewählt, und die FSLN erhielt 61 von 96 Sitzen in der neu geschaffenen Nationalversammlung.

Im Mai 1985 verhängten die USA ein Handelsembargo gegen Nicaragua und übten Druck auf andere Länder aus, sich anzuschließen. Das Embargo blieb die nächsten fünf Jahre in Kraft und fügte der nicaraguanischen Wirtschaft schweren Schaden zu.

Nachdem der US-Kongress 1985 weitere Militärhilfen für die Contras verweigert hatte, finanzierte sie die Reagan-Regierung heimlich über einen Plan, bei dem die CIA illegal Waffen an den Iran lieferte und die Gelder aus dem Waffenverkauf an die Contras umleitete. Als Details durchsickerten, flog die „Iran-Contra-Affäre" auf und sorgte für einen politischen Skandal.

Nach vielen gescheiterten Friedensinitiativen erzielte Oscar Arias Sánchez, der Präsident Costa Ricas, schließlich eine Übereinkunft, die im August 1987 von den Staatschefs Costa Ricas, El Salvadors, Nicaraguas, Guatemalas und Honduras' unterzeichnet wurde. Trotz dieses großen Durchbruchs (für den Arias den Friedensnobelpreis erhielt), erwies sich die Umsetzung der Vereinbarung als schwierig, da die beteiligten Länder nicht alle Zusagen einhielten und die USA gleichzeitig Schritte unternahmen, die bewusst darauf abzuzielen schienen, den Friedensprozess zu untergraben.

Die Wahlen von 1990

Ende der 1980er-Jahre befand sich die nicaraguanische Wirtschaft in einem verzweifelten Zustand. Der Bürgerkrieg, das US-Handelsembargo sowie die Ineffizienz einer zentralen Planwirtschaft sowjetischen Stils sorgten für eine galoppierende Inflation, für fallende Produktion und steigende Massenarbeitslosigkeit. Als klar wurde, dass der US-Kongress sich anschickte, den Contras weitere Hilfen zu gewähren, setzte Daniel Ortega Wahlen an, die nach seiner Meinung die Unterstützung des Volkes für die Politik der Sandinisten bestätigen sollten.

Die FSLN hatte jedoch die Enttäuschung und auch die Müdigkeit der nicaraguanischen Bevölkerung unterschätzt. Angesichts der Wirtschaftsprobleme und der alltäglichen Schinderei fielen die eindrucksvollen Errungenschaften der frühen Jahre der sandinistischen Herrschaft – die Verteilung der Ländereien des Somoza-Clans an kleine Bauernkooperativen, die Reduzierung der Analphabetenrate von 50 auf 13 %, die Ausrottung der Kinderlähmung durch ein großes Impfprogramm und die Senkung der Kindersterblichkeitsrate um ein Drittel – nicht mehr ins Gewicht.

1989 bildete sich die Unión Nacional Opositora (UNO), eine breite Koalition aus 14 Parteien, die die Herrschaft der Sandinisten ablehnten. Violeta Barrios de Chamorro, die Präsidentschaftskandidatin der UNO, erhielt Unterstützung und finanzielle Hilfe aus den USA, die versprachen, das Embargo aufzuheben und Hunderte Millionen US$ Wirtschaftshilfe bereitzustellen, falls die UNO an die Regierung käme. Angesichts solcher Versprechungen fiel es der UNO leicht, die Wahlen vom 25. Februar 1990 zu gewinnen: Das Bündnis erzielte 55 % der Stimmen in der Präsidentschaftswahl und gewann 51 von 110 Sitzen in der Nationalversammlung, während die FSLN nur auf 39 kam. Ortega hatte gute Gründe, diese Wahl anzufechten; es spricht aber für ihn, dass er schließlich in Ruhe abtrat und so weitere Konflikte verhinderte.

Die politische Entwicklung der 1990er-Jahre

Chamorro trat das Amt im April 1990 an. In einem symbolischen, von den Medien stark beachteten Akt legten die Contras Ende Juni ihre Waffen nieder. Das US-Handelsembargo wurde aufgehoben, und US-amerikanische und weitere ausländische Hilfsgelder begannen ins Land zu strömen.

Die Präsidentin stand vor einem schwierigen Balanceakt, wenn sie das Land einen und dabei allen Interessen entgegenkommen wollte. Die versprochene wirtschaftliche Erholung kam nur langsam in Gang, das Wachstum blieb schwach und die Arbeitslosigkeit unverändert hoch. Trotzdem versagten die Wähler beim nächsten Urnengang im Jahr 1996 dem FSLN-Kandidaten Ortega die Unterstützung und wählten stattdessen den früheren Bürgermeister von Managua, Arnoldo Alemán zum Präsidenten – er war der Kandidat des liberalen Mitte-Rechts-Bündnisses PLC.

Zu Alemáns Leistungen gehörten ein starker Ausbau der Infrastruktur und die Verminderung der Truppenstärke der nicaraguanischen Armee um 10 %. Doch davon abgesehen war seine Regierung ein Skandal. Die Korruption erreichte neue Höhen, und Alemán stahl sich ein riesiges Privatvermögen aus Staatsgeldern zusammen. Unterdessen hatten aber auch die Sandinisten Imageprobleme, weil deren ewiger Vorsitzender Ortega von seiner Stieftochter des sexuellen Missbrauchs bezichtigt wurde. In einem Akt des gegenseitigen Selbstschutzes schlossen Ortega und Alemán eine Vereinbarung, die unter dem Namen *el pacto* Berühmtheit erlangte. Das Ziel war, Opposition zu unterbinden, den Kampf gegen die Korruption zu behindern und Alemán Immunität vor Strafverfolgung zu gewähren.

Die Entwicklung am Anfang des 21. Jhs.

Angesichts all dieser Skandale wurden die Wahlen von 2001 stark überwacht. Ortega erfand sich neu und erklärte seine Partei zur „Partei des Friedens und der Liebe", bot rosa Plakate und blumengeschmückte Fahnen auf, aber die Wähler wählten bei einer Rekordbeteiligung von 96 % Alemáns früheren Vizepräsidenten, Enrique Bolaños, ins höchste Staatsamt.

Bolaños versprach bei seinem Amtsantritt, mit der Korruption in der Regierung aufzuräumen und geriet dadurch mit seiner eigenen Partei in Widerspruch. Es gelang ihm zwar, die Aufhebung der Immunität Alemáns und seine Verurteilung zu einer Gefängnisstrafe von 20 Jahren durchzusetzen, aber dieses Urteil wurde von den Richtern des Obersten Gerichts, die während der Zeit des *el pacto* eingesetzt worden waren, wieder aufgehoben. Alemán kann sich wieder frei im Land bewegen und von einer Präsidentschaftskandidatur im Jahr 2011 schwadronieren.

Am Ende der Amtszeit von Bolaños war die Rechte zutiefst gespalten. Damit bestanden bei den Wahlen vom November 2006 beste Voraussetzungen für eine Rückkehr der FSLN an die Herrschaft. Nach drei gescheiterten Versuchen erreichte Ortega schließlich sein Ziel. Er erhielt zwar nur 38 % der Wählerstimmen, musste sich aber aufgrund der mit Alemán ausgehandelten Wahlrechtsänderungen keiner Stichwahl stellen. Bei seiner Amtsübernahme im Januar 2007 proklamierte der Sandinistenchef eine neue Ära einer lateinamerikanischen Einheit der Linken und vereinbarte enge Beziehungen mit dem venezolanischen Präsidenten Hugo Chávez. Aber obgleich diese antiimperialistische Rhetorik die USA und einige ausländische Investoren etwas nervös machte, hat die neue Regierung Ortega bisher keineswegs den radikalen Wandel eingeleitet, auf den manche ihrer Anhänger hoffen.

KULTUR

Mentalität

Die Nicaraguaner sind ein stolzes Volk und gewohnt, ihre Meinung deutlich zu sagen. Die Meinungen sind geteilt, ob die Jahre der sandinistischen Herrschaft als Erfolg oder als Scheitern zu bewerten sind. Aber die Nicas (Nicaraguaner) debattieren sehr gern, und bei Unterhaltungen wird man hier weit mehr über die aktuelle politische Lage erfahren als aus der Lektüre einer Zeitung (oder eines Reiseführers!). Die Nicaraguaner sind zu Recht stolz auf ihre Kunst, Literatur und Kultur und immer bereit, die Leistungen ihres Landes groß herauszustellen.

Trotz eines ausgeprägten Regionalismus – viele Menschen an der karibischen Küste fühlen sich dem Rest des Landes nur sehr wenig verbunden – kommen die Nicaraguaner erstaunlich gut miteinander aus, was angesichts der jüngeren, turbulenten Geschichte erstaunlich ist. Was sie allerdings alle vereint ist ein unausrottbares Misstrauen gegen den südlichen Nachbarn Costa Rica.

Lebensart

Allgemeine Aussagen zum Lebensstil der Nicaraguaner sind kaum möglich. Beim Blick auf die gut gekleideten Leute in Managuas trendigen Shoppingmalls könnte man meinen, sie gehörten alle zur westlich beeinflussten, wohlhabenden städtischen Elite. Auf einige trifft das zwar bestimmt zu, aber bei Nachfragen stellt es sich sehr oft heraus, dass es sich um verarmte Alleinerziehende vom Land handelt, die einmal im Jahr in die Stadt kommen, um ihren Kindern ein Spielzeug zu kaufen, das sie sich kaum leisten können.

Rund 50 % der Bewohner Nicaraguas leben unterhalb der Armutsgrenze, viele strömen auf der Suche nach Arbeit in die Landeshauptstadt Managua, nach Costa Rica und in die USA. Damit gerät die traditionelle Familienstruktur unter starken Druck: Es ist weit verbreitet, dass junge Eltern ihre Kinder in der Obhut von Verwandten zurücklassen, denen sie dann für deren Unterhalt und Erziehung Geld schicken.

Während in manchen Gegenden die traditionellen konservativen Werte noch stark verankert sind, wurden sie in anderen Landesteilen von der Revolution erschüttert. Nach der Idealvorstellung der Sandinisten sollten die Frauen absolut gleichberechtigt in allen Bereichen der Gesellschaft mitwirken, und Nicaragua hat in dieser Hinsicht immer noch eine Vorreiterrolle. Wie kaum anders zu erwarten, ist die Einstellung zur Homosexualität in diesem Land ausgesprochen unterschiedlich.

Bevölkerung

Unter Nicaraguas 5,5 Mio. Einwohnern stellen Mestizen, Menschen gemischter spanisch-indigener Abstammung, mit 69 % die Mehrheit; Spanischstämmige und sonstige Weiße machen 17 %, Schwarze 9 % und die Angehörigen indigener Völker 5 % der Gesamtbevölkerung aus.

Die große Mehrheit der Menschen in Nicaragua lebt im pazifischen Tieflandgürtel. Die karibische Region ist nur dünn besiedelt: Sie umfasst die Hälfte des Landgebiets, aber nur 12 % der Nicaraguaner leben tatsächlich hier. In dieser Region wohnen auch die indigenen Völker der Sumos und Ramas sowie die Miskitos, die jeweils eigene Sprachen haben. An der Karibikküste wird auch Englisch gesprochen

Nicaragua ist eine junge Nation: Fast 70 % der Einwohner sind jünger als 30 Jahre. 57 % der Nicaraguaner leben in Städten.

BASEBALLFIEBER

Wenn jemand von „El Presidente" spricht, meint er vielleicht gar nicht das Staatsoberhaupt des Landes, sondern Denis Martínez, den früheren Werfer der Montreal Expos, eine nicaraguanische Legende des Nationalsports *beisbol*, hinter dem Fußball weit abgeschlagen auf dem zweiten Platz rangiert. Erste Wettkämpfe gab es in Bluefields im späten 19. Jh., aber erst mit der Ankunft der US-Marines ein paar Jahrzehnte später setzte sich Baseball richtig durch. Seither sind die Nicaraguaner fanatische Anhänger dieses Sports, der überall ausgeübt wird – auf staubigen Plätzen in der Stadt genauso wie auf Viehweiden. Es gibt auch eine Profiliga, und in Managua kommen 20 000 oder mehr Fans zusammen, um das örtliche Team der Bóer gegen die drei anderen Teams der Liga anzufeuern: Granada, León und Chinandega (welches Team in der Liga mitspielt, hängt weitgehend davon ab, wer gerade die jährliche Registrierungsgebühr aufbringt). Aktuelle Infos gibt's unter www.lnpb.com.ni.

RELIGION

Der Katholizismus ist die vorherrschende Religion in Nicaragua, der fast 60 % der Einwohner angehören. In den letzten Jahren haben sich jedoch evangelikale Sekten ein großes Stück vom Kuchen abgeschnitten und stellen inzwischen 22 %. Religiöse Einflüsse sind sehr stark: Jüngst stimmten die meisten Abgeordneten einem Verbot der Abtreibung zu (selbst bei Gefahr für das Leben der Mutter) – dafür stimmte auch der frühere eingefleischte Atheist Daniel Ortega, der nun Gott gefunden zu haben behauptet (manche meinen, das diene vor allem dem Stimmenfang).

KUNST

Nicaragua ist ein leuchtender Stern am Himmel der lateinamerikanischen Literatur, und die Poesie steht dabei ganz obenan. Rubén Darío (1867–1916), der Dichter aus León, ist einer der bedeutendsten spanischsprachigen Autoren; seine Schriften haben Literaturbewegungen in der gesamten lateinamerikanischen Welt inspiriert und Trends gesetzt.

Drei bedeutende Autoren traten bald nach Darío auf, und ihre Werke sind immer noch populär: Azarías Pallais (1884–1954), Salomón de la Selva (1893–1959) und Alfonso Cortés (1893–1969). In den 1930er-Jahren machte die experimentelle Bewegung „Vanguardia“ von sich reden, deren bedeutendste Vertreter José Coronel Urtecho, Pablo Antonio Cuadra, Joaquín Cuadra Pasos und Manolo Cuadra waren. Eine Reihe führender Sandinisten, darunter Sergio Ramírez, Rosario Murillo und Ernesto Cardenal, betätigten sich nicht nur politisch, sondern auch literarisch.

Cardenal begründete einen fundamental neuen Stil der nicaraguanischen Kunst, als er die Menschen des Solentiname-Archipels ermutigte, ihre Talente zu entfalten. Diese auffällige, bunte und naive Malerei erlangte weltweiten Ruhm.

Die karibische Küste besitzt mit ihrer eigenständigen Kultur auch eigenständige Kunstformen. In Bluefields ist der vom Calypso beeinflusste *palo de mayo* („Maibaum“) eine sehr populäre Musikrichtung.

NATUR & UMWELT

Geografie

Nicaragua ist mit 129 494 km² das größte Land Zentralamerikas. Es grenzt im Norden an Honduras, im Süden an Costa Rica, im Osten an das Karibische Meer und im Westen an den Pazifik.

Das Land besteht aus drei verschiedenen geografischen Regionen.

PAZIFISCHES TIEFALND

Die westliche Küstenregion ist eine breite, heiße und fruchtbare Tiefebene, aus der sich elf größere Vulkane erheben. Zu den höchsten zählen der San Cristóbal (1745 m) nordöstlich von Chinandega, der Concepción (1610 m) auf der Isla de Ometepe im Lago de Nicaragua und der Mombacho (1345 m) in der Nähe von Granada.

Dank der überaus fruchtbaren Vulkanerde und dem heißen Klima mit ausgeprägten Regen- und Trockenzeiten ist die Region die landwirtschaftlich ertragreichste des ganzen Landes. Kein Wunder also, dass sich hier auch die größten Bevölkerungszentren befinden.

In dieser Region liegen auch der Lago de Nicaragua (oder nach dem indigenen Namen Lago de Cocibolca), der größte See Zentralamerikas mit über 400 Inseln, und der kleinere Lago de Managua (oder Xolotlán).

NÖRDLICH-ZENTRALE GEBIRGSREGION

Die nördlich-zentrale Region mit ihren hohen Bergen und Tälern ist kühler als das pazifische Tiefland, aber ebenfalls sehr fruchtbar. Fast 25 % der Landwirtschaft des Landes konzentriert sich hier, u. a. wird hier der überwiegende Anteil der nicaraguanischen Kaffeeernte eingebracht. Der höchste Gipfel des Landes, der Pico Mogotón (2438 m), liegt in der Nähe der honduranischen Grenze in der Gegend um Ocotal.

KARIBISCHE KÜSTE

Die karibische oder atlantische Region umfasst fast die Hälfte Nicaraguas. An der 541 km langen Küste finden sich viele große Lagunen und Deltas. Aus den Bergen im Landesinneren strömen 23 Flüsse ins Karibische Meer, darunter der Río Coco (685 km), Nicaraguas längster Fluss, und der Río San Juan (199 km), der dem Lago de Nicaragua entspringt. Diese beiden Flüsse markieren mehr oder weniger die Grenzen nach Honduras beziehungsweise Costa Rica. In der karibischen Region regnet es viel. Sie ist dünn besiedelt und von tropischem Regenwald bedeckt. Die größten Städte hier sind die beiden Küstenhäfen Bluefields und Bilwi (Puerto Cabezas). Mehrere kleine, von Korallenriffen umgebene Inseln, darunter die vielbesuchten Islas del Maíz (Corn Islands), liegen vor der karibischen Küste.

Tiere & Pflanzen

Nicaragua besitzt einige der größten Waldreservate in der Region und hat gleichzeitig eine für dieses Gebiet sehr niedrige Bevölkerungsdichte. Die unglaubliche Artenvielfalt des Landes wissen Biologen und Touristen gleichermaßen zu schätzen.

TIERE

Drei Arten von Meeresschildkröten legen jährlich ihre Eier an den weitgehend unberührten Stränden der nicaraguanischen Pazifikküste und auf den Inseln vor der Karibikküste ab. Zu den weiteren Reptilien und Amphibien, die in Nicaragua vorkommen, gehören Grüne Leguane, Schwarzleguane und zahlreiche Eidechsen- und Kaiman-Arten.

Das Land hat eine reiche Vogelwelt, von tropischen Spezies in den unterschiedlichen Waldhabitaten über Wasservögel an den Seen und Flüssen bis hin zu Zugvögeln, die zwischen Nord- und Südamerika wandern. Urracas (Langschwanzhäher) findet man im ganzen Land, aber Scherenschwanz-Königstyrannen, Hellrote Aras und der farbenprächtige Guardabarranco (Blauscheitelmotmot) lassen sich nicht so leicht erspähen.

Von allen Primaten Nicaraguas sind sicher die Mantelbrüllaffen am einfachsten zu entdecken, da sie sich durch ihr mächtiges Gebrüll verraten. Verbreitet sind aber auch

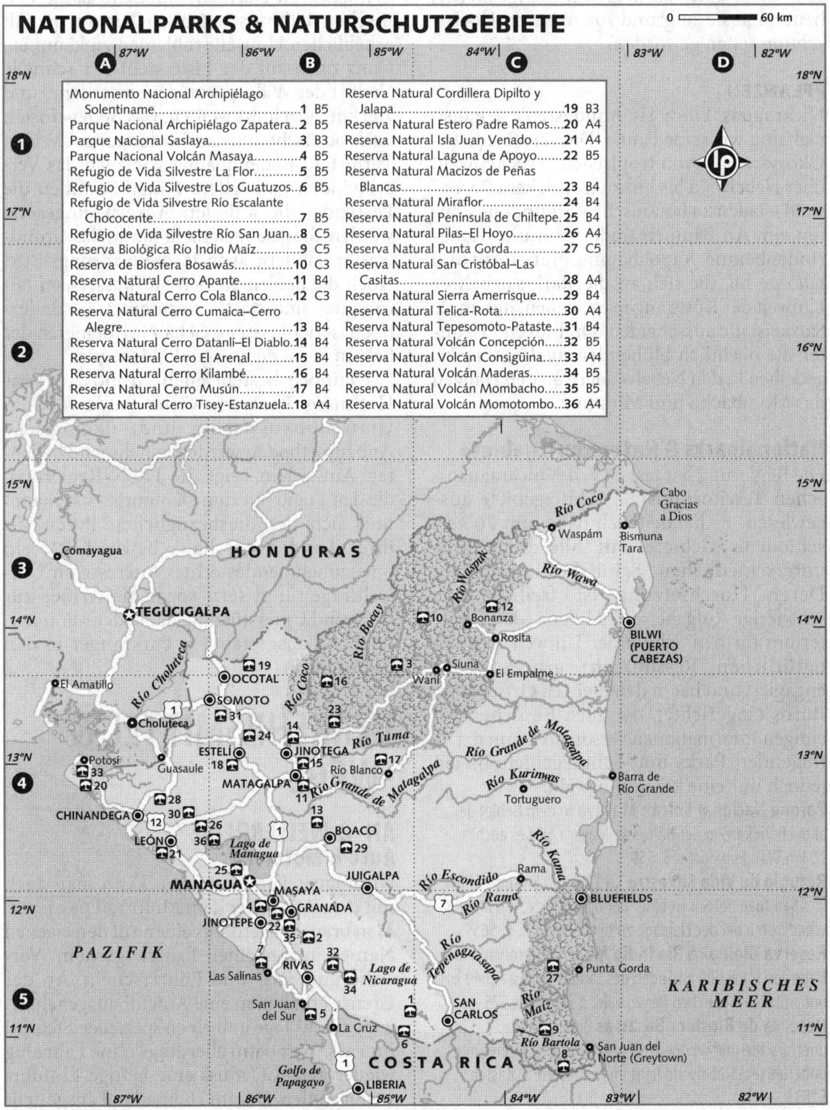

Geoffroy-Klammeraffen und Weißschulterkapuziner.

Zu den sonderbareren Wasserbewohnern gehören die Haie des Lago de Nicaragua. Die hier lebenden, zur Familie der Bullenhaie (*Carcharhinus leucas*) gehörende Haie, sind die einzigen Haie weltweit, die in der Lage sind, zwischen Salz- und Süßwasser zu wechseln. Einst lebten sie in großer Menge im See, heute sind sie aufgrund von massiver Überfischung selten geworden.

PFLANZEN

Nicaraguas Flora ist mindestens genauso vielfältig wie seine Fauna. Die verschiedenen Ökosysteme – von tropischem Trockenwald über Nebelwald bis hin zu tropischem Regenwald – laden zu botanischen Erkundungstouren ein. An Bäumen findet man u. a. Tamarindenbäume, Kapokbäume, Frangipani und *palo de sal,* die sich an die stark salzhaltige Umwelt der Küste angepasst haben, indem sie Salzkristalle ausscheiden. Orchideen, darunter die nächtlich blühenden *huele de noche,* gedeihen in den Nebelwäldern an den Hängen des Mombacho und Miraflor.

Nationalparks & Naturschutzgebiete

Die Regierung hat fast 18 % des nicaraguanischen Territoriums als Schutzgebiete ausgewiesen. Es handelt sich dabei um 76 verschiedene Gebiete mit allerdings sehr unterschiedlichen Schutzbestimmungen. Deren Durchsetzung ist freilich eine schwierige Aufgabe, aber Marena (das Ministerium für den Schutz der Umwelt und der natürlichen Ressourcen) arbeitet sehr engagiert und hat in den meisten Ortschaften Büros eingerichtet, die auch Besucher mit einigen Informationen versorgen können. Die folgenden Parks und Schutzgebiete bieten jedoch nur eine kleine Auswahl:

Parque Nacional Volcán Masaya In dem Gebiet des aktiven Vulkans in der Nähe von Masaya gibt es auch 20 km Wanderwege; s. S. 559.

Refugio de Vida Silvestre La Flor Der Strand südlich von San Juan del Sur ist einer der besten Orte, um Meeresschildkröten bei der Eiablage zu beobachten; s. S. 565.

Reserva Biológica Río Indio Maíz Das Reservat in der Nähe von El Castillo im Süden des Landes umfasst 2640 km^2 unberührten tropischen Regenwald; s. Kasten S. 575.

Reserva de Biosfera Bosawás Dieses riesige, unerforschte und weitgehend unzugängliche Gebiet mit unberührtem Nebelwald liegt im Nordosten; s. Kasten S. 531.

Reserva Natural Isla Juan Venado Das Ökosystem dieser langen, schmalen Düneninsel in der Nähe von León umfasst viele Amphibien, Reptilien und Zugvögel; s. S. 546.

Reserva Natural Volcán Mombacho Dieser Vulkan mit reicher Flora & Fauna liegt in der Nähe von Granada; s. S. 554.

Umweltprobleme

Wie alle seine Nachbarn am Zentralamerikanischen Isthmus hat auch Nicaragua mit erheblichen Umweltproblemen zu kämpfen. Ganz oben auf der Liste steht der schnelle Verlust der Wälder, von dem jedes Jahr rund 700 km^2 abgeholzt werden, was Bodenerosion nach sich zieht und darüber hinaus auch einen Verlust an Bodenqualität wie auch das Verschwinden von Arten. Hinzu kommen die Pestizide, die auf den Äckern eingesetzt werden. Sie gelangen nicht nur in das Grundwasser sondern auch in die Nahrungskette. Auch die beiden großen Süßwasserseen Nicaraguas sind stark verschmutzt, besonders hoch ist der toxische Gehalt im kleineren der beiden Seen, dem Lago de Managua.

Dennoch besteht auch Grund zu etwas Hoffnung. Langsam wächst landesweit das Umweltbewusstsein, und ökologische Anbaumethoden werden zunehmend beliebter. Außerdem zeigt die FSLN-Regierung, die den Trend hin zum Ökotourismus erkannt und sich des diesbezüglichen Potenzials ihres Landes durchaus bewusst ist, ein ernstzunehmendes echtes Interesse an Umweltfragen und setzt sogar die Armee zur Hilfe und Unterstützung der leider nur unzureichend ausgestatteten Parkranger in den Gebieten ein.

VERKEHRSMITTEL & -WEGE

AN- & WEITERREISE

Auto & Motorrad

Nicaraguas Landesgrenzen kann man auch mit dem Auto oder dem Motorrad passieren. Man braucht allerdings einen auf den eigenen Namen ausgestellten Fahrzeugschein, Versicherung, Pass und Führerschein. An der Grenze erhält man eine Aufenthaltsgenehmigung für 30 Tage und einen speziellen Stempel im Pass. Wer dann allerdings ohne Fahrzeug wieder ausreist, muss eine heftige Einfuhrsteuer zahlen. Der im Heimatland ausgestellte Führerschein gilt nach Einreise in Nicaragua 90 Tage. Nach Ablauf dieser Zeit müsste man eigentlich einen nicaraguanischen Führerschein beantragen; tatsächlich ist das aber eher selten der Fall.

Bus

Es gibt viele internationale Fernbusse von Managua zu den anderen Ländern Zentralamerikas. Details dazu findet man auf S. 524. Es kostet zwar mehr Zeit, ist aber billiger, wenn man einen Bus bis zur Grenze nimmt, sie zu Fuß überquert und auf der anderen Seite mit einem anderen Bus weiterfährt. Auf dem Landweg gibt's Grenzübergänge nach Honduras in Guasaule (S. 544), El Espino und Las Manos (S. 536) und nach Costa Rica in Peñas Blancas (S. 561).

Flugzeug

Der größte Flughafen Nicaraguas ist der Augusto C. Sandino in Managua (MGA; S. 524). Täglich starten Direktflüge zu einigen US-amerikanischen Städten, darunter nach Miami, Atlanta und Houston. Die Billigfluglinie Spirit fliegt nachts nach Fort Lauderdale, Florida. Direktflüge in der Region gibt's auch nach San Salvador, San José, Tegucigalpa und Panama mit Anschluss zu anderen Zielen in Lateinamerika.

Es lohnt sich immer, auch die Flugpreise im benachbarten Costa Rica zu vergleichen, denn das liegt gerade mal eine entspannte Busfahrt entfernt und kann erheblich günstiger sein.

Schiff/Fähre

Der Costa-Rica-Grenzposten Los Chiles ist nur per Überfahrt von San Carlos über den Río Frío (s. S. 573) zu erreichen. So kommt man einfach und unkompliziert über die Grenze.

UNTERWEGS VOR ORT

Auto & Motorrad

Die Straßen zwischen den größeren Städten im Westen Nicaraguas sind in aller Regel gut. Sobald man aber die Hauptstraßen verlässt, verschlechtert sich die Qualität erheblich. Es gelten die üblichen Verkehrsregeln. Aber wer in Managua Auto fahren will, muss starke Nerven haben.

Sich in Nicaragua ein Fahrzeug zu mieten, ist weder kompliziert noch übermäßig teuer und bietet die ausgezeichnete Gelegenheit, auch abgelegene Teile des Landes zu sehen. Es gibt mehrere Autovermietungen in Managua; Details s. S. 524.

EINREISEGEBÜHR & FLUGHAFENSTEUER

Bei der Einreise müssen Besucher eine Touristenkarte für 5 US$ kaufen. Auf dem Landweg wird eine zusätzliche Einreisegebühr von 2 US$ fällig. Bei der Ausreise mit dem Flugzeug zahlt jeder eine internationale Flughafensteuer von 32 US$, die in der Regel im Ticketpreis enthalten ist. Die Ausreise auf dem Landweg kostet 2 US$. Die Flughafensteuer für Inlandsflüge beträgt ebenfalls 2 US$.

Bus

Busse fahren zu Zielen in der gesamten Westhälfte des Landes und zu einigen Orten im Osten (zur Karibikküste gibt's keine Zufahrtsstraßen). Die häufig fahrenden Fernbusse – häufig ehemalige US-amerikanische Schulbusse – sind verlässlich und preiswert, aber auch überfüllt. Es gibt auch Express-Minibusse zwischen größeren Städten. Der Busverkehr beginnt meist schon in aller Frühe und endet am späten Nachmittag. Infos zu einzelnen Busverbindungen und Fahrkartenpreisen von und zur Hauptstadt gibt's auf S. 524.

Flugzeug

Nicaraguas nationale Fluggesellschaft **La Costeña** (☎ 2263-2142; www.lacostena.com.ni) bietet täglich Flüge von einem kleinen Terminal am Flughafen Managua zur Karibikküste und nach San Carlos. Die Flüge sind oft ausgebucht; daher besser rechtzeitig im Voraus reservieren.

Schiff/Fähre

In manchen Teilen Nicaraguas kommt man nur auf dem Wasser voran, besonders an der Karibikküste, wo die Flüsse quasi die Hauptstraßen sind. Es gibt mehrere fahrplanmäßige Fährverbindungen auf dem Lago de Nicaragua, darunter von Granada nach Ometepe und weiter nach San Carlos. Von San Carlos verkehren öffentliche Boote den Río San Juan hinab nach El Castillo und San Juan del Norte sowie hinüber zum Archipel Solentiname.

Taxi
In allen größeren Städten gibt es Sammeltaxis. Diese Taxis haben kein Taxameter – daher unbedingt vor dem Einsteigen den Preis aushandeln. In den meisten Städten gibt es Festpreise pro Fahrgast; in Managua richtet sich der Preis nach der Entfernung. Auch für die Taxifahrt zu einer anderen Stadt kann man einen guten Preis aushandeln.

Trampen
Trampen ist in Nicaragua üblich und akzeptiert, empfiehlt sich allerdings nicht in Managua und Umgebung. In ländlichen Gegenden mit wenig öffentlichen Verkehrsmitteln nehmen die meisten Pickup-Fahrer Tramper mit. Wird man nicht ausdrücklich eingeladen, drinnen Platz zu nehmen, springt man hinten auf. Es gehört sich, für die Fahrt etwas Geld anzubieten.

MANAGUA

927 197 Ew. (Managua-Stadt)

Das am gleichnamigen See gelegene Managua ist Nicaraguas Hauptstadt und die größte Stadt des Landes. Bei einem Erdbeben 1972 wurde ihr buchstäblich das Herz aus dem Leib gerissen, als das alte Stadtzentrum mehr oder weniger ausradiert wurde. Heute ist Managua eine weitläufige Ansammlung von einzelnen Vierteln, deren Shoppingmalls die Rolle von zentralen Plätzen als Mittelpunkt des gesellschaftlichen Lebens übernommen haben.

Doch nur in geografischer Hinsicht fehlt Managua das Herz. Es hat zwar nicht den kolonialzeitlichen Charme von León oder Granada, aber die pulsierende, manchmal chaotische Mischung aus Arm und Reich, traditionell und verwestlicht kann richtig faszinierend sein. Weil die Stadt so ausgedehnt ist (das bekommt man am besten mit, wenn man in einem Taxi um die Ecken saust, während der Fahrer mit beiden Händen gestikulierend Geschichten erzählt), findet man hier natürlich auch viel tropisches Grün, und die Menschenmassen verlaufen sich. Es gibt auch ein paar herausragende Sehenswürdigkeiten und viele Großstadt-Annehmlichkeiten.

Managua erstreckt sich am Südufer des Lago de Managua, der bei den indigenen Einwohnern Xolotlán heißt. Es gibt allerdings noch andere Seen – und zwar in den Kratern alter Vulkane in und in der Nähe der Stadt.

Mehr als ein Fünftel aller Nicaraguaner lebt in der Hauptstadt und im Umland. Managua ist das Wirtschafts- und Produktionszentrum des Landes; hier konzentriert sich das Hochschulwesen, und hier hat auch die Regierung ihren Sitz. Die Stadt liegt nur 50 m über dem Meeresspiegel und ist daher immer warm und feucht: Die Tagestemperaturen liegen das ganze Jahr über bei rund 32 °C.

GESCHICHTE
Zur Zeit der Eroberung durch die Spanier war Managua eine am Seeufer gelegene Siedlung indigener Einwohner, die von Ackerbau, Jagd und Fischfang lebten. Diese frühen Managuaner leisteten den Spaniern starken Widerstand, die daraufhin die Stadt zerstörten. In der Folge blieb Managua bis in die Mitte des 19. Jhs. ein Dorf.

Erst 1852 tauchte die Stadt aus der Vergessenheit wieder auf, als die wiederholten Konflikte zwischen dem konservativen Granada und dem liberalen León zum Bürgerkrieg ausarteten. Als Kompromiss wurde das zwischen den beiden gelegene Managua zur Hauptstadt ernannt.

Seitdem wurde die Stadt immer wieder von Naturkatastrophen heimgesucht. Im März 1931 vernichtete ein Erdbeben und ein anschließendes Feuer das anmutige alte Zentrum. Nur fünf Jahre später ereignete sich erneut ein verheerender Brand. Nach dem kompletten Wiederaufbau war die Stadt eine der am meisten entwickelten in der Region – bis 1972 ein noch stärkeres Erdbeben sie nahezu auslöschte.

Als Geologen unter dem Gebiet der Innenstadt eine Reihe von Verwerfungen entdeckten, fiel die Entscheidung, die Gegend aufzugeben. Präsident Somoza und seine Kumpanen witterten die Chance, aus dem Desaster Profit zu schlagen, und kauften für den Bau von neuen Wohnsiedlungen am Stadtrand große Flächen Land auf. Dies ist auch der Grund dafür, dass Managua heute derart ausgedehnt ist.

ORIENTIERUNG
Managuas weit verstreute *barrios* liegen südlich des Lago de Managua (Xolotlán). Das frühere Zentrum am Seeufer wurde nach dem Erdbeben von 1972 aufgegeben und ist heute bis auf einige Besucherattraktionen weitgehend verlassen. Südlich davon befindet sich das größte Wahrzeichen der Stadt, der Tisca-

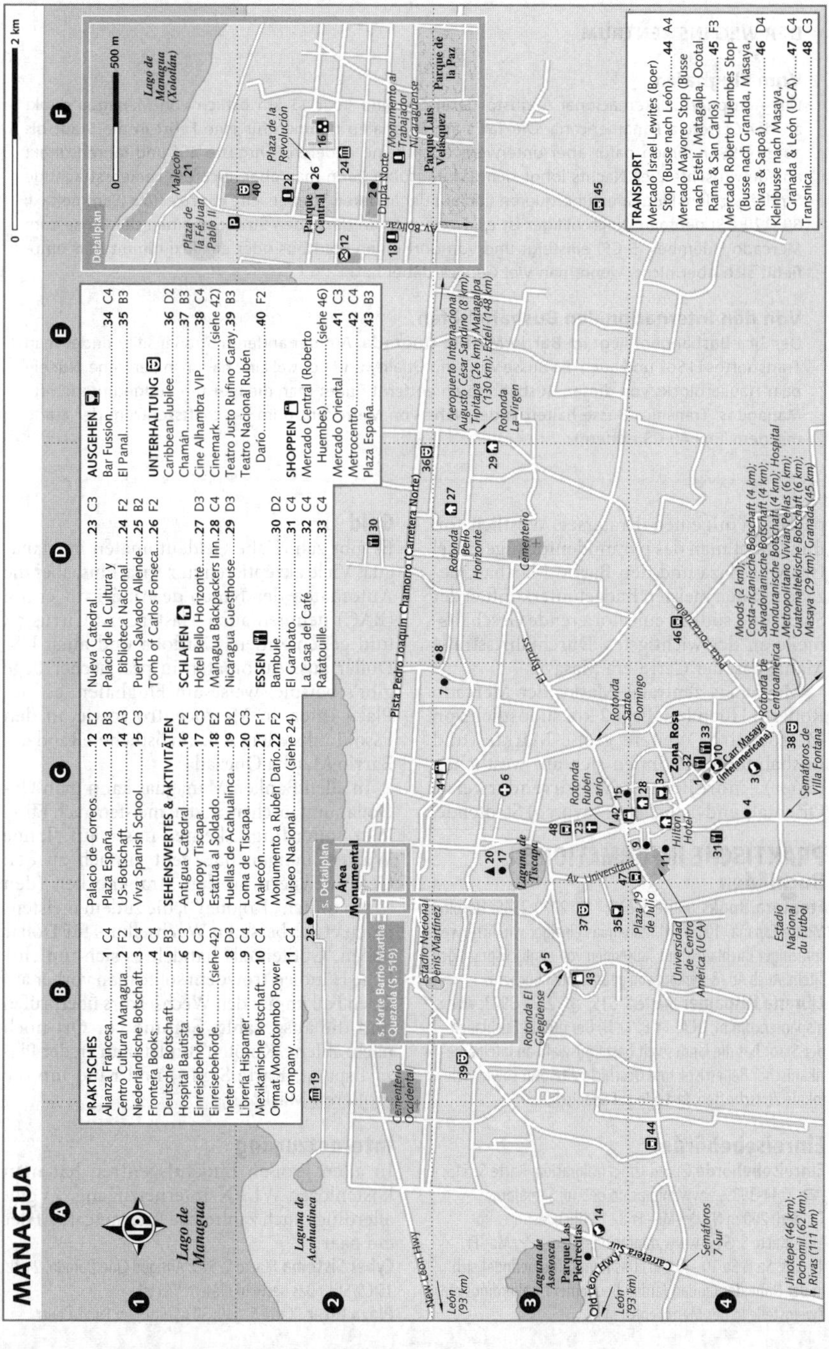
MANAGUA
0 2 km
0 500 m
PRAKTISCHES
Alianza Francesa 1 C4
Centro Cultural Managua 2 F2
Niederländische Botschaft 3 C4
Frontera Books 4 C4
Deutsche Botschaft 5 B3
Hospital Bautista 6 C3
Einreisebehörde 7 C3
Einreisebehörde (siehe 42)
Ineter 8 D3
Librería Hispamer 9 C4
Mexikanische Botschaft 10 C4
Ormat Momotombo Power Company 11 C4
Palacio de Correos 12 E2
Plaza España 13 B3
US-Botschaft 14 A3
Viva Spanish School 15 C3
SEHENSWERTES & AKTIVITÄTEN
Antigua Catedral 16 F2
Canopy Tiscapa 17 C3
Estatua al Soldado 18 E2
Huellas de Acahualinca 19 B2
Loma de Tiscapa 20 C3
Malecón 21 F1
Monumento a Rubén Darío 22 F2
Museo Nacional (siehe 24)
Nueva Catedral 23 C3
Palacio de la Cultura y Biblioteca Nacional 24 F2
Puerto Salvador Allende 25 B2
Tomb of Carlos Fonseca 26 F2
SCHLAFEN
Hotel Bello Horizonte 27 D3
Managua Backpackers Inn 28 C4
Nicaragua Guesthouse 29 D3
ESSEN
Bambule 30 D2
El Garabato 31 C4
La Casa del Café 32 C4
Ratatouille 33 C4
AUSGEHEN
Bar Fussion 34 C4
El Panal 35 B3
UNTERHALTUNG
Caribbean Jubilee 36 D2
Chamán 37 B3
Cine Alhambra VIP 38 C4
Cinemark (siehe 42)
Teatro Justo Rufino Garay 39 B3
Teatro Nacional Rubén Darío 40 F2
SHOPPEN
Mercado Central (Roberto Huembes) (siehe 46)
Mercado Oriental 41 C3
Metrocentro 42 C4
Plaza España 43 B3
TRANSPORT
Mercado Israel Lewites (Boer) Stop (Busse nach León) 44 A4
Mercado Mayoreo Stop (Busse nach Estelí, Matagalpa, Ocotal, Rama & San Carlos) 45 F3
Mercado Roberto Huembes Stop (Busse nach Granada, Masaya, Rivas & Sapoá) 46 D4
Kleinbusse nach Masaya, Granada & León (UCA) 47 C4
Transnica 48 C3
Lago de Managua
Laguna de Acahualinca
Laguna de Asososca
Parque Las Piedrecitas
New León Hwy
Old León Hwy
León (93 km)
Carretera Sur
Semáforos 7 Sur
Jinotepe (46 km); Pochomil (62 km); Rivas (111 km)
Cementerio Occidental
s. Karte Barrio Martha Quezada (S. 519)
Estadio Nacional Denis Martínez
s. Detailplan
Área Monumental
Rotonda El Güegüense
Laguna de Tiscapa
Av Universitaria
Plaza 19 de Julio
Universidad de Centro América (UCA)
Estadio Nacional du Futbol
Rotonda Rubén Darío
Hilton Hotel
Zona Rosa
Carr Masaya (Interamericana)
Semáforos de Villa Fontana
Rotonda Santo Domingo
Rotonda de Centroamérica
Pista Pedro Joaquín Chamorro (Carretera Norte)
Rotonda Bello Horizonte
Cementerio
El Bypass
Pista Portezuelo
Moods (2 km); Costa-ricanische Botschaft (4 km); Salvadorianische Botschaft (4 km); Honduranische Botschaft (4 km); Hospital Metropolitano Vivián Pellas (6 km); Guatemaltekische Botschaft (6 km); Masaya (29 km); Granada (45 km)
Rotonda La Virgen
Aeropuerto Internacional Augusto César Sandino (8 km); Tipitapa (26 km); Matagalpa (130 km); Estelí (148 km)
Detailplan
Plaza de la Fé Juan Pablo II
Malecón
Parque Central
Plaza de la Revolución
Dupla Norte
Av Bolívar
Monumento al Trabajador Nicaragüense
Parque Luis Velásquez
Parque de la Paz
Lago de Managua (Xolotlán)

DER WEG INS ZENTRUM

Vom Flughafen

Der Aeropuerto Internacional Augusto César Sandino liegt 11 km östlich von Managua direkt an der Carretera Panamericana. Die Taxis am Flughafen nehmen für eine Fahrt in die Stadt bis zu 20 US$, nehmen dafür aber unterwegs auch keine anderen Fahrgäste auf und fahren direkt ans gewünschte Ziel. Nachts lohnt sich das; tagsüber kann man aber auch die verkehrsträchtige Straße vor dem Flughafen überqueren und auf der anderen Straßenseite ein *colectivo* (Sammeltaxi; 80–120 C$) nehmen. Noch billiger ist es, wenn man an derselben Straße in einen der Busse zum Mercado Huembes (5 C$) einsteigt und von dort einen Stadtbus oder ein Taxi nimmt (das empfiehlt sich aber nicht, wenn man viel Gepäck dabei hat).

Von den internationalen Busbahnhöfen

Der Tica-Busbahnhof liegt im **Barrio Martha Quezada**. Auf der anderen Straßenseite findet man Transportes El Sol, und auch die Busse von King Quality und Central Line halten in der Nähe. Nur ein paar Häuserblocks von diesen Busbahnhöfen entfernt findet man die meisten Budgetunterkünfte Managuas. Transnica-Busse halten in der Nähe von Metrocentro im Geschäftszentrum der Stadt, mit dem Taxi 40 C$ entfernt.

pa-Hügel mit einem Kratersee. Westlich von ihm findet man das pyramidenförmige Hotel Crowne Plaza und den Barrio Martha Quezada mit den meisten Budgetunterkünften der Stadt, und südlich eine florierende Geschäftsmeile an der wichtigsten Durchfahrtsstraße Managuas, der Carretera Masaya.

Managuas zentraler Markt, der Mercado Roberto Huembes, liegt 2 km südöstlich von Metrocentro. Weitere große Märkte (und Busbahnhöfe) befinden sich am westlichen (Bóer), nördlichen (verwirrenderweise: Oriental) und östlichen (Mayoreo) Stadtende.

PRAKTISCHE INFORMATIONEN

Buchläden

Frontera Books (Karte S. 515; ☎ 2270-2345; Hospital Monte España, 100 m N) Managuas einziger wirklich zweisprachiger Buchladen mit Tausenden von englischsprachigen Titeln. Auch An- & Verkauf von gebrauchten Büchern.

Librería Hispamer (Karte S. 515; ☎ 2278-3923; www.hispamer.com.ni; UCA, 1 c E, 1 c N) Der größte Buchladen der Stadt hat die landesweit beste Auswahl an lateinamerikanischer Belletristik und Geschichtsliteratur sowie viele lokale Zeitschriften, fast alle auf Spanisch.

Einreisebehörde

Einreisebehörde Ciudad Jardín (Migración; Karte S. 515; ☎ 2244-3989; www.migracion.gob.ni; Semáforos Tenderí, 200 m N; 🕒 Mo–Fr 8–13 Uhr); Metrocentro Mall (Karte S. 515; www.migracion.gob.ni; 🕒 Mo–Fr 10–18, Sa & So 10–13 Uhr) Das Hauptbüro befindet sich in der Nähe des Ciudad Jardín; bequemer ist allerdings die Zweigstelle in der Metrocentro Mall.

Geld

Es gibt zahlreiche Geldautomaten in Managua. Viele akzeptieren nur Visa/Plus, aber die Automaten der Banco de América Central (BAC) nehmen auch MasterCard/Cirrus an und geben zudem Córdoba und auch US-Dollar aus. Automaten in praktischer Lage gibt's beispielsweise am Flughafen, an der Plaza Inter, in Metrocentro sowie an den Esso-Tankstellen, z. B. am östlichen Rand des Barrio Martha Quezada.

In allen Banken Managuas kann man US-Dollar umtauschen, in den meisten auch Euro. Wer allerdings keine Lust auf lange Warteschlangen hat, geht einfach zu den Geldwechslern an den Straßenecken (den sogenannten „Kojoten"), die zudem meistens einen etwas besseren Wechselkurs für Dollar haben. Gößtenteils handelt es sich um ehrliche Händler; trotzdem sollte man vorher auf jeden Fall immer den Wechselkurs überprüfen und die ausgezahlte Summe vor Ort noch nachzählen. „Kojoten" findet man an der Plaza España (Karte S. 515) und rund um die größeren Märkte.

Internetzugang

In allen großen Einkaufszentren hat man kostenlosen WLAN-Internetzugang. Es gibt allerdings auch zahlreiche Internetcafés. Hier ein paar:

Cyber Sistema (Karte S. 519; Antiguo Cine Dorado, 2 c N; 15 C$/Std.) Das beste in diesem Viertel.

Plaza Inter (Karte S. 519; 30 C$/Std.) Im Food-Court.

Kulturzentren

Alianza Francesa (Karte S. 515; ☎ 2267-2811; www.alianzafrancesa.org.ni; Embajada de México, ½ c N) Das französische Kulturzentrum ist mit regelmäßigen Ausstellungen, Filmabenden und interessanten Konzerten von internationalen Künstlern und aufstrebenden einheimischen Bands in der hiesigen Kulturszene besonders aktiv.

Centro Cultural Managua (Karte S. 515; ☎ 2222-5291; www.inc.gob.ni; Parque Central, 1 c S) Das staatliche Kulturzentrum bietet wechselnde Kunstausstellungen, Konzerte, Tanzaufführungen und Filmabende.

Medizinische Versorgung

Apotheken gibt's überall in Managua. In der Regel sind sie bis 22 Uhr geöffnet.

Hospital Bautista (Karte S. 515; ☎ 2249-7070; www.hospitalbautistanicaragua.com; Barrio Largaespada) Professionelle Notaufnahme und Ambulanz mit vernünftigen Preisen. Manche Angestellte sprechen auch Englisch.

Hospital Metropolitano Vivian Pellas (außerhalb der Karte S. 515; ☎ 2255-6900; www.metropolitano.com.ni; Carretera Masaya bei km 9,5) Liegt im Süden der Stadt und ist das modernste (und teuerste) Krankenhaus des Landes.

Notfall

Ambulanz (Rotes Kreuz; ☎ 128)
Feuerwehr (☎ 115)
Polizei (☎ 118)

Post

Palacio de Correos (Karte S. 515; ☎ 2222-2048; Plaza de la Revolución, 2 c O) Die Hauptpost hat auch einen postlagernden Dienst (Briefe werden bis zu 45 Tage gelagert).

Telefon

Enitel-Telefonkarten, erhältlich in Claro-Läden und manchen *pulperias*, kann man im Festnetz, mit Handys und in öffentlichen Telefonen verwenden. Auslandsgespräche sind billiger und einfacher von Internetcafés oder den speziellen Telefonläden, die es in der ganzen Stadt gibt.

Touristeninformation

Intur (Nicaraguanisches Institut für Tourismus; Karte S. 519; ☎ 2222-3333; www.visitanicaragua.com; Crowne Plaza, 1 c S, 1 c O) Hat hilfreiche Karten und empfiehlt Hotels und Sehenswürdigkeiten in Managua und Umgebung. Eine zweite Filiale befindet sich am Flughafen.

GEFAHREN & ÄRGERNISSE

Managua ist nicht annähernd so gefährlich, wie es scheint, und der Großteil aller Besuche hier verläuft ohne Zwischenfälle. Allerdings ist in den letzten Jahren die Kriminalität angestiegen, und wie in jeder größeren Stadt der Region sollte man ein paar einfache Vorsichtsregeln beachten. Fotoapparat und iPod nicht offen herumtragen, vor dem Verlassen der Unterkunft einen Blick auf die Karte werfen, und nur so viel Bargeld wie nötig dabeihaben. Abgesehen von besseren Gegenden nach Einbruch der Dunkelheit immer ein Taxi nehmen und zur Área Monumental auch tagsüber. Im Barrio Martha Quezada kommt es häufig zu Vorfällen aller Art, meistens am nördlichen Rand des Viertels und zwischen

STRASSEN OHNE NAMEN – ORIENTIERUNG IN MANAGUA

Wie in anderen nicaraguanischen Städten und Ortschaften gibt es auch in Managua nur wenige Straßenschilder, und nur die Hauptstraßen haben Namen. Insofern dienen große Gebäude, *rotondas* (Verkehrskreisel) und Ampeln als Orientierungspunkte. Zur Umschreibung eines Ortes gibt man die Richtung und Entfernung zu diesen Orientierungspunkten an, und zwar meistens in *cuadras* (Blocks). Und als wäre das noch nicht kompliziert genug, gibt es inzwischen viele dieser Orientierungspunkte nicht mehr, sodass man bei Adressangaben oft etwas von der Art „de *donde fue Sandy's*" (da, wo früher das Sandy's stand…) zu hören bekommt.

Hinzu kommt, dass sich in Managua ein spezielles System zur Bezeichnung der Himmelsrichtungen etabliert hat: Da bedeutet *al lago* (zum See) „nach Norden", *arriba* (nach oben) „nach Osten" und *abajo* (nach unten) „nach Westen", wobei die letzten beiden sich am Lauf der Sonne orientieren. „Nach Süden" heißt einfach nur *sur*. Wenn man also hört: *„Del antiguo Cine Dorado, una cuadra al lago, dos cuadras arriba"*, bedeutet das: „Vom alten Kino Dorado einen Block nach Norden, dann zwei Blocks nach Osten."

Verwirrt? Man gewöhnt sich dran. Die Adressen in diesem Kapitel sind auf Spanisch angegeben; allerdings haben wir die üblichen Himmelsrichtungsbezeichnungen verwendet – N (*norte* für Norden), S (*sur* für Süden), E (*este* für Osten) und O (*oeste* für Westen) –, sodass man Einheimische fragen oder einfach auch den Taxifahrer damit zurechtkommen lassen kann. *Cuadra* (Block) ist in den Adressangaben mit „c" abgekürzt.

ihm und der Plaza Inter; hier lieber ein Taxi nehmen, selbst wenn es nur für ein paar Blocks ist.

SEHENSWERTES & AKTIVITÄTEN

Área Monumental

Was einst das Herz der Hauptstadt Nicaraguas war, ist heute ein gespenstisches, erschütterndes Gebiet mit Denkmälern und Ruinen (Karte S. 515), die seit 1972 größtenteils unberührt geblieben sind, als ein Erdbeben das damalige Stadtzentrum dem Erdboden gleichmachte. Kleine Teile sind zwar saniert worden, aber die Gelder sind zu knapp (und die Wahrscheinlichkeit eines erneuten Bebens zu hoch), um das gesamte Gebiet vollständig zu restaurieren. Der faszinierende Ort lohnt wirklich einen Besuch, aber man sollte beim Herumlaufen vorsichtig sein und wenn man sich nicht mehr sicher fühlt, sofort in ein Taxi steigen.

Die an dem einen hohen Fahnenmast zu erkennende **Plaza de la Revolución** markiert das Zentrum des Gebiets. An ihrer Ostseite befindet sich die Ruine der 1929 errichteten **Antigua Catedral** (alte Kathedrale), die wohl niemanden kalt lässt. Die imposante Fassade des neoklassizistischen Bauwerks ist noch immer wunderschön, vor allem in der Nachmittagssonne. Die Kirche ist allerdings einsturzgefährdet und daher gesperrt. Ein Blick auf die Uhr am Südturm verrät die genaue Uhrzeit, als das Beben 1972 zuschlug. Gegenüber der Plaza befindet sich das Grabmal des Sandinisten-Kommandanten Carlos Fonseca im **Parque Central**, einem hübschen Platz voller Mangobäume und Extravaganz.

Im grandiosen Palacio Nacional ist das **Museo Nacional** (Karte S. 515; ☎ 2222-2905; Eintritt 4 US$; 🕑 9–16 Uhr) untergebracht. Das rund um zwei begrünte Höfe angelegte Museum ist gut ausgestattet und zeigt z. B. präkolumbische Keramiken und Statuen, eine geologische Übersicht sowie ein paar hübsche zeitgenössische nicaraguanische Kunstwerke. Im Eintrittspreis ist eine optionale Führung inbegriffen.

Direkt südlich vom Park liegt das alte Grand Hotel, heute das **Centro Cultural Managua** (s. S. 517). Das **Monumento a Rubén Darío** an der Uferseite im Park zollt dem größten Dichter Nicaraguas Tribut. Das längliche **Teatro Nacional Rubén Darío** (s. S. 523) erstreckt sich zum See hin.

Das Theater steht am **Malecón**, einer Promenade voller verlotterter Bars und Restaurants mit Blick auf den stark verschmutzten Lago de Managua (nicht schwimmen!). Am Wochenende gibt's hier ausgelassene Trinkgelage (und Schlägereien); in der Woche wirkt es wie ausgestorben. Weitaus angenehmer ist der staatliche **Puerto Salvador Allende** gleich westlich, wo man in einer der hübschen Bars in kleinen schilfgedeckten Pavillons mit einem Bier in der Hand entspannt sitzen und aufs Wasser blicken kann. Von hier aus kann man eine Bootsfahrt über den See zur nahe gelegenen Isla del Amor (Unter-/Oberdeck 70/100 C$, Di–So alle paar Std.) machen. In der Nähe liegt auch die kuriose Concha Acústica (Musikmuschel) mit Blick auf die riesige **Plaza de la Fé Juan Pablo II**, wo wichtige öffentliche Feierlichkeiten stattfinden, u. a. zum Jahrestag der Revolution.

Die unverfroren politische **Estatua al Soldado** steht an der Westseite der Av Bolívar, diagonal gegenüber vom Centro Cultural. „Arbeiter und *campesinos*, vorwärts bis zum Ende", lautet die Inschrift unter dem Giganten aus Bronze, der in der Hand eine Spitzhacke und ein Sturmgewehr in den Farben der Sandinisten hält. Wie als Antwort darauf verkündet drei Blocks östlich der **Parque de la Paz** das Ende des Konflikts. Hier wurden die Waffen aus dem Bürgerkrieg in den 1980er-Jahren eingesammelt, zerstört und vergraben. Noch immer sieht man an manchen Stellen der rund um einen ausgebrannten Panzer errichteten Betonmauer verbogene Gewehrläufe herausragen. Ironischerweise ist der Friedenspark ein berüchtigtes Gebiet für Raubüberfälle; deshalb schnurstracks zum Sicherheitsbüro gehen, von wo einen die Wachleute für ein kleines Trinkgeld gern beim Rundgang durch den Park begleiten.

Huellas de Acahualinca

Diese uralten **Fußabdrücke** (Karte S. 515; ☎ 2266-5774; Eintritt 4 US$, Foto-Erlaubnis 1 US$; 🕑 9–16 Uhr) sind Managuas faszinierendste Attraktion. Die 4 m tief unter kompaktem Vulkanstein vergrabenen Fußspuren wurden 1874 von Steinbruch-Arbeitern entdeckt und bieten einen Blick auf eine längst vergangene Zeit der menschlichen Besiedlung. Deutlich erkennbar sind zehn Paar Fußspuren von Menschen (von Männern, Frauen und Kindern), die in die Richtung des Sees führen und wissenschaftlichen Datierungen zufolge rund 6000 Jahre alt sind. Sichtbar sind auch Spuren von Hirschen und *mapache* (einer Art Waschbär). 1978 wurde

eine weitere Fläche freigelegt, auf der die Spuren weiterführen, und es wird angenommen, dass es in der Gegend noch viele andere gibt. Im Eintritt ist eine optionale spanischsprachige Führung inbegriffen.

Das Viertel, in dem die Anlage liegt, ist etwas zweifelhaft; insofern ist es ratsam, mit einem Taxi bis zum Eingang zu fahren.

Loma de Tiscapa

Der Aufstieg auf diesen **Hügel** (Karte S. 515; Eintritt 1 US$; 🕑 8–18 Uhr), der sich hinter dem Hotel Crowne Plaza erhebt, lohnt sich auf jeden Fall. Von der Straße ist es nur ein kurzer und dank der Bewachung des Weges ein sicherer Spaziergang hinauf. Von oben hat man einen tollen Blick auf den Tiscapa-Kratersee und die ganze Stadt. Hier oben steht auch die düstere Silhouette von Sandino, die von der ganzen Stadt aus sichtbar ist. Auf dem Hügel stand früher der Präsidentenpalast, der 1972 beim Erdbeben zerstört wurde. Das wie ein zerstörter Parkplatz aussehende Gelände war während der Somoza-Diktatur ein berüchtigtes Foltergefängnis. Mit **Canopy Tiscapa** (☎ 8805-6213; www.canopytoursnicaragua.com; 15 US$/Pers.; 🕑 9–18 Uhr) kann man eine kurze, aber spektakuläre Seilrutschpartie rund um den Krater machen; die Strecke ist 1,2 km lang und dauert 25 Minuten.

Nueva Catedral

Südlich von Tiscapa steht an der Straße zur Rotonda Rubén Darío ein weiteres Wahrzeichen Managuas: die 1993 geweihte **Nueva Cathedral** (Karte S. 515; ☎ 2278-4232). Die Kirche sieht mit ihren Dutzenden von Kuppeln seltsam aus. Diese sorgen jedoch angesichts der Erdbebengefahr für eine bessere Statik und repräsentieren die 63 Kirchen der Diözese Managua. Hinter dem monumentalen Eingang erwartet einen ein verblüffend farbenprächtiger postmoderner Innenraum mit einem hübschen Altar an der nordwestlichen Seite.

KURSE

Viva Spanish School (Karte S. 515; ☎ 2270-2339; www.vivaspanishschool.com; Edificio FNI, 2 c S) Diese Sprachschule bietet Spanisch-Intensivkurse für 175 US$ pro Woche (225 US$/2 Pers.) an und kann eine flexible Unterbringung bei

Familien arrangieren. Gleich östlich von Metrocentro.

FESTIVALS & EVENTS

Managuas größtes Fest ist das **Festival de Santo Domingo**. Es beginnt am 1. August damit, dass eine kleine Figur des Heiligen von seiner Heimat in den Bergen südlich von Managua in die Stadt gebracht wird. Dem Zug folgt eine Schar lärmender Anhänger, deren harter Kern zum Zeichen der Gläubigkeit mit Motoröl eingeschmiert ist. Es gibt auch traditionelle Musik, Feuerwerke und eine Pferdeparade. Das Ganze dauert zehn Tage, bis der Heilige wieder zurück in die Berge gebracht wird – natürlich wieder gefolgt von einem Zug seiner Anhänger.

Am 19. Juli strömen zum **Jahrestag der sandinistischen Revolution von 1979** Anhänger aus dem ganzen Land ins alte Stadtzentrum, wo eine große Open-Air-Party mit viel Singsang und Sauferei steigt.

SCHLAFEN
Barrio Martha Quezada

Der Barrio Martha Quezada, bei den *taxistas* besser als „Ticabus" bekannt, ist ein kompaktes Wohnviertel westlich des Hotel Crowne Plaza mit vielen billigen Unterkünften und Lokalen. Budgettraveller steigen gern hier ab, nicht zuletzt wegen der Nähe zu den internationalen Busbahnhöfen.

Auf keinen Fall den Schleppern am Tica-Busbahnhof vertrauen, die einen zu irgendeiner Absteige lotsen wollen – es sei denn, es handelt sich um eine der hier aufgelisteten Unterkünfte, und die sind alle auf der Karte S. 519 eingezeichnet.

Hospedaje El Ensueño (☎ 2228-1078; Tica Bus, 1 c N; Zi. 6 US$/Pers.) Die kleinen Zimmer in der familienbetriebenen Billigunterkunft haben zwar keinen Ventilator, und die Betten hängen durch, dafür aber Kabel-TV und eigene Badezimmer. Zudem ist der Preis unschlagbar.

Guest House Santos (☎ 2222-3713; www.casadehuespedessantos.com.ni; Tica Bus, 1 c N, ½ c O; Zi. 7 US$/Pers.; P) Die einfachen, schrill gestrichenen Zimmer mit winzigen Badezimmern sind zwar nicht gerade gepflegt, aber die legendäre Backpackerabsteige hat eine entspannte Atmosphäre und Charakter, zu dem auch die luftigen Gemeinschaftsbereiche mit Schaukelstühlen, das witzige altmodische Mobiliar, die Laien-Kunstwerke und die Bettwäsche mit Motiven aus *Die Rückkehr der Jedi-Ritter* beitragen.

Hospedaje Dulce Sueño (☎ 2228-4215; Tica Bus, 20 m E; EZ/DZ 8/16 US$; ☎) Die reizende neue Herberge liegt nur ein paar Hauseingänge vom Tica-Busbahnhof entfernt und macht den etablierten Budgetunterkünften in dem Gebiet echte Konkurrenz. Sie hat komfortable Zimmer mit guten, gefliesten Badezimmern, stabilen Betten und Kabel-TV. Obendrein gibt's WLAN-Internet, eine offene Küche und eine Dachterrasse mit Hängematten.

Casa Vanegas (☎ 2222-4043; casavanegas@cablenet.com.ni; Tica Bus, 1 c E; EZ/DZ 10/16 US$; ☒ 💻) Das ausgezeichnete Haus am Ostende des Tica-Busbahnhofs wird von einer herzlichen Familie betrieben und bietet makellose Zimmer mit Kabel-TV, einen kleinen Hof, Küchennutzung sowie eine Lounge mit Internet (20 C$/Std.).

Apartahotel Yenros (☎ 2222-5221; Tica Bus, 75 m N; Zi. mit/ohne Klimaanlage 30/15 US$; ☒) Die drei ruhigen Zimmer hinter dem Familienhaus sind geräumig und komfortabel und haben große Fernseher und stabile Betten. Bei längerem Aufenthalt gibt's Rabatt.

LP Tipp Hotel Los Felipe (☎ 2222-6501; www.hotellosfelipe.com.ni; Tica Bus, 1½ c O; EZ/DZ mit Ventilator 15/20 US$, mit Klimaanlage 25/30 US$; P ☒ 💻 ☎) Das beliebte Hotel mit dem wohl besten Preis-Leistungs-Verhältnis in der Stadt hat saubere, komfortable Zimmer vor einem üppigen Garten mit großem Pool und einem schilfgedeckten Bar-Restaurant.

Hotel Los Cisneros (☎ 2222-7273; www.hotelloscisneros.com; Tica Bus, 1 c N, 1½ c O; EZ/DZ mit Ventilator 25/30 US$, mit Klimaanlage 41/46 US$, Apt. ab 40 US$; P ☒ 💻 ☎) Das bunte Hotel bietet Erholung von der Stadt. Es hat komfortable Zimmer mit Bad (mit Warmwasser) um einen Innenhof voller Pflanzen. Für etwas mehr Geld bekommt man auch ein Apartment mit Kochnische, luftigem Wohnzimmer mit Schaukelstühlen und eigener Hängematte.

La Posada del Angel (☎ 2268-7228; frente Iglesia San Francisco; EZ/DZ 55/65 US$; P ☒ ☎) Von den Bettgestellen aus Schmiedeeisen bis zu den handgeschnitzten Holzmöbeln hat in diesem eleganten Boutiquehotel in einer nobleren Gegend alles Klasse. Das Frühstück wird im Garten neben dem recht großen Pool serviert.

Weitere Optionen:

Hospedaje El Dorado (☎ 2222-6012; Tica Bus, 1½ c O; Zi. 7 US$/Pers.; P) Hat recht kleine, dunkle Zimmer, ist aber einladend und hat Schaukelstühle.

Hotel Jardín de Italia (☎ 2222-7967; Tica Bus, 1 c E, ½ c N; EZ/DZ mit Ventilator 15/30 US$, mit Klimaanlage

25/40 US$;) Die geräumigen Zimmer sind gepflegt und heimelig und haben ordentliche Badezimmer.

Anderswo in Managua

Managua Backpackers Inn (Karte S. 515; ☎ 2267-0006; www.managuahostel.com; Antiguo Chamán, 75 m S; B mit Ventilator/Klimaanlage 8/11 US$, EZ/DZ 20/30 US$;) Managuas einziges echtes Backpackerhostel hat eine entspannte Atmosphäre und eine tolle Lage nur einen kurzen Fußmarsch von den Bars, Shops und Restaurants entfernt. Die Zimmer sind einfach, aber komfortabel. Zu den vielen Annehmlichkeiten hier gehören ein DVD-Zimmer, eine gut ausgestattete Küche und ein hübscher Poolbereich. In dem nur mit Ventilator belüfteten Schlafsaal ist es drückend heiß; lieber etwas mehr ausgeben und im klimatisierten Schlafsaal übernachten.

Nicaragua Guesthouse (Karte S. 515; ☎ 2249-8963; www.3dp.ch/nicaragua; Rotonda La Virgen, 2 c S, 2½ c O; EZ/DZ 15/20 US$, mit Klimaanlage 28/35 US$;) Das friedvolle Gästehaus in einem ruhigen, grünen *barrio* im Ostteil der Stadt hat aufmerksame Inhaber und einfache, aber komfortable Zimmer mit eigenem Bad. Die Unterkunft wäre super – wenn nicht die Sperrstunde um 23 Uhr wäre.

Hotel Bello Horizonte (Karte S. 515; ☎ 2249-0435; Rotonda Bello Horizonte, 1 c N, 1 c E, 1 c N, ½ c E; EZ/DZ 35/40 US$;) In der Nähe des turbulenten Nachtlebens von Bello Horizonte bietet diese Hotel an einer ruhigen Wohnstraße saubere, schmucklose Zimmer mit Kabel-TV, Klimaanlage und Warmwasser. Für 5 US$ mehr bekommt man einen eigenen Balkon.

ESSEN

Barrio Martha Quezada & Umgebung

Mit seinen vielen preiswerten Lokalen für die hiesigen Büroangestellten ist diese Gegend bestens geeignet, auf den Geschmack der nicaraguanischen Küche zu kommen.

Cafetín Mirna (Karte S. 519; Tica Bus, 1 c O, 1 c S; Frühstück 30–50 C$; 6.30–14 Uhr) Das angesagte Frühstückslokal in diesem Teil der Stadt hat frisch gepresste Säfte, leckeres *gallo pinto* und lockere Pfannkuchen. Hier gibt's auch ein ordentliches Mittagsbuffet.

Flora's Buffet (Karte S. 519; Tica Bus, 1 c E, 1½ c N; Gerichte 40–60 C$) Das *comedor* ohne Schnickschnack ist in einer renovierten Werkstatt untergebracht und bietet ein herrliches Buffet mit allen möglichen nicaraguanischen Spezialitäten, aber die sättigenden Suppen sind der wahre Publikumsmagnet. Freitags sind außergewöhnlich gute Meeresfrüchtespezialitäten erhältlich.

Doña Pilar (Karte S. 519; Gerichte 45–60 C$; Mo–Sa 18–21 Uhr) In der beliebten Abend-*fritanga* gibt's tolle Sachen, bei denen einem das Wasser im Munde zusammenläuft: Das Hühnchen-, Rind- oder Schweinefleisch wird mit *gallo pinto,* gehacktem eingelegtem Kohl und Bananenchips serviert. Für Vegetarier gibt's gebratenen Käse, Kartoffelkuchen und *manuelitas* (herzhafte Pfannkuchen mit Käse und Zimt).

Licuados Ananda (Karte S. 519; frente estatua Montoya; Gerichte 45–60 C$; V) Das vegetarische Freiluftrestaurant blickt auf einen hübschen Garten und hat eine ganze Palette köstlicher *licuados* (süße Limonaden) sowie ein Mittagsbuffet mit vielen gesunden Dingen.

Comida a la Vista (Karte S. 519; frente antiguo Cine Dorado; Gerichte 40–80 C$) Die Warteschlange scheint endlos, und steht man dann selber endlich vor dem Mittagsbuffet, würde man sich gerne alle Zeit der Welt nehmen. Leider ist hier alles stattlich – auch die Preise.

LP Tipp **Comidas Sara** (Karte S. 519; Tica Bus, 1 c N, 1½ c O; Gerichte 60–80 C$; 16 Uhr–open end) Super Preise und so lecker: Das bescheidene *comedor* serviert köstliche, hausgemachte Pasta, Currys und andere internationale Spezialitäten an Plastiktischen auf dem Bürgersteig vor dem Familienhaus. Wer noch ein paar Bier trinkt, muss einen Spießrutenlauf machen, um zur Toilette zu gelangen: durchs Wohnzimmer, unter der Wäsche hindurch und über Großvaters Bett drüber bis zum Bad ganz hinten.

Weitere Optionen:

Cafetín Tonalli (Karte S. 519; Tica Bus, 2 c E, ½ c S; Mittagessen 45 C$; Mo–Sa 7–15 Uhr) In dem hübschen Garten hinter dem von einer Frauenkooperative geführten Café werden Joghurt, Kräutertee und einladende Mittagsgerichte serviert. Angeschlossen ist auch eine Bäckerei.

Tacos Lalo (Karte S. 519; Parque El Carmen, 1 c S, 20 m E; Hauptgerichte 60–80 C$) In dem Vorderhof des Eigentümers kann man sich bei authentisch mexikanischem Essen niederlassen. Achtung: Die Saucen sind verdammt scharf!

Anderswo in Managua

Die meisten der beliebten Restaurants Managuas befinden sich im Umkreis der Carretera Masaya südlich der Metrocentro Mall.

El Garabato (Karte S. 515; Seminole Plaza, 3½ c S; Gerichte 60–140 C$; V) Man schnappt sich einen Tisch in dem eleganten Garten hinter diesem coolen Café-Restaurant und hat die Qual der Wahl zwischen den vielen köstlichen nicaraguanischen Spezialitäten, unter denen auch eine Menge vegetarischer Optionen sind.

Bambule (Karte S. 515; semáforos El Nuevo Diario, 6 c N, ½ c E; Hauptgerichte 90–130 C$) Auch wer nicht vorhat, bis zur Atlantikküste vordzudringen, sollte auf jeden Fall einmal in diesem abgefahrenen *costeño*-Restaurant vorbeischauen. Es gibt große Portionen leckerer Meeresfrüchte, aber ein echtes Erlebnis ist die Spezialität des Hauses: *rondon* (Kokosnuss-Eintopf). In dem Viertel hier geht's rau zu – lieber ein Taxi nehmen.

Ratatouille (Karte S. 515; frente Iglesia San Agustin; Gerichte 90–120 C$) Mittags strömen die Massen in dieses winzige, von einem Franzosen geführte Bistro, das versteckt in einem kleinen Einkaufszentrum liegt. Es gibt schmackhafte kleine Gerichte, tolle Salate und die besten Desserts der Stadt.

La Casa del Café (Karte S. 515; Lacmiel, 1 c E, ½ c S; kleine Gerichte 120–160 C$;) Mit seinem luftigen Balkon im Obergeschoss, dem WLAN-Zugang und allen erdenklichen Koffein-Getränken ist das gehobene Café der perfekte Ort, dem Chaos der Stadt zu entkommen. Das Essen ist überteuert, aber es meckert auch niemand, wenn man den ganzen Tag nur Frozen Mochaccino schlürft.

AUSGEHEN

Managua ist auch die Hauptstadt des nicaraguanischen Nachtlebens. Vor allem drei Gebiete sind interessant: die Zona Rosa rund um die Carretera Masaya, das Gebiet rund ums Intur-Büro und Bello Horizonte, wo es viele turbulente Bars auf einen Haufen gibt.

Bar Fussion (Karte S. 515; Monte de Los Olivos, 1 c N) Versteckt hinter einer großen Betonmauer ähnelt die Stimmung in dieser angesagten Bar mit Innen- und Außenbereich eher einer Hausparty. Hier spielen regelmäßig einige der besten Bands des Landes.

Caramanchel (Karte S. 519; Crowne Plaza, 1 c S, ½ c O) In der unprätentiösen Bar in Bolonia scheint jeder jeden zu kennen. Die Atmosphäre, wie auch die Kleiderordnung, ist extrem leger, und es gibt eine kleine Tanzfläche, wo man zu Salsa, Reggea und Samba das Tanzbein schwingen kann.

El Panal (Karte S. 515; UNI, 100 m O) Die bei lokalen Künstlern, Dichtern und anderen Ziegenbartträgern beliebte intime Open-Air-Bar ist eine Institution unter den hiesigen Bohemiens und liegt in der Nähe der UCA versteckt in einer nicht asphaltierten Gasse. Mittwochabend bei den Jazz- und *trova*-Konzerten ist es hier gerammelt voll.

INSIDERTIPPS

Wenn wir noch etwas trinken wollen, gehen wir immer ins Caramanchel (S. 522). Diese Bar ist nicht wie die anderen, wo alle nur auf ihr Image achten. Dort kommen alle möglichen Leute hin, und auf der Tanzfläche haben immer viele Leute Spaß.

Franjaz Bonney, Managua

El Grillo (Karte S. 519; frente Intur) Eine schnörkellose Kneipe, wo man spätabends noch etwas trinken kann, mit einem hübschen Biergarten, der die ganze Straße überblickt und einer Jukebox voller Rockballaden. Wenn alles andere schon geschlossen hat, kommen die unterhaltungslustigen Leute noch auf ein Bier hierher.

UNTERHALTUNG

Discotecas

Chamán (Karte S. 515; Restaurante Tiscapa, 200 m S; Grundpreis 50–150 C$) Die knallbunte Betonpyramide mitten im Nirgendwo ist nicht etwa ein Relikt einer alten Zivilisation, sondern die beliebteste Disco in Managua. Drinnen tummelt sich der wohlbekannte Frischfleischmarkt: Betrunkene Mädels tanzen wild auf den Tischen während ebenso angeduselte Jungs sie anhimmeln.

Moods (außerhalb der Karte S. 515; Galerías Santo Domingo; Grundpreis 60–200 C$) Der wohl nobelste Club in der Stadt mit glänzendem Chrom, Laserlichtshows und Gast-DJs, die alles aus der Musikanlage rausholen. Schickste Klamotten rauswühlen und anlegen, denn die Türsteher nehmen es mit der Kleiderordnung hier sehr ernst.

Caribbean Jubilee (Karte S. 515; Grundpreis 30 C$) Wer Dancehall und Soca lieber mag als Reggaetón und *bachata* sollte auf jeden Fall den langen Spaziergang durch die Stadt zu diesem lebendigen, bei den hiesigen Kreolen beliebten Club auf sich nehmen.

Q (Karte S. 519; Grundpreis 50 C$) Managuas größter und beliebtester Schwulen- und Lesben-Club mit lebendiger Tanzmusik und obendrein einer ausgezeichneten Tanzfläche, auf der es zu vorgerückter Stunde noch wilder zugeht. Das Gebiet hier ist allerdings nicht so toll – also lieber ein Taxi nehmen.

Livemusik

La Casa de los Mejía Godoy (Karte S. 519; ☎ 2222-6110; www.losmejiagodoy.com; costado oeste Plaza Inter; Grundpreis 4–10 US$) Die Revolutionsära-Sänger Carlos und Luis Enrique Mejía Godoy und andere Künstler präsentieren ihre berühmten nicaraguanischen Lieder in dem einladenden, schilfgedeckten Veranstaltungsort mit freundlichen Angestellten. Donnerstags bis samstags gibt's Livemusik. Bei Konzerten mit bekannteren Künstlern sollte man einen Tag vorher reinschauen, um das Ticket zu kaufen.

Central Sandinista de Trabajadores (Karte S. 519; Edificio CST; Grundpreis 60 C$; ⌚ So 14–20 Uhr) Jeden Sonntag knöpfen alte Herren aus der ganzen Stadt ihre Hemden auf, legen ihre Goldkettchen an und bewaffnen sich mit Hosenträgern, bevor sie bei der stimmungsvollen Party in dem Arbeiterzentrum der Sandinisten zu *cumbia* und Salsa die Tanzfläche unsicher machen. Das würde sich kein Event-Fotograf entgehen lassen.

Theater & Kino

Cine Alhambra VIP (Karte S. 515; Camino de Oriente; Ticket 140 C$) Man sitzt in breiten Ledersesseln und schaut sich die neuesten Blockbuster an. Vor 16 Uhr kostet das Ticket nur 60 C$.

Cinema Plaza Inter (Karte S. 519; Plaza Inter; Ticket 68 C$) Kinokomplex mit mehreren Kinosälen und eiskalter Klimaanlage.

Cinemark (Karte S. 515; Metrocentro; Ticket 65 C$) Das Kino oben im Metrocentro punktet mit Komfort und Preis.

Teatro Justo Rufino Garay (Karte S. 515; ☎ 2266-3714; www.rufinos.org; Estatua Montoya, 3 c O, 20 m N) Kleines, alternatives Theater mit experimentellen und zeitgenössischen Arbeiten. Mittwochs werden anspruchsvolle Filme gezeigt.

Teatro Nacional Rubén Darío (Karte S. 515; ☎ 2222-7426; www.tnrubendario.gob.ni; Área Monumental) In dem eindrucksvollen Theater gibt's qualitativ hochwertige Theaterstücke, Konzerte und Ausstellungen nationaler und Gastkünstler.

Sport

Managuas Baseballteam Bóer spielt in der professionellen Liga (Okt.–Jan.) und in der Landesmeisterschaft (Feb.–Juli) im **Estadio Nacional Denis Martínez** (Karte S. 519; Ticket 40–150 C$), gleich nordwestlich des Barrio Martha Quezada. Den Spielplan findet man unter www.lnbp.com.ni und www.beisbolnica.com.

Bis vor kurzem fanden die Fußballspiele der Profis noch im rustikalen Estadio Olímpico IND statt, das aber inzwischen durch das 25 000 Zuschauern Platz bietende Estadio Nacional de Fútbol auf dem Gelände der UNAN als Wirkungsstätte für mitreißende Spiele abgelöst wurde.

SHOPPEN

Von allen Märkten Managuas ist der zentral gelegene **Mercado Roberto Huembes** (Karte S. 515; ⌚ 8–18 Uhr) am einfachsten zu bewältigen. Auf dem ziemlich entspannten Markt werden Lebensmittel, Kleidung, Schuhe und nach Masaya die besten *artesanías* (Kunsthandwerk) des Landes verkauft. Neben den hochwertigen Hängematten, Ledertaschen und Töpferwaren findet man hier auch jede Menge billige, kitschige Souvenirs und T-Shirts.

Wer speziell Kleidung sucht, findet auf dem chaotischen **Mercado Oriental** (Karte S. 515; ⌚ 8–17 Uhr), dem größten Markt Zentralamerikas, weitaus günstigere Preise. Allerdings hat der Oriental ein Image-Problem: Wohlhabendere Nicaraguaner erzählen einem, dass man dort sicher betrogen, ausgeraubt und geschlagen werden wird; in Wirklichkeit ist der Markt keineswegs so gefährlich und das Einkaufen hier ein echtes Erlebnis. Trotzdem: Nur so viel Geld mitnehmen, wie wirklich notwendig, und zur Not auch aufdringliche Ladengehilfen abwehren, die einen bei der Hand packen und in den Laden ziehen wollen.

AN- & WEITERREISE

Bus

AUSLANDSVERBINDUNGEN

Internationale Busverbindungen bieten **Tica Bus** (Karte S. 519; ☎ 2222-6094; www.ticabus.com), **King Quality** (Karte S. 519; ☎ 2222-3065; www.kingqualityca.com; frente Plaza Inter), **Transnica** (Karte S. 515; ☎ 2270-3133; www.transnica.com) und **Transportes El Sol** (Karte S. 519; ☎ 2222-7785; frente Tica Bus), die alle täglich von Managua zu anderen Zielen in Zentralamerika fahren.

Die wichtigsten Busverbindungen ins Ausland:

Guatemala-Stadt King Quality (70 US$; 17 Std.; 2.30, 3.30 Uhr) Auch der Tica-Bus um 5 Uhr nach San Salvador fährt am nächsten Tag weiter nach Guatemala-Stadt (52 US$; 5 Std.).

Panama-Stadt Tica Bus (52 US$; 27 Std.; 12 Uhr) Über San José, Costa Rica.

San José, Costa Rica King Quality (36 US$; 8 Std.; 14.30 Uhr); Tica Bus (23 US$; 9 Std.; 6, 7, 12 Uhr); Transnica (23 US$; 9 Std.; 5.30, 7, 10 Uhr; 35 US$ *ejecutivo;* 8 Std.; 12 Uhr)

NICARAGUA

San Salvador, El Salvador King Quality (33 US$; 10 Std.; 3.30, 11.30 Uhr); Tica Bus (35 US$; 11 Std.; 5 Uhr); Transportes El Sol (35 US$; 11 Std.; 5.30 Uhr)

Tegucigalpa, Honduras King Quality (41 US$; 8 Std.; 3.30, 11.30 Uhr); Tica Bus (23 US$; 8 Std.; 5 Uhr) Der Morgenbus von Tica fährt weiter nach San Pedro Sula (37 US$).

INLANDSVERBINDUNGEN

Abfahrt der Fernbusse ist an den größten Märkten: Busse zu Zielen im Südwesten und zur Grenze nach Costa Rica starten am **Mercado Roberto Huembes**, nach León und zur honduranischen Grenze am **Mercado Israel Lewites** (Bóer; ☎ 2265-2152) und nach Matagalpa, Estelí und zu anderen Zielen im Norden, darunter auch zur honduranischen Grenze, nach El Rama, zur Karibikküste und nach San Carlos vom **Mercado Mayoreo**.

Besonders am Mercado Roberto Huembes gibt es offensive Schlepper, die einen zum Bus lotsen wollen. Auf jeden Fall darauf achten, dass man in den *expreso* steigt, und nicht in den *ordinario,* der viel länger unterwegs ist.

Busverbindungen ab Managua stehen im Kasten unten.

Granada (20 C$; 1 Std.; alle 20 Min.)

León(40 C$; 1½ Std.; Abfahrt, wenn der Bus voll ist)

Masaya (15 C$; 45 Min.; alle 20 Min.)

Flugzeug

Der Flughafen ist klein und überschaubar und hat ein modernes Terminal für internationale Flüge und daneben ein etwas primitiveres Terminal für Inlandsflüge. Im internationalen Terminal gibt's ein paar Geldautomaten für alle Bankkarten, einen Autoverleih, kostenloses WLAN und im Zollbereich ein **Intur-Büro** (⌚ 8–22 Uhr) mit englischsprachigen Angestellten, die Hotelreservierungen vornehmen. Weitere Infos zum Transport gibt's im Kasten auf S. 516.

La Costeña (☎ 2263-2142; www.lacostena.com.ni) hat ein Büro am Flughafen und fliegt von Managua nach Bluefields (hin & zurück 127 US$), zu den Islas del Maíz (164 US$), nach Bilwi (149 US$) und San Carlos (116 US$). Ein einfacher Flug kostet 60 bis 65 % des angegebenen Preises. Manchmal kann man auch für denselben Nachmittag einen Flug buchen, aber besser reserviert man im Voraus (Kreditkarte nicht notwendig).

UNTERWEGS VOR ORT

Auto

Neben den üblichen internationalen Autovermietern gibt's auch ein paar einheimische Anbieter. Achtung: In den angegebenen Preisen ist die Versicherung meist nicht enthalten; die Basisversicherung beträgt ungefähr 15 US$ pro Tag. Günstige Anbieter:

Dollar (Karte S. 519; ☎ 2222-2269; www.dollar.com.ni; im Hotel Crowne Plaza) Hoch-/Nebensaison ab 135/72 US$ pro Woche.

Lugo (Karte S. 519; ☎ 2266-5240; www.lugorentacar.com.ni; Canal 2, 2 c N, 3 c O) Hochsaison ab 19 US$/Tag.

Bus

Die städtischen Busse fahren häufig, sind aber meistens überfüllt – also gut auf die Taschen achten. Prinzipiell halten die Busse nur an Haltestellen. Der Fahrpreis beträgt 2,50 C$.

Hier ein paar nützliche Buslinien:

102 Acahualinca–Mayoreo über Montoya, Bolonia, UCA, Mercado Oriental und Bello Horizonte.

110 Mercado Bóer–Mercado Mayoreo, über UCA, Metrocentro, Mercado Huembes und Mercado Iván Montenegro.

119 Linda Vista–Mercado Huembes, hält an der Rotonda El Güegüense, dem UCA und der Carretera Masaya.

BUSSE AB MANAGUA

Ziel	Preis (C$)	Dauer (Std.)	Häufigkeit
El Rama	150	6	6-mal tgl.
Estelí	60	2¼	alle 30 Min.
Granada	20	¾	alle 20 Min.
León	35	1½	stündl.
Masaya	10	1	alle 25 Min.
Matagalpa	60	2¼	stündl.
Ocotal	75	3½	stündl.
Peñas Blancas	65	3	stündl.
Rivas	55	2	10-mal tgl.
San Carlos	150	10	6-mal tgl.
San Juan del Sur	70	2¾	tgl. 10 & 16 Uhr

195 Área Monumental–Huembes über Bolonia, UCA und Mercado Oriental.
MR 4 Mercado Bóer–La Virgen über Bolonia, Mercado Oriental und Mercado Huembes.

Taxi

In Managua findet man immer problemlos ein Taxi. Zum Zeichen, dass sie frei sind, hupen die Taxifahrer. Es ist auch üblich, dass sie unterwegs noch andere Fahrgäste mit aufnehmen; man kann also ein Taxi auch heranwinken, wenn es nicht frei ist. Gegen einen kleinen Aufpreis kann man sich auch direkt ans Ziel fahren lassen, ohne noch andere Fahrgäste aufzusammeln. Die Taxis hier haben kein Taxameter – also vor dem Einsteigen den Fahrpreis aushandeln. Eine kurze Strecke kostet in der Regel rund 30 bis 40 C$ pro Person, längere Fahrten durch die Stadt bis zu 60 C$ pro Person. Abends ist es etwas teurer.

Wer Wertsachen bei sich trägt oder nachts noch unterwegs ist, sollte lieber etwas mehr für ein **Funktaxi** (☎ 2263-1838) ausgeben.

RUND UM MANAGUA

LAGUNAS DE XILOÁ & APOYEQUE

In der Nähe von Managua gibt es ein halbes Dutzend *lagunas* und Kraterseen. Am besten zum Schwimmen geeignet ist die **Laguna de Xiloá** auf der Península de Chiltepe, rund 20 km nordwestlich von Managua an einer

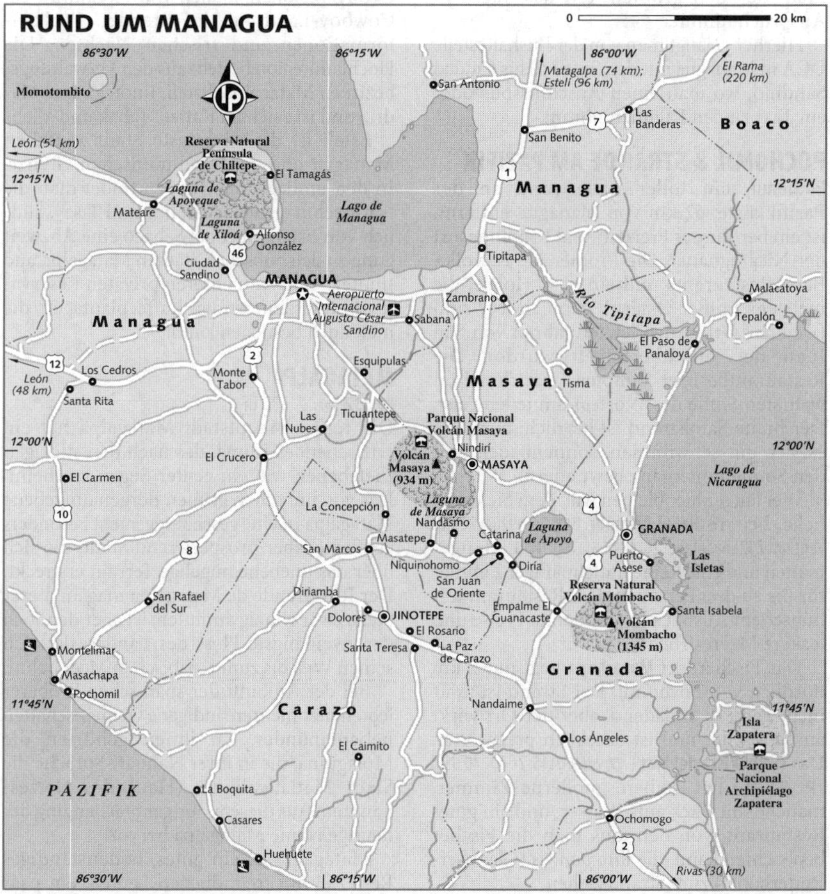

Seitenstraße der Straße nach León. Xiloá ist auch zum Tauchen herrlich. Das klare Wasser ist Lebensraum für mindestens 15 endemische Meeresarten. Es gibt ein paar Imbisse und Bars am Seeufer. Am Wochenende ist die *laguna* zwar überlaufen, aber unter der Woche ist das ein recht friedvolles Plätzchen.

Das völlige Gegenteil der erschlossenen Lagune Xiloá ist die urtümliche, unzugängliche **Laguna de Apoyeque**, die tief in einem steilen, 500 m hohen Vulkankrater liegt. Hierher dringen in der Regel nur Wissenschaftler vor, aber Abenteuerreisende werden sicher im Dorf Alfonso Gonzalez, abseits der Hauptstraße nach Xiloá, einen Führer (10 US$) finden, der sie zum See geleitet. Es ist ein schwieriger Weg über einen nicht markierten Pfad, der den größten Teil des Tages in Anspruch nimmt.

Hierher gelangt man von der Bushaltestelle UCA in Managua mit dem Bus 110 bis Ciudad Sandino, wo man einen Anschlussbus oder ein Taxi zu den Lagunen nimmt.

POCHOMIL & STRÄNDE AM PAZIFIK

Pochomil, ein toller Badestrand an der Pazifikküste, 62 km von Managua entfernt, ist ein berühmter Freizeit- und Erholungsort der Nicaraguaner. Die Promenade ist voller Bars, Restaurants und ein paar Hotels, die meistens (außer Ostern) ziemlich leer sind (weil der Ort in den letzten Jahren von San Juan del Sur überflügelt wurde). Die Restaurantbesitzer kämpfen (manchmal im wahrsten Sinne des Wortes) um jeden Gast. Der breite Sandstrand ist herrlich; hier lässt es sich gut schwimmen, sonnenbaden und den Sonnenuntergang bewundern.

Wer länger hier bleiben will, dem bietet das helle, heitere **Hotel Altamar** (☎ 269-9204; Zi. mit Ventilator/Klimaanlage 20/40 US$; P ❄) Hängematten und eine Reihe mittelmäßiger Zimmer für bis zu drei Personen. Das Restaurant mit hübschem Ausblick hat moderate Preise und leckere Meeresfrüchte.

Das Fischerdorf **Masachapa** liegt nur 2 km nördlich von Pochomil. Der Strand ist zwar nicht ganz so einladend, aber der Ort wirkt authentischer und ist erheblich preiswerter. Das **Hotel Vista del Mar** (☎ 2269-0115; Zi. 30–40 US$; P 🏊 ❄) hat saubere, moderne Zimmer, manche mit Blick aufs Wasser, und ein gutes Restaurant, von dem aus man die Fischer beobachten kann, die ihre *pangas* (Glasfaser-Ruderboote) zum Strand ziehen.

In der Gegend kann man sehr gut surfen. Gleich nördlich von Montelimar (wo der Visa-Geldautomat im Resortkomplex steht) gibt's eine Stelle mit links brechenden Wellen und gleich südlich davon ein Riff mit rechts brechenden Wellen. Näher zu Masachapa liegt Quizala, wo sich die Wellen am Strand brechen.

Vom Mercado Israel Lewites in Managua fahren Busse nach Masachapa und Pochomil (25 C$, 1½ Std., 6–17 Uhr alle ½ Std.).

NÖRDLICHES NICARAGUA

Kühler als die Küstenebenen sind die Gebirgsregionen südlich von Honduras, ein Cowboy-Land mit leuchtenden Wolkenformationen und frischen Nächten. Die Hochlandregion besteht aus den Verwaltungsbezirken Matagalpa, Estelí, Jinotega und Madriz und ist reich an Kaffee, Tabak und Vieh.

Estelí ist die wichtigste Stadt zwischen Managua und der honduranischen Grenze. In den umliegenden Bergen findet man die Naturschutzgebiete Miraflor und Tisey. Südlich von Estelí führt bei Sébaco eine Abzweigung zu den hübschen Städten Matagalpa und Jinotega und zu mehreren privaten Reservaten und faszinierenden Kaffeeplantagen, die man auch besuchen kann.

MATAGALPA

89 132 Ew. / 682 m

Die Kaffee-Hauptstadt Matagalpa hat ein erfrischendes Klima, das nach den stickigen Tiefebenen wie ein echter Segen erscheint. Das von hübschen grünen Bergen umgebene Matagalpa ist eine geschäftige, nicht besonders gepflegte, aber prosperierend Stadt, die sich über das unebene hügelige Terrain erstreckt. Der Río Grande de Matagalpa mag an dieser Stelle zwar winzig anmuten, ist aber dennoch der zweitlängste Fluss des Landes, der sich seinen Weg bis zum Karibischen Meer bahnt.

Bei der Ankunft der spanischen Eroberer lebten hier mehrere indigene Gemeinschaften nebeneinander. Zu ihnen gehörten die Molagüina, die in ihrer Nahuatl-Sprache die Stadt Matlatlcallipan (Haus des Netzes) nannten. Aus diesem Zungenbrecher ging der heutige Name Matagalpa hervor.

Matagalpa ist ein gutes, bodenständiges Reiseziel mit freundlichen Leuten, ein paar

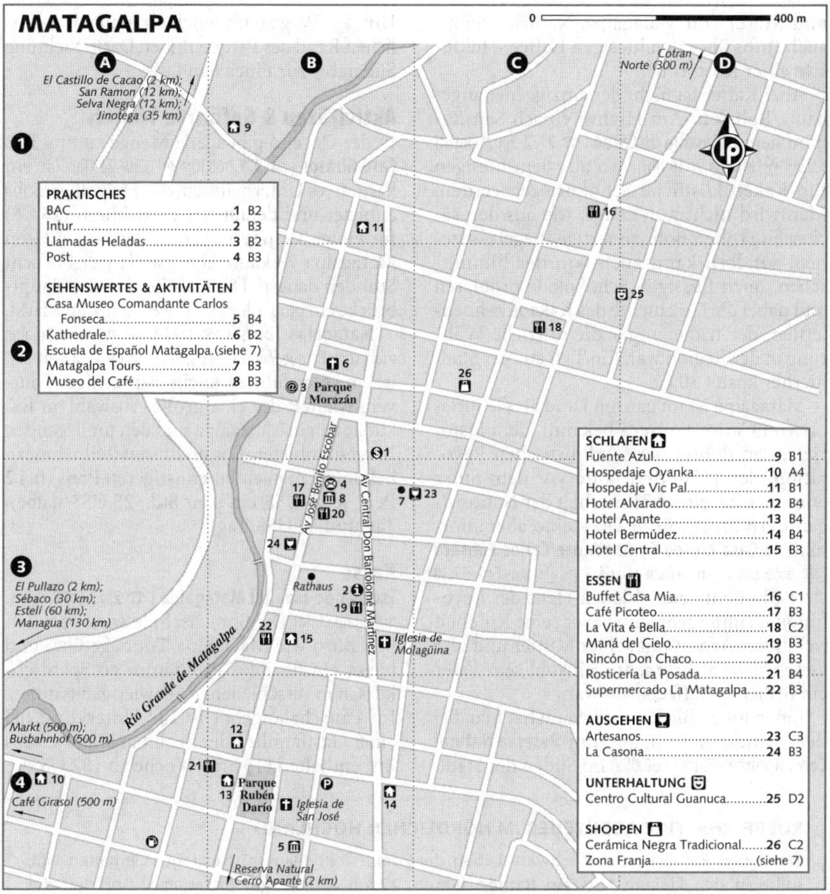

guten Unterkünften und Naturschutzgebieten aus Nebelwäldern gleich in der Nähe.

Orientierung

Das im Westen vom Fluss eingegrenzte Zentrum Matagalpas konzentriert sich um zwei Einbahnstraßen, die die zwei wichtigsten Plätze, den Parque Morazán im Norden und den Parque Rubén Darío im Süden, miteinander verbinden. Die Stadtkathedrale steht am Parque Morazán, die Budgetunterkünfte liegen rund um den Parque Darío.

Praktische Informationen

An der Av José Benito Escobar gibt's viele Internetcafés.

BAC (Parque Morazán, ½ c S) Geldautomat für Visa, Cirrus und Mastercard.

Intur (☎ 2612-7060; Parque Morazán, 3 c S) Hat nützliche Flyer, sonst aber auch nichts.

Llamadas Heladas (frente Parque Morazán; 🕒 8–21.30 Uhr) Beste Verbindung für Auslandsgespräche.

Post (Parque Morazán, 1 c S)

Sehenswertes

Matagalpas **Kathedrale** ist eine von mehreren Kirchen in der Stadt, die aus dem 19. Jh. stammen. Drinnen ist sie recht schmucklos, abgesehen von den aufwändigen Stuckverzierungen in den Gewölben des Mittelschiffs. Die Straße hinunter zeigt das **Museo del Café** (Parque Morazán, 1 c S; 🕒 9–12.30 & 14–18 Uhr) ein bisschen von allem – Geschichte, Archäologie und Kultur von Matagalpa. Natürlich gibt's auch Infos über den hiesigen Kaffee – inklusive einer Kostprobe.

Aber Kaffee ist nicht der einzige hier angebaute Rohstoff. Am Highway nach San Ramon liegt **El Castillo de Cacao** (☎ 2772-2002; Eintritt 5 US$; ⌚ Mo–Sa 9–16 Uhr), wo aus dem hiesigen Bio-Kakao köstliche Schokoriegel werden. Man wird nicht nur Zeuge, wie aus den säckeweise rohen Bohnen fertige Riegel entstehen, sondern kann auch von der himmlischen, noch flüssigen Schokolade probieren und dabei die Geschichte des Kakaos kennenlernen, der früher sogar die offizielle Währung in der Region war. Ein Taxi aus der Stadt hierher kostet 30 C$.

Matagalpa ist im ganzen Land als Geburtsort von Carlos Fonseca bekannt, dem inspirierenden Führer der sandinistischen Revolution, der 1976, drei Jahre vor dem Sturz Somozas, bei einem Hinterhalt der Nationalgarde ermordet wurde. Die kleine, aber informative **Casa Museo Comandante Carlos Fonseca** (☎ 8655-6304; Parque Rubén Darió, 1 c E; ⌚ Mo–Fr 8–17.30 Uhr) ist in dem bescheidenen Haus des Revolutionärs untergebracht, wo er seine Kindheit in bitterer Armut mit seiner Mutter und vier Geschwistern verbrachte, obwohl sein Vater ein örtlicher Kaffeebaron war.

Einen tollen Blick auf die Stadt hat man bei der Wanderung hinauf zum **Reserva Natural Cerro Apante** (Eintritt 1,50 US$) im Süden der Stadt. Um den Weg zu finden, läuft man vom westlichen Rand des Parque Rubén Darío Richtung Süden bis zur Finca San Luis.

Aktivitäten & Geführte Touren

In der Gegend gibt's jede Menge zu tun. Das **Café Girasol** (☎ 2772-6030; ⌚ 6.30–22 Uhr) ist ein karitatives Unternehmen, das Freiwilligenjobs anbietet und detaillierte Broschüren (25 C$) für einige Wanderungen in der Gegend von Matagalpa verkauft, die jeweils vier bis acht Stunden dauern. Das Café liegt an der Hauptbrücke ein paar Blocks südwestlich vom Markt.

Matagalpa Tours (☎ 2772-0108; www.matagalpatours.com; Parque Morazán, 1 c S, ½ c E; ⌚ Mo–Sa 8–18 Uhr) ist ein gut geführter, englischsprachiger Tourveranstalter, der eine große Auswahl an Exkursionen in Matagalpa und den umliegenden Bergen anbietet. Bei mehreren Teilnehmern bekommt man einen günstigeren Preis (bei 2 Pers. je 15 US$/ein paar Std., 25 US$/halben Tag und 50 US$/Tag).

Kurse

Escuela de Español Matagalpa (☎ 2772-0108; www.matagalpa.info) Die Sprachschule wird vom selben Büro wie Matagalpa Tours geführt und bietet ein flexibles Programm an Spanischkursen in verschiedenen Schwierigkeitsstufen. Im Pauschalangebot ist die Unterkunft bei einer Gastfamilie oder in einem Hotel jeweils mit enthalten (15 Std./Woche ab 182 US$).

KOFFEINHALTIGE ABENTEUER IM NÖRDLICHEN HOCHLAND

Wer einen Einblick in das schwere Leben der *campesinos* (Bauern) Nicaraguas erhalten will, sollte in den kleinen Ort **San Ramón** fahren, 12 km östlich von Matagalpa. Dort hat die Landwirtschaftskooperative **UCA San Ramon** (☎ 2772-5247; www.agroecoturismorural.com; Führer 15 US$/Tag) ein einladendes Programm ins Leben gerufen, das fantastische Aktivitäten in den nahe gelegenen Dörfern La Pita, La Reina, La Corona und El Roblar bietet. Man kann beim Pflücken und Sortieren des Biokaffees nicht nur selbst Hand anlegen, sondern auch in die gespenstische, verlassene Goldmine hinabsteigen, zu ein paar atemberaubenden Aussichtpunkten hinaufkraxeln und mitten im Wald unter Wasserfällen schwimmen. Im Angebot sind auch Kurse zur nicaraguanischen Küche und zu traditionellen Heilverfahren.

Man kann die Attraktionen auch im Rahmen eines Tagesausflugs von Matagalpa aus besichtigen (früh losfahren, damit man genug Zeit hat), aber besser ist es auf jeden Fall, eine Übernachtung in einem der Dörfer einzulegen, damit man das Leben auf dem Lande richtig mitbekommt. In allen Dörfern gibt es neben den Familienhäusern neue Anbauten mit Gästezimmern (7 US$/Pers.). In La Pita findet man auch eine charmante Pension aus Lehmziegeln (20 US$), die komfortable Zimmer mit eigenem Bad und atemberaubendem Blick auf die Berge bietet. Auf Wunsch bekommt man überall traditionelle Gerichte (3,50 US$).

Busse nach San Ramón (10 C$) fahren alle halbe Stunde vom Cotran Norte in Matagalpa ab. Schneller geht es aber mit einem Sammeltaxi (20 C$). Von San Ramón aus kommt man zu den Dörfern zu Fuß oder mietet sich ein Fahrrad (10 US$/Tag).

Festivals & Events

Niemand da, den man zum Valentinstag gratulieren könnte? Kein Problem. In Matagalpa ist am 14. Februar jeder zur Party eingeladen, wenn eine Reihe von Kapellen die Einwohner bei der Parade zwischen den beiden wichtigsten Parks begleiten, die anlässlich des Jahrestags der Verleihung des Stadtrechts abgehalten wird.

Das größte Event des Jahres ist das **Fest** zu Ehren der Schutzpatronin der Stadt, der Virgen de la Merced (Schutzmantelmadonna) in der Woche um den 24. September. Am abschließenden Wochenende sorgt das **Festival de Polkas, Mazurcas y Jamaquellos** mit traditionellen Tänzen aus den fünf nördlichen Bezirken Nicaraguas für eine muntere Stimmung.

Schlafen

Hospedaje Vic Pal (☎ 2772-6735; catedral, 3 c N; EZ/DZ ohne Bad 2,50/5 US$, DZ 6 US$) Superbillig, sauber und freundlich: Die von einer Familie geführte Herberge hat sehr einfache Zimmer und blickt vom Hof voller Wäsche auf die Berge.

Hotel Bermúdez (☎ 2772-6744; Parque Rubén Darío, 2 c E; EZ/DZ 4/8 US$) Das freundliche Hotel ist eine hiesige Institution. Es bietet einen mütterlichen Empfang und saubere, ordentliche, wenn auch etwas abgewohnte Zimmer. Die meisten haben ein eigenes Bad mit Kaltwasser, aber alle sind unterschiedlich (das gilt auch für die Qualität der Matratzen). Die Zimmer vorne sind etwas heller.

Hospedaje Oyanka (☎ 2772-0057; Parque Rubén Darío, 4 c O; EZ/DZ 6/8 US$) Das kleine Hotel hinter einem Café auf halbem Weg zwischen Busbahnhof und Parque Rubén Darío hat ein ausgezeichnetes Preis-Leistungs-Verhältnis. Die gut gestalteten Zimmer haben echte Matratzen und ein eigenes Bad.

Hotel Apante (☎ 2772-6890; frente Parque Rubén Darío; EZ/DZ 8/12 US$) Das Hotel direkt am Parque Rubén Darío mit einer großen Auswahl an gut ausgestatteten Zimmern bietet viel fürs Geld und ist einfach top. Wer schon eine Weile auf Achse ist, wird seine Freude an den guten Duschen haben. Die Zimmer im Obergeschoss meidet man lieber, da sie regelmäßig mit Discolärm bombardiert werden. Die Türklingel ist links um die Ecke.

Hotel Alvarado (☎ 2772-2830; Parque Rubén Darío, ½ c N; EZ/DZ ohne Bad 8/10 US$, EZ/DZ 12/15 US$) Das zentral gelegene, zuvorkommende Hotel hat eine Reihe sehr ansprechender Zimmer mit Kabel-TV, Warmwasser sowie tollem Blick auf die Berge und ein paar ziemlich durchschnittliche Budgetzimmer. Alle Zimmer sind verschieden; bevor man eines bezieht, sollte man sich einige zeigen lassen.

LP Tipp **Hotel Central** (☎ 2772-3140; Parque Rubén Darío, 2½ c N; EZ/DZ 12/15 US$) Es dürfte schwer sein, das makellose, freundliche und professionell geführte Hotel an der Hauptstraße zu übertreffen. Die modernen Zimmer hinten sind ein bisschen heller und komfortabler, aber alle haben neue Matratzen, pralle Kissen und Kabel-TV.

Fuente Azul (☎ 2772-2733; Parque Morazán, 4 c N, 3 c O; DZ mit/ohne Bad 19/12 US$, Ⓟ 📶) Eine weitere herzerwärmende gute Unterkunft in Matagalpa mit modernen, komfortablen Zimmern, großen Betten, Kabel-TV und WLAN.

Essen

Einen günstigeren sättigenden Snack als die regionale Spezialität *güirílas con cuajada* (süße Maispfannkuchen mit salzigem Weichkäse), die man abends am Bürgersteig ein paar Blocks nördlich der Kathedrale direkt warm vom Grill bekommt, wird man wohl kaum finden. Selbstversorger können sich im **Supermercado La Matagalpa** (Parque Rubén Darío, 3 c N) mit Kaffee, Schokolade und Käse aus der Region eindecken. Der Supermarkt hat auch sauer eingelegtes Gemüse und scharfe Würzsaucen aus eigener Herstellung.

Buffet Casa Mia (Parque Morazán, 3 c E, 4 c N; Gerichte 50 C$) Das beliebte Buffet im Norden der Stadt bietet leckeres Frühstück und Mittagessen zu Tiefstpreisen.

Rincón Don Chaco (Parque Morazán, 2 c S; Saft 25 C$, Gerichte 50–60 C$; 🕑 So–Fr; Ⓥ) Von außen wirkt das Don Chaco wie ein ganz gewöhnliches, billiges Diner, ist aber eines der besten Lokale der Stadt mit gesundem Essen. Die Vitaminbomben-*batidos* (Obstshakes) sind absolut lecker, und es gibt auch preiswerte Gerichte und eine Vegetarier-Platte auf Soja-Basis.

Café Picoteo (Parque Morazán, 2 c S; Gerichte 50–110 C$) Beliebter Treff, der etwas von einem Schulbus hat: Vorne ist ein respektables Café, in dem Kaffee und Kuchen serviert wird, und hinten eine Bar, in der coole Leute rumhängen, literweise Bier in sich hinein schütten und Tacos, Burger und Fajitas mampfen.

Maná del Cielo (Parque Morazán, 3 c S; Gerichte 60–80 C$) Matagalpas beliebtestes Buffet ist von morgens bis abends umlagert – was wiederum bedeutet, dass die saftigen Hühnchen-Kebabs,

Jalapeño-Rindfleisch-Steaks und die anderen tollen Gerichte immer frisch sind.

Rosticeria La Posada (Parque Rubén Darío, ½ c O; Gerichte 60–100 C$) In dem schlichten Brathähnchen-Lokal, das am Wochenende abends zur Disco wird, kann man sich zuerst mit Kalorien vollstopfen und sie dann beim Tanzen wieder verbrennen.

LP Tipp **La Vita é Bella** (Parque Morazán, 2 c E, 1½ c N; Gerichte 60–130 C$; V) Schwer zu finden, aber die Suche lohnt: Der versteckte Schatz in der Mitte der Gasse, die vor der „Bar Piraña" abzweigt, serviert leckere italienische Spezialitäten in intimem Ambiente. Es gibt eine große vegetarische Auswahl. Die Ravioli mit Spinat und auch die Penne mit Pesto sind exzellent, aber das echte Highlight sind die Pizzas mit dünner Kruste (65–160 C$).

El Pullazo (☎ 2775-4449; Carretera Managua; Gerichte 110–150 C$) Das beliebte Steakhouse rund 2 km südlich der Stadt serviert riesige Portionen, die selbst für den größten Hunger eine Herausforderung sind. Die Auswahl ist nicht sehr groß – Rind, Hühnchen oder Schwein mit kohlenhydrathaltiger Beilage –, aber alles ist köstlich und für die Qualität äußerst preiswert. Ein Taxi fährt für 30 C$ hierher.

Ausgehen & Unterhaltung

Centro Cultural Guanuca (☎ 2772-3562; www.grupovenancia.org; Guadalupe 1½ c S) Das von einer gemeinnützigen Frauenorganisation betriebene großartige Kulturzentrum zeigt freitagabends anspruchsvolle Streifen und Filme aus der Region; samstags gibt's Konzerte und Live-Events von Theater bis Breakdance-Wettbewerbe. Infos zum Veranstaltungskalender gibt's auf der Website oder telefonisch.

Artesanos (Parque Morazán, 1 c S, ½ c E) Tagsüber ein entspanntes Café, abends die heißeste Bar Matagalpas. Hippe Einheimische tummeln sich bei Elektronik- und Weltmusik an der urigen Bar vorn und im grünen Hof und nippen an Cocktails, trinken eiskaltes Bier oder rauchen Wasserpfeife.

La Casona (Parque Morazán, 3 c S) Das ansonsten verschlafene Restaurant wird donnerstags und freitags zur Partyzone, wenn die Leute abends in den Hof strömen, um zur Musik einheimischer Bands zu tanzen. Dabei fließt auch jede Menge Rum.

Shoppen

Matagalpa ist bekannt für seine Töpferwaren aus schwarzem Ton, und manche Teile sind auch klein genug, um in einen Rucksack zu passen.

Cerámica Negra Tradicional (☎ 2772-2464; Catedral, 2 c E) Zeigt Arbeiten von Doña Ernestina Rodríguez, darunter Schmuck und kleine Teesets. Ein kleiner Laden mitten im Parque Rubén Darío präsentiert die Arbeiten einer Reihe anderer lokaler Künstler.

Zona Franja (☎ 2772-4581; Parque Morazán, 1 c S, ½ c E) Befindet sich im selben Gebäude wie Matagalpa Tours und verkauft diverses Kunsthandwerk aus der Region, darunter bunte Taschen, die indigene Frauen in El Chile gewebt haben.

An- & Weiterreise

Der wichtigste **Busbahnhof** (☎ 2772-4659), Cotran Sur genannt, liegt etwa 1 km westlich vom Parque Rubén Darío. Der andere, kleinere Busbahnhof, Cotran Norte, befindet sich am anderen Ende der Stadt. Von dort fahren Busse zu ländlichen Zielen im Norden.

Busse ab Cotran Sur:

Estelí (25 C$; 1½ Std.; alle 30 Min.)
Jinotega (25 C$; 1½ Std.; alle 30 Min.)
León (60 C$; 2½ Std.; tgl. 6, 15 & 16 Uhr)
Managua (60 C$; 2 Std.; stündl.)
Masaya (60 C$; 3 Std.; tgl. 14 & 15.30 Uhr)

Nach León kann man auch einen Bus Richtung Estelí nehmen und dann in San Isidro umsteigen.

JINOTEGA

45 580 Ew. / 1000 m

Jinotega mit dem passenden Spitznamen „Stadt des Nebels" ist eine ruhige Stadt in einem fruchtbaren Hochtal in einer gebirgigen Kaffeeanbauregion. Die von Touristen kaum besuchte und rundum von turmhohen Bergen umgebene Stadt hat eine raue Grenzstadtatmosphäre und ist ein gutes Basislager für all jene, die Ausflüge in die wolkenbedeckte Wildnis unternehmen oder sich als Kaffeepflücker versuchen wollen. Jinotega ist die am höchsten gelegene größere Stadt Nicaraguas. Hier kann es ziemlich kalt werden.

Die steile Auffahrt über den alten Highway von Matagalpa ist eine der malerischsten Strecken des Landes und allein schon Grund genug für einen Besuch in Jinotega. An der Straße voller Schlaglöcher stehen bunte Stände, an denen Blumen und große Bünde Karotten, Rüben und Kohl verkauft werden.

Es gibt ein **Intur-Büro** (☎ 2782-6551; Parque Central, 2 c S, 3 c E) mit Infos zu Aktivitäten in den umliegenden Bergen. Ein paar Blocks nördlich des

Parks gibt's eine BAC mit Geldautomaten für alle Bankkarten.

Sehenswertes

Die von außen unscheinbare **Catedral San Juan** (1805 erbaut) ist drinnen herrlich weiß und ist mit zahlreichen wunderschönen Heiligenskulpturen ausgestattet, die wie eine eindrucksvolle Sammlung religiöser Kunst erscheinen. Auf der anderen Straßenseite steht inmitten der hohen Bäume des charmanten **Parque Central** ein Denkmal für den Sandinisten-Führer Carlos Fonseca. Kürzlich hat die Stadt die **Wandmalereien** im Osten leider restaurieren lassen; die frisch gemalten Bilder haben zwar nicht mehr ganz den Charme der Originale, sind aber trotzdem sehenswert, um einen Einblick in die Kultur der Revolution zu erhalten.

Auf keinen Fall sollte man die Stadt verlassen, ohne auch den **Cerro la Cruz** bis zum Gipfel erklommen zu haben. Ganz oben steht – eingebettet in einen Bergkamm aus Felsblöcken – das Kreuz, das nachts über der Stadt zu schweben scheint. Der Blick von dort oben ist phänomenal. Der steile, einstündige Aufstieg beginnt am Friedhof.

Aktivitäten & Geführte Touren

SOPPEXCCA (Verband kleiner Anbauer, Exporteure & Käufer von Kaffee; ☎ 2782-2617; www.soppexcca.org/en; Cotran Norte, 1½ c N) organisiert Besuche auf Kaffeeplantagen. Zu den Mitgliedern gehören auch die Finca La Estrella, bei der man bei der Ernte selbst Hand anlegen oder eine Wanderung in dem unberührten Nebelwald machen kann, und die Finca Mirador El Dorado, die Reit- und Bootsausflüge anbietet. Ein Führer zu den Plantagen kostet jeweils 8 US$, und ab 5 US$ pro Person kann man bei einer Familie unterkommen. In dem von der Kooperative betriebenen Café Flor de Jinotega kann man den köstlichen, hier produzierten Kaffe probieren.

Schlafen

Alojamiento Mendoza (☎ 2782-2062; Parque Central, 1 c E; Zi. 4 US$/Pers.) Das freundliche Gästehaus mitten in der Stadt hat dunkle, einfache Zimmer – die gut genug sind, wenn man nur eine Nacht bleibt. Ein Bonus ist das billige *comedor* vorne.

Hotel Primavera (☎ 2782-2400; Parque Central, 5 c N; EZ/DZ ohne Bad 5/10 US$, Zi. mit Bad 12 US$) Das familienbetriebene Billighotel im Norden der Stadt hat rund um einen hübschen Hof supersaubere Zimmer mit ordentlichen Matratzen.

Hotel Central (☎ 2782-2063; contiguo Esso; Zi. 12 US$) Das kürzlich renovierte Hotel mit dem wohl besten Preis-Leistungs-Verhältnis der Stadt bietet komfortable Zimmer mit Warmwasser und Kabel-TV. Die Zimmer im Obergeschoss sind etwas heller.

Hotel Sollentuna Hem (☎ 2782-2334; sollentunahem@gmail.com; Parque Central, 2 c E, 4 c N; EZ/DZ 18/20 US$; Ⓟ) Das angenehme, bei Travellern beliebte

AUF EIGENE FAUST: BOSAWÁS

Für Traveller, die gern mal abtauchen, ist das **Reserva de Biosfera Bosawás** genau das Richtige. Der nach dem Amazonas zweitgrößte Regenwald auf dem amerikanischen Kontinent ist ein magischer Ort spektakulärer, bewaldeter Gipfel und schnellfließender Flüsse, die durch kleine indigene Dörfer brausen. Hier gibt es weder Straßen, noch Hotels oder Strom, sodass ein Besuch hier eine Menge Abenteuer verspricht.

In das Reservat kommt man am einfachsten über den Ort **Wiwili** am Río Coco im Norden des Verwaltungsbezirks Jinotega. Auf dem Fluss verkehren keine öffentlichen Verkehrsmittel, aber wer keine Eile hat, kann auf den Booten örtlicher Händler oder Kooperativen die ganze Strecke bis zum Karibischen Meer mitfahren. Unterwegs kann man in allen Gemeinden einen Führer engagieren, der einen tief ins Reservat hineinbringt.

Man kann aber auch von Jinotega zum Dorf **Ayapal** fahren, wo in unregelmäßigen Abständen Boote den schmalen Río Bocay hinab an den mysteriösen Höhlen Tunawalan vorbei zum Mískito-Dorf San Andrés am Río Coco fahren.

Wenn man es dann bis zum eigentlichen Reservat geschafft hat, kann man nur in den Dörfern der indigenen Mayanga und Mískito übernachten. Dort kann man sich eine Art Unterkunft organisieren oder zumindest seine Hängematte aufspannen. Nachts wird es hier oft ziemlich kalt; also sollte man warme Kleidung sowie ausreichend Verpflegung, Wasserreinigungstabletten und Taschenlampe mitbringen.

Hotel mit gastfreundlichen Angestellten bietet diverse Zimmer von gemütlichen Einzelzimmern bis zu geräumigeren Doppelzimmern. Alle haben ordentliche Betten, Kabel-TV und Warmwasser.

Essen & Ausgehen

Rund um den Park gibt's ein paar Straßenimbisse, und abends tauchen überall in der Stadt *fritangas* auf.

LP Tipp **Casa de Don Colocho** (Parque Central, 3 c S, 3 c E; Gebäck 10–20 C$) Auf der Flucht vor dem Wetter kann man sich in der ausgezeichneten Bäckerei ein paar Tassen des brühwarmen Kaffees aus der Region und herrliches Gebäck gönnen.

No name Fritanga (Parque Central, 1 c E, 20 m S; Gerichte 50 C$) Das Lokal ohne Namen und Schild hat sich ein großes Stammpublikum erworben. Das muss etwas mit den preiswerten und köstlichen Grillhähnchen und Rinderkebaps zu tun haben. Direkt neben der Farmacia Vargas.

Soda El Tico (Parque Central, 1 c E, ½ c S; Buffet 60–80 C$; 7.30–22 Uhr) Das glänzende Buffet-Lokal sticht alle Konkurrenten aus. Manchmal scheint es, als käme die ganze Stadt zum Mittagessen hierher. Frühzeitig kommen, um sich die besten Stücke vom Buffet zu sichern.

La Taberna (Parque Central, 2 c O; 13–1 Uhr) Jinotegas beste Bar hat handgefertigte Tische, Lehmziegelwände und dunkle Holzeinrichtung und wirkt wie eine Kreuzung aus einem Saloon aus dem Wilden Westen und einer Jagdhütte aus der Kalahari. Das coole Publikum kommt erst spät am Abend hierher.

An- & Weiterreise

Es gibt zwei Busbahnhöfe: Die Busse Richtung Norden starten am Hauptmarkt neben dem Highway im Osten der Stadt. Der Busbahnhof für Busse nach Matagalpa, Estelí und Managua befindet sich in der Nähe der südlichen Einfahrt zur Stadt.

Estelí (46 C$; 2 Std.; 7, 9, 13, 14.45 & 15.30 Uhr)
Managua (80 C$; 3½ Std.; tgl. 10-mal)
Matagalpa (25 C$; 1½ Std.; 5–17.30 Uhr alle 30 Min.)

ESTELÍ

97 488 Ew.

Estelí ist eine vielschichtige, aber unprätentiöse Stadt inmitten eines landwirtschaftlich geprägten Hochtals. Cowboy-Grandezza wird hier großgeschrieben, doch daneben steht man dem Fortschritt durchaus aufgeschlossen gegenüber. Es ist ein Ort, in dem neben übergroßen Gürtelschnallen auch Biogemüse verkauft wird und wo man als Freizeitbeschäftigung genauso gerne zur Jagd wie zur Yoga-Stunde geht.

Teilweise auch wegen seiner strategischen Lage an der Straße nach Honduras war Estelí während der Revolution heftig umkämpft. Im April 1979 wurde sie bombardiert und schwer beschädigt – seitdem ist die Stadt eine Sandinisten-Hochburg.

Heute kennt man Estelí vor allem wegen seiner Weltklasse-Zigarren und als Tor zu einem spektakulären Gemeindetourismusprojekt in den umliegenden Bergen.

Orientierung

Die Carretera Panamericana verläuft an der Ostseite der Stadt von Norden nach Süden. Beide Busbahnhöfe liegen am Highway.

Untypisch für Nicaragua sind in Estelí die Straßen nummeriert und alle Blocks deutlich gekennzeichnet. Im Zentrum liegt die Kreuzung Av Central und Calle Transversal. Die aufsteigend nummerierten Calles (Straßen) liegen nördlich und südlich der Calle Transversal und die aufsteigend nummerierten Avenidas (Alleen) östlich und westlich der Av Central. Je nachdem, in welchem Quadranten der Stadt sich die Calles und Avenidas befinden, tragen sie den Anhang „NE" (Nordosten), „SO" (Südwesten) usw.

Praktische Informationen

BAC (Ecke Av 1a SO & Calle Transversal) Geldautomat für alle Bankkarten.
Estelínet (BAC, ½ c S; 15 C$/Std.) Eine der schnellsten Internetverbindungen der Stadt.
Fider (☎ 2713-3918; fiderest@ibw.com.ni; Petronic, 1½ c E) Ist verantwortlich für das Reserva Natural Cerro Tisey-Estanzuela und hat Infos und eine gute Karte.
Intur (☎ 2713-6799; esteli@intur.gob.ni; parque, ½ c S) Hat viele Broschüren, aber wenig Sachkenntnis.
Post (parque, 8 c S)
UCA Miraflor (☎ 2713-2971; Calle 1a, ½ c N) Infos und Buchungen fürs Reserva Natural Miraflor.

Sehenswertes & Aktivitäten

Die **Galería de Héroes y Mártires** (☎ 8419-3519; Catedral, ½ c S; Eintritt gegen Spende; Mo–Sa 9–17 Uhr) ist ein sehr emotionaler Ort. In dem langen Raum sieht man Fotos von jungen Männern und Frauen, die ihr Leben in der Revolution ließen, ein paar Waffen und persönliche Habseligkeiten. Betrieben wird die Galerie von den Müttern der Märtyrer, und sie sind es auch, die einen Besuch hier so anrührend

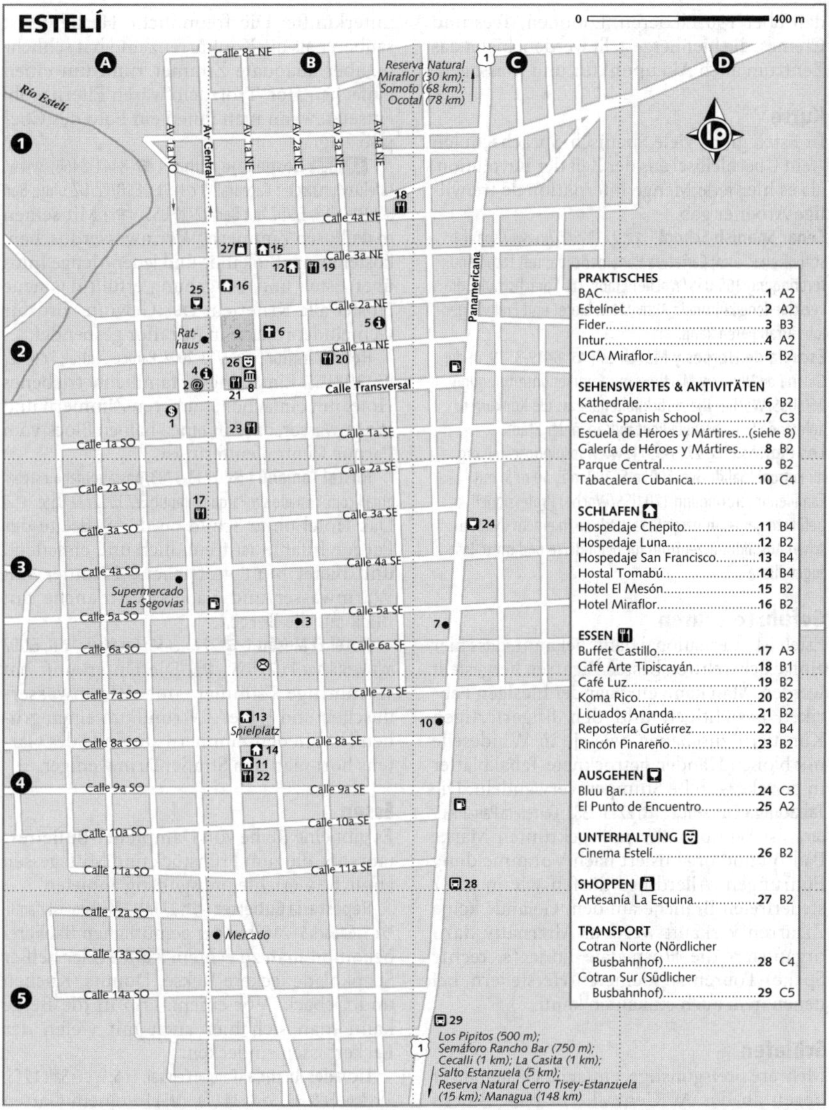

machen. Sie erzählen Besuchern bereitwillig ihre eigene Geschichte, sodass man einen Einblick in die Kämpfe und Leiden Nicaraguas während der Revolutionszeit erhält.

Die 1823 errichtete **Kathedrale** ist einen Besuch wert, währned man in den umliegenden Blocks interessante Wandgemälde bestaunen kann. Wer zum Biomarkt will, der am Freitagvormittag im **Parque Central** abgehalten will, sollte früh aufstehen. Dort gibt's neben hausgemachtem Joghurt auch frisches Obst und andere Leckerbissen.

Ungefähr 1 km südlich der Stadt befindet sich die Biobauernkooperative **Cecalli** (☎ 2713-7078; Carretera Panamericana; Mo–Fr 9–17 Uhr), die sich auf Heilkräuter spezialisiert hat. Neben den über 150 Elixieren, Lotionen, Tees und Cremes, die hier hergestellt werden, bietet das Zentrum auch Akkupunktur und Massagen.

Kurse

In Estelí gibt's viele Spanisch-Sprachschulen – ein Überbleibsel aus der Zeit der Revolution, als es hier jede Menge internationale freiwillige Arbeiter gab.

Cenac Spanish School (☎ 2713-5437; www.spanishschoolcenac.com; Carretera Panamericana; mit Familienunterbringung 165 US$/Woche) Etablierte Sprachschule, die verschiedene kulturelle Aktivitäten bietet und Freiwilligenjobs arrangieren kann.

Escuela de Héroes y Mártires (☎ 8419-3519; in der Galería de Héroes y Mártires; mit Familienunterbringung 160 US$/Woche) Die zurückhaltender als die Konkurrenz agierende Sprachschule liegt mitten in der Stadt.

Los Pipitos (☎ 2713-5511; www.lospipitosesteli.org.ni; Petronic Salida Sur, 100 m S, 100 m E, 50 m S; mit Familienunterbringung 170 US$/Woche) Professionell geführte gemeinnützige Sprachschule in einem dynamischen Ausbildungszentrum für behinderte und mittellose Jugendliche.

Geführte Touren

Estelí ist international dafür bekannt, dass hier einige der weltweit besten Zigarren hergestellt werden. Man kann ein paar der hiesigen Fabriken besichtigen und den fingerfertigen Künstlern zuschauen, wie sie in Windeseile mit bloßen Händen getrocknete Tabakblätter in perfekt gerollte Stumpen verwandeln. Die **Tabacalera Cubanica** (☎ 2713-2383; Carretera Panamericana) ist Schöpfer der preisgekrönten Marke Padrón und organisiert nach Voranmeldung Führungen. Allerdings dürfen wie in jeder steuerfreien Branche auf dem Gelände keine Zigarren verkauft werden. Alternativ dazu organisiert die Hospedaje Luna (s. rechte Spalte) Touren zu kleineren Herstellern, bei denen man auch einkaufen kann.

Schlafen

Mehrere preisgünstige, einfache Gästehäuser liegen an der Av Central, ein paar Blocks südlich vom Zentrum, in einem Einkaufsviertel mit Charakter.

Hospedaje San Francisco (☎ 2713-3787; Parque Infantil, ½ c N; EZ/DZ ohne Bad 2,50/5 US$) Die engen, kammerartigen Zimmer mit sonderbarer Tapete sind ein echtes Schnäppchen, wenn man auf Lüftung und Sonnenlicht verzichten kann.

Hospedaje Chepito (☎ 2713-3784; Parque Infantil, ½ c S; EZ/DZ ohne Bad 3,50/5 US$) Die beste der Billigunterkünfte: Die freundliche Herberge ist sauberer als die Konkurrenz und hat schlichte, aber adäquate Zimmer rund um einen einfachen Hof. Trotzdem wären Eltern wohl entsetzt, wenn man ihnen ein Foto des Chepito zeigt.

LP Tipp **Hospedaje Luna** (☎ 8441-8466; www.cafeluzyluna.com; Catedral, 1 c N, 1 c E; B/EZ/DZ ohne Bad 8/10/17 US$, EZ/DZ mit Bad 12/20 US$; WLAN) Mit seinen makellosen Zimmern, Warmwasserduschen, kostenlosem Biokaffee und jeder Menge Infos über Estelí und Umgebung erfüllt das neue Hostel alle Kriterien. Der Gewinn wird für Gemeindeprojekte in Miraflor gespendet.

Hotel Miraflor (☎ 2713-2003; Parque Central, 1 c N; EZ/DZ 12/18 US$) Einladendes, familienbetriebenes Hotel mit einfachen, sauberen Zimmern und Warmwasser, das nur einen halben Block vom Parque Central entfernt ist.

Hostal Tomabú (☎ 2713-3783; hostaltomabu.esteli@gmail.com; costado sur Parque Infantil; EZ/DZ 12/22 US$; P) Das Hotel ohne Schild an der Südseite des Parque Infantil ist freundlich und einladend und bietet bunt gestrichene Zimmer mit Warmwasser und Kabel-TV, manche mit Blick auf die Berge.

Hotel El Mesón (☎ 2713-2655; Catedral, 1 c N; EZ/DZ mit Ventilator 15/23 US$; P) Die Unterkunft hat vernünftige Zimmer mit Warmwasserduschen und Kabel-TV rund um einen grünen Hof. In den Zimmern am Ende des Gartens hört man den Straßenlärm weniger.

Essen

Es gibt eine Reihe von Dampftafel-Buffetrestaurants, die zum Frühstück und Mittagessen ähnliche Gerichte preisgünstig anbieten.

Reposteria Gutiérrez (☎ 2714-1774; Parque Infantil, ½ c S; Gebäck 5–20 C$) In der gemütlichen Bäckerei bekommt man zu echtem Kaffee oder heißer Schokolade leckere Kekse, Donuts, Kuchen und Gebäck. Vor einem Trip in die Berge kann man sich hier auch mit vielen der Leckerbissen eindecken.

Licuados Ananda (Parque Central, 1 c S, ½ c E; Saft 15 C$; Mo–Fr 8–17, Sa 8–14 Uhr; V) In einem Garten rund um einen leeren Swimmingpool liegt dieses gurumäßige Lokal mit ausgezeichneten Säften und vegetarischen Snacks wie Burger und Sojatacos. Frühmorgens werden auch Yogastunden abgehalten.

La Casita (Carretera Panamericana; Snacks 20–60 C$; Di–So 9–19, Mo 14–19 Uhr) Das unbeschilderte La Casita befindet sich 1 km südlich der Stadt, gleich nach Cecalli (15 C$ mit dem Taxi), auf dem üppigen Gelände der Finca Las Nubes. Neben dem besten Kaffee in der Stadt gibt's hier frisch gebackenes Brot, Käse aus der Region, hausgemachten Joghurt und Säfte. Bei einem Spaziergang auf dem Anwesen sieht man auch Gänse. Am ersten Montag im Monat geschlossen.

Koma Rico (Cine, 2 c E; Gerichte 40–60 C$; ⌚ Sa–Do) In der beliebten *fritanga*, die nach dem Prinzip „getestet und für gut befunden" schmackhaftes Grillfleisch und eiskaltes Bier serviert, sollte man sich den Teller turmhoch füllen.

Buffet Castillo (☎ 2713-0337; Parque Central, 4 c S, ½ c O; Gerichte 50 C$; ⌚ Mo–Sa 7–15 Uhr) Der nette Diner bietet restaurantwürdige Gerichte wie Rippchen, Bratfisch oder Jalapeño Chicken zu Tiefstpreisen und ist mittags oft überfüllt.

Café Luz (☎ 8441-8466; catedral, 1 c N, 1 c E; Gerichte 60–150 C$; 📶 Ⓥ) Nase voll von *gallo pinto?* Auf der Speisekarte dieses coolen Cafés stehen tolle Currys, Lasagne und viele interessante vegetarische Gerichte. An Regentagen kann man sich bei Biokaffee und WLAN hierher flüchten.

LP Tipp **Rincón Pinareño** (☎ 2713-4369; Catedral, 1½ c S; Gerichte 60–150 C$; ⌚ Di–So) Das von einer kubanischen Familie betriebene beliebte Bistro serviert saftig belegte Toasts, leckere Schweinekoteletts und dazu noch die besten Desserts der Stadt.

Café Arte Tispiscayán (☎ 2713-7303; Catedral, 2 c N, 3 c E; Hauptgerichte 130–150 C$) Teils Galerie, teils Café serviert das attraktive Lokal reichhaltige traditionelle Gerichte auf den handgeschnitzten Holztischen, die von eindrucksvollen Seifenstein-Skulpturen des Inhabers Freddy Moreno umgeben sind.

Ausgehen & Unterhaltung

El Punto del Encuentro (Parque Central, ½ c O; ⌚ 11.30–22.30 Uhr) Die schäbige Bar vorne einfach ignorieren und direkt nach hinten in den grünen Garten voller terrakottagefliester Hütten gehen, wo sich die Einheimischen bei Cocktails und kaltem Bier treffen.

Semáforo Rancho Bar (Carretera Panamericana; Grundpreis 40–60 C$; ⌚ Do–So 20–5 Uhr) Estelís beliebtester Nachtclub, der ein großes Publikum aller Altersgruppen anzieht, das sich amüsieren und bis in die Morgenstunden zur Livemusik tanzen will. Die Bands kommen aus dem ganzen Land, um unter dem riesigen strohgedeckten Dach zu spielen.

Bluu Bar (Carretera Panamericana; Grundpreis 40–60 C$; ⌚ Do–So 20–5 Uhr) Die vor allem bei jungen und hippen Partygängern beliebte neonbeleuchtete Tanzbar bietet in der kleinen Ladenfront viel Action.

Cinema Estelí (Parque Central; Eintritt 30 C$) Auf der Südseite des Parks zeigt dieses ruhige Kino mit nur einem Kinosaal allabendlich recht neue Hollywood-Streifen.

Shoppen

Artesanía La Esquina (Catedral, 1 c N) Unter dem großen Angebot dieser Künstlerkooperative gibt's auch wundervolle einheimische Töpferwaren und handgeschnitztes Holzspielzeug.

Maßgeschneiderte Cowboystiefel (ca. 80 US$) und andere Lederwaren bekommt man in den Ateliers südlich des Supermercado Las Segovias an der Av 1a SO.

An- & Weiterreise

Estelí hat zwei Busbahnhöfe, den **Cotran Norte** (☎ 2713-2529) und den **Cotran Sur** (☎ 2713-6162). Beide liegen nah beieinander im Süden der Stadt an der Panamericana und bedienen Ziele im Norden bzw. im Süden.

Busse ab Cotran Norte:

Jinotega (46 C$; 3 Std.; 7.30–16 Uhr 5-mal tgl.)
León (60 C$; 3 Std.; 15.10 Uhr)
Ocotal (25 C$; 2½ Std.; 4–17.30 Uhr stündl.) Zum Grenzübergang Las Manos.
Somoto (25 C$; 2 Std.; 5.30–18 Uhr alle 30 Min.) Zum Grenzübergang El Espino.

Ab Cotran Sur:

León (60 C$; 3 Std.; 5.45 & 6.45 Uhr) Alternativ dazu kann man auch einen Bus Richtung Süden nehmen und in San Isidro umsteigen.
Managua (60 C$; 2¼ Std.; 4.45–15.20 Uhr 10-mal tgl.)
Matagalpa (25 C$; 1¾ Std.; 5.20–16.50 Uhr alle 30 Min.)

RESERVA NATURAL MIRAFLOR

Das verlockende Miraflor liegt etwa 30 km nordöstlich von Estelí. Es ist ein riesiges Gebiet, das als Privatland unter der Leitung der Gemeinde steht und zum Naturschutzgebiet erklärt wurde. Es besteht vor allem aus Ackerland und umfasst in einer Höhe von 800 bis 1450 m drei Klimazonen von trocken bis feucht.

Miraflor ist ein großartiges Refugium, wo man weit weg von allem ist. Hier kann man ganz im Lebensstil der traditionellen Kaffeeanbau-Gemeinden aufgehen, entspannt wandern, Vögel beobachten oder reiten. Es gibt auch mehrere Freiwilligenprojekte, an denen man teilnehmen kann. Ein eigentliches Zen-

UNTERWEGS NACH HONDURAS

Nach Tegucigalpa

Die beliebteste Strecke nach Honduras führt durch **Ocotal**, ein ländliches Städtchen mit hart arbeitenden Einwohnern am Fuß der höchsten Gebirgskette Nicaraguas. Auch wenn die meisten Traveller hier nur den Bus wechseln, lohnt sich die Fahrt mit dem Taxi in den Ort, in dem einen ein hübscher botanischer Garten im **Parque Central** und die verblasste Fassade der barock-klassizistischen **Kirche** erwarten. Direkt am Park liegt das **Llamarada del Bosque** (Parque Central; Gerichte 40–60 C$), ein ausgezeichnetes Buffetrestaurant mit einem luftigen Hof. Wer den letzten Bus zur Grenze verpasst hat, findet im Zentrum in der **Casa Lejos** (☎ 2732-0554; Parque, 2 c S, ½ c O; Zi. 80 C$/Pers.) einfache, aber saubere Unterkünfte. Der Busbahnhof liegt an der Panamericana, 1 km südlich des Parks. Von dort aus fahren jede Stunde Busse (10 C$, 1 Std.) zum Grenzübergang **Las Manos**, von dem aus es 132 km (2½ Std. mit dem Bus) bis nach Tegucigalpa sind. Las Manos ist ein wichtiger Grenzübergang nach Honduras. Er ist rund um die Uhr geöffnet, die Busse fahren aber nur zwischen 5 und 16.30 Uhr.

Nach Choluteca & ins südliche Honduras

Alternativ dazu kann man auch durch den Ort Somoto nach **Choluteca** (S. 490) fahren. Die Strecke führt über den Grenzübergang El Espino und den Ort San Marcos de Colón in Honduras. So kann man in drei Stunden (wenn man gleich Anschluss hat) die Grenze nach El Salvador erreichen. Busse nach **El Espino** (10 C$, 30 Min.) starten zwischen 4.15 und 17.15 Uhr jede Stunde am Busbahnhof in Somoto. Der Grenzübergang ist täglich von 8 bis 17 Uhr geöffnet.

Infos zur Einreise von Honduras nach Nicaragua gibt's auf S. 488 und 491.

trum existiert nicht, aber in dem ganzen Gebiet liegen verstreut *fincas* und rundherum mehrere kleine Ortschaften.

Weil es in dem Gebiet keine Touristeninformation gibt, empfiehlt es sich, vor dem Aufbruch in Estelí das Büro des Naturschutzgebiets aufzusuchen. Das **UCA Miraflor** (s. S. 532) fördert die nachhaltige Landwirtschaft unter den Einwohnern der Gemeinden und den Tourismus in dem Gebiet.

Sehenswertes & Aktivitäten

Lange Wanderungen kann man hier nicht machen, aber es gibt ein paar interessante Wege in dem Gebiet, deren Reiz eher darin besteht, Gespräche mit einheimischen Bauern zu führen, als seltene Tiere zu erspähen (auch wenn's hier jede Menge Vögel gibt). Es gibt auch viele Schwimmlöcher und Wasserfälle, die bei starker Hitze für willkommene Abkühlung sorgen. Manchmal nehmen die Einheimischen Eintritt für das Betreten ihres Landes.

Das UCA Miraflor in Estelí oder die Gastfamilien können Führer (bis zu 3 Pers. 15 US$/Tag, größere Gruppen 5 US$/Pers.) besorgen. Sie zeigen einem die Gegend – zu Fuß oder per Pferd (Pferd 7 US$/Pers. & Tag). Man sollte sehr deutlich sagen, was man sehen möchte – ob nun Vögel, Wald, Kaffeeplantagen oder archäologische Sehenswürdigkeiten. Weitere Infos über Attraktionen in der Gegend gibt's unter www.miraflor.org.

Schlafen & Essen

Es gibt viele Unterkunftsmöglichkeiten in Miraflor; die meisten beinhalten die Unterbringung bei einer Gastfamilie. Empfehlenswert ist es, im Vorfeld über UCA Miraflor zu buchen (man erhält einen Buchungsbeleg), aber viele akzeptieren auch Leute, die einfach vorbeikommen. Die Unterkünfte teilen sich in zwei Kategorien: Unterkunft bei einer Gastfamilie (15 US$/Pers. inkl. Mahlzeiten) und Unterkunft in *cabañas* (20 US$/Pers.). Bei ersteren stehen die Chancen gut, näheren Kontakt zu Einheimischen zu bekommen, und letztere bieten eine größere Privatsphäre. In vielen Fällen muss man sich auf sehr einfache Verhältnisse einstellen – Duschen, bei denen das Wasser aus Eimern kommt, und Latrinen. Im ganzen Reservat kann man für 2 US$ pro Tag campen.

Zu den besten Unterkünften gehören die rustikalen Hütten und Baumhäuser der **Posada la Soñada** (Cebollal), die farbenfrohe und komfortable **Finca Fuente de Vida** (Cebollal), die

Posada La Perla (La Perla) im Orchideengürtel und all die authentischen Familienunterkünfte im freundlichen Dorf Sontule.

An- & Weiterreise

Es gibt Busse vom Cotran Norte in Estelí zu verschiedenen Teilen des Reservats (rund 20 C$ für alle Ziele). Die Busse nach El Coyolito (1 Std.), im unteren südwestlichen Teil, und nach La Pita fahren von der Pulperia Miraflor am nördlichen Stadtrand von Estelí ab. In Estelí kann man im UCA Miraflor die beste Busverbindung für sein Ziel heraussuchen.

RESERVA NATURAL CERRO TISEY-ESTANZUELA

Kleiner und weniger bevölkert als Miraflor, aber mindestens genauso schön ist das Reserva Natural Cerro Tisey-Estanzuela. Hier findet man nur einen Steinwurf von Estelí entfernt immer wieder eine phänomenale Aussicht, versteckte Höhlen und erfrischende Wasserfälle. Man kann zwar auch einen Tagesausflug nach Tisey machen, aber es lohnt sich, zur Erkundung des ganzen Gebiets mehr Zeit zu investieren und hier zu übernachten.

Der überwältigende **Mirador Segoviano** ist einen Besuch wert. Der Aussichtspunkt, von dem aus man einen Panorama-Rundblick hat, ist ein starker Anwärter auf den Titel des spektakulärsten Ausblicks im ganzen Land. An klaren Tagen kann man auch den Lago de Managua erkennen, rundherum ein Dutzend Vulkane und sogar der Golf von Fonseca und El Salvador sind zu sehen.

In der Nähe befindet sich die wohl reizendste Attraktion Tiseys, die wundervolle **Galería del Arte El Jalacate** (Eintritt nach Spende) von Alberto Gutiérrez. Don Alberto hat sich einen Traum erfüllt und 40 Jahre lang Figuren und Landschaftsbilder aus antiken und modernen Zeiten in eine 40 m hohe Felswand gehauen. Obwohl er inzwischen fast 70 ist, hüpft der exzentrische Künstler durch seinen wunderschön gestalteten Landschaftsgarten, tänzelt über die steilen Bergpfade und klettert auf Obstbäume, während er seine Arbeiten erläutert.

Noch 2 km die Straße weiter liegt der Eingang nach **La Garnacha**, einem aufgeweckten winzigen Bergdorf. Die Einwohner bauen nicht nur Biogemüse und Kaffee an, sondern stellen auch Ziegenkäse und kunsthandwerkliche Gegenständeher und bieten Trips (5 US$/Führer) zu nahen Attraktionen an, darunter die schwierige Wanderung zu den von zahllosen Fledermäusen bewohnten **Cuevas de Cerro Apaguaji**. Taschenlampe mitbringen und aufpassen, wo man hintritt, denn einer Legende nach soll es hier Kobolde geben.

Nur 5 km von Estelí entfernt liegt im tieferen Teil des Reservats die erfrischendste Attraktion der Region: der **Salto Estanzuela** (Eintritt 0,75 US$), ein eindrucksvoller, 36 m hoher Wasserfall, der ein herrliches, von einem Kieselstrand umgebenes Schwimmloch speist. Am Wochenende kommen viele Leute zum Picknicken her, aber unter der Woche hat man das Paradies möglicherweise ganz für sich allein. Es ist nur ein 20-minütiger Spaziergang vom beschrifteten Tor an der Hauptstraße gleich vor dem Dorf Estanzuela.

Schlafen & Essen

Eco-Posada (☎ 2713-6213; Zi. ohne Bad 4 US$, Hütte 12 US$) Liegt am höchsten Punkt auf dem Berg nahe dem Eingang zum Mirador Segoviano. Die freundliche Lodge in einer familienbetriebenen Biofarm bietet einfache Zimmer und komfortablere Hütten mit eigenem Bad mitten in einem üppigen Garten. Auf Wunsch gibt's auch Essen zu vernünftigen Preisen (40–70 C$).

La Garnacha Cabins (☎ 2713-7785; Hütte 15–40 US$) Die von der Gemeinde betriebenen Hütten mit Blick auf einen kleinen See haben Warmwasser und eigenen sich für zwei bis zehn Personen. Hier kann man sich auch einfache Zimmer (3 US$) in Gastfamilien organisieren.

Der *comedor* in La Garnacha bereitet mit Bioprodukten ausgezeichnete Gerichte (60–100 C$) zu.

An- & Weiterreise

Es gibt täglich zwei Busse vom Cotran Sur in Estelí nach Tisey (6.30 & 13.30 Uhr), die am Zugang zum Salto Estanzuela vorbei, dann weiter nach Eco-Posada und zur Abzweigung La Garnacha fahren. Von dort geht's 2 km zu Fuß weiter bis zum Dorf. Die Busse fahren um 8 und 16 Uhr wieder von der Abzweigung La Garnacha zurück. Man kann von Estelí aus ein Taxi bis zum Zugang zum Salto Estanzuela nehmen (rund 100 C$).

SOMOTO

19 730 Ew.

Somoto war früher eine verschlafene Ortschaft im Hochland, die am ehesten noch für ihre Esel und *rosquillas* (Maiskuchen) bekannt war. Doch das änderte sich schlagartig, als 2003 der **Cañon de Somoto**, gerade einmal 75 Mio. Jahre nach seiner Entstehung, in die Schlagzeilen kam. Die Einheimischen hatten zwar schon längst von der Existenz der prachtvollen Schlucht gewusst, aber erst die „Entdeckung" durch einige europäische Wissenschaftler rückte sie und damit auch das winzige Somoto ins öffentliche Bewusstsein

Die Schlucht, in der der mächtige Río Coco entspringt, wurde zu einem nationalen Naturdenkmal erklärt und als Teil des umliegenden **Reserva Natural Tepesomoto-Pataste** (Eintritt 0,50 US$) unter Schutz gestellt. Der Ort ist wahrlich spektakulär: Der Fluss hat eine 3 km lange Schlucht in den massiven Felsen gegraben. Zu beiden Seiten erheben sich hohe Granitkämme, die teilweise weniger als 10 m voneinander entfernt sind.

Man kann zwar auch auf eigene Faust zu Fuß in die unteren Bereiche des Canyons vordringen, will man aber die Attraktionen des Gebiets wirklich verstehen, empfiehlt es sich, einen örtlichen Führer (halber/ganzer Tag 10/20 US$ pro Pers.) zu engagieren. Die Guides führen Besucher auf verschiedenen Routen zunächst oben auf dem Kamm entlang, dann am äußersten Ende der Schlucht in sie hinunter. Den Rückweg bewältigt man wandernd, springend und schwimmend längs des Flusses. Für alle, die das Gebiet ernsthaft erkunden wollen, können die Führer auch Campingmöglichkeiten und Unterkünfte in der örtlichen Gemeinde organisieren.

Der Haupteingang zum Park liegt 15 km nördlich von Somoto an der Straße zur honduranischen Grenze; man kann in jeden beliebigen Bus in Richtung El Espino einsteigen und sich am „el cañon" (6 C$) absetzen lassen, ein Taxi vom Ort aus nehmen (50 C$) oder am Highway auf ein Sammeltaxi warten (10 C$/Pers.).

Somoto selbst ist ein ruhiges, ländliches Städtchen, das Besuchern nicht viel Interessantes bietet. Allerdings gehört die charmante kolonialzeitliche Kirche an der Plaza zu den ältesten des Landes: Sie wurde 1671 erbaut.

Im Ort gibt es viele Unterkünfte, aber kaum eine bessere als das **Hotel Panamericano** (☎ 2722-2355; Parque Central; Zi. mit/ohne Bad 10/8 US$ pro Pers.), an der Plaza. Es bietet sehr einfache Zimmerchen mit Gemeinschaftsbad und Warmwasser sowie sehr ordentliche Zimmer mit eigenem Bad und TV. Man sollte sich ein paar anschauen, da alle unterschiedlich sind.

Somotos Busbahnhof liegt an der Panamericana in Gehweite vom Zentrum. Busse fahren stündlich zur Grenze bei El Espino (8 C$, 40 Min.) und Ocotal (16 C$, 1 Std.) sowie alle 40 Minuten nach Estelí (22 C$, 2 Std.). Expressbusse nach Managua (78 C$, 3½ Std.) fahren um 5, 6.15, 7.30, 14, 15.15 und 15.45 Uhr.

LEÓN & NORDWESTLICHES NICARAGUA

Das nordwestliche Nicaragua ist die vulkanreichste Region Zentralamerikas und wird von der Cordillera de los Maribios, einer Kette aus zehn Vulkanen dominiert, von denen einige noch aktiv sind. Diese Gebirgskette verläuft parallel zur Pazifikküste vom Nordwestufer des Lago de Managua bis zum Golf von Fonseca. Die Vulkane erheben sich aus einem heißen, fruchtbaren Tiefland, in dem Mais, Zuckerrohr, Reis und Baumwolle angebaut werden. Die Region war auch immer ein fruchtbarer Nährboden für unabhängiges Denken und politischer Radikalität – vom Kampf um die Unabhängigkeit von Spanien bis hin zur sandinistischen Revolution.

LEÓN

144 179 Ew.

Das stolze León war lange Nicaraguas Hauptstadt und ist immer noch das Zentrum seiner künstlerischen, religiösen und revolutionären Geschichte. Die Stadt ist eine der beiden legendären kolonialzeitlichen Juwelen des Landes. Eine verblasste Romantik bestimmt die im Schatten der Dachtraufen liegenden Straßen, wo am Abend die geselligen Einwohner Schaukelstühle auf den Bürgersteig stellen, um ein Schwätzchen zu halten. Der Lieblingssohn der Stadt ist Rubén Darío, der berühmte Nationaldichter, der in der aus dem 18. Jh. stammenden ehrwürdigen Kathedrale begraben liegt, die das größte Wahrzeichen Leóns und das größte Gotteshaus Zentralamerikas ist. Verglichen mit dem ewigen Rivalen Granada ist der Zauber Leóns nicht ganz so offensichtlich, aber die jugendliche Energie der Stadt, ihr pulsierendes Nachtleben und die ausgezeichneten Unterkünfte haben sie zu einem angesagten Ziel bei unabhängigen Travellern werden lassen, die einen umfassenden Einblick in die nicaraguanische Kultur gewinnen wollen.

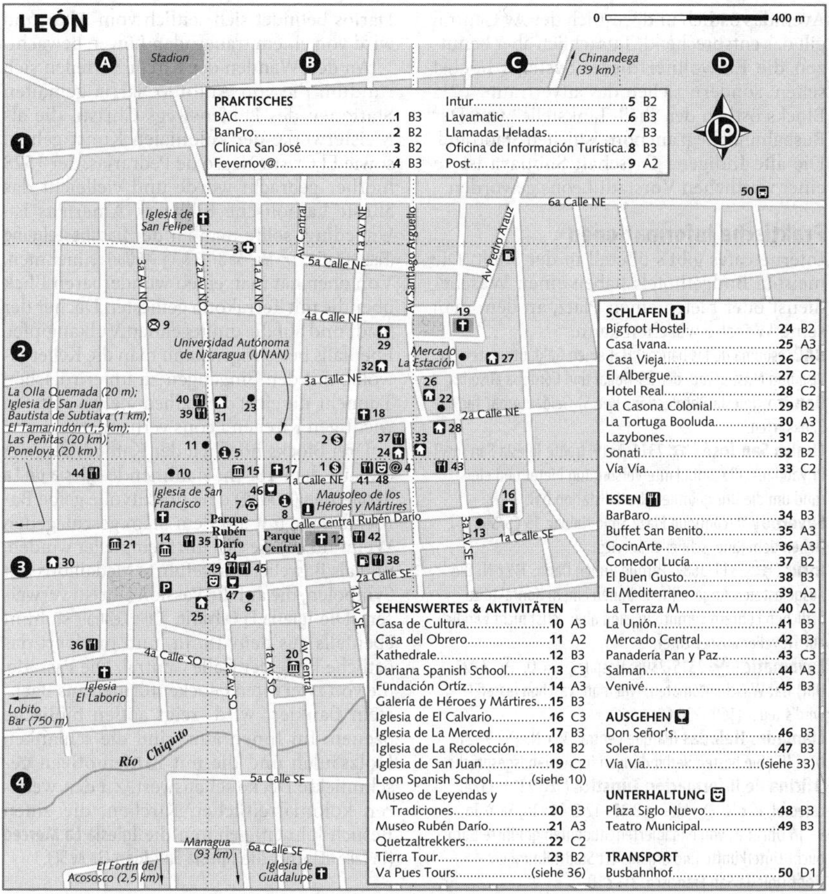

Geschichte

León wurde ursprünglich 1524 von Francisco Hernández de Córdoba nahe dem Fuß des Volcán Momotombo gegründet. Nach einer Serie von Naturkatastrophen gaben die Spanier 1610 die Stätte auf und verlegten die Stadt in die Nähe der wichtigen indigenen Siedlung Subtiava, wo sie heute noch zu finden ist.

Fast die gesamte Kolonialzeit hindurch bildete León die Hauptstadt des Landes und war darüber hinaus das wichtigste kirchliche Zentrum der ganzen Region, wie noch heute das eindrucksvolle Erbe an vielen schönen Kirchen und kolonialzeitlichen Gebäuden verrät. Die Universidad Autónoma de Nicaragua (UNAN), Nicaraguas erste Universität, wurde 1912 in der Stadt gegründet.

Traditionell war León schon immer die politisch progressivste aller nicaraguanischen Städte. Während der Revolution kämpfte praktisch die gesamte Stadt gegen den Diktator Somoza. Dramatische Wandgemälde erinnern hier überall an jene Zeit, und auch heute noch ist León eine Hochburg der Sandinisten.

Orientierung

Die Av Central und die Calle Central Rubén Darío kreuzen sich an der Nordostecke des Parque Central und teilen die Stadt in die Quadranten Nordost, Nordwest, Südost und Südwest. Die Calles erhalten höhere Nummern, je weiter sie sich nord- bzw. südwärts von der Calle Central entfernen, für die

Avenidas östlich und westlich der Av Central gilt das entsprechend. Tatsächlich aber benutzen die Einwohner dieses Systems höchst selten, sondern ziehen das altvertraute: „2½ Blocks östlich der Shell-Tankstelle" vor. Der Busbahnhof liegt am nordöstlichen Stadtrand. Die alte Indigena-Ortschaft Subtiava ist zu einer westlichen Vorstadt Leóns geworden.

Praktische Informationen

Internetcafés gibt's überall in der Stadt. Die meisten Budgethotels haben einen Wäschedienst oder bieten einen Platz, an dem man seine Wäsche waschen kann.

BAC (esquina de los bancos) Hat einen Geldautomaten für Visa und MasterCard, der US-Dollar und Córdoba ausgibt.

BanPro (Iglesia Recolección, ½ c S) Geldautomat für alle Bankkarten.

Clínica San José (☎ 2311-3319; frente Iglesia San José) Privatklinik, die ambulante Versorgung bietet und eine rund um die Uhr geöffnete Notfallstation hat.

Fevernov@ (contiguo Plaza Siglo Nuevo; 15 C$/Std.) Neben dem Kino; schneller Service.

Intur (☎ 2311-3682; Parque Rubén Darío, 1½ c N) Die ausgelasteten Angestellten können einem Kontakte zu örtlichen Führern vermitteln, sind aber sonst nicht wirklich auf Traveller ausgerichtet.

Lavamatic (🕑 2315-2396; Hospital, ½ c O; 🕑 7–21 Uhr) Hat Waschautomaten; will man waschen lassen, wird's teuer (160–230 C$).

Llamadas Heladas (Parque Central, ½ c N; 🕑 9–21 Uhr) Hat die besten Verbindungen für Auslandsgespräche.

Oficina de Información Turística (☎ 2311-3528; catedral, ½ c N; 🕑 Mo–Fr 8.30–12 & 14–18, Sa & So 9–16 Uhr) Das von engagierten Studenten geführte Büro bucht Unterkünfte und organisiert Stadtführungen.

Post (Iglesia San Francisco, 3½ c N)

Sehenswertes

KIRCHEN & PLAZAS

Leóns **Kathedrale** ist die größte Kirche Zentralamerikas. Die Bauarbeiten begannen im Jahr 1747 und zogen sich über mehr als ein Jahrhundert hin. Laut einer örtlichen Legende fürchteten die Stadtväter, dass der prächtige Entwurf für das Gebäude von der spanischen Kolonialverwaltung abgelehnt werden würde, und reichten deshalb bescheidenere Pläne ein, nach denen sie gar nicht zu bauen gedachten.

Die recht nüchterne Fassade atmet in ihrer Monumentalität klassizistischen Geist; von hochfliegenden Cherubim ist nichts zu spüren. Hinter ihr liegt ein hoch gewölbter, heller, unverzierter Innenraum. Das Grabmal Rubén Daríos befindet sich seitlich vom Altar und wird von einem trauernden Löwen bewacht.

An den Wänden der Kirche verteilen sich rundum die von Antonio Sarría gemalten Stationen des Leidenswegs Christi, die als Meisterwerke der kolonialen Kunst gelten, sowie El Cristo Negro de Pedrarias, der 1528 hierher gebracht wurde und vielleicht das älteste katholische Bildwerk Amerikas ist. Unbedingt sollte man an der **Dachbesteigung** (Eintritt 1 US$; 🕑 Mo–Sa 8–12 & 14–16 Uhr) teilnehmen. Von oben hat man einen wunderbaren Blick über die mit Terrakotta gefliesten Dächer der Stadt und auf die umliegenden Vulkangipfel. Ebenfalls besichtigen kann man die Kellergewölbe mit den Eingängen zu unterirdischen Tunneln, die einst die Kathedrale mit anderen wichtigen Kirchen Leóns verbanden.

Drei Blocks nördlich der Kathedrale zeigt die aus dem 18. Jh. stammende **Iglesia de La Recolección** (1a Av NE) eine prachtvolle gelbe Barockfassade mit aus dem Stein geschlagenen Weinranken, die sich um Steinpfeiler winden, und als Basreliefs ausgeführte Medaillons mit Symbolen, die auf die Passion Christi verweisen. Die **Iglesia El Calvario** (Calle Central) stammt ebenfalls aus dem 18. Jh. und markiert das östliche Ende der Calle Central. Die Fassade, die von zwei roten Glockentürmen aus Backstein flankiert wird, zeigt außen biblische Szenen. Im Innenraum sind die schlanken Holzsäulen und die mit Erntemotiven geschmückte Decke sehenswert. Zu den weiteren kolonialzeitlichen Kirchen, die einen Besuch lohnen, gehören die **Iglesia La Merced** (1a Calle NE) und die **Iglesia San Juan** (3a Av SE).

MUSEEN & DENKMÄLER

Rubén Darío wird weltweit als einer der größten Dichter Lateinamerikas verehrt. Das Haus, in dem er aufwuchs, liegt drei Blocks westlich der Plaza und ist heute das **Museo Rubén Darío** (Calle Central; Eintritt frei; 🕑 Di–Sa 8–12 & 14–17, So 8–12 Uhr). In der Ausstellung, die persönliche Besitztümer und Ausgaben seiner Werke zeigt, wird einem der Mensch und Dichter überzeugend nahegebracht.

Ganz in der Nähe versammelt die **Fundación Ortiz** (☎ 2277-2627; Iglesia San Francisco, ½ c S; Eintritt 1 US$; 🕑 Di–Sa 10.30–18.30, So 9–17 Uhr) Kunstschätze in zwei schönen kolonialzeitlichen Gebäuden zu beiden Seiten der Straße. Neben einer eindrucksvollen Auswahl von Gemälden europäischer Meister ist vor allem die Sammlung lateinamerikanischer Kunst sehenswert,

GERECHTIGKEIT, VOLLSTRECKT VON EINEM KELLNER

Ein Wandgemälde gleich neben dem Parque Central, das eine Pistole und einen Brief zeigt, bezieht sich auf einen wichtigen Augenblick in der Revolutionsgeschichte Nicaraguas. In dem Brief, den der Dichter und Journalist Rigoberto López Pérez schrieb und unterzeichnete, erklärte er seine Absicht, Anastasio Somoza García, den Begründer der vierzigjährigen Schreckensherrschaft des Somoza-Clans, zu töten. Das Haus, in dem er seinen Plan in die Tat umsetzte, die **Casa del Obrero**, befindet sich in der 2a Av NO. Am 21. September 1956 verschaffte sich Pérez als Kellner gekleidet Zutritt zu einer Feier für Würdenträger des Regimes und schoss auf den Diktator. Somoza wurde in ein Militärhospital nach Panama geflogen, wo er einige Tage später verstarb. López Pérez wurde noch an Ort und Stelle getötet und vom Volk als ein Nationalheld verehrt. Die an dem Haus angebrachte Plakette verkündet, seine Tat sei der „Anfang vom Ende" der Schreckensherrschaft der Somozas gewesen.

die u. a. präkolumbische Keramiken und Werke zeitgenössischer nicaraguanischer Maler umfasst. Die Fundación ist die bei Weitem bedeutendste Kunstgalerie Nicaraguas.

Innerhalb von La XXI, das unter dem Somoza-Regime ein Foltergefängnis für politische Gefangene war, präsentiert das **Museo de Leyendas y Tradiciones** (frente ruinas San Sebastián; Eintritt 1 US$; ⌚ Di–Sa 8–12 & 14–17, So 8–12 Uhr) in einer sonderbaren Mischung einerseits lebensgroße Figuren örtlicher Sagenhelden und andererseits Wandmalereien, die die brutalen Foltermethoden darstellen, die Somozas Nationalgarde damals hier praktizierte. Spaß und Schrecken wohnen hier dicht an dicht.

Ein weiteres lohnendes Besuchsziel ist die anrührende **Galería de Héroes y Mártires** (Parque La Merced, 20 m O; Eintritt 1 US$; ⌚ Mo–Sa 8–17 Uhr). Die von den Müttern von FSLN-Veteranen und gefallenen Widerstandskämpfern geführte Galerie zeigt Fotos von über 300 jungen Männern und Frauen, die im Kampf gegen die Somoza-Diktatur und die von den USA finanzierten Contras gefallen sind.

Einen großartigen Blick über die Stadt hat man von dem Hügel am südlichen Stadtrand, auf das **El Fortín de Acosoco**, eine frühere Kaserne der Nationalgarde, steht. Das Bauwerk befindet sich in einem etwas zwielichtigen Viertel neben der städtischen Müllkippe; man sollte also seine Wertsachen im Hotel lassen und sich nur in einer Gruppe auf den Weg hierher machen.

EL BARRIO SUBTIAVA

Ungefähr 1 km westlich der Kathedrale steht im Stadtteil Subtiava die kürzlich restaurierte **Iglesia de San Juan Bautista de Subtiava**, die älteste noch vollständig erhaltene Kirche in der Stadt. Die Kirche aus dem ersten Jahrzehnt des 18. Jh. besitzt ein typisches bogenförmiges Holzdach, an dem ein außergewöhnliches Sonnensymbol befestigt ist. Es wurde möglicherweise angebracht, um die indigene Gemeinde in den Gottesdienst zu locken.

In kurzer Gehentfernung steht **El Tamarindón** (Iglesia Subtiava, 3 c S, 2 c O), der uralte Baum, an dem die Spanier 1614 Adiáct, den *cacique* (Häuptling) von Subtiava hängten. Der Baum ist zu einem Symbol für den indigenen Widerstand geworden und mit einer schlichten Plakette markiert.

Kurse

Einige Hostels, darunter das Vía Vía, das La Tortuga Booluda und das Bigfoot Hostel können vor Ort Spanisch-Privatlehrer organisieren (ca. 6 US$/Std.).

Casa de Cultura (☎ 2311-2116; Parque La Merced, 2 c O) Das mit aufwändigen Wandmalereien dekorierte, entspannte Kulturzentrum bietet preisgünstige Kunst-, Tanz- und Musikkurse. Wer den Machismo satt hat, kann hier auch Kung-fu-Kurse besuchen.

Dariana Spanish School (☎ 2311-1235; www.dss-spanishschool.com; Iglesia El Calvario, ½ c O; 20 Std. mit/ohne Familienunterbringung 210/115 US$) Diese von Einheimischen geführte Schule wird von Travellern durchgängig gut bewertet. Zum Programm gehören auch kostenlose kulturelle Aktivitäten und geführte Touren.

León Spanish School (☎ 2311-2116; www.leonspanishschool.org; in der Casa de Cultura; 20 Std. mit/ohne Familienunterbringung 224/140 US$) Professionelles Unternehmen, das seinen Schülern auch Freiwilligenjobs vermitteln kann.

Geführte Touren

Viele Abenteuerlustige kommen nur aus einem Grund nach León: um am Cerro Negro, einem der aktivsten Vulkane Amerikas, zu „surfen". Beim „Vulkan-Boarding" schleppt man sich zunächst den heißen, schwarzen Geröllhang hinauf (45 Min.), um dann in voller Fahrt stehend auf einem „Sandboard" oder sitzend in einem Schlitten den Hang hinunterzusausen (ca. 45 Sek.). Stürze, Schrammen und Beulen bleiben dabei in den allermeisten Fällen nicht aus, aber wer verrückt genug ist, sich auf dieses Abenteuer einzulassen, kann den Trip mitmachen, den das Bigfoot Hostel, Va Pues Tours und Tierra Tours anbieten (rund 28 US$/Pers.).

NicAsi (☎ 8414-1192; www.nicasitours.com) Der Veranstalter ist auf historische und kulturelle Touren spezialisiert. Zu seinen beliebten Angeboten gehören der Koch-Workshop (20 US$) und die Tour „Cowboy für einen Tag" (45 US$), bei der man auf einer örtlichen Farm Rinder zusammentreiben und Lasso werfen üben kann. Es gibt kein Büro, aber in den meisten Hostels liegen die Anmeldeformulare aus.

Quetzaltrekkers (☎ 2311-6695; www.quetzaltrekkers.com; Iglesia Recolección, 1½ c O) Die fantastische gemeinnützige Organisation veranstaltet unterhaltsame mehrtägige Vulkanwanderungen (25–65 US$ inkl. öffentliche Verkehrsmittel, Verpflegung und Camping). Die Einnahmen dienen der Finanzierung sozialer Projekte in örtlichen Gemeinden. Auch freiwillige Arbeitskräfte sind willkommen.

Tierra Tour (☎ 2315-4278; www.tierratour.com; Iglesia Merced, 1½ c N) Der schon lange existierende Veranstalter bietet u. a. Trips nach León Viejo (35 US$), zu den Thermalquellen von San Jacinto (20 US$) und in die Feuchtgebiete der Isla Juan Venado (50 US$).

Va Pues Tours (☎ 2315-4099; www.vapues.com; frente Iglesia Laborio) Neben Vulkanwanderungen und Trips zur Isla Juan Venado hat diese professionelle Agentur, die ihren Sitz im Restaurant CocinArte hat, interessante kulturelle Führungen rund um León im Angebot, u. a. einen Besuch im indigenen Subtiava-Gebiet, der von einem Stammesältesten begleitet wird (25 US$).

Festivals & Events

León ist berühmt für seine Fiestas:

La Gritería Chiquita (14. Aug.) Das Fest geht auf das Jahr 1947 zurück, als ein Ausbruch des Cerro Negro die Stadt unter einem Ascheregen zu begraben drohte. Der hörte plötzlich auf, als ein örtlicher Priester gelobte, eine ähnliche *gritería* (Aufschrei) zu starten wie am Día de la Purísima im Dezember, nur dass die Antwort hier ¡La asunción de María! („Die Himmelfahrt Mariä!") lautet.

Día de la Virgen de Merced (24. Sept.) Leóns Schutzpatronin wird mit Prozessionen durch die Straßen der Stadt geehrt. Am Vortag geht's heftiger zu: Feierlustige legen ein mit Feuerwerkskörpern besetztes Bullenkostüm, den sogenannten *toro encohetado,* an und gehen auf die in Panik versetzten Zuschauer los, während die Raketen fliegen.

Día de la Purísima Concepción (7. Dez.) Die „Warmlaufphase" zum Día de la Concepción de María (Mariä Empfängnis, 8. Dez.), der in ganz Nicaragua gefeiert wird. Am 7. findet die *gritería* statt. Gruppen ziehen herum und rufen in jedes Haus, in dem ein Altar aufgebaut ist, die Frage: *¿Quién causa tanta alegría?* („Wer verursacht so große Freude?") Darauf wird zurückgerufen: *¡La concepción de María!* („Die Empfängnis Mariä!"). Die angerufene Familie reicht den Umherziehenden dann traditionelle Leckerbissen wie in Honig getauchte Bananenscheiben oder saisonales Obst.

Schlafen

Casa Vieja (☎ 2311-4235; Iglesia Recolección, 1 c E, ½ c N; B/Zi. ohne Bad 3,50/9 US$) Die ziemlich heruntergekommene Casa Vieja bietet die billigsten Betten der Stadt in großartig zentraler Lage. Die Zimmer im Erdgeschoss sind dunkel und muffig, aber wer das Glück hat, das Zimmer im Obergeschoss zu erwischen, kann von seiner durchgelegenen Matratze aus den phänomenalen Ausblick über die Dächer der Stadt genießen.

El Albergue (☎ 8894-1787; hostalelalbergue@yahoo.es; Petronic, ½ c O; B/DZ ohne Bad 4/14 US$; 📶) Das entspannte Hostel bietet eine ruhige Atmosphäre ohne Schnickschnack. Die geräumigen Zimmer haben bequeme Matratzen; die Schlafsäle sind mit ihren schmalen Betten und Schaumstoffpolstern aber weniger ansprechend. Man kann die einfache Küche benutzen und kostenlos Fahrräder ausleihen. Außerdem gibt's viele Schaukelstühle zum Ausspannen. Leute, die Freiwilligenarbeit leisten, erhalten Rabatt.

Vía Vía (☎ 2311-6142; Iglesia Recolección, 1 c E, ½ c S; B/Zi. 5/15 US$) Die erste Backpackerherberge Leóns ist immer noch eines der besten Angebote vor Ort. Die um einen üppigen tropischen Garten angelegten Zimmer sind elegant gestaltet und haben tolle Badezimmer, und die Schlafsäle sind geräumig und komfortabel (keine Etagenbetten). Vorn im Haus befindet sich eine stimmungsvolle Bar, in der sich Einheimische und Traveller gleichermaßen tummeln.

Sonati (☎ 2311-4251; www.sonati.org; Iglesia Recolección 1 c N, ½ c E; B/EZ/DZ 5/11/20 US$; 💻 📶) Zum Zeitpunkt der Recherche war das Haus brandneu und trotzdem schon sehr beliebt. Das Sonati hat saubere, komfortable Zimmer rund um einen hübschen Garten, eine Gästeküche und eine echt entspannte Atmosphäre. Gäste und Nichtgäste können hier für nur 2 C$ ihre großen Wasserflaschen auffüllen. Die Einnahmen aus dem Hostel finanzieren örtliche Umwelt-Informationsprogramme.

LP Tipp La Tortuga Booluda (☎ 2311-4653; www.tortugabooluda.com; Catedral, 4½ c O; B 6 US$, EZ/DZ ab 17/24 US$;) Die „müßige Schildkröte" ist ein ruhiges, aber geselliges Haus mit tollen Extras wie einem kostenlosen Pfannkuchen-Frühstück, einer prima ausgestatteten Küche und dem besten Büchertausch der Stadt. Hier fühlt man sich gleich wie zu Hause. Die Zimmer sind einfach, aber stilvoll, und es gibt einen entspannenden Loungebereich.

Bigfoot Hostel (☎ 8917-8832; Iglesia Recolección, 1 c E, ½ c S; www.bigfootnicaragua.com; B/Zi. ohne Bad 6/13 US$;) In dem beliebten Hostel gleich gegenüber dem Vía Vía herrscht eine jugendliche, partyfreudige Backpackerstimmung. Die Schlafsäle sind düster, und der Lärm aus den Gemeinschaftsbereichen dringt herein. Die Gemeinschaftsbäder könnten besser sein. Positiv zu erwähnen sind die solide Gästeküche und die großartigen *mojitos* an der Bar. Auch nicht schön: Mehr als ein (großer) Fuß passt in den sogenannten Pool nicht rein.

Casa Ivana (☎ 2311-4423; Teatro Municipal, 20 m O; EZ/DZ 7/8 US$) Die Herberge in einem typischen Wohnhaus dieser Stadt liegt zentral. Die Zimmer sind ordentlich, einfach und für den Preis gut, die Eigentümer aber gelegentlich etwas mürrisch.

Lazybones (☎ 2311-3472; www.lazybonesleon.com; Parque Rubén Darío, 2½ c N; B 8 US$, Zi. mit/ohne Bad 28/19 US$;) Dieser ruhige, um einen länglichen Hof mit Wandmalereien und Hängematten angelegte Backpackerpalast ist eine echte Augenweide. Die Schlafsäle sind sauber und komfortabel und die Zimmer recht ansprechend. Aber der eigentliche Pluspunkt des Lazybones ist der hübsche Poolbereich hinten – ein echtes Extra in einer derart heißen Stadt.

La Casona Colonial (☎ 2311-3178; Parque San Juan, ½ c O; EZ/DZ 20/30 US$;) Die dunklen Zimmer mit Ventilator in diesem familiengeführten Hotel sind mit edlen antiken Möbeln ausgestattet, darunter Betten, in die man buchstäblich hineinklettern muss. Es gibt hier außerdem Gartenanlagen, Bücher, bequeme Stühle, ein freundliches Management und jede Menge Ruhe und Frieden.

Hotel Real (☎ 2311-2606; hotel.real@gmail.com; Iglesia Recolección, 1½ c E; EZ/DZ mit Frühstück 35/45 US$;) Wen schon die großen, komfortablen Zimmer mit Klimaanlage in diesem professionell geführten Hotel in Versuchung führen, wird dem wunderschönen Sonnenuntergang auf der Dachterrasse erst recht nicht widerstehen können.

Essen

Abends gibt's an den improvisierten Ständen vor dem Colegio La Salle Leóns beliebtestes Fast Food, nämlich Hähnchentacos mit Kohl und Sahnesauce. Andere preiswerte Gerichte bieten die beiden ausgezeichneten *fritangas,* die abends hinter der Kathedrale öffnen. Selbstversorger finden gutes frisches Obst und Gemüse im **Mercado Central**. Die beiden wichtigsten Supermärkte Leóns, **La Unión** (1a Calle NE) und **Salman** (1a Calle NO), liegen sechs Blocks auseinander.

Panadería Pan y Paz (frente Amocsa; Gebäck 12–30 C$; Mo–Sa 7–17 Uhr) Die kleine französische Bäckerei hat das beste Brot in der Stadt, außerdem echte Croissants und gute Sandwiches.

LP Tipp La Terraza M (Parque Rubén Darío, 2½ c N; Frühstück 50 C$, Gerichte 80–120 C$) Das entspannte Café mit seinem schattigen Garten ist ein wunderbarer Ort, um der Hitze zu entkommen und sich mit einem kleinen, frischen Gericht zu stärken. Neben gesunden Frühstücksangeboten gibt's sehr gute Sandwiches und auch substanziellere Gerichte.

CocinArte (frente Iglesia Laborio; Hauptgerichte 80–130 C$; V) In einer Stadt, in der vegetarisches Essen ein Schattendasein führt, ist das CocinArte ein echtes Schmuckstück. Man findet hier köstliche vegetarische Versionen typisch nicaraguanischer Speisen und internationale Gerichte wie Falafel und Chana masala.

BarBaro (Parque Rubén Darío, 1 c S; Hauptgerichte 85–145 C$) Das beliebte neue Barrestaurant hat die umfangreichste Speisekarte in der Stadt, auf der viele internationale Hits wie Satay-Hähnchen und Caesar Salad stehen. Auch das Getränkeangebot ist ähnlich vielfältig und bietet eine große Auswahl an Cocktails.

Veniví (Catedral, 2 c O; Tapas 25–40 C$, Hauptgerichte 110–170 C$) Das Veniví ist ein Barrestaurant mit Klasse und umfangreicher Karte, doch vor allem für seine köstlichen Tapas berühmt. Empfehlenswert sind die gehaltvollen Pasteten und die köstlichen *albóndigas* (Fleischbällchen).

Lobito Bar (Iglesia Subtiava, 2 c S, 4½ c E; Hauptgerichte 115–130 C$) Die Bar ist eine Institution in Subtiava. In dem angenehmen, offenen Essbereich werden schmackhaftes Grillfleisch und die besten Rippchen der Stadt serviert. Man braucht einen gesunden Appetit, denn die Portionen sind groß.

El Mediterraneo (Parque Rubén Darío, 2½ c N; Gerichte 120–200 C$) Leóns romantischstes Restaurant hat ein elegantes, aber entspanntes Flair, ruhige Musik und gut zubereitete Pasta-, Meeresfrüchte-, Fleisch- und Currygerichte. Die Weine sind ordentlich und die Pizzas herausragend.

Als Studentenstadt hat León eine Reihe preiswerter und sättigender Dampftafel-Buffets. Früh kommen, denn die besten Sachen sind schnell alle!

Buffet San Benito (frente Iglesia San Francisco) Das preiswerteste Buffet mit Sitzplätzen in der Stadt.

El Buen Gusto (Catedral, ½ c E) Eine weitere, wirklich preiswerte Alternative.

Comedor Lucía (Iglesia Recolección, 1 c E, ½ c S; Mo–Sa 7–15 Uhr) Etwas teurer, aber auch etwas besser.

Ausgehen

Dank unzähliger Bars und zahlreicher Discos steigt in León immer irgendwo eine Party. Das Vía Vía ist gut für einen entspannten Drink geeignet– allerdings nicht am Freitagabend, wenn zu den kostenlosen Konzerten eine lärmende Besuchermenge anrückt.

La Olla Quemada (Parque Rubén Darío, 4 c O) Diese tolle Bohèmebar bietet Livemusik, Salsanächte und anspruchsvolle Filme. Hier kommen Einheimische und Traveller gleichermaßen gerne her.

Solera (frente Teatro Municipal) Die gesellige Bar, in der man auch sitzen kann, hat ein ruhigeres Publikum. Hier kann man bei einer Flasche Rum bis in die frühen Morgenstunden plaudern. Mehrmals pro Woche gibt's auch Livemusik.

Don Señor's (frente Parque La Merced; Disco Grundpreis 30 C$) Hier gibt's nicht nur ein Nachtlokal, sondern gleich drei: Im Obergeschoss befindet sich eine Disco, im Erdgeschoss eine entspannte Bar, von deren Tischen man einen Blick auf die Straße hat, und gleich um die Ecke ist das Pubrestaurant El Alamo.

Unterhaltung

Teatro Municipal (2a Av SO) Das eindrucksvoll restaurierte Teatro Municipal ist Leóns wichtigster Veranstaltungsort für Musik, Tanz und Theater, und auch die meisten tourenden Ensembles treten hier auf. Hinweise auf kommende Events kann man der Anschlagtafel entnehmen.

Plaza Siglo Nuevo (1a Calle NE; Tickets 60 C$) Leóns Kino zeigt überwiegend US-Blockbuster.

Anreise & Unterwegs vor Ort

Leóns chaotischer **Busbahnhof** (☎ 2311-3909; 6a Calle NE) liegt 1 km nordöstlich vom Zentrum. Die Kleinbusse nach Managua (40 C$, 1¼ Std.) oder Chinandega (25 C$, 45 Min.) fahren ständig, sobald sie voll sind, von der linken Seite der Hauptplattform ab. Regelmäßige Busverbindungen nach:

Chinandega über Chichigalpa (20 C$; 1½ Std.; 4.30–18 Uhr alle 15 Min.)

Estelí (60 C$; 3 Std.; 5.20, 12.45, 14.15 & 15.15 Uhr) Alternativ kann man auch den Bus nach San Isidro (Abfahrt alle 30 Min.) nehmen und dort umsteigen.

Managua (Mercado Bóer) expresos (35 C$; 1½ Std.; alle 30 Min.); ordinarios (30 C$; 2¼ Std.; 5–18.30 Uhr alle 20 Min.)

Matagalpa (60 C$; 2½ Std.; 4.20, 7.30 & 14.45 Uhr) Alternativ kann man auch den Bus nach San Isidro (Abfahrt alle 30 Min.) nehmen und dort umsteigen.

Nahverkehrsbusse und Pickups (4 C$) fahren vom Mercado Central nach Subtiava, zum Busbahnhof und zum Highway nach Managua. Taxifahrten innerhalb der Stadt kosten 15 C$ pro Person, nachts mehr.

RUND UM LEÓN

Poneloya & Las Peñitas

Nur 20 km westlich von León liegen lange, einladende Strände: **Poneloya** und der südlich

UNTERWEGS NACH CHOLUTECA, HONDURAS

Der Grenzübergang **Guasaule**, 60 km nordöstlich von Chinandega, ist der wichtigste Landübergang zwischen Nicaragua und dem südlichen Honduras. Er ist rund um die Uhr offen, Busse fahren hier aber nur zwischen 6 und 18 Uhr. Der Ort ist schwül und äußerst unangenehm, weil hier viele Schlepper herumhängen, doch von León aus ist es bei weitem die direkteste Verbindung. Nachdem man sich den nicaraguanischen Ausreisestempel abgeholt hat, ist es noch rund 1 km bis zur honduranischen Einreisestelle. Man kann für die Strecke auch eine Rikscha (rund 20 C$) nehmen.

Von **Chinandega** fahren Busse zur Grenze (30 C$, 1¾ Std., alle 30 Min.). Auf der honduranischen Seite starten regelmäßig Busse nach **Choluteca.** Express-Kleinbusse brausen von hier durchs südliche Honduras bis nach El Amatillo an der Grenze zu El Salvador.

Infos zur Einreise aus Honduras stehen auf S. 488.

NOCH MEHR SEHENSWERTES RUND UM LEÓN

Im Gebiet um León gibt es viel zu erkunden.

- Im Zentrum des Vulkankorridors bildet **San Jacinto** den Ausgangspunkt zur Besteigung aller drei Vulkane: des Telica, des Rota und des Santa Clara. Die nahegelegenen **Hervideros de San Jacinto** bestehen aus einer Reihe von Thermalquellen und kochender Schlammlöcher. Ortsansässige Kinder führen einen für ein paar Córdoba in der Gegend herum. Um hinzukommen, kann man jeden beliebigen Bus Richtung Estelí oder San Isidro nehmen und in San Jacinto, rund 25 km von León entfernt, aussteigen.
- Über den wichtigsten Highway aus León gelangt man nach **Chichigalpa**, wo die Rumfabrik Flor de Caña ihren Sitz hat. Die Fabrik ist für die Öffentlichkeit nicht zugänglich, doch wenn genug Interessenten zusammenkommen, kann das **Kulturamt** (☎ 2343-2456; alchichi@ibw.com.ni) der *alcaldía* (Bürgermeisterei) eine Führung arrangieren.
- Rund 35 km südlich von León liegt die Abzweigung zu Nicaraguas größtem Wahrzeichen, dem fast perfekten Kegel des **Volcán Momotombo**. Der Aufstieg zum Gipfel ist eine heiße, anstrengende Ganztageswanderung, für die Besucher zudem vorab eine Genehmigung von der Verwaltung der **Ormat Momotombo Power Company** (Karte S. 515; ☎ 2270-5622; Centre Finarca, Carretera Masaya) in Managua einholen müssen. Weit bequemer ist der Besuch im Rahmen einer geführten Tour von León aus (S. 542).

anschließende Strand von **Las Peñitas** sind durch eine Felsformation voneinander getrennt, die einen guten Orientierungspunkt darstellt. Hier kann man gut schwimmen, muss aber auf die Strömungen achten, denen im Verlauf der Jahre schon viele Menschen zum Opfer gefallen sind (am sichersten ist das südliche Ende von Las Peñitas). Wenn die Dünung anschwillt, können Surfer hier ordentliche Wellen finden. An Wochenenden und Feiertagen strömen die Massen hierher, aber unter der Woche sind die dunklen Sandstrände praktisch verlassen – sieht man einmal von den wunderbaren Pelikanen ab. Man kann die Strände im Rahmen eines Tagesausflugs von León aus besuchen, aber die entspannte Atmosphäre wird einen verlocken, hier auch zu übernachten.

Coco Surf School (☎ 8958-7443; www.cocosurfschool.com; Las Peñitas) bietet Surfunterricht und vermietet und repariert Surfbretter. Das Unternehmen hat eine kleine Hütte direkt am Strand.

SCHLAFEN & ESSEN

Die besten Unterkünfte liegen am Strand Las Peñitas. Hoch auf einem Felsvorsprung, unter dem sich eine der besten Surfstellen von Las Peñitas befindet, liegt das malerische **Playa Roca** (☎ 8428-8903; www.playaroca.com; B 6 US$, Zi. mit/ohne Bad 35/20 US$), in dem eine lebhafte Stimmung herrscht. Die Zimmer sind nichts Besonderes und bieten auch keinen Blick auf den Strand, angesichts der erstklassigen Lage ist der Preis aber völlig in Ordnung. Die Bar ist bei Tagesausflüglern beliebt.

Ein paar hundert Meter weiter südlich befindet sich das bei Backpackern und Surfern beliebte **Oasis** (☎ 8839-5344; www.oasislaspenitas.com; B/EZ/DZ/Hütte 6/12/15/20 US$) mit lässigem Flair und Unterkünften in erstklassiger Strandlage. Die beiden Strandhütten sind nur einen Steinwurf von den Brechern entfernt. In der Anlage werden auch Surfbretter (8 US$/Tag) und Bodyboards (5 US$/Tag) verliehen.

Das **Barca de Oro** (☎ 2317-8109; www.barcadeoro.com; B/EZ/DZ 6/15/20 US$) liegt am Ende der Straße zwar an der Flussmündung und nicht am Ozean, ist aber trotzdem eine wunderbare Anlage mit einem schönen Garten und sauberen, attraktiven Zimmern. Es gibt einen Kajakverleih. Das Freiluftrestaurant bietet preisgünstige Gerichte.

Erstklassiges Essen findet man im **Hotel Suyapa Beach** (Gerichte 130–240 C$), einem örtlichen Wahrzeichen. In dem großen Uferrestaurant drängen sich wohlhabende Tagesausflügler aus Managua, aber die köstlichen Gerichte lohnen das Warten. Die muffigen Zimmer des Hotels kann man dagegen getrost vergessen.

Auch am Strand von Poneloya, 2 km weiter nördlich, gibt's ein paar Unterkünfte. Das **Hotel Lacayo** (☎ 8946-0418; EZ/DZ 5/10 US$) ist wohl die klapprigste Bruchbude, in der man je übernachtet hat. Das Haus steht schon fast ein Jahrhundert, sieht aber so aus, als könnte es den nächsten größeren Sturm unmöglich

AUF EIGENE FAUST: DIE HALBINSEL COSIGÜINA

Mit charmanten Fischerdörfern an schönen Stränden, von Leben wimmelnden Feuchtgebieten und fantastischen Wellen wird die Halbinsel Cosigüina nicht mehr lange unentdeckt bleiben, doch noch ist sie herrlich einsam – eine natürliche Spielweise ohne Menschenmassen und bewachte Urlaubersiedlungen. Am Tag hat man den Strand für sich, und abends kann man in das Dorfleben eintauchen.

An der Südspitze der Halbinsel liegt die **Playa Asseradores**, ein langer, erstklassiger Strand mit ausgezeichneten Strandbrechern, den sogenannten „Boom Wavos".

Weiter nördlich gelangt man zur Abzweigung nach **Jiquilillo**, einem hübschen Fischerdorf auf einer Felsnadel am Ende eines langen, grauen Sandstrands. Das Meer hier ist ruhig und ideal zum Baden geeignet. Im Dorf gibt's ein paar großartige Budgetunterkünfte.

Ein paar Kilometer nördlich liegt die Gemeinde Padre Ramos innerhalb der Grenzen der **Reserva Natural Estero Padre Ramos**, einem der wichtigsten Feuchtgebiete Zentralamerikas. Zwischen Juli und Dezember legen hier Olivbastard- und weitere Meeresschildkröten ihre Eier ab. Im Rangerbüro gibt's Infos über Bootstouren mit örtlichen Führern. Man kann aber auch einen Einbaum mieten und das Reservat auf eigene Faust erkunden. Preiswerte Unterkünfte und Gerichte gibt's in Padre Ramos und in Venecia, das nur eine kurze Bootsfahrt entfernt jenseits des Meeresarms liegt.

Am Ende der Halbinsel beherrscht der **Volcán Cosigüina** die Silhouette. Dieser Vulkan war der höchste in Zentralamerika, bis 1835 bei einem massiven Ausbruch der Gipfel zusammenstürzte. Heute braucht man drei Stunden, um die Reste des Berges zu erklimmen und die spektakuläre Aussicht über den Golfo de Fonseca bis nach Honduras und El Salvador zu genießen. Die Wege auf den Berg beginnen an der Rangerstation in der Gemeinde El Rosario und in der Kleinstadt Potosí.

Die Busse zu allen Zielen auf der Halbinsel fahren von dem chaotischen Mercadito in Chinandega ab. Von Potosí starten gelegentlich Sammelboote zu den Inseln im Golfo de Fonseca und nach La Union in El Salvador – den Ausreisestempel bekommt man bei der *migración* in Potosí.

überstehen. Immerhin ist es preiswert, hat viel Charakter und steht direkt am Strand. An dieser Stelle sind die Strömungen allerdings ganz besonders tückisch.

Jenseits der Strandstraße hat das **Hotel La Posada** (☎ 2317-0378; Zi. 25 US$; ❄) wesentlich bessere Zimmer, die allerdings nicht besonders günstig sind. Preisgünstige Meeresfrüchte und billige *comida corriente* gibt's in den schilfgedeckten Hütten am Ufer bei **La Bocanita** (Snacks 40–80 C$, Gerichte 60–200 C$) ungefähr 1 km weiter nördlich.

AN- & WEITERREISE

Busse fahren stündlich vom El Mercadito in Subtiava, einen Block nördlich und einen Block westlich der Iglesia de San Juan Bautista. Sie halten zuerst in Poneloya und fahren dann weiter nach Las Peñitas (15 C$, 45 Min.). Tagesausflügler sollten beachten, dass der letzte Bus zurück nach León um 18.40 Uhr fährt. Eine Taxifahrt von León zu den Stränden kostet ungefähr 12 US$.

Reserva Natural Isla Juan Venado

Das südlich von Las Peñitas gelegene Schutzgebiet ist eine lange, schmale Düneninsel, die sich über 22 km bis nach Salinas Grandes erstreckt. Die Insel umschließt einige mangrovenbestandene Meeresarme, die ein Ökosystem bilden, in dem viele Zugvögel, Reptilien und Amphibien sowie Heerscharen von Moskitos leben. Die Gegend ist ein Eiablagegebiet von Olivbastard- und Lederschildkröten, die hier zwischen Juli und Januar ihre Eier vergraben. Die Hotels in Las Peñitas organisieren geführte Touren; man kann sie aber auch selbst über das Besucherzentrum arrangieren, wo die Ranger den Besuchern örtliche Führer (40–60 US$/Gruppe) vermitteln, die einem die Insel per Boot zeigen.

León Viejo

Am Fuß des Volcán Momotombo liegen die Überreste der ursprünglichen kolonialen Provinzhauptstadt **León Viejo** (Eintritt 2 US$, Fotoerlaubnis 2 US$; 🕑 8–17 Uhr). Das 1524 gegründete alte León wurde nach noch nicht einmal 100 Jahren aufgegeben, nachdem die Stadt von einer Serie von Erdbeben verwüstet worden war. Die alte Siedlung versank vollständig unter der Asche des Momotombo.

Erst 1967 entdeckte man ihren genauen Standort am Ufer des Lago de Managua. Bei

Ausgrabungen wurden eine große Plaza, die Kathedrale, eine Kirche, ein Kloster und private Wohnhäuser freigelegt.

Das kopflose Skelett von Francisco Hernández de Córdoba, dem Gründer von León und Granada, fand man neben den Gebeinen von Pedrarias Dávila, dem ersten Gouverneur, der ihn aus Neid auf seine Erfolge hatte köpfen lassen. Auch das Skelett des Bischofs Antonio de Valdivieso konnte identifiziert werden; er wurde 1550 wegen seiner Verteidigung der Rechte der indigenen Bevölkerung ermordet.

Zwar sind die Ruinen und Funde archäologisch faszinierend, viele Besucher sind aber trotzdem enttäuscht, weil von den meisten Gebäuden nur 30 cm hohe Grundmauern übriggeblieben sind. Das Highlight des Besuchs ist zweifellos der sagenhafte Blick auf den Vulkan von dem Ort aus, an dem sich einst die Festung der Stadt erhob.

Man kann den Ort von León aus mit einer Führung besuchen, sich aber auch leicht allein auf den Weg machen. Regelmäßig fahren Busse von León nach La Paz Centro (18 C$, 45 Min.), die weniger als 1 km von der Stätte entfernt auf die Busse nach Puerto Momotombo (10 C$) treffen.

GRANADA & DIE REGION MASAYA

Das geografisch vielfältige Gebiet bietet einige der bekanntesten Sehenswürdigkeiten Nicaraguas, darunter die faszinierende Kolonialstadt Granada und das Kunsthandwerkszentrum Masaya. Das Gebiet hat auch eine reiche Artenvielfalt. Viele Wildtiere leben auf den Hängen des Volcán Mombacho, einem der am besten zu bewundernden aktiven Vulkane des Landes, mit dem Parque Nacional Volcán Masaya. Üppiger tropischer Regenwald umgibt die Ufer der kristallklaren Laguna de Apoyo, und die Isletas de Granada im Lago de Nicaragua sind ebenfalls ideal zum Baden.

Gleich westlich von Granada liegen in einer hochgelegenen Region, in der Kaffee angebaut wird und viele präkolumbische Traditionen fortleben, die Pueblos Blancos (Weißen Dörfer). In diesen charmanten Ortschaften kann man bei der Herstellung von Kunsthandwerk zusehen, das zu dem schönsten in Nicaragua gehört.

GRANADA

107 000 Ew.

Die Gans, die die goldenen Eier des nicaraguanischen Tourismus legt, umgarnt Granada, dessen restaurierte koloniale Pracht für viele Traveller einen Höhepunkt ihrer Reise durch Zentralamerika darstellt. Die prunkvoll verzierten kolonialzeitlichen Portale, eleganten Kirchen, die schöne Plaza und nicht zuletzt auch die Lage am Lago de Nicaragua bezaubern Besucher seit der Gründung der Stadt im Jahr 1524.

In den Straßen, in denen es sich prima herumspazieren lässt, spielt das Sonnenlicht auf den bunt angestrichenen Lehmziegelbauten. Granada bietet zudem die beste Auswahl an Unterkünften und Restaurants in Nicaragua – die Stadt ist also ein Ort, in dem man gut eine Zeit verweilen kann. Die verstreuten Inselchen im Lago de Nicaragua und zwei größere Vulkane liegen ganz in der Nähe und bieten weitere Möglichkeiten für Unternehmungen.

Die Auswirkungen des Tourismus sind hier in positiver und negativer Hinsicht stark spürbar. Ausländer kaufen koloniale Wohnhäuser auf, deren Preise für die Einheimischen unbezahlbar werden. Diese sind gezwungen, weiter ins Umland zu ziehen, wodurch das pittoreske Zentrum der Stadt heute etwas entvölkert wirkt. Beim Geldausgeben sollte man möglichst darauf achten, ortsansässige Unternehmen zu unterstützen und nicht diejenigen, die sich in ausländischem Besitz befinden.

Geschichte

Granada trägt in Anspielung auf die maurisch geprägte andalusische Metropole gleichen Namens den Spitznamen „Große Sultanin“ und ist die älteste Kolonialstadt in Nicaragua. Die 1524 von Francisco Hernández de Córdoba gegründete Stadt steht am Fuß des Volcán Mombacho am Nordwestufer des Lago de Nicaragua. Weil Granada über den See und den Río San Juan Zugang zum Karibischen Meer hat, wurde der Ort zu einem reichen und wichtigen Handelszentrum und behielt diese Stellung bis ins 19. Jh. hinein. Jedoch machte der Meereszugang die Stadt auch zu einem leichten Ziel für englische und französische Freibeuter, die sie zwischen ihrer Gründung und 1685 insgesamt dreimal plünderten.

Das konservative Granada stand immer in einer scharfen Rivalität zum liberalen León,

GRANADA

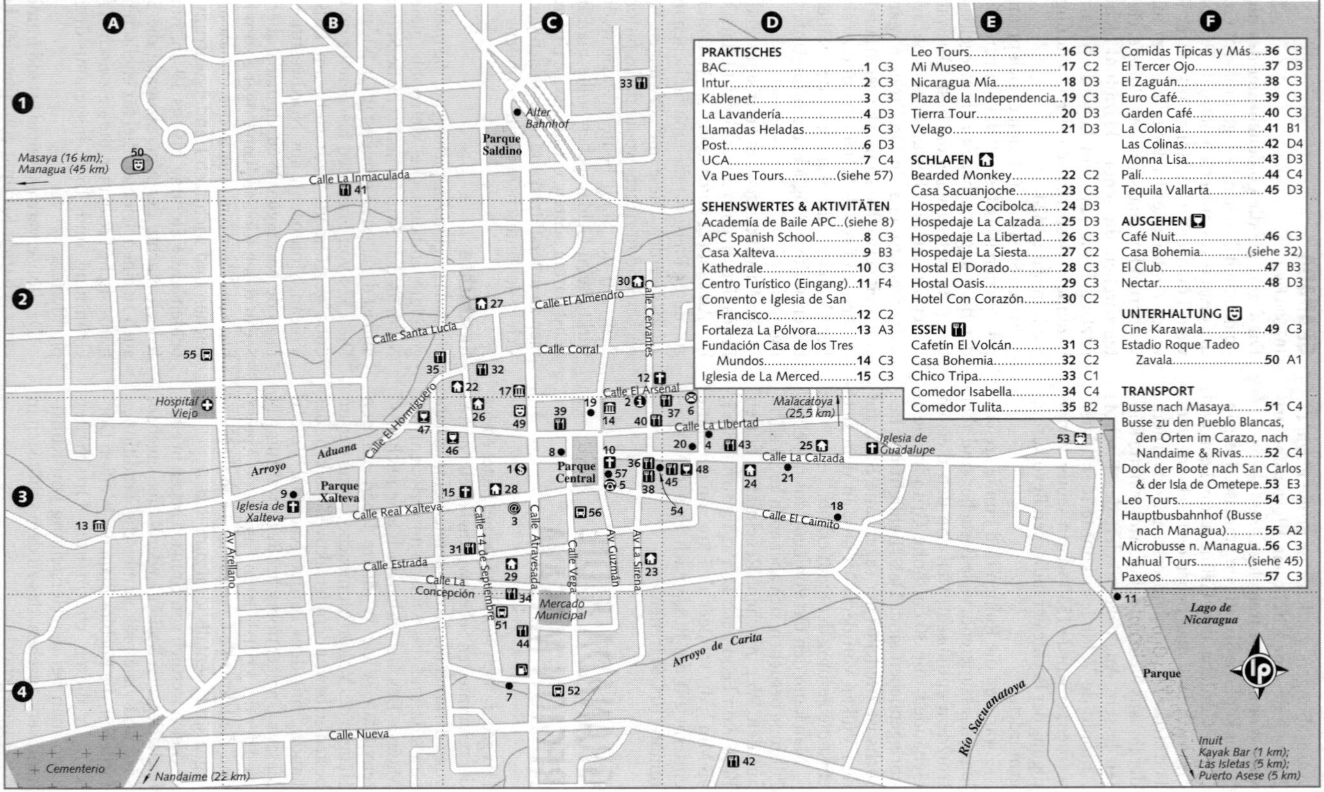

PRAKTISCHES
- BAC....1 C3
- Intur....2 C3
- Kablenet....3 C3
- La Lavandería....4 D3
- Llamadas Heladas....5 C3
- Post....6 D3
- UCA....7 C4
- Va Pues Tours....(siehe 57)

SEHENSWERTES & AKTIVITÄTEN
- Academía de Baile APC..(siehe 8)
- APC Spanish School....8 C3
- Casa Xalteva....9 B3
- Kathedrale....10 C3
- Centro Turístico (Eingang)...11 F4
- Convento e Iglesia de San Francisco....12 C2
- Fortaleza La Pólvora....13 A3
- Fundación Casa de los Tres Mundos....14 C3
- Iglesia de La Merced....15 C3
- Leo Tours....16 C3
- Mi Museo....17 C2
- Nicaragua Mía....18 D3
- Plaza de la Independencia..19 C3
- Tierra Tour....20 D3
- Velago....21 D3

SCHLAFEN
- Bearded Monkey....22 C2
- Casa Sacuanjoche....23 C3
- Hospedaje Cocibolca....24 D3
- Hospedaje La Calzada....25 D3
- Hospedaje La Libertad....26 C3
- Hospedaje La Siesta....27 C2
- Hostal El Dorado....28 C3
- Hostal Oasis....29 C3
- Hotel Con Corazón....30 C2

ESSEN
- Cafetín El Volcán....31 C3
- Casa Bohemia....32 C2
- Chico Tripa....33 C1
- Comedor Isabella....34 C4
- Comedor Tulita....35 B2
- Comidas Típicas y Más....36 C3
- El Tercer Ojo....37 D3
- El Zaguán....38 C3
- Euro Café....39 C3
- Garden Café....40 C3
- La Colonia....41 B1
- Las Colinas....42 D4
- Monna Lisa....43 D3
- Palí....44 C4
- Tequila Vallarta....45 D3

AUSGEHEN
- Café Nuit....46 C3
- Casa Bohemia....(siehe 32)
- El Club....47 B3
- Nectar....48 D3

UNTERHALTUNG
- Cine Karawala....49 C3
- Estadio Roque Tadeo Zavala....50 A1

TRANSPORT
- Busse nach Masaya....51 C4
- Busse zu den Pueblo Blancas, den Orten im Carazo, nach Nandaime & Rivas....52 C4
- Dock der Boote nach San Carlos & der Isla de Ometepe..53 E3
- Leo Tours....54 C3
- Hauptbusbahnhof (Busse nach Managua)....55 A2
- Microbusse n. Managua..56 C3
- Nahual Tours....(siehe 45)
- Paxeos....57 C3

die in den 1850er-Jahren schließlich in einen regelrechten Bürgerkrieg ausartete. Um die Oberhand zu gewinnen, verpflichteten die Liberalen aus León den US-amerikanischen Abenteurer und Söldner William Walker (s. Kasten S. 503), der Granada eroberte und von dort aus herrschte. Als er im Jahr 1856 fliehen musste, ließ er die Stadt niederbrennen und hinterließ nur ein Schild mit der Aufschrift: „Hier stand Granada". In neuerer Zeit hat ein umfassendes Restaurierungsprogramm dem kolonialen Flair neuen Glanz verliehen.

Orientierung

Die Kathedrale und ihr Vorplatz, der Parque Central, bilden das Zentrum der schachbrettartig angelegten Stadt. Der 1890 errichtete, neoklassizistische Markt befindet sich drei Blocks weiter südlich.

Die Calle La Calzada, eine der hübschesten und touristischsten Straßen Granadas, führt vom Parque Central 1 km nach Osten zum städtischen Kai, wo die Boote nach Ometepe und San Carlos ablegen. Südlich des Kais erstreckt sich ein Park am Ufer des Sees über 2 km bis hin zu einem kleinen Hafen, wo die Boote für Tagesausflüge zu den Isletas de Granada ablegen.

Praktische Informationen

GELD

BAC (Calle Atravesada) Hat einige Geldautomaten, die alle Karten akzeptieren.

INTERNETZUGANG

Internetcafés gibt's überall in der Stadt. Die meisten verlangen 15 bis 20 C$ pro Stunde.

Kablenet (Parque Central, 1½ c O) Eines der besten Internetcafés mit schneller Verbindung, Klimaanlage und preiswerten Auslandsgesprächen.

POST

Post (Convento San Francisco, ½ c O)

TELEFON

Llamadas Heladas (Parque Central; 🕑 9–21 Uhr) Orts- und Auslandsgespräche.

TOURISTENINFORMATION

Intur (☎ 2552-6858; Calle Arsenal, frente Iglesia San Francisco) Aktuelle Infos zu Verkehrsmitteln, ein passabler Stadtplan und jede Menge Broschüren.

UCA (Union landwirtschaftlicher Kooperativen; ☎ 2552-0238; www.ucatierrayagua.org; Shell Palmira, 75 m O; 🕑 Mo, Mi & Fr 8–14 Uhr) Organisiert von den Kommunen unterstützte Touren zu Dörfern auf dem Land.

WÄSCHEREIEN

Mehrere Unterkünfte kümmern sich um die Wäsche ihrer Gäste; es gibt aber auch zahlreiche Wäschereien in der ganzen Stadt.

La Lavandería (☎ 2552-0018; Parque Central, 2 c E; Waschmaschine/Trockner 60 C$/Waschgang; 🕑 8–18 Uhr) Hat viele Waschmaschinen zur Selbstbedienung und einen Wäschedienst (Waschen, Trocknen & Bügeln 10 C$/Pfund).

Sehenswertes & Aktivitäten

Granada besitzt einige herausragende Sehenswürdigkeiten, doch am schönsten ist es, einfach nur herumzuschlendern und die restaurierten kolonialen Gebäude zu bewundern, die die Straßen säumen. Die Stadt ist ein Paradies für Fotografen, vor allem in der Morgen- und Abenddämmerung.

STADTZENTRUM

Der **Parque Central,** die zentrale Plaza der Stadt, ist mit seinen Mango- und Flammenbäumen ein angenehm schattiger Ort. Dominiert wird er von der **Kathedrale**, die zu Beginn des 20. Jhs. auf den Grundmauern einer älteren Kirche errichtet wurde. In dem gepflegten Innenraum gibt's vier Kapellen; ein Dutzend Buntglasfenster schmücken die Kuppel. Nördlich der Kathedrale befindet sich die **Plaza de la Independencia**, in deren Mitte ein monumentaler Obelisk an die Helden des Unabhängigkeitskampfes von 1821 erinnert.

An der Ostseite dieser Plaza steht die Casa de los Leones, die nach den Löwenfiguren des eindrucksvollen Steinportals benannt ist, das als einziger Teil des ursprünglichen Gebäudes die Brandschatzung der Stadt durch Walker (1856) überstand. Das von der **Fundación Casa de los Tres Mundos** (☎ 2552-4176; www.c3mundos.org; Casa de los Leones; Eintritt 2 US$; 🕑 8–18 Uhr) renovierte Haus fungiert als Wohnung und Atelier für internationale Künstler, deren Arbeiten hier ausgestellt werden. Außerdem gibt es regelmäßig Konzerte und weitere Veranstaltungen, über die Einzelheiten informiert die Website.

Gleich nordöstlich erblickt man die auffällige, hellblaue Fassade des **Convento e Iglesia de San Francisco.** Mit dem Bau des dahinterliegenden Komplexes wurde 1585 begonnen. Auch diese Gebäude wurden durch die Brandstiftung Walkers 1856 völlig zerstört, aber 1867–1868 wieder aufgebaut. Heute befindet sich hier das äußerst sehenswerte **Museum** (☎ 2552-5535; Calle Cervantes; Eintritt 2 US$; ⌚ Mo–Fr 8.30–17.30, Sa & So 9–16 Uhr) der Stadt. Man findet hier eine eindrucksvolle Ausstellung präkolumbischer Töpferwaren und naiver Malereien, aber das unbestrittene Highlight sind die düsteren Basaltskulpturen, die die Chorotega der Isla Zapatera zwischen 800 und 1200 n. Chr. schufen. Im Eintritt ist eine Führung auf Spanisch und Englisch enthalten.

Die **Iglesia de La Merced** (Calle Xalteva) vier Blocks westlich des Parque Central ist die schönste Kirche Granadas. Sie wurde 1539 fertiggestellt, 1655 von Piraten geplündert, 1854 von Truppen aus León beschädigt und 1862 schließlich restauriert. Die Kirche hat eine Barockfassade und ist innen aufwändig ausgestaltet. Man sollte beim Küster die Erlaubnis zum Besteigen des Glockenturms (Eintritt 1 US$) einholen, von dem aus man einen prächtigen Blick auf die Stadt hat.

In einem sorgfältig renovierten kolonialen Wohnhaus ist das **Mi Museo** (☎ 2552-7614; www.mimuseo.org; Calle Atrevasada, frente Bancentro; ⌚ 8–17 Uhr) untergebracht, ein privates Museum mit einer wunderbaren Sammlung präkolumbischer Keramik, dessen älteste Stücke aus der Zeit um 2000 v. Chr. stammen. Da es fast keine Beschriftungen gibt, sollte man unbedingt die angebotenen kostenlosen Führungen nutzen.

Acht Blocks westlich der Plaza steht die **Fortaleza La Pólvora** (⌚ 8–17 Uhr), eine 1749 errichtete Garnison, in der Somozas Schergen politische Gegner folterten und ermordeten. Der Blick über die Dächer auf den Lago de Nicaragua ist hinreißend.

LAGO DE NICARAGUA

Am See befindet sich das **Centro Turístico** (Eintritt 0,25 US$) ein 2 km langer, von Mangobäumen beschatteter Streifen mit Restaurants, Picknickbereichen und Spielplätzen. Zwar gehen die Leute hier schwimmen, aber das Wasser ist verschmutzt. Die Boote für Tagesausflüge zu den Isletas de Granada starten von den Restaurants am südlichen Ende des Strands sowie vom Kai in Puerto Asese (s. S.489).

Kurse

SPRACHE

Granada ist ein beliebter Ort, um Spanisch zu lernen. Es gibt viele angesehene Sprachschulen und Privatlehrer.

APC Spanish School (☎ 2552-4203; www.spanishgranada.com; Parque Central; 20 Std. mit/ohne Unterbringung bei Familien 195/100 US$) Bietet Einzelkurse in einem stimmungsvollen alten Stadthaus direkt am Park.

Casa Xalteva (☎ 2552-2436; www.casaxalteva.org; Iglesia Xalteva, 30 m N; 20 Std. mit/ohne Unterbringung bei Familien 240/150 US$) Engagierte, gemeinnützige Einrichtung, die Ernährungs- und Ausbildungsprogramme für örtliche Kinder unterstützt. Organisiert auch Plätze für Freiwilligenarbeit.

Nicaragua Mía (☎ 8966-5385; www.nicaraguamiaspanish.com; alcadía, 3½ c E; 20 Std. mit/ohne Unterbringung bei Familien 190/100 US$) Eine freundliche Alternative mit erfahrenen Lehrern und vielen kulturellen Aktivitäten.

TANZEN

Academia de Baile APC (☎ 2552-4203; Parque Central; Gruppen-/Privatunterricht 5/7 US$ pro Std.) Gruppen- und Einzelunterricht in *bachata*, Salsa und Merengue. In der APC Spanish School nach Martin fragen.

Geführte Touren

Malerische Pferdekutschen warten am Parque Central. Eine einstündige Kutschfahrt durch die Stadt kostet rund 20 US$ (bis zu 5 Pers.) und wird mit eloquenten Kommentaren in spanischer Sprache garniert. Der andere Sightseeing-Klassiker hier ist eine Bootsrundfahrt um die Isletas de Granada (S. 554).

Die meisten Veranstalter in der Stadt haben ein ähnliches Angebot, zu dem Wanderungen durch das Blätterdach am Volcán Mombacho (rund 35 US$/Pers.), Kajaktouren zu den Isletas de Granada (25–35 US$), Nachtausflüge zum Volcán Masaya (25–30 US$) und Stadtführungen in Granada (20–25 US$) gehören.

Einige Tourveranstalter:

Leo Tours (☎ 8829-4372; Parque Central, 1½ c E) Engagiertes Unternehmen mit ortsansässigen Besitzern, das neben den üblichen Optionen einige interessante Besuche bei Gemeinden in der Umgebung im Programm hat.

Tierra Tour (☎ 2552-8723; www.tierratour.com; catedral, 2 c E) Empfohlener Veranstalter mit einer großen Auswahl gut organisierter Touren.

Va Pues Tours (☎ 2552-8291; www.vapues.com; Parque Central) Freundliches Unternehmen, das Touren bis hinaus zum Río San Juan anbietet.

Velago (☎ 8459-4699; www.sailinglakenicaragua.com; catedral, 3½ c E) Bietet Segelkurse und Ausflüge auf den See in kleinen Segelbooten.

Festivals & Events

Festival Internacional de Poesía (Feb.; www.festivalpoesianicaragua.com) Dichter aus der Region und dem Ausland erobern bei diesem Event, zu dem auch Konzerte von einigen der besten Musiker Nicaraguas gehören, die Stadt.

Fiestas de Agosto (dritte Woche im Aug.) Granada feiert Mariä Himmelfahrt mit Feuerwerk, Konzerten, Rodeos und Pferdeparaden an der Uferpromenade.

Schlafen

Granada hat eine gewaltige Auswahl an einladenden Unterkünften, die allerdings nicht besonders billig sind.

Bearded Monkey (☎ 2552-4028; www.the-bearded-monkey.com; bomberos, ½ c S; B 6 US$, EZ/DZ ohne Bad 11/15 US$; 💻 📶) Die geschäftige und seit eh und je beliebte Unterkunft bildet das Zentrum der geselligen Backpackerszene in Granada. Das rund um einen angenehmen Garten, der gleichzeitig auch als Café und Bar fungiert, angelegte Hostel bietet akzeptable und viele Extras, u. a. kostenloses Internet sowie abends Filme und Touren. Küche ist allerdings keine vorhanden. Wenn das Hostel voll ist, kann man auf einer Hängematte (4 US$) schlafen, doch viel Privatsphäre hat man dann nicht.

Hospedaje La Libertad(☎ 2552-4087; www.la-libertad.net; bomberos, ½ c S; B 6 US$, Zi. mit/ohne Bad 20/15 US$; 💻 📶) In einem kürzlich renovierten kolonialen Gebäude bietet dieses bequeme Hostel große Schlafsäle um einen grasbewachsenen Hof sowie eine Gästeküche.

Hospedaje La Calzada (☎ 2552-7486; Parque Central, 3½ c E; EZ/DZ ohne Bad 8/10 US$, EZ/DZ mit Bad 10/12 US$) Die kleinen, einfachen Zimmer mit dünnen Matratzen sind zwar nichts Besonderes, aber die freundliche Unterkunft hat eine Gästeküche, eine Spitzenlage und Preise, die kaum zu schlagen sind.

Hostal Oasis (☎ 2552-8006; www.nicaraguahostel.com; mercado, ½ c O; B 8 US$, Zi. mit/ohne Bad 28/19 US$; ❄ 💻 🏊) Das beliebte Hostel hat tolle Einrichtungen, darunter einen kleinen, aber hübschen Swimmingpool, kostenlosen Internetzugang und täglich einen kostenlosen Anruf nach Hause (außer für Dänen). Die luftigen Schlafsäle sind für den Preis recht gut, aber die Privatzimmer klein und beengt.

Hospedaje La Siesta (☎ 2552-3292; www.lasiestagranada.com; bomberos, 1 c N, 20 m E; EZ/DZ ohne Bad 12/20 US$, EZ/DZ mit Bad 15/25 US$; 📶) Versteckt in einem ruhigen Wohnviertel ist diese entspannte, von einer Familie geführte Unterkunft das Richtige für all jene, die zu der hektischen Touristenszene der La Calzada Abstand halten wollen. Die Zimmer sind makellos, es gibt eine komplett ausgestattete Gästeküche, und die aufmerksamen Betreiber können eine Menge Aktivitäten mit regionalem Bezug empfehlen.

Hospedaje Cocibolca (☎ 2552-7223; www.hospedajecocibolca.com; Parque Central, 3 c E; EZ/DZ 15/18 US$; 💻 📶) Die seit langem bei Travellern sehr beliebte Unterkunft hat saubere, gepflegte Zimmer mit Ventilatoren und einfachen eigenen Badezimmern. Man sollte ein Zimmer im Obergeschoss wählen, weil die luftiger sind und man einen Blick über die Dächer hat. Die Gäste können die Küche benutzen, und es gibt einen ordentlichen Lobbybereich. Das wirkliche Plus ist aber die unschlagbare Lage inmitten der Bar-Restaurantzone.

Hostal El Dorado (☎ 2552-6932; www.hostaldorado.com; Parque Central, 1½ c O; EZ/DZ 17/28 US$; 💻 📶) Diese in einem geschäftigen Einkaufsviertel gelegene, solide Übernachtungsmöglichkeit bietet eine Auswahl an komfortablen Zimmern und einen friedvollen Garten sowie einen Gemeinschaftsbereich. Das Hostel unterstützt eine Reihe von sozialen Projekten, darunter die auf dem Gelände befindliche Werkstatt, wo man hochwertige, handgemachte Hängematten kaufen oder lernen kann, selbst eine herzustellen.

LP Tipp **Casa Sacuanjoche** (☎ 2552-6151; www.casasacuanjoche.com; alcaldía, 1 c E, 1½ c S; Zi. mit/ohne Bad 25/20 US$; 📶) Diese gute Unterkunft im Obergeschoss eines zentral gelegenen Wohnhauses hat moderne, geräumige Zimmer, die viel Licht hereinlassen, und einen luftigen, offenen Küchen-/Essbereich mit Blick über die Dächer. Man kann kostenlose Auslandsgespräche in viele Länder führen, und die liebenswürdigen Betreiber haben auch viele Informationen parat.

Hotel Con Corazón (☎ 2552-8852; www.hotelconcorazon.com; Iglesia San Francisco, 2 c N; EZ/DZ 55/67 US$; ❄ 📶 🏊) Alle Gewinne aus diesem gut geführten Hotel gehen an örtliche Entwicklungsprojekte, aber als Spender braucht man sich nicht zu fühlen, wenn man hier absteigt. Die komfortablen Zimmer sind modern und stilvoll, es gibt einen sonnigen Poolbereich, und der Service ist höflich und professionell.

Essen

Am Parque Central gibt's geeiste Fruchtsäfte und *vigorón* (gedämpfte Yucca mit *chicharrón* – gebratener Schweinekruste – und Kohlsalat; 35 C$), eine Spezialität aus Granada. Auf den Bürgersteigen in der ganzen Stadt und im Park stehen am frühen Abend *fritangas*. Selbstversorger finden hier eine Reihe von

Lebensmittelläden. **Palí** (Calle Atravesada, frente Mercado; 8–20 Uhr) am Markt ist der preiswerteste, die beste Auswahl findet man bei **La Colonia** (Parque Sandino, 4 c O; 8–21 Uhr) an der Straße nach Managua.

Euro Café (Parque Central; Snacks 25–80 C$) Dieses an einer Ecke des Parque Central gelegene beliebte Café bietet wirklich ausgezeichneten Kaffee, einen luftigen Innenhof, Salate, Hummus und eine beträchtliche Auswahl an Büchern (Bücher in ordentlichem Zustand werden auch angekauft).

Comedor Tulita (Bomberos, 20 m O, 10 m N; Mittagessen inkl. Erfrischungsgetränk 40 C$) Die Einheimischen strömen wegen der günstigen, echt nicaraguanischen Gerichte in dieses nicht ausgeschilderte Mittagslokal, das sich in einer Gasse versteckt. Das freundliche Personal serviert drei oder vier Hauptgerichte und die üblichen Beilagen – früh hingehen, denn die Auswahl wird schnell kleiner.

LP Tipp **Garden Café** (Parque Central, 1 c E; kleine Gerichte 50–90 C$;) Bei Vitaminmangel empfiehlt sich dieses ruhige Lokal mit seinen wunderbar frischen Salaten, Gourmetsandwiches und köstlichen Smoothies und Säften. Es gibt auch ausgezeichneten Kaffee und komplette Frühstücksgerichte.

Comidas Típicas y Más (Catedral, 1 c E; Gerichte 50–90 C$) Als Gegenentwurf gegen die vielen internationalen Restaurants in Granada bietet dieses entspannte Lokal mit einer großen Auswahl genau richtig zubereiteter landestypischer Gerichte eine vollständige Einführung in die nicaraguanische Küche.

Chico Tripa (Monisa, 3 c N; Gerichte 70 C$) Dieser Laden, der „dicke Junge", teils *fritanga*, teils Karaokebar, ist der Ort, wo die durchschnittlichen *granainos* zum Feiern hingehen. Der Grill ist einer der besten der Stadt, wie die lange Schlange der Gäste beweist, die sich etwas mitnehmen wollen. Vor allem aber kommt man hierher, weil man in dem mit Wandmalereien bedeckten Speisesaal gut Leute beobachten kann.

Casa Bohemia (Bomberos, 20 m E; Gerichte 80–100 C$; abends; V) In einem charmanten kolonialzeitlichen Haus serviert dieses entspannte Café Gerichte, die zu den schmackhaftesten der Stadt zählen, darunter auch mehrere vegetarische Optionen. Am besten sitzt man an einem Tisch in dem stimmungsvollen Hof.

El Tercer Ojo (☎ 2552-6541; Calle Arsenal, frente Iglesia San Francisco; Gerichte 100–240 C$; V) In diesem beliebten New-Age-Treff bei der Iglesia San Francisco kann man komfortabel entspannen. Bei der bunten Mischung an Gerichten, u. a. würzige Currys, tolle Salate und viel vegetarische Angebote, ist für jeden etwas dabei. Empfehlenswert ist das köstliche Rinder-Carpaccio.

IN DIE VOLLEN!

El Zaguán (☎ 2552-2522; Av La Sirena, detrás Catedral; Steaks 225–250 C$) Das beliebte Restaurant hinter der Kathedrale ist zwar teuer, dürfte aber zu den Lokalen mit den besten Steaks in Nicaragua gehören. Die Steaks sind nicht riesig, aber über einem Holzfeuer gegrillt und butterzart (auf keinen Fall durchgebraten bestellen!). Das Ambiente ist stilvoll kolonial und der Service äußerst professionell.

Las Colinas (Shell Palmira, 1 c S, 1 km E; Hauptgerichte 170–250 C$) Das legendäre Lokal ist ein schlichter Laden mit unprätentiöser Aufmachung und einem Boden aus gestampfter Erde. Auf der Karte stehen viele Gerichte mit schmackhaftem Grillfleisch, die meisten Besucher sind aber wegen dem köstlichen gebratenen *guapote* hier, der frisch aus dem See kommt. Nachdem das Essen abgeräumt ist, trinkt man noch ein, zwei Flaschen Rum. Am leichtesten erreicht man das Lokal mit dem Taxi.

Weitere lohnende Restaurants:

Cafetín El Volcán (Iglesia La Merced, 1 c S; Quesillos 12–24 C$) Hat die besten Quesillos in der Stadt.

Comedor Isabella (Mercado, ½ c O; Mittagessen 55 C$) Preisgünstiges Mittagsbuffet mit großer Auswahl nahe dem Markt.

Tequila Vallarta (Parque Central, 1½ c E; Hauptgerichte 65–185 C$) In diesem authentischen mexikanischen Barrestaurant sind die Portionen großzügig und die Saucen scharf.

Monna Lisa (Parque Central, 3 c E; Pizza 120–160 C$) So ziemlich die beste Pizzeria der Stadt.

Ausgehen

Eine beliebte Art, den Abend zu beginnen, ist der Besuch einer der Bars in der Calle La Calzada. Wer es intimer mag, kann in der wunderbaren Casa Bohemia (S. 552) einen entspannten Drink nehmen und etwas Billard spielen. Am See gibt's ein paar *discotecas,* in denen sich am Wochenende junge Leute aus der Stadt drängeln, und ein paar Tanzlokale, die hauptsächlich von älteren Menschen besucht werden. Diese Läden sind zwar recht lustig, kommen und gehen aber schnell. Um abends hierher zu fahren, auf alle Fälle ein Taxi nehmen.

Nectar (Parque Central, 1½ c E) Diese gemütliche Bar gehört zu den stimmungsvolleren im Zentrum. Sie hat eine große Auswahl an Cocktails, bequeme niedrige Sitzplätze und viele köstliche Snacks und kleine Gerichte.

Café Nuit (Parque Central, 2½ c O; Eintritt 20 C$; Mi–So) Das Café Nuit, in dem es jeden Abend Livemusik gibt, nimmt einen von der Straße zurückgesetzten grünen Hof mit runden Tischen unter den Palmen ein. Hierher kommt ein angenehmes Publikum aus Nicaraguanern und Ausländern, die alle ernsthaft tanzen – wenn man hier selbst Eindruck schinden will, muss man die Schritte wirklich gut eingeübt haben.

El Club (Parque Central, 3 c O; 10–24, Fr & Sa bis 2 Uhr) Diese beliebte moderne, aber komfortable Lokalität hat vorne eine modische Bar und einen ansprechenden Hof, in dem Gerichte serviert werden. Richtig etwas los ist hier aber am Freitag- und Samstagabend, wenn ordentliche DJs auflegen und der Tequila in Strömen fließt.

Inuit Kayak Bar (Entrada Centro Turístico, 1 km S; Fr & Sa 24 Std.) Man hat schon einiges hinter sich, wenn man hier landet. In dieser Strandlounge im Centro Turístico geht's erst dann los, wenn alles andere schon geschlossen ist. Hierher verirrt sich ein sehr gemischtes Publikum – aber niemand in der Inuit Kayak Bar ist auch nur halbwegs nüchtern.

Unterhaltung

Estadio Roque Tadeo Zavala (Calle La Inmaculada; Tickets 10–50 C$) Hier empfangen Granadas Baseballteams, die Tiburones und Oriental, ihre Gegner aus dem ganzen Land.

Cine Karawala (Calle Atravesada; Tickets 40 C$) Zeigt an den Wochenenden recht neue Filme.

An- & Weiterreise

BUS

Kleinbusse zum UCA-Terminal in Managua (20 C$, 1 Std., 5–19.30 Uhr alle 15 Min.) fahren einen halben Block südlich des Parque ab. Die normalen Busse starten vom Hauptbusbahnhof im Westen der Stadt; ihr Ziel in Managua ist der für die meisten viel unbequemere Mercado Roberto Huembes (15 C$, 1½ Std., 5–19 Uhr alle 20 Min.).

Beide Verkehrsmittel halten an der Autobahn beim Ortseingang von Masaya; Busse, die Masaya (10 C$, 30 Min.) direkt ansteuern, starten von einer Stelle zwei Blocks westlich vom Markt.

Einen Block südlich vom Markt fahren Busse zu folgenden Zielen:

Carazo & Pueblos Blancos (8–15 C$; 45 Min.; bis 18 Uhr alle 30 Min.)

Nandaime (9 C$; 45 Min.; alle 30 Min.)

Rivas (24 C$; 1½ Std.; 8-mal tgl. bis 15.10 Uhr) Um das letzte Boot nach Ometepe noch zu erwischen, den Bus um 13.30 Uhr nehmen.

SCHIFF

Schiffe fahren vom **Kai** (☎ Ticketbüro 2552-2966) am Ostende der Calle La Calzada montags und donnerstags um 14 Uhr nach Altagracia auf der Isla de Ometepe (Unter-/Oberdeck 40/90 C$, 3 Std.) und nach San Carlos am südlichen Ende des Lago de Nicaragua (80/190 C$, 14 Std.). Die Sitze füllen sich ziemlich schnell, daher sollte man früh kommen oder eine Hängematte mitbringen, die man an Deck befestigen kann – sonst muss man eventuell auf dem kalten Metallboden schlafen. Weniger überlaufen ist das Schiff der Touristenklasse (Unter-/Oberdeck 250/400 C$), das freitags um 19 Uhr fährt und die Fahrt nach San Carlos in 10 Stunden bewältigt.

TAXI & FLUGHAFENSHUTTLES

Taxis zu Zielen außerhalb der Stadt sind relativ preiswert, wenn man ein wenig feilscht. Eine Fahrt nach Masaya sollte ungefähr 12 US$, nach Managua 25 US$ und nach San Jorge, wo es Anschluss nach Ometepe gibt, 30 US$ kosten.

Paxeos (☎ 2552-8291; www.paxeos.com; Parque Central) betreibt einen klimatisierten Kleinbus als Shuttle vom/zum Flughafen von Managua. Die Fahrt kostet 18 US$ pro Person – wenn man zu zweit oder mehreren unterwegs ist, fährt man mit dem Taxi billiger.

Unterwegs vor Ort

Leo Tours (☎ 8829-4372; Parque Central, 1½ c E) und das gleich in der Nähe befindliche **Nahual Tours** (☎ 8988-2461; www.nahaultours.com; Parque Central, 1½ c E) vermieten Fahrräder (1/5/7 US$ pro Std/halber/ganzer Tag), ebenso auch zahlreiche Hotels in der Stadt.

Eine Taxifahrt zu irgendeinem Ziel innerhalb des zentralen Stadtgebiets von Granada kostet 10 C$/Pers.; nachts zahlt man das Doppelte.

RUND UM GRANADA

Las Isletas de Granada & Isla Zapatera

Direkt vor der Küste Granadas liegen die Isletas de Granada, eine Gruppe von etwa 350 kleinen Inselchen, die vor 10 000 Jahren bei einem Ausbruch des Volcán Mombacho entstanden. Diese durch enge Kanäle getrennten Inseln sind unglaublich malerisch und mit dem Motorboot leicht zu erreichen. Viele sind bewohnt (von angestammten Fischerfamilien und neuerdings auch von Nicaraguas Superreichen) und auf einigen gibt's auch Hotels und Restaurants. Man findet hier eine reiche Vogelwelt; die Reiher, Fischreiher und Kraniche lassen sich vor allem bei Sonnenaufgang und -untergang sehr zahlreich sehen.

Zu den Highlights gehören das **Castillo de San Pablo**, ein kleines, 1784 gegen britische Angriffe errichtetes Fort, von dem aus man einen großartigen Blick auf Granada und den Mombacho hat, und die **Isla de Monos** (Affeninsel), deren dreiste Bewohner auch schon mal in Boote springen, die zu dicht am Ufer entlangfahren.

Die meisten Tourveranstalter bieten Tagesausflüge zu den Inselchen an, man kann aber auch selbst einen Trip entweder am südlichen Ende des Centro Turístico in Granada oder im 2 km weiter südlich gelegenen Puerto Asese organisieren. Für die Fahrt in einem Boot mit Verdeck, das für bis zu 12 Personen ausgelegt ist, zahlt man rund 15 US$ pro Stunde. Man kann sich auch auf einer Insel absetzen und später wieder abholen lassen. In **Puerto Asese** gibt's ein paar Restaurants am Hafen, von denen aus man den unter den Wasserlilien herumschwirrenden Vögeln zusehen und zu den fernen vulkanischen Gipfeln blicken kann. **Nicaragua Dulce** (☎ 2552-6351; www.nicaraguadulce.com; Marina Cocibolca) vermietet hier Kajaks und kleine Boote mit umweltfreundlichen Elektromotoren, wenn man die Gegend auf eigene Faust erkunden will.

Jenseits der Isletas de Granada liegt die viel größere **Isla Zapatera**, das Kernstück des gleichnamigen Nationalparks. Die mit dem Motorboot zwei Stunden von Granada entfernte Insel gehört zu den wichtigsten archäologischen Stätten Nicaraguas, auch wenn die gigantischen präkolumbischen Steinstatuen mittlerweile in Museen geschafft wurden. Auf der benachbarten Isla El Muerto kann man Gräber und Felsreliefs bestaunen. Die örtliche Gemeinde betreibt eine einfache **Lodge** (☎ 2462-2363; www.sonzapote.org; B inkl. alle Mahlzeiten 20 US$) und ein Restaurant. Man kann auf der Insel auch campen (3 US$/Pers.). Öffentliche Boote (8 US$) fahren dienstags, freitags und sonntags von Puerto Asese hierher.

Reserva Natural Volcán Mombacho

Die zerklüfteten Gipfel des Mombacho, deren höchster 1345 m aufragt, wachen über Granada. Die Abhänge des Vulkans haben eine große Artenvielfalt; die Vegetation und die Tierwelt unterscheiden sich abhängig von der Höhe. Oberhalb von 800 m ist der Vulkan von einem Nebelwald bewachsen, in dem Farne, Moose und Bromeliengewächse die Bäume überziehen. In noch größerer Höhe geht die Landschaft in Krüppelwälder über. Das feuchte Klima an den unteren Hängen ist ideal für den Kaffeeanbau.

Die letzte größere Aktivität des Vulkans wurde 1570 verzeichnet, als ein starkes Erdbeben die Wand des Kraters des Mombacho zum Einsturz brachte, wodurch sich der Kratersee entleerte und ein Eingeborenendorf mit 400 Bewohnern fortriss. Der Vulkan ist immer noch aktiv, wie die Fumarolen beweisen, aus denen heiße Luft und Rauch austreten.

Das Schutzgebiet wird von der **Fundación Cocibolca** (☎ 2248-8234; www.mombacho.org; Eintritt mit/ohne Transportmittel 12,50/2,50 US$; 🕑 8–17 Uhr) verwaltet, die die Wege unterhält und mit „Ökomobilen“ (alten, auf der Ladefläche mit Sitzbänken versehenen Armeelastern) zu der biologischen Forschungsstation in 1100 m Höhe hinauffährt. Die Fahrt über die steile, schmale Zufahrtsstraße ist an sich schon ein Abenteuer. Von der Station, in der es auch ein Café gibt, führt ein 1,5 km langer, auf eigene Faust zu erkundender Weg durch den Nebelwald. Viel schwerer, aber auch viel interessanter ist der 4 km lange, vier Stunden in Anspruch nehmende Sendero El Puma, ein steil ansteigender Weg, der einige Zeit am Rand des Kraters entlangführt. Für diese Wanderung ist ein Führer (15 US$/Gruppe) vorgeschrieben.

Man kann auch in dem sauberen Gemeinschaftsschlafsaal der Station übernachten (40 US$/Pers.; Reservierung erforderlich). Im Preis enthalten sind das Abendessen, das Frühstück, der Transport und eine gespenstische, geführte Nachtwanderung, bei der man jede Menge Krabbeltiere zu sehen bekommt. Die Einnahmen kommen der Unterhaltung des Reservats zugute; der Besuch ist wirklich sehr lohnend.

Von Granada aus kann jeder Bus Richtung Nandaime (6 C$) einen an der Abzweigung zum Schutzgebiet absetzen, von wo aus man laufen oder ein Mototaxi (Autorikscha; 10 C$) zum 1,5 km entfernten Empfangsbereich nehmen kann. Am besten stimmt man seine Ankunft auf die Abfahrtszeit eines „Ökomobils" ab (8.30, 10, 13 und 15 Uhr). Allerdings sind die Fahrten von Montag bis Mittwoch stark eingeschränkt: An diesen Tagen fährt nur ein Mobil um 10.30 Uhr. Im Übrigen bieten auch viele Tourveranstalter in Granada Tagesausflüge in das Reservat an (ca. 35 US$/Pers.).

Canopy Tours Miravalle (Tour 30 US$/Pers.), zwischen dem Highway und dem offiziellen Eingang zum Schutzgebiet, bietet Abenteuer auf einer Seilrutsche. Die Strecke umfasst insgesamt 1700 m mit 16 Plattformen.

Laguna de Apoyo

Der in einem malerischen Tal voller wilder Tiere und Pflanzen gelegene, wunderschöne Apoyo-Kratersee ist ein weiteres der vielen Naturwunder in Nicaragua. In dem tropischen Trockenwald an den umliegenden Hängen herrscht eine große Artenvielfalt – man findet hier u. a. Brüllaffen und viele Fledermausspezies. Die Hauptattraktion ist aber das unberührte Wasser des Kratersees, eines großen, mineralreichen Gewässers, das landesweit die besten Möglichkeiten zum Schwimmen bietet.

Etwas abgesetzt vom bewaldeten Ufer des Sees liegt die gemeinnützige **Estación Ecológica** (☎ 8882-3992; www.gaianicaragua.org; B 10 US$, EZ/DZ ohne Bad 16/21 US$; 📶), die Spanisch-Intensivkurse (220 US$ für eine Woche mit 20 Std., inkl. Bett und Verpflegung) anbietet. Nicht-Kursteilnehmer können in den einfachen, aber gemütlichen Zimmern neben der Schule unterkommen. Die Küche (die man auch selbst benutzen kann) liefert schmackhafte Gerichte. Kajaks werden vermietet, und Taucher mit PADI-Zertifikat können sich Expeditionen zur Erforschung der endemischen Fische des Sees anschließen.

Es gibt eine wachsende Zahl weiterer Unterkünfte und Restaurants. Die **Monkey Hut** (☎ 8887-3546; monkeyhutlaguna@gmail.com; B/EZ/DZ 12/22/28 US$; Ⓟ) ist ein hübsches Haus mit Blick auf den See. Der Tageseintritt kostet 6 US$ (Übernachtungsgäste frei) und berechtigt zur Nutzung der Kajaks, Reifenschläuche, diverser Sportgeräte und der Küche. Die im Haus befindliche Pizzeria serviert ordentliche Pies (150–200 C$); Gerichte (95–200 C$) kann man sich auch aus einer nahen *pulperia* kommen lassen. Jeden Morgen fahren Shuttles von der Hospedaje La Libertad (S. 551) in Granada hierher.

Die **Hospedaje Crater's Edge** (☎ 8895-3202; www.craters-edge.com; B 16 US$, Zi. 28–40 US$; Ⓟ ✖ 📶) hat eine Reihe gepflegter Zimmer und einen sicheren Schlafsaal mit Blick über den See, wo man Kajaks, Schlauchboote und eine Bar findet. Im Preis enthalten ist ein All-You-Can-Eat-Frühstücksbuffet. Weitere Gerichte (80–160 C$) gibt es auch. Täglich fährt ein Minibus vom angeschlossenen Hostal Oasis (S. 551) in Granada hierher. Ein Tagesbesuch inklusive Eintritt, Mittagessen und Transport kostet 17 US$.

Mit öffentlichen Verkehrsmitteln erreicht man den See am einfachsten von Masaya aus. Halbstündlich fahren Busse zum Kraterrand (8 C$, 25 Min.), aber nur drei davon (6.30, 11.30 und 16.30 Uhr) fahren die weiteren 2 km bis zum See hinunter. Wenn man am Kraterrand landet, kann man versuchen, per Anhalter bis zum See weiterzukommen. Laufen empfiehlt sich nicht, da sich an der Straße oft Raubüberfälle ereignen. Als Alternative kann man von Granada (15 US$) oder Masaya (10 US$) aus direkt mit dem Taxi fahren.

Pueblos Blancos

Die charmante Bergregion unweit von Masaya und Granada bietet ein erfrischendes Klima und viele hübsche Dörfer, die für ihre geschickten Kunsthandwerker und bunten Traditionen bekannt sind. Die nach den weiß getünchten Wohnhäusern, die früher hier vorherrschten, benannten Pueblos Blancos (weißen Dörfer) stehen sehr eng beieinander, ja gehen praktisch ineinander über, sodass man sie gut im Rahmen eines wenig anstrengenden Tagesausflugs besuchen kann.

Das prächtige Dorf **Catarina** ist für seinen **Mirador** (Eintritt 1 US$) bekannt, von dem aus man einen weiten Blick über die Laguna de Apoyo, den Lago de Nicaragua und Granada hat. Im Gebiet um den Hauptzugang gibt's eine Reihe von Restaurants und Souvenirläden. Hier ist es oft etwas hektisch, aber wenn man daran vorbei ist, kann man sich ganz der tollen Aussicht widmen. Wer den Massen entkommen will, kann sich auch ein Pferd mieten (120 C$/Std.) und den steilen Weg zur *laguna* hinunterreiten; dieser Trip dauert hin & zurück mindestens zwei Stunden.

Im nahegelegenen, verschlafenen **San Juan de Oriente** leben vielleicht nicht einmal 3000 Menschen, aber das Dorf ist das wichtigste Töpfereizentrum in Nicaragua. Neben preiswerten funktionalen Stücken für den Alltagsgebrauch produziert die Gemeinde auch aufwändige, dekorative Arbeiten. Überall im Ort gibt's Werkstätten, in denen man den Kunsthandwerkern bei der Arbeit zusehen kann. Auch ein Besuch im Centro de Artesania Nabotiva, einem von einer Kooperative geführten Markt, lohnt sich.

Das freundliche Dorf **Diria** wird von Touristen selten besucht. Von hier gelangt man zum Mirador el Boquete, einem weiteren Aussichtspunkt auf die Laguna de Apoyo. Dieser Mirador ist vielleicht weniger spektakulär als jener in Catarina, aber die Aussicht ist gleichwohl herrlich und die Umgebung wesentlich entspannter. Es gibt einige schlichte Barrestaurants und einen Weg hinunter zum Wasser, der hauptsächlich von örtlichen Fitnessfans genutzt wird.

In Granada fahren einen Block südlich vom Markt regelmäßig Busse zu diesen Dörfern (8–10 C$, 30 Min., bis 17 Uhr alle 20 Min.).

Carazo

Südwestlich der Pueblos Blancos liegen im Verwaltungsbezirk Carazo **San Marcos** und die „Geschwisterstädte" **Jinotepe** und **Diriamba** inmitten eines Gebiets, in dem Kaffee und Zitrusfrüchte angebaut werden. Die drei Städte feiern ein eigenwilliges religiös-folkloristisches Ritual, den „Toro Guaco", in dem die Niquirano-Siedlung Jinotepe sowie Diriamba, der von Chorotegas bewohnte Rivale aus der Zeit vor der Eroberung durch die Europäer, ihres gegenseitigen Verhältnisses gedenken. Jinotepes Schutzheiliger ist Santiago (St. Jakobus), dessen Tag der 25. Juli ist, Diriambas Schutzheiliger ist San Sebastián (20. Jan.). Dieses beiden Städte machen sich zusammen mit San Marcos gegenseitig zeremonielle Besuche, bei denen in Tänzen, Scheingefechten und Spielen, die die spanischen Eindringlinge verspotten, auffällige Kostüme und Masken gezeigt werden. Die Pantomimenfigur des „El Güegüense" ist ein Symbol der nicaraguanischen Identität.

Busse nach Diriamba, Jinotepe und San Marcos fahren in Granada einen Block südlich vom Markt ab (0,75 US$, 45 Min., bis 18 Uhr stündl.). Auch von Masaya und Managua fahren sehr häufig Busse.

MASAYA

93 053 Ew.

Die reizvolle Arbeiterstadt zwischen Managua und Granada ist im ganzen Land als Nicaraguas Kunsthandwerkszentrum bekannt, in dem man wunderbar nach Geschenken und Souvenirs stöbern kann. Auf dem eindrucksvollen zentralen Markt kann man die sagenhaften Produkte, die in pittoresken Werkstätten überall in der Stadt und in den umliegenden Dörfern geschaffen werden, sowie Kunsthandwerk aus dem gesamten Land bestaunen.

Viele besuchen Masaya im Rahmen eines Tagesausflugs, um sich mit Geschenken einzudecken und ein Foto an dem beeindruckenden See zu machen. Aber Masaya ist viel mehr als ein Zwischenstopp zum Shoppen, es ist auch die Wiege einer reichen Folklore, die aus den starken indigenen Wurzeln der Stadt entspringt und zudem ist hier der Schauplatz einiger der interessantesten und buntesten Feste im Land.

Orientierung & Praktische Informationen

Masaya liegt nur 29 km südöstlich von Managua und gerade einmal 16 km nordwestlich von Granada. Die Stadt befindet sich am Rand des Kratersees, hinter dem sich der Volcán Masaya erhebt.

BAC (Mercado Artesanías, 1 c N) Hat einen Geldautomaten, der alle Karten akzeptiert.

DHL (Mercado Artesanías) Falls man mehr gekauft hat, als man tragen kann.

Intur (☎ 2522-7615; masaya@intur.gob.ni; Mercado Artesanías, ½ c S) Hat Stadtpläne und kann einem den Weg zu den örtlichen Künstlerwerkstätten weisen.

Kablenet Café (Iglesia San Jerónimo, 1 c E, 1 c S; 15 C$/Std.) Verlässlicher Internetzugang.

Post (BAC, ½ c E)

Sehenswertes

MÄRKTE & WERKSTÄTTEN

Masayas berühmte *artesanías* findet man vielerorts in der Stadt. Die größte Fülle bietet der ursprüngliche Markt, der fabelhafte **Mercado de Artesanías** (Mercado Viejo), der nach der Zerstörung während der Revolution im alten Glanz wiederauferstanden ist. Mit seiner aufwändig behauenen Basaltmauer, zahlreichen prunkvollen Portalen und den bekrönenden Türmchen ist er eine wahre Pracht. Hier gibt's eine Fülle an Ständen, an denen hochwertige Baumwollhängematten, farben-

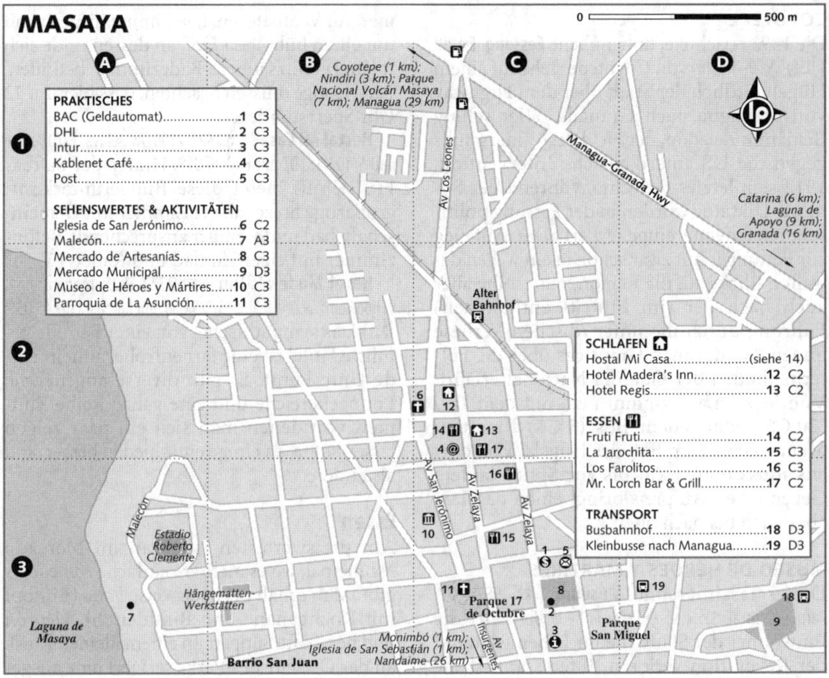

frohe Korbwaren, gewebte Matten, Holzschnitzereien, Marimbas, beschnitzte und bemalte Flaschenkürbisse, Malereien, Keramiken, Schmuck und Lederwaren feilgeboten werden. Der Markt ist zwar touristisch, aber der Wettbewerb sorgt für faire Preise. Viele Verkäufer sprechen Englisch, und sie gehen die Kunden überhaupt nicht aggressiv an. Donnerstagabends gibt's hier Livemusik.

Viel regionaler ist der **Mercado Municipal** (Mercado Nuevo) 500 m östlich des alten Markts. Hier ist zwar auch einiges Kunsthandwerk im Angebot, daneben gibt's aber auch *comedores* und Gegenstände des Alltags. Auf diesem Markt findet man außerdem eine besonders große Auswahl an Ledersandalen und geschmacklosen ausgestopften Reptilien.

Eine Reihe von Läden, die *artesanías* aus der Region verkaufen, wurden am **Malecón** eingerichtet, einem romantischen Weg mit sagenhaftem Blick über die Laguna de Masaya auf den rauchenden Cráter Santiago. In der Nähe befindet sich der **Barrio San Juan**, der für die hier geschaffenen Hängematten und *tapices* (aus Stroh gewebte Bilder mit ländlichen Szenen) bekannt ist. Es macht Spaß, hier um die Werkstätten herumzuschlendern. Sogar noch mehr vom örtlichen Charakter zeigt die von Indigenas bewohnte Vorstadt **Monimbó,** die sich ungefähr 1 km südlich der Hauptplaza um die Iglesia de San Sebastián erstreckt. Hier laden einen hier lebende *artesanos* gern in ihre Wohnungen ein, um zu zeigen, wie die Schuhe, Sättel, Körbe, Holzschnitzereien und anderes Kunsthandwerk angefertigt werden. Wo sich die interessantesten Werkstätten befinden, erfährt man bei Intur.

KIRCHEN & PLAZAS

Viele der historischen Kirchen Masayas wurden bei dem Erdbeben im Juli 2000 schwer beschädigt. Am schlimmsten traf es die **Iglesia de San Jerónimo**, das im Norden der Stadt zwischen zwei Plazas gelegene Wahrzeichen der Stadt. Sie wurde inzwischen notdürftig geflickt und bildet weiterhin den Mittelpunkt der städtischen Fiestas Patronales. Die aus dem frühen 19. Jh. stammende **Parroquia de La Asunción** an der Hauptplaza wurde mithilfe eines von Spanien finanzierten Programms, das auf die Fähigkeiten der örtlichen Handwerker setzt, glanzvoll wiederhergestellt.

COYOTEPE

Die 1893 errichtete, unheimliche **Festung** (Eintritt 1 US$; 9–18 Uhr) von Coyotepe steht auf einem Hügel nördlich der Stadt über dem Highway von Managua nach Granada. Hier schlug Benjamín Zeledón, der Held des Widerstands gegen die US-amerikanische Intervention, 1912 sein letztes Gefecht. Während der Somoza-Diktatur wurden in der Festung politische Gefangene eingekerkert. Der Aufstieg zur Festung lohnt zwar schon allein wegen des weiten Blicks auf die Region, man sollte aber auch nach der (im Eintritt enthaltenen) Führung durch die unterirdischen Verliese fragen, bei der man Grausiges über die Foltermethoden der Guardia Nacional erfährt. Von Masaya aus kommt man mit dem Taxi (20 C$) oder jedem Bus (5 C$) Richtung Managua bis zum Fuß des Hügels. Von dort aus muss man 1 km bis zur Spitze laufen. Gegen einen Aufpreis bringt einen das Taxi aber auch bis nach oben.

MUSEO DE HÉROES Y MÁRTIRES

Dieses faszinierende **Museum** (☎ 2552-2977; Parque Central, 1½ c N; Mo–Fr 8–17 Uhr) ehrt die Einwohner der Stadt, die ihr Leben während der Revolution verloren. Interessant ist die Ausstellung von Masken und selbstgefertigten Waffen, mit denen sich Jugendliche in der Stadt gegen die schwer bewaffnete Guardia Nacional zur Wehr setzten.

Festivals & Events

Der **Día de San Jerónimo** (30. Sept.) ist so populär, dass er inzwischen zu einer fast drei Monate dauernden Party geworden ist. Die Hauptprozessionen finden am 30. September und 7. Oktober statt, wenn der Schutzheilige der Stadt als bärtiger *campesino* mit dem Namen „Tata Chombó" (oder auch der „Arzt der Armen") auf einer blumengeschmückten Plattform durch die Stadt gefahren wird.

Weitere große Feste sind der **Día de San Lázaro** eine Woche vor Palmsonntag, an dem ein Umzug von kostümierten Hunden stattfindet, und die **Noche de Agüizotes** (letzter Fr im Okt.), wenn die unheimlichen Gestalten örtlicher Gruselgeschichten zum Leben erwachen und durch die Straßen ziehen.

Schlafen

Hotel Regis (☎ 2522-2300; Av Zelaya; Zi. 4,50 US$/Pers.) Dreieinhalb Blocks nördlich der Hauptplaza bietet das nette Hotel Regis ordentliche Zimmer mit Ventilatoren. Die Zimmer liegen rund um einen hübschen Hof, an dessen Ende sich mehrere blitzsaubere Badezimmer befinden. Partylustige müssen beachten, dass hier um 22 Uhr Sperrstunde ist.

Hostal Mi Casa (☎ 2522-2500; Av Zelaya; EZ/DZ ohne Bad 5/10 US$, DZ mit Bad 20 US$) Hinter der Saftbar Fruti Fruti bietet diese Budgetunterkunft großartige holzgetäfelte Zimmer mit Gemeinschaftsbad und weniger ansprechende Betonzimmer mit eigenem Bad und Kabel-TV.

Hotel Madera's Inn (☎ 2522-5825; maderasinn@yahoo.com; Av Zelaya; DZ 15–25 US$, mit Klimaanlage 45 US$;) Das sympathische, von einer Familie geführte Hotel ist eine farbenfrohe, anheimelnde Unterkunft. Es gibt diverse angenehme Loungebereiche und eine ganze Reihe Zimmer, von denen man sich ein paar zeigen lassen sollte, da einige entschieden besser sind als andere.

Essen

Am preiswertesten isst man im Mercado Municipal, wo es mehrere einfache *comedores* gibt. Man erhält beispielsweise *baho* (Eintopf mit Kochbanane und Rindfleisch), *vigorón* und herzhafte Suppen. In einem kleinen Kiosk an der Ostseite des Parks serviert eine ausgezeichnete *marisquería* (Meeresfrüchtelokal) köstliche *ceviche*.

LP Tipp **Fruti Fruti** (Av Zelaya; Smoothies 40–50 C$) Direkt im Bereich der Budgetunterkünfte liegt dieser erfrischende Laden, dessen wirklich gute Smoothies bei der Hitze genau das Richtige sind.

Los Farolitos (Av El Progreso; Gerichte 50–90 C$) Das gut geführte Bistro bietet ein ausgezeichnetes Preis-Leistungs-Verhältnis und schmackhafte Gerichte in einem intimen Speiseraum.

La Jarochita (Av Zelaya; Gerichte 65–180 C$) Einen Block nördlich der Hauptplaza serviert das farbenfrohe und stimmungsvolle La Jarochita gute mexikanische Speisen wie Tacos und *enchiladas*. Wenn möglich, einen Tisch auf der kleinen Terrasse wählen.

Mr. Lorch Bar & Grill (☎ 2522-7628; Av Zelaya; Gerichte 100–160 C$) Entschiedene Fleischesser kommen in diesem freundlichen Barrestaurant voll auf ihre Kosten: Die Steaks sind saftig, und es ist kaum ein Gemüse in Sicht.

Ausgehen & Unterhaltung

Masaya, das nur eine kurze Fahrt vom brummenden Nachtleben in Managua und Granada entfernt ist, hat Mühe seine Partylustigen zu halten, geschweige denn, auswärtige anzulocken. Immerhin gibt's ein paar nette, entspannte Bars rund um den Park, und an den Wochenenden tummelt sich die *discoteca*-Szene am *malecón*, wo die Party bis spät in die Nacht dauert.

An- & Weiterreise

Abfahrende und ankommende Busse halten an der Ostseite des Mercado Municipal Ernesto Fernández. Busse fahren nach Managua (10 C$, 45 Min., 4.30–17 Uhr alle 20 Min.) und Granada (10 C$, 40 Min., 5–18 Uhr alle 25 Min.). Die Kleinbusse nach Managua (13,50 C$, 30 Min., 5–20 Uhr) fahren vor dem Parque San Miguel, einen Block östlich des Mercado Viejo, ab, sobald sie voll sind. Vom Highway starten zahlreiche Kleinbusse und Busse nach Managua und Granada. Ein Taxi nach Granada kostet rund 12 US$.

PARQUE NACIONAL VOLCÁN MASAYA

Die Krater im Parque Nacional Volcán Masaya wurden von den Spaniern als Höllenschlund bezeichnet. Sie sind die am leichtesten zugänglichen aktiven Vulkane des Landes. Der Park besteht aus zwei Vulkanen, dem Masaya und dem Nindirí mit insgesamt fünf Kratern, von denen der Cráter Santiago immer noch recht aktiv ist, häufig Rauch und Dampf ausstößt und zuweilen auch heiße Felsbrocken von sich schleudert, die im Jahr 2001 ein paar Besucher nur um Haaresbreite verfehlten.

Vom Gipfel des Volcán Masaya (632 m), dem östlichsten Gipfel, hat man einen wunderbaren Blick ins Umland, auf die Laguna de Masaya und die dahinterliegende Stadt Masaya. Im Park gibt's mehrere markierte Wanderwege, von denen viele allerdings nur mit einem Führer (50–150 C$/Gruppe) begangen werden dürfen. Dazu gehören die Lavatunnels des Tzinancanostoc und des El Comalito, ein kleiner, Dampf ausstoßender Aschenkegel.

Sehr zu empfehlen ist die **Abendführung** (10 US$/Teilnehmer; ⌚ 17–19.30 Uhr), während der man, wenn nicht zu viel Rauch in der Luft liegt, tief drunten im Krater glühende Lava sehen kann. Überdies kann man zuschauen, wie Tausende *chocoyeros* (Sittiche) am späten Nachmittag zu ihren Nestern in den Kraterwänden zurückkehren und die Lavatunnel besuchen, während die Fledermäuse gerade zu ihrer abendlichen Nahrungssuche ausfliegen. Die Abendführung muss man einen Tag im Voraus buchen.

> **EINE FEURIGE VERGANGENHEIT**
>
> Der Legende zufolge warfen die Einwohner des Gebiets in präkolumbischer Zeit junge Frauen in die brodelnde Lava am Grund des Kraters, um Chaciutique, die Göttin des Feuers, zu besänftigen.
>
> Das Kreuz über dem Cráter Santiago ist die Nachbildung jenes Kreuzes, das die Spanier hier im 16. Jh. aufstellten, um damit die im Innern hausenden Dämonen auszutreiben.

Der **Parkeingang** (☎ 2522-5415; Eintritt 4 US$; ⌚ 9–16.45 Uhr) liegt nur 6 km von Masaya entfernt am Highway nach Managua. Von Masaya oder Granada aus kommt man mit jedem Bus Richtung Managua dorthin. Das Personal am Eingang versorgt einen mit einer Karte. 1,5 km vom Eingang entfernt befinden sich das Besucherzentrum, ein Museum, ein Schmetterlingsgarten und ein Campingbereich (50 C$/Pers.). Von dort sind es 5 km hinauf bis zur **Plaza de Oviedo**, dem wichtigsten Beobachtungspunkt zum Blick in den Cráter Santiago.

In den Nationalpark gibt's keine öffentlichen Verkehrsmittel, aber man kann per Anhalter weiterkommen. Ansonsten bietet sich eine Taxirundfahrt hin & zurück ab Masaya (10 US$) oder Granada (18 US$) an, einschließlich eines einstündigen Aufenthalts auf dem Gipfel. Auch die meisten Tourveranstalter in Granada bieten diesen Trip an.

SÜDWESTLICHES NICARAGUA

Richtung Süden, auf die Grenze Costa Ricas zu, ist Rivas die größte Siedlung, von dessen Hafen San Jorge Fähren zur Isla de Ometepe fahren. Weiter die Carretera Panamericana hinunter folgt bei La Virgen die Abzweigung nach San Juan del Sur, einem beliebten Strandort und Ausgangspunkt zu einer Kette von Pazifikstränden und einem wichtigen Eiablagegebiet von Meeresschildkröten.

Dieser schmale Streifen Land trennt den Lago de Nicaragua vom Pazifik. An seiner schmalsten Stelle ist dieser Streifen gerade einmal 20 km breit.

RIVAS

30 415 Ew.

Nur einen Steinwurf von Nicaraguas besten Pazifikstränden und der bezaubernden Isla de Ometepe entfernt kann die ruhige Bezirkshauptstadt Rivas Besucher nicht lange fesseln. Zwar kann sie mit einer Reihe charmanter kolonialzeitlicher Gebäude aufwarten, aber Sehenswürdigkeiten, wegen derer man seine Reisepläne ändern würde, sind dünn gesät und Einrichtungen für Touristen bestenfalls begrenzt vorhanden. Deswegen wagen sich auch die meisten Besucher erst gar nicht weit über den Busbahnhof hinaus, und nur sehr wenige verbringen hier eine Nacht.

Auf Ometepe gibt's lediglich einen Visa/Plus-Geldautomaten, wem der nichts nützt, sollte unbedingt noch hier Bargeld abheben. Außerdem findet man hier jede Menge Internetcafés (rund 15 C$/Std.).

Praktische Informationen

BAC (Parque Central, 3 c O) Hat einen Geldautomaten für alle Karten.

Intur (☎ 2563-4914; rivas@intur.gob.ni; Texaco, ½ c O)

Sehenswertes

Lohnend ist die **Kirche** am Parque Central wegen ihrer ausgefallenen künstlerischen Gestaltung. Dazu gehört ein Kuppelfresko, das eine Seeschlacht darstellt: Während die Schiffe Kommunismus, Protestantismus und Säkularismus als brennende Wracks auf dem Meer treiben, läuft die siegreiche Fregatte Katholizismus in den Hafen ein. Ebenfalls einen Besuch lohnt das engagiert geleitete **Museo de Antropología** (Mercado, 1 c S, 1 c E; Eintritt 1 US$; ⌚ Mo–Sa), das in einem fabelhaften historischen Stadthaus residiert. Am interessantesten ist die Sammlung präkolumbischer Keramiken und Steinplastiken, die im Verwaltungsbezirk Rivas gefunden wurden.

Schlafen & Essen

Hospedaje Internacional (☎ 2563-3652; Carretera Panamericana; Zi. mit/ohne Bad 15/8 US$) Es gibt mehrere preiswerte und einfache Unterkünfte an der Panamericana in der Nähe der Texaco-Tankstelle. Diese gehört zu den besten. Die Hospedaje Internacional hat umgängliches Personal und eine Reihe von Zimmern mit Ventilator, von denen jene mit Bad und TV entschieden besser sind.

Hospedaje Lidia (☎ 2563-3477; Zi. mit/ohne Bad 10/8 US$ pro Pers.) Gegenüber von Intur bietet dieser freundliche Familienbetrieb die beste Budgetunterkunft in der Stadt. Die Zimmer sind sauber und gepflegt.

Soda Rayuela (Parque Central, 1 c N, 1 c E; Gerichte 40–100 C$) Dieses Restaurant ist um eine Klasse besser als die üblichen Speiselokale vor Ort. Hier bekommt man ausgezeichnete örtliche und auch ein paar mexikanisch beeinflusste Gerichte.

Vila's Rosti Pizza (Parque Central; Hauptgerichte 100–200 C$) Hier gibt's ordentliche Steaks und Burger. Von den Straßentischen direkt am Park aus kann man hervorragend Menschen beobachten.

Anreise & Unterwegs vor Ort

Rivas' **Busbahnhof** grenzt an den Markt und liegt rund 10 Blocks westlich der Panamericana. Expressbusse nach Managua fahren von der Esso-Tankstelle an der Panamericana im Norden der Stadt. Zwischen beiden Stellen fahren Taxis oder Fahrradtaxis (10 C$).

Von Rivas aus starten Busse u. a. in folgende Städte:

Granada (24 C$; 1½ Std.; alle 45Min.)
Managua (40 C$; 3½ Std.; 3.30–18.15 alle 30 Min.)
San Juan del Sur (15 C$; 45 Min.; 6–18 Uhr alle 30 Min.)
Sapoá/Peñas Blancas (Costa Rica) (15 C$; 45 Min.; 5–17.15 Uhr alle 30 Min.)

Nach San Juan del Sur ist es oft bequemer, ein Sammeltaxi (35 C$/Pers.) zu nehmen. Sie fahren vom Parkbereich des Busbahnhofs ab, sobald sie voll besetzt sind.

Nach San Jorge zur Fähre nach Ometepe braucht man nicht nach Rivas hineinzufahren: Sammeltaxis fahren die kurze Strecke (10 C$) von der Shell-Tankstelle an der Panamericana dorthin.

Von Rivas aus fahren frühmorgens auch ein paar Busse nordwärts nach Las Salinas, eine holperige Strecke (35 C$, 2 Std.), die wegen der tollen Surfmöglichkeiten an der nahegelegenen Playa Popoyo lohnt.

SAN JORGE

Von diesem entspannten Ort 6 km östlich von Rivas setzen die meisten Traveller zur Isla de Ometepe über. Das Zentrum des Ortes liegt 1 km von der Fähranlegestelle entfernt. Dort gibt's viele Lokale, in denen man bei prachtvollem Blick über den See hinüber nach Ometepe Meeresfrüchte essen kann, und einige Unterkünfte.

Details zur Bootsüberfahrt nach Ometepe s. S. 571.

UNTERWEGS NACH LIBERIA, COSTA RICA

Wenn man in einem die Grenze überquerenden Bus reist, ist der Grenzübergang zwischen Nicaragua und Costa Rica bei **Peñas Blancas** der praktischste, da sich die Transportunternehmen um das meiste kümmern. Ansonsten kann es hier ein wenig hektisch werden.

Die täglich von 6 bis 20 Uhr geöffneten Grenzstellen liegen 1 km auseinander. Man kann die Strecke laufen oder nimmt eine Autorikscha (20 C$). Neben der üblichen nicaraguanischen Ausreisegebühr von 2 US$ verlangt die Stadt Sapoá zusätzliche 1 US$ zum Betreten oder Verlassen der Grenzzone.

Die Einreise nach Costa Rica ist kostenlos. Theoretisch muss man ein Weiterreiseticket vorweisen, das aber nur selten verlangt wird. Falls doch, muss man ein Busticket San José–Managua draußen an einem der Schalter der Busgesellschaften kaufen.

In Managua fahren vom Mercado Roberto Huembes fast stündlich Expressbusse (65 C$, 3 Std.) zur Grenze.

Von Rivas starten halbstündlich Busse (15 C$, 45 Min.) auf die kurze Strecke zur Grenze. Auf costa-rikanischer Seite gibt's regelmäßige Busverbindungen von der Grenze nach Liberia und San José. Infos zum Grenzübertritt aus Costa Rica stehen auf S. 660.

SAN JUAN DEL SUR

7961 Ew.

An einer von hübschen Klippen umrahmten, hufeisenförmigen Bucht liegt San Juan del Sur, Nicaraguas bedeutendster Strand-Ferienort. Hier hat der Tourismus längst die Fischerei als Hauptgewerbezweig verdrängt. Die Reize, wegen denen eine wachsende Zahl von Ausländern und Backpackern hierher kommen, lassen sich leicht beschreiben: Surfen, Angeln, gemütliches Ausspannen. In einer Hängematte liegen, ein Glas Rum in der Hand, und zuschauen, wie die Sonne im Pazifik versinkt, ist ein wunderbares Mittel gegen den Stress. Es ist hier auch ganz lustig: Traveller, die Wert auf eine muntere Partyszene legen oder vor allem am Strand brutzeln wollen, werden sich hier wohlfühlen, wer allerdings Kultur und lokales Ambiente sucht, dem wird es hier langweilig und amerikanisiert vorkommen

Praktische Informationen

In jedem Block gibt es Internetcafés mit langsamen Verbindungen (rund 15 C$/Std.); die meisten bieten auch preiswerte Auslandsgespräche an. Im Ort gibt's mehrere Wäschereien (rund 80 C$/Ladung). Nützliche Websites sind u. a. www.sanjuandelsurguide.com und www.sanjuansurf.com.

BAC Geldautomat, der alle Karten akzeptiert. Im Hotel Casa Blanca in dem bebauten Streifen am Ufer.

El Gato Negro (www.elgatonegronica.com; Texaco, 2 c 0; 🕑 7–15 Uhr) In diesem Buchladen mit Café gibt's eine ausgezeichnete Auswahl englischsprachiger Bücher. Der Laden ist keine Tauschbörse, aber der Besitzer kauft auch interessante Bücher an, wenn sie sich in gutem Zustand befinden.

Intur (☎ 2568-2022; frente Parque Central) Das vielleicht freundlichste Intur-Büro im Land, aber bei praktischen Informationen nicht ganz sattelfest.

Post Am Südende der Strandstraße.

Gefahren & Ärgernisse

Zum Zeitpunkt der Recherche standen bewaffnete Raubüberfälle auf Touristen an den Stränden im Umfeld der Stadt wieder einmal auf der Tagesordnung, insbesondere rund um die Strände Remanso, Tamarindo und Hermosa. Man sollte sich vor dem Aufbruch in der Stadt nach der aktuellen Lage erkundigen, nie allein unterwegs sein und seine Wertsachen im Hotel lassen.

Sehenswertes & Aktivitäten

Abgesehen von der schönen Kirche an der Plaza ist die wichtigste Sehenswürdigkeit der **Strand** – ein breiter, schöner Sandstreifen, an dessen südlichem Ende der Fischerhafen liegt. In der Nähe gibt's allerdings sogar noch bessere Strände (S. 564).

Zahlreiche Veranstalter bieten alles Mögliche, von Angeln auf hoher See bis zu Fahrten auf Seilrutschen an. Im folgenden nur eine kleine Auswahl:

Arena Caliente (☎ 8815-3247; www.arenacaliente.com; mercado, ½ c N) Alles zum Surfen: Das beliebte, von Ortsansässigen geführte Unternehmen vermietet Surfbretter, bietet Surfkurse und transportiert Surfer zu den besten Wellen in der Region.

Casa Oro (☎ 2568-2415; www.casaeloro.com; Parque Central, 1 c O) Vermietet Surfbretter (10 US$/Tag), betreibt

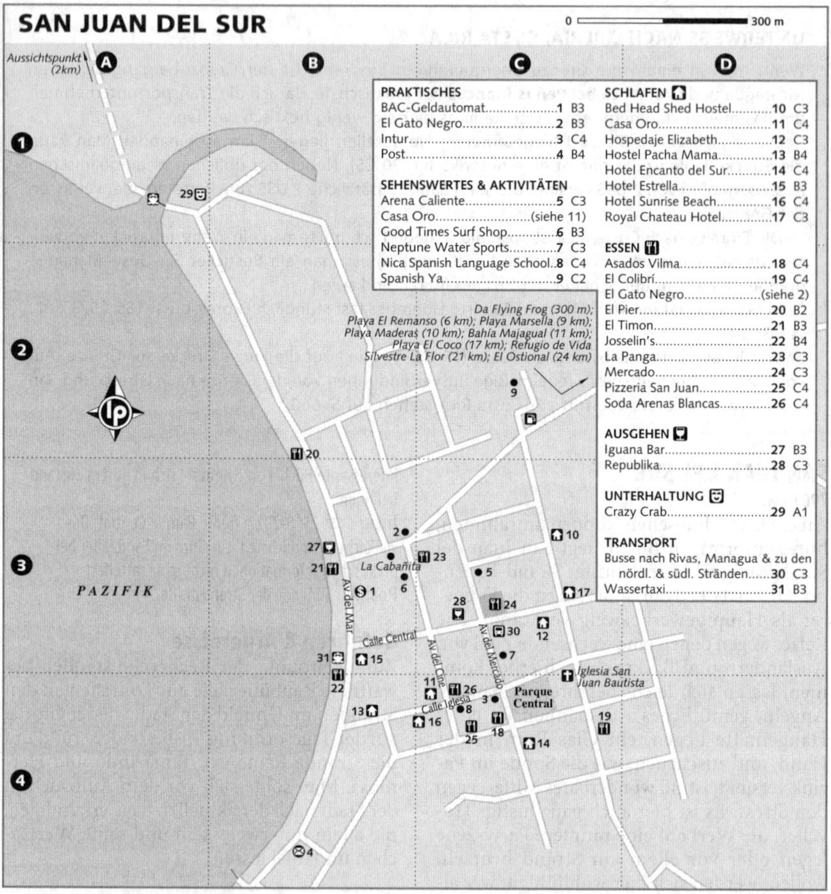

tägliche Shuttles zu den Playas Maderas und Remanso (hin & zurück 80 C$) und arrangiert Angelausflüge und Ausritte an den südlichen Stränden oder in den Hügeln hinter der Stadt. In der entsprechenden Saison werden auch nächtliche Ausflüge zum Refugio de Vida Silvestre La Flor (s. S. 565) unternommen, wo man Schildkröten bei der Eiablage bzw. den ausschlüpfenden Jungtieren zusehen kann (30 US$/Pers. inkl. Parkeintritt).

Da Flying Frog (☎ 2568-2351; tiguacal@ibw.com.ni; 30 US$/Pers.) Bei dieser Tour geht's über 17 Plattformen insgesamt 2,5 km an Seilrutschen durch einige bewaldete Hügel am Rand der Stadt. Vom Hotel telefonisch eine Abholung vereinbaren lassen!

Good Times Surf Shop (☎ 8657-1621; www.goodtimessurfshop.com; Gato Negro, 100 m S) Das entspannte Surfzentrum ist auf Trips zu weniger überfüllten Stränden wie Yanqui (20 US$/Pers. inkl.Surfbrettmiete) und Colorado (35 US$) spezialisiert und vermietet außedem auch Fahrräder (6 US$/Tag).

Neptune Water Sports (☎ 8903-1122; www.neptunewsn.com; Parque Central, ½ c N) Veranstaltet Tauchtouren nach La Flor und zu anderen Stellen in der Umgegend.

Kurse

Mehrere ungezwungene Schulen sowie Privatlehrer bieten in der Stadt Spanischunterricht als Einzelstunden oder auch Wochenkurs an.

Nica Spanish Language School (☎ 2568-2142; www.nicaspanish.com; Parque Central, 1 c O; 20 Std. mit/ohne Unterbringung bei Familien 215/115 US$) Bei Backpackern beliebte, länger bestehende Sprachschule, die Einzelunterricht und bequeme Unterbringung bei Familien anbietet.

Spanish Ya (☎ 2568-3010; www.learnspanishya.com; Texaco 100 m N; 20 Std. mit/ohne Unterkunft 220/120 US$) Professionell geführtes Unternehmen, das rund um einen ruhigen Hof mit Blick auf den Fluss untergebracht ist. Vor Ort gibt's auch Unterkünfte. Aktivitäten wie Ausritte und Besuche am Strand sind im Preis enthalten.

Schlafen

San Juan del Sur ist einer der wenigen Orte in Nicaragua, an denen es ausgeprägte saisonale Preisunterschiede gibt. Zu Ostern und zu anderen nicaraguanischen Fest- und Ferienzeiten sind die im Folgenden genannten Preise bis zu doppelt so hoch.

Hospedaje Elizabeth (☎ 8840-0299; Mercado, 75 m E; Zi. 6 US$/Pers., DZ 20 US$) Gegenüber dem Markt bietet diese freundliche Unterkunft Zimmer unterschiedlicher Größe und verschiedenen Komforts; die luftigen im Obergeschoss sind am besten.

Hotel Estrella (☎ 2568-2210; mercado, 2 c O; Zi. ohne Bad 7 US$/Pers.; 💻) Das historische Hotel am Strandstreifen hat seit seiner Eröffnung in den 1920er-Jahren einige Veränderungen in San Juan erlebt. Viele der einfachen Zimmer haben kleine Balkone mit Meerblick, und es gibt einen attraktiven Loungebereich mit Internetzugang für die Gäste. Der einzige Nachteil ist der Marsch zu den Gemeinschaftsbädern im Erdgeschoss.

LP Tipp Hostel Pacha Mama (☎ 2568-2043; www.hostelpachamama.com; Parque Central, 1½ c O; B/DZ 8/20 US$; 💻 📶) Das neue Hostel in einem hellen, modernen Gebäude einen halben Block abseits vom Strand zieht ein junges, partylustiges Publikum an. An Extras gibt's eine Tischtennisplatte, eine Gästeküche, eine Bar im Hinterhof und kostenlose Skateboards, mit denen man in der Stadt herumsausen kann.

Casa Oro (☎ 2568-2415; www.casaeloro.com; Parque Central, 1 c O; B 7,50–9 US$, Zi. 20 US$; 💻 📶) Das zu Recht beliebte, immer stark gebuchte und gut geführte Hostel wurde erst kürzlich renoviert. Die neuen Schlafsäle sind super; sie haben bequeme Betten und geräumige Badezimmer. Die aufgemöbelten Privatzimmer sollten mittlerweile ebenfalls fertiggestellt sein. Für die Gäste gibt's auch eine geräumige Küche.

Bed Head Shed Hostel (☎ 2568-2076; Texaco, 2 c S; B 8 US$; 💻) Dieses neue Hostel ist ruhiger und anheimelnder als die anderen in der Stadt. Es bietet neben den üblichen Einrichtungen auch einen großen Grillbereich für Gäste.

Hotel Sunrise Beach (☎ 8374-2172; Parque Central, 1½ c O; DZ 20 US$; 💻) Diese verwirrend benannte Anlage wirkt eher wie ein Mehrfamilienhaus als wie ein kleines Hotel. Die Zimmer sind hell und einladend. Es gibt eine Gemeinschaftsküche, ein TV-Zimmer und einen kleinen Balkon mit Blick auf die Straße

Hotel Encanto del Sur (☎ 2568-2222; Parque Central, ½ c S; EZ/DZ 20/30 US$; ❄ 📶) Wegen seiner sauberen, geräumigen Zimmer mit Kabel-TV, seinen makellosen Badezimmern und der Küchenbenutzung gehört dieses Hotel zu denen mit den besten Preis-Leistungs-Verhältnissen vor Ort. Rabatte sind möglich, wenn man auf eine Klimaanlage verzichtet.

Royal Chateau Hotel (☎ 2568-2551; www.hotelroyalchateau.com; Texaco 3 c S; EZ/DZ 46/53 US$; Ⓟ ❄) Geräumige, frisch gestrichene Zimmer rund um einen mit Palmen bestandenen Parkplatz. Wem Treppensteigen nichts ausmacht, hat von den Zimmern im obersten Stock eine tolle Aussicht.

Essen

Am preisgünstigsten isst man auf dem **Mercado** (Gerichte 40–80 C$), wo es eine Reihe ordentlicher, kleiner Küchen gibt, die alle herzhafte regionale Gerichte und einige Backpacker-Klassiker servieren.

Eine lange Reihe ähnlicher Restaurants findet sich an der Strandpromenade, wo man sich beim Blick auf den Ozean mit Fisch-, Meeresfrüchte- und Hähnchentellern (120–255 C$) sättigen kann. Zu den besten gehören **Josselin's** (frente Hotel Estrella; Gerichte 130–250 C$), das eine reichhaltige Platte mit gemischten Meeresfrüchten anbietet, und **El Timon** (frente Landmark Inn; Gerichte 145–255 C$).

Soda Arenas Blancas (frente Casa Oro; Gerichte 70–95 C$) Das ist keine durchschnittliche *fritanga*. Natürlich gibt's auch hier Grillhähnchen mit *gallo pinto* und *tajaas* (Bananenchips), aber weiter unten auf der Karte stehen neben anderen köstlichen Gerichten auch die preisgünstigsten Meeresfrüchte der Stadt: Hummer gibt's schon für 95 C$.

El Pier (Av del Mar; Gerichte 70–195 C$; Ⓥ) Das El Pier greift bis auf den Sandstrand aus und wirkt wie ein an den Strand versetztes, gemütliches Café mit entspannter Wohnzimmeratmosphäre und einer großen Auswahl gesunder Gerichte, darunter auch vielen Angeboten für Vegetarier. Das Lokal eignet sich auch prima, um abends hier ein paar Drinks zu nehmen.

La Panga (Texaco, 2 c O, 25 m S; Gerichte 75–160 C$) Dieses Meeresfrüchtelokal in einer Straßenfront liefert ordentliche Fish and Chips und sehr gute Bohnenburger. Für Gesundheitsbewusste gibt's eine Auswahl an schmackhaften Salaten und gegrillten Fisch.

El Gato Negro (Texaco 2 c O; kleine Gerichte 80–125 C$) Wonach es hier duftet? Nach echtem Ökokaffee, der direkt an der Bar aufgebrüht wird. Perfekt zubereitet kommt der fertige Kaffee dann aus der polierten Espressomaschine. Fabelhaft. Und da es hier auch noch Salate, Sandwiches, Frühstück und eine gut sortierte Buchhandlung gibt, ist es kein Wunder, dass man um einen Tisch kämpfen muss.

LP Tipp **El Colibrí** (☎ 8863-8612; Hauptgerichte 130–220 C$; V) Das hinter der Kirche vor der Strandszene versteckte Restaurant ist etwas teuerer, lohnt aber einen Besuch. Das Ambiente ist luftig und romantisch, und das wunderbar angerichtete Essen, darunter auch viele vegetarische Gerichte, wird hauptsächlich aus Bio-Zutaten zubereitet. Vorab telefonisch reservieren!

Ebenfalls empfehlenswert:

Asados Vilma (Parque Central; Hähnchen/Rindfleisch mit Beilagen 50–90 C$; ⏲ 16–21 Uhr) San Juans berühmtes Hähnchenrestaurant serviert gute Grillspeisen und erfrischende natürliche Getränke.

Pizzeria San Juan (☎ 2568-2295; Parque Central, 20 m O; Pizza 75–145 C$; ⏲ 17–22 Uhr) Unbestritten die beste Pizzeria der Stadt.

Ausgehen & Unterhaltung

Republika (Mercado, ½ c O) In der entspannten, freundlichen, fröhlichen und gemütlichen Bar fühlt man sich gleich wie zu Hause.

Iguana Bar (Av del Mar) In dieser Strandbar ist spätabends eigentlich immer etwas los. Die lustige Menge aus Nicaraguanern und US-Amerikanern lässt den Rum fließen, als stünde die Prohibition vor der Tür.

Crazy Crab (Av del Mar; ⏲ Do–So) San Juan del Surs einzige Disco bietet die für einen Touristenort typische Fleischbeschau, bei der sich Einheimische und Touristen gleichermaßen auf der Tanzfläche produzieren. Wer spät kommt und nicht mehr nüchtern ist, wird seinen Spaß haben. Die Disco befindet sich in einem etwas zwielichtigen Gebiet am nördlichen Ende des Haupt-Strips, deswegen zur Heimfahrt ein Taxi nehmen.

Anreise & Unterwegs vor Ort

Die ankommenden und abfahrenden Busse halten neben dem Markt, zwei Blocks vom Strand entfernt. *Expresos* nach Managua (75 C$, 2 ½ Std.) fahren täglich um 5, 5.45, 7 und 15.20 Uhr. Busse nach Rivas (15 C$, 45 Min.) mit Anschluss nach Managua und zur Grenze fahren zwischen 5 und 17 Uhr alle 30 Minuten. Vom gleichen Ort aus fahren auch Sammeltaxis nach Rivas (35 C$). Verkehrsverbindungen zu Stränden in der Umgebung, s. S. 565.

Mountainbikes (6 US$), mit denen man die Stadt und das Umland erkunden kann, vermieten das Hospedaje Elizabeth (S. 563) und der Good Times Surf Shop (S. 562).

RUND UM SAN JUAN DEL SUR

Südlich und nördlich von San Juan del Sur gibt's einige tolle Strände. Das Gebiet ist inzwischen zwar ganz bestimmt nicht mehr als unberührt zu beschreiben, aber die meisten Orte sind doch noch recht wenig verschandelt.

Nördlich von San Juan del Sur

Die **Playa Marsella,** rund 7 km nördlich von San Juan del Sur, ist ein ruhiger, schöner, zum Schwimmen idealer Strand, an den weit weniger Menschen kommen als zu den populären Stränden gleich hinter der felsigen Landspitze. An Wochenenden kommen Tagesausflügler, dann serviert auch ein kleiner *rancho* einfache Speisen und kalte Getränke.

Nördlich davon (man kann nicht um die Landzunge herumgehen, sondern muss zur Straße zurück) liegt die **Playa Maderas** (Los Playones), der beste Surfstrand in der Gegend. Mit viel weißem Sand und langsamen Brechern von links und rechts, die bei steigender Flut aushöhlen, gehört dieser Strand zu den besten Surfstellen des Landes, der Anfängern und Fortgeschrittenen etwas bietet. Vor der Küste ist es hier allerdings manchmal sehr voll. Übernachten kann man in dem einfachen, aber beliebten **Madera Surf Camp** (Stellplatz oder Hängematte 4 US$/Pers., B/DZ ohne Bad 7/15 US$).

Folgt man dem Strand weiter nach Norden, zeigen sich wunderschöne Felsvorsprünge und ausgezeichnete, zum Sonnenbaden ideale Sandstrände. Am äußersten nördlichen Ende dieses Strandabschnitts bietet das oft empfohlene **Matilda's** (☎ 8456-3461; campingmatildas@gmail.com; Stellplatz für eigenes Zelt/Übernachtung im Dauerzelt 4/6 US$/Pers., B/EZ/DZ 10/15/25 US$) Unterkünfte für alle Budgets direkt am Sandstrand. Mahlzeiten sind verfügbar, und die Gäste können die Küche benutzen.

Über einen schmalen Pfad hinter dem Matilda's erreicht man die **Bahía Majagual,** einen spektakulär abgeschirmten Strand, der von mit Dschungel bedeckten Landzungen flankiert wird. Dieser Strand gehört zu den besten Badestränden des Landes.

Südlich von San Juan del Sur

Der erste Strand südlich des Ortes ist die **Playa El Remanso.** Hier gibt's kleine Wellen für Surfanfänger sowie Höhlen und Gezeitenbecken, die man erkunden kann. Weiter südlich liegen die Playas Tamarindo und Hermosa mit stärkeren Wellen, die aber auch nicht überfüllt sind. Hinter dem abgeschlossenen Ferienort an der Playa Yanqui folgt die **Playa El Coco**, ein sagenhafter, von malerischen Klippen umrahmter Strand.

Am Ende der Straße, nur einen Steinwurf von Costa Rica entfernt, fühlt man sich in dem charmanten Fischerdorf **El Ostional** weltenweit von San Juans Resorts und Reisebussen entfernt. Der Ort hat einen langen goldenen, fast gänzlich von Klippen, mit Dschungel bedeckten Landzungen und Bergen umschlossenen Strand. **Cabañas Manta Raya** (☎ 8966-7783; Zi. mit Frühstück 15 US$/Pers.) vermietet direkt am Strand komfortable Zimmer mit eigenen Bädern. Es gibt außerdem mehrere, von Familien geführte *hospeajes* (Pensionen) im Dorf (8–15 US$/Pers.).

Refugio de Vida Silvestre La Flor

Die **Playa La Flor** (Eintritt 200 C$), rund 20 km südlich von San Juan del Sur, ist eines der weltweit wichtigsten Eiablagegebiete der Bastard- und Lederschildkröten. Die Tiere legen ihre Eier in den Monaten Juli und Januar bei Nacht ab: am spektakulärsten sind die erstaunlichen *arribadas* (Ankünfte), wenn Tausende von Bastardschildkröten gleichzeitig ankommen und die Strände füllen. Die Jungen schlüpfen ungefähr anderthalb Monate später. Bei **Marena** (☎ 2563-4264) erfährt man telefonisch den voraussichtlichen Termin der Ankunft.

Die Wächter im Park verkaufen Erfrischungsgetränke und Wasser, man sollte aber auf alle Fälle Insektenschutzmittel und etwas zu essen dabei haben, denn es kann eine lange Nacht des Wartens werden. Man kann hier für halsabschneiderische 30 US$ pro Zelt campen – da bleibt nur, mit dem größten Zelt anzurücken, das man auftreiben kann. Vielleicht zieht man es aber vor, in El Ostional (s. linke Spalte) gleich südlich des Schutzgebiets zu wohnen. Alternativ bietet die Casa Oro (S. 563) beliebte Tagesausflüge zum Reservat ab San Juan del Sur an.

Wie auch immer man herkommt, man sollte sicherstellen, die Hauptdarsteller dieses bemerkenswerten Naturereignisses so wenig wie möglich zu stören. Also: Abstand halten und die Schildkröten bei der Eiablage nicht durch Blitzlicht aufstören!

An- & Weiterreise zu/von den Stränden

Öffentliche Verkehrsmittel zu diesen Stränden gibt's nur sehr begrenzt. Oft muss man von der Bushaltestelle bis zum Sand lange Strecken laufen. Täglich fahren zwei Busse (10.30 & 13 Uhr) zu den nördlichen Stränden (16 C$). Drei Busse täglich fahren Richtung Süden zur Abzweigung nach Remanso, zur Playa El Coco, zum Refugio la Flor und nach El Ostional (40 C$). Die Abfahrtszeiten muss man

NICARAGUAS BESTE SURFSPOTS

- An der **Playa Popoyo** gibt es immer große Pointbreaks von rechts und links sowie mehrere Surfercamps. Von Rivas aus einen Bus in Richtung Las Salinas nehmen.
- Mehrere gute Brecher findet man im Gebiet **Pochomil/Masachapa** (S. 526), darunter eine rechtsgerichtete Flussmündung bei Quizala.
- Links- und rechtsgerichtete Strand- und Riffbrecher gibt's im Umkreis von ein paar Kilometern um die **Playa El Velero** am alten Highway von León nach Managua. Von León oder Managua aus einen Bus nach Puerto Sandino nehmen, von dort kommt man mit Pickups weiter, die allerdings nicht gerade regelmäßig fahren.
- An der **Playa Maderas** (S. 564) trifft man auf langsame, mittelschwere Wellen; der Strand kann sehr voll sein, ist aber leicht zu erreichen und bietet verlässliche Wellen.
- Laute, hohle Strandbrecher gibt es an der **Playa Aserradores** (S. 546) und anderen Stränden in der Nähe.

vor Ort feststellen, da sie sich häufig ändern. Für Taxifahrten von San Juan zu den Stränden gelten Festpreise, die zwischen 20 und 50 US$ liegen.

Wenn man nach Maderas oder Remanso möchte, ist es wesentlich bequemer, eines der täglichen Shuttles (hin & zurück 80 C$) des Casa Oro zu nehmen, das einem viel Zeit lässt, den Sand und die Wellen zu genießen.

Die netteste Art, die Strände zu besuchen, ist die Anreise per Boot. Täglich um 11 Uhr fährt ein **Wassertaxi** (Karte S. 562; ☎ 8877-9255) von San Juan nach Majagual, das an den Stränden, die auf dem Weg liegen, anlegt (hin & zurück 10 US$). Das Ticket bucht man am Kiosk gegenüber dem Hotel Estrella. Bei ausreichender Nachfrage fährt das Wassertaxi auch zu den Stränden im Süden.

ISLA DE OMETEPE

29 684 Ew.

Ometepe ist ein Ort, der aussieht, als ob er einem Märchen oder einem Fantasyroman entstammt: eine Insel, die von zwei, aus dem Lago de Nicaragua herausragenden Vulkanen gebildet wird. Dieses ökologische Juwel wird zwar von vielen Menschen besucht, ist aber immer noch weitgehend unerschlossen – ein improvisiertes Ferienparadies mit furchtbaren Straßen und verschlafenen Ortschaften, dessen Reiz in der Lage und in der Möglichkeit zur Entspannung, nicht aber in modernen Einrichtungen besteht. Für Traveller ist die Insel jedenfalls ein Muss, gleichgültig ob man am Strand faulenzen, mit Bananenpflückern schwatzen oder einen der steilen Vulkane besteigen will.

Die beiden Inselvulkane sind der Concepción, der mit seinem fast perfekt geformten Kegel 1610 m über den See aufragt, und der 1394 m hohe Maderas. Lavaströme haben zwischen den beiden Vulkanen eine Verbindung und damit eigentlich auch die Insel geschaffen, deren Name auf Nahuatl „Zwei Hügel" bedeutet. Der rauchende Concepción ist immer noch aktiv – sein letzter größerer Ausbruch ereignete sich im Jahr 1957.

Ometepe ist bekannt für seine antiken **Steinplastiken** und **Petroglyphen**, die menschliche Figuren, Landtiere, Vögel und geometrische Formen darstellen. Diese Reste der Besiedlung durch die Chorotega findet man auf der ganzen Insel, in besonderer Dichte jedoch an der Nordseite des Volcán Maderas zwischen Santa Cruz und La Palma.

In Altagracia und Moyogalpa, den beiden größten Siedlungen auf der Insel, gibt es Unterkünfte und Restaurants. Um aber den wahren Reiz von Ometepe zu entdecken, sollte man noch etwas weiter hinausfahren: Charco Verde, die Playa Santo Domingo, Balgüe und Mérida bieten eine reizvolle Lage und die Möglichkeit, die Insel und ihre Artenvielfalt kennenzulernen.

Die Bank in Moyogalpa bietet einen ziemlich unzuverlässigen Visa-Geldautomaten, und einige Hotels akzeptieren auch Kreditkarten. Man sollte aber auf alle Fälle einen großen Vorrat an Bargeld vom Festland mitbringen, denn viele Besucher bleiben hier viel länger, als eigentlich geplant.

AKTIVITÄTEN

Ometepe ist ein wunderbarer Ort zum Wandern, Erkunden und Schwimmen. Allerdings ist das Gelände schwierig, die Ausschilderung schlecht, und die Wege sind kaum auszumachen. Da einige Besucher die Orientierung verloren und beim Aufstieg auf die Vulkane ihr Leben ließen, schreiben die örtlichen Behörden nun für diese Touren Guides zwingend vor. Führer kann man über Tourveranstalter in Moyogalpa und Altagracia oder über die Hotels engagieren.

Beide Vulkane sind eine Herausforderung: Leichter zugänglich ist der **Volcán Maderas**. Aber auch zu dessen Krater, in dem sich ein grünlicher See befindet, führt nur ein schwieriger, sumpfiger Weg durch den Nebelwald. Hin & zurück benötigt man ungefähr acht Stunden. Es gibt mehrere Routen zum Gipfel; am häufigsten benutzt werden die Wege, die von der Finca Magdalena, von Mérida und von El Porvenir ausgehen.

Der Aufstieg auf den **Volcán Concepción** ist eine schwere, 10- bis 12-stündige Wanderung, deren letzter, steiler Abschnitt über loses Vulkangeröll führt. Man muss auf starke Hitze (die Sonnenglut, nicht die Lava), aber oben auf dem Gipfel auch auf Kälte vorbereitet sein. Die beiden wichtigsten Wanderwege beginnen an Punkten in der Nähe von Altagracia und Moyogalpa.

Leider sind beide Gipfel oft von Wolken umhüllt, beim Aufstieg gibt's aber auf jeden Fall Großartiges zu sehen. An den Hängen des Maderas führen mehrere Wege zu Petroglyphen. Die **Petroglyphen** nahe dem Hotel von

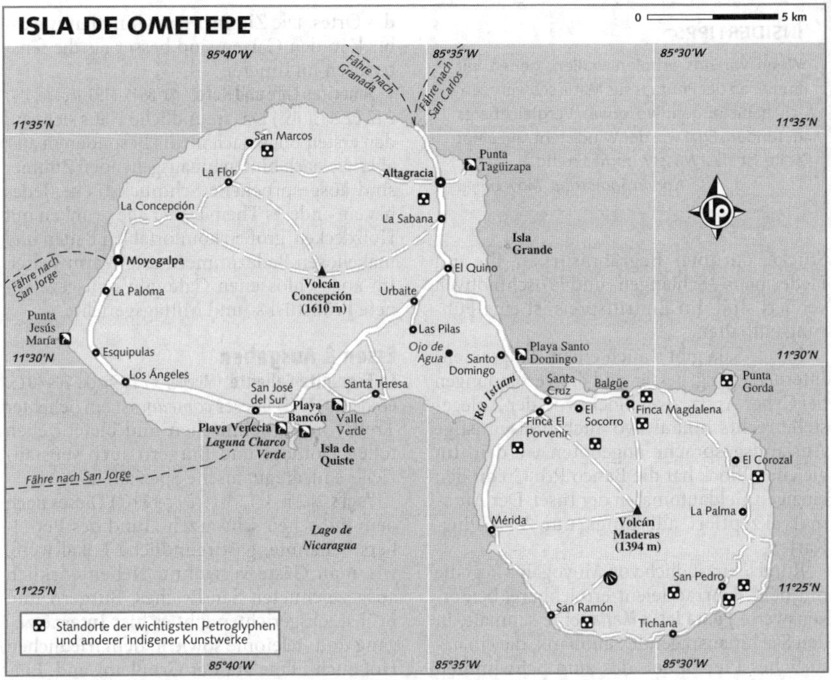

El Porvenir erreicht man im Rahmen eines 45-minütigen Ausritts von Santo Domingo aus; das Hotelpersonal nach einer Wegbeschreibung fragen! Weitere Felsritzungen finden sich bei El Socorro, nahe der Finca Magdalena und El Corozal. Am Südhang des Maderas befindet sich ein eindrucksvoller, 35 m hoher Wasserfall, den man im Rahmen einer mehrstündigen Wanderung oberhalb von San Ramón erreicht.

Tolle Strände und Stellen zum **Schwimmen** gibt's überall auf der Insel; besonders zu empfehlen sind die Punta Jesús María, die Playa Venecia und die Isla de Quiste, ein wunderschönes Inselchen unweit von Charco Verde. Der beliebteste Strand, die Playa Santo Domingo, liegt auf der Landbrücke, die die beiden Vulkane verbindet. Hier gibt's viele Unterkünfte und Restaurants.

In vielen Unterkünften kann man zu vernünftigen Preisen Pferde, Fahrräder oder Kajaks leihen.

GEFÜHRTE TOUREN

Ortskundige Führer kann man für relativ wenig Geld anheuern – und das sollte man bei Wanderungen auch unbedingt tun. Vor allem natürlich aus Sicherheitsgründen aber auch weil man so bessere Chancen hat, Tiere zu erspähen und mehr über die Kultur der Insel erfährt. Die Führer leben im Grunde von den Trinkgeldern, man sollte dabei also großzügig sein. Jedes Hotel kann einen Führer besorgen, man kann sich aber auch an die **UGO** (☎ 8827-7714; muelle, 50 m E) wenden, eine Kooperative örtlicher Guides, die ein Büro an der Anlegestelle in Moyogalpa hat.

MOYOGALPA

4969 Ew.

Die meisten Fähren von San Jorge kommen in Moyogalpa an, der größeren der beiden Hauptsiedlungen auf der Insel. Dabei handelt es sich zwar um keinen schönen Ort, aber es ist durchaus ein guter Ausgangspunkt mit vielen Unterkünften und leichtem Zugang zu Transportverbindungen sowie örtlichen Führern, um den Rest der Insel zu erkunden.

Die **Sala Arqueológica Ometepe** (☎ 2569-4225; muelle, 4½ c E; Eintritt 2 US$; 8–21 Uhr) lohnt einen Besuch. Das kleine Museum zeigt eine ordentliche kleine Sammlung präkolumbischer

NICARAGUA

INSIDERTIPPS

Wenn wir uns erholen wollen, gehen wir immer an der Punta Jesús María schwimmen. Ich habe nirgendwo etwas Vergleichbares gefunden. Egal wie der Wind steht, auf einer Seite ist das Wasser immer ruhig.

Norvin Somarriba, Moyogalpa

Stücke, darunter Begräbnisurnen, die mit Fledermaus-, Schlangen- und Froschmotiven verziert sind. Im Eintrittspreis ist eine Führung enthalten.

In der Sala gibt's auch einen (langsamen) Internetzugang; besser sind die Verbindungen bei Cyber Arcía, zwei Blocks von der Anlegestelle rechts hinauf, wo auch preisgünstige Auslandsgespräche angeboten werden. Im gleichen Block hat die Banco Pro Credit den einzigen Geldautomaten der Insel. Der Automat akzeptiert allerdings nur Visa/Plus-Karten.

Rund 5 km südlich von Moyogalpa liegt die mit dem Fahrrad leicht erreichbare, bemerkenswerte **Punta Jesús María**, eine schmale, in den See hinausragende Sandbank, die ein natürliches Pier bildet, das zum Schwimmen und für Picknicke ideal ist.

Schlafen

Hostal Ibesa (☎ 8614-1799; hostelibesa@yahoo.es; Texaco, 1 c S; Zi. 4 US$/Pers.) Die preiswerteste Unterkunft vor Ort wird von einer freundlichen, einheimischen Familie geführt. Die einfachen Zimmer haben Blechdächer, Betonböden und zweifelhafte elektrische Installationen, sind aber durchaus in Ordnung, wenn man vor einem Aufbruch am frühen Morgen einfach nur ein Bett braucht.

Hospedaje Central (☎ 2569-4262; Muelle, 3 c E, 1 c S; B 4 US$, EZ/DZ 10/14 US$) Die bei Travellern beliebte Herberge hat einfache, aber bewohnbare Zimmer mit ziemlich mitgenommenen Matratzen und einen schäbigen Schlafsaal. Die Gäste kommen aber in erster Linie wegen der geselligen Stimmung, den farbenfrohen Gemeinschaftsbereichen und dem fröhlichen Barrestaurant.

Hotel Escuela Teosintal (☎ 2569-4105; Muelle, 2 c E, 1 c S; EZ/DZ 12/18 US$) Diese tolle, von einer örtlichen gemeinnützigen Gruppe geführte Unterkunft bietet komfortable Zimmer mit Kabel-TV und modernen Badezimmern in einem elegant renovierten Gebäude im Süden des Ortes. Die Zimmer nach hinten mit Ausblick in den Garten sind besser als die fensterlosen im Inneren.

American Café and Hotel (☎ 8645-7193; Muelle, 1½ c E; EZ/DZ 20/30 US$) Das freundliche Haus sieht auf den ersten Blick nach nichts Besonderem aus; aber die nach hinten hinausgehenden Zimmer sind ausgesprochene Schmuckstücke. Jedes hat ein anderes Thema, aber alle prunken mit Holzdecken, großen komfortablen Betten und makellosen Badezimmern mit Warmwasser. Im angeschlossenen Café gibt's ausgezeichnete Frühstücks- und Mittagsgerichte.

Essen & Ausgehen

La Esquinita Caliente (Muelle, 3 c E; Snacks 20–40 C$, Gerichte 60–70 C$) Dieser *comedor* ist ein beliebter Treff von Einheimischen und bietet neben tollen Hotdogs und Burgern auch substanziellere nicaraguanische Spezialitäten.

Yogi's (Muelle, 3 c E, 1½ c S; Burger 80 C$) Dieses nach dem hübschen schwarzen Hund des Betreibers benannte, gastfreundliche Lokal weiß, wie man Gäste verwöhnt: Neben wirklich ausgezeichneten Sandwiches, Burgern und Frühstücksgerichten gibt es hier Internetzugang und -telefonie sowie in dem friedlichen Hof auch Filme auf der Großleinwand. Einfach rufen, wenn die Vordertür geschlossen sein sollte.

Los Ranchitos (Muelle, 3 c E, ½ c S; Hauptgerichte 85–150 C$) Moyogalpas elegantestes Restaurant serviert in einem schilfgedeckten, von Pflanzen umgebenen Essbereich große Portionen regionaler Gerichte sowie überraschend schmackhafte Pizzas. Nach hinten hinaus gibt's auch ein paar komfortable Gästezimmer (12–15 US$).

Café Bistro Cocibolca (Muelle, 3 c E, 1 c S) In dem geräumigen Barrestaurant kann man eine Partie Billard spielen und köstliche frische Fruchtsäfte trinken. Unter der Woche geht's hier zurückhaltend zu, aber am Wochenende ist auf der Tanzfläche hinten Party.

Timbo al Tambo (Muelle, 2½ c E) In dieser gemütlichen Bar ist eigentlich jeden Abend etwas los. Auf dem Großbildschirm laufen Sportereignisse, und oben gibt's eine schweißtreibende Disco, wo junge Einheimische zu reggaetón-Hits abtanzen.

ALTAGRACIA

7297 Ew.

In dem verschlafenen Altagracia, einer hübschen Ortschaft am Ende der asphaltierten

Straße aus dem geschäftigeren Moyogalpa, ist nicht besonders viel los. Allerdings ist das Dorf ein günstiger Aufenthaltsort, falls man den Volcán Concepción erklimmen will. 2 km vom Dorf entfernt befindet sich eine Anlegestelle, von der aus Fähren nach Granada und San Carlos fahren.

Viel zu sehen gibt's im Ort zwar nicht. Beachtenswert sind allerdings die schönen alten **Steinplastiken** neben der Kirche nahe dem hübschen Parque Central und das **Museo de Ometepe** (Parque Central, 1 c O; Eintritt 1,50 US$; Mo–Sa 8–16.30 Uhr) mit seiner Sammlung archäologischer, geologischer und kultureller Fundstücke. Am interessantesten ist die Wandmalerei, die die Legende von Chico Largo darstellt, eines kantigen Bauern, der eine mythische Gemeinde unter dem Charco Verde anführt.

Schlafen & Essen

Hospedaje Kencho (☎ 8994-4087; Iglesia, ½ c S; Zi. mit/ohne Bad 6/5 US$) Das schäbige, aber freundliche Haus hat im Obergeschoss kahle Zimmer mit sauberen Gemeinschaftsbädern und unten modernere Zimmer mit eigenen Bädern. Das Restaurant ist ordentlich und ein entspannter Ort für einen coolen Drink und ein Schwätzchen.

Hotel Central (☎ 2552-8770; Iglesia, 2 c S; Zi. mit/ohne Bad 6/5 US$ pro Pers., Hütte 8 US$/Pers.) Mit hübschen Zimmern, makellosen, mit Flusskieseln dekorierten Bädern und einem schönen Garten in der Anlage ist das Central zweifellos die beste Unterkunft im Ort. Das freundliche Personal kann Touren arrangieren, und das Restaurant serviert schmackhafte nicaraguanische Gerichte.

Hotel Castillo (☎ 2552-8744; Iglesia, 1 c S, ½ c O; EZ/DZ 10/15 US$, DZ mit Klimaanlage 30 US$) Ein paar Blocks südlich vom Park bietet das beliebte Castillo ruhige, luftige Zimmer um einen schilfgedeckten, mit Hängematten ausgestatteten Hof. Das Hotel hat ein gutes Barrestaurant und hilfsbereites Personal.

Rund um den Parque Central gibt's mehrere *fritangas* mit herzhaften Sachen und weitere günstige Verpflegungsmöglichkeiten.

CHARCO VERDE & PLAYA VENECIA

An der Südseite des Volcán Concepción liegt 10 km von Moyogalpa entfernt dieses Gebiet aus schönen Stränden und Wäldern voll wimmelnden Lebens, das sich wunderbar für einen Besuch oder Ferienaufenthalt eignet. Im **Reserva Charco Verde** (Eintritt 10 C$) führt ein Wanderweg durch die Wälder, in denen man Affen und viele Vögel sieht. An der hübschen Playa Bancón blickt man hinüber zur zum Schwimmen geeigneten **Isla de Quiste**, einem wunderbaren Ort zum Campen. Wegen einer Überfahrt per Boot sollte man sich bei den Hotels erkundigen.

In dem Gebiet gibt's drei Unterkünfte, die von derselben Familie betrieben werden – oft muss man reservieren. Eine der komfortabelsten Unterkünfte auf der Insel ist das ausgezeichnete **Hotel Finca Venecia** (☎ 8887-0191; www.fincavenecia.com; B/Zi. 7/25 US$, Hütte 30–35 US$) mit Blick auf den Strand. Es bietet eine Reihe ansprechender Hütten (man zahlt etwa 15 US$ mehr, wenn man die Klimaanlage benutzen will), außerdem einfachere Zimmer und ein geselliges, schilfgedecktes Restaurant. Hier lassen sich Aktivitäten aller Art arrangieren. Das Hotel veranstaltet auch Ausritte und vermietet Fahrräder.

Gleich daneben bietet die freundliche **Posada Chico Largo** (☎ 8886-4069; B 5 US$, Zi. 15–25 US$, mit Klimaanlage 35 US$) Budgetunterkünfte direkt am Strand. Die Schlafsäle und älteren Zimmer sind ein wenig abgewohnt, aber die nach hinten hinausgehenden neuen Zimmer sind sauber und komfortabel. Man kann auch auf dem Rasen zelten (3 US$/Pers.).

Ein paar Hundert Meter weiter östlich hat das **Hotel Charco Verde** (☎ 8887-9302; www.charcoverde.com.ni; Zi. 25 US$, Hütte 35–55 US$) moderne Hütten (nach einer mit Seeblick fragen) und alte Zimmer mit viel Charakter (eines im Obergeschoss nehmen). Bäume umgeben das Grundstück, und der Weg vom Hotel zur Lagune ist nicht weit.

Ein paar Kilometer entfernt liegt das völlig abgeschiedene **Tesoro del Pirata** (☎ 8927-2831; Zi. mit/ohne Klimaanlage 25/15 US$), eine Anlage mit funktionalen Beton-*cabañas,* die unter Bäumen an einem hübschen, geschützten Strand stehen. Es geht hier herzlich zu, und das schilfgedeckte Restaurant serviert preisgünstige Gerichte. Die Betreiber können viele Aktivitäten organisieren, darunter Angeltouren und Ausritte. Die Anlage befindet sich 1 km abseits der asphaltierten Straße und rund 14 km von Moyogalpa entfernt.

SANTO DOMINGO

Die kleine Gemeinde Santo Domingo liegt auf der „Taille" der Insel zwischen den beiden Vulkanen und ist vielleicht der am häufigsten besuchte Ort der Isla de Ometepe. Den grauen Sandstrand finden zwar viele etwas enttäuschend – in der Regenzeit ist er sehr ausgewaschen, und die Stürme können hier heftig werden –, aber das Schwimmen in den Süßwasserwellen ist auf jeden Fall ein echtes Erlebnis.

2 km westlich von Santo Domingo weisen Schilder den Weg zum Wasserloch **Ojo de Agua** (Eintritt 2 US$). Wenn man links auf die schlammige Straße fährt, erreicht man nach 20 Minuten die malerische Schwimmstelle, an der ein Kiosk Getränke verkauft. Hier geht's entspannt zu, und man kann gut mit Einheimischen schwatzen, die ihre vielen Picknickutensilien hierher geschleppt haben.

Die **Finca Santo Domingo** (☎ 2552-8787; Zi. mit Ventilator 20–25 US$, mit Klimaanlage 35 US$; ❄ 💻) ist eine ordentliche Mittelklasseoption mit einem tollen Barrestaurant am Strand und Zimmern, in denen einen das Plätschern der Wellen in den Schlaf singt. Die Zimmer im Hauptgebäude sind hübscher als die ziemlich dunklen Hütten auf der anderen Straßenseite.

Hier befindet sich auch die **Hospedaje Buena Vista** (☎ 8690-0984; Zi. 8–10 US$), eine großartige Budgetoption mit einem umgänglichen Betreiber, ansprechenden Zimmern mit Ventilator und vielen Hängematten, in denen man es sich gemütlich machen kann. Gleich nebenan ist ein billiges Speiselokal.

Weiter südlich, an einem weniger erschlossenen Teil des Strandes, findet man ein paar weitere Budgetunterkünfte, darunter die ausgezeichnete **Casa Istiam** (☎ 8887-9891; Zi. mit/ohne Bad 8/5 US$ pro Pers.) mit einfachen, bunt angestrichenen Zimmern und einem preisgünstigen Restaurant, in dem es schmackhafte Fischgerichte gibt.

VON SANTA CRUZ NACH BALGÜE

Hinter Santo Domingo gabelt sich bei Santa Cruz die Straße; die linke Abzweigung führt nach Balgüe, die rechte nach Mérida. Direkt an der Straße nach Balgüe liegt der **Comedor Sta. Cruz** (Gerichte 50–80 C$), wo man in einem unprätentiösen Speiseraum mit gestampftem Boden große Portionen typischer, köstlicher Gerichte erhält.

In kurzer Gehentfernung befindet sich das **Little Morgan's** (☎ 8949-7074; www.littlemorgans.com; B 9 US$, Hütte 30 US$), eine gesellige Anlage am See, die bei denen beliebt ist, die Entspannung gern mit Partymachen verbinden. Die beiden niedlichen Hütten mit privaten Bädern im Freien sind komfortabel, noch eindrucksvoller ist aber der als Schlafsaal dienende, erhöhte offene Pavillon, in dem man von seinem Bett aus einen tollen Blick auf den Vulkan hat.

Noch 1 km weiter liegt der Eingang zum **El Zopilote** (☎ 8369-0644; www.ometepezopilote.com; Hängematte 2,50 US$, B 5 US$, Zi. 6–9 US$/Pers.), einer entspannten Ökofarm, auf der man seine Hippie-Neigungen ausleben kann. Die komfortablen, schilfgedeckten Hütten verteilen sich über den Hang eines grünen Hügels. Auf dem Gelände gibt's auch einen ausgezeichneten Aussichtspunkt. Der italienische Betreiber macht dreimal die Woche leckere Pizzas, aber sonst muss man alleine kochen. Ein kleiner Laden verkauft selbstgebackenes Brot und Bioprodukte der Farm; die angebotenen Barkeeper- und Brotback-Kurse sorgen für Unterhaltung.

Traveller, die den Volcán Maderas erklimmen möchten, haben auch die Möglichkeit, hinter Balgüe in der **Finca Magdalena** (☎ 8498-1683; www.fincamagdalena.com; B/EZ/DZ 3,50/5/10 US$, Hütte 30–40 US$; 💻) zu wohnen. Das alte Farmhaus, das einen prächtigen Blick über die Hügel bietet, steht auf dem Gelände einer Kooperative, die Biokaffee anbaut, und ist mit rustikalen Unterkünften (der Schlafsaal erinnert an ein Feldlazarett) sowie moderneren *cabañas* ausgestattet. Außerdem gibt es **Stellplätze** (3 US$/Zelt). Schmackhafte, frisch zubereitete Gerichte sind erhältlich. In der Nähe finden sich verschiedene Petroglyphen.

MÉRIDA & SAN RAMÓN

An der anderen Seite des Maderas liegt die schöne, vom Wind zerzauste Küste von Mérida, einer Streusiedlung mit ein paar tausend Einwohnern. Weiter südlich liegt das einfache Bauerndorf San Ramón, das für diese Seite der Insel typisch ist. Jenseits des Dorfes wird die Straße immer schlechter und führt durch einige freundliche, faszinierend abgelegene Siedlungen von Bananenbauern, ehe sie schließlich Balgüe erreicht.

Nur eine kurze Wegstrecke Richtung Mérida von Santa Cruz entfernt liegt die **Finca El Porvenir** (☎ 8447-9466; Zi. 8 US$/Pers.) – malerisch auf einem Hügel mit einer wunderbaren Aussicht und ohne jeden Lärm. Von allen Unterkünften der Insel ist sie wohl die entspannendste. Die einfachen Zimmer haben stabile Holzbetten, eigenes Bad und Veranden, die auf den hübschen Blumengarten in der Mitte blicken. Es gibt ein Restaurant, und gleich unterhalb des Hauses befinden sich

Petroglyphen und Wanderwege, darunter auch einer, der auf den Maderas führt.

Rund um Mérida gibt's mehrere ansprechende Unterkünfte, die alle Pferde oder Fahrräder besorgen können. Am nördlichsten liegt **Caballito's Mar** (☎ 8451-2093; www.caballitosmar.com; B 5 US$; 💻), eine nette nicaraguanisch-katalanische Anlage direkt am Strand, wo man in einfachen Schlafsälen untergebracht wird. Außerdem gibt es hier ein kleines Strandcafé mit gestampftem Boden, das ideal ist, um das Dorfleben am See zu beobachten. Das Hostel organisiert empfehlenswerte Kajaktouren zum nahegelegenen Río Istiam.

An der Hauptstraße südlich der Ortschaft liegt die **Hacienda Mérida** (☎ 8868-8973; www.hmerida.com; Stellplatz 3 US$/Pers., B 6 US$, Zi. 20–28 US$; 💻 📶). Die Ranch gehörte einst dem Somoza-Clan und ist heute eine beliebte Ferienanlage für Traveller. Die Schlafsäle sind etwas eng, aber die Zimmer im Obergeschoss sind prima. Sie haben holzgetäfelte Wände, große, bequeme Betten und eine prachtvolle Aussicht vom Balkon. Man kann Kajaks mieten, den steilen Weg auf den Volcán Maderas einschlagen oder an der alten Anlegestelle schwimmen. Hier sollte man vor allem den sagenhaften Blick auf den Sonnenuntergang genießen.

Ein paar Kilometer die Straße weiter befindet sich in San Ramón die Estación Biológica de Ometepe, wo der steile Weg (hin & zurück 4 Std.) zur **Cascada San Ramón** (Eintritt 3 US$), einem wunderschönen Wasserfall, beginnt.

AN- & WEITERREISE

Die meisten Besucher nutzen die schnellste Verbindung zur Insel, die über San Jorge in der Nähe von Rivas führt. Von dort unternehmen Boote die 15 km lange Überfahrt nach Moyogalpa oder San José del Sur auf Ometepe.

Heute werden für die Überfahrt meist große, komfortable Fähren (40–60 C$) eingesetzt, aber auch ein paar weniger komfortable *lanchas* (kleine Motorboote; 30 C$) sind täglich unterwegs. Die Überfahrt dauert etwas mehr als eine Stunde und kann rau sein, vor allem am Nachmittag. Die Fähren befördern auch Fahrzeuge, dafür muss man aber in der Regel vorab telefonisch (☎ 2278-8190) reservieren.

Am komfortabelsten ist die Fahrt mit der staatlichen *Rey el Cocibolca*, die allerdings ungünstigerweise in dem Dorf San José del Sur anlegt, von wo man erst einmal den Weitertransport zu seinem Ziel organisieren muss. Die Fähre legt um 7.30 und 15.20 Uhr in San José zur Fahrt nach San Jorge ab, die Rückfahrten starten um 9 bzw. 17 Uhr.

Zwischen San Jorge und Moyogalpa fahren neunmal täglich Fähren in beide Richtungen. Die Abfahrtszeiten:

Moyogalpa–San Jorge (6, 6.45, 9, 10, 11, 12.30, 14, 16, 17.30 Uhr)

San Jorge–Moyogalpa (7, 7.45, 8.30, 10.30, 12, 14.30, 16, 16.30, 17.45 Uhr)

Das Boot von Granada nach San Carlos am südlichen Ende des Sees fährt montags und donnerstags um 14 Uhr. Es legt ungefähr vier Stunden später in Altagracia (Ober-/Unterdeck 90/40 C$) an und startet dort um 19 Uhr zu der 10-stündigen Fahrt nach San Carlos (140/55 C$). Bei der Rückfahrt verlässt das Boot San Carlos dienstags und freitags um 14 Uhr und erreicht Altagracia zwischen 23 und 1 Uhr. Die Traveller sind gehalten, ihre Fahrkarte vor dem Abfahrtstermin an den Ticketschaltern am Kai zu kaufen.

UNTERWEGS VOR ORT

Mit den klapprigen Bussen kommt man am billigsten auf der Insel herum. Über die asphaltierte Straße von Moyogalpa nach Altagracia fährt jede Stunde ein Bus (16 C$, 45 Min.). Die Strecke führt an der Abzweigung zu dem am Volcán Maderas gelegenen Teil der Insel vorbei.

Von Moyogalpa aus fahren täglich drei Busse nach Balgüe (25 C$, 2 Std., 10.30, 15.30 und 17 Uhr). Busse nach Mérida (30 C$, 2–3 Std.) starten um 8.30, 14.45 und 16 Uhr. Die meisten dieser Busse fahren zunächst Altagracia an und dann bis zu den Abzweigungen zu ihren Zielen zurück. Von Altagracia starten weitere Busse nach Balgüe (9, 11.30 und 13.45 Uhr) und Mérida (10.30 und 14 Uhr). Zur Fahrt nach Santo Domingo (20 C$) kann man sowohl die Busse Richtung Mérida als auch nach Balgüe nehmen. Man kommt aber auch leicht zu Fuß oder per Anhalter von der Abzweigung der asphaltierten Straße aus hin.

Taxis – dabei handelt es sich um komfortable Kleinbusse oder um robustere Jeeps und Pickups – sind selten und teuer, sodass es sich empfiehlt, eine Gruppe zusammenzubekommen. Die Taxis warten an den Anlegestellen bei fast jeder Ankunft einer Fähre und bringen ihre Passagiere zu praktisch jedem Ziel auf der Insel. Die Fahrt von Moyogalpa nach Altagracia oder zur Playa Santo Domingo kostet ungefähr 20 US$, nach Balgüe zahlt man 25 und nach Mérida 30 US$.

Für eigene Erkundungstouren kann man in Moyogalpa im Hotel Ometepetl einen einfachen Jeep mieten (40 US$/12 Std.). In Moyogalpa gibt's mehrere und in Santo Domingo einen Motorradverleih, wo man für rund 25 US$ pro Tag ein ausgeleiertes chinesisches Geländemotorrad erhält. Fahrräder kann man in Moyogalpa, Altagracia und an der Playa Santa Domingo mieten (rund 5 US$/Tag).

SAN CARLOS & UMGEBUNG

Die schwülwarme Uferstadt San Carlos ist ein wichtiger Knotenpunkt des Transports auf dem Fluss und Ausgangsort für eine Reihe sehr interessanter Sehenswürdigkeiten, zu denen der Archipiélago de Solentiname, mehrere Naturschutzgebiete und die sagenhafte spanische Festung El Castillo zählen.

SAN CARLOS

14 006 Ew.

Trotz der schönen Lage am Südostufer des Lago de Nicaragua gilt San Carlos bei Travellern schon lange als einer der Orte, für die man die Weiterreise schon plant, ehe man überhaupt angekommen ist. Im Rahmen des staatlichen Ruta-del-Agua-Programms wurde jedoch in der Stadt viel in Verbesserungsmaßnahmen investiert, vor allem rund um den **Malecón**, eine hübsche Uferpromenade, an der man sitzen und zusehen kann, wie der See in den mächtigen Río San Juan fließt. Lang bleiben wird aber man trotzdem nicht, da hinter der Stadt einige der schönsten Naturwunder des Landes auf einen warten.

Viel kann man hier nicht tun. Immerhin kann man die Überreste der **alten Festung** (🕑 8–18 Uhr) erkunden, die die Spanier 1666 errichteten, um feindlichen Eindringlingen den Zugang zum Lago de Nicaragua und damit zu den Reichtümern Granadas zu verwehren. Die kürzlich renovierte Stätte liegt gleich oberhalb vom Parque Central und bietet ein paar interessante Ausstellungen zur Geschichte und Umwelt der Region. Die größte Fiesta der Stadt ist der **Carnaval Acuático** Anfang November.

Im mittleren Pavillon an der Uferpromenade gibt's einen BanPro-Geldautomaten, der alle Karten akzeptiert. Im gleichen Gebäude hat die freundliche **Touristeninformation** (🕑 10–18 Uhr) Fahrpläne und viele praktische Ratschläge auf Lager. Falls das Büro geschlossen ist, kann man sich auf der anderen Straßenseite bei **Intur** (☎ 2583-0301) informieren. Es gibt ein paar Internetcafés in der Stadt, die besten liegen an der Ostseite des Parks.

In der Nähe der Bootsanlegestelle befinden sich ein paar preiswerte *hospeajes*. Besser ist die freundliche **Hospedaje Peña** (☎ 2583-0298; Parque Central, 1 c S; Zi. ohne Bad 3,50 US$/Pers.), das sehr einfache Zimmer mit Gemeinschaftsbad vermietet. Man sollte möglichst eines der luftigeren Zimmer mit Seeblick nehmen. Eine Klasse besser ist das abweisende **Hotel Carelhys** (☎ 2583-0389; Parque Central, ½ c S; Zi. 12 US$), das Zimmer mit ordentlichem Komfort, bequemen Betten, Kabel-TV und guten Badezimmern hat. Das **Hotel Leyko** (☎ 2583-0354; Parque Central, 2 c O; DZ mit/ohne Bad 18/13 US$, mit Klimaanlage 40 US$; P ✻) ist das beste Hotel der Stadt mit einer Reihe sauberer Zimmer und Hütten, teilweise auch mit Klimaanlage.

Während eines Restaurant- und Barbummels in San Carlos kann man u. a. folgende Lokale ansteuern:

El Granadino (Mittagessen 95–120 C$, Hauptgerichte 170–250 C$) Das mit Abstand beste Restaurant der Stadt hat hohe Decken, brutzelnde Steaks, faire Preise, einen großartigen Service und einen erstklassigen Blick auf den See. Es liegt ein paar Blocks östlich der Hospedaje Peña.

El Mirador (Hauptgerichte 100–200 C$) Das Restaurant befindet sich in einer alten spanischen Bastion hinter dem Büro von Intur. Auf seiner Terrasse stehen echte Kanonen.

Kaoma (Hauptgerichte 150–250 C$) Der Service ist saumselig, aber das Lokal hat im Obergeschoss eine tolle Holzterrasse. Es liegt vom Park aus den Hügel hinunter. An den Wochenenden geht's munter zu.

An- & Weiterreise

La Costeña (☎ 2583-0367) fliegt von Managua (hin & zurück 116 US$, Mo–Fr tgl. 2-mal, Sa & So tgl.) aus zu San Carlos' grasbewachsenem Flugfeld, das 3 km nördlich der Stadt liegt. Ein Taxi ins Zentrum kostet 15 C$. Den Rückflug gleich nach der Ankunft in San Carlos bestätigen: Man kann hier leicht stranden, weil die Flüge oft von Reisegruppen komplett ausgebucht sind. Es gibt täglich sechs Direktbusse zwischen San Carlos und Managuas Busbahnhof Mercado Mayoreo (190 C$, 10 Std.). Die Fahrt ist sehr unbequem, denn der Streckenabschnitt zwischen San Carlos und Juigalpa gehört zu den schlechtesten größeren Straßenverbindungen in Nicaragua.

MIT DEM BOOT NACH COSTA RICA

Von San Carlos kann man mit einem kleinen Boot über den durch den Dschungel führenden Río Frío zur costa-rikanischen Grenzstation **Los Chiles** (10 US$, 1 Std.) fahren, dem wohl entspanntesten Grenzübergang des ganzen Kontinents. Die Boote legen an der Einreisestelle in San Carlos einen Block westlich des Kais montags bis samstags um 10.30, 13.30 und 16 Uhr sowie sonntags um 12 und um 16 Uhr ab. Man muss eine halbe Stunde vorab zur Stelle sein, um sich den Einreisestempel abzuholen (2 US$).

Infos zum Überschreiten der Grenze von Costa Rica aus stehen auf S. 653.

Dem Weg über die Straße weit vorzuziehen ist die zwar langsame, aber bequeme Fahrt mit dem staatlichen Boot, das von der städtischen Anlegestelle aus über Altagracia auf der Isla de Ometepe, San Miguelito und Morrito nach Granada (1./2. Klasse 190/80 C$, 16 Std., Di & Fr 14 Uhr) fährt. Das weniger überfüllte Boot der Touristenklasse (1./2. Klasse 400/250 C$, 12 Std., So 18 Uhr) nach Granada legt unterwegs nur in Altagracia an.

San Carlos ist die westliche Endstation der San-Juan-Wasserstraße. Es gibt täglich mindestens sechs Boote nach El Castillo (normal 77 C$, 2½ Std.; Express 120 C$, 1½ Std.) über Boca de Sábalos (60 C$, 2 Std.). Am Wochenende gilt ein eingeschränkter Fahrplan.

Langsame Boote fahren dienstags, donnerstags und freitags um 6 Uhr nach San Juan de Nicaragua (San Juan del Norte) an der Mündung des Flusses ins Karibische Meer (286 C$, 10–14 Std.). Sie halten unterwegs, damit man sich verpflegen und Waschräume benutzen kann. Die Boote fahren dienstags, samstags und sonntags um 4.30 Uhr zurück. Express-*pangas* (510 C$, 6 Std.) verlassen San Carlos dienstags und freitags um 6 Uhr und kehren mittwochs und sonntags zurück.

ARCHIPIÉLAGO DE SOLENTINAME

Der abgelegene Archipiélago de Solentiname (Solentiname-Archipel) im südlichen Teil des Lago de Nicaragua ist eine traditionelle Anlaufstelle für Künstler und ein faszinierendes Ziel für einen Besuch. Ernesto Cardenal, der umtriebige Künstler, Dichter und Mönch, der in der Zeit der Sandinisten Kulturminister war, gründete hier eine Genossenschaft von Kunsthandwerkern, Dichtern und Malern, die auf den Prinzipien der Befreiungstheologie beruhte. Aus diesen Werkstätten der Revolutionszeit entstand eine eigene, farbenfrohe Schule der naiven Malerei, die weltberühmt wurde.

Der Solentiname-Archipel besteht aus 36 Inseln, deren größte Mancarrón, San Fernando (auch Isla Elvis Chavarría) und Venada (Isla Donald Guevara) sind. Die meisten Einrichtungen für Traveller befinden sich auf den beiden erstgenannten Inseln. Auf **Mancarrón** steht auch die berühmteste Sehenswürdigkeit der Inseln: die einfache, aber schöne, aus Lehmziegeln errichtete **Kirche**, die das geistliche und das Verwaltungszentrum von Cardenals Gemeinschaft bildete. In der Nähe gibt es auch eine interessante archäologische Ausstellung. Eine kurzes Stück weiter liegt **El Refugio**, die größte Siedlung der Insel, in der man inmitten der Wohnhäuser herumspazieren und örtlichen Künstlern bei der Arbeit an bunt bemalten Schnitzereien aus Balsaholz zuschauen kann. Die Preise für die fertigen Stücke liegen je nach Größe und Detailgenauigkeit zwischen 30 und 1000 C$. **San Fernando** hat ein ausgezeichnetes Museum mit informativen Ausstellungen zu den präkolumbischen Bewohnern des Archipels sowie eine Galerie, die Werke von einigen der besten Künstler der Inseln zeigt. Über die Inseln verstreut findet man viele **Petroglyphen**, die schöne Ziele für Wanderungen sind – auf der Isla Venada gibt's auch Höhlen zu erkunden. Außerdem kann man hier gut angeln und auf der Isla Zapote wunderbar Vögel beobachten. Und davon abgesehen sind die Inseln einfach wunderbar zum Entspannen.

Die **Hospedaje Buen Amigo** (☎ 8869-6619; Zi. mit/ohne Bad 10/6 US$ pro Pers.) auf der Insel Mancarrón ist eine ansprechende Unterkunft mit komfortablen, farbenfrohen Zimmern und örtlichen Künstlern, die draußen schnitzen. In der angrenzenden *pulpería* erhält man traditionelle Gerichte (60 C$).

Nahe der Kirche auf Mancarrón bietet das **Hotel Mancarrón** (☎ 2583-0083; Zi. inkl. 3 Mahlzeiten 35 US$/Pers.) geräumige Zimmer mit Bad und Ventilator. Einige wurden kürzlich renoviert; am besten lässt man sich die Alternativen zeigen.

Auf der Isla San Fernando bietet die **Hospedaje Mire Estrellas** (Zi. ohne Bad 10 US$/Pers.) bei der Anlegestelle direkt am Wasser kleine Zimmer in Holzbauten. Wer hier wohnen will, muss sich aus San Carlos Vorräte mitbringen oder in einem der größeren Hotels auf der Insel Mahlzeiten vereinbaren.

Die an einer hübschen Stelle der Isla San Fernando gelegene **Albergue Celentiname** (☎ 8893-1977; Bungalows inkl. 3 Mahlzeiten 40 US$/Pers.) bietet ansprechende *cabañas* in einer hübschen Gartenanlage. Die Gäste können die schöne Veranda nutzen und mit Kanus die umliegende Wildnis erforschen. Auch geführte Angeltouren sind im Angebot.

Die Anreise nach Solentiname verlangt einige Vorausplanung, weil die Boote nicht jeden Tag fahren. Die Boote legen dienstags und freitags um 4.30 Uhr in Mancarrón ab und fahren über San Fernando nach San Carlos. Sie kehren noch am gleichen Tag aus San Carlos zurück (80 C$, 3 Std., Abfahrt 13 Uhr). Ansonsten kann man in San Carlos auch ein Boot für mindestens 6 Personen chartern (100 US$). Zwischen den Inseln ist man auf private Charterboote angewiesen (ab 10 US$/Fahrt).

RÍO SAN JUAN

Der Fluss, der die Herzen der Nicaraguaner mit Stolz erfüllt, fließt vom Lago de Nicaragua über 199 km bis ins Karibische Meer. Auf dem größten Teil der Strecke bildet er die Grenze zwischen Nicaragua und Costa Rica und war häufig die Ursache von Spannungen zwischen den beiden Staaten.

Ein Trip auf dem San Juan ist ein sagenhaftes Erlebnis: Der Fluss ist ein Paradies für Vogelbeobachter, und man kann auch Krokodilkaimane sehen, die sich auf Baumstämmen sonnen. Diese Echsen würden sicher aussterben, falls Nicaragua irgendwann einmal die hochfliegenden Pläne eines Kanals durch den Isthmus verwirklichen würde.

Boca de Sábalos

Die freundliche Ortschaft Boca de Sábalos ist von San Carlos aus stromabwärts die erste größere Siedlung. In dem munteren und geselligen Ort hängen immer ein paar Leute herum, die darauf aus sind, eine Unterhaltung anzufangen. An der Hauptstraße gibt's ein paar preiswerte, aber ordentliche *alojamientos* (Unterkünfte; nach Katiana oder Clarissa fragen!) sowie die **Sábalos Lodge** (☎ 8823-5555; www.sabaloslodge.com; Hütte 30–60 US$) mit einer Reihe erstaunlicher *cabañas* am Fluss stromabwärts vom Ort, die aussehen, als hätte ein Reality-TV-Team Tarzans Bude heimgesucht. Hier kann man auch Fahrräder und Kajaks mieten. Ansprechend ist auch das **Hotel Sábalos** (☎ 2271-7424; www.hotelsabalos.com.ni; EZ/DZ mit Frühstück 20/36 US$) mit seiner Holzveranda direkt am Wasser – es kostet 1 C$, sich von der Anlegestelle hierher rudern zu lassen.

El Castillo

3147 Ew.

Ungefähr nach einem Drittel der Strecke, den der Fluss vom See bis zum Karibischen Meer zurücklegen muss, erreicht man El Castillo, eine Festung, die die Spanier 1675 an einer strategischen Flussbiegung errichteten, um die Piraten aufzuhalten, die angezogen vom

WANDERUNGEN DURCH FEUCHTGEBIETE

Einen Besuch lohnt auf alle Fälle auch das **Refugio de Vida Silvestre Los Guatuzos**, ein sagenhaftes Feuchtgebiet an der Grenze zu Costa Rica, das früher vermint war (heute aber sicher ist). Dieser Tatsache hat die Gegend ironischerweise zu verdanken, dass sie unberührt geblieben ist. Dienstags, mittwochs und freitags fahren um 8 Uhr in San Carlos öffentliche Boote zum Río Papaturro (80 C$, 4 Std.) und kehren montags, dienstags und donnerstags um 6 Uhr zurück. Sie legen in der Nähe des **Centro Ecológico Los Guatuzos** (☎ 2270-3561; www.losguatuzos.com; B 11 US$) an, einer Forschungsstation, die für Studenten und Traveller Unterkunft in Schlafsälen bietet. Das Centro veranstaltet Wanderungen und Bootstouren, darunter eine nächtliche Tour mit Don Armando Gómez, dem Krokodilmann des Papaturro, bei der es jede Menge Action gibt. Die Artenvielfalt ist phänomenal: Es gibt Hunderte von Vogelspezies, und wer eine Weile bleibt, wird mit ziemlicher Sicherheit Brüllaffen, Klammeraffen und Weißschulterkapuziner sowie Kaimane, Krokodile, Leguane und Schildkröten zu Gesicht bekommen. Schwerer zu entdecken, aber gleichwohl vorhanden, sind Jaguare, Pumas und Tapire.

Man kann das Reservat auch im Rahmen eines Tagesausflugs vom nahen Archipiélago de Solentiname aus besuchen. Ein Charterboot mit Platz für mindestens sechs Personen kostet hin & zurück rund 60 US$. Woher man auch kommt, Insektenschutzmittel nicht vergessen!

AUF ERKUNDUNGSTOUR IM INDIO MAÍZ

Naturfreunde kommen hier voll auf ihre Kosten. Die **Reserva Biológica Río Indio Maíz** mit einem der eindrucksvollsten Regenwälder Zentralamerikas beginnt ein paar Kilometer stromabwärts von El Castillo und reicht bis zum Karibischen Meer.

Für Gelegenheitsbesucher gibt's einige wenige Zugangspunkte, der beliebteste ist der mit dem Boot über den Río Bartola, weniger als eine halbe Stunde außerhalb von El Castillo. Von der Rangerstation aus führt ein 2 km langer Wanderweg unter hohen Bäumen entlang, die einen Eindruck davon vermitteln, was diese Gegend zu bieten hat. Ein kleines Stück weiter stromabwärts liegt das weniger besuchte Aguas Frecas, wo Wildtiere leichter zu entdecken sind. In El Castillo kann man Touren in diesen Teil des Reservats buchen (65–76 US$/Gruppe von max. 4 Pers. inkl. Transport und Führer).

Weiter Richtung Osten wird der Wald auf der nicaraguanischen Seite des Río San Juan zu einem undurchdringlichen Dschungel (am costa-rikanischen Ufer ist er durch Abholzung leider weitgehend verlorengegangen), bis man schließlich die isolierte Gemeinde **San Juan de Nicaragua (San Juan del Norte)** erreicht. Diese Ortschaft ist von magischen, versteckten Lagunen, dichtem Regenwald und karibischen Stränden umgeben und hat den wenigen Besuchern viel zu bieten. Von hier aus lassen sich mehrtägige Bootstouren zu indigenen Gemeinden im Herzen des Schutzgebiets organisieren, die über den spektakulären Río Indio führen, oder die Ruinen von Greytown erkunden, einem einst blühenden britischen Vorposten jenseits der Bucht, der inzwischen vollständig vom Dschungel zurückerobert wurde. In San Juan gibt's ein paar ordentliche Unterkünfte, darunter das **Hotel Paraíso Virgen** (Muelle, 600 m S; EZ/DZ 10/20 US$).

Abenteuerlustige Traveller können die halsbrecherische Fahrt mit dem Speedboat (600 C$, 2½ Std.) über das offene Meer nach Bluefields unternehmen, das mittwochs und samstags um 8 Uhr ablegt. Ansonsten bleibt einem nur, stromaufwärts nach San Carlos zurückzufahren.

sagenhaften Gold Granadas hier durchfahren wollten. Der Ort mit seinem Festungsungetüm, das über die munteren Stromschnellen aufragt, ist eindeutig sehenswert.

Um El Castillo tobten früher heftige Schlachten, in denen sich die Spanier gegen angreifende Flotillen zur Wehr setzten. 1762 girffen die Briten zusammen mit den mit ihnen verbündeten Miskito die Festung an, aber den spanischen Verteidigern, die von der Tochter des gefallenen Kommandanten angeführt wurden, gelang es, die Eindringlinge zurückzuschlagen. Von der **Festung** (Eintritt 40 C$, Kamera 25 C$; ⌚ 8–16.30 Uhr) hat man eine tolle Aussicht. In der Anlage gibt's ordentliche, spanisch beschriftete Ausstellungsstücke zur turbulenten Geschichte des Forts. Im Eintritt inbegriffen ist eine sehr informative Führung.

Gleich gegenüber der Anlegestelle bietet eine **Touristeninformation** (⌚ 8–12 & 14–17 Uhr) eine Reihe von gut organisierten geführten Exkursionen in die Umgebung an, darunter Ausritte, nächtliche Kaimanbeobachtungstouren und Besuche in der Reserva Biológica Río Indio Maíz (s. Kasten S. 575). Ähnliche Touren kann man auch mit privaten Veranstaltern unternehmen, darunter dem empfehlenswerten Anbieter **Nena Tour** (☎ 8821-2135; www.nenalodge.com) stromabwärts an der Hauptstraße. Internetzugang gibt's in der Albergue El Castillo und bei Borders Coffee.

SCHLAFEN & ESSEN

Von den drei Budgetunterkünften am Hauptweg nahe der Anlegestelle ist die **Hospedaje Universal** (Zi. ohne Bad 5 US$/Pers.) die beste. Sie hat kleine, kahle Zimmer mit winzigen Fenstern, die auf den Fluss blicken.

LP Tipp **Casa del Huesped Chinandegano** (EZ/DZ 6/10 US$) Das klapprige, aufgestelzte Haus mit einer phantastischen Veranda voller Pflanzen mit Blick über den Fluss bietet Zimmer mit einem sehr guten Preis-Leistungs-Verhältnis. Das Haus steht ein paar Hundert Meter stromabwärts von der Anlegestelle. Hier gibt es auch mit das beste Essen im Ort.

Albergue El Castillo (☎ 8924-5608; Zi. ohne Bad inkl. Frühstück 15 US$/Pers.) Das große, anheimelnde Holzgebäude thront über dem Ortszentrum. Der Preis ist hoch, wenn man berücksichtigt, dass man sich das Bad teilen muss, doch die charaktervollen, wenn auch keineswegs luxuriösen Zimmer öffnen sich zu einer phantastischen Veranda mit wundervoller Aussicht.

Ein paar Hundert Meter links von der Anlegestelle liegt das **Hotel Victoria** (☎ 2583-0188; EZ/

DZ mit Frühstück 20/40 US$; ❄), ein gut geführtes Haus mit holzgetäfelten Zimmern, makellosen Badezimmern, Klimaanlage und Warmwasser. Es gibt hier auch ein Barrestaurant mit Terrasse.

Im Ort sollte man unbedingt *camarones* (Flussgarnelen) probieren. Diese Biester sind gewaltige Brocken mit Scheren, die einen Bullen kastrieren könnten. Es gibt mehrere Restaurants am Uferweg. **Soda Vanessa** (Hauptgerichte 120–240 C$) hat einen phantastischen offenen *comedor* direkt an den Stromschnellen. Hier gibt's tolles Essen, darunter ausgesprochen schmackhafte *camarones*. **Borders Coffee** (Getränke 20–30 C$, Gerichte 75–300 C$; Ⓥ) hat vegetarische Gerichte und schenkt den einzigen echten Kaffee im Ort aus. Bei abgefahrener Musik blickt man auf die Anlegestelle.

Anreise & Unterwegs vor Ort

Mindestens sechs Boote fahren täglich von El Castillo über Boca de Sábalos (15 C$, 30 Min.) nach San Carlos (77 C$, 2½ Std.), darunter drei Express-*pangas* (120 C$, 1½ Std.). Am Sonntag starten Boote nur um 5, 5.20 (Express), 14 und 15.30 Uhr (Express).

Auf dem Weg stromabwärts legen Boote nach San Juan de Nicaragua (San Juan del Norte, 220 C$, 8 Std.) in El Castillo dienstags, donnerstags und freitags gegen 8.30 Uhr an.

DIE KARIBIKKÜSTE

Nicaraguas Karibikküste ist ein Landesteil von ausgeprägter Eigenart, sodass man sich fast schon in einem anderen Land zu befinden glaubt. In der isolierten, regnerischen Region durchziehen Dutzende von Flussläufen den tropischen Wald. Sie umfasst mehr als die Hälfte des Landes, aber ein großer Teil davon ist eine veritable Wildnis, in die sich bisher kaum ein Traveller verirrt.

Die Region unterscheidet sich nicht nur geographisch und klimatisch vom Rest des Landes, auch die ethnische Zusammensetzung ist hier anders. Zu den Mískitos, nach denen die Costa de Mosquitos (oder Moskitia, die Mískitoküste) benannt ist, gehören heute rund 125 000 Menschen, die teils in Nicaragua, teils in Honduras leben. Schwarze Kreolen, deren Vorfahren von den Briten aus anderen Teilen der Karibik hierher verschleppt wurden, bilden die zweitgrößte ethnische Gruppe in der Region. Außerdem sind noch die indigenen Völker der Sumo und Rama sowie einige wenige Garífuna hier an der Atlantikküste beheimatet.

Ein großer Teil der Küste wurde nie von Spanien kolonisiert. Im 18. Jh. forderten die politischen Führer der Mískitoküste, dass diese zum Schutz gegen die Spanier zu einem britischen Protektorat erklärt werden sollte. Die Küste blieb dann über ein Jahrhundert lang britisch. Die Hauptstadt des Gebiets war Bluefields, wo die Könige der Mískitos in der protestantischen Kirche gekrönt wurden.

1859 traten die Briten die Mískitoküste an Nicaragua ab. Bis 1894 behielt die Region einen autonomen Status, danach wurde sie von Nicaragua direkt regiert. Die englische Sprache und die protestantische Religion, die britische Missionare ins Land brachten, sind weiterhin wichtige Bestandteile der regionalen Kultur. Die wichtigsten Exportartikel sind Bauholz, Garnelen und Hummer.

An dieser schwülwarmen Küste regnet es viel mehr als in der Pazifikregion und im Binnenland: Die Niederschlagsmenge liegt zwischen 330 und 635 cm pro Jahr. Selbst während der von März bis Mai dauernden „Trockenzeit" kann es jederzeit regnen.

Neben der Hafenstadt Bluefields und den fantastischen Corn Islands (Islas del Maíz) gibt's zahlreiche weitere ansprechende Ziele an dieser Küste, von isolierten Mískito-Fischerdörfern bis hin zu Inselchen mit Sandstränden und einsamen Flüssen. Wer sich gern abseits ausgetretener Pfade bewegt, ist hier genau richtig.

VON MANAGUA ZUR KARIBIKKÜSTE

Zwar fliegen viele Traveller einfach von Managua aus zur Karibikküste, aber der Landweg ist heute auch nicht mehr die strapaziöse Odyssee von einst. Von Managua führt eine gute, asphaltierte Straße zu der wichtigen Hafenstadt **El Rama**, von der aus Schnellboote den malerischen Río Escondido hinunter nach Bluefields flitzen. Unterwegs kann man noch einen Zwischenstop in der netten Kolonialstadt **Juigalpa** einlegen und im dortigen Museum die schöne Sammlung präkolumbischer Basaltstatuen bewundern.

In Managua fahren Expressbusse vom Mercado Mayoreo um 14, 18 und 22 Uhr über Juigalpa (2½ Std.) nach El Rama (150 C$, 6 Std.). Normale Busse (120 C$, 6½ Std.) fahren um 6, 7, 8.45 und 11.30 Uhr. Die Anlegestelle in El Rama liegt in der Nähe des Busbahnhofs. Von dort fahren schon frühmorgens *pangas* nach Bluefields (200 C$, 1¾ Std.) und dann sporadisch den ganzen Tag über, sobald sie voll sind. Wenn man den ersten Bus nimmt, kann man noch am gleichen Tag in Bluefields ankommen. Langsamere Boote (60 C$, 4½ Std.) fahren dienstags, mittwochs und donnerstags von dem 1 km stromaufwärts gelegenen Industriehafen.

El Rama ist nicht mehr so schäbig wie früher, als die Stadt richtig verwahrlost war. Die **Hospedaje Doña Luisa** (☎ 2517-0073; Zi. mit/ohne TV 200/170 C$) hat saubere, moderne Zimmer mit eigenem Bad und liegt nur ein paar Schritte von der Anlegestelle entfernt – praktisch, wenn man früh weiterfahren will. Das **Casa Blanca** (Bancentro, 1 c S, 1 c E; Gerichte 60 C$) hat das beste Essen vor Ort und eine wunderschöne Terrasse mit Blick über den Fluss.

Jeden Tag um 15 Uhr fährt ein Bus von El Rama nach Laguna de Perlas (Pearl Lagoon), aber die Fahrt dauert sechs Stunden und ist sehr ungemütlich. Da ist die Reise über Bluefields mit dem *panga* eindeutig vorzuziehen.

BLUEFIELDS

40 675 Ew.

Die karibische Seite Zentralamerikas unterscheidet sich deutlich von der pazifischen, und Bluefields mit seinem gemächlichen Tempo, den lächelnden Menschen, dem verfallenen tropischen Charme und seinen etwas zwielichtigen Vierteln ist typisch karibisch. Die Siedlung wurde nach dem niederländischen Piraten Abraham Blaauwveldt benannt, der sich hier Mitte des 17. Jhs. festsetzte. In dieser Region ist die Stadt schon eine Metropole, die man unbedingt kennenlernen sollte, auch wenn man nur auf dem Weg zu den Corn Islands (Islas del Maíz) ist. Die Stadt hat einen faszinierenden ethnischen Mix, ein munteres Nachtleben und bietet auch eines der lebhaftesten Festivals Nicaraguas.

Bluefields wurde 1988 von dem Hurrikan Juana (Jeanne) verwüstet, dann aber wieder aufgebaut (auch die schöne, an der Bucht gelegene Moravian Church, die Kirche der Herrnhuter Brüdergemeinde). Die Wirtschaft der Stadt beruht auf Garnelen, Hummern und Hochseefischen; der wichtigste Frachthafen liegt jenseits der Bucht in El Bluff.

Bluefields ist kein wirklich sicherer Ort. Wenn man nach Einbruch der Dunkelheit unterwegs ist, unbedingt ein Taxi nehmen!

Orientierung & Praktische Informationen

Die meisten Läden, *hospedajes* und Restaurants Bluefields liegen in den Blocks zwischen dem Parque Reyes und der Bucht. Internetcafés gibt's überall im Zentrum, die meisten bieten auch preisgünstige Auslandsgespräche an. Der Flughafen liegt ungefähr 3 km südlich der Stadt.

Viele Läden im Zentrum tauschen US-Dollar: nach dem Hinweisschild suchen!

BanPro (frente Iglesia) Hat einen Geldautomaten für Visa und MasterCard.

Intur (☎ 2572-0221; Iglesia, 1 c O) Einen Block westlich der Moravian Church.

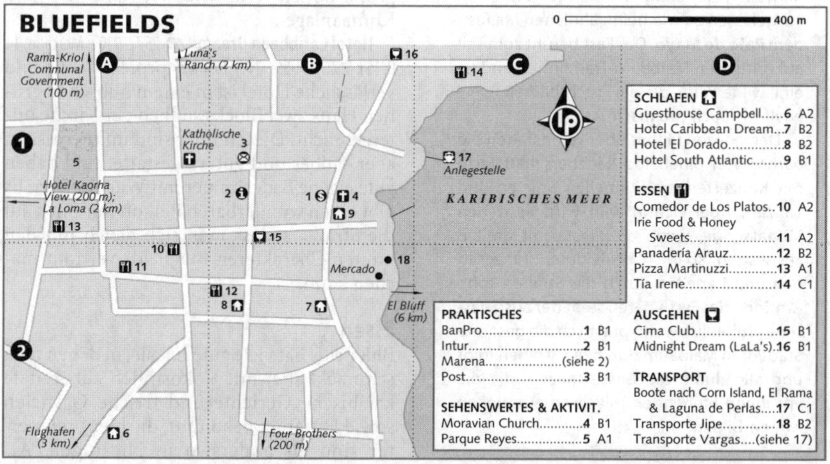

Marena (☎ 2572-2324; Iglesia, 1 c O) Büro der Nationalparkverwaltung, zwei Türen neben Intur.
Post (Iglesia, ½ c S, 1 c O)

Sehenswertes & Aktivitäten

Das auffälligste Gebäude der Stadt ist die **Moravian Church** (Kirche der Herrnhuter Brüdergemeinde), ein hübsches Bauwerk mit auffälligen Buntglasfenstern. Die ursprüngliche Kirche stammte von 1849 und wurde durch den Hurrikan Juana (Jeanne) zerstört; der heutige Nachbau ist aus Beton.

Drei Blocks westlich der Kirche liegt der **Parque Reyes,** ein beliebter Treffpunkt mit eindrucksvollen, 25 m hohen Bäumen und einem Denkmal für die sechs ethnischen Gruppen der Region.

Gegenüber auf einer Insel in der Bucht befindet sich der Hafen **El Bluff** mit einem langen Strand, der zwar nicht besonders schön ist, aber die einzige wirkliche Möglichkeit zum Schwimmen in der Gegend bietet. An Wochenenden wird aus ein paar Hütten Essen und kaltes Bier verkauft. Boote nach El Bluff (35 C$) fahren regelmäßig von der Anlegestelle beim Markt.

Rund 15 km südlich der Stadt liegt im südlichen Bereich der Bluefields Bay die winzige Insel **Rama Cay**, die inoffizielle Hauptstadt der indigenen Rama, auf der mehr als die Hälfte der etwa 900 noch lebenden Rama wohnen.

TANZ UM DEN MAIBAUM

Bluefields lässt am Wochenende immer gern die Party steigen, aber nie geht es so ausgelassen zu wie beim jährlichen Maifest, dem **Palo de Mayo**. Das Fest beruht zum Teil auf britischen Maibaum-Traditionen und ist eine wilde Party, die die Fruchtbarkeit feiert (vielfach auch praktisch).

Den ganzen Monat über veranstalten die *barrios* von Bluefields Nachbarschaftsfeste mit Konzerten, traditionellen Spielen und Tänzen. Aber richtig wild wird es gegen Monatsende, wenn die Fiesta mit grellen Festwagen, spärlich bekleideten Tänzerinnen und Kapellen durch die Straßen tobt. Am Ende der Festivitäten steht der ausgelassene „Tulululu", wenn praktisch die gesamte Stadt dem Maibaum durch die Straßen folgt und alle durch die Gasse tanzen, die die vor ihnen Stehenden mit ihren erhobenen Armen bilden.

Die Insel ist dicht mit Holzhäusern bebaut, die sich unter den Obstbäumen drängen. Infos zu Transportmitteln und Unterkunft bei Familien gibt's beim **Rama-Kriol Communal Government** (☎ 2572-1765; www.rama-territory.com; Palacio Municipal, 2½ c N; ⏲ 9–17 Uhr).

Schlafen

Die preiswerten Unterkünfte rund um den Markt und die Anlegestelle sollte man meiden; sie werden hauptsächlich von Prostituierten und ihren Kunden besucht.

Hotel El Dorado (☎ 2572-1435; Mercado, 2 c O, ½ c S; Zi. mit/ohne Bad 10/7 US$) Eine von mehreren Budgetunterkünften in dieser Straße. Hier sind allerdings mehr Übernachtungsgäste und weniger Huren und Freier als in den meisten anderen zu finden. Die Zimmer sind sauber und für den Preis in Ordnung; einige sind heller und luftiger.

Hotel Kaorha View (☎ 2572-0488; Parque, 3 c O; EZ/DZ ohne Bad 9/15 US$) Das entspannte Hotel in einer ruhigen Straße hinter dem Stadion bietet makellose Zimmer, Küchenbenutzung und einen hübschen Balkon. Eine gute Wahl.

Guesthouse Campbell (☎ 8827-2221; Galileo, 2½ c S; EZ/DZ 10/15 US$) Diese von einer Familie geführte Pension ist etwas abgelegen, bietet aber ein sehr gutes Preis-Leistungs-Verhältnis, saubere, komfortable Zimmer mit eigenem Bad und Kabel-TV.

Hotel South Atlantic (☎ 2572-1022; Contiguo Iglesia; Zi. 25 US$; ❄) Schick ist dieses gastfreundliche Haus neben der Kirche nicht, aber die Zimmer sind sauber und komfortabel. Sie haben große Betten, Warmwasser, Kabel-TV und Klimaanlagen.

Hotel Caribbean Dream (☎ 2572-0107; Mercado, 1 c O, ½ c S; Zi. 27 US$; ❄) Dieses professionelle und verlässliche Hotel ist in einem hübschen grünen Haus zwei Blocks südlich der Kirche untergebracht. Die Zimmer sind uninteressant, aber sauber und gut ausgestattet und haben gute eigene Badezimmer mit Warmwasser. Es gibt einen wunderbaren Balkon mit Blick auf die Straße, sodass man sich gleich mit den bunten Charakteren Bluefields vertraut machen kann.

Essen

Bluefields hat viele gute Lokale, in denen man schmackhafte, mit Kokosmilch zubereitete karibische Gerichte und frische Garnelen sowie Hummer bekommt, die hier preiswerter sind als anderswo in Nicaragua. Als preisgünstige Zwischenmahlzeit kann man das für diese Küste typische *patí* (5 C$) probieren, eine knusprige, mit gewürztem Rinderhack gefüllte Teigtasche, die von Straßenverkäufern feilgeboten wird.

Panadería Arauz (Mercado, 2½ c O; Gebäck 2–30 C$; ⌚ 7.30–12 & 14–19 Uhr) In dieser Konditorei kann man sich mit köstlichem Pfefferkuchen oder saftigem Schokoladenkuchen eindecken; auch sonst ist hier alles erstklassig.

Comedor de Los Platos (Contiguo Galileo; Mittagessen 40–60 C$, frito 40 C$) In dem ruhigen *comedor* gibt's tagsüber preiswerte Mittagsgerichte. Abends verwandelt sich die örtliche Institution in die beste *fritanga* der Stadt und serviert köstliche *fritos:* fettige, gebratene Hähnchenteile auf Bergen von Bananenchips mit eingelegtem Gemüse. Früh kommen!

Pizza Martinuzzi (Obelisco, 1 c N, 1 c O; Pizzas 45–200 C$) Mit den Comicfiguren an den Wänden und Kellnern mit Fliege wirkt Bluefields' beliebte Pizzeria ein wenig bizarr, aber die tollen Käsepies sind zwar keine Gourmetküche, aber doch sehr lecker.

LP Tipp **Luna's Ranch** (frente URACCAN; Gerichte 55–200 C$) Es gibt viele Gründe, die eindrucksvolle, schilfgedeckte Ranch auf dem Hügel Loma Fresca zu besuchen. Hier finden Livekonzerte statt, und man kann eine interessante Sammlung von Bildern des alten Bluefields betrachten. Doch eigentlich kommen die Gäste wegen der leckeren Meeresfrüchte, die in großzügigen Portionen aufgetischt werden.

Irie Food & Honey Sweets (Obelisco, 20 m E; Gerichte 70–90 C$) In diesem farbenfrohen Lokal bekommt man gute, aus frischen regionalen Zutaten zubereitete Gerichte, darunter auch viele schmackhafte regionale Spezialitäten. Die Meeresfrüchtesuppe ist sensationell.

Tía Irene (im Bluefields Bay Hotel, Barrio Pointeen; Gerichte 95–300 C$) In diesem eleganten Restaurant, das sich direkt am Wasser unterhalb des Bluefields Bay Hotel befindet, kann man zusehen, wie die Fischerboote die Anlegestelle ansteuern. Die Speisekarte ist mit Rindfleisch-, Hähnchen- und einigen ziemlich teuren Meeresfrüchtegerichten nicht gerade originell, aber das Ambiente ist erstklassig.

Ausgehen & Unterhaltung

La Loma (frente Bicu) Das Barrestaurant oben auf dem Hügel bietet einen fantastischen Blick über die Stadt bis zur Bucht. Hier kann man entspannt etwas trinken und sich unterhalten, ohne schreien zu müssen.

Midnight Dream (LaLa's) (Iglesia, 2 c N) Mit einer Freiluftterrasse, die auf der Bucht zu schweben scheint, und lächerlich lauter Reggae-, Country- und Dancehall-Musik ist dieses stimmungsvolle Lokal zweifellos die coolste Bar an der Küste.

Cima Club (Mercado, 2 c O, 1 c N) Von der schmuddeligen Bar im Erdgeschoss sollte man sich nicht abschrecken lassen, denn die gehobene Disco im Obergeschoss ist der heißeste Club von Bluefields. Hier wird ein Mix aus lateinamerikanischem und karibischem Pop gespielt.

Four Brothers (Barrio Cotton Tree) Auf dem Holzboden dieser legendären Discoranch kann man mächtig abtanzen, ohne sich etwas zu vergeben – dafür sorgt die schummerige Beleuchtung.

An- & Weiterreise

La Costeña (☎ 2572-2500; www.lacostena.com.ni) fliegt viermal täglich zwischen Managua und Bluefields (einfache Strecke/hin & zurück 82/126 US$). Flüge zur Corn Island (64/98 US$) starten um 7.40 und 15.10 Uhr. Montags, mittwochs und freitags gibt's um 11 Uhr einen Flug von Bluefields nach Puerto Cabezas (96/148 US$). Ein Taxi zum Flughafen kostet 15 C$ pro Person.

Transporte Jipe (☎ 2572-1871; contiguo Mercado) legt mit überdachten *pangas* um 5.30 und 15 Uhr von der Anlegestelle des Markts nach El Rama ab, **Transporte Vargas** (☎ 2572-1510; Muelle Municipal) fährt mit offenen *pangas* um 5.30 Uhr von der städtischen Anlegestelle und den ganzen Tag über, sobald das Boot voll ist.

Gleich mehrere Boote fahren zur Corn Island. Die *Río Esconio* (200 C$, 4½ Std.) legt mittwochs um 9 Uhr von der städtischen Anlegestelle ab und kehrt am nächsten Morgen zur gleichen Zeit zurück. Die größere und komfortablere, aber wesentlich langsamere *Captain* (200 C$, 6–8 Std.) legt an der gleichen Anlegestelle donnerstags um 9 Uhr ab und kehrt am Samstag gegen Mitternacht zurück. Die *Island Express* (200 C$, 4½ Std.) verlässt am Freitagmorgen um 6 Uhr El Bluff – will man dieses Schiff nehmen, muss man entweder in El Bluff übernachten oder mit einer sehr frühen *panga* aus Bluefields kommen. Dieses Schiff fährt sonntagnachts zurück.

Informationen zur Fahrt nach Laguna de Perlas (S. 580) finden sich im folgenden Abschnitt.

LAGUNA DE PERLAS

Die „Perlenlagune" liegt ungefähr 80 km nördlich von Bluefields an der Einmündung des Río Kurinwas ins Karibische Meer. Die Laguna de Perlas ist aber nicht nur ein Gewässer von spektakulärer Schönheit, sondern zugleich auch eines der ethnisch vielfältigsten Gebiete im Land. An der von Dschungel gesäumten Lagune gibt's Mískito-, Garífuna- und kreolische Gemeinden, die faszinierende Ziele für einen Besuch sind. Teure Auslandsgespräche kann man vom Enitel-Büro südlich der Anlegestelle führen. Es gibt hier keine Banken – man sollte genug Bargeld mitnehmen und einkalkulieren, dass man vielleicht etwas länger bleiben wird als geplant.

Sehenswertes & Aktivitäten

Der Ort Laguna de Perlas ist eine zeitlose kreolische Siedlung, in der man sich meilenweit entfernt vom Gewimmel und Schmutz in Bluefields fühlt. Hier wohnen mit die freundlichsten Leute an dieser Küste, und der Ort ist ein wunderbarer Ausganspunkt, um die umliegenden Feuchtgebiete, Wälder und indigenen Dörfer zu erkunden.

Falls man am Wochenende hier ist, sollte man sich unbedingt ein Baseballspiel im eindrucksvollen **Stadion** anschauen, wo sich der halbe Ort versammelt, um die eigene Mannschaft in der heiß umkämpften Regionalliga anzufeuern. Nach einer halbstündigen Wanderung durch das Feuchtgebiet hinter dem Ort erreicht man **Awas**, ein Mískitodorf, in dem es den besten Badestrand der Gegend gibt.

Eine kurze Bootsfahrt von Awas über die Lagune führt in das entspannte Dorf **Kakabila**, eine der traditionellsten Siedlungen der Mískitos in der Region. Derzeit gibt's keine eigentlichen Unterkünfte hier, aber gegen einen kleinen Betrag kann man bestimmt bei irgendeinem Einwohner seine Hängematte aufhängen.

Weiter nördlich folgt **Orinoco,** das Zentrum der Garífuna in Nicaragua. Diese Ethnie ähnelt zwar in der Erscheinung den übrigen dunkelhäutigen Bewohnern der Küste, hat aber eine ganz andere Geschichte und Kultur. Die Garífuna sind die Nachkommen entflohener afrikanischer Sklaven und indigener Kariben, die ursprünglich von den Karibikinseln Dominica und San Vincent stammen. Sie haben viele ihrer indigenen Traditionen, darunter ihre einmalige Musik und ihre Tänze bewahrt.

> **IN DIE VOLLEN!**
>
> Die Pearl Keys, die etwa 30 km vor der Küste vor der Laguna de Perlas liegen, sind typische karibische Postkartenmotive: winzige Inseln mit weißem Sandstrand, Kokospalmen und türkisblauem Wasser. Die meisten dieser Inseln sind unbewohnt, und die Gewässer um sie herum wimmeln vor Leben. Im Ort Laguna de Perlas lässt sich für rund 300 US$ eine private Tour für bis zu 6 Personen inklusive Transport, einem Mittagessen aus frischen Meeresfrüchten und viel Zeit zum Schnorcheln arrangieren.

Schlafen & Essen

Die **Green Lodge B&B** (☎ 2572-0507; Muelle, 75 m S; Zi. ohne Bad 8 US$/Pers.) ist mehr als eine angenehme Pension: Der Eigentümer Wesley teilt gern sein großes Wissen über die örtliche Geschichte und Kultur mit. Die Zimmer sind etwas beengt, aber dafür gibt's eine friedliche Veranda mit Hängematten. Eine weitere solide Budgetunterkunft ist die **Casa Estrellas** (☎ 2572-0523; Muelle, 100 m S, 50 m E; Zi. ohne Bad 10 US$) mit einfachen, aber komfortablen Zimmern mit Gemeinschaftsbädern und einem frischen Luftzug von der Lagune. Eine Klasse höher trifft man in der **Casa Blanca** (☎ 2572-0508; Torre, 250 m O; EZ/DZ 20/40 US$; 📶) auf einen munteren Haushalt mit geselligen Gastgebern. Die hellen Doppelzimmer haben Fenster mit Sonnenschutz; die Holzverzierungen stammen aus der Werkstatt des Betreibers. Komfortable Unterkünfte bietet auch das **Hostal Garífuna** (☎ 8937-0123; www.hostalgarifuna.com; EZ/DZ 8/10 US$), in dem man außerdem großartige Meeresfrüchtegerichte bekommt.

Laguna de Perlas hat eine erstklassige Bäckerei: In dem rosa Haus an der Anlegestelle wird man mit Kokosbrot und saftigen Ananasrollen verwöhnt. Wer etwas Gehaltvolleres braucht, findet beim **Comedor Miss Cherry** (Gerichte 60–80 C$) vor dem Basketballplatz *comia corriente* und köstliche regionale Gerichte. Das **Queen Lobster** (Dock, 200 m N; Gerichte 95–195 C$) serviert in einer schönen, schilfgedeckten Hütte, die über das Wasser hinausragt, Meeresfrüchte, die zu den besten im Ort gehören.

An- & Weiterreise

Pangas fahren jeden Morgen zwischen 7 und 8 Uhr und später, sobald sie voll besetzt sind, von Bluefields nach Laguna de Perlas (150 C$,

1 Std.). In der umgekehrten Richtung legt ein frühes Boot gegen 6 Uhr ab (am Abend vorher reservieren!), dann folgt in der Regel je nach Nachfrage eines gegen 12 und ein weiteres um 15 Uhr. Montags und donnerstags fährt eine *panga* von Bluefields nach Orinoco mit Zwischenstopp in Laguna de Perlas (250 C$, 2 Std.), die Rückfahrt nach Bluefields findet dienstags und freitags statt.

Um 5 Uhr macht sich täglich ein Bus in Laguna de Perlas auf die durchrüttelnde Reise nach El Rama (150 C$; 6 Std.).

CORN ISLANDS

Einst ein sicherer Hafen für Freibeuter sind die abgeschiedenen Corn Islands (Islas del Maíz) heute ein entspanntes Ferienziel in einem isolierten Winkel der Karibik. Die beiden Inseln – Big Corn Island (Isla Grande del Maí) und Little Corn Island (Isla Pequeña del Maíz) – bieten den ganzen Zauber der Karibik: klares, türkisblaues Wasser, Sandstrände, Kokospalmen, tolle Möglichkeiten zum Fischen, Korallenriffe und einen gemächlichen Lebensstil – und das ohne die übermäßige Erschließung bekannterer „Ferienparadiese". Besonders ausgeprägt ist die Stimmung auf der Litte Corn Island, auf der es keine Autos und sonstigen Versuchungen des Stadtlebens gibt.

Die Big Corn Island liegt 70 km vor der Küste von Bluefields und ist etwa 6 km² groß, ihre nordöstlich gelegene, viel kleinere Schwester misst nur 1,6 km² – man kann problemlos in einer Stunde vom einen zum anderen Ende laufen. Die meisten Einwohner der Inseln sind britisch-westindischer Abstammung und sprechen englisch. Fast alle wohnen auf der größeren Insel und leben vom Fisch- und insbesondere vom Hummerfang.

Die Preise sind hier höher als anderswo in Nicaragua. Das betrifft vor allem Lebensmittel, die überwiegend per Boot herangeschafft werden müssen. Es zahlt sich also aus, ein paar Grundnahrungsmittel vom Festland mitzubringen.

Die Inseln haben einen schlechten Ruf wegen hoher Kriminalität, aber die Sicherheitslage hat sich in den letzten Jahren beträchtlich verbessert und Vorfälle, bei denen Traveller zu Schaden kommen, sind heute sehr selten. Trotzdem empfehlen sich nach wie vor einfache Vorsichtsmaßregeln wie z. B. für Wanderungen einen Führer zu engagieren und beim Besuch abgelegener Strände keine Wertsachen mitzunehmen.

Big Corn Island (Isla Grande del Maíz)

7129 Ew.

Diese Insel hat viel zu bieten: eine große Auswahl an Unterkünften, sagenhafte Strände und viele Möglichkeiten zum Tauchen und Wandern. Die größte Siedlung ist Brig Bay, in der auch die Boote ankommen. Der Flughafen ist 15 Gehminuten entfernt (wenn man die Abkürzung über die Rollbahn nimmt). Es gibt viele Unterkünfte in und um Brig Bay, aber die besten Strände liegen weiter südlich an der Southwest Bay sowie auf der Ostseite der Insel an der Long Bay. Taxifahrten kosten unabhängig von der Strecke 15 C$ pro Person. Die einzige Bank auf den Inseln, **BanPro** (Muelle, 500 m S), hat einen Geldautomaten für alle Karten und tauscht US-Dollars. Internetzugang gibt's bei **Cyber Downs** (Muelle, 500 m N; 30 C$/Std.).

Die engagiert geführte **Touristeninformation** (☎ 2575-5091; shereleeivel@gmail.com; in der Casa Cultura) neben dem Stadion hat Informationen zu Wanderwegen und kann einen mit Führern in Kontakt bringen.

10 Gehminuten nördlich der Anlegestelle bietet das **Nautilus Dive Center** (☎ 2575-5077; www.divebigcorn.com) Wassersport aller Art, darunter Tauch- (65 US$ für 2 geführte Tauchgänge, 280 US$ für das PADI-Open-Water-Zertifikat), Schnorchel- (15 US$) und Angeltouren (60 US$). Das Unternehmen verleiht auch Fahrräder (10 US$/Tag).

Die größte Party der Insel ist das **Crab Soup** am 27. August, bei dem mit bunten Tänzen, Livebands, viel Rum und jeder Menge köstlicher selbstgemachter Suppe die Abschaffung der Sklaverei in der britischen Karibik gefeiert wird.

SCHLAFEN

May Flowers (Brig Bay Beach; ☎ 8825-8146; Zi. 10 US$) Die saubere und freundliche, familiengeführte *hospedaje* liegt direkt am Strand und bietet ein ausgezeichnetes Preis-Leistungs-Verhältnis. Am Reggae Palace die Hauptstraße verlassen und ungefähr 500 m am Strand entlanglaufen. Das Haus erkennt man an den Bojen, die an der Veranda aufgehängt sind.

Beach View Hotel (☎ 2575-5062; North End; Zi. 10–15 US$) Das Betongebäude wirkt von außen unschön, aber diese großartige Budgetunterkunft ist sauber, friedlich und liegt direkt am Wasser. Die Zimmer im Obergeschoss mit Blick auf den Ozean sind viel schöner als die anderen und bieten viel Platz auf der luftigen Terrasse.

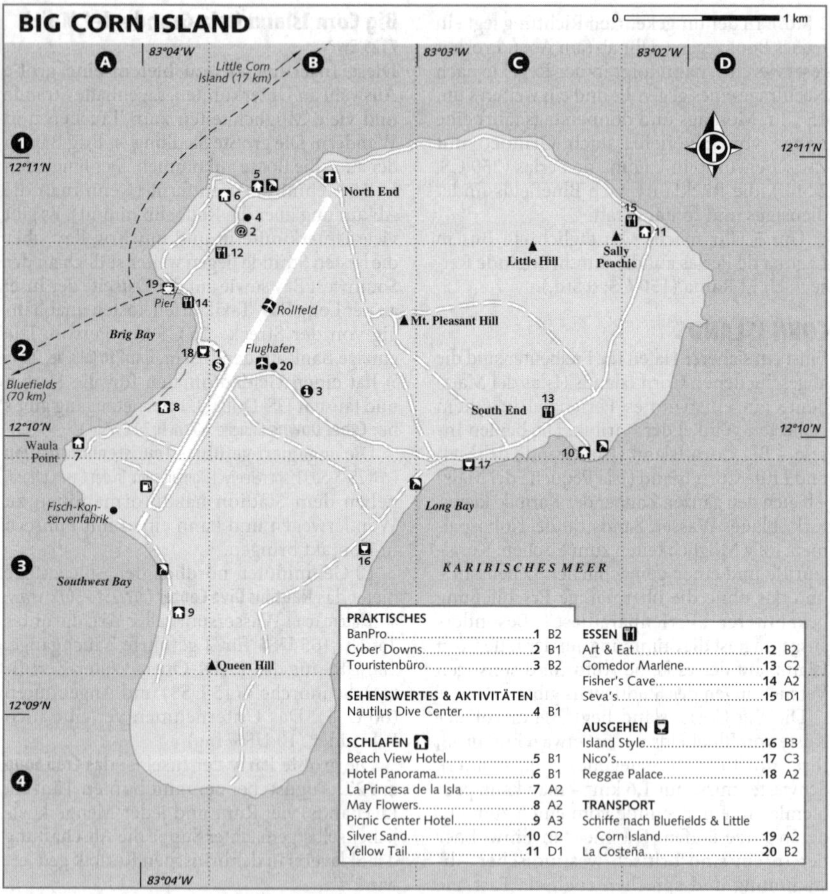

Hotel Panorama (☎ 2575-5065; Brig Bay; Zi. mit/ohne Klimaanlage 25/15 US$) Diese ältliche Motelanlage, 100 m vom Strand, ist nicht besonders toll, aber die Zimmer sind sauber und der Preis geht in Ordnung.

Silver Sand (☎ 8948-1436; South End; EZ/DZ 20/30 US$) An einer palmenbestandenen Stelle am nördlichen Ende der hübschen Long Bay stehen die rustikalen Hütten nur einen Steinwurf vom Meer entfernt. Die freundlichen Betreiber erlauben gegen eine kleine Gebühr auch das Zelten oder das Aufhängen von Hängematten auf ihrem Grundstück.

LP Tipp Yellow Tail (☎ 8659-3634; Sally Peachie; Zi. 25 US$) Gleich östlich vom Restaurant Seva's liegt diese entspannte Unterkunft mit gerade einmal zwei Hütten mit Kühlschrank, Kochgelegenheit und eigenem Bad in einem hübschen Teil der Insel. Wer hier nicht wohnt, sollte trotzdem vorbeischauen, da der freundliche Besitzer Dorsey Campbell auch ausgezeichnete Schnorcheltrips (15 US$) veranstaltet.

Picnic Center Hotel (☎ 2575-5232; Southwest Bay; Zi. 40 US$; ❄) Diese hellen, luftigen Zimmer sind ein echtes Schnäppchen, da sie direkt an einem der besten Sandstrände der Isla Grande stehen. Das schilfgedeckte Barrestaurant serviert gut zubereitete Hummer- und Garnelengerichte und bietet sich für einen Drink zum Sonnenuntergang an.

La Princesa de la Isla (☎ 8854-2403; www.laprincesadelaisla.com; Waula Point; Zi. 60–75 US$; P) Diese sehr charaktervolle Unterkunft mit hübsch dekorierten Zimmern aus Stein und Holz und

Muschel-Duschköpfen liegt abgeschieden bei Waula Point. Hier zahlt man für die Stimmung und nicht für Fernseher oder Minibar; aber für 2 Personen ist der Preis o.k. Die sagenhaften italienischen Gerichte sind teuer, aber das Geld wert.

ESSEN

Köstliche frisch gebackene Ananasrollen, schwere Bananen-Tarts und Kokosbrot bekommt man in dem rosa Laden vor der Polizeiwache. Die Backwaren werden gegen 13 Uhr frisch aus dem Ofen angeboten.

Comedor Marlene (South End; Gerichte 50–150 C$) Am Eingang zum Dorf South End serviert die gesellige Miss Marlene würzige *fritos* (gebratene Hähnchenteile auf Bananenchips) und die preiswertesten Hummer der Insel.

Art & Eat (Brig Bay; Hauptgerichte 120–260 C$) Wer keine Hummer und Garnelen mehr sehen kann, findet in diesem bei Backpackern beliebten Lokal gesunde Salate, dünnkrustige Pizzas, Kokoscurrys und andere internationale Gerichte.

Fisher's Cave (Brig Bay; Gerichte 135–225 C$) Das farbenfrohe Restaurant ist dank reicher Auswahl, vernünftiger Preise und einer fantastischen Terrasse direkt am Hafen das beliebteste Meeresfrüchtelokal der Insel.

Seva's (Sally Peachie; Hauptgerichte 150–250 C$) Diese örtliche Institution an der Nordostspitze der Insel serviert schmackhafte Meeresfrüchte, eiskaltes Bier und Reggae-Klassiker auf ihrer luftigen Terrasse mit Blick aufs Meer.

AUSGEHEN

Das verfallene **Nico's** (South End; ⌚ Do–So) ist unter der Woche eine Fischerkooperative und am Wochenende eine muntere, einmalige Bar. Besonders die Sonntags-Session sollte man nicht versäumen.

In der Nähe befindet sich auch **Island Style** (Long Bay; ⌚ Fr–So), eine entspannte *rancho* mit einer Tanzfläche im Freien auf dem Sand eines schönen, rauen Strandes.

Der **Reggae Palace** (Brig Bay; ⌚ Do–So), die einzige echte Disco auf der Insel, ist gleichermaßen laut, verschwitzt und dreckig, aber die Party geht mächtig ab.

Little Corn Island (Isla Pequeña del Maíz)

1200 Ew.

Die winzige, bezaubernde *isleta* ist ein echtes, unverfälschtes Schmuckstück, ein naturbelassenes karibisches Paradies mit verlassenen, von Palmen gesäumten weißen Sandstränden, felsigen Buchten und vielen einfachen Budgetunterkünften, in denen man auch frisch zubereiteten Fisch bekommt. Hier kann man Luft holen, ausspannen, und die Zeit vergeht dabei wie im Flug.

Es gibt zwei Tauchveranstalter auf der Insel. Das von Einheimischen geführte **Dolphin Dive** (☎ 8690-0225; www.dolphindivelittlecorn.com) wird von Tauchexperten sehr gelobt, und die Angestellten kennen die Gewässer um die Insel wirklich genau. Sehr beliebt ist auch **Dive Little Corn** (www.divelittlecorn.com) direkt an der Anlegestelle, wo man auch eine sehr praktische Karte der Insel erhält. Beide Unternehmen sind gut ausgestattet und bieten ein ähnliches Sortiment an Tauchgängen und PADI-Kursen. Schnorchelausrüstung kann man in den Tauchshops und in einer Reihe von Hotels mieten.

SCHLAFEN & ESSEN

Die drei preiswertesten Unterkünfte liegen in einer Reihe am Cocal Beach, 10 Gehminuten von der Anlegestelle: einfach hinübergehen und schauen, welche einem zusagt!

Elsa's (☎ 8333-0971; Zi. mit/ohne Bad 25/10 US$) Das Elsa's ist seit Langem bei Backpackern beliebt und bietet komfortable, schilfgedeckte Holzbungalows mit eigenem Bad sowie einige recht einfache, preiswertere Zimmer, die nach hinten hinaus liegen. Hier gibt's viele Hängematten, in denen man dösen und die frische Brise genießen kann.

LP Tipp **Cool Spot/Grace's** (☎ 8820-2798; Zi. mit/ohne Bad 25/10 US$) Die bunt angestrichenen Hütten sind zwar etwas schäbig, aber diese beliebte Anlage hat dafür die munterste Stimmung auf der Insel zu bieten. Und da der wunderschöne Strand gleich vor der Türschwelle liegt, wird man ohnehin nicht viel Zeit in seinem Zimmer verbringen. Die entspannten Betreiber haben nichts dagegen, wenn man noch ein paar Personen mehr in sein Zimmer stopft, um die Kosten zu senken. Außerdem gibt's eine Gästeküche – ein echtes Extra hier in der Gegend.

Sunrise Paradise/Carlito's (☎ 8657-0806; Hütte mit/ohne Bad 35/12 US$) Diese etwas gehobenere, schöne Anlage ist ruhiger als ihre Nachbarn. Die Hütten sind besenrein und haben feste Betten und kleine Veranden. Die reichlich vorhandenen Fenster sorgen abends für einen frischen Luftzug. Der Strand wird regelmäßig gereinigt, und es gibt ein schilfgedecktes Barrestaurant, das Gerichte zu vernünftigen Preisen serviert.

Ensueños (www.ensuenos-littlecornisland.com; Hütte mit Gemeinschaftsbad 25–45 US$, *casitas* für bis zu 6 Pers. 50–70 US$) An einem guten Strand im äußersten Norden der Insel gelegen bietet diese urige, charmante Anlage rustikale, höhlenartige *cabañas* und gepflegte, mit Solarstrom ausgerüstete *casitas* (Bungalows), die verstreut im Wald und unter Obstbäumen stehen. Wenn man sich nicht für die köstlichen Mahlzeiten des Hauses entscheidet, braucht man für den anstrengenden Marsch in den Ort abends eine Taschenlampe.

Hotel Los Delfines (☎ 2572-9102; www.hotellosdelfines.com.ni; EZ/DZ 40/50 US$; ❄ 💻) Wer auf Komfort auch im Urlaubsparadies nicht verzichten will, findet in dem von Einheimischen betriebenen Hotel direkt im Dorf große, schöne Zimmer mit Klimaanlage, Warmwasserdusche, Kabel-TV und eine Veranda, von der man in die hübsche Gartenanlage blickt.

Derek's Place (www.dereksplacelittlecorn.com; Hütte ohne Bad 45–55 US$) Folgt man dem schmalen Dschungelpfad zur nordöstlichen Spitze der Insel, kommt man zu dieser abgelegenen, schönen Anlage, in der man seine Robinson-Crusoe-Phantasien ausleben kann. Die vier sorgfältig gezimmerten, mit Schilf gedeckten Bungalows verteilen sich über ein luftiges, grasbewachsenes, von Kokospalmen eingefriedetes Areal. Die eleganten Gemeinschaftsbäder sind makellos. In dem intimen Essbereich werden leckere Gerichte aufgetischt.

Casa Iguana (www.casaiguana.net; Hütte ohne Bad 45 US$, *casita* 75 US$; 💻) Diese unter Bäumen direkt über dem Strand liegende, beliebte Anlage bietet einfache *cabañas* mit Gemeinschaftsbad und viel hübschere *casitas* mit eigenem Bad. Die meisten verfügen über eine großartige Terrasse mit Blick aufs Meer. Hübsch ist es hier zweifellos, wenn auch etwas überteuert. Man erhält ein Frühstück, und abends werden an der Gemeinschaftstafel gesellige Drei-Gänge-Menüs (12–16 US$) aufgetischt. Wer ein romantisches Diner zu zweit vorzieht, sollte anderswo essen. Da die Anlage meist voll ist, vorab per E-Mail reservieren.

Rosas (Gerichte 60–200 C$) Direkt an der Abzweigung zur Casa Iguana bereitet dieser Freiluft-*comedor* das beste preisgünstige Frühstück auf der Insel, außerdem gibt's Mittag- und Abendessen zu vernünftigen Preisen.

Comedor Bridgette (Gerichte 120–170 C$) Das bescheidene Lokal nahe dem Kai war eines der ersten Restaurants auf der Insel und bietet mit großen Portionen köstlicher, regionaler Gerichte immer noch das beste Preis-Leistungs-Verhältnis.

Habana Libre (Gerichte 180–260 C$) Selbst wenn man sich eine Woche ausschließlich von Kokosbrot ernähren muss, um sein Budget nicht zu überziehen, sollte man die Insel nicht verlassen, ohne einmal in diesem hochklassigen kubanischen Restaurant den Hummer probiert zu haben. Richtige Genießer verzichten anschließend nicht auf die Cohiba-Zigarre.

Anreise & Unterwegs vor Ort

La Costeña (☎ 2575-5131; www.lacostena.com.ni) fliegt zweimal täglich von Big Corn Island nach Managua (einfache Strecke/hin & zurück 106/164 US$, 80 Min., 8.10 & 15.40 Uhr). Beide Flüge legen einen kurzen Zwischenstopp in Bluefields (64/98 US$, 20 Min.) ein.

Von der Big Corn legt täglich um 10 und um 16.30 Uhr eine *panga* zur Little Corn (6 US$, 30 Min.) ab und wiederholt um 7 und 14 Uhr die schaukelnde Überfahrt in umgekehrter Richtung. Die Bootsfahrten sind bequem auf die täglichen Flüge abgestimmt. Die Überfahrt kann rau werden: Wer gegen Seekrankheit nicht gefeit ist, sollte im Heck Platz nehmen.

Infos zu den Bootsverbindungen nach Bluefields s. S. 580.

BILWI (PUERTO CABEZAS)

51 002 Ew.

Das an der Nordostküste Nicaraguas gelegene Bilwi ist die Hauptstadt der Región Autónoma del Atlántico Norte (RAAN) und auch noch unter ihrem früheren Namen Puerto Cabezas bekannt.

Die Stadt ist immer noch ein wichtiger Karibikhafen, aber das eigentlich Interessante sind die Einwohner. Hier kann man viel über die Mískito-Kultur erfahren: die **Asociación de Mujeres Indígenas de la Costa Atlántica** (Amica; ☎ 2792-2219; asociacionamica@yahoo.es; Estadio, 1½ c S; 🕑 Mo–Fr 8–12 & 14–17.30, Sa 8–12 Uhr) veranstaltet maßgeschneiderte Touren zu traditionellen Fischergemeinden, bei denen der Transport, die Verpflegung und die Unterbringung bei einheimischen Familien inbegriffen sind und man Gelegenheit hat, das örtliche Kunsthandwerk kennenzulernen oder Freiwilligenarbeit zu leisten. BanPro, einen Block nördlich vom Stadion, hat einen Geldautomaten, der alle Karten akzeptiert. Ein paar Blocks westlich vom Park gibt's ein Büro von Intur. Im Stadtgebiet finden sich mehrere Internetcafés.

In Bilwi sollte man aufpassen: Es wird hier viel Kokain geschmuggelt, und an den Straßenecken hängen recht zwielichtige Gestalten herum.

Schlafen & Essen

Hospedaje Rivera (☎ 2792-2471; Parque Central 1½ c S; EZ/DZ ohne Bad 8/10 US$, Zi. 12 US$) Diese komfortablen Zimmer (mit eigenem Bad, Kabel-TV und Blick auf die Innenstadt von Bilwi) befinden sich oberhalb einer Privatwohnung in der Nähe des Stadions und sind ein echtes Schnäppchen.

Hotel Pérez (☎ 2792-2362; Alcaldía, ½ c S; Zi. mit/ohne Klimaanlage 17/11 US$; P) Das anheimelnde Hotel im Stadtzentrum bietet sichere Zimmer und oben viel Platz auf den Terrassen, wo man es sich mit einem Buch gemütlich machen kann.

LP Tipp **Casa Museo Judith Kain** (☎ 2792-2225; www.casamuseojudithkain.com; Radio Caribe, 1½ c O; EZ/DZ 12/15 US$, mit Klimaanlage 23/27 US$; P) Die um ein liebevoll restauriertes altes Wohnhaus angelegte, beliebte Unterkunft hat helle Zimmer mit gefirnissten Holzbalken und noch dazu einen friedlichen Garten. Der Kunsthandwerksladen zeigt Stücke örtlicher Kunsthandwerker, und das angeschlossene Museum vermittelt einen Eindruck vom Leben im alten Bilwi.

Vor dem Park befinden sich mehrere *comedores*. Das beliebteste Lokal vor Ort ist das **Kabu Payaska** (Gerichte 120–200 C$; 11–24 Uhr), das ungefähr 2 km nördlich der Stadt liegt und auf den besten Strand der Gegend hinunterblickt. Dank dem Ausblick und der entspannten Atmosphäre in dem schilfgedeckten Haus lohnt es sich, hier auf ein Bier oder auch auf ein Hummer- oder Fischgericht hereinzuschauen. Zur An- und Abfahrt unbedingt zu jeder Tageszeit ein Taxi benutzen!

An- & Weiterreise

Der Flughafen liegt 2 km nördlich der Stadt. Zur Fahrt in die und von der Stadt ein Taxi benutzen! **La Costeña** (☎ 2792-2282; Aeropuerto; 8–12 & 15–18 Uhr) fliegt dreimal täglich nach Managua (hin & zurück 149 US$, 80 Min.) und dreimal wöchentlich nach Bluefields (148 US$, 50 Min.).

Die Busfahrt nach Managua (420 C$, 20 Std., tgl. 2-mal) ist eine echte Schinderei. Der Busbahnhof liegt 2 km westlich der Stadt.

DIE KARIBIKKÜSTE ERKUNDEN

Wer Abenteuer auf dem Wasser erleben will, hat dazu an der Karibikküste viele Gelegenheiten:

- Man kann versuchen, einen Hummerfischer zu überreden, einen zu den **Mískito Keys** mitzunehmen, einem Schutzgebiet aus fantastischen kleinen Inseln, Korallenriffen und aufgestelzten Häusern, das 50 km von Bilwi (Puerto Cabezas) entfernt ist. Weitere Infos erhält man bei Marena in der Stadt.
- Der **Río Coco** liegt im Herzen des Mískito-Gebiets und verläuft an der honduranischen Grenze. Er lohnt eine Erkundung. Die Hauptsiedlung Waspám ist per Flugzeug von Managua und per Bus von Bilwi aus zu erreichen.
- In der traditionellen kreolischen Siedlung **Monkey Point**, 60 km südlich von Bluefields, kann man in geschützten Buchten schwimmen oder durch den dichten Wald wandern. Seine Tour kann man über das Büro der Rama-Kriol Kommunalverwaltung organisieren.

ALLGEMEINE INFORMATIONEN

AKTIVITÄTEN

Nicaragua wird zu einem immer beliebteren Reiseziel für Aktivurlauber – man kann auf dem Lago de Nicaragua Kajak fahren, auf Lavahalden surfen (S, 542) oder an Seilrutschen über die Wälder sausen (S. 554). All diese Angebote werden gut nachgefragt.

Surfen

Surfen ist heute in Nicaragua sehr beliebt. Es gibt erstklassige Stellen an der Pazifikküste, von denen viele nur mit dem Boot erreichbar sind. San Juan del Sur (S. 561) bildet den Ausgangspunkt zu mehreren ordentlichen Stränden; einige großartige Stellen sind im Kasten auf S. 565 genannt. Surfcamps entstehen überall – einfach Augen und Ohren aufsperren. Selbst abgelegene Stellen werden immer stärker aufgesucht – da sollte auch auf die Einheimischen Rücksicht genommen werden.

ADRESSEN IN NICARAGUA

Nur ein paar Straßen haben Namen und noch weniger Häuser sind nummeriert. Die Nicaraguaner benutzen ein einmaliges System für die Angabe von Adressen. Sie wählen einen auffälligen Bezugspunkt und geben dann die Entfernung von diesem in Blocks und der jeweiligen Himmelsrichtung an, z. B. bedeutet *Catedral, 2 c N* also zwei Blocks nördlich von der Kathedrale.

Die verwendeten Abkürzungen sind:

c	*cuadra*	Block
E	*Este*	Osten
N	*Norte*	Norden
O	*Oeste*	Westen
S	*Sur*	Süden

Weitere auf Wahrzeichen Bezug nehmende Adressen wie *detrás catedral* (hinter der Kathedrale) wurden im Text spanisch belassen, damit man den Text Einheimischen zeigen und sich von ihnen den Weg weisen lassen kann. S. auch S. 517.

Tauchen & Schnorcheln

Die Riffe voller Meereslebewesen nahe den Corn Islands (S. 581) bieten ausgezeichnete Möglichkeiten für Schnorchler und Taucher (auf beiden Inseln gibt's Veranstalter, die Ausrüstung vermieten und geführte Tauchgänge anbieten). Tauchen kann man auch in der Laguna de Apoyo (S. 555) und in San Juan del Sur (S. 561).

Wandern

Besonders ansprechende und tolle Wanderwege gibt es rund um den Volcán Mombacho (S. 554), den Cañon de Somoto (S. 538) sowie im Hochland um Matagalpa (S. 526). Wer gut zu Fuß ist, kann sich an die vielen Vulkane des Landes wagen, etwa an die beiden auf der Isla de Ometepe (S. 566) oder an einen der vielen Vulkane im Nordwesten des Landes (s. Kasten S. 545).

BOTSCHAFTEN & KONSULATE

Die folgenden Botschaften befinden sich alle in Managua. Zusätzlich Informationen findet man unter www.cancilleria.gob.ni/acreditados.

Costa Rica (außerhalb der Karte S. 515; ☎ 2276-1352; Paseo Ecuestre No 304, Las Colinas)

Deutschland (Karte S. 515; ☎ 2266-3918; Plaza España, 1½ c N)

El Salvador (außerhalb der Karte S. 515; ☎ 2276-0712; Av del Campo 142, Las Colinas)

Guatemala (außerhalb der Karte S. 515; ☎ 2279-9609; Carretera Masaya Km 11,5)

Honduras (außerhalb der Karte S. 515; ☎ 2276-2406; Paseo Ecuestre No 298, Las Colinas)

Mexiko (Karte S. 515; ☎ 2278-4919; Carretera Masaya Km 4,5, 25 m E)

Schweiz (☎ 2266-3010 od. -7328; Apartado 166 de la Clinica Las Palmas, 1 c, Abajo, Mano Izquierda, Managua)

BÜCHER

Ausführlichere Informationen finden sich im Lonely Planet Band *Nicaragua* (englischsprachig). Die meisten Bücher über Nicaragua legen den Schwerpunkt auf die politische Geschichte des Landes.

Life is Hard: Machismo, anger, and the Intimacy of Power in Nicaragua von Roger Lancaster, ist eine brillante ethnografische Studie über die Auswirkungen politischer Ereignisse auf die nicaraguanische Familie. Lancasters Arbeit untersucht die Themen Sexualität, Rassismus und sexuelle Orientierung, die beim Blick auf die Revolution oft übersehen werden.

Steven Whites Buch *Culture and Politics in Nicaragua* vermittelt einen faszinierenden Einblick in die Verbindung von Literatur und Revolution in Nicaragua.

Die Verteidigung des Glücks. Erinnerungen an Liebe und Krieg von Gioconda Belli ist das Erinnerungsbuch einer der prominentesten Autorinnen Nicaraguas, in dem sie ihre – teilweise entsetzlichen – Erlebnisse während der Revolution beschreibt.

Die Poesie bildet den Kern der nicaraguanischen Kultur, deswegen lohnt sich ein Blick in *Poets of Nicaragua: A Bilingual Anthology, 1918–1979.* Die von Steven White ins Englische übersetzte Sammlung gibt einen Überblick über die bedeutendsten nicaraguanischen Dichter des letzten Jahrhunderts.

Rubén Darío ist der gefeiertste Lyriker des Landes. Die zweisprachige Auswahl *Selected Poems by Rubén Darío* (englische Übersetzung von Lysander Kemp) vermittelt einen Einblick in sein Werk.

ESSEN & TRINKEN

Essen

In Managua, León, Granada and San Juan del Sur gibt's eine ganze Reihe von Restaurants, die internationale und vegetarische Gerichte anbieten, aber die typischsten und preisgünstigsten Gerichte findet man in der Regel an Straßenständen, auf den Märkten und in den *comedores* (einfachen Speiselokalen). Zu den beliebtesten Gerichten gehören *gallo pinto* (eine Mischung aus Reis und Bohnen, die oft mit Eiern als Frühstück serviert wird), *nacatamales* (Maismehl, Schweinefleisch, Gemüse und Kräuter in einem Bananenblatt – ein traditionelles Wochenendgericht), *quesillos* (weicher Käse und Zwiebeln in einer Tortilla) und *vigorón* (gedämpfte Yucca, belegt mit *chicharrón* – gebratener Schweinekruste – und Krautsalat). An den Abenden öffnen an den Straßenecken, in Hauseingängen und rund um die zentralen Plätze *fritangas*, die mit Grillfleisch und gebratenen Beilagen schwere Kost anbieten.

Getränke

Viele Restaurants servieren frische *jugos* (Säfte) und *refrescos naturales*, die aus regionalen Früchten, Kräutern und Samen zubereitet, mit Wasser und Zucker verdünnt und mit zerstoßenem Eis serviert werden. Das Ganze ist dann entweder köstlich erfrischend oder einfach nur süß, je nachdem, wie gut das Getränk gemacht ist. Man findet auch ungewöhnliche Geschmacksrichtungen wie *pithaya* (eine purpurrote Kaktusfrucht), Tamarinde oder *chía* (ein schleimiger Samen, der meist mit Zitrone vermischt wird). *Tiste* ist ein traditionelles Getränk aus Kakaobohnen und Mais.

Obwohl Nicaragua ein wichtiges Kaffeeanbaugebiet ist, erhält man außerhalb der Touristengebiete in der Regel nur löslichen Kaffee. Es gibt zwei wichtige nicaraguanische Biermarken. Die meisten Einheimischen bevorzugen das erfrischende, aber ziemlich fade Toña, während viele Besucher das etwas würzigere Victoria vorziehen.

FESTIVALS & EVENTS

Jede Stadt und jedes Dorf feiern den Jahrestag ihrer Schutzheiligen. Zu den größeren landesweiten Events gehören:

Nationale Baseballmeisterschaft (Mitte Jan.) Nicaraguas beliebtestes Freizeitvergnügen erlebt seinen Höhepunkt.

Semana Santa (März/April; Woche vor Ostersonntag) Im ganzen Land werden religiöse Figuren abgestaubt und in Umzügen durch die Straßen getragen. Für weniger Fromme ist die Woche die Gelegenheit zu einem mehrtägigen Besäufnis.

Befreiungstag (19. Juli) Sandinisten aus dem ganzen Land strömen nach Managua, um den Sieg über das Terrorregime der Somozas zu feiern.

Unabhängigkeitstag (14.-15. Sept.) Schulkinder veranstalten mit ihren Kapellen überall im Land Umzüge.

La Griteria (7. Dez.) Singende Kinder ziehen zu Ehren Marias von Haus zu Haus und bekommen Süßigkeiten, Obst oder Tupperware.

FRAUEN UNTERWEGS

Besondere Gefahren drohen weiblichen Travellern in Nicaragua nicht, es gelten aber die gleichen Empfehlungen bezüglich Kleidung, anzüglichen Bemerkungen usw. wie in allen Staaten Zentralamerikas. Unter Berücksichtigung der normalen Vorsichtsmaßnahmen empfinden viele Frauen Nicaragua als ein überraschend angenehmes Reiseland. An der Karibikküste ist jedoch für allein reisende Frauen deutlich größere Vorsicht geboten.

FREIWILLIGENARBEIT

Seit der Revolution, als Scharen idealistischer Sympathisanten aus dem Ausland kamen, um Aufbauhilfe zu leisten, ist Freiwilligenarbeit in Nicaragua weit verbreitet. Es gibt keinen Mangel an unterstützungswürdigen Organisationen, bei denen man sich engagieren kann. Informationen gibt's in örtlichen Hostels, Spanischschulen oder auf der *alcalía*. Hier eine sehr kleine Auswahl:

Building New Hope (www.buildingnewhope.org) Viele Arbeitsstellen in Granada. Mittelgute Spanischkenntnisse sind Voraussetzung.

Fundación Cocibolca (www.mombacho.org) Freiwilligenarbeit in Naturschutzgebieten, darunter mit Meeresschildkröten in La Flor (S. 565).

Quetzaltrekkers (www.quetzaltrekkers.com) Wandergruppen führen und Straßenkindern helfen (S. 542).

GEFAHREN & ÄRGERNISSE

Obwohl es in Nicaragua weniger gewalttätige Übergriffe auf Touristen gibt als in anderen zentralamerikanischen Staaten, zahlt sich Vorsicht aus. Managua ist durch wachsende Kriminalität die unsicherste Stadt Nicaraguas, aber auch viele Teile der Karibikküste sind problematisch, vor allem die abgelegenen nördlichen Gebiete.

Gleichwohl wird man als Traveller kaum Probleme haben. Abends sollte man ein Taxi nehmen, man sollte nicht betrunken in der Öffentlichkeit unterwegs sein und in Bussen und auf Märkten seine Besitztümer im Auge behalten.

Kriminalität ist also keine große Gefahr, aber Armut begegnet man überall im Alltag. Nicaragua ist ein armes Land. In einigen Gebieten wird man regelmäßig von bettelnden Straßenkindern angesprochen, die aber selten aufdringlich werden.

An den Pazifikstränden ertrinken jedes Jahr Dutzende von Schwimmern wegen starker Strömungen und Brandungsrückströmungen. Da Rettungsschwimmer und andere Sicherheitseinrichtungen kaum vorhanden sind, ist beim Schwimmen äußerste Vorsicht geboten!

GELD

Die Landeswährung ist der Córdoba (C$), allerdings werden Preise oft auch in US-Dollars angegeben. Ein Córdoba hat 100 Centavos. Geldscheine gibt es im Nennwert von 10, 20, 50, 100, 200 und 500 Córdoba, Münzen im Wert von 25 und 50 Centavos sowie 1 und 5 Córdoba. *Peso* ist ein umgangssprachlicher Ausdruck für den Córdoba. Oft ist es schwierig, 500-Córdoba-Scheine zu wechseln; man sollte es also versuchen, wo immer möglich.

US-Dollars werden weithin akzeptiert, solange die Scheine nicht markiert oder zerrissen sind. Kleine Einkäufe sollte man aber besser in Córdoba bezahlen. Die Regierung Nicaraguas wertet den Córdoba jährlich um 6 % gegenüber dem US-Dollar ab, um trotz örtlicher Inflation die Preise relativ stabil zu halten.

In besseren Restaurants werden die Steuer (15 %) und das „freiwillige" Trinkgeld (10 %) oft auf die Rechnung aufgeschlagen, das Trinkgeld aber häufig nicht an die Angestellten weitergegeben. Allen Fremdenführern sollte man ein Trinkgeld geben.

In diesem Kapitel sind die Preise für Unterkünfte, Touren und Transportmittel wie Flüge, grenzüberschreitende Busse oder Mietautos sowie die Eintrittspreise von Sehenswürdigkeiten in US-Dollars angegeben – die Preise von Mahlzeiten, Taxifahrten oder kleineren Einkäufen dagegen in Córdoba (C$).

Geldautomaten & Kreditkarten

In den meisten Gebieten Nicaraguas sind Geldautomaten vorhanden. In den größeren Städten gibt's Filialen der BanPro und der Banco América Central (BAC); diese akzeptieren Debit- und Kreditkarten von Visa/Plus, MasterCard/Cirrus, Amex und Diners. Es gibt noch viel mehr Geldautomaten, die ausschließlich Visa-Karten akzeptieren. Geldautomaten findet man auch in Tankstellen und Shoppingmalls.

In ganz Nicaragua akzeptieren Hotels und Restaurants Visa und MasterCard, werden dafür aber in der Regel rund 5 % auf den Preis aufschlagen. Die meisten Banken zahlen auch Bargeld auf Kreditkarten aus.

Reiseschecks gehören der Vergangenheit an. Man kann sie zwar in vielen Banken einlösen, muss dafür aber Schlange stehen und erhebliche Gebühren berappen.

Schwarzmarkt

Geldwechsler auf den Straßen, sogenannte *coyotes,* tauschen Devisen zu ungefähr dem gleichen Kurs wie die Banken, aber ohne die langen Warteschlangen. Diese Händler sind meist ehrlich, aber man sollte schon den Wechselkurs kennen und selber mitrechnen, bevor man das Geschäft abschließt.

Wechselkurse

Zum Zeitpunkt der Drucklegung galten die nachstehenden Wechselkurse:

Land	Währung	C$
Eurozone	1 Euro	28,59
Schweiz	1 SFr	21,48
USA	1 US$	21,38

INFOS IM INTERNET

IBW Internet Gateway (www.ibw.com.ni, spanisch) Ein vernünftiges Internetportal.

Intur (www.visitanicaragua.com) Die offizielle Website der staatlichen Tourismusbehörde bietet eine nette interaktive Landkarte und viele, vage gehaltene Informationen.

Latin American Network Information Center (http://lanic.utexas.edu/la/ca/nicaragua/) Exzellente Linksammlung der University of Texas zu Nicaragua.

Nicaliving (www.nicaliving.com) Ein Netzwerk und Forum von Ausländern, die in Nicaragua leben.

Nicaraguaexotictravel (www.nicaraguaexotictravel.com) Nicaragua-Infos auf Deutsch, Englisch und Spanisch.

ViaNica (www.vianica.com) Großartige Quelle für Traveller mit Infos zu Sehenswürdigkeiten und Aktivitäten im ganzen Land.

INTERNETZUGANG

Internetcafés gibt's praktisch überall, der Preis liegt bei rund 15 C$ pro Stunde. WLAN ist in den größeren Städten schon ziemlich weit verbreitet.

KARTEN & STADTPLÄNE

Intur gibt einige ordentliche Karten des ganzen Landes und von Regionen heraus, in denen die wichtigsten Reiseziele für Besucher liegen. Wer detailliertere Karten braucht, findet bei **Ineter** (Karte S. 515; ☎ 2249-2768; www.ineter.gob.ni; frente migración) detaillierte topografische Karten zum ganzen Land, die auch kostenlos von der Website heruntergeladen werden können.

International Travel Maps Nicaragua von ITMB Publishing ist etwas veraltet, aber immer noch die detaillierteste verfügbare Straßenkarte.

KLIMA

Nicaragua hat zwei ausgeprägte Jahreszeiten, die an den beiden Küsten unterschiedlich liegen. Die Karibikküste besucht man besser zwischen Mitte Januar und April, wenn eher einmal mit Sonne und heiterem Wetter zu rechnen ist. Hurrikane können zwischen September und November auftreten. Die angenehmste Zeit zum Besuch der Pazifikküste oder der Regionen im Binnenland ist der Beginn der Trockenzeit (Dez. & Jan.), wenn es kühler ist und die Vegetation noch grünt. Klimatabellen finden sich auf S. 815.

KURSE

Nicaragua ist ein sehr beliebtes Land, um Spanisch zu lernen. Granada und Estelí haben die größte Auswahl an Sprachkursen, es gibt aber auch angesehene Schulen in Managua, León, San Juan del Sur und Laguna de Apoyo. Detaillierte Infos gibt's in den Abschnitten zu den einzelnen Städten.

Die meisten Schulen nehmen zwischen150 und 200 US$ pro Woche für 20 Unterrichtsstunden (4 Std./Werktag) inklusive Unterkunft und Verpflegung bei einer einheimischen Familie. Ausflüge zu Seen, Vulkanen, Stränden, kulturellen oder historischen Stätten sowie Besuche bei kommunalen Organisationen können in der Pauschale enthalten sein. Für Studenten, die sich für längere Zeit verpflichten, gelten oft niedrigere Wochenpreise.

MEDIEN

Um sich über die aktuellen Themen in Nicaragua auf dem Laufenden zu halten, lohnt ein Blick in die alle 14 Tage erscheinende **Nica Times** (www.nicatimes.net), die die wichtigsten Nachrichten aus dem Land auf Englisch präsentiert. Detailliertere Hintergrundberichte findet man in der **Envio** (www.envio.org.ni), der recht unparteiischen Zeitung der Universidad Centroamericana (UCA). **Hecho** (www.hechomagazine.com) ist ein hochklassiges Magazin auf Spanisch und Englisch, das sich Themen der nicaraguanischen Kultur widmet.

Die führenden Tageszeitungen sind die konservative **La Prensa** (www.laprensa.com.ni) und die eher zentristische **El Nuevo Diario** (www.elnuevodiario.com.ni).

ÖFFNUNGSZEITEN

Die meisten staatlichen Stellen (auch Intur) und Büros großer Unternehmen haben werktags von 8 bis 12 und 14 bis 17 Uhr geöffnet. Läden, Banken und Geschäfte, die mit Tourismus zu tun haben, machen in der Regel keine Mittagspause und sind meist auch samstags von 8 bis 12 Uhr geöffnet. Abweichungen sind in den einzelnen Auflistungen genannt.

POST

Postsendungen, die von der Correos de Nicaragua befördert werden, kommen überraschend verlässlich an, wenn man bedenkt, dass es keine echten Adressen gibt. Luftpostbriefe in die USA und nach Europa kosten 15/20 C$ und sind mindestens eine Woche unterwegs. Man kann sich in jedes Postamt postlagernde Sendungen schicken lassen. Die Adresse lautet: (eigener Name), Lista de Correo, Correo Central, (*Name der Ortschaft*), Nicaragua. Zur Abholung den Pass mitbringen.

RECHTSFRAGEN

Die meisten Polizisten in Nicaragua sind professionell und umgänglich, es gibt aber eine beträchtliche Korruption.

Illegale Drogen sind unbedingt zu meiden, auch wenn einige Einheimische sie offen benutzen. Die hiesigen Gesetze machen kaum einen Unterschied zwischen dem Drogenbesitz zum persönlichen Gebrauch und dem Handel mit Drogen.

Falls man als Fahrer in einen Autounfall verwickelt wird, das Fahrzeug an Ort und Stelle lassen, selbst wenn es den Verkehr blockiert, bis die Verkehrspolizei eintrifft. Falls bei dem Unfall jemand verletzt wurde, hat die Polizei das Recht, alle beteiligten Fahrer bis zur Klärung des Unfallhergangs zu verhaften. In diesem Fall sollte man sofort seine Botschaft anrufen, da man möglicherweise einen Rechtsanwalt einschalten muss.

REISEN MIT BEHINDERUNG

Für Traveller mit Mobilitätseinschränkungen ist bei Reisen in Nicaragua sorgfältige Planung notwendig. Bürgersteige fehlen oder sind schmal und uneben; auch die klapprigen Fahrzeuge des öffentlichen Nahverkehrs sind ein größeres Problem. Außer in den Hotels der Business-Klasse in Managua sind die Unterkünfte kaum oder gar nicht auf Menschen mit Mobilitätseinschränkungen eingerichtet, und behindertengerechte Toiletten sind nur sehr spärlich zu finden. Dafür sind die Nicaraguaner aber schnell bereit, zu helfen und überraschende Lösungen für all die Schwierigkeiten zu finden, die unterwegs bestimmt auftreten.

SCHWULE & LESBEN

Einverständiger gleichgeschlechtlicher Sex steht in Nicaragua nicht mehr unter Strafe, aber in manchen Bereichen der Gesellschaft bestehen insbesondere in der älteren Generation weiterhin Vorurteile. Schwule und lesbische Traveller werden auf den Straßen kaum Probleme haben, eher schon mit konservativen Hotelbetreibern.

Infos zur schwulen Community in Nicaragua findet man bei **Cepresi** (☎ 2270-7449; www.cepresi.org.ni), einer Gruppe, die sich für die Rechte von Schwulen und Lesben einsetzt. Die größten Schwulenszenen gibt's in Granada und Managua.

SPRACHE

Das spanische Vokabular in Lateinamerika kennt viele regionale Varianten. Wer mit seiner Kenntnis des regionalen Slangs protzen will, kann etwa folgende Wörter benutzen:

bacanal – Party
Chele – ein Weißer/eine Weiße
chunche - Ding, kleine Sache
Nicas – die Nicaraguaner
palmado - pleite
tuani – cool
tuanis – stimmt genau

TELEFON

Gebietsvorwahlen gibt's innerhalb Nicaraguas nicht. Um aus dem Ausland in Nicaragua anzurufen, die internationale Vorwahl (☎ 505) und dann die Rufnummer des Teilnehmers wählen.

Auslandsgespräche führt man am besten aus den speziellen Telefonläden, in denen ein Gespräch in die USA rund 2 C$ und ein Gespräch nach Europa rund 4 C$ pro Minute kostet. Internetcafés sind in der Regel etwas preiswerter, aber die Verbindungen können hier schlecht sein.

Rund um Managua sind auch ein paar Münzfernsprecher zu finden, aber die sind meistens kaputt. Ortsgespräche führt man bequemer von *pulperías* aus, in denen man in der Regel 5 C$ pro Minute zahlt.

Handys haben sich in Nicaragua stark verbreitet. Es gibt zwei Netze, Claro und Movistar, mit ähnlicher Abdeckung und ähnlichen Preisen. Ein einfaches Handy kostet rund 15 US$, eine Prepaid-SIM-Karte gibt's für 5 US$.

TOURISTENINFORMATION

Die Tourismusbehörde **Intur** (www.intur.gob.ni) unterhält Büros in fast jeder größeren Stadt. Dort findet man in der Regel viele Broschüren und mit etwas Glück auch eine Landkarte oder einen Stadtplan. Einige dieser Büros sind hervorragend und bieten detaillierte Informationen zu Hotels, Verkehrsmitteln und örtlichen Führern, in den meisten sitzen allerdings Beamte herum, die sich kaum wirklich für die örtlichen Sehenswürdigkeiten interessieren. Backpackerhostels, die vielfach auch Informationszentren haben, sind eine bessere Quelle für praktische Informationen.

Das Umweltschutzministerium **Marena** (www.marena.gob.ni) unterhält ebenfalls überall im Land Büros, die Infos zu Nationalparks geben und manchmal sogar einen örtlichen Führer vermitteln können.

In kleinen Städten ist häufig die örtliche *alcalía,* die Bürgermeisterei, der beste Ort, um etwas über nahegelegene Sehenswürdigkeit zu erfahren.

UNTERKUNFT

Die meisten Budgetunterkünfte sind von Familien geführte *hospedajes*. Der übliche Preis liegt zwischen 4 und 8 US$ für ein minimal möbliertes Zimmer mit Ventilator und Gemeinschaftstoilette. Ein Zimmer mit eigenem Bad kostet zwischen 8 und 12 US$. Alleinreisende müssen oft den gleichen Preis zahlen wie zwei Personen. Wenn man zwischen 12 und 18 US$ pro Person bezahlt, hat man entschieden mehr Platz und Komfort – Unterkünfte in dieser Preisklasse sind reichlich vorhanden. Will man noch eine Klimaanlage haben, zahlt man in der Regel das Doppelte. In besonders beliebten Reisezielen, vor allem in Granada und San Juan del Sur, können die Preise entschieden höher sein. Jedoch gibt's dort eine wachsende Zahl von Hostels, von denen einige recht luxuriös sind und in denen man Betten für 6 bis 10 US$ pro Person bekommt.

Generell gibt es in Nicaragua keine ausgeprägten saisonalen Preisunterschiede, wenn aber alles leer ist, kann man probieren, einen Rabatt auszuhandeln. Nur rund um lokale Feiertage steigen für ungefähr eine Woche die Preise in den wichtigen Touristenzielen exorbitant an.

VERANTWORTUNGSBEWUSSTES REISEN

Der Tourismus ist in Nicaragua noch eine relativ junge Branche, und das Verhalten der heutigen Besucher wird ihre künftige Entwicklung wesentlich mitbestimmen.

Man sollte kommunale Tourismusprojekte unterstützen, die ihre Wurzeln meist in Genossenschaften haben, die während der Revolution gegründet wurden. Solche Projekte verschaffen vielen Familien, und nicht nur wohlhabenden Einzelpersonen, ein Einkommen.

Nicaraguas Wälder sind vom weiteren Vordringen der landwirtschaftlichen Nutzflächen bedroht. Wenn möglich sollte man während seines Nicaragua-Aufenthalts wenigstens einen Nationalpark besuchen und an einer geführten Tour teilnehmen. Die erzielten Einkünfte sind lebenswichtig für den langfristigen Schutz dieser kostbaren Ressourcen.

Auch beim Essen Augen auf! Dass Schildkrötenfleisch oder -eier nicht gegessen werden sollen, steht ja außer Frage. Aber auch bei Meeresfrüchten sollte man kritisch sein, vor allem bei Hummern, und keine essen, die zu klein sind oder außerhalb der Fangsaison angeboten werden. Wenn möglich Obst und Gemüse auf den Märkten und nicht im Supermarkt kaufen – so kann man sicher sein, dass mehr Geld bei den Bauern ankommt.

Örtliches Kunsthandwerk eignet sich prima als Souvenir, man muss aber Produkte vermeiden, die aus bedrohten Arten oder aus Korallen hergestellt sind. Derartige Produkte werden vor allem an der Atlantikküste angeboten. In Nicaragua produzierte Zigarren können ausgezeichnet sein, auf die Löhne und die Arbeitsbedingungen in vielen Fabriken trifft das aber überhaupt nicht zu. Am besten eine Werksbesichtigung mitmachen und direkt beim Hersteller kaufen, um keinen Betrieb zu unterstützen, der seine Mitarbeiter ausbeutet.

VISA

EU-Bürger und Schweizer Staatsbürger brauchen für Nicaragua kein Visum, sofern sie einen Reisepass besitzen, der noch mindestens sechs Monate gültig ist. Die Einreisegebühr beträgt 5 US$ und berechtigt zu einem 90-tägigen Aufenthalt.

Wenn man über die Landgrenzen einreist, ist zu beachten, dass Nicaragua mit Honduras, El Salvador und Guatemala der CA-4-Vereinbarung mit gemeinsamen Grenzkontrollen angehört. Offiziell dürfen sich Traveller nur maximal 90 Tage in der ganzen CA-4-Zone aufhalten, und der Pass wird auch nur bei der Einreise in das erste dieser Länder abgestempelt. Eine Verlängerung um weitere 90 Tage ist bei der Einreisebehörde in Managua (S. 516) möglich, danach muss man die CA-4-Länder für mindestens 72 Stunden vor einer erneuten Einreise verlassen – die meisten fahren dazu nach Costa Rica. Bei einer Flugreise von einem CA-4-Land in ein anderes, erhält man allerdings oft einen neuen 90-Tage-Einreisevermerk – darauf verlassen kann man sich aber nicht.

Aktuelle Visainformationen findet man unter www.www.lonelyplanet.de.

Costa Rica

Wenn Costa Rica erwähnt wird, haben die meisten ein Paradies vor Augen. Die Tierwelt – von Brüllaffen bis Tukanen – wirkt disneymäßig, ist üppig vertreten und zeigt sich auch. Die Wellen sind spitze, die Schönheit des Landes ist berauschend und das gemächliche Tempo hier verführerisch. Als friedliche Oase inmitten einer Region im Aufruhr empfängt das Land jährlich 1,5 Mio. Besucher. Was man hier tun kann? Eigentlich müsste man fragen, was nicht: Aktive können hier z. B. surfen, wandern, schnorcheln und Wildtiere beobachten. Die Topografie ermöglicht es, an einem Tag durch Nebelwald zu streifen, am nächsten einen Vulkan zu besteigen und am dritten am Strand abzuhängen. Adrenalinjunkies können sich austoben – ob an Seilrutschen über dem Blätterdach oder beim Surfen im Pazifik.

Natürlich hat der Run auf dieses Paradies auch Konsequenzen. Heute kann man hier zwar schick, aber nicht mehr so billig Urlaub machen, aus klassischen Reisezielen sind überfüllte geworden, und die hiesige Kultur ist oft verschwunden. Die Natur mag einiges einstecken müssen – aber Costa-Rica-Fans, von Umweltschützern bis hin zu Ticos – sind wachsam und protestieren, falls es nötig wird.

KURZINFOS

- **Bevölkerung** 4,5 Mio.
- **Fläche** 51 100 km²
- **Geld** 1 US$ = 520 CRC (Colón) = 0,73 €, US-Dollar werden weithin akzeptiert
- **Hauptstadt** San José
- **Jahreszeiten** Trockenzeit (Dez.–April), Regenzeit (Mai–Nov.)
- **Landesvorwahl** ☎ 506
- **Preise** Bett im Schlafsaal 7,28 €, Bier 1,09 €/Flasche, Busfahrt 2,91 €/3 Std.
- **Reisekosten** 25,50–36,40 €/Tag
- **Sprachen** Spanisch, an der Karibikküste auch Englisch
- **Zeit** MEZ –7 Std., keine Sommerzeit

TIPPS FÜR UNTERWEGS

Wer zunächst einen Guide engagiert, erfährt, wonach er Ausschau halten sollte, wenn er auf eigene Faust unterwegs ist. Am günstigsten isst man bei *sodas* (Mittagstheken), die Frisches anbieten.

VON LAND ZU LAND

Auf dem Landweg kann man von Nicaragua (Peñas Blancas, Los Chiles) und Panama (Sixaola, Paso Canoas) aus einreisen. Die Visaformalitäten müssen im Voraus geklärt werden.

HIGHLIGHTS

- **Parque Nacional Tortuguero** (S. 629) Mitten unter Brüllaffen, Faultieren, Krokodilen, Schildkröten und Manatis in einem Wirrwarr von Kanälen herumpaddeln.
- **Puerto Viejo de Talamanca** (S. 638) Sich dem Reggae-Rhythmus hingeben und die raue Brandung in diesem Strandort am Karibischen Meer genießen.
- **Montezuma** (S. 670) Der verführerischen Ruhe dieses absolut entspannten Strandorts am Pazifik verfallen.
- **Parque Nacional Chirripó** (S. 688) Costa Ricas höchsten Gipfel (3820 m) bezwingen – der Blick reicht vom Atlantik bis zum Pazifik.
- **Monteverde** (S. 644) Bei einer nächtlichen Tour im Nebelwald Zweifingerfaultiere und Taranteln beobachten.
- **Abseits der ausgetretenen Pfade** (S. 692) Sich den Weg durch den unberührten Regenwald des Parque Nacional Corcovado bahnen, der vor Leben nur so strotzt.

AKTUELLE ENTWICKLUNGEN

Der starke Zustrom von Auswanderern, Rentnern aus den USA und ausländischen Touristen lässt die Immobilienpreise steigen und fördert teure, auf diesen neuen Markt ausgerichtete Waren und Dienstleistungen. Ausländer sorgen zwar für die dringend benötigten Investitionen, zugleich aber treiben sie die Grundstückspreise in die Höhe – Einheimische, die knapp bei Kasse sind, haben da das Nachsehen.

Es ist also nicht verwunderlich, dass die Vorstellung, den USA ausgeliefert zu sein, einige Ticos (Costa Ricaner) schreckt. Diese Angst war der Hauptgrund für den Widerstand gegen das kürzlich verabschiedete Zentralamerikanische Freihandelsabkommen (Central American Free Trade Agreement, CAFTA, bzw. Tratado de Libre Comercio, TLC). Dessen Hauptbefürworter, der ehemalige Präsident Oscar Arias Sánchez, strich die wirtschaftlichen Vorteile heraus und erklärte, durch den verbesserten Zugang zu den US-Märkten entstünden Tausende neue Arbeitsplätze. Die Kritiker argumentierten – allerdings erfolglos –, dass die Kleinbauern und die heimische Industrie Costa Ricas zu den Verlierern zählen würden, weil sie mit der erwarteten Flut billiger US-Produkte nicht würden konkurrieren können.

Die wirtschaftliche und kulturelle Ausrichtung Costa Ricas auf die USA sind im heutigen Zentralamerika einzigartig. Während die meisten lateinamerikanischen Staaten sich von den USA abgewandt und linksgerichtete Regierungen gewählt haben, setzt Costa Rica weiterhin auf die strategische Allianz mit Washington. Die Präsidentschaftswahlen von 2010, aus denen Arias' frühere Vizepräsidentin Laura Chinchilla als Siegerin hervorging, waren ein Referendum für die Mitte-Rechts-Politik der regierenden sozialdemokratischen Partido Liberación Nacional (PLN).

GESCHICHTE

Die verlorene Zivilisation

Costa Ricas Regenwälder sind seit 10 000 Jahren von Menschen bewohnt. Die Region war lange ein Knotenpunkt für die indigenen Kulturen Amerikas. Vor 500 Jahren, am Vorabend der Entdeckung durch die Europäer, lebten nicht weniger als 400 000 Menschen im heutigen Costa Rica.

Im Valle Central wohnten rund 20 kleine Stämme, an deren Spitze Häuptlinge standen. Der *cacique* (Häuptling) gebot über eine hierarchisch gegliederte Gemeinde, zu der Schamanen, Krieger, Arbeiter und Sklaven gehörten. Im Osten beherrschten die kriegerischen Kariben das Tiefland an der Atlantikküste. Als geübte Seefahrer betrieben sie Handel mit dem südamerikanischen Festland. Die indigenen Stämme, die im Nordwesten siedelten, bauten Mais an und standen in Kontakt zu den großen mesoamerikanischen Kulturen. Auf der Península de Nicoya finden sich Zeugnisse aztekischer Religionspraktiken und von Jade und Kunsthandwerk der Maya, während Quetzalfedern und goldener Schmuck aus Costa Rica in Mexiko gefunden wurden. Die drei Fürstentümer im Südwesten Costa Ricas standen unter dem Einfluss indigener Andenkulturen, hier waren Cocablätter, Yuccas und Süßkartoffeln verbreitet.

Kolumbus' Erben

Auf seiner vierten und letzten Reise in die Neue Welt (1502) musste Christoph Kolumbus in der Gegend des heutigen Puerto Limón vor Anker gehen, nachdem ein Hurrikan sein Schiff beschädigt hatte. Während das Schiff ausgebessert wurde, drang Kolumbus in den üppigen Urwald vor und tauschte mit freundlichen Einheimischen Geschenke aus. Nach dem Zusammentreffen behauptete er, „in zwei Tagen mehr Gold gesehen zu haben als in vier Jahren in Spanien". Um die reiche Beute nicht zu verlieren, beanspruchte er von der spanischen Krone die Einsetzung als Gouverneur. Doch bei seiner Rückkehr nach Sevilla lag Königin Isabella, seine Gönnerin, auf dem Totenbett, und König Ferdinand sprach das begehrte Amt jemand anderem zu. Kolumbus kehrte nicht mehr in die Neue Welt zurück, sondern starb 1506, zermürbt von Krankheiten und den Intrigen bei Hofe.

Zur Enttäuschung der Konquistadoren, die sein Erbe antraten, erwies sich die Region allerdings gar nicht als besonders goldhaltig, und auch die Einwohner gaben sich nicht besonders sanftmütig. Die gefährlichen Sümpfe, Vulkangipfel und undurchdringlichen Urwälder ließen Kolumbus' Paradies eher wie eine Hölle erscheinen. Nachdem Balboa 1513 die Meerenge von Panama durchquert hatte, besaßen die Spanier einen Landekopf im Westen, von dem aus sie Costa Rica angreifen konnten, und wandten sich gegen die indigenen Völker, die nahe dem Golfo de Nicoya lebten. Für beide Seiten unbekannte Krankheitserreger verursachten Seuchen bei den Indigenas wie den Spaniern. Da es in Costa Rica an Bodenschätzen und einer größeren Zahl einheimischer Arbeitskräfte mangelte, galt die Region bald als die ärmste und elendste in ganz Amerika.

Erst 1560 gründeten die Spanier mit Cartago eine Kolonie im Land. Die kleine Siedlergemeinde bestellte den reichen Vulkanboden des Valle Central.

Sonntag im Valle Central

Zentralamerika bildete eine Kolonie mit schwach ausgeprägter Verwaltung. Die politisch-militärische Zentrale befand sich in Guatemala, der nächste Bischof residierte in Nicaragua. Da Costa Rica weder ausbeutbare Bodenschätze noch strategische Bedeutung besaß, wurde es zu einem kleinen provinziellen Vorposten.

Costa Ricas Kolonialgeschichte unterschied sich beträchtlich von dem sonst in den spanischen Kolonien herrschenden Muster, weil sich hier niemals eine mächtige Großgrundbesitzerelite und eine auf Sklavenausbeutung beruhende Wirtschaft entwickeln konnte. Statt großer Grundbesitze, Bergwerke und Küstenstädte entstanden nur kleinere Bauerndörfer im Binnenland des Valle Central. Die Bauern arbeiteten sechs Tage pro Woche hart, die Sonntage aber waren ausschließlich dem Gebet und der Ruhe gewidmet. Es gab zwar mehrere miteinander verwandte Familien, die ihre Abstammung auf die Gründer der Kolonie zurückführten, aber jeder konnte durch Landwirtschaft und Handel zu einem gewissen Wohlstand kommen. In der nationalen Geschichtsschreibung wird diese vergleichsweise egalitäre Gesellschaft als „bäuerliche Demokratie" verherrlicht.

Das Leben in der Kolonie basierte auf der Landwirtschaft. Als Grundnahrungsmittel wurden Mais, Bohnen und Kochbananen angebaut, für den Export produzierte man Zucker, Kakao und Tabak. Doch Angriffe durch indigene Gruppen und Piraten hielten die Siedler in Atem. Als Cartago 1723 beim Ausbruch des Volcán Irazú dem Erdboden gleich gemacht wurde, gründeten die Siedler neue Gemeinden in Heredia, San José und Alajuela. Zum Ausgang des 18. Jhs. war die Bevölkerung auf über 50 000 Menschen angewachsen.

Während die spanische Besiedlung sich ausdehnte, schrumpfte die einheimische Bevölkerung. War sie zu Zeiten von Kolumbus noch 400 000 Menschen groß, waren 100 Jahre später nur noch 20 000 und weitere 100 Jahre später nur noch 8000 Indigenas übrig. Krankheiten waren die Hauptursache des dramatischen Bevölkerungsrückgangs, aber auch die rücksichtslose Ausbeutung als Sklavenarbeiter durch die spanischen Herren. Außerhalb des Tals konnten mehrere Stämme im Schutz des Regenwalds länger überleben und wagten sogar gelegentliche Überfälle, doch auch sie wurden schließlich in Feldzügen geschlagen.

Der Kampf um die Unabhängigkeit

Im Jahr 1821 erlangten die spanischen Kolonien die endgültige Unabhängigkeit vom Mutterland. Zunächst bestand die Frage, ob die befreiten Kolonien einen einheitlichen Staat bilden oder eigene Wege gehen sollten. Aber der neu geschaffenen Zentralamerikanischen Konföderation (Confederación de Centroamérica) fehlte es an Gewaltenteilung, einem geordneten Steuerwesen und der Möglichkeit zur Selbstverteidigung. Costa Rica schied formell 1838 aus diesem Staatenverbund aus.

Ein unabhängiges Costa Rica begann schon zuvor unter Juan Mora Fernández, dem ersten Präsidenten (1824-1833), Gestalt anzunehmen. 1824 spaltete sich die Provinz Nicoya-Guanacaste von Nicaragua ab und schloss sich dem ruhigeren südlichen Nachbarstaat an. Damit hatten die territorialen Grenzen ihren heutigen Zustand erreicht. 1852 nahmen die USA und Großbritannien als erste diplomatische Kontakte mit Costa Rica auf.

Mit dem Niedergang des einen Imperiums erlebte ein neues seinen Aufstieg. Im 19. Jh. expandierten die USA, und das ehemalige Spanisch-Amerika schien eine leichte Beute zu sein. 1856 landete der Glücksritter William Walker in Nicaragua mit der Absicht, ganz Zentralamerika zu erobern, die Sklaverei wieder einzuführen und einen Kanal vom Atlantik zum Pazifik zu bauen. Als Walker nach Costa Rica einmarschierte, stellte sich eine hastig mobilisierte Freiwilligenarmee aus 9000 Zivilisten den Yankee-Söldnern bei Santa Rosa entgegen und trieb sie nach Nicaragua zurück. Bei der Schlacht kam ein junger Trommler aus Alajuela namens Juan Santamaría ums Leben, als er das Feuer auf Walkers Stellung eröffnete. Die Schlacht wurde zu einer nationalen Legende, und der junge Santamaría zu einem Nationalhelden (nach dem u. a. ein Flughafen benannt ist). Ein Denkmal für die Schlacht befindet sich im Parque Nacional in San José.

Kaffee Rica

Im 19. Jh. machte die Einführung der koffeinhaltigen Bohne das verarmte Costa Rica zum wohlhabendsten Land in der Region.

Als ein Exportmarkt entstand, förderte die Regierung den Kaffeeanbau, indem sie den Bauern kostenlos Setzlinge zur Verfügung stellte. In den 1840er-Jahren erweiterten die einheimischen Kaufleute ihren Markt in Übersee, indem sie den Kapitän der *HMS Monarch* überredeten, mehrere hundert Sack costa-ricanischen Kaffee nach London zu transportieren; das war der Beginn einer wunderbaren Freundschaft.

Die Kinder der 1840er-Jahre lernten mit einem Text lesen, dessen erste Worte lauteten: „Kaffee ist gut für mich. Ich trinke jeden Morgen Kaffee". Die schnelle Zubereitung machte das Getränk bei den Industriearbeitern im Norden beliebt. Geschäftstüchtige deutsche Einwanderer sorgten für technische und rationalisierende Verbesserungen des Kaffeegeschäfts. Am Ende des Jahrhunderts wurde auf mehr als einem Drittel der Fläche des Valle Central Kaffee angebaut; der Kaffee erbrachte mehr als 90 % der Exporterlöse Costa Ricas.

Die Kaffeeindustrie entwickelte sich in Costa Rica anders als im übrigen Zentralamerika. Die Wirtschaft beruhte auf einem umfangreichen Netz von Großhändlern und kleinen Kaffeebauern, während es in den anderen Ländern Zentralamerikas eine kleine Schicht von Großgrundbesitzern gab, die ihre Ländereien von Landarbeitern bewirtschaften ließen. Da aber drei Viertel der Kaffeebarone aus nur zwei alten Kolonialfamilien stammten, wurden die wirtschaftlichen Interessen dieser Schicht zu einem bestimmenden Element in der Politik des Landes. Heute gibt es in Costa Rica schätzungsweise 130 000 Kaffeefarmen.

Der Bananenboom

Der Kaffeehandel löste nebenbei auch Costa Ricas nächsten Exportboom aus: den um die Banane. Um den Kaffee auf die Weltmärkte zu bringen, bedurfte es einer Bahnlinie aus dem zentralen Hochland zur Küste, zum ideal gelegenen Hochseehafen Puerto Limón. Das Hinterland bestand jedoch aus dichtem Urwald und gefährlichen Sümpfen. Die Regierung übertrug den Eisenbahnbau Minor Keith, dem Neffen eines US-amerikanischen Eisenbahntycoons.

Das Projekt war eine Katastrophe: Malariaepidemien und Unfälle sorgten dafür, dass ständig neue Arbeiter rekrutiert werden mussten. An die Stelle angeworbener einheimischer Kräfte traten US-Sträflinge, chinesische Kulis, die in Schuldknechtschaft gehalten wurden, und schließlich ehemalige Sklaven aus Jamaika. Die beiden Brüder von Keith starben in den aufreibenden ersten zehn Jahren des Eisenbahnbaus, in denen 100 km Schienen verlegt wurden. Die Regierung geriet in Zahlungsverzug, und die Baukosten sprengten das Budget. Um Keith einen Anreiz zur Weiterführung des Projekts zu geben, übereignete ihm die Regierung 3240 km^2 Land entlang der Strecke und verpachtete ihm die Betriebsrechte der Bahn auf 99 Jahre. 1890

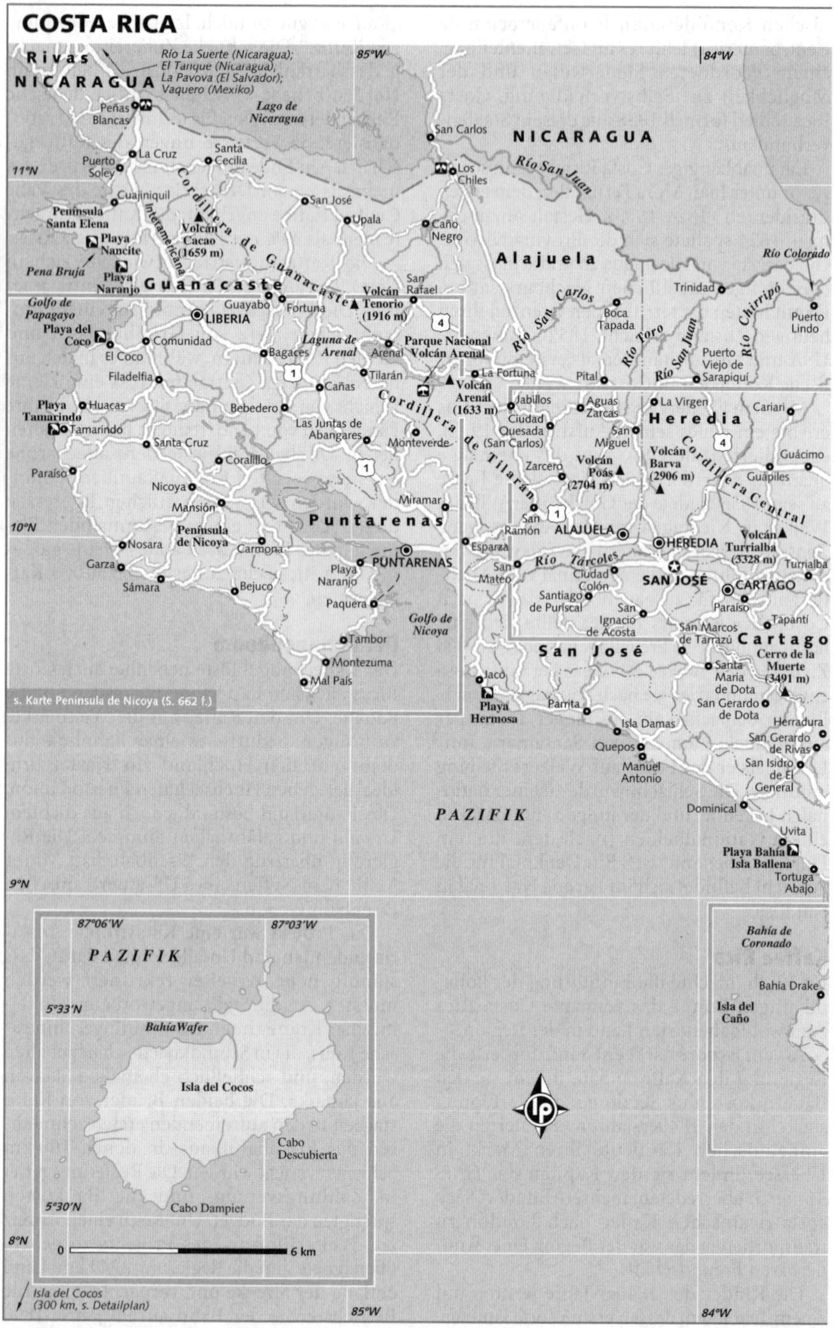
COSTA RICA
Rivas
NICARAGUA
Río La Suerte (Nicaragua); El Tanque (Nicaragua), La Pavova (El Salvador); Vaquero (Mexiko)
85°W
84°W
Peñas Blancas
Lago de Nicaragua
San Carlos
NICARAGUA
La Cruz
Santa Cecilia
Puerto Soley
11°N
Los Chiles
Río San Juan
Cuajiniquil
San José
Península Santa Elena
Cordillera de Guanacaste
Interamericana
Volcán Cacao (1659 m)
Upala
Caño Negro
Playa Nancite
Pena Bruja
Playa Naranjo
Guanacaste
Alajuela
Río Colorado
Volcán Tenorio (1916 m)
San Rafael
Trinidad
Golfo de Papagayo
Guayabo
Fortuna
Río San Carlos
Boca Tapada
Río Chirripó
Puerto Lindo
LIBERIA
Playa del Coco
Comunidad
El Coco
Laguna de Arenal
Arenal
Parque Nacional Volcán Arenal
Río Toro
Río San Juan
Puerto Viejo de Sarapiquí
Río
Bagaces
Filadelfia
Tilarán
La Fortuna
Pital
Cañas
Volcán Arenal (1633 m)
Playa Tamarindo
Huacas
Tamarindo
Bebedero
Cordillera de Tilarán
Jabillos
Aguas Zarcas
La Virgen
Cariari
Heredia
Las Juntas de Abangares
Ciudad Quesada (San Carlos)
San Miguel
Monteverde
Santa Cruz
Volcán Barva (2906 m)
Cordillera Central
Guácimo
Coralillo
Zarcero
Volcán Poás (2704 m)
Guápiles
Paraíso
Nicoya
Miramar
Mansión
San Ramón
Puntarenas
10°N
ALAJUELA
Península de Nicoya
Nosara
Carmona
Esparza
HEREDIA
Volcán Turrialba (3328 m)
PUNTARENAS
Río Tárcoles
Garza
Playa Naranjo
San Mateo
Ciudad Colón
Turrialba
Sámara
Bejuco
SAN JOSÉ
CARTAGO
Santiago de Puriscal
Paquera
San Ignacio de Acosta
Paraíso
Golfo de Nicoya
Tapantí
San Marcos de Tarrazú
Tambor
Cartago
San José
Montezuma
Santa Maria de Dota
Cerro de la Muerte (3491 m)
Mal País
Jacó
s. Karte Península de Nicoya (S. 662 f.)
Playa Hermosa
Parrita
San Gerardo de Dota
Herradura
Isla Damas
Quepos
San Gerardo de Rivas
Manuel Antonio
San Isidro de El General
PAZIFIK
Dominical
Uvita
Playa Bahía Isla Ballena
Tortuga Abajo
9°N
87°06'W
87°03'W
PAZIFIK
Bahía de Coronado
5°33'N
Bahía Wafer
Bahía Drake
Isla del Caño
Isla del Cocos
Cabo Descubierta
5°30'N
Cabo Dampier
8°N
0
6 km
Isla del Cocos (300 km, s. Detailplan)
85°W
84°W

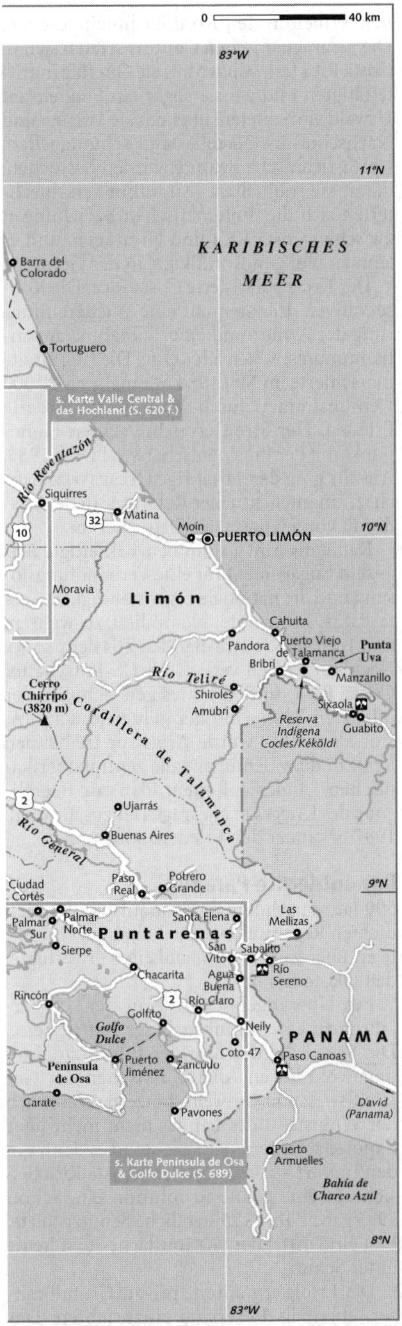

war die Strecke schließlich fertiggestellt und wurde unter Verlust betrieben.

Bananen wurden zunächst als billiges Nahrungsmittel für die Arbeiter an der Strecke angebaut. Im verzweifelten Versuch, seine Investitionen irgendwie zu amortisieren, ließ Keith einige Ladungen der Früchte nach New Orleans verschiffen. Die Kunden reagierten begeistert. *Fincas* (Plantagen) traten im Tiefland an die Stelle der Wälder, und Anfang des 20. Jhs. hatten die Bananen den Kaffee als lukrativsten Exportartikel Costa Ricas abgelöst. Costa Rica war die führende Bananenexportnation geworden, aber die Profite aus diesem Handel wanderten ins Ausland.

Mit einem weiteren US-amerikanischen Importeur gründete Keith die berüchtigte United Fruit Company, die schnell zum größten Arbeitgeber in Zentralamerika wurde. Der von den Einheimischen als *el pulpo* (der Krake) bezeichnete Konzern besaß weite Strecken des fruchtbaren Tieflands und einen großen Teil des Kommunikations- und Transportwesens und befehligte Heerscharen von Angestellten. Das Unternehmen holte eine Welle von Wanderarbeitern aus Jamaika ins Land, welche die demografische Zusammensetzung im Land veränderten – und das löste ethnische Spannungen aus.

1913 wurden viele Plantagen am Karibischen Meer infolge der „Panamakrankheit", einer Pilzerkrankung der Bananenstauden, geschlossen. Die Produktion verlagerte sich an den Pazifik, und schließlich verlor die United Fruit Company auch ihr Bananenmonopol.

Die Demokratie ohne Waffen

Anfangs herrschten in Costa Rican wie im übrigen Zentralamerika Gewalt und Diktatur. Im 19. Jh. kämpften ein paar begünstigte Aristokraten um die Vormacht im Staat. Die Militärs, die Kirche und vor allem die Kaffeebarone waren die wichtigsten politischen Akteure. Präsidenten wurden häufiger durch Revolten gestürzt als in Wahlen abgelöst.

Am Ende des 19. Jhs. erhöhte sich der Anteil der Wahlberechtigten von 2 auf 10 % der erwachsenen männlichen Bevölkerung. Tomás Guardia Guttiérrez, als Oberbefehlshaber der Armee und zweimaliger Präsident der starke Mann Costa Ricas, zwang den Kaffeebaronen höhere Steuern ab, um Sozialreformen zu finanzieren. Zu Beginn des 20. Jhs. verfügte das Land über ein kostenloses öffentliches Schulwesen, einen garantierten Mindestlohn und Gesetze zum Schutz der Kinder. Gruppen, denen das Recht zur Beteiligung versagt blieb, griffen auf das Mittel der Demonstration zurück. So inszenierten 1918 Lehrerinnen und Studenten wirkungsvolle Streiks gegen das despotische Regime des Präsidenten Federico Tinoco Granados und erzwangen seinen Rücktritt.

Ab 1940 schlug Costa Rica einen demokratischeren Weg ein. Der damalige Präsident Rafael Angel Calderón Guardia wandte sich von der herrschenden Elite ab und setzte sich für die Rechte der Arbeiter und der Armen ein. Calderón baute eine mächtige Allianz aus den Arbeitern und der Kirche auf. Auf den konservativen Gegenschlag folgte nach einer umstrittenen Wahl ein Bürgerkrieg, bei dem bewaffnete Arbeiter und die Streitkräfte gegeneinander kämpften und in den schließlich nicaraguanische und US-amerikanische Truppen eingriffen. Nach weniger als zwei Monaten war der Frieden wiederhergestellt. Rund 2000 Menschen waren ums Leben gekommen.

Der Kaffeeproduzent und Sozialdemokrat José Figueres Ferrer wurde Vorsitzender einer provisorischen Junta. Deren neue, 1949 eingeführte Verfassung gab Frauen, Schwarzen, indigenen Gruppen und Chinesen das volle Bürgerrecht. Figueres' zahlreiche Dekrete führten zu einer stärkeren Besteuerung der Wohlhabenden, zur Verstaatlichung der Banken und zum Aufbau eines modernen Wohlfahrtsstaats. Seine außerordentlichste Tat war die Abschaffung der Armee, die er als eine Bedrohung für die Demokratie betrachtete. Mit all diesen Maßnahmen wurden die Grundlagen für die einzigartige waffenlose Demokratie in Costa Rica gelegt.

Der Contra-Konflikt

Allerdings blieb die Souveränität der kleinen Staaten Zentralamerikas immer von den USA, dem übermächtigen Nachbarn im Norden, bedroht. In den USA herrschte eine antikommunistische Hysterie. In den 1970er-Jahren zwangen radikale linksgerichtete Gruppen die Militärdiktaturen in Guatemala, El Salvador und Nicaragua in die Defensive. Als 1979 in Nicaragua das brutale, von den USA unterstützte Somoza-Regime gestürzt wurde, beschloss US-Präsident Ronald Reagan einzugreifen. Der Kalte Krieg erreichte Mittelamerika.

Unter dem starken Druck der USA wurde das politisch gemäßigte Costa Rica gegen seinen Willen in den Konflikt hineingezogen. Die nicaraguanischen Contras setzten sich in Costa Rica fest, von wo aus sie Guerillaangriffe tätigten und wo sie sogar ein Flugfeld im Urwald einrichteten, über das sie Waffen und Nachschub ins Nachbarland schmuggelten. Costa-ricanische Beamte wurden bestochen, damit sie stillhielten. Daraufhin verschlechterten sich die diplomatischen Beziehungen zwischen Costa Rica und Nicaragua, und es kam zu blutigen Konflikten an der Grenze.

Der Krieg polarisierte Costa Rica. Die Konservativen drängten auf eine Wiedereinführung der Armee und eine Teilnahme am antikommunistischen Kreuzzug. Die Gegenseite marschierte im Mai 1984 mit mehr als 20 000 Demonstranten durch San José und forderte Frieden. Der Streit erreichte seinen Höhepunkt mit der Präsidentschaftswahl von 1986. Aus ihr ging der 44-jährige Oscar Arias Sánchez, ein intellektueller Reformer in der Tradition von Figueres, als Sieger hervor.

Kaum ins Amt gekommen, bekräftigte Arias sein Engagement für eine Verhandlungslösung und die nationale Eigenständigkeit Costa Ricas. Er gelobte, Neutralität zu wahren, und warf die Contra-Banden aus dem Land. Nach kurzer Zeit verließ der US-Botschafter Costa Rica, und die hiesigen Schulkinder pflanzten Bäume auf dem Flugfeld der CIA. Vor allem aber wurde Arias zur treibenden Kraft in dem Bemühen, alle zentralamerikanischen Länder auf einen Plan zur Beendigung des Krieges in Nicaragua einzuschwören. 1987 bekam er den Friedensnobelpreis.

Das entdeckte Paradies

500 Jahre nachdem die Konquistadoren den dichten Regenwald verflucht hatten, enthüllte er, über welche Möglichkeiten er verfügte: den Ökotourismus.

Ein Überangebot führte in den 1970er-Jahren zu einem Einbruch der Kaffeepreise. Die Schwäche des Marktes führte zu einer ungewöhnlichen Allianz zwischen der Geschäftswelt und Umweltschützern. Wenn sich der Wohlstand des Landes nicht mehr über Exporte absichern ließ, wie stand es dann um den Import – von Touristen? Costa Rica ließ sich auf eine grüne Revolution ein. Schon 1995 gab es über 125 staatliche Schutzgebiete. Fast ein Drittel der Gesamtfläche steht heute unter Schutz.

Der Erfolg ermunterte private Grundbesitzer, ebenfalls Reservate einzurichten. Das

Vorhaben begann bescheiden: In das Monteverde-Reservat kamen 1975 gerade einmal 500 Touristen, doch 20 Jahre später waren es mehr als 50 000. Durch den Tourismus wurden 1995 mehr als 750 Mio. US$ erwirtschaftet; damit übertraf diese Industrie den Kaffee und die Bananen als Hauptdevisenbringer.

Die aktuelle Situation

Costa Ricas sauberes Image wirkt verlockend, aber ist das Land wirklich die Schweiz Zentralamerikas? Der gewaltige Aufschwung des Tourismus und die explosive Zunahme touristischer Einrichtungen setzen die ökologischen Habitate unter starken Druck – die reinste Ironie, denn schließlich ist die Natur die Hauptattraktion des Landes. Der Markt ist gesättigt mit einer großen Zahl weitgehend unkontrollierter kleiner Hotels und Dienstleister, die alle um ihr Stück des immer stärker zerteilten Kuchens kämpfen. Erschließungen in großem Rahmen stellen eine weitere, vielleicht sogar größere Gefahr dar. Außerdem muss Costa Rica entdecken, dass es schwer ist, auf dem schmalen Grat zwischen Profitstreben und Umweltschutz die Balance zu halten: Nachhaltiger Tourismus ist eine komplizierte Angelegenheit. Und überdies müssen sich die Gemeinden auch mit hässlichen Seiten des Tourismusbooms, z. B. mit der grassierenden Kinderprostitution und dem Drogenmissbrauch, auseinandersetzen.

Die wirtschaftliche Veränderung bringt gesellschaftlichen Wandel mit sich. Das allgegenwärtige Essen Reis mit Bohnen wird durch US-amerikanisches Fastfood verdrängt – der „Hamburger-Effekt". Auch die häusliche Lage ändert sich: Die Scheidungsraten wachsen, die Familien werden kleiner. Jobs im Tourismus- und Dienstleistungssektor führen dazu, dass mehr Frauen eine Arbeit aufnehmen. Die Zahl der Costa Ricaner mit besserer Ausbildung wächst, auf den Kaffeeplantagen arbeiten dagegen Wanderarbeiter aus Nicaragua. Sehr oft werden die Einwanderer, ob zu Recht oder zu Unrecht, für das Wachstum der Kriminalität verantwortlich gemacht, was die ohnehin schon vorhandenen Feindseligkeiten zwischen „Nicas" und „Ticos" verstärkt.

Weil das Land vielfältiger und kosmopolitischer wird, sieht es sich wachsenden Spannungen und unvermeidlichen Problemen ausgesetzt. Anders als Arias ist die neue Präsidentin Chinchilla in gesellschaftlichen Fragen eine überzeugte Konservative, die Abtreibungen, die Pille danach und gleichgeschlechtliche Partnerschaften ablehnt. In deutlicher Abkehr von ihrem politischen Mentor will sie sich auch der Abschaffung des Katholizismus als Staatsreligion und der Umwandelung Costa Ricas in einen säkularen Staat widersetzen.

KULTUR

Mentalität

Die Einwohner Costa Ricas definieren ihr Land gerne über die Unterschiede zu den Nachbarländern. Verglichen mit seinen zentralamerikanischen Nachbarn leidet das Land nicht unter Armut, Analphabetismus und politischer Instabilität. Costa Rica ist eine Oase des Friedens in einer von kriegerischen Auseinandersetzungen zerrütteten Gegend der Welt. Um den Frieden zu bewahren, werden Konflikte um jeden Preis vermieden. Die Menschen sagen „ja" und meinen „nein", sie sagen „vielleicht" statt: „Ich weiß es nicht". Auf gute Manieren wird hier übergroßer Wert gelegt, weil man unter allen Umständen *quear bien* (einen guten Eindruck machen) möchte. Kaum jemals wird sich ein Tico auf ein hitziges Wortgefecht einlassen. Das Klischee von der Freundlichkeit der Costa Ricaner trifft weitgehend zu, aber es ist schwer, Höflichkeit von echter Sympathie zu unterscheiden.

Lebensstil

Dank des lang anhaltenden Friedens, der starken Exporte und eines noch stärkeren Tourismus genießen die Einwohner Costa Ricas den höchsten Lebensstandard in Zentralamerika. Es herrscht Schulpflicht, und der Besuch der Grundschule ist kostenlos. Alle Einwohner haben Zugang zum kostenlosen – wenn auch überlasteten – Gesundheitssystem. Zwar leben 23 % der Bevölkerung unter der Armutsgrenze, aber man findet kaum Bettler, und drastische Armut wird fast nirgendwo offen gezeigt. Die Familien haben durchschnittlich 2,4 Kinder, und den Jugendlichen bleibt viel Zeit, sich um Verabredungen, Musik, Mode und *fútbol* zu kümmern.

Bevölkerung

Die Costa Ricaner bezeichnen sich als Ticos (Männer; Gruppen aus Männern und Frauen) bzw. Ticas (Frauen). Spanisch ist die vorherrschende Sprache im Land. Zwei Drittel der

4,5 Mio. Einwohner leben in der Meseta Central, der Zentralebene, auf einer Höhe zwischen 1000 und 1500 m.

Die meisten Einwohner sind *mestizos* (Menschen mit spanisch-indigener Abkunft). Indigene Volksgruppen stellen nur 1 % der Bevölkerung; zu ihnen gehören die Bribrí aus der Cordillera de Talamanca im Südosten und die Boruca von der südlichen Pazifikküste.

Weniger als 3 % der Bevölkerung sind Schwarze. Sie leben hauptsächlich an der Karibikküste. Sie sprechen Englisch, Spanisch und eine auf dem Englischen basierende Kreolsprache und führen ihre Wurzeln auf Einwanderer zurück, die im späten 19. Jh. aus Jamaika als Arbeiter für den Eisenbahnbau und als Bananenpflücker ins Land kamen. Auch Chinesen (1 % der Bevölkerung) kamen zunächst als Arbeiter beim Bahnbau, doch auch später gab es Einwanderungswellen von Asiaten, insbesondere aus Taiwan. Viele der Einwanderer trugen entscheidend zur Gründung der ersten Nationalparks bei.

Die Einwohner Costa Ricas besitzen mit 76 Jahren die höchste Lebenserwartung aller Zentralamerikaner nach den Kubanern. Mehr als 30 % der Menschen sind unter 15 Jahre alt.

RELIGION

Mehr als 75 % der Ticos sind (zumindest theoretisch) Katholiken, 14 % gehören protestantischen Kirchen an. Die Gemeinschaft der Schwarzen an der Karibikküste ist überwiegend protestantisch. Die Verehrung der Jungfrau Maria ist weit verbreitet, aber sonst halten sich nur wenige an die Vorschriften aus Rom – bei der *pura vida* (Keuschheit) macht man schon Zugeständnisse.

KUNST

Indigene Einflüsse spielen in der Kunst des Landes kaum eine Rolle. Bei kulturellen Aktivitäten steht Unterhaltung westlichen Stils im Mittelpunkt. Die meisten Museen gibt es in San José, wo auch eine muntere Theater- und Musikszene existiert. Internationale Rock-, Folk- und Hip-Hop-Stars treten in der Hauptstadt auf, und in den Locations in der Stadt gibt es Livekonzerte aller möglichen musikalischen Stilrichtungen.

NATUR & UMWELT

Geografie

Costa Rica ist mit 51 100 km² kleiner als Bayern, aber größer als die Schweiz. In dem Land zwischen Nicaragua und Panama finden sich einige höchst unterschiedliche Landschaftsformen. An die zerklüftete Westküste prallt ständig die Brandung des Pazifiks; tropisches Tiefland und Sümpfe prägen dagegen die mildere Karibikküste im Osten. Costa Rica liegt in verschiedenen Klimazonen und besitzt eine abwechslungsreiche Topografie mit Mangrovenwäldern, Sümpfen, Sandstränden, zahlreichen Golfen und Halbinseln, tropischen Trocken-, Regen- und Nebelwäldern sowie einer Vielzahl von der Küste vorgelagerten Inseln. Eine Reihe vulkanischer Gebirgsketten, die von Nicaragua im Nordwesten nach Panama im Südosten verlaufen, teilen das Land in zwei Hälften. Das Hochland ragt bis zu 3820 m hoch auf.

> **UMWELTGEFAHR TOURISMUS**
>
> Der Tourismus ist eine heimliche Bedrohung für die Umwelt Costa Ricas. Rund 1,5 Mio. Touristen besuchen alljährlich das Land. In vielen Parks ist die Natur belastet, die touristische Infrastruktur steht unter Hochdruck, und vielerorts geht das Lokalkolorit verloren. Was können Besucher tun?
>
> - In Hotel fragen, was mit Grauwasser passiert. Oft genügt es, sich umzuschauen: Gestank und Röhren, die sich auf die Straße entleeren, verraten einiges.
> - Auf Märkten statt im Supermarkt einkaufen, kleine Unternehmen unterstützen und lokale Führer engagieren.
> - Mit Einheimischen sprechen, herausfinden, welche Schwierigkeiten auftreten und sich so verhalten, dass diese sich nicht vergrößern.
>
> Weitere Ideen hierzu finden sich auf S. 704.

Tiere & Pflanzen

TIERE

Baumsteigerfrösche, Vogelspinnen und Klammeraffen prägen unsere Vorstellungen der tropischen Tierwelt. In Wirklichkeit werden nur wenige Länder diesen kühnen Erwartungen gerecht - und Costa Rica gehört dazu. Das Land ist ein Paradies der Artenvielfalt – hier kommen mehr als 615 Arten auf 10 000 km²; in den USA sind es nur 104.

Vogelbeobachter kommen in Costa Rica voll auf ihre Kosten: Mehr als 850 Arten wur-

NATIONALPARKS & NATURSCHUTZGEBIETE

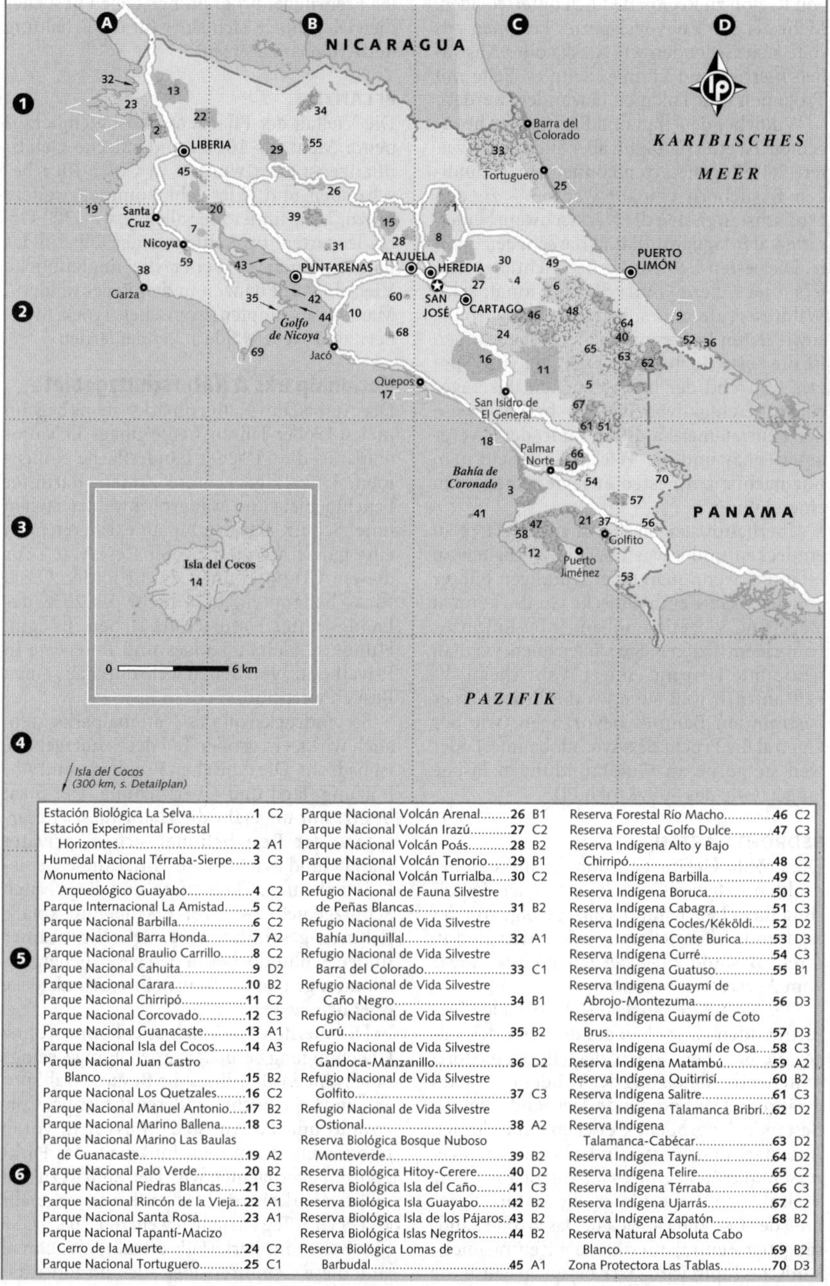

Estación Biológica La Selva	1	C2
Estación Experimental Forestal Horizontes	2	A1
Humedal Nacional Térraba-Sierpe	3	C3
Monumento Nacional Arqueológico Guayabo	4	C2
Parque Internacional La Amistad	5	C2
Parque Nacional Barbilla	6	C2
Parque Nacional Barra Honda	7	A2
Parque Nacional Braulio Carrillo	8	C2
Parque Nacional Cahuita	9	D2
Parque Nacional Carara	10	B2
Parque Nacional Chirripó	11	C2
Parque Nacional Corcovado	12	C3
Parque Nacional Guanacaste	13	A1
Parque Nacional Isla del Cocos	14	A3
Parque Nacional Juan Castro Blanco	15	B2
Parque Nacional Los Quetzales	16	C2
Parque Nacional Manuel Antonio	17	B2
Parque Nacional Marino Ballena	18	C3
Parque Nacional Marino Las Baulas de Guanacaste	19	A2
Parque Nacional Palo Verde	20	B2
Parque Nacional Piedras Blancas	21	C3
Parque Nacional Rincón de la Vieja	22	A1
Parque Nacional Santa Rosa	23	A1
Parque Nacional Tapantí-Macizo Cerro de la Muerte	24	C2
Parque Nacional Tortuguero	25	C1
Parque Nacional Volcán Arenal	26	B1
Parque Nacional Volcán Irazú	27	C2
Parque Nacional Volcán Poás	28	B2
Parque Nacional Volcán Tenorio	29	B1
Parque Nacional Volcán Turrialba	30	C2
Refugio Nacional de Fauna Silvestre de Peñas Blancas	31	B2
Refugio Nacional de Vida Silvestre Bahía Junquillal	32	A1
Refugio Nacional de Vida Silvestre Barra del Colorado	33	C1
Refugio Nacional de Vida Silvestre Caño Negro	34	B1
Refugio Nacional de Vida Silvestre Curú	35	B2
Refugio Nacional de Vida Silvestre Gandoca-Manzanillo	36	D2
Refugio Nacional de Vida Silvestre Golfito	37	C3
Refugio Nacional de Vida Silvestre Ostional	38	A2
Reserva Biológica Bosque Nuboso Monteverde	39	B2
Reserva Biológica Hitoy-Cerere	40	D2
Reserva Biológica Isla del Caño	41	C3
Reserva Biológica Isla Guayabo	42	B2
Reserva Biológica Isla de los Pájaros	43	B2
Reserva Biológica Islas Negritos	44	B2
Reserva Biológica Lomas de Barbudal	45	A1
Reserva Forestal Río Macho	46	C2
Reserva Forestal Golfo Dulce	47	C3
Reserva Indígena Alto y Bajo Chirripó	48	C2
Reserva Indígena Barbilla	49	C2
Reserva Indígena Boruca	50	C3
Reserva Indígena Cabagra	51	C3
Reserva Indígena Cocles/Kéköldi	52	D2
Reserva Indígena Conte Burica	53	D3
Reserva Indígena Curré	54	C3
Reserva Indígena Guatuso	55	B1
Reserva Indígena Guaymí de Abrojo-Montezuma	56	D3
Reserva Indígena Guaymí de Coto Brus	57	D3
Reserva Indígena Guaymí de Osa	58	C3
Reserva Indígena Matambú	59	A2
Reserva Indígena Quitirrisí	60	B2
Reserva Indígena Salitre	61	C3
Reserva Indígena Talamanca Bribrí	62	D2
Reserva Indígena Talamanca-Cabécar	63	D2
Reserva Indígena Tayní	64	D2
Reserva Indígena Telire	65	C2
Reserva Indígena Térraba	66	C3
Reserva Indígena Ujarrás	67	C2
Reserva Indígena Zapatón	68	B2
Reserva Natural Absoluta Cabo Blanco	69	B2
Zona Protectora Las Tablas	70	D3

COSTA RICA

den beobachtet, wobei sich die Populationen von Region zu Region deutlich unterscheiden. Mehr als 200 Zugvogelspezies kommen aus so fernen Gegenden wie Alaska oder Australien hierher und können Seite an Seite mit Trogonen und Tukanen bewundert werden.

Wildlebende Affen und Faultiere zu beobachten, ist ein Highlight, aber auch noch weitere 260 Säugetierarten können von geduldigen Besuchern erspäht werden – zu den exotischsten zählen die Nacktschwanzbeutelratten, der Jaguarundi und die scheuen Tapire. Die besten Gebiete zur Beobachtung wildlebender Tiere sind die Nationalparks, Wildreservate und sonstigen Schutzgebiete sowie deren Pufferzonen. Der frühe Morgen ist die beste Beobachtungszeit, da viele Spezies während der heißesten Zeit des Tages ruhen. Nachtaktiven Spezies – beispielsweise der Zentralamerikanische Tapir, der Zwergameisenbär und der Wickelbär – sieht man nur nachts; am besten engagiert man dazu einen Führer.

Überhaupt steigen die Chancen, Tiere zu entdecken und etwas über ihr Verhalten zu erfahren, wenn man einen kundigen Führer anheuert. Gute einheimische Guides können Vögel und Säugetiere anhand ihrer Rufe bzw. Laute identifizieren. Sie wissen auch, wo man bestimmte Tiere mit einiger Wahrscheinlichkeit antrifft, weil sie etwa die Frucht eines bestimmten Baumes bevorzugen (wie der Quetzal die Frucht des Avocadobaumes) oder weil sie gerne an Flussmündungen Fische fangen (wie das Spitzkrokodil).

BEDROHTE ARTEN

Die größte Gefahr geht für die meisten bedrohten Arten in Costa Rica von der Zerstörung ihres Lebensraums aus, gefolgt von der Jagd und Fallenstellerei. Viele Arten sind in ihrem Bestand zurückgegangen oder sogar vom Aussterben bedroht.

Der legendäre Quetzal steht bei allen Naturfreunden ganz oben auf der Liste der Vögel, die sie sehen wollen, doch durch die fortschreitende Abholzung der Wälder ist er stark gefährdet. Der boomende Tierhandel hat die Bestände der großen, kreischenden Hellroten Aras stark dezimiert. Für die bedrohten Meeresschildkröten gibt es in Costa Rica eine Vielzahl von Programmen, die auf eine Erholung der Bestände abzielen. Das größte Landsäugetier Zentralamerikas, der Zentralamerikanische Tapir, wird stark bejagt, genauso wie der riesige, friedliche Karibik-Manati. In vielen Freiwilligenprogrammen haben Besucher die Gelegenheit, sich aktiv für die Erhaltung der Arten einzusetzen.

PFLANZEN

Die Vielfalt der Pflanzenwelt ist atemberaubend: Mehr als 10 000 endemische Gefäßpflanzenspezies wurden in Costa Rica beschrieben und jedes Jahr kommen weitere hinzu. Man findet hier allein etwa 1300 Orchideenarten! Im Rahmen einer Reise in das Land können Besucher die unglaubliche Vielzahl von Pflanzen in den Regenwäldern, Mangrovensümpfen, tropischen Trockenwäldern und Nebelwäldern kennenlernen.

Nationalparks & Naturschutzgebiete

Der Aufbau des Nationalparksystems begann in den 1960er-Jahren; heute gibt es 35 Nationalparks, die 11 % der Landesfläche einnehmen. Unzählige weitere Zonen, darunter Feuchtgebiete und Mangrovenwälder, stehen unter Schutz. Darüber hinaus existieren noch eine ganze Menge privater Reservate. Aus diesem Grund können die Behörden Costa Ricas behaupten, dass mehr als 25 % des Landes unter Naturschutz stehen. Es gibt Hunderte kleiner Lodges und Reservate in Privatbesitz, von denen viele durchaus einen Besuch wert sind.

So eindrucksvoll das Nationalparksystem auch wirkt, ein großer Teil der Schutzgebiete ist bedroht. Die typischen Probleme sind Abholzung, Jagd und Überfischung. Der Staat besitzt nur ungefähr die Hälfte dieser Reservate – der Rest befindet sich in privater Hand – und es fehlen die Mittel, diese Gebiete aufzukaufen. Theoretisch sind die privaten Schutzgebiete zwar vor Erschließungsmaßnahmen geschützt, aber viele Eigentümer finden Schlupflöcher in den gesetzlichen Bestimmungen und verkaufen ihre Grundstücke oder bebauen sie.

Die meisten Nationalparks können ohne Genehmigung besucht werden. Einige wenige beschränken allerdings die Besucherzahl pro Tag und bei manchen anderen (Chirripó, Corcovado und La Amistad) muss man vorab reservieren, wenn man innerhalb der Parkgrenzen übernachten will. Der Eintritt zu den meisten Parks beträgt für Ausländer ungefähr 10 US$ pro Tag zuzüglich weiteren 2 bis 5 US$ fürs Zelten im Park (falls erlaubt; manchmal sind diese Gebühren aber auch im Eintrittspreis enthalten). Einige der abgelegeneren Parks erheben auch höhere Gebühren.

Umweltprobleme

Trotz des Nationalparksystems stellt die Abholzung die größte Gefahr für die Umwelt Costa Ricas dar. Ursprünglich war Costa Rica fast ganz mit Wäldern bedeckt, von denen die meisten aber Äckern und Weiden weichen mussten. Illegale Abholzungen vergrößern das Problem. Außerhalb der Parks und Reservate bestehen nur noch rund 5 % des Landes aus Wald, und von den Trockenwäldern im Nordwesten ist nur noch 1 % übrig.

Abgesehen von den direkten Folgen – dem Verlust der tropischen Wälder samt der von ihnen abhängigen Tiere und Pflanzen – verursacht die Abholzung direkt oder indirekt weitere schwerwiegende Umweltprobleme. Das größte ist die Bodenerosion. Die Wälder schützen den Boden vor den Auswirkungen der tropischen Gewitter, und nach der Abholzung wird ein großer Teil der Humusschicht abgewaschen, die Fruchtbarkeit des Bodens sinkt und Wassereinzugsgebiete verschlammen. Auf einigen abgeholzten Flächen werden Bananen angebaut, das wichtigste landwirtschaftliche Erzeugnis Costa Ricas, bei dessen Anbau Pestizide und blaue Plastiktüten (zum Schutz der Früchte) zum Einsatz kommen – wiederum zulasten der Umwelt.

Mit der Abholzung und allem, was dazu gehört, ist auch der Bau von Forststraßen in früher unzugängliche Gebiete und damit ein Zustrom von Menschen verbunden. Dadurch ufert die Wilderei aus, vor allem in jenen Nationalparks mit viel Fauna.

In den Nationalparks in abgelegenen Gebieten mangelt es an Rangern und wirksamem Schutz. Andere sind wegen ihrer landschaftlichen Schönheiten und ihrer Tierwelt stark überlaufen. In dem früher idyllischen Parque Nacional Manuel Antonio, einem kleinen Park an der Pazifikküste, ist die Zahl der Besucher von rund 36 000 im Jahr 1982 auf mehr als 150 000 im Jahr 1991 angewachsen. Dieser Andrang drohte das kleine Schutzgebiet zu ruinieren: die Tiere zu vertreiben, die Strände zu verschmutzen und die Wildnis durch Hotelbauten zu verdrängen.

Deshalb wurde die Zahl der Besucher auf 600 pro Tag „begrenzt" und der Montag zum Ruhetag ernannt, um der Natur eine gewisse Erholung zu gönnen. Doch jeder Besucher des Parque Nacional Manuel Antonio kann bestätigen, dass es dort zwar viele Tiere gibt, die Bedingungen aber zu wünschen übrig lassen (u. a. weil viele Besucher die Tiere füttern und diese aggressiv werden).

Costa Ricas Nationalparksystem hat zwar weltweit einen guten Ruf, aber fehlende Mittel, die Besuchermassen und die zuweilen nachlässige Führung sorgen für so einige Probleme in diesem Paradies. Die Einnahmen aus Eintrittsgeldern stützen die regionale und nationale Wirtschaft. Das Land hat deshalb ein starkes Interesse daran, die Schutzgebiete zu erhalten, und die Bürger schätzen das Einkommen und die Jobs, die der Ökotourismus hervorbringt. Trotz allem bleibt die Frage offen, wie der Ökotourismus und die sich immer weiter ausdehnende Landwirtschaft zu einer Koexistenz finden können.

VERKEHRSMITTEL & -WEGE

AN- & WEITERREISE

Nach Costa Rica hinein kommt man in der Regel problemlos. Gebühren oder Steuern werden bei der Einreise nicht erhoben (außer bei der Einreise über Land aus Nordamerika; s. S. 604), allerdings erheben einige costaricanische Ortschaften seit Kurzem eigene Ein- oder Ausreisegebühren (in der Regel 1 US$). Staatsbürger mancher Länder benötigen ein Visum; Visa sind nicht an der Grenze erhältlich – mehr Infos dazu gibt's auf S. 704. Wenn man auf dem Landweg einreist, erhebt möglicherweise das Land, aus dem man Costa Rica ansteuert, eine Ausreisegebühr. Wer nach Costa Rica einreist, benötigt offiziell ein Weiterreiseticket, doch auf dieser Vorschrift wird selten bestanden.

Bus & Schiff

Costa Rica besitzt gemeinsame Grenzen mit Nicaragua und Panama. Viele Traveller reisen per Bus ein, weil die zentralamerikanischen Hauptstädte über ein umfassendes Busnetz miteinander verbunden sind und die Busfahrten erheblich weniger kosten als Flüge.

Es kann zwar etwas teurer werden, wenn man einen Bus nimmt, der die Grenze überquert, statt mit dem einen Bus bis zur Grenze und von dort mit einem anderen weiterzufahren, aber die Ausgabe lohnt sich, weil Direktbusse bequemer und schneller sind und man

AUSREISESTEUER

Für alle Auslandsflüge wird eine Flughafensteuer in Höhe von 26 US$ erhoben, die in US-Dollars oder Colones (auch gemischt möglich) bar zu bezahlen ist. Am Flughafen Juan Santamaría kann man auch mit Kreditkarte zahlen. Die Banco de Costa Rica hat einen Geldautomaten (Plus) gleich neben der Zahlstelle.

normalerweise auch schneller ins jeweils andere Land kommt.

Der am stärksten frequentierte Grenzübergang zwischen Nicaragua und Costa Rica ist Peñas Blancas (s. S. 660) an der Interamericana. Der weiter östlich gelegene Übergang bei Los Chiles (s. S. 653) wird seltener benutzt, ist aber Berichten zufolge ebenfalls leicht zu überqueren. Eine regelmäßig verkehrende Schiffslinie verbindet Los Chiles mit San Carlos am Südostufer des Nicaraguasees.

Der am stärksten frequentierte Übergang nach Panama ist Paso Canoas (s. S. 695) an der Interamericana; hier ist mit längeren Wartezeiten zu rechnen. Am auf der Karibikseite gelegenen Übergang Sixaola (s. S. 643) geht es wesentlich ruhiger zu.

Hinweise zu den Einreiseformalitäten finden sich auf S. 704.

Flugzeug

Costa Rica ist über Fluglinien gut mit mittel- und südamerikanischen Ländern, den USA und Europa verbunden. Die nationale Fluglinie Lacsa (Teil des zentralamerikanischen Fluglinienkonsortiums Grupo TACA) fliegt zahlreiche Orte in den USA und Lateinamerika (auch auf Kuba) an. Der US Federal Aviation Administration zufolge erfüllen die costa-ricanischen Flugbehörden die üblichen Sicherheitsstandards. Während der Hauptsaison (Dez.–Ende April) steigen die Flugpreise.

Der Aeropuerto Internacional Juan Santamaría (S. 618) liegt rund 17 km außerhalb von San José in Alajuela. Auf dem Aeropuerto Internacional Daniel Oduber Quirós (S. 658) in Liberia landen ebenfalls Flieger aus den USA, Kanada und Europa.

UNTERWEGS VOR ORT

Auto & Motorrad

Die Straßenbedingungen sind teils recht gut (auf der Interamericana), teils gerade mal eben erträglich (praktisch alle anderen Straßen). Selbst auf eigentlich guten Strecken muss man mit Erdrutschen, plötzlichen Überschwemmungen und Nebel rechnen. Die meisten Straßen sind einspurig, kurvenreich und haben keinen Standstreifen – andere wiederum sind nur Staub- und Schlammpisten, die über Berge und durch Flüsse führen.

Die Geschwindigkeit ist auf 100 km/h auf Hauptstraßen und 60 km/h oder weniger auf allen anderen Straßen begrenzt. Die Verkehrspolizei kontrolliert die Einhaltung der Geschwindigkeit auch per Radar. Das Anlegen der Sicherheitsgurte ist Pflicht.

Die meisten Autovermietungen gibt es in San José und in beliebten Touristenorten an der Pazifikküste (Tamarindo, Jacó, Quepos und Puerto Jiménez). Ein Auto zu mieten ist nicht billig, es lohnt sich aber, einen Geländewagen zu mieten. Diese gibt es ab 500 US$ pro Woche (ohne Kilometerbegrenzung). Die vorgeschriebene Teilkaskoversicherung kostet zusätzliche 12 bis 20 US$ pro Tag. Darüber hinaus kann man auch Versicherungspolicen kaufen, die alle Schäden abdecken. Alternativ könnte auch die Kreditkartengesellschaft die Versicherung für das Mietauto übernehmen – vorher abchecken! Da die meisten Versicherungen keine Schäden durch Wasser abdecken, sollte man durch Flüsse besonders vorsichtig und langsam fahren, damit der Motor trocken bleibt.

Um ein Auto zu mieten, muss man mindestens 21 Jahre alt sein, einen gültigen Führerschein besitzen und eine gängige Kreditkarte sowie seinen Pass vorweisen. Ein ausländischer Führerschein wird für bis zu 90 Tage akzeptiert. Bei der Übernahme das Auto genau inspizieren und sicherstellen, dass alle Vorschäden im Mietvertrag verzeichnet sind!

Wer aus Nordamerika mit dem Auto anreisen will, braucht alle üblichen Versicherungen und Fahrzeugpapiere. Außerdem muss an der Grenze eine costa-ricanische Versicherung gekauft (rund 20 US$/Monat) und eine Straßenbenutzungsgebühr von 10 US$ bezahlt werden. Das Auto in Costa Rica zu verkaufen, ist verboten. Falls man das Land ohne Auto verlassen muss, ist dieses beim Lagerhaus des Zolls in San José abzuliefern. Achtung: Die meisten Autovermietungen in Costa Rica gestatten keine Fahrten mit ihren Mietwagen in Nachbarländer: Vor dem Vertragsschluss prüfen, ob diese Klausel im Vertrag steht!

Wertsachen niemals – auch nicht für kurze Zeit – im Auto zurücklassen und nachts immer einen bewachten Parkplatz nutzen und alles Gepäck aus dem Auto mitnehmen!

Bus

Am besten kommt man in Costa Rica mit Bussen herum. Sie fahren häufig und sind ein billiges Fortbewegungsmittel: Die längste Inlandsfahrt ab San José kostet noch nicht einmal 5000 CRC.

San José ist der Verkehrsknotenpunkt des Landes (s. S. 616), aber so etwas wie einen zentralen Busbahnhof gibt es nicht. Die Büros der Busgesellschaften sind über die ganze Stadt verteilt. Einige große Unternehmen unterhalten große Terminals, wo man auch Tickets im Vorverkauf bekommt, manch andere haben kaum mehr als eine (zuweilen noch nicht einmal besonders gekennzeichnete) Haltestelle. (Ein „Busbahnhof" in San José besteht z. B. nur aus einem Typen, der mit einem Klemmbrett in der Hand auf einem Gartenstuhl sitzt.)

Normalerweise ist Platz für alle Fahrgäste in den Bussen, auch wenn es manchmal etwas eng wird. Nur in den Tagen vor und nach wichtigen Ferien oder Feiertagen, insbesondere rund um Ostern, sind die Busse beängstigend überfüllt. (Von Gründonnerstag bis einschließlich Ostersamstag ruht der Busverkehr.) Grundsätzlich gibt es zwei Arten von Bussen: *directo* und *colectivo*. *Directos* sind teurer und halten theoretisch an weniger Stellen – allerdings nehmen costa-ricanische Busfahrer prinzipiell jeden mit, der an der Straße wartet.

Bei Fahrten, die länger als vier Stunden dauern, wird in der Regel unterwegs eine Pause eingelegt, da es in den Bussen keine Toiletten gibt. Der Platz an Bord ist begrenzt, deswegen sollte man darauf achten, dass das verstaute Gepäck nicht an irgendwelchen Zwischenhalten „zufällig" verlorengeht. Das Tagesgepäck mit allen wichtigen Dokumenten sollte man stets mit sich führen. Es kommt recht häufig vor, dass Dinge aus den Gepäckablagen geklaut werden.

Die Busfahrpläne ändern sich oft, daher beim Kauf des Tickets immer die Abfahrtzeit prüfen! Wenn man einen Bus von einer Haltestelle unterwegs nehmen will, sollte man frühzeitig kommen. Die angegebenen Abfahrtszeiten sind nämlich Schätzungen, und wenn der Bus früher kommt, wartet er nicht.

Die Busfahrpläne ab San José sind unter www.visitcostarica.com zu finden. Umfassender, aber weniger verlässlich sind die Auskünfte unter www.costaricabybus.com.

SHUTTLEBUS

Shuttlebusse für Touristen bieten **Grayline's Fantasy Bus** (www.graylinecostarica.com) und **Interbus** (www.interbusonline.com). Beide Unternehmen bieten Fahrten von San José zu den beliebtesten Zielen und zwischen anderen Orten (Infos finden sich auf den Websites). Die Fahrt von San José nach Jacó kostet ab 27 US$; für die holperige Strecke nach Monteverde muss man 35 US$ berappen. Die Unternehmen holen einen am Hotel ab. Die Busse sind schneller als die öffentlichen und verfügen über eine Klimaanlage. Seinen Platz reserviert man online oder über Reiseveranstalter oder Hotels vor Ort.

Fahrrad

Obwohl der Autoverkehr gefährlich ist und die Straßen schmal, steil und kurvenreich sind, lassen sich passionierte Radler nicht davon abhalten, in Costa Rica herumzufahren. Mountainbikes und Strandräder gibt's in Touristenorten (8–15 US$/Tag).

Flugzeug

Costa Ricas Inlandsfluglinien sind **NatureAir** (www.natureair.com) und **Sansa** (www.flysansa.com); letztere gehört zur Grupo TACA.

NatureAir fliegt ab dem Flughafen Tobías Bolaños (S. 618), der 8 km westlich vom Zentrum San Josés in der Vorstadt Pavas liegt. Sansa nutzt den Flughafen Juan Santamaría. Beide Gesellschaften betreiben kleine Passagierflugzeuge; das Gepäck ist auf 12 kg begrenzt. In der Hauptsaison ist die Nachfrage groß und das Platzangebot begrenzt, daher vorab reservieren!

Schiff

Fähren fahren durch den Golfo de Nicoya und verbinden die zentrale Pazifikküste mit der Südspitze der Península de Nicoya. Die Fähre **Coonatramar** (Erw./Kind/Auto 860/515/1850 CRC, 2 Std.) verkehrt viermal täglich zwischen Puntarenas und Playa Naranjo. **Ferry Peninsular** (Erw./Kind/Auto 810/485/1900 CRC, 2 Std.) fährt zwischen Puntarenas und Vaqueroevery.

Am Golfo Dulce fährt täglich eine Personenfähre zwischen Golfito und Puerto Jiménez auf der Península de Osa. Werktags geht ein Wassertaxi ab bzw. nach Playa Zancudo. Auf der Westseite der Península de Osa verbinden Wassertaxis die Bahía Drake mit Sierpe.

An der Karibikküste verkehrt mehrmals täglich ein Bus-und-Fähren-Dienst zwischen Cariari und Tortuguero (S. 630). Kanalboote fahren von Moín nach Tortuguero, allerdings nicht regelmäßig. Ein Wassertaxi pro Tag geht von Puerto Viejo de Sarapiquí nach Trinidad, das am Río San Juan an der nicaraguanischen Grenze liegt. In allen diesen Orten kann man auch Schifffahrten nach Barra del Colorado arrangieren.

Taxi

Taxis fahren im Stadtgebiet und außerhalb. Sie sind nützlich, wenn man zu abgelegenen Zielen wie etwa Nationalparks will, die per Bus nicht erreichbar sind. In kleinen Dörfern ohne als Taxi kenntlich gemachte Fahrzeuge erkundigt man sich in der örtlichen *pulpería* (Dorfladen). Falls das Taxi kein Taxameter hat, den Fahrpreis vorab ausmachen!

Eine Warnung: Viele Taxifahrer erhalten von Hotels Provisionen, wenn sie ihnen Gäste bringen. In der Hauptstadt ist die Hotelszene so umkämpft, dass die Fahrer alles Mögliche erzählen, um die Fahrgäste in das Hotel zu bringen, von dem sie bezahlt werden: Sie behaupten beispielsweise, das Hotel, zu dem man eigentlich wolle, sei eine berüchtigte Drogenhöhle, es sei geschlossen oder leider ausgebucht. Man sollte auf das Gerede nichts geben, auf seinem Fahrziel bestehen oder einfach ein anderes Taxi nehmen, wenn der Fahrer weiterhin Schwierigkeiten macht.

Trampen

Tramper reisen sicherer, wenn sie zu zweit unterwegs sind und bei jemandem eine Nachricht hinterlassen, wohin sie fahren wollen. Alleinreisenden Frauen sei besondere Vorsicht angeraten. Trampen ist aber niemals völlig sicher, und Lonely Planet rät grundsätzlich davon ab.

An Hauptstraßen, auf denen häufig Busse verkehren, ist Trampen in Costa Rica unüblich. Auf ländlichen Nebenstraßen kommt es eher mal vor. Um mitgenommen zu werden, winken Einheimische die Autos in der Regel freundlich heran. Bei der Ankunft sollten Tramper mit den Worten: *¿Cuanto le debo?* (Was bin ich schuldig?) eine Bezahlung anbieten. Die meisten Fahrer werden abwinken, wissen das höfliche Angebot aber trotzdem zu schätzen.

SAN JOSÉ

350 000 Ew. / Großraum 1,5 Mio. Ew.

Chepe, wie die Hauptstadt von den Ticos liebevoll genannt wird, schwankt zwischen Weltstadt-Feeling und bloßem Kommerz. Auf den ersten Blick wirkt das Zentrum mit seinen vielen Bürotürmen, Einkaufszentren und Imbissketten wie das einer x-beliebigen Stadt irgendwo auf der Welt. Schlendert man allerdings im Barrio Amón herum, sind noch Reste der Kolonialzeit zu entdecken. Im Zwielicht der Abenddämmerung ist der Parque España vom Gesang vieler tropischer Vögel erfüllt. In der Stadt gibt es jede Menge coole Clubs und Bars. Die *josefinos* (Einwohner von San José) sind freundlich und schnell dabei, noch eine Runde Bier zu bestellen.

San José wurde 1737 gegründet, aber aus der Kolonialzeit ist wenig erhalten geblieben. Der boomende Kapitalismus hat viele an den Rand gedrängt, und die Stadt müht sich, der wachsenden Kriminalitätsrate Herr zu werden, die so untypisch für den Geist des *pura vida* ist. Für Traveller gilt der Halt in San José als notwendiges Übel, bevor sie in das „eigentliche" Costa Rica eintauchen können. Da hier aber ein Drittel der Ticos lebt, vermittelt Chepe in seiner Komplexität einen unverfälschten Einblick in das moderne Costa Rica.

ORIENTIERUNG

Die Stadt befindet sich im Zentrum des weiten und fruchtbaren zentralen Tals, der Meseta Central. Das Stadtzentrum von San José ist rasterförmig angelegt; die *avenidas* verlaufen in Ost-West- und die *calles* in Nord-Süd-Richtung. Die Av Central, das Herz der Stadt, ist zwischen den Calles 6 und 9 eine Fußgängerzone. Westlich der Calle 14 setzt sie sich als Paseo Colón fort.

Das Stadtzentrum besteht aus mehreren nicht klar voneinander abgegrenzten *barrios* (Vierteln). Das Zentrum ist ein Geschäftsviertel mit Busbahnhöfen und kulturellen Sehenswürdigkeiten. Der für Besucher wohl interessanteste Teil der Stadt ist der Barrio Amón nordöstlich der Av 5 und der Calle 1. Hier konzentrieren sich eindrucksvolle Stadthäuser, die überwiegend in Hotels oder edle Restaurants umgewandelt wurden. Gleich westlich des Zentrums liegt das Viertel La Sabana, benannt nach dem gleichnamigen Park.

Rund 2 km östlich des Zentrums von San José finden sich in den noblen Wohnvierteln Los Yoses und San Pedro verschiedene Botschaften sowie die angesehenste Universität des Landes, die Universidad de Costa Rica (UCR). In diesem Gebiet konzentriert sich auch das Nachtleben der unter 30-jährigen *josefinos:* mit schnell entstehenden und vergehenden Bars, Restaurants und Nachtclubs.

In diesem Führer sind Adressen nach Avenidas und Calles angegeben, aber die meisten Einheimischen orientieren sich an bestimmten Wahrzeichen. Wie man mit den Ortsbeschreibungen der Ticos zurechtkommt, verrät der Kasten auf S. 699.

PRAKTISCHE INFORMATIONEN

Buchläden

7th Street Books (☎ 2256-8251; Calle 7 zw. Av Central & 1; 🕒 10–17 Uhr) Große Auswahl von englischsprachigen Titeln, auch Landkarten.

Librería Lehmann (☎ 2223-1212; www.librerialehmann.com; Av Central zw. Calle 1 & 3; 🕒 Mo–Fr 8–18.30, Sa 9–17, So 11–16 Uhr) Gute Auswahl von englischsprachigen Büchern und Reiseführern (auch Lonely Planet) sowie von topografischen und sonstigen Karten (oben).

Librería Universal (☎ 2222-2222; www.universalcr.com; Av Central zw. Calle Central & 1) Dieser Laden im 2. Stock hat eine kleine Auswahl englischsprachiger Bücher und ein ganzes Regal voller costa-ricanischer Literatur.

Geld

Alle Banken tauschen ausländische Währungen in Colones um, aber mit US-Dollars geht das Wechseln am leichtesten.

Banco de Costa Rica (BCR; ☎ 2284-6600; www.bancobcr.com; Ecke Calle 7 & Av 1; 🕒 Mo–Fr 8.30–18 Uhr) Die wichtigste Bank vor Ort hat Geldautomaten, die Colones und US-Dollars ausgeben.

Banco de San José (☎ 2295-9797; www.bac.net; Av 2 zw. Calle Central & 1; 🕒 Mo–Fr 8–18, Sa 10–14 Uhr) Eine verlässliche Bank mit Geldautomaten für Plus und Cirrus.

Citibank (☎ 2239-9091; www.latinamerica.citibank.com/costarica/index.html; Av 1 zw. Calle Central & 1; 🕒 Mo–Fr 8.30–18, Sa 9–17 Uhr) Löst Citibank-Reiseschecks ein. Die Geldautomaten akzeptieren Karten von Cirrus, Plus und Visa.

Credomatic (☎ 2295-9898; www.credomatic.com; Calle Central zw. Avs 3 & 5) Der Ableger der Banco de San José zahlt auf Visa MasterCard Bargeld aus.

Scotiabank (☎ 2521-5680; www.scotiabankcr.com; Calle 5 zw. Av Central & 2; 🕒 Mo–Fr 9–17 Uhr) Die Bank bietet guten Service. Die rund um die Uhr nutzbaren Automaten spucken auf Cirrus-Karten US-Dollars und Colones aus.

DER WEG INS ZENTRUM

Vom/Zum Aeropuerto Internacional Juan Santamaría

Taxifahrten mit **Taxi Aeropuerto** (☎ 2221-6865; www.taxiaeropuerto.com) können vorbestellt werden. Das Unternehmen fährt zu einem Festpreis zwischen 21 und 30 US$ ab den bzw. in die meisten Teile San Josés. (Diese Taxis sind leuchtend orange.) Man kann auch einfach ein Taxi von der Straße heranwinken, aber die Preise variieren hier stark. 20 bis 25 US$ werden mindestens fällig, bei dichtem Verkehr noch mehr.

Interbus (☎ 2283-5573; www.interbusonline.com) betreibt einen Flughafenshuttle, der einen am Hotel abholt (10 US$/Pers.) – ein günstiges Angebot, wenn man alleine reist.

Die billigste Option ist der rote **Tuasa-Bus** (Ecke Calle 10 & Av 2; 400 CRC) Richtung Alajuela. Dem Fahrer unbedingt mitteilen, dass man am Flughafen aussteigen will *(Voy al aeropuerto, por favor).*

Vom/Zum Aeropuerto Tobías Bolaños

Die Busse zum Flughafen Tobías Bolaños fahren halbstündlich von der Av 1, 250 m westlich des Terminal Coca-Cola. Eine Taxifahrt von der Innenstadt zu diesem Flughafen kostet ab ungefähr 12 US$. **Interbus** (☎ 2283-5573; www.interbusonline.com) betreibt einen Flughafenshuttle (10 US$).

Von/Zu den Busbahnhöfen

Internationale und nationale Fernbusse kommen an verschiedenen Busbahnhöfen westlich und südlich des Zentrums an. Die Entfernungen sind gut zu Fuß zu bewältigen, sofern man nicht allzu viel Gepäck zu schleppen hat. Wer nachts ankommt, sollte ein Taxi zu seinem Hotel nehmen, da die meisten Busbahnhöfe in zwielichtigen Gegenden liegen. Eine Taxifahrt im Innenstadtbereich kostet rund 1000 CRC.

Internetzugang

E-Mails kann man in San José problemlos checken, denn hier gibt es mehr Intenetcafés als Obsthändler. Die Preise liegen allgemein zwischen 300 und 500 CRC pro Stunde, außerdem bieten heute die meisten Hotels (sogar Budgethostels) kostenlosen Internetzugang, meist per WLAN.

Café Internet Omni Crisval (Av 1 zw. Calle 3 & 5; 400 CRC/Std.; Mo–Sa 9–21 Uhr) Ein Dutzend Rechner mit schnellen Verbindungen im Hauptgeschoss des Omni Shopping Center.

Más Movil Internet (Av 5 zw. Calle Central & 1; 300 CRC/Std.; ☎ 2221-4080) Hier stehen Benutzern 16 Computer zur Verfügung, auf einigen ist auch Skype für Internettelefonie installiert.

SAN JOSÉ

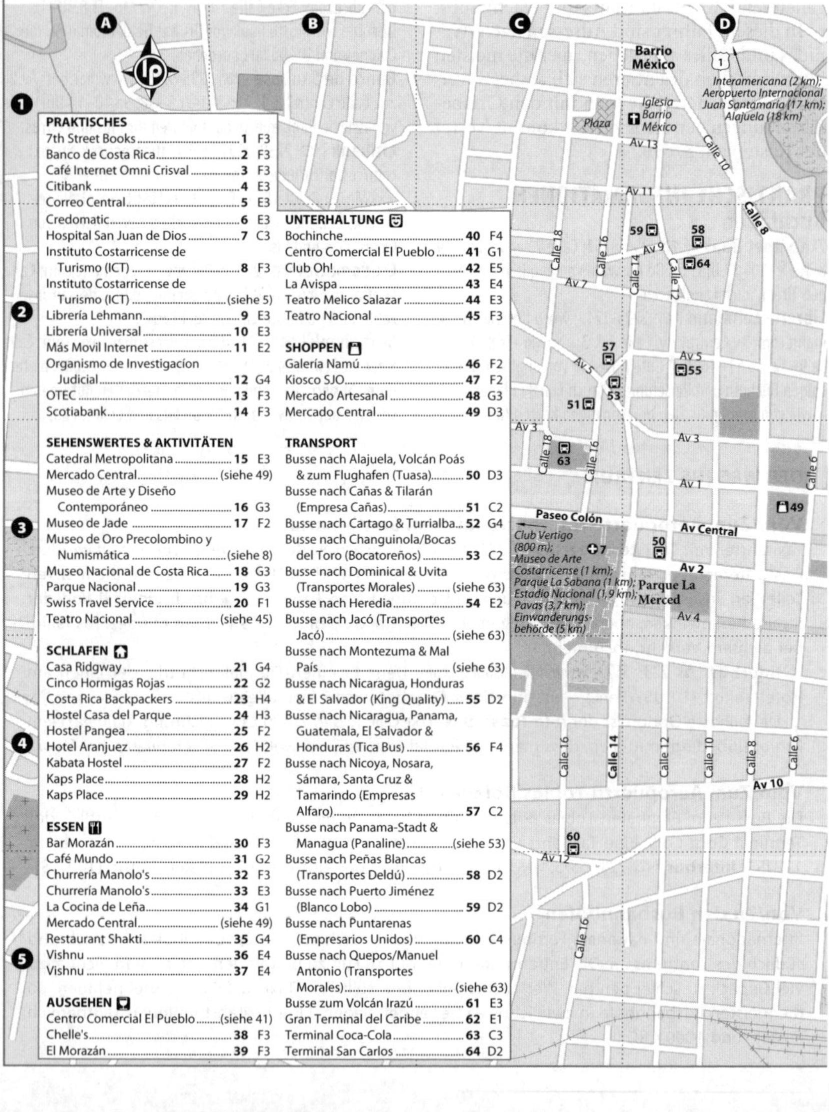

Medizinische Versorgung

Clínica Bíblica (☎ 2522-1000; www.clinicabiblica.com; Av 14 zw. Calle Central & 1) Die beste Privatklinik im Innenstadtbereich. Die Ärzte sprechen Englisch, Deutsch und Französisch. Es gibt sogar eine rund um die Uhr geöffnete Notfallstation.

Hospital La Católica (☎ 2246-3000; www.hospitallacatolica.com; Guadalupe) Teure Privatklinik nordöstlich des Zentrums. 2009 wurde gleich nebenan ein Hotel mit 34 Betten eröffnet, das auf Patienten ausgerichtet ist, die zu Behandlungen aus dem Ausland anreisen.

Hospital San Juan de Dios (☎ 2257-6282; Ecke Paseo Colón & Calle 14; 🕒 24 Std.) Das öffentliche Hospital mit kostenloser Versorgung ist zugleich das älteste und stammt von 1845. Es bietet verschiedene medizinische Dienste und hat eine Kinderabteilung. Wartezeit einplanen!

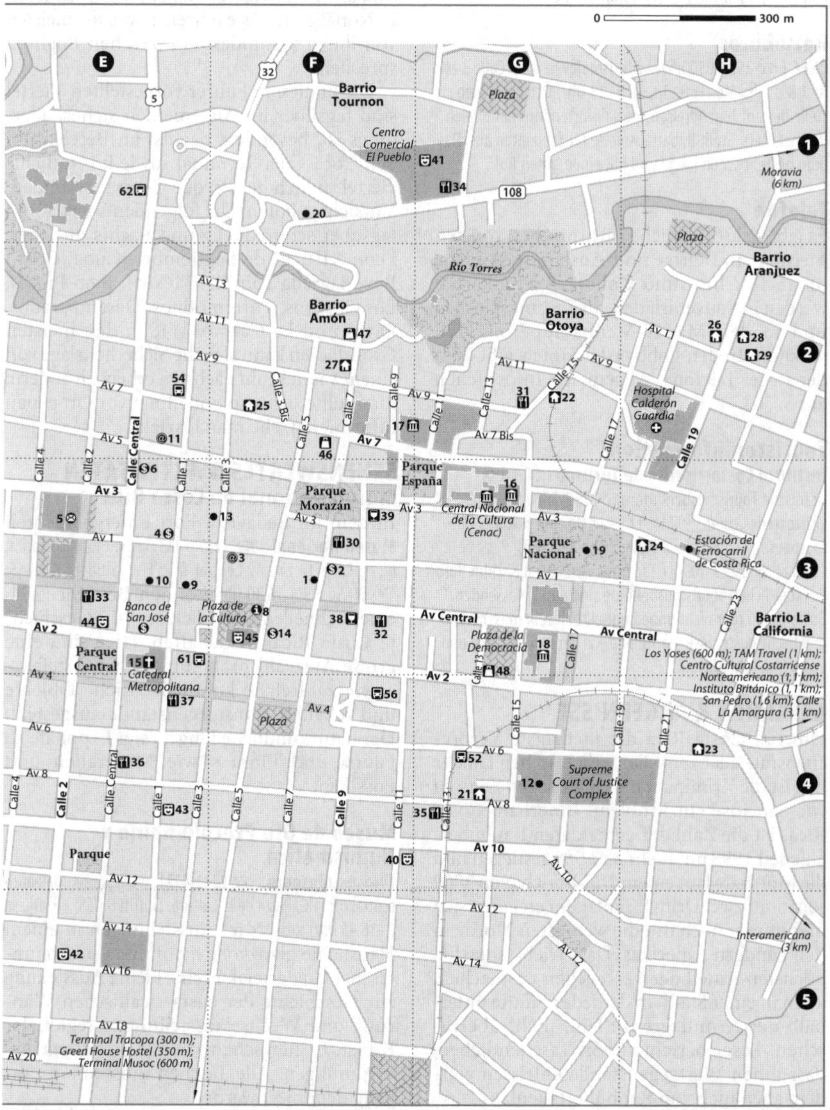

Notfall

Weiteres auch auf S. 699.

Verkehrspolizei (☎ 2222-9330)

Post

Correo Central (Central Post Office; www.correos.go.cr; Calle 2 zw. Av 1 & 3; Mo–Fr 8–17, Sa 7.30–12 Uhr) Die tüchtigste Filiale in Costa Rica, wenn es um das Abschicken und Empfangen von Postsendungen geht.

Reisebüros

OTEC (☎ 2523-0500; www.turismojoven.com; Calle 3 zw. Av 1 & 3; Mo–Fr 8–18, Sa 9–13 Uhr) Örtliche Zweigstelle des auf Jugendreisen spezialisierten internationalen Veranstalters. Stellt Rabattausweise für Studenten aus. Das Büro besteht schon lange und hat einen guten Ruf.

Telefon

Es gibt viele öffentliche Fernsprecher; von den meisten sind Orts- und Auslandsgespräche möglich. Chip- und Colibrí-Telefonkarten werden in Souvenirläden, an Zeitungskiosken und in den Más-X-Menos-Supermärkten verkauft. In den Lobbys der Hotels gibt es in der Regel Telefone. Allgemeine Infos stehen auf S. 703.

Touristeninformation

Instituto Costarricense de Turismo (ICT, Costaricanische Tourismusbehörde; ☎ 2299-5800; www.visitcostarica.com; Mo–Fr 9–17 Uhr mit flexibler Mittagspause); Correo Central (Calle 2 zw. Av 1 & 3); Plaza de la Cultura (☎ 2222-1090; Calle 5 zw. Av Central & 2) Im Büro der staatlichen Tourismusbehörde sind ein umfassender Busfahrplan (der nicht unbedingt aktuell sein muss) sowie praktische kostenlose Stadtpläne/Karten von San José und Costa Rica erhältlich.

GEFAHREN & ÄRGERNISSE

Obwohl Costa Rica die niedrigste Verbrechensrate aller zentralamerikanischen Länder hat, ist die Kriminalität in städtischen Zentren wie San José ein Problem. Innerhalb Costa Ricas ist die Zahl der gemeldeten Raubüberfälle seit 1998 um mehr als 50 % gestiegen und die Mordrate laut einem UN-Bericht von 2009 sogar um zwei Drittel. Trotzdem ereignen sich hier immer noch mit die wenigsten Morde in den Ländern Amerikas. Dass Diebstähle den höchsten Anteil der Verbrechen ausmachen, kann in einer Stadt, in der jeder Fünfte unterhalb der Armutsgrenze lebt, nicht überraschen. Leser berichten von Taschendieben, dass ihnen Wertgegenstände entrissen wurden, aber auch von Raubüberfällen.

Dass 2007 eine Touristenpolizei *(policía turística)* ins Leben gerufen wurde, hat im Bereich der gegen Ausländer gerichteten Kleinkriminalität durchaus was gebracht. Stark ist die Truppe aber nicht – 400 Beamte verteilen sich über das gesamte Land. (In San José findet man diese Beamten an den wichtigsten Touristensammelpunkten; die Leute sind an ihren weißen Polohemden erkennbar.) In Notfällen sind sie hilfreich, weil die meisten von ihnen zumindest ein bisschen Englisch sprechen.

Die in diesem Führer vorgestellten Viertel sind tagsüber im Allgemeinen sicher, allerdings ist, besonders nachts, im Bereich um den Coca-Cola-Terminal sowie im Rotlichtviertel südlich des Parque Central besondere Vorsicht geboten. Die folgenden Viertel sind tagsüber schmuddelig und nachts unsicher: Leon XIII, 15 de Septiembre, Cuba, Cristo Rey, Sagrada Familia, México, Bajo Piuses, Los Cuadros, Torremolinos, Desamparados, Pavas und La Carpio. Wie in den meisten Großstädten kann sich die Sicherheitslage von einem Viertel zum nächsten erheblich ändern; man sollte sich also unbedingt vor Ort genau informieren, ehe man loszieht.

SEHENSWERTES & AKTIVITÄTEN

Museo Nacional de Costa Rica

In dem im Bellavista-Fort untergebrachten **Museo Nacional** (☎ 2257-1433; www.museocostarica.go.cr; Calle 17 zw. Av Central & 2; Erw./Student 6/3 US$; Di–So 8.30–16.30 Uhr) können Besucher sich einen schnellen Überblick über die Geschichte Costa Ricas verschaffen. Hier sind eine große Auswahl präkolumbischer Artefakte sowie zahlreiche kolonialzeitliche Objekte und religiöse Kunstgegenstände ausgestellt. Der naturkundliche Flügel zeigt Exponate zu Fauna und Flora sowie Mineralien und Fossilien.

Museo de Oro Precolombino y Numismática

Dieses **Museum** (☎ 2243-4221; www.museosdelbancocentral.org; UG, Plaza de la Cultura; Eintritt 9 US$; Di–So 9–16.45 Uhr) zeigt drei Ausstellungen in einem Haus: eine glanzvolle Sammlung präkolumbischer Goldartefakte, eine kleine Ausstellung zur Geschichte der costa-ricanischen Währung und Wechselausstellungen regionaler Kunst. Es herrschen strenge Sicherheitsbestimmungen: Alle Taschen müssen am Eingang deponiert werden.

Museo de Arte y Diseño Contemporáneo

Das gewöhnlich als MADC abgekürzte **Museum für zeitgenössische Kunst und Design** (☎ 2257-7202; www.madc.ac.cr; Av 3 zw. Calle 13 & 15; Eintritt 3 US$; ⌚ Mo–Sa 9–16.45 Uhr) ist in dem historischen, 1856 errichteten Gebäude der National Liquor Factory (CENAC) untergebracht. Das MADC zeigt Werke zeitgenössischer costa-ricanischer und zentralamerikanischer Künstler, häufig aber auch Wechselausstellungen.

Museo de Jade

San Josés berühmtestes **Museum** (☎ 2287-6034; Edificio INS, Av 7 zw. Calle 9 & 11, 11. Stock; Erw. 7 US$; ⌚ Mo–Fr 8.30–15.30, Sa 9–13 Uhr) befindet sich im Instituto Nacional de Seguros (Nationales Versicherungsinstitut). Es besitzt die weltgrößte Sammlung amerikanischer Jade. Die archäologischen Fundstücke aus Keramik und Stein vermitteln einen Einblick in die präkolumbischen Kulturen Costa Ricas.

Museo de Arte Costarricense

Dies sonnige **Museum** (☎ 2256-1281; www.musarco.go.cr; Parque La Sabana), das Ende 2010 wiedereröffnet wird, zeigt costa-ricanische Kunst des 19. und 20. Jhs. In Wechselausstellungen wird costa-ricanische Kunst aus Vergangenheit und Gegenwart präsentiert. Gleich neben dem Gebäude im spanischen Kolonialstil befindet sich ein eindrucksvoller Skulpturengarten.

Teatro Nacional

Das **Nationaltheater** (☎ 2221-1329; www.teatronacional.go.cr; Ecke Calle 3 & 5 zw. Av Central & 2; Eintritt 7 US$; ⌚ Mo–Sa 9–16 Uhr) ist das eindrucksvollste öffentliche Gebäude der Stadt. Es wurde 1897 errichtet und besitzt eine neoklassizistische Fassade mit Säulen. An den Seiten stehen eine Statue Beethovens und eine des spanischen Dramatikers Calderón de la Barca, der im 17. Jh. lebte. Das prächtige Foyer und der Saal sind mit Gemälden geschmückt, die das Leben im 19. Jh. veranschaulichen. Das berühmteste Bild heißt *Alegoría al café y el banano* und zeigt in einer idyllischen Szene die Kaffee- und Bananenernte. Geschaffen wurde es von einem italienischen Künstler, der wohl nichts vom Ernten verstand – schon wie die Arbeiter die Bananenbündel halten …

Parks & Plazas

Der schattige, von Feldsteinen gesäumte **Parque Nacional** (Ecke Av 1 & 3 zw. Calle 15 & 19) zählt zu den schönsten Parks in San José. In seiner Mitte befindet sich das dramatische **Monumento Nacional**, das die zentralamerikanischen Nationen (natürlich unter Führung Costa Ricas) bei der Vertreibung des US-amerikanischen Söldnerführers William Walker zeigt.

Südlich der Asamblea liegt die kahle **Plaza de la Democracia** (Ecke Av Central & 2 zw. Calle 13 & 15), an der einzig der Mercado Artesanal (Kunsthandwerksmarkt) bemerkenswert ist.

Der **Parque España** (Ecke Av 3 & 7 zw. Calle 9 & 11) ist komplett von Hauptverkehrsstraßen umgeben. Abends hört man aber die Vögel zwitschern, die hier ihre Schlafplätze haben. Allerdings befindet sich hier auch das Zentrum der Straßenprostitution. Passenderweise wird der Betonpavillon in der Mitte als **Templo de Música** (Musiktempel) bezeichnet und ist für viele das Symbol San Josés.

Im Zentrum der Stadt liegt die **Plaza de la Cultura** (Ecke Av Central & 2 zw. Calle 3 & 5), ein nicht weiter bemerkenswerter Park, der aber immerhin sicher ist, weil die Wachen, die das (unterirdische) Museo de Oro Precolombino y Numismática schützen, hier Streife laufen. Vom nahen **Parque Central** (Ecke Av 2 & 4 zw. Calle Central & 2) fahren Taxis und städtische Busse. An der Ostseite steht die moderne **Catedral Metropolitana**, die in gutem Zustand ist.

Im beliebten **Parque La Sabana** am westlichen Ende des Paseo Colón kann man sich vor dem Lärm und Schmutz der Stadt zurückziehen. Hier gibt es zwei Museen, einen Springbrunnen sowie eine Vielzahl von Sportstätten, darunter das Estadio Nacional, in dem Fußballländerspiele und Spiele der Primera División ausgetragen werden. Tagsüber kann man hier prima spazieren gehen, picknicken oder joggen. Bei Dunkelheit sollte man die Gegend meiden, da hier Raubüberfälle vorkommen.

KURSE

In und um San José gibt es gute Spanischschulen. Die hier genannten sind entweder gut etabliert oder wurden von Lesern empfohlen. Die meisten können auch Freiwilligenjobs vermitteln, sodass man die Sprache lernen und gleichzeitig denen etwas zurückgeben kann, die dringend auf Hilfe angewiesen sind.

Amerispan Study Abroad (☎ in den USA & Kanada 800-879 6640; www.amerispan.com) Diverse Bildungsangebote, Freiwilligenjobs und Spanisch für Mediziner.

Centro Cultural Costarricense Norteamericano (☎ 2207-7500; www.cccncr.com; Ecke Calle 37 & Calle de los Negritos, Los Yoses) In der großen Schule werden auch

Spanischkurse gegeben, vor allem aber wird Englischunterricht für Einheimische erteilt.

Costa Rican Language Academy (☎ 2280-1685, in den USA 866-230 6361; www.learn-spanish.com) Neben Spanischunterricht gibt's auch Koch- und Tanzkurse.

Institute for Central American Development Studies (☎ 2225-0508; www.icads.org; Curridabat) Einmonatige Kurse mit oder ohne Unterbringung bei Gastfamilien, verbunden mit Vorträgen und Aktivitäten in den Bereichen Politik und Umwelt.

Instituto Británico (☎ 2225-0256; www.instituto britanico.co.cr; Calle 41 zw. Av Central & 8, Los Yoses) Fortbildung für Lehrer und Firmenangehörige.

Personalized Spanish (☎ 2278-3254; www.per sonalizedspanish.com; Tres Ríos) Bietet, wie der Name schon sagt, auf persönliche Bedürfnisse zugeschnittenen Privatunterricht.

GEFÜHRTE TOUREN

San José ist klein und gut überschaubar. Hier einige Empfehlungen für die, die einen geführten Stadtspaziergang zu den wichtigsten Sehenswürdigkeiten unternehmen wollen:

Costa Rica Art Tour (☎ 2288-0896, 8359-5571; www. costaricaarttour.com; 95 US$/Pers.) Das kleine, von Molly Keeler geführte Unternehmen veranstaltet eine empfehlenswerte Tagestour, bei der man fünf Künstlerateliers besucht, wo man sich die Werke örtlicher Maler, Bildhauer, Drucker, Keramiker und Juweliere anschauen (und auch kaufen) kann. Im Preis sind ein Mittagessen und die Abholung vom Hotel inbegriffen. Man muss mindestens eine Woche im Voraus reservieren.

Swiss Travel Service (☎ 2221-0944; www.swiss travelcr.com) Das schon seit Langem bestehende Unternehmen bietet einen dreistündigen Stadtspaziergang zu allen wichtigen Sehenswürdigkeiten San Josés an. Das Büro befindet sich im Radisson Europa, 250 m westlich des Centro Comercial El Pueblo.

TAM Travel (☎ 2527-9700; www.tamtravel.com; Los Yoses Travel Center, Calle 39 zw. Av Central & 8, Los Yoses; 35 US$/Pers.) Der angesehene Veranstalter hat halbtägige Stadtspaziergänge im Programm und organisiert Reisen durch ganz Costa Rica.

SCHLAFEN

Zentrum

Die meisten Unterkünfte der Innenstadt finden sich östlich der Calle Central. Viele sind in historischen Stadthäusern im viktorianischen oder Art-déco-Stil untergebracht. Weniger Unterkünfte gibt es im westlichen Teil der Innenstadt. Allerdings ist das ein Geschäftsviertel, und auch Kriminalität ist hier ein Thema, vor allem in den Straßen rund um den Coca-Cola-Busterminal.

Costa Rica Backpackers (☎ 2221-6191; www.costa ricabackpackers.com; Av 6 zw. Calles 21 & 23; B 12 US$, DZ ohne Bad 28 US$; 💻 📶 🏊) Östlich der Innenstadtzone stellt dieses sehr beliebte Hostel 15 Schlafsäle und 13 Doppelzimmer in mehreren Gebäuden rund um einen hübschen Garten mit Hängematten und einem unregelmäßig geformten Pool zur Verfügung. Die Zimmer und Gemeinschaftsbäder sind einfach, aber sauber und mit tropischen Wandmalereien dekoriert.

Kabata Hostel (☎ 2255-0355, 2255-3264; www. kabatahostel.com; Calle 7 zw. Av 9 & 11; B 12 US$, DZ ohne Bad 32 US$; ❄) Dieses moderne, schlichte Hostel mit bunt angestrichener Lounge/Lobby im Barrio Amón wird von einer einheimischen Familie geführt, die auf dem Gelände wohnt. Die kleinen, mit Teppichboden ausgelegten Zimmer sind schlicht, aber sauber, und teilen sich einige geräumige Badezimmer.

Hostel Pangea (☎ 2221-1992; www.hostelpangea. com; Av 7 zw. Calle 3 & 3 bis; B 12 US$, DZ mit/ohne Bad 35/30 US$, Präsidentensuite 60 US$; 💻 📶 🏊) Das stark frequentierte Hostel mit 25 Schlafsälen und 25 Zimmern, das in Besitz von Einheimischen ist, gilt schon seit Jahren als beliebte Herberge für Backpacker über 20 Jahren. Warum? Es liegt mitten in der Stadt und bietet einen Pool, ein Dachterrassenrestaurant mit Lounge und erstklassiger Aussicht sowie ein Zwischending aus Bar und Kino samt Sitzsäcken und einer Stange für Stripshows. Logisch, dass hier die Party abgeht!

Hostel Casa del Parque (☎ 2233-3437; www.hostel casadelparque.com; Ecke Calle 19 & Av 3; B 12 US$, DZ mit/ohne Bad 40/30 US$; 📶) Diese ruhige Herberge am Ostrand des Parque Nacional ist in einem Art-déco-Haus von 1936 untergebracht. Die sechs großen, einfachen Zimmer sowie der Schlafsaal haben Parkettböden und sind mit schlichten Möbeln ausgestattet. Ein Doppelzimmer protzt mit einem altmodischen Boudoir aus den 1930er-Jahren.

Green House Hostel (☎ 2258-0102; www.green househostel.altervista.org; Calle 11 zw. Av 16 & 18; B/EZ/DZ/3BZ 13/21/32/43 US$; 📶) Das hübsche Hostel ist mit Hängepflanzen, historischen Fotos und Antiquitäten dekoriert. Die Zimmer sind eher bescheiden, verfügen aber alle über eigene Badezimmer (selbst der Schlafsaal).

Casa Ridgway (☎ 2222-1400, 2233-6168; www.amigos paralapaz.org; Ecke Calle 15 & Av 6 bis; B 14 US$, EZ/DZ 22/34 US$, ohne Bad 16/30 US$; 🚭 📶) Die kleine, einladende Pension in einer ruhigen Seitenstraße östlich des Zentrums in der Nähe des Gerichtsgebäudes wird von der Quäker-Organisation *Amigos para la paz* geführt, die gleich nebenan ihren Sitz hat und sich für soziale Gerechtigkeit und Menschenrechte einsetzt. Die Zimmer, die Gemeinschaftsduschen und die Gemeinschaftsküche sind makellos, die Stimmung ist friedlich.

Hotel Aranjuez (☎ 2256-1825; www.hotelaranjuez.com; Calle 19 zw. Av 11 & 13; EZ/DZ/3BZ ab 29/42/49 US$, EZ/DZ ohne Bad 22/25 US$, jeweils inkl. Frühstück;) Das weitläufige Hotel im Barrio Aranjuez besteht aus mehreren gepflegten alten Familienhäusern, die über zusammenhängende Gärten verbunden sind. Die 35 tadellosen Zimmer sind ganz unterschiedlich gestaltet, in manchen gibt's sogar Schließfächer und Kabel-TV.

Kaps Place (☎ 2221-1169; www.kapsplace.com; EZ 25–40 US$, DZ 50–60 US$, 3BZ 70 US$, Apartment 80–115 US$;) Calle 19 (Calle 19 zw. Av 11 & 13); Av 11 (Av 11 zw. Calle 19 & 21) Die bunte kleine Pension umfasst zwei Gebäude in einer Anwohnerstraße im Barrio Aranjuez. Die 24 kleinen, heimeligen Zimmer sind unterschiedlich geschnitten. Die von Karla Arias geführte Unterkunft ist ein Ort für die ganze Familie: Kinder können in dem Hof voller Yuccapalmen spielen oder Trampolin springen.

Cinco Hormigas Rojas (☎ 2255-3412; www.cincohormigasrojas.com; Calle 15 zw. Av 9 & 11; Zi. inkl. Frühstück 30–58 US$;) Ein einmaliges B&B mit unglaublich vielen Pflanzen – schon der Weg zur Eingangstür führt durch einen Tunnel aus Zweigen. Auch sonst ist das Haus mit seinen vier schmucken Gästezimmern unglaublich vollgestopft: In allen Winkeln finden sich Kunst und Deko-Objekte aus Pappmaché.

La Sabana & Umgebung

In den Vierteln um den Parque Metropolitano La Sabana finden Besucher in mehreren historischen Stadthäusern Unterkunft.

Galileo Hostel (☎ 2248-2094; www.hostelgalileo.com; Ecke Calle 40 & Av 2; B 9–10 US$, EZ ohne Bad 22 US$, DZ ohne Bad 24–26 US$, DZ mit Bad 30 US$;) Das in einem alten Haus östlich des Parque La Sabana untergebrachte schmucke, kleine Hostel stellt mehrere Schlafsäle und ein halbes Dutzend Zimmer unterschiedlicher Größe zur Verfügung. Die frisch gestrichenen Schlafsäle sind klein, hier steht Stockbett an Stockbett, aber die anderen Zimmer sind sauber und die billigsten in der Stadt.

Gaudy's (☎ 2258-2937, 2248-0086; www.backpacker.co.cr; Av 5 zw. Calle 36 & 38; B 12 US$, DZ mit/ohne Bad 30/26 US$;) Dieses gemütliche Hostel befindet sich in einem weitläufigen modernistischen Haus in einem Wohnviertel östlich des Parque La Sabana. Die seit Jahren bei Budgettravellern beliebte Herberge besitzt 13 Zimmer und zwei Schlafsäle. Die Betreiber setzen auf schlichte Gestaltung und ruhige Atmosphäre, der Service ist professionell und die Zimmer sind gepflegt.

Mi Casa Hostel (☎ 2231-4700; www.micasahostel.com; B 12 US$, Zi. mit/ohne Bad 30/28 US$, jeweils inkl. Frühstück;) Das umgewandelte moderne Wohnhaus in La Sabana hat Parkettböden, traditionelle Möblierung und ein halbes Dutzend unterschiedlich gestalteter Gästezimmer (darunter zwei Schlafsäle). In dem netten Garten gibt's eine kleine Bar, wo Gästen kaltes Bier ausgeschenkt wird. Zum Service gehören außerdem ein Billardtisch, kostenloser Internetzugang und ein Wäschedienst. Das Hostel liegt 50 m westlich und 150 m nördlich vom ICE-Gebäude.

Los Yoses & San Pedro

Die Unterkünfte in diesen beiden Vorstädten sind eine verlockende (und komfortable) Alternative zum Wohnen im Zentrum.

Hostel Bekuo (☎ 2234-1091; www.hostelbekuo.com; B 12 US$, DZ mit/ohne Bad 35/30 US$, mit Bad & TV 40 US$, jeweils inkl. Frühstück;) In diesem ruhigen Hostel wähnt man sich eher in einer normalen Wohnung. Die luftige modernistische Anlage in Los Yoses, 325 m westlich von Spoon, hat neun Zimmer (darunter vier Schlafsäle, von denen einer für Frauen reserviert ist), große, geflieste Bäder, eine TV-Lounge mit Sitzsäcken und einen Innenhof zu bieten, dessen Mitte eine präkolumbische Granitkugel ziert.

LP Tipp **Hostel Toruma** (☎ 2234-8186; www.hostelToruma.com; Av Central zw. Calle 29 & 31; B/EZ/DZ 12/35/45 US$;) Das anmutige neoklassizistische Wohnhaus, das von einem kleinen Hügel auf die Av Central herunterblickt, gehörte einst José Figueres Ferrer, dem costaricanischen Präsidenten, der die Armee abschaffte und den Frauen das Wahlrecht gab. Bei einer umfassenden Renovierung Ende 2009 hat man die spanischen Fliesenböden und die dekorativen Friese an der Fassade erhalten. Obwohl es im Toruma vier Schlafsäle gibt, fühlt es sich eher wie ein Hotel an. Es gibt 17 große Zimmer mit modernen Bädern, Sofa, WLAN und Flachbildfernseher.

Casa Yoses (☎ 2234-5486; www.casayoses.com; B 12 US$, Zi. pro Pers. mit/ohne Bad 18/15 US$, jeweils inkl. Frühstück;) Ebenfalls ruhig wohnt man in diesem 1949 im Kolonialstil errichteten Haus, das auf einem Hügel thront. Vom Vorgarten aus hat man einen schönen Blick ins Tal. Die zehn Zimmer (sechs davon sind Schlafsäle) unterscheiden sich in Dekor und Stil, aber alle sind makellos und haben Holzböden. Die Korridore sind gefliest.

Hotel Milvia (☎ 2225-4543; www.hotelmilvia.com; EZ/DZ/3BZ inkl. Frühstück 59/69/75 US$;) Das hübsche Pflanzerhaus im karibischen Stil wurde einst von Ricardo Fernández Peralta bewohnt, einem Oberst des Heeres, der im costa-ricanischen Bürgerkrieg von 1948 eine Rolle spielte. Heute betreiben der Brite Steve Longrigg und seine costa-ricanische Frau Florencia Urbina hier ein Hotel und eine Kunstgalerie. Die neun verschieden gestalteten Zimmer, die um einen hübschen Hof mit einem Springbrunnen angelegt sind, haben teils Teppich-, teils Parkettböden und sind alle mit farbenfrohen Kunstwerken geschmückt.

COSTA RICA

ESSEN

Zentrum

In San Josés vielgestaltigem Zentrum finden sich alteingesessene *sodas* genauso wie zeitgenössische Cafés und Edelrestaurants.

Mercado Central (Ecke Av Central & 1 zw. Calle 6 & 8) Einer der Orte, an denen man am günstigsten zu Mittag essen kann, ist der Markt, wo eine Reihe von Restaurants und *sodas* u. a. *casados*, Tamales und Meeresfrüchte serviert.

Restaurant Shakti (☎ 2222-4475; Ecke Av 8 & Calle 13; Hauptgerichte 2200–4500 CRC, Casados 2700 CRC; Mo–Fr 7.30–19, Sa 8–18 Uhr; V) Das zwanglose Lokal hat gesundes Essen, einfache Biogerichte und frische Backwaren im Angebot.

Bar Morazán (☎ 2222-4622; 2. OG, Calle 7 zw. Av 1 & 3; Casados 2300 CRC; 11–14 Uhr) Durch die düstere, rauchgeschwängerte Lobby des Hotel Costa Rica Morazán kommt man in diese Bar im 2. Stock, wo einer der billigsten und sättigendsten Mittagstische *(almuerzo ejecutivo)* in San José angeboten wird.

Vishnu (Hauptgerichte 2400–3000 CRC, Frühstück 1800 CRC; Mo–Fr 8–19, Sa & So 9–18 Uhr; V) Calle Central (Calle Central zw. Av 6 & 8); Av 4 (Ecke Av 4 & Calle 1) In den Filialen dieser Veggierestaurantkette bekommt man eine große Auswahl günstiger Gerichte, darunter Salate, frische Gemüseeintöpfe und leckere Sojaburger.

Churrería Manolo's (Hauptgerichte 2400–3500 CRC, Casados 2420 CRC, Churros 200–275 CRC; 7–22 Uhr) Westliche Innenstadt (Av Central zw. Calle Central & 2); Östliche Innenstadt (Av Central zw. Calle 9 & 11) Diese Institution der Stadt ist für cremegefüllte *churros* (Donuts) berühmt, die massenweise hungrige und unterzuckerte *josefinos* anlocken.

Café Mundo (☎ 2222-6190; Ecke Av 9 & Calle 15; Hauptgerichte 2800–6500 CRC; Mo–Do 11–22.30, Fr & Sa 17–0.30 Uhr; V) Das Café nimmt die weitläufige Terrasse eines alten Stadthauses im Barrio Otoya ein. Hier isst man mit Blick auf den Springbrunnen vor dem Haus Pizza und Pasta.

La Cocina de Leña (☎ 2222-1883/8782; Centro Comercial El Pueblo; Hauptgerichte 3500–6000 CRC; So–Do 11–23, Fr & Sa bis 24 Uhr) Der „Holzofen" ist ein charmantes Lokal mit Terrakottafliesen, einer Balkendecke und Speisekarten, die traditionell auf braune Papiertüten gedruckt werden.

La Sabana & Umgebung

Im Wohnviertel um den Park gibt es viele alteingesessene Familienrestaurants.

Soda Tapia (☎ 2222-6734; www.sodatapia.com; Ecke Av 2 & Calle 42; Frühstück ab 1600 CRC, Casados 2300–3000 CRC, Sandwiches ab 1000 CRC; So–Do 6–2, Fr & Sa 24 Std.) Der schlichte Diner im Stil der 1950er-Jahre ist ständig gut besucht. Paare und Familien laben sich hier an gegrillten Sandwiches und großzügigen bemessenen *casados*.

Sabores de Jeruzalem (☎ 2221-6715; Ecke Paseo Colón & Calle 36; Hauptgerichte 2900–3500 CRC; Mo–Do 8–19, Fr & Sa 8–18 Uhr; V) In dem kleinen, zwanglosen Lokal werden tellerweise scharfes Schawarma, Falafel und Sandwiches mit frischem Hummus serviert.

LP Tipp **Machu Picchu** (☎ 2255-1717; Calle 32 zw. Av 1 & 3; Hauptgerichte ab 4500 CRC; Mo–Sa 10–22, So 11–18 Uhr) Das angesehene peruanische Restaurant hat Speisen aus den Anden auf der Karte. Hier isst man sonntags gern ausgedehnt zu Mittag. Angeboten werden leckere, typisch peruanische Gerichte wie *pulpo al olivo* (Tintenfisch in Olivensauce), *ají de gallina* (ein pikanter Hühnereintopf) und *causa* (gekühlter Kartoffelauflauf mit Shrimps und Avocado).

Zwei gute Supermärkte gibt es in der Gegend: **Más x Menos** (☎ 2248-0968; Ecke Autopista General Cañas & Av 5; Mo–Sa 7–24, So 7–21 Uhr) und **Palí** (☎ 2256-5887; Paseo Colón zw. Calle 24 & 26).

Los Yoses & San Pedro

In den Vororten gibt es ein paar richtig gute Restaurants.

Giacomin (☎ 2224-3463; Av Central östlich der Calle 37, Los Yoses; Gebäck ab 700 CRC; Mo–Fr 8–12 & 14–19, Sa 8–12 & 14–18.30 Uhr) Die hinter einem Parkplatz versteckte, seit den 1960er-Jahren existierende Konditorei östlich des Automercado ist nach Ansicht der *josefinos* die beste der Stadt.

Bagelmens (☎ 800-212-1314; www.bagelmenscr.com; Ecke Av Central & Calle 33, Los Yoses; Frühstück 1000–2000 CRC; 🕑 7–21 Uhr; 📶) Nach all dem *gallo pinto* ist dieses Lokal, das ordentliche Bagels serviert, genau das Richtige. Außerdem bekommt man hier köstliche Waffeln, saftiges Bananenbrot und überraschend gutes italienisches Eis.

Comida Para Sentir (Casados 1600–2800 CRC; 🕑 Mo–Fr 10–18 Uhr; Ⓥ) Der zwanglose, gut besuchte Studententreff bietet internationale vegetarische Gerichte, z. B. Reiscurry mit Cashewkernen, Gemüse-*casados*, Vollkornsandwiches und erstklassigen Cappuccino. Das Lokal befindet sich in San Pedro, 100 m nördlich der Iglesia de San Pedro.

Aya Sofya (☎ 2224-5050; Calle 33 Höhe Av 1, Los Yoses; 2600–7900 CRC; 🕑 Mo–Sa 7–19 Uhr; Ⓥ) Dieses versteckte Schmuckstück mit kleiner Außenterrasse serviert türkische und mediterrane Spezialitäten wie frischen Hummus, grüne Salate mit Feta, Hühnchensandwiches und wechselnde Tagesgerichte.

AUSGEHEN

Wie auch immer das bevorzugte Gift heißt (wir bevorzugen *guaro* sauer) – in San José finden sich „Versorgungsstationen" en masse, von Nachbarschaftskneipen bis hin zu trendigen Bars. Die Preise für ein Bier variieren je nach Einrichtung, man zahlt aber mindestens 1200 CRC. Immer den Personalausweis oder Pass dabeihaben, sonst kommt man vielerorts gar nicht erst rein.

Die Calle 3, nördlich der Av Central in San Pedro, ist als Calle La Amargura (Sorgenstraße) bekannt, sollte aber besser Calle de la Cruda (Katerstraße) heißen, weil sie stadtweit die höchste Konzentration von Bars aufweist. In vielen drücken sich schon tagsüber viele Gäste (hauptsächlich Studenten) herum. Die Bars kommen und gehen; alteingesessene Treffs für Feierlustige sind das Terra U (50 m nördl. der Av Central), das Caccio's (150 m nördl. der Av Central) und das Tavarúa (auf der anderen Straßenseite).

Chelle's (☎ 2221-1369; Ecke Av Central & Calle 9; 🕑 24 Std.) Wer die Nacht mit Ticos durchzecht hat, könnte sich um 4 Uhr derangiert bei einem kalten Bier hier wiederfinden und dabei ertappen, wie er Leuten, die er gerade erst kennengelernt hat, vorlallt, dass er sie liebt.

El Morazán (☎ 2256-5110; Ecke Calle 9 & Av 3; Cocktails 2500–3000 CRC; 🕑 12–24 Uhr) Gegenüber dem Parque Morazán liegt diese unverputzte Location mit Fliesen im spanischen Stil, die von 1904 stammt. Der Treff ist bei Chepes jungen Künstlern beliebt.

Das spanisch-mediterrane Centro Comercial El Pueblo, gleich nordöstlich des Zentrums unter freiem Himmel, hat viele Bars, Clubs und Musiktreffs. Da alles dicht beieinander liegt, kann man hier gut eine Kneipentour machen, zumal die Anlage streng überwacht wird und deshalb – außer vielleicht in den frühen Morgenstunden – sicher ist. Richtig los geht es meist gegen 21 Uhr, geschlossen wird um 3 Uhr.

UNTERHALTUNG

Eine komplette Liste der Kulturveranstaltungen und des Nachtlebens der kommenden Woche (spanisch) enthält die Donnerstagsausgabe von *La Nación*. Ein Eventkalender in englischer Sprache ist in der „Weekend"-Ru-

COSTA RICA

SCHWULEN- & LESBENSZENE IN SAN JOSÉ

Die Stadt besitzt die lebendigste Schwulen- und Lesbenszene Zentralamerikas. Wie in anderen Locations variieren auch hier die Grundpreise je nach Lage und Veranstaltung (2000–5000 CRC). Manche Clubs haben an manchen Wochentagen (meist So–Di) geschlossen, andere veranstalten Abende, an denen nur Männer oder nur Frauen Zutritt haben – vorher erkundigen oder einen Blick auf die Websites der einzelnen Clubs werfen! Die im Folgenden aufgeführten Treffs liegen alle im Süden der Stadt, wo es nach Einbruch der Dunkelheit deutlich sicherer ist, ein Taxi zu nehmen.

Bochinche (☎ 2221-0500; www.bochinchesanjose.com; Calle 11 zw. Av 10 & 12) In diesem Club läuft alles von klassischer Discomusik bis Electronica; außerdem gibt's spezielle Themenabende.

Club Oh! (☎ 2221-9341; www.clubohcostarica.com; Calle 2 zw. Av 14 & 16; 🕑 Fr & Sa ab 21 Uhr) Der große Tanzclub mit angeschlossener Lounge lockt ein gemischtes Publikum aus Schwulen, Lesben und Aufgeschlossenen an. Man trinkt und tanzt. Freitags gibt's mitternächtliche Travestieshows.

La Avispa (☎ 2223-5343; www.laavispa.co.cr; Calle 1 zw. Av 8 & 10) Diesen Schwulentreff gibt es schon über 30 Jahre. Das La Avispa besteht aus einer Bar mit Billardtischen und einer Tanzfläche, auf der mächtig was los ist – Leser haben sie uns stark ans Herz gelegt.

brik der *Tico Times* zu finden. Die von *El Financiero* herausgegebene und in der Touristeninformation erhältliche *Guía de Ciudad* berichtet über örtliche Events. Mehr aktuelle Infos zu Kinos, Bars und Clubs im gesamten Gebiet von San José findet man unter www.entretenimiento.co.cr.

San José besitzt eine boomende Theaterszene. Die angesehenste Spielstätte ist das **Teatro Nacional** (☎ 2221-5341; www.teatronacional.go.cr; Ecke Calles 3 & 5 zw. Av Central & 2), in dem von März bis November Schauspiel, Tanz, Sinfoniekonzerte und lateinamerikanische Musik auf dem Programm stehen. Eine weitere wichtige Location ist das restaurierte **Teatro Melico Salazar** (☎ 2233-5424; www.teatromelico.go.cr; Av 2 zw. Calle Central & 2) aus den 1920er-Jahren.

Multicines San Pedro (☎ 2283-5715/6; www.ccmcinemas.com; 2. Stock, Mall San Pedro, San Pedro) ist ein beliebtes Multiplexkino, auf dessen zehn Bühnen die neuesten Hollywoodstreifen laufen.

Das **Jazz Café** (☎ 2253-8933; www.jazzcafecostarica.com; 🕑 18–2 Uhr) ist der angesagte Livemusiktreff in San José. Jeden Abend tritt eine andere Band auf. Schon zahllose Künstler standen hier auf der Bühne, darunter der legendäre kubanische Bandleader Chucho Valdés und der kolumbianische Popstar Juanes. Der Eintrittspreis hängt von der Veranstaltung ab; bei Gruppen aus der Region zahlt man ungefähr 4000 CRC. Das Café befindet sich 50 m östlich der Antiguo Banco Popular in San Pedro.

Der **Club Vertigo** (☎ 2257-8424; www.myspace.com/vertigocr; Paseo Colón zw. Calle 38 & 40, La Sabana) im Erdgeschoss eines nichtssagenden Büroturms ist der wichtigste Club der Stadt, wo die Hippsten und Schönsten Chepes zu einem Mix aus House, Trance und Electronica abtanzen. Unten gibt es eine 850 Personen fassende saunaähnliche Tanzfläche, oben eine Lounge mit roten Sofas zum Chillen. Hierher kommt man im besten Hemd! Wenn Gast-DJs auflegen, kann der Grundpreis kräftig in die Höhe schießen (ab 7000 CRC).

SHOPPEN

Gerüstet mit legerer Kleidung und ein paar Scheinchen extra in den Socken sollte man sich auf den schmuddeligen **Mercado Central** (Ecke Av Central & 1 zw. Calle 6 & 8) begeben. Er ist nämlich die beste Stelle, um sich mit Hängematten *hecho en* (made in) Nicaragua und *Pura Vida*-Tee (aus China) einzudecken. Kaffeebohnen in Exportqualität bekommt man hier zu einem Bruchteil des Ladenpreises.

Eine der besten Shopping-Adressen der Stadt ist der **Mercado Artesanal** (Plaza de la Democracia; Ecke Av Central & 2 zw. Calle 13 & 15; 🕑 Vormittag–Sonnenuntergang), wo an 100 Ständen unter freiem Himmel handgearbeiteter Schmuck, aufwändige Schnitzereien, guatemaltekische Sarongs und kubanische Zigarren verkauft werden.

Einen schnellen Einblick in die örtlichen indigenen Kulturen vermittelt die **Galería Namu** (☎ 2256-3412; www.galerianamu.com; Av 7 zw. Calle 5 & 7; 🕑 Mo–Sa 9.30–18.30, So 9–13.30 Uhr), die Kunst und Kunsthandwerk verschiedener regionaler Ethnien anbietet. Das Personal kann auch dabei helfen, Besuche in abgelegenen indigenen Territorien in verschiedenen Teilen Costa Ricas zu organisieren.

AN- & WEITERREISE

Bus

Der **Terminal Coca-Cola** (Av 1 zw. Calle 16 & 18) ist ein bekanntes örtliches Wahrzeichen. Unzählige Busse fahren in einem Umkreis von vier Blocks um ihn herum ab. Die verschiedenen Busbahnhöfe bedienen unterschiedliche Gebiete. Gleich nordöstlich vom Coca-Cola-Terminal fahren vom **Terminal San Carlos** (Ecke Av 9 & Calle 12) Busse zu Zielen im Norden, u. a. nach Monteverde, La Fortuna und Sarapiquí. Busse zur Karibikküste nutzen den **Gran Terminal del Caribe** (Calle Central, nördlich der Av 13). Die Busse nach San Isidro de El General fahren im Süden der Stadt ab dem **Terminal Musoc** (Av 22 zw. Calle Central & 1). Einige Busgesellschaften unterhalten nur eine Bushaltestelle (in diesem Fall den Fahrpreis direkt beim Fahrer zahlen), andere haben ein winziges Büro mit einem Schalter zur Straße und wieder andere nutzen einen Busbahnhof.

Am Freitagabend und am Samstagmorgen sind die Busse in der Regel voll – vor allem gilt das rund um die Oster- und Weihnachtszeit. Im Umfeld des Terminal Coca-Cola sind Diebstähle häufig, also aufgepasst! Die Busfahrpläne ändern sich regelmäßig, und die Fahrpreise schwanken abhängig von den Benzinpreisen. Einen umfassenden Busfahrplan bekommt man im ICT-Büro (S. 610) oder online unter www.visitcostarica.com.

INTERNATIONALE BUSSE

Busse ins Ausland sind schnell ausgebucht, deshalb das Ticket im Vorverkauf besorgen und den Pass nicht vergessen! Die Fahrtziele:

Changuinola/Bocas del Toro, Panama Transportes Bocatoreños (☎ 2227-5923; Ecke Av 5 & Calle 16, vor dem

Hotel Cocorí) 28 US$; 6 Std.; Abfahrt 9 Uhr. Dieser Bus nimmt die Route über Sixaola und hält auf dem Weg nach Bocas del Toro auch in Changuinola, Panama.
David, Panama Tracopa (Calle 5 zw. Av 18 & 20) 25 US$; 9 Std.; Abfahrt 7.30 Uhr.
Guatemala-Stadt, Guatemala Tica Bus (www.ticabus.com; Ecke Calle 9 & Av 4) 74 US$; 60 Std.; Abfahrt 6, 7.30 & 12.30 Uhr.
Managua, Nicaragua King Quality (☎ 2258-8834; Calle 12 zw. Av 3 & 5) 36 US$; 9 Std.; Abfahrt 3 Uhr; Panaline (Ecke Av 5 & Calle 16, vor dem Hotel Cocorí) 23 US$; 9 Std.; Abfahrt 5 Uhr; Tica Bus (Ecke Calle 9 & Av 4) normal/executivo 21/32 US$; 9 Std.; Abfahrt 6, 7.30 & 12.30 Uhr; Trans Nica (Calle 22 zw. Av 3 & 5) 21–31 US$; 9 Std.; Abfahrt 4, 5, 9 & 12 Uhr.
Panama-Stadt, Panama Panaline (☎ 2256-8721; Ecke Av 5 & Calle 16, vor dem Hotel Cocorí) 25 US$; 15 Std.; Abfahrt 13 Uhr; Tica Bus (www.ticabus.com; Ecke Calle 9 & Av 4) normal/executivo 26/37 US$; 15 Std.; Abfahrt 12 & 23 Uhr.
San Salvador, El Salvador King Quality (☎ 2258-8834; Calle 12 zw. Av 3 & 5) 62 US$; 48 Std.; Abfahrt 3 Uhr; Tica Bus (Ecke Calle 9 & Av 4) normal/executivo 53/58 US$; 48 Std.; Abfahrt 6, 7.30, 12.30 & 23 Uhr.
Tegucigalpa, Honduras King Quality (☎ 2258-8834; Calle 12 zw. Av 3 & 5) 60 US$; 48 Std.; Abfahrt 3 Uhr; Tica Bus (Ecke Calle 9 & Av 4) 42 US$; 48 Std.; Abfahrt 6, 7.30 & 12.30 Uhr.

INLANDSBUSSE AB SAN JOSÉ

Zu Zielen innerhalb Costa Ricas fahren die folgenden Unternehmen:

Valle Central

Alajuela Tuasa (Av 2 zw. Calle 12 & 14) 400 CRC; 40 Min.; 4–23 Uhr alle 10 Min., nach 23 Uhr alle 30 Min..
Cartago (Calle 13 zw. Av 6 & 8) 500 CRC; 40 Min.; 5.15–22 Uhr stündl.
Heredia (Calle 1 zw. Av 7 & 9) 400 CRC; 20 Min.; 5–23 Uhr alle 10 Min.
Turrialba (Calle 13 zw. Av 6 & 8) 1100 CRC; 2 Std.; 5–22 Uhr stündl.
Volcán Irazú (Av 2 zw. Calle 1 & 3) hin & zurück 2500 CRC; 2 Std.; Abfahrt 8 Uhr.
Volcán Poás Tuasa (Av 2 zw. Calle 12 & 14) hin & zurück 3400 CRC; 5 Std.; Abfahrt 8.30 Uhr.

Nordwestliches Costa Rica

La Fortuna (Terminal San Carlos) 2900 CRC; 4 Std.; Abfahrt 6.15, 8.30 & 23.30 Uhr.
Liberia Pulmitan (☎ 2666-0458; Calle 24 zw. Av 5 & 7) 2800 CRC; 4 Std.; 6–20 Uhr stündl.
Monteverde/Santa Elena (Calle 12 zw. Av 7 & 9) 3200 CRC; 4½ Std.; Abfahrt 6.30 & 14.30 Uhr (dieser Bus wird schnell voll – vorab reservieren).
Peñas Blancas, Grenzübergang nach Nicaragua Transportes Deldú (☎ 2256-9072; www.transportesdeldu.com; Av 9 zw. Calle 10 & 12) 4400 CRC; 6 Std.; Abfahrt 4, 5, 5.50, 7.45, 9.30, 10.30, 13.30, 16.15 & 19 Uhr.

Península de Nicoya

Montezuma & Mal País (Terminal Coca-Cola, Av 1 zw. Calle 16 & 18) 6800 CRC; 6 Std.; Abfahrt 6 & 14 Uhr.
Playa del Coco Pulmitan (Calle 24 zw. Av 5 & 7) 3300 CRC; 5 Std.; Abfahrt 8, 14 & 16 Uhr.
Playa Nosara Empresas Alfaro (☎ 2256-7050; Av 5 zw. Calle 14 & 16) 3900 CRC; 6 Std.; Abfahrt 5 Uhr.
Playa Sámara Empresas Alfaro (☎ 2256-7050; Av 5 zw. Calle 14 & 16) 3600 CRC; 5 Std.; Abfahrt 12 Uhr.
Playa Tamarindo Empresas Alfaro (☎ 2256-7050; Av 5 zw. Calle 14 & 16) 4400 CRC; 5 Std.; Abfahrt 11.30 & 15.30 Uhr.

Zentrale Pazifikküste

Dominical & Uvita Transportes Morales (Terminal Coca-Cola, Av 1 zw. Calle 16 & 18) 2500 CRC; 7 Std.; Abfahrt 6 & 15 Uhr.
Jacó Transportes Jacó (☎ 2290-2922; Terminal Coca-Cola, Av 1 zw. Calle 16 & 18) 2000 CRC; 3 Std.; Abfahrt 6, 7, 9, 11, 13, 15, 17 & 19 Uhr.
Puntarenas Empresarios Unidos (☎ 2222-8231; Ecke Av 12 & Calle 16) 1500 CRC; 2½ Std.; 6–19 Uhr stündlich.
Quepos/Manuel Antonio Transportes Morales (Terminal Coca-Cola, Av 1 zw. Calle 16 & 18) 3500–3700 CRC; 4 Std.; 6–19.30 Uhr ca. alle 90 Min.

Südliches Costa Rica & Península de Osa

Paso Canoas, Grenzübergang nach Panama Tracopa (☎ 2221-4214; Calle 5 zw. Av 18 & 20) 5000 CRC; 6 Std.; Abfahrt 5, 13, 16.30 & 18.30 Uhr.
Puerto Jiménez Blanco Lobo (☎ 2221-4214; Calle 5 zw. Av 18 & 20) 5900 CRC; 8 Std.; Abfahrt 6 & 12 Uhr. Dieser Bus wird in der Hauptsaison schnell voll – es empfiehlt sich, die Tickets im Vorverkauf zu besorgen.
San Isidro de El General Tracopa (☎ 2221-4214; Calle 5 zw. Av 18 & 20) 2100 CRC; 3 Std.; 5–18.30 Uhr stündl.; Transportes Musoc (Calle Central zw. Av 22 & 24) 2100 CRC; 3 Std.; 5.30–17.30 Uhr stündl.

Karibikküste

Die hier genannten Busse fahren alle vom Gran Terminal del Caribe:
Cahuita (Autotransportes Mepe) 3700 CRC; 4 Std.; Abfahrt 6, 10, 12, 14 & 16 Uhr.
Cariari, zum Tortuguero (Empresarios Guapileños) 1400 CRC; 2¼ Std.; Abfahrt 6.30, 9, 10.30, 13, 15, 16.30, 18 & 19 Uhr.
Guápiles (Empresarios Guapileños) 1100 CRC; 1½ Std.; 5.30–22 Uhr stündl.
Puerto Viejo de Talamanca (Autotransportes Mepe) 4300 CRC; 4½ Std.; Abfahrt 6, 10, 12, 14 & 16 Uhr.

Sixaola, Grenzübergang nach Panama (Autotransportes Mepe) 5300 CRC; 6 Std.; Abfahrt 6, 10, 12, 14 & 16 Uhr.

Nördliches Tiefland

Puerto Viejo de Sarapiquí Autotransportes Sarapiquí (Gran Terminal del Caribe) 1400 CRC; 2 Std.; Abfahrt 6.30, 7.30, 10, 11.30, 13.30, 14.30, 15.30, 16.30, 17.30 & 18 Uhr.

TOURISTENBUSSE

Grayline's Fantasy Bus (☎ 2220-2126; www.graylinecostarica.com) und **Interbus** (☎ 2283-5573; www.interbusonline.com) befördern Passagiere in klimatisierten Kleinbussen von San José zu vielen beliebten Zielen in ganz Costa Rica. Die Fahrten sind zwar teurer als mit normalen Bussen, aber durch den Haustürservice und die kürzere Fahrzeit trotzdem eine Option.

Flugzeug

Im Hauptterminal des **Aeropuerto Internacional Juan Santamaría** (☎ 2437-2400; Alajuela) werden Auslandsflüge abgefertigt. Von dem kleinen blauen Gebäude nördlich vom Hauptterminal aus fliegt **Sansa** (☎ 2290-4100; www.flysansa.com), eine der beiden Inlandsfluglinien Costa Ricas.

NatureAir (☎ 2220-3054; www.natureair.com), die zweite Inlandsfluglinie Costa Ricas, nutzt den in Pavas, einer Vorstadt von San José, gelegenen **Aeropuerto Tobías Bolaños** (☎ 2232-2820; Pavas).

Internationale Airlines mit Büro in San José:

Air France (☎ 2220-4111; www.airfrance.com; 7. Stock, Oficentro Ejecutivo La Sabana, Edificio 6, Sabana Sur; ⌚ Mo–Fr 8–12 & 13–17 Uhr)

American Airlines (☎ 2248-9010; www.americanairlines.co.cr; Edificio Centro Cars; ⌚ Mo–Fr 8–18, Sa 8–16 Uhr) Gegenüber dem Crowne Plaza Corobicí, Sabana Este.

Continental (☎ 0800-044 00005; www.continental.com; No 2, Oficentro La Virgen, Zona Industrial, Pavas; ⌚ Mo–Fr 8–17, Sa 9–13 Uhr)

COPA (☎ 2222-6640; www.copaair.com; 1. Stock, Torre Mercedes Benz, Ecke Calle 24 & Paseo Colón, La Sabana; ⌚ Mo–Fr 8–18, Sa 8–16 Uhr)

Delta (☎ 2256-7909; www.delta.com; Edificio Elizabeth; ⌚ Mo–Fr 8–17) 100 m östlich und 50 m südlich von Toyota, Paseo Colón, La Sabana.

Grupo TACA (☎ 2299-8222; www.taca.com; Ecke Calle 40 & Av Las Américas, La Sabana; ⌚ Mo–Fr 8–20, Sa 8–17, So 9–17 Uhr) Gegenüber dem Nissan-Händler.

Iberia (☎ 2431-5633; www.iberia.com; Oficentro Tical; ⌚ Mo–Fr 8–12 & 13–17 Uhr) 1 km östlich des Aeropuerto Internacional Juan Santamaría, Alajuela.

Mexicana (☎ 2295-6969; 1. Stock, Torre Mercedes Benz, Ecke Calle 24 & Paseo Colón, La Sabana; ⌚ Mo–Fr 8–17 Uhr)

United Airlines (☎ 2220-4844; www.united.com; 1. Stock, Oficentro Ejecutivo La Sabana, Edificio 2, Sabana Sur; ⌚ Mo–Fr 8–22, Sa 9–13 Uhr)

UNTERWEGS VOR ORT

Bus

Vom Parque La Sabana fahren die Busse über den Paseo Colón in die Stadt und wechseln dann am Hospital San Juan de Dios auf die Av 2. Von dort geht es auf drei verschiedenen Strecken weiter durch die Stadt, ehe die Busse nach La Sabana zurückkehren. Diese Busse haben die Fahrzielangabe Sabana-Estadio, Sabana-Cementerio oder Cementerio-Estadio und sind perfekt für eine günstige Stadtrundfahrt. Die Busse in östlicher Richtung nach Los Yoses und San Pedro fahren über die Av 2 und wechseln an der Calle 29 auf die Av Central (man erkennt sie leicht an dem großen Schild „Mall San Pedro" an der Frontscheibe). Diese Busse starten an der Kreuzung Av 2 und Calle 7, nahe dem Restaurante El Pollo Campesino.

Taxi

Die roten Taxis können Tag und Nacht an der Straße herangewunken werden, bei Bedarf kann man sich aber natürlich auch von seinem Hotel eines rufen lassen. Taxistände gibt es am Parque Nacional, am Parque Central und in der Nähe des Teatro Nacional.

Marías (Taxameter) werden grundsätzlich benutzt, aber einige Fahrer behaupten schon mal, das Taxameter wäre kaputt, um insbesondere Fahrgästen, die kein Spanisch können, einen höheren Preis abzuknöpfen (ohne Taxameter zu fahren, ist aber verboten). Beim Einsteigen sollte man also sicherstellen, dass die *maría* funktioniert oder ansonsten vorab den Preis aushandeln. Kurze Fahrten im Zentrum kosten zwischen 1000 und 2000 CRC. Eine Taxifahrt nach Los Yoses oder San Pedro sollte rund 2000 CRC kosten. Nach 22 Uhr wird ein Aufschlag von 20 % erhoben, der nicht auf dem Taxameter angezeigt sein muss.

VALLE CENTRAL & DAS HOCHLAND

Das einst von *indígenas*, später von Kaffeebaronen und heute von Computerunternehmen genutzte fruchtbare Valle Central ist Costa Ricas Herz. In seinem Zentrum liegt die boomende Hauptstadt San José, an den Rändern finden sich die Städte Alajuela, Heredia und Cartago, sodass sich hier die Bevölkerung des Landes konzentriert. Das Tal ist zudem eines der weltweit größten Zentren der Microchip-Produktion; es zieht jede Menge junge, gebildete und zunehmend zweisprachige Arbeitskräfte an. Einige idyllische Gebiete gibt es zwar noch, aber ansonsten ist die Region dicht besiedelt, fortschrittlich und modern. Hier lernt man ein Costa Rica kennen, über das man in den meisten Reiseprospekten nichts erfährt.

ALAJUELA

175 000 Ew.

Im freundlichen, einladenden und einfachen Alajuela herrscht eine fröhliche Atmosphäre, die in der Hauptstadt praktisch fehlt. Dabei ist die „zweite Stadt" Costa Ricas im besten Sinne unverkennbar provinziell: Die von Mangobäumen gesäumte Plaza, altmodische Friseurgeschäfte und die hochragende, alabasterweiße Kathedrale prägen den Anblick des Zentrums. Die Stadt ist eine günstige Basis, wenn man frühmorgens einen Flug erwischen oder den nördlich gelegenen Volcán Poás besuchen will.

Zu den Banken hier gehört die **Scotiabank** (Ecke Av 3 & Calle 2) mit einem Cirrus-Geldautomaten. Im Internet surfen kann man bei **BYTE** (Ecke Calle 3 & Av 1, 2. Stock; 378 CRC/Std.; ⌚ Mo–Sa). Für lange Trips versorgt einen **Goodlight Books** (☎ 2430-4083; www.goodlightbooks.com; Av 3 zw. Calle 1 & 3) mit englischsprachiger Literatur. Der Inhaber Larry, ein Auswanderer, hat auch viele nützliche Tipps auf Lager.

Nordwestlich vom Parque Central erinnert das **Museo Juan Santamaría** (☎ 2441-4775; www.museojuansantamaria.go.cr; Ecke Av 3 & Calle 2; Eintritt frei; ⌚ Di–So 10–17.30 Uhr) an Juan Santamaría, den jungen Trommler, der zum Helden wurde, als er beim Angriff auf die Verschanzung des Söldnerführers William Walker im Krieg des Jahres 1856 fiel. In dem einstigen Gefängnis der Stadt sind heute Landkarten, Gemälde und historische Zeugnisse ausgestellt.

Schlafen

Hostel Trotamundos (☎ 2430-5832; www.hoteltrotamundos.com; Av 5 zw. Calle 2 & 4; B 12 US$, DZ 25–30 US$, jeweils inkl. Frühstück; 💻) Das einfache Hostel bietet saubere Zimmer und sehr freundlichen Service. In dem zweistöckigen Haus mit winzigem Innenhof gibt es drei Schlafsäle und sieben Zimmer mit Kabel-TV; eines hat einen Balkon zur Straße.

Hostel Maleku (☎ 2430-4304; www.malekuhostel.com; B 12 US$, EZ/DZ ohne Bad 25/35 US$; 💻) Die niedliche kleine Backpackerherberge am südlichen Stadtrand 50 m westlich vom Hospital San Rafael hat kleine, blitzsaubere Zimmer in einem historischen Haus, das an einer ruhigen Straße liegt. Die Atmosphäre ist schön beschaulich und das Personal sehr hilfsbereit.

LP Tipp **Alajuela Backpackers Boutique Hostel & Hotel** (☎ 2441-7149; www.alajuelabackpackers.com; B 15 US$, normales EZ/DZ 30/45 US$, Deluxe-EZ/DZ 38/58 US$, Juniorsuite EZ/DZ 48/68 US$; ❄ 💻 📶) Die brandneue Herberge mit 21 Zimmern gegenüber dem Parque de los Niños ist eher ein Hotel mit Schlafsälen als ein Hostel. Das Atrium ist voller Pflanzen. Im 4. Stock gibt es eine Lounge mit Sitzsäcken, wo man gemütlich ein Bier trinken kann, während man in der Ferne die Flugzeuge vom internationalen Flughafen starten sieht. Die Schlafsäle bieten viel Platz (nur 4 Pers./Raum), und zu jedem gehört ein eigenes Bad. Die anderen Zimmer sind schön und in ruhigen Erdfarben gehalten. Sie verfügen über Kabel-TV und Doppelfenster.

Welcome to CR B&B (☎ 2265-6563; www.welcometocr.com; DZ inkl. Frühstück 50 US$; 💻 📶) Die charmante und heimelige kleine Unterkunft liegt ungefähr 5 km östlich des Flughafens an der Straße nach San Joaquín. Angeboten werden drei Doppelzimmer mit Bad samt Frühstück à la carte. Mit Pauschaltourbuchmöglichkeit.

Hotel 1915 (☎ 2441-0495; www.1915hotel.com; Calle 2 zw. Av 5 & 7; DZ 55–85 US$; ❄ 💻 📶) Von außen sieht das Hotel nicht gerade vielversprechend aus, doch hinter der Eingangstür verbirgt sich eine hübsche Anlage mit 16 Zimmern, die sich rund um ein 100 Jahre altes Wohnhaus verteilen. Die Zimmer haben Lehmziegelwände, Balkendecken und Möbel im traditionellen Stil, und die meisten bieten auch einen kleinen Kühlschrank. Außerdem gibt es ein hübsches Wohnzimmer mit Buntglasfenster; viele Flure sind mit spanischen Fliesen verkleidet.

Essen

Mercado Central (Calle 4 & 6 zw. Av 1 & Central; ⌚ Mo–Sa 7–18 Uhr) Günstig und gut essen kann man im Gebäude des Mercado Central. Hier gibt es Lebensmittelstände, Imbisse und vieles mehr.

Soda El Puntalito (Ecke Calle 4 & Av 3; Snacks 1000–2000 CRC) Wie die Einheimischen: einen Hocker unter der blauen Markise dieses schlichten Imbissstands an der Ecke schnappen!

VALLE CENTRAL & DAS HOCHLAND

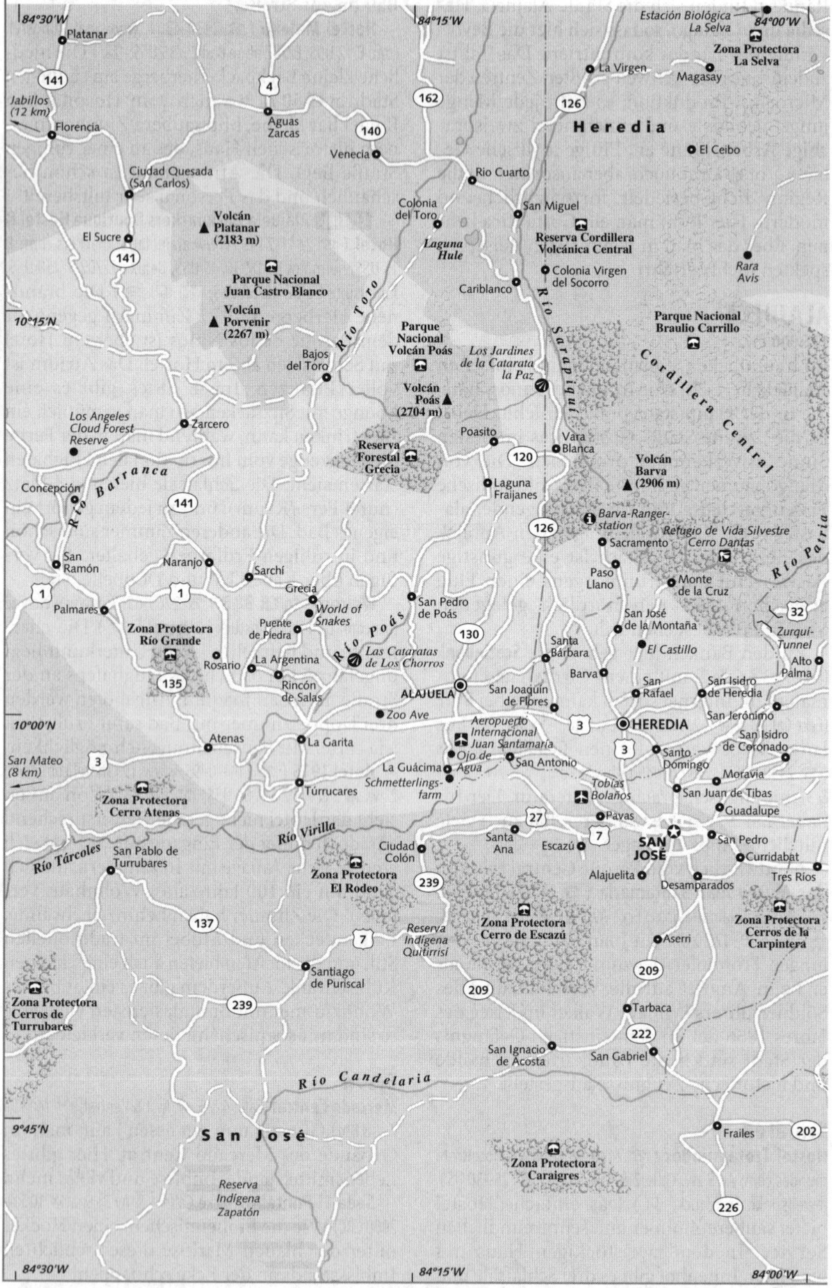

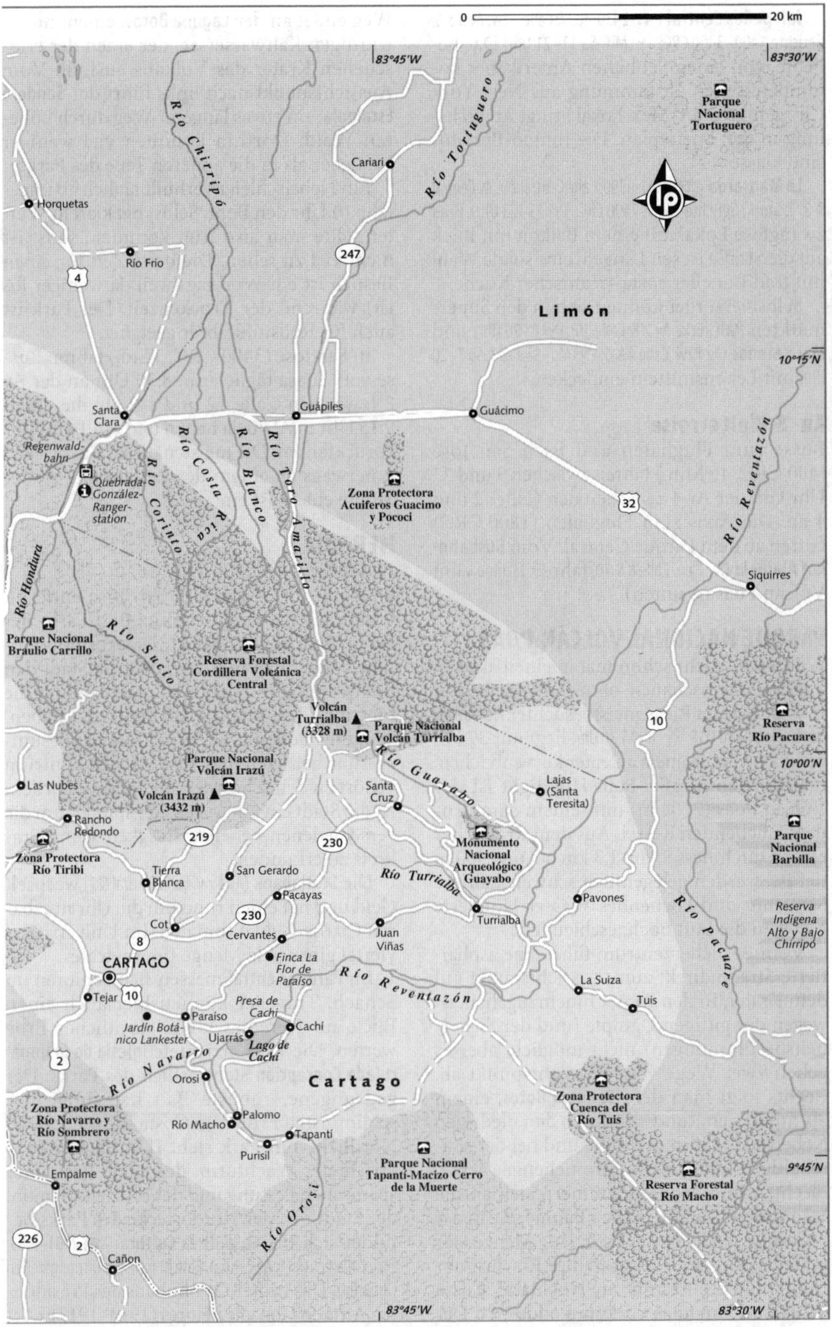
0
20 km
83°45'W
83°30'W
Parque Nacional Tortuguero
Río Chirripó
Río Tortuguero
Cariari
Horquetas
Río Frio
4
247
Limón
10°15'N
Santa Clara
Guápiles
Guácimo
Regenwald-bahn
Quebrada-González-Ranger-station
Río Costa Rica
Río Blanco
Río Toro Amarillo
Río Corinto
Zona Protectora Acuiferos Guacimo y Pococi
32
Río Reventazón
Río Hondura
Siquirres
Parque Nacional Braulio Carrillo
Río Sucio
Reserva Forestal Cordillera Volcánica Central
Volcán Turrialba (3328 m)
Parque Nacional Volcán Turrialba
10
Reserva Río Pacuare
10°00'N
Parque Nacional Volcán Irazú
Río Guayabo
Las Nubes
Volcán Irazú (3432 m)
Santa Cruz
Lajas (Santa Teresita)
Rancho Redondo
219
230
Monumento Nacional Arqueológico Guayabo
Parque Nacional Barbilla
Zona Protectora Río Tiribi
Tierra Blanca
San Gerardo
Río Turrialba
Pacayas
Turrialba
Pavones
Río Pacuare
Reserva Indígena Alto y Bajo Chirripó
Cot
230
Cervantes
Juan Viñas
8
CARTAGO
Finca La Flor de Paraíso
Río Reventazón
Tejar
10
La Suiza
Tuis
Jardín Botánico Lankester
Paraíso
Presa de Cachi
Cachí
Ujarrás
Lago de Cachí
2
Río Navarro
Orosi
Cartago
Zona Protectora Cuenca del Río Tuis
Zona Protectora Río Navarro y Río Sombrero
Palomo
Río Macho
Tapantí
Purisil
Parque Nacional Tapantí-Macizo Cerro de la Muerte
9°45'N
Empalme
Reserva Forestal Río Macho
226
2
Río Orosi
Cañon
83°45'W
83°30'W

COSTA RICA

Jalepeños Central (☎ 2430-4027; Calle 1 zw. Av 3 & 5; Gerichte 1400–3400 CRC; ⌚ Mo–Sa 11–21 Uhr) Das beliebte, von einem lebhaften Amerikaner kolumbianischer Abstammung aus New York City geführte Tex-Mex-Lokal bringt Abwechslung in den Speiseplan. Die Jumbo-Burritos sind klasse.

La Mansarda (☎ 2441-4390; Calle Central zw. Av Central & 2, 2. Stock; Gerichte 2600–7500 CRC; ⌚ 11–23 Uhr) Das zwanglose Lokal mit einem Balkon mit Blick auf die Straße ist seit Langem eine solide Wahl mit traditioneller costa-ricanischer Küche.

Selbstversorger können sich in den Supermärkten **Palí** (Ecke Av 2 & Calle 10; ⌚ 8–20 Uhr) und **Más x Menos** (Av 1 zw. Calle 4 & 6; ⌚ Mo–Sa 7–21, So 7–20 Uhr) mit Lebensmitteln eindecken.

An- & Weiterreise

Busse zum Flughafen und nach San José (400 CRC, 45 Min.) fahren zwischen 5 und 23 Uhr von der Av 4 zwischen den Calles 2 und 4 ab. Die Taxis zum Flughafen (1800 CRC) fahren ab dem Parque Central. Vom **Busbahnhof Alajuela** (Av 1 zw. Calle 8 & 10) fahren Busse zum Volcán Poás (s. unten).

PARQUE NACIONAL VOLCÁN POÁS

Wer wollte nicht schon mal in einen aktiven Vulkan hineinschauen, ohne ihn besteigen zu müssen? Costa Ricas meistbesuchter **Nationalpark** (Eintritt 10 US$; ⌚ 8–15.30 Uhr) liegt nur 37 km nördlich von Alajuela an einer kurvenreichen, malerischen Straße. Sein Highlight ist der Volcán Poás (2704 m) mit seinem dampfenden, fauchenden Kessel. Aus dem Krater, der einen Durchmesser von 1,3 km hat und 300 m tief ist, werden gelegentlich schwefelhaltiger Schlamm und kochendes Wasser Hunderte Meter in die Luft hochgeschleudert.

Vom Besucherzentrum führt eine asphaltierte Straße direkt zum Aussichtspunkt auf dem Krater. In den Krater hineinzugehen, ist wegen der giftigen Dämpfe (und der Sicherheitsbestimmungen) nicht möglich, aber es gehen zwei Wege vom Aussichtspunkt ab. Rechts folgt man dem **Sendero Botos**, einem 30-minütigen Rundweg durch den niedrigen Nebelwald, der in der Kälte und bei der säurehaltigen Luft gedeiht. Bromeliengewächse, Flechten und Moose klammern sich an die Stämme der kümmerlichen Bäume, die in der vulkanischen Erde wachsen. Jede Menge Vögel leben hier, u. a. der auffällige Prachtweibchenkolibri, eine nur im Hochland Costa Ricas und Panamas vorkommende Art. Der Weg endet an der **Laguna Botos**, einem merkwürdigen Kaltwassersee, der einen der erloschenen Krater des Vulkans ausfüllt. Vom Aussichtspunkt nach links führt der **Sendero Escalonia**, ein etwas längerer Weg durch höheren Wald. Dorthin kommen viel weniger Besucher als in die anderen Teile des Parks.

Ein Nebelschleier verhüllt täglich ab ungefähr 10 Uhr den Berg. Selbst bei klarem Wetter sollte man also früh kommen, sonst ist nicht viel zu sehen. Die beste Zeit für einen Besuch ist ein Werktag (weil da weniger los ist) während der Trockenzeit. Der Park ist auch für Rollstuhlfahrer geeignet.

In San José (3400 CRC, 5 Std.) fahren Busse von Tuasa täglich um 8.30 Uhr an der Av 2 (zwischen Calle 12 und 14) ab, die gegen 9.15 Uhr in Alajuela halten und um 14.30 Uhr zurückfahren. Die meisten dieser Busse legen unterwegs an einem der Restaurants an der Straße eine Rast ein.

HEREDIA

100 000 Ew.

Obwohl nur 11 km von San José entfernt, wirkt Heredia dem Schmutz und Lärm der Hauptstadt weit entrückt. Das kosmopolitische Gewimmel hier verdankt die Stadt den multinationalen Hightech-Unternehmen, die hier ihre Zentralamerika-Zentralen haben. Weiteres Boheme-Flair trägt die Landesuniversität bei. Heredias historisches Zentrum gehört zu den schönsten im Land; außerdem ist die Stadt ein guter Ausgangspunkt, um die verschiedenen Sehenswürdigkeiten im Umkreis zu erkunden.

Die **Scotiabank** (Av 4 zw. Calle Central & 2) wechselt Geld und hat einen rund um die Uhr nutzbaren Cirrus-Geldautomaten. Im Universitätsviertel gibt's jede Menge Internetcafés.

Im **Parque Central** messen sich Senioren im Schach. Traveller können hier auch einen Blick auf Heredias kolonialzeitliches Erbe werfen. Die 1798 errichtete **Iglesia de la Inmaculada Concepción** steht östlich des Parks. Der gedrungene, robuste Bau hat einige der schlimmsten Erdbeben Costa Ricas überlebt. Nördlich vom Park steht **El Fortín**, ein 1867 errichteter Wachturm, der letzte Rest einer spanischen Festung und das offizielle Symbol der Stadt. An der Nordostecke des Parks befindet sich die **Casa de la Cultura** (☎ 2261-4485; Ecke Calle Central & Av Central; Eintritt frei; ⌚ Öffnungszeiten variieren). Das frühere Wohnhaus des Präsidenten Alfredo González Flores (1913–1917) zeigt heute historische Zeugnisse und Kunstausstellungen und dient als Veranstaltungsort.

Kurse

Im Ort werden Spanischkurse angeboten. Die genannten Preise beziehen sich auf fünftägige Kurse à vier Stunden pro Tag mit/ohne Unterkunft bei Gastfamilien inklusive zwei Mahlzeiten pro Tag.

Centro Panamericano de Idiomas (☎ 2265-6306; www.cpi-edu.com; 480/330 US$) Diese beliebte Schule in San Joaquín de la Flores, gleich außerhalb von Heredia, hat auch ein Programm für Teenager.

Intercultura (☎ 2260-8480, in den USA 800-552 2051; www.interculturacostarica.com; 425/285 US$) Die Schule in Heredia vermittelt auch Freiwilligenjobs und veranstaltet neben Sprachkursen auch Koch- und Tanzkurse.

Schlafen & Essen

Hotel Las Flores (☎ 2261-8147; www.hotel-lasflores.com; Av 12 zw. Calle 12 & 14; EZ/DZ/3BZ 13/25/40 US$;) Am südlichen Stadtrand, ein gutes Stück außerhalb des Zentrums, bietet dieses makellose, von einer Familie geführte Haus 29 himmelblau und limettengrün gestrichene Zimmer. Die Möblierung ist einfach, aber die Matratzen sind dick, und alle Zimmer haben Fernseher und eigene Bäder mit Warmwasser.

Hotel Ceos (☎ 2262-2628; info@hotelamericacr.com; Ecke Calle 4 & Av 1; EZ/DZ/3BZ/4BZ 24/33/43/53 US$) Das etwas heruntergekommene Haus hat zehn große, schlichte, düstere Zimmer mit eigenen Warmwasserduschen, Kabel-TV und einem großen Gemeinschaftsbalkon.

Hotel Heredia (☎ 2238-0880; Calle 6 zw. Av 3 & 5; EZ/DZ/3BZ/4BZ 24/33/43/53 US$) In dem weiß und blau angestrichenen Haus übernachten Gäste in einem der zwölf einfachen, gefliesten Zimmer mit Kabel-TV und kleinen, aber ordentlichen Badezimmern mit Warmwasserduschen. Nach hinten raus gibt es einen kleinen Garten.

El Testy (Ecke Calle 2 & Av 2; Gerichte 1200–2800 CRC) Hier gibt's Burritos, Ravioli, Hamburger, Tacos, Hähnchen und Fritten.

Cowboy Steakhouse (☎ 2237-8719; Calle 7 zw. Av 3 & 5; Gerichte 1900–7400 CRC; Mo–Sa 17–23 Uhr) Dieses Restaurant ist in gelb und rot gehalten und hat zwei Bars, Sitzplätze im Hof und die besten Rindersteaks der Stadt.

Für ein paar Tausend Colones kann man sich im **Mercado Municipal** (Calle 2 zw. Av 6 & 8; 6–18 Uhr) satt essen, wo es einige *sodas* und viele Stände mit richtig frischem Gemüse gibt. Alles übrige bekommt man bei **Más X Menos** (Av 6 zw. Calle 4 & 6; 8.30–21 Uhr).

Shoppen

Artesanías Víchez (☎ 2237-9641; Mo–Sa) Das Kunsthandwerk ist hier ziemlich geschmacklos, aber eigentlich kommen auch alle nur aus einem Grund: um einen echten Cowboyhut zu kaufen. Also aufgesattelt und losgeritten!

An- & Weiterreise

Einen Busbahnhof gibt's nicht, die Busse starten von mehreren Haltepunkten im Süden der Stadt. Infos zur Fahrt zum Volcán Barva gibt's im folgenden Abschnitt zum Parque Nacional Braulio Carrillo. Busse fahren nach:

Alajuela (Ecke Av Central & Calle 9) 400 CRC; 20 Min.; 6–22 Uhr alle 15 Min.

San José (Av 8 zw. Calle Central & 1) 300 CRC; 20 Min.; 4.40–23 Uhr alle 20–30 Min.

PARQUE NACIONAL BRAULIO CARRILLO

Dichter unberührter Wald, tosende Wasserfälle, rauschende Flüsse und tiefe Schluchten – beim Wandern durch diesen wenig besuchten **Nationalpark** mag man kaum glauben, dass man sich nur 30 Minuten nördlich von San José befindet. Die außerordentliche Artenvielfalt des Braulio Carrillo ist den großen Höhendifferenzen geschuldet: Er erstreckt sich vom dunstigen Nebelwald des Volcán Barva bis hinunter in das üppige, feuchte Tiefland an der Karibikküste.

Der 1978 gegründete Park schützt urtümliche Wälder, die in Gefahr gerieten, als der Highway zwischen San José und Puerto Limón gebaut wurde. Bei der Fahrt durch den Park gewinnt man eine Vorstellung davon, wie Costa Rica vor 1950 ausgesehen hat: Rauschende Flüsse und sanfte, mit Regenwald bedeckte Hügel bestimmen das Bild.

Mehrere Flüsse durchqueren den Park, z. B. der Río Sucio (Schmutziger Fluss), dessen gelbes Wasser vulkanische Mineralien mit sich führt, und der kristallklare Río Hondura. Sie treffen in der Nähe der wichtigsten Fernstraße aufeinander; der Kontrast der Farben ist faszinierend. Der Volcán Barva erhebt sich in der südwestlichen Ecke des Parks.

Leider gibt es viele Berichte über Diebstähle aus Autos und über bewaffnete Raubüberfälle auf den Wegen und am Highway. Man sollte also entweder mit einem Parkranger wandern oder sich über eine der Rangerstationen einen Führer besorgen.

Weitere Details finden sich auf der Website von **Minae** (www.minae.go.cr/accvc/braulio.htm).

COSTA RICA

Sektor Quebrada González

Das beliebteste Wandergebiet erreicht man vom Nordende des Parks und der Rangerstation **Quebrada González** (☎ 2268-1038/9; Eintritt 8 US$; 7–16 Uhr) aus; Letztere liegt 22 km hinter dem Zurquí-Tunnel östlich des Highways von San José nach Limón. Hier gibt es einen bewachten Parkplatz, Toiletten und gut markierte Wege. Die stündlich fahrenden Busse zwischen San José und Guápiles halten auf Wunsch am Eingang, aber man muss 2 km am Highway entlang bis zu dem Restaurant zurücklaufen, an dem die zurückfahrenden Busse halten. Achtung: An dieser Stelle wurden schon Raubüberfälle gemeldet.

Sektor Barva

Der Aufstieg auf den Volcán Barva samt Rückweg auf einem gepflegten Weg dauert vier bis fünf Stunden. Er beginnt an der Westseite des Parks am Eingang Sacramento, nördlich von Heredia. Von dort ist der Weg ausgeschildert und gut erkennbar. Der Aufstieg selbst ist einfach. Immer die Augen auf – vielleicht sitzt ja irgendwo ein Quetzal! Nahe dem Gipfel gibt es mehrere Kaltwasserseen.

Am besten wandert man in der Trockenzeit – oder besser weniger feuchten Zeit – zwischen Dezember und April, denn sonst sind die Wege matschig und dichte Wolken können die Orientierung erschweren. Nachts fallen die Temperaturen bis unter den Gefrierpunkt. Zelten ist erlaubt, aber richtige Campingplätze gibt es nicht.

Von Heredia (Calle 1, zw. Av 4 & 6) fahren drei Busse täglich (400 CRC, werktags 6.25, 12 & 16 Uhr, Wochenende 6.40, 11 & 16 Uhr) über den Paso Llano (Porrosatí). Von dort ist es ein 5 km langer Marsch bis Sacramento, dann folgen noch weitere 3 km bis zur Rangerstation **Barva** (☎ 261-2619; HS 7–16 Uhr), die nicht immer besetzt ist.

CARTAGO

145 000 Ew.

In Cartago herrscht Frieden: Auf der zentralen Plaza stören nur lästige Tauben und die Rufe einer Losverkäuferin die Stille. Die Pracht der kolonialen Hauptstadt wurde vom Zahn der Zeit angenagt, aber der Ort hat immer noch große religiöse Bedeutung und einen gewissen konservativen Charme. Für die meisten Besucher ist Cartago eine Atempause, denn es ist eine geruhsame, moderne Stadt mit Attraktionen in der Nähe.

E-Mails checken können Traveller bei **Internet Alta Velocidad** (Calle 1 zw. Av 1 & 3; 300 CRC/Std.; Mo–Fr 7.30–19, Sa 8–19, So 9–18 Uhr), 50 m östlich von Las Ruinas. Mehrere Banken tauschen Geld, zu empfehlen ist die **Banco Nacional** (Ecke Av 4 & Calle 5).

Als heiligstes Gotteshaus in Costa Rica gilt die **Basílica de Nuestra Señora de los Ángeles** (Ecke Av 2 & Calle 16), der Sitz der verehrten La Negrita (s. S. 625). Die 1926 von einem Erdbeben zerstörte Kirche wird gegenwärtig im byzantinischen Stil wieder aufgebaut. Im **Parque Central** finden sich die Außenmauern einer weiteren Kirche, die 1910 einem Erdbeben zum Opfer fiel, die **Ruinas de la Parroquia de Santiago Apóstol** (Ecke Av 2 & Calle 2). Sie sind in eine hübsche Gartenanlage integriert.

Die Universität von Costa Rica betreibt den außerordentlichen Jardín Botánico Lankester (☎ 2552-3247; www.jardinbotanicolankester.org; Erw./Student 7/5 US$; 8.30–16.30 Uhr), der von einem britischen Orchideenliebhaber gegründet wurde. Die Orchideen sind das große Highlight, die 800 Arten stehen von Februar bis April in schönster Blütenpracht. Der Weg durch den verzweigten Garten führt in einen tropischen Wald voller Bromeliengewächse, Palmen und Helikonien. Der Garten befindet sich 6 km östlich von Cartago; man erreicht ihn mit den Bussen Richtung Paraíso.

Mit Balkonen hin zur Plaza de la Basílica ragt die **Los Ángeles Lodge** (☎ 2551-0957, 2591-4169; Av 4 zw. Calle 14 & 16; DZ inkl. Frühstück 50 US$;) aus der Konkurrenz heraus. Die Zimmer sind geräumig und komfortabel und haben Warmwasserduschen. Das große Frühstück bereiten die freundlichen Betreiber nach Wunsch.

Im Erdgeschoss befindet sich das **La Puerta del Sol** (Av 4 zw. Calle 14 & 16; Casados 2600–3000 CRC, Hauptgerichte 2400–5000 CRC; 8–24 Uhr), eine nette *soda*, die seit 1957 besteht und unzählige costa-ricanische Spezialitäten, Burger und Sandwiches serviert. Die historischen Fotos an den Wänden, die das alte Cartago zeigen, sollte man sich unbedingt anschauen.

Anreise & Unterwegs vor Ort

Die meisten Busse kommen über die Av 2 und fahren bis zur Basílica de Nuestra Señora de los Ángeles, ehe sie zum Hauptbusbahnhof in der Av 4 zurückkehren.

Einige Ziele:

Orosi 400 CRC; 40 Min.; Abfahrt an der Kreuzung Calle 4 & Av 1, Mo–Sa 8–22 Uhr stündl. Die Busse halten in Orosi vor dem Mirador.

Paraíso & Jardín Botánico Lankester 600 CRC; 40 Min.; Abfahrt an der Kreuzung Calle 4 & Av 1, 7–22 Uhr stündl. Wer zum Garten möchte, lässt sich vom Fahrer an der Abzweigung absetzen und läuft 750 m zum Eingang.
San José 500 CRC; 45 Min.; Abfahrt alle 15 Min. von der Kreuzung Calle 2 & Av 6 nördlich vom Parque Central.
Turrialba 600 CRC; 1½ Std.; Abfahrt von der Av 3 zw. Calle 8 & 10 (vor dem Tribunales de Justicia), werktags 6–22 Uhr alle 45 Min., Wochenende 8.30, 11.30, 13.30, 15 & 17.45 Uhr.

VALLE DEL RÍO OROSI

Prächtiger Blick auf die Berge, verfallene Kirchen und entspannende Thermalquellen machen den Reiz dieses Tals voller Kaffeeplantagen südöstlich von Cartago aus.

8 km südlich von Paraíso liegt das nette Dorf **Orosi**, das nach einem Huetar-Kaziken des 16. Jhs. benannt ist. Die weiß getünchte **Iglesia de San José** wurde 1743 errichtet und ist die älteste Kirche des Landes, in der immer noch die Messe gelesen wird. Zu den Thermalquellen in der Nähe gehören **Los Balnearios** (☎ 2533-2156; Eintritt 2 US$; ⌚ Mi–Mo 7.30–16 Uhr) im Südwesten des Dorfs nahe der Orosi Lodge und **Los Patios** ☎ 2533-3009; Eintritt 2 US$; ⌚ Di–So 8–16 Uhr), 1,5 km südlich der Ortschaft. Die Thermalbecken sind bei den Einheimischen und den wenigen Ausländern, die von ihnen wissen, beliebt.

Das fröhliche Hostel **Montaña Linda** (☎ 2533-3640; www.montanalinda.com; Stellplatz 3,50 US$/Pers., B 7,50 US$, EZ/DZ ohne Bad 15/20 US$, DZ mit Bad 30 US$, zusätzliche Pers. 5 US$; P 💻) ist eine erstklassige Budgetunterkunft mit Warmwasserduschen und Küche. Wahlweise bekommt man auch Mahlzeiten. Außerdem gibt es hier eine von Lesern empfohlene **Spanischschule** (230 US$/Woche mit Unterbringung bei Gastfamilien). Das Hostel liegt zwei Blocks südlich und drei Blocks westlich der Bushaltestelle.

Außerhalb von **Purisil**, das 8 km südöstlich von Orosi liegt, hat man im privaten Reservat **Monte Sky** (☎ 2231-3536; www.intnet.co.cr/montesky) super Möglichkeiten, Vögel zu beobachten (45 US$/Pers. inkl. Mahlzeiten). Bei Montaña Linda gibt's Infos zu geführten Wanderungen (10 US$), Camping und Übernachtungsaufenthalten (25 US$/Pers. inkl. Mahlzeiten).

Fast 3 km weiter östlich liegt der wenig bekannte **Parque Nacional Tapantí-Macizo Cerro de la Muerte** (Eintritt 10 US$; ⌚ 6–16 Uhr), der feuchteste des Landes, mit dichten Wäldern, Wasserfällen und mehr als 200 Vogelarten. Ungefähr 1 km vor dem Parkeingang gibt es in der **Kiri Mountain Lodge** (☎ 2591-7601; www.kirilodge.net; EZ/DZ inkl. Frühstück 24/45 US$) auf einem moosbewachsenen, 50 ha umfassenden Gelände sechs rustikale Hütten mit Warmwasserduschen.

Öffentliche Verkehrsmittel fahren im Tal kaum. Unregelmäßig verkehrende Kleinbusse bringen einen für ein paar Hundert Colones pro Fahrt von Dorf zu Dorf.

PARQUE NACIONAL VOLCÁN IRAZÚ

Der von den Einheimischen Donnerspitze *(ara-tzu)* genannte hoch aufragende Irazú ist mit 3432 m Costa Ricas höchster aktiver

DIE LEGENDE VON LA NEGRITA

La Negrita (Die schwarze Madonna) heißt die Statuette einer indigenen Jungfrau Maria, die von einer Frau namens Juana Pereira am 2. August 1635 in Cartago gefunden wurde. Der Legende nach nahm Juana das Figürchen zweimal mit nach Hause, doch es verschwand jedes Mal und kehrte an den Fundort zurück. Als dieses Wunder bekannt wurde, erbauten die ehrfürchtigen Einwohner der Stadt an dieser Stelle die Basílica de Nuestra Señora de Los Ángeles (s. S. 624). 1824 wurde *La Negrita* zur Schutzpatronin Costa Ricas erklärt.

Zweimal wurde *La Negrita* aus der Basilika gestohlen, fand sich aber jeweils später wieder auf dem Altar ein (einen der Diebstähle verübte der spätere Romanautor José León Sánchez, der dafür zu einer Haftstrafe von 20 Jahren auf der Isla San Lucas verurteilt wurde). Diese seltsamen Vorkommnisse haben bei den Menschen den Glauben geweckt, die Statuette verfüge über Heilkräfte. Kranke spenden ihr deshalb *milagrosos* (Amulette aus Metall), die die Körperteile darstellen, deren Heilung sie erflehen. Selbst der Quelle, die in der Nähe der Basilika entspringt, werden Heilkräfte nachgesagt, und der Statuette wurden schon alle möglichen Dinge zugeschrieben – von Siegen in Fußballspielen bis zur Heilung von Fußpilz.

Alljährlich pilgern am Jahrestag der Entdeckung der Statuette , dem 2. August, Gläubige in der glühenden Sommerhitze 22 km von San José nach Cartago, die letzte Strecke auf den Knien – ein unglaublicher Anblick. Fremde dürfen gerne teilnehmen (aber *ohne* Knieschoner).

Vulkan. Der letzte größere Ausbruch fand am 19. März 1963 statt, als der Vulkan während des Staatsbesuchs des US-Präsidenten John F. Kennedy eine Decke aus heißer Vulkanasche über fast das gesamte Valle Central breitete. Seither hat sich die Aktivität auf ein paar zischende Fumarolen und gelegentliche Erderschütterungen beschränkt.

Im Park gibt es ein kleines **Besucherzentrum** (☎ 2551-9398, 2200-5025; Parkeintritt 10 US$; ⌚ 8–15.30 Uhr) und ein einfaches Café, aber keine Unterkünfte oder Campingplätze. Eine asphaltierte Straße führt zum Gipfel. Vom Parkplatz aus führt ein 1 km langer Weg zu einem Aussichtspunkt, von dem aus man auf die kahle, von Kratern und Asche gepräge Landschaft gucken kann. Wenn sich die Wolken auflösen, hat man einen super Blick auf den Pazifik und das Karibische Meer, aber an den meisten Tagen muss die Fantasie einspringen. Einen klaren Himmel wird man am ehesten frühmorgens in den Monaten Januar bis April erleben. Es kann recht kalt sein, also entsprechende Kleidung mitbringen!

Der Park liegt 19 km nördlich von Cartago. Die meisten Besucher kommen im Rahmen einer organisierten Tour oder mit eigenen Transportmitteln. Der einzige öffentliche Bus zum Irazú verlässt San José (2500 CRC) um 8 Uhr, nimmt gegen 8.30 Uhr in Cartago (2000 CRC) weitere Fahrgäste auf und erreicht den Berg kurz nach 9.30 Uhr. Die Rückfahrt vom Irazú beginnt um 12.30 Uhr.

TURRIALBA

27 000 Ew.

Turrialba ist eine entspannte Stadt nahe dem Oberlauf des Río Reventazón, der bei Raftern und Kajakfahrern beliebt ist. Der Ort ist auch ein guter Ausgangspunkt für Ausflüge zum Monumento Nacional Arqueológico Guayabo (S. 628) weiter im Norden.

Zu den Wildwassertourveranstaltern mit gutem Ruf zählen **Tico's River Adventures** (☎ 2556-1231; www.ticoriver.com) 150 m östlich der Tankstelle, **Río Locos** (☎ 2556-6035; www.whiteh2o.com) 500 m östlich der Stadt und **Explornatura** (☎ 2556-4932; www.explornatura.com) 250 m südwestlich des Parks. Letzteres Unternehmen bietet auch einen von Lesern empfohlenen Canyoning-Kurs an. Für Tagestouren zahlt man je nach Transport, Zugänglichkeit der Strecke und Ausstattung zwischen 85 und 120 US$. Bei Zweitagstouren hängen die Preise von der Unterkunft ab, man zahlt in der Regel zwischen 195 und 300 US$ pro Nase.

Agrarwissenschaftler in aller Welt schätzen das **Centro Agronómico Tropical de Investigación y Enseñanza** (Catie; ☎ 2556-6431; www.catie.ac.cr; Eintritt 500 CRC, Führung 15–20 US$; ⌚ 7–16 Uhr) als eine der bedeutendsten agrarwissenschaftlichen Stationen in den Tropen. Besucher können Führungen zu den landwirtschaftlichen Projekten vorab reservieren oder sich eine kostenlose Karte holen und sich die Projekte auf eigene Faust anschauen. Von Turrialba aus kommt man zu Fuß oder per Taxi (1500 CRC) hierher.

Schlafen

Whittingham's Hotel (☎ 2556-8822; Calle 4 zw. Av 2 & Central; DZ mit/ohne Bad 10/8 US$) Abgehärtete Budgettraveller werden gegen die sieben sehr einfachen, aber sauberen Betonzimmer, die der freundliche Gerald Whittingham in dieser schon lange existierenden Herberge vermietet, nichts einzuwenden haben. Alle Zimmer

MIT DER NATUR AUF TUCHFÜHLUNG

Wer die ländliche Kultur des Valle Central wirklich kennenlernen möchte, sollte der **Finca La Flor de Paraíso** (☎ 2534-8003; www.la-flor.org) außerhalb von Cartago einen Besuch abstatten. Die gemeinnützige Ökofarm wird von der Association for the Development of Environmental and Human Consciousness (Asodecah) betrieben und hat auch Freiwilligenjobs, bei denen man sich bei diversen Projekten in der Landwirtschaft, bei der Aufforstung, bei der Tierpflege und sogar beim Anbau von Heilkräutern betätigen kann. Vor Ort gibt es auch eine Spanischschule.

Der Preis für die Teilnahme an Freiwilligenprogrammen beträgt pro Tag 20 US$ inklusive Unterkunft (in einfachen Holzhütten und Schlafsälen) und Verpflegung. Urlauber können Tagestouren (10 US$/Pers.) oder Touren mit Übernachtung (50 US$) machen, Mahlzeiten sind im Preis enthalten. Für Familien gibt es Rabatte. Eine Vorabreservierung ist erforderlich.

Die *finca* (Farm) liegt 7 km nordöstlich von Paraíso an der Straße nach El Yas. Um hinzukommen, von Cartago aus den Bus nach Paraíso nehmen und vor der rosa Kirche in La Flor aussteigen. Der Eingang zur *finca* befindet sich 100 m weiter südlich.

WILDWASSERRAFTING IN DER REGION TURRIALBA

Es gibt zwei größere Flüsse in der Turrialba-Region, die bei Raftern beliebt sind: den Río Reventazón und den Río Pacuare. Hier ein kurzer Überblick über die Vor- und Nachteile beider Strecken:

Río Reventazón

Dieser von Felsen gesäumte Fluss mit viel Gefälle beginnt 1000 m über dem Meeresspiegel am Lago de Cachí, einem künstlichen Stausee, der durch den gleichnamigen Staudamm entstand, und tost dann an den Osthängen der Cordilleras ins Karibische Tiefland hinab. Das ist eine der schwierigsten, nervenaufreibendsten Raftingstrecken im Land: Es gibt mehr als 65 km Stromschnellen – da werden auch sehr Erfahrene ihren Spaß haben.

Die Tourveranstalter teilen den Fluss zwischen dem Damm und dem Zielpunkt in Siquirres in vier Bereiche. **Las Máquinas** (Das Kraftwerk) ist eine Fahrt mit dem Schwierigkeitsgrad II–III und ideal für Familien, während **Florida**, der besonders beliebte Schlussabschnitt, eine malerische Grad-III-Fahrt ist, bei der das etwas stärkere Wildwasser die Sache interessanter macht. Im Abschnitt **Pascua** gibt es 15 Stromschnellen des Schwierigkeitsgrads IV mit Namen wie „Abgrund" – dieser Teil gilt als die klassische Wildwasserstrecke. Am schwierigsten ist der Abschnitt **Peralta** mit Stromschnellen des Schwierigkeitsgrads V – aus Sicherheitsgründen nehmen ihn nicht alle Touren mit.

Der Wasserspiegel bleibt das ganze Jahr über relativ konstant, weil Wasser aus dem Stausee abgelassen wird. Am Sonntag allerdings wird kein Wasser abgelassen. Obwohl der Fluss trotzdem befahrbar ist, gilt dieser Wochentag deshalb als der schlechteste fürs Rafting.

Río Pacuare

Der Río Pacuare fließt im nächsten größeren Tal östlich des Río Reventazón und bietet die malerischsten Raftingtouren in Costa Rica, ja vielleicht in ganz Zentralamerika. Das Wasser schießt durch eine Reihe spektakulärer, von urtümlichen Wald bedeckter Schluchten und in wilden Stromschnellen ins karibische Tiefland hinab. Zwischendurch gibt es auch ruhigere Abschnitte, während denen man die fast vertikal ansteigenden, bewaldeten Wände der Schlucht bewundern kann, die Hunderte Meter in die Höhe ragen.

Der **Untere Pacuare** (Schwierigkeitsgrad III–IV) ist der zugänglichere Streckenabschnitt. Er führt über 28 km durch Felsschluchten und abgelegene Canyons, vorbei an einem Dorf der *indígenas*, ungezähmtem Urwald und vielen Wildtieren, die neugierig ausspähen, weshalb hier so gebrüllt wird. Der **Obere Pacuare** hat ebenfalls den Schwierigkeitsgrad III–IV, in einigen Abschnitten wird, je nach Bedingungen, auch Schwierigkeitsgrad V erreicht. Man muss zwei Stunden fahren, um zum Startpunkt zu kommen, aber die Mühe lohnt sich, weil man die schönste Strecke durch den Urwald praktisch ganz für sich allein hat.

Der Pacuare kann das ganze Jahr hindurch befahren werden, am besten jedoch zwischen Juni und Oktober. Der höchste Wasserstand herrscht von Oktober bis Dezember, dann fließt der Fluss schnell und ist sehr lebendig. Den niedrigsten Wasserstand hat der Fluss im März und April, aber auch dann ist die Tour immer noch eine Herausforderung.

haben Fernseher und Zugang zu Warmwasserduschen. Die Rezeption schließt um 17 Uhr, also früh hinkommen.

Hotel Interamericano (☎ 2556-0142; www.hotelinteramericano.com; Av 1; EZ/DZ/3BZ/4BZ mit Bad 25/35/45/55 US$, ohne Bad 11/20/30/40 US$; WLAN) Südlich der alten Bahnstrecke liegt dieses einfache Hotel mit 22 Zimmern, das der angesagte Rafter-Treff in Turrialba ist. Die Duschen sind makellos, die gefliesten Zimmer hell und die Lounge im 2. Stock ist ideal, um gemütlich ein Bier zu trinken. Luis, der Manager, der auch Englisch spricht, ist eine gute Infoquelle.

Hotel Herza (☎ 2556-1097; hotelherza@gmail.com; 2. Stock, Ecke Av 2 & Calle 4; DZ 25 US$; WLAN) Die einladende neue Budgetunterkunft verfügt über acht einfache, sehr saubere geflieste Zimmer mit stabilen Betten und wird von einem hilfsbereiten Ehepaar geführt. Von der Gemeinschaftsterrasse blickt man auf die Straße und die Hügel in der Ferne.

Turrialba B&B (☎ 2556-6651; www.turrialbahotel.com; Calle 1, nördlich der Av 6; EZ/DZ/3BZ inkl. Frühstück 40/60/80 US$; Nichtraucher, WLAN) Die charmante, ruhige fünf Jahre alte Unterkunft hat saubere, helle und gut ausgestattete Zimmer, einen behaglichen

Gemeinschaftsbereich, einen hübschen Garten mit Whirlpool und eine Bibliothek voller Reiseführer über Lateinamerika.

Essen

Pastelería Merayo (Calle 2 zw. Av 2 & 4; Gebäck 350–600 CRC) Die 1928 gegründete lässige Bäckerei liefert köstlichen, starken, immer frisch zubereiteten Kaffee sowie ausgezeichnetes Gebäck. Tipp: Alles mit *crema pastelera* (Eiercreme) ist garantiert lecker.

Restaurante Betico Mata (Hwy 10; Gallos 600–800 CRC; Mo–Fr 11–24, Sa & So länger) Dieses Paradies für Fleischliebhaber ist auf *gallos* (Tacos auf Mais-Tortillas) spezialisiert, auf die saftiges, frisches Grillfleisch (Rind, Hähnchen, Schweinefleisch oder Würstchen) gehäuft ist, das mit der Spezialwürze des Hauses mariniert wurde. Dazu passt ein eiskaltes Bier.

La Feria (Calle 6, nördl. der Av 4; Casados 1700 CRC, Hauptgerichte 2100–5550 CRC; Mi–Mo 11–22, Di 11–14 Uhr; V) In dem unscheinbar aussehenden Lokal wird man freundlich bedient und isst ausgezeichnete, günstige Hausmannskost. Sehr lecker ist das *pollo a la milanesa*, paniertes Hähnchenschnitzel mit Gurken-Joghurt-Dip.

Selbstversorger können im gut sortierten **MegaSuper** (Ecke Calle 3 & Av 2) einkaufen.

An- & Weiterreise

Der moderne Busbahnhof befindet sich am westlichen Stadtrand beim Hwy 10. Angefahrene Ziele sind:

Monumento Nacional Arqueológico Guayabo 400 CRC; 1 Std.; Mo–Sa 11.15, 15.10 & 17.30, So 9, 15 & 18.30 Uhr.

San José über Paraíso & Cartago 1200 CRC; 2 Std.; tgl. 5–18.30 Uhr alle 45 Min.

Siquirres mit Anschluss nach Puerto Limón 1000 CRC; 1¾ Std.; tgl. 6–18 Uhr alle 60–90 Min.

MONUMENTO NACIONAL ARQUEOLÓGICO GUAYABO

Dies ist die größte und wichtigste **archäologische Stätte** (☎ 2559-1220; Eintritt 7 US$; 8–15.30 Uhr) Costa Ricas. Mit den Maya-Stätten im nördlichen Zentralamerika kann sie sich allerdings nicht messen. Sie liegt nur 19 km nördlich von Turrialba. Das Gebiet war von ca. 1000 v. Chr. bis 1400 n. Chr. besiedelt; zur Blütezeit lebten hier einst um die 10 000 Menschen. Man glaubt, dass es sich um ein altes zeremonielles Zentrum handelt; entdeckt wurden gepflasterte Straßen, ein Aquädukt und dekorative Goldarbeiten. Der immer noch funktionierende Aquädukt ist der eindrucksvollste Fund (gerade angesichts der sanitären Verhältnisse in manchen heutigen Küstenstädten). Die genaue Bedeutung des Ortes und den Grund, warum er aufgegeben wurde, kennen die Archäologen noch nicht. Besucher können die kopfsteingepflasterten Straßen, Steinaquädukte, Erdwälle und Petroglyphen besichtigen. Vieles ist aber noch nicht ausgegraben.

Vor Ort gibt es ein Informations- und Ausstellungszentrum, aber viele der besten Funde sind heute im Museo Nacional in San José (S. 610) ausgestellt. Campen (5 US$/Pers.) ist erlaubt, Plumpsklos und fließendes Wasser sind vorhanden.

Von Turrialba fahren Busse (400 CRC, 1 Std., Mo–Sa 11.15, 15.10 & 17.30, So 9, 15 & 18.30 Uhr) und Taxis (ab 8000 CRC).

KARIBIKKÜSTE

Verführung pur: Dichte, smaragdgrüne Wälder säumen die Sandstrände, auf den Gaskochern dampft der Kokos-Eintopf und Reggae-Beats wabern aus geöffneten Türen. Die Hitze treibt einen in die Hängematte oder zum Baden ins Salzwasser der Bucht. An der Küste ist es heißer und feuchter als im Binnenland, der wesentliche Unterschied ist aber kultureller Art: Mehr als ein Drittel der hiesigen Einwohner sind die Nachfahren von englischsprachigen Zuwanderern aus Jamaika und Barbados.

TORTUGUERO

750 Ew.

Das geschäftige, stark afrokaribisch geprägte kleine Dorf innerhalb des Parque Nacional Tortuguero ist nur aus der Luft oder über das Wasser erreichbar und vor allem dafür bekannt, dass sich hier Scharen von Meeresschildkröten (der Name Tortuguero bedeutet „Ort der Schildkröten") und Scharen von Travellern versammeln, die die Tiere sehen wollen. Der Höhepunkt der Schildkrötensaison sind die Monate Juli und August, aber mittlerweile locken der Park und das Dorf das ganze Jahr über Besucher an. Sogar im Oktober, wenn schon fast alle Schildkröten ins Meer zurückgekehrt sind, kommen Karawanen von Familien und abenteuerlustigen Travellern, die im Urwald wandern oder auf den üppig umwachsenen Kanälen des Gebiets Kanu fahren wollen.

Praktische Informationen

Eine solide Informationsquelle ist die Website der Ortschaft, **Tortuguero Village** (www.tortuguerovillage.com). Hier sind die örtlichen Unternehmen aufgelistet, und man findet Hinweise zur Anreise sowie eine hilfreiche Karte.

Im Dorf gibt es keine Banken oder Geldautomaten, und nur ein paar Geschäfte akzeptieren Kreditkarten – also ausreichend Bargeld mitbringen! Ob das Internet funktioniert, ist Glückssache, vor allem bei starken Regenfällen.

Sehenswertes & Aktivitäten

PARQUE NACIONAL TORTUGUERO

Der nebelverhangene grüne Küstenpark nimmt eine weite, von vielen Kanälen durchschnittene Überflutungsebene ein. Den als „Mini-Amazonasbecken" bezeichneten Parque Nacional Tortuguero kennzeichnet eine hohe Artenvielfalt, zu der mehr als 400 Vogelarten, 60 bekannte Froschspezies, 30 Süßwasserfischarten, drei Affenspezies und der gefährdete Karibik-Manati gehören. Kaimane und Krokodile sonnen sich an den Flussufern und auf Baumstämmen sitzen Süßwasserschildkröten.

Mehr als 50 000 Besucher kommen pro Jahr, um auf den Kanälen Boot zu fahren und sich die Tiere anzuschauen, insbesondere die Meeresschildkröten bei der Eiablage. Der Park ist das wichtigste karibische Nistgebiet der Suppenschildkröte. In jeder Saison kommen 40 000 Tiere, um hier ihre Eier abzulegen. Von den acht Meeresschildkrötenarten der Welt nisten sechs in Costa Rica und vier im Tortuguero. Diverse Freiwilligenorganisationen gehen mit Schildkrötenpatrouillen gegen die Wilderei vor (zu Freiwilligenjobs s. S. 629).

Die Parkverwaltung hat ihren Sitz bei **Cuatro Esquinas** (☎ 2709-8086; Eintritt 10 US$; ⏲ 5.30–18 Uhr, während Frühstücks- und Mittagspause geschl.) gleich nördlich vom Dorf Tortuguero.

Weil es hier Haie und starke Strömungen gibt, sind die Strände zum Baden ungeeignet.

Boots- & Kanutouren

Geführte **Bootstouren** (15 US$, zzgl. Parkeintritt 10 US$) starten täglich um 6 Uhr in Tortuguero und bei den umliegenden Lodges. Ihr Ziel sind die Kanäle, wo Wildtiere beobachtet werden können. Daneben gibt es im Dorf auch Kanu- und Kajakvermietungen.

Vier Wasserwege winden sich durch den Parque Nacional Tortuguero. Der **Río Tortuguero** fungiert als Zugang zu diesem Wasserwegenetz. Der breite, ruhige Fluss ist oft mit Seerosen bedeckt. Außerdem erspäht man auf ihm und in seiner Nähe Wasservögel wie Reiher und Eisvögel sowie Pfauen.

Der **Caño Chiquero** ist ein dicht von Vegetation – insbesondere von Artischockengewächsen und roten Guacimobäumen – umwachsener Wasserweg, in dessen Nähe man schwarze Schildkröten und Grüne Leguane erblickt. Vom Caño Chiqero gelangt man auch in die schmalen **Caño Mora** und **Caño Harold**, wo sich Helmbasilisken und Kaimane tummeln.

Freiwilligenarbeit

Canadian Organization for Tropical Education and Rainforest Conservation (Coterc; ☎ 2709-8052, in Kanada 905-831 8809; www.coterc.org) Die angesehene gemeinnützige Organisation aus Kanada bietet diverse Freiwilligenjobs in ihrer Forschungsstation in Tortuguero.

Caribbean Conservation Corporation (☎ 2709-8091, in den USA 800-678 7853; www.cccturtle.org) Die schon lange existierende renommierte Organisation hat jede Menge Freiwilligenjobs zu vergeben. Sie hat eine Forschungsstation in Tortuguero.

Schildkröten beobachten

Besucher dürfen die Nistgründe der Suppenschildkröten von März bis Oktober (die besten Beobachtungsmöglichkeiten hat man von Ende Juli bis Ende August) nachts aufsuchen und zuschauen, wie die Tiere die Eier ablegen und vergraben. Wie eine 180 kg schwere Schildkröte sich auf den Strand wälzt, eine Grube gräbt, dann 120 Eier von Tischtennisballgröße legt und schließlich erschöpft wieder zurück ins Meer watschelt, ist schon ein eindrucksvolles Schauspiel. Natürlich gibt es keine Garantie, dass man Schildkröten zu Gesicht bekommt. Besuche sind nur in Begleitung eines Führers möglich. Taschenlampen und Blitzlicht zu benutzen, ist streng verboten, weil das die Tiere bei der Eiablage stört.

Wenn die Hauptnistsaison der Suppenschildkröten nicht in die eigene Urlaubszeit fällt, ist die nächstbeste Alternative ein Besuch in den Monaten Februar bis Juli, wenn ein paar Lederschildkröten ihre Eier ablegen (vor allem zwischen Mitte April und Mitte Mai). Echte Karettschildkröten legen zwischen März und Oktober gelegentlich Eier am Strand, und ab und an lassen sich auch mal Unechte Karettschildkröten blicken. Die Führungen kosten 20 US$ (ein vom Dorf festgelegter Fixpreis), worin der Kauf eines Stickers für 4 US$

enthalten ist, der zur Bezahlung der Patrouillen dient, die die Nistplätze gegen Nesträuber und -plünderer schützen.

Wandern

Hinter der Station Cuatro Esquinas beginnt **El Gavilan**, der einzige öffentliche Landweg im Park. Der schlammige, 2 km lange Rundkurs führt durch Regenwald und ein Stück am Strand entlang. Unterwegs sieht man oft grüne Sittiche und verschiedene Affenarten. Der Weg ist gut markiert; einen Führer braucht man nicht.

Geführte Touren

Überall im Ort werben Schilder für geführte Bootstouren auf den Kanälen und Führungen zu den Schildkröten. Für eine zweistündige Tour zu den Schildkröten zahlt man etwa 20 US$ pro Person, für eine zweistündige geführte Wanderung oder Bootstour 15 US$.

Empfehlenswerte Guides sind:

Barbara Hartung (☎ 2709-8004; www.tinamontours.de) Veranstaltet Wanderungen, Kanu- und Schildkrötentouren in deutscher, englischer, französischer oder spanischer Sprache. Sie macht auch eine einzigartige Tour zur Geschichte, Kultur und den Heilpflanzen im Tortuguero.

Castor Hunter Thomas (☎ 8870-8634; http://castorhunter.blogspot.com) Der Einheimische, der schon seit 20 Jahren als Guide arbeitet, führt (in der Saison) Schildkrötentouren, Wanderungen und wunderbare Kanutouren.

Chico (☎ 2709-8033) Chicos Wander- und Kanutouren werden von Lesern begeistert empfohlen!

Daryl Loth (☎ 8833-0827, 2709-8011; safari@racsa.co.cr) Der umgängliche früher bei Coterc beschäftigte gebürtige Kanadier veranstaltet ausgezeichnete Bootstou-

UNTERWEGS NACH TORTUGUERO – AUF EIGENE FAUST

Man kommt auch auf eigene Faust zum Nationalpark Tortuguero. Folgende Möglichkeiten gibt es:

Anreise aus San José

Vom Gran Terminal del Caribe (S. 616) in San José den Bus nach Cariari (1400 CRC, 2¼ Std., 6.30, 9 & 10.30 Uhr) nehmen. In Cariari kommt man an einem Busbahnhof (*estación nueva*) am südlichen Stadtrand an. Von hier aus geht es zu Fuß oder per Taxi zur 500 m weiter nördlich gelegenen *estación vieja* (dem alten Busbahnhof), die auch als Terminal Caribeño bezeichnet wird.

Öffentliche Verkehrsmittel ab Cariari

Die preisgünstigste Option ist der ÖPNV von **Clic Clic** (☎ 2709-8155, 8844-0463) oder **Coopetraca** (☎ 2767-7590), die beide für die Bus-und-Bootsfahrt von der *estación vieja* bis nach Tortuguero 2600 CRC verlangen. Beide Anbieter benutzen die gleichen Busse, anschließend geht es aber jeweils mit einem anderen Boot weiter. Die Busse verlassen Cariari um 6, 11.30 und 15 Uhr.

Man kauft zunächst nur die Busfahrkarte nach La Pavona (1000 CRC). Nach der Fahrt durch Bananenplantagen kommt man am Río La Suerte an, wo eine Reihe von Bootsunternehmern am Kai warten (und einen zum Einsteigen überreden wollen). Wir empfehlen Clic Clic, das ein gut geführtes Unternehmen ist und in der Regel pünktlich und mit erfahrenen Kapitänen unterwegs ist. Traveller sollten sich aber selbst umschauen, wer gerade verfügbar und wie der Zustand der Boote ist. Dann bekommt der Bootsführer den restlichen Teil des Fahrpreises (1600 CRC); dafür unbedingt Kleingeld parat haben!

Die Ticketverkäufer an der *estación vieja* in Cariari könnten versuchen, einem ein Bus-Boot-Kombiticket zu verkaufen. Aber Achtung: Diese Tickets sind nur für Coopetraca gültig, weil Clic Clic keinen Verkauf in der Stadt hat. Wir empfehlen, die Bootsfahrt erst am Kai zu bezahlen – da kann man sich selbst aussuchen, wo man einsteigt.

Die Boote fahren zur öffentlichen Anlegestelle in Tortuguero.

Private Transportmittel ab Cariari

Teurere Privatfahrten bietet **Viajes Bananero** (☎ 2709-8005) an, das ein Büro am San-José-Busbahnhof in Cariari hat. Dort kauft man ein Bootsticket (10 US$/Pers.), anschließend fährt man mit einem Bus (600 CRC/Pers., 11.30 & 14 Uhr) von dort zum firmeneigenen Bootskai. Man zahlt direkt beim Fahrer. Kleingeld parat haben! Wer in einer Gruppe unterwegs ist, kann mit Bananero eine Abholung vereinbaren. Privatfahrten müssen vorab reserviert werden.

Die Bootsfahrt endet am firmeneigenen Kai am südlichen Ortsrand von Tortuguero.

ren in einem sehr geräuscharmen Elektromotorboot, außerdem (in der Saison) geführte Schildkrötentouren sowie Wanderungen.

Schlafen

Cabinas Tortuguero (☎ 2709-8114; cabinas_tortuguero@yahoo.com; EZ/DZ/3BZ mit Bad 20/25/30 US$, EZ/DZ ohne Bad 10/16 US$) Wer sich vom Einkaufsladen Tienda Bambú Richtung Binnenland bewegt, stößt auf diese beliebte Budgetunterkunft mit 11 bunt gestrichenen Bungalows rund um einen gepflegten Garten. Die Zimmer sind sauber, und es gibt Hängematten zum Ausruhen.

Cabinas Princesa Resort (☎ 2709-8131; princesaresort08@yahoo.com; Zi. pro Pers. mit/ohne Frühstück 20/15 US$;) Im Ort gibt es drei Princesa-Hotels: Das hier gemeinte liegt am Ozean, südlich des Friedhofs, und ist das beste. Das Schindelgebäude mit 23 einfachen Zimmern aus Beton und Holz umgibt ein offener Garten mit zwei Pools.

Cabinas Miss Miriam (☎ 2709-8002, 8821-2037; EZ/DZ/3BZ 20/25/30 US$) Diese solide Budgetunterkunft ist auf zwei Gebäude verteilt (eines am nördlichen Ende des Fußballplatzes, das andere südlich davon) und bietet 16 saubere, geflieste Zimmer, feste Schaumstoffmatratzen und elektrisch beheizte Duschen. Von den Zimmern im Obergeschoss des nördlichen Gebäudes hat man einen tollen Blick auf den Ozean, dafür sind die Wohneinheiten im südlichen Gebäude größer.

Tropical Lodge (☎ 2709-8110/08, 8826-6246; DZ 25 US$;) Die bunte karibische Herberge hinter dem Lebensmittelgeschäft Tienda Bambú besitzt zehn etwas düstere Betonzimmer mit jeweils eigenen elektrisch beheizten Duschen; vier Zimmer haben Kabel-TV. Dass eine Bar vor Ort ist, mag bequem sein, stört aber den Schönheitsschlaf.

La Casona (☎ 2709-8092/47; DZ/3BZ 25/35 US$, DZ mit Kochnische 35 US$;) In dieser von einer Familie geführten Unterkunft an der Nordseite des Fußballplatzes stehen Gästen zehn getünchte, rustikal gehaltene Betonräume rund um einen Garten zur Verfügung. Drei der Wohneinheiten haben Kochnischen mit Kochplatten. Jenny und ihre Söhne vermieten zudem Kanus und veranstalten Kanutouren zu einer Farm am Caño Harold.

LP Tipp **Casa Marbella** (☎ 8833-0827, 2709-8011; http://casamarbella.tripod.com; DZ inkl. Frühstück 40–60 US$;) Das von dem Naturforscher Daryl Loth geführte charmante B&B gegenüber der katholischen Kirche ist wunderbar ruhig und trotzdem im Zentrum des Geschehens. Die zehn einfachen, geweißten Zimmer sind gut belichtet und haben Deckenventilatoren sowie supersaubere Badezimmer mit elektrisch beheizten Duschen. Das herzhafte Frühstück (z. B. frische Pfannkuchen mit tropischen Früchten) wird auf der Außenterrasse mit Blick auf den Kanal serviert. Loth veranstaltet auch super Touren in die Umgebung.

Essen

Soda Doña María (☎ 2709-8050; Gerichte 1500–3000 CRC; 7–20 Uhr) Diese am Fluss gelegene *soda* sorgt mit frischen *jugos* (Säften), Burgern und herzhaften Fisch-*casados* für Erfrischung nach einer Wanderung im Nationalpark. Das Lokal liegt rund 200 m nördlich vom Parkeingang.

La Casona (Casados 3200 CRC, Hauptgerichte 3000–5600 CRC; 7.30-11 & 13.30–20.30 Uhr; V) Das La Casona serviert italienische Spezialitäten, darunter eine gute Lasagne mit Palmenherzen. Es liegt nördlich vom Fußballplatz.

Buddha Cafe (☎ 2709-8084; Pizza 3200–4000 CRC, Gerichte 3500–9000 CRC; 12–20.30 Uhr; V) Das Lokal am Flussufer sorgt mit Ambient-Club-Musik aus der Stereoanlage und fast überall angebrachten buddhistischen „Om"-Symbolen für eine hippe Stimmung. In dem netten Uferlokal kommen ausgezeichnete Pizzas, aromatischer Kaffee und leckere (süße oder herzhafte) Crêpes auf den Tisch.

Miss Miriam's (☎ 2709-8002; Hauptgerichte 4400–11 000 CRC) Das von der wunderbaren, freundlichen Tochter von Miss Miriam geführte Restaurant ist so gut, dass man den ganzen Urlaub lang hier essen möchte. Unbedingt das kräftig gewürzte karibische Hähnchen (besser haben wir es an der ganzen Küste nirgendwo gefunden) probieren, das mit gedämpftem frischem Gemüse sowie Reis und Bohnen nach karibischer Art serviert wird.

An- & Weiterreise

Auf eigene Faust anzureisen, ist nicht schwer (s. S. 556). Die folgenden Pauschaltourveranstalter kümmern sich aber um alles, sobald man am Flughafen von San José angekommen ist. Die Preise unterscheiden sich stark und hängen von den gewählten Unterkünften und Verkehrsmitteln ab.

Exploradores Outdoors (☎ 2222-6262; www.exploradoresoutdoors.com) Das Unternehmen, das in erster Linie ein Rafting-Veranstalter ist, organisiert Ausflüge mit Übernachtung ab San José, Arenal und Puerto Viejo de Talamanca (169 US$/Pers.).

Jungle Tom Safaris (☎ 2280-0243; www.jungletom safaris.com) Organisiert empfehlenswerte Tagestouren (90 US$), Touren mit einer (ab 115 US$) oder zwei (ab 147 US$) Übernachtungen sowie auch nur den Hin- und Rücktransport (45 US$) – nützlich für eigenständige Traveller, die sich bei der Ankunft nicht weiter binden möchten.

Riverboat Francesca Nature Tours (☎ 2226-0986; www.tortuguerocanals.com) Das sehr gute von Modesto und Fran Watson geführte Unternehmen hat Angeltouren im Programm (2-tägige Pauschaltour ab 165 US$).

PUERTO LIMÓN

85 000 Ew.

Die raue Hafenstadt Puerto Limón mit ihrem verblassten kolonialen Charme hat verdientermaßen einen schlechten Ruf, ist aber nicht ohne Reiz. Der Ort, in dem die United Fruit Company gegründet wurde, ist dem Einfluss von San José entzogen und absolut anspruchslos. Geschäfte zu machen, bedeutet hier immer noch, Tonnen von Bananen zu bewegen, aber keine Touristen. Der verrückte Plan, den Hafen für Kreuzfahrtschiffe zu erweitern, soll Investitionen für dringend benötigte Infrastrukturmaßnahmen fließen lassen. Zur Zeit allerdings kommen die meisten Traveller auf dem Weg nach Süden (Cahuita od. Puerto Viejo de Talamanca) oder Norden (Tortuguero) hier nur auf eine Stippvisite vorbei.

Praktische Informationen

Traveller auf dem Weg nach Tortuguero, haben in Limón die letzte Gelegenheit, Bargeld abzuheben.

Banco de Costa Rica (☎ 2758-3166; Ecke Av 2 & Calle 1) Tauscht US-Dollars und hat einen Geldautomaten.

Hospital Tony Facio (☎ 2758-2222) An der Küste am nördlichen Stadtrand; Krankenhaus für die gesamte Provinz.

Multiservices Pascal (☎ 2758-4090; 2. Stock, Av 2, Nordseite des Parque Vargas; Internetzugang 1700 CRC/Std.; 🕑 8–22 Uhr) Teures Internetcafé mit einem Dutzend leistungsfähiger Computer; auch gut für Telefonate ins Ausland.

Post (Calle 4 zw. Av 1 & 2; 🕑 9–16 Uhr)

Scotiabank (☎ 2798-0009; Ecke Av 3 & Calle 2; 🕑 Mo–Fr 9–17, Sa 9–13 Uhr) Tauscht Bargeld und löst Reiseschecks ein. Der rund um die Uhr zugängliche Geldautomat (Plus und Cirrus) gibt auch US-Dollars aus.

Gefahren & Ärgernisse

Diebstahl ist hier ein größeres Problem. Bei Tag sollte man sich insbesondere auf dem Markt und entlang der Kaimauer vor Taschendieben in Acht nehmen. Nachts sind schlecht beleuchtete Nebenstraßen, der Bereich der Kaimauer und der Parque Vargas wegen eventueller Raubüberfälle zu meiden.

Sehenswertes & Aktivitäten

Die Hauptattraktion der Stadt ist der am Ufer gelegene **Parque Vargas**, ein Wirrwarr aus von Sitzbänken gesäumten Wegen inmitten eines kleinen Urwalds aus hohen Palmen und tropischen Blumen. Im Mittelpunkt steht ein auf hübsche Art verfallener Konzertpavillon.

Von hier aus führt die Av 2 vom Ufer weg. Sie ist eine **Fußgängerzone**, die auf die mit Kreuzfahrtschiffen kommenden Besucher ausgelegt ist. Hier stehen Verkäufer rum, die selbst gebrannte CDs einheimischer Bands verkaufen: Limón ist bekannt für seine wachsende Hip-Hop- und Reggaetón-Szene (eine lokale Band, deren Platte bestimmt angeboten wird, ist Los Trinitarios, die seit den 1970er-Jahren Calypso und Salsa verbindet).

Vom Park aus führt ein netter Weg an der **Kaimauer** entlang nach Norden – hier kann man den Anblick des felsigen Vorgebirges genießen und dem beständigen Schlagen der Wellen gegen den Betonkai lauschen. Nach Einbruch der Dunkelheit knutschen hier Pärchen. Vor Raubüberfällen ist man hier allerdings nicht sicher.

Der nächste Strand mit akzeptablen Bedingungen zum Schwimmen ist die **Playa Bonita** 4 km nordwestlich der Stadt.

Schlafen

Die hier aufgelisteten Hotels gehören zu den akzeptableren im Budgetspektrum, aber auch sie können etwas düster sein. Immer erst ein Zimmer zeigen lassen und die Sicherheitsbedingungen überprüfen!

Hotel Costa del Sol (☎ 2798-0909; Ecke Calle 5 & Av 5; EZ/DZ ohne Bad 9/11 US$, DZ mit/ohne Klimaanlage 30/15 US$; ❄ 📶) Limóns beste Budgetunterkunft ist dieses 14-Zimmer-Hotel am nördlichen Ende der Innenstadt, in dem freundliche, junge Angestellte arbeiten. Die Zimmer ohne Bad sind trostlos, aber die neuen Doppelzimmer mit Klimaanlage sind ordentlich und werden durch den frischen, grünen Anstrich aufgehellt.

Hotel Palace (☎ 2758-1068; 2. Stock, Calle 2 zw. Av 2 & 3; DZ 19 US$) Für hartgesottene Budgettraveller ist dieses von einer Frau geführte Haus eine recht sichere Alternative, obwohl Spuren des Zerfalls (zerbrochene Fliesen und abblätternde Farbe) deutlich zu erkennen sind. Die sechs

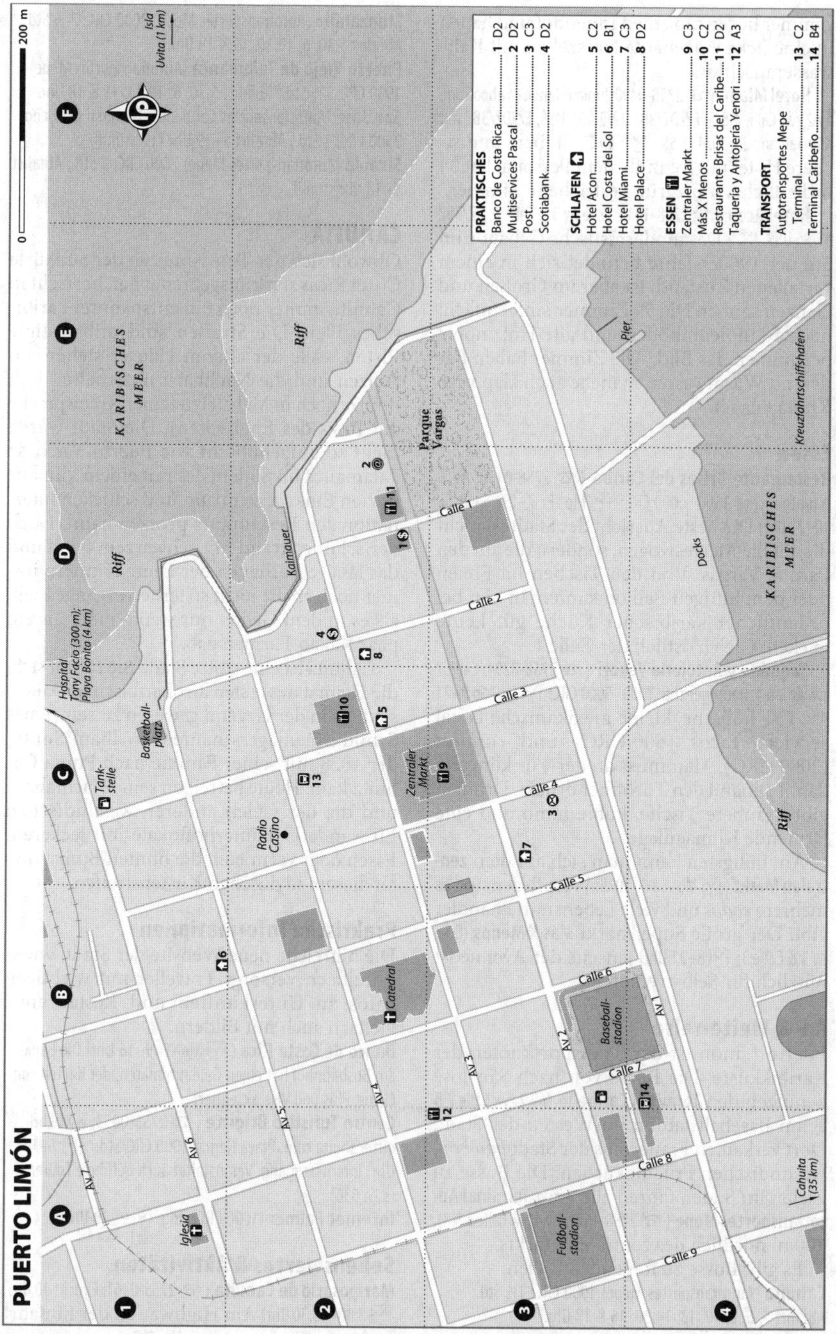
PUERTO LIMÓN
0 — 200 m
Isla Uvita (1 km)
KARIBISCHES MEER
Riff
Kaimauer
Parque Vargas
Hospital Tony Facío (300 m); Playa Bonita (4 km)
Basketballplatz
Tankstelle
Radio Casino
Zentraler Markt
Catedral
Iglesia
Baseballstadion
Fußballstadion
Docks
Pier
Kreuzfahrtschiffshafen
Cahuita (35 km)
Calle 1
Calle 2
Calle 3
Calle 4
Calle 5
Calle 6
Calle 7
Calle 8
Calle 9
Av 1
Av 2
Av 3
Av 4
Av 5
Av 6
Av 7
PRAKTISCHES
Banco de Costa Rica 1 D2
Multiservices Pascal 2 D2
Post 3 C3
Scotiabank 4 D2
SCHLAFEN
Hotel Acon 5 C2
Hotel Costa del Sol 6 B1
Hotel Miami 7 C3
Hotel Palace 8 D2
ESSEN
Zentraler Markt 9 C3
Más X Menos 10 C2
Restaurante Brisas del Caribe 11 D2
Taquería y Antojería Yenori 12 A3
TRANSPORT
Autotransportes Mepe Terminal 13 C2
Terminal Caribeño 14 B4

Zimmer liegen um einen Innenhof und haben in eine Ecke eingebaute Nasszellen mit Kaltwasseranschluss.

Hotel Miami (☎ 2758-0490; hmiamilimon@yahoo.com; Av 2 zw. Calle 4 & 5; EZ/DZ/3BZ 22/28/31 US$, EZ/DZ/3BZ mit Klimaanlage 29/39/43 US$; ❄) Das saubere und sichere Hotel mit freundlichem Personal hat 34 ordentliche, minzgrün gestrichene Zimmer.

Hotel Acon (☎ 2758-1010; Ecke Av 3 & Calle 3; DZ/3BZ 45/56 US$; ❄) Das modernistische Gebäude im Stil der 1960er-Jahre befindet sich in einem verfallenen Zustand, ist aber im Großen und Ganzen sauber. Die 39 Zimmer sind einfach: nackte Linoleumböden und alte Holzmöbel bestimmen das Bild. Alle Zimmer haben Bäder mit Warmwasser, manche auch klapprige Klimaanlagen.

Essen

Restaurante Brisas del Caribe (☎ 2758-0138; Av 2; Hauptgerichte 1500–6000 CRC; 🕑 Mo–Fr 7–23, Sa & So 10–23 Uhr) Die beste Aussicht der Stadt ist nicht die auf die Meereswogen, sondern die auf den Parque Vargas. Von den Tischen im Freien oder dem luftigen Balkon kann man hier bei ordentlicher karibischer Küche gut Leute gucken. Gleich östlich der Calle 1.

Taquería y Antojería Yenori (☎ 2758-8294; Calle 7 zw. Av 3 & 4; Hauptgerichte 2000–5000 CRC; 🕑 Mo–So 9–21 Uhr) Das hübsche, kleine mexikanische Lokal serviert Tacos (600 CRC) und *casados* (2000 CRC). Man muss an der Tür klingeln, damit jemand den Türöffner drückt. Drinnen gibt's saubere Tische, kühle Limo und eine lärmende Klimaanlage.

Am billigsten kann man sich auf dem **zentralen Markt** (🕑 Mo–Sa 6–20 Uhr) verpflegen, wo es mehrere *sodas* und viele Lebensmittelhändler gibt. Der große Supermarkt **Más X Menos** (Ecke Av 3 & Calle 3; 🕑 8–21 Uhr) jenseits der Avenue ist nützlich für Selbstversorger.

An- & Weiterreise

Puerto Limón ist der Transportknoten der Karibikküste. Die Busse von/nach San José benutzen den **Terminal Caribeño** (Av 2 zw. Calle 7 & 8) am Baseballstadion im Westen der Stadt. Dort verkaufen Frauen aus der Stadt *pan bon*, westindischen Früchtekuchen. Die Busse zu Zielen im Süden fahren alle vom **Terminal Autotransportes Mepe** (☎ 2758-1572; Av 4 zw. Calle 3 & 4), 100 m nördlich des zentralen Markts.

Es gibt Busse zu folgenden Zielen:

Cahuita (Autotransportes Mepe) 1000 CRC; 1½ Std.; Abfahrt 5, 6, 8, 10, 13, 14.30, 16 & 18 Uhr.

Manzanillo (Autotransportes Mepe) 2000 CRC; 2 ½ Std.; Abfahrt 5.30, 6, 10.30, 15 & 18 Uhr.

Puerto Viejo de Talamanca (Autotransportes Mepe) 1900 CRC; 2½ Std.; Abfahrt 5.30, 6, 10.30, 15 & 18 Uhr.

San José (Autotransportes Caribeños; Terminal Caribeño) 2500 CRC; 3 Std.; Abfahrt 5–19 Uhr fast stündl.

Sixaola (Autotransportes Mepe) 2600 CRC; 3 Std.; Abfahrt 5–18 Uhr stündl.

CAHUITA

Obwohl sich der Tourismus an der Südküste Costa Ricas stark ausgebreitet hat, herrscht in Cahuita immer noch ein entspanntes karibisches Flair. Die Straßen sind unbefestigte Pisten, viele der älteren Häuser stehen auf Stelzen und die Nachbarn unterhalten sich immer noch in Mekatelyu (einer Kreolsprache auf Basis des Englischen). Die Stadt wurde nicht so aufgehübscht wie Puerto Viejo de Talamanca im Süden, das mit einem klimatisierten Einkaufszentrum und schicken internationalen Restaurants protzen kann. Doch der schöne Strand mit schwarzem Sand und das lässige Verhalten der Leute erinnern immer noch an die nicht so ferne Vergangenheit, als es in dem Gebiet nur wenig mehr als ein paar Kakao-Farmen gab.

Cahuita ist eine stolze Stadt. Sie rühmt sich, die Heimat des ersten afrokaribischen Dauersiedlers in der Gegend gewesen zu sein, eines Schildkrötenjägers namens William Smith, der 1828 mit seiner Familie nach Punta Cahuita kam. Heute betreiben seine Nachfahren und die der vielen anderen westindischen Einwanderer Hinterhoflokale mit leckerem Essen oder vermieten die bunten Bungalows an diesem idyllischen Küstenstreifen.

Praktische Informationen

Die hilfreiche neue Website der Stadt, www.cahuita.cr, versorgt Traveller mit wichtigen Infos zu Unterkünften und Restaurants, vielfach auch mit Bildern.

Banco de Costa Rica (🕑 Mo–Fr 9–16 Uhr) Die Bank am Busbahnhof hat einen Geldautomaten, der Karten von Cirrus, Plus und Visa akzeptiert.

Centro Turístico Brigitte (☎ 2755-0053; www.brigittecahuita.com; Playa Negra; 1000 CRC/Std.; 🕑 7–18 Uhr) Internetzugang. Veranstaltet auch geführte Touren (s. S. 636).

Internet Palmer (1000 CRC/Std.; 🕑 9–20 Uhr)

Sehenswertes & Aktivitäten

Mariposario de Cahuita (☎ 2755-0361; Eintritt 10 US$; 🕑 8.30–15.30 Uhr) Am Highway an der Einfahrt

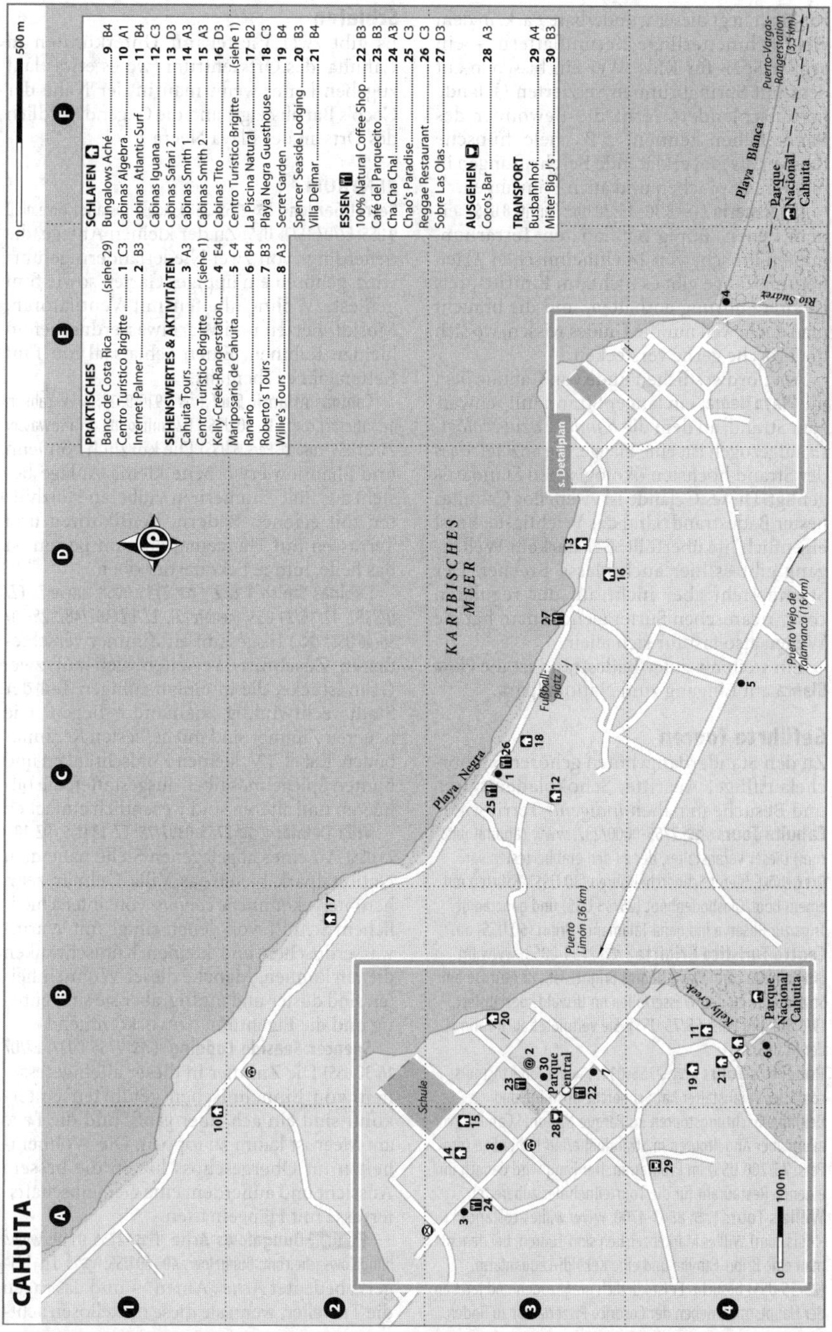
CAHUITA
0 500 m
0 100 m
PRAKTISCHES
Banco de Costa Rica (siehe 29)
Centro Turístico Brigitte 1 C3
Internet Palmer 2 B3
SEHENSWERTES & AKTIVITÄTEN
Cahuita Tours 3 A3
Centro Turístico Brigitte (siehe 1)
Kelly-Creek-Rangerstation 4 E4
Mariposario de Cahuita 5 C4
Ranario 6 B4
Roberto's Tours 7 B3
Willie's Tours 8 A3
SCHLAFEN
Bungalows Aché 9 B4
Cabinas Algebra 10 A1
Cabinas Atlantic Surf 11 B4
Cabinas Iguana 12 C3
Cabinas Safari 2 13 D3
Cabinas Smith 1 14 A3
Cabinas Smith 2 15 A3
Cabinas Tito 16 D3
Centro Turístico Brigitte (siehe 1)
La Piscina Natural 17 B2
Playa Negra Guesthouse 18 C3
Secret Garden 19 B4
Spencer Seaside Lodging 20 B3
Villa Delmar 21 B4
ESSEN
100% Natural Coffee Shop 22 B3
Café del Parquecito 23 B3
Cha Cha Cha! 24 A3
Chao's Paradise 25 C3
Reggae Restaurant 26 C3
Sobre Las Olas 27 D3
AUSGEHEN
Coco's Bar 28 A3
TRANSPORT
Busbahnhof 29 A4
Mister Big J's 30 B3
KARIBISCHES MEER
Playa Negra
Fußballplatz
Puerto Limón (36 km)
Puerto Viejo de Talamanca (16 km)
Playa Blanca
Puerto-Vargas-Rangerstation (3,5 km)
Parque Nacional Cahuita
Río Suárez
Kelly Creek
s. Detailplan
Schule
Parque Central

COSTA RICA

zur Stadt liegt dieser wunderbare Park, in dem viele Schmetterlinge herumflattern – ein großer Spaß für Kids. Wer ein bisschen auf dem mit Springbrunnen verzierten Gelände herumschlendert, lernt die Bewohner des Parks näher kennen, z. B. viele hübsche Raupen. Es gibt erklärende Beschriftungen in mehreren Sprachen und auch Führungen.

Im **Ranario** (8.30–15. 30 Uhr; Eintritt 8 US$), einem neuen, üppig bepflanzten Terrarium, hüpfen Frösche von 14 einheimischen Arten herum; Käfige gibt es nicht. Im Eintrittspreis ist eine Führung enthalten, und die braucht man auch, weil nur die Guides wissen, wo sich die Frösche gerne verstecken.

Am nordwestlichen Ende von Cahuita liegt die **Playa Negra**, ein langer Strand mit schwarzem Strand, an dem die *bandera azul ecológica* aufgezogen ist, eine Flagge, die anzeigt, dass der Strand höchsten ökologischen Standards genügt. Dieses Gelände ist zweifellos Cahuitas bester Badestrand. Und das Wichtigste: Er ist eigentlich nie überfüllt. Bei starkem Wellengang gibt es hier auch klasse Brecher. Der Strand steht aber nicht auf der regulären costa-ricanischen Surferagenda, man hat die Wellen also fast für sich allein.

Ein weiterer guter Badestrand ist die **Playa Blanca** am Eingang zum Nationalpark.

Geführte Touren

Zu den Standardangeboten gehören Schnorchelausflüge, Ausritte, Schokoladentouren und Besuche in nahen *indígena*-Territorien:

Cahuita Tours (☎ 2755-0000/232; www.cahuitatours.com) Dieser Veranstalter, der zu den etabliertesten vor Ort gehört, bietet Schnorcheltouren (30 US$), Fahrten mit einem Boot/Glasbodenboot (25/35 US$) und ganztägige Trips zur Reserva Indígena Talamanca Bribrí (60 US$) an.

Centro Turístico Brigitte (☎ 2755-0053; www.brigittecahuita.com; Playa Negra) Brigitte ist auf Ausritte am Strand oder zu den Wasserfällen im Urwald spezialisiert (3/5 Std. pro Pers. 55/75 US$). Sie vermietet auch Fahrräder (8 US$/Tag).

Roberto's Tours (☎ 2755-0117; www.robertostours.com) Der Veranstalter hat Schnorchelausflüge und Delfinbeobachtungstouren im Parque Nacional Cahuita, vor allem aber Angeltouren in Strandnähe/auf hoher See (pro Pers. 75/200 US$) im Programm. Der Fang wird danach im eigenen Restaurant für die Tourteilnehmer zubereitet.

Willie's Tours (☎ 8843-4700; www.willies-costarica-tours.com) Willies Markenzeichen sind Touren, bei denen man eine Bribrí-Familie und eine Kéköldi-Leguanfarm (25/55 US$) besucht. Er ist kürzlich umgezogen und jetzt an der Hauptstraße neben der Cocorico Pizzeria Bar zu finden.

Schlafen

Es gibt zwei Viertel mit Unterkünften in Cahuita: das Ortszentrum (wo es etwas laut zugehen kann, wenn man in der Nähe der Coco's Bar absteigt) und die Gegend nördlich des Orts an der Playa Negra.

ZENTRUM

Secret Garden (☎ 2755-0581; koosiecostarica@live.nl; B 9 US$, EZ/DZ 15/25 US$) Zu der kleinen Anlage, die neuerdings von zwei Niederländern geführt wird, gehören ein üppiger Garten sowie fünf geflieste Wohneinheiten mit Ventilatoren, Moskitonetzen und Warmwasserduschen in kleinen Kabinen. Einen Schlafsaal mit fünf Betten gibt es ebenfalls.

Cabinas Atlantic Surf (☎ 8919-9313; www.cabinasatlanticsurf.com; B 10 US$, DZ mit/ohne Warmwasser 25/20 US$, zusätzl. Pers. 5 US$) Die kürzlich von Jenn und Shannon erworbene kleine Anlage besteht aus fünf Zimmern in sauberen Holzhütten mit eigenen Bädern, Ventilatoren und Terrassen mit Hängematten. Am besten ist das helle, luftige Eckquartier oben.

Cabinas Smith 1 & 2 (☎ 2755-0068; ältere Zi. EZ/DZ/3BZ 12/16/21 US$, neuere Zi. EZ/DZ/3BZ/4BZ 25/31/36/46 US$;) Insgesamt elf Zimmer verschiedenen Zuschnitts verteilen sich auf zwei Grundstücke, die in einem ruhigen Teil der Stadt rechtwinklig zueinander liegen. Die neueren Zimmer sind mit gefliesten Keramikböden, Kabel-TV, kleinen Kühlschränken und bunten Spiegelmosaiken ausgestattet; die billigeren und älteren sind wesentlich einfacher.

Villa Delmar (☎ 2755-0392/75; EZ 13 US$, DZ 18–25 US$) An einer abgelegenen Stelle nahe dem Nationalpark bietet das Villa Delmar zehn heruntergekommene *cabinas* von unterschiedlichem Schnitt, von denen einige mit Warmwasserduschen und kleinen Kühlschränken dienen können. Manche dieser Wohneinheiten sind düster und muffig, aber sie sind günstig und die Eigentümer zuvorkommend.

Spencer Seaside Lodging (☎ 2755-0027; EZ/DZ 16/30 US$) Die Zimmer in dieser alteingesessenen, von Einheimischen geführten Unterkunft sind einfach, aber groß, und die Lage am Meer ist kaum zu toppen. Die Wohneinheiten im Obergeschoss bieten die bessere Aussicht und außerdem eine Gemeinschaftsterrasse mit Hängematten.

LP Tipp **Bungalows Aché** (☎ 2755-0119; www.bungalowsache.com; Bungalows 40–60 US$;) In Nigeria bedeutet *Aché* „Amen" – und das sagen die Traveller, wenn sie diese makellosen achteckigen Bungalows auf einem friedvollen Grundstück gleich beim Nationalpark erblicken. Die drei charmanten Hütten mit Holzparkett verfügen über rot-weiße Bettwäsche, Schließfach, Minikühlschrank, einen Wasserkessel und Terrassen mit Hängematten.

PLAYA NEGRA

Die Playa Negra liegt ungefähr 1,5 km nordwestlich des Orts. Hier ist es nett und ruhiger, es gibt aber nur ein begrenztes Angebot von Restaurants und Dienstleistungen. Wer Lust auf eine Kneipentour hat, sollte lieber in der Stadt absteigen, denn nachts ist der Weg vom Ort zur Playa Negra nicht ungefährlich.

Cabinas Algebra (☎ 2755-0057; www.cabinasalgebra.com; DZ 18 US$, DZ/3BZ mit Küche 25/39 US$) In dieser Anlage stehen Gästen drei Hütten zur Verfügung, in denen man sich wie im *Schweizerischen Robinson* fühlt. Die Hütten sind aus Holz; und Hängematten gibt's auch.

Cabinas Tito (☎ 2755-0286; http://cahuita-cabinastito.com; DZ 25 US$, zus. Pers. 8 US$) Die charmante, von weitläufigen tropischen Gärten und Bananenstauden umgebene Anlage umfasst sieben saubere, bunt gestrichene Hütten. Die Zimmer sind mit Korbmöbeln, Moskitonetzen und Urwalddekor ausgestattet.

Cabinas Iguana (☎ 2755-0005; www.cabinas-iguana.com; DZ 25 US$, Bungalow-DZ 40 US$;) Auf dem üppig bewaldeten Gelände abseits des Strandes stehen mehrere Bungalows, teils ältere, teils neuere. Diese einfachen Holzhütten unterschiedlicher Größe – in einigen kommen bis zu sechs Personen unter – verfügen über Fliesenböden und Betten mit Moskitonetzen.

LP Tipp **La Piscina Natural** (☎ 2755-0146; DZ 35 US$) Dieses von dem einmaligen Walter, einem Einheimischen aus Cahuita, geführte kleine Schmuckstück ist die beste Budgetunterkunft an der Playa Negra. Die getünchten Betonzimmer sind komfortabel und haben eigene Badezimmer. Das Besondere an der kleinen, entspannten Anlage sind das üppig bewachsene Grundstück und der zum Baden einladende natürliche, von Felsen eingefasste Teich. Es gibt eine große Gemeinschaftsküche, einen Relaxbereich im Freien mit netten Treibholzskulpturen und jede Menge kaltes Bier.

Centro Turístico Brigitte (☎ 2755-0053; www.brigittecahuita.com; DZ mit/ohne Küche 35/25 US$) Hier kommt man in einigen einfachen, bunt angemalten Holz-*cabinas* unter. Wer eigene Ausrüstung dabei hat, kann auf dem Grundstück auch zelten (3 US$/Pers.).

Playa Negra Guesthouse (☎ 2755-0127; www.playanegra.cr; DZ klein/groß 60/80 US$, Hütte mit 2 Schlafzi. 120 US$;) Das wunderschöne karibische Pflanzerhaus, zu dem mehrere freistehende hübsche Häuschen (mit voll ausgestatteten Küchen) gehören, ist liebevoll dekoriert und gepflegt. Die Gästezimmer sind in Bonbonfarben gehalten und haben einen charmanten tropischen Touch, z. B. bunte Mosaike in den Badezimmern und bequeme Korbstühle auf eigenen Terrassen.

Essen

ZENTRUM

100% Natural Coffee Shop (☎ 2755-0010; Gerichte 1700–5500 CRC; Mo–Fr 6.30–14 Uhr) Das beste Lokal, um den Morgen mit einer Tasse Kaffee zu begrüßen oder sich am Nachmittag bei einem erfrischenden *jugo* zu entspannen.

Café del Parquecito (☎ 2775-0279; Frühstück 2000–2900 CRC; 6–15 & 18 Uhr–open end) Frühaufsteher kommen wegen des Kaffees in dieses Lokal am Park. Auch die mit frischen Tropenfrüchten gefüllten Crêpes sind nicht zu verachten.

Cha Cha Cha! (☎ 8394-4153; Hauptgerichte 2200–8000 CRC; Di–So 12–22 Uhr; V) Auf einer Eckveranda eines alten Hauses serviert dieses attraktive, bei Auswanderern beliebte Lokal alles Mögliche, von jamaikanischem Jerk Chicken und kubanischen Spezialitäten bis hin zu diversen vegetarischen Angeboten.

PLAYA NEGRA

Reggae Restaurant (☎ 2755-0269; Hauptgerichte 2000–5000 CRC; 7–11 & 12–21 Uhr) Diese *soda* mit freundlicher, entspannter Atmosphäre bringt karibische Standardgerichte auf den Tisch.

Chao's Paradise (☎ 2755-0480; Meeresfrüchtegerichte 3700–7000 CRC; 11–23 Uhr) Der Geruch nach Knoblauch und blubbernden Saucen weist den Weg zu diesem sehr empfehlenswerten Restaurant an der Playa Negra. Es gibt frisch gefangenen Fisch in würziger „Chao"-Sauce.

Sobre Las Olas (☎ 2755-0109; Pastagerichte 5500–6500 CRC, Hauptgerichte 5500–12 500 CRC; Mi–Mo 12–22 Uhr; V) Ein munteres costa-ricanisch-italienisches Ehepaar kocht mediterrane Spezialitäten in diesem Restaurant in Spitzenlage an der Küste.

Ausgehen

In der sonst so ruhigen Ortschaft gibt es eine Partyhöhle: **Coco's Bar** (12 Uhr–open end). Der Laden an der Hauptkreuzung ist unübersehbar in den Rastafarben Rot, Gelb und Grün gestrichen, und der Reggaetón dröhnt bis 23 Uhr. An einigen Abenden, in der Regel am Wochenende, gibt es Livemusik. Wem seine Trommelfelle lieb sind, der sollte sich in eine der ruhigeren Bars gleich gegenüber setzen.

An- & Weiterreise

Alle öffentlichen Busse kommen am Busbahnhof rund 200 m südwestlich des Parque Central an und fahren dort ab. Ziele sind:

Puerto Limón (Autotransportes Mepe) 1000 CRC; 1½ Std.; 6, 9.30, 10.45, 13.45 & 18.15 Uhr (ungefähre Abfahrtzeiten, weil die Busse in Manzanillo starten – sicherheitshalber frühzeitig kommen).
Puerto Viejo de Talamanca/Manzanillo 1000 CRC; 30 Min./1 Std.; Abfahrt 6.15, 6.45, 11.15, 15.45 & 18.45 Uhr.
San José (Autotransportes Mepe) 3700 CRC; 4 Std.; Abfahrt 7, 8, 9.30, 11.30 & 16.30 Uhr.
Sixaola 1600 CRC; 2 Std.; 6–19 Uhr stündl.

COSTA RICA

Unterwegs vor Ort

Am besten kommt man in Cahuita – vor allem, wenn man draußen an der Playa Negra wohnt – mit dem Fahrrad herum. Im Ort vermietet **Mister Big J's** (☎ 8887-4695; 7 US$/Tag; 🕑 7–18 Uhr) Fahrräder; außerdem hat der Laden Bodyboards (6 US$/Tag).

PARQUE NACIONAL CAHUITA

Der kleine, aber schöne Parque Nacional Cahuita gehört zu den meistbesuchten Nationalparks des Landes. Die Feuchtigkeit sorgt für ein dichtes tropisches Blätterdach aus Kokospalmen, Mangobäumen und Seetrauben. Der Wald schirmt weiße Sandstrände an einer ruhigen Bucht ab. Der leicht erreichbare Park lockt haufenweise Besucher an, die in der seichten Brandung baden, auf den Wegen nach Faultieren und Affen Ausschau halten oder am Korallenriff schnorcheln.

Am Ostende von Cahuita befindet sich die **Kelly-Creek-Rangerstation** (Karte S. 635; ☎ 2755-0461; Eintritt gegen Spende; 🕑 6–17 Uhr) neben der **Playa Blanca**, die sich 2 km nach Osten erstreckt. Auf den ersten 500 m warnen Schilder vor dem Baden, aber dahinter sind die Wellen sanft. Auf die felsige Punta Cahuita folgen die Playa Vargas und die **Puerto-Vargas-Rangerstation** (☎ 2755-0302; Eintritt 10 US$; 🕑 Mo–Fr 8–16, Sa & So 7–17 Uhr). Ein gut gehbarer, 7 km langer **Küstenweg** führt vom Río Suárez (Kelly Creek) durch den Urwald nach Puerto Vargas. Achtung: Der Río Perezoso nahe dem Ende des ersten Strands kann bei Flut Hüfthöhe erreichen; bei Regen kann das Durchwaten sogar gefährlich sein.

Campen (5 US$) ist an der Playa Vargas in weniger als 1 km Entfernung von der Rangerstation Puerto Vargas erlaubt. Traveller finden hier Außenduschen mit Kaltwasser, Plumpsklos sowie Trinkwasser vor. Nichts unbewacht herumliegen lassen! Insbesondere nicht verstaute Nahrungsmittel werden schnell ein Raub diebischer Affen.

Die Schnorchelbedingungen wechseln von Tag zu Tag. Im Allgemeinen sind die Monate Februar bis April, die im Hochland die trockeneren sind, an der Küste am besten zum **Schnorcheln**, da durch den geringeren Zustrom von Wasser aus den Flüssen auch weniger Sand ins Meer gespült wird. Um das Riff vor weiteren Schäden zu schützen, ist Schnorcheln nur in Begleitung eines lizenzierten Führers erlaubt.

Eine gute **Tageswanderung** ist diese: Zunächst um 8 Uhr den Bus von Cahuita nach Puerto Viejo nehmen und bis zum Eingang Puerto Vargas fahren. Der Weg führt zunächst 1 km bis zur Küste und von dort 7 km bis nach Cahuita zurück. Wer sich für Vogelbeobachtungstouren und geführte Wanderungen interessiert, wendet sich an die Reiseveranstalter in Cahuita oder das ATEC in Puerto Viejo de Talamanca.

PUERTO VIEJO DE TALAMANCA

Die boomende karibische Partystadt ist voll mit touristischem Leben: Straßenhändler verhökern Rasta-Krimskrams und Bob-Marley-T-Shirts, schicke Restaurants servieren internationale Küche und aus auf rustikal getrimmten, aus Bambus gebauten Bars dröhnen Dancehall und Reggaetón. Gelegentlich trifft man hier auf eine offen hedonistische Szene mit entschlossenen Partypeople, die gekommen sind, um ausgiebig dem Haschisch und dem *guaro* (dem hiesigen Zuckerrohrschnaps) zu frönen.

Trotz seines Rufs als Partyhochburg hat sich Puerto Viejo seinen Charme bewahrt. Nur ein paar Blocks abseits der Hauptstraße mit dem Kommerztrubel stößt man auf unbefestigte, verschlafene Gassen und isst in der Gesellschaft einheimischer Familien würzigen karibischen Eintopf. In der Nähe finden sich Obstplantagen im Regenwald, wo Vögel keckern und Frösche quaken, und weitläufige Strände, an denen Surfen und Schlafen den Tagesrhythmus bestimmen.

Wer relaxen, ein bisschen feiern und gut essen will, ist hier also genau richtig.

Praktische Informationen

Informationen zu Unterkünften, Restaurants und Aktivitäten in der Gegend finden sich auf den Websites von Green Coast (www.greencoast.com) und Puerto Viejo (www.puertoviejocr.com).

ATEC (Asociación Talamanqueña de Ecoturismo y Conservación; ☎ 2750-0191/398; www.ateccr.org; 🕑 8–21 Uhr) Eine verlässliche Quelle für Infos über Touren und Aktivitäten in dem Gebiet. Hier gibt's auch ein paar ältere Computer mit Internetzugang (1200 CRC/Std.).

Banco de Costa Rica (🕑 Mo–Fr 9–16 Uhr) Der hiesige Geldautomat akzeptiert Karten von Plus und Visa. Am Wochenende ist der Bargeldvorrat allerdings manchmal erschöpft.

David's Library (☎ 2750-0232) Diese Bücherbörse hat ihren Sitz in der Lobby des Hotels Lotus Garden.

Jungle Internet (☎ 2750-2086; www.junglec.com; 1700 CRC/Std.; 🕑 8–23 Uhr;) Hat ordentliche Laptops und WLAN.

Gefahren & Ärgernisse

Unglücklicherweise gibt es in Puerto Viejo eine regelrechte Drogendealerheimindustrie, und dabei kann es zuweilen aggressiv zugehen. Wer kein Interesse hat, sollte das deutlich zu verstehen geben. Allen anderen sei gesagt, dass Marihuana in Puerto Viejo zwar sehr verbreitet, aber trotz allem illegal ist.

Sehenswertes & Aktivitäten

BOTANISCHER GARTEN FINCA LA ISLA

Dieser **botanische Garten** (☎ 2750-0046; www.costaricacaribbean.com; Besichtigung ohne/mit Führer 5/10 US$;

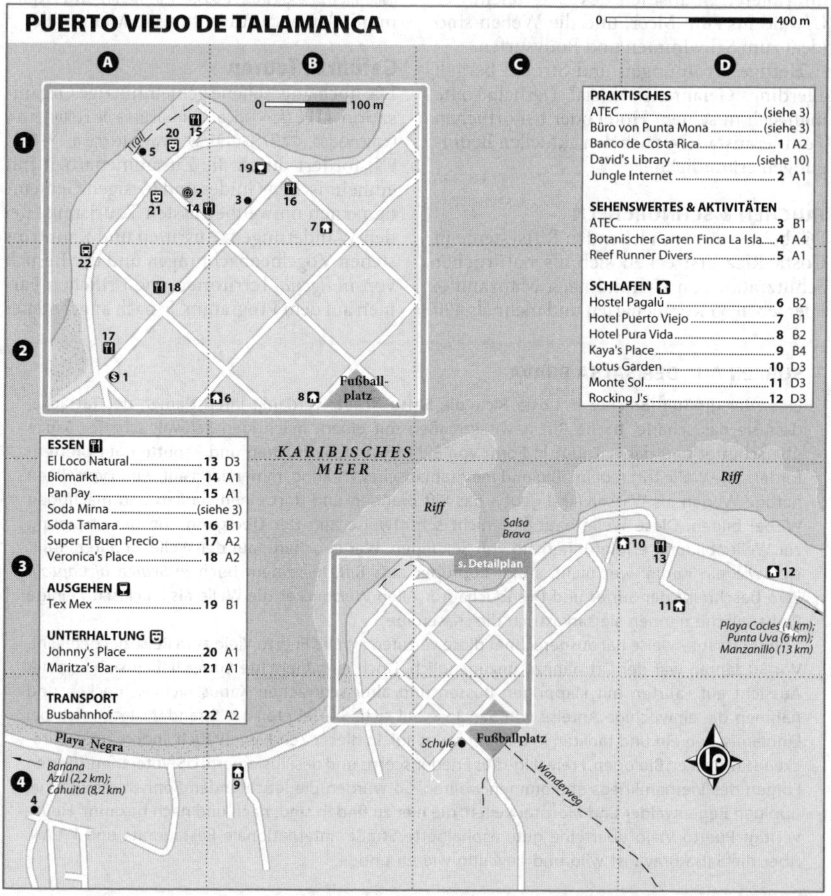

Fr–Mo 10–16 Uhr) westlich der Stadt ist außerdem eine tropische Farm. Hier kann man gut Vögel und Landtiere beobachten – nach Faultieren und den giftigen Baumsteigerfröschen Ausschau halten!

RADFAHREN

Die Straße durch den Wald nach **Manzanillo** (13 km) bietet sich für eine malerische Radtour an. Badesachen mitnehmen! Unterwegs lassen sich Brüllaffen und Schmetterlinge beobachten.

SCHWIMMEN

Gleich nordwestlich der Stadt liegt die **Playa Negra**, der sicherste Badestrand der Gegend, der auch prima Bedingungen zum Bodyboarding bietet. Südöstlich des Orts reicht der Urwald bis zum Meer, und die Wellen sind ideal zum Schwimmen und Bodysurfen.

Heftige Strömungen und Strudel bergen allerdings Gefahrenpotenzial. Deshalb sollte man sich in seinem Hotel oder bei örtlichen Tourveranstaltern nach den aktuellen Bedingungen erkundigen.

TAUCHEN & SCHNORCHELN

Die beiden einzigen lebenden Riffsysteme in Costa Rica erstrecken sich als natürlicher Schutzraum von Cahuita nach Manzanillo. Hier leben 35 Korallenarten und mehr als 400 Fischspezies. Auch Delfine, Haie und gelegentlich Wale lassen sich hier blicken. Die beste Sicht unter Wasser hat man, wenn das Meer ruhig ist. Schlechte Surfbedingungen sind also gute Bedingungen zum Schnorcheln.

Eine prima Stelle zum Schnorcheln liegt gleich südlich von **Punta Uva** (vor dem Restaurant Arrecife); hier finden sich beeindruckende Exemplare verschiedener Korallenarten. Auch das Riff bei Manzanillo (S. 642) ist leicht zugänglich. Ausrüstung lässt sich bei Aquamor Talamanca Adventures (S. 642) in Manzanillo mieten. Tourveranstalter (s. unten) bieten geführte Trips ab ungefähr 45 US$ pro Person an.

Zu den Tauchveranstaltern zählen **Reef Runner Divers** (☎ 2750-0480; www.reefrunnerdivers.net; Tauchgang mit 1/2 Flaschen 65/90 US$; 8–18 Uhr) und Aquamor Talamanca Adventures in Manzanillo.

Geführte Touren

Die hoch angesehene gemeinnützige Organisation **ATEC** (Asociación Talamanqueña de Ecoturismo y Conservación; ☎ 2750-0191/398; www.ateccr.org; 8–21 Uhr) fördert durch die Zusammenarbeit mit einheimischen Guides und hiesigen Gemeinden einen umweltbewussten Tourismus. Bei den Wanderungen, Ausritten und Kanutrips stehen Vogelbeobachtungen und der Besuch von *indígena*-Territorien und örtlichen Farmen auf dem Programm. Je nach angebotener

SURFEN AUF DER SALSA BRAVA

Einer der größten Brecher in Costa Rica, die **Salsa Brava**, verdankt ihren Namen der Tatsache, dass sie das scharfe, flache Riff gewissermaßen mit einem mächtigen Schwall scharfer Sauce überschüttet und dabei Tribut in Form von Schürfwunden, Brüchen und kaputten Surfbrettern fordert. Die Welle tritt regelmäßig und mit dramatischer Wirkung immer dann auf, wenn von Osten heftige Wogen als Wasserwand gegen das Riff branden und dort einen starken und mächtigen Wirbel bilden. Diese Welle baut sich nicht schrittweise auf: Der Übergang von der Strömung zur Wellenbildung erfolgt innerhalb von Sekunden. Wer es schafft, auf der Welle zu reiten, fühlt sich wie ein König; wer nicht, stürzt kopfüber aufs Riff. In seinem Buch *In Search of Captain Zero* beschreibt der Surfer und Drehbuchautor Allen Weisbecker die Welle als „tückisch", einige Einheimische nennen sie sarkastisch die „Käsereibe".

Interessanterweise hat ausgerechnet diese verrufene Welle Puerto Viejo zum Reiseziel gemacht. Vor 30 Jahren war der Ort nahezu unzugänglich. Doch eingefleischte Surfer ließen sich von der Aussicht auf Fahrten mit klapprigen Bussen und altersschwachen Kanus nicht schrecken und nahmen die einwöchige Anreise von San José auf sich. Sie zelteten am Strand, nisteten sich bei Einheimischen ein und tankten in billigen *sodas* auf. In dieser Zeit kamen auch andere unerschrockene Entdecker: Biologen, Freiwillige des Friedenscorps und desillusionierte US-Veteranen, die den Folgen des Vietnamkriegs entkommen wollten. So wurden die leuchtenden Sonnenuntergänge, üppigen Regenwälder und Monsterwellen, die hier zu finden sind, nach und nach bekannt. Heute verfügt Puerto Viejo über eine gute asphaltierte Straße, internationale Restaurants und WLAN. Aber die Salsa Brava ist wild und gewaltig wie eh und je.

Aktivität kosten Halbtagestouren ab ungefähr 20 US$ und Touren mit Übernachtung bis zu 80 US$. Empfehlenswert.

Schlafen

LP Tipp **Rocking J's** (☎ 2750-0657; www.rockingjs.com; Stellplatz 4 US$, Hängematte 5 US$, B 7 US$, DZ 20–30 US$, Suite für 3 Pers. 60 US$, J's Palace 350 US$;) Puerto Viejos schrägstes Hostel und „Hängematten-Hotel" gehört dem charismatischen, spitzbübischen „J", der bei Vollmond Togapartys und Trinkspiele veranstaltet. Wer Spaß sucht, wird ihn hier finden und dazu eine Menge neuer Kumpels. Die Unterkünfte sind einfach. Zu den eng gestellten Zeltreihen, den Hängematten, gemütlichen Schlafsälen und Doppelzimmern gehören klapprige Duschen, die in einem Betonbau untergebracht sind, den psychedelisch bunte Mosaiken aufhübschen.

Hotel Puerto Viejo (☎ 2750-0620; hotelpuertoviejocr.com; B 8 US$, Zi. ohne Bad 10 US$/Pers., DZ 30 US$;) Keine Schuhe, kein Hemd? Kein Problem. Diese ganz auf Surfer ausgerichtete Unterkunft wird von Hardcore-Wellenreiter Kurt Van Dyke geführt und umfasst 68 Zimmer in Holzhütten, in denen teilweise bis zu acht Personen unterkommen. Die Wohneinheiten sind einfach, aber sehr sauber. Sie sind mit starken Ventilatoren und Badezimmern ausgestattet, die recyceltes Regenwasser nutzen.

Hostel Pagalú(☎ 2750-1930; www.pagalu.com; B 10 US$, DZ mit/ohne Bad 28/22 US$;) Das brandneue Hostel an einer ruhigen Straße ist eine Erholung von Puerto Viejos Partyszene. Die supersauberen, luftigen Schlafsäle und das halbe Dutzend Doppelzimmer sind weiß gestrichen und hie und da mit poliertem Holz akzentuiert. Extras sind die großen Schließfächer, Aufladegeräte für MP3-Player und Leselampen über jeder Schlafstelle.

Kaya's Place (☎ 2750-0690/060; www.kayasplace.com; EZ/DZ ohne Bad 19/27 US$, DZ mit/ohne Meerblick 40/35 US$, EZ/DZ mit Gartenblick 40/50 US$, DZ-Apt./Apt. für 5 Pers. 70/85 US$;) Diese Herberge gleich westlich der Ortschaft bietet 17 gemütliche, einfache Zimmer und Apartments (teilweise mit Gemeinschaftskaltwasserduschen). Einige der Wohneinheiten sind ziemlich düster, die mit Gartenblick sind aber luftig.

Monte Sol (☎ 2750-0098; www.montesol.net; DZ 20–30 US$, DZ/4BZ-Bungalow mit Küche 45/65 US$, Haus für 4 Pers. 70 US$;) Die von der Hauptstraße zurückgesetzte entspannte Anlage östlich des Orts umfasst sechs hübsche senfgelbe Hütten. Die Einheiten sind rustikal. Sie haben geflieste Böden, kleine Waschkabinen und Moskitonetze über den Betten. Vor allem aber sind sie sauber, und es gibt auch Hängematten.

Hotel Pura Vida(☎ 2750-0002; www.hotel-puravida.com; EZ/DZ/3BZ 32/38/50 US$, ohne Bad 25/30/40 US$;) Man bezahlt in dieser gemütlichen Herberge an einer ruhigen Straße nur Budgetpreise, aber Atmosphäre wie Ausstattung entsprechen der eines soliden Mittelklassehotels. Die zehn flotten, makellosen Gästezimmer sind mit poliertem Holz verkleidet und haben geflieste Böden und farbenfrohe Bettwäsche.

Lotus Garden (☎ 2750-0232; http://thelotusgarden.net; Standard-DZ 40 US$, Suite 70–90 US$;) in den neun großen, fernöstlich angehauchten Suiten mit Steinmauern stehen Gästen große, freistehende Betten, Kabel-TV, Klimaanlage, Schließfach, Bad mit Whirlpool und jede Menge asiatischer Textilien zur Verfügung. Entsprechend tragen die Quartiere japanische Namen wie „Shogun".

Banana Azul (☎ 2750-2035; www.bananaazul.com; DZ mit Frühstück 69–94 US$, DZ-Apt. 129 US$;) Im Urwald am ortsfernen Ende der Playa Negra, am Rand eines wundervoll ruhigen schwarzen Sandstrands, steht dieses herrliche Hotel. Betrieben wird es von Roberto Vreña und Colin Brownlee. Die 13 Gästezimmer sind in feinstem Urwald-Schick gehalten: mit blanken Parkettböden, weißer Bettwäsche, duftigen Moskitonetzen und eigenen Terrassen mit Aussicht. Hinzu kommen schöne Details wie die Bromelien in den Duschen.

Essen

Veronica's Place (☎ 2750-0132; Gerichte 1200–3200 CRC; So–Do 7–21, Fr 7–16.30 Uhr; V) Das nette vegetarische Café serviert frische, gesunde Variationen karibischer Gerichte aus frischem Obst und Gemüse sowie Sojaprodukten.

Pan Pay (☎ 2750-0081; Gerichte 1500–2800 CRC; 7–19 Uhr) Der beliebte Laden am Strand verwöhnt Gäste mit starkem Kaffee, frischen Backwaren und herzhaften spanischen Omelette-Ecken mit knusprigem Tomatenbrot.

Soda Tamara (☎ 2750-0148; Frühstück 1500–2800 CRC, Meeresfrüchtegerichte 4200–4800 CRC; 7–22 Uhr) Das in Rot, Grün und Gelb gehaltene Lokal ist ein beliebtes Plätzchen zum Frühstücken. Von hier kann man zuschauen, wie der Ort erwacht.

Soda Mirna (Hauptgerichte 2200–3500 CRC; 12–22 Uhr) Die bescheidene kleine *soda* an der Hauptdurchfahrtsstraße ist der beste Spot, um Leute zu beobachten und sich dabei leckere und billige karibische Speisen einzuverleiben.

LP Tipp El Loco Natural (☎ 2750-0530; Gerichte 3200–9000 CRC; ⌚ Mi–Mo 17–22 Uhr; Ⓥ) Das hübsche, von Kerzen erhellte Terrassencafé 200 m östlich vom Ort serviert kreative Gerichte, die Elemente der karibischen, indischen, mexikanischen und thailändischen Küche vereinen. Zu den typischen Gerichten gehören z. B. würzige gedämpfte Muscheln in rotem Curry oder Hähnchen mit Kokos aus dem Tandur. Wer seinen Geschmacksnerven mal etwas Neues gönnen will, sollte die exquisiten Fischtacos probieren, zu denen ein eiskalter *guaro sour* (2800 CRC) von der Bar prima passt.

Lebensmittel bekommt man bei **Super El Buen Precio** (⌚ 6.30–20.30 Uhr) oder auf dem wöchentlichen **Biomarkt** (⌚ Sa 6–18 Uhr), wo es neben frischem Gemüse auch für die Region typische Snacks gibt.

COSTA RICA

Ausgehen & Unterhaltung

Tex-Mex (⌚ 6–2 Uhr) In der lauten Open-Air-Bar an der Hauptstraße gibt es Livemusik, Billardtische und an den meisten Abenden auch Filmvorführungen auf der Großleinwand.

Maritza's Bar (☎ 2750-0003) In der schnörkellosen Bar spielen regelmäßig Livebands und legen DJs Reggae, Rock, Salsa etc. auf.

Johnny's Place (⌚ 13–3 Uhr) Dieser Schuppen ist eine Institution in Puerto Viejo. Einheimische und Traveller gehen auf der Tanzfläche zu Reggaetón, Hip-Hop und Salsa ab und versammeln sich nachts um die draußen entzündeten Lagerfeuer.

An- & Weiterreise

Alle öffentlichen Busse nutzen den Busbahnhof, der sich einen halben Block südwestlich der Maritza's Bar befindet. **Grayline** (☎ 2262-3681; www.graylinecostarica.com) betreibt einen privaten Bus nach San José (35 US$), der täglich gegen 14.15 Uhr in Puerto Viejo abfährt – vorab reservieren. Öffentliche Busse bedienen folgende Ziele:

Bribrí/Sixaola 1100 CRC; 30 Min./1½ Std.; 6.30–19.30 Uhr ungefähr stündl.

Cahuita/Puerto Limón 400 CRC; 30 Min./1½ Std.; 5.30–19.30 Uhr ungefähr stündl.

Manzanillo 400 CRC; 30 Min.; Abfahrt 7.30, 12, 16.30 &19.30 Uhr.

San José 4100 CRC; 5 Std.; Abfahrt 7.30, 9, 11 & 16 Uhr.

Unterwegs vor Ort

Mit dem Fahrrad kommt man prima im Ort herum, und eine Radtour zu anderen Stränden östlich von Puerto Viejo ist eines der Highlights in diesem Teil Costa Ricas. Fahrradvermieter gibt es überall im Ort, und auch viele Hotels leihen Räder aus.

MANZANILLO

Die 13 km lange Küstenstraße nach Manzanillo führt an Sandstränden und dichtem Wald vorbei, durch Stranddörfer und die Reserva Indígena Cocles/Kekoldi und endet schließlich beim Refugio Nacional de Vida Silvestre Gandoca-Manzanillo. Die Straße ist mit einem normalen Auto befahrbar, da sie asphaltiert ist. Man darf sich aber nicht zu sehr von der Tierwelt ablenken lassen, denn die Schlaglöcher sind nicht von Pappe! Die Ortschaft Manzanillo selbst gehört zum **Refugio Nacional de Vida Silvestre Gandoca-Manzanillo**, einem unberührten Rest jener Wildnis, die sich einst entlang der Karibikküste bis nach Panama zog.

Der atemberaubende Gandoca-Manzanillo-Küstenweg führt über 5,5 km durch Regenwald und an verlassenen Stränden vorbei nach Punta Mona. Neben Affen und Tukanen findet man hier auch die seltene Harpyie, eine Greifvogelart.

Das 200 m vor der Küste liegende Korallenriff ist zehnmal so groß wie das bei Cahuita und besitzt das klarste Wasser und die größte Vielfalt von Meereslebewesen in Costa Rica. Die beste Informationsquelle zum Gebiet ist die seit Langem im Gebiet ansässige Familie Larkin bei **Aquamor Talamanca Adventures** (☎ 2759-9012, 8835-6041; www.greencoast.com/aquamor.htm, www.costacetacea.com; 1 Std. Tauchen am Strand 25 US$, Tauchen vom Boot mit zwei Tanks ab 59 US$), das 100 m westlich von Maxi's Cabinas zu finden ist. Das Unternehmen betreibt eine Tauchschule, die PADI-Zertifikate vergibt, vermietet Schnorchelausrüstung (4 US$/Std.) und Kajaks und bietet Delfintouren unter der Führung qualifizierter Naturwissenschaftler.

Übernachten kann man auf der **Punta Mona** (☎ 8321-8788; www.puntamona.org; B inkl. 3 Mahlzeiten 45 US$, Transport 10 US$; Ⓥ), einer Ökofarm mit Erholungszentrum 5 km südlich von Manzanillo. Auch freiwillige Helfer sind hier willkommen. Um einen Aufenthalt und den Transport zu arrangieren, schickt man eine E-Mail oder besucht das Büro der Farm in Puerto Viejo, das sich hinter dem ATEC (Karte S. 639) befindet.

Auf dem Weg ins Dorf bietet **Cabinas Manzanillo** (☎ 2759-9033, 8839-8386; DZ/3BZ 20/30 US$) in freundlicher Umgebung makellose Zimmer

UNTERWEGS NACH GUABITO & BOCAS DEL TORO, PANAMA

Der Grenzübergang **Sixaola-Guabito** ist einer der entspanntesten in Costa Rica und bei Travellern beliebt, die die Inseln von Bocas del Toro besuchen wollen.

In Sixaola sollte man früh ankommen: Die Grenze ist von 7 bis 17 Uhr (8–18 Uhr in Guabito, Panama, wo die Uhren eine Stunde vorgehen) geöffnet, gegen 13 Uhr wird auf einer oder beiden Seiten eine Mittagspause eingelegt. Beim Überqueren der hohen Metallbrücke über den Río Sixaola erledigt man am **costa-ricanischen Kontrollpunkt** (☎ 2754-2044) die Ausreiseformalitäten.

Nach Überquerung der Brücke findet sich links die panamaische Einreisestelle, wo man seinen Pass stempeln lässt. Mit dem eigenen Auto darf man über die Grenze, nicht aber mit dem Mietwagen. Vor Ort gibt es keine Bank, Colones kann man auf dem *mercado* (Markt) jenseits der Straße eintauschen. In Guabito existieren keine Hotels; Taxis bringen einen weiter nach Panama hinein.

Informationen zur Überquerung der Grenze von Panama aus finden sich auf S. 746.

mit TV und Ventilator. Wer länger bleibt, kann nach Rabatt fragen.

Einheimische Hausfrauen führen nette, zwanglose *sodas* oder verkaufen *patis* (würzige Teigtaschen mit Fleisch und Kochbananen). Die Stimmung ist munter: Die Leute bleiben auch, wenn das Licht mal ausfällt. An einigen Wochenenden gibt es Livemusik.

Von Puerto Viejo de Talamanca fahren um 7.30, 12, 16.30 und 19.30 Uhr Busse nach Manzanillo (400 CRC, 30 Min.). Zurück geht es um 5, 8.15, 12.45 und 17.15 Uhr. Die Busse fahren weiter nach Puerto Limón (2000 CRC, 2½ Std.), wo es Anschlussfahrten gibt.

SIXAOLA

Wer sich in Sixaola verliebt, hat Pech – da hält man sich nicht länger auf. Doch hier ist der Grenzübergang, der die schnellste Verbindung nach Bocas del Toro ist, auch wenn die meisten lieber über Paso Canoas fahren.

Die Unterkünfte und Restaurants sind einfach; die in Panama sind weit besser. Wer doch hier strandet, findet in den ruhigen, sauberen **Cabinas Imperio** (☎ 2754-2289; DZ 20 US$) gegenüber dem Kontrollpunkt ein Bett.

Der Busbahnhof liegt einen Block nördlich des Grenzübergangs. Busse nach San José (2600 CRC, 5 Std.) fahren um 6, 8, 10 und 15 Uhr. Acht Busse fahren zwischen 5 und 18 Uhr über Cahuita und Puerto Viejo von/nach Puerto Limón (5300 CRC, 3 Std.).

NÖRDLICHES ZENTRAL-COSTA-RICA

Die Abenteuerlust lockt Traveller in diesen Landesteil, in dem sich die dunstigen Nebelwälder von Monteverde und der rauchende Volcán Arenal befinden. Wo sonst sieht man bunt schillernde Taranteln, kann an Seilrutschen durchs Blätterdach sausen und den Tag mit einem Bad in einer blubbernden Thermalquelle beschließen? Wer lieber auf altmodische Art auf Erkundungstour geht (ohne Seilrutsche und Cargohosen), muss während der Rodeo-Saison unbedingt das flache tropische Tiefland mit den vielen Rindern besichtigen oder einen Ausflug in die weltbekannten Feuchtgebiete des Refugio Nacional de Vida Silvestre Caño Negro machen. Am Nordende der Region bildet der Río San Juan die Grenze zu Nicaragua. Früher war er eine wichtige Verbindung zur karibischen Küste. Heute fahren unermüdliche Traveller per Boot über die Grenze oder die ganze Strecke bis nach Barra del Colorado. Und das ist schon ein Abenteuer.

Die meisten Traveller mit wenig Zeit nehmen den beliebten Rundkurs, der von Monteverde aus per Jeep, Boot und Jeep (genauer Kleinbus, Boot und Kleinbus) den Weg rund um die Laguna de Arenal nach La Fortuna abkürzt (auch in umgekehrter Richtung).

TILARÁN

Das boomende Farmerstädtchen gibt einen gemütlichen Zwischenstopp für Traveller ab. Das freundliche, an den Wilden Westen erinnernde Tilarán zeigt seine Begeisterung für Bullen am letzten Aprilwochenende mit einem **Rodeo** und am 13. Juni mit einem San Antonio gewidmeten Stierkampf (in Costa Rica werden die Stiere dabei nicht getötet). Der Ort liegt nahe dem Südwestende der Laguna de Arenal.

Während man auf den Bus wartet, kann man im **Cybercafé Tilarán** (☎ 2695-9010; 600 CRC/

Std.; Mo–Sa 9–22 Uhr), das schnelle Verbindungen hat, seine E-Mails checken.

Schlafen & Essen

Hotel Tilarán 'n (☎ 2695-5043; Zi. mit/ohne Bad 11/7 US$) Die ausgezeichnete Budgetunterkunft an der Westseite des Parque Central hat gepflegte Zimmer mit Kabel-TV. Die nach hinten raus sind zudem auch ruhig.

Hotel Mary (☎ 2695-5479; Zi. 21 US$/Pers.) In der freundlichen, ordentlichen Unterkunft findet sich Bettwäsche, die auch Oma gefallen würde. Auf dem Balkon stehen Holzstühle, sodass man sich das Treiben draußen gemütlich anschauen kann. Das Restaurant im Erdgeschoss (Hauptgerichte 3–6 US$; 6–24 Uhr) hat eine coole Zinntheke und serviert costa-ricanische und chinesische Spezialitäten.

Hotel La Carreta (☎ 2695-6593; www.lacarretacr.com; EZ/DZ inkl. Frühstück 40/55 US$;) Die Eigentümer Rita und Ed haben diese Zimmer mit Oberlichtern mit orthopädischen Betten, Leselampen und Wandmalereien lokaler Künstler richtig aufgemöbelt. Neben dem Essbereich im Haus gibt es eine hübsche Gartenterrasse, auf der man einen Kaffee schlürfen und dabei ein Buch lesen kann, das man sich bei der Bücherbörse im Vorraum geholt hat.

An- & Weiterreise

Die Busse fahren ab dem Busbahnhof gleich westlich vom Parque Central. Die Route von Tilarán nach San José führt über die Interamericana, nicht über La Fortuna. Die Busse, die am Sonntagnachmittag nach San José fahren, sind häufig schon am Samstag ausgebucht. Folgende Ziele werden bedient:

Ciudad Quesada über La Fortuna 1550 CRC; 4 Std.; Abfahrt 7 & 12.30 Uhr.

Monteverde/Santa Elena 1200 CRC; 2½ Std.; Abfahrt 7 & 16 Uhr.

Puntarenas 1530 CRC; 2 Std.; Abfahrt 6 & 13 Uhr.

San José (Auto-Transportes Tilarán) 3650 CRC; 4 Std.; Abfahrt 5, 7, 9.30, 14 & 17 Uhr.

MONTEVERDE & SANTA ELENA

Der im dunstigen Grüngürtel zweier Nebelwaldreservate gelegene schmale Korridor mit menschlicher Besiedlung besteht aus dem costa-ricanischen Dorf Santa Elena und der Quäkersiedlung Monteverde. Das Gebiet wurde in den 1930er-Jahren von Holzfällern und Farmern besiedelt, später kamen dann US-amerikanische Quäker, die Angehörigen einer pazifistischen religiösen Gruppe.

Und das ging so vonstatten: Vier Quäker, die sich 1949 in Alabama der Einberufung in den Koreakrieg widersetzt hatten, wurden zu Gefängnisstrafen verurteilt. Das Ereignis setzte einen Exodus in Gang, und 1951 kamen Mitglieder der Gruppierung in das Gebiet und gründeten auf den hiesigen grünen Weiden Milchfarmen. Um das lebenswichtige Wassereinzugsgebiet zu schützen, richtete die Quäkergemeinde ein privates Schutzgebiet ein, die heutige Reserva Biológica Bosque Nuboso Monteverde (S. 645). Der Tourismus hielt 1983 Einzug, als die einmalige Landschaft in einer Reportage im *National Geographic* vorgestellt wurde. Es wurde auch gesagt, dass man in diesem Gebiet die besten Chancen hätte, den berühmtesten Vogel Zentralamerikas, den prächtigen Quetzal, zu erspähen. Seither ist der Tourismus aus der Gegend nicht mehr wegzudenken.

Die Infrastruktur ist unzuverlässig: Strom, Wasser oder Telefone fallen aus, wenn man sie gerade am dringendsten braucht. Schuldzuweisungen und Gemecker sind da keine Hilfe. Besser ist es, entspannt bei Kerzenlicht zu Abend zu essen. Denn schließlich macht das alles den rustikalen Charme aus.

Orientierung

Die Gemeinde Monteverde liegt im Nebelwald in einer Höhe zwischen 1200 und 1600 m an der Straße zum Schutzgebiet. Die meisten Budgethotels und Restaurants befinden sich im Dorf Santa Elena, die teureren Unterkünfte an der Straße. Das Monteverde-Schutzgebiet befindet sich 6 km südöstlich von Santa Elena, das Santa-Elena-Schutzgebiet 5 km nördlich und östlich.

Praktische Informationen

Libreria Churches (☎ 2645-5147) bietet Reise- und Naturkundebücher, US-amerikanische Zeitungen, einen Wäschedienst und Snacks. Events sind an der Tür angeschlagen. Die Banco Nacional hat einen Geldautomaten und zahlt Vorschüsse auf Visa-Karten aus.

Die offizielle Website des Ortes ist unter www.monteverdeforever.com erreichbar.

Sehenswertes

Hinein in Regenkleidung und Gummistiefel (kann man in den Parkbüros leihen) – das ist das Initiationsritual für die Besucher, die auf der Suche nach Quetzals, Kolibris, Brüllaffen, Faultieren und Schlangen sind. Aber nicht vergessen, dass sich die wilden Tiere gern im Nebel verbergen, allzu große Erwartungen sind fehl am Platz! Es lohnt sich in vielen Fällen, einen Führer zu engagieren.

BOSQUE ETERNO DE LOS NIÑOS

Der **Bosque Eterno de los Niños** (Ewiger Wald der Kinder; ☎ 2645-5003; www.acmcr.org; Erw./Student Tagesbesuch 8/5 US$, geführte Nachtwanderung 15/10 US$; 🕑 7.30–17.30 Uhr) wurde von Schulkindern gegründet, die den verschwenderischen Umgang mit den natürlichen Ressourcen satt hatten. Er ist ein 220 km² großes Schutzgebiet für die örtlichen Wildtiere, die im Urwald und auf dem Gelände leben, das früher landwirtschaftlich genutzt wurde und nun nach und nach wieder vom Wald überwuchert wird. Die Nachtwanderungen sind sehr zu empfehlen.

RESERVA BIOLÓGICA BOSQUE NUBOSO MONTEVERDE

Als die ersten Quäker-Siedler ankamen, beschlossen sie, ein Drittel ihres Gebiets unberührt zu lassen, um die Wasserscheide oberhalb von Monteverde zu erhalten. Mit Hilfe der Nature Conservancy und des World Wildlife Fund wurden Landbesetzer verdrängt und das eingerichtet, was heute eines der wichtigsten Schutzgebiete im Land ist.

Die Wanderwege im Reservat sind klar markiert. Der **Sendero Bosque Nuboso** ist ein hübscher, 2 km (einfache Strecke) langer Weg, der durch den Regenwald bis zur Kontinentalen Wasserscheide führt. Von dort kann man über den breiten **Sendero El Camino** zurücklaufen, der in Richtung einer 25 m hohen Hängebrücke abzweigt. Der gesamte Rundweg dauert zwei bis drei Stunden. Halbtägige **Führungen** (15 US$) auf Englisch beginnen um 7.30 Uhr. Wer einen Platz reservieren oder eine Nachtwanderung bzw. Vogelbeobachtungstour vereinbaren will, ruft vorher an.

Zelten ist nicht gestattet, es gibt aber drei einfache **Schutzhütten** (B 5 US$) mit Trinkwasser, Duschen, Propangaskochern und Kochgerät. Wanderer müssen einen Schlafsack, Kerzen, Verpflegung und andere Bedarfsartikel (beispielsweise Toilettenpapier) selbst mitbringen. Für die **Schlafsäle** (Erw./Student 37/33 US$) in der Nähe des Parkeingangs mindestens eine Woche im Voraus reservieren! Im **Besucherzentrum** (☎ 2645-5122; www.cct.or.cr; Parkeintritt Erw./Student & Kind/Kind unter 6 Jahren 17/9 US$/frei; 🕑 7–16 Uhr) gibt's kostenlose Wegekarten, eine Snackbar und ein Restaurant.

RESERVA SANTA ELENA

Wenn es im Monteverde-Schutzgebiet zu voll sein sollte, ist dieser Park eine super Alternative. In dem sehr nebligen Reservat gibt es 12 km Wanderwege. Es liegt etwas höher als Monteverde und beinhaltet Sekundärwald. Lichtungen sind ideal, um Vögel und andere Tiere zu beobachten. Faultiere und Affen kann man sogar schon von der Zufahrtsstraße aus sehen. Man erkundet das Reservat allein oder bucht eine **geführte Tour** (15 US$ zzgl. Eintritt). Letztere beginnen am **Informationszentrum** (☎ 2645-5390/7107; www.reservasantaelena.org; Parkeintritt Erw./Student 14/7 US$; 🕑 7–16 Uhr) um 7.30 und 11.30 Uhr. Telefonisch reservieren!

NOCH MEHR SEHENSWERTES

Im **Monteverde Butterfly Garden** (☎ 2645-5512; www.monteverdebutterflygarden.com; Erw./Student 10/8 US$; 🕑 9.30–16 Uhr) veranstalten Naturwissenschaftler fantastische Führungen (auf Spanisch, Englisch, Deutsch), die auch einen faszinierenden Spaziergang durch ein Insektarium (Fliegenklatschen unerwünscht) einschließen. Außerdem besichtigt man Glashäuser, in denen die Raupen zu Schmetterlingen heranwachsen, und Käfige, in denen sie zu Hunderten herumflattern. Die beste Besuchszeit ist vormittags. Man kann sich die Anlage auch auf eigene Faust anschauen.

Abends hüpfen im **Ranario** (☎ 2645-6320; www.ranario.com; Erw./Student od. Kind 10/8 US$; 🕑 9–20.30 Uhr) über 30 Arten von Fröschen, Kröten und Salamandern herum. Noch nicht genug Kaltblüter? Der **Serpentario** (☎ 2645-6002; Erw./Student/Kind 8/6/5 US$; 🕑 9–20 Uhr) zeigt 40 Schlangenarten.

Die schattigen Wege des **Orchideengartens** (☎ 2645-5308; www.monteverdeorchidgarden.com; Erw./Kind unter 12 Jahren 10 US$/frei; 🕑 8–17 Uhr) an der Straße winden sich an mehr als 400 Orchideenarten vorbei, die nach Taxonomie geordnet sind (Hauptblütezeit Nov.–Feb.).

Die Kunsthandwerkerinnenkooperative **Casem** (Cooperativa de Artesanía Santa Elena Monteverde; ☎ 2645-5190; www.casemcoop.org; 🕑 HS Mo–Sa 8–17, So 10–16 Uhr) verkauft Souvenirs und Kunsthandwerk; der Erlös geht an die Gemeinde.

Im Ort gibt es auch einige Kunstgalerien, die einen Besuch wert sind.

Aktivitäten

FREIWILLIGENARBEIT

Das gemeinnützige **Monteverde Institute** (☎ 2645-5053; www.mvinstitute.org) bietet Praktika und Freiwilligenjobs für Studierende an.

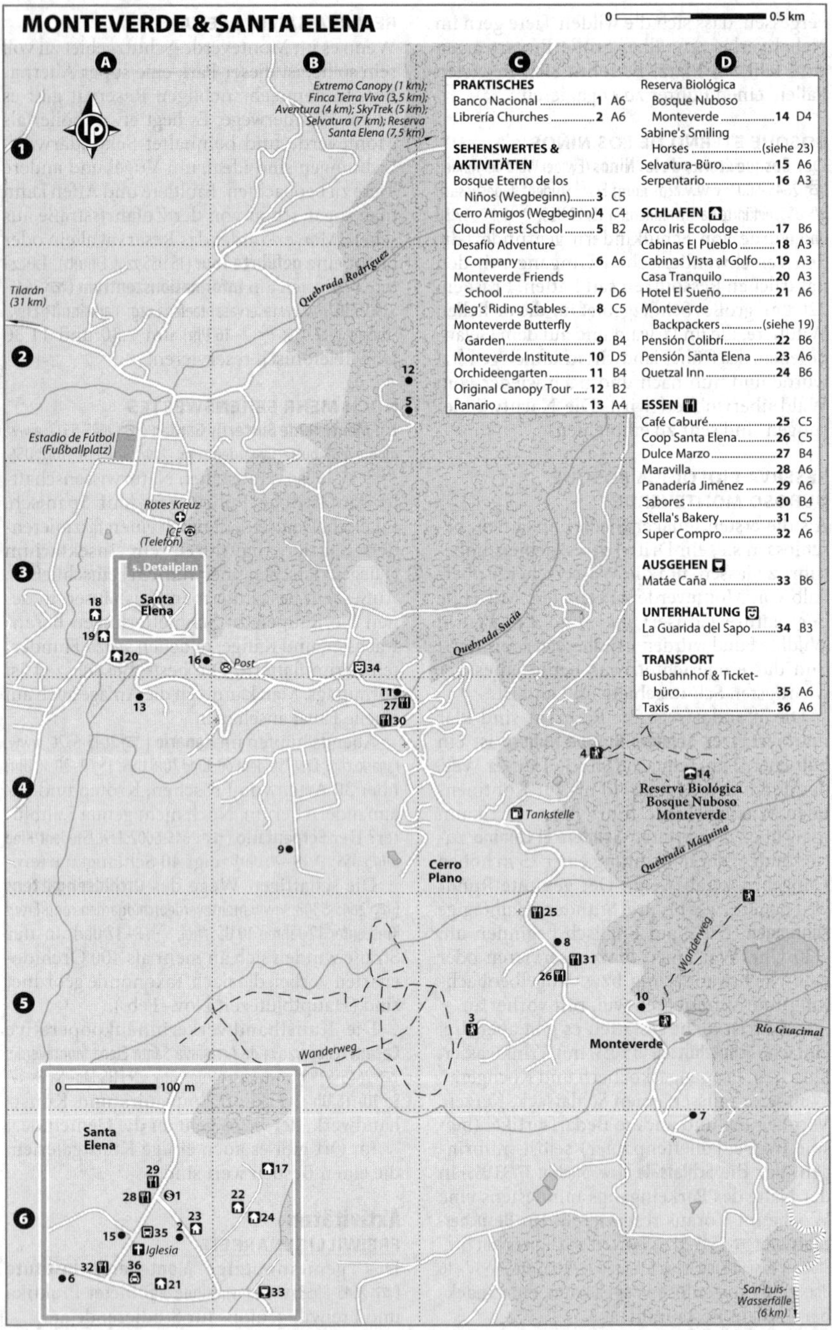
MONTEVERDE & SANTA ELENA
0 0,5 km
A B C D
1 2 3 4 5 6
PRAKTISCHES
Banco Nacional 1 A6
Librería Churches 2 A6
SEHENSWERTES & AKTIVITÄTEN
Bosque Eterno de los Niños (Wegbeginn) 3 C5
Cerro Amigos (Wegbeginn) 4 C4
Cloud Forest School 5 B2
Desafío Adventure Company 6 A6
Monteverde Friends School 7 D6
Meg's Riding Stables 8 C5
Monteverde Butterfly Garden 9 B4
Monteverde Institute 10 D5
Orchideengarten 11 B4
Original Canopy Tour 12 B2
Ranario 13 A4
Reserva Biológica Bosque Nuboso Monteverde 14 D4
Sabine's Smiling Horses (siehe 23)
Selvatura-Büro 15 A6
Serpentario 16 A3
SCHLAFEN
Arco Iris Ecolodge 17 B6
Cabinas El Pueblo 18 A3
Cabinas Vista al Golfo 19 A3
Casa Tranquilo 20 A3
Hotel El Sueño 21 A6
Monteverde Backpackers (siehe 19)
Pensión Colibrí 22 B6
Pensión Santa Elena 23 A6
Quetzal Inn 24 B6
ESSEN
Café Caburé 25 C5
Coop Santa Elena 26 C5
Dulce Marzo 27 B4
Maravilla 28 A6
Panadería Jiménez 29 A6
Sabores 30 B4
Stella's Bakery 31 C5
Super Compro 32 A6
AUSGEHEN
Matáe Caña 33 B6
UNTERHALTUNG
La Guarida del Sapo 34 B3
TRANSPORT
Busbahnhof & Ticketbüro 35 A6
Taxis 36 A6
Extremo Canopy (1 km); Finca Terra Viva (3,5 km); Aventura (4 km); SkyTrek (5 km); Selvatura (7 km); Reserva Santa Elena (7,5 km)
Tilarán (31 km)
Quebrada Rodríguez
Estadio de Fútbol (Fußballplatz)
Rotes Kreuz
ICE (Telefon)
s. Detailplan
Santa Elena
Post
Quebrada Sucia
Tankstelle
Reserva Biológica Bosque Nuboso Monteverde
Quebrada Máquina
Cerro Plano
Wanderweg
Monteverde
Río Guacimal
San-Luis-Wasserfälle (6 km)
0 100 m
Santa Elena
Iglesia

Das Personal des **Bosque Eterno de los Niños** (Ewiger Wald der Kinder; s. S. 645) sucht immer nach freiwilligen Helfern. Infos finden sich auf der Website.

Infos zu Freiwilligenjobs als Englischlehrer stehen auf den Seiten der **Monteverde Friends School** (www.mfschool.org) und der **Cloud Forest School** (www.cloudforestschool.org).

REITEN

Wegen der Vierlzahl der Wege und der malerischen Panoramablicke ist das Gebiet ideal für Ausritte. In der Pensión Santa Elena kann man sich nach **Sabine's Smiling Horses** (☎ 2645-6894, 8385-2424; www.horseback-riding-tour.com) erkundigen. Das von Lesern empfohlene Unternehmen hat mehrtägige Ritte und sogar einen fünfstündigen Mondscheinritt im Programm. Beliebt sind auch **Meg's Riding Stables** (☎ 2645-5560/052).

Die meisten Veranstalter haben Ausritte ab Monteverde und La Fortuna im Angebot. Früher waren diese Ritte umstritten, weil die Pferde überlastet waren, aber auf Druck der Kunden hin haben sich die Verhältnisse inzwischen deutlich gebessert. Von den beiden Routen ist der steile Mirador Trail in der Regenzeit unbenutzbar sumpfig; der Lake Trail ist ebener und einfacher. Die **Desafío Adventure Company** (☎ 2645-5874; www.monteverdetours.com) bietet Ritte auf dem Lake Trail nach La Fortuna an (85 US$).

CANOPYING

Aventura (☎ 2645-6388; www.monteverdeadventure.com; Erw./Student 40/30 US$; 🕑 7–16 Uhr) Aventura hat 16 Plattformen und zusätzlich ein Schwungseil und eine 15 m lange Abseilstrecke. Die Anlage befindet sich rund 3 km nördlich von Santa Elena an der Straße zum Reservat. Im Preis inbegriffen ist die Abholung von der Unterkunft.

Extremo Canopy (☎ 2645-6058; www.monteverdeextremo.com; Erw./Kind 40/30 US$; 🕑 8–16 Uhr) Beim neuesten Veranstalter, den Monteverde in diesem Bereich zu bieten hat, gibt es Kleingruppentouren. Auf nebensächliche Attraktionen wird verzichtet. Wer einfach nur seilrutschen will, ist hier richtig. Neuerdings gibt es da noch den Superman-Canopy-Ride (zzgl. 5 US$), bei dem man wie der Comic-Held durch die Luft fliegt.

Original Canopy Tour (☎ 2645-6950; www.canopytour.com; Erw./Student/Kind 45/35/25 US$; 🕑 7.30–16 Uhr) Auf dem Gelände der Cloud Forest Lodge befinden sich die Seilrutschen, mit denen der Abenteuertourismus hier begann. Sie sind zwar nicht so aufwendig wie andere, bieten aber doch 14 Plattformen und eine Seilstrecke, die direkt durch den Wipfel eines alten Feigenbaums führt. Hinzu kommen 5 km private Wege, auf denen man nach der Rutschpartie spazieren kann. Kurz: Dies ist ein Stück Geschichte, das unterhaltsamer ist als die meisten Museen.

Selvatura (☎ 2645-5929; www.selvatura.com; Erw./Kind 45/30 US$; 🕑 7.30–16 Uhr) Eine der größten Anlagen vor Ort mit 3 km Seilstrecke, 18 Plattformen und einem Schwungseil durch unberührten Wald. Das Büro befindet sich gegenüber der Kirche in Santa Elena.

SkyTrek (☎ 2645-5238; www.skywalk.co.cr; Erw./Student/Kind 75/60/48 US$; 🕑 7.30–17 Uhr) Wen der Naturaspekt am Seilrutschen nicht so interessiert, der kann sich hier dem Geschwindigkeitsrausch hingeben. Die Strecke umfasst elf Plattformen, befestigt an Stahltürmen entlang einer Straße. Hier werden Geschwindigkeiten von bis zu 64 km/h erzielt, deswegen ist SkyTrek auch die einzige Anlage, bei der echte Bremsen vorhanden sind.

WANDERN

An klaren Tagen lohnt sich die kostenlose Wanderung auf den 1842 m hohen **Cerro Amigos**, weil man von hier eine wunderbare Sicht auf den 20 km nordöstlich gelegenen Volcán Arenal hat. Nahe der Bergspitze kommt man an den Fernsehtürmen vorbei, die das Programm von Kanal 7 und 13 ausstrahlen. Man verlässt Monteverde hinter dem Hotel Belmar (auf der Straße hinter der Tankstelle) und legt auf 3 km ungefähr 300 m Höhenmeter zurück. Vom Hotel aus die unbefestigte Straße bergab und dann die nächste nach links nehmen!

Die anstrengende Wanderung zum **San-Luis-Wasserfall** wird mit einem Blick auf einen prächtigen Fluss belohnt, der sich aus dem Nebelwald kaskadenartig in mehrere Becken ergießt, an deren Ufern es sich prima picknicken lässt. Der Weg ist zwar nur ein paar Kilometer lang, aber steil. Das felsige, schlammige Gelände kann sehr glitschig sein. Die Taxifahrt aus dem Ort kostet ca. 12 U$.

Kurse

Centro Panamericano de Idiomas (CPI; ☎ 2265-6306; www.cpi-edu.com; Kurs mit/ohne Unterkunft bei Gastfamilien 480/330 US$; 🕑 8–17 Uhr) Spezialisiert auf Spanischunterricht. Einige Kurse sind auf Jugendliche, Mediziner oder Sozialarbeiter ausgerichtet.

Monteverde Institute (☎ 2645-5053; www.mvinstitute.org) Die 1986 gegründete, gemeinnützige Bildungseinrichtung veranstaltet u. a. interdisziplinäre Kurse in tropischer Biologie, Umweltschutz, nachhaltiger Entwicklung, Frauenforschung und spanischer Sprache. Manche Vorlesungen sind öffentlich – auf der Website nachschauen! Praktika und Freiwilligenjobs im Bildungsbereich und in Aufforstungsprojekten sind ebenfalls verfügbar.

Monteverde Studios of the Arts (☎ 2645-5053; www.mvinstitute.org) Die vom Monteverde Institute geführte Einrichtung veranstaltet diverse Kurse und Workshops, an denen manchmal auch Besucher teilnehmen dürfen. Hier gibt's alles von Holzbearbeitung bis Papierherstellung, der Schwerpunkt liegt aber auf der Töpferei.

Schlafen

Es gibt so viele Hotels hier, dass die folgende Liste nur eine Auswahl sein kann. Wenn nicht anders angegeben, verfügen alle genannten Häuser über Warmwasserduschen. Klimaanlagen sind der Höhe wegen entbehrlich.

LP Tipp **Pensión Santa Elena** (☎ 2645-5051/6240; www.pensionsantaelena.com; Stellplatz 4 US$/Pers., B 7 US$, DZ mit Bad 25–30 US$, DZ ohne Bad 16–20 US$, Cabina 35–50 US$; 💻 📶) Das Hostel mit vollem Service direkt im Zentrum von Santa Elena ist schon seit Urzeiten beliebt. Ran und Shannon, ein Geschwisterpaar aus Austin, Texas, bieten Budgettravellern hier erstklassigen Vier-Sterne-Service und *pura vida*-Gastlichkeit. Sie sind umweltbewusst und arbeiten zusammen mit der Gemeinde an Projekten wie der Reduktion des Grauwassers durch den Bau einer Wasseraufarbeitungsanlage. Alle Zimmer unterscheiden sich, sodass für jedes Budget und jede Gruppe etwas vorhanden ist.

Monteverde Backpackers (☎ 2645-5844; www.monteverdebackpackers.com/home.html; B 10 US$, EZ/DZ/3BZ/4BZ 20/30/39/44 US$, jeweils inkl. Frühstück; 💻 📶) Das Hostel gehört zum Costa Rica Hostel Network und ist kleiner und einfacher als viele andere Budgetunterkünfte im Ort, aber sauber und freundlich. Die holzgetäfelten Zimmer sind mit komfortablen Betten ausgestattet und haben wirklich heiße Duschen.

Cabinas El Pueblo (☎ 2645-6192; www.cabinaselpueblo.com; EZ mit/ohne Bad 20/15 US$, DZ 30/20 US$, jeweils inkl. Frühstück; 💻 📶) Das von einem aufmerksamen costa-ricanischen Ehepaar geführte nette Hostel gehört zu den Unterkünften mit dem besten Preis-Leistungs-Verhältnis vor Ort. Im Preis inbegriffen sind Internetzugang und den ganzen Tag über Kaffee oder Tee. Die hübsch möblierten Zimmer sind groß und komfortabel und haben Betten mit stabilen Matratzen sowie eigene Warmwasserduschen. Einige verfügen auch über TV und Kühlschrank.

Hotel El Sueño (☎ 2645-5021; www.hotelelsuenocr.com; Standard-EZ/-DZ 20/30 US$, mit Balkon 25/35 US$) Dieses Hotel besitzt sehr große, holzverkleidete Zimmer mit eigenen Warmwasserduschen. Die teureren Quartiere im Obergeschoss sind luftiger, aber am besten sind die nach hinten raus, denn dort gibt es einen großen Balkon mit weitem Blick über die Landschaft.

Cabinas Vista al Golfo (☎ 2645-6321; www.cabinasvistaalgolfo.com; EZ mit/ohne Bad 20/15 US$, DZ 25/20 US$; 💻 📶) Die sehr gemütliche Anlage wird von einer herzlichen costa-ricanischen Familie geführt. Die Zimmer sind gepflegt, die Duschen heiß, und die Betreiber sorgen dafür, dass man sich hier gleich heimisch fühlt. Die Balkonzimmer im Obergeschoss (zzgl. 5 US$) bieten einen wunderbaren Ausblick auf den Regenwald und an klaren Tagen über den Golfo de Nicoya.

Casa Tranquilo (☎ 2645-6782; www.casatranquilohostel.com; Zi. mit/ohne Bad inkl. Frühstück pro Pers. 25/20 US$; 💻) Das wundervolle kleine Hotel gehört dem costa-ricanischen Ehepaar David und Elena (und dem kleinen Josue). Einige der holzgetäfelten Zimmer haben Oberlichter und Blick auf den Golf. Die herrliche Terrasse im Obergeschoss bietet sich an, um abends ein paar Balladen zur Gitarre zu trällern.

Pensión Colibrí (☎ 2645-5682; Zi. 20–30 US$) Eine weitere beliebte Budgetoption ist diese kleine, von einer Familie geführte *pensión* in einer ruhigen Seitenstraße. Man fühlt sich hier wie in den Baumwipfeln. Die größeren Zimmer sind ihren Preis wert, denn sie verfügen über einen Kühlschrank und Balkons mit Blick über den Wald.

Quetzal Inn (☎ 2645-6076; www.quetzalinn.com; EZ/DZ ohne Balkon 30/40 US$, mit Balkon 35/45 US$, jeweils inkl. Frühstück; 💻) In derselben ruhigen Gasse wie die Pensión Colibrí befindet sich diese hübsche kleine Lodge. Mit Plankenwänden, schrägen Decken und der grünen Umgebung ist diese von einer Familie geführte Herberge die perfekte Kombination aus zentraler Lage, überlegt gestalteten Unterkünften und sympathisch-gastlichem Ambiente.

Arco Iris Ecolodge (☎ 2645-5067; www.arcoirislodge.com; EZ 30–64 US$, DZ 40–128 US$, Honeymoon-Suite 193 US$; 💻) Die Anlage mit hübschen Hütten liegt auf einem kleinen Hügel über Santa Elena und den umliegenden Wäldern und bietet die Ungestörtheit und Intimität einer Berghütte. Um die Lodge winden sich verzweigte Privatwege über das Grundstück. Einer davon führt zu einem Aussichtspunkt, von dem aus man an klaren Tagen den Pazifik sieht. Die Zimmer sind in Größe und Stil unterschiedlich und bewegen sich zwischen rustikal und schick.

Finca Terra Viva (☎ 2645-5454; www.terravivacr.com; DZ 40 US$, Casita 60 US$, zusätzl. Pers. 5 US$, inkl. VP zzgl.

14 US$; 💻) Das 135 ha große Grundstück der *finca*, das ungefähr 3,5 km außerhalb der Ortschaft an der Straße zur Reserva Santa Elena liegt, wird schrittweise wieder in Wald zurückverwandelt; rund 60 % sind bereits wieder bewaldet. In der Zwischenzeit kann man hier zwischen Rindern, Schweinen, Ziegen, Pferden und Hühnern Costa Rica von seiner ländlichen Seite kennenlernen. In den sechs rustikalen Holzunterkünften mit eigenen Warmwasserduschen kommen jeweils bis zu vier Personen unter. Ein paar freistehende *casitas* (Hütten) für vier Personen sind mit Einbauküchen ausgestattet und gewähren mehr Privatsphäre.

Essen

Sabores (☎ 2645-6174; Eiswaffel 560–1700 CRC; 🕑 Mi–Mo 11–20 Uhr) Im Sabores gibt es Monteverdes eigene Eismarke, außerdem Kaffee und eine Reihe hausgemachter Desserts.

Panadería Jiménez (☎ 2645-5035; Stück 560–3000 CRC; 🕑 Mo–Sa 5–18.30, So 5–10 Uhr) Diese Bäckerei hat die beste Ware im Ort, u. a. Vollkornbrot und Gebäck. Wer morgens den Bus nehmen will, bekommt auch schon Kaffee.

Dulce Marzo (☎ 2645-6568; Stück 650–4500 CRC; 🕑 11–19 Uhr) Dank leckerer hausgemachter Süßwaren, Wraps, Sandwiches, gutem Espresso und netter Café-Atmosphäre verweilt man hier vormittags gerne bei Kaffee und der Lektüre der Zeitung oder eines Reiseführers.

Stella's Bakery (☎ 2645-5560; Hauptgerichte 800–3200 CRC; 🕑 6–22 Uhr; Ⓥ) Das Sandwich aus köstlichem hausgebackenem Brot bestellt man hier bequem über einen Bestellzettel (auf einer Seite in englischer Sprache). Die vegetarischen Gerichte sind einen Versuch wert, für sie wird überwiegend Biogemüse aus der Region verwendet.

Maravilla (☎ 2645-6623; Hauptgerichte 1500–3500 CRC; 🕑 6–21 Uhr) Diese charmante soda gehört zu den preisgünstigsten und authentischsten Restaurants in Santa Elena. Sie serviert typische costa-ricanische Spezialitäten, z. B. ausgezeichnete *casados*.

Café Caburé (☎ 2645-5020; Hauptgerichte 2300–5000 CRC; 🕑 Mo–Sa 8–20 Uhr; 📶) Mal Lust auf etwas anderes? Die Argentinierin Susana Salas bietet in ihrem Restaurant Gerichte aus aller Welt an, vom mexikanischen Hähnchen mit *mole* (scharfer Sauce) über mit Chipotle marinierte Steaks, Wraps süßsauer und Currys bis hin zu leckeren hausgemachten Schokoladen und anderen Desserts.

Der riesige Lebensmittelladen **SuperCompro** (☎ 2758-7351; 🕑 7–21 Uhr) in Santa Elena hat alles, was Traveller brauchen, darunter auch Biogemüse. Die Auswahl im **Coop Santa Elena** (🕑 7.30–18 Uhr) in Cerro Plano ist zwar kleiner, die Gewinne fließen aber in die Gemeinde zurück.

Ausgehen & Unterhaltung

La Guarida del Sapo (☎ 2645-7010; 🕑 Mo–Do 18–0, Fr & Sa bis 2 Uhr) Diese vom Hotel El Sapo Dorado errichtete Musik-Location erinnert bis hin zu den mit costa-ricanischen Naturszenen verzierten Buntglasfenstern an eine Kirche. Freitags ist besonders viel los, dann verwandelt sich das Guarida in eine Disko. An den meisten Montagen und Samstagen wird Livemusik gespielt.

Matáe Caña (☎ 2645-4883; 🕑 Di–So 12 Uhr–open end) Die schicke neue Lounge in Santa Elenas alter Taverne füllt eine Lücke, die es in Monteverde längst nicht mehr gibt. Das Lokal wurde Ende 2009 von den Betreibern der Pensión Santa Elena eröffnet und beweist die gleiche Leidenschaft und Liebe zum Detail. Man sitzt in Polsterecken und Nischen – super für einen Drink mit dem Date.

An- & Weiterreise

Alle Fernbusse halten am **Busbahnhof** (☎ 2645-5159; 🕑 Mo–Fr 5.45–11 & 13.30–17, Sa & So bis 15 Uhr) im Zentrum von Santa Elena. Tickets für die Fahrt zu den Schutzgebieten Monteverde und Santa Elena gibt's im **Hotel & Info Center Camino Verde** (☎ 2645-6304; www.exploringmonteverde.com/hotel-camino-verde; 🕑 6.30–22 Uhr) gegenüber dem Busbahnhof.

Busse fahren zu folgenden Zielen:

Puntarenas 1235 CRC; 3 Std.; Abfahrt um 6 Uhr vor der Banco Nacional.

Reserva Biológica Bosque Nuboso Monteverde 600 CRC; 30 Min.; Abfahrt vor der Banco Nacional um 6.15, 7.20, 13.20 & 15 Uhr, Rückfahrt um 6.45, 11.30, 14 & 16 Uhr.

Reserva Santa Elena 1200 CRC; 30 Min.; Abfahrt vor der Banco Nacional um 6.30, 8.30, 10.30, 12.30, 13 & 15 Uhr, Rückfahrt um 11, 13 & 16 Uhr.

San José (TransMonteverde) 2500 CRC; 4½ Std.; Abfahrt vom Busbahnhof Santa Elena um 6.30 & 14.30 Uhr.

Tilarán, mit Anschluss nach La Fortuna 1800 CRC; 7 Std.; Abfahrt vom Busbahnhof um 6 Uhr. Die Fahrt ist lang, weil man in Tilarán zwei Stunden Aufenthalt hat. Wer nicht gerade sehr knapp bei Kasse ist, sollte für die Tour nach La Fortuna lieber die Kombination aus Jeep, Boot und Jeep nutzen.

JEEP-BOOT-JEEP

Die schnellste Verbindung zwischen Monteverde bzw. Santa Elena und La Fortuna ist die Kombifahrt mit Jeep, Boot und Jeep (ca. 25–30 US$, 3 Std.), die fast jedes Hotel und jeder Tourveranstalter in den Orten arrangieren kann. Ein geländegängiges Jeeptaxi (eher schon ein Kleinbus) bringt einen zum Río Chiquito, wo man in ein Boot umsteigt, das die Laguna de Arenal durchquert. Drüben geht die Fahrt mit einem anderen Taxi nach La Fortuna weiter. Diese Fahrt wird zunehmend zur wichtigsten Transportverbindung zwischen La Fortuna und Monteverde, weil sie wunderschön und recht preisgünstig ist und man einen halben Tag Reisezeit spart, den man sonst sehr unbequem im Bus verbringt.

LA FORTUNA & VOLCÁN ARENAL

8000 Ew.

Auch ohne den aktiven, noch Feuer speienden Vulkan wäre die einst landwirtschaftlich geprägte Ortschaft La Fortuna ein Ort, in dem man gut ein paar Tage verbringen könnte. In der Nähe des rasterförmig angelegten Städtchens finden sich mächtige Wasserfälle, steile Wanderwege und luxuriöse Thermalbäder. Die schnelle touristische Erschließung hat aber auch ihren Preis: Sobald man den Bus verlässt, muss man sich der Tourenanbieter erwehren. Aber wenn man sein Quartier bezogen hat, lassen sie einen in Ruhe und man kann ausspannen und die vielen Naturschönheiten genießen – und das ist auch gut so, weil sich der Volcán Arenal nicht oft von seiner Wolkendecke befreit.

Orientierung & Praktische Informationen

In La Fortuna gibt es nicht viele Straßenschilder, und die meisten Einheimischen verweisen bei Wegebeschreibungen auf bestimmte Wahrzeichen. Das Zentrum des Orts bildet ein kleiner Park, neben dem sich der Taxistand befindet. Die Klinik, die Polizeiwache und die Post liegen alle im Umkreis von zwei Blocks um die Plaza.

Schnelle Internetverbindungen gibt es bei **Expediciones** (☎ 2479-9101; 450 CRC/Std.; ⏲ Mo–Sa 7–22 Uhr) gegenüber dem Parque Central. Alle Banken vor Ort tauschen US-Dollars, und die Banco de Costa Rica hat einen Geldautomaten, der Visa und Plus akzeptiert. Öffentliche Telefone gibt es an der Hauptstraße und im Parque Central.

Eine Touristeninformation gibt es in La Fortuna nicht. Wir empfehlen Travellern, sich bezüglich der Infos über örtliche Sehenswürdigkeiten und Attraktionen an Diego und die Mitarbeiter im Arenal Backpackers Resort oder an Pete von Gringo Pete's zu halten. Sie geben ehrlich und offen Auskunft und bieten auch die günstigsten Preise für Aktivitäten und den Besuch von Attraktionen in der Gegend. Noch günstigere Angebote sind wahrscheinlich nicht seriös.

Sehenswertes & Aktivitäten

VOLCÁN ARENAL

Nur 15 km westlich von La Fortuna erhebt sich im **Parque Nacional Volcán Arenal** (☎ 2461-8499; Eintritt 10 US$; ⏲ 8–16 Uhr) der Arenal – Costa Ricas aktivster Vulkan, der seit 1968 fast täglich mit Aschensäulen, Explosionen und roten Magmaflüssen auf seine Existenz aufmerksam macht. Der Berg darf nicht bestiegen werden: Es wurden bereits Wanderer durch Explosionen getötet. Auf eigene Faust gelangt man mit dem Bus, der um 8 Uhr nach Tilarán fährt (den Fahrer bitten, einen am Park aussteigen zu lassen) zum Park. Zurück nach La Fortuna geht's mit dem Bus, der um 14 Uhr abfährt. Von der Nationalparkausschilderung an der Hauptstraße führt eine 2 km lange unbefestigte Straße zum Park. In der Rangerstation gibt's Wegkarten. Besucher haben die Qual der Wahl, ob sie über alte Lavaströme und durch tropischen Regenwald oder lieber zum See wandern möchten.

Thermalquellen

Thermalquellen sind ein prima Trostpflaster, wenn sich der Vulkan in Wolken hüllt, und rund um La Fortuna gibt's einige wundervolle Exemplare davon.

Tabacón Hot Springs (☎ 2519-1900; www.tabacon.com; Erw. Tageskarte inkl. Mittag- oder Abendessen 85 US$, Abendkarte inkl. Abendessen 70 US$; ⏲ 10–22 Uhr) Durch einen Vorhang aus üppigen tropischen Blüten gelangt man zu einem Wasserfall, dessen 40 °C warmes Wasser von einer Klippe stürzt. Dahinter verbergen sich natürlich wirkende Höhlen, in denen sogar sorgfältig getarnte Getränkehalter zu finden sind. Auf den gut platzierten Steinen sitzen dann von der Hitze mehr oder weniger erschöpfte Besucher und genießen das wohltuende Bad.

Baldi Hot Springs (☎ 2479-9651; www.baldihotsprings.cr; Eintritt mit/ohne Büfett 34/25 US$; ⏲ 10–22 Uhr) Das Baldi ist eine deutlich preisgünstigere

Alternative. Hier gibt's römische Betonsäulen und eine Maya-Pyramide mit Wasserrutschen. Nachts wird aus der Anlage ein Club mit drei Schwimmbars, lauter Musik und einem ordentlichen Büfett, das hilft, den Alkohol wegzustecken.

Eco-Termales (☎ 2479-8484; Erw./Kind 30/20 US$, mit Abendessen 55/45 US$; ⌚ 10–21 Uhr) Das Credo hier lautet minimalistische Eleganz: Von den natürlichen Umlaufsystemen in den Pools bis hin zum weichen Licht der pilzförmigen Lampen verströmt alles dezenten Luxus. Pro Einlass um 10, 13 und 17 Uhr werden gerade einmal 100 Besucher hereingelassen; man muss vorab reservieren (telefonisch od. online unter www.anywherecostarica.com).

Nicht weitersagen: In der Gegend gibt es auch mehrere kostenlose **Thermalbäder**, die einem jeder Einheimische zeigen kann.

LA CATARATA DE FORTUNA

Ein Band kalten, klaren Wassers, die **Catarata de la Fortuna** (Eintritt 10 US$; ⌚ 8–17 Uhr) verläuft durch eine dicht mit Bromeliengewächsen und Farnen bewachsene Schlucht. Zwar ist es gefährlich, unter dem 70 m hohen donnernden Wasserfall zu tauchen, doch in den herrlichen Badebecken kann man gut schwimmen (sollte aber seinen Rucksack im Auge behalten). Man kann hierher laufen oder sich ein Fahrrad ausleihen. Von La Fortuna ist es ein 7 km langer, immer bergauf führender Marsch durch Weideland und vorbei an Papayabäumen.

Geführte Touren

Die Liste nennt nur einige der etablierten Tourveranstalter.

Aventuras Arenal (☎ 2479-9133; www.arenaladventures.com; ⌚ 7–20 Uhr) Veranstaltet seit mehr als 15 Jahren eintägige Rad- und Bootstouren sowie Ausritte in die Gegend.

Desafío Adventure Company (☎ 2479-9464; www.desafiocostarica.com; ⌚ 6.30–21 Uhr) Das sehr empfehlenswerte Unternehmen bietet eine Vielzahl von Touren, darunter Raftingtouren, Wanderungen mit Blick auf die Lava, Ausritte, Mountainbike- und Höhlentouren. Einfach nach dem kastellartigen Gebäude Ausschau halten!

Eagle Tours (☎ 2479-9091; www.eagletours.net; ⌚ 6.30–21 Uhr) Budgettraveller loben diesen professionellen Veranstalter, dessen Büro sich rund 150 m westlich der Kirche befindet.

Jacamar Tours (☎ 2479-9767; www.arenaltours.com; ⌚ 7–21 Uhr) Empfehlenswert wegen der unglaublichen Vielfalt von Wanderungen in die Natur.

Pura Vida Tours (☎ 2479-9045; www.puravidatrips.com; ⌚ 7–22 Uhr)

Sunset Tours (☎ 2479-9800; www.sunsettourcr.com; ⌚ 6.30–21 Uhr) La Fortunas etabliertester Tourveranstalter hat sehr gute, empfehlenswerte Touren mit zweisprachigen Guides im Angebot.

Schlafen

An Unterkünften herrscht in La Fortuna wahrlich kein Mangel.

Gringo Pete's (☎ 2479-8521; gringopetes2003@yahoo.com; Stellplatz 2 US$/Pers., B 3 US$, Zi. pro Pers. mit/ohne Bad 5/4 US$; Ⓟ) Es ist so sauber und gemütlich hier, dass man gar nicht glauben kann, wie günstig man in diesem purpurroten Hostel 100 m südlich der Schule wohnt. Ob man in den gemütlichen Schlafsälen für vier Personen oder in einem der Zimmer mit Waschbecken und Dusche absteigt – alle treffen sich in den luftigen, überdachten Gemeinschaftsbereichen, wo man sich prima mit anderen Backpackern austauschen kann. Pete weist auf preisgünstige Touren hin und lagert das Gepäck, während man unterwegs ist.

Sleep Inn Guesthouse (☎ 8394-7033; misterlavalava@hotmail.com; Av Arenal; Zi. pro Pers. mit/ohne Bad 7/5 US$) Hier wohnen Gäste bei einer superfreundlichen costa-ricanischen Familie. Die Herberge gehört Carlos und Cándida. Carlos, der „Mr. Lava-Lava Man", garantiert, dass man Lava zu sehen bekommt (sonst darf man die nächste Tour umsonst mitmachen); seine Touren (16 US$) sind die preisgünstigsten im Ort.

La Choza Inn (☎ 2479-9361; www.lachozainnhostel.com; Av Fort zw. Calle 2 & 4; B 7 US$, EZ/DZ ohne Bad 13/17 US$, Standard-EZ/-DZ 34/51 US$, Deluxe-EZ/-DZ 51/68 US$, jeweils inkl. Frühstück; ⊠ 💻 📶) Diese beliebte Budgetunterkunft 100 m westlich des Parque Central hat eine große Zimmerauswahl, eine gut ausgestattete Gemeinschaftsküche, äußerst umgängliches Personal und ist stets mit anspruchsvollen Travellern gut ausgelastet.

LP Tipp **Arenal Backpackers Resort** (☎ 2479-7000; http://arenalbackpackersresort.com; Av Central; B 14 US$, Stellplatz 1/2 Pers. 14/20 US$, DZ/3BZ/4BZ 45/75/84 US$; ⊠ 💻 📶 🏊) Dieses selbsternannte „Fünf-Sterne-Hostel" mit Blick auf den Vulkan gehört zu den komfortableren Hostels in Costa Rica. Die Schlafsäle besitzen eigene Bäder mit Warmwasser, und auf den dicken, rückenfreundlichen Matratzen schläft es sich gut. Die Zimmer sind auf Traveller mit Mittelklasseansprüchen ausgelegt; dank Kabel-TV, zwei großen Doppelbetten und gefliesten Badezimmern lohnt sich die Ausgabe aber auch. Die neueste Budgetoption hier ist die überdachte Zeltstadt: Jedes der erhöht stehenden Zelte beinhaltet eine Luftmatratze mit zwei Luftkammern, Decken, Kissen und elektrischen Strom. Der wirkliche Trumpf der Anlage ist jedoch der hübsch gestaltete Pool mit Schwimmbar, in dem man sich mit einem kalten Bier richtig gut entspannen kann.

Hotel Las Colinas (☎ 2479-9305; www.lascolinasarenal.com; Calle 1 zw. Av Central & Arenal; EZ/DZ/3BZ/4BZ inkl. Frühstück ab 45/60/84/88 US$;) Die superfreundlichen Eigentümer haben das Hotel komplett umgestaltet. Es bietet jetzt moderne, luftige Zimmer und im 2. Stock eine Terrasse, von der man einen wunderbaren Blick auf den Vulkan hat.

COSTA RICA

Essen

Rainforest Café (☎ 2479-7239; Calle 1 zw. Avs Central & Arenal; Gebäck 750–2750 CRC; 7–20.30 Uhr;) In diesem Café, das mit seinen Glaswänden und der Aluminiumtür zum Bad wie ein Industriebau wirkt, bekommt man erstklassigen Kaffee und Espresso.

Restaurante El Jardín (☎ 2479-9360; Ecke Av Central & Calle 3; Hauptgerichte 1400–8000 CRC; 5–13 Uhr) In diesem gut besuchten Lokal 100 m östlich des Parque Central labt man sich an einer Pizza mit Garnelen oder schnappt sich einen Stuhl unter dem „Pollo Pito Pito"-Schild und knabbert einige Happen fettiges (aber köstliches) gebratenes Hähnchen.

Soda Viquez (☎ 2479-7132; Hauptgerichte 1500–4000 CRC; 7–22 Uhr) Die Einheimischen schwören, dass diese *soda* die beste im Ort ist, und wir wollen das nicht anzweifeln. Die nette, offene *soda* befindet sich gleich links vom Rainforest Café und serviert großartige typisch costa-ricanische Gerichte, darunter köstliche *casados* (2700 CRC).

Lava Lounge (☎ 2479-7365; Av Central zw. Calle 2 & 4; Hauptgerichte 2500–6000 CRC; 11–22.30 Uhr) Das hippe Freiluftlokal mit freundlichem Personal sorgt für Abwechslung nach allzu vielen *casados*. Hier gibt es Pasta- und Fischgerichte, Burger, Wraps und eine gute Auswahl anderer gut zubereiteter internationaler Gerichte.

Lebensmittel bekommt man im gut sortierten **Super Cristian 2** (Ecke Av Central & Calle 1; 7–21 Uhr) an der Südostecke des Parque Central; eine weitere **Filiale** (Ecke Av Arenal & Calle 2; 7–21 Uhr) befindet sich unten am Fluss. Der neue **Mega Super** (Ave Arenal; Mo–Sa 7–21, So bis 20 Uhr) am Busbahnhof ist gut, um vor einer langen Busfahrt noch ein paar Snacks einzukaufen.

An- & Weiterreise

BUS

Alle Inlandsbusse halten am Busbahnhof **Centro Comercial Adifort** (Ave Arenal). Der Tica Bus nach Nicaragua (12 000 CRC) passiert täglich zwischen 6.30 und 7 Uhr El Tanque; wer mit ihm fahren will, muss ein frühes Taxi nach El Tanque (15 Min., 4500 CRC) nehmen. Angefahren werden folgende Ziele:

Ciudad Quesada (Auto-Transportes San José-San Carlos) 650 CRC; 1 Std.; täglich 15 Fahrten zwischen 5 und 19 Uhr.

Monteverde 1400 CRC; 6–8 Std.; Abfahrt 8 Uhr (in Tilarán um 12.30 Uhr nach Monteverde umsteigen).

San José (Auto-Transportes San José-San Carlos) 1955 CRC; 4½ Std.; Abfahrt 12.45 & 14.45 Uhr. Alternativ einen Bus nach Ciudad Quesada nehmen, von wo häufiger Busse in die Hauptstadt fahren.

Tilarán (Auto-Transportes Tilarán) 1100 CRC; 3½ Std.; Abfahrt 8 & 17.30 Uhr.

JEEP-BOOT-JEEP

Die schnellste Verbindung zwischen La Fortuna und Monteverde-Santa Elena ist eine Kombifahrt per Jeep, Boot und wiederum Jeep (ca. 25–30 US$, 3 Std.). Weitere Informationen finden sich auf S. 650.

LOS CHILES

7000 Ew.

Das drückend heiße, verschlafene Los Chiles liegt drei holprige Kilometer südlich von Nicaragua. Ursprünglich von Kaufleuten und Fischern bewohnt, war der Ort in den 1980er-Jahren eine wichtige Versorgungsbasis der nicaraguanischen Contras mit starker US-amerikanischer Militärpräsenz. Heute sind die einzigen Gringos hier die Traveller, die den malerischen Wasserweg nach Caño Negro erkunden oder die Flussroute nach Nicaragua nehmen wollen, eine ein- bis zweistündige Bootsfahrt. Traveller, die auf diesem Weg ausreisen wollen, müssen die Formalitäten in Los Chiles erledigen (s. Kasten S. 653).

Die Banco Nacional tauscht Bargeld. **Viajes y Excurciones Cabo Rey** (☎ 2471-1251, 8839-7458) bietet einen Bootsservice zum Refugio Nacional Caño Negro (ab 26 009 CRC) sowie nach El Castillo und zu den Islas de Solentiname in Nicaragua. Cabo findet man in der Regel direkt am Kai.

Schlafen & Essen

No Frills Hotel, Bar & Restaurant (☎ 2471-1200/1410; Zi. 20 US$;) Dieses Hotel, das ungefähr 1 km südlich von Los Chiles gleich hinter der

Tankstelle liegt, kommt nicht wirklich völlig ohne Extras *(frills)* aus. Die Zimmer sind zwar einfach, aber sauber und ruhig (wenn nicht gerade die Gänse schnattern). Sie bieten Klimaanlagen, TV und einige sogar einen richtigen Kühlschrank.

Hotel Tulipán (☎ 2471-1414; www.ranchotulipan.com; EZ/DZ/3BZ 20/25/35 US$; ☒ ❄ 🖳 ≋) Das 2009 umgestaltete Hotel Tulipán ist die edelste Unterkunft im Ort, auch wenn sich hier eine sehr beliebte (d. h. lärmige!) Bar befindet, die mittwochs und freitags zur Disko wird. Alle Zimmer haben eine Klimaanlage, eigene Badezimmer mit Warmwasseranschluss und Kabel-TV. Das Hotel liegt komfortablerweise gleich gegenüber der Einreisestelle.

Lebensmittel werden in der örtlichen Filiale der Kette Almacén de Los Chiles westlich des Fußballplatzes verkauft.

An- & Weiterreise

Der regelmäßige Bootsverkehr beschränkt sich auf die schnellen Shuttles, die hinüber nach Nicaragua (s. Kasten unten) fahren, und auf verschiedene Tagestouren in die Region.

Alle Busse fahren vom bzw. zum Busbahnhof hinter der Soda Pamela, nahe der Kreuzung mit dem Hwy 35. Die Fahrpläne verändern sich gerne mal, darum besser vor Ort nachfragen. Angefahrene Ziele sind:

San José 3000 CRC; 5 Std.; Abfahrt 5 & 15 Uhr.

Upala über Caño Negro 1400 CRC; 2½ Std.; Abfahrt 5 & 16 Uhr.

LA VIRGEN

La Virgen am Ufer des wilden und malerischen Río Sarapiquí florierte in der Blütezeit des Bananenhandels. Heute ist La Virgen ein kaum bekanntes Ziel für erstklassige Kajak- und Raftingtouren.

In dem Gebiet gibt es viele Budgetunterkünfte. Die beste ist unserer Meinung nach **Rancho Leona** (☎ 2761-1019; www.rancholeona.com), ein schattiges Haus am Fluss, wo man Storys über krasse Stromschnellen austauschen, in der original amerikanischen Schwitzhütte ordentlich entgiften und die familiären Abendessen genießen kann. Die Bewohner der Zimmer (manche separat) teilen sich Warmwasserduschen und die Gemeinschaftsküche. Spontan können auch **Kajaktrips** (ab 75 US$) und geführte Wanderungen arrangiert werden.

Die Straße runter liegt das freundliche **Sarapiquí Outdoor Center** (☎ 2761-1123; www.costaricaraft.com; Stellplatz/Zi. 5/25 US$), das klasse Stellplätze mit Blick auf den Fluss, Duschen und Toiletten hat. Die einfachen Zimmer sind etwas zu teuer. Neben Rafting- und Kajaktrips bieten die Inhaber Ausritte und geführte Wanderungen zu einem nahe gelegenen Wasserfall an.

Alle Busse zwischen San José und Puerto Viejo de Sarapiquí halten in La Virgen.

PUERTO VIEJO DE SARAPIQUÍ

6500 Ew.

Infolge des Bananen- und Kaffeebooms war Puerto Viejo einst der wichtigste Hafen des

COSTA RICA

UNTERWEGS NACH SAN CARLOS, NICARAGUA

Zwischen Los Chiles und dem nicaraguanischen San Carlos existiert zwar eine 14 km lange, unbefestigte Straße, aber um diesen Grenzübergang nutzen zu dürfen, braucht man eine Sondergenehmigung, die in der Regel nur Beamte bekommen. Die meisten anderen Leute überqueren die Grenze per Boot über den Río Frío; die Überfahrt lässt sich in Los Chiles leicht arrangieren. Zuvor muss man sich jedoch bei der **Einreisebehörde** (Migración; ☎ 2471-1223; 🕑 8–12 & 13.30–16 Uhr) einen Ausreisestempel in den Pass geben lassen. Diese liegt rund 100 m östlich der Anlegestelle auf der anderen Straßenseite gegenüber dem Hotel Tulipán. Auch Einreisende aus Nicaragua müssen sich zuerst hier melden.

Regelmäßig legen Boote (5800 CRC, 1½ Std.) in Los Chiles ab – täglich um 12.30 und 15.30 Uhr und bei Bedarf zusätzlich um 11 und 14.30 Uhr. In San Carlos gibt es um 10.30 und 16 Uhr Boote nach Los Chiles, bei Bedarf auch mehr. Der Grenzverkehr zwischen Nicaragua und Costa Rica ist nicht gerade für seine Zuverlässigkeit bekannt; deshalb vor dem Aufbruch unbedingt diese Zeiten nachprüfen! Nicaragua erhebt eine Einreisegebühr in Höhe von 4000 CRC (rund 7,50 US$) und eine Ausreisegebühr von 1150 CRC (2 US$), zahlbar in US-Dollar, Colones oder nicaraguanischen Córdobas. Los Chiles erhebt eine Einreise- und Ausreisegebühr von 580 CRC. Nachdem man in der Einreisebehörde den Ausreisestempel erhalten hat, geht man hinunter zu den Kais und zahlt die Ausreisegebühr im gelb gestrichenen Recaudador-Büro. Für die Einreise aus Nicaragua gilt es, die Prozedur in umgekehrter Reihenfolge abzuarbeiten (s. S. 573).

Landes. Heute hat sich der Urwald einen großen Teil der inzwischen recht verwahrlosten Grenzstadt – nicht verwechseln mit dem touristischen Puerto Viejo de Talamanca an der Karibikküste! – wieder zurückerobert. Trotzdem hat man hier großartige Gelegenheiten, Vögel zu beobachten, zu raften, Boot zu fahren und Touren durch den Urwald zu unternehmen.

Sehenswertes & Aktivitäten

ESTACIÓN BIOLÓGICA LA SELVA

Die Organization of Tropical Studies (OTS) betreibt 5 km südöstlich von Puerto Viejo eine **biologische Forschungsstation** (☎ 2524-0697, 2766-6565; www.ots.ac.cr; EZ/DZ 88/166 US$). Tagtäglich wimmelt es hier von Wissenschaftlern und Studenten, die in dem nahen privaten Naturschutzgebiet ihre Forschungen vorantreiben. Besucher sind in La Selva immer willkommen; allerdings sollten sie sich telefonisch anmelden. Die Zimmer hier sind einfach, haben Ventilatoren und Etagenbetten (ein paar auch Doppelbetten). Im Preis inbegriffen sind alle Mahlzeiten und Aktivitäten. Es gibt Wanderungen (halber/ganzer Tag 22 040/17 400 CRC; tgl. 8 & 13.30 Uhr) mit zweisprachigen Naturwissenschaftlern – vorher reservieren!

Schlafen & Essen

Trinidad Lodge (☎ 2213-0661, 8381-0621; Zi. 10 US$/Pers.) Die preisgünstige Lodge liegt direkt gegenüber der nicaraguanischen Grenze in der Gemeinde Trinidad am Río San Juan und ist mehr oder weniger die einzige Budgetunterkunft im Ort. Hier ist zwar alles recht rustikal, aber die Bungalows mit Wänden aus Bambus und eigenem Bad (kein warmes Wasser) sind alle sehr charmant und sehr sauber. Wenn am Ende des Abends der Generator abgeschaltet wird, sorgen Kerzen für Licht. Auf Wunsch gibt's auch Mahlzeiten (2300–4600 CRC) im *rancho* (kleines Häuschen) mit dem Billardtisch. Die Lodge ist nur per Boot (5800 CRC) zu erreichen. Pro Tag geht nur ein Boot (14 Uhr) vom Hauptkai in Puerto Viejo de Sarapiquí (35 km entfernt).

LP Tipp **Posada Andrea Cristina B&B** (☎ 2766-6265; www.andreacristina.com; EZ/DZ inkl. Frühstück 28/48 US$, Baumhaus-DZ 55 US$, zusätzl. Pers. 15 US$) Rund 1 km westlich des Zentrums besitzt das empfehlenswerte B&B acht ruhige, makellose Hütten mit Ventilator, eigenem Bad (mit Warmwasser), Hängematte und Tischen und Stühlen im Freien in einem Garten. Wegen seiner Lage am Rande des Regenwalds kann man hier hervorragend Vögel beobachten, während man draußen beim Frühstück sitzt. Die neueste Unterkunft hier ist ein witziges Baumhaus mit eigenem Bad und Balkon in Höhe der Baumwipfel, von dem aus man einen Blick auf die hier lebende Faultierfamilie werfen kann. Der Inhaber Alex Martínez ist ein ausgezeichneter, liebenswürdiger Führer und engagierter Umweltschützer.

Es gibt mehrere *sodas* in Puerto Viejo de Sarapiquí, darunter die exzellente **Soda Judith** (Hauptgerichte 1160–2320 CRC; 🕑 6–19 Uhr) einen Block hinter der Hauptstraße, wo Frühaufsteher frisch gebrühten Kaffee und ein großes Frühstück oder eine *empanada* (mit Fleisch oder Käse gefüllte Teigtasche) bekommen.

An- & Weiterreise

BUS

Im **Busbahnhof** (☎ 2233-4242; 🕑 5–19 Uhr) direkt gegenüber vom Park gibt's einen Fahrkartenverkauf und eine Gepäckaufbewahrung (870 CRC/Tag).

Angefahrene Ziele sind:

Guápiles (Empresarios Guapileños) 780 CRC; 1 Std.; Abfahrt 5.30, 6.45, 7.10, 9.40, 10.30, 12.10, 14.30, 15.45, 16.45 & 19 Uhr.

Puerto Viejo de Sarapiquí 350 CRC; 30 Min.; häufig fahrende Nahverkehrsbusse.

San José (Autotransportes Sarapiquí) 1650 CRC; 2 Std.; Abfahrt 6.30, 7.30, 10, 11.30, 13.30, 14.30, 15.30, 16.30 & 18 Uhr.

SCHIFF/FÄHRE

Von dem kleinen Hafen bestehen regelmäßige Fährverbindungen zur Trinidad Lodge in Trinidad. Überall am Fluss gibt's aber auch unabhängige Boote, die man für eine Überfahrt über den Fluss chartern kann (je nach Wetterlage). Ein Kurztrip kostet für Gruppen rund 5800 CRC pro Person bzw. bei Einzelpersonen 11 600 CRC pro Stunde. Die längere Fahrt nach Tortuguero (S. 629) und zurück kostet ungefähr 203 000 CRC pro Boot mit fünf Passagieren.

GUANACASTE

Genauso wie der landesweit verehrte Schatten spendende, knorrige Baum, nach dem die Region benannt wurde, hat Guanacaste etwas Einzigartiges und Störrisches. Vielleicht liegt das an der hiesigen Cowboy-Kultur, die von

Rinderauktionen und Sattelseife geprägt ist, während man im Rest des Landes von Einkaufszentren träumt. Man könnte die Region auch den Segen der Provinz nennen: Hier geht's gemächlich zu, die Leute sind entspannt und freundlich, und die Straßen führen ins nirgendwo. Aber das wird nicht so bleiben.

Mit dem Ausbau des internationalen Flughafens ist Liberia auf dem besten Weg, zur zweitgrößten Stadt Costa Ricas zu werden, noch verstärkt durch die Nähe zur Interamericana. Die Zeit scheint in den Städten von Guanacaste zwar still zu stehen, aber im Hintergrund, hinter den Cowboy-Ebenen, lockt Mutter Natur mit Vulkanen, Thermalquellen und Reittouren die Traveller an. Seltene tropische Trockenwälder reichen bis an unberührte Strände am Pazifik, wo Schildkröten ihre Eier ablegen und herrliche Surfwellen ans Ufer branden. Es wird wohl nicht mehr lange dauern, bis der Abenteuertourismus Guanacaste entdeckt.

CAÑAS

25 000 Ew.

Heiße, staubige Straßen, frisierte Pickups und Macheten schwingende Cowboys sind der Beweis: Das hier ist Cañas, eine typisch ländliche lateinamerikanische Stadt, in der es geruhsam zugeht und die Geschäfte mittags schließen. Das an der Kreuzung der Interamericana und der östlichen Straße nach Monteverde gelegene Cañas ist aber auch eine Ausgangsbasis für Raftingtrips auf dem nahen Río Corobicí und für Erkundungstouren im Parque Nacional Palo Verde.

Bei gemächlichen Floßfahrten auf dem Río Corobicí kann man Tiere beobachten. Die Touren lassen sich bei **Safaris Corobicí** (☎ 2669-6191; www.safaricorobici.com; Interamericana Km 193; 🕑 Abfahrt 7–15 Uhr) buchen, im Büro an der Interamericana, 4,5 km nördlich von Cañas.

Cabinas Corobicí (☎ 2669-0241; Ecke Av 2 & Calle 5; Zi. 10 US$/Pers.) am südöstlichen Stadtrand ist eine gute Budgetunterkunft mit freundlichen Angestellten und komfortablen, recht großen Zimmern mit eigener lauwarmer Dusche. Die Gegend ist nachts schön ruhig.

Das neueste und komfortabelste Hotel hier ist das **Caña Brava Inn** (☎ 2669-1294; recepcioncanabravainn@hotmail.com; EZ 35–57 US$, DZ 71–113 US$; ❄ 📶 🏊), das alle modernen Annehmlichkeiten wie gut isolierte Zimmer mit Flachbild-TV, WLAN, riesige, bequeme Betten und zeitgenössisches Dekor bietet.

Das nette Restaurant **Rincón Corobicí** (☎ 2669-1234; Hauptgerichte 1700–6000 CRC; 🕑 8–18 Uhr) liegt 4 km nördlich von Cañas am Ufer des Río Corobicí, sodass man nach dem Mittagessen zur Abkühlung in den Fluss springen kann.

An- & Weiterreise

Der Busbahnhof Cañas befindet sich am nördlichen Stadtrand. Angefahrene Ziele:

Liberia 1050 CRC; 1½ Std.; Abfahrt 4.30, 5.35, 6.10, 6.40, 7.15, 7.45, 12, 13.30, 16.30 & 17.30 Uhr.

Puntarenas 1400 CRC; 2 Std.; Abfahrt 6, 9.20, 10.30, 11.30, 12.30, 15.30 & 16.30 Uhr.

San José 2280 CRC; 3½ Std.; Abfahrt 4, 4.50, 5.40, 6.30, 8.30, 11.20, 13.30, 14.30 & 17.30 Uhr.

Tilarán 450 CRC; 45 Min.; Abfahrt 6, 8, 9, 10.30, 12, 13.45, 15.30 & 17.45 Uhr.

PARQUE NACIONAL PALO VERDE

Mit mehr als 300 Vogelarten hat der Nationalpark Palo Verde die größte Konzentration von Wasservögeln in Zentralamerika. Besucher könnten Reiher (u. a. den seltenen Nachtreiher), Störche, Löffler und Hellrote Aras sichten. Zu Beginn der Trockenzeit im Dezember, wenn die Bäume ihre Blätter verlieren, ist es noch einfacher, die vielen Vögel in den Seen und Sümpfen zu beobachten.

Besucher können in der Nähe der Rangerstation Palo Verde **campen** (4 US$); Toiletten und Warmwasserduschen gibt's auch. Zusätzlich stehen Schlafsäle mit Moskitonetzen und Kaltwasserduschen in der **Rangerstation** (☎ 2200-0125; Eintritt zum Park 10 US$; 🕑 8–16 Uhr) zur Verfügung. Gute Quartiere und Infos findet man in der **Hacienda Palo Verde Research Station** (☎ 2524-0607; www.ots.ac.cr; Zi. inkl. Mahlzeiten Erw./Kind 65/34 US$), die von der Organization of Tropical Studies (OTS) betrieben wird und auch empfehlenswerte geführte **Wander-** (halber Tag 2/3/4 Pers. 35/60/75 US$) und **Vogelbeobachtungstouren** (halber/ganzer Tag pro Pers. 30/38 US$) anbietet.

Palo Verde liegt 30 km westlich von Cañas. Zwischen Cañas und Liberia (s. S. 658) fahren Busse, die einen am ACT-Büro an der Interamericana, gegenüber der Abzweigung zum Nationalpark, absetzen. Wenn man dem Büro im Vorfeld telefonisch Bescheid gibt, können Ranger einen vielleicht sogar von hier über die Schotterstraße zum Park fahren.

RESERVA BIOLÓGICA LOMAS DE BARBUDAL

Das 26 km² große Schutzgebiet Lomas de Barbudal bildet eine Einheit mit dem Parque

Nacional Palo Verde und schützt mehrere gefährdete Baumarten, z. B. Mahagoni und Palisander, aber auch den verbreiteter vorkommenden und recht spektakulären *corteza amarilla*. Im März blühen die gelben *cortezes* im Wald alle auf einmal und bilden vier Tage lang ein farbenprächtiges Blütenmeer. Hier kann man auch gefährdete Vogelarten wie Königsgeier und Hellrote Aras entdecken.

Im **Infozentrum** (Eintritt zum Park 10 US$; 🕑 7–16 Uhr) bekommt man Karten, muss dann aber durch den Río Cabuyo waten, um auf der anderen Seite ins eigentliche Schutzgebiet und zu dem kleinen Netz von Wanderwegen zu gelangen. Hier gibt es weder Campingplätze noch öffentliche Verkehrsmittel. Die Busse setzen einen an der Interamericana an der Abzweigung nach Lomas de Barbudal in Pijije (2 km nordwestl. von Bagaces) ab. Die restlichen 7 km muss man laufen oder trampen.

LIBERIA

50 000 Ew.

Das Geheimnis ist gelüftet! Vor dem Tourismusboom in Costa Rica mussten Traveller Busfahrpläne entschlüsseln und sich am Coca-Cola-Terminal in San José durch die Menschenmengen kämpfen. Noch vor ein paar Jahren brauchte man für die Fahrt zu den Stränden der Península de Nicoya Entschlossenheit, Geduld und – je nach Zustand der furchtbaren Straßen in Costa Rica – auch etwas Glück. Heute bekommen Traveller den ersten Eindruck von der *pura vida* in Costa Rica bereits auf Liberias eigenem Aeropuerto Internacional Daniel Oduber Quirós, der ungefähr so groß wie ein Ikea-Parkplatz, aber leichter zu verlassen ist.

Anders als von San José aus kommt man von diesem Flughafen schnell und bequem zu Zielen auf der Península de Nicoya. Liberia ist auch viel übersichtlicher als San José.

Praktische Informationen

Die meisten Hotels akzeptieren US-Dollar und wechseln auch kleinere Beträge Bargeld. Wenn nicht, ist das auch kein Problem, denn in Liberia gibt's wohl mehr Banken pro Quadratmeter als in jeder anderen Stadt Costa Ricas.

BAC San José (☎ 2666-2020; Centro Comercial Santa Rosa; 🕑 Mo–Fr 9–18, Sa 9–13 Uhr) Wechselt Reiseschecks und hat einen rund um die Uhr zugänglichen Geldautomaten. Wenn alle anderen die Bankkarte nicht akzeptieren, könnte es hier klappen.

Banco de Costa Rica (☎ 2666-2582; Ecke Calle Central & Av 1) Rund um die Uhr zugänglicher Geldautomat.

Cyberm@nia (☎ 2666-7240; Av 1 zw. Calle 2 & Central; 600 CRC/Std.; 🕑 8–22 Uhr) Absolut freundliche Angestellte. Von hier kann man auch gut Ferngespräche führen, denn man zahlt für Anrufe in die meisten Länder nur 150 CRC pro Minute.

Hospital Dr. Enrique Baltodano Briceño (☎ 2666-0011, Notfall 2666-0318) Das Krankenhaus liegt hinter dem Stadion am nordöstlichen Stadtrand.

Schlafen

La Posada del Tope (☎ 2666-3876; hotelposadadeltope@gmail.com; Calle Central zw. Av Central & 2; Zi. 9–18 US$/Pers.; ⊠ 💻 📶) Das Budgethotel ist in einem attraktiven, mit alten Fotos und Antiquitäten dekorierten Haus untergebracht, das Mitte des 19. Jhs. erbaut wurde. Das Wohlfühlen machen Moskitonetze und die an eine alte Plantage erinnernde Atmosphäre leicht. Die ziemlich einfachen Zimmer haben ein gemeinsames Bad. Denís, der zweisprachige costa-ricanische Inhaber des empfehlenswerten Hotels, kann Travellern viele Infos geben und bei der Reservierung von Touren und Transportmitteln behilflich sein.

Hotel Liberia (☎ 2666-0161; www.hotelliberia.com; Calle Central zw. Av Central & 2; B 10 US$, Zi. mit/ohne Bad 15/13 US$) Die Zimmer in diesem weitläufigen, 100 Jahre alten Haus mit Freiluftlounge im Innenhof sind mit Fernsehern und Hängematten ausgestattet. Hier tummeln sich vom Jetlag geplagte Backpacker, die Erfahrungen und Reisepläne austauschen. Das Hotel ist wegen seiner tollen Stimmung zu empfehlen, an der auch der peruanische Betreiber Beto großen Anteil hat – mit seiner deftigen Sprache könnte er Matrosen zum Erröten bringen.

Hotel La Casona (☎ 2666-2971; casona@racsa.co.cr; Ecke Calle Central & Av 6; EZ/DZ mit Ventilator 16/24 US$, mit Klimaanlage 20/30 US$; ❄) Das rosafarbene Holzhaus hat einfache Zimmer mit eigenem Bad und Kabel-TV, aber ohne Warmwasseranschluss. Es gibt auch ein Apartment zum selben Preis pro Person wie die Zimmer.

Hospedaje Casa Vieja (☎ 2665-5826; Av 4 zw. Calle Central & 2; EZ/DZ mit Ventilator 18/22 US$, mit Klimaanlage 36/44 US$; ❄) Nur ein paar Blocks vom Parque Central stehen Gästen in dieser ruhigen, gemütlichen Herberge zehn komfortable Zimmer mit eigenem Bad und TV zur Verfügung. Im Preis ist kein Frühstück inbegriffen, aber es gibt einen kleinen Hinterhof mit schattiger, erhöht gelegener Terrasse, wo man sein mitgebrachtes Müsli essen kann.

Bed & Breakfast El Punto (☎ 2665-2986; www.elpuntohotel.com; Interamericana zw. Av 25 de Julio & 4; EZ/DZ 60/97 US$; ❄ 💻 📶) Die ehemalige Grundschule wurde zu einem schicken Hotel umgebaut und würde besser ins trendige Miami passen als ins bescheidene Guanacaste. Die satten tropischen Farben der Loft-Apartments könnten auch als unaufdringlich und minimalistisch beschrieben werden. Alle Zimmer haben hübsch geflieste Badezimmer, Kochnischen, Hängematten, kostenloses WLAN und sind mit bunter moderner Kunst dekoriert.

Essen

Café Liberia (☎ 2665-1660; www.cafeliberia.com; Calle 8 zw. Av 25 de Julio & 2; Stück 600–3500 CRC; 🕑 Mo–Fr 8.30–18, Sa 10–18 Uhr; ❄ 💻 📶 Ⓥ) Das von der netten Costa-Ricanerin Radha geführte hippe Café ist ein Traum. Es gibt Biosäfte, costaricanischen Kaffee, frische Sandwiches, Salate, Crêpes, Gebäck, Weine und viele vegetarische Leckerbissen.

Los Comales (☎ 2666-0105; Calle Central zw. Av 7 & 5; Teller 1000–3000 CRC; 🕑 18.30–21 Uhr) Das von einer Frauenkollektive geführte fröhliche, beliebte Lokal serviert Spezialitäten aus Guanacaste und ortstypische Gerichte. Die Spezialität des Hauses ist Hähnchen mit Salsa, aber auch die *casados* sind lecker.

Pan y Miel (☎ 2666-0718; Av 25 de Julio zw. Calle 10 & 8; Hauptgerichte 1100–2800 CRC; 🕑 6–18 Uhr) In dieser Filiale der hiesigen Bäckerei bekommt man das beste Frühstück der Stadt. Das hervorragende Brot wird als Sandwich oder French

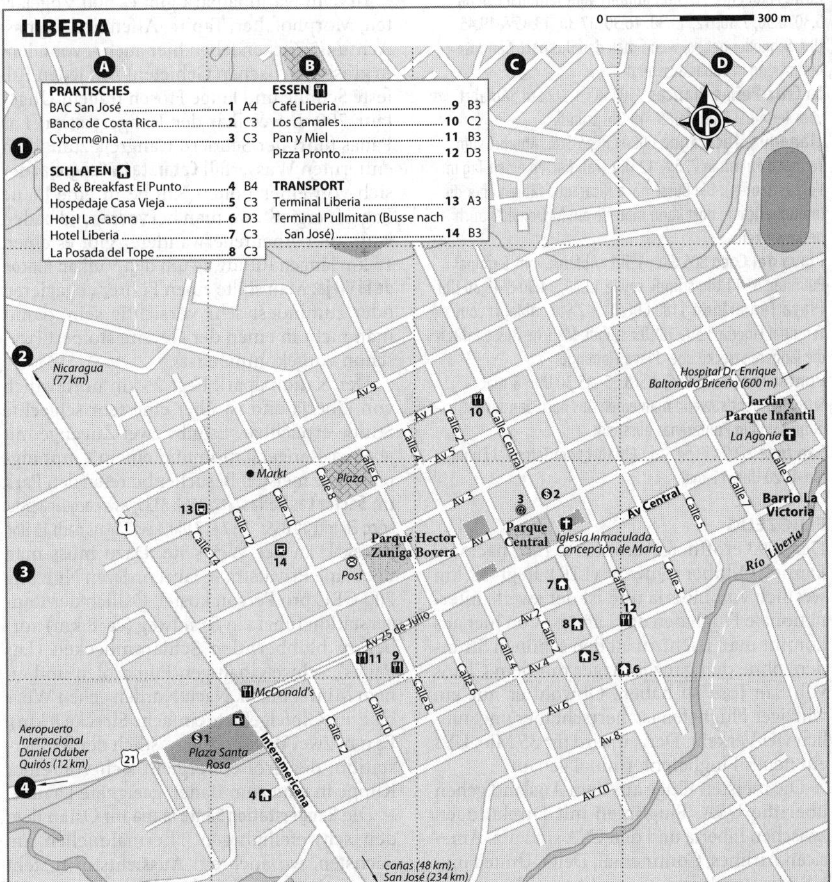

Toast serviert. Außerdem gibt's ein Büfett mit *casados*, Gebäck und frischem Obst.

Pizza Pronto (☎ 2666-2098; Ecke Av 4 & Calle 1; Hauptgerichte 2800–5000 CRC; ⏲ mittags & abends) Die in einem hübschen Haus aus dem 19. Jh. untergebrachte romantische Pizzeria ist eine Klasse für sich. Den Belag für die Holzofenpizza kann man aus einer langen Liste selbst auswählen, z. B. frische Meeresfrüchte aus der Region oder Ananas. Auch die Pasta ist lecker.

COSTA RICA

An- & Weiterreise

BUS

Die Busse kommen am **Terminal Liberia** (Av 7 zw. Calle 12 & 14) und am **Terminal Pulmitan** (Av 5 zw. Calle 10 & 12) an bzw. fahren dort ab.

Angefahrene Ziele sind folgende:

Cañas 800 CRC; 1½ Std.; Abfahrt vom Terminal Liberia 5.30, 6.30, 7.30, 12, 13.30, 16.30, 17.30, 18.45 & 19.45 Uhr. Schneller geht's, wenn man den Bus nach San José nimmt und in Cañas aussteigt.

La Cruz/Peñas Blancas 750 CRC; 1½/2 Std.; Abfahrt vom Terminal Pulmitan 5–18 Uhr stündl.

Managua, Nicaragua 6000 CRC; 5 Std.; Abfahrt vom Terminal Pulmitan 7, 8 & 12 Uhr (Fahrkarten einen Tag im Voraus kaufen). Die Busse nach Nicaragua fahren über die Interamericana; dort kann man sie am McDonald's auch heranwinken.

Playa del Coco 805 CRC; 1 Std.; Abfahrt vom Terminal Pulmitan 5–11 Uhr stündl. sowie 12.30, 14.30 & 18.30 Uhr.

Playa Tamarindo 1180 CRC; 1½–2 Std.; Abfahrt vom Terminal Liberia 3.50–18 Uhr stündl. Manche Busse fahren die längere Strecke über Playa Flamingo.

Puntarenas 1400 CRC; 3 Std.; 5–15.30 Uhr, 8-mal. Schneller geht's, wenn man einen Bus nach San José nimmt und in Puntarenas aussteigt.

San José 2700 CRC; 4 Std.; Abfahrt vom Terminal Pulmitan 4–20 Uhr, 11-mal.

FLUGZEUG

Der 1993 eröffnete Aeropuerto Internacional Daniel Oduber Quirós (LIR) liegt 12 km westlich von Liberia und ist der zweite internationale Flughafen des Landes. Von hier aus kommt man leicht zu all den schönen Stränden, ohne den ganzen Ärger mit dem Chaos von San José zu haben. Obwohl er nur ein winziger Flughafen ist, herrscht hier unglaublich viel Verkehr. Derzeit wird für 35 Mio. US$ ein neues Flughafenterminal gebaut.

Die meisten Flüge aus dem Ausland gehen über die USA. Fluglinien mit Direktflügen zwischen Liberia und den USA sind u. a. American Airlines, Continental, Delta, United und US Airways. Inzwischen gibt es auch saisonale Charterflüge aus Kanada, Belgien und Großbritannien.

Hier zwei Inlandsfluglinien:

NatureAir (☎ 2220-3054; www.natureair.com) Von/nach San José, Quepos, Fortuna, Tambor und Tamarindo.

Sansa (☎ 2668-1047; www.flysansa.com) Von/nach San José und Tamarindo.

PARQUE NACIONAL RINCÓN DE LA VIEJA

Die größte Attraktion in der Region ist der aktive, noch rauchende Volcán Rincón de la Vieja (1895 m), aber es gibt hier auch unzählige Fumarolen, lauwarme Quellen und dampfende, blubbernde Schlammlöcher. Den ganzen Nationalpark durchziehen gut ausgebaute, teilweise steile Wanderwege.

In dem Nationalpark gibt es 300 Vogelarten, Morphofalter, Tapire, Affen und Pumas. Achtung: Zecken leben hier auch – vor allem in grasbewachsenen Gebieten! Auf jeden Fall feste Schuhe und lange Hosen tragen! Ungefähr 700 m westlich der Rangerstation Las Pailas führt der Sendero Cangreja zum 5 km entfernten Wasserfall **Catarata La Cangreja**, der sich von einer hohen Klippe in eine blaue Lagune ergießt, wo man hervorragend baden kann. Für Abenteuerwanderer gibt es einen 16 km langen Rundweg um den Vulkan **Rincón de la Vieja**. Man sollte einen Führer engagieren oder zumindest sehr vorsichtig sein, damit man nicht in einen der Geysire stolpert (was schon vorgekommen ist).

Der Nationalpark liegt 25 km nordöstlich von Liberia und ist über eine sehr schlechte Straße erreichbar. Es gibt zwei Zugänge mit je einer Rangerstation und einem Campingplatz. Die meisten Besucher betreten den Park im **Sector Las Pailas** (☎ 2661-8139; www.acguanacaste.ac.cr; Eintritt 10 US$; ⏲ 7–17 Uhr, kein Einlass nach 15 Uhr, Mo geschl.) an der Westseite. Dazu muss man über eine Privatstraße fahren, deren Nutzung 700 CRC pro Person kostet. Östlich der Rangerstation führt ein Rundweg (ca. 8 km) vorbei an blubbernden Schlammbecken (Las Pailas), schwefelhaltigen Fumarolen und einem Mini-Vulkan. Nach Norden gehen Wege bis zum Gipfelgebiet (einfache Strecke 8 km). Es gibt zwei Wasserfälle westlich der Rangerstation; der größere ergießt sich von einer Klippe in eine zum Baden geeignete Lagune.

Die **Rangerstation Santa María** im Osten liegt den schwefelhaltigen Thermalquellen am nächsten, wo auch ein Aussichtsturm steht und ein Wasserfall in der Nähe ist.

Schlafen

An beiden Rangerstationen gibt es **Campingplätze** (2 US$) mit Wasser, Plumpsklos, Duschen, Tischen und Grillstellen. Brennmaterial bekommt man hier nicht – also Holz, Holzkohle oder Campingkocher mitbringen! In der Regenzeit braucht man auch ein Moskitonetz oder Insektenschutzmittel.

Die nur 3 km vom Sector Santa María entfernte **Rinconcito Lodge** (☎ 2200-0074; www.rincon citolodge.com; Stellplatz 3 US$/Pers., Standard-EZ/-DZ 23/35 US$, bessere DZ/3BZ/4BZ inkl. Frühstück 55/70/80 US$) ist eine empfehlenswerte Budgetunterkunft. Die Hütten sind hübsch und rustikal, und die Umgebung ist ländlich und idyllisch. Die Lodge hat die günstigsten Pauschalangebote weit und breit. Regelmäßig fahren Shuttles von und nach Liberia.

An- & Weiterreise

Der Sector Las Pailas ist über eine 20 km lange Schotterstraße zu erreichen, die 5 km nördlich von Liberia von der Interamericana abzweigt (die Ausfahrt ist ausgeschildert). Um den Nationalpark zu erreichen, muss man die Privatstraße entlangfahren (700 CRC/Pers.). In der Regenzeit braucht man einen Geländewagen. Öffentliche Verkehrsmittel gibt es nicht, aber die Hotels in Liberia können den Transport ab Liberia organisieren (einfache Strecke ca. 15 US$/Pers.). Alternativ kann man auch ein Geländewagentaxi nehmen (einfache Strecke ca. 25 US$).

Die Rangerstation Santa María erreicht man über eine holprigere Straße, die im Barrio La Victoria in Liberia beginnt. Busse gibt es nicht. Eine Taxifahrt kostet ungefähr 45 US$ pro Strecke.

PARQUE NACIONAL SANTA ROSA

Der Nationalpark ist ein kaum berührtes Gelände mit urtümlichen Stränden, tropischen Trockenwäldern und Savannen voller Dornenbäume und wogendem *jaragua*-Gras. Besucher erleben hier ein Fest für alle Sinne. Die Península Santa Elena besitzt eine artenreiche Flora und Fauna, vor allem in der Trockenzeit. In den Regenmonaten September und Oktober kann man am besten Schildkröten beobachten. Hier befinden sich *arribadas* (Nester) von bis zu 8000 Oliv-Bastardschildkröten.

Der Surfstrand Playa Naranjo ist weltberühmt, vor allem das Gebiet bei Witch's Rock und Ollie's Point.

Praktische Informationen

Der **Parkeingang** (Eintritt 10 US$; 8–16 Uhr) befindet sich 35 km nördlich von Liberia an der Westseite der Interamericana. Von dort geht es zu Fuß 7 km bis zur **Rangerstation Murciélago** (☎ 2666-5051), wo ein Infozentrum, ein Campingplatz, ein Museum, eine Forschungsstation und ein Naturlehrpfad warten. Dies ist auch der Verwaltungssitz der Area de Conservación Guanacaste (ACG) – hier erhalten Besucher Infos zum Parque Nacional Rincón de la Vieja und zum Parque Nacional Guanacaste. Ein 12 km langer Pfad führt hinunter zur Playa Naranjo. Autofahrer brauchen einen Geländewagen mit viel Bodenfreiheit, mit dem auch Flüsse durchquert werden können. Mit Infos zum Straßenzustand können die Ranger weiterhelfen.

Sehenswertes & Aktivitäten

Die **Playa Naranjo** ist ein spektakulärer Strand im Süden, an dem es sich gut surfen lässt. Er liegt auch ganz in der Nähe von **Witch's Rock**, der berühmt ist für seine 3 m hohen Wellen (für Anfänger nicht geeignet). Übernachten kann man auf einem Campingplatz mit Plumpsklos, allerdings gibt es hier kein Trinkwasser. Wegen des Straßenzustands vorher anrufen! Die Wellen brechen zwar am Strand, aber nahe der Flussmündung liegen Felsbrocken im Wasser. Besonders vorsichtig müssen Besucher im Gebiet des Flussdeltas sein, da sich hier während des Gezeitenwechsels viele Krokodile auf der Suche nach Nahrung aufhalten. Ebenso legendär ist es, vor der Playa Portero Grande bei **Ollie's Point** zu surfen, wo es die besten Right-Hander in Costa Rica gibt.

Die alte Hacienda Santa Rosa ist 2001 leider abgebrannt, wurde aber komplett wieder neu aufgebaut. Ein kleines **Museum** beschreibt die Schlacht von 1856 und zeigt Ausstellungen über das Leben in Costa Rica im 19. Jh. Zu sehen sind auch einige Artefakte, die das Feuer überstanden haben. Eine weitere Ausstellung widmet sich der ökologischen Bedeutung und der Flora und Fauna des Nationalparks.

In der Nähe des Museums wurde ein 1 km langer **Naturlehrpfad** angelegt. Auf Hinweisschildern werden hier die verschiedenen Pflanzen und Tiere im Santa-Rosa-Nationalpark erklärt. Man bekommt eine gute Auswahl der 240 verschiedenen Baum- und Straucharten sowie der 253 Vogelarten zu Gesicht. Regelmäßig lassen sich auch Affen,

Schlangen, Leguane und andere Tiere erspähen. Am stärksten in dem Gebiet vertreten sind die Fledermäuse – man hat bereits 50 oder 60 Arten ausgemacht.

Der beste Schildkrötenstrand ist die **Playa Nancite** im Süden. Im September und Oktober kann man hier bis zu 8000 Oliv-Bastardschildkröten auf einmal sehen. Nancite ist zwar ein Sperrgebiet, aber um sich das Spektakel anzuschauen, kann man sich von der Parkverwaltung eine Genehmigung ausstellen lassen. Verboten sind Taschenlampen, das Fotografieren mit Blitzlicht sowie Angeln und Jagen.

Schlafen & Essen

In der **Forschungsstation** (☎ 2666-5051; B 15 US$) stehen Gästen Schlafsäle (vorher reservieren!) mit Etagenbetten, Kaltwasserduschen und Strom zur Verfügung. Auf Wunsch bekommt man auch was zu beißen (1700–4000 CRC). In der Nähe der Parkverwaltung gibt es einen schattigen, ausgebauten **Campingplatz** (2 US$/Pers.) mit Picknickbereich, Plumpsklos und Kaltwasserduschen. Trinkwasser ist nicht vorhanden.

An- & Weiterreise

Zum gut ausgeschilderten Haupteingang des Parks kommt man auch mit öffentlichen Verkehrsmitteln: Man nimmt irgendeinen Bus, der zwischen Liberia und der nicaraguanischen Grenze bei Peñas Blancas fährt, und bittet den Fahrer, einen am Parkeingang abzusetzen. Für die Rückfahrt können die Ranger Besuchern dabei helfen, einen Bus zu erwischen. Wer will, kann sich in den Hotels in Liberia auch ein eigenes Transportmittel organisieren (hin & zurück ca. 20 US$/Pers.).

Um zum nördlichen Sector Murciélago zu kommen, fährt man auf der Interamericana noch 10 km weiter nach Norden, biegt dann links in die gepflasterte Straße ein und gelangt nach 8 km zum Dorf Cuajiniquíl, wo es ein paar *sodas* und eine *pulpería* gibt. Den Pass bereithalten – hier wird manchmal kontrolliert! Die gepflasterte Straße führt hinter Cuajiniquíl noch 4 km weiter bis zu einem Hafen. Von hier aus kommt man zwar nicht zum Sector Murciélago, aber ins Refugio Nacional de Vida Silvestre Bahía Junquillal. Das liegt ungefähr 8 km hinter Cuajiniquíl Richtung Rangerstation Murciélago. Die Straße ist sehr schlecht und kann in der Regenzeit unpassierbar sein; auf jeden Fall empfiehlt sich ein Geländewagen. Bei der Rangerstation Murciélago kann man campen. Ansonsten einfach an der Rangerstation vorbei auf der unbefestigten Straße 10 bis 12 km weiterfahren, bis man zu den abgelegenen Buchten und Stränden von Bahía Santa Elena und Bahía Playa Blanca gelangt.

PEÑAS BLANCAS & LA CRUZ

Peñas Blancas ist ein geschäftiger Grenzort mit viel Durchgangsverkehr ins nicaraguanische Rivas. Weil es hier keine Unterkünfte gibt, übernachtet man am besten in **La Cruz**, das 20 km südlich auf einem Hügel liegt. Dort sollte man auch Geld wechseln.

Budgettraveller und Wanderarbeiter steigen in den **Cabinas Santa Rita** (☎ 2679-9062; La Cruz; EZ/DZ mit Bad 9/13 US$, mit Klimaanlage 15/23 US$; ❄) ab, das düstere, aber saubere Doppelzimmer hat. Das **Hotel Bella Vista** (☎ 2679-8060; La Cruz; Zi. mit Ventilator/Klimaanlage pro Pers. 7/10 US$; ❄ 🅿) mit Blick auf Bahía Salinas hat gut möblierte Zimmer mit Warmwasser, Kabel-TV und Terras-

UNTERWEGS NACH RIVAS, NICARAGUA

Am Grenzübergang **Peñas Blancas-Rivas** ist immer viel los – also früh herkommen! Die Einreisegebühr nach Nicaragua beträgt 7 US$. Costa Rica erhebt keine Einreisegebühr, aber die Ausreise aus Nicaragua kostet 2 US$, zahlbar nur in US-Dollar (Colones oder Córdobas kann man bei den Banken auf beiden Seiten der Grenze umtauschen).

Die Grenze ist in der Regel täglich von 6 bis 20 Uhr geöffnet. Beide Grenzposten liegen 1 km voneinander entfernt; für die Strecke gibt es Golfwagen (2 US$) zu mieten. Es warten Heerscharen von Schleppern, die sich für den banalen Grenzübergang sinnloserweise als Lotsen anbieten. Wenn man sie das Gepäck tragen lässt, fordern sie horrende Preise. Von der Grenze fahren alle halbe Stunde Busse nach Rivas (1 US$, 45 Min.).

Alternativ dazu kann man auf der nicaraguanischen Seite mit einem Taxi nach Rivas (15 US$) düsen oder auch weiter (der Preis ist Verhandlungssache).

Infos zum Grenzübergang von Nicaragua nach Costa Rica gibt's auf S. 561.

sen zu bieten. Gäste können am Pool entspannen oder im angeschlossenen Restaurant *casados* und Bier genießen.

An- & Weiterreise

In La Cruz kann man am **Schalter von Transportes Deldú** (7–12.30 & 13.30–17 Uhr) Fahrkarten kaufen und sein Gepäck aufbewahren. Wer mit dem TransNica-Bus nach Peñas Blancas fahren will, muss ihn an der Interamericana heranwinken. Die Busse zu den Stränden fahren am Busbahnhof am Hügel oberhalb des Hotel Bella Vista ab. Eine Taxifahrt zu den Stränden kostet ungefähr 7000 CRC.

Liberia (Transportes Deldú) 1000 CRC; 1½ Std.; tgl. 5.30–18.30 Uhr, 8-mal. Alternativ dazu kann man auch jeden Bus nehmen, der nach San José fährt.

Peñas Blancas 580 CRC; 45 Min.; 5–18.30 Uhr, 10-mal.

San José über Liberia (Transportes Deldú) 3400 CRC; 5 Std.; Abfahrt 4, 5.45, 8, 10, 11, 12.30, 14, 16 & 18 Uhr.

PENÍNSULA DE NICOYA

Warum die Península de Nicoya reizvoll ist, erklärt sich von selbst. Am Rand der bewaldeten Küste liegen ursprüngliche tropische Strände, die sich ins Gedächtnis von Millionen von Meeresschildkröten eingebrannt haben. Diese kehren zu ihrem Geburtsort zurück, um hier ihre Eier abzulegen. Und auch Traveller kommen immer wieder hierher, um Zeugen dieses zauberhaften Naturphänomens zu werden. Leider beeinträchtigen die Menschen die Umwelt viel stärker als die Schildkröten.

Das derzeitige Zauberwort heißt „Erschließung", und Nicoya ist da die beliebteste Spielwiese. Schuld daran ist vielleicht, dass all diese Schönheit so leicht erreichbar ist. Aber wer kann schon dem Lockruf der scheinbar nie endenden Wellen, der Tropenwälder voller wilder Flora und Fauna oder der gemächlichen, gesunden *vida costariccense* widerstehen? Und wie soll man sich hier nicht bei jeder Abzweigung fragen, was einen wohl am Ende dieser staubigen Straße voller Schlaglöcher erwartet?

PLAYA DEL COCO

Die Playa del Coco liegt 37 km westlich von Liberia und ist wegen der guten Straße nach San José der am leichtesten zu erreichende Strand der Halbinsel. Der Name leitet sich von dem kakaofarbenen Sand (der irgendwie schmutzig wirkt) zwischen den beiden felsigen Landzungen ab. Während das nahe Tamarindo inzwischen fest in der Hand wohlhabender Ausländer ist, tummeln sich an der Playa del Coco werktags Taucher, und am Wochenende strömen junge Ticos zum Partymachen hierher.

Praktische Informationen

Die Polizeiwache und eine kleine Post liegen an der Südostseite der Plaza am Strand. Die Banco Nacional, südlich vom Zentrum an der Hauptstraße in den Ort hinein, wechselt US-Dollar und löst Reiseschecks ein.

Sehenswertes & Aktivitäten

El Coco ist mit seinen vielen verschiedenen Meerestieren wie Stachelrochen, Schildkröten, Delfinen und Walen ein beliebtes Ziel von Tauchern und Schnorchlern. Empfehlenswerte Anbieter sind **Rich Coast Diving** (☎ 2670-0176, in den USA & Kanada 800-434 8464; www.richcoastdiving.com) und das von einem Schweizer betriebene **Summer Salt** (☎ 2670-0308; www.summer-salt.com). Der beliebteste Strand zum Schnorcheln und Schwimmen ist die **Playa Ocotal**, 4 km südlich.

Schlafen

Wenn nicht anders vermerkt, haben die folgenden Unterkünfte Kaltwasserduschen und Ventilatoren und sind überwiegend auf costaricanische Wochenendbesucher eingestellt. Ticos campen auch gern am Strand. Aber Vorsicht: Es kann recht ungemütlich werden, wenn die Clubs schließen.

Cabinas Don Carlos (☎ 8887-3192; Zi. mit/ohne Bad pro Pers. 15/10 US$) Die billigste Unterkunft im Ort hat einfache, saubere, winzige Zimmer. Die meisten teilen sich das Bad, die teureren haben aber eigene Bäder, TV und Kochnische. Einfach Ausschau halten nach dem Schild „Rooms for Rent: Backpackers 8 US$" – das ist allerdings der Nebensaisonpreis.

El Oasis Backpackers Hostel (☎ 2670-0511; B 15 US$;) Playa del Cocos erstes echtes Hostel ist eine freundliche Lodge mit nach Geschlechtern getrennten Schlafsälen, einer Gemeinschaftsküche, einem Wohnbereich mit TV und DVD, einem Wäschedienst, einem Fahrradverleih und einem hübschen Garten mit Hängematten. Es befindet sich hinter dem Papagayo Steak House.

Cabinas Coco Azul (☎ 2670-0431, 8879-3832; cabinascocoazul_cr@yahoo.com; EZ/DZ 15/20 US$) Das zweistöckige, weiße Backsteingebäude ist die bes-

PENÍNSULA DE NICOYA

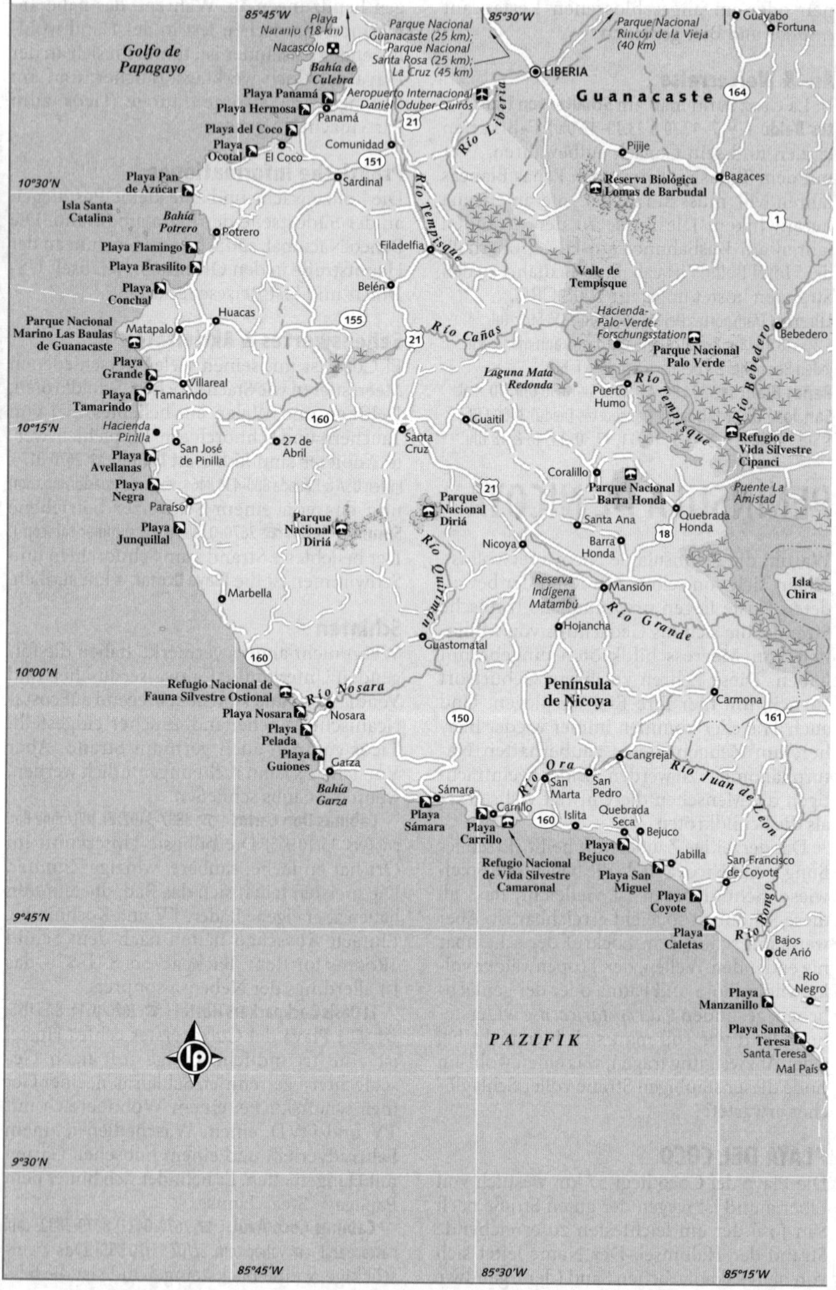

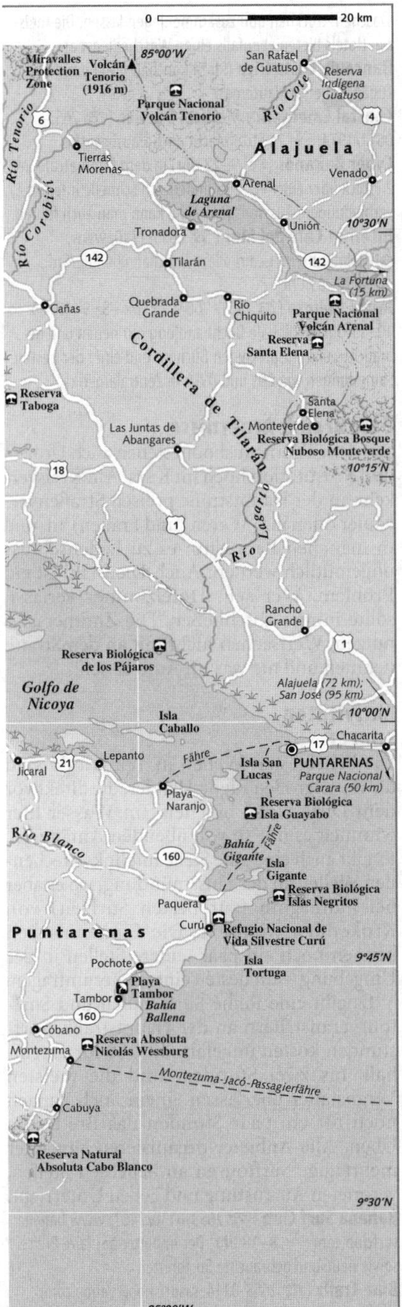

te von mehreren Budget-*cabinas* in einem abgeschlossenen Komplex hinter der Kirche. Die Zimmer sind blitzblank und komfortabel.

Pato Loco Inn (☎ 2670-0145; www.costa-rica-beach-hotel-patoloco.com; DZ 40–60 US$;) Das kleine Hotel ist eine der nettesten Unterkünfte in Coco, wirkt aber gar nicht costa-ricanisch. Es wird von einem US-Amerikaner geführt, dessen Tochter Mary die Wände mit bunten Bildern bemalt hat. Jedes Zimmer hat ein eigenes Designmotiv und bietet – je nachdem, was man dafür auszugeben bereit ist – eine Reihe von Annehmlichkeiten (wie Warmwasser). An der einladenden Bar vorne kann man sich bei einem Bier unter die anderen (überwiegend US-amerikanischen) Gäste mischen.

Essen

El Chinamo Caribeño (Hauptgerichte 1000–3500 CRC; 🕑 7.30–22 Uhr) In der *soda* eines karibischen Inhabers und Betreibers gibt es Gerichte im Stil der costa-ricanischen Ostküste, z. B. superbilligen köstlichen Fisch, Hühnchen und Reis auf karibische Art.

La Vida Loca (☎ 2670-0181; Hauptgerichte 1200–4000 CRC; 🕑 11–2 Uhr) Die 1999 vom aus Oregon stammenden „Jimbo" Jensen eröffnete Strandbar hat sich auf US-amerikanische Hausmannskost wie Burger, Nachos, Hackbraten oder Chili-Dog (Hot Dog mit Chili con Carne) spezialisiert.

Suely's Restaurant (☎ 2670-1696; sti-costarica@hotmail.com; Hauptgerichte 4000–8000 CRC; 🕑 Mo–Sa 18–22.30 Uhr) Das Gourmet-Restaurant ist ein willkommener Neuzugang in Coco. Die von Mühe zeugende täglich wechselnde Speisekarte beinhaltet vor allem frischen Fisch und Meeresfrüchte. Es gibt z. B. himmlische Jumbo-Shrimp-Tempura in Thai-Sauce.

Selbstversorger können sich im **Coco Palms Supermercado** (☎ 2670-0367; 🕑 24 Std.) und im gewaltigen **Auto Mercado** (☎ 2670-2232; 🕑 8–20, Fr & Sa bis 21 Uhr) im neuen Einkaufszentrum Pacifico Plaza nahe der Ortseinfahrt eindecken.

Ausgehen & Unterhaltung

Die **Lizard Lounge** (🕑 15–2 Uhr) zieht ein lebhaftes, tanzbegeistertes Publikum an. Hier lässt sich der Abend gut einläuten – z. B. mit einer Runde Billard oder Cocktails und *bocas* (costa-ricanische Tapas) auf der Terrasse an der Straße. Das **Restaurante CocoMar** (🕑 10–22 Uhr) ist ein gutes Plätzchen für einen Drink am Strand bei Sonnenuntergang. Und dann geht die Party mit Livemusik an den Wochenenden im **La Vida Loca** (☎ 2670-0181; 🕑 11–2 Uhr) weiter.

An- & Weiterreise

Alle Busse starten an der Haupthaltestelle an der Plaza gegenüber der Polizeiwache und kommen da auch an.

Liberia 700 CRC; 1 Std.; tgl. 5.30–18 Uhr, 8-mal.

San José (Pulmitan) 3200 CRC; 5 Std.; Abfahrt 4, 8 & 14 Uhr.

PLAYA TAMARINDO

Vor etwas mehr als 30 Jahren lebten in Tamarindo rund zwei Dutzend Tico-Familien. Dann wurde der Ort durch den klassischen Surfer-Film *Endless Summer II* bekannt und entwickelte sich schnell zu einer Art südlichem Kalifornien, wenn auch ohne die zugehörige Infrastruktur. Heute sehen die US-Amerikaner, die als erste in dieser *pura vida* Zuflucht suchten, ihren „Frankenstein“ mit Fassungslosigkeit. Warum? Wegen der Auswirkungen auf Natur und Umwelt. Denn die Meeresschildkröten sind längst verschwunden, und stattdessen gibt es hier heute Apartmentburgen, Nobellokale und die gesamte Palette der Umweltprobleme.

Um ehrlich zu sein, hat die bauliche Erschließung etwas nachgelassen (was auch an der Wirtschaftskrise liegt), und viele Traveller mögen „Tamagringos“ wirklich gerne. Wie immer man es nennen will – der Ort bedient alle hedonistischen Bedürfnisse von Touristen, vor allem wenn diese auf nächtelange Partys, One-Night-Stands oder große Surfwellen aus sind. Das ist vielleicht nicht wirklich perfekt, aber wenn man hier und da mal ein Auge zudrückt, könnte Tamarindo fast ein Paradies sein.

Von Tamarindo ist es nicht weit bis zur Playa Grande, einem wichtigen Nistplatz für *baulas* (Lederschildkröten) im Parque Nacional Marino Las Baulas de Guanacaste (s. S. 667).

Praktische Informationen

Informationen hat jeder Tourveranstalter im Ort und im Hotel. Über anstehende Events informiert die *Tamarindo News*, erhältlich überall im Ort und online unter www.tamarindonews.com.

BAC San José (☎ 2653-1617; Plaza Conchal; 🕑 8.30–15.30 Uhr) Hat einen Geldautomaten, wechselt US-Dollar und löst Reiseschecks ein.

Backwash Laundry (🕑 Mo–Sa 8–20 Uhr) Für 1000 CRC pro Kilo kann man hier seine schmutzige Wäsche waschen, trocknen und zusammenlegen lassen. Die meisten Hotels bieten ebenfalls einen Wäschedienst an.

Banco de Costa Rica (Plaza Conchal) Rund um die Uhr zugänglicher Geldautomat.

Coastal Emergency Medical Service (☎ 2653-0611/1974; 🕑 24 Std.) Macht auch Hausbesuche.

Cyber Bakanos (🕑 9–22 Uhr) In dem Internetcafé im 2. Stock über einer Pizzeria finden sich schnelle Internetverbindungen. Auslandsgespräche kann man auch führen.

Internet Café del Mar (☎ 2653-1740; www.cafedelmarinternet.com; Plaza Conchal; 800 CRC/Std.; 🕑 8.30–21 Uhr)

Jaime Peligro (☎ 8820-9004; 🕑 Mo–Sa 9–18, So 10–15 Uhr) Regionale Buchhandlung mit neuen und gebrauchten fremdsprachigen Büchern und einer der besten Sammlungen von CDs und DVDs in Zentralamerika.

Gefahren & Ärgernisse

Seit dem Tourismusboom stehen auch Drogen und Prostitution hoch im Kurs. Am Kreisverkehr an der Hauptstraße preisen Straßenverkäufer offen ihre Waren (und Frauen) an, und in manchen Bars kann es zu Ladenschluss ungemütlich werden. Auch Diebstahl ist ein Problem. Wer sein Hotelzimmer verlässt, sollte immer abschließen. Die Zimmersafes nutzen, Wertsachen nicht mit an den Strand nehmen und nie was im Auto lassen!

Aktivitäten

SURFEN

Die beliebtesten Wellen in Tamarindo sind die mittelgroßen Right-Hander, die direkt vor dem Diriá Hotel brechen. Im Wasser hier wimmelt es nur so von übenden Anfängern. Es gibt auch eine gute Stelle mit links brechenden Wellen an der Flussmündung, wo es aber bei Flutbeginn (zur besten Surfzeit) von Krokodilen wimmelt. Die Einheimischen kennen noch ein paar andere Stellen in der Umgebung – am besten einfach herumfragen.

Es gibt eine Reihe Surfschulen und Surftourveranstaltern an der Hauptstraße. Surfstunden kosten ungefähr 40 US$ für eineinhalb bis zwei Stunden, und die meisten Veranstalter überlassen einem auch danach noch für ein paar Stunden das Brett zum Üben. Alle Anbieter organisieren ein- oder mehrtägige Surftouren an beliebten Stellen, vermieten Ausrüstung und geben Unterricht.

Banana Surf Club (☎ 2653-0130/2463; www.bananasurfclub.com; 🕑 8–18 Uhr) Der Anbieter hat faire Preise sowie neue und gebrauchte Surfbretter.

Blue Trailz (☎ 2653-0114; rasurfshop@yahoo.com; 🕑 7–19 Uhr) Einer der größten und besten Läden im

Ort. Man kann Stunden nehmen, Touren mitmachen und Surfbretter, Bodyboards und Skimboards ausleihen.

Costa Rica Surf Club (☎ 2653-1270; www.costaricasurfclub.com; ⌚ Mo–Sa 8–20, So 9–19 Uhr) Hat zwei Filialen im Ort, die Ausrüstung vermieten, reparieren und verkaufen, und Stunden geben. Am Hauptstandort nahe dem Banana Surf Club gibt's sogar einen Falafel-Stand.

Witch's Rock Surf Camp (☎ 2653-0239; www.witchsrocksurfcamp.com; ⌚ 8–20 Uhr) Surfbrettverleih, Surf-Camps, Surfunterricht und regelmäßige Surfausflüge nach Witch's Rock und Ollie's Point – aber alles etwas teuer. Für die Teilnehmer der mehrtägigen Surftouren gibt's Unterkünfte am Strand.

Geführte Touren

Mehrere Anbieter im Ort organisieren Bootstouren und Schnorcheltrips und verleihen Scooter. Viele vermieten auch Ausrüstung.

Hier ein paar angesehene Veranstalter:

Hightide Aventuras (☎ 2653-0108; www.tamarindoaventuras.com; Scooter 25 US$/4 Std., Geländerad 34 US$/4 Std.) Verleiht auch Wassersportausrüstung, darunter Kajaks, Schnorchelutensilien und Surfbretter.

Papagayo Excursions (☎ 2653-0254; www.papagayoexcursions.com) Der bereits am längsten bestehende Ausrüster im Ort organisiert verschiedene Touren, z. B. den Besuch von Eiablagestellen der Schildkröten.

Schlafen

Die hier aufgeführten Preise beziehen sich auf die Hauptsaison; in der Nebensaison sinken die Preise um 25 %.

Coral Reef Hostel (☎ 2653-0291; B 6 US$, Zi. 10 US$/Pers.; 💻 📶) Die zehn Zimmer ohne eigene Bäder sind sauber und recht schlicht. Das Hostel liegt zwar an einem lärmgeplagten Straßenabschnitt, aber die Betreiber sind freundlich und bieten diverse Extras wie Surfbrettverleih, Internetzugang und Grillbereich.

La Botella de Leche (☎ 2653-0189; labottelladelcche@racsa.co.cr; B/EZ/DZ 12/26/36 US$; ❄ 💻 📶) Die empfehlenswerte Unterkunft mit entspannter Atmosphäre und Kuh-Tick hat herzliche, aufmerksame Angestellte, voll klimatisierte Zimmer und Schlafsäle mit eigenem Bad sowie eine ruhige Lage am östlichen Ortsrand. Es gibt auch eine Gemeinschaftsküche, Regale für die Surfbretter, Hängematten und ein Fernsehzimmer.

Beach House Tamarindo (☎ 2653-2848; www.beachhousetamarindo.com; B inkl. Frühstück 13 US$; 💻 📶) Das Ende 2009 eröffnete schrille Resort ist das einzige Hostel direkt am Strand und birgt eine Menge Potenzial. Die kleinen Zimmer sind einfach, aber sauber und mit Schließfächern und Ventilatoren ausgestattet. Es gibt eine große Gemeinschaftsküche, ein Wohnzimmer, einen Hof, einen Balkon und einen privaten Strandzugang.

LP Tipp **Tamarindo Backpackers** (☎ 2653-4545; www.tamarindobackpackers.com; B 15 US$, Zi. 20 US$/Pers.; ❄ 💻 📶 🏊) Diese hervorragende trauliche Backpackerabsteige ist in einer prächtigen gelben Hacienda untergebracht – groß genug, um neue Leute kennenzulernen, und klein genug, um sich wie zu Hause zu fühlen. Im Gemeinschaftsbereich gibt's eine große, voll ausgestattete Küche, Fernseher, Computer

RETTET TAMARINDO!

Der Preis für den unbekümmerten Umgang mit der Natur in Tamarindo ist hoch: Ende 2007 ist Playa Tamarindo das Öko-Siegel Bandera Azul Ecológica (Blaue Flagge) aberkannt worden, das für Gemeinden mit hoher Wasserqualität, Sicherheit und Umweltbewusstsein steht. Offen gestanden wurde das mal Zeit, denn es war kein Geheimnis, dass es um die Qualität des Meerwassers hier nicht zum Besten stand.

In Tamarindo grassierte die Umweltverschmutzung schon lange. Der Grad der Verunreinigung mit Fäkalien war zeitweise so hoch, dass Besucher davor gewarnt wurden, überhaupt zu schwimmen oder zu surfen. Der Verlust der Bandera Azul und die alarmierend vielen Wohnhäuser, die dicht an dicht mitten im winzigen Tamarindo entstanden, haben besorgte Einwohner und Geschäftsleute endlich zum Handeln bewegt. Die Asociación Pro Mejoras de Playa Tamarindo und die Aktion Save Tamarindo setzen sich dafür ein, dass im Rahmen der städtebaulichen Entwicklung die dichte Bebauung aufhört und eine strengere staatliche Kontrolle herrscht. Die staatliche Behörde für Wasserversorgung und Kanalisation (AyA) hat mehr als 80 Unternehmen dazu verpflichtet, die von ihnen verursachten Verschmutzungen zu beseitigen.

Bislang scheinen die Anstrengungen zu fruchten. Im Dezember 2009 stellte die AyA den Stränden von Tamarindo eine Gesundheitsunbedenklichkeitsbescheinigung aus. Zu Redaktionsschluss wartete Tamarindo noch immer auf die Rückgabe seiner Bandera Azul.

und den ganzen Tag über kostenlos Kaffee. Der Schlafsaal und die Zimmer sind sauber und bieten viel Stauraum. Das private Zimmer im Obergeschoss ist für Pärchen das beste. Draußen gibt's einen hübschen tropischen Garten, einen kleinen Pool und Hängematten, und rundherum erstreckt sich ein Wald, aus dem man jeden Morgen die Brüllaffen hört.

Chocolate Hotel & Hostel (☎ 2653-1311; www.thechocolatehotel.com; B 15 US$, EZ/DZ 60/75 US$;) Das niedliche, kleine Hotel verfügt über mehrere mit dunklem Holz und Terrakottaböden ausgestattete Zimmer mit orthopädischen Matratzen, voll ausgestatteter Küche und eigenem Bad mit Warmwasser. Die Zimmer oben besitzen höhere Decken und sind heller, aber alle Zimmer wirken elegant und komfortabel und liegen rund um einen Garten mit Pool.

Villas Macondo (☎ 2653-0812; www.villasmacondo.com; EZ/DZ/3BZ 35/40/50 US$, EZ/DZ/3BZ mit Klimaanlage 60/65/75 US$, Apt. für 2/4 Pers. 105/145 US$, zusätzl. Pers. 10 US$;) Die Anlage mit sehr gutem Preis-Leistungs-Verhältnis ist zwar nur 200 m vom Strand entfernt, trotzdem aber in dem ansonsten hektischen Ort eine Oase der Ruhe. Die hübschen, modernen Villen mit Warmwasserduschen und Patio samt Hängematte liegen rund um einen tropischen Garten mit solarbeheiztem Pool.

Essen

Beach Burger (☎ 2653-2574; burger.beach@gmail.com; 24 Std.) Der einzige rund um die Uhr geöff-

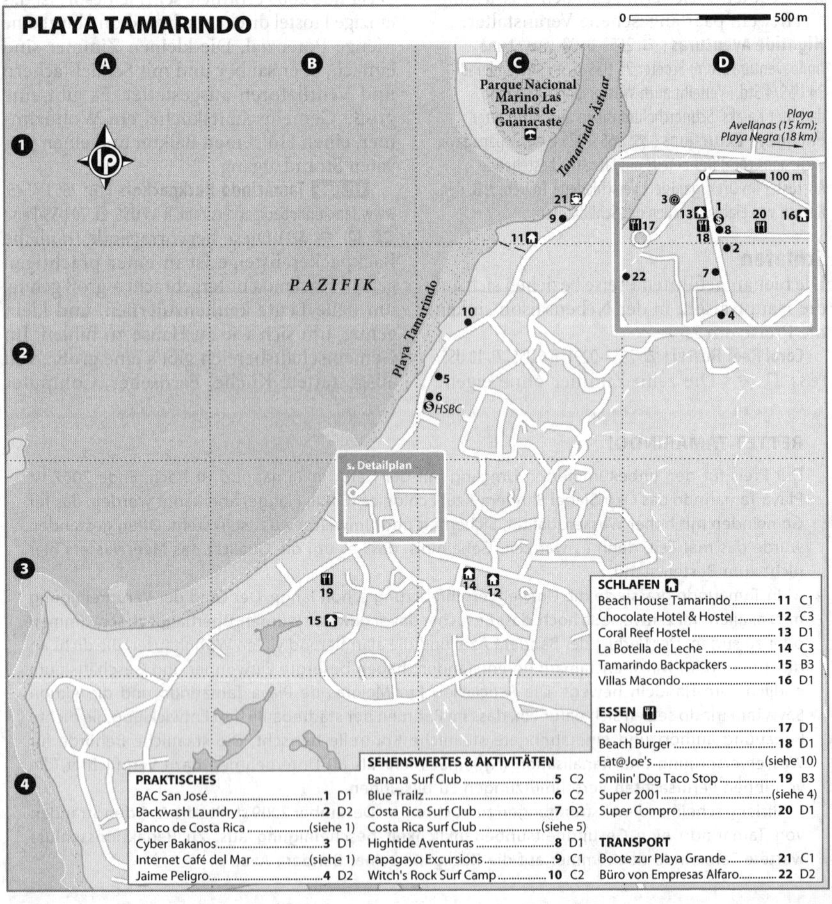

nete Imbiss in Tamarindo verkauft Burger, Sandwiches, Hotdogs, *arepas* (Maispfannkuchen) und andere sättigende Snacks.

Smilin' Dog Taco Stop (☎ 2653-1370; Hauptgerichte 1500–3900 CRC; ⌚ Mo–Sa 11.30–22 Uhr) Fans der mexikanischen Küche schätzen die gute Qualität der Angebote in dem beliebten Lokal und Backpacker die riesigen Portionen und die niedrigen Preise.

Bar Nogui (☎ 2653-0029; Hauptgerichte 1580–14 000 CRC; ⌚ 11–23 Uhr) Das Restaurant am Strand serviert hochwertige *casados* mit gegrilltem Fisch, gemischtem Fleisch und sogar Shrimps und Hummer.

Eat@Joe's (☎ 2653-1262; Hauptgerichte 2200–5000 CRC; ⌚ 7 Uhr–open end; 📶) Die besten Snacks im Ort hat dieser von einem US-Amerikaner geführte Surfer-Imbiss. Hier bekommt man riesige Portionen Nachos oder Sushi und kann bis 2 Uhr nachts auf der offenen Veranda ein kühles Blondes trinken.

Für Selbstversorger haben die Supermärkte **Super 2001** (⌚ Mo–Sa 7–21.30, So 8–20.30 Uhr) und **Super Compro** (⌚ 8–21 Uhr) auch jede Menge internationale Lebensmittel im Angebot.

Ausgehen & Nachtclubs

In Tamarindo braucht man nur den Leuten zu folgen – die wissen schon, wo etwas los ist. Besonders am Wochenende herrscht schon auf der Hauptstraße eine Party-Atmosphäre wie am Mardi Gras. Fast alle Bars haben eine Ladies' Night, bei der zwei Stunden lang Frauen umsonst Getränke bekommen. In der Bar- und Clubszene herrscht ein ständiges Kommen und Gehen.

An- & Weiterreise

Zwischen San José und Tamarindo fahren Busse; Abfahrt ist am Büro von Empresas Alfaro hinter der Babylon Bar. Weitere Busse fahren gegenüber vom Zullymar Hostel ab. Per Bus kann man für insgesamt nur 10 US$ von hier nach Montezuma oder Mal País/Santa Teresa kommen; das dauert aber den ganzen Tag, und man muss öfter umsteigen: Man nimmt um 5.45 Uhr den Bus nach Liberia, dort den Bus nach Puntarenas, dann die Fähre nach Playa Naranjo, den Bus nach Cobano und anschließend den Bus nach Montezuma oder Mal Pais.

Liberia 1200 CRC; 2½ Std.; tgl. 4.30–18.30 Uhr, 13-mal.

San José 4860 CRC; 6 Std.; Abfahrt 3.30 & 5.30 Uhr. Alternativ dazu fährt man mit dem Bus nach Liberia. Von dort aus fahren häufig Busse in die Hauptstadt.

PARQUE NACIONAL MARINO LAS BAULAS DE GUANACASTE

Zu dem Schutzgebiet gleich nördlich vom Ort Tamarindo gehört auch die Playa Grande, ein beliebtes Surferziel und einer der wichtigsten Eiablageplätze der *baulas* (Lederschildkröten), den weltweit größten Schildkröten, die über 300 kg schwer werden können. Zwischen Oktober und März kann man hier im Laufe einer Nacht bis zu 100 Lederschildkröten dabei beobachten, wie sie am Strand ihre Eier ablegen.

Das **Parkbüro** (☎ 2653-0470; Eintritt zum Park 10 US$, mit Führung 25 US$; ⌚ 8–12 & 13–17 Uhr) befindet sich am nördlichen Eingang. Besucher können das Geschehen in Begleitung eines Führers oder Rangers von ausgewiesenen Plätzen aus verfolgen. Taschenlampen und das Fotografieren mit Blitzlicht sind verboten, weil das Licht die Schildkröten bei der Eiablage stört.

Wer an einer Schildkrötenbeobachtungstour teilnehmen will, muss diese (und den Transport zum Park) rechtzeitig im Voraus über seine Unterkunft buchen. Das Parkbüro braucht auch Freiwillige, die bei der Überwachung der Nistplätze mithelfen wollen.

In Playa Tamarindo kann man tagsüber am nördlichen Ende des Strands Boote mieten, um den Meeresarm zu überqueren und zum Strand von Playa Grande zu gelangen. Je nach Anzahl der Personen kostet die Überfahrt rund 690 CRC pro Person.

PLAYA AVELLANAS & PLAYA NEGRA

An diesen beiden beliebten Surfstränden brechen sich ein paar der besten und beständigsten Wellen des Gebiets, das durch den Film *Endless Summer II* berühmt geworden ist. Avellanas ist ein langer, weißer Sandstrand mit Mangroven als Kulisse. Negra, ein paar Kilometer weiter südlich, ist ein hie und da von Felsen unterbrochener dunklerer, karamellfarbener Strand.

In Avellanas freuen sich Surfer bei mittlerem Gezeitenstand an **Little Hawaii**, einem kraftvollen Right-Hand-Break, und bei Ebbe am **Beach Break** (Surfen macht hier aber zu jeder Tageszeit Spaß). Negra hat erstklassige Right-Hand-Breaks, vor allem bei mäßigem Wind vor der Küste. Dazwischen liegt die Siedlung **Playa Lagartillo** mit ein paar *cabinas* und *sodas* an der Straße.

Die empfehlenswerte **Avellanas Surf School** (☎ 2652-9042; www.avellanassurfschool.com) in der Nähe vom Südeingang zum Strand gibt Surfstunden (35 US$) und verleiht Surfbretter (15 US$/Tag). Das **Café Playa Negra** (☎ 2652-9351; www.playanegracafe.com; 7–21 Uhr) bietet einen Wäschedienst (3500 CRC/Waschladung) und Internetzugang (1000 CRC/Std.) an.

Schlafen & Essen

PLAYA AVELLANAS

Rancho Iguana Verde (☎ 2652-9045; Zi. 10 US$/Pers.) Rund 50 m vom Strand entfernt liegen an der Straße nach Playa Negra diese sechs *cabinas*. Sie sind etwas düster, aber recht sauber und teilen sich Kaltwasserduschen. Der Inhaber Josué betreibt hier auch eine großartige *soda*, in der ausgezeichnete, preisgünstige *casados* serviert werden.

Casa Surf (☎ 2652-9075; www.casa-surf.com; Zi. 12 US$/Pers.) Gegenüber von Cabinas Las Olas nach dem Schild „Casa Surf" Ausschau halten und nichts wie hin – wenn nicht auf einen Espresso und ein leckeres Bananenbrot, dann um sauber und ruhig unterzukommen. Das liebevoll von Giovanni und Eve, einem costa-ricanisch-schweizerischen Pärchen, geführte Haus hat fünf einfache Zimmer mit Gemeinschaftsbad und eine voll ausgestattete Küche.

Las Avellanas Villas (☎ 2652-9212; www.lasavellanasvillas.com; DZ/3BZ/4BZ 65/75/85 US$;) Diese von dem costa-ricanischen Architekten Victor Cañas atemberaubend gestalteten vier *casitas* (Hütten) sind auch als Wohnungen heiß begehrt. Die Hütten sind innen harmonisch an die Umgebung angepasst: Sie haben abgesenkte Steinböden, über die hölzerne Stege führen, Duschen unter freiem Himmel, nach vorn Panoramafenster und nach hinten Terrassen.

Lola's on the Beach (☎ 2652-9097; Gerichte 5–10 US$; Di–So mittags & abends) Wenn das Wasser mal spiegelglatt ist, kann man es sich in dem Strandlokal auf den niedrigen Stühlen im Sand unter Palmen richtig gemütlich machen. Probieren sollte man den unglaublichen *poke* (hawaiianischen Salat aus rohem Fisch) oder den Salat aus grüner Papaya mit einem Bier.

PLAYA NEGRA

Kontiki (☎ 2652-9117; www.kontikiplayanegra.com; B 10 US$;) Die weitläufige Anlage an der Straße von Avellanas verfügt über mehrere Schlafsäle in bei Surfern (und Brüllaffen) beliebten Baumhäusern auf Stelzen. In der Mitte des Geländes steht ein klappriger Pavillon, in dem Gäste in Hängematten und auf Bänken abhängen. Es gibt auch ein kleines Lokal, das traditionelle peruanische Gerichte serviert.

Aloha Amigos (☎ 2652-9023; Zi. mit/ohne Bad ab 25/15 US$) Der freundliche Jerry aus Hawaii und sein Sohn Joey betreiben einfache, beschirmte *cabinas* mit Gemeinschaftsbad (nur Kaltwasser) und teurere Doppelzimmer mit eigenem Bad (Warmwasser). Es gibt eine geräumige Gemeinschaftsküche mitten auf der grasbewachsenen Anlage. Die Atmosphäre ist absolut cool.

Café Playa Negra (☎ 2652-9351; www.playanegracafe.com; EZ/DZ/3BZ/4BZ 25/40/55/70 US$, mit Klimaanlage 37/52/67/82 US$, jeweils inkl. Frühstück;) Das kleine Hotel hat eine Handvoll blitzblanker Zimmer über dem Café im Erdgeschoss. Die stilvollen, minimalistischen Zimmer sind unterschiedlich groß, sodass sie Pärchen oder auch Kleingruppen Platz bieten, und haben kühle, abgeschliffene Betonböden, erhöht stehende Betten mit netten, farbenfrohen Bettdecken und Bäder im Freien.

Pablo Picasso (☎ 2652-9158; Hauptgerichte 1250–4000 CRC; 6–21 Uhr;) In dem Restaurant eines US-Amerikaners sind „Burger, so groß wie ein Kopf" die Spezialität des Hauses. Weitere US-Gerichte sind riesige Fisch-Tacos und Philly-Cheesesteak-Sandwiches.

An- & Weiterreise

Es gibt keine öffentlichen Transportmittel von/nach Playa Tamarindo. Die Unterkünfte und Surfcamps können die Anreise aber organisieren.

PLAYA SÁMARA

Der halbmondförmige hellgraue Sandstrand von Sámara ist einer der beliebtesten in Costa Rica. Er ist sicher, ruhig, in vernünftigem Maße erschlossen und mit öffentlichen Transportmitteln gut zu erreichen. Kein Wunder also, dass es hier von Tico-Familien auf Urlaub, Backpackern, wohlhabenden Touristen, Schnorchlern und Surfern nur so wimmelt (sogar der ehemalige Präsident Oscar Arias hat hier in der Nähe ein Ferienhäuschen).

Praktische Informationen

Infos zu Sámara gibt's unter www.samarabeach.com.

Sámara Beach Travel Center (☎ 2656-0922; www.samara-tours.com; 9–21 Uhr) Das Reisebüro an der Hauptstraße bucht Flüge und Interbus-Tickets, arrangiert Touren, vermietet Fahrräder (10 US$/Tag), Scooter (25 US$/Tag) und Kajaks (20 US$) und hat auch ein Internetcafé (1000 CRC/Std.).

Aktivitäten

SCHNORCHELN & TAUCHEN

Das sehr empfehlenswerte **Pura Vida Dive Center** (☎ 2656-0643, 8313-3518; www.puravidadive.com; Tauchgang mit 2 Flaschen inkl. Ausrüstung 95 US$) arrangiert Tauch-, Schnorchel- und Angelausflüge sowie Delfin- und Walbeobachtungstouren. Hier kann man auch in drei oder vier Tagen einen PADI-Tauchschein für offene Gewässer (400 US$) machen.

SURFEN

Erfahrene Surfer langweilt der unregelmäßige Wellengang von Sámara wohl eher, aber Anfänger haben hier großen Spaß.

Der erfahrene und sympathische Jesse und seine Tochter Sunrise von der **Jesse's Sámara Surf School** (☎ 2656-0055; www.samarasurfschool.com) bringen schon seit Jahren Leuten das Surfen bei. Leser sind von den freundlichen, fachmännischen Einführungen (Privatstunde 40 US$) begeistert. Jesse organisiert auch auf Kundenwünsche zugeschnittene Surfsafaris zu geheimen Stellen vor der Küste und bietet Yoga- und Pilateskurse an.

Kurse

Das **Centro de Idiomas Intercultura** (☎ 2656-0127, 2260-8480; www.samaralanguageschool.com) hat direkt am Strand eine Filiale. Die Sprachkurse kosten ab 285 US$ pro Woche, bei Unterbringung in einer Gastfamilie 425 US$ pro Woche.

Schlafen

Falls nicht anders vermerkt, kommt aus den Duschen in den folgenden Unterkünften nur kaltes Wasser.

Camping Los Coco (☎ 2656-0496; Stellplatz 5 US$/Pers.) Der hübsche Campingplatz am Ostende des Strands hat gepflegte Einrichtungen, kann aber zuweilen sehr voll werden. Wenn hier kein Platz mehr ist, gibt's an der Straße noch andere Campingplätze.

LP Tipp **Hostel Casa Brian** (☎ 2656-0315; casabrian@hotmail.com; B 16 US$, EZ/DZ 30/40 US$) Das einzige Hostel im Ort hat spartanische, aber gemütliche, saubere Zimmer. Der Inhaber Brian ist ein superfreundlicher Kanadier und war früher Berufsfischer. Zu den Extras hier zählen die Gemeinschaftsküche, *All you can eat*-Frühstück (Sonntag ist Bananenpfannkuchentag), die kostenlose Nutzung von Rädern, Schnorchelausrüstung, Spielzeug, Kühlboxen u. v. m. Das Hostel liegt nur 60 m vom Strand entfernt und rund 300 m östlich der Hauptstraße.

Cabinas Kunterbunt (☎ 2656-0235; www.cabinas-villa-kunterbunt.com; EZ/DZ/3BZ mit Bad 30/40/50 US$, EZ/DZ ohne Bad 20/25 US$; ⊠ ⊠) Tommy und Antje, die deutschen Eigentümer, haben sich ein Haus am Strand gebaut und direkt daneben in einem friedlichen Strandabschnitt kunterbunte *cabinas*. Von der Gemeinschaftsküche unter freiem Himmel zieht sich Rasen bis zum Strand. Die ganze Anlage hat die urtümliche Atmosphäre einer einsamen Insel.

Entre Dos Aguas B&B (☎ 2656-0998; www.hoteldosaguas.com; EZ/DZ/3BZ/4BZ inkl. Frühstück 47/52/60/70 US$; ⊠ ⊠) Das fantastische kleine B&B an der Straße zum Ort ist, wie ein Leser passend schrieb, ein „Mercedes Benz zum Preis eines Toyota". Es gibt sieben bunt gestrichene Zimmer mit eigenen Warmwasserduschen aus Naturstein, schöne Bettwäsche und heimelige Extras wie Weihrauch und Kerzen in jedem Zimmer.

Essen & Ausgehen

Soda Sheriff Rustic (Hauptgerichte 1500–2800 CRC; ⏲ morgens, mittags & abends) Das Strandlokal ist eine der wenigen klassischen *sodas* im Ort. Hier gibt's sättigendes Frühstück und mörderisch gute *casados* zu Tiefstpreisen.

Shake Joe's (☎ 2656-0252; Hauptgerichte 2800–8500 CRC; ⏲ 11 Uhr–open end) Das hippe Strandlokal ist von coolem Electronica-Sound erfüllt, und auf den riesigen Holzsofas unter freiem Himmel lümmeln relaxte Traveller herum, die sich nach dem Surfen hier einen Burger gönnen. Besonders bei Sonnenuntergang ist die Stimmung prima, denn dann fließen die Drinks in Strömen.

Al Manglar (☎ 2656-0096; Hauptgerichte 3000–5000 CRC; ⏲ 17–22 Uhr) Das durch Schilf geschützte Open-Air-Lokal wird regelmäßig zum besten Restaurant gekürt. Hier bekommt man einige der besten italienischen Gerichte im Ort zu vernünftigen Preisen. Die Pasta, Gnocchi und Ravioli sind klasse. Pizzafans: Die Spezialität des Hauses mit Schinken, Speck, Zwiebeln, Tomaten und Pilzen ist super!

Die coolste Location im Ort ist die abseits stehende Strandbar bei Tabanuco mit der großen, gefliesten Tanzfläche und den Surfvideos. Freitags ist Reggae-Nacht. Das La Vela Latina am Strand serviert seinen Gästen auf Holzstühlen oder komfortablen Ledersesseln edle *bocas* und perfekt gemixte Cocktails und Sangrias. Wer einen Abend mit Einheimischen bei *bocas* und Bier erleben will, geht einfach zu Pablito's Bar im Westteil des Orts.

COSTA RICA

An- & Weiterreise

Nicoya (Traroc) 900 CRC; 2 Std.; tgl. 11-mal ab der *pulpería* am Fußballfeld (So weniger). Ab Nicoya gehen häufiger Busse nach Liberia (1000 CRC, 2½ Std.).

San José (Empresas Alfaro) 3600 CRC; 5 Std.; Mo–Sa 4.30, 8.30 & 13 Uhr, So nur 9 Uhr. Alle Busse starten an der Hauptkreuzung gleich südlich des B&B Entre Dos Aquas.

PLAYA NARANJO

Zu diesem kleinen Hafen an der Ostseite der Halbinsel (nicht mit dem gleichnamigen Strand an der Westküste der Halbinsel verwechseln!) gehört weder ein Strand, noch gibt's hier Orangen. Eigentlich ist er nur der Hafen der Autofähre nach Puntarenas, und es gibt keinen Grund, hier länger zu verweilen – und weil die Fähren meist pünktlich ablegen, muss man das auch nicht.

Alle Transportmittel sind abgestimmt auf die Ankunft und Abfahrt der Puntarenas-Fähre. Die **Fähre Coonatramar** (☎ 2661-1069; www.coonatramar.com; Erw./Kind/Auto 860/515/1850 CRC) nach Puntarenas legt täglich um 8, 12.30, 17.30 und 21 Uhr ab und braucht für die Überfahrt eineinhalb Stunden. Tickets kaufen, bevor es an Bord geht!

Rechts von der Fähre sieht man die Isla San Lucas, wo früher eines der berüchtigtsten Gefängnisse Lateinamerikas stand. In seinen berühmten fiktionalisierten Erinnerungen *La Isla de los Hombres Solos* erzählt José León Sánchez die spannende Geschichte seines Aufenthalts dort als Häftling.

PAQUERA

Das winzige Dorf Paquera ist ungefähr 25 km von Playa Naranjo und 4 km vom Fährhafen entfernt. Hier leben zwar ein paar mehr Leute als in Playa Naranjo, aber länger bleiben braucht man trotzdem nicht.

Alle Verkehrsmittel sind auf die Ankunft und Abfahrt der Puntarenas-Fähre abgestimmt. Falls die Fähre sich verspätet, wartet alles andere. Die **Fähre Naviera Tambor** (☎ 2641-2084; www.navieratambor.com; Erw./Kind/Auto 810/485/1900 CRC) legt täglich um 6, 9, 11, 13, 15, 17, 19 und 21 Uhr ab (die Fähre um 21 Uhr nur in der Hauptsaison); die Überfahrt dauert eine Stunde. Am Fährhafen warten Busse, die die Passagiere nach Montezuma (1400 CRC, 2 Std.) bringen. Der Bus kann sehr voll sein; um einen Sitzplatz zu erwischen, darf man beim Umsteigen nicht bummeln.

Viele Taxifahrer wollen Travellern weismachen, dass der Bus nicht kommt. Das stimmt aber nicht. Allerdings lohnt es sich, mit anderen Travellern zusammen ein Taxi zu nehmen, denn die Taxifahrt dauert nur halb so lange wie die Busfahrt. Nach Montezuma kommt man für ungefähr 5000 CRC pro Nase, nach Mal País für etwa 7000 CRC pro Person.

MONTEZUMA

Bis Ende der 1990er-Jahre gab es Verkehrsstaus in Montezuma nur, wenn Kühe die Straße blockierten, sodass man erst einmal von seinem Rad absteigen und diese verscheuchen musste. Touristen blieben mindestens einen Monat, und Ausgehen bedeutete, sich statt in seiner Hängematte am Strand einen Joint zu drehen. Montezuma war eines der ersten Reiseziele in Costa Rica und zog mit seiner abgeschiedenen Lage und seiner Nähe zum ersten costa-ricanischen Naturschutzgebiet, dem Cabo Blanco, vor allem Hippies, Künstler, Träumer und dergleichen an. Man musste sich bis hierher durchkämpfen und hätte nicht im Traum daran gedacht, so schnell wieder wegzufahren.

Montezuma ist noch immer ein charmantes Dorf, das mit seiner entspannten Atmosphäre, den billigen Hotelzimmern und weitläufigen Stränden ausländische Traveller anlockt. Auch wenn sonst nichts gleich bleibt, ist es Montezuma gelungen, sich seine reizvolle friedliche Atmosphäre zu bewahren. Typische Touristenangebote wie Canopy-Touren, bei denen es mit einer Seilrutsche von Baumwipfel zu Baumwipfel geht, florieren zwar, aber wenn man einen genaueren Blick auf die Yogakurse, die Freiwilligenjobs, die Kunstfestivals, das vegane Essen und die mit Marihuana dealenden Neo-Rastafaris wirft, wird sehr schnell klar, dass das Örtchen fest in der Hippie-Ära verwurzelt ist. Kein Wunder, dass die Einheimischen ihren Ort liebevoll „Montefuma" (*fumar* bedeutet „rauchen") nennen!

Praktische Informationen

Der einzige Geldautomat hier befindet sich gegenüber von Chico's Bar, und er ist an geschäftigen Wochenenden regelmäßig leer. Da gilt es, gut vorauszuplanen.

El Parque (Waschen 900 CRC/kg; ⌚ 7–20 Uhr) Schmutzige Wäsche lässt man am besten hier waschen. Der Laden vermietet auch Fahrräder (10 US$/Tag) und Scooter (35 US$/Tag).

Librería Topsy (☎ 2642-0576; ⌚ Mo–Fr 8–13 & 15–17, Sa 8–12 Uhr) Hat US-amerikanische Zeitungen und

Zeitschriften und eine große Leihbücherei mit fremdsprachigen Büchern. Dient inoffiziell auch als Post.

Sun Trails (☎ 2642-0808; 1000 CRC/Std.; ⌚ 9–21 Uhr) Internetzugang.

Sehenswertes & Aktivitäten

STRÄNDE

Entlang der Küste erstrecken sich malerische weiße Sandstrände, die durch kleine Felsen voneinander getrennt sind. Hier lässt es sich prima herumschlendern, die Gezeiten beobachten und baden.

Die Strände vor dem Ort sind zwar auch schön, aber je weiter man nordostwärts läuft, desto abgeschiedener und unberührter werden sie. Bei Ebbe kann man am besten in den Gezeitenbecken und 1 km westlich vom Ortszentrum an der Playa Las Manchas **schnorcheln**. Es gibt auch tolle Stellen zum **Surfen**, wenn man bereit ist, 7 km die Küste entlang bis zur Playa Grande zu laufen. Es ist auch möglich, rund 3 km nach Süden zur Playa Cedros zu gehen.

WASSERFALL

Eine 40-minütige Wanderung am Fluss entlang führt zu einem Wasserfall mit einem herrlichen Badebecken. Vom Restaurant LaCascada geht man nach Süden und nimmt gleich hinter der Brücke den Pfad nach rechts. Er beginnt links vom Fluss, überquert ihn und führt dann rechts weiter. Nicht in den Wasserfall hineinspringen – das wäre der kürzeste Weg zu einem Darwin Award. Ein kleinerer Wasserfall befindet sich auch weiter flussaufwärts.

Geführte Touren

Tourveranstalter verleihen alles von Schnorchelutensilien und Surfbrettern bis zu Fahrrädern. Empfehlenswerte Veranstalter:

Cocozuma Traveller (☎ 2642-0911; www.cocozumacr.com; ⌚ 24 Std.)

Montezuma EcoTours (☎ 2642-0467; ⌚ 8–21 Uhr)

Zuma Tours (☎ 2642-0024; www.zumatours.net; ⌚ 24 Std.)

Schlafen

An den Stränden ist Campen verboten. Regelmäßig berichten Traveller auch von Diebstählen aus den Hotelzimmern in Montezuma – also gut auf die eigenen Siebensachen achten!

Campingplatz (Stellplatz 3 US$/Pers.) Zu Fuß nur zehn Minuten nördlich vom Ort gibt's einen kleinen, schattigen Campingplatz mit sanitären Anlagen und Kaltwasserduschen.

Hotel Lys (☎ 2642-1404; www.hotellysmontezuma.net; Stellplatz 6 US$, Zi. 16 US$/Pers.) Das Budgethotel am Strand verströmt eine entspannte Atmosphäre und wird von ein paar witzigen Italienern geführt, die vor Kreativität nur so strotzen. Die Inhaber haben auch das Projekt „Libre Universidad de Montezuma" ins Leben gerufen, das auf das Konzept „Kommunikation durch künstlerischen Ausdruck" setzt. Leider ist das Hotel nicht gerade gepflegt, und die winzigen Zimmer könnten einen Frühjahrsputz vertragen.

Hotel Lucy (☎ 2642-0273; B 10 US$, EZ/DZ 13/26 US$) Die bei Budgettravellern beliebte *pensión* am Strand war bei ihrer Eröffnung die erste günstige Unterkunft im Ort und bietet mit Hängematten, Tischen und Stühlen auf den Gemeinschaftsterrassen, Gemeinschaftskühlschrank und neuer Gemeinschaftsküche noch immer exzellente Leistung in seiner Preisklasse. Morgens gibt's kostenlos Kaffee und Obst.

Mochila Inn (☎ 2642-0030; DZ 19 US$, DZ-/3BZ-Hütte ab 25/30 US$) Die ruhige, abgeschottete Unterkunft an einem Hang nördlich vom Ort findet sich inmitten der Natur. Nachts hört man nichts außer den Geräuschen aus dem Regenwald. Es gibt verschiedene Zimmer in verschiedenen Preiskategorien. Aber alle Gäste teilen sich die Außentoiletten – auch da ist man quasi mitten in freier Natur.

LP Tipp **El Pargo Feliz** (☎ 2642-0065; DZ 25–35 US$; WLAN) Die Strand-*cabinas* haben nicht nur eine unschlagbare Lage im Herzen Montezumas, sondern bieten auch das beste Preis-Leistungs-Verhältnis in der Budgetkategorie. Die einfachen, aber sauberen Zimmer sind mit Ventilator, eigenem Bad und kostenlosem WLAN-Zugang ausgestattet. Auf dem Gemeinschaftsbalkon und der Gartenterrasse gibt's zum Relaxen Hängematten mit Meerblick, und nachts lullt einen das Rauschen der Wellen in den Schlaf.

Hotel La Aurora (☎ 2642-0051; www.playamontezuma.net/aurora.htm; EZ 25–45 US$, DZ 30–50 US$, zusätzl Pers. 5 US$; Klimaanlage WLAN) Das von Lesern empfohlene Hotel ist in einem hübschen, mit Wein bewachsenen gelben Gebäude untergebracht, in dem es 15 komfortable Zimmer mit Ventilatoren, orthopädischen Betten und Moskitonetzen gibt. Einige bekommen nur Kaltwasser, andere haben auch Warmwasser und Klimaanlage. Es gibt auch eine Gemeinschaftsküche und Hängematten zum Relaxen.

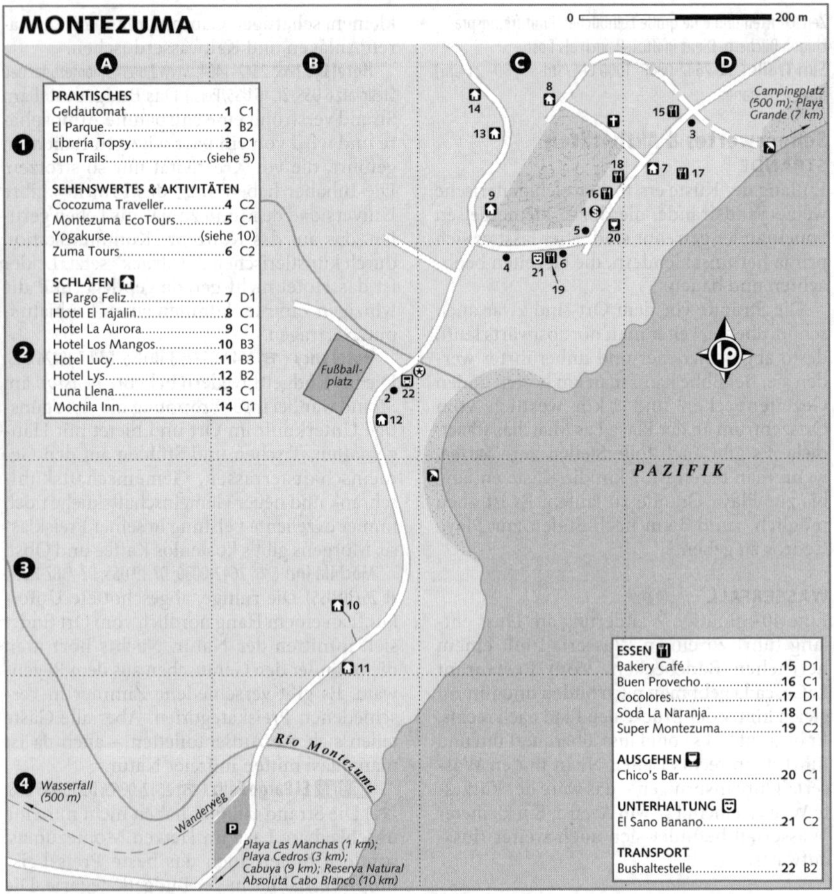

Luna Llena (☎ 2642-0390; www.lunallenahotel.com; EZ 25 US$, DZ 35–50 US$) Wer am nördlichen Ortsrand in dieser herrlichen Budgetunterkunft auf einem Hügel absteigt, hat nicht nur Blick auf die Bucht, sondern macht auch einen wirklich guten Deal. Es gibt zwölf Zimmer verschiedener Größe zu unterschiedlichen Preisen, und alle sind mit Moskitonetz, Ventilator und Safe ausgestattet, in den auch ein Laptop passt. Zu den Zimmern gehört ein Gemeinschaftsbad, nur die Villa hat ein eigenes Bad und eine überdachte Terrasse.

Hotel El Tajalin (☎ 2642-0061; www.tajalin.com; Standard-DZ 50 US$, bessere DZ 60–70 US$;) Das wunderbar ruhige Hotel liegt in einer Sackgasse hinter der Kirche und ist trotzdem nicht weit vom Strand und den Bars entfernt. Die 14 sauberen, geräumigen Zimmer sind nichts Besonderes, haben aber alle komfortable Betten, Holzboden, Klimaanlage, WLAN und eigenes Bad. Die größeren und besseren Zimmer sind zusätzlich mit Safe und Kühlschrank ausgestattet. Im Obergeschoss finden sich Hängematten und eine Gemeinschaftslounge mit Satelliten-TV, bequeme Sofas und den ganzen Tag über gibt's kostenlosen Kaffee.

Hotel Los Mangos (☎ 2642-0076; www.hotellosmangos.com; DZ mit/ohne Bad 75/35 US$, 3BZ-Bungalow 95 US$;) Dieses charmante Hotel bietet helle, saubere, in Orange und Blau gehaltene Doppelzimmer mit Gemeinschaftsbad und Warmwasser im Hauptgebäude sowie Bungalows mit eigenem Bad rund um einen Garten voller Mangobäume.

Essen

Selbstversorger bekommen im Super Montezuma frisches Obst und Gemüse.

Buen Provecho (☎ 2642-0717; Hauptgerichte 1500–3500 CRC; Mo–Sa 6–13 & 17–22 Uhr) Tagsüber ist dies ein ruhiges Café, das hausgemachte Bagels, Brot und Sandwiches zum Frühstück serviert. Abends wird daraus eine beliebte Shisha-Bar, in der es leckere Tapas gibt.

Bakery Café (☎ 2642-0458; sanforest@hotmail.com; Hauptgerichte 2500–5200 CRC; 6–22 Uhr;) Die heimelige Bäckerei mit Draußensitzoption hat eine internationale Speisekarte, auf der alles Mögliche zu finden ist, von indischen und thailändischen bis mexikanischen und italienischen Gerichten.

Soda La Naranja (☎ 2642-1001; Hauptgerichte 2800–5000 CRC; Mo–Sa 7.30–22 Uhr) Diese *soda* an der Hauptstraße mit hübschem, schattigen Patio und vernünftigen Preisen serviert ortstypische Gerichte.

Cocolores (☎ 2642-0348; Hauptgerichte 4000–11 000 CRC; Di–So 17–22 Uhr) Das Cocolores am Strand ist eines der besten Restaurants in Montezuma. Unter dem Schilfdach der Terrasse speist man abends bei Kerzenschein. Die Speisekarte nennt vor allem französisch angehauchtes Essen und costa-ricanische Standardgerichte.

Ausgehen & Unterhaltung

Im Ort gibt's ein paar Bars. Dazu gehört auch die Chico's Bar, ein weitläufiges Gelände mit Bars, Tischen, Strandliegen und einer Tanzfläche mit lauter Musik – die Partyzentrale an den meisten Abenden, vor allem donnerstags, wenn Reggae-Nacht ist. Auch das El Sano Banano ist einen Blick wert – mal gucken, welcher Film abends gezeigt wird.

An- & Weiterreise

BUS

Die Busse fahren in Montezuma von einem sandigen Parkplatz am Strand gegenüber des Fußballplatzes ab. Fahrkarten kauft man immer direkt beim Busfahrer. Wer nach Mal País oder Santa Teresa will, fährt am besten nach Cobano und steigt dort um. Hier die angefahrenen Ziele:

Cabo Blanco über Cabuya 600 CRC; 45 Min.; Abfahrt 8.15, 10.15, 14.15 & 18.15 Uhr.

Cobano 400 CRC; 30 Min.; 8–20 Uhr alle 2 Std.

Paquera 1300 CRC; 1½ Std.; Abfahrt 5.30, 8, 10, 12, 14.15 & 16 Uhr.

San José 5800 CRC; 6 Std.; Abfahrt 6.15 & 14.30 Uhr.

SCHIFF/FÄHRE

Es gibt eine schnelle Passagierfähre, die für die Fahrt zwischen Montezuma und Jacó nur eine Stunde braucht. Mit rund 37 US$ ist die Überfahrt zwar nicht gerade billig, spart aber einen ganzen Tag. Die Fähren legen täglich um 9.30 Uhr ab. Im Preis inbegriffen ist der Transfer mit Kleinbussen vom Strand zum Busbahnhof in Jacó. Tickets lassen sich bei jedem Tourveranstalter im Voraus buchen. Angemessene Kleidung anziehen – es könnte ziemlich nass werden!

TAXI

Montezuma Expeditions (www.montezumaexpeditions.com) betreibt Privatshuttles nach San José (40 US$), La Fortuna (45 US$), Playa Tamarindo (40 US$) und Sámara (40 US$).

MAL PAÍS & SANTA TERESA

Die beiden Dörfer an einer staubigen Nebenstraße haben sich unerwartet zu Boomtowns für jene Traveller entwickelt, die stets auf der Jagd nach dem nächsten tollen Ziel sind. Aber: Anders als in anderen Surfzentren dreht sich hier *wirklich* alles nur ums Surfen. Es gibt zwar ein paar witzige Einrichtungen, die den Aufenthalt hier zusätzlich würzen, aber ansonsten kann man kaum etwas anderes machen, als die wilden Wellen zu reiten. Nachtleben bedeutet hier, mit einem Bier in der Hand sein Surfbrett zu wachsen. Wenn das den eigenen Wünschen entspricht, ist es toll hier. Eine nützliche Website ist www.malpais.net.

Das 500 m südlich von Mal País gelegene **Malpaís Surf Camp & Resort** (☎ 2640-0061; www.malpaissurfcamp.com; Stellplatz 13 US$/Pers., Cabina 40 US$, Villa 107 US$, Casa 130 US$;) hat Schlafsaalbetten in einem Freiluft-*rancho*.

Auf dem Weg nach Santa Teresa liegt das **Cuesta Arriba** (☎ 2640-0607; www.santateresahostels.com; B 13 US$, DZ 35 US$, alle inkl. Frühstück;), ein echtes Prachtstück: Jedes der Zimmer für bis zu sechs Personen ist hell und bunt und besitzt ein eigenes Bad mit Warmwasseranschluss. Im Garten hängen Hängematten rum, es gibt viel Platz zum Herumlungern, und die Atmosphäre ist heiter und relaxt.

Ebenfalls im Ort liegt die asiatisch angehauchte **Casa Zen** (☎ 2640-0523; www.zencostarica.com; B 12 US$, DZ ohne Bad 24–45 US$, Apt. ab 55 US$). Überall stehen Buddhastatuen herum, die für gute Atmosphäre sorgen sollen – es soll ja Glück bringen, ihnen den Bauch zu reiben.

Die Zimmer sind hübsch und minimalistisch und die Gemeinschafsbäder blitzsauber.

Versteckt in einem urwaldartigen Garten am Südende von Mal País befindet sich **Mary's Restaurant** (☎ 2640-0153; Hauptgerichte 3000–7000 CRC; ⌚ Do–Di 17.30–22 Uhr), das im ganzen Ort für seine knusprigen Holzofenpizzas bekannt ist. Es gibt auch Fisch-Tacos, Burritos, Quesadillas und andere Köstlichkeiten.

Alle Busse starten und halten am Ginger Café, 100 m südlich von Cuesta Arriba. Überall entlang der Strecke kann man den Bus heranwinken. Er fährt die Straße hinauf zu Frank's Place, biegt dort links ab und fährt weiter ins Landesinnere.

Es gibt eine neue, direkte Busverbindung von Mal País nach San José über die Paquera-Fähre (6800 CRC, 6 Std., 6 & 14 Uhr). Die Ortsbusse nach Cobano fahren um 7, 11.30, 14 und 18.30 Uhr (800 CRC, 45 Min.) ab.

Ein Taxi von bzw. nach Cobano kostet rund 12 000 CRC. **Montezuma Expeditions** (☎ 2642-0919; www.montezumaexpeditions.com; Centro Comercial Playa El Carmen) betreibt Shuttles nach San José, Tamarindo und Sámara (40 US$) sowie nach La Fortuna und Monteverde (45 US$).

RESERVA NATURAL ABSOLUTA CABO BLANCO

Am südwestlichen Zipfel der Península de Nicoya befindet sich das älteste Naturschutzgebiet Costa Ricas. Es wurde von Umweltschutzpionieren ins Leben gerufen und umfasst immergrüne Wälder, unberührte weiße Sandstrände und Inseln vor der Küste. Das Gebiet liegt 11 km südlich von Montezuma, zu erreichen über eine unbefestigte Straße.

Der Park verdankt seine Gründung einem inzwischen verstorbenen dänisch-schwedischen Pärchen. Karen Morgenson und Olof Wessberg lebten in den 1950er-Jahren in Montezuma und gehörten zu den ersten Umweltschützern in Costa Rica. Mit Bestürzung beobachtete das Paar 1960, wie in Cabo Blanco ganze Abschnitte abgeholzt wurden. Zu jener Zeit war die Regierung Costa Ricas vor allem an der landwirtschaftlichen Entwicklung des Landes interessiert; Umweltschutz war damals noch kein Thema. Deshalb machten sich Karen und Olof daran, die Regierung zu überzeugen, ein Nationalpark-System ins Leben zu rufen. Das führte 1963 schließlich zur Gründung des Naturschutzgebiets Cabo Blanco. Das Paar setzte sich auch danach noch für den Schutz gefährdeter ökologisch wertvoller Gebiete ein. Dabei kam Olof tragischerweise 1975 ums Leben; er wurde während einer Aktion auf der Península de Osa ermordet. Karen widmete sich noch bis zu ihrem Tod 1994 ihrem gemeinsamen Anliegen.

Cabo Blanco nennt sich ein „absolutes" Naturschutzgebiet, weil bis Ende der 1980er-Jahre keinerlei Besuche gestattet waren. Der Name hat sich zwar nicht geändert, aber inzwischen gibt es eine kleine Zahl von Wanderwegen, die für Besucher zugänglich sind. Allerdings ist das Schutzgebiet montags und dienstags geschlossen, um die Auswirkungen des Publikumsverkehrs auf die Natur aufs Unvermeidbare zu beschränken.

Im gesamten Schutzgebiet ist Campen verboten. Karten zu den Wanderwegen erhält man in der **Rangerstation** (☎ 2642-0093; Eintritt 10 US$; ⌚ Mi–So 8–16 Uhr). Von dort aus führen der **Swedish Trail** und der **Danish Trail** 4,5 km hinab zu einem wilden Strand an der Spitze der Halbinsel. Beide Wege kreuzen sich an verschiedenen Punkten, sodass man auf dem einen hin und auf dem anderen zurückwandern kann. Achtung: An manchen Stellen können die Wege ziemlich schlammig sein (vor allem in der Regenzeit), und teilweise sind sie auch sehr steil, sodass man pro Strecke ungefähr zwei Stunden einplanen muss. Vom Strand am Ende der beiden Wege führt ein dritter Weg zu einem anderen Strand, der aber nur bei Ebbe passierbar ist (die Ranger haben Gezeitentabellen).

Vom Parkeingang fahren Busse nach Montezuma (600 CRC, 45 Min., 7, 9, 13 & 16 Uhr). Ein Taxi von Montezuma zum Park kostet rund 7000 CRC.

ZENTRALE PAZIFIKKÜSTE

Ausgehend von der Boomtown Jacó schreitet die Verstädterung der Küste kräftig voran. Ausländische Investoren und Zuziehende kamen in Massen und haben die zentrale Pazifikküste zu einer der wohlhabendsten und kosmopolitischsten Regionen Costa Ricas gemacht. Der sozioökonomische Aufstieg hat auch die Infrastruktur und den Arbeitsmarkt erheblich erweitert. Kritische Stimmen in den lokalen Medien fragen allerdings besorgt, ob das alles auch zukünftig noch tragfähig ist. Die Gefahr des ungeregelten Wachstums und der Umweltzerstörung ist sehr real. Das ändert aber erst einmal nichts an der atemberaubenden Landschaft, derentwegen die Leute einst herkamen.

Die zentrale Pazifikküste hat ausgeprägte Jahreszeiten: die Trockenzeit (Dez.–April) und die Regenzeit (Mai–Nov.). Die hier aufgeführten Preise beziehen sich auf die Hauptsaison (Trockenzeit).

PUNTARENAS

150 000 Ew.

Die „Perle des Pazifiks" ist eine schäbige Hafenstadt an der Spitze einer sandigen Halbinsel, die 8 km lang, aber nur 100 bis 600 m breit ist. Die lebhafte Provinzhauptstadt mit dem heißen Wetter war im 19. Jh. ein wichtiger Verschiffungshafen für Kaffee. In der Trockenzeit stürmen Tico-Urlauber die hiesigen Strände. Ansonsten finden sich hier rüpelhafte Hafenarbeiter und Matrosen neben älteren Damen, die die Gehwege vor ihren Häusern kehren und die Bougainvilleen pflegen. Die meisten Traveller kommen nur hierher, um mit der Fähre weiter zur Halbinsel Nicoya zu fahren.

Die **Banco de San José** (Ecke Av 3 & Calle 3) ist ans Cirrus-Netzwerk angeschlossen. E-Mails kann man bei **Coonatramar** (☎ 2661-9011, 2661-1069; Ecke Calle 31 & Av 3; 550 CRC/Std.; 🕑 8–17 Uhr) checken.

Schlafen & Essen

Hotel Cabezas (☎ 2661-1045; Av 1 zw. Calle 2 & 4; EZ/DZ ab 20/25 US$) Die schlichte Budgetunterkunft ist eine super Wahl. Die pastellfarben gestrichenen Zimmer haben Deckenventilatoren und Fenster mit getönten Scheiben, sodass man auch ohne Klimaanlage gut schläft.

Gran Hotel Imperial (☎ 2661-0579; Paseo de los Turistas zw. Calle Central & 2; EZ/DZ ab 25/40 US$) Das klapprige Holzhaus mit guter Lage in der Nähe der Bushaltestellen hat sich ein klein wenig von seinem altmodischen Charme erhalten. Die höhlenartigen Zimmer (manche mit großem Balkon) sind kühl und sauber, und dezente Kolonial-Akzente wie Holzmöbel und altmodische Gemälde sorgen für das richtige Flair.

Selbstversorger finden im **Supermarkt Palí** (Calle 1 zw. Av 1 & 3) alles Nötige. Am Strand beim Paseo de los Turistas gibt's recht preisgünstige **Sodas** (zw. Calle Central & 3).

An- & Weiterreise

BUS

Die Busse nach San José fahren von dem großen marineblauen Gebäude an der nördlichen Ecke Calle 2 und Paseo de los Turistas ab. Während der Ferien und an Wochenenden das Ticket rechtzeitig im Voraus reservieren!

Busse zu anderen Zielen fahren von der anderen Straßenseite (Strandseite des Paseo de los Turistas) ab.

Jacó 800 CRC; 1½ Std.; Abfahrt 5, 11, 14.30 & 16.30 Uhr.
Monteverde/Santa Elena 1500 CRC; 2½ Std.; Abfahrt 13.15 & 14.15 Uhr.
Quepos 2100 CRC; 3½ Std.; Abfahrt 5, 11, 14.30 & 16.30 Uhr.
San José 1500 CRC; 2½ Std.; Abfahrt 4–21 Uhr stündl.

SCHIFF/FÄHRE

Von der **nordwestlichen Anlegestelle** (Av 3 zw. Calle 31 & 33) fahren Auto- und Passagierfähren nach Paquera und Playa Naranjo. Fahrkarten vor dem Einsteigen kaufen!

Coonatramar (☎ 2661-1069; Erw./Auto 860/1850 CRC) betreibt Fähren nach Playa Naranjo (2 Std., 6, 10, 14.20 & 19 Uhr), wo man Anschluss nach Nicoya und zu anderen Zielen im Westen hat.

Ferry Peninsular (☎ 2641-0118; Erw./Auto 810/1900 CRC) fährt nach Paquera (1½ Std., 4.30, 6.30, 8.30, 10.30, 12.30, 14.30, 16.30, 18.30 & 20.30 Uhr). Dort gibt's Anschluss nach Montezuma und Mal País.

PARQUE NACIONAL CARARA

Der 52 km^2 große Nationalpark an der Mündung des Río Tárcoles ist der nördlichste tropische Regenwald an der Pazifikküste und während der Trockenzeit eine grüne Oase. Darüber hinaus ist er ein wichtiger Lebensraum für viele Tiere, z. B. für die seltener werdenden Hellroten Aras, für Faultiere, Eichhörnchen und Krokodile. Die beste Zeit für einen Besuch ist die Trockenzeit (Dez.–April). Besucher können eine Wanderung auf dem **Sendero Laguna Meándrica** machen, der tief ins Schutzgebiet hineinführt. Läuft man von der Brücke über den Río Tárcoles 3 km nach Süden, erreicht man die **Rangerstation Carara** (Eintritt zum Park 10 US$; 🕑 7–16 Uhr), wo man Infos über den Park bekommt. Nicht alleine gehen und keine Wertsachen mitnehmen – gelegentlich kommt es zu Raubüberfällen!

Der Parque Nacional Carara liegt 50 km südöstlich von Puntarenas. Einfach irgendeinen Bus nach Jacó oder Quepos nehmen und in Carara aussteigen. Achtung: Die Busse sind am Wochenende tierisch voll.

JACÓ

Nur wenige Orte in Costa Rica sind so umstritten wie der Badeort Jacó. Das eine Lager besteht aus totalen Surffreaks, hier lebenden Nordamerikanern und internationalen Entwicklern, die in Jacó das ultimative Ziel der zentralen Pazifikküste und eine der sich am schnellsten entwickelnden Städte des Landes sehen. Das andere Lager bilden frustrierte Traveller, besorgte Umweltschützer und einige wenige Ticos, die am liebsten alle Besucher von Jacó fernhalten würden. Wie alle Orte, in denen es um das sensible Thema Umweltschutz und Erschließung geht, ist auch Jacó von Kontroversen gebeutelt. Am besten ignoriert man all den Hype und die Klischees und macht sich ein eigenes Bild. Auf manche wirkt das US-amerikanisch anmutende Stadtbild mit Shoppingmalls und eingezäunten Vierteln abstoßend, aber die Schönheit des Strandes und der umliegenden Berge lässt sich nicht leugnen – ebenso wenig wie die stetig wogenden Surfwellen, die den Ort ins Zentrum der Aufmerksamkeit gerückt haben.

Praktische Informationen

Es gibt keine eigenständige Touristeninformation; Infos erhält man aber bei Tourveranstaltern. Im kostenlosen Monatsblatt *Jaco's Guide* finden sich Gezeitentabellen und aktuelle Karten. Einen Blick lohnt auch die Website www.jacoguide.com.

Banco de San José (Av Pastor Díaz, nördl. der Calle Cocal; ⌚ Mo–Fr 8–17, Sa 8–12 Uhr) Im 2. Stock des Einkaufszentrums II Galeone. Der Cirrus-Geldautomat ist nur während der Öffnungszeiten der Bank zugänglich.

Books & Stuff (Av Pastor Díaz zw. Calle Las Olas & Bohío) Hat Bücher in verschiedenen Sprachen sowie US-amerikanische Zeitungen.

Mexican Joe's (Av Pastor Díaz zw. Calle Las Olas & Bohío; 500 CRC/Std.; ⌚ Mo–Sa 9–21, So 10–20 Uhr) Der beste Ort, um Mails zu checken. Hat viele Computer mit schneller Internetverbindung und eine Klimaanlage.

Gefahren & Ärgernisse

Auf den Straßen treiben sich Drogendealer rum, und es wäre nicht ungewöhnlich, wenn einem dies und das angeboten würde, noch bevor man im Hotel ist. Achtung: Drogenmissbrauch wird in Costa Rica hart geahndet.

Ein lukratives Geschäft ist auch die Prostitution, die vor allem in Bars und Tanzclubs blüht. Nicht wundern, wenn man plötzlich der schärfste Kerl im Laden sein soll! Manche der Mädchen sind noch nicht mal 18.

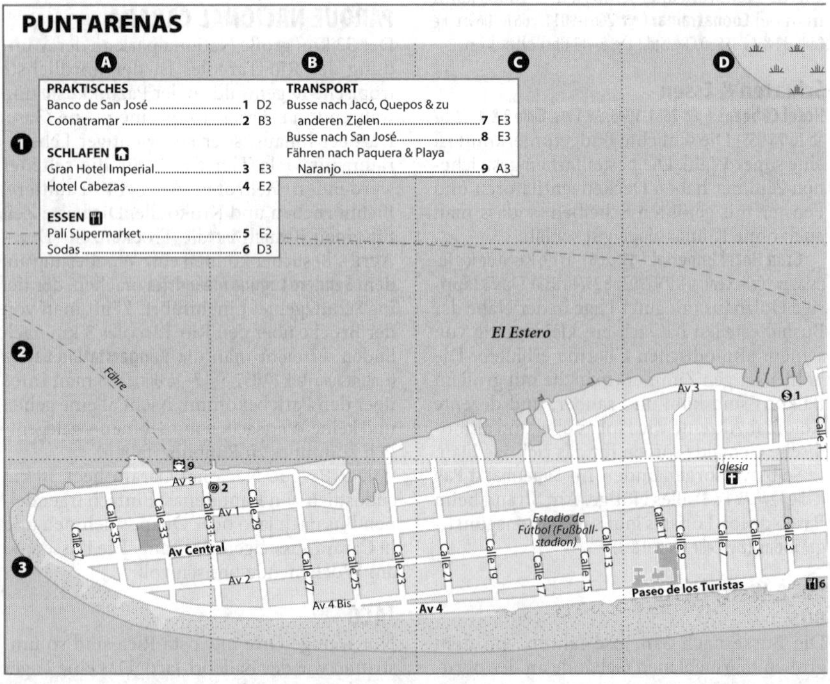

Partylöwen sollten nachts nie zu Fuß unterwegs sein, sondern immer ein Taxi nehmen. Schon oft sind Leute, die allein unterwegs waren, ausgeraubt worden, vor allem an den Brücken am Stadtrand.

Aktivitäten

Im Großen und Ganzen ist Baden in Jacó ungefährlich. Allerdings sollte man die Gebiete rund um die Mündungsgebiete meiden, weil das Wasser dort verschmutzt ist. Zwar gilt die Regenzeit als beste Zeit zum Surfen an der Pazifikküste, aber in Jacó gibt es das ganze Jahr über gute Wellen. Allerdings können sich im Wasser auch viele Anfänger tummeln, die ihre Surfbretter noch nicht ganz beherrschen. Wer schlau ist, geht ihnen lieber aus dem Weg.

Ein beliebter Zeitvertreib der Einheimischen ist die Wanderung hinauf zum Miros. Der Weg windet sich durch primäre und sekundäre Regenwälder und offenbart eine spektakuläre Aussicht auf Jacó und Playa Hermosa. Eigentlich führt der Weg bis zum Valle Central, aber bis zum Aussichtspunkt muss man nur ein paar Kilometer laufen. Der Wanderweg beginnt nahe dem Eingang zur Seilrutsch-Anlage, ist aber nicht ausgeschildert – einfach einen Einheimischen fragen.

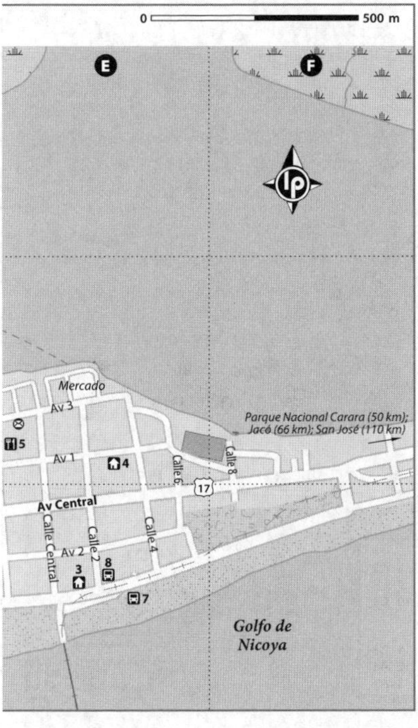

An der Hauptstraße gibt's jede Menge Läden, die Surfbretter, Fahrräder und Mopeds vermieten. Fast jeder Laden, jedes Hotel und jedes Restaurant im Ort vermittelt Touren, weil ganz Jacó in ein auf Provisionszahlung basierendes Geschäftssystem verwickelt ist.

Schlafen

Camping El Hicaco (☎ 2643-3004; Calle Hicaco; Stellplatz 3 US$/Pers.) Der einzige wirkliche Campingplatz im Ort. Es gibt Picknicktische, sanitäre Anlagen und Schließfächer für die Ausrüstung. Allerdings liegen auch die Bars und Clubs in der Nähe, sodass man nachts mitunter kein Auge zubekommt. Wertsachen immer im Auge behalten, hier wird oft geklaut.

Las Camas Hostel (☎ kein Telefon; Av Pastor Díaz; B/DZ 14/30 US$;) Die unauffällige, aber sehr trauliche Backpackerherberge ist nur durch das auf die weiße Fassade gekritzelte Wort „Hostel" erkennbar und gerade erst eröffnet worden. Es ist zentral neben dem KFC gelegen, aber vom Strand und den Nachtclubs weit entfernt. Die Gäste hier scheinen aber ohnehin lieber auf der riesigen Dachterrasse zu relaxen. Den Zimmern fehlt zwar der Feinschliff, aber bei dem Preis sieht man darüber gerne hinweg.

Cabinas Antonio (☎ 2643-3043; Ecke Av Pastor Díaz & Blvd; Zi. ab 15 US$/Pers.;) Diese Hütten am Nordende von Jacó haben das beste Preis-Leistungs-Verhältnis im Ort und sind eine Institution bei Backpackern mit kleinem Budget und einheimischen Familien. Die einfachen Zimmer sind bestenfalls langweilig, dafür aber sauber, gemütlich und haben eigene Kaltwasserduschen und Kabel-TV. Außerdem: Wen kümmert schon das Umfeld, wenn nur ein paar Schritte entfernt die besten Surfwellen warten …?

Hotel de Haan (☎ 2643-1795; www.hoteldehaan.com; Calle Bohío; B/Zi. ab 19 US$/Pers.;) Dieser Außenposten ist eines der besten Budgethotels vor Ort und seit Langem bei Backpackern aus der ganzen Welt beliebt. Die neu gefliesten Zimmer (mit dampfenden Warmwasserduschen) sind sauber und sicher. Außerdem gibt's eine Gemeinschaftsküche mit Kühlschrank, einen Pool und rund um die Uhr kostenloses Internet. Das Highlight der Anlage ist die Terrasse im Obergeschoss, auf der man sich mit anderen Travellern treffen und bis in die Morgenstunden bei Imperial-Bier Reisegeschichten austauschen kann.

Essen

Soda Flor (Av Pastor Díaz, nördl. der Calle La Central; Casados 2000–3000 CRC) Diese Jacó-Institution ist schon seit Langem bei Einheimischen und Budgettravellern gleichermaßen beliebt. Bemerkenswerterweise hat sich die Speisekarte seit Jahren nicht geändert, obwohl inzwischen fast alle anderen Lokale alles Mögliche anbieten, von Sushi bis Filetsteak.

Taco Bar (Hauptgerichte 3000–6000 CRC) Hier gibt's mexikanisches Essen, Meeresfrüchte, Salate und Smoothies.

Tsunami Sushi (Av Pastor Díaz, nördlich der Calle Cocal; Sushi 3500–6500 CRC) Wer Appetit auf rohen Fisch hat, sollte im Tsunami einkehren. Das moderne, lebendige Restaurant serviert ausgezeichnete Sushi, Sashimi und California Rolls.

Selbstversorger können sich im **Más X Menos** (Av Pastor Díaz) eindecken, einem Supermarkt mit westlichem Sortiment.

Ausgehen & Unterhaltung

Es gibt zahlreiche Bars und Tanzclubs für feierwütige Traveller und die hier lebenden Ausländer. Aber: In vielen Nachtclubs von Jacó blüht die Prostitution (s. Gefahren & Ärgernisse, S. 676).

Le Loft (Av Pastor Díaz) Während DJs live auflegen, tun die Schicki-Micki-Gäste ihr Bestes, um gut auszusehen und noch besser rüberzukommen.

COSTA RICA

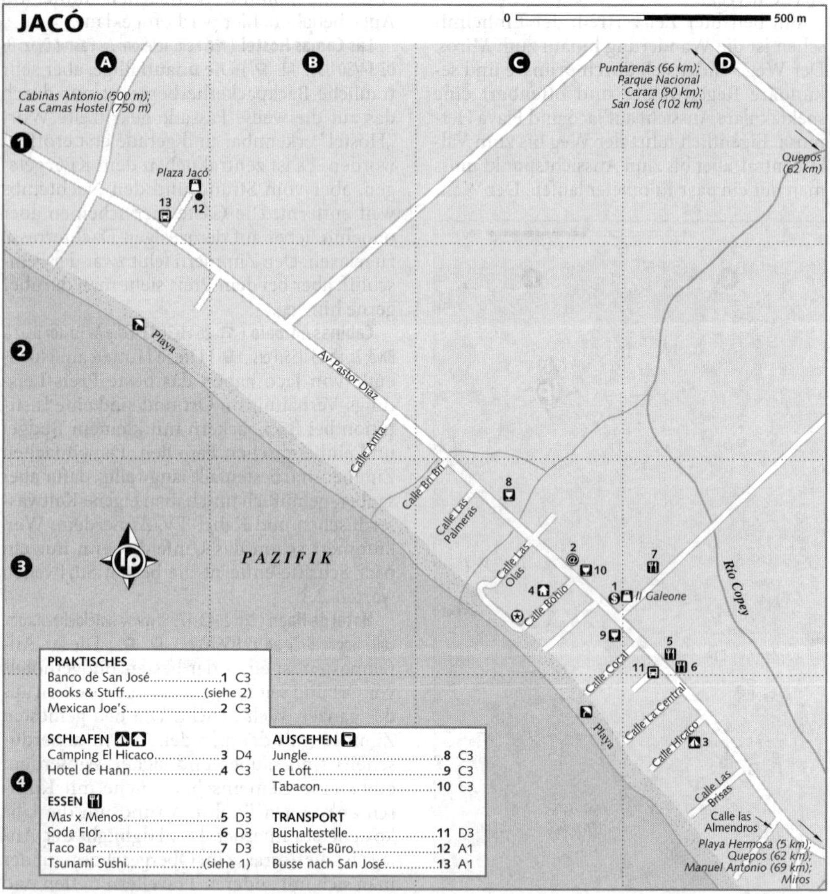

Tabacon (Av Pastor Díaz) Definitiv einer der bescheideneren Nachtclubs im Ort. Das Tabecon ist eine leger-elegante Lounge, in der manchmal Livemusik gespielt wird.

Jungle (Av Pastor Díaz) Von der Terrasse im 2. Stock aus kann man seine „Beute" beobachten – im „Dschungel" findet häufig eine recht offensichtliche Fleischbeschau statt.

An- & Weiterreise

BUS

Die Busse nach San José halten an der Plaza Jacó Mall, nördlich vom Zentrum. Die Haltestelle für Busse zu anderen Zielen liegt gegenüber vom Supermarkt Más X Menos. Wer nach Norden will, wartet vor dem Supermarkt auf den Bus, und wer nach Süden will, auf der anderen Straßenseite.

Die im Folgenden angegebenen Abfahrtszeiten sind Richtwerte, da die Busse in Puntarenas bzw. Quepos losfahren und hier nur kurz anhalten. Deshalb sollte man sich frühzeitig an der Haltestelle einfinden.

Puntarenas 800 CRC; 1½ Std.; Abfahrt 6, 9, 12 & 16.30 Uhr.
Quepos 800 CRC; 1½ Std.; Abfahrt 6, 12, 16.30 & 18 Uhr.
San José 2000 CRC; 3 Std.; Abfahrt 5, 7.30, 11, 15 & 17 Uhr.

SCHIFF/FÄHRE

Immer mehr Traveller nutzen den Jetboot-Service für die Überfahrt über den Golfo de Nicoya zwischen Jacó und Montezuma. Es gehen mehrere Boote pro Tag, und die Fahrt dauert nur ungefähr eine Stunde. Die Überfahrt für 37 US$ ist nicht gerade billig, lohnt sich aber, weil man einen Reisetag spart. Reservieren kann man bei den meisten Tourveranstaltern im Ort. Angelegt wird am Strand – also angemessene Schuhe anziehen!

QUEPOS

12 000 Ew.

Die Kleinstadt Quepos dient als Tor zum Nationalpark Manuel Antonio, dessen Eingang nur 7 km entfernt liegt. Für Traveller, die ihre Vorräte aufstocken und Tipps einholen wollen, ist Quepos ein guter Anlaufpunkt. Auch wenn sich die Region Manuel Antonio aufgrund des Ökotourismusbooms schnell und irreversibel verändert hat, ist das zurückhaltende Quepos in weiten Teilen noch immer eine authentische Tico-Stadt. Es hat den traditionellen lateinamerikanischen Charme, der dem Rest der zentralen Pazifikküste fehlt und ist damit eine Alternative zu den von Touristen zertrampelten Pfaden nicht weit von hier.

Rund um die Uhr zugängliche Bankautomaten des Cirrus- und des Plus-Systems finden sich in der Banco de San José und der Coopealianza. Zum E-Mails-Checken geht man ins **Internet Quepos.com** (750 CRC/Std.; ⌚ Mo–Sa 8–20 Uhr).

Leser empfehlen Tauchern **Manuel Antonio Divers** (☎ 2777-3483; www.manuelantoniodivers.com). Der Abenteuertourveranstalter **Iguana Tours** (☎ 2777-1262; www.iguanatours.com) organisiert Rafting-, Meerkajak-, Reit-, Mangroven- und Delfinbeobachtungstouren.

Das Wasser an den Stränden ist derart verschmutzt, dass Baden hier nicht empfehlenswert ist.

Schlafen

LP Tipp **Wide-Mouth Frog Backpackers** (☎ 2777-2798; www.widemouthfrog.org; B 11 US$, Zi. mit/ohne Bad 40/30 US$; ❄ 💻 🏊) Dieses Backpacker-Herberge wird von einem herzlichen Paar betrieben, das entschlossen ist, aus der kleinen Unterkunft eine der besten in Costa Rica zu machen – und bislang machen die beiden alles richtig. Die bunt gefliesten Zimmer liegen rund um einen einladenden Pool mit vielen Liegestühlen, wo Backpacker prima Geschichten austauschen können. Aber was den „Breitmaulfrosch" so unvergesslich macht, ist die gute Atmosphäre, die auf dem ganzen Anwesen herrscht – vor allem abends, wenn sich die Gäste entspannt miteinander ein paar Drinks genehmigen.

Hotel Ceciliano (☎ 2777-0192; Zi. ab 20 US$) In Quepos mangelt es wahrlich nicht an Budgethotels, die auf Tico-Traveller ausgerichtet sind. Das Ceciliano aber kriegt für seine komfortablen Zimmer und die netten Inhaber besonders gute Noten. Es ist zwar nicht das neueste Hotel im Ort, aber alles ist blitzblank, und die herzlichen Angestellten sorgen mit echter costa-ricanischen Gastlichkeit fürs Wohl ihrer Gäste.

Hotel Sirena (☎ 2777-0572; www.lasirenahotel.com; EZ/DZ/3BZ 60/75/85 US$; 🏊) Das Sirena mit seinen weißen Wänden und der sanft von blauen Tiffany-Lampen beleuchteten pastellfarbenen Einrichtung hat etwas unerwartet zenmäßiges. Das sanfte mediterrane Ambiente scheint Welten von der rauen Stimmung der Straßen von Quepos entfernt zu sein. Die Ausstattung ist mit Topfpflanzen und Originalkunst perfekt akzentuiert; das Highlight ist eine origi-

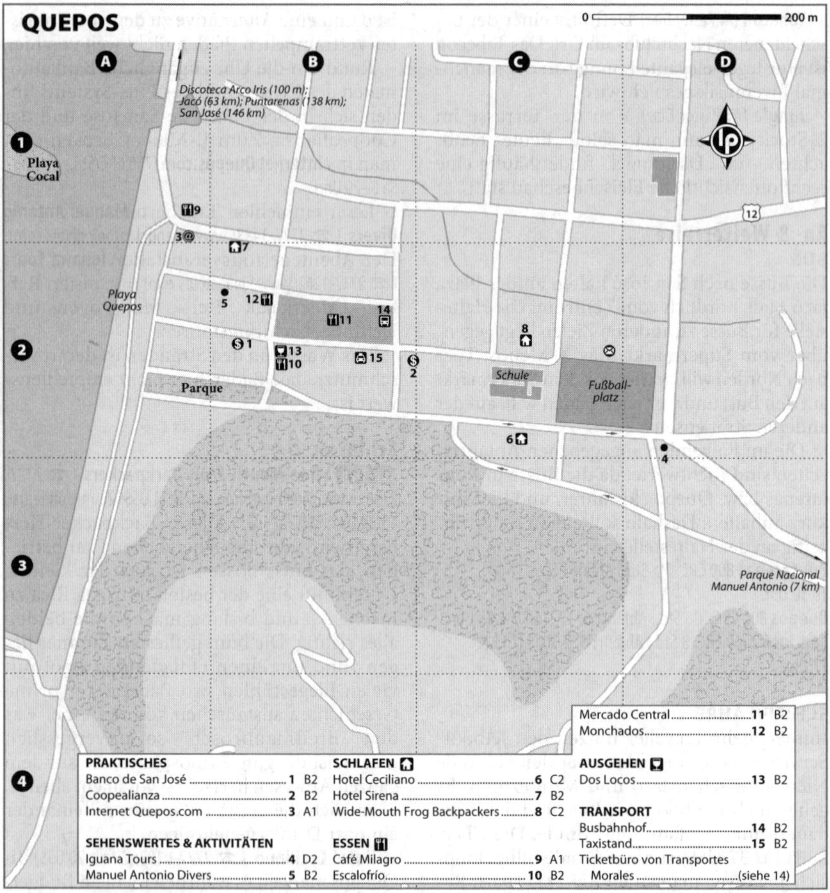

nelle Tiki-Bar mit Blick auf einen beschaulichen Swimmingpool.

Essen & Ausgehen

Escalofrío (Gelato 1000 CRC; ⌚ Di–So) Hier bekommt man mehr als 20 verschiedene Eissorten – genau das Richtige bei der tropischen Hitze.

Café Milagro (Gerichte 1000–3000 CRC; ⌚ Mo–Fr 6–22 Uhr) Die Kaffeespezialitäten in diesem großartigen Café gehören zu den besten des Landes und sind klasse Muntermacher. Einfach ein *perezoso* (Faultier) bestellen – einen doppelten Espresso in einer großen Tasse Filterkaffee – und dazu ein Stück Gebäck oder ein frisch gemachtes Gourmet-Sandwich!

Monchados (Gerichte 4000–7500 CRC; ⌚ 17–24 Uhr) Das alteingesessene mexikanisch-karibische Lokal ist eine Institution in Quepos. Hier ist abends immer ein Menge los. Wer Appetit auf traditionelle Spezialitäten aus Limón oder Mexiko hat, stellt sich einfach an der langen Schlange an.

Dos Locos (☎ 2777-1526; ⌚ Mo–Sa 7–23, So 11–22 Uhr) Wenn die hier lebenden Ausländer einen trinken gehen wollen, kommen sie regelmäßig in dieses beliebte mexikanische Restaurant, in dem auch manchmal Livebands auftreten.

Discoteca Arco Iris (⌚ 22 Uhr–open end) In der riesigen Disko nördlich vom Ort tummeln sich zu den Dance Beats viele Einheimische.

Wer sich unter die Einheimischen mischen will, sollte einen Bummel über den **mercado central** (Zentralmarkt; ⌚ Öffnungszeiten variieren) machen. In dem riesigen Komplex im Ortszentrum gibt's neben den Obst- und Gemüseständen viele preisgünstige *sodas* und Cafés.

An- & Weiterreise

Abfahrt und Ankunft aller Busse ist am Busbahnhof im Ortszentrum. Fahrkarten nach San José sollte man rechtzeitig im Voraus am **Fahrkartenschalter von Transportes Morales** (☎ 2777-0263; ⏰ Mo–Sa 7–11 & 13–17, So 7–13 Uhr) im Busbahnhof kaufen. Von Quepos fahren Busse zu folgenden Zielen:

Jacó 800 CRC; 1½ Std.; Abfahrt 4.30, 7.30, 10.30 & 15 Uhr.
Puntarenas 2100 CRC; 3½ Std.; Abfahrt 8, 10.30 & 15.30 Uhr.
San Isidro de El General über Dominical 2000 CRC; 3 Std.; Abfahrt 5 & 13.30 Uhr.
San José (Transportes Morales) 3500–3700 CRC; 4 Std.; Abfahrt 5, 8, 10, 12, 14, 16 & 19.30 Uhr.
Uvita, über Dominical 4000 CRC; 4½ Std.; Abfahrt 10 & 19 Uhr.

Unterwegs vor Ort

Die Busse zwischen Quepos und Manuel Antonio (200 CRC) fahren zwischen 6 und 19.30 Uhr ungefähr alle halbe Stunde (danach weniger häufig) vom Busbahnhof ab. Der letzte Bus nach Manuel Antonio fährt um 22.25 Uhr. In der Trockenzeit fahren die Busse häufiger.

Zwischen Quepos und Manuel Antonio fahren auch Sammeltaxis, die für ein paar Hundert Colones auch unterwegs Fahrgäste auflesen. Eine Taxifahrt kostet bis zu 3000 CRC – telefonisch bei **Quepos Taxi** (☎ 2777-0425/734) bestellen.

MANUEL ANTONIO

Vom Hafen in Quepos windet sich die Straße 7 km ins Landesinnere, bevor sie die Strände des Ortes Manuel Antonio und den Eingang des Nationalparks (s. S. 682) erreicht. Die kurvenreiche Strecke führt über einige Hügel mit malerischer Aussicht auf bewaldete Hänge, die zur von Palmen gesäumten Küste hinabführen. Diese Gegend ist unglaublich teuer, aber zum Glück gibt's auch eine Handvoll preisgünstiger Hostels und Lokale.

Praktische Informationen

Das **La Buena Nota** (☎ 2777-1002) am Nordende von Manuel Antonio fungiert als inoffizielles Informationszentrum und verkauft Karten, Reiseführer, fremdsprachige Bücher, englischsprachige Zeitungen, Strandutensilien sowie Souvenirs.

Sehenswertes & Aktivitäten

In der Nähe des Parkeingangs gibt es einen schönen Strand, die **Playa Espadilla**. Vorsicht: Brandungsrückströmung! An dem Strand sind zwar Rettungsschwimmer unterwegs, an anderen in der Gegend aber nicht.

Am westlichen Ende der Playa Espadilla liegt hinter einem Felsvorsprung (Sandalen sind nötig) **La Playita**, ein schwulenfreundlicher Strand, wo es überwiegend junge Männer hinzieht und Nacktbaden üblich ist (aber ausreichend Sonnencreme auftragen!).

Schlafen & Essen

LP Tipp **Vista Serena Hostel** (☎ 2777-5162; www.vistaserena.com; B im 13BZ/4BZ 10/15 US$, Bungalow ohne Bad 50 US$; 💻) Das auf Backpacker abgestimmte Vista Serena besitzt blitzblanke, weiß geflieste Schlafsäle mit Bad, Gemeinschaftsküche und Fernsehlounge sowie erschwingliche Bungalows für Pärchen, die mehr Privatsphäre brauchen. Sonia und ihr Sohn Conrad, die extrem hilfsbereiten costa-ricanischen Inhaber, sprechen fließend Englisch und geben sich alle Mühe, den zahllosen Travellern zu helfen. So ist es kein Wunder, dass die meisten Gäste länger bleiben als geplant. Von hier aus kommt man über Farmgelände zu einem abgeschiedenen, wilden Strand.

Backpackers Paradise Costa Linda (☎ 2777-0304; www.costalinda-backpackers.com; B od. Zi. ohne Bad ab 10 US$/Pers.; ✪ 💻) Die günstige Absteige spielt zwar mit Sicherheit nicht in derselben Liga wie ihre Konkurrenten, aber angesichts der Niedrigstpreise und der Nähe zum Strand kann man hier schon mal ein oder zwei Nächte bleiben. Wer will, bekommt auch etwas zu essen (2500–4500 CRC).

El Avión (☎ 2777-3378; Gerichte 3000–6500 CRC) Das unvergleichliche Bar-Restaurant ist in dem umgebauten Rumpf einer Fairchild C-123 von 1954 untergebracht. Das Flugzeug wurde ursprünglich in den 1980er-Jahren von der US-Regierung für die nicaraguanische Contra gekauft, hat es aber nie aus seinem Hangar in San José geschafft, weil in den USA die Iran-Contra-Affäre aufgedeckt wurde, in die Oliver North und seine Gefolgsleute in der US-Regierung verwickelt waren. Heute ist das Flugzeug eine tolle Bar, in der während der Trockenzeit regelmäßig Livemusik gespielt wird – perfekt für ein Bier, eine Guacamole und den Sonnenuntergang über dem Pazifik.

Ronny's Place (☎ 2777-5120; Hauptgerichte 3000–6500 CRC; ⏰ 7.30–22 Uhr) Einfach von der Haupt-

INSIDERTIPP

Der Blick auf die Küste von der Straße raus nach Manuel Antonio gehört zum Schönsten, was ich je gesehen habe – vor allem, wenn der Himmel kurz vor Sonnenuntergang erglüht. In Ronny's Place gehen Einheimische und hier lebende Ausländer ein und aus – ein toller Stopp für ein kühles Bier.

John, Manuel Antonio

straße über die ausgeschilderte, nicht asphaltierte, aber gute Straße 800 m westwärts fahren – die Tour lohnt sich, denn die Aussicht ist grandios. Ronny, der zweisprachige costa-ricanische Inhaber, hat hart gearbeitet, um seine Raststätte zu einem bei Einheimischen und Travellern gleichermaßen beliebten Lokal zu machen. Während man die Aussicht auf zwei unberührte Buchten und den Panoramablick auf den unberührten Urwald genießt, kann man einen riesigen Burger oder frische Meeresfrüchte verdrücken und das Essen mit dem wohl besten Sangria des Landes runterspülen.

An- & Weiterreise

Zwischen Manuel Antonio und Quepos fahren Busse (200 CRC) die Hauptstraße auf und ab – zwischen 6 und 19.30 Uhr ungefähr alle halbe Stunde, danach weniger häufig. Der letzte Bus nach Manuel Antonio fährt um 22.25 Uhr.

Die Sammeltaxis lesen zwischen Quepos und Manuel Antonio für weniger als 500 CRC zusätzliche Fahrgäste auf. Eine Taxifahrt kostet bis zu 3000 CRC – telefonisch bei **Quepos Taxi** (☎ 2777-0425/734) bestellen.

PARQUE NACIONAL MANUEL ANTONIO

Der Parque Nacional Manuel Antonio wurde 1972 zum Schutzgebiet erklärt. So blieb ihm das Schicksal erspart, abgeholzt und in ein Resort mit Ferienwohnungen am Strand verwandelt zu werden. Mit einer Größe von 16,25 km^2 ist es der zweitkleinste Nationalpark des Landes. Leider kommen derart viele Besucher hierher, dass man sich manchmal wie in einem Vergnügungspark fühlt. Und trotzdem ist der Nationalpark absolut atemberaubend und voller Tiere – ein Paradies komplett mit Kokospalmen.

Um den Menschenmassen zu entgehen, sollte man den Nationalpark früh am Morgen, an Werktagen oder in der Regenzeit besuchen. Am besten bringt man auch gleich die Schnorchelausrüstung mit!

Parkeingang und Dorf trennt ein schmaler Meeresarm. Man kann hindurchwaten oder sich für rund 550 CRC übersetzen lassen. Die geschäftstüchtigen Fährleute erzählen Travellern immer gern, dass es im Wasser von Krokodilen wimmelt. Einfach selber nachschauen – das Wasser ist klar. Der **Parkeingang** (Eintritt 10 US$; 🕒 Di–So 7–16 Uhr) befindet sich in der Nähe des Kreisverkehrs. Hier kann man einen fachkundigen Führer (20 US$/Pers.) mitsamt Teleskopfernglas engagieren.

Deutlich gekennzeichnete Wanderwege durchziehen die von Regenwald gesäumten tropischen Strände und felsigen Landzungen. Wer früh aufbricht, kann sich innerhalb eines Tages alles Sehenswerte anschauen. Die meisten Besucher begegnen auf ihrer Tageswanderung Affen, manchmal auch Faultieren, Agutis, Gürteltieren, Nasenbären und Eidechsen. Vom Parkeingang läuft man eine halbe Stunde bis zur **Playa Espadilla Sur**, wo Mangroven wachsen und die Landenge zu einer felsigen, bewaldeten Halbinsel wird. Ein Wanderweg führt rund um die Halbinsel zur **Punta Catedral** und gewährt einen tollen Blick auf den Pazifik und die felsigen, von Weißbauchtölpeln und Pelikanen bewohnten Inselchen.

Geht man den Rundweg um die Halbinsel weiter, erreicht man die **Playa Manuel Antonio**. Dorthin gibt's aber auch einen direkten Weg – einfach die Abkürzung über die Landenge nehmen. Im **Besucherzentrum** in der Nähe sind Trinkwasser, Toiletten und Strandduschen vorhanden. Hinter der Playa Manuel Antonio gabelt sich der Weg. Der steile, untere Trail führt hinab zur ruhigen Playa Puerto Escondido, der obere Trail führt hinauf zu einem umwerfenden **Aussichtspunkt** auf einer Klippe. Die Ranger achten darauf, dass nur eine begrenzte Zahl von Wanderern diesen Weg nutzt. Campen ist verboten.

Busse fahren in der Nähe des Parkeingangs ab und halten an der Straße nach Quepos, wenn man sie heranwinkt.

DOMINICAL

Durch Monsterwellen, die ruhige Atmosphäre und seinen Ruf als Kiffer-Paradies zieht Dominical jede Menge Surfer, Backpacker und Müßiggänger an. Es gibt hier zwar kaum etwas zu tun, aber gerade das macht den

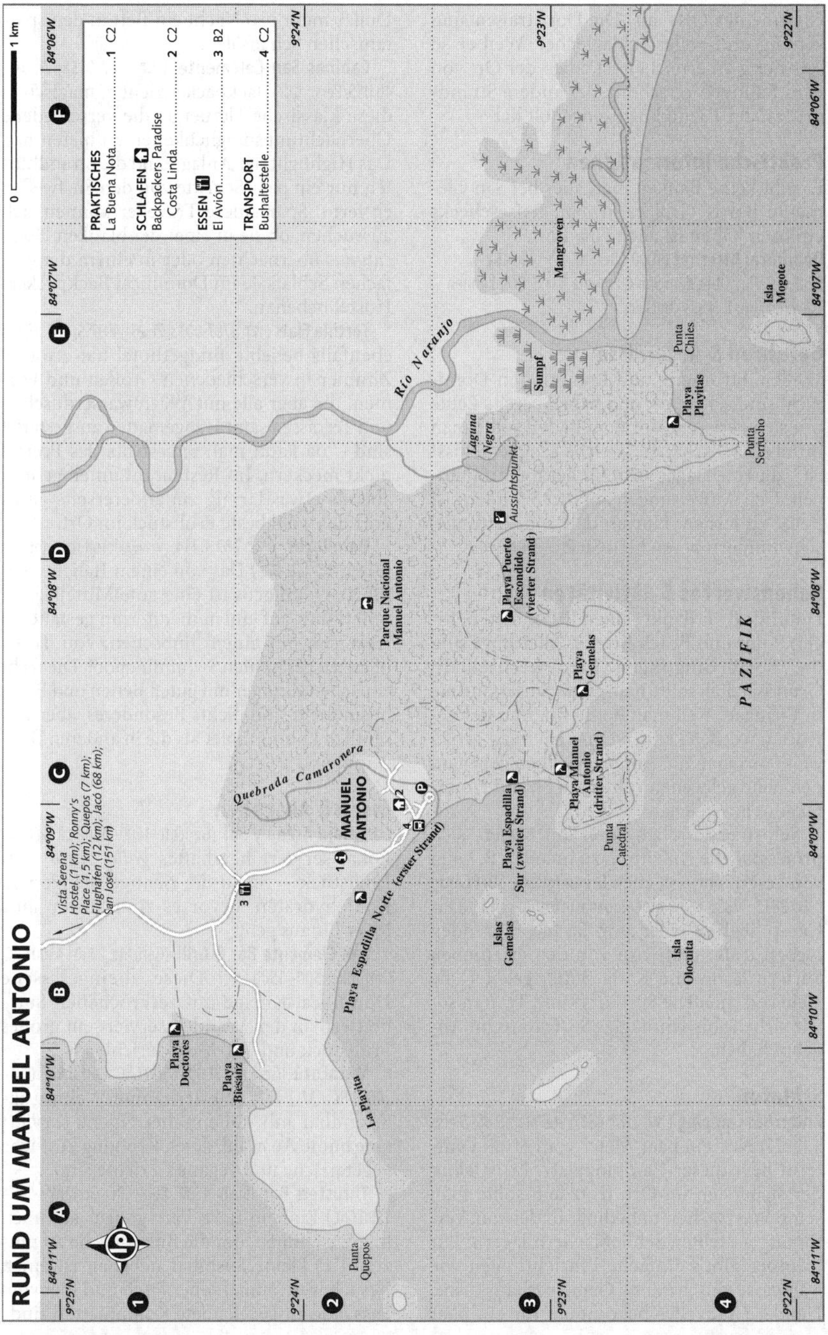

RUND UM MANUEL ANTONIO
PRAKTISCHES
La Buena Nota 1 C2
SCHLAFEN
Backpackers Paradise Costa Linda 2 C2
ESSEN
El Avión 3 B2
TRANSPORT
Bushaltestelle 4 C2
0
1 km
Vista Serena Hostel (1 km); Ronny's Place (1,5 km); Quepos (7 km); Flughafen (12 km); Jacó (68 km); San José (151 km)
Río Naranjo
Quebrada Camaronera
MANUEL ANTONIO
Parque Nacional Manuel Antonio
Laguna Negra
Sumpf
Mangroven
Aussichtspunkt
Playa Puerto Escondido (vierter Strand)
Playa Gemelas
Playa Manuel Antonio (dritter Strand)
Playa Espadilla Sur (zweiter Strand)
Playa Espadilla Norte (erster Strand)
Punta Catedral
Islas Gemelas
Isla Olocuita
Playa Playitas
Punta Chiles
Punta Serrucho
Isla Mogote
PAZIFIK
Playa Doctores
Playa Biesanz
La Playita
Punta Quepos
84°11'W
84°10'W
84°09'W
84°08'W
84°07'W
84°06'W
9°25'N
9°24'N
9°23'N
9°22'N

Charme des Orts aus. Die Dorfstraßen sind staubig und voller Schlaglöcher. Weil er so schwierig zu erreichen ist, blieb der Ort von dem Bauhype verschont, der andere Strandorte an der Pazifikküste eingeholt hat.

Praktische Informationen

Es gibt keine Banken hier, aber bei San Clemente Bar & Grill kann man Reiseschecks einlösen. Oben ist auch eine Post.

Dominical Internet (1000 CRC/Std.; Mo–Sa 9.30–19 Uhr) Über dem San Clemente Bar & Grill können Traveller ihre E-Mails checken.

Gefahren & Ärgernisse

Wellen, Strömung und Brandung in Dominical sind sehr stark und haben bereits Leute mit sich gerissen. Vor dem Baden sollte man immer nachschauen, welche Flagge gehisst ist – die rote Flagge steht für heftige Strömungen. Den Anweisungen auf den Schildern ist Folge zu leisten. Nur an den von Rettungsschwimmern bewachten Stränden baden!

Sehenswertes & Aktivitäten

Dominical verdankt seinen Ruhm den heftigen Point und Beach Breaks. Allerdings sind die Surfbedingungen hier wechselhaft. Grundsätzlich sollte man etwas Surferfahrung mitbringen, weil man heftig hin und her geworfen werden kann, wenn man nicht genau weiß, was man tut. Anfänger sollten lieber auf den nahe gelegenen ruhigeren Strand Dominicalito ausweichen.

Selbstverständlich ist es am besten, sich professionelle Anleitung zu holen, z. B. beim von Lesern empfohlenen **Green Iguana Surf Camp** (☎ 8815-3733; www.greeniguanasurfcamp.com). Das Camp liegt an einer zum Strand führenden Nebenstraße und wird von den erfahrenen Surfern Jason und Karla Butler geleitet, die viele verschiedene Surfkurse und Touren sowie sieben- bis zehntägige Surfcamps im Angebot haben.

Schlafen

Antorchas Camping (☎ 2787-0307; Stellplatz 5 US$/Pers., B 10 US$) Nur ein paar Meter vom Strand entfernt liegt dieser Campingplatz. Er ist einer der sichersten im Ort, trotzdem sollte man seine Wertsachen unbedingt in den zur Verfügung gestellten Schließfächern lagern. Für Camper gibt's einfache Einrichtungen wie Kaltwasserduschen und Gemeinschaftsküche. Heiklere Traveller bekommen für ein paar Dollar mehr pro Nacht ein Bett in den spartanischen Schlafsälen.

Cabinas San Celemente (☎ 2787-0158; Zi. 10–40 US$/Pers.;) Backpacker zieht es magisch in diese klassische Herberge, die verschiedene Übernachtungsmöglichkeiten zu bieten hat. Das Highlight der Anlage sind die Strandhütten nur ein paar Schritte von den Surfwellen entfernt. Sparsamere Traveller können sich aussuchen, ob sie in einer der blanken Holz-*cabinas* übernachten oder in einem der einfachen Schlafsäle im Dominical Backpackers Hostel nebenan.

Tortilla Flats (☎ 2787-0033; Zi. 25–40 US$;) Das ebenfalls beliebte Budgethotel hat etwa 20 Zimmer in verschiedenen Größen und Formen, die aber alle mit Warmwasserduschen und Terrassen samt Hängematten ausgestattet sind – da kann man angesichts des Preises nicht meckern. Im Restaurant unten geht es abends etwas lärmig zu; andererseits gibt's dort das wohl beste Frühstück im Ort.

Domilocos (☎ 787 0244; www.domilocos.net; Zi. 50 US$;) Das von einem Italiener geführte Domilocos ist eine gute Mittelklasseunterkunft auf einem mediterran gestalteten Anwesen mit einem hübschen, von Topfpflanzen gesäumten Swimmingpool. Die recht einfachen Zimmer mit guten Betten und Bambusmöbeln sind nichts Besonderes, aber wesentlich komfortabler als die in anderen Budgethotels.

Essen & Ausgehen

Complejo Arena y Sol (Gerichte 1500–4500 CRC) Das Lokal serviert herzhaftes *gallo pinto* zum Frühstück – genau die richtige Menge von Kohlehydraten, bevor es zum Surfen aufs Meer hinaus geht.

San Clemente Bar & Grill (Gerichte 2000–4500 CRC, Getränke 500–1500 CRC) Diese alteingesessene Dominical-Kneipe mit zerbrochenen Surfbrettern an den Wänden serviert ein großes Frühstück und Tex-Mex-Gerichte.

Maracutú (Gerichte 3000–5500 CRC, Getränke 1000–2000 CRC; V) Die selbsternannte Weltmusik-Strandbar mit italienischer Küche serviert eine bunte Auswahl, deren Krönung köstliche vegetarische und vegane Gerichte sind.

Thrusters Bar (Sushi 4500–8000 CRC, Getränke 500–1500 CRC) Einheimische Partygänger kommen hier zusammen, um die Billardtische zu nutzen. Die kleine Sushibar nebenan ist einen Besuch wert, zumal roher Fisch und Bier vom Fass eine ausgezeichnete Kombination sind.

An- & Weiterreise

BUS

Auf der Hauptstraße in Dominical fahren Busse; überall entlang der Strecke kann man ein- und aussteigen.

Quepos 3200 CRC; 3 Std.; Abfahrt 7.30, 8, 10.30, 13.45, 16 & 17 Uhr.

Uvita 800 CRC; 1 Std.; Abfahrt 4.30, 10.30, 12 & 18.15 Uhr.

TAXI

Eine Taxifahrt nach Uvita kostet 7500 bis 10 000 CRC, nach San Isidro de El General zahlt man 12 500 bis 15 000 CRC und nach Quepos 27 500 bis 30 000 CRC. Bis zu fünf Fahrgäste passen in ein Taxi – einfach eines an der Hauptstraße im Ort heranwinken.

UVITA

Das Dorf 17 km südlich von Dominical besteht aus ein paar verstreuten, im hohen Gras fast verschwindenden Bauernhöfen an Nebenstraßen. Hier wird deutlich, wie die Küste Costa Ricas vor dem Tourismusboom einmal ausgesehen hat. Abends kann man in Uvita zwar kaum mehr machen, als die Sterne anzugucken, dafür gibt's hier aber fantastische flache Sandstrände, die zum Parque Nacional Marino Ballena gehören.

Die beliebteste Unterkunft im Ort ist das 100 m landeinwärts von der Hauptstraße gelegene **Toucan Hotel** (☎ 2743-8140; www.tucanhotel.com; Dauerzelt 5 US$, Hängematte 6 US$, B 10 US$, Baumhaus 12 US$, DZ 25–30 US$;). Es wird von einer reizenden Familie betrieben, die in den letzten Jahren ziemlich umfangreiche Umbauten veranlasst hat. Jetzt sind hier diverse Optionen verschiedener Preisklasse vorhanden – von schlichten Zelten und Hängematten bis zu Schlafsälen, privaten Zimmern und dem hohen Baumhaus.

Von Uvita aus bergaufwärts und ungefähr 2 km im Landesinneren befindet sich die **Cascada Verde** (☎ 2743-8191; www.cascadaverde.org; B 12 US$, Gemeinschaftsloft 12 US$/Pers., EZ/DZ ab 16/25 US$; Ⓥ), eine Permakultur-Farm mit biologischem Anbau. Sie ist zugleich ein ganzheitliches Refugium, das Heerscharen von Leuten anzieht, die sich dem alternativen Lebensstil verschrieben haben und hier auf der Suche nach körperlicher und geistiger Harmonie ein paar Wochen verbringen. Die Unterkünfte sind extrem einfach und den Elementen ausgesetzt, aber draußen gibt's reichlich Platz, wo alle Yoga machen und meditieren können.

An- & Weiterreise

Die meisten Busse fahren von den beiden überdachten Haltestellen an der Costanera im Hauptdorf ab.

San Isidro de El General 800 CRC; 1½ Std.; Abfahrt 6 & 14 Uhr.

San José über Dominical 2500 CRC; 7 Std.; Abfahrt 5, 6 & 14 Uhr.

Den Parque Nacional Marino Ballena erreicht man von Uvita aus mit einem eigenen Fahrzeug oder per Taxi, das man sich von der Unterkunft bestellen lassen kann.

PARQUE NACIONAL MARINO BALLENA

Der unberührte Meerespark schützt auf mehr als 53 km² Korallen- und Felsriffe im Ozean und 110 ha Land rund um die südlich von Uvita gelegene Isla Ballena. Während es im Park nur wenige Besucher gibt, wimmelt es an der wundervollen Küste nur so von nistenden Meeresvögeln, Großen Tümmlern und Eidechsen. Zwischen Mai und November (vor allem Sept.–Okt.) schleppen sich Nacht für Nacht Oliv-Bastardschildkröten und Echte Karettschildkröten an die wunderschönen Strände, um ihre Eier im Sand zu verbuddeln. Die größte Attraktion sind aber die Buckelwale, die bei ihrer Wanderung zwischen den Sommer- und Wintergebieten zwischen August und Oktober sowie zwischen Dezember und April hier vorbeiziehen. Die **Rangerstation** (☎ 2743-8236; Eintritt 6 US$; Sonnenaufgang–Sonnenuntergang) befindet sich an der Playa Bahía, der „Verlängerung" Uvitas am Meer.

SÜD-COSTA-RICA & PENÍNSULA DE OSA

Nur wenige Menschen lassen sich auf jenes andere, weniger bequeme Costa Rica ein. Aber wer einmal die ausgetretenen Pfade verlässt, findet in diesem sumpfigen Landstrich voller Kontraste unberührten, ländlichen Charme vor. Die nebelverhangene Cordillera de Talamanca wird von klaren, reißenden Flüssen durchzogen, die sich ihren Weg ins Tiefland bahnen. Die unberührten Strände grenzen an den Regenwald. *National Geographic* nannte die Halbinsel Osa „das biologisch vielfältigste Gebiet auf Erden". Und zweifellos ist sie eine der wenigen Gegenden, wo die Natur sich nicht den Menschen fügt.

Südlich von San José erreicht die Interamericana in 3491 m Höhe am Cerro de la Muerte, dem „Todesberg“, ihren höchsten Punkt. Die Strecke ist voller gefährlicher Kurven (allerdings trug der Berg diesen Namen schon, bevor die Straße gebaut wurde). San Isidro de El General ist das Tor zum Parque Nacional Chirripó, in dem sich die höchsten Gipfel des Landes erheben. Südöstlich von San Isidro bestimmen bäuerliche Dörfer sowie Palmöl- und Bananenplantagen die Landschaft. Die meisten Traveller fahren auf dem Weg zur prachtvollen Wildnis des Parque Nacional Corcovado hier einfach nur durch.

SAN ISIDRO DE EL GENERAL

45 000 Ew.

Da die meisten Siedlungen in dieser Zone im Süden nichts weiter als Gebirgsdörfer sind, braucht es hier nicht viel, um als „Großstadt“ bezeichnet werden zu können. In Wirklichkeit ist San Isidro de El General kaum mehr als ein zersiedeltes Provinznest, aber der wichtigste Transportknoten der Region. Traveller werden deshalb bestimmt irgendwann einmal hier landen.

Praktische Informationen

Banco Coopealianza Hotel Chirripó (Av 2 zw. Calle Central & 1); Av 4 (Av 4 zw. Calle 2 & 4) Hat einen rund um die Uhr zugänglichen Cirrus-Bankautomaten.

BTC Internet (Av 2 zw. Calle Central & 1; 500 CRC/Std.; Mo–Sa 8.30–20, So 10–16 Uhr) Schnelle Internetverbindung.

Parkverwaltungsbüro Minae (☎ 2771-3155; aclap@sinac.go.cr; Calle 2 zw. Av 2 & 4; Mo–Fr 8–12 & 13–16 Uhr) Wer Wanderungen durch den Nationalpark Chirripó (S. 688) plant, kann hier die Übernachtung in dem Hostel auf dem Berggipfel reservieren.

Schlafen & Essen

Hotel Chirripó (☎ 2771-0529; Av 2 zw. Calle Central & 1; EZ/DZ ab 17/22 US$) In dem bei anspruchsvollen Budgettravellern beliebten Hotel wohnen Gäste in kahlen, weiß getünchten Zimmern, die aber absolut sauber sind. Blühende Pflanzen und ein fröhliches Wandbild in der Lobby hellen das sonst schlichte Umfeld auf.

Hotel y Restaurante San Isidro (☎ 770-3444; Interamericana; EZ/DZ ab 24/34 US$;) Das Motel am Straßenrand hat nicht viel Charakter, ist aber sauber, komfortabel und bequem für Traveller, die in San Isidro nichts zu tun haben. In dem 2 km südlich vom Zentrum gelegenen Komplex findet man alles Nötige –

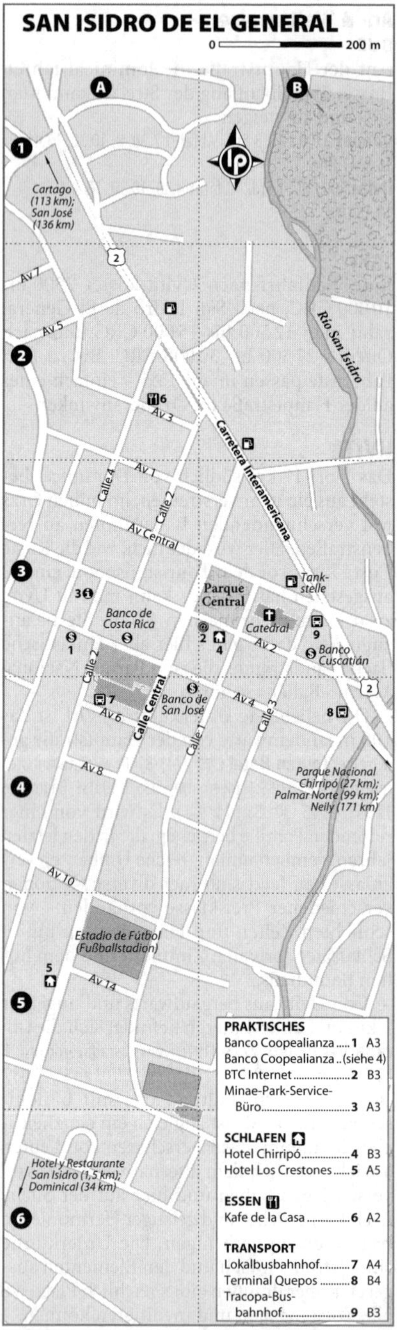

von einer Bank und Internetanschluss bis hin zur Pizzeria.

Hotel Los Crestones (☎ 2770-1200/1500; www.hotelloscrestones.com/es/index.php; Calle Central bei Av 14; EZ/DZ ab 36/48 US$; ❄) Das elegante Motel ist außen mit Blumenkästen und Weinranken bedeckt – ein willkommener Anblick für reisemüde Traveller. Drinnen finden sich funktionale Zimmer mit moderner Möblierung. Die Angestellten sind aufmerksam und flott.

Kafe de la Casa (Av 3 zw. Calle 2 & 4; Gerichte 3000–6500 CRC; ⏰ 7–20 Uhr) Das Boheme-Café ist in einem alten Tico-Haus untergebracht und besitzt bunt gestrichene Räume mit bunt zusammengewürfelter Kunst, eine offene Küche und einen schattigen Garten zum Draußensitzen. Auf der Speisekarte findet man ausgezeichnete Gerichte fürs Frühstück, leichte Speisen zu Mittag, Feinschmecker-Abendessen und viel Kaffee. Kein Wunder, dass das witzige Lokal jede Menge Stammgäste hat.

An- & Weiterreise

BUS

Der Busbahnhof für Regionalbusse zu den nahe gelegenen Dörfern liegt an der Av 6 in San Isidro. Fernbusse fahren von verschiedenen Punkten in der Nähe der Interamericana ab; weil sie oft überfüllt sind, sollte man sich frühzeitig um ein Ticket kümmern.

Vom Terminal Tracopa

Der **Busterminal Tracopa** (☎ 2771-0468) liegt an der Interamericana, südwestlich der Av Central.

Neily 3500 CRC; 6 Std.; Abfahrt 4.45, 7.30, 12.30 & 15 Uhr.

Palmar Norte 2000 CRC; 3 Std.; Abfahrt 4.45, 7.30, 12.30 & 15 Uhr.

Paso Canoas 3000 CRC; 5 Std.; Abfahrt 8.30, 10.30, 14.30, 16, 19.30 & 21 Uhr.

San José 2100 CRC; 3 Std.; Abfahrt 7.30, 8, 9.30, 10.30, 11, 13.30, 16, 17.45 & 19.30 Uhr.

Vom Terminal Quepos

An der Nebenstraße südlich vom Terminal Tracopa ist der **Terminal Quepos** (☎ 2771-2550).

Dominical 1800 CRC; 2½ Std.; Abfahrt 7, 8, 13.30 & 16 Uhr.

Palmar Norte 2000 CRC; 3 Std.; Abfahrt 6.30 & 15 Uhr.

Palmar Norte/Puerto Jiménez 3000 CRC; 5 Std.; Abfahrt 6.30 & 15 Uhr.

Quepos 2000 CRC; 3 Std.; Abfahrt 7 & 13.30 Uhr.

Uvita 800 CRC; 1½ Std.; Abfahrt 8.30 & 16 Uhr.

Von anderen Bushaltestellen

Der Bus über San Gerardo de Rivas zum Parque Nacional Chirripó startet in San Isidro.

San Gerardo de Rivas (zum Parque Nacional Chirripó) 1800 CRC; 2½ Std.; fährt um 5 Uhr vom Parque Central und um 14 Uhr vom Lokalbusbahnhof an der Av 6.

TAXI

Ein Geländewagentaxi nach San Gerardo de Rivas kostet 10 000 bis 16 000 CRC.

SAN GERARDO DE RIVAS

Wer vorhat, den Gipfel des Chirripó zu erklimmen, ist hier richtig, denn das winzige, ruhige San Gerardo de Rivas ist quasi der Eingang zum Nationalpark (s. S. 688). Von hier lassen sich Unterkünfte im Park reservieren, letzte Besorgungen vor dem Aufbruch machen, und man kann – was wohl das Wichtigste ist – noch einmal richtig gut schlafen, essen und duschen.

Die Straße nach San Gerardo de Rivas windet sich 22 km durch das Río-Chirripó-Tal. Die **Rangerstation Chirripó** (Sinac; ☎ 2200-5348; ⏰ 6.30–12 & 13–16.30 Uhr) liegt ca. 1 km unterhalb des Fußballplatzes an der Straße aus San Isidro de El General. Einfach vorbeischauen (je früher desto besser), um sich über die Verfügbarkeit und die Räumlichkeiten des Hostels auf dem Berggipfel zu informieren und die Gebühren zu zahlen (s. S. 688), bevor man sich auf den Weg in den Park macht.

Schlafen & Essen

Cabinas y Restaurante El Descanso (☎ 2742-5061; Stellplatz 5 US$/Pers., EZ/DZ 10/30 US$) Die idyllische, ruhige Anlage ist eine ausgezeichnete Budgetunterkunft, die von der zuvorkommenden Familie Elizondo betrieben wird. Die billigeren zellenartigen Einzelzimmer lässt man besser links liegen und bezieht eine der helleren, geräumigeren Wohneinheiten im 2. Stock mit eigenem Bad und Balkon.

Cabinas Roca Dura (☎ 2262-7218; Stellplatz 5 US$/Pers., Zi. ab 15–35 US$) Die bequem im Ortszentrum gleich gegenüber vom Fußballplatz gelegene hippe Herberge wurde direkt in den gigantischen Felshang gebaut, was ihr ein *Familie-Feuerstein*-Flair verleiht. Wandmalereien schmücken noch die kleinsten Steinzimmer. Die teureren Zimmer verfügen außer über die aus Baumstämmen gefertigten Möbel und Einbauten auch über Waldblick.

El Urán Hotel y Restaurante (☎ 2742-5003; www.hoteluran.com; B 10 US$, EZ/DZ 25/35 US$) Nur 50 m unterhalb des Wanderweganfangs ist diese schlichte Jugendherberge eine Institution für Wanderer, die auf dem Weg zum/vom Chirripó sind. Die günstigen Zimmer verschiedener Größe und Form sind perfekt für ein erholsames Schläfchen. In der Anlage gibt es auch ein Restaurant, einen Lebensmittelladen und eine Waschküche – alles für wenig Geld.

Cabinas y Restaurante El Bosque (☎ 2742-5021; Zi. 10–15 US$/Pers.) Mitten in einem blühenden Garten bietet das familienbetriebene El Bosque gute Zimmer mit Gemeinschaftsbad und neuere, geräumigere Wohneinheiten mit eigenem Bad. Ein paar kitschige Bilder von lokalen Künstlern zieren die Restaurant-Bar, wo man von der Außenterrasse einen fantastischen Blick auf den Wald und den Fluss genießt.

Casa Mariposa (☎ 2742-5037; www.hotelcasamariposa.net; B 13 US$, EZ/DZ 17/30 US$; 💻) In dem freundlichen, einladenden Backpackerhostel hat man super Möglichkeiten, mit anderen Travellern zusammenzukommen und für den Trip zum Chirripó ein paar Mitstreiter zu gewinnen. Das in den Berghang gebaute Haus hat kleine, aber gemütliche Zimmer mit Steinwänden, die verspielt mit bunten Wandteppichen geschmückt sind.

Albergue de Montaña El Pelicano (☎ 8382-3000; Zi./Hütte ab 20/40 US$; 🏊) Etwa 300 m unterhalb der Rangerstation bietet die simple, funktionale Budgetlodge spartanische, aber saubere Zimmer mit Blick aufs Flusstal. Das Highlight der Anlage ist die Kunstgalerie des Inhabers, der im Alter seine künstlerische Ader entdeckt hat und skurrile Holzskulpturen schnitzt.

An- & Weiterreise

Die Busse nach San Isidro de El General (1800 CRC, 2½ Std.) fahren um 7 und 16 Uhr vom Fußballfeld ab. Taxis kann man von jedem Hotel aus bestellen.

PARQUE NACIONAL CHIRRIPÓ

Der Cerro Chirripó ist mit 3820 m der höchste Berg Costa Ricas und das Herz eines prächtigen Nationalparks in der zerklüfteten Cordillera de Talamanca. Die Landschaft ist von üppigem Nebelwald, Gebirgsseen und nacktem *páramo* (für die südliche Zone typische Hochland-Vegetationsform mit Sträuchern und Tussockgras) geprägt. Ein gut markierter Wanderweg führt zum Gipfel, wo Traveller in einem Berghostel übernachten können. Die Kletterpartie dauert zwei Tage.

Der steile, 16 km lange Aufstieg (der Weg ist oft schlammig) führt durch eine sich ständig verändernde Landschaft mit üppiger Vegetation. Zu den hier lebenden Tieren gehören Harpyien und Quetzals (März–Mai). Früh losmarschieren! Man braucht sechs bis acht Stunden bis zum Hostel. Viel Wasser und Verpflegung sollte auch dabei sein. Der Weg zum Hostel ist der mühsamste Teil. Ab da wird das Gelände flacher, und bis zum Gipfel ist es nur noch eine zweistündige Wanderung.

In der **Crestones Base Lodge**(Centro Ambientalista El Parámo; B 10 US$) kommen bis zu 60 Personen in den mit Etagenbetten bestückten Schlafsälen unter. Ein Sonnenkollektor liefert den Strom für die Beleuchtung von 18 bis 20 Uhr und gelegentlich Wärme für die Dusche. Das Personal vermietet Schlafsäcke (1,60 US$), Bettdecken (0,80 US$), Kochutensilien und Gaskocher. Die Betten sind schnell ausgebucht – rechtzeitig im Voraus reservieren. Alle Wanderer müssen sich in der Rangerstation in San Gerardo de Rivas (S. 687) registrieren und den Parkeintritt (2 Tage 15 US$, jeder weitere Tag 10 US$) zahlen. Gute Karten gibt es ebenfalls. Hier kann man sogar Träger engagieren (bis zu 15 kg ca. 30–50 US$) oder für die Dauer der Wanderung Sachen deponieren.

Von San Gerardo de Rivas geht ein kostenloser Shuttle bis zum Anfang des Wanderwegs; Abfahrt ist um 5 Uhr gegenüber der Rangerstation vor Cabinas El Bosque. Auch mehrere Hotels bieten ihren Gästen am frühen Morgen den Transport zum Weg an.

PALMAR NORTE & PALMAR SUR

6100 Ew.

Mitten durch diesen heißen, staubigen Ort im Bananengürtel fließt der Río Grande de Térraba. Für Traveller ist Palmar das nördliche Tor zum Parque Nacional Corcovado. Banken, Busse und Hotels sind im Zentrum von Palmar Norte zu finden; in Palmar Sur gibt's einen kleinen Flugplatz.

Palmar besitzt nicht viel Reizvolles, aber man kann sich hier von präkolumbischen Kulturen hinterlassene **Granitsteinkugeln** ansehen. Manche haben einen Durchmesser von bis zu 2 m. Man findet sie überall im Ort verstreut, auch am Flugplatz. Die eindrucksvollste Steinkugel steht vor der pfirsichfarbenen Schule *(el colegio)* an der Interamericana.

Schlafen & Essen

Hotel Vista al Cerro (☎ 2786-6663; www.vistaalcerro.com; EZ/DZ ab 30/35 US$, Apt. Verhandlungssache; ❄ 💻 📶) Das bescheidene, von einer Familie betriebene Hotel am westlichen Ortsrand verfügt über alle nötigen Annehmlichkeiten

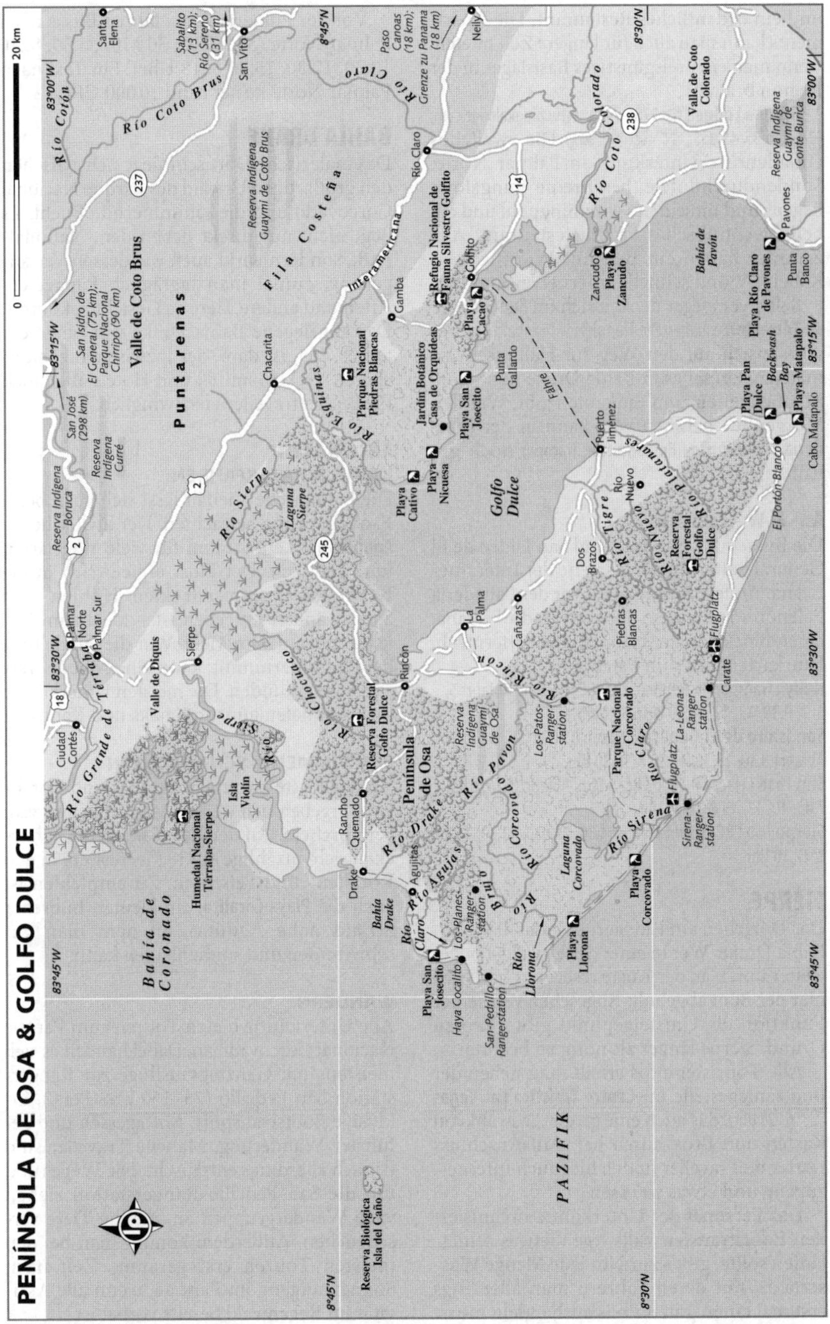
PENÍNSULA DE OSA & GOLFO DULCE
0
20 km
Bahía de Coronado
Humedal Nacional Térraba-Sierpe
Isla Violín
Río Grande de Térraba
Ciudad Cortés
Palmar Norte
Palmar Sur
Valle de Diquís
Sierpe
Río Sierpe
Laguna Sierpe
Reserva Indígena Boruca
Reserva Indígena Curré
San José (298 km)
San Isidro de El General (75 km); Parque Nacional Chirripó (90 km)
Valle de Coto Brus
Puntarenas
Reserva Indígena Guaymí de Coto Brus
Fila Costeña
Río Coto Brus
Río Cotón
Santa Elena
San Vito
Sabalito (13 km); Río Sereno (31 km)
Paso Canoas (18 km); Grenze zu Panama (18 km)
Río Claro
Neily
Interamericana
Chacarita
Río Esquinas
Parque Nacional Piedras Blancas
Gamba
Refugio Nacional de Fauna Silvestre Golfito
Golfito
Playa Cacao
Jardín Botánico Casa de Orquídeas
Playa San Josecito
Playa Cativo
Playa Nicuesa
Punta Gallardo
Golfo Dulce
Fähre
Zancudo
Playa Zancudo
Río Coto Colorado
Valle de Coto Colorado
Reserva Indígena Guaymí de Conte Burica
Bahía de Pavón
Pavones
Playa Río Claro de Pavones
Punta Banco
Backwash Bay
Playa Pan Dulce
Playa Matapalo
Cabo Matapalo
El Portón Blanco
Puerto Jiménez
Río Platanares
Río Nuevo
Río Tigre
Dos Brazos
Reserva Forestal Golfo Dulce
Piedras Blancas
Flugplatz
Carate
Cañazas
La Palma
Rincón
Río Rincón
Río Chocuaco
Reserva Forestal Golfo Dulce
Rancho Quemado
Península de Osa
Reserva Indígena Guaymí de Osa
Río Drake
Río Pavón
Drake
Agujitas
Río Agujas
Bahía Drake
Río Claro
Playa San Josecito
Los-Planes-Rangerstation
Haya Cocalito
San-Pedrillo-Rangerstation
Río Brujo
Río Llorona
Playa Llorona
Río Corcovado
Laguna Corcovado
Playa Corcovado
Río Sirena
Sirena-Rangerstation
Río Claro
Parque Nacional Corcovado
Los-Patos-Rangerstation
La-Leona-Rangerstation
PAZIFIK
Reserva Biológica Isla del Caño
83°45'W
83°30'W
83°15'W
83°00'W
8°45'N
8°30'N

COSTA RICA

und ein ordentliches Restaurant. Die Apartments kann man auch für längere Zeit mieten, wenn man ein preisgünstiges Basislager in der Region braucht.

Brunka Lodge (☎ 2786-7489; www.brunkalodge.com; EZ/FZ ab 35/45 US$;) Die zweifellos einladendste Unterkunft in Palmar Norte. Sonnendurchflutete, besenreine Bungalows liegen rund um einen Swimmingpool und ein beliebtes, hübsches Freiluftrestaurant. Alle Zimmer haben ein Bad mit Warmwasser, Kabel-TV und schnelle Internetverbindung.

Selbstversorger decken sich im **Supermercado Térraba** (Bushaltestelle Transportes Térraba) ein, bevor sie sich auf den Weg zur Halbinsel Osa machen, zumal es in Bahía Drake nur wenig Möglichkeiten zum Einkaufen gibt. Wer den Morgenbus nehmen will, kann in der **Panadería Palenquito** (Bushaltestelle Tracopa) noch gut frühstücken.

An- & Weiterreise

Die Busse nach San José und San Isidro de El General halten an der Ostseite der Interamericana. Andere Busse fahren vor der Panadería Palenquito oder dem Supermercado Térraba, einen Block von der Hauptstraße entfernt, ab. Fahrkarten gibt's im Palenquito.

Neily (Transportes Térraba) 800 CRC; 1½ Std.; Abfahrt 5, 6, 7, 9.30, 12, 13, 14.20 & 16.50 Uhr.

San Isidro de El General (Tracopa) 2000 CRC; 3 Std.; Abfahrt 8.30, 11.30, 14.30 & 16.30 Uhr.

San José (Tracopa) 2800 CRC; 5 Std.; Abfahrt 5.25, 6.15, 7.45, 10, 13, 15 & 16.45 Uhr.

Sierpe 650 CRC; 1 Std.; Abfahrt 4.30, 7, 9.30, 11.30, 14.30 & 17.30 Uhr.

SIERPE

Das Dörfchen am Río Sierpe ist das Tor nach Bahía Drake. Wer in einer der Urwald-Lodges weiter unten an der Küste reserviert hat, wird hier per Boot abgeholt. Abgesehen von seiner Funktion als Umsteigepunkt gibt's keinen Grund, Sierpe länger als nötig zu beehren.

Alle Touristeninfos erhält man neben der Bootsanlegestelle im **Centro Turístico Las Vegas** (6–22 Uhr), das auch eine große Auswahl von Karten und Broschüren hat. Auf Anschluss wartende Traveller finden hier auch Internetzugang und etwas zu essen.

Das Personal der Unterkünfte organisiert den Bootstransfer. Falls irgendetwas schieflaufen sollte, gibt's zur Not jede Menge Wassertaxis, mit deren Fahrern man allerdings erst mal einen guten Preis aushandeln muss.

Vor der Pulpería Fenix fahren Busse nach Palmar Norte (300 CRC, 30 Min., 5.30, 8.30, 10.30, 12.30, 15.30 & 18 Uhr). Ein Taxi nach Palmar Norte kostet rund 10 000 CRC.

BAHÍA DRAKE

Das malerische Dorf schmiegt sich zwischen den großartigen Urwald des Parque Nacional Corcovado und die schimmernde Bucht. Es liegt nicht nur direkt neben dem Nationalpark, sondern wirkt auch wie dessen Verlängerung, zumal man tagtäglich Papageien, Affen und andere Tiere zu Gesicht bekommt. Das abgelegene Bahía Drake war lange ein teures Ziel, ist dank der inzwischen zahlreicheren Verkehrsmittel und Hotels aber auch für Budgettraveller erschwinglich.

Aktivitäten

KANU- & KAJAKFAHREN

Die biologische Vielfalt lässt sich auch beim Paddeln prima betrachten. Der idyllische **Río Agujitas** ist Lebensraum für viele Vogelarten und Reptilien. Der Fluss ergießt sich in die Bucht, die von versteckten Höhlen und Sandstränden umgeben ist – ideal zum Kajakfahren auf dem Meer. Wer die Paddeltour bei Flut unternimmt, kann ein größeres Territorium erkunden. Die meisten Unterkünfte hier vermieten günstig Kajaks und Kanus.

SCHWIMMEN & SCHNORCHELN

An der Küste zwischen Agujitas und Corcovado ergeben sich weitere Möglichkeiten zum Schnorcheln. An der **Playa San Josecito** verstecken sich unzählige bunte Meerestiere in den Korallen- und Felsriffen. Zu empfehlen ist auch die **Playa Cocalito**, ein kleiner, hübscher Strand nahe Agujitas, an dem man gut schwimmen und sonnenbaden kann.

WANDERN

Alle Unterkünfte bieten Touren zum Parque Nacional Corcovado an. Dabei handelt es sich meistens um Ganztagsausflüge zur Rangerstation San Pedrillo (75–150 US$/Pers.), inklusive Bootstransport, Mittagessen und geführter Wanderung. Manche Traveller sind danach allerdings enttäuscht. Die Wege rund um die San-Pedrillo-Rangerstation ziehen viele Wandergruppen an, die die Tiere verscheuchen. Außerdem kommt man bei den meisten Touren erst geraume Zeit nach Sonnenaufgang im Park an, wenn alle Aktivität im Regenwald bereits vorbei ist.

Geführte Touren

Tracie, die „Bug Lady", hat sich mit ihren faszinierenden **Nachtwanderungen** (☎ 8382-1619; www.thenighttour.com; Eintritt 35 US$; 🕑 19.45–22 Uhr) durch den Urwald einen Namen gemacht. Sie ist bezüglich Insekten ein wandelndes Lexikon, ohne einen mit wissenschaftlichen Details zu langweilen – eines ihrer Forschungsgebiete ist die militärische Nutzung von Insekten.

Schlafen & Essen

LP Tipp **Finca Maresia** (☎ 8832-6730; www.fincamaresia.com; B 18 US$, EZ/DZ 25/36 US$, Standard-/besserer Bungalow 55/75 US$) Nachdem sie über zwanzig Jahre lang die Welt bereist hatten, beschlossen die Inhaber dieses Schmuckstücks, sich in ihrem eigenen Stück Paradies niederzulassen. Auf einer weitläufigen *finca*, die sich über mehrere Hügel erstreckt, lockt diese Unterkunft mit niedrigen Preisen, viel Leistung und guter Gestaltung. Von allen sieben Zimmern blickt man auf die üppige Natur, und fast ununterbrochen sind die Geräusche des Urwalds zu hören. Neben der atemberaubenden Natur ist auch die von den Reisen der Eigentümer stammende Einrichtung bezaubernd: Beim Gang von Zimmer zu Zimmer erwarten einen modernistische Glaswände genauso wie japanischen Schiebetüren aus Reispapier.

Cabinas El Mirador Lodge (☎ 8836-9415; www.miradordrakebay.com; Zi. 45 US$) Hoch auf einem Hügel am nördlichen Ende von Agujitas befindet sich El Mirador (der Aussichtspunkt). Es gibt acht gemütliche Hütten, von denen aus man einen spektakulären Blick auf die Bucht hat – damit wird die Anlage ihrem Namen voll gerecht. Vom Balkon aus kann man den Sonnenuntergang beobachten, oder man klettert zum Aussichtspunkt hinauf. Die gastfreundliche Familie Vargas bereitet allen Gästen neben dem warmherzigen Empfang pro Tag drei ordentliche Mahlzeiten in herzhafter costa-ricanischer Küche zu.

An- & Weiterreise

Alle Hotels organisieren die Überfahrt per Boot zwischen Sierpe und Bahía Drake. Wer sich im Vorfeld nicht darum gekümmert hat, kann in Sierpe eines der privaten Wassertaxis nehmen (der Preis ist Verhandlungssache).

Von Bahía Drake wandert man vier bis sechs Stunden über einen Strandweg bis zur Rangerstation San Pedrillo am Nordende von Corcovado. Wer eine Wanderung im Nationalpark machen und an den Rangerstationen übernachten will, muss vorher reserviert haben – weitere Infos dazu gibt's auf S. 692.

PUERTO JIMÉNEZ

8000 Ew.

Port Jim, wie die Gringos es nennen, war früher ein Goldgräberzentrum und hat sich die Atmosphäre eines Außenpostens erhalten. Hier kommt es nicht selten vor, dass man beim Gang durch die staubigen Straßen Papageien auf dem Fußballplatz oder Weißschulterkapuziner in den Baumwipfeln neben der Hauptstraße sieht. Dass es in Puerto Jiménez so viele Tiere gibt, liegt daran, dass es am Rand des Parque Nacional Corcovado gelegen ist. Es ist auch der bevorzugte Ausgangspunkt zur Rangerstation Sirena (berühmt für die vielen Tierbeobachtungsmöglichkeiten); man kann hier seine Expedition organisieren, die Vorräte aufstocken und noch einmal gut essen und schlafen.

Praktische Informationen

Im **Cafenet El Sol** (☎ 2735-5719; 1000 CRC/Std.; 🕑 7–22 Uhr) mit WLAN kann man Mails checken. Die Banco Nacional de Costa Rica hat einen Plus-Geldautomaten. Für Infos über den Parque Nacional Corcovado und Camping-Reservierungen ist die **Oficina de Area de Conservación Osa** (☎ 2735-5580; 🕑 Mo–Fr 8–12 & 13–16 Uhr) zuständig.

Geführte Touren

Es ist möglich, auf eigene Faust Ausflüge zum Corcovado zu machen, aber wer sich einem einheimischen Führer anvertrauen will, sollte sich an folgende Veranstalter wenden:

Aventuras Tropicales (☎ 2735-5195; www.aventurastropicales.com) Der Veranstalter bietet alle möglichen Abenteuer in den Tropen an.

Cacique Tours (☎ 8815-8919; www.lasosas.com/index_tours.htm) Der freundliche Oscar Cortés hat eine Vielzahl von Touren durch die Wildnis im Programm; seine Spezialität ist die Wanderung am frühen Morgen zur Vogelbeobachtung.

Escondido Trex (☎ 2735-5210; www.escondidotrex.com) Hat sich auf Kajaktouren spezialisiert, z. B. Paddeltouren in den Mangroven, Touren in den Sonnenuntergang oder nachts sowie Kajak-und-Schnorchel-Kombitouren.

Schlafen

Cabinas the Corner (☎ 2735-5328; www.jimenezhotels.com/cabinasthecorner; B 5 US$, DZ 12 US$) Die superbillige Absteige hat zwar nicht mehr zu bieten als ein Bett in einem ventilatorgekühlten

Zimmer, ist aber absolut sauber und sicher und hat folglich immer mehr Fans. Wie in jeder anderen Unterkunft trifft man auch hier leicht auf potenzielle Mitwanderer und bekommt unbezahlbare Tipps.

Cabinas Oro Verde (☎ 2735-5241; Zi. 15 US$/Pers.) Simpel und zentral – das sind die Kriterien, die ein Budgethotel erfüllen muss. Die Zimmer sind sauber, wenn auch etwas muffig. Und die Fenstergitter sind zwar nicht gerade hübsch, dafür ist man hier sicher.

Cabinas Iguana Iguana (☎ 2735-5158; Zi. 20 US$/Pers.;) Am nördlichen Ortsrand stehen diese Holzhütten auf einem ruhigen, schattigen Grundstück. Die hiesige Bar ist an Wochenenden eine heiße Adresse – wer einen leichten Schlaf hat, sollte anderswo absteigen.

Cabinas Carolina (☎ 2735-5696; DZ mit/ohne Klimaanlage 40/35 US$;) Weil die billigen, robusten Hütten keine Fenster haben, fühlt man sich ein wenig wie in einem Betonbunker. Zumindest aber verfügen sie über Klimaanlagen und liegen zentral. Das angeschlossene Restaurant Carolina ist eine Institution in Jiménez.

Cabinas Bosque Mar (☎ 2735-5681; DZ mit/ohne Klimaanlage 40/35 US$;) Der pinkfarbene motelartige Bau ist einer der besten Deals hier, zumal alle Zimmer groß und luftig sind.

Cabinas Eilyn (☎ 2735-5465; DZ mit/ohne Klimaanlage 40/35 US$;) Gastfreundschaft steht in dieser familienbetriebenen, ruhigen Herberge am Ortsrand ganz oben. Hohe Decken, geflieste Böden und eine nette Veranda werten die vier heimeligen *cabinas* auf, die an das Haus der costa-ricanischen Inhaber angebaut sind.

Essen & Ausgehen

Café La Onda (leichte Gerichte 1000–3500 CRC) Witziges, buntes Traveller-Café, in dem man gut relaxen und mit anderen ins Gespräch kommen kann. Hier gibt's hausgemachte Backwaren, ausgezeichneten Kaffee und Frucht-Smoothies.

Restaurant Carolina (Gerichte 1500–4000 CRC) Da trifft sich alles zum Essen und Trinken: ortsansässige Ausländer, naturkundige Führer, Touristen und Einheimische.

Iguana Iguana (16–24 Uhr) Die beliebte Kneipe bei den gleichnamigen *cabinas* brummt vor allem am Wochenende, wenn sich auch Einheimische unter die Leute mischen.

An- & Weiterreise

BUS

Die meisten Busse halten am pfirsichfarbenen Busbahnhof im Westen des Orts. Alle fahren über La Palma (23 km entfernt) zum Osteingang des Nationalparks Corcovado. Fahrkarten für Busse nach San José im Voraus kaufen!

Neily 2000 CRC; 3 Std.; Abfahrt 5.30 & 14 Uhr.

San Isidro de El General 3000 CRC; 5 Std.; Abfahrt 13 Uhr.

San José (Autotransportes Blanco Lobo) 5900 CRC; 8 Std.; Abfahrt 5 & 11 Uhr.

SCHIFF/FÄHRE

Es gibt zwei Passagierfähren nach Golfito (3000 CRC, 1½ Std., tgl. 6 & 10 Uhr). Die Abfahrtszeiten können sich ändern, denn in diesen Teilen des Landes hängen sie nicht selten von der Stimmung des Kapitäns ab.

Wer nicht auf die Fähre will, kann sich für die Überfahrt über die Bucht ein Wassertaxi nehmen. Den Preis muss man aushandeln, aber der ist in der Regel fair, weil man ja zur Not noch auf die Fähre ausweichen kann.

TAXI

Colectivo Transportation (☎ 8837-3120, 8832-8680; Soda Deya) betreibt Jeeptaxis nach Carate (3500 CRC) an der Südspitze des Nationalparks. Sie fahren um 6 und 13.30 Uhr von der Soda Deya ab und kehren um 8.30 und 16 Uhr zurück.

Ansonsten kann man telefonisch bei **Taxi 348** (☎ 8849-5228; taxicorcovado@racsa.co.cr) oder **Central Taxi Center** (☎ 2735-5481) ein Jeeptaxi bestellen. Die Taxifahrt nach Carate kostet bis zu 39 500 CRC, die nach Drake mehr als 50 000 CRC.

PARQUE NACIONAL CORCOVADO

Diese Bastion biologischer Vielfalt ist Lebensraum für Costa Ricas größte Population Hellroter Aras. Hier leben auch unzählige andere gefährdete Arten, darunter der Zentralamerikanische Tapir, der Große Ameisenbär und der weltweit größte Raubvogel, die Harpyie. Die unglaubliche Artenvielfalt lockt schon seit Langem massenweise Besucher an, die aus Bahía Drake und Puerto Jiménez kommen, um die entlegene Gegend zu erkunden und einige der vielen Tiere in freier Natur zu beobachten.

Praktische Informationen

Infos und Karten erhält man in der **Oficina de Área de Conservación Osa** (☎ 2735-5580; Park-Eintritt 10 US$; 8–16 Uhr) in Puerto Jiménez.

Die Parkverwaltung befindet sich in der **Sirena-Rangerstation** an der Küste mitten im

INSIDERTIPP

Ich bin immer gerne im Restaurant Carolina (S. 692). Das Essen ist frisch, und die Getränke sind kühl. Das Publikum ist immer bunt gemischt und die Stimmung energetisch und lebendig. Ich arbeite in der Tourismusbranche; insofern sehe ich es immer gerne, wenn Besucher hier in Port Jim ihren Spaß haben.

Alejandro, Port Jim

Nationalpark. Im Park gibt's noch andere Rangerstationen: die **San-Pedrillo-Rangerstation** an der Küste im Nordwesten, die neue **Rangerstation Los Planes** am Nordrand (nahe dem gleichnamigen Dorf), die **La-Leona-Rangerstation** in der südöstlichen Ecke an der Küste (nahe Carate) und die **Rangerstation Los Patos** in der Nordostecke (nahe La Palma.)

Wandern

Wandern in Corcovado ist eine echte Herausforderung: Die Wege sind primitiv und schwierig, und die Luft ist schwül und voller Insekten. Dafür ist man aber von Tieren in freier Natur umgeben. Die wichtigsten Wege durch den Parque Nacional Corcovado sind gut gekennzeichnet, sodass man auch auf eigene Faust losziehen kann. Allerdings könnten Führer einem einen besseren Einblick in die Natur geben. Die beste Zeit für eine Wanderung ist die Trockenzeit (Dez.–April). Die Wege führen zu allen fünf Rangerstationen – drei davon liegen am Rand des Parks, und die Parkverwaltung, die Station Sirena, mittendrin.

Die beliebteste Strecke führt von Los Patos quer durch den Nationalpark zur Sirena-Rangerstation und weiter bis zum Ausgang bei La Leona (oder umgekehrt). So können Traveller ihren Ausflug in oder in der Nähe von Puerto Jiménez, von wo man leicht nach La Leona und Los Patos kommt, beginnen bzw. beenden. Von Carate aus wandert man 90 Minuten bis zur Rangerstation La Leona. Von dort geht die Wanderung über einen Pfad an der Küste bis Sirena (7 Std.) weiter. Von dort braucht man landeinwärts sechs Stunden bis zur Rangerstation Los Patos und weitere vier Stunden bis nach La Palma. Ab da fahren Busse nach Puerto Jiménez.

Während der Trockenzeit kann man von Sirena aus an der Küste entlang weiter bis zur Rangerstation bei San Pedrillo (8–10 Std.) und dann hinaus bis nach Drake (5–7 Std.) wandern. Der Strandweg zwischen Sirena und San Pedrillo ist von April bis November gesperrt, weil dann die Meeresarme überflutet sind. Bei der Wanderung über Küstenpfade muss man oft durchs Wasser waten; es gibt keinen Schatten, und man muss auch mit lockerem Sand rechnen. Die hilfsbereiten Ranger halten Gezeitentabellen bereit, damit man nicht plötzlich durch die Flut vom Land abgeschnitten ist.

Campen (Stellplatz 4 US$/Pers.) ist nur an den Rangerstationen erlaubt. Dort gibt es Trinkwasser und Latrinen. **Betten in Schlafsälen** (12 US$) und warmes Essen sind nur in der Station Sirena vorhanden. Camper müssen sich ihre Verpflegung selber mitbringen und sämtlichen Abfall wieder mitnehmen.

Reservierungen für die Campingplätze muss man 15 bis 30 Tage im Voraus bei der **Oficina de Area de Conservación Osa** (☎ 2735-5580; 🕑 Mo–Fr 8–12 & 13–16 Uhr) in Puerto Jiménez vornehmen. Für die Wanderung unbedingt an Kompass, Taschenlampe, Campingausrüstung und Insektenschutzmittel denken!

An- & Weiterreise

AB BAHÍA DRAKE

Von Bahía Drake aus kann man über den Küstenweg bis zu der ungefähr vier Stunden von Agujitas entfernten Rangerstation San Pedrillo laufen. Es ist aber auch möglich, über die Corcovado-Touren hierher zu kommen, die alle Unterkünfte regelmäßig anbieten. Wer will, kann auch landeinwärts zur Los-Planes-Rangerstation gehen; das ist aber eine längere Strecke durch tiefen Wald.

Mit einem gecharterten Boot kommt man ebenfalls nach San Pedrillo (80–125 US$) oder Sirena (125–165 US$). Wer ein Auto hat, kann das für ein paar Dollar pro Tag bei den meisten Hotels und Lodges in Bahía Drake abstellen.

AB LA PALMA

Im Norden ist La Palma der nächste Ort. Von dort kann man per Bus oder Taxi gen Süden nach Puerto Jiménez oder nordwärts nach San José fahren.

Wer nach Los Patos will, findet vielleicht für einen Teil der Strecke ein Taxi. Allerdings ist die Straße nur mit Geländewagen passierbar (und auch das nicht immer). Man sollte also darauf vorbereitet sein, die 14 km lange Strecke bis zur Rangerstation zu wandern. Auf den letzten 6 km überquert die Straße rund

20-mal den Fluss. Die richtige Ausfahrt kurz vor der Rangerstation übersieht man leicht – also Augen auf!

AB CARATE

Der nächstgelegene Ort im Südosten ist Carate. Von dort ist es eine einstündige Wanderung (3,5 km) Richtung Westen am Strand entlang bis zur La-Leona-Rangerstation.

Carate ist über eine 45 km lange, schlechte und ungepflasterte Straße von Puerto Jiménez aus erreichbar. Die Fahrt selbst ist schon ein Abenteuer. Unterwegs sieht man oft Wildtiere. Zweimal pro Tag fährt ein Jeeptaxi mit Allradantrieb diese Strecke. Der Preis hängt von der Zahl der Fahrgäste und deren Feilschtalent ab (in der Regenzeit ist's teurer).

GOLFITO

16 000 Ew.

Golfito war früher ein geschäftiger Bananenhandelshafen. Heute holt sich der dahinterliegende Urwald den Ort langsam wieder zurück. Ticos kommen hierher, um zollfrei einzukaufen, aber für Backpacker ist der Ort eher das Sprungbrett nach Port Jim oder Pavones. Wer seinen Bus verpasst, kann in den **Cabinas El Tucán** (☎ 2775-0553; Zi. mit/ohne Klimaanlage pro Pers. 15/10 US$; ⊠), einer einladenden Unterkunft im Zentrum, übernachten. Die sauberen, geräumigen Zimmer verschiedener Größe und Form sind rund um einen schattigen, gefliesten Innenhof angelegt.

Es gibt zwei Passagierfähren vom Muellecito (kleine Anlegestelle) nach Puerto Jiménez (3000 CRC, 1½ Std., tgl. 6 & 10 Uhr). Die Abfahrtszeiten können sich je nach Laune des Kapitäns ändern.

Die meisten Busse halten am Depot vor dem Muellecito.

Neily 800 CRC; 1½ Std.; Abfahrt 6–19 Uhr stündl.

Pavones 2500 CRC; 3 Std.; Abfahrt 10 & 15 Uhr; abhängig von Straßen- und Wetterbedingungen, vor allem in der Regenzeit.

San José, über San Isidro de El General (Tracopa) 4700 CRC; 7 Std.; Abfahrt 5 & 13.30 Uhr vom Busbahnhof nahe Muelle Bananero.

PAVONES

Schmale Schotterstraßen und palmengesäumte, windige Strände heißen Traveller in Pavones willkommen, das nur einen Steinwurf von Panama entfernt quasi am Ende der Straße liegt. Die erstklassigen Surfbedingungen, die unzähligen Hellroten Aras und die spitzbübischen Kinder, die abends mit dem Fahrrad herumrasen, lassen den Ort wie das Paradies wirken. Inzwischen haben sich auch eine Menge Ausländer hier angesiedelt.

Unter Surfern ist Pavones für seine legendären, tückischen Left-Hand-Breaks berühmt, die bis zu drei Minuten anhalten. Die großen Wellen treiben Surfer zu den spitzen Felsblöcken am Ende der Bucht. Manchmal herrscht aber auch wochenlang Flaute – vor dem Aufbruch einen hiesigen Surfanbieter kontaktieren und aktuelle Infos einholen! Die besten Bedingungen zum Surfen herrschen bei Südwind meist zwischen April und Oktober.

Der Ort hat zwei Zentren. Die Busse halten zuerst in Pavones und fahren dann südwärts weiter nach Punta Banco, wo die Straße endet und ein Urwald beginnt, der sich bis nach Panama erstreckt. Zwischen Pavones und Punta Banco fahren nur wenige Verkehrsmittel, aber es ist ein hübscher, wenn auch langer Spaziergang. In Pavones gibt's weder eine Bank noch eine Tankstelle – also vorher ausreichend Bargeld und Benzin besorgen!

Schlafen & Essen

Rancho Burica (www.ranchoburica.com; Zi. 8–22 US$/Pers.) Backpacker schwärmen von diesem freundlichen, jungen Außenposten, der buchstäblich am Ende der Straße in Punta Banco liegt. Alle Zimmer sind mit Bad und Ventilator ausgestattet, die teureren sogar mit Moskitonetzen über dem Bett und ansprechenden Holzmöbeln. Dank der überall auf dem Anwesen verteilten Hängematten kann man prima relaxen. Keine Reservierung möglich!

Cabinas Casa Olas (☎ 8826-3693; Zi. ab 15 US$/Pers.; ⊠) Die ca. 100 m östlich vom Fußballplatz stehenden fünf Hütten verschiedener Größe verfügen über breite Holzdielen, bunt gestrichene Wände und eine Atmosphäre des herrlich Unfertigen – genau richtig für relaxte Surfer. Alle Gäste teilen sich die Freiluftküche und die überdachte Hängematten-Lounge.

Cabinas Mira Olas (☎ 8393-7742; www.miraolas.com; Zi. 30–45 US$) Diese 4,5 ha große Farm ist voller Wildtiere, Obstbäume und Hütten für jeden Geschmack. Die „rustikale" Hütte, die übrigens als erste in Pavones eine Toilette mit Wasserspülung hatte, ist ganz anders als die schöne offene Hütte „Urwald Deluxe" mit riesigem Balkon und elegantem Kuppeldach. Um hinzukommen, die Abzweigung bei den Fischerbooten nehmen und den steilen Hügel rauf den Schildern folgen. Es lohnt sich!

Esquina del Mar Cantina (Gerichte 1500–2500 CRC) Eine Institution in Pavones! Nach dem Surfen geht's auf einen Drink hierher, denn vom Lokal hat man Blick auf die Left-Hander.

An- & Weiterreise

Zwei Busse pro Tag fahren nach Golfito (2500 CRC, 3 Std.): Der erste startet um 5.30 Uhr am Ende der Straße bei Rancho Burica (man kann auch an der Bushaltestelle gegenüber der Riviera einsteigen), der zweite um 12.30 Uhr an der Esquina del Mar Cantina. Von Golfito (Haltestelle Muellecito) gibt's um 10 Uhr einen Bus nach Pavones und um 15 Uhr einen über Pavones nach Punta Banco.

NEILY

Neily ist zwar die zweitgrößte „Stadt" im Süden Costa Ricas, hat sich aber wie das benachbarte Palmar die freundliche Atmosphäre eines ländlichen Orts erhalten. Das dämpfige Neily liegt nur 50 m über dem Meeresspiegel. Für Traveller ist es zwar wenig reizvoll, dient aber als regionaler Verkehrsknotenpunkt und landwirtschaftliches Zentrum. Die **Banco Coopealianza** (🕑 Mo–Fr 8–15 Uhr) südwestlich vom *mercado* hat einen rund um die Uhr zugänglichen Cirrus-Geldautomaten.

Nur wenige finden einen Grund, sich im Ort umzuschauen. Wer will, bekommt aber im **Centro Turístico Neily** (☎ 2783-3031; Zi. ab 30 US$; ❄ ▣), einer lässigen Anlage in einem ruhigen Wohnviertel, ein sauberes Zimmer und warmes Essen. Die dem Kolonialstil nachempfundene Deko erzeugt ein entspanntes Flair, zu dem auch das friedliche Freiluftrestaurant mit Blick auf das Anwesen passt.

Die Busse fahren vom Hauptbusbahnhof im Ostteil des Orts ab.

Golfito 800 CRC; 1½ Std.; Abfahrt 6–19.30 Uhr stündl.
Palmar 800 CRC; 1½ Std.; Abfahrt 4.45, 9.15, 12, 12.30, 14.30, 16.30 & 17.45 Uhr.
Paso Canoas 250 CRC; 30 Min.; 6–18 Uhr alle halbe Std.
Puerto Jiménez 2000 CRC; 3 Std.; Abfahrt 7 & 14 Uhr.
San Isidro de El General (Tracopa) 3500 CRC; 6 Std.; Abfahrt 7, 10, 13 & 15 Uhr.
San José (Tracopa) 5000 CRC; 8 Std.; Abfahrt 4.30, 5, 8.30, 11.30 & 15.30 Uhr.

PASO CANOAS

Der wichtigste Grenzübergang zwischen Costa Rica und Panama ist hektisch, schmuddelig und charmefrei. Deshalb nehmen sich die meisten Traveller bei der Ein- oder Ausreise in Paso Canoas nur Zeit, einen flüchtigen Blick auf den Stempel in ihrem Pass zu werfen.

Die **Báncredito** (🕑 8–16.30 Uhr) in der Nähe der **costa-ricanischen Einreise- & Zollstelle** (🕑 6–23 Uhr) löst Reiseschecks ein, und nahe der Grenze gibt's auch einen Geldautomaten (Visa & Plus). Die Wechselkurse für übrige Colones sind nicht gut, aber akzeptabel. An der Grenze werden Colones noch akzeptiert, aber weiter in Panama wird man sie schwer los.

Tracopa betreibt Busse nach San José (5000 CRC, 6 Std., 4, 7.30, 9 & 15 Uhr). Der **Tracopa-Busterminal** (☎ 2732-2201), eigentlich nur ein Schalter, liegt nördlich des Grenzpostens auf der Ostseite der Hauptstraße. Die Busse am Sonntagnachmittag sind oft voller Leute, die auf Einkaufstour in Panama waren – Fahrkarten so früh wie möglich kaufen! Die Busse nach Neily (800 CRC, 30 Min., 6–18 Uhr min. 1-mal stündl.) fahren ab der Post.

ALLGEMEINE INFORMATIONEN

AKTIVITÄTEN

Reiten

Wo man sich in Costa Rica auch aufhält, findet man immer jemanden, der Ausritte

COSTA RICA

UNTERWEGS NACH DAVID, PANAMA

Der Grenzübergang **Paso Canoas-David** (☎ 24 Std.) an der Carretera Interamericana ist überlaufen und chaotisch, vor allem an Wochenenden und Feiertagen, wenn die Leute auf Einkaufstour gehen.

Die costa-ricanische Einreisestelle befindet sich an der Ostseite des Highways nördlich vom Tracopa-Terminal. Nachdem man sich hier ein Ausreisevisum geholt hat, geht man 400 m nach Osten zur panamaischen Einreisestelle, die in einem gelben Gebäude untergebracht ist. Hier kauft man eine Touristenkarte zur Einreise nach Panama. Möglicherweise muss man ein Weiterreiseticket vorweisen und seine Zahlungsfähigkeit (durch eine Kreditkarte) belegen. Von hier fahren Dutzende von Kleinbussen nach David (2 US$, 1½ Std.).

Infos zur Einreise von Panama nach Costa Rica gibt's auf S. 746.

anbietet. Die Preise reichen von 25 US$ für ein oder zwei Stunden bis zu mehr als 100 US$ für einen ganzen Tag. Es werden auch Ritte mit Übernachtung und Packpferd arrangiert – die zu abgelegenen Zielen in den Nationalparks sind besonders beliebt. Wir warten weiterhin auf Briefe von Travellern, die gute Veranstalter empfehlen (und vor schlechten warnen)! In Monteverde und Santa Elena (S. 644) gibt's viele Wege durch die Wildnis.

Seilrutschen

Nichts kann eine Seilrutschpartie nach Tarzan-Manier durch den Regenwald toppen. Die Veranstalter preisen die Tour als großartige Möglichkeit an, die Natur zu erkunden, aber eigentlich rauscht man nur an den verschwommen und broccoligroß wirkenden Bäumen vorbei. Die adrenalinpushenden Spritztouren sind in Touristenorten ein gutes Geschäft. Die meisten Leute ziehen aber die originalen Seilrutschen in Monteverde und Santa Elena (S. 644) an. Der Wahnsinn!

Surfen

Bei den meisten internationalen Fluglinien kann man mit dem Gepäck auch Surfbretter aufgeben (in gepolsterten Surfbrett-Taschen). Auch Inlandsfluglinien akzeptieren gegen einen Aufpreis Surfbretter bis zu einer Länge von 2,1 m. Ist der Flieger voll, kann es aber sein, dass Surfbretter wegen der Maximalgewichtsbestimmungen nicht mitdürfen. Aber man kann in Costa Rica ein neues oder gebrauchtes Brett kaufen und vor der Abreise wieder verkaufen. An vielen Surfspots – Playa Tamarindo (S. 664), Jacó (S. 675), Dominical (S. 682) und Puerto Viejo de Talamanca (S. 638) – gibt es Anbieter, die Short- und Longboards vermieten, reparieren, Surfstunden geben und Ausflüge organisieren.

Tauchen & Schnorcheln

Das Wasser hier ist schön warm und voller Getier. Während der Regenzeit, wenn die Flüsse anschwellen und in den Ozean rauschen, ist die Sicht im Wasser nicht gut. Dann ist es besser, mit einem Boot aufs Meer rauszufahren. Die besten Stellen zum Tauchen und Schnorcheln sind Puerto Viejo de Talamanca (S. 638) und Playa del Coco (S. 661).

Tiere beobachten

Costa Rica ist das zentralamerikanische Land, in dem man am einfachsten Tiere beobachten kann – manchmal drängen sie sich geradezu auf. Vögel gibt es zuhauf, und viele Besucher bekommen auch Affen, Faultiere, Blattschneiderameisen, Morphofalter, Pfeilgiftfrösche, Schildkröten, Krokodile und Leguane zu Gesicht – um nur einige zu nennen. Gute Stellen, um mit einem Fernglas bewaffnet auf die Lauer zu gehen, sind die Nationalparks und die privaten Schutzgebiete. Die beste Zeit sind der frühe Morgen und der späte Nachmittag.

Trotzdem realistisch bleiben: Das hier ist kein Zoo, und die dichte Vegetation im Wald erschwert es manchmal, Tiere zu erspähen. Am besten bewegt man sich langsam und ruhig und lauscht den Geräuschen. Die größte Aussicht auf Erfolg hat man, wenn man einen Führer engagiert.

Wandern

Die ideale Zeit für lange Wanderungen ist die Trockenzeit. Zu den besten Trips zählen der mehrtägige durch den Parque Nacional Corcovado (S. 692) und die Klettertour auf den Chirripó (S. 687). Achtung: In manchen Nationalparks wurden Wanderer schon überfallen und ausgeraubt, z. B. in Carara, Braulio Carrillo, Gandoca-Manzanillo und an der Straße zwischen La Palma und Los Patos nahe Corcovado. Am sichersten ist es in einer Gruppe oder mit einem Führer.

Wildwasserrafting & Kajakfahren

Die Monate zwischen Juni und Oktober gelten als die besten zum Raften. Manche Flüsse führen aber das ganze Jahr über viel Wasser. Sonnenschutz, Kleidung zum Wechseln, wasserdichte Tasche für die Kamera und Flusssandalen mitbringen! Das Epizentrum für Rafting ist der Ort Turrialba (S. 626).

Für Erfahrene können auch Kombitouren mit Rafting und Kajakfahren organisiert werden. Eingefleischte Kajakfahrer treffen sich in Puerto Viejo de Sarapiquí (S. 653) im nördlich Zentral-Costa-Rica.

ARBEITEN

Für Ausländer ist es schwer, in Costa Rica Arbeit zu finden. Der Staat sieht es nicht gern, wenn jemand den Einheimischen Jobs wegnimmt, und diese Haltung drückt sich auch in den Arbeitsgesetzen aus. Grundsätzlich können Ausländer nur legal in Costa Rica arbeiten, wenn sie das für das eigene Unternehmen tun, Fähigkeiten besitzen, die im Land Mangelware sind, oder für Unternehmen arbeiten, die besondere Vereinbarungen mit dem Staat getroffen haben.

Für einen legalen Job braucht man eine Arbeitserlaubnis – die zu beschaffen, ist zeitaufwändig und schwierig. Die besten Chancen hat man noch als Englischlehrer in einer der Sprachschulen oder in der Gastronomie- bzw. Hotelbranche. Naturwissenschaftler oder Bootstourenguides können Jobs bei privaten Lodges oder Abenteuertourveranstaltern finden – doch der Verdienst wird gerade mal zum Überleben reichen.

BOTSCHAFTEN & KONSULATE

Botschaften und Konsulate sucht man am besten morgens auf, weil es dann dort am ruhigsten ist. Infos zur Visavergabe gibt's auf S. 704. Die folgenden Vertretungen sind in San José.

Deutschland (☎ 2232-5533) Im 8. Stock des Torre La Sabana an der Sabana Norte, 300 m westlich des ICE-Baus.
El Salvador (☎ 2257-7855) Man geht 500 m nach Norden und am Toyota-Autohaus an der Paseo Colón 25 m nach Westen.
Guatemala (☎ 2283-2555; Curridabat) Casa Izquierda, 500 m südlich und 30 m westlich von Pops.
Honduras (☎ 2291-5147; Urbanización Trejos Montealegre) Rund 100 m westlich der Banca Promérica, Escazú.
Mexiko (☎ 2257-0633) Rund 250 m südlich vom Autohaus Subaru, Los Yoses.
Nicaragua (☎ 2283-8222; Av Central 2540 zw. Calle 25 & 27, Barrio La California)
Panama (☎ 2281-2442) 200 m südlich und 25 m östlich vom *antiguo higuerón* (alten Feigenbaum), San Pedro.
Schweiz (☎ 2221-3229; Edificio Centro Colón, 10. Stock, Paseo Colón zw. Calle 38 & 40)

BÜCHER

In den Buchläden von San José (S. 607) und in touristischen Zentren bekommt man englischsprachige Reiseführer. Wer sich in der Landessprache versuchen will, dem sei der Sprachführer *Costa Rica Spanish* von Lonely Planet ans Herz gelegt.

Ein gute Übersicht zur Geschichte, Kultur und Wirtschaft Costa Ricas ist *The Ticos: Culture an Social Change in Costa Rica* von Mavis, Richard und Karen Biesanz.

Das von Barbara Ras herausgegebene *Costa Rica: A Traveler's Literary Companion* ist eine Sammlung von 26 Kurzgeschichten von zeitgenössischen costa-ricanischen Autoren. Wer mehr über die Flora und Fauna des Landes erfahren will, kann sich folgende Führer ansehen:

A Guide to the Birds of Costa Rica (F. Gary Stiles & Alexander F. Skutch) *Die* Infoquelle zu allem, was Flügel besitzt.
Butterflies of Costa Rica and Their Natural History (Philip J. DeVries) Hier findet man all das, was man schon immer über Schmetterlinge wissen wollte.
Costa Rica: The Ecotravelers' Wildlife Guide (Les Beletsky) Eine kurze und kurzweilige Einführung in die Flora und Fauna Zentralamerikas.
Neotropical Rainforest Mammals: A Field Guide (Louise H. Emmons) Ein farbig illustrierter Naturführer über mehr als 200 Säugetiere.
Tropical Nature (Adrian Forsyth) Eine gut geschriebene Einführung in das Thema Regenwald, die so richtig Lust auf einen Costa-Rica-Trip macht.

ESSEN & TRINKEN

Costa-ricanische Speisen sind größtenteils einfach und ziemlich fad. Das beste Essen gibt's an der Karibikküste, wo die Gerichte mit Kokos und Chili gewürzt werden. Reis mit Bohnen (oder Bohnen mit Reis) werden mit *curtido* (sauer eingelegte scharfe Paprika und Gemüse), Tabasco und *salsa lizano* (der Tico-Version der Worcestersauce) aufgepeppt.

Zum Frühstück gibt's meistens *gallo pinto,* pfannengerührte Bohnen mit Reis, die mit Eiern, Käse oder *natilla* (Sauerrahm) serviert werden. Das ist in der Regel preisgünstig (2 US$) und sättigend. Restaurants bieten zum Mittag- und Abendessen ein Tagesgericht, das hierzulande *casado* genannt wird und normalerweise aus Fleisch, Bohnen, Reis und Krautsalat besteht. Auf Anfrage gibt's auch vegetarische *casados.*

Sodas sind Mittagslokale, die preisgünstige *casados*, Sandwiches und Burger servieren. Billiges Essen bekommt man auch bei den zahllosen Imbissständen mit Brat- und Grillhähnchen (Ticos *lieben* Brathähnchen). In den meisten Orten gibt es auch günstige chinesische Restaurants und Pizzerias. In den besseren Restaurants werden auf die Rechnung noch 13 % Mehrwertsteuer und 10 % Servicegebühr draufgeschlagen.

Die in diesem Band aufgeführten Restaurants sind nach aufsteigender Preiskategorie angeordnet. Günstige Gerichte kosten bis zu 5000 CRC, mittelteure sind für 5000 bis 12 500 CRC zu haben.

FESTIVALS & EVENTS

Die folgenden Events sind nach Veranstaltungszeitpunkt geordnet:

COSTA RICA

Las Fiestas de Palmares (Mitte Jan.) Zehn Tage lang finden im winzigen Ort Palmares bei viel Bier Pferdeschauen und andere Jahrmarkt-Events statt.
Fiesta de los Diablitos (Reserva Indígena Boruca 31. Dez.–2. Jan.; Curré 5.–8. Feb.) Während der Feierlichkeiten tragen Männer aus Holz geschnitzte Teufelsmasken und Masken aus Sackleinen, um den Kampf zwischen den *indígenas* und den Spaniern zu versinnbildlichen. In der hiesigen Version sind die Spanier die Verlierer.
Día de San José (19. März) Feier zu Ehren des Schutzheiligen der Hauptstadt.
Semana Santa (Osterwoche; März od. April) Gründonnerstag und Karfreitag sind offizielle Feiertage, aber die meisten Geschäfte schließen für die ganze Woche. Von Donnerstag bis Sonntag sind die Bars geschlossen, und der Verkauf von Alkohol ist verboten. Am Donnerstag und Freitag fahren keine Busse.
Fiesta de La Virgen del Mar (Mitte Juli) Findet mit bunten Regatten und Bootsumzügen in Puntarenas und Playa del Coco statt.
Día de Guanacaste (25. Juli) Feiert die Annexion Guanacastes.
Virgen de los Ángeles (2. Aug.) Zu Ehren der Schutzheiligen wird eine besonders wichtige religiöse Prozession von San José nach Cartago veranstaltet.
El Día de la Raza (Kolumbus-Tag; 12. Okt.) Puerto Limón feiert begeistert Kolumbus' Landung an der nahe gelegenen Isla Uvita. Bei dem viertägigen Volksfest finden viele bunte Straßenumzüge mit Tanz, Musik, Gesang und Trinkgelagen statt.
Día de los Muertos (Allerseelen; 2. Nov.) Die Familien besuchen Friedhöfe und veranstalten zu Ehren der Verstorbenen Prozessionen.
Las Fiestas de Zapote (25. Dez.–1. Jan.) Eine Woche lang wird in Zapote südöstlich von San José alles costaricanische (also Rodeos, Cowboys, Fahrgeschäfte, frittiertes Essen und viele Getränke) gefeiert.

FRAUEN UNTERWEGS

Mehr als ein geflüstertes „*mi amor*" oder einen anerkennenden Pfiff brauchen weibliche Traveller von den Costa-Ricanern meist nicht zu befürchten. Insgesamt verhalten sich die Männer hier wie Gentlemen. Allerdings glauben viele Costa-Ricaner, dass ausländische Frauen freizügiger wären als Costa-Ricanerinnen, und einige können versucht sein, dieses Vorurteil auf die Probe zu stellen. Dagegen hilft einerseits ein Schwarzer Gürtel in Karate, andererseits das Verhalten, das die meisten Ticas an den Tag legen: einen aufdringlichen Kerl einfach ignorieren. Frauen, die sich gegenüber unerwünschten verbalen Avancen klar ablehnend verhalten, werden dann normalerweise respektvoll behandelt.

In kleinen Orten im Hochland kleidet man sich in der Regel konservativ, und Frauen tragen fast nie Shorts. Am Strand sind knappe Badeanzüge in Ordnung, aber oben ohne oder FKK sind tabu.

Ansonsten gelten die üblichen Regeln: An abgelegenen Orten oder spätabends in der Stadt nicht alleine unterwegs sein; Trampen unterlassen! Keine unlizensierten, „wilden" Taxis benutzen (lizensierte Taxis sind rot und haben eine Plakette), denn es ist schon vorgekommen, dass Fahrer solcher Taxis gegenüber Frauen übergriffig wurden.

Die meisten Apotheken verkaufen Antibabypillen ohne Rezept. Tampons sind außerhalb von Großstädten kaum zu bekommen.

FREIWILLIGENARBEIT

In Costa Rica gibt's jede Menge Freiwilligenjobs. Freiwilligenarbeit ist eine großartige Möglichkeit, nachhaltig zu reisen, und hilft den Leuten vor Ort. Auf diese Weise kann man auch sich selbst kennenlernen, vor allem weil durch das Ausprobieren verschiedener Lebensweisen und durch neue Freunde. Grundsätzlich gewinnt man bei ehrenamtlicher Arbeit mindestens genauso viel, wie man hineinsteckt, und die meisten Freiwilligen sind danach nicht nur um einige Erfahrungen reicher, sondern auch rundum zufrieden.

Hier ein Überblick über Bereiche, in denen in Costa Rica derzeit Freiwilligenjobs zu haben sind:

Bio-Bauernhöfe

Finca La Flor de Paraíso (www.la-flor.org) Bietet Programme in verschiedenen Disziplinen – von Tierhaltung bis zum Anbau von Heilkräutern.
Punta Mona (www.puntamona.org) Auf Bio-Permakultur und Nachhaltigkeit basierender Bio-Bauernhof mit Erholungszentrum.
Reserva Biológica Dúrika (www.durika.org) Auf Nachhaltigkeit ausgerichtete Gemeinde mitten in einem 75 km² großen biologischen Schutzgebiet.

Englisch unterrichten

Amerispan Unlimited (www.amerispan.com) Hat eine Vielzahl von Bildungsreiseprogrammen in speziellen Bereichen.
Cloud Forest School (www.cloudforestschool.org) Bilinguale Schule (vom Kindergarten bis Klasse 11) für kreative und experimentelle Erziehung in Monteverde.
Sustainable Horizon (www.sustainablehorizon.com) Arrangiert Trips, im Rahmen derer man freiwillig als Gastlehrer oder im Waisenhaus arbeitet.

Forstwirtschaft

Bosque Eterno de los Niños (Ewiger Wald der Kinder; www.acmcr.org) Das bemerkenswerte Projekt zur Erhaltung des Regenwalds sucht immer Freiwillige. Zum Kauf und Schutz des Regenwalds haben Kinder Geld gespart.
Cloudbridge Nature Preserve (www.cloudbridge.org) Ein privates Schutzgebiet, in dem ein Aufforstungsprojekt läuft, das von zwei New Yorkern ins Leben gerufen wurde.
Fundación Corcovado (www.corcovadofoundation.org) Eindrucksvolles Netzwerk aus Menschen und Organisationen zum Schutz des Parque Nacional Corcovado.
Monteverde Institute (www.mvinstitute.org) Ein gemeinnütziges Bildungsinstitut, das Schulungen in tropischer Biologie, Umweltschutz und nachhaltiger Entwicklung anbietet.

Umweltschutz

CCC (www.cccturtle.org) Hier helfen Freiwillige Wissenschaftlern bei der Kennzeichnung und Untersuchung von Lederschildkröten und Suppenschildkröten.
Profelis (www.grafischer.com/profelis) Ein Umweltschutzprogramm, das sich um beschlagnahmte große und kleine Wildkatzen kümmert.

GEFAHREN & ÄRGERNISSE

Die größte Gefahr, der Traveller ausgesetzt sind, ist Diebstahl – überwiegend vonseiten der Taschendiebe, die an Busbahnhöfen, in Bussen und an überfüllten Plätzen agieren. Diebstahl ist wirklich sehr verbreitet. Man sollte keinen wertvollen Schmuck oder die Kamera um den Hals tragen. Geld und Pass gehören in den Hotelsafe; von Letzterem sollte man nur eine Kopie bei sich tragen. Im Bus nie Sachen im oberen Gepäckfach verstauen oder sie unbeaufsichtigt am Strand lassen.

Besorgniserregender ist die wachsende Zahl bewaffneter Raubüberfälle in San José und in touristischen Gebieten. In der Innenstadt von San José sollte man nachts nicht herumlaufen, sondern lieber ein Taxi nehmen. In ländlichen Gegenden ist es gefährlich, nachts an abgelegenen Stellen allein unterwegs zu sein. Sicherer ist es immer in einer Gruppe. Wer ausgeraubt wird, sollte (wegen der Versicherung) den Überfall beim **Organismo de Investigación Judicial** (OIJ; Karte S. 608 f.; ☎ 2222-1365; Av 6 zw. Calle 17 & 19, San José) im Corte Suprema de Justicia (Gericht) anzeigen.

An beiden Küsten gibt es gefährliche Strömungen, die Schwimmer aufs offene Meer hinausziehen. Hinzu kommt, dass nur an wenigen Stränden Rettungsschwimmer bereitstehen. Manchmal sind Gebiete, in denen man bedenkenlos schwimmen kann, mit einer grünen Flagge und gefährliche mit einer roten gekennzeichnet. Raftingtouren sind bei starkem Regen riskant; dann können einen die Fluten mitreißen. Man sollte sich deshalb nur an renommierte Veranstalter wenden.

Wenn man ein Erdbeben erlebt, bietet in einem Gebäude ein Türrahmen oder ein stabiler Tisch den besten Schutz. Unter freiem Himmel sollte man sich nicht in der Nähe von etwas befinden, das über einem zusammenstürzen könnte.

Die allgemeine **Notrufnummer** (☎ 911) gilt in den zentralen Provinzen; immer mehr Gebiete werden zugeschaltet. Die Rufnummer für **Polizei** (☎ 117) und **Feuerwehr** (☎ 118) gilt überall. Die Haupttouristeninformation in San José (S. 610) veröffentlicht hilfreiche Broschüren mit einer aktuellen Notrufnummernliste.

GEFÜHRTE TOUREN

Hier ein paar renommierte Unternehmen:
Ecole Travel (☎ 2223-2240; www.ecoletravel.com) Hat eine Vielzahl von Touren im Angebot.

COSTA RICA

WAS IST DAS DENN FÜR EINE ADRESSE?

Manche größeren Städte haben zwar ordentlich mit Namen gekennzeichnete Straßen, ansonsten sind Straßen in Costa Rica aber kaum beschildert. Und einen Tico zu finden, der weiß, wie die Straße heißt, an der man gerade steht, ist noch seltener. Hier nutzen alle bestimmte Orientierungspunkte, um Richtungen und Adressen anzugeben, z. B. 200 m südlich und 150 m östlich der Kirche („*cien metros*" – eigentlich 100 m – steht für einen Block; „250 *metros al sur*" bedeutet also zweieinhalb Blocks südlich, unabhängig von der wirklichen Entfernung). Als Orientierungspunkte dienen meistens Kirchen, Parks, Bürogebäude, Fastfood-Filialen und Autohäuser – aber all das sagt Travellern wohl kaum was, weil sie keine Ahnung haben, wo z. B. das Subaru-Autohaus ist. Noch schlimmer ist, das Ticos häufig auch Orientierungspunkte benutzen, die es längst nicht mehr gibt. In San Pedro beispielsweise, außerhalb von San José, nutzen die Einheimischen noch immer einen alten Feigenbaum *(el antiguo higuerón)* zur Richtungsangabe.

Verwirrt? Was bleibt einem anderes übrig, als sich daran zu gewöhnen?

Euphoria Expeditions (☎ 2849-1271; www.euforiaexpeditions.com) Hat sich auf Kulturtouren und Abenteuerausflüge spezialisiert.

Swiss Travel Service (☎ 2282-4898; www.swisstravelcr.com) Tourveranstalter.

GELD

Die costa-ricanische Landeswährung ist der Colón (Plural Colones); die ISO-Abkürzung lautet CRC. Es gibt Banknoten zu 500, 1000, 5000, 10 000, 20 000 und 50 000 Colones und Münzen zu 5, 10, 20, 25, 50 und 100 Colones. 2010 hat Costa Rica neue Geldscheine gedruckt und die alten, nicht mehr geltenden Schritt für Schritt eingesammelt und vernichtet. Weit verbreitet sind auch US-Dollar, mit denen man Sehenswürdigkeiten, Aktivitäten, Touren, Unterkünfte, Transportmittel wie internationale Busse und Shuttlebusse, Mietwagen und Flüge bezahlen kann. In Restaurants, Lokalbussen, Taxis und bei kleineren Einkäufen zahlt man mit Colones.

Feilschen

Durch den Anstieg des Lebensstandards und den stetigen Strom ausländischer Touristen stirbt die Tradition des Feilschens schnell aus. Vor allem in den Badeorten gibt es nur noch nicht verhandelbare Festpreise in den Hotels. In manchen Geschäften sind die Inhaber sogar beleidigt, wenn man den Preis runterhandeln will. Allerdings findet man im Landesinneren auch kleinere Hotels, die durchaus noch offen dafür sind.

Auf Freiluftmärkten zu feilschen, ist völlig in Ordnung. Auch wenn man für eine lange Strecke ein Taxi anheuert, kann man vorher einen Preis aushandeln.

Geld wechseln

Alle Banken wechseln US-Dollar und manche auch Euro; bei anderen Währungen wird's schwierig. In staatlich betriebenen Einrichtungen (Banco Nacional, Banco de Costa Rica und Banco Popular) sind die Warteschlangen vielleicht länger, dafür zahlt man hier keine Gebühren bei Bargeldumtausch. Die Geldscheine sollten in gutem Zustand sein; ansonsten könnten sie abgelehnt werden.

Auch Hotels und Reisebüros tauschen Geld um; viele nehmen dafür aber eine heftige Gebühr. Vom Geldtausch bei Straßenhändlern ist abzuraten (außer vielleicht an der Grenze) – die haben auch keine besseren Kurse, und es gibt viele Betrüger.

Beim Geldwechseln muss man immer den Pass dabeihaben!

Geldautomaten

Es wird immer leichter, einen Geldautomaten (*cajero automático*) zu finden. Standardmäßig sind sie an das Visa-Plus-Netzwerk angeschlossen, aber es gibt auch Cirrus-Automaten, die die meisten ausländischen Bankkarten akzeptieren und in San José und größeren Städten zu finden sind. Manche Geldautomaten geben auch US-Dollar aus. Einige Kisten (z. B. die der Banco Nacional) akzeptieren nur Karten ihrer eigenen Kunden. Am Flughafen gibt's zwei Geldautomaten, an denen man gleich nach der Ankunft Dollar oder Colones abheben kann.

Kreditkarten

Kredit- und EC-Karteninhaber können Colones und in manchen Banken auch US-Dollar abheben. In besseren Hotels und Restaurants sowie in Autovermietungen und manchen Reisebüros werden Kreditkarten angenommen – am häufigsten Visa, MasterCard weniger und American Express (Amex) nur selten. Manche Hotels erheben bei Kreditkartenzahlung zusätzlich zur Mehrwertsteuer und Servicegebühr noch eine Gebühr von 7 %.

Reiseschecks

Die meisten Banken und Wechselstuben lösen Reiseschecks ein. Dabei wird eine Gebühr von 1 bis 3 % erhoben.

Wechselkurse

In der Tabelle sind die zu Redaktionsschluss geltenden Wechselkurse aufgeführt:

Land	Währung	CRC
Eurozone	1 €	637
Schweiz	1 SFr	524

INFOS IM INTERNET

Viele hier genannte Websites sind zwar auf Spanisch; wir haben sie für diejenigen in die Liste aufgenommen, die Spanisch verstehen. Hier ein paar Websites mit allgemeinen Infos:

Costa Rica Guide (www.costa-rica-guide.com) Gut organisierte Website mit detaillierten Karten und regionalen Reiseinfos.

Costa Rica Link (www.1costaricalink.com) Bietet gute Infos zu Transport, Hotels, Aktivitäten u. v. m.

Guías Costa Rica (www.guiascostarica.com) Hat informative Links.

Lanic (http://lanic.utexas.edu/la/ca/cr) Außergewöhnliche Sammlung von Links zu vielen costa-ricanischen Organisationen (überwiegend auf Spanisch).

Tico Times (www.ticotimes.net) Die Online-Ausgabe des englischsprachigen Wochenblatts in Costa Rica.

INTERNETZUGANG

Internetcafés gibt's in Costa Rica jede Menge, und man muss nicht lange suchen, um einen günstigen und schnellen Internetzugang zu finden. Immer häufiger gibt es hier auch WLAN; inzwischen bieten auch mehrere Backpackerhostels ihren Gästen ein sicheres WLAN-Netzwerk.

KARTEN & STADTPLÄNE

Detaillierte Karten sind schwer zu bekommen. Hervorragend ist die von **International Travel Map** (ITMB; www.itmb.com; 530 W Broadway, Vancouver, BC, V5Z 1E, Kanada) herausgegebene wasserdichte Landkarte *Costa Rica* im Maßstab 1 : 330 000, in der es auch eine Faltkarte von San José gibt.

In den Buchläden von San José erhält man die von der **Fundación Neotropica** (www.neotropica.org) herausgegebene Karte zu den Nationalparks und Naturschutzgebieten im Maßstab 1 : 500 000.

Das Instituto Costarricense de Turismo (ICT, s. S. 610) gibt eine kostenlose Landkarte von Costa Rica im Maßstab 1 : 700 000 heraus, auf deren Rückseite ein Stadtplan der Innenstadt von San José im Maßstab von 1:12 500 abgedruckt ist.

Online findet man auf der Website von **Maptak** (www.maptak.com) Karten von sieben Provinzen Costa Ricas und deren Hauptstädten.

KLIMA

Für ein so kleines Land hat Costa Rica erstaunlich viele verschiedene Klimazonen: Im Hochland ist es kalt, der Nebelwald ist dunstig und kühl, in San José und im Valle Central herrscht ewiger Frühling, und an der Pazifik- und der karibischen Küste ist es das ganze Jahr über ziemlich schwül-heiß.

Eine Klimatabelle gibt's auf S. 816.

KURSE

In Costa Rica mangelt es nicht an Sprachschulen, in denen man Spanisch lernen kann. Es gibt viele in San José, dem Valle Central und in beliebten Badeorten wie Jacó, Playa Tamarindo und Puerto Viejo de Talamanca.

MEDIEN

Die **Tico Times** (www.ticotimes.net) ist das englischsprachige Wochenblatt und erscheint freitags. Die auflagenstärkste Zeitung ist die konservative **La Nación** (www.nacion.co.cr) mit Nachrichten aus dem In- und Ausland. Die liberale Tageszeitung **La Prensa Libre** (www.prensalibre.co.cr) erscheint immer nachmittags.

Kabel- und Satellitenfernsehen sind weit verbreitet. Es gibt mehr als 100 lokale Radiosender. Der beliebte englischsprachige Radiosender 107.5 FM spielt aktuelle Hits und sendet regelmäßig BBC-Nachrichten.

ÖFFNUNGSZEITEN

Die Behörden sind montags bis freitags von 8 bis 16 Uhr geöffnet; Mittagspause ist von 11.30 bis 13 Uhr. Geschäfte sind von Montag bis Samstag zwischen 8 und 19 Uhr offen; in kleineren Ortschaften ist eine zweistündige Mittagspause üblich. Banken haben montags bis freitags von 8 bis 16 Uhr geöffnet, manchmal auch samstags für ein paar Stunden. Restaurants sind in der Regel ab 7 Uhr zugänglich und servieren bis 21 Uhr Abendessen; manche Nobelrestaurants öffnen nur abends.

POST

Luftpostbriefe bis zu 20 g kosten ungefähr 175 CRC. Pakete werden für 3500 CRC pro Kilo verschifft. Postlagerungsservice gibt's bei der Hauptpost in großen Städten.

RECHTSFRAGEN

Wer mit dem Gesetz in Konflikt kommt und verhaftet wird, kann nicht auf die Hilfe der eigenen Botschaft hoffen. Sie wird keine Kaution zahlen. Außerdem hat man sich hier den costa-ricanischen Gesetzen zu fügen, nicht den heimatlichen.

In vielen Badeorten drücken die Polizisten oft ein Auge zu, wenn sie Traveller beim Marihuanakonsum erwischen. Allerdings wird der Besitz selbst kleiner Mengen illegaler Drogen in Costa Rica viel strenger geahndet als in Europa. Die Angeklagten sitzen oft monatelang in Haft, bevor überhaupt erst einmal die Verhandlung beginnt. Und wer verurteilt wird, hat mit mehreren Jahren Haftstrafe zu rechnen.

Autofahrer müssen ihren Pass und einen gültigen Führerschein immer bei sich haben. Bei einem Unfall darf das Fahrzeug bis zur Ankunft der Polizei nicht von der Stelle bewegt werden, damit diese einen Unfallbericht schreiben kann. Das ist für eventuelle Versicherungsansprüche ganz wichtig. Wenn es bei dem Unfall Verletzte oder Tote gibt, darf man bis zur Klärung aller Rechtsfragen das Land nicht verlassen.

Prostitution ist für Frauen ab 18 Jahren legal. Prostituierte müssen eine Gesundheitskarte bei sich tragen, auf der ersichtlich ist, wann ihre letzte ärztliche Untersuchung war – allerdings kann man sich darauf nicht wirklich verlassen. Sex mit Minderjährigen ist in Costa Rica verboten, und die Strafen sind hart. Zudem könnten Traveller auch in ihrem eigenen Land angeklagt werden.

REISEN MIT BEHINDERUNG

Vom Gesetz her haben Menschen mit Behinderung in Costa Rica das Recht auf dieselben Chancen und Möglichkeiten wie nicht behinderte Menschen. Aber das Gesetz betrifft nur neue oder kürzlich umgebaute Einrichtungen und wird nur unzureichend durchgesetzt. Die Busse z. B. haben keine Rampen für Rollstuhlfahrer, und auch nur wenige Hotels, Restaurants und Parks sind rollstuhlgerecht ausgestattet. Eine Ausnahme ist der Parque Nacional Volcán Poás (S. 622).

Der Tourveranstalter **Vaya con Silla de Ruedas** (☎ 2454-2810; www.gowithwheelchairs.com) bietet speziell auf Rollstuhlfahrer ausgerichtete Trips.

SCHWULE & LESBEN

Schwule und lesbische Traveller haben es in Costa Rica etwas einfacher als in den meisten anderen zentralamerikanischen Ländern. Einvernehmlicher Sex unter gleichgeschlechtlichen Erwachsenen (min. 18 Jahre alt) ist zwar nicht verboten, aber die meisten Costa-Ricaner tolerieren solcherlei nur insofern, als sie es ignorieren und auch nichts davon mitbekommen wollen. Jenseits von Schwulentreffs sollte man Zärtlichkeiten unterlassen.

In San José gibt's eine gute Auswahl von Nachtclubs – von Kneipen und pulsierenden Tanzclubs bis hin zu intimeren Plätzchen (s. Kasten S. 615). Ein beliebter Urlaubsort für Schwule ist Manuel Antonio (S. 681) an der Pazifikküste.

Das Monatsblatt *Gayness* und die Zeitschrift *Gente 10* (spanisch) sind in Schwulenbars in San José erhältlich. Weitere Quellen sind die folgenden:

Cipac (☎ 2280-7821; www.cipacdh.org) Die führende Schwulenorganisation in Costa Rica.

International Gay & Lesbian Travel Association (IGLTA; ☎ in den USA 800-448-8550, 954-776-2626; www.iglta.org) Hat eine Liste mit Hunderten von Reisebüros und Tourveranstaltern weltweit.

Tiquicia Travel (☎ 2256-9682; www.tiquiciatravel.com) Nimmt Buchungen in schwulenfreundlichen Hotels vor.

Toto Tours (☎ in den USA 800-565-1241, 773-274-8686; www.tototours.com) Reisespezialist für Homosexuelle, der regelmäßig Trips nach Costa Rica und zu anderen Zielen organisiert.

SHOPPEN

Kaffee ist das beliebteste Costa-Rica-Souvenir – und das zu Recht. Wer lieber Hochprozentiges mag, kann sich mit Ron Centenario, dem Kaffeelikör Café Rica, und dem hiesigen Schnaps *guaro* eindecken.

Tonwaren und Schnitzereien aus tropischem Hartholz sind ebenfalls beliebte Mitbringsel. Aber man sollte darauf achten, dass für die Schnitzereien keine gefährdeten Holzarten benutzt wurden. Vom Kauf von Tierprodukten – beispielsweise Schildkrötenpanzern, Tierschädeln und Kunstobjekten aus Federn, Korallen oder Muscheln – sollten Traveller unbedingt absehen. Näheres dazu findet sich unter Verantwortungsbewusst Reisen (S. 704).

SPRACHE

Die offizielle Landessprache in Costa Rica ist Spanisch. Englisch wird aber auch weithin verstanden und an der Karibikküste sogar überwiegend gesprochen. Hier ein paar costaricanische Ausdrücke:

¡adiós! – hallo; wird in abgelegenen ländlichen Gegenden zur Begrüßung genutzt, bedeutet aber auch „Tschüss"
buena nota – o k., ausgezeichnet (wörtlich übersetzt „gute Note")
chunche – Ding; kann auf fast alles verweisen
cien metros – ein Straßenblock (wörtlich übersetzt „100 m")
listo pa' la foto – betrunken (wörtlich übersetzt „bereit für ein Foto")
maje – Alter, Kumpel
pulpería – Lebensmittelladen an der Ecke
pura vida – super, genau (wörtlich übersetzt „pures Leben"); Ausdruck der Zustimmung oder Begrüßung
sabanero – costa-ricanischer Cowboy aus Guanacaste
salado – schade, Pech gehabt
Tico – Costa-Ricaner
tuanis – cool
una roja – 1000-Colón-Geldschein (wörtlich übersetzt „eine rote"); *„me costó dos rojas"* bedeutet „Das kostet mich zwei rote Geldscheine."

¿upe? – Jemand da? (ausgesprochen „uh-peh"); auf dem Land klopfen die Leute nicht an die Tür, sondern benutzen diesen Ausdruck.

TELEFON

Überall in Costa Rica finden sich öffentliche Telefone. Telefonkarten von Chip oder Colibrí erhält man zu 1000, 2000 und 3000 CRC. Die Chipkarten steckt man ins Telefon, wo sie gescannt werden. Am verbreitetsten sind die Telefonkarten von Colibrí, mit denen man zunächst eine gebührenfreie Nummer (☎ 199) wählt und dann einen Zugangscode eingibt. Um ins Ausland zu telefonieren, wählt man zuerst die „00" und die entsprechende Landesvorwahl. Die Anleitung gibt es auf Englisch und Spanisch. Traveller bevorzugen die genannten Telefonkarten, weil man sie an jedem Telefon benutzen kann. Die Telefonkarten gibt's in Supermärkten, Drogerien und *pulperías* zu kaufen.

Für Anrufe aus dem Ausland nach Costa Rica wählt man die Landesvorwahl (☎ 506) und dann die achtstellige Telefonnummer (Ortsvorwahlen gibt's in Costa Rica nicht).

TOILETTEN

Öffentliche Toiletten sind kaum vorhanden. Aber man kann gegen eine kleine Gebühr (gewöhnlich ein paar Hundert Colones) die Toiletten in Restaurants und Cafés nutzen. Kostenpflichtige Toiletten gibt's allerdings an Busbahnhöfen und in anderen öffentlichen Gebäuden.

Wer auf Toilettenpapier nicht verzichten kann, sollte immer selbst welches bei sich haben, da es in den Toiletten nicht immer welches gibt. Das Papier nach Gebrauch nicht in die Toilette werfen und hinunterspülen, da der Abfluss leicht verstopfen kann – der Wasserdruck ist oft nur sehr schwach. Das Papier stattdessen besser in den Abfalleimer werfen, den es in jeder Toilette gibt.

TOURISTENINFORMATION

Die staatliche Tourismusbehörde Instituto Costarricense de Turismo (ICT) hat zwei Büros in der Hauptstadt (s. S. 610). Man darf sich allerdings nicht zu viel erhoffen, vor allem in Bezug auf aufschlussreiche Reisetipps, denn der Job der Angestellten ist es, Travellern zu erzählen, dass in Costa Rica alles hervorragend ist. Aber das ICT kann einen mit kostenlosen Karten, einem allgemeinen Busfahrplan und Infos zum Zustand der Straßen im Landesinneren versorgen. Die Leute sprechen auch englisch.

Das ICT hat eine aufwändig gestaltete Website (www.visitcostarica.com) mit Infos.

UNTERKUNFT

Unterkünfte gibt es in Costa Rica von luxuriösen, funkelnden *All inclusive*-Resorts bis zu schmuddeligen, überteuerten Absteigen. Bei der Masse von Hotels ist es höchst unwahrscheinlich, dass man in irgendeinem Ort mal keine Bleibe findet.

In den meisten Teilen des Landes kostet ein typisches Doppelzimmer der Budgetkategorie bis zu 40 US$. Die billigeren Unterkünfte haben in der Regel ein Gemeinschaftsbad, aber in manchen nicht touristischen Ortschaften ist es auch möglich, ein Doppelzimmer mit eigenem Bad für 25 US$ zu bekommen.

In touristischen Orten gibt es jede Menge *cabinas*. Das ist ein dehnbarer Begriff für eine Unterkunft der Budget- bis Mittelklasse. Die in diesem Reiseführer genannten Preise beziehen sich auf die Hauptsaison (Dez.–April); viele Lodges senken aber ihre Preise in der Nebensaison (Mai–Nov.). In manchen Badeorten zahlt man Hauptsaisonpreise auch im Juni und Juli, wenn in Scharen Traveller aus dem Norden herbeiströmen. Während der Semana Santa (Osterwoche) und zwischen Weihnachten und Neujahr steigen die Hotelpreise rasant in die Höhe und über die hier angegebenen Richtwerte hinaus. Für diese Zeit unbedingt im Voraus reservieren! Auch an den Wochenenden während der Ferien im Januar und Februar sollte man besser im Voraus buchen.

Überall im Land existieren unabhängige Hostels, die deutlich preisgünstiger sind als die der Hostelling-International-Kette (HI). In San José, Manuel Antonio, Puerto Viejo de Talamanca, Monteverde und Tamarindo sind beispielsweise einige zu finden. Die günstigsten Zimmer in Budgethotels sind oft nicht teurer als die Unterkunft in Hostels.

An den meisten Zielen gibt es auch mindestens einen Campingplatz, der in der Regel mit Toiletten und Kaltwasserduschen ausgestattet, wenn auch überfüllt und laut ist. Campingplätze wurden auch in vielen Nationalparks angelegt; Insektenschutzmittel, Verpflegung und Vorräte sind selbst mitzubringen. Die hier angeführten Preise für einen Stellplatz gelten jeweils pro Person und Übernachtung.

Wer aus einem anderen Teil Zentralamerikas kommt, sollte wissen, dass die Preise in Costa Rica um vieles höher als überall sonst in der Region sind. Falls nicht anders verzeichnet, sind die Unterkünfte preislich aufsteigend angeordnet.

VERANTWORTUNGSBEWUSST REISEN

Das allgegenwärtige Modewort „Ökotourismus" läuft fast immer auf Versprechungen hinaus, die fast nie realisiert werden. Wirkliches verantwortungsbewusstes Reisen hängt genauso von einem selbst ab wie von dem Reiseveranstalter. Ökotourismus-Anbieter, die von unabhängigen Institutionen zertifiziert wurden, sind unter **ICT Sustainable Tourism Accreditation Service** (www.turismo-sostenible.co.cr/en) und www.planeta.com zu finden. Kriterien zur Bewertung von Unternehmen sind deren Umgang mit Brauchwasser, ihre Energieeffizienz, Recycling, ihre Leistungen für die örtlichen Gemeinschaften und der Verdienst der Angestellten.

Besucher sollten sich an die üblichen goldenen Regeln halten: keinen Abfall zurücklassen, niemals Wildtiere füttern, auf ausgewiesenen Wegen bleiben und keine Produkte kaufen, die aus Teilen bedrohter Lebensformen hergestellt sind (Schildkrötenpanzern, Federn, Häuten, Korallen, Muscheln und exotischen Harthölzern). Aktiv umweltbewusst verhält sich, wer öffentliche Verkehrsmittel statt dem Auto oder (wenn allein unterwegs) dem Taxi benutzt, Freiwilligenarbeit leistet (s. S. 698), sich über lokale Probleme informiert und seinen guten Willen zeigt, indem er die örtlichen Kulturen respektiert und sich mit Einheimischen unterhält. Weitere Infos gibt's auf S. 599.

VISA

Staatsbürger Deutschlands, Österreichs und der Schweiz dürfen sich ohne Visum 90 Tage lang im Land aufhalten.

Verlängerung

Wer länger als die erlaubten 90 Tage im Land bleiben möchte, den erwartet ein zeitaufwändiger Spießrutenlauf. Der zuständige Ansprechpartner in einem solchen Fall ist die **Einreisebehörde** (Migración; Karte S. 608 f.; ☎ 2220-0355; ⏲ 8–16 Uhr) in San José gegenüber von Channel 6, ungefähr 4 km nördlich des Parque La Sabana. Die Bestimmungen zur Visaverlängerung ändern sich andauernd, und Traveller müssen mit mehreren Tagen Bearbeitungszeit rechnen. Aber am einfachsten ist es, Costa Rica für 72 Stunden zu verlassen und dann noch einmal einzureisen.

Weiterreisetickets

Offiziell benötigen Traveller ein Weiterreiseticket, das sie bei der Einreise in Costa Rica vorweisen müssen. Am Flughafen wird das sehr häufig nicht nachgeprüft, aber bei der Einreise auf dem Landweg muss man damit rechnen, nach dem Weiterreiseticket gefragt zu werden.

Wer von Costa Rica aus nach Panama, Nicaragua oder in ein anderes Land in Mittel- oder Südamerika weiterreisen möchte, muss möglicherweise vor der Einreise oder gar vor dem Betreten des Flugzeugs ebenfalls ein Weiterreise- bzw. Rundreiseticket vorzeigen. Näheres dazu lässt sich einfach bei der jeweiligen Botschaft erfragen – ein schneller Blick auf die entsprechende Internetseite tut's aber ebenso.

ZOLL

Alle Traveller, die mindestens 18 Jahre alt sind, dürfen bei der Einreise nach Costa Rica 5 l Wein oder Spirituosen und 500 g verarbeiteten Tabak (in Form von 400 Zigaretten oder 50 Zigarren) im Gepäck haben. Fotozubehör, Ferngläser, Camping-, Schnorchel- und ähnliche Sportausrüstung dürfen in unbeschränkter Menge mit ins Land gebracht werden.

Panama

Blaugrüne Seen, nebliges Hochland und sich schlängelnde Flüsse am Rand tropischer Wildnis: Das ist Panama, wie die Entdecker es einst vorfanden und es auch heute noch überwiegend aussieht. Uneingeweihte reduzieren Panama oft auf seine Hauptstadt und auf Handel. Aber während sich das Land in rasantem Tempo entwickelt, rücken Panamas stille Ressourcen, die früher vernachlässigt wurden, in den Blickpunkt – ein Drittel des Landes sind Naturschutzgebiete und Nationalparks, und viele indigene Gruppen und Kulturen haben überlebt.

Auch wenn im letzten Jahrhundert immer nur vom Panamakanal die Rede war, ist das hinter diesem Wunderwerk der Technik Gelegene das, was die nächsten 100 Jahre prägen könnte. Unberührte Strände, üppige Regenwälder und das Nachtleben der Großstädte sind nur ein Vorgeschmack auf die Vorzüge dieses Landes. Der Kontrast zwischen seinen städtischen und ländlichen Gebieten ist enorm: Panama-Stadt besteht aus Wolkenkratzern, Betonmischern und Baugerüsten, aber nur eine Stunde von der Hauptstadt entfernt paddeln indigene Emberá in Einbäumen herum. Ironischerweise waren viele Einwohner froh über die Wirtschaftskrise von 2009, weil so die schnelle Entwicklung gebremst wurde. Für Panama ist es an der Zeit, sich wieder auf seine natürlichen Schätze zu konzentrieren.

KURZINFOS

- **Bevölkerung** 3,4 Mio.
- **Fläche** 78 200 km² (etwas kleiner als Österreich)
- **Geld** Balboa (alias US-Dollar)
- **Hauptstadt** Panama-Stadt
- **Landesvorwahl** ☎ 507
- **Preise** Schlafsaalbett in Bocas 5 €, Bier 0,71 €/Flasche, Busfahrt 4,30 €/3 Std., Mittagsmenü 2,51 €
- **Reisekosten** 21,54 €/Tag
- **Reisezeit** Hauptsaison Mitte Dez.–Mitte April
- **Sprachen** Spanisch, Kuna und 14 weitere
- **Zeit** MEZ –6 Std.

TIPPS FÜR UNTERWEGS

Wer im Chiriquí-Hochland wandern und campen möchte, sollte einen Pulli und eine Regenjacke dabeihaben. Bei Reisen in den Daríen die Malariatabletten (kein Chloroquin) nicht vergessen!

VON LAND ZU LAND

Der Hauptgrenzübergang nach Costa Rica befindet sich an der Interamericana bei Paso Canoas. Guabito auf der Karibik-Seite und Río Sereno im Hochland sind ruhigere Grenzübergänge.

HIGHLIGHTS

- **Bocas del Toro** (S. 755) Den karibischen Charme der relaxten Isla Colón genießen, bevor es auf Erkundungstour an die wilden Strände und in die Wälder der umliegenden Inseln geht.
- **Boquete** (S. 747) Den Tag mit Kaffee aus den Bergen beginnen, bevor man auf der Suche nach dem seltenen Quetzal durch die Nebelwälder wandert.
- **Panama-Stadt** (S. 719) Den Tag damit verbringen, den verblichenen Glanz der Altstadt zu bewundern, und dann in der Calle Uruguay bis zum Sonnenaufgang feiern.
- **Panamakanal** (S. 736) Über die riesigen Frachtschiffe staunen, die in gewaltigen Schleusen gehoben und abgesenkt werden.
- **Comarca de Kuna Yala** (S. 780) Die winzigen, von Palmen übersäten Inseln des Archipiélago de San Blás erkunden, auf denen einer der unabhängigsten indigenen Gruppierungen Zentralamerikas lebt, der Stamm der Kuna.
- **Abseits der Touristenpfade** (S. 785) In der Provinz Darién die unberührten Urwälder und abgelegenen Flüsse des ursprünglichsten Grenzlandes der westlichen Hemisphäre erkunden.

AKTUELLE ENTWICKLUNGEN

Die Lebensader der Wirtschaft Panamas, der Panamakanal, ist das größte Bauprojekt der Welt – und gerade ist es noch größer geworden. 2006 befürworteten die Wähler aus Panama mit großer Mehrheit ein anspruchsvolles 5-Mrd.-US$-Projekt: den Kanal zu erweitern. Es wird bereits daran gearbeitet – mit Maschinen werden die vorhandenen Kanäle erweitert und vertieft, außerdem baut man eine dritte Toranlage. Dieses gewaltige Bauprojekt, dessen Vollendung für 2014/2015 geplant ist, wird für mehr Verkehr und noch größere Schiffe im Kanal sorgen, was der Wirtschaft des Landes den erhofften Aufschwung bringen soll.

Am 3. Mai 2009 widersetzte sich Panama dem lateinamerikanischen Linkstrend und wählte den konservativen Supermarktmagnaten Ricardo Martinelli zum Präsidenten. Von Martinelli, der Mitglied der konservativen Partei Cambio Democrático war, hatte man erwartet, dass er sich für das Big Business einsetzen würde, aber er überraschte seine Kritiker damit, dass er etwas gegen jene Unternehmen tat, die keine Steuern zahlten und auf öffentliches Land vordrangen.

Die Weltwirtschaftskrise hat Panama eine starke Inflation beschert. Ausländische Investoren nutzen die Angebote einfach nicht mehr mit der gleichen Gelassenheit, die das erste Jahrzehnt des 21. Jhs. prägte. Sicher ist aber, dass die unberührten Strände, die Wildtiere und die Regenwälder Panamas immer mehr Aufmerksamkeit auf sich ziehen. Kanadische und US-amerikanische Rentner waren die ersten, die hierher kamen, aber mittlerweile folgen immer mehr Reisende aus aller Welt ihrem Beispiel.

GESCHICHTE

Verlorenes Panama

Die Küstengebiete und Regenwälder Panamas werden seit mindestens 11 000 Jahren von Menschen bewohnt. Einheimische Stämme wie die Kuna, die Ngöbe-Buglé, die Emberá, die Wounaan, die Bribrí und die Naso lebten schon vor der Ankunft der Spanier auf der Landenge. Die historische Tragödie Panamas besteht darin, dass es hier trotz der reichen Kulturgeschichte des Landes so gut wie keine gegenständlichen Überreste dieser großartigen Zivilisationen gibt.

Anders als die riesigen Pyramidenbauten, die im restlichen Lateinamerika gefunden wurden, sind die alten Dörfer und Städte Panamas im Urwald verschwunden. In den mündlichen Überlieferungen der indigenen Stämme haben Geschichten über die verlorenen Städte die Zeit überdauert, und panamaische Archäologen hoffen, irgendwann eine große Entdeckung zu machen.

Über das präkolumbische Panama weiß man, dass die frühen Bewohner an einer weitläufigen Handelszone mitarbeiteten, die sich im Süden bis nach Peru und im Norden bis nach Mexiko erstreckte. Archäologen haben herrliche Goldornamente, ungewöhnliche lebensgroße Steinstatuen mit menschlichen Figuren und spezielle Sorten von Tonwaren und *metates* (Steinplatten, die zum Mahlen von Getreide verwendet wurden) entdeckt.

Die ersten Bewohner Panamas lebten an beiden Ozeanen und angelten an Mangrovensümpfen, Flussmündungen und Korallenriffen. In Anbetracht des enormen Einflusses, den die Fischerei auf das Leben der Bewohner der Landenge hatte, scheint es mehr als passend, dass der Landesname sich von einem Wort der *indígenas* ableitet, das soviel bedeutet wie „Fische in Hülle und Fülle".

Eine neue Weltordnung

Die Entdeckung Panamas durch den spanischen Forscher Rodrigo de Bastidas im Jahr 1501 stellte den Beginn des Zeitalters von Eroberung und Kolonisierung auf der Landenge dar. Es war allerdings sein erster Matrose Vasco Núñez de Balboa, der in den Geschichtsbüchern verewigt wurde, nachdem dieser zwölf Jahre später den Pazifik entdeckte.

1502 ging Christoph Kolumbus auf seiner vierten und letzten Reise in die Neue Welt im heutigen Costa Rica an Land, wo er eigenen Aussagen zufolge in zwei Tagen mehr Gold gesehen hatte als in Spanien in vier Jahren. Obwohl der heftige Widerstand der Einheimischen 1503 seine Pläne, eine Kolonie an der Mündung des Río Belén zu gründen, durchkreuzte, ersuchte Kolumbus die Spanische Krone, ihn zum Gouverneur von Veraguas zu machen, dem Küstenabschnitt zwischen Honduras und Panama. Da seine größte Gönnerin Königin Isabella aber gerade im Sterben lag, ging dieser Preis an Kolumbus' Rivalen.

1510 versuchte Diego de Nicuesa eine spanische Kolonie am Río Belén zu gründen. Doch wieder einmal schlug der Widerstand der Einheimischen die Spanier zurück. Nicuesa flüchtete mit einer kleinen Flotte mit 280 hungernden Männern an Bord. Als er eine geschützte Bucht 23 km östlich vom heutigen Portobel sah, verkündete er: *„!Paremos aqui, en nombre de Dios!"* („Lasst uns hier halten, in Gottes Namen!"). So wurde die Stadt Nombre de Dios genannt und war eine der ersten spanischen Siedlungen in der Neuen Welt.

Sehr zur Enttäuschung der Eroberer gab es in Panama nicht viel Gold. Dazu kamen noch Tropenkrankheiten, unwirtlicher Boden und überaus unfreundliche Einheimische. Es ist also kein Wunder, dass Nombre de Dios als frühe spanische Kolonie mehrmals versagte. 1513 hörte Balboa Gerüchte über ein großes Meer und eine wohlhabende, Gold produzierende Zivilisation auf der anderen Seite der Berge – wahrscheinlich war das Reich der Inka in Peru gemeint. Von Ehrgeiz und Habgier getrieben erklomm Balboa am 26. September 1513 die Kontinentale Wasserscheide und erblickte als erster Europäer den Pazifik. Er erklärte den Ozean und alles Land, das er berührte, zum Besitz des spanischen Königs.

Das Reich expandiert

1519 gründete der brutale und sehr rachsüchtige Spanier Pedro Arias de Ávila (seiner Zeit Pedrarias genannt) die Stadt Panamá auf der Pazifikseite ganz in der Nähe des heutigen Panama-Stadt. Der Gouverneur befahl 1517 Balboa zu köpfen, weil dieser angeblich Hochverrat begangen haben sollte. Pedrarias war auch bekannt für Angriffe auf Einheimische, die er bei lebendigem Leib verbrannte oder den Hunden zum Fraß vorwarf.

Trotz seiner grausigen Taten machte Pedrarias Panamá zu einer wichtigen spanischen Siedlung, zum Handelszentrum und zum Ausgangsort für weitere Expansionen, z. B. für die Eroberung Perus. Von Panamá aus wurden jede Menge peruanisches Gold und orientalische Gewürze zu Fuß über die Landenge transportiert. In ganz Panama sind heute noch Spuren dieser bekannten Handelsroute zu finden, die Sendero Las Cruces (Las-Cruces-Pfad) genannt wird.

Als die Spanier sich am Reichtum der geplünderten Zivilisationen „sattgefressen" hatten, begann die Welt, auf die florierende Kolonie aufmerksam zu werden – besonders die britischen Freibeuter, die in den Küstengewässern lauerten. 1573 zerstörte Sir Francis Drake Nombre de Dios und segelte mit einer Galeone, beladen mit spanischem Gold, zurück nach England.

Die Spanier errichteten riesige Steinfestungen bei San Lorenzo und Portobelo und hofften, somit weitere Plünderungen und Angriffe abwehren zu können. Diese Festungen konnten den walisischen Seeräuber Sir Henry Morgan allerdings nicht davon abhalten, 1671 Fuerte San Lorenzo zu stürmen und den Río Chagres hinaufzusegeln. Nachdem er am Ende der Landenge angekommen war, zerstörte Morgan die Stadt Panamá, indem er sie bis auf die Grundmauern niederbrannte, und kehrte mit 200 Maultieren, beladen mit spanischer Kriegsbeute, an die Karibikküste zurück.

Ein paar Jahre später errichteten die Spanier die Stadt Panamá auf einem Kap neu, das sich einige Kilometer westlich vom ursprünglichen Standort befand. Die Ruinen der alten

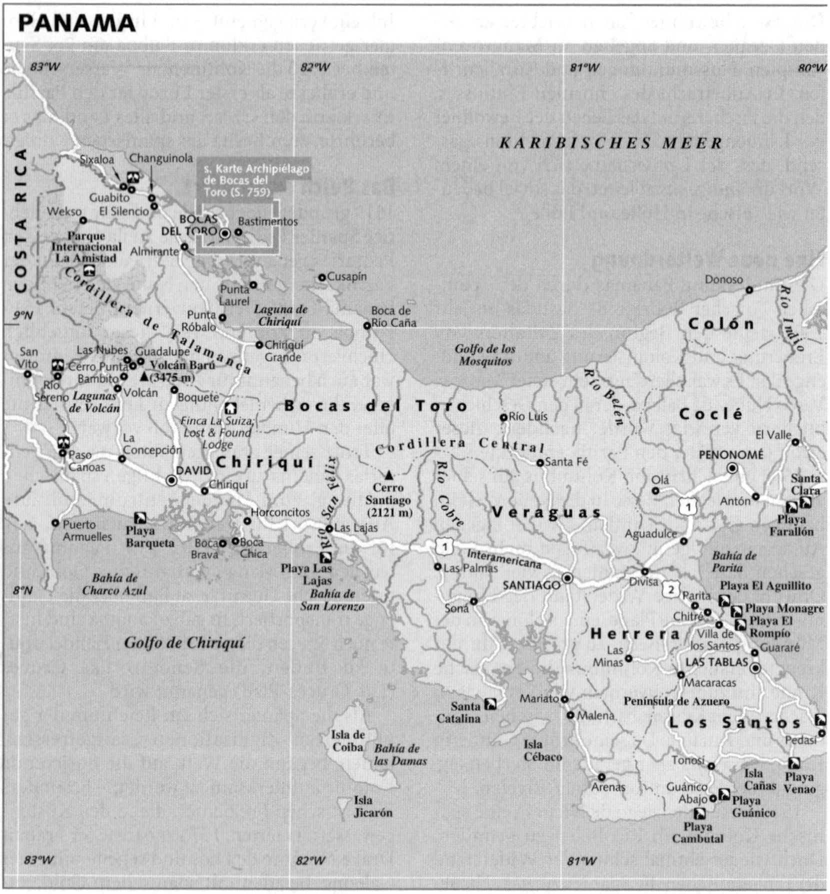

Siedlung, die heute Panamá Viejo heißt, und die Kolonialstadt Casco Viejo liegen innerhalb der Stadtgrenzen der heutigen Metropole.

Die britische Freibeuterei endete nicht mit der Zerstörung Panamás. Den letzten Sargnagel schlug Admiral Edward Vernon ein, als er 1739 die Festung von Portobelo zerstörte. Gedemütigt durch ihre Niederlage gaben die Spanier die Durchquerung Panamas auf und segelten stattdessen den langen Weg um das Kap Horn zur Westküste Südamerikas.

Das Ende des Reiches

Am 27. Oktober 1807 wurde zwischen Spanien und Frankreich der Vertrag von Fontainebleau geschlossen, in dem die Besetzung Portugals verfügt wurde. Unter dem Deckmantel der Unterstützung für die französisch-spanische Armee, die Portugal besetzte, fiel Napoleon mit Zehntausenden Truppen in Spanien ein. Mit einer Mischung aus Verrat und militärischem Genie befahl Napoleon daraufhin seinen Truppen, die wichtigsten Festungen der Spanier einzunehmen.

Der daraus entstehende Napoleonische Krieg auf der Iberischen Halbinsel lähmte beide Länder. Durch diesen Konflikt und das darauffolgende Machtvakuum sowie durch jahrzehntelange Unruhen im eigenen Land verlor Spanien im ersten Drittel dieses Jahrhunderts fast alle seine Kolonien.

Panama erlangte 1821 die Unabhängigkeit von Spanien und trat sofort Gran Colombia bei, einem Staatenbund aus den heutigen Län-

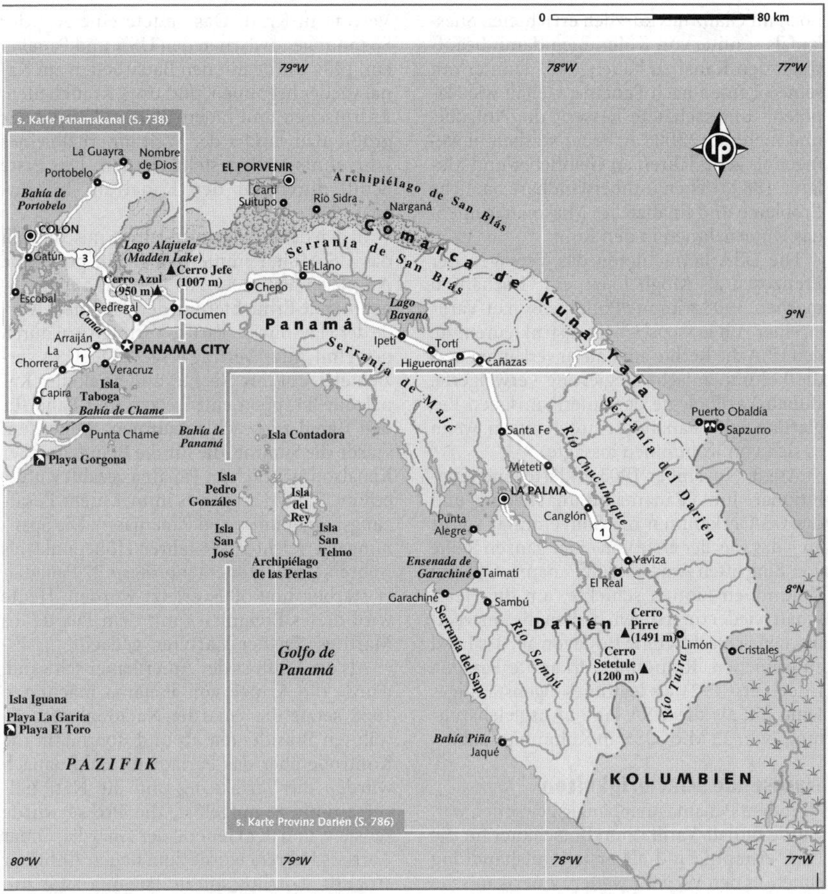

dern Kolumbien, Bolivien, Ecuador, Peru und Venezuela. Diese vereinte lateinamerikanische Nation war lange der Traum von Simón Bolívar. Inländische Konflikte führten allerdings 1831 zur Abschaffung von Gran Colombia. Neuling Panama blieb eine Provinz von Kolumbien.

Die Geburt einer Nation

Das Schicksal Panamas wandelte sich für immer, als die Weltmächte erkannten, dass die Landenge der schmalste Streifen zwischen dem Atlantik und dem Pazifik war. 1846 unterschrieb Kolumbien ein Abkommen, in dem es den USA erlaubte, eine Eisenbahnlinie über die Landenge zu bauen, sich aber selbst das Recht vorbehielt, die Strecke kostenlos zu nutzen und sie militärisch zu schützen. Auf dem Höhepunkt des Goldrauschs in Kalifornien 1849 reisten Zehntausende von der Ostküste der USA über Panama an die Westküste, um den feindseligen Indianern zu entgehen, die in der Mitte der Staaten lebten. Die Eisenbahnstrecke machte Kolumbien und Panama reich, und es gab erstmals Gespräche über einen Kanal durch Zentralamerika.

Die Idee, einen Kanal durch die Landenge zu ziehen, kam 1524 auf, als Carlos I. von Spanien eine Begutachtung anordnete. Diese sollte zeigen, ob ein Wasserweg hier möglich war. Später dachte Kaiser Napoleon III. von Frankreich ebenfalls über diese Idee nach. Letztendlich wurde 1878 der französische Baumeister Ferdinand de Lesseps, der sich noch im Glanz des kürzlich errichteten Sueskanals sonnte, von Kolumbien damit beauftragt, den Kanal zu bauen. 1881 kam er mit seinen Leuten nach Panama. Genau wie Napoleon unterschätzte Lesseps die Aufgabe, und mehr als 22000 Arbeiter starben in weniger als zehn Jahren an Gelbfieber und Malaria. 1889 trieben unüberwindbare bauliche Probleme und finanzielles Missmanagement das Unternehmen in den Ruin.

Die USA betrachteten das Versagen der Franzosen als Möglichkeit, ein Geschäft zu machen. 1903 stimmte Philippe Bunau-Varilla, einer von Lesseps' Chefkonstrukteuren, zu, den USA die Rechte am Bau zu verkaufen, was die kolumbianische Regierung verweigerte. Bunau-Varilla legte der amerikanischen Regierung nahe, Panama zu unterstützen, wenn es sich von Kolumbien lossagte.

Am 3. November 1903 erklärte eine revolutionäre Junta Panama für unabhängig, und die USA erkannten die Souveränität sofort an – das war der erste von einer ganzen Reihe von Eingriffen Amerikas in Panama. Obwohl Kolumbien Flotten schickte, um die Herrschaft wiederzuerlangen, hielten die amerikanischen Schlachtschiffe sie davon ab, das Land zu erreichen. Kolumbien erkannte Panama jedoch erst 1921 als legitimes eigenständiges Land an, als die USA eine „Ausgleichszahlung" von 25 Mio. US$ an Kolumbien zahlte.

Wachsende Schwierigkeiten

Nachdem Panama unabhängig geworden war, wurde Bunau-Varilla zum Botschafter für die USA ernannt, und als erste Amtshandlung ebnete er den Weg für weitere amerikanische Interventionen. Bunau-Varilla kam in der Hoffnung nach Washington, D.C., vom Verkauf der Kanalbaurechte an die USA zu profitieren, bevor Panama eine Delegation bilden konnte. Am 18. November 1903 unterschrieben Bunau-Varilla und der amerikanische Außenminister John Hay den Hay-Bunau-Varilla-Vertrag, der den USA weit mehr zusprach als im ursprünglichen Vertrag vorgesehen. Zusätzlich zu den Kanalbaurechten wurden den USA Rechte zur Intervention in die Angelegenheiten Panamas und die „Hoheitsrechte über die Kanalzone für alle Zeiten" zugesprochen. Diese Zone umfasste 8 km auf jeder Seite des Kanals.

Trotz der späten Proteste der panamaischen Delegation und der weiterhin offenen Frage, ob er überhaupt rechtens war, trat der Vertrag in Kraft. Das läutete eine Ära der Spannungen zwischen den USA und Panama ein. 1904 wurde mit den Bauarbeiten am Kanal wieder begonnen, und trotz Krankheiten, Erdrutschen und rauen Wetters konnte das größte Bauwunder der Welt innerhalb eines Jahrzehnts fertiggestellt werden. Das erste Schiff durchfuhr den Kanal am 15. August 1914.

In den darauffolgenden Jahren mischte sich das US-Militär immer wieder in politische Angelegenheiten ein. Als Antwort auf die zunehmende Ernüchterung der Panamaer wurde der Hay-Bunau-Varilla-Vertrag 1936 durch den Hull-Alfar-Vertrag ersetzt. Die USA verzichteten auf ihre Rechte, außerhalb der Kanalzone Truppen einzusetzen und Land für den Kanal zu beschlagnahmen. Außerdem wurde die Summe, die für die Benutzung der Kanalzone jährlich an Panama gezahlt wurde, erhöht. Trotzdem gab es immer mehr Besatzungsgegner unter den Panamaern. Die Spannungen erreichten 1964 ihren Höhepunkt, als während eines Studentenprotests 27 Panamaer starben und 500 verletzt wurden. Heute wird dieses Ereignisses mit dem Día de los Mártires (Tag der Märtyrer) gedacht.

Als der Einfluss der Amerikaner schwand, wurde die Armee von Panama mächtiger. 1968 setzte die Guardia Nacional den gewählten Präsidenten ab und übernahm die Kontrolle über das Parlament. Bald danach wurden die Verfassung und die Nationalversammlung aufgelöst, die Presse wurde zensiert, und der General der Guardia, Omar Torrijos Herrera wurde zum neuen Anführer ernannt. Torrijos stürzte Panama zwar mit einer Menge öffentlicher Bauvorhaben in die Schulden, überzeugte aber auch den amerikanischen Präsidenten Jimmy Carter davon, die Kontrolle über den Kanal abzugeben. Die daraus hervorgehenden Torrijos-Carter-Verträge vom 7. September 1977 und schließlich vom 31. Dezember 1999 garantierten Panama die volle Kontrolle über den Kanal sowie den kompletten Abzug des amerikanischen Militärs.

Aufstieg & Untergang Noriegas

1981 freute sich Panama immer noch an den Auswirkungen des Vertrags, als Torrijos bei einem Flugzeugabsturz ums Leben kam. Gerüchte über ein Verbrechen machten im Land die Runde. 1983 übernahm Colonel Manuel Antonio Noriega die Guardia Nacional, ernannte sich selbst zum General und machte sich somit zum eigentlichen Herrscher von Panama. Noriega, ehemaliger Vorsitzender der Geheimpolizei Panamas und Agent der CIA sowie Absolvent der School of the Americas, begann schnell, seine Macht zu festigen. Er vergrößerte die Guardia Nacional, erweiterte ihre Autorität erheblich und nannte sie von nun an Las Fuerzas de Defensa Panameñas. Er richtete auch in jeder Stadt, jedem Ort und jedem Dorf ein paramilitärisches Dignity Battalion ein, dessen Mitglieder bewaffnet waren und jeden ihrer Nachbarn verpfiffen, der sich dem Noriega-Regime gegenüber nicht vollkommen loyal zeigte.

1987 verschlimmerte sich die Situation sogar noch, als Noriega öffentlich beschuldigt wurde, in den Drogenhandel mit kolumbianischen Drogenkartellen verwickelt zu sein, seine Gegner ermorden zu lassen und Wahlen zu manipulieren. Viele Einwohner Panamas traten mit Generalstreiks und Straßendemonstrationen für Noriegas Rücktritt ein. Diese endeten in brutalen Zusammenstößen mit den Fuerzas de Defensa Panameñas. Im Februar 1988 versuchte der panamaische Präsident Eric Arturo Delvalle, Noriega zu entlassen, aber er wurde gezwungen, aus Panama zu fliehen. Daraufhin ernannte Noriega einen Präsidenten, der ihm besser gesinnt war.

Noriegas Regime wurde international geächtet. Im März 1988 erhoben die USA wirtschaftliche Sanktionen gegen Panama, beendeten damit eine vorrangige Handelsvereinbarung, froren panamaisches Anlagevermögen bei US-Banken ein und verweigerten die Zahlung von Kanalgebühren. Einige Tage nachdem die Sanktionen erhoben worden waren, veranlasste ein erfolgloser Militärputsch Noriega dazu, die brutale Unterdrückung seiner Kritiker zu verstärken. Als Noriegas Kandidat die Präsidentschaftswahlen im Mai 1989 verloren hatte, erklärte der General die Wahlen für ungültig. Guillermo Endara, der Siegerkandidat, und seine beiden Vizekandidaten wurden von Noriegas Schlägern brutal vermöbelt. Die blutige Tat wurde von einem Kamerateam gefilmt und auf der ganzen Welt gesendet. Im Oktober 1989 scheiterte ein zweiter Putschversuch und zog noch schlimmere Unterdrückungsmaßnahmen nach sich. Am 15. Dezember 1989 wurde Noriega von seiner Legislative zum Präsidenten ernannt, und seine erste Amtshandlung war es, den USA den Krieg zu erklären. Am folgenden Tag wurde ein unbewaffneter US-Marinesoldat in Zivil von panamaischen Soldaten ermordet, als er aus einem Restaurant in Panama-Stadt kam.

Die USA reagierten schnell und unerbittlich. In den ersten Stunden des 20. Dezember 1989 wurde Panama-Stadt von Flugzeugen, Panzern und 26 000 US-Truppen angegriffen. Der Einmarsch, der eigentlich dazu führen sollte, Noriega vor Gericht zu bringen und eine Demokratie zu schaffen, die den amerikanischen Interessen besser entsprach, hatte über 2000 tote Zivilisten und Zehntausende Obdachlose zur Folge und zerstörte ganze Gebiete von Panama-Stadt.

An Weihnachten bat Noriega bei der Botschaft des Vatikans um Asyl. Amerikanische Truppen umstellten die Botschaft und zwangen den Vatikan, Noriega freizugeben: Sie beschallten das Gebäude mit dröhnender Rockmusik (Van Halen und Metallica gehörten auch zur Auswahl). Daraufhin umstellte ein Haufen wütender Panamaer die Botschaft und forderte die Absetzung Noriegas.

Nach zehn Tagen psychologischer Kriegsführung überzeugte die Botschaft des Vatikans Noriega davon, sich zu stellen, indem sie ihm drohte, das Asyl aufzuheben. Noriega ergab sich am 3. Januar den amerikanischen Truppen und wurde nach Miami gebracht, wo er wegen Herstellung und Verteilung von Kokain verurteilt wurde. Seine Gefängnisstrafe in den USA endete zwar 2007, aber Noriega wurde an Frankreich ausgeliefert, wo ihn ein Pariser Gericht am 7. Juli 2010 zu weiteren sieben Jahren Haft verurteilte.

Die Differenzen von heute

Nach Noriegas unfreiwilligem Rücktritt wurde Guillermo Endara, der legitime Gewinner der Wahlen von 1989, als Präsident vereidigt, und Panama versuchte, wieder auf die Beine zu kommen. Das Image und die Wirtschaft des Landes waren zerstört, und die Hauptstadt hatte sowohl durch die Invasion als auch durch die ausgedehnten Plünderungen, die darauf folgten, großen Schaden erlitten. Leider stellte sich Endara als erfolgloser Präsident heraus, dessen Politik Arbeitsplätze zerstörte und seine Regierung die anfängliche Beliebtheit kostete. 1994 wurde er mit fast 100 % der Stimmen abgewählt.

Ernesto Pérez Balladares war der nächste Präsident. Unter seiner Regie führte die Regierung von Panama ein Privatisierungsprogramm ein, das sich auf die Verbesserungen der Infrastruktur, des Gesundheitswesens und der Bildung konzentrierte. Pérez Balladares stellte zwar noch nie dagewesene Finanzierungsmittel für Panamas Entwicklung bereit, doch 2010 wurde wegen Korruption gegen ihn ermittelt.

1999 übernahm Mireya Moscoso, die Witwe des beliebten ehemaligen Präsidenten Arnulfo Arias, Panamas erste weibliche Führerin und der Kopf der konservativen Arnulfista-Partei (PA), das Präsidentschaftsamt. Moscosos ehrgeizige Pläne konnten nie verwirklicht werden. Als Panama 2003 sein Jubiläum feierte, lag die Arbeitslosenquote bei 18 %, und in großen Teilen des Landes hatten die Menschen nichts zu essen. Trotzdem gab Moscoso 10 Mio. US$ dafür aus, den Schönheitswettbewerb „Miss Universe" nach Panama zu bringen. Ihr wurde auch vorgeworfen, einfach weggesehen zu haben, als das kolumbianische Militär in die Provinz Darién einfiel.

Martín Torrijos, Mitglied der Partido Revolucionario Democrático (PRD) und Sohn des ehemaligen Oberhaupts Omar Torrijos, wurde 2004 zum Präsidenten gewählt. Zwar gibt es immer noch Diskussionen über den Erfolg seiner Amtsführung, doch er setzte dringend notwendige Steuerreformen in die Tat um, darunter auch eine Überholung des Sozialversicherungssystems des Landes. Auch wurde sein Vorschlag, den Panamakanal zu erweitern, bei einem nationalen Volksentscheid mit großer Mehrheit angenommen.

Am 3. Mai 2009 trat Panama der Gegenbewegung gegen den lateinamerikanischen Linkstrend bei, indem der konservative Supermarktmagnat Ricardo Martinelli zum Präsidenten gewählt wurde. Da die konservative Regierung von Martinelli noch nicht viel Zeit hatte, etwas auszurichten, ist es zu früh zu sagen, wohin sie das für Lateinamerika so wichtige Land nun steuern wird.

KULTUR

Mentalität

In der Mitte zwischen den beiden Amerikas bildet die Landenge von Panama nicht nur den Scheidepunkt zweier Kontinente, sondern trennt auch zwei völlig unterschiedliche Modelle panamaischer Kultur und Gesellschaft. Während der eine Teil Panamas an den Traditionen der Vergangenheit festhält, freut sich der andere über die modernen Einflüsse der wachsenden Wirtschaft.

In mancher Hinsicht sind diese Gegensätze nur natürlich, wenn man bedenkt, wie viele Jahre lang sich ein anderes Land in die Angelegenheiten Panamas eingemischt hat. Von der Unabhängigkeit durch die Hilfe der USA 1903 bis zur Entmachtung Noriegas 1989 mit Waffengewalt und zu einem halben Dutzend anderer Einmischungen in der Zeit dazwischen – die USA hat ein gewaltiges Vermächtnis im Land hinterlassen. Fast jeder Panamaer hat Verwandte oder Bekannte in den USA. Teile des Landes scheinen geradezu besessen von Einkaufsmalls und dem Konsumgedanken, der aus Nordamerika kommt.

In anderen Teilen sind die Menschen nicht so gewillt, die Kultur der Amerikaner anzunehmen. Indigene Stämme wie die der Emberá und Kuna kämpfen hart darum, ihre Traditionen aufrecht zu erhalten, da immer mehr Jugendliche in den Sog der westlichen Lebensart in der Großstadt geraten.

Angesichts dieser Kluft zwischen Alt und Neu ist es überraschend, dass das Land nicht unter einem ernsten Fall von kognitiver Dissonanz leidet. Irgendwie arrangieren sich die außergewöhnlich toleranten Panamaer mit vielen Gegensätzen – mit dem Alten und dem Neuen, der enormen Ungleichheit zwischen Arm und Reich sowie der atemberaubenden Natur und ihrer schnellen Zerstörung.

Lebensart

Auch wenn die wohlhabenderen Viertel von Panama-Stadt vor Wolkenkratzern und schicken Restaurants nur so strotzen, lebt fast ein Drittel der Bewohner Panamas in Armut. Fast 250 000 Panamaer müssen darum kämpfen, überhaupt an Grundnahrungsmittel zu kommen. Die Ärmsten leben meist in dünn besiedelten Provinzen: Darién, Bocas del Toro, Veraguas, Los Santos und Colón. Auch in den Slums von Panama-Stadt, wo ungefähr 20 % der städtischen Bevölkerung wohnen, herrscht schlimme Armut. Landesweit vegetieren 9 % der Bevölkerung in *barriaos* (Elendsviertel) dahin.

Für *campesinos* (Bauern) ist das Leben hart. Ein Bauer im Landesinnern, der keine Nebenbeschäftigung hat, verdient nur 8 US$ pro Tag und liegt damit weit unterhalb des nationalen Durchschnittseinkommens pro Kopf von 5510 US$. In den Dörfern der Emberá in der Provinz Darién geht das traditionelle Leben weiter wie vor Hunderten von Jahren. Den meisten dieser Menschen stehen kein sauberes

Wasser und nicht die einfachsten hygienischen Einrichtungen zur Verfügung.

Die Menschen der Mittel- und Oberschicht leben größtenteils in und rund um Panama-Stadt. Ihr Lebensstandard entspricht ungefähr dem ihrer Gleichgestellten in Europa und den USA. Sie leben in großen Häusern oder Wohnungen, haben eine Putzfrau, ein oder zwei Autos, und ein paar wenige Glückliche unter ihnen sogar einen Zweitwohnsitz am Strand oder in den Bergen. Handys sind unabdingbar. Ihren Urlaub verbringen sie oft in Europa oder in den USA. Die meisten Erwachsenen der Mittelschicht sprechen etwas Englisch, und ihre Kinder gehen normalerweise auf Schulen, in denen Englisch die Unterrichtssprache ist.

Bevölkerung

Die meisten Panamaer (70 %) sind *mestizo*, haben also indigene und spanische Wurzeln. Es werden auch viele nicht schwarze Einwanderer in diese Kategorie gesteckt, z. B. der recht große chinesische Bevölkerungsanteil. Manche gehen davon aus, dass ganze 10 % der Bevölkerung chinesische Wurzeln haben. Es leben aber noch viele andere große Gruppen in dem Land: Etwa 14 % der Panamaer haben afrikanische, 10 % spanische Vorfahren, 5 % haben sowohl Afrikaner als auch Spanier als Vorfahren, und 6 % sind *indígenas*. Schwarze Panamaer sind meist Nachkommen der englischsprachigen Bevölkerung der Karibischen Inseln (Jamaika, Trinidad), die ursprünglich als Arbeiter nach Panama gebracht worden sind.

Von den zahlreichen einheimischen Stämmen, die bei der Ankunft der Spanier in Panama existierten, sind nur noch wenige übrig. Die Kuna leben auf Inseln an der Karibikküste in dem autonomen Gebiet Comarca de Kuna Yala. Sie bilden den politisch am besten organisierten Stamm und senden regelmäßig Volksvertreter in die nationale Legislative. Die Emberá und die Wounaan leben im Osten Panamas und im Darién. Panamas größter Stamm, der der Ngöbe-Buglé, ist in Chiriquí, Veraguas und Bocas del Toro angesiedelt. Die Teribe bevölkern die Provinz Bocas del Toro, und die Bribrí leben entlang des Talamanca-Schutzgebiets. Trotz der modernen Einflüsse hat jede indigene Gruppe Panamas ihre eigene Sprache und Kultur erhalten.

RELIGION

In Panama-Stadt gibt es etliche katholische Kirchen, anglikanische Kirchen für die Menschen von den Karibischen Inseln, Synagogen, Moscheen, eine herrliche griechisch-orthodoxe Kirche, einen beeindruckenden Hindutempel und einen seltsamen Baha'i-Schrein (der Hauptsitz für Lateinamerika).

Religionsfreiheit wird in Panama von der Verfassung garantiert, auch wenn die Vormachtstellung der römisch-katholischen Kirche durchaus wahrgenommen wird – fast 85 % der Menschen hängen diesem Glauben an. In der Schule haben Kinder die Möglichkeit, Religion als Fach zu belegen, auch wenn es nicht verpflichtend ist. Protestanten machen 12 % der Bevölkerung aus, Muslime 4,4 % und Baha'i 1,2 %. Außerdem leben im Land noch ungefähr 3000 Juden (viele von ihnen sind erst kürzlich aus Israel eingewandert), 24 000 Buddhisten und 9000 Hindus.

Zusätzlich zu den großen Weltreligionen gibt es da noch die unterschiedlichen Glaubensrichtungen der verschiedenen indigenen Stämme. Allerdings verblassen diese zusehends unter dem Einfluss der christlichen Missionare. Genau wie in anderen Teilen Lateinamerikas verbreitet sich der christliche Glaube hier wie ein Buschfeuer.

Auch wenn die Katholiken in der Mehrheit sind, gehen nur ca. 20 % von ihnen regelmäßig in die Kirche. Die religiösen Regeln sind in Panama auch nicht besonders streng. Nur 25 % der katholischen Geistlichen sind Panamaer, der Rest sind ausländische Missionare.

KUNST

Zur bunten Musikszene Panamas gehören Salsa, amerikanischer und Latin-Jazz, traditionelle Musik aus der Landesmitte, Reggae, Reggaetón und lateinamerikanischer, britischer und amerikanischer Rock. Der größte Exportschlager des Landes ist der bekannte Salsasänger Rubén Blades, der sich 1994 sogar als Präsidentschaftskandidat zur Wahl stellte und Dritter wurde. Der Jazz-Komponist und Pianist Danilo Pérez ist bei Kritikern angesehen, und Los Rabanes machen klassischen panamaischen Rock. Panamaische Volksmusik (*típico* genannt) wird durch Victorio Vergara und Samy und Sandra Sandoval vertreten, die auf dem Akkordeon Spitzenklasse sind. Heute setzt sich Reggaetón (auch bekannt als *punta*) in allen sozialen Schichten Panamas durch; zu den Stars zählen Flex und der mittlerweile verstorbene Danger Man.

Viele der besten panamaischen Romane wurden um die Mitte des 20. Jhs. geschrieben.

El ahogao, ein Roman von Tristán Solarte aus dem Jahr 1937, vermischt Elemente aus Krimi, Gruselgeschichte und Psychothriller mit bekannter einheimischer Mythologie. Der Roman *El esván*, 1954 von Ramón H. Jurado geschrieben, lotet die emotionalen Grenzen des Menschen aus. In dem Roman *Gamboa Roa Gang* von Joaquín Beleño geht es um die politischen und sozialen Ereignisse rund um den Panamakanal. Zu den nennenswerten Autoren der Gegenwart zählen die Dichterin und Schriftstellerin Giovanna Benedetti, die historische Romanautorin Gloria Guardia und die Volksautorin Rosa María Britton.

Der erste prominente Künstler Panamas war Roberto Lewis (1874–1949), ein Anhänger der französischen Schule. Er malte allegorische Bilder in öffentlichen Gebäuden, z. B. die im Palacio de las Garzas in Panama-Stadt. 1913 wurde Lewis Leiter der ersten Kunstakademie Panamas, wo er und sein Nachfolger Humberto Ivaldi (1909–1947) eine Generation von Künstlern ausbildeten. Zu den Schülern der Akademie zählten Juan Manuel Cedeño und Isaac Benítez sowie Maler der Mitte des 20. Jhs.: Alfredo Sinclair, Guillermo Trujillo und Eudoro Silvera. Zeitgenössischere Künstler sind u. a. Olga Sinclair und Brooke Alfaro.

PANAMA

SPORT

Wegen des starken amerikanischen Vermächtnisses ist Baseball die Lieblingsfreizeitbeschäftigung im Land. Es gibt zwar keine Profiteams, aber in Stadien im ganzen Land spielen Amateurmannschaften. Der in der Oberliga der USA spielende Mariano Rivera, der panamaische Rekordwerfer der New York Yankees, ist ein Nationalheld. Der Batter-Champion Rod Carew, ein weiterer Star aus Panama, wurde 1991 in die Hall of Fame aufgenommen. Auch an den ehemaligen NY Yankee Roberto Kelly erinnert man sich.

Boxen ist ein weiterer beliebter Zuschauersport und eine Quelle für Lokalstolz, seit der aus Panama-Stadt kommende Roberto Durán 1972 den Weltmeistertitel im Leichtgewicht gewonnen hat. Er wurde zur Legende, als er den Titel auch in jeder anderen Kategorie gewann: im Weltergewicht (1980) und Halbmittelgewicht (1983) genauso wie im Mittelgewicht (1989).

Das erste olympische Gold für Panama gewann Irving Saladino 2008 in Peking im Weitsprung.

NATUR & UMWELT

Geografie

Panama ist sowohl das schmalste als auch das südlichste Land Zentralamerikas. Die lange, S-förmige Landenge grenzt im Westen an Costa Rica und im Osten an Kolumbien. Die nördliche karibische Küstenlinie ist 1160 km lang, die Küstenlinie im Süden grenzt an den Pazifik und ist 1690 km lang. Die Gesamtfläche des Landes beträgt 78 056 km². Nur zum Vergleich: Panama ist ein bisschen größer als Irland, aber kleiner als Österreich.

Der Panamakanal unterteilt das Land in einen östlichen und einen westlichen Teil. Zwei Bergketten durchziehen Panamas küstenparallel im Osten und Westen. Der höchste Punkt des Landes, Chiriquís Volcán Barú, ist gleichzeitig der einzige Vulkan in Panama.

Wie in allen zentralamerikanischen Ländern gibt es in Panama weites Küstenflachland mit riesigen Bananenplantagen. Durch Panama fließen ca. 480 Flüsse, und vor den Küsten liegen 1518 Inseln. Die beiden Hauptinselgruppen sind die Archipele San Blás und Bocas del Toro auf der karibischen Seite, aber die meisten anderen Inseln liegen auf der Pazifikseite.

Tiere & Pflanzen

Seiner Lage als schmale Landbrücke zwischen zwei riesigen Kontinenten verdankt Panama eine bemerkenswerte Vielfalt von Pflanzen und Tieren. Tierspezies, die zwischen den Kontinenten wandern, versammeln sich in Panama, was bedeutet, dass man neben nordamerikanischen Tapiren, Jaguaren und Hirschen südamerikanische Gürteltiere, Ameisenbären und Faultiere beobachten kann. Durch die große Vielfalt einheimischer Arten und Zugvögel ist Panama einer der besten Orte der Welt, um Vögel zu beobachten.

In Panama gibt es über 940 verschiedene Vogelarten und mehr als 10 000 Pflanzenspezies, dazu kommen 125 Tierarten, die nur hier leben. Zu den 105 seltenen und bedrohten Tierarten des Landes gehören der Hellrote Ara, die Harpyie (der Nationalvogel Panamas), der Panama-Stummelfußfrosch, Jaguare und verschiedene Arten von Meeresschildkröten. In Panama lässt sich mit großer Wahrscheinlichkeit auch ein Quetzal sichten. Fünf Arten von Meeresschildkröten leben hier, und zu den heimischen Primaten gehören Kapuzineräffchen, Tamarine sowie Totenkopf-, Klammer- und Brüllaffen.

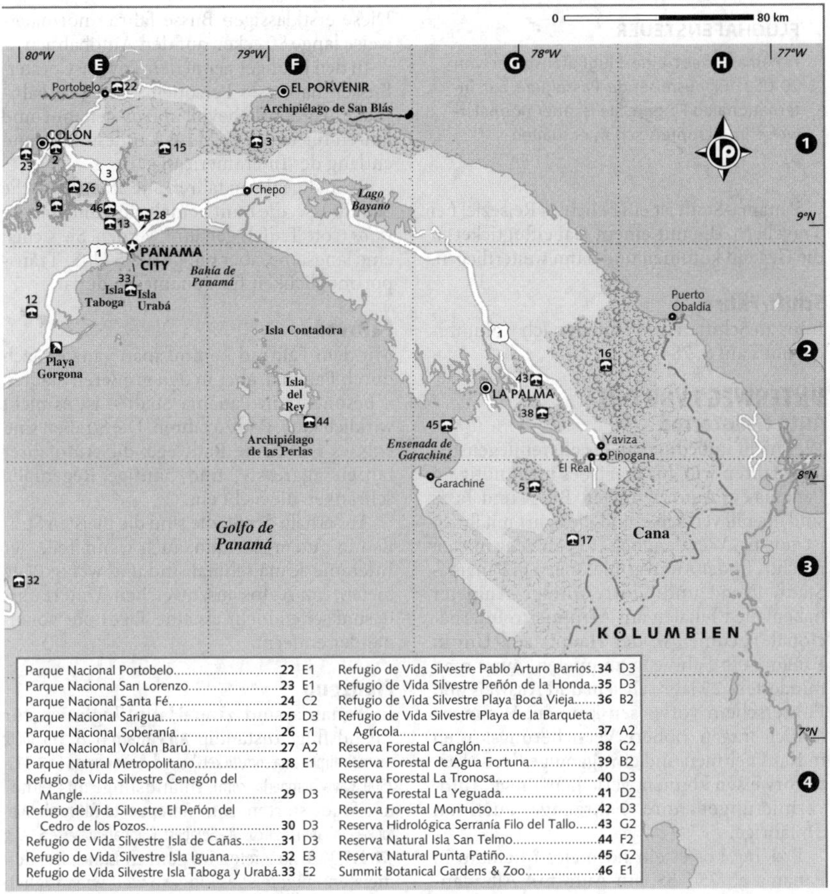

Bus

An allen drei Grenzübergängen zu Costa Rica (s. S. 746) kann man auf beiden Seiten mit Regionalbussen zur Grenze fahren, sie überqueren, in einen anderen Regionalbus einsteigen und seine Reise fortsetzen. Die letzten Busse fahren an den Grenzübergängen bei Guabito und Río Sereno um 19 Uhr ab. Von Paso Canoas fährt der letzte Bus um 21.30 Uhr nach Panama-Stadt.

Panaline (☎ 227-8648; www.viajeros.com/panaline) und **Tica Bus** (☎ 262-2084; www.ticabus.com) bieten direkte Verbindungen mit Bussen zwischen San José in Costa Rica und Panama-Stadt; sie fahren am Albrook-Busbahnhof ab (Karte S. 726). Man sollte seinen Platz einige Tage im Voraus reservieren.

Flugzeug

In Panama gibt es zwei internationale Flughäfen. Auf dem **Aeropuerto Internacional Tocumen** (PTY; ☎ 238-4322; www.tocumenpanama.aero), 35 km vom Zentrum von Panama-Stadt entfernt, kommen die meisten internationalen Flieger an. Der **Aeropuerto Enrique Malek** (Flughafencode DAV; ☎ 721-1072), der zum Ort David gehört, liegt 75 km südöstlich der Grenze zu Costa Rica. Von hier aus gehen regelmäßige Flüge nach und von San José in Costa Rica.

Panamas nationale Fluglinie **COPA** (☎ 238-1363; www.copaair.com) kann mit internationalen Flugzeugstandards mithalten. Es werden Flüge aus den USA, zahlreichen Ländern in Latein- und Südamerika und aus der Karibik angeboten.

FLUGHAFENSTEUER

Panama erhebt eine Flughafensteuer von 20 US$ für ausreisende Passagiere auf internationalen Flügen. Sie ist aber normalerweise im Flugpreis schon enthalten.

Panama-Stadt ist ein beliebtes Reiseziel bei Travellern, die mit einem Gabelflugticket in die Gegend kommen und dann weiterfliegen.

Schiff/Fähre

Infos zu Schiffen und Fähren nach Kolumbien gibt's auf S. 784.

UNTERWEGS VOR ORT

Auto & Motorrad

Wer nicht unbedingt an die allerentlegensten Orte fahren will, für den ist es nicht nötig, in Panama ein Auto zu mieten. Busse und Taxis sind überall verfügbar und die Fahrt mit ihnen ist günstig. Wer dennoch ein Fahrzeug mieten möchte, findet Autovermietungen in Panama-Stadt, David und Chitré. Einige Anbieter haben auch Filialen am Aeropuerto Internacional Tocumen in der Hauptstadt. Um in Panama ein Fahrzeug zu mieten, muss man mindestens 25 Jahre alt sein und Ausweis und Führerschein vorweisen können. Wenn sie höflich fragen, höhere Versicherungskosten in Kauf nehmen und eine gängige Kreditkarte vorweisen können, verleihen einige Autovermietungen ihre Fahrzeuge auch an 21-Jährige.

Pro Tag kostet ein normales Mietauto in Panama ab 35 US$, ein Auto mit Allradantrieb (*cuatro por cuatro)* gibt es ab 115 US$ pro Tag. Bevor man das Auto entgegennimmt, sollte man es auf kleine Beulen und Kratzer, fehlende Radioantennen und Radkappen sowie auf den Ersatzreifen überprüfen. Solche Schäden *müssen* im Mietvertrag vermerkt werden, ansonsten kann man bei Rückgabe des Fahrzeugs dafür belangt werden.

Es wurden schon viele Mietautos gestohlen. Also Wertsachen und Gepäck nie unbeaufsichtigt im Fahrzeug lassen! Viele Hotels verfügen über Gästeparkplätze.

Bus

Busse fahren in Panama so ziemlich zu jeder Gemeinde, zu der eine Straße führt. Einige davon sind große Mercedes-Benz-Busse mit Klimaanlage, Fernseher und Liegesitzen. Diese erstklassigen Busse fahren normalerweise lange Strecken auf den Autobahnen.

In den häufiger genutzten Toyota-Coaster-Bussen haben 28 Personen Platz. Die Fahrzeuge werden liebevoll *chivas* genannt und fahren für wenig Geld ins Landesinnere und entlang der Interamericana.

In Stadtgebieten fahren alte amerikanische Schulbusse, die bunt bemalt sind und *diablos rojos* (rote Teufel) genannt werden. Sie stellen eine langsame, aber billige (0,25 US$) Transportmöglichkeit für Panama-Stadt dar.

Fahrrad

Mit dem Fahrrad kommt man ganz einfach durch Panama, aber in den größeren Städten – besonders in Panama-Stadt – ist es nicht wirklich klug, Rad zu fahren. Die Straßen sind eng, es gibt keine Radwege, die Autofahrer fahren aggressiv, und häufige Regenfälle schränken die Sicht ein.

Außerhalb der Städte sind die meisten Straßen in gutem Zustand, auch wenn Teile der Interamericana schmal sind und wenig Platz bieten, um Autos auszuweichen. Unterkünfte sind selten mehr als eine Tagestour voneinander entfernt.

Flugzeug

In Panama sind zwei Hauptfluglinien für Inlandsflüge zuständig: **Air Panama** (☎ 316-9000; www.flyairpanama.com/tickets) und **Aeroperlas** (☎ 315-7500; www.aeroperlas.com). Inlandsflüge aus Panama-Stadt starten vom **Aeropuerto Albrook** (Albrook-Flughafen, Marcos-A.-Gelabert-Flughafen; Karte S. 722; ☎ 315-0403) zu Zielen im ganzen Land. Bei den meisten Flügen ist es klug, so weit wie möglich im Voraus zu buchen – besonders wenn es nach Comarca de Kuna Yala gehen soll.

Auch wer wenig Moneten hat, kann sich einen einfachen Inlandsflug für höchstens 80 US$ leisten, und manchmal lässt sich eine ein- oder zweitägige Bus-/Schiffsreise durch einen 45-minütigen Flug ersetzen.

Schiff/Fähre

In einigen Regionen sind Schiffe die Haupttransportmittel, vor allem in Darién, auf dem Archipiélago de Las Perlas und zwischen den Inselketten San Blás und Bocas del Toro. Zwar hat schon mindestens ein Verrückter den ganzen Panamakanal durchschwommen, aber ein Schiff erleichtert die Reise erheblich.

Das Backpacker-Mekka Bocas del Toro auf der Isla Colón ist mit dem Schnellboot oder einem preiswerten Wassertaxi von Almirante aus erreichbar – s. S. 765 für Details.

Kolumbianische und Kuna-Handelsschiffe transportieren Fracht und Passagiere an der Küste von San Blás zwischen Colón und Puerto Obaldía. Sie halten an bis zu 48 Inseln, um die Passagiere und die Fracht ein- und auszuladen. Diese Schiffe werden aber auch gelegentlich für den Rauschgifthandel genutzt und sind oft gefährlich überladen. Einen einheimischen Bootsmann zu engagieren, ist die klügere Variante und oft schon im Unterkunftspreis inklusive – auf S. 781 findet sich Näheres dazu.

Da es im Osten der Provinz Darién nicht viele Straßen gibt, ist die Fahrt mit dem Schiff oft die beste Möglichkeit, von einem Ort zum anderen zu kommen – vor allem während der Regenzeit. Hierfür wird vorzugsweise ein *piragua* (langes Kanu) benutzt, das aus dem Stamm eines riesigen Ceiba-Baums geschnitzt wurde. Mit ihrem flachen Rumpf können diese Kanus auf den vielen Flüssen Ostpanamas gut fahren. Viele von ihnen sind motorisiert. Nähere Infos gibt's auf S. 791.

Taxi

Taxis haben in Panama keine Taxameter, aber manchmal gibt es Festpreise. Taxifahrten sind billig, und meistens stehen Taxis zuhauf zur Verfügung. Spät in der Nacht, kurz vor und während der hiesigen Ferien kann es allerdings schwieriger werden, eines zu bekommen. Zu diesen Zeiten ruft man am besten ein Funktaxi. Auflistungen der verlässlichen Funktaxis finden sich in den Gelben Seiten der Telefonbücher in ganz Panama unter der Überschrift „Taxis".

Teurere „Taxilimousinen" fahren vor gehobenen Hotels und Einkaufszentren ab. Hier zahlt man mindestens doppelt so viel, wie wenn man ein Taxi ruft.

Trampen

Trampen ist in Panama nicht so verbreitet wie im Rest Zentralamerikas. Die meisten Panamaer fahren mit dem Bus, und Reisende tun es ihnen am besten gleich. Eine Ausnahme sind die Wochenenden, wenn die Busse völlig überfüllt sind, und Trampen die einzige Möglichkeit ist, vom Fleck zu kommen. Wenn einen jemand mitnimmt, sollte man vor der Ankunft anbieten, dafür zu zahlen. Höflich fragt man dann: „*¿Cuánto le ebo?*" („Wie viel schulde ich Ihnen?").

Trampen ist in keinem Land vollkommen ungefährlich, aber in ländlichen Gegenden Panamas kommt es durchaus häufiger vor.

Zug

Details zur landschaftlich schönen Zugfahrt zwischen Panama-Stadt und Colón gibt's auf S. 735.

PANAMA-STADT

446 000 Ew.

Panama-Stadt ist zweifellos die weltoffenste Hauptstadt Zentralamerikas und sowohl das Tor zu den Naturschätzen des Landes als auch selbst ein tolles Reiseziel. Das florierende Zentrum für internationale Bankgeschäfte und Handel besitzt eine Skyline aus glitzernden Glas- und Stahltürmen. Einwohner witzeln oft, dass Panama-Stadt das „Miami des Südens" sei – nur dass hier mehr Englisch gesprochen würde.

Obwohl es hier an anspruchsvollen Restaurants und schicken Tanzclubs nicht mangelt, versammeln sich Traveller in Panama-Stadt lieber im gemütlichen Kolonialviertel Casco Viejo, einem verfallenen, an die Altstadt von Havanna erinnernden Bezirk mit Kopfsteinpflaster, alten Kirchen und hübschen Plätzen. Casco Viejo rottete jahrzehntelang an der Küste vor sich hin, aber in den letzten Jahren wurde das Viertel ausgedehnten Renovierungsarbeiten unterzogen.

Panama-Stadt ist schmutzig und chaotisch, aber auch sehr lebhaft. Egal ob man den Puls der Stadt anhand des Beats der Salsaclubs an der Calle Uruguay oder anhand der Stakkatorufe der Straßenverkäufer misst – die Chancen, vom Rhythmus dieses lateinamerikanischen Spielplatzes mitgerissen zu werden, stehen gut.

GESCHICHTE

Panama-Stadt wurde 1519 von dem spanischen Gouverneur Pedro Arias de Ávila (Pedrarias) gegründet, nicht lange nachdem Balboa erstmals den Pazifik gesehen hatte. Die spanische Siedlung entwickelte sich rasch zu einem wichtigen Regierungszentrum und zum Sitz der Kirchenoberhäupter. 1671 wurde die Stadt von dem walisischen Piraten Sir Henry Morgan geplündert und zerstört. Seine Mannen hinterließen nur die Steinruinen von Panamá Viejo.

Drei Jahre später wurde die Stadt auf der Halbinsel von Casco Viejo wieder aufgebaut. Doch nach der Zerstörung des Karibikhafens Portobelo im Jahr 1746 zerfiel die spanische Überlandhandelsroute. Panama-Stadt verlor daraufhin an Einfluss, gewann aber in den 1850er-Jahren von Neuem an Ruhm, als Goldgräber auf dem Weg nach Kalifornien in Scharen mit der Panama Railroad über die Landenge zogen.

Nachdem Panama am 3. November 1903 seine Unabhängigkeit von Kolumbien erklärt hatte, wurde Panama-Stadt zur festen Hauptstadt ernannt. Durch den 1914 fertiggestellten Panamakanal wurde die Stadt zum Drehkreuz internationaler Geschäfte und internationalen Handels.

Heute ist Panama-Stadt bei Weitem die reichste Stadt in Zentralamerika, was sie zum größten Teil dem Panamakanal zu verdanken hat. Zwar mögen die Investitionen aus dem Ausland seit der Finanzkrise von 2009 schwinden, doch der Ausbau des Panamakanals signalisiert eine mögliche Konjunkturerholung in der Zukunft.

ORIENTIERUNG

Panama-Stadt zieht sich über 20 km an der Pazifikküste entlang, vom Panamakanal im Westen bis zu den Ruinen von Panamá Viejo im Osten.

In der Nähe des Kanals befinden sich der Aeropuerto Albrook, der Fort-Amador-Damm und die wohlhabenden Vororte Balboa und Ancón, die ursprünglich für die amerikanischen Kanalbauarbeiter und das Militär angelegt worden sind. Der Puente de las Américas überspannt anmutig den Kanal.

Das Kolonialviertel der Stadt, Casco Viejo (auch San Felipe oder Casco Antiguo genannt), ragt im Südwesten der Stadt ins Meer hinein. Von hier aus führen zwei große Straßen Richtung Osten durch die Stadt.

Die Hauptstraße ist die Av Central, die an der Kathedrale in Casco Viejo vorbei zum Parque Santa Ana und zur Plaza Cinco de Mayo führt. Zwischen diesen zwei Plätzen ist sie eine Einkaufsstraße nur für Fußgänger. An einer Weggabelung weiter östlich wird die Straße zur Av Central España. Der Abschnitt, der durch das Geschäfts- und Bankenviertel El Cangrejo führt, heißt Vía España. Der andere Teil der Gabelung wird erst zur Av 1 Norte (José D. Espinar), dann zur Av Simón Bolívar und schließlich zur Vía Transístmica, wenn sie aus der Stadt hinaus über die Landenge Richtung Colón führt.

Die Av 6 Sur zweigt von der Av Central nicht weit außerhalb von Casco Viejo ab und wechselt mehrmals den Namen. Der Abschnitt, der um die Bucht herum nach Punta Paitilla am östlichsten Punkt führt, heißt Av Balboa. Dahinter führt die Straße unter verschiedenen Namen vorbei am Centro Atlapa bis zu den Ruinen von Panamá Viejo. Durch die 2009 errichtete Verlängerung der Av Balboa entstand die Cinta Costera, eine Grünfläche am Wasser mit Wander- und Radwegen, die sich von El Cangrejo bis nach Casco Viejo erstreckt.

Normalerweise verlaufen *avenias* (Alleen) von Osten nach Westen, während *calles* (Straßen) von Norden nach Süden führen. Die Av Central und die Vía España bilden Grenzen – die *avenias* südlich der Vía España sind mit dem Zusatz *sur* (Süden) versehen, die *calles* östlich der Vía España tragen das Wort *este* (Osten) im Namen.

Karten & Stadtpläne

Abseits der Av Simón Bolívar, gegenüber der Universidad de Panamá, verkauft das **Instituto Geográfico Nacional** (Tommy Guardia; Karte S. 726; ☎ 236-2444; ⌚ Mo–Fr 8–16 Uhr) verschiedene ausgezeichnete Landkarten.

PRAKTISCHE INFORMATIONEN

Buchläden

Earl S. Tupper Tropical Sciences Library/Smithsonian Tropical Research Institute (STRI; Karte S. 726; ☎ 212-8000; ⌚ Mo–Fr 10–16.30 Uhr) Hier sind Bücher über Tiere und die Natur erhältlich; eine Bibliothek ist ebenfalls vorhanden.

Exedra Books (Karte S. 726; ☎ 264-4252; Ecke Vía España & Vía Brasil; ⌚ Mo–Sa 9.30–21.30, So 11–20.30 Uhr) Gehört zu den besten Buchläden Zentralamerikas.

Geld

In der ganzen Stadt finden sich jede Menge rund um die Uhr zugängliche Geldautomaten.

HSBC (Karte S. 726; Vía España) Wechselt Amex-Reiseschecks ohne Gebühr; wer andere Schecks einlösen möchte, zahlt 5 US$ Wechselgebühr.

Panacambios (Karte S. 726; ☎ 223-1800; EG, Plaza Regency-Geb., Vía España; ⌚ Mo–Fr 8–17 Uhr) beschäftigt sich mit internationalen Währungen.

Internetzugang

Die meisten Unterkünfte verfügen über WLAN-Zugang, und in Panama-Stadt gibt es

DER WEG INS ZENTRUM

Vom/Zum Busbahnhof

Alle Langstreckenbusse kommen am Albrook-Busbahnhof an. Von dort gibt es Verbindungen in die Stadt. Die Fahrtrichtung (z.B. Vía España, Panamá Viejo) wird im Frontfenster angezeigt, und eine Fahrt kostet 0,25 US$. Wer nach Einbruch der Dunkelheit ankommt, sollte mit dem Taxi (3–5 US$) zu seinem Ziel fahren.

Von den/Zu den Flughäfen

Der Aeropuerto Internacional Tocumen liegt 35 km in nordöstlicher Richtung vom Stadtzentrum entfernt. Am günstigsten kommt man in die Stadt, wenn man den Terminal verlässt, über die Straße geht (zur Bushaltestelle) und mit einem Bus Richtung Stadt fährt. Schneller, aber auch teurer sind Taxis, die am Schalter von Transportes Turísticos am Flughafenausgang neben der Preistafel gerufen werden können. Oder man nimmt ein *colectivo* (Sammeltaxi) für 11 US$ pro Person (3 od. mehr Fahrgäste).

Vom Albrook-Terminal fahren alle 15 Minuten Busse zum Aeropuerto Internacional Tocumen. Der Bus, der auf der Cinta Costera fährt (1 US$, 1 Std.), ist doppelt so schnell wie die anderen und klimatisiert. Ein Taxi vom Stadtzentrum zum Flughafen sollte nicht mehr als 20 US$ kosten. Vom Flughafen in die Stadt verlangen die Fahrer meistens mehr (25–30 US$).

Der Aeropuerto Albrook nördlich von Cerro Ancón wickelt sämtliche Inlandsflüge ab. Am einfachsten kommt man mit dem Taxi vom bzw. zum Flughafen; die Fahrt sollte zwischen 3 und 5 US$ kosten.

jede Menge Internetcafés, vor allem im Bankenviertel El Cangrejo.

Business Center (Karte S. 726; Calle 49A Oeste; 0,75 US$/Std.; 🕓 24 Std.) Mit Klimaanlage und schnellem Internetzugang.

Medizinische Versorgung

Die medizinische Versorgung in Panama, besonders in Panama-Stadt, genügt hohen Standards.

Centro Medico Paitilla (Karte S. 726; ☎ 265-8800, 265-8883; Calle 53 Este & Av Balboa) Gut ausgebildete Ärzte, die Spanisch und Englisch sprechen.

Notfall

Ambulanz (☎ 228-2187, 229-1133)
Feuerwehr (☎ 103)
Polizei (☎ 104)

Post

Viele Hotels verkaufen Briefmarken. Einige versenden auch die Briefe ihrer Gäste.

Hauptpost (Karte S. 726; Av Balboa zw. Calle 30 & Calle 31; 🕓 Mo–Fr 7–17.45, Sa 7–16.45 Uhr) Bewahrt postlagernde Sendungen 30 Tage lang auf.

Post (Karte S. 726; Plaza las Americas; 🕓 Mo–Fr 7–17.45, Sa 7–16.45 Uhr) Nur für den Paketversand zuständig.

Telefon

Tarjetas (Telefonkarten) im Wert von 3, 5 und 10 US$ für Orts- und Regionalgespräche können in Apotheken gekauft und an jedem Kartentelefon benutzt werden.

Touristeninformation

ATP-Filialen geben kostenlose Landkarten aus, aber nur wenige ATP-Angestellte sprechen Englisch.

ATP (Karte S. 722; ☎ 226-7000; www.atp.gob.pa; Vía Israel, San Francisco; 🕓 Mo–Fr 8.30–16.30 Uhr) Panamas Tourismusbehörde hat ihren Hauptsitz beim Centro Atlapa im Viertel San Francisco. Der Eingang befindet sich auf der Rückseite des großen Gebäudes.

Autoridad Nacional del Ambiente (ANAM; Karte S. 726; ☎ 315-0855; 🕓 8–16 Uhr) Bei ANAM gibt es manchmal Karten und Informationen zu den Nationalparks. Die Behörde ist aber eigentlich nicht darauf ausgelegt, Travellern zu helfen. Im Gebäude 804 des Bezirks Albrook.

GEFAHREN & ÄRGERNISSE

Casco Viejo steht im Mittelpunkt eines ehrgeizigen Stadterneuerungsprogramms, allerdings sind die Arbeiten noch voll im Gange. Allgemein lässt sich sagen, dass die Spitze der Halbinsel südöstlich der Iglesia de la Merced für Traveller sicher ist, vor allem seit in der Gegend jede Menge Polizisten Streife fahren. Trotzdem sollte man sich an hellen Orten und unter vielen Menschen aufhalten und in der Nacht am besten ein Taxi nehmen.

Weiter Richtung Binnenland gibt es dicht besiedelte Slums, in denen schon viele Tra-

PANAMA-STADT

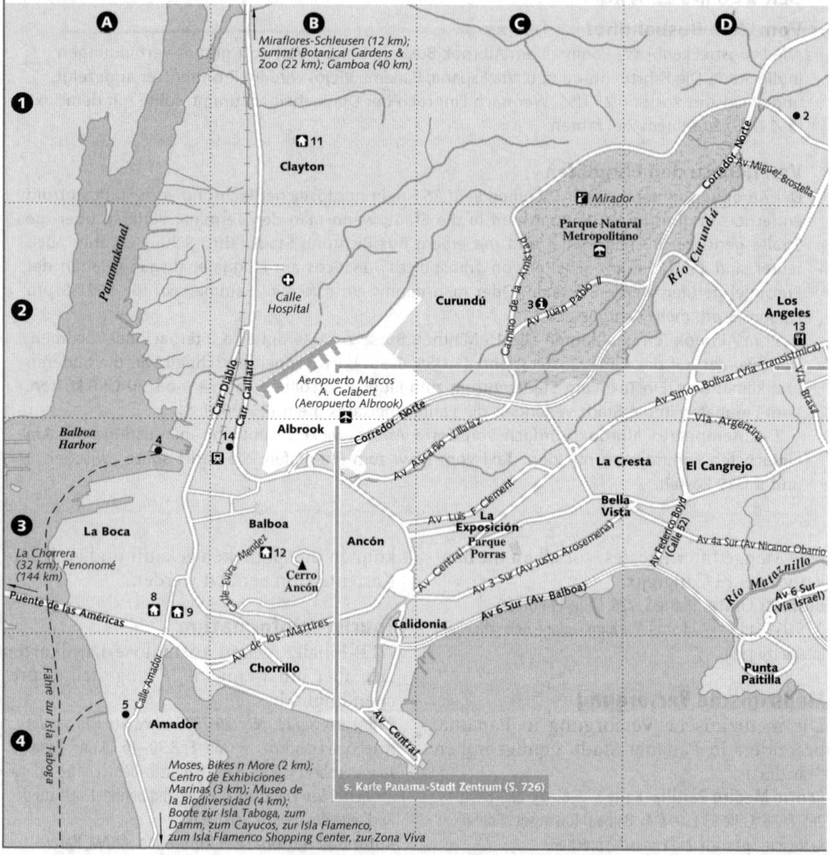

veller Opfer von Verbrechen wurden. Andere Gebiete, in denen die Kriminalitätsrate sehr hoch ist, sind Curundú, El Chorrillo, Santa Ana, San Miguelito und Río Abajo.

Die Calle Uruguay, die Partymeile der Stadt, zieht ebenfalls Kriminelle an. In der Nacht sollte man nie sein gesamtes Geld dabei haben. Es soll schon passiert sein, dass sich Frauen männlichen Touristen an den Hals geworfen und dabei deren Brieftaschen geklaut haben.

Wer durch die Straßen der Stadt läuft, muss sich im Klaren darüber sein, dass Autofahrer nicht auf Fußgänger achten. Man sollte auf fehlende Windabdeckungen und Kanaldeckel, herabhängende Kabel und hohe Bordsteinkanten aufpassen.

SEHENSWERTES

Casco Viejo

Nach der Zerstörung der ursprünglichen Stadt durch Henry Morgan im Jahr 1671 bauten die Spanier ihre Stadt 8 km weiter südwestlich auf einer felsigen Halbinsel am Fuß des Cerro Ancón wieder auf. Die neue Lage erleichterte die Verteidigung, da das Riff die Schiffe davon abhielt, sich der Stadt zu nähern – außer bei Flut. Die neue Stadt war auch deswegen leichter zu verteidigen, weil sie von einer gewaltigen Mauer umgeben war. So erhielt Casco Viejo auch seinen Namen: Alter Schutzwall (Karte S. 732).

Als 1904 der Bau des Panamakanals begann, bestand Panama-Stadt nur aus dem heutigen Casco Viejo. Als die wachsende Be-

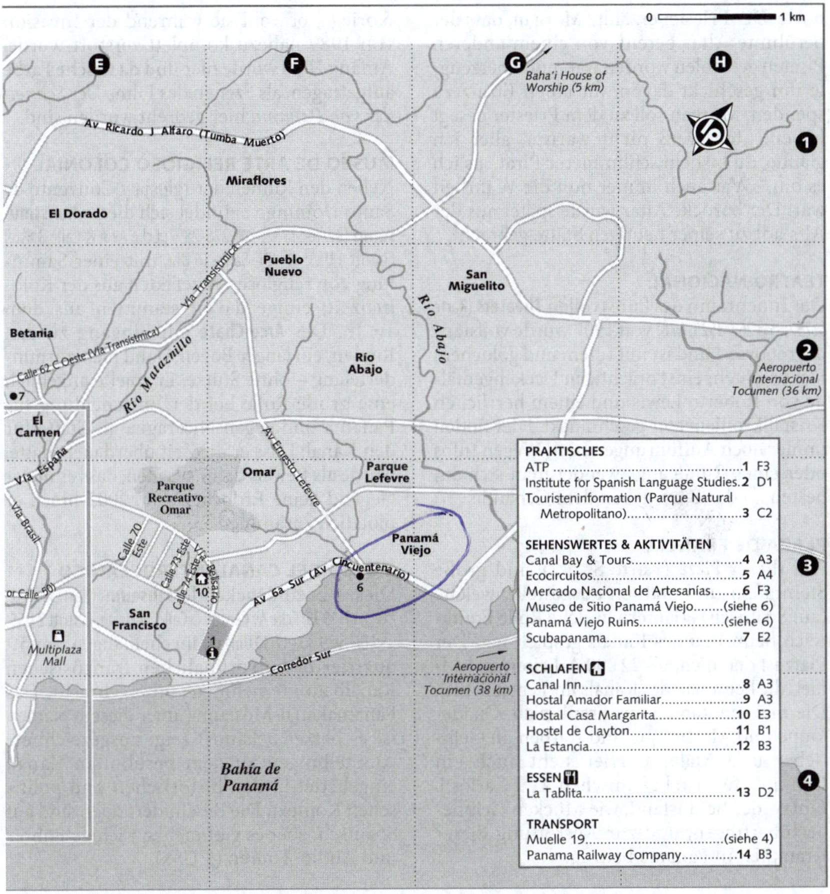

völkerung und Neubauten die Stadtgrenzen weiter Richtung Osten schoben, verließ die Oberschicht der Stadt das Gebiet, und das Viertel verfiel schnell zu einem städtischen Ghetto.

Heute ist die UNESCO-Welterbestätte Casco Viejo halb zerfallen und halb modernisiert. Durch die Renovierungen bekommt man einen Eindruck davon, wie herrlich die Gegend in vergangenen Zeiten ausgesehen haben muss. Einen Teil der Faszination, durch die Kopfsteinpflasterstraßen von Casco Viejo zu schlendern, macht der marode Charme der zerfallenen Gebäude, der bescheidenen Häuser und der Ruinen aus.

Die Restaurationen sind immer noch in vollem Gang; Traveller sollten also mit offenen Augen durch die Gegend schlendern und vorsichtig sein (s. S. 721).

PLAZA DE LA INDEPENDENCIA

Diese **Plaza** (Karte S. 732) ist das Herz von Casco Antiguo. Hier erklärte Panama am 3. November 1903 seine Unabhängigkeit von Kolumbien.

IGLESIA DE SAN JOSÉ

In dieser **Kirche** (Karte S. 732; Av A) befindet sich der bekannte Altar de Oro (Goldener Altar), der gerettet werden konnte, als Henry Morgan Panamá Viejo plünderte. Der Legende zufolge malte ein Priester den Altar schwarz an, um ihn zu verstecken, als er Gerüchte über den bevorstehenden Angriff des Piraten hörte. Der Priester erzählte Morgan, dass der berühmte Altar bereits von einem anderen Piraten gestohlen worden war, und überzeugte ihn geschickt davon, für einen Ersatz zu spenden. Morgan soll zu dem Priester gesagt haben: „Ich weiß nicht warum, aber ich glaube, du bist ein schlimmerer Pirat, als ich es bin." Was auch immer nun die Wahrheit war: Der barocke Altar wurde später aus der Altstadt zu seiner heutigen Stätte gebracht.

TEATRO NACIONAL

Der Innenraum des kunstvollen **Theaters** (Karte S. 732; ☎ 262-3525; Av B) von 1907 wurde vollständig renoviert und ist mit rotem und goldenem Dekor, einem einst prächtigen Deckengemälde von Roberto Lewis und einem herrlichen Kristallkronleuchter geschmückt. Hier finden immer noch Aufführungen statt. Wegen Infos oder eines Rundgangs wendet man sich am besten an das Büro neben dem Gebäude.

PLAZA DE FRANCIA

Auf dieser **Plaza** (Karte S. 732) sind große Steintafeln und Statuen ausgestellt, welche (auf Spanisch) erläutern, welche Rolle Frankreich beim Bau des Kanals gespielt hat. Der Platz ist den mehr als 22 000 Arbeitern gewidmet, die beim Bau des Kanals ihr Leben ließen. Die meisten kamen aus Frankreich, Guadeloupe und Martinique und starben an Gelbfieber und Malaria. Hier steht auch ein Denkmal für den kubanischen Arzt Carlos J. Finlay, der herausfand, wie Mücken Gelbfieber übertragen, und zur Ausrottung dieser Krankheit in Panama beitrug.

PASEO LAS BÓVEDAS

Diese **Promenade** (Karte S. 732) führt auf der Strandmauer entlang, die von den Spaniern errichtet wurde, um die Stadt zu schützen. Von hier aus kann man den Puente de las Américas sehen, der sich über den Kanal wölbt, und die vielen Schiffe, die darauf warten, den Kanal befahren zu können.

PALACIO DE LAS GARZAS

Der **Präsidentenpalast** (Karte S. 732; Av Alfaro) wurde nach den schönen, weißen Fischreihern benannt, die hier leben. Der Präsident von Panama wohnt im oberen Stockwerk.

CLUB DE CLASES Y TROPAS

Diese verlassene **Ruine** (Karte S. 732; Calle 1a Oeste) war einst der Lieblingsplatz von General Noriega, obwohl sie während der Invasion von 1989 nahezu komplett zerstört wurde. Anfang 2000 wurde hier und da frische Farbe aufgetragen, als Szenen des Films *Der Schneider von Panama* hier gedreht worden sind.

MUSEO DE ARTE RELIGIOSO COLONIAL

Neben den Ruinen der Iglesia y Convento de Santo Domingo befindet sich dieses **Kunstmuseum** (Karte S. 732; ☎ 228-2897; Ecke Av A & Calle 3 Este; Eintritt 1 US$; 🕒 Di–Sa 8–16 Uhr) mit einer Sammlung von religiösen Artefakten aus der Kolonialzeit; einige davon stammen aus dem 16. Jh. Der **Arco Chato** am Eingang zu den Ruinen, ein langer Bogen, stand hier jahrhundertelang – ohne Stütze. Er spielte angeblich eine große Rolle bei der Entscheidung für Panama und gegen Nicaragua als Stätte für den Kanal: Dass er die Zeit überdauert hatte, wurde als Beweis dafür gesehen, dass es in der Gegend keine Erdbeben gab. 2003 brach er plötzlich zusammen.

MUSEO DEL CANAL INTEROCEÁNICO

Dieses beeindruckende **Museum** (Karte S. 732; ☎ 211-1995; Ecke Av Central & Calle 6a Oeste; Eintritt 2 US$; 🕒 Di–So 9.30–17.30 Uhr) ist im ehemaligen Hauptquartier des ursprünglichen französischen Kanalbauunternehmens untergebracht. Das Panamakanal-Museum (unter diesem Namen ist es besser bekannt) zeigt ausgezeichnete Ausstellungen zu dem berühmten Kanal, eingebettet in den historischen und politischen Kontext. Die Beschilderungen sind auf Spanisch, aber es gibt mehrsprachige Führer und Audio-Touren (5 US$).

MUSEO DE HISTORIA DE PANAMÁ

Das bescheidene **Museum** (Karte S. 732; ☎ 228-6231; Calle 6a Oeste; Eintritt frei; 🕒 Mo–Fr 8.30–15.30 Uhr) verfügt über eine kleine Sammlung von Ausstellungsgegenständen, anhand welcher die Geschichte Panamas von der Kolonialzeit bis zur Moderne erläutert wird.

Panamá Viejo

Mehr als 150 Jahre lang war die Stadt Panamá die Metropole des Pazifiks. Nicht nur hatte man über sie Zugang zum peruanischen Gold, sie war auch ein großer Umschlagplatz für orientalische Seide und Gewürze. Die Reichtümer der Stadt waren bei Piraten auf der ganzen Welt sehr begehrt.

Als Panamá 1671 in die Hände von Henry Morgan fiel, gab es in der Stadt eine prächtige Kathedrale, mehrere wunderschöne Kirchen, Tausende Kolonialhäuser und Hunderte Lagerhallen voller ausländischer Waren. Nach den Plünderungen bestand Panamá Viejo nur noch aus Balken und Steinblöcken.

Bis 1950 blieben die Ruinen so, wie sie waren. Die Ausdehnung der Stadt führte dazu, dass sich Panamá in ein Elendsviertel verwandelte. Als die Regierung die Ruinen 1976 zu einer geschützten Stätte erklärte (1997 folgte die UNESCO dem Beispiel), war ein Großteil der Altstadt bereits verfallen.

Heute liegen viele Teile von Panamá Viejo unter einem Armenwohnviertel begraben. Trotzdem sind die Ruinen einen Besuch wert, und wenn auch einfach nur, damit man mal auf dem geheiligten Boden einer der wichtigsten Kolonialstädte Nordamerikas steht.

RUINEN VON PANAMÁ VIEJO

Die **Ruinen** (Karte S. 722) des 1519 gegründeten Panamá Viejo sind nicht eingezäunt. Man kann also jederzeit herkommen, auch wenn die beste Zeit für Erkundungen der Gegend die Tagesstunden sind. Die Ruinen breiten sich über ein großes Gelände aus, und man kann immer noch die Kathedrale mit ihrem Steinturm, den Platz daneben, das Kloster von Santo Domingo, die Iglesia de San José, das Krankenhaus San Juan de Dios und das Rathaus besichtigen.

MERCADO NACIONAL DE ARTESANÍAS

Die Panamá Viejo-Busse (0,25 US$) fahren von der Av Balboa zu diesem **Künstlermarkt** (Karte S. 722; 🕑 9–18 Uhr) hinter den ersten Ruinen aus Richtung Panama-Stadt.

MUSEO DE SITIO PANAMÁ VIEJO

In diesem **Museum** (Karte S. 722; Eintritt 3 US$; 🕑 9–17 Uhr) steht ein sehr beeindruckendes maßstabsgetreues Modell von Panamá Viejo aus der Zeit vor 1671. Außerdem beherbergt das Haus ein paar Artefakte aus der Kolonialzeit. Alle Erläuterungen sind auf Spanisch, es gibt aber eine Broschüre und einen Audio Guide über die Geschichte der Stätte auf Englisch.

Der Damm

An der Pazifikseite des Panamakanals verbindet ein 2 km langer, von Palmen gesäumter *calzada* (Damm) die vier kleinen Inseln Naos, Culebra, Perico und Flamenco mit dem Festland. Die Dammstraße ist vor allem am frühen Morgen und am späten Nachmittag ein beliebter Aufenthaltsort, wenn die Bewohner der Stadt hier spazieren gehen, joggen, skaten, Rad fahren oder einfach nur vor dem Lärm und dem Schmutz der Stadt flüchten. Der Damm bietet auch eine atemberaubende Aussicht auf die Skyline und die Altstadt. Braunpelikane tauchen hier ins Meer.

Bikes n More (☎ 314-0103; 🕑 Sa & So 8–18 Uhr) hat einen Stand auf dem Damm, bei dem man sich Fahrräder ausleihen kann.

Das interessante **Centro de Exhibiciones Marines** (☎ 212-8000 Durchwahl 2366; Eintritt 1 US$; 🕑 Di–Fr 13–17, Sa & So 10–17 Uhr), das vom Smithsonian Tropical Research Institute (STRI) geführt wird, beherbergt ein informatives Meeresmuseum mit Erläuterungen auf Englisch und Spanisch, zwei kleine Aquarien und einen Naturlehrpfad durch ein Stück Trockenwald mit Faultieren und Leguanen.

Als wir recherchiert haben, waren die Bauarbeiten zum **Museo de la Biodiversidad** (Museum für Artenvielfalt; www.biomuseopanama.org; am Damm) in vollem Gang. Das neue Wahrzeichen unter Panamas Museen verfügt über einen weitläufigen botanischen Garten. Das kontrovers diskutierte Design mit den wirren bunten Formen entsprang der Feder des weltbekannten Architekten Frank Gehry. Das Museum befindet sich an der Spitze des Damms und soll 2011 eröffnet werden.

Auf der Isla Flamenco gibt es ein riesiges Einkaufszentrum mit Freiluftrestaurants, schicken Bars und Clubs.

Am einfachsten kommt man mit dem Taxi zum Damm (4–6 US$).

Parque Natural Metropolitano

Dieser 265 ha große Nationalpark (Karte S. 722) nördlich der Innenstadt schützt ein ursprüngliches Gebiet mit tropischem Regenwald innerhalb der Stadtgrenzen. Es gibt zwei Hauptwanderwege: den **Nature Trail** und den **Tití Monkey Trail**, die sich zu einem langen Rundweg zusammenschließen. Der 150 m hohe **Mirador** (Aussichtspunkt) bietet Ausblick auf Panama-Stadt, die Bucht und den Kanal bis hin zu den Miraflores-Schleusen.

Zu den Säugetieren im Park gehören Springaffen, Ameisenbären, Faultiere und Weißwedelhirsche. Unter den Reptilien finden sich Leguane sowie Wasser- und Landschildkröten. Außerdem wurden hier bereits über 250 Vogelarten gesichtet.

Während der amerikanischen Invasion fand im Park ein wichtiger Kampf zur Ver-

PANAMA-STADT ZENTRUM

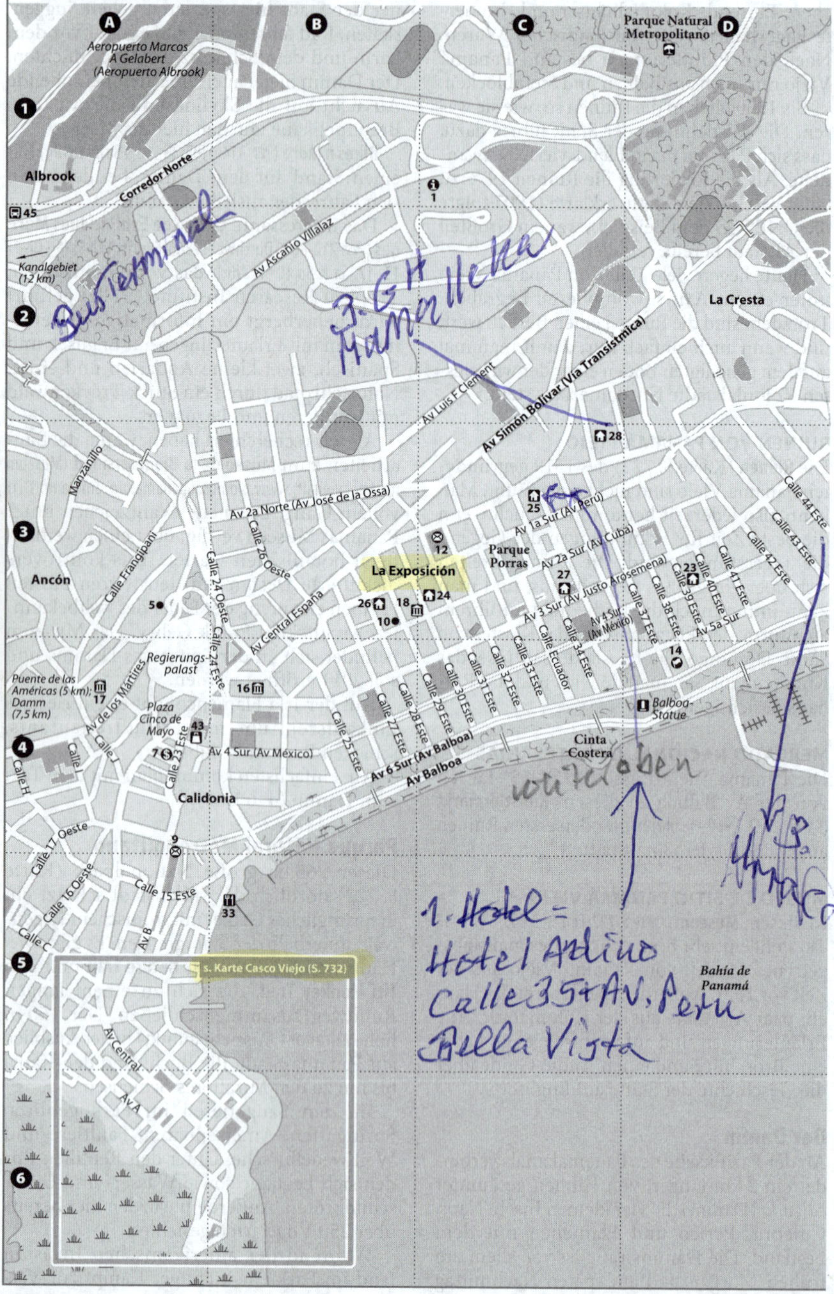

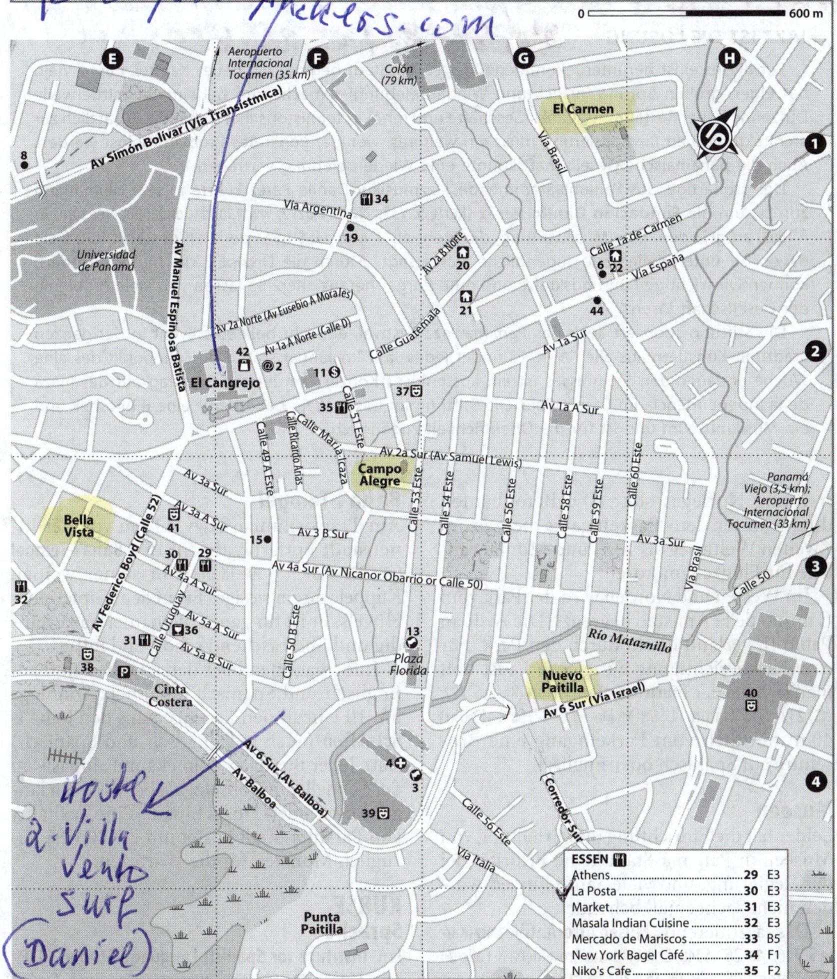

ESSEN
Athens 29 E3
La Posta 30 E3
Market 31 E3
Masala Indian Cuisine 32 E3
Mercado de Mariscos 33 B5
New York Bagel Café 34 F1
Niko's Cafe 35 F2

PRAKTISCHES
Autoridad Nacional del Ambiente (ANAM) 1 C1
Business Center 2 F2
Kanadische Botschaft 3 F4
Centro Médico Paitilla 4 F4
Earl S. Tupper Tropical Sciences Library 5 A3
Exedra Books 6 G2
HSBC 7 A4
Instituto Geográfico Nacional (Tommy Guardia) 8 E1
Hauptpost 9 A4
Einwanderungsbehörde 10 B3
Panacambios 11 F2
Post 12 C3
Smithsonian Tropical Research Institute .... (siehe 5)
Britische Botschaft 13 F3
US-Botschaft 14 D4

SEHENSWERTES & AKTIVITÄTEN
Ancon Expeditions 15 F3
Museo Afro-Antilleano 16 B4
Museo de Arte Contemporáneo 17 A4
Museo de Ciencias Naturales 18 B3
Spanish Panama 19 F1

SCHLAFEN
Anita's Inn 20 G2
Baru Lodge 21 G2
Casa de Carmen 22 G2
Hostal Balboa Bay 23 D3
Hotel Acapulco 24 C3
Hotel Andino 25 C3
Hotel Caribe 26 B3
Hotel Marparaíso 27 C3
Mamallena 28 C3

AUSGEHEN
People 36 E3

UNTERHALTUNG
Alhambra Cinema 37 F2
Miramar Inter-Continental 38 E3
Multicentro Mall 39 F4
Multiplaza Mall 40 H4
Restaurante-Bar Tinajas 41 E3

SHOPPEN
Flory Saltzman Molas 42 F2
Mercado de Buhonerías y Artesanías 43 A4
Tupper Center .... (siehe 5)

TRANSPORT
Aeroperlas 44 G2
Albrook-Busterminal 45 A2

Daniel (Angelica)
Hostel "Villa Vento Surf" Marbella, Calle 47, Casa 7
D'er Zi+Bad € 29,40 Pool

JAZZ IST DIE LÖSUNG

Für dieses einst heruntergekommene Viertel der Stadt beginnt ein neues Kapitel. Casco Viejo hat einen großen Sprung in Richtung Wiederbelebung gemacht und beheimatet mittlerweile Dutzende neuer Restaurants, Cafés, Geschäfte und renovierter historischer Gebäude. Zusätzlich zur architektonischen Revitalisierung muss ein weiteres, weniger konkretes Problem gelöst werden: Auch die panamaische Gesellschaft könnte eine Wiederbelebung vertragen.

Der großartige, aus Panama stammende Jazzmusiker Danilo Perez kehrte in sein Heimatland zurück, um die **Fundación Danilo Perez** (Karte S. 732; ☎ 211-0272; www.fundaciondaniloperez.com; Av A 1069) zu gründen, eine Musikstiftung, die mehr als 1 Mio. US$ in Stipendien gesteckt hat, viele davon für unterprivilegierte Jugendliche. Perez sagt: „Durch die Disziplin, die Musik erfordert, können wir wichtige Führungskräfte und gute Bürger heranziehen. So lassen sich viele Probleme der Gesellschaft lösen."

Die Stiftung sponsert auch das Panama Jazz Festival, ein sehr beliebtes Event in der ganzen Stadt mit Künstlern aus aller Welt. Es findet jedes Jahr im Januar statt. Der Höhepunkt des eine Woche andauernden Ereignisses ist ein kostenloses Konzert am letzten Samstag auf der Plaza de la Independencia im Casco Viejo. Die Stiftung im Casco Viejo beherbergt eine Bibliothek und ein Musikmuseum und ist für die Öffentlichkeit zugänglich.

treibung Noriegas statt. Die Betonbauten direkt hinter dem Parkeingang dienten im Zweiten Weltkrieg als Test- und Montageanlage für Flugzeugmotoren.

Im Westen und Norden wird der Park vom Camino de la Amistad begrenzt. Die Av Juan Pablo II. verläuft direkt durch den Park. Für eine Parkbesichtigung auf eigene Faust holt man sich bei der **Touristeninformation** (Karte S. 722; ☎ 232-5516; Eintritt 1 US$; 🕑 Mo–Fr 8–17, Sa 8–13 Uhr) 40 m nördlich vom Parkeingang eine Broschüre auf Spanisch oder Englisch.

Museen

Leider hat die Einrichtung und Erhaltung von Museen in Panama-Stadt keine Priorität bei der Regierung, und viele Sammlungen wurden nicht sachgemäß behandelt.

Das faszinierende **Museo Afro-Antilleano** (Karte S. 726; ☎ 262-5348; Ecke Av Justo Arosemena & Calle 24 Este; Eintritt 1 US$; 🕑 Di–Sa 8.30–15.30 Uhr) beherbergt Ausstellungen zur Geschichte von Panamas westindischer Gemeinde.

In der Nähe der Av de los Mártires im Viertel Ancón zeigt das **Museo de Arte Contemporáneo** (Karte S. 726; ☎ 262-8012; Eintritt frei; 🕑 Mo–Fr 9–16, Sa 9–12, So 9–15 Uhr) dauerhafte und wechselnde Ausstellungen mit zeitgenössischen Kunstwerken von bekannten lateinamerikanischen Künstlern.

Das **Museo de Ciencias Naturales** (Karte S. 726; ☎ 225-0645; Av Cuba zw. Calle 29 Este & Calle 30 Este; Eintritt 1 US$; 🕑 Di–Sa 9–15.45 Uhr) beherbergt Exponate zu Naturwissenschaften, Flora, Fauna, Geologie und Paläontologie Panamas.

Baha'i-Tempel

Am Transisthmian Hwy, 11 km von der Innenstadt entfernt, thront der **Baha'i-Tempel** (☎ 231-1137; 🕑 10–18 Uhr) mit seiner weißen Kuppel wie ein riesiges Ei auf dem Gipfel eines Hügels. Er ist für ganz Lateinamerika zuständig und überraschend schön und luftig.

Informationen über den Glauben sind auf Englisch und Spanisch erhältlich. Sonntags um 10 Uhr finden Lesungen aus den Baha'i-Schriften (auch auf Englisch und Spanisch) statt. Jeder Bus nach Colón kann Fahrgäste an der Schnellstraße absetzen, aber es ist ein langer Marsch den Hügel hinauf. Eine Taxifahrt von Panama-Stadt kostet um die 20 US$ zuzüglich Moneten für die Wartezeit.

KURSE

Sprache

Im **Institute for Spanish Language Studies** (ILERI; Karte S. 722; ☎ 260-4424; http://isls.com/panama; Camino de la Amistad) im Vorort El Dorado kann man fünf Tage die Woche je vier Stunden Einzelunterricht nehmen. Die Preise beginnen bei 395 US$ für die erste Woche (inkl. Unterkunft, Essen, Ausflügen und Aktivitäten) und werden mit jeder weiteren Woche niedriger. Eine Woche ohne Unterkunft gibt es ab 265 US$.

Spanish Panama (Karte S. 726; ☎ 213-3121; www.spanishpanama.com; Via Argentina, Edificio Americana No 1A) bekommt von Travellern gute Bewertungen. Der Aufbau der Kurse ähnelt dem im ILERI: täglich vier Stunden Einzelunterricht und Unterkünfte in Schlafsälen für 375 US$ pro Woche (Rabatte bei Langzeitaufenthalten).

Tanz

Im **Parque Recreativo Omar** (s. Karte S. 722) kann man sich im Open Air-Salsatanzen versuchen. Die Kurse (1 US$) beginnen jeden Samstag um 8.30 Uhr. Das Erlernte lässt sich dann prima im Havana Panamá (S. 734) in Casco Viejo üben.

GEFÜHRTE TOUREN

Eine Auflistung möglicher Touren gibt es unter „Allgemeine Informationen" (S. 798).

FESTIVALS & EVENTS

Zwar mag er nicht so bekannt sein wie die Festlichkeiten in Rio de Janeiro oder New Orleans, aber in Panama-Stadt wird der **Karneval** an den Tagen vor Aschermittwoch mit der gleichen Fröhlichkeit und wilden Hemmungslosigkeit gefeiert. Vom Samstag bis zum darauffolgenden Dienstag bleibt die Arbeit liegen, und Masken, Kostüme und Konfetti übernehmen die Regie. 96 Stunden lang ist dann fast alles möglich.

Das einwöchige **Panama Jazz Festival** (www.panamajazzfestival.com) lockt Mitte Januar Hunderttausende Besucher an. Mehr Infos gibt's auf S. 728.

In der Rubrik Kunst der Sonntagsausgabe von *La Prensa* und auf den hinteren Seiten der *Panama News* sind alle Events aufgelistet.

SCHLAFEN

Casco Viejo

Da Casco Viejo (Karte S. 732) gründlich renoviert wird, ist das charmante alte Viertel in Zukunft sicher eine prima Gegend für zum Übernachten. Von Vorteil sind z. B. die vielen Restaurants und Cafés und die Tatsache, dass alles zu Fuß zu erreichen ist.

Hospedaje Casco Viejo (☎ 211-2027; www.hospedajecascoviejo.com; Calle 8a Oeste; B 9 US$, DZ mit/ohne Bad 18/16 US$; P 💻) Jedem Zentimeter in diesem alten Hostel sieht man das Abgewohnte an, von den abgenutzten, gekachelten Badezimmern bis hin zu den durchhängenden Betten, aber bei diesem Preis darf man eben nicht kleinlich sein. Das beste Zimmer ist der Schlafsaal mit den großen Einzelbetten. Der Service hier ist zwar eher gemütlich, aber zu den kostenlosen Einrichtungen gehören eine Gemeinschaftsküche, WLAN und ein Innenhof unter freiem Himmel. Das Hostel liegt in einer ruhigen Seitenstraße neben der Iglesia de San José.

Luna's Castle (☎ 262-1540; www.lunascastlehostel.com; Calle 9a Este; B/DZ/3BZ mit Frühstück 12/28/36 US$; 💻 WLAN) In einem knarrenden Herrenhaus aus der Kolonialzeit. Die Unterkunft verbindet alte spanische Kolonialarchitektur mit unkonventioneller, entspannter Backpacker-Atmosphäre. In den geräumigen Schlafsälen stehen Stockbetten und die Gemeinschaftsbäder werden regelmäßig gesäubert. Zu den Annehmlichkeiten zählen Internet, Wäscheservice und ein Kino im Keller, in dem beliebte Filme laufen. Ein bisschen verrückt und sehr freundlich – das ist die Art von Hostel, über die die Leute noch lange nach der Reise reden.

La Exposición & Bella Vista

In den Vierteln La Exposición und Bella Vista (Karte S. 726) gibt es einige ziemlich durchschnittliche Budgetunterkünfte und Mittelklassehotels.

Mamallena (☎ 6538-9745; www.mamallena.com; Calle Maria Icaza; B/DZ mit Frühstück 11/28 US$; 💻 ❄) Wer ein kleines, persönliches Hostel sucht, ist beim Mamallena genau richtig. Es wird von dem Australier Stuart geleitet, der zu viel arbeitet, alles ein bisschen übertreibt und viel Wert auf Service legt. Die Rezeption ist rund um die Uhr besetzt und die Gäste können WLAN und Computer umsonst benutzen. Pfannkuchen zum Frühstück und der Zugang zu einer DVD-Bibliothek sind ebenfalls kostenlos. Die Schlafsäle mit den hohen Decken sind nachts klimatisiert, und die netten Doppelzimmer im Motelstil bieten absolute Privatsphäre. Das Haus selbst ist gemütlich und cool und befindet sich in einer Anliegerstraße, die von der Abrissbirne verschont wurde.

Hostal Balboa Bay (☎ 227-6182; Calle 39 No 21; B inkl. Frühstück 13 US$, EZ/DZ mit Klimaanlage 30/40 US$; ❄ 💻) Obwohl es ruhig und sauber ist, hat dieses Hostel nicht so viele Gäste wie die Konkurrenz. Der Service ist nicht überwältigend, aber die Doppelzimmer sind geräumig und luftig. Die Betten im Schlafsaal sind dicht an dicht aufgestellt. Es gibt eine kleine Küche, und WLAN kostet 5 US$ extra.

Hotel Acapulco (☎ 225-3832; Calle 30 Este; EZ/DZ 39/42 US$; P ❄) Das Acapulco steht offensicht-

AUF PANAMEÑO

…t *chévere* …et „Viel …*na* heißt

PANAMA

~~Hotel Bella Vista~~ 64 €

lich eine Stufe über den durchschnittlichen Hotels, die sich in diesem Teil der Stadt drängen. Es zeigt einen geradlinigen Stil, und die makellosen Zimmer verfügen über Klimaanlagen, Duschen mit heißem Wasser und Balkone hinter Fenstertüren (man sollte darauf achten, dass die richtig schließen).

Hotel Andino (☎ 225-1162; Calle 35; EZ/DZ 39/50 US$; P ❄) Die Zimmer im Andino haben nicht besonders viel Charme, aber sie sind groß, sauber und ausgestattet wie kleine Apartments. Wer ein King-Size-Zimmer verlangt, kriegt eines mit Herd, auf dem er selbst kochen kann. Und wer das Hotel nicht verlassen möchte, für den machen eine Bar und ein Restaurant das Warten auf den nächsten Bus sehr gemütlich.

Hotel Marparaíso (☎ 227-6767; Calle 34 Este; EZ/DZ inkl. Frühstück 40/50 US$; P ❄ 💻) Sparfüchse sollten bedenken, dass bei einem Aufenthalt in diesem Hotel die Abholung vom Flughafen, Satelliten-TV, WLAN und ein kontinentales Frühstück im Preis inbegriffen sind. Die Zimmer sind mit hellen, tropisch gemusterten Bettdecken ausgestattet und riechen ein bisschen zu stark nach Deo. Die Zimmer in 4. Stock oder weiter oben sind die besseren. In der gemütlichen Bar und dem Restaurant kann man sich gut mit anderen Reisenden unterhalten.

Hotel Caribe (☎ 225-0404; www.caribehotel.net; Ecke Calle 28 Este & Av Perú; DZ/3BZ inkl. Frühstück 52/75 US$; P ❄ 🏊) Dieses große Kasinohotel wirkt psychedelisch und altmodisch – allerdings eher versehentlich als gewollt. Die Preise sind in Ordnung, auch wenn hier etwas Atmosphäre fehlt. Das Beste an dem Hotel ist der Dachterrassenpool mit Blick auf die Stadt. Das Caribe liegt zentral und in der Nachbarschaft kann es ein wenig rau zugehen.

El Cangrejo & San Francisco

Das moderne Bankenviertel El Cangrejo liegt zentral, aber nicht gerade ruhig.

Anita's Inn (Karte S. 726; ☎ 213-3121; www.hostelspanama.com; Av 2a B Norte; B 10 US$, B/EZ/DZ ohne Bad 13/33/39 US$; ❄ 💻) Diese Studentenherberge gehört zum Institut Spanish Panama (S. 728) und befindet sich in einem schlichten, pfirsichfarbenen Gebäude. Die Lage ist zwar gut, aber die Zimmer könnten etwas mehr Sorgfalt und Persönlichkeit vertragen.

Casa de Carmen (Karte S. 726; ☎ 263-4366; www.lacasadecarmen.com; Calle 1a de Carmen 32, El Carmen; B/EZ/DZ ohne Bad 12/30/35 US$, DZ 55 US$; P ❄ 💻) Das sympathische Hotel ist in einem gemütlichen Kolonialgebäude in der Nähe der Vía Brasil untergebracht und verfügt über nette Zimmer mit hohen Decken. Gäste jedes Alters kommen in der Gemeinschaftsküche, im Wohnraum oder auf der großartigen Veranda mit Hängematten zusammen. Die Besitzer wissen jede Menge über die Stadt und die Landschaft. Auf jeden Fall im Voraus reservieren!

9 Soll gut sein

Baru Lodge (Karte S. 726; ☎ 393-2340; www.barulodge.com; Calle 2nda Norte H-7, El Carmen; EZ/DZ inkl. Frühstück 55/88 US$; ❄ 💻) Diese unauffällige Pension wirkt geschmackvoll und begrüßt Gäste herzlich. Es befindet sich in einer Anliegerstraße nicht weit entfernt vom Trubel. Die Zimmer sind sauber, modern in unauffälligen Farben gehalten und warm beleuchtet. Kabel-TV, WLAN, Klimaanlage und Luftreiniger gehören zu den Annehmlichkeiten. Auf der Veranda im Garten stehen Korbmöbel. Hier wird auch das kontinentale Frühstück serviert. Bald wird es sogar einen Pool geben!

LP Tipp **Hostal Casa Margarita** (Karte S. 722; ☎ 394-5557; www.hostalcasamargarita.com; Calle Los Claveles, Casa 97, San Francisco; EZ/DZ/3BZ/4BZ inkl. Frühstück 66/77/110/132 US$; P ❄ 💻) Dieses Hotel ist unwiderstehlich gemütlich und schick – eine Bereicherung für die B&B-Szene in Panama-Stadt. Die Zimmer in dem stuckverzierten Haus sind elegant, schlicht und mit bunten Elementen, Flachbild-TV und Minikühlschränken versehen. Ein großer Garten und eine Veranda bieten jede Menge Platz zum Faulenzen oder für ein gemütliches, ausgiebiges Frühstück mit frischem Obst. Gäste können auch die Küche und das WLAN benutzen, aber das Beste an dem Hotel ist die herzliche venezolanische Familie.

Kanalgebiet

Wer es ruhiger mag, der kommt am besten hierher. Das Viertel Balboa befindet sich direkt vor dem Damm, und Clayton liegt etwas weiter draußen neben den Miraflores-Schleusen. Man ist nur eine kurze Taxifahrt von der Innenstadt entfernt, kann aber in den Unterkünften hier eine Auszeit vom Lärm und Verkehr in Panama-Stadt nehmen.

Hostel de Clayton (☎ 317-1634; www.hosteldeclayton.com; Calle Guanabana, Edificio 605B, Clayton; B 14 US$, DZ mit/ohne Bad 40/35 US$; P ❄ 💻) Dieses gastfreundliche Hostel erinnert an eine Kaserne und befindet sich neben dem ehemaligen Armeestützpunkt der Amerikaner in Clayton, einer gut betuchten Wohngegend. Die Zimmer und

Einrichtungen sind perfekt auf Backpacker abgestimmt, aber wer kein Mietauto und kein Geld für ein Taxi hat, der ist in diesem Vorort ein bisschen verloren.

Hostal Amador Familiar (☎ 314-1251; www.hostalamadorfamiliar.com; Calle Akee, Casa 1519, Balboa; B inkl. Frühstück 15 US$; DZ mit Ventilator/Klimaanlage 30/35 US$) Das große gelbe Haus besitzt luftige Schlafzimmer mit hohen Decken und einen eigenen Garten mit Freiluftküche. Zum Frühstück gibt es Müsli oder Eier, Toast und Kaffee. In den gefliesten Zimmern mit Metallgestängebetten und Flügelfenstern knarzt und quietscht es – eben typisch für alte Gebäude. Das Hotel liegt direkt am Damm. Eine Taxifahrt in die Innenstadt kostet 3 US$.

Canal Inn (☎ 314-0112; www.canal-inn.com; Calle Ernesto J. Castillero, Casa 7, Balboa; EZ/DZ inkl. Frühstück 77/88 US$) Diese freundliche Pension beherbergt überwiegend Paare und ältere Alleinreisende und hat einen ausgezeichneten Service sowie eine Auswahl von gemütlichen, hellen Zimmern zu bieten. Einige Matratzen sind besser als andere. Das hübscheste Zimmer ist die Nr. 17 mit eigenem Balkon. Obwohl man mit der Ethno-Deko ein bisschen übertrieben hat, ist das Hotel ein nettes und relaxtes Plätzchen. In dem ruhigen Viertel kann man hervorragend joggen oder zum Damm spazieren.

La Estancia (☎ 314-1417; www.bedandbreakfastpanama.com; Casa 35, Quarry Heights, Ancón; DZ inkl. Frühstück 83 US$) Das kleine Apartmentgebäude aus Beton wurde in ein ruhiges B&B umgewandelt und steht, umgeben von tropischer Flora und Fauna, auf dem Cerro Ancón. Die Zimmer sind sauber und ordentlich, auch wenn es ihnen an Charakter fehlt. Das Frühstück ist klasse – am besten lässt man es sich auf der Veranda mit Blick auf den Puente de las Américas schmecken. Mit dem Taxi in die Innenstadt zu fahren, kostet 5 US$.

ESSEN

Panama-Stadt ist ein Paradies für all jene, die gerne Essen gehen. Hier gibt es Hunderte Möglichkeiten, auswärts zu essen, von Kneipen bis hin zu Gartenbistros.

Casco Viejo

In Casco Viejo findet sich eine einzigartige Mischung aus schicken Restaurants und den billigsten Lokalen der Stadt.

Café Coca Cola (Karte S. 732; Av Central; Gerichte 1–3 US$; 7.30–23 Uhr) Dieser altmodische Diner ist eine echte Institution in dem Viertel und serviert herzhafte Portionen Reis mit Bohnen und dem Fleisch des Tages – und das alles in klimatisierten Räumlichkeiten.

Granclement (Karte S. 732; Av Central; Eis 2,50–3,50 US$; 12–20 Uhr) Genuss pur: Hier bekommt man Eis aus tropischen Früchten, aber auch in intensiven, cremigen Geschmacksrichtungen wie Basilikum, Orange-Schokolade und Ingwer. Ein paar Kugeln dieser exquisiten französischen Kreationen versüßen jeden Spaziergang durch Casco.

LP Tipp **Mercado de Mariscos** (Karte S. 726; Av Balboa; Hauptgerichte 2,50–8 US$; Mo–Sa mittags) Dieses schlichte Restaurant befindet sich in einem neuen, von Japan gestifteten Gebäude über einem geschäftigen Fischmarkt – und ist *der* Ort für eine Meeresfrüchteplatte. *Ceviche* gibt es ab 2,50 US$, und man bekommt auch einen ganzen gebratenen Fisch mit Salat (5 US$). Eine tiefe Schüssel „Get Up Lazarus"-Suppe, die Tote wieder zum Leben erwecken könnte, soll gut gegen einen Kater sein!

Super Gourmet (Karte S. 732; Av A; Sandwiches 3,50–9 US$; Mo–Sa 7–19, So 10–15 Uhr) Hier gibt es feine Leckereien von Wein bis Wasabi-Erbsen: Das Super Gourmet ist ideal, um für ein Picknick einzukaufen. Man bekommt auch Suppen oder Baguettesandwiches mit gebratenem Huhn und Paprika, Pastrami oder drei verschiedenen Käsesorten. Eine halbe Portion reicht wahrscheinlich aus.

Diablo Rosso (Karte S. 732; Av A; Mittagessen 3,50–6 US$; Mo–Sa 9–19 Uhr) Dieses Kunstcafé ist mit bissiger Sozialkritik und schrulliger Volkskunst dekoriert und würde perfekt in den Stadtteil Palermo von Buenos Aires passen. Man genießt hier cremige Cappuccinos, käselastige *arepas* (Maiskuchen) mit jeder Menge Ei, herzhafte vegetarische Suppen oder Spinat-Quesadillas. Manchmal finden hier Vernissagen statt, und dienstagabends wird zum Essen ein Film gezeigt.

Frit Arte (Karte S. 732; Av Central; Menü 3,80 US$; Mo–Sa 8–16 Uhr) Ein guter Platz zum Mittagessen mit einem wechselnden, preisgünstigen Angebot von selbst gekochten Gerichten. Serviert werden auch Frühstück, verschiedene vegetarische Gerichte und *fritura* (Pfannengerichte) wie leckere *carimañolas* (frittierte Brötchen mit Fleisch und Yucca) gefüllt mit Gouda oder gegrillte *arepas*. Das Personal ist superfreundlich, und die Wände sind mit verrücktem Kunsthandwerk verziert, das zum Verkauf steht.

Café Per Due (Karte S. 732; Av A; Pizza 5–8 US$; ⌚ Di–So 9–22 Uhr) Das lässige, von Italienern betriebene Lokal eignet sich bestens, um einen schnellen Imbiss zu sich zu nehmen. Das Personal serviert leckere Pizzas mit dünnem Boden. Probierenswert ist die Pizza mit Speck und Blauschimmelkäse oder die mit frischen Tomaten, Basilikum und Knoblauch. Mit Mozzarella wird hier nicht gegeizt. Wer Privatsphäre braucht, setzt sich an einen der wenigen Tische im kleinen Ziegelinnenhof.

Manolo Caracol (Karte S. 732; ☎ 228-4640; Av Central; 5-Gänge-Mittagsmenü 25 US$; ⌚ Mo–Fr 12–15 & 19–22.30, Sa 19–23 Uhr) Das Manolo Caracol badet seine Gäste geradezu in tropischen Aromen. Winzige Portionen von verschiedenen Gängen vereinen Gegensätzliches. Es gibt Rinderzunge bestreut mit Meersalz, über dem Feuer gegrillten Hummer in Olivenöl und sauren Mangosalat mit knackigem Gemüse. Nicht jedes Gericht ist ein Gedicht, aber das Wichtigste ist der Spaß, den man beim Entdecken der Aromen in liebevoller Kolonialatmosphäre hat. Getränke kosten extra.

El Cangrejo & Bella Vista

La Tablita (Karte S. 722; Transistmica; Hauptgerichte 2–8 US$) Klassisch im Sinne von viel besucht und deshalb schmuddelig: La Tablita ist ein Freiluftgrilllokal mit abgenutzten karierten Fliesen und mürrischen Kellnern, in dem man köstliches angekohltes Fleisch bekommt.

Niko's Cafe (Karte S. 726; Calle 51 Este nahe Vía España; Hauptgerichte 3–8 US$; ⌚ 24 Std.) Ein griechischer

Einwanderer, der einst von einem Wagen aus Essen verkauft hat, war der Gründer von Niko's, einer der erfolgreichsten Caféketten in Panama-Stadt mit jeder Menge Filialen. Die immer zahlreicher werdenden Cafés servieren rund um die Uhr herzhafte Portionen preiswerter Speisen, von individuell zusammengestelltem Frühstück über panamaische Gerichte bis hin zu Desserts.

New York Bagel Café (Karte S. 726; Plaza Cabeza de Einstein, nahe Vía Argentina; Hauptgerichte 3–8 US$; Mo–Fr 7–20, Sa 8–20, So 8–15 Uhr;) Dieses durch und durch amerikanische Café würde zwar eher nach San Francisco passen als nach Brooklyn, aber frisch gebackene Bagels, Räucherlachs und überdimensionales Frühstück locken trotzdem viele Auswanderer an. Bei Jazz chillen hier Computerfreaks auf weichen Sofas.

Athens (Karte S. 726; Calle 50, Bella Vista; Hauptgerichte 5 US$; 11–23.30 Uhr) Frisch, köstlich, lässig: Dieses griechische Restaurant serviert warme Pitas mit Hummus, große griechische Salate, Gyros und Pizzas. Wegen der langen Öffnungszeiten und jeder Menge Sitzmöglichkeiten drinnen und draußen ist es ideal für Familien und größere Gruppen.

Masala Indian Cuisine (Karte S. 726; ☎ 225-0105; Calle 42 Este, Bella Vista; Hauptgerichte 8 US$; 12–23 Uhr) Ein feurig-scharfes indisches Curry und ein eiskaltes Kingfisher-Lager passen zum tropischen Klima wie die Faust aufs Auge. Das Masala ist mit Kissen auf dem Fußboden und bunten Stoffen gemütlich eingerichtet und bietet jede Menge traditionelle Gerichte an – von Tikka Masala bis Lamm-Vindaloo (plus eine große Auswahl für Vegetarier).

Market (Karte S. 726; Calle Uruguay & Calle 47, Bella Vista; Hauptgerichte 9–28 US$) Mit den Tagesangeboten auf der Tafel, den Ziegelsteinen und all der Hektik passt dieses Bistro eher nach Manhattan als in die Calle Uruguay – aber da ist es nun mal. Auf Stil und Qualität legt man hier viel Wert. Die Salate werden in gigantischen Schüsseln serviert, und die Gäste können zu ihrem Fleisch vom Angusrind interessante Beilagen wie Rahmspinat oder grüne Bohnen mit Speck bestellen. Das Lokal ist vor allem für seinen Wochenendbrunch bekannt.

La Posta (Karte S. 726; ☎ 269-1076; www.lapostapanama.com; Calle Uruguay, Bella Vista; Hauptgerichte 11–24 US$; Mo–Sa 12–14.30 & 19–22.30 Uhr) Dies ist das beste Plätzchen, um zeitgenössische panamaische Küche zu probieren. Auf der saisonal wechselnden Speisekarte dieser tropischen Hacienda stehen Fleisch und Produkte aus der Region. Am besten beginnt man mit Fisch im Sashimi-Stil, sautiert und mit Kräuterkruste, und wählt dann aus leckeren Hauptgerichten wie Meeresfrüchterisotto oder über Holzfeuer gebratenem Schweinekotelett. Mangrovenholz verleiht den Gerichten zusätzlich einen süßlichen, rauchigen Geschmack. Das Restaurant unterstützt auch die Wiederaufforstung der Mangroven. Der warme Schokoladenkuchen aus biologisch erzeugter Bocas-Schokolade schmeckt einfach fantastisch.

AUSGEHEN

Bars und Clubs schießen in Panama-Stadt wie Pilze aus dem Boden, schließen aber auch genauso schnell wieder. Das Nachtleben ist hier stilvoll, kultiviert und ziemlich teuer. Die betuchten Stammgäste lieben es, eine Show abzuziehen, es lohnt sich also, sich herauszuputzen, nette Klamotten anzuziehen und sich mit ein bisschen Kohle bewaffnet ins Nachtleben zu stürzen. Am Morgen tut es einem vielleicht leid, sein ganzes Geld auf den Kopf gehauen zu haben, aber das ist eben der Preis, wenn man mit den Reichen und Schönen feiern möchte.

In Casco Viejo, Bella Vista und am Damm ist das Nachtleben besonders lebendig. Auch die Vía Argentina ist eine vielversprechende Anlaufstelle – in dieser eleganten Straße kann man immer wieder nach neuen Bars und Clubs Ausschau halten. Im Viertel Bella Vista liegt die Calle Uruguay, eine Straße mit angesagten Bars und Clubs, die an South Beach in Miami erinnert. Die Szene ist sehr jung, und man muss davon ausgehen, hier viel Geld zu lassen. Außerdem wechseln die Clubs in diesem Viertel schnell ihre Besitzer, es empfiehlt sich also, die Einheimischen nach den neuesten und besten Locations zu fragen.

Die Broschüre *La Prensa* (www.prensa.com, spanisch) informiert Traveller darüber, was in der Stadt so los ist. Die Wochenendveranstaltungen sind in der Donnerstags- und Freitagsausgabe aufgelistet und auf der Website unter „De Noche" zu finden.

Die lebhafteste Homosexuellenszene in Panama-Stadt findet man meist nicht in speziellen Einrichtungen für Schwule, sondern in den angesagtesten Bars und Clubs der Stadt. Auf der Website www.farraurbana.com (spanisch) sind neue Homosexuellenclubs und anstehende Partys genannt.

Auch wenn es am meisten Spaß macht, beim Feiern in Panama-Stadt selbst einen

Geheimtipp zu entdecken, kommen hier schon einmal ein paar Bars und Clubs, in denen man den Abend einläuten kann.

Bar Relic (Karte S. 732; Calle 9a Este; ⌚ Di–Sa 20.30 Uhr–open end) Diese höhlenartige Hostelbar ist besonders bei Travellern und schicken jungen Panamaern angesagt, denn hier läuft immer das Richtige zum richtigen Zeitpunkt. Das Personal ist freundlich, und neue Gäste mischen sich auf dem großen Innenhof mit Picknicktischen einfach unter die Leute. Man ist nicht nur draußen (eine Seltenheit in den Bars von Panama-Stadt), sondern feiert auch noch direkt neben der alten Stadtmauer.

Cayucos (Karte S. 722; Damm) Diese Restaurant-Bar im Freien befindet sich auf dem Damm oberhalb des Wassers und bietet einen tollen Blick über die Stadt. Das Cayucos ist zwar eher ein Restaurant als eine Bar, aber es ist ideal für das erste kalte Bier des Abends.

Havana Panamá(Karte S. 732; Av Alfaro; Eintritt 10 US$; ⌚ Do–Sa) Diese Salsabar mit Musikpavillon und Leder-Séparées ist so richtig schön altmodisch. Gäste sollten ihre besten Klamotten anziehen (Dresscode!), damit sie an dem rauschenden Samtvorhang vorbeikommen. Eine Salsaband sorgt für Stimmung.

People (Karte S. 726; Calle Uruguay) Eine beliebte Location der Reichen und Schönen (samt Trittbrettfahrern). In diesem Hochglanz-Club tanzen Jungspunde zu Pophits.

Zona Viva (Karte S. 722; Isla Flamenco, Amador) Dies ist ein geschlossenes Gelände mit mehreren Locations auf dem Damm, von überfüllten Clubs bis hin zu unauffälligeren Kneipen. Hier kann man gut Preise vergleichen und das wählen, was einem zusagt – sei es eine Piratenbar oder ein ägyptischer Club. Für die einen ist das *pura racataca* (ohne Klasse), für die anderen einfach nur Spaß ohne Ende. Am Eingang gibt es eine Ausweiskontrolle, das Gelände ist also sicherer als anderswo üblich.

UNTERHALTUNG

Wer nicht darauf aus ist, sich abzuschießen, dem bieten sich noch viele andere Möglichkeiten, eine Nacht bei Mondschein (oder Regen) in der Stadt zu verbringen. Eine gute Orientierungshilfe sind die Kunstrubrik in der Sonntagsausgabe von *La Prensa* oder die letzten Seiten der *Panama News*.

Panamaer lieben Hollywood, und es mangelt nicht an klimatisierten Kinos in der und rund um die Stadt. Eine ganz andere Welt bieten das **MultiCentro** (Karte S. 726; Av Balboa) und die **Multiplaza Mall** (Karte S. 726; Vía Israel & Vía Brasil; ⌚ 10–21 Uhr), wo die neuesten Hollywoodstreifen auf Englisch mit spanischem Untertitel gezeigt werden. Wer es eher individuell mag, für den könnte das **Alhambra Cinema** (Karte S. 726; Vía España) mit seinen Kunstfilmen das Richtige sein.

Panamaer spielen für ihr Leben gern Glücksspiele, und in der ganzen Stadt verteilen sich glitzernde Kasinos. Auch wer kein großer Kartenspieler ist, kann einem Spiel Blackjack für 5 US$ nur schwer widerstehen – vor allem wenn die Getränke umsonst sind. Das **Miramar Inter-Continental** (Karte S. 726; Av Balboa) ist wärmstens zu empfehlen.

Im **Restaurante-Bar Tinajas** (Karte S. 726; ☎ 263-7890; Av 3a A Sur nahe Calle 52; ⌚ Mo–Sa) kann man sich traditionelle panamaische Volkstänze anschauen. Natürlich ist das Ganze sehr touristisch, aber gleichzeitig auch nett gemacht. Die Shows finden dienstags, donnerstags, freitags und samstags um 21 Uhr statt. Der Eintritt kostet 5 US$, und jeder Gast muss mindestens 5,50 US$ für Essen und Getränke ausgeben. Wer groß essen möchte, sollte im Voraus einen Tisch reservieren.

Etwas Kultur wird auch im **Teatro Nacional** (Karte S. 732; ☎ 262-3525; Av B) geboten. Hier kommen Tanz-, Musik- und Liveaufführungen auf die Bühne, aber es kann auch sehr schön sein, einfach nur in dem historischen Theater zu sitzen.

SHOPPEN

In Panama werden Waren aus aller Welt sehr billig verkauft. Klamotten, Radios, Schuhe und Stoffe (darunter auch Stoffe, die die Kuna zur Herstellung ihrer Kleider verwenden) liegen in der Fußgängerzone der Av Central geradezu auf der Straße.

Authentische Handwerkskunst bekommt man in den folgenden Läden:

Flory Saltzman Molas (Karte S. 726; Calle 49 B Oeste nahe Vía España) Hat die beste Auswahl von echten *molas* (farbenprächtige, handbestickte Stoffe von den Kuna) auf dem Festland.

Mercado de Buhonerías y Artesanías (Karte S. 726) Ein belebter Markt im Freien.

Mercado Nacional de Artesanías (Karte S. 722) Der Kunsthandwerkermarkt ist kürzlich in die Nähe der ersten Ruinen hinter Panamá Viejo gezogen.

Tupper Center of the Smithsonian Tropical Research Institute (STRI; Karte S. 726) Im Buchladen des STRI, gegenüber vom Regierungspalast im Viertel Ancón, gibt es eine schöne Auswahl von Schnitzwerk aus der eiförmigen *Tagua*-Nuss.

PANAMA

AN- & WEITERREISE

Auto

Viele Autovermietungen befinden sich in der Nähe der Calle 49 B Oeste in El Cangrejo. Die Tagessätze für die günstigsten Autos beginnen bei 35 US$ einschließlich Versicherung und unbegrenzter Kilometerzahl.

In Panama-Stadt sind die folgenden Autovermietungen ansässig:

Avis Aeropuerto Albrook (☎ 264-0722, 315-0434); Aeropuerto Internacional Tocumen (☎ 238-4056)
Barriga (☎ 269-0221, 238-4495; Aeropuerto Internacional Tocumen)
Budget Aeropuerto Albrook (☎ 263-8777, 315-0201); Aeropuerto Internacional Tocumen (☎ 238-4069)
Hertz Aeropuerto Albrook (☎ 264-1111, 315-0418); Aeropuerto Internacional Tocumen (☎ 238-4081)

Bus

Der Albrook-Busterminal (S. 726) in der Nähe vom Aeropuerto Albrook ist eine günstige Haltestelle für die meisten Busse, die Panama-Stadt verlassen. Im Busbahnhofsgebäude gibt es Imbissstände, Banken, Geschäfte, eine Sportbar, eine Gepäckaufbewahrung, Toiletten und Duschen. Im Einkaufszentrum nebenan befinden sich ein Supermarkt und ein Kino. Bevor man in den Bus einsteigt, muss man durch ein Drehkreuz gehen und eine Gebühr von 0,10 US$ für die Nutzung des Busbahnhofs zahlen.

Die Lokalbusse der Hauptrouten halten am Busbahnhof; dahinter fahren Direktbusse zum Aeropuerto Internacional Tocumen. Um vom Busbahnhof aus in die Stadt zu kommen, nimmt man irgendeinen Bus, der vor dem Regierungspalast oder an der Vía España vorbeifährt (nach der Aufschrift „via Albrook" hinter der Frontscheibe Ausschau halten).

Im Terminal hilft die **Información** (☎ 303-3040; 24 Std.) mit Rat und Tat weiter.

Kanalgebietsbusse der Cooperativa SACA fahren alle 45 Minuten vom Albrook-Busterminal nach Balboa und Clayton (je 0,25 US$), zu den Miraflores-Schleusen (0,35 US$) und nach Gamboa (0,65 US$).

Flugzeug

Internationale Flüge kommen am **Aeropuerto Internacional Tocumen** (☎ 238-4160), 35 km nordöstlich vom Stadtzentrum, an.

Panamas Fluglinien heißen **Air Panama** (☎ 316-9000; www.flyairpanama.com/tickets) und **Aeroperlas** (Karte S. 726; ☎ 315-7500; www.aeroperlas.com).

Inlandsflüge starten vom **Aeropuerto Albrook** (☎ 315-0403), auch bekannt als Aeropuerto Marcos A. Gelabert, in der ehemaligen Albrook Air Force Station nahe dem Kanal.

Informationen zur Fahrt in die Stadt sind im Kasten auf S. 721 zusammengestellt.

Alle Flüge innerhalb Panamas dauern unter eine Stunde; die Preise unterscheiden sich je nach Saison und Verfügbarkeit. Sowohl Aeroperlas als auch Air Panama fliegen folgende Ziele an: Bocas del Toro und David (einfache Strecke 80 US$), El Porvenir und Playón Chico in San Blás (40 US$), Isla Contadora (35 US$), La Palma und Sambú im Darién (48 US$).

Schiff/Fähre

Barcos Calypso (☎ 314-1730; hin & zurück 11 US$) fährt vom Damm aus regelmäßig zur Isla Taboga. Näheres gibt's auf S. 742.

BUSSE AB PANAMA-STADT

Ziel	Preis (US$)	Dauer (Std.)	Häufigkeit
Changuinola	24	10	tgl. 20 Uhr
Chitré	7,50	4	stdl.
Colón	2,50	2	alle 20 Min.
David	12,50–15	7–8	15-mal tgl.
El Valle	3,50	2½	stdl.
Las Tablas	8	4½	stdl.
Penonomé	4,35	2½	48-mal tgl.
Pesé	8	4½	6-mal tgl.
San José, Costa Rica	25–35	16	2-mal tgl.
Santiago	7,50	4	20-mal tgl.
Soná	8	6	6-mal tgl.
Villa de Los Santos	8	4	18-mal tgl.
Yaviza	14	6–8	8-mal tgl.

PANAMA

Zug

Die **Panama Railway Company** (☎ 317-6070; www.panarail.com; Carretera Gaillard) betreibt einen Luxuspassagierzug mit Glasdach von Panama-Stadt nach Colón (einfache Strecke/hin & zurück 22/38 US$), der täglich um 7.15 Uhr abfährt und um 17.15 Uhr wieder ankommt. Es ist eine malerische Fahrt am Kanal entlang. An manchen Stellen ist der Zug nur von dichtem Urwald mit Weinreben umgeben. Wer die Glanzzeit der Luxuszugfahrten wieder zum Leben erwecken möchte, für den ist das auf jeden Fall die beste Möglichkeit.

Ein Taxi vom Zentrum in Panama-Stadt zum Bahnhof – im Ort Corazal gelegen – kostet um die 3 US$.

UNTERWEGS VOR ORT

Bus

Panama-Stadt verfügt über ein gutes Stadtbusnetz (die Busse werden *iablos rojos*, rote Teufel, genannt). Die Busse verkehren jeden Tag zwischen 5 und 23 Uhr. Eine Fahrt kostet 0,25 US$ und ist ein echtes Erlebnis – so aufgepimpte Straßenfeger sieht man sonst nirgendwo.

Die Busse fahren die drei Hauptrouten von Westen nach Osten ab: Av Central–Vía España, Av Balboa–Vía Israel und Av Simón Bolívar–Vía Transístmica. Die Strecke Av Central–Vía España ist Richtung Westen größtenteils eine Einbahnstraße, die Busse Richtung Osten fahren über die Av Perú und die Av 4 Sur. Diese Busse steuern das Bankenviertel El Cangrejo an. Auch auf der Av Ricardo J. Alfaro (bekannt als Tumba Muerto) fahren Busse.

An den Strecken gibt es jede Menge Haltestellen, aber man kann auch überall einfach einen Bus heranwinken. Die meisten Busse halten am Albrook-Busterminal.

Fahrrad

Der einzige Ort in Panama-Stadt, an dem man Fahrräder mieten kann, befindet sich am Beginn des Damms. **Moses** (☎ 221-3671; ⏲ Sa & So 9–19 Uhr) und **Bikes n More** (☎ 314-0103; ⏲ Sa & So 8–18 Uhr) verleihen für 3,50 US$ pro Stunde Mountainbikes. Tandems und Rikschas sind ebenfalls zu haben.

Taxi

Es gibt jede Menge Taxis, aber nicht alle fahren durch die ganze Stadt (manche Fahrer kennen nicht einmal die ganze Stadt). Also nicht überrascht sein, wenn einen der Taxifahrer am Straßenrand stehenlässt, sobald er das Fahrziel hört.

In den Taxis gibt es keine Taxameter, aber es existiert eine Liste mit Standardpreisen für jede Zone. Eine Fahrt kostet mindestens 2 US$. Für Fahrten ins Kanalgebiet zahlt man bis zu 6 US$. Eine durchschnittliche Fahrt durch mehrere Zonen kostet zwischen 3 und 4 US$, bei zusätzlichen Fahrgästen oder spät in der Nacht wird es teurer. Der Fahrpreis sollte immer vor Beginn der Fahrt ausgehandelt werden. Man kann auch das Personal im Hotel bitten, den Preis zum anvisierten Ziel abzuschätzen; dann kann man dem Fahrer bei der Ankunft die passende Summe geben. Taxis können auch stundenweise gemietet werden.

Taxirufnummern sind:

America (☎ 223-7694)
America Libre (☎ 223-7342)
Latino (☎ 224-0677)
Metro (☎ 264-6788)
Taxi Unico Cooperativa (☎ 221-3191)

RUND UM PANAMA-STADT

Ein Aufenthalt in Panama-Stadt wäre nicht komplett ohne einen Tagesausflug zu dem berühmten Kanal. Man sollte aber nicht vergessen, dass das Kanalgebiet viel, viel mehr zu bieten hat als nur den Kanal selbst. Der Regenwald rund um den Kanal ist leicht zugänglich und gehört zu den Orten, an denen man am besten viele verschiedene zentralamerikanische Tiere und Pflanzen beobachten kann.

PANAMAKANAL

Der Kanal ist wirklich eines der größten Bauwunder der Welt. Er erstreckt sich über 80 km von Panama-Stadt am Pazifik bis nach Colón am Atlantik und führt direkt durch die nordamerikanische kontinentale Wasserscheide. Fast 14 000 Schiffe fahren jedes Jahr durch den Kanal. Beim Schiffsbau wird weltweit darauf geachtet, dass die Kutter durch die Schleusen des Panamakanals passen: Die Schleusenkammern sind 305 m lang und 33,5 m breit.

Die Durchfahrtsgebühr richtet sich nach dem Gewicht der Schiffe. Im Durchschnitt werden 30 000 US$ fällig, der höchste Preis von ca. 200 000 US$ musste 2001 für das 90 000 t schwere französische Kreuzfahrtschiff *Infinity* gezahlt werden. Am wenigsten blechte übrigens Richard Halliburton, der 1928 für 0,36 US$ durch den Kanal schwamm.

Der Kanal verfügt über drei Doppelschleusen (sogenannte „Locks"): die Miraflores- und Pedro-Miguel-Schleusen am Pazifik und die Gatún-Schleusen am Atlantik. Zwischen den Schleusen fahren die Schiffe über einen riesigen, künstlich angelegten See, den Lago Gatún. Er entstand durch den Gatún-Damm im Río Chagres (zur Zeit der Entstehung war dies der größte Damm bzw. der größte künstliche See der Welt). Außerdem passieren die Schiffe den Gaillard Cut, einen 14 km langen Spalt durch die Felsen und das Schiefergestein der Berge auf der Landenge. Mit jeder Durchfahrt eines Schiffes werden erstaunliche 236 Mio. l Süßwasser in den Ozean gespült.

2006 stimmten die Wähler von Panama mit großer Mehrheit für ein ambitioniertes Projekt zur Verbreiterung des Panamakanals. Dieses Megaprojekt ist eines der größten Transportprojekte der Welt und kostet 5,25 Mrd. US$. Bis 2014 wird sein Bau dauern, bis zum 100. Geburtstag des Kanals. Die neuen Schleusen werden 60 % breiter und 40 % länger sein – und der Frachtverkehr wird sich, so erwartet man, verdreifachen.

Genauere Informationen zur Geschichte des Kanals gibt es auf S. 709.

Sehenswertes

MIRAFLORES-SCHLEUSEN

Der beste und einfachste Weg, den Kanal zu besichtigen, ist es, beim **Miraflores-Besucherzentrum** (☎ 276-8325; www.pancanal.com; Aussichtsplattform/kompletter Zugang 5/8 US$; 9–17 Uhr) anzufangen, das nicht weit von Panama-Stadt entfernt ist. Diese kürzlich eröffnete Touristeninformation beherbergt ein riesiges, vierstöckiges Museum, verschiedene Aussichtsplattformen und ein ausgezeichnetes Restaurant mit Blick auf die Schleusen. Die besten Zeiten, um große Kreuzfahrtschiffe bei der Durchfahrt zu beobachten, sind zwischen 9 und 11 Uhr und von 15 bis 17 Uhr.

Jeder Paraíso- oder Gamboa-Bus fährt von der Haltestelle an der Av Roosevelt gegenüber vom Regierungspalast in Panama-Stadt hierher. Diese Busse fahren die Schnellstraße nach Gamboa am Kanal entlang und lassen ihre Fahrgäste an dem Schild mit der Aufschrift „Miraflores Locks", 12 km von der Innenstadt entfernt, aussteigen. Von hier sind es zu Fuß noch 15 Minuten bis zu den Schleusen. Eine Taxifahrt sollte nicht mehr als 15 US$ für Hin- und Rückfahrt kosten – den Preis handelt man am besten vorher aus.

NOCH MEHR SCHLEUSEN

Weiter nördlich, hinter den Miraflores-Schleusen, befinden sich die **Pedro-Miguel-Schleusen**. Auf der Straße nach Gamboa kommt man an ihnen vorbei. Man kann sie nur von einem Parkplatz aus einsehen.

Die **Gatún-Schleusen** am Atlantik verfügen über eine Aussichtsplattform für Besucher. Wer will, kann auch über die Schleusen selbst fahren – z. B. um den Kanal für einen Besuch in Fuerte San Lorenzo zu überqueren. Weitere Informationen über diese Schleusen finden sich auf S. 776.

Aktivitäten

ANGELN

Wer einen wirklich großen Fang machen will, wendet sich am besten an **Panama Canal Fishing** (☎ 6699-0507; www.panamacanalfishing.com). Das Aushängeschild des Unternehmens ist die Angeltour zum Lago Gatún und zum Río Chagres, wo Buntbarsche geangelt werden. Ein Amerikaner hatte die Fische ursprünglich zu seinem Freizeitvergnügen angesiedelt, und mittlerweile sind sie eine regelrechte Plage. Wer sie angelt, tut dem See also einen großen Gefallen.

KANALDURCHFAHRTEN

Der von Lesern empfohlene Veranstalter **Canal Bay & Tours** (☎ 314-1339; www.canalandbaytours.com) bietet jeden Samstagmorgen Fahrten auf dem Kanal an. Die Boote tuckern vom Muelle (Pier) 19 in Balboa (Karte S. 722) los, einem westlichen Vorort von Panama-Stadt. Sie fahren durch die Miraflores-Schleusen zum Lago Miraflores und zurück und schippern dann wegen der schönen Aussicht auf die Stadt noch raus in die Bucht. Diese Touren dauern viereinhalb Stunden und kosten 115 US$ pro Nase – am besten reserviert man im Voraus.

An einem Samstag pro Monat bietet das Unternehmen auch komplette Durchfahrten von Balboa nach Cristóbal an der Karibikküste an. Dabei passieren die Boote alle drei Schleusen. Die Fahrt dauert den ganzen Tag von 7.30 bis 17.30 Uhr und kostet 165 US$.

PANAMA

PANAMAKANAL

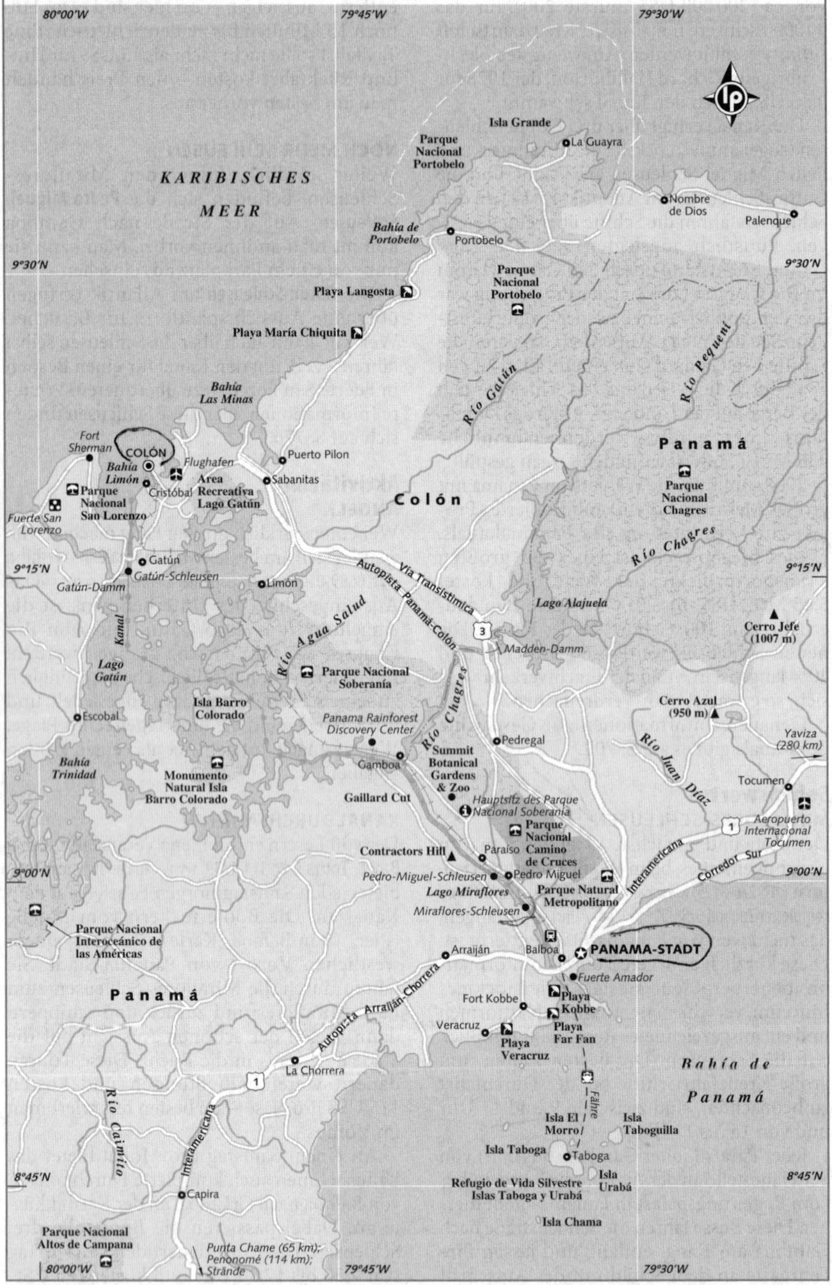

Termine für diese Fahrten finden sich auf der Website des Unternehmens.

Die Fahrt mit dem Taxi zum Muelle 19 kostet etwa die 6 US$.

RUND UM DEN KANAL

O.k., keine Panamareise wäre vollständig, ohne dass man dem weltbekannten Kanal einen Besuch abgestattet hätte. Aber auch in der Gegend drumherum gibt es eindrucksvolle Attraktionen. Vor allem lassen sich hier sehr gut Wildtiere und Vögel beobachten. Im Rahmen eines Tagesausflugs von Panama-Stadt aus könnte man erst zu den Miraflores-Schleusen fahren, dann dem Summit Botanical Gardens & Zoo einen Besuch abstatten und schließlich den Tag im Parque Nacional Soberanía und im Panamá Rainforest Discovery Center ausklingen lassen. Die beiden letztgenannten Ziele liegen nur 25 km vom Zentrum von Panama-Stadt entfernt, aber sie scheinen Teil einer anderen Welt zu sein.

Die Sehenswürdigkeiten liegen an der Schnellstraße von Panama-Stadt nach Gamboa; beim kleinen Gamboa fließt der Río Chagres in den Lago Gatún. Der Gamboa-Bus fährt vom Albrook-Busterminal zu den Sehenswürdigkeiten.

Summit Botanical Gardens & Zoo

10 km hinter den Miraflores-Schleusen liegt der **Summit Botanical Gardens & Zoo** (☎ 232-4854; Eintritt 1 US$; 🕑 8–16 Uhr), der 1923 errichtet wurde, damit tropische Pflanzen aus aller Welt nach Panama eingeführt, vermehrt und verbreitet werden konnten. Später wurde noch ein Zoo hinzugefügt – die amerikanischen Soldaten sollten lernen, die tropischen Tiere zu identifizieren, während sie im Feld waren. Viele der Pflanzenarten sind an einem Pfad beschrieben.

Weil Panama-Stadt für ihn zuständig ist, hängen die Finanzierung und Organisation des Summit von der Stadt ab. Verbesserungen setzen sich also oft nur langsam durch. Zu den Highlights des Zoos gehören ein riesiger Harpyienkäfig, ein Tapirareal und ein Jaguargehege, das gerade erweitert wird. Da es das Ziel des Parks ist, Umweltbewusstsein zu fördern, wird in den Gehegen natürlicher Lebensraum nachgeahmt. Die einheimische Flora und Fauna steht im Vordergrund.

Parque Nacional Soberanía

Einige Kilometer hinter dem Summit, gegenüber der Grenze zur Provinz Colón, liegt der 221 km² große **Parque Nacional Soberanía** (Eintritt 5 US$). Der Park ist eines der zugänglichsten Gebiete mit tropischem Regenwald in Panama. Er umfasst den Großteil der Landenge und erstreckt sich von Limón am Lago Gatún bis nördlich von Paraíso. Außerdem hat er jede Menge Wanderwege zu bieten, neben denen es von Wildtieren nur so wimmelt.

Die Eintrittsgebühr kann man beim **Hauptsitz des Parks** (☎ 276-6370) an der Abzweigung zum Summit Botanical Gardens & Zoo zahlen. Dort sind auch Karten, Infos zum Park und Campinggenehmigungen sowie eine Broschüre erhältlich, die einen Spaziergang entlang dem Naturlehrpfad beschreibt. Wer eine Wanderung plant, muss beachten, dass die Anfangspunkte der Wanderwege ziemlich weit vom Hauptsitz des Parks entfernt liegen. Wer mit dem Taxi ankommt, sollte den Fahrer bitten zu warten, bis man die Eintrittsgebühr bezahlt hat, und einen dann zum Startpunkt der Wanderung zu fahren.

Zu den Wanderwegen im Park gehören ein Abschnitt des alten **Sendero Las Cruces** (Las-Cruces-Pfad), der von den Spaniern dazu benutzt wurde, Gold mit Maultierkarren zwischen Panama-Stadt und Nombre de Dios zu transportieren, und der 17 km lange **Camino del Oleoducto (Pipeline Rd)**, der zum Río Agua Salud führt. Dort kann man flussaufwärts laufen und dann unterhalb eines Wasserfalls baden. Ein kürzerer, sehr einfacher Wanderweg ist der **Sendero El Charco** (Pfützen-Pfad), der an der Schnellstraße 3 km hinter dem Summit Botanical Gardens & Zoo ausgeschildert ist.

Die Pipeline Rd soll eine der **besten Stellen zur Vogelbeobachtung** auf der ganzen Welt sein – da überrascht es nicht, dass es dort vor allem in den frühen Morgenstunden von Vogelliebhabern nur so wimmelt. An dem Pfad wurden über 500 verschiedene Vogelarten gesichtet, und es ist sehr wahrscheinlich, dass man hier von Tukanen bis Trogonen alles Mögliche zu Gesicht bekommt.

Der Río Chagres, der durch den Park fließt und das meiste Wasser für den Panamakanal liefert, ist der Lebensraum mehrerer **Emberá-Stämme**. Zwar ist der Darién die Urheimat der Emberá, doch in den 1950er-Jahren gab es eine Migrationswelle zu den Ufern des Río Chagres. Der Emberá-Stamm von **Ella Puru** (☎ 6537-7223) und der Wounaan-Stamm von **San Antonio** (☎ 6637-9503) empfangen regelmäßig Besucher. Wer seine Stippvisite im Voraus

PANAMA

mit Ellie-Tour 2 Tage

ankündigt, wird von den Schleusen in Gamboa abgeholt. Die geführten Touren kosten ab 30 US$ pro Person, abhängig von den gewünschten Aktivitäten. Es sind alle möglichen Ausflüge im Angebot, von geführten Wanderungen durch den Regenwald bis hin zu Vorführungen traditioneller Tänze.

Panama Rainforest Discovery Center

Dieses neue **Center** (☎ 6588-0697; www.pipelineroad.org; Erw./Kind 20/4 US$; ⌚ 6–16 Uhr) ist auf Ökotourismus und Bildung in Sachen Umwelt ausgerichtet und eine ausgezeichnete Einrichtung für Vogelbeobachter und Naturliebhaber. Wer es frühmorgens aus dem Bett schafft, wird dafür belohnt – diejenigen, die erst nach 10 Uhr kommen, zahlen sogar 5 US$ weniger Eintritt, ein sicheres Zeichen dafür, dass es später nicht mehr so viel zu sehen gibt. Während der besten Zeiten ist nur 25 Besuchern der Zutritt gestattet, damit die Tier- und Pflanzenwelt so wenig wie möglich gestört wird. Der 32 m hohe Aussichtsturm eignet sich hervorragend, um den Nördlichen Prachtkotinga und Tukane zu beobachten. Das mit Augenmerk auf Nachhaltigkeit errichtete Besucherzentrum versorgt einen mit Informationen und beherbergt 13 Arten von Kolibris, die in der Nähe Nahrung suchen.

Das Zentrum ist auch die richtige Anlaufstelle für alle, die bei Zählungen der Wandervögel mitmachen möchten. Diese Zählungen werden von der gemeinnützigen **Fundación Avifauna Eugene Eisenmann** (☎ 264-6266; www.avifauna.org.pa) durchgeführt, deren Ziel es ist, die Vogelfauna und die Lebensräume in Panamas Regenwald zu schützen.

Zum Park fahren keine Busse. Am besten kommt man mit einem Taxi, mietet sich ein Auto oder nimmt an einer organisierten Tour teil. Das Zentrum liegt 1,6 km von der Zufahrt zur Pipeline Rd entfernt. Einfach durch den Ort Gamboa durchfahren und am Ende der Gaillard Rd den Schildern folgen!

MONUMENTO NACIONAL ISLA BARRO COLORADO

Diese üppig bewachsene Insel in der Mitte des Lago Gatún ist die am besten erkundete Gegend der Neotropis. Die Isla Barro Colorado (BCI) entstand im Rahmen der Eindämmung des Río Chagres und der Bildung des Sees und wurde 1923 eines der ersten biologischen Schutzgebiete in der Neuen Welt. Auf der Insel wurden 1316 Pflanzenarten, 381 Vogelspezies und 120 Säugetierarten registriert. Außerdem gibt es hier ein 59 km langes Netz von markierten und geschützten Pfaden. Die Insel wird vom Smithsonian Tropical Research Institute (STRI) verwaltet, das hier eine weltberühmte Forschungsanstalt betreibt.

Die 15 km^2 große Insel war einst nur Wissenschaftlern vorbehalten, aber mittlerweile dürfen im Rahmen einer geführten Tour auch Besucher herkommen. Zu der Tour gehört eine Bootsfahrt des STRI auf einem hübschen Abschnitt des Kanals von Gamboa über den See zur Insel. Für die Touren muss unbedingt reserviert werden – so weit im Voraus buchen wie möglich! Reservierungen nimmt das Büro des Besucherzentrums von Panama-Stadt, das **STRI** (Karte S. 726; ☎ 212-8026; www.stri.org; Tupper Bldg, Av Roosevelt, Ancón; Erw./Stud. aus dem Ausland 70/40 US$, aus Panama 25/12 US$; ⌚ Mo–Fr 8.30–16.30 Uhr) vor.

Die 45-minütigen Bootsfahrten beginnen wochentags um 7.15 Uhr und am Wochenende um 8 Uhr am Pier in Gamboa. Die Wanderungen sind anspruchsvoll und dauern zwei bis drei Stunden. Der gesamte Ausflug geht vier bis sechs Stunden, je nach Gruppengröße und Wetter. Ein Mittagsbüfett (auch mit vegetarischen Speisen) ist inklusive. Für weitere Infos kann man ein kostenloses PDF von der Website des STRI runterladen.

ISLA TABOGA

Die Isla Taboga ist eine tropische Insel mit nur einer Straße und keinerlei Verkehr. Sie liegt nur 20 km vor der Küste und ist ein wunderbarer Ort, um dem Trubel von Panama-Stadt zu entfliehen. Das malerische Taboga wurde 1515 erstmals durch die Spanier besiedelt und beheimatet außerdem die zweitälteste Kirche auf dem amerikanischen Kontinent. Die Hauptattraktion sind allerdings die Sandstrände, die von warmem Wasser umspült werden und sogar den eingefleischtesten Stadtbewohner relaxen lassen.

Es gibt Gerüchte, dass das stillgelegte Hotel Taboga abgerissen werden soll und an seiner Stelle eine noblere Ferienanlage entstehen wird. Doch bis dahin eignet sich Taboga immer noch für einen entspannten Tagesausflug von Panama-Stadt aus. Auf zu ein bisschen Wonne in der Sonne!

Geschichte

Taboga gehört zu einer einst von *indígenas* besiedelten Inselkette. Die Menschen wohnten in Strohhütten und lebten von den Schätzen des Meeres. 1515 gaben sich die Spanier ihr Stelldichein auf Taboga, töteten oder versklavten die Inselbewohner und gründeten eine kleine Kolonie. Frieden sollte jedoch nicht einkehren, vor allem weil mehrere Piraten – darunter auch Henry Morgan und Francis Drake – die Insel immer wieder aufsuchten und sie als Ausgangspunkt für Angriffe auf spanische Schiffe und Städte nutzten. Abgesehen von ein paar Patronen, die von der US-Marine während der Schießübungen im Zweiten Weltkrieg abgefeuert wurden, war es aber seitdem friedlich.

Orientierung & Praktische Informationen

Die Fähren legen an einem Pier nahe dem Nordzipfel der Insel an. Verlässt man den Pier, sieht man zur Rechten den Eingang des aufgegebenen Hotels Taboga. Auf der linken Seite befindet sich eine schmale Straße, die Hauptstraße der Insel. Von diesem Punkt schlängelt sie sich über 5,2 km zu einer alten US-Militäranlage auf dem höchsten Berg der Insel, dem Cerro El Vigia.

Mehr Infos über die Insel gibt's auf der ausgezeichneten englischsprachigen Website www.taboga.panamanow.com.

Sehenswertes & Aktivitäten

Auf Taboga liegen von der Fähranlegestelle aus gesehen in jeder Richtung frei zugängliche schöne **Strände**. Viele Besucher gehen schnurstracks zum Hotel Taboga rechts vom Pier. Das Hotel steht am schönsten Strand der Insel, der einen Bogen zwischen Taboga und der winzigen Isla El Morro macht.

An den Wochenenden, wenn die meisten Besucher herkommen, fahren Fischer Passagiere vom Pier aus rund um die Insel, zeigen sie ihnen von allen Seiten und halten an ein paar guten Stellen zum **Schnorcheln**. In den Höhlen auf der Westseite der Insel soll es angeblich noch Goldschätze geben, die die Piraten hier zurückgelassen haben. Auch an Werktagen kann man rund um die Isla El Morro schnorcheln. Da gibt es zwar keine Korallen, dafür aber ein paar größere Fische.

Links vom Pier kommt man nach 75 m auf der Hauptstraße an eine Gabelung. Bergauf führt die Straße zu einer bescheidenen **Kirche** an einem einfachen Platz. Sie wurde 1550 gegründet und ist die zweitälteste Kirche auf dem amerikanischen Kontinent. Im Innern befinden sich ein schöner Altar und entzückende Kunstwerke. Wer der Straße weiter folgt, findet sich in einem wunderschönen Park mit der Statue der Schutzherrin der Insel, **Nuestra Señora del Carmen**, wieder.

Eine tolle Aussicht hat man beim Gipfelkreuz des **Cerro de la Cruz** auf der Ostseite der Insel. Ein weiterer Wanderweg führt zu einem Aussichtspunkt auf dem **Cerro El Vigia** auf der Westseite.

Das Naturschutzgebiet **Refugio de Vida Silvestre Isla Taboga y Urabá** nimmt ein Drittel der Insel und die Insel Urabá direkt vor der Südostküste von Taboga ein. In dem Naturschutzgebiet lebt und brütet eine der größten Braunpelikankolonien der Welt. Die Pelikane lassen sich von Januar bis Juni blicken, nisten aber vor allem im Mai.

Auf dem Hin- und Rückweg zur Insel lohnt es sich, aufs Meer zu schauen. Im August, September und Oktober kommen manchmal Buckel- und Seiwale auf ihrer Wanderung hier vorbei – ein spektakuläres Schauspiel.

Feste & Events

Das **jährliche Festival** von Taboga findet am 16. Juli, dem Tag der Schutzheiligen Nuestra Señora del Carmen, statt. Dann tragen ihre Anhänger die Statue der Schutzheiligen auf den Schultern zur Küste, legen sie auf ein Boot und fahren sie rund um die Insel. Nach der Bootsfahrt wird die Staue noch über die ganze Insel getragen, und eine Menge Leute schließen sich der Prozession an.

Schlafen & Essen

Die meisten Besucher kommen im Rahmen eines Tagesausflugs von Panama-Stadt auf die Isla Taboga. Es gibt hier aber auch ein paar erschwingliche Unterkünfte.

Zoraida's Cool (☎ 6471-1123, 6566-9250; DZ/3BZ 30/35 US$) Diese Familienunterkunft mit Blick auf die Bucht wird liebevoll von Zoraida betrieben. Die Zimmer sind klein und die Matratzen in Plastik gehüllt, aber es ist das beste Angebot auf der Insel. Die Terrasse mit Hängematte eignet sich hervorragend für ein Päuschen mit Blick auf den Pazifik. Vom Pier aus geht es nach links, und nach ein paar Minuten kommt ein Schild in Sicht, das den Hügel hinaufzeigt.

Vereda Tropical Hotel (☎ 250-2154; http://veredatropicalhotel.com; DZ ab 71 US$; ❄ 💻) Auf einem Hügel mit eindrucksvoller Aussicht (es geht etwa 100 m einen kurvigen Pfad hinauf) besticht dieses Boutiquehotel mit tropischem

PANAMA

Flair, Mosaikfliesen und schmiedeeisernen Geländern. Von der Veranda genießen Gäste beim Essen eine atemberaubende Aussicht, während Julio Iglesias aus den Boxen trällert. Leider ist der Service lasch.

Cerrito Tropical (☎ 390-8999; www.cerritotropicalpanama.com; DZ inkl. Frühstück 75 US$, Apt. für 2 Pers. 100–170 US$;) Dieses elegante, von Kanadiern geführte B&B versteckt sich in einer ruhigen Nische am Ende einer steilen Straße. Die Zimmer sind stilvoll, aber klein, und bieten Zugang zu einer großen, schattigen Terrasse. Es gibt einige Extras, vom Spanischunterricht über Barbecues bis hin zum Mittagessen im Freien. Am Ende der Calle Francisco Pizarro geht es bergauf.

Donde Pope Si Hay (Hauptgerichte 4–7 US$; 8–20 Uhr) Das Lokal ist ein einfacher Betonkasten, der frischen Fisch, Kokoswasser und *patacones* (gebackene Kochbananen) serviert.

An- & Weiterreise

Die schöne Bootsfahrt zur Isla Taboga ist bereits Teil der Inselattraktionen. **Barcos Calypso** (☎ 314-1730; hin & zurück 11 US$) fährt Montag und Freitag um 8.30 und 15 Uhr, Dienstag und Donnerstag um 8.30 Uhr und am Wochenende um 8.30, 10.30 und 16 Uhr von Panama-Stadt aus ab. Die Fähren verlassen die Isla Taboga montags und freitags um 9.30 und 16 Uhr, dienstags und donnerstags um 16.30 Uhr und am Wochenende um 9, 15 und 17 Uhr.

Die Fähren legen am La Playita de Amador hinter dem Centro de Exhibiciones Marinas am Damm ab. Am einfachsten kommt man mit dem Taxi zum Pier (4–6 US$$).

PANAMA

ARCHIPIÉLAGO DE LAS PERLAS – IN DIE VOLLEN!

Mit Hunderten Eilanden, weißen Sandstränden und türkisfarbenem Wasser entsprechen die „Perleninseln" jedermanns Vorstellung vom Paradies. Anders als in der TV-Serie *Survivor*, die hier gefilmt wurde, kann man ohne Mehrheitsbeschluss auf den Inseln bleiben. Es gibt jede Menge Möglichkeiten zum Schnorcheln, Tauchen und Sonnenbaden, allerdings sind die Preise für Unterkünfte und Essen eher happig. Eine gute Unterkunft ist **Perla Real** (☎ 250-4095, 6513-9064; www.perlareal.com; DZ/Suite 99/133 US$;), ein komfortables Gasthaus, das nur einen zehnminütigen Fußmarsch von den Stränden der Isla Contadora entfernt liegt. Schnorchel- und Tauchausflüge organisiert **Coral Dreams** (☎ 6536-1776; www.coral-dreams.com). Von Panama-Stadt fliegen täglich Flugzeuge direkt hierher (hin & zurück 60 US$, 20 Min.).

PROVINZ CHIRIQUÍ

Chiricanos behaupten, einfach alles zu haben, und etwas Wahres ist da schon dran: Panamas größte Berge, längste Flüsse und fruchtbarste Täler befinden sich in Chiriquí. In der Provinz liegen spektakuläre Hochlandregenwälder sowie die produktivsten Landwirtschafts- und Viehzuchtregionen des Landes. Es dürfte also wenig verwundern, dass viele *Chiricanos* von einer unabhängigen República de Chiriquí träumen.

Mit der Grenze zu Costa Rica im Westen ist Chiriquí oft die erste Provinz Panamas, die Traveller aus dem Ausland betreten. Hier bekommt man auch eine angemessene Einführung in die nicht ganz so subtile Schönheit Panamas. Zwar werden die nebelverhangenen Berge in der Nähe von Boquete langsam von nordamerikanischen und europäischen Rentnern bevölkert, aber der Ort ist immer noch gut als Ausgangspunkt geeignet, wenn man die Flanken des hoch aufragenden Volcán Barú erkunden möchte. Er ist Panamas einziger Vulkan und bildet den höchsten Punkt des Landes (3475 m). In der Region befindet sich auch der Parque Internacional La Amistad, ein grenzübergreifender Nationalpark, den sich Costa Rica und Panama teilen. Im Park gibt es ausgezeichnete Wandermöglichkeiten durch üppigen Regenwald – und meist sind kaum Touristen da.

DAVID

124 000 Ew.

Panamas zweitgrößte Stadt ist die Hauptstadt der Provinz Chiriquí und ein wichtiges landwirtschaftliches Zentrum. David besitzt Großstadtflair, wird aber nur deswegen wohlhabender und bedeutender, weil nordamerikanische und europäische Rentner ausländisches Kapital hierherbringen. Dieser Trend hat sich in letztere Zeit allerdings etwas stabilisiert.

Für die meisten Reisenden ist David ein wichtiger Verkehrsknotenpunkt, wenn Costa

Rica, das Chiriquí-Hochland, der Golfo de Chiriquí, Panama-Stadt oder Bocas del Toro auf dem Reiseplan stehen. Die Stadt selbst hat zwar nicht allzu viele Attraktionen zu bieten, ist aber dennoch ein angenehmer Ort zum Verweilen, denn in der Umgebung gibt es eine ganze Menge interessanter Dinge zu sehen und zu tun.

Orientierung

David liegt auf halbem Weg zwischen San José in Costa Rica und Panama-Stadt – es sind jeweils sieben Stunden Fahrt bis zu diesen Zielen. Die Interamericana führt nicht durch die Stadt durch, sondern an der Nord- und Westseite entlang. Das Herz der Stadt ist der schöne Hauptplatz Parque de Cervantes, der sich 1,5 km südwestlich von der Schnellstraße befindet.

Praktische Informationen

BUCHLÄDEN

Livraría Regional (Av Bolívar) Bescheidener Buchladen, der ein paar Bücher auf Englisch und diverse Bildbände über Panama führt.

GELD

HSBC (Av Central) Hat Filialen in der Calle C Norte in der Nähe des Parks und in der Av Obaldía nördlich vom Busbahnhof.

INTERNETZUGANG

Internet Fast Track (Av 2 Este; 0,75 US$/Std.; ⌚ 24 Std.)
Planet Internet (Calle Central; 0,75 US$/Std; ⌚ 9–24 Uhr)

MEDIZINISCHE VERSORGUNG

Chiriquí Hospital (☎ 777-8814; Ecke Calle Central & Av 3 Oeste) Eines der besten Krankenhäuser des Landes.

POST

Post (Calle C Norte; ⌚ Mo–Fr 7–18, Sa 7–16.30 Uhr)

TOURISTENINFORMATION

ATP (☎ 775-2839; Av Central; ⌚ Mo–Fr 8.30–16.30 Uhr) Hat Infos über die Provinz Chiriquí.
Autoridad Nacional de Ambiente (ANAM; ☎ 775-7840; Fax 774-6671; ⌚ Mo–Fr 8–16 Uhr) Bietet Informationen für Touristen und erteilt Campinggenehmigungen für die Nationalparks; ist in der Nähe vom Flughafen zu finden.

Sehenswertes & Aktivitäten

David dient oft als Ausgangspunkt für Erkundungstouren ins Tiefland von Chiriquí. Was man hier erleben kann, ist im Kasten unten gesammelt.

Das ganz nette **Museo de Historia y de Arte José de Obaldía** (Av 8 Este zw. Calle Central & Calle A Norte; Eintritt 1 US$; ⌚ Mo–Sa 8.30–12 & 12.45–16.30 Uhr) ist ein zweistöckiges Kolonialhaus von 1880, das immer noch mit der Originalkunst und -einrichtung von damals ausgestattet ist. Das Museum wurde nach dem Gründer der Provinz Chiriquí benannt und beherbergt auch regionale archäologische Artefakte und alte Fotos von den Bauplänen des Kanals.

Wer eine Dosis Adrenalin braucht, sollte einen Tag beim **Wildwasserrafting** auf dem Río Chiriquí oder dem Río Chiriquí Viejo verbringen. Die Tourenanbieter in Boquete fahren auf ihrem Weg zur Anlegestelle in David

PANAMA

DIE GEGEND UM DAVID INTENSIVER ERLEBEN

Mit diesen Ausflügen, die von Lonely Planet Autoren getestet wurden, lässt sich ein Aufenthalt in der Region ein bisschen würzen:

- **Die müden Knochen in Thermalwasser baden** Mit dem Bus geht es in den Ort Caldera. Nach einer 45-minütigen Wanderung auf einer Schotterstraße gelangt man zu Los Pozos de Caldera.
- **Geschmack an Rum finden** Im Rahmen einer privaten Führung durch die Carta Vieja Rum Factory am Stadtrand von David kann man Hochprozentiges kosten.
- **Im Balneario Majagua oder Balneario La Nueva Barranca zusammen mit Chiricanos baden** Mit einem Bus Richtung Boquete oder Concepción zu einem dieser beiden beliebten Strände fahren.
- **Die Sonne an der nahen Playa Barqueta genießen** Man schnappt sich einfach ein paar Freunde, fährt mit einem Taxi von David zu dem wunderschönen schwarzen Sandstrand Playa Barqueta und verbringt dort einen lustigen Tag in der Sonne.

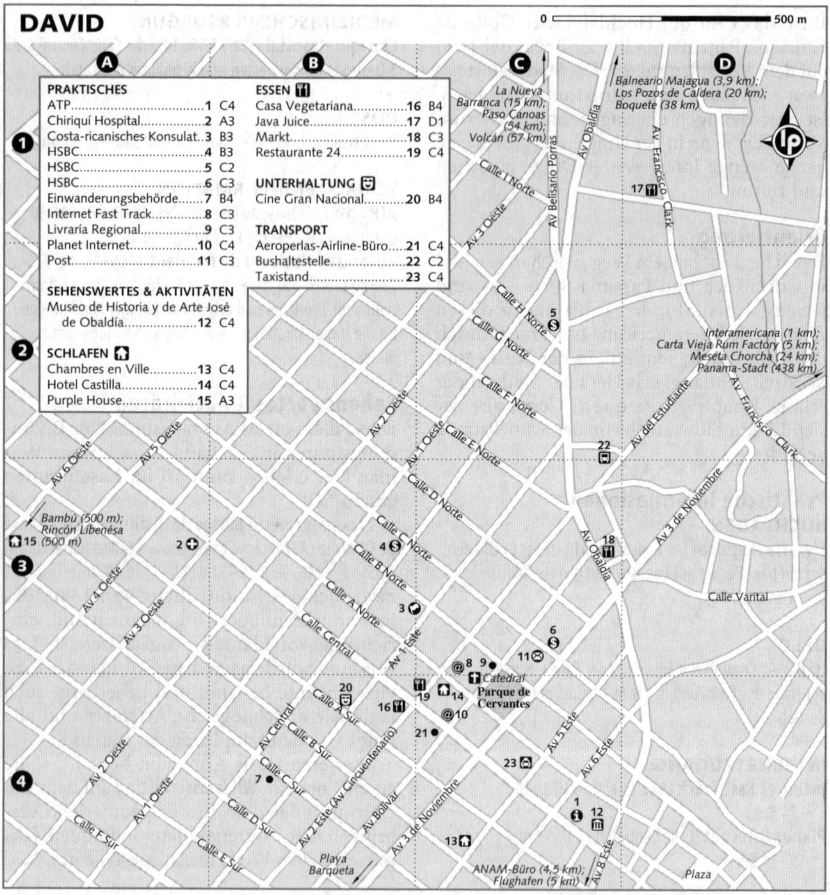

vorbei, und wenn man das vorher so mit ihnen vereinbart, holen sie gerne noch weitere Teilnehmer an deren Unterkünften ab. Mehr Informationen gibt es auf S. 665.

Festivals & Events

Die **Feria de San José de David** wird während zehn Tagen im März abgehalten und ist ein großes internationales Volksfest. La Concepción, eine halbe Stunde westlich von David, feiert sein **Heiligenfest** am 2. Februar.

Schlafen

Purple House (☎ 774-4059; www.purplehousehostel.com; Ecke Calle C Sur & Av 6 Oeste; B/DZ 8/20 US$; P) Das einst erste Hostel in David ist immer noch ein erfreulich guter Deal: Die gefliesten Schlafsäle mit Doppelbetten sind sauber und ordentlich, und in den Doppelzimmern stehen Gästen Warmwasser (2 US$), eine Klimaanlage (5 US$) und Kabel-TV (2 US$) zur Verfügung. Andrea entpuppt sich als unglaublich gute Informationsquelle und gibt Gästen auch Tipps, wie diese für wenig Geld an die Küste oder zu anderen Zielen kommen. Hier wird recycelt. Außerdem wird hier Kunsthandwerk der Ngöbe-Buglé ohne Provisionsaufschlag verkauft.

Bambu (☎ 730-2961; www.bambuhostel.com; Calle de la Virgencita, San Mateo Abajo; B 8 US$, DZ mit/ohne Bad 30/25 US$; P) Eine ideale Absteige für Backpacker, die ein bisschen Rock'n'Roll wollen. Das Bambu wird von einem Musiker aus New York City betrieben und verfügt über

neu: Pool Garden

zwei Schlafsäle sowie Doppelzimmer mit durchgelegenen Betten, Kabel-TV und Klimaanlage. Das Beste ist der Swimmingpool mit den obligatorischen Hängematten.

Chambres en Ville (☎ 775-7428; www.chambresenville.info; Av 5ta Este; Zi. mit/ohne Klimaanlage 30/20 US$; 💻 🏊) Dieses nette Haus verfügt über einen großen Innenhof mit Zugang zu eleganten, kleinen Zimmern. Die Quartiere sind sauber, und der große Swimmingpool ist ein klasse Extra. Kaffee zum Frühstück ist im Preis inbegriffen, und es werden auch Touren sowie An- und Weiterreise organisiert.

Hotel Castilla (☎ 774-5260; Calle A Norte; Zi. ab 40 US$; P ❄ 💻) Professionell und supersauber: Dieses Hotel besitzt freundliche Zimmer, in denen Betten und Schreibtische im selben Stil gehalten sind. Jedes Zimmer verfügt über eine Klimaanlage, eine Dusche mit Warmwasseranschluss, Telefon und Kabel-TV.

Essen & Ausgehen

Wer günstig einkaufen will, für den ist der quirlige **Markt** (Ecke Av Bolívar & Av Obaldía) die richtige Anlaufstelle.

Casa Vegetariana (Av 2 Este; Gerichte 2 US$; 🕑 7–16 Uhr) Diese freundliche kleine Cafeteria im chinesischen Stil lockt die Kundschaft mit preiswertem sautiertem Gemüse, Auberginen und gebratenem Reis mit Bohnen an. Die Speisen kommen auf schlichten Metalltellern auf die Tische.

Restaurant 24 (Av 2 Este; Hauptgerichte 2–3 US$; 🕑 open end) Bei den Einheimischen wegen seines Grillfleischs und der günstigen Mittagsangebote beliebt – perfekt, um satt zu werden, ohne dass der Geldbeutel dünn wird.

Java Juice (Av Francisco Clark; Hauptgerichte 2,50–4 US$; 🕑 Mo–Sa 11–23, So 16–22 Uhr) Eiskaffee, Smoothies aus frischem Obst, gesunde Salate und gegrillte Burger sind die Stars in diesem charmanten Straßencafé nordöstlich des Busbahnhofs.

Rincón Libenésa (Interamericana; Hauptgerichte 4–7 US$) Die hausgemachten Hummus, Tabouleh und *baba ghanoush* in diesem authentischen libanesischen Restaurant sind eine willkommene Abwechslung zu der eintönigen Kost aus Reis und Bohnen. Das Restaurant befindet sich drei Straßen hinter dem McDonald's an der Interamericana.

Unterhaltung

Cine Gran Nacional (Av 1 Este zw. Calle Central & Calle A Sur) Davids kleines Kino zeigt überwiegend neue amerikanische Filme.

An- & Weiterreise

BUS

Die **Bushaltestelle** von David (Av del Estudiante) liegt 600 m nordöstlich vom Hauptplatz. Die meisten Busse fahren ab 7 Uhr morgens.

Tracopa (☎ 775-8853) betreibt Direktbusse zwischen David und San José, Costa Rica (14 US$, 8 Std.). Die Busse fahren täglich um 8.30 Uhr am Busbahnhof von David ab. Von San José kutschen die Busse um 19.30 Uhr nach David zurück. Die Fahrkarten können bis zu zwei Tage im Voraus gekauft werden.

FLUGZEUG

Davids Flughafen, der Aeropuerto Enrique Malek, liegt 5 km außerhalb der Stadt. Da zum Flughafen keine Busse fahren, muss man ein Taxi nehmen (5 US$).

PANAMA

BUSSE AB DAVID

Ziel	Preis (US$)	Dauer	Häufigkeit
Boquete	1,50	1 Std.	alle 20 Min. bis 21.30 Uhr
Caldera	2	45 Min.	stdl. bis 19.30 Uhr
Cerro Punta	3	2¼ Std.	alle 20 Min. bis 20 Uhr
Changuinola	8	4½ Std.	stdl. bis 18.30 Uhr
Guadalupe	3,50	2½ Std.	alle 20 Min. bis 20 Uhr
Horconcitos	1,50	45 Min.	11 & 17 Uhr
Las Lajas	2,25	1½ Std.	4-mal tgl.
Panama-Stadt	13–15	6–8 Std.	alle 45 Min., 6.45–20 Uhr
Paso Canoas	1,75	1½ Std.	alle 10 Min. bis 21.30 Uhr
Puerto Armuelles	3	2½ Std.	alle 15 Min. bis 21 Uhr
Río Sereno	4	2½ Std.	alle 30 Min. bis 17 Uhr
Santiago	7,25	3 Std.	stdl. bis 21 Uhr
Volcán	2,50	1¾ Std.	alle 20 Min. bis 20 Uhr

Air Panama (☎ 721-0841; www.flyairpanama.com/tickets) und **Aeroperlas** (☎ 721-1195; www.aeroperlas.com) fliegen mehrmals täglich direkt von Panama-Stadt nach David (80 US$, 45 Min.). Aeroperlas hat montags, mittwochs und freitags um 10 Uhr auch Flieger nach Bocas del Toro (36 US$, 40 Min.).

GOLFO DE CHIRIQUÍ

Das unangefochtene Juwel in der Tiefebene von Chiriquí ist der **Parque Nacional Marino Golfo de Chiriquí**, ein Meeresschutzgebiet mit einer Fläche von 147 km². 25 Inseln, 19 Korallenriffe und jede Menge Wildtiere und Pflanzen sind dort geschützt. Zu dem Meeresschutzgebiet gehört auch die 30 km² große **Isla Boca Brava** (die über das Festland von Boca Chica zu erreichen ist), eine reizende kleine Insel, die mit Wanderwegen überzogen ist und Affen, Wasserschildkröten und 280 Vogelarten beheimatet. Egal ob man am Strand liegen, im klaren Wasser schnorcheln oder unter dem Blätterdach des Regenwalds Tiere beobachten möchte, auf dieser vom Tourismus verschonten Insel ist für jeden etwas dabei.

Das LP Tipp **Hotel Boca Brava** (☎ 851-0017; www.hotelbocabrava.com; Isla Boca Brava; Hängematte/B 7/10 US$, DZ ohne Bad 25 US$, Standard-/Deluxe-Zi. 35/50 US$) wurde unter der ehrgeizigen neuen Führung eines jungen Paares renoviert und umgestaltet. Das Hotel hat eine große Zimmerauswahl – von ultrabilligen bis hin zu Zimmern mit Klimaanlage. Es ist der ideale Zufluchtsort, um sich mit anderen Reisenden zu treffen. Das Hotelpersonal kann alle möglichen Ausflüge rund um die Insel organisieren, egal ob man schnorcheln, Wale beobachten oder einfach nur auf einer atemberaubenden Insel faulenzen möchte (die Preise liegen zwischen 12 und 70 US$, je nach Tour und Teilnehmerzahl). Im luftigen Restaurant mit Bar (Gerichte 4–8 US$) gibt es frischen Fisch und Burger.

Um nach Boca Chica zu gelangen, fährt man erst mit einem Bus von David zur Abzweigung nach Horconcitos (1,50 US$), die 39 km Richtung Osten liegt. Traveller können auch einfach in jeden vorbeifahrenden Bus von David nach Panama-Stadt einsteigen und den Fahrer bitten, sie an der Abzweigung nach Horconcitos rauszulassen.

Von dieser Abzweigung fährt viermal täglich ein Bus nach Boca Chica (3 US$, 50 Min.). Natürlich ist es auch möglich, ein Taxi (20 US$) zu nehmen. Den genauen Busfahrplan kann man bei **Jimi** (☎ 6857-2094) erfragen. Am Pier von Boca Chica fahren Wassertaxis (2 US$/Pers.) die 200 m zur Insel Boca Brava und legen am Pier beim Restaurante Boca Brava an.

PANAMA

UNTERWEGS NACH COSTA RICA

Der am stärksten frequentierte Grenzübergang zwischen Panama und Costa Rica ist der bei **Paso Canoas** (🕑 24 Std.), 53 km westlich von David an der Interamericana. Man muss auf beiden Seiten mindestens ein bis zwei Stunden Zeit einplanen, um alle Formalitäten zu klären. Busse fahren zwischen 4.30 und 21.30 Uhr regelmäßig von David zur Grenze (1,50 US$, 1 1/2 Std., alle 30 Min.). Auf der costa-ricanischen Seite der Grenze fahren regelmäßig Busse nach San José oder in andere Teile des Landes.

An dem weniger befahrenen Grenzübergang bei **Guabito-Sixaola** (🕑 8–18 Uhr), gleich nördlich von Changuinola, geht es unkomplizierter zu. Busse fahren zwischen 6 und 19 Uhr von Changuinola ab (1,80 US$, 30 Min., alle 30 Min.). Auf der costa-ricanischen Seite fahren regelmäßig Busse weiter nach Puerto Limón und San José sowie zu anderen regionalen Zielen.

Der Grenzübergang, an dem es am ruhigsten ist, ist der bei **Río Sereno** (🕑 Mo–Sa 9–17, So 9–15 Uhr). Er liegt 47 km westlich von Volcán. Busse zur Grenze fahren in David ab und passieren La Concepción, Volcán und Santa Clara (4 US$, 3 Std., alle 30 Min.). Auf der costa-ricanischen Seite geht es mit einem Bus oder Taxi in 15 Minuten nach San Vito, von wo aus Busse zu weiteren regionalen Zielen fahren.

Wer nach Costa Rica einreist, muss möglicherweise ein Weiterreiseticket vorweisen können. Wenn man keines hat, reicht auch eine Busfahrkarte zurück nach Panama. In Costa Rica müssen die Uhren eine Stunde zurückgestellt werden – Öffnungszeiten sind hier in panamaischer Zeit angegeben.

Wer in die andere Richtung über die Grenze will, der kann sich auf S. 695 und S. 643 bezüglich der Modalitäten schlau machen.

PUNTA BURICA

Diese üppig grüne Halbinsel, die in den Pazifik hineinragt, zeigt die Schönheit des Regenwaldes und der Küste auf Herrlichste. **Mono Feliz** (☎ 6595-0388; monofeliz@gmail.com; Hütte 22 US$/Pers., Stellplatz 10 US$/Pers.; P) bietet Besuchern die Gelegenheit, diese unberührte Schönheit der Natur zu genießen. Wildtiere gibt es hier en masse – Mono Feliz (glücklicher Affe) heißt nämlich nicht ohne Grund so.

Zu den Einrichtungen zählen drei freistehende Hütten – zwei im Garten und eine am Strand. Es gibt auch einen großen Pool (von kühlem Quellwasser gespeist; zuweilen kommen auch Affen dorthin), Süßwasserduschen und eine Küche im Freien für die Gäste. Wer lieber nicht selbst kocht, bekommt für 30 US$ zusätzlich pro Tag drei hausgemachte Mahlzeiten, von frischem Fisch der Saison bis hin zu Muscheln und Hummer, wenn vorhanden (einzelne Mahlzeiten gibt es für 8–12 US$). Über den Betten hängen Moskitonetze. Man kann auch am Strand campen (die eigene Ausrüstung mitbringen) und hat dabei Zugang zum Pool und zu den Waschräumen.

Der freundliche amerikanische Besitzer Juancho bietet viele Aktivitäten an, darunter Wanderungen durch die Natur (der Ausflug zur **Isla Burica** bei Ebbe ist ein Highlight), angeln, Vogelbeobachtung, surfen (einige Bretter stehen zur Verfügung) und reiten. Für Gäste, die sich richtig entspannen möchten, gibt es Heilmassagen und Yoga. Alle Aktivitäten außer dem Reiten (zzgl. 10 US$ Gebühr für den Reitlehrer) sind kostenlos. Juancho spricht Englisch, Französisch und Spanisch.

Da das Mono Feliz so abgeschieden liegt, ist es nicht leicht zu erreichen. Erst muss man zu dem kleinen Küstenort Puerto Armuelles gelangen. Von David fahren alle 15 Minuten Busse nach Puerto Armuelles (3 US$, 2½ Std.). Man sollte zusehen, spätestens um 12 Uhr in Puerto Armuelles anzukommen.

Der Bus lässt seine Passagiere am *mercao municipal* raus, und von dort geht es mit dem Truck nach Bella Vista. Dann läuft man ungefähr eine Stunde bergab zum Mono Feliz. Wer will, kann auch am El Medio aussteigen, dem letzten Halt, bevor die Trucks ins Landesinnere nach Bella Vista fahren. Vom El Medio läuft man noch eine Stunde am Strand entlang. Das Mono Feliz liegt direkt vor der Isla Burica.

Wer von Puerto Armuelles abgeholt werden möchte, der wendet sich an den Spanisch sprechenden **Tonio** (☎ 6662-9533, 6584-8456; einfache Strecke 10 US$/Pers.) oder an **Otto** (☎ 6595-0388). Wenn das Wetter mitspielt, kann einer von beiden Traveller direkt nach Mono Feliz bringen.

PLAYA LAS LAJAS

Playa Las Lajas ist einer der vielen langen, palmengesäumten Sandstrände an diesem Abschnitt der Pazifikküste. Er liegt 51 km östlich von David und 26 km südlich der Interamericana. Am Wochenende ist er grundsätzlich rappelvoll, werktags ist dagegen so gut wie nichts los.

Die vielen Strandspaziergänger am Wochenende übernachten bevorzugt in den **Las Lajas Beach Cabins** (☎ 720-2430, 618-7723; Stellplatz 10 US$/3 Pers.; Zi. od. Hütte für 2/3 Pers. 20/30 US$). Die neun einfachen *cabanãs* stehen direkt am Strand, nur einen Muschelwurf vom Wasser entfernt. Die Gemeinschaftsbäder befinden sich in einem Betonbau nebenan. In einem weiteren Betongebäude sind sechs Zimmer untergebracht, die alle keinen Ventilator haben und dringend geputzt werden müssten.

Das gemütliche, stilvolle **Las Lajas Beach Resort** (☎ 832-5463; www.laslajasbeachresort.com; DZ/Suite 99/150 US$; Okt. geschl.;) ist dagegen der pure Luxus. Die Zimmer sind makellos sauber, die Betten mit bestickten *molas* bedeckt, und der Swimmingpool scheint geradewegs ins Meer überzugehen. Im Restaurant dürfen auch Nicht-Hotelgäste das amerikanische Frühstück oder einen der riesigen Cheeseburger genießen.

Dort, wo die Straße am Strand endet, serviert **La Estrella del Pacifico** (Hauptgerichte 4 US$) einfache Fischgerichte zu einem sagenhaften Blick aufs Meer.

Um nach Las Lajas zu kommen, nimmt man einen Bus, der von David (2,25 US$, 90 Min.) auf der Interamericana bis zur Abzweigung nach Las Lajas fährt. Von dort fahren Taxis (5 US$) weiter bis zum Ende der Straße. Dann geht man nach rechts den Strand entlang und steht nach weiteren 1,5 km vor den Hütten.

BOQUETE

5000 Ew.

Boquete ist nicht nur für seinen guten Kaffee bekannt: Das stets kühle, erfrischende Klima und die unberührte Berglandschaft werden von allen Panamaern geschätzt. In dem fruchtbaren Hochland gedeihen Kaffee, Blumen, Gemüse und Zitrusfrüchte gleichermaßen gut. Die überwältigende Freundlichkeit der Menschen von Boquete scheint auf die Besucher abzufärben.

Eigentlich war man in Boquete fest entschlossen, ein kleines Dorf zu bleiben, aber der Ort wurde von einer unkontrollierbaren Entwicklung überrollt: Die Generation der Babyboomer kommt allmählich ins Rentenalter. Nachdem die Zeitschrift *Modern Maturity* der American Association for Retired Persons (AARP) vor zehn Jahren Boquete zu einem der vier besten Altersruhesitze weltweit erkoren hatte, sicherten sich Massen von ausländischen Pensionären ihr Berggrundstück. Heute beherrschen bewachte Wohnanlagen die Berghänge von Boquete, und das Gesicht des Dorfes verändert sich zusehends.

Für Outdoor-Freaks ist Boquete aber nach wie vor eines der Topreiseziele. Hier kann man wandern, klettern, raften, Kaffeeplantagen besuchen, in Thermalquellen baden, Spanisch lernen oder sich durch die Baumwipfel schwingen. Für einen guten Start in den Tag sorgt ein Glas frischgepresster Orangensaft oder ein starker Kaffee aus hiesigem Anbau.

Orientierung & Praktische Informationen

Das Zentrum von Boquete besteht nur aus ein paar Straßenblocks. Die Hauptstraße ist die Av Central, die von David aus in Richtung Norden den Ort durchquert. Sie führt am westlichen Rand der Plaza und der Kirche vorbei, bevor sie sich dann den Berg hinaufwindet.

ATP (8–17.30 Uhr) Das Büro befindet sich etwa 1,5 km südlich von Boquete auf einem Felsvorsprung hoch über der Stadt. Hier gibt's guten Kotowa-Kaffee, Karten, Broschüren und Informationen über die Sehenswürdigkeiten der Region. Eine Ausstellung im 2. Stock erläutert die Geschichte der Gegend (auf Spanisch).

Banco Nacional de Panama (Av Central) Der Geldautomat steht rund um die Uhr zu Verfügung.

Centro Medico San Juan Bautista (☎ 720-1881)

Global Bank (Av Central)

Internet Kelnix (Av Central, 0,75 US$/Std., Mo–Sa 8–23, So 10–23 Uhr)

Post (Mo–Fr 7–18, Sa 7–17 Uhr)

Sehenswertes

KAFFEEPLANTAGEN

Ein Boquete-Trip ist nicht komplett, wenn man sich nicht in die Geheimnisse der perfekten Kaffeemischung hat einweihen lassen.

Die Plantage von **Café Ruíz** (☎ 720-1392; www.caferuiz.com; 3-stündige Tour 30 US$), dem berühmtesten Kaffeeunternehmen Panamas, das u. a. den preisgekrönten Gesha-Kaffee herstellt, befindet sich an der Hauptstraße, etwa 600 m nördlich des Stadtzentrums. Zur Tour gehören auch die Fahrt zu einer Kaffeefarm in der Nähe und ein Vortrag über die Geschichte des Kaffees in Boquete sowie die Besichtigung einer Rösterei und eine Kaffeeverkostung. Die Touren beginnen täglich außer sonn- und feiertags um 9 Uhr. Im Voraus zu reservieren, ist unbedingt erforderlich.

Kotowa Coffee Estate (☎ 720-1430; 2½-stündige Führung 28 US$) produziert Kaffee für Feinschmecker und bietet die umfassendste Kaffee-Tour in der Gegend an. Man lernt die ganze Geschichte des Unternehmens kennen, besichtigt alle Produktionsstätten und Aufbereitungsanlagen und verkostet natürlich auch die diversen Kaffeesorten. Besucher müssen sich einen Tag im Voraus bei der Plantage anmelden. Kotowa-Kaffee schenken auch die Touristeninformationen der ATP aus.

GÄRTEN & ZOOS

Mi Jardín es Su Jardín (Eintritt frei; Sonnenaufgang-Sonnenuntergang), am Berg oberhalb von Café Ruíz, ist ein zauberhafter Park rund um einen luxuriösen Landsitz. Das Haus ist in Privatbesitz und kann nicht besichtigt werden, aber der Park steht Besuchern offen.

El Explorador (☎ 775-2643; Calle Jarmillo Alto; Eintritt 3 US$; Mitte Dez.–Mitte April tgl. 10–18 Uhr, Mitte April–Mitte Dez. Sa & So 10–18 Uhr) ist ein privater Garten in einer hügeligen Landschaft, etwa 45 Gehminuten vom Stadtzentrum entfernt. Mit jeder Menge bizarren Hinguckern und schrägen Ausstellungsstücken erinnert er stark an *Alice im Wunderland*.

In Zusammenarbeit mit der Umweltschutzbehörde ANAM kümmert sich das Familienunternehmen **Paradise Gardens** (☎ 6615-6618; www.paradisegardenspanama.com; Calle Volcancito Principal; Eintritt gegen Spende von 5 US$; Do–Di 10–16 Uhr) um beschlagnahmte, verwaiste und ausgesetzte Vögel, Faultiere, Affen, Ameisenbären und die üblichen Katzen. Die Tiere leben in großen Gehegen und werden gut gepflegt. Schon allein die landschaftlich schöne Anlage ist den Besuch wert. Außerdem bekommt man hier äußerst lehrreiches Informationsmaterial auf Spanisch und Englisch. Der Zoo befindet sich ein paar Kilometer vor Boquete, an der Straße nach Volcanito.

THERMALQUELLEN

Boquete ist ein guter Ausgangspunkt, um in die noch unerschlossenen Thermalquellen von **Los Pozos de Caldera** (Eintritt 2 US$; Sonnenaufgang–Sonnenuntergang) abzutauchen, die angeblich heilende Wirkung haben sollen. Die Hin- und Rückfahrt mit einem Taxi von Boquete zu den Quellen sollte nicht mehr als 30 US$ kosten. Alle zwei Stunden fährt auch ein Bus vom Stadtzentrum nach Caldera (1,45 US$). Von dort geht es zu Fuß weiter (genaue Infos gibt's im Hotel).

Aktivitäten

FREIWILLIGENARBEIT

Wer während seiner Zentralamerikareise den Kids vor Ort die neuesten Fußballtricks beibringen oder seine soeben erworbenen Spanischkenntnisse beim Vorlesen zum Besten geben will, meldet sich bei **Global Humanitarian Adventures** (GHA; in den USA 1-877-442-4255, in Boquete 6907-0781; www.gogha.org; Av Central, Plaza Los Establos; Mo–Fr 8–16, Sa 8–12 Uhr). Das Projekt des Roten Kreuzes bietet Travellern eine Reihe toller Möglichkeiten, sich nützlich zu machen.

Freiwillige Helfer werden im Umweltschutz, Erziehungswesen und in vielen anderen Bereichen benötigt. GHA findet jeweils den zu den individuellen Fähigkeiten und Interessen passenden Job. Die Vermittlung ist kostenlos, Spanischkenntnisse sind nicht erforderlich und es gibt keinen Mindestaufenthalt. Das Büro teilt sich GHA mit Boquete Outdoor Adventures.

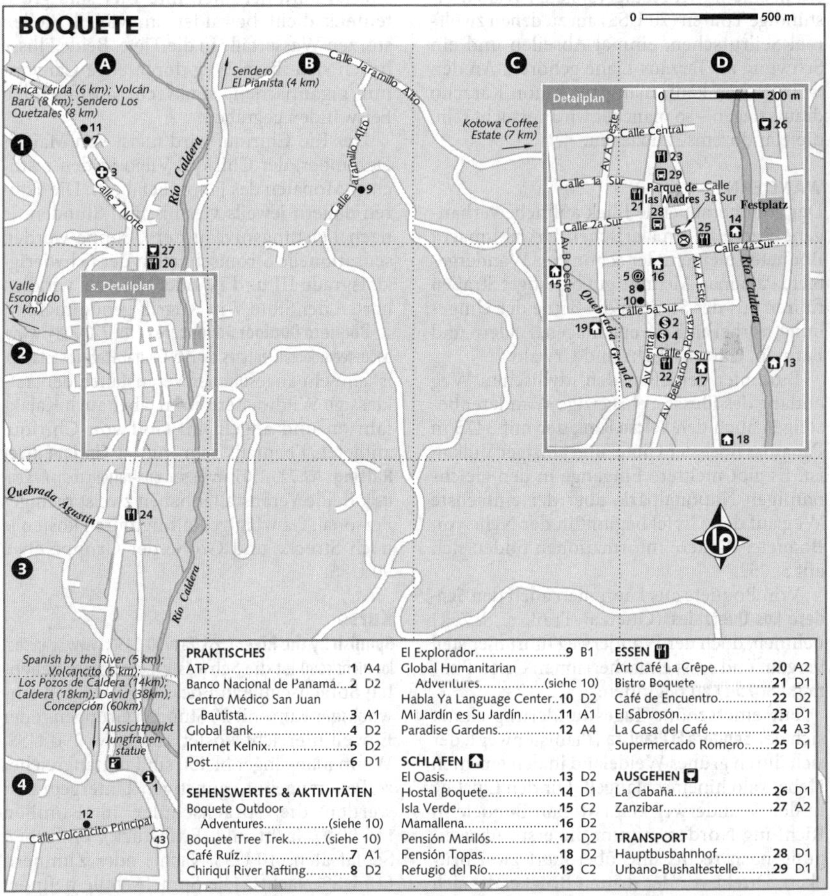

CANOPYING

Während es sie in Costa Rica bereits wie Sand am Meer gibt, sind Seilrutschen in Panama noch relativ neu im touristischen Angebot. Wer's noch nicht weiß: Bei einer solchen Tour schwingen sich die Teilnehmer an Stahlseilen von einer Plattform zur nächsten, wobei die Plattformen in den Wipfeln meterhoher Bäume installiert sind. Die Idee stammt ursprünglich von Biologen aus Costa Rica, die damit die Baumkronen im Regenwald erforschen wollten. Heute dienen die Touren in erster Linie dazu, Gringos den ultimativen (und umweltschonenden) Kick zu verschaffen.

Für alle, die es wagen wollen, bietet **Boquete Tree Trek** (☎ 720-1635, 6450-2599; www.aventurist.com; Av Central, Plaza Los Establos; 7.30–12.15 & 13.15–16.30 Uhr) in einem wiederaufgeforsteten Wald dreistündige Touren (70 US$) an, zu denen zwölfmal Seilrutschen, einmal Abseilen und ein Schwung an Tarzans Liane gehören. An den Seilrutschen kann man ganz schön Karacho draufkriegen – so mancher wird versucht sein, die Handbremse zu ziehen.

WANDERN

Der atemberaubende Blick auf nebelverhangene Berge und malerischen Urwald macht Boquete zu einem der schönsten Wandergebiete Panamas. Mehrere gut befestigte Straßen führen aus der Stadt in die Berge der Umgebung, vorbei an Kaffeeplantagen, Feldern und Farmen, Gärten, Parks und Urwald.

Bummler genießen den idyllischen Weg entlang des Flusses, ehrgeizige Wanderer besteigen auch den **Volcán Barú**, der mit 3475 m Panamas höchster Gipfel und einziger Vulkan ist. Es gibt mehrere Eingänge in den gleichnamigen Nationalpark, aber der einfachste Weg auf den Gipfel beginnt in der Nähe von Boquete. Weitere Informationen finden sich auf S. 752.

Von Boquete aus kann man auch den **Sendero Los Quetzales** (Quetzal-Trail, s. S. 752) nehmen, doch der Wanderweg führt hier steil bergauf und es ist einfacher, ihn in Cerro Punta (s. S. 751) zu beginnen.

Für eine schöne Tageswanderung eignet sich der **Sendero El Pianista** (Pianistenweg), der sich durch grünes Weideland in den feuchten Nebelwald hineinschlängelt. Für den Einstieg in den Wanderweg verlässt man Boquete in Richtung Norden, nimmt die erste Abzweigung nach rechts und überquert zwei Brücken. Direkt vor der dritten Brücke, die sich etwa 4 km außerhalb der Stadt befindet, geht links ein Pfad zwischen ein paar Gebäuden ab. Nach 200 m muss man durch einen kleinen Fluss waten, aber danach geht es 2 km lang bequem weiter und nur ganz leicht bergauf, bevor der Weg wieder steiler und enger wird. Er führt jetzt immer tiefer in den Wald hinein, aber man kann jederzeit umdrehen und zurückgehen.

WILDWASSERRAFTING

Wer das Abenteuer sucht, muss unbedingt eine der tollen Wildwasserraftingtouren machen, die eine zweistündige Autofahrt von Boquete entfernt angeboten werden. Die Flüsse Río Chiriquí und Río Chiriquí Viejo fließen beide von den fruchtbaren Hängen des Volcán Barú herunter. Ihre Ufer sind größtenteils dicht bewaldet, an vielen Stellen stürzen Wasserfälle in die Tiefe. Beide Flüsse haben sich ihren Weg durch enge Canyons mit gigantischen, senkrecht aufragenden Felswänden gegraben.

Der Río Chiriquí wird meist von Mai bis Dezember, der Chiriquí Viejo in den restlichen Monaten des Jahres befahren. Die Touren dauern jeweils vier bis fünf Stunden. Je nach Leistungsniveau der Gruppe werden sensationelle Stromschnellen der Schwierigkeitsgrade III und IV oder aber die wirklich harten der Stufe V in Angriff genommen.

Boquete Outdoor Adventures (☎ 720-2284; www.boqueteoutdooradventures.com; Av Central, Plaza Los Establos) ist ein sehr angesehener Veranstalter, der erstklassige Wildwassertouren, aber auch Kajakfahrten und angeln im Golf von Chiriquí anbietet. Ebenfalls sehr gut ist **Chiriquí River Rafting** (☎ 720-1505; www.panama-rafting.com; Av Central). Beide Veranstalter haben zweisprachiges Personal. Ganztägige Raftingtouren kosten je nach Strecke und Größe der Gruppe etwa 90 US$.

Kurse

Spanish by the River (☎/Fax 720-3456; www.spanishatlocations.com) ist die Schwesterschule der beliebten Sprachschule in Bocas del Toro. Ein einwöchiger Kurs mit 20 Stunden Gruppen- oder Einzelunterricht kostet 150 bzw. 290 US$. Wenn man länger bleibt, sind umfangreichere Paketangebote günstiger. Untergebracht werden die Sprachschüler in Familien (15 US$/Nacht inkl. Frühstück), einfachen Schlafsälen (10 US$/Nacht) oder Zimmern (15 US$/Nacht). Die Sprachschule befindet

PANAMA

sich 5 km südlich von Boquete, in der Nähe der Abzweigung nach Palmira.

Die von Lesern empfohlene Sprachschule **Habla Ya Language Center** (☎ 720-1294; www.hablayapanama.com; Central Av, Plaza Los Establos; ⏰ Mo–Fr 8–18, Sa 9–12 Uhr) bietet ebenfalls Gruppen- und Einzelunterricht an. Hier kostet eine Woche mit 20 Stunden Gruppen- oder Einzelunterricht 225 bzw. 295 US$.

Beide Sprachschulen veranstalten auch Touren und vermitteln Stellen für Freiwilligenarbeit.

Festivals & Events

Jedes Jahr im Januar feiert die Stadt zehn Tage lang die **Feria de las Flores y del Café** (Blumen- & Kaffeefest). Nicht minder beliebt ist die **Feria de Las Orquideas** (Orchideenfest), die immer im April stattfindet.

Schlafen

Wegen der kühlen Temperaturen haben praktischerweise alle Unterkünfte in Boquete Duschen mit Warmwasseranschluss.

Pensión Mariló (☎ 720-1380; marilos66@hotmail.com; Ecke Av A Este & Calle 6 Sur; EZ/DZ ohne Bad 7/10 US$, DZ 16 US$; Ⓟ) Die Pension mit dem Charme eines verwohnten Familienhauses bietet ein bißchen Ruhe und Frieden zum günstigen Preis. Die gemütlichen Zimmer sind mit allerlei Schnickschnack und Krimskrams eingerichtet und erinnern schwer an das Gästezimmer bei Oma. WLAN ist in Arbeit.

Pensión Topas (☎ 720-1005; www.pension-topas.com; Av Belisario Porras; EZ/DZ ohne Bad 10/12 US$, EZ/DZ/3BZ 22/32/36 US$; Ⓟ) Angenehmes Haus unter deutscher Leitung, das rund um einen biologisch bewirtschafteten Garten mit Swimmingpool herum angelegt wurde. Die Zimmer sind sauber, die Wände schmücken die Comic-Figuren Tim und Struppi. Der schattige Innenhof gehört zum großzügigen Gemeinschaftsbereich, wo es auch eine solarbeheizte Außendusche gibt und man Tischfußball und Volleyball spielen kann.

Refugio del Río (☎ 720-2088; www.refugiodelrio.com; B/DZ/3BZ 10/25/35 US$; Ⓟ) Großes, gut geführtes Hostel mit gemütlicher Atmosphäre, das sich von den sonst üblichen Budgetunterkünften deutlich abhebt. Die weitläufigen Räume mit hohen Decken und schöner Hartholztäfelung sind angenehm und gut möbliert. In den Schlafsälen stehen statt öden Stockbetten Einzelbetten mit kuscheligen Überwürfen. An den gepflegten Rasen grenzt ein kleiner Bach, dessen Plätschern Traveller in einen süßen Schlaf lullt.

Mamallena (☎ 730-8342; www.mamallenaboquete.com; Av Central; B inkl. Frühstück 11 US$, DZ mit/ohne Bad 33/28 US$; Ⓟ) Das Gästehaus an der zentralen Plaza, in dem alles knarrt und quietscht, hat sich zum Mittelpunkt der Backpacker-Szene entwickelt. Es wurde frisch gestrichen, und die Benutzung der Fahrräder ist kostenlos, ebenso wie das Frühstück mit Pfannkuchen. Die Schlafsäle sind ziemlich klein, die Zimmer werden gerade modernisiert. Alles in allem ist das Haus nichts Besonderes, aber der Service ist gut und man bekommt viele Informationen über die Gegend.

Hostal Boquete (☎ 720-2573; Calle 4a Sur; B 12 US$, DZ/3BZ 33/43 US$, DZ/3BZ mit Flussblick 38/48 US$; Ⓟ) Das Hostel mit Blick auf den Río Caldera ist ebenso schön wie das Personal aufmerksam. Hier machen Budgetreisende ein richtig gutes Schnäppchen, nicht zuletzt wegen des äußerst zuvorkommenden amerikanischen Besitzers David. Die Zimmer sind zwar einfach und funktional, haben aber teilweise Balkons mit Blick auf den Fluss. Das hauseigene Restaurant ist ganz ordentlich. Und es werden Motorroller vermietet.

El Oasis (☎ 720-1586; www.oasisboquete.com; Calle de la Feria; DZ mit/ohne Flussblick 55/50 US$, Suite 75–120 US$; Ⓟ) Das frische, moderne, preiswerte Hotel befindet sich am anderen Flussufer gegenüber von Boquete. Es ist ideal für Paare oder Gruppen. Das Restaurant im Garten serviert Sättigendes zu vernünftigen Preisen (6–12 US$). Das Angebot reicht von geräucherter Forelle mit Roquefort-Käse über Lamm in Rosmarin bis hin zu Nudelgerichten. Das Frühstück ist im Preis einbegriffen.

Isla Verde (☎ 720-2533; islaverde@cwpanama.net; Av B Oeste; DZ/Suite 80/100 US$, Hütte ab 100 US$; Ⓟ) Die hübschen, zweistöckigen „Alpen"-Hütten, die in einem herrlich üppigen Garten direkt am Fluss stehen, haben luxuriöse Matratzen, gewölbte Decken, voll ausgestattete Küchen und geräumige Badezimmer. Sie sind vermutlich die besten Quartiere der Stadt, denn auch der Service ist schnell und professionell. Außerdem kann man sich von qualifizierten Masseuren durchkneten lassen. Pro zusätzliche Person kommen 20 US$ (10 US$/Kind) zum Hüttenpreis dazu.

Essen & Ausgehen

Supermercado Romero (Av A Este; ⏰ 24 Std.) Der Supermarkt befindet sich einen Block östlich

PANAMA

der Plaza und hat hier das beste Lebensmittelsortiment.

La Casa del Café (Av Central; Kaffee 1,50 US$; 8–20 Uhr) Der winzige Laden direkt vor der Texaco-Tankstelle bietet als einziger in der Stadt 20 bis 40 verschiedene Sorten und Marken von Kaffee sowie verschiedene Sandwiches und Frappés an.

El Sabrosón (Av Central; Hauptgerichte 2–3 US$) Diese extrem beliebte lokale Institution im Stil einer Cafeteria serviert günstige, sättigende panamaische Küche.

LP Tipp **Café de Encuentro** (Calle 6 Sur; Frühstück 6 US$; 7–24 Uhr) Das kleine Familienrestaurant, das sich in einem umgebauten Carport mit Garten befindet, ist ein echter Geheimtipp. Das Angebot reicht von panamaischen Gerichten über Pfannkuchen bis hin zu gebratenem Schinkenspeck. Einsame Spitze sind die Eier in warmer *ranchera*-Sauce. Kein Wunder, dass die Leute hier Schlange stehen!

Art Café La Crêpe (Av Central; Hauptgerichte 6–13 US$; Di–So 11–21 Uhr) Frisches, fröhliches Café, in dem es die namensgebenden Crêpes in allerlei köstlichen Variationen gibt. Mittags gibt's ein Tagesessen inklusive Vorspeise und Nachtisch für 12 US$. Am Wochenende wird hier gebruncht.

Boquete Bistro (Av Central; Hauptgerichte 10–12 US$; 11–22 Uhr) Anständiges Essen für wählerische Traveller, aber der Service ist extrem lahm. Weniger Hungrige werden für weniger Geld auch mit einer Vorspeise wie Rindergeschnetzeltem oder einem bunten Salatteller satt. Merkwürdige Eigenheit: Die Burger werden durchweg mit englischen Muffins als „Unterlage" zubereitet.

Zanzibar (Av Central) Einfache Jazzkneipe, in der Einheimische und Touristen gemeinsam die Sorgen vergessen. Am Wochenende ist die Chance, Livemusik zu hören, am größten, dafür findet sich werktags meistens ein freundlicher Gesprächspartner am Tresen. Von 17 bis 19 Uhr ist Happy Hour.

La Cabaña (Calle de la Feria; Eintritt 2 US$; Fr & Sa 19–2 Uhr) Die einzige Disko in Boquete befindet sich direkt am Fluss und bietet das Übliche: DJs, Reggaetón, junges Publikum und jede Menge Cola-Rum.

Anreise & Unterwegs vor Ort

Von 6 bis 21.30 Uhr starten vom Busbahnhof in David regelmäßig Busse nach Boquete (1,50 US$, 1 Std., alle 30 Min.). In Boquete fahren die Busse nach David am nördlichen Ende der Plaza ab (alle 30 Min., 5–18.30 Uhr). Ein Taxi von David nach Boquete kostet etwa 18 US$.

Im kleinen Ort Boquete ist alles gut zu Fuß zu erreichen und auch die Umgebung lässt sich am besten auf Schusters Rappen erkunden. Die Fahrt mit einem der Stadtbusse *(urbano)*, die sich die Berge hochquälen, kostet 0,50 US$. Sie fahren an der Hauptstraße ab, einen Block nördlich der Plaza. Eine Taxifahrt zu den meisten Zielen in der Stadt kostet zwischen 1 und 2 US$.

Motorroller oder Fahrräder können für 3 US$ pro Stunde bei Mamallena (S. 729) oder Boquete Tree Trek (S. 750) ausgeliehen werden.

PARQUE NACIONAL VOLCÁN BARÚ

Der 143 km² große Nationalpark breitet sich rund um den Volcán Barú aus, den einzigen Vulkan Panamas, der zugleich das geografische Wahrzeichen der Provinz Chiriquí ist. Der Vulkan ist nicht mehr aktiv – zumindest wurden schon lange keine Ausbrüche mehr registriert. Dabei hat er nicht nur einen, sondern gleich sieben Krater. Mit 3475 m ist er zudem die höchste Erhebung Panamas. An klaren Tagen kann man von seinem Gipfel die Küsten des Pazifiks und der Karibik sehen.

Im Nationalpark verläuft auch der Sendero Los Quetzales, einer der landschaftlich reizvollsten Wanderwege im ganzen Land. Er führt durch den Lebensraum des namensgebenden Quetzal und von mehr als 250 weiteren Vogelarten sowie von Pumas, Tapiren und dem *conejo pintado*, einem gefleckten, waschbärähnlichen Tierchen.

Leider wurde der Weg durch Erdrutsche 2009 sehr stark beschädigt. Bis zu seiner Wiederaufbereitung sollte er besser nur zusammen mit einem Führer begangen werden, der sich in dem unwegsamen Gelände auskennt. Vor dem Start die Parkwächter nach dem Zustand des Weges fragen!

Praktische Informationen

Der Eintritt zum Park (5 US$) ist entweder an den Startpunkten der Wanderwege, die auf den Gipfel des Vulkans hinaufführen, oder in der Rangerstation am Ausgangspunkt des Sendero Los Quetzales in Cerro Punta zu bezahlen.

Die beste Zeit für einen Besuch des Nationalparks ist die Trockenzeit und dann frühmorgens, wenn die Tiere am aktivsten sind.

Nachts können die Temperaturen unter den Gefrierpunkt absinken, tagsüber und insbesondere morgens ist es oft recht kalt und windig – also warm anziehen!

Sehenswertes & Aktivitäten

VOLCÁN BARÚ

Östlich und westlich des Vulkans gibt es Eingänge zum Nationalpark, von denen aus man zum Gipfel aufsteigen kann. Der Aufstieg ab Boquete im Osten ist am einfachsten, aber auch er ist eine anstrengende, 14 km lange Bergwanderung auf einem teilweise sehr steil ansteigenden Feldweg, der direkt beim Parkeingang, 8 km nordwestlich des Stadtzentrums von Boquete, beginnt. Wenn man mit einem Taxi oder eigenen Auto so weit wie möglich hinauffährt und den Rest des Weges zu Fuß geht, dauert es vom Parkeingang bis zum Gipfel etwa fünf oder sechs Stunden. Für den Fußmarsch von Boquete aus sollte man nochmals zwei bis drei Stunden – für die einfache Strecke – rechnen. Daher ist es am besten, zumindest einmal auf dem Berg zu übernachten – allerdings mit der entsprechenden Ausrüstung gegen die Kälte. Das hat auch noch den zusätzlichen Vorteil, dass man morgens den überwältigenden Blick vom Gipfel genießen kann.

Der zweite Parkeingang befindet sich am Ortsende von Volcán, an der Straße nach Cerro Punta. Kurz hinter der Hauptstraße zweigt eine holperige, nur mit Allradantrieb befahrbare Straße ab, die zum Fuß des Vulkans führt. Von diesem Parkeingang hat man einen grandiosen Blick auf die Krater und die umliegenden Gipfel. Ein schöner Rundwanderweg führt sowohl durch wieder aufgeforsteten als auch ursprünglich belassenen Urwald. Der Aufstieg von dieser Seite ist sehr steil und anspruchsvoll.

Sendero Los Quetzales

Der am besten ausgebaute Wanderweg im Nationalpark ist der landschaftlich äußerst reizvolle Sendero Los Quetzales (Quetzal-Trail). Der 8 km lange Weg von Cerro Punta nach Boquete, der immer wieder den Rió Caldera kreuzt, ist einer der schönsten Wanderwege in ganz Panama. Der Weg kann in beiden Richtungen abgelaufen werden, ist aber einfacher von Westen in Richtung Osten, denn Cerro Punta liegt fast 1000 m höher als Boquete, sodass es hier zum größten Teil bergab geht.

Aufgrund eines Erdrutsches ist der Weg aber teilweise nur schwer passierbar. An der Wiederherstellung wird zwar gearbeitet, doch bis alles wieder so ist, wie es sein soll, wird es wohl noch eine Weile dauern. Bevor man losläuft, sollte man sich unbedingt über den Zustand des Weges informieren und fragen, ob ein Führer erforderlich ist.

Im „Normalzustand" kann der Weg von Westen nach Osten in vier bis fünf Stunden bewältigt werden. Allerdings dauert es noch einmal ein paar Stunden, zum jeweiligen Start- und Endpunkt des Weges zu kommen. Die Fahrt mit einem Allrad-Taxi zum Startpunkt des Weges in Cerro Punta kostet 12 US$. Die Taxifahrer kennen die Gegend übrigens unter dem Namen „Respingo". Der Weg beginnt 5 km oberhalb der Hauptstraße und 2 km nach Ende der letzten befestigten Straße. Nach dem Endpunkt des Wanderweges sind es noch 8 km bis nach Boquete. Diese Strecke kann auch mit einem Taxi zurückgelegt werden.

Insgesamt ist der Weg etwa 23 km lang, sodass die gesamte Begehung auf jeden Fall gut geplant sein sollte.

In Boquete angekommen, übernachtet man entweder direkt im Ort oder fährt mit dem Bus nach David und weiter nach Cerro Punta. Allerdings fährt der letzte Bus nach Cerro Punta bereits um 18 Uhr in David ab. Wer nicht sein ganzes Gepäck mitschleppen will, lässt es in einem Hotel in David und nimmt nur das unbedingt Notwendige für die Wanderung mit, einschließlich etwas Bargeld, um in Boquete essen und eventuell übernachten zu können.

Schlafen

Campen (5 US$) ist im Park und entlang des Weges zum Vulkangipfel von Boquete aus möglich, ebenso entlang des Sendero Los Quetzales oder in der Rangerstation am Ausgangspunkt des Sendero Los Quetzales bei Cerro Punta.

An- & Weiterreise

Infos finden sich unter Volcán Barú (s. linke Spalte) und Sendero Los Quetzales (s. linke Spalte).

CERRO PUNTA

Die kleine Stadt auf 1800 m Höhe liegt inmitten einer landschaftlich reizvollen und äußerst fruchtbaren Region. Der Blick über das landwirtschaftlich genutzte Tal bis hin zu den Gipfeln des Parque Internacional La Amistad ist spektakulär. Doch die atemberaubende Landschaft allein ist nicht der Grund, warum so viele Reisende nach Cerro Punta kommen: Der Ort ist Ausgangspunkt des Sendero Los Quetzales und Zugang zum Parque Internacional La Amistad.

Das schlichte **Hotel Cerro Punta** (☎ 771-2020; hotelcer@hotmail.com; EZ/DZ 25/31 US$; P) bietet eine Reihe ziemlich heruntergekommener Zimmer mit giftgrünen Betonwänden. Wer auf dem Weg in einen der Nationalparks ist, sollte noch einmal eine heiße Dusche im eigenen Bad genießen – es wird für eine ganze Weile die letzte sein.

Von 5.30 bis 20 Uhr fährt alle 20 Minuten ein Bus von David nach Cerro Punta (3 US$, 2¼ Std.). Wer aus Costa Rica kommt, nimmt diesen Bus ab der Abzweigung von der Interamericana bei Concepción.

PARQUE INTERNACIONAL LA AMISTAD

Der 4070 km² große Nationalpark wurde von Panama und Costa Rica zusammen eingerichtet – daher der Name La Amistad (Freundschaft). In Panama erstreckt er sich über Teile der Provinzen Chiriquí und Bocas del Toro. Hier leben drei indigene Volksgruppen: die Teribe, die Bribrí und die Ngöbe-Buglé.

Außerdem ist der dichte Regenwald des grenzübergreifenden Parks auch nachweislich der Lebenraum von 90 Arten von Säugetieren wie dem Jaguar und dem Puma sowie von mehr als 300 Vogelarten, unter denen der farbenprächtige Quetzal und die Harpyie sind. Der größte Teil des Parks liegt hoch oben in der unzugänglichen Cordillera de Talamanca, aber für unerschrockene Traveller gibt es genügend Wanderwege und Campingmöglichkeiten.

Praktische Informationen

Den Eintritt in den **Nationalpark** (Eintritt 5 US$, Stellplatz 5 US$; ⏲ 8–16 Uhr) bezahlt man an einem der beiden Eingänge auf panamaischer Seite: Der eine ist in Las Nubes in der Nähe von Cerro Punta in Chiriquí, der andere bei Wekso in der Nähe von Changuinola in der Provinz Bocas del Toro. Zum Campen im Park braucht man eine Genehmigung, die in der Rangerstation ausgestellt wird.

Wer längere Zeit in Las Nubes bleiben will, sollte unbedingt eine warme Jacke mitbringen. Da dieser Teil des Nationalparks auf 2280 m Höhe liegt, ist es immer sehr kühl: Die Tagestemperatur beträgt normalerweise um die 24 °C, nachts zeigt die Quecksilbersäule aber oft nur noch 3 °C an.

Sehenswertes & Aktivitäten

LAS NUBES

Die Rangerstation von Las Nubes ist Ausgangspunkt für drei große Rundwanderwege: Der 3,4 km lange **Sendero La Cascada** (Wasserfall-Trail) führt an drei *miradors* (Aussichtspunkten) vorbei zu einem 45 m hohen Wasserfall mit hübschem Badebecken. Der **Sendero El Retoño** (Weg der Wiedergeburt) windet sich über 2,1 km durch wiederaufgeforsteten Urwald mit kleinen Bambuswäldchen und überquert dabei eine Reihe rustikaler Brücken. Der anstrengende, 8 km lange **Vereda La Montaña** (Bergweg) führt über den Gipfel des Cerro Picacho.

Der Parkeingang von Las Nubes ist etwa 7 km entfernt von Cerro Punta, wo ein Schild an der Hauptstraße die Abzweigung markiert. Die Straße ist zunächst befestigt, wird aber in der Nähe des Parks zu einer ausgefahrenen Lehmpiste, die nur noch mit Allradantrieb zu bewältigen ist. Ein Taxi ab Cerro Punta kostet 4 US$ für maximal zwei Personen und jeweils 2 US$ für weitere Mitfahrer.

WEKSO

Um nach Wekso zu kommen, fährt man mit dem Bus zunächst von Changuinola in das Dörfchen El Silencio (0,75 US$, 40 Min., alle 20 Min.) und tuckert dann mit einem Boot den Rió Teribe hinauf (45 Min.). Ein solches Boot für fünf Personen zu mieten, kostet etwa 60 bis 75 US$. Das **ANAM-Büro** (☎ 758-8967) in Changuinola kann den geplanten Besuch beim Bootsverleiher in El Silencio per Funk ankündigen, damit die Gäste am Flussufer in Empfang genommen werden.

Das Boot fährt an dicht mit Regenwald bedeckten Berghängen und unzähligen Wasserfällen vorbei, immer vor dem Hintergrund der grandiosen Cordillera de Talamanca. Nach gut 45 Minuten auf dem Fluss zeigt ein Schild am rechten Ufer, dass man in Wekso angekommen ist. Das Dorf liegt zwar schon außerhalb des Nationalparks, steht aber auch unter Naturschutz. Durch den Sekundär- und Primärwald, der ein wahres Paradies für Vogelbeobachter ist, führt ein 3,5 km langer Rundwanderweg. Im Fluss kann man baden, denn die Strömung ist zu stark für Krokodile.

Das heißt aber wiederum auch, dass man besser in der Nähe des Ufers bleiben sollte, wenn man nicht mitgerissen werden möchte.

Schlafen

Die Rangerstation in Las Nubes verfügt über einen **Schlafsaal** (B 12 US$) mit Stockbetten. Da diese Schlafplätze sehr beliebt sind, müssen sie im Voraus im Büro der ANAM in David (S. 742) reserviert werden. Den Gästen steht auch eine Küche zur Verfügung. Einkaufen muss man in Cerro Punta. Auch Bettzeug muss mitgebracht werden.

In Wekso gibt es ein von Naso-Indianern geführtes **Gästehaus** (Übernachtung 15 US$/Pers., 3 Mahlzeiten 13 US$). Die Erlöse, die die Mitglieder dieser Gemeinschaft erwirtschaften, kommen der ganzen Volksgruppe zugute. Die Zimmer sind sehr einfach, aber es gibt eine immer funktionierende Wasserversorgung, Toiletten mit Wasserspülung und eine Außendusche. Die Mitarbeiter bereiten auf Wunsch auch Mahlzeiten für die Gäste zu oder führen sie durch den Urwald und geben bereitwillig Auskunft über die Kultur und Geschichte der Naso-Indianer. In fünf Stunden kann man von Wekso in den Parque Internacional La Amistad wandern.

Verwaltet wird Wekso von **ODESEN** (Organisation for the Sustainable Development of Naso Ecotourism; ecoturismo_naso@yahoo.es; ☎ 6569-3869), einer Entwicklungsorganisation der örtlichen Gemeinde zur Förderung des Ökotourismus im Nationalpark bei gleichzeitiger Bewahrung der Kultur der Naso. Ansprechpartner der Organisation ist Raul Quintero.

An- & Weiterreise

Infos zur Anreise finden sich unter Las Nubes (S. 754) und Wekso (S. 754).

UNTERWEGS IN DIE PROVINZ BOCAS

Entlang der befestigten Straße, die von der Interamericana über die Cordillera Central nach Chiriquí Grande führt, das bereits in der Provinz Bocas del Toro liegt, befinden sich zwei herrliche Unterkünfte, die reichlich Entspannung, aber auch unglaubliche Wandermöglichkeiten bieten. Sie liegen hoch im Gebirge der Talamanca, etwa 41 km entfernt von der Interamericana.

Schlafen & Essen

LP Tipp **Lost & Found Lodge** (☎ 6432-8182; www.lostandfoundlodge.com; B/DZ ohne Bad 12/30 US$) Das Backpacker-Paradies in einer ehemaligen Jagdhütte mitten im Nebelwald wirkt wie ein utopischer Film über das Leben im Urwald. Die nur über einen Trampelpfad erreichbare Lodge klebt an einem steilen Berghang, sodass man von hier aus ein atemberaubendes Panorama hat. Neben Schlafsälen mit hohen Stockbetten gibt's auch Zimmer, die sehr einfach, aber sauber sind. Die Gemeinschaftsbäder, die wie Verkaufsbuden aussehen, sind in gutem Zustand. Die jungen Eigentümer aus Kanada planen alles bis ins Detail und organisieren Tischfußballturniere und knifflige Schatzsuchen, bei denen sie ihre Gäste auf der Jagd nach einer Flasche billigen Weins durch Flüsse und Labyrinthe scheuchen.

Lebensmittel muss man aber nicht in die Wildnis mitschleppen: In den Regalen der Freiluftküche stapeln sich die Grundzutaten zum Kochen, z. B. Pasta, Eier, Saucen und Gemüse. Wer keine Lust hat, selbst zu kochen, kann sich auch bekochen lassen. Außerdem gibt's jede Menge Aktivitäten zu günstigen Preisen. So können Gäste eine Biokaffeefarm besuchen oder die vielen Wanderwege erkunden (wobei die Wege der Finca La Suiza gebührenpflichtig sind). Die Lost & Found Lodge unterstützt auch die Dörfer in der Umgebung, denn sie bietet die von ihnen organisierten Touren an, beschäftigt einheimische Führer und vermittelt Freiwilligenarbeit auf Farmen, für Englischunterricht oder in der Gemeindehilfe. Wer ein bißchen Zeit hat, sollte sich unbedingt nach diesen Einsatzmöglichkeiten erkundigen.

Neben Rocky, dem hauseigenen Wickelbär, der in der Wildnis nicht mehr überleben könnte, fressen sich auch andere Tiere an den für sie ausgelegten Bananen satt. Diese Art der Wildtierfütterung, die leider im ganzen Land zu beobachten ist, sollte keinesfalls unterstützt werden.

In Anbetracht der abgeschiedenen Lage der Lodge ist es unbedingt erforderlich, einen Tag im Voraus per Telefon oder E-Mail zu buchen.

Finca La Suiza (☎ 6615-3774, in David 774-4030; afinis@chiriqui.com; EZ/DZ 55/66 US$; Mitte Sept.–Mitte Nov. geschl.) Das Gästehaus in den Bergen punktet mit 200 ha Nebelwald rundherum und einem der besten Ausblicke in ganz Panama. Die günstige Lodge hat nur drei Zimmer, die aber sauber und gemütlich sind und ein eigenes Bad mit Warmwasseranschluss haben. Durch die großen Panoramafenster sieht man an einem klaren Tag bis auf das glitzernde, blaue Wasser des Golfs von Chiriquí. Die engagierten und warmherzigen deutschen Besitzer bieten auch frisch zubereitetes Frühstück für 4 bis 7 US$ sowie Abendessen für 8 bis 16 US$ an.

Gut markierte Wanderwege führen kilometerweit durch ursprünglichen Urwald mit meterhohen Bäumen und Hunderten von Vogelarten. Immer wieder bieten sich spektakuläre Ausblicke auf das Waldschutzgebiet Forestal Fortuna, die Berge von Chiriquí und die Inseln im Pazifik. Weitere Highlights hier sind Wasserfälle mit Badebecken und herrliche Aussichtspunkte mit Blick über die Baumkronen. Es muss allerdings erwähnt werden, dass die Hunde der Besitzer nachts frei herumlaufen. Wer also frühmorgens Vögel beobachten will, sollte die Besitzer bitten, die Hunde dann an die Kette zu legen. Die Benutzung der Wanderwege kostet für Gäste 8 US$ – der Preis deckt dann die gesamte Aufenthaltsdauer ab –; Nichtgäste bezahlen 8 US$ pro Tag.

Die Besitzer sprechen Deutsch, Englisch und Spanisch. Da die Finca sehr abgelegen ist, reserviert man besser im Voraus. Die beste Zeit, um dort anzurufen, ist zwischen 19 und 21 Uhr.

An- & Weiterreise

Die Lost & Found Lodge unterhält einen Shuttle-Service nach David (30 US$), es ist aber auch möglich, mit dem öffentlichen Bus zu fahren (3 US$ ab David). Nach einer Stunde Fahrzeit mit dem Bus kommt zunächst ein gelbes Mauthäuschen und dahinter, bei Km 42, ein Schild mit der Aufschrift „You have found the lost paradise" in Sicht. Von hier aus sind es dann noch 15 Minuten zu Fuß auf einem ausgeschilderten Weg. Wer von der Provinz Bocas aus anreisen möchte, nimmt einen Bus ab Changuinola oder Almirante (um die 8 US$).

Um zur Finca La Suiza zu kommen, steigt man in David in einen Bus, der nach Changuinola fährt (stündl. ab 5 Uhr), und bittet den Fahrer, bei der Abzweigung anzuhalten. Kommt man von der Interamericana, zweigt die Straße zur Lodge direkt hinter der einzigen Tankstelle an der Straße rechts ab. Aus Richtung Norden kommend fährt man 1,3 km hinter der Mautstelle für Lastwagen links ab. Wer zur Lodge hinaufwandert, kann überflüssiges Gepäck beim Verwalter am Eingangstor deponieren.

BOCAS DEL TORO

Wo der Regenwald in Bananenplantagen übergeht und kleine Inseln im tiefblauen karibischen Meer liegen, erstreckt sich die Provinz Bocas del Toro, die all das hat, was man sich unter Tropen und Karibik so vorstellt. Der nur 32 km von der Grenze nach Costa Rica entfernte Archipiélago de Bocas del Toro besteht aus sechs dicht bewaldeten größeren Inseln, unzähligen, unbewohnten Inselchen und dem ältesten Meeresnationalpark Panamas, dem Parque Nacional Marino Isla Bastimentos. Die herrliche Landschaft und die teilweise noch vorhandene Ursprünglichkeit machen Bocas del Toro zu einem der bedeutendsten Touristenziele Panamas – insbesondere für diejenigen, die von Sonne und Meer nie genug bekommen.

Von hier werden aber auch die Chiquita-Bananen verschifft. Auf dem Festland erstreckt sich die panamaische Hälfte des grenzübergreifenden Parque Internacional La Amistad, durch den Großwildtiere wie der geschmeidige Jaguar schleichen. Neben den Völkern der Ngöbe und Buglé leben tief im Urwald die letzten Naso, die als einer der wenigen amerikanischen Volksstämme bis heute von einem Monarchen geführt werden.

Eigentlich kann kein Traveller von der perfekten Mischung aus Wasserspaß und Luxus unter Palmen enttäuscht sein. Leider ist das alles kein Geheimtipp mehr und die touristische Erschließung schreitet zügig voran. Mit dem Bauboom kamen die Bulldozer und knallharte Geschäftsinteressen, sodass sich die Einheimischen mittlerweile fragen, ob es sich lohnt, den Tourismus immer weiter auszubauen, solange die dafür erforderliche Infrastruktur fehlt.

ISLA COLÓN

So entspannt die Insel ist, so rasant entwickelt sie sich aber auch. Seit Mitte der 1990er-Jahren kaufen ausländische Investoren Land wie verrückt, um darauf Hotels, Restaurants und Eigentumswohnungen zu bauen. Dem typischen Karibikflair konnte das zum Glück noch nicht viel anhaben, und die Tatsache, dass es direkt am Strand keinen Pizza Hut gibt, beweist, dass die Entwicklung immer noch Jahre entfernt ist von der Situation, in der sich vergleichbare Ziele im benachbarten Costa Rica befinden.

AKTIVITÄTEN

Angeln

Am günstigsten kommen ehrgeizige Angler weg, wenn sie sich mit einem Wassertaxi zum Küstenangeln fahren lassen. Die Angelschnur ist zunächst etwas schwierig zu handhaben, aber man gewöhnt sich daran. Am besten fährt man frühmorgens raus, damit die Fische anbeißen. Die Preise sind Verhandlungssache.

Bootsausflüge

Zu den beliebtesten Touren in der Gegend gehören ganztägige Schnorchelausflüge. Sie sind bestens geeignet für alle, die nicht tauchen, aber trotzdem etwas von der artenreichen Unterwasserwelt sehen wollen. Bei einer solchen Tour, die 20 US$ pro Person kostet, schnorchelt man in der Dolphin Bay, vor Cayo Crawl, Red Frog Beach oder Hospital Point. Die Fahrt zu den weiter entfernten Cayos Zapatillas kostet 25 US$ zuzüglich 10 US$ für den Eintritt in den Meeresnationalpark. Dafür sind das Mittagessen, ein Sonnenbad am Strand und eine kurze Urwaldwanderung auf Cayo Zapatilla Sur im Preis inbegriffen.

Neben den auf S. 758 aufgeführten Tauchschulen ist auch **J&J Tours** (Karte S. 761; ☎ 757-9915; transparentetour@hotmail.com; Calle 3) als Veranstalter zu empfehlen.

Vieles, was sich „Tour" schimpft, ist in Wirklichkeit nicht viel mehr als die Bootsfahrt zu einem schönen Platz zum Schnorcheln. Wer eine eigene oder geliehene Schnorchelausrüstung mitbringt, kann sich auch von den einheimischen Bootsbesitzern in ihren kleinen, motorisierten Kanus herumschippern lassen. Immer vor der Abfahrt den Preis aushandeln!

Kajakfahren

Auch wenn der starke Bootsverkehr und die manchmal schwere See höchste Aufmerksamkeit erfordern, ist es eine tolle Sache, mit dem Seekajak zwischen den Inseln herumzupaddeln. Bocas Water Sports vermietet Kajaks für 3 US$ pro Stunde.

Radfahren

Mit einem Fahrrad ist man gleich viel mobiler, sei es auf der befestigten Straße nach Boca del Drago oder auf dem Feldweg zur Playa Bluff. Allerdings ist die Fahrradtour nach Boca del Drago ganz schön anstrengend, vor allem wenn die Sonne brennt. Wer sein Leistungsniveau nicht so genau kennt, sollte besser nach Punta Bluff radeln. Nach stärkerem Regen kann die Straße allerdings überflutet sein.

Segeln

Catamaran Sailing Adventures (Karte S. 761; ☎ 757-9710; www.bocassailing.com; Av Sur; Schnorchelausflug 40 US$) bietet äußerst beliebte Segeltörns zu erschwinglichen Preisen an. Tagsüber kann man schnorcheln, angeln und Delfine beobachten, nachts wird auf dem 14 m langen Katamaran geschlafen. Die Touren sind auch für Kinder geeignet.

Surfen

Während jenseits der Grenze in Puerto Viejo vom Kleinkind bis zum Greis alle zu surfen scheinen, entwickelt sich Bocas del Toro nur langsam zu einem international bekannten Surfspot. Dabei gibt es hier eine ausgezeichnete Mischung aus sanften Wellen für Anfänger, tollen Reefbreaks und einigen ernstzunehmenden Mörderwellen!

Infos zum Surfen an den Stränden der Inseln Bastimentos und Carenero finden sich auf S. 756 bzw. S. 765.

Für Surfanfänger, die sich in Riffwellen üben wollen, eignet sich **Playa Punch** mit seiner Mischung aus Right- und Lefthandern sehr gut. Natürlich kann es auch hier große, schwer zu reitende Brecher geben, aber im Allgemeinen gehören die Wellen am Strand von Punch zu den einfachsten der Gegend.

Direkt hinter der Playa Punch, an der Straße zur Playa Bluff, brechen sich am Strand tolle Reefbreaks, die **Dumps** genannt werden. Da sich die nach links laufenden Wellen bis zu 3 m hoch auftürmen können, sollten sie nur von erfahrenen Surfern geritten werden – die Gefahr, auf das Riff geschleudert zu werden, ist sehr groß. Es gibt auch einen Inner Break, den sogenannten **Inner Dumps**, der ebenfalls nach links verläuft, aber nicht ganz so gnadenlos ist wie der Bruder außen.

Achtung: Nicht aufs Riff treten, denn es ist scharfkantig und voller Seeigel! Neoprenschuhe anziehen! Passiert doch einmal etwas, muss die Wunde sofort gründlich desinfiziert werden. Auch wenn Salzwasser heilsam ist, Meerwasser ist es nicht, und schon gar nicht das warme Wasser der Karibik, das von quicklebendigen Bakterien nur so wimmelt.

Der bekannteste Surfspot der Insel ist **Playa Bluff**, wo kraftvolle, hohl brechende Wellen ins seichte Wasser entlang des Strandes krachen. Immer mal wieder splittert hier ein Brett (und gelegentlich auch ein Knochen). Auch wenn die Wellen schnell brechen, sind die Tubes einfach klasse, besonders bei starker Dünung.

Surfbretter kann man bei **Tropix Surf** (Karte S. 761; ☎ 757-9727; Calle 3; ⌚ 9–19 Uhr) oder Mondo Taitú (s. S. 762) leihen. Wer vor der Isla Bastimentos oder der Isla Carenero surfen will, muss ein Brett mitnehmen, denn auf beiden Inseln gibt es keinen einzigen Surfladen.

Tauchen & Schnorcheln

Das Wasser des Archipels von Bocas del Toro ist bekanntermaßen recht trübe, denn fast 40 Flüsse laden ihren Treibsand darin ab. Im günstigsten Fall beträgt die Sichtweite etwa 15 m. Wenn es aber einige Tage lang kräftig geregnet hat, sieht man vielleicht nur noch 3 m weit. Erfahrene Taucher, die das kristallklare Wasser der Karibik gewöhnt sind, dürften von Bocas enttäuscht sein, aber die Inselgruppe hat dennoch einiges zu bieten.

Im smaragdgrünen Wasser des Archipels tummeln sich Barrakudas, Stachelrochen, Delfine und Ammenhaie. Lohnende Tauchstellen in der Nähe sind das **Dark Wood Reef** nordwestlich der Insel Bastimentos, **Hospital Point**, eine gut 15 m hohe Wand vor Cayo Nancy, und die Gegend um die Boje von **Punta Juan** im Norden der Isla Cristóbal.

PANAMA

Tauchausflüge organisieren die beiden PADI-Tauchschulen **Starfleet Eco Adventures** (Karte S. 761; ☎ 757-9630; www.starfleetscuba.com; Calle 1A) und **Bocas Water Sports** (Karte S. 761; ☎ /Fax 757-9541; www.bocaswatersports.com; Calle 3). Ein Tauchgang mit Doppeltank kostet etwa 60 US$, eine Tagestour 70 US$. Neben PADI-Tauchkursen im offenen Meer für Fortgeschrittene bieten beide Tauchschulen auch Bootstouren mit Schnorchelausflügen an.

Wandern

Wer sich abseits der ausgetretenen Pfade bewegen möchte, findet ein dichtes Netz unmarkierter Pfade vor, die die ganze Insel überziehen. Einer der bekannteren Wege beginnt am Ende der Küstenstraße in Mimbi Timbi und führt die Küste entlang bis nach Boca del Drago. Die Wanderung dauert etwa sechs Stunden; man sollte vor Einbruch der Dunkelheit am Ziel sein. Unbedingt ausreichend Trinkwasser mitnehmen! Der Weg windet sich an kleinen und großen Höhlen vorbei durch einen dichten Urwald voller Schlingpflanzen. Mit einem Fahrrad ist man etwas schneller unterwegs, auch wenn man es über manche Strecken tragen muss, vor allem wenn es kurz zuvor geregnet hat.

Bocas del Toro

Auf der größten und am besten erschlossenen Insel des Archipels befindet sich die Provinzhauptstadt Bocas del Toro: eine farbenprächtige Stadt aus Holzhäusern, die Anfang des 20. Jhs. von der United Fruit Company erbaut wurden. Die heutigen Einwohner von Bocas sind eine lässig-entspannte Gemeinschaft von Karibikbewohnern, Latinos und Nordamerikanern, die sich hier niedergelassen haben. Die Stadt ist eine gute Ausgangsbasis, um den Meeresnationalpark zu erkunden, zu dessen abgeschiedenen Stränden und Schnorchelplätzen man mit den *taxis marinos* (Wassertaxis) kommt.

ORIENTIERUNG

Bocas del Toro ist schachbrettartig angelegt. Die meisten Hotels und Restaurants befinden sich in der Calle 3. Der Flughafen liegt an der Av E, vier Blocks von der Calle 3 entfernt.

Es verwirrt ein bisschen, dass die Stadt, die Provinz und der Archipel alle den Namen Bocas del Toro tragen. Noch verwirrender: Die Isla Colón und die Stadt Bocas del Toro werden auch als Bocas Isla bezeichnet. In Bocas regnet es sehr viel, auch in der Trockenzeit kann es über längere Zeit hinweg immer wieder regnen.

PRAKTISCHE INFORMATIONEN

Weitere Informationen über die Inseln gibt's auf der sehr nützlichen englischsprachigen Website www.bocas.com oder im monatlich erscheinenden, zweisprachigen Inselmagazin *The Bocas Breeze* (www.thebocasbreeze.com).

ANAM(Karte S. 761; ☎ 757-9442; Calle 1) Eigentlich nicht als Touristeninformation gedacht, aber das Personal kann Fragen zum Nationalpark und anderen Schutzgebieten beantworten. Wer in einem der Schutzgebiete campen will, muss sich im Büro der ANAM eine Erlaubnis besorgen.

Touristeninformation der ATP (Karte S. 761; ☎ 757-9642; ⌚ Mo–Fr 8.30–15.30 Uhr) Im Centro de Facilidades Turísticas e Interpretación (Cefati) an der östlichen Strandpromenade. Den Stadtplan in Farbe gibt's auf Englisch und Spanisch.

Banco Nacional de Panamá (Karte S. 761; Ecke Calle 4 & Av E; ⌚ Mo–Fr 8–14, Sa 8–12 Uhr) Löst Reiseschecks ein und hat einen rund um die Uhr zugänglichen Geldautomaten.

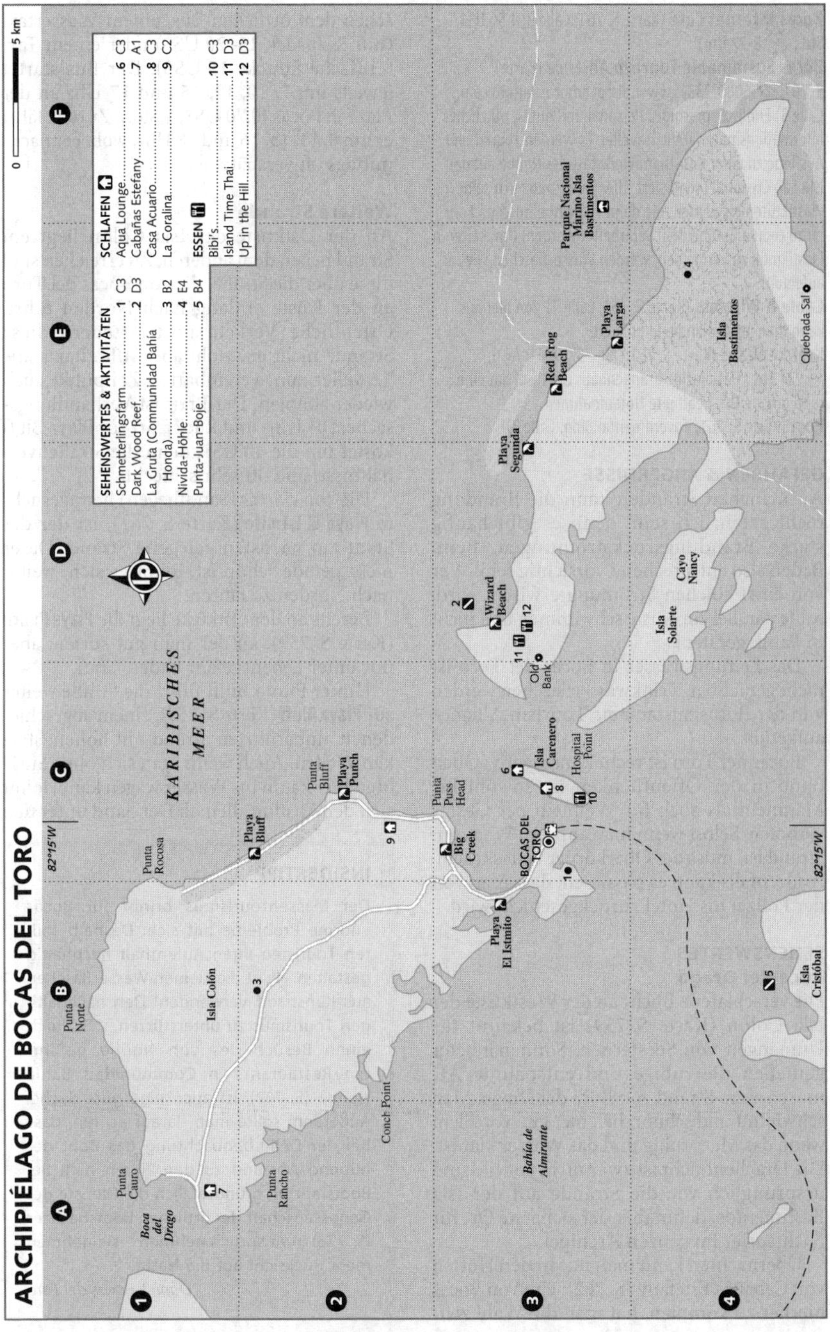
ARCHIPIÉLAGO DE BOCAS DEL TORO
0
5 km
SEHENSWERTES & AKTIVITÄTEN
Schmetterlingsfarm 1 C3
Dark Wood Reef 2 D3
La Gruta (Communidad Bahía Honda) 3 B2
Nivida-Höhle 4 E4
Punta-Juan-Boje 5 B4
SCHLAFEN
Aqua Lounge 6 C3
Cabañas Estefany 7 A1
Casa Acuario 8 C3
La Coralina 9 C2
ESSEN
Bibi's 10 C3
Island Time Thai 11 D3
Up in the Hill 12 D3
KARIBISCHES MEER
82°15'W
Punta Cauro
Boca del Drago
Punta Rancho
Conch Point
Bahía de Almirante
Punta Norte
Isla Colón
Punta Rocosa
Playa Bluff
Punta Bluff
Playa Punch
Punta Puss Head
Big Creek
Playa El Istmito
BOCAS DEL TORO
Isla Carenero
Hospital Point
Old Bank
Wizard Beach
Playa Segunda
Red Frog Beach
Playa Larga
Isla Solarte
Cayo Nancy
Isla Bastimentos
Parque Nacional Marino Isla Bastimentos
Quebrada Sal
Isla Cristóbal

PANAMA

Bocas Internet Café (Karte S. 761; Calle 3; 1,50 US$/Std.; ⌚ 8-22 Uhr)

Bocas Sustainable Tourism Alliance (Karte S. 761; ☎ 6086-2331; www.discoverbocasdeltoro.com; Calle 3) Englischsprachiges Personal und gutes, nützliches Informationsmaterial für Traveller. Es werden Touren und Ausflüge zu einer Kunsthandwerkstatt der Ngöbe auf der Isla San Cristobal organisiert. Hier kann man auch seine Plastiktüten loswerden, die dann von einheimischen Frauen zu coolen Geldbeuteln verarbeitet werden. Um weiteren Plastikmüll zu vermeiden, werden Wasserflaschen wieder aufgefüllt.

Cable & Wireless (Karte S. 761; Calle 1) Von hier aus kann man ins Ausland telefonieren.

Krankenhaus (Karte S. 761; ☎ 757-9201; Av G; ⌚ 24 Std.) Das einzige Krankenhaus der Insel hat eine rund um die Uhr geöffnete Notaufnahme.

Post (Karte S. 761; Governmental Bldg, Calle 3)

GEFAHREN & ÄRGERNISSE

An manchen Stränden kann die Brandung recht gefährlich sein, denn es gibt häufig starke Brandungsrückströmungen. Beim Baden also entsprechend vorsichtig sein! Wer von einer solchen Strömung erwischt wird, sollte parallel zur Küste schwimmen und nicht in Panik geraten!

Das Leitungswasser in Bocas del Toro ist nicht genießbar. Trinkwasserflaschen werden von der Bocas Sustainable Tourism Alliance aufgefüllt.

Bocas del Toro ist recht konservativ: Oben ohne in der Öffentlichkeit ist sowohl für Männlein als auch für Weiblein per Gesetz verboten. Selbst wenn man auf dem Weg zum Strand ist, muss der Oberkörper bedeckt sein. Andernfalls kann es passieren, dass man von der Polizei ins Hotel zurückgeschickt wird.

SEHENSWERTES

Boca del Drago

Die verschlafene Bucht an der Westküste der Isla Colón (Karte S. 759) ist bekannt für Unmengen von Seesternen. Sonnenanbeter genießen die ruhige und entspannte Atmospäre am Strand von Boca del Drago. Man schwimmt und schnorchelt hier gut, vor allem wenn das Meer ruhig und das Wasser klar ist. Die Drachenbucht ist zwar nicht so wild und ursprünglich wie die Strände auf der Isla Bastimentos, dafür aber der sicherste Ort für Nichtsurfer im ganzen Archipel.

Übernachten kann man nur in den Hütten von Cabañas Estefany (S. 762). Um von Bocas hierher zu kommen, hat man die Wahl zwischen dem örtlichen Bus, einem Wassertaxi (hin & zurück 15–20 US$) oder einem Taxi (einfache Strecke 15 US$). Der Bus startet jeweils um 7, 10, 12, 15 und 17 Uhr an der Plaza in Bocas (0,70 US$, 1 Std.). Zurück fährt er um 8, 11, 13, 16 und 18 Uhr, wobei er nachmittags oft verspätet ist.

Weitere Strände

An der Ostküste der Isla Colón liegt ein Strand neben dem anderen. Zu erreichen sind diese über die Straße, die von Bocas del Toro an der Küste entlang nach Norden führt. Öffentliche Verkehrsmittel steuern diese Strände nicht an, wohl aber Allradtaxis, die Traveller zum vereinbarten Zeitpunkt auch wieder abholen. Der Preis ist Verhandlungssache: Die Hin- und Rückfahrt zur Playa Bluff kostet um die 40 US$, denn die Straßenverhältnisse sind oft sehr schlecht.

Die von *chitras* (Sandfliegen) heimgesuchte **Playa El Istmito** (Karte S. 761), ist der der Stadt am nächsten gelegene Strand. Da er nicht gerade schön ist, lohnt es sich, weiter nach Norden zu fahren.

Bereits an der Ostküste liegt die **Playa Punch** (Karte S. 759), an der man gut surfen, aber nur unter Lebensgefahr baden kann.

Hinter Punta Bluff führt die Straße weiter zur **Playa Bluff** (Karte S. 759), einem abgeschiedenen, unberührten Strand mit hohen, starken Wellen. Auch wenn man sich ohne Surfbrett hier kaum ins Wasser wagen kann, lohnt sich der Ausflug allemal: Der Sand unter den

INSIDERTIPP

Der Massentourismus bringt für Bocas enorme Probleme mit sich. Deshalb sollten Touristen ihren Aufenthalt nachhaltig gestalten. Nicht die kleinen Wasserflaschen aus Kunststoff verwenden! Den nachhaltigen Tourismus zu unterstützen, z. B. durch einen Besuch des von Ngöbe geführten Restaurants in Communidad Bahía Honda (S. 762), ist auch eine gute Sache. Außerdem sollte man darauf achten, dass bei der Delfinbeobachtung das Boot genügend Abstand zu den Tieren hält. Bei Bootsfahrten grundsätzlich die Dienste der Genossenschaft der örtlichen Bootsbesitzer (S. 776) in Anspruch nehmen – sie nehmen mehr Rücksicht auf die Natur.

Daniel, Bocas del Toro

PANAMA

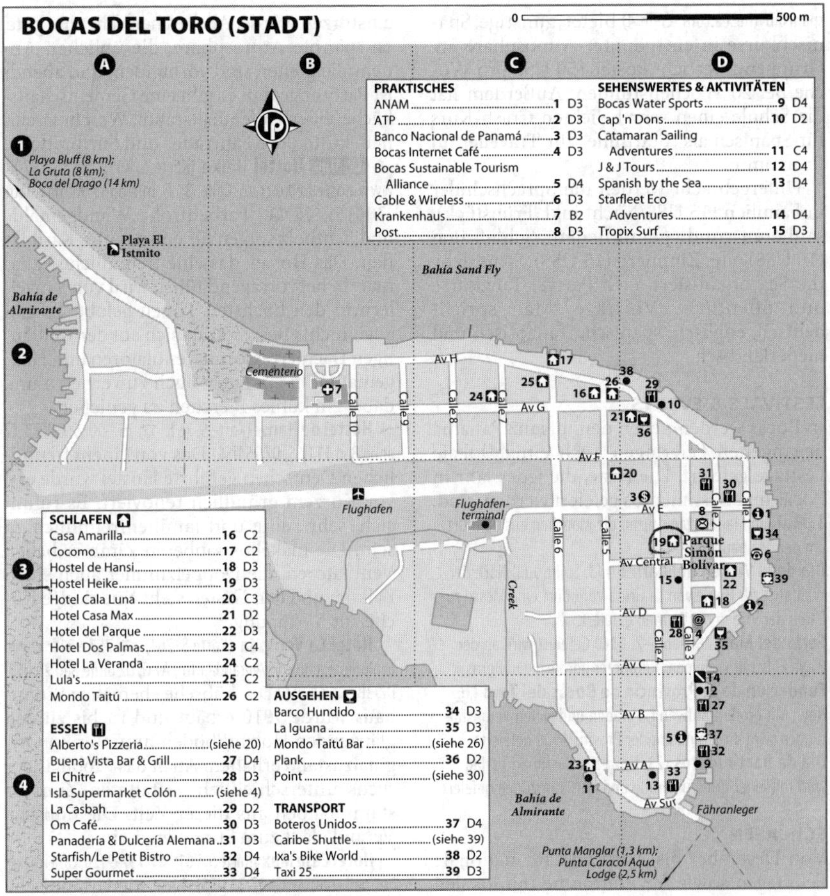

Palmen ist weich und hellgelb, das Wasser glasklar. Von Mai bis September dient die Playa Bluff, die sich 5 km weit bis nach Punta Rocosa erstreckt, Meeresschildkröten zur Eiablage.

La Gruta

Wem nicht nach Sonne, Strand und Surfen zumute ist, der fährt ins Landesinnere zur indigenen **Communidad Bahía Honda** und watet durchs hüfthohe Wasser der Höhle von **La Gruta** (Die Höhle; Karte S. 759), wo Tausende von Fledermäusen an der Decke hängen. Vor dem Eingang zur Höhle, der sich an der Straße von Bocas nach Boca del Drago, 8 km entfernt von der Stadt, befindet, steht eine Marienstatue. Im Dorf gibt es auch ein kleines Restaurant. Die Hin- und Rückfahrt mit dem Taxi kostet etwa 15 US$. Ein Bus fährt ebenfalls hin.

Schmetterlingsfarm

Ein Besuch der bezaubernden **Schmetterlingsfarm** (Karte S. 759; ☎ 757-9008; www.bocasbutterfly.com; Erw./Kind 5/2 US$; ⌚ Mo–Sa 9–15, So 9–12 Uhr), auf der Flattermänner aus ganz Panama herumschwirren, ist von Bocas aus gut an einem Vormittag zu schaffen. Auf dem Landweg ist die Farm nicht zu erreichen, wohl aber mit einem Wassertaxi. Die einfache Fahrt ab Bocas kostet 1 US$.

KURSE

Die von Lesern empfohlene Sprachschule **Spanish by the Sea** (Karte S. 761; ☎ /Fax 757-9518; www.

spanishbythesea.com; Calle 4) bietet günstige Spanischkurse in entspannter Atmosphäre an. Gruppenunterricht kostet 150 US$ pro Woche bei 20 Wochenstunden. Außerdem hat die Schule einen sehr beliebten Crash-Kurs für Spanisch als „Starthilfe" für Traveller im Programm.

Untergebracht werden die Sprachschüler in Familien (15 US$/Nacht inkl. Frühstück), sauberen und gemütlichen Schlafsälen (10 US$) oder Zimmern (15 US$). Spanish by the Sea organisiert auch Partys, Tanzkurse und öffentliche Vorträge. Man spricht deutsch, englisch, spanisch, französisch und niederländisch.

FESTIVALS & EVENTS

In Bocas werden neben den in ganz Panama begangenen Feiertagen auch einige lokale Festtage gefeiert. Die Feste, die jedes Jahr in Bocas und Bastimentos gefeiert werden, sind:

1. Mai Am Maifeiertag tanzen die Mädchen aus dem Ort um den Maibaum.

Día de la Virgen del Carmen (3. So im Juli) Nach der Wallfahrt zur Höhle von La Gruta wird dort eine Messe zu Ehren der Virgen del Carmen gefeiert.

Feria del Mar (28. Sept.–2. Okt.) Gefeiert wird an der Playa El Istmito, ein paar Kilometer nördlich von Bocas.

Fundación de la Provincia de Bocas del Toro (16. Nov.) Mit großen Aufwand, Paraden und vielen Veranstaltungen wird die Gründung der Provinz 1904 gefeiert.

Día de Bastimentos (23. Nov.) Der Bastimentos-Tag wird mit einer großen Parade und Musikumzügen gefeiert.

SCHLAFEN

Von Dezember bis April und für nationale Feiertagen sowie für Zeiträume mit lokalen Festen sollte man unbedingt im Voraus reservieren.

Cabañas Estefany (Karte S. 759; ☎ 6624-9246; Stellplatz 5 US$/Pers., Küchenbenutzung 5 US$, DZ 35 US$, Hütte für 5/7 Pers. 20/65 US$) Die Unterkunft in Boca del Drago ist eine der wenigen auf der Isla Colón, die direkt am Strand liegen. Die sehr einfachen Holzhütten besitzen teilweise keine Ventilatoren und haben nur Kaltwasserduschen. Besser gleich eine mit Ventilator sichern, auch wenn hier oft diverse Käfer rumklettern. Da die Hütten auch gern von Wissenschaftlern gebucht werden, empfiehlt es sich, vor der Anreise anzurufen.

Mondo Taitú (Karte S. 761; ☎ /Fax 757-9425; www.mondotaitu.com; Av H; B/DZ 10/22 US$, B mit Klimaanlage 12 US$;) *Das* Backpackerhostel von Bocas sieht aus, als ob es beim nächsten Windstoß einstürzen würde. Aber es herrscht eine gute, entspannte Atmosphäre, die üblichen Annehmlichkeiten sind vorhanden, und abends ist Party angesagt. Es gibt eine Gemeinschaftsküche, einen Aufenthaltsraum, Waschmaschinen, kostenlose Fahrräder und Surfbretter.

LP Tipp **Hostel Heike** (Karte S. 761; ☎ 757-9708; www.hostelheike.com; Calle 3; B mit/ohne Klimaanlage 17/10 US$;) Farbenfrohe Wandgemälde und Echtholz sorgen für entspanntes Karibikflair. Das Hostel, das eine freundliche Panamaerin hervorragend führt, wird von Travellern in den höchsten Tönen gelobt. Es gibt auch nichts Besseres, als sich auf der weitläufigen Dachterrasse mit Ventilatoren und Hängematten in ein gutes Buch zu vertiefen und dabei ein kühles Bierchen zu genießen.

Hostel de Hansi (Karte S. 761; ☎ 757-9085; Calle 3; EZ ohne Bad 11 US$, DZ 25 US$) Das von einem freundlichen Deutschen geführte Hostel wurde erst vor Kurzem gründlich renoviert. Es rühmt sich, sehr ruhig und familienfreundlich zu sein. Die makellos sauberen Zimmer haben Ventilatoren, die Doppelzimmer auch einen Balkon, und den Gästen steht eine riesige Küche zur Verfügung.

Hotel La Veranda (Karte S. 761; ☎ 757-9211; www.explorepanama.com/veranda.htm; Av G; DZ ohne Bad 29 US$, DZ/3BZ 56/66 US$) Das hübsche ehemalige Wohnhaus wurde 1910 erbaut und ist bis zu den glänzenden Holzfußböden hinunter im Originalzustand erhalten. Auch das Mobiliar der sechs unterschiedlich gestalteten Zimmer stammt noch aus dieser Zeit. Die hübsche Veranda lädt zum Sundowner ein.

Hotel Casa Max (Karte S. 761; ☎ 757-9120; casa1max@hotmail.com; Av G; DZ 35 US$) Der niederländische Besitzer stellt seinen Gästen Zimmer mit viel Holz und fröhlichen Farben, hohen Decken und Betten mit festen Matratzen zur Verfügung. Die Badezimmer sind altmodisch und heruntergekommen, aber es gibt warmes Wasser zum Duschen. Vom Balkon schweift der Blick über die Stadt und das Meer. Zum Frühstück werden frisches Obst und starker Kaffee serviert.

Hotel Dos Palmas (Karte S. 761; ☎ 757-9906; Av Sur; DZ 35 US$) Das Hotel, das stolz darauf ist, „100 % Bocatoreñó" zu sein, hat einfache, mit Holz verkleidete, altmodisch eingerichtete Zimmer. Das Haus wird von einer freundlichen Matrone geführt und ist nicht gerade alltäglich oder langweilig zu nennen; manche werden sie aber vielleicht etwas muffig finden. Der Blick auf die Bucht ist allerdings sensationell.

Hotel del Parque (Karte S. 761; ☎ 757-9008; Calle 2; EZ/DZ/3BZ 37/45/50 US$;) Ruhige, günstige Unterkunft in der Art eines B&B, die in einem klassisch-karibischen Haus direkt an der Plaza untergebracht ist. Die geräumigen Zimmer haben große Fenster, einen kühlen Betonfußboden und angenehm harte Betten mit frischer Bettwäsche. Von der Terrasse kann man das Treiben auf der Plaza beobachten, sofern man nicht gerade ein Nickerchen in der Hängematte macht.

Hotel Cala Luna (Karte S. 761; ☎ 757-9066; www.calalunabocas.com; Calle 5; EZ/DZ/3BZ 45/55/65 US$;) Das Hotel über der legendären Pizzeria Alberto hat italienische Besitzer. Die frischen, funktionalen Zimmer warten mit kathedralenartigen Glasfenstern und geschmackvollen Ausstattungsdetails in Echtholz auf. Außerdem können Gäste von zwei Aussichtspunkten auf dem Dach die Flugzeuge beobachten, die nur 30 m über ihren Köpfen zur Landung ansetzen.

Casa Amarilla (Karte S. 761; ☎ 757-9938; Calle 5; DZ 50 US$;) Vier Zimmer in einem hübschen, gelben Haus, die im Stil eines Motels mit allerlei Annehmlichkeiten ausgestattet sind. In jedem Zimmer gibt's warmes Wasser, einen Laptop mit Internetanschluss und einen Flachbildfernseher. Die amerikanischen Besitzer stehen praktisch immer zur Verfügung, und sei es nur, um mit ihren Gästen einen Kaffee zu trinken.

Lula's (Karte S. 761; ☎ 757-9057; www.lulabb.com; Av Norte; DZ/3BZ/4BZ inkl. Frühstück 55/66/77 US$;) Mit Schaukelstühlen auf der Veranda ist dieses hübsche B&B eine typisch amerikanische Bereicherung der Hotelszene von Bocas. Die makellos sauberen Zimmer mit Warmwasserdusche sind richtig kuschelig eingerichtet. Der Service der – natürlich – amerikanischen Besitzer ist erstklassig, ebenso das reichhaltige Frühstück nach Art der Südstaaten.

La Coralina (Karte S. 759; ☎ 6788-8992; www.lacoralina.com; Punta Bluff; DZ mit/ohne Bad 100/60 US$, Suite 120 US$;) Das schöne Strandhotel im Kolonialstil, das sich an der Straße nach Punta Bluff befindet, bietet luftige Zimmer und weitläufige Terrassen mit Meerblick. Direkt vor der Tür warten gleich zwei sensationelle Weltklasse-Surfspots. Wer sich nicht in die Wellen stürzen will, kann die privaten Wanderwege ablaufen oder abreiten.

Cocomo (Karte S. 761; ☎ 757-9259; www.cocomoonthesea.com; Ecke Av Norte & Calle 6A; EZ/DZ/3BZ inkl. Frühstück 66/83/94 US$;) Das niedliche Holzhaus mit tropischem Garten und Terrasse am Strand, auf der die Hängematten im Wind schaukeln, lässt keine Wünsche offen. Das B&B unter amerikanischer Leitung war eine der ersten Unterkünfte hier – und das Personal weiß, was Service heißt. In allen Zimmern gibt's Warmwasser. Zum reichhaltigen Frühstück gehört frisches Gebäck, Obst, Joghurt und Omelett. Außerdem werden Kajaks kostenlos zur Verfügung gestellt.

ESSEN

In der Stadt Bocas del Toro gibt es einige der besten Restaurants Panamas. Sie sind alle auf der Karte S. 761 eingezeichnet. Jeden Samstag findet im Parque Simon Bolívar ein Bauernmarkt statt – an mobilen Imbissständen werden dort auch gebratene Hühnchen und Fruchtsäfte verkauft. Als Getränk nimmt man aber besser Mineralwasser in Flaschen!

Isla Supermarket Colón (Calle 3) Größter Supermarkt auf der Insel.

Super Gourmet (Calle 3) Große Auswahl von Spezialitäten wie Grillhähnchen, mexikanischem Essen, Wein und gefrorenen Bagels.

Panadería & Dulcería Alemana (Calle 2; Gebäck 1–3 US$; Mo–Sa 7–20, So 8–16 Uhr) Die deutsche Bäckerei ist bekannt für Cappuccino mit zartem Milchschaum, gutes Vollkornbrot und saftigen Möhrenkuchen.

El Chitré (Calle 3; Gerichte 2–3 US$) Die bei Einheimischen und Touristen gleichermaßen beliebte, einfache Cafeteria ist die beste Adresse in der Stadt, um gut und günstig zu essen.

Buena Vista Bar & Grill (Calle 1; Hauptgerichte 5–12 US$) In dem Restaurant am Wasser lassen sich vor allem Ausländer die Nachos, Cheeseburger mit Schinkenspeck und Brownies mit Eis schmecken. Abends wird es teurer: Dann gibt's Meeresfrüchte und Fischgerichte.

Starfish/Le Petit Bistro (Calle 1; Tapas 4–6 US$; Mo–Sa 8–12 & 18–22, So 9–14 Uhr) Von Ausländern geführtes, einfaches, freundliches Lokal mit gemütlichen Stühlen und stapelweise Modemagazinen zum Schmökern. Tagsüber gibt's Kaffee und Smoothies, abends französische Küche, Tapas und Sashimi bei Kerzenlicht. Auf jeden Fall einen Besuch wert!

Alberto's Pizzeria (Calle 5; Pizza 9 US$; Mo–Sa 12–22 Uhr) In dem Lieblingslokal der Einheimischen, dessen Besitzer aus Sardinien stammen, wird Tischtennis gespielt, bis die Pizza fertig ist. Die frisch gebackenen Pizzas mit Artischocken, Oliven und Gorgonzola stillen selbst den größten Hunger.

Om Café (Av H; Hauptgerichte 6,50–15 US$; ⌚ Fr–Di 8–12 & 18–22 Uhr) In dem freundlichen indischen Lokal werden klassische und Vindaloo-Currys serviert, die einen garantiert ins Schwitzen bringen. Dazu gibt's warmes, knuspriges Naan-Brot. Da der Service etwas lahm ist, überbrückt man die Wartezeit am besten mit einem Cocktail, z. B. einem Tipsy Turban mit Maracuja, Rum und Zucker.

La Casbah (☎ 6477-4227; Av H; Hauptgerichte 8–15 US$; ⌚ Di–Sa 18–22 Uhr) Das bei Einheimischen und Touristen gleichermaßen beliebte Restaurant serviert mediterrane Gerichte wie Gazpacho, Ziegenkäsesalat, Meeresfrüchte und lecker zubereitetes Fleisch. Der Fisch des Tages schwimmt in Gurken- und Kokosnusssauce. Für Vegetarier gibt's im Ofen gebackenes Gemüse. Unbedingt reservieren!

AUSGEHEN

Ein toller Abend in Bocas könnte im **La Iguana** (Calle 1) beginnen. In der beliebten Surfer- und Skater-Bar bekommt man Bier mit Tequila für 1,50 US$ – perfekt, um sich aufs Abtanzen einzustimmen.

Danach geht's zu den Backpackern, soll heißen: in die **Mondo Taitú Bar** (Av I), in der immer was los ist. Dienstags und freitags unterhalten die partybegeisterten Eigentümer ihre Gäste mit den verschiedensten Themenabenden, aber die außergewöhnlich interessante Cocktailkarte und die rauchenden Wasserpfeifen (5 US$) sorgen jeden Abend für gute Stimmung. Wer mutig ist (und billig wegkommen will), bestellt einen „Tequila Suicide": eine Prise Salz in die Nase, einen Spritzer Zitronensaft in die Augen und ein Glas des schlechtesten Tequilas, der aufzutreiben ist – aber alles kostenlos!

Im **Plank** (Av 1; ⌚ 17–23 Uhr), einer Kneipe mit Bar im karibischen Stil, stehen Theke und Barhocker auf einem ausgebleichten Holzboden. Das Livemusikangebot reicht von Reggae bis Disco. Happy Hour ist täglich von 19 bis 21 Uhr. Dienstags und freitags trinken Frauen kostenlos. Unter dem Om Café befindet sich das **Point** (Av H), eine Kneipe zum Abhängen mit Billardtischen und Drinks für 1 US$.

Den Absacker nimmt man im **Barco Hundido** (Calle 1), einer Freiluftbar mit dem Spitznamen „Wreck Deck" – wegen des davor gesunkenen Bananenboots, das im klaren Wasser der Karibik gut zu erkennen ist. Von der Bar führt ein kurzer Holzsteg zu einer Insel, auf der man herrlich sitzen und Sterne gucken kann.

Alle Lokale sind auf der Karte S. 761 eingezeichnet.

AN- & WEITERREISE

Flugzeug

Sowohl **Aeroperlas** (☎ 757-9341) als auch **Air Panama** (☎ 757-9841) verkehren täglich zwischen Bocas und Panama-Stadt (100 US$, 1 Std., 1- od. 2-mal tgl.). Aeroperlas fliegt auch von David nach Bocas (55 US$, 50 Min., Mo–Fr tgl.). **Nature Air** (☎ in den USA 800-235-9272; www.natureair.com) fliegt von San José in Costa Rica nach Bocas (160 US$, 1½ Std., So, Mi & Fr 7 Uhr).

Schiff/Fähre

Als Alternative zur Anreise per Flugzeug kann man mit einem Wassertaxi (4 US$) von Almirante auf dem Festland nach Bocas übersetzen (weitere Infos auf S. 768). Wassertaxi 25 legt von 6 bis 18.30 Uhr alle 30 Minuten ab. Die Fahrt dauert 30 Minuten. **Caribe Shuttle** (☎ 757-7048; www.caribeshuttle.com) bietet eine kombinierte Boot-Bus-Fahrt (28 US$) nach Puerto Viejo in Costa Rica an. Start ist jeden Tag um 9 Uhr, Ankunft in Puerto Viejo um 11.30 Uhr (costa-ricanischer Zeit). Passagiere werden im Hotel abgeholt, müssen aber einen Tag im Voraus buchen.

UNTERWEGS VOR ORT

Fahrten mit einem Motorboot oder Kanu zu den anderen Inseln des Archipels bieten die Bootsbesitzer im Hafen von Bocas an. Im Allgemeinen wird der Preis vor der Abfahrt ausgehandelt, und es muss eindeutig geklärt sein, ob er nur für die einfache Strecke oder für Hin- und Rückfahrt gilt. Die Preise sind sehr unterschiedlich. Günstiger wird es, wenn man Spanisch spricht, in der Gruppe unterwegs ist oder wenn man auch gleich die Abholung vereinbart.

Nach Aussage der Einheimischen hat **Boteros Unidos** (Calle 3) immer faire Preise und schult sein Personal speziell in sicherem Umgang mit dem Boot und umweltfreundlichem Verhalten. Im Allgemeinen kosten Hin- und Rückfahrt zur Isla Bastimentos 8 US$, zur Isla Carenero 2 US$. Die Boote legen jeweils an den der Stadt zugewandten Küsten an. Der Fahrpreis sollte immer erst auf der Rückfahrt bezahlt werden – sonst wird man am Ende nicht wieder abgeholt. Allerdings verlangen viele Bootsbesitzer eine Anzahlung, damit sie Benzin kaufen können.

Für 10 US$ pro Tag verleiht **Ixa's Bike World** (Av H; ⌚ 8-18 Uhr) Fahrräder aller Art.

ISLA CARENERO

Die wenig beachtete Isla Carenero liegt nur wenige Hundert Meter von der Isla Colón entfernt. In ihrem Namen kommt das spanische Wort für „kielholen" vor, was Seemannssprache ist für „ein Schiff auf die Seite legen, um es reinigen und reparieren zu können". Tatsächlich ließ Columbus im Oktober 1502 seine Schiffe hier kielholen, während er selbst eine Magenverstimmung auskurierte.

Mittlerweile schwappt die Welle der Entwicklung, die die Nachbarinsel so dramatisch verändert hat, auch auf die Isla Carenero über. Aber noch ist sie eine ruhige Alternative zur touristischen Isla Colón.

Orientierung

Die Wassertaxis legen im kleinen Bootshafen an der Inselspitze an. Von dort führt ein Weg in die noch junge einzige Stadt der Insel und weiter über das ganze Eiland.

Aktivitäten

Erfahrene **Surfer** können sich an den enormen Right-Hand-Tubes der Silverbacks versuchen, die sich bis zu 5 m hoch über dem Riff auftürmen. An guten Tagen sind die Silverbacks Spitzenklasse und stehen der legendären North Shore von Hawaii in nichts nach. Allerdings ist der Strand nur mit einem Wassertaxi zu erreichen.

Wer surfen lernen (3 Std. 45 US$) oder ein Kajak mieten (halber Tag 10 US$) will, geht zu Bibi's (s. S. 765), wo der argentinische Surflehrer **Luis** (www.escueladelmarsurf@gmail.com) auch ganz individuelle Touren organisiert.

Schlafen & Essen

Da die Isla Carenero lange nicht so bekannt ist wie ihre großen Schwestern Colón und Bastimentos bietet sich hier die einmalige Chance, die Inseln von einer ganz anderen Seite kennenzulernen.

Aqua Lounge (Karte S. 759; ☎ 757-9042; www.bocasaqualounge.com; B 10 US$) Das Backpacker-Paradies, das eher wie ein hölzerner Carport aussieht, befindet sich direkt an der Bootsanlegestelle gegenüber von Bocas. Entweder liebt man es oder man hasst es, auf jeden Fall wird immer kräftig gefeiert. Die Bar des Hostels ist ungemein beliebt, denn dort steht das Wassertrampolin …

BOCAS DEL TORO INTENSIVER ERLEBEN

Um den Massen zu entkommen, leiht man sich ein Boot aus und erkundet die folgenden Ziele:

- **Cayo Crawl** Wasserlabyrinth mit Mangrovenwäldchen, in der Nähe der Isla Bastimentos.
- **Cayos Zapatillas** Strahlend weiße Sandstrände und unberührter Urwald.
- **Dolphin Bay** Stark frequentierte Kinderstube von Delfinen, die hier übermütig herumtollen.
- **Swan Cay** Auf dem winzigen Inselchen in der Nähe der Isla de Los Pájaros kann man tropische Vögel mit leuchtend roten Schnäbeln und Weißkopftauben beobachten.

Casa Acuario (Karte S. 759; ☎ 757-9565; DZ 85–94 US$; ❄) Das tropische Gästehaus steht verträumt über dem glasklaren Wasser, in dem es von tropischen Fischen nur so wimmelt. Die makellos eingerichteten Zimmer sind mit zweckmäßigen Einbauten und rustikalem Kunsthandwerk ausgestattet – und verfügen über eine eigene Terrasse. Das Abendessen wird unterm Sternenhimmel serviert.

Bibi's(Karte S. 759; Hauptgerichte 5–10 US$; ⌚ Mi–Mo) Das strohgedeckte Restaurant über dem Wasser versorgt Gäste nicht nur mit frischen Salaten, leckeren Suppen und kurz gebratenem Fisch, sondern auch mit Surfkursen und -ausrüstung. Die Mitarbeiter sind superfreundlich und der Blick aufs Meer ist genial.

An- & Weiterreise

Die Bootsfahrt von Bocas-Stadt zur Isla Carenero dauert nur wenige Minuten und kostet 1 US$.

ISLA BASTIMENTOS

Obwohl sie nur eine zehnminütige Bootsfahrt von Bocas del Toro entfernt ist, fühlt man sich auf der Isla Bastimentos wie in einer anderen Welt. An der Nordküste der Insel erstrecken sich von Palmen gesäumte, unberührte, wilde Strände, auf denen die Meeresschildkröten ihre Eier ablegen. Der Süden ist geprägt von Mangrovenwäldern und Korallenriffen, die zum Meeresschutzgebiet des Parque Nacional

Marino Isla Bastimentos gehören. Der Hauptort der Insel ist die geschichtsträchtige, westindische Stadt Old Bank, die eng mit der Bananenindustrie verbunden ist. Im Süden, der durch ein riesiges Urwaldgebiet von Old Bank getrennt ist, befindet sich das Ngöbe-Buglé-Dorf Quebrada Sal.

Bastimentos war lange eine Hochburg der afrokaribischen Kultur von Bocas, doch das ändert sich allmählich. Ein Grund dafür ist das Entwicklungsprojekt Red Frog Beach Rainforest Resort & Marina, eine Luxus-Ferienanlage mit Jachthafen, in der man sich sogar eine eigene Ferienvilla kaufen kann.

Orientierung

In dem kleinen Örtchen Old Bank gibt es keine Straßen, sondern nur einen breiten, betonierten Fußweg, der beiderseits von farbenprächtigen Holzhäusern gesäumt wird. Vom Dorf führt ein Pfad quer über die Insel zum Wizard Beach und Red Frog Beach. Bei Regen verschwindet der Pfad unter schlammigem Morast.

Im Südwesten der Insel befindet sich Quebrada Sal, das abgeschiedene Dorf der Ngöbe-Buglé. Tropischer Regenwald bedeckt die Inselmitte. Ihn sollte man nur mit einem Führer erkunden, um sich nicht hoffnungslos zu verirren.

PANAMA

Gefahren & Ärgernisse

Lonely Planet Leser berichteten von Raubüberfällen auf dem Weg zum Wizard Beach. Daher sollte man nach Einbruch der Dunkelheit niemals auf einem Wanderweg und generell nicht alleine unterwegs sein. Eine Alternative ist der Weg, der von der Stadt zum (ausgeschilderten) Restaurant Island Time Thai und weiter bis zum Wizard Beach führt. Er ist zwar etwas länger, dafür aber sicherer.

Sehenswertes

OLD BANK

Das sehr arme und irgendwie deprimierende Dorf Old Bank hat trotz allem mehr karibisches Flair als die Stadt Bocas. Es geht entspannt und lässig zu. Viele Menschen sprechen Guari-Guari, eine Kreolsprache basierend auf dem Spanischen und dem Englischen.

STRÄNDE

Auf Bastimentos gibt es fantastische Strände, die aber mit Vorsicht zu genießen sind: Die Wellen an der Nordküste können sehr hoch und stark werden.

Der schönste Strand der Insel ist der **Wizard Beach** (auch Playa Primera genannt), dessen feiner, gelber Sand sich vor einer Kulisse aus dichtem Urwalds voller Schlingpflanzen ausbreitet. Der Fußmarsch von Old Bank durch die Wildnis zum Wizard Beach dauert normalerweise 30 Minuten, wird aber zur Tagestour durch den Schlamm, wenn es stark geregnet hat.

Wenn das Wetter mitspielt, kann man weiter an der Küste entlang zur **Playa Segunda** (Zweiter Strand) und zum **Red Frog Beach** gehen. Beide Strände sind ebenso fantastisch und praktisch unberührt wie der Wizard Beach, aber das wird sich mit zunehmender Erschließung der Insel bald ändern. Wenn die Bedingungen nicht gut genug sind, fährt man mit einem Wassertaxi von einem kleinen Bootsanleger im Süden der Insel zum Red Frog Beach. Der Zutritt zum Strand kostet 2 US$. Am Red Frog Beach sieht man vielleicht noch einen der namensgebenden *ranas rojos* (Roten Pfeilgiftfrösche), die es wohl nicht mehr lange auf der Insel geben wird.

Hinter dem Red Frog Beach führt der Weg weiter zur **Playa Larga** (Langer Strand), wo die Meeresschildkröten von April bis August ihre Eier ablegen. Die Playa Larga gehört wie der größte Teil der Ostküste zum Meeresschutzgebiet des Parque Nacional Marino Isla Bastimentos.

PARQUE NACIONAL MARINO ISLA BASTIMENTOS

Das 1988 geschaffene Schutzgebiet war der erste **Meeresnationalpark** Panamas (Eintritt 10 US$). In dem großen Naturschutzgebiet, das verschiedene Bereiche des Archipels von Bocas del Toro mit Teilen der Isla Bastimentos und der Cayos Zapatillas umfasst, leben unzählige Arten von karibischen Tieren und Pflanzen.

Aktuelle Informationen über den Nationalpark gibt's in den Büros der ATP und ANAM in Bocas del Toro (S. 760). Die Tauch schulen und Bootsbesitzer in Bocas sind ebenfalls eine gute Informationsquelle zum Park und zu allen Attraktionen darin. Wer im Park campen will, muss sich bei der ANAM zuvor eine Erlaubnis besorgen.

QUEBRADA SAL

Ganz im Südwesten von Bastimentos befindet sich am Ende eines langen Kanals, der einen

Mangrovenwald durchquert, das Dorf Quebrada Sal (Salzbach) der Ngöbe-Buglé. Es besteht aus etwa 60 Palm- und Bambushütten, einer Grundschule, einem Kunstgewerbegeschäft, einem Tante-Emma-Laden und einem Fußballplatz. Die Wassertaxis fahren bis zum Eingang des Dorfes. Dort bezahlt man die Eintrittsgebühr von 1 US$ und trägt sich ins Gästebuch ein.

Wie der Rest des Archipels passt sich auch Quebrada Sal langsam, aber sicher der modernen Zeit an. Die Dorfbewohner sind freundlich und Besuchern gegenüber sehr offen, insbesondere, wenn diese Spanisch sprechen. Wer ein bißchen Zeit hat, wandert mit einem einheimischen Führer (gegen Bezahlung) quer über die Insel zur Playa Larga (hin & zurück ca. 2 Std.).

Aktivitäten

HÖHLENFORSCHEN & WANDERN

Die faszinierende **Nivida-Höhle** gehört zu den Naturwundern der Insel. Der Weg dorthin ist schon ein Abenteuer für sich. Zunächst arrangiert man die Tour (und verhandelt den Preis) bei Oscar, einem zuverlässigen einheimischen Führer und Besitzer des Restaurants Roots (s. S. 768). Er schippert Höhlenforscher dann mit seinem kleinen Motorboot auf einem Kanal durch üppige Vegetation voller wilder Tiere. Nach einer kurzen Wanderung durch den Urwald steht man schließlich vor einer riesigen Höhle. Drinnen hängen Massen von (Vegetarier-)Fledermäusen über einem unterirdischen See, in dem man baden kann.

Oscar organisiert auch eine recht anstrengende Wanderung quer über die Insel zur **Laguna de Bastimentos**, einem See, der von dichtem Urwald umgeben ist. Dieser Regenwald, der sich als breiter Streifen quer über die Insel erstreckt, ist auch Bestandteil des Parque Nacional Marino Isla Bastimentos.

SURFEN

Die Wellen am Wizard und am Red Frog Beach sind stabile, recht gleichmäßige Left- und Righthand-Beachbreaks, die für Surfneulinge und fortgeschrittene Anfänger bestens geeignet sind. In der Dünung am Wizard Beach türmen sich die Wellen manchmal zu riesigen Tubes auf, die aber schnell brechen.

TAUCHEN & SCHNORCHELN

Tauchausflüge werden von **Dutch Pirate** (☎ 6567-1812; www.thedutchpirate.com) organisiert, die auch ein Büro in Old Bank haben. Trotzdem ist es besser, den Tauchgang im Voraus telefonisch zu buchen. Weitere Infos zum Tauchen und Schnorcheln gibt's auf S. 758.

Schlafen

Hostel Bastimentos (☎ 757-9053; Old Bank; B 6 US$, DZ 12–20 US$, DZ mit Klimaanlage 40 US$; ☒) Das weitläufige gelbe Schindelhaus mit 28 Zimmern steht auf einem Hügel oberhalb der Hauptstraße. Auf den Terrassen schaukeln Hängematten. Es quietscht und knarrt überall, aber die Einrichtungen sind zweckmäßig und auf die Bedürfnisse von Backpackern zugeschnitten. Beispielsweise gibt es zwei Küchen und einen Gemeinschaftsraum mit Bar, TV und Dartscheibe. Über das Ganze wacht der superfreundliche Besitzer Dixon.

Beverly's Hill (☎ 757-9923; www.beverlyshill.blogspot.com; Old Bank; DZ 40–50 US$, EZ/DZ ohne Bad 14/20 US$) Die Hütten des Briten Simon stehen im Urwald, umgeben von üppigem Grün, in dem eine Menge roter Pfeilgiftfrösche lebt. Die makellos sauberen Zimmer in den strohgedeckten Hütten haben Ventilatoren und feste Matratzen, manche auch Warmwasserduschen. Hängematten gibt es auch. Mit eigener Kompostieranlage und einem System zur Wasserfilterung ist dies eines der umweltfreundlichsten Hotels auf der Insel.

El Jaguar (Old Bank; DZ/3BZ 20/24 US$) An der einfachen Pension ist vor allem eines bemerkenswert: die unzähmbare Persönlichkeit ihres Besitzers El Jaguar. Der engagierte Dorfschullehrer ist bekannt dafür, seine Gäste mit improvisierten Liedchen auf der Gitarre zu unterhalten. Es gibt eine Küche im Freien, und einige der Zimmer haben ein eigenes Bad.

Pension Tío Tom (☎ /Fax 757-9831; tiotomscabin@gmail.com; Old Bank; DZ 20–25 US$, Bungalow für 2 Pers. 30 US$) Die Pension bietet schon seit Jahren günstige, saubere und schlichte Zimmer in einem Holzhaus mit Palmdach. Die Zimmer besitzen alle eigene Bäder. Auf der Terrasse am Wasser schaukeln Hängematten. Die deutschen Besitzer servieren auch herzhafte Mahlzeiten (Abendessen 6 US$), organisieren Touren und vermieten Kajaks.

Point (☎ 757-9704; Old Bank; DZ 30 US$) Die Zimmer an der Nordspitze der Isla Bastimentos sind Durchschnitt, aber der Blick auf die sich brechenden Wellen ist fantastisch. Wer surfen will, muss sein Brett selbst mitbringen. Der Service ist auch nur mittelmäßig, aber dafür gibt es nette Annehmlichkeiten wie Warmwasserduschen, Kühlschränke und Kaffeemaschinen.

Essen & Ausgehen

Die Hauptinsel Isla Colón ist zwar nur eine kurze Bootsfahrt entfernt, aber auch auf Bastimentos gibt es eine Handvoll ganz interessanter Restaurants.

Rooster (Old Bank; Hauptgerichte 2–4 US$) Herzlich willkommen in Panamas einziger „frittierfreier Zone"! Indem er frisches Obst und Gemüse aus der Region verwendet, schafft es Küchenchef Pete, dass selbst Bananenwaffeln und Hummerschwänze richtig gesund schmecken. Das neue Restaurant befindet sich auf der Terrasse eines bunten Hauses.

Roots (Old Bank; Hauptgerichte 3–10 US$) Diese lokale Institution ist bekannt für meisterhaft zubereitetes Fleisch und Meeresgetier aus der Region, das mit frischer Kokosmilch verfeinert wird. Der sympathische Miteigentümer Oscar Powell hat einen scharfsinnigen Humor und setzt sich engagiert zum Wohl der Isla Bastimentos ein.

LP Tipp **Island Time Thai** (☎ 6844-7704; Gerichte 6 US$; 🕒 12.30–20 Uhr) Das authentische und richtig scharfe Essen des liebenswürdigen Thailänders Nui entschädigt locker für den 20-minütigen Fußmarsch durch den Urwaldsumpf und die Stunde Wartezeit. Die leckeren Currys und kühlen Fruchtsäfte genießt man auf einer begrünten Terrasse und beobachtet dabei Faultiere. Der Weg zum Restaurant ist ab der Betonplaza in Old Bank ausgeschildert. Vor der Tür die Schuhe ausziehen!

Up in the Hill (www.upinthehill.com; heiße Schokolade ab 2 US$) Schokolade und Kaffee aus biologischem Anbau sind Grund genug, um die Wanderung zu diesem bezaubernden Außenposten auf Bastimentos auf sich zu nehmen. Von der Bootsanlegestelle führt der Weg über die Hauptstraße den Berg hinauf und am (ausgeschilderten) Island Time Thai vorbei.

An- & Weiterreise

Um von Bocas del Toro auf die Isla Bastimentos zu kommen, lässt man sich von einem der Bootsführer im Hafen übersetzen. Die Überfahrt zu der Inselseite direkt gegenüber der Stadt kostet etwa 2 US$, zu den weiter entfernten Küsten 4 US$.

ALMIRANTE

Der triste, von Müll übersäte Ort auf dem Festland ist das Tor nach Bocas del Toro, denn hier legen die Wassertaxis ab. Sobald die einheimischen Taxifahrer orientierungslose Traveller erspähen, bieten sie ihnen an, sie für 5 US$ vom Busbahnhof zum Bootsanleger zu bringen. Dabei sind es zu Fuß gerade einmal fünf Minuten. Wassertaxi 25 verkehrt regelmäßig zwischen Almirante und Bocas del Toro (4 US$, 30 Min.). Nach Changuinola fährt von 6 bis 20 Uhr alle 15 Minuten ein klimatisierter Bus (1 US$). Der Preis für eine Taxifahrt nach Changuinola (5–15 US$) ist reine Verhandlungssache und sinkt mit jedem Schritt vom Bootsanleger zum Busbahnhof.

CHANGUINOLA

50 000 Ew.

Die staubige Stadt ist rundum von Bananenplantagen umgeben. Kein Wunder, denn hier ist die Zentrale der Chiriquí Land Company, des Produzenten der Chiquita-Bananen! Für Traveller ist Changuinola meist nur ein Halt auf dem Weg von Costa Rica zur Isla Colón.

Changuinola dient außerdem als Zugang zum nahe gelegenen Wekso-Eingang des Parque Internacional La Amistad. Im Büro von **ANAM** (☎ 758-6603, 767-9485; 🕒 Mo–Fr 8–16 Uhr) in der Nähe des Stadtzentrums sind Infos zum Nationalpark erhältlich.

Schlafen & Essen

Hotel Hawaii (☎ 758-6025; Av 17 de Abril; EZ/DZ 20/24 US$; ❄ 💻) Die großen, schlichten Zimmer haben eigene, saubere Bäder mit Dusche. Die Bettwäsche ist strahlend weiß. In der Eingangshalle gibt's ein Internetcafé.

Resto Cotty's (Av 17 de Abril; Gericht 2,50 US$; 🕒 24 Std.) Das saubere Restaurant im Stil einer Cafeteria befindet sich direkt in der Hauptstraße. Auf den Tisch kommt anständiges panamaisches Essen, z. B. Curryhühnchen mit Reis. Bedient wird recht flott.

An- & Weiterreise

Die Busse nach Costa Rica fahren an der Tankstelle ab. Alle anderen Busse starten im Busbahnhof **Terminal Urrica** (☎ 758-8115) und zwar von 6 bis 19 Uhr.

Almirante (mit Anschluss an die Fähre auf die Isla Colón; 4 US$; 45 Min.) Alle 30 Min.
David (8 US$; 4½ Std.) Alle 30 Min.
El Silencio (Parque Internacional Amistad; 0,65 US$; 30 Min.) Alle 20 Min.
Guabito-Sixaola (1,80 US$; 30 Min.) Alle 30 Min.
Panama-Stadt (25 US$; 10 Std.) Tgl. um 7 Uhr.
San José (Costa Rica; 12 US$; 6 Std.) Tgl. um 10 Uhr.

Man kann auch mit dem Taxi von Changuinola nach Guabito an der costa-ricanischen Grenze fahren (2,50 US$/Pers, 15 Min.).

DAS LANDESINNERE

Die Regionen Veraguas, Península de Azuero und Coclé, die sich im Landesinneren zwischen Chiriquí und Panama-Stadt befinden, standen schon immer im Schatten der glanzvollen Hauptstadt, des kühlen Berglands und der verlockenden Karibikstrände. Dabei lernt man hier noch am ehesten das wahre Panama kennen. Die Menschen, die in den entspannten Kolonialstädten und kleinen Bergdörfern leben, gehören zu den freundlichsten im ganzen Land. Die koloniale Vergangenheit ist unverkennbar: In vielen Siedlungen, die von den Spaniern vor mehr als 400 Jahren gegründet wurden, sind die Kirchen aus jener Zeit noch im Originalzustand erhalten.

In dieser Region werden die ältesten Traditionen Panamas gepflegt. Das ganze Jahr über werden die Feste der Alten Welt gefeiert. Die Wirtschaft der Region beruht vor allem auf der Landwirtschaft. Das Landesinnere ist zudem für ausgezeichnetes Kunsthandwerk bekannt. Und mit Santa Catalina befindet sich hier auch einer der besten Surfspots in ganz Zentralamerika. Landschaftlich äußerst reizvoll sind die malerischen Bergdörfer Santa Fé und El Valle. Die aufstrebende Pedasí-Küste schließlich punktet mit naturbelassenen Stränden und Surfspots.

SANTA FÉ

Das winzige Bergdorf ist das ideale Reiseziel für Wanderer und Vogelbeobachter, die den Massen entfliehen und lieber ihre eigenen Wege gehen wollen.

Zur Abkühlung gibt's jede Menge Gebirgsbäche. 20 Gehminuten vom Dorf entfernt weitet sich der **Río Bulava** zu einem hübschen Badebecken. Geht man an der Gabelung am Südende des Ortes nach rechts und danach den zweiten Weg wieder rechts, kommt man zu einigen schönen Badestellen. Eine halbtägige Wanderung führt zum erfrischend sprudelnden Wasserfall der **Cascada de Bermejo**. Eine genaue Beschreibung des Weges kann das Hostel geben.

Die gastfreundlichen *campesinos* **Chong & María** (☎ 6525-4832; ½ Tag 5 US$/Pers., Mittagessen 2 US$) zeigen Besuchern gerne den kleinen Biobauernhof, den sie mit ihrer Familie betreiben. Unbedingt vorher reservieren!

Inocencio & Pedra Virola (☎ 6738-9906; 30 US$/Pers.) organisieren Touren zu den Ngöbe-Buglé, die am Río Piedra leben.

Ideales Basislager für die Erkundung der Gegend ist das **Hostal La Qhia** (☎ 954-0903, 6592-5589; www.panamamountainhouse.com; B 11 US$, DZ & 3BZ mit/ohne Bad 33/28 US$; Ⓟ). Diese Oase in der Wildnis hat nicht nur einen hübschen Garten und bequeme Betten. Die Besitzer sind auch eine ausgezeichnete Informationsquelle, stellen Karten bereit und geben ausführliche Beschreibungen bezüglich Wanderungen und Bootsfahrten.

Von 5 bis 18 Uhr fahren regelmäßig Busse von Santiago nach Sante Fé (2,40 US$, 1½ Std.). Von Santiago fahren auch häufig Busse nach David (7 US$, 3 Std.) und Panama-Stadt (7,50 US$, 4 Std.).

SANTA CATALINA

Santa Catalina ist ein einfaches Fischerdorf mit einigen Hundert Einwohnern, in dem es sehr gelassen und entspannt zugeht. Die Restaurantszene und das Nachtleben beschränken sich auf eine einzige Open-Air-Pizzeria. Doch in letzter Zeit tauchen immer mehr Schilder von Immobilienmaklern auf, und die Gerüchte reichen vom Bau einer Mega-Ferienanlage mit Flugfeld bis zur Einrichtung eines Naturschutzgebiets und Meeresnationalparks. Es ist schwer zu sagen, wie die Zukunft von Santa Catalina aussieht. Deshalb sollte man es genießen, solange es noch abgeschieden, einsam und unerschlossen ist und „nur" tolle Surfwellen zu bieten hat.

Schlafen & Essen

Wer am Wasser übernachten will, folgt den Schildern an der Straße, die aus dem Ort hinausführt – sie verweisen auf entsprechende Unterkünfte. Die meisten befinden sich auf überwiegend flachem Gelände ohne Schatten, gut 1 km entfernt von der Ortsmitte.

Surfer's Paradise (Camping 5 US$/Pers., DZ/3BZ/4BZ 33/36/44 US$, Luxus-4BZ 100 US$; Ⓟ) Die Gäste des Campingplatzes in den Bergen können nicht nur den ganzen Tag beobachten, wie sich die Wellen am Strand brechen, sondern auch ein Surfbrett mieten (15–20 US$) oder surfen lernen (40 US$/2½ Std.). Um ins Surferparadies zu kommen, geht man an der ersten Abzweigung im Ort nach links und folgt den Schildern.

ISLA DE COIBA – IN DIE VOLLEN!

Mit Ausnahme der Galápagos-Inseln und der Isla de Coco ist kaum ein Reiseziel in Lateinamerika so exotisch (und schwierig zu erreichen) wie dieser Nationalpark im Golf von Chiriquí, 20 km von der Küste entfernt. Coiba ist wirklich eine Welt für sich, mit einem im Ursprungszustand belassenen Ökosystem und einer einzigartigen Fauna. Abgesehen von einer berühmt-berüchtigten Strafkolonie an der Küste war die Insel die letzten 100 Jahre sich selbst überlassen. So haben unerschrockene Traveller heute die Chance, auf dem Pazifik zu paddeln, durch ursprünglichen Regenwald zu wandern, im Meeresschutzgebiet zu schnorcheln und zu tauchen und auf immer seltener werdende Wildtiere zu treffen. Allerdings kommt man nur mit einem Führer auf die Insel, denn es gibt dort praktisch keine touristischen Einrichtungen.

Mehrtägige Touren mit dem Seekajak (3 Tage & 2 Nächte ab 400 US$) organisieren Boquete Outdoor Adventures und Fluid Adventures (s. S. 794).

PANAMA

Cabañas Rolo (☎ 6598-9926; B 10 US$, DZ/3BZ mit Bad 55/65 US$, ohne Bad 40/50 US$; P) Die rustikalen Hütten sind bei jungen Surfern aus der ganzen Welt äußerst beliebt. In jeder Cabaña stehen ein bis drei Betten unter einem Ventilator. Im Gemeinschaftsbad gibt's nur kaltes Wasser, dafür ist aber jede Menge los. Der Morgenkaffee in Raststättenqualität ist kostenlos. Gästen steht auch eine Freiluftküche zur Verfügung. Der Besitzer Rolo Ortega spricht spanisch und englisch, vermietet Surfbretter (10–15 US$/Tag) und organisiert Surfausflüge zur Isla Cébaco (200 US$/Gruppe).

LP Tipp **Hibiscus Garden** (☎ 6615-6097; www.hibiscusgarden.com; EZ/DZ 23/39 US$, ohne Bad 15/25 US$; P) Das freundliche Hotel unter deutscher Leitung befindet sich an der Playa La Gartero, 10 km vor Santa Catalina. Es ist eine Mischung aus modern und rustikal, stilvoll eingerichtet und minimalistisch schlicht. Die Betten bestehen aus wiederverwertetem Treibholz und jedes Zimmer hat eine eigene Terrasse mit Hängematte. Der Strand am Golf von Chiriquí ist ruhig, abgeschieden und gut zum Baden geeignet. Manchen wird der Hibiskusgarten zu weit abgelegen sein, aber für 1 US$ wird man mit der Pferdekutsche, für 5 US$ mit der schnelleren „Flying Sausage" in die Stadt gebracht. Hier wird es nie langweilig, denn man kann reiten (15 US$/3 Std.), surfen lernen und angeln. Im Restaurant gibt's Salate, Sandwiches und ein Tagesessen.

Oasis Surf Camp (☎ 6588-7077; surfoasis@hotmail.com; DZ mit Ventilaor/Klimaanlage 35 US$; Okt. geschl.; P) Das Surferlager unter italienischer Leitung ist eine Institution in Santa Catalina. Kein Wunder, denn die Lage direkt am Strand ist unschlagbar! Die Hütten am schwarzen Sandstrand sind einfach, aber angemessen eingerichtet, haben Kaltwasserduschen und große Hängematten. Das Frühstück (3 US$) und typisch italienische Gerichte (um die 7 US$) werden unter freiem Himmel serviert. Außerdem werden verschiedene Surfboards vermietet (10–15 US$). Das Camp befindet sich an der Playa Estero in der Nähe der Flussmündung, 2 km entfernt von der Hauptstraße Santa Catalinas.

La Buena Vida (☎ 6572-0664; www.labuenavida.biz; Hütte 55–100 US$; P) Die drei freundlichen Hütten zieren Meeresmosaiken und bunte Fliesen, die von den amerikanischen Eigentümern selbst entworfen wurden. Die ganze Anlage wurde von dem Paar mit Perfektion geschweißt, gefliest und gestrichen. Die beiden kümmern sich um jede Kleinigkeit, geben Tipps und Empfehlungen zur Gegend und versorgen ihre Gäste mit Lunchpaketen. Es wird kompostiert und recycelt, und im Atelier für regionale Kunst werden auch die Arbeiten einheimischer Künstler verkauft. Das Buena Vida befindet sich an der Hauptstraße von Santa Catalina.

Pizzeria Jamming (Pizza 5–8 US$; Di–So 18.30–23 Uhr) Heißgeliebte Institution an der Straße, die zu den Hotels am Strand führt. Die köstlichen Pizzas mit dünnem, knusprigem Boden werden mit frischen Zutaten belegt. Die Freiluft-*rancho* ist zudem der lebhafteste Treffpunkt in Santa Catalina.

An- & Weiterreise

Um von Panama-Stadt nach Santa Catalina zu kommen, nimmt man zuerst einen Bus nach Soná, wo dreimal täglich ein Bus nach Santa Catalina abfährt, und zwar um 7, 12 und 16 Uhr (3,80 US$, 1½ Std.). Sofern der Busfahrer nicht unter Zeitdruck steht, fährt er – gegen zusätzliches Entgelt – auch zu den oben aufgeführten Hotels. Wer den Bus in Soná verpasst hat, kann für etwa 30 US$ mit dem Taxi nach Santa Catalina fahren.

Von Santa Catalina nach Soná starten die Busse jeden Tag um 7, 8 und 14 Uhr. Die Bushaltestelle von Santa Catalina befindet sich an der Abzweigung der Straße zum Strand. Taxis gibt es keine in der Stadt, es sei denn, es kommt gerade eines aus Soná an.

CHITRÉ

40 000 Ew.

Die freundliche, cowboymäßige Hauptstadt der Provinz Herrera ist für viele das Tor zur hübschen Península de Azuero.

Sehenswertes & Aktivitäten

Im Zentrum von Chitré befindet sich die einfach gehaltene **Kathedrale**, die sich durch schlichte Eleganz und eine ausgewogene Mischung von Holz und Gold auszeichnet. In der Stadt befindet sich auch das bescheidene **Museo de Herrera** (☎ 996-0077; Ecke Paseo Enrique Geenzier & Av Julio Arjona; Eintritt 1 US$; ⌚ Di–Sa 8–12 & 13–16, So 8–11 Uhr) mit einer kleinen anthropologischen und naturgeschichtlichen Sammlung.

Vogelbeobachter kommen an der **Playa El Agallito** auf ihre Kosten. In dem Wattgebiet, 7 km außerhalb von Chitré, überwintern Tausende von Zugvögeln, die von der **Humboldt Ecological Station** erforscht werden. Besucher dürfen die Ausstellung besichtigen. Tagsüber fährt etwa alle 20 Minuten ein Bus vom Busbahnhof in Chitré an den Strand. Ein einfaches Ticket kostet 0,50 US$. Eine Taxifahrt von der Stadt zum Strand kostet 3 US$.

Schlafen & Essen

In der Stadt stehen jede Menge günstiger Hotels zur Verfügung.

Hotel Santa Rita (☎ 996-4610; Ecke Calle Manuel Maria Correa & Av Herrera; DZ mit/ohne Klimaanlage 22/18 US$; P ❄) Das Hotel war einst eines der ersten der Stadt, ist aber mittlerweile auf der Beliebtheitsskala gesunken – einziger Vorteil ist der Preis. In den Ecken der Zimmer mit den hohen Decken sammeln sich Schimmel und Staub, die Badezimmer riechen nach Desinfektionsmittel. Einige der Zimmer haben einen eigenen Balkon. Außerdem gibt's WLAN und Kabel-TV.

Hotel Rex (☎ 996-4310; Calle Melitón Martín s/n; EZ/DZ 36/49 US$; P ❄ WLAN) Mit der erstklassigen Lage am Parque Union und einem guten Restaurant im Erdgeschoss ist das Rex ein ordentliches Mittelklassehotel. In den sauberen Zimmern mit Fliesenfußboden und Backsteinwänden gibt's frische Handtücher, Thermosflaschen und Fernseher. Zwei Computer mit Internetanschluss stehen ebenso zu Verfügung wie WLAN im ganzen Haus.

Restaurante El Meson (Calle Melitón Martín s/n; Hauptgerichte 4–12 US$; ⌚ 7.15–22 Uhr; WLAN) Auf der langen Speisekarte steht alles Mögliche vom Sandwich über Fleischgerichte bis hin zu Meeresfrüchten. Die Hühnchen-Tacos sind mehr als ausreichend für den kleinen Hunger. Zum traditionellen Frühstück gehören gebratene Palmlilie oder *Tortillas e maiz* mit Eiern und Kaffee. Die Einrichtung besteht aus Glastischen und hohen Holzstühlen.

An- & Weiterreise

Chitré ist ein Knotenpunkt des regionalen Busverkehrs. Ankunft und Abfahrt der Busse ist am **Terminal de Transportes de Herrera** (☎ 996-6426), 1 km südlich der Innenstadt. Die Busse

PANAMA

ABSTECHER: ABGESCHIEDENES AZUERO

Die meisten Traveller reisen über Chitré nach Azuero, dabei hat die Westküste der Halbinsel, die ein paar Stunden südlich von Santiago liegt, einen ganz eigenen Reiz – abseits der ausgetretenen Pfade. Von Dezember bis Februar legen drei Arten von Meeresschildkröten ihre Eier an den Stränden von Malena ab. Um sie zu schützen, können Freiwillige bei der **Malena Beach Conservation Association** (Asociación Conservacionista de Playa Malena; www.playamalena.org; 150 US$/Woche inkl. Unterkunft & Verpflegung) mitarbeiten. Voraussetzung sind Grundkenntnisse der spanischen Sprache. Die Naturschutzorganisation bietet auch Ausritte (10 US$/Std.), Bootstouren und Spaziergänge in der Natur an.

Die luxuriösen Zelte und Zimmer von **Tanager Tourism Ranchos** (☎ 6866-9652, 6667-6447; www.tanagertourism.com; EZ/DZ im Luxus-Zelt inkl. Frühstück 25/20 US$, EZ/DZ inkl. Frühstück 40/55 US$) wurden von einem niederländischen Paar sehr durchdacht angelegt. Die beiden organisieren auch Touren in die Umgebung und unterstützen den nachhaltigen Tourismus in der Region. Von Santiago starten stündlich Busse an die Küste nach Mariato (3 US$, 1½ Std.). Sie fahren über Palmilla und halten bei Tanager Tourism (das hier Casa de los Holandeses genannt wird).

fahren nach Las Tablas (1,25 US$, 40 Min., alle 20 Min.) und weiter nach Pedasí (3,25 US$, 1 Std., stündl.) sowie in andere Orte auf der Halbinsel. Zum Busbahnhof kommt man entweder mit **Radio Taxi** (☎ 996-4442), was 1 bis 2 US$ kostet, oder mit dem „Terminal"-Bus (0,25 US$), der an der Kreuzung der Calle Aminta Burgos de Amado mit der Av Herrera abfährt.

Um von Chitré nach David oder Panama-Stadt zu kommen, nimmt man einen Bus nach Divisa, von wo *directo*-Busse in die jeweilige Stadt fahren (7 bzw. 8 US$, 6 Std.). Die Busse starten alle 30 Minuten bei der Delta-Tankstelle an der Kreuzung zwischen Interamericana und Carretera Nacional.

PEDASÍ

2400 Ew.

Jahrelang erwachte der verschlafene Ort nur während Festen zum Leben. Doch nun entdecken immer mehr Besucher den Reiz des Lebens in der Kleinstadt und die wundervoll wilden Strände. So steht Pedasí praktisch ohne Vorwarnung plötzlich im Mittelpunkt hochfliegender Pläne zur Entwicklung der Südwestküste nach dem Vorbild der Toskana oder Kaliforniens.

Das **ATP-Büro** (☎ 995-2339; 🕑 9.30–17.30 Uhr) mit den hilfsbereiten, aber langsamen Mitarbeitern befindet sich einen Block hinter der Hauptstraße im Norden der Stadt. Theoretisch ist im Büro von **ANAM** (☎ 758-6603, 767-9485; 🕑 Mo–Fr 8–16 Uhr) im Süden der Stadt Informationsmaterial über die Inseln Iguana und Cañas erhältlich, aber der Service hier ist leider miserabel.

Pedasí ist das Einfallstor zur Küste von Azuero. Die nächstgelegenen Strände sind **Playa El Toro** und **La Garita**, die beide über eine 2 km lange Straße zu Fuß oder mit dem Taxi (6–8 US$) zu erreichen sind. Der Ort ist auch ein guter Ausgangspunkt, um das 55 ha große Wildtierreservat **Refugio de Vida Silvestre Isla Iguana** auf der Isla Iguana zu erkunden. Trotz der verheerenden Schäden durch El Niño sind die überlebenden Korallen immer noch ziemlich spektakulär, und das Wasser ist seicht genug zum Schnorcheln.

Schnorcheln und Tauchen vor den vorgelagerten Inseln, die von großen Korallenriffen umgeben sind, stellen auch die Hauptattraktionen von Pedasí dar. Der PADI-zertifizierte **Pedasí Sports Club** (Buzos de Azuero; ☎ 995-2894; www.pedasisportsclub; Calle Central s/n) bietet Tauchgänge mit zwei Flaschen vor der Isla Frailes und der Isla Iguana an (ab 85 US$). Zu den Tauchausflügen nach Iguana werden auch Schnorchler mitgenommen (35 US$). Außerdem hat die Tauchschule eine Flussfahrt mit dem Kajak im Programm und verleiht Kajaks (40 US$), organisiert Angeltouren, Schildkrötenbeobachtung (65 US$) und Reitausflüge (45–65 US$). Die Mitarbeiter sprechen Spanisch, Englisch und Türkisch.

Jahr für Jahr kommen Tausende von Oliv-Bastardschildkröten zur Eiablage auf die **Isla de Cañas** (Eintritt 10 US$). Öffentliche Verkehrsmittel fahren nicht zu der Insel, aber über das ATP-Büro können Touren dorthin organisiert werden.

Das sehr einfache Hotel **Residencial Moscoso** (☎ 995-2203; Av Central s/n; EZ/DZ 20/25 US$; Ⓟ ⛶ 💻) hat saubere, aber abgewohnte Zimmer mit dunklen Fliesen. Das freundliche **Dim's Hostal** (☎ 995-2303; Av Central s/n; EZ/DZ inkl. Frühstück 33/49 US$;

LOS FIESTAS VON AZUERO

Die traditionellen Feste, welche die spanischen Siedler einst nach Azuero brachten, sind heute in ganz Panama bekannt. Nur wenige Ausländer sehen diese wilde Seite des Landes. Auch wenn man dafür ein oder zwei Tage lang heftigste Kopfschmerzen riskiert – diese Partys sind einfach unvergesslich. Hier einige der besten:

- **Karneval** – An den vier Tagen vor Aschermittwoch wird in Chitré, Parita, Las Tablas und Villa de Los Santos gefeiert.
- **Semana Santa** – Im März bzw. April in Pesé und Villa de Los Santos.
- **Feria de Azuero** – Ende April/Anfang Mai in Villa de los Santos.
- **Fiesta de Corpus Christi** – 40 Tage nach Ostern in Villa de Los Santos.
- **Patronales de San Pablo & SanPedro** – 29. Juni in Pedasí und La Arena.
- **Feria de la Mejorana, Festival de la Virgen de las Mercedes** – 23.–27. Sept. in Guararé.

Weitere Infos sind in den Abschnitten zu den einzelnen Städten und Orten in diesem Kapitel und bei den Busfahrplänen von Panama-Stadt (S. 735) zu finden.

(P ⊠ 💻) punktet mit einem herrlichen Innenhof mit Mangobaum und Hängematten. Das Frühstück wird den Wünschen der Gäste gemäß zubereitet.

Bei der Restaurantauswahl sollte man sich von den Empfehlungen der Einheimischen leiten lassen. Das liebenswerte **Restaurante Angela** (Av Central s/n; Hauptgerichte 2,50 US$; ⌚ 7–20.30 Uhr) ist ideal für ein schnelles, landestypisches Mittagessen wie gegrillten Fisch oder Hühnchen oder Shrimps in Knoblauch-Kräuter-Sauce.

Von 6 bis 16 Uhr fährt alle 45 Minuten der Bus nach Las Tablas vor dem Restaurante Angela ab (2 US$, 1 Std.). Die Busse nach Playa Venado (2 US$) starten jeweils um 7, 10 und 12 Uhr.

Playa Venao

Hinter Pedasí verwandelt sich der lange, unter Naturschutz stehende Strand von Playa Venao allmählich in einen richtigen Touristenort, in den vor allem die Surfer strömen und sich an den konstanten Left- und Right-Hand-Breaks erfreuen.

Auf der Urwaldseite der Hauptzufahrtsstraße bietet **Eco Venao** (☎ 832-0530; www.venao.com; Stellplatz 5,50 US$/Pers., B 11 US$, DZ ohne Bad 28 US$, Hütte 44 US$/2 Pers.; P 💻) Unterkünfte im kühlen Bergklima zu angenehmen Preisen. Der Schlafsaal mit acht Betten ist einfach, aber gemütlich. Es gibt Moskitonetze, eine Küche und eine schattige Veranda voller Hängematten. Das Gästehaus im Kolonialstil ist einfach nur schön. Man kann reiten (10 US$), ein Surfbrett (20 US$/Tag) oder Kajak (25 US$/Tag) mieten und Yoga am Strand machen. Surfen im Internet (4 US$) kann teuer werden, aber man ist ja schließlich auch praktisch in der Wildnis. „Eco" bedeutet hier nicht nur Mülltrennung und Wertstoffrecycling, sondern auch den Verzicht auf die Entwicklung der Infrastruktur. Stattdessen wurde das Anwesen weitgehend im Originalzustand belassen. Deshalb führen nur schmale Pfade zum Strand. Auf dem Gelände befindet sich auch ein Wasserfall, den man nach einem 15-minütigen Fußmarsch erreicht.

Die Straße nach Playa Venao zweigt 33 km südwestlich von Pedasí ab. Der Bus von Cañas nach Las Tablas (2 US$) kommt hier morgens zwischen 8 und 9 Uhr und abends in der Gegenrichtung vorbei. Die genauen Zeiten weiß man im Hotel. Wer will, kann auch mit dem Taxi von Pedasí hierher fahren (30 US$).

EL VALLE

6000 Ew.

Das malerische Städtchen El Valle de Antón liegt im Krater eines gigantischen erloschenen Vulkans, der vor 3 Mio. Jahren entstanden ist. El Valle ist ein beliebtes Wochenendziel der Städter, die sich nach frischer Luft und unverbauter Landschaft sehnen. Natürlich kann man hier hervorragend spazieren gehen, wandern und reiten.

Sehenswertes & Aktivitäten

Abgesehen von den Outdoor-Aktivitäten ist die Hauptattraktion von El Valle der sonntägliche **Kunsthandwerksmarkt** (Mercado; ⌚ 8–14 Uhr), auf dem die Ngöbe-Buglé, Kuna, Emberá und Wounaan hochwertige Körbe, Holzarbeiten, Keramiken, Schnitzereien aus Speckstein, Blumen und Pflanzen (u. a. Orchideen) sowie frisches Obst und Gemüse verkaufen.

Das ausgezeichnete **El-Valle-Amphibian Conservation Center** (Evacc; ☎ 6676-8094; www.houstonzoo.org/amphibians) versucht, Amphibien vor dem tödlichen Chytrid-Pilz zu schützen, der Amphibien auf der ganzen Welt bedroht. In dem Schutzzentrum sind viele in Panama heimische Amphibienarten zu sehen, so auch die Gelbe Sattelkröte. Das Zentrum befindet sich auf dem Gelände des Zoos El Níspero, 1 km nördlich der Av Central.

Die ungewöhnlichen *arboles cuaraos* oder **quadratischen Bäume**, für die El Valle berühmt ist, stehen in einem Dickicht entlang eines Wanderweges, der hinter dem Hotel Campestre durch den Osten und Norden des Stadtzentrums verläuft.

Im Westen der Stadt plätschern die (gut ausgeschilderten) **Pozos Termales** (Thermalquellen; Calle los Pozos; Eintritt 1 US$; ⌚ 8–17 Uhr), in denen man einen Nachmittag lang abtauchen kann. Zu dem erst vor Kurzem renovierten Komplex, der in einem abgeschiedenen Waldgebiet liegt, gehört eine Reihe unterschiedlich warmer Quellbecken. Das Wasser soll eine heilende Wirkung haben.

In den Bergen rund um El Valle kann man herrlich wandern und reiten. Residencial El Valle (S. 774) vermietet sowohl Fahrräder als auch Pferde. Die Wege sind gut markiert, da sie häufig von den Einheimischen benutzt werden. Einige der schönsten Wanderwege soll es in der Gegend um **Piedra El Sapo** (Krötenstein), westlich von El Valle in der Nähe von **La India Dormida** (einem Gebirgskamm, der wie eine schlafende Indianerin aussieht), geben. Nicht weit davon, im Stadtteil La Pintada, sind uralte, sehr ungewöhnliche **Felszeichnungen** zu bewundern, die Menschen, Tiere und andere Figuren darstellen.

Der 85 m hohe **Chorro El Macho** (Eintritt 3,50 US$; 🕑 8–16 Uhr) ist der berühmteste Wasserfall von El Valle. Zu dem Wasserfall, der sich 2 km nordwestlich der Stadt befindet, fährt der Bus nach La Mesa (0,35 US$). Von der Straße führt dann ein kurzer Weg zu den Wassermassen, die in ein hübsches Becken mitten im Regenwald hinabstürzen – Badesachen nicht vergessen!

Schlafen & Essen

La Casa de Juan (☎ 6453-9775; www.lacasadejuanpanama.blogspot.com; Calle Cocorron No 4; B/DZ 10/20 US$) Vor der rustikalen Kulisse einer richtigen Männerwirtschaft stehen jede Menge Geländewagen, Wagenräder und Gerätschaften zum Gewichtheben im Freien herum. Das ebenfalls ziemlich heruntergekommene Haus ist überraschend sauber, und der sehr gesellige, gastfreundliche Señor Juan bietet auch geführte Wanderungen an.

Santa Librada (☎ 6591-9135; Av Central; DZ 15 US$) Von dem beliebten Restaurant gleichen Namens führt ein Durchgang zu drei einfachen, aber sauberen und günstigen Doppelzimmern, die ideal für Pärchen sind.

Residencial El Valle (☎ 983-6536; residencialelvalle@hotmail.com; Av Central; DZ/3BZ/4BZ 44/55/66 US$; Ⓟ) Das alteingesessene Hotel im Motelstil bietet Service auf höchstem Niveau. Die Zimmer sind sauber und schnörkellos. Wie das fast identische Hotel Don Pepe nebenan hat es eine schöne Dachterrasse und vermietet Fahrräder. Das hoteleigene Restaurant ist sehr beliebt.

Restaurante Santa Librada (Av Central; Hauptgerichte 2–4,50 US$) Das günstige und freundliche Restaurant serviert nicht nur herzhafte Portionen typisch panamaischer Gerichte wie *bistec picao* (gut gewürztes Rindergeschnetzeltes), sondern auch Sandwiches und Frühstück.

El Valle Gourmet & Coffee Shop (Av Central; Sandwiches 5 US$; 🕑 Do–So 9–18 Uhr) Die leckeren Sandwiches und Smoothies eignen sich auch gut als Proviant für eine Wanderung. Belegt sind die Sandwiches u. a. mit Ziegenkäse, Dörrfleisch und Oliven.

An- & Weiterreise

Von 7 bis 19 Uhr fahren in Panama-Stadt stündlich Busse nach El Valle ab (3,50 US$, 2½ Std.).

Super Musik im Bus! nun 4,20

Die Innenstadt von El Valle ist klein, aber die meisten Sehenswürdigkeiten sind ziemlich weit davon entfernt. Eine Taxifahrt innerhalb der Stadt kostet nicht mehr als 2 US$. Die Busse nach La Mesa (0,35 US$) fahren die Hauptstraße von El Valle entlang und dann weiter am Wasserfall von Chorro El Macho vorbei.

PROVINZ COLÓN

Colón ist selten einmal auf dem Reiseplan von Travellern zu finden, denn die Stadt ist vor allem für ihre hohe Verbrechensrate bekannt. Aber die gleichnamige Provinz am karibischen Meer besteht ja nicht nur aus ihrer berüchtigten Hauptstadt. Die größtenteils unerschlossene und praktisch unzugängliche Provinz Colón erstreckt sich über mehr als 200 km von der Provinz Veraguas im Westen bis zur Inselgruppe der Comarca de Kuna Yala im Osten. Zu ihr gehören auch die spanische Kolonialstadt Portobelo, die einmal den bedeutendsten Hafen der Karibik besaß, und das berühmte tropische Inselparadies der Isla Grande.

So gefährlich die Stadt Colón ist, so anders ist ihre Umgebung: unberührte Strände und flaches, von Regenwald bedecktes Land, prachtvolle Kolonialbauten und moderne Wunder der Technik. Die aufblühende Kunst- und Musikszene in Portobelo ist vor allem vom temperamentvollen Congo geprägt. Und natürlich muss auch der Luxus-Express erwähnt werden, der auf einer der großartigsten Eisenbahnstrecken Amerikas von Panama-Stadt nach Colón fährt.

COLÓN

45 000 Ew.

Längst verfallene koloniale Pracht, ganze Stadtteile, die vernachlässigt werden: Das historische Colón ist die vergessene Stadt Panamas, auch wenn in einzelnen Bereichen umfangreiche Renovierungsarbeiten im Gang sind, um die Schiffe auf Karibikkreuzfahrt gebührend empfangen zu können. Bis 1869 war die Eisenbahnverbindung zwischen Panama-Stadt und Colón die schnellste Möglichkeit, den amerikanischen Kontinent zu überqueren. Doch mit dem Bau der transkontinentalen Eisenbahnlinie in den USA versank Colón praktisch über Nacht in der Bedeutungslosigkeit. Einen letzten Anflug von

Aufschwung erlebte die Stadt, als der Panamakanal gebaut wurde.

In dem Bestreben, die Stadt wiederzubeleben, wurde 1948 mit der Zona Libre ein Freihandelshafen errichtet, der heute die größte Freihandelszone des amerikanischen Kontinents ist. Leider scheint nicht ein Cent der 10 Mrd. US$, die jedes Jahr hier umgesetzt werden, der Stadt außerhalb der hohen Mauern zugute zu kommen. So ist die Zona Libre eine Insel des materiellen Wohlstands inmitten eines Ozeans von Arbeitslosigkeit, Armut und Kriminalität.

Die gut ausgebaute Ruta 3 von Panama-Stadt nach Colón ist eine vierspurige Schnellstraße, die die Fahrzeit über die Landenge erheblich verkürzt hat.

Geschichte

Colón wurde 1850 als Endstation der Panama Canal Railroad an der Karibikküste gegründet, doch schon 20 Jahre später war die Stadt fast vergessen. Am Tiefpunkt des wirtschaftlichen Niedergangs erschienen 1881 die Franzosen in Colón und begannen, einen Verbindungskanal zwischen Atlantik und Pazifik zu bauen. Nur vier Jahre später brannte die Stadt bis auf die Grundmauern nieder. Ein Kolumbianer hatte das Feuer gelegt, um eine Revolution zu entfachen. In den folgenden Jahren wurde Colón komplett im französischen Kolonialstil wiederaufgebaut und erlebte ein zweites goldenes Zeitalter. An Schönheit und Wohlstand konnte die Stadt es durchaus mit Panama-Stadt aufnehmen. Das Leben am oberen Ende der Kanalzone war angenehm und äußerst vorteilhaft,

Das ging gut, bis 1914 der wirtschaftliche Ruin kam. Seitdem versinkt die Stadt immer tiefer in Gewalt und Verderben. Der Großteil der kolonialen Altstadt ist zwar noch erhalten, aber die Gebäude stehen kurz vor dem Zusammenbruch.

Orientierung & Praktische Informationen

Zwei große Hauptstraßen führen von Süden in die Stadt hinein. Am Ortseingang werden sie zur Av Amador Guerrero und Av Bolivar und verlaufen gerade durch die schachbrettartig angelegte Innenstadt. Beide enden kurz vor der Küste im Norden von Colón.

Im rechten Winkel zu diesen *avenidas* verlaufen die von Norden nach Süden durchnummerierten Straßen. Das beginnt mit der Calle 1 am nördlichen Stadtrand und endet mit der Calle 16 im Süden, an der Zufahrt zur Stadt. Die Freihandelszone breitet sich im Südosten aus, nördlich davon befindet sich Colón 2000, der Hafen für die Kreuzfahrtschiffe.

Angesichts der Kriminalität in der Stadt sollte man sich Geld nur am Geldautomaten der BNP-Bank besorgen, der sich im Hafen von Colón 2000 befindet.

Gefahren & Ärgernisse

Trotz des neuen Hafens für die Kreuzfahrtschiffe im Osten der Stadt ist Colón immer noch ein äußerst gefährlicher Ort. Die hohe Kriminalität ist ein echtes Problem. Touristen sollten deshalb extrem vorsichtig sein, wenn sie in der Stadt unterwegs sind. Tagsüber recht sicher sind der Paseo de Washington, die sanierte Uferpromenade und die große Av Bolivár. Bahnhof und Busbahnhof sind weniger als 300 m vom Zentrum entfernt und tagsüber gut zu Fuß zu erreichen. Nach Einbruch der Dunkelheit sollte man grundsätzlich mit dem Taxi fahren.

Sehenswertes

Alle Sehenswürdigkeiten befinden sich außerhalb von Colón (s. S. 776).

ZONA LIBRE

Die Freihandelszone ist ein großes, wie eine Festung gesichertes Gelände, auf dem riesige internationale Unternehmen zollfreie Waren verkaufen. Sie ist nach Hongkong der zweitgrößte Freihandelshafen der Welt. Die meisten Geschäfte sind allerdings Großhandelsunternehmen, die nicht darauf erpicht sind, an Privatleute zu verkaufen. Und ein Schaufensterbummel ist hier auch nicht sonderlich interessant. Viele Traveller ziehen daher enttäuscht wieder ab. Wer dennoch etwas kauft, bekommt die Waren normalerweise erst beim Verlassen des Landes ausgehändigt, denn die Geschäfte hinterlegen sie am Aeropuerto Internacional de Tocumen in Panama-Stadt. Vor Betreten der Zona Libre muss man sich beim Sicherheitsdienst ausweisen.

COLÓN 2000

Das sterile Einkaufs- und Vergnügungsviertel im Osten von Colón wurde vor zehn Jahren gebaut, um die Passagiere der Kreuzfahrtschiffe in die Stadt zu locken. Obwohl dem

Viertel jedes panamaische oder karibische Flair fehlt, ist man dort zumindest sicher und findet eine gute Auswahl von Restaurants und Souvenirläden. Auch ein Spielcasino ist vorhanden.

Schlafen & Essen

In Colón mangelt es nicht an Hotels. Allerdings befinden sich die meisten in den Elendsvierteln, und das bedeutet: gefährliches Pflaster. Die folgenden Hotels werden rund um die Uhr von Sicherheitsdiensten bewacht.

Meryland Hotel (☎ 441-7055; Ecke Calle 7 & Av Santa Isabel; EZ/DZ 50/60 US$; P) Das Businesshotel in einem wuchtigen Steinbau liegt einem hübschen Stadtpark gegenüber. Die kleinen Zimmer mit Fliesenböden sind in goldgelben Farbtönen gehalten und mit Eisenmöbeln eingerichtet. Alle haben Klimaanlagen, Kabel-TV und eigene Bäder mit Warmwasseranschluss. Luxuriös ist das Haus nicht, aber dafür sicher. Abends kann man im hoteleigenen Restaurant essen, muss das Hotel also nicht mehr verlassen.

Radisson (☎ 446-2000; www.radisson.com; Colón 2000; EZ/DZ 119/220 US$; P) Natürlich ist es nicht typisch panamaisch, aber das luxuriöse Kettenhotel hat die besten Zimmer und das freundlichste Personal in ganz Colón. Die Zimmer mit Minibar und Flachbild-TV sind gemütlich und ausreichend stilvoll. Und man kann sich jederzeit im Swimmingpool austoben. Außerhalb der Saison gibt's richtig gute Sonderangebote, die auf der Homepage zu finden sind.

An- & Weiterreise

BUS

Von Panama-Stadt fahren regelmäßig Busse nach Colón (2,50 US$, 1 Std., alle 30 Min.). Sie starten am Albrook-Busterminal.

Der Busbahnhof von Colón befindet sich an der Kreuzung zwischen Calle Terminal und Av Bolívar. Von hier aus fahren Busse in die gesamte Provinz Colón, z. B. nach:

La Guayra (2,85 US$; 2 Std.; stündl.) In La Guayra legen die Boote zur Isla Grande ab.
Nombre de Dios (3,75 US$; 2½ Std.; stündl.)
Portobelo (1,30 US$; 1½ Std.; stündl.)

ZUG

Die **Panama Railway Company** (☎ 317-6070; www.panarail.com; Carretera Gaillard) hat einen luxuriösen Passagierzug mit Glasdach, der entlang des Kanals und durch den Urwald von und nach Panama-Stadt fährt (einfache Strecke/hin & zurück 22/38 US$, 1 Std.). Abfahrt in Colón ist täglich um 17.15 Uhr. Der Bahnhof von Colón befindet sich zwar im Stadtzentrum, sollte aber besser mit dem Taxi angefahren werden. Vom Bahnhof zum Busbahnhof kann man dagegen zu Fuß gehen.

Unterwegs vor Ort

Generell sollte man in Colón möglichst nicht zu Fuß unterwegs sein. Zum Glück ist es kein Problem, am Bahnhof, Busbahnhof oder in der Zona Libre ein Taxi zu bekommen. Fahrten innerhalb der Stadt kosten etwa 1 US$.

RUND UM COLÓN

Gatún-Schleusen

In den **Gatún-Schleusen** (Eintritt frei; 8–16 Uhr) etwa 10 km südlich von Colón werden die nach Süden fahrenden Schiffe um 29,5 m auf das Niveau des Lago Gatún angehoben. Danach fahren die Schiffe 37 km weiter bis zu den Pedro-Miguel-Schleusen, wo sie wieder um 9,3 m abgesenkt werden, um auf das Niveau des kleinen Lago Miraflores zu kommen, der sich zwischen den beiden Pazifik-Schleusen befindet. Schließlich werden die Schiffe in den Miraflores-Schleusen wieder auf Meereshöhe abgesenkt.

Die größte der drei Schleusenanlagen ist die Gatún-Schleuse, deren Abmessungen wirklich schwindelerregend sind. In seinem hervorragenden Buch *The Path Between the Seas* vermerkt David McCullough, dass eine einzige, aufrecht gestellte Schleusenkammer zur Zeit der Erbauung des Panamakanals das höchste Bauwerk der Erde gewesen wäre, mehrere Meter höher noch als der Eiffelturm.

Von der gut platzierten Aussichtsplattform gegenüber dem Kontrollturm aus kann man die Schleusen beobachten. Der ganze Hebevorgang dauert etwa zwei Stunden. Dieser Abschnitt ist vermutlich der interessanteste der gesamten Passage. Eine Broschüre in Englisch beschreibt recht gut, was geschieht.

Am Busbahnhof von Colón fahren stündlich Busse zu den Gatún-Schleusen ab (1,25 US$, 20 Min.). Wer mit dem Taxi kommt, kann sich nach Besichtigung der Schleusen noch zum 2 km entfernten Gatún-Staudamm fahren lassen. Die Fahrt von Colón zu den Schleusen, zum Damm und zurück sollte etwa 60 US$ pro Taxi kosten. Den Preis unbedingt vor der Fahrt vereinbaren!

Parque Nacional San Lorenzo

Der 97 km² große **Nationalpark** (www.sanlorenzo.org.pa) erstreckt sich rund um die Ruinen der zerfallenden spanischen Festung Fuerte San Lorenzo und bis hinunter zur Mündung des Río Chagres. Auf diesem Fluss segelte 1671 der walisische Pirat Henry Morgan durch das Landesinnere bis ins damalige Panama, um die Vorgängerin der heutigen Hauptstadt zu plündern.

Die Festung San Lorenzo wurde aus Korallenblöcken gebaut und mit schweren Kanonen bestückt, die heute noch zu sehen sind. Dabei entdeckt man zwischen den vielen spanischen Kanonen auch eine britische – ein Überbleibsel aus der Zeit, als britische Piraten das Fort einnahmen. Das Fort mit Schutzgraben, Kanonen und gewölbten Decken in den Räumen ist größtenteils noch gut erhalten.

Leider fahren von Colón aus keine öffentlichen Verkehrsmittel zum Fuerte San Lorenzo. Die Hin- und Rückfahrt mit dem Taxi kostet etwa 40 US$.

PORTOBELO

4100 Ew.

Kaum zu glauben, aber wahr: Das träge, lässig entspannte karibische Fischerdorf war einmal der größte spanische Hafen in ganz Zentralamerika. Maultiere transportierten das Gold aus Peru und die Schätze des Orients an den Festungen von Portobelo vorbei über die Landenge zur anderen Küste. Obwohl zahlreiche Forts im Laufe der Zeit immer wieder von englischen Freibeutern zerstört wurden, sind doch erstaunlich viele heute noch zu sehen. Die Überreste sind im ganzen Dorf verteilt, dazwischen stehen Wohnhäuser – sehr stimmungsvoll!

Kulturelle Konkurrenz bekommt die koloniale Atmosphäre derzeit vom afrokaribischen Congo, das gerade in Portobelo einen enormen Aufschwung erlebt. Besucher können außerdem die weitläufigen Ruinenfelder besichtigen, mit dem Boot zu abgelegenen Stränden fahren oder nach Sehenswertem unter Wasser tauchen.

Geschichte

Portobelo, der „schöne Hafen", erhielt seinen Namen 1502 von Kolumbus, als dieser auf seiner vierten Reise in die Neue Welt hier einen Zwischenstopp einlegte. In den folgenden 200 Jahren war Portobelo der bedeutendste spanische Hafen der Karibik.

In dem Bestreben, den Transport der spanischen Schätze zu unterbinden, zerstörte der britische Admiral Edward Vernon 1739 die Hafenstadt. Die entmutigten Spanier gaben den Weg über die Landenge von Panama tatsächlich auf und begannen stattdessen, das Gold und andere Schätze auf dem langen Weg rund um Kap Hoorn von der und an die Westküste Südamerikas zu transportieren.

Obwohl Portobelo 1751 wieder aufgebaut wurde, erreichte es nie wieder seine frühere Bedeutung und wurde mit der Zeit eine echte Ruinenstadt. Das äußere Fort wurde abgetragen, um mit dem Material den Panamakanal zu bauen, wobei die größten Steine für den Bau der Gatún-Schleusen verwendet wurden. Ein erstaunlich großer Teil der Stadt ist dennoch gut erhalten und steht mittlerweile unter Denkmalschutz. Außerdem wurde ein Nationalpark eingerichtet.

Orientierung & Praktische Informationen

Das 43 km von Colón entfernte Portobelo besteht aus gut 15 Blocks von Häusern und Geschäften, die eine befestigte zweispurige Straße säumen. In Richtung Westen trifft diese Straße in Sabanitas, 33 km von Portobelo entfernt, auf die Verbindungsstraße zwischen Panama-Stadt und Colón.

In Richtung Osten gabelt sich die Straße nach 9 km. Die linke Abzweigung führt nach 11 km in das Dorf La Guayra, wo die Boote zur Isla Grande ablegen.

Das Büro der **ATP** (☎ 448-2200, 6485-7028; 🕑 Di–Fr & So 9.30–17.30 Uhr) nahe der Hauptstraße hält gutes Informationsmaterial bereit. Mireya Jimenez erteilt zudem Auskünfte zu Congo-Tanz-Workshops und zu Freiwilligenarbeit an der örtlichen Schule. Es wird nur Spanisch gesprochen. Gegenüber der Touristeninformation ist ein **Internetcafé** (1,50 US$/Std.; 🕑 Mo–Fr 8.30–16 Uhr) mit einer kleinen Bibliothek.

Sehenswertes

Die Überreste der beiden Festungen **Fuerte San Jerónimo** und **Fuerte Santiago** befinden sich etwas außerhalb des Ortes, die Ruinen des **Fuerte San Fernando** erheben sich auf einer Grasfläche auf der gegenüberliegenden Seite der Bucht. Im Fuerte Santiago, 500 m westlich vom Stadtzentrum gelegen, sind noch Unterkünfte der Offiziere, der Geschützstand, Wachhäuschen, die Kaserne und Kanonen zu sehen. Steigt man den Hügel hinter dem Fort

PANAMA

Inselflughafen El Porvenir 'Δ45 Vollpension
EL PORVENIR 'Hotel El Porvenir' Touren zu Inseln Flug $140

hinauf, hat man einen herrlichen Blick auf die Ruinen und die Bucht. Besser erhalten als das Fort Santiago ist das Fuerte San Jerónimo mitten in Portobelo.

Das ehemalige Zollhaus **Real Aduana de Portobelo** (Zollhaus; Eintritt 1 US$), das auch als *contauría* (Kontor) bezeichnet wird, wurde schön restauriert und beherbergt nun eine interessante Ausstellung zur Geschichte von Portobelo sowie ein dreidimensionales Modell der gesamten Gegend.

In der großen, 1776 erbauten **Kolonialkirche** steht eine lebensgroße Statue des Schwarzen Christus, der angeblich Wunder vollbringen kann.

In der Nähe von Portobelo gibt es auch zwei schöne Strände: die schwarzsandige **Playa Maria Chiquita** und die **Playa Langosta** mit weißem Sand.

Aktivitäten

Das Wasser hier ist nicht ganz so spektakulär klar wie anderswo. Dennoch genießt Portobelo einen guten Ruf als Tauchgebiet. Grund dafür sind vor allem die Wracks eines 33 m langen Frachters und eines zweimotorigen Kleinflugzeugs.

Ein Tauchkurs im offenen Meer kostet 275 US$, ein Entdeckungstauchgang für Anfänger 110 US$. Wer abtauchen möchte, sollte vorher anrufen oder den Kurs übers Internet buchen. **Scubaportobelo** (☎ 261-3841; www.scubapanama.com) bietet All-inclusive-Pakete in Sachen Gerätetauchen.

Festivals & Events

Jedes Jahr zum 21. Oktober zieht es Hunderte von Pilgern zum **Fest des Schwarzen Christus**. Viele der Gläubigen sind in das gleiche dunkle Purpur gekleidet wie die Christusstatue, die durch die Stadt getragen wird. Die Prozession beginnt um 18 Uhr, danach wird in den Straßen gefeiert. Interessant ist es auch, hier die **Semana Santa** zu erleben.

Das faszinierendste Fest in Portobelo aber ist das **Festival de Diablos y Congos** (www.diablosycongos.org), bei dem das Aufbegehren gegen die spanischen Kolonialherren gefeiert wird, die dabei hemmungslos verhöhnt werden. Bei dem Fest schlüpfen schwarze Dorfbewohner in die Rolle der geflohenen Sklaven und machen „Gefangene". In manchen Jahren fällt das Fest, das zwei Wochen nach Karneval stattfindet, mit der Feier zu Ehren des Schutzheiligen von Portobelo am 20. März zusammen.

INSIDERTIPP

„Wer das echte Portobelo erleben will, muss zum **Festival de Diablos y Congos** kommen, bei dem wir unsere *cimarrón*-Vorfahren feiern. Die ehemaligen Sklaven überlebten nur durch Flucht und Rebellion. Wir tanzen Congo, allerdings nicht im besten Sonntagsstaat, sondern in wild zusammengefügten Lumpen. Und wir sprechen rückwärts, genau wie es die *Cimarrones* taten, um die Spanier in die Irre zu führen. Überleben bedeutet Freiheit. Das kann man hier wunderbar miterleben."

Aristela Blandon, Portobelo

Außerdem wird immer am letzten Sonntag des Monats eine **Afro-Messe** gefeiert. Dabei wird in den Straßen regionales Essen und traditionelles Kunsthandwerk präsentiert.

Schlafen & Essen

Manche Familien im Ort vermieten Zimmer, die sie entbehren können, für rund 15 US$ – vor allem während der Feste. Die ATP hilft bei der Vermittlung (S. 777).

Coco Plum Eco Lodge (☎ 448-2102; www.cocoplumpanama.com; EZ/DZ/3BZ 45/55/65 US$; Ⓟ ❄) Das hübsche, freundliche Hotel im Motelstil gibt es schon seit Jahren. Als wir hier recherchierten, gab es im zugehörigen Tauchladen gerade einen Besitzerwechsel. Das Haus an der Küste ist mit Meereskitsch – Netze, Muscheln, Pastellfarben – dekoriert, was aber gemütlich wirkt. Im Gemeinschaftszimmer gibt's einen Fernseher und ein paar Spiele. Das hoteleigene Restaurant mit Bar (Hauptgerichte 7,50–15 US$) ist bei Travellern sehr beliebt. Unbedingt probieren: Oktopus in Kokosmilch oder Meeresfrüchteeintopf!

Scubaportobelo (☎ 448-2147; www.scubapanama.com; DZ 50 US$, DZ/4BZ in Hütten 61/72 US$; Ⓟ ❄) Auch Nichttaucher sind in der gemütlichen Unterkunft am Meer willkommen. In einem neuen Gebäude stehen motelartige Doppelzimmer mit Balkon, elektrisch beheizter Dusche und Klimaanlage zur Verfügung. Die hübschen Hütten sind wirklich bezaubernd, aber winzig klein und daher nur für Paare oder Familien mit kleinen Kindern geeignet.

LP Tipp **Casa de la Bruja** (☎ 226-2035; sandraeleta@gmail.com; DZ 50 US$, Dachwohnung für 4 Pers. 75 US$, Haus mit 2 Schlafzi. 150 US$; Ⓟ ❄) Die recht außergewöhnliche Herberge war einmal das kühle

PANAMA

Wohnhaus eines Fotografen. Eigentlich besteht es aus zwei schönen, großen Häusern, die nebeneinander auf einer Rasenfläche mit Blick aufs Meer stehen. In den hellen, offenen Räumen sind Fotografien und einheimische Congo-Kunst zu sehen. Die Gäste können in der schönen Küche selbst kochen oder sich gegen Bezahlung bekochen lassen. Vor Ort werden Schnorchel- und Besichtigungsausflüge angeboten. Oder man lernt karibisch kochen im Workshop von Doña Cecelia (15 US$/Pers.).

An- & Weiterreise

Die Busse nach Portobelo (1,30 US$, 1½ Std., alle 30 Min.) fahren von 6.30 bis 18 Uhr am Busbahnhof in Colón ab.

Von Panama-Stadt nach Portobelo muss man nicht unbedingt über Colón fahren. Man nimmt zwar den Bus in Richtung Colón, steigt aber schon beim Supermarkt El Rey in Sabanitas, 10 km vor Colón, aus. Dann fährt man mit dem nächsten Bus aus Colón, der in Sabanitas hält, weiter nach Portobelo (1 US$, 1¼ Std.). Da dieser Bus meistens voll ist, sollte man möglichst wenig Gepäck mitnehmen.

ISLA GRANDE

Palmen am weißen Sandstrand sind das Kennzeichen der traumhaften Insel, 15 km nordöstlich von Portobelo. Kein Wunder, dass sie ein beliebter Zufluchtsort für die Städter aus Panama-Stadt ist! Hier kann man herrlich schnorcheln, tauchen oder einfach die entspannte Stimmung der Insel genießen. Etwa 300 Menschen afrikanischer Abstammung wohnen ständig auf der Insel, wo sie mehr schlecht als recht vom Fischfang und von Kokosnüssen leben. Beides werden Traveller kosten dürfen, wenn sie die ausgezeichnete Inselküche probieren.

TOP FIVE: ABSCHALTEN IN PORTOBELO

- Mit einem Wassertaxi nach Puerto Francés fahren, am einsamen Strand schwimmen und durch den Urwald wandern.
- Im Korallenriff über versunkenen, spanischen Kanonen schnorcheln.
- Mit dem Kajak auf dem friedlichen Río Claro paddeln.
- Vom Fuerte de San Fernando aus den Sonnenuntergang beobachten.
- Im heißen Congo-Workshop zu coolen afrikanischen Trommelrhythmen abtanzen.

in Nähe

Aktivitäten

Die schönen **Strände** im Norden der Insel erreicht man per Boot (die Wassertaxis legen an der Pier vor den Cabañas Super Jackson ab) oder per pedes (es gibt einen Rundweg, der an der Küste der 5 km langen und 1,5 km breiten Insel verläuft, sowie einen rutschigen Pfad quer durchs Landesinnere).

Gut **surfen** kann man vor La Guayra, wo sich tolle Reefbreaks nach links und rechts brechen. Ein Wassertaxi übernimmt den Transport.

Der Weg quer über die Insel führt direkt zum **Bananas Village Resort** (☎ 263-9766; www.bananasresort.com), wo man für 35 US$ alle Einrichtungen nutzen darf sowie einen Begrüßungscocktail und Mittagessen bekommt. Schöne Schnorchel- und Tauchgründe liegen nur eine zehnminütige Bootsfahrt von der Insel entfernt. Das **Isla Grande Dive Center** (☎ 223-5943), 50 m westlich der Cabañas Super Jackson, veranstaltet Tauchgänge rund um die Insel und im Archipel von San Blás.

Die Bootsbesitzer an der Anlegestelle vor den Cabañas Super Jackson nehmen Traveller für 30 US$ auf halbtägige Abenteuertouren mit. Die Angebote sind recht verlockend: Touren in die Mangrovenwälder im Osten der Isla Grande oder schnorcheln vor den Küsten der Inselchen in der Umgebung …

Festivals & Events

Alljährlich am 24. Juni wird das **Festival von Johannes dem Täufer** mit Schwimm- und Kanuwettbewerben gefeiert. Am 16. Juli wird die **Virgen del Carmen** mit Prozessionen zu Land und zu Wasser sowie mit Massentaufen und Gottesdiensten geehrt.

Karneval wird hier nicht so ausgelassen gefeiert. Zu den traditionellen Tänzen kommen satirische Lieder zu aktuellen Ereignissen. Außerdem wird in der Tradition des karibischen Calypso gescherzt.

Schlafen & Essen

Cabañas Super Jackson (☎ 448-2311; DZ mit Ventilator/Klimaanlage 20/35 US$;) Das direkt am Hauptpier gelegene Wahrzeichen der Isla Grande

PANAMA

Bambu GH Puerto Lindo am Wald schön

hat eine Handvoll günstiger, freundlicher Zimmer mit eigenem Bad. Es gibt sicher gemütlichere Unterkünfte auf der Insel, aber der Preis, die günstige Lage und der witzige Name sind einfach unschlagbar.

Hotel Sister Moon (☎ 236-8489; www.hotelsistermoon.com; EZ/DZ inkl. Frühstück 49/98 US$;) Zehn Gehminuten östlich vom Super Jackson verteilen sich die Hütten dieser Anlage an einem Berghang am Ende der Insel. Jede Hütte hat eine eigene Veranda, auf der sanft die Hängematten schaukeln. Der Blick auf raschelnde Palmen und hohe Wellen ist traumhaft. Im Hotelrestaurant mit Bar, das hoch über dem Meer thront, gibt's die mit Kokosnussmilch zubereiteten Meeresfrüchte, für die die Insel so bekannt ist.

An- & Weiterreise

Von Colón fahren stündlich Busse nach La Guayra (2,50 US$, 1½ Std.). Die zehnminütige Bootsfahrt von La Guayra zur Isla Grande kostet zwischen 3 und 5 US$. Die Parkgebühren liegen bei 2,50 US$/Tag.

PANAMA

COMARCA DE KUNA YALA

Herrlich: türkisblaues Wasser und eine Insel für jeden Tag des Jahres! Mit den weißen Sandstränden und den sich im Wind wiegenden Palmen ist dieser Archipel wirklich das reinste Paradies. Die Comarca de Kuna Yala ist die Heimat der Kuna, einer autonomen, indigenen Volksgruppe, die den Archipiélago de San Blás ohne allzu große Einmischung seitens der panamaischen Regierung selbst verwaltet. Die Kuna errangen als erste indigene Volksgruppe Lateinamerikas eine solche Unabhängigkeit und gelten heute als einzigartiges Beispiel einer erfolgreichen Selbstverwaltung der indigenen Bevölkerung.

Zur Comarca, die sich als schmaler, 226 km langer Streifen an der karibischen Küste entlangzieht, gehört der Archipiélago de San Blás, der sich vor der Küste vom Golfo de San Blás bis zur kolumbianischen Grenze erstreckt. Die Mehrheit der Inseln ist wunderbar idyllisch, aber nur die Inseln der Kuna-Gemeinschaft sind auch bewohnt. Die winzigen Inselchen voller Bambushütten, Menschen und Nutztiere sind von grundlegender Bedeutung für den starken Gemeinschaftssinn der Kuna. In Sachen Tourismus verfolgen die Kuna einen streng protektionistischen Kurs: Ausländer (auch Panamaer) dürfen hier keine Geschäfte machen und Besucher müssen oft „Eintritt" für die Inseln bezahlen.

Denn San Blás ist schon lange nicht mehr das Touristenziel abseits der großen Massen. Seit die Straße nach Cartí 2009 fertiggestellt wurde, ist die Gegend noch besser erreichbar. Aber Besucher haben immer noch die Wahl zwischen dem pulsierenden Leben der Gemeinschaft und völliger Abgeschiedenheit.

GESCHICHTE

Seit mindestens zwei Jahrhunderten leben die Kuna im Osten Panamas. Über ihre Ursprünge wird in Expertenkreisen heftig gestritten. Ähnlichkeiten mit der Sprache eines Volkes, das einst ein paar Hundert Kilometer weiter westlich lebte, deuten darauf hin, dass die Kuna von West nach Ost gewandert sind. Laut mündlicher Überlieferung sind die Kuna aber irgendwann nach 1600 von Kolumbien nach San Blás eingewandert, nachdem sie von anderen Stämmen wiederholt mit Giftpfeilen aus Blasrohren attackiert worden waren.

Alle Experten stimmen aber darin überein, dass das Volk noch nicht allzu lange auf den Inseln lebt. Noch Ende des 18. Jhs. notierten Historiker, dass zu jener Zeit auf den Inseln von San Blás nur Piraten, Spanier und der eine oder andere Entdecker lebten.

Heute gibt es schätzungsweise 70 000 Kuna, von denen 32 000 auf den Inseln des autonomen Gebiets leben. 8000 Kuna wohnen auf Stammesland entlang der Küste und die restlichen 30 000 außerhalb der Comarca. Die auf den Inseln ansässigen Kuna sind so gemeinschaftsbewusst, dass sie nur 40 der 400 Inselchen besiedeln, der Rest bleibt dem Anbau von Kokospalmen sowie Meeresschildkröten und Leguanen vorbehalten. Auf den bewohnten Inseln stehen traditionelle Bambushütten mit Palmblattdächern dicht an dicht. Die sanitären Einrichtungen sind oft unzureichend.

Früher ernährten sich die Kuna von frisch gefangenem Fisch, Hummer, Garnelen, Königskrabben, Oktopus und sonstigen Meeresfrüchten. Dazu gab es Getreide, Reis und Feldfrüchte wie Süßkartoffeln, Yucca, Bananen und Ananas, die auf dem Festland angebaut wurden. Heute wird diese traditionelle Ernährung durch Lebensmittel ergänzt, die bei vorbeikommenden kolumbianischen Schiffen gegen Kokosnüsse eingetauscht werden.

Österreicher: SY Coolrunning II
Segeln ab 70 € p Tag
Georg Sandor 507-6349303

ORIENTIERUNG

Bis vor Kurzem konnte man praktisch nur mit dem Flugzeug in die Comarca reisen. Diese Unzugänglichkeit trug viel dazu bei, die traditionelle Kultur der Kuna zu bewahren. Seit die Straße nach Cartí fertig ist, können Besucher vom Festland mit einem Allradtaxi bis zur Küste fahren und dann mit einem Boot zu den Inseln übersetzen. Das klassische Tor zu den San-Blás-Inseln ist der Flughafen von El Porvenir im Nordwesten der Provinz. Von hier geht es mit Booten weiter zu den Inseln, auf denen sich einfache Hotels befinden. Wer auf einer der weiter entfernten Inseln bleiben möchte, kann auch bis Río Sidra oder Playón Chico fliegen.

PRAKTISCHE INFORMATIONEN

Auch wenn ein Abstecher zum Archipiélago de San Blás ein großes Loch in die Reisekasse reißt, lohnt es sich wirklich, diese karibischen Inseln mit ihrer großartigen Kultur zu erkunden. Die Preise sind sehr unterschiedlich, aber wer sich auf günstige Hotels beschränkt, kann mit etwa 45 US$ pro Tag auskommen. Darin enthalten sind Unterkunft, Verpflegung und ein Bootsausflug pro Tag.

Aufgrund der wenigen Flüge, die in der Region angeboten werden, sollte man so frühzeitig wie möglich buchen. Es empfiehlt sich auch, die Übernachtungen im Voraus zu reservieren, zumal Pauschalangebote in der Comarca fast Standard sind. Auch sollte man unbedingt noch einen Geldautomaten aufsuchen, bevor man sich auf die Inseln begibt.

Die Kuna achten sehr genau darauf, was Ausländer auf ihren Inseln so treiben (s. S. 783). Traveller müssen sich registrieren lassen und auf den Hauptinseln eine Besuchergebühr bezahlen (3–12 US$) Auf den kleineren Inseln in Privatbesitz müssen Traveller den Besitzer ausfindig machen, sich eine

LEBEN BEI DEN KUNA

Die Preise für eine Übernachtung auf den Inseln der Comarca sind nicht mit denen auf dem Festland zu vergleichen. Eine Nacht in einer strohgedeckten Hütte mit feinsandigem Fußboden kann zwischen 30 und 130 US$ kosten. Wie kommt das?

Meistens sind der Zugang, die Umgebung und die Organisation ausschlaggebend. Auf den dicht besiedelten Inseln der Gemeinschaft findet man eher eine günstige Unterkunft, die jedoch nicht wirklich der allgemeinen Vorstellung von einem tropischen Paradies entspricht. Ferieninseln sind im Allgemeinen teurer und bieten nicht die Möglichkeit, mit den Einheimischen in Kontakt zu kommen. Bei der Planung der Reise sollte man sich also über die eigenen Beweggründe im Klaren sein und Folgendes beachten:

- **Umgebung** Gibt es auf der Insel Schatten? Einsame Abgeschiedenheit? Gibt es schöne Badestrände oder muss man immer mit dem Boot zum Baden oder Schnorcheln fahren?
- **Zugang** Ist die Insel so weit entfernt, dass man immer teure Transportmittel braucht, um etwas zu unternehmen?
- **Gastfreundschaft** Am besten fragt man andere Traveller nach ihren Erfahrungen.
- **Wasser** Kann man es trinken? Eventuell einen Wasserfilter mitnehmen!
- **Badezimmer** Gibt es moderne sanitäre Einrichtungen oder ist die Toilette ein Plumpsklo am Ende des Bootsanlegers?
- **Sicherheit** Sind die Ausflugsboote mit Rettungswesten und guten Motoren ausgestattet?

Im Übernachtungspreis sind im Allgemeinen drei Mahlzeiten (ohne Getränke) enthalten sowie ein Ausflug pro Tag (z. B. Schnorcheln, Besuch eines Dorfes) und der Transfer vom und zum Flughafen oder nach Cartí. Das sollte man sich im Voraus bestätigen lassen. Gebühren für den Besuch von Inseln der Kuna und für Trinkwasser können noch dazukommen. Es empfiehlt sich in jedem Fall, etwas zu essen, Insektenschutz, ein Erste-Hilfe-Set und eine Taschenlampe mitzunehmen. Von April bis November sind die Preise im Allgemeinen niedriger.

Bei der Buchung sollte man bedenken, dass es kaum Internetanschlüsse gibt und eine Handynummer nichts mehr wert ist, wenn das Telefon aus Versehen ins Meer gefallen ist. Begegnet man den Gastgebern mit guter Laune und Geduld, werden sie das hundertfach zurückgeben.

Erlaubnis ausstellen lassen und eine Gebühr bezahlen (etwa 2 US$).

Ebenso muss man hier für jedes Foto bezahlen, das man von den Kuna aufnimmt. Wer jemanden fotografieren möchte, muss die Person(en) erst um Erlaubnis fragen. Meist werden dann 1 US$ pro fotografierter Person verlangt, einige Kuna wollen auch 1 US$ pro Foto. Fotografiert man den Kunsthandwerker, bei dem man gerade etwas gekauft hat, kostet das normalerweise nichts, das kommt aber natürlich auf den jeweiligen Kunsthandwerker an. Auf einigen Inseln müssen Besucher schon für den Besitz einer Videokamera 50 US$ bezahlen!

AKTIVITÄTEN

Bei den meisten Hotels bucht man ein Komplettpaket. Darin enthalten sind das Zimmer, drei Mahlzeiten am Tag und Bootsfahrten zum Schwimmen, Schnorcheln oder Faulenzen an die Strände der Nachbarinseln. Wer in einer Dorfgemeinschaft leben will, besucht eine der dichter besiedelten Inseln. Bevor man sich allerdings von einer solchen dicht besiedelten Insel aus in die Fluten stürzt, sollte man einen Blick auf die aufs Meer hinausgebauten Klohäuschen werfen – der eine oder andere wird sich den Sprung ins kühle Nass dann noch einmal überlegen.

Es gibt gute Schnorchelgründe, aber die Korallenriffe der Gegend sind stark beschädigt. Die Hotels vermieten oft Schnorchelausrüstungen, aber echte Schnorchler bringen ihre eigene mit. Für Wanderer bieten sich Ausflüge in die Urwälder des Festlandes an, die aber nicht ohne Führer unternommen werden sollten. All diese Aktivitäten sind gut und schön, aber die meisten Traveller kommen nach Kuna Yala, um die karibische Sonne zu genießen und ihren Hängemattenschwung zu perfektionieren.

SCHLAFEN & ESSEN

Um ihre Kultur zu schützen und zu bewahren, erließ die Regierung der Kuna vor einigen Jahren ein Gesetz, das es Außenstehenden verbietet, Land in der Comarca zu erwerben. Daher sind die Hotels in der Comarca zu 100 % im Besitz einheimischer Familien.

Empfehlungen bezüglich der Unterkunft finden sich auf S. 782. Da es keine Restaurants gibt, bereitet jedes Hotel Mahlzeiten für seine Gäste zu. Ganz oben auf dem Speiseplan stehen Meeresfrüchte. Die Qualität ist sehr unterschiedlich, da die Bestände durch Überfischung stark zurückgegangen sind. Dafür gibt es immer reichlich frische Kokosnüsse. Es empfiehlt sich, zur Sicherheit ein paar abgepackte Snacks mitzubringen.

Die folgenden Hotels sind nicht nach dem Preis, sondern nach ihrer Lage (von West nach Ost) geordnet aufgeführt:

Hotel Corbiski (☎ 6708-5254; www.corbiski.com; Zi. inkl. 3 Mahlzeiten & Tour 45 US$/Pers.) Neues Hotel mit Bambuswänden und Laminatfußboden auf einer geschäftigen Gemeindeinsel. Die Zimmer sind sauber und geräumig; die ebenso sauberen Gemeinschaftsbäder befinden sich in Betongevierten. Im Preis enthalten sind gefiltertes Wasser und der Transfer von und nach Cartí oder Porvenir. Eigentümer Elias Pérez ist auch der Direktor der Schule, spricht Englisch, kann Ausflüge in die Umgebung organisieren und bei der Vermittlung von Freiwilligenarbeit an der Schule behilflich sein.

Cartí Homestay (☎ 6734-3454, 6517-9850; www.cartihomestay.blogspot.com; Zi. inkl. 3 Mahlzeiten & Tour 30 US$/Pers.) Das beliebte, auf Backpacker eingerichtete Hostel auf einer dicht besiedelten Gemeindeinsel ist freundlich und gemütlich. Es ist sicher der beste Ort, um mit jungen Kuna ins Gespräch zu kommen. Die aufblasbare Jägermeister-Flasche in der Ecke ist allerdings ein Hinweis darauf, welche Art von kultureller Interaktion hier zu erwarten ist. Die Besitzer können auch Segeltörns nach Kolumbien arrangieren.

Robinson's Cabins (☎ 6721-9885; Zi. inkl. 3 Mahlzeiten & Tour 30 US$/Pers.) Die Hütten nehmen einen Teil der Insel Naranjo Chico ein. Hier gibt es wenig zu unternehmen, aber beim Essen am Picknicktisch im Freien kann man sich herrlich mit anderen Travellern austauschen. Als wir recherchiert haben, wurden gerade Rohrleitungen in den Badezimmern verlegt. In der Nebensaison gibt's Preisnachlässe. Der Transfer nach Cartí kostet immer extra (15 US$). Wenn das Robinson belegt ist, kann man auf das Hotel der Kusine Ina des Besitzers nebenan ausweichen – hier gibt's die gleichen Leistungen zum selben Preis. Da das Hotel aus einer früheren Unterkunft hervorgegangen ist, die „Robinson's Island" hieß, kann es den Bootsführer verwirren, wenn man sagt, wohin man will. Zu erreichen ist das Hotel über Cartí, El Porvenir oder Río Sidra.

LP Tipp **Cabañas Kuanidup** (☎ 6635-6737, 6742-7656; Zi. inkl. 3 Mahlzeiten & Tour 75 US$/Pers.) Die Bambushütten mit Strohdach und feinsandigem

Hostal NADI (bei El Porvenir) holt ab aus Pan-City
4 Tage PP $ 340

Fußboden werden über Sonnenkollektoren mit Energie versorgt und besitzen eigene Bäder. Das Hotel ist äußerst professionell geführt. Die Boote sind sicher. Gefiltertes Trinkwasser ist im Preis inbegriffen. Zu den interessanten Ausflügen im Angebot gehören Nachttauchen, Wanderungen zu einem Wasserfall und ein Besuch der preisgekrönten Cayos Holandeses oder der Nudisteninsel nebenan. Die Insel verfügt über einen schönen Strand und man kann auch Volleyball spielen, aber die meisten Besucher verbringen den Tag am liebsten in den sanft schaukelnden Hängematten. Der lokale Transfer ist im Preis inbegriffen. Zu erreichen ist das Hotel über Cartí, El Porvenir oder Río Sidra.

Cabañas Tigre (☎ 333-2006; Zi. 10 US$/Pers., Kind 5 US$) Die Bambushütten mit Strohdach, die am ruhigen Ende einer hübschen Gemeindeinsel stehen, haben Betonfußböden und Gemeinschaftsbäder. Mahlzeiten kosten extra (4–7 US$). Überall sind Hängematten aufgespannt. Das ruhige, klare Meer ist ideal zum Kajakfahren oder Schnorcheln (1 US$). Der örtliche Fremdenführer Leonard Serrano organisiert Kajaktouren, Wanderungen (2 Pers. 15 US$) oder Schnorchelausflüge (2 Pers. 20–26 US$, je nach Schnorchelrevier). Die Insel ist über den Flughafen auf Corazón de Jesus zu erreichen.

Yandup Lodge (☎ 261-7229; www.yandupisland.com; Hütte inkl. 3 Mahlzeiten & Tour 125 US$/Pers.) Das winzige Inselchen Yandup, das nur eine fünfminütige Bootsfahrt von Playón Chico entfernt ist, wird von einer sehr aufmerksamen, spanisch-kunaischen Familie verwaltet. Die achteckigen Hütten mit Strohdach haben eigene Bäder, Solarlicht und sauberes Wasser. Auf Wunsch werden die Gäste auch vegetarisch bekocht. Ebenso individuell werden die Ausflüge zu-

VERANTWORTUNGSBEWUSST REISEN IN KUNA YALA

Wer die Comarca de Kuna Yala besucht, sollte sich über die Auswirkungen eines solchen Besuchs auf die Gemeinschaft im Klaren sein. Die Einnahmen aus dem Tourismus spielen eine wichtige Rolle in der Entwicklung dieser Region. Deshalb sollte man das in der Region hergestellte Kunsthandwerk kaufen und die Dienste eines Kuna-Führers in Anspruch nehmen. Aber der Tourismus kann für die indigene Bevölkerung auch Ausbeutung bedeuten. Westliche Interessen haben der Region bereits irreversible Schäden zugefügt. Verantwortungsvolle Reisende sind sich daher ihrer Umgebung bewusst und achten auf die Spuren, die sie hinterlassen.

Ein Blick auf die paradiesische Natur, die Regenbogenflagge und die einzigartige Kleidung der Kuna genügen, um sich in ein Hochglanzmagazin wie *National Geographic* versetzt zu fühlen. Aber das ist nicht das ganze Bild. Wer die Kuna unfreundlich findet, sollte sich einmal in ihre Lage versetzen. Wenn ein Kreuzfahrtschiff anlegt, kann sich die Einwohnerzahl der sowieso dicht besiedelten Inseln locker verdreifachen. Dann verfolgen zwei Drittel der Menschen (nämlich die Touristen) als Paparazzi das restliche Drittel, die Kuna. Und dieses unappetitliche Schauspiel wiederholt sich Tag für Tag.

Ein anderes Problem auf den Inseln ist der Müll, der nicht richtig beseitigt werden kann. Überall liegt der Abfall herum und immer wieder werden große Haufen Plastikmüll verbrannt. Die Entsorgung auf dem Festland ist zu teuer für die Kuna, aber auf den Inseln gibt es weder ausgewiesene Deponien noch eine „Kultur" der Müllentsorgung. Schließlich gab es vor der modernen Beeinflussung von außen praktisch nur unschädliche, biologisch abbaubare Abfälle. Da es in absehbarer Zeit keine Lösung für dieses Problem geben wird, nehmen verantwortungsbewusste Traveller ihren Müll möglichst wieder mit, bevorzugen frische, so wenig wie möglich verpackte Produkte und trinken Kokoswasser statt Cola.

Was man anzieht (oder nicht) ist ebenfalls zu bedenken. Die Männer der Kuna tragen immer ein Oberteil, die Frauen kleiden sich sehr konservativ, d.h. Dekolleté, Bauch und der größte Teil ihrer Beine sind immer bedeckt. Der Besuch eines Kuna-Dorfes im Bikini oder mit nacktem Oberkörper wird daher mit ziemlicher Sicherheit als unhöfliche Respektlosigkeit betrachtet. Ganz allgemein sollte man es nicht darauf anlegen, die Gefühle der Einheimischen zu verletzen.

Um Herr der Lage zu bleiben, lassen sich die Kuna für Fotos von sich bezahlen und verlangen auch Eintritt für jede Insel. Hier ist eben alles ganz anders als zu Hause in Europa. Die Inseln gehören den Kuna – folglich gelten dort ihre Regeln. Wer sich die Fotogebühr nicht leisten kann, packt die Kamera einfach ein und versucht stattdessen, mit ihnen ins Gespräch zu kommen.

Insel Tigre (mit Cabañas Tigre $10) über CORACON de JESUS Flug!

SEGELTÖRN VON KUNA YALA NACH KOLUMBIEN

Lust auf ein stürmisches Abenteuer? Zum Preis eines Flugtickets kann man auch auf einem kleinen Segelboot über den Archipiélago de San Blás nach Kolumbien schippern. Hierbei handelt es sich allerdings nicht um offizielle Charterboote. Die Passagiere müssen an Bord mithelfen, bekommen dafür aber eine preiswerte Überfahrt, ein paar Tage lang Sonne und Strand auf den Inseln von San Blás und einen oder zwei Schnorchelausflüge. Über die Hälfte der Strecke nimmt die Passage nach Cartagena ein, wobei es ganz schön stürmisch werden kann. Vor der Buchung sollten folgende Punkte geklärt sein:

- Schlafen die Passagiere in einer Kabine oder auf dem Boden?
- Wie groß ist das Boot und wie viele Passagiere sind an Bord?
- Gibt es ordentliche Rettungsboote und Rettungswesten für alle Passagiere?
- Sind angemessene Sicherheitseinrichtungen und ein voll funktionsfähiges Funkgerät vorhanden?
- Hat der Kapitän eine Charterlizenz?
- Was gibt's zu essen? Auf manchen Booten bekommt man dreimal täglich Reis mit Bohnen!

Die Berichte von Reisenden sind meist recht positiv, einige beklagten allerdings, dass das Essen an Bord zu knapp war, die Boote überfüllt und auch bei schlechtem Wetter gefahren wären. Es empfiehlt sich also, etwas zu essen mitzunehmen und vorher zu fragen, ob auf dem Boot frische Lebensmittel vorhanden sind (denn die Boote sind oft tagelang auf offener See unterwegs). Wenn der Passatwind (Dez.–April) bläst, sind auch Medikamente gegen Seekrankheit eine gute Idee. Bevor man sich einem Boot anvertraut, sollte man umfangreiche Nachforschungen anstellen und die Referenzen des Bootes und des Kapitäns mit den Aussagen von Hotelbesitzern und anderen Travellern vergleichen. Wer die Reise nur wegen des Segelns unternehmen will, für den mag sich ein Törn innerhalb des Archipels eher lohnen.

Über die planmäßigen Abfahrtszeiten der Boote wissen die Jugendherbergen in Panama-Stadt (S. 729) am besten Bescheid. Ein normaler fünftägiger Segeltörn kostet inklusive Essen und Aktivitäten, aber ohne Eintritt zu den Inseln etwa 385 US$.

sammengestellt, die neben den üblichen Schnorchel- und Wandertouren auch den Besuch kultureller Sehenswürdigkeiten beinhalten. Die grünen Wiesen und feinsandigen Strände sind Grund genug, die Insel so schnell nicht wieder zu verlassen.

SHOPPEN

Molas (Motivbilder) sind die bekanntesten Erzeugnisse des traditionellen Kunsthandwerks in Panama. Die farbenprächtigen *molas*, die aus bunten Baumwollstoffquadraten zusammengenäht werden, zeigen Landschaften mit Vögeln, Meeresschildkröten und Fischen, die meist von einem Labyrinth aus geometrischen Mustern umgeben sind. Die handwerkliche Qualität der einzelnen *molas* ist sehr unterschiedlich, ebenso sind es die Preise, die von gerade einmal 10 US$ bis zu mehreren Hundert Dollar reichen können. *Molas* sind überall auf den Inseln zu finden (bzw. die *mola*-Verkäufer finden die Traveller).

AN- & WEITERREISE

Auto

Die einzige Straße, die direkt in die Comarca hineinführt, wurde erst vor Kurzem fertiggestellt. Sie verbindet die Stadt El Llano an der Carretera Interamericana, 70 km östlich von Panama-Stadt, mit dem Küstendorf Cartí in San Blás. Wenn man diese Straße fährt, die bei El Llano an der Abzweigung nach Nusagandi beginnt, ist auch ein Fluss zu überqueren. Manchmal ist allerdings keine Überquerung möglich. Am besten mietet man sich mit anderen Travellern zusammen ein Auto. Wichtig ist, dass dieses über Allradantrieb, einen starken Motor, eine Winde und gute Reifen verfügt. Um die Fahrt zu organisieren, kann man sich an die Hostels in Panama-Stadt wenden oder den Fahrer **Germain Perez** (☎ 6734-3454; www.cartihomestaykunayala.blogspot.com; 25 US$/Pers.) anrufen.

Infos über Bootsfahrten zu den Inseln gibt's im Kasten auf S. 784.

Flugzeug

Sowohl **Air Panama** (☎ 316-9000; www.flyairpanama.com) als auch **Aeroperlas** (☎ 315-7500; www.aeroperlas.com) bieten Flüge zum Archipiélago de San Blás an. Air Panama fliegt einmal täglich nach Achutupu, Cartí, Corazón de Jesús, El Porvenir, Playón Chico und Rió Sidra. Aeroperlas fliegt alle diese Inseln mit Ausnahme von Achutupu sogar dreimal täglich an.

Da die Nachfrage das Angebot an Flügen weit übersteigt, sollte man möglichst lange im Voraus buchen. Außerdem ist zu beachten, dass die Flugzeuge auch auf den anderen Inseln des Archipels landen, um dort Passagiere oder Fracht zu entladen und aufzunehmen, bevor sie dann zu ihrem eigentlichen Ziel weiterfliegen.

Alle Flüge starten auf dem Inlandsflughafen Albrook Airport in Panama-Stadt und dauern etwa 30 bis 60 Minuten. Ein Flugticket für die einfache Strecke zu diesen Inseln kostet um die 60 US$, der Preis richtet sich aber nach Saison und Verfügbarkeit.

PROVINZ DARIÉN

Die Provinz Darién hat den Ruf, eine Verbrechergegend zu sein, eine Provinz, die zur Spielwiese für kolumbianische Guerilleros und Drogenhändler verkommen ist. Obwohl die Gefahren keinesfalls unterschätzt werden dürfen, sollte man doch auch alle Zusammenhänge betrachten. Die Probleme Dariéns sind sehr komplex – sie zu erkennen, erfordert einen genauen Einblick. Mit der richtigen Reiseplanung können vorsichtige Traveller eine noch wirklich wilde Region kennenlernen.

Ironischerweise ist der untere Teil der Provinz Darién eben wegen dieses schlechten Rufs wild und ursprünglich geblieben. Hier liegt der Parque Nacional Darién, ein 5760 km² großer Nationalpark, in dem die Urwelt auf die Gegenwart trifft, denn diese Landschaft hat sich in Millionen von Jahren nicht verändert. Die Volksgruppen der Emberá und Wounaan leben noch weitgehend nach ihren Traditionen und bewahren so das uralte Wissen über den Regenwald. Der Parque Nacional Darién ist auch eines der artenreichsten Organismenkollektive der Welt. Im legendären Cana-Valley sind vor allem Vögel zu beobachten.

Während der Süden von Darién mit Panamas spektakulärstem Regenwald bedeckt ist, wurden im Norden ganze Biotope für immer zerstört. In die Schlagzeilen schafft es meist nur der Guerillakrieg im Westen Kolumbiens, der sich über die Grenze nach Panama hinein ausbreitet. Das eigentliche Schlachtfeld befindet sich aber am Rand der immer schneller verschwindenden Wälder der Provinz.

Geschichte

Die indigenen Volksgruppen, die heute im Darién leben, wanderten vor Tausenden von Jahren aus der Provinz Chocó in Kolumbien ein. Anthropologen unterscheiden zwei Sprachgruppen unter den Einwanderern, die Emberá und die Wounaan. Mit Ausnahme der Sprache ist die Kultur der beiden Volksgruppen praktisch identisch, aber sie selbst betrachten sich als zwei eigenständige Völker.

Bevor die Spanier moderne Schusswaffen ins Land brachten, schossen die Emberá und Wounaan mit *boroqueras* (Blasrohren) und brachten es darin zu wahrer Meisterschaft. Ihre Pfeile tränkten sie mit dem tödlichen Gift bestimmter Frösche und der tropischen Riesenameise. Viele Wissenschaftler glauben, dass diese Völker die Kuna aus der Region Darién an die Karibikküste vertrieben haben.

Während der amerikanischen Besatzung wandten sich die Luftstreitkräfte der USA an die Emberá und Wounaan, um von ihnen das Überleben im Urwald zu lernen. Da beide Volksgruppen in der tropischen Wildnis zu Hause waren, wurden viele von ihnen für das Ausbildungskorps in Fort Sherman in der Nähe von Colón rekrutiert, in dem die US-Astronauten und Luftwaffenpiloten für den Einsatz im Urwald trainiert wurden.

Heute lebt die Mehrheit der 8000 panamaischen Emberá und Wounaan in den Tiefen des Regenwalds von Darién, vor allem entlang der Flüsse Sambú, Jaqué, Chico, Tuquesa, Membrillo, Tuira, Yape und Tucutí. Ihr Einkommen bestreiten sie aus dem Anbau landwirtschaftlicher Erzeugnisse für den eigenen Bedarf, der Jagd, Fischerei und Geflügelzucht. Daneben arbeiten sie auch auf den kommerziellen Reisfeldern und Maisplantagen der Gegend.

Orientierung & Praktische Informationen

Die Interamericana endet in der Grenzstadt Yaviza, dahinter erstreckt sich die riesige Wildnis der Region Darién. Die Schnellstraße beginnt erst wieder nach 150 km, nun schon

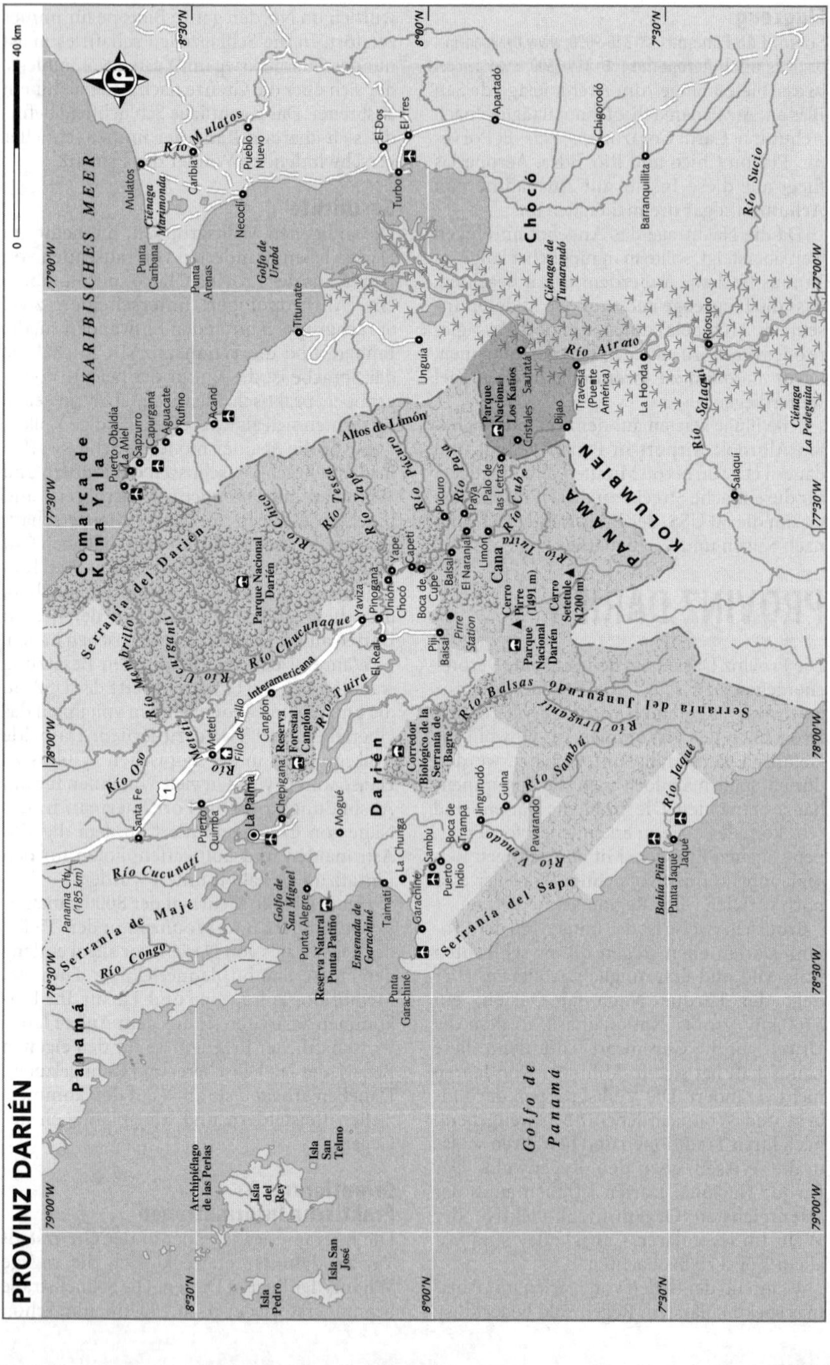
PROVINZ DARIÉN
KARIBISCHES MEER
Comarca de Kuna Yala
Panamá
Darién
Chocó
PANAMA
KOLUMBIEN
Golfo de Panamá
Golfo de Urabá
Golfo de San Miguel
Ensenada de Garachiné
Bahía Piña
Archipiélago de las Perlas
Isla del Rey
Isla San Telmo
Isla San José
Isla Pedro
Serranía de Majé
Serranía del Darién
Serranía del Sapo
Serranía del Jungurudó
Altos de Limón
Parque Nacional Darién
Parque Nacional Los Katíos
Reserva Forestal Canglón
Reserva Natural Punta Patiño
Corredor Biológico de la Serranía de Bagre
Filo de Tallo
Interamericana
Ciénaga Marimonda
Ciénagas de Tumarandó
Ciénaga La Pedeguita
Río Congo
Río Cucunatí
Río Oso
Río Membrillo
Río Meteti
Río Ucurganti
Río Chucunaque
Río Tuira
Río Chico
Río Tesca
Río Yape
Río Púcuro
Río Paya
Río Cupe
Río Balsas
Río Sambú
Río Venado
Río Jaqué
Río Uruganti
Río Mulatos
Río Atrato
Río Salaquí
Río Sucio
Cerro Pirre (1491 m)
Cerro Setetule (1200 m)
Panama City (185 km)
Santa Fe
Puerto Quimba
La Palma
Chepigana
Meteti
Canglón
Mogué
Yaviza
Pinoganá
El Real
Unión Chocó
Yape
Capetí
Boca de Cupe
Balsal
El Naranjal
Pijibasal
Pirre Station
Púcuro
Paya
Limón
Cana
Palo de las Letras
Punta Alegre
Taimatí
La Chunga
Garachiné
Punta Garachiné
Sambú
Puerto Indio
Boca de Trampa
Jingurudó
Guina
Pavarando
Punta Jaqué
Jaqué
Puerto Obaldía
La Miel
Sapzurro
Capurganá
Aguacate
Rufino
Acand
Titumate
Unguía
Cristales
Sautatá
Bijao
Travesía (Puente América)
La Honda
Riosucio
Salaquí
Barranquillita
Chigorodó
Apartadó
Turbo
El Dos
El Tres
Necoclí
Pueblo Nuevo
Caribia
Mulatos
Punta Caribana
Punta Arenas
8°30'N
8°00'N
7°30'N
79°00'W
78°30'W
78°00'W
77°30'W
77°00'W
0
40 km

jenseits der Grenze in Kolumbien. Diese Lücke in der Straßenverbindung zwischen Mittel- und Südamerika wird als *Tapón del Darién* (Darién-Hindernis) bezeichnet – hier ist buchstäblich Ende Gelände.

Internationale Regierungen und Behörden, die ein großes Interesse an der Verbesserung der Handels- und Verkehrswege zwischen Nord- und Südamerika haben, drängen darauf, die Interamericana durch den Tapón del Darién fertigzustellen, zumal die Lage in Kolumbien sich stabilisiert hat. Allerdings fürchten die Panamaer, dass die Lage noch nicht stabil genug ist. Außerdem könnte die Straße auch einen Anstieg der illegalen Einwanderung und eine Zunahme des Drogenschmuggels fördern. Zudem wird befürchtet, die Maul- und Klauenseuche könnte wieder eingeschleppt werden, die derzeit nur in den Viehherden Südamerikas grassiert. Eine befestigte Straße würde auch die Abholzung des Regenwaldes wesentlich vereinfachen, woraufhin zweifelsohne das größte Waldgebiet in Panama zerstört würde.

Gedruckte Informationen über die Provinz Darién können extrem schnell veralten. Reisende sollten immer versuchen, die aktuellsten Informationen zu bekommen. Die beste Quelle für solche Infos sind die Führer, die häufig mit Tourengruppen in der Gegend unterwegs sind.

In den örtlichen ANAM-Büros in Städten wie Yaviza oder La Palma ist Informationsmaterial über den Nationalpark erhältlich. Die Büros können teilweise auch bei der Suche nach geeigneten Führern – meistens machen das Parkaufseher in ihrer Freizeit – behilflich sein. Traveller müssen sich bei der Polizei in diesen Städten registrieren, bevor sie in den Urwald entschwinden.

Beim Instituto Geográfico Nacional in Panama-Stadt (S. 720) bekommt man meistens auch topografische Karten für einige Gebiete des Darién.

Auf eine Tour durch den Urwald sollte man nur ein Minimum an Gepäck mitnehmen. Unerlässlich sind Insektenschutz, Sonnencreme, Kopfbedeckung und Regenkleidung. Lebensmittel gibt's nur in den Städten, nicht bei den Rangerstationen. Auch Trinkwasser ist mitzubringen, außerdem gehören Mittel zur Wasserreinigung ins Gepäck.

Die beste Reisezeit ist die Trockenzeit (Mitte Dez.–Mitte April), es sei denn, man will sich durch schlammigen Morast quälen und mit Moskitos in der Größe von Nachtfaltern herumschlagen.

Weitere Informationen zur Tourenplanung finden sich auf S. 789.

Gefahren & Ärgernisse

Die größte Gefahr in der Region Darién geht von der schwer zugänglichen Flora und Fauna aus. Wanderwege – wenn sie denn überhaupt existieren – sind meist kaum erkennbar und grundsätzlich nicht markiert. Von den großen Flüssen, die das Rückgrat des Verkehrsnetzes im Darién bilden, gehen weitere Gefahren aus. Jede Art von Hilfe, insbesondere medizinische Versorgung, ist meilenweit entfernt. Um das Risiko so gering wie möglich zu halten, sollte man das Gebiet nur im Rahmen einer organisierten Tour oder zusammen mit einem qualifizierten Führer bereisen.

Da Malaria und Denguefieber weit verbreitet sind, sollte man unbedingt Prophylaxe machen (s. S. 834) – und sich zusätzlich so vollständig wie möglich bedecken, besonders in der Morgen- und Abenddämmerung. Einige Gebiete des Parque Nacional Darién sind auch der bevorzugte Lebensraum der extrem giftigen Terciopelo-Lanzenotter. Die Gefahr, von so einer Schlange gebissen zu werden, ist relativ gering, aber man sollte dennoch vorsichtig sein und im Urwald immer Stiefel tragen. Schließlich sind auch Zecken allgegenwärtig im Darién. Auch wenn sie keine Borreliose übertragen, sind sie äußerst lästig. Deshalb eine gute Zeckenzange und Streichholzbriefchen mitnehmen!

Sowohl die deutschen als auch die österreichischen und die schweizerischen Behörden warnen vor Reisen in die Provinz Darién. Leider schließt diese pauschale Reisewarnung auch den gesamten Parque Nacional Darién mit ein, obwohl einige Orte durchaus als sicher eingeschätzt werden können.

Besonders heimtückisch ist der traditionelle Weg durch den Tapón del Darién, der in der Gegend zwischen Boca de Cupe und der Grenze zu Kolumbien verläuft. Hier ist die Polizei kaum präsent und es ist sehr unwahrscheinlich, bei Problemen und Schwierigkeiten irgendwelche Hilfe zu bekommen. Es wird auch empfohlen, die Städte Balsal, El Naranjal, Púcuro, Limón, Paya und Palo de las Letras zu meiden. Die Gegenden nördlich und östlich des Wegs gelten ebenfalls als gefährlich. Hier befinden sich der Gebirgszug Altos

ÜBERLEBEN IN DER PROVINZ DARIÉN

Der Parque Nacional Darién ist der ökologisch vielfältigste Nationalpark zu Land in ganz Zentralamerika – und ein wenig besuchter dazu. Das verdankt er seinem schlechten Ruf: Gefahren aller Art und giftige Schlangen sind nicht Jedermanns Sache. Dabei ist der Park absolut faszinierend, vorausgesetzt, man trifft die nötigen Sicherheitsvorkehrungen und bereitet sich gut vor.

Sicherheit

Bei der Planung ist zunächst das Reiseziel festzulegen. Zum eigenen Schutz und aus gesetzlichen Gründen sind nur ausgewiesene Routen zu empfehlen. Die Polizei ist bekannt dafür, Traveller, die auf nicht genehmigten Wegen unterwegs sind, festzunehmen und zu ihren Aktivitäten zu befragen, selbst wenn sie einen Führer dabei haben.

Schutz

Auch wer schon ganz Zentralamerika alleine mit dem Bus bereist hat, sollte hier nicht alleine unterwegs sein. Zum einen sind die Wege nicht markiert, sodass man sich eigentlich nur verirren kann. Zweitens kommt kaum jemand vorbei, um zu helfen. Und drittens können giftige Schlangen und Skorpione der Reise (und auch dem Leben) jederzeit ein jähes Ende bereiten.

Vorbereitungen

Trotz ihrer Abgeschiedenheit ist die Provinz Darién recht teuer. Traveller sollten ihr Budget sorgfältig verplanen. Auch wer geführte Touren zutiefst ablehnt, sollte hier eine mitmachen. Es ist auch nicht günstiger, nur mit einem unabhängigen Führer zu gehen, denn dann ist das gesamte Essen und Benzin extra zu bezahlen – und Benzin kann astronomisch teuer sein. Wer mit einem einheimischen Führer loszieht, sollte unbedingt Spanisch sprechen, damit auftretende Probleme gelöst werden können.

Der Motor des Autos ist kaputt, ein Flug hat Verspätung – solche Verzögerungen sind im Darién an der Tagesordnung. Deshalb immer zusätzliches Essen und Bargeld, eine Taschenlampe und Streichhölzer mitnehmen! Eine gute persönliche Ausrüstung darf ebensowenig fehlen wie viel Spielraum im Zeitplan.

de Limón, der Río Tuquesa und der Weg nach Puerto Obaldía.

Auch wenn diese Tabu-Zonen weit abseits der normalen Touristenziele liegen, darf ihre Gefährlichkeit nicht unterschätzt werden. Die Urwaldpfade werden von Drogenschmugglern genutzt, die es gar nicht mögen, dort auf trekkende Traveller zu treffen. In Teilen des Tapón del Darién sind auch zunehmend Guerillagruppen aus dem benachbarten Kolumbien aktiv, die aber in der Regel zum Verstecken und Ausruhen und nicht zum Kämpfen hierher kommen. Allerdings überqueren paramilitärische Kräfte aus Kolumbien oft die Grenze, um die Guerilleros zu bekämpfen, und so laufen Traveller durchaus Gefahr, ins Kreuzfeuer zu geraten. Im Süden des Darién wurden auch schon Traveller und Missionare entführt und ermordet.

Trotz all dieser Warnungen sind einige Teile des Darién sehr sicher zu bereisen. Sie werden später in diesem Kapitel ausführlich behandelt.

Geführte Touren

Der Darién ist die einzige größere Region in Panama, in der man ausschließlich geführte Touren unternehmen sollte. Wer Spanisch spricht, kann sich vor Ort einen einheimischen Führer für etwa 10 bis 20 US$ pro Tag nehmen (s. oben). Allerdings können Transport- und Verkehrsmittel kostspielig sein. Tourveranstalter dagegen kümmern sich um alles, kochen für die Teilnehmer und nehmen Rücksicht auf wundgelaufene Füße. Es gibt keine Verständigungsschwierigkeiten und man erfährt viel über die unglaubliche Natur der Region. Hier eine kleine Auswahl:

Ancon Expeditions (S. 798) Der über lange Zeit einzige Veranstalter im Darién hat die erfahrensten Führer und organisiert äußerst professionelle Touren, die zwischen vier Tagen und zwei Wochen dauern können. Sie führen u. a. zur Vogelbeobachtungsstation in Cana, zu einer privaten Lodge in Punta Patiño an der Pazifikküste und in abgelegene Dörfer der indigenen Bevölkerung. Außerdem bietet Ancon ausgezeichnete Spezialtouren für Vogelbeobachter und Wanderer an.

Führer

Wer mehr bezahlt, bekommt mehr. Ein Naturkundler hat andere Fähigkeiten als ein *guía local*. Bei der Auswahl sind eigene Bedürfnisse zu berücksichtigen; Folgendes müssen Führer aber haben:

- Erfahrung in der Region
- Umfangreiche Kontakte vor Ort und die Fähigkeit, Probleme zu lösen
- Genaue Planung der Route mit realistischen Etappenzielen und organisierten Verkehrsmitteln
- Gute Ausrüstung (Zelt etc.), sofern keine eigene vorhanden ist
- Einholen aller erforderlichen Genehmigungen

Diese Voraussetzungen sind bei Führern wünschenswert:

- Die Fähigkeit, Tiere aufzuspüren
- Kenntnisse der regionalen Geschichte und einheimischen Tier- und Pflanzenwelt
- Kenntnisse im Englischen (oder einer anderen Fremdsprache)
- Verbandskasten und Erste-Hilfe-Kenntnisse
- Tragbares Funkgerät und/oder Handy für Gegenden mit Empfang

Die Erfahrungen anderer Traveller können eine gute Referenz für einen Führer sein, doch ist es unverzichtbar, ihn persönlich kennenzulernen, vor allem wenn man alleine mit ihm unterwegs sein wird. Bevor man einen Führer vor Ort bucht, sollte man sich mit Einheimischen darüber unterhalten und sich jemanden suchen, dem man vertraut und der einem einen Führer empfehlen kann.

Es muss auch rechtzeitig geklärt sein, ob Benzin, Transport, Essen und etwaige Gebühren im Preis inbegriffen sind. Vielleicht das wichtigste Kriterium bei der Auswahl sind viele Kontaktpersonen in der Region, die bei der Logistik helfen, denn sie kennen sich in dem jeweiligen Gebiet aus. Es ist nämlich nicht so, dass die einheimischen Führer sehr erfahren sind – manche haben noch nie einen Fuß in den Nationalpark gesetzt. Die staatliche ANAM ist eine gute Anlaufstelle für Infos.

Ecocircuitos (S. 798) Der Tourveranstalter, der sich auf nachhaltigen Tourismus spezialisiert hat, bietet auch Freiwilligenjobs in den ländlichen Gemeinden der Provinz Darién an. Zur Auswahl stehen Arbeiten auf einem Biobauernhof, Unterstützung einer gemeinnützigen Kunsthandwerkerkooperative oder die Verbesserung der kommunalen Infrastruktur.

Panama Exotic Adventures (☎ 314-3013; www.panamaexoticadventures.com) Der Veranstalter unter französischer Leitung verfügt über eine Öko-Lodge in Metetí (S. 790). Während der 3- bis 8-tägigen Touren werden – unter aktiver Beteiligung der Teilnehmer – indigene Gemeinschaften besucht, Kajakfahrten gemacht und Ausflüge in die Natur unternommen.

Freiwilligenarbeit

Die ausgezeichnete Kinderhilfsorganisation **Fundación Pro-Niños de Darién** (☎ in Panama-Stadt 264-4333, in Metetí 299-6825; www.darién.org.pa) bietet vereinzelt Arbeitsstellen für Freiwillige an. Zweck der gemeinnützigen Stiftung ist es, das Leben von Kindern durch Bildung und Ernährung zu verbessern. „Paten" können ein Kind mit 20 US$ im Monat unterstützen. Daneben hilft die Organisation auch den Dorfbewohnern, eine nachhaltige Landwirtschaft einzuführen.

Tourveranstalter Ecocircuitos (S. 798) bietet ebenfalls Freiwilligenarbeit an.

An- & Weiterreise

Bevor die Interamericana nach 266 km von Panama-Stadt in Yaviza in der Provinz Darién endet, passiert sie in der Provinz Panamá die Orte Chepo, El Llano, Ipetí, Tortí, Higueronal und viele kleinere Dörfer, die auf keiner Landkarte verzeichnet sind. Auf dieser Strecke fahren täglich zwischen 3.30 und 7 Uhr morgens acht Busse von Panama-Stadt nach Yaviza (14 US$, 6–8 Std.). Nicht vergessen, dem Busfahrer das eigene Reiseziel zu nennen!

Unterschiedlich häufig (bis zu mehrmals pro Woche) fliegt **Air Panama** (☎ 316-9000; www.flyairpanama.com/tickets) nach La Palma (40 US$, 1 Std.) und El Real Sambú (35 US$, 15 Min.).

Unterwegs vor Ort

Im riesigen Urwald von Darién sind die Flüsse oft die einzige Möglichkeit, von einem Ort zum anderen zu kommen. Als Verkehrsmittel dienen *piragua*-Boote. In La Palma kann man ein Motorboot für 175 bis 200 US$ pro Tag mieten und damit zum Río Mogué oder Río Sambú fahren. Von beiden Flüssen aus geht es dann in den *piraguas* der indigenen Dorfbewohner (von Mogué bzw. La Chunga) weiter flussaufwärts. Man kann auch ein Boot in Río Jaqué mieten, doch davon ist angesichts der gefährlichen Aktivitäten der Guerillagruppen dort dringend abzuraten. Eine kürzere (und damit preisgünstigere) Bootsfahrt führt von Puerto Quimba nach La Palma.

METETÍ

Durch Metetí rauscht der Durchgangsverkehr nach Yaviza. Der Ort ist aber auch Ausgangspunkt für eine idyllische Bootsfahrt nach La Palma, und die Unterkünfte sind hier besser als in Yaviza. Zu den neuesten Errungenschaften gehören eine Öko-Lodge und ein Flugfeld, an dem noch gebaut wird. In dem recht großen Lebensmittelladen kann man sich mit allem Notwendigen eindecken.

Zu den ganz ordentlichen Hotels der Stadt gehört das **Hotel Felicidad** (☎ 299-6544; DZ mit Ventilator/Klimaanlage 10/15 US$). Hier riecht es zwar nach Desinfektionsmitteln, aber die kahlen, schlichten Zimmer sind sauber. Im **Restaurante Johana** (Hauptgerichte 2,50 US$) nebenan werden Fleisch mit Reis und Kochbananen sowie frische Fruchtsäfte (aber kein Bier) serviert.

Die vom Tourveranstalter Panama Exotic Adventures geführte Öko-Lodge **Filo de Tallo** (☎ 6780-2945, 6673-5381; www.panamadarien.com; 4-Tage-Komplettpaket 600 US$/Pers.) scheint die elegante Kulisse für den nächsten Urwaldfilm zu sein. Die drei geräumigen Hütten mit Strohdach sind mit Betten samt Moskitonetzen ausgestattet und besitzen eigene, mit der Hütte verbundene Bäder, die hübsch mit pastellfarbenen Flusssteinen gefliest sind. Zu den angebotenen Aktivitäten gehören Krabbenfischen in den Mangroven, Kajakfahren und der Besuch eines Wounaan-Dorfes. Obwohl sich die Lodge auf einem gerodeten Waldstück am Rand der Provinz Darién befindet, ist sie eine der besten Unterkünfte der Region. Von Forest Finance wurde die Lodge als CO_2-neutral zertifiziert. Im angebotenen Komplettpaket sind alle Mahlzeiten und Aktivitäten sowie der Transport von und nach Panama-Stadt enthalten.

Um zur Anlegestelle des Bootes nach La Palma zu kommen, fährt man an der Abzweigung in Richtung Puerto Quimba, der Hafenstadt am Río Iglesias. Auf der 20 km langen, befestigten Straße von Metetí nach Puerto Quimba verkehrt zwischen 6 und 21 Uhr alle 30 Minuten ein Pickup-Laster, der die Passagiere zum Hafen bringt (1,50 US$). Oder man nimmt ein Taxi (10 US$).

Für die Boote nach La Palma (3 US$) gibt es keinen Fahrplan. Sie legen mehrmals täglich zwischen 7.30 und 18.30 Uhr in Puerto Quimba ab. Zurück von La Palma geht es im Allgemeinen zwischen 5.30 und 17 Uhr. Oder man chartert ein Boot für die Überfahrt (einfache Strecke 30 US$).

Die Bootsfahrt von Puerto Quimba nach La Palma ist eine tolle Alternative zum Direktflug von Panama-Stadt. Die 30-minütige, landschaftlich reizvolle Fahrt führt durch tropischen Urwald und dichte Mangrovenwälder – und man trifft viele interessante Menschen an Bord.

YAVIZA

3300 Ew.

In der hässlichen Betonstadt Yaviza endet die Interamericana – und der berühmt-berüchtigte Tapón del Darién beginnt. Die lieblose, unförmige Siedlung taugt kaum als Feriendomizil, es sei denn, man liebt Hahnenkämpfe. Die meisten Traveller legen hier nur einen kurzen Zwischenstopp ein, um sich für einen Besuch im Parque Nacional Darién ordnungsgemäß anzumelden.

Das vor Kurzem von El Real umgezogene Büro der **ANAM** (☎ 299-4495), das für den Parque Nacional Darién (S. 791) zuständig ist, bietet aktuelle Informationen zu den Wanderwegen und zum Thema Sicherheit. Hier muss man sich anmelden und den Parkeintritt bezahlen (Ausländer 10 US$). Das Büro kann auch einheimische Führer empfehlen (10–20 US$/Tag). Wer keinen einheimischen Führer braucht, sollte sich bereits im ANAM-Büro in Panama-Stadt anmelden und gleich mit dem Boot von Puerto Quimba nach La Palma fahren.

Die beste Übernachtungsmöglichkeit in Yaviza ist das Hotel **Ya Darien** (☎ 294-4334; DZ mit Ventilator/Klimaanlage 15/20 US$). Die sauberen Zimmer haben Kaltwasserduschen. Die Hausangestellten bewegen sich aber im Schneckentempo. Wer notgedrungen die Nacht in Yaviza verbringen muss, kann dies auch im **Hotel 3Americas** (☎ 299-4439; Zi. ab 20 US$) tun: Hier stehen Gästen einfache, schäbige Zimmer zur Verfügung und es herrscht eine Atmosphäre wie im Hahnenkampfring.

Zwischen Panama-Stadt und Yaviza verkehren täglich acht Busse (14 US$, 6–8 Std.). Wer mit einem Privatboot nach El Real (3 Pers. 60–80 US$) fahren will, wendet sich an **Chicho Bristan** (☎ 299-6566, 6539-2007) in El Real. Er holt seine Gäste in Yaviza ab.

EL REAL

1300 Ew.

El Real wurde von den ersten Konquistadoren gegründet, die am Río Tuira ein Fort errichteten, um zu verhindern, dass Piraten flussaufwärts segeln und die Siedlung Santa María angreifen konnten. In Santa María lagerten die Spanier das Gold aus den Minen im Tal von Cana im Süden, bis es sich lohnte, eine Flotte schwer bewaffneter Schiffe zusammenzustellen und die wertvolle Fracht nach Panama-Stadt zu bringen. Heute gehört El Real zwar zu den größten Städten in der Provinz Darién, es ist aber immer noch ein rückständiges Provinznest.

Allerdings ist El Real der letzte größere Ort vor dem Eingang zum Nationalpark. Zur Parkstation Rancho Frío kommt man nur mit einem einheimischen Führer oder im Rahmen einer geführten Tour – die ANAM erlaubt keine Besuche auf eigene Faust. Vor der Ankunft muss man sich bei der ANAM in Yaviza oder Panama-Stadt angemeldet haben, wo man auch die Eintrittsgebühr (Ausländer 10 US$) bezahlen kann.

Einkaufsmöglichkeiten gibt es kaum, deshalb ist es besser, sich schon im Voraus mit Lebensmitteln für die Wanderung einzudecken. Wer zu spät in der Stadt ankommt und nicht gleich weiter zur Rancho Frío wandern kann, verbringt die Nacht in einer rustikalen *pensión* wie **Macho de Monte** (☎ 299-6566, 6539-2007; Zi. 10 US$/Pers.). Bei **Fonda Doña Lola** (Gerichte 3 US$) kann man sich mit einer ordentlichen Portion Reis und Hühnchen stärken.

Derzeit ist El Real nur mit dem Boot oder Flugzeug zu erreichen. Der alte Bootsmann **Chicho Bristan** (☎ 299-6566, 6539-2007) bietet Bootsfahrten zwischen Yaviza und El Real an (3 Pers. 60–80 US$). Eigentlich darf man mit dem Auto gar nicht in den Park hineinfahren, aber Chicho kann ein Allradfahrzeug (25 US$) organisieren, das die Besucher bis zur Station Pirre 1 bringt. Von dort sind es dann noch eineinhalb Stunden Fußmarsch bis zur Rancho Frio.

PARQUE NACIONAL DARIÉN

Rancho Frío (Station Pirre)

Folgt man dem Flug der Gelbbrauentangare, erreicht man 13 km südlich von El Real das Gelände der Rancho Frío im Parque Nacional Darién. Hier befindet sich mit der **Station Pirre** das am besten zugängliche Gebiet des Nationalparks, das über zwei gute Wanderwege erschlossen ist. Während der zweitägigen Besteigung des Cerro Pirre schläft man im selbst mitgebrachten Zelt und ist absoluter Selbstversorger. Der zweite Weg windet sich durch den Urwald zu einer Reihe von Wasserfällen, die nach etwa einer Stunde Fußmarsch erreicht werden. Keine Wanderung sollte ohne einen Parkaufseher oder einen einheimischen Führer unternommen werden, denn die Wege sind kaum markiert, und wer sich hier verirrt, ist wirklich hoffnungslos verloren.

Die Station Pirre verfügt über **kaserrnenähnliche Unterkünfte** (10 US$/Pers.) mit ausklappbaren Feldbetten, einer einfachen Küche mit Essbereich, kalten Duschen in einem Verschlag und Plumpsklo. Es gibt auch einen schattigen **Campingplatz** (5 US$/Pers.), auf dem Traveller entweder ein Zelt aufstellen oder eine Hängematte aufspannen können. Strom kommt aus Batterien und sollte so sparsam wie möglich verwendet werden.

Essen und gereinigtes Trinkwasser müssen Besucher selbst mitbringen. Der Brennstoff zum Kochen ist furchteinflössend, deshalb sollte man das Kochen den Parkaufsehern überlassen (die die 10 US$ pro Tag dankend entgegennehmen).

Vorsicht: Der größte Teil des Parque Nacional Darién ist ein bevorzugter Lebensraum der Terciopelo-Lanzenotter. Einige Exemplare dieser extrem giftigen Schlange wurden schon in der Nähe der Station gesichtet. Deshalb immer Stiefel und lange Hosen tragen, wenn man im Wald oder nachts auf dem Campingplatz unterwegs ist!

Die Station Pirre ist nur zu Fuß, im Rahmen einer Wanderung mit Bootsfahrt oder aber mit einem Allradfahrzeug zu erreichen (s. El Real, linke Spalte). Auf der vierstündigen Wanderung läuft man die „Straße" von El Real zur Rancho Frío entlang, die aber kaum

PANAMA

UNTERWEGS NACH KOLUMBIEN

Die Interamericana endet in Yaviza und beginnt erst wieder 150 km weiter südlich, nun schon jenseits der Grenze in Kolumbien. Ein paar wenige Traveller haben diese Lücke in der Straßenverbindung, den berühmt-berüchtigten Tapón del Darién, schon zu Fuß bezwungen, aber wegen der kolumbianischen Guerilla, paramilitärischen Streitkräften, Schmugglern und Verbrechern, die das Grenzgebiet unsicher machen, kann ein solcher Grenzübertritt tödlich enden.

Die Fahrt über das Karibische Meer von Puerto Obaldía in Panama nach Capurganá in Kolumbien ist auch nicht zu empfehlen. Von Puerto Obaldía können Traveller nur zu Fuß oder mit dem Boot das kolumbianische Dorf Sapzurro erreichen. Zu Fuß dauert das etwa zweieinhalb Stunden, aber der Weg ist teilweise schlecht zu finden. Da sich auch allerlei zwielichtige Gestalten in der Gegend herumtreiben, ist eine Bootsfahrt eindeutig die bessere Alternative. Von Sapzurro sind es dann noch zwei Stunden zu Fuß nach Capurganá. Da auch diese Strecke nicht ganz ungefährlich ist, sollte sich jeder, der sie dennoch gehen will, vorher gründlich über die aktuelle Sicherheitslage informieren. Auch wenn es bereits Touristen gelungen ist, auf diesem Weg unversehrt nach Kolumbien einzureisen, sollte man nicht vergessen, dass es so manch andere eben nicht geschafft haben.

Informationen über Segeltörns nach Kolumbien, die abgesehen vom Fliegen die weitaus sicherste Einreisemöglichkeit sind, finden sich im Kasten auf S. 784.

PANAMA

als solche zu erkennen und praktisch nicht ohne Führer zu gehen ist (auch in der Station Pirre 1 kann man für 10 US$ noch einen Führer anheuern).

Von der Station Pirre sind es nur 15 km zum Vogelparadies von Cana. Der Weg führt aber durch dichtesten Regenwald.

LA PALMA

4200 Ew.

Wo der breite Río Tuira in den Golfo de San Miguel mündet, befindet sich La Palma, die Hauptstadt der Provinz Darién, die nur aus wenig mehr als einer Straße besteht. Pastellfarbene Häuser stehen auf Pfählen am schlammigen Ufer. Es wimmelt hier nur so von Lädchen, Bars und Wanderpredigern.

Für die meisten Traveller ist La Palma nur das Sprungbrett zu anderen Reisezielen wie dem Naturschutzgebiet von Punta Patiño oder den Emberá-Dörfern an den Ufern des Río Sambú, die jeweils nur mit dem Boot zu erreichen sind.

Alles, was für Traveller interessant sein könnte, ist entlang eben jener Hauptstraße der Stadt zu finden, die nur 300 m vom Flugfeld entfernt verläuft. In La Palma befindet sich auch die einzige Bank der Provinz Darién, eine Filiale der Banco Nacional de Panamá. Außerdem verfügt die Stadt über ein Krankenhaus, einen Hafen und eine Polizeistation, bei der man sich – sofern man Spanisch spricht – vor einer eventuellen Reise ins Grenzgebiet zu Kolumbien unbedingt über die aktuelle Lage informieren sollte. Ebenso sind Hotels, Bars und einige Essensstände vorhanden.

Das **Hospedaje Pablo & Benita** (☎ 299-6490; Calle Central Abajo; EZ/DZ/3BZ 10/15/20 US$) direkt am Ufer bietet zwar schönen Meerblick, hat aber dünne Wände und ebenso dünne Matratzen. Die freundlichen Besitzer helfen bei der Organisation eines Besuchs der Gemeinschaft der Emberá in Mogue. Das vergleichsweise noble **Hotel Biaquira Bagara** (☎/Fax 299-6224; DZ mit/ohne Bad 20/15 US$, DZ mit Klimaanlage 25 US$; ❄) ist schlicht und nett. Gäste wohnen in mit Hartholzfußböden, Korbmöbeln und stabilen Betten ausgestatteten Zimmern. In dem einfachen Geschäft im Untergeschoss kann man sich mit den notwendigen Lebensmitteln eindecken, bevor man mit dem Boot flussaufwärts fährt.

In der Stadt finden sich jede Menge günstiger und recht freundlicher Restaurants. Im Lokal **La Unción** (☎ 299-6372; Hauptgerichte 2–4 US$) werden zu den ganz ordentlichen *comias criollos* (lateinamerikanischen Standardessen) gepfefferte Predigten via Satellitenfernsehen serviert.

Air Panama (☎ 316-9000; www.flyairpanama.com/tickets) fliegt zweimal wöchentlich von Panama-Stadt nach La Palma (46 US$, 1 Std.).

Wer ein Boot mit Führer mieten möchte, sucht sich in der Nähe der Anlegestelle einen verantwortungsbewussten Kapitän mit einem seetüchtigen Motorboot (120–200 US$/Tag inkl. Benzin).

Reserva Natural Punta Patiño

25 km südlich von La Palma erstreckt sich das private **Naturschutzgebiet** Punta Patiño, das im Besitz der staatlichen Umweltschutzorganisation Ancon ist. Das 263 km² große Reservat ist mit artenreichem Primär- und Sekundärwald bedeckt. Vor allem Harpyien und noch viele andere Vogelarten können hier prima beobachtet werden, aber auch viele andere Tiere wie Dreifinger-Faultiere, Brüllaffen und Krokodile. Das Wildreservat ist nur per Boot oder Flugzeug zu erreichen.

Im Komplettpaket von Ancon Expeditions (S. 798) sind der Hin- und Rückflug von Panama-Stadt nach Punta Patiño sowie Unterkunft, Verpflegung und der Besuch des Reservats enthalten. Die Unterkunft im Reservat kann auch ohne geführte Tour gebucht werden, die Ankunft muss dann aber vorher angekündigt werden.

SAMBÚ

Das am gleichnamigen Fluss gelegene Sambú ist einen Zwischenstopp wert, denn hier leben sowohl indigene Emberá als auch *Cimarrones*, deren Vorfahren entflohene Sklaven waren, die im Urwald überlebt haben. Für Darién-Verhältnisse ist Sambú eine richtige Stadt, komplett mit Flugfeld, Krankenhaus und Münztelefon. Wegen der guten Flugverbindung ist es ein guter Ausgangspunkt, wenn man die Emberá- und Wounaan-Dörfer entlang des Flusses besuchen und sich dem gemächlichen Rhythmus des Lebens im Urwald hingeben möchte.

Von Sambú aus lässt sich auch ein Ausflug nach **Puerto Indio** planen. Dafür ist eine Genehmigung der Emberá und Wounaan erforderlich, aber wer die hat, kann die Felsenmalereien dort besichtigen oder die Mangrovenwälder erkunden. In der Lagune **Bocaca Verano** leben Krokodile und eine Menge Vögel. Während der Trockenzeit organisiert der einheimische Führer Lupicinio, der vor dem Sambú Hause zu finden ist, Wanderungen mit dem Ziel, Harpyien zu beobachten (15 US$/Pers.), sowie Touren in die Lagune. Juan Murillo fährt mit Besuchern in seinem 75 PS starken Motorboot zum **Angeln** (4 Pers. 120 US$) in den Golfo de San Miguel hinaus. Da beide Führer kein Telefon besitzen, muss man sie durch Nachfragen ausfindig machen.

Das **Hotel Fiesta** (☎ öffentl. Tel. 333-2512; Zi. mit Klimaanlage 25 US$) gegenüber dem Flugfeld ist Sambús Luxushotel, denn es verfügt als einziges Hotel über Zimmer mit Klimaanlage. Die freundlichen Besitzer Telma und Ricardo führen auch das Geschäft unter dem Hotel. Direkt daneben bietet das **Mi Lindo Sueño** (☎ öffentl. Tel. 333-2512; Zi. ohne Bad 10 US$) kahle Zimmer in einem Betonbau.

Das **LP Tipp** **Sambu Hause** (☎ 6687-4177; http://sambuhausedarienpanama.com; Zi. inkl. Frühstück 25 US$/Pers.) ist das einzige B&B im Urwald. Das hübsche, gelbe Schindelhaus wird von der freundlichen Mabel geführt. Es ist einfach, aber gemütlich und vermutlich das einzige Fleckchen im Darién, an dem man zum Frühstück Pfannkuchen bekommt. Auch Kulturtrips können organisiert werden.

Zehn Gehminuten von der Stadt entfernt betreibt die Gemeinschaft der Emberá das Werara Puru, eine *choza* (Hütte), in der Traveller übernachten können. Als wir hier recherchiert haben, wurde sie gerade renoviert.

Günstig und gut essen kann man im **Comidas Benedicta** (Gerichte 2,50 US$). Hier speiste auch Starkoch Anthony Bourdain, als er in Sambú war. Wem nach Party zumute ist, der geht in die rustikale Kneipe **Mis Cabañas del Nuevo Milenio** (Sa & So), deren laute Musik das halbe Dorf beschallt. Es wird zwar Bier ausgeschenkt, aber das ist manchmal warm.

Air Panama (☎ 316-9000; www.flyairpanama.com/tickets) fliegt zweimal wöchentlich von Panama-Stadt nach Sambú (46 US$, 1 Std.). Der Rückflug muss immer im Voraus bestätigt werden.

Das Schiff **Barco Buen Pastor** (☎ 6772-2435) verkehrt einmal pro Woche zwischen Panama-Stadt und Sambú (15 US$, 12 Std.). Ausführliche Infos erteilt Señora María Teresa unter oben genannter Telefonnummer.

Das *panga*-Boot nach Puerto Quimba (20 US$) legt dreimal wöchentlich ab und macht einen Zwischenstopp in La Palma. Die Abfahrtszeiten werden kurz vorher bekanntgegeben; man muss in der Stadt herumfragen und versuchen, auch den Termin für die Rückfahrt bestätigt zu bekommen.

CANA

An den östlichen Ausläufern des Cerro Pirre tut sich das Cana-Tal auf. Dieses mitten im Parque Nacional Darién gelegene Tal ist vielleicht der abgeschiedenste Ort, an den man in Panama kommen kann. Neben vier farbenprächtigen Ara-Arten leben hier vor allem Harpyien, Nördliche Prachtkotingas, Paradiesglanzvögel, Zimtkolibris und Goldkopftrogonen.

Als einziger Veranstalter kommt Ancon Expeditions hierher, der die ANAM/Ancon-Station betreibt. Das Holzgebäude, das in den 1970er-Jahren von Arbeitern in den Goldminen errichtet und Mitte 1998 erweitert wurde, verfügt über einfache Schlafsäle und Gemeinschaftsbäder. Abends sitzt man im Kerzenschein zusammen. Das ausgezeichnete fünftägige Komplettpaket von Ancon Expeditions (s. S. 798) beinhaltet vier Übernachtungen und alle Mahlzeiten sowie die privaten Charterflüge von Panama-Stadt nach Cana und zurück und einen englischsprachigen Führer. Übernachtet wird u. a. in einem Zeltlager am Pirre Mountain Trail, wohin Träger die gesamte Ausrüstung schleppen.

ALLGEMEINE INFORMATIONEN

AKTIVITÄTEN

Angeln

Bei 1518 Inseln, 2988 km Küstenlinie und 480 Flüssen sollte es kein Problem sein, in Panama ein Plätzchen zum Angeln zu finden. Dabei hat man die Qual der Wahl zwischen Hochseeangeln, Barschangeln im **Lago Gatún** am Panamakanal, Forellenangeln in den Flüssen des **Volcán Barú** und Küstenangeln an den Stränden des Pazifik oder des Karibischen Meeres.

PANAMA

Rafting & Kajakfahren

Egal ob mit dem Floß oder dem Kajak – auf Panamas Flüssen lässt sich bestens paddeln. Die berühmtesten Wildwasserflüsse des Landes sind der Río Chiriquí und der Río Chiriquí Viejo. In den Provinzen Bocas del Toro und Chiriquí kann man auch gut auf dem Meer Kajak fahren.

Die inoffizielle Rafting-Hauptstadt Panamas aber ist das im Hochland gelegene Boquete (S. 750). Hier, an den Flüssen Río Chiriquí und Chiriquí Viejo, sind folglich auch die besten Rafting-Veranstalter Panamas ansässig, etwa **Boquete Outdoor Adventures** (☎ 720-2284; www.boqueteoutdooradventures.com) und **Chiriquí River Rafting** (☎ 720-1505; www.panama-rafting.com).

Boquete Outdoor Adventures veranstaltet in der Regenzeit (April–Nov.) Kajaktouren auf den Flüssen. Ebenso wie **Fluid Adventures** (☎ 6560-6558; www.fluidadventurespanama.com) bieten sie aber auch Seekajakfahrten im Golfo de Chiriquí an. Als einziger Veranstalter hat **Ecocircuitos** (☎ 314-0068; www.ecocircuitos.com) Kajaktouren in San Blás im Programm. Ebenfalls an der Karibikküste vermietet **Cap 'n Dons** (Karte S. 761; ☎ 757-9248) auf der Isla Colón Kajaks an Traveller, die lieber alleine auf Tour gehen.

Surfen

Die besten Surfmöglichkeiten des Landes gibt's eindeutig im Archipel von **Bocas del Toro** (S. 756) im Karibischen Meer, wo sich vor allem im Winter Surfer aus aller Welt in die hohen, kräftigen Wellen stürzen. Vor dem noch recht unerschlossenen **Santa Catalina** (S. 769) an der Pazifikküste brechen sich einige der anspruchsvollsten Wellen Zentralamerikas. Auch rund um die entspannte Karibikinsel **Isla Grande** (S. 779) und an der **Playa Venao** (S. 773) auf der Península de Azuero ist Surfen abseits der Massen noch möglich.

Tauchen & Schnorcheln

Panama verfügt über zahlreiche Inseln, vor denen man prima schnorcheln und tauchen kann. Die besten Spots im Karibischen Meer sind **Bocas del Toro** (S. 756) und der **Archipel von San Blás** (S. 779). Tauchschulen in Bocas del Toro verleihen Schnorchel- und Tauchausrüstungen und bieten auch PADI-Tauchkurse an, während man beim Schnorcheln vor San Blás eher auf sich selbst angewiesen ist. Gut tauchen und schnorcheln kann man auch vor **Portobelo** (S. 777), wo es ebenfalls ein paar anständige Tauchschulen gibt.

An der Pazifikküste sind vor allem der **Golfo de Chiriquí** (S. 746) und der **Archipiélago de las Perlas** (S. 742) für Schnorchler interessant. Die Korallenriffe im Pazifik mögen nicht ganz so prachtvoll sein wie die in der Karibik, doch hier bekommt man auch recht große Fische und einiges Hochseegetier zu Gesicht.

An den oben genannten Orten werden zwar Ausrüstungen verliehen, aber echte Schnorchler sollten ihre eigene mitbringen. Die in Panama-Stadt ansässige Tauchschule **Scubapanama** (Karte S. 722; ☎ 261-3841; www.scubapanama.com) bietet Tauchgänge im ganzen Land an.

Vogelbeobachtung

Bei mehr als 900 Vogelarten, die in Panama heimisch sind, muss man sich eigentlich nur mit einem guten Fernglas auf einen der Wanderwege begeben, um die gefiederten

Tierchen zu beobachten. Zwei der beliebtesten Orte zur Vogelbeobachtung sind der **Camino del Oleoducto** (Pipeline Rd, S. 739) im Parque Nacional Soberanía und der **Parque Nacional Volcán Barú** (S. 752), wo der prächtige Quetzal, der Paradiesvogel der Maya, lebt.

Noch besser, weil artenreicher, ist das legendäre Cana-Tal, das sogar als eines der besten Vogelbeachtungsgebiete der ganzen Welt gilt. In dieses einzigartige Naturschutzgebiet kommt man allerdings nur im Rahmen einer geführten Tour von Ancon Expeditions (s. S. 798).

Die **Panama Audubon Society** (☎ 224-9371; www.panamaaudubon.org) in Panama-Stadt organisiert nicht nur die alljährliche Weihnachtsvogelzählung an der Pipeline Rd, sondern führt auch Vogelbeobachtungstouren im ganzen Land durch.

Wandern

Wandern kann man ohne Ende in Panama. Als ultimativ bester Wanderweg des Landes gilt der **Sendero Los Quetzales** (S. 752), der sich im Hochland von Chiriquí durch den Parque Nacional Volcán Barú windet. Vor dem Loslaufen sollte man aber unbedingt immer seinen aktuellen Zustand erfragen! Der **Parque Internacional La Amistad** ist von schönen, kurzen Wanderwegen durchzogen, die in der Nähe des Eingangs von Cerro Punta (S. 754) beginnen.

Von Boquete aus kann man gut den **Volcán Barú** (S. 753) besteigen, Panamas höchsten Gipfel und einzigen Vulkan. Das in einem malerischen Tal gelegene **El Valle** (S. 773) ist ideal für Traveller, die eher weniger anstrengende Wanderungen bevorzugen.

Durch den **Parque Nacional Soberanía** (S. 739) an der Kanalküste in der Nähe von Panama-Stadt führt ein Teil des alten Sendero Las Cruces, auf dem die Spanier einst das Land durchquerten. Von den guten Wanderwegen im **Parque Natural Metropolitano** (S. 725) in den Außenbezirken von Panama-Stadt aus hat man einen schönen Panoramablick auf die Stadt.

Oder man begibt sich in den üppigen Regenwald im **Parque Nacional Darién** (S. 791), allerdings sollten diese Trekkingtouren wegen der Guerillaaktivitäten in dieser Region nur mit einem anerkannten Führer unternommen werden.

Sicherheitshinweise für Wanderer sind auf S. 798 zu finden.

DER TRANSPANAMA-TRAIL

Dieser **Überland-Rundwanderweg** (www.transpanama.org) führt durch die spektakulärsten Landschaften ganz Panamas – an die Küsten, in die Regenwälder und in die Bergregionen. Der Weg ist erst zu 60 % fertiggestellt und führt derzeit von der costaricanischen Grenze bis nach Panama-Stadt. Der Camino Real, der traditionelle Landweg von einer Küste zur anderen, den der Panamakanal später überflüssig machte, ist ein Teil davon.

Der Weg kann in kurze Abschnitte unterteilt werden, die in drei bis vier Tagen zu bewältigen sind und gut mit öffentlichen Verkehrsmitteln erreicht werden können. Zu den Highlights gehören die Abschnitte zwischen Boquete und Costa Rica, dem Parque Nacional Campana und El Valle (3–4 Tage), und die Cocle-Veraguas-Verbindung zwischen Huacas el Quise und der Laguna de La Yeguada. Ausführliche Infos gibt's auf der Website des Transpanama-Trail, wo auch kostenlose GPS-Tracks heruntergeladen werden können.

ARBEITEN IN PANAMA

In Panama Arbeit zu finden, ist für Ausländer sehr schwierig, denn die Regierung mag es überhaupt nicht, wenn Fremde den Einheimischen die Jobs wegnehmen. Diese Vorbehalte sind auch im panamaischen Arbeitsrecht verankert. Kurzum, die wenigen legal beschäftigten Ausländer sind entweder selbstständig, verfügen über Fähigkeiten, die in Panama nicht verfügbar sind, oder arbeiten für Unternehmen, die besondere Vereinbarungen mit der Regierung getroffen haben.

BOTSCHAFTEN & KONSULATE

Mehr als 50 Länder unterhalten Botschaften oder Konsulate in Panama-Stadt. Sie sind in den Weißen Seiten von Panama unter „Embajada de [jeweiliges Land]" oder „Consulados" aufgeführt. Viele der Botschaften befinden sich im Stadtteil Marbella.

Costa Rica in David (Karte S. 744; ☎/Fax 774-1923; Calle C Sur zw. Av 1 & Av 2 Este); in Panama-Stadt (☎ 264-2980; Fax 264-4057; Av Samuel Lewis)

Deutschland (☎ 263-7733; www.panama.diplo.de; World Trade Center, Calle 53 Este, Marbella)

Kolumbien (☎ 264-9266; World Trade Center, Calle 53 Este, Marbella)

PANAMA

BÜCHER

Die folgenden ausgezeichneten Bücher haben verschiedene Aspekte der Geschichte Panamas zum Thema:

The Sack of Panamá: Sir Henry Morgan's Aventures on the Spanish Main von Peter Earle ist eine sehr lebendige Beschreibung der Plünderung und Zerstörung von Panama-Stadt im Jahre 1671 durch den berühmten walisischen Piraten.

Sie teilten die Erde: Abenteuer und Geschichte der Erbauung des Panama-Kanals von David McCullough. Der 700 Seiten starke Bericht liest sich wie ein spannender Roman.

In *How Wall Street Create a Nation: J.P. Morgan, Teddy Roosevelt and the Panama Canal* arbeitet sich Ovidio Diaz Espino tief in die dunklen Machenschaften und zwielichtigen Verbindungen ein, die im Bau des Panamakanals gipfelten.

Tom Barry und John Lindsay-Poland geben in *Inside Panama* einen Einblick in Politik, Wirtschaft und Situation der Menschenrechte in Panama. Im Mittelpunkt stehen dabei insbesondere die Entwicklung der panamaischen Gesellschaft seit den 1960er-Jahren und die Beziehungen zwischen den USA und Panama von damals bis in die Mitte der 1990er-Jahre.

PANAMA

ESSEN & TRINKEN

Essen

Panamas Nationalgericht ist *sancocho*, ein Gemüseeintopf mit Hühnchen. Ein anderes sehr schmackhaftes Standardgericht ist *ropa vieja* (wörtlich „Altkleider"), gut gewürztes Rindergeschnetzeltes, das auf einem Reisberg serviert wird. Reis ist in Panama ein Grundnahrungsmittel.

Zum Frühstück und als Snack gibt's *tortillas e maíz* (dicke, frittierte Maisteigfladen) und *hojalras* (frittierte Teigmasse, die mit Zucker bestreut und heiß serviert wird). Eine einfache, preiswerte Mittagsmahlzeit besteht normalerweise aus Rindfleisch, Hühnchen oder Fisch mit Reis, schwarzen Bohnen, gebratenen Kochbananen, fein geschnittenem Kohl und eventuell einem Ei oder einer Avocado.

Die panamaische Küche ist sehr fleischlastig. Ein typisches Fleischgericht ist *carimañola*, eine mit Hackfleisch gefüllte Yucca-Rolle, die frittiert wird. Als Snack sehr beliebt sind *empanadas* (mit Schabefleisch gefüllte gebratene Teigtaschen) und *tamales* (Hühner- oder Schweinefleisch in gewürztem Maismehlteig, der in Bananenblätter gewickelt und gekocht wird). Reichlich im Angebot sind auch Meeresfrüchte wie Garnelen, Königskrabben, Tintenfisch und *corvina* (Seebarsch). Der karibische Einfluss an der Karibikküste schlägt sich in Kokosnussreis und Kokosbrot oder Meeresfrüchten in Kokosmilch nieder.

In Panama-Stadt schieben „Eismänner" ihre Karren durch die Straßen und verkaufen *raspados*, geraspeltes Blockeis in Waffeltüten, das mit Fruchtsirup und gesüßter Kondensmilch übergossen wird.

Getränke

Bei den äußerst beliebten *chichas* handelt es sich um frische Fruchtsäfte, die mit Zucker gesüßt und mit Wasser oder Milch vermischt werden. Nicht verwechseln darf man sie mit *chicheme*, einem Gebräu aus Milch, Zuckermais, Zimt und Vanille. Der panamaische Kaffee ist in der Regel sehr stark und wird mit Sahne oder Kondensmilch serviert. Milch kann bedenkenlos getrunken werden, denn sie ist pasteurisiert.

Das alkoholische Nationalgetränk Nr. 1 wird aus *seco*, Milch und Eis gemixt. *Seco* wird zwar genau wie Rum aus Zuckerrohr destilliert, schmeckt aber überhaupt nicht wie der Rum, den wir kennen. *Seco* ist das Getränk der *campesinos* (Bauern). In den zentralen Provinzen sehr beliebt ist *vino e palma*, der vergorene Saft, der aus dem Stamm der Stachelplame *(palma e corozo)* gewonnen wird. Aber das bei Weitem beliebteste alkoholische Getränk in ganz Panama ist *cerveza* (Bier). Während ein großes Atlas-Bier in einer typischen *cantina* gerade einmal 1 US$ kostet, bezahlt man für das gleiche Bier in einem ordentlichen Restaurant dann schon happige 3 US$.

FEIERTAGE

Neujahr 1. Januar
Tag der Märtyrer 9. Januar
Karneval Februar/März
Semana Santa März/April
Tag der Arbeit 1. Mai
Gründung des alten Panama 15. August
Allerseelen 2. November
Unabhängigkeit von Kolumbien 3. November
Erster Aufruf zur Unabhängigkeit 10. November
Unabhängigkeit von Spanien 28. November
Muttertag 8. Dezember
Weihnachten 25. Dezember

FESTIVALS & EVENTS

Ob traditionelle Volksfeste oder religiöse Feiern der indigenen Bevölkerung – die vielen Feste, die in Panama gefeiert werden, sind immer äußerst farbenprächtig. Vor allem im Landesinneren wird kräftig gefeiert. Hier finden einige der bekanntesten und berühmtesten Feste Panamas statt. Ausführliche Infos gibt's auf S. 773.

Die folgenden Großereignisse gehören zu den bekannteren Festlichkeiten des Landes:

Karneval (Feb./März) An den vier Tagen vor Aschermittwoch wird vor allem in Panama-Stadt und den Städten Las Tablas, Chitré, Villa de Los Santos und Parita auf der Península de Azuero in bunten Kostümen mit viel Musik und Tanz ausgelassen gefeiert.

Semana Santa (März/April) Die Heilige Woche vor Ostern wird im ganzen Land mit vielen besonderen Veranstaltungen begangen. So wird u. a. die Kreuzigung und Auferstehung von Jesus Christus nachgespielt. Am Karfreitag finden überall Prozessionen statt.

Corpus Christi (Mai/Juni) Der religiöse Feiertag wird 40 Tage nach Ostern mit farbenprächtigen Feiern in Villa de Los Santos begangen. Tänzer mit Masken und Kostümen, die Engel, Teufel, Kobolde und andere Figuren aus der Mythologie verkörpern, zeigen verschiedene Tänze, Akrobatik und Schauspiele.

Fest des Schwarzen Christus Am 21. Oktober kommen Tausende von Besuchern nach Portobelo, um dem Schwarzen Christus die Ehre zu erweisen.

FRAUEN UNTERWEGS

Obwohl Panama ein typisch lateinamerikanisches Land ist, lernen weibliche Traveller es im Allgemeinen als sicher kennen. Einige wenige Panamaer werden anzügliche Bemerkungen machen, pfeifen, hupen oder Frauen anstarren, selbst wenn sie in männlicher Begleitung sind. Aber das sollte kein Problem darstellen. Das hormongesteuerte Gehabe geht ebenso sehr von der männlichen Bindungslust aus wie von der weiblichen Vorliebe, sich zu präsentieren. Die beste Antwort darauf ist, dem Vorbild der Panamaerinnen zu folgen: solchen Männern aus dem Weg gehen, ihre Bemerkungen überhören und wegschauen.

Auch wenn einheimische Frauen knappe, eng anliegende Kleidung tragen, sind Traveller mit konservativerem Outfit besser beraten, weil unauffälliger. Wer außerhalb der Strandzone in Shorts herumläuft, wird schon von weitem als Touristin erkannt. Im Landesinneren ist der Dresscode noch formeller – hier sind Rock und Sandaletten angesagt. Selbst in Badeorten sollten Frauen die Badebekleidung nur am Strand tragen.

Auch erregen alleinreisende Frauen mehr Aufmerksamkeit, als wenn sie mit Partner oder in einer Gruppe unterwegs sind. Sexuelle Belästigungen und Vergewaltigungen von ausländischen Touristinnen sind sehr selten, dennoch sollten Frauen gefährliche Situationen vermeiden. Frau sollte generell nicht alleine in einsamen Gegenden unterwegs sein, nicht trampen und ihre Umgebung immer sehr aufmerksam beobachten.

Auf langen Busfahrten sollte sich frau neben eine andere Frau oder eine Familie setzen, wenn sie die Anmache nervös macht. Auch bei Taxifahrten ist Vorsicht geboten: Es ist normal, gemeinsam mit anderen (unbekannten) Fahrgästen ein Taxi zu mieten, doch sollten Frauen nicht einsteigen, wenn mehr als ein Mann mitfährt. Wenn der Taxifahrer unterwegs einen weiteren Fahrgast aufnehmen möchte, kann frau anbieten, mehr zu bezahlen, um weiter alleine im Taxi zu sein.

FREIWILLIGENARBEIT

Die Angebote für Freiwilligenarbeit in Panama werden ständig zahlreicher, und es gibt ausgezeichnete Möglichkeiten, sich nützlich zu machen. Die gemeinnützige Kinderhilfsorganisation **Fundación Pro-Niños de Darién** (☎ 254-4333; www.darién.org.pa) bemüht sich um die Verbesserung der Gesundheit, Ernährung und Ausbildung von Kindern in der gesamten Region Darién. Daneben unterstützt die Organisation auch die Dorfbewohner bei der Einführung einer nachhaltigen Landwirtschaft. Freiwillige Helfer können sich auch bei den Tourveranstaltern in der Provinz Darién einbringen (S. 798).

Die in Boquete ansässige Außenstelle der **Global Humanitarian Adventures** (GHA; ☎ in den USA 1-877-442-4255, in Boquete 6907-0781; www.gogha.org) ist ein Projekt des Roten Kreuzes, das sich um die Alphabetisierung, Gesundheit, Waisenkinder, Gemeindehilfe und vieles mehr kümmert. Die freiwilligen Helfer werden bestmöglich entsprechend ihrer individuellen Fähigkeiten eingesetzt. Es gibt keine Mindestaufenthaltsdauer und es werden keinerlei Spanischkenntnisse vorausgesetzt. Ableger dieses umfangreichen Projekts sind im ganzen Land zu finden, aber die meisten Freiwilligen wenden sich zunächst an die Hauptstelle. Weitere Informationen sind auf S. 750 zu finden.

GEFAHREN & ÄRGERNISSE

Auch wenn in bestimmten Teilen von Panama-Stadt Kriminalität durchaus ein Problem darstellt, ist es in den besseren Stadtvierteln doch sicherer als in vielen anderen Hauptstädten dieser Welt. Das beweisen die langen Öffnungszeiten der Restaurants und das rege Leben auf den Straßen bei Nacht. Allerdings sollte man die Außenbezirke von Casco Viejo nachts meiden – die kleinen Seitenstraßen dieses Stadtviertels sind selbst tagsüber nicht ganz ungefährlich. Generell sollte man sich nur an gut beleuchteten Orten aufhalten, an denen viele Menschen unterwegs sind.

Colón hat zwar einige bessere Wohnviertel, aber die Stadt ist allgemein berüchtigt für die hohe Verbrechensrate in ihren Straßen. Die Hotels geben Auskunft über die zu meidenden Stadtteile.

In der Provinz Darién sind bestimmte Gegenden im Grenzgebiet zu Kolumbien extrem gefährlich. Eigentlich haben Traveller keinen Grund, sich dort aufzuhalten, denn die Gegend ist seit Langem ein Rückzugsgebiet für Verbrecher aller Art. Menschenhändler, paramilitärische Kräfte und Guerilleros aus Kolumbien treiben dort ihr Unwesen. Besonders heimtückisch ist die Gegend um den traditionellen Pfad durch den Tapón del Darién, der jenseits von Boca de Cupe nach Kolumbien führt.

Auf den vielen kolumbianischen Booten, die zwischen der Zona Libre in Colón und Cartagena in Kolumbien im karibischen Archipiélago de San Blás verkehren, werden immer wieder Drogen in Richtung Norden geschmuggelt. Diese Tatsache sollte man bedenken, bevor man an Bord eines dieser langsamen Frachter geht. Aber auch an der Pazifikküste gab es schon Vorfälle dieser Art.

Sicheres Wandern

Obwohl das Land in den Tropen liegt, hat Panama von eisig kalt bis drückend heiß die ganze Bandbreite an Temperaturen zu bieten. Das macht das Wandern nicht gerade einfach; man muss auf jedes Wetter gefasst sein. Vor dem Start sollte man sich bei den örtlichen Veranstaltern oder Rangern immer nach dem Zustand der Wege erkundigen. Selbst für kurze Wanderungen immer genügend Trinkwasser mitnehmen, außerdem Lebensmittel, Streichhölzer und angemessene Kleidung! Auch im Urwald wird es nachts kühler, vor allem in den höheren Bergregionen.

Es kommt immer wieder vor, dass sich Wanderer selbst in dem scheinbar „übersichtlicheren" Regenwald des Parque Nacional Volcán Barú und auf dem Sendero Los Quetzales verirren. Erdrutsche, Stürme und die alles überwuchernde Vegetation können Wanderwege unpassierbar machen. Manchmal sind schon die Zufahrtstraßen so schlecht, dass Wanderer das Zubringerfahrzeug kilometerweit vor dem eigentlichen Startpunkt verlassen müssen. So ist der Urwald eben. Wenn Wanderer sich verirren, was immer wieder passiert, kommt ihnen keine offizielle Rettungsorganisation zu Hilfe. Wer wirklich ohne Führer losläuft, sollte auf jeden Fall das Hotelpersonal über die Wanderung und deren geplante Dauer informieren.

Sind in einem Regenwald keine Wege markiert, ist davon auszugehen, dass es auch keine gibt und man folglich nicht wieder hinausfindet. Der Transport zum und vom Ausgangspunkt der Wanderung muss im Voraus organisiert werden: Entweder weiß man, wo wann der letzte Bus abfährt oder man lässt sich einen verantwortungsbewussten Taxifahrer empfehlen und vereinbart mit ihm einen Abholtermin am Ende der Wanderung.

GEFÜHRTE TOUREN

Es wird zwar immer einfacher, Panama individuell zu bereisen, aber besondere Umstände wie das komplizierte Transportwesen, eine stark eingeschränkte Zugänglichkeit vieler Gebiete und die riesige Wildnis sprechen eher für organisierte Touren. Ohne Führer praktisch überhaupt nicht zugänglich ist der gesamte Darién. Hier einige gute Tourveranstalter:

Ancon Expeditions(Karte S. 726; ☎ 269-9415; www.anconexpeditions.com; El Dorado Bldg, Calle Elvira Mendez) Der in ganz Panama aktive Veranstalter beschäftigt landesweit die besten Führer für Wanderungen in der Natur. Als einziger Veranstalter organisiert Ancon u. a. Touren zur weltberühmten Vogelbeobachtungsstation von Cana und zur Lodge von Punta Patiño, ebenfalls in der Provinz Darién.

Ecocircuitos (Karte S. 722; ☎ 314-0068; www.ecocircuitos.com) Der Veranstalter, der sich dem nachhaltigen Tourismus verschrieben hat, bietet eine breite Auswahl von Aktivitäten im ganzen Land an, z. B. Touren zur Tier- und Pflanzenbeobachtung, Kajakfahrten in der Comarca Kuna Yala oder Freiwilligenarbeit im Darién.

Scubapanama (Karte S. 722; ☎ 261-3841; www.scubapanama.com) Das im Bezirk El Carmen in Panama-Stadt ansässige Unternehmen ist die älteste und anerkannteste

Tauchschule des Landes und hat eine große Auswahl von Tauchgängen in ganz Panama im Angebot.

GELD

Panamas Währung ist der US-Dollar. Die offizielle Bezeichnung lautet zwar „Balboa", aber es handelt sich um exakt dieselben Banknoten, die in der Praxis sowohl *dólar* als auch „Balboa" genannt werden. Die Münzen haben den gleichen Wert, die gleiche Größe und sind aus dem gleichen Metall geprägt wie die US-Münzen. Beide Münzsorten sind gleichermaßen im Umlauf. Es gibt Geldstücke zu 1, 5, 10, 25 und 50 *centavos* (oder *centésimos*). 100 *centavos* sind ein Balboa. Zu beachten ist, dass die meisten Geschäfte keine 50- oder 100-Dollar-Scheine wechseln. Nimmt ein Geschäft dennoch einen solchen Geldschein an, wird es sehr wahrscheinlich die Vorlage des Reisepasses verlangen. Als wir recherchiert haben, galten die in der rechten Spalte angegebenen Wechselkurse.

Geldautomaten

Außer in den ganz abgelegenen Regionen stehen überall in Panama reichlich Geldautomaten zur Verfügung. Rote Schilder mit der Aufschrift *sistema clave* weisen den Weg zum Geld. Die Automaten akzeptieren die Karten der meisten Debit-Systeme (Plus, Cirrus, MasterCard, Visa und Amex).

An den folgenden Stellen gibt es keine Banken und der Weg zum nächsten Geldautomat ist sehr weit: Santa Catalina, Santa Fé, Boca Brava, Isla Contadora, Isla Grande, Portobelo, Isla de Coiba und im Darién.

Kreditkarten

Mit der Kreditkarte zu bezahlen ist außerhalb von Reisebüros, besseren Hotels und vielen Restaurants kaum möglich. Mit anderen Worten gesagt: Man sollte immer genügend Bargeld bei sich haben, um sich bis zur nächsten Bank oder zum nächsten Geldautomaten durchschlagen zu können.

Reiseschecks

Einige wenige Banken lösen Reiseschecks ein, in den Geschäften werden sie nur selten akzeptiert. Reiseschecks, die auf eine andere Währung als US-Dollar ausgestellt sind, werden grundsätzlich nicht angenommen. Manche Banken nehmen auch nur die Reiseschecks von American Express an. Löst eine Bank Reiseschecks ein, so verlangt sie dafür in der Regel eine Gebühr in Höhe von 1 % des Scheckbetrags.

Steuern

Auf den Zimmerpreis im Hotel wird eine Steuer von 10 % erhoben. Deshalb immer nachfragen, ob diese Steuer im genannten Preis enthalten ist oder nicht! In diesem Reiseführer haben wir die Zimmerpreise inklusive dieser Steuer angegeben. Auf alle Waren außer Lebensmitteln wird eine Verkaufssteuer in Höhe von 5 % erhoben.

Trinkgeld

In Panama werden in der Regel 10 % des Rechnungsbetrages als Trinkgeld gegeben. In kleinen Cafés und zwangloseren Lokalen ist kein Trinkgeld üblich. Auch Taxifahrer erwarten kein Trinkgeld.

Wechselkurse

Zur Zeit der Drucklegung galten die hier angegebenen Wechselkurse.

Land	Währung	US$
Eurozone	1 €	1,38
Schweiz	1 SFr	1,04

PANAMA

INFOS IM INTERNET

ATP (Autoridad de Turismo Panamá; www.atp.gob.pa) Die Homepage der panamaischen Tourismusbehörde ist nur auf Spanisch. Es gibt aber eine ähnliche englischsprachige Website; sie hat die Adresse www.visitpanama.com.

Lanic (http://lanic.utexas.edu/la/ca/panama) Hervorragende Sammlung von Links, die vom Latin American Information Center der University of Texas zusammengestellt werden.

Panama Info (www.panamainfo.com) Auch auf Englisch.

INTERNETZUGANG

Mit Ausnahme der Regionen Kuna Yala und Darién ist Panama flächendeckend mit Internetcafés und WLAN versorgt. Die meisten Internetcafés verlangen 1 US$ pro Stunde.

KARTEN & STADTPLÄNE

Beim **Instituto Geográfico Nacional** (Tommy Guardia; Karte S. 726; ☎ 236-2444; Mo–Fr 8–16 Uhr) in Panama-Stadt kann man sich mit topografischen Karten von ausgewählten Städten und Regionen eindecken. Kostenlose Karten und Stadtpläne sind in vielen Broschüren für Traveller enthalten, die in ganz Panama verteilt werden.

KLIMA

Die beste Zeit für eine Panamareise ist die Trockenzeit (Mitte Dez.–Mitte April). Das gilt allerdings nur für die Pazifikseite, denn in der Karibik kann es das ganze Jahr über regnen. Während der Regenzeit kann es im Flachland sehr heiß und drückend schwül werden. Allerdings regnet es dann nicht ständig, sondern nach den kurzen, heftigen Regengüssen, die für frischere Luft sorgen, scheint gleich wieder die Sonne. Trotzdem ist die Trockenzeit angenehmer und besser geeignet, um lange, anstrengende Wanderungen zu unternehmen.

KURSE

In Panama gibt es einige Sprachschulen, die Spanischunterricht anbieten. Sie befinden sich in Panama-Stadt (S. 728), Boquete (S. 750) und Bocas del Toro (S. 761).

MEDIEN

Radio & TV

In Panama gibt es drei kommerzielle Fernsehsender (Kanal 2, 4 & 13) und zwei öffentlich-rechtliche (Kanal 5 & 11). Viele Hotels verfügen über Kabelanschluss mit spanischen und englischen Programmen.

Die 90 Radiosender des Landes sind fast alle kommerziell. Zu den beliebtesten Sendern gehören 97.1 und 102.1 (Salsa), 88.9 (Latin Jazz), 88.1 (Reggae), 94.5 (traditionelle panamaische Volksmusik), 106.7 (Latin Rock) und 98.9 (US-amerikanischer Rock).

PANAMA

Zeitungen & Zeitschriften

La Prensa (www.prensa.com, spanisch) ist die Tageszeitung mit der höchsten Auflage in Panama. Weitere große Tageszeitungen in spanischer Sprache sind *La Estrella e Panamá, El Panamá, América, El Universal* und *Crítica.*

Die englischsprachige **Panama News** (www.thepanamanews.com) erscheint alle zwei Wochen und wird kostenlos in Panama-Stadt verteilt. Die Wochenzeitung *The Visitor,* die auf Spanisch und Englisch erscheint und Traveller als Zielgruppe hat, ist ebenfalls kostenlos. In einigen besseren Hotels ist auch die internationale Ausgabe des *Miami Herald* erhältlich.

ÖFFNUNGSZEITEN

Normalerweise haben Reisebüros, Tourveranstalter und andere Geschäfte in Panama an Wochentagen von 8 bis 12 Uhr und von 13.30 bis 17 Uhr sowie samstags von 8 bis 12 Uhr geöffnet. Behörden und auch Postämter stehen ihren Kunden nur an Wochentagen, dafür aber durchgehend von 8 bis 16 Uhr zur Verfügung. Die meisten Banken öffnen ihre Schalter an Wochentagen von 8.30 bis 13 oder 15 Uhr, manche auch am Samstag. Geschäfte und Apotheken sind in der Regel von montags bis samstags jeweils von 9 oder 10 bis 18 oder 19 Uhr geöffnet.

Lebensmittelläden bedienen ihre Kunden im Allgemeinen von 8 bis 21 Uhr, manche auch rund um die Uhr.

In den Restaurants wird Mittagessen von 12 bis 15 Uhr und Abendessen von 18 bis 22 Uhr serviert. Frühstück bekommt man von 7 bis 10 Uhr. Sonntags haben viele Restaurants geschlossen, dafür sind die Restaurants in Panama-Stadt und in David freitags und samstags bis 23 oder sogar 24 Uhr geöffnet. Bars schenken meist von 12 bis 22 Uhr aus, freitags und samstags auch länger (normalerweise bis 2 Uhr morgens). In den Nachtclubs von Panama-Stadt kann man sich von 22 oder 23 Uhr bis 3 oder 4 Uhr morgens amüsieren.

POST

Für die Post in Panama ist **Correos de Panama** (www.correos.gob.pa) zuständig. Luftpostsendungen nach Europa sind etwa zehn Tage unterwegs. Allerdings gibt es in Panama weder Briefmarkenautomaten noch öffentliche Briefkästen. Daher fungieren die besseren Hotels oft als „Briefkästen".

Pakete können nur im Postamt an der Plaza de las Americas in Panama-Stadt aufgegeben werden. Das Verpackungsmaterial muss man selber mitbringen.

Die meisten Postämter sind an Wochentagen von 7 bis 18 Uhr und samstags von 7 bis 16.30 Uhr geöffnet. Postlagernde Sendungen sind wie folgt zu adressieren: Name des Empfängers, Entrega General, Stadt und Provinz, República de Panamá. Ganz wichtig: Lautet die Landesbezeichnung einfach nur „Panamá" statt „República de Panamá", wird der Brief an den Absender zurückgeschickt!

REISEN MIT BEHINDERUNG

Das von der Regierung gegründete **Instituto Panameño de Habilitación Especial** (IPHE, Panamaisches Institut für besondere Rehabilitation; ☎ 261-0500; Camino Real, Betania, Panama-Stadt; 🕑 7–16 Uhr) unterstützt nicht nur behinderte Menschen in ganz Panama, sondern auch ausländische Touristen. Allerdings gibt es keine gesetzliche Bestimmung, derzufolge ausländischen Touristen mit Behinderung Preisnachlässe zu gewähren sind, und so tun es die Einrichtungen in Panama auch nicht.

Abgesehen von einigen wenigen Rollstuhlrampen vor besseren Hotels, Behindertenparkplätzen und ein paar rollstuhlgerechten Badezimmern ist das Land überhaupt nicht behindertengerecht ausgestattet. Spezielle Zimmer für körperlich behinderte Menschen gibt es selbst in Spitzenhotels so gut wie nicht. Das internationale **Travelin' Talk Network** (TTN; ☎ in den USA 303-232-2979; www.travelintalk.net; Mitgliedschaft 20 US$/Jahr) ist eine private Organisation, die für ihre Mitgliedern mit den verschiedensten Behinderungen ein Informationsnetzwerk zum Thema Reisen unterhält.

SCHWULE & LESBEN

Schwule und lesbische Panamaer bekennen sich heute offener zu ihrer Homosexualität als noch vor ein paar Jahren, wobei diese Tendenz in der Hauptstadt wesentlich stärker ist als im übrigen Land. Auch wenn in der Gesellschaft noch immer die unausgesprochene Devise „Nicht fragen, nichts sagen" gilt, trifft man in Panama eher auf offen homosexuelle Einheimische als in den anderen Ländern Zentralamerikas.

Die **Asociación de Hombres y Mujeres Nuevos de Panamá** (Vereinigung der neuen Männer und Frauen von Panama; www.ahmnpanama.org) gibt Auskunft über diesbezügliche Anliegen, die das ganze Land betreffen, sowie über Veranstaltungen.

In Panama-Stadt gibt es ein paar Clubs für Schwule und Lesben (für die aber keine Werbung gemacht wird). Außerhalb der Hauptstadt sind kaum Schwulenbars zu finden, und Homosexuelle werden immer noch stark diskriminiert. Also mischen sich Schwule und Lesben meist unter die heterosexuelle Menge in den hipperen Lokalen und vermeiden Cantinas und andere traditionelle Hochburgen der Schwulenhasser. Die panamaische Website www.farraurbana.com informiert über bevorstehende Events und Parties für Schwule und Lesben, die Eröffnung neuer Clubs und die politischen Diskussionen zu diesem Thema in Panama-Stadt. Man muss allerdings schon ein bisschen Spanisch beherrschen, um sich auf der Seite zurechtzufinden.

SHOPPEN

Panama ist ein Einkaufsparadies, wenn es um Kameras, Elektronik, Bekleidung und alle Arten von importierten Waren geht, die sowohl in der steuerfreien Zona Libre von Colón (S. 775) als auch in Panama-Stadt (S. 734) zu haben sind.

Das beliebteste Souvenir des einheimischen Kunsthandwerks sind *molas*, farbenprächtige, aufwändig genähte, mehrlagige Textilkunstwerke der Kuna-Frauen aus dem Archipiélago de San Blás. Kleine, einfache, für Touristen hergestellte *molas* sind schon für gut 10 US$ zu haben, die besseren mit komplizierteren Mustern kosten mehrere Hundert Dollar.

Angeboten werden auch hochwertige Reproduktionen von *huacas*. Die goldenen Kultobjekte wurden von den indigenen Völkern des Isthmus lange vor der Eroberung durch die Spanier hergestellt und dienten als Grabbeigaben für ihre Toten. Auch hier reicht die Preisspanne von 15 US$ bis zu mehr als 1000 US$.

Weitere schöne Souvenirs sind Holzschnitzereien (aus dem dunkelroten Hartholz des *Cocobolo*-Baums), *Tagua*-Figuren (aus der hühnereigroßen *Tagua*- oder Steinnuss) und Körbe, die alle von den Wounaan und Emberá hergestellt werden.

TELEFON

Die Landesvorwahl von Panama ist die ☎ 507. Wer vom Ausland aus anruft, muss diese Nummer vor der siebenstelligen Rufnummer des Teilnehmers in Panama wählen. Ortsvorwahlen gibt es in Panama nicht.

Für Inlandsgespräche können die öffentlichen Münztelefone benutzt werden. Ein solches Inlandsgespräch kostet in den ersten drei Minuten 0,10 US$ und danach 0,05 US$ pro Minute. Telechip-Telefonkarten im Wert von 3, 5, 10 und 20 US$ sind in Apotheken, Kiosken und den Büros der nationalen Telefongesellschaft Cable & Wireless erhältlich. Zum Telefonieren wird die Karte einfach in das Telefon gesteckt und die Telefonnummer gewählt. In manchen öffentlichen Telefonzellen kann man sowohl mit Karte als auch mit Münzen telefonieren, in vielen aber nur noch mit Karte. Anrufe bei Mobilfunknummern, die üblicherweise mit einer „6" beginnen, sind wesentlich teurer (0,25 US$/Min.).

TOURISTENINFORMATION

Die **Autoridad de Turismo Panamá** (ATP, Panamaische Tourismusbehörde; Karte S. 722; ☎ 226-7000; www.atp.gob.pa; Atlapa Convention Center, Vía Israel, San Francisco, Panama-Stadt) ist die nationale Touristeninformation Panamas, die früher einmal IPAT hieß. Neben der Zentrale in Panama-Stadt unterhält die ATP auch Büros in Bocas del Toro, Boquete, Colón, David, Paso Canoas, Penonomé, Portobelo, Santiago, Villa de Los Santos, Las Tablas, El Valle und Pedasí. Kleinere Informationsschalter gibt's bei den Ruinen von Panamá Viejo und in Casco Viejo sowie in den beiden Flughäfen Aeropuerto Internacional de Tocumen und Aeropuerto Albrook.

Die ATP gibt zwar einige sehr nützliche Karten und Broschüren heraus, schafft es aber oft nicht, genügend Exemplare in ihren Büros bereitzustellen. Die Mitarbeiter in den Büros sprechen meistens nur Spanisch. Kundenfreundlichkeit und Hilfsbereitschaft des jeweiligen Büros sind einzig und allein von der Person hinter dem Tresen abhängig. So versuchen einige Mitarbeiter wirklich, den Besuchern weiterzuhelfen, während andere nur die Zeit absitzen. Im Allgemeinen kommt man besser an brauchbare Informationen, wenn man gezielte Fragen stellt.

UNTERKUNFT

Die angegebenen Preise gelten in der Hauptsaison und beinhalten die in Panama erhobene Steuer auf Hotelzimmer in Höhe von 10 %. Die Hauptsaison dauert von Mitte Dezember bis Mitte April. An Ostern und zwischen Weihnachten und Neujahr können die Preise um bis zu 50 % nach oben klettern, in der Nebensaison sind sie im Allgemeinen um 15 % niedriger.

Unterkünfte sind in Panama eigentlich reichlich vorhanden, nur in der Ferienzeit und zu besonderen Festen und Ereignissen, die außerhalb von Panama-Stadt stattfinden, empfiehlt es sich, die Übernachtungsmöglichkeit im Voraus zu reservieren.

In Budgetunterkünften bezahlt man in der Regel ab 7 US$ pro Person und bis zu 35 US$ für ein Doppelzimmer. Ein Doppelzimmer in einem Mittelklassehotel kostet im Allgemeinen zwischen 36 und 90 US$.

VERANTWORTUNGSBEWUSST REISEN

Verantwortungsbewusstes Reisen heißt in Panama, sich der Umwelt bewusst zu sein und sie zu achten. Wer sicher sein will, dass das für die Reise aufgebrachte Geld tatsächlich die Menschen erreicht, die dafür arbeiten, unterstützt die einheimische Industrie und die Geschäfte vor Ort.

Auf keinen Fall sollte man Unternehmen unterstützen, die Tiere in Käfige sperren. Es gilt als Straftat, einen Papagei, Ara oder Tukan im Käfig zu halten. In manchen Restaurants stehen auf der Speisekarte gefährdete Tierarten wie *tortuga* (Meeresschildkröte), *huevos de tortuga* (Schildkröteneier), *cazón* (Hai), *conejo pintado* (Paka), *ñeque* (Aguti) oder *enado* (Hirsch) – die sollte man selbstverständlich keinesfalls essen.

Weitere Informationen zum Thema verantwortungsbewusstes Reisen in der Comarca de Kuna Yala sind im Kasten auf S. 783 enthalten.

Wer Infos über verantwortungsbewusstes Reisen in Bocas del Toro lesen möchte, wird im Kasten auf S. 760 fündig.

VISA

Alle Besucher benötigen für die Einreise nach Panama generell einen gültigen Reisepass und ein Rück- bzw. Weiterreiseticket. Weitere Einreisebestimmungen richten sich nach der jeweiligen Staatsangehörigkeit der Besucher und ändern sich von Zeit zu Zeit. Bevor man seine Panamareise antritt, sollte man sich daher auf der Website der panamaischen Regierung (www.migracion.gob.pa) über die aktuellen Bestimmungen informieren. Auch die Verkaufsstellen von Flugtickets nach Panama sowie Veranstalter von Gruppenreisen können Auskunft erteilen.

Staatsangehörige Deutschlands, Österreichs und der Schweiz benötigen zur Einreise nur den Reisepass. Bürger der meisten anderen Länder müssen im Flughafen oder an der Landesgrenze eine Touristenkarte ausfüllen, die 5 US$ kostet.

Staatsangehöige einiger oben nicht genannter Länder müssen bei der Botschaft oder einem Konsulat in ihrem Heimatland ein Visum für Panama beantragen, das je nach Land etwa 20 US$ kostet – also besser genau nachfragen!

Wer nach Kolumbien, Venezuela oder in ein anderes südamerikanisches Land weiterreisen will, muss ein Weiterreiseticket vorweisen können, um in Panama einreisen oder überhaupt das Flugzeug verlassen zu dürfen.

Mit einem kurzen Anruf bei der entsprechenden Botschaft – das dürfte in Panama-Stadt kein Problem sein – lässt sich klären, ob das angepeilte Land ebenfalls ein Weiterreiseticket verlangt.

Ausländer sind gesetzlich verpflichtet, entweder den Reisepass oder eine Kopie davon ständig bei sich zu tragen. Polizeibeamte haben das Recht, jederzeit die Ausweispapiere zu kontrollieren.

Visa und Touristenkarten gelten jeweils für 90 Tage. Wer länger bleiben will, muss sich an die **Einwanderungsbehörde** (Migración y Naturalización; Karte S. 726; ☎ 225-1373; Ecke Av Cuba & Calle 29 Este; ⌚ Mo–Fr 8–15 Uhr) in La Exposición wenden. Die Behörde hat auch Büros in David und Chitré. Für die Verlängerung sind der Reisepass und Fotokopien der Seite mit den Angaben zur Person und dem Stempel der letzten Einreise nach Panama vorzulegen. Außerdem werden zwei Passfotos, ein Weiterreiseticket für Bus oder Flugzeug und ein Schreiben an den Direktor verlangt, in dem der Antrag auf Verlängerung des Aufenthalts zu begründen ist. Für die verbleibende Dauer des Aufenthalts sind ausreichende Geldmittel (500 US$) nachzuweisen. Dann muss man ein Formular zur *prórroga e turista* (Verlängerung) ausfüllen und 250 US$ bezahlen. Wenn alles gutgeht, wird dann eine Plastikausweiskarte mit Lichtbild ausgestellt. Da das Ganze mehr als zwei Stunden dauert, sollte man so früh wie möglich zur Einwanderungsbehörde gehen.

Wird die Aufenthaltsdauer überzogen, benötigt man ein *permiso de salida* (Genehmigung), um das Land verlassen zu dürfen. Dafür legt man der Einwanderungsbehörde seinen Reisepass und ein *paz y salvo* vor, in dem bestätigt wird, dass man keine Steuerschulden in Panama hat. Der *Paz y salvos* wird vom Ministerios de Economia y Finanzas ausgestellt, das es in allen Städten mit einer Einwanderungsbehörde gibt. Für die Ausstellung dieser Bestätigung muss man nur den Reisepass vorlegen, ein Formular ausfüllen und 1 US$ bezahlen.

Allgemeine Informationen

INHALT

In diesem Kapitel haben wir ein paar generelle Infos zu Zentralamerika zusammengetragen. Länderspezifische Details enthalten die Abschnitte „Allgemeine Informationen" am Ende jedes Länderkapitels. Darüber hinaus stehen auf der jeweils ersten Seite jedes Länderkapitels ein paar Kurzinfos mit Reisetipps und einer Beschreibung der beliebtesten Grenzübergänge.

AKTIVITÄTEN

Aktivitäten am und im Meer sind eine der Hauptattraktionen Zentralamerikas. Die Pazifikseite steht bei Surfern hoch im Kurs, während die Karibik zum Tauchen einlädt und mit den meisten weißen Sandstränden aufwartet. Ein Großteil der Region ist von Gebirgszügen und Vulkanen geprägt, was umwerfende (und oft auch anstrengende) Trips für Wanderer und Fahrradfahrer verspricht.

Auf S. 18 findet man einen Vorschlag für ein Aktivreise-Programm.

Baumwipfeltouren (Canopying)

An einem Drahtseil über das Laubdach des Urwalds oder zwischen Bergen hin und her zu sausen ist vielleicht nicht die umweltschonendste Aktivität, wird jedoch den „inneren Tarzan" jauchzen lassen. Der Spaß kostet im Schnitt 30 €. Baumwipfeltouren werden in ganz Costa Rica angeboten, z. B. in Monteverde (S. 647). Anlaufstellen in Honduras sind La Ceiba (S. 451) oder die umliegenden Garífuna-Dörfer (S. 456). Ebenfalls ein Erlebnis ist die Canopying-Tour am Volcán Mombacho bei Granada, Nicaragua (S. 555).

Fahrradfahren

In vielen Läden können Fahrräder zur Erkundung der näheren Umgebung ausgeliehen werden. Manchmal stehen auch geführte Touren auf dem Programm, z. B. von San Cristóbal de las Casas in Mexiko (S. 47) zu Mayadörfern oder von Antigua in Guatemala (S. 121) zu Kaffeeplantagen bzw. an Gebirgskämmen entlang. Auch in anderen Ländern stellt das Rad ein tolles Transportmittel dar, wenn man kleine, entlegene Ortschaften kennenlernen möchte. Wer viel radeln will, bringt am besten seinen eigenen Drahtesel von zuhause mit (und einen Beleg dafür, dass er einem auch wirklich gehört!).

Eine kurze Übersicht der Vor- und Nachteile der zweirädrigen Fortbewegung in Zentralamerika findet man auf S. 829.

Surfen

Dieser Sport wird zunehmend beliebter in Zentralamerika. Vielerorts werden Surfbretter verliehen (ab 7 US$), auf denen man dann „die perfekte Welle" suchen kann. Costa Rica hat die am besten ausgebildete Szene, doch viele Surfer schwören auf unbekanntere Strände in El Salvador und Nicaragua. Wer noch nie auf einem Brett gestanden hat, kann günstig Unterricht nehmen. Besonders gute Bedingungen herrschen an der Balsamküste in El Salvador (S. 330), in San Juan del Sur in

DIE BESTEN SURFGEBIETE

Hier unsere Favoriten:

Costa Rica Salsa Brava (nur für Könner!) bei Puerto Viejo de Talamanca (s. Kasten S. 640) oder Pavones – drei Minuten auf einer Linkswelle (S. 694)

El Salvador Punta Roca bei La Libertad (S. 328)

Guatemala Sipacate (S. 180)

Nicaragua Las Salinas (westlich von Rivas, S. 560)

Panama Santa Catalina (S. 769) und Bocas del Toro (S. 767)

Genaueres zu weiteren tollen Surfgebieten liefern die Kästen auf S. 330 (El Salvador) und S. 565 (Nicaragua).

Nicaragua (S. 561) und im immer populäreren Mal País (S. 673) auf der Península de Nicoya in Costa Rica.

Tauchen & Schnorcheln

Ein paar der schönsten Tauch- und Schnorchelgebiete Lateinamerikas (und der ganzen Welt) erstrecken sich entlang der Wallriffe vor den zentralamerikanischen Karibikstränden. Die Küste hinauf und hinunter – von Mexiko bis Panama – findet man einen unglaublichen Reichtum an Meeresbewohnern, Schiffswracks und tiefe Höhlen unter der Wasseroberfläche. Ein paar der berühmtesten Tauchgebiete befinden sich rund um die Bay Islands in Honduras (S. 465), um das mexikanische Cozumel (S. 73), in den Riffzonen vor den nördlichen Inseln Belizes (S. 260) und rund um die weniger überlaufenen Corn Islands in Nicaragua (S. 581).

Die Bay Islands in Honduras sind bekannt für preiswerte Tauchgänge und -kurse. Für den viertägigen Open-Water-Kurs der Professional Association of Diving Instructors (PADI) zahlt man dort ca. 225 €.

Ganztägige Schnorchelausflüge zu verschiedenen Riffen können in der ganzen Region organisiert werden und kosten zwischen 10 und 30 €. Für Tauchgänge zahlt man ab 25 € in Honduras und ab 40 € in Mexiko. In den meisten Tauchläden wird Ausrüstung vermietet, die vor dem Einsatz gründlich auf ihre Funktionstüchtigkeit überprüft werden muss. Wer tauchen gehen möchte, sollte unbedingt seine Lizenz bzw. eine entsprechende Bescheinigung mitbringen.

Man kann auch im Pazifik tauchen, das Wasser ist dort allerdings trüber. In Panama gibt's ein paar tolle Tauchgebiete im Pazifik und in der Karibik (S. 794). Im Pazifik herrschen die besten Tauchbedingungen von Oktober bis Februar. Auch in San Juan del Sur (S. 561) in Nicaragua gibt es einen Tauchladen. Eine weitere gute Option in Nicaragua sind die Kraterseen der Laguna de Apoyo (s. S. 555).

SICHERHEITSRICHTLINIEN FÜR TAUCHER

Bevor man schnorcheln oder tauchen geht – mit oder ohne Atemgerät – sollte man sich folgende Punkte durchlesen. Die persönliche Sicherheit ist Grundvoraussetzung dafür, dass der Tauchgang oder Schnorcheltrip Spaß macht:

- Für Tauchgänge mit Atemgerät (Scuba) benötigt man eine aktuelle Lizenz einer anerkannten Tauchschule.
- Nur dann tauchen, wenn man gesund ist und sich fit und sicher fühlt.
- Vor dem Tauchgang Informationen über die Umgebungsbedingungen im Tauchgebiet einholen (z. B. in einer namhaften Tauchschule vor Ort nachfragen).
- Man sollte sich mit den lokal geltenden Bestimmungen und Gesetzen zum Thema Meeres- und Umweltschutz vertraut machen.
- Tauchgebiete wählen, die dem persönlichen Erfahrungsschatz entsprechen. Falls möglich in Begleitung eines kompetenten, professionell ausgebildeten Tauchlehrers oder erfahrenen Amateurs tauchen gehen.
- Nicht vergessen: Die Bedingungen unter Wasser variieren z. T. stark von Land zu Land und Tauchgebiet zu Tauchgebiet. Auch das Klima (sprich: die Jahreszeit) spielt eine wichtige Rolle. Die jeweiligen Gegebenheiten machen unterschiedliche Neoprenanzüge und Tauchtechniken erforderlich.

In Mexiko bieten die *cenotes* (mit Regenwasser gefüllte Kalksteinlöcher) ein Taucherlebnis vom anderen Stern. Einige können von Tulum aus erreicht werden (S. 76).

Genaueres zum Thema Sicherheit steht im Kasten auf S. 805.

Eine gute Lektüre zum Thema sind *Diving & Snorkeling Cozumel* und *Diving & Snorkeling Belize* von Lonely Planet.

Tiere beobachten

Das unverhoffte Auftauchen eines Tukans, Brüllaffen, Faultiers, Krokodils, Leguans, Delfins oder Pumas wird unter Garantie eins der absoluten Highlights der Reise sein. Überall in Zentralamerika hat man erstklassige Chancen, ein paar Säugetiere oder Vögel in freier Wildbahn zu erleben: In den diversen Nationalparks, Tierschutzgebieten und Biosphärenreservaten kann man auch allein auf Beobachtungstour gehen. Selbst in unmittelbarer Nähe zur Zivilisation, z. B. im Hotelgarten auf dem Lande, wird man mit etwas Glück jede Menge Vögel, Insekten, Reptilien und sogar Affen zu Gesicht bekommen.

Generell ist die Wahrscheinlichkeit, Tiere zu erspähen, am frühen Morgen oder späten Nachmittag am größten.

Die meisten wild lebenden Tiere gibt's in Costa Rica. Dort befinden sich fantastische Schutzgebiete wie der Parque Nacional Corcovado (S. 692) und viele mehr.

Auch der scheue Quetzal und weitere Schwärme unverständlich bunter Vögel können vielerorts beobachtet werden, z. B. am Lago de Yojoa (S. 410) in Honduras und am Volcán Barú im panamaischen Chiriquí-Hochland (S. 752). Passionierte Ornithologen sollten einen Besuch des Crooked Tree Wildlife Sanctuary (s. Kasten S. 269) in Belize in Erwägung ziehen. Morgendliche Vogelbeobachtungstouren in Tikal, Guatemala (S. 229), sind eine tolle Möglichkeit, sich auf die Besichtigung der Ruinen einzustimmen.

Brüllaffen (der Name geht auf ihr angsteinflößendes Gebrüll zurück, das an Tiger denken lässt) bevölkern die Baumwipfel in der ganzen Region. Man wird sie bei der unvergesslichen Wanderung vorbei an den Mayaruinen von Yaxchilán (S. 53), in ganz Panama und an der mexikanisch-guatemaltekischen Grenze antreffen. Schwarze Brüllaffen gibt es nur in Belize; ein guter Ort, sie zu sehen, ist das Bermudian Landing Community Baboon Sanctuary (S. 266).

Wer Meeresschildkröten sehen möchte, sollte den Parque Nacional Tortuguero (S. 629) in Costa Rica, die Isla de Cañas (S. 772) in Panama oder das Refugio de Vida Silvestre La Flor (S. 565) in Nicaragua ansteuern. Sie tummeln sich häufig auch an Korallenriffen. Dort wird man vielleicht auch Stachelrochen, Haie und Unmengen kleinerer, noch viel farbenfroherer Geschöpfe erspähen. Ein paar der schönsten Tauchgebiete Zentralamerikas haben wir auf S. 805 f. aufgelistet.

Ein gutes Buch zum Thema ist Nigel Wheatleys *Where to Watch Birds in Central America, Mexico & the Caribbean.*

Wandern

Zentralamerika bietet eine atemberaubend schöne Natur mit Vulkanen und einer beeindruckenden Artenvielfalt; Wanderer werden voll auf ihre Kosten kommen. Sie haben die Wahl zwischen Nebel- und Regenwäldern sowie Flachlandurwald und können Flussläufen oder von Palmen gesäumten Stränden folgen.

Treks durch den Urwald sind teils sehr anstrengend. Man sollte gut vorbereitet sein. Wer zelten möchte, bringt am besten die eigene Ausrüstung von zuhause mit.

Beliebte Wandergebiete sind z. B. die Vulkanregionen rund um Antigua in Guatemala (S. 120) oder El Imposible in El Salvador (S. 341), die Isla de Ometepe (S. 566) in Nicaragua wartet mit Petroglyphen auf, während man auf der Península de Nicoya (S. 674) in Costa Rica unberührte Strände findet, und im Chiriquí-Hochland (S. 752) erhebt sich der Volcán Barú, der einzige Vulkan Panamas, der von Kaffeepflanzungen umgeben ist.

Die Krönung ist vermutlich der Trek nach El Mirador (60 km; S. 233), Guatemala. El Mirador ist eine weitläufige, noch größtenteils unberührte Mayastadt im Urwald von El Petén. Die Wanderung dorthin ist schweißtreibend und dauert mehrere Tage. Weniger anstrengend, aber nicht kürzer ist der Weg von Nebaj (S. 152) nach Todos Santos Cuchumatán, ebenfalls in Guatemala, der durch moderne Mayadörfer führt.

Wildwasser-Rafting

Dieser Sport ist in ganz Lateinamerika auf dem Vormarsch, und wer gern einmal in den Tropen raften möchte, ist in Zentralamerika an der richtigen Adresse: In Guatemala, Honduras und Panama wird die Rafting-Industrie zunehmend ausgebaut. Dort findet man eine Reihe von Flüssen mit den unterschiedlichsten Schwierigkeitsgraden (von schäumenden Wassermassen der Klasse IV bis zu „gemütlichen" Abschnitten der Klasse II). In puncto Flussabenteuer hat Costa Rica die Nase vorn, und die Auswahl an Anbietern ist umfangreich. Mehr Infos zum Thema liefern die „Allgemeinen Informationen" in den einzelnen Länderkapiteln.

ARBEITEN IN ZENTRALAMERIKA

In allen zentralamerikanischen Ländern benötigt man eine Arbeitserlaubnis, um legal arbeiten zu dürfen, Schwarzarbeit gibt es allerdings auch – oder aber ein Arbeitgeber findet ein bürokratisches Schlupfloch, um einen passenden Bewerber anstellen zu können. Deshalb arbeiten z. B. viele Reisende für kurze Zeit in Restaurants, Hostels oder Bars mit internationalem Publikum. Bevor man so einer Tätigkeit nachgeht, die auch von Einheimischen ausgeübt werden könnte, sollte man lieber Freiwilligenarbeit in Erwägung ziehen (s. S. 809).

Viele Touristen unterrichten Englisch. Stellen sind u. a. in den Lokalzeitungen ausgeschrieben oder man findet Aushänge an Schwarzen Brettern überall da, wo sich viele Reisende aufhalten. Die meisten Schulen befinden sich natürlich in Großstädten. Dort ist auch der Bedarf an Privatlehrern am größten. Generell werden Lehrer nicht gut bezahlt (vielleicht wird man mit Kost und Logis entlohnt). Wer unterrichtet, sollte sein Bestes geben: Für Einheimische, die Englisch lernen wollen, um sich eine berufliche Perspektive zu schaffen, sind selbst geringe Kursgebühren eine teure Investition. Das Ganze ist nicht so leicht, wie es aussieht: In vielen Schulen muss man anerkannte Zeugnisse vorlegen, z. B. das TEFL-Zertifikat (Teaching English as a Foreign Language).

Einige internationale Organisationen helfen Reisenden bei der Jobsuche (s. S. 724).

Transitions Abroad (www.transitionsabroad.com) ist ein hervorragendes Online-Magazin und eine tolle Informationsquelle, wenn man im Ausland arbeiten oder auch studieren möchte. Auf der Website findet man eine Menge nützlicher Links.

BOTSCHAFTEN & KONSULATE

Adressen und Telefonnummern von Botschaften und Konsulaten findet man in den einzelnen Länderkapiteln. Allgemeine Infos bietet die Website www.embassyworld.com.

Wer Zentralamerika bereist, sollte sich vorab darüber im Klaren sein, dass die jeweilige Botschaft nur beschränkte Handlungsmöglichkeiten hat. Ganz allgemein kann man davon ausgehen, dass sie bei Notfällen, die man auch nur ansatzweise selbst verschuldet hat, nicht einschreiten wird. Reisende dürfen nie vergessen, dass für sie die Rechtsprechung des Landes gilt, in dem sie sich gerade aufhalten. Die Botschaftsangestellten werden kaum Mitleid haben, wenn ein Bürger wegen eines Vergehens im Gefängnis landet – auch dann nicht, wenn die Tat im jeweiligen Herkunftsland nicht als Straftat gilt.

In echten Notsituationen, wenn alle anderen Möglichkeiten ausgeschöpft sind, bekommt man vielleicht ein wenig Unterstützung, z. B. wenn sämtliches Geld und alle Ausweispapiere gestohlen wurden. Dann wird sich die Botschaft um die Ausstellung eines neuen Passes kümmern, den Gedanken, sich Geld zur Fortsetzung der Reise zu leihen, kann man aber gleich wieder vergessen.

BÜCHER

Folgende Titel helfen bei der Reisevorbereitung (und steigern die Vorfreude!). Mehr gibt's im Kasten auf S. 24 f.

Lonely Planet

Neben Reiseführern zu den einzelnen zentralamerikanischen Ländern gibt Lonely Planet auch noch spezialisiertere Titel heraus, z. B. zum „karibischen Mexiko" (*Cancún, Cozumel & the Yucatán*). Wer durch Zentral- nach Südamerika reisen will, könnte sich den Band *Südamerika für wenig Geld* zulegen.

Ebenfalls zu empfehlen sind *Healthy Travel Central & South America* (dieser Guide informiert über typische Gesundheitsrisiken in der Region), *Lonely Planet's Guide to Travel Photography* mit tollen Tipps zum Thema Reisefotografie und *Travel With Children* für reisende Familien.

Wer kein oder nur wenig Spanisch spricht, könnte sich zudem den Sprachführer *Latin American Spanish* von Lonely Planet zulegen.

Reiseliteratur

In den turbulenten 1980er-Jahren stieg die Zahl der Reiseberichte und politischen Essays über Zentralamerika. Seit den frühen 1990er-Jahren werden jedoch immer weniger Bücher dazu herausgegeben. Leider sind mehrere wirklich gute Bände inzwischen vergriffen. Deutsche Übersetzungen gibt es nicht.

Travelers' Tales Central America: True Stories (Hrsg. Larry Habegger) ist eine Sammlung von Reiseberichten über positive und negative Zentralamerika-Erfahrungen. Der Klassiker *Incidents of Travel in Central America, Chiapas and Yucatan* von John L. Stephens stammt aus den 1840er-Jahren und umfasst zwei Bände. Sie lieferten einem breiten Publikum damals erstmalig Einblicke in die Welt der Mayas und gelten bis heute als gute Einstiegslektüre.

Guatemala: Eternal Spring – Eternal Tyranny von Jean-Marie Simon ist eine erschütternde Dokumentation zu den Menschenrechtsverletzungen während des Bürgerkriegs und umfasst Augenzeugenberichte und mehr als 130 Fotografien. Ebenfalls lesenswert ist z. B. *Salvador* von Joan Didion, ein bewegendes Buch über die frühen Jahre des Bürgerkriegs in El Salvador. Gioconda Bellis *The Country Under My Skin: A Memoir of Love and War* liefert ein spannendes Porträt Nicaraguas. *The Darkest Jungle* von Todd Balf zeichnet den Vorstoß der US-Armee in die panamaische Darién-Provinz im Jahre 1854 nach.

Costa Rica: A Traveler's Literary Companion (Hrsg. Barbara Ras) ist eine Sammlung von Kurzgeschichten zeitgenössischer costaricanischer Schriftsteller. *The Last Flight of the Scarlet Macaw* von Bruce Barcott erzählt die Geschichte einer belizischen Umweltaktivistin und *The Soccer War* von Ryszard Kapuscinski ist eine unterhaltsame, bissige Beschreibung des 100-stündigen Kriegs zwischen Honduras und El Salvador.

ERMÄSSIGUNGEN

Mit einer Karte von Hostelling International (HI) kommt man in Zentralamerika nicht besonders weit. Die Ausnahmen sind Mexiko und Costa Rica; dort gibt's ein paar Hostels, in denen HI-Mitgliedern minimale Preisnachlässe eingeräumt werden. Anders sieht es aus, wenn neben Zentral- auch noch Südamerika auf dem Reiseplan steht, denn dort findet man weit mehr HI-Hostels (mehr Infos gibt's auf www.iyhf.org).

Inhaber der International Student Identity Card (ISIC) bekommen mitunter sehr gute Rabatte bei Reiseversicherungen und vergünstigte Flugtickets. Weitere Infos hat die Website www.isic.org.

FESTIVALS & EVENTS

Nationale Feiertage *(días feriados)* sind den Bewohnern der zentralamerikanischen Länder heilig. Banken, Behörden und viele Läden bleiben an diesen Tagen geschlossen. Die wichtigsten Feiertage werden von der katholischen Kirche vorgegeben. Dazu gehören natürlich Weihnachten und die Semana Santa (Heilige Woche) vor Ostern. Panama ist für seinen Karneval berühmt (Februar). Ein sehr wichtiger Tag in Mexiko ist der Día de los Muertos (Tag der Toten) am 2. November.

Anlässlich dieser Feierlichkeiten sind die Hotels normalerweise bereits weit im Voraus ausgebucht, vor allem in Badeorten und in Städten mit besonders schönen Zeremonien, so z. B. Antigua in Guatemala. Am Gründonnerstag bzw. Karfreitag fahren oft kaum oder gar keine Busse mehr und viele Geschäfte bleiben die gesamte Woche vor Ostern geschlossen. Generell ist es schwierig, an Feiertagen bzw. an den Tagen davor oder danach einen Platz in öffentlichen Verkehrsmitteln zu ergattern, darum sollte man sich frühzeitig um Fahrkarten bemühen.

FOTOGRAFIE & VIDEO

In den Städten ist das Angebot an Unterhaltungselektronik umfassend, sie ist jedoch z. T. teurer als in Europa.

Digitalkameras sind ein echter Segen für Reisende. Man man z. B. einen USB-Stick oder eine externe Festplatte in den Rucksack packen, um die Fotos zu sichern, und sie zusätzlich auf einen Online-Server hochladen. In den meisten Internetcafés besteht natürlich auch die Möglichkeit, Foto-CDs zu brennen.

Leute mit einer guten, alten Analogkamera können überall in der Region neue Filme kaufen, soll es allerdings etwas Besonderes sein (schwarz-weiß oder Dia), sollte man seinen eigenen Vorrat mitbringen. Filme entwickeln zu lassen ist vergleichsweise teuer, und die Qualität ist nicht unbedingt top. Noch nicht entwickelte Filme sollten besser nicht auf dem Postweg nach Hause geschickt werden, da Päckchen mit stärkeren Röntgenstrahlen durchleuchtet werden als am Flughafen.

Bevor man jemanden fotografiert, immer erst um Erlaubnis bitten, insbesondere wenn *indígenas* abgelichtet werden sollen. Mancherorts fassen indigene Völker es als Beleidigung auf, fotografiert zu werden, z. B. in der Comarca de Kuna Yala in Panama. Dann gibt es wieder Gegenden, in denen man die „Modelle" für ein Foto bezahlen muss. Statuen oder Ähnliches in Kirchen zu fotografieren ist ebenfalls nicht immer gern gesehen. Bei manchen Sehenswürdigkeiten ist eine Extragebühr für den Fotoapparat und/oder die Videokamera zu entrichten.

Auf keinen Fall sollte man Militäreinrichtungen oder -kontrollpunkte (z. B. in Chiapas und El Salvador) knipsen; das ist mitunter sogar illegal.

FRAUEN UNTERWEGS

Frauen, die Zentralamerika allein bereisen, stellen oft fest, dass die Länder allgemein als gefährlicher dargestellt werden als sie tatsächlich sind. Man sollte die üblichen Vorsichtsmaßnahmen ergreifen, die immer dann ratsam sind, wenn man sich auf unbekanntem Terrain bzw. in Großstädten befindet. Besonders gewöhnungsbedürftig sind die Aufmerksamkeitsbekundungen der männlichen Bevölkerung: Es wird gerufen, gezischelt und gepfiffen. Einfach nicht darauf eingehen, das sollte das Interesse abebben lassen. In manchen Bars oder bei Fußballspielen ist die Atmosphäre extrem testosterongeschwängert, und weibliche Gesellschaft wird gewiss nicht unkommentiert gelassen.

Schlau ist, sich am Kleidungsstil der einheimischen Frauen zu orientieren (häufig heißt das, statt in Shorts in längere Röcke oder Hosen zu schlüpfen). Die Kleidung sollte zudem „ordentlich" aussehen; ein ungepflegtes Äußeres kann als Zeichen von Respektlosigkeit aufgefasst werden. Wer Manieren beweist und höflich ist, wird die Herzen der Einheimischen im Sturm erobern. Übrigens: Die Lokalbevölkerung weiß natürlich am besten, um welche Gegenden man einen Bogen machen sollte.

Einheimische, besonders Familien, werden häufig ihr Möglichstes tun, um allein reisenden Frauen behilflich zu sein. Dabei ist wichtig zu wissen, dass lateinamerikanische Frauen üblicherweise die Gesellschaft anderer Frauen bevorzugen. In den eher konservativen Staaten Zentralamerikas sind Freundschaften zwischen Mann und Frau selten. Viele Männer denken, dass frau eigentlich mehr von ihnen will. Entsprechend ist es wohl keine gute Idee, sich mit einem verheirateten Mann anzufreunden. Das kann im schlimmsten Fall jede Menge Unfrieden stiften.

Es gibt keinen Grund, in panischer Angst zu leben, doch Frauen sollte bewusst sein, dass sich in Zentralamerika immer mal wieder Fälle von sexueller Belästigung, Vergewaltigungen und Überfälle ereignen. Am gefährlichsten sind natürlich abgeschiedene, dunkle Gegenden, einsame Strandabschnitte oder manchmal auch Wanderrouten. Man sollte immer genug Geld dabei haben, um eine Taxifahrt bis zur Unterkunft bezahlen zu können. Nach Einbruch der Dunkelheit besser nicht mehr zu Fuß von A nach B spazieren.

Generell sind zentralamerikanische Polizisten nicht sehr hilfsbereit, wenn ihnen Frauen eine Vergewaltigung melden (die Touristenpolizei ist eventuell etwas emphatischer). Am sinnvollsten ist es, erst einen Arzt aufzusuchen und sich dann an die Botschaft zu wenden.

JourneyWoman (www.journeywoman.com) ist eine praktische Online-Quelle für weibliche Reisende. Die Website bietet eine Fülle an Tipps und Hinweisen.

FREIWILLIGENARBEIT

In Anbetracht der Tatsache, dass mehr als die Hälfte der Bevölkerung von Staaten wie Nicaragua und Guatemala unterhalb der Armutsgrenze lebt, ist Freiwilligenarbeit wirklich sinnvoll und bietet zudem die Möglichkeit, mehr aus seiner Reise zu machen. Die Programme umfassen Unterricht für all jene, die sich keinen Unterricht leisten können, Bauprojekte, Umweltschutzmaßnahmen und Tätigkeiten in medizinischen Einrichtungen weit ab vom Schuss (z. B. in Bergdörfern). Viele Freiwillige bleiben zuletzt viel länger als geplant und berichten oft, dass die Arbeit das Beste an der gesamten Reise war. Freiwilligenarbeit ist in den meisten Fällen ziemlich hart; manchmal ist man auf sich gestellt und muss jeden Tag „ran". Eine Möglichkeit, indirekt zu helfen, besteht darin, Spanischunterricht an einer Schule zu nehmen, die die lokale Gemeinde unterstützt (s. S. 817).

Freiwilligenarbeit kann man vor Ort, in Zentralamerika, arrangieren (die günstigere Methode) oder aber man wendet sich vor der Abreise an eine internationale Organisation. Achtung: Manchmal wird erwartet, dass sich Freiwillige für eine bestimmte Zeit verpflichten. Einige Unternehmen sehen es lieber, wenn potenzielle Freiwillige vorab einen Termin bei ihnen ausmachen, statt spontan aufzutauchen.

Mehr Infos zum Thema Freiwilligenarbeit liefert z. B. *Volunteer: A Traveller's Guide to*

Making a Difference Around the World von Lonely Planet.

Internationale Organisationen

Häufig können internationale Organisationen ein Freiwilligenprogramm passend zu bestimmten Arbeits- bzw. Unianforderungen ausarbeiten, sodass man es sich sogar anrechnen lassen kann. Fast alle Projekte kosten Geld (gewöhnlich etwas mehr, als wenn man „einfach nur umherreisen" würde). Manche Freiwillige lassen sich von der Schule, Uni oder privat sponsern. Spanischkenntnisse sind nicht immer erforderlich. Häufig hat man vor dem eigentlichen Beginn der Freiwilligentätigkeit ein paar Wochen Spanischunterricht. Ein typisches dreimonatiges Programm in Guatemala inklusive vier Wochen Spanischkurs kostet ca. 1800 € (plus die Kosten fürs Flugticket). Das größte Angebot für Freiwillige hat Costa Rica (z. B. in Monteverde), doch auch Guatemala und Mexiko sind gute Anlaufstellen.

Darüber hinaus vermitteln Reiseagenturen wie **STA Travel** (www.statravel.com) Freiwilligenprojekte. Ein paar der Organisationen, die verschiedene Programme in ganz Lateinamerika anbieten, haben wir im Folgenden aufgelistet (der Preis für das Flugticket/den Transport zum Einsatzort ist nicht enthalten, falls nicht anders angegeben).

AmeriSpan (www.amerispan.com) Die Organisation koordiniert unterschiedliche Freiwilligenprojekte in Costa Rica, Guatemala und auf der Halbinsel Yucatán (Häuserbau, Schulunterricht, Arbeit mit Tieren etc.). In Guatemala zahlt man ab 550 € für vier Wochen (Übernachtung bei einer Gastfamilie).

Amigos de las Américas (www.amigoslink.org) Sommerprogramme für Jugendliche (ca. 3300 € inkl. Hin- und Rückflug nach USA) in Honduras, Costa Rica und Mexiko. Man wird in Nationalparks eingesetzt, arbeitet in den Gemeinden o. Ä.

Habitat for Humanity (www.habitat.org) Der Schwerpunkt liegt generell auf der Bereitstellung von Geldmitteln und weniger auf dem Einsatz vor Ort, zum Zeitpunkt der Recherche wurden jedoch ein paar Tätigkeiten in Costa Rica angeboten.

i-to-i (www.i-to-i.com) Organisiert vier- bis 24-wöchige Freiwilligenprogramme in Guatemala, Honduras, Costa Rica und Mexiko. Spanischkenntnisse werden nicht vorausgesetzt. Die Preise liegen zwischen 700 und 2200 € (inkl. Übernachtung in einer Gastfamilie und der meisten Mahlzeiten).

Idealist.org (www.idealist.org) Umfasst Hunderte von Links zum Thema Freiwilligenarbeit weltweit.

International Volunteer Programs Association (www.volunteerinternational.org) Viele Programme in Lateinamerika (zumeist ab 650 € für ein paar Wochen).

ResponsibleTravel (www.responsibletravel.com) Öko-Reiseveranstalter mit Sitz in Großbritannien, der zahlreiche Freiwilligenreisen arrangiert.

Transitions Abroad (www.transitionsabroad.com) Jede Menge Links für Freiwillige (unter „Volunteer abroad" auf „Central America" klicken).

Organisationen in Zentralamerika

Es gibt eine ganze Reihe kleinerer, privater Freiwilligenorganisationen in Zentralamerika, und es ist kein Problem, längerfristige oder kurze Einsätze (1–2 Wochen) vor Ort zu buchen. Das ist günstiger, als vorab ein Programm zu arrangieren, eine gute Organisation zu finden ist jedoch nicht immer so einfach. Infos hierzu findet man in den Städtekapiteln sowie in den länderspezifischen „Allgemeinen Informationen".

Hier ein paar Tätigkeiten, die von lokalen Einrichtungen vermittelt werden können:

- Mayakindern außerhalb von Quetzaltenango, Guatemala (S. 161), Englisch beibringen
- Meeresschildkröten in Costa Rica bei der Eiablage am Strand „überwachen" (S. 629)
- Das Prinzip ökologischer Landwirtschaft auf einem Bio-Bauernhof in Costa Rica kennenlernen (s. Kasten S. 626)
- Englisch in San Salvador unterrichten (S. 371)
- Sich um die Kinder in einem Waisenhaus in Boquete, Panama (S. 749), kümmern

GEFAHREN & ÄRGERNISSE

Zentralamerika ist zwar nicht unbedingt das sicherste Reiseziel, man sollte sich von den potenziellen Sicherheitsrisiken aber nicht abschrecken lassen. Wichtig ist, dass man sich während der Reiseplanung und vor der Abreise über die aktuelle Situation informiert und die Reisehinweise der eigenen Außenministerien bzw. des Auswärtigen Amtes studiert.

Die meisten Gegenden sind ungefährlich, und wer sich an ein paar simple Regeln hält, wird unterwegs kaum in Schwierigkeiten geraten. Normalerweise müssen sich Reisende mit nichts Schlimmerem als ein paar Moskitostichen und ein oder zwei Durchfallattacken herumschlagen oder werden „Opfer" eines raffgierigen (geschäftstüchtigen?) Taxifahrers, der sie um ein paar Dollar betrügt. Die „Allgemeinen Informationen" in den Länder- bzw. Städtekapiteln liefern regionalspezifische Warnhinweise.

Die langwierigen Bürgerkriege in El Salvador, Nicaragua und Guatemala sind zwar Geschichte, doch die allgemeine Verbrechensrate und die Bandenkriminalität haben in erschreckendem Maße zugenommen. Touristen sind davon generell nicht betroffen, es gab jedoch schon seltene Fälle, in denen Reisende bestohlen, überfallen, vergewaltigt oder ermordet wurden. Auch Autodiebstähle kommen vor. In den Hauptstädten ist die Kriminalitätsrate tendenziell am höchsten. Die meisten sexuellen Tätlichkeiten ereignen sich an einsamen Stränden.

Im kargen Norden Nicaraguas findet man nach wie vor Landminen aus den 1980er-Jahren. Teile der Darién-Provinz, die an Kolumbien angrenzt, können extrem gefährlich sein. Dort ist die Guerilla unverändert aktiv.

Nachtfahrten mit dem Bus sollte man vermeiden, da sich Überfälle haptsächlich nachts ereignen (in Mexiko und Panama ist das Überfallrisiko eher gering).

Das **Auswärtige Amt** bietet einen Überblick zu allen zentralamerikanischen Ländern mit aktuellen Reise- und Sicherheitshinweisen auf der Website www.auswaertiges-amt.de/diplo/de/LaenderReiseinformationen.jsp.

Ob man eventuell doch in eine brenzlige Situation geraten wird, ist schwer zu sagen. Zehntausende von Urlaubern genießen Jahr für Jahr die traumhaften Landschaften Zentralamerikas, schwärmen von der Herzlichkeit der Einheimischen und machen keinerlei negative Erfahrungen. Aber dann gibt's natürlich auch immer wieder ein paar Pechvögel.

Unser Rat ist nachfragen und Tipps einholen – bei anderen Reisenden, in Touristeninformationen, bei der Polizei, in den Unterkünften oder im Forum **Thorn Tree** (http://thorntree.lonelyplanet.com) von Lonely Planet.

Diskriminierung

In vielen lateinamerikanischen Ländern wird der soziale Status an der Hautfarbe festgemacht (je heller, desto besser). In Gegenden, in denen keine afro-karibischen Kulturen heimisch sind (solche Gemeinden gibt's in den Garífuna-Dörfern in Belize, auf den honduranischen Bay Islands und auf den panamaischen Archipiélago de Bocas del Toro), werden Reisende mit dunkler Hautfarbe eventuell auf ablehnendes Verhalten stoßen (vielleicht lässt man sie nicht in einen Nachtclub hinein, vielleicht werden sie schief angeguckt oder jemand macht eine dumme Bemerkung).

Es ist ziemlich traurig, aber manchmal hilft es zu zeigen, dass man Ausländer ist (indem man z. B. Englisch spricht) – und somit reich in den Augen der Lokalbevölkerung.

Reisende mit asiatischen Wurzeln sollten in Zentralamerika keine Probleme mit Diskriminierung haben.

Drogen

Es ist ziemlich einfach, an Marihuana und Kokain zu kommen, diese Drogen sind aber in ganz Zentralamerika illegal und die Strafen für Drogenbesitz und -konsum sind hart. Man sollte sich tunlichst von Leuten, die Drogen anbieten, fernhalten. Wer sich in einer Gegend aufhält, in der Drogenhandel an der Tagesordnung ist, ignoriert die „Szene" am besten (auf keinen Fall Interesse zeigen!). Manchmal versuchen Dealer nämlich, Ausländer mittels ihrer Ware in eine Falle zu locken und zu erpressen.

Übrigens: Selbst gedrehte Zigaretten und Zigarettenpapier rufen mitunter argwöhnische Blicke hervor.

Naturkatastrophen

In Zentralamerika sind Naturkatastrophen wie Erdbeben, Wirbelstürme, Überschwemmungen und Vulkanausbrüche keine Seltenheit. Allgemeine Infos zum richtigen Verhalten im Falle eines Falles findet man z. B. auf der Seite der **US Federal Emergency Management Agency** (FEMA; www.fema.gov).

Polizei & Militär

Korrupte Polizisten sind in ganz Lateinamerika ein ernstzunehmendes Problem. Die Beamten beziehen häufig miese Gehälter und werden kaum kontrolliert. In vielen Ländern kann es deshalb vorkommen, dass sie nichts Böses ahnenden Reisenden Drogen unterjubeln oder ihnen irgendwelche kleinere Vergehen zuschreiben, um ein paar *coimas* (Bestechungsgelder) einheimsen zu können.

Wer von Polizisten in Zivil angehalten wird, darf auf keinen Fall mit ihnen in einen Wagen steigen. Weiterhin sollte man keinesfalls seine Papiere aushändigen oder den Portemonnaieinhalt zeigen und sie auch nicht zu seiner Unterkunft führen. Und wenn die Beamten echt wirken, sollte man einfach darauf bestehen, zu Fuß zur nächsten Polizeiwache zu gehen.

Das Militär hat häufig enormen Einfluss, selbst in Ländern mit einer Zivilregierung. Um Militäreinrichtungen macht man besser einen Bogen; dort stehen häufig Warnschilder mit Hinweisen wie „Nicht halten und keine Fotos machen – die Wache wird schießen". Kontrollpunkte sind keine Seltenheit in Gegenden wie Chiapas, der Darién-Provinz oder in El Salvador – häufig werfen die Soldaten einen routinemäßigen Blick auf die Pässe Reisender.

Raub & Diebstahl

Ganz egal, wo man sich aufhält, die Möglich keit, bestohlen zu werden, besteht überall, insbesondere aber in den größeren Städten und an belebten, öffentlichen Orten wie Busbahnhöfen. Meistens schlagen geschickte Taschendiebe unbemerkt zu oder aber jemand entreißt einem ein Gepäckstück und rennt schnell davon. Da Zentralamerika zunehmend unter wirtschaftlichen Druck gerät, werden Fälle von Kleinkriminalität zukünftig wohl immer häufiger auftreten, und ausländische Besucher sind beliebte Opfer, da sie als wohlhabend gelten und man davon ausgeht, dass sie viele Wertgegenstände mit sich herumtragen.

Vorsicht ist geboten, wenn einem Fremde in Bussen, Zügen oder Bars Lebensmittel, Getränke, Süßigkeiten oder Zigaretten schenken wollen – sie könnten Beruhigungsmittel enthalten.

Um sich zu schützen, sollte man folgende Ratschläge beherzigen:

- Größere Geldbündel und den Pass in einem Geldgürtel verstecken und einzelne Geldscheine und Münzen greifbar in den Hosentaschen aufbewahren. Praktisch ist dafür eine Hose mit Reißverschlusstaschen.
- Handtaschen gut festhalten. Diebe arbeiten häufig zu zweit: Einer schneidet den Gurt durch, der andere schnappt sich die lose Tasche.
- Vorsicht ist geboten, wenn man auf einen Fleck auf der Kleidung hingewiesen wird (Senf, Hundekot etc.). Dies ist ein beliebter Trick versierter Taschendiebe: Während eine Person dabei hilft, den fiesen Fleck zu entfernen, „kümmert" sich ein anderer um die Wertgegenstände des ahnungslosen Opfers.
- Am besten nicht mit Nachtbussen reisen.
- Nach Einbruch der Dunkelheit immer mit dem Taxi fahren, vor allem in Großstädten. Für alle, die allein unterwegs sind: Einsame Straßen und verlassene Gegenden wenn möglich meiden.
- Einen Großteil des Bargelds, die Reiseschecks und Wertgegenstände (dazu zählt neben Schmuck auch das Flugticket u. Ä.) im Hotelsafe einschließen lassen.
- Sicherstellen, dass sich das Zimmer gut abschließen lässt, und den (im Idealfall ebenfalls abschließbaren) Rucksack an etwas Solidem, Unbeweglichem (z. B. Mobiliar, den Abflussrohren im Bad) fixieren.
- Das Zimmer nie unabgeschlossen lassen, auch dann nicht, wenn man nur kurz das Bad am Ende des Flurs aufsuchen möchte.
- Wer in einem Zimmer ohne bzw. mit einem wenig vertrauenerweckenden Schloss übernachtet (z. B. in einer einfachen *cabaña* am Strand), könnte versuchen, Wertgegenstände bei einer Gepäckaufbewahrung zu hinterlegen.
- Nicht irgendwo am Strand oder auf dem Land zelten, wenn man nicht 100%ig davon überzeugt ist, dass es sicher ist.
- Erkundigungen, Tipps und Ratschläge einholen – bei Pensionsbesitzern, in Touristeninformationen oder bei anderen Reisenden.
- Wer überfallen wird, sollte den Angreifern widerstandslos geben, was sie wollen. Sie sind häufig bewaffnet.

Wer ausgeraubt wurde und ein Dokument zur Vorlage bei der Versicherung zuhause benötigt, muss den Vorfall der Polizei melden (auf Spanisch sagt man: *Quiero poner una acta de un robo* – Ich möchte einen Diebstahl melden). Eventuell wird man den Bericht selbst schreiben müssen; er wird anschließend abgestempelt und unterschrieben.

Risiken beim Schwimmen

Jedes Jahr ertrinken Hunderte Menschen an den Stränden Zentralamerikas. Allein in Costa Rica werden jährlich 150 bis 200 Todesfälle gemeldet. Bei 80 % davon sind starke Brandungsrückströmungen die Ursache. Sie zerren Badende, die teilweise nur bis zur Hüfte im Wasser stehen, vom Ufer weg ins Meer hinaus. Unser Tipp: Vor dem Schwimmen nach den jeweiligen Gegebenheiten fragen. Wird der Strand als gefährlich beschrieben, lieber nur den großen Zeh hineinhalten!

GELD

Normalerweise haben Reisende eine Kombination aus Bargeld und Kredit-/Bankkarten dabei. Manche nehmen zusätzlich noch ein paar Reiseschecks mit, wobei sie mittlerweile nicht mehr ganz so praktisch sind wie sie es mal waren. Der US-Dollar ist die mit Abstand nützlichste (Fremd-)Währung: In zwei Ländern (El Salvador und Panama) ist er die Landeswährung, in Costa Rica und Nicaragua kann man fast überall damit zahlen. Man sollte alles Geld in der lokalen Währung loswerden, bevor man in einen anderen Staat ausreist. Es kann außerhalb des Ursprungslands häufig nicht getauscht werden!

In diesem Reiseführer sind die Preise in den Länderkapiteln zu Mexiko, Guatemala, Honduras und Belize in der örtlichen Währung angegeben, in den Kapiteln zu El Salvador und Panama findet man Dollar-Angaben, in den Costa-Rica- und Nicaragua-Kapiteln sind die Preise mal in Dollar, mal in der Lokalwährung aufgeführt, je nachdem, welche Währung für einen bestimmten Service o. Ä. bevorzugt wird. Mehr Infos findet man in den „Allgemeinen Informationen“ zu diesen beiden Ländern.

Die Kurzinfos zu Beginn jedes Länderkapitels liefern ein paar beispielhaften Preise und Informationen zum durchschnittlichen Tagesbudget. Vergleichende Preise dort und in diesem Kapitel sind zur besseren Übersichtlichkeit in Euro umgerechnet und stellen ungefähre Werte dar. Allgemeine Tipps zum Geldsparen sind im Kasten auf S. 21 nachzulesen.

Bargeld

Es ist schlau, immer ein paar Dollarscheine dabeizuhaben – genug, um ein Zimmer, etwas zu essen oder eine Taxifahrt bezahlen zu können –, denn sie können eigentlich überall getauscht werden. Besonders praktisch ist ein Dollarvorrat, wenn man frisch die Grenze überquert hat, der nächstgelegene Geldautomat außer Betrieb ist oder Reiseschecks dummerweise nicht akzeptiert werden. Viele zentralamerikanische Währungen sind nur im jeweiligen Herkunftsland von Nutzen – oft wird sich niemand finden, der bereit ist, die restlichen Quetzal zu tauschen. Ganz anders sieht es bei US-Dollar aus. In entlegene Regionen sollte man immer ausreichend Bargeld mitnehmen.

Ein weiteres Problem ist die Sache mit dem Wechselgeld. Mit „großen Scheinen“ zu zahlen, kann in Stress ausarten. Manchmal sind bereits 20 US$ zu viel und können nicht gewechselt werden.

Feilschen

Feilschen ist eine Kunst, und Übung macht den Meister. Auf den Märkten in Zentralamerika bieten sich jede Menge Möglichkeiten, sich im Feilschen um Souvenirs und Kunsthandwerk zu versuchen. Unterkunftspreise sind dagegen im Normalfall nicht verhandelbar, doch wenn man einen längeren Aufenthalt an einem Ort plant (oder gerade Nebensaison ist), kann es nicht schaden, nach einem Rabatt zu fragen. In Supermärkten u. Ä. sind die Preise normalerweise fix. In Taxis kann man eventuell ein wenig handeln, an Bustarifen ist allerdings nichts zu rütteln. Wer feilschen möchte, sollte mit Geduld und Humor an die Sache gehen; so einigt man sich häufig auf einen Preis, mit dem beide Seiten zufrieden sind.

Geldautomaten

Man sollte eine Bankkarte (oder mehrere – für den Fall, dass man eine verliert bzw. sie gestohlen wird) mitbringen. In den Städten und größeren Ortschaften gibt's Geldautomaten. Bequemer, sicherer und günstiger kann man eigentlich kaum an Bargeld kommen.

Die Wechselkurse an den *cajeros* sind meist genauso gut (oder sogar besser) als in Banken oder offiziellen Wechselstuben. Die Automaten sind häufig an das MasterCard/Cirrus- oder Visa/Plus-Geldsystem angeschlossen. Am besten hinterlegt man für den Verlustfall die Sperrnummer der Bank an einem sicheren Ort. Manche Geldinstitute berechnen eine Gebühr für Abhebungen im Ausland; am besten erkundigt man sich vor der Abreise über die genauen Konditionen.

Geldwechsel

Reiseschecks oder Bargeld sollten in einer Bankfiliale oder *casa de cambio* (Wechselstube) getauscht werden. Die Kurse sind häufig ähnlich, doch in den *casas de cambio* ist der Service oft schneller und weniger bürokratisch. Außerdem sind die Öffnungszeiten kundenfreundlicher (auch abends und an Wochenenden). Geldwechsler auf der Straße (nicht immer legal) akzeptieren ausschließlich Bargeld. Manchmal kann Geld auch (inoffiziell) in Hotels oder Geschäften, die Importwaren vertreiben (z. B. Elektroläden), getauscht werden. In den Großstädten sind die Wechselkurse häufig besser. Teilweise haben wir Wechselstuben & Co. in den „Praktischen Informationen" zu verschiedenen Städten in diesem Band angegeben. Es ist keine dumme Idee, vorab mehrere Wechselkurse und Gebühren miteinander zu vergleichen.

Geldscheine mit Rissen sollte man ablehnen, denn Geschäftsinhaber etc. akzeptieren sie häufig nicht als Zahlungsmittel.

Internationale Überweisungen

Wer in eine finanzielle Notlage gerät, aus welchem Grund auch immer, kann Überweisungen via **Western Union** (www.westernunion.com) veranlassen. Zweigstellen gibt's in allen zentralamerikanischen Ländern. Üblicherweise ist es am günstigsten, einen Mitarbeiter direkt zu betrauen, man kann den Transfer jedoch auch telefonisch oder online anweisen. Die Preise variieren (ein Minimum von 10 US$ bis zu 8 % des Überweisungsbetrags).

Geld an eine Bank überweisen zu lassen ist möglich, dieser Vorgang dauert aber länger und kann sich manchmal recht kompliziert gestalten. Man sollte um einen elektronischen Transfer bitten (keinen postalischen) und muss die relevanten Angaben zur jeweiligen Bankfiliale vor Ort parat haben.

Kreditkarten

Eine Kreditkarte kann in Notfällen nützlich sein und bietet die Möglichkeit, an Bargeld zu kommen bzw. sich spontan vom Konsumrausch davontragen zu lassen. Und wenn man bei der Einreise in ein Land aufgefordert wird, seine Liquidität unter Beweis zu stellen, wird man ebenfalls froh sein, eine Kreditkarte im Gepäck zu haben.

American Express, Visa und MasterCard sind die Kreditkarten, mit denen man in Zentralamerika am Weitesten kommt. Je nach Land kann mit ihnen auch Bargeld an Automaten gezogen werden. Manche Kreditkartenwebsites zeigen die Standorte von Geldautomaten weltweit an, die Kreditkarten akzeptieren.

Manche Touristen nehmen keine Reiseschecks mit auf die Reise und lassen sich stattdessen per Kreditkarte Barvorschüsse auszahlen, das ist allerdings nicht überall möglich (insbesondere nicht in kleineren Städten). Achtung: Bei Barvorschüssen immer vorab nach den anfallenden Gebühren fragen, die in ein paar Ländern zusätzlich zu den vom Kreditkarteninstitut daheim erhobenen Gebühren berechnet werden. Manchmal wird überdies ein Betrag für den Auslandseinsatz fällig (normalerweise um die 2 % des Gegenstandswerts).

Was man zuletzt tatsächlich an das Kreditkarteninstitut zahlen muss, hängt vom tagesaktuellen Wechselkurs ab.

Die Kreditkarte(n), das Bargeld und die Sperrrufnummern für den Verlustfall sollten an getrennten Orten aufbewahrt werden. Sinnvoll ist auch, Kaufbelege aufzuheben, um die Abbuchungen auf ihre Richtigkeit prüfen zu können.

Reiseschecks

Immer weniger Leute tragen Reiseschecks von American Express, Visa, Thomas Cook oder Citibank mit sich herum, dabei stellen sie unverändert die sicherste Methode dar, unterwegs an Geld zu kommen – vor allem, da sie im Verlustfall ersetzt werden (wichtig: die Schecknummern notieren und den Originalkaufbeleg an einem sicheren Ort aufbewahren). Man sollte Schecks der oben genannten größeren Unternehmen nehmen.

Es gibt ein paar Länder, in denen es schwieriger ist, Schecks gegen Bargeld zu tauschen, und in Banken und *casas de cambio* werden hohe Gebühren berechnet. Man sollte in Erfahrung bringen, ob es eine fixe Transaktionsgebühr gibt oder ob sie sich am Wert des Schecks orientiert (normalerweise 1–3 %); ist die Gebühr fix, sollte man in Erwägung ziehen, größere Geldsummen auf einen Schlag in Bares umzuwandeln.

Schwarzmarkt

Der Schwarzmarkt *(mercado negro)*, auch *mercado paralelo* (Parallelmarkt) genannt, ist auf die Grenzübergänge beschränkt; die Geldwechsler arbeiten teils legal, teils illegal und sind dafür bekannt, Touristen zerrissene Geldscheine unterzujubeln oder die eine oder andere Banknote zu unterschlagen. Dafür wechseln sie manchmal auch Währungen, die man in einer Bank nicht loswerden würde. Die Schwarzmarktkurse für US-Dollar können niedriger sein als die offiziellen Bankkurse, die z. T. aus politischen Gründe ungewöhnlich hoch sind.

Trinkgeld

In Restaurants wird generell mit einem Trinkgeld gerechnet (10 % des Rechnungsbetrags). In manchen Lokalen wird eine Servicegebühr von 10 bis 20 % aufgeschlagen. Wer auf Nummer sicher gehen möchte, sollte fragen: *La cuenta incluye el servicio?* (Ist die Bedienung im Rechnungsbetrag inbegriffen?).

Taxifahrer oder das Reinigungspersonal im Hotel bekommen normalerweise kein Trinkgeld, werden sich aber natürlich über ein paar Münzen extra freuen.

INFOS IM INTERNET

Das Internetforum **Thorn Tree** (http://thorntree.lonelyplanet.com) von Lonely Planet ist eine gute Plattform, wenn man sich vor, während oder nach dem Zentralamerikatrip mit anderen Reisenden austauschen möchte. Einfach die Seiten zu Zentralamerika oder Mexiko aufrufen. Unter www.lonelyplanet.de findet man außerdem Zusammenfassungen zu den einzelnen Ländern.

Interessante Websites sind im gesamten Buch an geeigneter Stelle aufgeführt. Im Kasten auf S. 24 f. gibt es Links zur Einstimmung auf den Urlaub und auf S. 4 zum Thema verantwortungsbewusstes Reisen. Ein paar Websites mit allgemeineren Infos zu Zentralamerika sind z. B. folgende:

CIA World Fact Book (www.odci.gov/cia/publications/factbook) Hintergrundinfos zu allen Ländern, die regelmäßig aktualisiert werden.

Latin American Network Information Center (http://lanic.utexas.edu/subject/countries.html) Die Seite der University of Texas bietet Unmengen von Lateinamerika-Links.

Latin World (www.latinworld.com) Jede Menge Verknüpfungen, nach Ländern sortiert.

Revue (www.revuemag.com) Kostenloses englischsprachiges Guatemala-Magazin im Netz, in dem ganz Zentralamerika behandelt wird.

South American Explorers (www.saexplorers.org) Praktisch, wenn nach Zentralamerika Südamerika auf dem Reiseprogramm steht.

UK Foreign & Commonwealth Office (FCO; www.fco.gov.uk/travel) Website der britischen Regierungen mit Reisetipps etc.

US Department of State (www.travel.state.gov) Eher beunruhigende Reisehinweise und Informationen.

INTERNETZUGANG

Internetcafés gibt's so ziemlich überall mit Ausnahme kleiner Dörfer. Meistens zahlt man weniger als 0,7 € pro Stunde, auf sehr touristischen Inseln liegt der Preis allerdings auch schon mal bei stolzen 6 € pro Stunde. In Großstädten ist WLAN schwer im Kommen; dort findet man viele Cafés und Restaurants mit WLAN-Zugang. Genaue Adressen stehen unter „Praktische Informationen" in den Städtekapiteln.

WO IST DER KLAMMER@FFE?

Das kleine, aber höllisch wichtige @-Zeichen (*arroba* auf Spanisch) ist auf den lateinamerikanischen Tastaturen nicht immer so leicht zu finden. Entweder man kopiert es aus einer E-Mail-Adresse oder hält die „Alt"-Taste und drückt dann die „6" und „4" im Ziffernblock (*nicht* in der Zahlenreihe über den Buchstaben! Und Achtung: Die „Num Lock"-Taste muss aktiviert sein). Andernfalls drückt man die „Alt-Gr"-Taste (rechts neben der Leertaste) und dann die „2". Falls das auch nicht klappt, fragt man einfach jemanden: *„?Cómo se hace el arroba?"* (Wie gibt man das @-Zeichen ein?).

KARTEN & STADTPLÄNE

Die beste Zentralamerika-Karte ist die faltbare (Maßstab 1 : 1 100 000 in Farbe) *Traveller's Reference Map of Central America* (9,50 €), die von **International Travel Maps & Books** (ITMB; www.itmb.com) in Kanada herausgegeben wird. ITMB hat darüber hinaus Karten der einzelnen zentral- und südamerikanischen Staaten sowie mexikanischen Regionen im Sortiment.

Weiteres Kartenmaterial kann z. B. über **Maplink** (www.maplink.com) oder **Stanfords** (www.stanfords.co.uk) bezogen werden.

KLIMA

Zentralamerika liegt in tropischen Breitengraden, doch obwohl die Region so klein ist, gibt es eine ganze Reihe unterschiedlicher Klimazonen: Je nach Erhebung (von Meeresspiegelhöhe bis 4000 m) wird Zentralamerika in drei primäre Temperaturzonen unterteilt, die Temperaturschwankungen innerhalb eines Jahres sind jedoch minimal (Tageszeitenklima).

Im Tiefland (Meeresspiegelhöhe bis ca. 1000 m) schwanken die Tagestemperaturen zwischen 29 und 32 °C, nachts sind es noch 21 bis 23 °C.

In der gemäßigten Zone (1000–2000 m) herrscht ein angenehmes Klima. Tagsüber steigt das Quecksilber auf 23 bis 26 °C, nachts sind dann angenehme Temperaturen zwischen 15 und 21 °C üblich.

Die kalte Zone (über 2000 m) hat ähnliche Tagestemperaturen wie die gemäßigte Zone, nachts wird es dort allerdings kühler (10–12 °C). In den wenigen Regionen über 4000 m herrscht ein alpines Klima.

Die Regenzeit (in fast ganz Zentralamerika Mai–Nov. od. Anf. Dez.) wird als *invierno* (Winter) bezeichnet. Das Gegenstück dazu ist entsprechend die Trockenzeit, *verano* (Sommer) genannt (Dez.–April). Mehr Details zum Klima findet man in den länderspezifischen „Allgemeinen Informationen". Auf der Karibikseite fällt weit mehr Niederschlag als auf der Pazifikseite (oft mehr als das Doppelte). Die Wirbelsturmsaison lässt sich zeitlich nicht genau festlegen, kann aber z. T. von Juni bis November andauern. Panama wird übrigens nicht von Hurrikanen heimgesucht.

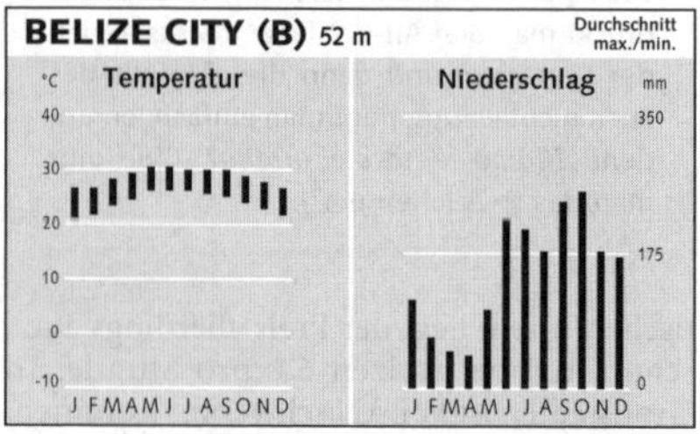

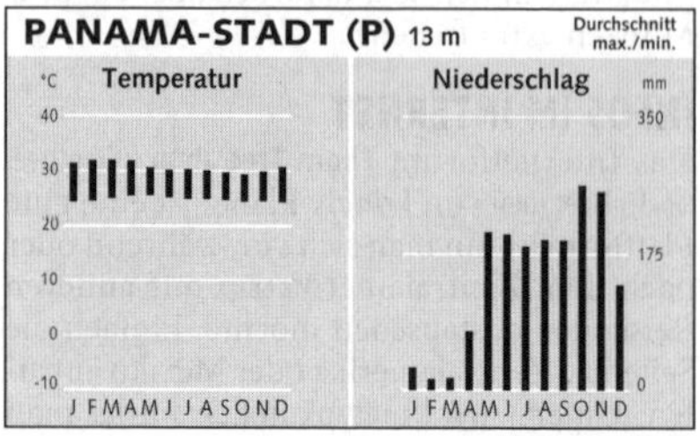

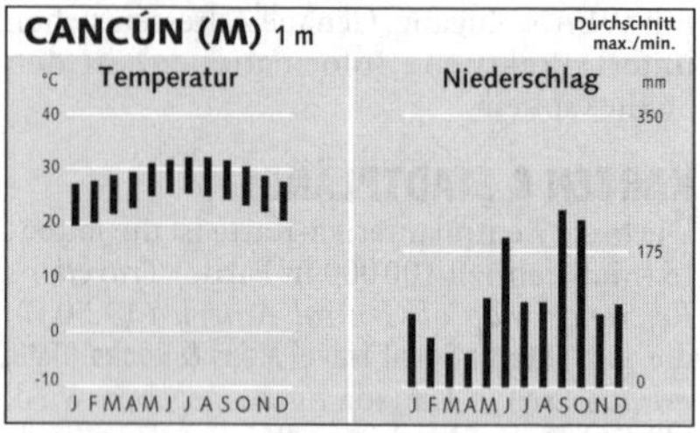

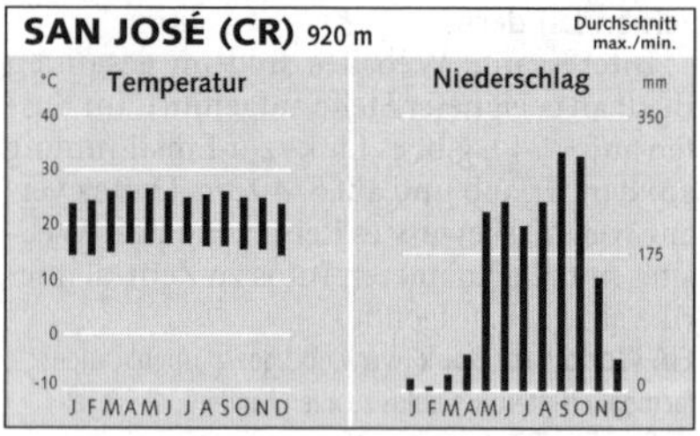

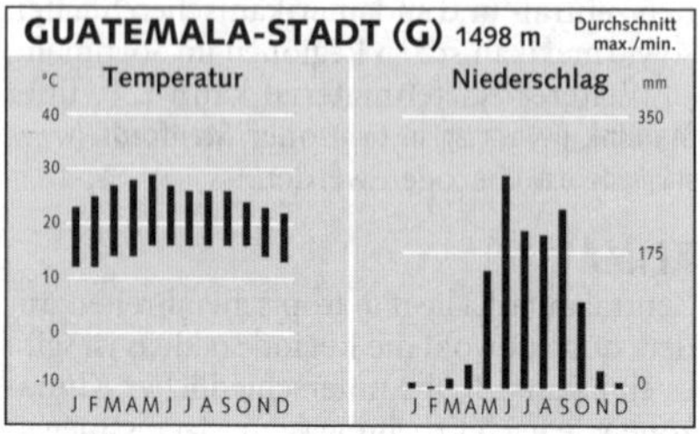

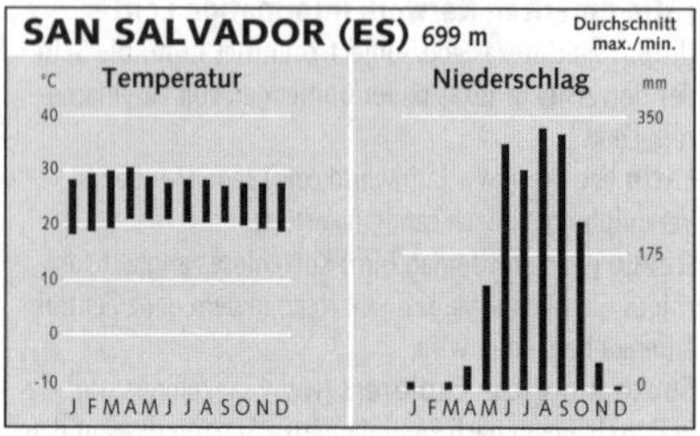

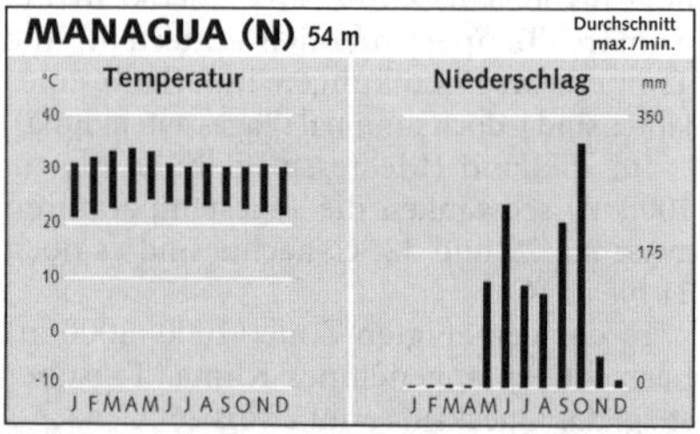

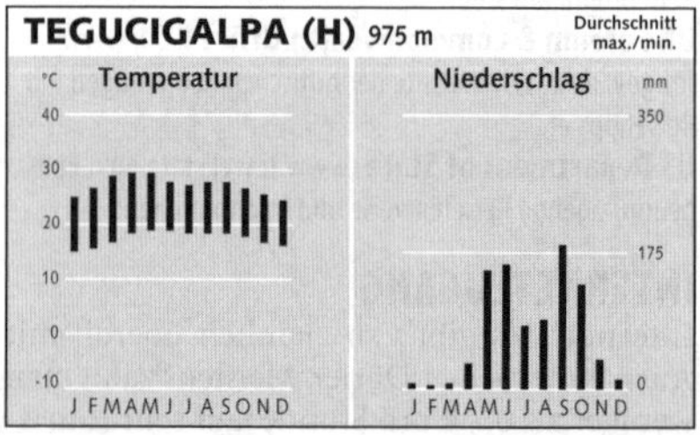

KURSE

Eines der Highlights in Zentralamerika sind die Sprachschulen. Wer Zentralamerika bereist, kann durch einen Spanischkurs (oder durch das Erlernen einer indigenen Sprache wie Quiché) Einblicke in die lokale Kultur gewinnen und hat die Möglichkeit, z. B. eine eher untouristische Stadt kennenzulernen, die man ansonsten höchstens vom Busfenster aus auf der Durchfahrt erblickt hätte. Die Schulen zweigen Teile des Erlöses häufig an die ärmsten Mitglieder der Gemeinde ab und sind vielfach wirklich ausgezeichnet. Die Preise sind in der gesamten Region günstiger als in Mexiko. Außerhalb Mexikos zahlt man für vier Unterrichtsstunden täglich mit einem erfahrenen Privatlehrer und einer Übernachtungsmöglichkeit bei einer Gastfamilie (inkl. Mahlzeiten) ca. 150 € pro Woche.

Antigua, Guatemala (S. 121), hat eine lebendige Travellerszene und gilt mit Abstand als die beste Anlaufstelle für einen Sprachkurs. Dort befinden sich Dutzende von Schulen.

Quetzaltenango, Guatemala (S. 160), ist groß genug, um ausreichend Unterhaltung für ein paar Wochen zu bieten, liegt dabei jedoch abseits der klassischen Touristenroute. Diese Stadt sowie Estelí in Nicaragua (S. 534) gehören zu den besten Adressen in Zentralamerika, wenn man es mit dem Spanischlernen wirklich ernst meint. Es ist gewiss sinnvoll, nicht nur an einem Ort Spanisch zu lernen, sondern unterwegs immer mal wieder „Lernstopps" einzulegen – spätestens in Panama wird man dann schon erste Unterhaltungen mit den Einheimischen führen können!

Es kann vorkommen, dass man sich montags morgens in einer Schule vorstellt und noch in derselben Woche durchstarten kann. Besser ist es allerdings, den Kurs vorab telefonisch oder per Mail zu reservieren. Häufig wird bei der Anmeldung eine einmalige Gebühr fällig; man sollte fragen, ob sie einem nicht erlassen werden kann (oft lassen sich die Angestellten darauf ein). Erfahrung und Engagement der Lehrer sind sehr unterschiedlich. Wer unzufrieden ist, sollte dies offen aussprechen. Meistens bekommt man widerspruchslos einen anderen Lehrer zugeteilt.

Wer mag, kann Sprachkurse auch über Organisationen im Ausland buchen. Die Kurse sind meist hervorragend, aber auch doppelt so teuer wie die vor Ort gebuchten. **ICAD** (www.icadscr.com) vereint verantwortungsbewusstes Reisen und einjährige Kulturprogramme in Costa Rica. Die Kosten liegen bei ca. 1250 € pro Jahr (plus 300–450 €/Monat für die Lebenshaltung).

Wir empfehlen den Aufenthalt bei einer Gastfamilie, um das echte Zentralamerika und den Alltag der Einheimischen kennenzulernen – das wird im Hostel so nicht geboten. Man wird Zeuge von Phänomenen wie dem „lateinamerikanischen Bett" werden (die ganze Familie schläft in einem Zimmer – aber keine Bange, die Sprachschüler haben ihr eigenes) und miterleben, wie die Familie „wächst", wenn urplötzlich ein paar Cousins auftauchen und sich für ein paar Tage einquartieren.

ÖFFNUNGSZEITEN

Fast überall in Zentralamerika wird Mittagspause gemacht, das heißt, dass eventuell auch ein paar Touristeninformationen und sogar Restaurants mittags schließen. Die Öffnungszeiten können regional unterschiedlich sein (s. hierzu die „Allgemeinen Informationen" in den einzelnen Länderkapiteln), die meisten Banken sollten jedoch während der Siesta und z. T. auch am Samstagvormittag geöffnet sein. Sonntags geht in so ziemlich der gesamten Region gar nichts.

Regierungsbehörden haben tendenziell kurze Öffnungszeiten (8–16 od. 17 Uhr, nur wochentags), und die Angestellten machen Mittagspause. Unternehmen, Büros & Co. haben ähnliche Ladenschlusszeiten (Siesta von ca. 12.30–14 Uhr), sind oft aber auch samstags geöffnet. In Restaurants kann man gewöhnlich von 8 bis 24 Uhr einkehren, in Bars von 8 bis 2 Uhr. Geschäfte sollten von 10 bis 20 Uhr geöffnet bleiben, die Touristeninformationen montags bis freitags oder samstags von 8 bis 17 Uhr.

In diesem Band haben wir nur die Öffnungszeiten angegeben, die nicht dem Standard entsprechen.

POST

Die Qualität der Postdienstleistungen in der Region ist unterschiedlich; manchmal kann man sich nicht wirklich auf das System verlassen. Briefe nach Europa oder Nordamerika sind normalerweise 14 Tage unterwegs, manchmal noch länger. Generell sollten wichtige Unterlagen und Päckchen versichert verschickt werden, und wenn etwas möglichst schnell beim Adressaten ankommen soll, darf man nicht vergessen, die Sendung als Luftpost zu spezifizieren (*correo aéreo* oder *por avión*). Päckchen werden oft von einem Zollbeamten inspiziert, bevor sie an den Postbeamten weitergegeben werden. Achtung: Päckchen nach Übersee müssen häufig an einem anderen Ort aufgegeben werden als dem Hauptpostamt. In ein paar Ländern sind UPS, FedEx, DHL und andere Versand- und Kurierdienste vertreten. Sie stellen eine effiziente, aber auch recht teuere Alternative zur regulären Post dar.

Bis auf Guatemala besteht in ganz Zentralamerika die Möglichkeit, postlagernde Sendungen zu empfangen (poste restante, in Lateinamerika als *lista de correos* bekannt). Postschließfächer heißen *apartados* (abgekürzt „Ap" oder „Apto") oder *casillas de correos* (abgekürzt „Casilla" oder „CC").

Manchmal wird der Inhalt von Briefen etc. gestohlen. Das passiert allerdings am ehesten bei Sendungen aus Nordamerika nach Zentralamerika (vermutlich, weil viele Zentralamerikaner in den Staaten arbeiten und regelmäßig Geld zu ihren Familien nach Hause schicken). Postkarten erreichen ihr Ziel normalerweise.

RECHTSFRAGEN

In Zentralamerika tragen Polizeibeamte manchmal (vielleicht sogar häufig) nicht zur Entspannung einer Konfliktsituation bei, sondern sind sogar Teil des Problems. Je weniger man mit ihnen zu tun hat, desto besser. Mehr Infos gibt's auf S. 811.

Von illegalen Drogen sollte man sich unbedingt fernhalten: Auf keinen Fall Drogen kaufen oder verkaufen, mit sich herumtragen oder sich mit Leuten aus der „Szene" umgeben, auch wenn die Einheimischen dies tun. Als Ausländer ist man immer deutlich im Nachteil und wird eventuell von Leuten angeschwärzt oder hinters Licht geführt, die sich Schmiergelder erhoffen. Die Drogengesetze sind in ganz Zentralamerika sehr streng. Straftaten werden zwar nicht konsequent verfolgt, doch wer erwischt wird, kann sich auf hohe Strafen gefasst machen. S. hierzu auch S. 811.

REISEN MIT BEHINDERUNG

Ganz allgemein sind behindertengerechte Einrichtungen (Telefone, Toiletten, Hinweisschilder in Braille-Schrift) in Lateinamerika die Seltenheit bzw. überhaupt nicht vorhanden. In teureren internationalen Hotels wird der Service für Menschen mit Behinderung tendenziell besser sein als in günstigen Absteigen. Außerdem ist es schlauer, sich mit dem Flugzeug bzw. in einem vorab gebuchten Verkehrsmittel von A nach B zu bewegen als spontan in einen öffentlichen Bus zu steigen. Wer entlegenere Gebiete bereisen möchte, muss sorgfältig planen und für optimale Kommunikationsmöglichkeiten sorgen (an Informationen zu gelangen, ist manchmal gar nicht so einfach).

Wer eine Behinderung hat und sich mit anderen Behinderten kurzschließen möchte, die Zentralamerika bereist haben, könnten Mitglied beim **Travelin' Talk Network** (TTN; www.travelintalk.net; Mitgliedschaftsbeitrag 20 US$) werden. Über diese Organisation können Mitglieder mit den unterschiedlichsten Behinderungen weltweit Kontakt suchen und sich über Reiseerfahrungen austauschen.

In Deutschland kann man sich z. B. an die **Nationale Koordinierungsstelle Tourismus für Alle e. V.** (Natko; ☎ 0211-3368-001; www.natko.de; Fleher Str. 317 a, 40223 Düsseldorf) wenden.

Auch folgende Organisationen erteilen universelle, nützliche Reisetipps:

Mobility International Schweiz (☎ 062-212-6740; www.mis-ch.ch; Amthausquai 21, 4600 Olten)

MyHandicap Deutschland (☎ 089-7677-6970; www.myhandicap.de; Steinheilstr. 6, 85737 München-Ismaning)

MyHandicap Schweiz (☎ 043-211-4949; www.myhandicap.ch; Weinbergstr. 29, 8006 Zürich)

SCHWULE & LESBEN

Insgesamt betrachtet empfängt Zentralamerika Schwule nicht unbedingt mit offenen Armen. Lesben haben es ein wenig einfacher, doch im Großen und Ganzen wird das Thema Homosexualität in der Region ziemlich stiefmütterlich behandelt. Eine besondere Ausnahme stellt Mexiko dar. Dort ist die Heirat zwischen gleichgeschlechtlichen Partnern seit 2009 legal. Fürsprecher der Homoehe sind darum bemüht, die notwendigen Gesetze auch in anderen zentralamerikanischen Staaten durchzuboxen.

In Nicaragua gibt es ein Gesetz, nach dem Homosexualität eine Straftat ist. Schwule werden zwar nicht konsequent belangt, aber doch immer wieder unter Druck gesetzt. Obwohl in anderen Ländern keine Rechtsprechungen dieser Art existieren, bedeutet das noch lange nicht, dass Homosexuelle dort vor Anfeindungen von offizieller Seite sicher wären. Die Verbreitung von Fehlinformationen über Homosexualität im Allgemeinen und Aids im Speziellen sind die Ursachen dafür, dass Schwulen in Lateinamerika alles andere als ein herzlicher Empfang bereitet wird.

Öffentliche Zuneigungsbekundungen zwischen homosexuellen Pärchen werden nicht akzeptiert, und Männer (eventuell auch Frauen) müssen damit rechnen, das Ziel verbaler, möglicherweise sogar körperlicher Attacken zu werden. Diskretes Verhalten ist der Schlüssel, insbesondere in ländlichen Gebieten. Lesben werden üblicherweise eher toleriert als Schwule, und Frauen, die zu zweit oder in Gruppen unterwegs sind, werden für gewöhnlich in Ruhe gelassen.

Gute Adressen für Schwule & Lesben

In den Großstädten gibt's normalerweise mindestens eine Schwulenbar. Hier eine Auflistung der etwas „offensiveren" Schwulen- und Lesbenszenen Zentralamerikas:

Costa Rica Die bunte, lebendige Szene von San José; der Strand von Manuel Antonio.

El Salvador Das „rosa Viertel" von San Salvador um den Blvd de los Héroes; das Bergstädtchen San Vicente.

Guatemala Travestie-Shows in Quetzaltenango; Bars in Guatemala-Stadt.

Mexiko Die Bars in Cancún und das Mai-Festival; die Clubs von Playa del Carmen.

Panama Schwulenumzugswagen bei der Karnevalsparade in Panama-Stadt.

Infos im Internet

Abgesehen von den Websites, die in den länderspezifischen „Allgemeinen Informationen" genannt sind, liefern auch folgende Internetauftritte viel Wissenswertes für Schwule und Lesben:

www.advocate.com Internationale Nachrichten plus Reisesparte.

www.damron.com Gibt jährliche Guides für Schwule und Lesben heraus und bietet eine umfangreiche Datenbank.

www.gay.com Reisewebsite mit Infos zu Mexiko, Guatemala, Panama und Costa Rica.

www.iglhrc.org Internetauftritt der International Gay & Lesbian Human Rights Commission (internationale Menschenrechtsorganisation speziell für Schwule, Lesben, Bi- und Transsexuelle).

Zusätzliche Informationen für Schwule und Lesben, die Lateinamerika bereisen wollen, werden von der **International Gay & Lesbian Travel Association** (Iglta; www.iglta.com) bereitgestellt. Auf ihrer Website erfährt man mehr über Gruppenreisen und findet Links zu Hotels, in denen Homosexuelle willkommen sind.

TELEFON

Prepaid-Karten für das nationale Telefonnetz sind in allen Ländern erhältlich. Mit ihnen können Orts- und Ferngespräche (in Costa Rica und Mexiko auch internationale Gespräche) geführt werden. Bei öffentlichen Telefonen werden die „Zeiteinheiten" angezeigt. Die Karten haben unterschiedlich hohe Guthaben und können an Kiosken und in Läden gekauft werden.

In jeder Stadt gibt's öffentliche Telefonzentren, in denen Orts-, Fern- und Auslandsgespräche geführt sowie Faxe versendet werden können. Um die Kreditkartentelefone in Mexiko und die schwarzen Telefone in Guatemala sollte man einen Bogen machen; die Gebühren sind exorbitant.

Sehr viel günstiger ist die Internet-Telefonie. In Internetcafés zahlt man für ein Gespräch nach Europa 0,20 €.

In ein paar zentralamerikanischen Ländern können keine R-Gespräche angemeldet werden; dies ist nur möglich, wenn zwischen den Ländern, zwischen denen die Verbindung hergestellt werden soll, ein entsprechendes gegenseitiges Abkommen besteht (am besten im Telefonzentrum nachfragen). Das ist insofern wichtig, als dass es manchmal günstiger ist, ein Kreditkarten- oder R-Gespräch nach Europa oder Nordamerika zu führen als die vor Ort verlangten Minutenpreise zu zahlen. Meistens ist es am schlausten, kurz daheim anzurufen und sich zurückrufen zu lassen (in manchen Telefonzentren ist das möglich).

Mobiltelefone sind in den größeren Städten Zentralamerikas weit verbreitet, sie zu benutzen kann allerdings recht teuer sein. Wer mag, kann eine Prepaid-SIM-Karte kaufen. Das Funknetz in Zentralamerika ist nicht einheitlich: In El Salvador, Guatemala und Honduras wird das GSM-Netz 1900/850 genutzt (wie in den USA), in Belize, Mexiko und Nicaragua das GSM 1900, in Costa Rica das GSM 1800 und in Panama das GSM 850. Mancherorts können Handys ausgeliehen werden; die günstigsten kosten um die 18 €.

TOILETTEN

An der zentralamerikanischen Toilette als solcher ist absolut nichts auszusetzen, das eigentliche Problem sind die Abflussrohre. Auf keinen Fall sollte man Toilettenpapier,

Hygieneartikel oder sonst irgendetwas runterspülen, sondern in den bereitstehenden Mülleimern entsorgen.

Manchmal kostet die Nutzung öffentlicher Toiletten etwas (0,10 €). Dafür versorgt einen das Personal mit Toilettenpapier (für den Fall der Fälle sollte man aber immer ein bisschen Extra-Klopapier dabeihaben).

TOURISTENINFORMATION

In allen Hauptstädten der Region gibt's offizielle Touristeninformationen, häufig findet man aber auch in kleineren Orten Büros. Studenten können sich an die Studenten-Reisebüros in den Hauptstädten Costa Ricas und Panamas sowie in Cancún, Mexiko, wenden.

Unter www.visitcentroamerica.com (spanisch) findet man Standardinfos zu den einzelnen Ländern.

South American Explorers (www.saexplorers.org) liefert Infos zu ganz Lateinamerika, ist allerdings auf Südamerika spezialisiert (man muss Mitglied sein). Die nützliche Organisation hat Club-Niederlassungen in Lima, Cuzco, Quito und Buenos Aires.

UNTERKUNFT

Das Angebot an Übernachtungsmöglichkeiten reicht von Bruchbuden mit dünnen Wänden und Sand auf dem Boden bis zu luxuriösen Palästen am Strand. In diesem Buch liegt der Fokus auf dem Billigsegment, d. h., wir haben Hostels, *casas de huéspedes* (Pensionen), in deren Zimmern Ventilatoren für Kühlung sorgen und man sich das Bad mit anderen teilen muss, und Strand-*cabañas* (Bungalows) unter die Lupe genommen – oder auch einfach nach Bäumen Ausschau gehalten, zwischen denen man eine Hängematte spannen kann. Als kleine „Bonbons" haben wir in den „In die Vollen!"-Kästen zudem ein paar Mittelklassehotels und hervorragende Verwöhnoptionen eingefügt.

Wenn es nicht anders angegeben ist, beziehen sich die Preise auf die Hauptsaison (ca. Juli–Aug. plus Weihnachten & Ostern) und beinhalten bereits alle Steuern, doch Achtung: Die Preise ändern sich. Die Angaben in diesem Buch sollte man als Richtwerte verstehen, nicht als bindend. Statt einem Hostelangestellten die Lonely Planet Preise zu zeigen, sollte man einfach nach einem Rabatt fragen, das ist normalerweise eine bessere Taktik, die vor allem aufgeht, wenn gerade nicht so viel los ist oder man gleich mehrere Nächte buchen möchte. Dennoch sollte man auf ein bestimmtes „Nein" gefasst sein.

Nicaragua, Honduras und Guatemala sind die günstigsten Länder in Zentralamerika, Mexiko und Belize (und viele Strandorte) die teuersten Flecken. Extras wie ein eigenes Bad, Warmwasser oder eine Klimaanlage treiben die Übernachtungspreise in die Höhe. In den meisten zentralamerikanischen Ländern kostet ein Hostel 5 bis 10 € pro Person und ein Doppelzimmer in einem annehmbaren Hotel (mit Gemeinschaftsbad und Ventilator) zwischen 15 und 30 €.

Reservierungen können nur selten vorgenommen werden, sind aber vielfach auch unnötig. Die Ausnahme ist natürlich die Hauptsaison; vor allem während der Semana Santa (Karwoche) und in der Woche zwischen Weihnachten und Neujahr werden die beliebtesten Reiseziele nämlich auch von zahllosen Einheimischen frequentiert.

Camping

Offizielle Campingplätze sind in Zentralamerika eher die Ausnahme. Wer zelten gehen möchte, sollte seine eigene Ausrüstung mitbringen – und jede Menge Insektenschutzmittel. Die Ausstattung ist von Campingplatz zu Campingplatz unterschiedlich. Manchmal gibt's Feuerstellen, einfache Toiletten und fließendes Wasser, manchmal auch einfach *nada*: nichts.

Manche Hostels reservieren Bereiche speziell für Reisende mit Zelt und auch in einigen Nationalparks und Naturschutzgebieten (vor allem in Costa Rica) findet man simple Einrichtungen, bei den Anlagen kann man allerdings Glück und Pech haben: Manchmal ist die Hölle los und der Lärm unerträglich. Die Preise schwanken zwischen 3 und 7 € pro Person. Hin und wieder kann man auch Privatleute fragen, ob man auf ihrem Grundstück zelten darf.

UNTERKÜNFTE ONLINE BUCHEN

Weitere Unterkunftsbewertungen und -empfehlungen von Lonely Planet Autoren gibt's unter http://hotels.lonelyplanet.com. Hier findet man echte Insiderinfos zu den besten Adressen, wie immer gründlich und unabhängig recherchiert. Außerdem kann online gebucht werden.

Hängematten & Bungalows

In einer Hängematte zu schlafen, ist manchmal angenehmer als in einem stickig-heißen Zimmer. In vielen Strandorten werden Hängemattenzimmer oder offene Schlafbereiche zu demselben Preis wie ein Mehrbettzimmer angeboten. Auch eine Nacht in einer Strand- oder Urwald-*cabaña* (oder *cabina*) ist sicher unvergesslich. Häufig handelt es sich dabei um einfache, strohgedeckte Hütten mit Sand- oder Lehmboden, man findet aber auch schicke Varianten mit Strom, Ventilatoren und elegantem Dekor.

Homestays

Nichts vermittelt einem einen besseren Einblick in die jeweilige Kultur als eine Übernachtung bei einer einheimischen Familie. In Städten mit vielen Sprachschulen, z. B. Antigua und Quetzaltenango in Guatemala oder Granada in Nicaragua können über die Schulen Gastfamilien organisiert werden, bei denen man dann eine Woche oder noch länger wohnen kann – selbst wenn man kein Sprachschüler ist. Diese Homestays werden auch in vielen anderen Städten angeboten. Für eine Nacht zahlt man zwischen 50 und 110 € pro Person (die meisten Mahlzeiten sind inklusive). Mehr Infos sind unter „Kurse" in den jeweiligen Städtekapiteln oder in den „Allgemeinen Informationen" zu den verschiedenen Ländern nachzulesen.

Hostels

Hostels gibt's überall in Zentralamerika. Normalerweise zahlt man 5 bis 10 € für ein Bett. Die Mitgliedskarte von Hostelling International (HI) wird einem nicht viel bringen, da die meisten Hostels privat geführt sind. Die Ausnahme sind Mexiko und Costa Rica; dort findet man eine Reihe von HI-Unterkünften.

Pensionen & Hotels

Die beliebtesten Übernachtungsmöglichkeiten sind günstige Pensionen und Hotels. Sie sind oft recht klein (um die 10 Zimmer), familienbetrieben und gemütlich und bieten (je nach Betreiber) eine tolle Atmosphäre. Wenn dann auch noch spezielle Sonderangebote zum Programm gehören, wird man gern noch ein, zwei Nächte dranhängen. Das heißt aber nicht, dass man nicht auch die eine oder andere Nacht in einem unbequemen Bett mit zerdrückten Moskitos an den Wänden verbringen wird (die stinkende Dusche mit den tropfenden Armaturen befindet sich ja Gott sei Dank am Ende des Flurs).

Die meisten Zimmer sind mit Ventilatoren ausgestattet, das Bad teilt man sich mit anderen Gästen. Extras wie Handtücher und Seife sind eher die Seltenheit. Für ein Zimmer mit Klimaanlage und TV (für gewöhnlich ab 15 €) zahlt man üblicherweise mindestens doppelt so viel wie für ein Zimmer mit Ventilator. Das Frühstück ist normalerweise nicht im Preis mit drin.

„Warmwasser" ist teilweise nur lauwarm und nur zu bestimmten Tageszeiten verfügbar. Vorsicht heißt es bei den Elektro-Duschen (Kaltwasserduschköpfe, an denen Heizelemente befestigt sind): Auf keinen Fall den Duschkopf bzw. Metallgegenstände anfassen, solange man im Wasser steht!

Benutztes Toilettenpapier wird in den Mülleimer geworfen, nicht in die Toilette.

Wir haben uns bemüht, nur Unterkünfte zu nennen, die nicht als Stundenhotels genutzt werden. Sollte man dennoch ein paar Prostituierte in einem der hier aufgeführten Hotels antreffen, bitte an Lonely Planet schreiben!

VERSICHERUNG

Eine Reiseversicherung abzuschließen, die Diebstähle, Unfälle und Krankheiten im Ausland abdeckt, ist auf jeden Fall eine gute Idee. Manche Versicherungen ersetzen Reisenden sogar verlorenes bzw. an den falschen Ort geliefertes Gepäck. Wichtig ist, dass sie auch in den allerschlimmsten Notfällen zahlen, sprich: bei Krankentransporten, Evakuierungen und medizinisch notwendigen Rückflügen nach Hause. Achtung: Manchmal wird in den Versicherungsbedingungen ausdrücklich darauf hingewiesen, dass „risikoreiche Aktivitäten" nicht abgedeckt sind. Dazu können Tauchen, Motorradfahren oder sogar Wanderungen zählen. Das Kleingedruckte aufmerksam lesen!

Es gibt eine Vielzahl unterschiedlicher Versicherungen. **World Nomads** (www.worldnomads.com), STA Travel und andere Studentenorganisationen haben normalerweise preiswerte, qualitativ gute Angebote. Günstigere Tarife mit Selbstbehalt sind ebenfalls eine Option für Zentralamerika, da die Kosten für medizinische Behandlungen hier vergleichsweise gering sind.

Wer eine Gepäckversicherung hat und in Anspruch nehmen muss, muss der Versiche-

¡VIVA EL CA-4!

Das „CA-4-Grenzkontrollabkommen" zwischen Guatemala, Honduras, El Salvador und Nicaragua ermöglicht es Bürgern dieser Länder und Besuchern aus den USA, Kanada sowie Europa inklusive der Schweiz, sich 90 Tage lang frei innerhalb dieser Region zu bewegen. Theoretisch muss die Einreisegebühr nur einmal gezahlt werden und gilt dann für alle vier Länder. Leider versuchen viele Grenzbeamte, ein paar Dollar extra zu verdienen, und sprechen von „Verwaltungsauswand", wenn sie Touristen abfertigen. Daraufhin sollte man sie höflich an das „CA-4"-Abkommen hinweisen.

rung eventuell mit einem offiziellen Dokument „beweisen", dass das verlorene Gut tatsächlich aus dem eigenen Besitz stammt. Normalerweise muss der Verlust bzw. Diebstahl binnen 24 Stunden bei einer lokalen Polizeiwache zur Anzeige gebracht werden. Vorher sollte man alle vermissten Gegenstände samt Wert auflisten. Bei der Polizei verfasst man dann die *denuncia* (Anzeige) und erhält eine Kopie, die man bei der Versicherung einreichen kann. Die *denuncia* muss auf *papel sellado* (Siegelpapier) formuliert werden. Es ist in Schreibwarenläden erhältlich und kostet nicht viel.

Infos zur Kfz-Versicherung s. S. 826, zur Krankenversicherung s. S. 830.

VISA & ANDERE DOKUMENTE

Visa

Bürger aus Deutschland, Österreich und der Schweiz benötigen derzeit kein Visum, um in die zentralamerikanischen Staaten bzw. nach Mexiko einreisen zu können. Dennoch sollte man sich vor der Abreise daheim nach dem aktuellen Stand der Dinge erkundigen.

In vielen Ländern wird bei der Einreise eine (Touristen-)Gebühr fällig (3–15 €). In den einzelnen Länderkapiteln findet man Details zur Einreise bei den „Allgemeinen Informationen", unter „Verkehrsmittel & -wege" sind die Ausreisesteuern aufgeführt.

Ausreichende Geldmittel & Belege für die Aus-/Weiterreise

Bei der Einreise kontrollieren die Grenzbeamten den Pass, doch manchmal wird man auch nach seinen finanziellen Mitteln befragt. Wenn man nicht nachweisen kann, dass man über ausreichende Geldmittel verfügt, verkürzen die Beamten eventuell den zulässigen Aufenthaltszeitraum. 350 € (500 US$) pro Monat gelten generell als genug; Reiseschecks, manchmal auch Kreditkarten, sollten als Belege akzeptiert werden.

In einigen zentralamerikanischen Ländern muss zudem ein Rück-/Weiterreiseticket vorgelegt werden (s. Kasten S. 825).

ZOLL

Alle Besucher, die nach Zentralamerika einreisen bzw. Zentralamerika verlassen, müssen den Zoll passieren. Man sollte sich darauf einstellen, dass Taschen am Flughafen und an Landesgrenzen immer einer kurzen Inspektion unterzogen werden. Häufig werfen die Beamten nur pro forma einen schnellen Blick auf das Gepäck, manchmal gehen sie aber auch gründlicher vor. Drogen (oder die für den Konsum benötige „Ausrüstung") sind natürlich absolut tabu. Außerdem kann es nicht schaden, höflich zu den Beamten zu sein und „vernünftige", also vertrauenserweckende Kleidung zu tragen.

Verkehrsmittel & -wege

INHALT

DIE DINGE ÄNDERN SICH ...

Die Informationen in diesem Kapitel sind besonders anfällig für Veränderungen. Alle relevanten Aspekte bezüglich Tickets und deren Kauf, Reiserouten und Sicherheitsbestimmungen im internationalen Reiseverkehr sollten vor dem Start mit der Fluglinie oder dem Reisebüro durchgesprochen werden. Und Augen auf beim Ticketkauf! Die Angaben in diesem Kapitel verstehen sich als Hinweise und sind kein Ersatz für die eigene, gründliche und aktuelle Recherche.

AN- & WEITERREISE

Die meisten Besucher kommen mit dem Flugzeug oder im Rahmen einer größeren Tour auf dem Landweg aus Mexiko nach Zentralamerika. Flüge, Touren und Bahntickets kann man online auch unter www.lonelyplanet.com/travel_services buchen.

AUF DEM LANDWEG

Infos zu den Grenzübergängen zwischen den Ländern Zentralamerikas und landesspezifischen Bestimmungen finden sich in den jeweiligen Länderkapiteln. Generelle Hinweise zum Überschreiten einer Grenze stehen im Kasten auf S. 827.

Über Mexiko

AUTO & MOTORRAD

Die meisten Traveller, die mit dem Auto nach Zentralamerika einreisen, kommen aus den USA. Wer erst in Zentralamerika ein Auto kaufen will, muss sich auch in Mexiko auf ein kompliziertes Prozedere einstellen – Selbstfahrer werden *kein* Geld sparen, aber eine tolle Reise erleben. Es erwarten einen viele Gebühren, Papierkram, Bürokratie, Mautgebühren und Ärger beim Parken. An militärischen Kontrollpunkten werden Ausweiskontrollen durchgeführt. Und auch Überfälle auf der Schnellstraße sind nicht unüblich. Nicht nachts reisen!

Wer mit einem eigenen Fahrzeug unterwegs ist, brauch für dieses eine Haftpflichtversicherung, die in vielen Grenzstädten erhältlich ist. **Sanborn's Insurance** (☎ 800-222-0158; www.sanbornsinsurance.com) in Texas verkauft Policen, die nur in Mexiko und Zentralamerika Gültigkeit besitzen. Eine zweiwöchige Haftpflicht-/Vollkaskoversicherung für Mexiko kostet 126/183 US$; in Zentralamerika sind Belize und Nicaragua leider von der Haftung ausgeschlossen. Eine einmonatige Haftpflicht-/Vollkaskoversicherung kostet 186/386 US$. Man kann sie telefonisch oder im Internet abschließen.

Was man vor der Fahrt bedenken sollte:

- Man braucht eine gültige Fahrerlaubnis aus dem Heimatland (s. S. 827).
- Bleifreies Benzin/Diesel erhält man mittlerweile in ganz Zentralamerika.
- Sicherstellen, dass die Stoßdämpfer und die Federung den holprigen Straßen angepasst sind.
- Ein separater Kraftstofffilter und andere Ersatzteile können von unschätzbarem Wert sein.
- Im Vorfeld bei einem nationalen Tourismusverband oder Konsulat erkundigen, ob sich die Bestimmungen hinsichtlich eines Autos nach Mexiko oder Mittelamerika geändert haben.

BUS & FÄHRE

Mit dem Bus kann man von den USA aus nach Mexiko oder direkt nach Zentralamerika reisen. Die drei günstigsten Grenzübergänge zwischen Mexiko und Zentralamerika sind:

zwischen Chetumal in Quintana Roo und Corozal (Belize; s. S. 79), Ciudad Cuauhtémoc und La Mesilla (Guatemala; s. S. 173) sowie Ciudad Hidalgo in Chiapas (ca. 38 km südlich von Tapachula) und Ciudad Tecún Umán (Guatemala; s. S. 174).

Eine ebenfalls beliebte Variante ist die Überquerung des Río Usumacinta; mit der Fähre geht's von Frontera Corozal südwestlich von Palenque nach Bethel (Guatemala; s. S. 52).

Über Südamerika

Zwischen Süd- und Zentralamerika gibt es keine Straßenverbindung. Die instabile Lage in der Grenzregion zwischen Panama und Kolumbien und die Schwierigkeiten einer dortigen Reise haben die Wanderung über den Tapón de Darién („Darien-Hindernis“) unmöglich gemacht. Wer das Darién dennoch besuchen will, muss sich bei der Polizei registrieren, die die Durchquerung der Region zu Fuß derzeit verbietet.

FLUGZEUG

Alle zentralamerikanischen Länder haben internationale Flughäfen. Die größten sind Cancún in Mexiko (IATA-Flughafencode CUN), Guatemala-Stadt (GUA), Belize City (BZE), San Salvador (SAL), San Pedro Sula (SAP) und Tegucigalpa (TGU) in Honduras, Managua in Nicaragua (MGA), San José in Costa Rica (SJO) und Panama-Stadt (PAC). Einige wenige internationale Maschinen steuern außerdem Flores in Guatemala (FRS), Roatán in Honduras (RTB) und David in Panama (DAV) an. Sofern man nicht von Südamerika aus nach Zentralamerika fliegt, wird man in den meisten Fällen einen Zwischenstopp in den USA einlegen (in Houston, Miami oder am JFK-Airport in New York); seltener wechselt man in Mexico City das Flugzeug. Eventuell ist ein kurzer Aufenthalt in den jeweiligen Städten möglich.

Fluglinien

Folgende Fluglinien fliegen regelmäßig nach Zentralamerika:

Aeroméxico (Code AM; www.aeromexico.com) Fliegt von vielen US-Städten und Madrid aus nach San José, San Pedro Sula und Cancún.

American Airlines (Code AA; www.americanairlines.com) Deckt von Dallas und Miami aus ganz Zentralamerika ab.

British Airways (Code BA; www.britishairways.com) Fliegt über Miami nach Belize City, Guatemala-Stadt, San José und Panama-Stadt.

KLIMAWANDEL & REISEN

Der Klimawandel stellt eine ernste Bedrohung für unsere Ökosysteme dar. Zu diesem Problem tragen Flugreisen immer stärker bei. Lonely Planet sieht im Reisen grundsätzlich einen Gewinn, ist sich aber der Tatsache bewusst, dass jeder seinen Teil dazu beitragen muss, um die globale Erwärmung zu verringern.

Fliegen & Klimawandel

Fast jede Art der motorisierten Fortbewegung erzeugt CO_2 (die Hauptursache für die globale Erwärmung), doch Flugzeuge sind mit Abstand die schlimmsten Klimakiller – nicht nur wegen der großen Entfernungen und der entsprechend großen CO_2-Mengen, sondern auch weil sie diese Treibhausgase direkt in hohen Schichten der Atmosphäre freisetzen. Die Zahlen sind erschreckend: Zwei Personen, die von Europa in die USA und wieder zurück fliegen, erhöhen den Treibhauseffekt in demselben Maße wie ein durchschnittlicher Haushalt in einem ganzen Jahr.

Emissionsausgleich

Die englische Website www.climatecare.org und die deutsche Internetseite www.atmosfair.de bieten sogenannte CO_2-Rechner. Damit kann jeder ermitteln, wie viel Treibhausgase seine Reise produziert. Das Programm errechnet den zum Ausgleich erforderlichen Betrag, mit dem der Reisende nachhaltige Projekte zur Reduzierung der globalen Erwärmung unterstützen kann, beispielsweise Projekte in Indien, Honduras, Kasachstan und Uganda.

Lonely Planet unterstützt gemeinsam mit Rough Guides und anderen Partnern aus der Reisebranche das CO_2-Ausgleichsprogramm von climatecare.org. Alle Reisen von Mitarbeitern und Autoren von Lonely Planet werden ausgeglichen.

Weitere Informationen gibt's auf www.lonelyplanet.com.

ERFORDERNISSE FÜR EIN ANSCHLUSSTICKET

Wer vorhat, in ein Land ein- und aus einem anderen Land auszureisen, sollte Folgendes beachten: Immer mehr Einreisebeamte fordern von Travellern einen Nachweis, dass sie ihre Reise fortsetzen. So soll vermieden werden, dass Touristen die Aufenthaltsgenehmigung unerlaubt ausdehnen.

In den meisten Fällen genügt es, wenn man dem Beamten plausibel erklären kann, wie, wann und wohin man das Land wieder verlassen wird. In den wenigsten Fällen wird ein Nachweis wie ein Rückreiseticket verlangt, die meisten Traveller werden erst gar nicht gefragt. Doch wie es ein Angestellter in einem Reisebüro formulierte: „Man hat selten ein Problem, aber es hängt von der Laune dessen ab, der den Pass kontrolliert, und ob ihm ein Vorgesetzter über die Schulter schaut oder nicht."

Wer auf Nummer sicher gehen will, sollte sich bei den Fluglinien erkundigen. Ihnen können Strafen auferlegt werden, wenn sie Passagiere ohne die nötigen Dokumente ins Land einreisen lassen. Es kann auch hilfreich sein, eine „Busreservierung" zum Verlassen des Landes vorzuzeigen, die man sich von einem lokalen Reisebüro per E-Mail zuschicken lassen kann. Dies kann gelegentlich auch an Grenzübergängen im Inland erforderlich sein. Reist man z. B. nach Costa Rica ein, muss man manchmal an der Grenze ein Busticket zum Verlassen des Landes kaufen, auch wenn man dies nie benutzen wird. Wer mit einem eigenen Auto einreist, braucht kein Ticket zur Weiterreise, allerdings die entsprechenden Papiere für das Auto.

Wer nach Südamerika weiterreist, sollte sich im Vorfeld nach ähnlichen Auflagen in diesen Ländern erkundigen.

Continental Airlines (Code CO; www.continental.com) Fliegt von Houston ganz Zentralamerika an.
COPA (Code CPA; www.copaair.com) Vom Knotenpunkt Panama-Stadt aus steuern Maschinen New York, Washington, D. C, Miami und Los Angeles sowie zentral- und südamerikanische Städte an.
Delta Airlines (Code DL; www.delta.com) fliegt von Atlanta und Los Angeles aus nach Zentralamerika.
Jet Blue (Code B6; www.jetblue.com) Steuert von Boston und New York aus Cancún an.
Mexicana (Code MX; www.mexicana.com) Flüge via Mexico City nach Cancún, Guatemala-Stadt, San Salvador, San José, Panama-Stadt und Tuxtla Gutierrez in Mexiko.
TACA (Code TA; www.taca.com) Vom Knotenpunkt San Salvador fliegen Maschinen nach Zentral-, Nord- und Südamerika.
United Airlines (Code UA; www.united.com) Fliegt in diverse zentralamerikanische Städte.
US Airways (Code US; www.usairways.com) Fliegt von Charlotte, Las Vegas, Phoenix und Philadelphia nach Guatemala-Stadt, San José und Cancún.

Tickets

Da Zentralamerika auf einer verhältnismäßig schmalen Landbrücke liegt, ist es eine attraktive Option, die Rundreise nicht in der gleichen Stadt zu beenden, in der sie auch begonnen hat (man fliegt also z. B. nach Cancún oder Guatemala-Stadt und von Panama-Stadt aus zurück in die Heimat). Oft ist dies nicht viel teurer als ein Hin- und Rückflug. Wer in puncto Start- und Endpunkt der Reise flexibel ist, wird viele Schnäppchenangebote finden.

Es ist nicht gesagt, dass ein Flug zu einem Verkehrsknotenpunkt (z. B nach San Salvador mit der slavadorianischen TACA) unbedingt günstiger ist; teilweise sind diese Flüge sogar teurer. So kann ein Flug von Los Angeles über San Salvador nach Belize City günstiger sein als ein Hin- und Rückflugticket nach San Salvador. Der Grund dafür ist in der verwirrenden Welt der Flugpreise zu suchen – und in dieser wollen die Fluglinien besonders mit Direktflügen punkten. Es heißt also, genau die Preise zu vergleichen.

Normalerweise sind Flüge über die USA nach Panama-Stadt teurer als nach Guatemala-Stadt. Andererseits gibt es keine Faustregel, nach der Flüge in eine bestimmte zentralamerikanische Stadt dauerhaft günstiger sind als andere.

In der Hauptsaison (grundsätzlich Juli & Aug., Weihnachten bis Neujahr und rund um die Semana Santa) können Flüge 75 bis 175 € teurer sein.

Studentische Reisebüros wie **STA Travel** (www.statravel.de, www.statravel.at, www.statravel.ch) bieten vergünstigte Tarife für Studenten unter 26 Jahren.

Infos zur Ausreisesteuer beim Abflug von einem zentralamerikanischen Flughafen stehen in den Abschnitten „Verkehrsmittel & -wege" in den jeweiligen Länderkapitel.

ROUND-THE-WORLD-TICKETS

Round-The-World (RTW)-Tickets sind eine weitere Option. Allerdings gibt es keine Flüge zwischen Australasien und Zentralamerika; man wird bei einer Weltumrundung also über die USA weiterreisen müssen.

Anreise aus Deutschland, Österreich und der Schweiz

Die besten Angebote kann man in „studentischen" Reisebüros ergattern, in denen auch Nicht-Studenten willkommen sind. **STA Travel** (www.statravel.de, www.statravel.at, www.statravel.ch) hat Filialen in Deutschland, Österreich und der Schweiz.

Weiterreise nach Südamerika

Die Fluglinien TACA und COPA verbinden mittelamerikanische Städten mit Venezuela, Kolumbien, Ecuador, Peru, Chile und Argentinien. Auch einige US-Airlines wie American Airlines haben ein paar Flüge nach Südamerika im Programm.

ÜBERS MEER

Sofern man keine teure Jacht besitzt oder eine Kreuzfahrt macht, sind die Möglichkeiten, mit dem Schiff nach Zentralamerika zu reisen oder es zu verlassen, sehr begrenzt und sehr teuer. Eine hübsche Tour ist ein Törn mit einem gecharterten Segelboot vom Archipélago de San Blas in Panama nach Cartagena in Kolumbien (295 €/Pers.). Während der fünftägigen Reise hat man in der Regel ein paar Tage Aufenthalt auf den Inseln; die Fahrt ab/nach Kolumbien selbst dauert zwei Tage. Weitere Infos stehen im Kasten auf S. 783.

In Cartagena kann man sich in der **Casa Viena** (☎ 05-664-6242; www.casaviena.com; Calle San Andrés 30-53, Getsemaní) nach den Abfahrtszeiten erkundigen. Lastschiffe sind eine riskante Sache, da Schmuggel auf der Strecke Colón–Cartagena an der Tagesordnung ist.

> **AUSREISESTEUER**
>
> Die Flugsteuern in den zentralamerikanischen Ländern variieren. Die niedrigsten Steuern erheben Costa Rica und Panama (5 %), Guatemala und El Salvador schlagen 20 % auf die Flugpreise oben drauf. Diese Steuern sind in der Regel sowohl im Ausland als auch in Zentralamerika in den Flugpreisen von Reisebüros inbegriffen (jedoch nicht, wenn man übers Internet bucht). Die Ausreisesteuer ist im Abschnitt „Verkehrsmittel & -wege" der jeweiligen Länderkapitel angegeben.

UNTERWEGS VOR ORT

Gerne mit dem Bus unterwegs? Dann ist man in Zentralamerika goldrichtig. Busse sind das günstigste und am häufigsten verbreitete Verkehrsmittel in Zentralamerika, vor allem entlang der Panamericana (Panamerican Highway), die mit Ausnahme Belize alle Länder Zentralamerikas durchquert.

Vor allem auf längeren Strecken kann es sich durchaus lohnen, einen Flug zu buchen – man spart einiges an Zeit, wenn auch nicht an Geld. Mit diversen Schiffen erreicht man Inseln sowie einige Grenzen. Tipps für Reiserouten finden sich ab S. 15.

AUTO & MOTORRAD

Führerschein

Wer Zentralamerika mit dem Auto erkunden will, sollte sich vor der Abreise vergewissern, dass der Führerschein aus dem Heimatland in allen Ländern gilt, die auf dem Programm stehen. Unter Umständen benötigt man einen internationalen Führerschein, der bei Straßenverkehrsämtern erhältlich ist.

Man sollte stets auf Polizeikontrollen vorbereitet sein – immer anhalten und die Papiere griffbereit haben!

Mieten & Versicherung

Zentralamerika kann man recht unproblematisch mit einem eigenen Fahrzeug erkunden. Es würden sich weit mehr Traveller für diese Variante entscheiden, wären die Kosten (Mietgebühr & Sprit) und die Scherereien geringer. Für ein Mietauto zahlt man zwischen 7 € pro Tag in Nicaragua und 45 € pro Tag in Belize. In der Regel darf man mit dem Mietwagen nicht das Land verlassen (bei Budget ist dies möglich, sofern man das Auto in Nicaragua oder Guatemala mietet). Doch auch wenn ein Mietwagen bei einem knappen Budget ein echter Luxus ist, kann er einen unschätzbaren Vorteil mit sich bringen: Man sieht Ecken des Landes, die man ansonsten vermutlich nicht besuchen würde (z. B. abgelegene Strände südlich von Tulum in Mexiko und rund um die Península de Nicoya in Costa Rica).

TIPPS ZUR GRENZÜBERQUERUNG

Die Überquerung einer Grenze irgendwo zwischen Mexiko und Panama kann hektisch und verwirrend sein. Selbst vor Abzocke ist man nicht gefeit. Mit ein wenig Planung ist das Ganze aber in der Regel kein Problem. Hier ein paar Tipps:

- Bevor man in ein anderes Land reist, sollte man sich im Abschnitt „Visa & Reisedokumente" am Ende eines Länderkapitels über die Einreisebestimmungen informieren.
- Niemals ein Land verlassen, ohne sich bei der Einreisebehörde den Pass stempeln zu lassen, auch wenn einen niemand dazu auffordert.
- Oftmals steigt man an der Grenze in einen anderen Bus um, läuft vielleicht ein paar hundert Meter auf die andere Seite der Grenze oder nimmt ein *colectivo* (Sammeltaxi oder Minibus-Taxi) zum nächsten Busbahnhof. Nicht alle Grenzen sind rund um die Uhr geöffnet, Busse richten aber ihre Fahrzeiten in der Regel nach den Öffnungszeiten.
- Viele Reisebüros bieten organisierte Fahrten über die Grenze an. Viele Traveller schätzen diesen Service –sollten Probleme auftauchen, gibt es jemanden, an den man sich wenden kann (z. B. der Busfahrer).
- An fast allen Grenzposten gehen Geldwechsler ihren Geschäften nach. Meistens ist der Kurs fair. Manche schwarze Schafe geben aber zu wenig Geld raus – also stets genau nachzählen! Man sollte bedenken, dass auf der anderen Seite der Grenze oft nur die jeweilige Landeswährung akzeptiert wird, und gegebenenfalls noch vor der Grenzüberquerung Geld umtauschen.

Es gibt ein offizielles Grenzabkommen zwischen Guatemala, Honduras, El Salvador und Nicaragua, das es Besuchern erlaubt, 90 Tage innerhalb der vier Länder zu reisen. Folglich sollte man eigentlich für die Überquerung einer Grenze nichts bezahlen müssen (s. entsprechende Kästen in den Länderkapiteln).

In vielen Fällen ist es günstiger, Fahrzeuge (sogar noch für den selben Tag) über die Websites der großen Autovermieter zu buchen: Bei unserer Recherchen in Tulum sparten wir 50 % des ortsüblichen Mietpreises, indem wir in ein Internetcafé um die Ecke gingen und online buchten!

Fahrzeuge mit Allradantrieb sind teurer (im Allgemeinen 60–75 €/Woche), Benzin kostet 0,90–1,80 € pro Liter.

Man benötigt eine extra Versicherung, da die Policen aus der Heimat in Zentralamerika nutzlos sind. Es empfiehlt sich, zumindest eine Haftpflichtversicherung abzuschließen.

Um ein Auto zu mieten, benötigt man einen Pass und einen Führerschein. Manche Agenturen vermieten Autos an Fahrer ab 21 Jahren, andere schreiben ein Mindestalter von 25 Jahren vor. In ganz Zentralamerika wird auf der rechten Straßenseite gefahren.

Roller und größere Motorräder sind mancherorts erhältlich, letztgenannte kosten in der Regel etwa so viel wie ein Kleinwagen.

Weitere Infos und generelle Tipps zum Fahren in Zentralamerika, u. a. zur Haftpflichtversicherung, finden sich auf S. 823.

BUS

Die meisten Streckenkilometer wird man in Bussen zurücklegen. Das Busnetz ist in der gesamten Region gut ausgebaut, der Komfort bleibt aber nicht selten auf der Strecke. Manche Busse haben eine Klimaanlage und Liegesitze mit Reservierungsmöglichkeit. Dafür wird man aber auch das eine oder andere Mal mit einem der berühmt-berüchtigten „Hühnerbusse" (englisch: *chicken buses*, spanisch: *camioneta*) fahren. Die Fahrer der oft kunterbunt bemalten ausrangierten US-Schulbusse vertreten eine liberale „Alles darf an Bord"-Haltung – selbst das liebe Federvieh.

Nachtbusse meidet man am besten, da sie auf der Schnellstraße öfter überfallen werden (nur in Mexiko ist das Risiko gering).

Busse der 1. und einige Busse der 2. Klasse fahren nach Fahrplan an einem *terminal de autobuses* (Fernbusbahnhof) ab. Die restlichen starten von Busbahnhöfen auf Parkplätzen, wenn sie voll sind; unterwegs halten sie, um noch mehr Fahrgäste einzuladen. Falls nötig, gabeln sie einen vermutlich auch am Highway auf. In den meisten Städten gibt es mehr als einen Busbahnhof. Manche Busgesellschaften unterhalten eigene Terminals.

Die Anzahl der verkehrenden Busse variiert beträchtlich. In größeren Städten und auf beliebteren Strecken scheppern alle paar Minuten Rauch spuckende Riesen vorbei. In entlegeneren Regionen hingegen muss man eine Nacht länger bleiben, wenn man den Morgenbus verschläft.

Gepäck kann in einem Fach oder auf dem Dach des Busses verstaut werden. Nach Möglichkeit sollte man es im Auge behalten, besonders wenn man es in einem leicht zugänglichen Gepäckfach in einem vollgestopften Bus untergebracht hat. Wertsachen immer am Körper tragen. In vollen Bussen und an Busbahnhöfen auf Taschendiebe Acht geben!

Mancherorts betreiben Reisebüros zu beliebten Zielen Shuttles (meistens klimatisierte Vans). Sie sind komfortabler, teurer, aber auch weniger authentisch. Ein Beispiel: Die Fahrt von Antigua nach Guatemala-Stadt kostet mit einem Shuttle etwa 7 €. Alternativ kann man mit Hühnerbussen fahren, muss zweimal umsteigen und zahlt insgesamt keine 50 Cent.

In den Abschnitten „An- & Weiterreise" der folgenden Städte in diesem Reiseführer sind die meisten Busverbindungen und -preise aufgeführt; s. auch „Verkehrsmittel & -wege" in den jeweiligen Länderkapiteln.

Fahrtzeit

Es stellt Traveller nicht vor große Schwierigkeiten, Zentralamerika mit dem Bus zu erkunden, das dauert aber seine Zeit. Im Folgenden einige Beispiele für die Fahrtzeiten. Notwendiges Umsteigen und die Formalien an Grenzposten können die Reise noch weiter in die Länge ziehen.

Start	Reiseziel	Dauer (Std.)
Cancún (M)	Belize City (B)	9–10
Flores (G)	Guatemala-Stadt (G)	8–10
Guatemala-Stadt (G)	Ruinen von Copán (H)	5
Managua (N)	San José (CR)	9
San Cristóbal de Las Casas (M)	Antigua (G)	11
San José (CR)	Panama-Stadt (P)	15
San Salvador (ES)	Tegucigalpa (H)	8
Tegucigalpa (H)	Managua (N)	8

Minibusse & Colectivos

In ganz Zentralamerika rattern zahlreiche Minibusse mal gut in Schuss, mal klapprig und unter verschiedensten Namen (*rapidito* in Honduras, *chiva* in Panama, *colectivo* in Costa Rica und Mexiko) durch die Gegend. In der Regel bedienen sie Kurzstrecken zwischen großen Städten mit wichtigen Verkehrsanbindungen und kleinen Städten. Sie sind günstiger als Busse der 1. Klasse und fahren regelmäßig. Der Haken: Sie halten an jeder Ecke und der Fahrer kennt das Wort „voll" nicht.

FLUGZEUG

Viele internationale und nationale Fluglinien sind in der Region unterwegs (S. 824). Auch einige kleinere regionale Fluglinien bieten Flüge an (s. „Verkehrsmittel & -wege" der jeweiligen Länderkapitel). Gelegentlich muss man in der Stadt umsteigen, in der die Fluglinie ihr Drehkreuz hat (bei einem Flug von Managua nach Panama-Stadt z. B. im nördlichen San Salvador).

Der Haken: Die Flugpreise belasten das Budget. Selbst auf kurzen Strecken können Flüge innerhalb Zentralamerikas sehr teuer sein, ganz unabhängig davon, ob die Tickets im Ausland oder vor Ort gekauft werden. Oft kosten einfache Tickets nicht viel weniger als Hin- und Rückflugtickets.

Manchmal werden Flüge überbucht, deshalb bei der Ankunft am Flughafen noch einmal den Flug bestätigen lassen! Potenzielle Probleme beim Einreisen in ein Land und der Ausreise per Flugzeug aus einem anderen Land sind im Kasten auf S. 825 genannt.

Preise

Ticketpreise können je nach Aufenthaltsdauer, Jahreszeit und Sonderangeboten extrem schwanken. Die im Kasten auf S. 829 aufgeführten Hauptsaisonpreise dienen also nur als grober Anhaltspunkt, um potenzielle Strecken herauszusuchen.

Die beliebtesten Knotenpunkte sind San Salvador und San José; Hin- und Rückflüge bekommt man teilweise schon für rund 100 €. Mitunter sind Hin- und Rückflüge sogar günstiger als einfache Flüge.

Eine praktische Inlandsverbindung ist z. B. die Route von Managua zu den Islas de Maíz (Maisinseln; hin & zurück ca. 120 €); wer sich für den Flieger entscheidet, spart pro Weg eine zweitägige Bus- und Schiffstour (hin & zurück ca. 35 €). Ähnlich günstig sind Flüge in die Comarca de Kuna Yala in Panama und in den Darién.

FLUGPREISE (AUSWAHL)

Start	Ziel	einfache Strecke (€)	hin & zurück (€)
Cancún	Guatemal-Stadt	255	325
Guatemala-Stadt	Panama-Stadt	214	278
Guatemala-Stadt	San José	214	210
Managua	Guatemala-Stadt	222	298
Managua	Panama-Stadt	243	291

RADFAHREN

Da nur wenige Fahrer daran gewöhnt sind, die engen Straßen und zweispurigen Schnellstraßen (oft ohne Bürgersteige) mit Radfahrern zu teilen, ist es nicht ungefährlich, lange Überlandstrecken mit dem Fahrrad zurückzulegen. Allerdings ist der Drahtesel im Kommen – Touren in die Berge und zu Kaffeeplantagen (inkl. Führer & Rad) werden in ganz Zentralamerika angeboten.

Fahrräder kann man in mehreren Städten und an Traveller-Hotspots leihen, so z. B. in San Cristóbal de las Casas (Mexiko), Flores (Guatemala), Granada (Nicaragua) und Panama-Stadt. Es werden viele Mountainbike-Touren angeboten, vor allem in kühleren Orten wie dem Hochland von Guatemala und San Cristóbal de las Casas. Passionierte Cyclisten sollten die Reisezeit mit Bedacht auswählen: In der Trockenzeit (ca. Dez.–April) sollten einem Regengüsse normalerweise erspart bleiben.

Wer mit dem Rad von Land zu Land reisen will, sollte Grenzbeamten mit einem entsprechenden Dokument den rechtmäßigen Besitz seines Gefährts nachweisen können.

Auf der Website www.downtheroad.org kann man die aktuelle Fahrradodyssee von Tim und Cyndie Travis verfolgen. Die Einträge u. a. zu Zentralamerika sind vollgepackt mit nützlichen Details. Die Mutter aller Radführer für die Region ist –wenn auch nicht mehr brandaktuell – *Latin America by Bike: A Complete Touring Guide* (1993) von Walter Sienko. *Cycle Central America* von Ian Benford und Peter Hodkinson behandelt das südliche Mexiko, Belize, Guatemala und Honduras.

SCHIFF/FÄHRE

Außer diversen Freizeitvergnügungen im nassen Element wie Rafting oder einer Bootstour zu Vulkaninseln besteht auch die Möglichkeit, auf Wasserwege innerhalb von Zentralamerika von A nach B zu gelangen. Traveller auf dem Weg von Palenque in Mexiko nach Flores in Guatemala oder umgekehrt überqueren den Río Usumacinta nahe Frontera Corozal (Mexiko) bzw. Bethel (Guatemala; s. Kasten S. 52). Nützlich ist auch die Fahrt über das Karibische Meer zwischen Punta Gorda in Belize und Puerto Barrios (manchmal Lívingston) in Guatemala (s. S. 206). Ein eher abgelegener Grenzübergang über den Río Frío verbindet San Carlos in Nicaragua mit Los Chiles, Costa Rica (s. Kasten S. 573).

Eine der beliebtesten Reiserouten übers Wasser ist die Fahrt den Río Escondidas hinab nach Bluefields in Nicaragua und dann zu den Islas de Maíz in der Karibik (s. Kasten S. 575 & 578). Auch eine Tour auf Guatemalas Río Dulce (s. S. 199) hat ihre Reize. Weitere per Schiff zu erreichende Karibikinseln sind u. a. die zu Honduras gehörenden Bay Islands, die belizische Caye Caulker und die mexikanischen Inseln Cozumel und Isla Mujeres.

Der Panamakanal ist einer der wichtigsten Wasserwege der Welt. Er verbindet die Karibik und den Pazifik.

TRAMPEN

Trampen (*tomar un jalón*) ist in keinem Land der Welt restlos sicher und wird von Lonely Planet daher nicht empfohlen. Dennoch ist es in Teilen Zentralamerikas gang und gäbe und auf Nebenstraßen – oder wo auch immer man gerade den Bus verpasst hat – überdies verlockend. Wer trampt, sollte dies besser in einer Gruppe tun. Alleinreisende Frauen sollten nie per Anhalter unterwegs sein. Man sollte stets anbieten, sich an den Spritkosten zu beteiligen.

ZUG

Die einzige Zugverbindung in der Region verläuft landschaftlich reizvoll parallel zum Panama-Kanal (s. S. 776). Es handelt sich um einen Luxuszug mit Glasdach von Panama-Stadt nach Colón in Panama.

Gesundheit

Dr. David Goldberg

INHALT

Wer nach Zentralamerika reist, muss sich sowohl über durch Lebensmittel als auch über durch Moskitos übertragene Infektionen Gedanken machen. Die meisten dieser Krankheiten sind nicht lebensbedrohlich, können einem aber den Urlaub vermiesen. Man sollte sich also entsprechend impfen lassen und ein gutes Insektenschutzmittel einpacken. Beim Essen und Trinken gilt es, sehr vorsichtig zu sein.

VOR DER REISE

Medikamente sollten in ihrer Originalverpackung und gut lesbar beschriftet mitgeführt werden. Außerdem ist es sinnvoll, einen unterschriebenen und datierten Brief des eigenen Arztes im Gepäck zu haben, in dem alle Angaben zum Gesundheitszustand und zu den verordneten Medikamenten (mitsamt deren generischen Namen) aufgelistet sind. Wer Spritzen mitführt, sollte sich deren medizinische Notwendigkeit von einem Arzt bestätigen lassen.

VERSICHERUNG

Falls die normale Krankenversicherung im Ausland keinen ausreichenden Schutz bietet, ist unbedingt eine entsprechende Auslandsversicherung nötig. Weitere Informationen gibt es unter www.lonelyplanet.com. Es ist ratsam, sich vor der Reise zu erkundigen, ob die Versicherung direkt an denjenigen zahlt, der die medizinischen Dienstleistungen erbringt, oder ob man das Geld dafür auslegen muss und es anschließend erstattet bekommt. Wenn Letzteres der Fall ist, unbedingt daran denken, die Belege aufzuheben!

EMPFOHLENE IMPFUNGEN

Da die meisten Impfstoffe frühestens ab zwei Wochen nach der Impfung wirken, sollte man vier bis acht Wochen vor der Abreise zum Arzt gehen. Am besten bittet man den Arzt um einen internationalen Impfpass (das gelbe Büchlein), in dem alle erhaltenen Impfungen aufgelistet werden sollten. Man benötigt ihn für die Einreise in Länder, in denen man eine Gelbfieberimpfung nachweisen muss, er ist auf Reisen aber generell empfehlenswert.

Die einzige erforderliche Impfung ist die gegen Gelbfieber, und auch das nur dann, wenn man aus einem von Gelbfieber betroffenen Land in Südamerika nach Mittelamerika einreist. Empfohlen werden aber noch einige andere Impfungen. Manche von ihnen sind nicht für Kinder und schwangere Frauen zugelassen – am besten fragt man diesbezüglich den eigenen Arzt.

REISEAPOTHEKE

- Acetaminophen bzw. Paracetamol oder Aspirin
- antibakterielle Salbe (z.B. Tyrosur) für Schnittwunden und Abschürfungen
- Antibiotika
- Antihistaminika (gegen Heuschnupfen und allergische Reaktionen)
- DEET-haltiges Insektenschutzmittel zum Auftragen auf die Haut
- Entzündungshemmer (z.B. Ibuprofen)
- Fieberthermometer
- Heftpflaster oder Leukoplast
- Jodtabletten (zur Wasserreinigung)
- kortisonhaltige Creme (gegen Ausschlag durch Giftefeu und andere allergische Reaktionen)
- Mittel gegen Durchfall (z.B. Loperamid)
- orales Rehydrationssalz

- permethrinhaltiges Insektenspray zum Imprägnieren von Kleidung, Zelt und Mückennetzen
- Schere, Sicherheitsnadeln und Pinzette
- Sonnenschutzmittel
- Spritzen und sterile Nadeln
- Taschenmesser
- Verband, Gaze und Mullbinden

INFOS IM INTERNET

Die **Weltgesundheitsorganisation (WHO)** (www.who.int/ith/) gibt jährlich ein hervorragendes englischsprachiges Buch mit dem Titel *International Travel and Health* heraus, das man kostenlos über ihre Website herunterladen kann. Dort werden aktuelle Risiken aufgezeigt, und man erfährt, welche Impfungen man bei der Einreise in welches Land vorweisen können muss. Eine weitere interessante Website ist **MD Travel Health** (www.mdtravelhealth.com). Hier finden sich Empfehlungen zur Gesundheit auf Reisen für alle Länder. Die kostenlosen Infos werden täglich aktualisiert.

Außerdem empfiehlt es sich, vor der Abreise nachzuschauen, was die Behörden des Heimatlands auf ihrer Website zum Thema Reisegesundheit zusammengestellt haben.

Deutschland www.auswaertiges-amt.de/diplo/de/Laenderinformationen/01-Laender/Gesundheitsdienst/Uebersicht.html

Österreich www.bmeia.gv.at/aussenministerium/buergerservice/reiseinformation.html

Schweiz www.eda.admin.ch/eda/de/home/travad.html

Appetitkiller gefällig? Dann ist das *Bad Bug Book* der US-amerikanischen Food and Drug Administration genau das Richtige. Man kann es kostenlos unter www.cfsan.fda.gov/~mow/intro.html herunterladen.

WEITERFÜHRENDE LEKTÜRE

Weitere Informationen finden sich im Buch *Healthy Travel Central & South America* von Lonely Planet. Für Reisende mit Kindern empfiehlt sich *Travel with Children* von Lonely Planet. Weitere nützliche Informationen zur Gesundheit auf Reisen liefern die Bücher *ABC of Healthy Travel* von E. Walker et al. und *Medicine for the Outdoors* von Paul S. Auerbach.

UNTERWEGS

JETLAG & REISEÜBELKEIT

Wenn man mehr als fünf Zeitzonen durchreist, tritt häufig ein Jetlag auf. Die Folgen sind Müdigkeit, Unpässlichkeit und Übelkeit. Zur Vorbeugung sollte man viel trinken (keinen

EMPFOHLENE IMPFUNGEN

Impfung	Empfohlen für	Dosierung	Nebenwirkungen
Windpocken	Reisende, die noch keine Windpocken hatten	2-mal mit einmonatiger Pause	Fieber, leichte Form von Windpocken
Hepatitis A	alle Reisenden	1-mal vor der Reise; Auffrischung nach 6–12 Monaten	Wundschmerz an der Einstichstelle, Kopf- und Gliederschmerzen
Hepatitis B	Langzeitreisende mit engem Kontakt zu Einheimischen	3-mal innerhalb von 6 Monaten	Entzündung an der Impfstelle, leichtes Fieber
Masern	Reisende, die nach 1956 geboren sind und nur 1-mal geimpft wurden	1-mal	Fieber, Ausschlag, Gliederschmerzen, allergische Reaktionen
Tollwut	Reisende, die mit Tieren in Kontakt kommen und keinen Zugang zu medizinischer Versorgung haben	3 Impfungen verteilt über 3–4 Wochen	Entzündung an der Einstichstelle, Kopf- und Gliederschmerzen
Tetanus	Alle Reisenden, die in den letzten 10 Jahren keine Auffrischung hatten	1-mal; wirkt für 10 Jahre	Entzündung an der Einstichstelle
Typhus	alle Reisenden	4 oral einzunehmende Kapseln (1 jeden 2. Tag)	Unterleibschmerzen, Übelkeit, Ausschlag
Gelbfieber	Für alle Reisenden erforderlich, die aus einer vom Gelbfieber betroffenen Region Südamerikas einreisen	1-mal; wirkt für 10 Jahre	Kopf- und Gliederschmerzen, selten heftigere Reaktionen

Alkohol) und leichte Mahlzeiten zu sich nehmen. Am besten hält man sich nach der Ankunft viel an der frischen Luft und im Tageslicht auf und passt seinen persönlichen Tagesrhythmus (Essens- und Schlafenszeiten etc.) schnellstmöglich dem landesüblichen an.

Antihistaminika wie Dimenhydrinate (Vomex) und Meclozine (Iterinol) sind in der Regel die erste Wahl bei der Behandlung von Reiseübelkeit. Ihre häufigste Nebenwirkung ist Schläfrigkeit. Als Alternative auf pflanzlicher Basis gilt Ingwer, der bei manchen Menschen wahre Wunder wirkt.

THROMBOSE

Auf Flügen können sich Blutgerinnsel in den Beinen bilden, vor allem, weil man sich zu lange nicht bewegt. Je länger der Flug dauert, desto größer ist das Risiko. Die meisten Blutgerinnsel werden ohne Komplikationen resorbiert, aber manchmal löst sich eines und wandert durch die Blutgefäße in die Lunge, was unter Umständen lebensbedrohlich ist.

Hauptsymptome einer Thrombose sind Schmerzen oder Schwellungen am Fuß, Knöchel oder an der Wade, normalerweise – aber nicht immer – nur auf einer Seite. Wenn ein Blutgerinnsel zur Lunge wandert, kann das Schmerzen in der Brust und bei Atmen verursachen. Reisende mit solchen Symptomen sollten dringend einen Arzt aufsuchen.

Um der Entwicklung einer Thrombose auf einem langen Flug vorzubeugen, sollte man in der Kabine umhergehen, isometrische Übungen mit den Beinmuskeln machen (z. B. im Sitzen die Beine strecken), viel Flüssigkeit zu sich nehmen und auf Alkohol und Zigaretten verzichten.

IN ZENTRALAMERIKA

MEDIZINISCHE VERSORGUNG & KOSTEN

In den meisten Hauptstädten Zentralamerikas ist die medizinische Versorgung gut, anderswo sind die Möglichkeiten begrenzt. Generell sind Privatkliniken verlässlicher als öffentliche, denen es oft gravierend an Ausstattung und Vorräten mangelt.

Viele Ärzte und Krankenhäuser verlangen Barzahlung, auch wenn man eine Krankenversicherung hat. Wer lebensbedrohlich erkrankt, möchte sich vielleicht in ein Land mit modernster medizinischer Versorgung ausfliegen lassen. Da dies preislich in die Zehntausende gehen kann, schließt man vor der Reise besser eine entsprechende Versicherung ab.

Viele Apotheken sind gut ausgestattet, aber manche wichtigen Medikamente sind eventuell nicht immer erhältlich. Man sollte ausreichende Mengen von verschriebenen Medikamenten mitbringen.

INFEKTIONEN

Cholera

Cholera ist eine Darmkrankheit, die durch den Konsum von verseuchten Lebensmitteln oder Trinkwasser übertragen wird. Hauptsymptom sind starke, wässrige Durchfälle, die zu lebensbedrohlicher Austrocknung führen können. Die wichtigste Gegenmaßnahme ist es, Rehydrationslösungen zu trinken. Ergänzend können Antibiotika wie Tetracyclin oder Doxycyclin eingenommen werden; auch Antibiotika der Chinolingruppe (z. B. Ciprofloxacin oder Levofloxacin) sind sehr wirkungsvoll.

Gelegentlich bricht in Teilen Zentralamerikas Cholera aus, Reisende infizieren sich jedoch nur selten. Mittlerweile sind Choleraimpfungen nicht mehr vorgeschrieben und werden in manchen Ländern schon gar nicht mehr angeboten, denn der alte Wirkstoff hat sich als relativ wirkungslos erwiesen und hatte eine Menge Nebenwirkungen. Moderne Impfstoffe sind wesentlich effektiver und zuverlässiger, stehen aber in vielen Ländern nicht zur Verfügung und empfehlen sich nur für Reisen in ausgesprochene Risikogebiete.

Denguefieber

Beim Denguefieber handelt es sich um eine Virusinfektion, die in ganz Zentralamerika grassiert. Dengue wird von Gelbfiebermücken übertragen. Diese Insekten stillen ihren Blutdurst vor allem tagsüber und sind normalerweise in der Nähe menschlicher Siedlungen zu finden (oft auch in Gebäuden). Die Moskitos legen ihre Eier gern in künstlichen Wasserbehältern ab (z. B. in Einmachgläsern, Fässern, Dosen, Zisternen, Metalltrommeln, Kunststoffkanistern, ausrangierten Autoreifen usw.). Deshalb tritt Denguefieber besonders häufig in dicht besiedelten Stadtgebieten auf.

Denguefieber äußert sich normalerweise mit grippeartigen Symptomen wie Fieber, Muskel-, Gelenk-, und Kopfschmerzen, Übelkeit und Erbrechen, oft gefolgt von Ausschlägen. Die körperlichen Beschwerden sind zwar eine Weile lang ziemlich unangenehm, doch die meisten Patienten sind nach ein paar Tagen wieder fit. Schwere Fälle von Denguefieber treten normalerweise nur bei Kindern und Jugendlichen unter 15 Jahren auf, die sich diese Infektion zum zweiten Mal zuziehen.

Die Behandlungsmöglichkeiten für Denguefieber beschränken sich auf das Verabreichen von Schmerzmitteln (Acetaminophen/Paracetamol oder Tylenol) und eine ausreichende Flüssigkeitszufuhr. In schweren Fällen sind manchmal Krankenhausaufenthalte mit Infusionen und unterstützenden Therapien nötig. Schutzimpfungen gibt es nicht. S. dazu auch „Moskitostiche" auf S. 836.

Gelbfieber

Gelbfieber grassiert in Zentralamerika nicht mehr, aber viele zentralamerikanische Länder, darunter Belize, El Salvador, Guatemala, Honduras und Nicaragua, fordern vor der Einreise ins Land eine Impfung gegen die Krankheit, wenn man aus Afrika oder Südamerika einreist, wo Gelbfieber bekanntermaßen noch vorkommt. Für alle, die nicht aus einem Land einreisen, in dem Gelbfiebererkrankungen vorkommen, ist die Impfung weder erforderlich noch empfohlen. Gelbfieberimpfungen werden nur in staatlich zugelassenen Gelbfieberimpfstellen vorgenommen, die international gültige Impfpässe ausstellen („gelbe Büchlein"). Die Impfung sollte mindestens zehn Tage vor einem potenziellen Kontakt mit dem Gelbfiebererreger erfolgen und bietet ungefähr zehn Jahre Schutz. Sie wird nicht für Schwangere und Babys unter neun Monaten empfohlen. Die Nebenwirkungen dieser Impfung sind im Allgemeinen leicht; es können Kopf- und Gliederschmerzen, Temperaturanstieg und Entzündungen an der Einstichstelle auftreten. Es gibt zwar auch Berichte über lebensbedrohliche Impfreaktionen, doch diese sind wirklich extrem selten.

Hämorrhagische Konjunktivitis

Fälle dieser sehr schmerzhaften Bindehautentzündung wurden in letzter Zeit in mehreren zentralamerikanischen Ländern gemeldet, z. B. in El Salvador, Guatemala und Nicaragua. Hauptsymptome sind Rötung, Beschwerden und Schwellungen der Augen, in der Regel verbunden mit einem Ausfluss. Bindehautentzündung überträgt sich über die Hände (nachdem eine infizierte Person sich die Augen gerieben hat) und durch Gegenstände wie Handtücher. In der Regel verursachen Bindehautentzündungen keine langfristigen Augenprobleme, sind aber hochansteckend und extrem unangenehm. Das Risiko, sich anzustecken, kann man durch regelmäßiges Händewaschen und gute Körperhygiene verringern.

Hepatitis A

Hepatitis A grassiert in ganz Zentralamerika. Diese Virusinfektion der Leber zieht man sich in der Regel durch den Genuss von verunreinigtem Wasser, Lebensmitteln oder Eis etc. zu. Man kann sich aber auch durch den direkten Kontakt mit Infizierten anstecken. Die Krankheit tritt überall in der Welt auf, in Entwicklungsländern aber häufiger. Zu den Symptomen gehören Fieber, Unwohlsein, Übelkeit und Erbrechen und Schmerzen im Unterleib. Meist verläuft die Krankheit ohne Komplikationen, doch gelegentlich kann Hepatitis A auch schwere Leberschäden verursachen. Es gibt keine Therapie.

Impfungen gegen Hepatitis A sind sehr gut verträglich und von hoher Wirksamkeit. Wenn innerhalb eines Zeitraums von sechs bis zwölf Monaten noch ein zweites Mal geimpft wird, hält der Schutz mindestens zehn Jahre lang an. Die Impfung ist dringend zu empfehlen, bevor man nach Zentralamerika oder in eine andere Entwicklungsregion reist. Die Risiken der Impfung für Schwangere und Kinder unter zwei Jahren sind nicht erforscht; ihnen sollten stattdessen Immunglobuline verabreicht werden.

Hepatitis B

Hepatitis B ist wie Hepatitis A eine Leberinfektion, die weltweit auftritt, in Entwicklungsländern allerdings wesentlich weiter verbreitet ist. Im Unterschied zu Hepatitis A wird die Krankheit in der Regel nur durch Geschlechtsverkehr oder den Kontakt mit infiziertem Blut übertragen, meist über Bluttransfusionen oder infizierte Nadeln. Eine Impfung ist nur Reisenden zu empfehlen, die länger (mehr als sechs Monate) unterwegs sein wollen und davon ausgehen, dass sie in ländlichen Regionen leben oder engen körperlichen Kontakt mit der Bevölkerung vor Ort haben werden. Ferner ist die Impfung für alle empfehlenswert, die Geschlechtsverkehr mit Einheimischen nicht ausschließen möchten oder damit rechnen, eine medizinische oder zahnmedizinische Behandlung zu benötigen, insbesondere Bluttransfusionen oder Spritzen.

Die Hepatitis-B-Impfung ist gut verträglich und höchst wirksam. Um einen vollständigen Schutz zu erreichen, sind allerdings insgesamt drei Impfungen erforderlich. In mehreren Ländern gehört die Hepatitis-B-Impfung seit den 1980er-Jahren zu den Routineimpfungen bei Kindern. Deshalb sind viele junge Erwachsene bereits geschützt.

Malaria

Malaria kommt in allen Ländern Zentralamerikas vor. Die Krankheit wird – normalerweise in der Zeit vom Einbruch der Dämmerung bis zum Morgengrauen – durch Moskitos übertragen. Hauptsymptom sind Schübe hohen Fiebers, die mit Schüttelfrost, Schweißausbrüchen, Kopf- und Gliederschmerzen, Erbrechen oder Durchfall einhergehen können. Bei einem schweren Krankheitsverlauf kann auch das zentrale Nervensystem betroffen sein, was zu Anfällen, Verwirrtheit und Koma führen und tödlich enden kann.

Malariatabletten werden bei Reisen in ländliche Regionen in bestimmten Teilen Zentralamerikas empfohlen. Welche Regionen betroffen sind, lässt sich der Website der **Centers for Disease Control and Prevention** (www.cdc.gov/travel/regionalmalaria/camerica.htm) entnehmen. Die Infektionsgefahr ist in der Regenzeit (Juni–Nov.) am höchsten. Außer in Panama ist das Malariamedikament der Wahl Chloroquin. Ab zwei Wochen vor der Ankunft in Zentralamerika wird einmal wöchentlich eine Dosis von 500 mg eingenommen. Die Einnahme wird während der Reise und bis vier Wochen nach der Rückkehr fortgesetzt. Chloroquin ist sicher, günstig und hochwirksam. Als Nebenwirkungen können leichte Übelkeit, Unwohlsein, Kopfschmerz, Schwindel, Sichttrübung oder Juckreiz auftreten. Heftige Reaktionen sind nicht üblich. Wer nach Panama reist, sollte Mefloquin (Lariam), Atovaquon/Proguanil (Malarone) oder Doxycyclin einnehmen.

Mehr dazu findet sich im Abschnitt „Moskitostiche" auf S. 836.

Wer damit rechnet, auf seiner Reise einmal keinen Zugang zu medizinischer Versorgung zu haben, sollte ein paar zusätzliche Tabletten mitnehmen, um sich im Notfall selbst behandeln zu können. Sie sind dann einzunehmen, wenn kein Arzt erreichbar ist und man Symptome an sich beobachtet, die auf Malaria hindeuten, z. B. heftige Fieberschübe. Eine Möglichkeit für den Notfall: Drei Tage lang täglich vier Malarone-Tabletten einnehmen. Wer sich selbst gegen Malaria behandelt, kann mit der Einnahme eines Breitbandantibiotikums beginnen, das auch gegen Typhus und andere bakterielle Infektionen wirkt. Empfohlen wird in der Regel ein Medikament auf Chinolon-Basis wie Ciprofloxacin (Cipro) oder Levofloxacin (Levaquin). Bei Selbstmedikation sollte man bei der ersten sich bietenden Gelegenheit einen Arzt aufsuchen.

Wer nach der Heimkehr Fieber bekommt, sollte ebenfalls zum Arzt gehen. Es kann Monate dauern, bis Malariasymptome auftreten.

Tollwut

Tollwut ist eine Virusinfektion des Gehirns und der Wirbelsäule, die fast immer tödlich verläuft. Das Tollwutvirus ist im Speichel infizierter Tiere enthalten und wird typischerweise durch Tierbisse übertragen. Aber auch über eine Hautverletzung, die mit infiziertem Speichel in Berührung kommt, kann man sich mit Tollwut infizieren. Die Krankheit tritt in allen zentralamerikanischen Ländern auf. In den meisten Fällen erfolgt die Ansteckung über einen Hunde- oder Fledermausbiss.

Die Tollwutimpfung ist gut verträglich, aber recht teuer. Die Grundimmunisierung besteht aus drei Impfungen. Wer einer erhöhten Infektionsgefahr ausgesetzt ist (z. B. Tierhändler oder Höhlenforscher), sollte sich auf jeden Fall impfen lassen. Auch für weniger Gefährdete kann eine Impfung sinnvoll sein, vor allem für Traveller, die abgelegene Gegenden besuchen wollen, in denen die medizinische Versorgung nicht unbedingt gewährleistet ist. Ein Biss eines möglicherweise tollwütigen Tieres kann mit Tollwutimmunglobulin oder Tollwutimpfstoff behandelt werden. Die Behandlung ist aber nur dann wirksam, wenn sie unverzüglich erfolgt. Die meisten Reisenden brauchen sich nicht gegen Tollwut impfen zu lassen.

Weitere Infos finden sich unter „Tierbisse" auf S. 837.

Typhus

Typhus tritt in ganz Zentralamerika auf. Die Krankheit wird durch die Salmonellenart *Salmonella typhi* verursacht, die man mit verunreinigten Lebensmitteln oder Wasser aufnimmt. Praktisch immer kommt es bei dieser Infektion zu Fieber. Weitere mögliche

Symptome sind Kopfschmerzen, Unwohlsein, Gliederschmerzen, Schwindel, Appetitlosigkeit, Übelkeit und Schmerzen im Unterleib. Es kann entweder Durchfall oder Verstopfung auftreten. Zu den möglichen Komplikationen gehören Darmdurchbrüche, Darmblutungen, Verwirrtheit, Delirium oder (selten) Koma.

Wer nicht vorhat, ausschließlich im Hotel oder in Restaurants zu essen, sollte sich impfen lassen. Normalerweise funktioniert das mit einer Schluckimpfung, doch der Impfstoff kann auch injiziert werden. Keiner der Impfstoffe ist jedoch für Kinder unter zwei Jahren geeignet.

Zur Behandlung von Typhus ist in der Regel ein Quinolone-Antibiotikum wie Ciprofloxacin (Cipro) oder Levofloxacin (Levaquin) das Mittel der Wahl, das sonst vor allem bei Reisedurchfällen eingesetzt wird. Aber Vorsicht bei der Selbstmedikation: Typhussymptome ähneln fatal denen der Malaria.

Andere Infektionen

BRUCELLOSE

Brucellose ist eine Infektion von Haus- und Wildtieren, die durch direkten Kontakt mit den Tieren, den Verzehr von Rohmilch oder von Produkten aus nicht pasteurisierter Milch infizierter Tiere übertragen wird. Brucellose tritt im nördlichen Zentralamerika auf. Zu den Symptomen gehören Fieber, Unwohlsein, Depressionen, Appetitlosigkeit, Kopf-, Glieder- und Rückenschmerzen, die monatelang andauern können, wenn sie nicht behandelt werden. Außerdem können Komplikationen wie Arthritis, Hepatitis, Hirnhaut- und Herzklappenentzündung auftreten.

CHAGAS-KRANKHEIT

Die Chagas-Krankheit ist eine parasitäre Infektion, die durch Raubwanzen übertragen wird. Diese Insekten leben in den Mauern und Dächern ärmlicher Behausungen in Süd- und Zentralamerika. Raubwanzen beißen meist nachts und hinterlassen dabei ihren Kot auf der Haut. Zur Infektion kommt es, wenn – etwa durch Kratzen – Kot mitsamt Erregern in die Bisswunde oder eine andere offene Wunde gerät. Bei Travellern kommt die Chagas-Krankheit extrem selten vor. Wer allerdings in einer Hütte übernachtet, sollte sich durch ein Moskitonetz und ein gutes Insektenschutzmittel schützen, insbesondere wenn die Wände aus Lehm, Lehmziegeln oder Stroh sind.

HISTOPLASMOSE

Die Histoplasmose wird von den Sporen eines bestimmten Bodenpilzes ausgelöst. Insbesondere bei frisch aufgebrochenem Erdreich besteht Infektionsgefahr, wenn diese Sporen eingeatmet werden. Als erste Symptome treten u. a. Fieber, Schüttelfrost, Reizhusten, Brust- und Kopfschmerzen auf. Manchmal kommt es zu einer Lungenentzündung.

HIV/AIDS

HIV/Aids kommt in ganz Zentralamerika vor. Bei allen Sexualkontakten sind Kondome daher ein absolutes Muss. Finger weg von Nadeln, auch von Tattoo- und Piercingnadeln!

LEISHMANIOSE

Leishmaniose kommt in den Gebirgsregionen und Urwäldern sämtlicher zentralamerikanischer Länder vor. Die Überträger sind Sandfliegen, die nur etwa ein Drittel der Größe von Moskitos erreichen. Bei leichten Formen der Leishmaniose treten an den betroffenen Hautstellen sich langsam ausbreitende Geschwüre aus. Seltener werden zusätzlich auch Rückenmark, Leber und Milz befallen. Insbesondere bei HIV-Patienten kann Leishmaniose fatale Folgen haben. Impfungen gibt's leider keine. Vor Sandfliegen schützt man sich wie vor Moskitos (s. S. 836) – allerdings müssen die Maschen des schützenden Netzes wesentlich kleiner sein (min. 7 Löcher/cm), um die kleinen Biester aufzuhalten.

LEPTOSPIROSE

Leptospirose wird durch den Kontakt mit Wasser übertragen, in das der Urin infizierter Tiere gelangt ist. Die Krankheit bricht oft nach Flutkatastrophen aus, wenn die überlaufene Kanalisation die Trinkwasserspeicher verunreinigt. Die ersten Symptome ähneln denen einer leichten Grippe und verschwinden normalerweise ohne Komplikationen nach wenigen Tagen, ob behandelt oder nicht. In seltenen Fällen kann sich jedoch eine Leber- oder Hirnhautentzündung entwickeln. Schutzimpfungen gibt es nicht. Das Erkrankungsrisiko lässt sich aber recht einfach minimieren: Reisende sollten den Kontakt mit Süßwasser vermeiden, das möglicherweise mit Tierurin kontaminiert ist. Wer sich in Seuchengebieten aufhält, kann zur Vorbeugung einmal wöchentlich 200 mg Doxycyclin einnehmen. Bei akuter Leptospirose helfen zweimal täglich 100 mg Doxycyclin.

DURCHFALLERKRANKUNGEN

Um sich vor Durchfall zu schützen, sollte man Leitungswasser nur trinken, wenn es abgekocht, gefiltert oder chemisch desinfiziert (z. B. mit Jodtabletten) wurde. Frisches Obst oder Gemüse sollte grundsätzlich nur gekocht oder geschält verzehrt werden. Auch von nicht pasteurisierten Milchprodukten geht eine gewisse Gefahr aus. Bei Imbissständen an der Straße ist besondere Vorsicht geboten.

Akutem Durchfall begegnet man am besten mit ausreichend Flüssigkeit. Am besten ist eine Elektrolytlösung, die viel Salz und Zucker enthält. Wer mehr als vier- oder fünfmal am Tag zur Toilette flitzen muss, sollte ein Antibiotikum (üblicherweise auf Quinolon-Basis) und ein Durchfallmedikament wie Immodium einnehmen. Wenn der Stuhl blutig ist, der Durchfall länger als 72 Stunden anhält oder mit Fieber, Schüttelfrost oder starken Schmerzen im Unterleib einhergeht, sollte man unbedingt einen Arzt aufsuchen.

GESUNDHEITSRISIKEN

Moskitostiche

Moskitostiche verhindert man am besten durch langärmlige Hemden, Blusen oder T-Shirts, lange Hosen, Hüte und geschlossene Schuhe. Ein gutes Mittel zur Insektenabwehr, vorzugsweise auf Basis von Diethyltoluamid (DEET), sollte mit im Gepäck sein. Es wird auf Haut und Kleidung aufgetragen, wobei Augen, Mund, Wunden und gereizte Haut ausgespart werden sollten. Mittel mit einem geringen Anteil von DEET sind genauso sicher, wirken aber nicht so lange. Für Erwachsene und Kinder über zwölf Jahren gibt es Mittel, die 25 bis 35 % DEET enthalten; dieser Schutz hält in der Regel etwa sechs Stunden an. Für Kinder zwischen zwei und zwölf Jahren sind Mittel mit höchstens 10 % DEET empfohlen, die möglichst kleinflächig anzuwenden sind; ihre Wirkung hält etwa drei Stunden an. Es gibt Berichte über Nervenschädigungen durch DEET, besonders bei Kindern; diese sind aber sehr selten und meist auf eine Überdosierung zurückzuführen. Bei Kindern unter zwei Jahren kein DEET verwenden!

Insektenschutzmittel mit pflanzlichen Wirkstoffen wie Eukalyptus- oder Sojabohnenöl sind ebenfalls wirksam, allerdings kaum länger als eineinhalb bis zwei Stunden. In Gegenden mit hohem Malaria- oder Gelbfieberrisiko sollte man sich nur auf DEET-haltige Präparate verlassen. Produkte auf Basis von Zitronengras bieten keinen zuverlässigen Schutz.

Als zusätzlicher Schutz können Kleidung, Schuhe, Zelt und Moskitonetz mit Permethrin imprägniert werden. Die Wirkung hält zuverlässig mindestens zwei Wochen vor, selbst wenn die Sachen gewaschen werden. Permethrin sollte aber nicht direkt auf die Haut aufgetragen werden.

Wenn es kein Mückenschutzgitter gibt, ist es nicht ratsam, mit offenem Fenster schlafen. Wer draußen oder in Unterkünften übernachtet, in die Mücken eindringen können, sollte ein – am besten mit Permethrin imprägniertes – Moskitonetz mit einer Maschengröße von unter 1,5 mm benutzen und den Saum unter die Matratze stopfen.

Wenn man seinen Schlafplatz nicht anders schützen kann, nimmt man eine Mückenspirale, die den Raum über Nacht mit einem Insektizid einnebelt. Mit Insektenschutzmitteln imprägnierte Schweißbänder haben kaum Wirkung.

Schlangenbisse

In manchen Regionen Zentralamerikas stellen Schlangen eine Gefahr dar. Am gefährlichsten ist die Terciopelo-Lanzenotter, deren schwerer Körper eine Länge von bis zu 2 m erreichen kann. Wird man von einer Giftschlange gebissen, sollte man den betroffenen Körperteil ruhig halten, die Bissstelle nicht bewegen und umgehend den nächsten Arzt aufsuchen. Druckverbände anzulegen, wird nicht mehr empfohlen.

Skorpionstiche

Skorpione bereiten in manchen Regionen Probleme. Wer gestochen wird, sollte umgehend Eis oder eine Kühlpackung auf die Einstichstelle legen, den betroffenen Körperteil nicht mehr bewegen und sich in die nächste Notaufnahme begeben. Vor Skorpionstichen schützt man sich, indem man seine Klamotten genau unter die Lupe nimmt und vor dem Anziehen ausschüttelt, ebenso Schuhe und Schlafsäcke. Wer viel mit Holz- oder Blätterhaufen hantiert, sollte Handschuhe tragen.

Sonne

Um sich vor zu viel Sonne zu schützen, sollte man sich mittags im Schatten aufhalten, eine Sonnenbrille und einen breitkrempigen Hut tragen und Sonnencreme mit LSF 15 oder höher mit UVA- und UVA-Schutz auftragen. Sonnencreme sollte 30 Minuten, bevor man sich in die Sonne begibt, großzügig auf alle ungeschützten Körperregionen aufgetragen werden. Nach dem Schwimmen oder nach anstrengenden körperlichen Aktivitäten erneut eincremen! Wenn es sehr warm ist, muss man ausreichende Mengen trinken und sollte auf anstrengende körperliche Tätigkeiten verzichten.

Tierbisse

Traveller sollten nie versuchen, Tiere zu streicheln, zu füttern oder mit ihnen zu spielen – außer mit Haustieren, die nachgewiesenermaßen keine Infektionskrankheiten haben. Die meisten Bisse rühren daher, dass die betroffene Person das Tier füttern oder berühren wollte.

Jede Biss- oder Kratzwunde, die auf das Konto von Säugetieren geht (inkl. Fledermäusen), sollte unverzüglich und gründlich mit sehr viel Wasser und Seife gereinigt werden. Anschließend ist die Wunde mit einem Antiseptikum (z. B. Jod od. Alkohol) zu desinfizieren. Bei Tollwutverdacht muss die örtliche Gesundheitsbehörde so schnell wie möglich kontaktiert werden, damit eine Notfallbehandlung eingeleitet werden kann – egal, ob der Betroffene bereits gegen Tollwut geimpft ist oder nicht. Biss- oder Kratzwunden können zusätzlich mit einem Antibiotikum behandelt werden, um Entzündungen zu mildern oder zu verhindern.

Als Antibiotika eignen sich neuere Quinolon-Varianten wie Levofloxacin (Levaquin). Viele Reisende haben dieses Medikament sowieso zur Behandlung von Durchfallerkrankungen dabei.

Wasser

Leitungswasser ist in Zentralamerika grundsätzlich mit Vorsicht zu genießen. Es lässt sich am effektivsten reinigen, indem man es mindestens eine Minute lang abkocht (in Höhen über 2000 m 3 Min.).

Alternativ kann Wasser auch mittels Jod desinfiziert werden. Die dem Präparat beigelegten Anweisungen sollten exakt befolgt werden. Man kann 0,25 l Wasser auch mit einer 2 %-igen Jodlösung versetzen (5 Tropfen für sauberes Wasser, 10 für trübes) und es eine halbe Stunde lang stehen lassen. Kaltes Wasser braucht eventuell länger. Mit etwas Vitamin C (Ascorbinsäure) als Zusatz schmeckt jodiertes Wasser wesentlich angenehmer. Jodiertes Wasser sollte nicht länger als ein paar Wochen am Stück getrunken werden. Es eignet sich nicht für Schwangere, Menschen mit Schilddrüsenerkrankungen und Personen mit Jodallergie.

Unter den verschiedenen Wasserfiltern auf dem Markt bieten Modelle mit kleinen Poren (Umkehrosmosefilter) den besten Schutz. Sie sind allerdings relativ groß und verstopfen leicht. So genannte „Microstrainer" haben größere Poren. Sie filtern zwar alle möglichen Mikroorganismen heraus, kapitulieren aber bei Viren. Die Herstellerangaben immer sorgfältig befolgen!

MIT KINDERN REISEN

Im Allgemeinen besteht für Kinder und Schwangere kein Sicherheitsrisiko in Zentralamerika. Da jedoch einige der auf S. 830 aufgeführten Impfungen nicht für Kinder und Schwangere geeignet sind, sollten diese Personengruppen besonders darauf achten, kein Leitungswasser, fragwürdiges Essen und keine verdächtigen Getränke zu konsumieren. Wer mit Kindern reist, sollte sicherstellen, dass sie alle Routineimpfungen bekommen haben. Manche Impfstoffe sollten Kindern eine Weile vor der Reise in ein Entwicklungsland verabreicht werden – am besten spricht man mit dem Kinderarzt darüber. Wer schwanger ist, muss bedenken, dass bei Komplikationen wie frühzeitigen Wehen auf Reisen die Qualität medizinischer Leistungen deutlich unter der im Heimatland liegen kann.

Da eine Gelbfieberimpfung für Schwangere und Kinder unter neun Monaten nicht empfohlen wird, sollten sich diese eine Befreiungserklärung auf einem Briefbogen mit Stempel eines offiziellen Impfzentrums ausstellen lassen, wenn sie aus einem Land einreisen, in dem Gelbfieber auftritt. So weist ihr internationaler Impfpass keine Lücken auf.

Sprache

INHALT

Spanisch ist die am weitesten verbreitete Sprache in Zentralamerika. Amtssprache in Belize ist Englisch, doch wird weithin auch Spanisch oder ein kreolischer Dialekt gesprochen. Durch britische und US-amerikanische Einflüsse sind weitere Ecken in der Region entstanden, in denen Englisch gesprochen wird, vor allem unter den Nachfahren karibischer Siedler an der Karibikküste, aber auch in Panama, insbesondere entlang des Kanals. Maya-Sprachen sind unter der Reihe einheimischer Sprachen und Dialekte, die in der gesamten Region gesprochen werden, am stärksten vertreten.

Ein paar Brocken Spanisch sind hilfreich für jeden Zentralamerika-Traveller, und das Wesentliche hat man schnell aufgeschnappt. Nur Mut – Lateinamerikaner sind sehr angetan über jeden Versuch, sich in ihrer Sprache zu unterhalten.

SPANISCH IN ZENTRALAMERIKA

Spanisch wird in Zentral- und Südamerika in vielen Varianten gesprochen. In manchen Gegenden werden die Konsonanten verschliffen, in anderen Vokale zusammengezogen oder Silben komplett verschluckt. Slang und regionale Dialektwörter, häufig aus den Sprachen der Ureinwohner, tragen noch zur Verwirrung bei. So wird in Guatemala und Honduras ein Erfrischungsgetränk *refresco* genannt, in El Salvador and Nicaragua *gaseosa* und in Panama *soda*. Da zwischen den kleinen zentralamerikanischen Staaten aber reger Reiseverkehr herrscht, sind die Menschen im Allgemeinen mit all diesen Varianten vertraut, sodass es für Besucher wenig Verständigungsprobleme geben sollte.

In Lateinamerika wird die spanische Sprache häufiger *castellano* genannt als *español*. Die Buchstaben **c** und **z** werden hier weniger gelispelt ausgesprochen als in Spanien.

Ein weiterer ziemlich auffälliger Unterschied zum Spanisch des Mutterlandes ist, dass in Lateinamerika der Plural des formlosen *tú* (du) *ustedes* lautet und nicht *vosotros;* Dieses spanische Wort klingt für Lateinamerikaner seltsam. In großen Teilen von El Salvador, Honduras und Costa Rica wird *vos* anstelle von *tú* verwendet, deshalb lauten einige Verbendungen etwas anders. Um Komplikationen zu vermeiden, wurde in diesem Kapitel die Form *vos* nicht verwendet. Sie ist eine Variante, die nur die formlose Rede betrifft – und da wird einem nicht übel genommen, wenn man *tú* verwendet. Man wird auch überall verstanden.

Zu Anfang reicht vielleicht der Lonely Planet Sprachführer *Spanisch*. Einen tieferen Einblick in das Spanisch Zentralamerikas bietet dann *Latin American Spanish* von Lonely Planet. Es gibt auch die Sprachführer *Costa Rican Spanish* und *Mexican Spanish* für alle, die sich für die Sprachvarianten dieser Ziele interessieren. Sehr nützlich sind natürlich auch Wörterbücher.

AUSSPRACHE

Die spanische Rechtschreibung ist phonetisch konstant, was bedeutet, dass es eine klare und gleichbleibende Verbindung zwischen dem geschriebenen Laut und seiner Aussprache gibt. Die meisten spanischen Laute haben eine deutsche Entsprechung, man dürfte also keine Probleme haben, verstanden zu werden. Neben jedem Satz in diesem Sprachführer steht er noch einmal in Lautschrift – so wird es noch einfacher, sich mitzuteilen.

Vokale

a wie in „Arm"
e wie in „Bett"

ei wie das „a" in „Baby", nicht wie „Ei"
o wie in „Post"
i wie in „bitte"
u wie in „Bruch"
ai wie in „beide"
au wie in „Auto"
oy wie in „Leute"

Konsonanten
Die Aussprache spanischer Konsonanten ähnelt der der deutschen. Zu den Ausnahmen gehören die folgenden Laute:

j ein gutturaler Laut wie „ch" in „ach"
ñ wie „nj" in „Kognac"
r das r wird kräftig gerollt, besonders wenn es als *rr* auftritt
s wird nicht gelispelt

Der Buchstabe „h" ist im Spanischen nicht hörbar.

Das spanische **v** ist leicht mit dem **b** zu verwechseln – es wird ganz weich ausgesprochen, als Zwischending zwischen „b" und „w".

Es gibt auch einige Varianten des gesprochenen Spanisch, die Teil der regionalen Dialekte Lateinamerikas sind. Besonders zu erwähnen ist hier die Aussprache der Buchstabenfolge *ll*. In einigen Teilen Lateinamerikas wird sie wie „lj" (wie in „Million") ausgesprochen, doch in Zentralamerika klingt sie wie „j" (wie in „ja"), und so wird es auch hier in der Lautschrift gehandhabt.

Wortbetonung
Im allgemeinen werden Wörter, die mit Vokalen oder den Buchstaben **n** oder **s** enden, auf der vorletzten Silbe betont, alle anderen auf der letzten Silbe. So liegt bei *vaca* (Kuh) und *caballos* (Pferde) die Betonung jeweils auf der vorletzten Silbe, bei *ciudad* (Stadt) und *infeliz* (unglücklich) liegt sie dagegen auf der letzten.

Wörter, die nicht diesen Regeln folgen, sind mit einem Akzent gekennzeichnet, wie etwa *sótano* (Untergeschoss), *América* und *porción* (Portion). Bei Großbuchstaben wird der Akzent häufig nicht geschrieben, aber dennoch gesprochen.

GESCHLECHT & PLURALFORMEN
Spanische Substantive haben entweder das maskuline oder das feminine grammatische Geschlecht. Es gibt Regeln, die bei der Feststellung des Geschlechts helfen (außer bei den obligatorischen Ausnahmen). Weibliche Substantive enden in der Regel auf **-a** oder auf die Folgen **-ción**, **-sión** oder **-dad**. Andere Endungen zeigen typischerweise ein männliches Substantiv an. Die Endungen der Adjektive passen sich dem Geschlecht des Substantivs an, auf das sie verweisen (m./f. **-o**/**-a**). Gibt es beide Formen, sind sie durch „/" getrennt angegeben, die maskuline Form steht als erste, z. B. *perdido/a*.

Endet ein Substantiv oder Adjektiv auf einen Vokal, wird in der Pluralform ein **-s** angehängt. Endet es auf einen Konsonanten, lautet der Plural **-es**.

AUSWÄRTS ESSEN
Können Sie eine Bar/ein Restaurant empfehlen?
¿Puede recomendar un bar/restaurante? pue·de re·ko·men·*dar* un bar/res·tau·*ran*·te
Haben Sie eine englischsprachige Speisekarte?
¿Hay un menú en inglés? ai un me·*nu* en in·*gles*
Was können Sie mir empfehlen?
¿Qué me recomienda? ke me re·ko·*mien*·da
Was ist die örtliche Spezialität?
¿Cuál es la especialidad local? kwal es la es·pe·sia·li·*dad* lo·*kal*
Ich nehme (das).
Yo quiero (eso). jo *kie*·ro (e·so)
Ich hätte es gern mit/ohne …
Lo quisiera con/sin … lo ki·*sie*·ra kon/sin …
Ich bin Vegetarier/in.
Soy vegetariano/a. soi ve·che·ta·*ria*·no/a
Das war köstlich.
Estaba buenísimo. es·*ta*·ba bue·*ni*·si·mo
Ich lade Sie auf einen Drink ein.
Te invito a una copa. te in·*vi*·to a *u*·na *ko*·pa
Die Getränkekarte, bitte.
Por favor nos trae la lista de bebidas. por fa·*vor* nos *tra*·e la *lis*·ta de be·*bi*·das
Prost!
¡Salud! sa·*lud*
Die Rechnung, bitte.
La cuenta, por favor. la *kwen*·ta por fa·*vor*

GESUNDHEIT
Ich bin krank.
Estoy enfermo/a. es·*toi* en·*fer*·mo/a
Ich brauche einen Arzt.
Necesito un médico. ne·se·*si*·to un *me*·di·ko
Wo ist das Krankenhaus?
¿Dónde está el hospital? *don*·de es·*ta* el os·pi·*tal*
Ich bin schwanger.
Estoy embarazada. es·*toi* em·ba·ra·*sa*·da
Ich wurde geimpft.
Estoy vacunado/a. es·*toi* va·ku·*na*·do/a

SPRACHE

Ich bin allergisch gegen …	*Soy alérgico/a …*	soi a·*ler*·chi·ko/a …
Antibiotika	*a los antibióticos*	a los an·ti·*bio*·ti·kos
Nüsse	*a las nueces*	a las *nue*·ses
Penicillin	*a la penicilina*	a la pe·ni·si·*li*·na

Ich bin …	*Soy …*	soi …
Asthmatiker/in	*asmático/a*	as·*ma*·ti·ko/a
Diabetiker/in	*diabético/a*	dia·*be*·ti·ko/a
Epileptiker/in	*epiléptico/a*	e·pi·*lep*·ti·ko/a

Ich habe …	*Tengo …*	*ten*·go …
Brechreiz	*náuseas*	*nau*·se·as
Durchfall	*diarrea*	dia·*re*·a
Halsschmerzen	*dolor de garganta*	do·*lor* de gar·*gan*·ta
Kopfschmerzen	*dolor de cabeza*	do·*lor* de ka·*be*·sa

KONVERSATION & NÜTZLICHES

In der Öffentlichkeit legen Lateinamerikaner viel Wert auf Höflichkeit. Wer einem Fremden begegnet, grüßt immer mit *buenos días* oder *buenas tardes*, und er benutzt immer die Höflichkeitsform, besonders gegenüber der Polizei oder Amtsträgern.

In Zentralamerika geht es förmlicher zu als in vielen südamerikanischen Staaten. Die Höflichkeitsform *usted* (Sie) wird im gesamten Kapitel verwendet; gibt es eine Wahlmöglichkeit, sind beide Formen genannt.

Die drei gebräuchlichsten Begrüßungen werden oft zu einem einfachen *buenos* (für *buenos días*) und *buenas* (für *buenas tardes* und *buenas noches*) abgekürzt.

Hallo.	*Hola.*	*o*·la
Guten Morgen.	*Buenos días.*	bue·nos *di*·as
Guten Tag.	*Buenas tardes.*	bue·nas *tar*·des
Guten Abend/ gute Nacht.	*Buenas noches.*	bue·nas *no*·ches
Auf Wiedersehen.	*Adiós.*	a·*dios*
Bis später.	*Hasta luego.*	*as*·ta *lue*·go
Ja./Nein.	*Sí./No.*	si/no
Bitte.	*Por favor.*	por fa·*vor*
Danke.	*Gracias.*	*gra*·sias
Vielen Dank.	*Muchas gracias.*	*mu*·chas *gra*·sias
Gern geschehen.	*Con mucho gusto.*	kon *mu*·cho *gus*·to
Verzeihung.	*Perdón.*	per·*don*
Gestatten Sie. (um Erlaubnis bitten)	*Con permiso.*	kon per·*mi*·so
Entschuldigung. (sich entschuldigen)	*Disculpe.*	dis·*kul*·pe

Wie geht es Ihnen/dir?
¿Cómo está/estás? ko·mo es·*ta*/es·*tas*
Gut, danke. Und Ihnen/dir?
Bien, gracias. bien *gra*·sias
¿Y usted/tú? i us·*te*/tu
Wie heißen Sie?/Wie heißt du?
¿Cómo se llama? *ko*·mo se *ja*·ma
¿Cómo te llamas? *ko*·mo te *ja*·mas
Ich heiße …
Me llamo … me *ja*·mo …
Sehr erfreut.
Mucho gusto. *mu*·cho *gus*·to
Woher kommen Sie/kommst du?
¿De dónde es/eres? de *don*·de es/*e*·res
Ich komme aus …
Soy de … soi de …
Darf ich ein Foto machen?
¿Puedo sacar una foto? *pwe*·do sa·*kar u*·na *fo*·to

MIT KINDERN REISEN

Darf ich mein Kind hier stillen?
¿Le molesta que dé de pecho aquí? le mo·*les*·ta ke de de *pe*·cho a·*ki*
Sind Kinder erlaubt?
¿Se admiten niños? se ad·*mi*·ten *ni*·njos

Ich brauche …	*Necesito …*	ne·se·*si*·to …
einen (englisch sprechenden) Babysitter	*una niñera (de habla inglesa)*	*u*·na ni·*nje*·ra (de *a*·bla in·*gle*·sa)
einen Babysitz	*un asiento para bebé*	un a·*sien*·to *pa*·ra be·*be*
einen Kinderbetreuungsservice	*un servicio de cuidado de niños*	un ser·*vi*·sio de kui·*da*·do de *ni*·njos
einen Kinderwagen	*un cochecito*	un ko·che·*si*·to
Milchpulver	*leche en polvo*	*le*·che en *pol*·vo
eine Speisekarte für Kinder	*un menú infantil*	un me·*nu* in·fan·*til*
ein Töpfchen	*una bacinica*	*u*·na ba·si·*ni*·ka
(Wegwerf-) Windeln/	*pañales (de usar y tirar)*	pa·*nja*·les (de u·*sar* i ti·*rar*)

SHOPPEN & SERVICE

Ich möchte gern … kaufen
Quisiera comprar … ki·*sie*·ra kom·*prar* …
Ich sehe mich nur um.
Sólo estoy mirando. *so*·lo es·*toi* mi·*ran*·do
Darf ich es mir ansehen?
¿Puedo verlo? *pue*·do *ver*·lo
Was kostet es?
¿Cuánto cuesta? *kuan*·to *kues*·ta
Das ist zu teuer.
Es demasiado caro. es de·ma·*sia*·do *ka*·ro

Können Sie im Preis heruntergehen?
¿Podría bajar un poco el precio? po·*dri*·a ba·*char* un *po*·ko el *pre*·sio
Das gefällt mir nicht.
No me gusta. no me *gus*·ta
Ich nehme es.
Lo llevo. lo *je*·vo

Nehmen Sie ...?	*¿Aceptan ...?*	a·*sep*·tan ...
amerikanische Dollar	*dólares americanos*	*do*·la·res a·me·ri·*ka*·nos
Kreditkarten	*tarjetas de crédito*	tar·*che*·tas de *kre*·di·to
Reiseschecks	*cheques de viajero*	che·kes de via·*che*·ro

mehr	*más*	mas
weniger	*menos*	*me*·nos
groß	*grande*	*gran*·de
klein	*pequeño*	pe·*ke*·njo

Wo ist ...?	*¿Dónde está ...?*	*don*·de es·*ta* ...
eine Apotheke	*la farmacia*	la far·*ma*·sia
eine Bank	*el banco*	el *ban*·ko
die Botschaft	*la embajada*	la em·ba·*cha*·da
ein Buchladen	*la librería*	la li·bre·*ri*·a
ein Geldautomat	*el cajero automático*	el ka·*che*·ro au·to·*ma*·ti·ko
ein Geschäft	*la tienda*	la *tien*·da
die Post	*los correos*	los ko·*re*·os
ein (Super)markt	*el (super-) mercado*	el (*su*·per·) mer·*ka*·do
die Touristeninformation	*la oficina de turismo*	la o·fi·*si*·na de tu·*ris*·mo
ein Waschsalon	*la lavandería*	la la·van·de·*ri*·a
eine Wechselstube	*la oficina de cambio*	la o·fi·*si*·na de *kam*·bio

PAPIERKRAM

Ausweis	*identificación*
Eigentumsnachweis (für das Auto)	*título de propiedad*
Einreise	*inmigración*
Flughafensteuer	*impuesto de salida*
Führerschein	*licencia de conductor*
Geburtsurkunde	*certificado de nacimiento*
Kfz-Zulassung	*registro del carro*
Reisepass	*pasaporte*
Touristenkarte	*tarjeta de turista*
Versicherung	*seguro*
Visum	*visado*
Zoll	*aduana*

Um wie viel Uhr wird geöffnet/geschlossen?
¿A qué hora abre/cierra? a ke o·ra *a*·bre/*sie*·ra
Ich möchte Geld/Reiseschecks tauschen.
Quiero cambiar dinero/ cheques de viajero. *kie*·ro kam·*biar* di·*ne*·ro/ *che*·kes de via·*che*·ro
Wie ist der Wechselkurs?
¿A cómo está el tipo de cambio? a *ko*·mo es·*ta* el *ti*·po de *kam*·bio
Ich möchte ... anrufen.
Quiero llamar a ... *kie*·ro ja·*mar* a ...

Bescheinigung	*certificado*	ser·ti·fi·*ka*·do
Brief	*carta*	*kar*·ta
Briefmarken	*estampillas*	es·tam·*pi*·jas
Handy	*teléfono celular*	te·*le*·fo·no se·lu·*lar*
Luftpost	*correo aéreo*	ko·*re*·o a·e·re·o
Schwarzmarkt	*mercado negro*	mer·*ka*·do *ne*·gro

UHRZEIT & DATUM

Wieviel Uhr ist es?	*¿Qué hora es?*	ke *o*·ra es
Es ist ein Uhr.	*Es la una.*	es la *u*·na
Es ist (zehn) Uhr.	*Son las (diez).*	son las (dies)
Viertel nach (zwei).	*Las (dos) y cuarto.*	las (dos) i *kuar*·to
Halb (drei).	*Las (dos) y media.*	las (dos) i *me*·dia
Viertel vor (zwei).	*Las (dos) menos cuarto.*	las (dos) *me*·nos *kuar*·to

morgens	*de la mañana*	de la ma·*nja*·na
mittags	*mediodía*	me·dio·*di*·a
nachmittags	*de la tarde*	de la *tar*·de
nachts	*por la noche*	por la *no*·che
Mitternacht	*medianoche*	me·dia·*no*·che

gestern	*ayer*	a·*ier*
heute	*hoy*	oi
jetzt	*ahora*	a·*o*·ra
heute Nacht	*esta noche*	*es*·ta *no*·che
morgen	*mañana*	ma·*nja*·na

Montag	*lunes*	*lu*·nes
Dienstag	*martes*	*mar*·tes
Mittwoch	*miércoles*	*mier*·ko·les
Donnerstag	*jueves*	*chue*·ves
Freitag	*viernes*	*vier*·nes
Samstag	*sábado*	*sa*·ba·do
Sonntag	*domingo*	do·*min*·go

Januar	*enero*	e·*ne*·ro
Februar	*febrero*	fe·*bre*·ro
März	*marzo*	*mar*·so
April	*abril*	a·*bril*
Mai	*mayo*	*ma*·jo
Juni	*junio*	*chu*·njo
Juli	*julio*	*chu*·ljo

SPRACHE

August	*agosto*	a·*gos*·to
September	*septiembre*	sep·*tiem*·bre
Oktober	*octubre*	ok·*tu*·bre
November	*noviembre*	no·*viem*·bre
Dezember	*diciembre*	di·*siem*·bre

UNTERKUNFT

Ich suche ein/e/n …	*Estoy buscando …*	e·*stoy* bus·*kan*·do …
Wo gibt's ein/e …?	*¿Dónde hay …?*	*don*·de ai …
Campingplatz	*un terreno de camping*	un te·*re*·no de *kam*·pin
Hotel	*un hotel*	un o·*tel*
Hütte	*una cabaña*	*u*·na ka·*ba*·nja
Jugendherberge	*un albergue juvenil*	un al·*ber*·ge chu·ve·*nil*
Pension	*una pensión/ una casa de huéspedes*	*u*·na pen·*sion*/ *u*·na *ka*·sa de *ue*·spe·des

Ich hätte gern ein … -zimmer.	*Quisiera una habitación …*	ki·*sie*·ra *u*·na a·bi·ta·*sion* …
Doppel	*doble*	*do*·ble
Einzel	*individual*	in·di·vi·*dwal*
Zweibett	*con dos camas*	kon dos *ka*·mas

Wieviel kostet es pro …?	*¿Cuánto cuesta por …?*	*kuan*·to *kues*·ta por …
Nacht	*noche*	*no*·che
Person	*persona*	per·*so*·na
Woche	*semana*	se·*ma*·na

RESERVIERUNGEN VORNEHMEN

(telefonisch oder schriftlich)

Von …	*De …*
Bis …	*A …*
Datum	*Fecha*
Ich möchte buchen …	*Quisiera reservar …*
auf den Namen …	*en nombre de …*
für die Nächte vom …	*para las noches del …*
Kreditkarte	*tarjeta de crédito*
gültig bis	*fecha de vencimiento*
Nummer	*número*
Bitte bestätigen Sie …	*¿Puede confirmar …?*
die Verfügbarkeit	*la disponibilidad*
den Preis	*el precio*

Ist das Frühstück inbegriffen?
¿Incluye el desayuno? in·*klu*·je el de·sa·*ju*·no

Kann ich mir das Zimmer ansehen?
¿Puedo ver la habitación? *pue*·do ver la a·bi·ta·*sjon*

Es gefällt mir nicht.
No me gusta. no me *gus*·ta

In Ordnung, ich nehme es.
OK, la alquilo. o·*kai* la al·*ki*·lo

Vom (2. Juli) bis (6. Juli).
Desde (el dos de julio) hasta (el seis de julio). *des*·de (el dos de *chu*·lio) *as*·ta (el sais de *chu*·lio)

Für (drei) Nächte/Wochen.
Para (tres) noches/semanas. *pa*·ra (tres) *no*·ches/se·*ma*·nas

Bitte wecken Sie mich um (sieben).
Por favor, despiérteme a (las siete). por *fa*·vor des·*pier*·te·me a (las *sie*·te)

Ich reise ab.
Me voy ahora. me voi a·*o*·ra

billiger	*más económico*	mas e·ko·*no*·mi·ko
eigenes/Gemeinschaftsbad	*baño privado/ compartido*	*ba*·njo pri·*va*·do/ kom·par·*ti*·do
Rabatt	*descuento*	des·*kwen*·to
zu teuer	*demasiado caro*	de·ma·*sia*·do *ka*·ro

VERKEHRSMITTEL & -WEGE

Öffentliche Verkehrsmittel

Um wie viel Uhr fährt/kommt …?	*¿A qué hora sale/llega el …?*	a ke *o*·ra *sa*·le/*je*·ga el …
der Bus	*autobús*	au·to·*bus*
das Flugzeug	*avión*	a·*vion*
das Schiff	*barco*	*bar*·ko
der Zug	*tren*	tren

Flughafen	*aeropuerto*	a·e·ro·*pwer*·to
Busbahnhof	*estación de autobuses*	es·ta·*sion* de au·to·*bu*·ses
Bushaltestelle	*parada de autobuses*	pa·*ra*·da de au·to·*bu*·ses
Gepäckaufgabe	*consigna para equipaje*	kon·*sig*·na *pa*·ra e·ki·*pa*·che
Ticketschalter	*boletería*	bo·le·te·*ri*·a
Fahrplan	*horario*	o·*ra*·rio
Bahnhof	*estación de tren*	es·ta·*sion* de tren

Ich hätte gern ein Ticket nach …
Quisiera un boleto a … ki·*sie*·ra un bo·*le*·to a …

Was kostet das Ticket nach …?
¿Cuánto cuesta a …? *kwan*·to *kwes*·ta a …

1. Klasse	*primera clase*	pri·*me*·ra *kla*·se
2. Klasse	*segunda clase*	se·*gun*·da *kla*·se
für ein Kind	*infantil*	in·fan·*til*
für Studenten	*de estudiante*	de es·tu·*dian*·te

einfache Strecke	*de ida*	de *i*·da
Rundreise	*de ida y vuelta*	de *i*·da i *vwel*·ta

Taxi	*taxi*	*tak*·si

STRASSENSCHILDER

Acceso	Einfahrt
Aparcamiento	Parken
Ceda el Paso	Vorfahrt gewähren
Despacio	langsam
Dirección Única	Einbahnstraße
Mantenga Su Derecha	rechts halten
No Adelantar	Überholverbot
No Estacionar	Parken verboten
No Rebase	Überholen verboten
Pare	Stopp
Peaje	Maut
Peligro	Gefahr
Prohibido Aparcar	Parken verboten
Prohibido el Paso	Einfahrt verboten
Salida de Autopista	Autobahnausfahrt

Eigene Verkehrsmittel

Ich möchte gern	*Quisiera*	ki·*iye*·ra
… mieten	*alquilar …*	al·ki·*lar* …
einen Geländewagen	*un todo terreno*	un *to*·do te·*re*·no
ein Fahrrad	*una bicicleta*	u·na bi·si·*kle*·ta
ein Auto	*un carro*	un *ka*·ro
ein Motorrad	*una moto*	u·na *mo*·to

trampen	*hacer dedo*	a·*ser de*·do
Lastwagen	*camión*	ka·*mion*

Ist das die Straße nach …?
¿Se va a … por esta carretera? — se va a … por es·ta ka·re·*te*·ra

Wo ist eine Tankstelle?
¿Dónde hay una gasolinera? — *don*·de ai *u*·na ga·so·li·*ne*·ra

Volltanken, bitte.
Lleno, por favor. — *je*·no por fa·*vor*

Ich möchte (20) Liter.
Quiero (veinte) litros. — *kie*·ro (*vain*·te) *li*·tros

Diesel	*diesel*	*di*·sel
Benzin	*gasolina*	ga·so·*li*·na
verbleit	*gasolina con plomo*	ga·so·*li*·na kon *plo*·mo
bleifrei	*gasolina sin plomo*	ga·so·*li*·na sin *plo*·mo

(Wie lange) Kann ich hier parken?
¿(Por cuánto tiempo) Puedo aparcar aquí? — (por *kwan*·to *tiem*·po) *pwe*·do a·par·*kar* a·*ki*

Wo muss ich bezahlen?
¿Dónde se paga? — *don*·de se *pa*·ga

Ich brauche einen Mechaniker.
Necesito un mecánico. — ne·se·*si*·to un me·*ka*·ni·ko

Das Auto ist (in …) liegen geblieben.
El carro se ha averiado (en …). — el *ka*·ro se a a·ve·*ria*·do (en …)

Das Motorrad springt nicht an.
No arranca la moto. — no a·*ran*·ka la *mo*·to

Die Batterie ist leer.
La batería está descargada. — la ba·te·*ri*·a es·*ta* des·kar·*ga*·da

Ich habe einen Platten.
Tengo un pinchazo. — *ten*·go un pin·*cha*·so

Ich habe kein Benzin mehr.
Me quedé sin gasolina. — me ke·*de* sin ga·so·*li*·na

Ich hatte einen Unfall.
Tuve un accidente. — *tu*·ve un ak·si·*den*·te

VERSTÄNDIGUNG

Sprechen Sie Englisch?/Sprichst du Englisch?
¿Habla/Hablas inglés? — *a*·bla/*a*·blas in·*gles*

Spricht hier jemand Englisch?
¿Hay alguien que hable inglés? — ai *al*·gien ke *a*·ble in·*gles*

Ich verstehe (nicht).
Yo (no) entiendo. — jo (no) en·*tien*·do

Was heißt …?
¿Cómo se dice …? — *ko*·mo se *di*·se …

Was bedeutet … ?
¿Qué significa …? — ke sig·*ni*·fi·ka …

SCHILDER

Abierto	Geöffnet
Cerrado	Geschlossen
Comisaría de Policía	Polizeirevier
Entrada	Eingang
Información	Information
Prohibido	Verboten
Salida	Ausgang
Servicios/Baños	Toiletten
Hombres/Varones	Herren
Mujeres/Damas	Damen

Könnten Sie …, bitte?	*¿Puede …, por favor?*	*pwe*·de … por fa·*vor*
das wiederholen	*repetirlo*	re·pe·*tir*·lo
langsamer sprechen	*hablar más despacio*	a·*blar* mas des·*pa*·sio
das aufschreiben	*escribirlo*	es·kri·*bir*·lo

WEGWEISER

Wie komme ich nach …?
¿Cómo puedo llegar a …? — *ko*·mo *pwe*·do je·*gar* a …

Wie lautet die Adresse?
¿Cuál es la dirección? — kwal es la di·rek·*sion*

SPRACHE

Könnten Sie mir das (auf der Karte) zeigen?
¿Me lo podría indicar (en el mapa)? me lo po·*dri*·a in·di·*kar* (en el *ma*·pa)
Ist es weit?
¿Está lejos? es·*ta le*·chos

hier	*aquí*	a·*ki*
links	*a la izquierda*	a la is·*kier*·da
an der Ecke	*en la esquina*	en la es·*ki*·na
rechts	*a la derecha*	a la de·*re*·cha
geradeaus	*todo derecho*	*to*·do de·*re*·cho
da	*allí*	a·*ji*

SPRACHE

NOTFÄLLE

Hilfe!	*¡Socorro!*	so·*ko*·ro
Halt!	*¡Pare!*	*pa*·re
Feuer!	*¡Fuego!*	*fwe*·go
Gehen Sie weg!	*¡Váyase!*	*va*·ja·se
Vorsicht!	*¡Cuidado!*	kwi·*da*·do
Ich wurde beraubt.	*Me robaron.*	me ro·*ba*·ron

Rufen Sie ...! *¡Llame a ...!* *ja*·me a ...
einen Krankenwagen
una ambulancia u·na am·bu·*lan*·sia
einen Arzt
un médico un *me*·di·ko
die Polizei
la policía la po·li·*si*·a

Es ist ein Notfall.
Es una emergencia. es *u*·na e·mer·*chen*·sia
Können Sie mir helfen, bitte?
¿Me puede ayudar, por favor? me *pwe*·de a·iu·*dar* por fa·*vor*
Ich habe mich verirrt.
Estoy perdido/a. es·*toi* per·*di*·do/a
Wo sind die Toiletten?
¿Dónde están los baños? *don*·de es·*tan* los *ba*·njos

Norden	*norte*	*nor*·te
Süden	*sur*	sur
Osten	*este*	*es*·te
Westen	*oeste*	o·*es*·te
(breite) Straße	*avenida*	a·ve·*ni*·da
Häuserblock	*cuadra*	*kwa*·dra
Schnellstraße	*carretera*	ka·re·*te*·ra
Straße	*calle*	*ka*·je

ZAHLEN

0 *cero*	*se*·ro	
1 *uno*	*u*·no	
2 *dos*	dos	
3 *tres*	tres	
4 *cuatro*	*kwa*·tro	
5 *cinco*	*sin*·ko	
6 *seis*	sais	
7 *siete*	*sie*·te	
8 *ocho*	*o*·cho	
9 *nueve*	*nwe*·ve	
10 *diez*	dies	
11 *once*	*on*·se	
12 *doce*	*do*·se	
13 *trece*	*tre*·se	
14 *catorce*	ka·*tor*·se	
15 *quince*	*kin*·se	
16 *dieciséis*	die·si·*sais*	
17 *diecisiete*	die·si·*sie*·te	
18 *dieciocho*	die·si·*o*·cho	
19 *diecinueve*	die·si·*nwe*·ve	
20 *veinte*	*vain*·te	
21 *veintiuno*	vain·ti·*u*·no	
30 *treinta*	*train*·ta	
31 *treinta y uno*	train·ta i *u*·no	
40 *cuarenta*	kwa·*ren*·ta	
50 *cincuenta*	sin·*kwen*·ta	
60 *sesenta*	se·*sen*·ta	
70 *setenta*	se·*ten*·ta	
80 *ochenta*	o·*chen*·ta	
90 *noventa*	no·*ven*·ta	
100	*cien*	sien
101	*ciento uno*	*sien*·to *u*·no
200	*doscientos*	do·*sien*·tos
1000	*mil* mil	
10,000	*diez mil*	dies mil
100,000	*cien mil*	sien mil
1,000,000	*un millón*	un mi·*jon*

Glossar

Im Kapitel „Sprache“ ab S. 838 finden sich weitere nützliche Wörter und Wendungen.

aguardiente – klarer starker Schnaps aus Zuckerrohr; auch als *caña* bezeichnet
aguas de frutas – Fruchtschorle
alcaldía – Büro des Bürgermeisters
almuerzo – Mittagessen; manchmal im Sinne eines preiswerten Tagesmenüs
apartado – Postschließfach
artesanía – handwerklich hergestellt
Av – Abkürzung für *avenida* (Straße)
ayuntamiento – Stadtrat

bahía – Bucht
bajareque – traditionelle Wandkonstruktion, bei der ein Kern aus Steinen von Bambusstäben oder anderen Hölzern ummantelt und dann mit Gips oder Lehm verputzt wird
balboa – Währung in Panama
balneario – öffentlicher Strand oder Schwimmbad
barrio – Distrikt; Nachbarschaft
bistec – gegrilltes oder gebratenes Beefsteak
Black Caribs – s. *Garífuna*
bocas – Appetithäppchen, oft mit den Getränken in einer Bar serviert

caballeros – wörtlich „Reiter“, entspricht aber dem englischen „Gentlemen“; steht an Bad- oder Toilettentüren
cabaña – Häuschen oder Bungalow
cabina – s. *cabaña;* in Costa Rica auch allgemein für eine billige Unterkunft (manchmal verwendet für Häuschen oder Bungalows, manchmal nur ein günstiges Hotelzimmer)
cafetería – wörtlich „Café“; jedes formlose Restaurant mit Bedienung (keine Selbstbedienung, wie das im Deutschen verwendete Cafeteria suggeriert)
cafetín – kleine *cafetería*
cajero automático – Geldautomat
calle – Straße
callejón – Gasse; kleine, schmale oder sehr kurze Straße
calzada – Fahrdamm
camión – Lastwagen; Bus
camioneta – Lieferwagen, Pick-up
campesino – Bauer
caña – s. *aguardiente*
Carretera Interamericana – Interamerikanische Schnellstraße oder Interamericana (auch Panamerikanische Schnellstraße oder Panamericana genannt); der fast durchgängige Highway verläuft von Alaska nach Chile (mit einer Lücke beim Darién-Hindernis in Panama)
casa de cambio –Wechselstube
casa de huéspedes – Gasthaus
casado – günstiges Tagesgericht, das normalerweise mittags serviert wird
cascada – Wasserfall
caseta telefónica – Telefonhäuschen
catedral – Kathedrale
cay – kleine Insel aus Sand oder Korallenfragmenten
caye – s. *cay*
cayo – s. *cay*
cayuco – Kajak
cenote – große natürliche Kalksteinhöhle, die als Wasserspeicher oder für zeremonielle Zwecke genutzt wird
cerro – Hügel
cerveza – Bier
ceviche – Meeresfrüchte mariniert in Zitronen- oder Limettensaft, Knoblauch und Gewürzen
Chac – Regengott der Mayas; sein Bildnis taucht auf vielen Ruinen auf
chacmool – Opfersteinskulptur der Mayas
chamarra – dicke schwere Wolldecke (Guatemala)
chapín – Bürger von Guatemala; Guatemalteke
chicha – Fruchtsaft gemischt mit Zucker und Wasser (Panama)
chicken bus – ausrangierter US-Schulbus, der als öffentliches Verkehrsmittel genutzt wird
cine – Kino
ciudad – Stadt
cocina – wörtlich „Küche“; kleines einfaches Restaurant oder Garküche, meist auf oder in der Nähe eines Marktes
cofradía – religiöse Bruderschaft vor allem im Hochland Guatemalas
colectivo – Gemeinschaftstaxi oder Minibus, der Passagiere entlang seiner Route aufnimmt und absetzt
colón – Währung in Costa Rica
comedor – einfache und preiswerte Einkehrmöglichkeit, meist mit begrenzter Speisekarte
comida a la vista – Mahlzeit im Buffet- oder Cafeteriastil
comida corrida – mehrgängiges Tagesgericht zur Mittagszeit
comida corriente – gemischter Teller mit typischen Speisen der Region
comida típica – für die Gegend typisches Gericht oder Nahrungsmittel
conquistador – spanischer Eroberer Lateinamerikas
Contras – konterrevolutionäre Militärgruppen, die in den 1980er-Jahren die sandinistische Regierung in Nicaragua bekämpften
cordillera – Bergkette

córdoba – Währung in Nicaragua
correo aéreo – Luftpost
corte – 7 bis 10 m langes Stück Stoff, das als Wickelrock getragen wird
costa – Küste
criollo – Kreole; von spanischer Abstammung, aber in Lateinamerika geboren; an der Karibikküste jemand mit afrikanischen und europäischen Wurzeln; s. auch *mestizo* und *ladino*
cuadra – Häuserblock
cueva – Höhle

damas – Damen; übliches Schild an Bad- und Toilettentüren

edificio – Gebäude
empanada – mit Fleisch oder Quark und Rosinen gefüllte Pfannkuchen im chilenischen Stil
entrada – Eingang
expreso – Expressbus

faja – Bauchbinde, die Bekleidung zusammenhält und alles aufnimmt, was sonst in Taschen gehört
finca – Bauernhof; Plantage; Ranch
fritanga – Grillstand auf dem Gehweg, in Nicaragua ein häufiger Anblick
fuerte – Fort

gallo pinto – häufige Mahlzeit aus Reis und Bohnen
Garífuna – Abkömmlinge von westafrikanischen Sklaven und Kariben; sie wurden im späten 18. Jh. von der Insel St. Vincent zur Karibikküste Mittelamerikas gebracht und werden auch als *Black Caribs* bezeichnet
Garinagu – s. *Garífuna*
gaseosa – Softdrink
gibnut – kleines braun gesprenkeltes Nagetier, das einem Meerschweinchen ähnelt; auch *paca* genannt
golfo – Golf
gringo/a – leicht abwertender Begriff, mit dem in Lateinamerika Ausländer/innen bezeichnet werden, besonders Nordamerikaner; wird aber auch häufig angewandt auf jeden Besucher mit europäischen Wurzeln
gruta – Höhle
guacamole – Salat aus zerkleinerten Avocados, Zwiebeln und Tomaten
guaro – heimisches Feuerwasser aus Zuckerrohr (Costa Rica)

hacienda – landwirtschaftliches Gut oder Plantage; Finanzwesen, wie in Departamento de Hacienda (Finanzministerium)
hospedaje – Gasthaus
huipil – lange, gewobene, weiße, ärmellose Tunika mit aufwändigen, farbenfrohen Stickereien (in Mayagebieten)

iglesia – Kirche
indígena – einheimisch
Interamericana – s. *Carretera Interamericana*
internacionalistas – Freiwillige aus der ganzen Welt, die nach der Machtübernahme der Sandinistas beim Wiederaufbau Nicaraguas halfen
invierno – Winter; Regensaison Mittelamerikas, die ungefähr von April bis Mitte Dezember dauert
isla – Insel
IVA – *impuesto al valor agregado;* Mehrwertsteuer
junco – Korbflechtstil; Binse

ladino – Person mit einheimischen und europäischen Wurzeln; so wird oft ein Spanisch sprechender *mestizo* (Mestize) bezeichnet; s. auch *mestizo* und *criollo*
lago – See
laguna – Lagune; See
lancha – kleines Motorboot
lempira – Währung in Honduras
leng – umgangssprachlicher Begriff der Mayas für Münzen (im Hochland von Guatemala)
licuado – frisch gepresster Saft mit Milch oder Wasser vermischt
lista de correos – postlagernde Briefe

malecón – Uferpromenade
mar – Meer
marimba – Xylophon-ähnliches Instrument
menú del día – mehrgängiges Menü zum Festpreis
mercado – Markt
Mesoamerica – geografische Zone, die sich von Zentralmexiko bis in den Nordwesten Costa Ricas zieht
mestizo – Personen spanisch-indianischer Abstammung; s. auch *criollo* und *ladino*
metate – flacher Stein, auf dem Mais gemahlen wird
migración – Immigration; Einreisebehörde
milpa – Maisfeld
mirador – Aussichtspunkt
mola – farbenfrohes, mit handgenähten Applikationen versehenes Textilie, das die Kunafrauen herstellen
muelle – Pier
municipalidad – Rathaus
museo – Museum

Navidad – Weihnachten

oficina de correos – Postamt
ordinario – langsamer Bus

paca – s. *gibnut*
PADI – Professional Association of Diving Instructors (Vereinigung der professionellen Tauchlehrer)
palacio de gobierno – Gouverneurspalast; Gebäude, das staatliche oder regionale Regierungsbehörden beherbergt

palacio municipal – Rathaus; Sitz des Gemeinde- oder Stadtrats
palapa – strohgedeckter, mit Palmblättern überdachter Unterstand mit offenen Seiten
pan de coco – Kokosbrot
panadería – Bäckerei
Panamericana – s. *Carretera Interamericana*
panga – kleines Motorboot
parada – Bushaltestelle
parque – Park; manchmal wird auch ein Platz so genannt
parque nacional – Nationalpark
peña – Folkloreclub; ein Abend mit Musik, Gesang und Tanz
pensión – Pension
petén – Insel
plato del día – Tagesgericht
plato típico – gemischter Teller mit typischen oder charakteristischen Speisen eines Ortes oder einer Region
playa – Strand
pollera – unter spanischem Einfluss entstandenes „Nationalkleid" panamaischer Frauen, das bei festlichen Gelegenheiten getragen wird
pozo – Frühling
propina – Trinkgeld; Geldgeschenk
pueblo – kleine Stadt, kleines Dorf
puente – Brücke
puerta – Eingangstor, Tür
puerto – Hafen
pulpería – Kolonialwarenladen
punta – Spitze; traditioneller Tanz der Garífuna mit viel Hüftschwung
pupusa – Maismehlteig, gefüllt mit Käse oder Bohnenmus oder einer Mischung aus beidem (El Salvador)

quebrada – Schlucht; Bach
quetzal – Währung in Guatemala, nach dem tropischen Vogel benannt

rancho – strohgedecktes Restaurant
refresco – Limonade oder Softdrink; Getränk aus einheimischen Früchten (Costa Rica)
río – Fluss
ropa vieja – wörtlich „alte Kleidung"; würziges Gericht aus Rinderhackfleisch und Reis (Panama)
rotisería – Grillrestaurant
Ruta Maya – „Mayaroute", beschreibt Reisen zu den Mayastätten in Mexiko, Guatemala und Belize (hauptsächlich), aber auch in El Salvador und Honduras

sacbé – zeremonielle Kalksteinstraße oder Weg zwischen Mayastädten
salida – Ausgang
sancocho – würziger Fleisch-und-Gemüse-Eintopf, das „Nationalgericht" in Panama
santo – heilig
Semana Santa – „Heilige Woche", die Karwoche vor Ostern
sendero – Weg oder Pfad
sierra – Bergkette; Säge
soda – Imbisslokal mit Theke; Limonade oder Softdrink (Panama)
sorbetería –Eisdiele
stela, stelae – aufrecht stehendes Steinmonument der alten Mayas, normalerweise gemeißelt
supermercado – Supermarkt, vom Kolonialwarenladen bis zum Supermarkt im europäischen Stil

taller – Laden, Werkstatt; Workshop
tamale – gekochtes oder gedämpftes Maismehl, gefüllt mit Hähnchen oder Schweinefleisch, meistens in ein Bananenblatt gewickelt
tapado – reichhaltiger Garífuna-Eintopf mit Fisch, Shrimps, Schalentieren, Kokosmilch und Kochbananen, mit Koriander gewürzt
templo – Tempel; Kirche
terminal de autobus – Busterminal
Tico/a – Einwohner/in von Costa Rica
tienda – kleiner Laden
típica – s. *típico*
típico – typisch oder charakteristisch für eine Region, vor allem im Zusammenhang mit Nahrungsmitteln; ebenso eine Form panamaischer Volksmusik
traje – traditionell von Hand hergestellte Kleidung
turicentro – wörtlich „Touristenzentrum"; Freilufterholungszentrum mit Schwimmbädern, Restaurants und Campingplätzen (El Salvador)

vegetariano/a – Vegetarier/in
venado – Rotwild; Wildbret
verano – Sommer; Trockenzeit in Mittelamerika, etwa von Mitte Dezember bis April
viajero/a – Reisender/Reisende
volcán – Vulkan

Zapatistas – Mitglieder der linksgerichteten Ejército Zapatista de Liberación Nacional (EZLN), die für die Rechte der indigenen Bevölkerung in Chiapas, Mexiko kämpfen

Hinter den Kulissen

ÜBER DIESES BUCH

Dies ist die erste deutsche Ausgabe von *Zentralamerika für wenig Geld*, basierend auf der mittlerweile 7. englischen Auflage. Hauptautorin war Carolyn McCarthy, die auch das Panama-Kapitel und die allgemeinen Texte vorne und hinten im Buch verfasste. Die übrigen Länderkapitel stammen von Greg Benchwick (Yucatán & Chiapas), Lucas Vidgen (Guatemala), Joshua Samuel Brown (Belize), Tom Spurling (El Salvador), Kevin Raub (Honduras), Alex Egerton (Nicaragua) und Matthew D. Firestone (Costa Rica). Dr. Allan Maca steuerte den Text über die archäologische Stätte Copán zum Honduras-Kapitel bei. Dr. David Goldberg verfasste das Gesundheitskapitel. Daniel Schechters Arbeit an der 4. englischen Auflage des LP-Führers *Guatemala* und die Arbeit von Carolina A. Miranda und César G. Soriano an der 9. englischen Auflage des Lonely Planet Führers *Costa Rica* sind den jeweiligen Kapiteln dieses Buches zugutegekommen. Die vorige Ausgabe dieses Buchs koordinierte Robert Reid, weitere Autoren waren Jolyon Attwooll, Matthew D. Firestone, Carolyn McCarthy, Andy Symington und Lucas Vidgen. Der Reiseführer entstand im Auftrag der Lonely Planet Redaktion in Oakland und wurde unter Mitwirkung folgender Personen produziert:

Verantwortliche Redakteurin Catherine Craddock
Leitende Redakteurinnen Martine Power, Branislava Vladisavljevic
Leitende Kartografen Mark Griffiths, Valentina Kremenchutskaya
Leitende Layoutdesignerin Jacqui Saunders
Redaktion Annelies Mertens
Kartografie Alison Lyall, Herman So
Layoutdesign Indra Kilfoyle, Celia Wood
Redaktionsassistenz Andrew Bain, Chris Girdler, Trent Holden, Helen Koehne, Alison Ridgway, Gina Tsarouhas
Kartografieassistenz Andras Bogdanovits, Valeska Canás, Brendan Streager
Umschlagdesign James Hardy, lonelyplanetimages.com
Bildrecherche Sabrina Dalbesio, lonelyplanetimages.com
Projektmanagement Rachel Imeson

Dank an Lucy Birchley, Helen Christinis, Daniel Corbett, Melanie Dankel, Bruce Evans, Craig Kilburn, Lisa Knights, Katie Lynch, Averil Robertson, John Taufa, Juan Winata

DANK DER AUTOREN

CAROLYN MCCARTHY

Mein aufrichtiger Dank gilt allen Panamaern, Travellern und in Panama lebenden Ausländern, deren Erfahrungen und Geschichten in das Kapitel eingegangen sind. Viele Personen haben ihre Zeit geopfert, um mit ihrem Wissen zur Verbesserung dieser Auflage beizutragen. Allen gilt meine Dankbarkeit. Meinen Mitautoren Lucas, Greg, Matt, Tom, Kevin, Joshua und Alex danke ich für ihre unermüdliche Arbeit trotz dünner Matratzen, anstrengender Busfahrten und eines Staatsstreichs. Matt, viel Glück auf dem neuen Weg! Dankbar verpflichtet bin ich auch der verantwortlichen Redakteurin Cat Craddock für ihre coolen Ratschläge und dem ausgezeichneten Kartografie- und Redaktionsteam von Lonely Planet.

GREG BENCHWICK

Der größte und tiefste Dank gilt meiner Braut Alejandra. *Te quiero verde y para siempre*, Baby! Meinem Vater danke ich, dass ich schon als Kind nach Akumal und Cozumel kam. Dankbar erinnere ich mich an all die tollen Reisegefährten, die ich unterwegs kennengelernt habe, insbesondere an Sandra Blum, Balint Vekerdy, Peter Blake, Christel van Dyk, Richard aus Schweden, Terri und Rick aus Florida, Don Kevin und Marcia aus Utah. Und schließlich sage ich noch *muchísimas gracias* an die Hauptautorin des Buchs, Carolyn McCarthy. Und, last but not least, geht ein liebender Dank an meine Mutter.

JOSHUA SAMUEL BROWN

Ich danke all denen in Belize, die zu meinen Erkundungen, Recherchen und Bloggings beigetragen haben, insbesondere Vitalano in Corozal, Christopher und der Familie Nesbitt beim MMRF und Dave in Dangriga. Und ein besonderer Dank noch an Jen und die Kids in Kalifornien, die immer mein Halt sind.

ALEX EGERTON

Vielen Dank all den Menschen in Nicaragua, deren Begeisterung für dieses Land meine Arbeit so erleichtert hat, und all den Travellern, die mir bereitwillig von ihren Erfahrungen berichtet haben. Ein ganz besonders großer Dank geht an Franjaz und Hakeem, an Nicholas Kazu, dass er so weit gereist ist, um uns zu besuchen, an Ras Ariel, Edwin und Zander, Juanita Boyd, an Oliver und Debo in Managua, an Kurt van Blum und Juan Lasso. Und natürlich auch an Cat Craddock, die mir den Auftrag gab, und an Carolyn, dass sie mich nicht aus ihrem GMail-Chat geworfen hat.

MATTHEW D. FIRESTONE

Seit der Veröffentlichung dieses Buchs ist meine Familie größer geworden, daher gilt mein erster Dank meiner wunderbaren Frau, Aki. Wir haben die Welt von Ost nach West bereist, aber viel mehr bleibt noch gemeinsam zu entdecken. Und natürlich danke ich meinen Eltern und meiner Schwester für die großzügige Unterstützung in all den Jahren. Sie haben mir über mehr Hindernisse und Schwierigkeiten hinweggeholfen, als ich hier erwähnen kann. Und schließlich, Chapeau all meinen Kollegen bei Lonely Planet, vor allem der wunderbaren verantwortlichen Redakteurin Catherine Craddock und der brillanten Hauptautorin und Koordinatorin Carolyn McCarthy.

KEVIN RAUB

Ein besonderer Dank geht an meine Frau Adriana Schmidt, die ich wieder einmal zwei Monate alleine gelassen habe. Weiterhin danke ich bei Lonely Planet: Catherine Craddock, Carolyn McCarthy und Greg Benchwick. Und unterwegs in Honduras begegneten mir wunderbare Menschen. Ich danke Karla Calidonio, meinem guten Engel vor Ort, die das Unmögliche möglich gemacht hat in einem Land, das gerade eine Staatskrise erlebte, außerdem danke ich Jorge Salverri, Nicole Marder, Efrain Bueso, Sandra Bastidas, Kevin Braun, Captain Vern, Pamy Marinakys, Lu Seapy, Dale Brandenburger, Sonia Regalado-Baumgartner, Dr. Allan Maca, Dr. Chris Begley, Howard Rosenzweig und Marco Cáceres.

TOM SPURLING

Ein großes Dankeschön an Lawler für die offizielle Bewältigung El Salvadors. Alles Liebe an meine Frau Lucy und unseren Sohn Oliver, dass sie Deadbeat Dad wieder mal ein bisschen von der Leine ließen. Dank an Rene von Suchitoto Outfitters und an Chalchuapas Bad Boys Luis und George! Danke an Manolo in Tacuba! *Feliz Navidad* an Guillermo Perdomo und Ana Lynn von der Pinacoteca. Vielen Dank an Trenta für frischen Auftrieb! Danke an Richard in Tunco und Tom von La Tortuga Verde in El Cuco – zwei feine Botschafter des guten Lebens. Danke auch an Letty in San Salvador, Cesar in Juayua, Alex in El Zonte, Lidby und Robert in Suchitoto. *Guanaco* auf immer!

WIR FREUEN UNS ÜBER EIN FEEDBACK

Post von Travellern zu bekommen, ist für uns ungemein hilfreich – Kritik und Anregungen halten uns auf dem Laufenden und helfen, unsere Bücher zu verbessern. Unser reiseerfahrenes Team liest alle Zuschriften genau durch, um zu erfahren, was an unseren Reiseführern gut und was schlecht ist. Wir können solche Post zwar nicht individuell beantworten, aber jedes Feedback wird garantiert schnurstracks an die jeweiligen Autoren weitergeleitet, rechtzeitig vor der nächsten Auflage. Jedem, der uns Mitteilungen macht, wird in der nächsten Ausgabe des Führers gedankt, für besonders nützliche Mitteilungen auch mit einem Buchgeschenk.

Wer uns schreiben oder etwas über Lonely Planet Events, Newsletter und Reisehinweise erfahren will, erreicht uns über unsere Website: **www.lonelyplanet.de/kontakt.**

Hinweis: Da wir Beiträge möglicherweise in Lonely Planet Produkten (Reiseführer, Websites, digitale Medien) veröffentlichen, gegebenenfalls auch in gekürzter Form, bitten wir um Mitteilung, falls ein Kommentar nicht veröffentlicht oder ein Name nicht genannt werden soll. Unsere Datenschutzrichtlinie ist unter www.lonelyplanet.com/privacy einsehbar.

LUCAS VIDGEN

Zunächst mal will ich allen Guatemalteken danken, dass sie ihr Land so lebenswert, reise- und arbeitsfreundlich gestaltet haben. Klar gab es Probleme, aber wir haben sie, *poco a poco,* gemeistert. Draußen im Land danke ich Virgilio Molina, Encarnación Morán, Daniel Vásquez und Daantje, dass sie lange genug stehen blieben, um zitiert zu werden. Vielen Dank dem Typen, der mir in Esquipulas ins Auto fuhr und sich davonmachte, ohne Namen und Adresse zu hinterlassen. Ehrlichen Dank an Geert in Copán, Glenn in Guatemala-Stadt und Dennis in Mariscos: Ihr habt tolle Arbeit geleistet, man sieht sich. Dank an meinen Mitautor vom Lonley Planet Führer *Guatemala*, dessen Ausführungen über das Hochland, El Petén und Antigua ich für das vorliegende Buch benutzen durfte. Und ein Dank an die Crew zu Hause: James und Alma, die alles am Laufen hielten, und zuletzt natürlich an Sofía und América, die besten Reisegefährten, die man sich wünschen kann.

DANK VON LONELY PLANET

Vielen Dank an die Leser, die mit der letzten Ausgabe dieses Führers unterwegs waren und uns mit wertvollen Hinweisen, nützlichen Ratschlägen und interessanten Geschichten weitergeholfen haben:

A Cristian Abud, Allie Ackland-Prpic, Jill Amery, Tim Anderson, Lorenz Artaker **B** Catherine Bach, Laurel Baker, Ryan Bates, Allen Beach, Stephen Benjamin, Dewi Blom, Takeyu Boström, Peter Brugger, Michael Burr **C** Connie Colten, Heather Crickere, Laura Cullen, Jim Curtis **D** Jessica Daley, Hans Danelius, Charles-Etienne Daoust, Henry De Marigny, Sharon Dequine, Genevieve Dionne, Peter Divine, Paul Drabsch **E** Jenny Ellinghaus, Mike Evans **F** Amanda Fernandez, Ralph Ferrusi, Lilia Fick, Melissa Fishburne **G** Chris Gleed-Owen, Eliane Godement, Emily Golan, Joseph Goldman, Suzanne Grasso, Michelle Griffin **H** Tamara Hajsky, George Michael Hakim, Scott Harrington, Lars Havig Berge, Mark Heptinstall, Kevin Hill, Jade Horan, Phil Hornsby, Scott Housman, Kenneth Hoyt, Jadrino Huot **J** Morten Jacobsen, Elissa James, Mollie Jameson, Britta Jensen, Andreas Johnsen **K** Barry Kaiser, Anne Karbe, Marlise Kast, Jemi Katko, Gillian Kirkwood, Dar Kleinbach, Sabine Klotz, Yaniv Kriger, Kevin Krol **L** Cathy Larson, Oliver Lawn, Jerome Luepkes, Rene Daniel Luisman **M** Leigh Malcolmson, Christian Martin, Marcel Matte, Johanna Mau, Andrew Miller, Jonathan Mischke, Dennis Mogerman, Anthony Moore, Anne Mulcair **N** Paige Newman, Lisa Nolan, Kim Nørgaard, Guilherme Nunes **O** Terry O'Brien, Emma Ogunbiyi, Sally O'Sullivan **P** Eric Paine, Bob Penner, Matt Pepe, Edo Plantinga, Thomas Preinl **R** Isolde Raftery, Linda Reynolds, Sharon Rosenfeld, Mary & Mike Rossignoli **S** Frank Schoen, Tal Sela, Ana Slevec, Yvonne Smiertka, Diego Sogorb, Kelly Spencer **T** Stephen Tapply, Amanda Thompson, Connie Tobolsky, Monica Toth, Kariina Tshursin, Tristan Tuftnell **V** Hank Van Den Bosch, Cathelijne Van Weelden, Peter Vang Jensen, Timothy Veldhuizen, Greta Von Bernuth **W** Dustin Weaver, Martin Weinhold, Evian White, Bronwynn Whiteley, Teresa Widmer, Cindy Williams, Kenneth Wood, Lexie Woodward, Natasha Woollcombe, Julia Wüst **Y** Dan Yack, Shiri Yaniv **Z** Mike Zipf, Rodolfo Zosel

QUELLENNACHWEIS

Vielen Dank an folgende Firmen für die Nutzung ihrer Inhalte:

Globus auf der Titelseite: © Mountain High Maps 1993 Digital Wisdom, Inc.

Register

ABKÜRZUNGEN

B	Belize
CR	Costa Rica
ES	El Salvador
G	Guatemala
H	Honduras
M	Mexiko
N	Nicaragua
P	Panama

A

B

REGISTER

000 Verweise auf Karten
000 Verweise auf Fotos

REGISTER

000 Verweise auf Karten
000 Verweise auf Fotos

N

REGISTER

000 Verweise auf Karten
000 Verweise auf Fotos

O

P

000 Verweise auf Karten
000 Verweise auf Fotos

REGISTER

000 Verweise auf Karten
000 Verweise auf Fotos

GreenDex

UMWELTBEWUSST REISEN

Die folgenden Einrichtungen haben sich dem Umweltschutz verpflichtet: Die Restaurants verwenden Bio-Zutaten, bereiten ihre Speisen nach traditionellen Methoden zu und/oder unterstützen Produzenten aus der Region. Die Unterkünfte setzen sich für Nachhaltigkeit ein, indem sie beispielsweise auf den Wasserverbrauch achten, Müll recyclen oder Stromsparmaßnahmen ergreifen. Die Attraktionen engagieren sich für die Erhaltung der Umwelt und Aufklärung in ökologischen Fragen. Die Nationalparks schützen einmalige und unversehrte Lebensräume, in denen eine außergewöhnliche Artenvielfalt beheimatet ist. Und schließlich nennen wir Graswurzelbewegungen und soziale Dienste, die Unterstützung verdienen.

Das kleine Zentralamerika bietet eine überraschend gute kulturelle und biologische Diversität. Die einzelnen Länderkapitel enthalten daher auch Informationen für ein verantwortungsbewusstes Verhalten in sensiblen Regionen. Mehr Tipps stehen auf S. 4.

Wir freuen uns über Anregungen zur Ergänzung dieser Liste. Wer eine Empfehlung hat, sollte nicht zögern, uns diese über talk2us@lonelyplanet.com.au mitzuteilen. Weitere Informationen zum Thema Ökotourismus gibt's z. B. auf www.lonelyplanet.com/responsibletravel.

DIE LONELY PLANET STORY

Am Küchentisch fing alles an – nachdem Tony und Maureen Wheeler 1972 eine lange, abenteuerliche Reise durch Europa, Asien und Australien unternommen hatten, trugen sie all ihre Informationen und Notizen zusammen. So entstand der erste Lonely Planet Reiseführer *Across Asia on the Cheap*.

Der Reiseführer wurde von Travellern geradezu verschlugen. Ermutigt durch ihren Erfolg, veröffentlichten die Wheelers weitere Bücher über Südostasien, Indien und andere Länder. Die Nachfrage war so ungeheuerlich groß, dass die Wheelers ihr Unternehmen erweiterten. Über die Jahre deckten sie mit ihrer Reiseliteratur den ganzen Globus ab und sie dehnten ihre Berichterstattung auf die virtuelle Welt von lonelyplanet.com und das Lonely Planet Messageboard Thorn Tree aus.

Lonely Planet wurde ein immer beliebterer Reisebuchverlag und Tony und Maureen konnten sich vor Aufträgen kaum mehr retten. Doch erst 2007 fanden sie einen verlässlichen Partner, bei dem sie sich sicher sein konnten, dass er dem Prinzip abenteuerlustiger, aber umweltbewusster Reisen treu blieb. Im Oktober dieses Jahres erwarb BBC Worldwide 75 % der Anteile von Lonely Planet, mit dem Versprechen, die Grundsätze unabhängiges Reisen, vertrauenswürdige Auskünfte und redaktionelle Unabhängigkeit aufrechtzuerhalten.

Heute hat Lonely Planet Büros in Melbourne (Australien), London und Oakland (USA) mit über 500 Mitarbeitern und 300 Autoren. Tony und Maureen engagieren sich immer noch aktiv bei Lonely Planet. Sie reisen mehr als je zuvor und in ihrer Freizeit widmen sie sich wohltätigen Projekten. Das Unternehmen wird nach wie vor von der Philosophie von *Across Asia on the Cheap* getragen: „Wichtig ist, dass du dich entscheidest zu gehen, dann hast du den härtesten Teil geschafft. Also, los geht's!"

Lonely Planet Publications,
Locked Bag 1, Footscray, Melbourne, Victoria 3011, Australia

Verlag der deutschen Ausgabe:
MAIRDUMONT, Marco-Polo-Str. 1, 73760 Ostfildern,
www.mairdumont.com, lonelyplanet@mairdumont.com

Chefredakteurin deutsche Ausgabe: Birgit Borowski
Übersetzung: Anne Cappel, Berna Ercan, Tobias Ewert, Karen Gerwig, Marion Gref-Timm, Christina Kagerer, Laura Leibold, Marion Matthäus, Ute Perchtold, Dr. Christian Rochow, Katja Weber
Redaktion: Julia Berger, Stephanie Iber, Frank Müller-Stindl, Adriana Popescu, Olaf Rappold, Verena Stindl (red.sign, Stuttgart)
Satz: Neslihan Tatar (red.sign, Stuttgart)

Zentralamerika für wenig Geld
1. deutsche Auflage April 2011, übersetzt von *Central America on a shoestring, 7th Edition, October 2010* Lonely Planet Publications Pty

Covergestaltung: James Hardy. Fotografen vertreten durch Lonely Planet Images: Bill Bachmann, Tom Boyden, Paul Kennedy, Alfredo Maiquez, Chris Mellor, Damian Turski, Eric Wheater. Die meisten Fotos in diesem Reiseführer können bei Lonely Planet Images, www.lonelyplanetimages.com, auch lizenziert werden.

Printed in China